KB242732

2025년

# 변리사 시험용법전

변리사 2차 시험장 비치용

현암사

2025년
**변리사 시험용법전**

펴낸곳 | (주)현암사
펴낸이 | 조미현

초판 발행 | 2021년 7월 1일
발행 | 2025년 6월 18일 개정 | 2025년판
등록 | 1951년 12월 24일 · 제10-126호
주소 | 04029 서울시 마포구 동교로12안길 35
전화 | 02-365-5051 · 팩스 | 02-313-2729
홈페이지 | www.hyeonamsa.com
전자우편 | law@hyeonamsa.com


* 연락주시면 법률정보서비스를 받으실 수 있으며, 무료로 추록을 받아보실 수 있습니다.
* 잘못된 책은 바꿔 드립니다.
ISBN 978-89-323-2430-2 11360

2025년

# 변리사 시험용법전

변리사 2차 시험장 비치용

# 가나다순 법령 찾기

## 가



## 나



## 다



## 마



## 바



## 사

## 아



## 자



## 타



## 파



## 하

# 편 목 차

## 지식재산권법편



## 국제조약편

## 민 법 편



## 민사소송법편



## 행 정 편

# 일 러 두 기

## 1. 법률 수록 범위와 용도

변리사시험용법전은 한국산업인력공단이 주관하는 2025년 변리사 시험 2차 시험장에 비치하도록 채택된 것으로, 한국산업인력공단이 위 시험에 필요한 법률(조약 포함)의 범위를 정하였다.

## 2. 법률 · 조약 수록 근거

변리사시험용법전에 수록한 법률은 정부에서 발간하는 <관보>를 근거로 하였고, 편집부에서 교정 작업을 하는 과정에서 발견된 오탈자는 국가법령정보센터(www.law.go.kr)와 한국법령정보원에서 출간한 <대한민국현행법령집>과 동일한 경우에는 국가법령정보센터와 한국법령정보원과의 협의로 정정하였다. 그러나 협의가 이루어지지 않은 부분은 그것이 맞춤법 등이 잘못된 오탈자라 하더라도 <관보>에 정정공고가 나지 않은 이상 편집부에서 함부로 수정하지 않고 그대로 수록하였다.

## 3. 법률의 공포와 공포번호

법률 제목 아래에는 제 · 개정된 공포 연월일과 공포번호를 표기하였다. 아울러 개정된 조문에는 조 · 항 · 호 · 목별로 개정연월일을 꼼꼼히 표기하였다.

## 4. 미도래 시행법령의 표시

변리사 2차 시험(2025.7.18~2025.7.19)을 기준으로 현재 시행되는 조항을 수록하였으며, 시행일이 지연되는 조항에 대하여는 현행 법령 아래 점선 사각박스로 표기하고 시행일을 기재하여 전후 조문을 함께 비교할 수 있게 하였다.

# 지식재산권법편

# 특허법

(1990년 1월 13일
전개법률 제4207호)

개정
1993. 3. 6법 4541호(정부조직)
1993.12.10법 4594호
1994. 3.24법 4757호(발명)
1995. 1. 5법 4892호 1995.12.29법 5080호
1997. 4.10법 5329호 1998. 9.23법 5576호
1999. 9. 7법 6024호(국민기초생활)
2001. 2. 3법 6411호 2001.12.31법 6582호
2002. 1.26법 6626호(민사소송법)
2002.12.11법 6768호
2004.12.31법 7289호(디자인보호)
2005. 3.31법 7427호(민법)
2005. 5.31법 7554호
2006. 3. 3법 7869호(발명)
2006. 3. 3법 7871호
2007. 1. 3법 8171호(전자정부법)
2007. 1. 3법 8197호
2007. 4.11법 8357호(발명)
2007. 5.17법 8462호
2008. 2.29법 8852호(정부조직)
2008.12.26법 9249호 2009. 1.30법 9381호
2010. 1.27법 9985호
2010. 2. 4법10012호(전자정부법)
2011. 5.24법10716호 2011.12. 2법11117호
2013. 3.22법11654호
2013. 3.23법11690호(정부조직)
2013. 5.28법11848호(디자인보호)
2013. 7.30법11962호(변리사)
2014. 1.21법12313호 2014. 6.11법12753호
2015. 1.28법13096호 2015. 5.18법13317호
2016. 2.29법14035호 2016. 3.29법14112호
2016.12. 2법14371호 2017. 3.21법14691호
2017.11.28법15093호 2018. 4.17법15582호
2019. 1. 8법16208호 2019.12.10법16804호
2020. 6. 9법17422호 2020.10.20법17536호
2020.12.22법17730호 2021. 4.20법18098호
2021. 8.17법18409호 2021.10.19법18505호
2022.10.18법19007호 2023. 9.14법19714호
2024. 2. 6법20200호(산업재산정보의관리및활용촉진에관한법)
2024. 2.20법20322호
2025. 1.21법20700호→2025년 7월 22일 시행
2025. 5.27법20975호



## 제1장 총 칙
(2014.6.11 본장개정)

**제1조【목적】** 이 법은 발명을 보호·장려하고 그 이용을 도모함으로써 기술의 발전을 촉진하여 산업발전에 이바지함을 목적으로 한다.

**제2조【정의】** 이 법에서 사용하는 용어의 뜻은 다음과 같다.

1. "발명"이란 자연법칙을 이용한 기술적 사상의 창작으로서 고도(高度)한 것을 말한다.
2. "특허발명"이란 특허를 받은 발명을 말한다.
3. "실시"란 다음 각 목의 구분에 따른 행위를 말한다.
   가. 물건의 발명인 경우 : 그 물건을 생산·사용·양도·대여 또는 수입하거나 그 물건의 양도 또는 대여의 청약(양도 또는 대여를 위한 전시를 포함한다. 이하 같다)을 하는 행위

   가. 물건의 발명인 경우 : 그 물건을 생산·사용·양도·대여·수출 또는 수입하거나 그 물건의 양도 또는 대여의 청약(양도 또는 대여를 위한 전시를 포함한다. 이하 같다)을 하는 행위(2025.1.21 본목개정 : 2025.7.22 시행)

   나. 방법의 발명인 경우 : 그 방법을 사용하는 행위 또는 그 방법의 사용을 청약하는 행위(2019.12.10 본목개정)
   다. 물건을 생산하는 방법의 발명인 경우 : 나목의 행위 외에 그 방법에 의하여 생산한 물건을 사용·

양도 · 대여 또는 수입하거나 그 물건의 양도 또는 대여의 청약을 하는 행위

다. 물건을 생산하는 방법의 발명인 경우 : 나목의 행위 외에 그 방법에 의하여 생산한 물건을 사용 · 양도 · 대여 · 수출 또는 수입하거나 그 물건의 양도 또는 대여의 청약을 하는 행위(2025.1.21 본목개정 : 2025.7.22 시행)

**제3조 【미성년자 등의 행위능력】** ① 미성년자 · 피한정후견인 또는 피성년후견인은 법정대리인에 의하지 아니하면 특허에 관한 출원 · 청구, 그 밖의 절차(이하 "특허에 관한 절차"라 한다)를 밟을 수 없다. 다만, 미성년자와 피한정후견인이 독립하여 법률행위를 할 수 있는 경우에는 그러하지 아니하다.

② 제1항의 법정대리인은 후견감독인의 동의 없이 제132조의2에 따른 특허취소신청(이하 "특허취소신청"이라 한다)이나 상대방이 청구한 심판 또는 재심에 대한 절차를 밟을 수 있다.
(2016.2.29 본항개정)

**제4조 【법인이 아닌 사단 등】** 법인이 아닌 사단 또는 재단으로서 대표자나 관리인이 정하여져 있는 경우에는 그 사단 또는 재단의 이름으로 출원심사의 청구인, 특허취소신청인, 심판의 청구인 · 피청구인 또는 재심의 청구인 · 피청구인이 될 수 있다.(2016.2.29 본조개정)

**제5조 【재외자의 특허관리인】** ① 국내에 주소 또는 영업소가 없는 자(이하 "재외자"라 한다)는 재외자(법인의 경우에는 그 대표자)가 국내에 체류하는 경우를 제외하고는 그 재외자의 특허에 관한 대리인으로서 국내에 주소 또는 영업소가 있는 자(이하 "특허관리인"이라 한다)에 의해서만 특허에 관한 절차를 밟거나 이 법 또는 이 법에 따른 명령에 따라 행정청이 한 처분에 대하여 소(訴)를 제기할 수 있다.

② 특허관리인은 위임된 권한의 범위에서 특허에 관한 모든 절차 및 이 법 또는 이 법에 따른 명령에 따라 행정청이 한 처분에 관한 소송에서 본인을 대리한다.

**제6조 【대리권의 범위】** 국내에 주소 또는 영업소가 있는 자로부터 특허에 관한 절차를 밟을 것을 위임받은 대리인은 특별히 권한을 위임받아야만 다음 각 호의 어느 하나에 해당하는 행위를 할 수 있다. 특허관리인의 경우에도 또한 같다.

1. 특허출원의 변경 · 포기 · 취하
2. 특허권의 포기
3. 특허권 존속기간의 연장등록출원의 취하
4. 신청의 취하
5. 청구의 취하
6. 제55조제1항에 따른 우선권 주장 또는 그 취하
7. 제132조의17에 따른 심판청구 (2016.2.29 본호개정)
8. 복대리인의 선임

**제7조 【대리권의 증명】** 특허에 관한 절차를 밟는 자의 대리인(특허관리인을 포함한다. 이하 같다)의 대리권은 서면으로써 증명하여야 한다.

**제7조의2 【행위능력 등의 흠에 대한 추인】** 행위능력 또는 법정대리권이 없거나 특허에 관한 절차를 밟는 데 필요한 권한의 위임에 흠이 있는 자가 밟은 절차는 보정(補正)된 당사자나 법정대리인이 추인하면 행위를 한 때로 소급하여 그 효력이 발생한다.

**제8조 【대리권의 불소멸】** 특허에 관한 절차를 밟는 자의 위임을 받은 대리인의 대리권은 다음 각 호의 어느 하나에 해당하는 사유가 있어도 소멸하지 아니한다.

1. 본인의 사망이나 행위능력의 상실
2. 본인인 법인의 합병에 의한 소멸

3. 본인인 수탁자(受託者)의 신탁임무 종료
4. 법정대리인의 사망이나 행위능력의 상실
5. 법정대리인의 대리권 소멸이나 변경

**제9조 【개별대리】** 특허에 관한 절차를 밟는 자의 대리인이 2인 이상이면 특허청장 또는 특허심판원장에 대하여 각각의 대리인이 본인을 대리한다.

**제10조 【대리인의 선임 또는 교체 명령 등】** ① 특허청장 또는 제145조제1항에 따라 지정된 심판장(이하 "심판장"이라 한다)은 특허에 관한 절차를 밟는 자가 그 절차를 원활히 수행할 수 없거나 구술심리(口述審理)에서 진술할 능력이 없다고 인정되는 등 그 절차를 밟는 데 적당하지 아니하다고 인정되면 대리인을 선임하여 그 절차를 밟을 것을 명할 수 있다.

② 특허청장 또는 심판장은 특허에 관한 절차를 밟는 자의 대리인이 그 절차를 원활히 수행할 수 없거나 구술심리에서 진술할 능력이 없다고 인정되는 등 그 절차를 밟는 데 적당하지 아니하다고 인정되면 그 대리인을 바꿀 것을 명할 수 있다.(2019.12.10 본항개정)

③ 특허청장 또는 심판장은 제1항 및 제2항의 경우에 변리사로 하여금 대리하게 할 것을 명할 수 있다.

④ 특허청장 또는 심판장은 제1항 또는 제2항에 따라 대리인의 선임 또는 교체 명령을 한 경우에는 제1항에 따른 특허에 관한 절차를 밟는 자 또는 제2항에 따른 대리인이 그 전에 특허청장 또는 특허심판원장에 대하여 한 특허에 관한 절차의 전부 또는 일부를 무효로 할 수 있다.(2019.12.10 본항개정)

(2019.12.10 본조제목개정)

**제11조 【복수당사자의 대표】** ① 2인 이상이 특허에 관한 절차를 밟을 때에는 다음 각 호의 어느 하나에 해당하는 사항을 제외하고는 각자가 모두를 대표한다. 다만, 대표자를 선정하여 특허청장 또는 특허심판원장에게 신고하면 그 대표자만이 모두를 대표할 수 있다.

1. 특허출원의 변경·포기·취하
2. 특허권 존속기간의 연장등록출원의 취하
3. 신청의 취하
4. 청구의 취하
5. 제55조제1항에 따른 우선권 주장 또는 그 취하
6. 제132조의17에 따른 심판청구
(2016.2.29 본호개정)

② 제1항 단서에 따라 대표자를 선정하여 신고하는 경우에는 대표자로 선임된 사실을 서면으로 증명하여야 한다.

**제12조 【「민사소송법」의 준용】** 대리인에 관하여는 이 법에 특별한 규정이 있는 경우를 제외하고는 「민사소송법」 제1편제2장제4절을 준용한다.

**제13조 【재외자의 재판관할】** 재외자의 특허권 또는 특허에 관한 권리에 관하여 특허관리인이 있으면 그 특허관리인의 주소 또는 영업소를, 특허관리인이 없으면 특허청 소재지를 「민사소송법」 제11조에 따른 재산이 있는 곳으로 본다.

**제14조 【기간의 계산】** 이 법 또는 이 법에 따른 명령에서 정한 기간의 계산은 다음 각 호에 따른다.

1. 기간의 첫날은 계산에 넣지 아니한다. 다만, 그 기간이 오전 0시부터 시작하는 경우에는 계산에 넣는다.
2. 기간을 월 또는 연(年)으로 정한 경우에는 역(曆)에 따라 계산한다.
3. 월 또는 연의 처음부터 기간을 기산(起算)하지 아니하는 경우에는 마지막의 월 또는 연에서 그 기산일에 해당하는 날의 전날로 기간이 만료한다. 다만, 월 또는 연으로 정한 경우에 마지막 월에 해당하는 날이 없으면 그 월의 마지막 날로 기간이 만료한다.

4. 특허에 관한 절차에서 기간의 마지막 날이 공휴일(「근로자의날제정에 관한법률」에 따른 근로자의 날 및 토요일을 포함한다)에 해당하면 기간은 그 다음 날로 만료한다.

**제15조【기간의 연장 등】** ① 특허청장은 청구에 따라 또는 직권으로 제132조의17에 따른 심판의 청구기간을 30일 이내에서 한 차례만 연장할 수 있다. 다만, 도서·벽지 등 교통이 불편한 지역에 있는 자의 경우에는 산업통상자원부령으로 정하는 바에 따라 그 횟수 및 기간을 추가로 연장할 수 있다.(2016.2.29 본항개정)

② 특허청장·특허심판원장·심판장 또는 제57조제1항에 따른 심사관(이하 "심사관"이라 한다)은 이 법에 따라 특허에 관한 절차를 밟을 기간을 정한 경우에는 청구에 따라 그 기간을 단축 또는 연장하거나 직권으로 그 기간을 연장할 수 있다. 이 경우 특허청장 등은 그 절차의 이해관계인의 이익이 부당하게 침해되지 아니하도록 단축 또는 연장 여부를 결정하여야 한다.

③ 심판장은 이 법에 따라 특허에 관한 절차를 밟을 기일을 정한 경우에는 청구에 따라 또는 직권으로 그 기일을 변경할 수 있다.

**제16조【절차의 무효】** ① 특허청장 또는 특허심판원장은 제46조에 따른 보정명령을 받은 자가 지정된 기간에 그 보정을 하지 아니하면 특허에 관한 절차를 무효로 할 수 있다. 다만, 제82조제2항에 따른 심사청구료를 내지 아니하여 보정명령을 받은 자가 지정된 기간에 그 심사청구료를 내지 아니하면 특허출원서에 첨부한 명세서에 관한 보정을 무효로 할 수 있다.

② 특허청장 또는 특허심판원장은 제1항에 따라 특허에 관한 절차가 무효로 된 경우로서 지정된 기간을 지키지 못한 것이 정당한 사유에 의한 것으로 인정될 때에는 그 사유가 소멸한 날부터 2개월 이내에 보정명령을 받은 자의 청구에 따라 그 무효처분을 취소할 수 있다. 다만, 지정된 기간의 만료일부터 1년이 지났을 때에는 그러하지 아니하다.
(2021.10.19 본문개정)

③ 특허청장 또는 특허심판원장은 제1항 본문·단서에 따른 무효처분 또는 제2항 본문에 따른 무효처분의 취소처분을 할 때에는 그 보정명령을 받은 자에게 처분통지서를 송달하여야 한다.

**제17조【절차의 추후보완】** 특허에 관한 절차를 밟은 자가 책임질 수 없는 사유로 다음 각 호의 어느 하나에 해당하는 기간을 지키지 못한 경우에는 그 사유가 소멸한 날부터 2개월 이내에 지키지 못한 절차를 추후 보완할 수 있다. 다만, 그 기간의 만료일부터 1년이 지났을 때에는 그러하지 아니하다.
(2016.2.29 본문개정)

1. 제132조의17에 따른 심판의 청구기간(2016.2.29 본호개정)
2. 제180조제1항에 따른 재심의 청구기간

**제18조【절차의 효력 승계】** 특허권 또는 특허에 관한 권리에 관하여 밟은 절차의 효력은 그 특허권 또는 특허에 관한 권리의 승계인에게 미친다.

**제19조【절차의 속행】** 특허청장 또는 심판장은 특허에 관한 절차가 특허청 또는 특허심판원에 계속(係屬) 중일 때 특허권 또는 특허에 관한 권리가 이전되면 그 특허권 또는 특허에 관한 권리의 승계인에 대하여 그 절차를 속행(續行)하게 할 수 있다.

**제20조【절차의 중단】** 특허에 관한 절차가 다음 각 호의 어느 하나에 해당하는 경우에는 특허청 또는 특허심판원에 계속 중인 절차는 중단된다. 다만, 절차를 밟을 것을 위임받은 대리인이 있는 경우에는 그러하지 아니하다.

1. 당사자가 사망한 경우

2. 당사자인 법인이 합병에 따라 소멸한 경우
3. 당사자가 절차를 밟을 능력을 상실한 경우
4. 당사자의 법정대리인이 사망하거나 그 대리권을 상실한 경우
5. 당사자의 신탁에 의한 수탁자의 임무가 끝난 경우
6. 제11조제1항 각 호 외의 부분 단서에 따른 대표자가 사망하거나 그 자격을 상실한 경우
7. 파산관재인 등 일정한 자격에 따라 자기 이름으로 남을 위하여 당사자가 된 자가 그 자격을 잃거나 사망한 경우

**제21조 【중단된 절차의 수계】** 제20조에 따라 특허청 또는 특허심판원에 계속 중인 절차가 중단된 경우에는 다음 각 호의 구분에 따른 자가 그 절차를 수계(受繼)하여야 한다.

1. 제20조제1호의 경우 : 사망한 당사자의 상속인·상속재산관리인 또는 법률에 따라 절차를 속행할 자. 다만, 상속인은 상속을 포기할 수 있을 때까지 그 절차를 수계하지 못한다.
2. 제20조제2호의 경우 : 합병에 따라 설립되거나 합병 후 존속하는 법인
3. 제20조제3호 및 제4호의 경우 : 절차를 밟을 능력을 회복한 당사자 또는 법정대리인이 된 자
4. 제20조제5호의 경우 : 새로운 수탁자
5. 제20조제6호의 경우 : 새로운 대표자 또는 각 당사자
6. 제20조제7호의 경우 : 같은 자격을 가진 자

**제22조 【수계신청】** ① 제20조에 따라 중단된 절차에 관한 수계신청은 제21조 각 호의 어느 하나에 해당하는 자가 할 수 있다. 이 경우 그 상대방은 특허청장 또는 제143조에 따른 심판관(이하 "심판관"이라 한다)에게 제21조 각 호의 어느 하나에 해당하는 자에 대하여 수계신청할 것을 명하도록 요청할 수 있다.

② 특허청장 또는 심판장은 제20조에 따라 중단된 절차에 관한 수계신청이 있으면 그 사실을 상대방에게 알려야 한다.

③ 특허청장 또는 심판관은 제20조에 따라 중단된 절차에 관한 수계신청에 대하여 직권으로 조사하여 이유 없다고 인정하면 결정으로 기각하여야 한다.

④ 특허청장 또는 심판관은 결정 또는 심결의 등본을 송달한 후에 중단된 절차에 관한 수계신청에 대해서는 수계하게 할 것인지를 결정하여야 한다.

⑤ 특허청장 또는 심판관은 제21조 각 호의 어느 하나에 해당하는 자가 중단된 절차를 수계하지 아니하면 직권으로 기간을 정하여 수계를 명하여야 한다.

⑥ 제5항에 따른 기간에 수계가 없는 경우에는 그 기간이 끝나는 날의 다음 날에 수계가 있는 것으로 본다.

⑦ 특허청장 또는 심판장은 제6항에 따라 수계가 있는 것으로 본 경우에는 그 사실을 당사자에게 알려야 한다.

**제23조 【절차의 중지】** ① 특허청장 또는 심판관이 천재지변이나 그 밖의 불가피한 사유로 그 직무를 수행할 수 없을 때에는 특허청 또는 특허심판원에 계속 중인 절차는 그 사유가 없어질 때까지 중지된다.

② 당사자에게 일정하지 아니한 기간 동안 특허청 또는 특허심판원에 계속 중인 절차를 속행할 수 없는 장애사유가 생긴 경우에는 특허청장 또는 심판관은 결정으로 장애사유가 해소될 때까지 그 절차의 중지를 명할 수 있다.

③ 특허청장 또는 심판관은 제2항에 따른 결정을 취소할 수 있다.

④ 제1항 또는 제2항에 따른 중지나 제3항에 따른 취소를 하였을 때에는 특허청장 또는 심판장은 그 사실을 각각 당사자에게 알려야 한다.

**제24조【중단 또는 중지의 효과】** 특허에 관한 절차가 중단되거나 중지된 경우에는 그 기간의 진행은 정지되고, 그 절차의 수계통지를 하거나 그 절차를 속행하였을 때부터 다시 모든 기간이 진행된다.

**제25조【외국인의 권리능력】** 재외자 중 외국인은 다음 각 호의 어느 하나에 해당하는 경우를 제외하고는 특허권 또는 특허에 관한 권리를 누릴 수 없다.

1. 그 외국인이 속하는 국가에서 대한민국 국민에 대하여 그 국가의 국민과 같은 조건으로 특허권 또는 특허에 관한 권리를 인정하는 경우
2. 대한민국이 그 외국인에 대하여 특허권 또는 특허에 관한 권리를 인정하는 경우에는 그 외국인이 속하는 국가에서 대한민국 국민에 대하여 그 국가의 국민과 같은 조건으로 특허권 또는 특허에 관한 권리를 인정하는 경우
3. 조약 또는 이에 준하는 것(이하 "조약"이라 한다)에 따라 특허권 또는 특허에 관한 권리가 인정되는 경우

**제26조** (2011.12.2 삭제)

**제27조** (2001.2.3 삭제)

**제28조【서류제출의 효력발생시기】** ① 이 법 또는 이 법에 따른 명령에 따라 특허청장 또는 특허심판원장에게 제출하는 출원서, 청구서, 그 밖의 서류(물건을 포함한다. 이하 이 조에서 같다)는 특허청장 또는 특허심판원장에게 도달한 날부터 제출의 효력이 발생한다.

② 제1항의 출원서, 청구서, 그 밖의 서류를 우편으로 특허청장 또는 특허심판원장에게 제출하는 경우에는 다음 각 호의 구분에 따른 날에 특허청장 또는 특허심판원장에게 도달한 것으로 본다. 다만, 특허권 및 특허에 관한 권리의 등록신청서류와 「특허협력조약」 제2조(vii)에 따른 국제출원(이하 "국제출원"이라 한다)에 관한 서류를 우편으로 제출하는 경우에는 그 서류가 특허청장 또는 특허심판원장에게 도달한 날부터 효력이 발생한다.

1. 우편물의 통신일부인(通信日附印)에 표시된 날이 분명한 경우 : 표시된 날
2. 우편물의 통신일부인에 표시된 날이 분명하지 아니한 경우 : 우체국에 제출한 날을 우편물 수령증에 의하여 증명한 날

③ (1998.9.23 삭제)

④ 제1항 및 제2항에서 규정한 사항 외에 우편물의 지연, 우편물의 망실(亡失) 및 우편업무의 중단으로 인한 서류제출에 필요한 사항은 산업통상자원부령으로 정한다.

**제28조의2【고유번호의 기재】** ① 특허에 관한 절차를 밟는 자 중 산업통상자원부령으로 정하는 자는 특허청장 또는 특허심판원장에게 자신의 고유번호의 부여를 신청하여야 한다.

② 특허청장 또는 특허심판원장은 제1항에 따른 신청을 받으면 신청인에게 고유번호를 부여하고, 그 사실을 알려야 한다.

③ 특허청장 또는 특허심판원장은 특허에 관한 절차를 밟는 자가 제1항에 따라 고유번호를 신청하지 아니하면 그에게 직권으로 고유번호를 부여하고, 그 사실을 알려야 한다.

④ 제2항 또는 제3항에 따라 고유번호를 부여받은 자가 특허에 관한 절차를 밟는 경우에는 산업통상자원부령으로 정하는 서류에 자신의 고유번호를 적어야 한다. 이 경우 이 법 또는 이 법에 따른 명령에도 불구하고 그 서류에 주소(법인인 경우에는 영업소의 소재지를 말한다)를 적지 아니할 수 있다.

⑤ 특허에 관한 절차를 밟는 자의 대리인에 관하여는 제1항부터 제4항까지의 규정을 준용한다.

⑥ 고유번호의 부여 신청, 고유번호의 부여 및 통지, 그 밖에 고유번호에 관하여 필요한 사항은 산업통상자원부령으로 정한다.

**제28조의3【전자문서에 의한 특허에 관한 절차의 수행】** ① 특허에 관한 절차를 밟는 자는 이 법에 따라 특허청장 또는 특허심판원장에게 제출하는 특허출원서, 그 밖의 서류를 산업통상자원부령으로 정하는 방식에 따라 전자문서화하고, 이를 정보통신망을 이용하여 제출하거나 이동식 저장장치 등 전자적 기록매체에 수록하여 제출할 수 있다.

② 제1항에 따라 제출된 전자문서는 이 법에 따라 제출된 서류와 같은 효력을 가진다.

③ 제1항에 따라 정보통신망을 이용하여 제출된 전자문서는 그 문서의 제출인이 정보통신망을 통하여 접수번호를 확인할 수 있는 때에 특허청 또는 특허심판원에서 사용하는 접수용 전산정보처리조직의 파일에 기록된 내용으로 접수된 것으로 본다.

④ 제1항에 따라 전자문서로 제출할 수 있는 서류의 종류·제출방법, 그 밖에 전자문서에 의한 서류의 제출에 필요한 사항은 산업통상자원부령으로 정한다.

**제28조의4【전자문서 이용신고 및 전자서명】** ① 전자문서로 특허에 관한 절차를 밟으려는 자는 미리 특허청장 또는 특허심판원장에게 전자문서 이용신고를 하여야 하며, 특허청장 또는 특허심판원장에게 제출하는 전자문서에 제출인을 알아볼 수 있도록 전자서명을 하여야 한다.

② 제28조의3에 따라 제출된 전자문서는 제1항에 따른 전자서명을 한 자가 제출한 것으로 본다.

③ 제1항에 따른 전자문서 이용신고 절차, 전자서명 방법 등에 관하여 필요한 사항은 산업통상자원부령으로 정한다.

**제28조의5【정보통신망을 이용한 통지 등의 수행】** ① 특허청장·특허심판원장·심판장·심판관 또는 심사관은 제28조의4제1항에 따라 전자문서 이용신고를 한 자에게 서류의 통지 및 송달(이하 "통지등"이라 한다)을 하려는 경우에는 정보통신망을 이용하여 통지등을 할 수 있다.

② 제1항에 따라 정보통신망을 이용하여 한 서류의 통지등은 서면으로 한 것과 같은 효력을 가진다.

③ 제1항에 따른 서류의 통지등은 그 통지등을 받을 자가 자신이 사용하는 전산정보처리조직을 통하여 그 서류를 확인한 때에 특허청 또는 특허심판원에서 사용하는 발송용 전산정보처리조직의 파일에 기록된 내용으로 도달한 것으로 본다.

④ 제1항에 따라 정보통신망을 이용하여 하는 통지등의 종류·방법 등에 관하여 필요한 사항은 산업통상자원부령으로 정한다.

## 제2장 특허요건 및 특허출원
(2014.6.11 본장제목개정)

**제29조【특허요건】** ① 산업상 이용할 수 있는 발명으로서 다음 각 호의 어느 하나에 해당하는 것을 제외하고는 그 발명에 대하여 특허를 받을 수 있다.

1. 특허출원 전에 국내 또는 국외에서 공지(公知)되었거나 공연(公然)히 실시된 발명
2. 특허출원 전에 국내 또는 국외에서 반포된 간행물에 게재되었거나 전기통신회선을 통하여 공중(公衆)이 이용할 수 있는 발명

② 특허출원 전에 그 발명이 속하는 기술분야에서 통상의 지식을 가진 사람이 제1항 각 호의 어느 하나에 해당하는 발명에 의하여 쉽게 발명할 수 있으면 그 발명에 대해서는 제1항에도 불구하고 특허를 받을 수 없다.

③ 특허출원한 발명이 다음 각 호의 요건을 모두 갖춘 다른 특허출원의 출원서에 최초로 첨부된 명세서 또는 도면에 기재된 발명과 동일한 경우에 그 발명은 제1항에도 불구하고 특허를 받을 수 없다. 다만, 그 특허출원의 발명자와 다른 특허출원의 발명자가 같거나 그 특허출원을 출원한 때의 출원인과 다른 특허출원의 출원인이 같은 경우에는 그러하지 아니하다.

1. 그 특허출원일 전에 출원된 특허출원일 것
2. 그 특허출원 후 제64조에 따라 출원공개되거나 제87조제3항에 따라 등록공고된 특허출원일 것

④ 특허출원한 발명이 다음 각 호의 요건을 모두 갖춘 실용신안등록출원의 출원서에 최초로 첨부된 명세서 또는 도면에 기재된 고안(考案)과 동일한 경우에 그 발명은 제1항에도 불구하고 특허를 받을 수 없다. 다만, 그 특허출원의 발명자와 실용신안등록출원의 고안자가 같거나 그 특허출원을 출원한 때의 출원인과 실용신안등록출원의 출원인이 같은 경우에는 그러하지 아니하다.

1. 그 특허출원일 전에 출원된 실용신안등록출원일 것
2. 그 특허출원 후 「실용신안법」 제15조에 따라 준용되는 이 법 제64조에 따라 출원공개되거나 「실용신안법」 제21조제3항에 따라 등록공고된 실용신안등록출원일 것

⑤ 제3항을 적용할 때 다른 특허출원이 제199조제2항에 따른 국제특허출원(제214조제4항에 따라 특허출원으로 보는 국제출원을 포함한다)인 경우 제3항 본문 중 "출원서에 최초로 첨부된 명세서 또는 도면"은 "국제출원일까지 제출한 발명의 설명, 청구범위 또는 도면"으로, 같은 항 제2호 중 "출원공개"는 "출원공개 또는 「특허협력조약」 제21조에 따라 국제공개"로 본다.

⑥ 제4항을 적용할 때 실용신안등록출원이 「실용신안법」 제34조제2항에 따른 국제실용신안등록출원(같은 법 제40조제4항에 따라 실용신안등록출원으로 보는 국제출원을 포함한다)인 경우 제4항 본문 중 "출원서에 최초로 첨부된 명세서 또는 도면"은 "국제출원일까지 제출한 고안의 설명, 청구범위 또는 도면"으로, 같은 항 제2호 중 "출원공개"는 "출원공개 또는 「특허협력조약」 제21조에 따라 국제공개"로 본다.

⑦ 제3항 또는 제4항을 적용할 때 제201조제4항에 따라 취하한 것으로 보는 국제특허출원 또는 「실용신안법」 제35조제4항에 따라 취하한 것으로 보는 국제실용신안등록출원은 다른 특허출원 또는 실용신안등록출원으로 보지 아니한다.

(2014.6.11 본조개정)

**제30조 【공지 등이 되지 아니한 발명으로 보는 경우】** ① 특허를 받을 수 있는 권리를 가진 자의 발명이 다음 각 호의 어느 하나에 해당하게 된 경우 그 날부터 12개월 이내에 특허출원을 하면 그 특허출원된 발명에 대하여 제29조제1항 또는 제2항을 적용할 때에는 그 발명은 같은 조 제1항 각 호의 어느 하나에 해당하지 아니한 것으로 본다.

1. 특허를 받을 수 있는 권리를 가진 자에 의하여 그 발명이 제29조제1항 각 호의 어느 하나에 해당하게 된 경우. 다만, 조약 또는 법률에 따라 국내 또는 국외에서 출원공개되거나 등록공고된 경우는 제외한다.
2. 특허를 받을 수 있는 권리를 가진 자의 의사에 반하여 그 발명이 제29조제1항 각 호의 어느 하나에 해당하게 된 경우

② 제1항제1호를 적용받으려는 자는 특허출원서에 그 취지를 적어 출원하여야 하고, 이를 증명할 수 있는 서류를 산업통상자원부령으로 정하는 방법

에 따라 특허출원일부터 30일 이내에 특허청장에게 제출하여야 한다.
③ 제2항에도 불구하고 산업통상자원부령으로 정하는 보완수수료를 납부한 경우에는 다음 각 호의 어느 하나에 해당하는 기간에 제1항제1호를 적용받으려는 취지를 적은 서류 또는 이를 증명할 수 있는 서류를 제출할 수 있다.
1. 제47조제1항에 따라 보정할 수 있는 기간
2. 제66조에 따른 특허결정 또는 제176조제1항에 따른 특허거절결정 취소심결(특허등록을 결정한 심결에 한정하되, 재심심결을 포함한다)의 등본을 송달받은 날부터 3개월 이내의 기간. 다만, 제79조에 따른 설정등록을 받으려는 날이 3개월보다 짧은 경우에는 그 날까지의 기간
(2015.1.28 본항신설)
(2014.6.11 본조개정)

**제31조** (2006.3.3 삭제)

**제32조 【특허를 받을 수 없는 발명】** 공공의 질서 또는 선량한 풍속에 어긋나거나 공중의 위생을 해칠 우려가 있는 발명에 대해서는 제29조제1항에도 불구하고 특허를 받을 수 없다.
(2014.6.11 본조개정)

**제33조 【특허를 받을 수 있는 자】** ① 발명을 한 사람 또는 그 승계인은 이 법에서 정하는 바에 따라 특허를 받을 수 있는 권리를 가진다. 다만, 특허청 직원 및 특허심판원 직원은 상속이나 유증(遺贈)의 경우를 제외하고는 재직 중 특허를 받을 수 없다.
② 2명 이상이 공동으로 발명한 경우에는 특허를 받을 수 있는 권리를 공유한다.
(2014.6.11 본조개정)

**제34조 【무권리자의 특허출원과 정당한 권리자의 보호】** 발명자가 아닌 자로서 특허를 받을 수 있는 권리의 승계인이 아닌 자(이하 "무권리자"라 한다)가 한 특허출원이 제33조제1항 본문에 따른 특허를 받을 수 있는 권리를 가지지 아니한 사유로 제62조제2호에 해당하여 특허를 받지 못하게 된 경우에는 그 무권리자의 특허출원 후에 한 정당한 권리자의 특허출원은 무권리자가 특허출원한 때에 특허출원한 것으로 본다. 다만, 무권리자가 특허를 받지 못하게 된 날부터 30일이 지난 후에 정당한 권리자가 특허출원을 한 경우에는 그러하지 아니하다.
(2014.6.11 본조개정)

**제35조 【무권리자의 특허와 정당한 권리자의 보호】** 제33조제1항 본문에 따른 특허를 받을 수 있는 권리를 가지지 아니한 사유로 제133조제1항제2호에 해당하여 특허를 무효로 한다는 심결이 확정된 경우에는 그 무권리자의 특허출원 후에 한 정당한 권리자의 특허출원은 무효로 된 그 특허의 출원 시에 특허출원한 것으로 본다. 다만, 심결이 확정된 날부터 30일이 지난 후에 정당한 권리자가 특허출원을 한 경우에는 그러하지 아니하다.(2016.2.29 단서개정)

**제36조 【선출원】** ① 동일한 발명에 대하여 다른 날에 둘 이상의 특허출원이 있는 경우에는 먼저 특허출원한 자만이 그 발명에 대하여 특허를 받을 수 있다.
② 동일한 발명에 대하여 같은 날에 둘 이상의 특허출원이 있는 경우에는 특허출원인 간에 협의하여 정한 하나의 특허출원인만이 그 발명에 대하여 특허를 받을 수 있다. 다만, 협의가 성립하지 아니하거나 협의를 할 수 없는 경우에는 어느 특허출원인도 그 발명에 대하여 특허를 받을 수 없다.
③ 특허출원된 발명과 실용신안등록출원된 고안이 동일한 경우 그 특허출원과 실용신안등록출원이 다른 날에 출원된 것이면 제1항을 준용하고, 그 특

허출원과 실용신안등록출원이 같은 날에 출원된 것이면 제2항을 준용한다.
④ 특허출원 또는 실용신안등록출원이 다음 각 호의 어느 하나에 해당하는 경우 그 특허출원 또는 실용신안등록출원은 제1항부터 제3항까지의 규정을 적용할 때에는 처음부터 없었던 것으로 본다. 다만, 제2항 단서(제3항에 따라 준용되는 경우를 포함한다)에 해당하여 그 특허출원 또는 실용신안등록출원에 대하여 거절결정이나 거절한다는 취지의 심결이 확정된 경우에는 그러하지 아니하다.
1. 포기, 무효 또는 취하된 경우
2. 거절결정이나 거절한다는 취지의 심결이 확정된 경우
⑤ 발명자 또는 고안자가 아닌 자로서 특허를 받을 수 있는 권리 또는 실용신안등록을 받을 수 있는 권리의 승계인이 아닌 자가 한 특허출원 또는 실용신안등록출원은 제1항부터 제3항까지의 규정을 적용할 때에는 처음부터 없었던 것으로 본다.
⑥ 특허청장은 제2항의 경우에 특허출원인에게 기간을 정하여 협의의 결과를 신고할 것을 명하고, 그 기간에 신고가 없으면 제2항에 따른 협의는 성립되지 아니한 것으로 본다.
(2014.6.11 본조개정)

**제37조【특허를 받을 수 있는 권리의 이전 등】** ① 특허를 받을 수 있는 권리는 이전할 수 있다.
② 특허를 받을 수 있는 권리는 질권의 목적으로 할 수 없다.
③ 특허를 받을 수 있는 권리가 공유인 경우에는 각 공유자는 다른 공유자 모두의 동의를 받아야만 그 지분을 양도할 수 있다.
(2014.6.11 본조개정)

**제38조【특허를 받을 수 있는 권리의 승계】** ① 특허출원 전에 이루어진 특허를 받을 수 있는 권리의 승계는 그 승계인이 특허출원을 하여야 제3자에게 대항할 수 있다.
② 동일한 자로부터 동일한 특허를 받을 수 있는 권리를 승계한 자가 둘 이상인 경우 그 승계한 권리에 대하여 같은 날에 둘 이상의 특허출원이 있으면 특허출원인 간에 협의하여 정한 자에게만 승계의 효력이 발생한다.
③ 동일한 자로부터 동일한 발명 및 고안에 대한 특허를 받을 수 있는 권리 및 실용신안등록을 받을 수 있는 권리를 승계한 자가 둘 이상인 경우 그 승계한 권리에 대하여 같은 날에 특허출원 및 실용신안등록출원이 있으면 특허출원인 및 실용신안등록출원인 간에 협의하여 정한 자에게만 승계의 효력이 발생한다.
④ 특허출원 후에는 특허를 받을 수 있는 권리의 승계는 상속, 그 밖의 일반승계의 경우를 제외하고는 특허출원인변경신고를 하여야만 그 효력이 발생한다.
⑤ 특허를 받을 수 있는 권리의 상속, 그 밖의 일반승계가 있는 경우에는 승계인은 지체 없이 그 취지를 특허청장에게 신고하여야 한다.
⑥ 동일한 자로부터 동일한 특허를 받을 수 있는 권리를 승계한 자가 둘 이상인 경우 그 승계한 권리에 대하여 같은 날에 둘 이상의 특허출원인변경신고가 있으면 신고를 한 자 간에 협의하여 정한 자에게만 신고의 효력이 발생한다.
⑦ 제2항·제3항 또는 제6항의 경우에는 제36조제6항을 준용한다.
(2014.6.11 본조개정)

**제39조~제40조** (2006.3.3 삭제)

**제41조【국방상 필요한 발명 등】** ① 정부는 국방상 필요한 경우 외국에 특허출원하는 것을 금지하거나 발명자·출원인 및 대리인에게 그 특허출원의 발명을 비밀로 취급하도록 명할 수 있

다. 다만, 정부의 허가를 받은 경우에는 외국에 특허출원을 할 수 있다.
② 정부는 특허출원된 발명이 국방상 필요한 경우에는 특허를 하지 아니할 수 있으며, 전시·사변 또는 이에 준하는 비상시에 국방상 필요한 경우에는 특허를 받을 수 있는 권리를 수용할 수 있다.
③ 제1항에 따른 외국에의 특허출원 금지 또는 비밀취급에 따른 손실에 대해서는 정부는 정당한 보상금을 지급하여야 한다.
④ 제2항에 따라 특허하지 아니하거나 수용한 경우에는 정부는 정당한 보상금을 지급하여야 한다.
⑤ 제1항에 따른 외국에의 특허출원 금지 또는 비밀취급명령을 위반한 경우에는 그 발명에 대하여 특허를 받을 수 있는 권리를 포기한 것으로 본다.
⑥ 제1항에 따른 외국에의 특허출원 금지 또는 비밀취급명령을 위반한 경우에는 외국에의 특허출원 금지 또는 비밀취급에 따른 손실보상금의 청구권을 포기한 것으로 본다.
⑦ 제1항에 따른 외국에의 특허출원 금지 및 비밀취급의 절차, 제2항부터 제4항까지의 규정에 따른 수용, 보상금 지급의 절차, 그 밖에 필요한 사항은 대통령령으로 정한다.
(2014.6.11 본조개정)

**제42조【특허출원】** ① 특허를 받으려는 자는 다음 각 호의 사항을 적은 특허출원서를 특허청장에게 제출하여야 한다.
1. 특허출원인의 성명 및 주소(법인인 경우에는 그 명칭 및 영업소의 소재지)
2. 특허출원인의 대리인이 있는 경우에는 그 대리인의 성명 및 주소나 영업소의 소재지〔대리인이 특허법인·특허법인(유한)인 경우에는 그 명칭, 사무소의 소재지 및 지정된 변리사의 성명〕
3. 발명의 명칭
4. 발명자의 성명 및 주소

② 제1항에 따른 특허출원서에는 발명의 설명·청구범위를 적은 명세서와 필요한 도면 및 요약서를 첨부하여야 한다.
③ 제2항에 따른 발명의 설명은 다음 각 호의 요건을 모두 충족하여야 한다.
1. 그 발명이 속하는 기술분야에서 통상의 지식을 가진 사람이 그 발명을 쉽게 실시할 수 있도록 명확하고 상세하게 적을 것
2. 그 발명의 배경이 되는 기술을 적을 것

④ 제2항에 따른 청구범위에는 보호받으려는 사항을 적은 항(이하 "청구항"이라 한다)이 하나 이상 있어야 하며, 그 청구항은 다음 각 호의 요건을 모두 충족하여야 한다.
1. 발명의 설명에 의하여 뒷받침될 것
2. 발명이 명확하고 간결하게 적혀 있을 것

⑤ (2014.6.11 삭제)
⑥ 제2항에 따른 청구범위에는 보호받으려는 사항을 명확히 할 수 있도록 발명을 특정하는 데 필요하다고 인정되는 구조·방법·기능·물질 또는 이들의 결합관계 등을 적어야 한다.
⑦ (2014.6.11 삭제)
⑧ 제2항에 따른 청구범위의 기재방법에 관하여 필요한 사항은 대통령령으로 정한다.
⑨ 제2항에 따른 발명의 설명, 도면 및 요약서의 기재방법 등에 관하여 필요한 사항은 산업통상자원부령으로 정한다.
(2014.6.11 본조개정)

**제42조의2【특허출원일 등】** ① 특허출원일은 명세서 및 필요한 도면을 첨부한 특허출원서가 특허청장에게 도달한 날로 한다. 이 경우 명세서에 청구범위는 적지 아니할 수 있으나, 발명의 설명은 적어야 한다.

② 특허출원인은 제1항 후단에 따라 특허출원서에 최초로 첨부한 명세서에 청구범위를 적지 아니한 경우에는 제64조제1항 각 호의 구분에 따른 날부터 1년 2개월이 되는 날까지 명세서에 청구범위를 적는 보정을 하여야 한다. 다만, 본문에 따른 기한 이전에 제60조제3항에 따른 출원심사 청구의 취지를 통지받은 경우에는 그 통지를 받은 날부터 3개월이 되는 날 또는 제64조제1항 각 호의 구분에 따른 날부터 1년 2개월이 되는 날 중 빠른 날까지 보정을 하여야 한다.

③ 특허출원인이 제2항에 따른 보정을 하지 아니한 경우에는 제2항에 따른 기한이 되는 날의 다음 날에 해당 특허출원을 취하한 것으로 본다.

(2014.6.11 본조신설)

**제42조의3【외국어특허출원 등】** ① 특허출원인이 명세서 및 도면(도면 중 설명부분에 한정한다. 이하 제2항 및 제5항에서 같다)을 국어가 아닌 산업통상자원부령으로 정하는 언어로 적겠다는 취지를 특허출원을 할 때 특허출원서에 적은 경우에는 그 언어로 적을 수 있다.

② 특허출원인이 특허출원서에 최초로 첨부한 명세서 및 도면을 제1항에 따른 언어로 적은 특허출원(이하 "외국어특허출원"이라 한다)을 한 경우에는 제64조제1항 각 호의 구분에 따른 날부터 1년 2개월이 되는 날까지 그 명세서 및 도면의 국어번역문을 산업통상자원부령으로 정하는 방법에 따라 제출하여야 한다. 다만, 본문에 따른 기한 이전에 제60조제3항에 따른 출원심사 청구의 취지를 통지받은 경우에는 그 통지를 받은 날부터 3개월이 되는 날 또는 제64조제1항 각 호의 구분에 따른 날부터 1년 2개월이 되는 날 중 빠른 날까지 제출하여야 한다.

③ 제2항에 따라 국어번역문을 제출한 특허출원인은 제2항에 따른 기한 이전에 그 국어번역문을 갈음하여 새로운 국어번역문을 제출할 수 있다. 다만, 다음 각 호의 어느 하나에 해당하는 경우에는 그러하지 아니하다.

1. 명세서 또는 도면을 보정(제5항에 따라 보정한 것으로 보는 경우는 제외한다)한 경우
2. 특허출원인이 출원심사의 청구를 한 경우

④ 특허출원인이 제2항에 따른 명세서의 국어번역문을 제출하지 아니한 경우에는 제2항에 따른 기한이 되는 날의 다음 날에 해당 특허출원을 취하한 것으로 본다.

⑤ 특허출원인이 제2항에 따른 국어번역문 또는 제3항 본문에 따른 새로운 국어번역문을 제출한 경우에는 외국어특허출원의 특허출원서에 최초로 첨부한 명세서 및 도면을 그 국어번역문에 따라 보정한 것으로 본다. 다만, 제3항 본문에 따라 새로운 국어번역문을 제출한 경우에는 마지막 국어번역문(이하 이 조 및 제47조제2항 후단에서 "최종 국어번역문"이라 한다) 전에 제출한 국어번역문에 따라 보정한 것으로 보는 모든 보정은 처음부터 없었던 것으로 본다.

⑥ 특허출원인은 제47조제1항에 따라 보정을 할 수 있는 기간에 최종 국어번역문의 잘못된 번역을 산업통상자원부령으로 정하는 방법에 따라 정정할 수 있다. 이 경우 정정된 국어번역문에 관하여는 제5항을 적용하지 아니한다.

⑦ 제6항 전단에 따라 제47조제1항제1호 또는 제2호에 따른 기간에 정정을 하는 경우에는 마지막 정정 전에 한 모든 정정은 처음부터 없었던 것으로 본다.(2016.2.29 본항신설)

(2014.6.11 본조신설)

**제43조【요약서】** 제42조제2항에 따른 요약서는 기술정보로서의 용도로 사용하여야 하며, 특허발명의 보호범위를

정하는 데에는 사용할 수 없다.
(2014.6.11 본조개정)

**제44조【공동출원】** 특허를 받을 수 있는 권리가 공유인 경우에는 공유자 모두가 공동으로 특허출원을 하여야 한다.(2014.6.11 본조개정)

**제45조【하나의 특허출원의 범위】** ① 특허출원은 하나의 발명마다 하나의 특허출원으로 한다. 다만, 하나의 총괄적 발명의 개념을 형성하는 일 군(群)의 발명에 대하여 하나의 특허출원으로 할 수 있다.

② 제1항 단서에 따라 일 군의 발명에 대하여 하나의 특허출원으로 할 수 있는 요건은 대통령령으로 정한다.
(2014.6.11 본조개정)

**제46조【절차의 보정】** 특허청장 또는 특허심판원장은 특허에 관한 절차가 다음 각 호의 어느 하나에 해당하는 경우에는 기간을 정하여 보정을 명하여야 한다. 이 경우 보정명령을 받은 자는 그 기간에 그 보정명령에 대한 의견서를 특허청장 또는 특허심판원장에게 제출할 수 있다.

1. 제3조제1항 또는 제6조를 위반한 경우
2. 이 법 또는 이 법에 따른 명령으로 정하는 방식을 위반한 경우
3. 제82조에 따라 내야 할 수수료를 내지 아니한 경우

(2014.6.11 본조개정)

**제47조【특허출원의 보정】** ① 특허출원인은 제66조에 따른 특허결정의 등본을 송달하기 전까지 특허출원서에 첨부한 명세서 또는 도면을 보정할 수 있다. 다만, 제63조제1항에 따른 거절이유통지(이하 "거절이유통지"라 한다)를 받은 후에는 다음 각 호의 구분에 따른 기간(제3호의 경우에는 그 때)에만 보정할 수 있다.

1. 거절이유통지(거절이유통지에 대한 보정에 따라 발생한 거절이유에 대한 거절이유통지는 제외한다)를 최초로 받거나 제2호의 거절이유통지가 아닌 거절이유통지를 받은 경우 : 해당 거절이유통지에 따른 의견서 제출기간
2. 거절이유통지(제66조의3제2항에 따른 통지를 한 경우에는 그 통지 전의 거절이유통지는 제외한다)에 대한 보정에 따라 발생한 거절이유에 대하여 거절이유통지를 받은 경우 : 해당 거절이유통지에 따른 의견서 제출기간(2016.2.29 본호개정)
3. 제67조의2에 따른 재심사를 청구하는 경우 : 청구할 때

② 제1항에 따른 명세서 또는 도면의 보정은 특허출원서에 최초로 첨부한 명세서 또는 도면에 기재된 사항의 범위에서 하여야 한다. 이 경우, 외국어특허출원에 대한 보정은 최종 국어번역문(제42조의3제6항 전단에 따른 정정이 있는 경우에는 정정된 국어번역문을 말한다) 또는 특허출원서에 최초로 첨부한 도면(도면 중 설명부분은 제외한다)에 기재된 사항의 범위에서도 하여야 한다.

③ 제1항제2호 및 제3호에 따른 보정 중 청구범위에 대한 보정은 다음 각 호의 어느 하나에 해당하는 경우에만 할 수 있다.

1. 청구항을 한정 또는 삭제하거나 청구항에 부가하여 청구범위를 감축하는 경우
2. 잘못 기재된 사항을 정정하는 경우
3. 분명하지 아니하게 기재된 사항을 명확하게 하는 경우
4. 제2항에 따른 범위를 벗어난 보정에 대하여 그 보정 전 청구범위로 되돌아가거나 되돌아가면서 청구범위를 제1호부터 제3호까지의 규정에 따라 보정하는 경우

④ 제1항제1호 또는 제2호에 따른 기간에 보정을 하는 경우에는 각각의 보

정절차에서 마지막 보정 전에 한 모든 보정은 취하된 것으로 본다.
⑤ 외국어특허출원인 경우에는 제1항 본문에도 불구하고 제42조의3제2항에 따라 국어번역문을 제출한 경우에만 명세서 또는 도면을 보정할 수 있다.
(2014.6.11 본조개정)

**제48조** (2001.2.3 삭제)

**제49조** (2006.3.3 삭제)

**제50조** (1997.4.10 삭제)

**제51조【보정각하】** ① 심사관은 제47조제1항제2호 및 제3호에 따른 보정이 같은 조 제2항 또는 제3항을 위반하거나 그 보정(같은 조 제3항제1호 및 제4호에 따른 보정 중 청구항을 삭제하는 보정은 제외한다)에 따라 새로운 거절이유가 발생한 것으로 인정하면 결정으로 그 보정을 각하하여야 한다. 다만, 다음 각 호의 어느 하나에 해당하는 보정인 경우에는 그러하지 아니하다.(2016.2.29 단서개정)

1. 제66조의2에 따른 직권보정을 하는 경우 : 그 직권보정 전에 한 보정
2. 제66조의3에 따른 직권 재심사를 하는 경우 : 취소된 특허결정 전에 한 보정
3. 제67조의2에 따른 재심사의 청구가 있는 경우 : 그 청구 전에 한 보정

(2016.2.29 1호~3호신설)
② 제1항에 따른 각하결정은 서면으로 하여야 하며, 그 이유를 붙여야 한다.
③ 제1항에 따른 각하결정에 대해서는 불복할 수 없다. 다만, 제132조의17에 따른 특허거절결정에 대한 심판에서 그 각하결정(제66조의3에 따른 직권 재심사를 하는 경우 취소된 특허결정 전에 한 각하결정과 제67조의2에 따른 재심사의 청구가 있는 경우 그 청구 전에 한 각하결정은 제외한다)에 대하여 다투는 경우에는 그러하지 아니하다.
(2016.2.29 단서개정)
(2014.6.11 본조개정)

**제52조【분할출원】** ① 특허출원인은 둘 이상의 발명을 하나의 특허출원으로 한 경우에는 그 특허출원의 출원서에 최초로 첨부된 명세서 또는 도면에 기재된 사항의 범위에서 다음 각 호의 어느 하나에 해당하는 기간에 그 일부를 하나 이상의 특허출원으로 분할할 수 있다. 다만, 그 특허출원이 외국어특허출원인 경우에는 그 특허출원에 대한 제42조의3제2항에 따른 국어번역문이 제출된 경우에만 분할할 수 있다.

1. 제47조제1항에 따라 보정을 할 수 있는 기간
2. 특허거절결정등본을 송달받은 날부터 3개월(제15조제1항에 따라 제132조의17에 따른 기간이 연장된 경우 그 연장된 기간을 말한다) 이내의 기간(2021.10.19 본호개정)
3. 제66조에 따른 특허결정 또는 제176조제1항에 따른 특허거절결정 취소심결(특허등록을 결정한 심결에 한정하되, 재심심결을 포함한다)의 등본을 송달받은 날부터 3개월 이내의 기간. 다만, 제79조에 따른 설정등록을 받으려는 날이 3개월보다 짧은 경우에는 그 날까지의 기간
(2015.1.28 본호신설)

② 제1항에 따라 분할된 특허출원(이하 "분할출원"이라 한다)이 있는 경우 그 분할출원은 특허출원한 때에 출원한 것으로 본다. 다만, 그 분할출원에 대하여 다음 각 호의 규정을 적용할 경우에는 해당 분할출원을 한 때에 출원한 것으로 본다.

1. 분할출원이 제29조제3항에 따른 다른 특허출원 또는 「실용신안법」 제4조제4항에 따른 특허출원에 해당하여 이 법 제29조제3항 또는 「실용신안법」 제4조제4항을 적용하는 경우
2. 제30조제2항을 적용하는 경우
3. 제54조제3항을 적용하는 경우
4. 제55조제2항을 적용하는 경우

③ 제1항에 따라 분할출원을 하려는 자는 분할출원을 할 때에 특허출원서에 그 취지 및 분할의 기초가 된 특허출원의 표시를 하여야 한다.
④ 분할의 기초가 된 특허출원이 제54조 또는 제55조에 따라 우선권을 주장한 특허출원인 경우에는 제1항에 따라 분할출원을 한 때에 그 분할출원에 대해서도 우선권 주장을 한 것으로 보며, 분할의 기초가 된 특허출원에 대하여 제54조제4항에 따라 제출된 서류 또는 서면이 있는 경우에는 분할출원에 대해서도 해당 서류 또는 서면이 제출된 것으로 본다.(2021.10.19 본항신설)
⑤ 제4항에 따라 우선권을 주장한 것으로 보는 분할출원에 관하여는 제54조제7항 또는 제55조제7항에 따른 기한이 지난 후에도 분할출원을 한 날부터 30일 이내에 그 우선권 주장의 전부 또는 일부를 취하할 수 있다.
(2021.10.19 본항신설)
⑥ 분할출원의 경우에 제54조에 따른 우선권을 주장하는 자는 같은 조 제4항에 따른 서류를 같은 조 제5항에 따른 기간이 지난 후에도 분할출원을 한 날부터 3개월 이내에 특허청장에게 제출할 수 있다.
⑦ 분할출원이 외국어특허출원인 경우에는 특허출원인은 제42조의3제2항에 따른 국어번역문 또는 같은 조 제3항 본문에 따른 새로운 국어번역문을 같은 조 제2항에 따른 기한이 지난 후에도 분할출원을 한 날부터 30일이 되는 날까지는 제출할 수 있다. 다만, 제42조의3제3항 각 호의 어느 하나에 해당하는 경우에는 새로운 국어번역문을 제출할 수 없다.
⑧ 특허출원서에 최초로 첨부한 명세서에 청구범위를 적지 아니한 분할출원에 관하여는 제42조의2제2항에 따른 기한이 지난 후에도 분할출원을 한 날부터 30일이 되는 날까지는 명세서에 청구범위를 적는 보정을 할 수 있다.
(2014.6.11 본조개정)

**제52조의2【분리출원】** ① 특허거절결정을 받은 자는 제132조의17에 따른 심판청구가 기각된 경우 그 심결의 등본을 송달받은 날부터 30일(제186조제5항에 따라 심판장이 부가기간을 정한 경우에는 그 기간을 말한다) 이내에 그 특허출원의 출원서에 최초로 첨부된 명세서 또는 도면에 기재된 사항의 범위에서 그 특허출원의 일부를 새로운 특허출원으로 분리할 수 있다. 이 경우 새로운 특허출원의 청구범위에는 다음 각 호의 어느 하나에 해당하는 청구항만을 적을 수 있다.
1. 그 심판청구의 대상이 되는 특허거절결정에서 거절되지 아니한 청구항
2. 거절된 청구항에서 그 특허거절결정의 기초가 된 선택적 기재사항을 삭제한 청구항
3. 제1호 또는 제2호에 따른 청구항을 제47조제3항 각 호(같은 항 제4호는 제외한다)의 어느 하나에 해당하도록 적은 청구항
4. 제1호부터 제3호까지 중 어느 하나의 청구항에서 그 특허출원의 출원서에 최초로 첨부된 명세서 또는 도면에 기재된 사항의 범위를 벗어난 부분을 삭제한 청구항

② 제1항에 따라 분리된 특허출원(이하 "분리출원"이라 한다)에 관하여는 제52조제2항부터 제5항까지의 규정을 준용한다. 이 경우 "분할"은 "분리"로, "분할출원"은 "분리출원"으로 본다.
③ 분리출원을 하는 경우에는 제42조의2제1항 후단 또는 제42조의3제1항에도 불구하고 특허출원서에 최초로 첨부한 명세서에 청구범위를 적지 아니하거나 명세서 및 도면(도면 중 설명부분에 한정한다)을 국어가 아닌 언어로 적을 수 없다.

④ 분리출원은 새로운 분리출원, 분할출원 또는 「실용신안법」 제10조에 따른 변경출원의 기초가 될 수 없다.
(2021.10.19 본조신설)

**제53조 【변경출원】** ① 실용신안등록출원인은 그 실용신안등록출원의 출원서에 최초로 첨부된 명세서 또는 도면에 기재된 사항의 범위에서 그 실용신안등록출원을 특허출원으로 변경할 수 있다. 다만, 다음 각 호의 어느 하나에 해당하는 경우에는 그러하지 아니하다.

1. 그 실용신안등록출원에 관하여 최초의 거절결정등본을 송달받은 날부터 3개월(「실용신안법」 제3조에 따라 준용되는 이 법 제15조제1항에 따라 제132조의17에 따른 기간이 연장된 경우에는 그 연장된 기간을 말한다)이 지난 경우(2021.10.19 본호개정)
2. 그 실용신안등록출원이 「실용신안법」 제8조의3제2항에 따른 외국어실용신안등록출원인 경우로서 변경하여 출원할 때 같은 항에 따른 국어번역문이 제출되지 아니한 경우

(2014.6.11 본항개정)

② 제1항에 따라 변경된 특허출원(이하 "변경출원"이라 한다)이 있는 경우에 그 변경출원은 실용신안등록출원을 한 때에 특허출원한 것으로 본다. 다만, 그 변경출원이 다음 각 호의 어느 하나에 해당하는 경우에는 그러하지 아니하다.

1. 제29조제3항에 따른 다른 특허출원 또는 「실용신안법」 제4조제4항에 따른 특허출원에 해당하여 이 법 제29조제3항 또는 「실용신안법」 제4조제4항을 적용하는 경우
2. 제30조제2항을 적용하는 경우
3. 제54조제3항을 적용하는 경우
4. 제55조제2항을 적용하는 경우

(2014.6.11 본항개정)

③ 제1항에 따라 변경출원을 하려는 자는 변경출원을 할 때 특허출원서에 그 취지 및 변경출원의 기초가 된 실용신안등록출원의 표시를 하여야 한다.
(2014.6.11 본항개정)

④ 변경출원이 있는 경우에는 그 실용신안등록출원은 취하된 것으로 본다.
(2014.6.11 본항개정)

⑤ (2014.6.11 삭제)

⑥ 변경출원의 경우에 제54조에 따른 우선권을 주장하는 자는 같은 조 제4항에 따른 서류를 같은 조 제5항에 따른 기간이 지난 후에도 변경출원을 한 날부터 3개월 이내에 특허청장에게 제출할 수 있다.(2013.3.22 본항개정)

⑦ 특허출원인은 변경출원이 외국어특허출원인 경우에는 제42조의3제2항에 따른 국어번역문 또는 같은 조 제3항 본문에 따른 새로운 국어번역문을 같은 조 제2항에 따른 기한이 지난 후에도 변경출원을 한 날부터 30일이 되는 날까지는 제출할 수 있다. 다만, 제42조의3제3항 각 호의 어느 하나에 해당하는 경우에는 새로운 국어번역문을 제출할 수 없다.(2014.6.11 본항신설)

⑧ 특허출원인은 특허출원서에 최초로 첨부한 명세서에 청구범위를 적지 아니한 변경출원의 경우 제42조의2제2항에 따른 기한이 지난 후에도 변경출원을 한 날부터 30일이 되는 날까지 명세서에 청구범위를 적는 보정을 할 수 있다.(2014.6.11 본항신설)

**제54조 【조약에 의한 우선권 주장】**
① 조약에 따라 다음 각 호의 어느 하나에 해당하는 경우에는 제29조 및 제36조를 적용할 때에 그 당사국에 출원한 날을 대한민국에 특허출원한 날로 본다.

1. 대한민국 국민에게 특허출원에 대한 우선권을 인정하는 당사국의 국민이 그 당사국 또는 다른 당사국에 특허출원한 후 동일한 발명을 대한민국에 특허출원하여 우선권을 주장하는 경우

2. 대한민국 국민에게 특허출원에 대한 우선권을 인정하는 당사국에 대한민국 국민이 특허출원한 후 동일한 발명을 대한민국에 특허출원하여 우선권을 주장하는 경우

② 제1항에 따라 우선권을 주장하려는 자는 우선권 주장의 기초가 되는 최초의 출원일부터 1년 이내에 특허출원을 하지 아니하면 우선권을 주장할 수 없다.

③ 제1항에 따라 우선권을 주장하려는 자는 특허출원을 할 때 특허출원서에 그 취지, 최초로 출원한 국가명 및 출원의 연월일을 적어야 한다.

④ 제3항에 따라 우선권을 주장한 자는 제1호의 서류 또는 제2호의 서면을 특허청장에게 제출하여야 한다. 다만, 제2호의 서면은 산업통상자원부령으로 정하는 국가의 경우만 해당한다.

1. 최초로 출원한 국가의 정부가 인증하는 서류로서 특허출원의 연월일을 적은 서면, 발명의 명세서 및 도면의 등본
2. 최초로 출원한 국가의 특허출원의 출원번호 및 그 밖에 출원을 확인할 수 있는 정보 등 산업통상자원부령으로 정하는 사항을 적은 서면

⑤ 제4항에 따른 서류 또는 서면은 다음 각 호에 해당하는 날 중 최우선일(最優先日)부터 1년 4개월 이내에 제출하여야 한다.

1. 조약 당사국에 최초로 출원한 출원일
2. 그 특허출원이 제55조제1항에 따른 우선권 주장을 수반하는 경우에는 그 우선권 주장의 기초가 되는 출원의 출원일
3. 그 특허출원이 제3항에 따른 다른 우선권 주장을 수반하는 경우에는 그 우선권 주장의 기초가 되는 출원의 출원일

⑥ 제3항에 따라 우선권을 주장한 자가 제5항의 기간에 제4항에 따른 서류를 제출하지 아니한 경우에는 그 우선권 주장은 효력을 상실한다.

⑦ 제1항에 따라 우선권 주장을 한 자 중 제2항의 요건을 갖춘 자는 제5항에 따른 최우선일부터 1년 4개월 이내에 해당 우선권 주장을 보정하거나 추가할 수 있다.

(2014.6.11 본조개정)

**제55조 【특허출원 등을 기초로 한 우선권 주장】** ① 특허를 받으려는 자는 자신이 특허나 실용신안등록을 받을 수 있는 권리를 가진 특허출원 또는 실용신안등록출원으로 먼저 한 출원(이하 "선출원"이라 한다)의 출원서에 최초로 첨부된 명세서 또는 도면에 기재된 발명을 기초로 그 특허출원한 발명에 관하여 우선권을 주장할 수 있다. 다만, 다음 각 호의 어느 하나에 해당하는 경우에는 그러하지 아니하다.

1. 그 특허출원이 선출원의 출원일부터 1년이 지난 후에 출원된 경우
2. 선출원이 제52조제2항(「실용신안법」 제11조에 따라 준용되는 경우를 포함한다)에 따른 분할출원 또는 제52조의2제2항(「실용신안법」 제11조에 따라 준용되는 경우를 포함한다)에 따른 분리출원이거나 제53조제2항 또는 「실용신안법」 제10조제2항에 따른 변경출원인 경우(2021.10.19 본호개정)
3. 그 특허출원을 할 때에 선출원이 포기·무효 또는 취하된 경우
4. 그 특허출원을 할 때에 선출원이 설정등록되었거나 특허거절결정, 실용신안등록거절결정 또는 거절한다는 취지의 심결이 확정된 경우
(2021.10.19 본호개정)

② 제1항에 따른 우선권을 주장하려는 자는 특허출원을 할 때 특허출원서에 그 취지와 선출원의 표시를 하여야 한다.

③ 제1항에 따른 우선권 주장을 수반하는 특허출원된 발명 중 해당 우선권 주장의 기초가 된 선출원의 출원서에

최초로 첨부된 명세서 또는 도면에 기재된 발명과 같은 발명에 관하여 제29조제1항·제2항, 같은 조 제3항 본문, 같은 조 제4항 본문, 제30조제1항, 제36조제1항부터 제3항까지, 제96조제1항제3호, 제98조, 제103조, 제105조제1항·제2항, 제129조 및 제136조제5항(제132조의3제3항 또는 제133조의2제4항에 따라 준용되는 경우를 포함한다), 「실용신안법」 제7조제3항·제4항 및 제25조, 「디자인보호법」 제95조 및 제103조제3항을 적용할 때에는 그 특허출원은 그 선출원을 한 때에 특허출원한 것으로 본다.(2016.2.29 본항개정)

④ 제1항에 따른 우선권 주장을 수반하는 특허출원의 출원서에 최초로 첨부된 명세서 또는 도면에 기재된 발명 중 해당 우선권 주장의 기초가 된 선출원의 출원서에 최초로 첨부된 명세서 또는 도면에 기재된 발명과 같은 발명은 그 특허출원이 출원공개되거나 특허가 등록공고되었을 때에 해당 우선권 주장의 기초가 된 선출원에 관하여 출원공개가 된 것으로 보고 제29조제3항 본문, 같은 조 제4항 본문 또는 「실용신안법」 제4조제3항 본문·제4항 본문을 적용한다.

⑤ 선출원이 다음 각 호의 어느 하나에 해당하면 그 선출원의 출원서에 최초로 첨부된 명세서 또는 도면에 기재된 발명 중 그 선출원에 관하여 우선권 주장의 기초가 된 출원의 출원서에 최초로 첨부된 명세서 또는 도면에 기재된 발명에 대해서는 제3항과 제4항을 적용하지 아니한다.

1. 선출원이 제1항에 따른 우선권 주장을 수반하는 출원인 경우
2. 선출원이 「공업소유권의 보호를 위한 파리 협약」 제4조D(1)에 따른 우선권 주장을 수반하는 출원인 경우

⑥ 제4항을 적용할 때 선출원이 다음 각 호의 어느 하나에 해당하더라도 제29조제7항을 적용하지 아니한다.

1. 선출원이 제201조제4항에 따라 취하한 것으로 보는 국제특허출원인 경우
2. 선출원이 「실용신안법」 제35조제4항에 따라 취하한 것으로 보는 국제실용신안등록출원인 경우

⑦ 제1항에 따른 요건을 갖추어 우선권 주장을 한 자는 선출원일(선출원이 둘 이상인 경우에는 최선출원일을 말한다)부터 1년 4개월 이내에 그 우선권 주장을 보정하거나 추가할 수 있다.

⑧ 제1항에 따른 우선권 주장의 기초가 된 선출원은 제79조에 따른 설정등록을 받을 수 없다. 다만, 해당 선출원을 기초로 한 우선권 주장이 취하된 경우에는 그러하지 아니하다.
(2021.10.19 본항신설)
(2014.6.11 본조개정)

**제56조【선출원의 취하 등】** ① 제55조제1항에 따른 우선권 주장의 기초가 된 선출원은 그 출원일부터 1년 3개월이 지난 때에 취하된 것으로 본다. 다만, 그 선출원이 다음 각 호의 어느 하나에 해당하는 경우에는 그러하지 아니하다.

1. 포기, 무효 또는 취하된 경우
2. 설정등록되었거나 특허거절결정, 실용신안등록거절결정 또는 거절한다는 취지의 심결이 확정된 경우
(2021.10.19 본호개정)
3. 해당 선출원을 기초로 한 우선권 주장이 취하된 경우

② 제55조제1항에 따른 우선권 주장을 수반하는 특허출원의 출원인은 선출원의 출원일부터 1년 3개월이 지난 후에는 그 우선권 주장을 취하할 수 없다.

③ 제55조제1항에 따른 우선권 주장을 수반하는 특허출원이 선출원의 출원일부터 1년 3개월 이내에 취하된 때에는 그 우선권 주장도 동시에 취하된 것으로 본다.
(2014.6.11 본조개정)

## 제3장 심 사
(2014.6.11 본장제목개정)

**제57조 【심사관에 의한 심사】** ① 특허청장은 심사관에게 특허출원을 심사하게 한다.
② 심사관의 자격에 관하여 필요한 사항은 대통령령으로 정한다.
(2014.6.11 본조개정)

**제58조 【전문기관의 등록 등】** ① 특허청장은 출원인이 특허출원할 때 필요하거나 특허출원을 심사(국제출원에 대한 국제조사 및 국제예비심사를 포함한다)할 때에 필요하다고 인정하면 제2항에 따른 전문기관에 미생물의 기탁·분양, 선행기술의 조사, 특허분류의 부여, 그 밖에 대통령령으로 정하는 업무를 의뢰할 수 있다.(2016.12.2 본항개정)
② 제1항에 따라 특허청장이 의뢰하는 업무를 수행하려는 자는 특허청장에게 전문기관의 등록을 하여야 한다.
(2016.12.2 본항신설)
③ 특허청장은 제1항의 업무를 효과적으로 수행하기 위하여 필요하다고 인정하는 경우에는 대통령령으로 정하는 전담기관으로 하여금 전문기관 업무에 대한 관리 및 평가에 관한 업무를 대행하게 할 수 있다.(2018.4.17 본항신설)
④ 특허청장은 특허출원의 심사에 필요하다고 인정하는 경우에는 관계 행정기관, 해당 기술분야의 전문기관 또는 특허에 관한 지식과 경험이 풍부한 사람에게 협조를 요청하거나 의견을 들을 수 있다. 이 경우 특허청장은 예산의 범위에서 수당 또는 비용을 지급할 수 있다.(2018.4.17 본항개정)
⑤ 제2항에 따른 전문기관의 등록기준, 선행기술의 조사 또는 특허분류의 부여 등의 의뢰에 필요한 사항은 대통령령으로 정한다.(2018.4.17 본항개정)
(2016.12.2 본조제목개정)

**제58조의2 【전문기관 등록의 취소 등】** ① 특허청장은 제58조제2항에 따른 전문기관이 제1호에 해당하는 경우에는 전문기관의 등록을 취소하여야 하며, 제2호 또는 제3호에 해당하는 경우에는 그 등록을 취소하거나 6개월 이내의 기간을 정하여 업무의 전부 또는 일부의 정지를 명할 수 있다.
(2016.12.2 본문개정)
1. 거짓이나 그 밖의 부정한 방법으로 등록을 한 경우(2016.12.2 본호개정)
2. 제58조제5항에 따른 등록기준에 맞지 아니하게 된 경우(2018.4.17 본호개정)
3. 전문기관의 임직원이 특허출원 중인 발명(국제출원 중인 발명을 포함한다)에 관하여 직무상 알게 된 비밀을 누설하거나 도용한 경우
(2016.2.29 본호신설)

② 특허청장은 제1항에 따라 전문기관의 등록을 취소하거나 업무정지를 명하려면 청문을 하여야 한다.
(2016.12.2 본항개정)
③ 제1항에 따른 처분의 세부 기준과 절차 등에 관하여 필요한 사항은 산업통상자원부령으로 정한다.
(2016.12.2 본조제목개정)
(2014.6.11 본조개정)

**제59조 【특허출원심사의 청구】** ① 특허출원에 대하여 심사청구가 있을 때에만 이를 심사한다.
② 누구든지 특허출원에 대하여 특허출원일부터 3년 이내에 특허청장에게 출원심사의 청구를 할 수 있다. 다만, 특허출원인은 다음 각 호의 어느 하나에 해당하는 경우에는 출원심사의 청구를 할 수 없다.(2016.2.29 본문개정)
1. 명세서에 청구범위를 적지 아니한 경우
2. 제42조의3제2항에 따른 국어번역문을 제출하지 아니한 경우(외국어특허출원의 경우로 한정한다)

③ 제34조 및 제35조에 따른 정당한

권리자의 특허출원, 분할출원, 분리출원 또는 변경출원에 관하여는 제2항에 따른 기간이 지난 후에도 정당한 권리자가 특허출원을 한 날, 분할출원을 한 날, 분리출원을 한 날 또는 변경출원을 한 날부터 각각 30일 이내에 출원심사의 청구를 할 수 있다.(2021.10.19 본항개정)

④ 출원심사의 청구는 취하할 수 없다.

⑤ 제2항 또는 제3항에 따라 출원심사의 청구를 할 수 있는 기간에 출원심사의 청구가 없으면 그 특허출원은 취하한 것으로 본다.

(2014.6.11 본조개정)

**제60조【출원심사의 청구절차】** ① 출원심사의 청구를 하려는 자는 다음 각 호의 사항을 적은 출원심사청구서를 특허청장에게 제출하여야 한다.

1. 청구인의 성명 및 주소(법인인 경우에는 그 명칭 및 영업소의 소재지)
2. 출원심사의 청구대상이 되는 특허출원의 표시

② 특허청장은 출원공개 전에 출원심사의 청구가 있으면 출원공개 시에, 출원공개 후에 출원심사의 청구가 있으면 지체 없이 그 취지를 특허공보에 게재하여야 한다.

③ 특허청장은 특허출원인이 아닌 자로부터 출원심사의 청구가 있으면 그 취지를 특허출원인에게 알려야 한다.

(2014.6.11 본조개정)

**제61조【우선심사】** 특허청장은 다음 각 호의 어느 하나에 해당하는 특허출원에 대해서는 심사관에게 다른 특허출원에 우선하여 심사하게 할 수 있다.

1. 제64조에 따른 출원공개 후 특허출원인이 아닌 자가 업(業)으로서 특허출원된 발명을 실시하고 있다고 인정되는 경우
2. 대통령령으로 정하는 특허출원으로서 긴급하게 처리할 필요가 있다고 인정되는 경우
3. 대통령령으로 정하는 특허출원으로서 재난의 예방·대응·복구 등에 필요하다고 인정되는 경우
(2020.12.22 본호신설)

(2014.6.11 본조개정)

**제62조【특허거절결정】** 심사관은 특허출원이 다음 각 호의 어느 하나의 거절이유(이하 "거절이유"라 한다)에 해당하는 경우에는 특허거절결정을 하여야 한다.

1. 제25조·제29조·제32조·제36조제1항부터 제3항까지 또는 제44조에 따라 특허를 받을 수 없는 경우
2. 제33조제1항 본문에 따른 특허를 받을 수 있는 권리를 가지지 아니하거나 같은 항 단서에 따라 특허를 받을 수 없는 경우
3. 조약을 위반한 경우
4. 제42조제3항·제4항·제8항 또는 제45조에 따른 요건을 갖추지 아니한 경우
5. 제47조제2항에 따른 범위를 벗어난 보정인 경우
6. 제52조제1항에 따른 범위를 벗어난 분할출원 또는 제52조의2제1항에 따른 범위를 벗어나는 분리출원인 경우(2021.10.19 본호개정)
7. 제53조제1항에 따른 범위를 벗어난 변경출원인 경우

(2014.6.11 본조개정)

**제63조【거절이유통지】** ① 심사관은 다음 각 호의 어느 하나에 해당하는 경우 특허출원인에게 거절이유를 통지하고, 기간을 정하여 의견서를 제출할 수 있는 기회를 주어야 한다. 다만, 제51조제1항에 따라 각하결정을 하려는 경우에는 그러하지 아니하다.

1. 제62조에 따라 특허거절결정을 하려는 경우
2. 제66조의3제1항에 따른 직권 재심사를 하여 취소된 특허결정 전에 이미 통지한 거절이유로 특허거절결정을 하려는 경우

(2016.2.29 본항개정)

② 심사관은 청구범위에 둘 이상의 청구항이 있는 특허출원에 대하여 제1항 본문에 따라 거절이유를 통지할 때에는 그 통지서에 거절되는 청구항을 명확히 밝히고, 그 청구항에 관한 거절이유를 구체적으로 적어야 한다.
(2014.6.11 본조개정)

**제63조의2【특허출원에 대한 정보제공】** 특허출원에 관하여 누구든지 그 특허출원이 거절이유에 해당하여 특허될 수 없다는 취지의 정보를 증거와 함께 특허청장에게 제공할 수 있다. 다만, 제42조제3항제2호, 같은 조 제8항 및 제45조에 따른 요건을 갖추지 아니한 경우에는 그러하지 아니하다.
(2014.6.11 본조개정)

**제63조의3【외국의 심사결과 제출명령】** 심사관은 제54조에 따른 우선권 주장을 수반한 특허출원의 심사에 필요한 경우에는 기간을 정하여 그 우선권 주장의 기초가 되는 출원을 한 국가의 심사결과에 대한 자료(그 심사결과가 없는 경우에는 그 취지를 적은 의견서를 말한다)를 산업통상자원부령으로 정하는 방법에 따라 제출할 것을 특허출원인에게 명할 수 있다.(2016.2.29 본조신설)

**제64조【출원공개】** ① 특허청장은 다음 각 호의 구분에 따른 날부터 1년 6개월이 지난 후 또는 그 전이라도 특허출원인이 신청한 경우에는 산업통상자원부령으로 정하는 바에 따라 그 특허출원에 관하여 특허공보에 게재하여 출원공개를 하여야 한다.
1. 제54조제1항에 따른 우선권 주장을 수반하는 특허출원의 경우 : 그 우선권 주장의 기초가 된 출원일
2. 제55조제1항에 따른 우선권 주장을 수반하는 특허출원의 경우 : 선출원의 출원일
3. 제54조제1항 또는 제55조제1항에 따른 둘 이상의 우선권 주장을 수반하는 특허출원의 경우 : 해당 우선권 주장의 기초가 된 출원일 중 최우선일
4. 제1호부터 제3호까지의 어느 하나에 해당하지 아니하는 특허출원의 경우 : 그 특허출원일

② 제1항에도 불구하고 다음 각 호의 어느 하나에 해당하는 경우에는 출원공개를 하지 아니한다.
1. 명세서에 청구범위를 적지 아니한 경우
2. 제42조의3제2항에 따른 국어번역문을 제출하지 아니한 경우(외국어특허출원의 경우로 한정한다)
3. 제87조제3항에 따라 등록공고를 한 특허의 경우

③ 제41조제1항에 따라 비밀취급된 특허출원의 발명에 대해서는 그 발명의 비밀취급이 해제될 때까지 그 특허출원의 출원공개를 보류하여야 하며, 그 발명의 비밀취급이 해제된 경우에는 지체 없이 제1항에 따라 출원공개를 하여야 한다. 다만, 그 특허출원이 설정등록된 경우에는 출원공개를 하지 아니한다.

④ 제1항의 출원공개에 관하여 출원인의 성명·주소 및 출원번호 등 특허공보에 게재할 사항은 대통령령으로 정한다.
(2014.6.11 본조개정)

**제65조【출원공개의 효과】** ① 특허출원인은 출원공개가 있은 후 그 특허출원된 발명을 업으로서 실시한 자에게 특허출원된 발명임을 서면으로 경고할 수 있다.

② 특허출원인은 제1항에 따른 경고를 받거나 제64조에 따라 출원공개된 발명임을 알고 그 특허출원된 발명을 업으로 실시한 자에게 그 경고를 받거나 출원공개된 발명임을 알았을 때부터 특허권의 설정등록을 할 때까지의 기간 동안 그 특허발명의 실시에 대하여 합리적으로 받을 수 있는 금액에 상당하는 보상금의 지급을 청구할 수 있다.
(2019.1.8 본항개정)

③ 제2항에 따른 청구권은 그 특허출원된 발명에 대한 특허권이 설정등록된 후에만 행사할 수 있다.
④ 제2항에 따른 청구권의 행사는 특허권의 행사에 영향을 미치지 아니한다.
⑤ 제2항에 따른 청구권을 행사하는 경우에는 제127조·제129조·제132조 및 「민법」 제760조·제766조를 준용한다. 이 경우 「민법」 제766조제1항 중 "피해자나 그 법정대리인이 그 손해 및 가해자를 안 날"은 "해당 특허권의 설정등록일"로 본다.
⑥ 제64조에 따른 출원공개 후 다음 각 호의 어느 하나에 해당하는 경우에는 제2항에 따른 청구권은 처음부터 발생하지 아니한 것으로 본다.
1. 특허출원이 포기·무효 또는 취하된 경우
2. 특허출원에 대하여 제62조에 따른 특허거절결정이 확정된 경우
3. 제132조의13제1항에 따른 특허취소결정이 확정된 경우(2016.2.29 본호신설)
4. 제133조에 따른 특허를 무효로 한다는 심결(같은 조 제1항제4호에 따른 경우는 제외한다)이 확정된 경우

(2014.6.11 본조개정)

**제66조 【특허결정】** 심사관은 특허출원에 대하여 거절이유를 발견할 수 없으면 특허결정을 하여야 한다.
(2014.6.11 본조개정)

**제66조의2 【직권보정 등】** ① 심사관은 제66조에 따른 특허결정을 할 때에 특허출원서에 첨부된 명세서, 도면 또는 요약서에 적힌 사항이 명백히 잘못된 경우에는 직권으로 보정(이하 "직권보정"이라 한다)할 수 있다. 이 경우 직권보정은 제47조제2항에 따른 범위에서 하여야 한다.(2021.8.17 후단신설)
② 제1항에 따라 심사관이 직권보정을 하려면 제67조제2항에 따른 특허결정의 등본 송달과 함께 그 직권보정 사항을 특허출원인에게 알려야 한다.
③ 특허출원인은 직권보정 사항의 전부 또는 일부를 받아들일 수 없으면 제79조제1항에 따라 특허료를 낼 때까지 그 직권보정 사항에 대한 의견서를 특허청장에게 제출하여야 한다.
④ 특허출원인이 제3항에 따라 의견서를 제출한 경우 해당 직권보정 사항의 전부 또는 일부는 처음부터 없었던 것으로 본다. 이 경우 그 특허결정도 함께 취소된 것으로 본다. 다만, 특허출원서에 첨부된 요약서에 관한 직권보정 사항의 전부 또는 일부만 처음부터 없었던 것으로 보는 경우에는 그러하지 아니하다.(2016.2.29 본항개정)
⑤ (2016.2.29 삭제)
⑥ 직권보정이 제47조제2항에 따른 범위를 벗어나거나 명백히 잘못되지 아니한 사항을 직권보정한 경우 그 직권보정은 처음부터 없었던 것으로 본다.
(2021.8.17 본항신설)
(2016.2.29 본조제목개정)
(2014.6.11 본조개정)

**제66조의3 【특허결정 이후 직권 재심사】** ① 심사관은 특허결정된 특허출원에 관하여 명백한 거절이유를 발견한 경우에는 직권으로 특허결정을 취소하고, 그 특허출원을 다시 심사(이하 "직권 재심사"라 한다)할 수 있다. 다만, 다음 각 호의 어느 하나에 해당하는 경우에는 그러하지 아니하다.
1. 거절이유가 제42조제3항제2호, 같은 조 제8항 및 제45조에 따른 요건에 관한 것인 경우
2. 그 특허결정에 따라 특허권이 설정등록된 경우
3. 그 특허출원이 취하되거나 포기된 경우

② 제1항에 따라 심사관이 직권 재심사를 하려면 특허결정을 취소한다는 사실을 특허출원인에게 통지하여야 한다.
③ 특허출원인이 제2항에 따른 통지를 받기 전에 그 특허출원이 제1항제2호

또는 제3호에 해당하게 된 경우에는 특허결정의 취소는 처음부터 없었던 것으로 본다.
(2016.2.29 본조신설)

**제67조【특허여부결정의 방식】** ① 특허결정 및 특허거절결정(이하 "특허여부결정"이라 한다)은 서면으로 하여야 하며, 그 이유를 붙여야 한다.
② 특허청장은 특허여부결정이 있는 경우에는 그 결정의 등본을 특허출원인에게 송달하여야 한다.
(2014.6.11 본조개정)

**제67조의2【재심사의 청구】** ① 특허출원인은 그 특허출원에 관하여 특허결정의 등본을 송달받은 날부터 제79조에 따른 설정등록을 받기 전까지의 기간 또는 특허거절결정등본을 송달받은 날부터 3개월(제15조제1항에 따라 제132조의17에 따른 기간이 연장된 경우 그 연장된 기간을 말한다) 이내에 그 특허출원의 명세서 또는 도면을 보정하여 해당 특허출원에 관한 재심사(이하 "재심사"라 한다)를 청구할 수 있다. 다만, 다음 각 호의 어느 하나에 해당하는 경우에는 그러하지 아니하다.
(2021.10.19 본문개정)
1. 재심사를 청구할 때에 이미 재심사에 따른 특허여부의 결정이 있는 경우
2. 제132조의17에 따른 심판청구가 있는 경우(제176조제1항에 따라 특허거절결정이 취소된 경우는 제외한다)
3. 그 특허출원이 분리출원인 경우
(2021.10.19 1호~3호신설)
② 특허출원인은 제1항에 따른 재심사의 청구와 함께 의견서를 제출할 수 있다.
③ 제1항에 따라 재심사가 청구된 경우 그 특허출원에 대하여 종전에 이루어진 특허결정 또는 특허거절결정은 취소된 것으로 본다. 다만, 재심사의 청구절차가 제16조제1항에 따라 무효로 된 경우에는 그러하지 아니하다.
(2021.10.19 본문개정)
④ 제1항에 따른 재심사의 청구는 취하할 수 없다.
(2014.6.11 본조개정)

**제67조의3【특허출원의 회복】** ① 특허출원인이 정당한 사유로 다음 각 호의 어느 하나에 해당하는 기간을 지키지 못하여 특허출원이 취하되거나 특허거절결정이 확정된 것으로 인정되는 경우에는 그 사유가 소멸한 날부터 2개월 이내에 출원심사의 청구 또는 재심사의 청구를 할 수 있다. 다만, 그 기간의 만료일부터 1년이 지난 때에는 그러하지 아니하다.(2021.10.19 본문개정)
1. 제59조제2항 또는 제3항에 따라 출원심사의 청구를 할 수 있는 기간
2. 제67조의2제1항에 따라 재심사의 청구를 할 수 있는 기간
② 제1항에 따른 출원심사의 청구 또는 재심사의 청구가 있는 경우에는 제59조제5항에도 불구하고 그 특허출원은 취하되지 아니한 것으로 보거나 특허거절결정이 확정되지 아니한 것으로 본다.
(2013.3.22 본조신설)

**제68조【심판규정의 심사에의 준용】** 특허출원의 심사에 관하여는 제148조제1호부터 제5호까지 및 제7호를 준용한다.(2014.6.11 본조개정)

**제69조~제77조** (2006.3.3 삭제)

**제78조【심사 또는 소송절차의 중지】** ① 특허출원의 심사에 필요한 경우에는 특허취소신청에 대한 결정이나 심결이 확정될 때까지 또는 소송절차가 완결될 때까지 그 심사절차를 중지할 수 있다.(2016.2.29 본항개정)
② 법원은 소송에 필요한 경우에는 특허출원에 대한 특허여부결정이 확정될 때까지 그 소송절차를 중지할 수 있다.
③ 제1항 및 제2항에 따른 중지에 대해서는 불복할 수 없다.
(2014.6.11 본조개정)

**제78조의2** (2006.3.3 삭제)

## 제4장 특허료 및 특허등록 등
(2014.6.11 본장개정)

**제79조【특허료】** ① 제87조제1항에 따른 특허권의 설정등록을 받으려는 자는 설정등록을 받으려는 날(이하 "설정등록일"이라 한다)부터 3년분의 특허료를 내야 하고, 특허권자는 그 다음 해부터의 특허료를 해당 권리의 설정등록일에 해당하는 날을 기준으로 매년 1년분씩 내야 한다.
② 제1항에도 불구하고 특허권자는 그 다음 해부터의 특허료는 그 납부연도 순서에 따라 수년분 또는 모든 연도분을 함께 낼 수 있다.
③ 제1항 및 제2항에 따른 특허료, 그 납부방법 및 납부기간, 그 밖에 필요한 사항은 산업통상자원부령으로 정한다.

**제80조【이해관계인에 의한 특허료의 납부】** ① 이해관계인은 특허료를 내야 할 자의 의사와 관계없이 특허료를 낼 수 있다.
② 이해관계인은 제1항에 따라 특허료를 낸 경우에는 내야 할 자가 현재 이익을 얻는 한도에서 그 비용의 상환을 청구할 수 있다.

**제81조【특허료의 추가납부 등】** ① 특허권의 설정등록을 받으려는 자 또는 특허권자는 제79조제3항에 따른 납부기간이 지난 후에도 6개월 이내(이하 "추가납부기간"이라 한다)에 특허료를 추가로 낼 수 있다.
② 제1항에 따라 특허료를 추가로 낼 때에는 내야 할 특허료의 2배의 범위에서 산업통상자원부령으로 정하는 금액을 납부하여야 한다.
③ 추가납부기간에 특허료를 내지 아니한 경우(추가납부기간이 끝나더라도 제81조의2제2항에 따른 보전기간이 끝나지 아니한 경우에는 그 보전기간에 보전하지 아니한 경우를 말한다)에는 특허권의 설정등록을 받으려는 자의 특허출원은 포기한 것으로 보며, 특허권자의 특허권은 제79조제1항 또는 제2항에 따라 낸 특허료에 해당되는 기간이 끝나는 날의 다음 날로 소급하여 소멸된 것으로 본다.

**제81조의2【특허료의 보전】** ① 특허청장은 특허권의 설정등록을 받으려는 자 또는 특허권자가 제79조제3항 또는 제81조제1항에 따른 기간에 특허료의 일부를 내지 아니한 경우에는 특허료의 보전(補塡)을 명하여야 한다.
② 제1항에 따라 보전명령을 받은 자는 그 보전명령을 받은 날부터 1개월 이내(이하 "보전기간"이라 한다)에 특허료를 보전할 수 있다.
③ 제2항에 따라 특허료를 보전하는 자는 내지 아니한 금액의 2배의 범위에서 산업통상자원부령으로 정한 금액을 내야 한다.

**제81조의3【특허료의 추가납부 또는 보전에 의한 특허출원과 특허권의 회복 등】** ① 특허권의 설정등록을 받으려는 자 또는 특허권자가 정당한 사유로 추가납부기간에 특허료를 내지 아니하였거나 보전기간에 보전하지 아니한 경우에는 그 사유가 소멸한 날부터 2개월 이내에 그 특허료를 내거나 보전할 수 있다. 다만, 추가납부기간의 만료일 또는 보전기간의 만료일 중 늦은 날부터 1년이 지난 때에는 그러하지 아니하다.(2021.10.19 본문개정)
② 제1항에 따라 특허료를 내거나 보전한 자는 제81조제3항에도 불구하고 그 특허출원을 포기하지 아니한 것으로 보며, 그 특허권은 계속하여 존속하고 있던 것으로 본다.
③ 추가납부기간에 특허료를 내지 아니하였거나 보전기간에 보전하지 아니하여 특허발명의 특허권이 소멸한 경우 그 특허권자는 추가납부기간 또는 보전기간 만료일부터 3개월 이내에 제

79조에 따른 특허료의 2배를 내고, 그 소멸한 권리의 회복을 신청할 수 있다. 이 경우 그 특허권은 계속하여 존속하고 있던 것으로 본다.
④ 제2항 또는 제3항에 따른 특허출원 또는 특허권의 효력은 추가납부기간 또는 보전기간이 지난 날부터 특허료를 내거나 보전한 날까지의 기간(이하 이 조에서 "효력제한기간"이라 한다) 중에 타인이 특허출원된 발명 또는 특허발명을 실시한 행위에 대해서는 그 효력이 미치지 아니한다.
⑤ 효력제한기간 중 국내에서 선의로 제2항 또는 제3항에 따른 특허출원된 발명 또는 특허발명을 업으로 실시하거나 이를 준비하고 있는 자는 그 실시하거나 준비하고 있는 발명 및 사업목적의 범위에서 그 특허출원된 발명 또는 특허발명에 대한 특허권에 대하여 통상실시권을 가진다.
⑥ 제5항에 따라 통상실시권을 가진 자는 특허권자 또는 전용실시권자에게 상당한 대가를 지급하여야 한다.
⑦ 제1항 본문에 따른 납부나 보전 또는 제3항 전단에 따른 신청에 필요한 사항은 산업통상자원부령으로 정한다.

**제82조 【수수료】** ① 특허에 관한 절차를 밟는 자는 수수료를 내야 한다.
② 특허출원인이 아닌 자가 출원심사의 청구를 한 후 그 특허출원서에 첨부한 명세서를 보정하여 청구범위에 적은 청구항의 수가 증가한 경우에는 그 증가한 청구항에 관하여 내야 할 심사청구료는 특허출원인이 내야 한다.
③ 제1항에 따른 수수료, 그 납부방법 및 납부기간, 그 밖에 필요한 사항은 산업통상자원부령으로 정한다.

**제83조 【특허료 또는 수수료의 감면】**
① 특허청장은 다음 각 호의 어느 하나에 해당하는 특허료 및 수수료는 제79조 및 제82조에도 불구하고 면제한다.
1. 국가에 속하는 특허출원 또는 특허권에 관한 수수료 또는 특허료
2. 제133조제1항, 제134조제1항 · 제2항 또는 제137조제1항에 따른 심사관의 무효심판청구에 대한 수수료

② 특허청장은 다음 각 호의 어느 하나에 해당하는 자가 한 특허출원 또는 그 특허출원하여 받은 특허권에 대해서는 제79조 및 제82조에도 불구하고 산업통상자원부령으로 정하는 특허료 및 수수료를 감면할 수 있다.(2021.8.17 본문개정)
1. 「국민기초생활 보장법」에 따른 의료급여 수급자
2. 「재난 및 안전관리 기본법」 제36조에 따른 재난사태 또는 같은 법 제60조에 따른 특별재난지역으로 선포된 지역에 거주하거나 주된 사무소를 두고 있는 자 중 산업통상자원부령으로 정하는 요건을 갖춘 자
3. 그 밖에 산업통상자원부령으로 정하는 자

(2021.8.17 1호~3호신설)
③ 제2항에 따라 특허료 및 수수료를 감면받으려는 자는 산업통상자원부령으로 정하는 서류를 특허청장에게 제출하여야 한다.
④ 특허청장은 제2항에 따른 특허료 및 수수료 감면을 거짓이나 그 밖의 부정한 방법으로 받은 자에 대하여는 산업통상자원부령으로 정하는 바에 따라 감면받은 특허료 및 수수료의 2배액을 징수할 수 있다. 이 경우 그 출원인 또는 특허권자가 하는 특허출원 또는 그 특허출원하여 받은 특허권에 대해서는 산업통상자원부령으로 정하는 기간 동안 제2항을 적용하지 아니한다.
(2021.8.17 본항신설)

**제84조 【특허료 등의 반환】** ① 납부된 특허료 및 수수료는 다음 각 호의 어느 하나에 해당하는 경우에만 납부한 자의 청구에 의하여 반환한다.
1. 잘못 납부된 특허료 및 수수료
2. 제132조의13제1항에 따른 특허취소결정이나 특허를 무효로 한다는

심결이 확정된 해의 다음 해부터의 특허료 해당분(2016.2.29 본호개정)
3. 특허권의 존속기간의 연장등록을 무효로 한다는 심결이 확정된 해의 다음 해부터의 특허료 해당분
4. 특허출원(분할출원, 분리출원, 변경출원 및 제61조에 따른 우선심사의 신청을 한 특허출원은 제외한다) 후 1개월 이내에 그 특허출원을 취하하거나 포기한 경우에 이미 낸 수수료 중 특허출원료 및 특허출원의 우선권 주장 신청료(2021.10.19 본호개정)
5. 출원심사의 청구를 한 이후 다음 각 목 중 어느 하나가 있기 전까지 특허출원을 취하(제53조제4항 또는 제56조제1항 본문에 따라 취하된 것으로 보는 경우를 포함한다. 이하 이 조에서 같다)하거나 포기한 경우 이미 낸 심사청구료(2021.8.17 본문개정)
   가. 제36조제6항에 따른 협의 결과 신고 명령(동일인에 의한 특허출원에 한정한다)
   나. (2021.8.17 삭제)
   다. 제63조에 따른 거절이유통지
   라. 제67조제2항에 따른 특허결정의 등본 송달
   (2015.5.18 본호신설)
5의2. 출원심사의 청구를 한 이후 다음 각 목의 어느 하나에 해당하는 기간 내에 특허출원을 취하하거나 포기한 경우 이미 낸 심사청구료의 3분의 1에 해당하는 금액
   가. 제5호가목에 따른 신고 명령 후 신고기간 만료 전까지
   나. 제5호다목에 따른 거절이유통지(제47조제1항제1호에 해당하는 경우로 한정한다) 후 의견서 제출기간 만료 전까지
   (2021.8.17 본호신설)
6. 특허권을 포기한 해의 다음 해부터의 특허료 해당분(2016.3.29 본호신설)
7. 제176조제1항에 따라 특허거절결정 또는 특허권의 존속기간의 연장등록거절결정이 취소된 경우(제184조에 따라 재심의 절차에서 준용되는 경우를 포함하되, 심판 또는 재심 중 제170조제1항에 따라 준용되는 제47조제1항제1호 또는 제2호에 따른 보정이 있는 경우는 제외한다)에 이미 낸 수수료 중 심판청구료(재심의 경우에는 재심청구료를 말한다. 이하 이 조에서 같다)(2016.3.29 본호신설)
8. 심판청구가 제141조제2항에 따라 결정으로 각하되고 그 결정이 확정된 경우(제184조에 따라 재심의 절차에서 준용되는 경우를 포함한다)에 이미 낸 심판청구료의 2분의 1에 해당하는 금액(2016.3.29 본호신설)
9. 심리의 종결을 통지받기 전까지 제155조제1항에 따른 참가신청을 취하한 경우(제184조에 따라 재심의 절차에서 준용되는 경우를 포함한다)에 이미 낸 수수료 중 참가신청료의 2분의 1에 해당하는 금액(2016.3.29 본호신설)
10. 제155조제1항에 따른 참가신청이 결정으로 거부된 경우(제184조에 따라 재심의 절차에서 준용되는 경우를 포함한다)에 이미 낸 수수료 중 참가신청료의 2분의 1에 해당하는 금액(2016.3.29 본호신설)
11. 심리의 종결을 통지받기 전까지 심판청구를 취하한 경우(제184조에 따라 재심의 절차에서 준용되는 경우를 포함한다)에 이미 낸 수수료 중 심판청구료의 2분의 1에 해당하는 금액(2016.3.29 본호신설)

② 특허청장 또는 특허심판원장은 납부된 특허료 및 수수료가 제1항 각 호의 어느 하나에 해당하는 경우에는 그 사실을 납부한 자에게 통지하여야 한다.(2016.3.29 본항개정)

③ 제1항에 따른 특허료 및 수수료의

반환청구는 제2항에 따른 통지를 받은 날부터 5년이 지나면 할 수 없다.
(2022.10.18 본항개정)

**제85조 【특허원부】** ① 특허청장은 특허청에 특허원부를 갖추어 두고 다음 각 호의 사항을 등록한다.

1. 특허권의 설정·이전·소멸·회복·처분의 제한 또는 존속기간의 연장
2. 전용실시권 또는 통상실시권의 설정·보존·이전·변경·소멸 또는 처분의 제한
3. 특허권·전용실시권 또는 통상실시권을 목적으로 하는 질권의 설정·이전·변경·소멸 또는 처분의 제한

② 제1항에 따른 특허원부는 그 전부 또는 일부를 전자적 기록매체 등으로 작성할 수 있다.

③ 제1항 및 제2항에서 규정한 사항 외에 등록사항 및 등록절차 등에 관하여 필요한 사항은 대통령령으로 정한다.

④ 특허발명의 명세서 및 도면, 그 밖에 대통령령으로 정하는 서류는 특허원부의 일부로 본다.

**제86조 【특허증의 발급】** ① 특허청장은 특허권의 설정등록을 한 경우에는 산업통상자원부령으로 정하는 바에 따라 특허권자에게 특허증을 발급하여야 한다.

② 특허청장은 특허증이 특허원부나 그 밖의 서류와 맞지 아니하면 신청에 따라 또는 직권으로 특허증을 회수하여 정정발급하거나 새로운 특허증을 발급하여야 한다.

③ 특허청장은 다음 각 호의 어느 하나에 해당하는 경우에는 결정, 심결 또는 이전등록에 따른 새로운 특허증을 발급하여야 한다.

1. 특허발명의 명세서 또는 도면의 정정을 인정한다는 취지의 결정 또는 심결이 확정된 경우
2. 제99조의2제2항에 따라 특허권이 이전등록된 경우

(2016.2.29 본항개정)

## 제5장 특허권

(2014.6.11 본장제목개정)

**제87조 【특허권의 설정등록 및 등록공고】** ① 특허권은 설정등록에 의하여 발생한다.

② 특허청장은 다음 각 호의 어느 하나에 해당하는 경우에는 특허권을 설정하기 위한 등록을 하여야 한다.

1. 제79조제1항에 따라 특허료를 냈을 때
2. 제81조제1항에 따라 특허료를 추가로 냈을 때
3. 제81조의2제2항에 따라 특허료를 보전하였을 때
4. 제81조의3제1항에 따라 특허료를 내거나 보전하였을 때
5. 제83조제1항제1호 및 같은 조 제2항에 따라 그 특허료가 면제되었을 때

③ 특허청장은 제2항에 따라 등록한 경우에는 다음 각 호의 사항을 특허공보에 게재하여 등록공고를 하여야 한다.

1. 특허권자의 성명 및 주소(법인인 경우에는 그 명칭 및 영업소의 소재지를 말한다)
2. 특허출원번호 및 출원연월일
3. 발명자의 성명 및 주소
4. 특허출원서에 첨부된 요약서
5. 특허번호 및 설정등록연월일
6. 등록공고연월일
7. 제63조제1항 각 호 외의 부분 본문에 따라 통지한 거절이유에 선행기술에 관한 정보(선행기술이 적혀 있는 간행물의 명칭과 그 밖에 선행기술에 관한 정보의 소재지를 말한다)가 포함된 경우 그 정보
8. 그 밖에 대통령령으로 정하는 사항

(2016.2.29 본항개정)

④ 비밀취급이 필요한 특허발명에 대해서는 그 발명의 비밀취급이 해제될 때까지 그 특허의 등록공고를 보류하여야 하며, 그 발명의 비밀취급이 해제

된 경우에는 지체 없이 제3항에 따라 등록공고를 하여야 한다.
⑤ (2016.2.29 삭제)
(2014.6.11 본조개정)

**제88조【특허권의 존속기간】** ① 특허권의 존속기간은 제87조제1항에 따라 특허권을 설정등록한 날부터 특허출원일 후 20년이 되는 날까지로 한다.
② 정당한 권리자의 특허출원이 제34조 또는 제35조에 따라 특허된 경우에는 제1항의 특허권의 존속기간은 무권리자의 특허출원일의 다음 날부터 기산한다.
(2014.6.11 본조개정)

**제89조【허가등에 따른 특허권의 존속기간의 연장】** ① 특허발명을 실시하기 위하여 다른 법령에 따라 허가를 받거나 등록 등을 하여야 하고, 그 허가 또는 등록 등(이하 "허가등"이라 한다)을 위하여 필요한 유효성·안전성 등의 시험으로 인하여 장기간이 소요되는 대통령령으로 정하는 발명인 경우에는 제88조제1항에도 불구하고 그 실시할 수 없었던 기간에 대하여 5년의 기간까지 그 특허권의 존속기간을 한 차례만 연장할 수 있다.

① 특허발명을 실시하기 위하여 다른 법령에 따라 허가를 받거나 등록 등을 하여야 하고, 그 허가 또는 등록 등(이하 "허가등"이라 한다)을 위하여 필요한 유효성·안전성 등의 시험으로 인하여 장기간이 소요되는 대통령령으로 정하는 발명인 경우에는 제88조제1항에도 불구하고 그 실시할 수 없었던 기간에 대하여 5년의 기간까지 그 특허권의 존속기간(제92조의5제2항에 따라 특허권의 존속기간의 연장이 등록된 경우에는 그 연장된 날까지를 말한다)을 한 차례만 연장할 수 있다. 다만, 허가등을 받은 날부터 14년을 초과하여 연장할 수 없다.(2025.1.21 본항개정 : 2025.7.22 시행)

② 제1항을 적용할 때 허가등을 받은 자에게 책임있는 사유로 소요된 기간은 제1항의 "실시할 수 없었던 기간"에 포함되지 아니한다.
(2014.6.11 본조개정)

**제90조【허가등에 따른 특허권의 존속기간의 연장등록출원】** ① 제89조제1항에 따라 특허권의 존속기간의 연장등록출원을 하려는 자(이하 이 조 및 제91조에서 "연장등록출원인"이라 한다)는 다음 각 호의 사항을 적은 특허권의 존속기간의 연장등록출원서를 특허청장에게 제출하여야 한다.
1. 연장등록출원인의 성명 및 주소(법인인 경우에는 그 명칭 및 영업소의 소재지)
2. 연장등록출원인의 대리인이 있는 경우에는 그 대리인의 성명 및 주소나 영업소의 소재지〔대리인이 특허법인·특허법인(유한)인 경우에는 그 명칭, 사무소의 소재지 및 지정된 변리사의 성명〕
3. 연장대상특허권의 특허번호 및 연장대상청구범위의 표시
4. 연장신청의 기간
5. 제89조제1항에 따른 허가등의 내용
6. 산업통상자원부령으로 정하는 연장이유(이를 증명할 수 있는 자료를 첨부하여야 한다)

② 제1항에 따른 특허권의 존속기간의 연장등록출원은 제89조제1항에 따른 허가등을 받은 날부터 3개월 이내에 출원하여야 한다. 다만, 제88조에 따른 특허권의 존속기간의 만료 전 6개월 이후에는 그 특허권의 존속기간의 연장등록출원을 할 수 없다.
③ 특허권이 공유인 경우에는 공유자 모두가 공동으로 특허권의 존속기간의 연장등록출원을 하여야 한다.
④ 제1항에 따른 특허권의 존속기간의 연장등록출원이 있으면 그 존속기간은 연장된 것으로 본다. 다만, 그 출원에

관하여 제91조의 연장등록거절결정이 확정된 경우에는 그러하지 아니하다.

⑤ 특허청장은 제1항에 따른 특허권의 존속기간의 연장등록출원이 있으면 제1항 각 호의 사항을 특허공보에 게재하여야 한다.

⑥ 연장등록출원인은 특허청장이 연장등록여부결정등본을 송달하기 전까지 연장등록출원서에 적혀 있는 사항 중 제1항제3호부터 제6호까지의 사항(제3호 중 연장대상특허권의 특허번호는 제외한다)에 대하여 보정할 수 있다. 다만, 제93조에 따라 준용되는 거절이유통지를 받은 후에는 해당 거절이유통지에 따른 의견서 제출기간에만 보정할 수 있다.

⑦ 하나의 허가등에 대하여 둘 이상의 특허권이 있는 경우에는 연장등록출원인은 그 중 하나의 특허권에 대해서만 존속기간의 연장등록출원을 하여야 하고, 하나의 허가등에 대하여 둘 이상의 특허권에 대한 존속기간의 연장등록출원이 있는 경우에는 어느 특허권의 존속기간도 연장할 수 없다.
(2025.1.21 본항신설 : 2025.7.22 시행)

⑧ 특허권의 존속기간의 연장등록출원이 다음 각 호의 어느 하나에 해당하는 경우 그 출원은 제7항을 적용할 때는 처음부터 없었던 것으로 본다.

1. 포기, 무효 또는 취하된 경우
2. 거절결정이나 거절한다는 취지의 심결이 확정된 경우

(2025.1.21 본항신설 : 2025.7.22 시행)

(2014.6.11 본조개정)

**제91조【허가등에 따른 특허권의 존속기간의 연장등록거절결정】** 심사관은 제90조에 따른 특허권의 존속기간의 연장등록출원이 다음 각 호의 어느 하나에 해당하는 경우에는 그 출원에 대하여 연장등록거절결정을 하여야 한다.

1. 그 특허발명의 실시가 제89조제1항에 따른 허가등을 받을 필요가 있는 것으로 인정되지 아니하는 경우
2. 그 특허권자 또는 그 특허권의 전용실시권이나 등록된 통상실시권을 가진 자가 제89조제1항에 따른 허가등을 받지 아니한 경우
3. 연장신청의 기간이 제89조에 따라 인정되는 그 특허발명을 실시할 수 없었던 기간을 초과하는 경우
3. 연장신청의 기간이 제89조에 따라 인정되는 연장의 기간을 초과하는 경우(2025.1.21 본호개정 : 2025.7.22 시행)
4. 연장등록출원인이 해당 특허권자가 아닌 경우
5. 제90조제3항을 위반하여 연장등록출원을 한 경우
6. 제90조제7항을 위반하여 하나의 허가등에 대하여 둘 이상의 특허권에 대한 존속기간의 연장등록출원을 한 경우(2025.1.21 본호신설 : 2025.7.22 시행)

(2014.6.11 본조개정)

**제92조【허가등에 따른 특허권의 존속기간의 연장등록결정 등】** ① 심사관은 제90조에 따른 특허권의 존속기간의 연장등록출원에 대하여 제91조 각 호의 어느 하나에 해당하는 사유를 발견할 수 없을 때에는 연장등록결정을 하여야 한다.

② 특허청장은 제1항에 따른 연장등록결정을 한 경우에는 특허권의 존속기간의 연장을 특허원부에 등록하여야 한다.

③ 특허청장은 제2항에 따른 등록을 한 경우에는 다음 각 호의 사항을 특허공보에 게재하여야 한다.

1. 특허권자의 성명 및 주소(법인인 경우에는 그 명칭 및 영업소의 소재지)
2. 특허번호
3. 연장등록의 연월일
4. 연장기간
5. 제89조제1항에 따른 허가등의 내용

(2014.6.11 본조개정)

**제92조의2【등록지연에 따른 특허권의 존속기간의 연장】** ① 특허출원에 대하여 특허출원일부터 4년과 출원심사 청구일부터 3년 중 늦은 날보다 지연되어 특허권의 설정등록이 이루어지는 경우에는 제88조제1항에도 불구하고 그 지연된 기간만큼 해당 특허권의 존속기간을 연장할 수 있다.

② 제1항의 규정을 적용함에 있어서 출원인으로 인하여 지연된 기간은 제1항에 따른 특허권의 존속기간의 연장에서 제외된다. 다만, 출원인으로 인하여 지연된 기간이 겹치는 경우에는 특허권의 존속기간의 연장에서 제외되는 기간은 출원인으로 인하여 실제 지연된 기간을 초과하여서는 아니된다.

③ 제2항에서 "출원인으로 인하여 지연된 기간"에 관한 사항은 대통령령으로 정한다.

④ 제1항에 따라 특허출원일부터 4년을 기산할 때에는 제34조, 제35조, 제52조제2항, 제52조의2제2항, 제53조제2항, 제199조제1항 및 제214조제4항에도 불구하고 다음 각 호에 해당하는 날을 특허출원일로 본다.
(2021.10.19 본문개정)

1. 제34조 또는 제35조에 따른 정당한 권리자의 특허출원의 경우에는 정당한 권리자가 출원을 한 날
2. 제52조에 따른 분할출원의 경우에는 분할출원을 한 날

2의2. 제52조의2에 따른 분리출원의 경우에는 분리출원을 한 날(2021.10.19 본호신설)

3. 제53조에 따른 변경출원의 경우에는 변경출원을 한 날
4. 제199조제1항에 따라 특허출원으로 보는 국제출원의 경우에는 제203조제1항 각 호의 사항을 기재한 서면을 제출한 날
5. 제214조에 따라 특허출원으로 보는 국제출원의 경우에는 국제출원의 출원인이 제214조제1항에 따라 결정을 신청한 날
6. 제1호부터 제5호까지의 규정 중 어느 하나에 해당되지 아니하는 특허출원에 대하여는 그 특허출원일

(2011.12.2 본조신설)

**제92조의3【등록지연에 따른 특허권의 존속기간의 연장등록출원】** ① 제92조의2에 따라 특허권의 존속기간의 연장등록출원을 하려는 자(이하 이 조 및 제92조의4에서 "연장등록출원인"이라 한다)는 다음 각 호의 사항을 적은 특허권의 존속기간의 연장등록출원서를 특허청장에게 제출하여야 한다.

1. 연장등록출원인의 성명 및 주소(법인인 경우에는 그 명칭 및 영업소의 소재지)
2. 연장등록출원인의 대리인이 있는 경우에는 그 대리인의 성명 및 주소나 영업소의 소재지〔대리인이 특허법인·특허법인(유한)인 경우에는 그 명칭, 사무소의 소재지 및 지정된 변리사의 성명〕(2013.7.30 본호개정)
3. 연장 대상 특허권의 특허번호
4. 연장신청의 기간
5. 산업통상자원부령이 정하는 연장이유(이를 증명할 수 있는 자료를 첨부하여야 한다)(2013.3.23 본호개정)

② 제1항에 따른 특허권의 존속기간의 연장등록출원은 특허권의 설정등록일부터 3개월 이내에 출원하여야 한다.

③ 특허권이 공유인 경우에는 공유자 전원이 공동으로 특허권의 존속기간의 연장등록출원을 하여야 한다.

④ 연장등록출원인은 심사관이 특허권의 존속기간의 연장등록 여부결정 전까지 연장등록출원서에 기재된 사항 중 제1항제4호 및 제5호의 사항에 대하여 보정할 수 있다. 다만, 제93조에 따라 준용되는 거절이유통지를 받은 후에는 해당 거절이유통지에 따른 의견서 제출기간에만 보정할 수 있다.
(2011.12.2 본조신설)

**제92조의4【등록지연에 따른 특허권의 존속기간의 연장등록거절결정】** 심사관은 제92조의3에 따른 특허권의 존속기간의 연장등록출원이 다음 각 호의 어느 하나에 해당하는 경우에는 그 출원에 대하여 연장등록거절결정을 하여야 한다.

1. 연장신청의 기간이 제92조의2에 따라 인정되는 연장의 기간을 초과한 경우
2. 연장등록출원인이 해당 특허권자가 아닌 경우
3. 제92조의3제3항을 위반하여 연장등록출원을 한 경우

(2011.12.2 본조신설)

**제92조의5【등록지연에 따른 특허권의 존속기간의 연장등록결정 등】** ① 심사관은 제92조의3에 따른 특허권의 존속기간의 연장등록출원에 대하여 제92조의4 각 호의 어느 하나에 해당하는 사유를 발견할 수 없는 경우에는 연장등록결정을 하여야 한다.

② 특허청장은 제1항의 연장등록결정이 있으면 특허권의 존속기간의 연장을 특허원부에 등록하여야 한다.

③ 제2항에 따른 등록이 있으면 다음 각 호의 사항을 특허공보에 게재하여야 한다.

1. 특허권자의 성명 및 주소(법인인 경우에는 그 명칭 및 영업소의 소재지)
2. 특허번호
3. 연장등록 연원일
4. 연장 기간

(2011.12.2 본조신설)

**제93조【준용규정】** 특허권의 존속기간의 연장등록출원의 심사에 관하여는 제57조제1항, 제63조, 제67조, 제148조제1호부터 제5호까지 및 같은 조 제7호를 준용한다.(2011.12.2 본조개정)

**제93조【준용규정】** 특허권의 존속기간의 연장등록출원의 심사에 관하여는 제57조제1항, 제63조, 제67조, 제78조제1항·제3항, 제148조제1호부터 제5호까지 및 같은 조 제7호를 준용한다. 이 경우 제78조제1항 중 "특허취소신청에 대한 결정"은 "제92조의4 및 제92조의5에 따른 연장등록거절결정 또는 연장등록결정"으로, "그 심사절차"는 "허가등에 따른 연장등록출원 심사 절차"로 본다.(2025.1.21 본조개정 : 2025.7.22 시행)

**제94조【특허권의 효력】** ① 특허권자는 업으로서 특허발명을 실시할 권리를 독점한다. 다만, 그 특허권에 관하여 전용실시권을 설정하였을 때에는 제100조제2항에 따라 전용실시권자가 그 특허발명을 실시할 권리를 독점하는 범위에서는 그러하지 아니하다.

② 특허발명의 실시가 제2조제3호나목에 따른 방법의 사용을 청약하는 행위인 경우 특허권의 효력은 그 방법의 사용이 특허권 또는 전용실시권을 침해한다는 것을 알면서 그 방법의 사용을 청약하는 행위에만 미친다.

(2019.12.10 본항신설)

(2014.6.11 본조개정)

**제95조【허가등에 따른 존속기간이 연장된 경우의 특허권의 효력】** 제90조제4항에 따라 특허권의 존속기간이 연장된 특허권의 효력은 그 연장등록의 이유가 된 허가등의 대상물건(그 허가등에 있어 물건에 대하여 특정의 용도가 정하여져 있는 경우에는 그 용도에 사용되는 물건)에 관한 그 특허발명의 실시 행위에만 미친다.

(2014.6.11 본조개정)

**제96조【특허권의 효력이 미치지 아니하는 범위】** ① 특허권의 효력은 다음 각 호의 어느 하나에 해당하는 사항에는 미치지 아니한다.

1. 연구 또는 시험(「약사법」에 따른 의약품의 품목허가·품목신고 및 「농약관리법」에 따른 농약의 등록을 위

한 연구 또는 시험을 포함한다)을 하기 위한 특허발명의 실시
2. 국내를 통과하는데 불과한 선박·항공기·차량 또는 이에 사용되는 기계·기구·장치, 그 밖의 물건
3. 특허출원을 한 때부터 국내에 있는 물건

② 둘 이상의 의약〔사람의 질병의 진단·경감·치료·처치(處置) 또는 예방을 위하여 사용되는 물건을 말한다. 이하 같다〕이 혼합되어 제조되는 의약의 발명 또는 둘 이상의 의약을 혼합하여 의약을 제조하는 방법의 발명에 관한 특허권의 효력은 「약사법」에 따른 조제행위와 그 조제에 의한 의약에는 미치지 아니한다.
(2014.6.11 본조개정)

**제97조【특허발명의 보호범위】** 특허발명의 보호범위는 청구범위에 적혀 있는 사항에 의하여 정하여진다.(2014.6.11 본조개정)

**제98조【타인의 특허발명 등과의 관계】** 특허권자·전용실시권자 또는 통상실시권자는 특허발명이 그 특허발명의 특허출원일 전에 출원된 타인의 특허발명·등록실용신안 또는 등록디자인이나 그 디자인과 유사한 디자인을 이용하거나 특허권이 그 특허발명의 특허출원일 전에 출원된 타인의 디자인권 또는 상표권과 저촉되는 경우에는 그 특허권자·실용신안권자·디자인권자 또는 상표권자의 허락을 받지 아니하고는 자기의 특허발명을 업으로서 실시할 수 없다.(2014.6.11 본조개정)

**제99조【특허권의 이전 및 공유 등】**
① 특허권은 이전할 수 있다.
② 특허권이 공유인 경우에는 각 공유자는 다른 공유자 모두의 동의를 받아야만 그 지분을 양도하거나 그 지분을 목적으로 하는 질권을 설정할 수 있다.
③ 특허권이 공유인 경우에는 각 공유자는 계약으로 특별히 약정한 경우를 제외하고는 다른 공유자의 동의를 받지 아니하고 그 특허발명을 자신이 실시할 수 있다.
④ 특허권이 공유인 경우에는 각 공유자는 다른 공유자 모두의 동의를 받아야만 그 특허권에 대하여 전용실시권을 설정하거나 통상실시권을 허락할 수 있다.
(2014.6.11 본조개정)

**제99조의2【특허권의 이전청구】** ① 특허가 제133조제1항제2호 본문에 해당하는 경우에 특허를 받을 수 있는 권리를 가진 자는 법원에 해당 특허권의 이전(특허를 받을 수 있는 권리가 공유인 경우에는 그 지분의 이전을 말한다)을 청구할 수 있다.
② 제1항의 청구에 기초하여 특허권이 이전등록된 경우에는 다음 각 호의 권리는 그 특허권이 설정등록된 날부터 이전등록을 받은 자에게 있는 것으로 본다.
1. 해당 특허권
2. 제65조제2항에 따른 보상금 지급청구권
3. 제207조제4항에 따른 보상금 지급청구권

③ 제1항의 청구에 따라 공유인 특허권의 지분을 이전하는 경우에는 제99조제2항에도 불구하고 다른 공유자의 동의를 받지 아니하더라도 그 지분을 이전할 수 있다.
(2016.2.29 본조신설)

**제100조【전용실시권】** ① 특허권자는 그 특허권에 대하여 타인에게 전용실시권을 설정할 수 있다.
② 전용실시권을 설정받은 전용실시권자는 그 설정행위로 정한 범위에서 그 특허발명을 업으로서 실시할 권리를 독점한다.
③ 전용실시권자는 다음 각 호의 경우를 제외하고는 특허권자의 동의를 받아야만 전용실시권을 이전할 수 있다.

1. 전용실시권을 실시사업(實施事業)과 함께 이전하는 경우
2. 상속이나 그 밖의 일반승계의 경우

④ 전용실시권자는 특허권자의 동의를 받아야만 그 전용실시권을 목적으로 하는 질권을 설정하거나 통상실시권을 허락할 수 있다.

⑤ 전용실시권에 관하여는 제99조제2항부터 제4항까지의 규정을 준용한다.

(2014.6.11 본조개정)

**제101조 【특허권 및 전용실시권의 등록의 효력】** ① 다음 각 호의 어느 하나에 해당하는 사항은 등록하여야만 효력이 발생한다.

1. 특허권의 이전(상속이나 그 밖의 일반승계에 의한 경우는 제외한다), 포기에 의한 소멸 또는 처분의 제한
2. 전용실시권의 설정 · 이전(상속이나 그 밖의 일반승계에 의한 경우는 제외한다) · 변경 · 소멸(혼동에 의한 경우는 제외한다) 또는 처분의 제한
3. 특허권 또는 전용실시권을 목적으로 하는 질권의 설정 · 이전(상속이나 그 밖의 일반승계에 의한 경우는 제외한다) · 변경 · 소멸(혼동에 의한 경우는 제외한다) 또는 처분의 제한

② 제1항 각 호에 따른 특허권 · 전용실시권 및 질권의 상속이나 그 밖의 일반승계의 경우에는 지체 없이 그 취지를 특허청장에게 신고하여야 한다.

(2014.6.11 본조개정)

**제102조 【통상실시권】** ① 특허권자는 그 특허권에 대하여 타인에게 통상실시권을 허락할 수 있다.

② 통상실시권자는 이 법에 따라 또는 설정행위로 정한 범위에서 특허발명을 업으로서 실시할 수 있는 권리를 가진다.

③ 제107조에 따른 통상실시권은 실시사업과 함께 이전하는 경우에만 이전할 수 있다.

④ 제138조, 「실용신안법」 제32조 또는 「디자인보호법」 제123조에 따른 통상실시권은 그 통상실시권자의 해당 특허권 · 실용신안권 또는 디자인권과 함께 이전되고, 해당 특허권 · 실용신안권 또는 디자인권이 소멸되면 함께 소멸된다.

⑤ 제3항 및 제4항에 따른 통상실시권 외의 통상실시권은 실시사업과 함께 이전하는 경우 또는 상속이나 그 밖의 일반승계의 경우를 제외하고는 특허권자(전용실시권에 관한 통상실시권의 경우에는 특허권자 및 전용실시권자)의 동의를 받아야만 이전할 수 있다.

⑥ 제3항 및 제4항에 따른 통상실시권 외의 통상실시권은 특허권자(전용실시권에 관한 통상실시권의 경우에는 특허권자 및 전용실시권자)의 동의를 받아야만 그 통상실시권을 목적으로 하는 질권을 설정할 수 있다.

⑦ 통상실시권에 관하여는 제99조제2항 및 제3항을 준용한다.

(2014.6.11 본조개정)

**제103조 【선사용에 의한 통상실시권】** 특허출원 시에 그 특허출원된 발명의 내용을 알지 못하고 그 발명을 하거나 그 발명을 한 사람으로부터 알게 되어 국내에서 그 발명의 실시사업을 하거나 이를 준비하고 있는 자는 그 실시하거나 준비하고 있는 발명 및 사업목적의 범위에서 그 특허출원된 발명의 특허권에 대하여 통상실시권을 가진다.

(2014.6.11 본조개정)

**제103조의2 【특허권의 이전청구에 따른 이전등록 전의 실시에 의한 통상실시권】** ① 다음 각 호의 어느 하나에 해당하는 자가 제99조의2제2항에 따른 특허권의 이전등록이 있기 전에 해당 특허가 제133조제1항제2호 본문에 해당하는 것을 알지 못하고 국내에서 해당 발명의 실시사업을 하거나 이를 준비하고 있는 경우에는 그 실시하거나 준비를 하고 있는 발명 및 사업목적의 범위에서 그 특허권에 대하여 통상실시권을 가진다.

1. 이전등록된 특허의 원(原)특허권자
2. 이전등록된 특허권에 대하여 이전등록 당시에 이미 전용실시권이나 통상실시권 또는 그 전용실시권에 대한 통상실시권을 취득하고 등록을 받은 자. 다만, 제118조제2항에 따른 통상실시권을 취득한 자는 등록을 필요로 하지 아니한다.

② 제1항에 따라 통상실시권을 가진 자는 이전등록된 특허권자에게 상당한 대가를 지급하여야 한다.
(2016.2.29 본조신설)

**제104조【무효심판청구 등록 전의 실시에 의한 통상실시권】** ① 다음 각 호의 어느 하나에 해당하는 자가 특허 또는 실용신안등록에 대한 무효심판청구의 등록 전에 자기의 특허발명 또는 등록실용신안이 무효사유에 해당하는 것을 알지 못하고 국내에서 그 발명 또는 고안의 실시사업을 하거나 이를 준비하고 있는 경우에는 그 실시하거나 준비하고 있는 발명 또는 고안 및 사업목적의 범위에서 그 특허권에 대하여 통상실시권을 가지거나 특허나 실용신안등록이 무효로 된 당시에 존재하는 특허권의 전용실시권에 대하여 통상실시권을 가진다.
1. 동일한 발명에 대한 둘 이상의 특허 중 그 하나의 특허를 무효로 한 경우 그 무효로 된 특허의 원특허권자
(2016.2.29 본호개정)
2. 특허발명과 등록실용신안이 동일하여 그 실용신안등록을 무효로 한 경우 그 무효로 된 실용신안등록의 원(原)실용신안권자
3. 특허를 무효로 하고 동일한 발명에 관하여 정당한 권리자에게 특허를 한 경우 그 무효로 된 특허의 원특허권자
4. 실용신안등록을 무효로 하고 그 고안과 동일한 발명에 관하여 정당한 권리자에게 특허를 한 경우 그 무효로 된 실용신안의 원실용신안권자
5. 제1호부터 제4호까지의 경우에 있어서 그 무효로 된 특허권 또는 실용신안권에 대하여 무효심판청구 등록 당시에 이미 전용실시권이나 통상실시권 또는 그 전용실시권에 대한 통상실시권을 취득하고 등록을 받은 자. 다만, 제118조제2항에 따른 통상실시권을 취득한 자는 등록을 필요로 하지 아니한다.

② 제1항에 따라 통상실시권을 가진 자는 특허권자 또는 전용실시권자에게 상당한 대가를 지급하여야 한다.
(2014.6.11 본조개정)

**제105조【디자인권의 존속기간 만료 후의 통상실시권】** ① 특허출원일 전 또는 특허출원일과 같은 날에 출원되어 등록된 디자인권이 그 특허권과 저촉되는 경우 그 디자인권의 존속기간이 만료될 때에는 그 디자인권자는 그 디자인권의 범위에서 그 특허권에 대하여 통상실시권을 가지거나 그 디자인권의 존속기간 만료 당시 존재하는 그 특허권의 전용실시권에 대하여 통상실시권을 가진다.

② 특허출원일 전 또는 특허출원일과 같은 날에 출원되어 등록된 디자인권이 그 특허권과 저촉되는 경우 그 디자인권의 존속기간이 만료될 때에는 다음 각 호의 어느 하나에 해당하는 권리를 가진 자는 원(原)권리의 범위에서 그 특허권에 대하여 통상실시권을 가지거나 그 디자인권의 존속기간 만료 당시 존재하는 그 특허권의 전용실시권에 대하여 통상실시권을 가진다.
1. 그 디자인권의 존속기간 만료 당시 존재하는 그 디자인권에 대한 전용실시권
2. 그 디자인권이나 그 디자인권에 대한 전용실시권에 대하여 「디자인보호법」 제104조제1항에 따라 효력이 발생한 통상실시권

③ 제2항에 따라 통상실시권을 가진 자는 특허권자 또는 전용실시권자에게 상당한 대가를 지급하여야 한다.
(2014.6.11 본조개정)

**제106조 【특허권의 수용】** ① 정부는 특허발명이 전시, 사변 또는 이에 준하는 비상시에 국방상 필요한 경우에는 특허권을 수용할 수 있다.
② 특허권이 수용되는 경우에는 그 특허발명에 관한 특허권 외의 권리는 소멸된다.
③ 정부는 제1항에 따라 특허권을 수용하는 경우에는 특허권자, 전용실시권자 또는 통상실시권자에 대하여 정당한 보상금을 지급하여야 한다.
④ 특허권의 수용 및 보상금의 지급에 필요한 사항은 대통령령으로 정한다.
(2014.6.11 본조개정)

**제106조의2 【정부 등에 의한 특허발명의 실시】** ① 정부는 특허발명이 국가 비상사태, 극도의 긴급상황 또는 공공의 이익을 위하여 비상업적(非商業的)으로 실시할 필요가 있다고 인정하는 경우에는 그 특허발명을 실시하거나 정부 외의 자에게 실시하게 할 수 있다.
② 정부 또는 제1항에 따른 정부 외의 자는 타인의 특허권이 존재한다는 사실을 알았거나 알 수 있을 때에는 제1항에 따른 실시 사실을 특허권자, 전용실시권자 또는 통상실시권자에게 신속하게 알려야 한다.
③ 정부 또는 제1항에 따른 정부 외의 자는 제1항에 따라 특허발명을 실시하는 경우에는 특허권자, 전용실시권자 또는 통상실시권자에게 정당한 보상금을 지급하여야 한다.
④ 특허발명의 실시 및 보상금의 지급에 필요한 사항은 대통령령으로 정한다.
(2014.6.11 본조개정)

**제107조 【통상실시권 설정의 재정】**
① 특허발명을 실시하려는 자는 특허발명이 다음 각 호의 어느 하나에 해당하고, 그 특허발명의 특허권자 또는 전용실시권자와 합리적인 조건으로 통상실시권 허락에 관한 협의(이하 이 조에서 "협의"라 한다)를 하였으나 합의가 이루어지지 아니하는 경우 또는 협의를 할 수 없는 경우에는 특허청장에게 통상실시권 설정에 관한 재정(裁定)(이하 "재정"이라 한다)을 청구할 수 있다. 다만, 공공의 이익을 위하여 비상업적으로 실시하려는 경우와 제4호에 해당하는 경우에는 협의 없이도 재정을 청구할 수 있다.
1. 특허발명이 천재지변이나 그 밖의 불가항력 또는 대통령령으로 정하는 정당한 이유 없이 계속하여 3년 이상 국내에서 실시되고 있지 아니한 경우
2. 특허발명이 정당한 이유 없이 계속하여 3년 이상 국내에서 상당한 영업적 규모로 실시되고 있지 아니하거나 적당한 정도와 조건으로 국내수요를 충족시키지 못한 경우
3. 특허발명의 실시가 공공의 이익을 위하여 특히 필요한 경우
4. 사법적 절차 또는 행정적 절차에 의하여 불공정거래행위로 판정된 사항을 바로잡기 위하여 특허발명을 실시할 필요가 있는 경우
5. 자국민 다수의 보건을 위협하는 질병을 치료하기 위하여 의약품(의약품 생산에 필요한 유효성분, 의약품 사용에 필요한 진단키트를 포함한다)을 수입하려는 국가(이하 이 조에서 "수입국"이라 한다)에 그 의약품을 수출할 수 있도록 특허발명을 실시할 필요가 있는 경우

② 특허출원일부터 4년이 지나지 아니한 특허발명에 관하여는 제1항제1호 및 제2호를 적용하지 아니한다.
③ 특허청장은 재정을 하는 경우 청구별로 통상실시권 설정의 필요성을 검토하여야 한다.

④ 특허청장은 제1항제1호부터 제3호까지 또는 제5호에 따른 재정을 하는 경우 재정을 받는 자에게 다음 각 호의 조건을 붙여야 한다.
1. 제1항제1호부터 제3호까지의 규정에 따른 재정의 경우에는 통상실시권을 국내수요충족을 위한 공급을 주목적으로 실시할 것
2. 제1항제5호에 따른 재정의 경우에는 생산된 의약품 전량을 수입국에 수출할 것

⑤ 특허청장은 재정을 하는 경우 상당한 대가가 지급될 수 있도록 하여야 한다. 이 경우 제1항제4호 또는 제5호에 따른 재정을 하는 경우에는 다음 각 호의 사항을 대가 결정에 고려할 수 있다.
1. 제1항제4호에 따른 재정의 경우에는 불공정거래행위를 바로잡기 위한 취지
2. 제1항제5호에 따른 재정의 경우에는 그 특허발명을 실시함으로써 발생하는 수입국에서의 경제적 가치

⑥ 반도체 기술에 대해서는 제1항제3호(공공의 이익을 위하여 비상업적으로 실시하는 경우만 해당한다) 또는 제4호의 경우에만 재정을 청구할 수 있다.

⑦ 수입국은 세계무역기구회원국 중 세계무역기구에 다음 각 호의 사항을 통지한 국가 또는 세계무역기구회원국이 아닌 국가 중 대통령령으로 정하는 국가로서 다음 각 호의 사항을 대한민국정부에 통지한 국가의 경우만 해당한다.
1. 수입국이 필요로 하는 의약품의 명칭과 수량
2. 국제연합총회의 결의에 따른 최빈개발도상국이 아닌 경우 해당 의약품의 생산을 위한 제조능력이 없거나 부족하다는 수입국의 확인
3. 수입국에서 해당 의약품이 특허된 경우 강제적인 실시를 허락하였거나 허락할 의사가 있다는 그 국가의 확인

⑧ 제1항제5호에 따른 의약품은 다음 각 호의 어느 하나에 해당하는 것으로 한다.
1. 특허된 의약품
2. 특허된 제조방법으로 생산된 의약품
3. 의약품 생산에 필요한 특허된 유효성분
4. 의약품 사용에 필요한 특허된 진단키트

⑨ 재정을 청구하는 자가 제출하여야 하는 서류, 그 밖에 재정에 관하여 필요한 사항은 대통령령으로 정한다.
(2014.6.11 본조개정)

**제108조【답변서의 제출】** 특허청장은 재정의 청구가 있으면 그 청구서의 부본(副本)을 그 청구에 관련된 특허권자·전용실시권자, 그 밖에 그 특허에 관하여 등록을 한 권리를 가지는 자에게 송달하고, 기간을 정하여 답변서를 제출할 수 있는 기회를 주어야 한다.
(2014.6.11 본조개정)

**제109조【산업재산권분쟁조정위원회 및 관계 부처의 장의 의견청취】** 특허청장은 재정을 할 때 필요하다고 인정하는 경우에는 「발명진흥법」 제41조에 따른 산업재산권분쟁조정위원회(이하 "조정위원회"라 한다) 및 관계 부처의 장의 의견을 들을 수 있고, 관계 행정기관이나 관계인에게 협조를 요청할 수 있다.(2021.8.17 본조개정)

**제110조【재정의 방식 등】** ① 재정은 서면으로 하고, 그 이유를 구체적으로 적어야 한다.

② 제1항에 따른 재정에는 다음 각 호의 사항을 구체적으로 적어야 한다.
1. 통상실시권의 범위 및 기간
2. 대가와 그 지급방법 및 지급시기
3. 제107조제1항제5호에 따른 재정의 경우에는 그 특허발명의 특허권자·전용실시권자 또는 통상실시권자(재정에 따른 경우는 제외한다)가 공급하는 의약품과 외관상 구분할 수 있

는 포장·표시 및 재정에서 정한 사항을 공시할 인터넷 주소
4. 그 밖에 재정을 받은 자가 그 특허발명을 실시할 경우 법령 또는 조약에 따른 내용을 이행하기 위하여 필요한 준수사항

③ 특허청장은 정당한 사유가 있는 경우를 제외하고는 재정청구일부터 6개월 이내에 재정에 관한 결정을 하여야 한다.

④ 제107조제1항제5호에 따른 재정청구가 같은 조 제7항 및 제8항에 해당하고 같은 조 제9항에 따른 서류가 모두 제출된 경우에는 특허청장은 정당한 사유가 있는 경우를 제외하고는 통상실시권 설정의 재정을 하여야 한다.

(2014.6.11 본조개정)

**제111조 【재정서등본의 송달】** ① 특허청장은 재정을 한 경우에는 당사자 및 그 특허에 관하여 등록을 한 권리를 가지는 자에게 재정서등본을 송달하여야 한다.

② 제1항에 따라 당사자에게 재정서등본이 송달되었을 때에는 재정서에 적혀 있는 바에 따라 당사자 사이에 협의가 이루어진 것으로 본다.

(2014.6.11 본조개정)

**제111조의2 【재정서의 변경】** ① 재정을 받은 자는 재정서에 적혀 있는 제110조제2항제3호의 사항에 관하여 변경이 필요하면 그 원인을 증명하는 서류를 첨부하여 특허청장에게 변경청구를 할 수 있다.

② 특허청장은 제1항에 따른 청구가 이유있다고 인정되면 재정서에 적혀 있는 사항을 변경할 수 있다. 이 경우 이해관계인의 의견을 들어야 한다.

③ 제2항의 경우에 관하여는 제111조를 준용한다.

(2014.6.11 본조개정)

**제112조 【대가의 공탁】** 제110조제2항제2호에 따른 대가를 지급하여야 하는 자는 다음 각 호의 어느 하나에 해당하는 경우에는 그 대가를 공탁(供託)하여야 한다.
1. 대가를 받을 자가 수령을 거부하거나 수령할 수 없는 경우
2. 대가에 대하여 제190조제1항에 따른 소송이 제기된 경우
3. 해당 특허권 또는 전용실시권을 목적으로 하는 질권이 설정되어 있는 경우. 다만, 질권자의 동의를 받은 경우에는 그러하지 아니하다.

(2014.6.11 본조개정)

**제113조 【재정의 실효】** 재정을 받은 자가 제110조제2항제2호에 따른 지급시기까지 대가(대가를 정기 또는 분할하여 지급할 경우에는 최초의 지급분)를 지급하지 아니하거나 공탁을 하지 아니한 경우에는 그 재정은 효력을 잃는다.(2014.6.11 본조개정)

**제114조 【재정의 취소】** ① 특허청장은 재정을 받은 자가 다음 각 호의 어느 하나에 해당하는 경우에는 이해관계인의 신청에 따라 또는 직권으로 그 재정을 취소할 수 있다. 다만, 제2호의 경우에는 재정을 받은 통상실시권자의 정당한 이익이 보호될 수 있는 경우로 한정한다.
1. 재정을 받은 목적에 적합하도록 그 특허발명을 실시하지 아니한 경우
2. 통상실시권을 재정한 사유가 없어지고 그 사유가 다시 발생하지 아니할 것이라고 인정되는 경우
3. 정당한 사유 없이 재정서에 적혀 있는 제110조제2항제3호 또는 제4호의 사항을 위반하였을 경우

② 제1항의 경우에 관하여는 제108조·제109조·제110조제1항 및 제111조제1항을 준용한다.

③ 제1항에 따라 재정이 취소되면 통상실시권은 그때부터 소멸된다.

(2014.6.11 본조개정)

**제115조 【재정에 대한 불복이유의 제한】** 재정에 대하여 「행정심판법」에 따

라 행정심판을 제기하거나 「행정소송법」에 따라 취소소송을 제기하는 경우에는 그 재정으로 정한 대가는 불복이유로 할 수 없다.(2014.6.11 본조개정)

**제116조** (2011.12.2 삭제)

**제117조** (2001.2.3 삭제)

**제118조【통상실시권의 등록의 효력】** ① 통상실시권을 등록한 경우에는 그 등록 후에 특허권 또는 전용실시권을 취득한 자에 대해서도 그 효력이 발생한다.

② 제81조의3제5항, 제103조부터 제105조까지, 제122조, 제182조, 제183조 및 「발명진흥법」 제10조제1항에 따른 통상실시권은 등록이 없더라도 제1항에 따른 효력이 발생한다.

③ 통상실시권의 이전·변경·소멸 또는 처분의 제한, 통상실시권을 목적으로 하는 질권의 설정·이전·변경·소멸 또는 처분의 제한은 이를 등록하여야만 제3자에게 대항할 수 있다.

(2014.6.11 본조개정)

**제119조【특허권 등의 포기의 제한】** ① 특허권자는 다음 각 호의 모두의 동의를 받아야만 특허권을 포기할 수 있다.

1. 전용실시권자
2. 질권자
3. 제100조제4항에 따른 통상실시권자
4. 제102조제1항에 따른 통상실시권자
5. 「발명진흥법」 제10조제1항에 따른 통상실시권자

② 전용실시권자는 질권자 또는 제100조제4항에 따른 통상실시권자의 동의를 받아야만 전용실시권을 포기할 수 있다.

③ 통상실시권자는 질권자의 동의를 받아야만 통상실시권을 포기할 수 있다.

(2014.6.11 본조개정)

**제120조【포기의 효과】** 특허권·전용실시권 또는 통상실시권을 포기한 때에는 특허권·전용실시권 또는 통상실시권은 그때부터 소멸된다.

(2014.6.11 본조개정)

**제121조【질권】** 특허권·전용실시권 또는 통상실시권을 목적으로 하는 질권을 설정하였을 때에는 질권자는 계약으로 특별히 정한 경우를 제외하고는 해당 특허발명을 실시할 수 없다.

(2014.6.11 본조개정)

**제122조【질권행사 등으로 인한 특허권의 이전에 따른 통상실시권】** 특허권자(공유인 특허권을 분할청구한 경우에는 분할청구를 한 공유자를 제외한 나머지 공유자를 말한다)는 특허권을 목적으로 하는 질권설정 또는 공유인 특허권의 분할청구 이전에 그 특허발명을 실시하고 있는 경우에는 그 특허권이 경매 등에 의하여 이전되더라도 그 특허발명에 대하여 통상실시권을 가진다. 이 경우 특허권자는 경매 등에 의하여 특허권을 이전받은 자에게 상당한 대가를 지급하여야 한다.

(2021.10.19 본조개정)

**제123조【질권의 물상대위】** 질권은 이 법에 따른 보상금이나 특허발명의 실시에 대하여 받을 대가나 물건에 대해서도 행사할 수 있다. 다만, 그 보상금 등의 지급 또는 인도 전에 압류하여야 한다.(2014.6.11 본조개정)

**제124조【상속인이 없는 경우 등의 특허권 소멸】** ① 특허권의 상속이 개시된 때 상속인이 없는 경우에는 그 특허권은 소멸된다.

② 청산절차가 진행 중인 법인의 특허권은 법인의 청산종결등기일(청산종결등기가 되었더라도 청산사무가 사실상 끝나지 아니한 경우에는 청산사무가 사실상 끝난 날과 청산종결등기일부터 6개월이 지난 날 중 빠른 날로 한다. 이하 이 항에서 같다)까지 그 특허권의 이전등록을 하지 아니한 경우에는 청산종결등기일의 다음 날에 소멸한다.

(2016.2.29 본항신설)

(2016.2.29 본조제목개정)

(2014.6.11 본조개정)

**제125조 【특허실시보고】** 특허청장은 특허권자 · 전용실시권자 또는 통상실시권자에게 특허발명의 실시 여부 및 그 규모 등에 관하여 보고하게 할 수 있다.(2014.6.11 본조개정)

**제125조의2 【대가 및 보상금액에 대한 집행권원】** 이 법에 따라 특허청장이 정한 대가와 보상금액에 관하여 확정된 결정은 집행력 있는 집행권원(執行權原)과 같은 효력을 가진다. 이 경우 집행력 있는 정본은 특허청 소속 공무원이 부여한다.(2014.6.11 본조개정)

## 제6장 특허권자의 보호
(2014.6.11 본장개정)

**제126조 【권리침해에 대한 금지청구권 등】** ① 특허권자 또는 전용실시권자는 자기의 권리를 침해한 자 또는 침해할 우려가 있는 자에 대하여 그 침해의 금지 또는 예방을 청구할 수 있다.
② 특허권자 또는 전용실시권자가 제1항에 따른 청구를 할 때에는 침해행위를 조성한 물건(물건을 생산하는 방법의 발명인 경우에는 침해행위로 생긴 물건을 포함한다)의 폐기, 침해행위에 제공된 설비의 제거, 그 밖에 침해의 예방에 필요한 행위를 청구할 수 있다.

**제126조의2 【구체적 행위의 내용 · 방식 · 형태 제시 의무】** ① 특허권 또는 전용실시권 침해소송에서 특허권자 또는 전용실시권자가 주장하는 침해행위의 구체적 내용 · 방식 · 형태를 부인하는 당사자는 자기의 구체적 행위의 내용 · 방식 · 형태를 제시하여야 한다.
② 법원은 당사자가 제1항에도 불구하고 자기의 구체적 행위의 내용 · 방식 · 형태를 제시할 수 없는 정당한 이유가 있다고 주장하는 경우에는 그 주장의 당부를 판단하기 위하여 그 당사자에게 자료의 제출을 명할 수 있다. 다만, 그 자료의 소지자가 그 자료의 제출을 거절할 정당한 이유가 있으면 그러하지 아니하다.
③ 제2항에 따른 자료제출명령에 관하여는 제132조제2항 및 제3항을 준용한다. 이 경우 제132조제3항 중 "침해의 증명 또는 손해액의 산정에 반드시 필요한 때"를 "구체적 행위의 내용 · 방식 · 형태를 제시할 수 없는 정당한 이유의 유무 판단에 반드시 필요한 때"로 한다.
④ 당사자가 정당한 이유 없이 자기의 구체적 행위의 내용 · 방식 · 형태를 제시하지 않는 경우에는 법원은 특허권자 또는 전용실시권자가 주장하는 침해행위의 구체적 내용 · 방식 · 형태를 진실한 것으로 인정할 수 있다.
(2025.5.27 본조개정)

**제127조 【침해로 보는 행위】** 다음 각 호의 구분에 따른 행위를 업으로서 하는 경우에는 특허권 또는 전용실시권을 침해한 것으로 본다.
1. 특허가 물건의 발명인 경우 : 그 물건의 생산에만 사용하는 물건을 생산 · 양도 · 대여 또는 수입하거나 그 물건의 양도 또는 대여의 청약을 하는 행위
2. 특허가 방법의 발명인 경우 : 그 방법의 실시에만 사용하는 물건을 생산 · 양도 · 대여 또는 수입하거나 그 물건의 양도 또는 대여의 청약을 하는 행위

1. 특허가 물건의 발명인 경우 : 그 물건의 생산에만 사용하는 물건을 생산 · 양도 · 대여 · 수출 또는 수입하거나 그 물건의 양도 또는 대여의 청약을 하는 행위
2. 특허가 방법의 발명인 경우 : 그 방법의 실시에만 사용하는 물건을 생산 · 양도 · 대여 · 수출 또는 수입하거나 그 물건의 양도 또는 대여의 청약을 하는 행위

(2025.1.21 1호~2호개정 : 2025.7.22 시행)

**제128조【손해배상청구권 등】** ① 특허권자 또는 전용실시권자는 고의 또는 과실로 자기의 특허권 또는 전용실시권을 침해한 자에 대하여 침해로 인하여 입은 손해의 배상을 청구할 수 있다.(2016.3.29 본항신설)

② 제1항에 따라 손해배상을 청구하는 경우 그 권리를 침해한 자가 그 침해행위를 하게 한 물건을 양도하였을 때에는 다음 각 호에 해당하는 금액의 합계액을 특허권자 또는 전용실시권자가 입은 손해액으로 할 수 있다.

1. 그 물건의 양도수량(특허권자 또는 전용실시권자가 그 침해행위 외의 사유로 판매할 수 없었던 사정이 있는 경우에는 그 침해행위 외의 사유로 판매할 수 없었던 수량을 뺀 수량) 중 특허권자 또는 전용실시권자가 생산할 수 있었던 물건의 수량에서 실제 판매한 물건의 수량을 뺀 수량을 넘지 않는 수량에 특허권자 또는 전용실시권자가 그 침해행위가 없었다면 판매할 수 있었던 물건의 단위수량당 이익액을 곱한 금액
2. 그 물건의 양도수량 중 특허권자 또는 전용실시권자가 생산할 수 있었던 물건의 수량에서 실제 판매한 물건의 수량을 뺀 수량을 넘는 수량 또는 그 침해행위 외의 사유로 판매할 수 없었던 수량이 있는 경우 이들 수량(특허권자 또는 전용실시권자가 그 특허권자의 특허권에 대한 전용실시권의 설정, 통상실시권의 허락 또는 그 전용실시권자의 전용실시권에 대한 통상실시권의 허락을 할 수 있었다고 인정되지 않는 경우에는 해당 수량을 뺀 수량)에 대해서는 특허발명의 실시에 대하여 합리적으로 받을 수 있는 금액

(2020.6.9 본항개정)

③ (2020.6.9 삭제)

④ 제1항에 따라 손해배상을 청구하는 경우 특허권 또는 전용실시권을 침해한 자가 그 침해행위로 인하여 얻은 이익액을 특허권자 또는 전용실시권자가 입은 손해액으로 추정한다.

⑤ 제1항에 따라 손해배상을 청구하는 경우 그 특허발명의 실시에 대하여 합리적으로 받을 수 있는 금액을 특허권자 또는 전용실시권자가 입은 손해액으로 하여 손해배상을 청구할 수 있다.(2019.1.8 본항개정)

⑥ 제5항에도 불구하고 손해액이 같은 항에 따른 금액을 초과하는 경우에는 그 초과액에 대해서도 손해배상을 청구할 수 있다. 이 경우 특허권 또는 전용실시권을 침해한 자에게 고의 또는 중대한 과실이 없을 때에는 법원은 손해배상액을 산정할 때 그 사실을 고려할 수 있다.

⑦ 법원은 특허권 또는 전용실시권의 침해에 관한 소송에서 손해가 발생된 것은 인정되나 그 손해액을 증명하기 위하여 필요한 사실을 증명하는 것이 해당 사실의 성질상 극히 곤란한 경우에는 제2항부터 제6항까지의 규정에도 불구하고 변론 전체의 취지와 증거조사의 결과에 기초하여 상당한 손해액을 인정할 수 있다.

⑧ 법원은 타인의 특허권 또는 전용실시권을 침해한 행위가 고의적인 것으로 인정되는 경우에는 제1항에도 불구하고 제2항부터 제7항까지의 규정에 따라 손해로 인정된 금액의 5배를 넘지 아니하는 범위에서 배상액을 정할 수 있다.(2024.2.20 본항개정)

⑨ 제8항에 따른 배상액을 판단할 때에는 다음 각 호의 사항을 고려하여야 한다.

1. 침해행위를 한 자의 우월적 지위 여부
2. 고의 또는 손해 발생의 우려를 인식한 정도
3. 침해행위로 인하여 특허권자 및 전용실시권자가 입은 피해규모

4. 침해행위로 인하여 침해한 자가 얻은 경제적 이익
5. 침해행위의 기간·횟수 등
6. 침해행위에 따른 벌금
7. 침해행위를 한 자의 재산상태
8. 침해행위를 한 자의 피해구제 노력의 정도

(2019.1.8 본항신설)
(2016.3.29 본조개정)

**제128조의2【감정사항 설명의무】** 특허권 또는 전용실시권 침해소송에서 법원이 침해로 인한 손해액의 산정을 위하여 감정을 명한 때에는 당사자는 감정인에게 감정에 필요한 사항을 설명하여야 한다.(2016.3.29 본조신설)

**제129조【생산방법의 추정】** 물건을 생산하는 방법의 발명에 관하여 특허가 된 경우에 그 물건과 동일한 물건은 그 특허된 방법에 의하여 생산된 것으로 추정한다. 다만, 그 물건이 다음 각 호의 어느 하나에 해당하는 경우에는 그러하지 아니하다.

1. 특허출원 전에 국내에서 공지되었거나 공연히 실시된 물건
2. 특허출원 전에 국내 또는 국외에서 반포된 간행물에 게재되었거나 전기통신회선을 통하여 공중이 이용할 수 있는 물건

**제130조【과실의 추정】** 타인의 특허권 또는 전용실시권을 침해한 자는 그 침해행위에 대하여 과실이 있는 것으로 추정한다.

**제131조【특허권자 등의 신용회복】** 법원은 고의나 과실로 특허권 또는 전용실시권을 침해함으로써 특허권자 또는 전용실시권자의 업무상 신용을 떨어뜨린 자에 대해서는 특허권자 또는 전용실시권자의 청구에 의하여 손해배상을 갈음하여 또는 손해배상과 함께 특허권자 또는 전용실시권자의 업무상 신용회복을 위하여 필요한 조치를 명할 수 있다.

**제132조【자료의 제출】** ① 법원은 특허권 또는 전용실시권 침해소송에서 당사자의 신청에 의하여 상대방 당사자에게 해당 침해의 증명 또는 침해로 인한 손해액의 산정에 필요한 자료의 제출을 명할 수 있다. 다만, 그 자료의 소지자가 그 자료의 제출을 거절할 정당한 이유가 있으면 그러하지 아니하다.

② 법원은 자료의 소지자가 제1항에 따른 제출을 거부할 정당한 이유가 있다고 주장하는 경우에는 그 주장의 당부를 판단하기 위하여 자료의 제시를 명할 수 있다. 이 경우 법원은 그 자료를 다른 사람이 보게 하여서는 아니 된다.
(2016.3.29 본항신설)

③ 제1항에 따라 제출되어야 할 자료가 영업비밀(「부정경쟁방지 및 영업비밀보호에 관한 법률」 제2조제2호에 따른 영업비밀을 말한다. 이하 같다)에 해당하나 침해의 증명 또는 손해액의 산정에 반드시 필요한 때에는 제1항 단서에 따른 정당한 이유로 보지 아니한다. 이 경우 법원은 제출명령의 목적 내에서 열람할 수 있는 범위 또는 열람할 수 있는 사람을 지정하여야 한다.
(2016.3.29 본항신설)

④ 당사자가 정당한 이유 없이 자료제출명령에 따르지 아니한 때에는 법원은 자료의 기재에 대한 상대방의 주장을 진실한 것으로 인정할 수 있다.
(2016.3.29 본항신설)

⑤ 제4항에 해당하는 경우 자료의 제출을 신청한 당사자가 자료의 기재에 관하여 구체적으로 주장하기에 현저히 곤란한 사정이 있고 자료로 증명할 사실을 다른 증거로 증명하는 것을 기대하기도 어려운 때에는 법원은 그 당사자가 자료의 기재에 의하여 증명하고자 하는 사실에 관한 주장을 진실한 것으로 인정할 수 있다.(2016.3.29 본항신설)
(2016.3.29 본조개정)

## 제6장의2 특허취소신청
(2016.2.29 본장신설)

**제132조의2 【특허취소신청】** ① 누구든지 특허권의 설정등록일부터 등록공고일 후 6개월이 되는 날까지 그 특허가 다음 각 호의 어느 하나에 해당하는 경우에는 특허심판원장에게 특허취소신청을 할 수 있다. 이 경우 청구범위의 청구항이 둘 이상인 경우에는 청구항마다 특허취소신청을 할 수 있다.

1. 제29조(같은 조 제1항제1호에 해당하는 경우와 같은 호에 해당하는 발명에 의하여 쉽게 발명할 수 있는 경우는 제외한다)에 위반된 경우
2. 제36조제1항부터 제3항까지의 규정에 위반된 경우

② 제1항에도 불구하고 특허공보에 게재된 제87조제3항제7호에 따른 선행기술에 기초한 이유로는 특허취소신청을 할 수 없다.

**제132조의3 【특허취소신청절차에서의 특허의 정정】** ① 특허취소신청절차가 진행 중인 특허에 대한 특허권자는 제136조제1항 각 호의 어느 하나에 해당하는 경우에만 제132조의13제2항에 따라 지정된 기간에 특허발명의 명세서 또는 도면에 대하여 정정청구를 할 수 있다.

② 제1항에 따른 정정청구를 하였을 때에는 해당 특허취소신청절차에서 그 정정청구 전에 한 정정청구는 취하된 것으로 본다.

③ 제1항에 따른 정정청구에 관하여는 제136조제3항부터 제6항까지, 제8항, 제10항부터 제13항까지, 제139조제3항 및 제140조제1항 · 제2항 · 제5항을 준용한다. 이 경우 제136조제11항 중 "제162조제3항에 따른 심리의 종결이 통지되기 전(같은 조 제4항에 따라 심리가 재개된 경우에는 그 후 다시 같은 조 제3항에 따른 심리의 종결이 통지되기 전)에"는 "제132조의13제2항 또는 제136조제6항에 따라 지정된 기간에"로 본다.

④ 제1항에 따른 정정청구는 다음 각 호의 어느 하나에 해당하는 기간에만 취하할 수 있다.

1. 제1항에 따라 정정을 청구할 수 있도록 지정된 기간과 그 기간의 만료일부터 1개월 이내의 기간
2. 제3항에서 준용하는 제136조제6항에 따라 지정된 기간

⑤ 제3항을 적용할 때 제132조의2에 따라 특허취소신청이 된 청구항을 정정하는 경우에는 제136조제5항을 준용하지 아니한다.

**제132조의4 【특허취소신청의 방식 등】** ① 특허취소신청을 하려는 자는 다음 각 호의 사항을 적은 특허취소신청서를 특허심판원장에게 제출하여야 한다.

1. 신청인의 성명 및 주소(법인인 경우에는 그 명칭 및 영업소의 소재지)
2. 대리인이 있는 경우에는 그 대리인의 성명 및 주소나 영업소의 소재지〔대리인이 특허법인 · 특허법인(유한)인 경우에는 그 명칭, 사무소의 소재지 및 지정된 변리사의 성명〕
3. 특허취소신청의 대상이 되는 특허의 표시
4. 특허취소신청의 이유 및 증거의 표시

② 제1항에 따라 제출된 특허취소신청서의 보정은 그 요지를 변경할 수 없다. 다만, 제132조의2제1항에 따른 기간(그 기간 중 제132조의13제2항에 따른 통지가 있는 경우에는 통지한 때까지로 한정한다)에 제1항제4호의 사항을 보정하는 경우에는 그러하지 아니하다.

③ 심판장은 특허취소신청이 있으면 그 신청서의 부본을 특허권자에게 송달하여야 한다.

④ 심판장은 특허취소신청이 있으면 그 사실을 해당 특허권의 전용실시권자나 그 밖에 그 특허에 관하여 등록을 한 권리를 가지는 자에게 알려야 한다.

**제132조의5【특허취소신청서 등의 보정·각하】** ① 심판장은 다음 각 호의 어느 하나에 해당하는 경우에는 기간을 정하여 그 보정을 명하여야 한다.

1. 특허취소신청서가 제132조의4제1항(같은 항 제4호는 제외한다)을 위반한 경우
2. 특허취소신청에 관한 절차가 다음 각 목의 어느 하나에 해당하는 경우
   가. 제3조제1항 또는 제6조를 위반한 경우
   나. 이 법 또는 이 법에 따른 명령으로 정하는 방식을 위반한 경우
   다. 제82조에 따라 내야 할 수수료를 내지 아니한 경우

② 심판장은 제1항에 따른 보정명령을 받은 자가 지정된 기간에 보정을 하지 아니하거나 보정한 사항이 제132조의4제2항을 위반한 경우에는 특허취소신청서 또는 해당 절차와 관련된 청구 또는 신청 등을 결정으로 각하하여야 한다.

③ 제2항에 따른 각하결정은 서면으로 하여야 하며, 그 이유를 붙여야 한다.

**제132조의6【보정할 수 없는 특허취소신청의 각하결정】** ① 제132조의7제1항에 따른 합의체는 부적법한 특허취소신청으로서 그 흠을 보정할 수 없을 때에는 제132조의4제3항에도 불구하고 특허권자에게 특허취소신청서의 부본을 송달하지 아니하고, 결정으로 그 특허취소신청을 각하할 수 있다.

② 제1항에 따른 각하결정에 대해서는 불복할 수 없다.

**제132조의7【특허취소신청의 합의체 등】** ① 특허취소신청은 3명 또는 5명의 심판관으로 구성되는 합의체가 심리하여 결정한다.

② 제1항의 합의체 및 이를 구성하는 심판관에 관하여는 제143조부터 제145조까지, 제146조제2항·제3항, 제148조부터 제153조까지 및 제153조의2를 준용한다. 이 경우 제148조제6호 중 "심결"은 "특허취소결정"으로 본다.

**제132조의8【심리의 방식 등】** ① 특허취소신청에 관한 심리는 서면으로 한다.

② 공유인 특허권의 특허권자 중 1인에게 특허취소신청절차의 중단 또는 중지의 원인이 있으면 모두에게 그 효력이 발생한다.

**제132조의9【참가】** ① 특허권에 관하여 권리를 가진 자 또는 이해관계를 가진 자는 특허취소신청에 대한 결정이 있을 때까지 특허권자를 보조하기 위하여 그 심리에 참가할 수 있다.

② 제1항의 참가에 관하여는 제155조제4항·제5항 및 제156조를 준용한다.

**제132조의10【특허취소신청의 심리에서의 직권심리】** ① 심판관은 특허취소신청에 관하여 특허취소신청인, 특허권자 또는 참가인이 제출하지 아니한 이유에 대해서도 심리할 수 있다.

② 심판관은 특허취소신청에 관하여 특허취소신청인이 신청하지 아니한 청구항에 대해서는 심리할 수 없다.

**제132조의11【특허취소신청의 병합 또는 분리】** ① 심판관 합의체는 하나의 특허권에 관한 둘 이상의 특허취소신청에 대해서는 특별한 사정이 있는 경우를 제외하고는 그 심리를 병합하여 결정하여야 한다.

② 심판관 합의체는 특허취소신청의 심리에 필요하다고 인정하는 경우에는 제1항에 따라 병합된 심리를 분리할 수 있다.

**제132조의12【특허취소신청의 취하】** ① 특허취소신청은 제132조의14제2항에 따라 결정등본이 송달되기 전까지만 취하할 수 있다. 다만, 제132조의13제2항에 따라 특허권자 및 참가인

에게 특허의 취소이유가 통지된 후에는 취하할 수 없다.

② 둘 이상의 청구항에 관하여 특허취소신청이 있는 경우에는 청구항마다 취하할 수 있다.

③ 제1항 또는 제2항에 따른 취하가 있으면 그 특허취소신청 또는 그 청구항에 대한 특허취소신청은 처음부터 없었던 것으로 본다.

**제132조의13【특허취소신청에 대한 결정】** ① 심판관 합의체는 특허취소신청이 이유 있다고 인정되는 때에는 그 특허를 취소한다는 취지의 결정(이하 "특허취소결정"이라 한다)을 하여야 한다.

② 심판장은 특허취소결정을 하려는 때에는 특허권자 및 참가인에게 특허의 취소이유를 통지하고 기간을 정하여 의견서를 제출할 기회를 주어야 한다.

③ 특허취소결정이 확정된 때에는 그 특허권은 처음부터 없었던 것으로 본다.

④ 심판관 합의체는 특허취소신청이 제132조의2제1항 각 호의 어느 하나에 해당하지 아니하거나 같은 조 제2항을 위반한 것으로 인정되는 경우에는 결정으로 그 특허취소신청을 기각하여야 한다.

⑤ 제4항에 따른 기각결정에 대해서는 불복할 수 없다.

**제132조의14【특허취소신청의 결정방식】** ① 특허취소신청에 대한 결정은 다음 각 호의 사항을 적은 서면으로 하여야 하며, 결정을 한 심판관은 그 서면에 기명날인하여야 한다.

1. 특허취소신청사건의 번호
2. 특허취소신청인, 특허권자 및 참가인의 성명 및 주소(법인인 경우에는 그 명칭 및 영업소의 소재지)
3. 대리인이 있는 경우에는 그 대리인의 성명 및 주소나 영업소의 소재지〔대리인이 특허법인·특허법인(유한)인 경우에는 그 명칭, 사무소의 소재지 및 지정된 변리사의 성명〕
4. 결정에 관련된 특허의 표시
5. 결정의 결론 및 이유
6. 결정연월일

② 심판장은 특허취소신청에 대한 결정이 있는 때에는 그 결정의 등본을 특허취소신청인, 특허권자, 참가인 및 그 특허취소신청에 대한 심리에 참가를 신청하였으나 그 신청이 거부된 자에게 송달하여야 한다.

**제132조의15【심판규정의 특허취소신청에의 준용】** 특허취소신청의 심리·결정에 관하여는 제147조제3항, 제157조, 제158조, 제164조, 제165조제3항부터 제6항까지 및 제166조를 준용한다.

## 제7장 심 판

(2014.6.11 본장제목개정)

**제132조의16【특허심판원】** ① 특허·실용신안에 관한 취소신청, 특허·실용신안·디자인·상표에 관한 심판과 재심 및 이에 관한 조사·연구 사무를 관장하게 하기 위하여 특허청장 소속으로 특허심판원을 둔다.(2016.2.29 본항개정)

② 특허심판원에 원장과 심판관을 둔다.

③ 특허심판원에 제1항에 따른 조사·연구와 그 밖의 사무를 담당하는 인력을 둘 수 있다.(2021.8.17 본항신설)

④ 특허심판원의 조직과 정원 및 운영에 필요한 사항은 대통령령으로 정한다.

(2014.6.11 본조개정)

**제132조의17【특허거절결정 등에 대한 심판】** 특허거절결정 또는 특허권의 존속기간의 연장등록거절결정을 받은 자가 결정에 불복할 때에는 그 결정등본을 송달받은 날부터 3개월 이내에 심판을 청구할 수 있다.(2021.10.19 본조개정)

**제133조 【특허의 무효심판】** ① 이해관계인(제2호 본문의 경우에는 특허를 받을 수 있는 권리를 가진 자만 해당한다) 또는 심사관은 특허가 다음 각 호의 어느 하나에 해당하는 경우에는 무효심판을 청구할 수 있다. 이 경우 청구범위의 청구항이 둘 이상인 경우에는 청구항마다 청구할 수 있다.
(2016.2.29 본문개정)

1. 제25조, 제29조, 제32조, 제36조제1항부터 제3항까지, 제42조제3항제1호 또는 같은 조 제4항을 위반한 경우
2. 제33조제1항 본문에 따른 특허를 받을 수 있는 권리를 가지지 아니하거나 제44조를 위반한 경우. 다만, 제99조의2제2항에 따라 이전등록된 경우에는 제외한다.(2016.2.29 단서신설)
3. 제33조제1항 단서에 따라 특허를 받을 수 없는 경우
4. 특허된 후 그 특허권자가 제25조에 따라 특허권을 누릴 수 없는 자로 되거나 그 특허가 조약을 위반한 경우
5. 조약을 위반하여 특허를 받을 수 없는 경우
6. 제47조제2항 전단에 따른 범위를 벗어난 보정인 경우
7. 제52조제1항에 따른 범위를 벗어난 분할출원 또는 제52조의2제1항 각 호 외의 부분 전단에 따른 범위를 벗어난 분리출원인 경우(2021.10.19 본호개정)
8. 제53조제1항에 따른 범위를 벗어난 변경출원인 경우

② 제1항에 따른 심판은 특허권이 소멸된 후에도 청구할 수 있다.
③ 특허를 무효로 한다는 심결이 확정된 경우에는 그 특허권은 처음부터 없었던 것으로 본다. 다만, 제1항제4호에 따라 특허를 무효로 한다는 심결이 확정된 경우에는 특허권은 그 특허가 같은 호에 해당하게 된 때부터 없었던 것으로 본다.
④ 심판장은 제1항에 따른 심판이 청구된 경우에는 그 취지를 해당 특허권의 전용실시권자나 그 밖에 특허에 관하여 등록을 한 권리를 가지는 자에게 알려야 한다.
(2014.6.11 본조개정)

**제133조의2 【특허무효심판절차에서의 특허의 정정】** ① 제133조제1항에 따른 심판의 피청구인은 제136조제1항 각 호의 어느 하나에 해당하는 경우에만 제147조제1항 또는 제159조제1항 후단에 따라 지정된 기간에 특허발명의 명세서 또는 도면에 대하여 정정청구를 할 수 있다. 이 경우 심판장이 제147조제1항에 따라 지정된 기간 후에도 청구인이 증거를 제출하거나 새로운 무효사유를 주장함으로 인하여 정정청구를 허용할 필요가 있다고 인정하는 경우에는 기간을 정하여 정정청구를 하게 할 수 있다.(2016.2.29 후단개정)
② 제1항에 따른 정정청구를 하였을 때에는 해당 무효심판절차에서 그 정정청구 전에 한 정정청구는 취하된 것으로 본다.
③ 심판장은 제1항에 따른 정정청구가 있을 때에는 그 청구서의 부본을 제133조제1항에 따른 심판의 청구인에게 송달하여야 한다.
④ 제1항에 따른 정정청구에 관하여는 제136조제3항부터 제6항까지, 제8항 및 제10항부터 제13항까지, 제139조제3항 및 제140조제1항·제2항·제5항을 준용한다. 이 경우 제136조제11항 중 "제162조제3항에 따른 심리의 종결이 통지되기 전(같은 조 제4항에 따라 심리가 재개된 경우에는 그 후 다시 같은 조 제3항에 따른 심리의 종결이 통지되기 전)에"는 "제133조의2제1항 또는 제136조제6항에 따라 지정된 기간에"로 본다.(2016.2.29 본항개정)

⑤ 제1항에 따른 정정청구는 다음 각 호의 어느 하나에 해당하는 기간에만 취하할 수 있다.
1. 제1항에 따라 정정을 청구할 수 있도록 지정된 기간과 그 기간의 만료일부터 1개월 이내의 기간
2. 제4항에서 준용하는 제136조제6항에 따라 지정된 기간
(2016.2.29 본항신설)
⑥ 제4항을 적용할 때 제133조제1항에 따른 특허무효심판이 청구된 청구항을 정정하는 경우에는 제136조제5항을 준용하지 아니한다.(2016.2.29 본항개정)
(2014.6.11 본조개정)

**제134조【특허권 존속기간의 연장등록의 무효심판】** ① 이해관계인 또는 심사관은 제92조에 따른 특허권의 존속기간의 연장등록이 다음 각 호의 어느 하나에 해당하는 경우에는 무효심판을 청구할 수 있다.
1. 특허발명을 실시하기 위하여 제89조에 따른 허가등을 받을 필요가 없는 출원에 대하여 연장등록이 된 경우
2. 특허권자 또는 그 특허권의 전용실시권 또는 등록된 통상실시권을 가진 자가 제89조에 따른 허가등을 받지 아니한 출원에 대하여 연장등록이 된 경우
3. 연장등록에 따라 연장된 기간이 그 특허발명을 실시할 수 없었던 기간을 초과하는 경우

3. 연장등록에 따라 연장된 기간이 제89조에 따라 인정되는 연장의 기간을 초과하는 경우(2025.1.21 본호개정 : 2025.7.22 시행)

4. 해당 특허권자가 아닌 자의 출원에 대하여 연장등록이 된 경우
5. 제90조제3항을 위반한 출원에 대하여 연장등록이 된 경우

6. 제90조제7항을 위반하여 하나의 허가등에 대하여 둘 이상의 특허권의 존속기간이 연장등록된 경우
(2025.1.21 본호신설 : 2025.7.22 시행)

② 이해관계인 또는 심사관은 제92조의5에 따른 특허권의 존속기간의 연장등록이 다음 각 호의 어느 하나에 해당하면 무효심판을 청구할 수 있다.
1. 연장등록에 따라 연장된 기간이 제92조의2에 따라 인정되는 연장의 기간을 초과한 경우
2. 해당 특허권자가 아닌 자의 출원에 대하여 연장등록이 된 경우
3. 제92조의3제3항을 위반한 출원에 대하여 연장등록이 된 경우
③ 제1항 및 제2항에 따른 심판의 청구에 관하여는 제133조제2항 및 제4항을 준용한다.
④ 연장등록을 무효로 한다는 심결이 확정된 경우에는 그 연장등록에 따른 존속기간의 연장은 처음부터 없었던 것으로 본다. 다만, 연장등록이 다음 각 호의 어느 하나에 해당하는 경우에는 해당 기간에 대해서만 연장이 없었던 것으로 본다.
1. 연장등록이 제1항제3호에 해당하여 무효로 된 경우 : 그 특허발명을 실시할 수 없었던 기간을 초과하여 연장된 기간

1. 연장등록이 제1항제3호에 해당하여 무효로 된 경우 : 제89조에 따라 인정되는 연장의 기간을 초과하여 연장된 기간(2025.1.21 본호개정 : 2025.7.22 시행)

2. 연장등록이 제2항제1호에 해당하여 무효로 된 경우 : 제92조의2에 따라 인정되는 연장의 기간을 초과하여 연장된 기간

⑤ 연장등록이 제1항제6호에 해당하여 무효로 한다는 심결이 확정된 경우에

는 그 특허권의 존속기간의 연장등록 출원은 처음부터 없었던 것으로 본다. (2025.1.21 본항신설 : 2025.7.22 시행)
(2014.6.11 본조개정)

**제135조【권리범위 확인심판】** ① 특허권자 또는 전용실시권자는 자신의 특허발명의 보호범위를 확인하기 위하여 특허권의 권리범위 확인심판을 청구할 수 있다.

② 이해관계인은 타인의 특허발명의 보호범위를 확인하기 위하여 특허권의 권리범위 확인심판을 청구할 수 있다. (2016.2.29 본항신설)

③ 제1항 또는 제2항에 따른 특허권의 권리범위 확인심판을 청구하는 경우에 청구범위의 청구항이 둘 이상인 경우에는 청구항마다 청구할 수 있다.
(2016.2.29 본조개정)

**제136조【정정심판】** ① 특허권자는 다음 각 호의 어느 하나에 해당하는 경우에는 특허발명의 명세서 또는 도면에 대하여 정정심판을 청구할 수 있다.
(2016.2.29 단서삭제)

1. 청구범위를 감축하는 경우
2. 잘못 기재된 사항을 정정하는 경우
3. 분명하지 아니하게 기재된 사항을 명확하게 하는 경우

② 제1항에도 불구하고 다음 각 호의 어느 하나에 해당하는 기간에는 정정심판을 청구할 수 없다.

1. 특허취소신청이 특허심판원에 계속 중인 때부터 그 결정이 확정될 때까지의 기간. 다만, 특허무효심판의 심결 또는 정정의 무효심판의 심결에 대한 소가 특허법원에 계속 중인 경우에는 특허법원에서 변론이 종결(변론 없이 한 판결의 경우에는 판결의 선고를 말한다)된 날까지 정정심판을 청구할 수 있다.
2. 특허무효심판 또는 정정의 무효심판이 특허심판원에 계속 중인 기간

(2016.2.29 본항신설)

③ 제1항에 따른 명세서 또는 도면의 정정은 특허발명의 명세서 또는 도면에 기재된 사항의 범위에서 할 수 있다. 다만, 제1항제2호에 따라 잘못된 기재를 정정하는 경우에는 출원서에 최초로 첨부된 명세서 또는 도면에 기재된 사항의 범위에서 할 수 있다.

④ 제1항에 따른 명세서 또는 도면의 정정은 청구범위를 실질적으로 확장하거나 변경할 수 없다.

⑤ 제1항에 따른 정정 중 같은 항 제1호 또는 제2호에 해당하는 정정은 정정 후의 청구범위에 적혀 있는 사항이 특허출원을 하였을 때에 특허를 받을 수 있는 것이어야 한다.

⑥ 심판관은 제1항에 따른 심판청구가 다음 각 호의 어느 하나에 해당한다고 인정하는 경우에는 청구인에게 그 이유를 통지하고, 기간을 정하여 의견서를 제출할 수 있는 기회를 주어야 한다.

1. 제1항 각 호의 어느 하나에 해당하지 아니한 경우
2. 제3항에 따른 범위를 벗어난 경우
3. 제4항 또는 제5항을 위반한 경우

(2016.2.29 2호~3호개정)

⑦ 제1항에 따른 정정심판은 특허권이 소멸된 후에도 청구할 수 있다. 다만, 특허취소결정이 확정되거나 특허를 무효(제133조제1항제4호에 의한 무효는 제외한다)로 한다는 심결이 확정된 후에는 그러하지 아니하다.(2016.2.29 단서개정)

⑧ 특허권자는 전용실시권자, 질권자와 제100조제4항·제102조제1항 및 「발명진흥법」 제10조제1항에 따른 통상실시권을 갖는 자의 동의를 받아야만 제1항에 따른 정정심판을 청구할 수 있다. 다만, 특허권자가 정정심판을 청구하기 위하여 동의를 받아야 하는 자가 무효심판을 청구한 경우에는 그러하지 아니하다.(2016.2.29 단서신설)

⑨ 제1항에 따른 정정심판에는 제147

조제1항 · 제2항, 제155조 및 제156조를 적용하지 아니한다.(2016.2.29 본항신설)

⑩ 특허발명의 명세서 또는 도면에 대하여 정정을 한다는 심결이 확정되었을 때에는 그 정정 후의 명세서 또는 도면에 따라 특허출원, 출원공개, 특허결정 또는 심결 및 특허권의 설정등록이 된 것으로 본다.

⑪ 청구인은 제162조제3항에 따른 심리의 종결이 통지되기 전(같은 조 제4항에 따라 심리가 재개된 경우에는 그 후 다시 같은 조 제3항에 따른 심리의 종결이 통지되기 전)에 제140조제5항에 따른 심판청구서에 첨부된 정정한 명세서 또는 도면에 대하여 보정할 수 있다.

⑫ 특허발명의 명세서 또는 도면에 대한 정정을 한다는 심결이 있는 경우 특허심판원장은 그 내용을 특허청장에게 알려야 한다.

⑬ 특허청장은 제12항에 따른 통보가 있으면 이를 특허공보에 게재하여야 한다.(2016.2.29 본항개정)

(2014.6.11 본조개정)

**제137조 【정정의 무효심판】** ① 이해관계인 또는 심사관은 제132조의3제1항, 제133조의2제1항, 제136조제1항 또는 이 조 제3항에 따른 특허발명의 명세서 또는 도면에 대한 정정이 다음 각 호의 어느 하나의 규정을 위반한 경우에는 정정의 무효심판을 청구할 수 있다.(2016.2.29 본문개정)

1. 제136조제1항 각 호의 어느 하나의 규정
2. 제136조제3항부터 제5항까지의 규정(제132조의3제3항 또는 제133조의2제4항에 따라 준용되는 경우를 포함한다)(2016.2.29 본호개정)

② 제1항에 따른 심판청구에 관하여는 제133조제2항 및 제4항을 준용한다.

③ 제1항에 따른 무효심판의 피청구인은 제136조제1항 각 호의 어느 하나에 해당하는 경우에만 제147조제1항 또는 제159조제1항 후단에 따라 지정된 기간에 특허발명의 명세서 또는 도면의 정정을 청구할 수 있다. 이 경우 심판장이 제147조제1항에 따라 지정된 기간 후에도 청구인이 증거를 제출하거나 새로운 무효사유를 주장함으로 인하여 정정의 청구를 허용할 필요가 있다고 인정하는 경우에는 기간을 정하여 정정청구를 하게 할 수 있다.
(2016.2.29 후단신설)

④ 제3항에 따른 정정청구에 관하여는 제133조의2제2항부터 제5항까지의 규정을 준용한다. 이 경우 제133조의2제3항 중 "제133조제1항"은 "제137조제1항"으로 보고, 같은 조 제4항 후단 중 "제133조의2제1항"을 "제137조제3항"으로 보며, 같은 조 제5항 각 호 외의 부분 및 같은 항 제1호 중 "제1항"을 각각 "제3항"으로 본다.
(2016.2.29 본항개정)

⑤ 제1항에 따라 정정을 무효로 한다는 심결이 확정되었을 때에는 그 정정은 처음부터 없었던 것으로 본다.
(2014.6.11 본조개정)

**제138조 【통상실시권 허락의 심판】**

① 특허권자, 전용실시권자 또는 통상실시권자는 해당 특허발명이 제98조에 해당하여 실시의 허락을 받으려는 경우에 그 타인이 정당한 이유 없이 허락하지 아니하거나 그 타인의 허락을 받을 수 없을 때에는 자기의 특허발명의 실시에 필요한 범위에서 통상실시권 허락의 심판을 청구할 수 있다.

② 제1항에 따른 청구가 있는 경우에 그 특허발명이 그 특허출원일 전에 출원된 타인의 특허발명 또는 등록실용신안과 비교하여 상당한 경제적 가치가 있는 중요한 기술적 진보를 가져오는 것이 아니면 통상실시권을 허락하여서는 아니 된다.

③ 제1항에 따른 심판에 따라 통상실시권을 허락한 자가 그 통상실시권을 허락받은 자의 특허발명을 실시할 필요가 있는 경우 그 통상실시권을 허락받은 자가 실시를 허락하지 아니하거나 실시의 허락을 받을 수 없을 때에는 통상실시권을 허락받아 실시하려는 특허발명의 범위에서 통상실시권 허락의 심판을 청구할 수 있다.
④ 제1항 및 제3항에 따라 통상실시권을 허락받은 자는 특허권자, 실용신안권자, 디자인권자 또는 그 전용실시권자에게 대가를 지급하여야 한다. 다만, 자기가 책임질 수 없는 사유로 지급할 수 없는 경우에는 그 대가를 공탁하여야 한다.
⑤ 제4항에 따른 통상실시권자는 그 대가를 지급하지 아니하거나 공탁을 하지 아니하면 그 특허발명, 등록실용신안 또는 등록디자인이나 이와 유사한 디자인을 실시할 수 없다.
(2014.6.11 본조개정)

**제139조【공동심판의 청구 등】** ① 동일한 특허권에 관하여 제133조제1항, 제134조제1항·제2항 또는 제137조제1항의 무효심판이나 제135조제1항·제2항의 권리범위 확인심판을 청구하는 자가 2인 이상이면 모두가 공동으로 심판을 청구할 수 있다.(2016.2.29 본항개정)
② 공유인 특허권의 특허권자에 대하여 심판을 청구할 때에는 공유자 모두를 피청구인으로 하여야 한다.
③ 특허권 또는 특허를 받을 수 있는 권리의 공유자가 그 공유인 권리에 관하여 심판을 청구할 때에는 공유자 모두가 공동으로 청구하여야 한다.
④ 제1항 또는 제3항에 따른 청구인이나 제2항에 따른 피청구인 중 1인에게 심판절차의 중단 또는 중지의 원인이 있으면 모두에게 그 효력이 발생한다.
(2014.6.11 본조개정)

**제139조의2【국선대리인】** ① 특허심판원장은 산업통상자원부령으로 정하는 요건을 갖춘 심판 당사자의 신청에 따라 대리인(이하 "국선대리인"이라 한다)을 선임하여 줄 수 있다. 다만, 심판청구가 이유 없음이 명백하거나 권리의 남용이라고 인정되는 경우에는 그러하지 아니하다.
② 국선대리인이 선임된 당사자에 대하여 심판절차와 관련된 수수료를 감면할 수 있다.
③ 국선대리인의 신청절차 및 수수료 감면 등 국선대리인 운영에 필요한 사항은 산업통상자원부령으로 정한다.
(2019.1.8 본조신설)

**제140조【심판청구방식】** ① 심판을 청구하려는 자는 다음 각 호의 사항을 적은 심판청구서를 특허심판원장에게 제출하여야 한다.
1. 당사자의 성명 및 주소(법인인 경우에는 그 명칭 및 영업소의 소재지)
2. 대리인이 있는 경우에는 그 대리인의 성명 및 주소나 영업소의 소재지〔대리인이 특허법인·특허법인(유한)인 경우에는 그 명칭, 사무소의 소재지 및 지정된 변리사의 성명〕
3. 심판사건의 표시
4. 청구의 취지 및 그 이유

② 제1항에 따라 제출된 심판청구서의 보정은 그 요지를 변경할 수 없다. 다만, 다음 각 호의 어느 하나에 해당하는 경우에는 그러하지 아니하다.
1. 제1항제1호에 따른 당사자 중 특허권자의 기재를 바로잡기 위하여 보정(특허권자를 추가하는 것을 포함하되, 청구인이 특허권자인 경우에는 추가되는 특허권자의 동의가 있는 경우로 한정한다)하는 경우
2. 제1항제4호에 따른 청구의 이유를 보정하는 경우
3. 제135조제1항에 따른 권리범위 확인심판에서 심판청구서의 확인대상발명(청구인이 주장하는 피청구인의

발명을 말한다)의 설명서 또는 도면에 대하여 피청구인이 자신이 실제로 실시하고 있는 발명과 비교하여 다르다고 주장하는 경우에 청구인이 피청구인의 실시 발명과 동일하게 하기 위하여 심판청구서의 확인대상 발명의 설명서 또는 도면을 보정하는 경우(2016.2.29 본호개정)

③ 제135조제1항·제2항에 따른 권리범위 확인심판을 청구할 때에는 특허발명과 대비할 수 있는 설명서 및 필요한 도면을 첨부하여야 한다.
(2016.2.29 본항개정)

④ 제138조제1항에 따른 통상실시권 허락의 심판의 심판청구서에는 제1항 각 호의 사항 외에 다음 사항을 추가로 적어야 한다.

1. 실시하려는 자기의 특허의 번호 및 명칭
2. 실시되어야 할 타인의 특허발명·등록실용신안 또는 등록디자인의 번호·명칭 및 특허나 등록 연월일
3. 특허발명·등록실용신안 또는 등록디자인의 통상실시권의 범위·기간 및 대가

⑤ 제136조제1항에 따른 정정심판을 청구할 때에는 심판청구서에 정정한 명세서 또는 도면을 첨부하여야 한다.
(2014.6.11 본조개정)

**제140조의2 【특허거절결정에 대한 심판청구방식】** ① 제132조의17에 따라 특허거절결정에 대한 심판을 청구하려는 자는 제140조제1항에도 불구하고 다음 각 호의 사항을 적은 심판청구서를 특허심판원장에게 제출하여야 한다.
(2016.2.29 본문개정)

1. 청구인의 성명 및 주소(법인인 경우에는 그 명칭 및 영업소의 소재지)
2. 대리인이 있는 경우에는 그 대리인의 성명 및 주소나 영업소의 소재지〔대리인이 특허법인·특허법인(유한)인 경우에는 그 명칭, 사무소의 소재지 및 지정된 변리사의 성명〕
3. 출원일 및 출원번호
4. 발명의 명칭
5. 특허거절결정일
6. 심판사건의 표시
7. 청구의 취지 및 그 이유

② 제1항에 따라 제출된 심판청구서를 보정하는 경우에는 그 요지를 변경할 수 없다. 다만, 다음 각 호의 어느 하나에 해당하는 경우에는 그러하지 아니하다.

1. 제1항제1호에 따른 청구인의 기재를 바로잡기 위하여 보정(청구인을 추가하는 것을 포함하되, 그 청구인의 동의가 있는 경우로 한정한다)하는 경우
2. 제1항제7호에 따른 청구의 이유를 보정하는 경우

(2014.6.11 본조개정)

**제141조 【심판청구서 등의 각하】** ① 심판장은 다음 각 호의 어느 하나에 해당하는 경우에는 기간을 정하여 그 보정을 명하여야 한다. 다만, 보정할 사항이 경미하고 명확한 경우에는 직권으로 보정할 수 있다.(2023.9.14 단서신설)

1. 심판청구서가 제140조제1항 및 제3항부터 제5항까지 또는 제140조의2제1항을 위반한 경우
2. 심판에 관한 절차가 다음 각 목의 어느 하나에 해당하는 경우
   가. 제3조제1항 또는 제6조를 위반한 경우
   나. 제82조에 따라 내야 할 수수료를 내지 아니한 경우
   다. 이 법 또는 이 법에 따른 명령으로 정하는 방식을 위반한 경우

② 심판장은 제1항 본문에 따른 보정명령을 받은 자가 지정된 기간에 보정을 하지 아니하거나 보정한 사항이 제140조제2항 또는 제140조의2제2항을 위반한 경우에는 심판청구서 또는 해당 절차와 관련된 청구나 신청 등을 결정으로 각하하여야 한다.(2023.9.14 본항개정)

③ 제2항에 따른 결정은 서면으로 하여야 하며, 그 이유를 붙여야 한다.
④ 심판장은 제1항 단서에 따라 직권보정을 하려면 그 직권보정 사항을 청구인에게 통지하여야 한다.(2023.9.14 본항신설)
⑤ 청구인은 제1항 단서에 따른 직권보정 사항을 받아들일 수 없으면 직권보정 사항의 통지를 받은 날부터 7일 이내에 그 직권보정 사항에 대한 의견서를 심판장에게 제출하여야 한다.
(2023.9.14 본항신설)
⑥ 청구인이 제5항에 따라 의견서를 제출한 경우에는 해당 직권보정 사항은 처음부터 없었던 것으로 본다.
(2023.9.14 본항신설)
⑦ 제1항 단서에 따른 직권보정이 명백히 잘못된 경우 그 직권보정은 처음부터 없었던 것으로 본다.(2023.9.14 본항신설)
(2016.2.29 본조제목개정)
(2014.6.11 본조개정)

**제142조【보정할 수 없는 심판청구의 심결각하】** 부적법한 심판청구로서 그 흠을 보정할 수 없을 때에는 피청구인에게 답변서 제출의 기회를 주지 아니하고, 심결로써 그 청구를 각하할 수 있다.(2014.6.11 본조개정)

**제143조【심판관】** ① 특허심판원장은 심판이 청구되면 심판관에게 심판하게 한다.
② 심판관의 자격은 대통령령으로 정한다.
③ 심판관은 직무상 독립하여 심판한다.
(2014.6.11 본조개정)

**제144조【심판관의 지정】** ① 특허심판원장은 각 심판사건에 대하여 제146조에 따른 합의체를 구성할 심판관을 지정하여야 한다.
② 특허심판원장은 제1항의 심판관 중 심판에 관여하는 데 지장이 있는 사람이 있으면 다른 심판관에게 심판하게 할 수 있다.
(2014.6.11 본조개정)

**제145조【심판장】** ① 특허심판원장은 제144조제1항에 따라 지정된 심판관 중에서 1명을 심판장으로 지정하여야 한다.
② 심판장은 그 심판사건에 관한 사무를 총괄한다.
(2014.6.11 본조개정)

**제146조【심판의 합의체】** ① 심판은 3명 또는 5명의 심판관으로 구성되는 합의체가 한다.
② 제1항의 합의체의 합의는 과반수로 결정한다.
③ 심판의 합의는 공개하지 아니한다.
(2014.6.11 본조개정)

**제147조【답변서 제출 등】** ① 심판장은 심판이 청구되면 심판청구서 부본을 피청구인에게 송달하고, 기간을 정하여 답변서를 제출할 수 있는 기회를 주어야 한다.
② 심판장은 제1항의 답변서를 받았을 때에는 그 부본을 청구인에게 송달하여야 한다.
③ 심판장은 심판에 관하여 당사자를 심문할 수 있다.
(2014.6.11 본조개정)

**제148조【심판관의 제척】** 심판관은 다음 각 호의 어느 하나에 해당하는 경우에는 그 심판에서 제척된다.

1. 심판관 또는 그 배우자이거나 배우자이었던 사람이 사건의 당사자, 참가인 또는 특허취소신청인인 경우
(2016.2.29 본호개정)
2. 심판관이 사건의 당사자, 참가인 또는 특허취소신청인의 친족이거나 친족이었던 경우(2016.2.29 본호개정)
3. 심판관이 사건의 당사자, 참가인 또는 특허취소신청인의 법정대리인이거나 법정대리인이었던 경우
(2016.2.29 본호개정)

4. 심판관이 사건에 대한 증인, 감정인이거나 감정인이었던 경우
5. 심판관이 사건의 당사자, 참가인 또는 특허취소신청인의 대리인이거나 대리인이었던 경우(2016.2.29 본호개정)
6. 심판관이 사건에 대하여 심사관 또는 심판관으로서 특허여부결정 또는 심결에 관여한 경우
7. 심판관이 사건에 관하여 직접 이해관계를 가진 경우

(2014.6.11 본조개정)

**제149조 【제척신청】** 제148조에 따른 제척의 원인이 있으면 당사자 또는 참가인은 제척신청을 할 수 있다.
(2014.6.11 본조개정)

**제150조 【심판관의 기피】** ① 심판관에게 공정한 심판을 기대하기 어려운 사정이 있으면 당사자 또는 참가인은 기피신청을 할 수 있다.

② 당사자 또는 참가인은 사건에 대하여 심판관에게 서면 또는 구두로 진술을 한 후에는 기피신청을 할 수 없다. 다만, 기피의 원인이 있는 것을 알지 못한 경우 또는 기피의 원인이 그 후에 발생한 경우에는 그러하지 아니하다.
(2014.6.11 본조개정)

**제151조 【제척 또는 기피의 소명】** ① 제149조 또는 제150조에 따라 제척 또는 기피 신청을 하려는 자는 그 원인을 적은 서면을 특허심판원장에게 제출하여야 한다. 다만, 구술심리를 할 때에는 구술로 할 수 있다.

② 제척 또는 기피의 원인은 신청한 날부터 3일 이내에 소명하여야 한다.
(2014.6.11 본조개정)

**제152조 【제척 또는 기피 신청에 관한 결정】** ① 제척 또는 기피 신청이 있으면 심판으로 결정하여야 한다.

② 제척 또는 기피 신청의 대상이 된 심판관은 그 제척 또는 기피에 대한 심판에 관여할 수 없다. 다만, 의견을 진술할 수 있다.

③ 제1항에 따른 결정은 서면으로 하여야 하며, 그 이유를 붙여야 한다.

④ 제1항에 따른 결정에 대해서는 불복할 수 없다.
(2014.6.11 본조개정)

**제153조 【심판절차의 중지】** 제척 또는 기피 신청이 있으면 그 신청에 대한 결정이 있을 때까지 심판절차를 중지하여야 한다. 다만, 긴급한 경우에는 그러하지 아니하다.(2014.6.11 본조개정)

**제153조의2 【심판관의 회피】** 심판관이 제148조 또는 제150조에 해당하는 경우에는 특허심판원장의 허가를 받아 그 사건에 대한 심판을 회피할 수 있다.(2014.6.11 본조개정)

**제154조 【심리 등】** ① 심판은 구술심리 또는 서면심리로 한다. 다만, 당사자가 구술심리를 신청하였을 때에는 서면심리만으로 결정할 수 있다고 인정되는 경우 외에는 구술심리를 하여야 한다.

② (2001.2.3 삭제)

③ 구술심리는 공개하여야 한다. 다만, 공공의 질서 또는 선량한 풍속에 어긋날 우려가 있으면 그러하지 아니하다.

④ 심판장은 제1항에 따라 구술심리로 심판을 할 경우에는 그 기일 및 장소를 정하고, 그 취지를 적은 서면을 당사자 및 참가인에게 송달하여야 한다. 다만, 해당 사건의 이전 심리에 출석한 당사자 및 참가인에게 알렸을 때에는 그러하지 아니하다.

⑤ 심판장은 제1항에 따라 구술심리로 심판을 할 경우에는 특허심판원장이 지정한 직원에게 기일마다 심리의 요지와 그 밖에 필요한 사항을 적은 조서를 작성하게 하여야 한다.

⑥ 제5항의 조서에는 심판의 심판장 및 조서를 작성한 직원이 기명날인하여야 한다.

⑦ 제5항의 조서에 관하여는 「민사소송법」 제153조 · 제154조 및 제156조부터 제160조까지의 규정을 준용한다.

⑧ 심판에 관하여는 「민사소송법」 제143조 · 제259조 · 제299조 및 제367조를 준용한다.
⑨ 심판장은 구술심리 중 심판정 내의 질서를 유지한다.(2014.6.11 본항신설)
(2014.6.11 본조개정)

**제154조의2 【전문심리위원】** ① 심판장은 직권에 따른 결정으로 전문심리위원을 지정하여 심판절차에 참여하게 할 수 있다.
② 심판장은 제1항에 따라 전문심리위원을 심판절차에 참여시키는 경우 당사자의 의견을 들어 각 사건마다 1명 이상의 전문심리위원을 지정하여야 한다.
③ 전문심리위원에게는 산업통상자원부령으로 정하는 바에 따라 수당을 지급하고, 필요한 경우에는 그 밖의 여비, 일당 및 숙박료를 지급할 수 있다.
④ 전문심리위원의 지정에 관하여 그 밖에 필요한 사항은 산업통상자원부령으로 정한다.
⑤ 제1항에 따른 전문심리위원에 관하여는 「민사소송법」 제164조의2제2항부터 제4항까지 및 제164조의3을 준용한다. 이 경우 "법원"은 "심판장"으로 본다.
⑥ 제1항에 따른 전문심리위원의 제척 및 기피에 관하여는 제148조부터 제152조까지의 규정을 준용한다. 이 경우 "심판관"은 "전문심리위원"으로 본다.
(2021.4.20 본조신설)

**제154조의3 【참고인 의견서의 제출】**
① 심판장은 산업에 미치는 영향 등을 고려하여 사건 심리에 필요하다고 인정되는 경우 공공단체, 그 밖의 참고인에게 심판사건에 관한 의견서를 제출하게 할 수 있다.
② 국가기관과 지방자치단체는 공익과 관련된 사항에 관하여 특허심판원에 심판사건에 관한 의견서를 제출할 수 있다.
③ 심판장은 제1항 또는 제2항에 따라 참고인이 제출한 의견서에 대하여 당사자에게 구술 또는 서면에 의한 의견 진술의 기회를 주어야 한다.
④ 제1항 또는 제2항에 따른 참고인의 선정 및 비용, 준수사항 등 참고인 의견서 제출에 필요한 사항은 산업통상자원부령으로 정한다.
(2023.9.14 본조신설)

**제155조 【참가】** ① 제139조제1항에 따라 심판을 청구할 수 있는 자는 심리가 종결될 때까지 그 심판에 참가할 수 있다.
② 제1항에 따른 참가인은 피참가인이 그 심판의 청구를 취하한 후에도 심판절차를 속행할 수 있다.
③ 심판의 결과에 대하여 이해관계를 가진 자는 심리가 종결될 때까지 당사자의 어느 한쪽을 보조하기 위하여 그 심판에 참가할 수 있다.
④ 제3항에 따른 참가인은 모든 심판절차를 밟을 수 있다.
⑤ 제1항 또는 제3항에 따른 참가인에게 심판절차의 중단 또는 중지의 원인이 있으면 그 중단 또는 중지는 피참가인에 대해서도 그 효력이 발생한다.
(2014.6.11 본조개정)

**제156조 【참가의 신청 및 결정】** ① 심판에 참가하려는 자는 참가신청서를 심판장에게 제출하여야 한다.
② 심판장은 참가신청이 있는 경우에는 참가신청서 부본을 당사자 및 다른 참가인에게 송달하고, 기간을 정하여 의견서를 제출할 수 있는 기회를 주어야 한다.
③ 참가신청이 있는 경우에는 심판으로 그 참가 여부를 결정하여야 한다.
④ 제3항에 따른 결정은 서면으로 하여야 하며, 그 이유를 붙여야 한다.
⑤ 제3항에 따른 결정에 대해서는 불복할 수 없다.
(2014.6.11 본조개정)

**제157조 【증거조사 및 증거보전】** ① 심판에서는 당사자, 참가인 또는 이해관계인의 신청에 의하여 또는 직권으로 증거조사나 증거보전을 할 수 있다.
② 제1항에 따른 증거조사 및 증거보전에 관하여는 「민사소송법」 중 증거조사 및 증거보전에 관한 규정을 준용한다. 다만, 심판관은 다음 각 호의 행위는 하지 못한다.
1. 과태료의 결정
2. 구인(拘引)을 명하는 행위
3. 보증금을 공탁하게 하는 행위
③ 증거보전신청은 심판청구 전에는 특허심판원장에게 하고, 심판계속 중에는 그 사건의 심판장에게 하여야 한다.
④ 특허심판원장은 심판청구 전에 제1항에 따른 증거보전신청이 있으면 그 신청에 관여할 심판관을 지정한다.
⑤ 심판장은 제1항에 따라 직권으로 증거조사나 증거보전을 하였을 때에는 그 결과를 당사자, 참가인 또는 이해관계인에게 통지하고, 기간을 정하여 의견서를 제출할 수 있는 기회를 주어야 한다.
(2014.6.11 본조개정)

**제158조 【심판의 진행】** 심판장은 당사자 또는 참가인이 법정기간 또는 지정기간에 절차를 밟지 아니하거나 제154조제4항에 따른 기일에 출석하지 아니하여도 심판을 진행할 수 있다.
(2014.6.11 본조개정)

**제158조의2 【적시제출주의】** 심판절차에서의 주장이나 증거의 제출에 관하여는 「민사소송법」 제146조, 제147조 및 제149조를 준용한다.
(2021.8.17 본조신설)

**제159조 【직권심리】** ① 심판에서는 당사자 또는 참가인이 신청하지 아니한 이유에 대해서도 심리할 수 있다. 이 경우 당사자 및 참가인에게 기간을 정하여 그 이유에 대하여 의견을 진술할 수 있는 기회를 주어야 한다.
② 심판에서는 청구인이 신청하지 아니한 청구의 취지에 대해서는 심리할 수 없다.
(2014.6.11 본조개정)

**제160조 【심리 · 심결의 병합 또는 분리】** 심판관은 당사자 양쪽 또는 어느 한쪽이 동일한 둘 이상의 심판에 대하여 심리 또는 심결을 병합하거나 분리할 수 있다.(2014.6.11 본조개정)

**제161조 【심판청구의 취하】** ① 심판청구는 심결이 확정될 때까지 취하할 수 있다. 다만, 답변서가 제출된 후에는 상대방의 동의를 받아야 한다.
② 둘 이상의 청구항에 관하여 제133조제1항의 무효심판 또는 제135조의 권리범위 확인심판을 청구하였을 때에는 청구항마다 취하할 수 있다.
③ 제1항 또는 제2항에 따른 취하가 있으면 그 심판청구 또는 그 청구항에 대한 심판청구는 처음부터 없었던 것으로 본다.
(2014.6.11 본조개정)

**제162조 【심결】** ① 심판은 특별한 규정이 있는 경우를 제외하고는 심결로써 종결한다.
② 제1항의 심결은 다음 각 호의 사항을 적은 서면으로 하여야 하며, 심결을 한 심판관은 그 서면에 기명날인하여야 한다.
1. 심판의 번호
2. 당사자 및 참가인의 성명 및 주소(법인인 경우에는 그 명칭 및 영업소의 소재지)
3. 대리인이 있는 경우에는 그 대리인의 성명 및 주소나 영업소의 소재지〔대리인이 특허법인 · 특허법인(유한)인 경우에는 그 명칭, 사무소의 소재지 및 지정된 변리사의 성명〕
4. 심판사건의 표시
5. 심결의 주문(제138조에 따른 심판의 경우에는 통상실시권의 범위 · 기간 및 대가를 포함한다)
6. 심결의 이유(청구의 취지 및 그 이유의 요지를 포함한다)

7. 심결연월일
③ 심판장은 사건이 심결을 할 정도로 성숙하였을 때에는 심리의 종결을 당사자 및 참가인에게 통지하여야 한다.
④ 심판장은 필요하다고 인정하면 제3항에 따라 심리종결을 통지한 후에도 당사자 또는 참가인의 신청에 의하여 또는 직권으로 심리를 재개할 수 있다.
⑤ 심결은 제3항에 따른 심리종결통지를 한 날부터 20일 이내에 한다.
⑥ 심판장은 심결 또는 결정이 있으면 그 등본을 당사자, 참가인 및 심판에 참가신청을 하였으나 그 신청이 거부된 자에게 송달하여야 한다.
(2014.6.11 본조개정)

**제163조【일사부재리】** 이 법에 따른 심판의 심결이 확정되었을 때에는 그 사건에 대해서는 누구든지 동일 사실 및 동일 증거에 의하여 다시 심판을 청구할 수 없다. 다만, 확정된 심결이 각하심결인 경우에는 그러하지 아니하다.
(2014.6.11 본조개정)

**제164조【소송과의 관계】** ① 심판장은 심판에서 필요하면 직권 또는 당사자의 신청에 따라 그 심판사건과 관련되는 특허취소신청에 대한 결정 또는 다른 심판의 심결이 확정되거나 소송절차가 완결될 때까지 그 절차를 중지할 수 있다.(2016.2.29 본항개정)
② 법원은 소송절차에서 필요하면 직권 또는 당사자의 신청에 따라 특허취소신청에 대한 결정이나 특허에 관한 심결이 확정될 때까지 그 소송절차를 중지할 수 있다.(2016.2.29 본항개정)
③ 법원은 특허권 또는 전용실시권의 침해에 관한 소가 제기된 경우에는 그 취지를 특허심판원장에게 통보하여야 한다. 그 소송절차가 끝났을 때에도 또한 같다.
④ 특허심판원장은 제3항에 따른 특허권 또는 전용실시권의 침해에 관한 소에 대응하여 그 특허권에 관한 무효심판 등이 청구된 경우에는 그 취지를 제3항에 해당하는 법원에 통보하여야 한다. 그 심판청구서의 각하결정, 심결 또는 청구의 취하가 있는 경우에도 또한 같다.
(2014.6.11 본조개정)

**제164조의2【조정위원회 회부】** ① 심판장은 심판사건을 합리적으로 해결하기 위하여 필요하다고 인정되면 당사자의 동의를 받아 해당 심판사건의 절차를 중지하고 결정으로 해당 사건을 조정위원회에 회부할 수 있다.
② 심판장은 제1항에 따라 조정위원회에 회부한 때에는 해당 심판사건의 기록을 조정위원회에 송부하여야 한다.
③ 심판장은 조정위원회의 조정절차가 조정 불성립으로 종료되면 제1항에 따른 중지 결정을 취소하고 심판을 재개하며, 조정이 성립된 경우에는 해당 심판청구는 취하된 것으로 본다.
(2021.8.17 본조신설)

**제165조【심판비용】** ① 제133조제1항, 제134조제1항 · 제2항, 제135조 및 제137조제1항의 심판비용의 부담은 심판이 심결에 의하여 종결될 때에는 그 심결로써 정하고, 심판이 심결에 의하지 아니하고 종결될 때에는 결정으로써 정하여야 한다.
② 제1항의 심판비용에 관하여는 「민사소송법」 제98조부터 제103조까지, 제107조제1항 · 제2항, 제108조, 제111조, 제112조 및 제116조를 준용한다.
③ 제132조의17, 제136조 또는 제138조에 따른 심판비용은 청구인이 부담한다.(2016.2.29 본항개정)
④ 제3항에 따라 청구인이 부담하는 비용에 관하여는 「민사소송법」 제102조를 준용한다.
⑤ 심판비용액은 심결 또는 결정이 확정된 후 당사자의 청구에 따라 특허심판원장이 결정한다.
⑥ 심판비용의 범위 · 금액 · 납부 및 심판에서 절차상의 행위를 하기 위하여 필요한 비용의 지급에 관하여는 그

성질에 반하지 아니하는 범위에서 「민사소송비용법」 중 해당 규정의 예에 따른다.
⑦ 심판의 대리를 한 변리사에게 당사자가 지급하였거나 지급할 보수는 특허청장이 정하는 금액의 범위에서 심판비용으로 본다. 이 경우 여러 명의 변리사가 심판의 대리를 한 경우라도 1명의 변리사가 심판대리를 한 것으로 본다.
(2014.6.11 본조개정)

**제166조【심판비용액 또는 대가에 대한 집행권원】** 이 법에 따라 특허심판원장이 정한 심판비용액 또는 심판관이 정한 대가에 관하여 확정된 결정은 집행력 있는 집행권원과 같은 효력을 가진다. 이 경우 집행력 있는 정본은 특허심판원 소속 공무원이 부여한다.
(2014.6.11 본조개정)

**제167조~제169조** (1995.1.5 삭제)

**제170조【심사규정의 특허거절결정에 대한 심판에의 준용】** ① 특허거절결정에 대한 심판에 관하여는 제47조제1항제1호 · 제2호, 같은 조 제4항, 제51조, 제63조, 제63조의2 및 제66조를 준용한다. 이 경우 제51조제1항 본문 중 "제47조제1항제2호 및 제3호에 따른 보정"은 "제47조제1항제2호에 따른 보정(제132조의17의 특허거절결정에 대한 심판청구 전에 한 것은 제외한다)"으로, 제63조의2 본문 중 "특허청장"은 "특허심판원장"으로 본다.
(2016.2.29 본항개정)
② 제1항에 따라 준용되는 제63조는 특허거절결정의 이유와 다른 거절이유를 발견한 경우에만 적용한다.
(2014.6.11 본조개정)

**제171조【특허거절결정에 대한 심판의 특칙】** 특허거절결정 또는 특허권의 존속기간의 연장등록거절결정에 대한 심판에는 제147조제1항 · 제2항, 제155조 및 제156조를 적용하지 아니한다.
(2009.1.30 본조개정)

**제172조【심사의 효력】** 심사에서 밟은 특허에 관한 절차는 특허거절결정 또는 특허권의 존속기간의 연장등록거절결정에 대한 심판에서도 그 효력이 있다.(2014.6.11 본조개정)

**제173조~제175조** (2009.1.30 삭제)

**제176조【특허거절결정 등의 취소】** ① 심판관은 제132조의17에 따른 심판이 청구된 경우에 그 청구가 이유 있다고 인정할 때에는 심결로써 특허거절결정 또는 특허권의 존속기간의 연장등록거절결정을 취소하여야 한다.
(2016.2.29 본항개정)
② 심판에서 제1항에 따라 특허거절결정 또는 특허권의 존속기간의 연장등록거절결정을 취소할 경우에는 심사에 부칠 것이라는 심결을 할 수 있다.
③ 제1항 및 제2항에 따른 심결에서 취소의 기본이 된 이유는 그 사건에 대하여 심사관을 기속한다.
(2014.6.11 본조개정)

**제177조** (1995.1.5 삭제)

## 제8장 재 심
(2014.6.11 본장개정)

**제178조【재심의 청구】** ① 당사자는 확정된 특허취소결정 또는 확정된 심결에 대하여 재심을 청구할 수 있다.
(2016.2.29 본항개정)
② 제1항의 재심청구에 관하여는 「민사소송법」 제451조 및 제453조를 준용한다.

**제179조【제3자에 의한 재심청구】** ① 심판의 당사자가 공모하여 제3자의 권리나 이익을 사해(詐害)할 목적으로 심결을 하게 하였을 때에는 제3자는 그 확정된 심결에 대하여 재심을 청구할 수 있다.
② 제1항의 재심청구의 경우에는 심판의 당사자를 공동피청구인으로 한다.

**제180조【재심청구의 기간】** ① 당사자는 특허취소결정 또는 심결 확정 후

재심사유를 안 날부터 30일 이내에 재심을 청구하여야 한다.(2016.2.29 본항개정)

② 대리권의 흠을 이유로 재심을 청구하는 경우에 제1항의 기간은 청구인 또는 법정대리인이 특허취소결정등본 또는 심결등본의 송달에 의하여 특허취소결정 또는 심결이 있는 것을 안 날의 다음 날부터 기산한다.(2016.2.29 본항개정)

③ 특허취소결정 또는 심결 확정 후 3년이 지나면 재심을 청구할 수 없다.(2016.2.29 본항개정)

④ 재심사유가 특허취소결정 또는 심결 확정 후에 생겼을 때에는 제3항의 기간은 그 사유가 발생한 날의 다음 날부터 기산한다.(2016.2.29 본항개정)

⑤ 제1항 및 제3항은 해당 심결 이전의 확정심결에 저촉된다는 이유로 재심을 청구하는 경우에는 적용하지 아니한다.

**제181조【재심에 의하여 회복된 특허권의 효력 제한】** ① 다음 각 호의 어느 하나에 해당하는 경우에 특허권의 효력은 해당 특허취소결정 또는 심결이 확정된 후 재심청구 등록 전에 선의로 수입하거나 국내에서 생산 또는 취득한 물건에는 미치지 아니한다.
(2016.2.29 본문개정)

① 다음 각 호의 어느 하나에 해당하는 경우에 특허권의 효력은 해당 특허취소결정 또는 심결이 확정된 후 재심청구 등록 전에 선의로 수출 또는 수입하거나 국내에서 생산 또는 취득한 물건에는 미치지 아니한다.(2025.1.21 본문개정 : 2025.7.22 시행)

1. 무효가 된 특허권(존속기간이 연장등록된 특허권을 포함한다)이 재심에 의하여 회복된 경우
2. 특허권의 권리범위에 속하지 아니한다는 심결이 확정된 후 재심에 의하여 그 심결과 상반되는 심결이 확정된 경우
3. 거절한다는 취지의 심결이 있었던 특허출원 또는 특허권의 존속기간의 연장등록출원이 재심에 의하여 특허권의 설정등록 또는 특허권의 존속기간의 연장등록이 된 경우
4. 취소된 특허권이 재심에 의하여 회복된 경우(2016.2.29 본호신설)

② 제1항 각 호의 어느 하나에 해당하는 경우의 특허권의 효력은 다음 각 호의 어느 하나의 행위에 미치지 아니한다.

1. 해당 특허취소결정 또는 심결이 확정된 후 재심청구 등록 전에 한 해당 발명의 선의의 실시(2016.2.29 본호개정)
2. 특허가 물건의 발명인 경우에는 그 물건의 생산에만 사용하는 물건을 해당 특허취소결정 또는 심결이 확정된 후 재심청구 등록 전에 선의로 생산·양도·대여 또는 수입하거나 양도 또는 대여의 청약을 하는 행위(2016.2.29 본호개정)
3. 특허가 방법의 발명인 경우에는 그 방법의 실시에만 사용하는 물건을 해당 특허취소결정 또는 심결이 확정된 후 재심청구 등록 전에 선의로 생산·양도·대여 또는 수입하거나 양도 또는 대여를 청약하는 행위(2016.2.29 본호개정)

2. 특허가 물건의 발명인 경우에는 그 물건의 생산에만 사용하는 물건을 해당 특허취소결정 또는 심결이 확정된 후 재심청구 등록 전에 선의로 생산·양도·대여·수출 또는 수입하거나 양도 또는 대여의 청약을 하는 행위
3. 특허가 방법의 발명인 경우에는 그 방법의 실시에만 사용하는 물건을 해당 특허취소결정 또는 심결이 확정된 후 재심청구 등록 전에 선의로 생산·양도·대여·수출 또는 수입하거나 양도 또는 대여를 청약하는 행위

(2025.1.21 1호~2호개정 : 2025.7.22 시행)

**제182조 【재심에 의하여 회복한 특허권에 대한 선사용자의 통상실시권】** 제181조제1항 각 호의 어느 하나에 해당하는 경우에 해당 특허취소결정 또는 심결이 확정된 후 재심청구 등록 전에 국내에서 선의로 그 발명의 실시사업을 하고 있는 자 또는 그 사업을 준비하고 있는 자는 실시하고 있거나 준비하고 있는 발명 및 사업목적의 범위에서 그 특허권에 관하여 통상실시권을 가진다.(2016.2.29 본조개정)

**제183조 【재심에 의하여 통상실시권을 상실한 원권리자의 통상실시권】** ① 제138조제1항 또는 제3항에 따라 통상실시권을 허락한다는 심결이 확정된 후 재심에서 그 심결과 상반되는 심결이 확정된 경우에는 재심청구 등록 전에 선의로 국내에서 그 발명의 실시사업을 하고 있는 자 또는 그 사업을 준비하고 있는 자는 원(原)통상실시권의 사업목적 및 발명의 범위에서 그 특허권 또는 재심의 심결이 확정된 당시에 존재하는 전용실시권에 대하여 통상실시권을 가진다.

② 제1항에 따라 통상실시권을 가진 자는 특허권자 또는 전용실시권자에게 상당한 대가를 지급하여야 한다.

**제184조 【재심에서의 심판규정 등의 준용】** 특허취소결정 또는 심판에 대한 재심의 절차에 관하여는 그 성질에 반하지 아니하는 범위에서 특허취소신청 또는 심판의 절차에 관한 규정을 준용한다.(2016.2.29 본조개정)

**제185조 【「민사소송법」의 준용】** 재심청구에 관하여는 「민사소송법」 제459조제1항을 준용한다.

## 제9장 소 송
(2014.6.11 본장개정)

**제186조 【심결 등에 대한 소】** ① 특허취소결정 또는 심결에 대한 소 및 특허취소신청서 · 심판청구서 · 재심청구서의 각하결정에 대한 소는 특허법원의 전속관할로 한다.(2016.2.29 본항개정)

② 제1항에 따른 소는 다음 각 호의 자만 제기할 수 있다.

1. 당사자
2. 참가인
3. 해당 특허취소신청의 심리, 심판 또는 재심에 참가신청을 하였으나 신청이 거부된 자(2016.2.29 본호개정)

③ 제1항에 따른 소는 심결 또는 결정의 등본을 송달받은 날부터 30일 이내에 제기하여야 한다.

④ 제3항의 기간은 불변기간으로 한다.

⑤ 심판장은 주소 또는 거소가 멀리 떨어진 곳에 있거나 교통이 불편한 지역에 있는 자를 위하여 직권으로 제4항의 불변기간에 대하여 부가기간을 정할 수 있다.

⑥ 특허취소를 신청할 수 있는 사항 또는 심판을 청구할 수 있는 사항에 관한 소는 특허취소결정이나 심결에 대한 것이 아니면 제기할 수 없다.
(2016.2.29 본항개정)

⑦ 제162조제2항제5호에 따른 대가의 심결 및 제165조제1항에 따른 심판비용의 심결 또는 결정에 대해서는 독립하여 제1항에 따른 소를 제기할 수 없다.

⑧ 제1항에 따른 특허법원의 판결에 대해서는 대법원에 상고할 수 있다.

**제187조 【피고적격】** 제186조제1항에 따라 소를 제기하는 경우에는 특허청장을 피고로 하여야 한다. 다만, 제133조제1항, 제134조제1항 · 제2항, 제135조제1항 · 제2항, 제137조제1항 또는 제138조제1항 · 제3항에 따른 심판 또는 그 재심의 심결에 대한 소를 제기하는 경우에는 그 청구인 또는 피청구인을 피고로 하여야 한다.(2016.2.29 단서개정)

**제188조 【소 제기 통지 및 재판서 정본 송부】** ① 법원은 제186조제1항에 따른 소 또는 같은 조 제8항에 따른 상고가 제기되었을 때에는 지체 없이 그 취지를 특허심판원장에게 통지하여야 한다.

② 법원은 제187조 단서에 따른 소에 관하여 소송절차가 완결되었을 때에는 지체 없이 그 사건에 대한 각 심급(審級)의 재판서 정본을 특허심판원장에게 보내야 한다.

**제188조의2 【기술심리관의 제척 · 기피 · 회피】** ①「법원조직법」 제54조의2에 따른 기술심리관의 제척 · 기피에 관하여는 제148조, 「민사소송법」 제42조부터 제45조까지, 제47조 및 제48조를 준용한다.

② 제1항에 따른 기술심리관에 대한 제척 · 기피의 재판은 그 소속 법원이 결정으로 하여야 한다.

③ 기술심리관은 제척 또는 기피의 사유가 있다고 인정하면 특허법원장의 허가를 받아 회피할 수 있다.

**제189조 【심결 또는 결정의 취소】** ① 법원은 제186조제1항에 따라 소가 제기된 경우에 그 청구가 이유 있다고 인정할 때에는 판결로써 해당 심결 또는 결정을 취소하여야 한다.

② 심판관은 제1항에 따라 심결 또는 결정의 취소판결이 확정되었을 때에는 다시 심리를 하여 심결 또는 결정을 하여야 한다.

③ 제1항에 따른 판결에서 취소의 기본이 된 이유는 그 사건에 대하여 특허심판원을 기속한다.

**제190조 【보상금 또는 대가에 관한 불복의 소】** ① 제41조제3항 · 제4항, 제106조제3항, 제106조의2제3항, 제110조제2항제2호 및 제138조제4항에 따른 보상금 및 대가에 대하여 심결 · 결정 또는 재정을 받은 자가 그 보상금 또는 대가에 불복할 때에는 법원에 소송을 제기할 수 있다.

② 제1항에 따른 소송은 심결 · 결정 또는 재정의 등본을 송달받은 날부터 30일 이내에 제기하여야 한다.

③ 제2항에 따른 기간은 불변기간으로 한다.

**제191조 【보상금 또는 대가에 관한 소송에서의 피고】** 제190조에 따른 소송에서는 다음 각 호의 어느 하나에 해당하는 자를 피고로 하여야 한다.

1. 제41조제3항 및 제4항에 따른 보상금에 대해서는 보상금을 지급하여야 하는 중앙행정기관의 장 또는 출원인
2. 제106조제3항 및 제106조의2제3항에 따른 보상금에 대해서는 보상금을 지급하여야 하는 중앙행정기관의 장, 특허권자, 전용실시권자 또는 통상실시권자
3. 제110조제2항제2호 및 제138조제4항에 따른 대가에 대해서는 통상실시권자 · 전용실시권자 · 특허권자 · 실용신안권자 또는 디자인권자

**제191조의2 【변리사의 보수와 소송비용】** 소송을 대리한 변리사의 보수에 관하여는 「민사소송법」 제109조를 준용한다. 이 경우 "변호사"는 "변리사"로 본다.

## 제10장 「특허협력조약」에 따른 국제출원
(2014.6.11 본장개정)

### 제1절 국제출원절차

**제192조 【국제출원을 할 수 있는 자】** 특허청장에게 국제출원을 할 수 있는 자는 다음 각 호의 어느 하나에 해당하는 자로 한다.

1. 대한민국 국민
2. 국내에 주소 또는 영업소를 가진 외국인
3. 제1호 또는 제2호에 해당하는 자가 아닌 자로서 제1호 또는 제2호에 해

당하는 자를 대표자로 하여 국제출원을 하는 자
4. 산업통상자원부령으로 정하는 요건에 해당하는 자

**제193조【국제출원】** ① 국제출원을 하려는 자는 산업통상자원부령으로 정하는 언어로 작성한 출원서와 발명의 설명·청구범위·필요한 도면 및 요약서를 특허청장에게 제출하여야 한다.
② 제1항의 출원서에는 다음 각 호의 사항을 적어야 한다.
1. 해당 출원이 「특허협력조약」에 따른 국제출원이라는 표시
2. 해당 출원된 발명의 보호가 필요한 「특허협력조약」 체약국(締約國)의 지정
3. 제2호에 따라 지정된 체약국(이하 "지정국"이라 한다) 중 「특허협력조약」 제2조(iv)의 지역특허를 받으려는 경우에는 그 취지
4. 출원인의 성명이나 명칭·주소나 영업소 및 국적
5. 대리인이 있으면 그 대리인의 성명 및 주소나 영업소
6. 발명의 명칭
7. 발명자의 성명 및 주소(지정국의 법령에서 발명자에 관한 사항을 적도록 규정되어 있는 경우만 해당한다)
③ 제1항의 발명의 설명은 그 발명이 속하는 기술분야에서 통상의 지식을 가진 사람이 쉽게 실시할 수 있도록 명확하고 상세하게 적어야 한다.
④ 제1항의 청구범위는 보호를 받으려는 사항을 명확하고 간결하게 적어야 하며, 발명의 설명에 의하여 충분히 뒷받침되어야 한다.
⑤ 제1항부터 제4항까지에서 규정한 사항 외에 국제출원에 관하여 필요한 사항은 산업통상자원부령으로 정한다.

**제194조【국제출원일의 인정 등】** ① 특허청장은 국제출원이 특허청에 도달한 날을 「특허협력조약」 제11조의 국제출원일(이하 "국제출원일"이라 한다)로 인정하여야 한다. 다만, 다음 각 호의 어느 하나에 해당하는 경우에는 그러하지 아니하다.
1. 출원인이 제192조 각 호의 어느 하나에 해당하지 아니하는 경우
2. 제193조제1항에 따른 언어로 작성되지 아니한 경우
3. 제193조제1항에 따른 발명의 설명 또는 청구범위가 제출되지 아니한 경우
4. 제193조제2항제1호·제2호에 따른 사항 및 출원인의 성명이나 명칭을 적지 아니한 경우
② 특허청장은 국제출원이 제1항 각 호의 어느 하나에 해당하는 경우에는 기간을 정하여 서면으로 절차를 보완할 것을 명하여야 한다.
③ 특허청장은 국제출원이 도면에 관하여 적고 있으나 그 출원에 도면이 포함되어 있지 아니하면 그 취지를 출원인에게 통지하여야 한다.
④ 특허청장은 제2항에 따른 절차의 보완명령을 받은 자가 지정된 기간에 보완을 한 경우에는 그 보완에 관계되는 서면의 도달일을, 제3항에 따른 통지를 받은 자가 산업통상자원부령으로 정하는 기간에 도면을 제출한 경우에는 그 도면의 도달일을 국제출원일로 인정하여야 한다. 다만, 제3항에 따른 통지를 받은 자가 산업통상자원부령으로 정하는 기간에 도면을 제출하지 아니한 경우에는 그 도면에 관한 기재는 없는 것으로 본다.

**제195조【보정명령】** 특허청장은 국제출원이 다음 각 호의 어느 하나에 해당하는 경우에는 기간을 정하여 보정을 명하여야 한다.
1. 발명의 명칭이 적혀 있지 아니한 경우
2. 요약서가 제출되지 아니한 경우
3. 제3조 또는 제197조제3항을 위반한 경우

4. 산업통상자원부령으로 정하는 방식을 위반한 경우

**제196조 【취하된 것으로 보는 국제출원 등】** ① 다음 각 호의 어느 하나에 해당하는 국제출원은 취하된 것으로 본다.

1. 제195조에 따른 보정명령을 받은 자가 지정된 기간에 보정을 하지 아니한 경우
2. 국제출원에 관한 수수료를 산업통상자원부령으로 정하는 기간에 내지 아니하여 「특허협력조약」 제14조(3)(a)에 해당하게 된 경우
3. 제194조에 따라 국제출원일이 인정된 국제출원에 관하여 산업통상자원부령으로 정하는 기간에 그 국제출원이 제194조제1항 각 호의 어느 하나에 해당하는 것이 발견된 경우

② 국제출원에 관하여 내야 할 수수료의 일부를 산업통상자원부령으로 정하는 기간에 내지 아니하여 「특허협력조약」 제14조(3)(b)에 해당하게 된 경우에는 수수료를 내지 아니한 지정국의 지정은 취하된 것으로 본다.

③ 특허청장은 제1항 및 제2항에 따라 국제출원 또는 지정국의 일부가 취하된 것으로 보는 경우에는 그 사실을 출원인에게 알려야 한다.

**제197조 【대표자 등】** ① 2인 이상이 공동으로 국제출원을 하는 경우에 제192조부터 제196조까지 및 제198조에 따른 절차는 출원인의 대표자가 밟을 수 있다.

② 2인 이상이 공동으로 국제출원을 하는 경우에 출원인이 대표자를 정하지 아니한 경우에는 산업통상자원부령으로 정하는 방법에 따라 대표자를 정할 수 있다.

③ 제1항의 절차를 대리인에 의하여 밟으려는 자는 제3조에 따른 법정대리인을 제외하고는 변리사를 대리인으로 하여야 한다.

**제198조 【수수료】** ① 국제출원을 하려는 자는 수수료를 내야 한다.

② 제1항에 따른 수수료, 그 납부방법 및 납부기간 등에 관하여 필요한 사항은 산업통상자원부령으로 정한다.

**제198조의2 【국제조사 및 국제예비심사】** ① 특허청은 「특허협력조약」 제2조(xix)의 국제사무국(이하 "국제사무국"이라 한다)과 체결하는 협정에 따라 국제출원에 대한 국제조사기관 및 국제예비심사기관으로서의 업무를 수행한다.

② 제1항에 따른 업무수행에 필요한 사항은 산업통상자원부령으로 정한다.

## 제2절 국제특허출원에 관한 특례

**제199조 【국제출원에 의한 특허출원】** ① 「특허협력조약」에 따라 국제출원일이 인정된 국제출원으로서 특허를 받기 위하여 대한민국을 지정국으로 지정한 국제출원은 그 국제출원일에 출원된 특허출원으로 본다.

② 제1항에 따라 특허출원으로 보는 국제출원(이하 "국제특허출원"이라 한다)에 관하여는 제42조의2, 제42조의3 및 제54조를 적용하지 아니한다.

**제200조 【공지 등이 되지 아니한 발명으로 보는 경우의 특례】** 국제특허출원된 발명에 관하여 제30조제1항제1호를 적용받으려는 자는 그 취지를 적은 서면 및 이를 증명할 수 있는 서류를 같은 조 제2항에도 불구하고 산업통상자원부령으로 정하는 기간에 특허청장에게 제출할 수 있다.

**제200조의2 【국제특허출원의 출원서 등】** ① 국제특허출원의 국제출원일까지 제출된 출원서는 제42조제1항에 따라 제출된 특허출원서로 본다.

② 국제특허출원의 국제출원일까지 제출된 발명의 설명, 청구범위 및 도면은

제42조제2항에 따른 특허출원서에 최초로 첨부된 명세서 및 도면으로 본다.

③ 국제특허출원에 대해서는 다음 각 호의 구분에 따른 요약서 또는 국어번역문을 제42조제2항에 따른 요약서로 본다.

1. 국제특허출원의 요약서를 국어로 적은 경우 : 국제특허출원의 요약서
2. 국제특허출원의 요약서를 외국어로 적은 경우 : 제201조제1항에 따라 제출된 국제특허출원의 요약서의 국어번역문(제201조제3항 본문에 따라 새로운 국어번역문을 제출한 경우에는 마지막에 제출한 국제특허출원의 요약서의 국어번역문을 말한다)

(2014.6.11 본조신설)

**제201조【국제특허출원의 국어번역문】** ① 국제특허출원을 외국어로 출원한 출원인은 「특허협력조약」 제2조(xi)의 우선일(이하 "우선일"이라 한다)부터 2년 7개월(이하 "국내서면제출기간"이라 한다) 이내에 다음 각 호의 국어번역문을 특허청장에게 제출하여야 한다. 다만, 국어번역문의 제출기간을 연장하여 달라는 취지를 제203조제1항에 따른 서면에 적어 국내서면제출기간 만료일 전 1개월부터 그 만료일까지 제출한 경우(그 서면을 제출하기 전에 국어번역문을 제출한 경우는 제외한다)에는 국내서면제출기간 만료일부터 1개월이 되는 날까지 국어번역문을 제출할 수 있다.

1. 국제출원일까지 제출한 발명의 설명, 청구범위 및 도면(도면 중 설명부분에 한정한다)의 국어번역문
2. 국제특허출원의 요약서의 국어번역문

② 제1항에도 불구하고 국제특허출원을 외국어로 출원한 출원인이 「특허협력조약」 제19조(1)에 따라 청구범위에 관한 보정을 한 경우에는 국제출원일까지 제출한 청구범위에 대한 국어번역문을 보정 후의 청구범위에 대한 국어번역문으로 대체하여 제출할 수 있다.

③ 제1항에 따라 국어번역문을 제출한 출원인은 국내서면제출기간(제1항 단서에 따라 취지를 적은 서면이 제출된 경우에는 연장된 국어번역문 제출 기간을 말한다. 이하 이 조에서 같다)에 그 국어번역문을 갈음하여 새로운 국어번역문을 제출할 수 있다. 다만, 출원인이 출원심사의 청구를 한 후에는 그러하지 아니하다.

④ 제1항에 따른 출원인이 국내서면제출기간에 제1항에 따른 발명의 설명 및 청구범위의 국어번역문을 제출하지 아니하면 그 국제특허출원을 취하한 것으로 본다.

⑤ 특허출원인이 국내서면제출기간의 만료일(국내서면제출기간에 출원인이 출원심사의 청구를 한 경우에는 그 청구일을 말하며, 이하 "기준일"이라 한다)까지 제1항에 따라 발명의 설명, 청구범위 및 도면(도면 중 설명부분에 한정한다)의 국어번역문(제3항 본문에 따라 새로운 국어번역문을 제출한 경우에는 마지막에 제출한 국어번역문을 말한다. 이하 이 조에서 "최종 국어번역문"이라 한다)을 제출한 경우에는 국제출원일까지 제출한 발명의 설명, 청구범위 및 도면(도면 중 설명부분에 한정한다)을 최종 국어번역문에 따라 국제출원일에 제47조제1항에 따른 보정을 한 것으로 본다.

⑥ 특허출원인은 제47조제1항 및 제208조제1항에 따라 보정을 할 수 있는 기간에 최종 국어번역문의 잘못된 번역을 산업통상자원부령으로 정하는 방법에 따라 정정할 수 있다. 이 경우 정정된 국어번역문에 관하여는 제5항을 적용하지 아니한다.

⑦ 제6항 전단에 따라 제47조제1항제1호 또는 제2호에 따른 기간에 정정을 하는 경우에는 마지막 정정 전에 한 모든 정정은 처음부터 없었던 것으로 본다.(2016.2.29 본항신설)

⑧ 제2항에 따라 보정 후의 청구범위에 대한 국어번역문을 제출하는 경우에는 제204조제1항 및 제2항을 적용하지 아니한다.

**제202조【특허출원 등에 의한 우선권 주장의 특례】** ① 국제특허출원에 관하여는 제55조제2항 및 제56조제2항을 적용하지 아니한다.

② 제55조제4항을 적용할 때 우선권 주장을 수반하는 특허출원이 국제특허출원인 경우에는 같은 항 중 "특허출원의 출원서에 최초로 첨부된 명세서 또는 도면"은 "국제출원일까지 제출된 발명의 설명, 청구범위 또는 도면"으로, "출원공개되거나"는 "출원공개 또는 「특허협력조약」 제21조에 따라 국제공개되거나"로 본다. 다만, 그 국제특허출원이 제201조제4항에 따라 취하한 것으로 보는 경우에는 제55조제4항을 적용하지 아니한다.

③ 제55조제1항, 같은 조 제3항부터 제5항까지 및 제56조제1항을 적용할 때 선출원이 국제특허출원 또는 「실용신안법」 제34조제2항에 따른 국제실용신안등록출원인 경우에는 다음 각 호에 따른다.

1. 제55조제1항 각 호 외의 부분 본문, 같은 조 제3항 및 제5항 각 호 외의 부분 중 "출원서에 최초로 첨부된 명세서 또는 도면"은 다음 각 목의 구분에 따른 것으로 본다.
   가. 선출원이 국제특허출원인 경우 : "국제출원일까지 제출된 국제출원의 발명의 설명, 청구범위 또는 도면"
   나. 선출원이 「실용신안법」 제34조제2항에 따른 국제실용신안등록출원인 경우 : "국제출원일까지 제출된 국제출원의 고안의 설명, 청구범위 또는 도면"
2. 제55조제4항 중 "선출원의 출원서에 최초로 첨부된 명세서 또는 도면"은 다음 각 목의 구분에 따른 것으로 보고, "선출원에 관하여 출원공개"는 "선출원에 관하여 출원공개 또는 「특허협력조약」 제21조에 따른 국제공개"로 본다.
   가. 선출원이 국제특허출원인 경우 : "선출원의 국제출원일까지 제출된 국제출원의 발명의 설명, 청구범위 또는 도면"
   나. 선출원이 「실용신안법」 제34조제2항에 따른 국제실용신안등록출원인 경우 : "선출원의 국제출원일까지 제출된 국제출원의 고안의 설명, 청구범위 또는 도면"
3. 제56조제1항 각 호 외의 부분 본문 중 "그 출원일부터 1년 3개월이 지난 때"는 "국제출원일부터 1년 3개월이 지난 때 또는 제201조제5항이나 「실용신안법」 제35조제5항에 따른 기준일 중 늦은 때"로 본다.

④ 제55조제1항, 같은 조 제3항부터 제5항까지 및 제56조제1항을 적용할 때 제55조제1항에 따른 선출원이 제214조제4항 또는 「실용신안법」 제40조제4항에 따라 특허출원 또는 실용신안등록출원으로 되는 국제출원인 경우에는 다음 각 호에 따른다.

1. 제55조제1항 각 호 외의 부분 본문, 같은 조 제3항 및 제5항 각 호 외의 부분 중 "출원서에 최초로 첨부된 명세서 또는 도면"은 다음 각 목의 구분에 따른 것으로 본다.
   가. 선출원이 제214조제4항에 따라 특허출원으로 되는 국제출원인 경우 : "제214조제4항에 따라 국제출원일로 인정할 수 있었던 날의 국제출원의 발명의 설명, 청구범위 또는 도면"
   나. 선출원이 「실용신안법」 제40조제4항에 따라 실용신안등록출원으로 되는 국제출원인 경우 : "「실용신안법」 제40조제4항에 따라 국제출원일로 인정할 수 있었던 날

의 국제출원의 고안의 설명, 청구범위 또는 도면"

2. 제55조제4항 중 "선출원의 출원서에 최초로 첨부된 명세서 또는 도면"은 다음 각 목의 구분에 따른 것으로 본다.
   가. 선출원이 제214조제4항에 따라 특허출원으로 되는 국제출원인 경우 : "제214조제4항에 따라 국제출원일로 인정할 수 있었던 날의 선출원의 국제출원의 발명의 설명, 청구범위 또는 도면"
   나. 선출원이 「실용신안법」 제40조제4항에 따라 실용신안등록출원으로 되는 국제출원인 경우 : "「실용신안법」 제40조제4항에 따라 국제출원일로 인정할 수 있었던 날의 선출원의 국제출원의 고안의 설명, 청구범위 또는 도면"
3. 제56조제1항 각 호 외의 부분 본문 중 "그 출원일부터 1년 3개월이 지난 때"는 "제214조제4항 또는 「실용신안법」 제40조제4항에 따라 국제출원일로 인정할 수 있었던 날부터 1년 3개월이 지난 때 또는 제214조제4항이나 「실용신안법」 제40조제4항에 따른 결정을 한 때 중 늦은 때"로 본다.

**제203조 【서면의 제출】** ① 국제특허출원의 출원인은 국내서면제출기간에 다음 각 호의 사항을 적은 서면을 특허청장에게 제출하여야 한다. 이 경우 국제특허출원을 외국어로 출원한 출원인은 제201조제1항에 따른 국어번역문을 함께 제출하여야 한다.

1. 출원인의 성명 및 주소(법인인 경우에는 그 명칭 및 영업소의 소재지)
2. 출원인의 대리인이 있는 경우에는 그 대리인의 성명 및 주소나 영업소의 소재지〔대리인이 특허법인·특허법인(유한)인 경우에는 그 명칭, 사무소의 소재지 및 지정된 변리사의 성명〕
3. 발명의 명칭
4. 발명자의 성명 및 주소
5. 국제출원일 및 국제출원번호

② 제1항 후단에도 불구하고 제201조제1항 단서에 따라 국어번역문의 제출기간을 연장하여 달라는 취지를 적어 제1항 전단에 따른 서면을 제출하는 경우에는 국어번역문을 함께 제출하지 아니할 수 있다.

③ 특허청장은 다음 각 호의 어느 하나에 해당하는 경우에는 보정기간을 정하여 보정을 명하여야 한다.

1. 제1항 전단에 따른 서면을 국내서면제출기간에 제출하지 아니한 경우
2. 제1항 전단에 따라 제출된 서면이 이 법 또는 이 법에 따른 명령으로 정하는 방식에 위반되는 경우

④ 제3항에 따른 보정명령을 받은 자가 지정된 기간에 보정을 하지 아니하면 특허청장은 해당 국제특허출원을 무효로 할 수 있다.

**제204조 【국제조사보고서를 받은 후의 보정】** ① 국제특허출원의 출원인은 「특허협력조약」 제19조(1)에 따라 국제조사보고서를 받은 후에 국제특허출원의 청구범위에 관하여 보정을 한 경우 기준일까지(기준일이 출원심사의 청구일인 경우 출원심사의 청구를 한 때까지를 말한다. 이하 이 조 및 제205조에서 같다) 다음 각 호의 구분에 따른 서류를 특허청장에게 제출하여야 한다.

1. 외국어로 출원한 국제특허출원인 경우 : 그 보정서의 국어번역문
2. 국어로 출원한 국제특허출원인 경우 : 그 보정서의 사본

② 제1항에 따라 보정서의 국어번역문 또는 사본이 제출되었을 때에는 그 보정서의 국어번역문 또는 사본에 따라 제47조제1항에 따른 청구범위가 보정된 것으로 본다. 다만, 「특허협력조약」 제20조에 따라 기준일까지 그 보정서

(국어로 출원한 국제특허출원인 경우에 한정한다)가 특허청에 송달된 경우에는 그 보정서에 따라 보정된 것으로 본다.

③ 국제특허출원의 출원인은 「특허협력조약」 제19조(1)에 따른 설명서를 국제사무국에 제출한 경우 다음 각 호의 구분에 따른 서류를 기준일까지 특허청장에게 제출하여야 한다.

1. 외국어로 출원한 국제특허출원인 경우 : 그 설명서의 국어번역문
2. 국어로 출원한 국제특허출원인 경우 : 그 설명서의 사본

④ 국제특허출원의 출원인이 기준일까지 제1항 또는 제3항에 따른 절차를 밟지 아니하면 「특허협력조약」 제19조(1)에 따른 보정서 또는 설명서는 제출되지 아니한 것으로 본다. 다만, 국어로 출원한 국제특허출원인 경우에 「특허협력조약」 제20조에 따라 기준일까지 그 보정서 또는 그 설명서가 특허청에 송달된 경우에는 그러하지 아니하다.

**제205조【국제예비심사보고서 작성전의 보정】** ① 국제특허출원의 출원인은 「특허협력조약」 제34조(2)(b)에 따라 국제특허출원의 발명의 설명, 청구범위 및 도면에 대하여 보정을 한 경우 기준일까지 다음 각 호의 구분에 따른 서류를 특허청장에게 제출하여야 한다.

1. 외국어로 작성된 보정서인 경우 : 그 보정서의 국어번역문
2. 국어로 작성된 보정서인 경우 : 그 보정서의 사본

② 제1항에 따라 보정서의 국어번역문 또는 사본이 제출되었을 때에는 그 보정서의 국어번역문 또는 사본에 따라 제47조제1항에 따른 명세서 및 도면이 보정된 것으로 본다. 다만, 「특허협력조약」 제36조(3)(a)에 따라 기준일까지 그 보정서(국어로 작성된 보정서의 경우만 해당한다)가 특허청에 송달된 경우에는 그 보정서에 따라 보정된 것으로 본다.

③ 국제특허출원의 출원인이 기준일까지 제1항에 따른 절차를 밟지 아니하면 「특허협력조약」 제34조(2)(b)에 따른 보정서는 제출되지 아니한 것으로 본다. 다만, 「특허협력조약」 제36조(3)(a)에 따라 기준일까지 그 보정서(국어로 작성된 보정서의 경우만 해당한다)가 특허청에 송달된 경우에는 그러하지 아니하다.

**제206조【재외자의 특허관리인의 특례】** ① 재외자인 국제특허출원의 출원인은 기준일까지는 제5조제1항에도 불구하고 특허관리인에 의하지 아니하고 특허에 관한 절차를 밟을 수 있다.

② 제201조제1항에 따라 국어번역문을 제출한 재외자는 산업통상자원부령으로 정하는 기간에 특허관리인을 선임하여 특허청장에게 신고하여야 한다.

③ 제2항에 따른 선임신고가 없으면 그 국제특허출원은 취하된 것으로 본다.

**제207조【출원공개시기 및 효과의 특례】** ① 국제특허출원의 출원공개에 관하여 제64조제1항을 적용하는 경우에는 "다음 각 호의 구분에 따른 날부터 1년 6개월이 지난 후"는 "국내서면제출기간(제201조제1항 각 호 외의 부분 단서에 따라 국어번역문의 제출기간을 연장해 달라는 취지를 적은 서면이 제출된 경우에는 연장된 국어번역문 제출 기간을 말한다. 이하 이 항에서 같다)이 지난 후(국내서면제출기간에 출원인이 출원심사의 청구를 한 국제특허출원으로서 「특허협력조약」 제21조에 따라 국제공개된 경우에는 우선일부터 1년 6개월이 되는 날 또는 출원심사의 청구일 중 늦은 날이 지난 후)"로 본다.

② 제1항에도 불구하고 국어로 출원한 국제특허출원에 관하여 제1항에 따른 출원공개 전에 이미 「특허협력조약」 제21조에 따라 국제공개가 된 경우에는 그 국제공개가 된 때에 출원공개가 된 것으로 본다.

③ 국제특허출원의 출원인은 국제특허출원에 관하여 출원공개(국어로 출원한 국제특허출원인 경우 「특허협력조약」 제21조에 따른 국제공개를 말한다. 이하 이 조에서 같다)가 있은 후 국제특허출원된 발명을 업으로 실시한 자에게 국제특허출원된 발명인 것을 서면으로 경고할 수 있다.

④ 국제특허출원의 출원인은 제3항에 따른 경고를 받거나 출원공개된 발명임을 알고도 그 국제특허출원된 발명을 업으로서 실시한 자에게 그 경고를 받거나 출원공개된 발명임을 안 때부터 특허권의 설정등록 시까지의 기간 동안 그 특허발명의 실시에 대하여 합리적으로 받을 수 있는 금액에 상당하는 보상금의 지급을 청구할 수 있다. 다만, 그 청구권은 해당 특허출원이 특허권의 설정등록된 후에만 행사할 수 있다.(2019.1.8 본문개정)

**제208조【보정의 특례 등】** ① 국제특허출원에 관하여는 다음 각 호의 요건을 모두 갖추지 아니하면 제47조제1항에도 불구하고 보정(제204조제2항 및 제205조제2항에 따른 보정은 제외한다)을 할 수 없다.

1. 제82조제1항에 따른 수수료를 낼 것
2. 제201조제1항에 따른 국어번역문을 제출할 것. 다만, 국어로 출원된 국제특허출원인 경우는 그러하지 아니하다.
3. 기준일(기준일이 출원심사의 청구일인 경우 출원심사를 청구한 때를 말한다)이 지날 것

② (2001.2.3 삭제)

③ 외국어로 출원된 국제특허출원의 보정할 수 있는 범위에 관하여 제47조제2항 전단을 적용할 때에는 "특허출원서에 최초로 첨부한 명세서 또는 도면"은 "국제출원일까지 제출한 발명의 설명, 청구범위 또는 도면"으로 본다.

④ 외국어로 출원된 국제특허출원의 보정할 수 있는 범위에 관하여 제47조제2항 후단을 적용할 때에는 "외국어특허출원"은 "외국어로 출원된 국제특허출원"으로, "최종 국어번역문(제42조의3제6항 전단에 따른 정정이 있는 경우에는 정정된 국어번역문을 말한다) 또는 특허출원서에 최초로 첨부한 도면(도면 중 설명부분은 제외한다)"은 "제201조제5항에 따른 최종 국어번역문(제201조제6항 전단에 따른 정정이 있는 경우에는 정정된 국어번역문을 말한다) 또는 국제출원일까지 제출한 도면(도면 중 설명부분은 제외한다)"으로 본다.(2014.6.11 본항신설)

⑤ (2001.2.3 삭제)

**제209조【변경출원시기의 제한】** 「실용신안법」 제34조제1항에 따라 국제출원일에 출원된 실용신안등록출원으로 보는 국제출원을 기초로 하여 특허출원으로 변경출원을 하는 경우에는 이 법 제53조제1항에도 불구하고 「실용신안법」 제17조제1항에 따른 수수료를 내고 같은 법 제35조제1항에 따른 국어번역문(국어로 출원된 국제실용신안등록출원의 경우는 제외한다)을 제출한 후(「실용신안법」 제40조제4항에 따라 국제출원일로 인정할 수 있었던 날에 출원된 것으로 보는 국제출원을 기초로 하는 경우에는 같은 항에 따른 결정이 있은 후)에만 변경출원을 할 수 있다.

**제210조【출원심사청구시기의 제한】** 국제특허출원에 관하여는 제59조제2항에도 불구하고 다음 각 호의 어느 하나에 해당하는 때에만 출원심사의 청구를 할 수 있다.

1. 국제특허출원의 출원인은 제201조제1항에 따라 국어번역문을 제출하고(국어로 출원된 국제특허출원의 경우는 제외한다) 제82조제1항에 따른 수수료를 낸 후
2. 국제특허출원의 출원인이 아닌 자는 국내서면제출기간(제201조제1항 각 호 외의 부분 단서에 따라 국어번

역문의 제출기간을 연장하여 달라는 취지를 적은 서면이 제출된 경우에는 연장된 국어번역문 제출 기간을 말한다)이 지난 후

**제211조 【국제조사보고서 등에 기재된 문헌의 제출명령】** 특허청장은 국제특허출원의 출원인에 대하여 기간을 정하여 「특허협력조약」 제18조의 국제조사보고서 또는 같은 조약 제35조의 국제예비심사보고서에 적혀 있는 문헌의 사본을 제출하게 할 수 있다.

**제212조** (2006.3.3 삭제)

**제213조** (2014.6.11 삭제)

**제214조 【결정에 의하여 특허출원으로 되는 국제출원】** ① 국제출원의 출원인은 「특허협력조약」 제4조(1)(ii)의 지정국에 대한민국을 포함하는 국제출원(특허출원만 해당한다)이 다음 각 호의 어느 하나에 해당하는 경우 산업통상자원부령으로 정하는 기간에 산업통상자원부령으로 정하는 바에 따라 특허청장에게 같은 조약 제25조(2)(a)에 따른 결정을 하여줄 것을 신청할 수 있다.

1. 「특허협력조약」 제2조(xv)의 수리관청이 그 국제출원에 대하여 같은 조약 제25조(1)(a)에 따른 거부를 한 경우
2. 「특허협력조약」 제2조(xv)의 수리관청이 그 국제출원에 대하여 같은 조약 제25조(1)(a) 또는 (b)에 따른 선언을 한 경우
3. 국제사무국이 그 국제출원에 대하여 같은 조약 제25조(1)(a)에 따른 인정을 한 경우

② 제1항의 신청을 하려는 자는 그 신청 시 발명의 설명, 청구범위 또는 도면(도면 중 설명부분에 한정한다), 그 밖에 산업통상자원부령으로 정하는 국제출원에 관한 서류의 국어번역문을 특허청장에게 제출하여야 한다.

③ 특허청장은 제1항의 신청이 있으면 그 신청에 관한 거부·선언 또는 인정이 「특허협력조약」 및 같은 조약규칙에 따라 정당하게 된 것인지에 관하여 결정을 하여야 한다.

④ 특허청장은 제3항에 따라 그 거부·선언 또는 인정이 「특허협력조약」 및 같은 조약규칙에 따라 정당하게 된 것이 아니라고 결정을 한 경우에는 그 결정에 관한 국제출원은 그 국제출원에 대하여 거부·선언 또는 인정이 없었다면 국제출원일로 인정할 수 있었던 날에 출원된 특허출원으로 본다.

⑤ 특허청장은 제3항에 따른 정당성 여부의 결정을 하는 경우에는 그 결정의 등본을 국제출원의 출원인에게 송달하여야 한다.

⑥ 제4항에 따라 특허출원으로 보는 국제출원에 관하여는 제199조제2항, 제200조, 제200조의2, 제201조제5항부터 제8항까지, 제202조제1항·제2항, 제208조 및 제210조를 준용한다. (2016.2.29 본항개정)

⑦ 제4항에 따라 특허출원으로 보는 국제출원에 관한 출원공개에 관하여는 제64조제1항 중 "다음 각 호의 구분에 따른 날"을 "제201조제1항의 우선일"로 본다.

## 제11장 보 칙
(2014.6.11 본장개정)

**제215조 【둘 이상의 청구항이 있는 특허 또는 특허권에 관한 특칙】** 둘 이상의 청구항이 있는 특허 또는 특허권에 관하여 제65조제6항, 제84조제1항제2호·제6호, 제85조제1항제1호(소멸의 경우만 해당한다), 제101조제1항제1호, 제104조제1항제1호·제3호·제5호, 제119조제1항, 제132조의13제3항, 제133조제2항·제3항, 제136조제7항, 제139조제1항, 제181조, 제182조 또는 「실용신안법」 제26조제1항제2호·제4호·제5호를 적용할 때

에는 청구항마다 특허가 되거나 특허권이 있는 것으로 본다.(2016.3.29 본조개정)

**제215조의2 【둘 이상의 청구항이 있는 특허출원의 등록에 관한 특칙】** ① 둘 이상의 청구항이 있는 특허출원에 대한 특허결정을 받은 자가 특허료를 낼 때에는 청구항별로 이를 포기할 수 있다.

② 제1항에 따른 청구항의 포기에 관하여 필요한 사항은 산업통상자원부령으로 정한다.

**제216조 【서류의 열람 등】** ① 특허출원, 특허취소신청, 심판 등에 관한 증명, 서류의 등본 또는 초본의 발급, 특허원부 및 서류의 열람 또는 복사가 필요한 자는 특허청장 또는 특허심판원장에게 서류의 열람 등의 허가를 신청할 수 있다.

② 특허청장 또는 특허심판원장은 제1항의 신청이 있더라도 다음 각 호의 어느 하나에 해당하는 서류를 비밀로 유지할 필요가 있다고 인정하는 경우에는 그 서류의 열람 또는 복사를 허가하지 아니할 수 있다.

1. 출원공개 또는 설정등록되지 아니한 특허출원(제55조제1항에 따른 우선권 주장을 수반하는 특허출원이 출원공개 또는 설정등록된 경우에는 그 선출원은 제외한다)에 관한 서류
2. 출원공개 또는 설정등록되지 아니한 특허출원의 제132조의17에 따른 특허거절결정에 대한 심판에 관한 서류
3. 공공의 질서 또는 선량한 풍속에 어긋나거나 공중의 위생을 해칠 우려가 있는 서류

(2016.2.29 본조개정)

**제217조 【특허출원 등에 관한 서류 등의 반출 및 감정 등의 금지】** ① 특허출원·심사·특허취소신청·심판·재심에 관한 서류 또는 특허원부는 다음 각 호의 어느 하나에 해당하는 경우에만 외부로 반출할 수 있다.(2016.2.29 본문개정)

1. 제58조제1항, 제3항 또는 제4항에 따른 선행기술의 조사 등을 위하여 특허출원 또는 심사에 관한 서류를 반출하는 경우(2018.4.17 본호개정)

1의2. 제164조의2제2항에 따른 조정을 위하여 특허출원·심사·특허취소신청·심판·재심에 관한 서류 또는 특허원부를 반출하는 경우
(2021.8.17 본호신설)

2. 「산업재산 정보의 관리 및 활용 촉진에 관한 법률」 제12조제1항에 따른 산업재산문서 전자화업무의 위탁을 위하여 특허출원·심사·특허취소신청·심판·재심에 관한 서류 또는 특허원부를 반출하는 경우
(2024.2.6 본호개정)
3. 「전자정부법」 제32조제2항에 따른 온라인 원격근무를 위하여 특허출원·심사·특허취소신청·심판·재심에 관한 서류 또는 특허원부를 반출하는 경우(2016.2.29 본호개정)
4. 외국 특허청 또는 국제기구와의 업무협약을 이행하기 위하여 특허출원 또는 심사에 관한 서류를 반출하는 경우(2017.11.28 본호신설)

② 특허출원·심사·특허취소신청·심판 또는 재심으로 계속 중인 사건의 내용이나 특허여부결정·심결 또는 결정의 내용에 관하여는 감정·증언하거나 질의에 응답할 수 없다.(2016.2.29 본항개정)

③ 제1항제4호에 따른 반출 요건·절차, 서류의 종류 등에 필요한 사항은 산업통상자원부령으로 정한다.
(2017.11.28 본항신설)

**제217조의2** (2024.2.6 삭제)

**제218조 【서류의 송달】** 이 법에 규정된 서류의 송달절차 등에 관하여 필요한 사항은 대통령령으로 정한다.

**제219조 【공시송달】** ① 서류를 송달받을 자의 주소나 영업소가 분명하지 아니하여 송달할 수 없는 경우에는 공시송달(公示送達)을 하여야 한다.
② 공시송달은 서류를 송달받을 자에게 어느 때라도 발급한다는 뜻을 특허공보에 게재하는 것으로 한다.
③ 최초의 공시송달은 특허공보에 게재한 날부터 2주일이 지나면 그 효력이 발생한다. 다만, 같은 당사자에 대한 이후의 공시송달은 특허공보에 게재한 날의 다음 날부터 효력이 발생한다.

**제220조 【재외자에 대한 송달】** ① 재외자로서 특허관리인이 있으면 그 재외자에게 송달할 서류는 특허관리인에게 송달하여야 한다.
② 재외자로서 특허관리인이 없으면 그 재외자에게 송달할 서류는 항공등기우편으로 발송할 수 있다.
③ 제2항에 따라 서류를 항공등기우편으로 발송한 경우에는 그 발송일에 송달된 것으로 본다.

**제221조 【특허공보】** ① 특허청장은 대통령령으로 정하는 바에 따라 특허공보를 발행하여야 한다.
② 특허공보는 산업통상자원부령으로 정하는 바에 따라 전자적 매체로 발행할 수 있다.
③ 특허청장은 전자적 매체로 특허공보를 발행하는 경우에는 정보통신망을 활용하여 특허공보의 발행사실·주요목록 및 공시송달에 관한 사항을 알려야 한다.

**제222조 【서류의 제출 등】** 특허청장 또는 심사관은 당사자에게 특허취소신청, 심판 또는 재심에 관한 절차 외의 절차를 처리하기 위하여 필요한 서류나 그 밖의 물건의 제출을 명할 수 있다.(2016.2.29 본조개정)

**제223조 【특허표시 및 특허출원표시】**
① 특허권자, 전용실시권자 또는 통상실시권자는 다음 각 호의 구분에 따른 방법으로 특허표시를 할 수 있다.
1. 물건의 특허발명의 경우 : 그 물건에 "특허"라는 문자와 그 특허번호를 표시(2017.3.21 본호개정)
2. 물건을 생산하는 방법의 특허발명의 경우 : 그 방법에 따라 생산된 물건에 "방법특허"라는 문자와 그 특허번호를 표시(2017.3.21 본호개정)
3. (2017.3.21 삭제)

② 특허출원인은 다음 각 호의 구분에 따른 방법으로 특허출원의 표시(이하 "특허출원표시"라 한다)를 할 수 있다.
1. 물건의 특허출원의 경우 : 그 물건에 "특허출원(심사중)"이라는 문자와 그 출원번호를 표시
2. 물건을 생산하는 방법의 특허출원의 경우 : 그 방법에 따라 생산된 물건에 "방법특허출원(심사중)"이라는 문자와 그 출원번호를 표시

(2017.3.21 본항개정)
③ 제1항 또는 제2항에 따른 특허표시 또는 특허출원표시를 할 수 없는 물건의 경우에는 그 물건의 용기 또는 포장에 특허표시 또는 특허출원표시를 할 수 있다.(2017.3.21 본항신설)
④ 그 밖에 특허표시 또는 특허출원표시에 필요한 사항은 산업통상자원부령으로 정한다.(2017.3.21 본항신설)
(2017.3.21 본조제목개정)

**제224조 【허위표시의 금지】** 누구든지 다음 각 호의 어느 하나에 해당하는 행위를 하여서는 아니 된다.
1. 특허된 것이 아닌 물건, 특허출원 중이 아닌 물건, 특허된 것이 아닌 방법이나 특허출원 중이 아닌 방법에 의하여 생산한 물건 또는 그 물건의 용기나 포장에 특허표시 또는 특허출원표시를 하거나 이와 혼동하기 쉬운 표시를 하는 행위
2. 제1호의 표시를 한 것을 양도·대여 또는 전시하는 행위
3. 제1호의 물건을 생산·사용·양도 또는 대여하기 위하여 광고·간판

또는 표찰에 그 물건이 특허나 특허출원된 것 또는 특허된 방법이나 특허출원 중인 방법에 따라 생산한 것으로 표시하거나 이와 혼동하기 쉬운 표시를 하는 행위

4. 특허된 것이 아닌 방법이나 특허출원 중이 아닌 방법을 사용·양도 또는 대여하기 위하여 광고·간판 또는 표찰에 그 방법이 특허 또는 특허출원된 것으로 표시하거나 이와 혼동하기 쉬운 표시를 하는 행위

**제224조의2【불복의 제한】** ① 보정각하결정, 특허여부결정, 특허취소결정, 심결이나 특허취소신청서·심판청구서·재심청구서의 각하결정에 대해서는 다른 법률에 따른 불복을 할 수 없으며, 이 법에 따라 불복할 수 없도록 규정되어 있는 처분에 대해서는 다른 법률에 따라 불복을 할 수 없다.(2016.2.29 본항개정)

② 제1항에 따른 처분 외의 처분의 불복에 대해서는 「행정심판법」 또는 「행정소송법」에 따른다.

**제224조의3【비밀유지명령】** ① 법원은 특허권 또는 전용실시권의 침해에 관한 소송에서 그 당사자가 보유한 영업비밀에 대하여 다음 각 호의 사유를 모두 소명한 경우에는 그 당사자의 신청에 따라 결정으로 다른 당사자(법인인 경우에는 그 대표자), 당사자를 위하여 소송을 대리하는 자, 그 밖에 그 소송으로 인하여 영업비밀을 알게 된 자에게 그 영업비밀을 그 소송의 계속적인 수행 외의 목적으로 사용하거나 그 영업비밀에 관계된 이 항에 따른 명령을 받은 자 외의 자에게 공개하지 아니할 것을 명할 수 있다. 다만, 그 신청 시점까지 다른 당사자(법인인 경우에는 그 대표자), 당사자를 위하여 소송을 대리하는 자, 그 밖에 그 소송으로 인하여 영업비밀을 알게 된 자가 제1호에 규정된 준비서면의 열람이나 증거조사 외의 방법으로 그 영업비밀을 이미 취득하고 있는 경우에는 그러하지 아니하다.(2016.3.29 본문개정)

1. 이미 제출하였거나 제출하여야 할 준비서면, 이미 조사하였거나 조사하여야 할 증거 또는 제132조제3항에 따라 제출하였거나 제출하여야 할 자료에 영업비밀이 포함되어 있다는 것(2016.3.29 본호개정)
2. 제1호의 영업비밀이 해당 소송 수행 외의 목적으로 사용되거나 공개되면 당사자의 영업에 지장을 줄 우려가 있어 이를 방지하기 위하여 영업비밀의 사용 또는 공개를 제한할 필요가 있다는 것

② 제1항에 따른 명령(이하 "비밀유지명령"이라 한다)의 신청은 다음 각 호의 사항을 적은 서면으로 하여야 한다.

1. 비밀유지명령을 받을 자
2. 비밀유지명령의 대상이 될 영업비밀을 특정하기에 충분한 사실
3. 제1항 각 호의 사유에 해당하는 사실

③ 법원은 비밀유지명령이 결정된 경우에는 그 결정서를 비밀유지명령을 받은 자에게 송달하여야 한다.

④ 비밀유지명령은 제3항의 결정서가 비밀유지명령을 받은 자에게 송달된 때부터 효력이 발생한다.

⑤ 비밀유지명령의 신청을 기각하거나 각하한 재판에 대해서는 즉시항고를 할 수 있다.

**제224조의4【비밀유지명령의 취소】** ① 비밀유지명령을 신청한 자 또는 비밀유지명령을 받은 자는 제224조의3제1항에 따른 요건을 갖추지 못하였거나 갖추지 못하게 된 경우 소송기록을 보관하고 있는 법원(소송기록을 보관하고 있는 법원이 없는 경우에는 비밀유지명령을 내린 법원)에 비밀유지명령의 취소를 신청할 수 있다.

② 법원은 비밀유지명령의 취소신청에 대한 재판이 있는 경우에는 그 결정서를 그 신청을 한 자 및 상대방에게 송달하여야 한다.

③ 비밀유지명령의 취소신청에 대한 재판에 대해서는 즉시항고를 할 수 있다.
④ 비밀유지명령을 취소하는 재판은 확정되어야 효력이 발생한다.
⑤ 비밀유지명령을 취소하는 재판을 한 법원은 비밀유지명령의 취소신청을 한 자 또는 상대방 외에 해당 영업비밀에 관한 비밀유지명령을 받은 자가 있는 경우에는 그 자에게 즉시 비밀유지명령의 취소 재판을 한 사실을 알려야 한다.

**제224조의5【소송기록 열람 등의 청구 통지 등】** ① 비밀유지명령이 내려진 소송(모든 비밀유지명령이 취소된 소송은 제외한다)에 관한 소송기록에 대하여 「민사소송법」 제163조제1항의 결정이 있었던 경우, 당사자가 같은 항에서 규정하는 비밀 기재부분의 열람 등의 청구를 하였으나 그 청구 절차를 해당 소송에서 비밀유지명령을 받지 아니한 자가 밟은 경우에는 법원서기관, 법원사무관, 법원주사 또는 법원주사보(이하 이 조에서 "법원사무관등"이라 한다)는 「민사소송법」 제163조제1항의 신청을 한 당사자(그 열람 등의 청구를 한 자는 제외한다. 이하 제3항에서 같다)에게 그 청구 직후에 그 열람 등의 청구가 있었다는 사실을 알려야 한다.
② 제1항의 경우에 법원사무관등은 제1항의 청구가 있었던 날부터 2주일이 지날 때까지(그 청구 절차를 밟은 자에 대한 비밀유지명령 신청이 그 기간 내에 이루어진 경우에는 그 신청에 대한 재판이 확정되는 시점까지) 그 청구 절차를 밟은 자에게 제1항의 비밀 기재부분의 열람 등을 하게 하여서는 아니 된다.
③ 제2항은 제1항의 열람 등의 청구를 한 자에게 제1항의 비밀 기재부분의 열람 등을 하게 하는 것에 대하여 「민사소송법」 제163조제1항의 신청을 한 당사자 모두가 동의하는 경우에는 적용되지 아니한다.

## 제12장 벌 칙

(2014.6.11 본장제목개정)

**제225조【침해죄】** ① 특허권 또는 전용실시권을 침해한 자는 7년 이하의 징역 또는 1억원 이하의 벌금에 처한다.
② 제1항의 죄는 피해자의 명시적인 의사에 반하여 공소(公訴)를 제기할 수 없다.(2020.10.20 본항개정)
(2014.6.11 본조개정)

**제226조【비밀누설죄 등】** ① 특허청 또는 특허심판원 소속 직원이거나 직원이었던 사람이 특허출원 중인 발명(국제출원 중인 발명을 포함한다)에 관하여 직무상 알게 된 비밀을 누설하거나 도용한 경우에는 5년 이하의 징역 또는 5천만원 이하의 벌금에 처한다.
② 전문심리위원 또는 전문심리위원이었던 자가 그 직무수행 중에 알게 된 다른 사람의 비밀을 누설하는 경우에는 2년 이하의 징역이나 금고 또는 1천만원 이하의 벌금에 처한다.
(2021.4.20 본항신설)
(2014.6.11 본조개정)

**제226조의2【전문기관 등의 임직원에 대한 공무원 의제】** ① 제58조제2항에 따른 전문기관 또는 제58조제3항에 따른 전담기관의 임직원이거나 임직원이었던 사람은 제226조제1항을 적용하는 경우에는 특허청 소속 직원 또는 직원이었던 사람으로 본다.
(2024.2.6 본항개정)
② 전문심리위원은 「형법」 제129조부터 제132조까지의 규정을 적용할 때에는 공무원으로 본다.(2021.4.20 본항신설)

**제227조【위증죄】** ① 이 법에 따라 선서한 증인, 감정인 또는 통역인이 특허심판원에 대하여 거짓으로 진술·감정 또는 통역을 한 경우에는 5년 이하의 징역 또는 5천만원 이하의 벌금에 처한다.(2017.3.21 본항개정)

② 제1항에 따른 죄를 범한 자가 그 사건의 특허취소신청에 대한 결정 또는 심결이 확정되기 전에 자수한 경우에는 그 형을 감경 또는 면제할 수 있다.
(2016.2.29 본항개정)

**제228조【허위표시의 죄】** 제224조를 위반한 자는 3년 이하의 징역 또는 3천만원 이하의 벌금에 처한다.
(2017.3.21 본조개정)

**제229조【거짓행위의 죄】** 거짓이나 그 밖의 부정한 행위로 특허, 특허권의 존속기간의 연장등록, 특허취소신청에 대한 결정 또는 심결을 받은 자는 3년 이하의 징역 또는 3천만원 이하의 벌금에 처한다.(2017.3.21 본조개정)

**제229조의2【비밀유지명령 위반죄】**
① 국내외에서 정당한 사유 없이 제224조의3제1항에 따른 비밀유지명령을 위반한 자는 5년 이하의 징역 또는 5천만원 이하의 벌금에 처한다.
② 제1항의 죄는 비밀유지명령을 신청한 자의 고소가 없으면 공소를 제기할 수 없다.
(2011.12.2 본조신설)

**제229조의3【외국에의 특허출원 금지 또는 비밀취급명령 위반죄】** 제41조제1항에 따른 외국에의 특허출원 금지 또는 비밀취급명령을 위반한 자는 5년 이하의 징역 또는 5천만원 이하의 벌금에 처한다.(2025.1.21 본조신설 : 2025.7.22 시행)

**제230조【양벌규정】** 법인의 대표자나 법인 또는 개인의 대리인, 사용인, 그 밖의 종업원이 그 법인 또는 개인의 업무에 관하여 제225조제1항, 제228조 또는 제229조의 어느 하나에 해당하는 위반행위를 하면 그 행위자를 벌하는 외에 그 법인에는 다음 각 호의 구분에 따른 벌금형을, 그 개인에게는 해당 조문의 벌금형을 과(科)한다. 다만, 법인 또는 개인이 그 위반행위를 방지하기 위하여 해당 업무에 관하여 상당한 주의와 감독을 게을리하지 아니한 경우에는 그러하지 아니하다.
1. 제225조제1항의 경우 : 3억원 이하의 벌금
2. 제228조 또는 제229조의 경우 : 6천만원 이하의 벌금
(2014.6.11 본조개정)

**제230조【양벌규정】** 법인의 대표자나 법인 또는 개인의 대리인, 사용인, 그 밖의 종업원이 그 법인 또는 개인의 업무에 관하여 제225조제1항, 제228조, 제229조 또는 제229조의3의 어느 하나에 해당하는 위반행위를 하면 그 행위자를 벌하는 외에 그 법인에는 다음 각 호의 구분에 따른 벌금형을, 그 개인에게는 해당 조문의 벌금형을 과(科)한다. 다만, 법인 또는 개인이 그 위반행위를 방지하기 위하여 해당 업무에 관하여 상당한 주의와 감독을 게을리하지 아니한 경우에는 그러하지 아니하다.(2025.1.21 본문개정 : 2025.7.22 시행)
1. 제225조제1항의 경우 : 3억원 이하의 벌금
2. 제228조 또는 제229조의 경우 : 6천만원 이하의 벌금
3. 제229조의3의 경우 : 1억원 이하의 벌금(2025.1.21 본호신설 : 2025.7.22 시행)
(2014.6.11 본조개정)

**제231조【몰수 등】** ① 제225조제1항에 해당하는 침해행위를 조성한 물건 또는 그 침해행위로부터 생긴 물건은 몰수하거나 피해자의 청구에 따라 그 물건을 피해자에게 교부할 것을 선고하여야 한다.
② 피해자는 제1항에 따른 물건을 받은 경우에는 그 물건의 가액을 초과하는 손해액에 대해서만 배상을 청구할 수 있다.
(2014.6.11 본조개정)

**제232조【과태료】** ① 다음 각 호의 어느 하나에 해당하는 자에게는 50만원 이하의 과태료를 부과한다.
1. 「민사소송법」 제299조제2항 및 같은 법 제367조에 따라 선서를 한 자로서 특허심판원에 대하여 거짓 진술을 한 자
2. 특허심판원으로부터 증거조사 또는 증거보전에 관하여 서류나 그 밖의 물건 제출 또는 제시의 명령을 받은 자로서 정당한 이유 없이 그 명령에 따르지 아니한 자
3. 특허심판원으로부터 증인·감정인 또는 통역인으로 소환된 자로서 정당한 이유 없이 소환에 따르지 아니하거나 선서·진술·증언·감정 또는 통역을 거부한 자

② 제1항에 따른 과태료는 대통령령으로 정하는 바에 따라 특허청장이 부과·징수한다.
(2014.6.11 본조개정)

부 칙

**제1조【시행일】** 이 법은 1990년 9월 1일부터 시행한다. 다만, 제201조·제205조 및 제211조의 특허협력조약 제2장에 관한 사항은 특허협력조약 제2장이 대한민국에 대하여 효력이 발생하는 날부터 시행한다.

**제2조【일반적 경과조치】** 이 법은 부칙 제3조 내지 제9조에 특별히 규정한 경우를 제외하고 이 법의 시행전에 발생한 사항에도 적용한다. 다만, 종전의 규정에 의하여 발생한 효력에 관하여는 영향을 미치지 아니한다.

**제3조【특허출원등에 관한 경과조치】** 이 법 시행전에 한 특허출원에 관한 심사 및 거절사정에 관한 항고심판은 종전의 규정에 의한다.

**제4조【권리설정된 특허의 심판등에 관한 경과조치】** 이 법 시행전에 한 특허출원에 의하여 권리설정된 특허에 관한 심판·항고심판·재심 및 소송은 종전의 규정에 의한다.

**제5조【조약에 의한 우선권발명서류 제출에 관한 경과조치】** 이 법 시행전에 대한민국에 우선권주장을 한 특허출원의 우선권발명서류의 제출기간은 종전의 규정에 의한다.

**제6조【보정각하에 관한 경과조치】** 이 법 시행전에 한 보정에 관하여는 종전의 규정에 의한다.

**제7조【특허권의 존속기간에 관한 경과조치】** 이 법 시행전에 설정된 특허권 및 특허출원되어 설정되는 특허권의 존속기간은 종전의 규정에 의한다.

**제8조【특허권의 수용등에 관한 경과조치】** 이 법 시행전에 청구한 특허권의 제한·수용·취소 또는 실시에 관한 처분이나 소송은 종전의 규정에 의한다.

**제9조【심판의 절차·비용 및 손해배상등에 관한 경과조치】** 이 법 시행전에 청구한 심판·항고심판·재심 및 소송에 관한 절차·비용 및 손해배상등은 종전의 규정에 의한다.

부 칙 (1993.12.10)

① **【시행일】** 이 법은 1994년 1월 1일부터 시행한다.

② **【특허료등의 반환기간에 관한 경과조치】** 이 법 시행전에 착오로 인하여 납부된 특허료 및 수수료의 반환에 관하여는 종전의 규정에 의한다.

③ **【특허료의 반환에 관한 적용례】** 특허에 관한 무효심결의 확정으로 인한 특허료의 반환에 관한 제84조제1항제2호 및 제3호의 개정규정은 이 법 시행 이후에 무효심결이 확정되는 것부터 적용한다.

부 칙 (1995.1.5)

**제1조【시행일】** 이 법은 1998년 3월 1일부터 시행한다.

**제2조 【계속중인 사건에 관한 경과조치】** ① 이 법 시행전에 심판이 청구되었거나 거절사정·취소결정 또는 보정각하결정에 대한 항고심판이 청구되어 계속중인 사건은 이 법에 의하여 특허심판원에 심판이 청구되어 계속중인 것으로 본다.(1997.4.10 본항개정)

② 이 법 시행전에 심결에 대한 항고심판이 청구되었거나 심판청구서 각하결정에 대한 즉시항고가 청구되어 계속중인 사건은 이 법에 의하여 특허법원에 소가 제기되어 계속중인 것으로 본다.

**제3조 【불복을 제기할 수 있는 사건등에 관한 경과조치】** ① 이 법 시행당시 심판의 심결, 심판청구서의 각하결정, 거절사정·취소결정 또는 심사관의 보정각하결정이 송달된 사건으로서 종전의 규정에 의한 항고심판소에 불복을 하지 아니한 것에 대하여는 이 법 시행일부터 30일이내에, 심판의 심결과 심판청구서의 각하결정에 대하여는 제186조제1항의 규정에 의한 소를 제기할 수 있고, 거절사정·취소결정 또는 심사관의 보정각하결정에 대하여는 제132조의3 또는 제132조의4의 규정에 의한 심판을 청구할 수 있다. 다만, 이 법 시행당시 이미 종전의 규정에 의한 불복기간이 경과된 것은 그러하지 아니한다.(1997.4.10 본항개정)

② 이 법 시행당시 항고심판의 심결, 항고심판청구서의 각하결정, 항고심판관의 보정각하결정이 송달된 사건으로서 대법원에 불복을 하지 아니한 것에 대하여는 이 법 시행일부터 30일이내에 대법원에 불복을 할 수 있다. 다만, 이 법 시행당시 이미 종전의 규정에 의한 불복기간이 경과된 것은 그러하지 아니하다.

③ 이 법 시행전에 대법원에 불복이 제기되어 계속중인 사건 및 제2항의 규정에 의하여 불복이 제기되는 사건은 이 법에 의하여 대법원에 계속중이거나 제기된 것으로 본다.

**제4조 【재심사건에 관한 경과조치】** 부칙 제2조 및 부칙 제3조의 규정은 계속중인 재심사건에 관하여 이를 준용한다.

**제5조 【서류의 이관등】** ① 특허청장은 부칙 제2조제1항(부칙 제4조의 규정에 의하여 준용되는 경우를 포함한다)에 규정된 계속중인 사건에 관한 서류를 지체없이 특허심판원장에게 이관하여야 한다.

② 특허청장은 부칙 제2조제2항(부칙 제4조의 규정에 의하여 준용되는 경우를 포함한다)에 규정된 계속중인 사건에 관한 서류를 지체없이 특허법원장에게 이관하여야 한다. 이 경우 서류의 이관등에 관하여 필요한 사항은 대법원규칙으로 정한다.

**제6조 【다른 법률의 개정】** ※(해당 법령에 가제정리 하였음)

부 칙 (1995.12.29)

**제1조 【시행일】** 이 법은 1996년 7월 1일부터 시행한다.

**제2조 【원자핵변환방법에 의하여 제조될 수 있는 물질의 발명에 관한 경과조치】** ① 이 법 시행당시 특허청에 계속중인 특허출원(특허사정등본 송달이 있은 경우를 제외한다)중 특허출원서에 최초로 첨부한 명세서 또는 도면에 원자핵변환방법에 의하여 제조될 수 있는 물질의 발명을 기재한 특허출원의 출원인은 이 법 시행일부터 6월이내에 그 명세서 또는 도면을 보정할 수 있다.

② 제1항의 규정에 의한 보정은 출원공고결정 등본의 송달전에 한 보정으로 본다.

**제3조 【특허권의 존속기간에 관한 경과조치】** ① 이 법 시행전에 종전의 규정에 의한 존속기간이 만료된 특허권에 대하여는 이 법을 적용하지 아니한다.

② 이 법 시행당시 존속중인 특허권 및

특허청에 계속중인 특허출원중 이 법의 시행으로 인하여 존속기간이 단축되는 특허권의 존속기간은 종전의 규정에 의한다.

**제4조 【실시사업을 준비하고 있는 자에 대한 통상실시권 인정의 특례】** ① 제32조의 개정규정에 의하여 원자핵변환방법에 의하여 제조될 수 있는 물질의 발명에 대한 특허권이 설정된 경우 1995년 1월 1일전에 국내에서 원자핵변환방법에 의하여 제조될 수 있는 물질의 발명의 실시사업을 하고 있는 자 또는 그 실시사업의 준비를 하고 있는 자는 그 발명의 실시 또는 준비를 하고 있는 발명 및 사업의 목적의 범위안에서 당해 발명의 특허권에 대하여 통상실시권을 가진다.

② 이 법의 시행으로 특허권의 존속기간이 연장되는 경우 종전의 규정에 따라 당해 특허권이 종료될 것으로 예상하여 1995년 1월 1일전에 국내에서 그 발명의 실시사업을 준비하고 있는 자는 종전의 규정에 의한 존속기간의 만료일부터 이 법의 시행으로 인하여 연장되는 존속기간동안 그 준비를 하고 있는 발명 및 사업의 목적의 범위안에서 당해 특허권에 대하여 통상실시권을 가진다.

③ 제1항 및 제2항의 규정에 의하여 통상실시권을 가지는 자는 특허권자 또는 전용실시권자에게 상당한 대가를 지급하여야 한다.

④ 제118조제2항의 규정은 제1항 및 제2항의 규정에 의한 통상실시권에 관하여 이를 준용한다.

**제5조 【심판의 절차·비용 및 손해배상등에 관한 경과조치】** 이 법 시행전에 이루어진 행위에 대하여 청구한 심판·항고심판·재심 및 소송에 관한 절차·비용 및 손해배상등은 종전의 규정에 의한다.

부 칙 (1997.4.10)

**제1조 【시행일】** 이 법은 1997년 7월 1일부터 시행한다. 다만, 제15조제2항, 제16조제1항·제2항, 제46조, 제132조의3, 제140조의2, 제164조제1항, 제170조, 제171조제2항, 제172조, 제176조제1항·제2항, 제224조의2와 법률 제4892호 특허법중개정법률 부칙 제2조제1항 및 제3조제1항의 개정규정은 1998년 3월 1일부터 시행한다.

**제2조 【특허이의신청에 대한 특례】** ① 제6조의 규정을 적용함에 있어서 1998년 2월 28일까지는 동조중 "제167조의 규정에 의한 거절사정에 대한 항고심판의 청구"는 "제167조의 규정에 의한 거절사정 또는 취소결정에 대한 항고심판의 청구"로 본다.

② 제164조제1항의 규정을 적용함에 있어서 1998년 2월 28일까지는 동항중 "타심판의 심결이나 항고심판의 심결이 확정될 때까지"는 "특허이의신청에 대한 결정, 타심판의 심결이나 항고심판의 심결이 확정될 때까지"로 본다.

③ 제170조제1항의 규정을 적용함에 있어서 1998년 2월 28일까지는 동항 전단중 "제50조·제51조·제63조 및 제66조 내지 제75조"는 "제51조·제63조 및 제66조"로, 동항 후단은 삭제된 것으로 보고, 동조제3항의 규정을 적용함에 있어서 1998년 2월 28일까지는 동항중 "제51조제4항 내지 제6항"은 "제51조제1항·제5항"으로 본다.

④ 제171조제3항 및 제4항의 규정을 적용함에 있어서 1998년 2월 28일까지는 동항중 "거절사정"은 각각 "거절사정 또는 취소결정"으로 본다.

⑤ 제172조의 규정을 적용함에 있어서 1998년 2월 28일까지는 동조중 "심사 또는 심판에서 밟은 특허에 관한 절차"는 "심사·특허이의신청 또는

심판에서 밟은 특허에 관한 절차"로 본다.
⑥ 제176조의 규정을 적용함에 있어서 1998년 2월 28일까지는 동조중 "거절사정 또는 심판의 심결을 파기하여야 한다"는 "거절사정 · 취소결정 또는 심판의 심결을 파기 또는 취소하여야 한다"로 본다.

**제3조【특허이의신청제도의 변경에 따른 경과조치】** ① 이 법 시행전에 특허청에 계속중인 특허출원으로서 출원공고결정등본의 송달이 있었던 특허출원 및 이 법 시행전에 출원공고결정등본의 송달이 있었던 특허출원에 관련된 특허 · 특허권 · 심판 또는 재심에 대하여는 종전의 규정에 의한다.
② 이 법 시행전에 출원공고결정등본이 송달된 특허출원 또는 실용신안등록출원의 출원일후에 그 출원서에 최초로 첨부된 명세서 또는 도면에 기재된 발명 또는 고안과 동일한 발명으로 출원된 특허출원에 관하여는 제29조제3항의 개정규정에 불구하고 종전의 규정에 의한다.

**제4조【벌칙에 관한 경과조치】** 이 법 시행전의 행위에 대한 벌칙의 적용에 있어서는 종전의 규정에 의한다.

**제5조【다른 법률의 개정】** ①~② ※ (해당 법령에 가제정리 하였음)

부 칙 (1998.9.23)

**제1조【시행일】** 이 법은 1999년 1월 1일부터 시행한다. 다만, 제193조제1항 · 제198조의2, 제201조제6항의 개정규정중 국어로 출원된 국제특허출원의 명세서 · 청구의 범위 · 도면 및 요약서의 효력에 관한 개정규정, 제208조제1항의 개정규정중 국어로 출원된 국제특허출원에 대한 번역문 제출면제에 관한 개정규정과 제210조의 개정규정중 국어로 출원된 국제특허출원에 대한 번역문 제출면제에 관한 개정규정은 특허협력조약 제16조(3)(b)의 규정에 의하여 대한민국 정부가 국제조사기관 선정과 관련하여 국제사무국과 체결하는 협정이 발효되는 날부터 시행하고, 제6조 · 제11조 · 제29조 · 제36조 · 제49조 · 제53조 · 제55조 · 제56조 · 제59조 · 제69조 · 제87조 · 제88조 · 제102조 · 제104조 · 제133조 · 제202조 · 제209조 및 제215조의 개정규정과 부칙 제5조제1항중 의장법 제21조 및 제22조의 개정규정은 1999년 7월 1일부터 시행한다.

**제2조【일반적 경과조치】** 이 법 시행당시 종전의 규정에 의하여 출원된 특허출원 및 동 특허출원에 관한 특허등록, 특허권, 특허이의신청, 심판, 재심 및 소송은 종전의 규정에 의한다.

**제3조【전자문서에 의한 특허출원 관련절차의 처리에 관한 적용례】** 제28조의3 및 제217조의2제5항의 개정규정중 특허출원 관련절차 및 특허이의신청 관련절차에 관한 사항은 1999년 1월 1일이후 최초로 출원되는 특허출원부터 적용한다.(2002.12.11 본조개정)

**제4조【특허요건에 관한 적용예】** 제29조제3항의 개정규정은 이 법 시행후에 특허출원한 발명(이하 이 조에서 "후출원발명"이라 한다)이 이 법 시행전에 실용신안등록출원을 하여 후출원발명의 출원일후에 출원공개된 실용신안등록출원의 출원서에 첨부된 명세서 또는 도면에 기재된 고안과 동일한 경우에도 이를 적용한다.

**제5조【다른 법률의 개정】** ①~② ※ (해당 법령에 가제정리 하였음)

부 칙 (2001.2.3)

① **【시행일】** 이 법은 2001년 7월 1일부터 시행한다. 다만, 제56조제1항, 제84조제2항 · 제3항, 제217조제1항 단

서 및 제229조의2의 개정규정은 공포한 날부터 시행한다.

② **【특허요건에 관한 적용례】** 제29조제1항제2호 및 제30조제1항제1호 다목의 개정규정은 이 법 시행후 최초로 출원하는 특허출원부터 적용한다.

③ **【일반적 경과조치】** 이 법 시행 당시 종전의 규정에 의하여 제출된 특허출원에 대한 심사·특허등록·특허권·특허이의신청·심판·재심 및 소송은 종전의 규정에 의한다. 다만, 다음 각호의 1에 해당하는 경우에는 그러하지 아니하다.

1. 특허이의신청을 함에 있어서는 제77조제3항의 개정규정에서 준용하고 있는 제136조제9항 및 제140조제2항을 적용한다.(2006.3.3 본호개정)
2. 특허료의 추가납부에 의하여 특허출원 또는 특허권을 소급하여 존속의 제함에 있어서는 제81조의2의 개정규정을 적용한다.
3. 특허의 무효심판을 청구함에 있어서는 제133조의2제1항·제2항의 개정규정, 동조제3항의 개정규정에서 준용하고 있는 제136조제3항 내지 제5항·제7항 내지 제11항·제139조제3항 및 제140조제1항·제2항·제5항과 제136조제1항의 개정규정을 각각 적용한다.(2006.3.3 본호개정)
4. 특허출원의 거절사정에 대한 심판을 청구함에 있어서는 제140조의2제1항 단서 및 제3항의 개정규정을 각각 적용한다.
5. 2 이상의 청구항이 있는 특허출원에 대하여 청구항별로 포기함에 있어서는 제215조의2의 개정규정을 적용한다.

부 칙 (2001.12.31)

① **【시행일】** 이 법은 공포 후 6월이 경과한 날부터 시행한다.

② **【국유 또는 공유 특허권에 관한 경과조치】** 이 법 시행 당시 국가 또는 지방자치단체가 소유한 국·공립학교 교직원의 직무발명에 대한 특허권 및 특허를 받을 수 있는 권리는 직무발명 당시 학교의 전담조직에 이전한다.

③ **【국유 또는 공유 실용신안권등에 관한 경과조치】** 이 법 시행 당시 국가 또는 지방자치단체가 소유한 국·공립학교 교직원의 직무고안 및 직무창작에 대한 실용신안권, 실용신안등록을 받을 수 있는 권리, 의장권 및 의장등록을 받을 수 있는 권리의 이전에 관하여는 실용신안법 제20조 및 의장법 제24조의 규정에서 각각 준용하는 제39조의 개정규정과 부칙 제2항을 각각 준용한다.

부 칙 (2002.12.11)

① **【시행일】** 이 법은 공포후 5월이 경과한 날부터 시행한다. 다만, 제201조제1항의 개정규정은 공포후 3월이 경과한 날부터 시행한다.

② **【특허이의신청의 처리에 관한 적용례】** 제78조의2의 개정규정은 이 법 시행후 최초로 신청되는 특허이의신청부터 적용한다.

③ **【국제특허출원의 국내서면제출기간에 관한 경과조치】** 이 법 시행 당시 국내서면제출기간이 경과된 국제특허출원에 대하여는 제201조제1항의 개정규정에 불구하고 종전의 규정을 적용한다.

부 칙 (2006.3.3 법7871호)

**제1조 【시행일】** 이 법은 공포한 날부터 시행한다. 다만, 제3조제3항, 제6조, 제7조의2, 제11조제1항, 제20조제7호, 제21조제6호, 제29조제1항·제3항·제4항중「실용신안법」관련 개정부분,

제31조, 제36조제3항, 제49조, 제52조, 제53조, 제55조제1항 · 제3항 · 제4항중 「실용신안법」 관련 개정부분, 제56조제1항, 제58조, 제58조의2, 제59조제3항, 제62조, 제63조의2, 제64조, 제87조제2항, 제88조제4항, 제102조제4항중 「실용신안법」 관련 개정부분, 제104조제1항, 제133조제1항, 제133조의2제4항, 제135조제1항, 제154조제8항, 제193조제1항, 제202조제3항중 「실용신안법」 관련 개정부분, 동조제4항, 제204조 및 제205조중 기준일 관련 개정부분, 제208조제3항, 제209조, 제213조, 제215조중 「실용신안법」 관련 개정부분, 제229조의2의 개정규정은 2006년 10월 1일부터 시행하고, 제3조제2항, 제4조, 제15조제1항, 제35조, 제55조제3항중 특허이의신청 관련 개정부분, 제57조제1항, 제65조제6항, 제69조 내지 제78조, 제78조의2, 제84조제1항, 제132조의3, 제136조제1항 · 제6항, 제137조제1항, 제140조의2, 제148조, 제164조제1항, 제165조제3항 · 제4항중 특허이의신청 관련 개정부분, 제171조제2항, 제172조, 제176조제1항 · 제2항, 제181조제1항, 제212조, 제214조제5항, 제215조, 제217조제1항중 특허이의신청 관련 개정부분, 동조제2항, 제217조의2제1항 · 제2항중 특허이의신청 관련 개정부분, 제224조의2제1항중 특허이의신청 관련 개정부분, 제226조제2항, 제228조의 개정규정은 2007년 7월 1일부터 시행한다.

**제2조 【특허요건 등에 관한 적용례】** 제29조제1항제1호, 제30조제1항 및 제36조제4항의 개정규정은 이 법 시행 후 최초로 출원하는 특허출원부터 적용한다.

**제3조 【특허료 반환에 관한 적용례】** 제84조제2항 및 제3항의 개정규정은 이 법 시행 후 특허취소결정, 특허를 무효로 한다는 심결 또는 특허권의 존속기간의 연장등록을 무효로 한다는 심결이 확정되는 것부터 적용한다.

**제4조 【특허무효심판의 변경에 관한 적용례】** 제133조제1항 단서의 개정규정(제7호 및 제8호를 제외한다)은 이 법 시행 후 특허권의 설정등록이 된 것부터 적용한다.

**제5조 【변리사의 보수에 관한 적용례】** 제191조의2의 개정규정은 이 법 시행 후 변리사가 소송 대리한 것부터 적용한다.

**제6조 【일반적 경과조치】** 이 법 시행 당시 종전의 규정에 의하여 제출된 특허출원에 대한 심사 · 특허등록 · 특허권 · 심판 · 재심 및 소송은 종전의 규정에 의한다. 다만, 기간의 계산에 있어서는 제14조제4호의 개정규정을 적용하고, 특허의 무효심판을 청구함에 있어서는 제133조의2제4항의 개정규정을 적용하며, 권리범위확인심판을 청구함에 있어서는 제135조제1항의 개정규정을 적용한다.(2011.12.2 단서개정)

**제7조 【특허이의신청의 폐지에 따른 경과조치】** 2007년 7월 1일 전에 특허권의 설정등록이 된 것에 대한 특허이의신청에 관하여는 종전의 규정에 의한다.

부 칙 (2007.1.3 법8197호)

**제1조 【시행일】** 이 법은 2007년 7월 1일부터 시행한다.

**제2조 【특허출원 등에 관한 적용례】** 제42조, 제47조제1항, 제55조제3항, 제59조제2항 단서, 제62조제4호, 제63조의2, 제64조제1항 단서, 제170조제1항 후단 및 제174조제2항 후단의 개정규정은 이 법 시행 후 최초로 출원하는 특허출원부터 적용한다.

**제3조 【전문기관 지정의 취소 등에 관한 적용례】** 제58조의2의 개정규정은

이 법 시행 후 최초로 위반행위부터 적용한다.

**제4조【특허출원 등에 대한 수수료 반환에 관한 적용례】** 제84조제1항제4호의 개정규정은 이 법 시행 후 출원하는 최초로 특허출원부터 적용한다.

**제5조【특허무효심판절차에서의 특허의 정정에 관한 적용례】** 제133조의2 및 제137조의 개정규정은 이 법 시행 후 최초로 특허무효심판을 청구하는 것부터 적용한다.

**제6조【권리범위 확인심판에서 설명서 및 도면의 보정에 관한 적용례】** 제140조제2항제2호의 개정규정은 이 법 시행 후 최초로 권리범위 확인심판을 청구하는 것부터 적용한다.

**제7조【일반적 경과조치】** 이 법 시행 당시 종전의 규정에 따라 제출된 특허출원 및 특허출원에 대한 심사·심판·재심 및 소송은 종전의 규정에 따른다.

부 칙 (2009.1.30)

**제1조【시행일】** 이 법은 2009년 7월 1일부터 시행한다. 다만, 제15조제1항, 제29조제4항, 제55조, 제56조, 제58조제1항, 제63조제2항, 제81조의3, 제90조제6항, 제140조, 제140조의2제2항, 제202조, 제204조, 제205조, 제207조, 제208조, 제214조, 제216조, 제226조, 제226조의2 및 제227조부터 제230조까지의 개정규정은 공포한 날부터 시행한다.

**제2조【국어로 출원한 국제특허출원의 특허요건 등에 관한 적용례】** 제29조제4항, 제204조, 제205조 및 제207조의 개정규정은 2009년 1월 1일 이후 최초로 국어로 출원하는 국제특허출원부터 적용한다.

**제3조【특허출원의 보정 등에 관한 적용례】** 제47조, 제51조제1항 본문 및 제55조의 개정규정 중 제47조제4항 삭제 관련 개정부분은 이 법 시행 후 최초로 보정하는 것부터 적용한다. 이 법 시행 전에 출원된 특허출원에 대하여 보정하는 경우 제47조제1항 각 호 외의 부분 단서 중 "기간(제3호의 경우에는 그 때)"을 "기간"으로, 같은 항 제3호 중 "제67조의2에 따른 재심사를 청구할 때"를 "제132조의17에 따른 특허거절결정에 대한 심판을 청구하는 경우에는 그 심판의 청구일로부터 30일"로 보고, 제51조제1항 본문 중 "제47조제1항제2호 및 제3호"를 "제47조제1항제2호"로 본다.
(2016.2.29 후단개정)

**제4조【재심사의 청구에 관한 적용례】** 제47조의 개정규정 중 재심사의 청구 관련 개정부분, 제51조의 개정규정 중 재심사의 청구 관련 개정부분 및 제67조의2의 개정규정은 이 법 시행 후 최초로 출원하는 특허출원부터 적용한다.

**제5조【분할출원에 관한 적용례】** 제52조의 개정규정은 이 법 시행 후 최초로 출원한 특허출원을 기초로 한 분할출원부터 적용한다.

**제6조【직권에 의한 보정 등에 관한 적용례】** 제66조의2의 개정규정은 이 법 시행 후 최초로 특허결정이 이루어지는 것부터 적용한다.

**제7조【특허료의 추가납부 또는 보전 등에 관한 적용례】** 제79조, 제81조 및 제81조의2의 개정규정은 이 법 시행 후 최초로 특허료를 납부·추가납부하거나 보전하는 것부터 적용한다.

**제8조【특허권의 존속기간의 연장등록출원에 관한 적용례】** 제90조제6항의 개정규정은 이 법 시행 후 최초로 출원하는 특허권의 존속기간의 연장등록출원부터 적용한다.

**제9조【심판청구서 등의 보정에 관한 적용례】** 제140조 및 제140조의2제2항의 개정규정은 이 법 시행 후 최초로 심판을 청구하는 것부터 적용한다.

**제10조【일반적 경과조치】** 이 법 시행 전에 출원된 특허출원에 대하여는 종전의 규정(제15조제1항 및 제216조는 제외한다)에 따른다.

**제11조【다른 법률의 개정】** ※(해당 법령에 가제정리 하였음)

부 칙 (2011.12.2)

**제1조【시행일】** 이 법은 「대한민국과 미합중국 간의 자유무역협정 및 대한민국과 미합중국 간의 자유무역협정에 관한 서한교환」이 발효되는 날부터 시행한다. 다만, 법률 제7871호 특허법 일부개정법률 부칙 제6조 단서의 개정규정은 공포한 날부터 시행한다.

**제2조【공지 등이 되지 아니한 발명으로 보는 경우에 관한 적용례】** 제30조의 개정규정은 이 법 시행 후 최초로 출원하는 특허출원부터 적용한다.

**제3조【등록지연에 따른 특허권의 존속기간의 연장 등에 관한 적용례】** 제83조, 제92조의2부터 제92조의5까지, 제93조, 제132조의3, 제134조, 제139조, 제165조, 제176조 및 제187조의 개정규정은 이 법 시행 후 최초로 출원하는 특허출원부터 적용한다.

**제4조【비밀유지명령 등에 관한 적용례】** 제224조의3부터 제224조의5까지의 개정규정은 이 법 시행 후 최초로 특허권 또는 전용실시권의 침해에 관한 소송이 제기된 것부터 적용한다.

**제5조【특허권 취소의 폐지에 따른 경과조치】** 이 법 시행 전에 종전의 제116조의 규정에 따른 특허권의 취소사유가 발생한 것에 대한 특허권의 취소에 관하여는 종전의 규정에 따른다.

부 칙 (2013.3.22)

**제1조【시행일】** 이 법은 2013년 7월 1일부터 시행한다. 다만, 제44조, 제52조제4항, 제53조제6항, 제58조의2제2항, 제59조제3항, 제92조제1항의 개정규정은 공포한 날부터 시행한다.

**제2조【절차의 무효 등에 관한 적용례】** 제16조제2항 본문, 제47조제4항, 제67조의3, 제81조의3제1항 및 제84조제1항제4호의 개정규정은 이 법 시행 후 출원한 특허출원부터 적용한다.

**제3조【분할출원에 관한 적용례】** 제52조제4항의 개정규정은 같은 개정규정 시행 후 출원한 분할출원부터 적용한다.

**제4조【변경출원에 관한 적용례】** 제53조제6항의 개정규정은 같은 개정규정 시행 후 출원한 변경출원부터 적용한다.

**제5조【전문기관 지정의 취소 등에 관한 적용례】** 제58조의2제2항의 개정규정은 같은 개정규정 시행 후 업무정지처분에 대한 사전통지를 하는 것부터 적용한다.

**제6조【특허요건 등에 관한 경과조치】** 이 법 시행 전에 종전의 규정에 따라 출원한 특허출원에 대하여는 제29조제1항제2호 및 제129조제2호의 개정규정에도 불구하고 종전의 규정에 따른다.

부 칙 (2014.1.21)

**제1조【시행일】** 이 법은 공포한 날부터 시행한다.

**제2조【금치산자 등에 대한 경과조치】** 제3조제1항의 개정규정에 따른 피성년후견인에는 법률 제10429호 민법 일부개정법률 부칙 제2조에 따라 금치산 또는 한정치산 선고의 효력이 유지되는 자를 포함하는 것으로 본다.

부 칙 (2014.6.11)

**제1조【시행일】** 이 법은 2015년 1월 1일부터 시행한다. 다만, 제81조의3제

3항의 개정규정은 공포한 날부터 시행한다.

**제2조【전자문서로 통지 및 송달한 서류의 도달시기에 관한 적용례】** 제28조의5제3항의 개정규정은 이 법 시행 후 같은 조 제1항의 개정규정에 따라 통지 및 송달하는 서류부터 적용한다.

**제3조【특허료 미납에 따라 소멸된 특허권 회복에 관한 적용례】** 제81조의3제3항의 개정규정은 같은 개정규정 시행 후 특허권의 회복을 신청하는 것부터 적용한다.

**제4조【정정심판에 관한 적용례】** 제136조제1항 단서 및 같은 조 제6항 단서의 개정규정은 이 법 시행 후 청구되는 정정심판부터 적용한다.

**제5조【정정의 무효심판에 관한 적용례】** 제137조제1항 및 같은 조 제4항의 개정규정은 이 법 시행 후 청구되는 정정의 무효심판부터 적용한다.

**제6조【심판청구인 보정에 관한 적용례】** 제140조제2항제1호 및 제140조의2제2항제1호의 개정규정은 이 법 시행 후 청구되는 심판부터 적용한다.

**제7조【거절결정불복심판 중 정보제공에 관한 적용례】** 제170조제1항 전단의 개정규정(제63조의2의 개정규정을 준용하는 부분에 한정한다)은 부칙 제8조에도 불구하고 이 법 시행 당시 거절결정불복심판이 계속 중인 특허출원에 대해서도 적용한다.

**제8조【일반적 경과조치】** 이 법 시행 전에 출원된 특허출원, 특허출원에 대한 심사 및 심판에 대해서는 종전의 규정에 따른다.

**제9조【특허요건 등에 관한 경과조치】** 종전의 제29조제3항에 따른 타특허출원 또는 실용신안등록출원이 이 법 시행 전에 출원되고, 타특허출원 또는 실용신안등록출원의 출원서에 최초로 첨부된 명세서 또는 도면에 기재된 발명 또는 고안과 동일한 발명이 기재된 특허출원이 이 법 시행 후에 출원된 경우에는 제29조제5항부터 제7항까지, 제55조제6항 및 제202조제2항·제3항의 개정규정에도 불구하고 종전의 제29조제4항, 제55조제6항, 제202조제2항 및 제3항에 따른다.

**제10조【청구범위 제출유예에 관한 경과조치】** 이 법 시행 전에 종전의 제42조제5항에 따라 특허청구범위를 적지 아니한 명세서를 특허출원서에 첨부하여 출원한 특허출원에 대해서는 종전의 규정에 따른다.

**제11조【다른 법률의 개정】** ※(해당 법령에 가제정리 하였음)

**제12조【다른 법령과의 관계】** 이 법 시행 당시 다른 법령에서 종전의 「특허법」의 규정을 인용하고 있는 경우에 이 법 가운데 그에 해당하는 규정이 있으면 종전의 규정을 갈음하여 이 법의 해당 규정을 인용한 것으로 본다.

부 칙 (2015.1.28)

**제1조【시행일】** 이 법은 공포 후 6개월이 경과한 날부터 시행한다.

**제2조【적용례】** ① 제30조제3항의 개정규정은 이 법 시행 후 출원한 특허출원부터 적용한다.

② 제52조제1항제3호의 개정규정은 이 법 시행 후 제66조에 따른 특허결정 또는 제176조제1항에 따른 특허거절결정 취소심결(특허등록을 결정한 심결에 한정하되, 재심심결을 포함한다)의 등본을 송달받은 특허출원부터 적용한다.

부 칙 (2016.2.29)

**제1조【시행일】** 이 법은 공포 후 1년이 경과한 날부터 시행한다.

**제2조【국어번역문의 정정에 관한 적용례】** 제42조의3제7항 및 제201조제7항(제214조제6항에 따라 준용되는 경우를 포함한다)의 개정규정은 이 법 시

행 이후 국어번역문을 정정하는 경우부터 적용한다.

**제3조【보정각하에 관한 적용례】** 제51조제1항제1호의 개정규정은 이 법 시행 이후 직권보정을 하는 경우부터 적용한다.

**제4조【전문기관 지정의 취소 등에 관한 적용례】** 제58조의2제1항의 개정규정은 이 법 시행 이후 전문기관의 임직원이 특허출원 중인 발명(국제출원 중인 발명을 포함한다)에 관하여 직무상 알게 된 비밀을 누설하거나 도용한 경우부터 적용한다.

**제5조【외국의 심사결과 제출명령에 관한 적용례】** 제63조의3의 개정규정은 이 법 시행 전에 출원된 우선권 주장을 수반한 특허출원에 대해서도 적용한다.

**제6조【직권 재심사에 관한 적용례】** 제66조의3의 개정규정은 이 법 시행 이후 특허결정하는 특허출원부터 적용한다.

**제7조【특허권의 등록공고에 관한 적용례】** 제87조제3항의 개정규정은 이 법 시행 이후 설정등록된 특허권에 관한 등록공고부터 적용한다.

**제8조【특허권의 이전청구에 관한 적용례】** 제99조의2의 개정규정은 이 법 시행 이후 설정등록된 무권리자의 특허권부터 적용한다.

**제9조【청산절차가 진행 중인 법인의 특허권 소멸에 관한 적용례】** 제124조제2항의 개정규정은 이 법 시행 이후 청산종결등기가 된 법인의 특허권부터 적용한다.

**제10조【특허취소신청에 관한 적용례】** 제6장의2(제132조의2부터 제132조의15까지)의 개정규정은 이 법 시행 이후 설정등록된 특허권부터 적용한다.

**제11조【특허무효심판절차에서의 특허의 정정에 관한 적용례】** ① 제133조의2제1항 후단의 개정규정은 이 법 시행 당시 특허무효심판이 계속 중인 특허의 정정에 대해서도 적용한다.

② 다음 각 호의 개정규정은 이 법 시행 이후 특허발명의 명세서 또는 도면에 대하여 정정청구를 하는 경우부터 적용한다.

1. 제133조의2제4항 전단의 개정규정(제136조제8항 단서의 개정규정을 준용하는 부분에 한정한다)
2. 제133조의2제4항 후단의 개정규정(제133조의2제1항에 관한 개정부분에 한정한다)
3. 제133조의2제5항의 개정규정

**제12조【정정심판청구의 동의 등에 관한 적용례】** 제136조제8항 및 제9항의 개정규정은 이 법 시행 이후 청구되는 정정심판부터 적용한다.

**제13조【정정의 무효심판에 관한 적용례】** ① 제137조제3항 후단의 개정규정은 이 법 시행 당시 계속 중인 정정의 무효심판에 대해서도 적용한다.

② 제137조제4항의 개정규정(다음 각 호의 개정규정을 준용하는 부분에 한정한다)은 이 법 시행 이후 특허발명의 명세서 또는 도면에 대하여 정정청구를 하는 경우부터 적용한다.

1. 제133조의2제4항 전단의 개정규정(제136조제8항 단서의 개정규정을 준용하는 부분에 한정한다)
2. 제133조의2제4항 후단의 개정규정(제133조의2제1항에 관한 개정부분에 한정한다)
3. 제133조의2제5항의 개정규정

**제14조【심판청구서 등의 각하에 관한 적용례】** 제141조제2항의 개정규정은 이 법 시행 이후 청구되는 심판부터 적용한다.

**제15조【심사규정의 특허거절결정에 대한 심판에의 준용에 관한 적용례】** 제170조제1항(제47조제4항에 관한 개정부분에 한정한다)의 개정규정은 이 법 시행 당시 특허거절결정에 대한 심판이 계속 중인 특허출원의 보정에 대해서도 적용한다.

**제16조【특허거절결정 등에 대한 심판의 청구기간 연장 청구에 관한 경과조치】** 이 법 시행 전에 종전의 제15조제1항 본문에 따라 특허심판원장에게 특허거절결정 또는 특허권의 존속기간의 연장등록거절결정에 대한 심판의 청구기간 연장을 청구한 자는 제15조제1항 본문의 개정규정에 따라 특허청장에게 청구한 것으로 본다.

**제17조【절차의 추후보완에 관한 경과조치】** 이 법 시행 당시 종전의 규정에 따라 절차를 추후 보완할 수 있는 기간이 이미 경과된 경우에는 제17조의 개정규정에도 불구하고 종전의 규정에 따른다.

**제18조【정당한 권리자의 특허출원일 소급에 관한 경과조치】** 이 법 시행 전에 설정등록된 무권리자의 특허권에 관하여는 제35조 단서의 개정규정에도 불구하고 종전의 규정에 따른다.

**제19조【특허출원심사 청구기간에 관한 경과조치】** 이 법 시행 전에 출원한 특허출원에 관하여는 제59조제2항 본문의 개정규정에도 불구하고 종전의 규정에 따른다.

**제20조【직권보정에 관한 경과조치】** 이 법 시행 전에 특허출원서에 첨부된 명세서, 도면 또는 요약서에 대하여 직권보정이 이루어진 경우에는 제66조의2의 개정규정에도 불구하고 종전의 규정에 따른다.

**제21조【특허무효심판에 관한 경과조치】** 이 법 시행 전에 설정등록된 특허권에 관하여는 제133조제1항의 개정규정에도 불구하고 종전의 규정에 따른다.

**제22조【서류의 열람 허가에 관한 경과조치】** 이 법 시행 전에 출원한 제55조제1항에 따른 우선권 주장의 기초가 된 선출원에 관하여는 제216조제2항의 개정규정에도 불구하고 종전의 규정에 따른다.

**제23조【다른 법률의 개정】** ①~②
※(해당 법령에 가제정리 하였음)

부 칙 (2016.3.29)

**제1조【시행일】** 이 법은 공포 후 3개월이 경과한 날부터 시행한다.

**제2조【특허료의 반환에 관한 적용례】** 제84조제1항제6호 및 제215조의 개정규정은 이 법 시행 후 최초로 특허권을 포기한 경우부터 적용한다.

**제3조【특허거절결정 또는 특허권의 존속기간의 연장등록거절결정이 취소된 경우의 적용례】** 제84조제1항제7호의 개정규정은 이 법 시행 후 최초로 특허거절결정 또는 특허권의 존속기간의 연장등록거절결정이 취소된 심판청구(재심청구를 포함한다. 이하 부칙에서 같다)부터 적용한다. 다만, 종전의 「특허법」(법률 제9381호 특허법 일부개정법률로 개정되기 전의 것을 말한다) 제173조제1항에 따라 심판청구를 하고 명세서 또는 도면을 보정하여 특허청장에게 통지한 출원의 심판청구는 적용하지 아니한다.

**제4조【심판청구가 결정으로 각하된 경우의 적용례】** 제84조제1항제8호의 개정규정은 이 법 시행 후 최초로 각하결정이 확정된 심판청구부터 적용한다.

**제5조【참가신청을 취하한 경우의 적용례】** 제84조제1항제9호의 개정규정은 이 법 시행 후 최초로 취하한 참가신청부터 적용한다.

**제6조【참가신청이 결정으로 거부된 경우의 적용례】** 제84조제1항제10호의 개정규정은 이 법 시행 후 최초로 결정으로 거부된 참가신청부터 적용한다.

**제7조【심판청구를 취하한 경우의 적용례】** 제84조제1항제11호의 개정규정은 이 법 시행 후 최초로 취하한 심판청구부터 적용한다.

**제8조【특허권 또는 전용실시권 침해소송에 관한 적용례】** 제128조의2, 제132조 및 제224조의3의 개정규정은 이 법 시행 후 최초로 제기되는 소송부터 적용한다.

**제9조【종전의 「국민기초생활 보장법」 제5조에 따른 수급권자의 특허출원 또는 특허권에 관한 경과조치】** 이 법 시행 전에 한 특허출원 또는 설정등록한 특허권에 관하여는 제83조제2항의 개정규정에도 불구하고 종전의 규정에 따른다.

**제10조【다른 법률의 개정】** ※(해당 법령에 가제정리 하였음)

부 칙 (2016.12.2)

**제1조【시행일】** 이 법은 공포 후 6개월이 경과한 날부터 시행한다.

**제2조【등록요건에 관한 경과조치】** 이 법 시행 당시 종전의 규정에 따라 지정된 전문기관은 제58조의 개정규정에 따라 등록한 것으로 본다.

부 칙 (2017.3.21)

**제1조【시행일】** 이 법은 공포 후 6개월이 경과한 날부터 시행한다.

**제2조【특허표시에 관한 적용례】** 제223조의 개정규정은 이 법 시행 후 최초로 표시하는 것부터 적용한다.

부 칙 (2018.4.17)

이 법은 공포 후 3개월이 경과한 날부터 시행한다. 다만, 제217조의2제7항의 개정규정은 공포 후 6개월이 경과한 날부터 시행한다.

부 칙 (2019.1.8)

**제1조【시행일】** 이 법은 공포 후 6개월이 경과한 날부터 시행한다.

**제2조【구체적 행위태양 제시 의무에 관한 적용례】** 제126조의2의 개정규정은 이 법 시행 후 최초로 청구되는 특허권 및 전용실시권 침해소송부터 적용한다.

**제3조【손해배상청구권에 관한 적용례】** 제128조제8항 및 제9항의 개정규정은 이 법 시행 후 최초로 위반행위가 발생한 경우부터 적용한다.

**제4조【다른 법률의 개정】** ※(해당 법령에 가제정리 하였음)

부 칙 (2019.12.10)

이 법은 공포 후 3개월이 경과한 날부터 시행한다. 다만, 제10조의 개정규정은 공포한 날부터 시행한다.

부 칙 (2020.6.9)

**제1조【시행일】** 이 법은 공포 후 6개월이 경과한 날부터 시행한다.

**제2조【손해배상청구권에 관한 적용례】** 제128조의 개정규정은 이 법 시행 후 최초로 손해배상이 청구된 경우부터 적용한다.

부 칙 (2020.10.20)

**제1조【시행일】** 이 법은 공포한 날부터 시행한다.

**제2조【공소 제기에 관한 적용례】** 제225조제2항의 개정규정은 이 법 시행 후 저지른 범죄부터 적용한다.

부 칙 (2020.12.22)

**제1조【시행일】** 이 법은 공포 후 6개월이 경과한 날부터 시행한다.

**제2조【우선심사에 관한 적용례】** 제61조제3호의 개정규정은 이 법 시행 전에 출원된 특허출원에 대해서도 적용한다.

부 칙 (2021.4.20)

**제1조【시행일】** 이 법은 공포 후 6개월이 경과한 날부터 시행한다.

**제2조【적용례】** 제154조의2, 제226조 및 제226조의2의 개정규정은 이 법 시행 당시 특허심판원에 계속 중인 심판사건에 대해서도 적용한다.

**제3조【다른 법률의 개정】** ※(해당 법령에 가제정리 하였음)

부 칙 (2021.8.17)

**제1조【시행일】** 이 법은 공포 후 3개월이 경과한 날부터 시행한다. 다만, 제83조 및 제132조의16의 개정규정은 공포 후 6개월이 경과한 날부터 시행한다.

**제2조【직권보정에 관한 적용례】** 제66조의2제6항의 개정규정은 이 법 시행 이후 설정등록된 특허권부터 적용한다.

**제3조【특허료 및 수수료 감면에 관한 적용례】** ① 제83조의 개정규정 중 특허료 감면에 관한 부분은 같은 개정규정 시행 이후 제66조에 따른 특허결정 또는 제176조제1항에 따른 특허거절결정 취소심결(특허등록을 결정한 심결에 한정하되, 재심심결을 포함한다)의 등본을 송달받은 특허출원부터 적용한다.

② 제83조의 개정규정 중 수수료 감면에 관한 부분은 같은 개정규정 시행 이후 제출하는 특허출원부터 적용한다.

**제4조【심사청구료 반환에 관한 적용례】** 제84조제1항의 개정규정은 이 법 시행 이후 취하하거나 포기한 특허출원부터 적용한다.

**제5조【심판사건의 조정위원회 회부에 관한 적용례】** 제164조의2의 개정규정은 이 법 시행 당시 심판이 진행 중인 사건에도 적용한다.

**제6조【감면액 징수 등에 관한 경과조치】** 제83조제4항의 개정규정 시행 전에 거짓이나 그 밖의 부정한 방법으로 특허료 또는 수수료를 감면받은 자에 대해서는 같은 개정규정에도 불구하고 종전의 규정에 따른다.

**제7조【다른 법률의 개정】** ※(해당 법령에 가제정리 하였음)

부 칙 (2021.10.19)

**제1조【시행일】** 이 법은 공포 후 6개월이 경과한 날부터 시행한다.

**제2조【절차의 무효에 관한 적용례】** 제16조제2항의 개정규정은 이 법 시행 전에 보정명령을 받은 자가 정당한 사유로 보정기간을 지키지 못하여 특허에 관한 절차가 무효로 된 경우로서 이 법 시행 당시 그 사유가 소멸한 날부터 2개월이 지나지 아니한 경우에도 적용한다.

**제3조【분할출원에 관한 적용례】** ① 제52조제1항의 개정규정은 이 법 시행 이후 특허거절결정등본을 송달받은 특허출원을 기초로 한 분할출원부터 적용한다.

② 제52조제4항 및 제5항의 개정규정은 이 법 시행 이후 출원한 분할출원부터 적용한다.

**제4조【분리출원에 관한 적용례】** 제52조의2의 개정규정은 이 법 시행 이후 특허거절결정에 대한 심판이 청구된 특허출원의 일부를 분리출원하는 것부터 적용한다.

**제5조【변경출원에 관한 적용례】** 제53조제1항의 개정규정은 이 법 시행 이후 실용신안등록거절결정등본을 송달받은 실용신안등록출원을 기초로 한 변경출원부터 적용한다.

**제6조【특허출원 등을 기초로 한 우선권 주장에 관한 적용례】** 제55조제1항 제4호, 같은 조 제8항 및 제56조제1항

제2호의 개정규정은 이 법 시행 이후 제66조에 따른 특허결정, 「실용신안법」 제15조에 따라 준용되는 「특허법」 제66조에 따른 실용신안등록결정 또는 제176조제1항에 따른 특허거절결정 취소심결 및 「실용신안법」 제33조에 따라 준용되는 「특허법」 제176조제1항에 따른 실용신안등록거절결정의 취소심결(특허등록 및 실용신안등록을 결정한 심결에 한정하되, 재심심결을 포함한다)의 등본을 송달받은 선출원을 기초로 한 우선권 주장부터 적용한다.

**제7조【재심사의 청구에 관한 적용례】** 제67조의2제1항 및 제3항의 개정규정은 이 법 시행 이후 제62조에 따른 특허거절결정, 제66조에 따른 특허결정 또는 제176조제1항에 따른 특허거절결정 취소심결(특허등록을 결정한 심결에 한정하되, 재심심결을 포함한다)의 등본을 송달받은 특허출원부터 적용한다.

**제8조【특허출원의 회복에 관한 적용례】** 제67조의3제1항의 개정규정은 이 법 시행 전에 특허출원인이 정당한 사유로 같은 항 각 호의 어느 하나에 해당하는 기간을 지키지 못하여 특허출원이 취하되거나 특허거절결정이 확정된 것으로 인정된 경우로서 그 사유가 소멸한 날부터 2개월이 지나지 아니한 경우에도 적용한다.

**제9조【특허료의 추가납부 또는 보전에 의한 특허출원과 특허권의 회복 등에 관한 적용례】** 제81조의3제1항의 개정규정은 이 법 시행 전에 특허권의 설정등록을 받으려는 자 또는 특허권자가 정당한 사유로 특허료 납부기간 내에 특허료를 내지 아니하거나 보전기간 내에 보전하지 아니한 경우로서 이 법 시행 당시 그 사유가 소멸한 날부터 2개월이 지나지 아니한 경우에도 적용한다.

**제10조【질권행사 등으로 인한 특허권의 이전에 따른 통상실시권에 관한 적용례】** 제122조의 개정규정은 이 법 시행 이후 공유인 특허권의 분할을 청구한 경우부터 적용한다.

**제11조【특허거절결정 등에 대한 심판에 관한 적용례】** 제132조의17의 개정규정은 이 법 시행 이후 특허거절결정등본 또는 특허권의 존속기간의 연장등록거절결정등본을 송달받은 특허출원부터 적용한다.

**제12조【다른 법률의 개정】** ※(해당 법령에 가제정리 하였음)

**제13조【다른 법률의 개정에 따른 적용례】** 부칙 제12조에 따라 개정되는 「실용신안법」 제10조제1항제1호의 개정규정은 이 법 시행 이후 특허거절결정등본을 송달받은 특허출원을 기초로 한 변경출원부터 적용한다.

부 칙 (2022.10.18)

**제1조【시행일】** 이 법은 공포한 날부터 시행한다.

**제2조【특허료 등의 반환에 관한 적용례】** 제84조제3항의 개정규정은 이법 시행 당시 종전의 규정에 따른 반환청구 기간이 경과하지 아니한 특허료와 수수료에 대하여도 적용한다.

부 칙 (2023.9.14)

**제1조【시행일】** 이 법은 공포 후 6개월이 경과한 날부터 시행한다.

**제2조【참고인 의견서의 제출에 관한 적용례】** 제154조의3의 개정규정은 이 법 시행 당시 특허심판원에 계속 중인 심판사건에 대하여도 적용한다.

부 칙 (2024.2.6)

**제1조【시행일】** 이 법은 공포 후 6개월이 경과한 날부터 시행한다.(이하 생략)

부 칙 (2024.2.20)

**제1조 【시행일】** 이 법은 공포 후 6개월이 경과한 날부터 시행한다.

**제2조 【손해배상책임에 관한 적용례】** 제128조제8항의 개정규정은 이 법 시행 이후 발생하는 위반행위부터 적용한다.

부 칙 (2025.1.21)

**제1조 【시행일】** 이 법은 공포 후 6개월이 경과한 날부터 시행한다.

**제2조 【허가등에 따른 특허권의 존속기간의 연장에 관한 적용례】** 제89조제1항, 제90조제7항·제8항, 제91조, 제93조 및 제134조제1항·제4항·제5항의 개정규정은 이 법 시행 이후 허가등을 받은 특허발명의 허가등에 따른 특허권 존속기간의 연장등록출원부터 적용한다.

부 칙 (2025.5.27)

이 법은 공포한 날부터 시행한다.

# 실용신안법

(2006년 3월 3일
전부개정법률 제7872호)

개정
2007. 1. 3법 8193호
2008. 2.29법 8852호(정부조직)
2008.12.26법 9234호 2009. 1.30법 9371호
2011. 3.30법10502호 2011.12. 2법11114호
2013. 3.22법11653호
2013. 3.23법11690호(정부조직)
2013. 5.28법11848호(디자인보호)
2013. 7.30법11962호(변리사)
2014. 6.11법12752호 2015. 1.28법13088호
2016. 2.29법14034호
2016. 3.29법14112호(특허)
2017. 3.21법14690호
2019. 1. 8법16208호(특허)
2021. 4.20법18098호(특허)
2021. 8.17법18409호(특허)
2021.10.19법18505호(특허)
2022. 6.10법18890호 2023. 9.14법19712호
2024. 2. 6법20200호(산업재산정보의관리및활용촉진에관한법)
2025. 1.21법20698호→2025년 7월 22일 시행



## 제1장 총 칙

**제1조 【목적】** 이 법은 실용적인 고안을 보호·장려하고 그 이용을 도모함으로써 기술의 발전을 촉진하여 산업발전에 이바지함을 목적으로 한다.

**제2조 【정의】** 이 법에서 사용하는 용어의 뜻은 다음과 같다.
1. "고안"이란 자연법칙을 이용한 기술적 사상의 창작을 말한다.
2. "등록실용신안"이란 실용신안등록을 받은 고안을 말한다.
3. "실시"란 고안에 관한 물품을 생산·사용·양도·대여 또는 수입하거나 그 물품의 양도 또는 대여의 청약(양도 또는 대여를 위한 전시를 포함한다. 이하 같다)을 하는 행위를 말한다.

3. "실시"란 고안에 관한 물품을 생산·사용·양도·대여·수출 또는 수입하거나 그 물품의 양도 또는 대여의 청약(양도 또는 대여를 위한 전시를 포함한다. 이하 같다)을 하는 행위를 말한다.(2025.1.21 본호개정 : 2025.7.22 시행)

(2014.6.11 본조개정)

**제3조 【「특허법」의 준용】** 실용신안에 관하여는 「특허법」 제3조부터 제7조까지, 제7조의2, 제8조부터 제25조까지, 제28조, 제28조의2부터 제28조의5까지의 규정을 준용한다.(2014.6.11 본조개정)

## 제2장 실용신안등록요건 및 실용신안등록출원

**제4조 【실용신안등록의 요건】** ① 산업상 이용할 수 있는 물품의 형상·구조 또는 조합에 관한 고안으로서 다음 각 호의 어느 하나에 해당하는 것을 제외하고는 그 고안에 대하여 실용신안등록을 받을 수 있다.
1. 실용신안등록출원 전에 국내 또는 국외에서 공지(公知)되었거나 공연(公然)히 실시된 고안
2. 실용신안등록출원 전에 국내 또는 국외에서 반포된 간행물에 게재되었거나 전기통신회선을 통하여 공중(公衆)이 이용할 수 있는 고안

② 실용신안등록출원 전에 그 고안이 속하는 기술분야에서 통상의 지식을 가진 사람이 제1항 각 호의 어느 하나에 해당하는 고안에 의하여 극히 쉽게 고안할 수 있으면 그 고안에 대해서는 제1항에도 불구하고 실용신안등록을 받을 수 없다.

③ 실용신안등록출원한 고안이 다음 각 호의 요건을 모두 갖춘 다른 실용신안등록출원의 출원서에 최초로 첨부된 명세서 또는 도면에 기재된 고안과 동일한 경우에 그 고안은 제1항에도 불구하고 실용신안등록을 받을 수 없다. 다만, 그 실용신안등록출원의 고안자와 다른 실용신안등록출원의 고안자가 같거나 그 실용신안등록출원을 출원한 때의 출원인과 다른 실용신안등록출원의 출원인이 같은 경우에는 그러하지 아니하다.
1. 그 실용신안등록출원일 전에 출원된 실용신안등록출원일 것
2. 그 실용신안등록출원 후 제15조에 따라 준용되는 「특허법」 제64조에 따라 출원공개되거나 이 법 제21조 제3항에 따라 등록공고된 실용신안등록출원일 것

④ 실용신안등록출원한 고안이 다음 각 호의 요건을 모두 갖춘 특허출원의 출원서에 최초로 첨부된 명세서 또는 도면에 기재된 발명과 동일한 경우에 그 고안은 제1항에도 불구하고 실용신안등록을 받을 수 없다. 다만, 그 실용신안등록출원의 고안자와 특허출원의 발명자가 같거나 그 실용신안등록출원을 출원한 때의 출원인과 특허출원의 출원인이 같은 경우에는 그러하지 아니하다.
1. 그 실용신안등록출원일 전에 출원된 특허출원일 것

2. 그 실용신안등록출원 후 「특허법」 제64조에 따라 출원공개되거나 같은 법 제87조제3항에 따라 등록공고된 특허출원일 것

⑤ 제3항을 적용할 때 다른 실용신안등록출원이 제34조제2항에 따른 국제실용신안등록출원(제40조제4항에 따라 실용신안등록출원으로 보는 국제출원을 포함한다)인 경우 제3항 본문 중 "출원서에 최초로 첨부된 명세서 또는 도면"은 "국제출원일까지 제출한 고안의 설명, 청구범위 또는 도면"으로, 같은 항 제2호 중 "출원공개"는 "출원공개 또는 「특허협력조약」 제21조에 따라 국제공개"로 본다.

⑥ 제4항을 적용할 때 특허출원이 「특허법」 제199조제2항에 따른 국제특허출원(같은 법 제214조제4항에 따라 특허출원으로 보는 국제출원을 포함한다)인 경우 제4항 본문 중 "출원서에 최초로 첨부된 명세서 또는 도면"은 "국제출원일까지 제출한 발명의 설명, 청구범위 또는 도면"으로, 같은 항 제2호 중 "출원공개되거나 같은 법"은 "출원공개 또는 「특허협력조약」 제21조에 따라 국제공개되거나 「특허법」"으로 본다.

⑦ 제3항 또는 제4항을 적용할 때 제35조제4항에 따라 취하한 것으로 보는 국제실용신안등록출원 또는 「특허법」 제201조제4항에 따라 취하한 것으로 보는 국제특허출원은 다른 실용신안등록출원 또는 특허출원으로 보지 아니한다.

(2014.6.11 본조개정)

**제5조** (2015.1.28 삭제)

**제6조 【실용신안등록을 받을 수 없는 고안】** 다음 각 호의 어느 하나에 해당하는 고안에 대해서는 제4조제1항에도 불구하고 실용신안등록을 받을 수 없다.

1. 국기 또는 훈장과 동일하거나 유사한 고안
2. 공공의 질서 또는 선량한 풍속에 어긋나거나 공중의 위생을 해칠 우려가 있는 고안

(2014.6.11 본조개정)

**제7조 【선출원】** ① 동일한 고안에 대하여 다른 날에 둘 이상의 실용신안등록출원이 있는 경우에는 먼저 실용신안등록출원한 자만이 그 고안에 대하여 실용신안등록을 받을 수 있다.

② 동일한 고안에 대하여 같은 날에 둘 이상의 실용신안등록출원이 있는 경우에는 실용신안등록출원인 간에 협의하여 정한 하나의 실용신안등록출원인만이 그 고안에 대하여 실용신안등록을 받을 수 있다. 다만, 협의가 성립하지 아니하거나 협의를 할 수 없는 경우에는 어느 실용신안등록출원인도 그 고안에 대하여 실용신안등록을 받을 수 없다.

③ 실용신안등록출원된 고안과 특허출원된 발명이 동일한 경우 그 실용신안등록출원과 특허출원이 다른 날에 출원된 것이면 제1항을 준용하고, 그 실용신안등록출원과 특허출원이 같은 날에 출원된 것이면 제2항을 준용한다.

④ 실용신안등록출원 또는 특허출원이 다음 각 호의 어느 하나에 해당하는 경우 그 실용신안등록출원 또는 특허출원은 제1항부터 제3항까지의 규정을 적용할 때에는 처음부터 없었던 것으로 본다. 다만, 제2항 단서(제3항에 따라 준용되는 경우를 포함한다)에 해당하여 그 실용신안등록출원 또는 특허출원에 대하여 거절결정이나 거절한다는 취지의 심결이 확정된 경우에는 그러하지 아니하다.

1. 포기, 무효 또는 취하된 경우
2. 거절결정이나 거절한다는 취지의 심결이 확정된 경우

⑤ 고안자 또는 발명자가 아닌 자로서 실용신안등록을 받을 수 있는 권리 또는 특허를 받을 수 있는 권리의 승계인이 아닌 자가 한 실용신안등록출원 또는 특허출원은 제1항부터 제3항까지

의 규정을 적용할 때에는 처음부터 없었던 것으로 본다.
⑥ 특허청장은 제2항의 경우에 실용신안등록출원인에게 기간을 정하여 협의의 결과를 신고할 것을 명하고, 그 기간에 신고가 없으면 제2항에 따른 협의는 성립되지 아니한 것으로 본다.
(2014.6.11 본조개정)

**제8조【실용신안등록출원】** ① 실용신안등록을 받으려는 자는 다음 각 호의 사항을 적은 실용신안등록출원서를 특허청장에게 제출하여야 한다.
1. 실용신안등록출원인의 성명 및 주소(법인인 경우에는 그 명칭 및 영업소의 소재지)
2. 실용신안등록출원인의 대리인이 있는 경우에는 그 대리인의 성명 및 주소나 영업소의 소재지〔대리인이 특허법인·특허법인(유한)인 경우에는 그 명칭, 사무소의 소재지 및 지정된 변리사의 성명〕
3. 고안의 명칭
4. 고안자의 성명 및 주소

② 제1항에 따른 실용신안등록출원서에는 고안의 설명, 청구범위를 적은 명세서와 도면 및 요약서를 첨부하여야 한다.
③ 제2항에 따른 고안의 설명은 다음 각 호의 요건을 모두 충족하여야 한다.
1. 그 고안이 속하는 기술분야에서 통상의 지식을 가진 사람이 그 고안을 쉽게 실시할 수 있도록 명확하고 상세하게 적을 것
2. 그 고안의 배경이 되는 기술을 적을 것

④ 제2항에 따른 청구범위에는 보호받으려는 사항을 적은 항(이하 "청구항"이라 한다)이 하나 이상 있어야 하며, 그 청구항은 다음 각 호의 요건을 모두 충족하여야 한다.
1. 고안의 설명에 의하여 뒷받침될 것
2. 고안이 명확하고 간결하게 적혀 있을 것

⑤ (2014.6.11 삭제)
⑥ 제2항에 따른 청구범위에는 보호받으려는 사항을 명확히 할 수 있도록 고안을 특정하는 데 필요하다고 인정되는 형상·구조 또는 이들의 결합관계 등을 적어야 한다.
⑦ (2014.6.11 삭제)
⑧ 제2항에 따른 청구범위의 기재방법에 관하여 필요한 사항은 대통령령으로 정한다.
⑨ 제2항에 따른 고안의 설명, 도면 및 요약서의 기재방법 등에 관하여 필요한 사항은 산업통상자원부령으로 정한다.
(2014.6.11 본조개정)

**제8조의2【실용신안등록출원일 등】**
① 실용신안등록출원일은 명세서 및 도면을 첨부한 실용신안등록출원서가 특허청장에게 도달한 날로 한다. 이 경우 명세서에 청구범위는 적지 아니할 수 있으나, 고안의 설명은 적어야 한다.
② 실용신안등록출원인은 제1항 후단에 따라 실용신안등록출원서에 최초로 첨부한 명세서에 청구범위를 적지 아니한 경우에는 제15조에 따라 준용되는 「특허법」 제64조제1항 각 호의 구분에 따른 날부터 1년 2개월이 되는 날까지 명세서에 청구범위를 적는 보정을 하여야 한다. 다만, 본문에 따른 기한 이전에 제15조에 따라 준용되는 「특허법」 제60조제3항에 따른 출원심사 청구의 취지를 통지받은 경우에는 그 통지를 받은 날부터 3개월이 되는 날 또는 제15조에 따라 준용되는 「특허법」 제64조제1항 각 호의 구분에 따른 날부터 1년 2개월이 되는 날 중 빠른 날까지 보정을 하여야 한다.
③ 실용신안등록출원인이 제2항에 따른 보정을 하지 아니한 경우에는 제2항에 따른 기한이 되는 날의 다음 날에 해당 실용신안등록출원을 취하한 것으로 본다.
(2014.6.11 본조신설)

**제8조의3【외국어실용신안등록출원등】** ① 실용신안등록출원인이 명세서 및 도면(도면 중 설명부분에 한정한다. 이하 제2항 및 제5항에서 같다)을 국어가 아닌 산업통상자원부령으로 정하는 언어로 적겠다는 취지를 실용신안등록출원을 할 때 실용신안등록출원서에 적은 경우에는 그 언어로 적을 수 있다.
② 실용신안등록출원인이 실용신안등록출원서에 최초로 첨부된 명세서 및 도면을 제1항에 따른 언어로 적은 실용신안등록출원(이하 "외국어실용신안등록출원"이라 한다)을 한 경우에는 제15조에 따라 준용되는 「특허법」 제64조제1항 각 호의 구분에 따른 날부터 1년 2개월이 되는 날까지 그 명세서 및 도면의 국어번역문을 산업통상자원부령으로 정하는 방법에 따라 제출하여야 한다. 다만, 본문에 따른 기한 이전에 제15조에 따라 준용되는 「특허법」 제60조제3항에 따른 출원심사 청구의 취지를 통지받은 경우에는 그 통지를 받은 날부터 3개월이 되는 날 또는 제15조에 따라 준용되는 「특허법」 제64조제1항 각 호의 구분에 따른 날부터 1년 2개월이 되는 날 중 빠른 날까지 제출하여야 한다.
③ 제2항에 따라 국어번역문을 제출한 실용신안등록출원인은 제2항에 따른 기한 이전에 그 국어번역문을 갈음하여 새로운 국어번역문을 제출할 수 있다. 다만, 다음 각 호의 어느 하나에 해당하는 경우에는 그러하지 아니하다.
1. 명세서 또는 도면을 보정(제5항에 따라 보정한 것으로 보는 경우는 제외한다)한 경우
2. 실용신안등록출원인이 출원심사의 청구를 한 경우

④ 실용신안등록출원인이 제2항에 따른 명세서의 국어번역문을 제출하지 아니한 경우에는 제2항에 따른 기한이 되는 날의 다음 날에 해당 실용신안등록출원을 취하한 것으로 본다.
⑤ 실용신안등록출원인이 제2항에 따른 국어번역문 또는 제3항 본문에 따른 새로운 국어번역문을 제출한 경우에는 외국어실용신안등록출원의 실용신안등록출원서에 최초로 첨부된 명세서 또는 도면을 그 국어번역문에 따라 보정한 것으로 본다. 다만, 제3항 본문에 따라 새로운 국어번역문을 제출한 경우에는 마지막 국어번역문(이하 이 조에서 "최종 국어번역문"이라 한다) 전에 제출한 국어번역문에 따라 보정한 것으로 보는 모든 보정은 처음부터 없었던 것으로 본다.
⑥ 실용신안등록출원인은 제11조에 따라 준용되는 「특허법」 제47조제1항에 따라 보정을 할 수 있는 기간에 최종 국어번역문의 잘못된 번역을 산업통상자원부령으로 정하는 방법에 따라 정정할 수 있다. 이 경우 정정된 국어번역문에 관하여는 제5항을 적용하지 아니한다.
⑦ 제11조에 따라 준용되는 「특허법」 제47조제1항제1호 또는 제2호에 따른 기간에 정정을 하는 경우에는 마지막 정정 전에 한 모든 정정은 처음부터 없었던 것으로 본다.(2016.2.29 본항신설)
(2014.6.11 본조신설)

**제9조【하나의 실용신안등록출원의 범위】** ① 실용신안등록출원은 하나의 고안마다 하나의 실용신안등록출원으로 한다. 다만, 하나의 총괄적 고안의 개념을 형성하는 일 군(群)의 고안에 대하여 하나의 실용신안등록출원으로 할 수 있다.
② 제1항 단서에 따라 일 군의 고안에 대하여 하나의 실용신안등록출원으로 할 수 있는 요건은 대통령령으로 정한다.
(2014.6.11 본조개정)

**제10조【변경출원】** ① 특허출원인은 그 특허출원의 출원서에 최초로 첨부된 명세서 또는 도면에 기재된 사항의

범위에서 그 특허출원을 실용신안등록출원으로 변경할 수 있다. 다만, 다음 각 호의 어느 하나에 해당하는 경우에는 그러하지 아니하다.

1. 그 특허출원에 관하여 최초의 거절결정등본을 송달받은 날부터 3개월(「특허법」 제15조제1항에 따라 같은 법 제132조의17에 따른 기간이 연장된 경우에는 그 연장된 기간을 말한다)이 지난 경우(2021.10.19 본호개정)
2. 그 특허출원이 「특허법」 제42조의3제2항에 따른 외국어특허출원인 경우로서 변경하여 출원할 때 같은 항에 따른 국어번역문이 제출되지 아니한 경우

(2014.6.11 본항개정)

② 제1항에 따라 변경된 실용신안등록출원(이하 "변경출원"이라 한다)이 있는 경우에 그 변경출원은 특허출원을 한 때에 실용신안등록출원을 한 것으로 본다. 다만, 그 변경출원이 다음 각 호의 어느 하나에 해당하는 경우에는 그러하지 아니하다.

1. 제4조제3항에 따른 다른 실용신안등록출원 또는 「특허법」 제29조제4항에 따른 실용신안등록출원에 해당하여 이 법 제4조제3항 또는 「특허법」 제29조제4항을 적용하는 경우
2. 제11조에 따라 준용되는 「특허법」 제30조제2항을 적용하는 경우(2015.1.28 본호개정)
3. 제11조에 따라 준용되는 「특허법」 제54조제3항을 적용하는 경우
4. 제11조에 따라 준용되는 「특허법」 제55조제2항을 적용하는 경우

(2014.6.11 본항개정)

③ 제1항에 따라 변경출원을 하려는 자는 변경출원을 할 때 실용신안등록출원서에 그 취지 및 변경출원의 기초가 된 특허출원의 표시를 하여야 한다.
(2014.6.11 본항개정)

④ 변경출원이 있는 경우에는 그 특허출원은 취하된 것으로 본다.
(2014.6.11 본항개정)

⑤ (2014.6.11 삭제)

⑥ 변경출원의 경우에 「특허법」 제54조에 따른 우선권을 주장하는 자는 같은 조 제4항에 따른 서류를 같은 조 제5항에 따른 기간이 지난 후에도 변경출원을 한 날부터 3개월 이내에 특허청장에게 제출할 수 있다.(2013.3.22 본항개정)

⑦ 실용신안등록출원인은 변경출원이 외국어실용신안등록출원인 경우에는 제8조의3제2항에 따른 국어번역문 또는 같은 조 제3항 본문에 따른 새로운 국어번역문을 같은 조 제2항에 따른 기한이 지난 후에도 변경출원을 한 날부터 30일이 되는 날까지 제출할 수 있다. 다만, 제8조의3제3항 각 호의 어느 하나에 해당하는 경우에는 새로운 국어번역문을 제출할 수 없다.
(2014.6.11 본항신설)

⑧ 실용신안등록출원인은 실용신안등록출원서에 최초로 첨부한 명세서에 청구범위를 적지 아니한 변경출원의 경우 제8조의2제2항에 따른 기한이 지난 후에도 변경출원을 한 날부터 30일이 되는 날까지 명세서에 청구범위를 적는 보정을 할 수 있다.(2014.6.11 본항신설)

**제11조 【「특허법」의 준용】** 실용신안등록요건 및 실용신안등록출원에 관하여는 「특허법」 제30조, 제33조부터 제35조까지, 제37조, 제38조, 제41조, 제43조, 제44조, 제46조, 제47조, 제51조, 제52조, 제52조의2 및 제54조부터 제56조까지의 규정을 준용한다.
(2021.10.19 본조개정)

## 제3장 심 사

**제12조 【실용신안등록출원심사의 청구】** ① 실용신안등록출원에 대하여 심

사청구가 있을 때에만 이를 심사한다.
② 누구든지 실용신안등록출원에 대하여 실용신안등록출원일부터 3년 이내에 특허청장에게 출원심사의 청구를 할 수 있다. 다만, 실용신안등록출원인은 다음 각 호의 어느 하나에 해당하는 경우에는 출원심사의 청구를 할 수 없다.
1. 명세서에 청구범위를 적지 아니한 경우
2. 제8조의3제2항에 따른 국어번역문을 제출하지 아니한 경우(외국어실용신안등록출원의 경우로 한정한다)
③ 다음 각 호의 어느 하나에 해당하는 실용신안등록출원에 관하여는 제2항에 따른 기간이 지난 후에도 다음 각 호의 구분에 따른 기간 이내에 출원심사의 청구를 할 수 있다.
1. 변경출원 : 변경출원을 한 날부터 30일
2. 제11조에 따라 준용되는 「특허법」 제34조 및 제35조에 따른 정당한 권리자의 실용신안등록출원 : 정당한 권리자가 실용신안등록출원을 한 날부터 30일
3. 제11조에 따라 준용되는 「특허법」 제52조제2항에 따른 분할출원 : 분할출원을 한 날부터 30일
4. 제11조에 따라 준용되는 「특허법」 제52조의2제2항에 따른 분리출원 : 분리출원을 한 날부터 30일
(2021.10.19 본호신설)
④ 출원심사의 청구는 취하할 수 없다.
⑤ 제2항 또는 제3항에 따라 출원심사의 청구를 할 수 있는 기간에 출원심사의 청구가 없으면 그 실용신안등록출원은 취하한 것으로 본다.
(2014.6.11 본조개정)

**제13조 【실용신안등록거절결정】** 제15조에 따라 준용되는 「특허법」 제57조제1항에 따른 심사관(이하 "심사관"이라 한다)은 실용신안등록출원이 다음 각 호의 어느 하나의 거절이유(이하 "거절이유"라 한다)에 해당하는 경우에는 실용신안등록거절결정을 하여야 한다.
1. 제4조, 제6조, 제7조제1항부터 제3항까지, 제3조에 따라 준용되는 「특허법」 제25조 또는 이 법 제11조에 따라 준용되는 「특허법」 제44조에 따라 실용신안등록을 받을 수 없는 경우
2. 제11조에 따라 준용되는 「특허법」 제33조제1항 본문에 따른 실용신안등록을 받을 수 있는 권리를 가지지 아니하거나 같은 항 단서에 따라 실용신안등록을 받을 수 없는 경우
3. 조약을 위반한 경우
4. 제8조제3항 · 제4항 · 제8항 또는 제9조에 따른 요건을 갖추지 아니한 경우
5. 제10조제1항에 따른 범위를 벗어난 변경출원인 경우
6. 제11조에 따라 준용되는 「특허법」 제47조제2항에 따른 범위를 벗어난 보정인 경우
7. 제11조에 따라 준용되는 「특허법」 제52조제1항에 따른 범위를 벗어난 분할출원인 경우
8. 제11조에 따라 준용되는 「특허법」 제52조의2제1항에 따른 범위를 벗어난 분리출원인 경우(2021.10.19 본호신설)
(2014.6.11 본조개정)

**제14조 【거절이유통지】** ① 심사관은 다음 각 호의 어느 하나에 해당하는 경우 실용신안등록출원인에게 거절이유를 통지하고, 기간을 정하여 의견서를 제출할 수 있는 기회를 주어야 한다. 다만, 제11조에 따라 준용되는 「특허법」 제51조제1항에 따라 각하결정을 하려는 경우에는 그러하지 아니하다.
1. 제13조에 따라 실용신안등록거절결정을 하려는 경우

2. 제15조에 따라 준용되는 「특허법」 제66조의3에 따른 직권 재심사를 하여 취소된 실용신안등록결정 전에 이미 통지한 거절이유로 실용신안등록거절결정을 하려는 경우

(2016.2.29 본항개정)

② 심사관은 청구범위에 둘 이상의 청구항이 있는 실용신안등록출원에 대하여 제1항 본문에 따라 거절이유를 통지할 때에는 그 통지서에 거절되는 청구항을 명확히 밝히고, 그 청구항에 관한 거절이유를 구체적으로 적어야 한다.

(2014.6.11 본조개정)

**제15조 【「특허법」의 준용】** 실용신안등록출원의 심사·결정에 관하여는 「특허법」 제57조, 제58조, 제58조의2, 제60조, 제61조, 제63조의2, 제63조의3, 제64조부터 제66조까지, 제66조의2, 제66조의3, 제67조, 제67조의2, 제67조의3, 제68조 및 제78조를 준용한다.

(2016.2.29 본조개정)

## 제4장 등록료 및 실용신안등록 등

(2014.6.11 본장개정)

**제16조 【등록료】** ① 제21조제1항에 따른 실용신안권의 설정등록을 받으려는 자는 설정등록을 받으려는 날(이하 "설정등록일"이라 한다)부터 3년분의 등록료를 내야 하고, 실용신안권자는 그 다음 해부터의 등록료를 해당 권리의 설정등록일에 해당하는 날을 기준으로 매년 1년분씩 내야 한다.

② 제1항에도 불구하고 실용신안권자는 그 다음 해부터의 등록료는 그 납부연도 순서에 따라 수년분 또는 모든 연도분을 함께 낼 수 있다.

③ 제1항 및 제2항에 따른 등록료, 그 납부방법 및 납부기간, 그 밖에 필요한 사항은 산업통상자원부령으로 정한다.

**제17조 【수수료】** ① 실용신안등록에 관한 절차를 밟는 자는 수수료를 내야 한다.

② 실용신안등록출원인이 아닌 자가 출원심사의 청구를 한 후 그 실용신안등록출원서에 첨부한 명세서를 보정하여 청구범위에 적은 청구항의 수가 증가한 경우에는 그 증가한 청구항에 관하여 내야 할 심사청구료는 실용신안등록출원인이 내야 한다.

③ 제1항에 따른 수수료, 그 납부방법 및 납부기간, 그 밖에 필요한 사항은 산업통상자원부령으로 정한다.

**제18조~제19조** (2016.2.29 삭제)

**제20조 【「특허법」의 준용】** 등록료 및 실용신안등록에 관하여는 「특허법」 제80조, 제81조, 제81조의2, 제81조의3 및 제83조부터 제86조까지의 규정을 준용한다.(2016.2.29 본조개정)

## 제5장 실용신안권

**제21조 【실용신안권의 설정등록 및 등록공고】** ① 실용신안권은 설정등록에 의하여 발생한다.

② 특허청장은 다음 각 호의 어느 하나에 해당할 때에는 실용신안권을 설정하기 위한 등록을 하여야 한다.

1. 제16조제1항에 따른 등록료를 냈을 때
2. 제20조에 따라 준용되는 「특허법」 제81조제1항에 따라 등록료를 추가로 냈을 때
3. 제20조에 따라 준용되는 「특허법」 제81조의2제2항에 따라 등록료를 보전하였을 때
4. 제20조에 따라 준용되는 「특허법」 제81조의3제1항에 따라 등록료를 내거나 보전하였을 때
5. 제20조에 따라 준용되는 「특허법」 제83조제1항제1호 및 같은 조 제2항에 따라 그 등록료가 면제되었을 때

③ 특허청장은 제2항에 따라 등록한 경우에는 다음 각 호의 사항을 실용신안공보에 게재하여 등록공고를 하여야 한다.

1. 실용신안권자의 성명 및 주소(법인인 경우에는 그 명칭 및 영업소의 소재지를 말한다)
2. 실용신안등록출원번호 및 출원연월일
3. 고안자의 성명 및 주소
4. 실용신안등록출원서에 첨부된 요약서
5. 실용신안등록번호 및 설정등록연월일
6. 등록공고연월일
7. 제14조제1항 각 호 외의 부분 본문에 따라 통지한 거절이유에 선행기술에 관한 정보(선행기술이 적혀 있는 간행물의 명칭과 그 밖에 선행기술에 관한 정보의 소재지를 말한다)가 포함된 경우 그 정보
8. 그 밖에 대통령령으로 정하는 사항

(2016.2.29 본항개정)

④ 제3항에도 불구하고 특허청장은 제11조에 따라 준용되는 「특허법」 제41조제1항에 따라 비밀취급이 필요한 등록실용신안에 대해서는 그 고안의 비밀취급이 해제될 때까지 그 실용신안등록의 등록공고를 보류하여야 하며, 그 고안의 비밀취급이 해제된 경우에는 지체 없이 등록공고를 하여야 한다.

⑤ (2016.2.29 삭제)

(2014.6.11 본조개정)

**제22조【실용신안권의 존속기간】** ① 실용신안권의 존속기간은 제21조제1항에 따라 실용신안권을 설정등록한 날부터 실용신안등록출원일 후 10년이 되는 날까지로 한다.

② 정당한 권리자의 실용신안등록출원이 제11조에 따라 준용되는 「특허법」 제34조 또는 제35조에 따라 실용신안등록된 경우에는 제1항의 실용신안권의 존속기간은 무권리자의 실용신안등록출원일의 다음 날부터 기산한다.

(2014.6.11 본조개정)

**제22조의2【등록지연에 따른 실용신안권의 존속기간의 연장】** ① 실용신안등록출원에 대하여 실용신안등록출원일부터 4년 또는 출원심사의 청구일부터 3년 중 늦은 날보다 지연되어 실용신안권의 설정등록이 이루어지는 경우에는 제22조제1항에도 불구하고 그 지연된 기간만큼 해당 실용신안권의 존속기간을 연장할 수 있다.

② 제1항의 규정을 적용함에 있어서 출원인으로 인하여 지연된 기간은 제1항에 따른 실용신안권의 존속기간의 연장에서 제외된다. 다만, 출원인으로 인하여 지연된 기간이 겹치는 경우에는 실용신안권의 존속기간의 연장에서 제외되는 기간은 출원인으로 인하여 실제 지연된 기간을 초과하여서는 아니된다.

③ 제2항에서 "출원인으로 인하여 지연된 기간"에 관한 사항은 대통령령으로 정한다.

④ 제1항에 따라 실용신안등록출원일부터 4년을 기산할 때에는 제10조제2항, 제34조제1항, 제40조제4항 및 제11조에 따라 준용되는 「특허법」 제34조 · 제35조 · 제52조제2항 · 제52조의2제2항에도 불구하고 다음 각 호에 해당하는 날을 실용신안등록출원일로 본다.(2021.10.19 본문개정)

1. 제10조에 따른 변경출원의 경우에는 변경출원을 한 날
2. 제11조에 따라 준용되는 「특허법」 제34조 또는 제35조에 따른 정당한 권리자의 실용신안등록출원의 경우에는 정당한 권리자가 출원을 한 날
3. 제11조에 따라 준용되는 「특허법」 제52조에 따른 분할출원의 경우에는 분할출원을 한 날

3의2. 제11조에 따라 준용되는 「특허법」 제52조의2에 따른 분리출원의 경우에는 분리출원을 한 날
(2021.10.19 본호신설)

4. 제34조제1항에 따라 실용신안등록출원으로 보는 국제출원의 경우에는 제41조에 따라 준용되는 「특허법」

제203조제1항 각 호의 사항을 기재한 서면을 제출한 날

5. 제40조에 따라 실용신안등록출원으로 보는 국제출원의 경우에는 국제출원의 출원인이 제40조제1항에 따라 결정을 신청한 날
6. 제1호부터 제5호까지의 규정 중 어느 하나에 해당되지 아니하는 실용신안등록출원에 대하여는 그 실용신안등록출원일

(2011.12.2 본조신설)

**제22조의3【등록지연에 따른 실용신안권의 존속기간의 연장등록출원】** ① 제22조의2에 따라 실용신안권의 존속기간의 연장등록출원을 하려는 자(이하 이 조 및 제22조의4에서 "연장등록출원인"이라 한다)는 다음 각 호의 사항을 적은 실용신안권의 존속기간의 연장등록출원서를 특허청장에게 제출하여야 한다.

1. 연장등록출원인의 성명 및 주소(법인인 경우에는 그 명칭 및 영업소의 소재지)
2. 연장등록출원인의 대리인이 있는 경우에는 그 대리인의 성명 및 주소나 영업소의 소재지〔대리인이 특허법인·특허법인(유한)인 경우에는 그 명칭, 사무소의 소재지 및 지정된 변리사의 성명〕(2013.7.30 본호개정)
3. 연장대상 실용신안권의 등록번호
4. 연장신청의 기간
5. 산업통상자원부령이 정하는 연장이유(이를 증명할 수 있는 자료를 첨부하여야 한다)(2013.3.23 본호개정)

② 제1항에 따른 실용신안권의 존속기간의 연장등록출원은 실용신안권의 설정등록일부터 3개월 이내에 출원하여야 한다.

③ 실용신안권이 공유인 경우에는 공유자 전원이 공동으로 실용신안권의 존속기간의 연장등록출원을 하여야 한다.

④ 연장등록출원인은 심사관이 실용신안권의 존속기간의 연장등록 여부결정 전까지 연장등록출원서에 기재된 사항 중 제1항제4호 및 제5호의 사항에 대하여 보정할 수 있다. 다만, 제22조의6에 따라 준용되는 거절이유통지를 받은 후에는 해당 거절이유통지에 따른 의견서 제출기간에만 보정할 수 있다.

(2011.12.2 본조신설)

**제22조의4【등록지연에 따른 실용신안권의 존속기간의 연장등록거절결정】** 심사관은 실용신안권의 존속기간의 연장등록출원이 다음 각 호의 어느 하나에 해당하는 경우에는 그 출원에 대하여 연장등록거절결정을 하여야 한다.

1. 연장신청의 기간이 제22조의2에 따라 인정되는 연장의 기간을 초과한 경우
2. 연장등록출원인이 해당 실용신안권자가 아닌 경우
3. 제22조의3제3항을 위반하여 연장등록출원을 한 경우

(2011.12.2 본조신설)

**제22조의5【등록지연에 따른 실용신안권의 존속기간의 연장등록결정 등】** ① 심사관은 실용신안권의 존속기간의 연장등록출원에 대하여 제22조의4 각 호의 어느 하나에 해당하는 사유를 발견할 수 없는 경우에는 연장등록결정을 하여야 한다.

② 특허청장은 제1항의 연장등록결정이 있으면 실용신안권의 존속기간의 연장을 실용신안등록원부에 등록하여야 한다.

③ 제2항에 따른 등록이 있으면 다음 각 호의 사항을 실용신안공보에 게재하여야 한다.

1. 실용신안권자의 성명 및 주소(법인인 경우에는 그 명칭 및 영업소의 소재지)
2. 실용신안권의 등록번호
3. 연장등록 연월일
4. 연장 기간

(2011.12.2 본조신설)

**제22조의6 【준용규정】** 실용신안권의 존속기간의 연장등록출원의 심사에 관하여는 제14조, 「특허법」 제57조제1항 · 제67조 · 제148조제1호부터 제5호까지 및 같은 조 제7호를 준용한다.
(2011.12.2 본조신설)

**제23조 【실용신안권의 효력】** 실용신안권자는 업(業)으로서 등록실용신안을 실시할 권리를 독점한다. 다만, 그 실용신안권에 관하여 제28조에 따라 준용되는 「특허법」 제100조제1항에 따라 전용실시권을 설정하였을 때에는 같은 조 제2항에 따라 전용실시권자가 그 등록실용신안을 실시할 권리를 독점하는 범위에서는 그러하지 아니하다.
(2014.6.11 본조개정)

**제24조 【실용신안권의 효력이 미치지 아니하는 범위】** 실용신안권의 효력은 다음 각 호의 어느 하나에 해당하는 사항에는 미치지 아니한다.
1. 연구 또는 시험을 하기 위한 등록실용신안의 실시
2. 국내를 통과하는데 불과한 선박 · 항공기 · 차량 또는 이에 사용되는 기계 · 기구 · 장치 그 밖의 물건
3. 실용신안등록출원시부터 국내에 있는 물건

**제25조 【타인의 등록실용신안 등과의 관계】** 실용신안권자 · 전용실시권자 또는 통상실시권자는 등록실용신안이 그 등록실용신안의 실용신안등록출원일 전에 출원된 타인의 등록실용신안 · 특허발명 또는 등록디자인이나 그 디자인과 유사한 디자인을 이용하거나 실용신안권이 그 등록실용신안의 실용신안등록출원일 전에 출원된 타인의 디자인권 또는 상표권과 저촉되는 경우에는 그 실용신안권자 · 특허권자 · 디자인권자 또는 상표권자의 허락을 받지 아니하고는 자기의 등록실용신안을 업으로서 실시할 수 없다.(2014.6.11 본조개정)

**제26조 【무효심판청구 등록 전의 실시에 의한 통상실시권】** ① 다음 각 호의 어느 하나에 해당하는 자가 실용신안등록 또는 특허에 대한 무효심판청구의 등록 전에 자기의 등록실용신안 또는 특허발명이 무효사유에 해당되는 것을 알지 못하고 국내에서 그 고안 또는 발명의 실시사업을 하거나 이를 준비하고 있는 경우에는 그 실시하거나 준비하고 있는 고안 또는 발명 및 사업목적의 범위에서 그 실용신안권에 대하여 통상실시권을 가지거나 실용신안등록이나 특허가 무효로 된 당시에 존재하는 실용신안권의 전용실시권에 대하여 통상실시권을 가진다.
1. 동일한 고안에 대한 둘 이상의 실용신안등록 중 그 하나의 실용신안등록을 무효로 한 경우 그 무효로 된 실용신안등록의 원(原)실용신안권자
2. 등록실용신안과 특허발명이 동일하여 그 특허를 무효로 한 경우 그 무효로 된 특허의 원(原)특허권자
3. 실용신안등록을 무효로 하고 동일한 고안에 관하여 정당한 권리자에게 실용신안등록을 한 경우 그 무효로 된 실용신안등록의 원실용신안권자
4. 특허를 무효로 하고 그 발명과 동일한 고안에 관하여 정당한 권리자에게 실용신안등록을 한 경우 그 무효로 된 특허의 원특허권자
5. 제1호부터 제4호까지의 경우에 있어서 그 무효로 된 실용신안권 또는 특허권에 대하여 무효심판청구 등록 당시에 이미 전용실시권이나 통상실시권 또는 그 전용실시권에 대한 통상실시권을 취득하고 등록을 받은 자. 다만, 제28조에 따라 준용되는 「특허법」 제118조제2항에 따른 통상실시권을 취득한 자는 등록을 필요로 하지 아니한다.

② 제1항에 따라 통상실시권을 가진 자는 실용신안권자 또는 전용실시권자

에게 상당한 대가를 지급하여야 한다.
(2014.6.11 본조개정)

**제27조【디자인권의 존속기간 만료 후의 통상실시권】** ① 실용신안등록출원일 전 또는 실용신안등록출원일과 같은 날에 출원되어 등록된 디자인권이 그 실용신안권과 저촉되는 경우 그 디자인권의 존속기간이 만료될 때에는 그 디자인권자는 그 디자인권의 범위에서 그 실용신안권에 대하여 통상실시권을 가지거나 그 디자인권의 존속기간 만료 당시 존재하는 그 실용신안권의 전용실시권에 대하여 통상실시권을 가진다.

② 실용신안등록출원일 전 또는 실용신안등록출원일과 같은 날에 출원되어 등록된 디자인권이 그 실용신안권과 저촉되는 경우 그 디자인권의 존속기간이 만료될 때에는 다음 각 호의 어느 하나의 권리를 가진 자는 원(原)권리의 범위에서 그 실용신안권에 대하여 통상실시권을 가지거나 그 디자인권의 존속기간 만료 당시 존재하는 그 실용신안권의 전용실시권에 대하여 통상실시권을 가진다.

1. 그 디자인권의 존속기간 만료 당시 존재하는 그 디자인권에 대한 전용실시권
2. 그 디자인권이나 그 디자인권에 대한 전용실시권에 대하여 「디자인보호법」 제104조제1항에 따라 효력이 발생한 통상실시권

③ 제2항에 따라 통상실시권을 가진 자는 실용신안권자 또는 전용실시권자에게 상당한 대가를 지급하여야 한다.
(2014.6.11 본조개정)

**제28조【「특허법」의 준용】** 실용신안권에 관하여는 「특허법」 제97조, 제99조, 제99조의2, 제100조부터 제103조까지, 제103조의2, 제106조, 제106조의2, 제107조부터 제111조까지, 제111조의2, 제112조부터 제115조까지, 제118조부터 제125조까지 및 제125조의2를 준용한다.(2016.2.29 본조개정)

## 제6장 실용신안권자의 보호

**제29조【침해로 보는 행위】** 등록실용신안에 관한 물품의 생산에만 사용하는 물건을 업으로서 생산·양도·대여 또는 수입하거나 업으로서 그 물건의 양도 또는 대여의 청약을 하는 행위는 실용신안권 또는 전용실시권을 침해한 것으로 본다.

**제29조【침해로 보는 행위】** 등록실용신안에 관한 물품의 생산에만 사용하는 물건을 업으로서 생산·양도·대여·수출 또는 수입하거나 업으로서 그 물건의 양도 또는 대여의 청약을 하는 행위는 실용신안권 또는 전용실시권을 침해한 것으로 본다.
(2025.1.21 본조개정 : 2025.7.22 시행)

**제30조【「특허법」의 준용】** 실용신안권자의 보호에 관하여는 「특허법」 제126조, 제128조, 제128조의2 및 제130조부터 제132조까지의 규정을 준용한다.
(2016.3.29 본조개정)

## 제6장의2 실용신안등록취소신청
(2016.2.29 본장신설)

**제30조의2【실용신안등록취소신청】** ① 누구든지 실용신안권의 설정등록일부터 등록공고일 후 6개월이 되는 날까지 그 실용신안등록이 다음 각 호의 어느 하나에 해당하는 경우에는 특허심판원장에게 실용신안등록취소신청을 할 수 있다. 이 경우 청구범위의 청구항이 둘 이상인 경우에는 청구항마다 실용신안등록취소신청을 할 수 있다.

1. 제4조(같은 조 제1항제1호에 해당하는 경우와 같은 호에 해당하는 고

안에 의하여 극히 쉽게 고안할 수 있는 경우는 제외한다)에 위반된 경우
2. 제7조제1항부터 제3항까지의 규정에 위반된 경우

② 제1항에도 불구하고 실용신안공보에 게재된 제21조제3항제7호에 따른 선행기술에 기초한 이유로는 실용신안등록취소신청을 할 수 없다.

**제30조의3 【「특허법」의 준용】** 실용신안등록취소신청의 심리·결정 등에 관하여는 「특허법」 제132조의3부터 제132조의15까지의 규정을 준용한다.

## 제7장 심판·재심 및 소송

**제31조 【실용신안등록의 무효심판】** ① 이해관계인(제5호 본문의 경우에는 실용신안등록을 받을 수 있는 권리를 가진 자만 해당한다) 또는 심사관은 실용신안등록이 다음 각 호의 어느 하나에 해당하는 경우에는 무효심판을 청구할 수 있다. 이 경우 청구범위의 청구항이 둘 이상인 경우에는 청구항마다 청구할 수 있다.(2016.2.29 본문개정)
1. 제4조, 제6조, 제7조제1항부터 제3항까지, 제8조제3항제1호, 같은 조 제4항 또는 제3조에 따라 준용되는 「특허법」 제25조를 위반한 경우
2. 실용신안등록 후 그 실용신안권자가 제3조에 따라 준용되는 「특허법」 제25조에 따라 실용신안권을 누릴 수 없는 자로 되거나 그 실용신안등록이 조약을 위반한 경우
3. 조약을 위반하여 실용신안등록을 받을 수 없는 경우
4. 제10조제1항에 따른 범위를 벗어난 변경출원인 경우
5. 제11조에 따라 준용되는 「특허법」 제33조제1항 본문에 따른 실용신안등록을 받을 수 있는 권리를 가지지 아니하거나 같은 법 제44조를 위반한 경우. 다만, 제28조에 따라 준용되는 「특허법」 제99조의2제2항에 따라 이전등록된 경우에는 제외한다. (2016.2.29 단서신설)
6. 제11조에 따라 준용되는 「특허법」 제33조제1항 단서에 따라 실용신안등록을 받을 수 없는 경우
7. 제11조에 따라 준용되는 「특허법」 제47조제2항 전단에 따른 범위를 벗어난 보정인 경우
8. 제11조에 따라 준용되는 「특허법」 제52조제1항에 따른 범위를 벗어난 분할출원인 경우
9. 제11조에 따라 준용되는 「특허법」 제52조의2제1항 각 호 외의 부분 전단에 따른 범위를 벗어난 분리출원인 경우(2021.10.19 본호신설)

② 제1항에 따른 심판은 실용신안권이 소멸된 후에도 청구할 수 있다.

③ 실용신안등록을 무효로 한다는 심결이 확정된 경우에는 그 실용신안권은 처음부터 없었던 것으로 본다. 다만, 제1항제2호에 따라 실용신안등록을 무효로 한다는 심결이 확정된 경우에는 실용신안권은 그 실용신안등록이 같은 호에 해당하게 된 때부터 없었던 것으로 본다.

④ 심판장은 제1항에 따른 심판이 청구된 경우에는 그 취지를 해당 실용신안권의 전용실시권자나 그 밖에 실용신안등록에 관하여 등록을 한 권리를 가진 자에게 알려야 한다.
(2014.6.11 본조개정)

**제31조의2 【실용신안권의 존속기간의 연장등록의 무효심판】** ① 이해관계인 또는 심사관은 제22조의5에 따른 실용신안권의 존속기간의 연장등록이 다음 각 호의 어느 하나에 해당하는 경우에는 무효심판을 청구할 수 있다.
1. 연장등록에 따라 연장된 기간이 제22조의2에 따라 인정되는 연장의 기간을 초과한 경우
2. 해당 실용신안권자가 아닌 자의 출원에 대하여 연장등록이 된 경우

3. 제22조의3제3항을 위반한 출원에 대하여 연장등록이 된 경우

② 제1항의 심판의 청구에 관하여는 제31조제2항 및 제4항을 준용한다.

③ 연장등록을 무효로 한다는 심결이 확정된 경우에는 그 연장등록에 따른 존속기간의 연장은 처음부터 없었던 것으로 본다. 다만, 연장등록이 제1항 제1호에 해당되어 무효로 된 경우에는 제22조의2에 따라 인정되는 연장의 기간을 초과하여 연장된 기간에 대하여만 연장이 없었던 것으로 본다.

(2011.12.2 본조신설)

**제32조【통상실시권 허락의 심판】** ① 실용신안권자, 전용실시권자 또는 통상실시권자는 해당 등록실용신안이 제25조에 해당하여 실시의 허락을 받으려는 경우에 그 타인이 정당한 이유 없이 허락하지 아니하거나 그 타인의 허락을 받을 수 없을 때에는 자기의 등록실용신안의 실시에 필요한 범위에서 통상실시권 허락의 심판을 청구할 수 있다.

② 제1항에 따른 청구가 있는 경우에 그 등록실용신안이 그 실용신안등록출원일 전에 출원된 타인의 등록실용신안 또는 특허발명과 비교하여 상당한 경제적 가치가 있는 중요한 기술적 진보를 가져오는 것이 아니면 통상실시권을 허락하여서는 아니 된다.

③ 제1항에 따른 심판에 따라 통상실시권을 허락한 자가 그 통상실시권을 허락받는 자의 등록실용신안을 실시할 필요가 있는 경우 그 통상실시권을 허락받은 자가 실시를 허락하지 아니하거나 실시의 허락을 받을 수 없을 때에는 통상실시권을 허락받아 실시하려는 등록실용신안의 범위에서 통상실시권 허락의 심판을 청구할 수 있다.

④ 제1항 및 제3항에 따라 통상실시권을 허락받은 자는 실용신안권자, 특허권자, 디자인권자 또는 그 전용실시권자에게 대가를 지급하여야 한다. 다만, 자기가 책임질 수 없는 사유로 지급할 수 없는 경우에는 그 대가를 공탁하여야 한다.

⑤ 제4항에 따른 통상실시권자는 그 대가를 지급하지 아니하거나 공탁을 하지 아니하면 그 등록실용신안, 특허발명 또는 등록디자인이나 이와 유사한 디자인을 실시할 수 없다.

(2014.6.11 본조개정)

**제33조【「특허법」의 준용】** 실용신안에 관한 심판·재심 및 소송에 관하여는 「특허법」 제132조의17, 제133조의2, 제135조부터 제137조까지, 제139조, 제139조의2, 제140조, 제140조의2, 제141조부터 제153조까지, 제153조의2, 제154조, 제154조의2, 제154조의3, 제155조부터 제158조까지, 제158조의2, 제159조부터 제164조까지, 제164조의2, 제165조, 제166조, 제170조부터 제172조까지, 제176조, 제178조부터 제188조까지, 제188조의2, 제189조부터 제191조까지 및 제191조의2를 준용한다.

(2023.9.14 본조개정)

## 제8장 「특허협력조약」에 의한 국제출원

(2014.6.11 본장개정)

**제34조【국제출원에 의한 실용신안등록출원】** ① 「특허협력조약」에 따라 국제출원일이 인정된 국제출원으로서 실용신안등록을 받기 위하여 대한민국을 지정국으로 지정한 국제출원은 그 국제출원일에 출원된 실용신안등록출원으로 본다.

② 제1항에 따라 실용신안등록출원으로 보는 국제출원(이하 "국제실용신안등록출원"이라 한다)에 관하여는 제8조의2, 제8조의3 및 제11조에 따라 준용되는 「특허법」 제54조를 적용하지 아니한다.

**제34조의2【국제실용신안등록출원의 출원서 등】** ① 국제실용신안등록출원의 국제출원일까지 제출된 출원서는

제8조제1항에 따라 제출된 실용신안등록출원서로 본다.

② 국제실용신안등록출원의 국제출원일까지 제출된 고안의 설명, 청구범위 및 도면은 제8조제2항에 따른 실용신안등록출원서에 최초로 첨부된 명세서 및 도면으로 본다.

③ 국제실용신안등록출원에 대해서는 다음 각 호의 구분에 따른 요약서 또는 국어번역문을 제8조제2항에 따른 요약서로 본다.

1. 국제실용신안등록출원의 요약서를 국어로 적은 경우 : 국제실용신안등록출원의 요약서
2. 국제실용신안등록출원의 요약서를 외국어로 적은 경우 : 제35조제1항에 따라 제출된 국제실용신안등록출원의 요약서의 국어번역문(제35조제3항 본문에 따라 새로운 국어번역문을 제출한 경우에는 마지막에 제출한 국제실용신안등록출원의 요약서의 국어번역문을 말한다)

(2014.6.11 본조신설)

**제35조【국제실용신안등록출원의 국어번역문】** ① 국제실용신안등록출원을 외국어로 출원한 출원인은 「특허협력조약」 제2조(xi)의 우선일(이하 "우선일"이라 한다)부터 2년 7개월(이하 "국내서면제출기간"이라 한다) 이내에 다음 각 호의 국어번역문을 특허청장에게 제출하여야 한다. 다만, 국어번역문의 제출기간을 연장하여 달라는 취지를 제41조에 따라 준용되는 「특허법」 제203조제1항에 따른 서면에 적어 국내서면제출기간 만료일 전 1개월부터 그 만료일까지 제출한 경우(그 서면을 제출하기 전에 국어번역문을 제출한 경우는 제외한다)에는 국내서면제출기간 만료일부터 1개월이 되는 날까지 국어번역문을 제출할 수 있다.

1. 국제출원일까지 제출한 고안의 설명, 청구범위 및 도면(도면 중 설명부분에 한정한다)의 국어번역문
2. 국제실용신안등록출원의 요약서의 국어번역문

② 제1항에도 불구하고 국제실용신안등록출원을 외국어로 출원한 출원인이 「특허협력조약」 제19조(1)에 따라 청구범위에 관한 보정을 한 경우에는 국제출원일까지 제출한 청구범위에 대한 국어번역문을 보정 후의 청구범위에 대한 국어번역문으로 대체하여 제출할 수 있다.

③ 제1항에 따라 국어번역문을 제출한 출원인은 국내서면제출기간(제1항 각 호 외의 부분 단서에 따라 취지를 적은 서면이 제출된 경우에는 연장된 국어번역문 제출 기간을 말한다. 이하 이 조에서 같다)에 그 국어번역문을 갈음하여 새로운 국어번역문을 제출할 수 있다. 다만, 출원인이 출원심사의 청구를 한 후에는 그러하지 아니하다.

④ 제1항에 따른 출원인이 국내서면제출기간에 제1항에 따른 고안의 설명 및 청구범위의 국어번역문을 제출하지 아니하면 그 국제실용신안등록출원을 취하한 것으로 본다.

⑤ 실용신안등록출원인이 국내서면제출기간의 만료일(국내서면제출기간에 출원인이 출원심사의 청구를 한 경우에는 그 청구일을 말하며, 이하 "기준일"이라 한다)까지 제1항에 따라 고안의 설명, 청구범위 및 도면(도면 중 설명부분에 한정한다)의 국어번역문(제3항 본문에 따라 새로운 국어번역문을 제출한 경우에는 마지막에 제출한 국어번역문을 말한다. 이하 이 조에서 "최종 국어번역문"이라 한다)을 제출한 경우에는 국제출원일까지 제출한 고안의 설명, 청구범위 및 도면(도면 중 설명부분에 한정한다)을 최종 국어번역문에 따라 국제출원일에 제11조에 따라 준용되는 「특허법」 제47조제1항에 따른 보정을 한 것으로 본다.

⑥ 실용신안등록출원인은 제11조에 따라 준용되는 「특허법」 제47조제1항

및 이 법 제41조에 따라 준용되는 「특허법」 제208조제1항에 따라 보정을 할 수 있는 기간에 최종 국어번역문의 잘못된 번역을 산업통상자원부령으로 정하는 방법에 따라 정정할 수 있다. 이 경우 정정된 국어번역문에 관하여는 제5항을 적용하지 아니한다.

⑦ 제6항 전단에 따라 제11조에서 준용하는 「특허법」 제47조제1항제1호 또는 제2호에 따른 기간에 정정을 하는 경우에는 마지막 정정 전에 한 모든 정정은 처음부터 없었던 것으로 본다. (2016.2.29 본항신설)

⑧ 제2항에 따라 보정 후의 청구범위에 대한 국어번역문을 제출하는 경우에는 제41조에 따라 준용되는 「특허법」 제204조제1항 및 제2항을 적용하지 아니한다.

**제36조 【도면의 제출】** ① 국제실용신안등록출원의 출원인은 국제출원일에 제출한 국제출원이 도면을 포함하지 아니한 경우에는 기준일까지 도면(도면에 관한 간단한 설명을 포함한다)을 특허청장에게 제출하여야 한다.

② 특허청장은 기준일까지 제1항에 따른 도면의 제출이 없는 경우에는 국제실용신안등록출원의 출원인에게 기간을 정하여 도면의 제출을 명할 수 있다. 기준일까지 제35조제1항 또는 제3항에 따른 도면의 국어번역문의 제출이 없는 경우에도 또한 같다.

③ 특허청장은 제2항에 따른 도면의 제출명령을 받은 자가 그 지정된 기간에 도면을 제출하지 아니한 경우에는 그 국제실용신안등록출원을 무효로 할 수 있다.

④ 출원인이 제1항 또는 제2항에 따라 도면 및 도면의 국어번역문을 제출한 경우에는 그 도면 및 도면의 국어번역문에 따라 제11조에 따라 준용되는 「특허법」 제47조제1항에 따른 보정을 한 것으로 본다. 이 경우 「특허법」 제47조 제1항의 보정기간은 도면의 제출에 적용하지 아니한다.

**제37조 【변경출원시기의 제한】** 「특허법」 제199조제1항에 따라 국제출원일에 출원된 특허출원으로 보는 국제출원을 기초로 하여 실용신안등록출원으로 변경출원을 하는 경우에는 이 법 제10조제1항에도 불구하고 「특허법」 제82조제1항에 따른 수수료를 내고, 같은 법 제201조제1항에 따른 국어번역문(국어로 출원된 국제특허출원의 경우는 제외한다)을 제출한 후(「특허법」 제214조제4항에 따라 국제출원일로 인정할 수 있었던 날에 출원된 것으로 보는 국제출원을 기초로 하는 경우에는 같은 항에 따른 결정이 있은 후)에만 변경출원을 할 수 있다.

**제38조 【출원심사청구시기의 제한】** 국제실용신안등록출원에 관하여는 제12조제2항에도 불구하고 다음 각 호의 어느 하나에 해당하는 때에만 출원심사의 청구를 할 수 있다.

1. 국제실용신안등록출원의 출원인이 출원심사의 청구를 하려는 경우는 제35조제1항에 따라 국어번역문을 제출하고(국어로 출원된 국제실용신안등록출원의 경우는 제외한다) 제17조제1항에 따른 수수료를 낸 후
2. 국제실용신안등록출원의 출원인이 아닌 자가 출원심사의 청구를 하려는 경우는 국내서면제출기간(제35조제1항 각 호 외의 부분 단서에 따라 국어번역문의 제출기간을 연장하여 달라는 취지를 적은 서면이 제출된 경우에는 연장된 국어번역문 제출 기간을 말한다)이 지난 후

**제39조** (2014.6.11 삭제)

**제40조 【결정에 의하여 실용신안등록출원으로 되는 국제출원】** ① 국제출원의 출원인은 「특허협력조약」 제4조(1)(ii)의 지정국에 대한민국을 포함하는 국제출원(실용신안등록출원만 해당한다)이 다음 각 호의 어느 하나에 해

당하는 경우 산업통상자원부령으로 정하는 기간에 산업통상자원부령으로 정하는 바에 따라 특허청장에게 같은 조약 제25조(2)(a)에 따른 결정을 하여 줄 것을 신청할 수 있다.

1. 「특허협력조약」 제2조(xv)의 수리관청이 그 국제출원에 대하여 같은 조약 제25조(1)(a)에 따른 거부를 한 경우
2. 「특허협력조약」 제2조(xv)의 수리관청이 그 국제출원에 대하여 같은 조약 제25조(1)(a) 또는 (b)에 따른 선언을 한 경우
3. 「특허협력조약」 제2조(xix)의 국제사무국이 그 국제출원에 대하여 같은 조약 제25조(1)(a)에 따른 인정을 한 경우

② 제1항의 신청을 하려는 자는 그 신청 시 고안의 설명, 청구범위 또는 도면(도면 중 설명부분에 한정한다), 그 밖에 산업통상자원부령으로 정하는 국제출원에 관한 서류의 국어번역문을 특허청장에게 제출하여야 한다.

③ 특허청장은 제1항의 신청이 있으면 그 신청에 관한 거부·선언 또는 인정이 「특허협력조약」 및 같은 조약 규칙에 따라 정당하게 된 것인지에 관하여 결정을 하여야 한다.

④ 특허청장은 제3항에 따라 거부·선언 또는 인정이 「특허협력조약」 및 같은 조약 규칙에 따라 정당하게 된 것이 아니라고 결정을 한 경우에는 그 결정에 관한 국제출원은 그 국제출원에 대하여 거부·선언 또는 인정이 없었다면 국제출원일로 인정할 수 있었던 날에 출원된 실용신안등록출원으로 본다.

⑤ 특허청장은 제3항에 따른 정당성 여부의 결정을 하는 경우에는 그 결정의 등본을 국제출원의 출원인에게 송달하여야 한다.

⑥ 제4항에 따라 실용신안등록출원으로 보는 국제출원에 관하여는 제34조제2항, 제34조의2, 제35조제5항부터 제8항까지, 제38조, 제41조에 따라 준용되는 「특허법」 제200조, 제202조제1항·제2항 및 제208조를 준용한다. (2016.2.29 본항개정)

⑦ 제4항에 따라 실용신안등록출원으로 보는 국제출원에 관한 출원공개에 관하여는 제15조에 따라 준용되는 「특허법」 제64조제1항 중 "다음 각 호의 구분에 따른 날"은 "제35조제1항의 우선일"로 본다.

**제41조 【「특허법」의 준용】** 국제실용신안등록출원에 관하여는 「특허법」 제192조부터 제198조까지, 제198조의2, 제200조, 제202조부터 제208조까지 및 제211조를 준용한다.

## 제9장 보 칙

**제42조 【실용신안공보】** ① 특허청장은 대통령령으로 정하는 바에 따라 실용신안공보를 발행하여야 한다.

② 실용신안공보는 산업통상자원부령으로 정하는 바에 따라 전자적 매체로 발행할 수 있다.

③ 특허청장은 전자적 매체로 실용신안공보를 발행하는 경우에는 정보통신망을 활용하여 실용신안공보의 발행사실·주요목록 및 공시송달에 관한 사항을 알려야 한다.

(2014.6.11 본조개정)

**제43조 【전문기관 등의 임직원에 대한 공무원 의제】** 제15조에 따라 준용되는 「특허법」 제58조제1항에 따른 전문기관의 임직원이거나 임직원이었던 사람은 이 법 제46조를 적용하는 경우에는 특허청 소속 직원 또는 직원이었던 사람으로 본다.(2024.2.6 본조개정)

**제44조 【「특허법」의 준용】** 실용신안에 관하여는 「특허법」 제215조, 제215조의2, 제216조, 제217조, 제218조부터 제220조까지, 제222조부터 제

224조까지 및 제224조의2부터 제224조의5까지의 규정을 준용한다.
(2024.2.6 본조개정)

## 제10장 벌 칙

**제45조【침해죄】** ① 실용신안권 또는 전용실시권을 침해한 자는 7년 이하의 징역 또는 1억원 이하의 벌금에 처한다.
② 제1항의 죄는 피해자가 명시한 의사에 반하여 공소를 제기할 수 없다.
(2022.6.10 본항개정)
(2014.6.11 본조개정)

**제46조【비밀누설죄 등】** 특허청 또는 특허심판원 소속 직원이거나 직원이었던 사람이 실용신안등록출원 중인 고안(국제출원 중인 고안을 포함한다)에 관하여 직무상 알게 된 비밀을 누설하거나 도용한 경우에는 5년 이하의 징역 또는 5천만원 이하의 벌금에 처한다.(2014.6.11 본조개정)

**제47조【위증죄】** ① 제33조 및 「특허법」 제157조제2항에 따라 준용되는 「민사소송법」에 따라 선서한 증인, 감정인 또는 통역인이 특허심판원에 대하여 거짓으로 진술·감정 또는 통역을 한 경우에는 5년 이하의 징역 또는 5천만원 이하의 벌금에 처한다.
(2017.3.21 본항개정)
② 제1항에 따른 죄를 범한 자가 그 사건의 실용신안등록취소신청에 대한 결정 또는 심결이 확정되기 전에 자수한 경우에는 그 형을 감경 또는 면제할 수 있다.(2016.2.29 본항개정)

**제48조【허위표시의 죄】** 제44조에 따라 준용되는 「특허법」 제224조제1호부터 제3호까지의 규정을 위반한 자는 3년 이하의 징역 또는 3천만원 이하의 벌금에 처한다.(2017.3.21 본조개정)

**제49조【거짓행위의 죄】** 거짓이나 그 밖의 부정한 행위로 실용신안등록, 실용신안권의 존속기간의 연장등록, 실용신안등록취소신청에 대한 결정 또는 심결을 받은 자는 3년 이하의 징역 또는 3천만원 이하의 벌금에 처한다.
(2017.3.21 본조개정)

**제49조의2【비밀유지명령 위반죄】** ① 국내외에서 정당한 사유 없이 제44조에 따라 준용되는 「특허법」 제224조의3제1항에 따른 비밀유지명령을 위반한 자는 5년 이하의 징역 또는 5천만원 이하의 벌금에 처한다.
② 제1항의 죄는 비밀유지명령을 신청한 자의 고소가 없으면 공소를 제기할 수 없다.
(2011.12.2 본조신설)

**제49조의3【외국에의 출원 금지 또는 비밀취급명령 위반죄】** 제11조에 따라 준용되는 「특허법」 제41조제1항에 따른 외국에의 출원 금지 또는 비밀취급명령을 위반한 자는 5년 이하의 징역 또는 5천만원 이하의 벌금에 처한다.
(2025.1.21 본조신설 : 2025.7.22 시행)

**제50조【양벌규정】** 법인의 대표자나 법인 또는 개인의 대리인, 사용인, 그 밖의 종업원이 그 법인 또는 개인의 업무에 관하여 제45조제1항, 제48조 또는 제49조의 어느 하나에 해당하는 위반행위를 하면 그 행위자를 벌하는 외에 그 법인에는 다음 각 호의 구분에 따른 벌금형을, 그 개인에게는 해당 조문의 벌금형을 과(科)한다. 다만, 법인 또는 개인이 그 위반행위를 방지하기 위하여 해당 업무에 관하여 상당한 주의와 감독을 게을리하지 아니한 경우에는 그러하지 아니하다.
1. 제45조제1항의 경우 : 3억원 이하의 벌금
2. 제48조 또는 제49조의 경우 : 6천만원 이하의 벌금
(2014.6.11 본조개정)

**제50조【양벌규정】** 법인의 대표자나 법인 또는 개인의 대리인, 사용인, 그 밖의 종업원이 그 법인 또는 개인의

업무에 관하여 제45조제1항, 제48조, 제49조 또는 제49조의3의 어느 하나에 해당하는 위반행위를 하면 그 행위자를 벌하는 외에 그 법인에는 다음 각 호의 구분에 따른 벌금형을, 그 개인에게는 해당 조문의 벌금형을 과(科)한다. 다만, 법인 또는 개인이 그 위반행위를 방지하기 위하여 해당 업무에 관하여 상당한 주의와 감독을 게을리하지 아니한 경우에는 그러하지 아니하다.(2025.1.21 본문개정 : 2025.7.22 시행)

1. 제45조제1항의 경우 : 3억원 이하의 벌금
2. 제48조 또는 제49조의 경우 : 6천만원 이하의 벌금
3. 제49조의3의 경우 : 1억원 이하의 벌금(2025.1.21 본호신설 : 2025.7.22 시행)

(2014.6.11 본조개정)

**제51조【몰수 등】** ① 제45조제1항에 해당하는 침해행위를 조성한 물품 또는 그 침해행위로부터 생긴 물품은 몰수하거나 피해자의 청구에 따라 그 물품을 피해자에게 교부할 것을 선고할 수 있다.

② 피해자는 제1항에 따른 물품을 받은 경우에는 그 물품의 가액을 초과하는 손해액에 대해서만 배상을 청구할 수 있다.

(2014.6.11 본조개정)

**제52조【과태료】** ① 다음 각 호의 어느 하나에 해당하는 자에게는 50만원 이하의 과태료를 부과한다.

1. 「민사소송법」 제299조제2항 및 같은 법 제367조에 따라 선서를 한 자로서 특허심판원에 대하여 거짓 진술을 한 자
2. 특허심판원으로부터 증거조사 또는 증거보전에 관하여 서류나 그 밖의 물품 제출 또는 제시의 명령을 받은 자로서 정당한 이유 없이 그 명령에 따르지 아니한 자
3. 특허심판원으로부터 증인·감정인 또는 통역인으로 소환된 자로서 정당한 이유 없이 소환에 따르지 아니하거나 선서·진술·증언·감정 또는 통역을 거부한 자

② 제1항에 따른 과태료는 대통령령으로 정하는 바에 따라 특허청장이 부과·징수한다.

(2014.6.11 본조개정)

## 부 칙

**제1조【시행일】** 이 법은 2006년 10월 1일부터 시행한다. 다만, 제5조, 제7조제4항 단서, 제52조의 개정규정 및 부칙 제3조 단서의 규정은 공포한 날부터 시행한다.

**제2조【실용신안등록요건 등에 관한 적용례】** 제4조제1항제1호, 제5조제1항 및 제7조제4항의 개정규정은 각각 동 규정의 시행 후 최초로 출원하는 실용신안등록출원부터 적용한다.

**제3조【일반적 경과조치】** 이 법 시행 당시 종전의 규정에 의하여 제출된 실용신안등록출원 및 실용신안등록출원에 관한 심사, 실용신안등록, 실용신안권, 심판, 재심 및 소송은 종전의 규정에 의한다. 다만, 다음 각 호의 어느 하나에 해당하는 경우에는 그러하지 아니하다.

1. 실용신안기술평가를 함에 있어서는 종전의 제27조제4항에서 준용하는 「특허법」 제77조제3항의 규정을 적용한다.
2. 실용신안등록이의신청을 함에 있어서는 종전의 제48조에서 준용하는 「특허법」 제77조제3항의 규정을 적용한다.

**제4조【실용신안등록이의신청에 관한 경과조치】** 2007년 6월 30일까지의 실용신안등록이의신청에 관하여는 종전의 규정을 적용한다.

**제5조【다른 법률의 개정】** ①~② ※(해당 법령에 가제정리 하였음)

부 칙 (2007.1.3)

**제1조【시행일】** 이 법은 2007년 7월 1일부터 시행한다.
**제2조【실용신안등록출원 등에 관한 적용례】** 제8조, 제12조제2항 단서 및 제13조제4호의 개정규정은 이 법 시행 후 최초로 출원하는 실용신안등록출원부터 적용한다.
**제3조【실용신안등록무효심판절차에서의 실용신안등록의 정정에 관한 적용례】** 제33조에서 준용하는 「특허법」 제133조의2의 개정규정은 이 법 시행 후 최초로 실용신안등록무효심판을 청구하는 것부터 적용한다.
**제4조【권리범위 확인심판에서 설명서 및 도면의 보정에 관한 적용례】** 제33조에서 준용하는 「특허법」 제140조제2항제2호의 개정규정은 이 법 시행 후 최초로 권리범위 확인심판을 청구하는 것부터 적용한다.
**제5조【일반적 경과조치】** 이 법 시행 당시 종전의 규정에 따라 제출된 실용신안등록출원 및 실용신안등록출원에 대한 심사·심판·재심 및 소송은 종전의 규정에 따른다.

부 칙 (2008.12.26)

이 법은 공포한 날부터 시행한다.

부 칙 (2009.1.30)

① **【시행일】** 이 법은 2009년 7월 1일부터 시행한다. 다만, 제4조제4항, 제11조, 제14조제2항, 제40조, 제43조, 제46조부터 제50조까지의 개정규정은 공포한 날부터 시행한다.
② **【국어로 출원한 국제실용신안등록출원의 실용신안등록의 요건 등에 관한 적용례】** 제4조제4항의 개정규정은 2009년 1월 1일 이후 최초로 국어로 출원하는 국제실용신안등록출원부터 적용한다.
③ **【등록료의 추가납부 또는 보전 등에 관한 적용례】** 제16조의 개정규정은 이 법 시행 후 최초로 등록료를 납부하는 것부터 적용한다.
④ **【일반적 경과조치】** 이 법 시행 당시 종전의 규정에 따라 출원된 실용신안등록출원에 대하여는 종전의 규정에 따른다.

부 칙 (2011.3.30)

① **【시행일】** 이 법은 2011년 7월 1일부터 시행한다.
② **【실용신안등록출원 등에 관한 적용례】** 제8조 및 제31조의 개정규정은 이 법 시행 후 최초로 출원하는 실용신안등록출원부터 적용한다.

부 칙 (2011.12.2)

**제1조【시행일】** 이 법은 「대한민국과 미합중국 간의 자유무역협정 및 대한민국과 미합중국 간의 자유무역협정에 관한 서한교환」이 발효되는 날부터 시행한다.<2012.3.15 발효>
**제2조【공지 등이 되지 아니한 고안으로 보는 경우에 관한 적용례】** 제5조의 개정규정은 이 법 시행 후 최초로 출원하는 실용신안등록출원부터 적용한다.
**제3조【등록지연에 따른 실용신안권의 존속기간의 연장 등에 관한 적용례】** 제20조에서 준용하는 「특허법」 제83조, 제33조에서 준용하는 「특허법」 제132조의3, 제139조, 제165조, 제176조 및 제187조와 제22조의2부터 제22조의6까지 및 제31조의2의 개정규정은 이 법 시행 후 최초로 출원하는 실용신안등록출원부터 적용한다.
**제4조【비밀유지명령 등에 관한 적용례】** 제44조의 개정규정에서 준용하는 「특허법」 제224조의3부터 제224조의5

까지의 개정규정은 이 법 시행 후 최초로 실용신안권 또는 전용실시권의 침해에 관한 소송이 제기된 것부터 적용한다.

**제5조【실용신안권 취소의 폐지에 따른 경과조치】** 이 법 시행 전에 종전의 제28조에 따라 준용되는 「특허법」 제116조에 따른 실용신안권의 취소사유가 발생한 것에 대한 실용신안권의 취소에 관하여는 종전의 규정에 따른다.

부 칙 (2013.3.22)

**제1조【시행일】** 이 법은 2013년 7월 1일부터 시행한다. 다만, 제10조제6항 및 제12조제3항의 개정규정은 공포한 날부터 시행한다.

**제2조【변경출원에 관한 적용례】** 제10조제6항의 개정규정은 같은 개정규정 시행 후 출원한 변경출원부터 적용한다.

**제3조【실용신안등록출원의 회복에 관한 적용례】** 제15조의 개정규정은 이 법 시행 후 출원한 실용신안등록출원부터 적용한다.

**제4조【실용신안등록의 요건에 관한 경과조치】** 이 법 시행 전에 종전의 규정에 따라 출원한 실용신안등록출원에 대하여는 제4조제1항제2호의 개정규정에도 불구하고 종전의 규정에 따른다.

부 칙 (2014.6.11)

**제1조【시행일】** 이 법은 2015년 1월 1일부터 시행한다.

**제2조【전자문서로 통지 및 송달한 서류의 도달시기에 관한 적용례】** 제3조의 개정규정에 따라 준용되는 법률 제12753호 특허법 일부개정법률 제28조의5제3항의 개정규정은 이 법 시행 후 같은 법 제28조의5제1항의 개정규정에 따라 통지 및 송달하는 서류부터 적용한다.

**제3조【등록료 미납에 따라 소멸된 실용신안권 회복에 관한 적용례】** 제20조의 개정규정에 따라 준용되는 법률 제12753호 특허법 일부개정법률 제81조의3제3항의 개정규정은 같은 개정규정 시행 후 실용신안권의 회복을 신청하는 것부터 적용한다.

**제4조【정정심판에 관한 적용례】** 제33조에 따라 준용되는 법률 제12753호 특허법 일부개정법률 제136조제1항 단서 및 같은 조 제6항 단서의 개정규정은 이 법 시행 후 청구되는 정정심판부터 적용한다.

**제5조【정정의 무효심판에 관한 적용례】** 제33조에 따라 준용되는 법률 제12753호 특허법 일부개정법률 제137조제1항 및 같은 조 제4항의 개정규정은 이 법 시행 후 청구되는 정정의 무효심판부터 적용한다.

**제6조【심판청구인 보정에 관한 적용례】** 제33조에 따라 준용되는 법률 제12753호 특허법 일부개정법률 제140조제2항제1호 및 제140조의2제2항제1호의 개정규정은 이 법 시행 후 청구되는 심판부터 적용한다.

**제7조【거절결정불복심판 중 정보제공에 관한 적용례】** 제33조에 따라 준용되는 법률 제12753호 특허법 일부개정법률 제170조제1항 전단의 개정규정(같은 법 제63조의2의 개정규정을 준용하는 부분에 한정한다)은 부칙 제8조에도 불구하고 이 법 시행 당시 거절결정불복심판이 계속 중인 실용신안등록출원에 대해서도 적용한다.

**제8조【일반적 경과조치】** 이 법 시행 전에 출원된 실용신안등록출원, 실용신안등록출원에 대한 심사 및 심판에 대해서는 종전의 규정에 따른다.

**제9조【실용신안등록요건 등에 관한 경과조치】** 종전의 제4조제3항에 따른 다른 실용신안등록출원 또는 특허출원이 이 법 시행 전에 출원되고, 다른 실용신안등록출원 또는 특허출원의 출원서에 최초로 첨부된 명세서 또는 도면에 기재된 고안 또는 발명과 동일한 고

안이 기재된 실용신안등록출원이 이 법 시행 후에 출원된 경우에는 제4조제5항부터 제7항까지의 개정규정에도 불구하고 종전의 제4조제4항에 따른다.

**제10조【청구범위 제출유예에 관한 경과조치】** 이 법 시행 전에 종전의 제8조제5항에 따라 실용신안등록청구범위를 적지 아니한 명세서를 실용신안등록출원서에 첨부하여 출원한 실용신안등록출원에 대해서는 종전의 규정에 따른다.

**제11조【다른 법령과의 관계】** 이 법 시행 당시 다른 법령에서 종전의 「실용신안법」의 규정을 인용하고 있는 경우에 이 법 가운데 그에 해당하는 규정이 있으면 종전의 규정을 갈음하여 이 법의 해당 규정을 인용한 것으로 본다.

부　칙 (2015.1.28)

**제1조【시행일】** 이 법은 공포 후 6개월이 경과한 날부터 시행한다.

**제2조【적용례】** 제11조의 개정규정은 이 법 시행 후 출원한 실용신안등록출원부터 적용한다.

부　칙 (2016.2.29)

**제1조【시행일】** 이 법은 공포 후 1년이 경과한 날부터 시행한다.

**제2조【국어번역문의 정정에 관한 적용례】** 제8조의3제7항 및 제35조제7항(제40조제6항에 따라 준용되는 경우를 포함한다)의 개정규정은 이 법 시행 이후 국어번역문을 정정하는 경우부터 적용한다.

**제3조【보정각하에 관한 적용례】** 제11조에 따라 준용되는 법률 제14035호 특허법 일부개정법률 제51조제1항제1호의 개정규정은 이 법 시행 이후 직권보정을 하는 경우부터 적용한다.

**제4조【전문기관 지정의 취소 등에 관한 적용례】** 제15조에 따라 준용되는 법률 제14035호 특허법 일부개정법률 제58조의2제1항의 개정규정은 이 법 시행 이후 전문기관의 임직원이 실용신안등록출원 중인 고안(국제출원 중인 고안을 포함한다)에 관하여 직무상 알게 된 비밀을 누설하거나 도용한 경우부터 적용한다.

**제5조【외국의 심사결과 제출명령에 관한 적용례】** 제15조의 개정규정에 따라 준용되는 법률 제14035호 특허법 일부개정법률 제63조의3의 개정규정은 이 법 시행 전에 출원된 우선권 주장을 수반한 실용신안등록출원에 대해서도 적용한다.

**제6조【직권 재심사에 관한 적용례】** 제15조의 개정규정에 따라 준용되는 법률 제14035호 특허법 일부개정법률 제66조의3의 개정규정은 이 법 시행 이후 실용신안등록결정하는 실용신안등록출원부터 적용한다.

**제7조【실용신안권의 등록공고에 관한 적용례】** 제21조제3항의 개정규정은 이 법 시행 이후 설정등록된 실용신안권에 관한 등록공고부터 적용한다.

**제8조【실용신안권의 이전청구에 관한 적용례】** 제28조의 개정규정에 따라 준용되는 법률 제14035호 특허법 일부개정법률 제99조의2의 개정규정은 이 법 시행 이후 설정등록된 무권리자의 실용신안권부터 적용한다.

**제9조【청산절차가 진행 중인 법인의 실용신안권 소멸에 관한 적용례】** 제28조에 따라 준용되는 법률 제14035호 특허법 일부개정법률 제124조제2항의 개정규정은 이 법 시행 이후 청산종결등기가 된 법인의 실용신안권부터 적용한다.

**제10조【실용신안등록취소신청에 관한 적용례】** 다음 각 호의 개정규정은 이 법 시행 이후 설정등록된 실용신안권부터 적용한다.

1. 제30조의2의 개정규정

2. 제30조의3의 개정규정에 따라 준용되는 법률 제14035호 특허법 일부개정법률 제132조의3부터 제132조의15까지의 개정규정

**제11조【실용신안등록무효심판절차에서의 실용신안등록의 정정에 관한 적용례】** ① 제33조에 따라 준용되는 법률 제14035호 특허법 일부개정법률 제133조의2제1항 후단의 개정규정은 이 법 시행 당시 실용신안등록무효심판이 계속 중인 실용신안등록의 정정에 대해서도 적용한다.

② 제33조에 따라 준용되는 다음 각 호의 개정규정은 이 법 시행 이후 등록실용신안의 명세서 또는 도면에 대하여 정정청구를 하는 경우부터 적용한다.

1. 법률 제14035호 특허법 일부개정법률 제133조의2제4항 전단의 개정규정(같은 법 제136조제8항 단서의 개정규정을 준용하는 부분에 한정한다)
2. 법률 제14035호 특허법 일부개정법률 제133조의2제4항 후단의 개정규정(같은 법 제133조의2제1항에 관한 개정부분에 한정한다)
3. 법률 제14035호 특허법 일부개정법률 제133조의2제5항의 개정규정

**제12조【정정심판청구의 동의 등에 관한 적용례】** 제33조에 따라 준용되는 법률 제14035호 특허법 일부개정법률 제136조제8항 및 제9항의 개정규정은 이 법 시행 이후 청구되는 정정심판부터 적용한다.

**제13조【정정의 무효심판에 관한 적용례】** ① 제33조에 따라 준용되는 법률 제14035호 특허법 일부개정법률 제137조제3항 후단의 개정규정은 이 법 시행 당시 계속 중인 정정의 무효심판에 대해서도 적용한다.

② 제33조에 따라 준용되는 법률 제14035호 특허법 일부개정법률 제137조제4항의 개정규정(다음 각 호의 개정규정을 준용하는 부분에 한정한다)은 이 법 시행 이후 등록실용신안의 명세서 또는 도면에 대하여 정정청구를 하는 경우부터 적용한다.

1. 법률 제14035호 특허법 일부개정법률 제133조의2제4항 전단의 개정규정(같은 법 제136조제8항 단서의 개정규정을 준용하는 부분에 한정한다)
2. 법률 제14035호 특허법 일부개정법률 제133조의2제4항 후단의 개정규정(같은 법 제133조의2제1항에 관한 개정부분에 한정한다)
3. 법률 제14035호 특허법 일부개정법률 제133조의2제5항의 개정규정

**제14조【심판청구서 등의 각하에 관한 적용례】** 제33조에 따라 준용되는 법률 제14035호 특허법 일부개정법률 제141조제2항의 개정규정은 이 법 시행 이후 청구되는 심판부터 적용한다.

**제15조【심사규정의 실용신안등록거절결정에 대한 심판에의 준용에 관한 적용례】** 제33조에 따라 준용되는 법률 제14035호 특허법 일부개정법률 제170조제1항(같은 법 제47조제4항에 관한 개정부분에 한정한다)의 개정규정은 이 법 시행 당시 실용신안등록거절결정에 대한 심판이 계속 중인 실용신안등록출원의 보정에 대해서도 적용한다.

**제16조【실용신안등록거절결정 등에 대한 심판의 청구기간 연장 청구에 관한 경과조치】** 이 법 시행 전에 제3조에 따라 준용되는 종전의 「특허법」 제15조제1항 본문에 따라 특허심판원장에게 실용신안등록거절결정 또는 실용신안권의 존속기간의 연장등록거절결정에 대한 심판의 청구기간 연장을 청구한 자는 제3조에 따라 준용되는 법률 제14035호 특허법 일부개정법률 제15조제1항 본문의 개정규정에 따라 특허청장에게 청구한 것으로 본다.

**제17조【절차의 추후보완에 관한 경과조치】** 이 법 시행 당시 종전의 규정에 따라 절차를 추후 보완할 수 있는 기간이 이미 경과된 경우에는 제3조에

따라 준용되는 법률 제14035호 특허법 일부개정법률 제17조의 개정규정에도 불구하고 종전의 규정에 따른다.

**제18조【정당한 권리자의 실용신안등록출원일 소급에 관한 경과조치】** 이 법 시행 전에 설정등록된 무권리자의 실용신안권에 관하여는 제11조에 따라 준용되는 법률 제14035호 특허법 일부개정법률 제35조 단서의 개정규정에도 불구하고 종전의 규정에 따른다.

**제19조【직권보정에 관한 경과조치】** 이 법 시행 전에 실용신안등록출원서에 첨부된 명세서, 도면 또는 요약서에 대하여 직권보정이 이루어진 경우에는 제15조의 개정규정에 따라 준용되는 법률 제14035호 특허법 일부개정법률 제66조의2의 개정규정에도 불구하고 종전의 규정에 따른다.

**제20조【실용신안등록의 무효심판에 관한 경과조치】** 이 법 시행 전에 설정등록된 실용신안권에 관하여는 제31조제1항의 개정규정에도 불구하고 종전의 규정에 따른다.

**제21조【서류의 열람 허가에 관한 경과조치】** 이 법 시행 전에 출원한 제11조에 따라 준용되는 법률 제14035호 특허법 일부개정법률 제55조제1항에 따른 우선권 주장의 기초가 된 선출원에 관하여는 제44조에 따라 준용되는 법률 제14035호 특허법 일부개정법률 제216조제2항의 개정규정에도 불구하고 종전의 규정에 따른다.

부　칙 (2017.3.21)

이 법은 공포 후 6개월이 경과한 날부터 시행한다.

부　칙 (2019.1.8)
(2021.4.20)

**제1조【시행일】** 이 법은 공포 후 6개월이 경과한 날부터 시행한다.(이하 생략)

부　칙 (2021.8.17)

**제1조【시행일】** 이 법은 공포 후 3개월이 경과한 날부터 시행한다.(이하 생략)

부　칙 (2021.10.19)

**제1조【시행일】** 이 법은 공포 후 6개월이 경과한 날부터 시행한다.(이하 생략)

부　칙 (2022.6.10)

**제1조【시행일】** 이 법은 공포한 날부터 시행한다.

**제2조【소송에 관한 적용례】** 제45조제2항의 개정규정은 이 법 시행 이후의 범행부터 적용한다.

부　칙 (2023.9.14)

**제1조【시행일】** 이 법은 공포 후 6개월이 경과한 날부터 시행한다.

**제2조【참고인 의견서의 제출에 관한 적용례】** 제33조에서 준용하는 「특허법」 제154조의3의 개정규정은 이 법 시행 당시 특허심판원에 계속 중인 심판사건에 대하여도 적용한다.

부　칙 (2024.2.6)

**제1조【시행일】** 이 법은 공포 후 6개월이 경과한 날부터 시행한다.(이하 생략)

부　칙 (2025.1.21)

이 법은 공포 후 6개월이 경과한 날부터 시행한다.

# 상표법

(2016년 2월 29일
전부개정법률 제14033호)

개정
2017. 3.21법14689호 2018. 4.17법15581호
2019. 1. 8법16205호 2019. 4.23법16362호
2020.10.20법17531호 2020.12.22법17728호
2021. 8.17법18406호 2021.10.19법18502호
2021.12. 7법18548호(부정경쟁)
2022. 2. 3법18817호 2022.10.18법18999호
2023. 9.14법19711호 2023.10.31법19809호
2024. 2. 6법20200호(산업재산정보의관리및활용촉진에관한법)
2025. 1.21법20697호→2025년 7월 22일 시행
2025. 5.27법20965호



## 제1장 총 칙

**제1조 【목적】** 이 법은 상표를 보호함으로써 상표 사용자의 업무상 신용 유지를 도모하여 산업발전에 이바지하고 수요자의 이익을 보호함을 목적으로 한다.

**제2조 【정의】** ① 이 법에서 사용하는 용어의 뜻은 다음과 같다.

1. "상표"란 자기의 상품(지리적 표시가 사용되는 상품의 경우를 제외하고는 서비스 또는 서비스의 제공에 관련된 물건을 포함한다. 이하 같다)과 타인의 상품을 식별하기 위하여 사용하는 표장(標章)을 말한다.
2. "표장"이란 기호, 문자, 도형, 소리, 냄새, 입체적 형상, 홀로그램 · 동작 또는 색채 등으로서 그 구성이나 표현방식에 상관없이 상품의 출처(出處)를 나타내기 위하여 사용하는 모든 표시를 말한다.
3. "단체표장"이란 상품을 생산 · 제조 · 가공 · 판매하거나 서비스를 제공하는 자가 공동으로 설립한 법인이 직접 사용하거나 그 소속 단체원에게 사용하게 하기 위한 표장을 말한다.
4. "지리적 표시"란 상품의 특정 품질 · 명성 또는 그 밖의 특성이 본질적으로 특정지역에서 비롯된 경우에 그 지역에서 생산 · 제조 또는 가공된 상품임을 나타내는 표시를 말한다.
5. "동음이의어 지리적 표시"란 같은 상품에 대한 지리적 표시가 타인의 지리적 표시와 발음은 같지만 해당 지역이 다른 지리적 표시를 말한다.
6. "지리적 표시 단체표장"이란 지리적 표시를 사용할 수 있는 상품을 생산 · 제조 또는 가공하는 자가 공동으로 설립한 법인이 직접 사용하거나 그 소속 단체원에게 사용하게 하기 위한 표장을 말한다.
7. "증명표장"이란 상품의 품질, 원산지, 생산방법 또는 그 밖의 특성을 증명하고 관리하는 것을 업(業)으로 하는 자가 타인의 상품에 대하여 그 상품이 품질, 원산지, 생산방법 또는 그 밖의 특성을 충족한다는 것을 증명하는 데 사용하는 표장을 말한다.
8. "지리적 표시 증명표장"이란 지리적 표시를 증명하는 것을 업으로 하는 자가 타인의 상품에 대하여 그 상품이 정해진 지리적 특성을 충족한

다는 것을 증명하는 데 사용하는 표장을 말한다.

9. "업무표장"이란 영리를 목적으로 하지 아니하는 업무를 하는 자가 그 업무를 나타내기 위하여 사용하는 표장을 말한다.
10. "등록상표"란 상표등록을 받은 상표를 말한다.
11. "상표의 사용"이란 다음 각 목의 어느 하나에 해당하는 행위를 말한다.
  가. 상품 또는 상품의 포장에 상표를 표시하는 행위
  나. 상품 또는 상품의 포장에 상표를 표시한 것을 양도·인도하거나 전기통신회선을 통하여 제공하는 행위 또는 이를 목적으로 전시하거나 수출·수입하는 행위(2022.2.3 본목개정)
  다. 외국에서 상품 또는 상품의 포장에 상표를 표시한 것을 운송업자 등 타인을 통하여 국내에 공급하는 행위(2025.5.27 본목신설)
  라. 상품에 관한 광고·정가표(定價表)·거래서류, 그 밖의 수단에 상표를 표시하고 전시하거나 널리 알리는 행위

② 제1항제11호 각 목에 따른 상표를 표시하는 행위에는 다음 각 호의 어느 하나의 방법으로 표시하는 행위가 포함된다.

1. 표장의 형상이나 소리 또는 냄새로 상표를 표시하는 행위
2. 전기통신회선을 통하여 제공되는 정보에 전자적 방법으로 표시하는 행위

③ 단체표장·증명표장 또는 업무표장에 관하여는 이 법에서 특별히 규정한 것을 제외하고는 상표에 관한 규정을 적용한다.

④ 지리적 표시 증명표장에 관하여는 이 법에서 특별히 규정한 것을 제외하고는 지리적 표시 단체표장에 관한 규정을 적용한다.

**제3조【상표등록을 받을 수 있는 자】** ① 국내에서 상표를 사용하는 자 또는 사용하려는 자는 자기의 상표를 등록받을 수 있다. 다만, 특허청 직원과 특허심판원 직원은 상속 또는 유증(遺贈)의 경우를 제외하고는 재직 중에 상표를 등록받을 수 없다.

② 상품을 생산·제조·가공·판매하거나 서비스를 제공하는 자가 공동으로 설립한 법인(지리적 표시 단체표장의 경우에는 그 지리적 표시를 사용할 수 있는 상품을 생산·제조 또는 가공하는 자로 구성된 법인으로 한정한다)은 자기의 단체표장을 등록받을 수 있다.(2018.4.17 본항개정)

③ 상품의 품질, 원산지, 생산방법 또는 그 밖의 특성을 증명하고 관리하는 것을 업으로 할 수 있는 자는 타인의 상품에 대하여 그 상품이 정해진 품질, 원산지, 생산방법 또는 그 밖의 특성을 충족하는 것을 증명하는 데 사용하기 위해서만 증명표장을 등록받을 수 있다. 다만, 자기의 영업에 관한 상품에 사용하려는 경우에는 증명표장의 등록을 받을 수 없다.

④ 제3항에도 불구하고 상표·단체표장 또는 업무표장을 출원(出願)하거나 등록을 받은 자는 그 상표 등과 동일·유사한 표장을 증명표장으로 등록받을 수 없다.

⑤ 증명표장을 출원하거나 등록을 받은 자는 그 증명표장과 동일·유사한 표장을 상표·단체표장 또는 업무표장으로 등록을 받을 수 없다.

⑥ 국내에서 영리를 목적으로 하지 아니하는 업무를 하는 자는 자기의 업무표장을 등록받을 수 있다.

**제4조【미성년자 등의 행위능력】** ① 미성년자·피한정후견인(상표권 또는 상표에 관한 권리와 관련된 법정대리인이 있는 경우만 해당한다) 또는 피성년후견인은 법정대리인에 의해서만 상표등록에 관한 출원·청구, 그 밖의 절

차(이하 "상표에 관한 절차"라 한다)를 밟을 수 있다. 다만, 미성년자 또는 피한정후견인이 독립하여 법률행위를 할 수 있는 경우에는 그러하지 아니하다.
② 제1항의 법정대리인은 후견감독인의 동의 없이 상대방이 청구한 제60조에 따른 상표등록 이의신청(이하 "이의신청"이라 한다)이나 심판 또는 재심에 대한 절차를 밟을 수 있다.

**제5조 【법인이 아닌 사단 등】** 법인이 아닌 사단 또는 재단으로서 대표자 또는 관리인이 정해져 있는 경우에는 그 사단이나 재단의 이름으로 제60조제1항에 따른 상표등록의 이의신청인이나 심판 또는 재심의 당사자가 될 수 있다.

**제6조 【재외자의 상표관리인】** ① 국내에 주소나 영업소가 없는 자(이하 "재외자"라 한다)는 재외자(법인인 경우에는 그 대표자를 말한다)가 국내에 체류하는 경우를 제외하고는 그 재외자의 상표에 관한 대리인으로서 국내에 주소나 영업소가 있는 자(이하 "상표관리인"이라 한다)에 의해서만 상표에 관한 절차를 밟거나 이 법 또는 이 법에 따른 명령에 따라 행정청이 한 처분에 대하여 소(訴)를 제기할 수 있다.
② 상표관리인은 위임된 권한의 범위에서 상표에 관한 절차 및 이 법 또는 이 법에 따른 명령에 따라 행정청이 한 처분에 관한 소송에서 본인을 대리한다.

**제7조 【대리권의 범위】** 국내에 주소나 영업소가 있는 자로부터 상표에 관한 절차를 밟을 것을 위임받은 대리인(상표관리인을 포함한다. 이하 같다)은 특별히 권한을 위임받지 아니하면 다음 각 호에 해당하는 행위를 할 수 없다.
1. 제36조에 따른 상표등록출원(이하 "상표등록출원"이라 한다)의 포기 또는 취하
2. 제44조에 따른 출원의 변경
3. 다음 각 목의 어느 하나에 해당하는 신청 또는 출원의 취하
   가. 제84조에 따른 상표권의 존속기간 갱신등록(이하 "존속기간갱신등록"이라 한다)의 신청(이하 "존속기간갱신등록신청"이라 한다)
   나. 제86조제1항에 따라 추가로 지정한 상품의 추가등록출원(이하 "지정상품추가등록출원"이라 한다)
   다. 제211조에 따른 상품분류전환등록(이하 "상품분류전환등록"이라 한다)을 위한 제209조제2항에 따른 신청(이하 "상품분류전환등록신청"이라 한다)
4. 상표권의 포기
5. 신청의 취하
6. 청구의 취하
7. 제115조 또는 제116조에 따른 심판청구
8. 복대리인(復代理人)의 선임

**제8조 【대리권의 증명】** 상표에 관한 절차를 밟는 자의 대리인의 대리권은 서면으로 증명하여야 한다.

**제9조 【행위능력 등의 흠에 대한 추인】** 행위능력 또는 법정대리권이 없거나 상표에 관한 절차를 밟는 데 필요한 권한의 위임에 흠이 있는 자가 밟은 절차는 보정(補正)된 당사자나 법정대리인이 추인(追認)하면 행위를 한 때로 소급하여 그 효력이 발생한다.

**제10조 【대리권의 불소멸】** 상표에 관한 절차를 밟는 자의 위임을 받은 대리인의 대리권은 다음 각 호의 사유가 있어도 소멸하지 아니한다.
1. 본인의 사망이나 행위능력 상실
2. 본인인 법인의 합병에 의한 소멸
3. 본인인 수탁자의 신탁임무 종료
4. 법정대리인의 사망이나 행위능력 상실
5. 법정대리인의 대리권의 소멸이나 변경

**제11조 【개별대리】** 상표에 관한 절차를 밟는 자의 대리인이 2인 이상이면 특허청장 또는 특허심판원장에 대하여 각각의 대리인이 본인을 대리한다.

**제12조【대리인의 선임 또는 교체 명령 등】** ① 특허청장 또는 제131조제1항에 따라 지정된 심판장(이하 "심판장"이라 한다)은 상표에 관한 절차를 밟는 자가 그 절차를 원활히 수행할 수 없거나 구술심리에서 진술할 능력이 없다고 인정되는 등 그 절차를 밟는 데 적당하지 아니하다고 인정되면 대리인에 의하여 그 절차를 밟도록 명할 수 있다.

② 특허청장 또는 심판장은 상표에 관한 절차를 밟는 자의 대리인이 그 절차를 원활히 수행할 수 없거나 구술심리에서 진술할 능력이 없다고 인정되는 등 그 절차를 밟는 데 적당하지 아니하다고 인정되면 그 대리인을 바꿀 것을 명할 수 있다.

③ 특허청장 또는 심판장은 제1항 및 제2항의 경우에 변리사에 의하여 대리하게 할 것을 명할 수 있다.

④ 특허청장 또는 심판장은 제1항 또는 제2항에 따라 대리인의 선임 또는 교체 명령을 한 경우에는 제1항에 따라 대리인이 선임되거나 제2항에 따라 대리인이 교체되기 전에 특허청장 또는 특허심판원장에 대하여 상표에 관한 절차를 밟는 자 또는 교체되기 전의 대리인이 한 상표에 관한 절차의 전부 또는 일부를 상표에 관한 절차를 밟는 자의 신청에 따라 무효로 할 수 있다.

**제13조【복수당사자의 대표】** ① 2인 이상이 공동으로 상표등록출원 또는 심판청구를 하고 그 출원 또는 심판에 관계된 절차를 밟을 경우에는 다음 각 호의 어느 하나에 해당하는 사항을 제외하고는 각자가 전원을 대표한다. 다만, 대표자를 선정하여 특허청장 또는 특허심판원장에게 신고한 경우에는 그 대표자가 전원을 대표한다.

1. 상표등록출원의 포기 또는 취하
2. 제44조에 따른 출원의 변경
3. 다음 각 목의 어느 하나에 해당하는 신청 또는 출원의 취하
   가. 존속기간갱신등록신청
   나. 지정상품추가등록출원
   다. 상품분류전환등록신청
4. 신청의 취하
5. 청구의 취하
6. 제115조 또는 제116조에 따른 심판청구

② 제1항 각 호 외의 부분 단서에 따라 신고할 경우에는 대표자로 선임된 사실을 서면으로 증명하여야 한다.

**제14조【「민사소송법」의 준용】** 대리인에 관하여는 이 법에서 특별히 규정한 것을 제외하고는 「민사소송법」 제1편제2장제4절(제87조부터 제97조까지)을 준용한다.

**제15조【재외자의 재판관할】** 재외자의 상표권 또는 상표에 관한 권리에 관하여 상표관리인이 있으면 그 상표관리인의 주소 또는 영업소를, 상표관리인이 없으면 특허청 소재지를 「민사소송법」 제11조에 따른 재산이 있는 곳으로 본다.

**제16조【기간의 계산】** 이 법 또는 이 법에 따른 명령으로 정한 기간의 계산은 다음 각 호에 따른다.

1. 기간의 첫날은 계산에 넣지 아니한다. 다만, 그 기간이 오전 0시부터 시작하는 경우에는 그러하지 아니하다.
2. 기간을 월 또는 연으로 정한 경우에는 역(曆)에 따라 계산한다.
3. 월 또는 연의 처음부터 기간을 기산(起算)하지 아니하는 경우에는 마지막 월 또는 연에서 그 기산일에 해당하는 날의 전날로 기간이 만료한다. 다만, 기간을 월 또는 연으로 정한 경우에 마지막 월에 해당 일이 없으면 그 월의 마지막 날로 기간이 만료한다.
4. 상표에 관한 절차에서 기간의 마지막 날이 공휴일(토요일 및 「근로자의 날 제정에 관한 법률」에 따른 근로자의 날을 포함한다)이면 기간은 그 다음 날로 만료한다.

**제17조【기간의 연장 등】** ① 특허청장은 당사자의 청구에 의하여 또는 직권으로 다음 각 호의 어느 하나에 해당하는 기간을 30일 이내에서 한 차례 연장할 수 있다. 다만, 도서·벽지 등 교통이 불편한 지역에 있는 자의 경우에는 산업통상자원부령으로 정하는 바에 따라 그 횟수 및 기간을 추가로 연장할 수 있다.

1. 제61조에 따른 이의신청 이유 등의 보정기간
2. 제115조에 따른 보정각하결정에 대한 심판의 청구기간
3. 제116조에 따른 거절결정에 대한 심판의 청구기간

② 특허청장, 특허심판원장, 심판장 또는 제50조에 따른 심사관(이하 "심사관"이라 한다)은 이 법에 따라 상표에 관한 절차를 밟을 기간을 정한 경우에는 상표에 관한 절차를 밟는 자 또는 그 대리인의 청구에 따라 그 기간을 단축 또는 연장하거나 직권으로 그 기간을 연장할 수 있다. 이 경우 특허청장 등은 해당 절차의 이해관계인의 이익이 부당하게 침해되지 아니하도록 단축 또는 연장 여부를 결정하여야 한다.

③ 심판장 또는 심사관은 이 법에 따라 상표에 관한 절차를 밟을 기일을 정하였을 경우에는 상표에 관한 절차를 밟는 자 또는 그 대리인의 청구에 의하여 또는 직권으로 그 기일을 변경할 수 있다.

**제18조【절차의 무효】** ① 특허청장 또는 특허심판원장은 제39조(제212조에서 준용하는 경우를 포함한다)에 따른 보정명령을 받은 자가 지정된 기간 내에 그 보정을 하지 아니하면 상표에 관한 절차를 무효로 할 수 있다.

② 특허청장 또는 특허심판원장은 제1항에 따라 상표에 관한 절차를 무효로 하였더라도 지정된 기간을 지키지 못한 것이 정당한 사유에 의한 것으로 인정될 때에는 그 사유가 소멸한 날부터 2개월 이내에 보정명령을 받은 자의 청구에 의하여 그 무효처분을 취소할 수 있다. 다만, 지정된 기간의 만료일부터 1년이 지났을 경우에는 그러하지 아니하다.(2021.10.19 본문개정)

③ 특허청장 또는 특허심판원장은 제1항에 따른 무효처분 또는 제2항 본문에 따른 무효처분의 취소처분을 할 경우에는 그 보정명령을 받은 자에게 처분통지서를 송달하여야 한다.

**제19조【절차의 추후 보완】** 상표에 관한 절차를 밟는 자가 책임질 수 없는 사유로 다음 각 호의 어느 하나에 해당하는 기간을 지키지 못한 경우에는 그 사유가 소멸한 날부터 2개월 이내에 지키지 못한 절차를 추후 보완할 수 있다. 다만, 그 기간의 만료일부터 1년이 지났을 경우에는 그러하지 아니하다.

1. 제115조에 따른 보정각하결정에 대한 심판의 청구기간
2. 제116조에 따른 거절결정에 대한 심판의 청구기간
3. 제159조제1항에 따른 재심의 청구기간

**제20조【절차의 효력 승계】** 상표권 또는 상표에 관한 권리에 관하여 밟은 절차의 효력은 그 상표권 또는 상표에 관한 권리의 승계인에게 미친다.

**제21조【절차의 속행】** 특허청장 또는 심판장은 상표에 관한 절차가 특허청 또는 특허심판원에 계속(繫屬) 중일 때 상표권 또는 상표에 관한 권리가 이전된 경우에는 그 상표권 또는 상표에 관한 권리의 승계인에게 그 절차를 속행(續行)하게 할 수 있다.

**제22조【절차의 중단】** 상표에 관한 절차가 특허청 또는 특허심판원에 계속 중일 때 다음 각 호의 어느 하나에 해당하는 사유가 발생한 경우에는 그 절차는 중단된다. 다만, 절차를 밟을 것을 위임받은 대리인이 있는 경우에는 그러하지 아니하다.

1. 당사자가 사망한 경우
2. 당사자인 법인이 합병으로 소멸한 경우

3. 당사자가 절차를 밟을 능력을 상실한 경우
4. 당사자의 법정대리인이 사망하거나 그 대리권을 상실한 경우
5. 당사자의 신탁에 의한 수탁자의 임무가 끝난 경우
6. 제13조제1항 각 호 외의 부분 단서에 따른 대표자가 사망하거나 그 자격을 상실한 경우
7. 파산관재인 등 일정한 자격에 의하여 자기 이름으로 다른 사람을 위하여 당사자가 된 자가 그 자격을 상실하거나 사망한 경우

**제23조【중단된 절차의 수계】** 제22조에 따라 특허청 또는 특허심판원에 계속 중인 절차가 중단된 경우에는 다음 각 호의 구분에 따른 자가 그 절차를 수계(受繼)하여야 한다.

1. 제22조제1호의 경우 : 그 상속인 · 상속재산관리인 또는 법률에 따라 절차를 계속 진행할 자. 다만, 상속인은 상속을 포기할 수 있는 기간 동안에는 그 절차를 수계하지 못한다.
2. 제22조제2호의 경우 : 합병으로 설립되거나 합병 후 존속하는 법인
3. 제22조제3호 및 제4호의 경우 : 절차를 밟을 능력을 회복한 당사자 또는 법정대리인이 된 자
4. 제22조제5호의 경우 : 새로운 수탁자
5. 제22조제6호의 경우 : 새로운 대표자 또는 각 당사자
6. 제22조제7호의 경우 : 파산관재인 등 일정한 자격을 가진 자

**제24조【수계신청】** ① 제22조에 따라 중단된 절차에 관한 수계신청은 제23조 각 호에 따른 자 및 상대방도 할 수 있다.

② 특허청장 또는 심판장은 제22조에 따라 중단된 절차에 관한 수계신청이 있는 경우에는 그 사실을 제23조 각 호에 따른 자 또는 상대방에게 알려야 한다.

③ 특허청장 또는 제129조에 따른 심판관(이하 "심판관"이라 한다)은 제22조에 따라 중단된 절차에 관한 수계신청에 대하여 직권으로 조사하여 이유 없다고 인정할 경우에는 결정으로 기각하여야 한다.

④ 특허청장 또는 심판관은 제23조 각 호에 따른 자가 중단된 절차를 수계하지 아니하면 직권으로 기간을 정하여 수계를 명하여야 한다.

⑤ 제4항에 따라 수계명령을 받은 자가 같은 항에 따른 기간 내에 절차를 수계하지 아니하면 그 기간이 끝나는 날의 다음 날에 수계한 것으로 본다.

⑥ 특허청장 또는 심판장은 제5항에 따라 수계한 것으로 본 경우에는 그 사실을 당사자에게 알려야 한다.

**제25조【절차의 중지】** ① 특허청장 또는 심판관이 천재지변이나 그 밖의 불가피한 사유로 그 직무를 수행할 수 없는 경우에는 특허청 또는 특허심판원에 계속 중인 절차는 그 사유가 없어질 때까지 중지된다.

② 당사자에게 특허청 또는 특허심판원에 계속 중인 절차를 속행할 수 없는 장애 사유가 생긴 경우에는 특허청장 또는 심판관은 결정으로 그 절차의 중지를 명할 수 있다.

③ 특허청장 또는 심판관은 제2항에 따른 결정을 취소할 수 있다.

④ 특허청장 또는 심판장은 제1항 및 제2항에 따른 중지 또는 제3항에 따른 취소를 하였을 경우에는 그 사실을 각각 당사자에게 알려야 한다.

**제26조【중단 또는 중지의 효과】** 상표에 관한 절차가 중단되거나 중지된 경우에는 그 기간의 진행은 정지되고 그 절차의 수계 통지를 하거나 그 절차를 속행한 때부터 전체 기간이 새로 진행된다.

**제27조【외국인의 권리능력】** 재외자인 외국인은 다음 각 호의 어느 하나에 해당하는 경우를 제외하고는 상표권 또는 상표에 관한 권리를 누릴 수 없다.

1. 그 외국인이 속하는 국가에서 대한민국 국민에 대하여 그 국민과 같은 조건으로 상표권 또는 상표에 관한 권리를 인정하는 경우
2. 대한민국이 그 외국인에 대하여 상표권 또는 상표에 관한 권리를 인정하는 경우에는 그 외국인이 속하는 국가에서 대한민국 국민에 대하여 그 국민과 같은 조건으로 상표권 또는 상표에 관한 권리를 인정하는 경우
3. 조약 및 이에 준하는 것(이하 "조약"이라 한다)에 따라 상표권 또는 상표에 관한 권리를 인정하는 경우

**제28조【서류 제출의 효력 발생 시기】** ① 이 법 또는 이 법에 따른 명령에 따라 특허청장 또는 특허심판원장에게 제출하는 출원서 · 청구서, 그 밖의 서류(물건을 포함한다. 이하 이 조에서 같다)는 특허청장 또는 특허심판원장에게 도달한 날부터 그 효력이 발생한다.

② 제1항의 출원서 · 청구서, 그 밖의 서류를 우편으로 특허청장 또는 특허심판원장에게 제출하는 경우에는 다음 각 호의 구분에 따른 날에 특허청장 또는 특허심판원장에게 도달한 것으로 본다. 다만, 상표권 및 상표에 관한 권리의 등록신청서류를 우편으로 제출하는 경우에는 그 서류가 특허청장 또는 특허심판원장에게 도달한 날부터 효력이 발생한다.

1. 우편법령에 따른 통신날짜도장에 표시된 날이 분명한 경우 : 표시된 날
2. 우편법령에 따른 통신날짜도장에 표시된 날이 분명하지 아니한 경우 : 우체국에 제출한 날(우편물 수령증에 의하여 증명된 날을 말한다)

③ 제1항 및 제2항에서 규정한 사항 외에 우편물의 지연, 우편물의 분실 · 도난 및 우편업무의 중단으로 인한 서류 제출에 필요한 사항은 산업통상자원부령으로 정한다.

**제29조【고유번호의 기재】** ① 상표에 관한 절차를 밟는 자는 산업통상자원부령으로 정하는 바에 따라 특허청장 또는 특허심판원장에게 자신의 고유번호를 부여하여 줄 것을 신청하여야 한다.

② 특허청장 또는 특허심판원장은 제1항에 따른 신청을 받으면 신청인에게 고유번호를 부여하고 그 사실을 알려야 한다.

③ 특허청장 또는 특허심판원장은 제1항에 따른 고유번호 부여 신청을 하지 아니하는 자에게는 직권으로 고유번호를 부여하고 그 사실을 알려야 한다.

④ 제2항 또는 제3항에 따라 고유번호를 부여받은 자가 상표에 관한 절차를 밟는 경우에는 산업통상자원부령으로 정하는 서류에 자신의 고유번호를 적어야 한다. 이 경우 이 법 또는 이 법에 따른 명령에도 불구하고 해당 서류에 주소(법인인 경우에는 영업소의 소재지를 말한다)를 적지 아니할 수 있다.

⑤ 상표에 관한 절차를 밟는 자의 대리인에 관하여는 제1항부터 제4항까지의 규정을 준용한다.

⑥ 고유번호 부여 신청, 고유번호의 부여 및 통지, 그 밖에 고유번호에 관하여 필요한 사항은 산업통상자원부령으로 정한다.

**제30조【전자문서에 의한 상표에 관한 절차의 수행】** ① 상표에 관한 절차를 밟는 자는 이 법에 따라 특허청장 또는 특허심판원장에게 제출하는 상표등록출원서와 그 밖의 서류를 산업통상자원부령으로 정하는 방식에 따라 전자문서화하고, 이를 「정보통신망 이용촉진 및 정보보호 등에 관한 법률」 제2조제1항제1호에 따른 정보통신망(이하 "정보통신망"이라 한다)을 이용하여 제출하거나 이동식 저장매체 등 전자적 기록매체에 수록하여 제출할 수 있다.

② 제1항에 따라 제출된 전자문서는 이 법에 따라 제출된 서류와 같은 효력을 가진다.

③ 제1항에 따라 정보통신망을 이용하여 제출된 전자문서는 그 문서의 제출인이 정보통신망을 통하여 접수번호를 확인할 수 있는 때에 특허청 또는 특허심판원에서 사용하는 접수용 전산정보처리조직의 파일에 기록된 내용으로 접수된 것으로 본다.
④ 제1항에 따라 전자문서로 제출할 수 있는 서류의 종류, 제출 방법과 그 밖에 전자문서에 의한 서류의 제출에 필요한 사항은 산업통상자원부령으로 정한다.

**제31조 【전자문서 이용신고 및 전자서명】** ① 전자문서로 상표에 관한 절차를 밟으려는 자는 미리 특허청장 또는 특허심판원장에게 전자문서 이용신고를 하여야 하며, 특허청장 또는 특허심판원장에게 제출하는 전자문서에 제출인을 알아볼 수 있도록 전자서명을 하여야 한다.
② 제30조에 따라 제출된 전자문서는 제1항에 따른 전자서명을 한 자가 제출한 것으로 본다.
③ 제1항에 따른 전자문서 이용신고 절차 및 전자서명 방법 등에 관하여 필요한 사항은 산업통상자원부령으로 정한다.

**제32조 【정보통신망을 이용한 통지 등의 수행】** ① 특허청장, 특허심판원장, 심판장, 심판관, 제62조제3항에 따라 지정된 심사장(이하 "심사장"이라 한다) 또는 심사관은 제31조제1항에 따라 전자문서 이용신고를 한 자에게 서류의 통지 및 송달(이하 이 조에서 "통지등"이라 한다)을 하려는 경우에는 정보통신망을 이용하여 할 수 있다.
② 제1항에 따른 서류의 통지등은 서면으로 한 것과 같은 효력을 가진다.
③ 제1항에 따른 서류의 통지등은 그 통지등을 받는 자가 자신이 사용하는 전산정보처리조직을 통하여 그 서류를 확인한 때에 특허청 또는 특허심판원에서 사용하는 발송용 전산정보처리조직의 파일에 기록된 내용으로 도달한 것으로 본다.
④ 제1항에 따라 정보통신망을 이용하여 하는 통지등의 종류 및 방법 등에 관하여 필요한 사항은 산업통상자원부령으로 정한다.

## 제2장 상표등록요건 및 상표등록출원

**제33조 【상표등록의 요건】** ① 다음 각 호의 어느 하나에 해당하는 상표를 제외하고는 상표등록을 받을 수 있다.
1. 그 상품의 보통명칭을 보통으로 사용하는 방법으로 표시한 표장만으로 된 상표
2. 그 상품에 대하여 관용(慣用)하는 상표
3. 그 상품의 산지(産地)·품질·원재료·효능·용도·수량·형상·가격·생산방법·가공방법·사용방법 또는 시기를 보통으로 사용하는 방법으로 표시한 표장만으로 된 상표
4. 현저한 지리적 명칭이나 그 약어(略語) 또는 지도만으로 된 상표
5. 흔히 있는 성(姓) 또는 명칭을 보통으로 사용하는 방법으로 표시한 표장만으로 된 상표
6. 간단하고 흔히 있는 표장만으로 된 상표
7. 제1호부터 제6호까지에 해당하는 상표 외에 수요자가 누구의 업무에 관련된 상품을 표시하는 것인가를 식별할 수 없는 상표

② 제1항제3호부터 제7호까지에 해당하는 상표라도 상표등록출원 전부터 그 상표를 사용한 결과 수요자 간에 특정인의 상품에 관한 출처를 표시하는 것으로 식별할 수 있게 된 경우에는 그 상표를 사용한 상품에 한정하여 상표등록을 받을 수 있다.(2023.10.31 본항개정)

③ 제1항제3호(산지로 한정한다) 또는 제4호에 해당하는 표장이라도 그 표장이 특정 상품에 대한 지리적 표시인 경우에는 그 지리적 표시를 사용한 상품을 지정상품(제38조제1항에 따라 지정한 상품 및 제86조제1항에 따라 추가로 지정한 상품을 말한다. 이하 같다)으로 하여 지리적 표시 단체표장등록을 받을 수 있다.

**제34조【상표등록을 받을 수 없는 상표】** ① 제33조에도 불구하고 다음 각 호의 어느 하나에 해당하는 상표에 대해서는 상표등록을 받을 수 없다.

1. 국가의 국기(國旗) 및 국제기구의 기장(記章) 등으로서 다음 각 목의 어느 하나에 해당하는 상표
   가. 대한민국의 국기, 국장(國章), 군기(軍旗), 훈장, 포장(褒章), 기장, 대한민국이나 공공기관의 감독용 또는 증명용 인장(印章)·기호와 동일·유사한 상표
   나. 「공업소유권의 보호를 위한 파리협약」(이하 "파리협약"이라 한다) 동맹국, 세계무역기구 회원국 또는 「상표법조약」 체약국(이하 이 항에서 "동맹국등"이라 한다)의 국기와 동일·유사한 상표
   다. 국제적십자, 국제올림픽위원회 또는 저명(著名)한 국제기관의 명칭, 약칭, 표장과 동일·유사한 상표. 다만, 그 기관이 자기의 명칭, 약칭 또는 표장을 상표등록출원한 경우에는 상표등록을 받을 수 있다.
   라. 파리협약 제6조의3에 따라 세계지식재산기구로부터 통지받아 특허청장이 지정한 동맹국등의 문장(紋章), 기(旗), 훈장, 포장 또는 기장이나 동맹국등이 가입한 정부 간 국제기구의 명칭, 약칭, 문장, 기, 훈장, 포장 또는 기장과 동일·유사한 상표. 다만, 그 동맹국등이 가입한 정부 간 국제기구가 자기의 명칭·약칭, 표장을 상표등록출원한 경우에는 상표등록을 받을 수 있다.
   마. 파리협약 제6조의3에 따라 세계지식재산기구로부터 통지받아 특허청장이 지정한 동맹국등이나 그 공공기관의 감독용 또는 증명용 인장·기호와 동일·유사한 상표로서 그 인장 또는 기호가 사용되고 있는 상품과 동일·유사한 상품에 대하여 사용하는 상표
2. 국가·인종·민족·공공단체·종교 또는 저명한 고인(故人)과의 관계를 거짓으로 표시하거나 이들을 비방 또는 모욕하거나 이들에 대한 평판을 나쁘게 할 우려가 있는 상표
3. 국가·공공단체 또는 이들의 기관과 공익법인의 비영리 업무나 공익사업을 표시하는 표장으로서 저명한 것과 동일·유사한 상표. 다만, 그 국가 등이 자기의 표장을 상표등록출원한 경우에는 상표등록을 받을 수 있다.
4. 상표 그 자체 또는 상표가 상품에 사용되는 경우 수요자에게 주는 의미와 내용 등이 일반인의 통상적인 도덕관념인 선량한 풍속에 어긋나는 등 공공의 질서를 해칠 우려가 있는 상표
5. 정부가 개최하거나 정부의 승인을 받아 개최하는 박람회 또는 외국정부가 개최하거나 외국정부의 승인을 받아 개최하는 박람회의 상패·상장 또는 포장과 동일·유사한 표장이 있는 상표. 다만, 그 박람회에서 수상한 자가 그 수상한 상품에 관하여 상표의 일부로서 그 표장을 사용하는 경우에는 상표등록을 받을 수 있다.
6. 저명한 타인의 성명·명칭 또는 상호·초상·서명·인장·아호(雅號)·예명(藝名)·필명(筆名) 또는 이들의 약칭을 포함하는 상표. 다만,

그 타인의 승낙을 받은 경우에는 상표등록을 받을 수 있다.

7. 선출원(先出願)에 의한 타인의 등록상표(등록된 지리적 표시 단체표장은 제외한다)와 동일·유사한 상표로서 그 지정상품과 동일·유사한 상품에 사용하는 상표. 다만, 그 타인으로부터 상표등록에 대한 동의를 받은 경우(동일한 상표로서 그 지정상품과 동일한 상품에 사용하는 상표에 대하여 동의를 받은 경우는 제외한다)에는 상표등록을 받을 수 있다. (2023.10.31 단서신설)
8. 선출원에 의한 타인의 등록된 지리적 표시 단체표장과 동일·유사한 상표로서 그 지정상품과 동일하다고 인식되어 있는 상품에 사용하는 상표
9. 타인의 상품을 표시하는 것이라고 수요자들에게 널리 인식되어 있는 상표(지리적 표시는 제외한다)와 동일·유사한 상표로서 그 타인의 상품과 동일·유사한 상품에 사용하는 상표
10. 특정 지역의 상품을 표시하는 것이라고 수요자들에게 널리 인식되어 있는 타인의 지리적 표시와 동일·유사한 상표로서 그 지리적 표시를 사용하는 상품과 동일하다고 인정되어 있는 상품에 사용하는 상표
11. 수요자들에게 현저하게 인식되어 있는 타인의 상품이나 영업과 혼동을 일으키게 하거나 그 식별력 또는 명성을 손상시킬 염려가 있는 상표
12. 상품의 품질을 오인하게 하거나 수요자를 기만할 염려가 있는 상표
13. 국내 또는 외국의 수요자들에게 특정인의 상품을 표시하는 것이라고 인식되어 있는 상표(지리적 표시는 제외한다)와 동일·유사한 상표로서 부당한 이익을 얻으려 하거나 그 특정인에게 손해를 입히려고 하는 등 부정한 목적으로 사용하는 상표
14. 국내 또는 외국의 수요자들에게 특정 지역의 상품을 표시하는 것이라고 인식되어 있는 지리적 표시와 동일·유사한 상표로서 부당한 이익을 얻으려 하거나 그 지리적 표시의 정당한 사용자에게 손해를 입히려고 하는 등 부정한 목적으로 사용하는 상표
15. 상표등록을 받으려는 상품 또는 그 상품의 포장의 기능을 확보하는데 꼭 필요한(서비스의 경우에는 그 이용과 목적에 꼭 필요한 경우를 말한다) 입체적 형상, 색채, 색채의 조합, 소리 또는 냄새만으로 된 상표
16. 세계무역기구 회원국 내의 포도주 또는 증류주의 산지에 관한 지리적 표시로서 구성되거나 그 지리적 표시를 포함하는 상표로서 포도주 또는 증류주에 사용하려는 상표. 다만, 지리적 표시의 정당한 사용자가 해당 상품을 지정상품으로 하여 제36조제5항에 따른 지리적 표시 단체표장등록출원을 한 경우에는 상표등록을 받을 수 있다.
17. 「식물신품종 보호법」 제109조에 따라 등록된 품종명칭과 동일·유사한 상표로서 그 품종명칭과 동일·유사한 상품에 대하여 사용하는 상표
18. 「농수산물 품질관리법」 제32조에 따라 등록된 타인의 지리적 표시와 동일·유사한 상표로서 그 지리적 표시를 사용하는 상품과 동일하다고 인정되는 상품에 사용하는 상표
19. 대한민국이 외국과 양자간(兩者間) 또는 다자간(多者間)으로 체결하여 발효된 자유무역협정에 따라 보호하는 타인의 지리적 표시와 동일·유사한 상표 또는 그 지리적 표시로 구성되거나 그 지리적 표시를 포함하는 상표로서 지리적 표시를 사용하는 상품과 동일하다고 인정되는 상품에 사용하는 상표

20. 동업·고용 등 계약관계나 업무상 거래관계 또는 그 밖의 관계를 통하여 타인이 사용하거나 사용을 준비 중인 상표임을 알면서 그 상표와 동일·유사한 상표를 동일·유사한 상품에 등록출원한 상표
21. 조약당사국에 등록된 상표와 동일·유사한 상표로서 그 등록된 상표에 관한 권리를 가진 자와의 동업·고용 등 계약관계나 업무상 거래관계 또는 그 밖의 관계에 있거나 있었던 자가 그 상표에 관한 권리를 가진 자의 동의를 받지 아니하고 그 상표의 지정상품과 동일·유사한 상품을 지정상품으로 하여 등록출원한 상표

② 제1항은 다음 각 호의 어느 하나에 해당하는 결정(이하 "상표등록여부결정"이라 한다)을 할 때를 기준으로 하여 결정한다. 다만, 제1항제11호·제13호·제14호·제20호 및 제21호의 경우는 상표등록출원을 한 때를 기준으로 하여 결정하되, 상표등록출원인(이하 "출원인"이라 한다)이 제1항의 타인에 해당하는지는 상표등록여부결정을 할 때를 기준으로 하여 결정한다. (2023.10.31 본문개정)

1. 제54조에 따른 상표등록거절결정
2. 제68조에 따른 상표등록결정

③ 상표권자 또는 그 상표권자의 상표를 사용하는 자는 제119조제1항제1호부터 제3호까지, 제5호, 제5호의2 및 제6호부터 제9호까지의 규정에 해당한다는 이유로 상표등록의 취소심판이 청구되고 그 청구일 이후에 다음 각 호의 어느 하나에 해당하게 된 경우 그 상표와 동일·유사한 상표〔동일·유사한 상품(지리적 표시 단체표장의 경우에는 동일하다고 인정되는 상품을 말한다)을 지정상품으로 하여 다시 등록받으려는 경우로 한정한다〕에 대해서는 그 청구일부터 다음 각 호의 어느 하나에 해당하게 된 날 이후 3년이 지나기 전에 출원하면 상표등록을 받을 수 없다.(2023.10.31 본문개정)

1. 존속기간이 만료되어 상표권이 소멸한 경우
2. 상표권자가 상표권 또는 지정상품의 일부를 포기한 경우
3. 상표등록 취소의 심결(審決)이 확정된 경우

④ 동음이의어 지리적 표시 단체표장 상호 간에는 제1항제8호 및 제10호를 적용하지 아니한다.

**제35조 【선출원】** ① 동일·유사한 상품에 사용할 동일·유사한 상표에 대하여 다른 날에 둘 이상의 상표등록출원이 있는 경우에는 먼저 출원한 자만이 그 상표를 등록받을 수 있다.

② 동일·유사한 상품에 사용할 동일·유사한 상표에 대하여 같은 날에 둘 이상의 상표등록출원이 있는 경우에는 출원인의 협의에 의하여 정하여진 하나의 출원인만이 그 상표에 관하여 상표등록을 받을 수 있다. 협의가 성립하지 아니하거나 협의를 할 수 없는 때에는 특허청장이 행하는 추첨에 의하여 결정된 하나의 출원인만이 상표등록을 받을 수 있다.

③ 상표등록출원이 다음 각 호의 어느 하나에 해당되는 경우에는 그 상표등록출원은 제1항 및 제2항을 적용할 때에 처음부터 없었던 것으로 본다.

1. 포기 또는 취하된 경우
2. 무효로 된 경우
3. 제54조에 따른 상표등록거절결정 또는 거절한다는 취지의 심결이 확정된 경우

④ 특허청장은 제2항의 경우에는 출원인에게 기간을 정하여 협의의 결과를 신고할 것을 명하고, 그 기간 내에 신고가 없는 경우에는 제2항에 따른 협의는 성립되지 아니한 것으로 본다.

⑤ 제1항 및 제2항은 다음 각 호의 어느 하나에 해당하는 경우에는 적용하지 아니한다.

1. 동일(동일하다고 인정되는 경우를 포함한다)하지 아니한 상품에 대하여 동일·유사한 표장으로 둘 이상의 지리적 표시 단체표장등록출원 또는 지리적 표시 단체표장등록출원과 상표등록출원이 있는 경우
2. 서로 동음이의어 지리적 표시에 해당하는 표장으로 둘 이상의 지리적 표시 단체표장등록출원이 있는 경우

⑥ 제1항 및 제2항에도 불구하고 먼저 출원한 자 또는 협의·추첨에 의하여 정하여지거나 결정된 출원인으로부터 상표등록에 대한 동의를 받은 경우(동일한 상표로서 그 지정상품과 동일한 상품에 사용하는 상표에 대하여 동의를 받은 경우는 제외한다)에는 나중에 출원한 자 또는 협의·추첨에 의하여 정하여지거나 결정된 출원인이 아닌 출원인도 상표를 등록받을 수 있다. (2023.10.31 본항신설)

**제36조 【상표등록출원】** ① 상표등록을 받으려는 자는 다음 각 호의 사항을 적은 상표등록출원서를 특허청장에게 제출하여야 한다.
1. 출원인의 성명 및 주소(법인인 경우에는 그 명칭 및 영업소의 소재지를 말한다)
2. 출원인의 대리인이 있는 경우에는 그 대리인의 성명 및 주소나 영업소의 소재지〔대리인이 특허법인·특허법인(유한)인 경우에는 그 명칭, 사무소의 소재지 및 지정된 변리사의 성명을 말한다〕
3. 상표
4. 지정상품 및 산업통상자원부령으로 정하는 상품류(이하 "상품류"라 한다)
5. 제46조제3항에 따른 사항(우선권을 주장하는 경우만 해당한다)
6. 그 밖에 산업통상자원부령으로 정하는 사항

② 상표등록을 받으려는 자는 제1항 각 호의 사항 외에 산업통상자원부령으로 정하는 바에 따라 그 표장에 관한 설명을 상표등록출원서에 적어야 한다.

③ 단체표장등록을 받으려는 자는 제1항 각 호의 사항 외에 대통령령으로 정하는 단체표장의 사용에 관한 사항을 정한 정관을 단체표장등록출원서에 첨부하여야 한다.

④ 증명표장등록을 받으려는 자는 제1항 각 호의 사항 외에 대통령령으로 정하는 증명표장의 사용에 관한 사항을 정한 서류(법인인 경우에는 정관을 말하고, 법인이 아닌 경우에는 규약을 말하며, 이하 "정관 또는 규약"이라 한다)와 증명하려는 상품의 품질, 원산지, 생산방법이나 그 밖의 특성을 증명하고 관리할 수 있음을 증명하는 서류를 증명표장등록출원서에 첨부하여야 한다.

⑤ 지리적 표시 단체표장등록이나 지리적 표시 증명표장등록을 받으려는 자는 제3항 또는 제4항의 서류 외에 대통령령으로 정하는 바에 따라 지리적 표시의 정의에 일치함을 증명할 수 있는 서류를 지리적 표시 단체표장등록출원서 또는 지리적 표시 증명표장등록출원서에 첨부하여야 한다.

⑥ 업무표장등록을 받으려는 자는 제1항 각 호의 사항 외에 그 업무의 경영 사실을 증명하는 서류를 업무표장등록출원서에 첨부하여야 한다.

**제37조 【상표등록출원일의 인정 등】** ① 상표등록출원일은 상표등록출원에 관한 출원서가 특허청장에게 도달한 날로 한다. 다만, 상표등록출원이 다음 각 호의 어느 하나에 해당하는 경우에는 그러하지 아니하다.
1. 상표등록을 받으려는 취지가 명확하게 표시되지 아니한 경우
2. 출원인의 성명이나 명칭이 적혀 있지 아니하거나 명확하게 적혀 있지 아니하여 출원인을 특정할 수 없는 경우

3. 상표등록출원서에 상표등록을 받으려는 상표가 적혀 있지 아니하거나 적힌 사항이 선명하지 아니하여 상표로 인식할 수 없는 경우
4. 지정상품이 적혀 있지 아니한 경우
5. 한글로 적혀 있지 아니한 경우

② 특허청장은 상표등록출원이 제1항 각 호의 어느 하나에 해당하는 경우에는 상표등록을 받으려는 자에게 적절한 기간을 정하여 보완할 것을 명하여야 한다.

③ 제2항에 따른 보완명령을 받은 자가 상표등록출원을 보완하는 경우에는 절차보완에 관한 서면(이하 이 조에서 "절차보완서"라 한다)을 제출하여야 한다.

④ 특허청장은 제2항에 따른 보완명령을 받은 자가 지정된 기간 내에 상표등록출원을 보완한 경우에는 그 절차보완서가 특허청에 도달한 날을 상표등록출원일로 본다.

⑤ 특허청장은 제2항에 따른 보완명령을 받은 자가 지정된 기간 내에 보완을 하지 아니한 경우에는 그 상표등록출원을 부적합한 출원으로 보아 반려할 수 있다.

**제38조【1상표 1출원】** ① 상표등록출원을 하려는 자는 상품류의 구분에 따라 1류 이상의 상품을 지정하여 1상표마다 1출원을 하여야 한다.

② 제1항에 따른 상품류에 속하는 구체적인 상품은 특허청장이 정하여 고시한다.

③ 제1항에 따른 상품류의 구분은 상품의 유사범위를 정하는 것은 아니다.

**제39조【절차의 보정】** 특허청장 또는 특허심판원장은 상표에 관한 절차가 다음 각 호의 어느 하나에 해당하는 경우에는 산업통상자원부령으로 정하는 바에 따라 기간을 정하여 상표에 관한 절차를 밟는 자에게 보정을 명하여야 한다.

1. 제4조제1항 또는 제7조에 위반된 경우
2. 제78조에 따라 내야 할 수수료를 내지 아니한 경우
3. 이 법 또는 이 법에 따른 명령으로 정한 방식에 위반된 경우

**제40조【출원공고결정 전의 보정】** ① 출원인은 다음 각 호의 구분에 따른 때까지는 최초의 상표등록출원의 요지를 변경하지 아니하는 범위에서 상표등록출원서의 기재사항, 상표등록출원에 관한 지정상품 및 상표를 보정할 수 있다.

1. 제55조의2에 따른 재심사를 청구하는 경우 : 재심사의 청구기간 (2022.2.3 본호신설)

1의2. 제57조에 따른 출원공고의 결정이 있는 경우 : 출원공고의 때까지

2. 제57조에 따른 출원공고의 결정이 없는 경우 : 제54조에 따른 상표등록거절결정의 때까지
3. 제116조에 따른 거절결정에 대한 심판을 청구하는 경우 : 그 청구일부터 30일 이내
4. 제123조에 따라 거절결정에 대한 심판에서 심사규정이 준용되는 경우 : 제55조제1항 · 제3항 또는 제87조제2항 · 제3항에 따른 의견서 제출기간

② 제1항에 따른 보정이 다음 각 호의 어느 하나에 해당하는 경우에는 상표등록출원의 요지를 변경하지 아니하는 것으로 본다.

1. 지정상품의 범위의 감축(減縮)
2. 오기(誤記)의 정정
3. 불명료한 기재의 석명(釋明)
4. 상표의 부기적(附記的)인 부분의 삭제
5. 그 밖에 제36조제2항에 따른 표장에 관한 설명 등 산업통상자원부령으로 정하는 사항

③ 상표권 설정등록이 있은 후에 제1항에 따른 보정이 제2항 각 호의 어느

하나에 해당하지 아니하는 것으로 인정된 경우에는 그 상표등록출원은 그 보정서를 제출한 때에 상표등록출원을 한 것으로 본다.

**제41조 【출원공고결정 후의 보정】** ① 출원인은 제57조제2항에 따른 출원공고결정 등본의 송달 후에 다음 각 호의 어느 하나에 해당하게 된 경우에는 해당 호에서 정하는 기간 내에 최초의 상표등록출원의 요지를 변경하지 아니하는 범위에서 지정상품 및 상표를 보정할 수 있다.

1. 제54조에 따른 상표등록거절결정 또는 제87조제1항에 따른 지정상품의 추가등록거절결정의 거절이유에 나타난 사항에 대하여 제116조에 따른 심판을 청구한 경우 : 심판청구일부터 30일
2. 제55조제1항 및 제87조제2항에 따른 거절이유의 통지를 받고 그 거절이유에 나타난 사항에 대하여 보정하려는 경우 : 해당 거절이유에 대한 의견서 제출기간

2의2. 제55조의2에 따른 재심사를 청구하는 경우 : 재심사의 청구기간 (2022.2.3 본호신설)

3. 이의신청이 있는 경우에 그 이의신청의 이유에 나타난 사항에 대하여 보정하려는 경우 : 제66조제1항에 따른 답변서 제출기간

② 제1항에 따른 보정이 제40조제2항 각 호의 어느 하나에 해당하는 경우에는 상표등록출원의 요지를 변경하지 아니하는 것으로 본다.

③ 상표권 설정등록이 있은 후에 제1항에 따른 보정이 제40조제2항 각 호의 어느 하나에 해당하지 아니하는 것으로 인정된 경우에는 그 상표등록출원은 그 보정을 하지 아니하였던 상표등록출원에 관하여 상표권이 설정등록된 것으로 본다.

**제42조 【보정의 각하】** ① 심사관은 제40조 및 제41조에 따른 보정이 제40조제2항 각 호의 어느 하나에 해당하지 아니하는 것인 경우에는 결정으로 그 보정을 각하(却下)하여야 한다.

② 심사관은 제1항에 따른 각하결정을 한 경우에는 제115조에 따른 보정각하결정에 대한 심판청구기간이 지나기 전까지는 그 상표등록출원에 대한 상표등록여부결정을 해서는 아니 되며, 출원공고할 것을 결정하기 전에 제1항에 따른 각하결정을 한 경우에는 출원공고결정도 해서는 아니 된다.
(2021.10.19 본항개정)

③ 심사관은 출원인이 제1항에 따른 각하결정에 대하여 제115조에 따라 심판을 청구한 경우에는 그 심판의 심결이 확정될 때까지 그 상표등록출원의 심사를 중지하여야 한다.

④ 제1항에 따른 각하결정은 서면으로 하여야 하며, 그 이유를 붙여야 한다.

⑤ 제1항에 따른 각하결정(제41조에 따른 보정에 대한 각하결정으로 한정한다)에 대해서는 불복할 수 없다. 다만, 제116조에 따른 거절결정에 대한 심판을 청구하는 경우에는 그러하지 아니하다.

**제43조 【수정정관 등의 제출】** ① 단체표장등록을 출원한 출원인은 제36조제3항에 따른 정관을 수정한 경우에는 제40조제1항 각 호 또는 제41조제1항 각 호에서 정한 기간 내에 특허청장에게 수정된 정관을 제출하여야 한다.

② 증명표장등록을 출원한 출원인은 정관 또는 규약을 수정한 경우에는 제40조제1항 각 호 또는 제41조제1항 각 호에서 정한 기간 내에 특허청장에게 수정된 정관 또는 규약을 제출하여야 한다.

**제44조 【출원의 변경】** ① 다음 각 호의 어느 하나에 해당하는 출원을 한 출원인은 그 출원을 다음 각 호의 어느 하나에 해당하는 다른 출원으로 변경할 수 있다.

1. 상표등록출원
2. 단체표장등록출원(지리적 표시 단체표장등록출원은 제외한다)
3. 증명표장등록출원(지리적 표시 증명표장등록출원은 제외한다)

② 지정상품추가등록출원을 한 출원인은 상표등록출원으로 변경할 수 있다. 다만, 지정상품추가등록출원의 기초가 된 등록상표에 대하여 무효심판 또는 취소심판이 청구되거나 그 등록상표가 무효심판 또는 취소심판 등으로 소멸된 경우에는 그러하지 아니하다.

③ 제1항 및 제2항에 따라 변경된 출원(이하 "변경출원"이라 한다)은 최초의 출원을 한 때에 출원한 것으로 본다. 다만, 제46조제3항·제4항 또는 제47조제2항을 적용할 때에는 변경출원한 때를 기준으로 한다.(2023.10.31 단서개정)

④ 제1항 및 제2항에 따른 출원의 변경은 최초의 출원에 대한 등록여부결정 또는 심결이 확정된 후에는 할 수 없다.

⑤ 변경출원의 기초가 된 출원이 제46조에 따라 우선권을 주장한 출원인 경우에는 제1항 및 제2항에 따라 변경출원을 한 때에 그 변경출원에 우선권 주장을 한 것으로 보며, 변경출원의 기초가 된 출원에 대하여 제46조에 따라 제출된 서류 또는 서면이 있는 경우에는 그 변경출원에 해당 서류 또는 서면이 제출된 것으로 본다.(2023.10.31 본항신설)

⑥ 제5항에 따라 제46조에 따른 우선권 주장을 한 것으로 보는 변경출원에 대해서는 변경출원을 한 날부터 30일 이내에 그 우선권 주장의 전부 또는 일부를 취하할 수 있다.(2023.10.31 본항신설)

⑦ 제47조에 따른 출원 시의 특례에 관하여는 제5항 및 제6항을 준용한다.(2023.10.31 본항신설)

⑧ 변경출원의 경우 최초의 출원은 취하된 것으로 본다.

**제45조【출원의 분할】** ① 출원인은 둘 이상의 상품을 지정상품으로 하여 상표등록출원을 한 경우에는 제40조제1항 각 호 및 제41조제1항 각 호에서 정한 기간 내에 둘 이상의 상표등록출원으로 분할할 수 있다.

② 제1항에 따라 분할하는 상표등록출원(이하 "분할출원"이라 한다)이 있는 경우 그 분할출원은 최초에 상표등록출원을 한 때에 출원한 것으로 본다. 다만, 제46조제3항·제4항 또는 제47조제2항을 적용할 때에는 분할출원한 때를 기준으로 한다.(2023.10.31 단서개정)

③ 분할의 기초가 된 상표등록출원이 제46조에 따라 우선권을 주장한 상표등록출원인 경우에는 제1항에 따라 분할출원을 한 때에 그 분할출원에 대해서도 우선권 주장을 한 것으로 보며, 분할의 기초가 된 상표등록출원에 대하여 제46조에 따라 제출된 서류 또는 서면이 있는 경우에는 그 분할출원에 대해서도 해당 서류 또는 서면이 제출된 것으로 본다.(2021.10.19 본항신설)

④ 제3항에 따라 제46조에 따른 우선권 주장을 한 것으로 보는 분할출원에 대해서는 분할출원을 한 날부터 30일 이내에 그 우선권 주장의 전부 또는 일부를 취하할 수 있다.(2021.10.19 본항신설)

⑤ 제47조에 따른 출원 시의 특례에 관하여는 제3항 및 제4항을 준용한다.(2021.10.19 본항신설)

**제46조【조약에 따른 우선권 주장】** ① 조약에 따라 대한민국 국민에게 상표등록출원에 대한 우선권을 인정하는 당사국의 국민이 그 당사국 또는 다른 당사국에 상표등록출원을 한 후 같은 상표를 대한민국에 상표등록출원하여 우선권을 주장하는 경우에는 제35조

를 적용할 때 그 당사국에 출원한 날을 대한민국에 상표등록출원한 날로 본다. 대한민국 국민이 조약에 따라 대한민국 국민에게 상표등록출원에 대한 우선권을 인정하는 당사국에 상표등록출원한 후 같은 상표를 대한민국에 상표등록출원한 경우에도 또한 같다.

② 제1항에 따라 우선권을 주장하려는 자는 우선권 주장의 기초가 되는 최초의 출원일부터 6개월 이내에 출원하지 아니하면 우선권을 주장할 수 없다.

③ 제1항에 따라 우선권을 주장하려는 자는 상표등록출원 시 상표등록출원서에 그 취지, 최초로 출원한 국가명 및 출원 연월일을 적어야 한다.

④ 제3항에 따라 우선권을 주장한 자는 최초로 출원한 국가의 정부가 인정하는 상표등록출원의 연월일을 적은 서면, 상표 및 지정상품의 등본을 상표등록출원일부터 3개월 이내에 특허청장에게 제출하여야 한다.

⑤ 제3항에 따라 우선권을 주장한 자가 제4항의 기간 내에 같은 항에 따른 서류를 제출하지 아니한 경우에는 그 우선권 주장은 효력을 상실한다.

**제47조【출원 시의 특례】** ① 상표등록을 받을 수 있는 자가 다음 각 호의 어느 하나에 해당하는 박람회에 출품한 상품에 사용한 상표를 그 출품일부터 6개월 이내에 그 상품을 지정상품으로 하여 상표등록출원을 한 경우에는 그 상표등록출원은 그 출품을 한 때에 출원한 것으로 본다.

1. 정부 또는 지방자치단체가 개최하는 박람회
2. 정부 또는 지방자치단체의 승인을 받은 자가 개최하는 박람회
3. 정부의 승인을 받아 국외에서 개최하는 박람회
4. 조약당사국의 영역(領域)에서 그 정부나 그 정부로부터 승인을 받은 자가 개최하는 국제박람회

② 제1항을 적용받으려는 자는 그 취지를 적은 상표등록출원서를 특허청장에게 제출하고, 이를 증명할 수 있는 서류를 상표등록출원일부터 30일 이내에 특허청장에게 제출하여야 한다.

**제48조【출원의 승계 및 분할이전 등】** ① 상표등록출원의 승계는 상속이나 그 밖의 일반승계의 경우를 제외하고는 출원인 변경신고를 하지 아니하면 그 효력이 발생하지 아니한다.

② 상표등록출원은 그 지정상품마다 분할하여 이전할 수 있다. 이 경우 유사한 지정상품은 함께 이전하여야 한다.

③ 상표등록출원의 상속이나 그 밖의 일반승계가 있는 경우에는 승계인은 지체 없이 그 취지를 특허청장에게 신고하여야 한다.

④ 상표등록출원이 공유인 경우에는 각 공유자는 다른 공유자 전원의 동의를 받지 아니하면 그 지분을 양도할 수 없다.

⑤ 제2항에 따라 분할하여 이전된 상표등록출원은 최초의 상표등록출원을 한 때에 출원한 것으로 본다. 다만, 제46조제1항에 따른 우선권 주장이 있거나 제47조제1항에 따른 출원 시의 특례를 적용하는 경우에는 그러하지 아니하다.

⑥ 다음 각 호의 어느 하나에 해당하는 등록출원은 양도할 수 없다. 다만, 해당 호의 업무와 함께 양도하는 경우에는 양도할 수 있다.

1. 제3조제6항에 따른 업무표장등록출원
2. 제34조제1항제1호다목 단서, 같은 호 라목 단서 및 같은 항 제3호 단서에 따른 상표등록출원

⑦ 단체표장등록출원은 이전할 수 없다. 다만, 법인이 합병하는 경우에는 특허청장의 허가를 받아 이전할 수 있다.

⑧ 증명표장등록출원은 이전할 수 없다. 다만, 해당 증명표장에 대하여 제3

조제3항에 따른 증명표장의 등록을 받을 수 있는 자에게 그 업무와 함께 이전하는 경우에는 특허청장의 허가를 받아 이전할 수 있다.

**제49조【정보의 제공】** 누구든지 상표등록출원된 상표가 제54조 각 호의 어느 하나에 해당되어 상표등록될 수 없다는 취지의 정보를 증거와 함께 특허청장 또는 특허심판원장에게 제공할 수 있다.

## 제3장 심 사

**제50조【심사관에 의한 심사】** ① 특허청장은 심사관에게 상표등록출원 및 이의신청을 심사하게 한다.
② 심사관의 자격에 관하여 필요한 사항은 대통령령으로 정한다.

**제51조【상표전문기관의 등록 등】** ① 특허청장은 상표등록출원의 심사에 필요하다고 인정하면 제2항에 따른 전문기관에 다음 각 호의 업무를 의뢰할 수 있다.(2019.1.8 본문개정)
1. 상표검색
2. 상품분류
3. 그 밖에 상표의 사용실태 조사 등 대통령령으로 정하는 업무

② 제1항에 따라 특허청장이 의뢰하는 업무를 수행하려는 자는 특허청장에게 전문기관의 등록을 하여야 한다.
(2019.1.8 본항신설)
③ 특허청장은 제1항의 업무를 효과적으로 수행하기 위하여 필요하다고 인정하는 경우에는 대통령령으로 정하는 전담기관으로 하여금 전문기관 업무에 대한 관리 및 평가에 관한 업무를 대행하게 할 수 있다.(2019.1.8 본항신설)
④ 특허청장은 상표등록출원의 심사에 필요하다고 인정하는 경우에는 관계 행정기관이나 상표에 관한 지식과 경험이 풍부한 사람 또는 관계인에게 협조를 요청하거나 의견을 들을 수 있다.
⑤ 특허청장은 「농수산물 품질관리법」에 따른 지리적 표시 등록 대상품목에 대하여 지리적 표시 단체표장이 출원된 경우에는 그 단체표장이 지리적 표시에 해당되는지에 관하여 농림축산식품부장관 또는 해양수산부장관의 의견을 들어야 한다.
⑥ 제2항에 따른 전문기관의 등록기준 및 상표검색 등의 의뢰에 필요한 사항은 대통령령으로 정한다.(2019.1.8 본항개정)
(2019.1.8 본조제목개정)

**제52조【상표전문기관의 등록취소 등】** ① 특허청장은 제51조제2항에 따른 전문기관이 제1호에 해당하는 경우에는 그 등록을 취소하여야 하며, 제2호에 해당하는 경우에는 그 등록을 취소하거나 6개월 이내의 기간을 정하여 업무의 정지를 명할 수 있다.
1. 거짓이나 그 밖의 부정한 방법으로 등록을 한 경우
2. 제51조제6항에 따른 등록기준에 적합하지 아니하게 된 경우

(2019.1.8 본항개정)
② 특허청장은 제1항에 따라 전문기관의 등록을 취소하거나 업무의 정지를 명하려면 청문을 하여야 한다.
(2019.1.8 본항개정)
③ 제1항에 따른 행정처분의 기준과 절차 등에 관하여 필요한 사항은 산업통상자원부령으로 정한다.
(2019.1.8 본조제목개정)

**제53조【심사의 순위 및 우선심사】**
① 상표등록출원에 대한 심사의 순위는 출원의 순위에 따른다.
② 특허청장은 다음 각 호의 어느 하나에 해당하는 상표등록출원에 대해서는 제1항에도 불구하고 심사관으로 하여금 다른 상표등록출원보다 우선하여 심사하게 할 수 있다.
1. 상표등록출원 후 출원인이 아닌 자가 상표등록출원된 상표와 동일·유

사한 상표를 동일·유사한 지정상품에 정당한 사유 없이 업으로서 사용하고 있다고 인정되는 경우
2. 출원인이 상표등록출원한 상표를 지정상품의 전부에 사용하고 있는 등 대통령령으로 정하는 상표등록출원으로서 긴급한 처리가 필요하다고 인정되는 경우

**제54조【상표등록거절결정】** 심사관은 상표등록출원이 다음 각 호의 어느 하나에 해당하는 경우에는 상표등록거절결정을 하여야 한다. 이 경우 상표등록출원의 지정상품 일부가 다음 각 호의 어느 하나에 해당하는 경우에는 그 지정상품에 대하여만 상표등록거절결정을 하여야 한다.(2022.2.3 후단신설)
1. 제2조제1항에 따른 상표, 단체표장, 지리적 표시, 지리적 표시 단체표장, 증명표장, 지리적 표시 증명표장 또는 업무표장의 정의에 맞지 아니하는 경우
2. 조약에 위반된 경우
3. 제3조, 제27조, 제33조부터 제35조까지, 제38조제1항, 제48조제2항 후단, 같은 조 제4항 또는 제6항부터 제8항까지의 규정에 따라 상표등록을 할 수 없는 경우
4. 제3조에 따른 단체표장, 증명표장 및 업무표장의 등록을 받을 수 있는 자에 해당하지 아니한 경우
5. 지리적 표시 단체표장등록출원의 경우에 그 소속 단체원의 가입에 관하여 정관에 의하여 단체의 가입을 금지하거나 정관에 충족하기 어려운 가입조건을 규정하는 등 단체의 가입을 실질적으로 허용하지 아니한 경우
6. 제36조제3항에 따른 정관에 대통령령으로 정하는 단체표장의 사용에 관한 사항의 전부 또는 일부를 적지 아니하였거나 같은 조 제4항에 따른 정관 또는 규약에 대통령령으로 정하는 증명표장의 사용에 관한 사항의 전부 또는 일부를 적지 아니한 경우
7. 증명표장등록출원의 경우에 그 증명표장을 사용할 수 있는 자에 대하여 정당한 사유 없이 정관 또는 규약으로 사용을 허락하지 아니하거나 정관 또는 규약에 충족하기 어려운 사용조건을 규정하는 등 실질적으로 사용을 허락하지 아니한 경우

**제55조【거절이유통지】** ① 심사관은 다음 각 호의 어느 하나에 해당하는 경우에는 출원인에게 미리 거절이유(제54조 각 호의 어느 하나에 해당하는 이유를 말하며, 이하 "거절이유"라 한다)를 통지하여야 한다. 이 경우 출원인은 산업통상자원부령으로 정하는 기간 내에 거절이유에 대한 의견서를 제출할 수 있다.(2021.10.19 전단개정)
1. 제54조에 따라 상표등록거절결정을 하려는 경우(2021.10.19 본호신설)
2. 제68조의2제1항에 따른 직권 재심사를 하여 취소된 상표등록결정 전에 이미 통지한 거절이유로 상표등록거절결정을 하려는 경우
(2021.10.19 본호신설)

② 심사관은 제1항에 따라 거절이유를 통지하는 경우에 지정상품별로 거절이유와 근거를 구체적으로 적어야 한다.
③ 제1항 후단에 따른 기간 내에 의견서를 제출하지 못한 출원인은 그 기간의 만료일부터 2개월 내에 상표에 관한 절차를 계속 진행할 것을 신청하고, 거절이유에 대한 의견서를 제출할 수 있다.

**제55조의2【재심사의 청구】** ① 제54조에 따른 상표등록거절결정을 받은 자는 그 결정 등본을 송달받은 날부터 3개월(제17조제1항에 따라 제116조에 따른 기간이 연장된 경우에는 그 연장된 기간을 말한다) 이내에 지정상품 또는 상표를 보정하여 해당 상표등록출원에 관한 재심사를 청구할 수 있다. 다만, 재심사를 청구할 때 이미 재심사

에 따른 거절결정이 있거나 제116조에 따른 심판청구가 있는 경우에는 그러하지 아니하다.

② 출원인은 제1항에 따른 재심사의 청구와 함께 의견서를 제출할 수 있다.

③ 제1항에 따라 재심사가 청구된 경우 그 상표등록출원에 대하여 종전에 이루어진 상표등록거절결정은 취소된 것으로 본다. 다만, 재심사의 청구절차가 제18조제1항에 따라 무효로 된 경우에는 그러하지 아니하다.

④ 제1항에 따른 재심사의 청구는 취하할 수 없다.

(2022.2.3 본조신설)

**제56조【서류의 제출 등】** 특허청장 또는 심사관은 당사자에게 심판 또는 재심에 관한 절차 외의 절차를 처리하기 위하여 심사에 필요한 서류, 그 밖의 물건의 제출을 요청할 수 있다.

**제57조【출원공고】** ① 심사관은 상표등록출원에 대하여 거절이유를 발견할 수 없는 경우(일부 지정상품에 대하여 거절이유가 있는 경우에는 그 지정상품에 대한 거절결정이 확정된 경우를 말한다)에는 출원공고결정을 하여야 한다. 다만, 다음 각 호의 어느 하나에 해당하는 경우에는 출원공고결정을 생략할 수 있다.(2022.2.3 본문개정)

1. 제2항에 따른 출원공고결정의 등본이 출원인에게 송달된 후 그 출원인이 출원공고된 상표등록출원을 제45조에 따라 둘 이상의 상표등록출원으로 분할한 경우로서 그 분할출원에 대하여 거절이유를 발견할 수 없는 경우
2. 제54조에 따른 상표등록거절결정에 대하여 취소의 심결이 있는 경우로서 해당 상표등록출원의 지정상품에 대하여 이미 출원공고된 사실이 있고 다른 거절이유를 발견할 수 없는 경우(2022.2.3 본호개정)

② 특허청장은 제1항 각 호 외의 부분 본문에 따른 결정이 있을 경우에는 그 결정의 등본을 출원인에게 송달하고 그 상표등록출원에 관하여 상표공보에 게재하여 출원공고를 하여야 한다.

③ 특허청장은 제2항에 따라 출원공고를 한 날부터 2개월간 상표등록출원 서류 및 그 부속 서류를 특허청에서 일반인이 열람할 수 있게 하여야 한다.

③ 특허청장은 제2항에 따라 출원공고를 한 날부터 30일간 상표등록출원 서류 및 그 부속 서류를 특허청에서 일반인이 열람할 수 있게 하여야 한다.(2025.1.21 본항개정 : 2025.7.22 시행)

**제58조【손실보상청구권】** ① 출원인은 제57조제2항(제88조제2항 및 제123조제1항에 따라 준용되는 경우를 포함한다)에 따른 출원공고가 있은 후 해당 상표등록출원에 관한 지정상품과 동일·유사한 상품에 대하여 해당 상표등록출원에 관한 상표와 동일·유사한 상표를 사용하는 자에게 서면으로 경고할 수 있다. 다만, 출원인이 해당 상표등록출원의 사본을 제시하는 경우에는 출원공고 전이라도 서면으로 경고할 수 있다.

② 제1항에 따라 경고를 한 출원인은 경고 후 상표권을 설정등록할 때까지의 기간에 발생한 해당 상표의 사용에 관한 업무상 손실에 상당하는 보상금의 지급을 청구할 수 있다.

③ 제2항에 따른 청구권은 해당 상표등록출원에 대한 상표권의 설정등록 전까지는 행사할 수 없다.

④ 제2항에 따른 청구권의 행사는 상표권의 행사에 영향을 미치지 아니한다.

⑤ 제2항에 따른 청구권을 행사하는 경우의 등록상표 보호범위 등에 관하여는 제91조, 제108조, 제113조 및 제114조와 「민법」 제760조 및 제766조를 준용한다. 이 경우 「민법」 제766조제1항 중 "피해자나 그 법정대리인이

그 손해 및 가해자를 안 날"은 "해당 상표권의 설정등록일"로 본다.

⑥ 상표등록출원이 다음 각 호의 어느 하나에 해당하는 경우에는 제2항에 따른 청구권은 처음부터 발생하지 아니한 것으로 본다.

1. 상표등록출원이 포기·취하 또는 무효가 된 경우
2. 상표등록출원에 대한 제54조에 따른 상표등록거절결정이 확정된 경우
3. 제117조에 따라 상표등록을 무효로 한다는 심결(같은 조 제1항제5호부터 제7호까지의 규정에 따른 경우는 제외한다)이 확정된 경우

**第59조【직권보정 등】** ① 심사관은 제57조에 따른 출원공고결정을 할 때에 상표등록출원서에 적힌 사항이 명백히 잘못된 경우에는 직권으로 보정(이하 이 조에서 "직권보정"이라 한다)을 할 수 있다. 이 경우 직권보정은 제40조제2항에 따른 범위에서 하여야 한다.(2023.10.31 후단신설)

② 제1항에 따라 심사관이 직권보정을 하려면 제57조제2항에 따른 출원공고결정 등본의 송달과 함께 그 직권보정 사항을 출원인에게 알려야 한다.

③ 출원인은 직권보정 사항의 전부 또는 일부를 받아들일 수 없는 경우에는 제57조제3항에 따른 기간 내에 그 직권보정 사항에 대한 의견서를 특허청장에게 제출하여야 한다.

④ 출원인이 제3항에 따라 의견서를 제출한 경우 해당 직권보정 사항의 전부 또는 일부는 처음부터 없었던 것으로 본다. 이 경우 그 출원공고결정도 함께 취소된 것으로 본다.

⑤ 직권보정이 제40조제2항에 따른 범위를 벗어나거나 명백히 잘못되지 아니한 사항을 직권보정한 경우 그 직권보정은 처음부터 없었던 것으로 본다.(2023.10.31 본항신설)

**第60조【이의신청】** ① 출원공고가 있는 경우에는 누구든지 출원공고일부터 2개월 내에 다음 각 호의 어느 하나에 해당한다는 것을 이유로 특허청장에게 이의신청을 할 수 있다.

① 출원공고가 있는 경우에는 누구든지 출원공고일부터 30일 이내에 다음 각 호의 어느 하나에 해당한다는 것을 이유로 특허청장에게 이의신청을 할 수 있다.(2025.1.21 본문개정 : 2025.7.22 시행)

1. 제54조에 따른 상표등록거절결정의 거절이유에 해당한다는 것
2. 제87조제1항에 따른 추가등록거절결정의 거절이유에 해당한다는 것

② 제1항에 따라 이의신청을 하려는 자는 다음 각 호의 사항을 적은 이의신청서에 필요한 증거를 첨부하여 특허청장에게 제출하여야 한다.

1. 신청인의 성명 및 주소(법인인 경우에는 그 명칭 및 영업소의 소재지를 말한다)
2. 신청인의 대리인이 있는 경우에는 그 대리인의 성명 및 주소나 영업소의 소재지〔대리인이 특허법인·특허법인(유한)인 경우에는 그 명칭, 사무소의 소재지 및 지정된 변리사의 성명을 말한다〕
3. 이의신청의 대상
4. 이의신청사항
5. 이의신청의 이유 및 필요한 증거의 표시

**第61조【이의신청 이유 등의 보정】** 제60조제1항에 따른 상표등록의 이의신청인(이하 "이의신청인"이라 한다)은 이의신청기간이 지난 후 30일 이내에 그 이의신청서에 적은 이유와 증거를 보정할 수 있다.

**第62조【이의신청에 대한 심사 등】** ① 이의신청은 심사관 3명으로 구성되는 심사관합의체(이하 "심사관합의체"라 한다)에서 심사·결정한다.

② 특허청장은 각각의 이의신청에 대하여 심사관합의체를 구성할 심사관을 지정하여야 한다.
③ 특허청장은 제2항에 따라 지정된 심사관 중 1명을 심사장으로 지정하여야 한다.
④ 심사관합의체 및 심사장에 관하여는 제130조제2항, 제131조제2항 및 제132조제2항·제3항을 준용한다. 이 경우 제130조제2항 중 "특허심판원장"은 "특허청장"으로, "심판관"은 "심사관"으로, "심판"은 "심사"로 보고, 제131조제2항 중 "심판장"은 "심사장"으로, "심판사건"은 "이의신청사건"으로 보며, 제132조제2항 중 "심판관합의체"는 "심사관합의체"로 보고, 같은 조 제3항 중 "심판"은 "심사"로 본다.

**제63조【이의신청에 대한 심사의 범위】** 심사관합의체는 이의신청에 관하여 출원인이나 이의신청인이 주장하지 아니한 이유에 관하여도 심사할 수 있다. 이 경우 출원인이나 이의신청인에게 기간을 정하여 그 이유에 관하여 의견을 진술할 수 있는 기회를 주어야 한다.

**제64조【이의신청의 병합 또는 분리】** 심사관합의체는 둘 이상의 이의신청을 병합하거나 분리하여 심사·결정할 수 있다.

**제65조【이의신청의 경합】** ① 심사관합의체는 둘 이상의 이의신청이 있는 경우에 그 중 어느 하나의 이의신청에 대하여 심사한 결과 그 이의신청이 이유가 있다고 인정할 때에는 다른 이의신청에 대해서는 결정을 하지 아니할 수 있다.
② 특허청장은 심사관합의체가 제1항에 따라 이의신청에 대하여 결정을 하지 아니한 경우에는 해당 이의신청인에게도 상표등록거절결정 등본을 송달하여야 한다.

**제66조【이의신청에 대한 결정】** ① 심사장은 이의신청이 있는 경우에는 이의신청서 부본(副本)을 출원인에게 송달하고 기간을 정하여 답변서 제출의 기회를 주어야 한다.
② 심사관합의체는 제1항 및 제60조제1항에 따른 이의신청기간이 지난 후에 이의신청에 대한 결정을 하여야 한다.
③ 이의신청에 대한 결정은 서면으로 하여야 하며, 그 이유를 붙여야 한다. 이 경우 둘 이상의 지정상품에 대한 결정이유가 다른 경우에는 지정상품마다 그 이유를 붙여야 한다.
④ 심사관합의체는 이의신청인이 제60조제1항에 따른 이의신청기간 내에 그 이유나 증거를 제출하지 아니한 경우에는 제1항에도 불구하고 제61조에 따른 기간이 지난 후 결정으로 이의신청을 각하할 수 있다. 이 경우 그 결정의 등본을 이의신청인에게 송달하여야 한다.
⑤ 특허청장은 제2항에 따른 결정이 있는 경우에는 그 결정의 등본을 출원인 및 이의신청인에게 송달하여야 한다.
⑥ 출원인 및 이의신청인은 제2항 및 제4항에 따른 결정에 대하여 다음 각 호의 구분에 따른 방법으로 불복할 수 있다.
1. 출원인 : 제116조에 따른 심판의 청구
2. 이의신청인 : 제117조에 따른 상표등록 무효심판의 청구

**제67조【상표등록 출원공고 후의 직권에 의한 상표등록거절결정】** ① 심사관은 출원공고 후 거절이유를 발견한 경우에는 직권으로 제54조에 따른 상표등록거절결정을 할 수 있다.
② 제1항에 따라 상표등록거절결정을 할 경우에는 이의신청이 있더라도 그 이의신청에 대해서는 결정을 하지 아니한다.
③ 특허청장은 제1항에 따라 심사관이 상표등록거절결정을 한 경우에는 이의신청인에게 상표등록거절결정 등본을 송달하여야 한다.

**제68조【상표등록결정】** 심사관은 상표등록출원에 대하여 거절이유를 발견할 수 없는 경우(일부 지정상품에 대하여 거절이유가 있는 경우에는 그 지정상품에 대한 거절결정이 확정된 경우를 말한다)에는 상표등록결정을 하여야 한다.(2022.2.3 본조개정)

**제68조의2【상표등록결정 이후의 직권 재심사】** ① 심사관은 상표등록결정을 한 출원에 대하여 명백한 거절이유를 발견한 경우에는 직권으로 상표등록결정을 취소하고 그 상표등록출원을 다시 심사(이하 "직권 재심사"라 한다)할 수 있다. 다만, 다음 각 호의 어느 하나에 해당하는 경우에는 그러하지 아니하다.

1. 거절이유가 제38조제1항에 해당하는 경우
2. 그 상표등록결정에 따라 상표권이 설정등록된 경우
3. 그 상표등록출원이 취하되거나 포기된 경우

② 제1항에 따라 심사관이 직권 재심사를 하려면 상표등록결정을 취소한다는 사실을 출원인에게 통지하여야 한다.

③ 출원인이 제2항에 따른 통지를 받기 전에 그 상표등록출원이 제1항제2호 또는 제3호에 해당하게 된 경우에는 상표등록결정의 취소는 처음부터 없었던 것으로 본다.

(2021.10.19 본조신설)

**제69조【상표등록여부결정의 방식】** ① 상표등록여부결정은 서면으로 하여야 하며, 그 이유를 붙여야 한다.

② 특허청장은 상표등록여부결정이 있는 경우에는 그 결정의 등본을 출원인에게 송달하여야 한다.

**제70조【심사 또는 소송 절차의 중지】** ① 상표등록출원의 심사에서 필요한 경우에는 심결이 확정될 때까지 또는 소송절차가 완결될 때까지 그 상표등록출원의 심사절차를 중지할 수 있다.

② 법원은 소송에서 필요한 경우에는 상표등록여부결정이 확정될 때까지 그 소송절차를 중지할 수 있다.

**제71조【심판 규정의 이의신청 심사 및 결정에의 준용】** 이의신청에 대한 심사 및 결정에 관하여는 제128조, 제134조제1호부터 제5호까지 및 제7호, 제144조와 「민사소송법」 제143조, 제299조 및 제367조를 준용한다.

## 제4장 상표등록료 및 상표등록 등

**제72조【상표등록료】** ① 다음 각 호의 어느 하나에 해당하는 상표권의 설정등록 등을 받으려는 자는 상표등록료를 내야 한다. 이 경우 제1호 또는 제2호에 해당할 때에는 상표등록료를 2회로 분할하여 낼 수 있다.

1. 제82조에 따른 상표권의 설정등록
2. 존속기간갱신등록
3. 제86조에 따른 지정상품의 추가등록

② 이해관계인은 제1항에 따른 상표등록료를 내야 할 자의 의사와 관계없이 상표등록료를 낼 수 있다.

③ 제1항에 따른 상표등록료, 그 납부방법, 납부기간 및 분할납부 등에 필요한 사항은 산업통상자원부령으로 정한다.

**제73조【상표등록료를 납부할 때의 일부 지정상품의 포기】** ① 다음 각 호의 어느 하나에 해당하는 자가 상표등록료(제72조제1항 각 호 외의 부분 후단에 따라 분할납부하는 경우에는 1회차 상표등록료를 말한다)를 낼 때에는 지정상품별로 상표등록을 포기할 수 있다.

1. 둘 이상의 지정상품이 있는 상표등록출원에 대한 상표등록결정을 받은 자
2. 지정상품추가등록출원에 대한 지정상품의 추가등록결정을 받은 자
3. 존속기간갱신등록신청을 한 자

② 제1항에 따른 지정상품의 포기에 필요한 사항은 산업통상자원부령으로 정한다.

**제74조 【상표등록료의 납부기간 연장】** 특허청장은 제72조제3항에 따른 상표등록료의 납부기간을 청구에 의하여 30일을 넘지 아니하는 범위에서 연장할 수 있다.

**제75조 【상표등록료의 미납으로 인한 출원 또는 신청의 포기】** 다음 각 호의 어느 하나에 해당하는 경우에는 상표등록출원, 지정상품추가등록출원 또는 존속기간갱신등록신청을 포기한 것으로 본다.

1. 제72조제3항 또는 제74조에 따른 납부기간에 해당 상표등록료(제72조제1항 각 호 외의 부분 후단에 따라 분할납부하는 경우에는 1회차 상표등록료를 말한다. 이하 이 조에서 같다)를 내지 아니한 경우
2. 제76조제1항에 따라 상표등록료의 보전명령을 받은 경우로서 그 보전기간 내에 보전하지 아니한 경우
3. 제77조제1항에 해당하는 경우로서 그 해당 기간 내에 상표등록료를 내지 아니하거나 보전하지 아니한 경우

**제76조 【상표등록료의 보전 등】** ① 특허청장은 상표권의 설정등록, 지정상품의 추가등록, 존속기간갱신등록을 받으려는 자 또는 상표권자가 제72조제3항 또는 제74조에 따른 납부기간 내에 상표등록료의 일부를 내지 아니한 경우에는 상표등록료의 보전(補塡)을 명하여야 한다.

② 제1항에 따라 보전명령을 받은 자는 그 보전명령을 받은 날부터 1개월 이내(이하 "보전기간"이라 한다)에 상표등록료를 보전할 수 있다.

③ 제2항에 따라 상표등록료를 보전하는 자는 내지 아니한 금액의 2배의 범위에서 산업통상자원부령으로 정하는 금액을 내야 한다.

**제77조 【상표등록료 납부 또는 보전에 의한 상표등록출원의 회복 등】** ① 다음 각 호의 어느 하나에 해당하는 자가 정당한 사유로 제72조제3항 또는 제74조에 따른 납부기간 내에 상표등록료를 내지 아니하였거나 제76조제2항에 따른 보전기간 내에 보전하지 아니한 경우에는 그 사유가 소멸한 날부터 2개월 이내에 그 상표등록료를 내거나 보전할 수 있다. 다만, 납부기간의 만료일 또는 보전기간의 만료일 중 늦은 날부터 1년이 지났을 경우에는 상표등록료를 내거나 보전할 수 없다. (2021.10.19 본문개정)

1. 상표등록출원의 출원인
2. 지정상품추가등록출원의 출원인
3. 존속기간갱신등록신청의 신청인 또는 상표권자

② 제1항에 따라 상표등록료를 내거나 보전한 자(제72조제1항 각 호 외의 부분 후단에 따라 분할하여 낸 경우에는 1회차 상표등록료를 내거나 보전한 자를 말한다)는 제75조에도 불구하고 그 상표등록출원, 지정상품추가등록출원 또는 존속기간갱신등록신청을 포기하지 아니한 것으로 본다.

③ 제2항에 따라 상표등록출원, 지정상품추가등록출원 또는 상표권(이하 이 조에서 "상표등록출원등"이라 한다)이 회복된 경우에는 그 상표등록출원등의 효력은 제72조제3항 또는 제74조에 따른 납부기간이 지난 후 상표등록출원등이 회복되기 전에 그 상표와 동일·유사한 상표를 그 지정상품과 동일·유사한 상품에 사용한 행위에는 미치지 아니한다.

**제78조 【수수료】** ① 상표에 관한 절차를 밟는 자는 수수료를 내야 한다. 다만, 제117조제1항 및 제118조제1항에 따라 심사관이 무효심판을 청구하는 경우에는 수수료를 면제한다.

② 제1항에 따른 수수료, 그 납부방법,

납부기간 등에 관하여 필요한 사항은 산업통상자원부령으로 정한다.

③ 제84조제2항 단서에 따른 기간에 존속기간갱신등록신청을 하려는 자는 제2항에 따른 수수료에 산업통상자원부령으로 정하는 금액을 더하여 내야 한다.

**제79조【상표등록료 및 수수료의 반환】** ① 납부된 상표등록료와 수수료가 다음 각 호의 어느 하나에 해당하는 경우에는 해당 호의 구분에 따른 상표등록료 및 수수료를 납부한 자의 청구에 의하여 반환한다.

1. 잘못 납부된 경우 : 그 잘못 납부된 상표등록료 및 수수료
2. 상표등록출원 후 1개월 이내에 그 상표등록출원을 취하하거나 포기한 경우 : 이미 낸 수수료 중 상표등록출원료 및 우선권 주장 신청료. 다만, 다음 각 목의 어느 하나에 해당하는 경우는 제외한다.
   가. 분할출원, 변경출원, 분할출원 또는 변경출원의 기초가 된 상표등록출원
   나. 제53조에 따른 우선심사의 신청이 있는 출원
   다. 제180조제1항에 따라 이 법에 따른 상표등록출원으로 보는 국제상표등록출원
3. 제156조에 따라 보정각하결정 또는 거절결정이 취소된 경우(제161조에 따라 재심의 절차에서 준용되는 경우를 포함하되, 심판 또는 재심 중 제40조제1항 각 호 및 제41조제1항제1호에 따른 보정이 있는 경우는 제외한다) : 이미 낸 수수료 중 심판청구료(재심의 경우에는 재심청구료를 말한다. 이하 이 조에서 같다)
4. 심판청구가 제127조제2항에 따라 결정으로 각하되고 그 결정이 확정된 경우(제161조에 따라 재심의 절차에서 준용되는 경우를 포함한다) : 이미 낸 수수료 중 심판청구료의 2분의 1에 해당하는 금액
5. 심리의 종결을 통지받기 전까지 제142조제1항에 따른 참가신청을 취하한 경우(제161조에 따라 재심의 절차에서 준용되는 경우를 포함한다) : 이미 낸 수수료 중 참가신청료의 2분의 1에 해당하는 금액
6. 제142조제1항에 따른 참가신청이 결정으로 거부된 경우(제161조에 따라 재심의 절차에서 준용되는 경우를 포함한다) : 이미 낸 수수료 중 참가신청료의 2분의 1에 해당하는 금액
7. 심리의 종결을 통지받기 전까지 심판청구를 취하한 경우(제161조에 따라 재심의 절차에서 준용되는 경우를 포함한다) : 이미 낸 수수료 중 심판청구료의 2분의 1에 해당하는 금액
8. 제84조제2항 본문에 따라 존속기간 만료 전에 존속기간갱신등록신청을 하였으나 존속기간갱신등록의 효력 발생일 전에 상표권의 전부 또는 일부가 소멸 또는 포기된 경우 : 이미 낸 상표등록료에서 그 소멸 또는 포기된 상표권을 제외하여 산정한 상표등록료를 뺀 금액(2023.10.31 본호신설)
9. 제72조제1항 후단에 따라 상표등록료를 분할납부한 경우로서 2회차 상표등록료를 납부하였으나 상표권의 설정등록일 또는 존속기간갱신등록일로부터 5년이 되기 전에 상표권의 전부 또는 일부가 소멸 또는 포기된 경우 : 이미 낸 2회차 상표등록료에서 그 소멸 또는 포기된 상표권을 제외하여 산정한 2회차 상표등록료를 뺀 금액(2023.10.31 본호신설)

② 특허청장 또는 특허심판원장은 납부된 상표등록료 및 수수료가 제1항 각 호의 어느 하나에 해당하는 경우에는 그 사실을 납부한 자에게 통지하여야 한다.

③ 제1항에 따른 상표등록료 및 수수료의 반환청구는 제2항에 따른 통지를 받은 날부터 5년이 지나면 할 수 없다. (2022.10.18 본항개정)

**제80조【상표원부】** ① 특허청장은 특허청에 상표원부를 갖추어 두고 다음 각 호의 사항을 등록한다.

1. 상표권의 설정·이전·변경·소멸·회복, 존속기간의 갱신, 제209조에 따른 상품분류전환(이하 "상품분류전환"이라 한다), 지정상품의 추가 또는 처분의 제한
2. 전용사용권 또는 통상사용권의 설정·보존·이전·변경·소멸 또는 처분의 제한
3. 상표권·전용사용권 또는 통상사용권을 목적으로 하는 질권(質權)의 설정·이전·변경·소멸 또는 처분의 제한

② 제1항에 따른 상표원부는 그 전부 또는 일부를 전자적 기록매체 등으로 작성할 수 있다.

③ 제1항 및 제2항에서 규정한 사항 외에 등록사항 및 등록절차 등에 관하여 필요한 사항은 대통령령으로 정한다.

**제81조【상표등록증의 발급】** ① 특허청장은 상표권의 설정등록을 하였을 경우에는 산업통상자원부령으로 정하는 바에 따라 상표권자에게 상표등록증을 발급하여야 한다.

② 특허청장은 상표등록증이 상표원부나 그 밖의 서류와 맞지 아니할 경우에는 신청에 의하여 또는 직권으로 상표등록증을 회수하여 정정발급하거나 새로운 상표등록증을 발급하여야 한다.

## 제5장 상표권

**제82조【상표권의 설정등록】** ① 상표권은 설정등록에 의하여 발생한다.

② 특허청장은 다음 각 호의 어느 하나에 해당하는 경우에는 상표권을 설정하기 위한 등록을 하여야 한다.

1. 제72조제3항 또는 제74조에 따라 상표등록료(제72조제1항 각 호 외의 부분 후단에 따라 분할납부하는 경우에는 1회차 상표등록료를 말하며, 이하 이 항에서 같다)를 낸 경우
2. 제76조제2항에 따라 상표등록료를 보전하였을 경우
3. 제77조제1항에 따라 상표등록료를 내거나 보전하였을 경우

③ 특허청장은 제2항에 따라 등록한 경우에는 상표권자의 성명·주소 및 상표등록번호 등 대통령령으로 정하는 사항을 상표공보에 게재하여 등록공고를 하여야 한다.

**제83조【상표권의 존속기간】** ① 상표권의 존속기간은 제82조제1항에 따라 설정등록이 있는 날부터 10년으로 한다.

② 상표권의 존속기간은 존속기간갱신등록신청에 의하여 10년씩 갱신할 수 있다.

③ 제1항 및 제2항에도 불구하고 다음 각 호의 어느 하나에 해당하는 경우에는 상표권의 설정등록일 또는 존속기간갱신등록일부터 5년이 지나면 상표권이 소멸한다.

1. 제72조제3항 또는 제74조에 따른 납부기간 내에 상표등록료(제72조제1항 각 호 외의 부분 후단에 따라 상표등록료를 분할납부하는 경우로서 2회차 상표등록료를 말한다. 이하 이 항에서 같다)를 내지 아니한 경우
2. 제76조제1항에 따라 상표등록료의 보전을 명한 경우로서 그 보전기간 내에 보전하지 아니한 경우
3. 제77조제1항에 해당하는 경우로서 그 해당 기간 내에 상표등록료를 내지 아니하거나 보전하지 아니한 경우

**제84조【존속기간갱신등록신청】** ① 제83조제2항에 따라 존속기간갱신등록신청을 하고자 하는 상표권자(상표권이 공유인 경우 각 공유자도 상표권자로 본다. 이하 이 조에서 같다)는 다음 각 호의 사항을 적은 존속기간갱신등록신청서를 특허청장에게 제출하여야 한다.(2023.10.31 본문개정)

1. 상표권자의 성명 및 주소(법인인 경우에는 그 명칭 및 영업소의 소재지를 말한다)(2023.10.31 본호개정)
2. 대리인이 있는 경우에는 그 대리인의 성명 및 주소나 영업소의 소재지〔대리인이 특허법인·특허법인(유한)인 경우에는 그 명칭, 사무소의 소재지 및 지정된 변리사의 성명을 말한다〕(2023.10.31 본호신설)
3. 등록상표의 등록번호
4. 지정상품 및 상품류(2023.10.31 본호신설)

② 존속기간갱신등록신청서는 상표권의 존속기간 만료 전 1년 이내에 제출하여야 한다. 다만, 이 기간에 존속기간갱신등록신청을 하지 아니한 상표권자는 상표권의 존속기간이 끝난 후 6개월 이내에 할 수 있다.(2023.10.31 단서개정)

③ (2019.4.23 삭제)

④ 제1항 및 제2항에서 규정한 사항 외에 존속기간갱신등록신청에 필요한 사항은 산업통상자원부령으로 정한다.(2019.4.23 본항개정)

**제85조【존속기간갱신등록신청 등의 효력】** ① 제84조제2항에 따른 기간에 존속기간갱신등록신청을 하면 상표권의 존속기간이 갱신된 것으로 본다.

② 존속기간갱신등록은 원등록(原登錄)의 효력이 끝나는 날의 다음 날부터 효력이 발생한다.

**제86조【지정상품추가등록출원】** ① 상표권자 또는 출원인은 등록상표 또는 상표등록출원의 지정상품을 추가하여 상표등록을 받을 수 있다. 이 경우 추가등록된 지정상품에 대한 상표권의 존속기간 만료일은 그 등록상표권의 존속기간 만료일로 한다.

② 제1항에 따라 지정상품의 추가등록을 받으려는 자는 다음 각 호의 사항을 적은 지정상품의 추가등록출원서를 특허청장에게 제출하여야 한다.

1. 제36조제1항제1호·제2호·제5호 및 제6호의 사항
2. 상표등록번호 또는 상표등록출원번호
3. 추가로 지정할 상품 및 그 상품류

**제87조【지정상품의 추가등록거절결정 및 거절이유통지】** ① 심사관은 지정상품추가등록출원이 다음 각 호의 어느 하나에 해당하는 경우에는 그 지정상품의 추가등록거절결정을 하여야 한다. 이 경우 지정상품추가등록출원의 지정상품 일부가 다음 각 호의 어느 하나에 해당하는 경우에는 그 지정상품에 대하여만 지정상품의 추가등록거절결정을 하여야 한다.(2022.2.3 후단신설)

1. 제54조 각 호의 어느 하나에 해당할 경우
2. 지정상품의 추가등록출원인이 해당 상표권자 또는 출원인이 아닌 경우
3. 등록상표의 상표권 또는 상표등록출원이 다음 각 목의 어느 하나에 해당하게 된 경우
   가. 상표권의 소멸
   나. 상표등록출원의 포기, 취하 또는 무효
   다. 상표등록출원에 대한 제54조에 따른 상표등록거절결정의 확정

② 심사관은 다음 각 호의 어느 하나에 해당하는 경우에는 출원인에게 거절이유를 통지하여야 한다. 이 경우 출원인은 산업통상자원부령으로 정하는 기간 내에 거절이유에 대한 의견서를 제출할 수 있다.(2021.10.19 전단개정)

1. 제1항에 따라 지정상품의 추가등록거절결정을 하려는 경우(2021.10.19 본호신설)

2. 제88조제2항에 따라 준용되는 제68조의2제1항에 따른 직권 재심사를 하여 취소된 지정상품의 추가등록결정 전에 이미 통지한 거절이유로 지정상품의 추가등록거절결정을 하려는 경우(2021.10.19 본호신설)

③ 제2항 후단에 따른 기간 내에 의견서를 제출하지 아니한 출원인은 그 기간의 만료일부터 2개월 이내에 지정상품의 추가등록에 관한 절차를 계속 진행할 것을 신청하고, 그 기간 내에 거절이유에 대한 의견서를 제출할 수 있다.

④ 심사관은 제2항에 따라 거절이유를 통지하는 경우 지정상품별로 거절이유와 근거를 구체적으로 적어야 한다. (2022.2.3 본항신설)

**제88조【존속기간갱신등록신청 절차 등에 관한 준용】** ① 존속기간갱신등록신청 절차의 보정에 관하여는 제39조를 준용한다.

② 지정상품추가등록출원에 관하여는 제37조, 제38조제1항, 제39조부터 제43조까지, 제46조, 제47조, 제50조, 제53조, 제55조의2, 제57조부터 제68조까지, 제68조의2, 제69조, 제70조, 제128조, 제134조제1호부터 제5호까지 및 제7호, 제144조, 「민사소송법」 제143조, 제299조 및 제367조를 준용한다.(2022.2.3 본항개정)

**제89조【상표권의 효력】** 상표권자는 지정상품에 관하여 그 등록상표를 사용할 권리를 독점한다. 다만, 그 상표권에 관하여 전용사용권을 설정한 때에는 제95조제3항에 따라 전용사용권자가 등록상표를 사용할 권리를 독점하는 범위에서는 그러하지 아니하다.

**제90조【상표권의 효력이 미치지 아니하는 범위】** ① 상표권(지리적 표시 단체표장권은 제외한다)은 다음 각 호의 어느 하나에 해당하는 경우에는 그 효력이 미치지 아니한다.

1. 자기의 성명·명칭 또는 상호·초상·서명·인장 또는 저명한 아호·예명·필명과 이들의 저명한 약칭을 상거래 관행에 따라 사용하는 상표
2. 등록상표의 지정상품과 동일·유사한 상품의 보통명칭·산지·품질·원재료·효능·용도·수량·형상·가격 또는 생산방법·가공방법·사용방법 및 시기를 보통으로 사용하는 방법으로 표시하는 상표
3. 입체적 형상으로 된 등록상표의 경우에는 그 입체적 형상이 누구의 업무에 관련된 상품을 표시하는 것인지 식별할 수 없는 경우에 등록상표의 지정상품과 동일·유사한 상품에 사용하는 등록상표의 입체적 형상과 동일·유사한 형상으로 된 상표
4. 등록상표의 지정상품과 동일·유사한 상품에 대하여 관용하는 상표와 현저한 지리적 명칭 및 그 약어 또는 지도로 된 상표
5. 등록상표의 지정상품 또는 그 지정상품 포장의 기능을 확보하는 데 불가결한 형상, 색채, 색채의 조합, 소리 또는 냄새로 된 상표

② 지리적 표시 단체표장권은 다음 각 호의 어느 하나에 해당하는 경우에는 그 효력이 미치지 아니한다.

1. 제1항제1호·제2호(산지에 해당하는 경우는 제외한다) 또는 제5호에 해당하는 상표
2. 지리적 표시 등록단체표장의 지정상품과 동일하다고 인정되어 있는 상품에 대하여 관용하는 상표
3. 지리적 표시 등록단체표장의 지정상품과 동일하다고 인정되어 있는 상품에 사용하는 지리적 표시로서 해당 지역에서 그 상품을 생산·제조 또는 가공하는 것을 업으로 영위하는 자가 사용하는 지리적 표시 또는 동음이의어 지리적 표시
4. 선출원에 의한 등록상표가 지리적 표시 등록단체표장과 동일·유사한

지리적 표시를 포함하고 있는 경우에 상표권자, 전용사용권자 또는 통상사용권자가 지정상품에 사용하는 등록상표

③ 제1항제1호는 상표권의 설정등록이 있은 후에 부정경쟁의 목적으로 자기의 성명·명칭 또는 상호·초상·서명·인장 또는 저명한 아호·예명·필명과 이들의 저명한 약칭을 사용하는 경우에는 적용하지 아니한다.

**제91조【등록상표 등의 보호범위】** ① 등록상표의 보호범위는 상표등록출원서에 적은 상표 및 기재사항에 따라 정해진다.

② 지정상품의 보호범위는 상표등록출원서 또는 상품분류전환등록신청서에 기재된 상품에 따라 정해진다.

**제92조【타인의 디자인권 등과의 관계】** ① 상표권자·전용사용권자 또는 통상사용권자는 그 등록상표를 사용할 경우에 그 사용상태에 따라 그 상표등록출원일 전에 출원된 타인의 특허권·실용신안권·디자인권 또는 그 상표등록출원일 전에 발생한 타인의 저작권과 저촉되는 경우에는 지정상품 중 저촉되는 지정상품에 대한 상표의 사용은 특허권자·실용신안권자·디자인권자 또는 저작권자의 동의를 받지 아니하고는 그 등록상표를 사용할 수 없다.

② 상표권자·전용사용권자 또는 통상사용권자는 그 등록상표의 사용이 「부정경쟁방지 및 영업비밀보호에 관한 법률」 제2조제1호파목에 따른 부정경쟁행위에 해당하는 경우에는 같은 목에 따른 타인의 동의를 받지 아니하고는 그 등록상표를 사용할 수 없다.
(2021.12.7 본항개정)

**제93조【상표권 등의 이전 및 공유】** ① 상표권은 그 지정상품마다 분할하여 이전할 수 있다. 이 경우 유사한 지정상품은 함께 이전하여야 한다.

② 상표권이 공유인 경우에는 각 공유자는 다른 공유자 모두의 동의를 받지 아니하면 그 지분을 양도하거나 그 지분을 목적으로 하는 질권을 설정할 수 없다.

③ 상표권이 공유인 경우에는 각 공유자는 다른 공유자 모두의 동의를 받지 아니하면 그 상표권에 대하여 전용사용권 또는 통상사용권을 설정할 수 없다.

④ 업무표장권은 양도할 수 없다. 다만, 그 업무와 함께 양도하는 경우에는 그러하지 아니하다.

⑤ 제34조제1항제1호다목 단서, 같은 호 라목 단서 또는 같은 항 제3호 단서에 따라 등록된 상표권은 이전할 수 없다. 다만, 제34조제1항제1호다목·라목 또는 같은 항 제3호의 명칭, 약칭 또는 표장과 관련된 업무와 함께 양도하는 경우에는 그러하지 아니하다.

⑥ 단체표장권은 이전할 수 없다. 다만, 법인의 합병의 경우에는 특허청장의 허가를 받아 이전할 수 있다.

⑦ 증명표장권은 이전할 수 없다. 다만, 해당 증명표장에 대하여 제3조제3항에 따라 등록받을 수 있는 자에게 그 업무와 함께 이전할 경우에는 특허청장의 허가를 받아 이전할 수 있다.

⑧ 업무표장권, 제34조제1항제1호다목 단서, 같은 호 라목 단서 또는 같은 항 제3호 단서에 따른 상표권, 단체표장권 또는 증명표장권을 목적으로 하는 질권은 설정할 수 없다.

**제94조【상표권의 분할】** ① 상표권의 지정상품이 둘 이상인 경우에는 그 상표권을 지정상품별로 분할할 수 있다.

② 제1항에 따른 분할은 제117조제1항에 따른 무효심판이 청구된 경우에는 심결이 확정되기까지는 상표권이 소멸된 후에도 할 수 있다.

**제95조【전용사용권】** ① 상표권자는 그 상표권에 관하여 타인에게 전용사용권을 설정할 수 있다.

② 업무표장권, 단체표장권 또는 증명표장권에 관하여는 전용사용권을 설정할 수 없다.
③ 제1항에 따른 전용사용권의 설정을 받은 전용사용권자는 그 설정행위로 정한 범위에서 지정상품에 관하여 등록상표를 사용할 권리를 독점한다.
④ 전용사용권자는 그 상품에 자기의 성명 또는 명칭을 표시하여야 한다.
⑤ 전용사용권자는 상속이나 그 밖의 일반승계의 경우를 제외하고는 상표권자의 동의를 받지 아니하면 그 전용사용권을 이전할 수 없다.
⑥ 전용사용권자는 상표권자의 동의를 받지 아니하면 그 전용사용권을 목적으로 하는 질권을 설정하거나 통상사용권을 설정할 수 없다.
⑦ 전용사용권의 이전 및 공유에 관하여는 제93조제2항 및 제3항을 준용한다.

**제96조【상표권 등의 등록의 효력】**
① 다음 각 호에 해당하는 사항은 등록하지 아니하면 그 효력이 발생하지 아니한다.

1. 상표권의 이전(상속이나 그 밖의 일반승계에 의한 경우는 제외한다)·변경·포기에 의한 소멸, 존속기간의 갱신, 상품분류전환, 지정상품의 추가 또는 처분의 제한
2. 상표권을 목적으로 하는 질권의 설정·이전(상속이나 그 밖의 일반승계에 의한 경우는 제외한다)·변경·소멸(권리의 혼동에 의한 경우는 제외한다) 또는 처분의 제한

② 제1항 각 호에 따른 상표권 및 질권의 상속이나 그 밖의 일반승계의 경우에는 지체 없이 그 취지를 특허청장에게 신고하여야 한다.

**제97조【통상사용권】** ① 상표권자는 그 상표권에 관하여 타인에게 통상사용권을 설정할 수 있다.
② 제1항에 따른 통상사용권의 설정을 받은 통상사용권자는 그 설정행위로 정한 범위에서 지정상품에 관하여 등록상표를 사용할 권리를 가진다.
③ 통상사용권은 상속이나 그 밖의 일반승계의 경우를 제외하고는 상표권자(전용사용권에 관한 통상사용권의 경우에는 상표권자 및 전용사용권자를 말한다)의 동의를 받지 아니하면 이전할 수 없다.
④ 통상사용권은 상표권자(전용사용권에 관한 통상사용권의 경우에는 상표권자 및 전용사용권자를 말한다)의 동의를 받지 아니하면 그 통상사용권을 목적으로 하는 질권을 설정할 수 없다.
⑤ 통상사용권의 공유 및 설정의 제한 등에 관하여는 제93조제2항 및 제95조제2항·제4항을 준용한다.

**제98조【특허권 등의 존속기간 만료 후 상표를 사용하는 권리】** ① 상표등록출원일 전 또는 상표등록출원일과 동일한 날에 출원되어 등록된 특허권이 그 상표권과 저촉되는 경우 그 특허권의 존속기간이 만료되는 때에는 그 원특허권자는 원특허권의 범위에서 그 등록상표의 지정상품과 동일·유사한 상품에 대하여 그 등록상표와 동일·유사한 상표를 사용할 권리를 가진다. 다만, 부정경쟁의 목적으로 그 상표를 사용하는 경우에는 그러하지 아니하다.
② 상표등록출원일 전 또는 상표등록출원일과 동일한 날에 출원되어 등록된 특허권이 그 상표권과 저촉되는 경우 그 특허권의 존속기간이 만료되는 때에는 그 만료되는 당시에 존재하는 특허권에 대한 전용실시권 또는 그 특허권이나 전용실시권에 대한 「특허법」 제118조제1항의 효력을 가지는 통상실시권을 가진 자는 원권리의 범위에서 그 등록상표의 지정상품과 동일·유사한 상품에 대하여 그 등록상표와 동일·유사한 상표를 사용할 권리를 가진다. 다만, 부정경쟁의 목적으로 그 상표를 사용하는 경우에는 그러하지 아니하다.

③ 제2항에 따라 상표를 사용할 권리를 가진 자는 상표권자 또는 전용사용권자에게 상당한 대가를 지급하여야 한다.

④ 해당 상표권자 또는 전용사용권자는 제1항 또는 제2항에 따라 상표를 사용할 권리를 가진 자에게 그 자의 업무에 관한 상품과 자기의 업무에 관한 상품 간에 혼동을 방지하는 데 필요한 표시를 하도록 청구할 수 있다.

⑤ 제1항 및 제2항에 따른 상표를 사용할 권리를 이전(상속이나 그 밖의 일반승계에 의한 경우는 제외한다)하려는 경우에는 상표권자 또는 전용사용권자의 동의를 받아야 한다.

⑥ 상표등록출원일 전 또는 상표등록출원일과 동일한 날에 출원되어 등록된 실용신안권 또는 디자인권이 그 상표권과 저촉되는 경우로서 그 실용신안권 또는 디자인권의 존속기간이 만료되는 경우에는 제1항부터 제5항까지의 규정을 준용한다.

**제99조【선사용에 따른 상표를 계속 사용할 권리】** ① 타인의 등록상표와 동일·유사한 상표를 그 지정상품과 동일·유사한 상품에 사용하는 자로서 다음 각 호의 요건을 모두 갖춘 자(그 지위를 승계한 자를 포함한다)는 해당 상표를 그 사용하는 상품에 대하여 계속하여 사용할 권리를 가진다.

1. 부정경쟁의 목적이 없이 타인의 상표등록출원 전부터 국내에서 계속하여 사용하고 있을 것
2. 제1호에 따라 상표를 사용한 결과 타인의 상표등록출원 시에 국내 수요자 간에 그 상표가 특정인의 상품을 표시하는 것이라고 인식되어 있을 것

② 자기의 성명·상호 등 인격의 동일성을 표시하는 수단을 상거래 관행에 따라 상표로 사용하는 자로서 제1항제1호의 요건을 갖춘 자는 해당 상표를 그 사용하는 상품에 대하여 계속 사용할 권리를 가진다.

③ 상표권자나 전용사용권자는 제1항에 따라 상표를 사용할 권리를 가지는 자에게 그 자의 상품과 자기의 상품 간에 출처의 오인이나 혼동을 방지하는데 필요한 표시를 할 것을 청구할 수 있다.

**제100조【전용사용권·통상사용권 등의 등록의 효력】** ① 다음 각 호에 해당하는 사항은 등록하지 아니하면 제3자에게 대항할 수 없다.

1. 전용사용권 또는 통상사용권의 설정·이전(상속이나 그 밖의 일반승계에 의한 경우는 제외한다)·변경·포기에 의한 소멸 또는 처분의 제한
2. 전용사용권 또는 통상사용권을 목적으로 하는 질권의 설정·이전(상속이나 그 밖의 일반승계에 의한 경우는 제외한다)·변경·포기에 의한 소멸 또는 처분의 제한

② 전용사용권 또는 통상사용권을 등록한 경우에는 그 등록 후에 상표권 또는 전용사용권을 취득한 자에 대해서도 그 효력이 발생한다.

③ 제1항 각 호에 따른 전용사용권·통상사용권 및 질권의 상속이나 그 밖의 일반승계의 경우에는 지체 없이 그 취지를 특허청장에게 신고하여야 한다.

**제101조【상표권의 포기】** 상표권자는 상표권에 관하여 지정상품마다 포기할 수 있다.

**제102조【상표권 등의 포기의 제한】**

① 상표권자는 전용사용권자·통상사용권자 또는 질권자의 동의를 받지 아니하면 상표권을 포기할 수 없다.

② 전용사용권자는 제95조제6항에 따른 질권자 또는 통상사용권자의 동의를 받지 아니하면 전용사용권을 포기할 수 없다.

③ 통상사용권자는 제97조제4항에 따른 질권자의 동의를 받지 아니하면 통상사용권을 포기할 수 없다.

**제103조【포기의 효과】** 상표권·전용사용권·통상사용권 및 질권을 포기하였을 경우에는 상표권·전용사용권·통상사용권 및 질권은 그때부터 소멸된다.

**제104조【질권】** 상표권·전용사용권 또는 통상사용권을 목적으로 하는 질권을 설정하였을 경우에는 질권자는 해당 등록상표를 사용할 수 없다.

**제104조의2【질권행사 등으로 인한 상표권의 이전에 따른 통상사용권】** 상표권자(공유인 상표권을 분할청구한 경우에는 분할청구를 한 공유자를 제외한 나머지 공유자를 말한다)는 상표권을 목적으로 하는 질권설정 또는 공유인 상표권의 분할청구 전에 지정상품에 관하여 그 등록상표를 사용하고 있는 경우에는 그 상표권이 경매 등에 의하여 이전되더라도 그 상표권에 대하여 지정상품 중 사용하고 있는 상품에 한정하여 통상사용권을 가진다. 이 경우 상표권자는 경매 등에 의하여 상표권을 이전받은 자에게 상당한 대가를 지급하여야 한다.(2021.10.19 본조신설)

**제105조【질권의 물상대위】** 질권은 이 법에 따른 상표권의 사용에 대하여 받을 대가나 물건에 대해서도 행사할 수 있다. 다만, 그 지급 또는 인도 전에 그 대가나 물건을 압류하여야 한다.

**제106조【상표권의 소멸】** ① 상표권자가 사망한 날부터 3년 이내에 상속인이 그 상표권의 이전등록을 하지 아니한 경우에는 상표권자가 사망한 날부터 3년이 되는 날의 다음 날에 상표권이 소멸된다.

② 상표권의 상속이 개시된 때 상속인이 없는 경우에는 그 상표권은 소멸된다.(2023.10.31 본항신설)

③ 청산절차가 진행 중인 법인의 상표권은 법인의 청산종결등기일(청산종결등기가 되었더라도 청산사무가 사실상 끝나지 아니한 경우에는 청산사무가 사실상 끝난 날과 청산종결등기일부터 6개월이 지난 날 중 빠른 날로 한다. 이하 이 항에서 같다)까지 그 상표권의 이전등록을 하지 아니한 경우에는 청산종결등기일의 다음 날에 소멸된다.

## 제6장 상표권자의 보호

**제107조【권리침해에 대한 금지청구권 등】** ① 상표권자 또는 전용사용권자는 자기의 권리를 침해한 자 또는 침해할 우려가 있는 자에 대하여 그 침해의 금지 또는 예방을 청구할 수 있다.

② 상표권자 또는 전용사용권자가 제1항에 따른 청구를 할 경우에는 침해행위를 조성한 물건의 폐기, 침해행위에 제공된 설비의 제거나 그 밖에 필요한 조치를 청구할 수 있다.

③ 제1항에 따른 침해의 금지 또는 예방을 청구하는 소가 제기된 경우 법원은 원고 또는 고소인(이 법에 따른 공소가 제기된 경우만 해당한다)의 신청에 의하여 임시로 침해행위의 금지, 침해행위에 사용된 물건 등의 압류나 그 밖에 필요한 조치를 명할 수 있다. 이 경우 법원은 원고 또는 고소인에게 담보를 제공하게 할 수 있다.

**제108조【침해로 보는 행위】** ① 다음 각 호의 어느 하나에 해당하는 행위는 상표권(지리적 표시 단체표장권은 제외한다) 또는 전용사용권을 침해한 것으로 본다.

1. 타인의 등록상표와 동일한 상표를 그 지정상품과 유사한 상품에 사용하거나 타인의 등록상표와 유사한 상표를 그 지정상품과 동일·유사한 상품에 사용하는 행위
2. 타인의 등록상표와 동일·유사한 상표를 그 지정상품과 동일·유사한 상품에 사용하거나 사용하게 할 목적으로 교부·판매·위조·모조 또는 소지하는 행위
3. 타인의 등록상표를 위조 또는 모조하거나 위조 또는 모조하게 할 목적

으로 그 용구를 제작·교부·판매 또는 소지하는 행위
4. 타인의 등록상표 또는 이와 유사한 상표가 표시된 지정상품과 동일·유사한 상품을 양도 또는 인도하기 위하여 소지하는 행위

② 다음 각 호의 어느 하나에 해당하는 행위는 지리적 표시 단체표장권을 침해한 것으로 본다.
1. 타인의 지리적 표시 등록단체표장과 유사한 상표(동음이의어 지리적 표시는 제외한다. 이하 이 항에서 같다)를 그 지정상품과 동일하다고 인정되는 상품에 사용하는 행위
2. 타인의 지리적 표시 등록단체표장과 동일·유사한 상표를 그 지정상품과 동일하다고 인정되는 상품에 사용하거나 사용하게 할 목적으로 교부·판매·위조·모조 또는 소지하는 행위
3. 타인의 지리적 표시 등록단체표장을 위조 또는 모조하거나 위조 또는 모조하게 할 목적으로 그 용구를 제작·교부·판매 또는 소지하는 행위
4. 타인의 지리적 표시 등록단체표장과 동일·유사한 상표가 표시된 지정상품과 동일하다고 인정되는 상품을 양도 또는 인도하기 위하여 소지하는 행위

**제109조【손해배상의 청구】** 상표권자 또는 전용사용권자는 자기의 상표권 또는 전용사용권을 고의 또는 과실로 침해한 자에 대하여 그 침해에 의하여 자기가 받은 손해의 배상을 청구할 수 있다.

**제110조【손해액의 추정 등】** ① 제109조에 따른 손해배상을 청구하는 경우 그 권리를 침해한 자가 그 침해행위를 하게 한 상품을 양도하였을 때에는 다음 각 호에 해당하는 금액의 합계액을 상표권자 또는 전용사용권자가 입은 손해액으로 할 수 있다.
(2020.12.22 본문개정)
1. 그 상품의 양도수량(상표권자 또는 전용사용권자가 그 침해행위 외의 사유로 판매할 수 없었던 사정이 있는 경우에는 그 침해행위 외의 사유로 판매할 수 없었던 수량을 뺀 수량) 중 상표권자 또는 전용사용권자가 생산할 수 있었던 상품의 수량에서 실제 판매한 상품의 수량을 뺀 수량을 넘지 아니하는 수량에 상표권자 또는 전용사용권자가 그 침해행위가 없었다면 판매할 수 있었던 상품의 단위수량당 이익액을 곱한 금액
(2020.12.22 본호신설)
2. 그 상품의 양도수량 중 상표권자 또는 전용사용권자가 생산할 수 있었던 상품의 수량에서 실제 판매한 상품의 수량을 뺀 수량을 넘는 수량 또는 그 침해행위 외의 사유로 판매할 수 없었던 수량이 있는 경우 이들 수량(상표권자 또는 전용사용권자가 그 상표권자의 상표권에 대한 전용사용권의 설정, 통상사용권의 허락 또는 그 전용사용권자의 전용사용권에 대한 통상사용권의 허락을 할 수 있었다고 인정되지 아니하는 경우에는 해당 수량을 뺀 수량)에 대해서는 상표등록을 받은 상표의 사용에 대하여 합리적으로 받을 수 있는 금액
(2020.12.22 본호신설)

② (2020.12.22 삭제)

③ 제109조에 따른 손해배상을 청구하는 경우 권리를 침해한 자가 그 침해행위에 의하여 이익을 받은 경우에는 그 이익액을 상표권자 또는 전용사용권자가 받은 손해액으로 추정한다.

④ 제109조에 따른 손해배상을 청구하는 경우 그 등록상표의 사용에 대하여 합리적으로 받을 수 있는 금액에 상당하는 금액을 상표권자 또는 전용사용권자가 받은 손해액으로 하여 그 손해배상을 청구할 수 있다.(2020.10.20 본항개정)

⑤ 제4항에도 불구하고 손해액이 같은 항에 규정된 금액을 초과하는 경우에는 그 초과액에 대해서도 손해배상을 청구할 수 있다. 이 경우 상표권 또는 전용사용권을 침해한 자에게 고의 또는 중대한 과실이 없을 때에는 법원은 손해배상액을 산정할 때 그 사실을 고려할 수 있다.

⑥ 법원은 상표권 또는 전용사용권의 침해행위에 관한 소송에서 손해가 발생한 것은 인정되나 그 손해액을 증명하기 위하여 필요한 사실을 밝히는 것이 사실의 성질상 극히 곤란한 경우에는 제1항부터 제5항까지의 규정에도 불구하고 변론전체의 취지와 증거조사의 결과에 기초하여 상당한 손해액을 인정할 수 있다.

⑦ 법원은 고의적으로 상표권자 또는 전용사용권자의 등록상표와 동일·유사한 상표를 그 지정상품과 동일·유사한 상품에 사용하여 상표권 또는 전용사용권을 침해한 자에 대하여 제109조에도 불구하고 제1항부터 제6항까지의 규정에 따라 손해로 인정된 금액의 3배를 넘지 아니하는 범위에서 배상액을 정할 수 있다.(2020.10.20 본항신설)

⑦ 법원은 고의적으로 상표권자 또는 전용사용권자의 등록상표와 동일·유사한 상표를 그 지정상품과 동일·유사한 상품에 사용하여 상표권 또는 전용사용권을 침해한 자에 대하여 제109조에도 불구하고 제1항부터 제6항까지의 규정에 따라 손해로 인정된 금액의 5배를 넘지 아니하는 범위에서 배상액을 정할 수 있다.(2025.1.21 본항개정 : 2025.7.22 시행)

⑧ 제7항에 따른 배상액을 판단할 때에는 다음 각 호의 사항을 고려하여야 한다.

1. 침해행위로 인하여 해당 상표의 식별력 또는 명성이 손상된 정도
2. 고의 또는 손해 발생의 우려를 인식한 정도
3. 침해행위로 인하여 상표권자 또는 전용사용권자가 입은 피해규모
4. 침해행위로 인하여 침해한 자가 얻은 경제적 이익
5. 침해행위의 기간·횟수 등
6. 침해행위에 따른 벌금
7. 침해행위를 한 자의 재산상태
8. 침해행위를 한 자의 피해구제 노력의 정도

(2020.10.20 본항신설)

**제111조 【법정손해배상의 청구】** ① 상표권자 또는 전용사용권자는 자기가 사용하고 있는 등록상표와 같거나 동일성이 있는 상표를 그 지정상품과 같거나 동일성이 있는 상품에 사용하여 자기의 상표권 또는 전용사용권을 고의나 과실로 침해한 자에 대하여 제109조에 따른 손해배상을 청구하는 대신 1억원(고의적으로 침해한 경우에는 3억원) 이하의 범위에서 상당한 금액을 손해액으로 하여 배상을 청구할 수 있다. 이 경우 법원은 변론전체의 취지와 증거조사의 결과를 고려하여 상당한 손해액을 인정할 수 있다.
(2020.10.20 전단개정)

② 제1항 전단에 해당하는 침해행위에 대하여 제109조에 따라 손해배상을 청구한 상표권자 또는 전용사용권자는 법원이 변론을 종결할 때까지 그 청구를 제1항에 따른 청구로 변경할 수 있다.

**제112조 【고의의 추정】** 제222조에 따라 등록상표임을 표시한 타인의 상표권 또는 전용사용권을 침해한 자는 그 침해행위에 대하여 그 상표가 이미 등록된 사실을 알았던 것으로 추정한다.

**제113조 【상표권자 등의 신용회복】** 법원은 고의나 과실로 상표권 또는 전용사용권을 침해함으로써 상표권자 또는 전용사용권자의 업무상 신용을 떨어뜨린 자에 대해서는 상표권자 또는 전용사용권자의 청구에 의하여 손해배상을 갈음하거나 손해배상과 함께 상

표권자 또는 전용사용권자의 업무상 신용회복을 위하여 필요한 조치를 명할 수 있다.

**제114조【서류의 제출】** 법원은 상표권 또는 전용사용권의 침해에 관한 소송에서 당사자의 신청에 의하여 다른 당사자에 대하여 해당 침해행위로 인한 손해를 계산하는 데에 필요한 서류의 제출을 명할 수 있다. 다만, 그 서류의 소지자가 그 서류의 제출을 거절할 정당한 이유가 있는 경우에는 그러하지 아니하다.

## 제7장 심 판

**제115조【보정각하결정에 대한 심판】** 제42조제1항에 따른 보정각하결정을 받은 자가 그 결정에 불복할 경우에는 그 결정등본을 송달받은 날부터 3개월 이내에 심판을 청구할 수 있다.
(2021.10.19 본조개정)

**제116조【거절결정에 대한 심판】** 제54조에 따른 상표등록거절결정, 지정상품추가등록 거절결정 또는 상품분류전환등록 거절결정(이하 "거절결정"이라 한다)을 받은 자가 불복하는 경우에는 그 거절결정의 등본을 송달받은 날부터 3개월 이내에 거절결정된 지정상품의 전부 또는 일부에 관하여 심판을 청구할 수 있다.(2022.2.3 본조개정)

**제117조【상표등록의 무효심판】** ① 이해관계인 또는 심사관은 상표등록 또는 지정상품의 추가등록이 다음 각 호의 어느 하나에 해당하는 경우에는 무효심판을 청구할 수 있다. 이 경우 등록상표의 지정상품이 둘 이상인 경우에는 지정상품마다 청구할 수 있다.

1. 상표등록 또는 지정상품의 추가등록이 제3조, 제27조, 제33조부터 제35조까지, 제48조제2항 후단, 같은 조 제4항 및 제6항부터 제8항까지, 제54조제1호·제2호 및 제4호부터 제7호까지의 규정에 위반된 경우
2. 상표등록 또는 지정상품의 추가등록이 그 상표등록출원에 의하여 발생한 권리를 승계하지 아니한 자가 한 것인 경우
3. 지정상품의 추가등록이 제87조제1항제3호에 위반된 경우
4. 상표등록 또는 지정상품의 추가등록이 조약에 위반된 경우
5. 상표등록된 후 그 상표권자가 제27조에 따라 상표권을 누릴 수 없는 자로 되거나 그 등록상표가 조약에 위반된 경우
6. 상표등록된 후 그 등록상표가 제33조제1항 각 호의 어느 하나에 해당하게 된 경우(같은 조 제2항에 해당하게 된 경우는 제외한다)
7. 제82조에 따라 지리적 표시 단체표장등록이 된 후 그 등록단체표장을 구성하는 지리적 표시가 원산지 국가에서 보호가 중단되거나 사용되지 아니하게 된 경우

② 제1항에 따른 무효심판은 상표권이 소멸된 후에도 청구할 수 있다.

③ 상표등록을 무효로 한다는 심결이 확정된 경우에는 그 상표권은 처음부터 없었던 것으로 본다. 다만, 제1항제5호부터 제7호까지의 규정에 따라 상표등록을 무효로 한다는 심결이 확정된 경우에는 상표권은 그 등록상표가 같은 호에 해당하게 된 때부터 없었던 것으로 본다.

④ 제3항 단서를 적용하는 경우에 등록상표가 제1항제5호부터 제7호까지의 규정에 해당하게 된 때를 특정할 수 없는 경우에는 해당 상표권은 제1항에 따른 무효심판이 청구되어 그 청구내용이 등록원부에 공시(公示)된 때부터 없었던 것으로 본다.

⑤ 심판장은 제1항의 무효심판이 청구된 경우에는 그 취지를 해당 상표권의 전용사용권자와 그 밖에 상표에 관한 권리를 등록한 자에게 통지하여야 한다.

**제118조【존속기간갱신등록의 무효심판】** ① 이해관계인 또는 심사관은 존속기간갱신등록이 다음 각 호의 어느 하나에 해당하는 경우에는 무효심판을 청구할 수 있다. 이 경우 갱신등록된 등록상표의 지정상품이 둘 이상인 경우에는 지정상품마다 청구할 수 있다.

1. 존속기간갱신등록이 제84조제2항에 위반된 경우
2. 해당 상표권자(상표권이 공유인 경우 각 공유자도 상표권자로 본다)가 아닌 자가 존속기간갱신등록신청을 한 경우(2019.4.23 본호개정)

② 제1항에 따른 무효심판은 상표권이 소멸된 후에도 청구할 수 있다.

③ 존속기간갱신등록을 무효로 한다는 심결이 확정된 경우에는 그 존속기간갱신등록은 처음부터 없었던 것으로 본다.

④ 심판장은 제1항의 심판이 청구된 경우에는 그 취지를 해당 상표권의 전용사용권자와 그 밖에 상표에 관한 권리를 등록한 자에게 통지하여야 한다.

**제119조【상표등록의 취소심판】** ① 등록상표가 다음 각 호의 어느 하나에 해당하는 경우에는 그 상표등록의 취소심판을 청구할 수 있다.

1. 상표권자가 고의로 지정상품에 등록상표와 유사한 상표를 사용하거나 지정상품과 유사한 상품에 등록상표 또는 이와 유사한 상표를 사용함으로써 수요자에게 상품의 품질을 오인하게 하거나 타인의 업무와 관련된 상품과 혼동을 불러일으키게 한 경우
2. 전용사용권자 또는 통상사용권자가 지정상품 또는 이와 유사한 상품에 등록상표 또는 이와 유사한 상표를 사용함으로써 수요자에게 상품의 품질을 오인하게 하거나 타인의 업무와 관련된 상품과의 혼동을 불러일으키게 한 경우. 다만, 상표권자가 상당한 주의를 한 경우는 제외한다.
3. 상표권자·전용사용권자 또는 통상사용권자 중 어느 누구도 정당한 이유 없이 등록상표를 그 지정상품에 대하여 취소심판청구일 전 계속하여 3년 이상 국내에서 사용하고 있지 아니한 경우
4. 제93조제1항 후단, 같은 조 제2항 및 같은 조 제4항부터 제7항까지의 규정에 위반된 경우
5. 상표권의 이전으로 유사한 등록상표가 각각 다른 상표권자에게 속하게 되고 그 중 1인이 자기의 등록상표의 지정상품과 동일·유사한 상품에 부정경쟁을 목적으로 자기의 등록상표를 사용함으로써 수요자에게 상품의 품질을 오인하게 하거나 타인의 업무와 관련된 상품과 혼동을 불러일으키게 한 경우

5의2. 제34조제1항제7호 단서 또는 제35조제6항에 따라 등록된 상표의 권리자 또는 그 상표등록에 대한 동의를 한 자 중 1인이 자기의 등록상표의 지정상품과 동일·유사한 상품에 부정경쟁을 목적으로 자기의 등록상표를 사용함으로써 수요자에게 상품의 품질을 오인하게 하거나 타인의 업무와 관련된 상품과 혼동을 불러일으키게 한 경우(2023.10.31 본호신설)

6. 제92조제2항에 해당하는 상표가 등록된 경우에 그 상표에 관한 권리를 가진 자가 해당 상표등록일부터 5년 이내에 취소심판을 청구한 경우
7. 단체표장과 관련하여 다음 각 목의 어느 하나에 해당하는 경우
   가. 소속 단체원이 그 단체의 정관을 위반하여 단체표장을 타인에게 사용하게 한 경우나 소속 단체원이 그 단체의 정관을 위반하여 단체표장을 사용함으로써 수요자에게 상품의 품질 또는 지리적 출처를 오인하게 하거나 타인의 업무와 관련된 상품과 혼동을 불러일으키게 한 경우. 다만, 단체표장권자가

소속 단체원의 감독에 상당한 주의를 한 경우는 제외한다.

나. 단체표장의 설정등록 후 제36조제3항에 따른 정관을 변경함으로써 수요자에게 상품의 품질을 오인하게 하거나 타인의 업무와 관련된 상품과 혼동을 불러일으키게 할 염려가 있는 경우

다. 제3자가 단체표장을 사용하여 수요자에게 상품의 품질이나 지리적 출처를 오인하게 하거나 타인의 업무와 관련된 상품과 혼동을 불러일으키게 하였음에도 단체표장권자가 고의로 적절한 조치를 하지 아니한 경우

8. 지리적 표시 단체표장과 관련하여 다음 각 목의 어느 하나에 해당하는 경우

가. 지리적 표시 단체표장등록출원의 경우에 그 소속 단체원의 가입에 관하여 정관에 의하여 단체의 가입을 금지하거나 정관에 충족하기 어려운 가입조건을 규정하는 등 단체의 가입을 실질적으로 허용하지 아니하거나 그 지리적 표시를 사용할 수 없는 자에게 단체의 가입을 허용한 경우

나. 지리적 표시 단체표장권자나 그 소속 단체원이 제223조를 위반하여 단체표장을 사용함으로써 수요자에게 상품의 품질을 오인하게 하거나 지리적 출처에 대한 혼동을 불러일으키게 한 경우

9. 증명표장과 관련하여 다음 각 목의 어느 하나에 해당하는 경우

가. 증명표장권자가 제36조제4항에 따라 제출된 정관 또는 규약을 위반하여 증명표장의 사용을 허락한 경우

나. 증명표장권자가 제3조제3항 단서를 위반하여 증명표장을 자기의 상품에 대하여 사용하는 경우

다. 증명표장의 사용허락을 받은 자가 정관 또는 규약을 위반하여 타인에게 사용하게 한 경우 또는 사용을 허락받은 자가 정관 또는 규약을 위반하여 증명표장을 사용함으로써 수요자에게 상품의 품질, 원산지, 생산방법이나 그 밖의 특성에 관하여 혼동을 불러일으키게 한 경우. 다만, 증명표장권자가 사용을 허락받은 자에 대한 감독에 상당한 주의를 한 경우는 제외한다.

라. 증명표장권자가 증명표장의 사용허락을 받지 아니한 제3자가 증명표장을 사용하여 수요자에게 상품의 품질, 원산지, 생산방법이나 그 밖의 상품의 특성에 관한 혼동을 불러일으키게 하였음을 알면서도 적절한 조치를 하지 아니한 경우

마. 증명표장권자가 그 증명표장을 사용할 수 있는 자에 대하여 정당한 사유 없이 정관 또는 규약으로 사용을 허락하지 아니하거나 정관 또는 규약에 충족하기 어려운 사용조건을 규정하는 등 실질적으로 사용을 허락하지 아니한 경우

② 제1항제3호에 해당하는 것을 사유로 취소심판을 청구하는 경우 등록상표의 지정상품이 둘 이상 있는 경우에는 일부 지정상품에 관하여 취소심판을 청구할 수 있다.

③ 제1항제3호에 해당하는 것을 사유로 취소심판이 청구된 경우에는 피청구인이 해당 등록상표를 취소심판청구에 관계되는 지정상품 중 하나 이상에 대하여 그 심판청구일 전 3년 이내에 국내에서 정당하게 사용하였음을 증명하지 아니하면 상표권자는 취소심판청구와 관계되는 지정상품에 관한 상표등록의 취소를 면할 수 없다. 다만, 피청구인이 사용하지 아니한 것에 대한 정당한 이유를 증명한 경우에는 그러하지 아니하다.

④ 제1항(같은 항 제4호 및 제6호는 제외한다)에 해당하는 것을 사유로 취소심판을 청구한 후 그 심판청구사유에 해당하는 사실이 없어진 경우에도 취소사유에 영향이 미치지 아니한다.
⑤ 제1항에 따른 취소심판은 누구든지 청구할 수 있다. 다만, 제1항제4호 및 제6호에 해당하는 것을 사유로 하는 심판은 이해관계인만이 청구할 수 있다.
⑥ 상표등록을 취소한다는 심결이 확정되었을 경우에는 그 상표권은 그때부터 소멸된다. 다만, 제1항제3호에 해당하는 것을 사유로 취소한다는 심결이 확정된 경우에는 그 심판청구일에 소멸하는 것으로 본다.
⑦ 심판장은 제1항의 심판이 청구된 경우에는 그 취지를 해당 상표권의 전용사용권자와 그 밖에 상표에 관한 권리를 등록한 자에게 통지하여야 한다.

**제120조【전용사용권 또는 통상사용권 등록의 취소심판】** ① 전용사용권자 또는 통상사용권자가 제119조제1항제2호에 해당하는 행위를 한 경우에는 그 전용사용권 또는 통상사용권 등록의 취소심판을 청구할 수 있다.
② 제1항에 따라 전용사용권 또는 통상사용권 등록의 취소심판을 청구한 후 그 심판청구사유에 해당하는 사실이 없어진 경우에도 취소 사유에 영향이 미치지 아니한다.
③ 제1항에 따른 전용사용권 또는 통상사용권의 취소심판은 누구든지 청구할 수 있다.
④ 전용사용권 또는 통상사용권 등록을 취소한다는 심결이 확정되었을 경우에는 그 전용사용권 또는 통상사용권은 그 때부터 소멸된다.
⑤ 심판장은 제1항의 심판이 청구되었을 경우에는 그 취지를 해당 전용사용권의 통상사용권자와 그 밖에 전용사용권에 관하여 등록을 한 권리자 또는 해당 통상사용권에 관하여 등록을 한 권리자에게 알려야 한다.

**제121조【권리범위 확인심판】** 상표권자, 전용사용권자 또는 이해관계인은 등록상표의 권리범위를 확인하기 위하여 상표권의 권리범위 확인심판을 청구할 수 있다. 이 경우 등록상표의 지정상품이 둘 이상 있는 경우에는 지정상품마다 청구할 수 있다.

**제122조【제척기간】** ① 제34조제1항제6호부터 제10호까지 및 제16호, 제35조, 제118조제1항제1호 및 제214조제1항제3호에 해당하는 것을 사유로 하는 상표등록의 무효심판, 존속기간갱신등록의 무효심판 또는 상품분류전환등록의 무효심판은 상표등록일, 존속기간갱신등록일 또는 상품분류전환등록일부터 5년이 지난 후에는 청구할 수 없다.
② 제119조제1항제1호·제2호·제5호·제5호의2, 제7호부터 제9호까지 및 제120조제1항에 해당하는 것을 사유로 하는 상표등록의 취소심판 및 전용사용권 또는 통상사용권 등록의 취소심판은 취소사유에 해당하는 사실이 없어진 날부터 3년이 지난 후에는 청구할 수 없다.(2023.10.31 본항개정)

**제123조【심사규정의 상표등록거절결정에 대한 심판에 관한 준용】** ① 제54조에 따른 상표등록거절결정에 대한 심판에 관하여는 제41조, 제42조, 제45조, 제55조, 제57조부터 제68조까지, 제87조제2항·제3항 및 제210조제2항·제3항을 준용한다. 이 경우 그 상표등록출원 또는 지정상품추가등록출원에 대하여 이미 출원공고가 있는 경우에는 제57조는 준용하지 아니한다.
② 제1항에 따라 제42조를 준용하는 경우에는 제42조제3항 중 "제115조에 따라 심판을 청구한 경우"는 "제162조제1항에 따라 소를 제기한 경우"로, "그 심판의 심결이 확정될 때까지"는 "그 판결이 확정될 때까지"로 본다.
③ 제1항에 따라 준용되는 제42조제4항·제5항, 제55조, 제87조제2항·제

3항 및 제210조제2항 · 제3항을 적용할 때에는 해당 상표등록거절결정의 이유와 다른 거절이유를 발견한 경우에도 준용한다.

**제124조【공동심판의 청구 등】** ① 같은 상표권에 대하여 다음 각 호의 어느 하나에 해당하는 심판을 청구하는 자가 2인 이상이면 각자 또는 그 모두가 공동으로 심판을 청구할 수 있다.

1. 제117조제1항 또는 제118조제1항에 따른 상표등록 또는 존속기간갱신등록의 무효심판
2. 제119조제1항에 따른 상표등록의 취소심판
3. 제120조제1항에 따른 전용사용권 또는 통상사용권 등록의 취소심판
4. 제121조에 따른 권리범위 확인심판
5. 제214조제1항에 따른 상품분류전환등록의 무효심판

② 공유인 상표권의 상표권자에 대하여 심판을 청구할 경우에는 공유자 모두를 피청구인으로 청구하여야 한다.

③ 제1항에도 불구하고 상표권 또는 상표등록을 받을 수 있는 권리의 공유자가 그 공유인 권리에 관하여 심판을 청구할 경우에는 공유자 모두가 공동으로 청구하여야 한다.

④ 제1항 또는 제3항에 따른 청구인이나 제2항에 따른 피청구인 중 1인에게 심판절차의 중단 또는 중지의 원인이 있을 경우에는 모두에 대하여 그 효력이 발생한다.

**제124조의2【국선대리인】** ① 특허심판원장은 산업통상자원부령으로 정하는 요건을 갖춘 심판 당사자의 신청에 따라 대리인(이하 "국선대리인"이라 한다)을 선임하여 줄 수 있다. 다만, 심판청구가 이유 없음이 명백하거나 권리의 남용이라고 인정되는 경우에는 그러하지 아니하다.

② 국선대리인이 선임된 당사자에 대하여 심판절차와 관련된 수수료를 감면할 수 있다.

③ 국선대리인의 신청절차 및 수수료 감면 등 국선대리인 운영에 필요한 사항은 산업통상자원부령으로 정한다.
(2019.1.8 본조신설)

**제125조【상표등록의 무효심판 등에 대한 심판청구방식】** ① 제117조부터 제121조까지의 규정에 따른 심판을 청구하려는 자는 다음 각 호의 사항을 적은 심판청구서를 특허심판원장에게 제출하여야 한다.

1. 당사자의 성명 및 주소(법인인 경우에는 그 명칭 및 영업소의 소재지를 말한다)
2. 당사자의 대리인이 있는 경우에는 그 대리인의 성명 및 주소나 영업소의 소재지〔대리인이 특허법인 · 특허법인(유한)인 경우에는 그 명칭, 사무소의 소재지 및 지정된 변리사의 성명을 말한다〕
3. 심판사건의 표시
4. 청구의 취지 및 그 이유

② 제1항에 따라 제출된 심판청구서를 보정하는 경우에는 요지를 변경할 수 없다. 다만, 다음 각 호의 어느 하나에 해당하는 경우에는 그러하지 아니하다.

1. 제1항제1호에 따른 당사자 중 상표권자의 기재사항을 바로 잡기 위하여 보정(추가하는 것을 포함한다)하는 경우
2. 제1항제4호에 따른 청구의 이유를 보정하는 경우
3. 상표권자 또는 전용사용권자가 제121조에 따라 청구한 권리범위 확인심판에서 심판청구서의 확인대상 상표 및 상표가 사용되고 있는 상품(청구인이 주장하는 피청구인의 상표와 그 사용상품을 말한다)에 대하여 피청구인이 자신이 실제로 사용하고 있는 상표 및 그 사용상품과 비교하여 다르다고 주장하는 경우에 청구인이 피청구인의 사용 상표 및 그 상품과 같게 하기 위하여 심판청

구서의 확인대상 상표 및 사용상품을 보정하는 경우

③ 제121조에 따른 권리범위 확인심판을 청구할 경우에는 등록상표와 대비할 수 있는 상표견본 및 그 사용상품 목록을 첨부하여야 한다.

**제126조【보정각하결정 등에 대한 심판청구방식】** ① 제115조에 따른 보정각하결정에 대한 심판 또는 제116조에 따른 거절결정에 대한 심판을 청구하려는 자는 다음 각 호의 사항을 적은 심판청구서를 특허심판원장에게 제출하여야 한다.

1. 청구인의 성명 및 주소(법인인 경우에는 그 명칭 및 영업소의 소재지를 말한다)
2. 청구인의 대리인이 있는 경우에는 그 대리인의 성명 및 주소나 영업소의 소재지〔대리인이 특허법인·특허법인(유한)인 경우에는 그 명칭, 사무소의 소재지 및 지정된 변리사의 성명을 말한다〕
3. 출원일 및 출원번호
4. 지정상품 및 그 상품류
5. 심사관의 거절결정일 또는 보정각하결정일
6. 심판사건의 표시
7. 청구의 취지 및 그 이유

② 제1항에 따라 제출된 심판청구서를 보정하는 경우 그 요지를 변경할 수 없다. 다만, 다음 각 호의 어느 하나에 해당하는 경우에는 그러하지 아니하다.

1. 제1항제1호에 따른 청구인의 기재사항을 바로잡기 위하여 보정(추가하는 것을 포함한다)하는 경우
2. 제1항제7호에 따른 청구의 이유를 보정하는 경우

③ 특허심판원장은 제116조에 따른 거절결정에 대한 심판이 청구된 경우 그 거절결정이 이의신청에 의한 것일 경우에는 그 취지를 이의신청인에게 알려야 한다.

**제127조【심판청구서 등의 각하】** ① 심판장은 다음 각 호의 어느 하나에 해당하는 경우에는 기간을 정하여 그 보정을 명하여야 한다. 다만, 보정할 사항이 경미하고 명확한 경우에는 직권으로 보정할 수 있다.(2023.9.14 단서신설)

1. 심판청구서가 제125조제1항·제3항 또는 제126조제1항에 위반된 경우
2. 심판에 관한 절차가 다음 각 목의 어느 하나에 해당되는 경우
   가. 제4조제1항 또는 제7조에 위반된 경우
   나. 제78조에 따라 내야 할 수수료를 내지 아니한 경우
   다. 이 법 또는 이 법에 따른 명령으로 정하는 방식에 위반된 경우

② 심판장은 제1항 본문에 따른 보정명령을 받은 자가 지정된 기간 내에 보정을 하지 아니하거나 보정한 사항이 제125조제2항 또는 제126조제2항을 위반한 경우에는 심판청구서 또는 해당 절차와 관련된 청구 등을 결정으로 각하하여야 한다.(2023.9.14 본항개정)

③ 제2항에 따른 결정은 서면으로 하여야 하며, 그 이유를 붙여야 한다.

④ 심판장은 제1항 단서에 따라 직권보정을 하려면 그 직권보정 사항을 청구인에게 통지하여야 한다.(2023.9.14 본항신설)

⑤ 청구인은 제1항 단서에 따른 직권보정 사항을 받아들일 수 없으면 직권보정 사항의 통지를 받은 날부터 7일 이내에 그 직권보정 사항에 대한 의견서를 심판장에게 제출하여야 한다.
(2023.9.14 본항신설)

⑥ 청구인이 제5항에 따라 의견서를 제출한 경우에는 해당 직권보정 사항은 처음부터 없었던 것으로 본다.
(2023.9.14 본항신설)

⑦ 제1항 단서에 따른 직권보정이 명백히 잘못된 경우 그 직권보정은 처음

부터 없었던 것으로 본다.(2023.9.14 본항신설)

**제128조【보정할 수 없는 심판청구의 심결 각하】** 부적법한 심판청구로서 그 흠을 보정할 수 없는 경우에는 제133조제1항에도 불구하고 피청구인에게 답변서 제출의 기회를 주지 아니하고 심결로써 그 청구를 각하할 수 있다.

**제129조【심판관】** ① 특허심판원장은 심판청구가 있으면 심판관에게 심판하게 한다.

② 심판관의 자격은 대통령령으로 정한다.

③ 심판관은 직무상 독립하여 심판한다.

**제130조【심판관의 지정】** ① 특허심판원장은 각 심판사건에 대하여 제132조에 따른 합의체(이하 "심판관합의체"라 한다)를 구성할 심판관을 지정하여야 한다.

② 특허심판원장은 제1항의 심판관 중 심판에 관여하는 데에 지장이 있는 사람이 있으면 다른 심판관에게 심판을 하게 할 수 있다.

**제131조【심판장】** ① 특허심판원장은 제130조제1항에 따라 지정된 심판관 중에서 1명을 심판장으로 지정하여야 한다.

② 심판장은 그 심판사건에 관한 사무를 총괄한다.

**제132조【심판의 합의체】** ① 심판은 3명 또는 5명의 심판관으로 구성되는 심판관합의체가 한다.

② 제1항에 따른 심판관합의체의 합의는 과반수로 결정한다.

③ 심판의 합의는 공개하지 아니한다.

**제133조【답변서 제출 등】** ① 심판장은 심판이 청구되면 청구서 부본을 피청구인에게 송달하고 기간을 정하여 답변서를 제출할 수 있는 기회를 주어야 한다.

② 심판장은 제1항의 답변서를 수리(受理)하였을 경우에는 그 부본을 청구인에게 송달하여야 한다.

③ 심판장은 심판에 관하여 당사자를 심문할 수 있다.

**제134조【심판관의 제척】** 심판관은 다음 각 호의 어느 하나에 해당하는 경우에는 그 심판에서 제척된다.

1. 심판관 또는 그 배우자나 배우자였던 사람이 사건의 당사자, 참가인 또는 이의신청인인 경우
2. 심판관이 사건의 당사자, 참가인 또는 이의신청인의 친족이거나 친족이었던 경우
3. 심판관이 사건의 당사자, 참가인 또는 이의신청인의 법정대리인이거나 법정대리인이었던 경우
4. 심판관이 사건에 대한 증인, 감정인이 된 경우 또는 감정인이었던 경우
5. 심판관이 사건의 당사자, 참가인 또는 이의신청인의 대리인이거나 대리인이었던 경우
6. 심판관이 사건에 대하여 심사관 또는 심판관으로서 상표등록여부결정이나 이의신청에 대한 결정 또는 심결에 관여한 경우
7. 심판관이 사건에 관하여 직접 이해관계를 가진 경우

**제135조【제척신청】** 제134조에 따른 제척의 원인이 있으면 당사자 또는 참가인은 제척신청을 할 수 있다.

**제136조【심판관의 기피】** ① 심판관에게 공정한 심판을 기대하기 어려운 사정이 있으면 당사자 또는 참가인은 기피신청을 할 수 있다.

② 당사자 또는 참가인은 사건에 대하여 심판관에게 서면 또는 말로 진술을 한 후에는 기피신청을 할 수 없다. 다만, 기피의 원인이 있는 것을 알지 못한 경우 또는 기피의 원인이 그 후에 발생한 경우에는 그러하지 아니하다.

**제137조【제척 또는 기피의 소명】** ① 제135조 및 제136조에 따라 제척 또는 기피 신청을 하려는 자는 그 원인을 적은 서면을 특허심판원장에게 제출하

여야 한다. 다만, 구술심리를 할 경우에는 말로 할 수 있다.
② 제척 또는 기피의 원인은 신청한 날부터 3일 이내에 소명(疎明)하여야 한다.

**제138조【제척 또는 기피 신청에 관한 결정】** ① 제척 또는 기피 신청이 있으면 심판으로 결정하여야 한다.
② 제척 또는 기피 신청의 대상이 된 심판관은 그 제척 또는 기피에 대한 심판에 관여할 수 없다. 다만, 의견을 진술할 수 있다.
③ 제1항에 따른 결정은 서면으로 하여야 하며, 그 이유를 붙여야 한다.
④ 제1항에 따른 결정에는 불복할 수 없다.

**제139조【심판절차의 중지】** 제척 또는 기피의 신청이 있으면 그 신청에 대한 결정이 있을 때까지 심판절차를 중지하여야 한다. 다만, 대통령령으로 정하는 긴급한 사유가 있는 경우에는 그러하지 아니하다.

**제140조【심판관의 회피】** 심판관이 제134조 또는 제136조에 해당하는 경우에는 특허심판원장의 허가를 받아 해당 사건에 대한 심판을 회피할 수 있다.

**제141조【심리 등】** ① 심판은 구술심리 또는 서면심리로 한다. 다만, 당사자가 구술심리를 신청한 경우에는 서면심리만으로 결정할 수 있다고 인정되는 경우 외에는 구술심리를 하여야 한다.
② 구술심리는 공개하여야 한다. 다만, 공공의 질서 또는 선량한 풍속을 어지럽힐 우려가 있는 경우에는 그러하지 아니하다.
③ 심판장은 제1항에 따라 구술심리에 의한 심판을 할 경우에는 그 기일 및 장소를 정하고 그 취지를 적은 서면을 당사자와 참가인에게 송달하여야 한다. 다만, 해당 사건에 출석한 당사자 및 참가인에게 알린 경우에는 그러하지 아니하다.
④ 심판장은 제1항에 따라 구술심리에 의한 심판을 할 경우에는 특허심판원장이 지정한 직원에게 기일마다 심리의 요지와 그 밖에 필요한 사항을 적은 조서를 작성하게 하여야 한다.
⑤ 제4항에 따른 조서에는 심판의 심판장 및 조서를 작성한 직원이 기명날인하여야 한다.
⑥ 제4항에 따른 조서에 관하여는 「민사소송법」 제153조, 제154조 및 제156조부터 제160조까지의 규정을 준용한다.
⑦ 심판에 관하여는 「민사소송법」 제143조, 제259조, 제299조 및 제367조를 준용한다.
⑧ 심판장은 구술심리 중 심판정 내의 질서를 유지한다.

**제141조의2【참고인 의견서의 제출】** ① 심판장은 산업에 미치는 영향 등을 고려하여 사건 심리에 필요하다고 인정되는 경우 공공단체, 그 밖의 참고인에게 심판사건에 관한 의견서를 제출하게 할 수 있다.
② 국가기관과 지방자치단체는 공익과 관련된 사항에 관하여 특허심판원에 심판사건에 관한 의견서를 제출할 수 있다.
③ 심판장은 제1항 또는 제2항에 따라 참고인이 제출한 의견서에 대하여 당사자에게 구술 또는 서면에 의한 의견진술의 기회를 주어야 한다.
④ 제1항 또는 제2항에 따른 참고인의 선정 및 비용, 준수사항 등 참고인 의견서 제출에 필요한 사항은 산업통상자원부령으로 정한다.
(2023.9.14 본조신설)

**제142조【참가】** ① 제124조제1항에 따라 심판을 청구할 수 있는 자는 심리가 종결될 때까지 그 심판에 참가할 수 있다.
② 제1항에 따른 참가인은 피참가인이 그 심판의 청구를 취하한 후에도 심판절차를 속행할 수 있다.

③ 심판의 결과에 대하여 이해관계를 가진 자는 심리가 종결될 때까지 당사자의 어느 한쪽을 보조하기 위하여 그 심판에 참가할 수 있다.
④ 제3항에 따른 참가인은 모든 심판절차를 밟을 수 있다.
⑤ 제1항 또는 제3항에 따른 참가인에게 심판절차의 중단 또는 중지의 원인이 있으면 그 중단 또는 중지는 피참가인에 대해서도 그 효력이 발생한다.

**제143조【참가의 신청 및 결정】** ① 심판에 참가하려는 자는 참가신청서를 심판장에게 제출하여야 한다.
② 심판장은 참가신청을 받은 경우에는 참가신청서 부본을 당사자와 다른 참가인에게 송달하고 기간을 정하여 의견서를 제출할 수 있는 기회를 주어야 한다.
③ 참가신청이 있는 경우에는 심판에 의하여 그 참가 여부를 결정하여야 한다.
④ 제3항에 따른 결정은 서면으로 하여야 하며, 그 이유를 붙여야 한다.
⑤ 제3항에 따른 결정에 대해서는 불복할 수 없다.

**제144조【증거조사 및 증거보전】** ① 심판관은 당사자, 참가인 또는 이해관계인의 신청에 의하여 또는 직권으로 증거조사나 증거보전을 할 수 있다.
② 제1항에 따른 증거조사 및 증거보전에 관하여는 「민사소송법」 중 증거조사 및 증거보전에 관한 규정을 준용한다. 다만, 심판관은 과태료를 결정하거나 구인(拘引)을 명하거나 보증금을 공탁하게 하지 못한다.
③ 제1항에 따른 증거보전 신청은 심판청구 전에는 특허심판원장에게 하고, 심판계속 중에는 그 사건의 심판장에게 하여야 한다.
④ 특허심판원장은 심판청구 전에 제1항에 따른 증거보전 신청이 있으면 그 신청에 관여할 심판관을 지정한다.
⑤ 심판장은 제1항에 따라 직권으로 증거조사나 증거보전을 하였을 경우에는 그 결과를 당사자, 참가인 또는 이해관계인에게 송달하고 기간을 정하여 의견서를 제출할 수 있는 기회를 주어야 한다.

**제145조【심판의 진행】** 심판장은 당사자 또는 참가인이 법정기간 또는 지정기간 내에 절차를 밟지 아니하거나 제141조제3항에 따른 기일에 출석하지 아니하여도 심판을 진행할 수 있다.

**제145조의2【적시제출주의】** 심판절차에서의 주장이나 증거의 제출에 관하여는 「민사소송법」 제146조, 제147조 및 제149조를 준용한다.
(2021.8.17 본조신설)

**제146조【직권심리】** ① 심판관은 당사자 또는 참가인이 신청하지 아니한 이유에 대해서도 심리할 수 있다. 이 경우 기간을 정하여 당사자와 참가인에게 그 이유에 대하여 의견을 진술할 수 있는 기회를 주어야 한다.
② 심판관은 청구인이 신청하지 아니한 청구의 취지에 대해서는 심리할 수 없다.

**제147조【심리·심결의 병합 또는 분리】** 심판관합의체는 당사자 양쪽 또는 어느 한 쪽이 같은 둘 이상의 심판에 대하여 심리 또는 심결을 병합하거나 분리할 수 있다.

**제148조【심판청구의 취하】** ① 심판청구는 심결이 확정될 때까지 취하할 수 있다. 다만, 제133조제1항에 따른 답변서가 제출된 경우에는 상대방의 동의를 받아야 한다.
② 둘 이상의 지정상품에 관하여 제116조에 따른 거절결정에 대한 심판이나 제117조제1항, 제118조제1항 또는 제214조제1항에 따른 무효심판이 청구되었을 경우에는 지정상품마다 심판청구를 취하할 수 있다.(2022.2.3 본항개정)
③ 제1항 또는 제2항에 따라 심판청구가 취하되었을 경우에는 그 심판청구

또는 그 지정상품에 대한 심판청구는 처음부터 없었던 것으로 본다.

**제149조【심결】** ① 심판은 특별한 규정이 있는 경우를 제외하고는 심결로써 종결한다.

② 제1항에 따른 심결은 다음 각 호의 사항을 적은 서면으로 하여야 하며, 심결을 한 심판관은 그 서면에 기명날인하여야 한다.

1. 심판의 번호
2. 당사자와 참가인의 성명 및 주소(법인인 경우에는 그 명칭 및 영업소의 소재지를 말한다)
3. 당사자와 참가인의 대리인이 있는 경우에는 그 대리인의 성명 및 주소나 영업소의 소재지〔대리인이 특허법인·특허법인(유한)인 경우에는 그 명칭, 사무소의 소재지 및 지정된 변리사의 성명을 말한다〕
4. 심판사건의 표시
5. 심결의 주문(主文)
6. 심결의 이유(청구의 취지와 그 이유의 요지를 포함한다)
7. 심결 연월일

③ 심판장은 사건이 심결을 할 정도로 성숙하였을 때에는 심리의 종결을 당사자와 참가인에게 알려야 한다.

④ 심판장은 필요하다고 인정하면 제3항에 따라 심리 종결을 통지한 후에도 당사자 또는 참가인의 신청에 의하여 또는 직권으로 심리를 재개할 수 있다.

⑤ 심결은 제3항에 따른 심리 종결 통지를 한 날부터 20일 이내에 한다.

⑥ 심판장은 심결 또는 결정이 있으면 그 등본을 당사자, 참가인 및 심판에 참가신청을 하였으나 그 신청이 거부된 자에게 송달하여야 한다.

**제150조【일사부재리】** 이 법에 따른 심판의 심결이 확정되었을 경우에는 그 사건에 대해서는 누구든지 같은 사실 및 같은 증거에 의하여 다시 심판을 청구할 수 없다. 다만, 확정된 심결이 각하심결인 경우에는 그러하지 아니하다.

**제151조【소송과의 관계】** ① 심판장은 심판에서 필요하면 직권 또는 당사자의 신청에 따라 그 심판사건과 관련되는 다른 심판의 심결이 확정되거나 소송절차가 완결될 때까지 그 절차를 중지할 수 있다.

② 법원은 소송절차에서 필요하면 직권 또는 당사자의 신청에 따라 상표에 관한 심결이 확정될 때까지 그 소송절차를 중지할 수 있다.

③ 법원은 상표권 또는 전용사용권의 침해에 관한 소가 제기된 경우에는 그 취지를 특허심판원장에게 통보하여야 한다. 그 소송절차가 끝난 경우에도 또한 같다.

④ 특허심판원장은 제3항에 따른 상표권 또는 전용사용권의 침해에 관한 소에 대응하여 그 상표권에 관한 무효심판 등이 청구된 경우에는 그 취지를 같은 항에 따른 법원에 통보하여야 한다. 그 심판청구서의 각하결정, 심결 또는 청구의 취하가 있는 경우에도 또한 같다.

**제151조의2【산업재산권분쟁조정위원회 회부】** ① 심판장은 심판사건을 합리적으로 해결하기 위하여 필요하다고 인정되면 당사자의 동의를 받아 해당 심판사건의 절차를 중지하고 결정으로 해당 사건을 「발명진흥법」 제41조에 따른 산업재산권분쟁조정위원회(이하 "조정위원회"라 한다)에 회부할 수 있다.

② 심판장은 제1항에 따라 조정위원회에 회부한 때에는 해당 심판사건의 기록을 조정위원회에 송부하여야 한다.

③ 심판장은 조정위원회의 조정절차가 조정 불성립으로 종료되면 제1항에 따른 중지 결정을 취소하고 심판을 재개하며, 조정이 성립된 경우에는 해당 심판청구는 취하된 것으로 본다.

(2021.8.17 본조신설)

**제152조【심판비용】** ① 제117조제1항, 제118조제1항, 제119조제1항, 제120조제1항, 제121조 및 제214조제1항에 따른 심판비용의 부담에 관하여는 심판이 심결에 의하여 종결될 경우에는 그 심결로써 정하고, 심판이 심결에 의하지 아니하고 종결될 경우에는 결정으로써 정하여야 한다.

② 제1항에 따른 심판비용에 관하여는 「민사소송법」 제98조부터 제103조까지, 제107조제1항・제2항, 제108조, 제111조, 제112조 및 제116조를 준용한다.

③ 제115조 또는 제116조에 따른 심판비용은 청구인이 부담한다.

④ 제3항에 따라 청구인이 부담하는 비용에 관하여는 「민사소송법」 제102조를 준용한다.

⑤ 심판비용의 금액은 심결 또는 결정이 확정된 후 당사자의 청구에 의하여 특허심판원장이 결정한다.

⑥ 심판비용의 범위・금액・납부 및 심판에서 절차상의 행위를 하기 위하여 필요한 비용의 지급에 관하여는 그 성질에 반하지 아니하는 범위에서 「민사소송비용법」 중 해당 규정의 예에 따른다.

⑦ 심판절차를 대리한 변리사에게 당사자가 지급하였거나 지급할 보수는 특허청장이 정하는 금액의 범위에서 심판비용으로 본다. 이 경우 여러 명의 변리사가 심판절차를 대리하였더라도 1명의 변리사가 심판대리를 한 것으로 본다.

**제153조【심판비용의 금액에 대한 집행권원】** 이 법에 따라 특허심판원장이 정한 심판비용의 금액에 관하여 확정된 결정은 집행력 있는 집행권원(執行權原)과 같은 효력을 가진다. 이 경우 집행력 있는 정본은 특허심판원 소속 공무원이 부여한다.

**제154조【보정각하결정 및 거절결정에 대한 심판의 특칙】** 제133조제1항・제2항, 제142조 및 제143조는 제115조에 따른 보정각하결정 및 제116조에 따른 거절결정에 대한 심판에는 적용하지 아니한다.

**제155조【심사 또는 이의신청 절차의 효력】** 심사 또는 이의신청에서 밟은 상표에 관한 절차는 다음 각 호의 어느 하나에 해당하는 거절결정에 대한 심판에서도 그 효력이 있다.

1. 제54조에 따른 상표등록거절결정
2. 존속기간갱신등록신청의 거절결정
3. 지정상품추가등록출원의 거절결정
4. 상품분류전환등록의 거절결정

**제156조【보정각하결정 등의 취소】** ① 심판관합의체는 제115조에 따른 보정각하결정에 대한 심판 또는 제116조에 따른 거절결정에 대한 심판이 청구된 경우에 그 청구가 이유 있다고 인정하는 경우에는 심결로써 보정각하결정 또는 거절결정을 취소하여야 한다.

② 제1항에 따라 심판에서 보정각하결정 또는 거절결정을 취소하는 경우에는 심사에 부칠 것이라는 심결을 할 수 있다.

③ 제1항 및 제2항에 따른 심결에서 취소의 기본이 된 이유는 그 사건에 대하여 심사관을 기속(羈束)한다.

## 제8장 재심 및 소송

**제157조【재심의 청구】** ① 당사자는 확정된 심결에 대하여 재심을 청구할 수 있다.

② 제1항의 재심청구에 관하여는 「민사소송법」 제451조, 제453조 및 제459조제1항을 준용한다.

**제158조【사해심결에 대한 불복청구】** ① 심판의 당사자가 공모(共謀)하여 속임수를 써서 제3자의 권리 또는 이익에 손해를 입힐 목적으로 심결을 하게 하였을 경우에는 제3자는 그 확정된 심결에 대하여 재심을 청구할 수 있다.

② 제1항에 따른 재심청구의 경우에는 심판의 당사자를 공동피청구인으로 한다.

**제159조【재심의 청구기간】** ① 당사자는 심결 확정 후 재심 사유를 안 날부터 30일 이내에 재심을 청구하여야 한다.

② 대리권의 흠을 이유로 하여 재심을 청구하는 경우에 제1항의 기간은 청구인 또는 법정대리인이 심결 등본의 송달에 의하여 심결이 있은 것을 안 날의 다음 날부터 기산한다.

③ 심결 확정 후 3년이 지나면 재심을 청구할 수 없다.

④ 재심 사유가 심결 확정 후에 생겼을 경우에는 제3항의 기간은 그 사유가 발생한 날의 다음 날부터 기산한다.

⑤ 제1항 및 제3항은 해당 심결 이전의 확정심결에 저촉된다는 이유로 재심을 청구하는 경우에는 적용하지 아니한다.

**제160조【재심에 의하여 회복한 상표권의 효력 제한】** 다음 각 호의 어느 하나에 해당하는 경우 상표권의 효력은 해당 심결이 확정된 후 그 회복된 상표권의 등록 전에 선의(善意)로 해당 등록상표와 같은 상표를 그 지정상품과 같은 상품에 사용한 행위, 제108조제1항 각 호의 어느 하나 또는 같은 조 제2항 각 호의 어느 하나에 해당하는 행위에는 미치지 아니한다.

1. 상표등록 또는 존속기간갱신등록이 무효로 된 후 재심에 의하여 그 효력이 회복된 경우
2. 상표등록이 취소된 후 재심에 의하여 그 효력이 회복된 경우
3. 상표권의 권리범위에 속하지 아니한다는 심결이 확정된 후 재심에 의하여 이와 상반되는 심결이 확정된 경우

**제161조【재심에서의 심판 절차 규정의 준용】** 심판에 대한 재심의 절차에 관하여는 그 성질에 반하지 아니하는 범위에서 심판의 절차에 관한 규정을 준용한다.

**제162조【심결 등에 대한 소】** ① 심결에 대한 소와 제123조제1항(제161조에서 준용하는 경우를 포함한다)에 따라 준용되는 제42조제1항에 따른 보정각하결정 및 심판청구서나 재심청구서의 각하결정에 대한 소는 특허법원의 전속관할로 한다.

② 제1항에 따른 소는 당사자, 참가인 또는 해당 심판이나 재심에 참가신청을 하였으나 그 신청이 거부된 자만 제기할 수 있다.

③ 제1항에 따른 소는 심결 또는 결정의 등본을 송달받은 날부터 30일 이내에 제기하여야 한다.

④ 제3항의 기간은 불변기간(不變期間)으로 한다. 다만, 심판장은 도서·벽지 등 교통이 불편한 지역에 있는 자를 위하여 산업통상자원부령으로 정하는 바에 따라 직권으로 불변기간에 대하여 부가기간(附加期間)을 정할 수 있다.

⑤ 심판을 청구할 수 있는 사항에 관한 소는 심결에 대한 것이 아니면 제기할 수 없다.

⑥ 제152조제1항에 따른 심판비용의 심결 또는 결정에 대해서는 독립하여 제1항에 따른 소를 제기할 수 없다.

⑦ 제1항에 따른 특허법원의 판결에 대해서는 대법원에 상고할 수 있다.

**제163조【피고적격】** 제162조제1항에 따른 소는 특허청장을 피고로 하여 제기하여야 한다. 다만, 제117조제1항, 제118조제1항, 제119조제1항·제2항, 제120조제1항, 제121조 및 제214조제1항에 따른 심판 또는 그 재심의 심결에 대한 소는 그 청구인 또는 피청구인을 피고로 하여 제기하여야 한다.

**제164조【소 제기 통지 및 재판서 정본 송부】** ① 법원은 제162조제1항에 따른 소 제기 또는 같은 조 제7항에 따

른 상고가 있는 경우에는 지체 없이 그 취지를 특허심판원장에게 통지하여야 한다.

② 법원은 제163조 단서에 따른 소에 관하여 소송절차가 완결되었을 경우에는 지체 없이 그 사건에 대한 각 심급(審級)의 재판서 정본을 특허심판원장에게 송부하여야 한다.

**제165조【심결 또는 결정의 취소】** ① 법원은 제162조제1항에 따라 소가 제기된 경우에 그 청구가 이유 있다고 인정할 경우에는 판결로써 해당 심결 또는 결정을 취소하여야 한다.

② 심판관은 제1항에 따라 심결 또는 결정의 취소판결이 확정되었을 경우에는 다시 심리를 하여 심결 또는 결정을 하여야 한다.

③ 제1항에 따른 판결에서 취소의 기본이 된 이유는 그 사건에 대하여 특허심판원을 기속한다.

**제166조【변리사의 보수와 소송비용】** 소송을 대리한 변리사의 보수에 관하여는 「민사소송법」 제109조를 준용한다. 이 경우 "변호사"는 "변리사"로 본다.

## 제9장 「표장의 국제등록에 관한 마드리드협정에 대한 의정서」에 따른 국제출원

### 제1절 국제출원 등

**제167조【국제출원】** 「표장의 국제등록에 관한 마드리드협정에 대한 의정서」(이하 "마드리드 의정서"라 한다) 제2조(1)에 따른 국제등록(이하 "국제등록"이라 한다)을 받으려는 자는 다음 각 호의 어느 하나에 해당하는 상표등록출원 또는 상표등록을 기초로 하여 특허청장에게 국제출원을 하여야 한다.

1. 본인의 상표등록출원
2. 본인의 상표등록
3. 본인의 상표등록출원 및 본인의 상표등록

**제168조【국제출원인의 자격】** ① 특허청장에게 국제출원을 할 수 있는 자는 다음 각 호의 어느 하나에 해당하는 자로 한다.

1. 대한민국 국민
2. 대한민국에 주소(법인인 경우에는 영업소의 소재지를 말한다)를 가진 자

② 2인 이상이 공동으로 국제출원을 하려는 경우 출원인은 다음 각 호의 요건을 모두 충족하여야 한다.

1. 공동으로 국제출원을 하려는 자가 각각 제1항 각 호의 어느 하나에 해당할 것
2. 제169조제2항제4호에 따른 기초출원을 공동으로 하였거나 기초등록에 관한 상표권을 공유하고 있을 것

**제169조【국제출원의 절차】** ① 국제출원을 하려는 자는 산업통상자원부령으로 정하는 언어로 작성한 국제출원서(이하 "국제출원서"라 한다) 및 국제출원에 필요한 서류를 특허청장에게 제출하여야 한다.

② 국제출원서에는 다음 각 호의 사항을 적어야 한다.

1. 출원인의 성명 및 주소(법인인 경우에는 그 명칭 및 영업소의 소재지를 말한다)
2. 제168조에 따른 국제출원인 자격에 관한 사항
3. 상표를 보호받으려는 국가(정부 간 기구를 포함하며, 이하 "지정국"이라 한다)
4. 마드리드 의정서 제2조(1)에 따른 기초출원(이하 "기초출원"이라 한다)의 출원일 및 출원번호 또는 마드리드 의정서 제2조(1)에 따른 기초등록(이하 "기초등록"이라 한다)의 등록일 및 등록번호
5. 국제등록을 받으려는 상표
6. 국제등록을 받으려는 상품과 그 상품류
7. 그 밖에 산업통상자원부령으로 정하는 사항

**제170조【국제출원서 등 서류제출의 효력발생 시기】** 국제출원서와 그 출원에 필요한 서류는 특허청장에게 도달한 날부터 그 효력이 발생한다. 우편으로 제출된 경우에도 또한 같다.

**제171조【기재사항의 심사 등】** ① 특허청장은 국제출원서의 기재사항이 기초출원 또는 기초등록의 기재사항과 합치하는 경우에는 그 사실을 인정한다는 뜻과 국제출원서가 특허청에 도달한 날을 국제출원서에 적어야 한다.
② 특허청장은 제1항에 따라 도달일 등을 적은 후에는 즉시 국제출원서 및 국제출원에 필요한 서류를 마드리드 의정서 제2조(1)에 따른 국제사무국(이하 "국제사무국"이라 한다)에 보내고, 그 국제출원서의 사본을 해당 출원인에게 보내야 한다.

**제172조【사후지정】** ① 국제등록의 명의인(이하 "국제등록명의인"이라 한다)은 국제등록된 지정국을 추가로 지정(이하 "사후지정"이라 한다)하려는 경우에는 산업통상자원부령으로 정하는 바에 따라 특허청장에게 사후지정을 신청할 수 있다.
② 제1항을 적용하는 경우 국제등록명의인은 국제등록된 지정상품의 전부 또는 일부에 대하여 사후지정을 할 수 있다.

**제173조【존속기간의 갱신】** ① 국제등록명의인은 국제등록의 존속기간을 10년씩 갱신할 수 있다.
② 제1항에 따라 국제등록의 존속기간을 갱신하려는 자는 산업통상자원부령으로 정하는 바에 따라 특허청장에게 국제등록 존속기간의 갱신을 신청할 수 있다.

**제174조【국제등록의 명의변경】** ① 국제등록명의인이나 그 승계인은 지정상품 또는 지정국의 전부 또는 일부에 대하여 국제등록의 명의를 변경할 수 있다.
② 제1항에 따라 국제등록의 명의를 변경하려는 자는 산업통상자원부령으로 정하는 바에 따라 특허청장에게 국제등록 명의변경등록을 신청할 수 있다.

**제175조【수수료의 납부】** ① 다음 각 호의 어느 하나에 해당하는 자는 수수료를 특허청장에게 내야 한다.
1. 국제출원을 하려는 자
2. 사후지정을 신청하려는 자
3. 제173조에 따라 국제등록 존속기간의 갱신을 신청하려는 자
4. 제174조에 따라 국제등록 명의변경등록을 신청하려는 자

② 제1항에 따른 수수료, 그 납부방법 및 납부기간 등에 관하여 필요한 사항은 산업통상자원부령으로 정한다.

**제176조【수수료 미납에 대한 보정】** 특허청장은 제175조제1항 각 호의 어느 하나에 해당하는 자가 수수료를 내지 아니하는 경우에는 산업통상자원부령으로 정하는 바에 따라 기간을 정하여 보정을 명할 수 있다.

**제177조【절차의 무효】** 특허청장은 제176조에 따라 보정명령을 받은 자가 지정된 기간 내에 그 수수료를 내지 아니하는 경우에는 해당 절차를 무효로 할 수 있다.

**제178조【국제등록 사항의 변경등록 등】** 국제등록 사항의 변경등록 신청과 그 밖에 국제출원에 관하여 필요한 사항은 산업통상자원부령으로 정한다.

**제179조【업무표장에 대한 적용 제외】** 업무표장에 관하여는 제167조부터 제178조까지의 규정을 적용하지 아니한다.

## 제2절 국제상표등록출원에 관한 특례

**제180조【국제상표등록출원】** ① 마드리드 의정서에 따라 국제등록된 국제출원으로서 대한민국을 지정국으로 지정

(사후지정을 포함한다)한 국제출원은 이 법에 따른 상표등록출원으로 본다.
② 제1항을 적용하는 경우 마드리드 의정서 제3조(4)에 따른 국제등록일(이하 "국제등록일"이라 한다)은 이 법에 따른 상표등록출원일로 본다. 다만, 대한민국을 사후지정한 국제출원의 경우에는 그 사후지정이 국제등록부〔마드리드 의정서 제2조(1)에 따른 국제등록부를 말하며, 이하 "국제상표등록부"라 한다〕에 등록된 날(이하 "사후지정일"이라 한다)을 이 법에 따른 상표등록출원일로 본다.
③ 제1항에 따라 이 법에 따른 상표등록출원으로 보는 국제출원(이하 "국제상표등록출원"이라 한다)에 대해서는 국제상표등록부에 등록된 국제등록명의인의 성명 및 주소(법인인 경우에는 그 명칭 및 영업소의 소재지를 말한다), 상표, 지정상품 및 그 상품류는 이 법에 따른 출원인의 성명 및 주소(법인인 경우에는 그 명칭 및 영업소의 소재지를 말한다), 상표, 지정상품 및 그 상품류로 본다.

**제181조【업무표장의 특례】** 국제상표등록출원에 대해서는 업무표장에 관한 규정을 적용하지 아니한다.

**제182조【국제상표등록출원의 특례】**
① 국제상표등록출원에 대하여 이 법을 적용할 경우에는 국제상표등록부에 등록된 우선권 주장의 취지, 최초로 출원한 국가명 및 출원 연월일은 상표등록출원서에 적힌 우선권 주장의 취지, 최초로 출원한 국가명 및 출원의 연월일로 본다.
② 국제상표등록출원에 대하여 이 법을 적용할 경우에는 국제상표등록부에 등록된 상표의 취지는 상표등록출원서에 기재된 해당 상표의 취지로 본다.
③ 단체표장등록을 받으려는 자는 제36조제1항·제3항에 따른 서류 및 정관을, 증명표장의 등록을 받으려는 자는 같은 조 제1항·제4항에 따른 서류를 산업통상자원부령으로 정하는 기간 내에 특허청장에게 제출하여야 한다. 이 경우 지리적 표시 단체표장을 등록받으려는 자는 그 취지를 적은 서류와 제2조제1항제4호에 따른 지리적 표시의 정의에 합치함을 입증할 수 있는 대통령령으로 정하는 서류를 함께 제출하여야 한다.

**제183조【국내등록상표가 있는 경우의 국제상표등록출원의 효과】** ① 대한민국에 설정등록된 상표(국제상표등록출원에 따른 등록상표는 제외하며, 이하 이 조에서 "국내등록상표"라 한다)의 상표권자가 국제상표등록출원을 하는 경우에 다음 각 호의 요건을 모두 갖추었을 때에는 그 국제상표등록출원은 지정상품이 중복되는 범위에서 해당 국내등록상표에 관한 상표등록출원의 출원일에 출원된 것으로 본다.
1. 국제상표등록출원에 따라 국제상표등록부에 등록된 상표(이하 이 항에서 "국제등록상표"라 한다)와 국내등록상표가 동일할 것
2. 국제등록상표에 관한 국제등록명의인과 국내등록상표의 상표권자가 동일할 것
3. (2023.10.31 삭제)
4. 마드리드 의정서 제3조의3에 따른 영역확장의 효력이 국내등록상표의 상표등록일 후에 발생할 것

② 제1항에 따른 국내등록상표에 관한 상표등록출원에 대하여 조약에 따른 우선권이 인정되는 경우에는 그 우선권이 같은 항에 따른 국제상표등록출원에도 인정된다.
③ 국내등록상표의 상표권이 다음 각 호의 어느 하나에 해당하는 사유로 취소되거나 소멸되는 경우에는 그 취소되거나 소멸된 상표권의 지정상품과 동일한 범위에서 제1항 및 제2항에 따른 해당 국제상표등록출원에 대한 효과는 인정되지 아니한다.

1. 제119조제1항 각 호(제4호는 제외한다)에 해당한다는 사유로 상표등록을 취소한다는 심결이 확정된 경우
2. 제119조제1항 각 호(제4호는 제외한다)에 해당한다는 사유로 상표등록의 취소심판이 청구되고, 그 청구일 이후에 존속기간의 만료로 상표권이 소멸하거나 상표권 또는 지정상품의 일부를 포기한 경우

④ 마드리드 의정서 제4조의2(2)에 따른 신청을 하려는 자는 다음 각 호의 사항을 적은 신청서를 특허청장에게 제출하여야 한다.

1. 국제등록명의인의 성명 및 주소(법인인 경우에는 그 명칭 및 영업소의 소재지를 말한다)
2. 국제등록번호
3. 관련 국내등록상표 번호
4. 중복되는 지정상품
5. 그 밖에 산업통상자원부령으로 정하는 사항

⑤ 심사관은 제4항에 따른 신청이 있는 경우에는 해당 국제상표등록출원에 대하여 제1항부터 제3항까지의 규정에 따른 효과의 인정 여부를 신청인에게 알려야 한다.

**제184조【출원의 승계 및 분할이전 등의 특례】** ① 국제상표등록출원에 대하여 제48조제1항을 적용할 경우 "상속이나 그 밖의 일반승계의 경우를 제외하고는 출원인 변경신고를"은 "출원인이 국제사무국에 명의변경 신고를"로 본다.

② 국제등록 명의의 변경에 따라 국제등록 지정상품의 전부 또는 일부가 분할되어 이전된 경우에는 국제상표등록출원은 변경된 국제등록명의인에 의하여 각각 출원된 것으로 본다.

③ 국제상표등록출원에 대해서는 제48조제3항을 적용하지 아니한다.

**제185조【보정의 특례】** ① 국제상표등록출원에 대하여 제40조제1항 각 호 외의 부분을 적용할 경우 "상표등록출원서의 기재사항, 상표등록출원에 관한 지정상품 및 상표를"은 "제55조제1항에 따른 거절이유의 통지를 받은 경우에 한정하여 그 상표등록출원에 관한 지정상품을"로 본다.

② 국제상표등록출원에 대해서는 제40조제1항제1호, 같은 조 제2항제4호 및 제41조제1항제2호의2를 적용하지 아니한다.(2022.2.3 본항개정)

③ 국제상표등록출원에 대하여 제40조제3항을 적용할 경우 "제1항에 따른 보정이 제2항 각 호"는 "지정상품의 보정이 제2항 각 호(같은 항 제4호는 제외한다)"로 보고, 제41조제3항을 적용할 경우 "제1항에 따른 보정이 제40조제2항 각 호"는 "지정상품의 보정이 제40조제2항 각 호(같은 항 제4호는 제외한다)"로 본다.

④ 국제상표등록출원에 대하여 제41조제1항을 적용할 경우 "지정상품 및 상표를"은 "지정상품을"로 본다.

**제186조【출원 변경의 특례】** 국제상표등록출원에 대해서는 제44조제1항부터 제7항까지의 규정을 적용하지 아니한다.(2023.10.31 본조개정)

**제187조【출원 분할의 특례】** 국제상표등록출원에 대해서는 제45조제4항을 적용하지 아니한다.(2023.10.31 본조개정)

**제188조【파리협약에 따른 우선권 주장의 특례】** 국제상표등록출원을 하려는 자가 파리협약에 따른 우선권 주장을 하는 경우에는 제46조제4항 및 제5항을 적용하지 아니한다.

**제189조【출원 시 및 우선심사의 특례】** ① 국제상표등록출원에 대하여 제47조제2항을 적용할 경우 "그 취지를 적은 상표등록출원서를 특허청장에게 제출하고, 이를 증명할 수 있는 서류를 상표등록출원일부터 30일 이내에"는 "그 취지를 적은 서면 및 이를 증명할 수 있는 서류를 산업통상자원부령으로 정하는 기간 내에"로 본다.

② 국제상표등록출원에 대해서는 제53조제2항을 적용하지 아니한다.

**제190조【거절이유 통지의 특례】** ① 국제상표등록출원에 대하여 제55조제1항 전단을 적용할 경우 "출원인에게"는 "국제사무국을 통하여 출원인에게"로 본다.

② 국제상표등록출원에 대해서는 제55조제3항을 적용하지 아니한다.

**제191조【출원공고의 특례】** 국제상표등록출원에 대하여 제57조제1항 각 호 외의 부분 본문을 적용할 경우 "거절이유를 발견할 수 없는 경우(일부 지정상품에 대하여 거절이유가 있는 경우에는 그 지정상품에 대한 거절결정이 확정된 경우를 말한다)에는"은 "산업통상자원부령으로 정하는 기간 내에 거절이유를 발견할 수 없는 경우(일부 지정상품에 대하여 거절이유가 있는 경우에는 그 지정상품에 대한 거절결정이 확정된 경우를 말한다)에는"으로 본다.(2022.2.3 본조개정)

**제192조【손실보상청구권의 특례】** 국제상표등록출원에 대하여 제58조제1항 단서를 적용할 경우 "해당 상표등록출원의 사본"은 "해당 국제출원의 사본"으로 본다.

**제193조【상표등록결정 및 직권에 의한 보정 등의 특례】** ① 국제상표등록출원에 대하여 제68조를 적용할 경우 "거절이유를 발견할 수 없는 경우(일부 지정상품에 대하여 거절이유가 있는 경우에는 그 지정상품에 대한 거절결정이 확정된 경우를 말한다)에는"은 "산업통상자원부령으로 정하는 기간 내에 거절이유를 발견할 수 없는 경우(일부 지정상품에 대하여 거절이유가 있는 경우에는 그 지정상품에 대한 거절결정이 확정된 경우를 말한다)에는"으로 본다.(2022.2.3 본항개정)

② 국제상표등록출원에 대해서는 제59조를 적용하지 아니한다.

③ 국제상표등록출원에 대해서는 제68조의2를 적용하지 아니한다.
(2021.10.19 본항신설)
(2021.10.19 본조제목개정)

**제193조의2【재심사 청구의 특례】** 국제상표등록출원에 대해서는 제55조의2를 적용하지 아니한다.(2022.2.3 본조신설)

**제193조의3【상표등록여부결정의 방식에 관한 특례】** 국제상표등록출원에 대하여 제69조제2항을 적용할 경우 "상표등록여부결정"은 "상표등록여부결정(제54조 각 호 외의 부분 후단에 해당하는 경우에는 제외한다)"으로, "출원인에게"는 "국제사무국을 통하여 출원인에게"로 본다.(2023.10.31 본조신설)

**제194조【상표등록료 등의 특례】** ① 국제상표등록출원을 하려는 자 또는 제197조에 따라 설정등록을 받은 상표권(이하 "국제등록기초상표권"이라 한다)의 존속기간을 갱신하려는 자는 마드리드 의정서 제8조(7)(a)에 따른 개별수수료를 국제사무국에 내야 한다.

② 제1항에 따른 개별수수료에 관하여 필요한 사항은 산업통상자원부령으로 정한다.

③ 국제상표등록출원 또는 국제등록기초상표권에 대해서는 제72조부터 제77조까지의 규정을 적용하지 아니한다.

**제195조【상표등록료 등의 반환의 특례】** 국제상표등록출원에 대하여 제79조제1항 각 호 외의 부분을 적용할 경우 "납부된 상표등록료와 수수료"는 "이미 낸 수수료"로, "상표등록료 및 수수료"를 "수수료"로 보고, 같은 항 제1호 및 같은 조 제2항·제3항을 적용할 경우 "상표등록료 및 수수료"는 각각 "수수료"로 본다.

**제196조【상표원부에의 등록의 특례】** ① 국제등록기초상표권에 대하여 제80조제1항제1호를 적용할 경우 "상표권의 설정·이전·변경·소멸·회복, 존속기간의 갱신, 상품분류전환, 지정상

품의 추가 또는 처분의 제한"은 "상표권의 설정 또는 처분의 제한"으로 본다.
② 국제등록기초상표권의 이전, 변경, 소멸 또는 존속기간의 갱신은 국제상표등록부에 등록된 바에 따른다.

**제197조【상표권 설정등록의 특례】** 국제상표등록출원에 대하여 제82조제2항 각 호 외의 부분을 적용할 경우 "다음 각 호의 어느 하나에 해당하는 경우에는"은 "상표등록결정이 있는 경우"로 본다.

**제198조【상표권 존속기간 등의 특례】** ① 국제등록기초상표권의 존속기간은 제197조에 따른 상표권의 설정등록이 있은 날부터 국제등록일 후 10년이 되는 날까지로 한다.
② 국제등록기초상표권의 존속기간은 국제등록의 존속기간의 갱신에 의하여 10년씩 갱신할 수 있다.
③ 제2항에 따라 국제등록기초상표권의 존속기간이 갱신된 경우에는 그 국제등록기초상표권의 존속기간은 그 존속기간의 만료 시에 갱신된 것으로 본다.
④ 국제등록기초상표권에 대해서는 제83조부터 제85조까지, 제88조제1항 및 제209조부터 제213조까지의 규정을 적용하지 아니한다.

**제199조【지정상품추가등록출원의 특례】** 국제상표등록출원 또는 국제등록기초상표권에 대해서는 제86조, 제87조 및 제88조제2항을 적용하지 아니한다.

**제200조** (2023.10.31 삭제)

**제201조【상표권등록 효력의 특례】** ① 국제등록기초상표권의 이전·변경·포기에 의한 소멸 또는 존속기간의 갱신은 국제상표등록부에 등록하지 아니하면 그 효력이 발생하지 아니한다.
② 국제등록기초상표권에 대해서는 제96조제1항제1호(처분의 제한에 관한 부분은 제외한다)를 적용하지 아니한다.
③ 국제등록기초상표권에 대하여 제96조제2항을 적용할 경우 "상표권 및 질권"은 "질권"으로 본다.

**제202조【국제등록 소멸의 효과】** ① 국제상표등록출원의 기초가 되는 국제등록의 전부 또는 일부가 소멸된 경우에는 그 소멸된 범위에서 해당 국제상표등록출원은 지정상품의 전부 또는 일부에 대하여 취하된 것으로 본다.
② 국제등록기초상표권의 기초가 되는 국제등록의 전부 또는 일부가 소멸된 경우에는 그 소멸된 범위에서 해당 상표권은 지정상품의 전부 또는 일부에 대하여 소멸된 것으로 본다.
③ 제1항 및 제2항에 따른 취하 또는 소멸의 효과는 국제상표등록부상 해당 국제등록이 소멸된 날부터 발생한다.

**제203조【상표권 포기의 특례】** ① 국제등록기초상표권에 대해서는 제102조제1항을 적용하지 아니한다.
② 국제등록기초상표권에 대하여 제103조를 적용할 경우 "상표권·전용사용권"은 "전용사용권"으로 본다.

**제204조【존속기간갱신등록의 무효심판 등의 특례】** 국제등록기초상표권에 대해서는 제118조 또는 제214조를 적용하지 아니한다.

## 제3절 상표등록출원의 특례

**제205조【국제등록 소멸 후의 상표등록출원의 특례】** ① 대한민국을 지정국으로 지정(사후지정을 포함한다)한 국제등록의 대상인 상표가 지정상품의 전부 또는 일부에 관하여 마드리드 의정서 제6조(4)에 따라 그 국제등록이 소멸된 경우에는 그 국제등록의 명의인은 그 상품의 전부 또는 일부에 관하여 특허청장에게 상표등록출원을 할 수 있다.
② 제1항에 따른 상표등록출원이 다음 각 호의 요건을 모두 갖춘 경우에는 국제등록일(사후지정의 경우에는 사후지정일을 말한다)에 출원된 것으로 본다.

1. 제1항에 따른 상표등록출원이 같은 항에 따른 국제등록 소멸일부터 3개월 이내에 출원될 것
2. 제1항에 따른 상표등록출원의 지정상품이 같은 항에 따른 국제등록의 지정상품에 모두 포함될 것
3. 상표등록을 받으려는 상표가 소멸된 국제등록의 대상인 상표와 동일할 것

③ 제1항에 따른 국제등록에 관한 국제상표등록출원에 대하여 조약에 따른 우선권이 인정되는 경우에는 그 우선권이 같은 항에 따른 상표등록출원에도 인정된다.

**제206조【마드리드 의정서 폐기 후의 상표등록출원의 특례】** ① 대한민국을 지정국으로 지정(사후지정을 포함한다)한 국제등록의 명의인이 마드리드 의정서 제15조(5)(b)에 따라 출원인 자격을 잃게 되었을 경우에는 해당 국제등록의 명의인은 국제등록된 지정상품의 전부 또는 일부에 관하여 특허청장에게 상표등록출원을 할 수 있다.

② 제1항에 따른 상표등록출원에 관하여는 제205조제2항 및 제3항을 준용한다. 이 경우 제205조제2항제1호 중 "같은 항에 따른 국제등록 소멸일부터 3개월 이내"는 "마드리드 의정서 제15조(3)에 따라 폐기의 효력이 발생한 날부터 2년 이내"로 본다.

**제207조【심사의 특례】** 다음 각 호의 어느 하나에 해당하는 상표등록출원(이하 "재출원"이라 한다)이 제197조에 따라 설정등록되었던 등록상표에 관한 것인 경우 해당 본인의 상표등록출원에 대해서는 제54조, 제55조, 제57조 및 제60조부터 제67조까지의 규정을 적용하지 아니한다. 다만, 제54조제2호에 해당하는 경우에는 그러하지 아니하다.

1. 제205조제2항 각 호의 요건을 모두 갖추어 같은 조 제1항에 따라 하는 상표등록출원
2. 제206조제2항에 따라 준용되는 제205조제2항 각 호의 요건을 모두 갖추어 제206조제1항에 따라 하는 상표등록출원

**제208조【제척기간의 특례】** 재출원에 따라 해당 상표가 설정등록된 경우로서 종전의 국제등록기초상표권에 대한 제122조제1항의 제척기간이 지났을 경우에는 재출원에 따라 설정등록된 상표에 대하여 무효심판을 청구할 수 없다.

## 제10장 상품분류전환의 등록

**제209조【상품분류전환등록의 신청】**

① 종전의 법(법률 제5355호 상표법중개정법률로 개정되기 전의 것을 말한다) 제10조제1항에 따른 통상산업부령으로 정하는 상품류의 구분에 따라 상품을 지정하여 상표권의 설정등록, 지정상품의 추가등록 또는 존속기간갱신등록을 받은 상표권자는 해당 지정상품을 상품류의 구분에 따라 전환하여 등록을 받아야 한다. 다만, 법률 제5355호 상표법중개정법률 제10조제1항에 따른 통상산업부령으로 정하는 상품류의 구분에 따라 상품을 지정하여 존속기간갱신등록을 받은 자는 그러하지 아니하다.

② 제1항에 따른 상품분류전환등록을 받으려는 자는 다음 각 호의 사항을 적은 상품분류전환등록신청서를 특허청장에게 제출하여야 한다.

1. 신청인의 성명 및 주소(법인인 경우에는 그 명칭 및 영업소의 소재지를 말한다)
2. 신청인의 대리인이 있는 경우에는 그 대리인의 성명 및 주소나 영업소의 소재지〔대리인이 특허법인·특허법인(유한)인 경우에는 그 명칭, 사무소의 소재지 및 지정된 변리사의 성명을 말한다〕
3. 등록상표의 등록번호

4. 전환하여 등록받으려는 지정상품 및 그 상품류

③ 상품분류전환등록신청은 상표권의 존속기간이 만료되기 1년 전부터 존속기간이 만료된 후 6개월 이내의 기간에 하여야 한다.

④ 상표권이 공유인 경우에는 공유자 전원이 공동으로 상품분류전환등록을 신청하여야 한다.

**제210조【상품분류전환등록의 거절결정 및 거절이유의 통지】** ① 심사관은 상품분류전환등록신청이 다음 각 호의 어느 하나에 해당하는 경우에는 그 신청에 대하여 상품분류전환등록거절결정을 하여야 한다.

1. 상품분류전환등록신청의 지정상품을 해당 등록상표의 지정상품이 아닌 상품으로 하거나 지정상품의 범위를 실질적으로 확장한 경우
2. 상품분류전환등록신청의 지정상품이 상품류 구분과 일치하지 아니하는 경우
3. 상품분류전환등록을 신청한 자가 해당 등록상표의 상표권자가 아닌 경우
4. 제209조에 따른 상품분류전환등록신청의 요건을 갖추지 못한 경우
5. 상표권이 소멸하거나 존속기간갱신등록신청을 포기·취하하거나 존속기간갱신등록신청이 무효로 된 경우

② 심사관은 다음 각 호의 어느 하나에 해당하는 경우에는 신청인에게 거절이유를 통지하여야 한다. 이 경우 신청인은 산업통상자원부령으로 정하는 기간 내에 거절이유에 대한 의견서를 제출할 수 있다.(2021.10.19 전단개정)

1. 제1항에 따라 상품분류전환등록거절결정을 하려는 경우(2021.10.19 본호신설)
2. 제212조에 따라 준용되는 제68조의2제1항에 따른 직권 재심사를 하여 취소된 상품분류전환등록결정 전에 이미 통지한 거절이유로 상품분류전환등록거절결정을 하려는 경우(2021.10.19 본호신설)

③ 제2항 후단에 따른 기간 내에 의견서를 제출하지 아니한 신청인은 그 기간이 만료된 후 2개월 이내에 상품분류전환등록에 관한 절차를 계속 진행할 것을 신청하고, 그 기간 내에 거절이유에 대한 의견서를 제출할 수 있다.

④ 심사관은 제2항에 따라 거절이유를 통지하는 경우 지정상품별로 거절이유와 근거를 구체적으로 적어야 한다.(2022.2.3 본항신설)

**제211조【상품분류전환등록】** 특허청장은 제212조에 따라 준용되는 제68조에 따른 상표등록결정이 있는 경우에는 지정상품의 분류를 전환하여 등록하여야 한다.

**제212조【상품분류전환등록신청에 관한 준용】** 상품분류전환등록신청에 관하여는 제38조제1항, 제39조, 제40조, 제41조제3항, 제42조, 제50조, 제55조의2, 제68조, 제68조의2, 제69조, 제70조, 제134조제1호부터 제5호까지 및 제7호를 준용한다.(2022.2.3 본조개정)

**제213조【상품분류전환등록이 없는 경우 등의 상표권의 소멸】** ① 다음 각 호의 어느 하나에 해당하는 경우 상품분류전환등록의 대상이 되는 지정상품에 관한 상표권은 제209조제3항에 따른 상품분류전환등록신청기간의 만료일이 속하는 존속기간의 만료일 다음 날에 소멸한다.

1. 상품분류전환등록을 받아야 하는 자가 제209조제3항에 따른 기간 내에 상품분류전환등록을 신청하지 아니하는 경우
2. 상품분류전환등록신청이 취하된 경우
3. 제18조제1항에 따라 상품분류전환에 관한 절차가 무효로 된 경우

4. 상품분류전환등록거절결정이 확정된 경우
5. 제214조에 따라 상품분류전환등록을 무효로 한다는 심결이 확정된 경우

② 상품분류전환등록의 대상이 되는 지정상품으로서 제209조제2항에 따른 상품분류전환등록신청서에 적지 아니한 지정상품에 관한 상표권은 상품분류전환등록신청서에 적은 지정상품이 제211조에 따라 전환등록되는 날에 소멸한다. 다만, 상품분류전환등록이 상표권의 존속기간만료일 이전에 이루어지는 경우에는 상표권의 존속기간만료일의 다음 날에 소멸한다.

**제214조【상품분류전환등록의 무효심판】** ① 이해관계인 또는 심사관은 상품분류전환등록이 다음 각 호의 어느 하나에 해당하는 경우에는 무효심판을 청구할 수 있다. 이 경우 상품분류전환등록에 관한 지정상품이 둘 이상 있는 경우에는 지정상품마다 청구할 수 있다.

1. 상품분류전환등록이 해당 등록상표의 지정상품이 아닌 상품으로 되거나 지정상품의 범위가 실질적으로 확장된 경우
2. 상품분류전환등록이 해당 등록상표의 상표권자가 아닌 자의 신청에 의하여 이루어진 경우
3. 상품분류전환등록이 제209조제3항에 위반되는 경우

② 상품분류전환등록의 무효심판에 관하여는 제117조제2항 및 제5항을 준용한다.

③ 상품분류전환등록을 무효로 한다는 심결이 확정된 경우에는 해당 상품분류전환등록은 처음부터 없었던 것으로 본다.

## 제11장 보 칙

**제215조【서류의 열람 등】** 상표등록출원 및 심판에 관한 증명, 서류의 등본 또는 초본의 발급, 상표원부 및 서류의 열람 또는 복사를 원하는 자는 특허청장 또는 특허심판원장에게 서류의 열람 등의 허가를 신청할 수 있다.

**제216조【상표등록출원 · 심사 · 심판 등에 관한 서류의 반출과 공개 금지】**

① 상표등록출원, 심사, 이의신청, 심판 또는 재심에 관한 서류나 상표원부는 다음 각 호의 어느 하나에 해당하는 경우를 제외하고는 외부로 반출할 수 없다.

1. 제51조제1항 및 제3항부터 제5항까지의 규정에 따른 상표검색 등을 위하여 상표등록출원, 지리적 표시 단체표장등록출원, 심사 또는 이의신청에 관한 서류를 반출하는 경우 (2019.1.8 본호개정)

1의2. 제151조의2제2항에 따른 조정을 위하여 상표등록출원, 심사, 이의신청, 심판 또는 재심에 관한 서류나 상표원부를 반출하는 경우 (2021.8.17 본호신설)

2. 「산업재산 정보의 관리 및 활용 촉진에 관한 법률」 제12조제1항에 따른 산업재산문서 전자화업무의 위탁을 위하여 상표등록출원, 심사, 이의신청, 심판 또는 재심에 관한 서류나 상표원부를 반출하는 경우(2024.2.6 본호개정)
3. 「전자정부법」 제32조제3항에 따른 온라인 원격근무를 위하여 상표등록출원, 심사, 이의신청, 심판 또는 재심에 관한 서류나 상표원부를 반출하는 경우

② 상표등록출원, 심사, 이의신청, 심판 또는 재심으로 계속 중인 사건의 내용이나 상표등록여부결정, 심결 또는 결정의 내용에 관하여는 감정 · 증언을 하거나 질의에 응답할 수 없다.

**제217조** (2024.2.6 삭제)

**제218조【서류의 송달】** 이 법에 규정된 서류의 송달절차 등에 관하여 필요한 사항은 대통령령으로 정한다.

**제219조【공시송달】** ① 송달을 받을 자의 주소나 영업소가 불분명하여 송달할 수 없을 경우에는 공시송달을 하여야 한다.
② 공시송달은 서류를 송달받을 자에게 어느 때라도 교부한다는 뜻을 상표공보에 게재함으로써 한다.
③ 최초의 공시송달은 상표공보에 게재한 날부터 2주일이 지나면 그 효력이 발생한다. 다만, 그 이후의 같은 당사자에 대한 공시송달은 상표공보에 게재한 날의 다음 날부터 그 효력이 발생한다.

**제220조【재외자에 대한 송달】** ① 재외자로서 상표관리인이 있으면 그 재외자에게 송달할 서류는 상표관리인에게 송달하여야 한다. 다만, 다음 각 호의 경우에는 그러하지 아니하다.
(2023.10.31 단서개정)
1. 심사관이 제190조에 따라 국제사무국을 통하여 국제상표등록출원인에게 거절이유를 통지하는 경우
2. 심사관이 제193조의3에 따라 국제사무국을 통하여 국제상표등록출원인에게 상표등록여부결정의 등본을 송달하는 경우

(2023.10.31 1호~2호신설)
② 재외자로서 상표관리인이 없으면 그 재외자에게 송달할 서류는 항공등기우편으로 발송할 수 있다.
③ 제1항제2호에 따라 상표등록여부결정의 등본을 국제사무국에 발송하였거나 제2항에 따라 서류를 항공등기우편으로 발송하였을 경우에는 발송을 한 날에 송달된 것으로 본다.
(2023.10.31 본항개정)

**제221조【상표공보】** ① 특허청장은 상표공보를 발행하여야 한다.
② 상표공보는 산업통상자원부령으로 정하는 바에 따라 전자적 매체로 발행할 수 있다.
③ 특허청장은 전자적 매체로 상표공보를 발행하는 경우에는 정보통신망을 활용하여 상표공보의 발행 사실, 주요 목록 및 공시송달에 관한 사항을 알려야 한다.
④ 상표공보에 게재할 사항은 대통령령으로 정한다.

**제222조【등록상표의 표시】** 상표권자·전용사용권자 또는 통상사용권자는 등록상표를 사용할 때에 해당 상표가 등록상표임을 표시할 수 있다.

**제223조【동음이의어 지리적 표시 등록단체표장의 표시】** 둘 이상의 지리적 표시 등록단체표장이 서로 동음이의어 지리적 표시에 해당하는 경우 각 단체표장권자와 그 소속 단체원은 지리적 출처에 대하여 수요자가 혼동하지 아니하도록 하는 표시를 등록단체표장과 함께 사용하여야 한다.

**제224조【거짓 표시의 금지】** ① 누구든지 다음 각 호의 어느 하나에 해당하는 행위를 해서는 아니 된다.
1. 등록을 하지 아니한 상표 또는 상표등록출원을 하지 아니한 상표를 등록상표 또는 등록출원상표인 것같이 상품에 표시하는 행위
2. 등록을 하지 아니한 상표 또는 상표등록출원을 하지 아니한 상표를 등록상표 또는 등록출원상표인 것같이 영업용 광고, 간판, 표찰, 상품의 포장 또는 그 밖의 영업용 거래 서류 등에 표시하는 행위
3. 지정상품 외의 상품에 대하여 등록상표를 사용하는 경우에 그 상표에 상표등록 표시 또는 이와 혼동하기 쉬운 표시를 하는 행위

② 제1항제1호 및 제2호에 따른 상표를 표시하는 행위에는 상품, 상품의 포장, 광고, 간판 또는 표찰을 표장의 형상으로 하는 것을 포함한다.

**제225조【등록상표와 유사한 상표 등에 대한 특칙】** ① 제89조, 제92조, 제95조제3항, 제97조제2항, 제104조, 제110조제4항, 제119조제1항제3호 및

같은 조 제3항, 제160조, 제222조 및 제224조에 따른 "등록상표"에는 그 등록상표와 유사한 상표로서 색채를 등록상표와 동일하게 하면 등록상표와 같은 상표라고 인정되는 상표가 포함되는 것으로 한다.

② 제108조제1항제1호 및 제119조제1항제1호에 따른 "등록상표와 유사한 상표"에는 그 등록상표와 유사한 상표로서 색채를 등록상표와 동일하게 하면 등록상표와 같은 상표라고 인정되는 상표가 포함되지 아니하는 것으로 한다.

③ 제108조제2항제1호에 따른 "타인의 지리적 표시 등록단체표장과 유사한 상표"에는 그 등록단체표장과 유사한 상표로서 색채를 등록단체표장과 동일하게 하면 등록단체표장과 같은 상표라고 인정되는 상표가 포함되지 아니하는 것으로 한다.

④ 제1항부터 제3항까지의 규정은 색채나 색채의 조합만으로 된 등록상표의 경우에는 적용하지 아니한다.

**제226조【불복의 제한】** ① 보정각하결정, 상표등록여부결정, 심결, 심판청구나 재심청구의 각하결정에 대해서는 다른 법률에 따른 불복을 할 수 없으며, 이 법에 따라 불복할 수 없도록 규정되어 있는 처분에 대해서는 다른 법률에 따른 불복을 할 수 없다.

② 제1항에 따른 처분 외의 처분에 대한 불복에 대해서는 「행정심판법」 또는 「행정소송법」에 따른다.

**제227조【비밀유지명령】** ① 법원은 상표권 또는 전용사용권의 침해에 관한 소송에서 어느 한쪽 당사자가 보유한 영업비밀(「부정경쟁방지 및 영업비밀보호에 관한 법률」 제2조제2호에 따른 영업비밀을 말하며, 이하 같다)에 대하여 다음 각 호의 사유를 모두 소명한 경우에는 그 당사자의 신청에 의하여 결정으로 다른 당사자(법인인 경우에는 그 대표자를 말한다), 당사자를 위하여 소송을 대리하는 자, 그 밖에 그 소송으로 인하여 영업비밀을 알게 된 자에게 그 영업비밀을 그 소송의 계속적인 수행 외의 목적으로 사용하거나 그 영업비밀에 관계된 이 항에 따른 명령을 받은 자 외의 자에게 공개하지 아니할 것을 명할 수 있다. 다만, 그 신청 시점까지 다른 당사자(법인인 경우에는 그 대표자를 말한다), 당사자를 위하여 소송을 대리하는 자, 그 밖에 그 소송으로 인하여 영업비밀을 알게 된 자가 제1호에 따른 준비서면의 열람이나 증거조사 외의 방법으로 그 영업비밀을 이미 취득하고 있는 경우에는 그러하지 아니하다.

1. 이미 제출하였거나 제출하여야 할 준비서면 또는 이미 조사하였거나 조사하여야 할 증거에 영업비밀이 포함되어 있다는 것
2. 제1호에 따른 영업비밀이 해당 소송 수행 외의 목적으로 사용되거나 공개되면 당사자의 영업에 지장을 줄 우려가 있어 이를 방지하기 위하여 영업비밀의 사용 또는 공개를 제한할 필요가 있다는 것

② 제1항에 따른 명령(이하 "비밀유지명령"이라 한다)의 신청은 다음 각 호의 사항을 적은 서면으로 하여야 한다.

1. 비밀유지명령을 받을 자
2. 비밀유지명령의 대상이 될 영업비밀을 특정하기에 충분한 사실
3. 제1항 각 호의 사유에 해당하는 사실

③ 법원은 비밀유지명령이 결정된 경우에는 그 결정서를 비밀유지명령을 받은 자에게 송달하여야 한다.

④ 비밀유지명령은 제3항에 따른 결정서가 비밀유지명령을 받은 자에게 송달된 때부터 효력이 발생한다.

⑤ 비밀유지명령의 신청을 기각하거나 각하한 재판에 대해서는 즉시항고를 할 수 있다.

**제228조【비밀유지명령의 취소】** ① 비밀유지명령을 신청한 자 또는 비밀유지명령을 받은 자는 제227조제1항에

따른 요건을 갖추지 못하였거나 갖추지 못하게 된 경우 소송기록을 보관하고 있는 법원(소송기록을 보관하고 있는 법원이 없는 경우에는 비밀유지명령을 내린 법원을 말한다)에 비밀유지명령의 취소를 신청할 수 있다.
② 법원은 비밀유지명령의 취소 신청에 대한 재판이 있는 경우에는 그 결정서를 그 신청을 한 자 및 상대방에게 송달하여야 한다.
③ 비밀유지명령의 취소 신청에 대한 재판에 대해서는 즉시항고를 할 수 있다.
④ 비밀유지명령을 취소하는 재판은 확정되어야 그 효력이 발생한다.
⑤ 비밀유지명령을 취소하는 재판을 한 법원은 비밀유지명령의 취소 신청을 한 자 또는 상대방 외에 해당 영업비밀에 관한 비밀유지명령을 받은 자가 있는 경우에는 그 자에게 즉시 비밀유지명령의 취소 재판을 한 사실을 알려야 한다.

**제229조【소송기록 열람 등의 청구 통지 등】** ① 비밀유지명령이 내려진 소송(모든 비밀유지명령이 취소된 소송은 제외한다)에 관한 소송기록에 대하여 「민사소송법」 제163조제1항에 따른 열람 등의 제한 결정이 있는 경우로서, 그 소송에서 비밀유지명령을 받지 아니한 자가 열람 등이 가능한 당사자를 위하여 그 비밀 기재 부분의 열람 등의 청구절차를 밟은 경우에는 법원서기관, 법원사무관, 법원주사 또는 법원주사보(이하 이 조에서 "법원사무관등"이라 한다)는 「민사소송법」 제163조제1항에 따라 열람 등의 제한 신청을 한 당사자(그 열람 등의 청구를 한 자는 제외하며, 이하 제3항에서 같다)에게 그 청구 직후에 그 열람 등의 청구가 있었다는 사실을 알려야 한다.
② 제1항의 경우에 법원사무관등은 제1항에 따른 청구가 있었던 날부터 2주일이 지날 때까지 그 청구절차를 밟은 자에게 같은 항에 따른 비밀 기재 부분의 열람 등을 하게 해서는 아니 된다. 이 경우 그 청구절차를 밟은 자에 대한 비밀유지명령 신청이 그 기간 내에 이루어진 경우에는 그 신청에 대한 재판이 확정되는 시점까지 그 청구절차를 밟은 자에게 제1항에 따른 비밀 기재 부분의 열람 등을 하게 해서는 아니 된다.
③ 제2항은 제1항에 따라 열람 등의 청구를 한 자에게 제1항에 따른 비밀 기재 부분의 열람 등을 하게 하는 것에 대하여 「민사소송법」 제163조제1항에 따라 열람 등의 제한 신청을 한 당사자 모두의 동의가 있는 경우에는 적용되지 아니한다.

## 제12장 벌 칙

**제230조【침해죄】** 상표권 또는 전용사용권의 침해행위를 한 자는 7년 이하의 징역 또는 1억원 이하의 벌금에 처한다.

**제231조【비밀유지명령 위반죄】** ① 국내외에서 정당한 사유 없이 비밀유지명령을 위반한 자는 5년 이하의 징역 또는 5천만원 이하의 벌금에 처한다.
② 제1항의 죄에 대해서는 비밀유지명령을 신청한 자의 고소가 있어야 공소를 제기할 수 있다.

**제232조【위증죄】** ① 이 법에 따라 선서한 증인, 감정인 또는 통역인이 특허심판원에 대하여 거짓의 진술·감정 또는 통역을 하였을 경우에는 5년 이하의 징역 또는 5천만원 이하의 벌금에 처한다.(2017.3.21 본항개정)
② 제1항에 따른 죄를 범한 자가 그 사건의 상표등록여부결정 또는 심결의 확정 전에 자수하였을 경우에는 그 형을 감경하거나 면제할 수 있다.

**제233조【거짓 표시의 죄】** 제224조를 위반한 자는 3년 이하의 징역 또는 3천만원 이하의 벌금에 처한다.
(2017.3.21 본조개정)

**제234조【거짓 행위의 죄】** 거짓이나 그 밖의 부정한 행위를 하여 상표등록, 지정상품의 추가등록, 존속기간갱신등록, 상품분류전환등록 또는 심결을 받은 자는 3년 이하의 징역 또는 3천만원 이하의 벌금에 처한다.(2017.3.21 본조개정)

**제235조【양벌규정】** 법인의 대표자나 법인 또는 개인의 대리인, 사용인, 그 밖의 종업원이 그 법인 또는 개인의 업무에 관하여 제230조, 제233조 또는 제234조의 위반행위를 하면 그 행위자를 벌하는 외에 그 법인에는 다음 각 호의 구분에 따른 벌금형을 과(科)하고, 그 개인에게는 해당 조문의 벌금형을 과한다. 다만, 법인 또는 개인이 그 위반행위를 방지하기 위하여 해당 업무에 관하여 상당한 주의와 감독을 게을리하지 아니한 경우에는 그러하지 아니하다.

1. 제230조를 위반한 경우 : 3억원 이하의 벌금
2. 제233조 또는 제234조를 위반한 경우 : 6천만원 이하의 벌금

**제236조【몰수】** ① 제230조에 따른 상표권 또는 전용사용권의 침해행위에 제공되거나 그 침해행위로 인하여 생긴 상표·포장 또는 상품(이하 이 항에서 "침해물"이라 한다)과 그 침해물 제작에 주로 사용하기 위하여 제공된 제작 용구 또는 재료는 몰수한다.

② 제1항에도 불구하고 상품이 그 기능 및 외관을 해치지 아니하고 상표 또는 포장과 쉽게 분리될 수 있는 경우에는 그 상품은 몰수하지 아니할 수 있다.

**제237조【과태료】** ① 다음 각 호의 어느 하나에 해당하는 자에게는 50만원 이하의 과태료를 부과한다.

1. 제141조제7항에 따라 준용되는 「민사소송법」 제299조제2항 또는 제367조에 따라 선서를 한 사람으로서 특허심판원에 대하여 거짓 진술을 한 사람
2. 특허심판원으로부터 증거조사 또는 증거보전에 관하여 서류나 그 밖의 물건의 제출 또는 제시 명령을 받은 자로서 정당한 이유 없이 그 명령에 따르지 아니한 자
3. 특허심판원으로부터 증인, 감정인 또는 통역인으로 출석이 요구된 사람으로서 정당한 이유 없이 출석요구에 응하지 아니하거나 선서·진술·증언·감정 또는 통역을 거부한 사람

② 제1항에 따른 과태료는 대통령령으로 정하는 바에 따라 특허청장이 부과·징수한다.

## 부　칙

**제1조【시행일】** 이 법은 공포 후 6개월이 경과한 날부터 시행한다.

**제2조【일반적 적용례】** ① 이 법은 이 법 시행 이후 출원한 상표등록출원부터 적용한다.

② 이 법 중 심판청구에 관한 개정규정은 이 법 시행 이후 심판청구한 경우부터 적용한다. 다만, 제79조제1항 및 제2항의 개정규정은 법률 제13848호 상표법 일부개정법률의 시행일인 2016년 4월 28일 이후에 보정각하결정 또는 거절결정이 취소되거나 취하된 심판청구, 각하결정이 확정된 심판청구, 참가신청이 취하되거나 거부된 심판청구에 대해서도 적용한다.

**제3조【절차의 무효에 관한 적용례】** 제18조제2항 본문의 개정규정은 이 법 시행 전에 보정명령을 받은 자가 책임질 수 없는 사유로 보정기간을 지키지 못하여 상표에 관한 절차가 무효로 된 경우로서 이 법 시행 당시 그 사유가 소멸한 날부터 2개월이 지나지 아니한 경우에도 적용한다.

**제4조【상표등록을 받을 수 없는 상표에 관한 적용례】** 제34조제1항의 개정규정(같은 항 제21호의 개정규정은 제

외한다)은 이 법 시행 전에 출원된 상표등록출원으로서 이 법 시행 이후 상표등록결정을 하는 경우에도 적용한다.

**제5조【출원공고결정 전 보정에 관한 적용례】** 제40조제1항의 개정규정은 이 법 시행 전에 출원된 상표등록출원의 경우에도 적용한다.

**제6조【상표등록료 납부 또는 보전에 의한 상표등록출원의 회복 등에 관한 적용례】** ① 제77조제1항 각 호 외의 부분 본문의 개정규정은 이 법 시행 전에 출원인 등이 책임질 수 없는 사유로 상표등록료 납부기간 내에 상표등록료를 내지 아니하거나 보전기간 내에 보전하지 아니한 경우로서 이 법 시행 당시 그 사유가 소멸한 날부터 2개월이 지나지 아니한 경우에도 적용한다.

② 제77조제1항 각 호 외의 부분 단서의 개정규정은 이 법 시행 전에 출원인 등이 책임질 수 없는 사유로 상표등록료 납부기간 내에 상표등록료를 내지 아니하거나 보전기간 내에 보전하지 아니한 경우로서 이 법 시행 당시 그 납부기간의 만료일 또는 보전기간의 만료일 중 늦은 날부터 1년이 지나지 아니한 경우에도 적용한다.

**제7조【상표권 설정등록의 공고에 관한 적용례】** 제82조제3항의 개정규정은 이 법 시행 이후 상표권의 설정등록을 하는 경우부터 적용한다.

**제8조【심판청구서 등의 각하에 관한 적용례】** 제127조제2항의 개정규정은 이 법 시행 이후 청구되는 심판부터 적용한다.

**제9조【일반적 경과조치】** 이 법 시행 전에 종전의 규정에 따라 출원된 상표등록출원에 대해서는 종전의 규정에 따른다.

**제10조【서비스표에 관한 경과조치】** 이 법 시행 당시 종전의 규정에 따라 서비스표로 등록출원되었거나 등록된 경우에 대해서는 제2조제3항, 제3조제4항 및 제44조제1항의 개정규정에도 불구하고 종전의 규정에 따른다.

**제11조【금치산자 등에 대한 경과조치】** 제4조제1항의 개정규정에 따른 피성년후견인 및 피한정후견인에는 법률 제10429호 민법 일부개정법률 부칙 제2조에 따라 금치산 또는 한정치산 선고의 효력이 유지되는 자가 포함되는 것으로 본다.

**제12조【상표등록출원서 제출에 관한 경과조치】** 이 법 시행 당시 종전의 규정에 따라 유구분(類區分)을 기재하여 제출된 상표등록출원서는 제36조제1항의 개정규정에 따라 제출된 상표등록출원서로 본다.

**제13조【수정정관 등의 제출에 관한 경과조치】** 이 법 시행 전에 정관 또는 규약을 수정한 경우에 대해서는 제43조의 개정규정에도 불구하고 종전의 규정에 따른다.

**제14조【전문조사기관에 대한 경과조치】** 이 법 시행 당시 종전의 규정에 따라 지정된 전문조사기관은 제51조의 개정규정에 따라 지정된 전문기관으로 본다.

**제15조【상표등록거절결정 및 거절이유 통지의 사유 등에 관한 경과조치】** ① 이 법 시행 당시 조약당사국에 등록된 상표 또는 이와 유사한 상표로서 그 등록된 상표에 관한 권리를 가진 자의 대리인이나 대표자 또는 상표등록출원일 전 1년 이내에 대리인이나 대표자였던 자가 그 상품에 관한 권리를 가진 자의 동의를 받지 아니하는 등 정당한 이유 없이 그 상표의 지정상품과 동일·유사한 상품을 지정상품으로 상표등록출원한 상표(이하 이 조에서 "해당 상표"이라 한다)에 해당한다는 이유로 등록거절결정 또는 거절이유 통지를 받은 경우에 대해서는 제54조의 개정규정에도 불구하고 종전의 규정에 따른다.

② 이 법 시행 당시 해당 상표가 상표등록된 경우로서 조약당사국에 등록된 상표에 관한 권리를 가진 자가 종전의

규정에 따라 해당 상표의 등록일부터 5년 이내에 취소심판을 청구한 경우에는 제119조제1항의 개정규정에도 불구하고 종전의 규정에 따른다.

**제16조【직권보정에 관한 경과조치】** 이 법 시행 전에 상표등록출원서에 대하여 직권보정이 이루어진 경우에는 제59조의 개정규정에도 불구하고 종전의 규정에 따른다.

**제17조【종전 법률의 개정에 따른 사용권의 효력에 관한 경과조치】** 법률 제4210호 상표법개정법률(이하 이 조에서 "같은 법"이라 한다)의 시행일인 1990년 9월 1일 전에 같은 법으로 개정되기 전의 규정(이하 이 조에서 "종전의 규정"이라 한다)에 따라 등록된 사용권의 효력은 종전의 규정에 따른다.

**제18조【다른 법률의 개정】** ①~④ ※(해당 법령에 가제정리 하였음)

**제19조【다른 법령과의 관계】** 이 법 시행 당시 다른 법령에서 종전의 「상표법」의 규정을 인용하고 있는 경우에 이 법 가운데 그에 해당하는 규정이 있을 때에는 종전의 규정을 갈음하여 이 법의 해당 규정을 인용한 것으로 본다.

부 칙 (2017.3.21)

이 법은 공포 후 6개월이 경과한 날부터 시행한다.

부 칙 (2018.4.17)

이 법은 공포 후 6개월이 경과한 날부터 시행한다. 다만, 제3조제2항의 개정규정은 공포 후 3개월이 경과한 날부터 시행한다.

부 칙 (2019.1.8)

**제1조【시행일】** 이 법은 공포 후 6개월이 경과한 날부터 시행한다.

**제2조【전문기관에 관한 경과조치】** 이 법 시행 당시 종전의 규정에 따라 지정된 전문기관은 제51조의 개정규정에 따라 등록한 것으로 본다.

부 칙 (2019.4.23)

이 법은 공포 후 6개월이 경과한 날부터 시행한다.

부 칙 (2020.10.20)

**제1조【시행일】** 이 법은 공포한 날부터 시행한다.

**제2조【상표권 또는 전용사용권 침해소송에 관한 적용례】** 제110조제7항 · 제8항 및 제111조의 개정규정은 이 법 시행 후 발생한 위반행위부터 적용한다.

부 칙 (2020.12.22)

**제1조【시행일】** 이 법은 공포 후 6개월이 경과한 날부터 시행한다.

**제2조【손해액의 추정에 관한 적용례】** 제110조의 개정규정은 이 법 시행 후 최초로 손해배상이 청구된 경우부터 적용한다.

부 칙 (2021.8.17)

**제1조【시행일】** 이 법은 공포 후 3개월이 경과한 날부터 시행한다.

**제2조【심판사건의 조정위원회 회부에 관한 적용례】** 제151조의2의 개정규정은 이 법 시행 당시 심판이 진행 중인 사건에도 적용한다.

부 칙 (2021.10.19)

**제1조【시행일】** 이 법은 공포 후 6개월이 경과한 날부터 시행한다.

**제2조【절차의 무효에 관한 적용례】** 제18조제2항의 개정규정은 이 법 시

행 전에 보정명령을 받은 자가 정당한 사유로 보정기간을 지키지 못하여 상표에 관한 절차가 무효로 된 경우로서 이 법 시행 당시 그 사유가 소멸한 날부터 2개월이 지나지 아니한 경우에 대해서도 적용한다.

**제3조【보정의 각하에 관한 적용례】** 제42조제2항의 개정규정은 이 법 시행 이후 보정각하결정의 등본을 송달받은 상표등록출원, 지정상품추가등록출원 또는 상품분류전환등록의 신청부터 적용한다.

**제4조【출원의 분할에 관한 적용례】** 제45조제3항부터 제5항까지의 개정규정은 이 법 시행 이후 출원한 분할출원부터 적용한다.

**제5조【상표등록결정 이후의 직권 재심사에 관한 적용례】** 제55조제1항, 제68조의2, 제87조제2항, 제88조제2항, 제210조제2항 및 제212조의 개정규정은 이 법 시행 이후 출원한 상표등록출원, 지정상품추가등록출원 또는 상품분류전환등록의 신청부터 적용한다.

**제6조【상표등록료 납부 또는 보전에 의한 상표등록출원의 회복 등에 관한 적용례】** 제77조제1항의 개정규정은 이 법 시행 전에 출원인 등이 정당한 사유로 상표등록료 납부기간 내에 상표등록료를 내지 아니하거나 보전기간 내에 보전하지 아니한 경우로서 이 법 시행 당시 그 사유가 소멸한 날부터 2개월이 지나지 아니한 경우에도 적용한다.

**제7조【질권행사 등으로 인한 상표권의 이전에 따른 통상사용권에 관한 적용례】** 제104조의2의 개정규정은 이 법 시행 이후 상표권을 목적으로 질권이 설정되거나 공유인 상표권의 분할을 청구한 경우부터 적용한다.

**제8조【보정각하결정에 대한 심판에 관한 적용례】** 제115조의 개정규정은 이 법 시행 이후 보정각하결정의 등본을 송달받은 상표등록출원, 지정상품추가등록출원 또는 상품분류전환등록의 신청부터 적용한다.

**제9조【거절결정에 대한 심판에 관한 적용례】** 제116조의 개정규정은 이 법 시행 이후 거절결정의 등본을 송달받은 상표등록출원, 지정상품추가등록출원 또는 상품분류전환등록의 신청부터 적용한다.

부 칙 (2021.12.7)

**제1조【시행일】** 이 법은 2022년 4월 20일부터 시행한다.(이하 생략)

부 칙 (2022.2.3)

**제1조【시행일】** 이 법은 공포 후 1년이 경과한 날부터 시행한다. 다만, 제2조제1항제11호나목의 개정규정은 공포 후 6개월이 경과한 날부터 시행한다.

**제2조【재심사의 청구 등에 관한 적용례】** 제40조제1항, 제41조제1항, 제55조의2, 제88조제2항 및 제212조의 개정규정은 이 법 시행 이후 출원하는 상표등록출원, 지정상품추가등록출원 또는 상품분류전환등록의 신청부터 적용한다.

**제3조【상표등록거절결정 등에 관한 적용례】** 제54조, 제57조제1항, 제68조, 제87조제1항, 제116조, 제148조제2항, 제191조 및 제193조제1항의 개정규정은 이 법 시행 이후 출원하는 상표등록출원 또는 지정상품추가등록출원부터 적용한다.

부 칙 (2022.10.18)

**제1조【시행일】** 이 법은 공포한 날부터 시행한다.

**제2조【상표등록료 및 수수료의 반환에 관한 적용례】** 제79조제3항의 개정규정은 이 법 시행 당시 종전의 규정에

따른 반환청구 기간이 경과하지 아니한 상표등록료와 수수료에 대하여도 적용한다.

부 칙 (2023.9.14)

**제1조【시행일】** 이 법은 공포 후 6개월이 경과한 날부터 시행한다.

**제2조【참고인 의견서의 제출에 관한 적용례】** 제141조의2의 개정규정은 이 법 시행 당시 특허심판원에 계속 중인 심판사건에 대하여도 적용한다.

부 칙 (2023.10.31)

**제1조【시행일】** 이 법은 공포 후 6개월이 경과한 날부터 시행한다.

**제2조【상표등록을 받을 수 없는 상표의 예외에 관한 적용례】** 제34조제1항제7호 단서 및 제35조제6항의 개정규정은 이 법 시행 전에 출원된 상표등록출원, 변경출원, 분할출원 및 지정상품추가등록출원으로서 이 법 시행 이후 상표등록여부결정을 하는 경우에도 적용한다.

**제3조【상표등록을 받을 수 없는 상표에 관한 적용례】** 제34조제3항의 개정규정은 이 법 시행 전에 출원된 상표등록출원으로서 이 법 시행 이후 상표등록여부결정을 하는 경우에도 적용한다.

**제4조【출원의 변경에 관한 적용례】** 제44조제5항부터 제7항까지의 개정규정은 이 법 시행 이후 출원한 변경출원부터 적용한다.

**제5조【직권보정에 관한 적용례】** 제59조제5항의 개정규정은 이 법 시행 이후 출원공고된 상표등록출원 및 지정상품추가등록출원부터 적용한다.

**제6조【상표등록료의 반환에 관한 적용례】** 제79조제1항제8호 및 제9호의 개정규정은 이 법 시행 이후 상표권의 전부 또는 일부가 소멸 또는 포기된 경우부터 적용한다.

**제7조【상표등록여부결정의 방식에 관한 특례 등의 적용례】** 제193조의3 및 제220조의 개정규정은 이 법 시행 이후 상표등록여부결정을 하는 국제상표등록출원부터 적용한다.

부 칙 (2024.2.6)

**제1조【시행일】** 이 법은 공포 후 6개월이 경과한 날부터 시행한다.(이하 생략)

부 칙 (2025.1.21)

**제1조【시행일】** 이 법은 공포 후 6개월이 경과한 날부터 시행한다.

**제2조【손해배상책임에 관한 적용례】** 제110조제7항의 개정규정은 이 법 시행 이후 발생하는 위반행위부터 적용한다.

**제3조【상표등록출원 서류 및 부속서류 열람 기간에 관한 경과조치】** 이 법 시행 당시 이미 출원공고된 상표등록출원에 대한 서류 및 부속 서류 열람은 제57조제3항의 개정규정에도 불구하고 종전의 규정에 따른다.

**제4조【이의신청 기간에 관한 경과조치】** 이 법 시행 당시 이미 출원공고된 상표등록출원에 대한 이의신청은 제60조제1항의 개정규정에도 불구하고 종전의 규정에 따른다.

부 칙 (2025.5.27)

이 법은 공포한 날부터 시행한다.

# 디자인보호법

**(2013년 5월 28일 전부개정법률 제11848호)**

개정
2013. 7.30법11962호(변리사)
2014. 1.21법12288호 2016. 1.27법13840호
2016. 2.29법14032호 2017. 3.21법14686호
2018. 4.17법15579호 2019. 1. 8법16203호
2020.10.20법17526호 2020.12.22법17725호
2021. 4.20법18093호 2021. 8.17법18404호
2021.10.19법18500호 2022. 2. 3법18815호
2022. 6.10법18886호 2022.10.18법18998호
2023. 6.20법19494호 2023. 9.14법19710호
2024. 2. 6법20200호(산업재산정보의관리및활용촉진에관한법)

2025. 1.21법20692호→2025년 7월 22일 시행
2025. 5.27법20962호→2025년 11월 28일 시행이므로 추후 수록



## 제1장 총 칙

**제1조 【목적】** 이 법은 디자인의 보호와 이용을 도모함으로써 디자인의 창작을 장려하여 산업발전에 이바지함을 목적으로 한다.

**제2조 【정의】** 이 법에서 사용하는 용어의 뜻은 다음과 같다.
1. "디자인"이란 물품〔물품의 부분, 글자체 및 화상(畫像)을 포함한다. 이하 같다〕의 형상·모양·색채 또는 이들을 결합한 것으로서 시각을 통하여 미감(美感)을 일으키게 하는 것을 말한다.(2021.4.20 본호개정)
2. "글자체"란 기록이나 표시 또는 인쇄 등에 사용하기 위하여 공통적인 특징을 가진 형태로 만들어진 한 벌의 글자꼴(숫자, 문장부호 및 기호 등의 형태를 포함한다)을 말한다.

2의2. "화상"이란 디지털 기술 또는 전자적 방식으로 표현되는 도형·기호 등〔기기(器機)의 조작에 이용되거나 기능이 발휘되는 것에 한정하고, 화상의 부분을 포함한다〕을 말한다.(2021.4.20 본호신설)

3. "등록디자인"이란 디자인등록을 받은 디자인을 말한다.
4. "디자인등록"이란 디자인심사등록 및 디자인일부심사등록을 말한다.
5. "디자인심사등록"이란 디자인등록출원이 디자인등록요건을 모두 갖추고 있는지를 심사하여 등록하는 것을 말한다.
6. "디자인일부심사등록"이란 디자인등록출원이 디자인등록요건 중 일부만을 갖추고 있는지를 심사하여 등록하는 것을 말한다.
7. "실시"란 다음 각 목의 구분에 따른 행위를 말한다.(2021.4.20 본문개정)
   가. 디자인의 대상이 물품(화상은 제외한다)인 경우 그 물품을 생산·사용·양도·대여·수출 또는 수입하거나 그 물품을 양도 또는 대여하기 위하여 청약(양도나 대여를 위한 전시를 포함한다. 이하 같다)하는 행위(2021.4.20 본목신설)
   나. 디자인의 대상이 화상인 경우 그 화상을 생산·사용 또는 전기통신회선을 통한 방법으로 제공하거나 그 화상을 전기통신회선을 통한 방법으로 제공하기 위하여 청약(전기통신회선을 통한 방법으로 제공하기 위한 전시를 포함한다. 이하 같다)하는 행위 또는 그 화

상을 저장한 매체를 양도·대여·수출·수입하거나 그 화상을 저장한 매체를 양도·대여하기 위하여 청약(양도나 대여를 위한 전시를 포함한다. 이하 같다)하는 행위 (2021.4.20 본목신설)

**제3조【디자인등록을 받을 수 있는 자】** ① 디자인을 창작한 사람 또는 그 승계인은 이 법에서 정하는 바에 따라 디자인등록을 받을 수 있는 권리를 가진다. 다만, 특허청 또는 특허심판원 직원은 상속 또는 유증(遺贈)의 경우를 제외하고는 재직 중 디자인등록을 받을 수 없다.

② 2명 이상이 공동으로 디자인을 창작한 경우에는 디자인등록을 받을 수 있는 권리를 공유(共有)한다.

**제4조【미성년자 등의 행위능력】** ① 미성년자·피한정후견인 또는 피성년후견인은 법정대리인에 의하지 아니하면 디자인등록에 관한 출원·청구, 그 밖의 절차(이하 "디자인에 관한 절차"라 한다)를 밟을 수 없다. 다만, 미성년자와 피한정후견인이 독립하여 법률행위를 할 수 있는 경우에는 그러하지 아니하다.

② 제1항의 법정대리인은 후견감독인의 동의 없이 상대방이 청구한 디자인일부심사등록 이의신청, 심판 또는 재심에 대한 절차를 밟을 수 있다.

**제5조【법인이 아닌 사단 등】** 법인이 아닌 사단 또는 재단으로서 대표자 또는 관리인이 정하여져 있는 경우에는 그 사단 또는 재단의 이름으로 디자인일부심사등록 이의신청인, 심판의 청구인·피청구인 또는 재심의 청구인·피청구인이 될 수 있다.

**제6조【재외자의 디자인관리인】** ① 국내에 주소 또는 영업소가 없는 자(이하 "재외자"라 한다)는 재외자(법인인 경우에는 그 대표자)가 국내에 체류하는 경우를 제외하고는 그 재외자의 디자인에 관한 대리인으로서 국내에 주소 또는 영업소가 있는 자(이하 "디자인관리인"이라 한다)에 의하지 아니하면 디자인에 관한 절차를 밟거나 이 법 또는 이 법에 따른 명령에 따라 행정청이 한 처분에 대하여 소(訴)를 제기할 수 없다.

② 디자인관리인은 위임된 권한의 범위에서 디자인에 관한 절차 및 이 법 또는 이 법에 따른 명령에 따라 행정청이 한 처분에 관한 소송에서 본인을 대리한다.

**제7조【대리권의 범위】** 국내에 주소 또는 영업소가 있는 자로부터 디자인에 관한 절차를 밟을 것을 위임받은 대리인(디자인관리인을 포함한다. 이하 같다)은 특별히 권한을 위임받지 아니하면 다음 각 호의 행위를 할 수 없다.

1. 디자인등록출원의 포기·취하, 디자인권의 포기
2. 신청의 취하
3. 청구의 취하
4. 제119조 또는 제120조에 따른 심판청구
5. 복대리인의 선임

**제8조【대리권의 증명】** 디자인에 관한 절차를 밟는 자의 대리인의 대리권은 서면으로 증명하여야 한다.

**제9조【행위능력 등의 흠결에 대한 추인】** 행위능력 또는 법정대리권이 없거나 디자인에 관한 절차를 밟는 데에 필요한 권한의 위임에 흠이 있는 자가 밟은 절차는 보정(補正)된 당사자나 법정대리인이 추인하면 행위를 한 때로 소급하여 그 효력이 발생한다.

**제10조【대리권의 불소멸】** 디자인에 관한 절차를 밟는 자의 위임을 받은 대리인의 대리권은 다음 각 호의 사유가 있어도 소멸하지 아니한다.

1. 본인의 사망이나 행위능력의 상실
2. 본인인 법인의 합병에 의한 소멸
3. 본인인 수탁자의 신탁임무 종료
4. 법정대리인의 사망이나 행위능력의 상실
5. 법정대리인의 대리권 소멸이나 변경

**제11조【개별대리】** 디자인에 관한 절차를 밟는 자의 대리인이 2인 이상이면 특허청장 또는 특허심판원장에 대하여 각각의 대리인이 본인을 대리한다.

**제12조【대리인의 선임 또는 교체 명령 등】** ① 특허청장 또는 제132조에 따라 지정된 심판장(이하 "심판장"이라 한다)은 디자인에 관한 절차를 밟는 자가 그 절차를 원활히 수행할 수 없거나 구술심리에서 진술할 능력이 없다고 인정되는 등 그 절차를 밟는 데에 적당하지 아니하다고 인정하면 대리인이 그 절차를 밟을 것을 명할 수 있다.

② 특허청장 또는 심판장은 디자인에 관한 절차를 밟는 자의 대리인이 그 절차를 원활히 수행할 수 없거나 구술심리에서 진술할 능력이 없다고 인정되는 등 그 절차를 밟는 데에 적당하지 아니하다고 인정하면 그 대리인을 바꿀 것을 명할 수 있다.

③ 특허청장 또는 심판장은 제1항 및 제2항의 경우에 변리사로 하여금 대리하게 할 것을 명할 수 있다.

④ 특허청장 또는 심판장은 제1항 또는 제2항에 따라 대리인의 선임 또는 교체명령을 한 경우에는 제1항에 따른 디자인에 관한 절차를 밟는 자 또는 제2항에 따른 대리인이 그 전에 특허청장 또는 특허심판원장에 대하여 한 디자인에 관한 절차의 전부 또는 일부를 디자인에 관한 절차를 밟는 자의 신청에 따라 무효로 할 수 있다.

**제13조【복수당사자의 대표】** ① 2인 이상이 공동으로 디자인에 관한 절차를 밟을 때에는 다음 각 호의 어느 하나에 해당하는 사항을 제외하고는 각자가 모두를 대표한다. 다만, 대표자를 선정하여 특허청장 또는 특허심판원장에게 신고하면 그 대표자가 모두를 대표한다.

1. 디자인등록출원의 포기·취하
2. 신청의 취하
3. 청구의 취하
4. 제52조에 따른 출원공개의 신청
5. 제119조 또는 제120조에 따른 심판청구

② 제1항 단서에 따라 신고하는 경우에는 대표자로 선임된 사실을 서면으로 증명하여야 한다.

**제14조【「민사소송법」의 준용】** 이 법에서 대리인에 관하여 특별히 규정한 것을 제외하고는 「민사소송법」 제1편 제2장제4절을 준용한다.

**제15조【재외자의 재판관할】** 재외자의 디자인권 또는 디자인에 관한 권리에 관하여 디자인관리인이 있으면 그 디자인관리인의 주소 또는 영업소를, 디자인관리인이 없으면 특허청 소재지를 「민사소송법」 제11조에 따른 재산이 있는 곳으로 본다.

**제16조【기간의 계산】** 이 법 또는 이 법에 따른 명령에서 정한 기간의 계산은 다음 각 호에 따른다.

1. 기간의 첫날은 계산에 넣지 아니한다. 다만, 그 기간이 오전 0시부터 시작하는 경우에는 그러하지 아니하다.
2. 기간을 월 또는 연으로 정한 경우에는 역(曆)에 따라 계산한다.
3. 월 또는 연의 처음부터 기간을 기산(起算)하지 아니하는 경우에는 마지막 월 또는 연에서 그 기산일에 해당하는 날의 전날로 기간이 만료한다. 다만, 월 또는 연으로 정한 경우에 마지막 월에 해당하는 날이 없으면 그 월의 마지막 날로 기간이 만료한다.
4. 디자인에 관한 절차에서 기간의 마지막 날이 토요일이나 공휴일(「勤勞者의날制定에관한法律」에 따른 근로자의 날을 포함한다)에 해당하면 기간은 그 다음 날로 만료한다.

**제17조【기간의 연장 등】** ① 특허청장은 청구에 따라 또는 직권으로 제69조에 따른 디자인일부심사등록 이의신청 이유 등의 보정기간, 제119조 또는 제120조에 따른 심판의 청구기간을

30일 이내에서 한 차례만 연장할 수 있다. 다만, 교통이 불편한 지역에 있는 자의 경우에는 산업통상자원부령으로 정하는 바에 따라 그 횟수 및 기간을 추가로 연장할 수 있다.(2022.2.3 본문개정)

② 특허청장·특허심판원장·심판장 또는 제58조에 따른 심사관(이하 "심사관"이라 한다)은 이 법에 따라 디자인에 관한 절차를 밟을 기간을 정한 경우에는 청구에 따라 그 기간을 단축 또는 연장하거나 직권으로 그 기간을 연장할 수 있다. 이 경우 특허청장 등은 그 절차의 이해관계인의 이익이 부당하게 침해되지 아니하도록 단축 또는 연장 여부를 결정하여야 한다.

③ 심판장 또는 심사관은 이 법에 따라 디자인에 관한 절차를 밟을 기일을 정한 경우에는 청구에 따라 또는 직권으로 그 기일을 변경할 수 있다.

**제18조【절차의 무효】** ① 특허청장 또는 특허심판원장은 제47조에 따른 보정명령을 받은 자가 지정된 기간 내에 그 보정을 하지 아니하면 디자인에 관한 절차를 무효로 할 수 있다.

② 특허청장 또는 특허심판원장은 제1항에 따라 디자인에 관한 절차가 무효로 된 경우에 지정된 기간을 지키지 못한 것이 정당한 사유에 의한 것으로 인정될 때에는 그 사유가 소멸한 날부터 2개월 이내에 보정명령을 받은 자의 청구에 따라 그 무효처분을 취소할 수 있다. 다만, 지정된 기간의 만료일부터 1년이 지났을 때에는 그러하지 아니하다.(2021.10.19 본문개정)

③ 특허청장 또는 특허심판원장은 제1항에 따른 무효처분 또는 제2항 본문에 따른 무효처분의 취소처분을 할 때에는 그 보정명령을 받은 자에게 처분통지서를 송달하여야 한다.

**제19조【절차의 추후 보완】** 디자인에 관한 절차를 밟은 자가 책임질 수 없는 사유로 다음 각 호에 따른 기간을 지키지 못한 경우에는 그 사유가 소멸한 날부터 2개월 이내에 지키지 못한 절차를 추후 보완할 수 있다. 다만, 그 기간의 만료일부터 1년이 지났을 때에는 그러하지 아니하다.(2016.2.29 본문개정)

1. 제119조 또는 제120조에 따른 심판의 청구기간
2. 제160조에 따른 재심청구의 기간

**제20조【절차의 효력 승계】** 디자인권 또는 디자인에 관한 권리에 관하여 밟은 절차의 효력은 그 디자인권 또는 디자인에 관한 권리의 승계인에게 미친다.

**제21조【절차의 속행】** 특허청장 또는 심판장은 디자인에 관한 절차가 특허청 또는 특허심판원에 계속(係屬) 중일 때 디자인권 또는 디자인에 관한 권리가 이전되면 그 디자인권 또는 디자인에 관한 권리의 승계인에 대하여 그 절차를 속행(續行)하게 할 수 있다.

**제22조【절차의 중단】** 디자인에 관한 절차가 다음 각 호의 어느 하나에 해당하는 경우에는 특허청 또는 특허심판원에 계속 중인 절차는 중단된다. 다만, 절차를 밟을 것을 위임받은 대리인이 있는 경우에는 그러하지 아니하다.

1. 당사자가 사망한 경우
2. 당사자인 법인이 합병에 따라 소멸한 경우
3. 당사자가 절차를 밟을 능력을 상실한 경우
4. 당사자의 법정대리인이 사망하거나 그 대리권을 상실한 경우
5. 당사자의 신탁에 의한 수탁자의 임무가 끝난 경우
6. 제13조제1항 각 호 외의 부분 단서에 따른 대표자가 사망하거나 그 자격을 상실한 경우
7. 파산관재인 등 일정한 자격에 따라 자기 이름으로 다른 사람을 위하여 당사자가 된 자가 그 자격을 상실하거나 사망한 경우

**제23조【중단된 절차의 수계】** 제22조에 따라 특허청 또는 특허심판원에 계속 중인 절차가 중단된 경우에는 다음 각 호의 구분에 따른 자가 그 절차를 수계(受繼)하여야 한다.

1. 제22조제1호의 경우 : 그 상속인 · 상속재산관리인 또는 법률에 따라 절차를 계속할 자. 다만, 상속인은 상속을 포기할 수 있는 동안에는 그 절차를 수계하지 못한다.
2. 제22조제2호의 경우 : 합병에 따라 설립되거나 합병 후 존속하는 법인
3. 제22조제3호 및 제4호의 경우 : 절차를 밟을 능력을 회복한 당사자 또는 법정대리인이 된 자
4. 제22조제5호의 경우 : 새로운 수탁자
5. 제22조제6호의 경우 : 새로운 대표자 또는 각 당사자
6. 제22조제7호의 경우 : 같은 자격을 가진 자

**제24조【수계신청】** ① 제22조에 따라 중단된 절차에 관한 수계신청은 제23조 각 호에 규정된 자가 할 수 있다. 이 경우 그 상대방은 특허청장 또는 제130조에 따른 심판관(이하 "심판관"이라 한다)에게 제23조 각 호에 규정된 자에 대하여 수계신청할 것을 명하도록 요청할 수 있다.

② 특허청장 또는 심판장은 제22조에 따라 중단된 절차에 관한 수계신청이 있을 때에는 그 사실을 상대방에게 알려야 한다.

③ 특허청장 또는 심판관은 제22조에 따라 중단된 절차에 관한 수계신청에 대하여 직권으로 조사하여 이유 없다고 인정하면 결정으로 기각하여야 한다.

④ 특허청장 또는 심판관은 제23조 각 호에 규정된 자가 중단된 절차를 수계하지 아니하면 직권으로 기간을 정하여 수계를 명하여야 한다.

⑤ 제4항에 따라 수계명령을 받은 자가 같은 항에 따른 기간에 수계하지 아니하면 그 기간이 끝나는 날의 다음 날에 수계한 것으로 본다.

⑥ 특허청장 또는 심판장은 제5항에 따라 수계가 있는 것으로 본 경우에는 그 사실을 당사자에게 알려야 한다.

**제25조【절차의 중지】** ① 특허청장 또는 심판관이 천재지변이나 그 밖의 불가피한 사유로 그 직무를 수행할 수 없을 때에는 특허청 또는 특허심판원에 계속 중인 절차는 그 사유가 없어질 때까지 중지된다.

② 당사자에게 특허청 또는 특허심판원에 계속 중인 절차를 속행할 수 없는 장애사유가 생긴 경우에는 특허청장 또는 심판관은 결정으로 장애사유가 해소될 때까지 그 절차의 중지를 명할 수 있다.

③ 특허청장 또는 심판관은 제2항에 따른 결정을 취소할 수 있다.

④ 제1항 및 제2항에 따른 중지 또는 제3항에 따른 취소를 하였을 때에는 특허청장 또는 심판장은 그 사실을 각각 당사자에게 알려야 한다.

**제26조【중단 또는 중지의 효과】** 디자인에 관한 절차가 중단되거나 중지된 경우에는 그 기간의 진행은 정지되고 그 절차의 수계통지를 하거나 그 절차를 속행한 때부터 전체기간이 새로 진행된다.

**제27조【외국인의 권리능력】** 재외자인 외국인은 다음 각 호의 어느 하나에 해당하는 경우를 제외하고 디자인권 또는 디자인에 관한 권리를 누릴 수 없다.

1. 그 외국인이 속하는 국가에서 대한민국 국민에 대하여 그 국민과 같은 조건으로 디자인권 또는 디자인에 관한 권리를 인정하는 경우
2. 대한민국이 그 외국인에 대하여 디자인권 또는 디자인에 관한 권리를 인정하는 경우에는 그 외국인이 속하는 국가에서 대한민국 국민에 대하여 그 국민과 같은 조건으로 디자인권 또는 디자인에 관한 권리를 인정하는 경우

3. 조약 및 이에 준하는 것(이하 "조약"이라 한다)에 따라 디자인권 또는 디자인에 관한 권리가 인정되는 경우

**제28조【서류제출의 효력 발생 시기】** ① 이 법 또는 이 법에 따른 명령에 따라 특허청장 또는 특허심판원장에게 제출하는 출원서·청구서, 그 밖의 서류(물건을 포함한다. 이하 이 조에서 같다)는 특허청장 또는 특허심판원장에게 도달한 날부터 그 효력이 발생한다.

② 제1항의 출원서·청구서, 그 밖의 서류를 우편으로 특허청장 또는 특허심판원장에게 제출하는 경우에는 다음 각 호의 구분에 따른 날에 특허청장 또는 특허심판원장에게 도달한 것으로 본다. 다만, 디자인권 및 디자인에 관한 권리의 등록신청서류를 우편으로 제출하는 경우에는 그 서류가 특허청장 또는 특허심판원장에게 도달한 날부터 효력이 발생한다.

1. 우편법령에 따른 통신날짜도장에 표시된 날이 분명한 경우 : 표시된 날
2. 우편법령에 따른 통신날짜도장에 표시된 날이 분명하지 아니한 경우 : 우체국에 제출한 날(우편물 수령증으로 증명한 날을 말한다)

(2018.4.17 1호~2호개정)

③ 제1항 및 제2항에서 규정한 사항 외에 우편물의 지연, 우편물의 망실(亡失) 및 우편업무의 중단으로 인한 서류 제출에 필요한 사항은 산업통상자원부령으로 정한다.

**제29조【고유번호의 기재】** ① 디자인에 관한 절차를 밟는 자는 산업통상자원부령으로 정하는 바에 따라 특허청장 또는 특허심판원장에게 자신의 고유번호의 부여를 신청하여야 한다.

② 특허청장 또는 특허심판원장은 제1항에 따른 신청을 받으면 신청인에게 고유번호를 부여하고 그 사실을 알려야 한다.

③ 특허청장 또는 특허심판원장은 제1항에 따라 고유번호를 신청하지 아니하는 자에게는 직권으로 고유번호를 부여하고 그 사실을 알려야 한다.

④ 제2항 또는 제3항에 따라 고유번호를 부여받은 자가 디자인에 관한 절차를 밟는 경우에는 산업통상자원부령으로 정하는 서류에 자신의 고유번호를 적어야 한다. 이 경우 이 법 또는 이 법에 따른 명령에도 불구하고 그 서류에 주소(법인인 경우에는 영업소의 소재지를 말한다)를 적지 아니할 수 있다.

⑤ 디자인에 관한 절차를 밟는 자의 대리인에 관하여는 제1항부터 제4항까지의 규정을 준용한다.

⑥ 고유번호의 부여 신청, 고유번호의 부여 및 통지, 그 밖에 고유번호에 관하여 필요한 사항은 산업통상자원부령으로 정한다.

**제30조【전자문서에 의한 디자인에 관한 절차의 수행】** ① 디자인에 관한 절차를 밟는 자는 이 법에 따라 특허청장 또는 특허심판원장에게 제출하는 디자인등록출원서, 그 밖의 서류를 산업통상자원부령으로 정하는 방식에 따라 전자문서화하고 이를 정보통신망을 이용하여 제출하거나 이동식 저장장치 또는 광디스크 등 전자적 기록매체에 수록하여 제출할 수 있다.

② 제1항에 따라 제출된 전자문서는 이 법에 따라 제출된 서류와 같은 효력을 가진다.

③ 제1항에 따라 정보통신망을 이용하여 제출된 전자문서는 그 문서의 제출인이 정보통신망을 통하여 접수번호를 확인할 수 있는 때에 특허청 또는 특허심판원에서 사용하는 접수용 전산정보처리조직의 파일에 기록된 내용으로 접수된 것으로 본다.

④ 제1항에 따라 전자문서로 제출할 수 있는 서류의 종류·제출방법, 그 밖에 전자문서에 의한 서류의 제출에 필요한 사항은 산업통상자원부령으로 정한다.

**제31조 【전자문서 이용신고 및 전자서명】** ① 전자문서로 디자인에 관한 절차를 밟으려는 자는 미리 특허청장 또는 특허심판원장에게 전자문서 이용신고를 하여야 하며, 특허청장 또는 특허심판원장에게 제출하는 전자문서에 제출인을 알아볼 수 있도록 전자서명을 하여야 한다.

② 제30조에 따라 제출된 전자문서는 제1항에 따른 전자서명을 한 자가 제출한 것으로 본다.

③ 제1항에 따른 전자문서 이용신고 절차, 전자서명 방법 등에 관하여 필요한 사항은 산업통상자원부령으로 정한다.

**제32조 【정보통신망을 이용한 통지 등의 수행】** ① 특허청장, 특허심판원장, 심판장, 심판관, 제70조제3항에 따라 지정된 심사장(이하 "심사장"이라 한다) 또는 심사관은 제31조제1항에 따라 전자문서 이용신고를 한 자에게 서류의 통지 및 송달(이하 "통지등"이라 한다)을 하려는 경우에는 정보통신망을 이용하여 할 수 있다.

② 제1항에 따라 정보통신망을 이용하여 한 서류의 통지등은 서면으로 한 것과 같은 효력을 가진다.

③ 제1항에 따른 서류의 통지등은 그 통지등을 받을 자가 자신이 사용하는 전산정보처리조직을 통하여 그 서류를 확인한 때에 특허청 또는 특허심판원에서 사용하는 발송용 전산정보처리조직의 파일에 기록된 내용으로 도달한 것으로 본다.

④ 제1항에 따라 정보통신망을 이용하여 행하는 통지등의 종류·방법 등에 관하여 필요한 사항은 산업통상자원부령으로 정한다.

## 제2장 디자인등록요건 및 디자인등록출원

**제33조 【디자인등록의 요건】** ① 공업상 이용할 수 있는 디자인으로서 다음 각 호의 어느 하나에 해당하는 것을 제외하고는 그 디자인에 대하여 디자인등록을 받을 수 있다.

1. 디자인등록출원 전에 국내 또는 국외에서 공지(公知)되었거나 공연(公然)히 실시된 디자인
2. 디자인등록출원 전에 국내 또는 국외에서 반포된 간행물에 게재되었거나 전기통신회선을 통하여 공중(公衆)이 이용할 수 있게 된 디자인
3. 제1호 또는 제2호에 해당하는 디자인과 유사한 디자인

② 디자인등록출원 전에 그 디자인이 속하는 분야에서 통상의 지식을 가진 사람이 다음 각 호의 어느 하나에 따라 쉽게 창작할 수 있는 디자인(제1항 각 호의 어느 하나에 해당하는 디자인은 제외한다)은 제1항에도 불구하고 디자인등록을 받을 수 없다.

1. 제1항제1호·제2호에 해당하는 디자인 또는 이들의 결합
2. 국내 또는 국외에서 널리 알려진 형상·모양·색채 또는 이들의 결합

③ 디자인등록출원한 디자인이 그 출원을 한 후에 제52조, 제56조 또는 제90조제3항에 따라 디자인공보에 게재된 다른 디자인등록출원(그 디자인등록출원일 전에 출원된 것으로 한정한다)의 출원서의 기재사항 및 출원서에 첨부된 도면·사진 또는 견본에 표현된 디자인의 일부와 동일하거나 유사한 경우에 그 디자인은 제1항에도 불구하고 디자인등록을 받을 수 없다. 다만, 그 디자인등록출원의 출원인과 다른 디자인등록출원의 출원인이 같은 경우에는 그러하지 아니하다.

**제34조 【디자인등록을 받을 수 없는 디자인】** 다음 각 호의 어느 하나에 해당하는 디자인에 대하여는 제33조에도 불구하고 디자인등록을 받을 수 없다.

1. 국기, 국장(國章), 군기(軍旗), 훈장, 포장, 기장(記章), 그 밖의 공공기관 등의 표장과 외국의 국기, 국장 또는

국제기관 등의 문자나 표지와 동일하거나 유사한 디자인

2. 디자인이 주는 의미나 내용 등이 일반인의 통상적인 도덕관념이나 선량한 풍속에 어긋나거나 공공질서를 해칠 우려가 있는 디자인
3. 타인의 업무와 관련된 물품과 혼동을 가져올 우려가 있는 디자인
4. 물품의 기능을 확보하는 데에 불가결한 형상만으로 된 디자인

**제35조【관련디자인】** ① 디자인권자 또는 디자인등록출원인은 자기의 등록디자인 또는 디자인등록출원한 디자인(이하 "기본디자인"이라 한다)과만 유사한 디자인(이하 "관련디자인"이라 한다)에 대하여는 그 기본디자인의 디자인등록출원일부터 3년 이내에 디자인등록출원된 경우에 한하여 제33조제1항 각 호 및 제46조제1항·제2항에도 불구하고 관련디자인으로 디자인등록을 받을 수 있다. 다만, 해당 관련디자인의 디자인권을 설정등록할 때에 기본디자인의 디자인권이 설정등록되어 있지 아니하거나 기본디자인의 디자인권이 취소, 포기 또는 무효심결 등으로 소멸한 경우에는 그러하지 아니하다.(2023.6.20 본항개정)

② 제1항에 따라 디자인등록을 받은 관련디자인 또는 디자인등록출원된 관련디자인과만 유사한 디자인은 디자인등록을 받을 수 없다.

③ 기본디자인의 디자인권에 제97조에 따른 전용실시권(이하 "전용실시권"이라 한다)이 설정되어 있는 경우에는 그 기본디자인에 관한 관련디자인에 대하여는 제1항에도 불구하고 디자인등록을 받을 수 없다.

④ 제1항에 따라 기본디자인과만 유사한 둘 이상의 관련디자인등록출원이 있는 경우에 이들 디자인 사이에는 제33조제1항 각 호 및 제46조제1항·제2항은 적용하지 아니한다.(2023.6.20 본항신설)

**제36조【신규성 상실의 예외】** ① 디자인등록을 받을 수 있는 권리를 가진 자의 디자인이 제33조제1항제1호 또는 제2호에 해당하게 된 경우 그 디자인은 그날부터 12개월 이내에 그 자가 디자인등록출원한 디자인에 대하여 같은 조 제1항 및 제2항을 적용할 때에는 같은 조 제1항제1호 또는 제2호에 해당하지 아니한 것으로 본다. 다만, 그 디자인이 조약이나 법률에 따라 국내 또는 국외에서 출원공개 또는 등록공고된 경우에는 그러하지 아니하다.(2017.3.21 본문개정)

② (2023.6.20 삭제)

**제37조【디자인등록출원】** ① 디자인등록을 받으려는 자는 다음 각 호의 사항을 적은 디자인등록출원서를 특허청장에게 제출하여야 한다.

1. 디자인등록출원인의 성명 및 주소(법인인 경우에는 그 명칭 및 영업소의 소재지)
2. 디자인등록출원인의 대리인이 있는 경우에는 그 대리인의 성명 및 주소나 영업소의 소재지〔대리인이 특허법인·특허법인(유한)인 경우에는 그 명칭, 사무소의 소재지 및 지정된 변리사의 성명〕(2013.7.30 본호개정)
3. 디자인의 대상이 되는 물품 및 제40조제2항에 따른 물품류(이하 "물품류"라 한다)
4. 단독의 디자인등록출원 또는 관련디자인의 디자인등록출원(이하 "관련디자인등록출원"이라 한다) 여부
5. 기본디자인의 디자인등록번호 또는 디자인등록출원번호(제35조제1항에 따라 관련디자인으로 디자인등록을 받으려는 경우만 해당한다)
6. 디자인을 창작한 사람의 성명 및 주소
7. 제41조에 따른 복수디자인등록출원 여부
8. 디자인의 수 및 각 디자인의 일련번호(제41조에 따라 복수디자인등록출원을 하는 경우에만 해당한다)

9. 제51조제3항에 규정된 사항(우선권 주장을 하는 경우만 해당한다)

② 제1항에 따른 디자인등록출원서에는 각 디자인에 관한 다음 각 호의 사항을 적은 도면을 첨부하여야 한다.

1. 디자인의 대상이 되는 물품 및 물품류
2. 디자인의 설명 및 창작내용의 요점
3. 디자인의 일련번호(제41조에 따라 복수디자인등록출원을 하는 경우에만 해당한다)

③ 디자인등록출원인은 제2항의 도면을 갈음하여 디자인의 사진 또는 견본을 제출할 수 있다.

④ 디자인일부심사등록출원을 할 수 있는 디자인은 물품류 구분 중 산업통상자원부령으로 정하는 물품으로 한정한다. 이 경우 해당 물품에 대하여는 디자인일부심사등록출원으로만 출원할 수 있다.

⑤ 제1항부터 제4항까지 규정된 것 외에 디자인등록출원에 필요한 사항은 산업통상자원부령으로 정한다.

**제38조 【디자인등록출원일의 인정 등】** ① 디자인등록출원일은 디자인등록출원서가 특허청장에게 도달한 날로 한다. 다만, 디자인등록출원이 다음 각 호의 어느 하나에 해당하는 경우에는 그러하지 아니하다.

1. 디자인등록을 받으려는 취지가 명확하게 표시되지 아니한 경우
2. 디자인등록출원인의 성명이나 명칭이 적혀 있지 아니하거나 명확하게 적혀있지 아니하여 디자인등록출원인을 특정할 수 없는 경우
3. 도면·사진 또는 견본이 제출되지 아니하거나 도면에 적힌 사항이 선명하지 아니하여 인식할 수 없는 경우
4. 한글로 적혀 있지 아니한 경우

② 특허청장은 디자인등록출원이 제1항 각 호의 어느 하나에 해당하는 경우에는 디자인등록을 받으려는 자에게 상당한 기간을 정하여 보완할 것을 명하여야 한다.

③ 제2항에 따른 보완명령을 받은 자가 디자인등록출원을 보완하는 경우에는 절차보완에 관한 서면(이하 이 조에서 "절차보완서"라 한다)을 제출하여야 한다.

④ 특허청장은 제2항에 따른 보완명령을 받은 자가 지정기간 내에 디자인등록출원을 보완한 경우에는 그 절차보완서가 특허청장에게 도달한 날을 출원일로 본다. 다만, 제41조에 따라 복수디자인등록출원된 디자인 중 일부 디자인에만 보완이 필요한 경우에는 그 일부 디자인에 대한 절차보완서가 특허청장에게 도달한 날을 복수디자인 전체의 출원일로 본다.

⑤ 특허청장은 제2항에 따른 보완명령을 받은 자가 지정기간 내에 보완을 하지 아니한 경우에는 그 디자인등록출원을 부적법한 출원으로 보아 반려할 수 있다. 제41조에 따라 복수디자인등록출원된 디자인 중 일부 디자인만 보완하지 아니한 경우에도 같다.

**제39조 【공동출원】** 디자인등록을 받을 수 있는 권리가 공유인 경우에는 공유자 모두가 공동으로 디자인등록출원을 하여야 한다.(2023.6.20 본조개정)

**제40조 【1디자인 1디자인등록출원】**
① 디자인등록출원은 1디자인마다 1디자인등록출원으로 한다.

② 디자인등록출원을 하려는 자는 산업통상자원부령으로 정하는 물품류 구분에 따라야 한다.

**제41조 【복수디자인등록출원】** 디자인등록출원을 하려는 자는 제40조제1항에도 불구하고 산업통상자원부령으로 정하는 물품류 구분에서 같은 물품류에 속하는 물품에 대하여는 100 이내의 디자인을 1디자인등록출원(이하 "복수디자인등록출원"이라 한다)으로 할 수 있다. 이 경우 1 디자인마다 분리하여 표현하여야 한다.

**제42조 【한 벌의 물품의 디자인】** ① 2 이상의 물품이 한 벌의 물품으로 동

시에 사용되는 경우 그 한 벌의 물품의 디자인이 한 벌 전체로서 통일성이 있을 때에는 1디자인으로 디자인등록을 받을 수 있다.
② 제1항에 따른 한 벌의 물품의 구분은 산업통상자원부령으로 정한다.

**제43조【비밀디자인】** ① 디자인등록출원인은 디자인권의 설정등록일부터 3년 이내의 기간을 정하여 그 디자인을 비밀로 할 것을 청구할 수 있다. 이 경우 복수디자인등록출원된 디자인에 대하여는 출원된 디자인의 전부 또는 일부에 대하여 청구할 수 있다.
② 디자인등록출원인은 디자인등록출원을 한 날부터 최초의 디자인등록료를 내는 날까지 제1항의 청구를 할 수 있다. 다만, 제86조제1항제1호 및 제2항에 따라 그 등록료가 면제된 경우에는 제90조제2항 각 호의 어느 하나에 따라 특허청장이 디자인권을 설정등록할 때까지 할 수 있다.
③ 디자인등록출원인 또는 디자인권자는 제1항에 따라 지정한 기간을 청구에 의하여 단축하거나 연장할 수 있다. 이 경우 그 기간을 연장하는 경우에는 디자인권의 설정등록일부터 3년을 초과할 수 없다.
④ 특허청장은 다음 각 호의 어느 하나에 해당하는 경우에는 비밀디자인의 열람청구에 응하여야 한다.
1. 디자인권자의 동의를 받은 자가 열람청구한 경우
2. 그 비밀디자인과 동일하거나 유사한 디자인에 관한 심사, 디자인일부심사등록 이의신청, 심판, 재심 또는 소송의 당사자나 참가인이 열람청구한 경우
3. 디자인권 침해의 경고를 받은 사실을 소명한 자가 열람청구한 경우
4. 법원 또는 특허심판원이 열람청구한 경우

⑤ 제4항에 따라 비밀디자인을 열람한 자는 그 열람한 내용을 무단으로 촬영·복사 등의 방법으로 취득하거나 알게 된 내용을 누설하여서는 아니 된다.
⑥ 제52조에 따른 출원공개신청을 한 경우에는 제1항에 따른 청구는 철회된 것으로 본다.

**제44조【무권리자의 디자인등록출원과 정당한 권리자의 보호】** 디자인 창작자가 아닌 자로서 디자인등록을 받을 수 있는 권리의 승계인이 아닌 자(이하 "무권리자"라 한다)가 한 디자인등록출원이 제62조제1항제1호에 해당하여 디자인등록거절결정 또는 거절한다는 취지의 심결이 확정된 경우에는 그 무권리자의 디자인등록출원 후에 한 정당한 권리자의 디자인등록출원은 무권리자가 디자인등록출원한 때에 디자인등록출원한 것으로 본다. 다만, 디자인등록거절결정 또는 거절한다는 취지의 심결이 확정된 날부터 30일이 지난 후에 정당한 권리자가 디자인등록출원을 한 경우에는 그러하지 아니하다.

**제45조【무권리자의 디자인등록과 정당한 권리자의 보호】** 무권리자라는 사유로 디자인등록에 대한 취소결정 또는 무효심결이 확정된 경우에는 그 디자인등록출원 후에 한 정당한 권리자의 디자인등록출원은 취소 또는 무효로 된 그 등록디자인의 디자인등록출원 시에 디자인등록출원을 한 것으로 본다. 다만, 취소결정 또는 무효심결이 확정된 날부터 30일이 지난 후에 디자인등록출원을 한 경우에는 그러하지 아니하다.

**제46조【선출원】** ① 동일하거나 유사한 디자인에 대하여 다른 날에 2 이상의 디자인등록출원이 있는 경우에는 먼저 디자인등록출원한 자만이 그 디자인에 관하여 디자인등록을 받을 수 있다.
② 동일하거나 유사한 디자인에 대하여 같은 날에 2 이상의 디자인등록출원이 있는 경우에는 디자인등록출원인

이 협의하여 정한 하나의 디자인등록출원인만이 그 디자인에 대하여 디자인등록을 받을 수 있다. 협의가 성립하지 아니하거나 협의를 할 수 없는 경우에는 어느 디자인등록출원인도 그 디자인에 대하여 디자인등록을 받을 수 없다.

③ 디자인등록출원이 무효·취하·포기되거나 제62조에 따른 디자인등록거절결정 또는 거절한다는 취지의 심결이 확정된 경우 그 디자인등록출원은 제1항 및 제2항을 적용할 때에는 처음부터 없었던 것으로 본다. 다만, 제2항 후단에 해당하여 제62조에 따른 디자인등록거절결정이나 거절한다는 취지의 심결이 확정된 경우에는 그러하지 아니하다.

④ 무권리자가 한 디자인등록출원은 제1항 및 제2항을 적용할 때에는 처음부터 없었던 것으로 본다.

⑤ 특허청장은 제2항의 경우에 디자인등록출원인에게 기간을 정하여 협의의 결과를 신고할 것을 명하고 그 기간 내에 신고가 없으면 제2항에 따른 협의는 성립되지 아니한 것으로 본다.

**제47조 【절차의 보정】** 특허청장 또는 특허심판원장은 디자인에 관한 절차가 다음 각 호의 어느 하나에 해당하는 경우에는 기간을 정하여 디자인에 관한 절차를 밟는 자에게 보정을 명하여야 한다.

1. 제4조제1항 또는 제7조에 위반된 경우
2. 이 법 또는 이 법에 따른 명령에서 정한 방식에 위반된 경우
3. 제85조에 따라 내야 할 수수료를 내지 아니한 경우

**제48조 【출원의 보정과 요지변경】** ① 디자인등록출원인은 최초의 디자인등록출원의 요지를 변경하지 아니하는 범위에서 디자인등록출원서의 기재사항, 디자인등록출원서에 첨부한 도면, 도면의 기재사항이나 사진 또는 견본을 보정할 수 있다.

② 디자인등록출원인은 관련디자인등록출원을 단독의 디자인등록출원으로, 단독의 디자인등록출원을 관련디자인등록출원으로 변경하는 보정을 할 수 있다.

③ 디자인등록출원인은 디자인일부심사등록출원을 디자인심사등록출원으로, 디자인심사등록출원을 디자인일부심사등록출원으로 변경하는 보정을 할 수 있다.

④ 제1항부터 제3항까지의 규정에 따른 보정은 다음 각 호에서 정한 시기에 할 수 있다.

1. 제62조에 따른 디자인등록거절결정 또는 제65조에 따른 디자인등록결정(이하 "디자인등록여부결정"이라 한다)의 통지서가 발송되기 전까지 (2023.6.20 본호개정)
2. 제64조에 따른 재심사 청구기간 (2021.10.19 본호개정)
3. 제120조에 따라 디자인등록거절결정에 대한 심판을 청구하는 경우에는 그 청구일부터 30일 이내

⑤ 제1항부터 제3항까지의 규정에 따른 보정이 최초의 디자인등록출원의 요지를 변경하는 것으로 디자인권의 설정등록 후에 인정된 경우에는 그 디자인등록출원은 그 보정서를 제출한 때에 디자인등록출원을 한 것으로 본다.

**제49조 【보정각하】** ① 심사관은 제48조에 따른 보정이 디자인등록출원의 요지를 변경하는 것일 때에는 결정으로 그 보정을 각하하여야 한다.

② 심사관은 제1항에 따른 각하결정을 한 경우에는 제119조에 따른 보정각하결정에 대한 심판청구기간이 지나기 전까지는 그 디자인등록출원(복수디자인등록출원된 일부 디자인에 대하여 각하결정을 한 경우에는 그 일부 디자

인을 말한다)에 대한 디자인등록여부 결정을 하여서는 아니 된다.
(2021.10.19 본항개정)

③ 심사관은 디자인등록출원인이 제1항에 따른 각하결정에 대하여 제119조에 따라 심판을 청구한 경우에는 그 심결이 확정될 때까지 그 디자인등록출원(복수디자인등록출원된 일부 디자인에 대한 각하결정에 대하여 심판을 청구한 경우에는 그 일부 디자인을 말한다)의 심사를 중지하여야 한다.

④ 제1항에 따른 각하결정은 서면으로 하여야 하며 그 이유를 붙여야 한다.

**제50조 【출원의 분할】** ① 다음 각 호의 어느 하나에 해당하는 자는 디자인등록출원의 일부를 1 이상의 새로운 디자인등록출원으로 분할하여 디자인등록출원을 할 수 있다.

1. 제40조를 위반하여 2 이상의 디자인을 1디자인등록출원으로 출원한 자
2. 복수디자인등록출원을 한 자

② 제1항에 따라 분할된 디자인등록출원(이하 "분할출원"이라 한다)이 있는 경우 그 분할출원은 최초에 디자인등록출원을 한 때에 출원한 것으로 본다. 다만, 제51조제3항 및 제4항을 적용할 때에는 그러하지 아니하다.(2023.6.20 단서개정)

③ 제1항에 따른 디자인등록출원의 분할은 제48조제4항에 따른 보정을 할 수 있는 기간에 할 수 있다.

④ 분할의 기초가 된 디자인등록출원이 제51조, 제51조의2 또는 제51조의3에 따라 우선권을 주장한 디자인등록출원인 경우에는 제1항에 따라 분할출원을 한 때에 그 분할출원에 대해서도 우선권 주장을 한 것으로 보며, 분할의 기초가 된 디자인등록출원에 대하여 제51조, 제51조의2 또는 제51조의3에 따라 제출된 서류 또는 서면이 있는 경우에는 그 분할출원에 대해서도 해당 서류 또는 서면이 제출된 것으로 본다.
(2023.6.20 본항개정)

⑤ 제4항에 따라 제51조, 제51조의2 또는 제51조의3에 따른 우선권 주장을 한 것으로 보는 분할출원에 대해서는 분할출원을 한 날부터 30일 이내에 그 우선권 주장의 전부 또는 일부를 취하할 수 있다.(2023.6.20 본항개정)

**제51조 【조약에 따른 우선권 주장】** ① 조약에 따라 대한민국 국민에게 출원에 대한 우선권을 인정하는 당사국의 국민이 그 당사국 또는 다른 당사국에 출원한 후 동일한 디자인을 대한민국에 디자인등록출원하여 우선권을 주장하는 경우에는 제33조 및 제46조를 적용할 때 그 당사국 또는 다른 당사국에 출원한 날을 대한민국에 디자인등록출원한 날로 본다. 대한민국 국민이 조약에 따라 대한민국 국민에게 출원에 대한 우선권을 인정하는 당사국에 출원한 후 동일한 디자인을 대한민국에 디자인등록출원한 경우에도 또한 같다.

② 제1항에 따라 우선권을 주장하려는 자는 우선권 주장의 기초가 되는 최초의 출원일부터 6개월 이내에 디자인등록출원을 하지 아니하면 우선권을 주장할 수 없다.

③ 제1항에 따라 우선권을 주장하려는 자는 디자인등록출원 시 디자인등록출원서에 그 취지와 최초로 출원한 국명 및 출원연월일을 적어야 한다.

④ 제3항에 따라 우선권을 주장한 자는 제1호의 서류 또는 제2호의 서면을 디자인등록출원일부터 3개월 이내에 특허청장에게 제출하여야 한다. 다만, 제2호의 서면은 산업통상자원부령으로 정하는 국가의 경우만 해당한다.
(2017.3.21 본문개정)

1. 최초로 출원한 국가의 정부가 인증하는 서류로서 디자인등록출원의 연월일을 적은 서면 및 도면의 등본
2. 최초로 출원한 국가의 디자인등록출원의 출원번호 및 그 밖에 출원을 확인할 수 있는 정보 등 산업통상자원

부령으로 정하는 사항을 적은 서면 (2017.3.21 1호~2호신설)

⑤ 제3항에 따라 우선권을 주장한 자가 정당한 사유로 제4항의 기간 내에 같은 항에 규정된 서류 또는 서면을 제출할 수 없었던 경우에는 그 기간의 만료일부터 2개월 이내에 같은 항에 규정된 서류 또는 서면을 특허청장에게 제출할 수 있다.(2023.6.20 본항신설)

⑥ 제3항에 따라 우선권을 주장한 자가 제4항 또는 제5항의 기간 내에 제4항에 규정된 서류 또는 서면을 제출하지 아니한 경우에는 그 우선권 주장은 효력을 상실한다.(2023.6.20 본항개정)

**제51조의2 【우선권 주장의 보정 및 추가】** ① 제51조제1항부터 제3항까지에 따라 우선권 주장을 한 자는 디자인등록출원일부터 3개월 이내에 해당 우선권 주장을 보정하거나 추가할 수 있다.

② 제1항에 따라 우선권 주장을 보정하거나 추가한 자에 대하여는 제51조제4항부터 제6항까지를 적용한다.

(2023.6.20 본조신설)

**제51조의3 【우선권 주장 기간의 연장】** ① 제51조제1항에 따라 우선권을 주장하려는 자가 정당한 사유로 같은 조 제2항의 기간을 지키지 못한 경우에 그 기간의 만료일부터 2개월 이내에 디자인등록출원을 한 때에는 그 디자인등록출원에 대하여 우선권을 주장할 수 있다.

② 제1항에 따라 우선권을 주장한 자에 대하여는 제51조제3항부터 제6항까지를 준용한다.

(2023.6.20 본조신설)

**제52조 【출원공개】** ① 디자인등록출원인은 산업통상자원부령으로 정하는 바에 따라 자기의 디자인등록출원에 대한 공개를 신청할 수 있다. 이 경우 복수디자인등록출원에 대한 공개는 출원된 디자인의 전부 또는 일부에 대하여 신청할 수 있다.

② 특허청장은 제1항에 따른 공개신청이 있는 경우에는 그 디자인등록출원에 관하여 제212조에 따른 디자인공보(이하 "디자인공보"라 한다)에 게재하여 출원공개를 하여야 한다. 다만, 디자인등록출원된 디자인이 제34조제2호에 해당하는 경우에는 출원공개를 하지 아니할 수 있다.

③ 제1항에 따른 공개신청은 그 디자인등록출원에 대한 최초의 디자인등록여부결정의 등본이 송달된 후에는 할 수 없다.

**제53조 【출원공개의 효과】** ① 디자인등록출원인은 제52조에 따른 출원공개가 있은 후 그 디자인등록출원된 디자인 또는 이와 유사한 디자인을 업(業)으로서 실시한 자에게 디자인등록출원된 디자인임을 서면으로 경고할 수 있다.

② 디자인등록출원인은 제1항에 따라 경고를 받거나 제52조에 따라 출원공개된 디자인임을 알고 그 디자인등록출원된 디자인 또는 이와 유사한 디자인을 업으로서 실시한 자에게 그 경고를 받거나 제52조에 따라 출원공개된 디자인임을 안 때부터 디자인권의 설정등록 시까지의 기간 동안 그 등록디자인 또는 이와 유사한 디자인의 실시에 대하여 합리적으로 받을 수 있는 금액에 상당하는 보상금의 지급을 청구할 수 있다.(2020.10.20 본항개정)

③ 제2항에 따른 청구권은 그 디자인등록출원된 디자인에 대한 디자인권이 설정등록된 후가 아니면 행사할 수 없다.

④ 제2항에 따른 청구권의 행사는 디자인권의 행사에 영향을 미치지 아니한다.

⑤ 제2항에 따른 청구권을 행사하는 경우에는 제114조, 제118조 또는 「민법」 제760조 · 제766조를 준용한다. 이 경우 「민법」 제766조제1항 중 "피해자

나 그 법정대리인이 그 손해 및 가해자를 안 날"은 "해당 디자인권의 설정등록일"로 본다.

⑥ 디자인등록출원이 제52조에 따라 출원공개된 후 다음 각 호의 어느 하나에 해당하는 경우에는 제2항에 따른 청구권은 처음부터 발생하지 아니한 것으로 본다.

1. 디자인등록출원이 포기·무효 또는 취하된 경우
2. 디자인등록출원에 대하여 제62조에 따른 디자인등록거절결정이 확정된 경우
3. 제73조제3항에 따른 디자인등록취소결정이 확정된 경우
4. 제121조에 따른 디자인등록을 무효로 한다는 심결(제121조제1항제4호에 따른 경우는 제외한다)이 확정된 경우

**제54조【디자인등록을 받을 수 있는 권리의 이전 등】** ① 디자인등록을 받을 수 있는 권리는 이전할 수 있다. 다만, 기본디자인등록을 받을 수 있는 권리와 관련디자인등록을 받을 수 있는 권리는 함께 이전하여야 한다.

② 디자인등록을 받을 수 있는 권리는 질권의 목적으로 할 수 없다.

③ 디자인등록을 받을 수 있는 권리가 공유인 경우에는 각 공유자는 다른 공유자 모두의 동의를 받지 아니하면 그 지분을 양도할 수 없다.

**제55조【정보 제공】** 누구든지 디자인등록출원된 디자인이 제62조제1항 각 호의 어느 하나에 해당되어 디자인등록될 수 없다는 취지의 정보를 증거와 함께 특허청장 또는 특허심판원장에게 제공할 수 있다.

**제56조【거절결정된 출원의 공보게재】** 특허청장은 제46조제2항 후단에 따라 제62조에 따른 디자인등록거절결정이나 거절한다는 취지의 심결이 확정된 경우에는 그 디자인등록출원에 관한 사항을 디자인공보에 게재하여야 한다. 다만, 디자인등록출원된 디자인이 제34조제2호에 해당하는 경우에는 게재하지 아니할 수 있다.

**제57조【디자인등록을 받을 수 있는 권리의 승계】** ① 디자인등록출원 전에 디자인등록을 받을 수 있는 권리의 승계에 대하여는 그 승계인이 디자인등록출원을 하지 아니하면 제3자에게 대항할 수 없다.

② 같은 자로부터 디자인등록을 받을 수 있는 권리를 승계한 자가 2 이상인 경우로서 같은 날에 2 이상의 디자인등록출원이 있을 때에는 디자인등록출원인이 협의하여 정한 자에게만 승계의 효력이 발생한다.

③ 디자인등록출원 후에는 디자인등록을 받을 수 있는 권리의 승계는 상속이나 그 밖의 일반승계의 경우를 제외하고는 디자인등록출원인 변경신고를 하지 아니하면 그 효력이 발생하지 아니한다.

④ 디자인등록을 받을 수 있는 권리의 상속이나 그 밖의 일반승계가 있는 경우에는 승계인은 지체 없이 그 취지를 특허청장에게 신고하여야 한다.

⑤ 같은 자로부터 디자인등록을 받을 수 있는 권리를 승계한 자가 2 이상인 경우로서 같은 날에 2 이상의 디자인등록출원인 변경신고가 있을 때에는 신고를 한 자 간에 협의하여 정한 자에게만 신고의 효력이 발생한다.

⑥ 제2항 및 제5항의 경우에는 제46조제5항을 준용한다.

## 제3장 심 사

**제58조【심사관에 의한 심사】** ① 특허청장은 심사관에게 디자인등록출원 및 디자인일부심사등록 이의신청을 심사하게 한다.

② 심사관의 자격에 관하여 필요한 사항은 대통령령으로 정한다.

**제59조 【전문기관의 지정 등】** ① 특허청장은 디자인등록출원을 심사할 때에 필요하다고 인정하면 전문기관을 지정하여 선행디자인의 조사, 그 밖에 대통령령으로 정하는 업무를 의뢰할 수 있다.

② 특허청장은 디자인등록출원의 심사에 필요하다고 인정하는 경우에는 관계 행정기관, 해당 디자인 분야의 전문기관 또는 디자인에 관한 지식과 경험이 풍부한 사람에게 협조를 요청하거나 의견을 들을 수 있다. 이 경우 특허청장은 예산의 범위에서 수당 또는 비용을 지급할 수 있다.

③ 제1항에 따른 전문기관의 지정기준, 선행디자인의 조사 등의 의뢰에 필요한 사항은 대통령령으로 정한다.

**제60조 【전문기관 지정의 취소 등】** ① 특허청장은 제59조제1항에 따른 전문기관이 제1호에 해당하는 경우에는 그 지정을 취소하여야 하며, 제2호에 해당하는 경우에는 그 지정을 취소하거나 6개월 이내의 기간을 정하여 업무의 전부 또는 일부의 정지를 명할 수 있다.

1. 거짓이나 그 밖의 부정한 방법으로 지정을 받은 경우
2. 제59조제3항에 따른 지정기준에 맞지 아니하게 된 경우

② 특허청장은 제1항에 따라 지정을 취소하거나 업무정지를 명하려면 청문을 하여야 한다.

③ 제1항에 따른 처분의 세부 기준과 절차 등에 관하여 필요한 사항은 산업통상자원부령으로 정한다.

**제61조 【우선심사】** ① 특허청장은 다음 각 호의 어느 하나에 해당하는 디자인등록출원에 대하여는 심사관에게 다른 디자인등록출원에 우선하여 심사하게 할 수 있다.

1. 제52조에 따른 출원공개 후 디자인등록출원인이 아닌 자가 업으로서 디자인등록출원된 디자인을 실시하고 있다고 인정되는 경우
2. 대통령령으로 정하는 디자인등록출원으로서 긴급하게 처리할 필요가 있다고 인정되는 경우

② 특허청장은 복수디자인등록출원에 대하여 제1항에 따라 우선심사를 하는 경우에는 제1항 각 호의 어느 하나에 해당하는 일부 디자인만 우선하여 심사하게 할 수 있다.

**제62조 【디자인등록거절결정】** ① 심사관은 디자인심사등록출원이 다음 각 호의 어느 하나에 해당하는 경우에는 디자인등록거절결정을 하여야 한다.

1. 제3조제1항 본문에 따른 디자인등록을 받을 수 있는 권리를 가지지 아니하거나 같은 항 단서에 따라 디자인등록을 받을 수 없는 경우
2. 제27조, 제33조부터 제35조까지, 제37조제4항, 제39조부터 제42조까지 및 제46조제1항 · 제2항에 따라 디자인등록을 받을 수 없는 경우
3. 조약에 위반된 경우

② 심사관은 디자인일부심사등록출원이 다음 각 호의 어느 하나에 해당하는 경우에는 디자인등록거절결정을 하여야 한다.

1. 제3조제1항 본문에 따른 디자인등록을 받을 수 있는 권리를 가지지 아니하거나 같은 항 단서에 따라 디자인등록을 받을 수 없는 경우
2. 제27조, 제33조(제1항 각 호 외의 부분 및 제2항제2호만 해당한다), 제34조, 제37조제4항 및 제39조부터 제42조까지의 규정에 따라 디자인등록을 받을 수 없는 경우
3. 조약에 위반된 경우

③ 심사관은 디자인일부심사등록출원으로서 제35조에 따른 관련디자인등록출원이 제2항 각 호의 어느 하나 또는 다음 각 호의 어느 하나에 해당하는 경우에는 디자인등록거절결정을 하여야 한다.

1. 디자인등록을 받은 관련디자인 또는 디자인등록출원된 관련디자인을 기본디자인으로 표시한 경우
2. 기본디자인의 디자인권이 소멸된 경우
3. 기본디자인의 디자인등록출원이 무효·취하·포기되거나 디자인등록거절결정이 확정된 경우
4. 관련디자인의 디자인등록출원인이 기본디자인의 디자인권자 또는 기본디자인의 디자인등록출원인과 다른 경우
5. 기본디자인과 유사하지 아니한 경우
6. 기본디자인의 디자인등록출원일부터 3년이 지난 후에 디자인등록출원된 경우(2023.6.20 본호개정)
7. 제35조제3항에 따라 디자인등록을 받을 수 없는 경우

④ 심사관은 디자인일부심사등록출원에 관하여 제55조에 따른 정보 및 증거가 제공된 경우에는 제2항에도 불구하고 그 정보 및 증거에 근거하여 디자인등록거절결정을 할 수 있다.

⑤ 복수디자인등록출원에 대하여 제1항부터 제3항까지의 규정에 따라 디자인등록거절결정을 할 경우 일부 디자인에만 거절이유가 있으면 그 일부 디자인에 대하여만 디자인등록거절결정을 할 수 있다.

**제63조 【거절이유통지】** ① 심사관은 다음 각 호의 어느 하나에 해당하는 경우에는 디자인등록출원인에게 미리 거절이유(제62조제1항부터 제3항까지에 해당하는 이유를 말하며, 이하 "거절이유"라 한다)를 통지하고 기간을 정하여 의견서를 제출할 수 있는 기회를 주어야 한다.(2021.10.19 본문개정)

1. 제62조에 따라 디자인등록거절결정을 하려는 경우
2. 제66조의2제1항에 따른 직권 재심사를 하여 취소된 디자인등록결정 전에 이미 통지한 거절이유로 디자인등록거절결정을 하려는 경우

(2021.10.19 1호~2호신설)

② 복수디자인등록출원된 디자인 중 일부 디자인에 대하여 거절이유가 있는 경우에는 그 디자인의 일련번호, 디자인의 대상이 되는 물품 및 거절이유를 구체적으로 적어야 한다.

**제64조 【재심사의 청구】** ① 디자인등록출원인은 그 디자인등록출원에 관하여 디자인등록거절결정(재심사에 따른 디자인등록거절결정은 제외한다) 등본을 송달받은 날부터 3개월(제17조제1항에 따라 제120조에 따른 기간이 연장된 경우에는 그 연장된 기간을 말한다) 이내에 제48조제1항부터 제3항까지의 규정에 따른 보정을 하여 디자인등록출원에 대하여 재심사를 청구할 수 있다. 다만, 제120조에 따른 심판청구가 있는 경우에는 그러하지 아니하다.(2021.10.19 본문개정)

② 디자인등록출원인은 제1항에 따른 재심사의 청구와 함께 의견서를 제출할 수 있다.

③ 제1항 본문에 따른 요건을 갖추어 재심사가 청구된 경우 그 디자인등록출원에 대하여 종전에 이루어진 디자인등록거절결정은 취소된 것으로 본다.

④ 제1항에 따른 재심사의 청구는 취하할 수 없다.

**제65조 【디자인등록결정】** 심사관은 디자인등록출원에 대하여 거절이유를 발견할 수 없을 때에는 디자인등록결정을 하여야 한다. 이 경우 복수디자인등록출원된 디자인 중 일부 디자인에 대하여 거절이유를 발견할 수 없을 때에는 그 일부 디자인에 대하여 디자인등록결정을 하여야 한다.

**제66조 【직권보정】** ① 심사관은 제65조에 따른 디자인등록결정을 할 때에 디자인등록출원서 또는 도면에 적힌 사항이 명백히 잘못된 경우에는 직권으로 보정(이하 "직권보정"이라 한다)을 할 수 있다. 이 경우 직권보정은 제48조제1항에 따른 범위에서 하여야 한다.(2023.6.20 후단신설)

② 제1항에 따라 심사관이 직권보정을 한 경우에는 제67조제2항에 따른 디자인등록결정 등본의 송달과 함께 그 직권보정 사항을 디자인등록출원인에게 알려야 한다.
③ 디자인등록출원인은 직권보정 사항의 전부 또는 일부를 받아들일 수 없는 경우에는 제79조제1항에 따라 디자인등록료를 낼 때까지 그 직권보정 사항에 대한 의견서를 특허청장에게 제출하여야 한다.
④ 디자인등록출원인이 제3항에 따라 의견서를 제출한 경우 해당 직권보정 사항의 전부 또는 일부는 처음부터 없었던 것으로 본다.
⑤ 제4항에 따라 직권보정의 전부 또는 일부가 처음부터 없었던 것으로 보는 경우 심사관은 그 디자인등록결정을 취소하고 처음부터 다시 심사하여야 한다.
⑥ 직권보정이 제48조제1항에 따른 범위를 벗어나거나 명백히 잘못되지 아니한 사항을 직권보정한 경우 그 직권보정은 처음부터 없었던 것으로 본다.
(2023.6.20 본항신설)

**제66조의2【디자인등록결정 이후의 직권 재심사】** ① 심사관은 디자인등록결정을 한 출원에 대하여 명백한 거절이유를 발견한 경우에는 직권으로 디자인등록결정을 취소하고 그 디자인등록출원을 다시 심사(이하 "직권 재심사"라 한다)할 수 있다. 다만, 다음 각 호의 어느 하나에 해당하는 경우에는 그러하지 아니하다.
1. 거절이유가 제35조제1항, 제37조제4항, 제40조부터 제42조까지에 해당하는 경우
2. 그 디자인등록결정에 따라 디자인권이 설정등록된 경우
3. 그 디자인등록출원이 취하되거나 포기된 경우

② 제1항에 따라 심사관이 직권 재심사를 하려면 디자인등록결정을 취소한다는 사실을 디자인등록출원인에게 통지하여야 한다.
③ 디자인등록출원인이 제2항에 따른 통지를 받기 전에 그 디자인등록출원이 제1항제2호 또는 제3호에 해당하게 된 경우에는 디자인등록결정의 취소는 처음부터 없었던 것으로 본다.
(2021.10.19 본조신설)

**제67조【디자인등록여부결정의 방식】** ① 디자인등록여부결정은 서면으로 하여야 하며 그 이유를 붙여야 한다.
② 특허청장은 디자인등록여부결정을 한 경우에는 그 결정의 등본을 디자인등록출원인에게 송달하여야 한다.

**제68조【디자인일부심사등록 이의신청】** ① 누구든지 디자인일부심사등록출원에 따라 디자인권이 설정등록된 날부터 디자인일부심사등록 공고일 후 3개월이 되는 날까지 그 디자인일부심사등록이 다음 각 호의 어느 하나에 해당하는 것을 이유로 특허청장에게 디자인일부심사등록 이의신청을 할 수 있다. 이 경우 복수디자인등록출원된 디자인등록에 대하여는 각 디자인마다 디자인일부심사등록 이의신청을 하여야 한다.
1. 제3조제1항 본문에 따른 디자인등록을 받을 수 있는 권리를 가지지 아니하거나 같은 항 단서에 따라 디자인등록을 받을 수 없는 경우
2. 제27조, 제33조부터 제35조까지, 제39조 및 제46조제1항·제2항에 위반된 경우(2023.6.20 본호개정)
3. 조약에 위반된 경우

② 디자인일부심사등록 이의신청을 하는 자(이하 "이의신청인"이라 한다)는 다음 각 호의 사항을 적은 디자인일부심사등록 이의신청서에 필요한 증거를 첨부하여 특허청장에게 제출하여야 한다.
1. 이의신청인의 성명 및 주소(법인인 경우에는 그 명칭 및 영업소의 소재지)

2. 이의신청인의 대리인이 있는 경우에는 그 대리인의 성명 및 주소나 영업소의 소재지[대리인이 특허법인·특허법인(유한)인 경우에는 그 명칭, 사무소의 소재지 및 지정된 변리사의 성명](2013.7.30 본호개정)
3. 디자인일부심사등록 이의신청의 대상이 되는 등록디자인의 표시
4. 디자인일부심사등록 이의신청의 취지
5. 디자인일부심사등록 이의신청의 이유 및 필요한 증거의 표시

③ 심사장은 디자인일부심사등록 이의신청이 있을 때에는 디자인일부심사등록 이의신청서 부본(副本)을 디자인일부심사등록 이의신청의 대상이 된 등록디자인의 디자인권자에게 송달하고 기간을 정하여 답변서를 제출할 기회를 주어야 한다.

④ 디자인일부심사등록 이의신청에 관하여는 제121조제4항을 준용한다.

**제69조【디자인일부심사등록 이의신청 이유 등의 보정】** 이의신청인은 디자인일부심사등록 이의신청을 한 날부터 30일 이내에 디자인일부심사등록 이의신청서에 적은 이유 또는 증거를 보정할 수 있다.

**제70조【심사·결정의 합의체】** ① 디자인일부심사등록 이의신청은 심사관 3명으로 구성되는 심사관합의체에서 심사·결정한다.

② 특허청장은 각 디자인일부심사등록 이의신청에 대하여 심사관합의체를 구성할 심사관을 지정하여야 한다.

③ 특허청장은 제2항에 따라 지정된 심사관 중 1명을 심사장으로 지정하여야 한다.

④ 심사관합의체 및 심사장에 관하여는 제131조제2항, 제132조제2항 및 제133조제2항·제3항을 준용한다.

**제71조【디자인일부심사등록 이의신청 심사에서의 직권심사】** ① 디자인일부심사등록 이의신청에 관한 심사를 할 때에는 디자인권자나 이의신청인이 주장하지 아니한 이유에 대하여도 심사할 수 있다. 이 경우 디자인권자나 이의신청인에게 기간을 정하여 그 이유에 관하여 의견을 진술할 수 있는 기회를 주어야 한다.

② 디자인일부심사등록 이의신청에 관한 심사를 할 때에는 이의신청인이 신청하지 아니한 등록디자인에 관하여는 심사할 수 없다.

**제72조【디자인일부심사등록 이의신청의 병합 또는 분리】** 심사관합의체는 2 이상의 디자인일부심사등록 이의신청을 병합하거나 분리하여 심사·결정할 수 있다.

**제73조【디자인일부심사등록 이의신청에 대한 결정】** ① 심사관합의체는 제68조제3항 및 제69조에 따른 기간이 지난 후에 디자인일부심사등록 이의신청에 대한 결정을 하여야 한다.

② 심사장은 이의신청인이 그 이유 및 증거를 제출하지 아니한 경우에는 제68조제3항에도 불구하고 제69조에 따른 기간이 지난 후에 결정으로 디자인일부심사등록 이의신청을 각하할 수 있다.

③ 심사관합의체는 디자인일부심사등록 이의신청이 이유 있다고 인정될 때에는 그 등록디자인을 취소한다는 취지의 결정(이하 "디자인등록취소결정"이라 한다)을 하여야 한다.

④ 디자인등록취소결정이 확정된 때에는 그 디자인권은 처음부터 없었던 것으로 본다.

⑤ 심사관합의체는 디자인일부심사등록 이의신청이 이유 없다고 인정될 때에는 그 이의신청을 기각한다는 취지의 결정(이하 "이의신청기각결정"이라 한다)을 하여야 한다.

⑥ 디자인일부심사등록 이의신청에 대한 각하결정 및 이의신청기각결정에 대하여는 불복할 수 없다.

**제74조 【디자인일부심사등록 이의신청에 대한 결정방식】** ① 디자인일부심사등록 이의신청에 대한 결정은 다음 각 호의 사항을 적은 서면으로 하여야 하며, 결정을 한 심사관은 그 서면에 기명날인하여야 한다.

1. 디자인일부심사등록 이의신청 사건의 번호
2. 디자인권자와 이의신청인의 성명 및 주소(법인인 경우에는 그 명칭 및 영업소의 소재지)
3. 디자인권자와 이의신청인의 대리인이 있는 경우에는 대리인의 성명 및 주소나 영업소의 소재지〔대리인이 특허법인·특허법인(유한)인 경우에는 그 명칭, 사무소의 소재지 및 지정된 변리사의 성명〕(2013.7.30 본호개정)
4. 결정과 관련된 디자인의 표시
5. 결정의 결론 및 이유
6. 결정연월일

② 심사장은 디자인일부심사등록 이의신청에 대한 결정을 한 경우에는 결정등본을 이의신청인과 디자인권자에게 송달하여야 한다.

**제75조 【디자인일부심사등록 이의신청의 취하】** ① 디자인일부심사등록 이의신청은 제71조제1항 후단에 따른 의견진술의 통지 또는 제74조제2항에 따른 결정등본이 송달된 후에는 취하할 수 없다.

② 디자인일부심사등록 이의신청을 취하하면 그 이의신청은 처음부터 없었던 것으로 본다.

**제76조 【심판규정의 심사에의 준용】** 디자인등록출원의 심사에 관하여는 제135조(제6호는 제외한다)를 준용한다. 이 경우 "심판"은 "심사"로, "심판관"은 "심사관"으로 본다.

**제77조 【심사 또는 소송절차의 중지】** ① 심사관은 디자인등록출원의 심사에 필요한 경우에는 심결이 확정될 때까지 또는 소송절차가 완결될 때까지 그 절차를 중지할 수 있다.

② 법원은 필요한 경우에는 디자인등록출원에 대한 결정이 확정될 때까지 그 소송절차를 중지할 수 있다.

③ 제1항 및 제2항에 따른 중지에 대하여는 불복할 수 없다.

**제78조 【준용규정】** 디자인일부심사등록 이의신청에 대한 심사·결정에 관하여는 제77조, 제129조, 제135조(제6호는 제외한다), 제142조제7항, 제145조, 제153조제3항부터 제6항까지 및 제154조를 준용한다.

## 제4장 등록료 및 디자인등록 등

**제79조 【디자인등록료】** ① 제90조제1항에 따른 디자인권의 설정등록을 받으려는 자는 설정등록을 받으려는 날부터 3년분의 디자인등록료(이하 "등록료"라 한다)를 내야 하며, 디자인권자는 그 다음 해부터의 등록료를 그 권리의 설정등록일에 해당하는 날을 기준으로 매년 1년분씩 내야 한다.

② 제1항에도 불구하고 디자인권자는 그 다음 해부터의 등록료는 그 납부연도 순서에 따라 수년분 또는 모든 연도분을 함께 낼 수 있다.

③ 제1항 및 제2항에 따른 등록료, 그 납부방법 및 납부기간, 그 밖에 필요한 사항은 산업통상자원부령으로 정한다.

**제80조 【등록료를 납부할 때의 디자인별 포기】** ① 복수디자인등록출원에 대한 디자인등록결정을 받은 자가 등록료를 낼 때에는 디자인별로 포기할 수 있다.

② 제1항에 따른 디자인의 포기에 필요한 사항은 산업통상자원부령으로 정한다.

**제81조 【이해관계인의 등록료 납부】** ① 이해관계인은 등록료를 내야 할 자의 의사와 관계없이 등록료를 낼 수 있다.

② 이해관계인이 제1항에 따라 등록료를 낸 경우에는 내야 할 자가 현재 이익을 얻는 한도에서 그 비용의 상환을 청구할 수 있다.

**제82조【등록료의 추가납부 등】** ① 디자인권의 설정등록을 받으려는 자 또는 디자인권자는 제79조제3항에 따른 등록료 납부기간이 지난 후에도 6개월 이내(이하 "추가납부기간"이라 한다)에 등록료를 추가납부할 수 있다.
② 제1항에 따라 등록료를 추가납부할 때에는 내야 할 등록료의 2배의 범위에서 산업통상자원부령으로 정하는 금액을 내야 한다.
③ 추가납부기간에 등록료를 내지 아니한 경우(추가납부기간이 끝나더라도 제83조제2항에 따른 보전기간이 끝나지 아니한 경우에는 그 보전기간에 보전하지 아니한 경우를 말한다)에는 디자인권의 설정등록을 받으려는 자의 디자인등록출원은 포기한 것으로 보며, 디자인권자의 디자인권은 제79조제1항 또는 제2항에 따라 낸 등록료에 해당하는 기간이 끝나는 날의 다음 날로 소급하여 소멸된 것으로 본다.

**제83조【등록료의 보전】** ① 특허청장은 디자인권의 설정등록을 받으려는 자 또는 디자인권자가 제79조제3항 또는 제82조제1항에 따른 기간 이내에 등록료의 일부를 내지 아니한 경우에는 등록료의 보전(補塡)을 명하여야 한다.
② 제1항에 따라 보전명령을 받은 자는 그 보전명령을 받은 날부터 1개월 이내(이하 "보전기간"이라 한다)에 등록료를 보전할 수 있다.
③ 제2항에 따라 등록료를 보전하는 자는 내지 아니한 금액의 2배의 범위에서 산업통상자원부령으로 정하는 금액을 내야 한다.

**제84조【등록료의 추가납부 또는 보전에 의한 디자인등록출원과 디자인권의 회복 등】** ① 디자인권의 설정등록을 받으려는 자 또는 디자인권자가 정당한 사유로 추가납부기간 내에 등록료를 내지 아니하였거나 보전기간 내에 보전하지 아니한 경우에는 그 사유가 종료된 날부터 2개월 이내에 그 등록료를 내거나 보전할 수 있다. 다만, 추가납부기간의 만료일 또는 보전기간의 만료일 중 늦은 날부터 1년이 지났을 때에는 그러하지 아니하다.
(2021.10.19 본문개정)
② 제1항에 따라 등록료를 내거나 보전한 자는 제82조제3항에도 불구하고 그 디자인등록출원을 포기하지 아니한 것으로 보며, 그 디자인권은 계속하여 존속하고 있던 것으로 본다.
③ 추가납부기간 내에 등록료를 내지 아니하였거나 보전기간 내에 보전하지 아니하여 등록디자인의 디자인권이 소멸한 경우 그 디자인권자는 추가납부기간 또는 보전기간 만료일부터 3개월 이내에 등록료의 2배를 내고 그 소멸한 권리의 회복을 신청할 수 있다. 이 경우 그 디자인권은 계속하여 존속하고 있던 것으로 본다.(2016.1.27 전단개정)
④ 제2항 또는 제3항에 따른 디자인등록출원 또는 디자인권의 효력은 등록료 추가납부기간이 지난 날부터 등록료를 내거나 보전한 날까지의 기간(이하 "효력제한기간"이라 한다) 중에 다른 사람이 그 디자인 또는 이와 유사한 디자인을 실시한 행위에 대하여는 효력이 미치지 아니한다.
⑤ 효력제한기간 중 국내에서 선의로 제2항 또는 제3항에 따른 디자인등록출원된 디자인, 등록디자인 또는 이와 유사한 디자인을 업으로 실시하거나 이를 준비하고 있는 자는 그 실시하거나 준비하고 있는 디자인 및 사업목적의 범위에서 그 디자인권에 대하여 통상실시권을 가진다.
⑥ 제5항에 따라 통상실시권을 갖는 자는 디자인권자 또는 전용실시권자에게 상당한 대가를 지급하여야 한다.

**제85조【수수료】** ① 디자인에 관한 절차를 밟는 자는 수수료를 내야 한다.
② 제1항에 따른 수수료, 그 납부방법

및 납부기간, 그 밖에 필요한 사항은 산업통상자원부령으로 정한다.

**제86조 【등록료 및 수수료의 감면】** ① 특허청장은 다음 각 호의 어느 하나에 해당하는 등록료 및 수수료는 제79조 및 제85조에도 불구하고 면제한다.

1. 국가에 속하는 디자인등록출원 또는 디자인권에 관한 등록료 및 수수료
2. 제121조제1항에 따라 심사관이 청구한 무효심판에 대한 수수료

② 특허청장은 다음 각 호의 어느 하나에 해당하는 자가 한 디자인등록출원 또는 그 디자인등록출원하여 받은 디자인권에 대하여는 제79조 및 제85조에도 불구하고 산업통상자원부령으로 정하는 등록료 및 수수료를 감면할 수 있다.(2021.8.17 본문개정)

1. 「국민기초생활 보장법」에 따른 의료급여 수급자(2021.8.17 본호신설)
2. 「재난 및 안전관리 기본법」 제36조에 따른 재난사태 또는 같은 법 제60조에 따른 특별재난지역으로 선포된 지역에 거주하거나 주된 사무소를 두고 있는 자 중 산업통상자원부령으로 정하는 요건을 갖춘 자(2021.8.17 본호신설)
3. 그 밖에 산업통상자원부령으로 정하는 자(2021.8.17 본호신설)

③ 특허청장은 제2항에 따른 등록료 및 수수료의 감면을 거짓이나 그 밖의 부정한 방법으로 받은 자에 대하여는 산업통상자원부령으로 정하는 바에 따라 감면받은 등록료 및 수수료의 2배액을 징수할 수 있다. 이 경우 그 출원인 또는 디자인권자가 하는 디자인등록출원 또는 그 디자인등록출원을 하여 받은 디자인권에 대하여는 산업통상자원부령으로 정하는 기간 동안 제2항을 적용하지 아니한다.(2021.8.17 본항신설)

④ 제2항에 따라 등록료 및 수수료를 감면받으려는 자는 산업통상자원부령으로 정하는 서류를 특허청장에게 제출하여야 한다.

**제87조 【등록료 및 수수료의 반환】** ① 납부된 등록료 및 수수료는 다음 각 호의 어느 하나에 해당하는 경우에는 납부한 자의 청구에 의하여 반환한다.

1. 잘못 납부된 등록료 및 수수료
2. 디자인등록취소결정 또는 디자인등록을 무효로 한다는 심결이 확정되거나 디자인권을 포기한 해의 다음 해부터의 등록료 해당분(2016.1.27 본호개정)
3. 디자인등록출원 후 1개월 이내에 그 디자인등록출원을 취하하거나 포기한 경우 이미 낸 수수료 중 디자인등록출원료, 우선권주장 신청료, 비밀디자인 청구료 및 출원공개 신청료. 다만, 다음 각 목의 어느 하나에 해당하는 디자인등록출원의 경우에는 그러하지 아니하다.(2021.8.17 본문개정)
   가. 분할출원 또는 분할출원의 기초가 된 디자인등록출원
   나. 제61조제1항에 따라 우선심사의 신청을 한 디자인등록출원
   다. 심사관이 제63조에 따라 거절이유를 통지하거나 제65조에 따라 디자인등록결정을 한 디자인등록출원
4. 제157조제1항에 따라 보정각하결정, 디자인등록거절결정 또는 디자인등록취소결정이 취소된 경우(제164조에 따라 재심의 절차에서 준용되는 경우를 포함하되, 심판 또는 재심 중 제48조제4항제3호에 따른 보정 또는 제124조제1항에 따라 준용되는 제48조제4항제1호에 따른 보정이 있는 경우는 제외한다)에 이미 낸 수수료 중 심판청구료(재심의 경우에는 재심청구료를 말한다. 이하 이 조에서 같다)
5. 심판청구가 제128조제2항에 따라 결정으로 각하되고 그 결정이 확정된 경우(제164조에 따라 재심의 절차에서 준용되는 경우를 포함한다)

에 이미 낸 수수료 중 심판청구료의 2분의 1에 해당하는 금액
6. 심리의 종결을 통지받기 전까지 제143조제1항에 따른 참가신청을 취하한 경우(제164조에 따라 재심의 절차에서 준용되는 경우를 포함한다)에 이미 낸 수수료 중 참가신청료의 2분의 1에 해당하는 금액
7. 제143조제1항에 따른 참가신청이 결정으로 거부된 경우(제164조에 따라 재심의 절차에서 준용되는 경우를 포함한다)에 이미 낸 수수료 중 참가신청료의 2분의 1에 해당하는 금액
8. 심리의 종결을 통지받기 전까지 심판청구를 취하한 경우(제164조에 따라 재심의 절차에서 준용되는 경우를 포함한다)에 이미 낸 수수료 중 심판청구료의 2분의 1에 해당하는 금액

(2016.1.27 4호~8호신설)

② 특허청장 또는 특허심판원장은 납부된 등록료 및 수수료가 제1항 각 호의 어느 하나에 해당하는 경우에는 그 사실을 납부한 자에게 통지하여야 한다. (2016.1.27 본항개정)

③ 제1항에 따른 등록료 및 수수료의 반환청구는 제2항에 따른 통지를 받은 날부터 5년이 지나면 할 수 없다. (2022.10.18 본항개정)

**제88조 【디자인등록원부】** ① 특허청장은 특허청에 디자인등록원부를 갖추어 두고 다음 각 호의 사항을 등록한다.
1. 디자인권의 설정·이전·소멸·회복 또는 처분의 제한
2. 전용실시권 또는 통상실시권의 설정·보존·이전·변경·소멸 또는 처분의 제한
3. 디자인권·전용실시권 또는 통상실시권을 목적으로 하는 질권의 설정·이전·변경·소멸 또는 처분의 제한

② 제1항에 따른 디자인등록원부는 그 전부 또는 일부를 전자적 기록매체 등으로 작성할 수 있다.

③ 제1항 및 제2항에서 규정한 사항 외에 등록사항 및 등록절차 등에 관하여 필요한 사항은 대통령령으로 정한다.

**제89조 【디자인등록증의 발급】** ① 특허청장은 디자인권의 설정등록을 하였을 때에는 산업통상자원부령으로 정하는 바에 따라 디자인권자에게 디자인등록증을 발급하여야 한다.

② 특허청장은 디자인등록증이 디자인등록원부나 그 밖의 서류와 맞지 아니할 때에는 신청에 의하여 또는 직권으로 디자인등록증을 회수하여 정정발급하거나 새로운 디자인등록증을 발급하여야 한다.

## 제5장 디자인권

**제90조 【디자인권의 설정등록】** ① 디자인권은 설정등록에 의하여 발생한다.

② 특허청장은 다음 각 호의 어느 하나에 해당하는 경우에는 디자인권을 설정하기 위한 등록을 하여야 한다.
1. 제79조제1항에 따라 등록료를 냈을 때
2. 제82조제1항에 따라 등록료를 추가납부하였을 때
3. 제83조제2항에 따라 등록료를 보전하였을 때
4. 제84조제1항에 따라 등록료를 내거나 보전하였을 때
5. 제86조제1항제1호 또는 제2항에 따라 그 등록료가 면제되었을 때

③ 특허청장은 제2항에 따라 등록한 경우에는 디자인권자의 성명·주소 및 디자인등록번호 등 대통령령으로 정하는 사항을 디자인공보에 게재하여 등록공고를 하여야 한다.

**제91조 【디자인권의 존속기간】** ① 디자인권은 제90조제1항에 따라 설정등록한 날부터 발생하여 디자인등록출원

일 후 20년이 되는 날까지 존속한다. 다만, 제35조에 따라 관련디자인으로 등록된 디자인권의 존속기간 만료일은 그 기본디자인의 디자인권 존속기간 만료일로 한다.

② 정당한 권리자의 디자인등록출원이 제44조 및 제45조에 따라 디자인권이 설정등록된 경우에는 제1항의 디자인권 존속기간은 무권리자의 디자인등록출원일 다음 날부터 기산한다.

**제92조 【디자인권의 효력】** 디자인권자는 업으로서 등록디자인 또는 이와 유사한 디자인을 실시할 권리를 독점한다. 다만, 그 디자인권에 관하여 전용실시권을 설정하였을 때에는 제97조제2항에 따라 전용실시권자가 그 등록디자인 또는 이와 유사한 디자인을 실시할 권리를 독점하는 범위에서는 그러하지 아니하다.

**제93조 【등록디자인의 보호범위】** 등록디자인의 보호범위는 디자인등록출원서의 기재사항 및 그 출원서에 첨부된 도면·사진 또는 견본과 도면에 적힌 디자인의 설명에 따라 표현된 디자인에 의하여 정하여진다.

**제94조 【디자인권의 효력이 미치지 아니하는 범위】** ① 디자인권의 효력은 다음 각 호의 어느 하나에 해당하는 사항에는 미치지 아니한다.

1. 연구 또는 시험을 하기 위한 등록디자인 또는 이와 유사한 디자인의 실시
2. 국내를 통과하는 데에 불과한 선박·항공기·차량 또는 이에 사용되는 기계·기구·장치, 그 밖의 물건
3. 디자인등록출원 시부터 국내에 있던 물건

② 글자체가 디자인권으로 설정등록된 경우 그 디자인권의 효력은 다음 각 호의 어느 하나에 해당하는 경우에는 미치지 아니한다.

1. 타자·조판 또는 인쇄 등의 통상적인 과정에서 글자체를 사용하는 경우
2. 제1호에 따른 글자체의 사용으로 생산된 결과물인 경우

**제95조 【타인의 등록디자인 등과의 관계】** ① 디자인권자·전용실시권자 또는 통상실시권자는 등록디자인이 그 디자인등록출원일 전에 출원된 타인의 등록디자인 또는 이와 유사한 디자인·특허발명·등록실용신안 또는 등록상표를 이용하거나 디자인권이 그 디자인권의 디자인등록출원일 전에 출원된 타인의 특허권·실용신안권 또는 상표권과 저촉되는 경우에는 그 디자인권자·특허권자·실용신안권자 또는 상표권자의 허락을 받지 아니하거나 제123조에 따르지 아니하고는 자기의 등록디자인을 업으로서 실시할 수 없다.

② 디자인권자·전용실시권자 또는 통상실시권자는 그 등록디자인과 유사한 디자인이 그 디자인등록출원일 전에 출원된 타인의 등록디자인 또는 이와 유사한 디자인·특허발명·등록실용신안 또는 등록상표를 이용하거나 그 디자인권의 등록디자인과 유사한 디자인이 디자인등록출원일 전에 출원된 타인의 디자인권·특허권·실용신안권 또는 상표권과 저촉되는 경우에는 그 디자인권자·특허권자·실용신안권자 또는 상표권자의 허락을 받지 아니하거나 제123조에 따르지 아니하고는 자기의 등록디자인과 유사한 디자인을 업으로서 실시할 수 없다.

③ 디자인권자·전용실시권자 또는 통상실시권자는 등록디자인 또는 이와 유사한 디자인이 그 디자인등록출원일 전에 발생한 타인의 저작물을 이용하거나 그 저작권에 저촉되는 경우에는 저작권자의 허락을 받지 아니하고는 자기의 등록디자인 또는 이와 유사한 디자인을 업으로서 실시할 수 없다.

**제96조 【디자인권의 이전 및 공유 등】** ① 디자인권은 이전할 수 있다. 다만, 기본디자인의 디자인권과 관련디

자인의 디자인권은 같은 자에게 함께 이전하여야 한다.

② 디자인권이 공유인 경우에 각 공유자는 다른 공유자의 동의를 받지 아니하면 그 지분을 이전하거나 그 지분을 목적으로 하는 질권을 설정할 수 없다.

③ 디자인권이 공유인 경우에는 각 공유자는 계약으로 특별히 약정한 경우를 제외하고는 다른 공유자의 동의를 받지 아니하고 그 등록디자인 또는 이와 유사한 디자인을 단독으로 실시할 수 있다.

④ 디자인권이 공유인 경우에는 각 공유자는 다른 공유자의 동의를 받지 아니하면 그 디자인권에 대하여 전용실시권을 설정하거나 통상실시권을 허락할 수 없다.

⑤ 복수디자인등록된 디자인권은 각 디자인권마다 분리하여 이전할 수 있다.

⑥ 기본디자인의 디자인권이 취소, 포기 또는 무효심결 등으로 소멸한 경우 그 기본디자인에 관한 2 이상의 관련디자인의 디자인권을 이전하려면 같은 자에게 함께 이전하여야 한다.

**제97조【전용실시권】** ① 디자인권자는 그 디자인권에 대하여 타인에게 전용실시권을 설정할 수 있다. 다만, 기본디자인의 디자인권과 관련디자인의 디자인권에 대한 전용실시권은 같은 자에게 동시에 설정하여야 한다.

② 전용실시권을 설정받은 전용실시권자는 그 설정행위로 정한 범위에서 그 등록디자인 또는 이와 유사한 디자인을 업으로서 실시할 권리를 독점한다.

③ 전용실시권자는 실시사업(實施事業)과 같이 이전하는 경우 또는 상속이나 그 밖의 일반승계의 경우를 제외하고는 디자인권자의 동의를 받지 아니하면 그 전용실시권을 이전할 수 없다.

④ 전용실시권자는 디자인권자의 동의를 받지 아니하면 그 전용실시권을 목적으로 하는 질권을 설정하거나 통상실시권을 허락할 수 없다.

⑤ 전용실시권에 관하여는 제96조제2항부터 제4항까지의 규정을 준용한다.

⑥ 기본디자인의 디자인권이 취소, 포기 또는 무효심결 등으로 소멸한 경우 그 기본디자인에 관한 2 이상의 관련디자인의 전용실시권을 설정하려면 같은 자에게 함께 설정하여야 한다.

**제98조【디자인권 및 전용실시권 등록의 효력】** ① 다음 각 호에 해당하는 사항은 등록하지 아니하면 효력이 발생하지 아니한다.

1. 디자인권의 이전(상속이나 그 밖의 일반승계에 의한 경우는 제외한다), 포기에 의한 소멸 또는 처분의 제한
2. 전용실시권의 설정 · 이전(상속이나 그 밖의 일반승계에 의한 경우는 제외한다) · 변경 · 소멸(혼동에 의한 경우는 제외한다) 또는 처분의 제한
3. 디자인권 또는 전용실시권을 목적으로 하는 질권의 설정 · 이전(상속이나 그 밖의 일반승계에 의한 경우는 제외한다) · 변경 · 소멸(혼동에 의한 경우는 제외한다) 또는 처분의 제한

② 제1항 각 호에 따른 디자인권 · 전용실시권 및 질권의 상속이나 그 밖의 일반승계의 경우에는 지체 없이 그 취지를 특허청장에게 신고하여야 한다.

**제99조【통상실시권】** ① 디자인권자는 그 디자인권에 대하여 타인에게 통상실시권을 허락할 수 있다.

② 통상실시권자는 이 법에 따라 또는 설정행위로 정한 범위에서 그 등록디자인 또는 이와 유사한 디자인을 업으로서 실시할 수 있는 권리를 가진다.

③ 제123조에 따른 통상실시권은 그 통상실시권자의 해당 디자인권 · 전용실시권 또는 통상실시권과 함께 이전되고 해당 디자인권 · 전용실시권 또는 통상실시권이 소멸되면 함께 소멸된다.

④ 제3항 외의 통상실시권은 실시사업과 같이 이전하는 경우 또는 상속이나 그 밖의 일반승계의 경우를 제외하고

는 디자인권자(전용실시권자로부터 통상실시권을 허락받은 경우에는 디자인권자 및 전용실시권자)의 동의를 받지 아니하면 이전할 수 없다.

⑤ 제3항 외의 통상실시권은 디자인권자(전용실시권자로부터 통상실시권을 허락받은 경우에는 디자인권자 및 전용실시권자)의 동의를 받지 아니하면 그 통상실시권을 목적으로 하는 질권을 설정할 수 없다.

⑥ 통상실시권에 관하여는 제96조제2항 · 제3항을 준용한다.

**제100조【선사용에 따른 통상실시권】** 디자인등록출원 시에 그 디자인등록출원된 디자인의 내용을 알지 못하고 그 디자인을 창작하거나 그 디자인을 창작한 사람으로부터 알게 되어 국내에서 그 등록디자인 또는 이와 유사한 디자인의 실시사업을 하거나 그 사업의 준비를 하고 있는 자는 그 실시 또는 준비를 하고 있는 디자인 및 사업의 목적 범위에서 그 디자인등록출원된 디자인의 디자인권에 대하여 통상실시권을 가진다.

**제101조【선출원에 따른 통상실시권】** 타인의 디자인권이 설정등록되는 때에 그 디자인등록출원된 디자인의 내용을 알지 못하고 그 디자인을 창작하거나 그 디자인을 창작한 사람으로부터 알게 되어 국내에서 그 디자인 또는 이와 유사한 디자인의 실시사업을 하거나 그 사업의 준비를 하고 있는 자(제100조에 해당하는 자는 제외한다)는 다음 각 호의 요건을 모두 갖춘 경우에 한정하여 그 실시 또는 준비를 하고 있는 디자인 및 사업의 목적 범위에서 그 디자인권에 대하여 통상실시권을 가진다.

1. 타인이 디자인권을 설정등록받기 위하여 디자인등록출원을 한 날 전에 그 디자인 또는 이와 유사한 디자인에 대하여 디자인등록출원을 하였을 것
2. 타인의 디자인권이 설정등록되는 때에 제1호에 따른 디자인등록출원에 관한 디자인의 실시사업을 하거나 그 사업의 준비를 하고 있을 것
3. 제1호 중 먼저 디자인등록출원한 디자인이 제33조제1항 각 호의 어느 하나에 해당하여 디자인등록거절결정이나 거절한다는 취지의 심결이 확정되었을 것

**제102조【무효심판청구 등록 전의 실시에 의한 통상실시권】** ① 다음 각 호의 어느 하나에 해당하는 자가 디자인등록에 대한 무효심판청구의 등록 전에 자기의 등록디자인이 무효사유에 해당하는 것을 알지 못하고 국내에서 그 디자인 또는 이와 유사한 디자인의 실시사업을 하거나 그 사업의 준비를 하고 있는 경우에는 그 실시 또는 준비를 하고 있는 디자인 및 사업의 목적 범위에서 그 디자인권에 대하여 통상실시권을 가진다.

1. 동일하거나 유사한 디자인에 대한 2 이상의 등록디자인 중 그 하나의 디자인등록을 무효로 한 경우의 원(原)디자인권자
2. 디자인등록을 무효로 하고 동일하거나 유사한 디자인에 관하여 정당한 권리자에게 디자인등록을 한 경우의 원디자인권자

② 제1항제1호 및 제2호의 경우에 있어서 그 무효로 된 디자인권에 대하여 무효심판청구 등록 당시에 이미 전용실시권이나 통상실시권 또는 그 전용실시권에 대한 통상실시권을 취득한 자로서 다음 각 호의 어느 하나에 해당하는 자는 통상실시권을 가진다.

1. 해당 통상실시권 또는 전용실시권의 등록을 받은 자
2. 제104조제2항에 해당하는 통상실시권을 취득한 자

③ 제1항 및 제2항에 따라 통상실시권을 가지는 자는 디자인권자 또는 전용

실시권자에게 상당한 대가를 지급하여야 한다.

**제103조【디자인권 등의 존속기간 만료 후의 통상실시권】** ① 등록디자인과 유사한 디자인이 그 디자인등록출원일 전 또는 디자인등록출원일과 같은 날에 출원되어 등록된 디자인권(이하 "원디자인권"이라 한다)과 저촉되는 경우 원디자인권의 존속기간이 만료되는 때에는 원디자인권자는 원디자인권의 범위에서 그 디자인권에 대하여 통상실시권을 가지거나 원디자인권의 존속기간 만료 당시 존재하는 그 디자인권의 전용실시권에 대하여 통상실시권을 가진다.

② 제1항의 경우 원디자인권의 만료 당시 존재하는 원디자인권에 대한 전용실시권자 또는 제104조제1항에 따라 등록된 통상실시권자는 원권리의 범위에서 그 디자인권에 대하여 통상실시권을 가지거나 원디자인권의 존속기간 만료 당시 존재하는 그 디자인권의 전용실시권에 대하여 통상실시권을 가진다.

③ 등록디자인 또는 이와 유사한 디자인이 그 디자인등록출원일 전 또는 디자인등록출원일과 같은 날에 출원되어 등록된 특허권·실용신안권과 저촉되고 그 특허권 또는 실용신안권의 존속기간이 만료되는 경우에 관하여는 제1항 및 제2항을 준용한다.

④ 제2항(제3항에서 준용하는 경우를 포함한다)에 따라 통상실시권을 갖는 자는 그 디자인권자 또는 그 디자인권에 대한 전용실시권자에게 상당한 대가를 지급하여야 한다.

**제104조【통상실시권 등록의 효력】** ① 통상실시권을 등록한 경우에는 그 등록 후에 디자인권 또는 전용실시권을 취득한 자에 대하여도 그 효력이 발생한다.

② 제84조제5항, 제100조부터 제103조까지, 제110조, 제162조, 제163조 및 「발명진흥법」 제10조제1항에 따른 통상실시권은 등록이 없더라도 제1항에 따른 효력이 발생한다.

③ 통상실시권의 이전·변경·소멸 또는 처분의 제한, 통상실시권을 목적으로 하는 질권의 설정·이전·변경·소멸 또는 처분의 제한은 등록하지 아니하면 제3자에게 대항할 수 없다.

**제105조【디자인권의 포기】** 디자인권자는 디자인권을 포기할 수 있다. 이 경우 복수디자인등록된 디자인권은 각 디자인권마다 분리하여 포기할 수 있다.

**제106조【디자인권 등의 포기의 제한】** ① 디자인권자는 전용실시권자·질권자 및 제97조제4항·제99조제1항 또는 「발명진흥법」 제10조제1항에 따른 통상실시권자의 동의를 받지 아니하면 디자인권을 포기할 수 없다.

② 전용실시권자는 질권자 및 제97조제4항에 따른 통상실시권자의 동의를 받지 아니하면 전용실시권을 포기할 수 없다.

③ 통상실시권자는 질권자의 동의를 받지 아니하면 통상실시권을 포기할 수 없다.

**제107조【포기의 효과】** 디자인권·전용실시권 및 통상실시권을 포기하였을 때에는 디자인권·전용실시권 및 통상실시권은 그때부터 효력이 소멸된다.

**제108조【질권】** 디자인권·전용실시권 또는 통상실시권을 목적으로 하는 질권을 설정하였을 때에는 질권자는 계약으로 특별히 정한 경우를 제외하고는 해당 등록디자인을 실시할 수 없다.

**제109조【질권의 물상대위】** 질권은 이 법에 따른 보상금이나 등록디자인 실시에 대하여 받을 대가나 물품에 대하여도 행사할 수 있다. 다만, 그 보상금 등의 지급 또는 인도 전에 압류하여야 한다.

**제110조【질권행사 등으로 인한 디자인권의 이전에 따른 통상실시권】** 디자인권자(공유인 디자인권을 분할청구한

경우에는 분할청구를 한 공유자를 제외한 나머지 공유자를 말한다)는 디자인권을 목적으로 하는 질권설정 또는 공유인 디자인권의 분할청구 전에 그 등록디자인 또는 이와 유사한 디자인을 실시하고 있는 경우에는 그 디자인권이 경매 등에 의하여 이전되더라도 그 디자인권에 대하여 통상실시권을 가진다. 이 경우 디자인권자는 경매 등에 의하여 디자인권을 이전받은 자에게 상당한 대가를 지급하여야 한다.
(2021.10.19 본조개정)

**제111조【상속인이 없는 경우 등의 디자인권 소멸】** ① 디자인권의 상속이 개시되었으나 상속인이 없는 경우에는 그 디자인권은 소멸된다.

② 청산절차가 진행 중인 법인의 디자인권은 법인의 청산종결등기일(청산종결등기가 되었더라도 청산사무가 사실상 끝나지 아니한 경우에는 청산사무가 사실상 끝난 날과 청산종결등기일부터 6개월이 지난 날 중 빠른 날을 말한다. 이하 이 항에서 같다)까지 그 디자인권의 이전등록을 하지 아니한 경우에는 청산종결등기일의 다음 날에 소멸된다.(2021.10.19 본항신설)
(2021.10.19 본조제목개정)

**제112조【대가 및 보상금액에 대한 집행권원】** 이 법에 따라 특허청장이 정한 대가와 보상금액에 관하여 확정된 결정은 집행력 있는 집행권원(執行權原)과 같은 효력을 가진다. 이 경우 집행력 있는 정본은 특허청 소속 공무원이 부여한다.

## 제6장 디자인권자의 보호

**제113조【권리침해에 대한 금지청구권 등】** ① 디자인권자 또는 전용실시권자는 자기의 권리를 침해한 자 또는 침해할 우려가 있는 자에 대하여 그 침해의 금지 또는 예방을 청구할 수 있다.

② 제43조제1항에 따라 비밀로 할 것을 청구한 디자인의 디자인권자 및 전용실시권자는 산업통상자원부령으로 정하는 바에 따라 그 디자인에 관한 다음 각 호의 사항에 대하여 특허청장으로부터 증명을 받은 서면을 제시하여 경고한 후가 아니면 제1항에 따른 청구를 할 수 없다.

1. 디자인권자 및 전용실시권자(전용실시권자가 청구하는 경우만 해당한다)의 성명 및 주소(법인인 경우에는 그 명칭 및 주된 사무소의 소재지를 말한다)
2. 디자인등록출원번호 및 출원일
3. 디자인등록번호 및 등록일
4. 디자인등록출원서에 첨부한 도면·사진 또는 견본의 내용

③ 디자인권자 또는 전용실시권자는 제1항에 따른 청구를 할 때에는 침해행위를 조성한 물품의 폐기, 침해행위에 제공된 설비의 제거, 그 밖에 침해의 예방에 필요한 행위를 청구할 수 있다.

**제114조【침해로 보는 행위】** 등록디자인이나 이와 유사한 디자인에 관한 물품의 생산에만 사용하는 물품을 업으로서 생산·양도·대여·수출 또는 수입하거나 업으로서 그 물품의 양도 또는 대여의 청약을 하는 행위는 그 디자인권 또는 전용실시권을 침해한 것으로 본다.

**제115조【손해액의 추정 등】** ① 디자인권자 또는 전용실시권자는 고의나 과실로 인하여 자기의 디자인권 또는 전용실시권을 침해한 자에 대하여 그 침해에 의하여 자기가 입은 손해의 배상을 청구할 수 있다.(2020.12.22 본항개정)

② 제1항에 따라 손해배상을 청구하는 경우 그 권리를 침해한 자가 그 침해행위를 하게 한 물건을 양도하였을 때에는 다음 각 호에 해당하는 금액의 합계액을 디자인권자 또는 전용실시권자가 입은 손해액으로 할 수 있다.

1. 그 물건의 양도수량(디자인권자 또는 전용실시권자가 그 침해행위 외의 사유로 판매할 수 없었던 사정이 있는 경우에는 그 침해행위 외의 사유로 판매할 수 없었던 수량을 뺀 수량) 중 디자인권자 또는 전용실시권자가 생산할 수 있었던 물건의 수량에서 실제 판매한 물건의 수량을 뺀 수량을 넘지 아니하는 수량에 디자인권자 또는 전용실시권자가 그 침해행위가 없었다면 판매할 수 있었던 물건의 단위수량당 이익액을 곱한 금액
2. 그 물건의 양도수량 중 디자인권자 또는 전용실시권자가 생산할 수 있었던 물건의 수량에서 실제 판매한 물건의 수량을 뺀 수량을 넘는 수량 또는 그 침해행위 외의 사유로 판매할 수 없었던 수량이 있는 경우 이들 수량(디자인권자 또는 전용실시권자가 그 디자인권자의 디자인권에 대한 전용실시권의 설정, 통상실시권의 허락 또는 그 전용실시권자의 전용실시권에 대한 통상실시권의 허락을 할 수 있었다고 인정되지 아니하는 경우에는 해당 수량을 뺀 수량)에 대해서는 디자인등록을 받은 디자인의 실시에 대하여 합리적으로 받을 수 있는 금액

(2020.12.22 본항개정)

③ 디자인권자 또는 전용실시권자가 고의나 과실로 자기의 디자인권 또는 전용실시권을 침해한 자에 대하여 그 침해에 의하여 자기가 입은 손해의 배상을 청구하는 경우 권리를 침해한 자가 그 침해행위로 이익을 얻었을 때에는 그 이익액을 디자인권자 또는 전용실시권자가 받은 손해액으로 추정한다.

④ 디자인권자 또는 전용실시권자가 고의나 과실로 자기의 디자인권 또는 전용실시권을 침해한 자에 대하여 그 침해에 의하여 자기가 입은 손해의 배상을 청구하는 경우 그 등록디자인의 실시에 대하여 합리적으로 받을 수 있는 금액을 디자인권자 또는 전용실시권자가 입은 손해액으로 하여 손해배상을 청구할 수 있다.(2020.10.20 본항개정)

⑤ 제4항에도 불구하고 손해액이 같은 항에 규정된 금액을 초과하는 경우에는 그 초과액에 대하여도 손해배상을 청구할 수 있다. 이 경우 디자인권 또는 전용실시권을 침해한 자에게 고의 또는 중대한 과실이 없을 때에는 법원은 손해배상액을 산정할 때 그 사실을 고려할 수 있다.

⑥ 법원은 디자인권 또는 전용실시권의 침해에 관한 소송에서 손해가 발생한 것은 인정되나 그 손해액을 증명하기 위하여 필요한 사실을 밝히는 것이 사실의 성질상 극히 곤란한 경우에는 제1항부터 제5항까지의 규정에도 불구하고 변론전체의 취지와 증거조사의 결과에 기초하여 상당한 손해액을 인정할 수 있다.

⑦ 법원은 타인의 디자인권 또는 전용실시권을 침해한 행위가 고의적인 것으로 인정되는 경우에는 제1항부터 제6항까지의 규정에 따라 손해로 인정된 금액의 3배를 넘지 아니하는 범위에서 배상액을 정할 수 있다.(2020.10.20 본항신설)

⑦ 법원은 타인의 디자인권 또는 전용실시권을 침해한 행위가 고의적인 것으로 인정되는 경우에는 제1항부터 제6항까지의 규정에 따라 손해로 인정된 금액의 5배를 넘지 아니하는 범위에서 배상액을 정할 수 있다.
(2025.1.21 본항개정 : 2025.7.22 시행)

⑧ 제7항에 따른 배상액을 판단할 때에는 다음 각 호의 사항을 고려하여야 한다.

1. 침해행위를 한 자의 우월적 지위 여부

2. 고의 또는 손해 발생의 우려를 인식한 정도
3. 침해행위로 인하여 디자인권자 또는 전용실시권자가 입은 피해규모
4. 침해행위로 인하여 침해한 자가 얻은 경제적 이익
5. 침해행위의 기간·횟수 등
6. 침해행위에 따른 벌금
7. 침해행위를 한 자의 재산상태
8. 침해행위를 한 자의 피해구제 노력의 정도

(2020.10.20 본항신설)

**제116조【과실의 추정】** ① 타인의 디자인권 또는 전용실시권을 침해한 자는 그 침해행위에 대하여 과실이 있는 것으로 추정한다. 다만, 제43조제1항에 따라 비밀디자인으로 설정등록된 디자인권 또는 전용실시권의 침해에 대하여는 그러하지 아니하다.

② 디자인일부심사등록디자인의 디자인권자·전용실시권자 또는 통상실시권자가 그 등록디자인 또는 이와 유사한 디자인과 관련하여 타인의 디자인권 또는 전용실시권을 침해한 경우에는 제1항을 준용한다.

**제117조【디자인권자 등의 신용회복】** 법원은 고의나 과실로 디자인권 또는 전용실시권을 침해함으로써 디자인권자 또는 전용실시권자의 업무상 신용을 떨어뜨린 자에 대하여는 디자인권자 또는 전용실시권자의 청구에 의하여 손해배상을 갈음하여 또는 손해배상과 함께 디자인권자 또는 전용실시권자의 업무상 신용회복을 위하여 필요한 조치를 명할 수 있다.

**제118조【서류의 제출】** 법원은 디자인권 또는 전용실시권의 침해에 관한 소송에서 당사자의 신청에 의하여 해당 침해행위로 인한 손해를 계산하는 데에 필요한 서류를 제출하도록 다른 당사자에게 명할 수 있다. 다만, 그 서류의 소지자가 그 서류의 제출을 거절할 정당한 이유가 있을 때에는 그러하지 아니하다.

## 제7장 심 판

**제119조【보정각하결정에 대한 심판】** 제49조제1항에 따른 보정각하결정을 받은 자가 그 결정에 불복할 때에는 그 결정등본을 송달받은 날부터 3개월 이내에 심판을 청구할 수 있다.
(2021.10.19 본조개정)

**제120조【디자인등록거절결정 또는 디자인등록취소결정에 대한 심판】** 디자인등록거절결정 또는 디자인등록취소결정을 받은 자가 불복할 때에는 그 결정등본을 송달받은 날부터 3개월 이내에 심판을 청구할 수 있다.
(2021.10.19 본조개정)

**제121조【디자인등록의 무효심판】** ① 이해관계인 또는 심사관은 디자인등록이 다음 각 호의 어느 하나에 해당하는 경우에는 무효심판을 청구할 수 있다. 이 경우 제41조에 따라 복수디자인등록출원된 디자인등록에 대하여는 각 디자인마다 청구하여야 한다.

1. 제3조제1항 본문에 따른 디자인등록을 받을 수 있는 권리를 가지지 아니하거나 같은 항 단서에 따라 디자인등록을 받을 수 없는 경우
2. 제27조, 제33조부터 제35조까지, 제39조 및 제46조제1항·제2항에 위반된 경우(2023.6.20 본호개정)
3. 조약에 위반된 경우
4. 디자인등록된 후 그 디자인권자가 제27조에 따라 디자인권을 누릴 수 없는 자로 되거나 그 디자인등록이 조약에 위반된 경우

② 제1항에 따른 심판은 디자인권이 소멸된 후에도 청구할 수 있다.

③ 디자인등록을 무효로 한다는 심결이 확정된 때에는 그 디자인권은 처음

부터 없었던 것으로 본다. 다만, 제1항 제4호에 따라 디자인등록을 무효로 한다는 심결이 확정된 경우에는 디자인권은 그 디자인등록이 같은 호에 해당하게 된 때부터 없었던 것으로 본다.
④ 심판장은 제1항의 심판이 청구된 경우에는 그 취지를 해당 디자인권의 전용실시권자나 그 밖에 디자인에 관한 권리를 등록한 자에게 통지하여야 한다.

**제122조【권리범위 확인심판】** 디자인권자·전용실시권자 또는 이해관계인은 등록디자인의 보호범위를 확인하기 위하여 디자인권의 권리범위 확인심판을 청구할 수 있다. 이 경우 제41조에 따라 복수디자인등록출원된 디자인등록에 대하여는 각 디자인마다 청구하여야 한다.

**제123조【통상실시권 허락의 심판】**
① 디자인권자·전용실시권자 또는 통상실시권자는 해당 등록디자인 또는 등록디자인과 유사한 디자인이 제95조제1항 또는 제2항에 해당하여 실시의 허락을 받으려는 경우에 그 타인이 정당한 이유 없이 허락하지 아니하거나 그 타인의 허락을 받을 수 없을 때에는 자기의 등록디자인 또는 등록디자인과 유사한 디자인의 실시에 필요한 범위에서 통상실시권 허락의 심판을 청구할 수 있다.
② 제1항에 따른 심판에 따라 통상실시권을 허락한 자가 그 통상실시권을 허락받은 자의 등록디자인 또는 이와 유사한 디자인을 실시할 필요가 있는 경우에 그 통상실시권을 허락받은 자가 실시를 허락하지 아니하거나 실시의 허락을 받을 수 없을 때에는 통상실시권을 허락받아 실시하려는 등록디자인 또는 이와 유사한 디자인의 범위에서 통상실시권 허락의 심판을 청구할 수 있다.
③ 제1항 및 제2항에 따라 통상실시권을 허락받은 자는 특허권자·실용신안권자·디자인권자 또는 그 전용실시권자에게 대가를 지급하여야 한다. 다만, 자기가 책임질 수 없는 사유로 지급할 수 없는 경우에는 그 대가를 공탁하여야 한다.
④ 제3항에 따른 통상실시권자는 그 대가를 지급하지 아니하거나 공탁을 하지 아니하면 그 특허발명·등록실용신안 또는 등록디자인이나 이와 유사한 디자인을 실시할 수 없다.

**제124조【심사규정의 디자인등록거절결정에 대한 심판에의 준용】** ① 디자인등록거절결정에 대한 심판에 관하여는 제48조제1항부터 제3항까지, 제48조제4항제1호, 제49조, 제63조 및 제65조를 준용한다. 이 경우 제48조제4항제1호 중 "제62조에 따른 디자인등록거절결정 또는 제65조에 따른 디자인등록결정(이하 "디자인등록여부결정"이라 한다)의 통지서가 발송되기 전까지"는 "거절이유통지에 따른 의견서 제출기간까지"로 보고, 제49조제3항 중 "제119조에 따라 심판을 청구한 경우"는 "제166조제1항에 따라 소를 제기한 경우"로, "그 심결이 확정될 때까지"는 "그 판결이 확정될 때까지"로 본다.
② 제1항에 따라 준용되는 제63조는 디자인등록거절결정의 이유와 다른 거절이유를 심판절차에서 발견한 경우에만 적용한다.

**제125조【공동심판의 청구 등】** ① 디자인권 또는 디자인등록을 받을 수 있는 권리의 공유자가 그 공유인 권리에 관하여 심판을 청구할 때에는 공유자 모두가 공동으로 청구하여야 한다.
② 제1항에도 불구하고 같은 디자인권에 관하여 제121조제1항의 디자인등록무효심판 또는 제122조의 권리범위 확인심판을 청구하는 자가 2인 이상이면 각자 또는 모두가 공동으로 심판을 청구할 수 있다.

③ 공유인 디자인권의 디자인권자에 대하여 심판을 청구할 때에는 공유자 모두를 피청구인으로 하여야 한다.
④ 제1항 또는 제2항에 따른 청구인이나 제3항에 따른 피청구인 중 1인에게 심판절차의 중단 또는 중지의 원인이 있으면 모두에게 그 효력이 발생한다.

**제125조의2 【국선대리인】** ① 특허심판원장은 산업통상자원부령으로 정하는 요건을 갖춘 심판 당사자의 신청에 따라 대리인(이하 "국선대리인"이라 한다)을 선임하여 줄 수 있다. 다만, 심판청구가 이유 없음이 명백하거나 권리의 남용이라고 인정되는 경우에는 그러하지 아니하다.
② 국선대리인이 선임된 당사자에 대하여 심판절차와 관련된 수수료를 감면할 수 있다.
③ 국선대리인의 신청절차 및 수수료 감면 등 국선대리인 운영에 필요한 사항은 산업통상자원부령으로 정한다.
(2019.1.8 본조신설)

**제126조 【심판청구방식】** ① 제121조부터 제123조까지에 따라 디자인등록의 무효심판, 권리범위 확인심판 또는 통상실시권 허락의 심판을 청구하려는 자는 다음 각 호의 사항을 적은 심판청구서를 특허심판원장에게 제출하여야 한다.
1. 당사자의 성명 및 주소(법인인 경우에는 그 명칭 및 영업소의 소재지)
2. 대리인이 있는 경우에는 그 대리인의 성명 및 주소나 영업소의 소재지〔대리인이 특허법인·특허법인(유한)인 경우에는 그 명칭, 사무소의 소재지 및 지정된 변리사의 성명〕
(2013.7.30 본호개정)
3. 심판사건의 표시
4. 청구의 취지 및 그 이유

② 제1항에 따라 제출된 심판청구서를 보정하는 경우에는 그 요지를 변경할 수 없다. 다만, 다음 각 호의 어느 하나에 해당하는 경우에는 그러하지 아니하다.
1. 제1항제1호에 따른 당사자 중 디자인권자의 기재를 바로잡기 위하여 보정(추가하는 것을 포함한다)하는 경우
2. 제1항제4호에 따른 청구의 이유를 보정하는 경우
3. 디자인권자 또는 전용실시권자가 제122조에 따라 청구한 권리범위 확인심판에서 심판청구서의 확인대상 디자인(청구인이 주장하는 피청구인의 디자인을 말한다)의 도면에 대하여 피청구인이 자신이 실제로 실시하고 있는 디자인과 비교하여 다르다고 주장하는 경우에 청구인이 피청구인의 실시 디자인과 같게 하기 위하여 심판청구서의 확인대상 디자인의 도면을 보정하는 경우

③ 제122조에 따른 권리범위 확인심판을 청구할 때에는 등록디자인과 대비할 수 있는 도면을 첨부하여야 한다.
④ 제123조제1항에 따른 통상실시권 허락의 심판의 청구서에는 제1항 각 호의 사항 외에 다음 각 호의 사항을 추가로 적어야 한다.
1. 실시하려는 자기의 등록디자인의 번호 및 명칭
2. 실시되어야 할 타인의 특허발명·등록실용신안 또는 등록디자인의 번호·명칭 및 특허나 등록의 연월일
3. 특허발명·등록실용신안 또는 등록디자인의 통상실시권의 범위·기간 및 대가

**제127조 【디자인등록거절결정 등에 대한 심판청구방식】** ① 제119조 또는 제120조에 따라 보정각하결정, 디자인등록거절결정 또는 디자인등록취소결정에 대한 심판을 청구하려는 자는 다음 각 호의 사항을 적은 심판청구서를 특허심판원장에게 제출하여야 하며, 특허심판원장은 제120조에 따른 디자인

등록취소결정에 대한 심판이 청구된 경우에는 그 취지를 이의신청인에게 알려야 한다.

1. 청구인의 성명 및 주소(법인인 경우에는 그 명칭 및 영업소의 소재지)
2. 대리인이 있는 경우에는 그 대리인의 성명 및 주소나 영업소의 소재지〔대리인이 특허법인·특허법인(유한)인 경우에는 그 명칭, 사무소의 소재지 및 지정된 변리사의 성명〕(2013.7.30 본호개정)
3. 출원일과 출원번호(디자인등록취소결정에 대하여 불복하는 경우에는 디자인등록일과 등록번호)
4. 디자인의 대상이 되는 물품 및 물품류
5. 디자인등록거절결정일, 디자인등록취소결정일 또는 보정각하결정일
6. 심판사건의 표시
7. 청구의 취지 및 그 이유

② 제1항에 따라 제출된 심판청구서를 보정하는 경우에는 그 요지를 변경할 수 없다. 다만, 다음 각 호의 어느 하나에 해당하는 경우에는 그러하지 아니하다.

1. 제1항제1호에 따른 청구인의 기재를 바로잡기 위하여 보정(추가하는 것을 포함한다)하는 경우
2. 제1항제7호에 따른 청구의 이유를 보정하는 경우

**제128조【심판청구서 등의 각하 등】** ① 심판장은 다음 각 호의 어느 하나에 해당하는 경우에는 기간을 정하여 그 보정을 명하여야 한다. 다만, 보정할 사항이 경미하고 명확한 경우에는 직권으로 보정할 수 있다.(2023.9.14 단서신설)

1. 심판청구서가 제126조제1항·제3항·제4항 또는 제127조제1항에 위반된 경우
2. 심판에 관한 절차가 다음 각 목의 어느 하나에 해당되는 경우
   가. 제4조제1항 또는 제7조에 위반된 경우
   나. 제85조에 따라 내야 할 수수료를 내지 아니한 경우
   다. 이 법 또는 이 법에 따른 명령으로 정하는 방식에 위반된 경우

② 심판장은 제1항 본문에 따른 보정명령을 받은 자가 지정된 기간에 보정을 하지 아니하거나 보정한 사항이 제126조제2항 또는 제127조제2항을 위반한 경우에는 심판청구서 또는 해당 절차와 관련된 청구 등을 결정으로 각하하여야 한다.(2023.9.14 본항개정)

③ 제2항에 따른 결정은 서면으로 하여야 하며 그 이유를 붙여야 한다.

④ 심판장은 제1항 단서에 따라 직권보정을 하려면 그 직권보정 사항을 청구인에게 통지하여야 한다.(2023.9.14 본항신설)

⑤ 청구인은 제1항 단서에 따른 직권보정 사항을 받아들일 수 없으면 직권보정 사항의 통지를 받은 날부터 7일 이내에 그 직권보정 사항에 대한 의견서를 심판장에게 제출하여야 한다.
(2023.9.14 본항신설)

⑥ 청구인이 제5항에 따라 의견서를 제출한 경우에는 해당 직권보정 사항은 처음부터 없었던 것으로 본다.
(2023.9.14 본항신설)

⑦ 제1항 단서에 따른 직권보정이 명백히 잘못된 경우 그 직권보정은 처음부터 없었던 것으로 본다.(2023.9.14 본항신설)

(2022.2.3 본조제목개정)

**제129조【보정할 수 없는 심판청구의 심결각하】** 부적법한 심판청구로서 그 흠을 보정할 수 없을 때에는 피청구인에게 답변서 제출의 기회를 주지 아니하고 심결로써 각하할 수 있다.

**제130조【심판관】** ① 특허심판원장은 심판이 청구되면 심판관에게 심판하게 한다.

② 심판관의 자격은 대통령령으로 정한다.

③ 심판관은 직무상 독립하여 심판한다.

**제131조 【심판관의 지정】** ① 특허심판원장은 각 심판사건에 대하여 제133조에 따른 합의체를 구성할 심판관을 지정하여야 한다.

② 특허심판원장은 제1항의 심판관 중 심판에 관여하는 데에 지장이 있는 사람이 있으면 다른 심판관에게 심판하게 할 수 있다.

**제132조 【심판장의 지정】** ① 특허심판원장은 제131조제1항에 따라 지정된 심판관 중에서 1명을 심판장으로 지정하여야 한다.

② 심판장은 그 심판사건에 관한 사무를 총괄한다.

**제133조 【심판의 합의체】** ① 심판은 3명 또는 5명의 심판관으로 구성되는 합의체가 한다.

② 제1항의 합의체의 합의는 과반수로 결정한다.

③ 심판의 합의는 공개하지 아니한다.

**제134조 【답변서 제출 등】** ① 심판장은 심판이 청구되면 청구서 부본을 피청구인에게 송달하고 기간을 정하여 답변서를 제출할 수 있는 기회를 주어야 한다.

② 심판장은 제1항의 답변서를 받았을 때에는 그 부본을 청구인에게 송달하여야 한다.

③ 심판장은 심판에 관하여 당사자를 심문할 수 있다.

**제135조 【심판관의 제척】** 심판관은 다음 각 호의 어느 하나에 해당하는 경우에는 그 심판 관여로부터 제척된다.

1. 심판관 또는 그 배우자이거나 배우자였던 사람이 사건의 당사자, 참가인 또는 이의신청인인 경우
2. 심판관이 사건의 당사자, 참가인 또는 이의신청인의 친족이거나 친족이었던 경우
3. 심판관이 사건의 당사자, 참가인 또는 이의신청인의 법정대리인이거나 법정대리인이었던 경우
4. 심판관이 사건에 대한 증인, 감정인으로 된 경우 또는 감정인이었던 경우
5. 심판관이 사건의 당사자·참가인 또는 이의신청인의 대리인이거나 대리인이었던 경우
6. 심판관이 사건에 대하여 심사관 또는 심판관으로서 보정각하결정, 디자인등록여부결정, 디자인일부심사등록 이의신청에 대한 결정 또는 심결에 관여한 경우
7. 심판관이 사건에 관하여 직접 이해관계를 가진 경우

**제136조 【제척신청】** 제135조에 따른 제척의 원인이 있으면 당사자 또는 참가인은 제척신청을 할 수 있다.

**제137조 【심판관의 기피】** ① 심판관에게 공정한 심판을 기대하기 어려운 사정이 있으면 당사자 또는 참가인은 기피신청을 할 수 있다.

② 당사자 또는 참가인은 사건에 대하여 심판관에게 서면 또는 구두로 진술을 한 후에는 기피신청을 할 수 없다. 다만, 기피의 원인이 있는 것을 알지 못한 경우 또는 기피의 원인이 그 후에 발생한 경우에는 그러하지 아니하다.

**제138조 【제척 또는 기피의 소명】** ① 제136조 및 제137조에 따라 제척 및 기피 신청을 하려는 자는 그 원인을 적은 서면을 특허심판원장에게 제출하여야 한다. 다만, 구술심리를 할 때에는 구술로 할 수 있다.

② 제척 또는 기피의 원인은 신청한 날부터 3일 이내에 소명하여야 한다.

**제139조 【제척 또는 기피 신청에 관한 결정】** ① 제척 또는 기피 신청이 있으면 심판으로 결정하여야 한다.

② 제척 또는 기피의 신청을 당한 심판관은 그 제척 또는 기피에 대한 심판에 관여할 수 없다. 다만, 의견을 진술할 수 있다.

③ 제1항에 따른 결정은 서면으로 하여야 하며 그 이유를 붙여야 한다.
④ 제1항에 따른 결정에는 불복할 수 없다.

**제140조【심판절차의 중지】** 제척 또는 기피의 신청이 있으면 그 신청에 대한 결정이 있을 때까지 심판절차를 중지하여야 한다. 다만, 긴급한 경우에는 그러하지 아니하다.

**제141조【심판관의 회피】** 심판관이 제135조 또는 제137조에 해당하는 경우에는 특허심판원장의 허가를 받아 해당 사건에 대한 심판을 회피할 수 있다.

**제142조【심리 등】** ① 심판은 구술심리 또는 서면심리로 한다. 다만, 당사자가 구술심리를 신청하였을 때에는 서면심리만으로 결정할 수 있다고 인정되는 경우 외에는 구술심리를 하여야 한다.
② 구술심리는 공개하여야 한다. 다만, 공공의 질서 또는 선량한 풍속을 문란하게 할 우려가 있으면 그러하지 아니하다.
③ 심판장은 제1항에 따라 구술심리로 심판을 할 경우에는 그 기일 및 장소를 정하고 그 취지를 적은 서면을 당사자 및 참가인에게 송달하여야 한다. 다만, 해당 사건에 출석한 당사자 및 참가인에게 알렸을 때에는 그러하지 아니하다.
④ 심판장은 제1항에 따라 구술심리로 심판을 할 경우에는 특허심판원장이 지정한 직원에게 기일마다 심리의 요지와 그 밖에 필요한 사항을 적은 조서를 작성하게 하여야 한다.
⑤ 제4항의 조서는 심판장 및 조서를 작성한 직원이 기명날인하여야 한다.
⑥ 제4항의 조서에 관하여는 「민사소송법」 제153조 · 제154조 및 제156조부터 제160조까지의 규정을 준용한다.
⑦ 심판에 관하여는 「민사소송법」 제143조 · 제259조 · 제299조 및 제367조를 준용한다.
⑧ 심판장은 구술심리 중 심판정 내의 질서를 유지한다.

**제142조의2【참고인 의견서의 제출】** ① 심판장은 산업에 미치는 영향 등을 고려하여 사건 심리에 필요하다고 인정되는 경우 공공단체, 그 밖의 참고인에게 심판사건에 관한 의견서를 제출하게 할 수 있다.
② 국가기관과 지방자치단체는 공익과 관련된 사항에 관하여 특허심판원에 심판사건에 관한 의견서를 제출할 수 있다.
③ 심판장은 제1항 또는 제2항에 따라 참고인이 제출한 의견서에 대하여 당사자에게 구술 또는 서면에 의한 의견진술의 기회를 주어야 한다.
④ 제1항 또는 제2항에 따른 참고인의 선정 및 비용, 준수사항 등 참고인 의견서 제출에 필요한 사항은 산업통상자원부령으로 정한다.
(2023.9.14 본조신설)

**제143조【참가】** ① 제125조제2항에 따라 심판을 청구할 수 있는 자는 심리가 종결될 때까지 그 심판에 참가할 수 있다.
② 제1항에 따른 참가인은 피참가인이 그 심판의 청구를 취하한 후에도 심판절차를 속행할 수 있다.
③ 심판의 결과에 대하여 이해관계를 가진 자는 심리가 종결될 때까지 당사자의 어느 한쪽을 보조하기 위하여 그 심판에 참가할 수 있다.
④ 제3항에 따른 참가인은 모든 심판절차를 밟을 수 있다.
⑤ 제1항 또는 제3항에 따른 참가인에게 심판절차의 중단 또는 중지의 원인이 있으면 그 중단 또는 중지는 피참가인에 대하여도 그 효력이 발생한다.

**제144조【참가의 신청 및 결정】** ① 심판에 참가하려는 자는 참가신청서를 심판장에게 제출하여야 한다.
② 심판장은 참가신청이 있는 경우에는 참가신청서 부본을 당사자 및 다른

참가인에게 송달하고 기간을 정하여 의견서를 제출할 수 있는 기회를 주어야 한다.
③ 참가신청이 있는 경우에는 심판으로 그 참가 여부를 결정하여야 한다.
④ 제3항에 따른 결정은 서면으로 하여야 하며 그 이유를 붙여야 한다.
⑤ 제3항에 따른 결정에는 불복할 수 없다.

**제145조【증거조사 및 증거보전】** ① 심판에서는 당사자, 참가인 또는 이해관계인의 신청에 의하여 또는 직권으로 증거조사나 증거보전을 할 수 있다.
② 제1항에 따른 증거조사 및 증거보전에 관하여는 「민사소송법」 제2편제3장 중 증거조사 및 증거보전에 관한 규정을 준용한다. 다만, 심판관은 과태료의 결정을 하거나 구인을 명하거나 보증금을 공탁하게 하지 못한다.
③ 증거보전신청은 심판청구 전에는 특허심판원장에게 하고, 심판계속 중에는 그 사건의 심판장에게 하여야 한다.
④ 특허심판원장은 심판청구 전에 제1항에 따른 증거보전신청이 있으면 증거보전신청에 관여할 심판관을 지정한다.
⑤ 심판장은 제1항에 따라 직권으로 증거조사나 증거보전을 하였을 때에는 그 결과를 당사자·참가인 또는 이해관계인에게 송달하고 기간을 정하여 의견서를 제출할 수 있는 기회를 주어야 한다.

**제146조【심판의 진행】** 심판장은 당사자 또는 참가인이 법정기간 또는 지정기간에 절차를 밟지 아니하거나 제142조제3항에 따른 기일에 출석하지 아니하여도 심판을 진행할 수 있다.

**제146조의2【적시제출주의】** 심판절차에서의 주장이나 증거의 제출에 관하여는 「민사소송법」 제146조, 제147조 및 제149조를 준용한다.
(2021.8.17 본조신설)

**제147조【직권심리】** ① 심판에서는 당사자 또는 참가인이 신청하지 아니한 이유에 대하여도 심리할 수 있다. 이 경우 당사자 및 참가인에게 기간을 정하여 그 이유에 대하여 의견을 진술할 기회를 주어야 한다.
② 심판에서는 청구인이 신청하지 아니한 청구의 취지에 대하여는 심리할 수 없다.

**제148조【심리·심결의 병합 또는 분리】** 심판관은 당사자 양쪽 또는 어느 한쪽이 같은 2 이상의 심판에 대하여 심리 또는 심결을 병합하거나 분리할 수 있다.

**제149조【심판청구의 취하】** ① 심판청구는 심결이 확정될 때까지 취하할 수 있다. 다만, 제134조제1항에 따른 답변서가 제출된 후에는 상대방의 동의를 받아야 한다.
② 제1항에 따라 취하를 하였을 때에는 그 심판청구는 처음부터 없었던 것으로 본다.

**제150조【심결】** ① 심판은 특별한 규정이 있는 경우를 제외하고는 심결로써 종결한다.
② 제1항의 심결은 다음 각 호의 사항을 적은 서면으로 하여야 하며 심결을 한 심판관은 그 서면에 기명날인하여야 한다.
1. 심판의 번호
2. 당사자 및 참가인의 성명 및 주소(법인인 경우에는 그 명칭 및 영업소의 소재지)
3. 대리인이 있으면 그 대리인의 성명 및 주소나 영업소의 소재지〔대리인이 특허법인·특허법인(유한)인 경우에는 그 명칭, 사무소의 소재지 및 지정된 변리사의 성명〕(2013.7.30 본호개정)
4. 심판사건의 표시
5. 심결의 주문(제123조의 심판의 경우에는 통상실시권의 범위·기간 및 대가를 포함한다)
6. 심결의 이유(청구의 취지 및 그 이유의 요지를 포함한다)
7. 심결연월일

③ 심판장은 사건이 심결을 할 정도로 성숙하였을 때에는 심리의 종결을 당사자 및 참가인에게 알려야 한다.
④ 심판장은 필요하다고 인정하면 제3항에 따라 심리종결을 통지한 후에도 당사자 또는 참가인의 신청에 의하여 또는 직권으로 심리를 재개할 수 있다.
⑤ 심결은 제3항에 따른 심리종결통지를 한 날부터 20일 이내에 한다.
⑥ 심판장은 심결 또는 결정이 있으면 그 등본을 당사자, 참가인 및 심판에 참가신청을 하였으나 그 신청이 거부된 자에게 송달하여야 한다.

**제151조 【일사부재리】** 이 법에 따른 심판의 심결이 확정되었을 때에는 그 사건에 대하여는 누구든지 같은 사실 및 같은 증거에 의하여 다시 심판을 청구할 수 없다. 다만, 확정된 심결이 각하심결인 경우에는 그러하지 아니하다.

**제152조 【소송과의 관계】** ① 심판장은 심판에서 필요하면 그 심판사건과 관련되는 디자인일부심사등록 이의신청에 대한 결정 또는 다른 심판의 심결이 확정되거나 소송절차가 완결될 때까지 그 절차를 중지할 수 있다.
② 법원은 소송절차에서 필요하면 디자인에 관한 심결이 확정될 때까지 그 소송절차를 중지할 수 있다.
③ 법원은 디자인권 또는 전용실시권의 침해에 관한 소가 제기된 경우에는 그 취지를 특허심판원장에게 통보하여야 한다. 그 소송절차가 끝났을 때에도 또한 같다.
④ 특허심판원장은 제3항에 따른 디자인권 또는 전용실시권의 침해에 관한 소에 대응하여 그 디자인권에 관한 무효심판 등이 청구된 경우에는 그 취지를 제3항에 해당하는 법원에 통보하여야 한다. 그 심판청구의 각하결정, 심결 또는 청구의 취하가 있는 경우에도 또한 같다.

**제152조의2 【산업재산권분쟁조정위원회 회부】** ① 심판장은 심판사건을 합리적으로 해결하기 위하여 필요하다고 인정되면 당사자의 동의를 받아 해당 심판사건의 절차를 중지하고 결정으로 해당 사건을 「발명진흥법」 제41조에 따른 산업재산권분쟁조정위원회(이하 "조정위원회"라 한다)에 회부할 수 있다.
② 심판장은 제1항에 따라 조정위원회에 회부한 때에는 해당 심판사건의 기록을 조정위원회에 송부하여야 한다.
③ 심판장은 조정위원회의 조정절차가 조정 불성립으로 종료되면 제1항에 따른 중지 결정을 취소하고 심판을 재개하며, 조정이 성립된 경우에는 해당 심판청구는 취하된 것으로 본다.
(2021.8.17 본조신설)

**제153조 【심판비용】** ① 제121조제1항 및 제122조에 따른 심판비용의 부담에 관한 사항은 심판이 심결에 의하여 종결될 때에는 그 심결로써 정하고, 심판이 심결에 의하지 아니하고 종결될 때에는 결정으로써 정하여야 한다.
② 제1항의 심판비용에 관하여는 「민사소송법」 제98조부터 제103조까지, 제107조제1항·제2항, 제108조, 제111조, 제112조 및 제116조를 준용한다.
③ 제119조·제120조 또는 제123조의 심판비용은 청구인 또는 이의신청인이 부담한다.
④ 제3항에 따라 청구인 또는 이의신청인이 부담하는 비용에 관하여는 「민사소송법」 제102조를 준용한다.
⑤ 심판비용액은 심결 또는 결정이 확정된 후 당사자의 청구를 받아 특허심판원장이 결정한다.
⑥ 심판비용의 범위·금액·납부 및 심판에서 절차상의 행위를 하기 위하여 필요한 비용의 지급에 관하여는 그 성질에 반하지 아니하는 범위에서 「민사소송비용법」 중 해당 규정의 예에 따른다.
⑦ 심판의 대리를 한 변리사에게 당사자가 지급하였거나 지급할 보수는 특

허청장이 정하는 금액의 범위에서 심판비용으로 본다. 이 경우 여러 명의 변리사가 심판의 대리를 한 경우라도 1명의 변리사가 심판대리를 한 것으로 본다.

**제154조【심판비용액 또는 대가에 대한 집행권원】** 이 법에 따라 특허심판원장이 정한 심판비용액 또는 심판관이 정한 대가에 관하여 확정된 결정은 집행력 있는 집행권원과 같은 효력을 가진다. 이 경우 집행력 있는 정본은 특허심판원 소속 공무원이 부여한다.

**제155조【디자인등록거절결정 등에 대한 심판의 특칙】** 제134조제1항·제2항, 제143조 및 제144조는 제119조 또는 제120조에 따른 심판에는 적용하지 아니한다.

**제156조【심사 또는 디자인일부심사등록 이의신청 절차의 효력】** 심사 또는 디자인일부심사등록 이의신청 절차에서 밟은 디자인에 관한 절차는 디자인등록거절결정 또는 디자인등록취소결정에 대한 심판에서도 그 효력이 있다.

**제157조【디자인등록거절결정 등의 취소】** ① 심판관은 제119조 또는 제120조에 따른 심판이 청구된 경우에 그 청구가 이유 있다고 인정할 때에는 심결로써 보정각하결정, 디자인등록거절결정 또는 디자인등록취소결정을 취소하여야 한다.

② 심판에서 보정각하결정, 디자인등록거절결정 또는 디자인등록취소결정을 취소할 경우에는 심사에 부칠 것이라는 심결을 할 수 있다.

③ 제1항 및 제2항에 따른 심결에서 취소의 기본이 된 이유는 그 사건에 대하여 심사관을 기속한다.

## 제8장 재심 및 소송

**제158조【재심의 청구】** ① 당사자는 확정된 심결에 대하여 재심을 청구할 수 있다.

② 제1항의 재심청구에 관하여는 「민사소송법」 제451조 및 제453조를 준용한다.

**제159조【사해심결에 대한 불복청구】** ① 심판의 당사자가 공모하여 제3자의 권리 또는 이익을 사해(詐害)할 목적으로 심결을 하게 한 경우에는 제3자는 그 확정된 심결에 대하여 재심을 청구할 수 있다.

② 제1항의 재심청구의 경우에는 심판의 당사자를 공동피청구인으로 한다.

**제160조【재심청구의 기간】** ① 당사자는 심결 확정 후 재심사유를 안 날부터 30일 이내에 재심을 청구하여야 한다.

② 대리권의 흠을 이유로 재심을 청구하는 경우에 제1항의 기간은 청구인 또는 법정대리인이 심결등본의 송달에 의하여 심결이 있은 것을 안 날의 다음 날부터 기산한다.

③ 심결 확정 후 3년이 지나면 재심을 청구할 수 없다.

④ 재심사유가 심결 확정 후에 생겼을 때에는 제3항의 기간은 그 사유가 발생한 날의 다음 날부터 기산한다.

⑤ 제1항 및 제3항은 해당 심결 이전의 확정심결과 저촉한다는 이유로 재심을 청구하는 경우에는 적용하지 아니한다.

**제161조【재심에 의하여 회복한 디자인권의 효력 제한】** ① 다음 각 호의 어느 하나에 해당하는 경우에 디자인권의 효력은 해당 심결이 확정된 후 재심청구 등록 전에 선의로 수입 또는 국내에서 생산하거나 취득한 물품에는 미치지 아니한다.

1. 무효가 된 디자인권(디자인등록취소결정에 대한 심판에 의하여 취소가 확정된 디자인권을 포함한다)이 재심에 의하여 회복된 경우
2. 디자인권의 권리범위에 속하지 아니한다는 심결이 확정된 후 재심에 의하여 그 심결과 상반되는 심결이 확정된 경우

3. 거절한다는 취지의 심결이 있었던 디자인등록출원에 대하여 재심에 의하여 디자인권이 설정등록된 경우

② 제1항 각 호에 해당하는 경우의 디자인권의 효력은 다음 각 호의 어느 하나의 행위에 미치지 아니한다.

1. 해당 심결이 확정된 후 재심청구 등록 전에 한 해당 디자인의 선의의 실시
2. 등록디자인과 관련된 물품의 생산에만 사용하는 물품을 해당 심결이 확정된 후 재심청구 등록 전에 선의로 생산·양도·대여·수출 또는 수입하거나 양도 또는 대여의 청약을 하는 행위

**제162조【재심에 의하여 회복한 디자인권에 대한 선사용자의 통상실시권】** 제161조제1항 각 호의 어느 하나에 해당하는 경우에 해당 심결이 확정된 후 재심청구 등록 전에 국내에서 선의로 그 디자인의 실시사업을 하고 있는 자 또는 그 사업을 준비하고 있는 자는 실시하고 있거나 준비하고 있는 디자인 및 사업의 목적 범위에서 그 디자인권에 관하여 통상실시권을 가진다.

**제163조【재심에 의하여 통상실시권을 상실한 원권리자의 통상실시권】** ① 제123조제1항 또는 제2항에 따라 통상실시권을 허락한다는 심결이 확정된 후 재심에서 이에 상반되는 심결이 확정된 경우에는 재심청구 등록 전에 선의로 국내에서 그 디자인의 실시사업을 하고 있는 자 또는 그 사업을 준비하고 있는 자는 원통상실시권의 사업 목적 및 디자인의 범위에서 그 디자인권 또는 재심의 심결이 확정된 당시에 존재하는 전용실시권에 대하여 통상실시권을 가진다.

② 제1항에 따라 통상실시권을 가진 자는 디자인권자 또는 전용실시권자에게 상당한 대가를 지급하여야 한다.

**제164조【재심에서의 심판규정의 준용】** 재심의 절차에 관하여는 그 성질에 반하지 아니하는 범위에서 심판의 절차에 관한 규정을 준용한다.

**제165조【「민사소송법」의 준용】** 재심청구에 관하여는 「민사소송법」 제459조제1항을 준용한다.

**제166조【심결 등에 대한 소】** ① 심결에 대한 소와 제124조제1항(제164조에서 준용하는 경우를 포함한다)에 따라 준용되는 제49조제1항에 따른 각하결정 및 심판청구나 재심청구의 각하결정에 대한 소는 특허법원의 전속관할로 한다.

② 제1항에 따른 소는 당사자, 참가인 또는 해당 심판이나 재심에 참가신청을 하였으나 그 신청이 거부된 자만 제기할 수 있다.

③ 제1항에 따른 소는 심결 또는 결정의 등본을 송달받은 날부터 30일 이내에 제기하여야 한다.

④ 제3항의 기간은 불변기간으로 한다.

⑤ 심판장은 주소 또는 거소가 멀리 떨어진 곳에 있거나 교통이 불편한 지역에 있는 자를 위하여 직권으로 제3항의 불변기간에 대하여 부가기간을 정할 수 있다.

⑥ 심판을 청구할 수 있는 사항에 관한 소는 심결에 대한 것이 아니면 제기할 수 없다.

⑦ 제150조제2항제5호에 따른 대가의 심결 및 제153조제1항에 따른 심판비용의 심결 또는 결정에 대하여는 독립하여 제1항에 따른 소를 제기할 수 없다.

⑧ 제1항에 따른 특허법원의 판결에 대하여는 대법원에 상고할 수 있다.

**제167조【피고적격】** 제166조제1항에 따른 소는 특허청장을 피고로 하여 제기하여야 한다. 다만, 제121조제1항, 제122조, 제123조제1항 및 제2항에 따른 심판 또는 그 재심의 심결에 대한 소는 그 청구인 또는 피청구인을 피고로 하여 제기하여야 한다.

**제168조【소 제기 통지 및 재판서 정본 송부】** ① 법원은 심결에 대한 소와 제124조제1항(제164조에서 준용하는

경우를 포함한다)에 따라 준용되는 제49조제1항에 따른 각하결정에 대한 소 또는 제166조제8항에 따른 상고가 제기되었을 때에는 지체 없이 그 취지를 특허심판원장에게 통지하여야 한다.
② 법원은 제167조 단서에 따른 소에 관하여 소송절차가 완결되었을 때에는 지체 없이 그 사건에 대한 각 심급의 재판서 정본을 특허심판원장에게 보내야 한다.

**제169조【심결 또는 결정의 취소】** ① 법원은 제166조제1항에 따라 소가 제기된 경우에 그 청구가 이유 있다고 인정할 때에는 판결로써 해당 심결 또는 결정을 취소하여야 한다.
② 심판관은 제1항에 따라 심결 또는 결정의 취소판결이 확정되었을 때에는 다시 심리를 하여 심결 또는 결정을 하여야 한다.
③ 제1항에 따른 판결에서 취소의 기본이 된 이유는 그 사건에 대하여 특허심판원을 기속한다.

**제170조【대가에 관한 불복의 소】** ① 제123조제3항에 따른 대가에 대하여 심결·결정을 받은 자가 그 대가에 불복할 때에는 법원에 소송을 제기할 수 있다.
② 제1항에 따른 소송은 심결·결정의 등본을 송달받은 날부터 30일 이내에 제기하여야 한다.
③ 제2항에 따른 기간은 불변기간으로 한다.

**제171조【대가에 관한 소송의 피고】** 제170조에 따른 소송에서 제123조제3항에 따른 대가에 대하여는 통상실시권자·전용실시권자 또는 디자인권자를 피고로 하여야 한다.

**제172조【변리사의 보수와 소송비용】** 소송을 대리한 변리사의 보수에 관하여는 「민사소송법」 제109조를 준용한다. 이 경우 "변호사"는 "변리사"로 본다.

## 제9장 「산업디자인의 국제등록에 관한 헤이그협정」에 따른 국제출원

### 제1절 특허청을 통한 국제출원

**제173조【국제출원】** 「산업디자인의 국제등록에 관한 헤이그협정」(1999년 세계지식재산기구에 의하여 제네바 외교회의에서 채택된 조약을 말하며, 이하 "헤이그협정"이라 한다) 제1조(vi)에 따른 국제등록(이하 "국제등록"이라 한다)을 위하여 출원을 하려는 자는 특허청을 통하여 헤이그협정 제1조(vii)에 따른 국제출원(이하 "특허청을 통한 국제출원"이라 한다)을 할 수 있다.

**제174조【국제출원을 할 수 있는 자】** 특허청을 통한 국제출원을 할 수 있는 자는 다음 각 호의 어느 하나에 해당하여야 한다. 2인 이상이 공동으로 출원하는 경우에는 각자 모두가 다음 각 호의 어느 하나에 해당하여야 한다.
1. 대한민국 국민
2. 대한민국에 주소(법인인 경우에는 영업소를 말한다)가 있는 자
3. 그 밖에 산업통상자원부령으로 정하는 바에 따라 대한민국에 거소가 있는 자

**제175조【국제출원의 절차】** ① 특허청을 통한 국제출원을 하려는 자는 산업통상자원부령으로 정하는 방식에 따라 작성된 국제출원서 및 그 출원에 필요한 서류(헤이그협정의 특정 체약당사자가 요구하는 서류 등을 말한다)를 특허청장에게 제출하여야 한다.
② 국제출원서에는 다음 각 호의 사항을 적거나 첨부하여야 한다.
1. 헤이그협정 제1조(vii)에 따른 국제출원의 취지
2. 특허청을 통한 국제출원을 하려는 자의 성명 및 주소(법인인 경우에는 그 명칭 및 영업소의 소재지를 말한

다). 국제출원을 하려는 자가 2인 이상으로서 그 주소가 서로 다르고 대리인이 없는 경우에는 연락을 받을 주소를 추가로 적어야 한다.
3. 제174조 각 호에 관한 사항
4. 디자인을 보호받으려는 국가(헤이그협정 제1조(xii)에 따른 정부 간 기구를 포함하며, 이하 "지정국"이라 한다)
5. 도면(사진을 포함한다. 이하 같다)
6. 디자인의 대상이 되는 물품 및 물품류
7. 헤이그협정 제5조(1)(vi)에 따른 수수료의 납부방법
8. 그 밖에 산업통상자원부령으로 정하는 사항

③ 특허청을 통한 국제출원을 하려는 자가 헤이그협정 제5조(5)에 따른 공개연기신청을 하려는 경우에는 국제출원서에 도면을 대신하여 산업통상자원부령으로 정하는 바에 따른 견본을 첨부할 수 있다.

④ 특허청을 통한 국제출원을 하려는 자는 지정국이 요구하는 경우에 다음 각 호의 사항을 국제출원서에 포함하여야 한다.
1. 디자인을 창작한 사람의 성명 및 주소
2. 도면 또는 디자인의 특징에 대한 설명
3. 디자인권의 청구범위

**제176조 【국제출원서 등 서류제출의 효력발생시기】** 국제출원서, 그 출원에 필요한 서류 및 제177조제2항에 따른 서류는 특허청장에게 도달한 날부터 그 효력이 발생한다. 우편으로 제출된 경우에도 또한 같다.

**제177조 【기재사항의 확인 등】** ① 특허청장은 국제출원서가 도달한 날을 국제출원서에 적어 관계 서류와 함께 헤이그협정 제1조(xxviii)에 따른 국제사무국(이하 "국제사무국"이라 한다)에 보내고, 그 국제출원서 사본을 특허청을 통한 국제출원을 한 자(이하 이 조에서 "국제출원인"이라 한다)에게 보내야 한다.

② 제1항에도 불구하고 특허청장은 국제출원서의 기재사항이 다음 각 호의 어느 하나에 해당하는 경우에는 국제출원인에게 상당한 기간을 정하여 보완에 필요한 서류(이하 이 장에서 "대체서류"라 한다)의 제출을 명하여야 한다.
1. 산업통상자원부령으로 정하는 언어로 작성되지 아니한 경우
2. 국제출원의 취지가 명확하게 표시되지 아니한 경우
3. 특허청을 통한 국제출원을 한 자의 성명 또는 명칭이 적혀 있지 아니하거나 명확하게 적혀있지 아니하여 국제출원인을 특정할 수 없는 경우
4. 국제출원인(대리인이 디자인에 관한 절차를 밟는 경우에는 그 대리인을 말한다)과 연락을 하기 위한 주소 등이 명확하게 적혀있지 아니한 경우
5. 도면 또는 견본이 없는 경우
6. 지정국 표시가 없는 경우

③ 제2항에 따른 제출명령을 받은 자가 지정기간 내에 대체서류를 제출한 경우에는 그 대체서류가 특허청장에게 도달한 날을 국제출원서가 도달한 날로 본다.

**제178조 【송달료의 납부】** ① 특허청을 통한 국제출원을 하려는 자는 특허청장이 국제출원서 및 출원에 필요한 서류를 국제사무국으로 보내는 데에 필요한 금액(이하 "송달료"라 한다)을 특허청장에게 내야 한다.

② 송달료, 그 납부방법 · 납부기간, 그 밖에 필요한 사항은 산업통상자원부령으로 정한다.

③ 특허청장은 특허청을 통한 국제출원을 하려는 자가 송달료를 내지 아니한 경우에는 상당한 기간을 정하여 보정을 명하여야 한다.

④ 특허청장은 제3항에 따른 보정명령을 받은 자가 지정된 기간에 송달료를 내지 아니한 경우에는 해당 절차를 무효로 할 수 있다.

## 제2절 국제디자인등록출원

**제179조【국제디자인등록출원】** ① 헤이그협정 제1조(vi)에 따른 국제등록으로서 대한민국을 지정국으로 지정한 국제등록(이하 "국제디자인등록출원"이라 한다)은 이 법에 따른 디자인등록출원으로 본다.

② 헤이그협정 제10조(2)에 따른 국제등록일은 이 법에 따른 디자인등록출원일로 본다.

③ 국제디자인등록출원에 대하여는 헤이그협정 제1조(viii)에 따른 국제등록부(이하 "국제등록부"라 한다)에 등재된 국제등록명의인의 성명 및 주소(법인인 경우에는 그 명칭 및 영업소의 소재지를 말한다), 도면, 디자인의 대상이 되는 물품, 물품류, 디자인을 창작한 사람의 성명 및 주소, 디자인의 설명은 이 법에 따른 디자인등록출원인의 성명 및 주소(법인인 경우에는 그 명칭 및 영업소의 소재지를 말한다), 도면, 디자인의 대상이 되는 물품, 물품류, 디자인을 창작한 사람의 성명 및 주소, 디자인의 설명으로 본다.

**제180조【디자인등록요건의 특례】** 제33조제3항을 국제디자인등록출원에 대하여 적용할 때에 "제52조, 제56조 또는 제90조제3항에 따라 디자인공보"는 "헤이그협정 제10조(3)에 따른 국제등록공보, 제56조 또는 제90조제3항에 따라 디자인공보"로 한다.

**제181조【디자인등록출원의 특례】** ① 국제디자인등록출원에 대하여 이 법을 적용할 때에 국제등록공개는 제37조제1항에 따른 디자인등록출원서의 제출로 본다.

② 국제디자인등록출원에 대하여 이 법을 적용할 때에 국제등록부에 등재된 사항과 도면은 제37조제1항 및 제2항에 따른 디자인등록출원서의 기재사항과 도면으로 본다.

③ 국제디자인등록출원에 대하여는 제37조제2항제2호 중 창작내용의 요점 및 같은 조 제3항을 적용하지 아니한다.

**제182조【출원일 인정 등의 특례】** 국제디자인등록출원에 대하여는 제38조를 적용하지 아니한다.

**제183조【국제등록의 소멸로 인한 국제디자인등록출원 또는 국제등록디자인권의 취하 등】** ① 헤이그협정 제16조(1)(iv)에 따른 포기 및 같은 협정 제16조(1)(v)에 따른 감축 등 변경사항의 등재에 따라 국제등록의 전부 또는 일부가 소멸된 경우에는 그 소멸된 범위에서 해당 국제디자인등록출원의 전부 또는 일부가 취하된 것으로 보며, 국제등록디자인권(국제디자인등록출원이 제198조제2항에 따라 국내에서 설정등록을 받은 디자인권을 말한다. 이하 같다)의 전부 또는 일부가 포기된 것으로 본다.

② 제1항에 따른 취하 또는 포기의 효력은 국제등록부에 해당 국제등록의 변경사항이 등재된 날부터 발생한다.

**제184조【비밀디자인의 특례】** 국제디자인등록출원에 대하여는 제43조를 적용하지 아니한다.

**제185조【국제등록공개의 연기가 신청된 국제디자인등록출원의 열람 등】** ① 특허청장은 헤이그협정 제11조에 따라 국제등록공개의 연기가 신청된 국제디자인등록출원에 대하여 다음 각 호의 어느 하나에 해당하는 경우에는 같은 협정 제10조(5)(a)에 따른 비밀사본의 열람청구에 응하여야 한다.

1. 국제디자인등록출원을 한 자(이하 이 절에서 "국제디자인등록출원인"이라 한다)의 자격에 관한 행정적 또는 사법적 절차의 진행을 목적으로 분쟁 당사자가 국제디자인등록출원에 대한 열람청구를 하는 경우
2. 국제등록부에 등재된 국제등록명의인의 동의를 받은 자가 열람청구를 하는 경우

② 제1항에 따라 비밀사본을 열람한 자는 그 열람한 내용을 무단으로 촬영·복사 등의 방법으로 취득하거나 알게 된 내용을 누설·도용하여서는 아니 된다.

**제186조【출원보정의 특례】** ① 제48조제1항을 국제디자인등록출원에 대하여 적용할 때에 "도면의 기재사항이나 사진 또는 견본"은 "도면의 기재사항"으로 한다.

② 국제디자인등록출원에 대하여는 제48조제3항을 적용하지 아니한다.

③ 제48조제4항을 국제디자인등록출원에 대하여 적용할 때에 "제1항부터 제3항까지의 규정"은 "제1항 및 제2항"으로 하고, 같은 항 제1호 중 "제62조에 따른 디자인등록거절결정 또는 제65조에 따른 디자인등록결정(이하 "디자인등록여부결정"이라 한다)"은 "헤이그협정 제10조(3)에 따른 국제등록공개가 있은 날부터 디자인등록여부결정"으로 한다.(2023.6.20 본항개정)

④ 제48조제5항을 국제디자인등록출원에 대하여 적용할 때에 "제1항부터 제3항까지의 규정"은 "제1항 및 제2항"으로 한다.

**제187조【분할출원의 특례】** ① 제50조제1항을 국제디자인등록출원에 대하여 적용할 때에 "디자인등록출원의 일부"는 "제63조에 따른 거절이유통지를 받은 경우에만 디자인등록출원의 일부"로 한다.

② 제50조제3항을 국제디자인등록출원에 대하여 적용할 때에 "제48조제4항"은 "제186조제3항"으로 한다.

**제188조【조약에 따른 우선권 주장의 특례】** 제51조제4항을 국제디자인등록출원에 대하여 적용할 때에 "디자인등록출원일"은 "헤이그협정 제10조(3)에 따른 국제등록공개가 있은 날"로 한다.

**제189조【출원공개의 특례】** 국제디자인등록출원에 대하여는 제52조를 적용하지 아니한다.

**제190조【출원공개 효과의 특례】** 제53조제1항을 국제디자인등록출원에 대하여 적용할 때 "제52조에 따른 출원공개"는 "헤이그협정 제10조(3)에 따른 국제등록공개"로 하며, 같은 조 제2항 및 제6항을 국제디자인등록출원에 대하여 적용할 때 "제52조에 따라 출원공개된"은 각각 "헤이그협정 제10조(3)에 따라 국제등록공개된"으로 한다.

**제191조【디자인등록을 받을 수 있는 권리 승계의 특례】** ① 제57조제3항을 국제디자인등록출원에 대하여 적용할 때에 "상속이나 그 밖의 일반승계의 경우를 제외하고는 디자인등록출원인 변경신고"는 "국제디자인등록출원인이 국제사무국에 명의변경신고"로 한다.

② 국제디자인등록출원에 대하여는 제57조제4항 및 제5항을 적용하지 아니한다.

③ 제57조제6항을 국제디자인등록출원에 대하여 적용할 때에 "제2항 및 제5항"은 "제2항"으로 한다.

**제192조【우선심사의 특례】** 제61조제1항제1호를 국제디자인등록출원에 대하여 적용할 때에 "제52조에 따른 출원공개"는 "헤이그협정 제10조(3)에 따른 국제등록공개"로 한다.

**제193조【거절결정의 특례】** 국제디자인등록출원에 대하여는 제62조제1항제2호 중 제37조제4항에 따라 디자인등록을 받을 수 없는 경우는 적용하지 아니한다.

**제194조【거절이유통지의 특례】** 제63조제1항을 국제디자인등록출원에 대하여 적용할 때에 "디자인등록출원인에게"는 "국제사무국을 통하여 국제디자인등록출원인에게"로 한다.

**제195조【직권보정의 특례】** 국제디자인등록출원에 대하여는 제66조를 적용하지 아니한다.

**제195조의2【디자인등록결정 이후의 직권 재심사의 특례】** 국제디자인등록출원에 대해서는 제66조의2를 적용하지 아니한다.(2021.10.19 본조신설)

**제196조【등록료 및 수수료의 특례】** ① 국제등록디자인권의 존속기간을 헤이그협정 제17조(2)에 따라 갱신하려는 자 또는 국제디자인등록출원인은 산업통상자원부령으로 정하는 물품 및 물품류에 따라 같은 협정 제7조(1)에 따른 표준지정수수료 또는 같은 협정 제7조(2)에 따른 개별지정수수료를 국제사무국에 내야 한다.

② 제1항에 따른 표준지정수수료 및 개별지정수수료에 관한 사항은 산업통상자원부령으로 정한다.

③ 국제디자인등록출원이나 국제등록디자인권에 대하여는 제79조부터 제84조까지 및 제86조(제1항제2호에 따른 무효심판청구에 대한 수수료는 제외한다)를 적용하지 아니한다.

**제197조【등록료 및 수수료 반환의 특례】** 제87조를 국제디자인등록출원에 대하여 적용할 때에 같은 조 제1항제3호는 국제디자인등록출원에 대하여는 적용하지 아니한다.

**제198조【디자인권 설정등록의 특례】** ① 국제디자인등록출원에 대하여는 제90조제2항을 적용하지 아니한다.

② 특허청장은 국제디자인등록출원에 대하여 제65조에 따른 디자인등록결정이 있는 경우에는 디자인권을 설정하기 위한 등록을 하여야 한다.

**제199조【디자인권 존속기간 등의 특례】** ① 국제등록디자인권은 제198조제2항에 따라 국내에서 설정등록된 날부터 발생하여 헤이그협정 제10조(2)에 따른 국제등록일(이하 "국제등록일"이라 한다) 후 5년이 되는 날까지 존속한다. 다만, 국제등록일 후 5년이 되는 날(이하 이 항에서 "국제등록만료일"이라 한다) 이후에 등록결정이 되어 제198조제2항에 따라 국내에서 설정등록된 경우에는 설정등록된 날부터 발생하여 국제등록만료일 후 5년이 되는 날까지 존속한다.

② 제1항에 따른 국제등록디자인권의 존속기간은 헤이그협정 제17조(2)에 따라 5년마다 갱신할 수 있다.

**제200조【등록디자인 보호범위의 특례】** 제93조를 국제등록디자인권에 대하여 적용할 때에 해당 국제등록디자인권의 보호범위는 다음 각 호의 구분에 따른다.

1. 제48조에 따른 보정이 없는 경우 : 국제등록부에 등재된 사항, 도면 및 디자인의 설명
2. 제48조에 따른 보정이 있는 경우 : 각각 보정된 디자인등록출원서의 기재사항, 도면 및 디자인의 설명

**제201조【디자인권 등록효력의 특례】** ① 국제등록디자인권의 이전, 포기에 의한 소멸 또는 존속기간의 갱신은 국제등록부에 등재함으로써 효력이 발생한다. 다만, 특허청장이 국제등록디자인권의 이전이 제96조제1항 단서 또는 같은 조 제2항에 위반되어 효력이 발생하지 아니한다고 국제사무국에 통지한 경우에는 그러하지 아니하다.

② 제98조제1항제1호를 국제등록디자인권에 대하여 적용할 때에 "이전(상속이나 그 밖의 일반승계에 의한 경우는 제외한다), 포기에 의한 소멸 또는 처분의 제한"은 "처분의 제한"으로 한다.

③ 제98조제2항을 국제등록디자인권에 대하여 적용할 때에 "디자인권·전용실시권"은 "전용실시권"으로 한다.

**제202조【디자인권 포기의 특례】** ① 국제등록디자인권에 대하여는 제106조제1항을 적용하지 아니한다.

② 제107조를 국제등록디자인권에 대하여 적용할 때에 "디자인권·전용실시권"은 각각 "전용실시권"으로 한다.

**제203조【국제등록부 경정의 효력 등】** ① 헤이그협정 제1조(viii)에 따른 국제등록부의 경정(이하 이 조에서 "경

정"이라 한다)이 있는 경우에는 해당 국제디자인등록출원은 경정된 대로 효력을 가진다.

② 경정의 효력은 해당 국제디자인등록출원의 국제등록일로 소급하여 발생한다.

③ 경정이 산업통상자원부령으로 정하는 사항에 관한 것으로서 해당 국제디자인등록출원에 대한 등록여부결정이 있은 후에 통지된 경우에 그 등록여부결정은 없었던 것으로 본다.

**제204조【권리침해에 대한 금지청구권 등의 특례】** 국제등록디자인권에 대하여는 제113조제2항을 적용하지 아니한다.

**제205조【서류의 열람 등의 특례】** 제206조제2항을 국제디자인등록출원에 대하여 적용할 때에 "제52조에 따라 출원공개"는 "헤이그협정 제10조(3)에 따라 국제등록공개"로 한다.

## 제10장 보 칙

**제206조【서류의 열람 등】** ① 디자인등록출원 또는 심판 등에 관한 증명, 서류의 등본 또는 초본의 발급, 디자인등록원부 및 서류의 열람 또는 복사가 필요한 자는 특허청장 또는 특허심판원장에게 신청할 수 있다.

② 특허청장 또는 특허심판원장은 제1항의 신청이 있더라도 제52조에 따라 출원공개되지 아니하고 디자인권의 설정등록이 되지 아니한 디자인등록출원에 관한 서류와 공공의 질서 또는 선량한 풍속을 문란하게 할 우려가 있는 것은 허가하지 아니할 수 있다.

**제207조【디자인등록출원 · 심사 · 심판 등에 관한 서류의 반출 및 공개금지】** ① 디자인등록출원, 심사, 디자인일부심사등록 이의신청, 심판, 재심에 관한 서류 또는 디자인등록원부는 다음 각 호의 어느 하나에 해당하는 경우를 제외하고는 외부로 반출할 수 없다.

1. 제59조제1항 또는 제2항에 따른 선행디자인의 조사 등을 위하여 디자인등록출원 또는 심사에 관한 서류를 반출하는 경우

1의2. 제152조의2제2항에 따른 조정을 위하여 디자인등록출원, 심사, 디자인일부심사등록 이의신청, 심판, 재심에 관한 서류나 디자인등록원부를 반출하는 경우(2021.8.17 본호신설)

2. 「산업재산 정보의 관리 및 활용 촉진에 관한 법률」 제12조제1항에 따른 산업재산문서 전자화업무의 위탁을 위하여 디자인등록출원, 심사, 디자인일부심사등록 이의신청, 심판, 재심에 관한 서류나 디자인등록원부를 반출하는 경우(2024.2.6 본호개정)

3. 「전자정부법」 제32조제2항에 따른 온라인 원격근무를 위하여 디자인등록출원, 심사, 디자인일부심사등록 이의신청, 심판, 재심에 관한 서류나 디자인등록원부를 반출하는 경우

② 디자인등록출원, 심사, 디자인일부심사등록 이의신청, 심판 또는 재심으로 계속 중인 사건의 내용이나 디자인등록여부결정 · 심결 또는 결정의 내용에 관하여는 감정 · 증언하거나 질의에 응답할 수 없다.

**제208조** (2024.2.6 삭제)

**제209조【서류의 송달】** 이 법에 규정된 서류의 송달절차 등에 관한 사항은 대통령령으로 정한다.

**제210조【공시송달】** ① 송달을 받을 자의 주소나 영업소가 불분명하여 송달할 수 없을 때에는 공시송달을 하여야 한다.

② 공시송달은 서류를 송달받을 자에게 어느 때라도 교부한다는 뜻을 디자인공보에 게재함으로써 한다.

③ 최초의 공시송달은 디자인공보에 게재한 날부터 2주일이 지나면 그 효력이 발생한다. 다만, 같은 당사자에

대한 이후의 공시송달은 디자인공보에 게재한 날의 다음 날부터 그 효력이 발생한다.

**제211조【재외자에 대한 송달】** ① 재외자로서 디자인관리인이 있으면 그 재외자에게 송달할 서류는 디자인관리인에게 송달하여야 한다.

② 재외자로서 디자인관리인이 없으면 그 재외자에게 송달할 서류는 항공등기우편으로 발송할 수 있다.

③ 제2항에 따라 서류를 항공등기우편으로 발송한 경우에는 그 발송을 한 날에 송달된 것으로 본다.

**제212조【디자인공보】** ① 특허청장은 디자인공보를 발행하여야 한다.

② 디자인공보는 산업통상자원부령으로 정하는 바에 따라 전자적 매체로 발행할 수 있다.

③ 특허청장은 전자적 매체로 디자인공보를 발행하는 경우에는 정보통신망을 활용하여 디자인공보의 발행사실·주요목록 및 공시송달에 관한 사항을 알려야 한다.

④ 디자인공보에 게재할 사항은 대통령령으로 정한다.

**제213조【서류의 제출 등】** 특허청장 또는 심사관은 당사자에게 심판 또는 재심에 관한 절차 외의 절차를 처리하기 위하여 필요한 서류, 그 밖의 물건의 제출을 명할 수 있다.

**제214조【디자인등록표시】** 디자인권자·전용실시권자 또는 통상실시권자는 등록디자인에 관한 물품 또는 그 물품의 용기나 포장 등에 디자인등록의 표시를 할 수 있다.

**제215조【허위표시의 금지】** 누구든지 다음 각 호의 어느 하나에 해당하는 행위를 하여서는 아니 된다.

1. 디자인등록된 것이 아닌 물품, 디자인등록출원 중이 아닌 물품 또는 그 물품의 용기나 포장에 디자인등록표시 또는 디자인등록출원표시를 하거나 이와 혼동하기 쉬운 표시를 하는 행위
2. 제1호의 표시를 한 것을 양도·대여 또는 전시하는 행위
3. 디자인등록된 것이 아닌 물품, 디자인등록출원 중이 아닌 물품을 생산·사용·양도 또는 대여하기 위하여 광고·간판 또는 표찰에 그 물품이 디자인등록 또는 디자인등록출원된 것으로 표시하거나 이와 혼동하기 쉬운 표시를 하는 행위

**제216조【불복의 제한】** ① 보정각하결정, 디자인등록여부결정, 디자인등록취소결정, 심결, 심판청구나 재심청구의 각하결정에 대하여는 다른 법률에 따른 불복을 할 수 없으며, 이 법에 따라 불복할 수 없도록 규정되어 있는 처분에 대하여는 다른 법률에 따른 불복을 할 수 없다.

② 제1항에 따른 처분 외의 처분에 대한 불복에 대하여는 「행정심판법」 또는 「행정소송법」에 따른다.

**제217조【비밀유지명령】** ① 법원은 디자인권 또는 전용실시권의 침해에 관한 소송에서 당사자가 보유한 영업비밀(「부정경쟁방지 및 영업비밀보호에 관한 법률」 제2조제2호에 따른 영업비밀을 말한다. 이하 같다)에 대하여 다음 각 호의 사유를 모두 소명한 경우에는 그 당사자의 신청에 의하여 결정으로 다른 당사자(법인인 경우에는 그 대표자), 당사자를 위하여 소송을 대리하는 자, 그 밖에 그 소송으로 인하여 영업비밀을 알게 된 자에게 그 영업비밀을 그 소송의 계속적인 수행 외의 목적으로 사용하거나 그 영업비밀에 관계된 이 항에 따른 명령을 받은 자 외의 자에게 공개하지 아니할 것을 명할 수 있다. 다만, 그 신청 시점까지 다른 당사자(법인인 경우에는 그 대표자), 당사자를 위하여 소송을 대리하는 자, 그 밖에 그 소송으로 인하여 영업비밀을 알게 된 자가 제1호에 규정된 준비

서면의 열람이나 증거 조사 외의 방법으로 그 영업비밀을 이미 취득하고 있는 경우에는 그러하지 아니하다.

1. 이미 제출하였거나 제출하여야 할 준비서면 또는 이미 조사하였거나 조사하여야 할 증거에 영업비밀이 포함되어 있다는 것
2. 제1호의 영업비밀이 그 소송 수행 외의 목적으로 사용되거나 공개되면 당사자의 영업에 지장을 줄 우려가 있어 이를 방지하기 위하여 영업비밀의 사용 또는 공개를 제한할 필요가 있다는 것

② 제1항에 따른 명령(이하 "비밀유지명령"이라 한다)의 신청은 다음 각 호의 사항을 적은 서면으로 하여야 한다.

1. 비밀유지명령을 받을 자
2. 비밀유지명령의 대상이 될 영업비밀을 특정하기에 충분한 사실
3. 제1항 각 호의 사유에 해당하는 사실

③ 법원은 비밀유지명령이 결정된 경우에는 그 결정서를 비밀유지명령을 받은 자에게 송달하여야 한다.

④ 비밀유지명령은 제3항의 결정서가 비밀유지명령을 받은 자에게 송달된 때부터 효력이 발생한다.

⑤ 비밀유지명령의 신청을 기각 또는 각하한 재판에 대하여는 즉시항고를 할 수 있다.

**제218조【비밀유지명령의 취소】** ① 비밀유지명령을 신청한 자 또는 비밀유지명령을 받은 자는 제217조제1항에 따른 요건을 갖추지 못하였거나 갖추지 못하게 된 경우 소송기록을 보관하고 있는 법원(소송기록을 보관하고 있는 법원이 없는 경우에는 비밀유지명령을 내린 법원)에 비밀유지명령의 취소를 신청할 수 있다.

② 법원은 비밀유지명령의 취소 신청에 대한 재판이 있는 경우에는 그 결정서를 그 신청을 한 자 및 상대방에게 송달하여야 한다.

③ 비밀유지명령의 취소 신청에 대한 재판에 대하여는 즉시항고를 할 수 있다.

④ 비밀유지명령을 취소하는 재판은 확정되어야 그 효력이 발생한다.

⑤ 비밀유지명령을 취소하는 재판을 한 법원은 비밀유지명령의 취소 신청을 한 자 또는 상대방 외에 해당 영업비밀에 관한 비밀유지명령을 받은 자가 있는 경우에는 그 자에게 즉시 비밀유지명령의 취소 재판을 한 사실을 알려야 한다.

**제219조【소송기록 열람 등의 청구 통지 등】** ① 비밀유지명령이 내려진 소송(모든 비밀유지명령이 취소된 소송은 제외한다)에 관한 소송기록에 대하여 「민사소송법」 제163조제1항의 결정이 있었던 경우에 당사자가 같은 항에서 규정하는 비밀 기재 부분의 열람 등의 청구를 하였으나 그 청구절차를 해당 소송에서 비밀유지명령을 받지 아니한 자가 밟았을 때에는 법원서기관, 법원사무관, 법원주사 또는 법원주사보(이하 이 조에서 "법원사무관등"이라 한다)는 「민사소송법」 제163조제1항의 신청을 한 당사자(그 열람 등의 청구를 한 자는 제외한다. 이하 제3항에서 같다)에게 그 청구 직후에 그 열람 등의 청구가 있었다는 사실을 알려야 한다.

② 제1항의 경우에 법원사무관등은 제1항의 청구가 있었던 날부터 2주일이 지날 때까지(그 청구절차를 밟은 자에 대한 비밀유지명령신청이 그 기간 내에 이루어진 경우에는 그 신청에 대한 재판이 확정되는 시점까지) 그 청구절차를 밟은 자에게 제1항의 비밀 기재 부분의 열람 등을 하게 하여서는 아니 된다.

③ 제2항은 제1항의 열람 등의 청구를 한 자에게 제1항의 비밀 기재 부분의 열람 등을 하게 하는 것에 대하여 「민사소송법」 제163조제1항의 신청을 한 당사자 모두의 동의가 있는 경우에는 적용되지 아니한다.

## 제11장 벌 칙

**제220조【침해죄】** ① 디자인권 또는 전용실시권을 침해한 자는 7년 이하의 징역 또는 1억원 이하의 벌금에 처한다.
② 제1항의 죄는 피해자가 명시한 의사에 반하여 공소를 제기할 수 없다.
(2022.6.10 본항개정)

**제221조【위증죄】** ① 이 법에 따라 선서한 증인, 감정인 또는 통역인이 특허심판원에 대하여 거짓의 진술·감정 또는 통역을 한 경우에는 5년 이하의 징역 또는 5천만원 이하의 벌금에 처한다.(2017.3.21 본항개정)
② 제1항에 따른 죄를 범한 자가 그 사건의 디자인등록여부결정, 디자인일부심사등록 이의신청에 대한 결정 또는 심결이 확정되기 전에 자수한 경우에는 그 형을 감경하거나 면제할 수 있다.

**제222조【허위표시의 죄】** 제215조를 위반한 자는 3년 이하의 징역 또는 3천만원 이하의 벌금에 처한다.
(2017.3.21 본조개정)

**제223조【거짓행위의 죄】** 거짓이나 그 밖의 부정한 행위로써 디자인등록 또는 심결을 받은 자는 3년 이하의 징역 또는 3천만원 이하의 벌금에 처한다.(2017.3.21 본조개정)

**제224조【비밀유지명령위반죄】** ① 국내외에서 정당한 사유 없이 제217조제1항에 따른 비밀유지명령을 위반한 자는 5년 이하의 징역 또는 5천만원 이하의 벌금에 처한다.
② 제1항의 죄는 비밀유지명령을 신청한 자의 고소가 없으면 공소를 제기할 수 없다.

**제225조【비밀누설죄 등】** ① 특허청 또는 특허심판원 직원이나 그 직원으로 재직하였던 사람이 디자인등록출원 중인 디자인(헤이그협정 제11조에 따라 연기 신청된 국제디자인등록출원 중인 디자인을 포함한다)에 관하여 직무상 알게 된 비밀을 누설하거나 도용한 경우에는 5년 이하의 징역 또는 5천만원 이하의 벌금에 처한다.
② 특허청 또는 특허심판원 직원이나 그 직원으로 재직하였던 사람이 제43조제1항에 따른 비밀디자인에 관하여 직무상 알게 된 비밀을 누설한 경우에는 5년 이하의 징역 또는 5천만원 이하의 벌금에 처한다.
③ 제43조제4항에 따라 비밀디자인을 열람한 자(제43조제4항제4호에 해당하는 자는 제외한다)가 같은 조 제5항을 위반하여 열람한 내용을 무단으로 촬영·복사 등의 방법으로 취득하거나 알게 된 내용을 누설하는 경우에는 2년 이하의 징역 또는 2천만원 이하의 벌금에 처한다.
④ 제185조제1항에 따라 비밀사본을 열람한 자가 같은 조 제2항을 위반하여 열람한 내용을 무단으로 촬영·복사 등의 방법으로 취득하거나 알게 된 내용을 누설·도용하는 경우에는 2년 이하의 징역 또는 2천만원 이하의 벌금에 처한다.

**제226조【전문기관 등의 임직원에 대한 공무원 의제】** 제59조제1항에 따른 전문기관의 임직원이나 임직원으로 재직하였던 사람은 제225조를 적용할 때에 특허청 직원 또는 그 직원으로 재직하였던 사람으로 본다.(2024.2.6 본조개정)

**제227조【양벌규정】** 법인의 대표자나 법인 또는 개인의 대리인, 사용인, 그 밖의 종업원이 그 법인 또는 개인의 업무에 관하여 제220조제1항, 제222조 또는 제223조의 어느 하나에 해당하는 위반행위를 하면 그 행위자를 벌하는 외에 그 법인에는 다음 각 호의 구분에 따른 벌금형을, 그 개인에게는 해당 조문의 벌금형을 과(科)한다. 다만,

법인 또는 개인이 그 위반행위를 방지하기 위하여 해당 업무에 관하여 상당한 주의와 감독을 게을리하지 아니한 경우에는 그러하지 아니하다.
1. 제220조제1항의 경우 : 3억원 이하의 벌금
2. 제222조 또는 제223조의 경우 : 6천만원 이하의 벌금

**제228조【몰수 등】** ① 제220조제1항에 해당하는 침해행위를 조성한 물건 또는 그 침해행위로부터 생긴 물건은 몰수하거나 피해자의 청구에 의하여 피해자에게 교부할 것을 선고하여야 한다.
② 피해자는 제1항에 따른 물건을 받은 경우에는 그 물건의 가액을 초과하는 손해액에 대하여만 배상을 청구할 수 있다.

**제229조【과태료】** ① 다음 각 호의 어느 하나에 해당하는 자에게는 50만원 이하의 과태료를 부과한다.
1. 제145조에 따라 준용되는 「민사소송법」 제299조제2항 및 제367조에 따라 선서를 한 자로서 특허심판원에 대하여 거짓 진술을 한 자
2. 특허심판원으로부터 증거조사 또는 증거보전에 관하여 서류나 그 밖의 물건 제출 또는 제시의 명령을 받은 자로서 정당한 이유 없이 그 명령에 따르지 아니한 자
3. 특허심판원으로부터 증인, 감정인 또는 통역인으로 출석요구된 사람으로서 정당한 이유 없이 출석요구에 응하지 아니하거나 선서·진술·증언·감정 또는 통역을 거부한 자

② 제1항에 따른 과태료는 대통령령으로 정하는 바에 따라 특허청장이 부과·징수한다.

부 칙

**제1조【시행일】** 이 법은 2014년 7월 1일부터 시행한다. 다만, 제4조의 개정규정 및 부칙 제11조는 2013년 7월 1일부터 시행하고, 제9장(제173조부터 제205조까지)의 개정규정은 헤이그협정이 대한민국에 대하여 그 효력을 발생하는 날부터 시행한다.
<2014.7.1 발효>

**제2조【일반적 적용례】** 이 법은 이 법 시행 후 출원한 디자인등록출원부터 적용한다.

**제3조【확대된 선출원의 예외에 관한 적용례】** 제33조제3항 단서의 개정규정은 이 법 시행 후 출원한 디자인등록출원부터 적용한다.

**제4조【관련디자인 등록출원에 관한 적용례】** ① 제35조제1항의 개정규정은 이 법 시행 전의 등록디자인 또는 디자인등록출원과만 유사한 디자인으로서 이 법 시행 후 1년 이내에 관련디자인으로 디자인등록출원된 것에 대하여도 적용한다.
② 제35조제3항의 개정규정은 이 법 시행 전에 전용실시권이 설정된 디자인권의 디자인과만 유사한 디자인으로서 이 법 시행 후 관련디자인으로 디자인등록출원된 것에 대하여도 적용한다.

**제5조【심판청구에 따른 보정에 관한 적용례】** 제48조제4항제3호의 개정규정은 이 법 시행 전에 출원된 디자인등록출원에 대하여 이 법 시행 후에 디자인등록거절결정을 받은 것에 대하여도 적용한다.

**제6조【복수디자인등록출원의 보정각하 결정에 따른 심사중지에 관한 적용례】** 제49조제3항의 개정규정은 이 법 시행 전에 출원된 복수디자인등록출원으로서 이 법 시행 후 그 일부 디자인에 대하여 보정각하 결정을 한 것에 대하여도 적용한다.

**제7조【직권보정에 관한 적용례】** 제66조의 개정규정은 이 법 시행 전에 출원된 디자인등록출원으로서 이 법 시행 후에 디자인등록결정을 하는 때에도 적용한다.

**제8조 【복수디자인에 대한 디자인일부심사등록 이의신청에 관한 적용례】** 제68조제1항의 개정규정은 이 법 시행 후 출원한 디자인등록출원부터 적용한다.

**제9조 【등록료의 추가납부 및 반환 등에 관한 적용례】** 제84조제1항 및 제87조제1항제3호의 개정규정은 이 법 시행 후 출원된 디자인등록출원에 대한 것부터 적용한다.

**제10조 【디자인권의 존속기간에 관한 적용례】** 제91조의 개정규정은 이 법 시행 후 출원되어 디자인등록된 디자인권부터 적용한다.

**제11조 【복수등록디자인의 포기에 관한 적용례】** 제105조의 개정규정은 이 법 시행 전에 복수디자인등록된 디자인권에 대하여도 적용한다.

**제12조 【디자인등록무효심판에 관한 적용례】** 제121조제1항의 개정규정은 이 법 시행 후 출원한 디자인등록출원부터 적용한다.

**제13조 【권리범위 확인심판에 관한 적용례】** 제122조의 개정규정은 이 법 시행 후 출원한 디자인등록출원부터 적용한다.

**제14조 【금치산자 등에 대한 경과조치】** 제4조제1항의 개정규정에 따른 피성년후견인 및 피한정후견인에는 법률 제10429호 민법 일부개정법률 부칙 제2조에 따라 금치산 또는 한정치산 선고의 효력이 유지되는 자를 포함하는 것으로 본다.

**제15조 【유사디자인에 관한 경과조치】** 이 법 시행 당시 종전의 규정에 따라 유사디자인으로 등록출원되거나 등록된 디자인에 대하여는 관련디자인에 관한 제35조, 제37조, 제49조, 제54조, 제62조, 제91조, 제92조, 제96조, 제97조 및 제121조의 개정규정에도 불구하고 종전의 규정에 따른다.

**제16조 【종전 법률의 개정에 따른 포기·거절결정된 출원의 선출원 불인정에 관한 경과조치】** 2007년 7월 1일 전에 디자인등록출원을 한 후 그 출원을 포기하거나 그 출원에 대하여 거절결정 또는 거절한다는 취지의 심결이 확정되는 것에 대하여는 종전의 규정(법률 제8187호 디자인보호법 일부개정법률로 개정되기 전의 법 제16조제3항을 말한다)에 따른다.

**제17조 【종전 법률의 개정에 따른 거절결정된 출원의 디자인공보 게재에 관한 경과조치】** 2007년 7월 1일 전에 디자인등록출원을 한 후 그 출원에 대하여 거절결정 또는 거절한다는 취지의 심결이 확정되는 것에 대하여는 법률 제8187호 디자인보호법 일부개정법률 제23조의6(이 법 제56조의 개정규정에 해당한다)을 적용하지 아니한다.

**제18조 【종전 법률의 개정에 따른 선출원에 따른 통상실시권에 관한 경과조치】** 2007년 7월 1일 전에 출원한 디자인등록출원에 대하여는 선출원에 따른 통상실시권의 요건을 갖춘 경우라도 법률 제8187호 디자인보호법 일부개정법률 제50조의2(이 법 제101조의 개정규정에 해당한다)를 적용하지 아니한다.

**제19조 【다른 법률의 개정】** ①~③
※(해당 법령에 가제정리 하였음)

**제20조 【다른 법령과의 관계】** 이 법 시행 당시 다른 법령에서 종전의 「디자인보호법」의 규정을 인용하고 있는 경우에 이 법 가운데 그에 해당하는 규정이 있으면 종전의 규정을 갈음하여 이 법의 해당 규정을 인용한 것으로 본다.

### 부 칙 (2014.1.21)

이 법은 공포한 날부터 시행한다. 다만, 법률 제11848호 디자인보호법 전부개정법률 제86조제2항의 개정규정은 2014년 7월 1일부터 시행한다.

### 부 칙 (2016.1.27)

**제1조 【시행일】** 이 법은 공포 후 3개월이 경과한 날부터 시행한다.

**제2조【디자인권의 회복신청에 관한 적용례】** 제84조제3항의 개정규정은 이 법 시행 후 최초로 디자인권의 회복을 신청한 경우부터 적용한다.

**제3조【종전의「국민기초생활 보장법」제5조에 따른 수급권자의 디자인등록출원에 관한 경과조치】** 이 법 시행 전에 한 디자인등록출원에 관하여는 제86조제2항의 개정규정에도 불구하고 종전의 규정에 따른다.

**제4조【등록료의 반환에 관한 적용례】** 제87조제1항제2호의 개정규정은 이 법 시행 후 최초로 디자인권을 포기한 경우부터 적용한다.

**제5조【보정각하결정, 디자인등록거절결정 또는 디자인등록취소결정이 취소된 경우의 적용례】** 제87조제1항제4호의 개정규정은 이 법 시행 후 최초로 보정각하결정, 디자인등록거절결정 또는 디자인등록취소결정이 취소된 심판청구(재심청구를 포함한다. 이하 부칙에서 같다)부터 적용한다.

**제6조【심판청구가 결정으로 각하된 경우의 적용례】** 제87조제1항제5호의 개정규정은 이 법 시행 후 최초로 각하결정이 확정된 심판청구부터 적용한다.

**제7조【참가신청을 취하한 경우의 적용례】** 제87조제1항제6호의 개정규정은 이 법 시행 후 최초로 취하한 참가신청부터 적용한다.

**제8조【참가신청이 결정으로 거부된 경우의 적용례】** 제87조제1항제7호의 개정규정은 이 법 시행 후 최초로 결정으로 거부된 참가신청부터 적용한다.

**제9조【심판청구를 취하한 경우의 적용례】** 제87조제1항제8호의 개정규정은 이 법 시행 후 최초로 취하한 심판청구부터 적용한다.

부 칙 (2016.2.29)

**제1조【시행일】** 이 법은 공포한 날부터 시행한다.

**제2조【절차의 추후 보완에 관한 경과조치】** 이 법 시행 당시 종전의 규정에 따라 절차를 추후 보완할 수 있는 기간이 이미 경과된 경우에는 제19조의 개정규정에도 불구하고 종전의 규정에 따른다.

부 칙 (2017.3.21)

**제1조【시행일】** 이 법은 공포 후 6개월이 경과한 날부터 시행한다.

**제2조【일반적 적용례】** 제36조, 제48조제4항 및 제51조제4항의 개정규정은 이 법 시행 이후 출원한 디자인등록출원부터 적용한다.

부 칙 (2018.4.17)

이 법은 공포 후 6개월이 경과한 날부터 시행한다. 다만, 제28조제2항제1호 및 제2호의 개정규정은 공포한 날부터 시행한다.

부 칙 (2019.1.8)

이 법은 공포 후 6개월이 경과한 날부터 시행한다.

부 칙 (2020.10.20)

**제1조【시행일】** 이 법은 공포한 날부터 시행한다.

**제2조【디자인권 또는 전용실시권 침해소송에 관한 적용례】** 제115조제7항 및 제8항의 개정규정은 이 법 시행 후 발생한 위반행위부터 적용한다.

부 칙 (2020.12.22)

**제1조【시행일】** 이 법은 공포 후 6개월이 경과한 날부터 시행한다.

**제2조【손해액의 추정에 관한 적용례】** 제115조의 개정규정은 이 법 시행 후 최초로 손해배상이 청구된 경우부터 적용한다.

부 칙 (2021.4.20)

**제1조【시행일】** 이 법은 공포 후 6개월이 경과한 날부터 시행한다.

**제2조【일반적 적용례】** 이 법은 이 법 시행 이후 출원한 디자인등록출원부터 적용한다.

부 칙 (2021.8.17)

**제1조【시행일】** 이 법은 공포 후 3개월이 경과한 날부터 시행한다. 다만, 제86조 및 제87조의 개정규정은 공포 후 6개월이 경과한 날부터 시행한다.

**제2조【등록료 및 수수료 감면에 관한 적용례】** ① 제86조의 개정규정 중 등록료 감면에 관한 부분은 같은 개정규정 시행 이후 제65조에 따른 디자인등록결정 또는 제157조제1항에 따른 디자인등록거절결정 취소심결(디자인등록을 결정한 심결에 한정하되, 재심심결을 포함한다)의 등본을 송달받은 디자인등록출원부터 적용한다.

② 제86조의 개정규정 중 수수료 감면에 관한 부분은 같은 개정규정 시행 이후 출원하는 디자인등록출원부터 적용한다.

**제3조【등록료 및 수수료의 반환에 관한 적용례】** 제87조제1항제3호의 개정규정은 같은 개정규정 시행 이후 취하 또는 포기한 디자인등록출원부터 적용한다.

**제4조【심판사건의 조정위원회 회부에 관한 적용례】** 제152조의2의 개정규정은 이 법 시행 당시 심판이 진행 중인 사건에도 적용한다.

**제5조【감면액 징수 등에 관한 경과조치】** 제86조제3항의 개정규정 시행 전에 거짓이나 그 밖의 부정한 방법으로 등록료 또는 수수료를 감면받은 자에 대해서는 같은 개정규정에도 불구하고 종전의 규정에 따른다.

부 칙 (2021.10.19)

**제1조【시행일】** 이 법은 공포 후 6개월이 경과한 날부터 시행한다.

**제2조【절차의 무효에 관한 적용례】** 제18조제2항의 개정규정은 이 법 시행 전에 보정명령을 받은 자가 정당한 사유로 보정기간을 지키지 못하여 디자인에 관한 절차가 무효로 된 경우로서 이 법 시행 당시 그 사유가 소멸한 날부터 2개월이 지나지 아니한 경우에 대해서도 적용한다.

**제3조【출원의 보정에 관한 적용례】** 제48조제4항의 개정규정은 이 법 시행 전에 디자인등록거절결정등본을 송달받은 경우로서 이 법 시행 당시 제64조제1항에 따른 재심사 청구기간이 끝나지 아니한 경우에 대해서도 적용한다.

**제4조【보정각하에 관한 적용례】** 제49조제2항의 개정규정은 이 법 시행 이후 보정각하결정의 등본을 송달받은 디자인등록출원(복수디자인등록출원된 일부 디자인에 대하여 각하결정을 한 경우에는 그 일부 디자인을 말한다)부터 적용한다.

**제5조【출원의 분할에 관한 적용례】** 제50조제4항 및 제5항의 개정규정은 이 법 시행 이후 출원한 분할출원부터 적용한다.

**제6조【디자인등록결정 이후의 직권 재심사 등에 관한 적용례】** 제63조제1항 및 제66조의2의 개정규정은 이 법 시행 이후 출원한 디자인등록출원부터 적용한다.

**제7조【재심사의 청구에 관한 적용례】** 제64조제1항의 개정규정은 이 법 시행 이후 제62조에 따른 디자인등록거

절결정의 등본을 송달받은 디자인등록출원부터 적용한다.

**제8조【등록료의 추가납부 또는 보전에 의한 디자인등록출원과 디자인권의 회복 등에 관한 적용례】** 제84조제1항의 개정규정은 이 법 시행 전에 출원인 등이 정당한 사유로 등록료 납부기간 내에 등록료를 내지 아니하거나 보전기간 내에 보전하지 아니한 경우로서 이 법 시행 당시 그 사유가 소멸한 날부터 2개월이 지나지 아니한 경우에 대해서도 적용한다.

**제9조【질권행사 등으로 인한 디자인권의 이전에 따른 통상실시권에 관한 적용례】** 제110조의 개정규정은 이 법 시행 이후 공유인 디자인권의 분할을 청구한 경우부터 적용한다.

**제10조【청산절차가 진행 중인 법인의 디자인권 소멸에 관한 적용례】** 제111조제2항의 개정규정은 이 법 시행 이후 청산종결등기가 된 법인의 디자인권부터 적용한다.

**제11조【보정각하결정에 대한 심판에 관한 적용례】** 제119조의 개정규정은 이 법 시행 이후 보정각하결정의 등본을 송달받은 디자인등록출원부터 적용한다.

**제12조【디자인등록거절결정 또는 디자인등록취소결정에 대한 심판에 관한 적용례】** 제120조의 개정규정은 이 법 시행 이후 거절결정등본을 송달받은 디자인등록출원 또는 등록취소결정의 등본을 송달받은 등록디자인부터 적용한다.

부　칙 (2022.2.3)

**제1조【시행일】** 이 법은 공포한 날부터 시행한다.

**제2조【심판청구서 등의 각하에 관한 적용례】** 제128조제2항의 개정규정은 이 법 시행 이후 청구되는 심판부터 적용한다.

**제3조【보정각하결정 등에 대한 심판의 청구기간 연장 청구에 관한 경과조치】** 이 법 시행 전에 종전의 제17조제1항 본문에 따라 특허심판원장에게 보정각하결정, 디자인등록거절결정 또는 디자인등록취소결정에 대한 심판의 청구기간 연장을 청구한 자는 제17조제1항 본문의 개정규정에 따라 특허청장에게 청구한 것으로 본다.

부　칙 (2022.6.10)

**제1조【시행일】** 이 법은 공포한 날부터 시행한다.

**제2조【소송에 관한 적용례】** 제220조제2항의 개정규정은 이 법 시행 이후의 범행부터 적용한다.

부　칙 (2022.10.18)

**제1조【시행일】** 이 법은 공포한 날부터 시행한다.

**제2조【등록료 및 수수료의 반환에 관한 적용례】** 제87조제3항의 개정규정은 이 법 시행 당시 종전의 규정에 따른 반환청구 기간이 경과하지 아니한 등록료와 수수료에 대하여도 적용한다.

부　칙 (2023.6.20)

**제1조【시행일】** 이 법은 공포 후 6개월이 경과한 날부터 시행한다.

**제2조【관련디자인 등에 관한 적용례】** 제35조제1항 본문 및 제62조제3항의 개정규정은 이 법 시행 이후 관련디자인으로 출원한 디자인등록출원부터 적용하되, 이 법 시행 당시 종전의 규정에 따라 관련디자인으로 디자인등록을 받을 수 있는 기간이 이미 경과된 경우에는 같은 개정규정에도 불구하고 종전의 규정에 따른다.

**제3조【신규성 상실의 예외 등에 관한 적용례】** 제36조 및 제50조제2항의 개정규정은 이 법 시행 이후 출원한 디자인등록출원부터 적용한다.

**제4조【조약에 따른 우선권 주장 등에 관한 적용례】** 제50조제4항·제5항, 제51조제5항·제6항, 제51조의2 및 제51조의3의 개정규정은 이 법 시행 이후 출원한 디자인등록출원부터 적용한다.

**제5조【직권보정 등에 관한 적용례】** 제66조제1항 및 제6항의 개정규정은 이 법 시행 이후 심사관이 한 직권보정부터 적용한다.

부 칙 (2023.9.14)

**제1조【시행일】** 이 법은 공포 후 6개월이 경과한 날부터 시행한다.

**제2조【참고인 의견서의 제출에 관한 적용례】** 제142조의2의 개정규정은 이 법 시행 당시 특허심판원에 계속 중인 심판사건에 대하여도 적용한다.

부 칙 (2024.2.6)

**제1조【시행일】** 이 법은 공포 후 6개월이 경과한 날부터 시행한다.(이하 생략)

부 칙 (2025.1.21)

**제1조【시행일】** 이 법은 공포 후 6개월이 경과한 날부터 시행한다.

**제2조【손해배상책임에 관한 적용례】** 제115조제7항의 개정규정은 이 법 시행 이후 발생하는 위반행위부터 적용한다.

# 부정경쟁방지 및 영업비밀보호에 관한 법률

(1986년 12월 31일 전개법률 제3897호)

개정
1991.12.31법 4478호
1997.12.13법 5454호(정부부처명)
1998.12.31법 5621호
1999. 2. 5법 5814호(표시·광고의공정화에관한법)
2001. 2. 3법 6421호 2004. 1.20법 7095호
2004.12.31법 7289호(디자인보호)
2007.12.21법 8767호 2008.12.26법 9225호
2009. 3.25법 9537호 2009.12.30법 9895호
2011. 6.30법10810호 2011.12. 2법11112호
2013. 7.30법11963호 2015. 1.28법13081호
2016. 1.27법13844호
2016. 2.29법14033호(상표)
2017. 1.17법14530호
2017. 7.26법14839호(정부조직)
2018. 4.17법15580호 2019. 1. 8법16204호
2020.10.20법17529호 2020.12.22법17727호
2021.12. 7법18548호 2023. 3.28법19289호
2024. 2.20법20321호

2025. 5.27법20963호→2026년 5월 28일 시행이므로 추후 수록



## 제1장 총 칙

(2007.12.21 본장개정)

**제1조【목적】** 이 법은 국내에 널리 알려진 타인의 상표·상호(商號) 등을 부정하게 사용하는 등의 부정경쟁행위와 타인의 영업비밀을 침해하는 행위를 방지하여 건전한 거래질서를 유지함을 목적으로 한다.

**제2조【정의】** 이 법에서 사용하는 용어의 뜻은 다음과 같다.

1. "부정경쟁행위"란 다음 각 목의 어느 하나에 해당하는 행위를 말한다.
   가. 다음의 어느 하나에 해당하는 정당한 사유 없이 국내에 널리 인식

된 타인의 성명, 상호, 상표, 상품의 용기·포장, 그 밖에 타인의 상품임을 표시한 표지(標識)(이하 이 목에서 "타인의 상품표지"라 한다)와 동일하거나 유사한 것을 사용하거나 이러한 것을 사용한 상품을 판매·반포(頒布) 또는 수입·수출하여 타인의 상품과 혼동하게 하는 행위(2023.3.28 본문개정)

1) 타인의 상품표지가 국내에 널리 인식되기 전부터 그 타인의 상품표지와 동일하거나 유사한 표지를 부정한 목적 없이 계속 사용하는 경우(2023.3.28 신설)
2) 1)에 해당하는 자의 승계인으로서 부정한 목적 없이 계속 사용하는 경우(2023.3.28 신설)

나. 다음의 어느 하나에 해당하는 정당한 사유 없이 국내에 널리 인식된 타인의 성명, 상호, 표장(標章), 그 밖에 타인의 영업임을 표시하는 표지(상품 판매·서비스 제공방법 또는 간판·외관·실내장식 등 영업제공 장소의 전체적인 외관을 포함하며, 이하 이 목에서 "타인의 영업표지"라 한다)와 동일하거나 유사한 것을 사용하여 타인의 영업상의 시설 또는 활동과 혼동하게 하는 행위(2023.3.28 본문개정)

1) 타인의 영업표지가 국내에 널리 인식되기 전부터 그 타인의 영업표지와 동일하거나 유사한 표지를 부정한 목적 없이 계속 사용하는 경우(2023.3.28 신설)
2) 1)에 해당하는 자의 승계인으로서 부정한 목적 없이 계속 사용하는 경우(2023.3.28 신설)

다. 가목 또는 나목의 혼동하게 하는 행위 외에 다음의 어느 하나에 해당하는 정당한 사유 없이 국내에 널리 인식된 타인의 성명, 상호, 상표, 상품의 용기·포장, 그 밖에 타인의 상품 또는 영업임을 표시한 표지(타인의 영업임을 표시하는 표지에 관하여는 상품 판매·서비스 제공방법 또는 간판·외관·실내장식 등 영업제공 장소의 전체적인 외관을 포함한다. 이하 이 목에서 같다)와 동일하거나 유사한 것을 사용하거나 이러한 것을 사용한 상품을 판매·반포 또는 수입·수출하여 타인의 표지의 식별력이나 명성을 손상하는 행위(2023.3.28 본문개정)

1) 타인의 성명, 상호, 상표, 상품의 용기·포장, 그 밖에 타인의 상품 또는 영업임을 표시한 표지가 국내에 널리 인식되기 전부터 그 타인의 표지와 동일하거나 유사한 표지를 부정한 목적 없이 계속 사용하는 경우(2023.3.28 신설)
2) 1)에 해당하는 자의 승계인으로서 부정한 목적 없이 계속 사용하는 경우(2023.3.28 신설)
3) 그 밖에 비상업적 사용 등 대통령령으로 정하는 정당한 사유에 해당하는 경우(2023.3.28 신설)

라. 상품이나 그 광고에 의하여 또는 공중이 알 수 있는 방법으로 거래상의 서류 또는 통신에 거짓의 원산지의 표지를 하거나 이러한 표지를 한 상품을 판매·반포 또는 수입·수출하여 원산지를 오인(誤認)하게 하는 행위

마. 상품이나 그 광고에 의하여 또는 공중이 알 수 있는 방법으로 거래상의 서류 또는 통신에 그 상품이 생산·제조 또는 가공된 지역 외의 곳에서 생산 또는 가공된 듯이 오인하게 하는 표지를 하거나 이러한 표지를 한 상품을 판매·반포 또는 수입·수출하는 행위

바. 타인의 상품을 사칭(詐稱)하거나 상품 또는 그 광고에 상품의 품질, 내용, 제조방법, 용도 또는 수량을

오인하게 하는 선전 또는 표지를 하거나 이러한 방법이나 표지로써 상품을 판매·반포 또는 수입·수출하는 행위

사. 다음의 어느 하나의 나라에 등록된 상표 또는 이와 유사한 상표에 관한 권리를 가진 자의 대리인이나 대표자 또는 그 행위일 전 1년 이내에 대리인이나 대표자이었던 자가 정당한 사유 없이 해당 상표를 그 상표의 지정상품과 동일하거나 유사한 상품에 사용하거나 그 상표를 사용한 상품을 판매·반포 또는 수입·수출하는 행위 (2011.12.2 본문개정)

(1) 「공업소유권의 보호를 위한 파리협약」(이하 "파리 협약"이라 한다) 당사국

(2) 세계무역기구 회원국

(3) 「상표법 조약」의 체약국(締約國)

아. 정당한 권원이 없는 자가 다음의 어느 하나의 목적으로 국내에 널리 인식된 타인의 성명, 상호, 상표, 그 밖의 표지와 동일하거나 유사한 도메인이름을 등록·보유·이전 또는 사용하는 행위

(1) 상표 등 표지에 대하여 정당한 권원이 있는 자 또는 제3자에게 판매하거나 대여할 목적

(2) 정당한 권원이 있는 자의 도메인이름의 등록 및 사용을 방해할 목적

(3) 그 밖에 상업적 이익을 얻을 목적

자. 타인이 제작한 상품의 형태(형상·모양·색채·광택 또는 이들을 결합한 것을 말하며, 시제품 또는 상품소개서상의 형태를 포함한다. 이하 같다)를 모방한 상품을 양도·대여 또는 이를 위한 전시를 하거나 수입·수출하는 행위. 다만, 다음의 어느 하나에 해당하는 행위는 제외한다.

(1) 상품의 시제품 제작 등 상품의 형태가 갖추어진 날부터 3년이 지난 상품의 형태를 모방한 상품을 양도·대여 또는 이를 위한 전시를 하거나 수입·수출 하는 행위

(2) 타인이 제작한 상품과 동종의 상품(동종의 상품이 없는 경우에는 그 상품과 기능 및 효용이 동일하거나 유사한 상품을 말한다)이 통상적으로 가지는 형태를 모방한 상품을 양도·대여 또는 이를 위한 전시를 하거나 수입·수출하는 행위

차. 사업제안, 입찰, 공모 등 거래교섭 또는 거래과정에서 경제적 가치를 가지는 타인의 기술적 또는 영업상의 아이디어가 포함된 정보를 그 제공목적에 위반하여 자신 또는 제3자의 영업상 이익을 위하여 부정하게 사용하거나 타인에게 제공하여 사용하게 하는 행위. 다만, 아이디어를 제공받은 자가 제공받을 당시 이미 그 아이디어를 알고 있었거나 그 아이디어가 동종 업계에서 널리 알려진 경우에는 그러하지 아니하다.(2018.4.17 본목신설)

카. 데이터〔「데이터 산업진흥 및 이용촉진에 관한 기본법」 제2조제1호에 따른 데이터 중 업(業)으로서 특정인 또는 특정 다수에게 제공되는 것으로, 전자적 방법으로 상당량 축적·관리되는 기술상 또는 영업상의 정보(제2호에 따른 영업비밀은 제외한다)를 말한다. 이하 같다〕를 부정하게 사용하는 행위로서 다음의 어느 하나에 해당하는 행위(2024.2.20 본문개정)

1) 접근권한이 없는 자가 절취·기망·부정접속 또는 그 밖의 부정한 수단으로 데이터를 취득하거나 그 취득한 데이터를 사용·공개하는 행위

2) 데이터 보유자와의 계약관계 등에 따라 데이터에 접근권한이 있는 자가 부정한 이익을 얻거나 데이터 보유자에게 손해를 입힐 목적으로 그 데이터를 사용·공개하거나 제3자에게 제공하는 행위

3) 1) 또는 2)가 개입된 사실을 알고 데이터를 취득하거나 그 취득한 데이터를 사용·공개하는 행위

4) 정당한 권한 없이 데이터의 보호를 위하여 적용한 기술적 보호조치를 회피·제거 또는 변경(이하 "무력화"라 한다)하는 것을 주된 목적으로 하는 기술·서비스·장치 또는 그 장치의 부품을 제공·수입·수출·제조·양도·대여 또는 전송하거나 이를 양도·대여하기 위하여 전시하는 행위. 다만, 기술적 보호조치의 연구·개발을 위하여 기술적 보호조치를 무력화하는 장치 또는 그 부품을 제조하는 경우에는 그러하지 아니하다.

(2021.12.7 본목신설)

타. 국내에 널리 인식되고 경제적 가치를 가지는 타인의 성명, 초상, 음성, 서명 등 그 타인을 식별할 수 있는 표지를 공정한 상거래 관행이나 경쟁질서에 반하는 방법으로 자신의 영업을 위하여 무단으로 사용함으로써 타인의 경제적 이익을 침해하는 행위(2021.12.7 본목신설)

파. 그 밖에 타인의 상당한 투자나 노력으로 만들어진 성과 등을 공정한 상거래 관행이나 경쟁질서에 반하는 방법으로 자신의 영업을 위하여 무단으로 사용함으로써 타인의 경제적 이익을 침해하는 행위

(2013.7.30 본목신설)

2. "영업비밀"이란 공공연히 알려져 있지 아니하고 독립된 경제적 가치를 가지는 것으로서, 비밀로 관리된 생산방법, 판매방법, 그 밖에 영업활동에 유용한 기술상 또는 경영상의 정보를 말한다.(2019.1.8 본호개정)

3. "영업비밀 침해행위"란 다음 각 목의 어느 하나에 해당하는 행위를 말한다.

가. 절취(竊取), 기망(欺罔), 협박, 그 밖의 부정한 수단으로 영업비밀을 취득하는 행위(이하 "부정취득행위"라 한다) 또는 그 취득한 영업비밀을 사용하거나 공개(비밀을 유지하면서 특정인에게 알리는 것을 포함한다. 이하 같다)하는 행위

나. 영업비밀에 대하여 부정취득행위가 개입된 사실을 알거나 중대한 과실로 알지 못하고 그 영업비밀을 취득하는 행위 또는 그 취득한 영업비밀을 사용하거나 공개하는 행위

다. 영업비밀을 취득한 후에 그 영업비밀에 대하여 부정취득행위가 개입된 사실을 알거나 중대한 과실로 알지 못하고 그 영업비밀을 사용하거나 공개하는 행위

라. 계약관계 등에 따라 영업비밀을 비밀로서 유지하여야 할 의무가 있는 자가 부정한 이익을 얻거나 그 영업비밀의 보유자에게 손해를 입힐 목적으로 그 영업비밀을 사용하거나 공개하는 행위

마. 영업비밀이 라목에 따라 공개된 사실 또는 그러한 공개행위가 개입된 사실을 알거나 중대한 과실로 알지 못하고 그 영업비밀을 취득하는 행위 또는 그 취득한 영업비밀을 사용하거나 공개하는 행위

바. 영업비밀을 취득한 후에 그 영업비밀이 라목에 따라 공개된 사실 또는 그러한 공개행위가 개입된 사실을 알거나 중대한 과실로 알지 못하고 그 영업비밀을 사용하거나 공개하는 행위

4. "도메인이름"이란 인터넷상의 숫자로 된 주소에 해당하는 숫자·문자·기호 또는 이들의 결합을 말한다.

**제2조의2【기본계획의 수립】** ① 특허청장은 부정경쟁방지 및 영업비밀보호(이하 "부정경쟁방지등"이라 한다)를 위하여 5년마다 관계 중앙행정기관의 장과 협의를 거쳐 부정경쟁방지등에 관한 기본계획(이하 "기본계획"이라 한다)을 세워야 한다.

② 기본계획에는 다음 각 호의 사항이 포함되어야 한다.

1. 부정경쟁방지등을 위한 기본목표 및 추진방향
2. 이전의 부정경쟁방지등에 관한 기본계획의 분석평가
3. 부정경쟁방지등과 관련된 국내외 여건 변화 및 전망
4. 부정경쟁방지등과 관련된 분쟁현황 및 대응
5. 부정경쟁방지등과 관련된 제도 및 법령의 개선
6. 부정경쟁방지등과 관련된 국가·지방자치단체 및 민간의 협력사항
7. 부정경쟁방지등과 관련된 국제협력
8. 그 밖에 부정경쟁방지등을 위하여 필요한 사항

③ 특허청장은 기본계획을 세우기 위하여 필요하다고 인정하는 경우에는 관계 중앙행정기관의 장에게 필요한 자료의 제출을 요청할 수 있다. 이 경우 자료의 제출을 요청받은 관계 중앙행정기관의 장은 특별한 사정이 없으면 요청에 따라야 한다.

④ 특허청장은 기본계획을 관계 중앙행정기관의 장과 특별시장·광역시장·특별자치시장·도지사·특별자치도지사(이하 "시·도지사"라 한다)에게 알려야 한다.

(2020.10.20 본조신설)

**제2조의3【시행계획의 수립 등】** ① 특허청장은 기본계획을 실천하기 위한 세부계획(이하 "시행계획"이라 한다)을 매년 수립·시행하여야 한다.

② 특허청장은 시행계획의 수립·시행과 관련하여 필요한 경우 국가기관, 지방자치단체, 「공공기관의 운영에 관한 법률」에 따른 공공기관, 그 밖에 법률에 따라 설립된 특수법인 등 관련 기관의 장에게 협조를 요청할 수 있다.

(2020.10.20 본조신설)

**제2조의4【실태조사】** ① 특허청장은 기본계획 및 시행계획의 수립·시행을 위한 기초자료를 확보하기 위하여 실태조사를 매년 실시하여야 한다. 다만, 특허청장이 필요하다고 인정하는 경우에는 수시로 실태조사를 할 수 있다.

② 특허청장은 관계 중앙행정기관의 장과 「기술의 이전 및 사업화 촉진에 관한 법률」에 따른 공공연구기관의 장에게 제1항에 따른 실태조사에 필요한 자료의 제출을 요청할 수 있다. 이 경우 자료 제출을 요청받은 기관의 장은 기업의 경영·영업상 비밀의 유지 등 대통령령으로 정하는 특별한 사유가 있는 경우를 제외하고는 이에 협조하여야 한다.

③ 제1항에 따른 실태조사를 하는 경우 실태조사에서의 구체적인 자료 작성의 범위 등에 관하여는 대통령령으로 정한다.

(2020.10.20 본조신설)

**제2조의5【부정경쟁방지 및 영업비밀보호 사업】** 특허청장은 부정경쟁행위의 방지 및 영업비밀보호를 위하여 연구·교육·홍보 등 기반구축, 부정경쟁방지를 위한 정보관리시스템 구축 및 운영, 그 밖에 대통령령으로 정하는 사업을 할 수 있다.(2020.10.20 본조개정)

## 제2장 부정경쟁행위의 금지 등
(2007.12.21 본장개정)

**제3조【국기·국장 등의 사용 금지】** ① 파리협약 당사국, 세계무역기구 회

원국 또는 「상표법 조약」 체약국의 국기·국장(國章), 그 밖의 휘장이나 국제기구의 표지와 동일하거나 유사한 것은 상표로 사용할 수 없다. 다만, 해당 국가 또는 국제기구의 허락을 받은 경우에는 그러하지 아니하다.

② 파리협약 당사국, 세계무역기구 회원국 또는 「상표법 조약」 체약국 정부의 감독용 또는 증명용 표지와 동일하거나 유사한 것은 상표로 사용할 수 없다. 다만, 해당 정부의 허락을 받은 경우에는 그러하지 아니하다.

**제3조의2 【자유무역협정에 따라 보호하는 지리적 표시의 사용금지 등】** ① 정당한 권원이 없는 자는 대한민국이 외국과 양자간(兩者間) 또는 다자간(多者間)으로 체결하여 발효된 자유무역협정에 따라 보호하는 지리적 표시(이하 이 조에서 "지리적 표시"라 한다)에 대하여는 제2조제1호라목 및 마목의 부정경쟁행위 이외에도 지리적 표시에 나타난 장소를 원산지로 하지 아니하는 상품(지리적 표시를 사용하는 상품과 동일하거나 동일하다고 인식되는 상품으로 한정한다)에 관하여 다음 각 호의 행위를 할 수 없다.

1. 진정한 원산지 표시 이외에 별도로 지리적 표시를 사용하는 행위
2. 지리적 표시를 번역 또는 음역하여 사용하는 행위
3. "종류", "유형", "양식" 또는 "모조품" 등의 표현을 수반하여 지리적 표시를 사용하는 행위

② 정당한 권원이 없는 자는 다음 각 호의 행위를 할 수 없다.

1. 제1항 각 호에 해당하는 방식으로 지리적 표시를 사용한 상품을 양도·인도 또는 이를 위하여 전시하거나 수입·수출하는 행위
2. 제2조제1호라목 또는 마목에 해당하는 방식으로 지리적 표시를 사용한 상품을 인도하거나 이를 위하여 전시하는 행위

③ 제1항 각 호에 해당하는 방식으로 상표를 사용하는 자로서 다음 각 호의 요건을 모두 갖춘 자는 제1항에도 불구하고 해당 상표를 그 사용하는 상품에 계속 사용할 수 있다.

1. 국내에서 지리적 표시의 보호개시일 이전부터 해당 상표를 사용하고 있을 것
2. 제1호에 따라 상표를 사용한 결과 해당 지리적 표시의 보호개시일에 국내 수요자 간에 그 상표가 특정인의 상품을 표시하는 것이라고 인식되어 있을 것

(2011.6.30 본조신설)

**제3조의3 【오인·혼동방지청구】** 제2조제1호가목 또는 나목의 타인은 다음 각 호의 어느 하나에 해당하는 자에게 그의 상품 또는 영업과 자기의 상품 또는 영업 간에 출처의 오인이나 혼동을 방지하는 데 필요한 표시를 할 것을 청구할 수 있다.

1. 제2조제1호가목1) 또는 2)에 해당하는 자
2. 제2조제1호나목1) 또는 2)에 해당하는 자

(2023.3.28 본조신설)

**제4조 【부정경쟁행위 등의 금지청구권 등】** ① 부정경쟁행위나 제3조의2제1항 또는 제2항을 위반하는 행위로 자신의 영업상의 이익이 침해되거나 침해될 우려가 있는 자는 부정경쟁행위나 제3조의2제1항 또는 제2항을 위반하는 행위를 하거나 하려는 자에 대하여 법원에 그 행위의 금지 또는 예방을 청구할 수 있다.(2011.6.30 본항개정)

② 제1항에 따른 청구를 할 때에는 다음 각 호의 조치를 함께 청구할 수 있다.

1. 부정경쟁행위나 제3조의2제1항 또는 제2항을 위반하는 행위를 조성한 물건의 폐기(2011.6.30 본호개정)
2. 부정경쟁행위나 제3조의2제1항 또는 제2항을 위반하는 행위에 제공된 설비의 제거(2011.6.30 본호개정)

3. 부정경쟁행위나 제3조의2제1항 또는 제2항을 위반하는 행위의 대상이 된 도메인이름의 등록말소
(2011.6.30 본호개정)
4. 그 밖에 부정경쟁행위나 제3조의2제1항 또는 제2항을 위반하는 행위의 금지 또는 예방을 위하여 필요한 조치(2011.6.30 본호개정)

③ 제1항에 따라 제2조제1호차목의 부정경쟁행위의 금지 또는 예방을 청구할 수 있는 권리는 그 부정경쟁행위가 계속되는 경우에 영업상의 이익이 침해되거나 침해될 우려가 있는 자가 그 부정경쟁행위에 의하여 영업상의 이익이 침해되거나 침해될 우려가 있다는 사실 및 그 부정경쟁행위를 한 자를 안 날부터 3년간 행사하지 아니하면 시효의 완성으로 소멸한다. 그 부정경쟁행위가 시작된 날부터 10년이 지난 때에도 또한 같다.(2023.3.28 본항신설)
(2011.6.30 본조제목개정)

**제5조【부정경쟁행위 등에 대한 손해배상책임】** 고의 또는 과실에 의한 부정경쟁행위나 제3조의2제1항 또는 제2항을 위반한 행위(제2조제1호다목의 경우에는 고의에 의한 부정경쟁행위만을 말한다)로 타인의 영업상 이익을 침해하여 손해를 입힌 자는 그 손해를 배상할 책임을 진다.(2011.6.30 본조개정)

**제6조【부정경쟁행위 등으로 실추된 신용의 회복】** 법원은 고의 또는 과실에 의한 부정경쟁행위나 제3조의2제1항 또는 제2항을 위반한 행위(제2조제1호다목의 경우에는 고의에 의한 부정경쟁행위만을 말한다)로 타인의 영업상의 신용을 실추시킨 자에게는 부정경쟁행위나 제3조의2제1항 또는 제2항을 위반한 행위로 인하여 자신의 영업상의 이익이 침해된 자의 청구에 의하여 제5조에 따른 손해배상을 갈음하거나 손해배상과 함께 영업상의 신용을 회복하는 데에 필요한 조치를 명할 수 있다.(2011.6.30 본조개정)

**제7조【부정경쟁행위 등의 조사 등】** ① 특허청장, 시·도지사 또는 시장·군수·구청장(자치구의 구청장을 말한다. 이하 같다)은 제2조제1호(아목과 파목은 제외한다)의 부정경쟁행위나 제3조, 제3조의2제1항 또는 제2항을 위반한 행위를 확인하기 위하여 필요한 경우로서 다른 방법으로는 그 행위 여부를 확인하기 곤란한 경우에는 관계 공무원에게 영업시설 또는 제조시설에 출입하여 관계 자료나 제품 등을 조사하게 하거나 조사에 필요한 최소분량의 제품을 수거하여 검사하게 할 수 있다.(2023.3.28 본항개정)

② 특허청장, 시·도지사 또는 시장·군수·구청장이 제1항에 따른 조사를 할 때에는 「행정조사기본법」 제15조에 따라 그 조사가 중복되지 아니하도록 하여야 한다.(2011.6.30 본항신설)

③ 특허청장, 시·도지사 또는 시장·군수·구청장은 제1항에 따른 조사 진행 중에 조사대상자에 대하여 조사대상과 동일한 사안으로 「발명진흥법」 제43조에 따른 분쟁의 조정(이하 "분쟁조정"이라 한다)이 계속 중인 사실을 알게 된 경우, 양 당사자의 의사를 고려하여 그 조사를 중지할 수 있다.
(2020.10.20 본항신설)

④ 특허청장, 시·도지사 또는 시장·군수·구청장은 분쟁조정이 성립된 경우에는 그 조사를 종결할 수 있다.
(2020.10.20 본항신설)

⑤ 제1항에 따라 조사 등을 하는 공무원은 그 권한을 표시하는 증표를 지니고 이를 관계인에게 내보여야 한다.

⑥ 그 밖에 부정경쟁행위 등의 조사절차 등에 관하여 필요한 사항은 대통령령으로 정한다.(2020.10.20 본항신설)
(2011.6.30 본조제목개정)

**제7조의2【자료열람요구 등】** ① 제7조에 따른 조사의 양 당사자 또는 대리인 등 대통령령으로 정하는 자는 특허청장, 시·도지사 또는 시장·군수·

구청장에게 제7조에 따른 조사와 관련된 자료의 열람 또는 복사를 요구할 수 있다. 이 경우 특허청장, 시·도지사 또는 시장·군수·구청장은 다음 각 호의 어느 하나에 해당하는 자료를 제외하고는 이에 따라야 한다.
1. 제2조제2호에 따른 영업비밀
2. 그 밖에 다른 법률에 따른 비공개자료
② 제1항에 따른 열람 또는 복사의 절차, 방법 및 그 밖에 필요한 사항은 대통령령으로 정한다.
(2024.2.20 본조신설)

**제8조【위반행위의 시정권고 등】** ① 특허청장은 제2조제1호(아목과 파목은 제외한다)의 부정경쟁행위나 제3조, 제3조의2제1항 또는 제2항을 위반한 행위가 있다고 인정되면 그 위반행위를 한 자에게 30일 이내의 기간을 정하여 위반행위의 중지, 표지 등의 제거나 수정, 향후 재발 방지, 그 밖에 시정에 필요한 사항을 권고하거나 시정을 명할 수 있다.(2024.2.20 본항신설)
② 특허청장은 위반행위를 한 자가 제1항에 따른 시정권고나 시정명령을 이행하지 아니한 때에는 위반행위의 내용 및 시정권고나 시정명령 사실 등을 공표할 수 있다.
③ 제1항에 따른 시정권고나 시정명령 및 제2항에 따른 공표의 절차 및 방법 등에 관하여 필요한 사항은 대통령령으로 정한다.
④ 시·도지사 또는 시장·군수·구청장은 제2조제1호(아목과 파목은 제외한다)의 부정경쟁행위나 제3조, 제3조의2제1항 또는 제2항을 위반한 행위가 있다고 인정되면 그 위반행위를 한 자에게 30일 이내의 기간을 정하여 위반행위의 중지, 표지 등의 제거나 수정, 향후 재발 방지, 그 밖에 시정에 필요한 권고를 할 수 있으며, 위반행위를 한 자가 시정권고를 이행하지 아니한 때에는 위반행위의 내용 및 시정권고 사실 등을 공표할 수 있다. 이 경우 시정권고 또는 공표의 절차 및 방법 등에 관하여는 제3항을 준용한다.
⑤ 시·도지사 또는 시장·군수·구청장은 위반행위를 한 자가 제4항에 따른 시정권고를 이행하지 아니한 때에는 특허청장에게 제1항에 따른 시정명령을 하여줄 것을 요청할 수 있다.
(2024.2.20 본항신설)
(2024.2.20 본조개정)

**제9조【의견청취】** 특허청장, 시·도지사 또는 시장·군수·구청장은 제8조에 따른 시정권고, 시정명령 및 공표를 하기 위하여 필요하다고 인정하면 대통령령으로 정하는 바에 따라 당사자·이해관계인 또는 참고인의 의견을 들어야 한다.(2024.2.20 본조개정)

## 제3장 영업비밀의 보호
(2007.12.21 본장개정)

**제9조의2【영업비밀 원본 증명】** ① 영업비밀 보유자는 영업비밀이 포함된 전자문서의 원본 여부를 증명받기 위하여 제9조의3에 따른 영업비밀 원본증명기관에 그 전자문서로부터 추출된 고유의 식별값〔이하 "전자지문"(電子指紋)이라 한다〕을 등록할 수 있다.
② 제9조의3에 따른 영업비밀 원본증명기관은 제1항에 따라 등록된 전자지문과 영업비밀 보유자가 보관하고 있는 전자문서로부터 추출된 전자지문이 같은 경우에는 그 전자문서가 전자지문으로 등록된 원본임을 증명하는 증명서(이하 "원본증명서"라 한다)를 발급할 수 있다.
③ 제2항에 따라 원본증명서를 발급받은 자는 제1항에 따른 전자지문의 등록 당시에 해당 전자문서의 기재 내용대로 정보를 보유한 것으로 추정한다.
(2015.1.28 본항신설)
(2013.7.30 본조신설)

**제9조의3【원본증명기관의 지정 등】** ① 특허청장은 전자지문을 이용하여 영업비밀이 포함된 전자문서의 원본

여부를 증명하는 업무(이하 "원본증명업무"라 한다)에 관하여 전문성이 있는 자를 중소벤처기업부장관과 협의하여 영업비밀 원본증명기관(이하 "원본증명기관"이라 한다)으로 지정할 수 있다.(2017.7.26 본항개정)

② 원본증명기관으로 지정을 받으려는 자는 대통령령으로 정하는 전문인력과 설비 등의 요건을 갖추어 특허청장에게 지정을 신청하여야 한다.

③ 특허청장은 원본증명기관에 대하여 원본증명업무를 수행하는 데 필요한 비용의 전부 또는 일부를 보조할 수 있다.

④ 원본증명기관은 원본증명업무의 안전성과 신뢰성을 확보하기 위하여 다음 각 호에 관하여 대통령령으로 정하는 사항을 지켜야 한다.

1. 전자지문의 추출·등록 및 보관
2. 영업비밀 원본 증명 및 원본증명서의 발급
3. 원본증명업무에 필요한 전문인력의 관리 및 설비의 보호
4. 그 밖에 원본증명업무의 운영·관리 등

⑤ 원본증명기관 지정의 기준 및 절차에 필요한 사항은 대통령령으로 정한다.

(2013.7.30 본조신설)

**제9조의4【원본증명기관에 대한 시정명령 등】** ① 특허청장은 원본증명기관이 다음 각 호의 어느 하나에 해당하는 경우에는 6개월 이내의 기간을 정하여 그 시정을 명할 수 있다.

1. 원본증명기관으로 지정을 받은 후 제9조의3제2항에 따른 요건에 맞지 아니하게 된 경우
2. 제9조의3제4항에 따라 대통령령으로 정하는 사항을 지키지 아니한 경우

② 특허청장은 원본증명기관이 제9조의3제3항에 따른 보조금을 다른 목적으로 사용한 경우에는 기간을 정하여 그 반환을 명하여야 한다.(2023.3.28 본항개정)

③ 특허청장은 원본증명기관이 다음 각 호의 어느 하나에 해당하는 경우에는 그 지정을 취소하거나 6개월 이내의 기간을 정하여 원본증명업무의 전부 또는 일부의 정지를 명할 수 있다. 다만, 제1호 또는 제2호에 해당하는 경우에는 그 지정을 취소하여야 한다.

1. 거짓이나 그 밖의 부정한 방법으로 지정을 받은 경우
2. 원본증명업무의 전부 또는 일부의 정지명령을 받은 자가 그 명령을 위반하여 원본증명업무를 한 경우
3. 정당한 이유 없이 원본증명기관으로 지정받은 날부터 6개월 이내에 원본증명업무를 시작하지 아니하거나 6개월 이상 계속하여 원본증명업무를 중단한 경우
4. 제1항에 따른 시정명령을 정당한 이유 없이 이행하지 아니한 경우
5. 제2항에 따른 보조금 반환명령을 이행하지 아니한 경우

④ 제3항에 따라 지정이 취소된 원본증명기관은 지정이 취소된 날부터 3개월 이내에 등록된 전자지문이나 그 밖에 전자지문의 등록에 관한 기록 등 원본증명업무에 관한 기록을 특허청장이 지정하는 다른 원본증명기관에 인계하여야 한다. 다만, 다른 원본증명기관이 인수를 거부하는 등 부득이한 사유로 원본증명업무에 관한 기록을 인계할 수 없는 경우에는 그 사실을 특허청장에게 지체 없이 알려야 한다.

⑤ 특허청장은 제3항에 따라 지정이 취소된 원본증명기관이 제4항을 위반하여 원본증명업무에 관한 기록을 인계하지 아니하거나 그 기록을 인계할 수 없는 사실을 알리지 아니한 경우에는 6개월 이내의 기간을 정하여 그 시정을 명할 수 있다.

⑥ 제3항에 따른 처분의 세부 기준 및 절차, 제4항에 따른 인계·인수에 필요한 사항은 대통령령으로 정한다.

(2013.7.30 본조신설)

**제9조의5【과징금】** ① 특허청장은 제9조의4제3항에 따라 업무정지를 명하여야 하는 경우로서 그 업무정지가 원

본증명기관을 이용하는 자에게 심한 불편을 주거나 공익을 해칠 우려가 있는 경우에는 업무정지명령을 갈음하여 1억원 이하의 과징금을 부과할 수 있다.
② 특허청장은 제1항에 따라 과징금 부과처분을 받은 자가 기한 내에 과징금을 납부하지 아니하는 경우에는 국세 체납처분의 예에 따라 징수한다.
③ 제1항에 따라 과징금을 부과하는 위반행위의 종류·정도 등에 따른 과징금의 금액 및 산정방법, 그 밖에 필요한 사항은 대통령령으로 정한다.
(2013.7.30 본조신설)

**제9조의6【청문】** 특허청장은 제9조의4제3항에 따라 지정을 취소하거나 업무정지를 명하려면 청문을 하여야 한다.(2013.7.30 본조신설)

**제9조의7【비밀유지 등】** ① 누구든지 원본증명기관에 등록된 전자지문이나 그 밖의 관련 정보를 없애거나 훼손·변경·위조 또는 유출하여서는 아니 된다.
② 원본증명기관의 임직원이거나 임직원이었던 사람은 직무상 알게 된 비밀을 누설하여서는 아니 된다.
(2013.7.30 본조신설)

**제9조의8【영업비밀 훼손 등의 금지】** 누구든지 정당한 권한 없이 또는 허용된 권한을 넘어 타인의 영업비밀을 훼손·멸실·변경하여서는 아니 된다.
(2024.2.20 본조신설)

**제10조【영업비밀 침해행위에 대한 금지청구권 등】** ① 영업비밀의 보유자는 영업비밀 침해행위를 하거나 하려는 자에 대하여 그 행위에 의하여 영업상의 이익이 침해되거나 침해될 우려가 있는 경우에는 법원에 그 행위의 금지 또는 예방을 청구할 수 있다.
② 영업비밀 보유자가 제1항에 따른 청구를 할 때에는 침해행위를 조성한 물건의 폐기, 침해행위에 제공된 설비의 제거, 그 밖에 침해행위의 금지 또는 예방을 위하여 필요한 조치를 함께 청구할 수 있다.

**제11조【영업비밀 침해에 대한 손해배상책임】** 고의 또는 과실에 의한 영업비밀 침해행위로 영업비밀 보유자의 영업상 이익을 침해하여 손해를 입힌 자는 그 손해를 배상할 책임을 진다.

**제12조【영업비밀 보유자의 신용회복】** 법원은 고의 또는 과실에 의한 영업비밀 침해행위로 영업비밀 보유자의 영업상의 신용을 실추시킨 자에게는 영업비밀 보유자의 청구에 의하여 제11조에 따른 손해배상을 갈음하거나 손해배상과 함께 영업상의 신용을 회복하는 데에 필요한 조치를 명할 수 있다.

**제13조【영업비밀 침해 선의자에 관한 특례】** ① 거래에 의하여 영업비밀을 정당하게 취득한 자가 그 거래에 의하여 허용된 범위에서 그 영업비밀을 사용하거나 공개하는 행위에 대하여는 제10조부터 제12조까지의 규정을 적용하지 아니한다.
② 제1항에서 "영업비밀을 정당하게 취득한 자"란 제2조제3호다목 또는 바목에서 영업비밀을 취득할 당시에 그 영업비밀이 부정하게 공개된 사실 또는 영업비밀의 부정취득행위나 부정공개행위가 개입된 사실을 중대한 과실 없이 알지 못하고 그 영업비밀을 취득한 자를 말한다.
(2023.3.28 본조제목개정)

**제14조【영업비밀 침해행위 금지청구권 등에 관한 시효】** 제10조제1항에 따라 영업비밀 침해행위의 금지 또는 예방을 청구할 수 있는 권리는 영업비밀 침해행위가 계속되는 경우에 영업비밀 보유자가 그 침해행위에 의하여 영업상의 이익이 침해되거나 침해될 우려가 있다는 사실 및 침해행위자를 안 날부터 3년간 행사하지 아니하면 시효(時效)로 소멸한다. 그 침해행위가 시작된 날부터 10년이 지난 때에도 또한 같다.
(2023.3.28 본조제목개정)

## 제4장 보 칙
(2007.12.21 본장개정)

**제14조의2 【손해액의 추정 등】** ① 부정경쟁행위, 제3조의2제1항이나 제2항을 위반한 행위 또는 영업비밀 침해행위로 영업상의 이익을 침해당한 자가 제5조 또는 제11조에 따른 손해배상을 청구하는 경우 영업상의 이익을 침해한 자가 그 부정경쟁행위, 제3조의2제1항이나 제2항을 위반한 행위 또는 영업비밀 침해행위(이하 이 항에서 "부정경쟁행위등침해행위"라 한다)를 하게 한 물건을 양도하였을 때에는 다음 각 호에 해당하는 금액의 합계액을 손해액으로 할 수 있다.

1. 그 물건의 양도수량(영업상의 이익을 침해당한 자가 그 부정경쟁행위등침해행위 외의 사유로 판매할 수 없었던 사정이 있는 경우에는 그 부정경쟁행위등침해행위 외의 사유로 판매할 수 없었던 수량을 뺀 수량) 중 영업상의 이익을 침해당한 자가 생산할 수 있었던 물건의 수량에서 실제 판매한 물건의 수량을 뺀 수량을 넘지 아니하는 수량에 영업상의 이익을 침해당한 자가 그 부정경쟁행위등침해행위가 없었다면 판매할 수 있었던 물건의 단위수량당 이익액을 곱한 금액
2. 그 물건의 양도수량 중 영업상의 이익을 침해당한 자가 생산할 수 있었던 물건의 수량에서 실제 판매한 물건의 수량을 뺀 수량을 넘는 수량 또는 그 부정경쟁행위등침해행위 외의 사유로 판매할 수 없었던 수량이 있는 경우 이들 수량에 대해서는 영업상의 이익을 침해당한 자가 부정경쟁행위등침해행위가 없었으면 합리적으로 받을 수 있는 금액

(2020.12.22 본항개정)

② 부정경쟁행위, 제3조의2제1항이나 제2항을 위반한 행위 또는 영업비밀 침해행위로 영업상의 이익을 침해당한 자가 제5조 또는 제11조에 따른 손해배상을 청구하는 경우 영업상의 이익을 침해한 자가 그 침해행위에 의하여 이익을 받은 것이 있으면 그 이익액을 영업상의 이익을 침해당한 자의 손해액으로 추정한다.(2011.6.30 본항개정)

③ 부정경쟁행위, 제3조의2제1항이나 제2항을 위반한 행위 또는 영업비밀 침해행위로 영업상의 이익을 침해당한 자는 제5조 또는 제11조에 따른 손해배상을 청구하는 경우 부정경쟁행위 또는 제3조의2제1항이나 제2항을 위반한 행위의 대상이 된 상품 등에 사용된 상표 등 표지의 사용 또는 영업비밀 침해행위의 대상이 된 영업비밀의 사용에 대하여 통상 받을 수 있는 금액에 상당하는 금액을 자기의 손해액으로 하여 손해배상을 청구할 수 있다.
(2011.6.30 본항개정)

④ 부정경쟁행위, 제3조의2제1항이나 제2항을 위반한 행위 또는 영업비밀 침해행위로 인한 손해액이 제3항에 따른 금액을 초과하면 그 초과액에 대하여도 손해배상을 청구할 수 있다. 이 경우 그 영업상의 이익을 침해한 자에게 고의 또는 중대한 과실이 없으면 법원은 손해배상 금액을 산정할 때 이를 고려할 수 있다.(2011.6.30 전단개정)

⑤ 법원은 부정경쟁행위, 제3조의2제1항이나 제2항을 위반한 행위 또는 영업비밀 침해행위에 관한 소송에서 손해가 발생된 것은 인정되나 그 손해액을 입증하기 위하여 필요한 사실을 입증하는 것이 해당 사실의 성질상 극히 곤란한 경우에는 제1항부터 제4항까지의 규정에도 불구하고 변론 전체의 취지와 증거조사의 결과에 기초하여 상당한 손해액을 인정할 수 있다.
(2011.6.30 본항개정)

⑥ 법원은 제2조제1호차목의 행위 및 영업비밀 침해행위가 고의적인 것으로 인정되는 경우에는 제5조 또는 제11조에도 불구하고 제1항부터 제5항까

지의 규정에 따라 손해로 인정된 금액의 5배를 넘지 아니하는 범위에서 배상액을 정할 수 있다.(2024.2.20 본항개정)

⑦ 제6항에 따른 배상액을 판단할 때에는 다음 각 호의 사항을 고려하여야 한다.

1. 침해행위를 한 자의 우월적 지위 여부
2. 고의 또는 손해 발생의 우려를 인식한 정도
3. 침해행위로 인하여 영업비밀 보유자가 입은 피해규모
4. 침해행위로 인하여 침해한 자가 얻은 경제적 이익
5. 침해행위의 기간·횟수 등
6. 침해행위에 따른 벌금
7. 침해행위를 한 자의 재산상태
8. 침해행위를 한 자의 피해구제 노력의 정도

(2019.1.8 본항신설)

**제14조의3【자료의 제출】** 법원은 부정경쟁행위, 제3조의2제1항이나 제2항을 위반한 행위 또는 영업비밀 침해행위로 인한 영업상 이익의 침해에 관한 소송에서 당사자의 신청에 의하여 상대방 당사자에 대하여 해당 침해행위로 인한 손해액을 산정하는 데에 필요한 자료의 제출을 명할 수 있다. 다만, 그 자료의 소지자가 자료의 제출을 거절할 정당한 이유가 있는 경우에는 그러하지 아니하다.(2011.6.30 본문개정)

**제14조의4【비밀유지명령】** ① 법원은 부정경쟁행위, 제3조의2제1항이나 제2항을 위반한 행위 또는 영업비밀 침해행위로 인한 영업상 이익의 침해에 관한 소송에서 그 당사자가 보유한 영업비밀에 대하여 다음 각 호의 사유를 모두 소명한 경우에는 그 당사자의 신청에 따라 결정으로 다른 당사자(법인인 경우에는 그 대표자), 당사자를 위하여 소송을 대리하는 자, 그 밖에 해당 소송으로 인하여 영업비밀을 알게 된 자에게 그 영업비밀을 해당 소송의 계속적인 수행 외의 목적으로 사용하거나 그 영업비밀에 관계된 이 항에 따른 명령을 받은 자 외의 자에게 공개하지 아니할 것을 명할 수 있다. 다만, 그 신청 시점까지 다른 당사자(법인인 경우에는 그 대표자), 당사자를 위하여 소송을 대리하는 자, 그 밖에 해당 소송으로 인하여 영업비밀을 알게 된 자가 제1호에 규정된 준비서면의 열람이나 증거 조사 외의 방법으로 그 영업비밀을 이미 취득하고 있는 경우에는 그러하지 아니하다.

1. 이미 제출하였거나 제출하여야 할 준비서면 또는 이미 조사하였거나 조사하여야 할 증거 또는 제14조의7에 따라 송부된 조사기록에 영업비밀이 포함되어 있다는 것(2024.2.20 본호개정)
2. 제1호의 영업비밀이 해당 소송 수행 외의 목적으로 사용되거나 공개되면 당사자의 영업에 지장을 줄 우려가 있어 이를 방지하기 위하여 영업비밀의 사용 또는 공개를 제한할 필요가 있다는 것

② 제1항에 따른 명령(이하 "비밀유지명령"이라 한다)의 신청은 다음 각 호의 사항을 적은 서면으로 하여야 한다.

1. 비밀유지명령을 받을 자
2. 비밀유지명령의 대상이 될 영업비밀을 특정하기에 충분한 사실
3. 제1항 각 호의 사유에 해당하는 사실

③ 법원은 비밀유지명령이 결정된 경우에는 그 결정서를 비밀유지명령을 받은 자에게 송달하여야 한다.

④ 비밀유지명령은 제3항의 결정서가 비밀유지명령을 받은 자에게 송달된 때부터 효력이 발생한다.

⑤ 비밀유지명령의 신청을 기각 또는 각하한 재판에 대하여는 즉시항고를 할 수 있다.

(2011.12.2 본조신설)

**제14조의5【비밀유지명령의 취소】** ① 비밀유지명령을 신청한 자 또는 비밀유지명령을 받은 자는 제14조의4제1항에 따른 요건을 갖추지 못하였거나 갖추지 못하게 된 경우 소송기록을 보관하고 있는 법원(소송기록을 보관하고 있는 법원이 없는 경우에는 비밀유지명령을 내린 법원)에 비밀유지명령의 취소를 신청할 수 있다.
② 법원은 비밀유지명령의 취소 신청에 대한 재판이 있는 경우에는 그 결정서를 그 신청을 한 자 및 상대방에게 송달하여야 한다.
③ 비밀유지명령의 취소 신청에 대한 재판에 대하여는 즉시항고를 할 수 있다.
④ 비밀유지명령을 취소하는 재판은 확정되어야 그 효력이 발생한다.
⑤ 비밀유지명령을 취소하는 재판을 한 법원은 비밀유지명령의 취소 신청을 한 자 또는 상대방 외에 해당 영업비밀에 관한 비밀유지명령을 받은 자가 있는 경우에는 그 자에게 즉시 비밀유지명령의 취소 재판을 한 사실을 알려야 한다.
(2011.12.2 본조신설)

**제14조의6【소송기록 열람 등의 청구 통지 등】** ① 비밀유지명령이 내려진 소송(모든 비밀유지명령이 취소된 소송은 제외한다)에 관한 소송기록에 대하여 「민사소송법」 제163조제1항의 결정이 있었던 경우, 당사자가 같은 항에서 규정하는 비밀 기재 부분의 열람 등의 청구를 하였으나 그 청구절차를 해당 소송에서 비밀유지명령을 받지 아니한 자가 밟은 경우에는 법원서기관, 법원사무관, 법원주사 또는 법원주사보(이하 이 조에서 "법원사무관등"이라 한다)는 「민사소송법」 제163조제1항의 신청을 한 당사자(그 열람 등의 청구를 한 자는 제외한다. 이하 제3항에서 같다)에게 그 청구 직후에 그 열람 등의 청구가 있었다는 사실을 알려야 한다.
② 제1항의 경우에 법원사무관등은 제1항의 청구가 있었던 날부터 2주일이 지날 때까지(그 청구절차를 행한 자에 대한 비밀유지명령신청이 그 기간 내에 행하여진 경우에는 그 신청에 대한 재판이 확정되는 시점까지) 그 청구절차를 행한 자에게 제1항의 비밀 기재 부분의 열람 등을 하게 하여서는 아니 된다.
③ 제2항은 제1항의 열람 등의 청구를 한 자에게 제1항의 비밀 기재 부분의 열람 등을 하게 하는 것에 대하여 「민사소송법」 제163조제1항의 신청을 한 당사자 모두의 동의가 있는 경우에는 적용되지 아니한다.
(2011.12.2 본조신설)

**제14조의7【기록의 송부 등】** ① 법원은 다음 각 호의 어느 하나에 해당하는 소가 제기된 경우로서 필요하다고 인정하는 때에는 특허청장, 시·도지사 또는 시장·군수·구청장에게 제7조에 따른 부정경쟁행위 등의 조사기록(사건관계인, 참고인 또는 감정인에 대한 심문조서 및 속기록 기타 재판상 증거가 되는 일체의 것을 포함한다)의 송부를 요구할 수 있다. 이 경우 조사기록의 송부를 요구받은 특허청장, 시·도지사 또는 시장·군수·구청장은 정당한 이유가 없으면 이에 따라야 한다.
1. 제4조에 따른 부정경쟁행위 등의 금지 또는 예방 청구의 소
2. 제5조에 따른 손해배상 청구의 소
② 특허청장, 시·도지사 또는 시장·군수·구청장은 제1항에 따라 법원에 조사기록을 송부하는 경우 해당 조사기록에 관한 당사자(이하 "조사기록당사자"라 한다)의 성명, 주소, 전화번호(휴대전화 번호를 포함한다), 그 밖에 법원이 제5항에 따른 고지를 하는 데 필요한 정보를 함께 제공하여야 한다.
③ 특허청장, 시·도지사 또는 시장·군수·구청장은 제1항에 따라 법원에

조사기록을 송부하였을 때에는 조사기록당사자에게 법원의 요구에 따라 조사기록을 송부한 사실 및 송부한 조사기록의 목록을 통지하여야 한다.
④ 조사기록당사자 또는 그 대리인은 제1항에 따라 송부된 조사기록에 영업비밀이 포함되어 있는 경우에는 법원에 열람 범위 또는 열람할 수 있는 사람의 지정을 신청할 수 있다. 이 경우 법원은 기록송부 요구의 목적 내에서 열람할 수 있는 범위 또는 열람할 수 있는 사람을 지정할 수 있다.
⑤ 법원은 제4항에 따라 조사기록당사자 또는 그 대리인이 열람 범위 또는 열람할 수 있는 사람의 지정을 신청하기 전에 상대방 당사자 또는 그 대리인으로부터 제1항에 따라 송부된 조사기록에 대한 열람·복사의 신청을 받은 경우에는 특허청장, 시·도지사 또는 시장·군수·구청장이 제2항에 따라 특정한 조사기록당사자에게 상대방 당사자 또는 그 대리인의 열람·복사 신청 사실 및 제4항에 따라 열람 범위 또는 열람할 수 있는 사람의 지정을 신청할 수 있음을 고지하여야 한다. 이 경우 법원은 조사기록당사자가 열람 범위 또는 열람할 수 있는 사람의 지정을 신청할 수 있는 기간을 정할 수 있다.
⑥ 법원은 제5항 후단의 기간에는 제1항에 따라 송부된 조사기록을 다른 사람이 열람·복사하게 하여서는 아니 된다.
⑦ 제5항에 따른 고지를 받은 조사기록당사자가 같은 항 후단의 기간에 제4항에 따른 신청을 하지 아니하는 경우 법원은 제5항 본문에 따른 상대방 당사자 또는 그 대리인의 열람·복사 신청을 인용할 수 있다.
⑧ 제1항, 제2항 및 제4항부터 제7항까지에 따른 절차, 방법 및 그 밖에 필요한 사항은 대법원규칙으로 정한다.
(2024.2.20 본조개정)

**제15조【다른 법률과의 관계】** ①「특허법」, 「실용신안법」, 「디자인보호법」, 「상표법」, 「농수산물 품질관리법」, 「저작권법」 또는 「개인정보 보호법」에 제2조부터 제6조까지 및 제18조제4항과 다른 규정이 있으면 그 법에 따른다.
②「독점규제 및 공정거래에 관한 법률」, 「표시·광고의 공정화에 관한 법률」, 「하도급거래 공정화에 관한 법률」 또는 「형법」 중 국기·국장에 관한 규정에 제2조제1호라목부터 바목까지, 차목부터 파목까지, 제3조, 제3조의2, 제3조의3, 제4조부터 제7조까지, 제7조의2, 제8조, 제18조제4항 및 제20조와 다른 규정이 있으면 그 법에 따른다.
(2024.2.20 본조개정)

**제16조【신고포상금 지급】** ① 특허청장은 제2조제1호가목에 따른 부정경쟁행위(「상표법」 제2조제1항제10호에 따른 등록상표에 관한 것으로 한정한다)를 한 자를 신고한 자에게 예산의 범위에서 신고포상금을 지급할 수 있다.(2016.2.29 본항개정)
② 제1항에 따른 신고포상금 지급의 기준·방법 및 절차에 필요한 사항은 대통령령으로 정한다.
(2013.7.30 본조신설)

**제17조【업무의 위탁 등】** ① (2011.6.30 삭제)
② 특허청장은 제2조의5에 따른 연구·교육·홍보 등 기반구축 및 정보관리시스템의 구축·운영에 관한 업무를 대통령령으로 정하는 산업재산권 보호 또는 부정경쟁방지 업무와 관련된 법인이나 단체(이하 이 조에서 "전문단체"라 한다)에 위탁할 수 있다.
(2020.10.20 본항개정)
③ 특허청장, 시·도지사 또는 시장·군수·구청장은 제7조나 제8조에 따른 업무를 수행하기 위하여 필요한 경우에 전문단체의 지원을 받을 수 있다.
(2011.6.30 본항개정)
④ 제3항에 따른 지원업무에 종사하는

자에 관하여는 제7조제5항을 준용한다.
(2020.10.20 본항개정)

⑤ 특허청장은 예산의 범위에서 제2항에 따른 위탁업무 및 제3항에 따른 지원업무에 사용되는 비용의 전부 또는 일부를 지원할 수 있다.(2009.3.25 본항신설)

(2011.6.30 본조제목개정)

**제17조의2** (2023.3.28 삭제)

**제17조의3【벌칙 적용에서의 공무원 의제】** 제17조제3항에 따른 지원업무에 종사하는 자는 「형법」 제127조 및 제129조부터 제132조까지의 규정에 따른 벌칙의 적용에서는 공무원으로 본다.
(2009.3.25 본조신설)

**제18조【벌칙】** ① 영업비밀을 외국에서 사용하거나 외국에서 사용될 것임을 알면서도 다음 각 호의 어느 하나에 해당하는 행위를 한 자는 15년 이하의 징역 또는 15억원 이하의 벌금에 처한다. 다만, 벌금형에 처하는 경우 위반행위로 인한 재산상 이득액의 10배에 해당하는 금액이 15억원을 초과하면 그 재산상 이득액의 2배 이상 10배 이하의 벌금에 처한다.

1. 부정한 이익을 얻거나 영업비밀 보유자에 손해를 입힐 목적으로 한 다음 각 목의 어느 하나에 해당하는 행위
   가. 영업비밀을 취득·사용하거나 제3자에게 누설하는 행위
   나. 영업비밀을 지정된 장소 밖으로 무단으로 유출하는 행위
   다. 영업비밀 보유자로부터 영업비밀을 삭제하거나 반환할 것을 요구받고도 이를 계속 보유하는 행위
2. 절취·기망·협박, 그 밖의 부정한 수단으로 영업비밀을 취득하는 행위
3. 제1호 또는 제2호에 해당하는 행위가 개입된 사실을 알면서도 그 영업비밀을 취득하거나 사용(제13조제1항에 따라 허용된 범위에서의 사용은 제외한다)하는 행위

(2019.1.8 본항개정)

② 제1항 각 호의 어느 하나에 해당하는 행위를 한 자는 10년 이하의 징역 또는 5억원 이하의 벌금에 처한다. 다만, 벌금형에 처하는 경우 위반행위로 인한 재산상 이득액의 10배에 해당하는 금액이 5억원을 초과하면 그 재산상 이득액의 2배 이상 10배 이하의 벌금에 처한다.(2019.1.8 본항개정)

③ 부정한 이익을 얻거나 영업비밀 보유자에게 손해를 입힐 목적으로 제9조의8을 위반하여 타인의 영업비밀을 훼손·멸실·변경한 자는 10년 이하의 징역 또는 5억원 이하의 벌금에 처한다.(2024.2.20 본항신설)

④ 다음 각 호의 어느 하나에 해당하는 자는 3년 이하의 징역 또는 3천만원 이하의 벌금에 처한다.

1. 제2조제1호(아목, 차목, 카목1)부터 3)까지, 타목 및 파목은 제외한다)에 따른 부정경쟁행위를 한 자
   (2021.12.7 본호개정)
2. 제3조를 위반하여 다음 각 목의 어느 하나에 해당하는 휘장 또는 표지와 동일하거나 유사한 것을 상표로 사용한 자
   가. 파리협약 당사국, 세계무역기구 회원국 또는 「상표법 조약」 체약국의 국기·국장, 그 밖의 휘장
   나. 국제기구의 표지
   다. 파리협약 당사국, 세계무역기구 회원국 또는 「상표법 조약」 체약국 정부의 감독용·증명용 표지

⑤ 다음 각 호의 어느 하나에 해당하는 자는 1년 이하의 징역 또는 1천만원 이하의 벌금에 처한다.

1. 제9조의7제1항을 위반하여 원본증명기관에 등록된 전자지문이나 그 밖의 관련 정보를 없애거나 훼손·변경·위조 또는 유출한 자
2. 제9조의7제2항을 위반하여 직무상 알게 된 비밀을 누설한 사람

(2013.7.30 본항신설)

⑥ 제1항과 제2항의 징역과 벌금은 병과(倂科)할 수 있다.

**제18조의2【미수】** 제18조제1항 및 제2항의 미수범은 처벌한다.

**제18조의3【예비 · 음모】** ① 제18조제1항의 죄를 범할 목적으로 예비 또는 음모한 자는 3년 이하의 징역 또는 3천만원 이하의 벌금에 처한다.
② 제18조제2항의 죄를 범할 목적으로 예비 또는 음모한 자는 2년 이하의 징역 또는 2천만원 이하의 벌금에 처한다.
(2019.1.8 본조개정)

**제18조의4【비밀유지명령 위반죄】** ① 국내외에서 정당한 사유 없이 제14조의4제1항에 따른 비밀유지명령을 위반한 자는 5년 이하의 징역 또는 5천만원 이하의 벌금에 처한다.
② 제1항의 죄는 비밀유지명령을 신청한 자의 고소가 없으면 공소를 제기할 수 없다.
(2011.12.2 본조신설)

**제18조의5【몰수】** 제18조제1항 각 호 또는 같은 조 제4항 각 호의 어느 하나에 해당하는 행위를 조성한 물건 또는 그 행위로부터 생긴 물건은 몰수한다.
(2024.2.20 본조신설)

**제19조【양벌규정】** 법인의 대표자나 법인 또는 개인의 대리인, 사용인, 그 밖의 종업원이 그 법인 또는 개인의 업무에 관하여 제18조제1항부터 제5항까지의 어느 하나에 해당하는 위반행위를 하면 그 행위자를 벌하는 외에 그 법인에게는 해당 조문에 규정된 벌금형의 3배 이하의 벌금형을, 그 개인에게는 해당 조문의 벌금형을 과(科)한다. 다만, 법인 또는 개인이 그 위반행위를 방지하기 위하여 해당 업무에 관하여 상당한 주의와 감독을 게을리하지 아니한 경우에는 그러하지 아니하다.
(2024.2.20 본문개정)

**제19조의2【공소시효에 관한 특례】** 제19조에 따른 행위자가 제18조제1항 또는 제2항의 적용을 받는 경우에는 제19조에 따른 법인에 대한 공소시효는 10년이 지나면 완성된다.
(2024.2.20 본조신설)

**제20조【과태료】** ① 다음 각 호의 어느 하나에 해당하는 자에게는 2천만원 이하의 과태료를 부과한다.
1. 제7조제1항에 따른 관계 공무원의 조사나 수거를 거부 · 방해 또는 기피한 자
1의2. 제8조제1항에 따른 시정명령을 정당한 사유 없이 이행하지 아니한 자(2024.2.20 본호신설)
2. 제9조의4제5항을 위반하여 시정명령을 이행하지 아니한 자
(2013.7.30 본항개정)
② 제1항에 따른 과태료는 대통령령으로 정하는 바에 따라 특허청장, 시 · 도지사 또는 시장 · 군수 · 구청장이 부과 · 징수한다.(2011.6.30 본항개정)
③～⑤ (2009.12.30 삭제)

부 칙

이 법은 1987년 1월 1일부터 시행한다

부 칙 (1991.12.31)

① **【시행일】** 이 법은 공포후 1년을 넘지 아니하는 범위내에서 대통령령이 정하는 날부터 시행한다.
② **【이 법 시행전의 영업비밀 침해행위등에 관한 경과조치】** 이 법 시행전에 행하여진 영업비밀 침해행위에 대하여는 제10조 내지 제12조 및 제18조제1항제3호의 개정규정은 이를 적용하지 아니한다. 이 법 시행전에 영업비밀을 취득한 자 또는 사용한 자가 그 영업비밀을 이 법 시행후에 사용하는 행위에 대하여도 또한 같다.

부 칙 (1998.12.31)

① **【시행일】** 이 법은 1999년 1월 1일부터 시행한다.
② **【벌칙에 관한 경과조치】** 이 법 시행전에 행하여진 영업비밀 침해행위에

대한 벌칙의 적용에 있어서는 종전의 규정에 의한다.
③ **【소멸시효에 관한 경과조치】** 이 법 시행전에 행하여진 영업비밀 침해행위에 대하여 금지 또는 예방을 청구할 수 있는 권리의 소멸시효에 관하여는 제14조의 개정규정에 불구하고 종전의 규정에 의한다.

부 칙 (2001.2.3)

① **【시행일】** 이 법은 2001년 7월 1일부터 시행한다.
② **【벌칙적용에 관한 특례】** 제2조제1호 다목 및 사목의 개정규정에 의한 부정경쟁행위를 한 자에 대하여는 2001년 12월 31일까지는 제18조제3항의 규정에 불구하고 동조동항의 벌칙을 적용하지 아니한다.

부 칙 (2004.1.20)

① **【시행일】** 이 법은 공포후 6월이 경과한 날부터 시행한다.
② **【경과조치】** 이 법 시행전에 종전의 제18조제1항 및 제2항의 규정을 위반한 자에 대하여는 종전의 규정에 의한다.

부 칙 (2007.12.21)
(2008.12.26)
(2009.3.25)

이 법은 공포한 날부터 시행한다.

부 칙 (2009.12.30)

이 법은 공포 후 3개월이 경과한 날부터 시행한다.

부 칙 (2011.6.30)

이 법은 공포 후 3개월이 경과한 날부터 시행한다. 다만, 제3조의2 및 제4조부터 제6조까지, 제7조제1항 중 "제3조의2제1항 또는 제2항" 부분, 제8조 중 "제3조의2제1항 또는 제2항" 부분, 제14조의2, 제14조의3, 제15조의 개정규정은 「대한민국과 유럽연합 및 그 회원국 간의 자유무역협정」이 발효하는 날부터 시행한다.<2011.7.1 발효>

부 칙 (2011.12.2)

이 법은 「대한민국과 미합중국 간의 자유무역협정 및 대한민국과 미합중국 간의 자유무역협정에 관한 서한교환」이 발효되는 날부터 시행한다.
<2012.3.15 발효>

부 칙 (2013.7.30)

이 법은 공포 후 6개월이 경과한 날부터 시행한다.

부 칙 (2015.1.28)

**제1조 【시행일】** 이 법은 공포한 날부터 시행한다. 다만, 제9조의2제3항의 개정규정은 공포 후 6개월이 경과한 날부터 시행한다.
**제2조 【원본증명서 발급 시 정보 보유 추정에 관한 적용례】** 제9조의2제3항의 개정규정은 같은 개정규정 시행 후 최초로 원본증명서가 발급된 경우부터 적용한다.

부 칙 (2016.1.27)

이 법은 공포한 날부터 시행한다.

부 칙 (2017.1.17)

이 법은 공포 후 6개월이 경과한 날부터 시행한다.

부 칙 (2018.4.17)

이 법은 공포 후 3개월이 경과한 날부터 시행한다.

부 칙 (2019.1.8)

**제1조【시행일】** 이 법은 공포 후 6개월이 경과한 날부터 시행한다.
**제2조【손해배상에 관한 적용례】** 제14조의2제6항 및 제7항의 개정규정은 이 법 시행 후 영업비밀 침해행위가 시작되는 경우부터 적용한다.

부 칙 (2020.10.20)

**제1조【시행일】** 이 법은 공포 후 6개월이 경과한 날부터 시행한다.
**제2조【손해배상에 관한 적용례】** 제14조의2의 개정규정은 이 법 시행 이후 제2조제1호차목에 해당하는 행위가 발생하는 경우부터 적용한다.

부 칙 (2020.12.22)

**제1조【시행일】** 이 법은 공포 후 6개월이 경과한 날부터 시행한다.
**제2조【손해액의 추정에 관한 적용례】** 제14조의2제1항의 개정규정은 이 법 시행 후 최초로 손해배상이 청구된 경우부터 적용한다.

부 칙 (2021.12.7)

**제1조【시행일】** 이 법은 2022년 4월 20일부터 시행한다. 다만, 제2조제1호타목의 개정규정 및 제15조제2항 · 제18조제3항제1호의 개정규정 중 제2조제1호타목에 관한 부분은 공포 후 6개월이 경과한 날부터 시행한다.
**제2조【다른 법률의 개정】** ※(해당 법령에 가제정리 하였음)

부 칙 (2023.3.28)

**제1조【시행일】** 이 법은 공포 후 6개월이 경과한 날부터 시행한다.
**제2조【이 법 시행 전의 부정경쟁행위에 관한 경과조치】** 제2조제1호가목 및 나목의 개정규정에도 불구하고 이 법 시행 전에 행하여진 부정경쟁행위에 대하여는 종전의 규정에 따른다.
**제3조【부정경쟁행위에 대한 금지 · 예방청구권의 시효에 관한 경과조치】** 이 법 시행 전에 행하여진 제2조제1호차목의 부정경쟁행위에 대하여 금지 또는 예방을 청구할 수 있는 권리의 시효에 관하여는 제4조제3항의 개정규정에도 불구하고 종전의 규정에 따른다.

부 칙 (2024.2.20)

**제1조【시행일】** 이 법은 공포 후 6개월이 경과한 날부터 시행한다.
**제2조【손해배상책임에 관한 적용례】** 제14조의2제6항의 개정규정은 이 법 시행 이후 발생하는 위반행위부터 적용한다.
**제3조【몰수에 관한 적용례】** 제18조의5의 개정규정은 이 법 시행 이후 발생한 범죄행위부터 적용한다.
**제4조【공소시효에 관한 경과조치】** 이 법 시행 전에 범한 죄에 대하여는 제19조의2의 개정규정에도 불구하고 종전의 규정에 따른다.

# 저작권법

(**2006년 12월 28일**
**전부개정법률 제8101호**)

개정
2008. 2.29법 8852호(정부조직)
2009. 3.25법 9529호 2009. 4.22법 9625호
2009. 7.31법 9785호(신문등의진흥에관한법)
2011. 6.30법10807호 2011.12. 2법11110호
2013. 7.16법11903호 2013.12.30법12137호
2016. 2. 3법13978호(한국수화언어법)
2016. 3.22법14083호 2016.12.20법14432호
2017. 3.21법14634호 2018.10.16법15823호
2019.11.26법16600호 2020. 2. 4법16933호
2020.12. 8법17588호
2020.12. 8법17592호(피후견인결격정비)
2021. 5.18법18162호
2021.12. 7법18547호(도서관법)
2023. 5.16법19410호(행정법제혁신을위한일부개정법령등)
2023. 8. 8법19592호(법률용어정비)
2023. 8. 8법19597호 2024. 2.27법20358호
2025. 3.25법20841호→2025년 9월 26일 시행



## 제1장 총 칙

**제1조【목적】** 이 법은 저작자의 권리와 이에 인접하는 권리를 보호하고 저작물의 공정한 이용을 도모함으로써 문화 및 관련 산업의 향상발전에 이바지함을 목적으로 한다.(2009.4.22 본조개정)

**제2조【정의】** 이 법에서 사용하는 용어의 뜻은 다음과 같다.(2009.4.22 본문개정)

1. "저작물"은 인간의 사상 또는 감정을 표현한 창작물을 말한다.
2. "저작자"는 저작물을 창작한 자를 말한다.
3. "공연"은 저작물 또는 실연(實演)·음반·방송을 상연·연주·가창·구연·낭독·상영·재생 그 밖의 방법으로 공중에게 공개하는 것을 말하며, 동일인의 점유에 속하는 연결된 장소 안에서 이루어지는 송신(전송은 제외한다)을 포함한다.
   (2023.8.8 본호개정)
4. "실연자"는 저작물을 연기·무용·연주·가창·구연·낭독 그 밖의 예능적 방법으로 표현하거나 저작물이 아닌 것을 이와 유사한 방법으로 표현하는 실연을 하는 자를 말하며, 실연을 지휘, 연출 또는 감독하는 자를 포함한다.
5. "음반"은 음(음성·음향을 말한다. 이하 같다)이 유형물에 고정된 것(음

을 디지털화한 것을 포함한다)을 말한다. 다만, 음이 영상과 함께 고정된 것은 제외한다.(2023.8.8 단서개정)

6. "음반제작자"는 음반을 최초로 제작하는 데 있어 전체적으로 기획하고 책임을 지는 자를 말한다.
(2016.3.22 본호개정)

7. "공중송신"은 저작물, 실연·음반·방송 또는 데이터베이스(이하 "저작물등"이라 한다)를 공중이 수신하거나 접근하게 할 목적으로 무선 또는 유선통신의 방법에 의하여 송신하거나 이용에 제공하는 것을 말한다.

8. "방송"은 공중송신 중 공중이 동시에 수신하게 할 목적으로 음·영상 또는 음과 영상 등을 송신하는 것을 말한다.

8의2. "암호화된 방송 신호"란 방송사업자나 방송사업자의 동의를 받은 자가 정당한 권한 없이 방송(유선 및 위성 통신의 방법에 의한 방송으로 한정한다)을 수신하는 것을 방지하거나 억제하기 위하여 전자적으로 암호화한 방송 신호를 말한다.
(2021.5.18 본호개정)

9. "방송사업자"는 방송을 업으로 하는 자를 말한다.

10. "전송(傳送)"은 공중송신 중 공중의 구성원이 개별적으로 선택한 시간과 장소에서 접근할 수 있도록 저작물등을 이용에 제공하는 것을 말하며, 그에 따라 이루어지는 송신을 포함한다.

11. "디지털음성송신"은 공중송신 중 공중으로 하여금 동시에 수신하게 할 목적으로 공중의 구성원의 요청에 의하여 개시되는 디지털 방식의 음의 송신을 말하며, 전송은 제외한다.
(2023.8.8 본호개정)

12. "디지털음성송신사업자"는 디지털음성송신을 업으로 하는 자를 말한다.

13. "영상저작물"은 연속적인 영상(음의 수반여부는 가리지 아니한다)이 수록된 창작물로서 그 영상을 기계 또는 전자장치에 의하여 재생하여 볼 수 있거나 보고 들을 수 있는 것을 말한다.

14. "영상제작자"는 영상저작물의 제작에 있어 그 전체를 기획하고 책임을 지는 자를 말한다.

15. "응용미술저작물"은 물품에 동일한 형상으로 복제될 수 있는 미술저작물로서 그 이용된 물품과 구분되어 독자성을 인정할 수 있는 것을 말하며, 디자인 등을 포함한다.

16. "컴퓨터프로그램저작물"은 특정한 결과를 얻기 위하여 컴퓨터 등 정보처리능력을 가진 장치(이하 "컴퓨터"라 한다) 내에서 직접 또는 간접으로 사용되는 일련의 지시·명령으로 표현된 창작물을 말한다.
(2009.4.22 본호개정)

17. "편집물"은 저작물이나 부호·문자·음·영상 그 밖의 형태의 자료(이하 "소재"라 한다)의 집합물을 말하며, 데이터베이스를 포함한다.

18. "편집저작물"은 편집물로서 그 소재의 선택·배열 또는 구성에 창작성이 있는 것을 말한다.

19. "데이터베이스"는 소재를 체계적으로 배열 또는 구성한 편집물로서 개별적으로 그 소재에 접근하거나 그 소재를 검색할 수 있도록 한 것을 말한다.

20. "데이터베이스제작자"는 데이터베이스의 제작 또는 그 소재의 갱신·검증 또는 보충(이하 "갱신등"이라 한다)에 인적 또는 물적으로 상당한 투자를 한 자를 말한다.

21. "공동저작물"은 2명 이상이 공동으로 창작한 저작물로서 각자의 이바지한 부분을 분리하여 이용할 수 없는 것을 말한다.(2021.5.18 본호개정)

22. "복제"는 인쇄 · 사진촬영 · 복사 · 녹음 · 녹화 그 밖의 방법으로 일시적 또는 영구적으로 유형물에 고정하거나 다시 제작하는 것을 말하며, 건축물의 경우에는 그 건축을 위한 모형 또는 설계도서에 따라 이를 시공하는 것을 포함한다.(2011.12.2 본호개정)
23. "배포"는 저작물등의 원본 또는 그 복제물을 공중에게 대가를 받거나 받지 아니하고 양도 또는 대여하는 것을 말한다.
24. "발행"은 저작물 또는 음반을 공중의 수요를 충족시키기 위하여 복제 · 배포하는 것을 말한다.
25. "공표"는 저작물을 공연, 공중송신 또는 전시 그 밖의 방법으로 공중에게 공개하는 경우와 저작물을 발행하는 경우를 말한다.
26. "저작권신탁관리업"은 저작재산권자, 배타적발행권자, 출판권자, 저작인접권자 또는 데이터베이스제작자의 권리를 가진 자를 위하여 그 권리를 신탁받아 이를 지속적으로 관리하는 업을 말하며, 저작물등의 이용과 관련하여 포괄적으로 대리하는 경우를 포함한다.(2011.12.2 본호개정)
27. "저작권대리중개업"은 저작재산권자, 배타적발행권자, 출판권자, 저작인접권자 또는 데이터베이스제작자의 권리를 가진 자를 위하여 그 권리의 이용에 관한 대리 또는 중개행위를 하는 업을 말한다.(2011.12.2 본호개정)
28. "기술적 보호조치"란 다음 각 목의 어느 하나에 해당하는 조치를 말한다.
   가. 저작권, 그 밖에 이 법에 따라 보호되는 권리의 행사와 관련하여 이 법에 따라 보호되는 저작물등에 대한 접근을 효과적으로 방지하거나 억제하기 위하여 그 권리자나 권리자의 동의를 받은 자가 적용하는 기술적 조치
   나. 저작권, 그 밖에 이 법에 따라 보호되는 권리에 대한 침해 행위를 효과적으로 방지하거나 억제하기 위하여 그 권리자나 권리자의 동의를 받은 자가 적용하는 기술적 조치
   (2011.6.30 본호개정)
29. "권리관리정보"는 다음 각 목의 어느 하나에 해당하는 정보나 그 정보를 나타내는 숫자 또는 부호로서 각 정보가 저작권, 그 밖에 이 법에 따라 보호되는 권리에 의하여 보호되는 저작물등의 원본이나 그 복제물에 붙여지거나 그 공연 · 실행 또는 공중송신에 수반되는 것을 말한다.
   (2023.8.8 본문개정)
   가. 저작물등을 식별하기 위한 정보
   나. 저작권, 그 밖에 이 법에 따라 보호되는 권리를 가진 자를 식별하기 위한 정보(2011.12.2 본목개정)
   다. 저작물등의 이용 방법 및 조건에 관한 정보
30. "온라인서비스제공자"란 다음 각 목의 어느 하나에 해당하는 자를 말한다.
   가. 이용자가 선택한 저작물등을 그 내용의 수정 없이 이용자가 지정한 지점 사이에서 정보통신망(「정보통신망 이용촉진 및 정보보호 등에 관한 법률」 제2조제1항제1호의 정보통신망을 말한다. 이하 같다)을 통하여 전달하기 위하여 송신하거나 경로를 지정하거나 연결을 제공하는 자
   나. 이용자들이 정보통신망에 접속하거나 정보통신망을 통하여 저작물등을 복제 · 전송할 수 있도록 서비스를 제공하거나 그를 위한 설비를 제공 또는 운영하는 자
   (2011.6.30 본호개정)
31. "업무상저작물"은 법인 · 단체 그 밖의 사용자(이하 "법인등"이라 한다)의 기획하에 법인등의 업무에 종

사하는 자가 업무상 작성하는 저작물을 말한다.
32. "공중"은 불특정 다수인(특정 다수인을 포함한다)을 말한다.
33. "인증"은 저작물등의 이용허락 등을 위하여 정당한 권리자임을 증명하는 것을 말한다.
34. "프로그램코드역분석"은 독립적으로 창작된 컴퓨터프로그램저작물과 다른 컴퓨터프로그램과의 호환에 필요한 정보를 얻기 위하여 컴퓨터프로그램저작물코드를 복제 또는 변환하는 것을 말한다.(2009.4.22 본호신설)
35. "라벨"이란 그 복제물이 정당한 권한에 따라 제작된 것임을 나타내기 위하여 저작물등의 유형적 복제물·포장 또는 문서에 부착·동봉 또는 첨부되거나 그러한 목적으로 고안된 표지를 말한다.
36. "영화상영관등"이란 영화상영관, 시사회장, 그 밖에 공중에게 영상저작물을 상영하는 장소로서 상영자에 의하여 입장이 통제되는 장소를 말한다.

(2011.12.2 35호~36호신설)

**제2조의2【저작권 보호에 관한 시책 수립 등】** ① 문화체육관광부장관은 이 법의 목적을 달성하기 위하여 다음 각 호의 시책을 수립·시행할 수 있다.
1. 저작권의 보호 및 저작물의 공정한 이용 환경 조성을 위한 기본 정책에 관한 사항
2. 저작권 인식 확산을 위한 교육 및 홍보에 관한 사항
3. 저작물등의 권리관리정보 및 기술적보호조치의 정책에 관한 사항

② 제1항에 따른 시책의 수립·시행에 필요한 사항은 대통령령으로 정한다.
(2009.4.22 본조신설)

**제3조【외국인의 저작물】** ① 외국인의 저작물은 대한민국이 가입 또는 체결한 조약에 따라 보호된다.
② 대한민국 내에 상시 거주하는 외국인(무국적자 및 대한민국 내에 주된 사무소가 있는 외국법인을 포함한다)의 저작물과 맨 처음 대한민국 내에서 공표된 외국인의 저작물(외국에서 공표된 날부터 30일 이내에 대한민국 내에서 공표된 저작물을 포함한다)은 이 법에 따라 보호된다.(2023.8.8 본항개정)
③ 제1항 및 제2항에 따라 보호되는 외국인(대한민국 내에 상시 거주하는 외국인 및 무국적자는 제외한다. 이하 이 조에서 같다)의 저작물이라도 그 외국에서 대한민국 국민의 저작물을 보호하지 아니하는 경우에는 그에 상응하게 조약 및 이 법에 따른 보호를 제한할 수 있다.(2011.6.30 본항개정)
④ 제1항 및 제2항에 따라 보호되는 외국인의 저작물이라도 그 외국에서 보호기간이 만료된 경우에는 이 법에 따른 보호기간을 인정하지 아니한다.
(2011.6.30 본항신설)

## 제2장 저작권

### 제1절 저작물

**제4조【저작물의 예시 등】** ① 이 법에서 말하는 저작물을 예시하면 다음과 같다.
1. 소설·시·논문·강연·연설·각본 그 밖의 어문저작물
2. 음악저작물
3. 연극 및 무용·무언극 그 밖의 연극저작물
4. 회화·서예·조각·판화·공예·응용미술저작물 그 밖의 미술저작물
5. 건축물·건축을 위한 모형 및 설계도서 그 밖의 건축저작물
6. 사진저작물(이와 유사한 방법으로 제작된 것을 포함한다)
7. 영상저작물
8. 지도·도표·설계도·약도·모형 그 밖의 도형저작물
9. 컴퓨터프로그램저작물

② (2009.4.22 삭제)

**제5조【2차적저작물】** ① 원저작물을 번역·편곡·변형·각색·영상제작 그 밖의 방법으로 작성한 창작물(이하 "2차적저작물"이라 한다)은 독자적인 저작물로서 보호된다.
② 2차적저작물의 보호는 그 원저작물의 저작자의 권리에 영향을 미치지 아니한다.

**제6조【편집저작물】** ① 편집저작물은 독자적인 저작물로서 보호된다.
② 편집저작물의 보호는 그 편집저작물의 구성부분이 되는 소재의 저작권 그 밖에 이 법에 따라 보호되는 권리에 영향을 미치지 아니한다.

**제7조【보호받지 못하는 저작물】** 다음 각 호의 어느 하나에 해당하는 것은 이 법에 의한 보호를 받지 못한다.
1. 헌법·법률·조약·명령·조례 및 규칙
2. 국가 또는 지방자치단체의 고시·공고·훈령 그 밖에 이와 유사한 것
3. 법원의 판결·결정·명령 및 심판이나 행정심판절차 그 밖에 이와 유사한 절차에 의한 의결·결정 등
4. 국가 또는 지방자치단체가 작성한 것으로서 제1호부터 제3호까지에 규정된 것의 편집물 또는 번역물 (2023.8.8 본호개정)
5. 사실의 전달에 불과한 시사보도

## 제2절 저작자

**제8조【저작자 등의 추정】** ① 다음 각 호의 어느 하나에 해당하는 자는 저작자로서 그 저작물에 대한 저작권을 가지는 것으로 추정한다.(2011.6.30 본문개정)
1. 저작물의 원본이나 그 복제물에 저작자로서의 실명 또는 이명(예명·아호·약칭 등을 말한다. 이하 같다)으로서 널리 알려진 것이 일반적인 방법으로 표시된 자
2. 저작물을 공연 또는 공중송신하는 경우에 저작자로서의 실명 또는 저작자의 널리 알려진 이명으로서 표시된 자

② 제1항 각 호의 어느 하나에 해당하는 저작자의 표시가 없는 저작물의 경우에는 발행자·공연자 또는 공표자로 표시된 자가 저작권을 가지는 것으로 추정한다.(2009.4.22 본항개정)

**제9조【업무상저작물의 저작자】** 법인등의 명의로 공표되는 업무상저작물의 저작자는 계약 또는 근무규칙 등에 다른 정함이 없는 때에는 그 법인등이 된다. 다만, 컴퓨터프로그램저작물(이하 "프로그램"이라 한다)의 경우 공표될 것을 요하지 아니한다.(2009.4.22 단서신설)

**제10조【저작권】** ① 저작자는 제11조부터 제13조까지에 따른 권리(이하 "저작인격권"이라 한다)와 제16조부터 제22조까지에 따른 권리(이하 "저작재산권"이라 한다)를 가진다.(2023.8.8 본항개정)
② 저작권은 저작물을 창작한 때부터 발생하며 어떠한 절차나 형식의 이행을 필요로 하지 아니한다.

## 제3절 저작인격권

**제11조【공표권】** ① 저작자는 그의 저작물을 공표하거나 공표하지 아니할 것을 결정할 권리를 가진다.
② 저작자가 공표되지 아니한 저작물의 저작재산권을 제45조에 따른 양도, 제46조에 따른 이용허락, 제57조에 따른 배타적발행권의 설정 또는 제63조에 따른 출판권의 설정을 한 경우에는 그 상대방에게 저작물의 공표를 동의한 것으로 추정한다.(2011.12.2 본항개정)
③ 저작자가 공표되지 아니한 미술저작물·건축저작물 또는 사진저작물(이하 "미술저작물등"이라 한다)의 원본을 양도한 경우에는 그 상대방에게 저

작물의 원본의 전시방식에 의한 공표를 동의한 것으로 추정한다.

④ 원저작자의 동의를 얻어 작성된 2차적저작물 또는 편집저작물이 공표된 경우에는 그 원저작물도 공표된 것으로 본다.

⑤ 공표하지 아니한 저작물을 저작자가 제31조의 도서관등에 기증한 경우 별도의 의사를 표시하지 아니하면 기증한 때에 공표에 동의한 것으로 추정한다.(2023.8.8 본항개정)

**제12조【성명표시권】** ① 저작자는 저작물의 원본이나 그 복제물에 또는 저작물의 공표 매체에 그의 실명 또는 이명을 표시할 권리를 가진다.

② 저작물을 이용하는 자는 그 저작자의 특별한 의사표시가 없는 때에는 저작자가 그의 실명 또는 이명을 표시한 바에 따라 이를 표시하여야 한다. 다만, 저작물의 성질이나 그 이용의 목적 및 형태 등에 비추어 부득이하다고 인정되는 경우에는 그러하지 아니하다.

**제13조【동일성유지권】** ① 저작자는 그의 저작물의 내용·형식 및 제호의 동일성을 유지할 권리를 가진다.

② 저작자는 다음 각 호의 어느 하나에 해당하는 변경에 대하여는 이의(異議)할 수 없다. 다만, 본질적인 내용의 변경은 그러하지 아니하다.

1. 제25조의 규정에 따라 저작물을 이용하는 경우에 학교교육 목적을 위하여 부득이하다고 인정되는 범위 안에서의 표현의 변경(2023.8.8 본호개정)
2. 건축물의 증축·개축 그 밖의 변형
3. 특정한 컴퓨터 외에는 이용할 수 없는 프로그램을 다른 컴퓨터에 이용할 수 있도록 하기 위하여 필요한 범위에서의 변경(2009.4.22 본호신설)
4. 프로그램을 특정한 컴퓨터에 보다 효과적으로 이용할 수 있도록 하기 위하여 필요한 범위에서의 변경(2009.4.22 본호신설)
5. 그 밖에 저작물의 성질이나 그 이용의 목적 및 형태 등에 비추어 부득이하다고 인정되는 범위 안에서의 변경

**제14조【저작인격권의 일신전속성】**

① 저작인격권은 저작자 일신에 전속한다.

② 저작자의 사망 후에 그의 저작물을 이용하는 자는 저작자가 생존하였더라면 그 저작인격권의 침해가 될 행위를 하여서는 아니 된다. 다만, 그 행위의 성질 및 정도에 비추어 사회통념상 그 저작자의 명예를 훼손하는 것이 아니라고 인정되는 경우에는 그러하지 아니하다.

**제15조【공동저작물의 저작인격권】**

① 공동저작물의 저작인격권은 저작자 전원의 합의에 의하지 아니하고는 이를 행사할 수 없다. 이 경우 각 저작자는 신의에 반하여 합의의 성립을 방해할 수 없다.

② 공동저작물의 저작자는 그들 중에서 저작인격권을 대표하여 행사할 수 있는 자를 정할 수 있다.

③ 제2항의 규정에 따라 권리를 대표하여 행사하는 자의 대표권에 가하여진 제한이 있을 때에 그 제한은 선의의 제3자에게 대항할 수 없다.

## 제4절 저작재산권

### 제1관 저작재산권의 종류

**제16조【복제권】** 저작자는 그의 저작물을 복제할 권리를 가진다.

**제17조【공연권】** 저작자는 그의 저작물을 공연할 권리를 가진다.

**제18조【공중송신권】** 저작자는 그의 저작물을 공중송신할 권리를 가진다.

**제19조【전시권】** 저작자는 미술저작물등의 원본이나 그 복제물을 전시할 권리를 가진다.

**제20조【배포권】** 저작자는 저작물의 원본이나 그 복제물을 배포할 권리를

가진다. 다만, 저작물의 원본이나 그 복제물이 해당 저작재산권자의 허락을 받아 판매 등의 방법으로 거래에 제공된 경우에는 그러하지 아니하다.
(2009.4.22 단서개정)

**제21조【대여권】** 제20조 단서에도 불구하고 저작자는 상업적 목적으로 공표된 음반(이하 "상업용 음반"이라 한다)이나 상업적 목적으로 공표된 프로그램을 영리를 목적으로 대여할 권리를 가진다.(2016.3.22 본조개정)

**제22조【2차적저작물작성권】** 저작자는 그의 저작물을 원저작물로 하는 2차적저작물을 작성하여 이용할 권리를 가진다.

## 제2관 저작재산권의 제한

**제23조【재판 등에서의 복제】** 다음 각 호의 어느 하나에 해당하는 경우에는 그 한도 안에서 저작물을 복제할 수 있다. 다만, 그 저작물의 종류와 복제의 부수 및 형태 등에 비추어 해당 저작재산권자의 이익을 부당하게 침해하는 경우에는 그러하지 아니하다.
1. 재판 또는 수사를 위하여 필요한 경우(2020.2.4 본호신설)
2. 입법·행정 목적을 위한 내부 자료로서 필요한 경우(2020.2.4 본호신설)

(2020.2.4 본조개정)

**제24조【정치적 연설 등의 이용】** 공개적으로 행한 정치적 연설 및 법정·국회 또는 지방의회에서 공개적으로 행한 진술은 어떠한 방법으로도 이용할 수 있다. 다만, 동일한 저작자의 연설이나 진술을 편집하여 이용하는 경우에는 그러하지 아니하다.

**제24조의2【공공저작물의 자유이용】** ① 국가 또는 지방자치단체가 업무상 작성하여 공표한 저작물이나 계약에 따라 저작재산권의 전부를 보유한 저작물은 허락 없이 이용할 수 있다. 다만, 저작물이 다음 각 호의 어느 하나에 해당하는 경우에는 그러하지 아니하다.
1. 국가안전보장에 관련되는 정보를 포함하는 경우
2. 개인의 사생활 또는 사업상 비밀에 해당하는 경우
3. 다른 법률에 따라 공개가 제한되는 정보를 포함하는 경우
4. 제112조에 따른 한국저작권위원회(이하 제111조까지 "위원회"라 한다)에 등록된 저작물로서 「국유재산법」에 따른 국유재산 또는 「공유재산 및 물품 관리법」에 따른 공유재산으로 관리되는 경우(2020.2.4 본호개정)

② 국가는 「공공기관의 운영에 관한 법률」 제4조에 따른 공공기관이 업무상 작성하여 공표한 저작물이나 계약에 따라 저작재산권의 전부를 보유한 저작물의 이용을 활성화하기 위하여 대통령령으로 정하는 바에 따라 공공저작물 이용활성화 시책을 수립·시행할 수 있다.

③ 국가 또는 자방자치단체는 제1항제4호의 공공저작물 중 자유로운 이용을 위하여 필요하다고 인정하는 경우 「국유재산법」 또는 「공유재산 및 물품 관리법」에도 불구하고 대통령령으로 정하는 바에 따라 사용하게 할 수 있다.
(2013.12.30 본조신설)

**제25조【학교교육 목적 등에의 이용】** ① 고등학교 및 이에 준하는 학교 이하의 학교의 교육 목적을 위하여 필요한 교과용도서에는 공표된 저작물을 게재할 수 있다.(2023.8.8 본항개정)

② 교과용도서를 발행한 자는 교과용도서를 본래의 목적으로 이용하기 위하여 필요한 한도 내에서 제1항에 따라 교과용도서에 게재한 저작물을 복제·배포·공중송신할 수 있다.
(2020.2.4 본항신설)

③ 다음 각 호의 어느 하나에 해당하는 학교·교육기관 또는 교육훈련기관이 수업 목적으로 이용하는 경우에는 공

표된 저작물의 일부분을 복제·배포·공연·전시 또는 공중송신(이하 이 조에서 "복제등"이라 한다)할 수 있다. 다만, 공표된 저작물의 성질이나 그 이용의 목적 및 형태 등에 비추어 해당 저작물의 전부를 복제등을 하는 것이 부득이한 경우에는 전부 복제등을 할 수 있다.(2024.2.27 본문개정)

1. 특별법에 따라 설립된 학교
2. 「유아교육법」, 「초·중등교육법」 또는 「고등교육법」에 따른 학교
3. 국가나 지방자치단체가 운영하는 교육기관
4. 「학점인정 등에 관한 법률」 제3조에 따라 평가인정을 받은 학습과정을 운영하는 교육훈련기관(정보통신매체를 이용한 원격수업기반 학습과정에 한정한다)(2024.2.27 본호신설)

(2020.2.4 본항개정)

④ 국가나 지방자치단체에 소속되어 제3항에 따른 학교 또는 교육기관의 수업을 지원하는 기관(이하 "수업지원기관"이라 한다)은 수업 지원을 위하여 필요한 경우에는 공표된 저작물의 일부분을 복제등을 할 수 있다. 다만, 공표된 저작물의 성질이나 그 이용의 목적 및 형태 등에 비추어 해당 저작물의 전부를 복제등을 하는 것이 부득이한 경우에는 전부 복제등을 할 수 있다.(2024.2.27 본문개정)

⑤ 제3항 각 호의 학교·교육기관 또는 교육훈련기관에서 교육을 받는 자는 수업 목적을 위하여 필요하다고 인정되는 경우에는 제3항의 범위 내에서 공표된 저작물을 복제하거나 공중송신할 수 있다.(2024.2.27 본항개정)

⑥ 제1항부터 제4항까지의 규정에 따라 공표된 저작물을 이용하려는 자는 문화체육관광부장관이 정하여 고시하는 기준에 따른 보상금을 해당 저작재산권자에게 지급하여야 한다. 다만, 고등학교 및 이에 준하는 학교 이하의 학교에서 복제등을 하는 경우에는 보상금을 지급하지 아니한다.(2020.2.4 본항개정)

⑦ 제6항에 따른 보상을 받을 권리는 다음 각 호의 요건을 갖춘 단체로서 문화체육관광부장관이 지정하는 단체를 통하여 행사되어야 한다. 문화체육관광부장관이 그 단체를 지정할 때에는 미리 그 단체의 동의를 받아야 한다.(2020.2.4 본문개정)

1. 대한민국 내에서 보상을 받을 권리를 가진 자(이하 "보상권리자"라 한다)로 구성된 단체
2. 영리를 목적으로 하지 아니할 것
3. 보상금의 징수 및 분배 등의 업무를 수행하기에 충분한 능력이 있을 것

⑧ 제7항에 따른 단체는 그 구성원이 아니라도 보상권리자로부터 신청이 있을 때에는 그 자를 위하여 그 권리행사를 거부할 수 없다. 이 경우 그 단체는 자기의 명의로 그 권리에 관한 재판상 또는 재판 외의 행위를 할 권한을 가진다.(2020.2.4 전단개정)

⑨ 문화체육관광부장관은 제7항에 따른 단체가 다음 각 호의 어느 하나에 해당하는 경우에는 그 지정을 취소할 수 있다.(2020.2.4 본문개정)

1. 제7항에 따른 요건을 갖추지 못한 때(2020.2.4 본호개정)
2. 보상관계 업무규정을 위배한 때
3. 보상관계 업무를 상당한 기간 정지하여 보상권리자의 이익을 해할 우려가 있을 때(2023.8.8 본호개정)

⑩ 제7항에 따른 단체는 보상금 분배 공고를 한 날부터 5년이 지난 미분배 보상금에 대하여 문화체육관광부장관의 승인을 받아 다음 각 호의 어느 하나에 해당하는 목적을 위하여 사용할 수 있다. 다만, 보상권리자에 대한 정보가 확인되는 경우 보상금을 지급하기 위하여 일정 비율의 미분배 보상금을 대통령령으로 정하는 바에 따라 적립하여야 한다.(2020.2.4 본문개정)

⑩ 제7항에 따른 단체는 보상금 분배 공고를 한 날부터 10년이 지난 미분배 보상금에 대하여 문화체육관광부장관의 승인을 받아 다음 각 호의 어느 하나에 해당하는 목적을 위하여 사용할 수 있다. 다만, 보상권리자에 대한 정보가 확인되는 경우 보상금을 지급하기 위하여 일정 비율의 미분배 보상금을 대통령령으로 정하는 바에 따라 적립하여야 한다.(2025.3.25 본문개정 : 2025.9.26 시행)

1. 저작권 교육·홍보 및 연구
2. 저작권 정보의 관리 및 제공
3. 저작물 창작 활동의 지원
4. 저작권 보호 사업
5. 창작자 권익옹호 사업
6. 보상권리자에 대한 보상금 분배 활성화 사업
7. 저작물 이용 활성화 및 공정한 이용을 도모하기 위한 사업

(2018.10.16 1호~7호신설)

⑪ 제7항·제9항 및 제10항에 따른 단체의 지정과 취소 및 업무규정, 보상금 분배 공고, 미분배 보상금의 사용 승인 등에 필요한 사항은 대통령령으로 정한다.(2020.2.4 본항개정)

⑫ 제2항부터 제4항까지의 규정에 따라 교과용도서를 발행한 자, 학교·교육기관·교육훈련기관 및 수업지원기관이 저작물을 공중송신하는 경우에는 저작권 그 밖에 이 법에 의하여 보호되는 권리의 침해를 방지하기 위하여 복제방지조치 등 대통령령으로 정하는 필요한 조치를 하여야 한다.
(2024.2.27 본항개정)

**제26조【시사보도를 위한 이용】** 방송·신문 그 밖의 방법에 의하여 시사보도를 하는 경우에 그 과정에서 보이거나 들리는 저작물은 보도를 위한 정당한 범위 안에서 복제·배포·공연 또는 공중송신할 수 있다.

**제27조【시사적인 기사 및 논설의 복제 등】** 정치·경제·사회·문화·종교에 관하여 「신문 등의 진흥에 관한 법률」 제2조의 규정에 따른 신문 및 인터넷신문 또는 「뉴스통신진흥에 관한 법률」 제2조의 규정에 따른 뉴스통신에 게재된 시사적인 기사나 논설은 다른 언론기관이 복제·배포 또는 방송할 수 있다. 다만, 이용을 금지하는 표시가 있는 경우에는 그러하지 아니하다.(2009.7.31 본조개정)

**제28조【공표된 저작물의 인용】** 공표된 저작물은 보도·비평·교육·연구 등을 위하여는 정당한 범위 안에서 공정한 관행에 합치되게 이를 인용할 수 있다.

**제29조【영리를 목적으로 하지 아니하는 공연·방송】** ① 영리를 목적으로 하지 아니하고 청중이나 관중 또는 제3자로부터 어떤 명목으로든지 대가를 지급받지 아니하는 경우에는 공표된 저작물을 공연(상업용 음반 또는 상업적 목적으로 공표된 영상저작물을 재생하는 경우는 제외한다) 또는 방송할 수 있다. 다만, 실연자에게 일반적인 보수를 지급하는 경우에는 그러하지 아니하다.

② 청중이나 관중으로부터 해당 공연에 대한 대가를 지급받지 아니하는 경우에는 상업용 음반 또는 상업적 목적으로 공표된 영상저작물을 재생하여 공중에게 공연할 수 있다. 다만, 대통령령으로 정하는 경우에는 그러하지 아니하다.
(2023.8.8 본조개정)

**제30조【사적이용을 위한 복제】** 공표된 저작물을 영리를 목적으로 하지 아니하고 개인적으로 이용하거나 가정 및 이에 준하는 한정된 범위 안에서 이용하는 경우에는 그 이용자는 이를 복제할 수 있다. 다만, 공중의 사용에 제공하기 위하여 설치된 복사기기, 스캐너, 사진기 등 문화체육관광부령으로 정하는 복제기기에 의한 복제는 그러하지 아니하다.(2020.2.4 단서개정)

**제31조【도서관등에서의 복제 등】** ①「도서관법」에 따른 도서관과 도서·문서·기록 그 밖의 자료(이하 "도서등"이라 한다)를 공중의 이용에 제공하는 시설 중 대통령령으로 정하는 시설(해당 시설의 장을 포함한다. 이하 "도서관등"이라 한다)은 다음 각 호의 어느 하나에 해당하는 경우에는 그 도서관등에 보관된 도서등(제1호의 경우에는 제3항에 따라 해당 도서관등이 복제·전송받은 도서등을 포함한다)을 사용하여 저작물을 복제할 수 있다. 다만, 제1호 및 제3호의 경우에는 디지털 형태로 복제할 수 없다.(2021.5.18 본문개정)

1. 조사·연구를 목적으로 하는 이용자의 요구에 따라 공표된 도서등의 일부분의 복제물을 1명당 1부에 한정하여 제공하는 경우(2023.8.8 본호개정)
2. 도서등의 자체보존을 위하여 필요한 경우
3. 다른 도서관등의 요구에 따라 절판 그 밖에 이에 준하는 사유로 구하기 어려운 도서등의 복제물을 보존용으로 제공하는 경우

② 도서관등은 컴퓨터를 이용하여 이용자가 그 도서관등의 안에서 열람할 수 있도록 보관된 도서등을 복제하거나 전송할 수 있다. 이 경우 동시에 열람할 수 있는 이용자의 수는 그 도서관등에서 보관하고 있거나 저작권 그 밖에 이 법에 따라 보호되는 권리를 가진 자로부터 이용허락을 받은 그 도서등의 부수를 초과할 수 없다.(2009.4.22 전단개정)

③ 도서관등은 컴퓨터를 이용하여 이용자가 다른 도서관등의 안에서 열람할 수 있도록 보관된 도서등을 복제하거나 전송할 수 있다. 다만, 그 전부 또는 일부가 판매용으로 발행된 도서등은 그 발행일부터 5년이 지나지 아니한 경우에는 그러하지 아니하다.(2023.8.8 단서개정)

④ 도서관등은 제1항제2호의 규정에 따른 도서등의 복제 및 제2항과 제3항의 규정에 따른 도서등의 복제의 경우에 그 도서등이 디지털 형태로 판매되고 있는 때에는 그 도서등을 디지털 형태로 복제할 수 없다.

⑤ 도서관등은 제1항제1호에 따라 디지털 형태의 도서등을 복제하는 경우 및 제3항에 따라 도서등을 다른 도서관등의 안에서 열람할 수 있도록 복제하거나 전송하는 경우에는 문화체육관광부장관이 정하여 고시하는 기준에 따른 보상금을 해당 저작재산권자에게 지급하여야 한다. 다만, 국가, 지방자치단체 또는「고등교육법」제2조에 따른 학교를 저작재산권자로 하는 도서등(그 전부 또는 일부가 판매용으로 발행된 도서등은 제외한다)의 경우에는 그러하지 아니하다.(2021.5.18 본항개정)

⑥ 제5항의 보상금의 지급 등에 관하여는 제25조제7항부터 제11항까지의 규정을 준용한다.(2020.2.4 본항개정)

⑦ 제1항부터 제3항까지에 따라 도서등을 디지털 형태로 복제하거나 전송하는 경우에 도서관등은 저작권 그 밖에 이 법에 따라 보호되는 권리의 침해를 방지하기 위하여 복제방지조치 등 대통령령으로 정하는 필요한 조치를 하여야 한다.(2023.8.8 본항개정)

⑧「도서관법」제22조에 따라 국립중앙도서관이 온라인 자료의 보존을 위하여 수집하는 경우에는 해당 자료를 복제할 수 있다.(2021.12.7 본항개정)

**제32조【시험문제를 위한 복제 등】** 학교의 입학시험이나 그 밖에 학식 및 기능에 관한 시험 또는 검정을 위하여 필요한 경우에는 그 목적을 위하여 정당한 범위에서 공표된 저작물을 복제·배포 또는 공중송신할 수 있다. 다만, 영리를 목적으로 하는 경우에는 그러하지 아니하다.(2020.2.4 본조개정)

**제33조【시각장애인등을 위한 복제 등】** ① 누구든지 공표된 저작물을 시

각장애인과 독서에 장애가 있는 사람으로서 대통령령으로 정하는 사람(이하 "시각장애인등"이라 한다)을 위하여 「점자법」 제3조에 따른 점자로 변환하여 복제·배포할 수 있다.
② 시각장애인등의 복리증진을 목적으로 하는 시설 중 대통령령으로 정하는 시설(해당 시설의 장을 포함한다)은 영리를 목적으로 하지 아니하고 시각장애인등의 이용에 제공하기 위하여 공표된 저작물등에 포함된 문자 및 영상 등의 시각적 표현을 시각장애인등이 인지할 수 있는 대체자료로 변환하여 이를 복제·배포·공연 또는 공중송신할 수 있다.
③ 시각장애인등과 그의 보호자(보조자를 포함한다. 이하 이 조 및 제33조의2에서 같다)는 공표된 저작물등에 적법하게 접근하는 경우 시각장애인등의 개인적 이용을 위하여 그 저작물등에 포함된 문자 및 영상 등의 시각적 표현을 시각장애인등이 인지할 수 있는 대체자료로 변환하여 이를 복제할 수 있다.(2023.8.8 본항신설)
④ 제2항 및 제3항에 따른 대체자료의 범위는 대통령령으로 정한다.
(2023.8.8 본조개정)

**제33조의2 【청각장애인 등을 위한 복제 등】** ① 누구든지 공표된 저작물을 청각장애인 등을 위하여 「한국수화언어법」 제3조제1호에 따른 한국수어로 변환할 수 있고, 이러한 한국수어를 복제·배포·공연 또는 공중송신할 수 있다.
② 청각장애인 등의 복리증진을 목적으로 하는 시설 중 대통령령으로 정하는 시설(해당 시설의 장을 포함한다)은 영리를 목적으로 하지 아니하고 청각장애인 등의 이용에 제공하기 위하여 필요한 범위에서 공표된 저작물등에 포함된 음성 및 음향 등을 자막 등 청각장애인 등이 인지할 수 있는 대체자료로 변환하여 이를 복제·배포·공연 또는 공중송신할 수 있다.
③ 청각장애인 등과 그의 보호자는 공표된 저작물등에 적법하게 접근하는 경우 청각장애인 등의 개인적 이용을 위하여 그 저작물등에 포함된 음성·음향 등을 자막 등 청각장애인 등이 인지할 수 있는 대체자료로 변환하여 이를 복제할 수 있다.(2023.8.8 본항신설)
④ 제1항부터 제3항까지에 따른 청각장애인 등의 범위와 제2항 및 제3항에 따른 대체자료의 범위는 대통령령으로 정한다.
(2023.8.8 본조개정)

**제34조 【방송사업자의 일시적 녹음·녹화】** ① 저작물을 방송할 권한을 가지는 방송사업자는 자신의 방송을 위하여 자체의 수단으로 저작물을 일시적으로 녹음하거나 녹화할 수 있다.
② 제1항의 규정에 따라 만들어진 녹음물 또는 녹화물은 녹음일 또는 녹화일부터 1년을 초과하여 보존할 수 없다. 다만, 그 녹음물 또는 녹화물이 기록의 자료로서 대통령령으로 정하는 장소에 보존되는 경우에는 그러하지 아니하다.(2023.8.8 본문개정)

**제35조 【미술저작물등의 전시 또는 복제】** ① 미술저작물등의 원본의 소유자나 그의 동의를 얻은 자는 그 저작물을 원본에 의하여 전시할 수 있다. 다만, 가로·공원·건축물의 외벽 그 밖에 공중에게 개방된 장소에 항시 전시하는 경우에는 그러하지 아니하다.
② 제1항 단서의 규정에 따른 개방된 장소에 항시 전시되어 있는 미술저작물등은 어떠한 방법으로든지 이를 복제하여 이용할 수 있다. 다만, 다음 각 호의 어느 하나에 해당하는 경우에는 그러하지 아니하다.
1. 건축물을 건축물로 복제하는 경우
2. 조각 또는 회화를 조각 또는 회화로 복제하는 경우
3. 제1항 단서의 규정에 따른 개방된 장소 등에 항시 전시하기 위하여 복제하는 경우

4. 판매의 목적으로 복제하는 경우

③ 제1항의 규정에 따라 전시를 하는 자 또는 미술저작물등의 원본을 판매하고자 하는 자는 그 저작물의 해설이나 소개를 목적으로 하는 목록 형태의 책자에 이를 복제하여 배포할 수 있다.

④ 위탁에 의한 초상화 또는 이와 유사한 사진저작물의 경우에는 위탁자의 동의가 없는 때에는 이를 이용할 수 없다.

**제35조의2【저작물 이용과정에서의 일시적 복제】** 컴퓨터에서 저작물을 이용하는 경우에는 원활하고 효율적인 정보처리를 위하여 필요하다고 인정되는 범위 안에서 그 저작물을 그 컴퓨터에 일시적으로 복제할 수 있다. 다만, 그 저작물의 이용이 저작권을 침해하는 경우에는 그러하지 아니하다.
(2011.12.2 본조신설)

**제35조의3【부수적 복제 등】** 사진촬영, 녹음 또는 녹화(이하 이 조에서 "촬영등"이라 한다)를 하는 과정에서 보이거나 들리는 저작물이 촬영등의 주된 대상에 부수적으로 포함되는 경우에는 이를 복제·배포·공연·전시 또는 공중송신할 수 있다. 다만, 그 이용된 저작물의 종류 및 용도, 이용의 목적 및 성격 등에 비추어 저작재산권자의 이익을 부당하게 해치는 경우에는 그러하지 아니하다.(2019.11.26 본조신설)

**제35조의4【문화시설에 의한 복제 등】** ① 국가나 지방자치단체가 운영하는 문화예술 활동에 지속적으로 이용되는 시설 중 대통령령으로 정하는 문화시설(해당 시설의 장을 포함한다. 이하 이 조에서 "문화시설"이라 한다)은 대통령령으로 정하는 기준에 해당하는 상당한 조사를 하였어도 공표된 저작물(제3조에 따른 외국인의 저작물은 제외한다. 이하 이 조에서 같다)의 저작재산권자나 그의 거소를 알 수 없는 경우 그 문화시설에 보관된 자료를 수집·정리·분석·보존하여 공중에게 제공하기 위한 목적(영리를 목적으로 하는 경우는 제외한다)으로 그 자료를 사용하여 저작물을 복제·배포·공연·전시 또는 공중송신할 수 있다.
(2023.8.8 본항개정)

② 저작재산권자는 제1항에 따른 문화시설의 이용에 대하여 해당 저작물의 이용을 중단할 것을 요구할 수 있으며, 요구를 받은 문화시설은 지체 없이 해당 저작물의 이용을 중단하여야 한다.

③ 저작재산권자는 제1항에 따른 이용에 대하여 보상금을 청구할 수 있으며, 문화시설은 저작재산권자와 협의한 보상금을 지급하여야 한다.

④ 제3항에 따라 보상금 협의절차를 거쳤으나 협의가 성립되지 아니한 경우에는 문화시설 또는 저작재산권자는 문화체육관광부장관에게 보상금 결정을 신청하여야 한다.

⑤ 제4항에 따른 보상금 결정 신청이 있는 경우에 문화체육관광부장관은 저작물의 이용 목적·이용 형태·이용 범위 등을 고려하여 보상금 규모 및 지급 시기를 정한 후 이를 문화시설 및 저작재산권자에게 통보하여야 한다.

⑥ 제1항에 따라 문화시설이 저작물을 이용하고자 하는 경우에는 대통령령으로 정하는 바에 따라 이용되는 저작물의 목록·내용 등과 관련된 정보의 게시, 저작권 및 그 밖에 이 법에 따라 보호되는 권리의 침해를 방지하기 위한 복제방지조치 등 필요한 조치를 하여야 한다.

⑦ 제2항부터 제5항까지의 규정에 따른 이용 중단 요구 절차와 방법, 보상금 결정 신청 및 결정 절차 등에 관하여 필요한 사항은 대통령령으로 정한다.
(2019.11.26 본조신설)

**제35조의5【저작물의 공정한 이용】** ① 제23조부터 제35조의4까지, 제101조의3부터 제101조의5까지의 경우 외에 저작물의 일반적인 이용 방법과 충돌하지 아니하고 저작자의 정당한 이익을 부당하게 해치지 아니하는 경우

에는 저작물을 이용할 수 있다.
(2023.8.8 본항개정)
② 저작물 이용 행위가 제1항에 해당하는지를 판단할 때에는 다음 각 호의 사항등을 고려하여야 한다.
1. 이용의 목적 및 성격(2016.3.22 본호개정)
2. 저작물의 종류 및 용도
3. 이용된 부분이 저작물 전체에서 차지하는 비중과 그 중요성
4. 저작물의 이용이 그 저작물의 현재 시장 또는 가치나 잠재적인 시장 또는 가치에 미치는 영향
(2011.12.2 본조신설)

**제36조 【번역 등에 의한 이용】** ① 제24조의2, 제25조, 제29조, 제30조, 제35조의3부터 제35조의5까지의 규정에 따라 저작물을 이용하는 경우에는 그 저작물을 번역·편곡 또는 개작하여 이용할 수 있다.(2019.11.26 본항개정)
② 제23조·제24조·제26조·제27조·제28조·제32조·제33조 또는 제33조의2에 따라 저작물을 이용하는 경우에는 그 저작물을 번역하여 이용할 수 있다.(2013.7.16 본항개정)

**제37조 【출처의 명시】** ① 이 관에 따라 저작물을 이용하는 자는 그 출처를 명시하여야 한다. 다만, 제26조, 제29조부터 제32조까지, 제34조 및 제35조의2부터 제35조의4까지의 경우에는 그러하지 아니하다.(2019.11.26 단서개정)
② 출처의 명시는 저작물의 이용 상황에 따라 합리적이라고 인정되는 방법으로 하여야 하며, 저작자의 실명 또는 이명이 표시된 저작물인 경우에는 그 실명 또는 이명을 명시하여야 한다.

**제37조의2 【적용 제외】** 프로그램에 대하여는 제23조·제25조·제30조 및 제32조를 적용하지 아니한다.
(2009.4.22 본조신설)

**제38조 【저작인격권과의 관계】** 이 관 각 조의 규정은 저작인격권에 영향을 미치는 것으로 해석되어서는 아니 된다.

## 제3관 저작재산권의 보호기간

**제39조 【보호기간의 원칙】** ① 저작재산권은 이 관에 특별한 규정이 있는 경우를 제외하고는 저작자가 생존하는 동안과 사망한 후 70년간 존속한다.
② 공동저작물의 저작재산권은 맨 마지막으로 사망한 저작자가 사망한 후 70년간 존속한다.
(2011.6.30 본조개정)

**제40조 【무명 또는 이명 저작물의 보호기간】** ① 무명 또는 널리 알려지지 아니한 이명이 표시된 저작물의 저작재산권은 공표된 때부터 70년간 존속한다. 다만, 이 기간 내에 저작자가 사망한지 70년이 지났다고 인정할만한 정당한 사유가 발생한 경우에는 그 저작재산권은 저작자가 사망한 후 70년이 지났다고 인정되는 때에 소멸한 것으로 본다.(2011.6.30 본항개정)
② 다음 각 호의 어느 하나에 해당하는 경우에는 제1항의 규정은 이를 적용하지 아니한다.
1. 제1항의 기간 이내에 저작자의 실명 또는 널리 알려진 이명이 밝혀진 경우
2. 제1항의 기간 이내에 제53조제1항의 규정에 따른 저작자의 실명등록이 있는 경우

**제41조 【업무상저작물의 보호기간】** 업무상저작물의 저작재산권은 공표한 때부터 70년간 존속한다. 다만, 창작한 때부터 50년 이내에 공표되지 아니한 경우에는 창작한 때부터 70년간 존속한다.(2011.6.30 본조개정)

**제42조 【영상저작물의 보호기간】** 영상저작물의 저작재산권은 제39조 및 제40조에도 불구하고 공표한 때부터 70년간 존속한다. 다만, 창작한 때부

터 50년 이내에 공표되지 아니한 경우에는 창작한 때부터 70년간 존속한다.
(2011.6.30 본조개정)

**제43조【계속적간행물 등의 공표시기】** ① 제40조제1항 또는 제41조에 따른 공표시기는 책·호 또는 회 등으로 공표하는 저작물의 경우에는 매책·매호 또는 매회 등의 공표 시로 하고, 일부분씩 순차적으로 공표하여 완성하는 저작물의 경우에는 최종부분의 공표 시로 한다.(2011.6.30 본항개정)
② 일부분씩 순차적으로 공표하여 전부를 완성하는 저작물의 계속되어야 할 부분이 최근의 공표시기부터 3년이 지나도 공표되지 아니하는 경우에는 이미 공표된 맨 뒤의 부분을 제1항의 규정에 따른 최종부분으로 본다.
(2023.8.8 본항개정)

**제44조【보호기간의 기산】** 이 관에 규정된 저작재산권의 보호기간을 계산하는 경우에는 저작자가 사망하거나 저작물을 창작 또는 공표한 다음 해부터 기산한다.

## 제4관 저작재산권의 양도·행사·소멸

**제45조【저작재산권의 양도】** ① 저작재산권은 전부 또는 일부를 양도할 수 있다.
② 저작재산권의 전부를 양도하는 경우에 특약이 없는 때에는 제22조에 따른 2차적저작물을 작성하여 이용할 권리는 포함되지 아니한 것으로 추정한다. 다만, 프로그램의 경우 특약이 없으면 2차적저작물작성권도 함께 양도된 것으로 추정한다.(2023.8.8 단서개정)

**제46조【저작물의 이용허락】** ① 저작재산권자는 다른 사람에게 그 저작물의 이용을 허락할 수 있다.
② 제1항의 규정에 따라 허락을 받은 자는 허락받은 이용 방법 및 조건의 범위 안에서 그 저작물을 이용할 수 있다.
③ 제1항의 규정에 따른 허락에 의하여 저작물을 이용할 수 있는 권리는 저작재산권자의 동의 없이 제3자에게 이를 양도할 수 없다.

**제47조【저작재산권을 목적으로 하는 질권의 행사 등】** ① 저작재산권을 목적으로 하는 질권은 그 저작재산권의 양도 또는 그 저작물의 이용에 따라 저작재산권자가 받을 금전 그 밖의 물건(제57조에 따른 배타적발행권 및 제63조에 따른 출판권 설정의 대가를 포함한다)에 대하여도 행사할 수 있다. 다만, 이들의 지급 또는 인도 전에 이를 압류하여야 한다.(2011.12.2 본문개정)
② 질권의 목적으로 된 저작재산권은 설정행위에 특약이 없으면 저작재산권자가 이를 행사한다.(2023.8.8 본항개정)
(2009.4.22 본조제목개정)

**제48조【공동저작물의 저작재산권의 행사】** ① 공동저작물의 저작재산권은 그 저작재산권자 전원의 합의에 의하지 아니하고는 이를 행사할 수 없으며, 다른 저작재산권자의 동의가 없으면 그 지분을 양도하거나 질권의 목적으로 할 수 없다. 이 경우 각 저작재산권자는 신의에 반하여 합의의 성립을 방해하거나 동의를 거부할 수 없다.
② 공동저작물의 이용에 따른 이익은 공동저작자 간에 특약이 없는 때에는 그 저작물의 창작에 이바지한 정도에 따라 각자에게 배분된다. 이 경우 각자의 이바지한 정도가 명확하지 아니한 때에는 균등한 것으로 추정한다.
③ 공동저작물의 저작재산권자는 그 공동저작물에 대한 자신의 지분을 포기할 수 있으며, 포기하거나 상속인 없이 사망한 경우에 그 지분은 다른 저작재산권자에게 그 지분의 비율에 따라 배분된다.
④ 제15조제2항 및 제3항의 규정은 공동저작물의 저작재산권의 행사에 관하여 준용한다.

**제49조【저작재산권의 소멸】** 저작재산권이 다음 각 호의 어느 하나에 해당하는 경우에는 소멸한다.

1. 저작재산권자가 상속인 없이 사망한 경우에 그 권리가 「민법」 그 밖의 법률의 규정에 따라 국가에 귀속되는 경우
2. 저작재산권자인 법인 또는 단체가 해산되어 그 권리가 「민법」 그 밖의 법률의 규정에 따라 국가에 귀속되는 경우

## 제5절 저작물 이용의 법정허락

**제50조【저작재산권자 불명인 저작물의 이용】** ① 누구든지 대통령령으로 정하는 기준에 해당하는 상당한 노력을 기울였어도 공표된 저작물의 저작재산권자나 그의 거소를 알 수 없어 그 저작물의 이용허락을 받을 수 없는 경우에는 대통령령으로 정하는 바에 따라 문화체육관광부장관의 승인을 얻은 후 문화체육관광부장관이 정하는 기준에 의한 보상금을 위원회에 지급하고 이를 이용할 수 있다.(2020.2.4 본항개정)

② 제1항의 규정에 따라 저작물을 이용하는 자는 그 뜻과 승인연월일을 표시하여야 한다.

③ 제1항의 규정에 따라 법정허락된 저작물이 다시 법정허락의 대상이 되는 때에는 제1항의 규정에 따른 대통령령으로 정하는 기준에 해당하는 상당한 노력의 절차를 생략할 수 있다. 다만, 그 저작물에 대한 법정허락의 승인 이전에 저작재산권자가 대통령령으로 정하는 절차에 따라 이의를 제기하는 때에는 그러하지 아니하다.
(2021.5.18 본항개정)

④ 문화체육관광부장관은 대통령령으로 정하는 바에 따라 법정허락 내용을 정보통신망에 게시하여야 한다.
(2021.5.18 본항개정)

⑤ 제1항에 따른 보상을 받을 권리는 위원회를 통하여 행사되어야 한다.
(2020.2.4 본항개정)

⑥ 위원회는 제1항에 따라 보상금을 지급받은 날부터 10년이 지난 미분배 보상금에 대하여 문화체육관광부장관의 승인을 얻어 제25조제10항 각 호의 어느 하나에 해당하는 목적을 위하여 사용할 수 있다.(2023.8.8 본항개정)

⑦ 제1항 및 제6항에 따른 보상금 지급 절차·방법 및 미분배 보상금의 사용 승인 등에 필요한 사항은 대통령령으로 정한다.(2019.11.26 본항신설)

**제51조【공표된 저작물의 방송】** 공표된 저작물을 공익을 위한 필요에 따라 방송하려는 방송사업자가 그 저작재산권자와 협의하였으나 협의가 성립되지 아니하는 경우에는 대통령령으로 정하는 바에 따라 문화체육관광부장관의 승인을 얻은 후 문화체육관광부장관이 정하는 기준에 따른 보상금을 해당 저작재산권자에게 지급하거나 공탁하고 이를 방송할 수 있다.(2023.8.8 본조개정)

**제52조【상업용 음반의 제작】** 상업용 음반이 우리나라에서 처음으로 판매되어 3년이 지난 경우 그 음반에 녹음된 저작물을 녹음하여 다른 상업용 음반을 제작하려는 자가 그 저작재산권자와 협의하였으나 협의가 성립되지 아니하는 때에는 대통령령으로 정하는 바에 따라 문화체육관광부장관의 승인을 얻은 후 문화체육관광부장관이 정하는 기준에 따른 보상금을 해당 저작재산권자에게 지급하거나 공탁하고 다른 상업용 음반을 제작할 수 있다.
(2023.8.8 본조개정)

## 제6절 등록 및 인증

**제53조【저작권의 등록】** ① 저작자는 다음 각 호의 사항을 등록할 수 있다.

1. 저작자의 실명·이명(공표 당시에 이명을 사용한 경우로 한정한다)·

국적 · 주소 또는 거소(2021.5.18 본호개정)
2. 저작물의 제호 · 종류 · 창작연월일
3. 공표의 여부 및 맨 처음 공표된 국가 · 공표연월일
4. 그 밖에 대통령령으로 정하는 사항

② 저작자가 사망한 경우 저작자의 특별한 의사표시가 없는 때에는 그의 유언으로 지정한 자 또는 상속인이 제1항 각 호의 규정에 따른 등록을 할 수 있다.

③ 제1항 및 제2항에 따라 저작자로 실명이 등록된 자는 그 등록저작물의 저작자로, 창작연월일 또는 맨 처음의 공표연월일이 등록된 저작물은 등록된 연월일에 창작 또는 맨 처음 공표된 것으로 추정한다. 다만, 저작물을 창작한 때부터 1년이 지난 후에 창작연월일을 등록한 경우에는 등록된 연월일에 창작된 것으로 추정하지 아니한다.
(2023.8.8 단서개정)

**제54조【권리변동 등의 등록 · 효력】** 다음 각 호의 사항은 이를 등록할 수 있으며, 등록하지 아니하면 제3자에게 대항할 수 없다.
1. 저작재산권의 양도(상속 그 밖의 일반승계의 경우는 제외한다) 또는 처분제한(2023.8.8 본호개정)
2. 제57조에 따른 배타적발행권 또는 제63조에 따른 출판권의 설정 · 이전 · 변경 · 소멸 또는 처분제한
(2011.12.2 본호신설)
3. 저작재산권, 제57조에 따른 배타적발행권 및 제63조에 따른 출판권을 목적으로 하는 질권의 설정 · 이전 · 변경 · 소멸 또는 처분제한
(2011.12.2 본호개정)

**제55조【등록의 절차 등】** ① 제53조 및 제54조에 따른 등록은 위원회가 저작권등록부(프로그램의 경우에는 프로그램등록부를 말한다. 이하 같다)에 기록함으로써 한다.

② 위원회는 다음 각 호의 어느 하나에 해당하는 경우에는 신청을 반려할 수 있다. 다만, 신청의 흠결이 보정될 수 있는 경우에 신청인이 그 신청을 한 날에 이를 보정하였을 때에는 그러하지 아니하다.
1. 등록을 신청한 대상이 저작물이 아닌 경우
2. 등록을 신청한 대상이 제7조에 따른 보호받지 못하는 저작물인 경우
3. 등록을 신청할 권한이 없는 자가 등록을 신청한 경우
4. 등록신청에 필요한 자료 또는 서류를 첨부하지 아니한 경우
5. 제53조제1항 또는 제54조에 따라 등록을 신청한 사항의 내용이 문화체육관광부령으로 정하는 등록신청서 첨부서류의 내용과 일치하지 아니하는 경우
6. 등록신청이 문화체육관광부령으로 정한 서식에 맞지 아니한 경우

③ 제2항에 따라 등록신청이 반려된 경우에 그 등록을 신청한 자는 반려된 날부터 1개월 이내에 위원회에 이의를 신청할 수 있다.(2020.2.4 본항신설)

④ 위원회는 제3항에 따른 이의신청을 받았을 때에는 신청을 받은 날부터 1개월 이내에 심사하여 그 결과를 신청인에게 통지하여야 한다.(2020.2.4 본항신설)

⑤ 위원회는 제2항에 따른 반려처분에 대한 이의신청을 각하 또는 기각하는 결정을 한 때에는 신청인에게 행정심판 또는 행정소송을 제기할 수 있다는 취지를 이의신청 결과를 통지할 때 함께 알려야 한다.(2023.5.16 본항개정)

⑥ 위원회는 제1항에 따라 저작권등록부에 기록한 등록 사항에 대하여 등록공보를 발행하거나 정보통신망에 게시하여야 한다.

⑦ 위원회는 저작권등록부의 열람 또는 사본 발급을 신청하는 자가 있는 경우에는 이를 열람하게 하거나 그 사본을 내주어야 한다.(2020.2.4 본항신설)

⑧ 제1항부터 제7항까지에서 규정한 사항 외에 등록, 등록신청의 반려, 이의신청, 등록공보의 발행 또는 게시, 저작권등록부의 열람 및 사본의 발급 등에 필요한 사항은 대통령령으로 정한다.(2021.5.18 본항개정)
(2020.2.4 본조개정)

**제55조의2【착오·누락의 통지 및 직권 경정】** ① 위원회는 저작권등록부에 기록된 사항에 착오가 있거나 누락된 것이 있음을 발견하였을 때에는 지체 없이 그 사실을 제53조 또는 제54조에 따라 등록을 한 자(이하 "저작권 등록자"라 한다)에게 알려야 한다.
② 제1항의 착오나 누락이 등록 담당 직원의 잘못으로 인한 것인 경우에는 지체 없이 그 등록된 사항을 경정(更正)하고 그 내용을 저작권 등록자에게 알려야 한다.
③ 위원회는 제1항 및 제2항에 따른 등록 사항의 경정에 이해관계를 가진 제3자가 있는 경우에는 그 제3자에게도 착오나 누락의 내용과 그에 따른 경정사실을 알려야 한다.
(2020.2.4 본조신설)

**제55조의3【변경등록등의 신청 등】** ① 저작권 등록자는 다음 각 호의 어느 하나에 해당하는 경우에는 문화체육관광부령으로 정하는 바에 따라 해당 신청서에 이를 증명할 수 있는 서류를 첨부하여 위원회에 변경·경정·말소등록 또는 말소한 등록의 회복등록(이하 "변경등록등"이라 한다)을 신청할 수 있다.
1. 저작권등록부에 기록된 사항이 변경된 경우
2. 등록에 착오가 있거나 누락된 것이 있는 경우
3. 등록의 말소를 원하는 경우
4. 말소된 등록의 회복을 원하는 경우

② 위원회는 변경등록등 신청서에 적힌 내용이 이를 증명하는 서류의 내용과 서로 맞지 아니하는 경우에는 신청을 반려할 수 있다.
③ 제2항에 따라 등록신청이 반려된 경우에 그 등록을 신청한 자는 이의를 신청할 수 있다. 이 경우 이의신청에 관하여는 제55조제3항부터 제5항까지 및 제8항을 준용한다.
④ 위원회는 변경등록등의 신청을 받아들였을 때에는 그 내용을 저작권등록부에 기록하여야 한다.
⑤ 그 밖에 변경등록등의 신청, 신청의 반려 등에 필요한 사항은 대통령령으로 정한다.
(2020.2.4 본조신설)

**제55조의4【직권 말소등록】** ① 위원회는 제53조 또는 제54조에 따른 등록이 제55조제2항제1호부터 제3호까지 및 제5호의 어느 하나에 해당하는 것을 알게 된 경우에는 그 등록을 직권으로 말소할 수 있다.
② 위원회는 제1항에 따라 등록을 말소하려면 청문을 하여야 한다. 다만, 제1항에 따른 말소 사유가 확정판결로 확인된 경우에는 그러하지 아니한다.
③ 위원회는 제2항 단서에 따라 청문을 하지 아니하고 등록을 말소하는 경우에는 그 말소의 사실을 저작권 등록자 및 이해관계가 있는 제3자에게 알려야 한다.
(2020.2.4 본조신설)

**제55조의5【비밀유지의무】** 제53조부터 제55조까지, 제55조의2부터 제55조의4까지의 규정에 따른 등록 업무를 수행하는 직에 재직하는 사람과 재직하였던 사람은 직무상 알게 된 비밀을 다른 사람에게 누설하여서는 아니 된다.(2020.2.4 본조개정)

**제56조【권리자 등의 인증】** ① 문화체육관광부장관은 저작물등의 거래의 안전과 신뢰보호를 위하여 인증기관을 지정할 수 있다.(2008.2.29 본항개정)
② 제1항에 따른 인증기관의 지정과 지정취소 및 인증절차 등에 관하여 필요한 사항은 대통령령으로 정한다.
(2009.4.22 본항개정)

③ 제1항의 규정에 따른 인증기관은 인증과 관련한 수수료를 받을 수 있으며 그 금액은 문화체육관광부장관이 정한다.(2008.2.29 본항개정)

## 제7절 배타적발행권
(2011.12.2 본절개정)

**제57조【배타적발행권의 설정】** ① 저작물을 발행하거나 복제·전송(이하 "발행등"이라 한다)할 권리를 가진 자는 그 저작물을 발행등에 이용하고자 하는 자에 대하여 배타적 권리(이하 "배타적발행권"이라 하며, 제63조에 따른 출판권은 제외한다. 이하 같다)를 설정할 수 있다.
② 저작재산권자는 그 저작물에 대하여 발행등의 방법 및 조건이 중첩되지 않는 범위 내에서 새로운 배타적발행권을 설정할 수 있다.(2011.12.2 본항신설)
③ 제1항에 따라 배타적발행권을 설정받은 자(이하 "배타적발행권자"라 한다)는 그 설정행위에서 정하는 바에 따라 그 배타적발행권의 목적인 저작물을 발행등의 방법으로 이용할 권리를 가진다.
④ 저작재산권자는 그 저작물의 복제권·배포권·전송권을 목적으로 하는 질권이 설정되어 있는 경우에는 그 질권자의 허락이 있어야 배타적발행권을 설정할 수 있다.

**제58조【배타적발행권자의 의무】** ① 배타적발행권자는 그 설정행위에 특약이 없는 때에는 배타적발행권의 목적인 저작물을 복제하기 위하여 필요한 원고 또는 이에 상응하는 물건을 받은 날부터 9개월 이내에 이를 발행등의 방법으로 이용하여야 한다.(2021.5.18 본항개정)
② 배타적발행권자는 그 설정행위에 특약이 없는 때에는 관행에 따라 그 저작물을 계속하여 발행등의 방법으로 이용하여야 한다.
③ 배타적발행권자는 특약이 없는 때에는 각 복제물에 대통령령으로 정하는 바에 따라 저작재산권자의 표지를 하여야 한다. 다만, 「신문 등의 진흥에 관한 법률」 제9조제1항에 따라 등록된 신문과 「잡지 등 정기간행물의 진흥에 관한 법률」 제15조 및 제16조에 따라 등록 또는 신고된 정기간행물의 경우에는 그러하지 아니하다.(2020.2.4 본항개정)

**제58조의2【저작물의 수정증감】** ① 배타적발행권자가 배타적발행권의 목적인 저작물을 발행등의 방법으로 다시 이용하는 경우에 저작자는 정당한 범위 안에서 그 저작물의 내용을 수정하거나 증감할 수 있다.
② 배타적발행권자는 배타적발행권의 목적인 저작물을 발행등의 방법으로 다시 이용하고자 하는 경우에 특약이 없는 때에는 그때마다 미리 저작자에게 그 사실을 알려야 한다.

**제59조【배타적발행권의 존속기간 등】** ① 배타적발행권은 그 설정행위에 특약이 없는 때에는 맨 처음 발행등을 한 날부터 3년간 존속한다. 다만, 저작물의 영상화를 위하여 배타적발행권을 설정하는 경우에는 5년으로 한다.
(2023.8.8 본문개정)
② 저작재산권자는 배타적발행권 존속기간 중 그 배타적발행권의 목적인 저작물의 저작자가 사망한 때에는 제1항에도 불구하고 저작자를 위하여 저작물을 전집 그 밖의 편집물에 수록하거나 전집 그 밖의 편집물의 일부인 저작물을 분리하여 이를 따로 발행등의 방법으로 이용할 수 있다.

**제60조【배타적발행권의 소멸통지】** ① 저작재산권자는 배타적발행권자가 제58조제1항 또는 제2항을 위반한 경우에는 6개월 이상의 기간을 정하여 그 이행을 최고하고 그 기간 내에 이행하지 아니하는 때에는 배타적발행권의 소멸을 통지할 수 있다.(2023.8.8 본항개정)

② 저작재산권자는 배타적발행권자가 그 저작물을 발행등의 방법으로 이용하는 것이 불가능하거나 이용할 의사가 없음이 명백한 경우에는 제1항에도 불구하고 즉시 배타적발행권의 소멸을 통지할 수 있다.(2023.8.8 본항개정)
③ 제1항 또는 제2항에 따라 배타적발행권의 소멸을 통지한 경우에는 출판권자가 통지를 받은 때에 배타적발행권이 소멸한 것으로 본다.(2023.8.8 본항개정)
④ 제3항의 경우에 저작재산권자는 배타적발행권자에 대하여 언제든지 원상회복을 청구하거나 발행등을 중지함으로 인한 손해의 배상을 청구할 수 있다.
(2023.8.8 본조제목개정)

**第61조【배타적발행권 소멸 후의 복제물의 배포】** 배타적발행권이 그 존속기간의 만료 그 밖의 사유로 소멸된 경우에는 그 배타적발행권을 가지고 있던 자는 다음 각 호의 어느 하나에 해당하는 경우를 제외하고는 그 배타적발행권의 존속기간 중 만들어진 복제물을 배포할 수 없다.
1. 배타적발행권 설정행위에 특약이 있는 경우
2. 배타적발행권의 존속기간 중 저작재산권자에게 그 저작물의 발행에 따른 대가를 지급하고 그 대가에 상응하는 부수의 복제물을 배포하는 경우

**第62조【배타적발행권의 양도 · 제한 등】** ① 배타적발행권자는 저작재산권자의 동의 없이 배타적발행권을 양도하거나 또는 질권의 목적으로 할 수 없다.
② 배타적발행권의 목적으로 되어 있는 저작물의 복제 등에 관하여는 제23조, 제24조, 제25조제1항부터 제5항까지, 제26조부터 제28조까지, 제30조부터 제33조까지, 제35조제2항 및 제3항, 제35조의2부터 제35조의5까지, 제36조 및 제37조를 준용한다.
(2020.2.4 본항개정)

## 第7절의2 출판에 관한 특례
(2011.12.2 본절신설)

**第63조【출판권의 설정】** ① 저작물을 복제 · 배포할 권리를 가진 자(이하 "복제권자"라 한다)는 그 저작물을 인쇄 그 밖에 이와 유사한 방법으로 문서 또는 도화로 발행하고자 하는 자에 대하여 이를 출판할 권리(이하 "출판권"이라 한다)를 설정할 수 있다.
② 제1항에 따라 출판권을 설정받은 자(이하 "출판권자"라 한다)는 그 설정행위에서 정하는 바에 따라 그 출판권의 목적인 저작물을 원작 그대로 출판할 권리를 가진다.
③ 복제권자는 그 저작물의 복제권을 목적으로 하는 질권이 설정되어 있는 경우에는 그 질권자의 허락이 있어야 출판권을 설정할 수 있다.

**第63조의2【준용】** 제58조부터 제62조까지는 출판권에 관하여 준용한다. 이 경우 "배타적발행권"은 "출판권"으로, "저작재산권자"는 "복제권자"로 본다.

# 第3장 저작인접권

## 第1절 통 칙

**第64조【보호받는 실연 · 음반 · 방송】** ① 다음 각 호 각 목의 어느 하나에 해당하는 실연 · 음반 및 방송은 이 법에 따른 보호를 받는다.(2021.5.18 본문개정)
1. 실연
   가. 대한민국 국민(대한민국 법률에 따라 설립된 법인 및 대한민국 내에 주된 사무소가 있는 외국법인을 포함한다. 이하 같다)이 행하는 실연
   나. 대한민국이 가입 또는 체결한 조약에 따라 보호되는 실연

다. 제2호 각 목의 음반에 고정된 실연
라. 제3호 각 목의 방송에 의하여 송신되는 실연(송신 전에 녹음 또는 녹화되어 있는 실연은 제외한다)(2023.8.8 본목개정)

2. 음반
가. 대한민국 국민을 음반제작자로 하는 음반
나. 음이 맨 처음 대한민국 내에서 고정된 음반
다. 대한민국이 가입 또는 체결한 조약에 따라 보호되는 음반으로서 조약체결국 내에서 최초로 고정된 음반(2023.8.8 본목개정)
라. 대한민국이 가입 또는 체결한 조약에 따라 보호되는 음반으로서 조약체결국의 국민(해당 조약체결국의 법률에 따라 설립된 법인 및 해당 조약체결국 내에 주된 사무소가 있는 법인을 포함한다)을 음반제작자로 하는 음반(2023.8.8 본목개정)

3. 방송
가. 대한민국 국민인 방송사업자의 방송
나. 대한민국 내에 있는 방송설비로부터 행하여지는 방송
다. 대한민국이 가입 또는 체결한 조약에 따라 보호되는 방송으로서 조약체결국의 국민인 방송사업자가 해당 조약체결국 내에 있는 방송설비로부터 행하는 방송(2023.8.8 본목개정)

② 제1항에 따라 보호되는 외국인의 실연·음반 및 방송이라도 그 외국에서 보호기간이 만료된 경우에는 이 법에 따른 보호기간을 인정하지 아니한다.(2011.12.2 본항신설)

**제64조의2【실연자 등의 추정】** 이 법에 따라 보호되는 실연·음반·방송과 관련하여 실연자, 음반제작자 또는 방송사업자로서의 실명 또는 널리 알려진 이명이 일반적인 방법으로 표시된 자는 실연자, 음반제작자 또는 방송사업자로서 그 실연·음반·방송에 대하여 각각 실연자의 권리, 음반제작자의 권리 또는 방송사업자의 권리를 가지는 것으로 추정한다.(2011.6.30 본조신설)

**제65조【저작권과의 관계】** 이 장 각 조의 규정은 저작권에 영향을 미치는 것으로 해석되어서는 아니 된다.

## 제2절 실연자의 권리

**제66조【성명표시권】** ① 실연자는 그의 실연 또는 실연의 복제물에 그의 실명 또는 이명을 표시할 권리를 가진다.
② 실연을 이용하는 자는 그 실연자의 특별한 의사표시가 없는 때에는 실연자가 그의 실명 또는 이명을 표시한 바에 따라 이를 표시하여야 한다. 다만, 실연의 성질이나 그 이용의 목적 및 형태 등에 비추어 부득이하다고 인정되는 경우에는 그러하지 아니하다.

**제67조【동일성유지권】** 실연자는 그의 실연의 내용과 형식의 동일성을 유지할 권리를 가진다. 다만, 실연의 성질이나 그 이용의 목적 및 형태 등에 비추어 부득이하다고 인정되는 경우에는 그러하지 아니한다.

**제68조【실연자의 인격권의 일신전속성】** 제66조 및 제67조에 규정된 권리(이하 "실연자의 인격권"이라 한다)는 실연자 일신에 전속한다.

**제69조【복제권】** 실연자는 그의 실연을 복제할 권리를 가진다.

**제70조【배포권】** 실연자는 그의 실연의 복제물을 배포할 권리를 가진다. 다만, 실연의 복제물이 실연자의 허락을 받아 판매 등의 방법으로 거래에 제공된 경우에는 그러하지 아니하다.

**제71조【대여권】** 실연자는 제70조 단서에도 불구하고 그의 실연이 녹음된 상업용 음반을 영리를 목적으로 대여할 권리를 가진다.(2021.5.18 본조개정)

**제72조 【공연권】** 실연자는 그의 고정되지 아니한 실연을 공연할 권리를 가진다. 다만, 그 실연이 방송되는 실연인 경우에는 그러하지 아니하다.

**제73조 【방송권】** 실연자는 그의 실연을 방송할 권리를 가진다. 다만, 실연자의 허락을 받아 녹음된 실연에 대하여는 그러하지 아니하다.

**제74조 【전송권】** 실연자는 그의 실연을 전송할 권리를 가진다.

**제75조 【방송사업자의 실연자에 대한 보상】** ① 방송사업자가 실연이 녹음된 상업용 음반을 사용하여 방송하는 경우에는 상당한 보상금을 그 실연자에게 지급하여야 한다. 다만, 실연자가 외국인인 경우에 그 외국에서 대한민국 국민인 실연자에게 이 항의 규정에 따른 보상금을 인정하지 아니하는 때에는 그러하지 아니하다.(2016.3.22 본문개정)

② 제1항에 따른 보상금의 지급 등에 관하여는 제25조제7항부터 제11항까지의 규정을 준용한다.(2020.2.4 본항개정)

③ 제2항의 규정에 따른 단체가 보상권리자를 위하여 청구할 수 있는 보상금의 금액은 매년 그 단체와 방송사업자가 협의하여 정한다.

④ 제3항에 따른 협의가 성립되지 아니하는 경우에 그 단체 또는 방송사업자는 대통령령으로 정하는 바에 따라 위원회에 조정을 신청할 수 있다.
(2020.2.4 본항개정)

**제76조 【디지털음성송신사업자의 실연자에 대한 보상】** ① 디지털음성송신사업자가 실연이 녹음된 음반을 사용하여 송신하는 경우에는 상당한 보상금을 그 실연자에게 지급하여야 한다.

② 제1항에 따른 보상금의 지급 등에 관하여는 제25조제7항부터 제11항까지의 규정을 준용한다.(2020.2.4 본항개정)

③ 제2항의 규정에 따른 단체가 보상권리자를 위하여 청구할 수 있는 보상금의 금액은 매년 그 단체와 디지털음성송신사업자가 대통령령으로 정하는 기간 내에 협의하여 정한다.
(2021.5.18 본항개정)

④ 제3항의 규정에 따른 협의가 성립되지 아니한 경우에는 문화체육관광부장관이 정하여 고시하는 금액을 지급한다.(2008.2.29 본항개정)

**제76조의2 【상업용 음반을 사용하여 공연하는 자의 실연자에 대한 보상】** ① 실연이 녹음된 상업용 음반을 사용하여 공연을 하는 자는 상당한 보상금을 그 실연자에게 지급하여야 한다. 다만, 실연자가 외국인인 경우에 그 외국에서 대한민국 국민인 실연자에게 이 항의 규정에 따른 보상금을 인정하지 아니하는 때에는 그러하지 아니하다.
(2016.3.22 본문개정)

② 제1항에 따른 보상금의 지급 및 금액 등에 관하여는 제25조제7항부터 제11항까지 및 제76조제3항·제4항을 준용한다.(2020.2.4 본항개정)
(2016.3.22 본조제목개정)

**제77조 【공동실연자】** ① 2명 이상이 공동으로 합창·합주 또는 연극등을 실연하는 경우에 이 절에 규정된 실연자의 권리(실연자의 인격권은 제외한다)는 공동으로 실연하는 자가 선출하는 대표자가 이를 행사한다. 다만, 대표자의 선출이 없는 경우에는 지휘자 또는 연출자 등이 이를 행사한다.
(2021.5.18 본문개정)

② 제1항의 규정에 따라 실연자의 권리를 행사하는 경우에 독창 또는 독주가 함께 실연된 때에는 독창자 또는 독주자의 동의를 얻어야 한다.

③ 제15조의 규정은 공동실연자의 인격권 행사에 관하여 준용한다.

## 제3절 음반제작자의 권리

**제78조 【복제권】** 음반제작자는 그의 음반을 복제할 권리를 가진다.

**제79조【배포권】** 음반제작자는 그의 음반을 배포할 권리를 가진다. 다만, 음반의 복제물이 음반제작자의 허락을 받아 판매 등의 방법으로 거래에 제공된 경우에는 그러하지 아니하다.

**제80조【대여권】** 음반제작자는 제79조 단서에도 불구하고 상업용 음반을 영리를 목적으로 대여할 권리를 가진다.(2021.5.18 본조개정)

**제81조【전송권】** 음반제작자는 그의 음반을 전송할 권리를 가진다.

**제82조【방송사업자의 음반제작자에 대한 보상】** ① 방송사업자가 상업용 음반을 사용하여 방송하는 경우에는 상당한 보상금을 그 음반제작자에게 지급하여야 한다. 다만, 음반제작자가 외국인인 경우에 그 외국에서 대한민국 국민인 음반제작자에게 이 항의 규정에 따른 보상금을 인정하지 아니하는 때에는 그러하지 아니하다.(2016.3.22 본문개정)

② 제1항에 따른 보상금의 지급 및 금액 등에 관하여는 제25조제7항부터 제11항까지 및 제75조제3항·제4항을 준용한다.(2020.2.4 본항개정)

**제83조【디지털음성송신사업자의 음반제작자에 대한 보상】** ① 디지털음성송신사업자가 음반을 사용하여 송신하는 경우에는 상당한 보상금을 그 음반제작자에게 지급하여야 한다.

② 제1항에 따른 보상금의 지급 및 금액 등에 관하여는 제25조제7항부터 제11항까지 및 제76조제3항·제4항을 준용한다.(2020.2.4 본항개정)

**제83조의2【상업용 음반을 사용하여 공연하는 자의 음반제작자에 대한 보상】** ① 상업용 음반을 사용하여 공연을 하는 자는 상당한 보상금을 해당 음반제작자에게 지급하여야 한다. 다만, 음반제작자가 외국인인 경우에 그 외국에서 대한민국 국민인 음반제작자에게 이 항의 규정에 따른 보상금을 인정하지 아니하는 때에는 그러하지 아니하다.(2016.3.22 본문개정)

② 제1항에 따른 보상금의 지급 및 금액 등에 관하여는 제25조제7항부터 제11항까지 및 제76조제3항·제4항을 준용한다.(2020.2.4 본항개정)
(2016.3.22 본조제목개정)

## 제4절 방송사업자의 권리

**제84조【복제권】** 방송사업자는 그의 방송을 복제할 권리를 가진다.

**제85조【동시중계방송권】** 방송사업자는 그의 방송을 동시중계방송할 권리를 가진다.

**제85조의2【공연권】** 방송사업자는 공중의 접근이 가능한 장소에서 방송의 시청과 관련하여 입장료를 받는 경우에 그 방송을 공연할 권리를 가진다.
(2011.6.30 본조신설)

## 제5절 저작인접권의 보호기간

**제86조【보호기간】** ① 저작인접권은 다음 각 호의 어느 하나에 해당하는 때부터 발생하며, 어떠한 절차나 형식의 이행을 필요로 하지 아니한다.
(2011.12.2 본문개정)
1. 실연의 경우에는 그 실연을 한 때
2. 음반의 경우에는 그 음을 맨 처음 음반에 고정한 때
3. 방송의 경우에는 그 방송을 한 때

② 저작인접권(실연자의 인격권은 제외한다. 이하 같다)은 다음 각 호의 어느 하나에 해당하는 때의 다음 해부터 기산하여 70년(방송의 경우에는 50년)간 존속한다.(2011.12.2 본문개정)
1. 실연의 경우에는 그 실연을 한 때. 다만, 실연을 한 때부터 50년 이내에 실연이 고정된 음반이 발행된 경우에는 음반을 발행한 때(2011.12.2 본호개정)
2. 음반의 경우에는 그 음반을 발행한 때. 다만, 음을 음반에 맨 처음 고정한 때의 다음 해부터 기산하여 50년

이 지난 때까지 음반을 발행하지 아니한 경우에는 음을 음반에 맨 처음 고정한 때(2023.8.8 단서개정)
3. 방송의 경우에는 그 방송을 한 때

## 제6절 저작인접권의 제한 · 양도 · 행사 등

**제87조 【저작인접권의 제한】** ① 저작인접권의 목적이 된 실연 · 음반 또는 방송의 이용에 관하여는 제23조, 제24조, 제25조제1항부터 제5항까지, 제26조부터 제32조까지, 제33조제2항, 제34조, 제35조의2부터 제35조의5까지, 제36조 및 제37조를 준용한다.
(2020.2.4 본항개정)
② 디지털음성송신사업자는 제76조제1항 및 제83조제1항에 따라 실연이 녹음된 음반을 사용하여 송신하는 경우에는 자체의 수단으로 실연이 녹음된 음반을 일시적으로 복제할 수 있다. 이 경우 복제물의 보존기간에 관하여는 제34조제2항을 준용한다.(2009.4.22 본항신설)

**제88조 【저작인접권의 양도 · 행사 등】** 저작인접권의 양도에 관하여는 제45조제1항을, 실연 · 음반 또는 방송의 이용허락에 관하여는 제46조를, 저작인접권을 목적으로 하는 질권의 행사에 관하여는 제47조를, 저작인접권의 소멸에 관하여는 제49조를, 실연 · 음반 또는 방송의 배타적발행권의 설정 등에 관하여는 제57조부터 제62조까지의 규정을 각각 준용한다.
(2011.12.2 본조개정)

**제89조 【실연 · 음반 및 방송이용의 법정허락】** 제50조부터 제52조까지는 실연 · 음반 및 방송의 이용에 관하여 준용한다.(2023.8.8 본조개정)

**제90조 【저작인접권의 등록】** 저작인접권 또는 저작인접권의 배타적발행권의 등록, 변경등록등에 관하여는 제53조부터 제55조까지 및 제55조의2부터 제55조의5까지의 규정을 준용한다. 이 경우 제55조, 제55조의2 및 제55조의3 중 "저작권등록부"는 "저작인접권등록부"로 본다.(2020.2.4 본조개정)

## 제4장 데이터베이스제작자의 보호

**제91조 【보호받는 데이터베이스】** ① 다음 각 호의 어느 하나에 해당하는 자의 데이터베이스는 이 법에 따른 보호를 받는다.
1. 대한민국 국민
2. 데이터베이스의 보호와 관련하여 대한민국이 가입 또는 체결한 조약에 따라 보호되는 외국인

② 제1항의 규정에 따라 보호되는 외국인의 데이터베이스라도 그 외국에서 대한민국 국민의 데이터베이스를 보호하지 아니하는 경우에는 그에 상응하게 조약 및 이 법에 따른 보호를 제한할 수 있다.

**제92조 【적용 제외】** 다음 각 호의 어느 하나에 해당하는 데이터베이스에 대하여는 이 장의 규정을 적용하지 아니한다.
1. 데이터베이스의 제작 · 갱신등 또는 운영에 이용되는 컴퓨터프로그램
2. 무선 또는 유선통신을 기술적으로 가능하게 하기 위하여 제작되거나 갱신등이 되는 데이터베이스

**제93조 【데이터베이스제작자의 권리】** ① 데이터베이스제작자는 그의 데이터베이스의 전부 또는 상당한 부분을 복제 · 배포 · 방송 또는 전송(이하 이 조에서 "복제등"이라 한다)할 권리를 가진다.
② 데이터베이스의 개별 소재는 제1항에 따른 해당 데이터베이스의 상당한 부분으로 간주되지 아니한다. 다만, 데이터베이스의 개별 소재 또는 그 상당한 부분에 이르지 못하는 부분의 복제등이라 하더라도 반복적이거나 특정한

목적을 위하여 체계적으로 함으로써 해당 데이터베이스의 일반적인 이용과 충돌하거나 데이터베이스제작자의 이익을 부당하게 해치는 경우에는 해당 데이터베이스의 상당한 부분의 복제등으로 본다.(2023.8.8 단서개정)

③ 이 장에 따른 보호는 데이터베이스의 구성부분이 되는 소재의 저작권 그 밖에 이 법에 따라 보호되는 권리에 영향을 미치지 아니한다.

④ 이 장에 따른 보호는 데이터베이스의 구성부분이 되는 소재 그 자체에는 미치지 아니한다.

**제94조【데이터베이스제작자의 권리 제한】** ① 데이터베이스제작자의 권리의 목적이 되는 데이터베이스의 이용에 관하여는 제23조, 제28조부터 제34조까지, 제35조의2, 제35조의4, 제35조의5, 제36조 및 제37조를 준용한다.(2019.11.26 본항개정)

② 다음 각 호의 어느 하나에 해당하는 경우에는 누구든지 데이터베이스의 전부 또는 그 상당한 부분을 복제·배포·방송 또는 전송할 수 있다. 다만, 해당 데이터베이스의 일반적인 이용과 저촉되는 경우에는 그러하지 아니하다.(2023.8.8 단서개정)

1. 교육·학술 또는 연구를 위하여 이용하는 경우. 다만, 영리를 목적으로 하는 경우에는 그러하지 아니하다.
2. 시사보도를 위하여 이용하는 경우

**제95조【보호기간】** ① 데이터베이스제작자의 권리는 데이터베이스의 제작을 완료한 때부터 발생하며, 그 다음 해부터 기산하여 5년간 존속한다.

② 데이터베이스의 갱신등을 위하여 인적 또는 물적으로 상당한 투자가 이루어진 경우에 해당 부분에 대한 데이터베이스제작자의 권리는 그 갱신등을 한 때부터 발생하며, 그 다음 해부터 기산하여 5년간 존속한다.(2021.5.18 본항개정)

**제96조【데이터베이스제작자의 권리의 양도·행사 등】** 데이터베이스의 거래제공에 관하여는 제20조 단서를, 데이터베이스제작자의 권리의 양도에 관하여는 제45조제1항을, 데이터베이스의 이용허락에 관하여는 제46조를, 데이터베이스제작자의 권리를 목적으로 하는 질권의 행사에 관하여는 제47조를, 공동데이터베이스의 데이터베이스제작자의 권리행사에 관하여는 제48조를, 데이터베이스제작자의 권리의 소멸에 관하여는 제49조를, 데이터베이스의 배타적발행권의 설정 등에 관하여는 제57조부터 제62조까지의 규정을 각각 준용한다.(2011.12.2 본조개정)

**제97조【데이터베이스 이용의 법정허락】** 제50조 및 제51조의 규정은 데이터베이스의 이용에 관하여 준용한다.

**제98조【데이터베이스제작자의 권리의 등록】** 데이터베이스제작자의 권리 및 데이터베이스제작자 권리의 배타적발행권 등록, 변경등록등에 관하여는 제53조부터 제55조까지 및 제55조의2부터 제55조의5까지의 규정을 준용한다. 이 경우 제55조, 제55조의2 및 제55조의3 중 "저작권등록부"는 "데이터베이스제작자권리등록부"로 본다.(2020.2.4 본조개정)

## 제5장 영상저작물에 관한 특례

**제99조【저작물의 영상화】** ① 저작재산권자가 저작물의 영상화를 다른 사람에게 허락한 경우에 특약이 없는 때에는 다음 각 호의 권리를 포함하여 허락한 것으로 추정한다.

1. 영상저작물을 제작하기 위하여 저작물을 각색하는 것
2. 공개상영을 목적으로 한 영상저작물을 공개상영하는 것
3. 방송을 목적으로 한 영상저작물을 방송하는 것

4. 전송을 목적으로 한 영상저작물을 전송하는 것
5. 영상저작물을 그 본래의 목적으로 복제·배포하는 것
6. 영상저작물의 번역물을 그 영상저작물과 같은 방법으로 이용하는 것

② 저작재산권자는 그 저작물의 영상화를 허락한 경우에 특약이 없는 때에는 허락한 날부터 5년이 지난 때에 그 저작물을 다른 영상저작물로 영상화하는 것을 허락할 수 있다.(2023.8.8 본항개정)

**제100조【영상저작물에 대한 권리】** ① 영상제작자와 영상저작물의 제작에 협력할 것을 약정한 자가 그 영상저작물에 대하여 저작권을 취득한 경우 특약이 없으면 그 영상저작물의 이용을 위하여 필요한 권리는 영상제작자가 이를 양도 받은 것으로 추정한다.
(2023.8.8 본항개정)

② 영상저작물의 제작에 사용되는 소설·각본·미술저작물 또는 음악저작물 등의 저작재산권은 제1항의 규정으로 인하여 영향을 받지 아니한다.

③ 영상제작자와 영상저작물의 제작에 협력할 것을 약정한 실연자의 그 영상저작물의 이용에 관한 제69조의 규정에 따른 복제권, 제70조의 규정에 따른 배포권, 제73조의 규정에 따른 방송권 및 제74조의 규정에 따른 전송권은 특약이 없으면 영상제작자가 이를 양도 받은 것으로 추정한다.(2023.8.8 본항개정)

**제101조【영상제작자의 권리】** ① 영상제작물의 제작에 협력할 것을 약정한 자로부터 영상제작자가 양도 받는 영상저작물의 이용을 위하여 필요한 권리는 영상저작물을 복제·배포·공개상영·방송·전송 그 밖의 방법으로 이용할 권리로 하며, 이를 양도하거나 질권의 목적으로 할 수 있다.

② 실연자로부터 영상제작자가 양도받는 권리는 그 영상저작물을 복제·배포·방송 또는 전송할 권리로 하며, 이를 양도하거나 질권의 목적으로 할 수 있다.

## 제5장의2 프로그램에 관한 특례

(2009.4.22 본장신설)

**제101조의2【보호의 대상】** 프로그램을 작성하기 위하여 사용하는 다음 각 호의 사항에는 이 법을 적용하지 아니한다.

1. 프로그램 언어 : 프로그램을 표현하는 수단으로서 문자·기호 및 그 체계
2. 규약 : 특정한 프로그램에서 프로그램 언어의 용법에 관한 특별한 약속
3. 해법 : 프로그램에서 지시·명령의 조합방법

**제101조의3【프로그램의 저작재산권의 제한】** ① 다음 각 호의 어느 하나에 해당하는 경우에는 그 목적을 위하여 필요한 범위에서 공표된 프로그램을 복제 또는 배포할 수 있다. 다만, 프로그램의 종류·용도, 프로그램에서 복제된 부분이 차지하는 비중 및 복제의 부수 등에 비추어 프로그램의 저작재산권자의 이익을 부당하게 해치는 경우에는 그러하지 아니하다.(2023.8.8 본문개정)

1. 재판 또는 수사를 위하여 복제하는 경우

1의2. 제119조제1항제2호에 따른 감정을 위하여 복제하는 경우
(2020.2.4 본호신설)

2. 「유아교육법」, 「초·중등교육법」, 「고등교육법」에 따른 학교 및 다른 법률에 따라 설립된 교육기관(초등학교·중학교 또는 고등학교를 졸업한 것과 같은 수준의 학력이 인정되거나 학위를 수여하는 교육기관으로 한정한다)에서 교육을 담당하는 자

가 수업과정에 제공할 목적으로 복제 또는 배포하는 경우(2020.2.4 본호개정)

3. 「초·중등교육법」에 따른 학교 및 이에 준하는 학교의 교육목적을 위한 교과용 도서에 게재하기 위하여 복제하는 경우
4. 가정과 같은 한정된 장소에서 개인적인 목적(영리를 목적으로 하는 경우는 제외한다)으로 복제하는 경우
5. 「초·중등교육법」, 「고등교육법」에 따른 학교 및 이에 준하는 학교의 입학시험이나 그 밖의 학식 및 기능에 관한 시험 또는 검정을 목적(영리를 목적으로 하는 경우는 제외한다)으로 복제 또는 배포하는 경우

(2023.8.8 4호~5호개정)

6. 프로그램의 기초를 이루는 아이디어 및 원리를 확인하기 위하여 프로그램의 기능을 조사·연구·시험할 목적으로 복제하는 경우(정당한 권한에 따라 프로그램을 이용하는 자가 해당 프로그램을 이용 중인 경우로 한정한다)(2021.5.18 본호개정)

② 컴퓨터의 유지·보수를 위하여 그 컴퓨터를 이용하는 과정에서 프로그램(정당하게 취득한 경우로 한정한다)을 일시적으로 복제할 수 있다.
(2021.5.18 본항개정)

③ 제1항제3호에 따라 프로그램을 교과용 도서에 게재하려는 자는 문화체육관광부장관이 정하여 고시하는 기준에 따른 보상금을 해당 저작재산권자에게 지급하여야 한다. 이 경우 보상금 지급에 관하여는 제25조제7항부터 제11항까지의 규정을 준용한다.
(2020.2.4 후단개정)

**제101조의4 【프로그램코드역분석】**
① 정당한 권한에 의하여 프로그램을 이용하는 자 또는 그의 허락을 받은 자는 호환에 필요한 정보를 쉽게 얻을 수 없고 그 획득이 불가피한 경우에는 해당 프로그램의 호환에 필요한 부분에 한정하여 프로그램의 저작재산권자의 허락을 받지 아니하고 프로그램코드역분석을 할 수 있다.(2023.8.8 본항개정)

② 제1항에 따른 프로그램코드역분석을 통하여 얻은 정보는 다음 각 호의 어느 하나에 해당하는 경우에는 이를 이용할 수 없다.

1. 호환 목적 외의 다른 목적을 위하여 이용하거나 제3자에게 제공하는 경우
2. 프로그램코드역분석의 대상이 되는 프로그램과 표현이 실질적으로 유사한 프로그램을 개발·제작·판매하거나 그 밖에 프로그램의 저작권을 침해하는 행위에 이용하는 경우

**제101조의5 【정당한 이용자에 의한 보존을 위한 복제 등】** ① 프로그램의 복제물을 정당한 권한에 의하여 소지·이용하는 자는 그 복제물의 멸실·훼손 또는 변질 등에 대비하기 위하여 필요한 범위에서 해당 복제물을 복제할 수 있다.

② 프로그램의 복제물을 소지·이용하는 자는 해당 프로그램의 복제물을 소지·이용할 권리를 상실한 때에는 그 프로그램의 저작재산권자의 특별한 의사표시가 없으면 제1항에 따라 복제한 것을 폐기하여야 한다. 다만, 프로그램의 복제물을 소지·이용할 권리가 해당 복제물이 멸실됨으로 인하여 상실된 경우에는 그러하지 아니하다.
(2023.8.8 본문개정)

**제101조의6** (2011.12.2 삭제)

**제101조의7 【프로그램의 임치】** ① 프로그램의 저작재산권자와 프로그램의 이용허락을 받은 자는 대통령령으로 정하는 자(이하 이 조에서 "수치인"이라 한다)와 서로 합의하여 프로그램의 원시코드 및 기술정보 등을 수치인에게 임치할 수 있다.

② 프로그램의 이용허락을 받은 자는 제1항에 따른 합의에서 정한 사유가

발생한 때에 수치인에게 프로그램의 원시코드 및 기술정보 등의 제공을 요구할 수 있다.

## 제6장 온라인서비스제공자의 책임 제한

**제102조 【온라인서비스제공자의 책임 제한】** ① 온라인서비스제공자는 다음 각 호의 행위와 관련하여 저작권, 그 밖에 이 법에 따라 보호되는 권리가 침해되더라도 그 호의 분류에 따라 각 목의 요건을 모두 갖춘 경우에는 그 침해에 대하여 책임을 지지 아니한다.

1. 내용의 수정 없이 저작물등을 송신하거나 경로를 지정하거나 연결을 제공하는 행위 또는 그 과정에서 저작물등을 그 송신을 위하여 합리적으로 필요한 기간 내에서 자동적·중개적·일시적으로 저장하는 행위
   가. 온라인서비스제공자가 저작물등의 송신을 시작하지 아니한 경우
   나. 온라인서비스제공자가 저작물등이나 그 수신자를 선택하지 아니한 경우
   다. 저작권, 그 밖에 이 법에 따라 보호되는 권리를 반복적으로 침해하는 자의 계정(온라인서비스제공자가 이용자를 식별·관리하기 위하여 사용하는 이용권한 계좌를 말한다. 이하 이 조, 제103조의2, 제133조의2 및 제133조의3에서 같다)을 해지하는 방침을 채택하고 이를 합리적으로 이행한 경우 (2011.12.2 본목신설)
   라. 저작물등을 식별하고 보호하기 위한 기술조치로서 대통령령으로 정하는 조건을 충족하는 표준적인 기술조치를 권리자가 이용한 때에는 이를 수용하고 방해하지 아니한 경우(2011.12.2 본목신설)
2. 서비스이용자의 요청에 따라 송신된 저작물등을 후속 이용자들이 효율적으로 접근하거나 수신할 수 있게 할 목적으로 그 저작물등을 자동적·중개적·일시적으로 저장하는 행위
   가. 제1호 각 목의 요건을 모두 갖춘 경우
   나. 온라인서비스제공자가 그 저작물등을 수정하지 아니한 경우
   다. 제공되는 저작물등에 접근하기 위한 조건이 있는 경우에는 그 조건을 지킨 이용자에게만 임시저장된 저작물등의 접근을 허용한 경우
   라. 저작물등을 복제·전송하는 자(이하 "복제·전송자"라 한다)가 명시한, 컴퓨터나 정보통신망에 대하여 그 업계에서 일반적으로 인정되는 데이터통신규약에 따른 저작물등의 현행화에 관한 규칙을 지킨 경우. 다만, 복제·전송자가 그러한 저장을 불합리하게 제한할 목적으로 현행화에 관한 규칙을 정한 경우에는 그러하지 아니한다.
   마. 저작물등이 있는 본래의 사이트에서 그 저작물등의 이용에 관한 정보를 얻기 위하여 적용한, 그 업계에서 일반적으로 인정되는 기술의 사용을 방해하지 아니한 경우
   바. 제103조제1항에 따른 복제·전송의 중단요구를 받은 경우, 본래의 사이트에서 그 저작물등이 삭제되었거나 접근할 수 없게 된 경우, 또는 법원, 관계 중앙행정기관의 장이 그 저작물등을 삭제하거나 접근할 수 없게 하도록 명령을 내린 사실을 실제로 알게 된 경우에 그 저작물등을 즉시 삭제하거나 접근할 수 없게 한 경우
3. 복제·전송자의 요청에 따라 저작물등을 온라인서비스제공자의 컴퓨터에 저장하는 행위 또는 정보검색도구를 통하여 이용자에게 정보통신망상 저작물등의 위치를 알 수 있게 하거나 연결하는 행위(2020.2.4 본문개정)

가. 제1호 각 목의 요건을 모두 갖춘 경우
나. 온라인서비스제공자가 침해행위를 통제할 권한과 능력이 있을 때에는 그 침해행위로부터 직접적인 금전적 이익을 얻지 아니한 경우
다. 온라인서비스제공자가 침해를 실제로 알게 되거나 제103조제1항에 따른 복제·전송의 중단요구 등을 통하여 침해가 명백하다는 사실 또는 정황을 알게 된 때에 즉시 그 저작물등의 복제·전송을 중단시킨 경우
라. 제103조제4항에 따라 복제·전송의 중단요구 등을 받을 자를 지정하여 공지한 경우

4. (2020.2.4 삭제)

② 제1항에도 불구하고 온라인서비스제공자가 제1항에 따른 조치를 취하는 것이 기술적으로 불가능한 경우에는 다른 사람에 의한 저작물등의 복제·전송으로 인한 저작권, 그 밖에 이 법에 따라 보호되는 권리의 침해에 대하여 책임을 지지 아니한다.

③ 제1항에 따른 책임 제한과 관련하여 온라인서비스제공자는 자신의 서비스 안에서 침해행위가 일어나는지를 모니터링하거나 그 침해행위에 관하여 적극적으로 조사할 의무를 지지 아니한다.(2011.6.30 본항신설)

(2011.6.30 본조개정)

**제103조【복제·전송의 중단】** ① 온라인서비스제공자(제102조제1항제1호의 경우는 제외한다. 이하 이 조에서 같다)의 서비스를 이용한 저작물등의 복제·전송에 따라 저작권, 그 밖에 이 법에 따라 보호되는 자신의 권리가 침해됨을 주장하는 자(이하 이 조에서 "권리주장자"라 한다)는 그 사실을 소명하여 온라인서비스제공자에게 그 저작물등의 복제·전송을 중단시킬 것을 요구할 수 있다.(2011.6.30 본항개정)

② 온라인서비스제공자는 제1항에 따른 복제·전송의 중단요구를 받은 경우에는 즉시 그 저작물등의 복제·전송을 중단시키고 권리주장자에게 그 사실을 통보하여야 한다. 다만, 제102조제1항제3호의 온라인서비스제공자는 그 저작물등의 복제·전송자에게도 이를 통보하여야 한다.

(2020.2.4 단서개정)

③ 제2항에 따른 통보를 받은 복제·전송자가 자신의 복제·전송이 정당한 권리에 의한 것임을 소명하여 그 복제·전송의 재개를 요구하는 경우 온라인서비스제공자는 재개요구사실 및 재개예정일을 권리주장자에게 지체 없이 통보하고 그 예정일에 복제·전송을 재개시켜야 한다. 다만, 권리주장자가 복제·전송자의 침해행위에 대하여 소를 제기한 사실을 재개예정일 전에 온라인서비스제공자에게 통보한 경우에는 그러하지 아니하다.(2011.12.2 본항개정)

④ 온라인서비스제공자는 제1항 및 제3항의 규정에 따른 복제·전송의 중단 및 그 재개의 요구를 받을 자(이하 이 조에서 "수령인"이라 한다)를 지정하여 자신의 설비 또는 서비스를 이용하는 자들이 쉽게 알 수 있도록 공지하여야 한다.

⑤ 온라인서비스제공자가 제4항에 따른 공지를 하고 제2항 및 제3항에 따라 그 저작물등의 복제·전송을 중단시키거나 재개시킨 경우에는 다른 사람에 의한 저작권 그 밖에 이 법에 따라 보호되는 권리의 침해에 대한 온라인서비스제공자의 책임 및 복제·전송자에게 발생하는 손해에 대한 온라인서비스제공자의 책임을 면제한다. 다만, 이 항의 규정은 온라인서비스제공자가 다른 사람에 의한 저작물등의 복제·전송으로 인하여 그 저작권 그 밖에 이 법에 따라 보호되는 권리가 침해된다는 사실을 안 때부터 제1항에 따른 중단을 요구받기 전까지 발생한 책

임에는 적용하지 아니한다.(2011.12.2 본항개정)

⑥ 정당한 권리 없이 제1항 및 제3항의 규정에 따른 그 저작물등의 복제·전송의 중단이나 재개를 요구하는 자는 그로 인하여 발생하는 손해를 배상하여야 한다.

⑦ 제1항부터 제4항까지의 규정에 따른 소명, 중단, 통보, 복제·전송의 재개, 수령인의 지정 및 공지 등에 관하여 필요한 사항은 대통령령으로 정한다. 이 경우 문화체육관광부장관은 관계 중앙행정기관의 장과 미리 협의하여야 한다.(2011.6.30 전단개정)

**제103조의2 【온라인서비스제공자에 대한 법원 명령의 범위】** ① 법원은 제102조제1항제1호에 따른 요건을 충족한 온라인서비스제공자에게 제123조제3항에 따라 필요한 조치를 명하는 경우에는 다음 각 호의 조치만을 명할 수 있다.

1. 특정 계정의 해지
2. 특정 해외 인터넷 사이트에 대한 접근을 막기 위한 합리적 조치

② 법원은 제102조제1항제2호 및 제3호의 요건을 충족한 온라인서비스제공자에게 제123조제3항에 따라 필요한 조치를 명하는 경우에는 다음 각 호의 조치만을 명할 수 있다.(2020.2.4 본문개정)

1. 불법복제물의 삭제
2. 불법복제물에 대한 접근을 막기 위한 조치
3. 특정 계정의 해지
4. 그 밖에 온라인서비스제공자에게 최소한의 부담이 되는 범위에서 법원이 필요하다고 판단하는 조치

(2011.12.2 본조신설)

**제103조의3 【복제·전송자에 관한 정보 제공의 청구】** ① 권리주장자가 민사상의 소제기 및 형사상의 고소를 위하여 해당 온라인서비스제공자에게 그 온라인서비스제공자가 가지고 있는 해당 복제·전송자의 성명과 주소 등 필요한 최소한의 정보 제공을 요청하였으나 온라인서비스제공자가 이를 거절한 경우 권리주장자는 문화체육관광부장관에게 해당 온라인서비스제공자에 대하여 그 정보의 제공을 명령하여 줄 것을 청구할 수 있다.

② 문화체육관광부장관은 제1항에 따른 청구가 있으면 제122조의6에 따른 저작권보호심의위원회의 심의를 거쳐 온라인서비스제공자에게 해당 복제·전송자의 정보를 제출하도록 명할 수 있다.(2016.3.22 본항개정)

③ 온라인서비스제공자는 제2항의 명령을 받은 날부터 7일 이내에 그 정보를 문화체육관광부장관에게 제출하여야 하며, 문화체육관광부장관은 그 정보를 제1항에 따른 청구를 한 자에게 지체 없이 제공하여야 한다.

④ 제3항에 따라 해당 복제·전송자의 정보를 제공받은 자는 해당 정보를 제1항의 청구 목적 외의 용도로 사용하여서는 아니 된다.

⑤ 그 밖에 복제·전송자에 관한 정보의 제공에 필요한 사항은 대통령령으로 정한다.

(2011.12.2 본조신설)

**제104조 【특수한 유형의 온라인서비스제공자의 의무 등】** ① 다른 사람들 상호 간에 컴퓨터를 이용하여 저작물등을 전송하도록 하는 것을 주된 목적으로 하는 온라인서비스제공자(이하 "특수한 유형의 온라인서비스제공자"라 한다)는 권리자의 요청이 있는 경우 해당 저작물등의 불법적인 전송을 차단하는 기술적인 조치 등 필요한 조치를 하여야 한다. 이 경우 권리자의 요청 및 필요한 조치에 관한 사항은 대통령령으로 정한다.(2009.4.22 전단개정)

② 문화체육관광부장관은 제1항의 규정에 따른 특수한 유형의 온라인서비스제공자의 범위를 정하여 고시할 수 있다.(2008.2.29 본항개정)

③ 문화체육관광부장관은 제1항에 따른 기술적인 조치 등 필요한 조치의 이행 여부를 정보통신망을 통하여 확인하여야 한다.(2020.2.4 본항신설)
④ 문화체육관광부장관은 제3항에 따른 업무를 대통령령으로 정하는 기관 또는 단체에 위탁할 수 있다.
(2020.2.4 본항신설)

## 제6장의2 기술적 보호조치의 무력화 금지 등
(2011.6.30 본장신설)

**제104조의2 【기술적 보호조치의 무력화 금지】** ① 누구든지 정당한 권한 없이 고의 또는 과실로 제2조제28호 가목의 기술적 보호조치를 제거·변경하거나 우회하는 등의 방법으로 무력화하여서는 아니 된다. 다만, 다음 각 호의 어느 하나에 해당하는 경우에는 그러하지 아니하다.

1. 암호 분야의 연구에 종사하는 자가 저작물등의 복제물을 정당하게 취득하여 저작물등에 적용된 암호 기술의 결함이나 취약점을 연구하기 위하여 필요한 범위에서 행하는 경우. 다만, 권리자로부터 연구에 필요한 이용을 허락받기 위하여 상당한 노력을 하였으나 허락을 받지 못한 경우로 한정한다.(2021.5.18 단서개정)
2. 미성년자에게 유해한 온라인상의 저작물등에 미성년자가 접근하는 것을 방지하기 위하여 기술·제품·서비스 또는 장치에 기술적 보호조치를 무력화하는 구성요소나 부품을 포함하는 경우. 다만, 제2항에 따라 금지되지 아니하는 경우로 한정한다.
(2021.5.18 단서개정)
3. 개인의 온라인상의 행위를 파악할 수 있는 개인 식별 정보를 비공개적으로 수집·유포하는 기능을 확인하고, 이를 무력화하기 위하여 필요한 경우. 다만, 다른 사람들이 저작물등에 접근하는 것에 영향을 미치는 경우는 제외한다.
4. 국가의 법집행, 합법적인 정보수집 또는 안전보장 등을 위하여 필요한 경우
5. 제25조제3항 및 제4항에 따른 학교·교육기관·교육훈련기관 및 수업지원기관, 제31조제1항에 따른 도서관(비영리인 경우로 한정한다) 또는 「공공기록물 관리에 관한 법률」에 따른 기록물관리기관이 저작물등의 구입 여부를 결정하기 위하여 필요한 경우. 다만, 기술적 보호조치를 무력화하지 아니하고는 접근할 수 없는 경우로 한정한다.(2024.2.27 본문개정)
6. 정당한 권한을 가지고 프로그램을 사용하는 자가 다른 프로그램과의 호환을 위하여 필요한 범위에서 프로그램코드역분석을 하는 경우
7. 정당한 권한을 가진 자가 오로지 컴퓨터 또는 정보통신망의 보안성을 검사·조사 또는 보정하기 위하여 필요한 경우
8. 기술적 보호조치의 무력화 금지에 의하여 특정 종류의 저작물등을 정당하게 이용하는 것이 불합리하게 영향을 받거나 받을 가능성이 있다고 인정되어 대통령령으로 정하는 절차에 따라 문화체육관광부장관이 정하여 고시하는 경우. 이 경우 그 예외의 효력은 3년으로 한다.

② 누구든지 정당한 권한 없이 다음과 같은 장치, 제품 또는 부품을 제조, 수입, 배포, 전송, 판매, 대여, 공중에 대한 청약, 판매나 대여를 위한 광고, 또는 유통을 목적으로 보관 또는 소지하거나, 서비스를 제공하여서는 아니 된다.

1. 기술적 보호조치의 무력화를 목적으로 홍보, 광고 또는 판촉되는 것
2. 기술적 보호조치를 무력화하는 것 외에는 제한적으로 상업적인 목적 또는 용도만 있는 것

3. 기술적 보호조치를 무력화하는 것을 가능하게 하거나 용이하게 하는 것을 주된 목적으로 고안, 제작, 개조되거나 기능하는 것

③ 제2항에도 불구하고 다음 각 호의 어느 하나에 해당하는 경우에는 그러하지 아니하다.

1. 제2조제28호가목의 기술적 보호조치와 관련하여 제1항제1호·제2호·제4호·제6호 및 제7호에 해당하는 경우
2. 제2조제28호나목의 기술적 보호조치와 관련하여 제1항제4호 및 제6호에 해당하는 경우

**제104조의3【권리관리정보의 제거·변경 등의 금지】** ① 누구든지 정당한 권한 없이 저작권, 그 밖에 이 법에 따라 보호되는 권리의 침해를 유발 또는 은닉한다는 사실을 알거나 과실로 알지 못하고 다음 각 호의 어느 하나에 해당하는 행위를 하여서는 아니 된다.

1. 권리관리정보를 고의로 제거·변경하거나 거짓으로 부가하는 행위 (2011.12.2 본호개정)
2. 권리관리정보가 정당한 권한 없이 제거 또는 변경되었다는 사실을 알면서 그 권리관리정보를 배포하거나 배포할 목적으로 수입하는 행위 (2011.12.2 본호신설)
3. 권리관리정보가 정당한 권한 없이 제거·변경되거나 거짓으로 부가된 사실을 알면서 해당 저작물등의 원본이나 그 복제물을 배포·공연 또는 공중송신하거나 배포를 목적으로 수입하는 행위(2011.12.2 본호개정)

② 제1항은 국가의 법집행, 합법적인 정보수집 또는 안전보장 등을 위하여 필요한 경우에는 적용하지 아니한다.

**제104조의4【암호화된 방송 신호의 무력화 등의 금지】** 누구든지 다음 각 호의 어느 하나에 해당하는 행위를 하여서는 아니 된다.

1. 암호화된 방송 신호를 방송사업자의 허락 없이 복호화(復號化)하는 데에 주로 사용될 것을 알거나 과실로 알지 못하고, 그러한 목적을 가진 장치·제품·주요부품 또는 프로그램 등 유·무형의 조치를 제조·조립·변경·수입·수출·판매·임대하거나 그 밖의 방법으로 전달하는 행위. 다만, 제104조의2제1항제1호·제2호 또는 제4호에 해당하는 경우에는 그러하지 아니하다.
2. 암호화된 방송 신호가 정당한 권한에 의하여 복호화된 경우 그 사실을 알고 그 신호를 방송사업자의 허락 없이 영리를 목적으로 다른 사람에게 공중송신하는 행위
3. 암호화된 방송 신호가 방송사업자의 허락없이 복호화된 것임을 알면서 그러한 신호를 수신하여 청취 또는 시청하거나 다른 사람에게 공중송신하는 행위

(2011.12.2 본조신설)

**제104조의5【라벨 위조 등의 금지】** 누구든지 정당한 권한 없이 다음 각 호의 어느 하나에 해당하는 행위를 하여서는 아니 된다.

1. 저작물등의 라벨을 불법복제물이나 그 문서 또는 포장에 부착·동봉 또는 첨부하기 위하여 위조하거나 그러한 사실을 알면서 배포 또는 배포할 목적으로 소지하는 행위
2. 저작물등의 권리자나 권리자의 동의를 받은 자로부터 허락을 받아 제작한 라벨을 그 허락 범위를 넘어 배포하거나 그러한 사실을 알면서 다시 배포 또는 다시 배포할 목적으로 소지하는 행위
3. 저작물등의 적법한 복제물과 함께 배포되는 문서 또는 포장을 불법복제물에 사용하기 위하여 위조하거나 그러한 사실을 알면서 위조된 문서 또는 포장을 배포하거나 배포할 목적으로 소지하는 행위

(2011.12.2 본조신설)

**제104조의6【영상저작물 녹화 등의 금지】** 누구든지 저작권으로 보호되는 영상저작물을 상영 중인 영화상영관등에서 저작재산권자의 허락 없이 녹화기기를 이용하여 녹화하거나 공중송신하여서는 아니 된다.(2011.12.2 본조신설)

**제104조의7【방송전 신호의 송신 금지】** 누구든지 정당한 권한 없이 방송사업자에게로 송신되는 신호(공중이 직접 수신하도록 할 목적의 경우에는 제외한다)를 제3자에게 송신하여서는 아니된다.(2011.12.2 본조신설)

**제104조의8【침해의 정지·예방 청구 등】** 저작권, 그 밖에 이 법에 따라 보호되는 권리를 가진 자는 제104조의2부터 제104조의4까지의 규정을 위반한 자에 대하여 침해의 정지·예방, 손해배상의 담보 또는 손해배상이나 이를 갈음하는 법정손해배상의 청구를 할 수 있으며, 고의 또는 과실 없이 제104조의2제1항의 행위를 한 자에 대하여는 침해의 정지·예방을 청구할 수 있다. 이 경우 제123조, 제125조, 제125조의2, 제126조 및 제129조를 준용한다.(2011.12.2 본조개정)

## 제7장 저작권위탁관리업

**제105조【저작권위탁관리업의 허가 등】** ① 저작권신탁관리업을 하고자 하는 자는 대통령령으로 정하는 바에 따라 문화체육관광부장관의 허가를 받아야 하며, 저작권대리중개업을 하고자 하는 자는 대통령령으로 정하는 바에 따라 문화체육관광부장관에게 신고하여야 한다. 다만, 문화체육관광부장관은 「공공기관의 운영에 관한 법률」에 따른 공공기관을 저작권신탁관리단체로 지정할 수 있다.(2021.5.18 본문개정)

② 제1항에 따라 저작권신탁관리업을 하고자 하는 자는 다음 각 호의 요건을 갖추어야 하며, 대통령령으로 정하는 바에 따라 저작권신탁관리업무규정을 작성하여 이를 저작권신탁관리허가신청서와 함께 문화체육관광부장관에게 제출하여야 한다. 다만, 제1항 단서에 따른 공공기관의 경우에는 제1호의 요건을 적용하지 아니한다.(2020.2.4 본문개정)

1. 저작물등에 관한 권리자로 구성된 단체일 것
2. 영리를 목적으로 하지 아니할 것
3. 사용료의 징수 및 분배 등의 업무를 수행하기에 충분한 능력이 있을 것

③ 제1항 본문에 따라 저작권대리중개업의 신고를 하려는 자는 대통령령으로 정하는 바에 따라 저작권대리중개업무규정을 작성하여 저작권대리중개업 신고서와 함께 문화체육관광부장관에게 제출하여야 한다.(2020.2.4 본항신설)

④ 제1항에 따라 저작권신탁관리업의 허가를 받은 자가 문화체육관광부령으로 정하는 중요 사항을 변경하고자 하는 경우에는 문화체육관광부령으로 정하는 바에 따라 문화체육관광부장관의 변경허가를 받아야 하며, 저작권대리중개업을 신고한 자가 신고한 사항을 변경하려는 경우에는 문화체육관광부령으로 정하는 바에 따라 문화체육관광부장관에게 변경신고를 하여야 한다.(2020.2.4 본항신설)

⑤ 문화체육관광부장관은 제1항 본문에 따른 저작권대리중개업의 신고 또는 제4항에 따른 저작권대리중개업의 변경신고를 받은 날부터 문화체육관광부령으로 정하는 기간 내에 신고·변경신고 수리 여부를 신고인에게 통지하여야 한다.(2020.2.4 본항신설)

⑥ 문화체육관광부장관이 제5항에서 정한 기간 내에 신고·변경신고 수리 여부나 민원 처리 관련 법령에 따른 처리기간의 연장을 신고인에게 통지하지 아니하면 그 기간이 끝난 날의 다음 날에 신고·변경신고를 수리한 것으로 본다.(2020.2.4 본항신설)

⑦ 다음 각 호의 어느 하나에 해당하는 자는 제1항에 따른 저작권신탁관리업 또는 저작권대리중개업(이하 "저작권위탁관리업"이라 한다)의 허가를 받거나 신고를 할 수 없다.(2020.2.4 본문개정)

1. 피성년후견인(2020.12.8 본호개정)
2. 파산선고를 받고 복권되지 아니한 자
3. 금고 이상의 실형을 선고받고 그 집행이 종료(집행이 종료된 것으로 보는 경우를 포함한다)되거나 집행이 면제된 날부터 1년이 지나지 아니한 자(2020.2.4 본호개정)
4. 금고 이상의 형의 집행유예 선고를 받고 그 유예기간 중에 있는 자 (2020.2.4 본호신설)
5. 이 법을 위반하거나 「형법」 제355조 또는 제356조를 위반하여 다음 각 목의 어느 하나에 해당하는 자
   가. 금고 이상의 형의 선고유예를 받고 그 유예기간 중에 있는 자
   나. 벌금형을 선고받고 1년이 지나지 아니한 자
   (2020.2.4 본호신설)
6. 대한민국 내에 주소를 두지 아니한 자
7. 제1호부터 제6호까지의 어느 하나에 해당하는 사람이 대표자 또는 임원으로 되어 있는 법인 또는 단체 (2020.2.4 본호개정)

⑧ 제1항에 따라 저작권위탁관리업의 허가를 받거나 신고를 한 자(이하 "저작권위탁관리업자"라 한다)는 그 업무에 관하여 저작재산권자나 그 밖의 관계자로부터 수수료를 받을 수 있다.
(2020.2.4 본항개정)

⑨ 제8항에 따른 수수료의 요율 또는 금액 및 저작권신탁관리업자가 이용자로부터 받는 사용료의 요율 또는 금액은 저작권신탁관리업자가 문화체육관광부장관의 승인을 받아 이를 정한다. 이 경우 문화체육관광부장관은 대통령령으로 정하는 바에 따라 이해관계인의 의견을 수렴하여야 한다.(2020.2.4 전단개정)

⑩ 문화체육관광부장관은 제9항에 따른 승인을 하려면 위원회의 심의를 거쳐야 하며, 필요한 경우에는 기간을 정하거나 신청된 내용을 수정하여 승인할 수 있다.(2020.2.4 본항개정)

⑪ 문화체육관광부장관은 제9항에 따른 사용료의 요율 또는 금액에 관하여 승인 신청을 받거나 승인을 한 경우에는 대통령령으로 정하는 바에 따라 그 내용을 공고하여야 한다.(2020.2.4 본항개정)

⑫ 문화체육관광부장관은 저작재산권자 그 밖의 관계자의 권익보호 또는 저작물등의 이용 편의를 도모하기 위하여 필요한 경우에는 제9항에 따른 승인 내용을 변경할 수 있다.(2020.2.4 본항개정)

**제106조【저작권신탁관리업자의 의무】** ① 저작권신탁관리업자는 그가 관리하는 저작물등의 목록과 이용계약 체결에 필요한 정보를 대통령령으로 정하는 바에 따라 분기별로 도서 또는 전자적 형태로 작성하여 주된 사무소에 비치하고 인터넷 홈페이지를 통하여 공개하여야 한다.(2021.5.18 본항개정)

② 저작권신탁관리업자는 이용자가 서면으로 요청하는 경우에는 정당한 사유가 없으면 관리하는 저작물등의 이용계약을 체결하기 위하여 필요한 정보로서 대통령령으로 정하는 정보를 상당한 기간 이내에 서면으로 제공하여야 한다.(2023.8.8 본항개정)

③ 문화체육관광부장관은 음반을 사용하여 공연하는 자로부터 제105조제9항에 따른 사용료를 받는 저작권신탁관리업자 및 상업용 음반을 사용하여 공연하는 자로부터 제76조의2와 제83조의2에 따라 징수하는 보상금수령단체에 이용자의 편의를 위하여 필요한 경우 대통령령으로 정하는 바에 따라 통합 징

수를 요구할 수 있다. 이 경우 그 요구를 받은 저작권신탁관리업자 및 보상금수령단체는 정당한 사유가 없으면 이에 따라야 한다.(2023.8.8 전단개정)

④ 저작권신탁관리업자 및 보상금수령단체는 제3항에 따라 사용료 및 보상금을 통합적으로 징수하기 위한 징수업무를 대통령령으로 정하는 자에게 위탁할 수 있다.(2016.3.22 본항신설)

⑤ 저작권신탁관리업자 및 보상금수령단체가 제4항에 따라 징수업무를 위탁한 경우에는 대통령령으로 정하는 바에 따라 위탁수수료를 지급하여야 한다.
(2016.3.22 본항신설)

⑥ 제3항에 따라 징수한 사용료와 보상금의 정산 시기, 정산 방법 등에 관하여 필요한 사항은 대통령령으로 정한다.(2016.3.22 본항신설)

⑦ 저작권신탁관리업자는 다음 각 호의 사항을 대통령령으로 정하는 바에 따라 누구든지 열람할 수 있도록 주된 사무소에 비치하고 인터넷 홈페이지를 통하여 공개하여야 한다.

1. 저작권 신탁계약 및 저작물 이용계약 약관, 저작권 사용료 징수 및 분배규정 등 저작권신탁관리 업무규정
2. 임원보수 등 대통령령으로 정하는 사항을 기재한 연도별 사업보고서
3. 연도별 저작권신탁관리업에 대한 결산서(재무제표와 그 부속서류를 포함한다)
4. 저작권신탁관리업에 대한 감사의 감사보고서
5. 그 밖에 권리자의 권익보호 및 저작권신탁관리업의 운영에 관한 중요한 사항으로서 대통령령으로 정하는 사항

(2019.11.26 본항신설)

**제106조의2【이용허락의 거부금지】** 저작권신탁관리업자는 정당한 이유가 없으면 관리하는 저작물등의 이용허락을 거부해서는 아니 된다.(2019.11.26 본조신설)

**제107조【서류열람의 청구】** 저작권신탁관리업자는 그가 신탁관리하는 저작물등을 영리목적으로 이용하는 자에게 해당 저작물등의 사용료 산정에 필요한 서류의 열람을 청구할 수 있다. 이 경우 이용자는 정당한 사유가 없으면 그 청구를 따라야 한다.(2023.8.8 후단개정)

**제108조【감독】** ① 문화체육관광부장관은 저작권위탁관리업자에게 저작권위탁관리업의 업무에 관하여 필요한 보고를 하게 할 수 있다.

② 문화체육관광부장관은 저작자의 권익보호와 저작물의 이용편의를 도모하기 위하여 저작권위탁관리업자의 업무에 대하여 필요한 명령을 할 수 있다.

③ 문화체육관광부장관은 저작자의 권익보호와 저작물의 이용편의를 도모하기 위하여 필요한 경우 소속 공무원으로 하여금 대통령령으로 정하는 바에 따라 저작권위탁관리업자의 사무 및 재산상황을 조사하게 할 수 있다.
(2019.11.26 본항신설)

④ 문화체육관광부장관은 저작권위탁관리업자의 효율적 감독을 위하여 공인회계사나 그 밖의 관계 전문기관으로 하여금 제3항에 따른 조사를 하게 할 수 있다.(2019.11.26 본항신설)

⑤ 문화체육관광부장관은 제2항부터 제4항까지의 명령 및 조사를 위하여 개인정보 등 필요한 자료를 요청할 수 있으며, 요청을 받은 저작권위탁관리업자는 이에 따라야 한다.(2019.11.26 본항신설)

(2008.2.29 본조개정)

**제108조의2【징계의 요구】** 문화체육관광부장관은 저작권신탁관리업자의 대표자 또는 임원이 직무와 관련하여 다음 각 호의 어느 하나에 해당하는 경우에는 저작권신탁관리업자에게 해당 대표자 또는 임원의 징계를 요구할 수 있다.

1. 이 법 또는 「형법」 제355조 또는 제356조를 위반하여 벌금형 이상을

선고받아(집행유예를 선고받은 경우를 포함한다) 그 형이 확정된 경우
2. 회계부정, 부당행위 등으로 저작재산권, 그 밖에 이 법에 따라 보호되는 재산적 권리를 가진 자에게 손해를 끼친 경우
3. 이 법에 따른 문화체육관광부장관의 감독업무 수행을 방해하거나 기피하는 경우

(2019.11.26 본조신설)

**제109조【허가의 취소 등】** ① 문화체육관광부장관은 저작권위탁관리업자가 다음 각 호의 어느 하나에 해당하는 경우에는 6개월 이내의 기간을 정하여 업무의 정지를 명할 수 있다.(2020.2.4 본문개정)
1. 제105조제9항의 규정에 따라 승인된 수수료를 초과하여 받은 경우 (2020.2.4 본호개정)
2. 제105조제9항의 규정에 따라 승인된 사용료 이외의 사용료를 받은 경우(2020.2.4 본호개정)
3. 제108조제1항에 따른 보고를 정당한 사유 없이 하지 아니하거나 거짓으로 한 경우(2021.5.18 본호개정)
4. 제108조제2항의 규정에 따른 명령을 받고 정당한 사유 없이 이를 이행하지 아니한 경우
5. 제106조제3항에 따른 통합 징수 요구를 받고 정당한 사유 없이 이에 따르지 아니한 경우(2016.3.22 본호신설)
6. 제106조제7항에 따라 공개하여야 하는 사항을 공개하지 않은 경우 (2019.11.26 본호신설)
7. 제108조제3항부터 제5항까지의 규정에 따른 조사 및 자료요청에 불응하거나 이를 거부·방해 또는 기피한 경우(2019.11.26 본호신설)
8. 제108조의2에 따른 징계의 요구를 받고 정당한 사유 없이 그 요구를 이행하지 아니한 경우(2019.11.26 본호신설)
9. 허가를 받거나 신고를 한 이후에 제105조제7항 각 호의 어느 하나의 사유에 해당하게 된 경우. 다만, 제105조제7항제7호에 해당하는 경우로서 6개월 이내에 그 대표자 또는 임원을 바꾸어 임명한 경우에는 그러하지 아니하다.(2020.2.4 본호신설)

② 문화체육관광부장관은 저작권위탁관리업자가 다음 각 호의 어느 하나에 해당하는 경우에는 저작권위탁관리업의 허가를 취소하거나 영업의 폐쇄명령을 할 수 있다.(2008.2.29 본문개정)
1. 거짓이나 그 밖의 부정한 방법으로 허가를 받거나 신고를 한 경우 (2023.8.8 본호개정)
2. 제1항의 규정에 따른 업무의 정지명령을 받고 그 업무를 계속한 경우

**제110조【청문】** 문화체육관광부장관은 제109조에 따라 저작권위탁관리업의 허가를 취소하거나 저작권위탁관리업자에 대하여 업무의 정지 또는 영업의 폐쇄를 명하려는 경우에는 청문을 실시하여야 한다.(2020.2.4 본조개정)

**제111조【과징금 처분】** ① 문화체육관광부장관은 저작권위탁관리업자가 제109조제1항 각 호의 어느 하나에 해당하여 업무의 정지처분을 하여야 할 때에는 그 업무정지처분을 갈음하여 대통령령으로 정하는 바에 따라 직전년도 사용료 및 보상금 징수액의 100분의 1 이하의 과징금을 부과·징수할 수 있다. 다만, 징수금액을 산정하기 어려운 경우에는 10억원을 초과하지 아니하는 범위에서 과징금을 부과·징수할 수 있다.(2023.8.8 본문개정)

② 문화체육관광부장관은 제1항에 따라 과징금 부과처분을 받은 자가 과징금을 기한까지 납부하지 아니하는 때에는 국세체납처분의 예에 의하여 이를 징수한다.(2023.8.8 본항개정)

③ 제1항 및 제2항에 따라 징수한 과징금은 징수주체가 건전한 저작물 이용 질서의 확립을 위하여 사용할 수 있다.

④ 제1항에 따라 과징금을 부과하는 위반행위의 종별·정도 등에 따른 과징금의 금액 및 제3항의 규정에 따른 과징금의 사용절차 등에 관하여 필요한 사항은 대통령령으로 정한다.
(2016.3.22 본조개정)

## 제8장 한국저작권위원회
(2009.4.22 본장제목개정)

**제112조【한국저작권위원회의 설립】** ① 저작권과 그 밖에 이 법에 따라 보호되는 권리(이하 이 장에서 "저작권"이라 한다)에 관한 사항을 심의하고, 저작권에 관한 분쟁(이하 "분쟁"이라 한다)을 알선·조정하며, 저작권 등록 관련 업무를 수행하고, 권리자의 권익증진 및 저작물등의 공정한 이용에 필요한 사업을 수행하기 위하여 한국저작권위원회(이하 "위원회"라 한다)를 둔다.(2020.2.4 본항개정)
② 위원회는 법인으로 한다.
③ 위원회에 관하여 이 법에서 정하지 아니한 사항에 대하여는 「민법」의 재단법인에 관한 규정을 준용한다. 이 경우 위원회의 위원은 이사로 본다.
④ 위원회가 아닌 자는 한국저작권위원회의 명칭을 사용하지 못한다.
(2009.4.22 본조개정)

**제112조의2【위원회의 구성】** ① 위원회는 위원장 1명, 부위원장 2명을 포함한 20명 이상 25명 이내의 위원으로 구성한다.
② 위원은 다음 각 호의 사람 중에서 문화체육관광부장관이 위촉하며, 위원장과 부위원장은 위원 중에서 호선한다. 이 경우 문화체육관광부장관은 이 법에 따라 보호되는 권리의 보유자와 그 이용자의 이해를 반영하는 위원의 수가 균형을 이루도록 하여야 하며, 분야별 권리자 단체 또는 이용자 단체 등에 위원의 추천을 요청할 수 있다.
1. 대학이나 공인된 연구기관에서 부교수 이상 또는 이에 상응하는 직위에 있거나 있었던 사람으로서 저작권 관련 분야를 전공한 사람
2. 판사 또는 검사의 직에 있는 사람 및 변호사의 자격이 있는 사람
3. 4급 이상의 공무원 또는 이에 상응하는 공공기관의 직에 있거나 있었던 사람으로서 저작권 또는 문화산업 분야에 실무경험이 있는 사람
4. 저작권 또는 문화산업 관련 단체의 임원의 직에 있거나 있었던 사람
5. 그 밖에 저작권 또는 문화산업 관련 업무에 관한 학식과 경험이 풍부한 사람

(2023.8.8 1호~5호개정)
③ 위원의 임기는 3년으로 하며, 한 차례만 연임할 수 있다. 다만, 직위를 지정하여 위촉하는 위원의 임기는 해당 직위에 재임하는 기간으로 한다.
(2021.5.18 본문개정)
④ 위원에 결원이 생겼을 때에는 제2항에 따라 보궐위원을 위촉하여야 하며, 그 보궐위원의 임기는 전임자 임기의 나머지 기간으로 한다. 다만, 위원의 수가 20명 이상인 경우에는 보궐위원을 위촉하지 아니할 수 있다.
⑤ 위원회의 업무를 효율적으로 수행하기 위하여 분야별로 분과위원회를 둘 수 있다. 분과위원회가 위원회로부터 위임받은 사항에 관하여 의결한 때에는 위원회가 의결한 것으로 본다.
⑥ 제1항부터 제5항까지에서 규정한 사항 외에 위원회의 구성과 운영에 필요한 사항은 대통령령으로 정한다.
(2021.5.18 본항신설)
(2009.4.22 본조신설)

**제113조【업무】** 위원회는 다음 각 호의 업무를 행한다.
1. 저작권 등록에 관한 업무(2020.2.4 본호신설)
2. 분쟁의 알선·조정(2009.4.22 본호개정)

3. 제105조제10항에 따른 저작권위탁관리업자의 수수료 및 사용료의 요율 또는 금액에 관한 사항 및 문화체육관광부장관 또는 위원 3명 이상이 공동으로 회의에 부치는 사항의 심의(2021.5.18 본호개정)
4. 저작물등의 이용질서 확립 및 저작물의 공정한 이용 도모를 위한 사업
5. 저작권 진흥 및 저작자의 권익 증진을 위한 국제협력(2020.12.8 본호개정)
6. 저작권 연구·교육 및 홍보
7. 저작권 정책의 수립 지원
8. 기술적보호조치 및 권리관리정보에 관한 정책 수립 지원
9. 저작권 정보 제공을 위한 정보관리 시스템 구축 및 운영
10. 저작권의 침해 등에 관한 감정(2009.4.22 본호개정)
11. (2016.3.22 삭제)
12. 법령에 따라 위원회의 업무로 정하거나 위탁하는 업무(2009.4.22 본호신설)
13. 그 밖에 문화체육관광부장관이 위탁하는 업무(2008.2.29 본호개정)

**제113조의2 【알선】** ① 분쟁에 관한 알선을 받으려는 자는 알선신청서를 위원회에 제출하여 알선을 신청할 수 있다.
② 위원회가 제1항에 따라 알선의 신청을 받은 때에는 위원장이 위원 중에서 알선위원을 지명하여 알선을 하게 하여야 한다.
③ 알선위원은 알선으로는 분쟁해결의 가능성이 없다고 인정되는 경우에 알선을 중단할 수 있다.
④ 알선 중인 분쟁에 대하여 이 법에 따른 조정의 신청이 있는 때에는 해당 알선은 중단된 것으로 본다.
⑤ 알선이 성립한 때에 알선위원은 알선서를 작성하여 관계 당사자와 함께 기명날인하거나 서명하여야 한다.
(2018.10.16 본항개정)
⑥ 알선의 신청 및 절차에 관하여 필요한 사항은 대통령령으로 정한다.
(2009.4.22 본조신설)

**제114조 【조정부】** ① 위원회의 분쟁조정업무를 효율적으로 수행하기 위하여 위원회에 1명 또는 3명 이상의 위원으로 구성된 조정부를 두되, 그 중 1명은 변호사의 자격이 있는 사람이어야 한다.(2023.8.8 본항개정)
② 제1항의 규정에 따른 조정부의 구성 및 운영 등에 관하여 필요한 사항은 대통령령으로 정한다.

**제114조의2 【조정의 신청 등】** ① 분쟁의 조정을 받으려는 자는 신청취지와 원인을 기재한 조정신청서를 위원회에 제출하여 그 분쟁의 조정을 신청할 수 있다.
② 제1항에 따른 분쟁의 조정은 제114조에 따른 조정부가 행한다.
(2009.4.22 본조신설)

**제115조 【비공개】** 조정절차는 비공개를 원칙으로 한다. 다만, 조정부의 장은 당사자의 동의를 얻어 적당하다고 인정하는 자에게 방청을 허가할 수 있다.(2020.2.4 단서개정)

**제116조 【진술의 원용 제한】** 조정절차에서 당사자 또는 이해관계인이 한 진술은 소송 또는 중재절차에서 원용하지 못한다.

**제117조 【조정의 성립】** ① 조정은 당사자 간에 합의된 사항을 조서에 기재함으로써 성립된다.
② 3명 이상의 위원으로 구성된 조정부는 다음 각 호의 어느 하나에 해당하는 경우 당사자들의 이익이나 그 밖의 모든 사정을 고려하여 신청 취지에 반하지 아니하는 한도에서 직권으로 조정을 갈음하는 결정(이하 "직권조정결정"이라 한다)을 할 수 있다. 이 경우 조정부의 장은 제112조의2제2항제2호에 해당하는 사람이어야 한다.

1. 조정부가 제시한 조정안을 어느 한쪽 당사자가 합리적인 이유 없이 거부한 경우
2. 분쟁조정 예정가액이 1천만원 미만인 경우

(2020.2.4 본항신설)

③ 조정부는 직권조정결정을 한 때에는 직권조정결정서에 주문(主文)과 결정 이유를 적고 이에 관여한 조정위원 모두가 기명날인하여야 하며, 그 결정서 정본을 지체 없이 당사자에게 송달하여야 한다.(2020.2.4 본항신설)

④ 직권조정결정에 불복하는 자는 결정서 정본을 송달받은 날부터 2주일 이내에 불복사유를 구체적으로 밝혀 서면으로 조정부에 이의신청을 할 수 있다. 이 경우 그 결정은 효력을 상실한다.(2020.2.4 본항신설)

⑤ 다음 각 호의 어느 하나에 해당하는 경우에는 재판상 화해와 같은 효력이 있다. 다만, 당사자가 임의로 처분할 수 없는 사항에 관한 것은 그러하지 아니하다.(2020.2.4 본문개정)

1. 조정 결과 당사자 간에 합의가 성립한 경우(2020.2.4 본호신설)
2. 직권조정결정에 대하여 이의 신청이 없는 경우(2020.2.4 본호신설)

**제118조 【조정비용 등】** ① 조정비용은 신청인이 부담한다. 다만, 조정이 성립된 경우로서 특약이 없는 때에는 당사자 각자가 균등하게 부담한다.

② 조정의 신청 및 절차, 조정비용의 납부방법에 관하여 필요한 사항은 대통령령으로 정한다.(2009.4.22 본항신설)

③ 제1항의 조정비용의 금액은 위원회가 정한다.

(2009.4.22 본조제목개정)

**제118조의2 【「민사조정법」의 준용】** 조정절차에 관하여 이 법에서 규정한 것을 제외하고는 「민사조정법」을 준용한다.(2020.2.4 본조신설)

**제119조 【감정】** ① 위원회는 다음 각 호의 어느 하나에 해당하는 경우에는 감정을 실시할 수 있다.

1. 법원 또는 수사기관 등으로부터 재판 또는 수사를 위하여 저작권의 침해 등에 관한 감정을 요청받은 경우
2. 제114조의2에 따른 분쟁조정을 위하여 분쟁조정의 양 당사자로부터 프로그램 및 프로그램과 관련된 전자적 정보 등에 관한 감정을 요청받은 경우

(2009.4.22 본항개정)

② 제1항의 규정에 따른 감정절차 및 방법 등에 관하여 필요한 사항은 대통령령으로 정한다.

③ 위원회는 제1항의 규정에 따른 감정을 실시한 때에는 감정 수수료를 받을 수 있으며, 그 금액은 위원회가 정한다.

**제120조 【저작권정보센터】** ① 제113조제8호 및 제9호의 업무를 효율적으로 수행하기 위하여 위원회 내에 저작권정보센터를 둔다.(2020.2.4 본항개정)

② 저작권정보센터의 운영에 필요한 사항은 대통령령으로 정한다.

(2009.4.22 본항신설)

**제121조** (2009.4.22 삭제)

**제122조 【운영경비 등】** ① 위원회의 운영에 필요한 경비는 다음 각 호의 재원(財源)으로 충당한다.

1. 국가의 출연금 또는 보조금
2. 제113조 각 호의 업무 수행에 따른 수입금
3. 그 밖의 수입금

(2020.2.4 본항개정)

② 개인·법인 또는 단체는 제113조제4호·제6호 및 제9호에 따른 업무 수행을 지원하기 위하여 위원회에 금전이나 그 밖의 재산을 기부할 수 있다.

(2020.2.4 본항개정)

③ 제2항의 규정에 따른 기부금은 별도의 계정으로 관리하여야 하며, 그 사용에 관하여는 문화체육관광부장관의 승인을 얻어야 한다.(2008.2.29 본항개정)

(2020.2.4 본조제목개정)

## 제8장의2 한국저작권보호원
(2016.3.22 본장신설)

**제122조의2 【한국저작권보호원의 설립】** ① 저작권 보호에 관한 사업을 하기 위하여 한국저작권보호원(이하 "보호원"이라 한다)을 둔다.
② 보호원은 법인으로 한다.
③ 정부는 보호원의 설립·시설 및 운영 등에 필요한 경비를 예산의 범위에서 출연 또는 지원할 수 있다.
④ 보호원에 관하여 이 법과 「공공기관의 운영에 관한 법률」에서 정한 것을 제외하고는 「민법」의 재단법인에 관한 규정을 준용한다.
⑤ 이 법에 따른 보호원이 아닌 자는 한국저작권보호원 또는 이와 비슷한 명칭을 사용하지 못한다.

**제122조의3 【보호원의 정관】** 보호원의 정관에는 다음 각 호의 사항이 포함되어야 한다.
1. 목적
2. 명칭
3. 사무소 및 지사에 관한 사항 (2020.12.8 본호개정)
4. 임직원에 관한 사항
5. 이사회의 운영에 관한 사항
6. 제122조의6에 따른 저작권보호심의위원회에 관한 사항
7. 직무에 관한 사항
8. 재산 및 회계에 관한 사항
9. 정관의 변경에 관한 사항
10. 내부규정의 제정 및 개정·폐지에 관한 사항

**제122조의4 【보호원의 임원】** ① 보호원에는 원장 1명을 포함한 9명 이내의 이사와 감사 1명을 두고, 원장을 제외한 이사 및 감사는 비상임으로 하며, 원장은 이사회의 의장이 된다.
② 원장은 문화체육관광부장관이 임면한다.
③ 원장의 임기는 3년으로 한다.
④ 원장은 보호원을 대표하고, 보호원의 업무를 총괄한다.
⑤ 원장이 부득이한 사유로 직무를 수행할 수 없을 때에는 정관으로 정하는 순서에 따라 이사가 그 직무를 대행한다.
⑥ 「국가공무원법」 제33조 각 호의 어느 하나에 해당하는 사람은 제1항에 따른 보호원의 임원이 될 수 없다.

**제122조의5 【업무】** 보호원의 업무는 다음 각 호와 같다.
1. 저작권 보호를 위한 시책 수립지원 및 집행
2. 저작권 침해실태조사 및 통계 작성
3. 저작권 보호 기술의 연구 및 개발
3의2. 저작권 보호를 위한 국제협력 (2020.12.8 본호신설)
3의3. 저작권 보호를 위한 연구·교육 및 홍보(2020.12.8 본호신설)
4. 「사법경찰관리의 직무를 수행할 자와 그 직무범위에 관한 법률」 제5조 제26호에 따른 저작권 침해 수사 및 단속 사무 지원
5. 제133조의2에 따른 문화체육관광부장관의 시정명령에 대한 심의
6. 제133조의3에 따른 온라인서비스제공자에 대한 시정권고 및 문화체육관광부장관에 대한 시정명령 요청
7. 법령에 따라 보호원의 업무로 정하거나 위탁하는 업무
8. 그 밖에 문화체육관광부장관이 위탁하는 업무

**제122조의6 【심의위원회의 구성】** ① 제103조의3, 제133조의2 및 제133조의3에 따른 심의 및 저작권 보호와 관련하여 보호원의 원장이 요청하거나 심의위원회의 위원장이 회의에 부치는 사항의 심의를 위하여 보호원에 저작권보호심의위원회(이하 "심의위원회"라 한다)를 둔다.(2021.5.18 본항개정)
② 심의위원회는 위원장 1명을 포함한 15명 이상 20명 이내의 위원으로 구성하되, 이 법에 따라 보호되는 권리 보유자의 이해를 반영하는 위원의 수와

이용자의 이해를 반영하는 위원의 수가 균형을 이루도록 하여야 한다.
(2019.11.26 본항개정)

③ 심의위원회의 위원장은 위원 중에서 호선한다.

④ 심의위원회의 위원은 다음 각 호의 사람 중에서 문화체육관광부장관이 위촉한다. 이 경우 문화체육관광부장관은 분야별 권리자 단체 또는 이용자 단체 등에 위원의 추천을 요청할 수 있다.
(2019.11.26 본문개정)

1. 「고등교육법」 제2조에 따른 학교의 법학 또는 저작권 보호와 관련이 있는 분야의 학과에서 부교수 이상 또는 이에 상응하는 직위에 있거나 있었던 사람(2021.5.18 본호개정)
2. 판사 또는 검사의 직에 있는 사람 또는 변호사의 자격이 있는 사람
(2019.11.26 본호신설)
3. 4급 이상의 공무원 또는 이에 상응하는 공공기관의 직에 있거나 있었던 사람으로서 저작권 보호와 관련이 있는 업무에 관한 경험이 있는 사람(2021.5.18 본호개정)
4. 저작권 또는 문화산업 관련 단체의 임원의 직에 있거나 있었던 사람
5. 이용자 보호기관 또는 단체의 임원의 직에 있거나 있었던 사람
6. 그 밖에 저작권 보호와 관련된 업무에 관한 학식과 경험이 풍부한 사람

(2019.11.26 4호~6호신설)

⑤ 심의위원회 위원의 임기는 3년으로 하며, 한 차례만 연임할 수 있다.
(2021.5.18 본항개정)

⑥ 심의위원회의 업무를 효율적으로 수행하기 위하여 분과위원회를 둘 수 있다. 분과위원회가 심의위원회로부터 위임받은 사항에 관하여 의결한 때에는 심의위원회가 의결한 것으로 본다.
(2019.11.26 본항신설)

⑦ 그 밖에 심의위원회의 구성과 운영에 필요한 사항은 대통령령으로 정한다.

**제122조의7【사무소 · 지사의 설치 등】** 보호원은 그 업무 수행을 위하여 필요하면 정관으로 정하는 바에 따라 국내외의 필요한 곳에 사무소 · 지사 또는 주재원을 둘 수 있다.(2020.12.8 본조신설)

## 제9장 권리의 침해에 대한 구제

**제123조【침해의 정지 등 청구】** ① 저작권 그 밖에 이 법에 따라 보호되는 권리(제25조 · 제31조 · 제75조 · 제76조 · 제76조의2 · 제82조 · 제83조 및 제83조의2의 규정에 따른 보상을 받을 권리는 제외한다. 이하 이 조에서 같다)를 가진 자는 그 권리를 침해하는 자에 대하여 침해의 정지를 청구할 수 있으며, 그 권리를 침해할 우려가 있는 자에 대하여 침해의 예방 또는 손해배상의 담보를 청구할 수 있다.
(2023.8.8 본항개정)

② 저작권 그 밖에 이 법에 따라 보호되는 권리를 가진 자는 제1항의 규정에 따른 청구를 하는 경우에 침해행위에 의하여 만들어진 물건의 폐기나 그 밖의 필요한 조치를 청구할 수 있다.

③ 제1항 및 제2항의 경우 또는 이 법에 따른 형사의 기소가 있는 때에는 법원은 원고 또는 고소인의 신청에 따라 담보를 제공하거나 제공하지 아니하게 하고, 임시로 침해행위의 정지 또는 침해행위로 말미암아 만들어진 물건의 압류 그 밖의 필요한 조치를 명할 수 있다.

④ 제3항의 경우에 저작권 그 밖에 이 법에 따라 보호되는 권리의 침해가 없다는 뜻의 판결이 확정된 때에는 신청자는 그 신청으로 인하여 발생한 손해를 배상하여야 한다.

**제124조【침해로 보는 행위】** ① 다음 각 호의 어느 하나에 해당하는 행위는

저작권 그 밖에 이 법에 따라 보호되는 권리의 침해로 본다.

1. 수입 시에 대한민국 내에서 만들어졌더라면 저작권 그 밖에 이 법에 따라 보호되는 권리의 침해로 될 물건을 대한민국 내에서 배포할 목적으로 수입하는 행위
2. 저작권 그 밖에 이 법에 따라 보호되는 권리를 침해하는 행위에 의하여 만들어진 물건(제1호의 수입물건을 포함한다)을 그 사실을 알고 배포할 목적으로 소지하는 행위
3. 프로그램의 저작권을 침해하여 만들어진 프로그램의 복제물(제1호에 따른 수입 물건을 포함한다)을 그 사실을 알면서 취득한 자가 이를 업무상 이용하는 행위(2009.4.22 본호신설)

② 저작자의 명예를 훼손하는 방법으로 저작물을 이용하는 행위는 저작인격권의 침해로 본다.(2011.6.30 본항개정)

③ (2011.6.30 삭제)

**제125조【손해배상의 청구】** ① 저작재산권 그 밖에 이 법에 따라 보호되는 권리(저작인격권 및 실연자의 인격권은 제외한다)를 가진 자(이하 "저작재산권자등"이라 한다)가 고의 또는 과실로 권리를 침해한 자에 대하여 그 침해행위에 의하여 자기가 받은 손해의 배상을 청구하는 경우에 그 권리를 침해한 자가 그 침해행위에 의하여 이익을 받은 때에는 그 이익의 액을 저작재산권자등이 받은 손해의 액으로 추정한다.(2023.8.8 본항개정)

② 저작재산권자등이 고의 또는 과실로 그 권리를 침해한 자에게 그 침해행위로 자기가 받은 손해의 배상을 청구하는 경우에 그 권리의 행사로 일반적으로 받을 수 있는 금액에 상응하는 액을 저작재산권자등이 받은 손해의 액으로 하여 그 손해배상을 청구할 수 있다.(2023.8.8 본항개정)

③ 제2항에도 불구하고 저작재산권자등이 받은 손해의 액이 제2항에 따른 금액을 초과하는 경우에는 그 초과액에 대해서도 손해배상을 청구할 수 있다.(2021.5.18 본항개정)

④ 등록되어 있는 저작권, 배타적발행권(제88조 및 제96조에 따라 준용되는 경우를 포함한다), 출판권, 저작인접권 또는 데이터베이스제작자의 권리를 침해한 자는 그 침해행위에 과실이 있는 것으로 추정한다.(2011.12.2 본항개정)

**제125조의2【법정손해배상의 청구】** ① 저작재산권자등은 고의 또는 과실로 권리를 침해한 자에 대하여 사실심(事實審)의 변론이 종결되기 전에는 실제 손해액이나 제125조 또는 제126조에 따라 정하여지는 손해액을 갈음하여 침해된 각 저작물등마다 1천만원(영리를 목적으로 고의로 권리를 침해한 경우에는 5천만원) 이하의 범위에서 상당한 금액의 배상을 청구할 수 있다.

② 둘 이상의 저작물을 소재로 하는 편집저작물과 2차적저작물은 제1항을 적용하는 경우에는 하나의 저작물로 본다.

③ 저작재산권자등이 제1항에 따른 청구를 하기 위해서는 침해행위가 일어나기 전에 제53조부터 제55조까지의 규정(제90조 및 제98조에 따라 준용되는 경우를 포함한다)에 따라 그 저작물등이 등록되어 있어야 한다.

④ 법원은 제1항의 청구가 있는 경우에 변론의 취지와 증거조사의 결과를 고려하여 제1항의 범위에서 상당한 손해액을 인정할 수 있다.

(2011.12.2 본조신설)

**제126조【손해액의 인정】** 법원은 손해가 발생한 사실은 인정되나 제125조의 규정에 따른 손해액을 산정하기 어려운 때에는 변론의 취지 및 증거조사의 결과를 참작하여 상당한 손해액을 인정할 수 있다.

**제127조【명예회복 등의 청구】** 저작자 또는 실연자는 고의 또는 과실로 저작인격권 또는 실연자의 인격권을 침해한 자에 대하여 손해배상을 갈음하거나 손해배상과 함께 명예회복을 위하여 필요한 조치를 청구할 수 있다.
(2023.8.8 본조개정)

**제128조【저작자의 사망 후 인격적 이익의 보호】** 저작자가 사망한 후에 그 유족(사망한 저작자의 배우자·자·부모·손·조부모 또는 형제자매를 말한다)이나 유언집행자는 해당 저작물에 대하여 제14조제2항을 위반하거나 위반할 우려가 있는 자에 대해서는 제123조에 따른 청구를 할 수 있으며, 고의 또는 과실로 저작인격권을 침해하거나 제14조제2항을 위반한 자에 대해서는 제127조에 따른 명예회복 등의 청구를 할 수 있다.(2021.5.18 본조개정)

**제129조【공동저작물의 권리침해】** 공동저작물의 각 저작자 또는 각 저작재산권자는 다른 저작자 또는 다른 저작재산권자의 동의 없이 제123조의 규정에 따른 청구를 할 수 있으며 그 저작재산권의 침해에 관하여 자신의 지분에 관한 제125조의 규정에 따른 손해배상의 청구를 할 수 있다.

**제129조의2【정보의 제공】** ① 법원은 저작권, 그 밖에 이 법에 따라 보호되는 권리의 침해에 관한 소송에서 당사자의 신청에 따라 증거를 수집하기 위하여 필요하다고 인정되는 경우에는 다른 당사자에 대하여 그가 보유하고 있거나 알고 있는 다음 각 호의 정보를 제공하도록 명할 수 있다.

1. 침해 행위나 불법복제물의 생산 및 유통에 관련된 자를 특정할 수 있는 정보
2. 불법복제물의 생산 및 유통 경로에 관한 정보

② 제1항에도 불구하고 다른 당사자는 다음 각 호의 어느 하나에 해당하는 경우에는 정보의 제공을 거부할 수 있다.

1. 다음 각 목의 어느 하나에 해당하는 자가 공소 제기되거나 유죄판결을 받을 우려가 있는 경우
   가. 다른 당사자
   나. 다른 당사자의 친족이거나 친족 관계가 있었던 자
   다. 다른 당사자의 후견인
2. 영업비밀(「부정경쟁방지 및 영업비밀 보호에 관한 법률」 제2조제2호의 영업비밀을 말한다. 이하 같다) 또는 사생활을 보호하기 위한 경우이거나 그 밖에 정보의 제공을 거부할 수 있는 정당한 사유가 있는 경우

③ 다른 당사자가 정당한 이유 없이 정보제공 명령에 따르지 아니한 경우에는 법원은 정보에 관한 당사자의 주장을 진실한 것으로 인정할 수 있다.

④ 법원은 제2항제2호에 규정된 정당한 사유가 있는지를 판단하기 위하여 필요하다고 인정되는 경우에는 다른 당사자에게 정보를 제공하도록 요구할 수 있다. 이 경우 정당한 사유가 있는지를 판단하기 위하여 정보제공을 신청한 당사자 또는 그의 대리인의 의견을 특별히 들을 필요가 있는 경우 외에는 누구에게도 그 제공된 정보를 공개하여서는 아니 된다.
(2011.12.2 본조신설)

**제129조의3【비밀유지명령】** ① 법원은 저작권, 그 밖에 이 법에 따라 보호되는 권리(제25조, 제31조, 제75조, 제76조, 제76조의2, 제82조, 제83조, 제83조의2 및 제101조의3에 따른 보상을 받을 권리는 제외한다. 이하 이 조에서 같다)의 침해에 관한 소송에서 그 당사자가 보유한 영업비밀과 대하여 다음 각 호의 사유를 모두 소명한 경우에는 그 당사자의 신청에 따라 결정으로 다른 당사자, 당사자를 위하여 소송을 대리하는 자, 그 밖에 해당 소송으로 인하여 영업비밀을 알게 된 자에게 해당 영업비밀을 해당 소송의 계속적인 수행 외의 목적으로 사용하거

나 해당 영업비밀과 관계된 이 항에 따른 명령을 받은 자 외의 자에게 공개하지 아니할 것을 명할 수 있다. 다만, 그 신청 시까지 다른 당사자, 당사자를 위하여 소송을 대리하는 자, 그 밖에 해당 소송으로 인하여 영업비밀을 알게 된 자가 제1호에 따른 준비서면의 열람 및 증거조사 외의 방법으로 해당 영업비밀을 이미 취득한 경우에는 그러하지 아니하다.(2023.8.8 본문개정)

1. 이미 제출하였거나 제출하여야 할 준비서면 또는 이미 조사하였거나 조사하여야 할 증거(제129조의2제4항에 따라 제공된 정보를 포함한다)에 영업비밀이 포함되어 있다는 것
2. 제1호의 영업비밀이 해당 소송수행 외의 목적으로 사용되거나 공개되면 당사자의 영업에 지장을 줄 우려가 있어 이를 방지하기 위하여 영업비밀의 사용 또는 공개를 제한할 필요가 있다는 것

② 제1항에 따른 명령(이하 "비밀유지명령"이라 한다)의 신청은 다음 각 호의 사항을 적은 서면으로 하여야 한다.

1. 비밀유지명령을 받을 자
2. 비밀유지명령의 대상이 될 영업비밀을 특정하기에 충분한 사실
3. 제1항 각 호의 사유에 해당하는 사실

③ 비밀유지명령이 결정된 경우에는 그 결정서를 비밀유지명령을 받은 자에게 송달하여야 한다.

④ 비밀유지명령은 제3항의 결정서가 비밀유지명령을 받은 자에게 송달된 때부터 효력이 발생한다.

⑤ 비밀유지명령의 신청을 기각하거나 각하한 재판에 대하여는 즉시항고를 할 수 있다.

(2011.12.2 본조신설)

**제129조의4【비밀유지명령의 취소】** ① 비밀유지명령을 신청한 자나 비밀유지명령을 받은 자는 제129조의3제1항에서 규정한 요건을 갖추지 못하였거나 갖추지 못하게 된 경우 소송기록을 보관하고 있는 법원(소송기록을 보관하고 있는 법원이 없는 경우에는 비밀유지명령을 내린 법원을 말한다)에 취소를 신청할 수 있다.

② 비밀유지명령의 취소신청에 대한 재판이 있는 경우에는 그 결정서를 그 신청인과 상대방에게 송달하여야 한다.

③ 비밀유지명령의 취소신청에 대한 재판에 대하여는 즉시항고를 할 수 있다.

④ 비밀유지명령을 취소하는 재판은 확정되어야 그 효력이 발생한다.

⑤ 비밀유지명령을 취소하는 재판을 한 법원은 비밀유지명령의 취소신청을 한 자와 상대방 외에 해당 영업비밀에 관한 비밀유지명령을 받은 자가 있는 경우에는 그 자에게 즉시 비밀유지명령의 취소재판을 한 취지를 통지하여야 한다.

(2011.12.2 본조신설)

**제129조의5【소송기록 열람 등 신청의 통지 등】** ① 비밀유지명령이 내려진 소송(비밀유지명령이 모두 취소된 소송은 제외한다)에 관한 소송기록에 대하여 「민사소송법」 제163조제1항의 결정이 있었던 경우, 당사자가 같은 항에 규정하는 비밀 기재 부분의 열람 등을 해당 소송에서 비밀유지명령을 받지 아니한 자를 통하여 신청한 경우에는 법원서기관·법원사무관·법원주사 또는 법원주사보(이하 이 조에서 "법원사무관등"이라 한다)는 「민사소송법」 제163조제1항의 신청을 한 당사자(그 열람 등의 신청을 한 자는 제외한다)에게 그 열람 등의 신청 직후에 그 신청이 있었던 취지를 통지하여야 한다.

② 제1항의 경우 법원사무관등은 제1항의 신청이 있었던 날부터 2주일이 지날 때까지(그 신청 절차를 행한 자에 대한 비밀유지명령 신청이 그 기간 내에 행하여진 경우에 대하여는 그 신청에 대한 재판이 확정되는 시점까지를 말한다) 그 신청 절차를 행한 자에게 제1항의 비밀 기재 부분의 열람 등을 하게 하여서는 아니 된다.

③ 제2항은 제1항의 열람 등의 신청을 한 자에게 제1항의 비밀 기재 부분의 열람 등을 하게 하는 것에 대하여 「민사소송법」 제163조제1항의 신청을 한 당사자 모두의 동의가 있는 경우에는 적용하지 아니한다.
(2011.12.2 본조신설)

## 제10장 보 칙

**제130조 【권한의 위임 및 위탁】** 문화체육관광부장관은 대통령령으로 정하는 바에 따라 이 법에 따른 권한의 일부를 특별시장·광역시장·특별자치시장·도지사·특별자치도지사에게 위임하거나 위원회, 보호원 또는 저작권 관련 단체에 위탁할 수 있다.(2020.2.4 본조개정)

**제130조의2 【저작권 침해에 관한 단속 사무의 협조】** 문화체육관광부장관은 「사법경찰관리의 직무를 수행할 자와 그 직무범위에 관한 법률」 제5조제26호에 따른 저작권 침해에 관한 단속 사무와 관련하여 기술적 지원이 필요할 때에는 보호원 또는 저작권 관련 단체에 협조를 요청할 수 있다.
(2020.2.4 본조신설)

**제131조 【벌칙 적용에서의 공무원 의제】** 위원회의 위원·직원, 보호원의 임직원 및 심의위원회의 심의위원은 「형법」 제129조부터 제132조까지를 적용하는 경우에는 이를 공무원으로 본다.
(2023.8.8 본조개정)

**제132조 【수수료】** ① 이 법에 따라 다음 각 호의 어느 하나에 해당하는 사항의 신청 등을 하는 자는 문화체육관광부령으로 정하는 바에 따라 수수료를 납부하여야 한다.(2009.4.22 본문개정)

1. 제50조부터 제52조까지에 따른 법정허락 승인(제89조 및 제97조의 규정에 따라 준용되는 경우를 포함한다)을 신청하는 자(2023.8.8 본호개정)
2. 제53조부터 제55조까지, 제55조의2부터 제55조의4까지의 규정에 따른 등록(제90조 및 제98조에 따라 준용되는 경우를 포함한다) 및 이와 관련된 절차를 밟는 자(2020.2.4 본호개정)
3. 제105조의 규정에 따라 저작권위탁관리업의 허가를 신청하거나 신고하는 자

② 제1항에 따른 수수료는 문화체육관광부령으로 정하는 바에 따라 특별한 사유가 있으면 감액하거나 면제할 수 있다.(2020.2.4 본항신설)

**제133조 【불법 복제물의 수거·폐기 및 삭제】** ① 문화체육관광부장관, 특별시장·광역시장·특별자치시장·도지사·특별자치도지사 또는 시장·군수·구청장(자치구의 구청장을 말한다)은 저작권이나 그 밖에 이 법에 따라 보호되는 권리를 침해하는 복제물(정보통신망을 통하여 전송되는 복제물은 제외한다) 또는 저작물등의 기술적 보호조치를 무력하게 하기 위하여 제작된 기기·장치·정보 및 프로그램을 발견한 때에는 대통령령으로 정한 절차 및 방법에 따라 관계 공무원으로 하여금 이를 수거·폐기 또는 삭제하게 할 수 있다.(2020.2.4 본항개정)
② 문화체육관광부장관은 제1항의 규정에 따른 업무를 대통령령으로 정한 단체에 위탁할 수 있다. 이 경우 이에 종사하는 자는 공무원으로 본다.
(2021.5.18 전단개정)
③ 문화체육관광부장관은 제1항 및 제2항에 따라 관계 공무원 등이 수거·폐기 또는 삭제를 하는 경우 필요한 때에는 관련 단체에 협조를 요청할 수 있다.(2009.4.22 본항개정)
④ (2009.4.22 삭제)
⑤ 문화체육관광부장관은 제1항에 따른 업무를 위하여 필요한 기구를 설

치 · 운영할 수 있다.(2009.4.22 본항개정)

⑥ 제1항부터 제3항까지의 규정이 다른 법률 규정과 경합하는 경우에는 이 법을 우선하여 적용한다.(2009.4.22 본항개정)

**제133조의2【정보통신망을 통한 불법복제물등의 삭제명령 등】** ① 문화체육관광부장관은 정보통신망을 통하여 저작권이나 그 밖에 이 법에 따라 보호되는 권리를 침해하는 복제물 또는 정보, 기술적 보호조치를 무력하게 하는 프로그램 또는 정보(이하 "불법복제물등"이라 한다)가 전송되는 경우에 심의위원회의 심의를 거쳐 대통령령으로 정하는 바에 따라 온라인서비스제공자에게 다음 각 호의 조치를 할 것을 명할 수 있다.(2016.3.22 본문개정)

1. 불법복제물등의 복제 · 전송자에 대한 경고
2. 불법복제물등의 삭제 또는 전송 중단

② 문화체육관광부장관은 제1항제1호에 따른 경고를 3회 이상 받은 복제 · 전송자가 불법복제물등을 전송한 경우에는 심의위원회의 심의를 거쳐 대통령령으로 정하는 바에 따라 온라인서비스제공자에게 6개월 이내의 기간을 정하여 해당 복제 · 전송자의 계정(이메일 전용 계정은 제외하며, 해당 온라인서비스제공자가 부여한 다른 계정을 포함한다. 이하 같다)을 정지할 것을 명할 수 있다.(2016.3.22 본항개정)

③ 제2항에 따른 명령을 받은 온라인서비스제공자는 해당 복제 · 전송자의 계정을 정지하기 7일 전에 대통령령으로 정하는 바에 따라 해당 계정이 정지된다는 사실을 해당 복제 · 전송자에게 통지하여야 한다.

④ 문화체육관광부장관은 온라인서비스제공자의 정보통신망에 개설된 게시판(「정보통신망 이용촉진 및 정보보호 등에 관한 법률」 제2조제1항제9호의 게시판 중 상업적 이익 또는 이용 편의를 제공하는 게시판을 말한다. 이하 같다) 중 제1항제2호에 따른 명령이 3회 이상 내려진 게시판으로서 해당 게시판의 형태, 게시되는 복제물의 양이나 성격 등에 비추어 해당 게시판이 저작권 등의 이용질서를 심각하게 훼손한다고 판단되는 경우에는 심의위원회의 심의를 거쳐 대통령령으로 정하는 바에 따라 온라인서비스제공자에게 6개월 이내의 기간을 정하여 해당 게시판 서비스의 전부 또는 일부의 정지를 명할 수 있다.(2016.3.22 본항개정)

⑤ 제4항에 따른 명령을 받은 온라인서비스제공자는 해당 게시판의 서비스를 정지하기 10일 전부터 대통령령으로 정하는 바에 따라 해당 게시판의 서비스가 정지된다는 사실을 해당 온라인서비스제공자의 인터넷 홈페이지 및 해당 게시판에 게시하여야 한다.

⑥ 온라인서비스제공자는 제1항에 따른 명령을 받은 경우에는 명령을 받은 날부터 5일 이내에, 제2항에 따른 명령을 받은 경우에는 명령을 받은 날부터 10일 이내에, 제4항에 따른 명령을 받은 경우에는 명령을 받은 날부터 15일 이내에 그 조치결과를 대통령령으로 정하는 바에 따라 문화체육관광부장관에게 통보하여야 한다.

⑦ 문화체육관광부장관은 제1항, 제2항 및 제4항의 명령의 대상이 되는 온라인서비스제공자와 제2항에 따른 명령과 직접적인 이해관계가 있는 복제 · 전송자 및 제4항에 따른 게시판의 운영자에게 사전에 의견제출의 기회를 주어야 한다. 이 경우 「행정절차법」 제22조제4항부터 제6항까지 및 제27조를 의견제출에 관하여 준용한다.

⑧ 문화체육관광부장관은 제1항, 제2항 및 제4항에 따른 업무를 수행하기 위하여 필요한 기구를 설치 · 운영할 수 있다.

(2009.4.22 본조신설)

**제133조의3【시정권고 등】** ① 보호원은 온라인서비스제공자의 정보통신망을 조사하여 불법복제물등이 전송된 사실을 발견한 경우에는 심의위원회의 심의를 거쳐 온라인서비스제공자에 대하여 다음 각 호에 해당하는 시정 조치를 권고할 수 있다.(2016.3.22 본문개정)

1. 불법복제물등의 복제·전송자에 대한 경고
2. 불법복제물등의 삭제 또는 전송 중단
3. 반복적으로 불법복제물등을 전송한 복제·전송자의 계정 정지

② 온라인서비스제공자는 제1항제1호 및 제2호에 따른 권고를 받은 경우에는 권고를 받은 날부터 5일 이내에, 제1항제3호의 권고를 받은 경우에는 권고를 받은 날부터 10일 이내에 그 조치결과를 보호원에 통보하여야 한다.
(2016.3.22 본항개정)

③ 보호원은 온라인서비스제공자가 제1항에 따른 권고에 따르지 아니하는 경우에는 문화체육관광부장관에게 제133조의2제1항 및 제2항에 따른 명령을 하여 줄 것을 요청할 수 있다.
(2016.3.22 본항개정)

④ 제3항에 따라 문화체육관광부장관이 제133조의2제1항 및 제2항에 따른 명령을 하는 경우에는 심의위원회의 심의가 필요하지 아니하다.(2023.8.8 본항개정)
(2009.4.22 본조신설)

**제134조【건전한 저작물 이용 환경 조성 사업】** ① 문화체육관광부장관은 저작권이 소멸된 저작물등에 대한 정보 제공 등 저작물의 공정한 이용을 도모하기 위하여 필요한 사업을 할 수 있다.

② 제1항에 따른 사업에 관하여 필요한 사항은 대통령령으로 정한다.

③ (2009.4.22 삭제)
(2009.4.22 본조개정)

**제135조【저작재산권 등의 기증】** ① 저작재산권자등은 자신의 권리를 문화체육관광부장관에게 기증할 수 있다.
(2008.2.29 본항개정)

② 문화체육관광부장관은 저작재산권자등으로부터 기증된 저작물등의 권리를 공정하게 관리할 수 있는 단체를 지정할 수 있다.(2008.2.29 본항개정)

③ 제2항에 따라 지정된 단체는 영리를 목적으로 또는 해당 저작재산권자등의 의사에 반하여 저작물등을 이용할 수 없다.(2021.5.18 본항개정)

④ 제1항과 제2항의 규정에 따른 기증 절차와 단체의 지정 등에 관하여 필요한 사항은 대통령령으로 정한다.

## 제11장 벌 칙

**제136조【벌칙】** ① 다음 각 호의 어느 하나에 해당하는 자는 5년 이하의 징역 또는 5천만원 이하의 벌금에 처하거나 이를 병과(倂科)할 수 있다.
(2021.5.18 본문개정)

1. 저작재산권, 그 밖에 이 법에 따라 보호되는 재산적 권리(제93조에 따른 권리는 제외한다)를 복제, 공연, 공중송신, 전시, 배포, 대여, 2차적저작물 작성의 방법으로 침해한 자
2. 제129조의3제1항에 따른 법원의 명령을 정당한 이유 없이 위반한 자

(2011.12.2 1호~2호신설)

② 다음 각 호의 어느 하나에 해당하는 자는 3년 이하의 징역 또는 3천만원 이하의 벌금에 처하거나 이를 병과할 수 있다.

1. 저작인격권 또는 실연자의 인격권을 침해하여 저작자 또는 실연자의 명예를 훼손한 자
2. 제53조 및 제54조(제90조 및 제98조에 따라 준용되는 경우를 포함한다)에 따른 등록을 거짓으로 한 자
3. 제93조에 따라 보호되는 데이터베이스제작자의 권리를 복제·배포·방송 또는 전송의 방법으로 침해한 자

(2011.12.2 2호~3호개정)

3의2. 제103조의3제4항을 위반한 자
(2011.12.2 본호신설)

3의3. 업으로 또는 영리를 목적으로 제104조의2제1항 또는 제2항을 위반한 자(2011.6.30 본호신설)
3의4. 업으로 또는 영리를 목적으로 제104조의3제1항을 위반한 자. 다만, 과실로 저작권 또는 이 법에 따라 보호되는 권리 침해를 유발 또는 은닉한다는 사실을 알지 못한 자는 제외한다.(2011.6.30 본호신설)
3의5. 제104조의4제1호 또는 제2호에 해당하는 행위를 한 자
3의6. 제104조의5를 위반한 자
3의7. 제104조의7을 위반한 자
(2011.12.2 3호의5~3호의7신설)
4. 제124조제1항에 따른 침해행위로 보는 행위를 한 자(2011.12.2 본호개정)
5.~6. (2011.6.30 삭제)
(2011.12.2 본조제목개정)

**제137조【벌칙】** ① 다음 각 호의 어느 하나에 해당하는 자는 1년 이하의 징역 또는 1천만원 이하의 벌금에 처한다.
1. 저작자 아닌 자를 저작자로 하여 실명·이명을 표시하여 저작물을 공표한 자
2. 실연자 아닌 자를 실연자로 하여 실명·이명을 표시하여 실연을 공연 또는 공중송신하거나 복제물을 배포한 자
3. 제14조제2항을 위반한 자 (2011.12.2 본호개정)
3의2. 제104조의4제3호에 해당하는 행위를 한 자(2011.12.2 본호신설)
3의3. 제104조의6을 위반한 자 (2011.12.2 본호신설)
4. 제105조제1항에 따른 허가를 받지 아니하고 저작권신탁관리업을 한 자
5. 제124조제2항에 따라 침해행위로 보는 행위를 한 자
6. 자신에게 정당한 권리가 없음을 알면서 고의로 제103조제1항 또는 제3항에 따른 복제·전송의 중단 또는 재개요구를 하여 온라인서비스제공자의 업무를 방해한 자
(2011.12.2 4호~6호개정)
7. 제55조의5(제90조 및 제98조에 따라 준용되는 경우를 포함한다)를 위반한 자(2020.2.4 본호개정)
② 제1항제3호의3의 미수범은 처벌한다.(2011.12.2 본항신설)
(2011.12.2 본조제목개정)

**제138조【벌칙】** 다음 각 호의 어느 하나에 해당하는 자는 500만원 이하의 벌금에 처한다.
1. 제35조제4항을 위반한 자
2. 제37조(제87조 및 제94조에 따라 준용되는 경우를 포함한다)를 위반하여 출처를 명시하지 아니한 자
3. 제58조제3항(제63조의2, 제88조 및 제96조에 따라 준용되는 경우를 포함한다)을 위반하여 저작재산권자의 표지를 하지 아니한 자
3. (2025.3.25 삭제 : 2025.9.26 시행)
4. 제58조의2제2항(제63조의2, 제88조 및 제96조에 따라 준용되는 경우를 포함한다)을 위반하여 저작자에게 알리지 아니한 자
5. 제105조제1항에 따른 신고를 하지 아니하고 저작권대리중개업을 하거나, 제109조제2항에 따른 영업의 폐쇄명령을 받고 계속 그 영업을 한 자
(2011.12.2 1호~5호개정)
(2011.12.2 본조제목개정)

**제139조【몰수】** 저작권, 그 밖에 이 법에 따라 보호되는 권리를 침해하여 만들어진 복제물과 그 복제물의 제작에 주로 사용된 도구나 재료 중 그 침해자·인쇄자·배포자 또는 공연자의 소유에 속하는 것은 몰수한다.
(2011.12.2 본조개정)

**제140조【고소】** 이 장의 죄에 대한 공소는 고소가 있어야 한다. 다만, 다음 각 호의 어느 하나에 해당하는 경우에는 그러하지 아니하다.

1. 영리를 목적으로 또는 상습적으로 제136조제1항제1호, 제136조제2항제3호 및 제4호(제124조제1항제3호의 경우에는 피해자의 명시적 의사에 반하여 처벌하지 못한다)에 해당하는 행위를 한 경우(2011.12.2 본호개정)
2. 제136조제2항제2호 및 제3호의2부터 제3호의7까지, 제137조제1항제1호부터 제4호까지, 제6호 및 제7호와 제138조제5호의 경우(2011.12.2 본호개정)
3. (2011.12.2 삭제)

**제141조 【양벌규정】** 법인의 대표자나 법인 또는 개인의 대리인 · 사용인 그 밖의 종업원이 그 법인 또는 개인의 업무에 관하여 이 장의 죄를 저지른 때에는 행위자를 벌하는 외에 그 법인 또는 개인에 대하여도 각 해당 조의 벌금형을 과한다. 다만, 법인 또는 개인이 그 위반행위를 방지하기 위하여 해당 업무에 관하여 상당한 주의와 감독을 게을리하지 아니한 경우에는 그러하지 아니하다.(2023.8.8 본문개정)

**제142조 【과태료】** ① 제104조제1항에 따른 필요한 조치를 하지 아니한 자에게는 3천만원 이하의 과태료를 부과한다.

② 다음 각 호의 어느 하나에 해당하는 자에게는 1천만원 이하의 과태료를 부과한다.

1. 제103조의3제2항에 따른 문화체육관광부장관의 명령을 이행하지 아니한 자(2011.12.2 본호신설)
2. 제106조에 따른 의무를 이행하지 아니한 자

2의2. 제106조의2를 위반하여 정당한 이유 없이 이용허락을 거부한 자(2019.11.26 본호신설)

3. 제112조제4항을 위반하여 한국저작권위원회의 명칭을 사용한 자

3의2. 제122조의2제5항을 위반하여 한국저작권보호원의 명칭을 사용한 자(2016.3.22 본호신설)

4. 제133조의2제1항 · 제2항 및 제4항에 따른 문화체육관광부장관의 명령을 이행하지 아니한 자
5. 제133조의2제3항에 따른 통지, 같은 조 제5항에 따른 게시, 같은 조 제6항에 따른 통보를 하지 아니한 자

③ 제1항 및 제2항에 따른 과태료는 대통령령으로 정하는 바에 따라 문화체육관광부장관이 부과 · 징수한다.

④~⑤ (2009.4.22 삭제)

③ 제58조제3항(제63조의2, 제88조 및 제96조에 따라 준용되는 경우를 포함한다)을 위반하여 저작재산권자의 표지를 하지 아니한 자에게는 5백만원 이하의 과태료를 부과한다.
(2025.3.25 본항신설 : 2025.9.26 시행)

④ 제1항부터 제3항까지에 따른 과태료는 대통령령으로 정하는 바에 따라 문화체육관광부장관이 부과 · 징수한다.
(2025.3.25 본항개정 : 2025.9.26 시행)

⑤ (2009.4.22 삭제)

(2009.4.22 본조개정)

## 부 칙

**제1조 【시행일】** 이 법은 공포 후 6개월이 경과한 날부터 시행한다. 다만, 제133조제1항 및 제3항의 규정은 이 법을 공포한 날부터 시행한다.

**제2조 【적용 범위에 관한 경과조치】** ① 이 법 시행 전에 종전의 규정에 따라 저작권의 전부 또는 일부가 소멸하였거나 보호를 받지 못한 저작물등에 대하여는 그 부분에 대하여 이 법을 적용하지 아니한다.

② 이 법 시행 전에 행한 저작물등의 이용은 종전의 규정에 따른다.

③ 종전의 부칙 규정은 이 법의 시행 후에도 계속하여 적용한다. 다만, 법률 제4717호 저작권법중개정법률 부칙

제3항에 따른 저작인접권의 보호기간에 관한 경과조치 규정은 제외한다. (2011.12.2 단서신설)

**제3조【음반제작자에 대한 경과조치】** 종전의 규정에 따른 음반제작자는 이 법에 따른 음반제작자로 본다.

**제4조【단체명의저작물의 저작자에 대한 경과조치】** 이 법 시행 전에 종전의 제9조의 규정에 따라 작성된 저작물의 저작자에 관하여는 종전의 규정에 따른다.

**제5조【단체 지정에 관한 경과조치】** 이 법 시행 전에 종전의 규정에 따라 보상금을 받을 수 있도록 지정한 단체는 이 법에 따라 지정한 단체로 본다.

**제6조【법정허락에 관한 경과조치】** 이 법 시행 당시 종전의 규정에 따른 법정허락은 이 법에 따른 법정허락으로 본다.

**제7조【등록에 관한 경과조치】** 이 법 시행 당시 종전의 규정에 따른 등록은 이 법에 따른 등록으로 본다. 다만, 종전의 제51조의 규정에 따라 이루어진 저작재산권자의 성명 등의 등록은 종전의 규정에 따른다.

**제8조【음반의 보호기간의 기산에 관한 경과조치】** 이 법 시행 전에 고정되었으나 아직 발행되지 아니한 음반의 보호기간의 기산은 이 법에 따른다.

**제9조【미분배 보상금에 관한 경과조치】** 이 법 제25조제8항(제31조제6항·제75조제2항 및 제82조제2항의 규정에 따라 준용되는 경우를 포함한다)의 규정은 이 법 시행 전에 종전의 제23조제3항·제28조제5항·제65조 및 제68조의 규정에 따라 수령한 보상금에 대하여도 적용한다. 이 경우 각 보상금별 분배 공고일은 보상금지급단체로부터 권리자가 당해 보상금을 처음으로 지급받을 수 있는 날의 연도 말일로 본다.

**제10조【실연자의 인격권에 관한 경과조치】** 이 법 시행 전에 행한 실연에 관하여는 이 법 제66조 및 제67조의 규정을 적용하지 아니한다.

**제11조【저작권위탁관리업자에 대한 경과조치】** 이 법 시행 당시 종전의 규정에 따라 저작권위탁관리업의 허가를 받은 자는 저작권신탁관리업의 허가를 받은 자로, 저작권위탁관리업의 신고를 한 자는 저작권대리중개업의 신고를 한 자로 본다.

**제12조【저작권신탁관리업자의 수수료 및 사용료에 관한 경과조치】** 종전의 규정에 따라 승인한 저작권신탁관리업자의 수수료 및 사용료의 요율 또는 금액은 이 법에 따라 승인한 것으로 본다.

**제13조【저작권위원회 등에 관한 경과조치】** 종전의 규정에 따른 저작권심의조정위원회 및 그 심의조정위원은 이 법 제8장의 규정에 따른 저작권위원회 및 그 위원으로 본다.

**제14조【벌칙 적용에 관한 경과조치】** 이 법 시행 전의 행위에 대한 벌칙의 적용에서는 종전의 규정에 따른다.

**제15조【다른 법률의 개정】** ①~②
※(해당 법령에 가제정리 하였음)

**제16조【다른 법령과의 관계】** 이 법 시행 당시 다른 법령에서 종전의 규정을 인용하고 있는 경우에는 이 법의 해당 조항을 인용한 것으로 본다.

### 부 칙 (2009.3.25)

이 법은 공포 후 6개월이 경과한 날부터 시행한다.

### 부 칙 (2009.4.22)

**제1조【시행일】** 이 법은 공포 후 3개월이 경과한 날부터 시행한다.

**제2조【「컴퓨터프로그램 보호법」의 폐지】** 컴퓨터프로그램 보호법은 폐지한다.

**제3조【위원회의 설립준비】** ① 이 법에 따라 위원회를 설립하기 위하여 행

하는 준비행위는 이 법 시행 전에 할 수 있다.
② 문화체육관광부장관은 위원회의 설립에 관한 사무를 관장하게 하기 위하여 설립위원회를 구성한다.
③ 설립위원회는 문화체육관광부장관이 위촉하는 5명 이내의 설립위원으로 구성하되, 설립위원회의 위원장은 종전의 「저작권법」 제112조에 따른 저작권위원회의 위원장이 된다.
④ 설립위원회는 이 법 시행 전까지 정관을 작성하여 문화체육관광부장관의 인가를 받아야 한다.
⑤ 설립위원회는 제4항에 따른 인가를 받은 때에는 위원회의 설립등기를 하여야 한다.
⑥ 위원회의 설립에 관하여 필요한 경비는 국가가 부담한다.
⑦ 설립위원회는 제5항에 따른 위원회의 설립등기를 한 후에 지체 없이 위원회의 위원장에게 사무를 인계하여야 하며, 사무인계가 끝난 때에는 설립위원은 해촉된 것으로 본다.

**제4조 【저작권위원회 및 컴퓨터프로그램보호위원회의 소관사무, 권리·의무 및 고용관계 등에 관한 경과조치】**
① 이 법 시행 당시 종전의 「저작권법」 제112조부터 제122조까지 및 종전의 「컴퓨터프로그램 보호법」 제35조부터 제43조까지의 규정에 따른 저작권위원회와 컴퓨터프로그램보호위원회의 소관사무, 권리·의무와 재산 및 직원의 고용관계는 한국저작권위원회가 승계한다.
② 이 법 시행 당시 종전의 「저작권법」 제112조에 따른 저작권위원회의 위원장 및 위원은 한국저작권위원회의 위원장 및 위원으로 보고, 그 임기는 종전의 저작권위원회의 위원장 및 위원의 임기가 개시된 때부터 기산한다.

**제5조 【적용 범위에 관한 경과조치】**
① 이 법 시행 전에 종전의 「저작권법」 및 「컴퓨터프로그램 보호법」에 따라 보호되는 권리의 전부 또는 일부가 소멸하였거나 보호를 받지 못한 저작물 등에 대하여는 그 부분에 대하여 이 법을 적용하지 아니한다.
② 이 법 시행 전에 행한 프로그램의 이용은 종전의 「컴퓨터프로그램 보호법」에 따른다.

**제6조 【법정허락 등에 관한 경과조치】** 이 법 시행 전에 종전의 「컴퓨터프로그램 보호법」에 따른 다음 각 호의 행위는 이 법에 따른 것으로 본다.
1. 법정허락
2. 프로그램저작권 위탁관리기관 지정
3. 프로그램의 임치 및 수치인의 지정
4. 프로그램의 등록
5. 프로그램저작권의 이전등록
6. 부정복제물의 수거조치
7. 부정복제물 등에 대한 시정명령 및 시정권고
8. 분쟁의 알선·조정
9. 프로그램의 감정

**제7조 【벌칙 적용에 관한 경과조치】** 이 법 시행 전의 행위에 대한 종전의 「컴퓨터프로그램 보호법」에 따른 벌칙의 적용에 있어서는 종전의 「컴퓨터프로그램 보호법」에 따른다.

**제8조 【다른 법률의 개정】** ①~⑤ ※ (해당 법령에 가제정리 하였음)

**제9조 【다른 법령과의 관계】** 이 법 시행 당시 다른 법령에서 종전의 「컴퓨터프로그램 보호법」 또는 그 규정을 인용하고 있는 경우에는 이 법 또는 이 법의 해당 규정을 인용한 것으로 본다.

## 부 칙 (2011.6.30)

**제1조 【시행일】** 이 법은 「대한민국과 유럽연합 및 그 회원국 간의 자유무역협정」이 발효하는 날부터 시행한다.<2011.7.1 발효> 다만, 제39조부터 제42조까지의 개정규정은 「대한민

국과 유럽연합 및 그 회원국 간의 자유무역협정」이 발효한 후 2년이 되는 날부터 시행한다.

**제2조【적용 범위에 관한 경과조치】** 이 법 시행 전에 종전의 규정에 따라 저작권, 그 밖에 이 법에 따라 보호되는 권리의 전부 또는 일부가 소멸하였거나 보호를 받지 못한 저작물등에 대하여는 그 부분에 대하여 이 법을 적용하지 아니한다.

**제3조【온라인서비스제공자의 책임 제한에 관한 경과조치】** 이 법 시행 전에 발생한 저작권, 그 밖에 이 법에 따라 보호되는 권리 침해에 대한 온라인서비스제공자의 책임 제한에 관하여는 제102조 및 제103조의 개정규정에도 불구하고 종전의 규정에 따른다.

**제4조【벌칙 적용에 관한 경과조치】** 이 법 시행 전의 행위에 대한 벌칙의 적용은 종전의 규정에 따른다.

부 칙 (2011.12.2)

**제1조【시행일】** 이 법은 「대한민국과 미합중국 간의 자유무역협정 및 대한민국과 미합중국 간의 자유무역협정에 관한 서한교환」이 발효되는 날부터 시행한다.<2012.3.15 발효> 다만, 제64조제2항 및 제86조의 개정규정은 2013년 8월 1일부터 시행한다.

**제2조【적용례】** 제103조의3, 제125조의2 및 제129조의2부터 제129조의5까지의 개정규정은 이 법 시행 후 최초로 권리침해가 발생하거나 의무위반이 발생한 것부터 적용한다.

**제3조【적용 범위에 관한 경과조치】** 이 법 시행 전에 종전의 규정에 따라 저작권, 그 밖에 이 법에 따라 보호되는 권리의 전부 또는 일부가 소멸하였거나 보호를 받지 못한 저작물등에 대하여는 그 부분에 대하여 이 법을 적용하지 아니한다.

**제4조【저작인접권 보호기간의 특례】** ① 제3조에도 불구하고 법률 제8101호 저작권법 전부개정법률 부칙 제2조제3항의 개정규정에 따라 1987년 7월 1일부터 1994년 6월 30일 사이에 발생한 저작인접권은 1994년 7월 1일 시행된 법률 제4717호 저작권법중개정법률(이하 이 조에서 "같은 법"이라 한다) 제70조의 개정규정에 따라 그 발생한 때의 다음 해부터 기산하여 50년간 존속한다.

② 같은 법 부칙 제3항에 따라 1987년 7월 1일부터 1994년 6월 30일 사이에 발생한 저작인접권 중 이 법 시행 전에 종전 법(법률 제4717호 저작권법중개정법률 시행 전의 저작권법을 말한다. 이하 이 조에서 같다)에 따른 보호기간 20년이 경과되어 소멸된 저작인접권은 이 법 시행일부터 회복되어 저작인접권자에게 귀속된다. 이 경우 그 저작인접권은 처음 발생한 때의 다음 해부터 기산하여 50년간 존속하는 것으로 하여 보호되었더라면 인정되었을 보호기간의 잔여기간 동안 존속한다.

③ 제2항에 따라 저작인접권이 회복된 실연·음반·방송을 이 법 시행 전에 이용한 행위는 이 법에서 정한 권리의 침해로 보지 아니한다.

④ 제2항에 따른 저작인접권이 종전 법에 따라 소멸된 후에 해당 실연·음반·방송을 이용하여 이 법 시행 전에 제작한 복제물은 이 법 시행 후 2년 동안 저작인접권자의 허락 없이 계속 배포할 수 있다.

**제5조【온라인서비스제공자의 책임 제한 등에 관한 경과조치】** 이 법 시행 전에 발생한 저작권, 그 밖에 이 법에 따라 보호되는 권리 침해에 대한 온라인서비스제공자의 책임제한에 관하여는 제102조 및 제103조의2의 개정규정에도 불구하고 종전의 규정에 따른다.

**제6조【프로그램배타적발행권에 관한 경과조치】** 이 법 시행 전에 설정·등록된 프로그램배타적발행권에 관하여는 종전의 규정에 따른다.

**제7조【벌칙 적용에 관한 경과조치】** 이 법 시행 전의 행위에 대한 벌칙의 적용에 있어서는 종전의 규정에 따른다.

**제8조【다른 법률의 개정】** ※(해당 법령에 가제정리 하였음)

부　칙 (2013.7.16)

이 법은 공포 후 3개월이 경과한 날부터 시행한다.

부　칙 (2013.12.30)

이 법은 공포 후 6개월이 경과한 날부터 시행한다.

부　칙 (2016.3.22)

**제1조【시행일】** 이 법은 공포 후 6개월이 경과한 날부터 시행한다.

**제2조【보호원의 설립준비】** ① 이 법에 따라 보호원을 설립하기 위하여 행하는 준비행위는 이 법 시행 전에 할 수 있다.

② 문화체육관광부장관은 보호원의 설립에 관한 사무를 처리하기 위하여 보호원설립추진단(이하 "설립추진단"이라 한다)을 설치한다.

③ 설립추진단은 문화체육관광부장관이 위촉하는 5명 이내의 설립위원으로 구성하여 운영한다.

④ 설립추진단은 보호원의 정관을 작성하여 문화체육관광부장관의 인가를 받아 지체 없이 설립위원의 연명(連名)으로 보호원의 설립등기를 한 후 보호원의 원장에게 사무를 인계하여야 한다.

⑤ 설립추진단 및 설립위원은 제4항에 따른 사무인계가 끝난 때에는 해산되거나 해촉된 것으로 본다.

**제3조【한국저작권위원회의 소관사무, 권리·의무 및 고용관계 등에 관한 경과조치】** ① 이 법 시행 당시 종전의 제113조제10호에 따른 한국저작권위원회의 소관사무, 권리·의무와 재산 및 직원의 고용관계는 보호원이 승계한다.

② 보호원의 설립 이전에 종전의 제113조제10호에 따라 한국저작권위원회가 한 행위 또는 한국저작권위원회에 대하여 행하여진 행위는 보호원이 행한 행위 또는 보호원에 대하여 행하여진 행위로 본다.

부　칙 (2016.12.20)

이 법은 공포한 날부터 시행한다.

부　칙 (2017.3.21)

**제1조【시행일】** 이 법은 공포한 날부터 시행한다.

**제2조【금치산자 등의 결격사유에 관한 경과조치】** 이 법 시행 당시 이미 금치산 또는 한정치산의 선고를 받고 법률 제10429호 민법 일부개정법률 부칙 제2조에 따라 금치산 또는 한정치산 선고의 효력이 유지되는 사람에 대해서는 제105조제3항제1호의 개정규정에도 불구하고 종전의 규정에 따른다.

부　칙 (2018.10.16)

**제1조【시행일】** 이 법은 공포 후 6개월이 경과한 날부터 시행한다. 다만, 제113조의2제5항의 개정규정은 공포한 날부터 시행한다.

**제2조【미분배 보상금의 사용에 관한 적용례】** 제25조제8항의 개정규정은 이 법 시행 당시 종전의 규정에 따라 보상금 분배 공고가 진행 중인 경우에 대하여도 적용한다.

부 칙 (2019.11.26)

**제1조【시행일】** 이 법은 공포 후 6개월이 경과한 날부터 시행한다.

**제2조【저작권신탁관리업자의 징계의 요구 등에 관한 적용례】** 제108조의2의 개정규정은 이 법 시행 이후 저작권신탁관리업자의 대표자 또는 임원이 직무와 관련하여 같은 조 각 호에 따른 징계 요구 사유에 해당하게 된 경우부터 적용한다.

**제3조【심의위원회의 구성에 관한 적용례】** ① 제122조의6제2항의 개정규정은 이 법 시행 후 최초로 구성되는 심의위원회부터 적용한다.

② 제122조의6제4항 및 제5항의 개정규정은 이 법 시행 후 심의위원회의 위원을 위촉(연임하는 경우를 포함한다)하는 경우부터 적용한다.

③ 제2항에 따라 제122조의6제5항의 개정규정을 적용하는 경우에 이 법 시행 전에 1회 이상 연임하여 임기 중에 있는 위원은 그 임기 만료 후에는 연임할 수 없다.

**제4조【심의위원회 위원에 관한 경과조치】** 이 법 시행 당시 종전의 규정에 따라 위촉된 심의위원회 위원은 제122조의6의 개정규정에 따라 위촉된 위원으로 본다. 이 경우 위원의 임기는 잔여기간으로 한다.

부 칙 (2020.2.4)

**제1조【시행일】** 이 법은 공포 후 6개월이 경과한 날부터 시행한다.

**제2조【저작권대리중개업의 신고 등에 관한 적용례】** 제105조제5항 및 제6항의 개정규정은 이 법 시행 이후 신고 또는 변경신고를 하는 경우부터 적용한다.

**제3조【저작권위탁관리업 허가 등의 결격사유에 관한 적용례】** 제105조제7항의 개정규정은 이 법 시행 이후 최초로 저작권위탁관리업의 허가를 신청하거나 신고서를 제출한 자가 같은 항 각 호의 개정규정의 결격사유에 해당하게 된 경우부터 적용한다.

**제4조【저작권위탁관리업자에 대한 업무의 정지명령에 관한 적용례】** 제109조제1항제9호의 개정규정은 이 법 시행 당시 저작권신탁관리업의 허가를 받거나 허가를 신청한 자와 저작권대리중개업의 신고를 했거나 신고서를 제출한 자가 이 법 시행 이후 발생한 사유로 인하여 제105조제7항 각 호의 개정규정의 결격사유에 해당하게 된 경우부터 적용한다.

**제5조【직권조정결정에 관한 적용례】** 제117조의 개정규정은 이 법 시행 이후 위원회에 조정을 신청하는 경우부터 적용한다.

**제6조【등록 관청의 변경에 관한 경과조치】** 이 법 시행 당시 종전의 규정에 따라 문화체육관광부장관에게 등록 또는 변경등록등을 한 자는 제55조 및 제55조의2부터 제55조의4까지(제90조 또는 제98조에 따라 준용되는 경우를 포함한다)의 개정규정에 따라 위원회에 등록 또는 변경등록등을 한 것으로 본다.

**제7조【등록신청 반려 등에 대한 이의신청에 관한 경과조치】** 이 법 시행 당시 종전의 규정에 따라 등록 또는 변경등록등을 신청하여 그 신청이 반려된 자로서 반려된 날부터 1개월이 지나지 아니한 자는 제55조제3항 및 제55조의3제3항(제90조 또는 제98조에 따라 준용되는 경우를 포함한다)의 개정규정에도 불구하고 이 법 시행 이후 1개월 이내에 위원회에 이의를 신청할 수 있다.

**제8조【온라인서비스제공자의 책임 제한에 관한 경과조치】** 이 법 시행 전에 발생한 저작권, 그 밖에 이 법에 따라 보호되는 권리 침해에 대한 온라인서비스제공자의 책임 제한에 관하여는

제102조제1항의 개정규정에도 불구하고 종전의 규정에 따른다.

부 칙 (2020.12.8 법17588호)

이 법은 공포 후 6개월이 경과한 날부터 시행한다.

부 칙 (2020.12.8 법17592호)

이 법은 공포한 날부터 시행한다.

부 칙 (2021.5.18)

**제1조【시행일】** 이 법은 공포한 날부터 시행한다.
**제2조【한국저작권위원회 위원의 연임에 관한 적용례】** 제112조의2제3항 본문의 개정규정은 이 법 시행 이후 한국저작권위원회의 위원을 위촉하는 경우부터 적용한다. 이 경우 연임 횟수는 이 법 시행 전에 위원으로 위촉되어 개시된 임기를 제외하고 계산한다.

부 칙 (2021.12.7)

**제1조【시행일】** 이 법은 공포 후 1년이 경과한 날부터 시행한다.(이하 생략)

부 칙 (2023.5.16)

**제1조【시행일】** 이 법은 공포 후 6개월이 경과한 날부터 시행한다.
**제2조【이의신청에 관한 일반적 적용례】** 이의신청에 관한 개정규정은 이 법 시행 이후 하는 처분부터 적용한다.(이하 생략)

부 칙 (2023.8.8 법19592호)

이 법은 공포한 날부터 시행한다.

부 칙 (2023.8.8 법19597호)

이 법은 공포 후 6개월이 경과한 날부터 시행한다.

부 칙 (2024.2.27)

이 법은 공포 후 6개월이 경과한 날부터 시행한다.

부 칙 (2025.3.25)

**제1조【시행일】** 이 법은 공포 후 6개월이 경과한 날부터 시행한다.
**제2조【미분배 보상금 사용에 관한 적용례】** 제25조제10항의 개정규정은 이 법 시행 당시 종전의 규정에 따라 보상금 분배 공고가 진행 중인 경우에 대하여도 적용한다.
**제3조【벌칙에 관한 경과조치】** 이 법 시행 전의 위반행위에 대하여 벌칙을 적용할 때에는 제138조제3호의 개정규정에도 불구하고 종전의 규정에 따른다.

# 종자산업법

(2012년 6월 1일 전부개정법률 제11458호)

개정
2013. 3.23법11704호
2015. 6.22법13383호(수산업·어촌발전기본법)
2015. 6.22법13385호(수산종자산업육성법)
2016.12.27법14483호 2019.12.10법16789호
2021. 6.15법18265호 2022.12.27법19119호



## 제1장 총 칙

**제1조 【목적】** 이 법은 종자와 묘의 생산·보증 및 유통, 종자산업의 육성 및 지원 등에 관한 사항을 규정함으로써 종자산업의 발전을 도모하고 농업 및 임업 생산의 안정에 이바지함을 목적으로 한다.(2016.12.27 본조개정)

**제2조 【정의】** 이 법에서 사용하는 용어의 뜻은 다음과 같다.

1. "종자"란 증식용 또는 재배용으로 쓰이는 씨앗, 버섯 종균(種菌), 묘목(苗木), 포자(胞子) 또는 영양체(營養體)인 잎·줄기·뿌리 등을 말한다.(2015.6.22 본호개정)

1의2. "묘"(苗)란 재배용으로 쓰이는 씨앗을 뿌려 발아시킨 어린식물체와 그 어린식물체를 서로 접목(接木)시킨 어린식물체를 말한다.
(2016.12.27 본호신설)

2. "종자산업"이란 종자와 묘를 연구개발·육성·증식·생산·가공·유통·수출·수입 또는 전시 등을 하거나 이와 관련된 산업을 말한다.
(2016.12.27 본호개정)

3. "작물"이란 농산물 또는 임산물의 생산을 위하여 재배되는 모든 식물을 말한다.(2015.6.22 본호개정)

4. "품종"이란 「식물신품종 보호법」 제2조제2호의 품종을 말한다.

5. "품종성능"이란 품종이 이 법에서 정하는 일정 수준 이상의 재배 및 이용상의 가치를 생산하는 능력을 말한다.(2015.6.22 본호개정)

6. "보증종자"란 이 법에 따라 해당 품종의 진위성(眞僞性)과 해당 품종 종자의 품질이 보증된 채종(採種) 단계별 종자를 말한다.

7. "종자관리사"란 제27조에 따라 등록한 사람으로서 종자업자가 생산하여 판매·수출하거나 수입하려는 종자를 보증하는 사람을 말한다.
(2022.12.27 본호개정)

8. "종자업"이란 종자를 생산·가공 또는 다시 포장(包裝)하여 판매하는 행위를 업(業)으로 하는 것을 말한다.

8의2. "육묘업"이란 묘를 생산하여 판매하는 행위를 업으로 하는 것을 말한다.(2016.12.27 본호신설)

9. "종자업자"란 이 법에 따라 종자업을 경영하는 자를 말한다.

10. "육묘업자"란 이 법에 따라 육묘업을 경영하는 자를 말한다.
(2016.12.27 본호신설)

**제3조 【종합계획 등】** ① 농림축산식품부장관은 종자산업의 육성 및 지원을 위하여 5년마다 농림종자산업의 육성 및 지원에 관한 종합계획(이하 "종합계획"이라 한다)을 수립·시행하여야 한다.(2015.6.22 본항개정)

② 종합계획에는 다음 각 호의 사항이 포함되어야 한다.

1. 종자산업의 현황과 전망
2. 종자산업의 지원 방향 및 목표

3. 종자산업의 육성 및 지원을 위한 중기·장기 투자계획
4. 종자산업 관련 기술의 교육 및 전문인력의 육성방안
5. 종자 및 묘 관련 농가(農家)의 안정적인 소득증대를 위한 연구개발 사업(2016.12.27 본호개정)
6. 민간의 육종연구(育種研究)를 지원하기 위한 기반구축 사업
7. 수출 확대 등 대외시장 진출 촉진 방안
8. 종자 및 묘에 대한 교육 및 이해 증진방안(2016.12.27 본호개정)
9. 지방자치단체의 종자 및 묘 관련 산업 지원방안(2016.12.27 본호개정)
10. 그 밖에 종자산업의 육성 및 지원을 위하여 대통령령으로 정하는 사항

③ 농림축산식품부장관은 종합계획을 수립하거나 변경하려는 경우에는 관계 중앙행정기관의 장과 미리 협의하여야 한다. 다만, 대통령령으로 정하는 경미한 사항을 변경하려는 경우에는 그러하지 아니하다.(2015.6.22 본문개정)

④ 농림축산식품부장관은 확정된 종합계획을 관계 중앙행정기관의 장에게 통보하여야 한다.(2015.6.22 본항개정)

⑤ 농림축산식품부장관은 종합계획의 추진을 위하여 대통령령으로 정하는 바에 따라 관계 중앙행정기관의 장의 의견을 들어 해마다 시행계획(이하 "시행계획"이라 한다)을 수립·시행하여야 한다.(2015.6.22 본항개정)

⑥ 농림축산식품부장관은 종합계획 및 시행계획을 수립하기 위하여 필요한 경우에는 관계 중앙행정기관의 장, 지방자치단체의 장, 관련 기관 및 단체의 장에게 자료 제출을 요청할 수 있다. 이 경우 자료의 제출을 요청받은 자는 특별한 사정이 없으면 요청에 따라야 한다.(2015.6.22 전단개정)

**제4조 【통계 작성 및 실태조사】** ① 농림축산식품부장관은 종합계획 및 시행계획을 효율적으로 수립·추진하는 등 종자산업 육성 정책에 필요한 기초자료를 확보하기 위하여 종자산업에 관한 통계를 작성하거나 실태조사를 실시할 수 있다. 이 경우 종자산업에 관한 통계를 작성할 때에는 「통계법」을 준용한다.

② 농림축산식품부장관은 통계 작성을 위하여 관계 중앙행정기관의 장, 지방자치단체의 장, 「공공기관의 운영에 관한 법률」에 따른 공공기관의 장, 종자업자 및 육묘업자, 관련 기관 및 단체 등에 자료 제출을 요청할 수 있다. 이 경우 자료 제출을 요청받은 자는 특별한 사유가 없으면 요청에 따라야 한다.
(2016.12.27 전단개정)
(2015.6.22 본조개정)

**제5조 【다른 법률과의 관계】** 종자 또는 묘와 종자산업에 관하여는 다른 법률에 특별한 규정이 있는 경우를 제외하고는 이 법에서 정하는 바에 따른다.
(2016.12.27 본조개정)

## 제2장 종자산업의 기반 조성

**제6조 【전문인력의 양성】** ① 국가와 지방자치단체는 종자산업의 육성 및 지원에 필요한 전문인력을 양성하여야 한다.

② 국가와 지방자치단체는 제1항에 따라 전문인력을 양성하기 위하여 「고등교육법」 제2조제1호부터 제6호까지에 따른 대학, 종자산업에 관한 연구·활동 등을 목적으로 설립된 연구소·단체 또는 종자산업을 하는 업체 등 적절한 시설과 인력을 갖춘 기관을 전문인력 양성기관으로 지정하여 필요한 교육·훈련을 실시하게 할 수 있다.

③ 국가와 지방자치단체는 제2항에 따라 지정된 전문인력 양성기관에 대하여 대통령령으로 정하는 바에 따라 교육·훈련 등 운영에 필요한 비용의 전부 또는 일부를 지원할 수 있다.

④ 국가와 지방자치단체는 제2항에 따라 지정된 전문인력 양성기관이 다음 각 호의 어느 하나에 해당하는 경우에는 대통령령으로 정하는 바에 따라 그 지정을 취소하거나 3개월 이내의 기간을 정하여 업무의 전부 또는 일부 정지를 명할 수 있다. 다만, 제1호에 해당하는 경우에는 그 지정을 취소하여야 한다.

1. 거짓이나 그 밖의 부정한 방법으로 지정받은 경우
2. 전문인력 양성기관의 지정기준에 적합하지 아니하게 된 경우
3. 정당한 사유 없이 전문인력 양성을 거부하거나 지연한 경우
4. 정당한 사유 없이 1년 이상 계속하여 전문인력 양성업무를 하지 아니한 경우

⑤ 제2항에 따른 전문인력 양성기관의 지정 기준 및 방법 등에 관하여 필요한 사항은 대통령령으로 정한다.

**제7조【종자산업 관련 기술 개발의 촉진】** ① 국가와 지방자치단체는 종자산업 관련 기술의 개발을 촉진하기 위하여 다음 각 호의 사항을 추진하여야 한다.

1. 종자산업 관련 기술의 동향 및 수요 조사
2. 종자산업 관련 기술에 관한 연구개발
3. 개발된 종자산업 관련 기술의 실용화
4. 종자산업 관련 기술의 교류
5. 그 밖에 종자산업 관련 기술 개발을 촉진하는 데 필요한 사항

② 농림축산식품부장관은 제1항에 따른 종자산업 관련 기술의 개발을 촉진하기 위하여 종자산업 관련 기술을 연구개발하거나 이를 산업화하는 자에게 필요한 경비를 지원할 수 있다.
(2015.6.22 본항개정)

**제8조【국제협력 및 대외시장 진출의 촉진】** ① 국가와 지방자치단체는 종자산업의 국제적인 동향을 파악하고 국제협력을 촉진하여야 한다.

② 국가와 지방자치단체는 종자산업의 국제협력 및 대외시장의 진출을 촉진하기 위하여 종자산업 관련 기술과 인력의 국제교류 및 국제공동연구 등의 사업을 실시할 수 있다.

③ 국가 또는 지방자치단체는 종자산업과 관련하여 국제협력을 추진하거나 대외시장에 진출하는 자에 대하여 대통령령으로 정하는 바에 따라 필요한 지원을 할 수 있다.

**제9조【지방자치단체의 종자산업 사업수행】** ① 농림축산식품부장관은 종자산업의 안정적인 정착에 필요한 기술보급을 위하여 지방자치단체의 장에게 다음 각 호의 사업을 수행하게 할 수 있다.(2015.6.22 본문개정)

1. 종자 또는 묘 생산과 관련된 기술의 보급에 필요한 정보 수집 및 교육 (2016.12.27 본호개정)
2. 지역특화 농산물 품목 육성을 위한 품종개발(2015.6.22 본호개정)
3. 지역특화 육종연구단지의 조성 및 지원
4. 종자생산 농가에 대한 채종 관련 기반시설의 지원(2015.6.22 본호개정)
5. 그 밖에 농림축산식품부장관이 필요하다고 인정하는 사업(2015.6.22 본호개정)

② 농림축산식품부장관은 제1항 각 호의 사업을 효율적으로 수행하기 위하여 예산의 범위에서 필요한 비용을 지원할 수 있다.(2015.6.22 본항개정)

**제10조【재정 및 금융 지원 등】** ① 농림축산식품부장관은 종자산업의 기반조성과 기술혁신을 위하여 다음 각 호의 사업에 대하여 재정 및 금융 지원을 할 수 있다.(2015.6.22 본문개정)

1. 종자 또는 묘 생산 농가, 종자산업을 하는 업체, 종자업자 또는 육묘업자의 종자 또는 묘 개발·생산·보급·가공·유통과 채종에 필요한 기자재 및 시설의 설치(2016.12.27 본호개정)

2. 종자 및 묘와 관련된 공익적 사업의 수행(2016.12.27 본호개정)
3. 우수한 종자와 묘의 개발 및 보급에 공로가 뚜렷한 개인, 단체 및 기업 등에 대한 시상 및 포상(2016.12.27 본호신설)

② 제1항에 따른 지원을 받으려는 종자 또는 묘 생산 농가는 「농업·농촌 및 식품산업 기본법」 제40조에 따른 농업 경영 관련 정보를 등록하여야 한다.(2016.12.27 본항개정)

**제11조【중소 종자업자 및 중소 육묘업자에 대한 지원】** 농림축산식품부장관은 종자산업의 육성 및 지원에 필요한 시책을 마련할 때에는 중소 종자업자 및 중소 육묘업자에 대한 행정적·재정적 지원책을 마련하여야 한다.
(2016.12.27 본조개정)

**제12조【종자산업진흥센터의 지정 등】** ① 농림축산식품부장관은 종자산업의 효율적인 육성 및 지원을 위하여 종자산업 관련 기관·단체 또는 법인 등 적절한 인력과 시설을 갖춘 기관을 종자산업진흥센터(이하 "진흥센터"라 한다)로 지정할 수 있다.(2015.6.22 본항개정)

② 진흥센터는 다음 각 호의 업무를 수행한다.

1. 종자산업의 활성화를 위한 지원시설의 설치 등 기반조성에 관한 사업
2. 종자산업과 관련된 전문인력의 지원에 관한 사업
3. 종자산업의 창업 및 경영 지원, 정보의 수집·공유·활용에 관한 사업
4. 종자산업 발전을 위한 유통활성화와 국제협력 및 대외시장의 진출 지원
5. 종자산업 발전을 위한 종자업자에 대한 지원
6. 그 밖에 종자산업의 발전에 필요한 사업

③ 농림축산식품부장관은 진흥센터로 지정한 기관에 대하여 제2항의 업무를 수행하는 데 필요한 경비를 예산의 범위에서 지원할 수 있다.(2015.6.22 본항개정)

④ 농림축산식품부장관은 진흥센터가 다음 각 호의 어느 하나에 해당하는 경우에는 대통령령으로 정하는 바에 따라 그 지정을 취소하거나 3개월 이내의 기간을 정하여 업무의 정지를 명할 수 있다. 다만, 제1호에 해당하는 경우에는 그 지정을 취소하여야 한다.
(2015.6.22 본문개정)

1. 거짓이나 그 밖의 부정한 방법으로 지정받은 경우
2. 진흥센터 지정기준에 적합하지 아니하게 된 경우
3. 정당한 사유 없이 제2항에 따른 업무를 거부하거나 지연한 경우
4. 정당한 사유 없이 1년 이상 계속하여 제2항에 따른 업무를 하지 아니한 경우

⑤ 제1항에 따른 진흥센터의 지정 기준 및 방법 등에 필요한 사항은 대통령령으로 정한다.

**제13조【종자기술연구단지의 조성 등】** ① 농림축산식품부장관은 종자관련 산업계 및 연구계가 일정한 지역에서 유기적으로 연계함으로써 종자산업 관련 기술 연구개발의 효율을 높이고, 종자산업의 발전을 도모할 수 있도록 종자기술연구단지를 조성하거나 그 조성을 지원할 수 있다.(2015.6.22 본항개정)

② 제1항에 따른 종자기술연구단지의 조성과 지원에 필요한 사항은 대통령령으로 정한다.

**제14조【단체의 설립】** ① 종자산업을 하는 자는 종자산업의 건전한 발전과 종자 및 묘 관련 산업계의 공동이익 등을 도모하기 위하여 농림축산식품부장관의 인가를 받아 단체를 설립할 수 있다.(2016.12.27 본항개정)

② 제1항에 따른 단체는 법인으로 한다.

③ 제1항에 따라 설립된 단체는 종자

및 묘의 생산 및 유통질서가 건전하게 유지될 수 있도록 노력하여야 한다. (2016.12.27 본항개정)

④ 농림축산식품부장관은 제1항에 따라 설립된 단체의 종자산업 관련 업무 수행에 필요한 경비를 예산의 범위에서 지원할 수 있다.(2021.6.15 본항신설)

⑤ 제1항에 따른 단체에 관하여 이 법에서 정한 사항을 제외하고는 「민법」 중 사단법인에 관한 규정을 준용한다.

## 제3장 국가품종목록의 등재 등

**제15조【국가품종목록의 등재 대상】** ① 농림축산식품부장관은 농업 및 임업 생산의 안정상 중요한 작물의 종자에 대한 품종성능을 관리하기 위하여 해당 작물의 품종을 농림축산식품부령으로 정하는 국가품종목록(이하 “품종목록”이라 한다)에 등재할 수 있다. (2015.6.22 본항개정)

② 제1항에 따라 품종목록에 등재할 수 있는 대상작물은 벼, 보리, 콩, 옥수수, 감자와 그 밖에 대통령령으로 정하는 작물로 한다. 다만, 사료용은 제외한다.

**제16조【품종목록의 등재신청】** ① 제15조제2항에 따른 품종목록에 등재할 수 있는 대상작물(이하 “품종목록 등재대상작물”이라 한다)의 품종을 품종목록에 등재하여 줄 것을 신청하는 자(이하 “품종목록 등재신청인”이라 한다)는 농림축산식품부령으로 정하는 품종목록 등재신청서에 해당 품종의 종자시료(種子試料)를 첨부하여 농림축산식품부장관에게 신청하여야 한다. 이 경우 종자시료가 영양체인 경우에 그 제출 시기·방법 등은 농림축산식품부령으로 정한다.(2015.6.22 본항개정)

② 제1항에 따라 품종목록에 등재신청하는 품종은 1개의 고유한 품종명칭을 가져야 한다.

③ 제2항에 따른 품종명칭의 출원, 등록, 이의신청, 명칭 사용 및 취소 등에 관하여는 「식물신품종 보호법」 제106조부터 제117조까지의 규정을 준용한다.

**제17조【품종목록 등재신청 품종의 심사 등】** ① 농림축산식품부장관은 제16조제1항에 따라 품종목록 등재신청을 한 품종에 대하여는 농림축산식품부령으로 정하는 품종성능의 심사기준에 따라 심사하여야 한다.

② 농림축산식품부장관은 품종목록 등재신청을 한 품종이 제1항에 따른 품종성능의 심사기준에 미치지 못할 경우에는 그 품종목록 등재신청을 거절하여야 한다.

③ 농림축산식품부장관은 제2항에 따라 품종목록 등재신청을 거절하려는 경우에는 품종목록 등재신청인에게 그 이유를 알리고 기간을 정하여 의견서를 제출할 기회를 주어야 한다.

④ 농림축산식품부장관은 제1항에 따른 심사 결과 품종목록 등재신청을 한 품종이 품종성능의 심사기준에 맞는 경우에는 지체 없이 그 사실을 해당 품종목록 등재신청인에게 알리고 해당 품종목록 등재신청 품종을 품종목록에 등재하여야 한다.

(2015.6.22 본조개정)

**제18조【품종목록 등재품종의 공고】** 농림축산식품부장관은 제17조제4항에 따라 품종목록에 등재한 경우에는 해당 품종이 속하는 작물의 종류, 품종명칭, 제19조에 따른 품종목록 등재의 유효기간 등을 농림축산식품부령으로 정하는 바에 따라 공고하여야 한다. 제19조제2항에 따라 등재의 유효기간이 연장된 경우에도 또한 같다.

(2015.6.22 전단개정)

**제19조【품종목록 등재의 유효기간】** ① 제17조제4항에 따른 품종목록 등재의 유효기간은 등재한 날이 속한 해의 다음 해부터 10년까지로 한다.

② 제1항에 따른 품종목록 등재의 유효기간은 유효기간 연장신청에 의하여 계속 연장될 수 있다.

③ 제2항에 따른 품종목록 등재의 유효기간 연장신청은 그 품종목록 등재의 유효기간이 끝나기 전 1년 이내에 신청하여야 한다.

④ 농림축산식품부장관은 제2항에 따른 품종목록 등재의 유효기간 연장신청을 받은 경우 그 유효기간 연장신청을 한 품종이 품종목록 등재 당시의 품종성능을 유지하고 있을 때에는 그 연장신청을 거부할 수 없다.(2015.6.22 본항개정)

⑤ 농림축산식품부장관은 품종목록 등재의 유효기간이 끝나는 날의 1년 전까지 품종목록 등재신청인에게 연장절차와 제3항에 따른 기간 내에 연장신청을 하지 아니하면 연장을 받을 수 없다는 사실을 미리 통지하여야 한다.(2015.6.22 본항개정)

⑥ 제5항에 따른 통지는 휴대전화에 의한 문자전송, 전자메일, 팩스, 전화, 문서 등으로 할 수 있다.

**제20조 【품종목록 등재의 취소】** ① 농림축산식품부장관은 다음 각 호의 어느 하나에 해당하는 경우에는 해당 품종의 품종목록 등재를 취소할 수 있다. 다만, 제4호와 제5호의 경우에는 그 품종목록 등재를 취소하여야 한다.(2015.6.22 본문개정)

1. 품종성능이 제17조제1항에 따른 품종성능의 심사기준에 미치지 못하게 될 경우
2. 해당 품종의 재배로 인하여 환경에 위해(危害)가 발생하였거나 발생할 염려가 있을 경우
3. 「식물신품종 보호법」 제117조제1항 각 호의 어느 하나에 해당하여 등록된 품종명칭이 취소된 경우
4. 거짓이나 그 밖의 부정한 방법으로 품종목록 등재를 받은 경우
5. 같은 품종이 둘 이상의 품종명칭으로 중복하여 등재된 경우(가장 먼저 등재된 품종은 제외한다)

② 농림축산식품부장관은 제1항에 따라 취소결정을 하려는 경우에는 미리 그 품종목록 등재신청인에게 그 이유를 알리고 기간을 정하여 의견서를 제출할 기회를 주어야 한다.(2015.6.22 본항개정)

③ 농림축산식품부장관은 제1항에 따른 취소결정을 하면 그 취소결정의 등본을 품종목록 등재신청인에게 송달하고 그 취소결정에 관하여 농림축산식품부령으로 정하는 바에 따라 공고하여야 한다.(2015.6.22 본항개정)

**제21조 【품종목록 등재서류의 보존】** 농림축산식품부장관은 품종목록에 등재한 각 품종과 관련된 서류를 제19조에 따른 해당 품종의 품종목록 등재 유효기간 동안 보존하여야 한다.
(2015.6.22 본조개정)

**제22조 【품종목록 등재품종 등의 종자생산】** 농림축산식품부장관이 제17조제4항에 따라 품종목록에 등재한 품종의 종자 또는 농산물의 안정적인 생산에 필요하여 고시한 품종의 종자를 생산할 경우에는 다음 각 호의 어느 하나에 해당하는 자에게 그 생산을 대행하게 할 수 있다. 이 경우 농림축산식품부장관은 종자생산을 대행하는 자에 대하여 종자의 생산·보급에 필요한 경비의 전부 또는 일부를 보조할 수 있다.(2015.6.22 본문개정)

1. 농촌진흥청장 또는 산림청장
2. 특별시장·광역시장·특별자치시장·도지사 또는 특별자치도지사(이하 "시·도지사"라 한다)
3. 특별자치시장·특별자치도지사·시장·군수 또는 자치구의 구청장(이하 "시장·군수·구청장"이라 한다)
4. 대통령령으로 정하는 농업단체 또는 임업단체(이하 "농업단체등"이라 한다)(2015.6.22 본호개정)

5. 농림축산식품부령으로 정하는 종자업자 또는 「농어업경영체 육성 및 지원에 관한 법률」 제2조제3호에 따른 농업경영체(2016.12.27 본호개정)

**제23조 【종자결함으로 인한 피해 보상】** ① 농림축산식품부장관은 제22조에 따라 생산·보급한 종자의 결함으로 인하여 피해를 입은 농업인에게 예산의 범위에서 피해액의 전부 또는 일부를 보상할 수 있다.(2015.6.22 본항개정)

② 농림축산식품부장관은 제1항에 따른 피해의 현황을 현지에서 조사하고, 피해의 확산을 방지하기 위하여 종자피해조사반을 구성하여 운영할 수 있다.(2015.6.22 본항개정)

③ 농림축산식품부장관은 제2항에 따른 조사를 원활히 수행하기 위하여 필요하면 관계 행정기관의 장이나 관련 단체의 장에게 협조를 요청할 수 있다. 이 경우 협조를 요청받은 자는 특별한 사정이 없으면 이에 협조하여야 한다.(2015.6.22 전단개정)

④ 제1항 및 제2항에 따른 피해 보상의 범위와 기준 및 절차, 종자피해조사반의 구성과 운영에 필요한 사항은 대통령령으로 정한다.

## 제4장 종자의 보증

**제24조 【종자의 보증】** ① 고품질 종자 유통·보급을 통한 농림업의 생산성 향상 등을 위하여 농림축산식품부장관과 종자관리사는 종자의 보증을 할 수 있다.

② 제1항에 따른 종자의 보증은 농림축산식품부장관이 하는 보증(이하 "국가보증"이라 한다)과 종자관리사가 하는 보증(이하 "자체보증"이라 한다)으로 구분한다.

(2015.6.22 본조개정)

**제25조 【국가보증의 대상】** ① 다음 각 호의 어느 하나에 해당하는 경우에는 국가보증의 대상으로 한다.

1. 농림축산식품부장관이 종자를 생산하거나 제22조에 따라 그 업무를 대행하게 한 경우(2015.6.22 본호개정)
2. 시·도지사, 시장·군수·구청장, 농업단체등 또는 종자업자가 품종목록 등재대상작물의 종자를 생산하거나 수출하기 위하여 국가보증을 받으려는 경우

② 농림축산식품부장관은 대통령령으로 정하는 국제종자검정기관이 보증한 종자에 대하여는 국가보증을 받은 것으로 인정할 수 있다.(2015.6.22 본항개정)

**제26조 【자체보증의 대상】** 다음 각 호의 어느 하나에 해당하는 경우에는 자체보증의 대상으로 한다.

1. 시·도지사, 시장·군수·구청장, 농업단체등 또는 종자업자가 품종목록 등재대상작물의 종자를 생산하는 경우
2. 시·도지사, 시장·군수·구청장, 농업단체등 또는 종자업자가 품종목록 등재대상작물 외의 작물의 종자를 생산·판매하기 위하여 자체보증을 받으려는 경우

**제27조 【종자관리사의 자격기준 등】**

① 종자관리사의 자격기준은 대통령령으로 정한다.

② 종자관리사가 되려는 사람은 제1항에 따른 자격기준을 갖춘 사람으로서 농림축산식품부령으로 정하는 바에 따라 농림축산식품부장관에게 등록하여야 한다.(2015.6.22 본항개정)

③ 종자관리사는 대통령령으로 정하는 전문인력 양성기관에서 대통령령으로 정하는 바에 따라 정기적으로 교육을 받아야 한다.(2022.12.27 본항신설)

④ 농림축산식품부장관은 종자관리사가 이 법에서 정하는 직무를 게을리하거나 중대한 과오(過誤)를 저질렀을 때에는 그 등록을 취소하거나 1년 이내의 기간을 정하여 그 업무를 정지시킬 수 있다.(2015.6.22 본항개정)

⑤ 제4항에 따라 등록이 취소된 사람은 등록이 취소된 날부터 2년이 지나지 아니하면 종자관리사로 다시 등록할 수 없다.(2022.12.27 본항개정)
⑥ 제4항에 따른 행정처분의 세부적인 기준은 그 위반행위의 유형과 위반 정도 등을 고려하여 농림축산식품부령으로 정한다.(2022.12.27 본항개정)

**제28조【포장검사】** ① 국가보증이나 자체보증을 받은 종자를 생산하려는 자는 농림축산식품부장관 또는 종자관리사로부터 채종 단계별로 1회 이상 포장(圃場)검사를 받아야 한다.
② 제1항에 따른 채종 단계별 포장검사의 기준, 방법, 절차 등에 관한 사항은 농림축산식품부령으로 정한다.
(2015.6.22 본조개정)

**제29조【종자생산의 포장 조건】** 국가보증이나 자체보증 종자를 생산하려는 자는 다른 품종 또는 다른 계통의 작물과 교잡(交雜)되는 것을 방지하기 위하여 교잡 위험이 있는 품종이나 작물의 재배지역으로부터 일정한 거리를 두거나 격리시설을 갖추는 등 농림축산식품부령으로 정하는 포장 조건을 준수하여야 한다.(2015.6.22 본조개정)

**제30조【종자검사 등】** ① 국가보증이나 자체보증 종자를 생산하려는 자는 제28조제2항에 따른 포장검사의 기준에 합격한 포장에서 생산된 종자에 대하여는 농림축산식품부장관 또는 종자관리사로부터 채종 단계별 종자검사를 받아야 한다.
② 제1항에 따른 종자검사의 결과에 대하여 이의가 있는 자는 그 종자검사를 한 농림축산식품부장관 또는 종자관리사에게 재검사를 신청할 수 있다.
③ 제1항 또는 제2항에 따른 채종 단계별 종자검사 또는 재검사의 기준, 방법, 절차 등에 관한 사항은 농림축산식품부령으로 정한다.
(2015.6.22 본조개정)

**제31조【보증표시 등】** ① 제28조에 따른 포장검사에 합격하여 제30조에 따른 종자검사를 받은 보증종자를 판매하거나 보급하려는 자는 해당 보증종자에 대하여 보증표시를 하여야 한다.
② 제1항에 따라 보증종자를 판매하거나 보급하려는 자는 종자의 보증과 관련된 검사서류를 작성일부터 3년(묘목에 관련된 검사서류는 5년) 동안 보관하여야 한다.
③ 제1항에 따른 보증표시 및 작물별 보증의 유효기간 등에 관한 사항은 농림축산식품부령으로 정한다.
(2015.6.22 본항개정)

**제32조【보증서의 발급】** 농림축산식품부장관 또는 종자관리사는 제31조제1항에 따라 보증표시를 한 보증종자에 대하여 검사를 받은 자가 보증서 발급을 요구하면 농림축산식품부령으로 정하는 보증서를 발급하여야 한다.
(2015.6.22 본조개정)

**제33조【사후관리시험】** ① 농림축산식품부장관은 품종목록 등재대상작물의 보증종자에 대하여 사후관리시험을 하여야 한다.
② 제1항에 따른 사후관리시험의 기준 및 방법은 농림축산식품부령으로 정한다.
(2015.6.22 본조개정)

**제34조【보증의 실효】** 보증종자가 다음 각 호의 어느 하나에 해당할 때에는 종자의 보증 효력을 잃은 것으로 본다.
1. 제31조제1항에 따른 보증표시를 하지 아니하거나 보증표시를 위조 또는 변조하였을 때
2. 제31조제3항에 따른 보증의 유효기간이 지났을 때
3. 포장한 보증종자의 포장을 뜯거나 열었을 때. 다만, 해당 종자를 보증한 보증기관이나 종자관리사의 감독에 따라 분포장(分包裝)하는 경우는 제외한다.
4. 거짓이나 그 밖의 부정한 방법으로 보증을 받았을 때

**제35조【분포장 종자의 보증표시】** 제34조제3호 단서에 따라 분포장한 종

자의 보증표시는 분포장하기 전에 표시되었던 해당 품종의 보증표시와 같은 내용으로 하여야 한다.

**제36조 【보증종자의 판매 등】** ① 품종목록 등재대상작물의 종자 또는 제22조 각 호 외의 부분 전단에 따라 농림축산식품부장관이 고시한 품종의 종자를 판매하거나 보급하려는 자는 제24조에 따라 종자의 보증을 받아야 한다. 다만, 종자가 다음 각 호의 어느 하나에 해당하는 경우에는 그러하지 아니하다.(2015.6.22 본문개정)

1. 1대 잡종의 친(親) 또는 합성품종의 친으로만 쓰이는 경우
2. 증식 목적으로 판매하여 생산된 종자를 판매자가 다시 전량 매입하는 경우
3. 시험이나 연구 목적으로 쓰이는 경우
4. 생산된 종자를 전량 수출하는 경우
5. 직무상 육성한 품종의 종자를 증식용으로 사용하도록 하기 위하여 육성자가 직접 분양하거나 양도하는 경우
6. 그 밖에 종자용 외의 목적으로 사용하는 경우

② 제1항에도 불구하고 농림축산식품부장관은 유통상 필요하다고 인정할 때에는 제20조제1항에 따라 품종목록 등재가 취소된 품종이라 하더라도 취소일 전에 생산되었거나 생산 중인 해당 품종의 종자는 취소일이 속한 해의 다음 해 말까지 판매하거나 보급하게 할 수 있다. 이 경우 판매 또는 보급 대상지역 및 기간을 공고하여야 한다.
(2015.6.22 전단개정)

## 제4장의2 종자의 무병화(無病化)인증
(2022.12.27 본장신설)

**제36조의2 【무병화인증】** ① 농림축산식품부장관은 종자업자가 사과·배 등 대통령령으로 정하는 작물의 종자를 생산하는 과정에서 바이러스 및 바이로이드에 감염되지 아니하도록 관리하였음을 인증할 수 있다.

② 제1항에 따른 인증(이하 "무병화인증"이라 한다)을 받으려는 종자업자는 농림축산식품부령으로 정하는 바에 따라 농림축산식품부장관에게 신청하여야 한다.

③ 다음 각 호의 자는 무병화인증을 신청할 수 없다.

1. 이 법을 위반하여 징역형의 실형을 선고받고 그 집행이 끝나거나(집행이 끝난 것으로 보는 경우를 포함한다) 집행이 면제된 날부터 1년이 지나지 아니한 자
2. 이 법을 위반하여 징역형의 집행유예를 선고받고 그 유예기간 중에 있는 자
3. 이 법을 위반하여 벌금형을 선고받고 1년이 지나지 아니한 자
4. 제36조의4제1항에 따라 무병화인증이 취소된 후 1년이 지나지 아니한 자

④ 무병화인증을 받은 종자업자는 무병화인증을 받은 종자의 용기나 포장에 무병화인증의 표시를 할 수 있다.

⑤ 무병화인증의 기준, 절차 및 표시방법 등에 필요한 사항은 농림축산식품부령으로 정한다.

**제36조의3 【무병화인증의 유효기간 등】** ① 무병화인증의 유효기간은 무병화인증을 받은 날부터 1년으로 한다.

② 무병화인증을 받은 종자업자가 무병화인증의 유효기간이 끝난 후에도 계속하여 무병화인증을 유지하려면 그 유효기간이 끝나기 전에 무병화인증을 갱신하여야 한다.

③ 무병화인증 갱신의 절차 및 방법 등에 필요한 사항은 농림축산식품부령으로 정한다.

**제36조의4 【무병화인증의 취소 등】** ① 농림축산식품부장관은 무병화인증이 다음 각 호의 어느 하나에 해당하는 경우

에는 해당 무병화인증을 취소하거나 무병화인증을 받은 종자업자 또는 무병화인증을 받은 종자를 판매·보급하는 자에게 무병화인증 표시의 제거·사용정지 또는 시정조치를 명하거나 무병화인증을 받은 종자의 판매·보급의 정지·금지 또는 회수·폐기를 명할 수 있다. 다만, 제1호에 해당하는 경우에는 무병화인증을 취소하여야 한다.

1. 거짓이나 그 밖의 부정한 방법으로 무병화인증을 받거나 갱신한 경우
2. 제36조의2제5항에 따른 무병화인증의 기준에 맞지 아니하게 된 경우
3. 제36조의2제5항에 따른 무병화인증의 표시방법을 위반한 경우
4. 업종전환·폐업 등으로 무병화인증을 받은 종자를 생산하기 어렵다고 판단되는 경우

② 제1항에 따른 행정처분의 세부 기준은 농림축산식품부령으로 정한다.

**제36조의5【무병화인증기관의 지정 등】** ① 농림축산식품부장관은 무병화인증에 필요한 인력과 시설 등을 갖춘 자를 무병화인증기관으로 지정하여 무병화인증에 관한 업무를 위탁할 수 있다.

② 제1항에 따라 무병화인증기관으로 지정받으려는 자는 농림축산식품부령으로 정하는 바에 따라 무병화인증에 필요한 인력과 시설 등을 갖추어 농림축산식품부장관에게 신청하여야 한다.

③ 제1항에 따른 무병화인증기관 지정의 유효기간은 지정을 받은 날부터 5년으로 한다.

④ 제1항에 따라 지정된 무병화인증기관(이하 "무병화인증기관"이라 한다)이 그 지정의 유효기간이 끝난 후에도 계속하여 무병화인증에 관한 업무를 하려면 그 유효기간이 끝나기 전에 그 지정을 갱신하여야 한다.

⑤ 무병화인증기관은 제2항에 따라 신청한 사항 중 농림축산식품부령으로 정하는 중요 사항이 변경된 경우에는 농림축산식품부장관에게 신고하여야 한다.

⑥ 농림축산식품부장관은 제5항에 따른 신고를 받은 날부터 10일 이내에 신고수리 여부를 신고인에게 통지하여야 한다.

⑦ 농림축산식품부장관이 제6항에서 정한 기간 내에 신고수리 여부 또는 민원 처리 관련 법령에 따른 처리기간의 연장을 신고인에게 통지하지 아니하면 그 기간(민원 처리 관련 법령에 따라 처리기간이 연장 또는 재연장된 경우에는 해당 처리기간을 말한다)이 끝난 날의 다음 날에 신고를 수리한 것으로 본다.

⑧ 무병화인증기관은 다음 각 호의 사항을 준수하여야 한다.

1. 무병화인증 과정에서 얻은 정보와 자료를 무병화인증 신청인의 서면동의 없이 공개하거나 제공하지 아니할 것. 다만, 다른 법률에 따라 공개하거나 제공하는 경우는 제외한다.
2. 무병화인증 신청 및 심사에 관한 자료를 농림축산식품부령으로 정하는 바에 따라 보관할 것
3. 무병화인증 심사결과를 농림축산식품부령으로 정하는 바에 따라 농림축산식품부장관에게 보고할 것

⑨ 무병화인증기관의 지정 기준·절차·방법, 지정 갱신의 절차·방법 및 변경신고의 절차·방법 등에 필요한 사항은 농림축산식품부령으로 정한다.

**제36조의6【무병화인증기관의 지정 취소 등】** ① 농림축산식품부장관은 무병화인증기관이 다음 각 호의 어느 하나에 해당하는 경우에는 그 지정을 취소하거나 6개월 이내의 기간을 정하여 업무정지를 명하거나 시정조치를 명할 수 있다. 다만, 제1호 또는 제2호에 해당하는 경우에는 그 지정을 취소하여야 한다.

1. 거짓이나 그 밖의 부정한 방법으로 무병화인증기관의 지정을 받거나 갱신한 경우
2. 업무정지 기간에 무병화인증 업무를 한 경우

3. 제36조의2제5항에 따른 무병화인증의 기준을 위반하여 무병화인증을 한 경우
4. 제36조의5제8항 각 호의 사항을 준수하지 아니한 경우
5. 제36조의5제9항에 따른 무병화인증기관의 지정 기준에 맞지 아니하게 된 경우
6. 정당한 사유 없이 1년 이상 계속하여 무병화인증 업무를 하지 아니한 경우

② 농림축산식품부장관은 제1항에 따라 지정취소 또는 업무정지 처분을 한 경우에는 그 사실을 농림축산식품부의 인터넷 홈페이지에 게시하여야 한다.
③ 제1항에 따라 무병화인증기관의 지정이 취소된 자는 취소된 날부터 2년이 지나지 아니하면 다시 무병화인증기관으로 지정받을 수 없다.
④ 제1항에 따른 행정처분의 세부 기준은 농림축산식품부령으로 정한다.

**제36조의7 【무병화인증 관련 부정행위의 금지】** 누구든지 무병화인증과 관련하여 다음 각 호의 행위를 하여서는 아니 된다.
1. 거짓이나 그 밖의 부정한 방법으로 무병화인증을 받거나 갱신하는 행위
2. 거짓이나 그 밖의 부정한 방법으로 무병화인증기관의 지정을 받거나 갱신하는 행위
3. 무병화인증을 받지 아니한 종자의 용기나 포장에 무병화인증의 표시 또는 이와 유사한 표시를 하는 행위
4. 무병화인증을 받은 종자의 용기나 포장에 무병화인증을 받은 내용과 다르게 표시하는 행위
5. 무병화인증을 받지 아니한 종자를 무병화인증을 받은 종자로 광고하거나 무병화인증을 받은 종자로 오인할 수 있도록 광고하는 행위
6. 무병화인증을 받은 종자를 무병화인증을 받은 내용과 다르게 광고하는 행위

**제36조의8 【무병화인증 관련 점검·조사 등】** ① 농림축산식품부장관은 농림축산식품부령으로 정하는 바에 따라 무병화인증을 받은 종자업자, 무병화인증을 받은 종자를 판매·보급하는 자 또는 무병화인증기관이 무병화인증의 기준, 무병화인증의 표시방법 등을 준수하는지 점검·조사하여야 한다.
② 농림축산식품부장관은 제1항에 따른 점검·조사를 위하여 무병화인증을 받은 종자업자, 무병화인증을 받은 종자를 판매·보급하는 자 또는 무병화인증기관에 대하여 그 업무에 관한 사항을 보고하게 하거나 자료를 제출하게 할 수 있으며, 관계 공무원으로 하여금 사무소 등에 출입하여 시설·장비 등을 점검하고 관계 장부나 서류를 조사하게 할 수 있다.
③ 무병화인증을 받은 종자업자, 무병화인증을 받은 종자를 판매·보급하는 자 또는 무병화인증기관은 정당한 사유 없이 제2항에 따른 보고·자료제출·점검 또는 조사를 거부·방해하거나 기피하여서는 아니 된다.
④ 제2항에 따라 점검이나 조사를 할 때에는 미리 점검이나 조사의 일시, 목적 및 대상 등을 점검 또는 조사 대상자에게 통지하여야 한다. 다만, 긴급한 경우나 미리 알리면 그 목적을 달성할 수 없다고 인정되는 경우에는 통지하지 아니할 수 있다.
⑤ 제2항에 따라 점검이나 조사를 하는 관계 공무원은 그 권한을 표시하는 증표를 지니고 이를 관계인에게 보여주어야 하며, 성명·출입시간·출입목적 등이 표시된 문서를 관계인에게 내보여야 한다.

## 제5장 종자 및 묘의 유통 관리
(2016.12.27 본장제목개정)

**제37조 【종자업의 등록 등】** ① 종자업을 하려는 자는 대통령령으로 정하

는 시설을 갖추어 시장·군수·구청장에게 등록하여야 한다. 이 경우 제39조의3제1항에 따라 종자의 생산 이력을 기록·보관하여야 하는 자의 등록 사항에는 종자의 생산장소(과수 묘목의 경우 접수 및 대목의 생산장소를 포함한다. 이하 같다)가 포함되어야 한다.
(2022.12.27 후단신설)

② 종자업을 하려는 자는 종자관리사를 1명 이상 두어야 한다. 다만, 대통령령으로 정하는 작물의 종자를 생산·판매하려는 자의 경우에는 그러하지 아니하다.

③ 농림축산식품부장관, 농촌진흥청장, 산림청장, 시·도지사, 시장·군수·구청장 또는 농업단체등이 종자의 증식·생산·판매·보급·수출 또는 수입을 하는 경우에는 제1항과 제2항을 적용하지 아니한다.(2015.6.22 본항개정)

④ 제1항에 따른 종자업의 등록 및 등록 사항의 변경 절차 등에 필요한 사항은 대통령령으로 정한다.(2016.12.27 본항신설)

(2016.12.27 본조제목개정)

**제37조의2【육묘업의 등록 등】** ① 육묘업을 하려는 자는 대통령령으로 정하는 시설을 갖추어 시장·군수·구청장에게 등록하여야 한다.

② 육묘업을 하려는 자는 대통령령으로 정하는 전문인력 양성기관에서 대통령령으로 정하는 바에 따라 관련 교육을 이수하여야 한다.

③ 농림축산식품부장관, 농촌진흥청장, 산림청장, 시·도지사, 시장·군수·구청장 또는 농업단체등이 묘의 생산·판매·보급·수출 또는 수입을 하는 경우에는 제1항과 제2항을 적용하지 아니한다.

④ 제1항에 따른 육묘업의 등록 및 등록 사항의 변경 절차 등에 필요한 사항은 대통령령으로 정한다.

(2016.12.27 본조신설)

**제38조【품종의 생산·수입 판매 신고】** ① 다음 각 호의 어느 하나에 해당하는 품종 외의 품종의 종자를 생산하거나 수입하여 판매하려는 자는 농림축산식품부장관에게 해당 종자를 정당하게 취득하였음을 입증하는 자료(농림축산식품부령으로 정하는 작물에 한정한다)와 종자시료를 첨부하여 신고하여야 한다. 이 경우 자료의 범위와 종자시료가 묘목 또는 영양체인 경우 종자시료의 제출 시기·방법 등은 농림축산식품부령으로 정한다.
(2019.12.10 본문개정)

1. 「식물신품종 보호법」 제37조제1항에 따라 출원공개된 품종
2. 제17조제4항에 따라 품종목록에 등재된 품종

② 제1항에 따라 신고한 사항 중 농림축산식품부령으로 정하는 주요 사항이 변경된 경우에는 이를 지체 없이 농림축산식품부장관에게 신고하여야 한다.
(2015.6.22 본항개정)

③ 제1항에 따라 종자를 생산하거나 수입하여 판매하기 위하여 신고하는 품종은 1개의 고유한 품종명칭을 가져야 한다.

④ 제3항에 따른 품종명칭의 출원, 등록 등에 관하여는 「식물신품종 보호법」 제106조부터 제117조까지의 규정을 준용한다.

⑤ 농림축산식품부장관은 제1항에 따른 신고를 받은 날부터 20일 이내에, 제2항에 따른 변경신고를 받은 날부터 7일 이내에 신고수리 여부를 신고인에게 통지하여야 한다.(2022.12.27 본항신설)

⑥ 농림축산식품부장관이 제5항에서 정한 기간 내에 신고수리 여부나 민원 처리 관련 법령에 따른 처리기간의 연장을 신고인에게 통지하지 아니하면 그 기간(민원 처리 관련 법령에 따라 처리기간이 연장 또는 재연장된 경우에는 해당 처리기간을 말한다)이 끝난

날의 다음 날에 신고를 수리한 것으로 본다.(2022.12.27 본항신설)

⑦ 제1항과 제2항에 따른 신고 방법 및 절차 등은 농림축산식품부령으로 정한다.(2015.6.22 본항개정)

**제39조 【종자업 등록의 취소 등】** ① 시장·군수·구청장은 종자업자가 다음 각 호의 어느 하나에 해당하는 경우에는 종자업 등록을 취소하거나 6개월 이내의 기간을 정하여 영업의 전부 또는 일부의 정지를 명할 수 있다. 다만, 제1호에 해당하는 경우에는 그 등록을 취소하여야 한다.

1. 거짓이나 그 밖의 부정한 방법으로 종자업 등록을 한 경우
2. 종자업 등록을 한 날부터 1년 이내에 사업을 시작하지 아니하거나 정당한 사유 없이 1년 이상 계속하여 휴업한 경우
3. 「식물신품종 보호법」 제81조에 따른 보호품종의 실시 여부 등에 관한 보고 명령에 따르지 아니한 경우
4. 제36조제1항을 위반하여 종자의 보증을 받지 아니한 품종목록 등재대상작물의 종자를 판매하거나 보급한 경우
5. 종자업자가 종자업 등록을 한 후 제37조제1항에 따른 시설기준에 미치지 못하게 된 경우
6. 종자업자가 제37조제2항 본문을 위반하여 종자관리사를 두지 아니한 경우
7. 제38조를 위반하여 신고하지 아니한 종자를 생산하거나 수입하여 판매한 경우 또는 거짓으로 신고한 경우 (2022.12.27 본호개정)
8. 제40조에 따라 수출·수입이 제한된 종자를 수출·수입하거나, 수입되어 국내 유통이 제한된 종자를 국내에 유통한 경우
9. 제41조제1항을 위반하여 수입적응성시험을 받지 아니한 외국산 종자를 판매하거나 보급한 경우
10. 제43조제1항을 위반하여 품질표시를 하지 아니하거나 거짓으로 표시한 종자를 판매하거나 보급한 경우 (2022.12.27 본호개정)
11. 제45조제1항에 따른 종자 등의 조사나 종자의 수거를 거부·방해 또는 기피한 경우
12. 제45조제2항에 따른 생산이나 판매를 중지하게 한 종자를 생산하거나 판매한 경우

② 시장·군수·구청장은 종자업자가 제1항에 따른 영업정지명령을 위반하여 정지기간 중 계속 영업을 할 때에는 그 영업의 등록을 취소할 수 있다.

③ 제1항이나 제2항에 따라 종자업 등록이 취소된 자는 취소된 날부터 2년이 지나지 아니하면 종자업을 다시 등록할 수 없다.

④ 제1항에 따른 행정처분의 세부적인 기준은 그 위반행위의 유형과 위반 정도 등을 고려하여 농림축산식품부령으로 정한다.(2015.6.22 본항개정)

**제39조의2 【육묘업 등록의 취소 등】** ① 시장·군수·구청장은 육묘업자가 다음 각 호의 어느 하나에 해당하는 경우에는 육묘업 등록을 취소하거나 6개월 이내의 기간을 정하여 영업의 전부 또는 일부의 정지를 명할 수 있다. 다만, 제1호에 해당하는 경우에는 그 등록을 취소하여야 한다.

1. 거짓이나 그 밖의 부정한 방법으로 육묘업 등록을 한 경우
2. 육묘업 등록을 한 날부터 1년 이내에 사업을 시작하지 아니하거나 정당한 사유 없이 1년 이상 계속하여 휴업한 경우
3. 육묘업자가 육묘업 등록을 한 후 제37조의2제1항에 따른 시설기준에 미치지 못하게 된 경우
4. 제43조제2항을 위반하여 품질표시를 하지 아니하거나 거짓으로 표시한 묘를 판매하거나 보급한 경우 (2022.12.27 본호개정)

5. 제45조제1항에 따른 묘 등의 조사나 묘의 수거를 거부·방해 또는 기피한 경우
6. 제45조제2항에 따라 생산이나 판매가 중지된 묘를 생산하거나 판매한 경우

② 시장·군수·구청장은 육묘업자가 제1항에 따른 영업정지명령을 위반하여 정지기간 중 계속 영업을 할 때에는 그 영업의 등록을 취소할 수 있다.
③ 제1항이나 제2항에 따라 육묘업 등록이 취소된 자는 취소된 날부터 2년이 지나지 아니하면 육묘업을 다시 등록할 수 없다.
④ 제1항에 따른 행정처분의 세부적인 기준은 그 위반행위의 유형과 위반 정도 등을 고려하여 농림축산식품부령으로 정한다.
(2016.12.27 본조신설)

**제39조의3【종자의 생산 또는 판매 이력의 기록·보관 등】** ① 농산물 또는 임산물에 중대한 피해를 끼치거나 끼칠 우려가 있는 병해충을 효율적으로 방역하기 위하여 농림축산식품부령으로 정하는 작물의 종자업자 및 종자를 판매하는 자(종자업자 외에 종자를 판매하는 자를 말한다. 이하 "종자판매자"라 한다)는 종자의 생산 또는 판매 이력(이하 "종자이력"이라 한다)을 기록하여 보관하여야 한다.
② 제1항에 따라 종자업자가 기록·보관하여야 하는 종자의 생산 이력에는 다음 각 호의 사항이 포함되어야 한다.
1. 종자의 생산·증식을 위하여 사용한 종자(과수 묘목의 경우 접수 및 대목을 포함한다)의 출처
2. 종자의 생산장소
3. 그 밖에 농림축산식품부령으로 정하는 사항

③ 제1항에 따라 종자업자 및 종자판매자가 기록·보관하여야 하는 종자의 판매 이력(종자를 생산, 가공, 포장 또는 구매하여 판매하기까지의 이력을 말한다. 이하 같다)에는 다음 각 호의 사항이 포함되어야 한다.
1. 종자 구매자의 이름, 주소 및 연락처
2. 종자의 품종명 및 수량
3. 그 밖에 농림축산식품부령으로 정하는 사항

④ 농림축산식품부장관 또는 지방자치단체의 장은 종자업자 및 종자판매자가 종자이력을 기록·보관하는 데 필요한 경비의 전부 또는 일부를 지원할 수 있다.
⑤ 종자업자 및 종자판매자는 종자의 판매 이력의 기록·보관을 위하여 종자의 구매자에게 제3항제1호의 개인정보를 요구할 수 있다.
⑥ 그 밖에 종자이력의 기록·보관에 필요한 사항은 농림축산식품부령으로 정한다.
(2022.12.27 본조신설)

**제39조의4【이력관리시스템의 구축 등】** ① 농림축산식품부장관은 종자이력의 효율적인 관리를 위하여 이력정보의 기록 및 관리 등에 관한 전자정보처리시스템(이하 "이력관리시스템"이라 한다)을 구축·운영하고 관련 프로그램의 개발 및 보급에 노력하여야 한다.
② 이력관리시스템의 구축 및 운영에 필요한 사항은 농림축산식품부령으로 정한다.
(2022.12.27 본조신설)

**제39조의5【종자이력 관리】** ① 농림축산식품부장관, 시·도지사 및 시장·군수·구청장은 종자이력을 관리하기 위하여 종자업자 및 종자판매자에게 필요한 자료의 제출을 요구할 수 있다.
② 종자업자 및 종자판매자는 제1항에 따른 자료제출을 요구받은 경우에는 정당한 사유가 없으면 이에 따라야 한다.
③ 제1항에 따른 자료제출의 범위 및 절차에 필요한 사항은 농림축산식품부령으로 정한다.
(2022.12.27 본조신설)

**제40조【종자의 수출·수입 및 유통 제한】** 농림축산식품부장관은 국내 생태계 보호 및 자원 보존에 심각한 지장을 줄 우려가 있다고 인정하는 경우에는 대통령령으로 정하는 바에 따라 종자의 수출·수입을 제한하거나 수입된 종자의 국내 유통을 제한할 수 있다.
(2015.6.22 본조개정)

**제40조의2【종자의 수입신고】** ① 농림축산식품부령으로 정하는 작물의 종자를 수입하려는 자는 그 작물의 품종 명칭 및 종자의 수량 등 농림축산식품부령으로 정하는 사항을 농림축산식품부장관에게 신고하여야 한다.
② 제1항에 따른 신고의 절차 및 방법 등에 필요한 사항은 농림축산식품부령으로 정한다.
(2022.12.27 본조신설)

**제41조【수입적응성시험】** ① 농림축산식품부장관이 정하여 고시하는 작물의 종자로서 국내에 처음으로 수입되는 품종의 종자를 판매하거나 보급하기 위하여 수입하려는 자는 그 품종의 종자에 대하여 농림축산식품부장관이 실시하는 수입적응성시험을 받아야 한다.
② 농림축산식품부장관은 제1항에 따라 실시한 수입적응성시험 결과가 농림축산식품부령으로 정하는 심사기준에 미치지 못할 때에는 해당 품종 종자의 국내 유통을 제한할 수 있다.
③ 제2항에 따른 심사의 방법 및 절차 등은 농림축산식품부령으로 정한다.
(2015.6.22 본조개정)

**제42조【종자의 수입 추천】** ①「세계무역기구 설립을 위한 마라케쉬 협정」에 따른 대한민국 양허표(讓許表)상의 시장접근물량에 적용되는 양허세율로 종자를 수입하려는 자는 농림축산식품부장관으로부터 종자의 수입 추천을 받아야 한다.
② 농림축산식품부장관은 제1항에 따른 종자의 수입 추천업무를 농림축산식품부장관이 지정하여 고시하는 관련 기관 또는 단체로 하여금 대행하게 할 수 있다. 이 경우 품목별 추천 물량 및 추천 기준과 그 밖에 필요한 사항은 농림축산식품부령으로 정한다.
(2015.6.22 본조개정)

**제42조의2【종자의 검정】** ① 농림축산식품부장관은 종자의 거래 및 수출·수입을 원활히 하기 위하여 종자의 검정을 실시할 수 있다.
② 제1항에 따른 검정을 받으려는 자는 농림축산식품부령으로 정하는 바에 따라 농림축산식품부장관에게 검정을 신청하여야 한다.
③ 제1항에 따른 검정의 항목·방법, 그 밖에 검정의 실시에 필요한 사항은 농림축산식품부령으로 정한다.
(2016.12.27 본조신설)

**제42조의3【부정행위의 금지】** 누구든지 제42조의2에 따른 검정과 관련하여 다음 각 호의 행위를 하여서는 아니 된다.
1. 거짓이나 그 밖에 부정한 방법으로 검정을 받는 행위
2. 검정결과에 대하여 거짓광고나 과대광고를 하는 행위
(2016.12.27 본조신설)

**제43조【유통 종자 및 묘의 품질표시】** ① 국가보증 대상이 아닌 종자나 자체보증을 받지 아니한 종자 또는 무병화인증을 받지 아니한 종자를 판매하거나 보급하려는 자는 종자의 용기나 포장에 다음 각 호의 사항이 모두 포함된 품질표시를 하여야 한다.
(2022.12.27 본문개정)
1. 종자(묘목은 제외한다)의 생산 연도 또는 포장 연월(2022.12.27 본호개정)
2. 종자의 발아(發芽) 보증시한(발아율을 표시할 수 없는 종자는 제외한다)
(2016.12.27 본호개정)
3. 제37조제1항 및 제38조에 따른 등

록 및 신고에 관한 사항 등 그 밖에 농림축산식품부령으로 정하는 사항
(2015.6.22 본호개정)

② 묘를 판매하거나 보급하려는 자는 묘의 용기나 포장에 다음 각 호의 사항이 모두 포함된 품질표시를 하여야 한다.

1. 묘의 품종명, 파종일
2. 제37조의2제1항에 따른 등록에 관한 사항 등 농림축산식품부령으로 정하는 사항

(2016.12.27 본항신설)
(2016.12.27 본조제목개정)

**제44조【유통 종자 및 묘의 진열 · 보관의 금지】** 누구든지 다음 각 호에 해당하는 종자 또는 묘를 판매하거나 판매를 목적으로 진열 · 보관하여서는 아니 된다. 다만, 제24조에 따른 보증을 받은 종자 또는 무병화인증을 받은 종자는 제외한다.(2022.12.27 단서개정)

1. 제43조제1항 또는 제2항에 따른 품질표시를 하지 아니한 종자 또는 묘
2. 제43조제1항에 따른 발아 보증시한이 지난 종자
3. 그 밖에 이 법을 위반하여 그 유통을 금지할 필요가 있다고 인정되는 종자 또는 묘

(2016.12.27 본조개정)

**제45조【종자 및 묘의 유통 조사 등】**

① 농림축산식품부장관 또는 시 · 도지사는 우량 종자 및 묘의 생산과 원활한 유통을 위하여 필요하다고 인정하면 관계 공무원으로 하여금 종자업자 또는 육묘업자나 종자 또는 묘를 매매하는 자의 영업장소 · 사무소 등에 출입하여 그 시설, 관계 서류나 장부, 종자 또는 묘 등을 조사하거나 품질검사를 하게 할 수 있으며 조사 · 검사에 필요한 최소량의 종자 또는 묘를 수거하게 할 수 있다.(2016.12.27 본항개정)

② 농림축산식품부장관 또는 시 · 도지사는 이 법을 위반하여 생산되거나 판매되고 있는 종자 또는 묘의 생산 또는 판매 중지를 명하거나 관계 공무원으로 하여금 수거하게 할 수 있다. 이 경우 종자 또는 묘를 수거한 관계 공무원은 수거한 종자 또는 묘의 목록을 작성하여 수거 당시 그 종자 또는 묘를 소유하거나 지니고 있던 자에게 작성한 목록을 내주어야 한다.(2016.12.27 본항개정)

③ 농림축산식품부장관 또는 시 · 도지사는 관계 공무원으로 하여금 제2항에 따라 수거한 종자를 1년간 보관하게 하여야 한다. 다만, 보관하기 곤란한 종자로서 농림축산식품부장관이 정하여 고시하는 종자는 조사를 마친 후 제4항을 준용하여 반환하거나 폐기할 수 있다.(2015.6.22 본항개정)

④ 농림축산식품부장관 또는 시 · 도지사는 관계 공무원으로 하여금 제3항 본문에 따른 보관기간이 지난 종자를 종자로서 사용할 수 없도록 하여 수거 당시 그 종자를 소유하거나 지니고 있던 자에게 반환하게 하여야 한다. 다만, 수거 당시 그 종자를 소유하거나 지니고 있던 자의 주소가 분명하지 아니하거나 그가 인수를 거절하는 등의 이유로 반환할 수 없을 때에는 폐기할 수 있다.(2015.6.22 본문개정)

⑤ 제1항 또는 제2항에 따라 관계 공무원이 그 직무를 수행할 때에는 그 권한을 나타내는 증표를 지니고 이를 관계인에게 보여주어야 하며, 조사 목적 · 시간 및 조사자 신분 등의 사항을 서면에 적어 내주어야 한다.

⑥ 종자 또는 묘의 유통 조사를 위하여 시장 · 군수 · 구청장은 종자업 또는 육묘업을 등록하거나 변경 또는 취소한 경우에는 농림축산식품부령으로 정하는 바에 따라 농림축산식품부장관에게 보고하여야 한다.(2016.12.27 본항신설)

⑦ 제1항에 따른 품질검사의 기준, 방법, 절차 등에 관한 사항은 농림축산식품부령으로 정한다.(2015.6.22 본항개정)

⑧ 제3항에 따른 종자 보관에 필요한 사항은 농림축산식품부령으로 정한다.
(2015.6.22 본항개정)
(2016.12.27 본조제목개정)

**제46조 【종자시료의 보관】** ① 농림축산식품부장관은 다음 각 호의 어느 하나에 해당하는 종자는 일정량의 시료를 보관·관리하여야 한다. 이 경우 종자시료가 영양체인 경우에는 그 제출 시기·방법 등은 농림축산식품부령으로 정한다.(2015.6.22 본문개정)

1. 제17조제4항에 따라 품종목록에 등재된 품종의 종자
2. 제38조에 따라 신고한 품종의 종자

② 제1항에 따른 종자시료의 보관에 필요한 사항은 농림축산식품부령으로 정한다.(2015.6.22 본항개정)

**제47조 【분쟁대상 종자 및 묘의 시험·분석 등】** ① 종자 또는 묘에 관하여 분쟁이 발생한 경우에는 그 분쟁당사자는 농림축산식품부장관에게 해당 분쟁대상 종자 또는 묘에 대하여 필요한 시험·분석을 신청할 수 있다.
(2016.12.27 본항개정)

② 분쟁당사자가 제1항에 따라 시험·분석을 신청할 때에는 분쟁당사자가 공동으로 분쟁대상 종자의 시료 또는 묘의 시료를 채취하여 확인한 후 그 종자의 시료 또는 묘의 시료를 밀봉하여 농림축산식품부장관에게 제출하여야 한다.(2016.12.27 본항개정)

③ 분쟁당사자는 제2항에 따른 공동 시료채취가 분쟁당사자 어느 한쪽의 비협조 등 대통령령으로 정하는 사유로 이루어지지 아니할 경우에는 농림축산식품부장관에게 그 시료의 채취를 신청할 수 있다. 이 경우 제1항에 따른 시험·분석의 신청이 있는 것으로 본다.

④ 농림축산식품부장관은 제3항에 따른 시료채취의 신청을 받은 경우 7일 이내에 관계 공무원으로 하여금 그 시료를 채취하게 하여야 한다. 이 경우 분쟁당사자는 시료채취에 협조하여야 한다.

⑤ 농림축산식품부장관은 제1항 또는 제3항 후단에 따른 시험·분석의 신청을 받은 경우에는 시험·분석을 한 후 지체 없이 그 결과를 분쟁당사자에게 알려야 한다.

⑥ 농림축산식품부장관은 제1항에 따른 분쟁당사자에게 제5항에 따른 시험·분석에 필요한 자료를 제출하게 할 수 있다.

⑦ 분쟁대상 종자 또는 묘와 관련한 피해가 종자 또는 묘의 결함으로 인하여 발생한 경우에는 피해자는 종자업자 또는 육묘업자에게 농림축산식품부령으로 정하는 바에 따라 그 보상을 청구할 수 있다.(2016.12.27 본항개정)

⑧ 육묘업자는 분쟁이 발생한 경우 그 원인 규명이 가능하도록 구입한 종자에 대한 정보와 투입된 자재의 사용 명세, 자재구입 증명자료 등을 보관하여야 한다.(2016.12.27 본항신설)

⑨ 제8항에 따른 보관 대상 항목과 보관 기간, 절차 및 방법 등에 필요한 사항은 농림축산식품부령으로 정한다.
(2016.12.27 본항신설)
(2016.12.27 본조제목개정)
(2015.6.22 본조개정)

**제48조 【분쟁의 조정】** ① 제47조제7항에 따른 보상에 관하여 분쟁당사자는 농림축산식품부장관에게 분쟁조정을 신청할 수 있다.

② 제1항에 따른 분쟁조정에 관한 사항을 심의하기 위하여 농림축산식품부령으로 정하는 기관에 분쟁조정협의회를 둔다.(2016.12.27 본항신설)

③ 그 밖에 제1항에 따른 분쟁조정 신청 및 조정절차, 제2항에 따른 분쟁조정협의회의 구성 및 운영 등에 필요한 사항은 농림축산식품부령으로 정한다.
(2016.12.27 본항개정)
(2015.6.22 본조개정)

## 제6장 보 칙

**제49조【사용문자】** 이 법에 따른 모든 서류는 한글로 작성하여야 하며, 한자 및 외국문자로 적어야 할 경우에는 괄호 안에 표기하여야 한다. 다만, 농림축산식품부령으로 정하는 경우에는 그러하지 아니하다.(2015.6.22 단서개정)

**제50조【청문】** ① 국가와 지방자치단체는 제6조제4항에 따라 전문인력 양성기관의 지정을 취소하려면 청문을 하여야 한다.

② 농림축산식품부장관 또는 시장·군수·구청장은 다음 각 호의 처분을 하려면 청문을 하여야 한다.(2022.12.27 본문개정)

1. 제12조제4항에 따른 진흥센터의 지정 취소
2. 제27조제4항에 따른 종자관리사의 등록 취소(2022.12.27 본호개정)

2의2. 제36조의4제1항에 따른 무병화 인증의 취소(2022.12.27 본호신설)

2의3. 제36조의6제1항에 따른 무병화 인증기관의 지정취소(2022.12.27 본호신설)

3. 제39조제1항 또는 제2항, 제39조의2제1항 또는 제2항에 따른 종자업 또는 육묘업 등록의 취소
(2016.12.27 본호개정)

**제51조【수수료】** ① 다음 각 호의 자는 수수료를 내야 한다.(2022.12.27 본문개정)

1. 제16조제1항에 따라 품종목록의 등재신청을 하려는 자
2. 제19조제2항에 따라 품종목록 등재의 유효기간 연장을 신청하려는 자
3. 제25조제1항제2호에 따라 국가보증을 받으려는 자
4. 제32조에 따른 보증서를 발급받으려는 자

4의2. 제36조의2제2항에 따라 무병화 인증을 신청하려는 자

4의3. 제36조의3제2항에 따라 무병화 인증을 갱신하려는 자

4의4. 제36조의5제2항에 따라 무병화 인증기관의 지정을 신청하려는 자

4의5. 제36조의5제4항에 따라 무병화 인증기관의 지정을 갱신하려는 자

4의6. 제36조의5제5항에 따라 무병화 인증기관의 변경신고를 하려는 자

(2022.12.27 4호의2~4호의6신설)

5. 제38조제1항에 따라 생산하거나 수입하여 판매하려는 종자를 신고하려는 자
6. 제41조제1항에 따라 수입적응성시험을 받으려는 자

6의2. 제42조의2제2항에 따라 종자의 검정을 신청하는 자(2016.12.27 본호신설)

7. 제47조제1항에 따라 시험·분석을 신청하는 자
8. 제48조제1항에 따라 분쟁조정을 신청하는 자
9. 이 법에 따른 각종 서류의 등본, 초본, 사본 또는 증명을 신청하려는 자

② 제1항에 따른 수수료의 금액, 납부방법 및 납부기간 등은 농림축산식품부령으로 정한다.(2015.6.22 본항개정)

**제52조【수수료의 면제 및 반환】** ① 국가, 지방자치단체, 「국민기초생활 보장법」 제12조의3에 따른 의료급여 수급권자 및 농림축산식품부령으로 정하는 자에 대하여는 제51조에도 불구하고 수수료를 면제한다.(2016.12.27 본항개정)

② 제1항에 따라 수수료를 면제받으려는 자는 농림축산식품부령으로 정하는 서류를 농림축산식품부장관에게 제출하여야 한다.(2015.6.22 본항개정)

③ 납부된 수수료는 반환하지 아니한다. 다만, 잘못 납부된 수수료는 납부한 자의 청구에 의하여 이를 반환한다.

④ 농림축산식품부장관은 잘못 납부된 수수료가 있는 경우에는 그 사실을 안

즉시 이를 납부한 자에게 통지하여야 한다.(2015.6.22 본항개정)

⑤ 제3항 단서에 따른 수수료의 반환 청구는 납부한 날부터 3년 이내에 하여야 한다.

**제53조【권한의 위임·위탁】** ① 이 법에 따른 농림축산식품부장관의 권한은 대통령령으로 정하는 바에 따라 그 일부를 농촌진흥청장, 산림청장, 시·도지사, 시장·군수·구청장 또는 소속 기관의 장에게 위임할 수 있다.

② 이 법에 따른 농림축산식품부장관의 권한은 대통령령으로 정하는 바에 따라 그 일부를 농림축산식품부령으로 정하는 농림업 관련 법인 또는 단체에 위탁할 수 있다.

(2015.6.22 본조개정)

**제53조의2【벌칙 적용에서 공무원 의제】** 다음 각 호의 사람은 「형법」 제129조부터 제132조까지를 적용할 때에는 공무원으로 본다.

1. 제36조의5제1항에 따라 무병화인증 업무에 종사하는 무병화인증기관의 임직원
2. 제48조제2항에 따른 분쟁조정협의회의 위원 중 공무원이 아닌 사람
3. 제53조제2항에 따라 위탁받은 업무에 종사하는 법인 또는 단체의 임직원

(2022.12.27 본조신설)

## 제7장 벌 칙

**제54조【벌칙】** ① 제36조의5제8항제1호를 위반하여 무병화인증 과정에서 얻은 정보와 자료를 신청인의 서면동의 없이 공개하거나 제공한 자는 5년 이하의 징역 또는 5천만원 이하의 벌금에 처한다.(2022.12.27 본항신설)

② 다음 각 호의 자는 2년 이하의 징역 또는 2천만원 이하의 벌금에 처한다.

1. 「식물신품종 보호법」에 따른 보호품종 외의 품종에 대하여 제16조제2항에 따라 등재되거나 제38조제3항에 따라 신고된 품종명칭을 도용하여 종자를 판매·보급·수출하거나 수입한 자
2. 제16조제2항 또는 제38조제3항을 위반하여 고유한 품종명칭 외의 다른 명칭을 사용하거나 등재 또는 신고되지 아니한 품종명칭을 사용하여 종자를 판매·보급·수출하거나 수입한 자
3. 제37조제1항을 위반하여 등록하지 아니하고 종자업을 한 자
4. 제38조제1항을 위반하여 신고하지 아니하고 종자를 생산하거나 수입하여 판매한 자 또는 거짓으로 신고한 자
5. 제38조제3항을 위반하여 고유한 품종명칭 외의 다른 명칭을 사용하여 제38조제1항에 따른 신고를 한 자

(2022.12.27 본항신설)

③ 다음 각 호의 자는 1년 이하의 징역 또는 1천만원 이하의 벌금에 처한다.

(2022.12.27 본문개정)

1. (2022.12.27 삭제)
2. 제27조제2항에 따른 등록을 하지 아니하고 종자관리사 업무를 수행한 자
3. 제32조에 따른 보증서를 거짓으로 발급한 종자관리사
4. 제36조제1항을 위반하여 보증을 받지 아니하고 종자를 판매하거나 보급한 자

4의2. 제36조의4제1항에 따른 명령에 따르지 아니한 자

4의3. 제36조의5제1항 또는 제4항에 따른 무병화인증기관의 지정을 받거나 그 지정의 갱신을 하지 아니하고 무병화인증 업무를 한 자

4의4. 제36조의6제1항에 따른 무병화인증기관의 지정취소 또는 업무정지 처분을 받고도 무병화인증 업무를 한 자

4의5. 제36조의7제1호를 위반하여 거짓이나 그 밖의 부정한 방법으로 무병화인증을 받거나 갱신한 자

4의6. 제36조의7제2호를 위반하여 거짓이나 그 밖의 부정한 방법으로 무병화인증기관의 지정을 받거나 갱신한 자
4의7. 제36조의7제3호를 위반하여 무병화인증을 받지 아니한 종자의 용기나 포장에 무병화인증의 표시 또는 이와 유사한 표시를 한 자
4의8. 제36조의7제4호를 위반하여 무병화인증을 받은 종자의 용기나 포장에 무병화인증을 받은 내용과 다르게 표시한 자
4의9. 제36조의7제5호를 위반하여 무병화인증을 받지 아니한 종자를 무병화인증을 받은 종자로 광고하거나 무병화인증을 받은 종자로 오인할 수 있도록 광고한 자
4의10. 제36조의7제6호를 위반하여 무병화인증을 받은 종자를 무병화인증을 받은 내용과 다르게 광고한 자
(2022.12.27 4호의2~4호의10신설)
5. 제37조의2제1항을 위반하여 등록하지 아니하고 육묘업을 한 자(2022.12.27 본호개정)
6. (2022.12.27 삭제)
7. 제39조제1항 또는 제39조의2제1항을 위반하여 등록이 취소된 종자업 또는 육묘업을 계속 하거나 영업정지를 받고도 종자업 또는 육묘업을 계속 한 자(2016.12.27 본호개정)
8. 제40조를 위반하여 종자를 수출 또는 수입하거나 수입된 종자를 유통시킨 자
9. 제41조제1항을 위반하여 수입적응성시험을 받지 아니하고 종자를 수입한 자
9의2. 제42조의3제1호를 위반하여 거짓이나 그 밖에 부정한 방법으로 제42조의2에 따른 검정을 받은 자(2016.12.27 본호신설)
9의3. 제42조의3제2호를 위반하여 검정결과에 대하여 거짓광고나 과대광고를 한 자(2016.12.27 본호신설)
10. 제45조제2항을 위반하여 생산 또는 판매 중지를 명한 종자 또는 묘를 생산하거나 판매한 자(2016.12.27 본호개정)
11. 제47조제4항 후단을 위반하여 시료채취를 거부·방해 또는 기피한 자

**제55조 【양벌규정】** 법인의 대표자나 법인 또는 개인의 대리인, 사용인, 그 밖의 종업원이 그 법인 또는 개인의 업무에 관하여 제54조의 위반행위를 하면 그 행위자를 벌하는 외에 그 법인 또는 개인에게도 해당 조문의 벌금형을 과(科)한다. 다만, 법인 또는 개인이 그 위반행위를 방지하기 위하여 해당 업무에 관하여 상당한 주의와 감독을 게을리하지 아니한 경우에는 그러하지 아니하다.

**제56조 【과태료】** ① 다음 각 호의 자에게는 1천만원 이하의 과태료를 부과한다.(2022.12.27 본문개정)
1. (2022.12.27 삭제)
2. 제31조제2항을 위반하여 종자의 보증과 관련된 검사서류를 보관하지 아니한 자
2의2. 제36조의8제3항을 위반하여 정당한 사유 없이 같은 조 제2항에 따른 보고·자료제출·점검 또는 조사를 거부·방해하거나 기피한 자
2의3. 제39조의3제1항을 위반하여 종자의 생산 이력을 기록·보관하지 아니하거나 거짓으로 기록한 자
2의4. 제39조의3제1항을 위반하여 종자의 판매 이력을 기록·보관하지 아니하거나 거짓으로 기록한 종자업자
2의5. 제39조의5제2항을 위반하여 정당한 사유 없이 자료제출을 거부하거나 방해한 자
(2022.12.27 2호의2~2호의5신설)
3. 제43조를 위반하여 유통 종자 또는 묘의 품질표시를 하지 아니하거나 거짓으로 표시하여 종자 또는 묘를 판매하거나 보급한 자(2016.12.27 본호개정)

4. 제45조제1항에 따른 출입, 조사·검사 또는 수거를 거부·방해 또는 기피한 자
5. 제47조제8항을 위반하여 구입한 종자에 대한 정보와 투입된 자재의 사용 명세, 자재구입 증명자료 등을 보관하지 아니한 자(2016.12.27 본호신설)

② 다음 각 호의 자에게는 500만원 이하의 과태료를 부과한다.
1. 제36조의5제8항제2호를 위반하여 무병화인증 신청 및 심사에 관한 자료를 보관하지 아니한 자
2. 제39조의3제1항을 위반하여 종자의 판매 이력을 기록·보관하지 아니하거나 거짓으로 기록한 종자판매자

(2022.12.27 본항신설)

③ 다음 각 호의 자에게는 300만원 이하의 과태료를 부과한다.
1. 제36조의5제5항을 위반하여 변경신고를 하지 아니한 자
2. 제36조의5제8항제3호를 위반하여 무병화인증 심사결과를 농림축산식품부장관에게 보고하지 아니한 자

(2022.12.27 본항신설)

④ 다음 각 호의 자에게는 200만원 이하의 과태료를 부과한다.
1. 제27조제3항을 위반하여 교육을 받지 아니한 자
2. 제40조의2제1항을 위반하여 종자의 수입신고를 하지 아니하거나 거짓으로 신고한 자
3. 제44조를 위반하여 같은 조 각 호의 종자 또는 묘를 진열·보관한 자

(2022.12.27 본항개정)

⑤ 제1항부터 제4항까지에 따른 과태료는 대통령령으로 정하는 바에 따라 농림축산식품부장관 또는 시·도지사가 부과·징수한다.(2022.12.27 본항개정)

부　칙

**제1조【시행일】** 이 법은 공포 후 1년이 경과한 날부터 시행한다.

**제2조【처분 등에 관한 일반적 경과조치】** 이 법 시행 전에 종전의 규정에 따라 행한 처분·절차나 그 밖의 행정기관의 행위와 행정기관에 대한 행위는 그에 해당하는 이 법에 따른 처분·절차나 행정기관의 행위 또는 행정기관에 대한 행위로 본다.

**제3조【종자업 등록에 관한 경과조치】** 이 법 시행 당시 종자를 가공하여 판매하거나 종자를 다시 포장(包裝)하여 판매하는 자는 제37조제1항에 따른 종자업 등록을 한 것으로 본다. 이 경우 이 법 시행일부터 3개월 이내에 제37조제1항 및 제2항에 따른 시설과 인력을 갖추어야 한다.

**제4조【과태료에 관한 경과조치】** 이 법 시행 전의 행위에 대하여 과태료 규정을 적용할 때에는 종전의 규정에 따른다.

**제5조【다른 법률의 개정】** ①~⑦ ※(해당 법령에 가제정리 하였음)

**제6조【다른 법령과의 관계】** 이 법 시행 당시 다른 법령에서 종전의 규정을 인용한 경우에 이 법 가운데 그에 해당하는 규정이 있으면 종전의 규정을 갈음하여 이 법의 해당 규정을 인용한 것으로 본다.

부　칙 (2013.3.23)

**제1조【시행일】** 이 법은 공포한 날부터 시행한다. 다만, 법률 제11458호 종자산업법 전부개정법률 개정규정을 개정한 부분은 2013년 6월 2일부터 시행한다.

**제2조【부처 간 사무조정에 따른 경과조치】** 이 법 시행 전에 종전의 규정에 따라 농림수산식품부장관이 행한 행정처분 및 그 밖의 행위와 농림수산식품부장관에 대한 신청·신고 및 그 밖의 행위는 각각 이 법에 따른 농림축산식품부장관 또는 해양수산부장관의 행위와 농림축산식품부장관 또는 해양수산부장관에 대한 행위로 본다.

**제3조【종자위원회의 설치 등에 관한 경과조치】** 이 법 시행 전에 종전의 규정에 따라 설치된 종자위원회는 제158조제1항의 개정규정에 따라 위원회가 새로 구성되기 전까지는 같은 조 같은 항의 개정규정에 따라 설치된 농림종자위원회 또는 수산종자위원회로 본다.

부　칙 (2016.12.27)

**제1조【시행일】** 이 법은 공포 후 1년이 경과한 날부터 시행한다. 다만, 제10조제1항제3호, 제22조제5호, 제42조의2, 제42조의3, 제51조제1항제6호의2, 제52조제1항, 제54조제9호의2 및 제9호의3의 개정규정 및 부칙 제3조부터 제6조까지의 규정은 공포 후 6개월이 경과한 날부터 시행한다.

**제2조【종합계획의 수립에 관한 적용례】** 제3조의 개정규정은 이 법 시행 이후 종합계획을 수립하는 경우부터 적용한다.

**제3조【종자의 검정에 관한 적용례】** 제42조의2의 개정규정은 같은 개정규정 시행 이후 신청하는 종자의 검정부터 적용한다.

**제4조【종자의 검정에 관한 경과조치】** 제42조의2의 개정규정 시행 전에 종전의 「농수산물 품질관리법」 제98조에 따라 검정을 받은 종자와 부칙 제6조제1항에 따라 검정을 받은 종자는 같은 개정규정에 따라 검정을 받은 것으로 본다.

**제5조【다른 법률의 개정】** ※(해당 법령에 가제정리 하였음)

**제6조【다른 법률의 개정에 관한 경과조치】** ① 제42조의2의 개정규정 시행 전에 신청한 종자의 검정에 관하여는 부칙 제5조에 따른 「농수산물 품질관리법」 제98조제1항의 개정규정에도 불구하고 종전의 규정에 따른다.

② 제42조의2의 개정규정 시행 전에 종자의 검정과 관련하여 「농수산물 품질관리법」 제101조제1호, 제3호 또는 제5호에 해당하는 행위를 한 자에 대하여 벌칙을 적용할 때에는 부칙 제5조에 따른 「농수산물 품질관리법」 제98조제1항의 개정규정에도 불구하고 종전의 규정에 따른다.

부　칙 (2019.12.10)
(2021.6.15)

이 법은 공포 후 6개월이 경과한 날부터 시행한다.

부　칙 (2022.12.27)

**제1조【시행일】** 이 법은 공포 후 1년이 경과한 날부터 시행한다. 다만, 제39조의3제1항의 개정규정 중 생산 이력의 기록·보관에 관한 부분과 같은 조 제2항, 제56조제1항제2호의3의 개정규정은 공포 후 1년 6개월이 경과한 날부터 시행한다.

**제2조【종자의 수입신고에 관한 적용례】** 제40조의2제1항의 개정규정은 이 법 시행 이후 선적(수입을 위하여 선박이나 그 밖의 운송수단에 싣는 것을 말한다)되는 작물의 종자부터 적용한다.

**제3조【생산장소 등록에 관한 경과조치】** 이 법 시행 당시 종전의 규정에 따라 등록한 종자업자는 이 법 시행일부터 6개월 이내에 제37조제1항 후단의 개정규정에 따라 종자의 생산장소를 등록하여야 한다.

**제4조【과태료의 벌칙 전환에 관한 경과조치】** 이 법 시행 전의 위반행위에 대해서는 제54조제2항제2호 및 제56조제1항제1호의 개정규정에도 불구하고 종전의 규정에 따른다.

# 반도체집적회로의 배치설계에 관한 법률

(1992년 12월 8일 법 률 제4526호)

개정
1995. 1. 5법 4890호
1997.12.13법 5453호(행정절차)
1997.12.13법 5454호(정부부처명)
1998.12.28법 5599호
2002. 1.26법 6626호(민사소송법)
2007. 4.27법 8397호
2008. 2.29법 8852호(정부조직)
2008.12.26법 9183호
2013. 3.23법11690호(정부조직)
2014. 1.21법12289호 2015. 2. 3법13150호
2024. 1.30법20169호(행정기관정비일부개정법령등)



## 제1장 총 칙

(2008.12.26 본장개정)

**제1조 【목적】** 이 법은 반도체집적회로(半導體集積回路)의 배치설계(配置設計)에 관한 창작자의 권리를 보호하고 배치설계를 공정하게 이용하도록 하여 반도체 관련 산업과 기술을 진흥함으로써 국민경제의 건전한 발전에 이바지함을 목적으로 한다.

**제2조 【정의】** 이 법에서 사용하는 용어의 뜻은 다음과 같다.

1. "반도체집적회로"란 반도체 재료 또는 절연(絶緣) 재료의 표면이나 반도체 재료의 내부에 한 개 이상의 능동소자(能動素子)를 포함한 회로소자(回路素子)들과 그들을 연결하는 도선(導線)이 분리될 수 없는 상태로 동시에 형성되어 전자회로의 기능을 가지도록 제조된 중간 및 최종 단계의 제품을 말한다.
2. "배치설계"란 반도체집적회로를 제조하기 위하여 여러 가지 회로소자 및 그들을 연결하는 도선을 평면적 또는 입체적으로 배치한 설계를 말한다.
3. "창작"이란 배치설계 제작자의 지적(知的) 노력의 결과로 통상적이 아닌 배치설계를 제작하는 행위를 말한다. 이 경우 통상적인 배치설계 요소의 조합으로 구성된 경우라도 전체적으로 볼 때 통상적이 아닌 배치설계를 제작하는 행위는 창작으로 본다.
4. "이용"이란 다음 각 목의 어느 하나에 해당하는 행위를 말한다.
   가. 배치설계를 복제하는 행위
   나. 배치설계에 따라 반도체집적회로를 제조하는 행위
   다. 배치설계, 배치설계에 따라 제조된 반도체집적회로 또는 반도체집적회로를 사용하여 제조된 물품(이하 "반도체집적회로등"이라 한다)을 양도·대여하거나 전시(양도·대여를 위한 경우로 한정한다) 또는 수입하는 행위
5. "배치설계권"이란 배치설계를 제21조제1항에 따라 특허청장에게 설정등록함으로써 발생하는 권리를 말한다.

**제3조 【외국인 등의 배치설계】** ① 외국인 및 외국법인의 배치설계는 이 법 및 대한민국이 가입 또는 체결한 조약에 따라 보호된다.

② 특허청장은 제1항에 따라 보호되는 외국인 및 외국법인의 배치설계라 하더라도 그 외국에서 대한민국의 배치설계에 대하여 이 법에 준하는 보호를 하지 아니하는 경우에는 그에 상응하게 이 법 및 대한민국이 가입 또는 체결한 조약에 따른 보호를 제한할 수 있다.

**제4조【재외자의 배치설계관리인】** ① 국내에 주소나 영업소가 없는 자[이하 "재외자(在外者)"라 한다]는 제3항에 따른 등록을 신청하는 경우와 재외자(법인의 경우에는 그 대표자)가 국내에 체재하는 경우를 제외하고는 그 재외자의 배치설계에 관한 대리인으로서 국내에 주소나 영업소가 있는 자(이하 "배치설계관리인"이라 한다)에 의하지 아니하면 배치설계에 관한 절차를 밟거나 이 법 또는 이 법에 따른 명령에 따라 행정청이 한 처분에 대하여 소송을 제기할 수 없다.
② 배치설계관리인은 부여받은 권한과 관련된 모든 절차 및 이 법 또는 이 법에 따른 명령에 따라 행정청이 한 처분에 관한 소송에 대하여 재외자 본인을 대리한다.
③ 재외자로서 배치설계에 관하여 제21조제1항에 따라 설정등록한 자 또는 제23조에 따라 등록한 자는 배치설계관리인의 선임·변경 또는 대리권의 수여·소멸에 관하여 등록하지 아니하면 제3자에게 대항할 수 없다.

**제5조【업무상 창작한 배치설계의 창작자】** 국가·법인·단체 및 그 밖의 사용자(이하 "법인등"이라 한다)의 업무에 종사하는 자가 업무상 창작한 배치설계는 계약이나 근무규칙 등에 달리 정한 것이 없으면 그 법인등을 그 배치설계의 창작자로 한다.

**제5조의2【「특허법」의 준용】** 제21조제1항에 따른 배치설계권의 설정등록 신청이나 그 밖의 절차에 관하여는 「특허법」 제28조의2부터 제28조의5까지의 규정을 준용한다. 이 경우 "특허에 관한 절차"는 "배치설계권의 설정등록 신청이나 그 밖의 절차"로, "특허청 또는 특허심판원"은 "특허청"으로, "특허청장 또는 특허심판원장"은 "특허청장"으로, "특허출원서"는 "설정등록신청서"로, "특허청장·특허심판원장·심판장·심판관·심사장 또는 심사관"은 "특허청장"으로 본다.

## 제2장 배치설계권
(2008.12.26 본장개정)

**제6조【배치설계권의 발생】** 배치설계권은 창작성이 있는 배치설계를 제21조제1항에 따라 설정등록함으로써 발생한다.

**제7조【배치설계권의 존속기간】** ① 배치설계권의 존속기간은 설정등록일부터 10년으로 한다.
② 제1항의 배치설계권의 존속기간은 영리를 목적으로 그 배치설계를 최초로 이용한 날부터 10년 또는 그 배치설계의 창작일부터 15년을 초과할 수 없다.

**제8조【배치설계권의 효력】** 제21조제1항에 따라 설정등록을 한 자 및 그로부터 권리를 승계한 자(이하 "배치설계권자"라 한다)는 설정등록된 배치설계에 관하여 영리를 목적으로 이용하는 권리를 독점한다. 다만, 그 배치설계권에 관하여 제11조제1항에 따른 전용이용권을 설정한 경우 제11조제2항에 따라 전용이용권자가 그 배치설계를 이용하는 권리를 독점하는 범위에서는 그러하지 아니하다.

**제9조【배치설계권의 효력이 미치지 아니하는 범위】** ① 제8조에 따른 배치설계권의 효력은 다음 각 호의 어느 하나에 해당하는 사항에는 미치지 아니한다.
1. 교육·연구·분석 또는 평가 등의 목적이나 개인이 비영리적으로 사용하기 위한 배치설계의 복제 또는 그 복제의 대행
2. 제1호에 따른 연구·분석 또는 평가 등의 결과에 따라 제작된 것으로서 창작성이 있는 배치설계
3. 배치설계권자가 아닌 자가 제작한 것으로서 창작성이 있는 동일한 배치설계

② 제8조에 따른 배치설계권의 효력은 적법하게 제조된 반도체집적회로등을

인도받은 자가 그 반도체집적회로등에 대하여 영리를 목적으로 제2조제4호다목에 규정된 행위를 하는 경우에는 미치지 아니한다.

③ 제8조에 따른 배치설계권의 효력은 다른 사람의 등록된 배치설계를 불법으로 복제하여 제조된 반도체집적회로등을 선의(善意)이며 과실 없이 인도받은 자(이하 "선의자"라 한다)가 그 반도체집적회로등에 대하여 영리를 목적으로 제2조제4호다목에 규정된 행위를 하는 경우에는 미치지 아니한다.

**제10조【배치설계권의 양도 및 공유】** ① 배치설계권은 양도할 수 있다.

② 2명 이상이 공동으로 창작한 배치설계의 배치설계권은 공동으로 창작한 자가 공유하며, 공동창작자 사이에 특약이 없으면 공유자의 지분은 균등한 것으로 본다.

③ 배치설계권이 공유인 경우 공유자는 다른 공유자의 동의 없이 그 지분을 양도하거나 그 지분을 목적으로 하는 질권을 설정할 수 없다.

④ 배치설계권이 공유인 경우 공유자는 특약이 없으면 다른 공유자의 동의 없이 그 배치설계를 이용할 수 있다.

⑤ 배치설계권이 공유인 경우 공유자는 다른 공유자의 동의 없이 그 배치설계권에 대하여 제11조제1항에 따른 전용이용권이나 제12조제1항에 따른 통상이용권을 설정할 수 없다.

**제11조【전용이용권】** ① 배치설계권자는 다른 사람에게 그 배치설계를 독점적으로 이용할 수 있는 권리(이하 "전용이용권"이라 한다)를 설정할 수 있다.

② 제1항에 따라 전용이용권을 설정받은 자(이하 "전용이용권자"라 한다)는 그 설정행위로 정한 범위에서 영리를 목적으로 그 배치설계를 이용할 권리를 독점한다.

③ 전용이용권자는 다음 각 호의 어느 하나에 해당하는 경우에만 그 전용이용권을 이전할 수 있다.

1. 배치설계를 이용하는 사업과 같이 이전하는 경우
2. 상속이나 그 밖의 일반승계의 경우
3. 배치설계권자의 동의를 받은 경우

④ 전용이용권자는 배치설계권자의 동의 없이 그 전용이용권을 목적으로 하는 질권을 설정할 수 없다.

⑤ 전용이용권이 공유인 경우 공유자는 다른 공유자의 동의 없이 다른 사람에게 제12조제1항에 따른 통상이용권을 설정할 수 없다.

⑥ 전용이용권에 관하여는 제10조제3항 및 제4항을 준용한다. 이 경우 "배치설계권"은 각각 "전용이용권"으로 본다.

**제12조【통상이용권】** ① 배치설계권자 또는 전용이용권자는 다른 사람에게 그 배치설계를 이용할 수 있는 권리(이하 "통상이용권"이라 한다)를 설정할 수 있다. 다만, 전용이용권자가 통상이용권을 설정하는 경우에는 배치설계권자의 동의가 있어야 한다.

② 제1항에 따라 통상이용권을 설정받은 자(이하 "통상이용권자"라 한다)는 그 설정행위로 정한 범위에서 영리를 목적으로 그 배치설계를 이용할 수 있는 권리를 가진다.

③ 통상이용권자는 다음 각 호의 어느 하나에 해당하는 경우에만 그 통상이용권을 이전할 수 있다.

1. 배치설계를 이용하는 사업과 같이 이전하는 경우
2. 상속이나 그 밖의 일반승계의 경우
3. 배치설계권자(전용이용권자가 설정한 통상이용권인 경우에는 배치설계권자 및 전용이용권자를 말한다. 이하 이 조에서 같다)의 동의를 받은 경우

④ 통상이용권자는 배치설계권자의 동의 없이 그 통상이용권을 목적으로 하는 질권을 설정할 수 없다.

⑤ 통상이용권에 관하여는 제10조제3항 및 제4항을 준용한다. 이 경우 "배치설계권"은 각각 "통상이용권"으로 본다.

**제13조【통상이용권 설정의 재정】** ① 제21조제1항에 따라 설정등록된 배치설계를 이용하려는 자는 그 배치설계가 다음 각 호의 어느 하나에 해당하면 그 배치설계권자 또는 전용이용권자에게 통상이용권의 설정에 관하여 협의를 청구할 수 있다.

1. 배치설계가 천재지변이나 그 밖의 불가항력 또는 대통령령으로 정하는 정당한 사유 없이 계속하여 2년 이상 국내에서 이용되고 있지 아니한 경우
2. 배치설계가 정당한 사유 없이 계속하여 2년 이상 국내에서 상당한 영업적 규모로 이용되지 아니하거나 적당한 정도와 조건으로 국내외 수요를 충족시키지 못한 경우

② 제1항에 따라 협의를 청구한 자는 통상의 상거래에서 발생할 수 있는 합리적인 조건을 제시하였음에도 불구하고 상당한 기간 내에 제1항에 따른 협의를 할 수 없거나, 협의 결과 통상이용권의 설정에 관한 합의가 성립되지 아니한 경우에는 특허청장에게 통상이용권의 설정에 관한 재정(裁定)을 신청할 수 있다.

③ 제21조제1항에 따라 설정등록된 배치설계를 이용하려는 자는 국가비상사태나 그 밖의 위급한 상황일 때에는 제1항과 제2항에도 불구하고 특허청장에게 직접 통상이용권의 설정에 관한 재정을 신청할 수 있다.

④ 특허청장은 제2항이나 제3항에 따른 재정 신청이 다음 각 호의 어느 하나에 해당한다고 인정되면 「발명진흥법」 제41조제1항에 따른 산업재산권분쟁조정위원회(이하 "산업재산권분쟁조정위원회"라 한다)의 심의를 거쳐 신청인에게 통상이용권의 설정을 재정(이하 "재정"이라 한다)할 수 있다.(2024.1.30 본문개정)

1. 그 배치설계의 이용이 상업적이 아닌 공공목적 달성을 위한 국내 수요를 충족하기 위하여 필요한 경우
2. 자유경쟁의 확보와 배치설계권자 또는 전용이용권자의 권리 남용 방지를 위하여 대통령령으로 정하는 사유가 발생한 경우

⑤ 재정은 다음 각 호의 사항을 명시한 서면으로 하여야 한다.

1. 통상이용권의 범위
2. 대가(對價)와 그 대가의 지급 방법 및 시기

⑥ 제2항과 제3항에 따른 재정의 신청 절차 등에 관하여 필요한 사항은 대통령령으로 정한다.

**제14조【재정의 실효】** 재정을 받은 자가 제13조제5항제2호의 지급시기까지 대가(대가를 정기적으로 지급하거나 분할하여 지급할 경우에는 최초의 지급분)를 지급하지 아니하거나 공탁하지 아니한 경우에는 그 재정은 효력을 잃는다.

**제15조【재정의 취소】** ① 특허청장은 다음 각 호의 어느 하나에 해당하는 경우에는 직권으로 또는 이해관계인의 신청에 의하여 그 재정을 취소할 수 있다. 이 경우 산업재산권분쟁조정위원회의 심의를 거쳐야 한다.(2024.1.30 후단신설)

1. 재정을 받은 자가 그 배치설계를 이용하지 아니한 경우
2. 제13조제4항 각 호에 따른 재정 사유가 없어지고 그 사유가 다시 발생할 우려가 없는 경우

② 제1항에 따라 재정이 취소되면 통상이용권은 그 취소된 날부터 소멸한다.

③ 제1항에 따른 재정 취소의 절차 등에 관하여 필요한 사항은 대통령령으로 정한다.

**제16조【질권】** ① 배치설계권·전용이용권 또는 통상이용권을 목적으로 하는 질권을 설정한 경우 질권자는 특약이 없으면 해당 배치설계를 이용할 수 없다.

② 배치설계권·전용이용권 또는 통상이용권을 목적으로 하는 질권은 이 법

에 따른 보상금 또는 배치설계의 이용에 대하여 배치설계권자·전용이용권자 또는 통상이용권자(제13조제4항에 따라 통상이용권의 설정을 받은 자를 포함한다. 이하 같다)가 받을 금전이나 그 밖의 물건에 대하여도 행사할 수 있다. 이 경우 보상금·금전을 지급하거나 물건을 인도하기 전에 그 보상금·금전 또는 물건을 압류하여야 한다.

**제17조 【배치설계권의 소멸】** 배치설계권은 다음 각 호의 어느 하나에 해당하는 경우에는 소멸한다.

1. 배치설계권자인 법인·단체 등이 해산되어 그 배치설계권이 「민법」이나 그 밖의 법률에 따라 국가에 귀속되는 경우
2. 배치설계권자인 개인이 상속인 없이 사망하여 그 배치설계권이 「민법」이나 그 밖의 법률에 따라 국가에 귀속되는 경우

**제18조 【배치설계권 등의 포기 제한 등】** ① 배치설계권자는 전용이용권자·통상이용권자(제13조제4항에 따라 통상이용권의 설정을 받은 자는 제외한다) 및 제16조제1항에 따른 질권자의 동의를 받지 아니하면 배치설계권을 포기할 수 없다.

② 전용이용권자는 전용이용권자로부터 통상이용권을 설정받은 자 또는 질권자의 동의를 받지 아니하면 전용이용권을 포기할 수 없다.

③ 통상이용권자는 질권자의 동의를 받지 아니하면 통상이용권을 포기할 수 없다.

④ 배치설계권·전용이용권 또는 통상이용권을 포기한 경우 그 권리는 그때부터 바로 소멸한다.

## 제3장 배치설계권의 등록
(2008.12.26 본장개정)

**제19조 【배치설계권의 설정등록 신청】** ① 배치설계를 창작한 자 또는 그 승계인(이하 "창작자"라 한다)은 영리를 목적으로 그 배치설계를 최초로 이용한 날부터 2년 이내에 특허청장에게 그 배치설계권의 설정등록을 신청할 수 있다.

② 제1항에 따라 배치설계권의 설정등록을 신청하려는 자는 대통령령으로 정하는 바에 따라 설정등록 신청서와 이에 첨부되는 자료(이하 "신청서등"이라 한다)를 제출하여야 한다.

**제20조 【설정등록 신청의 거절】** ① 특허청장은 배치설계권 설정등록 신청이 다음 각 호의 어느 하나에 해당하면 그 설정등록 신청을 거절하여야 한다.

1. 신청인이 창작자가 아닌 경우
2. 배치설계권이 2명 이상의 공유인 경우에 공유자 전원이 공동으로 배치설계권 설정등록 신청을 하지 아니한 경우
3. 제19조제1항에 따른 기간이 지난 경우
4. 그 밖에 배치설계권 설정등록 신청에 필요한 첨부자료를 제출하지 아니하는 등 대통령령으로 정하는 사유에 해당하는 경우

② 특허청장은 제1항에 따라 신청을 거절한 경우에는 지체 없이 그 이유를 구체적으로 밝혀 신청인에게 문서로 알려야 한다.

**제21조 【설정등록 및 공시】** ① 특허청장은 제19조제1항에 따른 배치설계권의 설정등록에 대한 신청이 있는 경우 제20조제1항에 따라 신청을 거절하는 경우를 제외하고는 설정등록을 하여야 한다.

② 제1항에 따른 설정등록은 특허청장이 배치설계 등록원부에 기록함으로써 행한다.

③ 특허청장은 제1항에 따른 설정등록을 한 경우에는 배치설계권자에게 배치설계등록증을 발급하고 이를 공시하여야 한다.

④ 배치설계권의 설정등록을 신청할 때의 기재사항, 배치설계등록증의 발급, 배치설계 등록사항의 공시, 배치설계 등록원부의 기재사항, 배치설계 등록원부의 열람 및 사본 발급의 청구 등 배치설계의 설정등록에 관하여 필요한 사항은 대통령령으로 정한다.

**제22조【등록의 표시】** 배치설계권자·전용이용권자 또는 통상이용권자는 그 배치설계를 이용하여 제조된 반도체집적회로 및 그 포장 등에 특허청장이 정하는 바에 따라 그 배치설계의 등록표시를 할 수 있다.

**제23조【등록의 효력】** ① 다음 각 호의 어느 하나에 해당하는 사항은 특허청장에게 등록을 하지 아니하면 제3자에게 대항할 수 없다.

1. 배치설계권의 이전(상속이나 그 밖의 일반승계에 의한 것은 제외한다. 이하 이 조에서 같다) 또는 처분의 제한
2. 전용이용권의 설정·이전·변경·소멸 또는 처분의 제한
3. 통상이용권의 설정·이전·변경·소멸 또는 처분의 제한
4. 배치설계권·전용이용권 또는 통상이용권을 목적으로 하는 질권의 설정·이전·변경·소멸 또는 처분의 제한

② 통상이용권을 특허청장에게 등록한 경우에는 그 등록 후에 해당 배치설계권 또는 그 배치설계권에 관한 전용이용권을 취득한 자에 대하여도 그 효력이 발생한다.

③ 제1항과 제2항에 따른 등록은 특허청장이 배치설계 등록원부에 기록함으로써 행한다.

**제24조【배치설계권의 설정등록 취소】** 특허청장은 설정등록된 배치설계가 다음 각 호의 어느 하나에 해당하면 대통령령으로 정하는 바에 따라 그 설정등록을 취소할 수 있다. 다만, 제2호 및 제4호에 해당하는 경우에는 설정등록을 취소하여야 한다.

1. 제3조제1항에 따른 조약을 위반한 경우
2. 속임수나 그 밖의 부정한 방법으로 제21조제1항에 따른 설정등록을 한 경우
3. 설정등록된 배치설계가 제6조에 따른 창작성이 있는 배치설계가 아닐 경우
4. 제20조제1항제1호부터 제3호까지의 어느 하나에 해당하는 경우

## 제4장 배치설계심의조정위원회

**제25조~제34조** (2024.1.30 삭제)

## 제5장 권리의 침해에 대한 구제

(2008.12.26 본장개정)

**제35조【침해의 정지 등의 청구】** ① 배치설계권자나 전용이용권자는 그의 배치설계권 또는 전용이용권을 침해하거나 침해할 우려가 있는 자에게 그 침해의 정지 또는 예방을 청구할 수 있다.

② 배치설계권자나 전용이용권자는 제1항에 따른 청구를 하는 경우에는 침해행위에 의하여 만들어진 반도체집적회로등의 폐기나 그 밖에 침해 예방에 필요한 조치를 함께 청구할 수 있다.

**제36조【손해배상의 청구】** ① 배치설계권자나 전용이용권자는 고의 또는 과실로 그 권리를 침해한 자에게 손해배상을 청구할 수 있다.

② 배치설계권자나 전용이용권자는 제1항에 따른 청구를 하는 경우에 권리를 침해한 자가 그 침해 행위에 의하여 이익을 얻은 경우에는 그 이익액을 배치설계권자나 전용이용권자가 입은 손해액으로 추정한다.

③ 배치설계권자나 전용이용권자는 제1항에 따른 청구를 하는 경우에 배치설계의 이용에 대하여 통상 받을 수 있

는 금액을 배치설계권자나 전용이용권자가 받은 손해액으로 하여 그 손해배상을 청구할 수 있다.
④ 손해액이 제3항에서 규정하는 금액을 초과하는 경우에는 그 초과액에 대하여도 손해배상을 청구할 수 있다.

**제37조【보상금】** ① 배치설계의 설정등록 전에 영리를 목적으로 그 배치설계를 이용한 배치설계의 창작자는 그 이용 후 해당 배치설계에 대한 등록이 완료되기까지의 기간 동안 해당 배치설계가 복제한 것임을 알고도 영리를 목적으로 이용한 자에게 그 이용에 대하여 통상 지급하여야 할 금액에 상당하는 보상금의 지급을 청구할 수 있다. 다만, 복제된 배치설계를 이용하여 제조된 반도체집적회로등을 선의이며 과실 없이 인도받은 자에 대하여는 보상금의 지급을 청구할 수 없다.
② 제1항에 따른 보상금 지급 청구권은 해당 배치설계가 설정등록된 후가 아니면 행사할 수 없다.
③ 배치설계의 설정등록이 제24조에 따라 취소된 경우에는 제1항에 따른 보상금 지급 청구권은 처음부터 발생하지 아니한 것으로 본다.
④ 제1항에 따른 청구권을 행사하는 경우에는 「민법」 제760조제1항·제2항 및 제766조를 준용한다. 이 경우 청구권을 가지는 자가 그 배치설계의 설정등록 전에 해당 배치설계가 복제된 사실과 그 복제된 배치설계를 이용한 자를 알았을 경우에는 「민법」 제766조 중 "피해자나 그 법정대리인이 그 손해 및 가해자를 안 날"을 "해당 배치설계의 설정등록일"로 본다.

**제38조【선의자에 대한 이용료 청구】** ① 제9조제3항에도 불구하고 배치설계권자나 전용이용권자는 선의자가 반도체집적회로등이 배치설계를 불법으로 복제하여 제조된 것이라는 사실을 안 후에 영리를 목적으로 그 반도체집적회로등에 대하여 제2조제4호다목에 규정된 행위를 하거나, 이를 위하여 그 반도체집적회로등을 보유하고 있거나 운송하고 있는 경우에는 통상의 이용료에 상당하는 금액(이하 "이용료"라 한다)의 지급을 청구할 수 있다.
② 이용료는 배치설계권자 또는 전용이용권자와 선의자가 협의하여 결정하는 합리적인 금액으로 한다.
③ 제1항에 따른 청구권을 행사하는 경우에는 「민법」 제760조제1항·제2항 및 제766조를 준용한다.

## 제6장 보 칙
(2008.12.26 본장개정)

**제39조【청문】** 특허청장은 다음 각 호의 어느 하나에 해당하는 처분을 하려면 청문을 하여야 한다.
1. 제15조제1항에 따른 재정의 취소
2. 제24조에 따른 배치설계권의 설정등록 취소

**제40조【수수료】** ① 다음 각 호의 어느 하나에 해당하는 자는 수수료를 내야 한다.
1. 제13조제2항 및 제3항에 따른 통상이용권의 재정을 신청하거나 제15조제1항에 따른 재정의 취소를 신청하려는 자
2. 제21조제1항에 따른 배치설계권의 설정등록을 하려는 자
3. 제23조제1항 및 제2항에 따른 등록을 하려는 자
4. 제24조에 따른 배치설계권의 설정등록 취소에 대하여 불복신청을 하려는 자
5. 배치설계권에 관한 각종 증명의 발급 신청 등을 하려는 자

② 제1항에 따른 수수료의 항목과 금액은 산업통상자원부령으로 정한다.
(2013.3.23 본항개정)

**제40조의2【설정등록 수수료의 감면】** ① 특허청장은 중소기업 등 산업통상자원부령으로 정하는 자가 배치설계권

의 설정등록을 신청한 경우에는 제40조제1항에도 불구하고 산업통상자원부령으로 정하는 바에 따라 배치설계권의 설정등록 수수료를 감면할 수 있다.
② 제1항에 따라 배치설계권의 설정등록 수수료를 감면받으려는 자는 산업통상자원부령으로 정하는 서류를 특허청장에게 제출하여야 한다.
(2013.3.23 본조개정)

**제40조의3【잘못 납부된 수수료의 반환】** ① 납부된 수수료는 반환하지 아니한다. 다만, 잘못 납부된 수수료는 납부한 자의 청구에 의하여 반환한다.
② 특허청장은 잘못 납부된 수수료가 있는 경우에는 이를 납부한 자에게 통지하여야 한다.
③ 제1항 단서에 따른 반환은 제2항에 따른 통지를 받은 날부터 3년이 지난 경우에는 청구할 수 없다.
(2008.12.26 본조신설)

**제41조【재외자의 재판관할】** 재외자의 배치설계권에 관하여 배치설계관리인이 있으면 그 배치설계관리인의 주소 또는 영업소를, 배치설계관리인이 없으면 대법원의 소재지를 「민사소송법」 제11조에 따른 재산의 소재지로 본다.

**제42조** (1998.12.28 삭제)

**제43조【배치설계의 기술진흥】** ① 특허청장은 국내 배치설계의 기술향상 및 개발촉진 등을 위하여 필요한 육성 시책을 수립하여야 하며, 세제·금융 및 행정상의 지원책을 마련하여야 한다.
② 특허청장은 배치설계와 관련한 기술진흥과 인력양성 등을 수행하는 연구기관 또는 단체를 지원·육성할 수 있다.

**제44조【비밀유지의 의무】** 제19조부터 제24조까지의 규정에 따른 배치설계의 등록 사무에 종사하는 공무원 또는 그 직에 있었던 자는 직무상 알게 된 비밀을 다른 사람에게 누설하여서는 아니 된다.(2024.1.30 본조개정)

**제44조의2** (2024.1.30 삭제)

## 제7장 벌 칙
(2008.12.26 본장개정)

**제45조【침해죄 등】** ① 배치설계권이나 전용이용권을 침해한 자는 3년 이하의 징역 또는 3천만원 이하의 벌금에 처하거나 이를 병과(倂科)할 수 있다.
(2014.1.21 본항개정)
② 제1항의 죄는 고소가 있어야 공소를 제기할 수 있다.

**제46조【거짓 표시의 죄】** 제21조제1항에 따라 설정등록이 되지 아니한 배치설계를 이용하여 제조된 반도체집적회로 또는 그 포장 등에 거짓으로 제22조에 따른 등록의 표시를 한 자 또는 거짓으로 등록표시를 한 반도체집적회로를 양도 또는 대여한 자는 1년 이하의 징역 또는 1천만원 이하의 벌금에 처한다.(2014.1.21 본조개정)

**제47조【속임수 행위의 죄】** 속임수나 그 밖의 부정한 방법으로 제21조제1항에 따른 설정등록을 한 자는 1년 이하의 징역 또는 1천만원 이하의 벌금에 처한다.(2014.1.21 본조개정)

**제48조【비밀누설의 죄】** 제44조를 위반하여 비밀을 누설한 자는 5년 이하의 징역 또는 5천만원 이하의 벌금에 처한다.

**제49조【양벌규정】** 법인의 대표자나 법인 또는 개인의 대리인, 사용인, 그 밖의 종업원이 그 법인 또는 개인의 업무에 관하여 제45조제1항, 제46조 또는 제47조의 어느 하나에 해당하는 위반행위를 하면 그 행위자를 벌하는 외에 그 법인 또는 개인에게도 해당 조문의 벌금형을 과(科)한다. 다만, 법인 또는 개인이 그 위반행위를 방지하기 위하여 해당 업무에 관하여 상당한 주의와 감독을 게을리하지 아니한 경우에는 그러하지 아니하다.

**제50조** (1998.12.28 삭제)

부 칙

① **【시행일】** 이 법은 공포후 1년을 넘지 아니하는 기간내에서 대통령령이 정하는 날부터 시행한다.
② **【적용례】** 이 법은 이 법 시행 전에 창작된 배치설계에 대하여는 이를 적용하지 아니한다.

부 칙 (1995.1.5.)

이 법은 1995년 7월 1일부터 시행한다.

부 칙 (1998.12.28.)

이 법은 1999년 1월 1일부터 시행한다.

부 칙 (2007.4.27)

① **【시행일】** 이 법은 공포 후 6개월이 경과한 날부터 시행한다.
② **【설정등록수수료의 감면에 관한 적용례】** 제40조의2의 개정규정은 이 법 시행 후 최초로 배치설계권의 설정등록을 신청하는 분부터 적용한다.

부 칙 (2008.12.26)

이 법은 공포 후 3개월이 경과한 날부터 시행한다.

부 칙 (2014.1.21)

이 법은 공포한 날부터 시행한다.

부 칙 (2015.2.3)

이 법은 공포 후 6개월이 경과한 날부터 시행한다. 다만, 제44조의2의 개정규정은 공포한 날부터 시행한다.

부 칙 (2024.1.30)

**제1조 【시행일】** 이 법은 공포 후 6개월이 경과한 날부터 시행한다.
**제2조 【「반도체집적회로의 배치설계에 관한 법률」의 개정에 관한 경과조치】** ① 종전의 「반도체집적회로의 배치설계에 관한 법률」 제25조제2항에 따른 배치설계심의조정위원회의 위원이었던 사람의 비밀유지의 의무에 관하여는 같은 법 제44조의 개정규정에도 불구하고 종전의 규정에 따른다.
② 이 법 시행 전의 행위에 대하여 벌칙을 적용할 때 종전의 「반도체집적회로의 배치설계에 관한 법률」 제25조제2항에 따른 배치설계심의조정위원회 위원 중 공무원이 아닌 사람의 공무원 의제에 관하여는 같은 법 제44조의2의 개정규정에도 불구하고 종전의 규정에 따른다.
**제3조** (생략)

# 발명진흥법

(2007년 4월 11일
전부개정법률 제8357호)

개정
2007. 8. 3법 8601호
2008. 2.29법 8852호(정부조직)
2009. 1.30법 9369호(산업기술혁신촉진법)
2009. 1.30법 9401호(국유재산)
2009. 3.18법 9509호
2009. 5.21법 9685호(중소기업판로지원)
2010. 1.27법 9986호 2010. 6. 8법10357호
2011. 3.29법10465호(개인정보보호법)
2011. 3.30법10489호 2013. 3.22법11661호
2013. 3.23법11690호(정부조직)
2013. 7.30법11960호 2015. 5.18법13309호
2016. 1.27법13817호(조달사업)
2016. 1.27법13842호 2016.12. 2법14370호
2017. 3.14법14590호(발명교육의활성화및지원에관한법)
2017. 3.21법14687호 2017.11.28법15091호
2018.12.31법16172호(중소기업진흥에관한법)
2019. 4.23법16361호
2019.11.26법16652호(자산관리)
2020. 2. 4법16938호 2020.10.20법17527호
2021. 4.20법18094호 2021. 8.17법18405호
2022. 2. 3법18816호 2022.11.15법19036호
2023. 1. 3법19164호 2023. 6.20법19495호
2024. 1.30법20169호(행정기관정비일부개정법령등)
2024. 2. 6법20197호



## 제1장 총 칙

**제1조【목적】** 이 법은 발명을 장려하고 발명의 신속하고 효율적인 권리화와 사업화를 촉진함으로써 산업의 기술 경쟁력을 높이고 나아가 국민경제 발전에 이바지함을 목적으로 한다.

**제2조【정의】** 이 법에서 사용하는 용어의 뜻은 다음과 같다.

1. "발명"이란 「특허법」·「실용신안법」 또는 「디자인보호법」에 따라 보호 대상이 되는 발명, 고안 및 창작을 말한다.
2. "직무발명"이란 종업원, 법인의 임원 또는 공무원(이하 "종업원등"이라 한다)이 그 직무에 관하여 발명한 것이 성질상 사용자·법인 또는 국가나 지방자치단체(이하 "사용자등"이라 한다)의 업무 범위에 속하고 그 발명을 하게 된 행위가 종업원등의 현재 또는 과거의 직무에 속하는 발명을 말한다.
3. "개인발명가"란 직무발명 외의 발명을 한 자를 말한다.
4. "산업재산권"이란 「특허법」·「실용신안법」·「디자인보호법」 또는 「상표법」에 따라 등록된 특허권, 실용신안권, 디자인권 및 상표권을 말한다.
5. "특허관리전담부서"란 사용자등에서 산업재산권에 관한 기획, 조사 및 관리 등의 업무를 담당하는 부서를 말한다.

5의2. "공익변리사"란 제26조의2에 따라 설치된 공익변리사 특허상담센터에서 업무를 수행하는 변리사를 말한다.(2010.6.8 본호신설)

6.~8. (2024.2.6 삭제)

9. "산업재산권 서비스업"이란 산업재산권의 창출·보호·활용을 지원하는 다음 각 목의 서비스업을 말한다.
   가. 산업재산권에 관한 정보를 수집·분석·가공·번역·유통 또

는 관리하거나 이와 관련한 소프트웨어 또는 시스템을 개발하거나 구축하는 업(2024.2.6 본목개정)

나. 「변리사법」 제2조에서 규정하는 업

다. 산업재산권의 경제적 가치 및 기술적 우수성을 가액(價額)·등급 또는 점수 등으로 평가하는 업

라. 산업재산권의 양도 또는 실시권의 설정·허락 등 산업재산권의 거래행위를 중개·알선하는 업

마. 그 밖에 대통령령으로 정하는 업

(2013.7.30 본호신설)

10. "산업재산권 서비스사업자"란 산업재산권 서비스업을 영위하는 자를 말한다.(2013.7.30 본호신설)

11. "발명 등의 평가"란 다음 각 목의 어느 하나에 해당하는 것에 대한 현재 또는 장래의 경제적 가치를 가액·등급 또는 점수 등으로 표시하는 것을 말한다.

가. 국내 또는 해외에 출원 중이거나 등록된 발명 및 「상표법」 제2조제1호에 따른 상표(이하 "상표"라 한다)

나. 「부정경쟁방지 및 영업비밀보호에 관한 법률」 제2조제2호에 따른 영업비밀(이하 "영업비밀"이라 한다)

다. 「반도체집적회로의 배치설계에 관한 법률」 제2조제2호에 따른 배치설계(이하 "배치설계"라 한다)

(2023.1.3 본호신설)

**제3조 【발명진흥종합시책】** ① 정부는 매년 발명의 진흥을 위한 종합시책(이하 "발명진흥종합시책"이라 한다)을 수립·시행하여야 한다.

② 제1항의 발명진흥종합시책에는 다음 각 호의 사항이 포함되어야 한다.

1. 국민의 발명에 대한 인식의 향상
2. 발명 활동의 진작과 발명 성과의 권리화 촉진
3. 우수 발명의 이전 알선과 사업화 촉진
4. 그 밖에 발명진흥을 위하여 필요한 사항

**제4조 【발명진흥보조금의 지급 등】** ① 정부는 발명 진흥을 위하여 예산의 범위에서 다음 각 호의 어느 하나에 해당하는 자에게 보조금을 지급할 수 있다.

(2013.7.30 본문개정)

1. 발명자와 그 승계인(承繼人)
2. 발명의 연구나 진흥사업을 수행하는 개인 또는 단체(2013.7.30 본호개정)

② 제1항에 따른 보조금의 지급대상 사업, 교부신청 및 관리 등에 필요한 사항은 대통령령으로 정한다.

(2013.7.30 본항개정)

(2013.7.30 본조제목개정)

**제5조 【발명의 날】** 정부는 국민에게 발명의 중요성을 인식시키고 발명 의욕을 북돋우기 위하여 매년 5월 19일을 발명의 날로 정하고 발명진흥을 위한 기념행사를 개최한다.

## 제2장 발명의 진흥

### 제1절 발명에 대한 인식의 향상

**제6조 【발명에 대한 인식 향상과 발명 활동의 촉진】** 특허청장은 발명에 대한 국민의 인식 향상과 발명 활동의 촉진을 위하여 다음 각 호의 사업을 한다.

1. 발명 장려 행사의 개최
2. 학생·여성 및 사회적 약자의 발명 활동의 촉진(2010.6.8 본호개정)
3. 우수 발명품에 대한 전시회 개최와 우수 발명자에 대한 해외 전시회 참가 지원
4. 발명 활동 관련 정보 등의 지원 (2024.2.6 본호개정)
5. 발명과 산업재산권에 대한 교육 및 연수
6. 발명 유공자와 우수 발명의 발굴 및 포상

7. 그 밖에 발명에 대한 국민의 인식 향상과 발명 활동의 촉진을 위하여 필요한 사업

**제7조** (2017.3.14 삭제)

**제8조【여성 발명 활동의 촉진】** ① 정부는 여성의 발명에 대한 창의력을 개발하고 우수한 여성 발명 인력을 육성하기 위한 지원시책을 수립·시행하여야 한다.

② 제1항에 따른 시책에는 다음 각 호의 사항이 포함되어야 한다.

1. 여성 발명인에 대한 산업재산권에 관한 교육
2. 여성 발명의 사업화
3. 여성 발명진흥 행사의 개최 등 여성의 발명을 진흥하기 위하여 필요한 사항

**제8조의2【사회적 약자의 발명 활동 촉진】** ① 정부는 사회적 약자의 발명 활동을 촉진하기 위한 지원시책을 수립·시행하여야 한다.

② 제1항에 따른 지원시책에는 다음 각 호의 사항이 포함되어야 한다.

1. 사회적 약자에 대한 발명 활동 관련 정보 등의 지원(2024.2.6 본호개정)
2. 사회적 약자의 발명 촉진을 위한 변리(辨理)서비스의 지원
3. 사회적 약자의 산업재산권 보호

(2010.6.8 본조신설)

**제9조** (2017.3.14 삭제)

**제9조의2** (2023.1.3 삭제)

## 제2절 직무발명의 활성화

**제10조【직무발명】** ① 직무발명에 대하여 종업원등이 특허, 실용신안등록, 디자인등록(이하 "특허등"이라 한다)을 받았거나 특허등을 받을 수 있는 권리를 승계한 자가 특허등을 받으면 사용자등은 그 특허권, 실용신안권, 디자인권(이하 "특허권등"이라 한다)에 대하여 통상실시권(通常實施權)을 가진다. 다만, 사용자등이 「중소기업기본법」 제2조에 따른 중소기업이 아닌 기업인 경우 종업원등과의 협의를 거쳐 미리 다음 각 호의 어느 하나에 해당하는 계약 또는 근무규정을 체결 또는 작성하지 아니한 경우에는 그러하지 아니하다.
(2013.7.30 단서신설)

1. 종업원등의 직무발명에 대하여 사용자등에게 특허등을 받을 수 있는 권리나 특허권등을 승계시키는 계약 또는 근무규정
2. 종업원등의 직무발명에 대하여 사용자등을 위하여 전용실시권을 설정하도록 하는 계약 또는 근무규정

(2013.7.30 1호~2호신설)

② 제1항에도 불구하고 공무원 또는 국가나 지방자치단체에 소속되어 있으나 공무원이 아닌 자(이하 "공무원등"이라 한다)의 직무발명에 대한 권리는 국가나 지방자치단체가 승계할 수 있으며, 국가나 지방자치단체가 승계한 공무원등의 직무발명에 대한 특허권등은 국유나 공유로 한다. 다만, 「고등교육법」 제3조에 따른 국·공립학교(이하 "국·공립학교"라 한다) 교직원의 직무발명에 대한 권리는 「기술의 이전 및 사업화 촉진에 관한 법률」 제11조제1항 후단에 따른 전담조직(이하 "전담조직"이라 한다)이 승계할 수 있으며, 전담조직이 승계한 국·공립학교 교직원의 직무발명에 대한 특허권등은 그 전담조직의 소유로 한다.
(2021.4.20 본항개정)

③ 직무발명 외의 종업원등의 발명에 대하여 미리 사용자등에게 특허등을 받을 수 있는 권리나 특허권등을 승계시키거나 사용자등을 위하여 전용실시권(專用實施權)을 설정하도록 하는 계약이나 근무규정의 조항은 무효로 한다.

④ 제2항에 따라 국유로 된 특허권등의 처분과 관리(특허권등의 포기를 포함한다)는 「국유재산법」 제8조에도 불구하고 특허청장이 이를 관장하며, 그 처분과 관리에 필요한 사항은 대통령령으로 정한다.(2010.1.27 본항개정)

**제10조의2【공무원등의 직무발명 처분의 특례】**「국유재산법」 제65조의11 제2항 단서에도 불구하고 특허청장이 정하여 고시하는 경우에는 제10조제2항에 따라 국유로 된 특허권등에 관한 전용실시권 설정을 한 번 이상 갱신할 수 있다.(2021.4.20 본조신설)

**제11조【직무발명보상제도의 실시와 지원시책】** ① 정부는 종업원등의 직무발명을 장려하기 위하여 직무발명보상제도 등의 실시에 관한 지원시책을 수립·시행하여야 한다.

② 제1항에 따른 지원시책에는 다음 각 호의 내용이 포함되어야 한다.

1. 표준이 되는 보상규정의 작성 및 보급
2. 보상과 관련된 분쟁을 예방 및 해결하기 위한 합리적인 절차규정의 작성 및 보급(2013.7.30 본호개정)
3. 직무발명보상제도의 실시·운영에 관한 상담 등의 지원(2013.7.30 본호신설)

③ 정부는 직무발명에 대한 보상을 실시하는 사용자등에 대하여는 제3장과 제4장에 따른 발명의 권리화와 사업화를 촉진하기 위한 조치를 먼저 하여야 한다.

**제11조의2【직무발명보상 우수기업 인증 등】** ① 특허청장은 제11조제1항에 따른 직무발명보상제도의 활성화를 위하여 직무발명보상제도를 모범적으로 운영하는 기업을 직무발명보상 우수기업(이하 "우수기업"이라 한다)으로 인증할 수 있다.

② 우수기업 인증을 받고자 하는 기업은 특허청장에게 신청하여야 한다.
(2024.2.6 본항신설)

③ 특허청장은 제2항에 따른 인증신청을 받은 경우에는 인증을 받으려는 기업에 대한 심사를 하고, 인증기준에 적합하면 유효기간을 정하여 인증을 하여야 한다.(2024.2.6 본항신설)

④ 특허청장은 인증받은 우수기업이 다음 각 호의 어느 하나에 해당하는 경우에는 그 인증을 취소할 수 있다. 다만, 제1호에 해당하는 경우에는 인증을 취소하여야 한다.

1. 거짓이나 그 밖의 부정한 방법으로 인증을 받은 경우
2. 제6항에 따른 인증기준에 적합하지 아니하게 된 경우

(2024.2.6 본항신설)

⑤ 국가 및 지방자치단체는 인증받은 우수기업에 대하여 대통령령으로 정하는 바에 따라 행정적·재정적 지원을 할 수 있다.(2024.2.6 본항신설)

⑥ 우수기업 인증의 기준, 절차, 재인증, 유효기간, 그 밖에 인증에 필요한 사항은 대통령령으로 정한다.
(2024.2.6 본조개정)

**제12조【직무발명 완성사실의 통지】** 종업원등이 직무발명을 완성한 경우에는 지체 없이 그 사실을 사용자등에게 서면(「전자문서 및 전자거래 기본법」 제2조제1호에 따른 전자문서를 포함한다. 이하 같다)으로 알려야 한다. 2명 이상의 종업원등이 공동으로 직무발명을 완성한 경우에는 공동으로 알려야 한다.(2022.11.15 전단개정)

**제13조【직무발명의 권리승계】** ① 제12조에 따라 통지를 받은 사용자등이 종업원등의 직무발명에 대하여 미리 특허등을 받을 수 있는 권리나 특허권등을 승계시키거나 전용실시권을 설정하도록 하는 계약이나 근무규정을 정한 경우에는 그 권리는 발명을 완성한 때부터 사용자등에게 승계된다. 다만, 사용자등이 대통령령으로 정하는 기간에 그 발명에 대한 권리를 승계하지 아니하기로 종업원등에게 통지하는 경우에는 그러하지 아니하다.

② 제1항에 따른 계약 또는 근무규정이 모두 없는 사용자등(국가나 지방자치단체는 제외한다)이 제12조에 따라 통지를 받은 경우에는 대통령령으로 정하는 기간에 그 발명에 대한 권리의

승계 여부를 종업원등에게 서면으로 알려야 한다. 이 경우 사용자등은 종업원등의 의사와 다르게 그 발명에 대한 권리의 승계를 주장할 수 없다.
③ 사용자등이 제2항에 따른 기간에 승계 여부를 알리지 아니한 경우에는 사용자등은 그 발명에 대한 권리의 승계를 포기한 것으로 본다. 이 경우 사용자등은 제10조제1항에도 불구하고 그 발명을 한 종업원등의 동의를 받지 아니하고는 통상실시권을 가질 수 없다.
(2024.2.6 본조개정)

**제14조【공동발명에 대한 권리의 승계】** 종업원등의 직무발명이 제삼자와 공동으로 행하여진 경우 계약이나 근무규정에 따라 사용자등이 그 발명에 대한 권리를 승계하면 사용자등은 그 발명에 대하여 종업원등이 가지는 권리의 지분을 갖는다.

**제15조【직무발명에 대한 보상】** ① 종업원등은 직무발명에 대하여 특허등을 받을 수 있는 권리나 특허권등을 계약이나 근무규정에 따라 사용자등에게 승계하게 하거나 전용실시권을 설정한 경우에는 정당한 보상을 받을 권리를 가진다.
② 사용자등은 제1항에 따른 보상에 대하여 보상형태와 보상액을 결정하기 위한 기준, 지급방법 등이 명시된 보상규정을 작성하고 종업원등에게 서면으로 알려야 한다.(2022.11.15 본항개정)
③ 사용자등은 제2항에 따른 보상규정의 작성 또는 변경에 관하여 종업원등과 협의하여야 한다. 다만, 보상규정을 종업원등에게 불리하게 변경하는 경우에는 해당 계약 또는 규정의 적용을 받는 종업원등의 과반수의 동의를 받아야 한다.(2013.7.30 본항개정)
④ 사용자등은 제1항에 따른 보상을 받을 종업원등에게 제2항에 따른 보상규정에 따라 결정된 보상액 등 보상의 구체적 사항을 서면으로 알려야 한다.(2022.11.15 본항개정)
⑤ 사용자등이 제3항에 따라 협의하여야 하거나 동의를 받아야 하는 종업원등의 범위, 절차 등 필요한 사항은 대통령령으로 정한다.(2013.7.30 본항신설)
⑥ 사용자등이 제2항부터 제4항까지의 규정에 따라 종업원등에게 보상한 경우에는 정당한 보상을 한 것으로 본다. 다만, 그 보상액이 직무발명에 의하여 사용자등이 얻을 이익과 그 발명의 완성에 사용자등과 종업원등이 공헌한 정도를 고려하지 아니한 경우에는 그러하지 아니하다.(2013.7.30 본항신설)
⑦ 공무원등의 직무발명에 대하여 제10조제2항에 따라 국가나 지방자치단체가 그 권리를 승계한 경우에는 정당한 보상을 하여야 한다. 이 경우 보상금의 지급에 필요한 사항은 대통령령이나 조례로 정한다.(2021.4.20 전단개정)

**제16조【출원 유보시의 보상】** 사용자등은 직무발명에 대한 권리를 승계한 후 출원(出願)하지 아니하거나 출원을 포기 또는 취하하는 경우에도 제15조에 따라 정당한 보상을 하여야 한다. 이 경우 그 발명에 대한 보상액을 결정할 때에는 그 발명이 산업재산권으로 보호되었더라면 종업원등이 받을 수 있었던 경제적 이익을 고려하여야 한다.

**제16조의2【승계한 권리의 포기 및 종업원등의 양수】** ①「기술의 이전 및 사업화 촉진에 관한 법률」제2조제6호에 따른 공공연구기관(이하 이 조에서 "공공연구기관"이라 한다)이 국내 또는 해외에서 직무발명에 대하여 특허등을 받을 수 있는 권리 또는 특허권등(이하 "직무발명에 대한 권리"라 한다)을 종업원등으로부터 승계한 후 이를 포기하는 경우 해당 직무발명을 완성한 모든 종업원등은 그 직무발명에 대한 권리를 양수할 수 있다.
② 제1항에도 불구하고 공공연구기관의 장이 대통령령으로 정하는 바에 따라 공공의 이익을 위하여 특별히 직무

발명에 대한 권리를 포기할 필요가 있다고 인정하는 경우에는 그 권리를 종업원등에게 양도하지 아니할 수 있다. 이 경우 공공연구기관의 장은 제3항의 기간 내에 종업원등에게 그 사유를 구체적으로 알려야 한다.

③ 제1항에 따라 직무발명에 대한 권리를 포기하려는 공공연구기관의 장은 대통령령으로 정하는 기간 내에 해당 직무발명을 완성한 모든 종업원등에게 그 사실을 통지하여야 한다.

④ 제3항에 따른 통지를 받은 종업원등은 직무발명에 대한 권리를 양수하려는 경우 통지를 받은 날부터 대통령령으로 정하는 기간 내에 직무발명에 대한 권리의 양수 의사를 공공연구기관의 장에게 서면으로 알려야 한다.
(2022.11.15 본항개정)

⑤ 제4항에 따라 종업원등이 직무발명에 대한 권리의 양수 의사를 알린 경우 제4항의 기간이 끝난 날의 다음 날부터 그 권리가 종업원등에게 양도된 것으로 본다. 이 경우 공공연구기관이 직무발명에 대한 권리를 제3자와 공유한 경우에는 공공연구기관의 장이 다른 공유자 모두의 동의를 받은 때에 한정하여 그 권리가 양도된 것으로 본다.

⑥ 제4항에 따라 직무발명에 대한 권리의 양수 의사를 알린 종업원등이 2명 이상인 경우에는 그 권리를 공유한다.

⑦ 공공연구기관의 장과 종업원등은 공공연구기관이 직무발명에 대한 권리를 계속 유지하기 위한 비용을 종업원등이 일부 부담하는 대신 직무발명에 대한 종업원등의 보상을 조정하는 방안을 제3항의 기간 내에 상호 협의할 수 있다.

⑧ 공공연구기관의 장은 제5항 전단에 따라 직무발명에 대한 권리가 종업원등에게 양도된 것으로 보는 날 이후 그 권리와 관련하여 발생하는 비용(세금을 포함한다)을 종업원등에게 청구할 수 있다.
(2021.4.20 본조신설)

**제17조【직무발명심의위원회의 운영 등】** ① 사용자등은 종업원등의 직무발명에 관한 다음 각 호의 사항을 심의하기 위하여 직무발명심의위원회(이하 "심의위원회"라 한다)를 설치·운영할 수 있다.(2013.7.30 본문개정)

1. 직무발명에 관한 규정의 작성·변경 및 운용에 관한 사항(2013.7.30 본호개정)
2. 직무발명에 대한 권리 및 보상 등에 관한 종업원등과 사용자등의 이견 조정에 관한 사항(2013.7.30 본호개정)
3. 그 밖에 직무발명과 관련하여 필요한 사항

② 심의위원회는 사용자등과 종업원등(법인의 임원은 제외한다)을 각각 대표하는 같은 수의 위원으로 구성하되, 필요한 경우에는 관련 분야의 전문가를 자문위원으로 위촉할 수 있다.
(2013.7.30 본항개정)

③ 그 밖에 심의위원회의 구성 및 운영에 필요한 사항은 대통령령으로 정한다.
(2013.7.30 본항신설)
(2013.7.30 본조제목개정)

**제18조【직무발명 관련 분쟁의 조정 등】** ① 종업원등은 다음 각 호의 어느 하나에 해당하는 경우 사용자등에게 심의위원회를 구성하여 심의하도록 요구할 수 있다.

1. 직무발명인지 여부에 관하여 사용자등과 이견이 있는 경우
2. 사용자등이 제10조제3항을 위반하여 종업원등의 의사와 다르게 직무발명 외의 발명에 대한 권리의 승계 또는 전용실시권의 설정을 주장하는 경우
3. 사용자등이 제13조제2항을 위반하여 종업원등의 의사와 다르게 직무발명에 대한 권리의 승계 또는 전용실시권의 설정을 주장하는 경우
(2024.2.6 본호개정)
4. 사용자등이 제10조제1항 단서 또는 제13조제3항을 위반하여 통상실시권을 주장하는 경우

5. 사용자등이 제시한 보상규정에 이견이 있는 경우
6. 사용자등과의 협의 또는 동의 절차에 이견이 있는 경우
7. 사용자등이 제15조제4항에 따라 통지한 보상액 등 보상의 구체적 사항에 이견이 있는 경우
8. 사용자등이 제15조제2항부터 제4항까지의 규정에 따라 종업원등에게 보상하지 아니하는 경우
9. 그 밖에 직무발명에 대한 권리 및 보상 등에 관하여 사용자등과 종업원등 간에 이견이 있는 경우

② 제1항에 따른 권리는 제1항 각 호의 사유가 발생한 날부터 30일 이내에 행사하여야 한다. 다만, 제1항제7호의 경우에는 종업원등이 통지를 받은 날부터 30일 이내에 행사하여야 한다.

③ 사용자등은 제1항에 따른 요구를 받은 경우에 60일 이내에 심의위원회를 구성하여 심의하도록 하여야 한다. 이 경우 심의위원회에는 직무발명 관련 분야의 전문가인 자문위원이 1명 이상 포함되도록 하여야 한다.

④ 제3항에 따른 심의위원회는 심의의 결과를 사용자등과 종업원등에게 지체 없이 서면으로 통지하여야 한다.

⑤ 정부는 사용자등의 요청에 따라 관련 분야의 전문가를 제3항에 따른 자문위원으로 파견할 수 있으며, 이에 필요한 사항은 대통령령으로 정한다.

⑥ 제3항에 따른 심의위원회의 심의 결과에 불복하는 사용자등 또는 종업원등은 제41조에 따른 산업재산권분쟁조정위원회에 조정을 신청할 수 있다.
(2015.5.18 본항개정)
(2013.7.30 본조개정)

**제19조【비밀유지의 의무】** ① 종업원등은 사용자등이 직무발명을 출원할 때까지 그 발명의 내용에 관한 비밀을 유지하여야 한다. 다만, 사용자등이 승계하지 아니하기로 확정된 경우에는 그러하지 아니하다.

② 제18조제3항에 따라 자문위원으로 심의위원회에 참여하거나 참여하였던 사람은 직무상 알게 된 직무발명에 관한 내용을 다른 사람에게 누설하여서는 아니 된다.(2013.7.30 본항신설)

## 제3절 발명 진흥의 기반 조성
(2024.2.6 본절제목개정)

**제20조~제20조의5** (2024.2.6 삭제)

**제20조의6【산업재산권 활동 등에 대한 실태조사】** ① 정부는 산업재산권과 관련된 지식재산 활동 전반에 관한 실태를 파악하기 위하여 대학·연구기관 및 기업 등을 대상으로 실태조사를 매년 실시하여야 한다.(2020.10.20 본항개정)

② 특허청장은 제1항에 따른 실태조사를 지식재산에 관한 조사 업무에 전문성이 있다고 인정되는 기관 또는 단체로서 대통령령으로 정하는 기관 또는 단체에 위탁할 수 있다.

③ 제1항에 따른 실태조사의 내용 및 방법 등에 필요한 사항은 대통령령으로 정한다.
(2015.5.18 본조신설)

**제20조의7** (2013.7.30 삭제)

**제20조의8** (2024.2.6 삭제)

**제21조~제22조** (2015.5.18 삭제)

**제23조【지역지식재산센터】** ① 지역 중소기업과 주민의 산업재산권에 관한 인식을 제고하고 산업재산권의 창출·보호 및 활용을 지원하기 위하여 지역별로 지역지식재산센터를 둘 수 있다.
(2011.3.30 본항개정)

② 제1항에 따른 지역지식재산센터(이하 "지역지식재산센터"라 한다)는 다음 각 호의 사업을 한다.(2010.1.27 본문개정)

1. 산업재산권에 관한 정보 제공 및 상담(2011.3.30 본호개정)
2. 산업재산권에 관한 교육 및 홍보 등 인식제고(2011.3.30 본호개정)

3. 산업재산권의 창출·보호 및 활용 지원(2011.3.30 본호개정)
4. 그 밖에 산업재산권에 관한 지원 사업

③ 지역지식재산센터를 설립하려는 자는 특허청장에게 등록하여야 한다.

④ 제3항에 따라 지역지식재산센터로 등록하려는 자는 대통령령으로 정하는 전문인력 및 시설을 갖추어야 한다.
(2015.5.18 본항개정)

⑤ 지역지식재산센터가 아닌 자는 지역지식재산센터의 명칭을 사용하지 못한다.

⑥ 정부는 예산의 범위에서 지역지식재산센터를 운영하는 데 필요한 경비를 지원할 수 있다.

⑦ 지역지식재산센터는 제2항에 따른 사업수행에 필요한 자금을 충당하기 위하여 수익사업을 할 수 있다.
(2011.3.30 본항개정)

⑧ 제3항에 따라 지역지식재산센터로 등록한 자는 매 사업연도가 시작되는 날의 1개월 전까지 그 사업연도의 사업계획서를, 사업연도가 끝난 날부터 3개월 이내에 그 사업연도의 사업실적서를 특허청장에게 제출하여야 한다.
(2011.3.30 본항신설)

⑨ 제3항에 따른 등록 절차 등에 필요한 사항은 대통령령으로 정한다.

⑩ 특허청장은 매년 지역지식재산센터의 사업수행 실적과 성과 등에 대하여 평가할 수 있다. 이 경우 평가의 절차 및 방법 등에 필요한 사항은 대통령령으로 정한다.(2013.7.30 후단신설)

⑪ 특허청장은 제10항에 따른 사업실적 평가결과 사업실적이 부진한 지역지식재산센터에 대하여 경고하고 제6항에 따른 지원을 중단하거나 축소할 수 있다.(2011.3.30 본항신설)

**제24조【지역지식재산센터의 등록말소 등】** ① 특허청장은 지역지식재산센터가 다음 각 호의 어느 하나에 해당하는 경우에는 그 등록을 말소하거나 6개월 이내의 기간을 정하여 그 업무의 정지를 명할 수 있다. 다만, 제1호에 해당하는 경우에는 그 등록을 말소하여야 한다.

1. 거짓이나 그 밖의 부정한 방법으로 지역지식재산센터의 등록을 한 경우
2. 제23조제2항에 따른 사업을 수행할 능력을 상실한 경우
3. 제23조제4항에 따른 등록기준에 미달하게 된 경우
4. 제23조제8항에 따른 사업계획서 및 사업실적서를 같은 항에 따른 기간 이내에 제출하지 아니한 경우
5. 최근 3년 이내에 두 번 이상 제23조제11항에 따른 경고를 받은 경우

② 제1항에 따른 행정처분의 세부 기준은 그 사유와 위반 정도를 고려하여 대통령령으로 정한다.(2013.7.30 본항신설)
(2011.3.30 본조개정)

**제24조의2【중소기업 지식재산 경영인증 등】** ① 특허청장은 산업재산권의 창출·보호 및 활용 촉진에 있어서 전략적인 경영활동을 모범적으로 수행하고 있는 중소기업을 대상으로 지식재산 경영인증(이하 "인증"이라 한다)을 할 수 있다.

② 인증을 받으려는 중소기업은 특허청장에게 인증을 신청하여야 한다.

③ 특허청장은 제2항에 따른 인증신청을 받은 경우에는 인증을 받으려는 중소기업에 대한 심사를 하고, 인증기준에 적합하면 유효기간을 정하여 인증을 하여야 한다.

④ 특허청장은 인증을 받은 중소기업이 거짓이나 그 밖의 부정한 방법으로 인증을 받은 경우에는 인증을 취소하여야 한다.

⑤ 특허청장은 인증을 받은 중소기업이 인증기준에 미치지 못하게 된 경우에는 인증을 취소할 수 있다.

⑥ 특허청장은 인증을 받으려는 중소기업으로부터 인증과 관련하여 필요한 비용을 받을 수 있다.

⑦ 인증의 절차·비용, 인증기준, 인증마크, 인증업무 운영기관 지정, 인증의 유효기간, 그 밖에 인증에 필요한 사항은 대통령령으로 정한다.
(2016.1.27 본조신설)

## 제3장 발명의 권리화 지원

**제25조【선행기술 조사】** ① 특허청장은 산업재산권의 출원이 있으면 이를 신속·정확하게 심사하고 처리하기 위하여 관련 분야의 국내외의 선행기술에 관하여 종합적으로 조사하는 시책을 수립·시행하여야 한다.
② 제1항에 따른 시책에는 다음 각 호의 사항이 포함되어야 한다.
1. 선행기술정보의 수집·분석
2. 선행기술에 대한 외부 용역 의뢰
3. 그 밖에 선행기술조사에 필요한 사항

**제26조【특허관리전담부서 설치】** ① 특허청장은 사용자등의 특허관리 능력을 높여 국내외의 산업재산권 분쟁에 효율적으로 대처하고 산업의 경쟁력을 확보하는 데 기여할 수 있도록 특허관리전담부서의 효율적인 설치와 운영에 필요한 지원시책을 수립·시행하여야 한다.
② 제1항에 따른 시책에는 다음 각 호의 사항이 포함되어야 한다.
1. 특허관리전담부서 설치에 관한 정보 제공
2. 특허관리전담부서 요원에 대한 산업재산권 교육
3. 그 밖에 특허관리전담부서 설치에 필요한 사항

**제26조의2【공익변리사 특허상담센터】** ① 특허청장은 사회적 약자에 대한 특허 관련 상담 등 무료 변리서비스를 제공하기 위하여 공익변리사 특허상담센터(이하 "상담센터"라 한다)를 설치한다.
② 상담센터는 다음 각 호의 업무를 수행한다.
1. 산업재산권의 출원·심사·등록·심판절차와 관련한 상담 및 서류작성 지원
2. 「변리사법」 제2조에 따라 특허청 또는 법원에 대하여 하여야 할 사항의 대리
3. 산업재산권 관련 분쟁조정신청서 검토 및 잠정 합의권고안 작성 지원
4. 특허분쟁 경영컨설팅 및 법률 자문
5. 산업재산권 관련 설명회의 개최 및 상담
6. 그 밖의 산업재산권 관련 법률서비스 지원 및 대통령령으로 정하는 상담센터의 운영 목적에 부합하는 업무

③ 상담센터는 다음 각 호의 어느 하나에 해당하는 자를 지원대상으로 한다.
1. 「국민기초생활 보장법」에 따른 의료급여 수급자(2016.12.2 본호개정)
2. 「국가유공자 등 예우 및 지원에 관한 법률」 제4조 및 제5조에 따른 국가유공자와 그 유족 및 가족
3. 「장애인복지법」 제32조제1항에 따라 등록된 장애인
4. 「초·중등교육법」 제2조 및 「고등교육법」 제2조에 따른 학교의 학생(특수대학원의 학생은 제외한다)
(2015.5.18 본호개정)
5. 「중소기업기본법」 제2조에 따른 소기업
6. 그 밖에 상담·지원이 특별히 필요하다고 대통령령으로 정하는 자

④ 정부는 예산의 범위에서 상담센터의 운영에 필요한 경비를 지원할 수 있다.
⑤ 특허청장은 상담센터 운영을 대통령령으로 정하는 산업재산권 분야에 전문성이 있는 법인이나 단체에 위탁할 수 있다.
⑥ 상담센터의 구성, 운영, 업무범위 및 절차 등에 필요한 사항은 대통령령으로 정한다.
(2010.6.8 본조신설)

**제27조【특허관리 비용의 지원】** ① 특허청장은 대통령령으로 정하는 바에 따

라 개인발명가 또는 종업원등이 연구개발한 발명의 신속한 권리화가 촉진될 수 있도록 출원 및 등록 비용을 줄이기 위하여 필요한 조치를 할 수 있다.
② 특허청장은 「유아교육법」 제2조제2호에 따른 유치원, 「초·중등교육법」 제2조 및 「고등교육법」 제2조에 따른 학교의 학생, 「국민기초생활 보장법」에 따른 의료급여 수급권자 및 대통령령으로 정하는 일정 규모 이하의 소기업에 대하여 우선적으로 제1항에 따른 조치를 할 수 있다.(2017.3.14 본항개정)

## 제4장 발명의 사업화 촉진

**제28조 【발명 등의 평가기관 지정 등】** ① 특허청장은 제2조제11호 각 목의 어느 하나에 해당하는 것의 이전, 거래, 사업화 등 활용을 촉진하기 위하여 국·공립 연구기관, 정부출연연구기관, 민간연구기관 또는 발명 등의 평가를 전문적으로 수행하는 기관을 발명 등의 평가기관(이하 "평가기관"이라 한다)으로 지정할 수 있다.
(2023.1.3 본항개정)
② 제1항에 따른 평가기관으로 지정받으려는 자는 대통령령으로 정하는 평가 전문인력, 평가 조직 및 시설을 갖추어야 한다.(2023.1.3 본항개정)
③ 발명 등의 평가를 받으려는 자는 제1항에 따라 지정된 평가기관에 대하여 발명 등의 평가를 의뢰할 수 있다.
(2023.1.3 본항개정)
④ 제3항에 따른 의뢰를 받은 평가기관은 발명 등의 평가를 실시한 후 지체 없이 그 평가 결과서(「전자문서 및 전자거래기본법」 제2조에 따른 전자문서로 된 평가 결과서를 포함한다)를 의뢰한 자에게 발급하여야 한다.(2023.1.3 본항개정)
⑤ 특허청장은 다음 각 호의 사항에 관하여 평가기관의 장과 협의할 수 있다.
1. 발명 등의 평가의 대상 및 범위
(2023.1.3 본호개정)
2. 평가기관에 대한 자금 지원 및 평가수수료
3. 평가기관과의 업무협약
⑥ 제1항과 제2항에 따른 지정 절차 등에 필요한 사항은 대통령령으로 정한다.
(2023.1.3 본조제목개정)

**제29조 【평가기관의 사업 등】** ① 평가기관은 다음 각 호의 사업을 할 수 있다.
1. 발명 등의 평가
2. 발명 등의 평가에 대한 수요의 조사 및 분석
3. 발명 등의 평가에 대한 정보의 수집·분석·제공·유통 및 관련 정보망 구축
4. 발명 등의 평가에 대한 정보의 공동활용 및 확산
5. 발명 등의 평가 관련 전문인력의 양성
6. 발명 등의 평가 기법의 연구
7. 그 밖에 발명 등의 평가를 위하여 필요한 사항으로서 대통령령으로 정하는 사항
② 특허청장은 제1항 각 호의 사업을 하는 평가기관에 대하여 예산의 범위에서 그 사업에 드는 비용의 전부 또는 일부를 지원할 수 있다.
(2023.1.3 본조개정)

**제29조의2 【현물출자에 대한 특례】** 제2조제11호 각 목의 어느 하나에 해당하는 것을 기업에 현물출자하려는 자가 평가기관의 평가를 받은 경우 그 평가 내용은 「상법」 제299조의2 또는 제422조에 따라 공인된 감정인이 감정한 것으로 본다. 이 경우 평가기관의 발명 등의 평가를 담당하는 자는 「상법」 제625조, 제630조 및 제635조를 적용할 때에는 감정인으로 본다.(2023.1.3 본조신설)

**제30조 【평가수수료의 지원】** 특허청장은 제28조제3항 및 제4항에 따라 평가기관으로부터 발명 등의 평가를 받은 자에 대하여 예산의 범위에서 평가

수수료의 전부 또는 일부를 지원할 수 있다.(2023.1.3 본조개정)

**제31조【평가기관의 지정취소 등】** ① 특허청장은 평가기관이 다음 각 호의 어느 하나에 해당하는 경우에는 그 지정을 취소하거나 6개월 이내의 기간을 정하여 그 업무의 정지를 명할 수 있다. 다만, 제1호에 해당하는 경우에는 그 지정을 취소하여야 한다.(2023.1.3 본문개정)

1. 거짓이나 그 밖의 부정한 방법으로 평가기관의 지정을 받은 경우
2. 제28조제2항 및 제3항에 따른 발명 등의 평가를 수행할 능력을 상실한 경우(2023.1.3 본호개정)
3. 제31조의2에 따른 기준을 위반하여 발명 등의 평가를 수행한 경우 (2023.1.3 본호신설)

② 제1항에 따른 행정처분의 세부 기준은 그 사유와 위반 정도를 고려하여 대통령령으로 정한다.(2013.7.30 본항신설)

**제31조의2【발명 등의 평가 기준】** ① 발명 등의 평가의 공정성, 객관성 및 신뢰성을 보장하기 위한 발명 등의 평가 기준(이하 "평가기준"이라 한다)은 대통령령으로 정한다.

② 평가기관은 발명 등의 평가 시 평가기준을 준수하여야 한다.

(2023.1.3 본조신설)

**제31조의3【발명 등의 평가 기법의 개발 및 보급】** ① 특허청장은 객관적이고 전문적인 발명 등의 평가시장을 조성하기 위하여 발명 등의 평가 기법(이하 "평가기법"이라 한다)을 개발하여 보급하여야 한다.

② 특허청장은 제1항에 따라 개발된 평가기법을 평가기관, 공공연구기관, 금융회사 및 기업 등에 보급하여 그 활용이 촉진되도록 노력하여야 한다.

③ 평가기법의 개발·보급 및 활용 촉진 등에 필요한 사항은 대통령령으로 정한다.

(2023.1.3 본조신설)

**제31조의4【발명 등의 평가에 대한 조사】** ① 특허청장은 제28조제4항에 따른 평가 결과서가 발급된 후 직권으로 또는 다음 각 호의 어느 하나에 해당하는 자의 요청이 있는 경우 해당 평가가 평가기준에 따라 타당하게 이루어졌는지를 조사(이하 "타당성조사"라 한다)할 수 있다.

1. 국가, 지방자치단체, 「공공기관의 운영에 관한 법률」에 따른 공공기관, 그 밖에 대통령령으로 정하는 공공단체(이하 "국가등"이라 한다)
2. 대통령령으로 정하는 이해관계인

② 타당성조사를 할 경우에는 해당 평가기관, 해당 발명 등의 평가를 의뢰한 자 및 타당성조사를 요청한 자에게 의견진술 기회를 주어야 한다.

③ 특허청장은 국가등이 대통령령으로 정하는 사유에 따라 요청을 한 경우 타당성조사 결과를 제공할 수 있다.

④ 특허청장은 발명 등의 평가에 관한 제도를 개선하기 위하여 대통령령으로 정하는 바에 따라 제28조제4항에 따른 평가 결과서에 대한 표본조사(이하 "표본조사"라 한다)를 실시할 수 있다.

⑤ 타당성조사 및 표본조사의 절차 등에 관하여 필요한 사항은 대통령령으로 정한다.

(2023.1.3 본조신설)

**제31조의5【평가정보체계 구축·운영】** ① 특허청장은 발명 등의 평가에 대한 효율적이고 체계적인 조사 및 관리를 위하여 평가기관이 수행하는 발명 등의 평가 결과 및 그와 관련된 자료를 통합하여 관리할 수 있는 체계(이하 "평가정보체계"라 한다)를 구축·운영할 수 있다.

② 평가기관은 평가정보체계 구축을 위하여 필요한 제28조제4항에 따른 평가 결과서 및 관련 자료를 대통령령으로 정하는 바에 따라 특허청장 또는 제31조의6제1항에 따른 평가관리센터의 장에게 제출하여야 한다. 다만, 개인정보 보호 등 대통령령으로 정하는 정당

한 사유가 있는 경우에는 해당 사유가 있는 부분을 제외하고 제출할 수 있다.
③ 평가기관은 제28조제3항에 따라 발명 등의 평가를 의뢰받을 때 의뢰한 자에게 같은 조 제4항에 따른 평가 결과서가 타당성조사, 표본조사 등 대통령령으로 정하는 사유로 활용할 수 있다는 사실을 알려야 한다.
④ 특허청장은 평가정보체계의 구축·운영을 위하여 필요한 경우 관계 기관에 자료의 제출을 요청할 수 있다. 이 경우 자료 제출을 요청받은 기관은 특별한 사유가 없으면 그 요청을 따라야 한다.
⑤ 그 밖에 평가정보체계의 구축 및 운영에 관하여 필요한 사항은 대통령령으로 정한다.
(2023.1.3 본조신설)

**제31조의6【평가관리센터】** ① 발명 등의 평가에 대한 조사·관리 등 평가의 신뢰성을 제고하기 위한 업무를 체계적으로 추진하기 위하여 평가관리센터를 둔다.
② 평가관리센터는 다음 각 호의 업무를 수행한다.
1. 발명 등의 평가와 관련된 연구·교육 및 홍보
2. 평가기준의 수립 지원
3. 평가기법의 개발·보급
4. 타당성조사 및 표본조사
5. 평가정보체계 구축·운영
6. 제1호부터 제5호까지의 업무에 부수되는 업무로서 대통령령으로 정하는 업무

③ 정부는 평가관리센터의 설립·운영 또는 업무 수행에 필요한 경비의 전부 또는 일부를 지원할 수 있다.
④ 평가관리센터의 구성, 운영, 업무수행 등에 필요한 사항은 대통령령으로 정한다.
(2023.1.3 본조신설)

**제31조의7【발명 등의 평가 관련 비밀유지 등】** ① 평가기관(평가기관으로 지정되었던 기관을 포함한다) 및 그 소속 직원(소속 직원이었던 자를 포함한다)은 업무상 알게 된 비밀을 누설하거나 업무 외의 목적으로 사용하여서는 아니 된다. 다만, 이 법 또는 다른 법령에 특별한 규정이 있는 경우에는 그러하지 아니하다.
② 평가정보체계에 관한 업무를 수행하고 있거나 수행하였던 자(용역계약 등에 따라 해당 업무를 수임한 자 또는 그 사용인을 포함한다)는 평가정보체계의 구축·관리 및 활용과 관련된 업무를 수행하면서 알게 된 비밀을 누설하거나 업무 외의 목적으로 사용하여서는 아니 된다. 다만, 이 법 또는 다른 법령에 특별한 규정이 있는 경우에는 그러하지 아니하다.
(2023.1.3 본조신설)

**제32조【우수 발명의 사업화 지원】** 특허청장은 개인발명가 또는 사용자등의 발명이 제28조제4항에 따라 실시한 발명 등의 평가 결과가 우수하다고 인정되면 그 발명의 자금 지원 및 구매촉진 등 사업화를 지원할 수 있다.
(2023.1.3 본조개정)

**제32조의2【담보 산업재산권 매입·활용사업의 실시】** ① 특허청장은 산업재산권을 담보로 대출을 받은 중소기업(「중소기업기본법」 제2조에 따른 중소기업을 말한다) 및 중견기업(「중견기업 성장촉진 및 경쟁력 강화에 관한 특별법」 제2조제1호에 따른 중견기업을 말한다)의 채무 불이행으로 금융회사등(「한국자산관리공사 설립 등에 관한 법률」 제2조제1호에 따른 금융회사등을 말한다)이 보유하게 된 산업재산권(이하 "담보 산업재산권"이라 한다)을 매입하고 활용하는 사업(이하 "담보 산업재산권 매입·활용사업"이라 한다)을 실시할 수 있다.(2019.11.26 본항개정)
② 제1항에 따라 담보 산업재산권을 매입하는 방식·조건 등 매입에 필요한 사항은 대통령령으로 정한다.
(2019.4.23 본조신설)

**제32조의3【담보 산업재산권 매입·활용사업에 필요한 자금의 조성 등】** ① 특허청장은 담보 산업재산권 매입·활용사업을 실시하기 위하여 다음 각 호의 어느 하나에 해당하는 기관·단체(이하 "전담기관"이라 한다)에 출연할 수 있다.
1. 제52조에 따른 한국발명진흥회
2. 「산업기술혁신 촉진법」 제38조에 따른 한국산업기술진흥원
3. 그 밖에 대통령령으로 정하는 기관 또는 단체

② 담보 산업재산권 매입·활용사업 운영을 위한 자금은 다음 각 호의 재원으로 조성한다.
1. 금융회사등의 출연금
2. 정부의 출연금
3. 담보 산업재산권의 거래를 통한 수익금
4. 그 밖에 대통령령으로 정하는 재원

③ 전담기관은 담보 산업재산권 매입·활용사업을 효율적으로 추진하기 위하여 산업재산권 거래 분야에 전문성이 있는 기관 또는 단체를 전문기관으로 선정하여 다음 각 호의 업무를 대행하게 할 수 있다. 이 경우 전담기관은 업무수행에 필요한 비용의 전부 또는 일부를 지원할 수 있다.
1. 담보 산업재산권의 매입
2. 매입한 담보 산업재산권에 대한 관리·처분 및 실시권 허락 등 활용
3. 그 밖에 특허청장이 사업운영을 위하여 필요하다고 인정하는 업무

④ 제1항부터 제3항까지에서 규정한 사항 외에 담보 산업재산권 매입·활용사업 운영에 필요한 사항은 대통령령으로 정한다.
(2019.4.23 본조신설)

**제33조** (2009.3.18 삭제)

**제34조【특허기술사업화지원센터의 설치 등】** ① 다음 각 호의 어느 하나에 해당하는 발명 등의 관련 기술(이하 이 조에서 "특허기술"이라 한다) 및 상표의 사업화 또는 활용을 지원하는 업무를 수행하기 위하여 특허기술사업화지원센터(이하 "사업화지원센터"라 한다)를 둔다.
1. 국내 또는 해외에 출원 중이거나 등록된 발명
2. 영업비밀
3. 배치설계
(2023.1.3 본항개정)

② 사업화지원센터는 다음 각 호의 사업을 한다.(2023.1.3 본문개정)
1. 특허기술 상설시장과 인터넷 특허기술 시장의 운영 등 특허기술 및 상표의 양도 또는 매매의 알선·중개
2. 산업재산권의 실시권 또는 사용권 허락의 알선·중개(산업재산권자가 사업화지원센터에 그 권리의 실시 또는 사용을 허락하고, 사업화지원센터는 이를 제3자에게 다시 허락하여 실시 또는 사용하게 하는 경우를 포함한다. 이 경우 그 제3자로부터 받은 사용료는 산업재산권자와 체결한 계약에서 정한 범위와 절차에 따라 사업화지원센터가 산업재산권자에게 지급하여야 한다)
3. 특허기술 및 상표의 알선·중개를 위한 수요조사·분석 및 평가
(2023.1.3 1호~3호개정)
4. 특허기술 및 상표의 알선·중개와 관련된 정보의 수집·분석 및 제공
(2023.1.3 본호신설)
5. 「산업기술혁신 촉진법」 제38조에 따른 한국산업기술진흥원 등 기술이전 관련 기관과의 연계 체제 구축
(2009.1.30 본호개정)
6. 그 밖에 특허기술의 사업화 지원과 특허기술의 알선·중개 사업의 활성화를 위하여 필요한 사업(2023.1.3 본호개정)

③ 정부는 사업화지원센터의 설치·운영 또는 사업 수행에 필요한 경비의 전부 또는 일부를 출연할 수 있다.
(2023.1.3 본항개정)

④ 사업화지원센터의 구성, 기능, 운영, 정부 출연, 그 밖에 필요한 사항

은 대통령령으로 정한다.(2023.1.3 본항개정)
(2023.1.3 본조제목개정)

**제35조【시작품의 제작 지원】** 정부는 제28조제4항에 따라 실시한 발명 등의 평가 결과가 우수하다고 인정된 발명의 시작품(試作品)을 제작하는 데 필요한 자금의 전부 또는 일부를 예산의 범위에서 지원할 수 있다.
(2023.1.3 본조개정)

**제36조~제37조** (2024.2.6 삭제)

**제38조【각종 규격의 개정 요청】** 산업재산권으로 등록된 발명이 기존 규격과 달라 국가, 지방자치단체 또는 「공공기관의 운영에 관한 법률」 제4조에 따른 공공기관 등의 물품 구매 대상에서 제외되는 경우 특허청장은 해당 규격을 관리하는 관계 행정기관의 장에게 그 발명에 따른 제품이 구매 대상에 포함될 수 있도록 관련 규격의 개정이나 보완을 요청할 수 있다.(2009.3.18 본조개정)

**제39조【우수 발명품의 우선 구매】** 「조달사업에 관한 법률」 제2조제5호에 따른 수요기관이 물품을 구매하려면 특허청장이 추천하는 중소기업(「중소기업기본법」 제2조에 따른 중소기업을 말한다)의 우수 발명품을 먼저 구매할 수 있다.(2016.1.27 본조개정)

**제39조의2【우수 발명품의 홍보 지원】** 특허청장은 다음 각 호의 어느 하나에 해당하는 발명품의 홍보를 지원할 수 있다.
1. 제39조에 따른 중소기업의 우수 발명품
2. 대통령령으로 정하는 절차에 따라 범죄 피해 예방, 산업 안전 제고 등의 공익성을 인정받은 발명품

(2016.12.2 본조신설)

**제40조【세제 지원】** 정부는 「조세특례제한법」에서 정하는 바에 따라 발명의 진흥, 산업재산권의 출원과 등록 또는 산업재산권의 양도와 실시 등에 따라 생기는 소득이나 비용에 대한 세제상 지원을 할 수 있다.

## 제4장의2 산업재산권 서비스업의 육성
(2013.7.30 본장신설)

**제40조의2【육성시책의 수립 및 시행】** ① 특허청장은 매년 산업재산권 서비스업을 육성하기 위하여 필요한 시책(이하 "육성시책"이라 한다)을 수립·시행하여야 한다.
② 육성시책에는 다음 각 호의 사항이 포함되어야 한다.
1. 산업재산권 서비스업을 육성하기 위하여 필요한 기반 조성
2. 산업재산권 서비스업의 경쟁력 강화
3. 산업재산권 서비스업의 이용 촉진 및 창업 지원
4. 그 밖에 산업재산권 서비스업을 육성하기 위하여 필요한 사항

**제40조의3【산업재산권 서비스업의 경쟁력 강화】** ① 특허청장은 산업재산권 서비스업의 경쟁력을 강화하기 위하여 다음 각 호의 업무를 할 수 있다.
1. 산업재산권 서비스업의 전문성을 높이기 위한 인력의 양성
2. 산업재산권 서비스업의 국제협력 및 해외진출 촉진
3. 그 밖에 산업재산권 서비스업의 경쟁력을 강화하기 위하여 필요한 업무

② 특허청장은 전문기관 또는 단체를 지정하여 제1항에 따른 사업을 대행하게 할 수 있다. 이 경우 그 사업에 필요한 비용의 전부 또는 일부를 지원할 수 있다.
③ 제2항에 따른 전문기관 또는 단체를 지정하기 위한 기준 및 절차는 대통령령으로 정한다.
④ 특허청장은 제2항에 따라 지정된 전문기관 또는 단체가 다음 각 호의 어느 하나에 해당하면 그 지정을 취소하거나 6개월 이내의 기간을 정하여 그 업무 또는 사업의 정지를 명할 수 있다. 다만, 제1호에 해당하면 그 지정을 취소하여야 한다.

1. 거짓이나 그 밖의 부정한 방법으로 지정을 받은 경우
2. 업무 또는 사업을 수행할 능력을 상실한 경우
3. 제3항에 따른 지정기준에 미달한 경우

(2023.1.3 본항개정)

⑤ 제4항에 따른 행정처분의 세부 기준은 그 사유와 위반 정도를 고려하여 대통령령으로 정한다.(2023.1.3 본항신설)

**제40조의4【산업재산권 서비스업의 이용 촉진 및 창업 지원】** 특허청장은 산업재산권 서비스업의 이용을 촉진하고 산업재산권 서비스업의 창업을 활성화하기 위하여 다음 각 호의 업무를 할 수 있다.

1. 산업재산권 서비스업에 대한 인식을 높이기 위한 홍보
2. 창업 관련 정보의 제공, 상담 및 박람회 · 전시회 등 개최
3. 우수 산업재산권 서비스사업자와 우수 창업사례 선정 및 포상
4. 그 밖에 산업재산권 서비스업의 이용을 촉진하고 창업을 활성화하기 위하여 필요한 업무

**제40조의5【산업재산권 서비스업에 대한 실태조사】** ① 특허청장은 산업재산권 서비스업에 대한 육성시책을 효율적으로 수립 · 추진하기 위하여 3년의 범위에서 산업재산권 서비스업에 관한 실태를 조사할 수 있다.

② 특허청장은 제1항에 따른 실태조사를 위하여 산업재산권 서비스사업자에게 인력 현황 · 매출액 등 대통령령으로 정하는 자료의 제출이나 의견의 진술을 요청할 수 있다. 이 경우 산업재산권 서비스사업자는 전단의 요청사항이 영업비밀에 해당하는 등의 특별한 사유가 없으면 이에 협조하여야 한다.

(2023.1.3 후단개정)

③ 제1항에 따른 실태조사의 주기 · 방법 및 항목 등은 대통령령으로 정한다.

(2015.5.18 본조제목개정)

**제40조의6【협회의 설립 · 운영 등】** ① 산업재산권 서비스사업자는 산업재산권 서비스업의 건전한 발전과 산업재산권 서비스사업자의 공동이익을 도모하기 위하여 산업재산권 서비스업 관련 협회(이하 "협회"라 한다)를 설립할 수 있다.

② 협회는 법인으로 한다.

③ 협회는 다음 각 호의 업무를 수행한다.

1. 산업재산권 서비스업의 발전을 위한 제도의 연구 및 개선 건의
2. 산업재산권 서비스사업자의 현황 및 통계의 관리
3. 산업재산권 서비스업 정보의 수집 · 분석 및 제공
4. 특허청장이 산업재산권 서비스업 육성에 관하여 위탁한 업무
5. 그 밖에 협회의 설립목적을 달성하는 데 필요한 업무

④ 협회에 관하여 이 법에서 규정한 것을 제외하고는 「민법」 중 사단법인에 관한 규정을 준용한다.

**제40조의7【산업재산권 서비스업 전문회사】** ① 특허청장은 산업재산권 서비스업의 이용을 촉진하기 위하여 산업재산권 서비스업(제2조제9호나목은 제외한다. 이하 이 조에서 같다)을 전문적으로 수행하는 회사로서 인력, 시설 등 대통령령으로 정하는 기준을 갖춘 회사를 산업재산권 서비스업 전문회사(이하 "전문회사"라 한다)로 지정할 수 있다.

② 특허청장은 전문회사가 다음 각 호의 어느 하나에 해당하면 그 지정을 취소할 수 있다. 다만, 제1호에 해당하는 경우에는 그 지정을 취소하여야 한다.

1. 거짓이나 그 밖의 부정한 방법으로 전문회사의 지정을 받은 경우
2. 지정된 후 2년간 산업재산권 서비스업 업무 실적이 없는 경우
3. 제1항에 따른 지정기준에 미달하게 된 경우

③ 정부는 전문회사에 대하여 필요한 지원을 할 수 있다.
④ 제1항에 따른 지정, 제2항에 따른 지정 취소, 제3항에 따른 정부의 지원 등에 필요한 사항은 대통령령으로 정한다.
(2015.5.18 본조신설)

## 제5장 산업재산권 분쟁의 조정 및 기술공유 촉진

**제41조【산업재산권분쟁조정위원회】**
① 다음 각 호의 사항과 관련된 분쟁(이하 "분쟁"이라 한다)을 심의·조정하기 위하여 산업재산권분쟁조정위원회(이하 "위원회"라 한다)를 둔다.
(2015.5.18 본문개정)
1. 산업재산권(산업재산권 출원을 포함한다)(2015.5.18 본호신설)
2. 직무발명(2015.5.18 본호신설)
3. 영업비밀(2020.2.4 본호개정)
4. 「부정경쟁방지 및 영업비밀보호에 관한 법률」 제2조제1호에 따른 부정경쟁행위(이하 "부정경쟁행위"라 한다)(2020.2.4 본호신설)
5. 「반도체집적회로의 배치설계에 관한 법률」 제2조제5호에 따른 배치설계권, 같은 법 제11조에 따른 전용이용권 및 같은 법 제12조에 따른 통상이용권(2024.1.30 본호신설)
6. 다른 법령에서 위원회의 심의를 거치도록 한 사항(2024.1.30 본호신설)

② 위원회는 위원장 1명을 포함한 15명 이상 100명 이하의 조정위원(이하 "위원"이라 한다)으로 구성한다.
(2020.2.4 본항개정)
③ 위원회의 위원은 다음 각 호의 어느 하나에 해당하는 자 중에서 특허청장이 위촉하며, 위원장은 특허청장이 위원 중에서 지명한다.(2010.6.8 본분개정)
1. 특허청 소속 공무원으로서 3급의 직(職)에 있거나 고위공무원단에 속하는 공무원인 자
2. 판사 또는 검사의 직에 있는 자
3. 변호사 또는 변리사의 자격이 있는 자
4. 대학에서 부교수 이상의 직에 있는 자
5. 「비영리민간단체 지원법」 제2조에 따른 비영리 민간단체에서 추천한 자
6. 그 밖에 제1항 각 호의 사항에 관한 학식과 경험이 풍부한 자(2015.5.18 본호개정)

④ 위원의 임기는 3년으로 한다. 다만, 제3항제1호 및 제2호에 해당하는 위원의 임기는 해당 직위에 재임하는 기간으로 한다.
⑤ 위원 중 결원이 생기면 제3항에 따라 보궐위원을 위촉하여야 하며, 그 보궐위원의 임기는 전임자의 남은 임기로 한다. 다만, 위원의 수가 15명 이상인 경우에는 보궐위원을 위촉하지 아니할 수 있다.
⑥ 위원회의 업무를 지원하기 위하여 제55조의2제1항에 따른 한국지식재산보호원에 사무국을 둔다.(2020.2.4 본항신설)

**제41조의2【위원의 제척·기피·회피】** ① 위원은 다음 각 호의 어느 하나에 해당하는 경우에는 해당 분쟁조정청구사건(이하 이 조에서 "사건"이라 한다)의 심의·조정에서 제척된다.
1. 위원 또는 그 배우자나 배우자이었던 자가 해당 사건의 당사자가 되거나 해당 사건에 관하여 공동권리자 또는 의무자의 관계에 있는 경우
2. 위원이 해당 사건의 당사자와 친족관계에 있거나 있었던 경우
3. 위원이 해당 사건에 관하여 심사·심판 및 재판에 직접 관여한 경우
4. 위원이 해당 사건에 관하여 당사자의 증인, 감정인 또는 대리인으로서 관여하거나 관여하였던 경우
5. 위원이 해당 사건에 관하여 직접 이해관계를 가진 경우

② 분쟁당사자는 위원에게 심의·조정의 공정을 기대하기 어려운 사정이 있는 경우에는 위원회에 기피신청을 할 수 있다. 이 경우 위원회는 기피신청이 타당하다고 인정하는 때에는 해당 위원에 대하여 기피의 결정을 하여야 한다.
③ 위원이 제1항 또는 제2항의 사유에 해당하는 경우에는 스스로 그 사건의 심의·조정을 회피할 수 있다.
(2010.6.8 본조신설)

**제41조의3 【위원의 해촉】** 특허청장은 위원이 다음 각 호의 어느 하나에 해당하는 경우에는 해당 위원을 해촉할 수 있다.
1. 심신장애로 인하여 직무를 수행할 수 없게 된 경우
2. 직무와 관련된 비위사실이 있는 경우
3. 직무태만, 품위손상, 그 밖의 사유로 인하여 위원으로 적합하지 아니하다고 인정되는 경우
4. 제41조의2제1항 각 호의 어느 하나에 해당하는 데에도 불구하고 회피하지 아니한 경우
5. 그 밖에 해당 직무의 수행이 어렵다고 인정되는 경우

(2020.2.4 본조신설)

**제42조 【조정부】** 위원회는 분쟁 조정 업무를 효율적으로 수행하기 위하여 위원회에 3명 이내의 위원으로 구성된 조정부(調停部)를 두되, 조정부의 위원 중 1명은 변호사 또는 변리사의 자격이 있는 자이어야 한다.(2020.2.4 본조개정)

**제43조 【조정의 신청 등】** ① 분쟁의 조정을 받으려는 자는 신청 취지와 원인을 적은 조정신청서를 위원회에 제출하여 조정을 신청할 수 있다.
(2010.6.8 본항개정)
② 제1항에 따른 분쟁의 조정은 제42조에 따른 조정부가 행한다.
③ 위원회는 조정신청이 있는 날부터 3개월 이내에 조정을 하여야 한다. 다만, 상당한 사유가 있다고 인정되는 경우에는 1개월 단위로 3회에 한정하여 조정기간을 연장할 수 있고, 이 경우 연장기간 및 사유를 사건의 당사자에게 통지하여야 한다.(2017.3.21 단서개정)
④ 제3항에 따른 기간이 지난 경우에는 조정이 성립되지 아니한 것으로 본다.
⑤ 조정이 신청된 경우 피신청인은 조정에 성실하게 따라야 한다.
(2017.3.21 본항신설)

**제43조의2 【조정신청을 할 수 있는 자】** ① 제43조제1항에 따라 분쟁의 조정을 신청할 수 있는 자는 다음 각 호의 어느 하나에 해당하는 자에 한정한다. 다만, 국내에 주소 또는 영업소를 가지지 아니하는 자의 경우에는 국내에 주소 또는 영업소를 둔 대리인을 통하여서만 신청을 할 수 있다.
(2015.5.18 본문개정)
1. 산업재산권 출원인(2015.5.18 본호신설)
2. 권리자
3. 실시권자
4. 사용권자
5. 직무발명자
6. 영업비밀을 보유한 자(2020.2.4 본호개정)
7. 부정경쟁행위의 분쟁당사자
(2020.2.4 본호신설)

7의2. 「반도체집적회로의 배치설계에 관한 법률」 제8조에 따른 배치설계권자, 같은 법 제11조제2항에 따른 전용이용권자 및 같은 법 제12조제2항에 따른 통상이용권자(2024.1.30 본호신설)
8. 그 밖에 해당 권리의 실시, 직무발명, 영업비밀 또는 부정경쟁행위와 직접적인 이해관계가 있는 자
(2020.2.4 본호개정)

② 제1항에 해당하는 자 중 미성년자, 피성년후견인, 피한정후견인은 법정대리인에 의하여서만 조정을 신청할 수 있다.(2013.7.30 본항개정)
(2010.6.8 본조신설)

**제44조【조정신청의 대상에서 제외되는 사항】** 분쟁 중에서 산업재산권의 무효 및 취소 여부, 권리범위의 확인 등에 관한 판단만을 요청하는 사항은 조정신청의 대상이 될 수 없다.

**제45조【출석의 요구】** ① 위원회는 분쟁의 조정을 위하여 필요하면 당사자, 그 대리인 또는 이해관계인의 출석을 요구할 수 있다.(2020.2.4 본항개정)

② 조정 당사자가 정당한 사유 없이 제1항에 따른 출석의 요구에 2회에 걸쳐 따르지 아니한 경우에는 조정이 성립되지 아니한 것으로 본다.(2017.3.21 본항개정)

**제45조의2【사실조사 등】** 위원회는 해당 분쟁조정사항에 관한 사실을 확인하기 위하여 필요한 경우 조사를 하거나 분쟁당사자에 대하여 관련 자료의 제출을 요구할 수 있다.(2020.2.4 본조신설)

**제46조【조정의 성립 등】** ① 조정은 당사자 사이에 합의된 사항을 조서에 적음으로써 성립된다.

② 제1항에 따른 조서는 재판상 화해와 같은 효력이 있다. 다만, 당사자가 임의로 처분할 수 없는 사항에 관한 것은 그러하지 아니하다.

**제46조의2【조정의 거부 및 중지】** ① 위원회는 다음 각 호의 어느 하나에 해당하는 경우에는 조정을 거부하거나 중지할 수 있다.

1. 분쟁당사자의 일방이 조정을 거부한 경우
2. 분쟁당사자 중 일방이 법원에 소를 제기하였거나 조정의 신청이 있은 후 법원에 소를 제기한 경우
3. 신청의 내용이 관계 법령 또는 객관적인 자료에 의하여 명백하게 인정되는 등 조정을 할 실익이 없는 것으로서 대통령령으로 정하는 경우

② 위원회는 제1항에 따른 조정 거부 또는 중지의 사유가 발생하는 경우에는 그 사유를 서면으로 분쟁당사자에게 알려야 한다.

(2010.6.8 본조신설)

**제47조【소멸시효의 중단 등】** ① 조정신청은 시효중단의 효력이 있다.

② 조정이 성립되지 아니한 경우에는 그 불성립이 확정된 날부터 1개월 이내에 소(訴)를 제기하지 아니하면 시효중단의 효력이 없다.

**제48조【위원회의 구성 등】** 위원회 및 제42조에 따른 조정부의 구성·운영과 분쟁의 조정방법·조정절차 및 조정업무의 처리 등에 필요한 사항은 대통령령으로 정한다.(2020.2.4 본조개정)

**제49조【경비 보조】** 정부는 예산의 범위에서 위원회를 운영하는 데 필요한 경비를 지원할 수 있다.(2010.6.8 본조개정)

**제49조의2【비밀누설의 금지】** 위원회 위원 또는 위원이었던 자는 그 직무상 알게 된 비밀을 누설하여서는 아니 된다.(2020.2.4 본조개정)

**제49조의3【심판과 조정의 연계 특례】** ①「특허법」 제164조의2,「실용신안법」 제33조,「디자인보호법」 제152조의2 및「상표법」 제151조의2에 따라 위원회 회부가 결정된 때에는 해당 사건이 위원회에 회부된 날에 43조제1항에 따른 신청이 있는 것으로 본다.

② 제1항에 따라 조정신청된 사건으로서 해당 심판장이 필요하다고 인정하고 당사자가 동의하는 경우에는 해당 심판합의체의 전부 또는 일부가 제42조에 따른 조정부의 일원이 될 수 있다.

(2021.8.17 본조신설)

**제50조【산업재산권의 공유 및 상호사용 촉진】** ① 특허청장은 사용자등이 다른 사용자등과 산업재산권의 공유 또는 공동사용협약을 체결하여 각자 보유하고 있는 산업재산권에 대한 공동소유 또는 통상실시권의 상호허여(이하 "산업재산권의 공유 및 상호사용"이라 한다)를 촉진하기 위하여 필요한 지원시책을 수립·시행하여야 한다.

② 제1항에 따른 지원시책에는 다음 각 호의 사항이 포함되어야 한다.
1. 산업재산권의 공유 및 상호사용에 대한 국내외 정보 제공
2. 산업재산권의 공유 및 상호사용의 촉진을 위한 설명회 개최
3. 그 밖에 산업재산권의 공유 및 상호사용의 촉진에 필요한 사항

③ 특허청장은 제1항에 따라 산업재산권의 공유 및 상호사용협약을 체결한 사용자등이 산업재산권의 공유 및 상호사용 대상 기술 분야에 대한 공동기술을 개발할 때 그에 따른 비용을 제55조에 따른 기금, 「산업기술혁신 촉진법」 제11조제2항에 따른 산업기술개발사업을 위한 자금, 「중소기업진흥에 관한 법률」 제63조에 따른 중소벤처기업창업 및 진흥기금 등에서 먼저 지원하도록 산업통상자원부장관 또는 제52조에 따른 한국발명진흥회 회장에게 요청할 수 있다.(2018.12.31 본항개정)

**제50조의2【산업재산권의 보호】** ① 정부는 산업의 기술경쟁력을 높이고 공정한 거래질서를 확립하기 위하여 대통령령으로 정하는 바에 따라 산업재산권 보호사업을 할 수 있다.

② 특허청장은 전문기관 또는 단체를 지정하여 제1항에 따른 사업을 대행하게 할 수 있다. 이 경우 그 사업에 필요한 비용의 전부 또는 일부를 지원할 수 있다.(2013.7.30 본항개정)

③ 제2항에 따른 전문기관 또는 단체를 지정하기 위한 기준 및 절차는 대통령령으로 정한다.(2013.7.30 본항신설)

④ 제2항에 따른 전문기관 또는 단체의 지정취소 또는 업무정지에 관하여는 제40조의3제4항 및 제5항을 준용한다.
(2023.1.3 본항개정)
(2010.1.27 본조신설)

**제50조의3【해외산업재산권센터】** ① 해외에서 수출기업의 산업재산권 확보, 활용 및 보호 등을 지원하기 위하여 해외산업재산권센터를 둘 수 있다.

② 제1항에 따른 해외산업재산권센터(이하 이 조에서 "해외산업재산권센터"라 한다)는 다음 각 호의 사업을 한다.
1. 해외에서 수출기업의 산업재산권 출원, 등록 및 활용 지원
2. 해외에서 수출기업 등의 산업재산권 분쟁 대응 지원
3. 해외에서 수출기업의 영업비밀보호 지원
4. 해외 산업재산권의 보호에 관한 정보의 공유 및 확산
5. 산업재산권의 출원·등록 등의 지원을 위한 관련 해외 자료의 수집
6. 해외에서 산업재산권 보호를 위한 협력 네트워크 구축
7. 해외 산업재산권 보호 관련 제도·통계·수요 조사 및 홍보
8. 그 밖에 수출기업의 해외 산업재산권 확보·활용 및 보호 등을 위하여 필요한 사항

③ 정부는 예산의 범위에서 해외산업재산권센터를 운영하는 자에게 사업수행에 필요한 자금을 지원할 수 있다.

④ 해외산업재산권센터는 제2항에 따른 업무를 수행하기 위하여 필요한 범위에서 수익사업을 할 수 있다.
(2024.2.6 본항개정)
(2010.1.27 본조신설)

**제50조의4【지식재산권 관련 공제사업의 관리·운영】** 특허청장은 산업재산권의 국제출원 비용, 국내외 지식재산권 관련 소송 비용 등 지식재산권 관련 비용부담으로 인한 재무적인 위험을 분산·완화하기 위하여 「중소기업기본법」 제2조에 따른 중소기업 및 「중견기업 성장촉진 및 경쟁력 강화에 관한 특별법」 제2조제1호에 따른 중견기업을 대상으로 공제사업(이하 "특허공제사업"이라 한다)을 관리·운영할 수 있다.(2017.11.28 본조신설)

**제50조의5【특허공제사업의 위탁 및 자금의 조성 등】** ① 특허청장은 특허공제사업을 효율적으로 운영하기 위하

여 다음 각 호의 기관 또는 단체에 사업 운영을 위탁할 수 있다.
1. 「중소기업협동조합법」에 따른 중소기업중앙회
2. 그 밖에 대통령령으로 정하는 기관 또는 단체
② 특허공제사업 운영을 위한 자금은 다음 각 호의 재원으로 조성한다.
1. 가입자가 납부하는 공제부금
2. 기업, 지식재산 관련 기관·단체, 그 밖의 자의 출연금
3. 초기 운영비 충당을 위한 정부의 출연금 또는 보조금
4. 그 밖에 대통령령으로 정하는 재원
③ 제1항 및 제2항에서 규정한 사항 외에 특허공제사업 운영에 필요한 사항은 대통령령으로 정한다.
(2017.11.28 본조신설)

**제50조의6 【준비금의 적립】** ① 특허청장이나 제50조의5에 따라 특허공제사업을 위탁받은 기관 또는 단체는 결산기마다 장래에 지급할 환급금에 충당하기 위한 준비금을 계상하고, 이를 별도로 적립·운용하여야 한다.
② 제1항에 따른 준비금의 적립·운용에 필요한 사항은 대통령령으로 정한다.
(2023.6.20 본조신설)

**제51조 【한국지식재산연구원】** ① 정부는 지식재산권에 관련된 국내외 분쟁에 대한 효율적인 대응방안을 세우고 국내외 지식재산권의 동향 분석과 신지식재산권 분야에 대한 연구를 하기 위하여 한국지식재산연구원(이하 "연구원"이라 한다)을 설립한다.(2013.3.22 본항개정)
② 연구원은 법인으로 한다.
(2013.3.22 본항신설)
③ 연구원은 그 주된 사무소의 소재지에서 설립등기를 함으로써 성립한다.
(2013.3.22 본항신설)
④ 연구원은 정관으로 정하는 바에 따라 다음 각 호의 업무를 한다.
1. 국내외 지식재산에 관한 조사 및 연구
2. 국내외 지식재산과 관련된 국제협력 및 교류
3. 국내외 지식재산과 관련된 인식고취, 정보수집, 지식재산전문도서관 운영 등을 위한 사업
4. 정부·국내외 공공기관 및 민간단체나 기업 등으로부터 연구용역의 수탁 또는 이들과의 공동연구
5. 지식재산 및 지식재산권 관련 정책 자문 및 건의
6. 그 밖에 제1호부터 제5호까지의 사업에 따른 부대사업 및 정부가 제1항의 설립목적에 부응한다고 인정하는 사업
(2013.3.22 본항신설)
⑤ 정부는 제1항에 따른 연구원에 대하여 필요한 지원시책을 수립·시행하여야 한다.(2013.3.22 본항개정)
⑥ 제5항에 따른 시책에는 다음 각 호의 사항이 포함되어야 한다.
(2013.3.22 본문개정)
1. 사업비 및 운영비의 보조
2. 지식재산 연구를 위한 공무원의 파견
3. 그 밖에 지식재산 연구를 위하여 필요한 사항
(2013.3.22 2호~3호개정)
⑦ 연구원에 대하여 이 법에서 정한 것을 제외하고는 「민법」 중 재단법인에 관한 규정을 준용한다.(2013.3.22 본항신설)
⑧ 특허청장은 연구원의 업무를 지도·감독한다.(2013.3.22 본항신설)
(2013.3.22 본조제목개정)

## 제6장 한국발명진흥회

**제52조 【한국발명진흥회의 설립】** ① 발명진흥사업을 체계적, 효율적으로 추진하고 발명가의 이익 증진을 도모할 수 있는 사업을 하기 위하여 한국발명진흥회를 설립한다.
② 한국발명진흥회는 법인으로 한다.
③ 한국발명진흥회는 그 주된 사업소의 소재지에 설립등기를 함으로써 성립한다.

④ 한국발명진흥회는 정관으로 정하는 바에 따라 국내외의 필요한 곳에 지부를 둘 수 있다.
⑤ 한국발명진흥회가 아닌 자는 한국발명진흥회의 명칭을 사용하지 못한다.
⑥ 한국발명진흥회에 관하여 이 법에 규정한 것 외에는 「민법」 중 재단법인에 관한 규정을 준용한다.

**제53조【사업】** ① 한국발명진흥회는 다음 각 호의 사업을 한다.
1. 발명진흥에 대한 조사·연구 및 정보화
2. 산업재산권 기술정보자료의 수집·분석 및 보급
3. 산업재산권 관련 인재 양성 및 교육시설의 운영
4. 발명 교육·연구 및 발명교원의 육성
5. 발명진흥을 위한 전시·행사 및 국제 교류·협력
6. 지역지식재산센터를 통한 산업재산권의 창출·보호·활용에 대한 지원
7. 특허기술의 평가 및 사업화 촉진
8. 특허청장이 발명의 진흥에 관하여 위탁한 사업
9. 그 밖에 정관으로 정하는 사업

(2013.7.30 1호~9호개정)
② 한국발명진흥회는 제1항에 따른 사업수행에 필요한 재원을 조달하기 위하여 수익사업을 할 수 있다.
③ 정부는 발명진흥을 위하여 예산의 범위에서 한국발명진흥회에 대하여 사업비와 운영에 필요한 경비를 지원할 수 있다.

**제54조【지도·감독】** 특허청장은 한국발명진흥회의 업무를 지도·감독한다.

**제55조【기금의 조성 등】** ① 한국발명진흥회는 이 법에 따른 발명진흥을 위한 사업의 효율적인 지원을 위하여 기금(이하 "기금"이라 한다)을 조성·운용할 수 있다.
② 기금은 다음 각 호의 재원으로 조성한다.
1. 제53조제2항에 따른 수익사업으로 발생된 수익금
2. 사용자등의 출연금 또는 기부금
3. 차입금
4. 기금 운용 수익금
5. 그 밖에 대통령령으로 정하는 수입금

③ 기금은 다음 각 호의 사업에 사용한다.
1. 발명 장려 행사 등 발명 활동의 촉진
2. 우수 발명 시작품의 제작 지원
3. 발명 등의 평가 지원(2023.1.3 본호개정)
4. 발명의 양도, 실시 허여와 창업자금 지원 등의 사업화 지원
5. 직무발명제도 활용 촉진
6. 국내외 출원 및 등록의 장려
7. 학생 발명의 장려
8. 산업재산권의 조사·분석(2024.2.6 본호개정)
9. 산업재산권 제도 조사와 연구개발
10. 학생, 영세 발명가에 대한 무료 변리(辨理)에 관한 지원
11. 산업재산권의 사업화자금 지원을 할 때의 신용보증에 관한 지원
12. 그 밖에 한국발명진흥회 회장이 발명진흥을 위하여 필요하다고 인정하는 사업

## 제6장의2 한국지식재산보호원 (2020.2.4 본장신설)

**제55조의2【한국지식재산보호원의 설립】** ① 지식재산 보호에 관한 지원 사업을 하기 위하여 한국지식재산보호원(이하 "보호원"이라 한다)을 설립한다.
② 보호원은 법인으로 한다.
③ 보호원은 그 주된 사무소의 소재지에서 설립등기를 함으로써 성립한다.
④ 보호원이 아닌 자는 한국지식재산보호원의 명칭을 사용하지 못한다.
⑤ 보호원에 관하여 이 법에 규정한 것 외에는 「민법」 중 재단법인에 관한 규정을 준용한다.

**제55조의3【보호원의 업무 등】** ① 보호원은 다음 각 호의 업무를 한다. 다만, 「저작권법」 제122조의5제1호부터

제6호까지의 규정에 따른 한국저작권보호원의 업무는 제외한다.

1. 국내외 지식재산 보호에 관한 조사·연구
2. 국내외 지식재산 보호와 관련된 기반조성 및 교육·홍보
3. 국내외 지식재산 보호를 위한 국제협력
4. 국내외 지식재산 보호를 위한 분쟁예방 및 대응 지원
5. 「사법경찰관리의 직무를 수행할 자와 그 직무범위에 관한 법률」 제5조제38호에 따른 부정경쟁행위, 상표권 및 전용사용권 침해에 관한 단속사무 지원

5의2. 「사법경찰관리의 직무를 수행할 자와 그 직무범위에 관한 법률」 제5조제38호의2에 따른 특허권·전용실시권 침해, 부정경쟁행위, 영업비밀의 취득·사용·누설 및 디자인권·전용실시권 침해에 관한 단속사무 지원(2022.11.15 본호신설)

6. 위원회의 업무 지원
7. 특허청장이 국내외 지식재산 보호를 위하여 위탁하는 업무
8. 그 밖에 보호원의 설립목적의 달성에 필요한 업무로서 대통령령으로 정하는 업무

② 보호원은 제1항에 따른 업무 수행에 필요한 재원을 조달하기 위하여 대통령령으로 정하는 수익사업을 할 수 있다.
③ 정부는 예산의 범위에서 보호원에 대하여 사업비와 운영에 필요한 경비를 지원할 수 있다.

**제55조의4 【보호원에 대한 지도·감독】** 특허청장은 보호원의 업무를 지도·감독한다.

## 제6장의3 한국특허전략개발원

**제55조의5~제55조의7** (2024.2.6 삭제)

## 제7장 보 칙

**제55조의8 【자료의 제출】** ① 법원은 직무발명 보상금에 관한 소송에서 당사자의 신청에 의하여 상대방 당사자에게 해당 직무발명 보상액의 산정에 필요한 자료의 제출을 명할 수 있다. 다만, 그 자료의 소지자가 그 자료의 제출을 거절할 정당한 이유가 있으면 그러하지 아니하다.
② 법원은 자료의 소지자가 제1항에 따른 제출을 거부할 정당한 이유가 있다고 주장하는 경우에는 그 주장의 당부를 판단하기 위하여 자료의 제시를 명할 수 있다. 이 경우 법원은 그 자료를 다른 사람이 보게 하여서는 아니 된다.
③ 제1항에 따라 제출되어야 할 자료가 영업비밀에 해당하나 직무발명 보상액의 산정에 반드시 필요한 때에는 제1항 단서에 따른 정당한 이유로 보지 아니한다. 이 경우 법원은 제출명령의 목적 내에서 열람할 수 있는 범위 또는 열람할 수 있는 사람을 지정하여야 한다.
④ 당사자가 정당한 이유 없이 자료제출명령에 따르지 아니한 때에는 법원은 자료의 기재에 대한 상대방의 주장을 진실한 것으로 인정할 수 있다.
⑤ 제4항에 해당하는 경우 자료의 제출을 신청한 당사자가 자료의 기재에 관하여 구체적으로 주장하기에 현저히 곤란한 사정이 있고 자료로 증명할 사실을 다른 증거로 증명하는 것을 기대하기도 어려운 때에는 법원은 그 당사자가 자료의 기재에 의하여 증명하고자 하는 사실에 관한 주장을 진실한 것으로 인정할 수 있다.
(2024.2.6 본조신설)

**제55조의9 【비밀유지명령】** ① 법원은 직무발명 보상금에 관한 소송에서 그 당사자가 보유한 영업비밀에 대하여 다음 각 호의 사유를 모두 소명한 경우

에는 그 당사자의 신청에 따라 결정으로 다른 당사자(법인인 경우에는 그 대표자), 당사자를 위하여 소송을 대리하는 자, 그 밖에 그 소송으로 인하여 영업비밀을 알게 된 자에게 그 영업비밀을 그 소송의 계속적인 수행 외의 목적으로 사용하거나 그 영업비밀에 관계된 이 항에 따른 명령을 받은 자 외의 자에게 공개하지 아니할 것을 명할 수 있다. 다만, 그 신청 시점까지 다른 당사자(법인인 경우에는 그 대표자), 당사자를 위하여 소송을 대리하는 자, 그 밖에 그 소송으로 인하여 영업비밀을 알게 된 자가 제1호에 규정된 준비서면의 열람이나 증거조사 외의 방법으로 그 영업비밀을 이미 취득하고 있는 경우에는 그러하지 아니하다.

1. 이미 제출하였거나 제출하여야 할 준비서면, 이미 조사하였거나 조사하여야 할 증거 또는 제55조의8제3항에 따라 제출하였거나 제출하여야 할 자료에 영업비밀이 포함되어 있다는 것
2. 제1호의 영업비밀이 해당 소송 수행 외의 목적으로 사용되거나 공개되면 당사자의 영업에 지장을 줄 우려가 있어 이를 방지하기 위하여 영업비밀의 사용 또는 공개를 제한할 필요가 있다는 것

② 제1항에 따른 명령(이하 "비밀유지명령"이라 한다)의 신청은 다음 각 호의 사항을 적은 서면으로 하여야 한다.

1. 비밀유지명령을 받을 자
2. 비밀유지명령의 대상이 될 영업비밀을 특정하기에 충분한 사실
3. 제1항 각 호의 사유에 해당하는 사실

③ 법원은 비밀유지명령이 결정된 경우에는 그 결정서를 비밀유지명령을 받은 자에게 송달하여야 한다.

④ 비밀유지명령은 제3항의 결정서가 비밀유지명령을 받은 자에게 송달된 때부터 효력이 발생한다.

⑤ 비밀유지명령의 신청을 기각하거나 각하한 재판에 대해서는 즉시항고를 할 수 있다.

(2024.2.6 본조신설)

**제55조의10 【비밀유지명령의 취소】** ① 비밀유지명령을 신청한 자 또는 비밀유지명령을 받은 자는 제55조의9제1항에 따른 요건을 갖추지 못하였거나 갖추지 못하게 된 경우 소송기록을 보관하고 있는 법원(소송기록을 보관하고 있는 법원이 없는 경우에는 비밀유지명령을 내린 법원)에 비밀유지명령의 취소를 신청할 수 있다.

② 법원은 비밀유지명령의 취소신청에 대한 재판이 있는 경우에는 그 결정서를 그 신청을 한 자 및 상대방에게 송달하여야 한다.

③ 비밀유지명령의 취소신청에 대한 재판에 대해서는 즉시항고를 할 수 있다.

④ 비밀유지명령을 취소하는 재판은 확정되어야 효력이 발생한다.

⑤ 비밀유지명령을 취소하는 재판을 한 법원은 비밀유지명령의 취소신청을 한 자 또는 상대방 외에 해당 영업비밀에 관한 비밀유지명령을 받은 자가 있는 경우에는 그 자에게 즉시 비밀유지명령의 취소 재판을 한 사실을 알려야 한다.

(2024.2.6 본조신설)

**제55조의11 【소송기록 열람 등의 청구 통지 등】** ① 비밀유지명령이 내려진 소송(모든 비밀유지명령이 취소된 소송은 제외한다)에 관한 소송기록에 대하여 「민사소송법」 제163조제1항의 결정이 있었던 경우, 당사자가 같은 항에서 규정하는 비밀 기재부분의 열람 등의 청구를 하였으나 그 청구 절차를 해당 소송에서 비밀유지명령을 받지 아니한 자가 밟은 경우에는 법원서기관, 법원사무관, 법원주사 또는 법원주사보(이하 이 조에서 "법원사무관등"이라 한다)는 「민사소송법」 제163조제1항의 신청을 한 당사자(그 열람 등

의 청구를 한 자는 제외한다. 이하 제3항에서 같다)에게 그 청구 직후에 그 열람 등의 청구가 있었다는 사실을 알려야 한다.

② 제1항의 경우에 법원사무관등은 제1항의 청구가 있었던 날부터 2주일이 지날 때까지(그 청구 절차를 밟은 자에 대한 비밀유지명령 신청이 그 기간 내에 이루어진 경우에는 그 신청에 대한 재판이 확정되는 시점까지) 그 청구 절차를 밟은 자에게 제1항의 비밀 기재부분의 열람 등을 하게 하여서는 아니 된다.

③ 제2항은 제1항의 열람 등의 청구를 한 자에게 제1항의 비밀 기재부분의 열람 등을 하게 하는 것에 대하여 「민사소송법」 제163조제1항의 신청을 한 당사자 모두가 동의하는 경우에는 적용되지 아니한다.

(2024.2.6 본조신설)

**제56조 【권한의 위임 등】** ① 특허청장은 이 법에 따른 권한의 일부를 대통령령으로 정하는 바에 따라 특별시장·광역시장·특별자치시장·도지사 또는 특별자치도지사에게 위임할 수 있다.

② 특허청장은 이 법에 따른 업무의 일부를 대통령령으로 정하는 바에 따라 협회, 한국발명진흥회, 보호원, 발명기관의 장(직무발명을 한 당시 공무원등이 소속된 기관의 장을 말한다), 「변리사법」 제9조에 따른 대한변리사회 또는 「기술의 이전 및 사업화 촉진에 관한 법률」 제10조에 따라 지정된 기술거래기관에 위탁할 수 있다.

(2024.2.6 본항개정)

(2013.7.30 본조개정)

**제57조 【청문】** 특허청장은 다음 각 호의 어느 하나에 해당하는 처분을 하려면 청문을 하여야 한다.

1. 제40조의3제4항 및 제50조의2제4항에 따른 전문기관 또는 단체의 지정취소 또는 업무정지(2023.1.3 본호개정)
2. 제11조의2제4항에 따른 인증취소 (2024.2.6 본호신설)
3. 제24조제1항에 따른 지역지식재산센터의 등록말소 또는 업무정지 (2013.7.30 본호개정)
4. 제31조제1항에 따른 평가기관의 지정취소 또는 업무정지(2013.7.30 본호개정)
5. (2024.2.6 삭제)

**제57조의2 【규제의 재검토】** 특허청장은 다음 각 호의 사항에 대하여 다음 각 호의 기준일을 기준으로 3년마다(매 3년이 되는 해의 기준일과 같은 날 전까지를 말한다) 그 타당성을 검토하여 개선 등의 조치를 하여야 한다.

1. 제23조에 따른 지역지식재산센터의 등록기준 및 신청절차 : 2015년 1월 1일
2. 제24조에 따른 지역지식재산센터에 대한 행정처분 기준 : 2015년 1월 1일
3. 제28조에 따른 평가기관의 지정기준 : 2015년 1월 1일
4. 제31조에 따른 평가기관에 대한 행정처분 기준 : 2015년 1월 1일
5.~6. (2024.2.6 삭제)
7. 제50조의2에 따른 전문기관 또는 단체의 지정기준 및 전문기관 또는 단체에 대한 행정처분 기준 : 2015년 1월 1일
8. 제60조제1항제4호에 따른 과태료 부과처분 : 2015년 1월 1일

(2015.5.18 본조신설)

## 제8장 벌 칙

**제58조 【벌칙】** ① 국내외에서 정당한 사유 없이 제55조의9제1항에 따른 비밀유지명령을 위반한 자는 5년 이하의 징역 또는 5천만원 이하의 벌금에 처한다.(2024.2.6 본항신설)

② 제19조를 위반하여 부정한 이익을 얻거나 사용자등에 손해를 가할 목적으로 직무발명의 내용을 공개한 자

에 대하여는 3년 이하의 징역 또는 3천만원 이하의 벌금에 처한다.
③ 제31조의7을 위반한 자는 1년 이하의 징역 또는 1천만원 이하의 벌금에 처한다.(2023.1.3 본항신설)
④ 제1항 및 제2항의 죄는 비밀유지명령을 신청한 자 및 사용자등의 고소가 있어야 공소를 제기할 수 있다.
(2024.2.6 본항개정)

**제58조의2【양벌규정】** 법인 또는 단체의 대표자나 대리인, 사용인, 그 밖의 종업원이 그 법인 또는 단체의 업무에 관하여 제58조제3항의 위반행위를 하면 그 행위자를 벌하는 외에 그 법인 또는 단체에도 해당 조문의 벌금형을 과(科)한다. 다만, 법인 또는 단체가 그 위반행위를 방지하기 위하여 해당 업무에 관하여 상당한 주의와 감독을 게을리하지 아니한 경우에는 그러하지 아니하다.(2024.2.6 본문개정)

**제59조【벌칙 적용에서 공무원 의제】**
① 위원회 위원으로서 공무원이 아닌 사람, 평가관리센터, 사업화지원센터, 한국발명진흥회 및 보호원의 임직원은 「형법」과 그 밖의 법률에 따른 벌칙을 적용할 때에는 공무원으로 본다.
② 특허청장이 이 법에 따라 업무를 위탁한 기관(평가관리센터, 사업화지원센터, 한국발명진흥회 및 보호원은 제외한다)의 임직원(위탁받은 업무에 종사하는 임직원으로 한정한다)은 「형법」 제129조부터 제132조까지의 규정을 적용할 때에는 공무원으로 본다.
(2024.2.6 본조개정)

**제60조【과태료】** ① 다음 각 호의 어느 하나에 해당하는 자에게는 1천만원 이하의 과태료를 부과한다.
1. 제18조제3항을 위반하여 심의위원회를 구성하지 아니하거나 심의하도록 하지 아니한 자(2013.7.30 본호신설)
2. 제19조제2항을 위반하여 자문위원으로 심의위원회에 참여하여 직무상 알게 된 직무발명에 관한 내용을 다른 사람에게 누설한 자(2013.7.30 본호신설)
3. (2024.2.6 삭제)
4. 제23조제3항에 따른 등록을 하지 아니하고 같은 조 제5항을 위반하여 지역지식재산센터의 명칭을 사용한 자
5. 제52조제5항을 위반하여 한국발명진흥회의 명칭을 사용한 자
6. 제55조의2제4항을 위반하여 한국지식재산보호원의 명칭을 사용한 자(2020.2.4 본호신설)
7. (2024.2.6 삭제)

② 정당한 사유 없이 제31조의5제2항을 위반하여 평가 결과서 및 관련 자료를 제출하지 아니하거나 거짓으로 제출한 자에게는 150만원 이하의 과태료를 부과한다.(2023.1.3 본항신설)
③ 제1항 및 제2항에 따른 과태료는 대통령령으로 정하는 바에 따라 특허청장이 부과·징수한다.(2023.1.3 본항개정)
④~⑤ (2009.3.18 삭제)

## 부 칙

**제1조【시행일】** 이 법은 공포한 날부터 시행한다. 다만, 제10조제2항 단서와 제34조제2항제4호의 개정규정은 2007년 6월 29일부터 시행하고, 부칙 제6조제4항의 개정규정은 2007년 7월 1일부터 시행한다.

**제2조【시행일에 관한 경과조치】** 부칙 제1조 단서에 따라 제10조제2항 단서 및 제34조제2항제4호의 개정규정이 시행되기 전까지는 그에 해당하는 종전의 제8조제2항 단서 및 제24조제2항제2호의3을 적용한다.

**제3조【직무발명보상에 대한 경과조치】** 2006년 9월 4일 전에 이루어진 특허등을 받을 수 있는 권리 또는 특허권등의 승계나 전용실시권의 설정에 따른 보상은 종전의 「특허법」의 규정에 따른다.

**제4조 【처분 등에 관한 일반적 경과조치】** 이 법 시행 당시 종전의 규정에 따른 행정기관의 행위나 행정기관에 대한 행위는 그에 해당하는 이 법에 따른 행정기관의 행위나 행정기관에 대한 행위로 본다.

**제5조 【벌칙이나 과태료에 관한 경과조치】** 이 법 시행 전의 행위에 대하여 벌칙이나 과태료 규정을 적용할 때에는 종전의 규정에 따른다.

**제6조 【다른 법률의 개정】** ①~④ ※(해당 법령에 가제정리 하였음)

**제7조 【다른 법령과의 관계】** 이 법 시행 당시 다른 법령에서 종전의 「발명진흥법」 또는 그 규정을 인용한 경우에 이 법 가운데 그에 해당하는 규정이 있으면 종전의 규정을 갈음하여 이 법 또는 이 법의 해당 규정을 인용한 것으로 본다.

부 칙 (2007.8.3)

이 법은 공포한 날부터 시행한다.

부 칙 (2009.3.18)
(2010.1.27)

이 법은 공포 후 6개월이 경과한 날부터 시행한다.

부 칙 (2010.6.8)

① **【시행일】** 이 법은 공포 후 6개월이 경과한 날부터 시행한다.

② **【조정의 거부 및 중지에 관한 적용례】** 제46조의2의 개정규정은 이 법 시행 후 최초로 위원회에 신청하는 조정부터 적용한다.

부 칙 (2011.3.30)

이 법은 공포 후 6개월이 경과한 날부터 시행한다.

부 칙 (2013.3.22)

**제1조 【시행일】** 이 법은 공포 후 6개월이 경과한 날부터 시행한다.

**제2조 【연구원의 설립 등에 관한 경과조치】** 이 법 시행 전에 종전의 「민법」에 따라 설립된 재단법인 한국지식재산연구원은 제51조의 개정규정에 따라 설립된 연구원으로 본다.

부 칙 (2013.7.30)

**제1조 【시행일】** 이 법은 공포 후 6개월이 경과한 날부터 시행한다. 다만, 제43조의2제2항의 개정규정과 부칙 제6조는 공포한 날부터 시행한다.

**제2조 【청문에 관한 적용례】** 제57조의 개정규정은 이 법 시행 후 업무정지 처분에 대한 사전통지를 하는 것부터 적용한다.

**제3조 【산업재산권 정보산업 등에 관한 경과조치】** ① 이 법 시행 당시 산업재산권 정보산업은 제2조제9호가목의 개정규정에 따른 산업재산권 정보서비스업으로 본다.

② 이 법 시행 당시 「민법」 제32조에 따라 특허청장으로부터 설립허가를 받은 산업재산권 정보산업 관련 협회는 제40조의6의 개정규정에 따른 협회로 본다.

**제4조 【발명교실에 관한 경과조치】** 이 법 시행 당시 종전의 규정에 따라 설치·운영 중인 발명교실은 제9조제1항의 개정규정에 따른 발명교육센터로 본다.

**제5조 【사용자등의 통상실시권에 관한 경과조치】** 이 법 시행 당시 종전의 규정에 따라 「중소기업기본법」 제2조에 따른 중소기업이 아닌 기업인 사용자등이 종업원등의 직무발명에 대한 특허권등에 대하여 통상실시권을 가지고 있는 경우에는 제10조제1항의 개정규정에 따라 통상실시권을 가지게 된 것으로 본다.

**제6조【금치산자 등에 대한 경과조치】** 제43조의2제2항의 개정규정에 따른 피성년후견인 및 피한정후견인에는 법률 제10429호 민법 일부개정법률 부칙 제2조에 따라 금치산 또는 한정치산 선고의 효력이 유지되는 사람을 포함하는 것으로 본다.

부　칙 (2015.5.18)

**제1조【시행일】** 이 법은 공포 후 6개월이 경과한 날부터 시행한다.
**제2조【산업재산권 정보화전문기관의 지정에 관한 경과조치】** 이 법 시행 당시 종전의 제20조의3에 따라 지정된 전문기관 또는 단체 및 제21조에 따라 등록된 특허기술정보센터는 제20조의3의 개정규정에 따라 지정된 산업재산권 정보화전문기관으로 본다.
**제3조【과태료에 관한 경과조치】** 이 법 시행 전의 행위에 대한 과태료를 적용할 때에는 종전의 규정에 따른다.

부　칙 (2016.1.27 법13842호)

이 법은 공포 후 3개월이 경과한 날부터 시행한다.

부　칙 (2016.12.2)
(2017.3.21)
(2017.11.28)

이 법은 공포 후 6개월이 경과한 날부터 시행한다.

부　칙 (2018.12.31)

**제1조【시행일】** 이 법은 공포 후 3개월이 경과한 날부터 시행한다.(이하 생략)

부　칙 (2019.4.23)

이 법은 공포 후 6개월이 경과한 날부터 시행한다.

부　칙 (2019.11.26)

**제1조【시행일】** 이 법은 공포한 날부터 시행한다.(이하 생략)

부　칙 (2020.2.4)

**제1조【시행일】** 이 법은 공포 후 6개월이 경과한 날부터 시행한다.
**제2조【한국지식재산보호원의 설립에 관한 경과조치】** ① 이 법 시행 당시 「민법」 제32조에 따라 설립된 재단법인 한국지식재산보호원이 그 지위의 승계에 관하여 이사회의 의결을 거쳐 특허청장의 인가를 받고 설립등기를 한 경우에는 제55조의2에 따라 설립된 보호원으로 본다. 이 경우 재단법인 한국지식재산보호원은 「민법」 중 법인의 해산 및 청산에 관한 규정에도 불구하고 해산된 것으로 본다.
② 재단법인 한국지식재산보호원의 재산과 권리·의무는 보호원의 재산과 권리·의무로 보며, 그 재산과 권리·의무에 관한 등기부와 그 밖의 공부에 표시된 재단법인 한국지식재산보호원의 명의는 보호원의 명의로 본다.
③ 보호원의 재산으로 보는 재산의 가액은 제1항에 따른 설립등기일 전일의 장부가액으로 한다.
④ 이 법 시행 전에 재단법인 한국지식재산보호원이 행한 행위는 보호원이 행한 행위로, 재단법인 한국지식재산보호원에 대하여 행한 행위는 보호원에 대하여 행한 행위로 본다.
⑤ 이 법 시행 당시 재단법인 한국지식재산보호원의 임직원은 보호원의 임직원으로 선임 또는 임명된 것으로 본다. 이 경우 임원의 임기는 재단법인 한국지식재산보호원 정관에 따른 임기의 남은 기간으로 한다.
⑥ 이 법 시행 당시 재단법인 한국지식재산보호원에 대하여 기획재정부장관이 「공공기관의 운영에 관한 법률」에

따라 공공기관으로 지정한 것은 보호원에 대하여 지정한 것으로 본다.

**제3조 【한국특허전략개발원의 설립에 관한 경과조치】** ① 이 법 시행 당시 「민법」 제32조에 따라 설립된 재단법인 한국특허전략개발원이 그 지위의 승계에 관하여 이사회의 의결을 거쳐 특허청장의 인가를 받고 설립등기를 한 경우에는 제55조의5에 따라 설립된 전략원으로 본다. 이 경우 재단법인 한국특허전략개발원은 「민법」 중 법인의 해산 및 청산에 관한 규정에도 불구하고 해산된 것으로 본다.

② 재단법인 한국특허전략개발원의 재산과 권리·의무는 전략원의 재산과 권리·의무로 보며, 그 재산과 권리·의무에 관한 등기부와 그 밖의 공부에 표시된 재단법인 한국특허전략개발원의 명의는 전략원의 명의로 본다.

③ 전략원의 재산으로 보는 재산의 가액은 제1항에 따른 설립등기일 전일의 장부가액으로 한다.

④ 이 법 시행 전에 재단법인 한국특허전략개발원이 행한 행위는 전략원이 행한 행위로, 재단법인 한국특허전략개발원에 대하여 행한 행위는 전략원에 대하여 행한 행위로 본다.

⑤ 이 법 시행 당시 재단법인 한국특허전략개발원의 임직원은 전략원의 임직원으로 선임 또는 임명된 것으로 본다. 이 경우 임원의 임기는 재단법인 한국특허전략개발원 정관에 따른 임기의 남은 기간으로 한다.

⑥ 이 법 시행 당시 재단법인 한국특허전략개발원에 대하여 기획재정부장관이 「공공기관의 운영에 관한 법률」에 따라 공공기관으로 지정한 것은 전략원에 대하여 지정한 것으로 본다.

부 칙 (2020.10.20)
(2021.4.20)

이 법은 공포 후 6개월이 경과한 날부터 시행한다.

부 칙 (2021.8.17)

이 법은 공포 후 3개월이 경과한 날부터 시행한다.

부 칙 (2022.2.3)

**제1조 【시행일】** 이 법은 공포 후 6개월이 경과한 날부터 시행한다.

**제2조 【한국특허정보원의 설립준비】**

① 특허청장은 정보원의 설립에 관한 사무를 처리하게 하기 위하여 이 법 공포일부터 30일 이내에 산업재산권 정보화 및 정보 활용 분야에서 학식과 경험을 갖춘 사람 중에서 위원장을 포함한 7명 이내의 설립위원을 위촉하여 설립위원회를 구성한다.

② 설립위원회는 다음 각 호의 사항을 작성하여 특허청장의 인가를 받아야 한다.

1. 정보원의 정관
2. 정보원이 승계하게 되는 다음 각 목의 사항에 관한 계획
   가. 이 법 시행 당시 「민법」 제32조에 따라 설립된 재단법인 한국특허정보원(이하 "재단법인 한국특허정보원"이라 한다)이 보유하는 채권·채무, 그 밖의 권리·의무 및 재산의 처분
   나. 재단법인 한국특허정보원에 소속된 직원의 승계

③ 정보원 최초의 원장, 이사 및 감사는 설립위원회의 추천으로 특허청장이 임명한다.

④ 설립위원회는 제2항에 따른 인가를 받은 때에는 지체 없이 정보원의 설립등기를 한 후 정보원의 장에게 사무를 인계하여야 한다.

⑤ 설립위원회 및 설립위원은 제4항에 따른 사무 인계가 끝난 때에는 해산 및 해촉된 것으로 본다.

⑥ 정보원의 설립준비에 드는 비용은 재단법인 한국특허정보원의 예산에서 지원받을 수 있다.

**제3조【한국특허정보원의 설립에 관한 경과조치】** ① 재단법인 한국특허정보원의 모든 권리·의무, 재산 및 직원은 부칙 제2조제2항제2호에 따라 특허청장의 인가를 받은 계획의 내용에 따라 정보원이 승계한다.
② 정보원에 승계될 재산의 가액은 설립등기일 전일의 장부가액으로 한다.
③ 이 법 시행 당시 등기부나 그 밖의 공부에 표시된 재단법인 한국특허정보원의 명의는 부칙 제2조제2항제2호에 따라 특허청장의 인가를 받은 계획의 내용에 따라 정보원의 명의로 본다.
④ 이 법 시행 전에 재단법인 한국특허정보원이 행한 행위 또는 재단법인 한국특허정보원에 대하여 행하여진 행위는 부칙 제2조제2항제2호에 따라 특허청장의 인가를 받은 계획의 내용에 따라 정보원이 행한 행위 또는 정보원에 대하여 행하여진 행위로 본다.
**제4조【공공기관 지정에 관한 경과조치】** 이 법 시행 당시 재단법인 한국특허정보원에 대하여 기획재정부장관이 「공공기관의 운영에 관한 법률」에 따라 공공기관으로 지정한 것은 이 법에 따른 정보원에 대하여 지정한 것으로 본다.

부　칙 (2022.11.15)

이 법은 공포 후 3개월이 경과한 날부터 시행한다. 다만, 제55조의3제1항제5호의2의 개정규정은 공포한 날부터 시행한다.

부　칙 (2023.1.3)

**제1조【시행일】** 이 법은 공포 후 6개월이 경과한 날부터 시행한다.
**제2조【평가관리센터의 설치를 위한 준비행위】** 특허청장은 이 법 시행 전에 제31조의6에 따른 평가관리센터의 설치를 위하여 필요한 준비행위를 할 수 있다.
**제3조【현물출자에 대한 특례에 관한 적용례】** 제29조의2의 개정규정은 제2조제11호 각 목의 어느 하나에 해당하는 것을 기업에 현물출자하려는 자가 이 법 시행 후 최초로 평가기관의 발명 등의 평가를 받은 건부터 적용한다.
**제4조【특허기술사업화알선센터의 명칭 변경에 관한 경과조치】** 이 법 시행 당시 특허기술사업화알선센터는 제34조에 따른 사업화지원센터로 본다.

부　칙 (2023.6.20)

이 법은 공포 후 6개월이 경과한 날부터 시행한다.

부　칙 (2024.1.30)

**제1조【시행일】** 이 법은 공포 후 6개월이 경과한 날부터 시행한다.(이하 생략)

부　칙 (2024.2.6)

**제1조【시행일】** 이 법은 공포 후 6개월이 경과한 날부터 시행한다.
**제2조【직무발명 권리승계에 관한 적용례】** 제13조의 개정규정은 이 법 시행 이후 직무발명한 경우부터 적용한다.
**제3조【직무발명 보상금에 관한 소송에서의 자료제출명령에 관한 적용례】** 제55조의8의 개정규정은 이 법 시행 이후 제기된 직무발명 보상금에 관한 소송부터 적용한다.
**제4조【직무발명 보상금에 관한 소송에서의 비밀유지명령에 관한 적용례】** 제55조의9부터 제55조의11까지의 개정규정은 이 법 시행 이후 제기된 직무발명 보상금에 관한 소송부터 적용한다.
**제5조【직무발명보상 우수기업 인증에 관한 경과조치】** 이 법 시행 당시 직무발명보상 우수기업 인증을 받은 기업은 제11조의2의 개정규정에 따라 우수기업 인증을 받은 것으로 본다.

# 산업기술의 유출방지 및 보호에 관한 법률

(2006년 10월 27일
법 률 제8062호)

개정
2008. 2.29법 8852호(정부조직)
2008. 3.14법 8900호 2008.12.26법 9227호
2009. 1.30법 9368호 2011. 7.25법10962호
2013. 3.23법11690호(정부조직)
2015. 1.28법13082호(소재・부품전문기업등의 육성에관한특별조치법)
2015. 1.28법13083호 2016. 3.29법14108호
2017. 3.14법14591호 2019. 8.20법16476호
2020. 3.31법17163호(국방과학기술혁신촉진법)
2023. 1. 3법19166호
2024. 2.20법20319호(대외무역)
2025. 1.21법20694호→2025년 7월 22일 시행



## 제1장 총 칙

**제1조【목적】** 이 법은 산업기술의 부정한 유출을 방지하고 산업기술을 보호함으로써 국내산업의 경쟁력을 강화하고 국가의 안전보장과 국민경제의 발전에 이바지함을 목적으로 한다.

**제2조【정의】** 이 법에서 사용하는 용어의 정의는 다음과 같다.

1. “산업기술”이라 함은 제품 또는 용역의 개발・생산・보급 및 사용에 필요한 제반 방법 내지 기술상의 정보 중에서 행정기관의 장(해당 업무가 위임 또는 위탁된 경우에는 그 위임 또는 위탁받은 기관이나 법인・단체의 장을 말한다)이 산업경쟁력 제고나 유출방지 등을 위하여 이 법 또는 다른 법률이나 이 법 또는 다른 법률에서 위임한 명령(대통령령・총리령・부령에 한정한다. 이하 이 조에서 같다)에 따라 지정・고시・공고・인증하는 다음 각 목의 어느 하나에 해당하는 기술을 말한다.
   가. 제9조에 따라 고시된 국가핵심기술
   나. 「산업발전법」 제5조에 따라 고시된 첨단기술의 범위에 속하는 기술
   다. 「산업기술혁신 촉진법」 제15조의2에 따라 인증된 신기술
   라. 「전력기술관리법」 제6조의2에 따라 지정・고시된 새로운 전력기술
   라. (2025.1.21 삭제 : 2025.7.22 시행)
   마. 「환경기술 및 환경산업 지원법」 제7조에 따라 인증된 신기술
   바. 「건설기술 진흥법」 제14조에 따라 지정・고시된 새로운 건설기술
   사. 「보건의료기술 진흥법」 제8조에 따라 인증된 보건신기술
   (2015.1.28 본목신설)
   아. 「뿌리산업 진흥과 첨단화에 관한 법률」 제14조에 따라 지정된 핵심뿌리기술(2015.1.28 본목신설)
   자. 그 밖의 법률 또는 해당 법률에서 위임한 명령에 따라 지정・고시・공고・인증하는 기술 중 산업통상자원부장관이 관보에 고시하는 기술
   자. 「해양수산과학기술 육성법」 제17조에 따라 인증된 해양수산신기술(2025.1.21 본목신설 : 2025.7.22 시행)
   차. 그 밖의 법률 또는 해당 법률에서 위임한 명령에 따라 지정・고시・공고・인증하는 기술 중 산업통상자원부장관이 관보에 고시하는 기술

   (2015.1.28 본호개정)

2. "국가핵심기술"이라 함은 국내외 시장에서 차지하는 기술적·경제적 가치가 높거나 관련 산업의 성장잠재력이 높아 해외로 유출될 경우에 국가의 안전보장 및 국민경제의 발전에 중대한 악영향을 줄 우려가 있는 기술로서 제9조의 규정에 따라 지정된 것을 말한다.(2015.1.28 본호개정)
3. "국가연구개발사업"이라 함은 「과학기술기본법」 제11조의 규정에 따라 관계 중앙행정기관의 장이 추진하는 연구개발사업을 말한다.
4. "대상기관"이란 산업기술을 보유한 기업·연구기관·전문기관·대학 등을 말한다.(2015.1.28 본호신설)

**제3조 【국가 등의 책무】** ① 국가는 산업기술의 유출방지와 보호에 필요한 종합적인 시책을 수립·추진하여야 한다.

② 국가·기업·연구기관 및 대학 등 산업기술의 개발·보급 및 활용에 관련된 모든 기관은 이 법의 적용에 있어 산업기술의 연구개발자 등 관련 종사자들이 부당한 처우와 선의의 피해를 받지 아니하도록 하고, 산업기술 및 지식의 확산과 활용이 제약되지 아니하도록 노력하여야 한다.

③ 모든 국민은 산업기술의 유출방지에 대한 관심과 인식을 높이고, 각자의 직업윤리의식을 배양하기 위하여 노력하여야 한다.

**제4조 【다른 법률과의 관계】** 산업기술의 유출방지 및 보호에 관하여는 다른 법률에 특별한 규정이 있는 경우를 제외하고는 이 법이 정하는 바에 따른다.

## 제2장 산업기술의 유출방지 및 보호 정책의 수립·추진

**제5조 【종합계획의 수립·시행】** ① 산업통상자원부장관은 산업기술의 유출방지 및 보호에 관한 종합계획(이하 "종합계획"이라 한다)을 수립·시행하여야 한다.(2013.3.23 본항개정)

② 산업통상자원부장관은 종합계획을 수립함에 있어서 미리 관계 중앙행정기관의 장과 협의한 후 제7조의 규정에 따른 산업기술보호위원회의 심의를 거쳐야 한다.(2013.3.23 본항개정)

③ 종합계획에는 다음 각 호의 사항이 포함되어야 한다.(2011.7.25 본문개정)
1. 산업기술의 유출방지 및 보호에 관한 기본목표와 추진방향
2. 산업기술의 유출방지 및 보호에 관한 단계별 목표와 추진방안
3. 산업기술의 유출방지 및 보호에 대한 홍보와 교육에 관한 사항
4. 산업기술의 유출방지 및 보호의 기반구축에 관한 사항
5. 산업기술의 유출방지 및 보호를 위한 기술의 연구개발에 관한 사항
6. 산업기술의 유출방지 및 보호에 관한 정보의 수집·분석·가공과 보급에 관한 사항
7. 산업기술의 유출방지 및 보호를 위한 국제협력에 관한 사항
8. 그 밖에 산업기술의 유출방지 및 보호를 위하여 필요한 사항

④ 산업통상자원부장관은 종합계획의 수립을 위하여 관계 중앙행정기관의 장에게 필요한 자료의 제출을 요청할 수 있다. 이 경우 자료제출을 요청받은 기관의 장은 특별한 사유가 없는 한 이에 협조하여야 한다.(2015.1.28 전단개정)

(2011.7.25 본조제목개정)

**제6조 【시행계획의 수립·시행】** ① 관계 중앙행정기관의 장은 종합계획에 따라 매년 산업기술의 유출방지 및 보호에 관한 시행계획(이하 "시행계획"이라 한다)을 수립·시행하여야 한다.

(2011.7.25 본항개정)

② 시행계획의 수립·시행에 관하여 필요한 사항은 대통령령으로 정한다.

**제7조 【산업기술보호위원회의 설치 등】** ① 산업기술의 유출방지 및 보호에 관한 다음 각 호의 사항을 심의하기

위하여 산업통상자원부장관 소속으로 산업기술보호위원회(이하 "위원회"라 한다)를 둔다.(2015.1.28 본문개정)

1. 종합계획의 수립 및 시행에 관한 사항(2011.7.25 본호개정)
2. 제9조의 규정에 따른 국가핵심기술의 지정·변경 및 해제에 관한 사항
3. 제11조의 규정에 따른 국가핵심기술의 수출 등에 관한 사항
4. 제11조의2에 따른 국가핵심기술을 보유하는 대상기관의 해외인수·합병 등에 관한 사항(2011.7.25 본호신설)
5. 그 밖에 산업기술의 유출방지 및 보호를 위하여 필요한 것으로서 대통령령으로 정하는 사항

② 위원회는 위원장 1인을 포함한 25인 이내의 위원으로 구성한다. 이 경우 위원 중에는 제3항제3호의 규정에 해당하는 자가 5인 이상 포함되어야 한다.

③ 위원장은 산업통상자원부장관이 되고, 위원은 다음 각 호의 자가 된다.

1. 관계 중앙행정기관의 차관·차장 또는 이에 상당하는 공무원 중 대통령령으로 정하는 자
2. 산업기술의 유출방지업무를 수행하는 정보수사기관의 장이 지명하는 자
3. 산업기술의 유출방지 및 보호에 관한 학식과 경험이 풍부한 자로서 위원장이 성별을 고려하여 위촉하는 자

(2015.1.28 본항개정)

④ 위원회에 간사 1명을 두되, 간사는 산업통상자원부 소속 공무원 중에서 위원장이 지명하는 자가 된다.
(2015.1.28 본항개정)

⑤ 산업기술의 유출방지 및 보호에 관한 다음 각 호의 사항을 사전에 전문적으로 검토하기 위하여 위원회에 분야별 전문위원회를 둔다.(2015.1.28 본문개정)

1. 위원회의 심의사항에 대한 사전검토
2. 대통령령으로 정하는 바에 따라 위원회로부터 위임받은 사항
3. 그 밖에 산업기술의 유출방지 및 보호를 위하여 필요한 실무적 사항으로서 대통령령으로 정하는 사항

(2011.7.25 본항개정)

⑥ 제1항부터 제5항까지에서 규정한 사항 외에 위원회 및 분야별 전문위원회의 구성·운영 등에 관하여 필요한 사항은 대통령령으로 정한다.
(2015.1.28 본항개정)

⑥ 산업통상자원부장관은 위원회의 운영을 지원하고, 제9조부터 제12조까지의 업무를 효율적으로 수행하기 위하여 대통령령으로 정하는 바에 따라 기술안보센터를 지정할 수 있다.
(2025.1.21 본항신설 : 2025.7.22 시행)

⑦ 제1항부터 제5항까지에서 규정한 사항 외에 위원회 및 분야별 전문위원회의 구성·운영 등에 관하여 필요한 사항은 대통령령으로 정한다.
(2015.1.28 본항개정)

## 제3장 산업기술의 유출방지 및 관리

**제8조 【보호지침의 제정 등】** ① 산업통상자원부장관은 산업기술의 유출을 방지하고 산업기술을 보호하기 위하여 필요한 방법·절차 등에 관한 지침(이하 "보호지침"이라 한다)을 관계 중앙행정기관의 장과 협의하여 제정하고 이를 대상기관이 활용할 수 있도록 하여야 한다.

② 산업통상자원부장관은 산업기술의 발전추세 및 국내외 시장환경 등을 감안하여 관계 중앙행정기관의 장과 협의하여 보호지침을 수정 또는 보완할 수 있다.
(2013.3.23 본조개정)

**제9조 【국가핵심기술의 지정·변경 및 해제 등】** ① 산업통상자원부장관은 국가핵심기술로 지정되어야 할 대상기술(이하 이 조에서 "지정대상기술"이라

한다)을 선정하거나 관계 중앙행정기관의 장으로부터 그 소관의 지정대상기술을 선정·통보받은 경우에는 위원회의 심의를 거쳐 국가핵심기술로 지정할 수 있다. 이 경우 산업통상자원부장관이 선정한 지정대상기술이 다른 중앙행정기관의 장의 소관인 경우에는 위원회 심의 전에 해당 중앙행정기관의 장과 협의를 거쳐야 한다.
(2015.1.28 본항개정)

② 산업통상자원부장관 및 관계 중앙행정기관의 장은 지정대상기술을 선정함에 있어서 해당 기술이 국가안보 및 국민경제에 미치는 파급효과, 관련 제품의 국내외 시장점유율, 해당 분야의 연구동향 및 기술 확산과의 조화 등을 종합적으로 고려하여 필요최소한의 범위 안에서 선정하여야 한다.
(2015.1.28 본항개정)

③ 산업통상자원부장관은 국가핵심기술의 범위 또는 내용의 변경이나 지정의 해제가 필요하다고 인정되는 기술을 선정하거나 관계 중앙행정기관의 장으로부터 그 소관의 국가핵심기술의 범위 또는 내용의 변경이나 지정의 해제를 요청받은 경우에는 위원회의 심의를 거쳐 변경 또는 해제할 수 있다. 이 경우 산업통상자원부장관이 선정한 기술이 다른 중앙행정기관의 장의 소관인 경우에는 위원회 심의 전에 해당 중앙행정기관의 장과 협의를 거쳐야 한다.(2015.1.28 본항개정)

④ 산업통상자원부장관은 제1항의 규정에 따라 국가핵심기술을 지정하거나 제3항의 규정에 따라 국가핵심기술의 범위 또는 내용을 변경 또는 지정을 해제한 경우에는 이를 고시하여야 한다.
(2013.3.23 본항개정)

⑤ 위원회는 제1항 및 제3항의 규정에 따라 국가핵심기술의 지정·변경 또는 해제에 대한 심의를 함에 있어서 지정대상기술을 보유·관리하는 기업 등 이해관계인의 요청이 있는 경우에는 대통령령이 정하는 바에 따라 의견을 진술할 기회를 주어야 한다.

⑥ 대상기관은 해당 기관이 보유하고 있는 기술이 국가핵심기술에 해당하는지에 대한 판정을 대통령령으로 정하는 바에 따라 산업통상자원부장관에게 신청할 수 있다.(2013.3.23 본항개정)

⑦ 제1항 및 제3항의 규정에 따른 국가핵심기술의 지정·변경 및 해제의 기준·절차 그 밖에 필요한 사항은 대통령령으로 정한다.

**제9조【국가핵심기술의 지정·변경 및 해제 등】** ① 산업통상자원부장관은 국가핵심기술로 지정되어야 할 대상기술(이하 이 조에서 "지정대상기술"이라 한다)을 선정하거나 관계 중앙행정기관의 장으로부터 그 소관의 지정대상기술을 선정·통보받은 경우에는 위원회의 심의를 거쳐 국가핵심기술로 지정할 수 있다. 이 경우 산업통상자원부장관이 선정한 지정대상기술이 다른 중앙행정기관의 장의 소관인 경우에는 위원회 심의 전에 해당 중앙행정기관의 장과 협의를 거쳐야 한다.
(2015.1.28 본항개정)

② 산업통상자원부장관 및 관계 중앙행정기관의 장은 지정대상기술을 선정함에 있어서 해당 기술이 국가안보 및 국민경제에 미치는 파급효과, 관련 제품의 국내외 시장점유율, 해당 분야의 연구동향 및 기술 확산과의 조화 등을 종합적으로 고려하여 필요최소한의 범위 안에서 선정하여야 한다.
(2015.1.28 본항개정)

③ 산업통상자원부장관은 국가핵심기술의 범위 또는 내용의 변경이나 지정의 해제가 필요하다고 인정되는 기술을 선정하거나 관계 중앙행정기관의 장으로부터 그 소관의 국가핵심기술의 범위 또는 내용의 변경이나 지정의 해제를 요청받은 경우에는 위원회의

심의를 거쳐 변경 또는 해제할 수 있다. 이 경우 산업통상자원부장관이 선정한 기술이 다른 중앙행정기관의 장의 소관인 경우에는 위원회 심의 전에 해당 중앙행정기관의 장과 협의를 거쳐야 한다.(2015.1.28 본항개정)
④ 산업통상자원부장관은 제1항의 규정에 따라 국가핵심기술을 지정하거나 제3항의 규정에 따라 국가핵심기술의 범위 또는 내용을 변경 또는 지정을 해제한 경우에는 이를 고시하여야 한다.(2013.3.23 본항개정)
⑤ 위원회는 제1항 및 제3항의 규정에 따라 국가핵심기술의 지정·변경 또는 해제에 대한 심의를 함에 있어서 지정대상기술을 보유·관리하는 기업 등 이해관계인의 요청이 있는 경우에는 대통령령이 정하는 바에 따라 의견을 진술할 기회를 주어야 한다.
⑥ 제1항 및 제3항의 규정에 따른 국가핵심기술의 지정·변경 및 해제의 기준·절차 그 밖에 필요한 사항은 대통령령으로 정한다.
<2025.7.22 시행>

**제9조의2【국가핵심기술의 정보 비공개】** ① 국가기관, 지방자치단체, 「공공기관의 운영에 관한 법률」 제2조에 따른 공공기관 및 그 밖에 대통령령으로 정하는 기관은 국가핵심기술에 관한 정보를 공개해서는 아니 된다. 다만, 국가의 안전보장 및 국민경제의 발전에 악영향을 줄 우려가 없는 경우에는 공개할 수 있다.
② 제1항 단서에 따라 국가핵심기술에 관한 정보를 공개하려는 경우에는 정보공개의 신청을 받은 날부터 20일 이내에 서면 또는 전자문서로 이해관계인의 의견을 듣고 산업통상자원부장관 및 관계 부처의 장의 동의를 받은 후 위원회의 심의를 거쳐야 한다.
(2019.8.20 본조신설)

**제9조의2【국가핵심기술 해당 여부 판정 등】** ① 기업·연구기관·전문기관·대학 등(이하 "기업등"이라 한다)은 보유하고 있는 기술이 국가핵심기술에 해당하는지에 대한 판정을 산업통상자원부장관에게 신청할 수 있다.
② 산업통상자원부장관은 대통령령으로 정하는 바에 따라 기업등이 국가핵심기술을 보유하고 있을 것으로 판단하는 경우 직권으로 해당 기업등에 제1항에 따른 판정을 신청하도록 통지할 수 있다.
③ 제2항에 따른 통지를 받은 기업등은 통지를 받은 날로부터 30일 이내에 판정신청서류를 제출하여야 한다. 다만, 정당한 사유가 있는 경우에는 사전에 산업통상자원부장관과 협의하여 30일의 범위에서 기한을 연장할 수 있다.
④ 산업통상자원부장관은 제1항 및 제2항에 따른 판정과 관련하여 기술안보센터로 하여금 검토하게 할 수 있으며 관계 중앙행정기관의 장 또는 판정을 신청한 기업등의 장에게 자료제출 등의 필요한 협조를 요청할 수 있다. 이 경우 관계 중앙행정기관의 장 또는 판정을 신청한 기업등의 장은 정당한 사유가 없으면 이에 따라야 한다.
⑤ 제1항에 따른 판정신청 방법 및 절차, 제2항에 따른 판정신청통지의 방법 및 절차에 필요한 사항은 대통령령으로 정한다.
(2025.1.21 본조신설 : 2025.7.22 시행)

**제9조의3【국가핵심기술 보유기관 등록 등】** ① 기업등은 다음 각 호의 어느 하나에 해당하는 사유가 발생한 날로부터 30일 이내에 국가핵심기술 보유기관 등록을 산업통상자원부장관에게 신청하여야 한다. 등록한 내용을 변경하려는 경우에도 또한 같다.
1. 제9조의2에 따라 국가핵심기술 해당 여부 판정을 신청하여 국가핵심

기술 해당 판정을 받은 경우
2. 「국가첨단전략산업 경쟁력 강화 및 보호에 관한 특별조치법」 제11조제5항 및 제6항에 따라 국가첨단전략기술 해당 판정을 받은 경우
3. 기존 대상기관으로부터 국가핵심기술을 이전받아 국가핵심기술에 대한 실질적인 권리를 가지게 된 경우

② 제1항에 따라 등록한 국가핵심기술 보유기관은 다음 각 호의 어느 하나에 해당하는 경우 그 사유를 안 날로부터 30일 이내에 등록 말소를 산업통상자원부장관에게 신청할 수 있다.
1. 제9조제3항에 따라 국가핵심기술의 지정이 해제된 경우
2. 제11조에 따른 국가핵심기술의 수출 및 제11조의2에 따른 해외인수·합병등으로 국가핵심기술을 이전하여 국가핵심기술에 대한 권리·자료·정보를 보유하지 아니하게 된 경우
3. 대상기관이 다른 기업등에게 국가핵심기술을 이전하는 등 국가핵심기술에 대하여 실질적인 권리를 가지지 아니하게 된 경우

③ 산업통상자원부장관은 제1항에 따른 등록 및 제2항에 따른 등록 말소와 관련하여 기술안보센터로 하여금 검토하게 할 수 있으며 관계 중앙행정기관의 장 또는 기업등의 장에게 자료제출 등의 필요한 협조를 요청할 수 있다. 이 경우 관계 중앙행정기관의 장 또는 기업등의 장은 정당한 사유가 없으면 이에 따라야 한다.

④ 제1항에 따른 등록 방법 및 절차, 제2항에 따른 등록 말소 방법 및 절차에 관하여 필요한 사항은 대통령령으로 정한다.
(2025.1.21 본조신설 : 2025.7.22 시행)

**제9조의4【국가핵심기술의 정보 비공개】** ① 국가기관, 지방자치단체, 「공공기관의 운영에 관한 법률」 제2조에 따른 공공기관 및 그 밖에 대통령령으로 정하는 기관은 국가핵심기술에 관한 정보를 공개해서는 아니 된다. 다만, 국가의 안전보장 및 국민경제의 발전에 악영향을 줄 우려가 없는 경우에는 공개할 수 있다.

② 제1항 단서에 따라 국가핵심기술에 관한 정보를 공개하려는 경우에는 정보공개의 신청을 받은 날부터 20일 이내에 서면 또는 전자문서로 이해관계인의 의견을 듣고 산업통상자원부장관 및 관계 부처의 장의 동의를 받은 후 위원회의 심의를 거쳐야 한다.
(2019.8.20 본조신설)

**제10조【국가핵심기술의 보호조치】** ① 국가핵심기술을 보유·관리하고 있는 대상기관의 장은 국가핵심기술의 유출을 방지하기 위하여 다음 각 호에 따른 조치를 하여야 한다.
1. 보호구역의 설정·출입허가 또는 출입 시 휴대품 검사
2. 국가핵심기술을 취급하는 전문인력의 이직 관리 및 비밀유지 등에 관한 계약 체결
3. 그 밖에 국가핵심기술 유출 방지를 위하여 대통령령으로 정하는 사항

(2019.8.20 본항개정)

② 제1항의 규정에 따른 조치에 관하여 필요한 사항은 대통령령으로 정한다.

③ 누구든지 정당한 사유 없이 제1항의 보호조치를 거부·방해 또는 기피하여서는 아니 된다.(2009.1.30 본항신설)

**제11조【국가핵심기술의 수출 등】** ① 국가로부터 연구개발비를 지원받아 개발한 국가핵심기술을 보유한 대상기관이 해당국가핵심기술을 외국기업 등에 매각 또는 이전 등의 방법으로 수출(이하 "국가핵심기술의 수출"이라 한다)하고자 하는 경우에는 산업통상자원부장관의 승인을 얻어야 한다.
(2013.3.23 본항개정)

② 산업통상자원부장관은 제1항의 규정에 따른 승인신청에 대하여 국가핵심기술의 수출에 따른 국가안보 및 국민경제적 파급효과 등을 검토하여 관계 중앙행정기관의 장과 협의한 후 위원회의 심의를 거쳐 승인할 수 있다.(2013.3.23 본항개정)

③ 제1항의 규정에 따라 승인을 얻은 국가핵심기술이 「대외무역법」 제19조의 기술인 경우에는 같은 법 제19조의2에 따라 허가를 받은 것으로 보며, 「국방과학기술혁신 촉진법」 제2조제2호에 따른 국방과학기술 및 「방위사업법」 제34조에 따른 방산물자인 경우에는 「방위사업법」 제57조제2항에 따라 허가를 받은 것으로 본다. 이 경우 산업통상자원부장관은 사전에 관계 중앙행정기관의 장과 협의를 하여야 한다.(2024.2.20 전단개정)

④ 제1항의 규정에 따른 승인대상 외의 국가핵심기술을 보유·관리하고 있는 대상기관이 국가핵심기술의 수출을 하고자 하는 경우에는 산업통상자원부장관에게 사전에 신고를 하여야 한다.(2013.3.23 본항개정)

⑤ 산업통상자원부장관은 제4항의 신고대상인 국가핵심기술의 수출이 국가안보에 심각한 영향을 줄 수 있다고 판단하는 경우에는 관계 중앙행정기관의 장과 협의한 후 위원회의 심의를 거쳐 국가핵심기술의 수출중지·수출금지·원상회복 등의 조치를 명할 수 있다.(2013.3.23 본항개정)

⑥ 제4항의 신고대상 국가핵심기술의 수출을 하고자 하는 자는 해당국가핵심기술이 국가안보와 관련되는지 여부에 대하여 산업통상자원부장관에게 사전검토를 신청할 수 있다.(2013.3.23 본항개정)

⑦ 산업통상자원부장관은 국가핵심기술을 보유한 대상기관이 제1항의 규정에 따른 승인을 얻지 아니하거나 부정한 방법으로 승인을 얻어 국가핵심기술의 수출을 한 경우 또는 제4항의 규정에 따른 신고대상 국가핵심기술을 신고하지 아니하거나 허위로 신고하고 국가핵심기술의 수출을 한 경우에는 정보수사기관의 장에게 조사를 의뢰하고, 조사결과를 위원회에 보고한 후 위원회의 심의를 거쳐 해당 국가핵심기술의 수출중지·수출금지·원상회복 등의 조치를 명령할 수 있다.(2013.3.23 본항개정)

⑧ 위원회는 다음 각 호의 어느 하나에 해당하는 경우에는 대상기관의 의견을 청취할 수 있다.

1. 제2항의 규정에 따른 승인신청에 대한 심의
2. 제5항의 규정에 따른 국가안보에 심각한 영향을 주는 국가핵심기술의 수출중지·수출금지·원상회복 심의
3. 제7항의 규정에 따른 미승인 또는 부정승인 및 미신고 또는 허위신고 등에 대한 국가핵심기술의 수출중지·수출금지·원상회복 심의

⑨ 산업통상자원부장관은 제1항의 규정에 따른 승인 또는 제4항의 규정에 따른 신고와 관련하여 분야별 전문위원회로 하여금 검토하게 할 수 있으며 관계 중앙행정기관의 장 또는 대상기관의 장에게 자료제출 등의 필요한 협조를 요청할 수 있다. 이 경우 관계 중앙행정기관의 장 및 대상기관의 장은 특별한 사유가 없는 한 이에 협조하여야 한다.(2013.3.23 전단개정)

⑩ 제1항의 승인, 제4항의 신고, 제5항 및 제7항의 수출중지·수출금지·원상회복 등의 조치 및 절차 등에 관하여 세부적인 사항은 대통령령으로 정한다.

⑪ 제6항의 규정에 따른 국가핵심기술이 국가안보와 관련되는지 여부에 대한 사전검토의 신청에 관하여 필요한 사항은 대통령령으로 정한다.

**제11조【국가핵심기술의 수출 등】** ① 국가로부터 연구개발비를 지원받아 개

발한 국가핵심기술을 보유한 대상기관이 해당 국가핵심기술을 외국기업 등에 매각 또는 이전 등의 방법으로 수출(이하 "국가핵심기술의 수출"이라 한다)하고자 하는 경우에는 미리 산업통상자원부장관의 승인을 얻어야 한다.(2025.1.21 본항개정 : 2025.7.22 시행)

② 산업통상자원부장관은 제1항의 규정에 따른 승인신청에 대하여 국가핵심기술의 수출에 따른 국가안보 및 국민경제적 파급효과 등을 검토하여 관계 중앙행정기관의 장과 협의한 후 위원회의 심의를 거쳐 승인할 수 있다.(2013.3.23 본항개정)

③ 제1항의 규정에 따라 승인을 얻은 국가핵심기술이 「대외무역법」 제19조의 기술인 경우에는 같은 법 제19조의2에 따라 허가를 받은 것으로 보며, 「국방과학기술혁신 촉진법」 제2조제2호에 따른 국방과학기술 및 「방위사업법」 제34조에 따른 방산물자인 경우에는 「방위사업법」 제57조제2항에 따라 허가를 받은 것으로 본다. 이 경우 산업통상자원부장관은 사전에 관계 중앙행정기관의 장과 협의를 하여야 한다.(2024.2.20 전단개정)

④ 제1항의 규정에 따른 승인대상 외의 국가핵심기술을 보유·관리하고 있는 대상기관이 국가핵심기술의 수출을 하고자 하는 경우에는 산업통상자원부장관에게 사전에 신고를 하여야 한다.(2013.3.23 본항개정)

⑤ 산업통상자원부장관은 제4항에 따른 신고를 받은 경우 해당 국가핵심기술의 수출이 국가안보에 미치는 영향 등을 검토하여 국가안보에 심각한 영향이 없고 이 법에 적합하면 신고를 수리하여야 한다.(2025.1.21 본항신설 : 2025.7.22 시행)

⑥ 산업통상자원부장관은 제4항의 신고대상인 국가핵심기술의 수출이 국가안보에 심각한 영향을 줄 수 있다고 판단하는 경우에는 관계중앙행정기관의 장과 협의한 후 위원회의 심의를 거쳐 국가핵심기술의 수출중지·수출금지·원상회복 등의 조치를 명할 수 있다.(2013.3.23 본항개정)

⑦ 제4항의 신고대상 국가핵심기술의 수출을 하고자 하는 자는 해당 국가핵심기술이 국가안보와 관련되는지 여부에 대하여 산업통상자원부장관에게 사전검토를 신청할 수 있다.(2025.1.21 본항개정 : 2025.7.22 시행)

⑧ 산업통상자원부장관은 국가핵심기술을 보유한 대상기관이 다음 각 호의 어느 하나에 해당하는 경우에는 해당 국가핵심기술의 수출중지·수출금지·원상회복 등 필요한 조치를 명할 수 있다. 다만, 제2호의 경우에는 정보수사기관의 장에게 조사를 의뢰하고, 조사결과를 위원회에 보고한 후 위원회의 심의를 거쳐야 한다.

1. 제1항에 따른 승인을 받지 아니하거나 제4항에 따른 신고를 하지 아니하고 국가핵심기술의 수출을 한 경우
2. 거짓이나 그 밖의 부정한 방법으로 제1항에 따른 승인을 받거나 제4항에 따른 신고를 하고 국가핵심기술의 수출을 한 경우

(2025.1.21 본항신설 : 2025.7.22 시행)

⑨ 위원회는 다음 각 호의 어느 하나에 해당하는 경우에는 대상기관의 의견을 청취할 수 있다.

1. 제2항의 규정에 따른 승인신청에 대한 심의
2. 제6항의 규정에 따른 국가안보에 심각한 영향을 주는 국가핵심기술의 수출중지·수출금지·원상회복 심의
3. 제8항제2호의 규정에 따른 부정승인 또는 허위신고 등에 대한 국가핵심기술의 수출중지·수출금지·원상

회복 심의
(2025.1.21 2호~3호개정 : 2025.7.22 시행)
⑩ 산업통상자원부장관은 제1항의 규정에 따른 승인 또는 제4항의 규정에 따른 신고와 관련하여 분야별 전문위원회로 하여금 검토하게 할 수 있으며 관계 중앙행정기관의 장 또는 대상기관의 장에게 자료제출 등의 필요한 협조를 요청할 수 있다. 이 경우 관계중앙행정기관의 장 및 대상기관의 장은 특별한 사유가 없는 한 이에 협조하여야 한다.(2013.3.23 전단개정)
⑪ 산업통상자원부장관은 제1항 및 제4항에도 불구하고 기술 유출 우려가 적다고 인정하는 수출의 경우에는 제1항 및 제4항에 따른 수출 절차를 일부 면제 또는 간소화할 수 있다.
(2025.1.21 본항개정 : 2025.7.22 시행)
⑫ 제1항의 승인, 제4항의 신고, 제6항 · 제8항의 수출중지 · 수출금지 · 원상회복 등의 조치명령 및 제7항의 사전검토 신청, 제11항의 수출의 승인 및 신고의 면제 또는 간소화 등에 필요한 사항은 대통령령으로 정한다.
(2025.1.21 본항신설 : 2025.7.22 시행)

**제11조의2【국가핵심기술을 보유하는 대상기관의 해외인수 · 합병등】** ① 국가로부터 연구개발비를 지원받아 개발한 국가핵심기술을 보유한 대상기관이 대통령령으로 정하는 해외 인수 · 합병, 합작투자 등 외국인투자(이하 "해외인수 · 합병등"이라 한다)를 진행하려는 경우에는 미리 산업통상자원부장관의 승인을 받아야 한다.
(2019.8.20 본항개정)
② 제1항의 대상기관은 대통령령으로 정하는 외국인(이하 이 조에서 "외국인"이라 한다)에 의하여 해외인수 · 합병등이 진행되는 것을 알게 된 경우 지체 없이 산업통상자원부장관에게 신고하여야 한다.(2019.8.20 본항개정)
③ 산업통상자원부장관은 제2항에 따라 대상기관으로부터 신고를 받은 경우 해외인수 · 합병등을 진행하려는 외국인에게 제1항에 따른 승인 절차에 협조하여 줄 것을 요청할 수 있다. 이 경우 요청을 받은 외국인은 특별한 사유가 없으면 이에 따라야 한다.
(2019.8.20 본항신설)
④ 산업통상자원부장관은 제1항에 따른 승인신청을 받은 경우 해외인수 · 합병등이 국가안보에 미치는 영향을 검토하여 관계중앙행정기관의 장과 협의한 후 위원회의 심의를 거쳐 승인할 수 있다. 이 경우 산업통상자원부장관은 승인을 할 때 필요하다고 인정되는 조건을 달 수 있다.(2019.8.20 본항신설)
⑤ 제1항에 따른 승인대상 외의 국가핵심기술을 보유 · 관리하고 있는 대상기관은 해외인수 · 합병등을 진행하려는 경우에는 산업통상자원부장관에게 미리 신고를 하여야 한다.(2019.8.20 본항신설)
⑥ 제5항의 대상기관은 외국인에 의하여 해외인수 · 합병등이 진행되는 것을 알게 된 경우에는 지체 없이 산업통상자원부장관에게 신고하여야 한다.
(2019.8.20 본항신설)
⑦ 산업통상자원부장관은 제1항, 제5항 및 제6항에 따른 국가핵심기술의 유출이 국가안보에 심각한 영향을 줄 수 있다고 판단하는 경우에는 관계 중앙행정기관의 장과 협의한 후 위원회의 심의를 거쳐 해외인수 · 합병등에 대하여 중지 · 금지 · 원상회복 등의 조치를 명할 수 있다.(2019.8.20 본항개정)
⑧ 제1항, 제5항 및 제6항에 따라 해외인수 · 합병등을 진행하려는 자는 해당 해외인수 · 합병등과 관련하여 다음 각 호의 사항에 관하여 의문이 있는 때에는 대통령령으로 정하는 바에 따라 산업통상자원부장관에게 미리 검토하여 줄 것을 신청할 수 있다.(2019.8.20 본문개정)

1. 해당 국가핵심기술이 국가안보와 관련되는지 여부
2. 해당 해외인수·합병등이 제1항의 승인대상인지 여부 및 제5항·제6항의 신고대상인지 여부(2019.8.20 본호개정)
3. 그 밖에 해당 해외인수·합병등과 관련하여 의문이 있는 사항

⑨ 산업통상자원부장관은 국가핵심기술을 보유한 대상기관이 제1항에 따른 승인을 받지 아니하거나 거짓이나 그 밖의 부정한 방법으로 승인을 받아 해외인수·합병등을 진행한 경우 또는 제5항 및 제6항에 따른 신고를 하지 아니하거나 거짓이나 그 밖의 부정한 방법으로 신고를 하고서 해외인수·합병등을 한 경우에는 정보수사기관의 장에게 조사를 의뢰하고, 조사결과를 위원회에 보고한 후 위원회의 심의를 거쳐 해당 해외인수·합병등에 대하여 중지·금지·원상회복 등 필요한 조치를 명할 수 있다.(2019.8.20 본항개정)

⑩ 위원회는 다음 각 호의 어느 하나에 해당하는 경우에는 대상기관의 의견을 청취할 수 있다.

1. 제1항에 따른 승인신청에 대한 심의(2019.8.20 본호개정)

1의2. 제5항 및 제6항에 따른 신고에 대한 심의(2019.8.20 본호신설)

2. 제7항에 따른 국가안보에 심각한 영향을 주는 해외인수·합병등에 대한 중지·금지·원상회복 등 심의
3. 제7항의 조치에 따른 대상기관의 손해에 대한 심의
4. 제9항에 따른 미승인, 부정승인, 미신고 또는 거짓신고 등에 대한 해외인수·합병등의 중지·금지·원상회복 등 심의

(2019.8.20 2호~4호개정)

⑪ 산업통상자원부장관은 제1항에 따른 승인신청 또는 제5항 및 제6항에 따른 신고와 관련하여 분야별 전문위원회로 하여금 검토하게 할 수 있으며 관계 중앙행정기관의 장 또는 대상기관의 장에게 자료제출 등의 필요한 협조를 요청할 수 있다. 이 경우 관계 중앙행정기관의 장 및 대상기관의 장은 특별한 사유가 없는 한 이에 협조하여야 한다.(2019.8.20 전단개정)

⑫ 제1항의 승인, 제2항·제5항 및 제6항의 신고, 제7항 및 제9항의 중지·금지·원상회복 등의 조치 및 절차 등에 관하여 세부적인 사항은 대통령령으로 정한다.(2019.8.20 본항개정)

**제11조의2【국가핵심기술을 보유하는 대상기관의 해외인수·합병등】** ① 국가로부터 연구개발비를 지원받아 개발한 국가핵심기술을 보유한 대상기관이 대통령령으로 정하는 해외 인수·합병, 합작투자 등 외국인투자(이하 "해외인수·합병등"이라 한다)를 진행하려는 경우에는 미리 산업통상자원부장관의 승인을 받아야 한다.
(2019.8.20 본항개정)

② 제1항의 대상기관은 대통령령으로 정하는 외국인(이하 이 조에서 "외국인"이라 한다)에 의하여 해외인수·합병등이 진행되는 것을 알게 된 경우 지체 없이 산업통상자원부장관에게 신고하여야 한다.(2019.8.20 본항개정)

③ 산업통상자원부장관은 제2항에 따라 대상기관으로부터 신고를 받은 경우 해외인수·합병등을 진행하려는 외국인에게 제1항에 따른 승인 절차에 협조하여 줄 것을 요청할 수 있다. 이 경우 요청을 받은 외국인은 특별한 사유가 없으면 이에 따라야 한다.
(2019.8.20 본항신설)

④ 산업통상자원부장관은 제1항에 따른 승인신청을 받은 경우 해외인수·합병등에 따른 국가안보 및 산업기술 유출로 인한 국민경제적 파급효과를 검토하여 관계 중앙행정기관의 장과 협의한 후 위원회의 심의를 거쳐 승인

할 수 있다. 이 경우 산업통상자원부장관은 승인을 할 때 필요하다고 인정되는 조건을 달 수 있다.(2025.1.21 전단개정 : 2025.7.22 시행)

⑤ 제1항에 따른 승인대상 외의 국가핵심기술을 보유·관리하고 있는 대상기관은 해외인수·합병등을 진행하려는 경우에는 산업통상자원부장관에게 미리 신고를 하여야 한다.(2019.8.20 본항신설)

⑥ 제5항의 대상기관은 외국인에 의하여 해외인수·합병등이 진행되는 것을 알게 된 경우에는 지체 없이 산업통상자원부장관에게 신고하여야 한다.
(2019.8.20 본항신설)

⑦ 산업통상자원부장관은 제5항에 따른 신고를 받은 경우 해외인수·합병등이 국가안보에 미치는 영향 등을 검토하여 국가안보에 심각한 영향이 없고 이 법에 적합하면 신고를 수리하여야 한다.(2025.1.21 본항신설 : 2025.7.22 시행)

⑧ 산업통상자원부장관은 제1항, 제5항 및 제6항에 따른 국가핵심기술의 유출이 국가안보에 심각한 영향을 줄 수 있다고 판단하는 경우에는 관계 중앙행정기관의 장과 협의한 후 위원회의 심의를 거쳐 해외인수·합병등에 대하여 중지·금지·원상회복 등의 조치를 명할 수 있다.(2019.8.20 본항개정)

⑨ 제1항, 제5항 및 제6항에 따라 해외인수·합병등을 진행하려는 자는 해당 해외인수·합병등과 관련하여 다음 각 호의 사항에 관하여 의문이 있는 때에는 대통령령으로 정하는 바에 따라 산업통상자원부장관에게 미리 검토하여 줄 것을 신청할 수 있다.
(2019.8.20 본문개정)

1. 해당 국가핵심기술이 국가안보와 관련되는지 여부
2. 해당 해외인수·합병등이 제1항의 승인대상인지 여부 및 제5항·제6항의 신고대상인지 여부(2019.8.20 본호개정)
3. 그 밖에 해당 해외인수·합병등과 관련하여 의문이 있는 사항

⑩ 산업통상자원부장관은 국가핵심기술을 보유한 대상기관이 다음 각 호의 어느 하나에 해당하는 경우에는 해외인수·합병등의 중지·금지·원상회복 등 필요한 조치를 명할 수 있다. 다만, 제2호의 경우에는 정보수사기관의 장에게 조사를 의뢰하고, 조사결과를 위원회에 보고한 후 위원회의 심의를 거쳐야 한다.

1. 제1항에 따른 승인을 받지 아니하거나 제5항에 따른 신고를 하지 아니하고 해외인수·합병등을 진행한 경우
2. 거짓이나 그 밖의 부정한 방법으로 제1항에 따른 승인을 받거나 제5항에 따른 신고를 하고 해외인수·합병등을 진행한 경우

(2025.1.21 본항개정 : 2025.7.22 시행)

⑪ 위원회는 다음 각 호의 어느 하나에 해당하는 경우에는 대상기관의 의견을 청취할 수 있다.

1. 제1항에 따른 승인신청에 대한 심의(2019.8.20 본호개정)

1의2. 제5항 및 제6항에 따른 신고에 대한 심의(2019.8.20 본호신설)

2. 제8항에 따른 국가안보에 심각한 영향을 주는 해외인수·합병등에 대한 중지·금지·원상회복 등 심의
3. 제8항의 조치에 따른 대상기관의 손해에 대한 심의
4. 제10항에 따른 부정승인 또는 허위신고 등에 대한 해외인수·합병등의 중지·금지·원상회복 등 심의

(2025.1.21 2호~4호개정 : 2025.7.22 시행)

⑫ 산업통상자원부장관은 제1항에 따른 승인신청 또는 제5항 및 제6항에 따른 신고와 관련하여 분야별 전문위

원회로 하여금 검토하게 할 수 있으며 관계 중앙행정기관의 장 또는 대상기관의 장에게 자료제출 등의 필요한 협조를 요청할 수 있다. 이 경우 관계 중앙행정기관의 장 및 대상기관의 장은 특별한 사유가 없는 한 이에 협조하여야 한다.(2019.8.20 전단개정)
⑬ 제1항의 승인, 제2항·제5항 및 제6항의 신고, 제8항 및 제10항의 중지·금지·원상회복 등의 조치 및 절차 등에 관하여 세부적인 사항은 대통령령으로 정한다.(2025.1.21 본항개정 : 2025.7.22 시행)
(2011.7.25 본조신설)

**제11조의3 【이행강제금】** ① 산업통상자원부장관은 제11조의2제8항 및 제10항에 따라 해외인수·합병등의 중지·금지·원상회복 등의 조치명령을 받은 후 그 정한 기간 내에 그 조치명령을 이행하지 아니한 자에게 이행기한의 종료일 다음 날부터 1일당 1천만원 이하의 범위에서 대통령령으로 정하는 이행강제금을 부과한다.
② 산업통상자원부장관은 최초의 조치명령이 있었던 날을 기준으로 1년에 2회 이내의 범위에서 그 조치명령이 이행될 때까지 반복하여 제1항에 따른 이행강제금을 부과·징수할 수 있다.
③ 제1항 및 제2항에서 규정한 사항 외에 이행강제금의 부과·징수에 관한 사항은 「행정기본법」 제31조제2항부터 제6항까지에 따른다.
(2025.1.21 본조신설 : 2025.7.22 시행)

**제12조 【국가연구개발사업의 보호관리】** 대상기관의 장은 산업기술과 관련된 국가연구개발사업을 수행하는 과정에서 개발성과물이 외부로 유출되지 아니 하도록 필요한 대책을 수립·시행하여야 한다.

**제13조 【개선권고】** ① 산업통상자원부장관은 제10조의 규정에 따른 국가핵심기술의 보호조치 및 제12조의 규정에 따른 국가연구개발사업의 보호관리와 관련하여 필요하다고 인정되는 경우 대상기관의 장에 대하여 개선을 권고할 수 있다.(2013.3.23 본항개정)
② 제1항의 규정에 따라 개선권고를 받은 대상기관의 장은 개선대책을 수립·시행하고 그 결과를 산업통상자원부장관에게 통보하여야 한다.(2013.3.23 본항개정)
③ 산업통상자원부장관은 제1항에 따라 대상기관의 장에게 개선권고를 한 경우 해당 개선권고의 주요 내용 및 이유, 대상기관의 조치결과 등을 위원회에 보고하여야 한다.(2013.3.23 본항개정)
④ 제1항 및 제2항에 따른 개선권고 및 개선대책의 수립·시행 및 제3항에 따라 위원회에 보고하기 위하여 필요한 사항은 대통령령으로 정한다.
(2011.7.25 본조개정)

**제13조 【개선권고 등】** ① 산업통상자원부장관은 제10조의 규정에 따른 국가핵심기술의 보호조치 및 제12조의 규정에 따른 국가연구개발사업의 보호관리와 관련하여 필요하다고 인정되는 경우 대상기관의 장에 대하여 개선을 권고할 수 있다.(2013.3.23 본항개정)
② 제1항의 규정에 따라 개선권고를 받은 대상기관의 장은 개선대책을 수립·시행하고 그 결과를 산업통상자원부장관에게 통보하여야 한다.(2013.3.23 본항개정)
③ 산업통상자원부장관은 제1항에 따라 개선권고를 받은 대상기관의 장이 권고사항을 이행하지 아니한 경우에는 필요한 조치를 명할 수 있다.
(2025.1.21 본항신설 : 2025.7.22 시행)
④ 산업통상자원부장관은 제3항에 따라 대상기관의 장에게 조치명령을 한 경우 해당 조치명령의 주요 내용 및 이유, 대상기관의 조치결과 등을 위원회

에 보고하여야 한다.(2025.1.21 본항개정 : 2025.7.22 시행)

⑤ 제1항에 따른 개선권고, 제2항에 따른 개선대책의 수립·시행, 제3항에 따른 조치명령 및 제4항에 따른 보고에 필요한 사항은 대통령령으로 정한다.(2025.1.21 본항개정 : 2025.7.22 시행)

(2025.1.21 본조제목개정 : 2025.7.22 시행)

**제14조【산업기술의 유출 및 침해행위 금지】** 누구든지 다음 각 호의 어느 하나에 해당하는 행위를 하여서는 아니 된다.

1. 절취·기망·협박 그 밖의 부정한 방법으로 대상기관의 산업기술을 취득하는 행위 또는 그 취득한 산업기술을 사용하거나 공개(비밀을 유지하면서 특정인에게 알리는 것을 포함한다. 이하 같다)하는 행위
2. 제34조의 규정 또는 대상기관과의 계약 등에 따라 산업기술에 대한 비밀유지의무가 있는 자가 부정한 이익을 얻거나 그 대상기관에게 손해가 발생하는 것을 알면서도 유출하거나 그 유출한 산업기술을 사용 또는 공개하거나 제3자가 사용하게 하는 행위(2023.1.3 본호개정)
3. 제1호 또는 제2호의 규정에 해당하는 행위가 개입된 사실을 알고 그 산업기술을 취득·사용 및 공개하거나 산업기술을 취득한 후에 그 산업기술에 대하여 제1호 또는 제2호의 규정에 해당하는 행위가 개입된 사실을 알고 그 산업기술을 사용하거나 공개하는 행위
4. 제1호 또는 제2호의 규정에 해당하는 행위가 개입된 사실을 중대한 과실로 알지 못하고 그 산업기술을 취득·사용 및 공개하거나 산업기술을 취득한 후에 그 산업기술에 대하여 제1호 또는 제2호의 규정에 해당하는 행위가 개입된 사실을 중대한 과실로 알지 못하고 그 산업기술을 사용하거나 공개하는 행위
5. 제11조제1항의 규정에 따른 승인을 얻지 아니하거나 부정한 방법으로 승인을 얻어 국가핵심기술을 수출하는 행위(2011.7.25 본호개정)
6. 국가핵심기술을 외국에서 사용하거나 외국에서 사용될 것임을 알면서도 제11조의2제1항에 따른 승인을 받지 아니하거나 거짓이나 그 밖의 부정한 방법으로 승인을 받아 해외인수·합병등을 하는 행위
(2023.1.3 본호개정)

6의2. 국가핵심기술을 외국에서 사용하거나 외국에서 사용될 것임을 알면서도 제11조의2제5항 및 제6항에 따른 신고를 하지 아니하거나 거짓이나 그 밖의 부정한 방법으로 신고를 하고서 해외인수·합병등을 하는 행위(2023.1.3 본호개정)

6의3. 제34조 또는 대상기관과의 계약 등에 따라 산업기술에 대한 비밀유지의무가 있는 자가 산업기술에 대한 보유 또는 사용 권한이 소멸됨에 따라 대상기관으로부터 산업기술에 관한 문서, 도화(圖畵), 전자기록 등 특수매체기록의 반환이나 산업기술의 삭제를 요구받고도 부정한 이익을 얻거나 그 대상기관에 손해를 가할 목적으로 이를 거부 또는 기피하거나 그 사본을 보유하는 행위
(2015.1.28 본호신설)

7. 제11조제5항·제7항 및 제11조의2제7항·제9항에 따른 산업통상자원부장관의 명령을 이행하지 아니하는 행위(2019.8.20 본호개정)
8. 산업기술 관련 소송 등 대통령령으로 정하는 적법한 경로를 통하여 산업기술이 포함된 정보를 제공받은 자가 정보를 제공받은 목적 외의 다른 용도로 그 정보를 사용하거나 공개하는 행위(2019.8.20 본호신설)

**제14조【산업기술의 유출 및 침해행위 금지】** 누구든지 다음 각 호의 어느 하나에 해당하는 행위를 하여서는 아니 된다.

1. 절취 · 기망 · 협박 그 밖의 부정한 방법으로 대상기관의 산업기술을 취득하는 행위 또는 그 취득한 산업기술을 사용하거나 공개(비밀을 유지하면서 특정인에게 알리는 것을 포함한다. 이하 같다)하는 행위
2. 제34조의 규정 또는 대상기관과의 계약 등에 따라 산업기술에 대한 비밀유지의무가 있는 자가 대상기관의 산업기술을 유출하거나 그 유출한 산업기술을 사용 또는 공개하거나 제3자가 사용하게 하는 행위(2025.1.21 본호개정 : 2025.7.22 시행)
3. 제34조 또는 대상기관과의 계약 등에 따라 산업기술에 대한 비밀유지의무가 있는 자가 산업기술에 대한 보유 또는 사용 권한이 소멸됨에 따라 대상기관으로부터 산업기술에 관한 문서, 도화(圖畫), 전자기록 등 특수매체기록이나 원시코드 등의 반환이나 산업기술의 삭제를 요구받고도 이를 거부 또는 기피하거나 그 사본을 보유하는 행위(2025.1.21 본호개정 : 2025.7.22 시행)
4. 대상기관의 계약 등에 따라 산업기술에 대한 접근 권한이 있는 자가 산업기술을 지정된 장소 밖으로 무단으로 유출하거나 목적 외로 사용 · 공개하는 행위(2025.1.21 본호신설 : 2025.7.22 시행)
5. 제1호부터 제4호까지에 해당하는 행위가 개입된 사실을 알고 그 산업기술을 취득 · 사용 · 공개하거나 산업기술을 취득한 후에 그 산업기술에 대하여 제1호부터 제4호까지에 해당하는 행위가 개입된 사실을 알고 그 산업기술을 사용하거나 공개하는 행위(2025.1.21 본호개정 : 2025.7.22 시행)
6. 제1호부터 제4호까지의 어느 하나에 해당하는 행위를 소개 · 알선 · 유인하는 행위(2025.1.21 본호신설 : 2025.7.22 시행)
7. 제11조제1항의 규정에 따른 승인을 얻지 아니하거나 부정한 방법으로 승인을 얻어 국가핵심기술을 수출하는 행위(2011.7.25 본호개정)
8. 제11조제4항에 따른 신고를 하지 아니하거나 거짓이나 그 밖의 부정한 방법으로 신고를 하고 국가핵심기술을 수출하는 행위(2025.1.21 본호신설 : 2025.7.22 시행)
9. 제11조의2제1항에 따른 승인을 받지 아니하거나 거짓이나 그 밖의 부정한 방법으로 승인을 받아 해외인수 · 합병등을 하는 행위(2025.1.21 본호개정 : 2025.7.22 시행)
10. 제11조의2제5항 및 제6항에 따른 신고를 하지 아니하거나 거짓이나 그 밖의 부정한 방법으로 신고를 하고서 해외인수 · 합병등을 하는 행위(2025.1.21 본호개정 : 2025.7.22 시행)
11. 제11조제6항 · 제8항 및 제11조의2 제8항 · 제10항에 따른 산업통상자원부장관의 명령을 이행하지 아니하는 행위(2025.1.21 본호개정 : 2025.7.22 시행)
12. 산업기술 관련 소송 등 대통령령으로 정하는 적법한 경로를 통하여 산업기술이 포함된 정보를 제공받은 자가 정보를 제공받은 목적 외의 다른 용도로 그 정보를 사용하거나 공개하는 행위(2019.8.20 본호신설)
13. 제1호부터 제4호까지에 해당하는 행위가 개입된 사실을 중대한 과실로 알지 못하고 그 산업기술을 취득 · 사용 및 공개하거나 산업기술을 취득한 후에 그 산업기술에 대하

여 제1호부터 제4호까지에 해당하는 행위가 개입된 사실을 중대한 과실로 알지 못하고 그 산업기술을 사용하거나 공개하는 행위(2025.1.21 본호개정 : 2025.7.22 시행)

**제14조의2 【산업기술 침해행위에 대한 금지청구권 등】** ① 대상기관은 산업기술 침해행위를 하거나 하려는 자에 대하여 그 행위에 의하여 영업상의 이익이 침해되거나 침해될 우려가 있는 경우에는 법원에 그 행위의 금지 또는 예방을 청구할 수 있다.

② 대상기관이 제1항에 따른 청구를 할 때에는 침해행위를 조성한 물건의 폐기, 침해행위에 제공된 설비의 제거, 그 밖에 침해행위의 금지 또는 예방을 위하여 필요한 조치를 함께 청구할 수 있다.

③ 제1항에 따라 산업기술 침해행위의 금지 또는 예방을 청구할 수 있는 권리는 산업기술 침해행위가 계속되는 경우에 대상기관이 그 침해행위에 의하여 영업상의 이익이 침해되거나 침해될 우려가 있다는 사실 및 침해행위자를 안 날부터 3년간 행사하지 아니하면 시효의 완성으로 소멸한다. 그 침해행위가 시작된 날부터 10년이 지난 때에도 또한 같다.

(2011.7.25 본조신설)

**제14조의3 【산업기술 해당 여부 확인】** ① 대상기관은 보유하고 있는 기술이 산업기술에 해당하는지에 대하여 산업통상자원부장관에게 확인을 신청할 수 있다.

② 제1항에 따른 확인의 절차·방법 등에 관한 사항은 대통령령으로 정한다.

② 대상기관이 보유하고 있는 기술이 제2조제1호나목부터 자목까지의 기술에 해당하는 것으로서 그 기술을 지정·고시·공고·인증한 행정기관의 장에게 확인받은 경우에는 제1항에 따른 산업기술 확인을 받은 것으로 간주한다.(2025.1.21 본항신설 : 2025.7.22 시행)

③ 제1항에 따른 확인의 절차·방법 등에 관한 사항은 대통령령으로 정한다.

(2015.1.28 본조신설)

**제14조의4 【외국에서의 행위에 대한 적용】** 제14조에 따른 산업기술의 유출 및 침해행위 금지에 대한 규정은 해당 행위를 외국에서 한 경우에도 이 법을 적용한다.(2025.1.21 본조신설 : 2025.7.22 시행)

**제15조 【산업기술 침해신고 등】** ① 국가핵심기술 및 국가연구개발사업으로 개발한 산업기술을 보유한 대상기관의 장은 제14조 각 호의 어느 하나에 해당하는 행위가 발생할 우려가 있거나 발생한 때에는 즉시 산업통상자원부장관 및 정보수사기관의 장에게 그 사실을 신고하여야 하고, 필요한 조사 및 조치를 요청할 수 있다.

② 산업통상자원부장관 및 정보수사기관의 장은 제1항의 규정에 따른 요청을 받은 경우 또는 제14조에 따른 금지행위를 인지한 경우에는 필요한 조사 및 조치를 하여야 한다.

(2019.8.20 본조개정)

**제15조 【산업기술 침해신고 등】** ① 국가핵심기술 및 국가연구개발사업으로 개발한 산업기술을 보유한 대상기관의 장은 제14조 각 호의 어느 하나에 해당하는 행위가 발생할 우려가 있거나 발생한 때에는 즉시 산업통상자원부장관 및 정보수사기관의 장에게 그 사실을 신고하여야 한다.

② 산업통상자원부장관 및 정보수사기관의 장은 제1항의 신고를 받은 경우 또는 제14조에 따른 금지행위를 인지한 경우에는 필요한 조사 및 조치를 하여야 한다.

③ 산업통상자원부장관 및 정보수사기관의 장은 제2항에 따른 조사 및 조

치를 한 경우에 그 결과를 정보수사기관의 장 또는 산업통상자원부장관에게 각각 통보하여야 한다. 다만, 정보수사기관의 장이 국가안전보장을 위하여 필요하다고 인정하는 경우에는 통보하지 아니할 수 있다.(2025.1.21 본항신설 : 2025.7.22 시행)
(2025.1.21 본조개정 : 2025.7.22 시행)

## 제4장 산업기술보호의 기반 구축 및 산업보안기술의 개발·지원 등

**제16조【산업기술보호협회의 설립 등】** ① 대상기관은 산업기술의 유출방지 및 보호에 관한 시책을 효율적으로 추진하기 위하여 산업통상자원부장관의 인가를 받아 산업기술보호협회(이하 "협회"라 한다)를 설립할 수 있다.
(2013.3.23 본항개정)

② 협회는 법인으로 하고, 그 주된 사무소의 소재지에서 설립등기를 함으로써 성립한다.

③ 설립등기 외의 등기를 필요로 하는 사항은 그 등기 후가 아니면 제3자에게 대항하지 못한다.

④ 협회는 다음 각 호의 업무를 행한다.
1. 산업기술보호를 위한 정책의 개발 및 협력
2. 산업기술의 해외유출 관련 정보 전파
3. 산업기술의 유출방지를 위한 상담·홍보·교육·실태조사
4. 국내외 산업기술보호 관련 자료 수집·분석 및 발간
4의2. 국가핵심기술의 보호·관리 등에 관한 지원 업무(2015.1.28 본호신설)
5. 제22조제1항에 따른 산업기술의 보호를 위한 지원업무(2011.7.25 본호신설)
6. 제23조의 규정에 따른 산업기술분쟁조정위원회의 업무지원
7. 그 밖에 산업통상자원부장관이 필요하다고 인정하여 위탁하거나 협회의 정관이 정한 사업(2013.3.23 본호개정)

⑤ 정부는 대상기관의 산업기술의 보호를 위하여 필요한 경우에는 예산의 범위 안에서 협회의 사업수행에 필요한 자금을 지원할 수 있다.

⑥ 협회의 사업 및 감독 등에 관하여 필요한 사항은 대통령령으로 정한다.

⑦ 협회에 관하여 이 법에 규정된 사항을 제외하고는 「민법」 중 사단법인에 관한 규정을 준용한다.

**제17조【산업기술보호를 위한 실태조사】** ① 산업통상자원부장관은 필요한 경우 대상기관의 산업기술의 보호 및 관리 현황에 대한 실태조사를 실시할 수 있다.(2013.3.23 본항개정)

② 산업통상자원부장관은 제1항의 규정에 따른 실태조사를 위하여 산업기술을 보유하고 있는 대상기관 및 관련 단체에 대하여 관련 자료의 제출이나 조사업무의 수행에 필요한 협조를 요청할 수 있다. 이 경우 그 요청을 받은 자는 특별한 사유가 없는 한 이에 응하여야 한다.(2013.3.23 전단개정)

③ 제2항의 규정에 따른 실태조사의 대상·범위·방법 등에 관하여 필요한 사항은 대통령령으로 정한다.

③ 산업통상자원부장관은 실태조사 결과가 우수한 대상기관에 대하여 제11조제1항 및 제4항에 따른 수출 절차를 일부 면제 또는 간소화할 수 있다.
(2025.1.21 본항신설 : 2025.7.22 시행)

④ 제2항의 규정에 따른 실태조사의 대상·범위·방법 등에 관하여 필요한 사항은 대통령령으로 정한다.

**제17조의2【국회 자료제출】** ① 산업통상자원부장관은 국가핵심기술 등 산업기술 해외유출 현황을 매년 정기국회 개회 전까지 국회 소관 상임위원회

에 제출하여야 한다.
② 산업통상자원부장관은 제1항에 따른 산업기술의 해외유출 현황을 국회에 제출하기 위하여 산업기술 해외유출 사건의 기소 및 판결현황 등을 법무부장관에게 요청할 수 있다. 이 경우 법무부장관은 정당한 사유가 없으면 이에 따라야 한다.
(2025.1.21 본조신설 : 2025.7.22 시행)

**제18조【국제협력】** ① 정부는 산업기술의 보호에 관한 국제협력을 촉진하기 위하여 관련 산업보안기술 및 전문인력의 국제교류, 산업보안기술의 국제표준화 및 국제공동연구개발 등에 관하여 필요한 국제협력사업을 추진할 수 있다.
② 정부는 다음 각 호의 사업을 지원할 수 있다.
1. 산업보안기술 및 보안산업의 국제적 차원의 조사·연구
2. 산업보안기술 및 보안산업에 관한 국제적 차원의 인력·정보의 교류
3. 산업보안기술 및 보안산업에 관한 국제적 전시회·학술회의 등의 개최
4. 그 밖에 국제적 차원의 대책을 수립하고 추진하기 위하여 필요하다고 인정하여 대통령령이 정하는 사업

**제19조【산업기술보호교육】** ① 산업통상자원부장관은 산업기술의 유출방지 및 보호를 위하여 대상기관의 임·직원을 대상으로 교육을 실시할 수 있다.(2013.3.23 본항개정)
② 제1항의 규정에 따른 교육의 내용·기간·주기 등에 관하여 필요한 사항은 대통령령으로 정한다.

**제20조【산업보안기술의 개발지원 등】** ① 정부는 산업기술을 보호하기 위하여 산업보안기술의 개발 및 전문인력의 양성에 관한 시책을 수립하여 추진할 수 있다.
② 정부는 산업기술보호에 필요한 기술개발을 효율적으로 추진하기 위하여 대상기관으로 하여금 제1항의 규정에 따른 산업보안기술의 개발 등을 실시하게 할 수 있다.
③ 정부는 제2항의 규정에 따라 산업보안기술 개발사업 등을 실시하는 자에게 그 사업에 소요되는 비용을 출연 또는 보조할 수 있다.
④ 제3항의 규정에 따른 출연금의 지급·사용 및 관리 등에 관하여 필요한 사항은 대통령령으로 정한다.

**제21조【산업기술보호 포상 및 보호 등】** ① 정부는 산업보안기술의 개발 등 산업기술의 유출방지 및 보호에 기여한 공이 큰 자 또는 이 법의 규정을 위반하여 산업기술을 해외로 유출한 사실을 신고한 자 등에 대하여 예산의 범위 내에서 포상 및 포상금을 지급할 수 있다.(2009.1.30 본항개정)
② 정부는 이 법의 규정을 위반하여 산업기술을 해외로 유출한 사실을 신고한 자로부터 요청이 있는 경우 그에 대하여 신변보호 등 필요한 조치를 취하여야 한다.
③ 정부는 산업보안기술의 개발 등 산업기술의 유출방지 및 보호에 기여한 공이 큰 외국인에 대하여 국내정착 및 국적취득을 지원할 수 있다.
④ 제1항 내지 제3항의 규정에 따른 포상·포상금 지급, 신변보호 등의 기준·방법 및 절차에 관하여 필요한 사항은 대통령령으로 정한다.

**제22조【산업기술의 보호를 위한 지원】** ① 정부는 산업기술의 보호를 촉진하기 위하여 필요하다고 인정하면 다음 각 호의 사항을 대상기관 등에게 지원할 수 있다.
1. 산업기술 보안에 대한 자문
2. 산업기술의 보안시설을 설치·운영하는 기술지원
2. 산업기술 보안시설의 설치·운영 지원(2025.1.21 본호개정 : 2025.7.22 시행)
3. 산업기술보호를 위한 교육 및 인력 양성을 위한 지원

4. 그 밖에 산업기술보호를 위하여 필요한 사항

(2011.7.25 본항개정)

② 제1항의 규정에 따른 지원에 관하여 필요한 사항은 대통령령으로 정한다.

(2011.7.25 본조제목개정)

## 제5장 보 칙

**제22조의2【산업기술의 유출 및 침해행위에 대한 손해배상책임】** ① 제14조에 따른 산업기술의 유출 및 침해행위(이하 이 조에서 "산업기술침해행위"라 한다)를 함으로써 대상기관에 손해를 입힌 자는 그 손해를 배상할 책임을 진다.

② 법원은 산업기술침해행위가 고의적인 것으로 인정되는 경우에는 다음 각 호의 사항을 고려하여 손해로 인정되는 금액의 3배를 넘지 아니하는 범위에서 배상액을 정할 수 있다.

② 법원은 산업기술침해행위가 고의적인 것으로 인정되는 경우에는 다음 각 호의 사항을 고려하여 손해로 인정되는 금액의 5배를 넘지 아니하는 범위에서 배상액을 정할 수 있다.
(2025.1.21 본문개정 : 2025.7.22 시행)

1. 산업기술침해행위를 한 자의 우월적 지위 여부
2. 고의 또는 손해 발생의 우려를 인식한 정도
3. 산업기술침해행위로 인하여 대상기관이 입은 피해 규모
4. 산업기술침해행위를 한 자가 해당 침해행위로 인하여 취득한 경제적 이익
5. 산업기술침해행위의 기간·횟수 등
6. 산업기술침해행위에 따른 벌금
7. 산업기술침해행위를 한 자의 재산상태
8. 산업기술침해행위를 한 자의 피해구제 노력의 정도

(2019.8.20 본조신설)

**제22조의3【자료의 제출】** 법원은 산업기술의 유출 및 침해에 관한 소송에서 당사자의 신청에 의하여 상대방 당사자에게 해당 침해의 증명 또는 침해로 인한 손해액의 산정에 필요한 자료의 제출을 명할 수 있다. 다만, 그 자료의 소지자가 그 자료의 제출을 거절할 정당한 이유가 있으면 그러하지 아니하다.(2019.8.20 본조신설)

**제22조의4【비밀유지명령】** ① 법원은 산업기술의 유출 및 침해에 관한 소송에서 그 당사자가 보유한 산업기술에 대하여 다음 각 호의 사유를 모두 소명한 경우에는 그 당사자의 신청에 따라 결정으로 다른 당사자(법인인 경우에는 그 대표자를 말한다), 당사자를 위하여 소송을 대리하는 자, 그 밖에 해당 소송으로 인하여 산업기술을 알게 된 자에게 그 산업기술을 해당 소송의 계속적인 수행 외의 목적으로 사용하거나 그 산업기술에 관계된 이 항에 따른 명령을 받은 자 외의 자에게 공개하지 아니할 것을 명할 수 있다. 다만, 그 신청 시점까지 다른 당사자(법인인 경우에는 그 대표자를 말한다), 당사자를 위하여 소송을 대리하는 자, 그 밖에 해당 소송으로 인하여 산업기술을 알게 된 자가 제1호에 규정된 준비서면의 열람이나 증거 조사 외의 방법으로 그 산업기술을 이미 취득하고 있는 경우에는 그러하지 아니하다.

1. 이미 제출하였거나 제출하여야 할 준비서면 또는 이미 조사하였거나 조사하여야 할 증거에 산업기술이 포함되어 있다는 것
2. 제1호의 산업기술이 해당 소송 수행 외의 목적으로 사용되거나 공개되면 당사자의 경영에 지장을 줄 우려가 있어 이를 방지하기 위하여 산업기술의 사용 또는 공개를 제한할 필요가 있다는 것

② 제1항에 따른 명령(이하 "비밀유지

명령"이라 한다)의 신청은 다음 각 호의 사항을 적은 서면으로 하여야 한다.

1. 비밀유지명령을 받을 자
2. 비밀유지명령의 대상이 될 산업기술을 특정하기에 충분한 사실
3. 제1항 각 호의 사유에 해당하는 사실

③ 법원은 비밀유지명령이 결정된 경우에는 그 결정서를 비밀유지명령을 받은 자에게 송달하여야 한다.

④ 비밀유지명령은 제3항의 결정서가 비밀유지명령을 받은 자에게 송달된 때부터 효력이 발생한다.

⑤ 비밀유지명령의 신청을 기각 또는 각하한 재판에 대하여는 즉시항고를 할 수 있다.

(2019.8.20 본조신설)

**제22조의5【비밀유지명령의 취소】** ① 비밀유지명령을 신청한 자 또는 비밀유지명령을 받은 자는 제22조의4제1항에 따른 요건을 갖추지 못하였거나 갖추지 못하게 된 경우 소송기록을 보관하고 있는 법원(소송기록을 보관하고 있는 법원이 없는 경우에는 비밀유지명령을 내린 법원을 말한다)에 비밀유지명령의 취소를 신청할 수 있다.

② 법원은 비밀유지명령의 취소 신청에 대한 재판이 있는 경우에는 그 결정서를 그 신청을 한 자 및 상대방에게 송달하여야 한다.

③ 비밀유지명령의 취소 신청에 대한 재판에 대하여는 즉시항고를 할 수 있다.

④ 비밀유지명령을 취소하는 재판은 확정되어야 그 효력이 발생한다.

⑤ 비밀유지명령을 취소하는 재판을 한 법원은 비밀유지명령의 취소 신청을 한 자 또는 상대방 외에 해당 산업기술에 관한 비밀유지명령을 받은 자가 있는 경우에는 그 자에게 즉시 비밀유지명령의 취소 재판을 한 사실을 알려야 한다.

(2019.8.20 본조신설)

**제22조의6【소송기록 열람 등의 청구 통지 등】** ① 비밀유지명령이 내려진 소송(모든 비밀유지명령이 취소된 소송은 제외한다)에 관한 소송기록에 대하여 「민사소송법」 제163조제1항의 결정이 있었던 경우, 당사자가 같은 항에서 규정하는 비밀 기재부분의 열람 등의 청구를 하였으나 그 청구절차를 해당 소송에서 비밀유지명령을 받지 아니한 자가 밟은 경우에는 법원서기관, 법원사무관, 법원주사 또는 법원주사보(이하 이 조에서 "법원사무관등"이라 한다)는 「민사소송법」 제163조제1항의 신청을 한 당사자(그 열람 등의 청구를 한 자는 제외한다. 이하 제3항에서 같다)에게 그 청구 직후에 그 열람 등의 청구가 있었다는 사실을 알려야 한다.

② 제1항의 경우에 법원사무관등은 제1항의 청구가 있었던 날부터 2주일이 지날 때까지(그 청구절차를 행한 자에 대한 비밀유지명령신청이 그 기간 내에 행하여진 경우에는 그 신청에 대한 재판이 확정되는 시점까지를 말한다) 그 청구절차를 행한 자에게 제1항의 비밀 기재부분의 열람 등을 하게 하여서는 아니 된다.

③ 제2항은 제1항의 열람 등의 청구를 한 자에게 제1항의 비밀 기재부분의 열람 등을 하게 하는 것에 대하여 「민사소송법」 제163조제1항의 신청을 한 당사자 모두의 동의가 있는 경우에는 적용되지 아니한다.

(2019.8.20 본조신설)

**제23조【산업기술분쟁조정위원회】** ① 산업기술의 유출에 대한 분쟁을 신속하게 조정하기 위하여 산업통상자원부장관 소속하에 산업기술분쟁조정위원회(이하 "조정위원회"라 한다)를 둔다. (2013.3.23 본항개정)

② 조정위원회는 위원장 1인을 포함한 15인 이내의 위원으로 구성한다.

③ 조정위원회의 위원은 다음 각 호의 어느 하나에 해당하는 자 중에서 대통

령령이 정하는 바에 따라 산업통상자원부장관이 전문분야와 성별을 고려하여 임명하거나 위촉한다.(2015.1.28 본문개정)

1. 대학이나 공인된 연구기관에서 부교수 이상 또는 이에 상당하는 직에 있거나 있었던 자로서 기술 또는 정보의 보호 관련 분야를 전공한 자
2. 4급 또는 4급 상당 이상의 공무원 또는 이에 상당하는 공공기관의 직에 있거나 있었던 자로서 산업기술유출의 방지업무에 관한 경험이 있는 자
3. 산업기술의 보호사업을 영위하고 있는 기업 또는 산업기술의 보호업무를 수행하는 단체의 임원직에 있는 자
4. 판사·검사 또는 변호사의 자격이 있는 자

④ 위원의 임기는 3년으로 하되, 연임할 수 있다.

⑤ 위원장은 위원 중에서 산업통상자원부장관이 임명한다.(2013.3.23 본항개정)

⑥ 조정위원회의 회의는 재적위원 과반수의 출석으로 개의하고, 출석위원 과반수의 찬성으로 의결한다.
(2015.1.28 본항신설)

⑦ 조정위원회의 업무를 지원하기 위하여 협회에 사무국을 둔다.
(2016.3.29 본항신설)

⑧ 그 밖에 조정위원회의 구성·운영 등에 필요한 사항은 대통령령으로 정한다.(2015.1.28 본항신설)

**제24조 【조정부】** ① 분쟁의 조정을 효율적으로 수행하기 위하여 조정위원회에 5인 이내의 위원으로 구성되는 조정부를 두되, 그 중 1인은 변호사의 자격이 있는 자로 한다.

② 조정위원회는 필요한 경우 일부 분쟁에 대하여 제1항의 규정에 따른 조정부에 일임하여 조정하게 할 수 있다.

③ 제1항의 규정에 의한 조정부의 구성 및 운영에 관하여 필요한 사항은 대통령령으로 정한다.

**제25조 【위원의 제척·기피·회피】**

① 위원은 다음 각 호의 어느 하나에 해당하는 경우에는 해당 분쟁조정청구사건(이하 "사건"이라 한다)의 심의·의결에서 제척된다.

1. 위원 또는 그 배우자나 배우자이었던 자가 해당 사건의 당사자가 되거나 해당 사건에 관하여 공동권리자 또는 의무자의 관계에 있는 경우
2. 위원이 해당 사건의 당사자와 친족관계에 있거나 있었던 경우
3. 위원이 해당 사건에 관하여 증언이나 감정을 한 경우
4. 위원이 해당 사건에 관하여 당사자의 대리인 또는 임·직원으로서 관여하거나 관여하였던 경우

(2019.8.20 본항개정)

② 당사자는 위원에게 심의·의결의 공정성을 기대하기 어려운 사정이 있는 경우에는 조정위원회에 기피신청을 할 수 있다. 이 경우 조정위원회는 기피신청이 타당하다고 인정하는 때에는 기피의 결정을 하여야 한다.

③ 위원이 제1항 또는 제2항의 사유에 해당하는 경우에는 스스로 그 사건의 심의·의결을 회피할 수 있다.

**제26조 【분쟁의 조정】** ① 산업기술유출과 관련한 분쟁의 조정을 원하는 자는 신청취지와 원인을 기재한 조정신청서를 조정위원회에 제출하여 분쟁의 조정을 신청할 수 있다.

② 제1항의 규정에 따른 분쟁의 조정신청을 받은 조정위원회는 신청을 받은 날부터 3월 이내에 이를 심사하여 조정안을 작성하여야 한다. 다만, 정당한 사유가 있는 경우에는 조정위원회의 의결로 1개월 단위로 3회에 한정하여 조정기간을 연장할 수 있고, 이 경우 사건의 당사자에게 연장 기간 및 사유를 통지하여야 한다.(2017.3.14 단서개정)

③ 제2항의 규정에 따른 기간이 경과하는 경우에는 조정이 성립되지 아니한 것으로 본다.

④ 조정이 신청된 경우 피신청인은 이에 성실하게 응하여야 한다.
(2017.3.14 본항신설)

**제27조【자료요청 등】** ① 조정위원회는 분쟁조정을 위하여 필요한 자료를 분쟁당사자에게 요청할 수 있다. 이 경우 해당 분쟁당사자는 정당한 사유가 없는 한 이에 응하여야 한다.
② 조정위원회는 필요하다고 인정하는 경우에는 분쟁당사자 또는 참고인으로 하여금 조정위원회에 출석하게 하여 그 의견을 들을 수 있다.
③ 조정위원회는 제1항의 규정에 따른 자료요구와 제2항의 규정에 따라 의견진술을 청취할 경우 비공개로 하여야 하며, 제출된 자료 및 청취된 의견에 대해서는 비밀을 유지하여야 한다.

**제28조【조정의 효력】** ① 조정위원회는 제26조제2항의 규정에 따라 조정안을 작성한 때에는 지체 없이 이를 각 당사자에게 제시하여야 한다.
② 제1항의 규정에 따라 조정안을 제시받은 당사자는 그 제시를 받은 날부터 15일 이내에 그 수락 여부를 조정위원회에 통보하여야 한다.
③ 당사자가 조정안을 수락한 때에는 조정위원회는 즉시 조정조서를 작성하여야 하며, 위원장 및 각 당사자는 이에 기명날인하거나 서명하여야 한다.
(2016.3.29 본항개정)
④ 당사자가 제3항의 규정에 따라 조정안을 수락하고 조정조서에 기명날인하거나 서명한 경우에는 해당 조정조서는 재판상 화해와 동일한 효력을 갖는다.(2016.3.29 본항개정)

**제29조【조정의 거부 및 중지】** ① 조정위원회는 분쟁의 성질상 조정위원회에서 조정하는 것이 적합하지 아니하다고 인정하거나 당사자가 부정한 목적으로 조정을 신청한 것으로 인정되는 경우에는 해당 조정을 거부할 수 있다. 이 경우 그 사유 등을 신청인에게 통보하여야 한다.
② 조정위원회는 신청된 조정사건에 대한 처리절차를 진행 중에 일방 당사자가 법원에 소를 제기한 경우에는 그 조정의 처리를 중지하고 이를 당사자에게 통지하여야 한다.

**제30조【조정의 절차 등】** 분쟁의 조정방법 · 조정절차 및 조정업무의 처리 등에 관하여 필요한 사항은 대통령령으로 정한다.

**제31조【준용법률】** 산업기술유출에 관한 분쟁조정에 관해 이 법에 규정이 있는 경우를 제외하고는 그 성질에 반하지 않는 한 「민사조정법」의 규정을 준용한다.

**제32조【수수료】** ① 제26조제1항의 규정에 따라 조정위원회에 산업기술유출과 관련한 분쟁의 조정을 신청하는 자는 대통령령이 정하는 바에 따라 수수료를 납부하여야 한다.
② 제1항의 규정에 따른 수수료의 금액 · 징수방법 · 징수절차 등에 관하여 필요한 사항은 산업통상자원부령으로 정한다.(2013.3.23 본항개정)

**제33조【권한의 위임 · 위탁】** 산업통상자원부장관은 이 법에 의한 권한의 일부를 대통령령이 정하는 바에 따라 보조기관 · 소속기관의 장이나 관계 중앙행정기관의 장 또는 관계 전문기관의 장에게 위임 또는 위탁할 수 있다.
(2013.3.23 본조개정)

**제34조【비밀유지의무】** 다음 각 호의 어느 하나에 해당하거나 해당하였던 자는 그 직무상 알게 된 비밀을 누설하거나 도용하여서는 아니 된다.
1. 대상기관의 임 · 직원(교수 · 연구원 · 학생을 포함한다)
2. 제9조의 규정에 따라 국가핵심기술의 지정 · 변경 및 해제 업무를 수행하는 자 또는 제16조에 따라 국가핵심기술의 보호 · 관리 등에 관한 지원 업무를 수행하는 자(2015.1.28 본호개정)

2의2. 제9조의2에 따라 국가핵심기술 판정 등의 업무를 수행하는 자
2의3. 제9조의3에 따라 국가핵심기술 보유기관 등록 등의 업무를 수행하는 자
(2025.1.21 2호의2~2호의3신설 : 2025.7.22 시행)
3. 제11조 및 제11조의2에 따라 국가핵심기술의 수출 및 해외인수·합병등에 관한 사항을 검토하거나 사전검토, 조사업무를 수행하는 자
(2011.7.25 본호개정)
3의2. 제11조의2제3항 및 제6항에 따른 해외인수·합병등을 진행하려는 외국인 및 외국인의 임·직원
(2019.8.20 본호신설)
3의3. 제13조에 따라 개선권고 등의 업무를 수행하는 자(2025.1.21 본호신설 : 2025.7.22 시행)
4. 제15조의 규정에 따라 침해행위의 접수 및 방지 등의 업무를 수행하는 자
5. 제16조제4항제3호의 규정에 따라 상담업무 또는 실태조사에 종사하는 자
6. 제17조제1항의 규정에 따라 산업기술의 보호 및 관리 현황에 대한 실태조사업무를 수행하는 자
6. 제17조에 따라 산업기술의 보호 및 관리 현황에 대한 실태조사업무를 수행하는 자(2025.1.21 본호개정 : 2025.7.22 시행)
7. 제20조제2항의 규정에 따라 산업보안기술 개발사업자에게 고용되어 산업보안기술 연구개발업무를 수행하는 자
8. 제23조의 규정에 따라 산업기술 분쟁조정업무를 수행하는 자
9. 제33조의 규정에 따라 산업통상자원부장관의 권한의 일부를 위임·위탁받아 업무를 수행하는 자
(2013.3.23 본호개정)
10. 「공공기관의 정보공개에 관한 법률」에 따른 정보공개 청구, 산업기술 관련 소송 업무 등 대통령령으로 정하는 업무를 수행하면서 산업기술에 관한 정보를 알게 된 자
(2019.8.20 본호신설)

**제35조 【벌칙 적용에서의 공무원 의제】** 다음 각 호의 업무를 행하는 자는 「형법」 제129조 내지 제132조를 적용함에 있어서는 이를 공무원으로 본다.
1. 제9조의 규정에 따라 국가핵심기술의 지정·변경 및 해제 업무를 수행하는 자 또는 제16조에 따라 국가핵심기술의 보호·관리 등에 관한 지원 업무를 수행하는 자(2015.1.28 본호개정)
2. 제11조 및 제11조의2에 따라 국가핵심기술의 수출 및 해외인수·합병등에 관한 사항을 검토하거나 조사업무를 수행하는 자(2011.7.25 본호개정)
3. 제15조의 규정에 따라 침해행위의 접수 및 방지 등의 업무를 수행하는 자
4. 제17조의 규정에 따라 산업기술의 보호 및 관리 현황에 대한 실태조사 업무를 수행하는 자
5. 제23조의 규정에 따라 산업기술 분쟁조정업무를 수행하는 자
6. 제33조의 규정에 따라 산업통상자원부장관의 권한의 일부를 위임·위탁받아 업무를 수행하는 자
(2013.3.23 본호개정)

## 제6장 벌 칙

**제36조 【벌칙】** ① 국가핵심기술을 외국에서 사용하거나 사용되게 할 목적으로 제14조제1호부터 제3호까지의 어느 하나에 해당하는 행위를 한 자는 3년 이상의 유기징역에 처한다. 이 경우 15억원 이하의 벌금을 병과한다.
(2019.8.20 본항신설)

① 국가핵심기술이 외국에서 사용될 것을 알면서 제14조제1호부터 제12호까지의 어느 하나에 해당하는 행위를 한 자는 3년 이상의 유기징역에 처한다. 이 경우 65억원 이하의 벌금을 병과한다.(2025.1.21 본항개정 : 2025.7.22 시행)

② 산업기술을 외국에서 사용하거나 사용되게 할 목적으로 제14조 각 호(제4호를 제외한다)의 어느 하나에 해당하는 행위를 한 자(제1항에 해당하는 행위를 한 자는 제외한다)는 15년 이하의 징역 또는 15억원 이하의 벌금에 처한다.(2019.8.20 본항개정)

② 산업기술이 외국에서 사용될 것을 알면서 제14조제1호부터 제6호까지 및 제12호의 어느 하나에 해당하는 행위를 한 자(제1항에 해당하는 행위를 한 자는 제외한다)는 15년 이하의 징역 또는 30억원 이하의 벌금에 처한다.
(2025.1.21 본항개정 : 2025.7.22 시행)

③ 제14조 각 호(제4호 · 제6호 · 제6호의2 및 제8호는 제외한다)의 어느 하나에 해당하는 행위를 한 자는 10년 이하의 징역 또는 10억원 이하의 벌금에 처한다.(2019.8.20 본항개정)

③ 제14조제1호부터 제11호까지의 어느 하나에 해당하는 행위를 한 자는 10년 이하의 징역 또는 10억원 이하의 벌금에 처한다.(2025.1.21 본항개정 : 2025.7.22 시행)

④ 제14조제4호 및 제8호의 어느 하나에 해당하는 행위를 한 자는 3년 이하의 징역 또는 3억원 이하의 벌금에 처한다.(2019.8.20 본항개정)

④ 제14조제12호 및 제13호의 어느 하나에 해당하는 행위를 한 자는 3년 이하의 징역 또는 3억원 이하의 벌금에 처한다.(2025.1.21 본항개정 : 2025.7.22 시행)

⑤ 제1항부터 제4항까지의 죄를 범한 자가 그 범죄행위로 인하여 얻은 재산은 이를 몰수한다. 다만, 그 전부 또는 일부를 몰수할 수 없는 때에는 그 가액을 추징한다.(2019.8.20 본문개정)

⑥ 제34조의 규정을 위반하여 비밀을 누설하거나 도용한 자는 5년 이하의 징역이나 10년 이하의 자격정지 또는 5천만원 이하의 벌금에 처한다.
(2016.3.29 본항개정)

⑦ 제1항부터 제3항까지의 미수범은 처벌한다.(2019.8.20 본항개정)

⑧ 제2항부터 제4항까지의 규정에 따른 징역형과 벌금형은 이를 병과할 수 있다.(2019.8.20 본항개정)

**제36조의2 【비밀유지명령 위반죄】** ① 국내외에서 정당한 사유 없이 비밀유지명령을 위반한 자는 5년 이하의 징역 또는 5천만원 이하의 벌금에 처한다.

② 제1항의 죄는 비밀유지명령을 신청한 자의 고소가 없으면 공소를 제기할 수 없다.
(2019.8.20 본조신설)

**제37조 【예비 · 음모】** ① 제36조제1항 또는 제2항의 죄를 범할 목적으로 예비 또는 음모한 자는 3년 이하의 징역 또는 3천만원 이하의 벌금에 처한다.

② 제36조제3항의 죄를 범할 목적으로 예비 또는 음모한 자는 2년 이하의 징역 또는 2천만원 이하의 벌금에 처한다.
(2019.8.20 본조개정)

**제38조 【양벌규정】** 법인의 대표자나 법인 또는 개인의 대리인, 사용인, 그 밖의 종업원이 그 법인 또는 개인의 업무에 관하여 제36조제1항부터 제4항까지의 어느 하나에 해당하는 위반행위를 하면 그 행위자를 벌하는 외에 그 법인 또는 개인에게도 해당 조문의 벌금형을 과(科)한다. 다만, 법인 또는 개인이 그 위반행위를 방지하기 위하여 해당 업무에 관하여 상당한 주의와 감독을 게을리하지 아니한 경우에는 그러하지 아니하다.(2019.8.20 본문개정)

**제39조 【과태료】** ① 다음 각 호의 어느 하나에 해당하는 자는 1천만원 이하의 과태료에 처한다.

1. 제10조제3항을 위반하여 국가핵심기술의 보호조치를 거부·방해 또는 기피한 자(2009.1.30 본호신설)
2. 제15조제1항의 규정에 따른 산업기술 침해신고를 하지 아니한 자
3. 제17조제2항의 규정을 위반하여 관련 자료를 제출하지 아니하거나 허위로 제출한 자

① 다음 각 호의 어느 하나에 해당하는 자는 1천만원 이하의 과태료에 처한다. 다만, 제4호의 경우에는 국가를 제외한다.(2025.1.21 단서신설 : 2025.7.22 시행)

1. 제9조의2제3항에 따른 판정신청서류를 제출하지 아니하거나 허위로 제출한 자(2025.1.21 본호신설 : 2025.7.22 시행)
2. 제9조의3제1항에 따른 국가핵심기술 보유기관 등록을 신청하지 아니한 자(2025.1.21 본호신설 : 2025.7.22 시행)
3. 제10조제3항을 위반하여 국가핵심기술의 보호조치를 거부·방해 또는 기피한 자(2009.1.30 본호신설)
4. 제11조제10항 및 제11조의2제12항에 따른 산업통상자원부장관의 협조요청을 정당한 사유 없이 거부한 자(2025.1.21 본호신설 : 2025.7.22 시행)
5. 제13조제3항에 따른 산업통상자원부장관의 조치명령에 따르지 아니한 자(2025.1.21 본호신설 : 2025.7.22 시행)
6. 제15조제1항의 규정에 따른 산업기술 침해신고를 하지 아니한 자
7. 제17조제2항의 규정을 위반하여 관련 자료를 제출하지 아니하거나 허위로 제출한 자

② 제1항의 규정에 따른 과태료는 대통령령이 정하는 바에 따라 산업통상자원부장관이 부과·징수한다.(2013.3.23 본항개정)

③~⑤ (2009.1.30 삭제)

부 칙

이 법은 공포 후 6개월이 경과한 날부터 시행한다.

부 칙 (2008.3.14)
(2008.12.26)

이 법은 공포한 날부터 시행한다.

부 칙 (2009.1.30)

이 법은 공포 후 3개월이 경과한 날부터 시행한다.

부 칙 (2011.7.25)

① **【시행일】** 이 법은 공포 후 6개월이 경과한 날부터 시행한다.

② **【종전의 기본계획에 관한 경과조치】** 이 법 시행 당시 종전의 규정에 따라 수립된 산업기술의 유출방지 및 보호에 관한 기본계획은 이 법에 따라 수립된 산업기술의 유출방지 및 보호에 관한 종합계획으로 본다.

③ **【종전의 개선권고에 관한 경과조치】** 이 법 시행 당시 종전의 규정에 따라 산업기술보호위원회가 한 개선권고는 이 법에 따라 산업통상자원부장관이 한 개선권고로 본다.(2013.3.23 본항개정)

부 칙 (2015.1.28 법13083호)

**제1조 【시행일】** 이 법은 공포 후 3개월이 경과한 날부터 시행한다. 다만, 제2조제4호, 제5조제4항, 제23조제6항의 개정규정은 공포한 날부터 시행한다.

**제2조 【산업기술보호위원회의 소속 변경 등에 관한 경과조치】** ① 이 법 시행 당시 종전의 제7조제1항에 따른 산업기술보호위원회는 제7조제1항의 개정규정에 따른 산업기술보호위원회로 본다.
② 이 법 시행 당시 종전의 제7조제3항제3호에 따라 위촉된 산업기술보호위원회의 위원은 제7조제3항제3호의 개정규정에 따라 위촉된 산업기술보호위원회의 위원으로 본다. 이 경우 위촉위원의 임기는 남은 기간으로 한다.

부 칙 (2016.3.29)

이 법은 공포 후 3개월이 경과한 날부터 시행한다. 다만, 제28조제3항의 개정규정은 공포한 날부터 시행한다.

부 칙 (2017.3.14)

이 법은 공포 후 6개월이 경과한 날부터 시행한다.

부 칙 (2019.8.20)

**제1조 【시행일】** 이 법은 공포 후 6개월이 경과한 날부터 시행한다.
**제2조 【손해배상에 관한 적용례】** 제22조의2의 개정규정은 이 법 시행 후 최초로 제기되는 산업기술의 유출 및 침해행위에 관한 손해배상청구의 소부터 적용한다.

부 칙 (2020.3.31)

**제1조 【시행일】** 이 법은 공포 후 1년이 경과한 날부터 시행한다.(이하 생략)

부 칙 (2023.1.3)

이 법은 공포 후 3개월이 경과한 날부터 시행한다.

부 칙 (2024.2.20)

**제1조 【시행일】** 이 법은 공포 후 6개월이 경과한 날부터 시행한다.(이하 생략)

부 칙 (2025.1.21)

**제1조 【시행일】** 이 법은 공포 후 6개월이 경과한 날로부터 시행한다.
**제2조 【국가핵심기술 보유기관의 등록에 관한 경과조치】** 이 법 시행 전에 종전의 제9조, 제11조 및 제11조의2에 따라 국가핵심기술 보유기관으로 확인된 대상기관은 이 법 시행일부터 6개월 이내에 제9조의3의 개정규정에 따라 산업통상자원부장관에게 등록하여야 한다.

# 인터넷주소자원에 관한 법률

(2004년 1월 29일
법 률 제7142호)

개정
2005.12.29법 7796호(국가공무원)
2006.12.26법 8088호
2008. 2.29법 8867호(방송통신위원회의설치및운영에관한법)
2009. 4.22법 9637호(정보통신망이용촉진및정보보호등에관한법)
2009. 6. 9법 9782호
2013. 3.23법11690호(정부조직)
2016. 3.22법14080호(정보통신망이용촉진및정보보호등에관한법)
2017. 7.26법14839호(정부조직)
2020. 6. 9법17347호(법률용어정비)
2022. 1.11법18736호



## 제1장 총 칙

**제1조【목적】** 이 법은 인터넷주소자원의 개발·이용을 촉진하고 인터넷주소자원의 안정적인 관리체계를 구축함으로써 인터넷 이용자의 편익을 증진하고 국가사회의 정보화에 이바지함을 목적으로 한다.

**제2조【정의】** 이 법에서 사용하는 용어의 뜻은 다음과 같다.

1. "인터넷주소"란 인터넷에서 국제표준방식 또는 국가표준방식에 의하여 일정한 통신규약에 따라 특정 정보시스템을 식별하여 접근할 수 있도록 하는 숫자·문자·부호 또는 이들의 조합으로 구성되는 정보체계로서 다음 각 목의 어느 하나에 해당하는 것을 말한다.
   가. 인터넷 프로토콜(protocol) 주소 : 인터넷에서 컴퓨터 및 정보통신설비가 인식하도록 만들어진 것
   나. 도메인(domain)이름 : 인터넷에서 인터넷 프로토콜 주소를 사람이 기억하기 쉽도록 하기 위하여 만들어진 것
   다. 그 밖에 대통령령으로 정하는 것
2. "인터넷주소자원"이란 인터넷주소 및 인터넷주소의 사용에 필요한 정보·설비·기술 등의 자원을 말한다.
3. "인터넷주소관리기관"이란 인터넷주소의 할당·등록 등과 관련된 업무를 수행하는 「정보통신망 이용촉진 및 정보보호 등에 관한 법률」 제52조에 따른 한국인터넷진흥원(이하 "인터넷진흥원"이라 한다)과 인터넷진흥원으로부터 인터넷주소 관리업무를 위탁받은 법인 및 단체를 말한다.
4. "인터넷주소의 사용자"란 인터넷에서 컴퓨터 등 정보시스템을 식별하기 위하여 인터넷주소관리기관으로부터 인터넷 프로토콜 주소를 할당받거나 인터넷주소관리기관·인터넷주소관리대행자 또는 최상위도메인등록업체(이하 "인터넷주소관리기관등"이라 한다)에 도메인이름 또는 제1호다목의 인터넷주소(이하 "도메인이름등"이라 한다)를 등록한 자를 말한다.
5. "개인정보"란 「정보통신망 이용촉진 및 정보보호 등에 관한 법률」 제2조제1항제6호에 따른 개인정보를 말한다.
6. "인터넷주소관리대행자"란 인터넷주소의 할당 또는 등록에 관한 업무의 일부를 대행하기 위하여 제14조제1항에 따라 인터넷주소관리기관이 선정한 자를 말한다.

7. "최상위도메인등록업체"란 일반최상위도메인 또는 국가코드최상위도메인(대한민국 국가코드 최상위도메인은 제외한다)의 등록업무를 대행하는 업체를 말한다.

(2009.6.9 본조개정)

**제3조【국가의 책무】** ① 국가는 인터넷주소자원의 개발과 이용을 촉진하고 인터넷주소가 공정하고 적절하게 사용될 수 있도록 노력하여야 한다.

② 국가는 인터넷주소자원 관련 정책이 투명하고 민주적으로 수립·시행되도록 노력하여야 한다.

(2009.6.9 본조개정)

**제4조【적용범위】** 이 법은 대한민국에서 할당되는 인터넷 프로토콜 주소와 대한민국에서 등록·보유 또는 사용되는 도메인이름등의 인터넷주소자원에 대하여 적용한다.(2009.6.9 본조개정)

## 제2장 인터넷주소자원에 관한 정책의 추진 등

(2009.6.9 본장개정)

**제5조【기본계획의 수립·시행】** ① 과학기술정보통신부장관은 인터넷주소자원의 개발과 이용촉진 및 관리에 관한 기본계획(이하 "기본계획"이라 한다)을 수립·시행하여야 한다.(2017.7.26 본항개정)

② 기본계획에는 다음 각 호의 사항이 포함되어야 한다.

1. 인터넷주소자원의 개발·이용촉진 및 관리를 위한 기본목표
2. 인터넷주소자원의 현황과 수급에 관한 사항
3. 인터넷주소자원의 개발과 표준화에 관한 사항
4. 인터넷주소의 사용자 보호와 분쟁해결에 관한 사항
5. 인터넷주소자원과 관련한 국가·지방자치단체 및 민간의 협력에 관한 사항
6. 인터넷주소자원과 관련된 국제협력에 관한 사항
7. 인터넷주소자원의 개발과 이용촉진 및 관리를 위한 재원의 조달 및 운용에 관한 사항
8. 그 밖에 인터넷주소자원의 개발과 이용촉진 및 관리에 관한 사항

③ 과학기술정보통신부장관은 기본계획을 수립하는 때에는 제6조에 따른 인터넷주소정책위원회의 심의·의결을 거쳐야 한다.(2022.1.11 본항개정)

④ 기본계획의 수립과 시행 등에 필요한 사항은 대통령령으로 정한다.

**제6조【인터넷주소정책위원회】** ① 인터넷주소자원에 관한 정책 등을 심의·의결하기 위하여 과학기술정보통신부 소속으로 인터넷주소정책위원회(이하 "주소정책위원회"라 한다)를 둔다.

(2022.1.11 본항개정)

② 주소정책위원회는 다음 각 호의 사항을 심의·의결한다.(2022.1.11 본문개정)

1. 기본계획의 수립·시행에 관한 사항
2. 제9조에 따른 인터넷주소관리기관 업무위탁의 승인에 관한 사항
3. 제13조에 따른 인터넷주소관리준칙의 승인에 관한 사항
4. 인터넷주소와 관련된 분쟁의 해결을 위한 주요 정책에 관한 사항
5. 인터넷주소자원과 관련된 주요 국제협력에 관한 사항
6. 인터넷주소자원의 개발 및 표준화에 관한 사항(2022.1.11 본호신설)
7. 그 밖에 인터넷주소자원과 관련된 주요 정책사항으로서 위원장이 회의에 부치는 사항(2020.6.9 본호개정)

③ 주소정책위원회는 위원장을 포함한 20명 이내의 위원으로 구성하고, 위원장은 위원 중에서 호선한다.

(2022.1.11 본항개정)

④ 주소정책위원회의 위원은 인터넷주소자원에 관한 학식과 경험이 풍부한 사람으로서 다음 각 호의 어느 하나에 해당하는 사람 중에서 과학기술정보통신부장관이 위촉 또는 지명하되, 다음 각 호에 해당하는 자가 고루 포함되어야 한다.

1. 인터넷주소자원 관련 정책을 담당하는 3급 이상의 공무원 또는 이에 상당하는 정보통신 관련 공공기관의 직에 있거나 있었던 자
2. 대학에서 인터넷 등 정보통신 분야 부교수 이상의 직에 종사하고 있거나 있었던 자
3. 인터넷 등 정보통신 관련 연구기관에서 10년 이상 종사하고 있거나 있었던 자
4. 정보통신 관련 기업의 임직원의 직에 10년 이상 있거나 있었던 자
5. 「민법」 제32조에 따라 인터넷 등 정보통신 분야의 정책 발전을 목적으로 설립되었거나, 관련 활동을 수행하는 법인이나 비영리민간단체의 대표자 또는 구성원으로 10년 이상 있거나 있었던 자
6. 그 밖에 인터넷주소자원 정책에 관한 지식과 경험이 풍부한 자

(2022.1.11 본항개정)

⑤ 주소정책위원회의 구성 및 운영 등에 관하여 필요한 사항은 대통령령으로 정한다.(2022.1.11 본항개정)

(2022.1.11 본조제목개정)

**제7조【인터넷주소자원의 개발 및 표준화】** ① 과학기술정보통신부장관은 인터넷주소자원의 지속적 개발과 표준화를 위하여 필요한 시책을 수립·시행하여야 한다.(2017.7.26 본항개정)

② 과학기술정보통신부장관은 민간부문에서 추진하는 인터넷주소자원의 연구개발과 표준화사업에 재정적·행정적·기술적 지원을 할 수 있다.

(2017.7.26 본항개정)

③ 제1항과 제2항에 따른 인터넷주소자원의 연구개발 및 표준화에 관한 시책의 수립·시행 및 지원에 필요한 사항은 대통령령으로 정한다.

**제8조【인터넷주소자원에 관한 국제협력】** ① 과학기술정보통신부장관은 인터넷을 안정적으로 운영하고 인터넷주소자원을 확충하기 위하여 다른 국가나 국제기구와의 상호협력을 위한 시책을 수립·시행하여야 한다.

(2017.7.26 본항개정)

② 과학기술정보통신부장관은 인터넷주소자원에 관한 민간부문의 국제협력활동을 지원할 수 있다.(2017.7.26 본항개정)

③ 제2항에 따른 민간부문의 국제협력활동 지원에 필요한 사항은 대통령령으로 정한다.

**제9조【인터넷주소관리기관의 업무위탁】** 인터넷진흥원은 인터넷주소관리기관의 업무를 인터넷주소별로 구분하여 과학기술정보통신부장관의 승인을 받아 대통령령으로 정하는 법인 및 단체에 위탁할 수 있다.(2017.7.26 본조개정)

**제9조의2【한국인터넷정보센터】** ① 인터넷주소자원의 개발·이용 촉진 및 안정적인 관리체계 구축을 위하여 인터넷진흥원에 한국인터넷정보센터를 둔다.

② 한국인터넷정보센터의 업무 등에 필요한 사항은 대통령령으로 정한다.

(2022.1.11 본조신설)

## 제3장 인터넷주소의 사용·관리 등

(2009.6.9 본장개정)

**제10조【인터넷 프로토콜 주소의 할당】** ① 인터넷 프로토콜 주소를 사용하려는 자는 인터넷주소관리기관으로부터 이를 할당받아야 한다.

② 제1항에 따른 인터넷 프로토콜 주소의 할당신청·할당기준 및 방법 등

에 관하여 필요한 사항은 대통령령으로 정한다.

**제11조【도메인이름등의 등록】** ① 도메인이름등을 사용하려는 자는 인터넷주소관리기관등에 이를 등록하여야 한다. 이 경우 인터넷주소관리기관등은 필요 시 등록인에게 본인임을 확인할 수 있는 정보를 요구할 수 있다.

② 제1항 후단에 따른 본인확인정보가 거짓인 것으로 확인될 경우 인터넷주소관리기관등은 도메인이름등을 말소하여야 한다.

③ 제1항에 따른 도메인이름등의 등록기준 · 등록신청 · 등록방법 및 본인확인방법 등에 관하여 필요한 사항은 대통령령으로 정한다.

**제12조【부정한 목적의 도메인이름등의 등록 등의 금지】** ① 누구든지 정당한 권원이 있는 자의 도메인이름등의 등록을 방해하거나 정당한 권원이 있는 자로부터 부당한 이득을 얻는 등 부정한 목적으로 도메인이름등을 등록 · 보유 또는 사용하여서는 아니 된다.

② 정당한 권원이 있는 자는 제1항을 위반하여 도메인이름등을 등록 · 보유 또는 사용한 자가 있으면 법원에 그 도메인이름등의 등록말소 또는 등록이전을 청구할 수 있다.

**제13조【인터넷주소관리준칙】** ① 인터넷주소관리기관은 다음 각 호의 사항이 포함된 인터넷주소관리에 관한 준칙(이하 "인터넷주소관리준칙"이라 한다)을 작성하여 과학기술정보통신부장관의 승인을 받아야 한다. 승인받은 사항을 변경하는 경우에도 또한 같다. (2017.7.26 전단개정)

1. 인터넷주소의 할당 또는 등록업무에 관한 사항
2. 인터넷주소의 사용기준과 사용조건에 관한 사항
3. 인터넷주소 관련 정보와 시설의 보호에 관한 사항
4. 인터넷주소의 사용정지, 사용폐지 또는 등록말소에 관한 사항
5. 인터넷주소 데이터베이스의 인계 · 인수에 필요한 사항(제9조에 따라 업무를 위탁한 경우에만 해당한다)
6. 인터넷주소의 할당 또는 등록수수료에 관한 사항
7. 인터넷주소관리대행자의 선정 · 관리 및 감독 등에 관한 사항
8. 그 밖에 인터넷주소의 관리에 필요한 사항

② 인터넷주소관리기관은 제1항에 따른 인터넷주소관리준칙을 성실히 따라야 한다.

**제14조【인터넷주소관리업무의 대행】** ① 인터넷주소관리기관은 인터넷주소의 할당 또는 등록에 관한 업무의 일부를 대행하게 하기 위하여 인터넷주소관리대행자를 선정할 수 있다.

② 인터넷주소관리기관은 제1항에 따라 인터넷주소관리대행자를 선정할 때에 공정하고 투명한 절차에 따라야 하고, 부당한 조건을 강요하여서는 아니 된다.

**제15조【개인정보의 보호】** ① 인터넷주소관리기관등은 인터넷주소 사용자의 개인정보를 보호하여야 한다.

② 제1항에 따른 개인정보보호에 관하여는 「정보통신망 이용촉진 및 정보보호 등에 관한 법률」 제22조, 제23조, 제23조의2, 제24조, 제24조의2, 제25조, 제26조의2, 제27조, 제27조의2, 제28조, 제28조의2, 제29조부터 제32조까지, 제36조제1항, 제63조, 제64조, 제71조제1항제1호부터 제8호까지, 제73조제1호, 제76조제1항제1호부터 제5호까지(같은 항 제1호의2는 제외한다), 같은 조 제2항(같은 항 제2호는 제외한다), 같은 조 제3항제22호부터 제24호까지의 개인정보에 관한 규정을 준용한다. 이 경우 "정보통신서비스 제공자"는 "인터넷주소관리기관등"으로, "이용자"는 "인터넷주소의 사용자"로 본다.(2016.3.22 전단개정)

## 제4장 인터넷주소분쟁조정위원회
(2009.6.9 본장개정)

**제16조【인터넷주소분쟁조정위원회의 설치 및 구성】** ① 인터넷주소의 등록과 사용에 관한 분쟁(이하 "분쟁"이라 한다)을 조정하기 위하여 인터넷주소분쟁조정위원회(이하 "분쟁조정위원회"라 한다)를 둔다.
② 분쟁조정위원회는 위원장 1명을 포함한 30명 이내의 위원으로 구성한다.
③ 위원은 다음 각 호의 사람 중에서 과학기술정보통신부장관이 임명하거나 위촉한다.(2017.7.26 본문개정)
1. 대학이나 공인된 연구기관에서 부교수 이상 또는 이에 상당하는 직위에 재직하거나 재직하였던 법학 전공자
2. 4급 이상 공무원(고위공무원단에 속하는 일반직 공무원을 포함한다) 또는 이에 상당하는 공공기관의 직위에 재직하거나 재직하였던 사람으로서 인터넷주소 또는 지식재산권 업무에 관한 경험이 있는 사람
(2020.6.9 본호개정)
3. 판사·검사·변호사 또는 변리사의 자격이 있는 사람
4. 그 밖에 위와 동등한 자격이 있다고 과학기술정보통신부장관이 인정한 사람(2017.7.26 본호개정)
④ 위원의 임기는 3년으로 한다.
⑤ 위원장은 위원 중에서 과학기술정보통신부장관이 임명한다.(2017.7.26 본항개정)
⑥ 분쟁조정위원회의 업무를 지원하기 위하여 인터넷진흥원에 사무국을 둔다.
⑦ 분쟁조정위원회가 아닌 자는 인터넷주소분쟁조정위원회 또는 이와 유사한 명칭을 사용하지 못한다.

**제17조【위원의 제척·기피·회피】** ① 다음 각 호의 어느 하나에 해당하는 위원은 해당 분쟁조정청구사건(이하 "사건"이라 한다)의 심의·의결에서 제척(除斥)된다.
1. 위원 또는 그 배우자나 배우자였던 사람이 해당 사건의 당사자가 되거나 그 사건에 관하여 공동권리자 또는 의무자의 관계에 있는 경우
2. 위원이 해당 사건의 당사자와 친족이거나 친족이었던 경우
3. 위원이 해당 사건에 관하여 증언이나 감정을 한 경우
4. 위원이 해당 사건에 관하여 당사자의 대리인 또는 임직원으로서 관여하거나 관여하였던 경우
② 당사자는 위원에게 공정한 심의·의결을 기대하기 어려운 사정이 있는 경우에는 분쟁조정위원회에 기피신청을 할 수 있다. 이 경우 분쟁조정위원회는 기피신청이 타당하다고 인정하면 그 위원에 대하여 기피의 결정을 한다.
③ 위원이 제1항이나 제2항의 사유에 해당하는 경우에는 스스로 그 사건의 심의·의결에서 회피할 수 있다.

**제18조【분쟁의 조정】** ① 인터넷주소의 등록·보유 또는 사용과 관련된 분쟁의 조정을 원하는 자는 분쟁조정위원회에 조정을 신청할 수 있다.
② 제1항에 따른 조정신청이 있는 경우 분쟁조정위원회는 인터넷주소의 등록인인 피신청인에게 사실을 통지하고, 피신청인은 통지를 받은 날부터 14일 이내에 답변서 및 관련 자료(이하 "답변서등"이라 한다)를 분쟁조정위원회에 제출하여야 한다. 다만, 피신청인이 불가피한 사유가 있어 답변서등의 제출의 연기를 요청하는 경우에는 한 차례에 한정하여 제출기한을 연장할 수 있다.(2020.6.9 단서개정)
③ 피신청인이 제2항에 따른 제출기한까지 답변서등을 제출하지 아니하면 분쟁조정위원회는 피신청인의 답변 없이 심리를 진행할 수 있다.(2020.6.9 본항개정)

④ 제1항에 따른 조정신청을 받은 분쟁조정위원회는 답변서 제출기한이 지난 후 7일 이내에 1명 또는 3명의 위원으로 조정부(調停部)를 구성하고 조정부 구성 후 14일 이내에 그 사건을 심리하여 조정안을 작성하여야 한다. 다만, 부득이한 사정이 있는 경우에는 그 기간을 연장할 수 있다.(2020.6.9 본문개정)

⑤ 제4항 단서에 따라 기간을 연장한 경우에는 그 사실을 당사자에게 통보하여야 한다.

**제18조의2 【판단기준】** ① 피신청인이 등록한 인터넷주소의 사용이 다음 각 호의 어느 하나에 해당하는 경우에는 조정부는 피신청인의 인터넷주소를 신청인에게 이전하도록 하거나 말소하는 조정결정을 할 수 있다.

1. 피신청인의 인터넷주소의 사용이 국내에 등록된 신청인의 상표, 서비스표 등 「상표법」에서 보호되는 표장(이하 "표장"이라 한다)에 대한 권리를 침해하는 경우
2. 피신청인의 인터넷주소의 사용이 국내에 널리 인식된 신청인의 상품이나 영업과 혼동을 일으키게 하는 경우
3. 피신청인의 인터넷주소의 사용이 국내에서 저명한 신청인의 성명, 명칭, 표장 또는 상호 등에 대한 식별력이나 명성을 손상하는 경우

② 피신청인의 인터넷주소의 등록·보유 또는 사용이 정당한 권원이 있는 자의 인터넷주소의 등록 또는 사용을 방해하거나 성명, 명칭, 표장 또는 상호 등에 대하여 정당한 권한이 있는 자에게 판매·대여하려는 등 부당한 이득을 얻으려는 목적으로 행하여진 경우에도 조정부는 제1항과 같은 결정을 할 수 있다.

③ 제1항 및 제2항에도 불구하고 피신청인의 인터넷주소가 피신청인이 정당한 권원을 가지고 있는 성명, 명칭, 표장 또는 상호와 동일하거나 그 밖에 피신청인이 인터넷주소의 등록이나 사용에 정당한 권리나 이익을 가지고 있는 경우에는 조정부는 신청을 기각할 수 있다.

(2009.6.9 본조신설)

**제19조 【자료요청 등】** ① 분쟁조정위원회는 분쟁조정을 위하여 필요한 자료의 제공을 분쟁당사자 또는 인터넷주소관리기관등에 요청할 수 있다. 이 경우 분쟁당사자 등은 정당한 사유가 없으면 그 요청에 따라야 한다.

② 분쟁조정위원회는 필요하다고 인정하면 분쟁당사자 또는 참고인으로 하여금 분쟁조정위원회에 출석하게 하여 그 의견을 들을 수 있다.

**제20조 【조정의 효력】** ① 분쟁조정위원회는 제18조제4항에 따라 조정안을 작성하였으면 지체 없이 조정안을 당사자에게 통지하여야 한다.

② 제1항에 따라 조정안을 송달받은 피신청인은 송달받은 날부터 15일 이내에 다음 각 호의 어느 하나의 증명서를 제출하지 아니하면 분쟁조정위원회의 조정을 수락한 것으로 보며, 신청인은 분쟁조정위원회에 그 조정내용의 실행을 신청할 수 있다.

1. 피신청인이 관할 법원에 해당 인터넷주소에 관한 소를 제기하였다는 증명서
2. 피신청인이 당사자 합의에 따라 「중재법」에 따른 중재를 신청하였다는 증명서

③ 신청인이 제2항에 따라 분쟁조정위원회에 조정내용의 실행을 신청한 경우 분쟁조정위원회는 인터넷주소관리기관등에 그 조정내용의 실행을 요청하고 인터넷주소관리기관등은 이를 지체 없이 시행하여야 한다.

④ 제1항에 따라 통지받은 조정안을 당사자가 수락한 경우에는 당사자 간에 조정안과 동일한 내용의 합의가 성립된 것으로 본다.

**제21조 【조정의 거부 및 중지】** ① 분쟁조정위원회는 분쟁의 성질상 분쟁조정위원회에서 조정하는 것이 적합하지 아니하다고 인정하거나 부정한 목적으로 신청되었다고 인정하는 경우에는 그 조정을 거부할 수 있다. 이 경우 조정 거부 사유 등을 신청인에게 통보하여야 한다.

② 분쟁조정위원회는 신청된 조정사건에 대한 처리절차가 진행되는 동안 한쪽 당사자가 소송을 제기한 경우에는 그 조정을 중지하고 그 사실을 다른 당사자에게 통보하여야 한다.

**제22조 【조정비용】** 분쟁조정위원회는 분쟁의 조정을 신청한 자에게 대통령령으로 정하는 바에 따라 조정비용을 부담하게 할 수 있다.

**제23조 【비밀유지】** 분쟁조정위원회의 분쟁조정업무에 종사하는 사람 또는 종사하였던 사람은 그 직무상 알게 된 비밀을 타인에게 누설하거나 직무상 목적 외의 용도로 사용하여서는 아니 된다. 다만, 다른 법률에 특별한 규정이 있는 경우에는 그러하지 아니하다.

**제24조 【조정절차 등】** 이 장에서 정한 것 외에 분쟁조정위원회의 조직·운영 및 분쟁 조정의 방법·절차와 조정업무의 처리 등에 필요한 사항은 대통령령으로 정한다.

## 제5장 벌 칙

(2009.6.9 본장개정)

**제25조 【벌칙】** 제23조를 위반하여 직무상 알게 된 비밀을 타인에게 누설하거나 직무상 목적 외의 용도로 사용한 사람은 1년 이하의 징역 또는 1천만원 이하의 벌금에 처한다.

**제26조 【벌칙 적용 시 공무원 의제】** 분쟁조정위원회의 위원과 인터넷주소관리기관의 업무에 종사하는 사람은 「형법」 제129조부터 제132조까지의 규정을 적용할 때에는 공무원으로 본다.

**제27조 【과태료】** ① 다음 각 호의 어느 하나에 해당하는 자에게는 1천만원 이하의 과태료를 부과한다.

1. 제11조제2항을 위반하여 도메인이름등을 말소하지 아니한 자
2. 제16조제7항을 위반하여 인터넷주소분쟁조정위원회 또는 이와 유사한 명칭을 사용한 자

② 제1항에 따른 과태료는 대통령령으로 정하는 바에 따라 과학기술정보통신부장관이 부과·징수한다.

(2017.7.26 본항개정)

(2009.6.9 본조신설)

## 부 칙

**제1조 【시행일】** 이 법은 공포후 6월이 경과한 날부터 시행한다.

**제2조 【재단법인 한국인터넷정보센터에 관한 경과조치】** ① 이 법 시행당시 재단법인 한국인터넷정보센터(이하 "정보센터"라 한다)는 이사회의 의결을 거쳐 그의 모든 권리 및 의무를 제9조의 규정에 의하여 설립되는 한국인터넷진흥원이 승계할 수 있도록 정보통신부장관에게 이에 관한 승인을 신청할 수 있다.

② 제1항의 규정에 의한 신청에 의하여 승인을 얻은 정보센터는 이 법에 의한 진흥원의 설립과 동시에 민법중 재단법인의 해산 및 청산에 관한 규정에 불구하고 해산된 것으로 보며, 정보센터에 속하였던 모든 재산·권리 및 의무는 이 법에 의하여 설립되는 진흥원이 이를 승계한다.

③ 이 법 시행당시 정보센터의 직원은 제1항의 규정에 의한 정보통신부장관의 승인을 얻은 날부터 진흥원의 직원으로 본다.

**제3조 【인터넷주소에 관한 경과조치】** 이 법 시행당시 정보센터로부터 할당받은 인터넷 프로토콜 주소 또는 정보센터에 등록된 도메인이름은 각각 이

법에 의하여 인터넷주소관리기관으로부터 할당받은 인터넷 프로토콜 주소 또는 인터넷주소관리기관에 등록된 도메인이름으로 본다.

**제4조 【다른 법률의 개정】** ※(해당 법령에 가제정리 하였음)

부 칙 (2006.12.26)

이 법은 공포한 날부터 시행한다.

부 칙 (2009.6.9)

① **【시행일】** 이 법은 공포 후 3개월이 경과한 날부터 시행한다.
② **【인터넷주소에 관한 경과조치】** 이 법 시행 당시 인터넷주소관리기관등에 등록된 인터넷주소는 이 법에 따라 등록된 인터넷주소로 본다.
③ **【분쟁조정사건에 관한 경과조치】** 이 법 시행 전에 분쟁조정위원회에 신청된 사건은 종전의 규정에 따른다.

부 칙 (2016.3.22)

**제1조 【시행일】** 이 법은 공포 후 6개월이 경과한 날부터 시행한다.(이하 생략)

부 칙 (2017.7.26)

**제1조 【시행일】** ① 이 법은 공포한 날부터 시행한다.(이하 생략)

부 칙 (2020.6.9)

이 법은 공포한 날부터 시행한다.

부 칙 (2022.1.11)

이 법은 공포 후 6개월이 경과한 날부터 시행한다.

# 식물신품종 보호법

(**2012년 6월 1일**
**법 률 제11457호**)

개정
2013. 3.23법11701호 2013. 8.13법12062호
2015. 6.22법13385호(수산종자산업육성법)
2015. 7.20법13407호
2016. 2.29법14035호(특허)
2016.12. 2법14300호
2017. 7.26법14839호(정부조직)
2017.11.28법15075호 2019.12.10법16785호
2020. 2.11법16983호



## 제1장 총 칙

**제1조 【목적】** 이 법은 식물의 신품종에 대한 육성자의 권리 보호에 관한 사항을 규정함으로써 농림수산업의 발전에 이바지함을 목적으로 한다.

**제2조 【정의】** 이 법에서 사용하는 용어의 뜻은 다음과 같다.

1. "종자"란 「종자산업법」 제2조제1호에 따른 종자 및 「수산종자산업육성법」 제2조제3호에 따른 수산식물종자를 말한다.(2015.6.22 본호개정)
2. "품종"이란 식물학에서 통용되는 최저분류 단위의 식물군으로서 제16조에 따른 품종보호 요건을 갖추었

는지와 관계없이 유전적으로 나타나는 특성 중 한 가지 이상의 특성이 다른 식물군과 구별되고 변함없이 증식될 수 있는 것을 말한다.

3. "육성자"란 품종을 육성한 자나 이를 발견하여 개발한 자를 말한다.
4. "품종보호권"이란 이 법에 따라 품종보호를 받을 수 있는 권리를 가진 자에게 주는 권리를 말한다.
5. "품종보호권자"란 품종보호권을 가진 자를 말한다.
6. "보호품종"이란 이 법에 따른 품종보호 요건을 갖추어 품종보호권이 주어진 품종을 말한다.
7. "실시"란 보호품종의 종자를 증식·생산·조제(調製)·양도·대여·수출 또는 수입하거나 양도 또는 대여의 청약(양도 또는 대여를 위한 전시를 포함한다. 이하 같다)을 하는 행위를 말한다.

**제3조【품종보호 대상】** 이 법에 따라 품종보호를 받을 수 있는 대상은 모든 식물로 한다.

## 제2장 육성자의 권리 보호

### 제1절 통 칙

**제4조【재외자의 품종보호관리인】** ① 국내에 주소나 영업소를 가지지 아니한 자〔이하 "재외자"(在外者)라 한다〕는 제3항의 등록을 신청하는 경우와 그 밖에 대통령령으로 정하는 경우를 제외하고는 그 재외자의 품종보호에 관한 대리인으로서 국내에 주소나 영업소를 가진 자(이하 "품종보호관리인"이라 한다)에 의하지 아니하면 품종보호에 관한 농림축산식품부, 해양수산부 또는 제90조제1항에 따른 품종보호심판위원회에서의 절차(이하 "품종보호에 관한 절차"라 한다)를 밟을 수 없고 이 법 또는 이 법에 따른 명령에 따라 행정청이 한 처분에 대하여 소(訴)를 제기할 수 없다.(2013.3.23 본항개정)

② 품종보호관리인은 특별히 주어진 권한과 그 밖에 모든 품종보호에 관한 절차 및 이 법 또는 이 법에 따른 명령에 따라 행정청이 한 처분에 관한 소송에서 본인을 대리한다.

③ 품종보호권이나 품종보호에 관하여 등록한 권리를 가진 재외자는 품종보호관리인의 선임(選任)·변경 또는 그 대리권의 수여·취소에 관하여 농림축산식품부와 해양수산부의 공동부령(이하 "공동부령"이라 한다)으로 정하는 바에 따라 등록하지 아니하면 제3자에게 대항할 수 없다.(2013.3.23 본항개정)

④ 재외자는 품종보호권의 설정등록을 할 때 또는 해당 품종보호권의 존속기간 중에는 품종보호관리인을 선임 등록 또는 변경 등록 하여야 한다.

**제5조【대리권의 범위】** 국내에 주소나 영업소를 가진 자로부터 품종보호에 관한 절차를 밟을 것을 위임받은 대리인은 특별한 권한을 받지 아니하면 다음 각 호의 어느 하나에 해당하는 행위를 할 수 없다.

1. 품종보호 출원의 변경·포기 또는 취하
2. 청구 또는 신청의 취하
3. 제31조제1항에 따른 우선권의 주장 또는 그 취하
4. 제91조에 따른 심판청구
5. 복대리인(複代理人)의 선임

**제6조【대리권의 증명】** 품종보호에 관한 절차를 밟는 자의 대리인(품종보호관리인을 포함한다. 이하 같다)의 대리권은 서면으로 증명하여야 한다.

**제7조【복수당사자의 대표】** ① 2인 이상이 품종보호에 관한 절차를 밟을 때에는 제5조제1호부터 제4호까지의 행위를 제외하고는 각자가 모두를 대표한다. 다만, 대표자를 선정하여 농림축산식품부장관 또는 해양수산부장관〔제5조제4호의 경우에는 제90조제2항에 따른 품종보호심판위원회 위원장(이하 "심판위원회 위원장"이라 한다)을 말

한다]에게 신고하였을 때에는 그러하지 아니하다.(2013.3.23 단서개정)
② 제1항 단서에 따라 신고할 때에는 대표자는 대표자로 선임된 사실을 서면으로 증명하여야 한다.

**제8조【기간의 연장 등】** ① 농림축산식품부장관, 해양수산부장관 또는 심판위원회 위원장은 교통이 불편한 지역에 있는 자를 위하여 청구에 의하여 또는 직권으로 제91조에 따른 심판의 청구기간 또는 제111조에 따른 품종명칭등록 이의신청 이유 등의 보정기간(補正期間)을 연장할 수 있다.
(2013.3.23 본항개정)
② 농림축산식품부장관, 해양수산부장관, 심판위원회 위원장, 제95조제2항에 따른 심판장(이하 "심판장"이라 한다) 또는 제36조에 따른 심사관(이하 "심사관"이라 한다)은 이 법에 따라 품종보호에 관한 절차를 밟을 기간을 정하였을 때에는 청구에 의하여 또는 직권으로 그 기간을 연장할 수 있다.
(2013.3.23 본항개정)
③ 심판장이나 심사관은 이 법에 따라 품종보호에 관한 절차를 밟을 기일을 정하였을 때에는 청구에 의하여 또는 직권으로 그 기일을 변경할 수 있다.

**제9조【절차의 보정】** 농림축산식품부장관, 해양수산부장관 또는 심판위원회 위원장은 품종보호에 관한 절차가 다음 각 호의 어느 하나에 해당하는 경우에는 기간을 정하여 보정을 명할 수 있다.(2013.3.23 본문개정)
1. 제5조를 위반하거나 제15조에 따라 준용되는 「특허법」 제3조제1항을 위반한 경우
2. 이 법 또는 이 법에 따른 명령에서 정하는 방식을 위반한 경우
3. 제125조에 따라 납부해야 할 수수료를 납부하지 아니한 경우

**제10조【절차의 무효】** ① 농림축산식품부장관, 해양수산부장관 또는 심판위원회 위원장은 제9조에 따라 보정명령을 받은 자가 지정된 기간까지 보정을 하지 아니한 경우에는 그 품종보호에 관한 절차를 무효로 할 수 있다.
② 농림축산식품부장관, 해양수산부장관 또는 심판위원회 위원장은 제1항에 따라 그 절차가 무효로 된 경우로서 지정된 기간을 지키지 못한 것이 보정명령을 받은 자가 천재지변이나 그 밖의 불가피한 사유에 의한 것으로 인정될 때에는 그 사유가 소멸한 날부터 14일 이내에 또는 그 기간이 끝난 후 1년 이내에 보정명령을 받은 자의 청구에 따라 그 무효처분을 취소할 수 있다.
③ 농림축산식품부장관, 해양수산부장관 또는 심판위원회 위원장은 제1항에 따른 무효처분 또는 제2항에 따른 무효처분의 취소처분을 할 때에는 지체 없이 그 보정명령을 받은 자에게 처분통지서를 송달하여야 한다.
(2013.3.23 본조개정)

**제11조【서류 제출의 효력발생 시기】** ① 이 법 또는 이 법에 따른 명령에 따라 농림축산식품부장관, 해양수산부장관 또는 심판위원회 위원장에게 제출하는 출원서, 청구서, 그 밖의 서류(물건을 포함한다. 이하 이 조에서 같다)는 농림축산식품부장관, 해양수산부장관 또는 심판위원회 위원장에게 도달한 날부터 그 효력이 발생한다.
② 제1항에 따른 출원서, 청구서와 그 밖의 서류를 우편으로 농림축산식품부장관, 해양수산부장관 또는 심판위원회 위원장에게 제출한 경우에는 우편법령에 따른 통신날짜도장에 표시된 날이 분명하면 그 표시된 날에, 그 표시된 날이 분명하지 아니하면 우체국에 제출한 날(우편물 수령증에 의하여 증명된 날을 말한다)에 농림축산식품부장관, 해양수산부장관 또는 심판위원회 위원장에게 도달한 것으로 본다.
③ 제1항과 제2항에서 규정한 사항 외에 우편물의 배달 지연, 분실 및 우편업무 중단으로 인하여 문제가 발생한

서류의 제출에 관한 사항은 공동부령으로 정한다.
(2013.3.23 본조개정)

**제12조【전자문서에 의한 품종보호에 관한 절차의 수행】** ① 품종보호에 관한 절차를 밟는 자는 이 법에 따라 농림축산식품부장관, 해양수산부장관 또는 심판위원회 위원장에게 제출하는 품종보호 출원서나 그 밖의 서류를 전자문서화하여 정보통신망을 이용하여 제출하거나 이동식 저장매체 등 전자적 기록매체에 수록하여 제출할 수 있다.
(2013.3.23 본항개정)
② 제1항에 따라 제출된 전자문서는 이 법에 따라 제출된 서류와 같은 효력을 가진다.
③ 제1항에 따라 정보통신망을 이용하여 제출된 전자문서는 농림축산식품부, 해양수산부 또는 심판위원회에서 사용하는 접수용 전산정보처리조직에 전자적으로 기록된 때에 접수된 것으로 본다.(2013.3.23 본항개정)
④ 제1항에 따라 전자문서로 제출할 수 있는 서류의 종류, 제출방법과 그 밖에 전자문서 제출에 필요한 사항은 공동부령으로 정한다.(2013.3.23 본항개정)

**제13조【전자문서 이용신고 및 전자서명】** ① 제12조제1항에 따라 전자문서로 품종보호에 관한 절차를 밟으려는 자는 미리 농림축산식품부장관, 해양수산부장관 또는 심판위원회 위원장에게 전자문서 이용신고를 하여야 하며, 제출하는 전자문서에는 제출인을 알아볼 수 있도록 전자서명을 하여야 한다.
② 제1항에 따른 전자문서 이용신고 절차와 전자서명 방법 등은 공동부령으로 한다.
(2013.3.23 본조개정)

**제14조【정보통신망을 이용한 통지 등의 수행】** ① 농림축산식품부장관, 해양수산부장관, 심판위원회 위원장, 심판장 및 심사관은 제13조제1항에 따라 전자문서 이용신고를 한 자에게 서류의 통지 및 송달(이하 "서류의 통지등"이라 한다)을 하는 경우 정보통신망을 이용하여 할 수 있다.(2013.3.23 본항개정)
② 제1항에 따른 정보통신망을 이용한 서류의 통지등은 서면으로 한 것과 같은 효력을 가진다.
③ 서류의 통지등은 이를 받는 자가 사용하는 전산정보처리조직에 전자적으로 기록된 때에 도달한 것으로 본다.
④ 제1항에 따른 정보통신망을 이용한 서류의 통지등의 종류 및 방법 등에 관한 사항은 공동부령으로 정한다.
(2013.3.23 본항개정)

**제15조【「특허법」 등의 준용】** 품종보호에 관한 절차에 관하여는 「특허법」 제3조, 제4조, 제8조, 제9조, 제10조제1항·제2항·제4항, 제13조, 제14조, 제17조부터 제24조까지 및 「민사소송법」 제58조제2항, 제59조, 제63조, 제87조, 제88조, 제92조, 제94조, 제96조를 준용한다. 이 경우 「특허법」 제13조 중 "특허청 소재지"는 "농림축산식품부 또는 해양수산부 소재지"로, 같은 법 제17조제1호 중 "제132조의17"은 "제91조"로 본다.(2016.2.29 후단개정)

## 제2절 품종보호 요건 및 품종보호 출원

**제16조【품종보호 요건】** 다음 각 호의 요건을 갖춘 품종은 이 법에 따른 품종보호를 받을 수 있다.
1. 신규성
2. 구별성
3. 균일성
4. 안정성
5. 제106조제1항에 따른 품종명칭

**제17조【신규성】** ① 제32조제2항에 따른 품종보호 출원일 이전(제31조제1

항에 따라 우선권을 주장하는 경우에는 최초의 품종보호 출원일 이전)에 대한민국에서는 1년 이상, 그 밖의 국가에서는 4년〔과수(果樹) 및 임목(林木)인 경우에는 6년〕 이상 해당 종자나 그 수확물이 이용을 목적으로 양도되지 아니한 경우에는 그 품종은 제16조제1호의 신규성을 갖춘 것으로 본다.
② 다음 각 호의 어느 하나에 해당하는 양도의 경우에는 제1항에도 불구하고 제16조제1호의 신규성을 갖춘 것으로 본다.
1. 도용(盜用)한 품종의 종자나 그 수확물을 양도한 경우
2. 품종보호를 받을 수 있는 권리를 이전하기 위하여 해당 품종의 종자나 그 수확물을 양도한 경우
3. 종자를 증식하기 위하여 해당 품종의 종자나 그 수확물을 양도하여 그 종자를 증식하게 한 후 그 종자나 수확물을 육성자가 다시 양도받은 경우
4. 품종 평가를 위한 포장시험(圃場試驗), 품질검사 또는 소규모 가공시험을 하기 위하여 해당 품종의 종자나 그 수확물을 양도한 경우
5. 생물자원의 보존을 위한 조사 또는 「종자산업법」 제15조에 따른 국가품종목록(이하 "품종목록"이라 한다)에 등재하기 위하여 해당 품종의 종자나 그 수확물을 양도한 경우
6. 해당 품종의 품종명칭을 사용하지 아니하고 제3호부터 제5호까지의 어느 하나의 행위로 인하여 생산된 부산물이나 잉여물을 양도한 경우

**제18조 【구별성】** ① 제32조제2항에 따른 품종보호 출원일 이전(제31조제1항에 따라 우선권을 주장하는 경우에는 최초의 품종보호 출원일 이전)까지 일반인에게 알려져 있는 품종과 명확하게 구별되는 품종은 제16조제2호의 구별성을 갖춘 것으로 본다.
② 제1항에서 일반인에게 알려져 있는 품종이란 다음 각 호의 어느 하나에 해당하는 품종을 말한다. 다만, 품종보호를 받을 수 있는 권리를 가진 자의 의사에 반하여 일반인에게 알려져 있는 품종은 제외한다.
1. 유통되고 있는 품종
2. 보호품종
3. 품종목록에 등재되어 있는 품종
4. 공동부령으로 정하는 종자산업과 관련된 협회에 등록되어 있는 품종 (2013.3.23 본호개정)

③ 제2항제2호 또는 제3호의 경우 품종보호를 받기 위하여 출원하거나 품종목록에 등재하기 위하여 신청한 품종은 그 출원일이나 신청일부터 일반인에게 알려져 있는 품종으로 본다. 다만, 이 법에 따라 품종보호를 받지 못하거나 품종목록에 등재되어 있지 아니한 품종은 제외한다.

**제19조 【균일성】** 품종의 본질적 특성이 그 품종의 번식방법상 예상되는 변이(變異)를 고려한 상태에서 충분히 균일한 경우에는 그 품종은 제16조제3호의 균일성을 갖춘 것으로 본다.

**제20조 【안정성】** 품종의 본질적 특성이 반복적으로 증식된 후(1대 잡종 등과 같이 특정한 증식주기를 가지고 있는 경우에는 매 증식주기 종료 후를 말한다)에도 그 품종의 본질적 특성이 변하지 아니하는 경우에는 그 품종은 제16조제4호의 안정성을 갖춘 것으로 본다.

**제21조 【품종보호를 받을 수 있는 권리를 가진 자】** ① 육성자나 그 승계인은 이 법에서 정하는 바에 따라 품종보호를 받을 수 있는 권리를 가진다.
② 2인 이상의 육성자가 공동으로 품종을 육성하였을 때에는 품종보호를 받을 수 있는 권리는 공유(共有)로 한다.

**제22조 【외국인의 권리능력】** 재외자 중 외국인은 다음 각 호의 어느 하나에 해당하는 경우에만 품종보호권이나 품종보호를 받을 수 있는 권리를 가질 수 있다.

1. 해당 외국인이 속하는 국가에서 대한민국 국민에 대하여 그 국민과 같은 조건으로 품종보호권 또는 품종보호를 받을 수 있는 권리를 인정하는 경우
2. 대한민국이 해당 외국인에게 품종보호권 또는 품종보호를 받을 수 있는 권리를 인정하는 경우에는 그 외국인이 속하는 국가에서 대한민국 국민에 대하여 그 국민과 같은 조건으로 품종보호권 또는 품종보호를 받을 수 있는 권리를 인정하는 경우
3. 조약 및 이에 준하는 것(이하 "조약등"이라 한다)에 따라 품종보호권이나 품종보호를 받을 수 있는 권리를 인정하는 경우

**제23조【무권리자의 품종보호 출원과 정당한 권리자의 보호】** 품종보호를 받을 수 있는 권리의 승계인이 아닌 자 또는 품종보호를 받을 수 있는 권리를 자기 것으로 속인 자(이하 "무권리자"라 한다)가 품종보호를 출원한 경우에는 그 무권리자의 품종보호 출원 후에 한 정당한 권리자의 품종보호 출원은 무권리자가 품종보호를 출원한 때에 품종보호 출원한 것으로 본다. 다만, 무권리자가 제42조제3항에 따라 거절결정 등본을 송달받은 날부터 30일이 지난 후에 품종보호를 출원한 경우에는 그러하지 아니하다.(2020.2.11 단서개정)

**제24조【무권리자의 품종보호와 정당한 권리자의 보호】** 제92조제1항제2호에 따른 사유로 그 품종보호를 무효로 한다는 심결(審決)이 확정된 경우에는 그 품종보호 출원 후에 한 정당한 권리자의 품종보호 출원은 무효로 된 그 품종보호의 출원 시에 품종보호 출원한 것으로 본다. 다만, 그 품종보호에 대한 제54조제4항에 따른 공보 게재일부터 2년이 지난 후에 품종보호 출원을 하거나 심결이 확정된 날부터 30일이 지난 후에 품종보호 출원을 한 경우에는 그러하지 아니하다.(2020.2.11 단서개정)

**제25조【선출원】** ① 같은 품종에 대하여 다른 날에 둘 이상의 품종보호 출원이 있을 때에는 가장 먼저 품종보호를 출원한 자만이 그 품종에 대하여 품종보호를 받을 수 있다.
② 같은 품종에 대하여 같은 날에 둘 이상의 품종보호 출원이 있을 때에는 품종보호를 받으려는 자(이하 "품종보호 출원인"이라 한다) 간에 협의하여 정한 자만이 그 품종에 대하여 품종보호를 받을 수 있다. 이 경우 협의가 성립하지 아니하거나 협의를 할 수 없을 때에는 어느 품종보호 출원인도 그 품종에 대하여 품종보호를 받을 수 없다.
③ 품종보호 출원이 무효로 되거나 취하되면 그 품종보호 출원은 제1항 또는 제2항을 적용할 때에는 처음부터 없었던 것으로 본다.
④ 육성자가 아닌 자로서 품종보호를 받을 수 있는 권리의 승계인이 아닌 자가 한 품종보호 출원은 제1항 또는 제2항을 적용할 때에는 처음부터 없었던 것으로 본다.
⑤ 농림축산식품부장관 또는 해양수산부장관은 제2항의 경우에는 품종보호 출원인에게 기간을 정하여 협의 결과를 신고할 것을 명하고, 그 기간까지 신고가 없을 때에는 제2항에 따른 협의는 성립되지 아니한 것으로 본다.
(2013.3.23 본항개정)

**제26조【품종보호를 받을 수 있는 권리의 이전 등】** ① 품종보호를 받을 수 있는 권리는 이전할 수 있다.
② 품종보호를 받을 수 있는 권리는 질권의 목적으로 할 수 없다.
③ 품종보호를 받을 수 있는 권리가 공유인 경우에는 각 공유자는 다른 공유자의 동의를 받지 아니하면 그 지분을 양도할 수 없다.

**제27조【품종보호를 받을 수 있는 권리의 승계】** ① 품종보호 출원 전에 해당 품종에 대하여 품종보호를 받을 수 있는 권리를 승계한 자는 그 품종보호

의 출원을 하지 아니하는 경우에는 제3자에게 대항할 수 없다.
② 동일인으로부터 승계한 동일한 품종보호를 받을 수 있는 권리에 대하여 같은 날에 둘 이상의 품종보호 출원이 있는 경우에는 품종보호 출원인 간에 협의하여 정한 자에게만 그 효력이 발생한다.
③ 품종보호 출원 후에 품종보호를 받을 수 있는 권리의 승계는 상속이나 그 밖의 일반승계의 경우를 제외하고는 품종보호 출원인이 명의변경신고를 하지 아니하면 그 효력이 발생하지 아니한다.
④ 품종보호를 받을 수 있는 권리의 상속이나 그 밖의 일반승계를 한 경우에는 승계인은 지체 없이 그 취지를 공동부령으로 정하는 바에 따라 농림축산식품부장관 또는 해양수산부장관에게 신고하여야 한다.(2013.3.23 본항개정)
⑤ 동일인으로부터 승계한 동일한 품종보호를 받을 수 있는 권리의 승계에 관하여 같은 날에 둘 이상의 신고가 있을 때에는 신고한 자 간에 협의하여 정한 자에게만 그 효력이 발생한다.
⑥ 제2항과 제5항의 경우에는 제25조제5항을 준용한다.

**제28조【공무원의 직무상 육성 등】** ① 공무원이 육성한 품종이 성질상 국가나 지방자치단체의 업무범위에 속하고, 그 품종을 육성한 행위가 공무원의 현재 또는 과거의 직무에 속하는 육성(이하 "직무상 육성"이라 한다)일 경우에는 그 품종에 대한 품종보호를 받을 수 있는 해당 공무원의 권리는 국가나 지방자치단체가 승계한다. 다만, 「고등교육법」에 따른 국립학교 또는 공립학교 교직원의 직무상 육성에 해당하는 경우에는 「기술의 이전 및 사업화 촉진에 관한 법률」 제11조제1항에 따라 설치된 전담조직(이하 "전담조직"이라 한다)이 승계한다.
② 제1항에 따라 국가가 승계한 품종에 대한 품종보호를 받을 수 있는 권리의 처분과 관리의 경우에는 「국유재산법」 제8조에도 불구하고 농림축산식품부장관 또는 해양수산부장관이 관장한다.
(2013.3.23 본항개정)
③ 제2항에 따른 품종보호를 받을 수 있는 권리의 처분과 관리에 필요한 사항은 대통령령으로 정한다.

**제29조【공무원의 직무상 육성에 대한 보상 등】** ① 국가, 지방자치단체 또는 전담조직이 제28조제1항에 따라 공무원이 직무상 육성한 품종을 승계한 경우에는 정당한 보상금을 지급하여야 한다.
② 제1항에 따른 보상의 기준, 지급방법과 그 밖에 보상에 필요한 사항은 대통령령으로 정한다.

**제30조【품종보호의 출원】** ① 품종보호 출원인은 공동부령으로 정하는 품종보호 출원서에 다음 각 호의 사항을 적어 농림축산식품부장관 또는 해양수산부장관에게 제출하여야 한다.
(2013.3.23 본문개정)
1. 품종보호 출원인의 성명과 주소(법인인 경우에는 그 명칭, 대표자 성명 및 영업소의 소재지)
2. 품종보호 출원인의 대리인이 있는 경우에는 그 대리인의 성명·주소 또는 영업소 소재지
3. 육성자의 성명과 주소
4. 품종이 속하는 식물의 학명 및 일반명
5. 품종의 명칭
6. 제출 연월일
7. 제31조제3항의 사항(우선권을 주장할 경우에만 적는다)

② 제1항에 따른 품종보호 출원서에는 다음 각 호의 사항을 첨부하여야 한다.
1. 품종의 특성 및 품종육성 과정에 관한 설명서
2. 품종의 사진
3. 종자시료(種子試料). 이 경우 종자시료가 묘목, 영양체 또는 수산식물인 경우에는 그 제출 시기·방법 등은 공동부령으로 정한다.(2013.3.23 후단개정)

4. 품종보호의 출원 수수료 납부증명서

③ 제21조제2항에 따라 품종보호를 받을 수 있는 권리가 공유인 경우에는 공유자 모두가 공동으로 품종보호 출원을 하여야 한다.

④ 제2항제1호에 따른 설명서를 적는데 필요한 사항은 대통령령으로 정한다.

**제31조【우선권의 주장】** ① 대한민국 국민에게 품종보호 출원에 대한 우선권을 인정하는 국가의 국민이 그 국가에 품종보호 출원을 한 후 같은 품종을 대한민국에 품종보호 출원하여 우선권을 주장하는 경우에는 제25조를 적용할 때 그 국가에 품종보호 출원한 날을 대한민국에 품종보호 출원한 날로 본다. 대한민국 국민이 대한민국 국민에게 품종보호 출원에 대한 우선권을 인정하는 국가에 품종보호 출원을 한 후 같은 품종을 대한민국에 품종보호 출원한 경우에도 또한 같다.

② 제1항에 따라 우선권을 주장하려는 자는 최초의 품종보호 출원일 다음 날부터 1년 이내에 품종보호 출원을 하지 아니하면 우선권을 주장할 수 없다.

③ 제1항에 따라 우선권을 주장하려는 자는 품종보호 출원서에 그 취지, 최초로 품종보호 출원한 국명(國名)과 최초로 품종보호 출원한 연월일을 적어야 한다.

④ 제3항에 따라 우선권을 주장한 자는 최초로 품종보호 출원한 국가의 정부가 인정하는 품종보호 출원서 등본을 제32조제2항에 따른 품종보호 출원일부터 90일 이내에 제출하여야 한다.

⑤ 제3항에 따라 우선권을 주장한 자는 최초의 품종보호 출원일부터 3년까지 해당 출원품종에 대한 심사의 연기를 농림축산식품부장관 또는 해양수산부장관에게 요청할 수 있으며 농림축산식품부장관 또는 해양수산부장관은 정당한 사유가 없으면 그 요청에 따라야 한다. 다만, 우선권을 주장한 자가 최초의 품종보호 출원을 포기하거나 품종보호를 출원한 국가의 거절결정(拒絶決定)이 확정된 경우에는 그 우선권을 주장한 자의 요청에 의하여 연기된 출원품종 심사일 전이라도 그 품종을 심사할 수 있다.(2013.3.23 본문개정)

**제32조【출원서의 접수 등】** ① 농림축산식품부장관 또는 해양수산부장관은 제30조제1항에 따라 품종보호 출원된 품종(이하 "출원품종"이라 한다)에 대하여 지체 없이 그 품종보호의 출원을 접수하여야 하며, 품종보호 출원서가 제30조의 사항을 모두 충족시키고 제9조제2호의 사유로 보정된 경우에는 공동부령으로 정하는 품종보호 출원등록부에 등록하여야 한다.
(2013.3.23 본항개정)

② 제1항에 따른 품종보호 출원의 접수일은 품종보호 출원일로 본다.

**제33조【출원의 보정】** ① 품종보호 출원인은 다음 각 호의 구분에 따른 기한까지 품종보호 출원서에 최초로 기재한 내용의 요지를 변경하지 아니하는 범위에서 그 품종보호 출원서를 보정할 수 있다.

1. 제42조에 따른 거절이유 통지가 있는 경우 : 거절이유 통지에 대한 의견서 제출기간
2. 제43조에 따른 품종보호결정이 있는 경우 : 품종보호결정 등본 송달 전
3. 제91조에 따른 거절결정에 대한 심판을 청구한 경우 : 그 청구일부터 30일 이내

② 제1항에 따른 품종보호 출원서 보정의 방법 등은 공동부령으로 정한다.
(2013.3.23 본항개정)

**제34조【출원의 요지 변경 제외】** 제33조에 따른 보정이 다음 각 호의 어느 하나에 해당하는 경우에는 품종보호 출원의 요지를 변경하는 것으로 보지 아니한다.

1. 오기(誤記)를 정정하는 경우
2. 분명하지 아니하게 적힌 것을 석명(釋明)하는 경우
3. 그 밖에 대통령령으로 정하는 경우

**제35조 【보정의 각하】** ① 출원 후에 한 보정이 품종보호 출원서의 요지를 변경하는 것일 때에는 심사관은 결정으로 그 보정을 각하(却下)하고, 지체 없이 품종보호 출원인에게 알려야 한다.
② 제1항에 따른 각하결정은 서면으로 하여야 하며 그 이유를 밝혀야 한다.
③ 제1항에 따른 각하결정에 대하여는 불복할 수 없다. 다만, 제91조에 따른 거절결정에 대한 심판에서 다투는 경우에는 그러하지 아니하다.

## 제3절 심 사

**제36조 【심사관에 의한 심사】** ① 농림축산식품부장관 또는 해양수산부장관은 심사관에게 제30조에 따른 품종보호 출원 및 제109조에 따른 품종명칭 등록출원을 심사하게 한다.
(2013.3.23 본항개정)
② 심사관의 자격에 관하여 필요한 사항은 대통령령으로 정한다.

**제37조 【출원공개】** ① 농림축산식품부장관 또는 해양수산부장관은 제32조제1항에 따라 품종보호 출원등록부에 등록된 품종보호 출원에 대하여 지체 없이 제53조에 따른 품종보호 공보(이하 "공보"라 한다)에 게재하여 출원공개를 하여야 한다.
② 제1항에 따른 출원공개가 있은 때에는 누구든지 제16조, 제21조 또는 제22조를 위반하여 해당 품종이 품종보호를 받을 수 없다는 취지의 정보를 증거와 함께 농림축산식품부장관 또는 해양수산부장관에게 제공할 수 있다.
③ 제1항에 따른 출원공개를 할 때 공보에 게재할 사항은 공동부령으로 정한다.
(2013.3.23 본조개정)

**제38조 【임시보호의 권리】** ① 품종보호 출원인은 출원공개일부터 업(業)으로서 그 출원품종을 실시할 권리를 독점한다.
② 출원공개 후 해당 품종보호 출원이 다음 각 호의 어느 하나에 해당하면 제1항에 따른 권리는 처음부터 발생하지 아니한 것으로 본다.
1. 품종보호 출원이 포기·취하되거나 무효로 된 경우
2. 품종보호 출원의 거절결정이 확정된 경우
③ 제1항에 따른 권리를 가진 자가 그 권리를 행사한 경우에 품종보호 출원이 제2항 각 호의 어느 하나에 해당하면 그 권리의 행사로 인하여 상대방에게 입힌 손해를 배상할 책임을 진다.
④ 제1항에 따른 권리에 관하여는 제83조부터 제89조까지의 규정을 준용한다.

**제39조 【임시보호의 권리행사와 소송절차의 중지】** ① 법원은 제38조제1항에 따른 권리의 침해에 관한 소의 제기 또는 가압류나 가처분의 신청이 있는 경우에 필요하다고 인정하면 신청에 의하여 또는 직권으로 품종보호 출원에 관한 결정이나 심결이 확정될 때까지 결정으로 그 소송절차를 중지할 수 있다.
② 제1항에 따른 신청에 관한 결정에 대하여는 불복할 수 없다.
③ 법원은 제1항에 따른 중지의 사유가 소멸하였거나 그 밖에 사정이 변경되었을 때에는 제1항에 따른 결정을 취소할 수 있다.

**제40조 【출원품종의 심사】** ① 심사관은 출원품종이 제17조부터 제20조까지의 요건을 갖추고 있는지를 심사하여야 한다.
② 농림축산식품부장관 또는 해양수산부장관은 제1항에 따른 심사를 위한 조사나 시험을 연구기관, 대학 또는 그 밖에 조사나 시험을 수행하기에 적합하다고 인정되는 기관 또는 단체에게 위탁할 수 있다.(2013.3.23 본항개정)
③ 제1항에 따른 심사의 방법, 기준 및 절차에 관하여 필요한 사항은 공동부령으로 정한다.(2013.3.23 본항개정)

**제41조【자료의 제출 등】** ① 농림축산식품부장관 또는 해양수산부장관은 제40조제1항에 따른 심사를 하기 위하여 필요하면 품종보호 출원인에게 종자시료 등 자료의 제출을 명할 수 있다.(2013.3.23 본항개정)

② 제1항에 따른 자료의 제출명령을 받은 품종보호 출원인은 정당한 사유가 없으면 명령에 따라야 한다.

**제42조【거절결정 및 거절이유의 통지】** ① 심사관은 다음 각 호의 어느 하나(이하 "거절이유"라 한다)에 해당하는 경우에는 그 품종보호 출원에 대하여 거절결정을 하여야 한다.

1. 제4조, 제16조, 제21조, 제22조, 제25조제1항 · 제2항, 제27조제2항 · 제5항, 제28조제1항, 제30조제3항 또는 제41조제2항을 위반하여 품종보호를 받을 수 없는 경우
2. 무권리자가 출원한 경우
3. 조약등을 위반한 경우

② 심사관은 제1항에 따라 거절결정을 할 때에는 미리 그 품종보호 출원인에게 거절이유를 통보하고 기간을 정하여 의견서를 제출할 수 있는 기회를 주어야 한다.

③ 제1항에 따른 거절결정이 있으면 그 거절결정의 등본을 품종보호 출원인에게 송달하고 그 거절결정에 관하여 공보에 게재하여야 한다.

④ 제3항에 따른 거절결정에 관하여 공보에 게재할 사항 등은 공동부령으로 정한다.(2013.3.23 본항개정)

**제43조【품종보호결정】** ① 심사관은 품종보호 출원에 대하여 거절이유를 발견할 수 없을 때에는 품종보호결정을 하여야 한다.

② 제1항에 따른 품종보호결정은 서면으로 하여야 하며 그 이유를 밝혀야 한다.

③ 농림축산식품부장관 또는 해양수산부장관은 제1항에 따라 품종보호결정이 있는 경우에는 그 품종보호결정의 등본을 품종보호 출원인에게 송달하고 그 품종보호결정에 관하여 공보에 게재하여야 한다.(2013.3.23 본항개정)

④ 제3항에 따른 품종보호결정에 관하여 공보에 게재할 사항 등은 공동부령으로 정한다.(2013.3.23 본항개정)

**제44조【심사 또는 소송절차의 중지】** ① 품종보호 출원의 심사에서 필요하면 심결이 확정되거나 소송절차가 완결될 때까지 그 품종보호 출원의 심사절차를 중지할 수 있다.

② 법원은 소송에서 필요하면 결정이 확정될 때까지 그 소송절차를 중지할 수 있다.

**제45조【「특허법」의 준용】** 품종보호 출원의 심사에 관하여는 「특허법」 제148조제1호부터 제5호까지 및 제7호를 준용한다.

## 제4절 품종보호료 및 품종보호 등록 등

**제46조【품종보호료】** ① 제54조제1항에 따라 품종보호권의 설정등록을 받으려는 자는 품종보호료를 납부하여야 한다.

② 품종보호권자는 그 품종보호권의 존속기간 중에는 농림축산식품부장관 또는 해양수산부장관에게 품종보호료를 매년 납부하여야 한다.(2013.3.23 본항개정)

③ 품종보호권에 관한 이해관계인은 제1항 또는 제2항에 따라 품종보호료를 납부하여야 할 자의 의사와 관계없이 품종보호료를 납부할 수 있다.

④ 품종보호권에 관한 이해관계인은 제3항에 따라 품종보호료를 납부한 경우에는 납부하여야 할 자가 현재 이익을 받은 한도에서 그 비용의 상환을 청구할 수 있다.

⑤ 제1항 또는 제2항에 따른 품종보호료 금액과 납부방법, 납부기간 등에 관하여 필요한 사항은 공동부령으로 정한다.(2013.3.23 본항개정)

**제47조【납부기간이 지난 후의 품종보호료 납부】** ① 품종보호권의 설정등록을 받으려는 자나 품종보호권자는 제46조제5항에 따른 품종보호료 납부기간이 지난 후에도 6개월 이내에는 품종보호료를 납부할 수 있다.
(2020.2.11 본항개정)
② 제1항에 따라 품종보호료를 납부할 때에는 제46조제5항에 따른 품종보호료의 2배 이내의 범위에서 공동부령으로 정한 금액을 납부하여야 한다.
(2013.3.23 본항개정)
③ 제1항에서 정한 기간까지 품종보호료를 납부하지 아니하면 품종보호권의 설정등록을 받으려는 자의 품종보호 출원은 포기한 것으로 보며, 품종보호권자의 품종보호권은 제46조제1항 또는 제2항에 따라 납부된 품종보호료의 해당 존속기간이 끝나는 날의 다음 날로 소급하여 소멸한 것으로 본다.
(2020.2.11 본조제목개정)

**제48조【품종보호료의 보전】** ① 농림축산식품부장관 또는 해양수산부장관은 품종보호권의 설정등록을 받으려는 자 또는 품종보호권자가 제46조제5항 또는 제47조제1항에 따른 기간 이내에 품종보호료의 일부를 납부하지 아니한 경우에는 품종보호료의 보전(補塡)을 명하여야 한다.(2013.3.23 본항개정)
② 제1항에 따라 보전명령을 받은 자는 그 보전명령을 받은 날부터 1개월 이내에 품종보호료를 보전할 수 있다.
③ 제2항에 따라 품종보호료를 보전하는 자는 다음 각 호의 어느 하나에 해당하는 경우에 납부하지 아니한 금액의 2배 이내의 범위에서 공동부령으로 정한 금액을 납부하여야 한다.
(2013.3.23 본문개정)
1. 품종보호료를 제46조제5항에 따른 납부기간이 지나 보전하는 경우
2. 품종보호료를 제47조제1항에 따른 납부기간(이하 "추가납부기간"이라 한다)이 지나 보전하는 경우
(2020.2.11 본호개정)

**제49조【품종보호료의 추가납부 또는 보전에 의한 품종보호 출원과 품종보호권의 회복 등】** ① 품종보호권의 설정등록을 받으려는 자 또는 품종보호권자가 책임질 수 없는 사유로 추가납부기간 이내에 품종보호료를 납부하지 아니하였거나 제48조제2항에 따른 보전기간 이내에 보전하지 아니한 경우에는 그 사유가 종료한 날부터 14일 이내에 그 품종보호료를 납부하거나 보전할 수 있다. 다만, 추가납부기간의 만료일 또는 보전기간의 만료일 중 늦은 날부터 6개월이 지났을 때에는 그러하지 아니하다.(2020.2.11 단서개정)
② 제1항에 따라 품종보호료를 납부하거나 보전한 자는 제47조제3항에도 불구하고 그 품종보호 출원을 포기하지 아니한 것으로 보며, 그 품종보호권은 품종보호료 납부기간이 지난 때에 소급하여 존속하고 있던 것으로 본다.
(2020.2.11 본항개정)
③ 추가납부기간 이내에 품종보호료를 납부하지 아니하였거나 제48조제2항에 따른 보전기간 이내에 보전하지 아니하여 실시 중인 보호품종의 품종보호권이 소멸한 경우 그 품종보호권자는 추가납부기간 또는 보전기간 만료일부터 3개월 이내에 제46조에 따른 품종보호료의 3배를 납부하고 그 소멸한 권리의 회복을 신청할 수 있다. 이 경우 그 품종보호권은 품종보호료 납부기간이 지난 때에 소급하여 존속하고 있었던 것으로 본다.(2020.2.11 후단개정)
④ 제2항 또는 제3항에 따른 품종보호 출원 또는 품종보호권의 효력은 다음 각 호의 어느 하나에 해당하는 기간(이하 이 조에서 "효력제한기간"이라 한다) 중에 다른 자가 보호품종을 실시한 행위에 대하여는 그 효력이 미치지 아니한다.
1. 추가납부기간이 지난 날부터 납부한 날까지의 기간(2020.2.11 본호개정)

2. 추가납부기간이 지난 날부터 보전한 날까지의 기간(2020.2.11 본호개정)

⑤ 효력제한기간 중 국내에서 선의로 제2항 또는 제3항에 따른 품종보호 출원된 품종 또는 품종보호권에 대하여 그 품종의 실시사업을 하거나 그 사업을 준비하고 있는 자는 그 실시 또는 준비를 하고 있는 품종 또는 사업의 목적 범위에서 그 품종보호 출원된 품종보호권에 대하여 통상실시권을 가진다.

⑥ 제5항에 따라 통상실시권을 가진 자는 품종보호권자 또는 전용실시권자에게 상당한 대가를 지급하여야 한다.

**제50조【품종보호료의 면제】** 제46조에도 불구하고 다음 각 호의 어느 하나에 해당하는 경우에는 품종보호료를 면제한다.

1. 국가나 지방자치단체가 품종보호권의 설정등록을 받기 위하여 품종보호료를 납부하여야 하는 경우
2. 국가나 지방자치단체가 품종보호권의 존속기간 중에 품종보호료를 납부하여야 하는 경우
3. 「국민기초생활 보장법」 제5조에 따른 수급권자가 품종보호권의 설정등록을 받기 위하여 품종보호료를 납부하여야 하는 경우
4. 그 밖에 공동부령으로 정하는 경우 (2013.3.23 본호개정)

**제51조【품종보호료의 반환】** 납부된 품종보호료는 잘못 납부된 경우에만 반환한다.

**제52조【품종보호 원부】** ① 농림축산식품부장관 또는 해양수산부장관은 공동부령으로 정하는 품종보호 원부(原簿)를 갖추어 두고 다음 각 호의 사항을 등록한다.(2013.3.23 본문개정)

1. 품종보호권의 설정, 이전, 소멸 또는 처분의 제한
2. 전용실시권 또는 통상실시권의 설정, 보존, 이전, 변경, 소멸 또는 처분의 제한
3. 품종보호권 · 전용실시권 또는 통상실시권을 목적으로 하는 질권의 설정, 이전, 변경, 소멸 또는 처분의 제한

② 제1항에서 규정한 사항 외에 등록사항, 등록절차, 그 밖에 등록에 필요한 사항은 공동부령으로 정한다. (2013.3.23 본항개정)

③ 농림축산식품부장관 또는 해양수산부장관은 제1항 및 제2항에 따른 등록업무의 수행을 위하여 다음 각 호의 어느 하나에 해당하는 자료 또는 정보를 해당 각 호의 자에게 각각 요청할 수 있다. 이 경우 요청을 받은 자는 특별한 사정이 없으면 요청에 따라야 한다.

1. 주민등록표 등본 · 초본 : 행정안전부장관(2017.7.26 본호개정)
2. 「가족관계의 등록 등에 관한 법률」에 따른 가족관계 등록사항에 관한 전산정보자료 : 법원행정처장

(2015.7.20 본항신설)

**제53조【품종보호 공보】** 농림축산식품부장관 또는 해양수산부장관은 매월 품종보호 공보를 발행하여야 한다. (2013.3.23 본조개정)

## 제5절 품종보호권

**제54조【품종보호권의 설정등록】** ① 품종보호권은 제52조제1항제1호에 따른 설정등록을 함으로써 발생한다.

② 농림축산식품부장관 또는 해양수산부장관은 다음 각 호의 어느 하나에 해당하는 경우에는 품종보호권을 설정등록하여야 한다.(2013.3.23 본문개정)

1. 제46조제1항에 따라 품종보호료를 납부한 때
2. 제47조제1항에 따라 납부기간이 지난 후에 품종보호료를 납부한 때 (2020.2.11 본호개정)
3. 제48조제2항에 따라 품종보호료를 보전한 때
4. 제49조제1항에 따라 품종보호료를 납부하거나 보전한 때
5. 제50조에 따라 품종보호료가 면제된 때

③ 농림축산식품부장관 또는 해양수산부장관은 제2항에 따라 품종보호권이 설정등록된 품종의 종자인 경우 농림축산식품부장관 또는 해양수산부장관이 정하여 고시하는 바에 따라 일정량의 시료를 보관·관리하여야 한다. 이 경우 종자시료가 묘목, 영양체 또는 수산식물인 경우에는 그 제출 시기·방법 등은 공동부령으로 정한다.
(2013.3.23 본항개정)

④ 농림축산식품부장관 또는 해양수산부장관은 제2항에 따라 품종보호권을 설정등록하였을 때에는 다음 각 호의 사항을 공보에 게재하여야 한다.
(2013.3.23 본문개정)

1. 품종보호권자의 성명과 주소(법인인 경우에는 그 명칭, 대표자 성명 및 영업소 소재지)
2. 품종보호 등록번호
3. 설정등록 연월일
4. 품종보호권의 존속기간

⑤ 농림축산식품부장관 또는 해양수산부장관은 제2항에 따라 품종보호권을 설정등록하였을 때에는 지체 없이 품종보호권자에게 공동부령으로 정하는 품종보호권 등록증을 발급하여야 한다.
(2013.3.23 본항개정)

**제55조 【품종보호권의 존속기간】** 품종보호권의 존속기간은 품종보호권이 설정등록된 날부터 20년으로 한다. 다만, 과수와 임목의 경우에는 25년으로 한다.

**제56조 【품종보호권의 효력】** ① 품종보호권자는 업으로서 그 보호품종을 실시할 권리를 독점한다. 다만, 그 품종보호권에 관하여 전용실시권을 설정하였을 때에는 제61조제2항에 따라 전용실시권자가 그 보호품종을 실시할 권리를 독점하는 범위에서는 그러하지 아니하다.

② 품종보호권자는 제1항에 따른 권리 외에 품종보호권자의 허락 없이 도용된 종자를 이용하여 업으로서 그 보호품종의 종자에서 수확한 수확물이나 그 수확물로부터 직접 제조된 산물에 대하여도 실시할 권리를 독점한다. 다만, 그 수확물에 관하여 정당한 권원(權原)이 없음을 알지 못하는 자가 직접 제조한 산물에 대하여는 그러하지 아니하다.

③ 제1항과 제2항에 따른 품종보호권의 효력은 다음 각 호의 어느 하나에 해당하는 품종에도 적용된다.

1. 보호품종(기본적으로 다른 품종에서 유래된 품종이 아닌 보호품종만 해당한다)으로부터 기본적으로 유래된 품종
2. 보호품종과 제18조에 따라 명확하게 구별되지 아니하는 품종
3. 보호품종을 반복하여 사용하여야 종자생산이 가능한 품종

④ 제3항제1호를 적용할 때 원품종(原品種) 또는 기존의 유래품종에서 유래되고, 원품종의 유전자형 또는 유전자 조합에 의하여 나타나는 주요 특성을 가진 품종으로서 원품종과 명확하게 구별은 되나 특정한 육종방법(育種方法)으로 인한 특성만의 차이를 제외하고는 주요 특성이 원품종과 같은 품종은 유래된 품종으로 본다.

**제57조 【품종보호권의 효력이 미치지 아니하는 범위】** ① 다음 각 호의 어느 하나에 해당하는 경우에는 제56조에 따른 품종보호권의 효력이 미치지 아니한다.

1. 영리 외의 목적으로 자가소비(自家消費)를 하기 위한 보호품종의 실시
2. 실험이나 연구를 하기 위한 보호품종의 실시
3. 다른 품종을 육성하기 위한 보호품종의 실시

② 농어업인이 자가생산(自家生産)을 목적으로 자가채종(自家採種)을 할 경우 농림축산식품부장관 또는 해양수산부장관은 해당 품종에 대한 품종보호권을 제한할 수 있다.(2013.3.23 본항개정)

③ 제2항에 따른 제한의 범위, 절차, 방법 등에 관하여 필요한 사항은 대통령령으로 정한다.

**제58조【품종보호권의 효력 제한】** 품종보호권·전용실시권 또는 통상실시권을 가진 자에 의하여 국내에서 판매되거나 유통된 보호품종의 종자, 그 수확물 및 그 수확물로부터 직접 제조된 산물에 대하여는 다음 각 호의 어느 하나에 해당하는 행위를 제외하고는 제56조에 따른 품종보호권의 효력이 미치지 아니한다.

1. 판매되거나 유통된 보호품종의 종자, 그 수확물 및 그 수확물로부터 직접 제조된 산물을 이용하여 보호품종의 종자를 증식하는 행위
2. 증식을 목적으로 보호품종의 종자, 그 수확물 및 그 수확물로부터 직접 제조된 산물을 수출하는 행위

**제59조【품종보호권의 제한 금지】** 정부는 이 법에서 정한 사항 외에 품종보호권의 실시에 관하여는 어떠한 제한도 하여서는 아니 된다.

**제60조【품종보호권의 이전 등】** ① 품종보호권은 이전할 수 있다.

② 품종보호권이 공유인 경우 각 공유자는 다른 공유자의 동의를 받지 아니하면 다음 각 호의 행위를 할 수 없다.

1. 공유지분을 양도하거나 공유지분을 목적으로 하는 질권의 설정
2. 해당 품종보호권에 대한 전용실시권의 설정 또는 통상실시권의 허락

③ 품종보호권이 공유인 경우 각 공유자는 계약으로 특별히 정한 경우를 제외하고는 다른 공유자의 동의를 받지 아니하고 해당 보호품종을 자신이 실시할 수 있다.

**제61조【전용실시권】** ① 품종보호권자는 그 품종보호권에 대하여 타인에게 전용실시권을 설정할 수 있다.

② 제1항에 따라 전용실시권을 설정받은 전용실시권자는 그 설정행위로 정한 범위에서 업으로서 해당 보호품종을 실시할 권리를 독점한다.

③ 전용실시권자는 다음 각 호의 어느 하나에 해당하는 경우를 제외하고는 품종보호권자의 동의를 받지 아니하면 그 전용실시권을 이전할 수 없다.

1. 실시사업과 같이 이전하는 경우
2. 상속
3. 그 밖의 일반승계

④ 전용실시권자는 품종보호권자의 동의를 받지 아니하면 그 전용실시권을 목적으로 하는 질권을 설정하거나 통상실시권을 허락할 수 없다.

⑤ 전용실시권에 관하여는 제60조제2항 및 제3항을 준용한다.

**제62조【품종보호권과 전용실시권 등록의 효력】** ① 다음 각 호의 사항은 제52조에 따른 품종보호 원부에 등록하지 아니하면 그 효력이 발생하지 아니한다.

1. 품종보호권의 이전(상속이나 그 밖의 일반승계에 의한 경우는 제외한다. 이하 이 조에서 같다) 또는 포기에 의한 소멸 또는 처분의 제한
2. 전용실시권의 설정, 이전, 변경, 소멸 또는 처분의 제한
3. 품종보호권 또는 전용실시권을 목적으로 하는 질권의 설정, 이전, 변경, 소멸 또는 처분의 제한

② 품종보호권·전용실시권 또는 질권을 상속하거나 그 밖의 일반승계를 한 자는 그 사유가 발생한 날부터 30일 이내에 공동부령으로 정하는 바에 따라 그 취지를 농림축산식품부장관 또는 해양수산부장관에게 신고하여야 한다.(2013.3.23 본항개정)

**제63조【통상실시권】** ① 품종보호권자는 그 품종보호권에 대하여 타인에게 통상실시권을 허락할 수 있다.

② 제1항에 따라 통상실시권을 허락받은 통상실시권자는 이 법에서 정하는 바에 따라 또는 설정행위로 정한 범위에서 업으로서 해당 보호품종을 실시할 수 있는 권리를 가진다.

③ 제67조에 따른 통상실시권은 실시사업과 같이 이전하는 경우에만 이전할 수 있다.

④ 제67조에 따른 통상실시권 외의 통상실시권은 실시사업과 같이 이전하는 경우 또는 상속, 그 밖의 일반승계의 경우를 제외하고는 품종보호권자(전용실시권에 관한 통상실시권의 경우에는 품종보호권자와 전용실시권자를 말한다)의 동의를 받지 아니하면 이전할 수 없다.
⑤ 제67조에 따른 통상실시권 외의 통상실시권은 품종보호권자(전용실시권에 관한 통상실시권의 경우에는 품종보호권자와 전용실시권자를 말한다)의 동의를 받지 아니하면 그 통상실시권을 목적으로 하는 질권을 설정할 수 없다.
⑥ 통상실시권에 관하여는 제60조제2항 및 제3항을 준용한다.

**제64조 【선사용에 의한 통상실시권】** 품종보호 출원 시에 그 품종보호 출원된 보호품종의 내용을 알지 못하고 그 보호품종을 육성하거나 육성한 자로부터 알게 되어 국내에서 그 보호품종의 실시사업을 하거나 그 사업을 준비하고 있는 자는 그 실시 또는 준비를 하고 있는 사업의 목적 범위에서 그 품종보호 출원된 품종보호권에 대하여 통상실시권을 가진다.

**제65조 【무효심판청구 등록 전의 실시에 의한 통상실시권】** ① 품종보호권에 대한 무효심판청구의 등록 전에 다음 각 호의 어느 하나에 해당하는 자가 해당 품종보호권이 무효사유에 해당하는 것을 알지 못하고 국내에서 그 보호품종에 대한 실시사업을 하거나 그 사업의 준비를 하고 있는 경우에는 그 실시 또는 준비를 하고 있는 그 사업의 목적 범위에서 그 품종보호권이 무효로 된 당시에 존재하는 품종보호권이나 전용실시권에 대하여 통상실시권을 가진다.
1. 같은 품종에 대한 둘 이상의 품종보호 중 하나가 무효로 된 경우의 원품종보호권자
2. 품종보호를 무효로 하고 같은 품종에 관하여 정당한 권리자에게 품종보호를 한 경우의 원품종보호권자
3. 제1호나 제2호의 경우에 그 무효로 된 품종보호권에 대하여 무효심판청구의 등록 당시에 이미 전용실시권, 통상실시권 또는 그 전용실시권에 대한 통상실시권을 취득하고 등록을 받은 자. 다만, 제74조제2항에 해당하는 경우에는 등록이 필요하지 아니하다.

② 제1항에 따라 통상실시권을 취득한 자는 품종보호권자나 전용실시권자에게 상당한 대가를 지급하여야 한다.

**제66조 【질권 행사로 인한 품종보호권의 이전에 따른 통상실시권】** 품종보호권자는 품종보호권을 목적으로 하는 질권 설정 이전에 해당 보호품종에 대한 실시사업을 하고 있는 경우에는 그 품종보호권이 경매 등에 의하여 이전되더라도 그 품종보호권에 대하여 통상실시권을 가진다. 이 경우 품종보호권자는 경매 등에 의하여 품종보호권을 이전받은 자에게 상당한 대가를 지급하여야 한다.

**제67조 【통상실시권 설정의 재정】** ① 보호품종을 실시하려는 자는 보호품종이 다음 각 호의 어느 하나에 해당하는 경우에는 농림축산식품부장관 또는 해양수산부장관에게 통상실시권 설정에 관한 재정(裁定)(이하 "재정"이라 한다)을 청구할 수 있다. 다만, 제1호와 제2호에 따른 재정의 청구는 해당 보호품종의 품종보호권자 또는 전용실시권자와 통상실시권 허락에 관한 협의를 할 수 없거나 협의 결과 합의가 이루어지지 아니한 경우에만 할 수 있다. (2013.3.23 본문개정)
1. 보호품종이 천재지변이나 그 밖의 불가항력 또는 대통령령으로 정하는 정당한 사유 없이 계속하여 3년 이상 국내에서 실시되고 있지 아니한 경우
2. 보호품종이 정당한 사유 없이 계속하여 3년 이상 국내에서 상당한 영업적 규모로 실시되지 아니하거나 적당한 정도와 조건으로 국내수요를 충족시키지 못한 경우

3. 전쟁, 천재지변 또는 재해로 인하여 긴급한 수급(需給) 조절이나 보급이 필요하여 비상업적으로 보호품종을 실시할 필요가 있는 경우
4. 사법적 절차 또는 행정적 절차에 의하여 불공정한 거래행위로 인정된 사항을 시정하기 위하여 보호품종을 실시할 필요성이 있는 경우

② 품종보호권 설정등록일부터 3년이 지나지 아니한 보호품종에 대하여는 제1항을 적용하지 아니한다.
(2020.2.11 본항개정)

③ 농림축산식품부장관 또는 해양수산부장관은 재정을 할 때에는 청구건별로 통상실시권 설정의 필요성을 검토하여야 한다.(2013.3.23 본항개정)

④ 농림축산식품부장관 또는 해양수산부장관은 재정을 할 때에는 그 통상실시권이 국내 수요를 위한 공급을 주목적으로 실시되어야 한다는 조건을 붙여야 한다. 다만, 제1항제4호에 따른 청구에 대하여 재정을 하는 경우에는 그러하지 아니하다.(2013.3.23 본문개정)

⑤ 농림축산식품부장관 또는 해양수산부장관은 제1항제4호에 따른 재정을 할 때에는 불공정한 거래행위를 시정하기 위한 재정이라는 취지를 그 대가를 결정할 때 고려할 수 있다.
(2013.3.23 본항개정)

⑥ 농림축산식품부장관 또는 해양수산부장관은 재정을 할 때에는 제118조에 따른 종자위원회의 심의를 거쳐야 한다.(2013.3.23 본항개정)

**제68조 【재정청구서의 송달】** 농림축산식품부장관 또는 해양수산부장관은 제67조제1항에 따른 재정의 청구를 받으면 그 청구서의 부본(副本)을 그 청구와 관련된 품종보호권자, 전용실시권자 또는 해당 품종보호권에 관하여 등록한 권리를 가진 자에게 송달하고 기간을 정하여 답변서 또는 의견서를 제출할 기회를 주어야 한다.
(2013.3.23 본조개정)

**제69조 【재정의 방식 등】** ① 재정은 서면으로 하고 그 이유를 적어야 한다.

② 제1항의 재정에는 다음 각 호의 사항을 구체적으로 밝혀야 한다.
1. 통상실시권의 범위 및 기간
2. 대가와 그 지급방법 및 지급시기

③ 농림축산식품부장관 또는 해양수산부장관은 제2항제1호에 따른 통상실시권의 기간 연장에 관한 청구를 받은 경우에 종전의 통상실시권 설정 사유가 계속 있을 때에는 그 청구를 거절할 수 없다.(2013.3.23 본항개정)

**제70조 【재정서 등본의 송달】** ① 농림축산식품부장관 또는 해양수산부장관은 재정을 하였으면 당사자에게 재정서 등본을 송달하여야 한다.
(2013.3.23 본항개정)

② 제1항에 따라 당사자에게 재정서 등본이 송달되면 재정서에 밝힌 바에 따라 당사자 간에 합의가 이루어진 것으로 본다.

**제71조 【대가의 공탁】** 제69조제2항제2호의 대가를 지급하여야 할 자는 다음 각 호의 어느 하나에 해당하는 경우에는 그 대가를 공탁(供託)하여야 한다.
1. 대가를 받을 자가 수령을 거부하거나 수령할 수 없는 경우
2. 대가에 대하여 제104조제1항에 따른 소송이 제기된 경우
3. 해당 품종보호권이나 전용실시권을 목적으로 하는 질권이 설정되어 있는 경우. 다만, 질권자의 동의를 받은 경우는 제외한다.

**제72조 【재정의 실효 등】** ① 제69조제1항에 따라 재정을 받은 자가 같은 조 제2항제2호에 따른 지급시기까지 대가(대가를 정기적으로 또는 분할하여 지급하는 경우에는 최초의 지급분을 말한다)를 지급하지 아니하거나 공탁을 하지 아니하면 그 재정은 효력을 상실한다.

② 농림축산식품부장관 또는 해양수산부장관은 다음 각 호의 어느 하나에 해

당하는 경우에는 이해관계인의 신청에 의하여 또는 직권으로 재정을 취소할 수 있다.(2013.3.23 본문개정)

1. 재정을 받은 자가 그 통상실시권을 실시하지 아니한 경우
2. 통상실시권 설정을 재정한 사유가 없어지고 다시 발생할 우려가 없는 경우
3. 재정을 받은 자가 그 대가를 정기적으로 또는 분할하여 지급할 때 최초 지급분 후의 지급분을 지급하지 아니하거나 공탁하지 아니한 경우

③ 제2항에 따른 취소에 관하여는 제67조제6항, 제68조, 제69조제1항 및 제70조제1항을 준용한다.

④ 제2항에 따라 재정이 취소되었을 때에는 통상실시권은 그 때부터 소멸한다.

**제73조【재정에 대한 불복이유의 제한】** 재정에 대하여 「행정심판법」 제3조제1항에 따라 행정심판을 청구하거나 「행정소송법」에 따라 취소소송을 제기하는 경우에는 그 재정으로 정한 대가를 불복이유로 할 수 없다.

**제74조【통상실시권 등록의 효력】** ① 통상실시권을 등록하였을 때에는 그 등록 후에 품종보호권이나 전용실시권을 취득한 자에 대하여도 그 효력이 발생한다.

② 제49조제5항, 제64조부터 제66조까지 및 제102조에 따른 통상실시권은 등록하지 아니하더라도 제1항에 따른 효력이 발생한다.

③ 통상실시권의 이전·변경·소멸 또는 처분의 제한, 통상실시권을 목적으로 하는 질권의 설정·이전·변경·소멸 또는 처분의 제한은 등록하지 아니하면 제3자에게 대항할 수 없다.

**제75조【품종보호권 등의 포기 제한】** ① 품종보호권자는 전용실시권자, 질권자 또는 제61조제4항 또는 제63조제1항에 따른 통상실시권자의 동의를 받지 아니하면 품종보호권을 포기할 수 없다.

② 전용실시권자는 질권자 또는 제61조제4항에 따른 통상실시권자의 동의를 받지 아니하면 전용실시권을 포기할 수 없다.

③ 통상실시권자는 질권자의 동의를 받지 아니하면 통상실시권을 포기할 수 없다.

**제76조【포기의 효력】** 품종보호권·전용실시권 또는 통상실시권을 포기하였을 때에는 품종보호권·전용실시권 또는 통상실시권은 그 때부터 소멸한다.

**제77조【질권】** 품종보호권·전용실시권 또는 통상실시권을 목적으로 하는 질권을 설정하였을 때에는 질권자는 계약으로 특별히 정한 경우를 제외하고는 해당 보호품종을 실시할 수 없다.

**제78조【질권의 물상대위】** 질권은 보호품종의 실시에 대하여 받을 대가나 물건에 대하여도 행사할 수 있다. 이 경우 그 지급 또는 인도 전에 압류를 하여야 한다.

**제79조【품종보호권의 취소】** ① 농림축산식품부장관 또는 해양수산부장관은 다음 각 호의 어느 하나에 해당하는 경우에는 품종보호권을 취소할 수 있다. 다만, 제2호의 경우에는 그 품종보호권을 취소하여야 한다.(2013.3.23 본문개정)

1. 제19조 또는 제20조의 요건을 충족할 수 없는 경우
2. 제82조에 따른 보호품종의 유지 의무를 이행하지 아니하는 경우
3. 제117조제1항에 따라 등록된 품종명칭을 취소한 경우

② 제1항에 따라 품종보호권이 취소되었을 때에는 그 품종보호권은 그 때부터 소멸한다.

③ 제1항에 따른 취소에 관하여는 제42조제2항부터 제4항까지의 규정을 준용한다. 이 경우 "거절결정"은 "취소"로 본다.

**제80조【상속인이 없는 경우 품종보호권의 소멸】** 상속이 개시된 경우에 상속인이 없으면 품종보호권은 소멸한다.

**제81조【품종보호권의 실시 보고】** 농림축산식품부장관 또는 해양수산부장관은 품종보호권자·전용실시권자 또는 통상실시권자로 하여금 보호품종의 실시 여부, 그 규모 등에 관하여 보고하게 할 수 있다.(2013.3.23 본조개정)

**제82조【보호품종 유지 의무】** ① 품종보호권자는 해당 품종보호권의 존속기간 동안 품종보호권 설정등록 당시의 그 보호품종의 본질적 특성이 유지될 수 있도록 하여야 한다.

② 농림축산식품부장관 또는 해양수산부장관은 품종보호권자에게 제1항에 따른 보호품종의 본질적인 특성이 유지되는지를 시험·확인하는 데 필요한 종자시료 등 자료의 제출을 명할 수 있다. 이 경우 제출명령을 받은 품종보호권자는 정당한 사유가 없으면 그 명령에 따라야 한다.(2013.3.23 전단개정)

## 제6절 품종보호권자의 보호

**제83조【권리 침해에 대한 금지청구권 등】** ① 품종보호권자나 전용실시권자는 자기의 권리를 침해하였거나 침해할 우려가 있는 자에 대하여 그 침해의 금지 또는 예방을 청구할 수 있다.

② 품종보호권자나 전용실시권자가 제1항에 따른 청구를 할 때에는 침해행위를 조성한 물건의 폐기, 침해행위에 제공된 설비의 제거, 그 밖에 침해 예방에 필요한 행위를 청구할 수 있다.

**제84조【침해로 보는 행위】** 다음 각 호의 어느 하나에 해당하는 행위는 품종보호권이나 전용실시권을 침해한 것으로 본다.

1. 품종보호권자나 전용실시권자의 허락 없이 타인의 보호품종을 업으로서 실시하는 행위
2. 타인의 보호품종의 품종명칭과 같거나 유사한 품종명칭을 해당 보호품종이 속하는 식물의 속(屬) 또는 종의 품종에 사용하는 행위

**제85조【손해배상청구권】** ① 품종보호권자나 전용실시권자는 고의나 과실에 의하여 자기의 권리를 침해한 자에게 손해배상을 청구할 수 있다.

② 제1항에 따른 손해배상의 청구에 관하여는 「특허법」 제128조 및 제132조를 준용한다.

**제86조【과실의 추정】** 타인의 품종보호권이나 전용실시권을 침해한 자는 그 침해행위에 대하여 과실이 있는 것으로 추정한다.

**제87조【품종보호권자 등의 신용회복】** 법원은 고의나 과실에 의하여 타인의 품종보호권이나 전용실시권을 침해함으로써 품종보호권자나 전용실시권자의 업무상 신용을 떨어뜨린 자에게는 품종보호권자나 전용실시권자의 청구에 의하여 손해배상을 갈음하거나 손해배상과 함께 품종보호권자나 전용실시권자의 업무상 신용회복을 위하여 필요한 조치를 명할 수 있다.

**제88조【보호품종의 표시】** 품종보호권자·전용실시권자 또는 통상실시권자는 해당 품종이 보호품종임을 표시할 수 있다.

**제89조【거짓표시의 금지】** 누구든지 다음 각 호의 어느 하나에 해당하는 행위를 하여서는 아니 된다.

1. 품종보호를 받지 아니하거나 품종보호 출원 중이 아닌 품종의 종자의 용기나 포장에 품종보호를 받았다는 표시 또는 품종보호 출원 중이라는 표시를 하거나 이와 혼동되기 쉬운 표시를 하는 행위
2. 품종보호를 받지 아니하거나 품종보호 출원 중이 아닌 품종을 보호품종 또는 품종보호 출원 중인 품종인 것처럼 영업용 광고, 표지판, 거래서류 등에 표시하는 행위(2020.2.11 본호개정)

## 제7절 심 판

**제90조【품종보호심판위원회】** ① 품

종보호에 관한 심판과 재심을 관장하기 위하여 농림축산식품부에 품종보호심판위원회(이하 "심판위원회"라 한다)를 둔다.(2013.3.23 본항개정)
② 심판위원회는 위원장 1명을 포함한 8명 이내의 품종보호심판위원(이하 "심판위원"이라 한다)으로 구성하되, 위원장이 아닌 심판위원 중 1명은 상임(常任)으로 한다.
③ 제2항에서 규정한 사항 외에 심판위원회의 구성·운영 등에 필요한 사항은 대통령령으로 정한다.

**제91조【거절결정 또는 취소결정에 대한 심판】** 제42조제1항에 따른 거절결정 또는 제79조에 따른 취소결정을 받은 자가 이에 불복하는 경우에는 그 등본을 송달받은 날부터 30일 이내에 심판을 청구할 수 있다.

**제92조【품종보호의 무효심판】** ① 품종보호에 관한 이해관계인이나 심사관은 품종보호가 다음 각 호의 어느 하나에 해당하는 경우에는 무효심판을 청구할 수 있다.

1. 제16조, 제21조, 제22조, 제25조제1항 및 제2항, 제28조제1항 또는 제30조제3항을 위반한 경우. 다만, 제16조제3호 또는 제4호에 따른 균일성 또는 안정성을 위반하였다는 사유로 무효심판을 청구하려는 경우에는 출원인이 제출한 서류에 의하여 균일성 또는 안정성을 심사한 경우에만 청구할 수 있다.
2. 무권리자에 대하여 품종보호를 한 경우
3. 조약등을 위반한 경우
4. 품종보호된 후 그 품종보호권자가 제22조에 따라 품종보호권을 가질 수 없는 자가 되거나 그 품종보호가 조약등을 위반한 경우

② 제1항에 따른 심판은 청구의 이익이 있으면 언제든지 청구할 수 있다.
③ 품종보호권을 무효로 한다는 심결이 확정되면 그 품종보호권은 처음부터 없었던 것으로 본다. 다만, 제1항제4호의 사유로 품종보호를 무효로 한다는 심결이 확정되면 품종보호권은 그 품종보호가 같은 호에 해당하게 된 때부터 없었던 것으로 본다.
④ 심판장은 제1항의 심판청구를 받았을 때에는 그 취지를 해당 품종의 품종보호권자·전용실시권자, 그 밖에 품종보호에 관하여 등록한 권리를 가진 자에게 알려야 한다.

**제93조【심판청구방식】** ① 심판을 청구하려는 자는 공동부령으로 정하는 심판청구서에 다음 각 호의 사항을 적어 심판위원회 위원장에게 제출하여야 한다.(2013.3.23 본문개정)

1. 당사자 및 대리인의 성명과 주소(법인인 경우에는 그 명칭, 대표자 성명 및 영업소 소재지)
2. 품종명칭
3. 품종보호 출원일 및 품종보호 출원번호
4. 심사관의 거절결정일, 품종보호결정일 또는 취소결정일
5. 청구의 취지 및 그 이유

② 제1항에 따라 제출된 심판청구서를 보정할 경우 그 요지는 변경할 수 없다. 다만, 제1항제5호의 청구의 이유에 대하여는 그러하지 아니하다.

**제94조【심판위원】** ① 심판위원회 위원장은 제93조제1항에 따른 심판청구를 받았을 때에는 심판위원에게 심판하게 한다.
② 심판위원은 직무상 독립하여 심판한다.
③ 심판위원의 자격은 대통령령으로 정한다.

**제95조【심판위원의 지정 등】** ① 심판위원회 위원장은 각 심판사건에 대하여 제96조에 따른 합의체를 구성할 심판위원을 지정하여야 한다.
② 심판위원회 위원장은 제1항에 따라 지정된 심판위원 중에서 1명을 심판장으로 지정하여야 하고, 심판장은 그 심판사건에 관한 사무를 총괄한다.

③ 심판위원은 다음 각 호의 어느 하나에 해당하는 경우에는 심판사건의 심의·의결에서 제척(除斥)된다.

1. 심판위원 또는 그 배우자나 배우자였던 사람이 심판사건의 당사자가 되거나 심판사건에 관하여 공동의 권리자 또는 의무자의 관계에 있는 경우
2. 심판위원이 심판사건의 당사자와 친족이거나 친족이었던 경우
3. 심판위원이 심판사건에 관하여 증언, 감정, 법률자문을 한 경우
4. 심판위원이 심판사건에 관하여 당사자의 대리인으로서 관여하거나 관여하였던 경우
5. 심판위원이 심판사건에 관하여 당사자의 법정대리인으로서 관여하거나 관여하였던 경우
6. 심판위원이 심판사건에 관하여 직접 이해관계를 가진 경우

④ 당사자는 심판위원에게 공정한 심의·의결을 기대하기 어려운 사정이 있으면 심판위원회에 기피신청을 할 수 있으며, 심판위원회는 기피신청이 타당하다고 인정할 때에는 기피의 결정을 한다.

⑤ 심판위원이 제3항 또는 제4항의 사유에 해당하는 경우에는 심판위원회 위원장의 허가를 받아 회피할 수 있다.

**제96조【심판의 합의체】** ① 심판은 3명의 심판위원으로 구성되는 합의체에서 한다.

② 제1항에 따른 합의체의 합의는 과반수에 의하여 결정한다.

③ 심판의 합의는 공개하지 아니한다.

**제97조【거절결정에 대한 심판에서의 심사규정 준용】** 제91조에 따른 거절결정에 대한 심판에 관하여는 제33조, 제35조, 제42조제2항 및 제43조를 준용한다.

**제98조【「특허법」의 준용】** ① 제91조와 제92조에 따른 심판에 관하여는 「특허법」 제139조, 제141조, 제142조, 제147조, 제149조, 제151조, 제152조제2항부터 제4항까지, 제153조, 제154조제1항, 제3항부터 제7항까지, 제155조부터 제160조까지, 제161조제1항·제3항, 제162조부터 제166조까지, 제171조, 제172조, 제176조 및 「민사소송법」 제143조, 제259조, 제299조 및 제367조를 준용한다.

② 제1항의 경우 「특허법」 제139조제1항 중 "제133조제1항, 제134조제1항·제2항 또는 제137조제1항의 무효심판이나 제135조제1항·제2항의 권리범위 확인심판"은 "제92조제1항의 무효심판"으로 본다.(2016.2.29 본항개정)

③ 제1항의 경우 「특허법」 제141조제1항제1호 중 "제140조제1항 및 제3항부터 제5항까지 또는 제140조의2제1항"은 "제93조제1항"으로, 같은 항 제2호나목의 "제82조"는 "제125조"로 본다.(2020.2.11 본항개정)

④ 제1항의 경우 「특허법」 제165조제1항 중 "제133조제1항, 제134조제1항·제2항, 제135조 및 제137조제1항"은 "제92조제1항"으로, 같은 조 제3항 중 "제132조의17·제136조 또는 제138조"는 "제91조"로, 같은 조 제7항 중 "변리사"는 "자"로 본다.
(2016.2.29 본항개정)

⑤ 제1항의 경우 「특허법」 제171조 중 "특허거절결정 또는 특허권의 존속기간의 연장등록거절결정에 대한 심판"은 "제91조에 따른 거절결정에 대한 심판"으로 본다.

⑥ 제1항의 경우 「특허법」 제176조제1항 중 "제132조의17"은 "제91조"로 본다.(2016.2.29 본항개정)

## 제8절 재심 및 소송

**제99조【재심의 청구】** ① 당사자는 확정된 심결에 대하여 재심을 청구할 수 있다.

② 제1항의 재심청구에 관하여는 「민사소송법」 제451조 및 제453조를 준용한다.

**제100조【사해심결에 대한 불복청구】** ① 심판의 당사자가 공모하여 속임수로써 제3자의 권리나 이익을 침해할 목적으로 심결을 하게 하였을 때에는 제3자는 그 확정된 심결〔이하 "사해심결"(詐害審決)이라 한다〕에 대하여 재심을 청구할 수 있다.

② 제1항에 따른 재심청구의 경우에는 심판의 당사자를 공동 피청구인으로 한다.

**제101조【재심에 의하여 회복된 품종보호권의 효력 제한】** 다음 각 호의 어느 하나에 해당하는 경우 품종보호권의 효력은 해당 심결이 확정된 후 재심청구의 등록 전에 선의로 실시한 행위에는 미치지 아니한다.

1. 품종보호권이 무효로 된 후 재심에 의하여 그 효력이 회복된 경우
2. 거절결정에 대한 심판청구를 받아들이지 아니한다는 심결이 있었던 품종보호 출원이 재심에 의하여 품종보호권의 설정등록이 된 경우

**제102조【재심에 의하여 회복된 품종보호권에 대한 선사용자의 통상실시권】** 제101조 각 호의 어느 하나에 해당하는 경우에 해당 심결이 확정된 후 재심청구의 등록 전에 선의로 국내에서 그 보호품종의 실시사업을 하고 있는 자 또는 그 사업을 준비하고 있는 자는 그 실시 또는 준비를 하고 있는 사업의 목적 범위에서 그 품종보호권에 대하여 통상실시권을 가진다.

**제103조【심결 등에 대한 소】** ① 심결에 대한 소와 심판청구서 또는 재심청구서의 보정각하결정에 대한 소는 특허법원의 전속관할로 한다.

② 제1항에 따른 소는 당사자, 참가인 또는 해당 심판이나 재심에 참가신청을 하였으나 신청이 거부된 자만 제기할 수 있다.

③ 제1항에 따른 소는 심결이나 결정의 등본을 송달받은 날부터 30일 이내에 제기하여야 한다.

④ 제3항의 기간은 불변기간으로 한다.

⑤ 심판을 청구할 수 있는 사항에 관한 소는 심결에 대한 것이 아니면 제기할 수 없다.

⑥ 제98조에 따라 준용되는 「특허법」 제165조에 따른 심판비용의 심결이나 결정에 대하여는 독립하여 제1항에 따른 소를 제기할 수 없다.

⑦ 특허법원의 판결에 대하여는 대법원에 상고할 수 있다.

**제104조【대가에 대한 불복의 소】** ① 제69조제2항제2호의 대가에 대하여 결정을 받은 자가 그 대가에 대하여 불복할 때에는 법원에 소를 제기할 수 있다.

② 제1항에 따른 소송은 재정서 등본을 송달받은 날부터 30일 이내에 제기하여야 한다.

③ 제1항에 따른 소송에서는 품종보호권자 · 전용실시권자 또는 통상실시권자를 피고로 하여야 한다.

**제105조【「특허법」 등의 준용】** ① 품종보호에 관한 재심의 절차 및 재심의 청구에 관하여는 「특허법」 제180조 · 제184조 및 「민사소송법」 제459조제1항을 준용한다.

② 품종보호에 관한 소송에 관하여는 「특허법」 제187조, 제188조 및 제189조를 준용한다.

③ 제2항의 경우 「특허법」 제187조 본문 중 "특허청장"은 "농림축산식품부장관 또는 해양수산부장관"으로, 같은 조 단서 중 "제133조제1항, 제134조제1항 · 제2항, 제135조제1항 · 제2항, 제137조제1항 또는 제138조제1항 · 제3항"은 "제92조제1항"으로, 같은 법 제189조제1항 중 "제186조제1항"은 "제103조제1항"으로 본다.(2016.2.29 본항개정)

## 제3장 품종의 명칭

**제106조 【품종명칭】** ① 제30조제1항에 따라 품종보호를 받기 위하여 출원하는 품종은 1개의 고유한 품종명칭을 가져야 한다.
② 대한민국이나 외국에 품종명칭이 등록되어 있거나 품종명칭 등록출원이 되어 있는 경우에는 그 품종명칭을 사용하여야 한다.

**제107조 【품종명칭 등록의 요건】** 다음 각 호의 어느 하나에 해당하는 품종명칭은 제109조제8항에 따른 품종명칭의 등록을 받을 수 없다.
1. 숫자로만 표시하거나 기호를 포함하는 품종명칭
2. 해당 품종 또는 해당 품종 수확물의 품질·수확량·생산시기·생산방법·사용방법 또는 사용시기로만 표시한 품종명칭
3. 해당 품종이 속한 식물의 속 또는 종의 다른 품종의 품종명칭과 같거나 유사하여 오인하거나 혼동할 염려가 있는 품종명칭
4. 해당 품종이 사실과 달리 다른 품종에서 파생되었거나 다른 품종과 관련이 있는 것으로 오인하거나 혼동할 염려가 있는 품종명칭
5. 식물의 명칭, 속 또는 종의 명칭을 사용하였거나 식물의 명칭, 속 또는 종의 명칭으로 오인하거나 혼동할 염려가 있는 품종명칭
6. 국가, 인종, 민족, 성별, 장애인, 공공단체, 종교 또는 고인과의 관계를 거짓으로 표시하거나, 비방하거나 모욕할 염려가 있는 품종명칭
7. 저명한 타인의 성명, 명칭 또는 이들의 약칭을 포함하는 품종명칭. 다만, 그 타인의 승낙을 받은 경우는 제외한다.
8. 해당 품종의 원산지를 오인하거나 혼동할 염려가 있는 품종명칭 또는 지리적 표시를 포함하는 품종명칭
9. 품종명칭의 등록출원일보다 먼저 「상표법」에 따른 등록출원 중에 있거나 등록된 상표와 같거나 유사하여 오인하거나 혼동할 염려가 있는 품종명칭
10. 품종명칭 자체 또는 그 의미 등이 일반인의 통상적인 도덕관념이나 선량한 풍속 또는 공공의 질서를 해칠 우려가 있는 품종명칭

**제108조 【품종명칭의 선출원】** ① 같은 품종명칭에 대하여 다른 날에 둘 이상의 품종명칭 등록출원이 있을 때에는 먼저 품종명칭 등록을 출원한 자만이 그 품종명칭에 대하여 품종명칭 등록을 받을 수 있다.
② 제1항에 따른 품종명칭 등록에 관하여는 제25조제2항 및 제5항을 준용한다. 이 경우 "품종"은 "품종명칭"으로, "품종보호"는 "품종명칭등록"으로 본다.

**제109조 【품종명칭의 등록절차 등】**
① 품종명칭 등록을 받으려는 자(이하 "품종명칭 등록출원인"이라 한다)는 공동부령으로 정하는 서류 등을 갖추어 농림축산식품부장관 또는 해양수산부장관에게 품종명칭 등록출원을 하여야 한다.(2013.3.23 본항개정)
② 제106조제1항의 경우에 해당 품종보호 출원서를 농림축산식품부장관 또는 해양수산부장관에게 제출하였을 때에는 품종명칭 등록출원을 한 것으로 본다.(2013.3.23 본항개정)
③ 심사관은 제1항에 따라 출원된 품종명칭에 대하여 제107조에 따른 품종명칭 등록요건을 갖추었는지를 심사하여야 한다.
④ 심사관은 출원된 품종명칭이 다음 각 호의 어느 하나에 해당하는 경우에는 그 품종명칭 등록출원에 대하여 거절결정을 하여야 한다.
1. 제42조제1항에 따라 해당 품종보호 출원에 대한 거절결정이 있는 경우
2. 제106조를 위반한 경우

3. 제107조 각 호의 어느 하나에 해당하는 경우
4. 제108조에 따라 품종명칭의 등록을 받을 수 없는 경우

⑤ 심사관은 제4항제2호부터 제4호까지의 규정에 따라 품종명칭 등록출원을 거절하려 할 경우에는 해당 품종명칭 등록출원인에게 그 이유를 통보하여 그 품종명칭 등록출원인이 통보일부터 30일 이내에 새로운 품종명칭을 제출하게 하여야 한다.

⑥ 심사관은 제1항에 따른 품종명칭 등록출원에 대하여 제4항 각 호의 어느 하나에 해당하는 이유를 발견할 수 없을 때에는 그 품종명칭 등록출원을 공보에 게재하여 공고하여야 한다.

⑦ 제6항에 따른 품종명칭 등록출원 공고가 있으면 누구든지 공고일부터 30일 이내에 농림축산식품부장관 또는 해양수산부장관에게 품종명칭등록 이의신청(이하 "품종명칭등록 이의신청"이라 한다)을 할 수 있다.
(2013.3.23 본항개정)

⑧ 농림축산식품부장관 또는 해양수산부장관은 제6항에 따른 품종명칭 등록출원 공고 및 품종명칭등록 이의신청 절차가 끝난 후 품종명칭 등록출원에 대하여 제4항 각 호의 어느 하나에 해당하는 이유를 발견할 수 없을 때에는 해당 품종명칭을 지체 없이 품종명칭등록원부에 등록하고 품종명칭 등록출원인에게 알려야 한다.(2013.3.23 본항개정)

**제110조【품종명칭등록 이의신청】** 품종명칭등록 이의신청을 할 때에는 그 이유를 적은 품종명칭등록 이의신청서에 필요한 증거를 첨부하여 농림축산식품부장관 또는 해양수산부장관에게 제출하여야 한다.(2013.3.23 본조개정)

**제111조【품종명칭등록 이의신청 이유 등의 보정】** 품종명칭등록 이의신청을 한 자(이하 "품종명칭등록 이의신청인"이라 한다)는 품종명칭등록 이의신청기간이 지난 후 30일 이내에 품종명칭등록 이의신청서에 적은 이유 또는 증거를 보정할 수 있다.(2020.2.11 본조개정)

**제112조【품종명칭등록 이의신청에 대한 결정】** ① 심사관은 품종명칭등록 이의신청이 있을 때에는 품종명칭등록 이의신청서 부본을 품종명칭 등록출원인에게 송달하고 기간을 정하여 답변서를 제출할 수 있는 기회를 주어야 한다.

② 심사관은 제1항에 따른 기간이 지난 후에 품종명칭등록 이의신청에 대하여 결정하여야 한다.(2020.2.11 본항개정)

③ 품종명칭등록 이의신청에 대한 결정은 서면으로 하여야 하며 그 이유를 밝혀야 한다.

④ 농림축산식품부장관 또는 해양수산부장관은 제2항에 따른 결정이 있는 때에는 그 결정의 등본을 품종명칭 등록출원인 및 품종명칭등록 이의신청인에게 송달하여야 한다.(2013.3.23 본항개정)

⑤ 품종명칭등록 이의신청에 대한 결정이 있는 때에는 같은 이유로 다시 이의신청을 할 수 없다.

**제113조【품종명칭 등록출원 공고 후의 직권에 의한 거절결정】** ① 심사관은 품종명칭 등록출원 공고 후 제109조제4항 각 호의 어느 하나에 해당하는 이유를 발견한 경우에는 직권으로 거절결정을 할 수 있다.

② 제1항에 따라 거절결정을 하는 경우에는 품종명칭등록 이의신청이 있더라도 그 품종명칭등록 이의신청에 대하여는 결정하지 아니한다.

③ 농림축산식품부장관 또는 해양수산부장관은 제1항에 따라 거절결정을 한 경우로서 품종명칭등록 이의신청이 있을 때에는 품종명칭등록 이의신청인에게 거절결정 등본을 송달하여야 한다.
(2013.3.23 본항개정)

④ 제1항에 따른 거절결정에 관하여는 제42조제2항부터 제4항까지의 규정을 준용한다. 이 경우 "품종보호"는 "품종명칭등록"으로 본다.

**제114조【품종명칭등록 이의신청의 경합】** ① 심사관은 둘 이상의 품종명칭등록 이의신청에 대하여 그 심사 또는 결정을 병합하거나 분리할 수 있다.
② 심사관은 둘 이상의 품종명칭등록 이의신청이 있는 경우에 그 중 어느 하나의 품종명칭등록 이의신청에 대하여 심사한 결과 그 품종명칭등록 이의신청이 이유가 있다고 인정하면 다른 품종명칭등록 이의신청에 대하여는 결정하지 아니할 수 있다.
③ 제2항에 따라 품종명칭등록 이의신청이 이유가 있다고 인정되어 거절결정이 있는 경우 농림축산식품부장관 또는 해양수산부장관은 결정을 하지 아니한 품종명칭등록 이의신청을 한 품종명칭등록 이의신청인에게도 그 거절결정 등본을 송달하여야 한다.
(2013.3.23 본항개정)

**제115조【품종명칭등록 거절결정에 대한 이의신청】** 품종명칭등록 거절결정에 대한 이의신청에 관하여는 제110조부터 제114조까지의 규정을 준용한다.

**제116조【품종명칭의 사용 등】** ① 누구든지 제109조제8항에 따라 등록된 타인의 품종(제54조제2항에 따라 설정등록된 보호품종은 제외한다)의 품종명칭을 도용하여 종자를 판매·보급·수출하거나 수입할 수 없다.
② 누구든지 제109조제8항에 따른 품종명칭 등록원부에 등록되지 아니한 품종명칭을 사용하여 종자를 판매하거나 보급할 수 없다.
③ 품종명칭 등록출원인 또는 그 품종의 승계인은 제109조제8항에 따라 등록된 품종명칭을 사용하는 경우에는 상표명칭을 함께 표시할 수 있다. 이 경우 그 품종명칭은 쉽게 알아볼 수 있도록 표시되어야 한다.

**제117조【품종명칭의 취소】** ① 농림축산식품부장관 또는 해양수산부장관은 다음 각 호의 어느 하나에 해당하는 경우에는 제109조제8항에 따라 등록된 품종명칭을 취소하여야 한다.
(2013.3.23 본문개정)

1. 제109조제4항제2호부터 제4호까지의 어느 하나에 해당하는 이유가 발견된 경우
2. 품종명칭의 사용을 금지하는 판결이 있는 경우
3. 그 밖에 대통령령으로 정하는 경우

② 농림축산식품부장관 또는 해양수산부장관은 제1항에 따라 품종명칭을 취소하려는 경우에는 등록된 해당 품종명칭의 출원인에게 취소사유를 통보하고 그 통보일부터 30일 이내에 새로운 품종명칭을 제출하게 하여야 한다.
(2013.3.23 본항개정)
③ 제2항에 따라 제출된 새로운 품종명칭에 관하여는 제109조제3항부터 제8항까지 및 제110조부터 제114조까지의 규정을 준용한다.

## 제4장 보 칙

**제118조【종자위원회】** ① 다음 각 호의 사항을 수행하기 위하여 농림축산식품부 또는 해양수산부에 농림종자위원회 또는 수산종자위원회(이하 "종자위원회"라 한다)를 둔다.(2013.3.23 본문개정)

1. 품종보호권의 보호에 관한 농림축산식품부장관 또는 해양수산부장관의 자문에 대한 조언(2013.3.23 본호개정)
2. 제67조에 따른 통상실시권 설정에 관한 재정의 심의
3. 품종보호권 침해분쟁의 조정

② 종자위원회는 위원장 1명과 제90조제2항에 따른 심판위원회 상임심판위원 1명을 포함한 10명 이상 15명 이하의 위원(이하 "종자위원"이라 한다)으로 구성한다.
③ 종자위원은 다음 각 호의 어느 하나에 해당하는 사람 중에서 농림축산식품부장관 또는 해양수산부장관이 임명하거나 위촉하며, 위원장은 농림축산

식품부장관 또는 해양수산부장관이 종자위원 중에서 임명하거나 위촉한다.
(2013.3.23 본문개정)

1. 3급 이상 공무원(고위공무원단에 속하는 일반직공무원을 포함한다)의 직위에 있거나 있었던 사람으로서 종자 관련 업무에 경험이 있는 사람
2. 「고등교육법」에 따른 대학의 부교수 이상으로 재직하고 있거나 재직하였던 사람으로서 종자 관련 분야를 전공한 사람
3. 변호사 또는 변리사 자격이 있는 사람
4. 농업단체 · 임업단체 또는 수산업단체의 임원으로 재직하고 있거나 재직하였던 사람
5. 종자산업과 관련된 협회의 임원으로 재직하고 있거나 재직하였던 사람
6. 시민단체(「비영리민간단체지원법」 제2조에 따른 비영리민간단체를 말한다)에서 추천한 사람

④ 종자위원의 임기는 2년으로 하며, 두 차례만 연임할 수 있다.

⑤ 종자위원회의 구성 · 운영 등에 필요한 사항은 대통령령으로 정한다.

**제119조 【분쟁의 조정】** ① 품종보호권 침해분쟁의 조정을 원하는 자는 종자위원회에 조정을 신청할 수 있다.

② 제1항에 따라 조정을 신청하려는 자는 공동부령으로 정하는 조정신청서를 종자위원회에 제출하여야 한다.
(2013.3.23 본항개정)

③ 제2항에 따른 조정신청서를 받은 종자위원회의 위원장은 필요하다고 인정하는 경우 제4항의 조정부에 회부하고, 그 조정신청서의 사본을 분쟁 상대방에게 송부하여야 한다.

④ 제1항에 따른 조정신청을 받은 종자위원회는 3명의 위원으로 조정부를 구성할 수 있으며 조정신청을 받은 날부터 1년 이내에 조정을 하여야 한다. 다만, 재배시험이 필요한 경우 등 정당한 사유가 있는 경우에는 공동부령으로 정하는 바에 따라 조정기간을 연장할 수 있다.(2017.11.28 단서개정)

⑤ 조정부의 구성 · 운영 등에 필요한 사항은 대통령령으로 정한다.

⑥ 제1항에 따라 품종보호권 침해분쟁의 조정을 신청한 자에게는 조사에 필요한 비용을 부담하게 할 수 있다. 다만, 조정이 성립된 경우로서 특약이 없을 때에는 당사자에게 똑같이 부담하게 할 수 있다.

⑦ 제6항에 따른 부담비용의 산정 및 납부방법, 납부기간 등은 공동부령으로 정한다.(2013.3.23 본항개정)

**제120조 【위원의 제척 등】** ① 종자위원이 다음 각 호의 어느 하나에 해당하는 경우에는 해당 조정에서 제척된다.

1. 다음 각 목의 사람이 해당 분쟁의 당사자가 되거나 당사자와 공동 권리자 또는 의무자의 관계에 있는 경우
   가. 종자위원
   나. 종자위원의 배우자 또는 배우자였던 사람
2. 종자위원이 해당 분쟁의 당사자와 친족이거나 친족이었던 경우
3. 종자위원이 해당 분쟁에 관하여 증언이나 감정을 한 경우
4. 종자위원이 해당 분쟁에 관하여 당사자의 대리인으로서 관여하고 있거나 관여하였던 경우

② 종자위원에게 공정한 직무집행을 기대하기 어려운 사정이 있는 경우에 당사자는 종자위원회에 기피신청을 할 수 있으며, 종자위원회는 기피신청이 타당하다고 인정할 때에는 기피의 결정을 한다.

③ 종자위원은 제1항 또는 제2항의 사유에 해당할 때에는 종자위원회 위원장의 허가를 받아 회피할 수 있다.

**제121조 【자료 요청 등】** ① 종자위원회는 분쟁의 조정을 위하여 필요하다고 인정하면 농림축산식품부장관, 해양수산부장관 또는 그 소속 기관의 장에게 자료나 의견의 제출, 재배시험, 유전자 검사 등 필요한 협조를 요청할

수 있다.(2013.3.23 본항개정)
② 제1항에 따른 협조를 요청받은 기관의 장은 정당한 사유가 없으면 협조하여야 한다

**제122조 【출석의 요구】** ① 종자위원회는 필요한 경우 당사자나 그 대리인 또는 이해관계인에게 출석을 요구하거나 관계 서류의 제출을 요구할 수 있다.
② 제1항에 따라 당사자나 그 대리인 또는 이해관계인의 출석을 요구하거나 필요한 관계 서류를 요구하는 경우에는 회의 개최일 7일 전까지 서면으로 하여야 한다.
③ 제2항의 서면에는 정당한 사유 없이 이에 따르지 아니하는 경우 의견진술을 포기한 것으로 본다는 뜻이 포함되어야 한다.
④ 당사자가 정당한 사유 없이 제1항에 따른 출석 요구 또는 관계 서류의 제출 요구를 따르지 아니하면 조정이 성립되지 아니한 것으로 본다.
(2020.2.11 본항개정)

**제123조 【직권조정결정】** ① 종자위원회는 당사자 간에 합의가 이루어지지 아니한 경우 또는 신청인의 주장이 이유 있다고 판단되는 경우에는 당사자들의 이익과 그 밖의 모든 사정을 고려하여 신청 취지에 반하지 아니하는 한도에서 직권으로 조정을 갈음하는 결정(이하 "직권조정결정"이라 한다)을 할 수 있다.
② 직권조정결정에는 다음 각 호의 사항을 포함할 수 있다.
1. 침해행위의 중지
2. 손해배상이나 그 밖에 필요한 구제조치
3. 같거나 유사한 침해행위의 재발을 방지하기 위하여 필요한 조치
③ 직권조정결정에는 주문(主文)과 이유를 적고 이에 관여한 조정위원 모두가 서명·날인하여야 하며, 그 정본(正本)을 지체 없이 당사자에게 송달하여야 한다.
④ 당사자가 제3항에 따라 결정서를 송달받은 날부터 14일 이내에 이의를 신청하지 아니하면 직권조정을 수락한 것으로 본다.
⑤ 제4항의 기간 내에 이의신청이 있을 때에는 종자위원회는 이의신청의 상대방에게 그 사실을 지체 없이 통지하여야 한다.

**제124조 【조정의 성립 등】** ① 조정은 당사자 간에 합의된 사항을 조서에 적음으로써 성립한다.
② 제1항에 따라 조정이 성립되었을 때에는 당사자 간에 조서와 같은 내용의 합의가 성립된 것으로 본다. 다만, 당사자가 임의로 처분할 수 없는 사항에 관한 것은 그러하지 아니하다.

**제125조 【수수료】** ① 다음 각 호의 어느 하나에 해당하는 자는 수수료를 납부해야 한다.
1. 제4조제4항에 따라 품종보호관리인의 선임 등록 또는 변경 등록을 하려는 자
2. 제30조제1항에 따라 품종보호 출원을 하려는 자
3. 제31조제1항에 따라 우선권을 주장하려는 자
4. 제52조에 따른 등록(제54조에 따른 품종보호권의 설정등록은 제외한다)을 하려는 자
5. 제67조제1항에 따라 통상실시권 설정에 관한 재정을 청구하려는 자
6. 제91조 또는 제92조에 따른 심판을 청구하려는 자
7. 제99조에 따른 재심을 청구하려는 자
8. 각종 서류의 등본, 초본, 사본 또는 증명을 신청하려는 자
② 제1항에 따른 수수료와 그 납부방법 및 납부기간 등은 공동부령으로 정한다.(2013.3.23 본항개정)

**제126조 【수수료의 면제 및 반환】** ① 국가, 지방자치단체, 「국민기초생활 보장법」 제5조에 따른 수급권자 및 공동부령으로 정하는 자에 대하여는 제125

조에도 불구하고 수수료를 면제한다.(2013.3.23 본항개정)
② 제1항에 따라 수수료를 면제받으려는 자는 공동부령으로 정하는 서류를 농림축산식품부장관 또는 해양수산부장관에게 제출하여야 한다.(2013.3.23 본항개정)
③ 납부된 수수료는 반환하지 아니한다. 다만, 잘못 납부된 수수료는 납부한 자의 청구에 의하여 반환한다.
④ 농림축산식품부장관 또는 해양수산부장관은 잘못 납부된 수수료가 있는 경우에는 그 사실을 안 즉시 이를 납부한 자에게 통지하여야 한다.
(2013.3.23 본항개정)
⑤ 제3항 단서에 따른 수수료의 반환청구는 수수료를 납부한 날부터 3년 이내에 하여야 한다.

**제127조【사용문자】** 이 법에 따른 모든 서류는 한글로 작성하여야 하며, 한자 및 외국문자로 적어야 할 경우에는 괄호 안에 표기하여야 한다. 다만, 공동부령으로 정하는 경우에는 그러하지 아니하다.(2013.3.23 단서개정)

**제128조【서류의 보관 등】** ① 농림축산식품부장관 또는 해양수산부장관은 품종보호 출원의 포기, 무효, 취하 또는 거절결정이 있거나 품종보호권이 소멸한 날부터 5년간 해당 품종보호 출원 또는 품종보호권에 관한 서류를 보관하여야 한다.(2013.3.23 본항개정)
② 품종보호에 관한 이해관계인은 품종보호 출원 관련 서류, 품종보호권 관련 서류, 제40조 또는 제82조제2항에 따라 한 시험에 관한 서류의 열람 및 복사를 농림축산식품부장관 또는 해양수산부장관에게 신청할 수 있다.
(2013.3.23 본항개정)
③ 농림축산식품부장관 또는 해양수산부장관은 제2항에 따른 신청을 받은 경우 다음 각 호의 어느 하나에 해당할 때에는 열람 및 복사를 허가하여서는 아니 된다.(2013.3.23 본문개정)
1. 제56조제3항제2호에 해당하는 품종으로서 해당 품종보호 출원인이 비공개를 요청한 경우
2. 출원공개되지 아니한 품종보호 출원에 관한 서류인 경우

**제129조【권한 등의 위임 · 위탁】** ① 이 법에 따른 농림축산식품부장관 또는 해양수산부장관의 권한은 그 일부를 대통령령으로 정하는 바에 따라 농촌진흥청장, 산림청장 또는 소속 기관의 장에게 위임할 수 있다.
② 농림축산식품부장관 또는 해양수산부장관은 이 법에 따른 업무의 일부를 대통령령으로 정하는 바에 따라 공동부령으로 정하는 농림수산업 관련 법인 또는 단체에 위탁할 수 있다.
(2013.3.23 본조개정)

**제130조【「특허법」의 준용】** 품종보호에 관한 절차에서 서류의 송달 등에 관하여는 「특허법」 제217조, 제218조부터 제220조까지 및 제222조를 준용한다.

**제130조의2【벌칙 적용에서 공무원 의제】** 심판위원 및 종자위원 중 공무원이 아닌 위원은 「형법」 제127조 및 제129조부터 제132조까지의 규정을 적용할 때에는 공무원으로 본다.
(2016.12.2 본조신설)

## 제5장 벌 칙

**제131조【침해죄 등】** ① 다음 각 호의 어느 하나에 해당하는 자는 7년 이하의 징역 또는 1억원 이하의 벌금에 처한다.
1. 품종보호권 또는 전용실시권을 침해한 자
2. 제38조제1항에 따른 권리를 침해한 자. 다만, 해당 품종보호권의 설정등록이 되어 있는 경우만 해당한다.
3. 거짓이나 그 밖의 부정한 방법으로 품종보호결정 또는 심결을 받은 자
② 제1항제1호 또는 제2호에 따른 죄는 고소가 있어야 공소를 제기할 수 있다.

**제132조 【위증죄】** ① 제98조에 따라 준용되는 「특허법」 제154조 또는 제157조에 따라 선서한 증인, 감정인 또는 통역인이 심판위원회에 대하여 거짓으로 진술, 감정 또는 통역을 하였을 때에는 5년 이하의 징역 또는 5천만원 이하의 벌금에 처한다.(2019.12.10 본항개정)

② 제1항에 따른 죄를 지은 사람이 그 사건의 결정 또는 심결 확정 전에 자수하였을 때에는 그 형을 감경하거나 면제할 수 있다.

**제133조 【거짓표시의 죄】** 제89조를 위반한 자는 3년 이하의 징역 또는 3천만원 이하의 벌금에 처한다.
(2019.12.10 본조개정)

**제134조 【비밀누설죄 등】** 농림축산식품부·해양수산부 직원(제129조에 따라 권한이 위임된 경우에는 그 위임받은 기관의 직원을 포함한다), 심판위원회 직원 또는 그 직위에 있었던 사람이 직무상 알게 된 품종보호 출원 중인 품종에 관하여 비밀을 누설하거나 도용하였을 때에는 5년 이하의 징역 또는 5천만원 이하의 벌금에 처한다.
(2013.3.23 본조개정)

**제135조 【양벌규정】** 법인의 대표자나 법인 또는 개인의 대리인, 사용인, 그 밖의 종업원이 그 법인 또는 개인의 업무에 관하여 제131조제1항 또는 제133조의 위반행위를 하면 그 행위자를 벌하는 외에 그 법인 또는 개인에게도 해당 조문의 벌금형을 과(科)한다. 다만, 법인 또는 개인이 그 위반행위를 방지하기 위하여 해당 업무에 관하여 상당한 주의와 감독을 게을리하지 아니한 경우에는 그러하지 아니하다.

**제136조 【몰수 등】** ① 법원은 제131조제1항제1호 또는 제2호에 해당하는 행위를 조성한 물건 또는 그 행위로부터 생긴 물건을 몰수하거나 피해자의 청구에 의하여 그 물건을 피해자에게 내줄 것을 선고하여야 한다.

② 피해자는 제1항에 따른 물건을 받은 경우에는 그 물건의 가액(價額)을 초과하는 손해에 대하여만 배상을 청구할 수 있다.

**제137조 【과태료】** ① 다음 각 호의 어느 하나에 해당하는 자에게는 50만원 이하의 과태료를 부과한다.

1. 제62조제2항을 위반하여 품종보호권·전용실시권 또는 질권의 상속이나 그 밖의 일반승계의 취지를 신고하지 아니한 자
2. 제81조의 실시 보고 명령에 따르지 아니한 자
3. 제98조에 따라 준용되는 「민사소송법」 제143조, 제259조, 제299조 및 제367조에 따라 선서한 증인, 감정인 및 통역인이 아닌 사람으로서 심판위원회에 대하여 거짓 진술을 한 사람
4. 제98조에 따라 준용되는 「특허법」 제157조에 따라 심판위원회로부터 증거조사나 증거보전에 관하여 서류나 그 밖의 물건의 제출 또는 제시 명령을 받은 사람으로서 정당한 사유 없이 그 명령에 따르지 아니한 사람
5. 제98조에 따라 준용되는 「특허법」 제154조 또는 제157조에 따라 심판위원회로부터 증인, 감정인 또는 통역인으로 소환된 사람으로서 정당한 사유 없이 소환을 따르지 아니하거나 선서, 진술, 증언, 감정 또는 통역을 거부한 사람(2020.2.11 본호개정)

② 제1항에 따른 과태료는 대통령령으로 정하는 바에 따라 농림축산식품부장관 또는 해양수산부장관이 부과·징수한다.(2013.3.23 본항개정)

## 부 칙

**제1조 【시행일】** 이 법은 공포 후 1년이 경과한 날부터 시행한다.

**제2조 【처분 등에 관한 일반적 경과조치】** 이 법 시행 전에 종전의 「종자산업법」에 따라 행한 처분·절차나 그 밖의 행정기관의 행위와 행정기관에 대한 행위는 그에 해당하는 이 법에 따

른 처분·절차나 행정기관의 행위 또는 행정기관에 대한 행위로 본다.

**제3조 【품종관리인 등록, 복수당사자의 대표자 신고 등에 관한 경과조치】** ① 이 법 시행 당시 종전의 「종자산업법」 제3조제3항에 따라 품종관리인의 선임·변경과 그 대리권의 수여·취소에 관하여 등록한 자는 제4조제3항에 따라 품종관리인의 선임·변경과 그 대리권의 수여·취소에 관하여 등록한 것으로 본다.

② 이 법 시행 당시 종전의 「종자산업법」 제5조제1항 단서에 따라 신고한 복수당사자의 대표자는 제7조제1항 단서에 따라 신고한 복수당사자의 대표자로 본다.

③ 이 법 시행 당시 종전의 「종자산업법」 제23조에 따라 품종보호를 받을 수 있는 권리의 승계를 신고한 자는 제27조에 따라 품종보호를 받을 수 있는 권리를 신고한 것으로 본다.

**제3조의2 【알려진 품종의 품종보호 등에 관한 경과조치】** 이 법 시행 당시 종전의 「종자산업법」 제13조의2에 따라 품종보호를 출원하거나 품종보호를 출원하여 품종보호를 받은 경우 그 품종보호권에 대해서는 종전의 「종자산업법」 제13조의2에 따른다.
(2013.8.13 본조신설)

**제4조 【품종보호 등의 출원, 등록, 청구 등에 관한 경과조치】** ① 이 법 시행 당시 종전의 「종자산업법」 제26조에 따라 품종보호를 출원한 자는 제30조에 따라 품종보호를 출원한 것으로 본다.

② 이 법 시행 당시 종전의 「종자산업법」 제53조에 따라 등록된 품종보호권·전용실시권 및 통상실시권의 설정 등은 제52조에 따라 등록된 것으로 본다.

③ 이 법 시행 당시 종전의 「종자산업법」 제68조에 따라 통상실시권 설정에 관한 재정을 청구한 자는 제67조에 따라 재정을 청구한 것으로 본다.

**제5조 【품종보호심판위원회 설치 등에 관한 경과조치】** ① 이 법 시행 당시 종전의 「종자산업법」 제91조제1항에 따른 품종보호심판위원회는 제90조제1항에 따라 설치된 심판위원회로 본다.

② 이 법 시행 당시 종전의 「종자산업법」 제91조제2항에 따라 임명되거나 위촉된 품종보호심판위원은 제90조제2항에 따라 임명되거나 위촉된 심판위원으로 본다. 이 경우 위촉위원의 임기는 남은 기간으로 한다.

**제6조 【심판청구 등에 관한 경과조치】** ① 이 법 시행 당시 종전의 「종자산업법」 제93조 또는 제94조에 따라 거절결정 또는 취소결정에 대한 심판이나 무효심판을 청구한 자는 제91조 또는 제92조에 따라 거절결정 또는 취소결정에 대한 심판이나 무효심판을 청구한 것으로 본다.

② 이 법 시행 당시 종전의 「종자산업법」 제101조 또는 제102조에 따라 재심을 청구하거나 사해심결에 대하여 불복청구를 한 자는 제99조 또는 제100조에 따라 재심을 청구하거나 사해심결에 대하여 불복청구를 한 것으로 본다.

**제7조 【품종명칭 등록출원 등에 관한 경과조치】** ① 이 법 시행 당시 종전의 「종자산업법」 제111조제1항에 따라 품종명칭 등록출원을 한 자는 제109조제1항에 따라 품종명칭 등록출원을 한 것으로 본다.

② 이 법 시행 당시 종전의 「종자산업법」 제111조제8항에 따라 등록된 품종명칭은 제109조제8항에 따라 등록된 것으로 본다.

③ 이 법 시행 당시 종전의 「종자산업법」 제111조의2에 따라 품종명칭등록 이의신청을 한 자는 제110조에 따라 품종명칭등록 이의신청을 한 것으로 본다.

**제8조 【종자위원회 설치 등에 관한 경과조치】** ① 이 법 시행 당시 종전의 「종자산업법」 제158조제1항에 따른 종자위원회는 제118조제1항에 따라 설치된 종자위원회로 본다.
② 이 법 시행 당시 종전의 「종자산업법」 제158조제3항에 따라 임명되거나 위촉된 종자위원은 제118조제3항에 따라 임명되거나 위촉된 종자위원으로 본다. 이 경우 위촉위원의 임기는 남은 기간으로 한다.
**제9조 【수수료의 면제 및 반환에 관한 경과조치】** 이 법 시행 당시 종전의 「종자산업법」 제161조 또는 제162조에 따라 수수료를 면제 신청하거나 반환 청구한 경우에는 제126조에 따라 면제 신청하거나 반환 청구한 것으로 본다.
**제10조 【벌칙 및 과태료에 관한 경과조치】** 이 법 시행 전의 행위에 대하여 벌칙 및 과태료 규정을 적용할 때에는 종전의 「종자산업법」에 따른다.
**제11조 【다른 법령과의 관계】** 이 법 시행 당시 다른 법령에서 종전의 「종자산업법」 또는 그 규정을 인용한 경우에 이 법 가운데 그에 해당하는 규정이 있으면 종전의 규정을 갈음하여 이 법 또는 이 법의 해당 규정을 인용한 것으로 본다.

부　칙 (2013.3.23)

**제1조 【시행일】** 이 법은 2013년 6월 2일부터 시행한다.
**제2조 【종자위원회의 설치 등에 관한 경과조치】** 이 법 시행 당시 종전의 「종자산업법」 제158조제1항에 따른 농림종자위원회와 수산종자위원회는 각각 제118조제1항에 따라 설치된 농림종자위원회 또는 수산종자위원회로 본다.

부　칙 (2013.8.13)

이 법은 공포한 날부터 시행한다.

부　칙 (2015.6.22)

**제1조 【시행일】** 이 법은 공포 후 1년이 경과한 날부터 시행한다.(이하 생략)

부　칙 (2015.7.20)

이 법은 공포한 날부터 시행한다.

부　칙 (2016.2.29)

**제1조 【시행일】** 이 법은 공포 후 1년이 경과한 날부터 시행한다.(이하 생략)

부　칙 (2016.12.2)

이 법은 공포한 날부터 시행한다.

부　칙 (2017.7.26)

**제1조 【시행일】** ① 이 법은 공포한 날부터 시행한다. 다만, 부칙 제5조에 따라 개정되는 법률 중 이 법 시행 전에 공포되었으나 시행일이 도래하지 아니한 법률을 개정한 부분은 각각 해당 법률의 시행일부터 시행한다.(이하 생략)

부　칙 (2017.11.28)
(2019.12.10)

이 법은 공포 후 6개월이 경과한 날부터 시행한다.

부　칙 (2020.2.11)

이 법은 공포한 날부터 시행한다.

# 농수산물 품질관리법

(2011년 7월 21일 전부개정법률 제10885호)

개정
2011.11.22법11101호(소금산업진흥법)
2012. 6. 1법11458호(종자산업법)
2012. 6. 1법11459호(친환경농어업육성및유기식품등의관리·지원에관한법)
2013. 3.23법11690호(정부조직)
2013. 8.13법12064호 2014. 3.24법12510호
2014. 5.20법12604호
2014. 6.11법12753호(특허)
2015. 3.27법13268호(수산물유통의관리및지원에관한법)
2015. 6.22법13383호(수산업·어촌발전기본법)
2016. 2.29법14033호(상표)
2016. 2.29법14035호(특허)
2016.12. 2법14293호
2016.12.27법14483호(종자산업법)
2017. 4.18법14771호 2017.11.28법15068호
2018. 2.21법15384호 2018. 6.12법15707호
2019. 1.15법16277호 2019. 8.27법16540호
2019. 8.27법16568호(양식산업발전법)
2019.12.10법16781호 2020. 2.18법17024호
2020. 2.18법17037호(수산식품산업의육성및지원에관한법)
2020.12. 8법17618호(양식산업발전법)
2021.12.21법18599호 2022. 2. 3법18809호
2022. 6.10법18878호 2023. 8.16법19637호
2024. 9.20법20438호(자치입법권강화및지방자율성제고를위한일부개정법령등)



## 제1장 총 칙

**제1조【목적】** 이 법은 농수산물의 적절한 품질관리를 통하여 농수산물의 안전성을 확보하고 상품성을 향상하며 공정하고 투명한 거래를 유도함으로써 농어업인의 소득 증대와 소비자 보호에 이바지하는 것을 목적으로 한다.

**제2조【정의】** ① 이 법에서 사용하는 용어의 뜻은 다음과 같다.

1. "농수산물"이란 다음 각 목의 농산물과 수산물을 말한다.
   가. 농산물 : 「농업·농촌 및 식품산업 기본법」 제3조제6호가목의 농산물(2015.6.22 본목개정)
   나. 수산물 : 「수산업·어촌 발전 기본법」 제3조제1호가목에 따른 어업활동 및 같은 호 마목에 따른 양식업활동으로부터 생산되는 산물(「소금산업 진흥법」 제2조제1호에 따른 소금은 제외한다)(2020.12.8 본목개정)
2. "생산자단체"란 「농업·농촌 및 식품산업 기본법」 제3조제4호, 「수산업·어촌 발전 기본법」 제3조제5호의 생산자단체와 그 밖에 농림축산식품부령 또는 해양수산부령으로 정하는 단체를 말한다.(2015.6.22 본호개정)
3. "물류표준화"란 농수산물의 운송·보관·하역·포장 등 물류의 각 단계에서 사용되는 기기·용기·설비·정보 등을 규격화하여 호환성과 연계성을 원활히 하는 것을 말한다.

4. "농산물우수관리"란 농산물(축산물은 제외한다. 이하 이 호에서 같다)의 안전성을 확보하고 농업환경을 보전하기 위하여 농산물의 생산, 수확 후 관리(농산물의 저장 · 세척 · 건조 · 선별 · 박피 · 절단 · 조제 · 포장 등을 포함한다) 및 유통의 각 단계에서 작물이 재배되는 농경지 및 농업용수 등의 농업환경과 농산물에 잔류할 수 있는 농약, 중금속, 잔류성 유기오염물질 또는 유해생물 등의 위해요소를 적절하게 관리하는 것을 말한다.(2016.12.2 본호개정)
5.~6. (2012.6.1 삭제)
7. "이력추적관리"란 농수산물(축산물은 제외한다. 이하 이 호에서 같다)의 안전성 등에 문제가 발생할 경우 해당 농수산물을 추적하여 원인을 규명하고 필요한 조치를 할 수 있도록 농수산물의 생산단계부터 판매단계까지 각 단계별로 정보를 기록 · 관리하는 것을 말한다.
8. "지리적표시"란 농수산물 또는 제13호에 따른 농수산가공품의 명성 · 품질, 그 밖의 특징이 본질적으로 특정 지역의 지리적 특성에 기인하는 경우 해당 농수산물 또는 농수산가공품에 표시하는 다음 각 목의 것을 말한다.(2023.8.16 본문개정)
  가. 농수산물의 경우 해당 농수산물이 그 특정 지역에서 생산되었음을 나타내는 표시
  나. 농수산가공품의 경우 다음의 구분에 따른 사실을 나타내는 표시
    1) 「수산업법」 제40조에 따라 어업허가를 받은 자가 어획한 어류를 원료로 하는 수산가공품 : 그 특정 지역에서 제조 및 가공된 사실
    2) 그 외의 농수산가공품 : 그 특정 지역에서 생산된 농수산물로 제조 및 가공된 사실
  (2023.8.16 가목~나목신설)
9. "동음이의어 지리적표시"란 동일한 품목에 대하여 지리적표시를 할 때 타인의 지리적표시와 발음은 같지만 해당 지역이 다른 지리적표시를 말한다.(2020.2.18 본호개정)
10. "지리적표시권"이란 이 법에 따라 등록된 지리적표시(동음이의어 지리적표시를 포함한다. 이하 같다)를 배타적으로 사용할 수 있는 지식재산권을 말한다.
11. "유전자변형농수산물"이란 인공적으로 유전자를 분리하거나 재조합하여 의도한 특성을 갖도록 한 농수산물을 말한다.
12. "유해물질"이란 농약, 중금속, 항생물질, 잔류성 유기오염물질, 병원성 미생물, 곰팡이 독소, 방사성물질, 유독성 물질 등 식품에 잔류하거나 오염되어 사람의 건강에 해를 끼칠 수 있는 물질로서 총리령으로 정하는 것을 말한다.(2013.3.23 본호개정)
13. "농수산가공품"이란 다음 각 목의 것을 말한다.
  가. 농산가공품 : 농산물을 원료 또는 재료로 하여 가공한 제품
  나. 수산가공품 : 수산물을 대통령령으로 정하는 원료 또는 재료의 사용비율 또는 성분함량 등의 기준에 따라 가공한 제품
14. (2017.11.28 삭제)

② 이 법에서 따로 정의되지 아니한 용어는 「농업 · 농촌 및 식품산업 기본법」과 「수산업 · 어촌 발전 기본법」에서 정하는 바에 따른다.(2015.6.22 본항개정)

**제3조【농수산물품질관리심의회의 설치】** ① 이 법에 따른 농수산물 및 수산가공품의 품질관리 등에 관한 사항을 심의하기 위하여 농림축산식품부장관 또는 해양수산부장관 소속으로 농수산물품질관리심의회(이하 "심의회"라 한다)를 둔다.(2013.3.23 본항개정)

② 심의회는 위원장 및 부위원장 각 1명을 포함한 60명 이내의 위원으로 구성한다.

③ 위원장은 위원 중에서 호선(互選)하고 부위원장은 위원장이 위원 중에

서 지명하는 사람으로 한다.

④ 위원은 다음 각 호의 사람으로 한다.

1. 교육부, 산업통상자원부, 보건복지부, 환경부, 식품의약품안전처, 농촌진흥청, 산림청, 특허청, 공정거래위원회 소속 공무원 중 소속 기관의 장이 지명한 사람과 농림축산식품부 소속 공무원 중 농림축산식품부장관이 지명한 사람 또는 해양수산부 소속 공무원 중 해양수산부장관이 지명한 사람(2013.3.23 본호개정)
2. 다음 각 목의 단체 및 기관의 장이 소속 임원·직원 중에서 지명한 사람
   가. 「농업협동조합법」에 따른 농업협동조합중앙회
   나. 「산림조합법」에 따른 산림조합중앙회
   다. 「수산업협동조합법」에 따른 수산업협동조합중앙회
   라. 「한국농수산식품유통공사법」에 따른 한국농수산식품유통공사
   마. 「식품위생법」에 따른 한국식품산업협회
   바. 「정부출연연구기관 등의 설립·운영 및 육성에 관한 법률」에 따른 한국농촌경제연구원
   사. 「정부출연연구기관 등의 설립·운영 및 육성에 관한 법률」에 따른 한국해양수산개발원
   아. 「과학기술분야 정부출연연구기관 등의 설립·운영 및 육성에 관한 법률」에 따른 한국식품연구원
   자. 「한국보건산업진흥원법」에 따른 한국보건산업진흥원
   차. 「소비자기본법」에 따른 한국소비자원
3. 시민단체(「비영리민간단체 지원법」 제2조에 따른 비영리민간단체를 말한다)에서 추천한 사람 중에서 농림축산식품부장관 또는 해양수산부장관이 위촉한 사람(2013.3.23 본호개정)
4. 농수산물의 생산·가공·유통 또는 소비 분야에 전문적인 지식이나 경험이 풍부한 사람 중에서 농림축산식품부장관 또는 해양수산부장관이 위촉한 사람(2013.3.23 본호개정)

⑤ 제4항제3호 및 제4호에 따른 위원의 임기는 3년으로 한다.

⑥ 심의회에 농수산물 및 농수산가공품의 지리적표시 등록심의를 위한 지리적표시 등록심의 분과위원회를 둔다.

⑦ 심의회의 업무 중 특정한 분야의 사항을 효율적으로 심의하기 위하여 대통령령으로 정하는 분야별 분과위원회를 둘 수 있다.

⑧ 제6항에 따른 지리적표시 등록심의 분과위원회 및 제7항에 따른 분야별 분과위원회에서 심의한 사항은 심의회에서 심의된 것으로 본다.

⑨ 농수산물 품질관리 등의 국제 동향을 조사·연구하게 하기 위하여 심의회에 연구위원을 둘 수 있다.
(2017.4.18 본항신설)

⑩ 제1항부터 제9항까지에서 규정한 사항 외에 심의회 및 분과위원회의 구성과 운영 등에 필요한 사항은 대통령령으로 정한다.(2017.4.18 본항개정)

**제4조【심의회의 직무】** 심의회는 다음 각 호의 사항을 심의한다.

1. 표준규격 및 물류표준화에 관한 사항
2. 농산물우수관리·수산물품질인증 및 이력추적관리에 관한 사항(2012.6.1 본호개정)
3. 지리적표시에 관한 사항
4. 유전자변형농수산물의 표시에 관한 사항
5. 농수산물(축산물은 제외한다)의 안전성조사 및 그 결과에 대한 조치에 관한 사항
6. 농수산물(축산물은 제외한다) 및 수산가공품의 검사에 관한 사항
7. 농수산물의 안전 및 품질관리에 관한 정보의 제공에 관하여 총리령, 농림축산식품부령 또는 해양수산부령으로 정하는 사항(2013.3.23 본호개정)
8. 제69조에 따른 수산물의 생산·가공시설 및 해역(海域)의 위생관리기준에 관한 사항(2020.2.18 본호개정)

9. 수산물 및 수산가공품의 제70조에 따른 위해요소중점관리기준에 관한 사항
10. 지정해역의 지정에 관한 사항
11. 다른 법령에서 심의회의 심의사항으로 정하고 있는 사항
12. 그 밖에 농수산물 및 수산가공품의 품질관리 등에 관하여 위원장이 심의에 부치는 사항

## 제2장 농수산물의 표준규격 및 품질관리

### 제1절 농수산물의 표준규격

**제5조 【표준규격】** ① 농림축산식품부장관 또는 해양수산부장관은 농수산물(축산물은 제외한다. 이하 이 조에서 같다)의 상품성을 높이고 유통 능률을 향상시키며 공정한 거래를 실현하기 위하여 농수산물의 포장규격과 등급규격(이하 "표준규격"이라 한다)을 정할 수 있다.(2013.3.23 본항개정)
② 표준규격에 맞는 농수산물(이하 "표준규격품"이라 한다)을 출하하는 자는 포장 겉면에 표준규격품의 표시를 할 수 있다.
③ 표준규격의 제정기준, 제정절차 및 표시방법 등에 필요한 사항은 농림축산식품부령 또는 해양수산부령으로 정한다.(2013.3.23 본항개정)

**제5조의2 【권장품질표시】** ① 농림축산식품부장관은 포장재 또는 용기로 포장된 농산물(축산물은 제외한다. 이하 이 조에서 같다)의 상품성을 높이고 공정한 거래를 실현하기 위하여 제5조에 따른 표준규격품의 표시를 하지 아니한 농산물의 포장 겉면에 등급·당도 등 품질을 표시(이하 "권장품질표시"라 한다)하는 기준을 따로 정할 수 있다.
② 농산물을 유통·판매하는 자는 제5조에 따른 표준규격품의 표시를 하지 아니한 경우 포장 겉면에 권장품질표시를 할 수 있다.
③ 권장품질표시의 기준 및 방법 등에 필요한 사항은 농림축산식품부령으로 정한다.
(2018.2.21 본조신설)

### 제2절 농산물우수관리

**제6조 【농산물우수관리의 인증】** ① 농림축산식품부장관은 농산물우수관리의 기준(이하 "우수관리기준"이라 한다)을 정하여 고시하여야 한다.(2013.3.23 본항개정)
② 우수관리기준에 따라 농산물(축산물은 제외한다. 이하 이 절에서 같다)을 생산·관리하는 자 또는 우수관리기준에 따라 생산·관리된 농산물을 포장하여 유통하는 자는 제9조에 따라 지정된 농산물우수관리인증기관(이하 "우수관리인증기관"이라 한다)으로부터 농산물우수관리의 인증(이하 "우수관리인증"이라 한다)을 받을 수 있다.
③ 우수관리인증을 받으려는 자는 우수관리인증기관에 우수관리인증의 신청을 하여야 한다. 다만, 다음 각 호의 어느 하나에 해당하는 자는 우수관리인증을 신청할 수 없다.
1. 제8조제1항에 따라 우수관리인증이 취소된 후 1년이 지나지 아니한 자
2. 제119조 또는 제120조를 위반하여 벌금 이상의 형이 확정된 후 1년이 지나지 아니한 자
④ 우수관리인증기관은 제3항에 따라 우수관리인증 신청을 받은 경우 제7항에 따른 우수관리인증의 기준에 맞는지를 심사하여 그 결과를 알려야 한다.
⑤ 우수관리인증기관은 제4항에 따라 우수관리인증을 한 경우 우수관리인증을 받은 자가 우수관리기준을 지키는지 조사·점검하여야 하며, 필요한 경우에는 자료제출 요청 등을 할 수 있다.
⑥ 우수관리인증을 받은 자는 우수관리기준에 따라 생산·관리한 농산물(이하 "우수관리인증농산물"이라 한다)의 포

장 · 용기 · 송장(送狀) · 거래명세표 · 간판 · 차량 등에 우수관리인증의 표시를 할 수 있다.

⑦ 우수관리인증의 기준 · 대상품목 · 절차 및 표시방법 등 우수관리인증에 필요한 세부사항은 농림축산식품부령으로 정한다.(2013.3.23 본항개정)

**제7조 【우수관리인증의 유효기간 등】**

① 우수관리인증의 유효기간은 우수관리인증을 받은 날부터 2년으로 한다. 다만, 품목의 특성에 따라 달리 적용할 필요가 있는 경우에는 10년의 범위에서 농림축산식품부령으로 유효기간을 달리 정할 수 있다.(2013.3.23 단서개정)

② 우수관리인증을 받은 자가 유효기간이 끝난 후에도 계속하여 우수관리인증을 유지하려는 경우에는 그 유효기간이 끝나기 전에 해당 우수관리인증기관의 심사를 받아 우수관리인증을 갱신하여야 한다.

③ 우수관리인증을 받은 자는 제1항의 유효기간 내에 해당 품목의 출하가 종료되지 아니할 경우에는 해당 우수관리인증기관의 심사를 받아 우수관리인증의 유효기간을 연장할 수 있다.

④ 제1항에 따른 우수관리인증의 유효기간이 끝나기 전에 생산계획 등 농림축산식품부령으로 정하는 중요 사항을 변경하려는 자는 미리 우수관리인증의 변경을 신청하여 해당 우수관리인증기관의 승인을 받아야 한다.(2013.3.23 본항개정)

⑤ 우수관리인증의 갱신절차 및 유효기간 연장의 절차 등에 필요한 세부적인 사항은 농림축산식품부령으로 정한다.(2013.3.23 본항개정)

**제8조 【우수관리인증의 취소 등】** ① 우수관리인증기관은 우수관리인증을 한 후 제6조제5항에 따른 조사, 점검, 자료제출 요청 등의 과정에서 다음 각 호의 사항이 확인되면 우수관리인증을 취소하거나 3개월 이내의 기간을 정하여 그 우수관리인증의 표시정지를 명하거나 시정명령을 할 수 있다. 다만, 제1호 또는 제3호의 경우에는 우수관리인증을 취소하여야 한다.(2016.12.2 본문개정)

1. 거짓이나 그 밖의 부정한 방법으로 우수관리인증을 받은 경우
2. 우수관리기준을 지키지 아니한 경우
3. 업종전환 · 폐업 등으로 우수관리인증농산물을 생산하기 어렵다고 판단되는 경우(2020.2.18 본호개정)
4. 우수관리인증을 받은 자가 정당한 사유 없이 제6조제5항에 따른 조사 · 점검 또는 자료제출 요청에 따르지 아니한 경우(2020.2.18 본호개정)

4의2. 우수관리인증을 받은 자가 제6조제7항에 따른 우수관리인증의 표시방법을 위반한 경우(2016.12.2 본호신설)

5. 제7조제4항에 따른 우수관리인증의 변경승인을 받지 아니하고 중요 사항을 변경한 경우
6. 우수관리인증의 표시정지기간 중에 우수관리인증의 표시를 한 경우

② 우수관리인증기관은 제1항에 따라 우수관리인증을 취소하거나 그 표시를 정지한 경우 지체 없이 우수관리인증을 받은 자와 농림축산식품부장관에게 그 사실을 알려야 한다.(2013.3.23 본항개정)

③ 우수관리인증 취소 등의 기준 · 절차 및 방법 등에 필요한 세부사항은 농림축산식품부령으로 정한다.
(2013.3.23 본항개정)

**제9조 【우수관리인증기관의 지정 등】**

① 농림축산식품부장관은 우수관리인증에 필요한 인력과 시설 등을 갖춘 자를 우수관리인증기관으로 지정하여 다음 각 호의 업무의 전부 또는 일부를 하도록 할 수 있다. 다만, 외국에서 수입되는 농산물에 대한 우수관리인증의 경우에는 농림축산식품부장관이 정한 기준을 갖춘 외국의 기관도 우수관리인증기관으로 지정할 수 있다.
(2017.4.18 본문개정)

1. 우수관리인증(2017.4.18 본호신설)

2. 제11조에 따른 농산물우수관리시설(이하 "우수관리시설"이라 한다)의 지정(2017.4.18 본호신설)

② 우수관리인증기관으로 지정을 받으려는 자는 농림축산식품부장관에게 인증기관 지정 신청을 하여야 하며, 우수관리인증기관으로 지정받은 후 농림축산식품부령으로 정하는 중요사항이 변경되었을 때에는 변경신고를 하여야 한다. 다만, 제10조에 따라 우수관리인증기관 지정이 취소된 후 2년이 지나지 아니한 경우에는 신청을 할 수 없다.
(2013.3.23 본문개정)

③ 농림축산식품부장관은 제2항 본문에 따른 변경신고를 받은 날부터 10일 이내에 신고수리 여부를 신고인에게 통지하여야 한다.(2019.8.27 본항신설)

④ 농림축산식품부장관이 제3항에서 정한 기간 내에 신고수리 여부 또는 민원 처리 관련 법령에 따른 처리기간의 연장을 신고인에게 통지하지 아니하면 그 기간(민원 처리 관련 법령에 따라 처리기간이 연장 또는 재연장된 경우에는 해당 처리기간을 말한다)이 끝난 날의 다음 날에 신고를 수리한 것으로 본다.(2019.8.27 본항신설)

⑤ 우수관리인증기관 지정의 유효기간은 지정을 받은 날부터 5년으로 하고, 계속 우수관리인증 또는 우수관리시설의 지정 업무를 수행하려면 유효기간이 끝나기 전에 그 지정을 갱신하여야 한다.(2017.4.18 본항개정)

⑥ 농림축산식품부장관은 제10조에 따라 지정이 취소된 우수관리인증기관으로부터 우수관리인증 또는 우수관리시설의 지정을 받은 자에게 다른 우수관리인증기관으로부터 제7조에 따른 갱신, 유효기간 연장 또는 변경을 할 수 있도록 취소된 사항을 알려야 한다.
(2017.4.18 본항개정)

⑦ 우수관리인증기관의 지정기준, 지정절차 및 지정방법 등에 필요한 세부사항은 농림축산식품부령으로 정한다.
(2013.3.23 본항개정)

**제9조의2【우수관리인증기관의 준수사항】** 우수관리인증기관은 다음 각 호의 사항을 준수하여야 한다.

1. 우수관리인증 또는 우수관리시설의 지정 과정에서 얻은 정보와 자료를 우수관리인증 또는 우수관리시설의 지정 신청인의 서면동의 없이 공개하거나 제공하지 아니할 것. 다만, 이 법 또는 다른 법령에 따라 공개하거나 제공하는 경우는 제외한다.
2. 우수관리인증 또는 우수관리시설의 지정의 신청, 심사 및 사후관리에 관한 자료를 농림축산식품부령으로 정하는 바에 따라 보관할 것
3. 우수관리인증 또는 우수관리시설의 지정 결과 및 사후관리 결과를 농림축산식품부령으로 정하는 바에 따라 농림축산식품부장관에게 보고할 것

(2017.4.18 1호~3호개정)
(2016.12.2 본조신설)

**제10조【우수관리인증기관의 지정 취소 등】** ① 농림축산식품부장관은 우수관리인증기관이 다음 각 호의 어느 하나에 해당하면 우수관리인증기관의 지정을 취소하거나 6개월 이내의 기간을 정하여 우수관리인증 및 우수관리시설의 지정 업무의 정지를 명할 수 있다. 다만, 제1호부터 제3호까지의 규정 중 어느 하나에 해당하면 우수관리인증기관의 지정을 취소하여야 한다.
(2017.4.18 본문개정)

1. 거짓이나 그 밖의 부정한 방법으로 지정을 받은 경우
2. 업무정지 기간 중에 우수관리인증 또는 우수관리시설의 지정 업무를 한 경우
3. 우수관리인증기관의 해산 · 부도로 인하여 우수관리인증 또는 우수관리시설의 지정 업무를 할 수 없는 경우
4. 제9조제2항 본문에 따른 중요 사항에 대한 변경신고를 하지 아니하고 우수관리인증 또는 우수관리시설의 지정 업무를 계속한 경우

5. 우수관리인증 또는 우수관리시설의 지정 업무와 관련하여 우수관리인증기관의 장 등 임원·직원에 대하여 벌금 이상의 형이 확정된 경우
(2017.4.18 2호~5호개정)
6. 제9조제7항에 따른 지정기준을 갖추지 아니한 경우(2019.8.27 본호개정)
6의2. 제9조의2에 따른 준수사항을 지키지 아니한 경우(2016.12.2 본호신설)
7. 우수관리인증 또는 우수관리시설 지정의 기준을 잘못 적용하는 등 우수관리인증 또는 우수관리시설의 지정 업무를 잘못한 경우(2017.4.18 본호개정)
8. 정당한 사유 없이 1년 이상 우수관리인증 및 우수관리시설의 지정 실적이 없는 경우(2017.4.18 본호개정)
9. 제13조의2제2항 또는 제31조제3항을 위반하여 농림축산식품부장관의 요구를 정당한 이유 없이 따르지 아니한 경우(2017.4.18 본호개정)
10. (2019.8.27 삭제)

② 제1항에 따른 지정 취소 등의 세부기준은 농림축산식품부령으로 정한다.
(2013.3.23 본항개정)

**제11조【농산물우수관리시설의 지정 등】** ① 농림축산식품부장관은 농산물의 수확 후 위생·안전 관리를 위하여 우수관리인증기관으로 하여금 다음 각 호의 시설 중 인력 및 설비 등이 농림축산식품부령으로 정하는 기준에 맞는 시설을 농산물우수관리시설로 지정하도록 할 수 있다.(2017.4.18 본문개정)
1. 「양곡관리법」 제22조에 따른 미곡종합처리장
2. 「농수산물 유통 및 가격안정에 관한 법률」 제51조에 따른 농수산물산지유통센터
3. 그 밖에 농산물의 수확 후 관리를 하는 시설로서 농림축산식품부장관이 정하여 고시하는 시설(2013.3.23 본호개정)

② 제1항에 따라 우수관리시설로 지정받으려는 자는 관리하려는 농산물의 품목 등을 정하여 우수관리인증기관에 신청하여야 하며, 우수관리시설로 지정받은 후 농림축산식품부령으로 정하는 중요 사항이 변경되었을 때에는 해당 우수관리인증기관에 변경신고를 하여야 한다. 다만, 제12조에 따라 우수관리시설 지정이 취소된 후 1년이 지나지 아니하면 지정 신청을 할 수 없다.
(2017.4.18 본문개정)

③ 우수관리인증기관은 제2항 본문에 따른 우수관리시설의 지정 신청 또는 변경신고를 받은 경우 제1항에 따른 우수관리시설의 지정 기준에 맞는지를 심사하여 지정결과 또는 변경신고의 수리여부를 통지하여야 한다. 이 경우 변경신고의 수리여부는 변경신고를 받은 날부터 10일 이내에 통지하여야 한다.(2019.8.27 본항개정)

④ 우수관리인증기관이 제3항 후단에서 정한 기간 내에 신고수리 여부 또는 민원 처리 관련 법령에 따른 처리기간의 연장을 신고인에게 통지하지 아니하면 그 기간(민원 처리 관련 법령에 따라 처리기간이 연장 또는 재연장된 경우에는 해당 처리기간을 말한다)이 끝난 날의 다음 날에 신고를 수리한 것으로 본다.(2019.8.27 본항신설)

⑤ 우수관리인증기관은 제1항에 따라 우수관리시설의 지정을 한 경우 우수관리시설의 지정을 받은 자가 우수관리시설의 지정 기준을 지키는지 조사·점검하여야 하며, 필요한 경우에는 자료제출 요청 등을 할 수 있다.
(2017.4.18 본항신설)

⑥ 우수관리시설을 운영하는 자는 우수관리인증 대상 농산물 또는 우수관리인증농산물을 우수관리기준에 따라 관리하여야 한다.

⑦ 우수관리시설의 지정 유효기간은 5년으로 하되, 우수관리시설 지정의 효력을 유지하기 위하여는 유효기간이 끝나기 전에 그 지정을 갱신하여야 한다.

⑧ 우수관리시설의 지정 기준 및 절차 등에 필요한 세부사항은 농림축산식품부령으로 정한다.(2013.3.23 본항개정)

**제12조【우수관리시설의 지정 취소 등】** ① 우수관리인증기관은 우수관리시설이 다음 각 호의 어느 하나에 해당하면 그 지정을 취소하거나 6개월 이내의 기간을 정하여 우수관리인증 대상 농산물에 대한 농산물우수관리 업무의 정지를 명하거나 시정명령을 할 수 있다. 다만, 제1호부터 제3호까지의 규정 중 어느 하나에 해당하면 지정을 취소하여야 한다.(2017.4.18 본문개정)

1. 거짓이나 그 밖의 부정한 방법으로 지정을 받은 경우
2. 업무정지 기간 중에 농산물우수관리 업무를 한 경우
3. 우수관리시설을 운영하는 자가 해산·부도로 인하여 농산물우수관리 업무를 할 수 없는 경우
4. 제11조제1항에 따른 지정기준을 갖추지 못하게 된 경우
5. 제11조제2항 본문에 따른 중요 사항에 대한 변경신고를 하지 아니하고 우수관리인증 대상 농산물을 취급(세척 등 단순가공·포장·저장·거래·판매를 포함한다)한 경우 (2017.4.18 본호개정)
6. 농산물우수관리 업무와 관련하여 시설의 대표자 등 임원·직원에 대하여 벌금 이상의 형이 확정된 경우
7. 우수관리시설의 지정을 받은 자가 정당한 사유 없이 제11조제5항에 따른 조사·점검 또는 자료제출 요청을 따르지 아니한 경우(2020.2.18 본호개정)
8. 제11조제6항을 위반하여 우수관리인증 대상 농산물 또는 우수관리인증농산물을 우수관리기준에 따라 관리하지 아니한 경우(2019.8.27 본호개정)
9. (2019.8.27 삭제)

② 제1항에 따른 지정 취소 및 업무정지의 기준·절차 등 세부적인 사항은 농림축산식품부령으로 정한다.
(2013.3.23 본항개정)

**제12조의2【농산물우수관리 관련 교육·홍보 등】** 농림축산식품부장관은 농산물우수관리를 활성화하기 위하여 소비자, 우수관리인증을 받았거나 받으려는 자, 우수관리인증기관 등에게 교육·홍보, 컨설팅 지원 등의 사업을 수행할 수 있다.(2014.3.24 본조신설)

**제13조【농산물우수관리 관련 보고 및 점검 등】** ① 농림축산식품부장관은 농산물우수관리를 위하여 필요하다고 인정하면 우수관리인증기관, 우수관리시설을 운영하는 자 또는 우수관리인증을 받은 자로 하여금 그 업무에 관한 사항을 보고(「정보통신망 이용촉진 및 정보보호 등에 관한 법률」에 따른 정보통신망을 이용하여 보고하는 경우를 포함한다. 이하 같다)하게 하거나 자료를 제출(「정보통신망 이용촉진 및 정보보호 등에 관한 법률」에 따른 정보통신망을 이용하여 제출하는 경우를 포함한다. 이하 같다)하게 할 수 있으며, 관계 공무원에게 사무소 등을 출입하여 시설·장비 등을 점검하고 관계 장부나 서류를 조사하게 할 수 있다.
(2013.3.23 본항개정)

② 제1항에 따라 보고·자료제출·점검 또는 조사를 할 때 우수관리인증기관, 우수관리시설을 운영하는 자 및 우수관리인증을 받은 자는 정당한 사유 없이 이를 거부·방해하거나 기피하여서는 아니 된다.

③ 제1항에 따라 점검이나 조사를 할 때에는 미리 점검이나 조사의 일시, 목적, 대상 등을 점검 또는 조사 대상자에게 알려야 한다. 다만, 긴급한 경우나 미리 알리면 그 목적을 달성할 수 없다고 인정되는 경우에는 알리지 아니할 수 있다.

④ 제1항에 따라 점검이나 조사를 하는 관계 공무원은 그 권한을 표시하는

증표를 지니고 이를 관계인에게 보여 주어야 하며, 성명·출입시간·출입목적 등이 표시된 문서를 관계인에게 내주어야 한다.

**제13조의2 【우수관리시설 점검·조사 등의 결과에 따른 조치 등】** ① 농림축산식품부장관은 제13조제1항에 따른 점검·조사 등의 결과 우수관리시설이 제12조제1항 각 호의 어느 하나에 해당하면 해당 우수관리인증기관에 농림축산식품부령으로 정하는 바에 따라 우수관리시설의 지정을 취소하거나 우수관리인증 대상 농산물에 대한 농산물우수관리 업무의 정지 또는 시정을 명하도록 요구하여야 한다.

② 우수관리인증기관은 제1항에 따른 요구가 있는 경우 지체 없이 이에 따라야 하며, 처분 후 그 내용을 농림축산식품부장관에게 보고하여야 한다.

③ 제1항의 경우 제10조에 따라 우수관리인증기관의 지정이 취소된 후 새로운 우수관리인증기관이 지정되지 아니하거나 해당 우수관리인증기관이 업무정지 중인 경우에는 농림축산식품부장관이 우수관리시설의 지정을 취소하거나 6개월 이내의 기간을 정하여 우수관리인증 대상 농산물에 대한 농산물우수관리 업무의 정지를 명하거나 시정명령을 할 수 있다.

(2017.4.18 본조신설)

## 제3절 수산물에 대한 품질인증
(2017.11.28 본절제목개정)

**제14조 【수산물의 품질인증】** ① 해양수산부장관은 수산물의 품질을 향상시키고 소비자를 보호하기 위하여 품질인증제도를 실시한다.(2017.11.28 본항개정)

② 제1항에 따른 품질인증(이하 "품질인증"이라 한다)을 받으려는 자는 해양수산부령으로 정하는 바에 따라 해양수산부장관에게 신청하여야 한다. 다만, 다음 각 호의 어느 하나에 해당하는 자는 품질인증을 신청할 수 없다.

(2020.2.18 단서신설)

1. 제16조에 따라 품질인증이 취소된 후 1년이 지나지 아니한 자
2. 제119조 또는 제120조를 위반하여 벌금 이상의 형이 확정된 후 1년이 지나지 아니한 자

(2020.2.18 1호~2호신설)

③ 품질인증을 받은 자는 품질인증을 받은 수산물(이하 "품질인증품"이라 한다)의 포장·용기 등에 해양수산부령으로 정하는 바에 따라 품질인증품임을 표시할 수 있다.(2017.11.28 본항개정)

④ 품질인증의 기준·절차·표시방법 및 대상품목의 선정 등에 필요한 사항은 해양수산부령으로 정한다.

(2017.11.28 본조제목개정)

(2013.3.23 본조개정)

**제15조 【품질인증의 유효기간 등】** ① 품질인증의 유효기간은 품질인증을 받은 날부터 2년으로 한다. 다만, 품목의 특성상 달리 적용할 필요가 있는 경우에는 4년의 범위에서 해양수산부령으로 유효기간을 달리 정할 수 있다.

② 품질인증의 유효기간을 연장받으려는 자는 유효기간이 끝나기 전에 해양수산부령으로 정하는 바에 따라 해양수산부장관에게 연장신청을 하여야 한다.

③ 해양수산부장관은 제2항에 따른 신청을 받은 경우 제14조제4항에 따른 품질인증의 기준에 맞다고 인정되면 제1항에 따른 유효기간의 범위에서 유효기간을 연장할 수 있다.

(2013.3.23 본조개정)

**제16조 【품질인증의 취소】** 해양수산부장관은 품질인증을 받은 자가 다음 각 호의 어느 하나에 해당하면 품질인증을 취소할 수 있다. 다만, 제1호에 해당하면 품질인증을 취소하여야 한다.

(2013.3.23 본문개정)

1. 거짓이나 그 밖의 부정한 방법으로 인증을 받은 경우

2. 제14조제4항에 따른 품질인증의 기준에 현저하게 맞지 아니한 경우
3. 정당한 사유 없이 제31조제1항에 따른 품질인증품 표시의 시정명령, 해당 품목의 판매금지 또는 표시정지 조치에 따르지 아니한 경우
4. 업종전환·폐업 등으로 인하여 품질인증품을 생산하기 어렵다고 판단되는 경우(2020.2.18 본호개정)

**제17조【품질인증기관의 지정 등】** ① 해양수산부장관은 수산물의 생산조건, 품질 및 안전성에 대한 심사·인증을 업무로 하는 법인 또는 단체로서 해양수산부장관의 지정을 받은 자(이하 "품질인증기관"이라 한다)로 하여금 제14조부터 제16조까지의 규정에 따른 품질인증에 관한 업무를 대행하게 할 수 있다.(2013.3.23 본항개정)

② 해양수산부장관, 특별시장·광역시장·도지사·특별자치도지사(이하 "시·도지사"라 한다) 또는 시장·군수·구청장(자치구의 구청장을 말한다. 이하 같다)은 어업인 스스로 수산물의 품질을 향상시키고 체계적으로 품질관리를 할 수 있도록 하기 위하여 제1항에 따라 품질인증기관으로 지정받은 다음 각 호의 단체 등에 대하여 자금을 지원할 수 있다.(2013.3.23 본문개정)
1. 수산물 생산자단체(어업인 단체만을 말한다)
2. 수산가공품을 생산하는 사업과 관련된 법인(「민법」 제32조에 따른 법인만을 말한다)

③ 품질인증기관으로 지정을 받으려는 자는 품질인증 업무에 필요한 시설과 인력을 갖추어 해양수산부장관에게 신청하여야 하며, 품질인증기관으로 지정받은 후 해양수산부령으로 정하는 중요 사항이 변경되었을 때에는 변경신고를 하여야 한다. 다만, 제18조에 따라 품질인증기관의 지정이 취소된 후 2년이 지나지 아니한 경우에는 신청할 수 없다.(2013.3.23 본문개정)

④ 해양수산부장관은 제3항 본문에 따른 변경신고를 받은 날부터 10일 이내에 신고수리 여부를 신고인에게 통지하여야 한다.(2020.2.18 본항신설)

⑤ 해양수산부장관이 제4항에서 정한 기간 내에 신고수리 여부 또는 민원 처리 관련 법령에 따른 처리기간의 연장을 신고인에게 통지하지 아니하면 그 기간(민원 처리 관련 법령에 따라 처리기간이 연장 또는 재연장된 경우에는 해당 처리기간을 말한다)이 끝난 날의 다음 날에 신고를 수리한 것으로 본다.(2020.2.18 본항신설)

⑥ 품질인증기관의 지정 기준, 절차 및 품질인증 업무의 범위 등에 필요한 사항은 해양수산부령으로 정한다.(2013.3.23 본항개정)

**제18조【품질인증기관의 지정 취소 등】** ① 해양수산부장관은 품질인증기관이 다음 각 호의 어느 하나에 해당하면 그 지정을 취소하거나 6개월 이내의 기간을 정하여 품질인증 업무의 전부 또는 일부의 정지를 명할 수 있다. 다만, 제1호부터 제4호까지 및 제6호 중 어느 하나에 해당하면 품질인증기관의 지정을 취소하여야 한다.(2013.3.23 본문개정)
1. 거짓이나 그 밖의 부정한 방법으로 품질인증기관으로 지정받은 경우
2. 업무정지 기간 중 품질인증 업무를 한 경우
3. 최근 3년간 2회 이상 업무정지처분을 받은 경우
4. 품질인증기관의 폐업이나 해산·부도로 인하여 품질인증 업무를 할 수 없는 경우
5. 제17조제3항 본문에 따른 변경신고를 하지 아니하고 품질인증 업무를 계속한 경우
6. 제17조제6항의 지정기준에 미치지 못하여 시정을 명하였으나 그 명령을 받은 날부터 1개월 이내에 이행하지 아니한 경우(2020.2.18 본호개정)

7. 제17조제6항의 업무범위를 위반하여 품질인증 업무를 한 경우
(2020.2.18 본호개정)
8. 다른 사람에게 자기의 성명이나 상호를 사용하여 품질인증 업무를 하게 하거나 품질인증기관지정서를 빌려준 경우
9. 품질인증 업무를 성실하게 수행하지 아니하여 공중에 위해를 끼치거나 품질인증을 위한 조사 결과를 조작한 경우
10. 정당한 사유 없이 1년 이상 품질인증 실적이 없는 경우
② 제1항에 따른 지정 취소 및 업무정지의 세부 기준은 해양수산부령으로 정한다.(2013.3.23 본항개정)

**제19조【품질인증 관련 보고 및 점검 등】** ① 해양수산부장관은 품질인증을 위하여 필요하다고 인정하면 품질인증기관 또는 품질인증을 받은 자에 대하여 그 업무에 관한 사항을 보고하게 하거나 자료를 제출하게 할 수 있으며 관계 공무원에게 사무소 등에 출입하여 시설·장비 등을 점검하고 관계 장부나 서류를 조사하게 할 수 있다.
(2013.3.23 본항개정)
② 제1항에 따른 점검이나 조사에 관하여는 제13조제2항 및 제3항을 준용한다.
③ 제1항에 따라 점검이나 조사를 하는 관계 공무원에 관하여는 제13조제4항을 준용한다.

## 제4절 친환경농수산물의 인증

**제20조~제23조** (2012.6.1 삭제)

## 제5절 이력추적관리

**제24조【이력추적관리】** ① 다음 각 호의 어느 하나에 해당하는 자 중 이력추적관리를 하려는 자는 농림축산식품부장관에게 등록하여야 한다.
1. 농산물(축산물은 제외한다. 이하 이 절에서 같다)을 생산하는 자
2. 농산물을 유통 또는 판매하는 자(표시·포장을 변경하지 아니한 유통·판매자는 제외한다. 이하 같다)
② 제1항에도 불구하고 대통령령으로 정하는 농산물을 생산하거나 유통 또는 판매하는 자는 농림축산식품부장관에게 이력추적관리의 등록을 하여야 한다.
③ 제1항 또는 제2항에 따라 이력추적관리의 등록을 한 자는 농림축산식품부령으로 정하는 등록사항이 변경된 경우 변경 사유가 발생한 날부터 1개월 이내에 농림축산식품부장관에게 신고하여야 한다.
④ 농림축산식품부장관은 제3항에 따른 변경신고를 받은 날부터 10일 이내에 신고수리 여부를 신고인에게 통지하여야 한다.(2019.8.27 본항신설)
⑤ 농림축산식품부장관이 제4항에서 정한 기간 내에 신고수리 여부 또는 민원 처리 관련 법령에 따른 처리기간의 연장을 신고인에게 통지하지 아니하면 그 기간(민원 처리 관련 법령에 따라 처리기간이 연장 또는 재연장된 경우에는 해당 처리기간을 말한다)이 끝난 날의 다음 날에 신고를 수리한 것으로 본다.(2019.8.27 본항신설)
⑥ 제1항에 따라 이력추적관리의 등록을 한 자는 해당 농산물에 농림축산식품부령으로 정하는 바에 따라 이력추적관리의 표시를 할 수 있으며, 제2항에 따라 이력추적관리의 등록을 한 자는 해당 농산물에 이력추적관리의 표시를 하여야 한다.
⑦ 제1항에 따라 등록된 농산물 및 제2항에 따른 농산물(이하 "이력추적관리농산물"이라 한다)을 생산하거나 유통 또는 판매하는 자는 이력추적관리에 필요한 입고·출고 및 관리 내용을 기록하여 보관하는 등 농림축산식품부장관이 정하여 고시하는 기준(이하 "이력추적관리기준"이라 한다)을 지켜야 한다.

다만, 이력추적관리농산물을 유통 또는 판매하는 자 중 행상·노점상 등 대통령령으로 정하는 자는 예외로 한다.
⑧ 농림축산식품부장관은 제1항 또는 제2항에 따라 이력추적관리의 등록을 한 자에 대하여 이력추적관리에 필요한 비용의 전부 또는 일부를 지원할 수 있다.
⑨ 농림축산식품부장관은 제1항 또는 제2항에 따라 이력추적관리를 등록한 자의 농산물 이력정보를 공개할 수 있다. 이 경우 휴대전화기를 이용하는 등 소비자가 이력정보에 쉽게 접근할 수 있도록 하여야 한다.(2022.6.10 본항신설)
⑩ 이력추적관리의 대상품목, 등록절차, 등록사항, 그 밖에 등록에 필요한 세부적인 사항과 제9항에 따른 이력정보 공개에 필요한 사항은 농림축산식품부령으로 정한다.(2022.6.10 본항개정)
(2015.3.27 본조개정)

**제25조 【이력추적관리 등록의 유효기간 등】** ① 제24조제1항 및 제2항에 따른 이력추적관리 등록의 유효기간은 등록한 날부터 3년으로 한다. 다만, 품목의 특성상 달리 적용할 필요가 있는 경우에는 10년의 범위에서 농림축산식품부령으로 유효기간을 달리 정할 수 있다.(2015.3.27 단서개정)
② 다음 각 호의 어느 하나에 해당하는 자는 이력추적관리 등록의 유효기간이 끝나기 전에 이력추적관리의 등록을 갱신하여야 한다.
1. 제24조제1항에 따라 이력추적관리의 등록을 한 자로서 그 유효기간이 끝난 후에도 계속하여 해당 농산물에 대하여 이력추적관리를 하려는 자
2. 제24조제2항에 따라 이력추적관리의 등록을 한 자로서 그 유효기간이 끝난 후에도 계속하여 해당 농산물을 생산하거나 유통 또는 판매하려는 자
(2015.3.27 1호~2호개정)
③ 제24조제1항 및 제2항에 따라 이력추적관리의 등록을 한 자가 제1항의 유효기간 내에 해당 품목의 출하를 종료하지 못할 경우에는 농림축산식품부장관의 심사를 받아 이력추적관리 등록의 유효기간을 연장할 수 있다.
(2015.3.27 본항개정)
④ 이력추적관리 등록의 갱신 및 유효기간 연장의 절차 등에 필요한 세부적인 사항은 농림축산식품부령으로 정한다.(2015.3.27 본항개정)

**제26조 【이력추적관리 자료의 제출 등】** ① 농림축산식품부장관은 이력추적관리농산물을 생산하거나 유통 또는 판매하는 자에게 농산물의 생산, 입고·출고와 그 밖에 이력추적관리에 필요한 자료제출을 요구할 수 있다.
② 이력추적관리농산물을 생산하거나 유통 또는 판매하는 자는 제1항에 따른 자료제출을 요구받은 경우에는 정당한 사유가 없으면 이에 따라야 한다.
③ 제1항에 따른 자료제출의 범위, 방법, 절차 등에 필요한 사항은 농림축산식품부령으로 정한다.
(2015.3.27 본조개정)

**제27조 【이력추적관리 등록의 취소 등】** ① 농림축산식품부장관은 제24조에 따라 등록한 자가 다음 각 호의 어느 하나에 해당하면 그 등록을 취소하거나 6개월 이내의 기간을 정하여 이력추적관리 표시정지를 명하거나 시정명령을 할 수 있다. 다만, 제1호, 제2호 또는 제7호에 해당하면 등록을 취소하여야 한다.(2016.12.2 본문개정)
1. 거짓이나 그 밖의 부정한 방법으로 등록을 받은 경우
2. 이력추적관리 표시정지 명령을 위반하여 계속 표시한 경우(2016.12.2 본호개정)
3. 제24조제3항에 따른 이력추적관리 등록변경신고를 하지 아니한 경우
4. 제24조제6항에 따른 표시방법을 위반한 경우(2019.8.27 본호개정)
5. 이력추적관리기준을 지키지 아니한 경우

6. 제26조제2항을 위반하여 정당한 사유 없이 자료제출 요구를 거부한 경우
7. 업종전환·폐업 등으로 이력추적관리농산물을 생산, 유통 또는 판매하기 어렵다고 판단되는 경우
(2020.2.18 본호개정)

② 제1항에 따른 등록취소, 표시정지 및 시정명령의 기준, 절차 등 세부적인 사항은 농림축산식품부령으로 정한다.
(2016.12.2 본항개정)

## 제6절 사후관리 등

**제28조【지위의 승계 등】** ① 다음 각 호의 어느 하나에 해당하는 사유로 발생한 권리·의무를 가진 자가 사망하거나 그 권리·의무를 양도하는 경우 또는 법인이 합병한 경우에는 상속인, 양수인 또는 합병 후 존속하는 법인이나 합병으로 설립되는 법인이 그 지위를 승계할 수 있다.

1. 제9조에 따른 우수관리인증기관의 지정
2. 제11조에 따른 우수관리시설의 지정
3. 제17조에 따른 품질인증기관의 지정

② 제1항에 따라 지위를 승계하려는 자는 승계의 사유가 발생한 날부터 1개월 이내에 농림축산식품부령 또는 해양수산부령으로 정하는 바에 따라 각각 지정을 받은 기관에 신고하여야 한다.
(2013.3.23 본항개정)

**제28조의2【행정제재처분 효과의 승계】** 제28조에 따라 지위를 승계한 경우 종전의 우수관리인증기관, 우수관리시설 또는 품질인증기관에 행한 행정제재처분의 효과는 그 처분이 있은 날부터 1년간 그 지위를 승계한 자에게 승계되며, 행정제재처분의 절차가 진행 중인 때에는 그 지위를 승계한 자에 대하여 그 절차를 계속 진행할 수 있다. 다만, 지위를 승계한 자가 그 지위의 승계 시에 그 처분 또는 위반사실을 알지 못하였음을 증명하는 때에는 그러하지 아니하다.(2019.8.27 본조신설)

**제29조【거짓표시 등의 금지】** ① 누구든지 다음 각 호의 표시·광고 행위를 하여서는 아니 된다.

1. 표준규격품, 우수관리인증농산물, 품질인증품, 이력추적관리농산물(이하 "우수표시품"이라 한다)이 아닌 농수산물(우수관리인증농산물이 아닌 농산물의 경우에는 제7조제4항에 따른 승인을 받지 아니한 농산물을 포함한다) 또는 농수산가공품에 우수표시품의 표시를 하거나 이와 비슷한 표시를 하는 행위(2015.3.27 본호개정)
2. 우수표시품이 아닌 농수산물(우수관리인증농산물이 아닌 농산물의 경우에는 제7조제4항에 따른 승인을 받지 아니한 농산물을 포함한다) 또는 농수산가공품을 우수표시품으로 광고하거나 우수표시품으로 잘못 인식할 수 있도록 광고하는 행위

(2014.3.24 본항개정)

② 누구든지 다음 각 호의 행위를 하여서는 아니 된다.

1. 제5조제2항에 따라 표준규격품의 표시를 한 농수산물에 표준규격품이 아닌 농수산물 또는 농수산가공품을 혼합하여 판매하거나 혼합하여 판매할 목적으로 보관하거나 진열하는 행위
2. 제6조제6항에 따라 우수관리인증의 표시를 한 농산물에 우수관리인증농산물이 아닌 농산물(제7조제4항에 따른 승인을 받지 아니한 농산물을 포함한다) 또는 농산가공품을 혼합하여 판매하거나 혼합하여 판매할 목적으로 보관하거나 진열하는 행위
(2014.3.24 본호개정)
3. 제14조제3항에 따라 품질인증품의 표시를 한 수산물에 품질인증품이 아닌 수산물을 혼합하여 판매하거나 혼합하여 판매할 목적으로 보관 또는 진열하는 행위(2017.11.28 본호개정)
4. (2012.6.1 삭제)

5. 제24조제6항에 따라 이력추적관리의 표시를 한 농산물에 이력추적관리의 등록을 하지 아니한 농산물 또는 농산가공품을 혼합하여 판매하거나 혼합하여 판매할 목적으로 보관하거나 진열하는 행위(2019.8.27 본호개정)

**제30조【우수표시품의 사후관리】** ① 농림축산식품부장관 또는 해양수산부장관은 우수표시품의 품질수준 유지와 소비자 보호를 위하여 필요한 경우에는 관계 공무원에게 다음 각 호의 조사 등을 하게 할 수 있다.(2014.3.24 본문개정)

1. 우수표시품의 해당 표시에 대한 규격·품질 또는 인증·등록 기준에의 적합성 등의 조사
2. 해당 표시를 한 자의 관계 장부 또는 서류의 열람
3. 우수표시품의 시료(試料) 수거

② 제1항에 따른 조사·열람 또는 시료 수거에 관하여는 제13조제2항 및 제3항을 준용한다.

③ 제1항에 따라 조사·열람 또는 시료 수거를 하는 관계 공무원에 관하여는 제13조제4항을 준용한다.

(2014.3.24 본조제목개정)

**제30조의2【권장품질표시의 사후관리】** ① 농림축산식품부장관은 권장품질표시의 정착과 건전한 유통질서 확립을 위하여 필요한 경우에는 관계 공무원에게 다음 각 호의 조사를 하게 할 수 있다.

1. 권장품질표시를 한 농산물의 권장품질표시 기준에의 적합성의 조사
2. 권장품질표시를 한 농산물의 시료 수거

② 제1항에 따른 조사 또는 시료 수거에 관하여는 제13조제3항 및 제4항을 준용한다.

③ 농림축산식품부장관은 제1항에 따른 조사 결과 권장품질표시를 한 농산물이 권장품질표시 기준에 적합하지 아니한 경우 그 시정을 권고할 수 있다.

④ 농림축산식품부장관은 권장품질표시를 장려하기 위하여 이에 필요한 지원을 할 수 있다.

(2018.2.21 본조신설)

**제31조【우수표시품에 대한 시정조치】** ① 농림축산식품부장관 또는 해양수산부장관은 표준규격품 또는 품질인증품이 다음 각 호의 어느 하나에 해당하면 대통령령으로 정하는 바에 따라 그 시정을 명하거나 해당 품목의 판매금지 또는 표시정지의 조치를 할 수 있다.(2016.12.2 본문개정)

1. 표시된 규격 또는 해당 인증·등록 기준에 미치지 못하는 경우
2. 업종전환·폐업 등으로 해당 품목을 생산하기 어렵다고 판단되는 경우(2020.2.18 본호개정)
3. 해당 표시방법을 위반한 경우

② 농림축산식품부장관은 제30조에 따른 조사 등의 결과 우수관리인증농산물이 우수관리기준에 미치지 못하거나 제6조제7항에 따른 표시방법을 위반한 경우에는 대통령령으로 정하는 바에 따라 우수관리인증농산물의 유통업자에게 해당 품목의 우수관리인증 표시의 제거·변경 또는 판매금지 조치를 명할 수 있고, 제8조제1항 각 호의 어느 하나에 해당하면 해당 우수관리인증기관에 제8조에 따라 다음 각 호의 어느 하나에 해당하는 처분을 하도록 요구하여야 한다.(2019.8.27 본문개정)

1. 우수관리인증의 취소
2. 우수관리인증의 표시정지
3. 시정명령

(2016.12.2 1호~3호신설)

③ 우수관리인증기관은 제2항에 따른 요구가 있는 경우 이에 따라야 하고, 처분 후 지체 없이 농림축산식품부장관에게 보고하여야 한다.(2013.3.23 본항개정)

④ 제2항의 경우 제10조에 따라 우수관리인증기관의 지정이 취소된 후 제9조제1항에 따라 새로운 우수관리인증

기관이 지정되지 아니하거나 해당 우수관리인증기관이 업무정지 중인 경우에는 농림축산식품부장관이 제2항 각 호의 어느 하나에 해당하는 처분을 할 수 있다.(2019.8.27 본항개정)
(2014.3.24 본조제목개정)

## 제3장 지리적표시

### 제1절 등 록

**제32조 【지리적표시의 등록】** ① 농림축산식품부장관 또는 해양수산부장관은 지리적 특성을 가진 농수산물 또는 농수산가공품의 품질 향상과 지역특화산업 육성 및 소비자 보호를 위하여 지리적표시의 등록 제도를 실시한다.
(2013.3.23 본항개정)
② 제1항에 따른 지리적표시의 등록은 특정지역에서 지리적 특성을 가진 농수산물 또는 농수산가공품을 생산하거나 제조·가공하는 자로 구성된 법인만 신청할 수 있다. 다만, 지리적 특성을 가진 농수산물 또는 농수산가공품의 생산자 또는 가공업자가 1인인 경우에는 법인이 아니라도 등록신청을 할 수 있다.
③ 제2항에 해당하는 자로서 제1항에 따른 지리적표시의 등록을 받으려는 자는 농림축산식품부령 또는 해양수산부령으로 정하는 등록 신청서류 및 그 부속서류를 농림축산식품부령 또는 해양수산부령으로 정하는 바에 따라 농림축산식품부장관 또는 해양수산부장관에게 제출하여야 한다. 등록한 사항 중 농림축산식품부령 또는 해양수산부령으로 정하는 중요 사항을 변경하려는 때에도 같다.(2013.3.23 본항개정)
④ 농림축산식품부장관 또는 해양수산부장관은 제3항에 따라 등록 신청을 받으면 제3조제6항에 따른 지리적표시 등록심의 분과위원회의 심의를 거쳐 제9항에 따른 등록거절 사유가 없는 경우 지리적표시 등록 신청 공고결정(이하 "공고결정"이라 한다)을 하여야 한다. 이 경우 농림축산식품부장관 또는 해양수산부장관은 신청된 지리적표시가 「상표법」에 따른 타인의 상표(지리적 표시 단체표장을 포함한다. 이하 같다)에 저촉되는지에 대하여 미리 특허청장의 의견을 들어야 한다.
(2013.3.23 본항개정)
⑤ 농림축산식품부장관 또는 해양수산부장관은 공고결정을 할 때에는 그 결정 내용을 관보와 인터넷 홈페이지에 공고하고, 공고일부터 2개월간 지리적표시 등록 신청서류 및 그 부속서류를 일반인이 열람할 수 있도록 하여야 한다.(2013.3.23 본항개정)
⑥ 누구든지 제5항에 따른 공고일부터 2개월 이내에 이의 사유를 적은 서류와 증거를 첨부하여 농림축산식품부장관 또는 해양수산부장관에게 이의신청을 할 수 있다.(2013.3.23 본항개정)
⑦ 농림축산식품부장관 또는 해양수산부장관은 다음 각 호의 경우에는 지리적표시의 등록을 결정하여 신청자에게 알려야 한다.(2013.3.23 본문개정)
1. 제6항에 따른 이의신청을 받았을 때에는 제3조제6항에 따른 지리적표시 등록심의 분과위원회의 심의를 거쳐 등록을 거절할 정당한 사유가 없다고 판단되는 경우
2. 제6항에 따른 기간에 이의신청이 없는 경우

⑧ 농림축산식품부장관 또는 해양수산부장관이 지리적표시의 등록을 한 때에는 지리적표시권자에게 지리적표시 등록증을 교부하여야 한다.(2013.3.23 본항개정)
⑨ 농림축산식품부장관 또는 해양수산부장관은 제3항에 따라 등록 신청된 지리적표시가 다음 각 호의 어느 하나에 해당하면 등록의 거절을 결정하여 신청자에게 알려야 한다.
(2013.3.23 본문개정)

1. 제3항에 따라 먼저 등록 신청되었거나, 제7항에 따라 등록된 타인의 지리적표시와 같거나 비슷한 경우
2. 「상표법」에 따라 먼저 출원되었거나 등록된 타인의 상표와 같거나 비슷한 경우
3. 국내에서 널리 알려진 타인의 상표 또는 지리적표시와 같거나 비슷한 경우
4. 일반명칭〔농수산물 또는 농수산가공품의 명칭이 기원적(起原的)으로 생산지나 판매장소와 관련이 있지만 오래 사용되어 보통명사화된 명칭을 말한다〕에 해당되는 경우
5. 제2조제1항제8호에 따른 지리적표시 또는 같은 항 제9호에 따른 동음이의어 지리적표시의 정의에 맞지 아니하는 경우
6. 지리적표시의 등록을 신청한 자가 그 지리적표시를 사용할 수 있는 농수산물 또는 농수산가공품을 생산·제조 또는 가공하는 것을 업(業)으로 하는 자에 대하여 단체의 가입을 금지하거나 가입조건을 어렵게 정하여 실질적으로 허용하지 아니한 경우

⑩ 제1항부터 제9항까지에 따른 지리적표시 등록 대상품목, 대상지역, 신청자격, 심의·공고의 절차, 이의신청 절차 및 등록거절 사유의 세부기준 등에 필요한 사항은 대통령령으로 정한다.

**제33조 【지리적표시 원부】** ① 농림축산식품부장관 또는 해양수산부장관은 지리적표시 원부(原簿)에 지리적표시권의 설정·이전·변경·소멸·회복에 대한 사항을 등록·보관한다.
(2013.3.23 본항개정)

② 제1항에 따른 지리적표시 원부는 그 전부 또는 일부를 전자적으로 생산·관리할 수 있다.

③ 제1항 및 제2항에 따른 지리적표시 원부의 등록·보관 및 생산·관리에 필요한 세부사항은 농림축산식품부령 또는 해양수산부령으로 정한다.
(2013.3.23 본항개정)

**제34조 【지리적표시권】** ① 제32조제7항에 따라 지리적표시 등록을 받은 자(이하 "지리적표시권자"라 한다)는 등록한 품목에 대하여 지리적표시권을 갖는다.

② 지리적표시권은 다음 각 호의 어느 하나에 해당하면 각 호의 이해당사자 상호간에 대하여는 그 효력이 미치지 아니한다.

1. 동음이의어 지리적표시. 다만, 해당 지리적표시가 특정지역의 상품을 표시하는 것이라고 수요자들이 뚜렷하게 인식하고 있어 해당 상품의 원산지와 다른 지역을 원산지인 것으로 혼동하게 하는 경우는 제외한다.
2. 지리적표시 등록신청서 제출 전에 「상표법」에 따라 등록된 상표 또는 출원심사 중인 상표
3. 지리적표시 등록신청서 제출 전에 「종자산업법」 및 「식물신품종 보호법」에 따라 등록된 품종 명칭 또는 출원심사 중인 품종 명칭(2012.6.1 본호개정)
4. 제32조제7항에 따라 지리적표시 등록을 받은 농수산물 또는 농수산가공품(이하 "지리적표시품"이라 한다)과 동일한 품목에 사용하는 지리적 명칭으로서 등록 대상지역에서 생산되는 농수산물 또는 농수산가공품에 사용하는 지리적 명칭

③ 지리적표시권자는 지리적표시품에 농림축산식품부령 또는 해양수산부령으로 정하는 바에 따라 지리적표시를 할 수 있다. 다만, 지리적표시품 중 「인삼산업법」에 따른 인삼류의 경우에는 농림축산식품부령으로 정하는 표시방법 외에 인삼류와 그 용기·포장 등에 "고려인삼", "고려수삼", "고려홍삼", "고려태극삼" 또는 "고려백삼" 등 "고려"가 들어가는 용어를 사용하여 지리적표시를 할 수 있다.(2013.3.23 본항개정)

**제35조 【지리적표시권의 이전 및 승계】** 지리적표시권은 타인에게 이전하거나 승계할 수 없다. 다만, 다음 각 호

의 어느 하나에 해당하면 농림축산식품부장관 또는 해양수산부장관의 사전 승인을 받아 이전하거나 승계할 수 있다.(2013.3.23 단서개정)

1. 법인 자격으로 등록한 지리적표시권자가 법인명을 개정하거나 합병하는 경우
2. 개인 자격으로 등록한 지리적표시권자가 사망한 경우

**제36조 【권리침해의 금지 청구권 등】** ① 지리적표시권자는 자신의 권리를 침해한 자 또는 침해할 우려가 있는 자에게 그 침해의 금지 또는 예방을 청구할 수 있다.

② 다음 각 호의 어느 하나에 해당하는 행위는 지리적표시권을 침해하는 것으로 본다.

1. 지리적표시권이 없는 자가 등록된 지리적표시와 같거나 비슷한 표시(동음이의어 지리적표시의 경우에는 해당 지리적표시가 특정 지역의 상품을 표시하는 것이라고 수요자들이 뚜렷하게 인식하고 있어 해당 상품의 원산지와 다른 지역을 원산지인 것으로 수요자로 하여금 혼동하게 하는 지리적표시만 해당한다)를 등록품목과 같거나 비슷한 품목의 제품·포장·용기·선전물 또는 관련 서류에 사용하는 행위
2. 등록된 지리적표시를 위조하거나 모조하는 행위
3. 등록된 지리적표시를 위조하거나 모조할 목적으로 교부·판매·소지하는 행위
4. 그 밖에 지리적표시의 명성을 침해하면서 등록된 지리적표시품과 같거나 비슷한 품목에 직접 또는 간접적인 방법으로 상업적으로 이용하는 행위

**제37조 【손해배상청구권 등】** ① 지리적표시권자는 고의 또는 과실로 자신의 지리적표시에 관한 권리를 침해한 자에게 손해배상을 청구할 수 있다. 이 경우 지리적표시권자의 지리적표시권을 침해한 자에 대하여는 그 침해행위에 대하여 그 지리적표시가 이미 등록된 사실을 알았던 것으로 추정한다.

② 제1항에 따른 손해액의 추정 등에 관하여는 「상표법」 제110조 및 제114조를 준용한다.(2016.2.29 본항개정)

**제38조 【거짓표시 등의 금지】** ① 누구든지 지리적표시품이 아닌 농수산물 또는 농수산가공품의 포장·용기·선전물 및 관련 서류에 지리적표시나 이와 비슷한 표시를 하여서는 아니 된다.

② 누구든지 지리적표시품에 지리적표시품이 아닌 농수산물 또는 농수산가공품을 혼합하여 판매하거나 혼합하여 판매할 목적으로 보관 또는 진열하여서는 아니 된다.

**제39조 【지리적표시품의 사후관리】** ① 농림축산식품부장관 또는 해양수산부장관은 지리적표시품의 품질수준 유지와 소비자 보호를 위하여 관계 공무원에게 다음 각 호의 사항을 지시할 수 있다.(2013.3.23 본문개정)

1. 지리적표시품의 등록기준에의 적합성 조사
2. 지리적표시품의 소유자·점유자 또는 관리인 등의 관계 장부 또는 서류의 열람
3. 지리적표시품의 시료를 수거하여 조사하거나 전문시험기관 등에 시험의뢰

② 제1항에 따른 조사·열람 또는 수거에 관하여는 제13조제2항 및 제3항을 준용한다.

③ 제1항에 따라 조사·열람 또는 수거를 하는 관계 공무원에 관하여는 제13조제4항을 준용한다.

④ 농림축산식품부장관 또는 해양수산부장관은 지리적표시의 등록 제도의 활성화를 위하여 다음 각 호의 사업을 할 수 있다.

1. 지리적표시의 등록 제도의 홍보 및 지리적표시품의 판로지원에 관한 사항
2. 지리적표시의 등록 제도의 운영에 필요한 교육·훈련에 관한 사항

3. 지리적표시 관련 실태조사에 관한 사항
(2016.12.2 본항신설)

**제40조【지리적표시품의 표시 시정 등】** 농림축산식품부장관 또는 해양수산부장관은 지리적표시품이 다음 각 호의 어느 하나에 해당하면 대통령령으로 정하는 바에 따라 시정을 명하거나 판매의 금지, 표시의 정지 또는 등록의 취소를 할 수 있다.(2013.3.23 본문개정)
1. 제32조에 따른 등록기준에 미치지 못하게 된 경우
2. 제34조제3항에 따른 표시방법을 위반한 경우
3. 해당 지리적표시품 생산량의 급감 등 지리적표시품 생산계획의 이행이 곤란하다고 인정되는 경우

**제41조【「특허법」의 준용】** ① 지리적표시에 관하여는 「특허법」 제3조부터 제5조까지, 제6조[제1호(특허출원의 포기는 제외한다), 제5호, 제7호 및 제8호에 한정한다)], 제7조, 제7조의2, 제8조, 제9조, 제10조(제3항은 제외한다), 제11조(제1항제1호부터 제3호까지, 제5호 및 제6호는 제외한다), 제12조부터 제15조까지, 제16조(제1항 단서는 제외한다), 제17조부터 제26조까지, 제28조(제2항 단서는 제외한다), 제28조의2부터 제28조의5까지 및 제46조를 준용한다.(2014.6.11 본항개정)
② 제1항의 경우 「특허법」 제6조제7호 및 제15조제1항 중 "제132조의17"은 "「농수산물 품질관리법」 제45조"로 보고, 「특허법」 제17조제1호 중 "제132조의17"은 "「농수산물 품질관리법」 제45조"로, 같은 조 제2호 중 "제180조제1항"은 "「농수산물 품질관리법」 제55조에 따라 준용되는 「특허법」 제180조제1항"으로 보며, 「특허법」 제46조제3호 중 "제82조"는 "「농수산물 품질관리법」 제113조제8호 및 제9호"로 본다.(2016.2.29 본항개정)
③ 제1항의 경우 "특허"는 "지리적표시"로, "출원"은 "등록신청"으로, "특허권"은 "지리적표시권"으로, "특허청"·"특허청장" 및 "심사관"은 "농림축산식품부장관 또는 해양수산부장관"으로, "특허심판원"은 "지리적표시심판위원회"로, "심판장"은 "지리적표시심판위원회 위원장"으로, "심판관"은 "심판위원"으로, "산업통상자원부령"은 "농림축산식품부령 또는 해양수산부령"으로 본다.(2013.3.23 본항개정)

## 제2절 지리적표시의 심판

**제42조【지리적표시심판위원회】** ① 농림축산식품부장관 또는 해양수산부장관은 다음 각 호의 사항을 심판하기 위하여 농림축산식품부장관 또는 해양수산부장관 소속으로 지리적표시심판위원회(이하 "심판위원회"라 한다)를 둔다.(2013.3.23 본문개정)
1. 지리적표시에 관한 심판 및 재심
2. 제32조제9항에 따른 지리적표시 등록거절 또는 제40조에 따른 등록 취소에 대한 심판 및 재심
3. 그 밖에 지리적표시에 관한 사항 중 대통령령으로 정하는 사항
② 심판위원회는 위원장 1명을 포함한 10명 이내의 심판위원(이하 "심판위원"이라 한다)으로 구성한다.
③ 심판위원회의 위원장은 심판위원 중에서 농림축산식품부장관 또는 해양수산부장관이 정한다.(2013.3.23 본항개정)
④ 심판위원은 관계 공무원과 지식재산권 분야나 지리적표시 분야의 학식과 경험이 풍부한 사람 중에서 농림축산식품부장관 또는 해양수산부장관이 위촉한다.(2013.3.23 본항개정)
⑤ 심판위원의 임기는 3년으로 하며, 한 차례만 연임할 수 있다.
⑥ 심판위원회의 구성·운영에 관한 사항과 그 밖에 필요한 사항은 대통령령으로 정한다.

**제43조【지리적표시의 무효심판】** ① 지리적표시에 관한 이해관계인 또는 제3조제6항에 따른 지리적표시 등록심의 분과위원회는 지리적표시가 다음 각 호의 어느 하나에 해당하면 무효심판을 청구할 수 있다.

1. 제32조제9항에 따른 등록거절 사유에 해당하는 경우에도 등록된 경우 (2020.2.18 본호개정)
2. 제32조에 따라 지리적표시 등록이 된 후에 그 지리적표시가 원산지 국가에서 보호가 중단되거나 사용되지 아니하게 된 경우

② 제1항에 따른 심판은 청구의 이익이 있으면 언제든지 청구할 수 있다.

③ 제1항제1호에 따라 지리적표시를 무효로 한다는 심결이 확정되면 그 지리적표시권은 처음부터 없었던 것으로 보고, 제1항제2호에 따라 지리적표시를 무효로 한다는 심결이 확정되면 그 지리적표시권은 그 지리적표시가 제1항제2호에 해당하게 된 때부터 없었던 것으로 본다.

④ 심판위원회의 위원장은 제1항의 심판이 청구되면 그 취지를 해당 지리적표시권자에게 알려야 한다.

**제44조【지리적표시의 취소심판】** ① 지리적표시가 다음 각 호의 어느 하나에 해당하면 그 지리적표시의 취소심판을 청구할 수 있다.

1. 지리적표시 등록을 한 후 지리적표시의 등록을 한 자가 그 지리적표시를 사용할 수 있는 농수산물 또는 농수산가공품을 생산 또는 제조·가공하는 것을 업으로 하는 자에 대하여 단체의 가입을 금지하거나 어려운 가입조건을 규정하는 등 단체의 가입을 실질적으로 허용하지 아니한 경우 또는 그 지리적표시를 사용할 수 없는 자에 대하여 등록 단체의 가입을 허용한 경우
2. 지리적표시 등록 단체 또는 그 소속 단체원이 지리적표시를 잘못 사용함으로써 수요자로 하여금 상품의 품질에 대하여 오인하게 하거나 지리적 출처에 대하여 혼동하게 한 경우

② 제1항에 따른 취소심판은 취소 사유에 해당하는 사실이 없어진 날부터 3년이 지난 후에는 청구할 수 없다.

③ 제1항에 따라 취소심판을 청구한 경우에는 청구 후 그 심판청구 사유에 해당하는 사실이 없어진 경우에도 취소 사유에 영향을 미치지 아니한다.

④ 제1항에 따른 취소심판은 누구든지 청구할 수 있다.

⑤ 지리적표시 등록을 취소한다는 심결이 확정된 때에는 그 지리적표시권은 그때부터 소멸된다.

⑥ 제1항의 심판의 청구에 관하여는 제43조제4항을 준용한다.

**제45조【등록거절 등에 대한 심판】** 제32조제9항에 따라 지리적표시 등록의 거절을 통보받은 자 또는 제40조에 따라 등록이 취소된 자는 이의가 있으면 등록거절 또는 등록취소를 통보받은 날부터 30일 이내에 심판을 청구할 수 있다.

**제46조【심판청구 방식】** ① 지리적표시의 무효심판·취소심판 또는 지리적표시 등록의 취소에 대한 심판을 청구하려는 자는 다음 각 호의 사항을 적은 심판청구서에 신청자료를 첨부하여 심판위원회의 위원장에게 제출하여야 한다.

1. 당사자의 성명과 주소(법인인 경우에는 그 명칭, 대표자의 성명 및 영업소 소재지)
2. 대리인이 있는 경우에는 그 대리인의 성명 및 주소나 영업소 소재지(대리인이 법인인 경우에는 그 명칭, 대표자의 성명 및 영업소 소재지)
3. 지리적표시 명칭
4. 지리적표시 등록일 및 등록번호
5. 등록취소 결정일(등록의 취소에 대한 심판청구만 해당한다)
6. 청구의 취지 및 그 이유

② 지리적표시 등록거절에 대한 심판을 청구하려는 자는 다음 각 호의 사항을 적은 심판청구서에 신청 자료를 첨

부하여 심판위원회의 위원장에게 제출하여야 한다.

1. 당사자의 성명과 주소(법인인 경우에는 그 명칭, 대표자의 성명 및 영업소 소재지)
2. 대리인이 있는 경우에는 그 대리인의 성명 및 주소나 영업소 소재지(대리인이 법인인 경우에는 그 명칭, 대표자의 성명 및 영업소 소재지)
3. 등록신청 날짜
4. 등록거절 결정일
5. 청구의 취지 및 그 이유

③ 제1항과 제2항에 따라 제출된 심판청구서를 보정(補正)하는 경우에는 그 요지를 변경할 수 없다. 다만, 제1항제6호와 제2항제5호의 청구의 이유는 변경할 수 있다.

④ 심판위원회의 위원장은 제1항 또는 제2항에 따라 청구된 심판에 제32조제6항에 따른 지리적표시 이의신청에 관한 사항이 포함되어 있으면 그 취지를 지리적표시의 이의신청자에게 알려야 한다.

**제47조 【심판의 방법 등】** ① 심판위원회의 위원장은 제46조제1항 또는 제2항에 따른 심판이 청구되면 제49조에 따라 심판하게 한다.

② 심판위원은 직무상 독립하여 심판한다.

**제48조 【심판위원의 지정 등】** ① 심판위원회의 위원장은 심판의 청구 건별로 제49조에 따른 합의체를 구성할 심판위원을 지정하여 심판하게 한다.

② 심판위원회의 위원장은 제1항의 심판위원 중 심판의 공정성을 해칠 우려가 있는 사람이 있으면 다른 심판위원에게 심판하게 할 수 있다.

③ 심판위원회의 위원장은 제1항에 따라 지정된 심판위원 중에서 1명을 심판장으로 지정하여야 한다.

④ 제3항에 따라 지정된 심판장은 심판위원회의 위원장으로부터 지정받은 심판사건에 관한 사무를 총괄한다.

**제49조 【심판의 합의체】** ① 심판은 3명의 심판위원으로 구성되는 합의체가 한다.

② 제1항의 합의체의 합의는 과반수의 찬성으로 결정한다.

③ 심판의 합의는 공개하지 아니한다.

**제50조 【「특허법」의 준용】** ① 심판에 관하여는 「특허법」 제139조, 제141조(제1항제2호가목은 이 법에서 준용되는 사항에 한정한다. 이하 같다), 제142조, 제147조부터 제153조까지, 제153조의2, 제154조부터 제166조까지, 제171조, 제172조 및 제176조를 준용한다.

② 제1항의 경우 「특허법」 제139조제1항 중 "제133조제1항, 제134조제1항·제2항 또는 제137조제1항의 무효심판이나 제135조제1항·제2항의 권리범위확인심판"은 "「농수산물 품질관리법」 제43조제1항의 무효심판, 같은 법 제44조제1항의 취소심판 및 같은 법 제45조의 등록거절 등에 대한 심판"으로 보고, 「특허법」 제141조제1항제1호 중 "제140조제1항 및 제3항부터 제5항까지 또는 제140조의2제1항"은 "「농수산물 품질관리법」 제46조제1항 또는 제2항"으로 보며, 「특허법」 제141조제1항제2호나목 중 "제82조"는 "「농수산물 품질관리법」 제113조"로 보고, 「특허법」 제161조제2항 중 "제133조제1항의 무효심판 또는 제135조의 권리범위확인심판"은 "「농수산물 품질관리법」 제43조제1항의 무효심판"으로 보며, 「특허법」 제165조제1항 중 "제133조제1항, 제134조제1항·제2항, 제135조 및 제137조제1항"은 "「농수산물 품질관리법」 제43조제1항 및 제44조제1항"으로 보고, 「특허법」 제165조제3항 중 "제132조의17, 제136조 또는 제138조"는 "「농수산물 품질관리법」 제45조"로 보며, 「특허법」 제176조제1항 중 "제132조의17"은 "「농수산물 품질관리법」 제45조"로 본다.(2020.2.18 본항개정)

③ 제1항의 경우 용어는 제41조제3항에 따르고, "특허심판원장"은 "지리적표시심판위원회 위원장"으로, "변리사"는 "대리인"으로 본다.

## 제3절 재심 및 소송

**제51조 【재심의 청구】** ① 심판의 당사자는 심판위원회에서 확정된 심결에 대하여 이의가 있으면 재심을 청구할 수 있다.
② 제1항의 재심청구에 관하여는 「민사소송법」 제451조 및 제453조제1항을 준용한다.

**제52조 【사해심결에 대한 불복청구】** ① 심판의 당사자가 공모하여 제3자의 권리 또는 이익을 침해할 목적으로 심결을 하게 한 경우에 그 제3자는 그 확정된 심결에 대하여 재심을 청구할 수 있다.
② 제1항에 따른 재심청구의 경우에는 심판의 당사자를 공동피청구인으로 한다.

**제53조 【재심에 의하여 회복된 지리적표시권의 효력제한】** 다음 각 호의 어느 하나에 해당하는 경우 지리적표시권의 효력은 해당 심결이 확정된 후 재심청구의 등록 전에 선의로 한 행위에는 미치지 아니한다.
1. 지리적표시권이 무효로 된 후 재심에 의하여 그 효력이 회복된 경우
2. 등록거절에 대한 심판청구가 받아들여지지 아니한다는 심결이 있었던 지리적표시 등록에 대하여 재심에 의하여 지리적표시권의 설정등록이 있는 경우

**제54조 【심결 등에 대한 소송】** ① 심결에 대한 소송은 특허법원의 전속관할로 한다.
② 제1항에 따른 소송은 당사자, 참가인 또는 해당 심판이나 재심에 참가신청을 하였으나 그 신청이 거부된 자만 제기할 수 있다.
③ 제1항에 따른 소송은 심결 또는 결정의 등본을 송달받은 날부터 60일 이내에 제기하여야 한다.
④ 제3항의 기간은 불변기간으로 한다.
⑤ 심판을 청구할 수 있는 사항에 관한 소송은 심결에 대한 것이 아니면 제기할 수 없다.
⑥ 특허법원의 판결에 대하여는 대법원에 상고할 수 있다.

**제55조 【「특허법」 등의 준용】** ① 지리적표시에 관한 재심의 절차 및 재심의 청구에 관하여는 「특허법」 제180조, 제184조 및 「민사소송법」 제459조제1항을 준용한다.
② 지리적표시에 관한 소송에 관하여는 「특허법」 제187조 · 제188조 및 제189조를 준용한다. 이 경우 용어는 제41조제3항 및 제50조제3항에 따르고, 「특허법」 제187조 본문 중 "제186조제1항에 따라 소를 제기하는 경우에는"은 "「농수산물 품질관리법」 제54조에 따라 소송을 제기하는 경우에는"으로 보고, 「특허법」 제187조 단서 중 "제133조제1항, 제134조제1항 · 제2항, 제135조제1항 · 제2항, 제137조제1항 또는 제138조제1항 · 제3항"은 "「농수산물 품질관리법」 제43조제1항 또는 제44조제1항"으로 보며, 「특허법」 제189조제1항 중 "제186조제1항"은 "「농수산물 품질관리법」 제54조제1항"으로 본다.(2016.2.29 후단개정)

## 제4장 유전자변형농수산물의 표시

**제56조 【유전자변형농수산물의 표시】** ① 유전자변형농수산물을 생산하여 출하하는 자, 판매하는 자, 또는 판매할 목적으로 보관 · 진열하는 자는 대통령령으로 정하는 바에 따라 해당 농수산물에 유전자변형농수산물임을 표시하여야 한다.
② 제1항에 따른 유전자변형농수산물의

표시대상품목, 표시기준 및 표시방법 등에 필요한 사항은 대통령령으로 정한다.

**제57조【거짓표시 등의 금지】** 제56조제1항에 따라 유전자변형농수산물의 표시를 하여야 하는 자(이하 "유전자변형농수산물 표시의무자"라 한다)는 다음 각 호의 행위를 하여서는 아니 된다.

1. 유전자변형농수산물의 표시를 거짓으로 하거나 이를 혼동하게 할 우려가 있는 표시를 하는 행위
2. 유전자변형농수산물의 표시를 혼동하게 할 목적으로 그 표시를 손상·변경하는 행위
3. 유전자변형농수산물의 표시를 한 농수산물에 다른 농수산물을 혼합하여 판매하거나 혼합하여 판매할 목적으로 보관 또는 진열하는 행위

**제58조【유전자변형농수산물 표시의 조사】** ① 식품의약품안전처장은 제56조 및 제57조에 따른 유전자변형농수산물의 표시 여부, 표시사항 및 표시방법 등의 적정성과 그 위반 여부를 확인하기 위하여 대통령령으로 정하는 바에 따라 관계 공무원에게 유전자변형표시 대상 농수산물을 수거하거나 조사하게 하여야 한다. 다만, 농수산물의 유통량이 현저하게 증가하는 시기 등 필요할 때에는 수시로 수거하거나 조사하게 할 수 있다.(2013.3.23 본문개정)

② 제1항에 따른 수거 또는 조사에 관하여는 제13조제2항 및 제3항을 준용한다.

③ 제1항에 따라 수거 또는 조사를 하는 관계 공무원에 관하여는 제13조제4항을 준용한다.

**제59조【유전자변형농수산물의 표시위반에 대한 처분】** ① 식품의약품안전처장은 제56조 또는 제57조를 위반한 자에 대하여 다음 각 호의 어느 하나에 해당하는 처분을 할 수 있다.
(2013.3.23 본문개정)

1. 유전자변형농수산물 표시의 이행·변경·삭제 등 시정명령
2. 유전자변형 표시를 위반한 농수산물의 판매 등 거래행위의 금지

② 식품의약품안전처장은 제57조를 위반한 자에게 제1항에 따른 처분을 한 경우에는 처분을 받은 자에게 해당 처분을 받았다는 사실을 공표할 것을 명할 수 있다.(2013.3.23 본항개정)

③ 식품의약품안전처장은 유전자변형농수산물 표시의무자가 제57조를 위반하여 제1항에 따른 처분이 확정된 경우 처분내용, 해당 영업소와 농수산물의 명칭 등 처분과 관련된 사항을 대통령령으로 정하는 바에 따라 인터넷 홈페이지에 공표하여야 한다.
(2013.3.23 본항개정)

④ 제1항에 따른 처분과 제2항에 따른 공표명령 및 제3항에 따른 인터넷 홈페이지 공표의 기준·방법 등에 필요한 사항은 대통령령으로 정한다.

## 제5장 농수산물의 안전성조사 등

**제60조【안전관리계획】** ① 식품의약품안전처장은 농수산물(축산물은 제외한다. 이하 이 장에서 같다)의 품질 향상과 안전한 농수산물의 생산·공급을 위한 안전관리계획을 매년 수립·시행하여야 한다.(2013.3.23 본항개정)

② 시·도지사 및 시장·군수·구청장은 관할 지역에서 생산·유통되는 농수산물의 안전성을 확보하기 위한 세부추진계획을 수립·시행하여야 한다.

③ 제1항에 따른 안전관리계획 및 제2항에 따른 세부추진계획에는 제61조에 따른 안전성조사, 제68조에 따른 위험평가 및 잔류조사, 농어업인에 대한 교육, 그 밖에 총리령으로 정하는 사항을 포함하여야 한다.(2013.3.23 본항개정)

④ (2013.3.23 삭제)

⑤ 식품의약품안전처장은 시·도지사 및 시장·군수·구청장에게 제2항에 따른 세부추진계획 및 그 시행 결과를

제출하게 할 수 있다.(2024.9.20 본항개정)

**제61조【안전성조사】** ① 식품의약품안전처장이나 시·도지사는 농수산물의 안전관리를 위하여 농수산물 또는 농수산물의 생산에 이용·사용하는 농지·어장·용수(用水)·자재 등에 대하여 다음 각 호의 조사(이하 "안전성조사"라 한다)를 하여야 한다.
(2013.3.23 본문개정)

1. 농산물
   가. 생산단계 : 총리령으로 정하는 안전기준에의 적합 여부(2013.3.23 본목개정)
   나. 유통·판매 단계 : 「식품위생법」 등 관계 법령에 따른 유해물질의 잔류허용기준 등의 초과 여부
2. 수산물
   가. 생산단계 : 총리령으로 정하는 안전기준에의 적합 여부(2013.3.23 본목개정)
   나. 저장단계 및 출하되어 거래되기 이전 단계 : 「식품위생법」 등 관계 법령에 따른 잔류허용기준 등의 초과 여부

② 식품의약품안전처장은 제1항제1호가목 및 제2호가목에 따른 생산단계 안전기준을 정할 때에는 관계 중앙행정기관의 장과 협의하여야 한다.
(2013.3.23 본항개정)

③ 안전성조사의 대상품목 선정, 대상지역 및 절차 등에 필요한 세부적인 사항은 총리령으로 정한다.(2013.3.23 본항개정)

**제62조【출입·수거·조사 등】** ① 식품의약품안전처장이나 시·도지사는 안전성조사, 제68조제1항에 따른 위험평가 또는 같은 조 제3항에 따른 잔류조사를 위하여 필요하면 관계 공무원에게 농수산물 생산시설(생산·저장소, 생산에 이용·사용되는 자재창고, 사무소, 판매소, 그 밖에 이와 유사한 장소를 말한다)에 출입하여 다음 각 호의 시료 수거 및 조사 등을 하게 할 수 있다. 이 경우 무상으로 시료 수거를 하게 할 수 있다.(2022.2.3 전단개정)

1. 농수산물과 농수산물의 생산에 이용·사용되는 토양·용수·자재 등의 시료 수거 및 조사
2. 해당 농수산물을 생산, 저장, 운반 또는 판매(농산물만 해당한다)하는 자의 관계 장부나 서류의 열람

② 제1항에 따른 출입·수거·조사 또는 열람을 하고자 할 때는 미리 조사 등의 목적, 기간과 장소, 관계 공무원 성명과 직위, 범위와 내용 등을 조사 등의 대상자에게 알려야 한다. 다만, 긴급한 경우 또는 미리 알리면 증거인멸 등으로 조사 등의 목적을 달성할 수 없다고 판단되는 경우에는 현장에서 본문의 사항 등이 기재된 서류를 조사 등의 대상자에게 제시하여야 한다.
(2022.2.3 본항개정)

③ 제1항에 따라 출입·수거·조사 또는 열람을 하는 관계 공무원은 그 권한을 나타내는 증표를 지니고 이를 조사 등의 대상자에게 내보여야 한다.
(2022.2.3 본항개정)

④ 농수산물을 생산, 저장, 운반 또는 판매하는 자는 제1항에 따른 출입·수거·조사 또는 열람을 거부·방해하거나 기피하여서는 아니 된다.(2022.2.3 본항신설)
(2022.2.3 본조제목개정)

**제63조【안전성조사 결과에 따른 조치】** ① 식품의약품안전처장이나 시·도지사는 생산과정에 있는 농수산물 또는 농수산물의 생산을 위하여 이용·사용하는 농지·어장·용수·자재 등에 대하여 안전성조사를 한 결과 생산단계 안전기준을 위반하였거나 유해물질에 오염되어 인체의 건강을 해칠 우려가 있는 경우에는 해당 농수산물을 생산한 자 또는 소유한 자에게 다음 각 호의 조치를 하게 할 수 있다.
(2022.2.3 본문개정)

1. 해당 농수산물의 폐기, 용도 전환, 출하 연기 등의 처리
2. 해당 농수산물의 생산에 이용·사용한 농지·어장·용수·자재 등의 개량 또는 이용·사용의 금지
2의2. 해당 양식장의 수산물에 대한 일시적 출하 정지 등의 처리(2022.2.3 본호신설)
3. 그 밖에 총리령으로 정하는 조치(2013.3.23 본호개정)

② 식품의약품안전처장이나 시·도지사는 제1항제1호에 해당하여 폐기 조치를 이행하여야 하는 생산자 또는 소유자가 그 조치를 이행하지 아니하는 경우에는 「행정대집행법」에 따라 대집행을 하고 그 비용을 생산자 또는 소유자로부터 징수할 수 있다.(2022.2.3 본항신설)

③ 제1항에도 불구하고 식품의약품안전처장이나 시·도지사가 「광산피해의 방지 및 복구에 관한 법률」 제2조제1호에 따른 광산피해로 인하여 불가항력적으로 제1항의 생산단계 안전기준을 위반하게 된 것으로 인정하는 경우에는 시·도지사 또는 시장·군수·구청장이 해당 농수산물을 수매하여 폐기할 수 있다.(2021.12.21 본항신설)

④ 식품의약품안전처장이나 시·도지사는 유통 또는 판매 중인 농산물 및 저장 중이거나 출하되어 거래되기 전의 수산물에 대하여 안전성조사를 한 결과 「식품위생법」 등에 따른 유해물질의 잔류허용기준 등을 위반한 사실이 확인될 경우 해당 행정기관에 그 사실을 알려 적절한 조치를 할 수 있도록 하여야 한다.(2013.3.23 본항개정)

**제64조 【안전성검사기관의 지정 등】** ① 식품의약품안전처장은 안전성조사 업무의 일부와 시험분석 업무를 전문적·효율적으로 수행하기 위하여 안전성검사기관을 지정하고 안전성조사와 시험분석 업무를 대행하게 할 수 있다.

② 제1항에 따라 안전성검사기관으로 지정받으려는 자는 안전성조사와 시험분석에 필요한 시설과 인력을 갖추어 식품의약품안전처장에게 신청하여야 한다. 다만, 제65조에 따라 안전성검사기관 지정이 취소된 후 2년이 지나지 아니하면 안전성검사기관 지정을 신청할 수 없다.

③ 제1항에 따라 지정을 받은 안전성검사기관은 지정받은 사항 중 업무 범위의 변경 등 총리령으로 정하는 중요한 사항을 변경하고자 하는 때에는 미리 식품의약품안전처장의 승인을 받아야 한다. 다만, 총리령으로 정하는 경미한 사항을 변경할 때에는 변경사항 발생일부터 1개월 이내에 식품의약품안전처장에게 신고하여야 한다.
(2018.6.12 본항신설)

④ 제1항에 따른 안전성검사기관 지정의 유효기간은 지정받은 날부터 3년으로 한다. 다만, 식품의약품안전처장은 1년을 초과하지 아니하는 범위에서 한 차례만 유효기간을 연장할 수 있다.
(2018.6.12 본항신설)

⑤ 제4항 단서에 따라 지정의 유효기간을 연장받으려는 자는 총리령으로 정하는 바에 따라 식품의약품안전처장에게 연장 신청을 하여야 한다.
(2018.6.12 본항신설)

⑥ 제4항 및 제5항에 따른 지정의 유효기간이 만료된 후에도 계속하여 해당 업무를 하려는 자는 유효기간이 만료되기 전까지 다시 제1항에 따른 지정을 받아야 한다.(2018.6.12 본항신설)

⑦ 제1항 및 제2항에 따른 안전성검사기관의 지정 기준·절차, 업무 범위, 제3항에 따른 변경의 절차 및 제6항에 따른 재지정 기준·절차 등에 필요한 사항은 총리령으로 정한다.(2018.6.12 본항개정)
(2018.6.12 본조제목개정)
(2013.3.23 본조개정)

**제65조 【안전성검사기관의 지정 취소 등】** ① 식품의약품안전처장은 제64조제1항에 따른 안전성검사기관이 다음 각 호의 어느 하나에 해당하면 지정을

취소하거나 6개월 이내의 기간을 정하여 업무의 정지를 명할 수 있다. 다만, 제1호 또는 제2호에 해당하면 지정을 취소하여야 한다.(2013.3.23 본문개정)
1. 거짓이나 그 밖의 부정한 방법으로 지정을 받은 경우
2. 업무의 정지명령을 위반하여 계속 안전성조사 및 시험분석 업무를 한 경우
3. 검사성적서를 거짓으로 내준 경우
4. 그 밖에 총리령으로 정하는 안전성 검사에 관한 규정을 위반한 경우
(2013.3.23 본호개정)

② 제1항에 따른 지정 취소 등의 세부 기준은 총리령으로 정한다.(2013.3.23 본항개정)

**제66조【농수산물안전에 관한 교육 등】** ① 식품의약품안전처장이나 시·도지사 또는 시장·군수·구청장은 안전한 농수산물의 생산과 건전한 소비활동을 위하여 필요한 사항을 생산자, 유통종사자, 소비자 및 관계 공무원 등에게 교육·홍보하여야 한다.
(2022.2.3 본항개정)

② 식품의약품안전처장은 생산자·유통종사자·소비자에 대한 교육·홍보를 제3조제4항제2호에 따른 단체·기관 및 같은 항 제3호에 따른 시민단체(안전한 농수산물의 생산과 건전한 소비활동과 관련된 시민단체로 한정한다)에 위탁할 수 있다. 이 경우 교육·홍보에 필요한 경비를 예산의 범위에서 지원할 수 있다.
(2013.3.23 본조개정)

**제67조【분석방법 등 기술의 연구개발 및 보급】** 식품의약품안전처장이나 시·도지사는 농수산물의 안전관리를 향상시키고 국내외에서 농수산물에 함유된 것으로 알려진 유해물질의 신속한 안전성조사를 위하여 안전성 분석방법 등 기술의 연구개발과 보급에 관한 시책을 마련하여야 한다.
(2013.3.23 본조개정)

**제68조【농수산물의 위험평가 등】** ① 식품의약품안전처장은 농수산물의 효율적인 안전관리를 위하여 다음 각 호의 식품안전 관련 기관에 농수산물 또는 농수산물의 생산에 이용·사용하는 농지·어장·용수·자재 등에 잔류하는 유해물질에 의한 위험을 평가하여 줄 것을 요청할 수 있다.(2018.6.12 본문개정)
1. 농촌진흥청
2. 산림청
3. 국립수산과학원(2018.6.12 본호신설)
4. 「과학기술분야 정부출연연구기관 등의 설립·운영 및 육성에 관한 법률」에 따른 한국식품연구원
5. 「한국보건산업진흥원법」에 따른 한국보건산업진흥원
6. 대학의 연구기관
7. 그 밖에 식품의약품안전처장이 필요하다고 인정하는 연구기관
(2013.3.23 본호개정)

② 식품의약품안전처장은 제1항에 따른 위험평가의 요청 사실과 평가 결과를 공표하여야 한다.(2013.3.23 본항개정)

③ 식품의약품안전처장은 농수산물의 과학적인 안전관리를 위하여 농수산물에 잔류하는 유해물질의 실태를 조사(이하 "잔류조사"라 한다) 할 수 있다.
(2018.6.12 본항개정)

④ 제2항에 따른 위험평가의 요청과 결과의 공표에 관한 사항은 대통령령으로 정하고, 잔류조사의 방법 및 절차 등 잔류조사에 관한 세부사항은 총리령으로 정한다.(2013.3.23 본항개정)
(2018.6.12 본조제목개정)

## 제6장 지정해역의 지정 및 생산·가공시설의 등록·관리

**제69조【위생관리기준】** ① 해양수산

부장관은 외국과의 협약을 이행하거나 외국의 일정한 위생관리기준을 지키도록 하기 위하여 수출을 목적으로 하는 수산물의 생산·가공시설 및 수산물을 생산하는 해역의 위생관리기준을 정하여 고시한다.(2020.2.18 본항개정)

② 해양수산부장관은 국내에서 생산되어 소비되는 수산물의 품질 향상과 안전성 확보를 위하여 수산물의 생산·가공시설(「식품위생법」 또는 「식품산업진흥법」에 따라 허가받거나 신고 또는 등록하여야 하는 시설은 제외한다) 및 수산물을 생산하는 해역의 위생관리기준을 정하여 고시한다.(2020.2.18 본항신설)

③ 해양수산부장관, 시·도지사 및 시장·군수·구청장은 수산물의 생산·가공시설을 운영하는 자 등에게 제2항에 따른 위생관리기준의 준수를 권장할 수 있다.(2020.2.18 본항신설)

**제70조【위해요소중점관리기준】** ① 해양수산부장관은 외국과의 협약에 규정되어 있거나 수출 상대국에서 정하여 요청하는 경우에는 수출을 목적으로 하는 수산물 및 수산가공품에 유해물질이 섞여 들어오거나 남아 있는 것 또는 수산물 및 수산가공품이 오염되는 것을 방지하기 위하여 생산·가공 등 각 단계를 중점적으로 관리하는 위해요소중점관리기준을 정하여 고시한다.

② 해양수산부장관은 국내에서 생산되는 수산물의 품질 향상과 안전한 생산·공급을 위하여 생산단계, 저장단계(생산자가 저장하는 경우만 해당한다. 이하 같다) 및 출하되어 거래되기 이전 단계의 과정에서 유해물질이 섞여 들어오거나 남아 있는 것 또는 수산물이 오염되는 것을 방지하는 것을 목적으로 하는 위해요소중점관리기준을 정하여 고시한다.

③ 해양수산부장관은 제74조제1항에 따라 등록한 생산·가공시설등을 운영하는 자에게 제1항 및 제2항에 따른 위해요소중점관리기준을 준수하도록 할 수 있다.

④ 해양수산부장관은 제1항 및 제2항에 따른 위해요소중점관리기준을 이행하는 자에게 해양수산부령으로 정하는 바에 따라 그 이행 사실을 증명하는 서류를 발급할 수 있다.

⑤ 해양수산부장관은 제1항 및 제2항에 따른 위해요소중점관리기준이 효과적으로 준수되도록 하기 위하여 제74조제1항에 따라 등록을 한 자(그 종업원을 포함한다)와 같은 항에 따라 등록을 하려는 자(그 종업원을 포함한다)에게 위해요소중점관리기준의 이행에 필요한 기술·정보를 제공하거나 교육훈련을 실시할 수 있다.

(2013.3.23 본조개정)

**제71조【지정해역의 지정】** ① 해양수산부장관은 제69조제1항에 따른 위생관리기준(이하 "위생관리기준"이라 한다)에 맞는 해역을 지정해역으로 지정하여 고시할 수 있다.(2020.2.18 본항개정)

② 제1항에 따른 지정해역(이하 "지정해역"이라 한다)의 지정절차 등에 필요한 사항은 해양수산부령으로 정한다.

(2013.3.23 본조개정)

**제72조【지정해역 위생관리종합대책】**

① 해양수산부장관은 지정해역의 보존·관리를 위한 지정해역 위생관리종합대책(이하 "종합대책"이라 한다)을 수립·시행하여야 한다.(2013.3.23 본항개정)

② 종합대책에는 다음 각 호의 사항이 포함되어야 한다.

1. 지정해역의 보존 및 관리(오염 방지에 관한 사항을 포함한다. 이하 이 조에서 같다)에 관한 기본방향
2. 지정해역의 보존 및 관리를 위한 구체적인 추진 대책
3. 그 밖에 해양수산부장관이 지정해역의 보존 및 관리에 필요하다고 인정하는 사항(2013.3.23 본호개정)

③ 해양수산부장관은 종합대책을 수립하기 위하여 필요하면 다음 각 호의 자(이하 "관계 기관의 장"이라 한다)의 의견을 들을 수 있다. 이 경우 해양수산부장관은 관계 기관의 장에게 필요한 자료의 제출을 요청할 수 있다.
(2013.3.23 본항개정)
1. 해양수산부 소속 기관의 장
(2013.3.23 본호개정)
2. 지정해역을 관할하는 지방자치단체의 장
3. 「수산업협동조합법」에 따른 조합 및 중앙회의 장

④ 해양수산부장관은 종합대책이 수립되면 관계 기관의 장에게 통보하여야 한다.(2013.3.23 본항개정)

⑤ 해양수산부장관은 제4항에 따라 통보한 종합대책을 시행하기 위하여 필요하다고 인정하면 관계 기관의 장에게 필요한 조치를 요청할 수 있다. 이 경우 관계 기관의 장은 특별한 사유가 없으면 그 요청에 따라야 한다.
(2013.3.23 전단개정)

**제73조【지정해역 및 주변해역에서의 제한 또는 금지】** ① 누구든지 지정해역 및 지정해역으로부터 1킬로미터 이내에 있는 해역(이하 "주변해역"이라 한다)에서 다음 각 호의 어느 하나에 해당하는 행위를 하여서는 아니 된다.
1. 「해양환경관리법」 제22조제1항제1호부터 제3호까지 및 같은 조 제2항에도 불구하고 같은 법 제2조제11호에 따른 오염물질을 배출하는 행위
2. 「양식산업발전법」 제10조제1항제3호에 따른 어류등양식업(이하 "양식업"이라 한다)을 하기 위하여 설치한 양식어장의 시설(이하 "양식시설"이라 한다)에서 「해양환경관리법」 제2조제11호에 따른 오염물질을 배출하는 행위(2019.8.27 본호개정)
3. 양식업을 하기 위하여 설치한 양식시설에서 「가축분뇨의 관리 및 이용에 관한 법률」 제2조제1호에 따른 가축(개와 고양이를 포함한다. 이하 같다)을 사육(가축을 내버려두는 경우를 포함한다. 이하 같다)하는 행위
(2020.2.18 본호개정)

② 해양수산부장관은 지정해역에서 생산되는 수산물의 오염을 방지하기 위하여 양식업의 양식업권자(「양식산업발전법」 제30조에 따라 인가를 받아 양식업권의 이전·분할 또는 변경을 받은 자와 양식시설의 관리를 책임지고 있는 자를 포함한다)가 지정해역 및 주변해역 안의 해당 양식시설에서 「약사법」 제85조에 따른 동물용 의약품을 사용하는 행위를 제한하거나 금지할 수 있다. 다만, 지정해역 및 주변해역에서 수산물의 질병 또는 전염병이 발생한 경우로서 「수산생물질병 관리법」 제2조제13호에 따른 수산질병관리사나 「수의사법」 제2조제1호에 따른 수의사의 진료에 따라 동물용 의약품을 사용하는 경우에는 예외로 한다.
(2019.8.27 본문개정)

③ 해양수산부장관은 제2항에 따라 동물용 의약품을 사용하는 행위를 제한하거나 금지하려면 지정해역에서 생산되는 수산물의 출하가 집중적으로 이루어지는 시기를 고려하여 3개월을 넘지 아니하는 범위에서 그 기간을 지정해역(주변해역을 포함한다)별로 정하여 고시하여야 한다.(2013.3.23 본항개정)

**제74조【생산·가공시설등의 등록 등】** ① 위생관리기준에 맞는 수산물의 생산·가공시설과 제70조제1항 또는 제2항에 따른 위해요소중점관리기준을 이행하는 시설(이하 "생산·가공시설등"이라 한다)을 운영하는 자는 생산·가공시설등을 해양수산부장관에게 등록할 수 있다.(2013.3.23 본항개정)

② 제1항에 따라 등록을 한 자(이하 "생산·가공업자등"이라 한다)는 그 생산·가공시설등에서 생산·가공·출하하는 수산물·수산물가공품이나 그 포장에 위생관리기준에 맞는다는 사실 또

는 제70조제1항 및 제2항에 따른 위해요소중점관리기준을 이행한다는 사실을 표시하거나 그 사실을 광고할 수 있다.

③ 생산·가공업자등은 대통령령으로 정하는 사항을 변경하려면 해양수산부장관에게 신고하여야 한다.(2013.3.23 본항개정)

④ 제3항에 따른 신고가 신고서의 기재사항 및 첨부서류에 흠이 없고, 법령등에 규정된 형식상의 요건을 충족하는 경우에는 신고서가 접수기관에 도달된 때에 신고 의무가 이행된 것으로 본다.(2019.1.15 본항신설)

⑤ 생산·가공시설등의 등록절차, 등록방법, 변경신고절차 등에 필요한 사항은 해양수산부령으로 정한다.
(2013.3.23 본항개정)

**제75조【위생관리에 관한 사항 등의 보고】** ① 해양수산부장관은 생산·가공업자등으로 하여금 생산·가공시설등의 위생관리에 관한 사항을 보고하게 할 수 있다.

② 해양수산부장관은 제115조에 따라 권한을 위임받거나 위탁받은 기관의 장으로 하여금 지정해역의 위생조사에 관한 사항과 검사의 실시에 관한 사항을 보고하게 할 수 있다.

③ 제1항 및 제2항에 따른 보고의 절차 등에 필요한 사항은 해양수산부령으로 정한다.
(2013.3.23 본조개정)

**제76조【조사·점검】** ① 해양수산부장관은 지정해역으로 지정하기 위한 해역과 지정해역으로 지정된 해역이 위생관리기준에 맞는지를 조사·점검하여야 한다.(2013.3.23 본항개정)

② 해양수산부장관은 생산·가공시설등이 위생관리기준과 제70조제1항 또는 제2항에 따른 위해요소중점관리기준에 맞는지를 조사·점검하여야 한다. 이 경우 그 조사·점검의 주기는 대통령령으로 정한다.(2013.3.23 전단개정)

③ 해양수산부장관은 생산·가공업자등이 「부가가치세법」 제8조에 따라 관할 세무서장에게 휴업 또는 폐업 신고를 한 경우 제2항에 따른 조사·점검 대상에서 제외한다. 이 경우 해양수산부장관은 관할 세무서장에게 생산·가공업자등의 휴업 또는 폐업 여부에 관한 정보의 제공을 요청할 수 있으며, 요청을 받은 관할 세무서장은 「전자정부법」 제36조제1항에 따라 생산·가공업자등의 휴업 또는 폐업 여부에 관한 정보를 제공하여야 한다.
(2019.1.15 본항신설)

④ 해양수산부장관은 다음 각 호의 어느 하나에 해당하는 사항을 위하여 필요한 경우에는 관계 공무원에게 해당 영업장소, 사무소, 창고, 선박, 양식시설 등에 출입하여 관계 장부 또는 서류의 열람, 시설·장비 등에 대한 점검을 하거나 필요한 최소량의 시료를 수거하게 할 수 있다.(2013.3.23 본문개정)

1. 제1항 및 제2항에 따른 조사·점검
2. 제73조에 따른 오염물질의 배출, 가축의 사육행위 및 동물용 의약품의 사용 여부의 확인·조사

⑤ 제4항에 따른 열람·점검 또는 수거에 관하여는 제13조제2항 및 제3항을 준용한다.(2019.1.15 본항개정)

⑥ 제4항에 따라 열람·점검 또는 수거를 하는 관계 공무원에 관하여는 제13조제4항을 준용한다.(2019.1.15 본항개정)

⑦ 해양수산부장관은 생산·가공시설등이 다음 각 호의 요건을 모두 갖춘 경우 생산·가공업자등의 요청에 따라 해당 관계 행정기관의 장에게 공동으로 조사·점검할 것을 요청할 수 있다.
(2013.3.23 본문개정)

1. 「식품위생법」 및 「축산물위생관리법」 등 식품 관련 법령의 조사·점검 대상이 되는 경우
2. 유사한 목적으로 6개월 이내에 2회 이상 조사·점검의 대상이 되는 경우. 다만, 외국과의 협약사항 또는 시정

조치의 이행 여부를 조사·점검하는 경우와 위법사항에 대한 신고·제보를 받거나 그에 대한 정보를 입수하여 조사·점검하는 경우는 제외한다.

⑧ 제4항부터 제6항까지에서 규정된 사항 외에 제1항과 제2항에 따른 조사·점검의 절차와 방법 등에 필요한 사항은 해양수산부령으로 정하고, 제7항에 따른 공동 조사·점검의 요청방법 등에 필요한 사항은 대통령령으로 정한다.(2019.1.15 본항개정)

**제77조【지정해역에서의 생산제한 및 지정해제】** 해양수산부장관은 지정해역이 위생관리기준에 맞지 아니하게 되면 대통령령으로 정하는 바에 따라 지정해역에서의 수산물 생산을 제한하거나 지정해역의 지정을 해제할 수 있다.
(2013.3.23 본조개정)

**제78조【생산·가공의 중지 등】** ① 해양수산부장관은 생산·가공시설등이나 생산·가공업자등이 다음 각 호의 어느 하나에 해당하면 대통령령으로 정하는 바에 따라 생산·가공·출하·운반의 시정·제한·중지 명령, 생산·가공시설등의 개선·보수 명령 또는 등록취소를 할 수 있다. 다만, 제1호에 해당하면 그 등록을 취소하여야 한다.
(2013.3.23 본문개정)

1. 거짓이나 그 밖의 부정한 방법으로 제74조에 따른 등록을 한 경우
2. 위생관리기준에 맞지 아니한 경우
3. 제70조제1항 및 제2항에 따른 위해요소중점관리기준을 이행하지 아니하거나 불성실하게 이행하는 경우
4. 제76조제2항 및 제4항제1호(제2항에 해당하는 부분에 한정한다)에 따른 조사·점검 등을 거부·방해 또는 기피하는 경우(2019.1.15 본호개정)
5. 생산·가공시설등에서 생산된 수산물 및 수산가공품에서 유해물질이 검출된 경우
6. 생산·가공·출하·운반의 시정·제한·중지 명령이나 생산·가공시설등의 개선·보수 명령을 받고 그 명령에 따르지 아니하는 경우
7. 생산·가공업자등이 「부가가치세법」 제8조에 따라 관할 세무서장에게 폐업신고를 하거나 관할 세무서장이 사업자등록을 말소한 경우
(2019.1.15 본호신설)

② 해양수산부장관은 제1항에 따른 등록취소를 위하여 필요한 경우 관할 세무서장에게 생산·가공업자등의 폐업 또는 사업자등록 말소 여부에 대한 정보 제공을 요청할 수 있다. 이 경우 요청을 받은 관할 세무서장은 「전자정부법」 제36조제1항에 따라 생산·가공업자등의 폐업 또는 사업자등록 말소 여부에 대한 정보를 제공하여야 한다.
(2019.1.15 본항신설)

## 제7장 농수산물 등의 검사 및 검정

### 제1절 농산물의 검사

**제79조【농산물의 검사】** ① 정부가 수매하거나 수출 또는 수입하는 농산물 등 대통령령으로 정하는 농산물(축산물은 제외한다. 이하 이 절에서 같다)은 공정한 유통질서를 확립하고 소비자를 보호하기 위하여 농림축산식품부장관이 정하는 기준에 맞는지 등에 관하여 농림축산식품부장관의 검사를 받아야 한다. 다만, 누에씨 및 누에고치의 경우에는 시·도지사의 검사를 받아야 한다.

② 제1항에 따라 검사를 받은 농산물의 포장·용기나 내용물을 바꾸려면 다시 농림축산식품부장관의 검사를 받아야 한다.

③ 제1항 및 제2항에 따른 농산물 검사의 항목·기준·방법 및 신청절차 등에 필요한 사항은 농림축산식품부령으로 정한다.
(2013.3.23 본조개정)

**제80조 【농산물검사기관의 지정 등】** ① 농림축산식품부장관은 농산물의 생산자단체나 「공공기관의 운영에 관한 법률」 제4조에 따른 공공기관(이하 "공공기관"이라 한다) 또는 농업 관련 법인 등을 농산물검사기관으로 지정하여 제79조제1항에 따른 검사를 대행하게 할 수 있다.
② 제1항에 따른 농산물검사기관으로 지정받으려는 자는 검사에 필요한 시설과 인력을 갖추어 농림축산식품부장관에게 신청하여야 한다.
③ 제1항에 따른 농산물검사기관의 지정기준, 지정절차 및 검사 업무의 범위 등에 필요한 사항은 농림축산식품부령으로 정한다.
(2013.3.23 본조개정)

**제81조 【농산물검사기관의 지정 취소 등】** ① 농림축산식품부장관은 제80조에 따른 농산물검사기관이 다음 각 호의 어느 하나에 해당하면 그 지정을 취소하거나 6개월 이내의 기간을 정하여 검사 업무의 전부 또는 일부의 정지를 명할 수 있다. 다만, 제1호 또는 제2호에 해당하면 그 지정을 취소하여야 한다.(2013.3.23 본문개정)
1. 거짓이나 그 밖의 부정한 방법으로 지정을 받은 경우
2. 업무정지 기간 중에 검사 업무를 한 경우
3. 제80조제3항에 따른 지정기준에 맞지 아니하게 된 경우
4. 검사를 거짓으로 하거나 성실하게 하지 아니한 경우
5. 정당한 사유 없이 지정된 검사를 하지 아니한 경우

② 제1항에 따른 지정 취소 등의 세부 기준은 그 위반행위의 유형 및 위반 정도 등을 고려하여 농림축산식품부령으로 정한다.(2013.3.23 본항개정)

**제82조 【농산물검사관의 자격 등】** ① 제79조에 따른 검사나 제85조에 따른 재검사(이의신청에 따른 재검사를 포함한다. 이하 같다) 업무를 담당하는 사람(이하 "농산물검사관"이라 한다)은 다음 각 호의 어느 하나에 해당하는 사람으로서 국립농산물품질관리원장(누에씨 및 누에고치 농산물검사관의 경우에는 시·도지사를 말한다. 이하 이 조, 제83조제1항 및 제114조제2항에서 같다)이 실시하는 전형시험에 합격한 사람으로 한다. 다만, 대통령령으로 정하는 농산물 검사 관련 자격 또는 학위를 갖고 있는 사람에 대하여는 대통령령으로 정하는 바에 따라 전형시험의 전부 또는 일부를 면제할 수 있다.
1. 농산물 검사 관련 업무에 6개월 이상 종사한 공무원
2. 농산물 검사 관련 업무에 1년 이상 종사한 사람
3. 제105조에 따른 농산물품질관리사 자격을 취득한 사람으로서 해당 자격을 취득한 후 1년 이상 농산물품질관리사의 직무를 수행한 사람
(2019.8.27 본호신설)

② 농산물검사관의 자격은 곡류, 특작(特作)·서류(薯類), 과실·채소류, 잠사류(蠶絲類) 등의 구분에 따라 부여한다.(2014.3.24 본항개정)
③ 제83조에 따라 농산물검사관의 자격이 취소된 사람은 자격이 취소된 날부터 1년이 지나지 아니하면 제1항에 따른 전형시험에 응시하거나 농산물검사관의 자격을 취득할 수 없다.
④ 국립농산물품질관리원장은 농산물검사관의 검사기술과 자질을 향상시키기 위하여 교육을 실시할 수 있다.
⑤ 국립농산물품질관리원장은 제1항에 따른 전형시험의 출제 및 채점 등을 위하여 시험위원을 임명·위촉할 수 있다. 이 경우 시험위원에게는 예산의 범위에서 수당을 지급할 수 있다.
⑥ 제1항부터 제4항까지의 규정에 따른 농산물검사관의 전형시험의 구분·방법, 합격자의 결정, 농산물검사관의 교육 등에 필요한 세부사항은 농림축산식품부령으로 정한다.(2013.3.23 본항개정)

⑦ 농산물검사관은 다른 사람에게 그 명의를 사용하게 하거나 다른 사람에게 그 자격증을 대여해서는 아니 된다.(2019.12.10 본항신설)

⑧ 누구든지 농산물검사관의 자격을 취득하지 아니하고 그 명의를 사용하거나 자격증을 대여받아서는 아니 되며, 명의의 사용이나 자격증의 대여를 알선해서도 아니 된다.(2019.12.10 본항신설)

**제83조 【농산물검사관의 자격취소 등】** ① 국립농산물품질관리원장은 농산물검사관에게 다음 각 호의 어느 하나에 해당하는 사유가 발생하면 그 자격을 취소하거나 6개월 이내의 기간을 정하여 자격의 정지를 명할 수 있다. 다만, 제3호 및 제4호의 경우에는 자격을 취소하여야 한다.(2019.12.10 단서신설)

1. 거짓이나 그 밖의 부정한 방법으로 검사나 재검사를 한 경우
2. 이 법 또는 이 법에 따른 명령을 위반하여 현저히 부적격한 검사 또는 재검사를 하여 정부나 농산물검사기관의 공신력을 크게 떨어뜨린 경우
3. 제82조제7항을 위반하여 다른 사람에게 그 명의를 사용하게 하거나 자격증을 대여한 경우(2019.12.10 본호신설)
4. 제82조제8항을 위반하여 명의의 사용이나 자격증의 대여를 알선한 경우(2019.12.10 본호신설)

② 제1항에 따른 자격 취소 및 정지에 필요한 세부사항은 농림축산식품부령으로 정한다.(2013.3.23 본항개정)

**제84조 【검사증명서의 발급 등】** 농산물검사관이 제79조제1항에 따른 검사를 하였을 때에는 농림축산식품부령으로 정하는 바에 따라 해당 농산물의 포장·용기 등이나 꼬리표에 검사날짜, 등급 등의 검사 결과를 표시하거나 검사를 받은 자에게 검사증명서를 발급하여야 한다.(2013.3.23 본조개정)

**제85조 【재검사 등】** ① 제79조제1항에 따른 농산물의 검사 결과에 대하여 이의가 있는 자는 검사현장에서 검사를 실시한 농산물검사관에게 재검사를 요구할 수 있다. 이 경우 농산물검사관은 즉시 재검사를 하고 그 결과를 알려주어야 한다.

② 제1항에 따른 재검사의 결과에 이의가 있는 자는 재검사일부터 7일 이내에 농산물검사관이 소속된 농산물검사기관의 장에게 이의신청을 할 수 있으며, 이의신청을 받은 기관의 장은 그 신청을 받은 날부터 5일 이내에 다시 검사하여 그 결과를 이의신청자에게 알려야 한다.

③ 제1항 또는 제2항에 따른 재검사 결과가 제79조제1항에 따른 검사 결과와 다른 경우에는 제84조를 준용하여 해당 검사결과의 표시를 교체하거나 검사증명서를 새로 발급하여야 한다.

**제86조 【검사판정의 실효】** 제79조제1항에 따라 검사를 받은 농산물이 다음 각 호의 어느 하나에 해당하면 검사판정의 효력이 상실된다.

1. 농림축산식품부령으로 정하는 검사유효기간이 지난 경우(2013.3.23 본호개정)
2. 제84조에 따른 검사 결과의 표시가 없어지거나 명확하지 아니하게 된 경우

**제87조 【검사판정의 취소】** 농림축산식품부장관은 제79조에 따른 검사나 제85조에 따른 재검사를 받은 농산물이 다음 각 호의 어느 하나에 해당하면 검사판정을 취소할 수 있다. 다만, 제1호에 해당하면 검사판정을 취소하여야 한다.(2013.3.23 본문개정)

1. 거짓이나 그 밖의 부정한 방법으로 검사를 받은 사실이 확인된 경우
2. 검사 또는 재검사 결과의 표시 또는 검사증명서를 위조하거나 변조한 사실이 확인된 경우
3. 검사 또는 재검사를 받은 농산물의 포장이나 내용물을 바꾼 사실이 확인된 경우

## 제2절 수산물 및 수산가공품의 검사

**제88조【수산물 등에 대한 검사】** ① 다음 각 호의 어느 하나에 해당하는 수산물 및 수산가공품은 품질 및 규격이 맞는지와 유해물질이 섞여 들어오는지 등에 관하여 해양수산부장관의 검사를 받아야 한다.(2013.3.23 본문개정)

1. 정부에서 수매·비축하는 수산물 및 수산가공품
2. 외국과의 협약이나 수출 상대국의 요청에 따라 검사가 필요한 경우로서 해양수산부장관이 정하여 고시하는 수산물 및 수산가공품(2013.3.23 본호개정)

② 해양수산부장관은 제1항 외의 수산물 및 수산가공품에 대한 검사 신청이 있는 경우 검사를 하여야 한다. 다만, 검사기준이 없는 경우 등 해양수산부령으로 정하는 경우에는 그러하지 아니한다.(2013.3.23 본항개정)

③ 제1항이나 제2항에 따라 검사를 받은 수산물 또는 수산가공품의 포장·용기나 내용물을 바꾸려면 다시 해양수산부장관의 검사를 받아야 한다.
(2013.3.23 본항개정)

④ 해양수산부장관은 제1항부터 제3항까지의 규정에도 불구하고 다음 각 호의 어느 하나에 해당하는 경우에는 검사의 일부를 생략할 수 있다.
(2013.3.23 본문개정)

1. 지정해역에서 위생관리기준에 맞게 생산·가공된 수산물 및 수산가공품
2. 제74조제1항에 따라 등록한 생산·가공시설등에서 위생관리기준 또는 위해요소중점관리기준에 맞게 생산·가공된 수산물 및 수산가공품
3. 다음 각 목의 어느 하나에 해당하는 어선으로 해외수역에서 포획하거나 채취하여 현지에서 직접 수출하는 수산물 및 수산가공품(외국과의 협약을 이행하여야 하거나 외국의 일정한 위생관리기준·위해요소중점관리기준을 준수하여야 하는 경우는 제외한다)
   가. 「원양산업발전법」 제6조제1항에 따른 원양어업허가를 받은 어선
   나. 「수산식품산업의 육성 및 지원에 관한 법률」 제16조에 따라 수산물가공업(대통령령으로 정하는 업종에 한정한다)을 신고한 자가 직접 운영하는 어선(2020.2.18 본목개정)
4. 검사의 일부를 생략하여도 검사목적을 달성할 수 있는 경우로서 대통령령으로 정하는 경우

⑤ 제1항부터 제3항까지의 규정에 따른 검사의 종류와 대상, 검사의 기준·절차 및 방법, 제4항에 따라 검사의 일부를 생략하는 경우 그 절차 및 방법 등은 해양수산부령으로 정한다.
(2013.3.23 본항개정)

**제89조【수산물검사기관의 지정 등】** ① 해양수산부장관은 제88조에 따른 검사 업무나 제96조에 따른 재검사 업무를 수행할 수 있는 생산자단체 또는 「과학기술분야 정부출연연구기관 등의 설립·운영 및 육성에 관한 법률」에 따라 설립된 식품위생 관련 기관을 수산물검사기관으로 지정하여 검사 또는 재검사 업무를 대행하게 할 수 있다.

② 제1항에 따른 수산물검사기관으로 지정받으려는 자는 검사에 필요한 시설과 인력을 갖추어 해양수산부장관에게 신청하여야 한다.

③ 제1항에 따른 수산물검사기관의 지정기준, 지정절차 및 검사 업무의 범위 등에 필요한 사항은 해양수산부령으로 정한다.

(2013.3.23 본조개정)

**제90조【수산물검사기관의 지정 취소 등】** ① 해양수산부장관은 제89조에 따른 수산물검사기관이 다음 각 호의 어느 하나에 해당하면 그 지정을 취소하거나 6개월 이내의 기간을 정하여 검사 업무의 전부 또는 일부의 정지를 명할 수 있다. 다만, 제1호 또는 제2호에

해당하면 그 지정을 취소하여야 한다.(2013.3.23 본문개정)

1. 거짓이나 그 밖의 부정한 방법으로 지정받은 경우
2. 업무정지 기간 중에 검사 업무를 한 경우
3. 제89조제3항에 따른 지정기준에 미치지 못하게 된 경우
4. 검사를 거짓으로 하거나 성실하지 아니하게 한 경우
5. 정당한 사유 없이 지정된 검사를 하지 아니하는 경우

② 제1항에 따른 지정 취소 등의 세부기준은 그 위반행위의 유형 및 위반 정도 등을 고려하여 해양수산부령으로 정한다.(2013.3.23 본항개정)

**제91조【수산물검사관의 자격 등】** ① 제88조에 따른 수산물검사업무나 제96조에 따른 재검사 업무를 담당하는 사람(이하 "수산물검사관"이라 한다)은 다음 각 호의 어느 하나에 해당하는 사람으로서 대통령령으로 정하는 국가검역·검사기관(이하 "국가검역·검사기관"으로 한다)의 장이 실시하는 전형시험에 합격한 사람으로 한다. 다만, 대통령령으로 정하는 수산물 검사 관련 자격 또는 학위를 갖고 있는 사람에 대하여는 대통령령으로 정하는 바에 따라 전형시험의 전부 또는 일부를 면제할 수 있다.(2013.3.23 본문개정)

1. 국가검역·검사기관에서 수산물 검사 관련 업무에 6개월 이상 종사한 공무원(2013.3.23 본호개정)
2. 수산물 검사 관련 업무에 1년 이상 종사한 사람

② 제92조에 따라 수산물검사관의 자격이 취소된 사람은 자격이 취소된 날부터 1년이 지나지 아니하면 제1항에 따른 전형시험에 응시하거나 수산물검사관의 자격을 취득할 수 없다.

③ 국가검역·검사기관의 장은 수산물검사관의 검사기술과 자질을 향상시키기 위하여 교육을 실시할 수 있다.(2013.3.23 본항개정)

④ 국가검역·검사기관의 장은 제1항에 따른 전형시험의 출제 및 채점 등을 위하여 시험위원을 임명·위촉할 수 있다. 이 경우 시험위원에게는 예산의 범위에서 수당을 지급할 수 있다.(2013.3.23 전단개정)

⑤ 제1항부터 제3항까지의 규정에 따른 수산물검사관의 전형시험의 구분·방법, 합격자의 결정, 수산물검사관의 교육 등에 필요한 세부사항은 해양수산부령으로 정한다.(2013.3.23 본항개정)

**제92조【수산물검사관의 자격취소 등】** ① 국가검역·검사기관의 장은 수산물검사관에게 다음 각 호의 어느 하나에 해당하는 사유가 발생하면 그 자격을 취소하거나 6개월 이내의 기간을 정하여 자격의 정지를 명할 수 있다.(2013.3.23 본문개정)

1. 거짓이나 그 밖의 부정한 방법으로 검사나 재검사를 한 경우
2. 이 법 또는 이 법에 따른 명령을 위반하여 현저히 부적격한 검사 또는 재검사를 하여 정부나 수산물검사기관의 공신력을 크게 떨어뜨린 경우

② 제1항에 따른 자격 취소 및 정지에 필요한 세부사항은 해양수산부령으로 정한다.(2013.3.23 본항개정)

**제93조【검사 결과의 표시】** 수산물검사관은 제88조에 따라 검사한 결과나 제96조에 따라 재검사한 결과 다음 각 호의 어느 하나에 해당하면 그 수산물 및 수산가공품에 검사 결과를 표시하여야 한다. 다만, 살아 있는 수산물 등 성질상 표시를 할 수 없는 경우에는 그러하지 아니하다.

1. 검사를 신청한 자(이하 "검사신청인"이라 한다)가 요청하는 경우
2. 정부에서 수매·비축하는 수산물 및 수산가공품인 경우
3. 해양수산부장관이 검사 결과를 표시할 필요가 있다고 인정하는 경우(2013.3.23 본호개정)
4. 검사에 불합격된 수산물 및 수산가

공품으로서 제95조제2항에 따라 관계 기관에 폐기 또는 판매금지 등의 처분을 요청하여야 하는 경우

**제94조【검사증명서의 발급】** 해양수산부장관은 제88조에 따른 검사 결과나 제96조에 따른 재검사 결과 검사기준에 맞는 수산물 및 수산가공품과 제88조제4항에 해당하는 수산물 및 수산가공품의 검사신청인에게 해양수산부령으로 정하는 바에 따라 그 사실을 증명하는 검사증명서를 발급할 수 있다. (2013.3.23 본조개정)

**제95조【폐기 또는 판매금지 등】** ① 해양수산부장관은 제88조에 따른 검사나 제96조에 따른 재검사에서 부적합 판정을 받은 수산물 및 수산가공품의 검사신청인에게 그 사실을 알려주어야 한다.

② 해양수산부장관은 「식품위생법」에서 정하는 바에 따라 관할 특별자치도지사·시장·군수·구청장에게 제1항에 따라 부적합 판정을 받은 수산물 및 수산가공품으로서 유해물질이 검출되어 인체에 해를 끼칠 수 있다고 인정되는 수산물 및 수산가공품에 대하여 폐기하거나 판매금지 등을 하도록 요청하여야 한다.
(2013.3.23 본조개정)

**제96조【재검사】** ① 제88조에 따라 검사한 결과에 불복하는 자는 그 결과를 통지받은 날부터 14일 이내에 해양수산부장관에게 재검사를 신청할 수 있다.(2013.3.23 본항개정)

② 제1항에 따른 재검사는 다음 각 호의 어느 하나에 해당하는 경우에만 할 수 있다. 이 경우 수산물검사관의 부족 등 부득이한 경우 외에는 처음에 검사한 수산물검사관이 아닌 다른 수산물검사관이 검사하게 하여야 한다.

1. 수산물검사기관이 검사를 위한 시료 채취나 검사방법이 잘못되었다는 것을 인정하는 경우
2. 전문기관(해양수산부장관이 정하여 고시한 식품위생 관련 전문기관을 말한다)이 검사하여 수산물검사기관의 검사 결과와 다른 검사 결과를 제출하는 경우(2013.3.23 본호개정)

③ 제1항에 따른 재검사의 결과에 대하여는 같은 사유로 다시 재검사를 신청할 수 없다.

**제97조【검사판정의 취소】** 해양수산부장관은 제88조에 따른 검사나 제96조에 따른 재검사를 받은 수산물 또는 수산가공품이 다음 각 호의 어느 하나에 해당하면 검사판정을 취소할 수 있다. 다만, 제1호에 해당하면 검사판정을 취소하여야 한다.(2013.3.23 본문개정)

1. 거짓이나 그 밖의 부정한 방법으로 검사를 받은 사실이 확인된 경우
2. 검사 또는 재검사 결과의 표시 또는 검사증명서를 위조하거나 변조한 사실이 확인된 경우
3. 검사 또는 재검사를 받은 수산물 또는 수산가공품의 포장이나 내용물을 바꾼 사실이 확인된 경우

## 제3절 검 정

**제98조【검정】** ① 농림축산식품부장관 또는 해양수산부장관은 농수산물 및 농산가공품의 거래 및 수출·수입을 원활히 하기 위하여 다음 각 호의 검정을 실시할 수 있다. 다만,「종자산업법」제2조제1호에 따른 종자에 대한 검정은 제외한다.(2016.12.27 단서신설)

1. 농산물 및 농산가공품의 품위·품종·성분 및 유해물질 등(2019.8.27 본호개정)
2. 수산물의 품질·규격·성분·잔류물질 등
3. 농수산물의 생산에 이용·사용하는 농지·어장·용수·자재 등의 품위·성분 및 유해물질 등

② 농림축산식품부장관 또는 해양수산부장관은 검정신청을 받은 때에는 검정인력이나 검정 장비의 부족 등 검정을

실시하기 곤란한 사유가 없으면 검정을 실시하고 신청인에게 그 결과를 통보하여야 한다.(2013.3.23 본항개정)
③ 제1항에 따른 검정의 항목·신청절차 및 방법 등 필요한 사항은 농림축산식품부령 또는 해양수산부령으로 정한다.(2013.3.23 본항개정)

**제98조의2【검정결과에 따른 조치】** ① 농림축산식품부장관 또는 해양수산부장관은 제98조제1항제1호 및 제2호에 따른 검정을 실시한 결과 유해물질이 검출되어 인체에 해를 끼칠 수 있다고 인정되는 농수산물 및 농산가공품에 대하여 생산자 또는 소유자에게 폐기하거나 판매금지 등을 하도록 하여야 한다.
② 농림축산식품부장관 또는 해양수산부장관은 생산자 또는 소유자가 제1항의 명령을 이행하지 아니하거나 농수산물 및 농산가공품의 위생에 위해가 발생한 경우 농림축산식품부령 또는 해양수산부령으로 정하는 바에 따라 검정결과를 공개하여야 한다.
(2013.8.13 본조신설)

**제99조【검정기관의 지정 등】** ① 농림축산식품부장관 또는 해양수산부장관은 검정에 필요한 인력과 시설을 갖춘 기관(이하 "검정기관"이라 한다)을 지정하여 제98조에 따른 검정을 대행하게 할 수 있다.(2013.3.23 본항개정)
② 검정기관으로 지정을 받으려는 자는 검정에 필요한 인력과 시설을 갖추어 농림축산식품부장관 또는 해양수산부장관에게 신청하여야 한다. 검정기관으로 지정받은 후 농림축산식품부령 또는 해양수산부령으로 정하는 중요사항이 변경되었을 때에는 농림축산식품부령 또는 해양수산부령으로 정하는 바에 따라 변경신고를 하여야 한다.
(2013.3.23 본항개정)
③ 농림축산식품부장관 또는 해양수산부장관은 제2항 후단에 따른 변경신고를 받은 날부터 20일 이내에 신고수리 여부를 신고인에게 통지하여야 한다.
(2019.8.27 본항신설)
④ 농림축산식품부장관 또는 해양수산부장관이 제3항에서 정한 기간 내에 신고수리 여부 또는 민원 처리 관련 법령에 따른 처리기간의 연장을 신고인에게 통지하지 아니하면 그 기간(민원 처리 관련 법령에 따라 처리기간이 연장 또는 재연장된 경우에는 해당 처리기간을 말한다)이 끝난 날의 다음 날에 신고를 수리한 것으로 본다.
(2019.8.27 본항신설)
⑤ 검정기관 지정의 유효기간은 지정을 받은 날부터 4년으로 하고, 유효기간이 만료된 후에도 계속하여 검정 업무를 하려는 자는 유효기간이 끝나기 3개월 전까지 농림축산식품부장관 또는 해양수산부장관에게 갱신을 신청하여야 한다.(2019.12.10 본항신설)
⑥ 제100조에 따라 검정기관 지정이 취소된 후 1년이 지나지 아니하면 검정기관 지정을 신청할 수 없다.
⑦ 제1항·제2항 및 제5항에 따른 검정기관의 지정·갱신 기준 및 절차와 업무 범위 등에 필요한 사항은 농림축산식품부령 또는 해양수산부령으로 정한다.(2019.12.10 본항개정)

**제100조【검정기관의 지정 취소 등】** ① 농림축산식품부장관 또는 해양수산부장관은 검정기관이 다음 각 호의 어느 하나에 해당하면 지정을 취소하거나 6개월 이내의 기간을 정하여 해당 검정 업무의 정지를 명할 수 있다. 다만, 제1호 또는 제2호에 해당하면 지정을 취소하여야 한다.(2013.3.23 본문개정)
1. 거짓이나 그 밖의 부정한 방법으로 지정을 받은 경우
2. 업무정지 기간 중에 검정 업무를 한 경우
3. 검정 결과를 거짓으로 내준 경우

4. 제99조제2항 후단의 변경신고를 하지 아니하고 검정 업무를 계속한 경우
5. 제99조제7항에 따른 지정기준에 맞지 아니하게 된 경우(2019.12.10 본호개정)
6. 그 밖에 농림축산식품부령 또는 해양수산부령으로 정하는 검정에 관한 규정을 위반한 경우(2013.3.23 본호개정)

② 제1항에 따른 지정 취소 및 정지에 관한 세부 기준은 농림축산식품부령 또는 해양수산부령으로 정한다.
(2013.3.23 본항개정)

## 제4절 금지행위 및 확인·조사·점검 등

**제101조【부정행위의 금지 등】** 누구든지 제79조, 제85조, 제88조, 제96조 및 제98조에 따른 검사, 재검사 및 검정과 관련하여 다음 각 호의 행위를 하여서는 아니 된다.

1. 거짓이나 그 밖의 부정한 방법으로 검사·재검사 또는 검정을 받는 행위
2. 제79조 또는 제88조에 따라 검사를 받아야 하는 농수산물 및 수산가공품에 대하여 검사를 받지 아니하는 행위
3. 검사 및 검정 결과의 표시, 검사증명서 및 검정증명서를 위조하거나 변조하는 행위
4. 제79조제2항 또는 제88조제3항을 위반하여 검사를 받지 아니하고 포장·용기나 내용물을 바꾸어 해당 농수산물이나 수산가공품을 판매·수출하거나 판매·수출을 목적으로 보관 또는 진열하는 행위
5. 검정 결과에 대하여 거짓광고나 과대광고를 하는 행위

**제102조【확인·조사·점검 등】** ① 농림축산식품부장관 또는 해양수산부장관은 정부가 수매하거나 수입한 농수산물 및 수산가공품 등 대통령령으로 정하는 농수산물 및 수산가공품의 보관창고, 가공시설, 항공기, 선박, 그 밖에 필요한 장소에 관계 공무원을 출입하게 하여 확인·조사·점검 등에 필요한 최소한의 시료를 무상으로 수거하거나 관련 장부 또는 서류를 열람하게 할 수 있다.(2013.3.23 본항개정)

② 제1항에 따른 시료 수거 또는 열람에 관하여는 제13조제2항 및 제3항을 준용한다.

③ 제1항에 따라 출입 등을 하는 관계 공무원에 관하여는 제13조제4항을 준용한다.

# 제8장 보 칙

**제103조【정보제공 등】** ① 농림축산식품부장관, 해양수산부장관 또는 식품의약품안전처장은 농수산물의 안전성조사 등 농수산물의 안전과 품질에 관련된 정보 중 국민이 알아야 할 필요가 있다고 인정되는 정보는 「공공기관의 정보공개에 관한 법률」에서 허용하는 범위에서 국민에게 제공하여야 한다.

② 농림축산식품부장관, 해양수산부장관 또는 식품의약품안전처장은 제1항에 따라 국민에게 정보를 제공하려는 경우 농수산물의 안전과 품질에 관련된 정보의 수집 및 관리를 위한 정보시스템(이하 "농수산물안전정보시스템"이라 한다)을 구축·운영하여야 한다.

③ 농수산물안전정보시스템의 구축과 운영 및 정보제공 등에 필요한 사항은 총리령, 농림축산식품부령 또는 해양수산부령으로 정한다.
(2013.3.23 본조개정)

**제104조【농수산물 명예감시원】** ① 농림축산식품부장관 또는 해양수산부장관이나 시·도지사는 농수산물의 공정한 유통질서를 확립하기 위하여 소비자단체 또는 생산자단체의 회원·직원 등을 농수산물 명예감시원으로 위

축하여 농수산물의 유통질서에 대한 감시·지도·계몽을 하게 할 수 있다.
② 농림축산식품부장관 또는 해양수산부장관이나 시·도지사는 농수산물 명예감시원에게 예산의 범위에서 감시활동에 필요한 경비를 지급할 수 있다.
③ 제1항에 따른 농수산물 명예감시원의 자격, 위촉방법, 임무 등에 필요한 사항은 농림축산식품부령 또는 해양수산부령으로 정한다.
(2013.3.23 본조개정)

**제105조【농산물품질관리사 및 수산물품질관리사】** 농림축산식품부장관 또는 해양수산부장관은 농산물 및 수산물의 품질 향상과 유통의 효율화를 촉진하기 위하여 농산물품질관리사 및 수산물품질관리사 제도를 운영한다.
(2013.8.13 본조개정)

**제106조【농산물품질관리사 또는 수산물품질관리사의 직무】** ① 농산물품질관리사는 다음 각 호의 직무를 수행한다.
1. 농산물의 등급 판정
2. 농산물의 생산 및 수확 후 품질관리기술 지도
3. 농산물의 출하 시기 조절, 품질관리기술에 관한 조언
4. 그 밖에 농산물의 품질 향상과 유통 효율화에 필요한 업무로서 농림축산식품부령으로 정하는 업무(2013.3.23 본호개정)

② 수산물품질관리사는 다음 각 호의 직무를 수행한다.
1. 수산물의 등급 판정
2. 수산물의 생산 및 수확 후 품질관리기술 지도
3. 수산물의 출하 시기 조절, 품질관리기술에 관한 조언
4. 그 밖에 수산물의 품질 향상과 유통 효율화에 필요한 업무로서 해양수산부령으로 정하는 업무
(2013.8.13 본항신설)
(2013.8.13 본조제목개정)

**제107조【농산물품질관리사 또는 수산물품질관리사의 시험·자격부여 등】** ① 농산물품질관리사 또는 수산물품질관리사가 되려는 사람은 농림축산식품부장관 또는 해양수산부장관이 실시하는 농산물품질관리사 또는 수산물품질관리사 자격시험에 합격하여야 한다.
② 농림축산식품부장관 또는 해양수산부장관은 농산물품질관리사 또는 수산물품질관리사 자격시험에서 다음 각 호의 어느 하나에 해당하는 사람에 대해서는 해당 시험을 정지 또는 무효로 하거나 합격 결정을 취소하여야 한다.
1. 부정한 방법으로 시험에 응시한 사람
2. 시험에서 부정한 행위를 한 사람
(2019.8.27 본항개정)
③ 다음 각 호의 어느 하나에 해당하는 사람은 그 처분이 있은 날부터 2년 동안 농산물품질관리사 또는 수산물품질관리사 자격시험에 응시하지 못한다.
1. 제2항에 따라 시험의 정지·무효 또는 합격취소 처분을 받은 사람
2. 제109조에 따라 농산물품질관리사 또는 수산물품질관리사의 자격이 취소된 사람
(2019.8.27 본항신설)
④ 농산물품질관리사 또는 수산물품질관리사 자격시험의 실시계획, 응시자격, 시험과목, 시험방법, 합격기준 및 자격증 발급 등에 필요한 사항은 대통령령으로 정한다.
(2013.8.13 본조개정)

**제107조의2【농산물품질관리사 또는 수산물품질관리사의 교육】** ① 농림축산식품부령 또는 해양수산부령으로 정하는 농산물품질관리사 또는 수산물품질관리사는 업무 능력 및 자질의 향상을 위하여 필요한 교육을 받아야 한다.
② 제1항에 따른 교육의 방법 및 실시기관 등에 필요한 사항은 농림축산식품부령 또는 해양수산부령으로 정한다.
(2013.8.13 본조신설)

**제108조【농산물품질관리사 또는 수산물품질관리사의 준수사항】** ① 농산물품질관리사 또는 수산물품질관리사는 농수산물의 품질 향상과 유통의 효율화를 촉진하여 생산자와 소비자 모두에게 이익이 될 수 있도록 신의와 성실로써 그 직무를 수행하여야 한다.

② 농산물품질관리사 또는 수산물품질관리사는 다른 사람에게 그 명의를 사용하게 하거나 그 자격증을 빌려주어서는 아니 된다.

③ 누구든지 농산물품질관리사 또는 수산물품질관리사의 자격을 취득하지 아니하고 그 명의를 사용하거나 자격증을 대여받아서는 아니 되며, 명의의 사용이나 자격증의 대여를 알선해서도 아니 된다.(2019.12.10 본항신설)

(2013.8.13 본조개정)

**제109조【농산물품질관리사 또는 수산물품질관리사의 자격 취소】** 농림축산식품부장관 또는 해양수산부장관은 다음 각 호의 어느 하나에 해당하는 사람에 대하여 농산물품질관리사 또는 수산물품질관리사 자격을 취소하여야 한다.

1. 농산물품질관리사 또는 수산물품질관리사의 자격을 거짓 또는 부정한 방법으로 취득한 사람
2. 제108조제2항을 위반하여 다른 사람에게 농산물품질관리사 또는 수산물품질관리사의 명의를 사용하게 하거나 자격증을 빌려준 사람
3. 제108조제3항을 위반하여 명의의 사용이나 자격증의 대여를 알선한 사람(2019.12.10 본호신설)

(2013.8.13 본조개정)

**제110조【자금 지원】** 정부는 농수산물의 품질 향상 또는 농수산물의 표준규격화 및 물류표준화의 촉진 등을 위하여 다음 각 호의 어느 하나에 해당하는 자에게 예산의 범위에서 포장자재, 시설 및 자동화장비 등의 매입 및 농산물품질관리사 또는 수산물품질관리사 운용 등에 필요한 자금을 지원할 수 있다.(2013.8.13 본문개정)

1. 농어업인
2. 생산자단체
3. 우수관리인증을 받은 자, 우수관리인증기관, 농산물 수확 후 위생·안전 관리를 위한 시설의 사업자 또는 우수관리인증 교육을 실시하는 기관·단체
4. 이력추적관리 또는 지리적표시의 등록을 한 자
5. 농산물품질관리사 또는 수산물품질관리사를 고용하는 등 농수산물의 품질 향상을 위하여 노력하는 산지·소비지 유통시설의 사업자(2013.8.13 본호개정)
6. 제64조에 따른 안전성검사기관 또는 제68조에 따른 위험평가 수행기관
7. 제80조, 제89조 및 제99조에 따른 농수산물 검사 및 검정 기관
8. 그 밖에 농림축산식품부령 또는 해양수산부령으로 정하는 농수산물 유통 관련 사업자 또는 단체(2013.3.23 본호개정)

**제111조【우선구매】** ① 농림축산식품부장관 또는 해양수산부장관은 농수산물 및 수산가공품의 유통을 원활히 하고 품질 향상을 촉진하기 위하여 필요하면 우수표시품, 지리적표시품 등을 「농수산물 유통 및 가격안정에 관한 법률」에 따른 농수산물도매시장이나 농수산물공판장에서 우선적으로 상장(上場)하거나 거래하게 할 수 있다.(2013.3.23 본항개정)

② 국가·지방자치단체나 공공기관은 농수산물 또는 농수산가공품을 구매할 때에는 우수표시품, 지리적표시품 등을 우선적으로 구매할 수 있다.

**제112조【포상금】** 식품의약품안전처장은 제56조 또는 제57조를 위반한 자를 주무관청 또는 수사기관에 신고하거나 고발한 자 등에게는 대통령령으

로 정하는 바에 따라 예산의 범위에서 포상금을 지급할 수 있다.(2013.3.23 본조개정)

**제113조【수수료】** 다음 각 호의 어느 하나에 해당하는 자는 총리령, 농림축산식품부령 또는 해양수산부령으로 정하는 바에 따라 수수료를 내야 한다. 다만, 정부가 수매하거나 수출 또는 수입하는 농수산물 등에 대하여는 총리령, 농림축산식품부령 또는 해양수산부령으로 정하는 바에 따라 수수료를 감면할 수 있다.(2013.3.23 본문개정)

1. 제6조제3항에 따라 우수관리인증을 신청하거나 제7조제2항에 따른 우수관리인증의 갱신심사, 같은 조 제3항에 따른 유효기간연장을 위한 심사 또는 같은 조 제4항에 따른 우수관리인증의 변경을 신청하는 자
2. 제9조제2항에 따라 우수관리인증기관의 지정을 신청하거나 같은 조 제5항에 따라 갱신하려는 자
3. 제11조제2항에 따라 우수관리시설의 지정을 신청하거나 같은 조 제7항에 따른 갱신을 신청하는 자

(2019.8.27 2호~3호개정)

4. 제14조제2항에 따라 품질인증을 신청하거나 제15조제2항에 따라 품질인증의 유효기간 연장신청을 하는 자
5. 제17조제3항에 따라 품질인증기관의 지정을 신청하는 자
6. (2012.6.1 삭제)
7. 제41조에 따라 준용되는 「특허법」 제15조에 따른 기간연장신청 또는 같은 법 제22조에 따른 수계신청을 하는 자(2016.12.2 본호개정)
8. 제43조제1항에 따른 지리적표시의 무효심판, 제44조제1항에 따른 지리적표시의 취소심판, 제45조에 따른 지리적표시의 등록 거절·취소에 대한 심판 또는 제51조제1항에 따른 재심을 청구하는 자
9. 제46조제3항에 따라 보정을 하거나 제50조에 따라 준용되는 「특허법」 제151조에 따른 제척·기피신청, 같은 법 제156조에 따른 참가신청, 같은 법 제165조에 따른 비용액결정의 청구, 같은 법 제166조에 따른 집행력 있는 정본의 청구를 하는 자. 이 경우 제55조제1항에 따라 준용되는 「특허법」 제184조에 따른 재심에서의 신청·청구 등을 포함한다.
10. 제64조제2항에 따라 안전성검사기관의 지정을 신청(같은 조 제6항에 따라 유효기간이 만료되기 전에 다시 지정을 신청하는 경우를 포함한다)하거나 같은 조 제3항에 따라 변경승인을 신청하는 자

(2021.12.21 본호개정)

11. 제74조제1항에 따라 생산·가공시설등의 등록을 신청하는 자
12. 제79조에 따른 농산물의 검사 또는 제85조에 따른 재검사를 신청하는 자
13. 제80조제2항에 따라 농산물검사기관의 지정을 신청하는 자
14. 제88조제1항부터 제3항까지의 규정에 따른 수산물 또는 수산가공품의 검사나 제96조제1항에 따라 재검사를 신청하는 자
15. 제89조제2항에 따라 수산물검사기관의 지정을 신청하는 자
16. 제98조제1항에 따른 검정을 신청하는 자
17. 제99조제2항 전단에 따라 검정기관의 지정을 신청하거나 같은 조 제5항에 따라 갱신을 신청하는 자

(2019.12.10 본호개정)

18. 제107조제1항에 따른 농산물품질관리사 또는 수산물품질관리사 자격시험에 응시하려는 사람(2019.8.27 본호신설)

**제114조【청문 등】** ① 농림축산식품부장관, 해양수산부장관 또는 식품의약품안전처장은 다음 각 호의 어느 하나에 해당하는 처분을 하려면 청문을 하여야 한다.(2013.3.23 본문개정)

1. 제10조에 따른 우수관리인증기관의 지정 취소
2. 제13조의2제3항에 따른 우수관리시설의 지정 취소(2017.4.18 본호개정)
3. 제16조에 따른 품질인증의 취소
4. 제18조에 따른 품질인증기관의 지정 취소 또는 품질인증 업무의 정지
5. (2012.6.1 삭제)
6. 제27조에 따른 이력추적관리 등록의 취소
7. 제31조제1항에 따른 표준규격품 또는 품질인증품의 판매금지나 표시정지, 같은 조 제2항에 따른 우수관리인증농산물의 판매금지 또는 같은 조 제4항에 따른 우수관리인증의 취소나 표시정지(2016.12.2 본호개정)
8. 제40조에 따른 지리적표시품에 대한 판매의 금지, 표시의 정지 또는 등록의 취소
9. 제65조에 따른 안전성검사기관의 지정 취소
10. 제78조에 따른 생산·가공시설등이나 생산·가공업자등에 대한 생산·가공·출하·운반의 시정·제한·중지 명령, 생산·가공시설등의 개선·보수 명령 또는 등록의 취소
11. 제81조에 따른 농산물검사기관의 지정 취소
12. 제87조에 따른 검사판정의 취소
13. 제90조에 따른 수산물검사기관의 지정 취소 또는 검사업무의 정지
14. 제97조에 따른 검사판정의 취소
15. 제100조에 따른 검정기관의 지정 취소
16. 제109조에 따른 농산물품질관리사 또는 수산물품질관리사 자격의 취소(2013.8.13 본호개정)

② 국립농산물품질관리원장은 제83조에 따라 농산물검사관 자격의 취소를 하려면 청문을 하여야 한다.

③ 국가검역·검사기관의 장은 제92조에 따라 수산물검사관 자격의 취소를 하려면 청문을 하여야 한다.
(2013.3.23 본항개정)

④ 우수관리인증기관은 제8조제1항에 따라 우수관리인증을 취소하려면 우수관리인증을 받은 자에게 의견 제출의 기회를 주어야 한다.

⑤ 우수관리인증기관은 제12조제1항에 따라 우수관리시설의 지정을 취소하려면 우수관리시설의 지정을 받은 자에게 의견 제출의 기회를 주어야 한다.
(2017.4.18 본항신설)

⑥ 품질인증기관은 제16조에 따라 품질인증의 취소를 하려면 품질인증을 받은 자에게 의견 제출의 기회를 주어야 한다.

⑦ 제4항부터 제6항까지에 따른 의견 제출에 관하여는 「행정절차법」 제22조제4항부터 제6항까지 및 제27조를 준용한다. 이 경우 "행정청" 및 "관할 행정청"은 각각 "우수관리인증기관" 또는 "품질인증기관"으로 본다.
(2017.4.18 전단개정)

**제115조 【권한의 위임·위탁 등】** ① 이 법에 따른 농림축산식품부장관, 해양수산부장관 또는 식품의약품안전처장의 권한은 그 일부를 대통령령으로 정하는 바에 따라 소속 기관의 장, 농촌진흥청장, 산림청장, 시·도지사 또는 시장·군수·구청장에게 위임할 수 있다.(2013.3.23 본항개정)

② 이 법에 따른 농림축산식품부장관, 해양수산부장관 또는 식품의약품안전처장의 업무는 그 일부를 대통령령으로 정하는 바에 따라 다음 각 호의 자에게 위탁할 수 있다.(2013.3.23 본문개정)

1. 생산자단체
2. 「공공기관의 운영에 관한 법률」에 따른 공공기관
3. 「정부출연연구기관 등의 설립·운영 및 육성에 관한 법률」에 따른 정부출연연구기관 또는 「과학기술분야 정부출연연구기관 등의 설립·운영 및 육성에 관한 법률」에 따른 과학기술분야 정부출연연구기관

4. 「농어업경영체 육성 및 지원에 관한 법률」 제16조에 따라 설립된 영농조합법인 및 영어조합법인 등 농림 또는 수산 관련 법인이나 단체

**제116조【벌칙 적용 시의 공무원 의제】** 다음 각 호의 어느 하나에 해당하는 사람은 「형법」 제127조 및 제129조부터 제132조까지의 규정에 따른 벌칙을 적용할 때에는 공무원으로 본다. (2019.8.27 본문개정)

1. 제3조에 따른 심의회의 위원 중 공무원이 아닌 위원
2. 제9조에 따라 우수관리인증 또는 우수관리시설의 지정 업무에 종사하는 우수관리인증기관의 임원·직원 (2017.4.18 본호개정)
3. 제17조제1항에 따라 품질인증 업무에 종사하는 품질인증기관의 임원·직원
4. 제42조에 따른 심판위원 중 공무원이 아닌 심판위원
5. 제64조에 따라 안전성조사와 시험분석 업무에 종사하는 안전성검사기관의 임원·직원
6. 제80조 및 제85조에 따라 농산물 검사, 재검사 및 이의신청 업무에 종사하는 농산물검사기관의 임원·직원
7. 제89조 및 제96조에 따라 검사 및 재검사 업무에 종사하는 수산물검사기관의 임원·직원
8. 제99조에 따라 검정 업무에 종사하는 검정기관의 임원·직원
9. 제115조제2항에 따라 위탁받은 업무에 종사하는 생산자단체 등의 임원·직원

## 제9장 벌 칙

**제117조【벌칙】** 다음 각 호의 어느 하나에 해당하는 자는 7년 이하의 징역 또는 1억원 이하의 벌금에 처한다. 이 경우 징역과 벌금은 병과(倂科)할 수 있다.

1. 제57조제1호를 위반하여 유전자변형농수산물의 표시를 거짓으로 하거나 이를 혼동하게 할 우려가 있는 표시를 한 유전자변형농수산물 표시의무자
2. 제57조제2호를 위반하여 유전자변형농수산물의 표시를 혼동하게 할 목적으로 그 표시를 손상·변경한 유전자변형농수산물 표시의무자
3. 제57조제3호를 위반하여 유전자변형농수산물의 표시를 한 농수산물에 다른 농수산물을 혼합하여 판매하거나 혼합하여 판매할 목적으로 보관 또는 진열한 유전자변형농수산물 표시의무자

**제118조【벌칙】** 제73조제1항제1호 또는 제2호를 위반하여 「해양환경관리법」 제2조제5호에 따른 기름을 배출한 자는 5년 이하의 징역 또는 5천만원 이하의 벌금에 처한다.

**제119조【벌칙】** 다음 각 호의 어느 하나에 해당하는 자는 3년 이하의 징역 또는 3천만원 이하의 벌금에 처한다.

1. 제29조제1항제1호를 위반하여 우수표시품이 아닌 농수산물(우수관리인증농산물이 아닌 농산물의 경우에는 제7조제4항에 따른 승인을 받지 아니한 농산물을 포함한다) 또는 농수산가공품에 우수표시품의 표시를 하거나 이와 비슷한 표시를 한 자 (2014.3.24 본호개정)

1의2. 제29조제1항제2호를 위반하여 우수표시품이 아닌 농수산물(우수관리인증농산물이 아닌 농산물의 경우에는 제7조제4항에 따른 승인을 받지 아니한 농산물을 포함한다) 또는 농수산가공품을 우수표시품으로 광고하거나 우수표시품으로 잘못 인식할 수 있도록 광고한 자(2014.3.24 본호신설)

2. 제29조제2항을 위반하여 다음 각 목의 어느 하나에 해당하는 행위를 한 자

가. 제5조제2항에 따라 표준규격품의 표시를 한 농수산물에 표준규격품이 아닌 농수산물 또는 농수산가공품을 혼합하여 판매하거나 혼합하여 판매할 목적으로 보관하거나 진열하는 행위
나. 제6조제6항에 따라 우수관리인증의 표시를 한 농산물에 우수관리인증농산물이 아닌 농산물(제7조제4항에 따른 승인을 받지 아니한 농산물을 포함한다) 또는 농산가공품을 혼합하여 판매하거나 혼합하여 판매할 목적으로 보관하거나 진열하는 행위(2014.3.24 본목개정)
다. 제14조제3항에 따라 품질인증품의 표시를 한 수산물에 품질인증품이 아닌 수산물을 혼합하여 판매하거나 혼합하여 판매할 목적으로 보관 또는 진열하는 행위
(2017.11.28 본목개정)
라. (2012.6.1 삭제)
마. 제24조제6항에 따라 이력추적관리의 표시를 한 농산물에 이력추적관리의 등록을 하지 아니한 농산물 또는 농산가공품을 혼합하여 판매하거나 혼합하여 판매할 목적으로 보관하거나 진열하는 행위
(2019.8.27 본목개정)
3. 제38조제1항을 위반하여 지리적표시품이 아닌 농수산물 또는 농수산가공품의 포장·용기·선전물 및 관련 서류에 지리적표시나 이와 비슷한 표시를 한 자
4. 제38조제2항을 위반하여 지리적표시품에 지리적표시품이 아닌 농수산물 또는 농수산가공품을 혼합하여 판매하거나 혼합하여 판매할 목적으로 보관 또는 진열한 자
5. 제73조제1항제1호 또는 제2호를 위반하여 「해양환경관리법」 제2조제4호에 따른 폐기물, 같은 조 제7호에 따른 유해액체물질 또는 같은 조 제8호에 따른 포장유해물질을 배출한 자
6. 제101조제1호를 위반하여 거짓이나 그 밖의 부정한 방법으로 제79조에 따른 농산물의 검사, 제85조에 따른 농산물의 재검사, 제88조에 따른 수산물 및 수산가공품의 검사, 제96조에 따른 수산물 및 수산가공품의 재검사 및 제98조에 따른 검정을 받은 자
7. 제101조제2호를 위반하여 검사를 받아야 하는 수산물 및 수산가공품에 대하여 검사를 받지 아니한 자
8. 제101조제3호를 위반하여 검사 및 검정 결과의 표시, 검사증명서 및 검정증명서를 위조하거나 변조한 자
9. 제101조제5호를 위반하여 검정 결과에 대하여 거짓광고나 과대광고를 한 자

**제120조【벌칙】** 다음 각 호의 어느 하나에 해당하는 자는 1년 이하의 징역 또는 1천만원 이하의 벌금에 처한다.
1. 제24조제2항을 위반하여 이력추적관리의 등록을 하지 아니한 자
2. 제31조제1항 또는 제40조에 따른 시정명령(제31조제1항제3호 또는 제40조제2호에 따른 표시방법에 대한 시정명령은 제외한다), 판매금지 또는 표시정지 처분에 따르지 아니한 자
3. 제31조제2항에 따른 판매금지 조치에 따르지 아니한 자(2016.12.2 본호개정)
4. 제59조제1항에 따른 처분을 이행하지 아니한 자
5. 제59조제2항에 따른 공표명령을 이행하지 아니한 자
6. 제63조제1항에 따른 조치를 이행하지 아니한 자
7. 제73조제2항에 따른 동물용 의약품을 사용하는 행위를 제한하거나 금지하는 조치에 따르지 아니한 자
8. 제77조에 따른 지정해역에서 수산물의 생산제한 조치에 따르지 아니한 자
9. 제78조에 따른 생산·가공·출하 및 운반의 시정·제한·중지 명령을

위반하거나 생산·가공시설등의 개선·보수 명령을 이행하지 아니한 자

9의2. 제98조의2제1항에 따른 조치를 이행하지 아니한 자(2013.8.13 본호신설)

10. 제101조제2호를 위반하여 검사를 받아야 하는 농산물에 대하여 검사를 받지 아니한 자

11. 제101조제4호를 위반하여 검사를 받지 아니하고 해당 농수산물이나 수산가공품을 판매·수출하거나 판매·수출을 목적으로 보관 또는 진열한 자

12. 제82조제7항 또는 제108조제2항을 위반하여 다른 사람에게 농산물검사관, 농산물품질관리사 또는 수산물품질관리사의 명의를 사용하게 하거나 그 자격증을 빌려준 자
(2019.12.10 본호개정)

13. 제82조제8항 또는 제108조제3항을 위반하여 농산물검사관, 농산물품질관리사 또는 수산물품질관리사의 명의를 사용하거나 그 자격증을 대여받은 자 또는 명의의 사용이나 자격증의 대여를 알선한 자
(2019.12.10 본호신설)

**제121조【과실범】** 과실로 제118조의 죄를 저지른 자는 3년 이하의 징역 또는 3천만원 이하의 벌금에 처한다.
(2020.2.18 본조개정)

**제122조【양벌규정】** 법인의 대표자나 법인 또는 개인의 대리인, 사용인, 그 밖의 종업원이 그 법인 또는 개인의 업무에 관하여 제117조부터 제121조까지의 어느 하나에 해당하는 위반행위를 하면 그 행위자를 벌하는 외에 그 법인 또는 개인에게도 해당 조문의 벌금형을 과(科)한다. 다만, 법인 또는 개인이 그 위반행위를 방지하기 위하여 해당 업무에 관하여 상당한 주의와 감독을 게을리하지 아니한 경우에는 그러하지 아니하다.

**제123조【과태료】** ① 다음 각 호의 어느 하나에 해당하는 자에게는 1천만원 이하의 과태료를 부과한다.

1. 제13조제1항, 제19조제1항, 제30조제1항, 제39조제1항, 제58조제1항, 제62조제1항, 제76조제4항 및 제102조제1항에 따른 출입·수거·조사·열람 등을 거부·방해 또는 기피한 자(2022.2.3 본호개정)
2. 제24조제2항에 따라 등록한 자로서 같은 조 제3항을 위반하여 변경신고를 하지 아니한 자
3. 제24조제2항에 따라 등록한 자로서 같은 조 제6항을 위반하여 이력추적관리의 표시를 하지 아니한 자
4. 제24조제2항에 따라 등록한 자로서 같은 조 제7항을 위반하여 이력추적관리기준을 지키지 아니한 자

(2019.8.27 3호~4호개정)

5. 제31조제1항제3호 또는 제40조제2호에 따른 표시방법에 대한 시정명령에 따르지 아니한 자(2016.12.2 본호개정)
6. 제56조제1항을 위반하여 유전자변형농수산물의 표시를 하지 아니한 자
7. 제56조제2항에 따른 유전자변형농수산물의 표시방법을 위반한 자

② 다음 각 호의 어느 하나에 해당하는 자에게는 100만원 이하의 과태료를 부과한다.

1. 제73조제1항제3호를 위반하여 양식시설에서 가축을 사육한 자
2. 제75조제1항에 따른 보고를 하지 아니하거나 거짓으로 보고한 생산·가공업자등

③ 제1항 및 제2항에 따른 과태료는 대통령령으로 정하는 바에 따라 농림축산식품부장관, 해양수산부장관, 식품의약품안전처장 또는 시·도지사가 부과·징수한다.(2013.3.23 본항개정)

## 부 칙

**제1조【시행일】** 이 법은 공포 후 1년

이 경과한 날부터 시행한다.

**제2조 【다른 법률의 폐지】** 수산물품질관리법은 폐지한다.

**제3조 【품질인증기관의 지정신청 제한에 관한 적용례】** 제17조제3항 단서의 개정규정을 적용하는 경우 제18조제1항 각 호의 개정규정의 사유는 이 법 시행 후 최초로 발생한 사유부터 적용한다.

**제4조 【지리적표시 원부의 작성 등에 관한 특례】** ① 부칙 제11조제2항에도 불구하고 농림수산식품부장관은 이 법 시행 전에 종전의 「농산물품질관리법」(이하 "종전의 법률"이라 한다) 또는 부칙 제2조에 따라 폐지되기 전의 「수산물품질관리법」(이하 "종전의 「수산물품질관리법」"이라 한다)에 따라 작성·관리한 지리적표시 원부(이하 "종전의 지리적표시 원부"라 한다)의 등록사항에 관하여 제33조제1항의 개정규정에 따른 사유가 발생한 때에는 제33조의 개정규정에 따라 종전의 등록사항을 옮겨 적어 지리적표시 원부를 새로 작성할 수 있다.

② 농림수산식품부장관은 제1항에 따라 지리적표시 원부를 새로 작성한 경우에는 종전의 지리적표시 원부를 폐쇄하여 제33조의 개정규정에 따른 지리적표시권 소멸 시의 지리적표시 원부의 관리 방법 및 절차에 준하여 별도로 관리하여야 한다.

**제5조 【처분 등에 관한 일반적 경과조치】** 이 법 시행 전에 종전의 법률 및 종전의 「수산물품질관리법」에 따라 행한 처분·절차나 그 밖의 행정기관의 행위와 행정기관에 대한 행위는 이 법 중 그에 해당하는 규정에 따른 처분·절차나 행정기관의 행위 또는 행정기관에 대한 행위로 본다.

**제6조 【표준규격에 관한 경과조치】** 이 법 시행 당시 종전의 법률에 따른 표준규격 및 종전의 「수산물품질관리법」에 따른 표준규격은 제5조의 개정규정에 따른 표준규격으로 본다.

**제7조 【농산물우수관리인증 등에 관한 경과조치】** ① 이 법 시행 당시 종전의 법률에 따라 농산물우수관리의 인증을 받은 자는 제6조의 개정규정에 따라 우수관리인증을 받은 것으로 본다. 이 경우 그 유효기간은 제7조제1항의 개정규정에도 불구하고 종전의 법률에 따라 부여된 유효기간으로 한다.

② 이 법 시행 당시 종전의 법률에 따라 지정받은 농산물우수관리인증기관 및 농산물우수관리시설은 각각 제9조의 개정규정에 따라 지정받은 우수관리인증기관 및 제11조의 개정규정에 따라 지정받은 우수관리시설로 본다.

③ 이 법 시행 당시 법률 제9759호 농산물품질관리법 일부개정법률 부칙 제4조제2항에 따른 인증기관은 같은 항에 규정된 기간 동안 제9조의 개정규정에 따라 우수관리인증기관의 지정을 받은 것으로 본다.

④ 이 법 시행 당시 법률 제9759호 농산물품질관리법 일부개정법률 부칙 제4조제3항에 따른 농산물우수관리시설은 같은 항에 규정된 기간 동안 제11조의 개정규정에 따라 우수관리시설의 지정을 받은 것으로 본다.

**제8조 【수산물 등의 품질인증에 관한 경과조치】** 이 법 시행 당시 종전의 「수산물품질관리법」에 따라 품질인증을 받은 수산물 및 수산특산물은 제14조의 개정규정에 따라 품질인증을 받은 것으로 본다. 이 경우 그 유효기간은 제15조제1항의 개정규정에도 불구하고 종전의 「수산물품질관리법」에 따라 부여된 유효기간으로 한다.

**제9조 【친환경수산물인증에 관한 경과조치】** 이 법 시행 당시 종전의 「수산물품질관리법」에 따라 친환경수산물인증을 받은 친환경수산물은 제21조의 개정규정에 따라 친환경수산물의 인증을 받은 것으로 본다. 이 경우 그 유효기간은 제22조제1항의 개정규정에도 불구하고 종전의 「수산물품질관리법」에 따라 부여된 유효기간으로 한다.

**제10조【이력추적관리에 관한 경과조치】** 이 법 시행 당시 종전의 법률에 따라 이력추적관리의 등록을 한 농산물과 종전의 「수산물품질관리법」에 따라 수산물이력추적등록을 한 수산물은 제24조의 개정규정에 따라 이력추적관리의 등록을 한 것으로 본다. 이 경우 그 유효기간은 제25조제1항의 개정규정에도 불구하고 종전의 법률 및 종전의 「수산물품질관리법」에 따라 부여된 유효기간으로 한다.

**제11조【지리적표시에 관한 경과조치】** ① 이 법 시행 당시 종전의 법률 또는 종전의 「수산물품질관리법」에 따라 지리적표시의 등록을 받은 자는 제32조의 개정규정에 따른 지리적표시의 등록을 받은 것으로 본다. 다만, 등록된 지리적표시가 제32조제9항의 개정규정에 따른 등록거절 사유에 해당되면 제36조의 개정규정에 따른 권리침해의 금지 청구권 및 제37조의 개정규정에 따른 손해배상청구권이 발생하지 아니한다.

② 종전의 지리적표시 원부는 제33조의 개정규정에 따른 지리적표시 원부로 본다.

③ 지리적표시에 관한 제32조에서 제55조까지의 개정규정은 이 법 또는 다른 법률에 특별한 규정이 없으면 이 법 시행 전에 청구되어 계속 중인 사건에도 적용한다. 다만, 종전의 법률에 따라 이미 효력이 발생한 사항에는 영향을 미치지 아니한다.

**제12조【안전성검사기관에 관한 경과조치】** 이 법 시행 당시 종전의 법률에 따라 지정받은 안전성검사기관은 제64조의 개정규정에 따라 지정받은 안전성검사기관으로 본다.

**제13조【지정해역 등에 관한 경과조치】** ① 이 법 시행 당시 종전의 「수산물품질관리법」에 따라 고시된 위생관리기준 및 위해요소중점관리기준은 각각 제69조 및 제70조에 따라 고시된 것으로 본다.

② 이 법 시행 당시 종전의 「수산물품질관리법」에 따라 지정 · 고시된 지정해역은 제71조의 개정규정에 따라 지정 · 고시된 것으로 본다.

**제14조【생산 · 가공시설등에 관한 경과조치】** 이 법 시행 당시 종전의 「수산물품질관리법」에 따라 등록한 생산 · 가공시설등은 제74조의 개정규정에 따라 등록한 생산 · 가공시설등으로 본다.

**제15조【검사 등에 관한 경과조치】** ① 이 법 시행 당시 종전의 법률에 따라 검사 또는 재검사를 받은 농산물은 각각 제79조의 개정규정에 따른 검사 또는 제85조제1항의 개정규정에 따른 재검사를 받은 것으로 보고, 종전의 법률에 따라 이의신청을 한 경우에는 제85조제2항의 개정규정에 따라 이의신청을 한 것으로 본다.

② 이 법 시행 당시 종전의 「수산물품질관리법」에 따라 검사 또는 재검사를 받은 수산물 및 수산가공품은 제88조의 개정규정에 따른 검사 또는 제96조의 개정규정에 따른 재검사를 받은 것으로 본다.

③ 이 법 시행 당시 종전의 법률 및 종전의 「수산물품질관리법」에 따른 검사결과의 표시 및 검사증명서는 각각 제84조 · 제93조 및 제94조의 개정규정에 따른 검사 결과의 표시 및 검사증명서로 본다.

**제16조【검사기관 및 검정기관에 관한 경과조치】** ① 이 법 시행 당시 종전의 법률에 따라 지정된 검사기관은 제80조의 개정규정에 따라 지정된 농산물검사기관으로 본다.

② 이 법 시행 당시 종전의 「수산물품질관리법」에 따라 지정된 검사기관(안전성조사 업무를 수행하기 위하여 지정된 검사기관은 제외한다)은 제89조의 개정규정에 따라 지정된 수산물검사기관으로 본다.

③ 이 법 시행 당시 종전의 「수산물품질관리법」에 따라 지정된 검사기관 중

안전성조사 업무를 수행하기 위하여 지정된 검사기관은 제64조의 개정규정에 따라 지정된 안전성검사기관으로 본다.
④ 이 법 시행 당시 종전의 법률 또는 종전의 「수산물품질관리법」에 따라 지정된 검정기관은 제99조의 개정규정에 따라 지정된 검정기관으로 본다.
**제17조【농산물검사관 및 수산물검사관에 관한 경과조치】** ① 이 법 시행 당시 종전의 법률에 따른 검사원은 제82조의 개정규정에 따른 농산물검사관으로 본다.
② 이 법 시행 당시 종전의 「수산물품질관리법」에 따른 검사관은 제91조의 개정규정에 따른 수산물검사관으로 본다.
③ 이 법 시행 전에 발생한 사유로 인하여 농산물검사관 및 수산물검사관의 자격이 취소(이 법 시행 전에 종전의 법률에 따라 검사원의 자격이 취소된 경우 및 종전의 「수산물품질관리법」에 따라 검사관의 자격이 취소된 경우를 포함한다)된 사람에 대한 농산물검사관 또는 수산물검사관 전형시험의 응시 또는 자격 취득 제한에 관하여는 각각 종전의 법률 및 종전의 「수산물품질관리법」에 따른다.
**제18조【행정처분 및 벌칙 등에 관한 경과조치】** 이 법 시행 전의 행위에 대하여 행정처분 또는 벌칙이나 과태료를 적용할 때에는 종전의 법률 및 종전의 「수산물품질관리법」에 따른다.
**제19조【다른 법률의 개정】** ①~⑬ ※(해당 법령에 가제정리 하였음)
**제20조【다른 법령과의 관계】** 이 법 시행 당시 다른 법령에서 종전의 법률, 종전의 「수산물품질관리법」 또는 그 규정을 인용한 경우 이 법 가운데 그에 해당하는 규정이 있으면 종전의 법률, 종전의 「수산물품질관리법」 또는 그 규정을 갈음하여 이 법 또는 이 법의 해당 규정을 인용한 것으로 본다.

부　칙 (2013.8.13)

이 법은 공포 후 6개월이 경과한 날부터 시행한다. 다만, 제98조의2의 개정규정은 공포 후 3개월이 경과한 날부터 시행한다.

부　칙 (2014.3.24)

이 법은 공포 후 6개월이 경과한 날부터 시행한다.

부　칙 (2014.5.20)

이 법은 공포한 날부터 시행한다.

부　칙 (2016.2.29 법14035호)

**제1조【시행일】** 이 법은 공포 후 1년이 경과한 날부터 시행한다.(이하 생략)

부　칙 (2016.12.2)

이 법은 공포 후 6개월이 경과한 날부터 시행한다.

부　칙 (2016.12.27)

**제1조【시행일】** 이 법은 공포 후 6개월이 경과한 날부터 시행한다.(이하 생략)

부　칙 (2017.4.18)

**제1조【시행일】** 이 법은 공포 후 1년이 경과한 날부터 시행한다.
**제2조【우수관리시설의 지정에 관한 경과조치】** 이 법 시행 당시 종전의 규정에 따라 농림축산식품부장관이 지정한 우수관리시설은 제11조의 개정규정에 따라 우수관리인증기관이 지정한 우수관리시설로 본다.

**제3조【우수관리시설의 지정 취소 등에 관한 경과조치】** ① 이 법 시행 당시 종전의 제12조제1항에 따라 우수관리시설의 지정 취소 또는 업무의 정지가 진행 중인 경우에는 제12조제1항의 개정규정에도 불구하고 종전의 규정에 따른다.
② 이 법 시행 당시 종전의 제114조제1항제2호에 따라 청문이 진행 중인 경우에는 제114조제1항제2호의 개정규정에도 불구하고 종전의 규정에 따른다.

부 칙 (2017.11.28)

**제1조【시행일】** 이 법은 공포 후 6개월이 경과한 날부터 시행한다.
**제2조【수산특산물에 대한 품질인증제도 폐지에 관한 경과조치】** ① 이 법 시행 당시 종전의 제14조제1항에 따라 품질인증을 받은 수산특산물에 대해서는 제15조제2항 및 제3항에 따라 품질인증의 유효기간을 연장할 수 있다. 다만, 품질인증의 유효기간을 연장하는 경우에도 그 기한은 2020년 12월 31일로 한다.
② 이 법 시행 당시 종전의 제14조제1항에 따라 품질인증을 받은 수산특산물 및 제1항에 따라 품질인증의 유효기간을 연장한 수산특산물에 대해서는 종전의 품질인증 관련 규정(벌칙 및 과태료에 관한 규정을 포함한다)에 따른다.
**제3조【다른 법률의 개정】** ※(해당 법령에 가제정리 하였음)

부 칙 (2018.2.21)

이 법은 공포 후 6개월이 경과한 날부터 시행한다.

부 칙 (2018.6.12)

**제1조【시행일】** 이 법은 공포 후 6개월이 경과한 날부터 시행한다.
**제2조【안전성검사기관 지정의 유효기간에 관한 경과조치】** 이 법 시행 전에 제64조제1항에 따라 지정을 받은 안전성검사기관의 지정 유효기간은 이 법 시행일부터 기산한다.

부 칙 (2019.1.15)

**제1조【시행일】** 이 법은 공포한 날부터 시행한다.
**제2조【다른 법률의 개정】** ※(해당 법령에 가제정리 하였음)

부 칙 (2019.8.27 법16540호)

**제1조【시행일】** 이 법은 공포 후 6개월이 경과한 날부터 시행한다. 다만, 제107조의 개정규정은 공포한 날부터 시행한다.
**제2조【우수관리인증기관 변경신고 등에 관한 적용례】** 제9조제3항 · 제4항, 제11조제3항 · 제4항, 제24조제4항 · 제5항 및 제99조제3항 · 제4항의 개정규정은 이 법 시행 이후 신고를 하는 경우부터 적용한다.
**제3조【행정제재처분 효과의 승계에 관한 적용례】** 제28조의2의 개정규정은 이 법 시행 이후 최초로 하는 행정제재처분부터 적용한다.
**제4조【농산물품질관리사 또는 수산물품질관리사 자격시험의 부정행위자 제재조치에 관한 적용례】** 제107조제2항 및 같은 조 제3항제1호의 개정규정은 부칙 제1조 단서에 따른 시행일 이후 실시하는 농산물품질관리사 또는 수산물품질관리사 자격시험부터 적용한다.

부 칙 (2019.8.27 법16568호)

**제1조【시행일】** 이 법은 공포 후 1년이 경과한 날부터 시행한다.(이하 생략)

부 칙 (2019.12.10)

**제1조【시행일】** 이 법은 공포 후 6개월이 경과한 날부터 시행한다.
**제2조【검정기관 지정의 유효기간에 관한 경과조치】** 이 법 시행 당시 종전의 규정에 따라 지정을 받은 검정기관의 지정 유효기간은 이 법 시행일부터 기산한다.

부 칙 (2020.2.18 법17024호)

**제1조【시행일】** 이 법은 공포한 날부터 시행한다. 다만, 제17조 및 제18조의 개정규정은 공포 후 1개월이 경과한 날부터 시행하고, 제4조제8호, 제14조제2항 단서, 제69조 및 제71조제1항의 개정규정은 공포 후 6개월이 경과한 날부터 시행한다.
**제2조【품질인증 신청 제한에 관한 적용례】** 제14조제2항의 개정규정은 같은 개정규정 시행 이후 최초로 수산물의 품질인증이 취소되거나 제119조 또는 제120조를 위반하여 벌금 이상의 형을 받고 그 형이 확정된 경우부터 적용한다.
**제3조【품질인증기관 지정내용 변경신고에 관한 적용례】** 제17조제4항 및 제5항의 개정규정은 같은 개정규정 시행 이후 품질인증기관 지정내용 변경신고를 하는 경우부터 적용한다.

부 칙 (2020.2.18 법17037호)

**제1조【시행일】** 이 법은 공포 후 1년이 경과한 날부터 시행한다.(이하 생략)

부 칙 (2020.12.8)

**제1조【시행일】** 이 법률은 공포한 날부터 시행한다.(이하 생략)

부 칙 (2021.12.21)

**제1조【시행일】** 이 법은 공포한 날부터 시행한다. 다만, 제113조제10호의 개정규정은 공포 후 6개월이 경과한 날부터 시행한다.
**제2조【수수료에 관한 적용례】** 제113조제10호의 개정규정은 같은 개정규정 시행일 이후 이 법에 따라 다시 지정을 신청하거나 변경승인을 신청하는 경우부터 적용한다.

부 칙 (2022.2.3)

**제1조【시행일】** 이 법은 공포한 날부터 시행한다.
**제2조【대집행에 대한 적용례】** 제63조제2항의 개정규정은 이 법 시행 후 적발되어 제63조제1항제1호의 조치 대상이 되는 경우부터 적용한다.

부 칙 (2022.6.10)

이 법은 공포 후 1년이 경과한 날부터 시행한다.

부 칙 (2023.8.16)

이 법은 공포한 날부터 시행한다.

부 칙 (2024.9.20)

이 법은 공포한 날부터 시행한다.(이하 생략)

# 국제조약편

# 세계지적소유권기구 설립협약(WIPO)

스톡홀름에서 채택 1967. 7.14
가입서 기탁일 1978.12. 1
대한민국에 대하여 발효 1979. 3. 1
(조약 제676호)

체약당사국들은, 각국의 주권과 평등에 대한 존중의 기초위에서 상호 이익을 위한 국가간의 이해와 협조의 증진에 기여할 것을 희망하고, 창조적 활동을 장려하기 위하여 전세계를 통한 지적소유권의 보호를 촉진할 것을 희망하고, 각개 동맹의 독자성을 충분히 존중하면서 공업소유권의 보호와 문학 및 예술작품의 보호분야에 있어서 설립된 제 동맹의 행정을 현대화하고 보다 효율성을 부여할 것을 희망하여, 다음과 같이 합의한다.

**제1조 【기구의 설립】** 세계지적소유권기구를 이에 설립한다.

**제2조 【정의】** 이 협약의 목적을 위하여 :

(i) "기구"라 함은 세계지적소유권기구(WIPO)를 말하며 ;

(ii) "국제사무국"이라 함은 지적소유권 국제사무국을 말하며 ;

(iii) "파리협약"이라 함은 그 모든 개정을 포함한 1883년 3월 20일에 서명된 공업소유권 보호에 관한 협약을 말하며 ;

(iv) "베른협약"이라 함은 그 모든 개정을 포함한 1886년 9월 9일에 서명된 문학 및 예술작품 보호에 관한 협약을 말하며 ;

(v) "파리동맹"이라 함은 파리협약에 의해 설립된 국제동맹을 말하며 ;

(vi) "베른동맹"이라 함은 베른협약에 의해 설립된 국제연맹을 말하며 ;

(vii) "제 동맹"이라 함은 파리동맹 및 이 동맹과 관련하여 설립된 특별동맹 및 협정, 베른동맹 및 기타 어떤 국제협정으로서 제4조 (iii)항에 의거 기구가 그 관리를 담당하는 지적소유권 보호를 촉진하기 위한 것을 말하며 ;

(viii) "지적소유권"이라 함은 :
- 문학, 예술 및 과학작품,
- 연출 예술가의 공연, 음반 및 방송,
- 인간 노력의 모든 분야에 있어서의 발명,
- 과학적 발견,
- 공업의장,
- 등록상표, 써비스마크, 상호 및 기타 명칭,
- 부당경쟁에 대한 보호등에 관한 권리와 공업, 과학, 문학 또는 예술분야의 지적활동에서 발생하는 기타 모든 권리를 포함한다.

**제3조 【기구의 목적】** 기구의 목적은 :

(i) 국가간의 협조를 통하여 그리고 적당한 경우에는 기타 모든 국제기구와 공동으로 전세계를 통한 지적소유권의 보호를 촉진하고 ;

(ii) 제 동맹간의 행정적 협조를 확보함에 있다.

**제4조 【직무】** 기구는 제3조에 기술된 목적을 달성하기 위하여 그의 적절한 기관을 통해서 또는 제 동맹 각각의 관할권에 따를 것을 조건으로 하여 :

(i) 전세계를 통한 지적소유권의 효율적 보호를 촉진시키고 이 분야에 있어서의 국가 입법을 조화시킬 것을 목적으로 하는 제반조치의 발전을 증진시키며 ;

(ii) 파리동맹, 이 동맹과 관련하여 설립된 특별동맹 및 베른동맹의 행정적 업무를 수행하며 ;

(iii) 지적소유권 보호의 증진을 목

적으로 하는 기타 모든 국제협정의 관리를 담당하거나 또는 이에 참여하기로 동의할 수 있으며 ;

(iv) 지적소유권 보호의 증진을 목적으로 하는 국제협정의 체결을 장려하며 ;

(v) 지적소유권 분야에 있어서 법률적, 기술적 원조를 요청하는 국가에 협조를 제공하며 ;

(vi) 지적소유권 보호에 관한 정보를 수집·배포하고 이 분야의 연구를 수행, 촉진하며 동 연구의 결과를 공포하며 ;

(vii) 지적소유권의 국제적 보호를 촉진하는 역무를 유지하며 적절한 경우에는 이 분야에 있어서 등록과 등록에 관한 자료의 공표를 위한 준비를 하며 ;

(viii) 기타 적절한 모든 조치를 취한다.

**제5조 【회원자격】**

(1) 기구의 회원자격은 제2조 (vii)항에서 정의한 제동맹중 어느 한 동맹의 회원국인 어떤 국가에도 개방된다.

(2) 기구의 회원자격은 제 동맹중 어느 한 동맹의 회원국이 아닌 어떤 국가에도 평등하게 개방된다. 다만 :

(i) 동 국가가 국제연합, 국제연합과 관계를 맺고 있는 전문기구 또는 국제원자력기구의 회원국이거나 국제사법재판소규정의 당사자이고, 또는

(ii) 본 협약의 당사국이 되도록 총회에 의해 초청받는 경우에 한한다.

**제6조 【총회】**

(1) (a) 제 동맹중 어느 한 동맹의 회원국인 이 협약의 당사국으로 구성되는 총회를 둔다.

(b) 각국 정부는 1인의 대표에 의해 대표되며, 동 대표는 교체대표, 자문위원 및 전문가에 의해 보좌될 수 있다.

(c) 각 대표단의 비용은 이를 임명한 정부가 부담한다.

(2) 총회는 :

(i) 조정위원회의 지명에 따라 사무국장을 임명하고 ;

(ii) 기구에 관한 사무국장의 보고를 검토 및 승인하고 그에게 필요한 모든 지시를 하며 ;

(iii) 조정위원회의 보고와 활동을 검토, 승인하고 동 위원회에 지시를 하며 ;

(iv) 제 동맹에 공통된 경비의 매 3년간 예산을 채택하며 ;

(v) 제4조 (iii)항에 언급한 국제협정의 관리에 관해 사무국장이 제안한 조치를 승인하며 ;

(vi) 기구의 재무 규칙을 채택하며 ;

(vii) 국제연합의 관행을 고려하여 사무국의 공용어를 결정하며 ;

(viii) 제5조 (2)(ii)항에 언급한 국가들을 이 협약의 당사자가 되도록 초청하며 ;

(ix) 기구의 회원국이 아닌 어느 국가와 정부간 및 비정부간 국제기구중 어느 기구를 옵서버로서 그의 회의에 참석시킬 것인가를 결정하며 ;

(x) 기타 이 협약하에서 적절한 직무를 수행한다.

(3) (a) 각국은 1개 또는 그 이상의 동맹의 회원국 여부를 불문하고 총회에서 1표를 가진다.

(b) 총회 회원국의 과반수는 의사 정족수를 구성한다.

(c) (b)항의 규정에도 불구하고 어떤 회기에서 대표파견 국가의 수가 과반수미만이지만 총회 회원국의 1/3이상인 경우에 총회는 결정을 할 수 있다. 다만, 그 자신의 절차에 관한 결정 이외에는 다음의 조건이 충족되는 경우에만 그러한

모든 결정이 효력을 발생한다. 국제사무국은 대표를 파견치 않은 총회 회원국들에게 상기결정을 통보하고 동 통보일로부터 3개월 기간이내에 그들의 찬부 또는 기권을 서면으로 표시하도록 권고한다. 동 기간의 만료시까지 자신의 찬부 또는 기권을 표시한 국가의 수가 동 회기자체의 정족수 획득에 미달됐던 국가의 수를 획득하게 되는 경우에도 동 결정은 동시에 필요한 다수를 계속 획득해야 할 것을 조건으로 효력을 발생한다.

(d) (e) 및 (f)항의 규정에 따를 것을 조건으로 하여 총회는 행사된 투표수의 2/3 다수에 의해 결정을 한다.

(e) 제4조 (iii)항에 언급한 국제협정의 관리에 관한 조치의 승인은 행사된 투표수의 3/4의 다수를 요한다.

(f) 국제연합헌장 제57조 및 제63조에 의거 국제연합과 체결한 협정의 승인은 행사된 투표수의 9/10의 다수를 요한다.

(g) 사무국장의 임명((2)(i)항), 국제협정의 관리에 관한 사무국장이 제안한 조치의 승인((2)(v)항) 및 본부의 이전(제10조)에 대해서는 총회뿐만 아니라 파리동맹회의 및 베른동맹회의에서도 요구되는 다수가 확보되어야 한다.

(h) 기권은 투표로 간주되지 않는다.

(i) 대표는 1개 국가만을 대표하고 동 국가만의 명의로 투표한다.

(4) (a) 총회는 사무국장의 소집에 따라 매 3년마다 1회씩 정기회기에 회합한다.

(b) 총회는 조정위원회의 요청이나 총회 회원국 1/4의 요청에 따라 사무국장이 소집하는 특별회기에 회합한다.

(c) 회의는 기구의 본부에서 개최한다.

(5) 제 동맹중 어느 한 동맹의 회원국이 아닌 본 협약의 당사국은 옵서버로서 총회의 회의에 참석이 허용된다.

(6) 총회는 그 스스로의 절차 규칙을 채택한다.

**제7조 【당사국회의】**

(1) (a) 제 동맹의 회원국 여부를 불문하고 이 협약의 당사국으로 구성되는 당사국 회의를 둔다.

(b) 각국 정부는 1인의 대표에 의해 대표되며 동 대표는 교체대표, 자문위원 및 전문가에 의해 보좌받을 수 있다.

(c) 각 대표단의 비용은 이를 임명한 정부가 부담한다.

(2) 당사국 회의는 :

( i ) 지적소유권 분야에 있어서의 일반적 관심사항을 협의하고 제 동맹의 권한과 자치를 고려하여 동 사항에 관한 권고를 채택할 수 있고 ;

( ii ) 당사국 회의의 3개년 예산을 채택하며 ;

(iii) 당사국 회의 예산의 한도내에서 법률적 기술적 원조 3개년 계획을 수립하며 ;

(iv) 제17조에 규정된 이 협약의 개정을 채택하며 ;

( v ) 기구의 회원국이 아닌 어느 국가와 정부간 및 비정부간 국제기구중 어느 기구를 옵서버로서 그의 회의에 참석시킬 것인가를 결정하며 ;

(vi) 기타 이 협약하에서 적절한 직무를 수행한다.

(3) (a) 각 회원국은 당사국 회의에서 1표를 가진다.

(b) 회원국의 1/3은 의사 정족수를 구성한다.

(c) 당사국 회의는 제17조의 규정에

복종할 것을 조건으로 하여 행사된 투표수의 2/3의 다수에 의해 결정된다.

(d) 제 동맹중 어느 한 동맹의 회원국이 아닌 이 협약 당사국들의 부담금액은 동 국가들의 대표만이 투표권을 가지는 표결에 의하여 정해진다.

(e) 기권은 투표로 인정되지 않는다.

(f) 대표는 1개 국가만을 대표하며 동 국가만의 명의로 투표할 수 있다.

(4) (a) 당사국 회의는 총회와 동일한 기간 및 동일한 장소에서 사무국장이 소집하는 정기회기에 회합한다.

(b) 당사국 회의는 회원국 다수의 요청에 의해 사무국장이 소집하는 특별회기에 회합한다.

(5) 당사국 회의는 그 스스로의 절차규칙을 채택한다.

**제8조 【조정위원회】**

(1) (a) 파리동맹의 집행위원회나 베른동맹의 집행위원회 또는 이 양위원회의 회원국인 이 협약의 당사국으로 구성되는 조정위원회를 둔다. 그러나 이들 집행위원회중 어느 하나가 그를 선출한 동맹총회의 회원국수의 1/4이상으로 구성되는 경우에 동 집행위원회는 그 수가 전기 언급한 1/4을 초과하지 않는 방법으로 그의 회원국중에서 조정위원회의 회원국이 될 국가를 지명한다. 단, 그 영역내에 기구가 있는 국가는 상기 1/4의 계산에 포함되지 않는 것으로 양해된다.

(b) 조정위원회의 각 회원국 정부는 1인의 대표에 의해 대표되며 동 대표는 교체대표, 자문위원 및 전문가에 의해 보좌받을 수 있다.

(c) 조정위원회가 협의회의 계획이나 예산 및 그 의사일정에 직접 이해관계가 있는 문제 또는 제 동맹중 어느 한 회원국이 아닌 본 협약의 당사국의 권리나 의무에 영향을 주는 본 협약의 개정안을 심의할 때는 동 당사국의 1/4은 조정위원회의 회원국과 동일한 권리를 가지고 동 위원회에 참가한다.

(d) 각 대표단의 비용은 이를 임명한 정부가 부담한다.

(2) 기구가 관리하는 기타 동맹이 조정위원회에 이상과 같이 대표를 파견하고자 희망하는 경우 동 대표는 조정위원회 회원국에서 임명되어야 한다.

(3) 조정위원회는 :

(i) 제 동맹의 2이상 또는 제 동맹의 1이상 및 기구에 공통의 이해관계가 있는 모든 행정적, 재정적 및 기타 사항, 특히 제 동맹에 공통되는 비용의 예산에 관하여 제 동맹의 기관, 총회, 당사국회의 및 사무국장에게 권고를 하며 ;

(ii) 총회의 의제안을 작성하며 ;

(iii) 당사국회의의 의제안, 의사일정안 및 예산안을 작성하며 ;

(iv) 법률적 기술적 원조의 3개년 계획을 기초로 할 뿐만 아니라 제 동맹에 공통되는 비용의 3개년 예산 및 당사국회의의 3개년 예산을 기초로 하여 이에 상응하는 연간예산 및 계획을 수립하며 ;

(v) 사무국장의 임기가 종료할 때, 사무국장의 직위가 공석일 때, 총회가 동직에 임명할 후보자를 지명하고, 만약 총회가 동 지명자를 임명하지 않는 경우, 조정위원회는 다른 후보자를 지명하는 바 이러한 절차는 최종적으로 지명된 자가 총회에 의해 임명될 때까지 반복되며 ;

(vi) 사무국장의 직위가 총회의 2회기중 공석이 되는 경우 신임 사무국장이 취임하기이전의 기간을 위해 사무국장 대리를 임명하며 ;

(vii) 기타 이 협약하에서 그에 부과된 직무를 수행한다.

(4) (a) 조정위원회는 매년 1회 사무국장이 소집하는 정기회기에 회합한다. 동 위원회는 통상 기구의 본부에서 회합한다.

(b) 조정위원회는 사무국장의 발의에 의하거나 동 위원회의 의장 또는 그 회원국 1/4의 요청에 따라 사무국장이 소집하는 특별회기에 회합한다.

(5) (a) 각국은 (1)(a)항에 언급한 집행위원회의 일방의 회원국이냐 또는 쌍방의 회원국이냐를 불문하고 조정위원회에서 1표를 갖는다.

(b) 조정위원회 회원국의 과반수는 의사 정족수를 구성한다.

(c) 대표는 1개 국가만을 대표하며 동 국가만의 명의로 투표할 수 있다.

(6) (a) 조정위원회는 행사된 투표수의 단순과반수에 의해 그 의견을 표시하며 그의 결정을 한다. 기권은 투표로 간주되지 않는다.

(b) 비록 단순과반수를 득한다 하더라도 조정위원회는 투표후 지체없이 다음의 방법으로 특별 재개표할 것을 요구할 수 있다. 즉 2개의 별도 목록을 작성하되 그 하나에는 파리동맹집행위원회의 회원국 명칭을 기재하고 또 다른 하나에는 베른동맹집행위원회의 회원국의 명칭을 기재하여 각국의 찬부 표시를 동국의 명칭이 기재되어 있는 각 목록중 그 명칭의 반대편에 기재한다. 이러한 특별 재개표가 동 목록상 어느 쪽에도 단순과반수가 획득하지 않았음을 증명하였을 때에는 제안은 가결된 것으로 인정되지 않는다.

(7) 조정위원회의 회원국이 아닌 기구의 회원국은 토의 참가권은 있으나 투표권이 없는 옵서버를 동 위원회의 회의에 파견할 수 있다.

(8) 조정위원회는 그 스스로의 절차 규칙을 정한다.

**제9조 【국제사무국】**

(1) 국제사무국은 기구의 사무국으로 한다.

(2) 국제사무국은 2인 또는 그 이상의 사무차장에 의해 보좌되는 사무국장이 통솔한다.

(3) 사무국장은 6년 이상의 고정된 임기를 위해 임명된다. 동인은 고정된 임기동안 재임명될 자격이 있다. 최초임명 및 추후에 있을 임명의 임기뿐만 아니라 임명의 기타 조건도 총회가 확정한다.

(4) (a) 사무국장은 기구의 수석 집행자가 된다.

(b) 사무국장은 기구를 대표한다.

(c) 사무국장은 기구의 대내외 문제에 관하여 총회에 보고하고 그 지시에 따른다.

(5) 사무국장은 활동에 관한 계획안, 예산안 및 정기보고서안을 작성한다. 사무국장은 관계당사국 정부와 제 동맹 및 기구의 관할기관에 이를 송달한다.

(6) 사무국장 및 그가 지명한 사무국 직원은 총회, 당사국회의, 조정위원회, 기타 위원회 또는 실무그룹의 모든 회의에 투표권없이 참석한다. 사무국장 또는 그가 지명한 직원은 직권상 당연히 이들 단체의 서기가 된다.

(7) 사무국장은 국제사무국 업무의 효율적인 수행을 위해 필요한 직원을 임명한다. 사무국장은 조정위원회의 승인을 얻어 사무차장을 임명한다. 고용조건은 사무국장의 제안에 따라 조정위원회가 승인하는 인사규칙으로 정한다. 직원의 고용과 근무조건의 결정에 있어서는 최고 수준의 능률, 능력 및 성실성을 확보할 필요성에 가장 유의해야 한다. 가능한 한 광범위한 지리적 근거에 의하여 직원을 채용해야 할 중요성에 적절한 고려를 해야 한다.

(8) 사무국장과 그 직원의 직책의 성격은 전적으로 국제적이다. 이들은 그 직무를 수행함에 있어서 정부 또는 기구 이외의 여하한 권위로부터 지시를 구하거나 받지 않는다. 이들은 국제공무원으로서의 그들의 지위를 손상시키는 여하한 행위도 삼가하여야 한다. 각 회원국은 전적으로 국제적인 성격을 띠고 있는 사무국장 및 그 직원의 직책을 존중하며 직무수행중인 이들에게 영향력을 행사하지 않을 것을 약속한다.

**제10조【본부】**

(1) 기구의 본부는 제네바에 둔다.

(2) 본부의 이전은 제6조(3)(d) 및 (g)항에 규정된 바에 따라 결정될 수 있다.

**제11조【재정】**

(1) 기구는 2개의 별도예산, 즉 제 동맹에 공통되는 비용예산 및 당사국회의의 예산을 가진다.

(2) (a) 제 동맹에 공통되는 비용예산은 수개 동맹에 관계되는 비용에 관한 규정을 둔다.

(b) 동 예산은 다음의 원천으로부터 조달된다.

( i ) 제 동맹의 부담금. 단, 각 동맹의 부담금액은 이 동맹이 공통비용중에 가지는 이해관계를 고려하여 이 동맹의 회의가 확정한다.

( ii ) 제 동맹의 어느 하나와 직접 관계없이 국제사무국이 행한 역무에 대한 부과금 또는 법률적 기술적 원조의 분야에서 국제사무국이 제공한 역무에 대해 수령한 부과금 이외의 부과금 ;

(iii) 제 동맹의 어느 하나와 직접 관계가 없는 국제사무국 간행물의 매상금 또는 그 인세 ;

(iv) 기구에 제공된 증여, 유증 및 보조금. 단, 제(3)항 (b)(iv)에 언급한 것은 제외 ;

( v ) 기구의 임대료, 이자 및 기타 잡수입.

(3) (a) 당사국회의 예산은 당사국회의 회기를 개최하는 비용 및 법률적 기술적 원조계획의 비용에 관한 규정을 포함한다.

(b) 동 예산은 다음 원천으로부터 조달된다.

( i ) 제 동맹중 어느 한 동맹의 회원국이 아닌 본 협약 당사국의 부담금 ;

( ii ) 제 동맹이 동 예산에의 계상을 허용한 금액. 단, 각 동맹이 허용한 금액은 이 동맹의 회의가 확정하며 각 동맹은 상기 예산에 대한 부담을 자유로이 회피할 수 있다 ;

(iii) 법률적 기술적 원조분야에서 국제사무국이 제공하는 역무에 대해 영수한 금액 ;

(iv) (a)항에 언급한 목적을 위하여 기구에 제공되는 증여, 유증 및 보조금.

(4) (a) 제 동맹중 어느 한 동맹의 회원국이 아닌 이 협약의 각 당사국은 당사국회의 예산에 대한 부담금을 확정하기 위하여 1개의 등급에 속하며 다음에서 정하는 단위수를 기초로 하여 그 연간 부담금을 지불한다.

등급 A ………………………… 10
등급 B ………………………… 3
등급 C ………………………… 1

(b) 이상의 각국은 제14조(1)항에서 정하는 조치를 취함과 동시에 그가 소속되기를 희망하는 등급을 지시하여야 한다. 이와 같은 국가도 등급을 변경할 수 있다. 만약 동 국가가 하위의 등급을 선택할 경우에는 당사국회의의 정기회의에서 이를 선언하여야 한다. 이러한 변경은 그 회기의 다음 연도초부터 효력을 발생한다.

(c) 이상과 같은 각국의 연차부담금은 그 단위수가 상기 모든 국가의

단위 총계에 비례하는 것과 동일하게 이상의 모든 국가가 당사국회의 예산에 부담하는 총액에 비례하는 액수이어야 한다.

(d) 부담금은 매년 1월초에 납입되어야 한다.

(e) 예산이 신회계연도 개시이전까지 채택되지 않는 경우, 예산은 재정규칙에 의거 전년도 예산과 동일한 수준으로 한다.

(5) 본조에 의거한 그 재정적 부담금의 납부를 지연하는 제 동맹중 어느 한 회원국이 아닌 이 협약에 당사국 및 제 동맹중 어느 한 동맹에 대한 그의 부담금 납부를 지연하는 제 동맹중 어느 한 동맹의 회원국인 이 협약의 당사국은 그 지연액이 그가 납부할 최후 2년분의 금액과 동일하거나 이를 초과할 경우 그가 회원국인 기구의 기관에서 투표권을 갖지 못한다. 그러나 특수하고 불가피한 사정으로 인하여 납부가 지연되었음을 증명하거나 또는 그러한 증명이 있는 한 이들 기관은 동 국가가 동 기관에서 투표권을 계속 행사할 수 있도록 허용할 수 있다.

(6) 법률적 기술적 원조의 분야에서 국제사무국이 제공한 역무에 대한 수수료 및 부과금액은 사무국장이 결정하여 조정위원회에 보고한다.

(7) 기구는 조정위원회의 승인을 얻어 정부, 공적 또는 사적기구, 단체 또는 개인으로부터 직접 증여, 유증 및 보조금을 접수할 수 있다.

(8) (a) 기구는 제 동맹 및 어느 동맹의 회원국이 아닌 본 협약의 각 당사국의 단일 납입금으로 구성되는 운영자본기금을 가진다. 이 기금이 불충분한 경우에는 증액하여야 한다.

(b) 각 동맹의 단일납부액 및 그 증액에 대한 가능한 분담액은 이 동맹의 회의가 결정한다.

(c) 어느 동맹의 회원국이 아닌 이 협약의 각 당사국의 단일납부액 및 증액에 대한 그의 분담금액은 기금이 확립되거나 증액이 결정되는 연도에 있어서의 동 국가부담금의 일부분이 된다. 동 일부분 및 납부조건은 사무국장의 제안에 따라 또는 조정위원회의 권고를 청취한 후에 당사국 회의가 결정한다.

(9) (a) 그 영역에 기구의 본부가 있는 국가와 체결한 본부 협정에는 운영자본기금이 불충분할 때는 언제나 동 국가가 입체를 해야 한다고 규정되어야 한다. 동 입체금액 및 입체허용 조건은 동 국가와 기구간에 개별적으로 체결하는 별개 협정의 대상이 된다. 동 국가가 입체를 할 의무를 지고 있는 한 동 국가는 직권상 당연히 조정위원회에서 의석을 가진다.

(b) (a)항에 언급한 국가 및 기구는 각기 서면통고로써 입체의무를 폐기할 권한을 가진다. 폐기는 그것이 통고되는 연도말로부터 3년후에 효력을 발생한다.

(10) 회계감사는 재무규칙이 정하는 바에 의하여 1개 또는 그 이상의 회원국 또는 독립감사가 실시한다. 이들은 그들의 협정에 의거 총회가 지명한다.

**제12조 【법적자격, 특권 및 면제】**

(1) 기구는 그 목적의 달성 및 직무의 수행상 필요한 법적자격을 각 회원국의 영역내에서 그 법령에 따라 향유한다.

(2) 기구는 스위스연방 및 추후 본부가 이전될 가능성이 있는 국가와 본부협정을 체결한다.

(3) 기구는 그의 목적달성 및 직무 수행상 필요한 특권 및 면제를 기구, 그 직원 및 모든 회원국 대표들에게 향유시킬 것을 목적으로 기타 회원국과 양자 또는 다자협정을 체결할 수 있다.

(4) 사무국장은 기구를 대신하여 제(2) 및 (3)항에 언급한 협정을 교섭할 수 있으며 조정위원회의 승인을 얻어 이를 체결 및 서명한다.

**제13조 【기타 기구와의 관계】**

(1) 기구는 필요시 기타 정부간 기구와 실무관계를 수립하며 협조한다. 이와 같은 취지로 동 기구들과 체결하는 일반협정은 조정위원회의 승인을 얻어 사무국장이 체결한다.

(2) 기구는 그 권한내의 사항에 관하여 비정부간 국제기구 및 관계국 정부의 동의를 얻은 경우 정부기구든 비정부기구든간에 국내기구와 협의 및 협조를 위한 적절한 약정을 체결한다. 동 약정은 조정위원회의 승인을 얻어 사무국장이 체결한다.

**제14조 【협약의 당사자 자격】**

(1) 제5조에 언급한 국가는 다음의 행위에 의하여 이 협약의 당사자 및 기구의 회원국이 될 수 있다 :

(i) 비준에 대한 유보없는 서명 ; 또는

(ii) 비준을 조건으로 하여 서명한 후의 비준서 기탁 ;

(iii) 가입서 기탁.

(2) 이 협약의 다른 어떠한 규정에도 불구하고 파리협약, 베른협약 또는 이 양 협약의 당사국은 다음 사항을 동시에 비준하거나 가입할 때 또는 이를 비준했거나 가입한 후에 이 협약의 당사국이 될 수 있다. 즉, 파리협약의 스톡홀름의정서의 전부 또는 동 협약 제20조 (1)(b)(i)항에 규정된 제한만을 부가한 것

(3) 비준서 또는 가입서는 사무국장에게 기탁된다.

**제15조 【협약의 발효】**

(1) 이 협약은 파리동맹의 10개 당사국 및 베른동맹의 7개 당사국이 제14조(1)항에 규정된 조치를 취한 후 3개월후에 발효한다. 어느 국가가 두 동맹의 회원국인 경우, 동 국가는 두 그룹에 모두 계산되는 것으로 양해한다. 이 협약은 두 동맹의 어느 한 회원국이 아니면서 동 일자보다 3개월 또는 그 이전에 제14조(1)항에 규정된 조치를 취한 국가에 대해서도 역시 동 일자에 발효한다.

(2) 이 협약은 기타 국가에 관하여도 동 국가가 제14조(1)항에 규정된 조치를 취한 일자로부터 3개월후에 발효한다.

**제16조 【유보】** 이 협약에 대한 유보는 허용되지 아니한다.

**제17조 【개정】**

(1) 이 협약의 개정안은 회원국, 조정위원회 또는 사무국장에 의하여 발의될 수 있다. 사무국장은 당사국회의가 동 개정안을 심의하기 최소한 6개월 이전에 동 개정안을 회원국들에게 송달한다.

(2) 개정은 당사자회의가 채택한다. 개정이 제 동맹중 어느 한 동맹의 회원국이 아닌 이 협약당사국의 권리의무에 영향을 주는 경우에는 이러한 국가도 투표한다. 기타의 모든 개정안에 대하여는 어느 동맹의 회원국인 이 협약 당사국들만이 투표한다. 개정은 행사된 투표수의 단순과반수에 의해 채택된다. 다만, 파리동맹의 회의 및 베른동맹의 회의가 각각 자체의 각 협약의 행정적 규정의 개정안 채택에 관하여 각 회의에 적용할 규칙에 따라 사전에 채택한 바 있는 개정안에 대해서만 당사국회의가 표결한다.

(3) 어떠한 개정도 당사국회의가 개정을 채택할 때 제(2)항에 따라 개정안에 대해 투표할 자격이 있는 기구 당사국의 3/4으로부터 그들 각자의 헌법절차에 따라 이행된 수락에 관한 서면통고를 사무국장이 접수한 후 1개월 후에 효력을 발생한다. 이와 같이 수락된 개정은 개정의 발효시 기구의 회원국이며 그 후일에 회원국

이 된 모든 국가를 기속한다. 단, 회원국의 재정적 의무를 증가시키는 어떠한 개정도 동 개정에 대한 수락을 통보한 국가만을 구속한다.

**제18조 【탈퇴】**

(1) 어떠한 회원국도 사무국장에게 통고함으로써 이 협약을 탈퇴할 수 있다.

(2) 탈퇴는 사무국장이 통고를 접수한 날로부터 6개월 후에 효력을 발생한다.

**제19조 【통고】** 사무국장은 모든 회원국 정부에게 다음 사항을 통고한다 :

(i) 협약의 발효일 ;

(ii) 서명, 비준서 또는 가입서 기탁 ;

(iii) 이 협약 개정의 수락 및 개정의 발효일 ;

(iv) 이 협약의 탈퇴 ;

**제20조 【최종 규정】**

(1) (a) 이 협약은 모든 협약문이 동등히 정본인 영어, 불어, 노어 및 서반아어로 된 단일본으로 서명되며 스웨덴 정부에 기탁된다.

(b) 이 협약은 1968년 1월 13일까지 서명을 위해 개방된다.

(2) 사무국장은 관계정부와 협의한 후 독어, 이태리어, 폴튜갈어 및 당사국회의가 지정하는 기타 언어로 공식 협약문을 확정하다.

(3) 사무국장은 이 협약 및 당사국회의가 채택한 각 개정의 인증등본 각 2통을 파리동맹 또는 베른동맹의 회원국 정부와 이 협약에 가입하는 기타 국가의 정부 및 요청이 있을 경우에는 기타 어떤 국가의 정부에도 송부한다. 각국 정부에 송부된 협약의 서명본은 스웨덴 정부에 의하여 인증된다.

(4) 사무국장은 이 협약을 국제연합사무국에 등록한다.

**제21조 【경과규정】**

(1) 이 협약상 국제사무국 또는 사무국장이라 함은 최초 사무국장이 취임하기 전까지는 공업, 문학 및 예술소유권 보호에 관한 국제합동사무국(지적소유권 보호에 관한 국제합동사무국이라고도 칭함(BIRPI)) 또는 그 국장을 각각 말하는 것으로 간주된다.

(2) (a) 제 동맹중 어느 한 동맹의 회원국이지만 본 협약의 당사국이 되지 못한 국가는 이 협약의 발효일로부터 5년간은 희망하는 경우 이 협약의 당사국이 된 것과 동일한 권리를 행사할 수 있다. 이러한 권리의 행사를 희망하는 국가는 이러한 취지의 서면통고를 사무국장에게 발송하며 동 통고는 그 접수일에 효력을 발생한다. 동 국가는 상기 기간의 종료시까지 총회 및 당사국회의의 회원국인 것으로 간주된다.

(b) 동 국가는 동 5년 기간의 종료와 동시에 총회, 당사국회의 및 조정위원회에서 투표권을 갖지 못한다.

(c) 동 국가는 이 협약의 당사국이 됨과 동시에 동 투표권을 회복한다.

(3) (a) 이 협약의 당사국이 되지 못한 파리동맹 또는 베른동맹의 회원국이 있는 한 국제사무국 및 사무국장은 공업, 문학 및 예술소유권 보호에 관한 국제합동사무국 및 그 국장으로도 각각 역할을 한다.

(b) 이 협약의 발효일에 상기 사무국에 고용되어 있는 직원은 (a)항에 언급한 경과기간 중에는 국제사무국에 의해 또한 고용된 것으로 간주된다.

(4) (a) 파리동맹의 모든 회원국이 기구의 회원국이 될 때에는 동 동맹사무국의 권리, 의무 및 재산은 기구의 국제사무국에 귀속된다.

(b) 베른동맹의 모든 회원국이 기구의 회원국이 될 때에는 동 동맹사무국의 권리, 의무 및 재산은 기구의 국제사무국에 귀속된다.

# 세계무역기구설립을 위한 마라케쉬협정(WTO) -부속서 1다 무역관련 지적재산권에 관한 협정

마라케쉬에서 작성 1994. 4.15
수락서 기탁일 1994.12.30
대한민국에 대하여 발효 1995. 1. 1
(조약 제1265호)
제네바에서 채택 2005.12. 6
수락서 기탁일 2007. 1.24
대한민국에 대하여 발효 2017. 1.23
(조약 제2341호)



회원국들은,

국제무역에 대한 왜곡과 장애를 줄이는 것을 희망하며, 지적재산권의 효과적이고 적절한 보호를 증진할 필요성을 고려하여 지적재산권을 시행하는 조치 및 절차가 그 자체 정당한 무역에 대한 장벽이 되지 아니하도록 보장하기를 희망하며, 이를 위하여 다음에 관한 새로운 규칙과 규율의 필요성을 인정하며,

가. 1994년도 GATT의 기본원칙과 관련 국제 지적재산권 협정 또는 협약의 적용가능성
나. 무역관련 지적재산권의 취득가능성, 범위 및 사용에 관한 적절한 기준과 원칙의 제공
다. 국가의 법적제도의 차이를 고려한, 무역관련 지적재산권의 시행을 위한 효과적이고 적절한 수단의 제공
라. 정부간 분쟁의 다자간 예방 및 해결을 위한 효과적이고 신속한 절차의 제공, 그리고
마. 협상결과에의 최대한 참여를 목적으로 한 경과조치

위조상품의 국제무역을 다룰 원칙, 규칙 및 규율의 다자간 틀의 필요성을 인정하며, 지적재산권은 사적 권리임을 인정하며, 개발 및 기술 목표를 포함한 지적재산권 보호를 위한 국가적 제도의 기본 공공정책 목표를 인정하며, 또한 최빈개도국의 건전하고 실행가능한 기술적 기반의 창출이 가능하도록 하기 위하여 법률 및 규정의 국내적 이행에 있어서 최대한의 융통성에 대한 이들의 특별한 필요를 인정하며, 다자간절차를 통하여 무역관련 지적재산권 문제의 분쟁을 해결한다는 강화된 약속의 달성을 통한 긴장완화의 중요성을 강조하며, 세계무역기구와 세계지적재산권기구 및 다른 관련 국제기구와의 상호 협조적인 관계의 수립을 희망하면서, 다음과 같이 합의한다.

## 제1부 일반규정 및 기본원칙

### 제1조【의무의 성격과 범위】

1. 회원국은 이 협정의 제규정을 실시한다. 회원국은 이 협정의 규정에 위

배되지 아니하는 경우, 자기나라의 법을 통해 이 협정에 의해서 요구되는 것보다 더 광범위한 보호를 실시할 수 있으나, 그렇게 할 의무를 지지는 아니한다. 회원국은 자기나라의 고유한 법제도 및 관행내에서 이 협정의 제규정에 대한 적절한 이행방법을 자유로이 결정한다.

2. 이 협정의 목적상 "지적재산"이라는 용어는 제2부제1절에서 제7절까지의 대상인 모든 범주의 지적재산을 지칭한다.
3. 회원국은 다른 회원국의 국민(Re.1)에 대하여 이 협정에 규정된 대우를 제공한다. 관련 지적재산권에 대하여 다른 회원국의 국민은, 세계무역기구의 모든 회원국이 파리협약(1967년), 베른협약(1971년), 로마협약 및 집적회로에관한지적재산권조약의 회원국인 경우 이들 조약(Re.2)에 규정된 보호의 적격 요건을 충족시키는 자연인 또는 법인으로 양해된다. 로마협약의 제5조제3항 또는 제6조제2항에 규정된 가능성을 원용하고자 하는 회원국은 동 조항에 규정된 바에 따라 무역관련지적재산권위원회에 통보한다.

**(Remark 1)** 이 협정에서 "국민"이 언급될때, 세계무역기구 회원국인 독자적인 관세영역의 경우, 국민은 이러한 독자적인 관세영역에 거주하거나 실질적이고 효과적인 공업 또는 상업적 사업장을 가지고 있는 자연인 또는 법인을 의미하는 것으로 간주된다.

**(Remark 2)** 이 협정에서 "파리협약"은 산업재산권보호에관한 파리협약"을 지칭하며, "파리협약(1967년)"은 이 협약의 1967년 7월 14일자 스톡홀름 의정서를 지칭한다. "베른협약"은 문학적예술적저작물의보호를위한베른협약을 의미하며, "베른협약(1971년)"은 이 협약의 1971년 7월 24일자 파리의정서를 지칭한다. "로마협약"은 1961년 10월 26일 로마에서 채택된 실연자음반제작및방송기관의보호에관한국제협약을 지칭한다. "집적회로에관한지적재산권보호조약"(IPIC 조약)은 1989년 5월 26일 워싱턴에서 채택된 집적회로에관한지적재산권보호조약을 지칭한다. "세계무역기구협정"은 세계무역기구설립을위한협정을 지칭한다.

### 제2조 【지적재산권협약】

1. 이 협정의 제2부, 제3부 및 제4부와의 관련, 회원국은 파리협약(1967년)의 제1조에서 제12조까지 및 제19조를 준수한다.
2. 이 협정의 제1부에서 제4부까지의 어느 규정도 파리협약, 베른협약, 로마협약, 그리고 집적회로에 관한 지적재산권조약에 따라 회원국 상호간에 존재하는 의무를 면제하지 아니한다.

### 제3조 【내국민대우】

1. 각 회원국은 파리협약(1967년), 베른협약(1971년), 로마협약 또는 집적회로에관한지적재산권조약이 각각 이미 규정하고 있는 예외의 조건에 따라, 지적재산권 보호(Re.3)에 관하여 자기나라 국민보다 불리한 대우를 다른 회원국의 국민에게 부여하여서는 아니된다. 실연자, 음반제작자, 방송기관에 관하여는, 이러한 의무는 이 협정에 규정되어 있는 권리에 관해서만 적용된다. 베른협약(1971)의 제6조 또는 로마협약의 제16조제1항나호에 규정된 가능성을 원용하고자 하는 회원국은 동 조항에 규정된 바에 따라 무역관련지적재산권위원회에 통보한다.

**(Remark 3)** 제3조 및 제4조의 목적상 "보호"는 이 협정에서 구체적으로 언급된 지적재산권의 사용에 영향을 미치는 사항 뿐 아니라 지적재산권의 취득가능성, 취득, 범위, 유지 및 시행에 영향을 미치는 사항을 포함한다.

2. 회원국은 다른 회원국의 관할권내에 있는 주소지 지정 또는 대리인의 임명을 포함한 사법 및 행정절차와 관련하여, 제1항에서 허용되는 예외를 이용할 수 있다. 단, 그러한 예외가 이 협정의 규정과 불일치하지 아니하는 법과 규정의 준수를 확보하기 위하여 필요한 경우 및 이러한 관행이 무역에 대해 위장된 제한을 구성하지 아니하는 방법으로 적용되는 경우에 한한다.

**제4조【최혜국대우】** 지적재산권의 보호와 관련, 일방 회원국에 의해 다른 회원국의 국민에게 부여되는 이익, 혜택, 특권 또는 면제는 즉시, 그리고 무조건적으로 다른 모든 회원국의 국민에게 부여된다. 일방 회원국에 의해 부여되는 다음 경우의 이익, 혜택, 특권 또는 면제는 동 의무에서 제외된다.

가. 사법공조에관한국제협정 또는 특별히 지적재산권의 보호에 한정되지 아니하는 일반적 성격의 법률집행에서 비롯되는 경우

나. 내국민대우에 따라서가 아니라 다른 나라에서 부여되는 대우에 따라서 대우를 부여하는 것을 허용하는 로마협약 또는 베른 협약(1971년)의 규정에 따라 부여되는 경우

다. 이 협정에서 규정되지 아니하는 실연자, 음반제작자 및 방송기관의 권리에 관한 경우

라. 세계무역기구협정의 발효이전에 발효된 지적재산권보호관련 국제협정으로부터 비롯되는 경우. 단, 이러한 협정은 무역관련지적재산권위원회에 통보되어야 하며 다른 회원국 국민에 대하여 자의적이거나 부당한 차별을 구성하지 아니하여야 한다.

**제5조【보호의 취득 또는 유지에 관한 다자간 협정】** 제3조와 제4조에 따른 의무는 지적재산권의 취득과 유지에 관해 세계지적재산권기구의 주관하에 체결된 다자간협정에 규정된 절차에는 적용되지 아니한다.

**제6조【소진】** 이 협정에 따른 분쟁해결의 목적을 위하여 제3조와 제4조의 규정을 조건으로, 이 협정의 어떠한 규정도 지적재산권의 소진문제를 다루기 위하여 사용되지 아니한다.

**제7조【목적】** 지적재산권의 보호와 시행은, 기술혁신의 증진과 기술의 이전 및 전파에 기여하고 기술지식의 생산자와 사용자에게 상호이익이 되고 사회 및 경제복지에 기여하는 방법으로 권리와 의무의 균형에 기여하여야 한다.

**제8조【원칙】**

1. 회원국은 자기나라의 법 및 규정을 제정 또는 개정함에 있어, 이 협정의 규정과 일치하는 범위내에서 공중보건 및 영양상태를 보호하고, 자기나라의 사회경제적 및 기술적인 발전에 매우 중요한 분야의 공공이익을 증진시키기 위하여 필요한 조치를 취할 수 있다.
2. 이 협정의 규정과 일치하는 범위내에서, 권리자에 의한 지적재산권의 남용 또는 불합리하게 무역을 제한하거나 국가간 기술이전에 부정적 영향을 미치는 관행을 방지하기 위하여 적절한 조치가 필요할 수 있다.

## 제2부 지적재산권의 취득가능성, 범위 및 사용에 관한 기준

### 제1절 저작권 및 저작인접권

**제9조【베른협약과의 관계】**

1. 회원국은 베른협약(1971년)의 제1조에서 제21조까지 및 그 부속서를 준수한다. 그러나 회원국은 동 협약의 제6조의2에 의하여 허여된 또는 그 규정으로부터 발생한 권리와 관련하여 어떠한 권리나 의무를 가지지 아니한다.
2. 저작권보호는 표현에는 적용되나 사고, 절차, 운용방법 또는 수학적개념 그 자체에는 적용되지 아니한다.

**제10조【컴퓨터프로그램과 자료편집물】**

1. 컴퓨터프로그램은 그것이 원시코드 또는 목적코드의 형태이든 베른협약(1971)에 따라 어문저작물로서 보호된다.

2. 기계판독가능형태인지 또는 그 외의 형태로 존재하는지 여부에 관계없이, 내용의 선택 또는 배열을 이유로 지적창작물을 구성하는 자료 또는 기타 소재의 편집물은 지적창작물로서 보호받는다. 이러한 보호는 자료 또는 소재 그 자체에는 적용되지 아니하며, 동 자료 또는 소재 그 자체에 존재하는 어떠한 저작권도 저해하지 아니한다.

**제11조 【대여권】** 적어도 컴퓨터프로그램과 영상저작물에 관하여, 회원국은 저작자나 권리 승계인에게 그들의 저작권 작품의 원본 또는 복사본의 대중에 대한 상업적 대여를 허가 또는 금지 할수 있는 권리를 부여한다. 회원국은 영상저작물에 관하여는 그러한 대여가 자기나라 저작자와 권리승계인에게 부여된 배타적인 복제권을 실질적으로 침해하는 저작물의 광범위한 복제를 초래하지 아니하는 경우, 이러한 의무에서 면제된다. 컴퓨터프로그램과 관련하여 이러한 의무는 프로그램 자체가 대여의 필수적인 대상이 아닌 경우에는 적용되지 아니한다.

**제12조 【보호기간】** 사진저작물 또는 응용저작물이 아닌 저작물의 보호기간은 자연인의 수명을 기준으로 계산하지 아니하는 경우에는 언제나 승인된 발행의 역년의 말로부터 최소 50년간, 또는 작품의 제작후 50년이내에 승인된 발행이 이루어지지 아니한 경우 제작된 역년 말로부터 50년이 된다.

**제13조 【제한과 예외】** 회원국은 배타적 권리에 대한 제한 또는 예외를 저작물의 정상적 사용과 저촉되지 아니하고 권리자의 정당한 이익을 불합리하게 저해하지 아니하는 일부 특별한 경우로 한정한다.

**제14조 【실연자, 음반제작자 및 방송기관의 보호】**

1. 실연을 음반에 고정하는 것과 관련하여, 실연자는 자신의 고정되지 아니한 실연의 고정과 그러한 고정의 복제행위가 자신의 승인없이 실시될 경우 이를 금지시킬 수 있다. 또한 실연자는 자신의 실연을 무선수단에 의한 방송과 대중에게 전달하는 행위가 자신의 승인없이 실시될 경우 이를 금지할 수 있다.
2. 음반제작자는 자신의 음반의 직접 또는 간접 복제를 허가 또는 금지할 권리를 향유한다.
3. 방송기관은 방송의 고정, 고정물의 복제, 무선수단에 의한 재방송과 그것의 텔레비젼방송을 통한 대중전달 행위가 자신의 승인없이 실시될 경우, 이를 금지할 수 있는 권리를 가진다. 회원국은 방송기관에게 그러한 권리를 부여하지 아니할 경우, 베른협약에 따라 방송의 대상인 저작물의 권리자가 위의 행위를 금지할 수 있도록 한다.
4. 컴퓨터프로그램에 관한 제11조의 규정은 음반제작자 및 회원국의 법에 정하여진 음반 관련 그 밖의 권리자에게 준용된다. 1994년 4월 15일 회원국이 음반의 대여와 관련하여 권리자에 대한 공평한 보상제도를 가지고 있는 경우, 음반의 상업적 대여가 권리자의 복제에 대한 배타적인 권리를 실질적으로 침해하지 아니하는 경우 그 회원국은 이러한 제도를 유지할 수 있다.
5. 이 협정에서 실연자 및 음반제작자에 대한 가능한 보호기간은 적어도 고정이 되거나 또는 실연이 이루어진 역년의 말로부터 50년기간의 말까지 계속된다. 제3항에 따라 부여된 보호기간은 방송이 실시된 역년의 말로부터 적어도 20년간 계속된다.
6. 회원국은 제1항, 제2항 및 제3항에 따라 부여된 권리와 관련하여 로마협정에 의하여 허용되는 범위내에서

조건, 제한, 예외 및 유보를 규정할 수 있다. 그러나 베른협약(1971년) 제18조의 규정도 음반에 있어서의 실연자 및 음반제작자의 권리에 준용된다.

## 제2절 상 표

**제15조 【보호대상】**
1. 사업자의 상품 또는 서비스를 다른 사업자의 상품 또는 서비스로부터 식별시킬 수 있는 표지 또는 표지의 결합은 상표를 구성할 수 있다. 이러한 표지, 특히 성명을 포함하는 단어, 문자, 숫자, 도형과 색채의 조합 및 이러한 표지의 결합은 상표로서 등록될 수 있다. 표지가 자체적으로 관련 상품 또는 서비스를 식별하도록 할 수 없는 경우, 회원국은 사용을 통해 얻어진 현저성에 따라 등록을 허용할 수 있다. 회원국은 등록요건으로 표지가 시각적으로 인식가능할 것을 요구할 수 있다.
2. 제1항은 파리협약(1967년)의 규정으로부터 일탈하지 않는 한, 회원국이 다른 이유로 상표의 등록을 거절하는 것을 금지하는 것으로 이해되지 아니한다.
3. 회원국은 사용을 등록요건으로 할 수 있다. 그러나 상표의 실제사용이 등록출원의 조건이 되어서는 아니된다. 출원은 출원일로부터 3년이 경과하기 전에 의도했던 사용이 이루어지지 아니하였다는 이유만으로 거절되어서는 아니된다.
4. 상표가 사용될 상품 또는 서비스의 성격은 어떠한 경우에도 상표등록의 장애를 형성하지는 아니한다.
5. 회원국은 등록전 또는 등록후 신속히 모든 등록상표를 공개하며, 등록취소 청구를 위하여 합리적 기회를 제공한다. 또한 회원국은 상표등록에 관한 이의신청기회를 제공할 수 있다.

**제16조 【허여된 권리】**
1. 등록된 상표의 소유자는 모든 제3자가 소유자의 동의없이 등록된 상표의 상품, 또는 서비스와 동일 또는 유사한 상품 또는 서비스에 대해 동일 또는 유사한 표지의 사용으로 인하여 혼동의 가능성이 있을 경우, 거래과정에서 이의 사용을 금지할 수 있는 배타적 권리를 가진다. 동일한 상품 또는 서비스에 대한 동일한 표지의 사용시 혼동이 가능한 것으로 추정된다. 위의 권리는 기존의 권리를 저해할 수 없으며 회원국이 사용에 기초하여 권리를 획득할 수 있게 하는 가능성에 영향을 미치지 아니한다.
2. 파리협약(1967년) 제6조의2는 서비스에 준용된다. 상표의 유명성 판단에 있어서, 회원국은 상표의 홍보결과 당해 회원국내에서 얻어진 지명도를 포함, 관련분야에 있어서 일반인에게 알려진 정도를 고려한다.
3. 파리협약(1967년) 제6조의2는 상표가 등록된 상품 또는 서비스와 유사하지 아니한 상품 또는 서비스에 준용된다. 단, 동 상품 및 서비스에 대한 동 상표의 사용이 동 상품 및 서비스와 등록된 상표권자 사이의 연관성을 나타내고 또한 등록된 상표권자의 이익이 이러한 사용에 의하여 침해될 가능성이 있는 경우에 한한다.

**제17조 【예외】** 회원국은 기술적 용어의 공정한 사용과 같이 상표에 의해 부여된 권리에 관하여 제한적인 예외를 인정할 수 있다. 단, 그러한 예외는 상표권자와 제3자의 정당한 이익을 고려하는 경우에 한한다.

**제18조 【보호기간】** 상표의 최초 등록과 각 갱신 등록은 그 기간이 7년 이상이 된다. 상표의 등록은 무한정 갱신가능하다.

**제19조 【사용요건】**

1. 등록을 유지하기 위해 상표의 사용이 요구되는 경우, 상표권자에 의해 상표를 사용하는 데 대한 장애의 존재에 기초한 정당한 사유가 제시되지 아니하는 한, 등록은 적어도 3년간의 계속적인 불사용 이후에만 취소될 수 있다. 상표에 의해 보호되는 상품 또는 서비스에 대한 수입제한 조치 또는 그 밖의 정부의 요건과 같이 상표권자의 의사와 무관하게 발생하는 상표의 사용에 장애가 되는 상황은 불사용에 대한 정당한 사유로 인정된다.
2. 상표권자의 통제에 따르는 경우 타인에 의한 상표의 사용은 등록을 유지하기 위한 목적으로 한 상표의 사용으로 인정된다.

**제20조 【그 밖의 요건】** 거래과정에 있어서 상표의 사용은 다른 상표 동시사용, 특별한 형태로의 사용, 또는 사업자의 상품 또는 서비스를 다른 사업자의 상품 또는 서비스와 구별할 수 있는 식별력을 저해하는 방법으로의 사용 등 특별한 요건에 의하여 부당하게 방해되지 아니한다. 이 규정은 상품이나 서비스를 생산하는 사업체를 나타내는 상표를 그 업체의 당해 상품 및 서비스를 구별해 주는 상표와 함께, 그러나 그에 연계하지 아니하고, 사용하도록 하는 요건을 금지하지 아니한다.

**제21조 【사용권 설정과 양도】** 회원국은 상표의 사용권 설정과 양도에 관한 조건을 결정할 수 있다. 상표의 강제실시권은 인정되지 아니하며, 등록상표권자는 그 상표가 속하는 영업의 이전과 함께 또는 그 상표를 양도할 수 있는 권리를 갖는 것으로 양해된다.

## 제3절 지리적 표시

**제22조 【지리적표시의 보호】**

1. 이 협정의 목적상 지리적표시란 상품의 특정 품질, 명성 또는 그 밖의 특성이 본질적으로 지리적 근원에서 비롯되는 경우, 회원국의 영토 또는 회원국의 지역 또는 지방을 원산지로 하는 상품임을 명시하는 표시이다.
2. 지리적표시와 관련 회원국은 이해당사자가 다음의 행위를 금지할 수 있는 법적수단을 제공한다.
   가. 당해 상품의 지리적근원에 대해 대중의 오인을 유발하는 방법으로 진정한 원산지가 아닌 지역을 원산지로 한다고 표시하거나 암시하는 상품의 명명 또는 소개 수단의 사용
   나. 파리협약(1967년) 제10조의2의 의미내에서의 불공정경쟁행위를 구성하는 사용
3. 회원국은 자기나라의 법이 그렇게 허용하는 경우 직권으로 또는 이해관계자의 요청에 따라, 자기나라내에서 이러한 상품의 표시사용이 대중에게 진정한 원산지의 오인을 유발할 우려가 있는 성격인 경우, 표시된 영토를 원산지로 하지 아니하는 상품에 대하여는 그러한 지리적표시가 포함되거나 동 표시로 구성되는 상표의 등록을 거부 또는 무효화한다.
4. 제1항, 제2항 및 제3항에 따른 보호는 상품의 원산지인 영토, 지역 또는 지방이 문자상으로는 사실일 경우에도 그 상품이 다른 영토를 원산지로 하는 것으로 대중에게 오인되는 지리적표시에 대하여 적용된다.

**제23조 【포도주와 주류의 지리적표시에 관한 추가보호】**

1. 각 회원국은 비록 그 상품의 진정한 원산지의 표시가 나타나 있거나 또는 지리적 표시가 번역되어 사용되거나 또는 "종류", "유형", "양식", "모조품"등의 표현이 수반되는 경우에도 이해당사자가 당해 지리적표시에 나타난 장소를 원산지로 하지 아

니하는 포도주에 포도주의 산지를 나타내는 지리적표시, 또는 당해 지리적표시에 나타난 지역을 원산지로 하지 아니하는 주류에 주류의 산지를 나타내는 지리적표시의 사용을 금지하는 법적수단을 제공한다.(Re.4)

(Remark 4) 제42조의 첫째 문장에도 불구하고 회원국은 이러한 의무와 관련하여 행정행위에 의한 시행을 대신 규정할 수 있다.

2. 포도주의 산지를 나타내는 지리적표시를 포함하거나 동 표시로 구성되는 포도주상표의 등록, 또는 주류의 산지를 나타내는 지리적표시를 포함하거나 동 표시로 구성되는 주류상표의 등록은 그러한 원산지를 갖지 아니하는 포도주 또는 주류에 대하여 회원국의 법이 허용하는 경우에는 직권으로 또는 이해당사자의 요청에 따라 거부되거나 무효화된다.

3. 포도주에 대한 동음의 지리적표시의 경우, 제22조제4항의 규정을 조건으로 모든 표시에 대해 보호가 부여된다. 각 회원국은 관련 생산자에 대한 동등한 대우를 보장하고 소비자가 오도되지 아니하도록 보장해야 할 필요성을 고려하여, 당해 동음의 지리적표시를 서로 구분 할 수 있는 실질적인 조건을 결정한다.

4. 포도주에 관한 지리적표시의 보호를 용이하게 하기위해 이 체제에 참여하고 있는 회원국내에서 보호대상이 되는 포도주의 지리적표시의 통보와 등록을 위한 다자간체제의 수립에 관한 협상이 무역관련지적재산권위원회에서 추진된다.

## 제24조 【국제협상, 예외】

1. 회원국은 제23조에 따른 개별적인 지리적표시의 보호증대를 목적으로 협상을 개시할 것을 합의한다. 아래 제4항부터 제8항까지의 규정은 회원국에 의해 협상의 진행과 양자 또는 다자협정의 체결을 거부하기 위해 사용되어서는 아니된다. 이러한 협상의 관점에서 회원국은 이러한 협상의 대상이 되는 개별적인 지리적표시의 사용에 대하여 동 규정을 계속적으로 적용할 것을 적극적으로 고려한다.

2. 무역관련지적재산권위원회는 이 절의 규정의 적용을 계속 검토한다. 이러한 첫번째 검토는 세계무역 기구협정의 발효일로부터 2년이내 이루어진다. 이러한 규정에 따른 의무의 준수에 영향을 미치는 모든 사안에 대하여 위원회의 주위를 환기시킬 수 있으며, 위원회는 일방 회원국의 요청에 따라 관련 회원국간 양자 또는 복수국간 협의를 통해 만족스러운 해결방안을 찾지못한 사항에 관하여 어떤 회원국과도 협의한다. 위원회는 이 절의 운용을 용이하게 하고 목적을 증진하기 위해 합의되는 조치를 취한다.

3. 이 절을 시행함에 있어 회원국은 세계무역기구협정의 발효일 직전에 존재하는 지리적 표시에 관한 보호를 약화시키지 아니한다.

4. 이 절의 어느 규정도 회원국에게 그 국민이나 거주자가 (1) 1994년 4월 15일 이전의 최소 10년동안 또는 (2) 동 일자전에 선의로, 회원국 영토내에서 상품 또는 서비스에 대해 계속적으로 포도주 또는 주류의 산지를 나타내는 타 회원국의 특정 지리적표시를 사용해 왔을 경우 동 국민이나 거주자에 의한 동일 또는 관련된 상품 또는 서비스에 대한 동 지리적표시의 계속적 및 유사한 사용을 금지할 것을 요구하지 아니한다.

5. 아래 시기에 상표가 선의로 출원 또는 등록되었거나 또는 선의의 사용에 의해 상표권이 취득된 경우,

가. 제6부에서 정의된 회원국내에서의 이 규정의 적용일 이전, 또는

나. 원산지국에서 지리적표시가 보호되기 이전,

이 절을 시행하기 위하여 채택되는 조치는 이러한 상표가 지리적표시와 동일 또는 유사하다는 근거로 상표의 등록의 적격성이나 유효성 또는 상표의 사용권을 저해하지 아니한다.

6. 이 절의 어느 규정도 회원국이 자기나라의 영토내에서 이러한 상품 및 서비스에 대한 일반명칭으로서 통용어에서 관습적으로 사용되는 용어와 관련 표시가 동일한 상품과 서비스에 관한 다른 회원국의 지리적표시에 대해 이 절의 규정을 적용할 것을 요구하지 아니한다. 이 절의 어느 규정도 일방회원국이 세계무역기구협정의 발효일 현재 자기나라의 영토에 존재하는 포도의 종류에 대한 통상의 명칭과 관련 표시가 동일한 포도제품에 관한 다른 회원국의 지리적 표시에 대하여 이 절의 규정을 적용할 것을 요구하지 아니한다.
7. 회원국은 상표의 사용 또는 등록과 관련, 이 절에 따라 행하여진 요청은 보호받는 표시가 부정적으로 사용된 것이 회원국내에 일반적으로 알려진 날로부터, 5년이내에 또는 동 상표가 회원국내 상표등록일까지 공표되고 동 등록일이 그 회원국내에서 부정적 사용이 일반적으로 알려진 날보다 빠를 경우 등록일 이후 5년이내에 제출되도록 규정할 수 있다. 단, 이 경우 지리적표시는 악의로 사용되거나 등록되어서는 아니된다.
8. 이 절의 어느 규정도 개인이 거래과정에서 본인의 성명이나 사업의 전임자의 성명을 사용할 권리를 저해하지 아니한다. 단, 이러한 성명이 대중의 오인을 유발하는 방법으로 사용되는 경우는 예외로 한다.
9. 원산지 국가에서 보호되지 아니하거나 보호가 중단되거나 또는 그 나라에서 사용되지 아니하게 된 지리적 표시는 이 협정에 따라 보호할 의무가 없다.

## 제4절 의 장

### 제25조【보호요건】

1. 회원국은 새롭거나 독창성 있는 독립적으로 창작된 의장의 보호를 규정한다. 회원국은 공지된 의장 또는 공지된 의장의 형태의 결합과 의장이 현저하게 다르지 아니할 경우, 동 의장이 새롭지 아니하거나 독창성이 없는 의장이라고 규정할 수 있다. 회원국은 이러한 보호가 본질적으로 기술적 또는 기능적 고려에 의해 요구되는 의장에는 미치지 아니한다고 규정할 수 있다.
2. 각 회원국은 직물의장의 보호획득 요건, 특히 비용, 심사 또는 공고와 관련한 요건이 이러한 보호의 추구 및 획득의 기회를 부당하게 저해하지 아니하도록 보장한다. 회원국이 이러한 의무를 의장법 혹은 저작권법을 통해 이행할 것인지는 회원국의 자유이다.

### 제26조【보호】

1. 보호되는 의장의 권리자는 제3자가 권리자의 동의없이 보호의장을 복제하였거나 실질적으로 복제한 의장을 지니거나 형체화한 물품을 상업적 목적으로 제조, 판매 또는 수입하는 행위를 금지할 권리를 갖는다.
2. 회원국은 의장의 보호에 대한 제한적인 예외를 규정할 수 있다. 단, 이러한 예외는 제3자의 정당한 이익을 고려하여 보호되는 의장의 정상적인 이용에 불합리하게 저촉되지 아니하여야 하며, 보호되는 의장의 권리자의 정당한 이익을 불합리하게 저해하지 아니하여야 한다.
3. 보호기간은 적어도 10년에 달한다.

## 제5절 특 허

### 제27조【특허대상】

1. 제2항 및 제 3항의 규정을 조건으로 모든 기술분야에서 물질 또는 제법에 관한 어떠한 발명도 신규성, 진보성 및 산업상 이용가능성이 있으면 특허획득이 가능하다.(Re.5) 제65조제4항, 제70조제8항 및 이 조의 제3항을 조건으로 발명지, 기술분야, 제품의 수입 또는 국내생산 여부에 따른 차별없이 특허가 허여되고 특허권이 향유된다.

(Remark 5) 이 조의 목적상 진보성, 산업상 이용가능성이라는 용어는 회원국에 의해 각각 비자명성, 유용성이라는 용어와 동의어로 간주될 수 있다.

2. 회원국은 회원국 영토내에서의 발명의 상업적 이용의 금지가 인간, 동물 또는 식물의 생명 또는 건강의 보호를 포함, 필요한 경우 공공질서 또는 공서양속을 보호하거나, 또는 환경에의 심각한 피해를 회피하기 위하여 동 발명을 특허대상에서 제외할 수 있다. 단, 이러한 제외는 동 이용이 자기나라 법에 의해 금지되어 있다는 이유만으로 취해서는 아니된다.
3. 회원국은 또한 아래사항을 특허대상에서 제외할 수 있다.
   가. 인간 또는 동물의 치료를 위한 진단 방법, 요법 및 외과적 방법
   나. 미생물 이외의 동물과 식물, 그리고 비생물학적 및 미생물학적 제법과는 다른 본질적으로 생물학적인 식물 또는 동물의 생산을 위한 제법. 그러나, 회원국은 특허 또는 효과적인 독자적 제도 또는 양자의 혼합을 통해 식물변종의 보호를 규정한다. 이 호의 규정은 세계무역기구협정의 발효일로부터 4년후 재검토 된다.

### 제28조【허여된 권리】

1. 특허는 특허권자에게 다음과 같은 배타적 권리를 부여한다.
   가. 특허대상이 물질인 경우, 제3자가 특허권자의 동의없이 동 물질을 제조, 사용, 판매를 위한 제공, 판매 또는 이러한 목적을 위하여 수입하는 행위의 금지(Re.6)

(Remark 6) 이 권리는 상품의 사용, 판매, 수입 또는 기타 유통에 관하여 이 협정에 따라 부여되는 모든 다른 권리와 같이 이 제6조의 규정에 따른다.

   나. 특허대상이 제법인 경우, 제3자가 특허권자의 동의없이 제법사용 행위 및 최소한 그 제법에 의해 직접적으로 획득되는 상품의 사용, 판매를 위한 제공, 판매 또는 이러한 목적을 위한 수입행위의 금지
2. 특허권자는 또한 특허권을 양도, 또는 상속에 의하여 이전하고, 사용허가를 체결할 권리를 갖는다.

### 제29조【특허출원인의 조건】

1. 회원국은 특허출원인이 기술분야의 전문가에 의해 발명이 실시될 수 있을 정도로 충분히 명확하고 완전하게 발명을 공개하도록 요구하며, 출원일 또는 우선권 주장이 있을 경우 우선권 주장일 당시에 발명자가 알고 있는 발명의 최적실시형태를 특허출원인이 제시하도록 요구할 수 있다.
2. 회원국은 특허출원인에게 출원인의 해당되는 외국출원 및 허여에 관한 정보를 제공하도록 요구할 수 있다.

### 제30조【허여된 권리에 대한 예외】

회원국은 특허에 의하여 허여된 배타적 권리에 대해 제한된 예외를 규정할 수 있다. 단, 이와 같은 예외는 제3자의 정당한 이익을 고려하여, 특허권의 정상적인 이용에 불합리하게 저촉되지 아니하고 특허권자의 정당한 이익을 불합리하게 저해하지 아니하여야 한다.

**제31조【권리자의 승인없는 기타 사용】** 회원국의 법률이 정부 또는 정부의 승인을 받은 제3자에 의한 사용을 포함하여 권리자의 승인없이 특허대상의 다른 사용(Re.7)을 허용하는 경우, 아래의 규정이 준수된다.

(Remark 7) "다른 사용"은 제30조에 따라 허용되는 것 이외의 사용을 지칭한다.

가. 이러한 사용의 승인은 개별적인 사안의 내용에 따라 고려된다.

나. 이러한 사용은, 동 사용에 앞서 사용예정자가 합리적인 상업적 조건하에 권리자로부터 승인을 얻기 위한 노력을 하고 이러한 노력이 합리적인 기간내에 성공하지 아니하는 경우에 한하여 허용될 수 있다. 이러한 요건은 국가 비상사태, 극도의 긴급 상황 또는 공공의 비상업적 사용의 경우에 회원국에 의하여 면제될 수 있다. 그럼에도 불구하고 국가 비상사태 또는 그 밖의 극도의 긴급상황의 경우 권리자는 합리적으로 가능한 빠른 시간내에 통보를 받는다. 공공의 비상업적 사용의 경우 정부 또는 계약자가 유효한 특허가 정부에 의해 또는 정부를 위해서 사용되거나 사용될 것이라는 사실을 특허검색 없이 알거나 알만한 입증할 수 있는 근거가 있는 경우 권리자는 신속히 통보받는다.

다. 이러한 사용의 범위 및 기간은 동 사용이 승인된 목적에 한정되며, 반도체기술의 경우에는 공공의 비상업적 사용, 또는 사법 혹은 행정절차의 결과 반경쟁적이라고 판정된 관행을 교정하는 것에 한정된다.

라. 이러한 사용은 비배타적이어야 한다.

마. 이러한 사용은 양도될 수 없으나, 동 사용을 향유하고 있는 기업 또는 영업권의 일부분과 함께 양도하는 경우에는 예외로 한다.

바. 이러한 사용은, 동 사용을 승인하는 회원국의 국내시장에 대한 공급을 위해서만 승인된다.

사. 이러한 사용의 승인은, 그렇게 사용승인을 받은 자의 정당한 이익의 적절한 보호를 조건으로 사용을 허용하게 한 상황이 종료하고 재발할 것 같지 아니한 경우에는 종료될 수 있다. 권한있는 당국은 이유있는 신청에 따라 이러한 상황의 계속적인 존재여부를 심사할 권한을 갖는다.

아. 권리자는 각 사안의 상황에 따라 승인의 경제적 가치를 고려하여 적절한 보상을 지급받는다.

자. 이러한 사용의 승인에 관한 모든 결정의 법적 유효성은 사법심사 또는 회원국내의 별개의 상위당국에 의한 독립적 심사대상이 된다.

차. 이러한 사용에 대하여 제공된 보상에 관한 어떠한 결정도 사법심사 또는 회원국내의 별개의 상위당국에 의한 독립적 심사대상이 된다.

카. 회원국은 이러한 사용이 사법 또는 행정절차의 결과 반경쟁적인 것으로 판정된 관행을 교정하기 위해서 허용되는 경우에는 나호 및 바호에 규정된 조건을 적용할 의무가 없다. 이러한 경우 보상액을 결정하는데 반경쟁적 관행의 교정 필요성이 고려될 수 있다. 권한있는 당국은 이러한 승인사유가 재발할 가능성이 있을 경우에는 이러한 사용승인의 종료를 거부할 권한을 갖는다.

타. 이러한 사용이 다른 특허(제1차 특허)의 침해없이는 이용될 수 없는 특허(제2차 특허)의 이용을 허용하도록 승인되는 때에는 다음의

추가적인 조건이 적용된다.

(1) 제2차 특허에서 청구된 발명은 제1차 특허에서 청구된 발명과 관련, 상당한 경제적 중요성이 있는 중요한 기술적 진보를 포함한다.

(2) 제1차 특허권자는 합리적인 조건하에 제2차 특허에서 청구된 발명을 사용할 수 있는 교차특허를 받을 수 있는 권리를 갖는다. 그리고,

(3) 제1차 특허와 관련하여 승인된 사용은 제2차 특허의 양도와 함께 하는 경우를 제외하고는 양도되지 아니한다.

**제31조의2**

1. 제31조바호에 따른 수출 회원국의 의무는 이 협정 부속서 제2항에 규정된 사항에 따른 적격 수입 회원국에 대한 의약품의 생산 및 수출을 목적으로 필요한 범위 안에서 강제실시권의 허여에 적용되지 아니한다.
2. 이 협정의 이 조 및 부속서에 규정된 체제하의 수출 회원국에 의하여 강제실시권이 허여되는 경우, 수출 회원국에서 승인된 사용의 수입 회원국에 대한 경제적 가치를 고려하여 그 회원국 안에서 제31조아호에 따른 적절한 보상이 이루어져야 한다. 동 제품에 대한 강제실시권이 적격 수입 회원국 안에서 허여된 경우, 제31조아호상 당해 회원국의 의무는 이 항의 첫째문장에 따른 적절한 보상이 지급된 수출 회원국의 해당 상품에 대하여 적용되지 아니한다.
3. 의약품의 구매력 증진 및 현지 생산의 활성화를 위한 규모의 경제를 유도하기 위하여, 1994년도 관세와 무역에 관한 일반협정 제24조 및 개발도상국의 차등적이고 보다 우호적인 대우의 호혜성 및 보다 완전한 참여에 관한 1979년 11월 28일 결정(L/4903)의 의미상의 지역무역협정으로서 현재 그 회원국 중 최소 절반이 국제연합 최빈 개발도상국 목록에 포함된 협정의 당사국인 경우, 제31조바호에 따른 상기 회원국의 의무는 그 회원국 안에서의 강제실시권 하에서 생산 또는 수입된 의약품을 동일한 보건상 문제를 겪고 있는 그 지역무역협정 당사국인 다른 개발도상국 또는 최빈 개발도상국의 시장으로 수출하기 위하여 필요한 범위 안에서 적용되지 아니한다. 이는 당해 특허권의 속지주의적 성격을 침해하지 아니하는 것으로 양해된다.
4. 회원국들은 1994년도 관세와 무역에 관한 일반협정 제23조제1항나호 및 다호에 따라 이 조와 이 협정 부속서의 규정에 부합하게 취하여진 조치에 이의를 제기하지 아니한다.
5. 이 협정의 이 조 및 부속서는 TRIPS 협정과 공중보건에 관한 선언(WT/MIN(01)/ DEC/2)에 의하여 재확인된 권리·의무 및 신축성을 포함하여, 회원국들이 제31조바호 및 아호 외의 이 협정의 규정에 의하여 갖는 권리·의무 및 유연성과 그 해석을 침해하지 아니한다. 상기 조항 및 부속서는 또한 강제실시권에 의하여 생산된 의약품이 제31조바호의 규정 안에서 수출될 수 있는 한도에 영향을 미치지 아니한다.

**제32조【취소 또는 몰수】** 특허의 취소 또는 몰수 결정에 대하여는 사법심사의 기회가 주어진다.

**제33조【보호기간】** 보호기간은 출원일(Re.8)로부터 20년이 경과하기 전에는 종료되지 않는다.

**(Remark 8)** 원특허 허여제도를 갖고 있지 아니한 회원국은 보호기간이 원특허허여제도에서의 출원일로부터 계산되도록 규정할 수 있는 것으로 양해된다.

**제34조 【제법특허, 입증책임】**

1. 제28조제1항나호에 언급된 특허권자의 권리침해에 관한 민사소송절차를 위하여 특허대상이 물질을 취득하는 제법인 경우, 사법당국은 피고에게 동일 물질을 취득하는 제법이 이미 특허된 제법과 다름을 증명하도록 명령할 권한을 갖는다. 따라서 회원국은 다음중 최소한 하나의 경우에는 동일한 물질이 특허권자의 동의없이 생산된 경우 반대의 증거가 없는 한, 이미 특허된 제법에 의해서 취득된 것으로 간주된다고 규정한다.
   가. 특허된 제법에 의해 취득된 물질이 신규인 경우
   나. 동일물질이 그 제법에 의해서 만들어졌을 상당한 가능성이 있고 특허권자가 합리적인 노력에 의해서도 실제로 사용된 제법을 판정할 수 없는 경우
2. 회원국은 제1항가호 또는 나호의 요건이 충족되는 경우에만, 제1항에 규정된 입증책임이 주장된 침해자에게 있다고 자유로이 규정한다.
3. 반대되는 증거의 제시에 있어서 제조 및 영업비밀보호에 대한 피고인의 정당한 이익이 고려된다.

## 제6절 집적회로 배치설계

**제35조 【집적회로에 관한 지적재산권 조약과의 관계】** 회원국은 집적회로에 관한지적재산권조약 제2조에서 제7조까지(제6조제3항은 제외), 제12조 및 제16조제3항의 규정에 따라 집적회로의 배치설계(이 협정에서는 "배치설계"라 한다)에 대한 보호를 부여하고 또한 다음의 규정을 준수할 것을 합의한다.

**제36조 【보호범위】** 제37조제1항의 규정을 조건으로 회원국은 다음의 행위가 권리자(Re.9)의 승인없이 행해지는 경우 불법적인 것으로 간주한다. 즉, 보호되는 배치설계, 보호되는 배치설계가 포함된 집적회로 또는 불법적으로 복제된 배치설계를 계속 포함하는 집적회로를 내장한 제품을 상업적 목적을 위해서 수입, 판매 또는 달리 유통시키는 행위이다.

(Remark 9) 이 장에서 "권리자"란 용어는 집적회로에관한지적재산권조약의 "권리소유자"와 같은 의미로 이해되어야 한다.

**제37조 【권리자의 승인을 요구하지 않는 행위】**

1. 제36조에도 불구하고, 불법적으로 복제된 배치설계를 포함하는 집적회로 또는 이러한 집적회로를 포함하는 품목과 관련, 동 조에 규정된 행위를 수행하거나 지시하는 자가 집적회로 또는 그러한 집적회로를 포함하는 품목을 취득할 때 불법적으로 복제된 배치설계를 포함하였음을 알지 못하였거나 알 수 있는 합리적인 사유가 없을 경우, 어느 회원국도 동 행위의 수행을 불법으로 간주하지 아니한다. 회원국은 이러한 자가 배치설계가 불법적으로 복제된 것이라는 사실에 대해 충분한 통고를 받은 후에 동인은 재고품 및 통보시점 이전에 주문된 것에 대하여 동 행위를 수행할 수 있으나, 이러한 배치설계와 관련 자유로운 협상에 따른 사용허가하에서 지불하여야 할 합리적인 사용료에 상응하는 금액을 권리자에게 지불해야 한다고 규정한다.
2. 제31조의 가호부터 카호까지에 규정된 조건은 배치설계의 강제실시권의 경우 또는 권리자의 승인없는 정부에 의한 또는 정부를 위한 배치설계의 사용의 경우에 준용된다.

**제38조 【보호기간】**

1. 보호요건으로서 등록을 요구하는 회원국내에서 배치설계의 보호기간은 등록출원일로부터 또는 세계의

어느 지역에서 발행하였는지에 관계없이 최초의 상업적 이용일로부터 기산하여 10년이 경과하기 전에는 종료하지 아니한다.

2. 보호요건으로서 등록을 요구하지 아니하는 회원국내에서 배치설계는 세계 어느지역에서 발생 하였는지에 관계없이 최초의 상업적 이용일로부터 10년이상 보호된다.
3. 제1항 및 제2항에도 불구하고 회원국은 보호가 배치설계 창작후 15년이 경과하면 실효된다고 규정할 수 있다.

## 제7절 미공개정보의 보호

### 제39조

1. 파리협약(1967년) 제10조의2에 규정된 바와 같이 불공정경쟁에 대한 효과적 보호를 보장하는 과정에서 회원국은 제2항에 따른 미공개정보와 제3항에 따른 정부 또는 정부기관에 제출된 자료를 보호한다.
2. 자연인 및 법인은 합법적으로 자신의 통제하에 있는 정보가 자신의 동의없이 건전한 상업적 관행에 반하는 방법(Re.10)으로 타인에게 공개되거나, 타인에 의해 획득 또는 사용되는 것을 금지할 수 있는 가능성을 갖는다. 단, 그와 같은 정보는 다음과 같은 것이어야 한다.

**(Remark 10)** 이 규정의 목적상 "건전한 상업적 관행에 반하는 방법"이란 적어도 계약위반, 신뢰위반 및 위반의 유도와 같은 관행을 의미하며, 그러한 관행이 정보취득에 관련되어 있음을 알았거나, 중대한 과실로 인해 알지 못한 제3자에 의한 미공개정보의 취득을 포함한다.

가. 전체로서 또는 그 구성요소의 정밀한 배열 및 조합의 형태로서 당해 정보의 종류를 통상적으로 다루고 있는 업계의 사람들에게 일반적으로 알려져 있지 않거나 쉽게 접근될 수 없다는 의미에서 비밀인 것
나. 비밀이기 때문에 상업적 가치를 갖는 것, 그리고
다. 적법하게 동 정보를 통제하고 있는 자에 의해서 비밀로 유지하기 위한, 그 상황하에서 합리적인 조치의 대상이 되는 것

3. 회원국은 신규 화학물질을 이용한 의약품 또는 농약품의 판매를 허가하는 조건으로 작성에 상당한 노력이 소요된 미공개 실험결과 또는 기타 자료의 제출을 요구하는 경우, 이러한 자료를 불공정한 상업적 사용으로부터 보호한다. 또한 회원국은 대중을 보호하기 위해 필요한 경우 이외에, 또는 불공정한 상업적 사용으로부터 동 자료의 보호를 보장하기 위한 조치가 취하여지지 않을 경우에는 이러한 자료가 공개되는 것으로부터 보호한다.

## 제8절 사용허가 계약에 있어서 반경쟁관행의 통제

### 제40조

1. 회원국은 경쟁을 제한하는 지적재산권에 관한 일부 사용허가 관행 또는 조건이 무역에 부정적 영향을 줄 수 있고 기술이전 및 전파를 방해할 수 있다는데 동의한다.
2. 이 협정의 어느 규정도 회원국이 특정한 경우에 있어서 관련시장의 경쟁에 부정적 영향을 주는 지적재산권의 남용을 구성하는 사용허가 관행 또는 조건을 자기나라 법에 명시하는 것을 금지하지 아니한다. 위에 규정된 바와 같이 회원국은 동 회원국의 관련 법률과 규정에 비추어 예를들어 배타적인 일방적 양도조건, 유효성 이의제기 금지조건, 강제적인 일괄 사용허가 등을 포함하는 이러한 관행을 금지 또는 통제하기 위하여, 이 협정의 그 밖의 규정과 일

치하는 범위내에서 적절한 조치를 취할 수 있다.

3. 각 회원국은 요청이 있는 경우 협의 요청의 대상국인 회원국의 국민 또는 거주자인 지적재산권 소유자가 이 절의 대상에 관한 협의요청국의 법률과 규정에 위반되는 관행을 행하고 있다고 믿을 만한 사유가 있고, 각 회원국의 법에 따른 조치와 최종 결정에 대한 완전한 자유를 저해함이 없이 이러한 규정의 준수를 확보하기를 희망하는 그 밖의 회원국과 협의를 가진다. 협의 대상인 회원국은 협의요청 회원국과의 협의에 충분하고 호의적인 고려 및 적절한 기회를 제공하며, 당해 문제와 관련되는 공개적으로 입수가능한, 비밀이 아닌 정보와 기타 입수가능한 정보를 국내법 및 협의요청국에 의한 비밀보장에 관해 상호 만족할 수 있는 합의의 체결에 따라 제공함으로써 협력한다.

4. 자기나라의 국민 또는 거주자가 이 절의 대상에 관한 다른 회원국 법률과 규정의 위반여부주장에 관하여 동 다른 회원국에서의 소송절차에 회부된 회원국에게는 요청에 따라 제3항에 규정된 바와 동일한 조건으로 동 다른 회원국에 의하여 협의기회가 부여된다.

## 제3부 지적재산권의 시행

### 제1절 일반적 의무

**제41조**

1. 회원국은 침해방지를 위한 신속한 구제 및 추가침해를 억제하는 구제를 포함, 이 협정에서 다루고 있는 지적재산권 침해행위에 대한 효과적인 대응조치가 허용되도록 하기 위하여 이 부에서 명시된 바와 같이 시행절차가 자기나라의 법률에 따라 이용가능하도록 보장한다. 이러한 절차는 합법적인 무역에 장애가 되지 아니하고 남용에 대한 보호장치를 제공하는 방법으로 적용된다.

2. 지적재산권의 시행절차는 공정하고 공평해야 한다. 이 절차는 불필요하게 복잡하거나, 비용이 많이 들거나, 불합리하게 시간을 제한 또는 부당하게 지연하여서는 아니된다.

3. 어떤 사안의 본안에 대한 결정은 가급적 서면으로 하며 그 결정의 이유를 포함한다. 동 결정은 부당한 지연 없이 최소한 소송 당사자들에게 제공된다. 사안의 본안에 관한 결정은 당사자가 자신의 입장을 진술할 기회가 주어졌던 증거만을 기초로 한다.

4. 소송당사자는 최종적인 행정결정 및 사안의 중요성에 관한 회원국의 법률상 사법관할권 규정에 따라 최소한 사안의 본안에 대한 최초의 사법적 결정의 법적측면에 대해서 사법당국에 의한 검토기회를 가진다. 그러나 형사사건에 있어서 석방에 대한 심사기회를 부여할 의무는 없다.

5. 이 부는 일반적인 법 시행을 위한 사법제도와는 다른 지적재산권의 시행을 위한 사법제도를 마련할 의무를 부과하는 것이 아니며, 회원국의 일반적인 법 집행 능력에 영향을 미치지 아니하는 것으로 이해된다. 이 부의 어느 규정도 지적재산권의 시행과 일반적인 법 시행간의 예산배분에 관한 의무를 부과하지 아니한다.

### 제2절 민사 및 행정절차와 구제

**제42조【공정하고 공평한 절차】** 회원국은 권리자(Re.11)에게 이 협정에서 다루어지는 지적재산권의 시행에 관한 민사사법절차가 이용가능하도록 한다. 피고는 적시에 청구이유를 포

함한 충분히 상세한 내용을 서면으로 통보받을 권리를 갖는다. 당사자는 독립된 변호인에 의해 대리될 수 있으며, 절차는 당사자의 의무적인 출석에 관해 지나치게 과중한 요구를 부과하지 아니한다. 이러한 절차의 모든 당사자는 자신의 주장을 소명하고 관련되는 모든 증거를 제출할 정당한 권리를 가진다. 동 절차는 현행 헌법상의 요건과 상충되지 아니하는 한 비밀정보를 확인하고 보호하는 수단을 제공한다.

(Remark 11) 이 부의 목적을 위하여 "권리자"라는 용어는 이러한 권리를 주장할 수 있는 법적 지위를 갖고 있는 연맹 및 협회를 포함한다.

**제43조【증거】**

1. 사법당국은 일방당사자가 자신의 주장을 입증하기에 충분한, 합리적으로 취득가능한 증거를 제시하고 상대방의 관할하에 있는 자신의 주장을 입증할 수 있는 관련 증거를 명시하는 경우, 적절하다면, 비밀정보 보호를 보장하는 조건하에 상대방 당사자에게 그 증거자료의 제출을 명령할 수 있는 권한을 갖는다.
2. 소송의 일방당사자가 자발적으로 그리고 정당한 이유없이 필요한 정보에의 접근을 거절하거나 또는 달리 합리적 기간내에 필요한 정보를 제공치 않거나, 또는 시행조치에 관한 절차를 심각히 방해하는 경우 회원국은 당사자에게 주장 또는 증거에 대해 진술할 기회가 주어지는 것을 조건으로 정보 접근거부로 부정적인 영향을 받는 당사자에 의해 제출된 이의 또는 주장을 포함하여 동 사법당국에 제출된 정보에 기초하여 사법당국이 긍정적이거나 부정적인 예비 및 최종판정을 내릴 수 있는 권한을 사법당국에게 부여할 수 있다.

**제44조【금지명령】**

1. 사법당국은 일방당사자에게 침해의 중지 특히 지적재산권을 침해한 수입상품이 통관 직후 자신의 관할하에 있는 상거래에 유입되는 것을 금지하도록 명령하는 권한을 가진다. 회원국은 이러한 대상품목 취급이 지적재산권의 침해를 수반할 수 있음을 알기 이전 또는 동 사실을 알만한 합리적인 근거가 있기 이전에 특정인에 의해 취득 또는 주문된 보호받는 대상품목에 대하여는 이러한 권한을 부여할 의무가 없다.
2. 이 부의 다른 규정에도 불구하고, 그리고 권리자의 승인없이 정부에 의한 사용이나 정부가 승인한 제3자의 사용을 명시적으로 다루고 있는 제2부의 규정이 준수되는 경우, 회원국은 이러한 사용에 대해 가능한 구제를 제31조아항에 따른 보상지불로 제한할 수 있다. 그 외의 경우, 이 부의 구제가 적용되거나 또는 동 구제가 회원국의 법과 불일치하는 경우에는 선언적인 판결과 적절한 보상이 가능하여야 한다.

**제45조【손해배상】**

1. 사법당국은 알면서 또는 알만한 합리적인 근거를 가지고 침해행위를 한 침해자에 의한 지적재산권 침해행위로 권리자가 입은 피해를 보상할 수 있는 적절한 손해배상을 침해자가 권리자에게 행하도록 명령하는 권한을 갖는다.
2. 사법당국은 침해자에게 적절한 변호사 비용을 포함한 경비를 권리자에게 지불할 것을 명령한다. 적절한 경우, 회원국은 침해자가 알면서 또는 알만한 합리적 근거를 가지고 침해행위를 하지 않은 경우에도 사법당국이 이득의 반환 및/또는 기 산정된 손해배상의 지불을 명령하도록 승인할 수 있다.

**제46조【다른 구제】** 침해에 대한 효과적인 억제를 위하여 사법당국은 침

해하고 있는 것으로 판명된 상품을 아무런 보상없이 권리자에게 피해가 가지 아니하는 방법으로, 상거래 밖에서 처분하거나, 또는 현행 헌법상 요건에 위반되지 아니하는 경우, 폐기할 것을 명령할 수 있는 권한을 갖는다. 또한 사법당국은 주로 침해상품을 제조하기 위하여 사용된 재료나 기구를, 아무런 보상없이 더이상의 침해의 위험을 최소화하는 방법으로 상거래밖에서 처분하도록 명령할 권한을 갖는다. 이러한 요구를 심사할때는 침해의 심각성과 명령된 구제 및 제3자의 이익사이의 비례성에 대한 필요가 고려된다. 상표권위조상품의 경우에는 예외적인 경우를 제외하고, 불법적으로 부착된 상표의 단순한 제거는 이러한 상품이 상거래에 유입되는 것을 허가 하기에 충분하지 아니하다.

**제47조 【정보권】** 회원국은 사법당국이 침해의 심각성과의 균형에 벗어나지 아니하는 한, 침해자에게 침해 상품 또는 서비스의 제조 및 배포에 관여한 제3자의 인적사항과 이들의 유통체계에 관한 정보를 권리자에게 통보할 것을 명령하는 권한을 가진다고 규정할 수 있다.

**제48조 【피고에 대한 배상】**

1. 사법당국은 조치가 취하여지도록 요청하고 시행절차를 남용한 당사자가 이러한 남용으로 인해 부당하게 제약을 당한 당사자에게 피해에 대한 적절한 보상을 제공하도록 명령하는 권한을 갖는다. 사법당국은 신청인이 적절한 변호사 비용을 포함할 수 있는 경비를 피고인에게 지불할 것을 명령하는 권한을 갖는다.
2. 지적재산권의 보호 또는 시행에 관한 어떠한 법의 집행에 있어서, 회원국은 동 법의 집행과정에서 조치가 선의로 취해지거나 선의로 의도된 경우에 한하여 적절한 구제조치의 책임으로부터 공공당국과 관리를 면제한다.

**제49조 【행정절차】** 어떤 사안의 본안에 관한 행정절차의 결과로 민사구제조치가 명령될 수 있는 범위내에서 이러한 절차는 이 절에 규정된 것과 실질적으로 동등한 원칙에 합치하도록 한다.

## 제3절 잠정조치

**제50조**

1. 사법당국은 아래와 같은 목적으로 신속하고 효과적인 잠정조치를 명령할 권한을 갖는다.
   가. 지적재산권 침해발생의 방지. 특히 통관직후의 수입품을 포함한 침해상품이 자신의 관할권내의 상거래에로 유입되는 것의 방지
   나. 침해의 혐의에 관한 관련증거의 보전
2. 사법당국은, 적절하다면, 특히 지연으로 인해 권리자에게 회복할 수 없는 피해를 초래할 가능성이 있거나 또는 증거가 훼손될 입증할만한 위험이 있는 경우에 일방절차에 의해 잠정조치를 취할 권한을 갖는다.
3. 사법당국은 신청인이 권리자이며, 그의 권리가 침해당하고 있거나 그러한 침해가 임박하다는데에 대해 사법당국을 충분히 확실한 정도로 납득시키기 위하여 합리적으로 입수가능한 모든 증거를 제공할 것을 신청인에게 요구할 수 있는 권한을 갖는다. 또한, 사법당국은 남용을 방지하고 피고를 보호하기 위해 충분한 담보 또는 동등한 보증을 제공할 것을 명령하는 권한을 가진다.
4. 잠정조치들이 일방절차에 의해 취해진 경우, 영향받는 당사자는 늦어도 조치가 시행된 후 지체없이 통보받는다. 조치통보후 합리적 기간내에 동 조치가 수정, 취소 또는 확정

되는지 여부를 결정하기 위해 피고의 요청에 따라 진술할 권리를 포함한 재심사가 실시된다.

5. 신청인은 잠정조치를 취할 당국으로부터 관련 상품 확인을 위해 필요한 기타 정보제공을 요청받을 수 있다.

6. 제4항을 저해함이 없이 제1항과 제2항에 기초하여 취해진 잠정조치는 회원국의 법이 그렇게 허용하는 경우 동 조치를 명령하는 사법당국에 의해 결정된 합리적 기간내 또는 그러한 결정이 없는 경우 20근무일과 31역일중 긴 기간내에 사안의 본안에 관한 결정을 위한 소송절차가 개시되지 아니하는 경우에는 피고의 요청에 따라 취소되거나 달리 효력이 종료된다.

7. 잠정조치가 취소되거나, 신청인의 행위 또는 누락으로 인해 소멸되거나 또는, 추후 지적재산권의 침해 또는 침해의 우려가 없었음이 확인되는 경우, 사법당국은 피고의 요청에 따라 신청인이 이러한 조치로 인한 침해에 대하여 피고에게 적절한 보상을 제공할 것을 명령하는 권한을 갖는다.

8. 행정절차의 결과로 잠정조치가 명령되는 범위내에서 이러한 절차는 실질적으로 이 절에 규정된 것과 동등한 원칙에 합치하도록 한다.

## 제4절 국경조치에 관한 특별요건 (Re.12)

**(Remark 12)** 일방회원국이 함께 관세동맹을 형성하는 다른 회원국과의 국경을 통과하는 상품의 이동에 대한 모든 통제를 실질적으로 철폐하였을 경우 동 국경에서는 이 절의 규정을 적용하도록 요구되지 아니한다.

### 제51조 【세관당국에 의한 반출 정지】

회원국은, 아래 규정에 따라 상표권 또는 저작권 침해상품(Re.13)의 수입이 있을 수 있다고 의심할 정당한 근거를 갖고 있는 권리자가 권한있는 행정 또는 사법당국에 서면으로 이러한 상품의 자유로운 유통의 저지를 위해 세관당국에 의한 반출의 정지를 청구할 수 있도록 하는 절차(Re.14)를 채택한다. 회원국은 이 절의 요건이 충족된다는 전제하에, 지적재산권의 다른 침해를 포함하는 상품에 대하여 이러한 신청이 가능하도록 할 수 있다. 회원국은 또한 자기나라 영토로부터 수출하기로 되어있는 침해상품에 대하여 세관에 의한 반출 정지에 관하여 상응한 절차를 규정할 수 있다.

**(Remark 13)** 이 협정의 목적상,
- "상표권침해상품"은 포장을 포함하여 지정상품에 유효히 등록된 상표와 동일하거나 상표의 본질적 측면에서 이러한 상표와 식별되지 아니하고, 이로 인해 수입국의 법에 따라 당해 상표권자의 권리를 침해하는 상표를 승인없이 부착한 상품을 의미한다.
- "저작권침해상품"은 권리자나 저작물 발행국가 내에서 권리자로부터 정당히 승인받은 자의 동의없이 복제된 상품과 동 복제가 수입국 법에 따라 저작권 또는 관련 권리의 침해를 구성할 수 있는 저작물로부터 직접 또는 간접적으로 제작된 상품을 의미한다.

**(Remark 14)** 이러한 절차는 권리자에 의해서 또는 권리자의 동의로 다른나라 시장에 진출한 상품의 수입이나 통과중인 상품에 적용될 의무가 없다고 양해된다.

**제52조 【신청】** 제51조에 따른 절차를 개시하는 권리자는 권한있는 당국에게 수입국의 법률에 따라 자신의 지적재산권에 대한 일견 명백한 침해가 있음을 납득시키기 위한 적절한 증거를 제공하고, 세관당국이 용이하게 인지할 수 있도록 침해상품에 대한 충분히 상세한 설명을 제공하도록 요구된다. 권한있는 당국은 합리적인 기간내에 신청인에게 신청의 수락여부와 권한있는 당국의 결정이 있는 경우 세관당국이 조치를 취하는 기간을 통보한다.

### 제53조 【담보 또는 동등한 보증】

1. 권한있는 당국은, 피고인과 권한있는 당국을 보호하고 남용방지를 위

해 충분한 담보 또는 동등한 보증을 신청인이 제공하도록 요구하는 권한을 갖는다. 이러한 담보 또는 동등한 보증이 동 절차의 이용을 부당히 억제하여서는 아니된다.

2. 이 절에 의한 신청에 따라 의장, 특허, 배치설계 또는 미공개된 정보를 포함하는 상품의 자유로운 유통으로의 반출이 사법 혹은 다른 독립적 당국외의 결정에 기초하여 세관당국에 의해 정지되고, 정당하게 권한있는 당국의 잠정구제의 부여없이 제55조에 규정된 기간이 경과하고, 수입에 관한 그 밖의 모든 조건이 충족된 경우에는 이러한 상품의 소유자, 수입자, 혹은 수탁자는 침해로부터 권리자를 보호할 수 있는 충분한 액수의 담보를 예치하고 상품을 반출할 수 있는 권리가 있다. 이러한 담보의 지불은 권리자에게 이용 가능한 다른 구제를 저해하지 아니하며, 담보는 권리자가 합리적인 기간내에 제소권을 행사하지 못하는 경우에 반환되는 것으로 양해된다.

**제54조【정지의 통보】** 수입자와 신청인은 제51조에 따른 상품의 반출정지를 신속히 통보받는다.

**제55조【정지기간】** 신청인이 반출정지 통보를 받은 후 10근무일을 초과하지 아니하는 기간내에 세관당국에 사안의 본안의 결정에 이르기 위한 소송절차가 피고인이 아닌 당사자에 의해 개시된 것이 통보되지 아니하거나 또는 정당하게 권한있는 당국이 상품 반출정지 기간을 연장하는 잠정조치를 취하였음이 통보되지 아니하는 한, 수입 또는 수출에 대한 다른 모든 조건이 충족된 경우, 동 상품은 반출된다. 적절한 경우, 이 기한은 10근무일 동안 더 연장 될 수 있다. 사안의 본안에 대한 결정에 이르기 위한 소송절차가 개시되는 경우 합리적인 기간내에 동 조치의 수정, 취소 또는 확정 여부를 결정하기 위해 피고인의 요청에 의해 진술한 권리를 포함한 재심사가 실시된다. 위에도 불구하고, 상품의 반출정지가 사법적 잠정조치에 의해 시행되거나 계속되고 있는 경우 제50조제6항의 규정이 적용된다.

**제56조【수입자 및 상품소유자에 대한 배상】** 관계당국은 상품의 부당한 유치 또는 제55조에 따라 반출된 상품의 유치로 인해 피해를 입은 수입자, 수탁자 및 상품의 소유자에게 적절한 배상을 하도록 신청인에게 명령할 수 있는 권한을 갖는다.

**제57조【검사 및 정보권】** 비밀정보의 보호를 저해함이 없이 회원국은 권한있는 당국이 권리자에게 그의 주장을 입증하기 위하여 세관당국이 유치중인 상품을 조사하게 할 충분한 기회를 제공할 수 있는 권한을 부여한다. 권한있는 당국은 또한 수입자에게도 이러한 상품을 조사하게 할 수 있는 동등한 기회를 부여할 수 있는 권한을 가진다. 사안의 본안에 대하여 긍정적인 판정이 내려지는 경우, 회원국은 권리자에게 탁송인, 수입자 및 수탁인의 이름, 주소 및 당해상품의 수량을 통보할 권한을 권한있는 당국에 부여할 수 있다.

**제58조【직권조치】** 회원국이 권한있는 당국에게 직권으로 조치를 취하도록 그리고 지적재산권이 침해되고 있다는 일견 명백한 증거가 입수된 상품을 반출정지 시키도록 요구하는 경우에는,

가. 권한있는 당국은 동 권한행사에 도움이 될 수 있는 어떠한 정보를 권리자에게 언제든지 요구할 수 있으며,

나. 수입자와 권리자에게 그 정지가 신속히 통보되어야 한다. 수입자가 동 정지에 대하여 권한있는 당

국에 이의를 제기하는 경우 동 정지에는 제55조에 규정되어 있는 조건이 준용되며,

다. 회원국은 조치가 선의로 취해지거나 선의로 의도된 경우에 한하여, 적절한 구제의 책임으로부터 공공당국과 관리를 면제한다.

**제59조 【구제】** 권리자에게 허용되는 다른 권리행사를 저해함이 없이, 또한 피고인이 사법당국에 의한 재심사를 청구할 수 있는 권리를 조건으로, 권한 있는 당국은 제46조에 규정된 원칙에 따라 침해상품의 폐기 또는 처분을 명령할 권한을 갖는다. 상표권침해상품의 경우, 당국은 예외적인 상황을 제외하고는 변경되지 아니한 상태로 또는 다른 통관절차에 의해 침해상품을 재수출하는 것을 허용하지 아니한다.

**제60조 【최소 허용 수입량】** 회원국은 여행자의 개인적 휴대품에 포함된 소량물품이나 소량의 탁송물품으로서 비상업적 성격의 경우에 대해서는 위의 규정의 적용을 배제할 수 있다.

## 제5절 형사절차

**제61조** 회원국은 적어도, 고의로 상표, 또는 저작권을 상업적 규모로 침해한 경우에 적용될 형사절차와 처벌을 규정한다. 이용가능한 구제는 이와 상응하는 정도의 범죄에 적용되는 처벌수준과 일치하고 억제를 제공하기에 충분한 구금 및/또는 벌금을 포함한다. 적절한 경우에 이용가능한 구제에는 침해상품과 주로 범죄행위에 사용된 재료 또는 기구에 대한 압수, 몰수 및 폐기를 포함한다. 회원국은 그 밖의 다른 지적재산권 침해의 경우, 특히 그 침해행위가 고의적으로 상업적 규모로 행해지는 경우에 적용될 형사절차 및 처벌을 규정할 수 있다.

# 제4부 지적재산권의 취득, 유지 및 관련 당사자간 절차

**제62조**

1. 회원국은 제2부제2절에서 제6절까지에 규정되어 있는 지적재산권의 취득 또는 유지의 조건으로 합리적인 절차 및 형식의 준수를 요구할 수 있다. 이러한 절차 및 형식은 이 협정의 규정과 일치하도록 한다.
2. 지적재산권의 취득이 권리의 부여 또는 등록을 조건으로 하는 경우, 회원국은 부여 또는 등록의 절차가 권리취득을 위한 실질적 조건의 준수를 조건으로, 보호기간이 부당하게 단축되는 것을 회피하기 위하여 부여 또는 등록을 합리적 기간이내에 허용하도록 보장한다.
3. 파리협약(1967년) 제4조는 서비스상표에 준용된다.
4. 지적재산권의 취득 또는 유지에 관한 절차와, 회원국의 법이 이러한 절차를 규정하는 경우의 행정적 취소절차 및 이의제기, 취소 및 폐지와 같은 당사자간 절차는 제41조제2항 및 제3항에 규정된 일반원칙에 따라 규율된다.
5. 제4항에 언급된 모든 절차에 있어서의 최종적인 행정결정은 사법적 또는 준사법적 당국의 재심사대상이 된다. 그러나 이러한 절차의 사유가 무효절차의 대상이 될 수 있는 경우, 성공적이지 못한 이의제기 또는 행정적 취소의 경우에는 이러한 결정에 대한 재심사의 기회를 제공할 의무가 없다.

# 제5부 분쟁의 방지 및 해결

**제63조 【투명성】**

1. 이 협정의 대상(지적재산권의 취득

가능성, 범위, 취득, 시행 및 남용의 방지)에 관하여 회원국이 시행하는 법과 규정, 그리고 일반적으로 적용되는 최종사법판결이나 행정결정은 회원국 정부 및 권리자가 그 내용을 알 수 있도록 하는 방법으로, 자기나라 언어로 공표되며, 이러한 공표가 실제적으로 가능하지 아니한 경우에는 공개적으로 입수 가능하도록 한다. 이 협정의 대상에 관한 회원국의 정부 혹은 정부 기관간에 시행되는 협정도 공표된다.

2. 회원국은 무역관련지적재산권위원회가 이 협정의 운영을 검토하는 것을 지원하기 위해 제1항에서 언급된 법과 규정을 동 위원회에 통보한다. 동 위원회는 이 의무를 수행함에 있어서 회원국에 대한 부담을 최소화하도록 노력하며, 세계지적재산권기구와 이러한 법과 규정을 포함하는 공동 등록소를 설치하는데 합의할 경우, 지적재산권위원회에 직접 이러한 법과 규정을 통보하는 의무를 면제하는 결정을 할 수 있다. 동 위원회는 또한 이와 관련하여 파리협약(1967년) 제6조의3의 규정에 근거한 이 협정상의 통보의무와 관련된 모든 조치를 고려한다.

3. 각 회원국은 다른 회원국으로부터의 서면요구 대하여 제1항에 언급된 종류의 정보를 제공할 준비가 되어 있어야 한다. 지적재산권분야에 있어서 특정한 사법판결이나 행정결정 또는 양자협정이 이 협정에 따른 자기나라의 권리에 영향을 미친다고 믿을만한 이유가 있는 회원국은 또한 서면으로 이러한 특정한 판결, 행정결정 또는 양자협정에 접근할 수 있도록 또는 충분히 상세한 정도로 정보를 제공하도록 요구할 수 있다.

4. 제1항에서 제3항까지의 어느 규정도 회원국에게 법의 집행을 방해하거나 달리 공익에 반하거나 또는 특정한 공기업 또는 사기업의 정당한 상업적 이익을 저해할 비밀정보의 공개를 요구하는 것은 아니다.

**제64조【분쟁해결】**

1. 분쟁해결양해에 의해 발전되고 적용되는 1994년도 GATT 제22조 및 23조의 규정은 이 협정에서 특별히 달리 규정하는 경우를 제외하고는 이 협정에 따른 협의와 분쟁해결에 적용된다.
2. 1994년도 GATT 제23조제1항나호 및 다호는 세계무역기구협정의 발효일로부터 5년간 이 협정에 따른 분쟁해결에 적용되지 아니한다.
3. 제2항에 규정된 기간동안 무역관련 지적재산권위원회는 이 협정에 따른 1994년도 GATT 제23조 제1항나호 및 다호에 규정된 형태의 제소의 범위와 방식을 검토하며 승인을 위하여 각료회의에 자신의 권고를 제출한다. 이러한 권고를 승인하거나 제2항의 기간을 연장하는 각료회의의 결정은 컨센서스에 의하며, 승인된 권고는 더이상의 공식수락절차 없이 모든 회원국에 대하여 적용된다.

## 제6부 경과조치

**제65조【경과조치】**

1. 제2항, 제3항 및 제4항의 규정을 조건으로, 어떠한 회원국도 세계무역기구협정의 발효일부터 일반적으로 1년이 경과하기 전에는 이 협정의 규정을 적용할 의무는 없다.
2. 개발도상회원국은 제3조, 제4조 및 제5조의 규정을 제외한 이 협정의 규정에 대하여 제1항에 규정된 적용일을 4년간 추가로 연기할 수 있다.
3. 중앙계획경제로부터 자유시장경제체제로 변화중이고, 자기나라의 지적재산권제도의 구조적 개혁을 수행

하고 있으며, 지적재산권법과 규정의 준비와 시행에 있어 특별한 문제에 직면한 회원국은 제2항에 규정된 연기기간의 혜택을 받을 수 있다.

4. 개발도상회원국이 제2항에 규정된 바와 같이 자기나라에 대하여 이 협정이 일반적으로 적용되는 날에 자기나라의 영토에서 그렇게 보호할 수 없는 기술분야에 대하여 이 협정에 따라 물질특허보호를 확대해야 하는 경우, 개발도상국회원국은 추가로 5년동안 이러한 기술분야에 대하여 제2부제5절의 물질특허에 대한 규정의 적용을 연기할 수 있다.
5. 제1항, 제2항, 제3항, 또는 제4항에 따른 경과기간을 이용하는 회원국은 그 기간동안 국내법규정 및 관행의 어떠한 변경이 이 협정의 규정과의 합치의 정도를 감소시키는 결과를 초래하지 아니하도록 보장한다.

**제66조【최빈개도국회원국】**

1. 최빈개도국회원국의 특별한 필요 및 요건, 경제적, 재정적 및 행정적 제약 및 자생력 있는 기술적 기초를 조성하기 위한 신축성의 필요를 고려하여, 최빈개도국회원국은 제3조, 제4조 및 제5조 이외의 이 협정의 규정을 제65조제1항에 규정된 적용일로부터 10년동안 적용하지 아니할 수 있다. 지적재산권위원회는 최빈개도국회원국의 정당한 요청에 따라 동 기간의 연장을 허용한다.
2. 선진국회원국은 최빈개도국회원국이 건전하고 자생력있는 기술적 기초를 조성할 수 있도록 하기 위해 자기나라 영토내의 기업과 기관에게 최빈개도국회원국으로의 기술이전을 촉진시키고 장려하기 위한 유인을 제공한다.

**제67조【기술협력】** 이 협정의 이행을 용이하게 하기 위하여 선진국회원국은 요청시 및 상호 합의된 조건에 따라 개발도상회원국과 최빈개도국회원국을 위하여 기술 및 재정상의 협력을 제공한다. 이러한 협력은 지적재산권의 남용방지뿐만 아니라 지적재산권의 보호와 시행에 관한 법과 규정의 준비에 있어서의 지원을 포함하며, 인력의 훈련을 포함하여 동 사안과 관련된 국내기구 및 기관의 설립 또는 강화에 관한 지원을 포함한다.

## 제7부　제도규정, 최종조항

**제68조【무역관련지적재산권위원회】** 무역관련지적재산권위원회는 이 협정의 운영과 특히 회원국의 이 협정에 따른 의무이행을 감시하며, 회원국에게 무역관련지적재산권과 관계되는 사안에 관한 협의기회를 제공한다. 위원회는 회원국이 부여하는 다른 임무를 수행하며, 특히 분쟁해결절차와 관련하여 회원국이 요청하는 지원을 제공한다. 자신의 기능을 수행함에 있어 무역관련지적재산권위원회는 적절하다고 판단되는 어떠한 출처와도 협의할 수 있으며, 이로부터 정보를 수집할 수 있다. 세계지적재산권기구와의 협의에 있어서 동 위원회는 자신의 첫번째 회합 이후 1년 이내에 동 기구의 기관과의 협력을 위해 적절한 협조체제를 수립하기 위하여 노력한다.

**제69조【국제협력】** 회원국은 지적재산권침해상품의 국제무역을 제거하기 위하여 상호 협력하기로 합의한다. 이 목적을 위하여 회원국은 자기나라의 행정부내에 연락처를 설립하고 통보하며, 침해상품의 무역에 대한 정보를 교환할 수 있도록 준비한다. 특히, 회원국은 상표권 및 저작권침해상품의 무역에 관한 세관당국간의 정보교환과 협력을 증진한다.

**제70조【기존 대상물의 보호】**

1. 이 협정은 당해 회원국에 대하여 동

협정의 적용일이전에 발생한 행위에 관하여 의무를 발생시키지 않는다.

2. 이 협정에 달리 규정된 경우를 제외하고, 이 협정은 관련 회원국에 대한 이 협정 적용일에 이미 존재하여 그 회원국내에서 그 날짜에 이미 보호되고 있거나, 이 협정의 규정에 따른 보호기준을 충족하거나 결과적으로 충족시키게 되는 모든 대상물에 대하여 의무를 발생시킨다. 이 항과 제3항 및 제4항과 관련하여 기존의 작품에 관한 저작권관련 의무는 베른협약(1971년) 제18조에 의해서만 결정되며, 기존 음반상의 음반제작자 및 실연자의 권리에 관한 의무는 이 협정 제14조제6항에 의해 적용되는 베른협약(1971년) 제18조에 의해서만 결정된다.
3. 당해 회원국에 대한 이 협정의 적용일에 공공의 영역에 속하게 된 대상물에 관한 보호를 회복해야 하는 의무는 존재하지 아니한다.
4. 보호되는 대상물을 구체화한 특정한 대상에 대한 행위가 이 협정에 일치하는 법률의 규정에 따라 침해행위가 되고, 회원국의 세계무역기구협정 수락일 이전에 이러한 행위가 시작되었거나 동 행위와 관련하여 투자가 상당한 정도로 이루어진 경우에는, 회원국은 자기나라에 대한 협정적용일 이후 이러한 행위의 계속적 수행에 관해 권리자에게 이용가능한 구제를 제한하는 규정을 둘 수 있다. 그러나, 이러한 경우 회원국은 최소한 공평한 보상의 지급을 규정한다.
5. 회원국은 자기나라에 대한 이 협정 적용일 이전에 구입된 원본 혹은 복제품에 관해 제11조와 제14조제4항의 규정을 적용할 의무가 없다.
6. 회원국은 이 협정이 알려지기 전에 정부에 의해 권리자의 승인없는 사용이 부여된 경우, 제31조 혹은 기술분야에 대한 차별없이 특허권을 향유한다고 규정한 제27조제1항의 요건을 동 권리자의 승인없는 사용에 적용하지 않을 수 있다.
7. 등록이 보호의 조건인 지적재산권의 경우, 당해 회원국에 대한 이 협정적용일 현재 계류중인 출원은 이 협정의 규정에 의한 강화된 보호신청을 위해 수정 할 수 있도록 허용된다. 이러한 수정은 새로운 대상을 포함할 수 없다.
8. 세계무역기구협정 발효일 현재, 회원국이 제27조에 의한 의무에 부합되는 의약 및 농약물질에 대한 특허보호를 허용하지 아니하는 경우, 동 회원국은
   가. 제6부의 규정에도 불구하고, 세계무역기구협정의 발효일로부터 이러한 발명에 관한 특허출원을 할 수 있는 수단을 제공하고,
   나. 이 협정 적용일자 현재 이 협정에 규정되어 있는 특허가능 기준을 동 기준이 회원국에 출원된 날짜에 적용되고 있는 것처럼 또는 우선권 주장이 가능하여 이 우선권이 주장되는 경우에는 우선권 주장일에 적용되고 있는 것처럼 이 출원에 적용하며,
   다. 이들 출원중 나호에 언급된 보호기준을 충족하는 출원에 대해, 특허부여일로부터 그리고 이 협정 제33조에 따라 출원일로부터 기산되는 특허기간의 잔여기간 동안 이 협정에 따른 특허보호를 부여한다.
9. 제8항가호에 따라 물질이 일방회원국내에서 특허출원의 대상이 되는 경우, 제6부의 규정에도 불구하고, 그 회원국내에서 판매허가를 득한 후 5년간 또는 그 회원국내에서 물질특허가 부여되거나 거절된 시기까

지 중 짧은것으로 동 시기까지 배타적인 판매권이 부여된다. 단, 세계무역기구협정의 발효이후, 다른 회원국내에서 그 물질에 대한 특허가 출원되고, 특허가 부여되고, 동 다른 회원국내에서 판매허가를 득한 경우에 한 한다.

**제71조【검토와 개정】**
1. 무역관련지적재산권위원회는 제65조제2항에 언급된 경과기간 종료후 이 협정의 이행을 검토한다. 위원회는 이행과정에서의 경험을 고려하여 그 일자부터 2년후 협정을 검토하고, 그 이후에는 동일 기간의 간격으로 검토한다. 위원회는 이 협정을 검토하고, 그 이후에는 동일 기간의 간격으로 검토한다. 위원회는 이 협정의 수정 또는 개정을 필요하게 하는 관련된 새로운 진전사항에 비추어 검토를 추진할 수 있다.
2. 다른 다자간협정으로 달성되고, 발효중인 그 협정하에서 세계무역기구의 모든 회원국에 의해 수락된, 지적재산권의 보다 높은 수준의 보호에의 적응만을 위한 목적의 개정안은 무역관련지적재산권위원회의 컨센서스에 의한 제안을 기초로 세계무역기구협정 제10조제6항에 따른 조치를 위해 각료회의에 회부될 수 있다.

**제72조【유보】** 다른 회원국들의 동의없이 이 협정의 어떠한 규정에 대하여도 유보할 수 없다.

**제73조【국가안보 관련 예외조치】** 이 협정의 어느 조항도 다음사항을 요구하는 것으로 해석되지 아니한다.
가. 공개시 자기나라의 필수적 국가안보이익에 반한다고 회원국이 판단하는 정보의 제공
나. 아래와 관련, 회원국의 필수적인 국가안보이익의 보호를 위해 필요하다고 간주되는 조치의 금지
  (1) 핵분열 물질 혹은 이에서 추출되는 물질
  (2) 무기, 탄약, 전쟁장비의 거래 및 군사시설에 대한 보급목적을 위하여 직접적 또는 간접적으로 수행되는 상품 및 재료의 거래관련조치
  (3) 전시 또는 국제관계에 있어서의 기타 비상사태에 취해진 조치
다. 국제평화 및 안보의 유지를 위한 국제연합헌장하의 의무이행을 위한 회원국의 조치금지

# 무역관련 지적재산권에 관한 협정 (이하 TRIPS 협정) 부속서

(2005.12.6 신설)

1. 제31조의2 및 이 부속서의 목적상,
   가. "의약품"이라 함은 TRIPS 협정과 공중보건에 관한 선언(WT/MIN(01)/ DEC/2) 제1항에서 인정된 바와 같이 공중보건 문제를 해결하기 위하여 필요한 의약 분야의 특허된 제품 또는 특허된 방법으로 제조된 제품을 의미한다. 이의 제조에 필요한 유효성분 및 그 사용에 필요한 진단키트도 포함(Re.1)되는 것으로 양해된다.

(Remark 1) 이 호는 제1항나호에 영향을 주지 아니한다.

   나. "적격 수입 회원국"은 최빈개발도상 회원국과, 제31조의2와 이 부속서에 의한 제도(이하 "제도"라 한다)를 수입자로서 이용할 의사를 TRIPS 이사회에 통보(Re.2)한 그 밖의 회원국을 의미한다. 회원국은 언제라도 상기 제도를 전면적으로 또는 제한적으로, 예를 들어 국가 비상사태 또는 극도로 긴급한 그 밖의 상황 또는 공공의 비상업적 이용의 경우에 한하여 이용하겠다고 통보할 수 있는 것으로 양해된다. 일부 회원국들은 수입국으로서 상기 제도를 이용하지 아니할 것이며(Re.3), 일부 다른 회원국들은 상기 제도를 이용한다면 국가 비상사태나 극도로 긴급한 그 밖의 상황에 한하겠다고 발표하였음에 주목한다.

(Remark 2) 이 제도를 사용하기 위하여 이 통보가 WTO 기구로부터 승인받을 필요는 없다고 양해된다.

(Remark 3) 호주, 캐나다, 유럽 공동체 및 제31조의2와 본 부속서의 목적상 그 회원국, 아이슬란드, 일본, 뉴질랜드, 노르웨이, 스위스, 미국

   다. "수출 회원국"은 적격 수입 회원국을 위하여 의약품의 생산 및 수출을 하기 위하여 이 제도를 이용하는 회원국을 의미한다.

2. 제31조의2제1항에서 언급된 사항은 다음과 같다.
   가. 적격 수입 회원국은 TRIPS 이사회에 다음 내용을 통보하였다.(Re.4)
      (ㄱ) 필요로 하는 의약품의 명칭과 예상 수량(Re.5)
      (ㄴ) 최빈개발도상 회원국이 아닌 해당 적격 수입 회원국이 의약 분야의 생산능력이 부족하거나 없음을 이 부속서의 부록에 규정된 방법 가운데 하나를 이용하여 입증하였다는 확인
      (ㄷ) 의약품이 자국 영역에서 특허를 받은 경우, 이 협정 제31조 및 제31조의2 그리고 이 부속서의 규정에 따른 강제실시권을 허여하였거나 허여할 의사가 있다는 확인(Re.6)

(Remark 4) 이 호에 의하여 요구되는 정보를 제공하는 공동 통지는 해당국의 동의 하에 본 제도를 사용하는 적격 수입 회원국을 대신하여 그 회원국이 당사국인 제31조의2제3항에서 규정된 지역기구에 의하여 이루어질 수 있다.

(Remark 5) 통보는 WTO 사무국에 의하여 WTO 웹사이트의 본 제도 전용페이지를 통하여 공중에 공개된다.

(Remark 6) 이 호는 이 협정 제66조제1항에 영향을 미치지 아니한다.

   나. 이 제도 하에서 수출 회원국에 의하여 발동된 강제실시권은 다음의 조건을 포함한다.
      (ㄱ) 적격 수입 회원국의 필요를 충족시킬 수 있는 분량만 동 실시권을 통하여 제조될 수 있으며 이로 인하여 생산된 제품 전량은 TRIPS 이사회에 그 필요를 통보한 회원국에 수출되어야 한다.
      (ㄴ) 동 실시권을 통하여 생산된 제품은 특정 라벨 부착 또는 표시를 하여 이 제도 하에서 생산되

었음이 명확하게 식별되어야 한다. 공급자는 차별화가 실행가능하고 가격에 중대한 영향을 미치지 아니한다면 그 제품의 특별 포장 및/또는 제품 자체의 특별 색채/모양을 통하여 그러한 제품을 외관상 구분하여 표시하여야 한다.

(ㄷ) 선적이 시작되기 전에 실시권자는 웹사이트(Re.7)에 다음 정보를 게재하여야 한다.

- 상기 (ㄱ)에 언급된 바와 같은 각 도착지별 공급량
- 상기 (ㄴ)에 언급된 제품의 외관상 구분되는 특징

(Remark 7) 실시권자는 이 목적을 위하여 자신의 웹사이트나, WTO 사무국의 도움을 받아 WTO 웹사이트의 이 제도 전용페이지를 이용할 수 있다.

다. 수출 회원국은 TRIPS 협정 이사회에 실시권의 허여와 그 부가조건을 포함하여 통보(Re.8)하여야 한다(Re.9). 제공되는 정보는 실시권자의 성명 및 주소, 실시권이 허여된 제품, 실시권 허여 수량, 제품 공급 대상국가 및 실시권 존속기간을 포함한다. 상기 통보는 또한 상기 나.(ㄷ)에 언급된 웹사이트의 주소를 표시하여야 한다.

(Remark 8) 이 제도를 사용하기 위하여 이 통보가 WTO 기구로부터 승인을 받을 필요는 없음이 양해된다.

(Remark 9) 통보는 WTO 사무국에 의하여 WTO 웹사이트의 이 제도 전용페이지를 통하여 공중에 공개된다.

3. 이 제도 하에 수입된 제품이 그 수입의 원인이 된 공중보건 목적으로 사용되도록 보장하기 위하여, 적격 수입 회원국은 이 제도 하에 실제 영역 안으로 수입된 제품의 재수출을 막기 위하여 행정적 역량과 무역 전환 위험에 비례하여 그 수단 내에서 합리적인 조치를 취하여야 한다. 개발도상 회원국이거나 최빈개발도상 회원국인 적격 수입 회원국이 이 조항의 이행에 어려움을 겪는 경우, 선진 회원국은 그 이행을 원활하게 하기 위하여 요청에 따라, 그리고 상호 합의된 규정 및 조건에 따라 기술 및 재정 협력을 제공하여야 한다.

4. 회원국은 이 협정 하에서 이미 활용 가능하여야 할 수단을 이용하여, 이 제도 하에서 생산되고 이 협정의 규정에 위배되어 해당 회원국의 시장으로 전환된 제품의 자국 영역 안으로의 수입과 영역 안에서의 판매를 방지하기 위한 효과적인 법적 수단의 유용성을 확보하여야 한다. 어느 회원국이 그러한 수단이 이 목적을 위하여 불충분하다고 간주하는 경우, 이 문제는 그 회원국의 신청에 따라 TRIPS 이사회에서 검토될 수 있다.

5. 의약품의 구매력 증진 및 현지 생산 활성화를 위한 규모의 경제를 유도하기 위하여, 제31조의2제3항에 규정된 회원국들에 적용될 수 있는 지역 특허의 허여를 제공하는 시스템의 개발이 장려되어야 함이 인정된다. 이를 위하여 선진 회원국들은 이 협정 제67조에 따라 그 밖의 관련 정부간 기구와의 연계를 포함하여 기술협력을 제공하여야 한다.

6. 회원국은 의약 분야의 제조능력이 부족하거나 없는 회원국들이 당면한 문제를 극복하기 위하여 의약 분야에서의 기술이전과 역량구축을 장려하는 것이 바람직함을 인정한다. 이를 위하여 적격 수입 회원국과 수출 회원국은 이 제도를 이러한 목적을 장려하기 위한 수단으로 사용하도록 권장된다. 회원국은 이 협정 제66조제2항, TRIPS 협정과 공중보건에 관한 선언 제7항 및 TRIPS 이사회의 그 밖의 관련 업무에 따라 수행되는 의약 분야의 기술이전과

역량구축에 특별한 주의를 기울이는 데 협력하여야 한다.

7. TRIPS 이사회는 이 제도의 효과적인 운영을 확보하기 위하여 제도의 기능을 매년 검토하여 그 운영에 관하여 일반이사회에 매년 보고하여야 한다.

## 〈TRIPS 협정 부속서의 부록〉
### 의약 분야에서 제조능력의 평가

최빈개발도상 회원국은 의약 분야에서의 제조능력이 부족하거나 없는 것으로 본다.

그 밖의 적격 수입 회원국에 대하여, 해당 제품의 제조능력이 부족하거나 없음은 다음 방법 중 하나를 통하여 입증될 수 있다.

(ㄱ) 해당 회원국이 그 의약 분야에서 제조능력이 없음을 입증한 경우

(ㄴ) 그 회원국이 이 분야에서 제조능력을 다소 갖고 있는 경우, 그 회원국이 이 능력을 점검하여 특허 소유자에 의하여 소유되거나 통제되는 능력을 제외하고 그 필요를 충족시키는 데 현재 부족하다는 사실을 발견한 경우. 그와 같은 능력이 그 회원국의 필요를 충족하기에 충분하다는 사실이 입증될 경우, 이 체제는 더 이상 적용되지 아니한다.

# 공업소유권의 보호를 위한 파리 협약

파리에서 채택 1883. 3.20
비준서 기탁일 1980. 3. 7
대한민국에 대하여 발효 1980. 5. 4
(조약 제707호)

**제1조 【동맹의 성립 : 공업 소유권의 범위】**

1. 본 협약에 적용되는 국가는 공업소유권의 보호를 위한 동맹을 구성한다.
2. 공업소유권의 보호는 특허, 실용신안, 의장, 상표, 서어비스 마아크, 상호, 원산지표시 또는 원산지명칭 및 부당경쟁의 방지를 그 대상으로 한다.
3. 공업소유권은 최광의로 해석되며 본래의 공업 및 상업 뿐만 아니라 농업 및 채취 산업과 포도주, 곡물, 연초엽, 과일, 가축, 광물, 광수, 맥주, 꽃 및 곡분과 같은 모든 제조 또는 천연산품에 대해서도 적용된다.
4. 특허에는 수입특허, 개량특허, 추가특허 또는 증명등 동맹국의 법에 의하여 인정되는 각종의 특허가 포함된다.

**제2조 【동맹국 국민에 대한 내국민 대우】**

1. 동맹국의 국민은 모든 동맹국에서 공업소유권의 보호에 관하여, 본 협약에서 특별히 정하는 권리를 침해하지 아니하고 각 동맹국의 법령이 내국민에 대하여 현재 부여하고 있거나 또한 장래 부여할 이익을 향유한다. 따라서 동맹국의 국민은 내국민에게 과하는 조건 및 절차에 따를 것을 조건으로 내국민과 동일한 보호를 받으며 또한 권리의 침해에 대하여 내

국민과 동일한 법률상의 구제를 받을 수 있다.

2. 그러나, 동맹국의 국민에 의한 공업소유권의 향유에 있어서는 보호의 청구를 하는 국내에 주소 또는 영업소를 가질 것을 조건으로 하지 아니한다.

3. 사법상 또는 행정상의 절차, 재판관할권 및 공업소유권에 관한 법령상 필요로 하는 주소의 선정 또는 대리인의 선임에 대해서는 각 동맹국의 법령이 정하는 바에 따른다.

**제3조【일정분야의 개인에 대한 동맹국 국민과의 동일한 대우】** 비동맹국의 국민으로서 어느 동맹국의 영역내에 주소 또는 진정하고 실효적인 공업상 또는 상업상의 영업소를 가진 자는 동맹국의 국민과 같이 취급된다.

**제4조【A-I 특허, 실용신안, 산업의장, 상표 발명자증 : 우선권-G 특허 · 적용범위】**

A. 1. 어떠한 동맹국에서 정식으로 특허출원을 하거나 실용신안, 의장 또는 상표의 등록출원을 한 자 또는 그 승계인은 타 동맹국에서 출원의 목적상 이하에 정하는 기간중 우선권을 가진다.

2. 각 동맹국의 국내법령 또는 동맹국간에 체결된 2국간 혹은 다수국간의 조약에 따라 정규의 국내출원에 해당되는 여하한 출원도 우선권을 발생시키는 것으로 인정된다.

3. 정규의 국내출원이라 함은 출원의 결과 여부에 불구하고 당해 국에 출원을 한 일부를 확정하기에 적합한 모든 출원을 의미한다.

B. 따라서 위에 언급된 기간의 만료전에 타 동맹국에 낸 후출원은 그 기간중에 행하여진 행위, 특허, 타출원, 당해 발명의 공표 또는 실시, 당해 의장으로 된 물품의 판매 또는 당해 상표의 사용으로 인하여 무효로 되지 아니하며 또한 이러한 행위는 제3자의 권리 또는 여하한 개인 소유의 권리를 발생시키지 아니한다. 우선권의 기초가 되는 최초의 출원일전에 제3자가 취득한 권리는 각 동맹국의 국내법령에 따라 유보된다.

C. 1. 위에 언급된 우선기간은 특허 및 실용신안에 대하여는 12개월, 의장 및 상표에 대하여는 6개월로 한다.

2. 이러한 기간은 최초의 출원일로부터 개시한다. 출원일은 기간에 산입하지 아니한다.

3. 그 말일이 보호의 청구를 할 국가에서 법정의 휴일이거나 또는 관할청이 출원을 접수할 수 없는 날인 경우에는 그 기간은 그 다음 최초의 집무일까지 연장된다.

4. 위 2항에서 말하는 최초의 출원과 동일한 대상에 대하여 같은 동맹국에서 낸 후출원은 전출원이 공중의 열람에 제공되지 아니하였으며 또한 여하한 권리도 존속시키지 아니하고 후출원일 당시에 취소, 방기 또는 거절되어 있으며 또한 동 전출원이 우선권 주장의 근거로 되지 아니한 경우에는 최초출원으로 간주되며 그 출원일이 우선기간의 출발점이 된다. 그 후로부터 전출원은 우선권 주장의 근거가 될 수 없다.

D. 1. 전출원의 우선권을 이용하려는 자는 그 출원의 일부 및 그 출원을 한 동맹국의 국명을 명시한 선언을 할 것이 요구된다. 각 동맹국은 그러한 선언을 하여야 할 최종일을 결정한다.

2. 일부 및 국명은 권한있는 당국이 발행하는 간행물 특허, 특허 및 명세서에 관한 간행물에 게재한다.

3. 동맹국은 우선권을 신청하는 자에 대하여 최초의 출원에 관한 출

원 서류(명세서, 도면등을 포함)의 등본의 제출을 요구할 수 있다. 그러한 출원을 접수한 당국에 의하여 인증된 등본은 여하한 공증도 필요로 하지 않으며 여하한 경우에도 그 후출원일로부터 3개월의 기간내에 언제든지 무료로 제출될 수 있다. 동맹국은 그 등본에 같은 당국이 교부하는 출원의 일부를 표시하는 증명서 및 역문을 첨부하도록 요구할 수 있다.

4. 출원을 할 때에는 우선권의 선언에 대하여 여타의 형식적 요건을 요구할 수 없다. 각 동맹국은 이 조항에 정하는 형식적 요건을 따르지 않았을 경우의 효과에 대하여 정한다. 다만, 그 효과는 우선권의 상실을 초과하지 아니한다.

5. 그 이후에는 다른 증거 서류가 요구될 수 있다. 전출원의 우선권을 이용하는 자는 그 출원의 번호를 명시하도록 요구될 수 있으며 그 번호는 위 2항에 정하는 방법으로 공표된다.

E. 1. 어느 동맹국에 있어서 의장이 실용신안의 출원을 근거로 하는 우선권에 기하여 출원된 경우에 그 우선 기간은 의장에 대하여 정하여진 것과 같은 기간으로 한다.

2. 또한 어느 동맹국에 있어서나 특허출원을 근거로 하는 우선권에 기하여 실용신안을 출원할 수 있으며 또한 그 역으로도 가능하다.

F. 어느 동맹국은 특허 출원인이 복수의 우선권(2이상의 국가에서 한 출원에 기한 것을 포함한다)을 주장한다는 것 또는 일 또는 그 이상의 우선권을 주장하는 출원이 그 우선권이 주장되는 출원에 포함되지 않은 일 또는 그 이상의 구성요소를 포함한다는 것을 이유로 하여 당해 우선권 또는 당해 특허신청을 거절할 수 없다. 단, 이 두 경우에 당해 동맹국의 법령상 발명의 단일성이 있는 경우에 한한다. 우선권이 주장되는 출원에 포함되지 않았던 구성요소에 대하여는 후출원이 통상의 조건에 따라 우선권을 발생시킨다.

G. 1. 심사에 의하여 하나의 특허를 위한 출원이 1이상의 발명을 포함하고 있음이 밝혀진 경우에 출원인은 그 출원을 수개의 출원으로 분할시킬 수 있으며 또한 당초 출원일을 그 각각의 출원일로 유지하고 또한 우선권의 혜택이 있는 경우 이를 보유할 수 있다.

2. 출원인은 또한 그 스스로 특허출원을 분할시킬 수 있으며 또한 당초의 출원일을 각 분할출원의 일부로 하여 우선권의 혜택이 있는 경우 이를 보유할 수 있다. 각 동맹국은 그러한 분할이 인정될 수 있는 조건을 정한다.

H. 우선권이 주장되는 발명의 특정요소가 원 국가에서의 출원에 제시된 청구중에 포함되어 있지 않다는 것을 이유로 하여 우선권을 거부할 수 없다. 단, 출원서류가 전체로서 그러한 구성요소를 명시하고 있어야 한다.

I. 1. 출원인이 그 재량으로 특허 또는 발명자 증명중 어느 하나를 신청할 수 있도록 되어 있는 국가에서 행하여진 발명자 증명의 출원은 특허출원과 동일한 조건 및 동일한 효과로 본조에 규정된 우선권을 발생시킨다.

2. 출원인이 그 재량으로 특허 또는 발명자 증명중 어느 하나를 신청할 수 있도록 되어 있는 국가에서 발명자 증명을 출원한 자는 특허출원에 관련된 본조의 제 규정에 따라 특허, 실용신안 또는 발명자 증명의 신청에 기하는 우선권을 향유할 수 있다.

**제4조의2【특허 : 동일한 발명에 대해 상이한 국가에서 획득한 특허의 독립】**

1. 동맹국의 국민에 의하여 여러 동맹국에서 출원된 특허는 동일한 발명에 대하여 동맹국 또는 비동맹국인가에 관계없이 타국에서 획득된 특허와 독립적이다.
2. 전항의 규정은 비제한적인 의미로 이해되며 특히 우선 기간중에 출원된 제 특허는 무효 또는 몰수의 근거에 관하여 그리고 통상의 존속기간에 관하여 서로 독립적이라는 의미로서 이해된다.
3. 동 규정은 그것이 효력을 갖게 되는 때에 존재하는 모든 특허에 대하여 적용된다.
4. 그것은 신규 국가의 가입의 경우에 있어 가입시 양측에 존재하는 특허에 대하여도 동일하게 적용된다.
5. 우선권의 혜택으로써 획득된 특허는 각 동맹국에서 우선권의 혜택없이 출원 또는 부여된 특허와 같은 존속기간을 갖는다.

**제4조의3【특허 : 특허에 있어 발명자의 명시】** 발명자는 특허에 발명자로서 명시될 권리를 갖는다.

**제4조의4【특허 : 법에 의한 판매규제 경우에 있어서의 특허성】** 특허된 상품 또는 특허된 공정에 의하여 생산된 상품의 판매가 국내법으로 인한 계약이나 제한을 받고 있음을 근거로 하여 특허의 부여를 거절하거나 또는 특허를 무효로 할 수 없다.

**제5조【A. 특허 : 상품의 수입, 불실시 또는 불충분한 실시, 강제실시권**
**B. 의장 : 불실시, 상품의 수입**
**C. 상표 : 불사용, 다른 형태, 공동소유자에 의한 사용**
**D. 특허, 실용신안, 상표, 의장 : 표식】**

A. 1. 특허는 특허권자가 어느 동맹국 내에서 제조된 상품을 그 특허를 부여한 국가로 수입함으로 인하여 몰수되지 아니한다.
2. 각 동맹국은 불실시와 같은 특허에 의하여 부여되는 배타적 권리의 행사로부터 발생할 수 있는 남용을 방지하기 위하여 강제 실시권의 부여를 규정하는 입법조치를 취할 수 있다.
3. 강제 실시권의 부여가 그러한 남용을 방지하기에 충분하지 아니한 경우를 제외하고는 특허의 몰수를 규정할 수 없다. 최초의 강제 실시권의 부여로부터 2년이 만료되기 전에는 특허의 몰수 또는 철회를 위한 절차를 진행시킬 수 없다.
4. 특허 출원일로부터 4년 기간의 만료일 또는 특허 부여일로부터 3년 기간의 만료일 중 늦은 기일이전에 불실시 또는 불충분한 실시를 이유로 강제 실시권을 출원할 수 없다. 그러한 출원은 특허권자가 정당한 이유로써 그의 불실시를 정당화하는 경우에 거절된다. 그러한 강제 실시권은 비배타적이며 또한 공여의 형태로써도 이전될 수 없으나 그러한 강제 실시권을 이용하는 기업 또는 영업권의 일부와 함께 이전되는 경우에는 예외로 한다.
5. 앞의 제 규정은 필요한 변경을 가하여 실용신안에도 적용된다.

B. 여하한 경우에도 의장의 보호는 불실시 또는 보호되는 물품에 상응하는 물품의 수입을 이유로 몰수되지 아니한다.

C. 1. 어느 국가에서나 등록상표의 사용이 강제적인 경우 그 등록은 합당한 기간이 경과한 후 그리고 당해인이 그의 불실시를 정당화하지 못하는 경우에만 취소될 수 있다.
2. 상표의 소유자가 그 상표가 일 동맹국에 등록될 때의 형태에 있어서의 두드러진 특징을 변경하지 아니하는 다른 요소를 포함하는 형태로 그 상표를 사용함으로 인

하여 그 등록이 무효되거나 그 상표에 부여된 보호가 감소되지 아니한다.

3. 보호가 주장되는 국가의 국내법에 의하여 상표의 공유자로 간주되는 공업상 또는 상업상의 영업소가 동일 또는 유사한 상품에 동일한 상표를 동시에 사용함으로 인하여 어떠한 동맹국에서도 동 상표에 부여된 보호가 여하한 방법으로도 경감되지 아니한다. 다만, 그것은 그러한 사용이 공중을 오도하거나 또는 공공의 이익에 반하는 것이 아닌 경우에 한한다.

D. 보호받을 권리를 인정할 조건으로서 특허, 실용신안, 상표의 등록 또는 의장의 기탁을 상품에 표시 또는 언급할 것을 요구할 수 없다.

**제5조의2【모든 공업소유권 : 권리 유지를 위한 요금지불 허여기간 ; 특허 : 회복】**

1. 공업소유권의 유지를 위하여 정한 수수료의 지불에 있어 국내법에 규정된 과징금을 지불할 것을 조건으로 6개월 이상의 은혜 기간이 허여된다.
2. 동맹국은 불지급으로 인하여 상실된 특허의 회복을 규정할 권리를 갖는다.

**제5조의3【선박, 항공기 또는 육상운송수단의 일부를 구성하는 특허된 고안】** 동맹국내에서 다음은 특허권자의 권리에 대한 침해로 간주되지 아니한다.

1. 타 동맹국의 선박이 일시적 또는 우발적으로 그 동맹국의 영수에 들어온 경우에 그 선박상에서 그의 특허의 대상을 이루는 장치를 선체·기계·선구·기관 또는 기타 부속물에 사용하는 것. 단, 그러한 장치가 다만 선박의 필요를 위하여 사용되는 경우에 한함.
2. 타 동맹국의 항공기나 육상 운송체가 일시적 또는 우발적으로 그 동맹국에 들어온 경우에 그 항공기 또는 육상운송체 또는 그 부속물의 건조 또는 운항에 그의 특허의 대상을 이루는 장치를 사용하는 것

**제5조의4【특허 : 수입국에서 특허된 방법에 의하여 제조된 물건의 수입】** 산품이 그 산품의 제조 공정을 보호하는 특허가 존재하는 동맹국으로 수입된 경우에는 그 특허권자는 그 수입된 산품에 관하여 그 국가의 법에 따라 그 공정 특허를 근거로 하여 수입국에서 제조된 산품에 관하여 그에게 부여된 모든 권리를 유보한다.

**제5조의5【의장】** 의장은 모든 동맹국에서 보호된다.

**제6조【상표 : 등록조건, 상이한 국가에서의 동일한 상표 보호의 독립】**

1. 상표의 출원과 등록조건은 각 동맹국에서 그 국내법에 따라 정한다.
2. 그러나, 어느 동맹국 국민에 의하여 여하한 동맹국에서 출원된 상표의 등록신청도 그 출원, 등록 또는 갱신이 원국가에서 실시되지 않았음을 이유로 거절될 수 없으며 또한 그 등록이 무효화될 수도 없다.
3. 일 동맹국에서 정당하게 등록된 상표는 원국가를 포함하는 타 동맹국에서 등록된 상표와 독립적인 것으로 간주된다.

**제6조의2【상표 : 잘 알려진 상표】**

1. 동맹국은 국내법에 따라 직권상으로 또는 관계국의 요청으로 이 협약의 혜택을 받을 권리가 있는 사람의 상품으로서 동일 또는 유사한 상품에 사용되고 있음이 이미 그 나라에서 잘 알려진 것으로 등록 또는 사용국의 권한있는 당국에 의하여 간주되는 그러한 상품의 복제, 모방, 번역을 구성하여

혼동을 일으키기 쉬운 상표의 등록을 거절 또는 취소하며 또한 그 사용을 방지할 것을 약속한다. 이 규정은 상표의 중요 구성요소가 그러한 잘 알려진 상품의 복제 또는 그것과 혼동하기 쉬운 모방을 구성하는 경우에도 적용된다.

2. 그러한 상표의 취소를 요청하는 데에 등록일로부터 최소한 5년의 기간이 허용된다. 동맹국은 사용의 금지를 요청할 수 있는 기간을 정할 수 있다.

3. 성실에 반하여 등록 또는 사용되는 상표의 취소 또는 사용금지를 요청하는 데는 기간의 제한이 붙여지지 아니한다.

**제6조의3【마아크 : 국가표장, 공공인장 및 정부간 기구의 표장에 관한 금지】**

1. (a) 동맹국은 동맹국의 국가문장, 기, 기타의 기장 및 동맹국이 택한 감독용 및 증명용의 공공의 기호와 인장 또는 문장학상 이러한 것들의 모방이라고 인정되는 것의 상표 또는 그 구성부분으로서의 등록을 거절 또는 무효로 하고 또한 권한있는 당국의 허가를 받지 않고 이를 상표 또는 그 구성부분으로 하여 사용하는 것을 적당한 방법으로 금지할 것에 합의한다.

(b) 세항 (a)의 규정은 1 혹은 그 이상의 동맹국이 가입하고 있는 정부간 국제기구의 문장, 기, 기타의 기장, 약칭 및 명칭에 대하여도 적용된다. 다만, 이미 그의 보호를 보장하기 위한 현행 국제협정의 대상이 되고 있는 문장, 기, 기타의 기장, 약칭 및 명칭등은 이에 해당하지 않는다.

(c) 동맹국은 이 조약이 그 동맹국에 있어서 효력을 발생하기 전에 선의로 취득한 권리의 소유자의 이익을 침해하는 경우에는 세항 (b)의 규정을 적용하지 아니할 수 있다. 세항 (a)에 언급된 사용 또는 등록이 당해 국제기구의 당해 문장, 기, 기장, 약칭 또는 명칭과 관계가 있는 것으로서 공중에게 암시되는 것이 아닌 경우 또는 당해 사용자와 당해 국제기구간에 관계가 있는 것으로 공중을 오도하지 아니하는 것이라고 인정되는 경우에는 동맹국은 세항 (b)의 규정을 적용하지 아니할 수 있다.

2. 감독용 및 증명용의 공공의 기호 및 인장의 금지는 당해 기호 및 인장을 포함한 상표가 당해 기호 및 인장을 사용하고 있는 상품과 동일 또는 유사한 종류의 상품에 대하여 사용되고 있는 경우에 한하여 적용된다.

3. (a) 이러한 규정을 적용하기 위하여 동맹국은 국가 기장과 감독용 및 증명용의 공공의 기호 및 인장으로서 각국이 전면적으로 또는 일정 한도까지 이 조항의 규정에 의한 보호하에 둘 것을 현재에 요구하거나 또는 장래 요구하려는 것의 일람표 및 이 일람표에 첨가될 그 후의 모든 변경을 국제사무국을 통하여 상호 통지할 것에 동의한다. 각 동맹국은 통지된 일람표를 적절히 공중의 이용에 제공한다. 다만, 그 통지는 국가의 기장에 관하여는 의무적이 아니다.

(b) 본 조 1항 세항 (b)의 규정은 정부간 국제기구가 국제사무국을 통하여 동맹국에 통지한 당해 국제기구의 문장, 기, 기타의 기장 및 명칭에 한하여 적용된다.

4. 동맹국은 이의가 있을 경우에는 3항의 통지를 수령한 때로부터

12개월의 기간내에 그 이의를 국제사무국을 통하여 관계국 또는 관계 정부간 국제기구에 통보할 수 있다.

5. 위 1항의 규정은 국가의 기장에 관하여는 1925년 11월 6일 이후에 등록되는 상표에 대하여서만 적용된다.
6. 앞의 제 규정은 동맹국의 기를 제외한 국가 기장, 공공의 기호 및 인장과 정부간 국제기구의 문장, 기, 기타의 기장, 약칭 및 명칭에 관하여 위 제3항의 통지를 수령한 때로부터 2개월이 경과된 후에 등록되는 상표에 대하여서만 적용된다.
7. 동맹국은 국가의 기장, 기호 또는 인장을 포함한 상표로서 1925년 11월 6일 이전에 등록된 것에 대하여도 그 등록출원이 악의로 된 경우에는 당해 등록을 무효로 할 수 있다.
8. 각 동맹국의 국민으로서 자국의 국가 기장, 기호 또는 인장의 사용을 허가받은 자는 당해 기장, 기호 또는 인장이 타 동맹국의 국가 기장, 기호 또는 인장과 유사한 경우에도 이를 사용할 수 있다.
9. 동맹국은 타 동맹국의 국가 문장의 사용이 상품의 원산지의 오인을 일으키게 할 염려가 있는 경우에는 허가를 받지 아니하고 그 문장을 상업거래에 사용하는 것을 금지할 것을 약속한다.
10. 앞의 제 규정에 불구하고 각 동맹국은 국가 문장, 기, 기장, 동맹국에 의하여 채용된 공공의 기호와 인장 및 위 제1항에 언급된 정부간 국제기구의 식별 기호를 허가받지 아니하고 상표로 사용하고 있는 경우에는 그 상표에 대하여 제6조의5, B의 제3항에 규정된 것과 같이 그 등록을 거절 또는 무효로 하는 권리를 행사할 수 있다.

**제6조의4【상표 : 상표의 양도】**

1. 상표의 양도가 동맹국의 법령에 의하여 그 상표가 속하는 기업 또는 영업권과 동시에 이동하는 경우에 한하여 유효한 때에는 그 상표의 양도를 유효한 것으로 인정받기 위하여는 양도된 상표를 붙인 상품을 당해 동맹국에서 제조 또는 판매할 배타적 권리와 더불어 당해 동맹국에 있는 기업 또는 영업권의 구성부분을 양수인에게 이전함으로써 족하다.
2. 전항의 규정은 양수인에 의한 상표의 사용이 당해 상표를 붙인 상품의 원산지, 성질, 품질등에 대하여 실제로 공중을 오도할 우려가 있는 경우에 그 상표의 양도를 유효한 것으로 인정해야 할 의무를 동맹국에 부과하는 것은 아니다.

**제6조의5【상표 : 일방 동맹국에 등록된 상표의 타방 동맹국내에서의 보호】**

A. 1. 본국에서 정당하게 등록된 상표는 본 조에서 명시된 유보에 따를 것을 조건으로 타 동맹국에 있어서도 출원을 위하여 수락되고 보호된다. 당해 타 동맹국은 최종적인 등록을 하기 전에 본국에서 등록한 증명서로서 그 본국의 권한이 있는 당국이 교부한 것을 제출하도록 요구할 수 있다. 그 증명서에는 여하한 공증도 필요로 하지 아니한다.

2. 본국이라 함은 출원인이 동맹국에 진정하고 유효한 공업상 또는 상업상의 영업소를 가진 경우에는 그 동맹국을, 출원인이 동맹국에 그러한 영업소를 가지지 아니한 경우에는 그의 주소가 있는 동맹국을 또한 출원인이 동맹국의 국민으로서 그 동맹국에 주소를 가지지 아니한 경우에는 그의 국적이 있는 국가를 말한다.

B. 본조에 규정하는 상표는 다음의 경우를 제외하고는 그 등록을 거절 또는 무효로 할 수는 없다.

1. 당해 상표의 보호가 주장되는 국가에 있어서 제3자의 기득권을 침해하게 되는 경우
2. 당해 상표가 두드러진 특징을 가지지 못할 경우 또는 상품의 종류, 품질, 수량, 용도, 가격, 원산지 또는 생산의 시기를 표시하기 위하여 거래상 사용되거나 또는 보호가 주장되는 국가의 거래상의 통용어 또는 그 국가의 선의의 확립된 상관행에 있어서 상용되고 있는 기호 또는 표시만으로 구성되어 있는 경우
3. 당해 상표가 도덕 또는 공중질서에 반하거나 특히 공중을 기만하기 쉬운 경우. 다만, 상표에 관한 법령의 규정(공공질서에 관한 것은 제외)에 적합하지 아니하다는 이유만으로 당해 상표를 공공의 질서를 반하는 것이라고 인정하여서는 아니된다. 다만, 제10조의2의 규정의 적용을 받는다.

C. 1. 상표가 보호를 받기에 적합한가의 여부를 판단함에 있어서는 모든 사정 특히 당해 상표를 사용하여 온 기간을 고려하지 않으면 아니된다.

2. 본국에서 보호되고 있는 상표의 구성부분에 변경을 가한 상표는 그 변경이 본국에 등록된 형태대로의 상표의 두드러진 특징을 변경하지 아니하고 또한 상표의 동일성에 영향을 주지 아니하는 한 타 동맹국에서 그 변경을 유일한 이유로 하여 등록을 거절당하지 않는다.

D. 어떠한 자도 보호를 주장하고 있는 상표가 본국에서 등록되어 있지 아니한 경우에는 본조의 규정에 의한 이익을 받을 수 없다.

E. 그러나 여하한 경우에도 본국에서 상표의 등록이 갱신되었다고 해서 그 상표가 등록된 타 동맹국에게 그 상표에 대한 등록갱신의 의무를 지우는 것은 아니다.

F. 제4조에 정한 우선기간내에 행한 상표의 등록출원에 있어 그 우선권의 이익은 본국에서의 등록이 당해 우선기간의 만료 후인 경우에도 그대로 존속한다.

**제6조의6【상표 : 서어비스 마아크】** 동맹국은 서어비스 마아크를 보호할 것을 약속한다. 동맹국은 서어비스 마아크의 등록에 관한 규정을 설정함을 요하지 아니한다.

**제6조의7【상표 : 소유권자의 허가를 받지 않은 대리인 또는 대표자의 명의의 등록】**

1. 일 동맹국에서 상표에 관한 권리를 가진 자의 대리인 또는 대표자가 그 상표에 관한 권리를 가진 자의 허락을 얻지 아니하고 1 또는 2이상의 동맹국에서 자기의 명의로 그 상표의 등록을 출원한 경우에는 그 상표에 관한 권리를 가진 자는 등록에 대하여 이의 신청 또는 등록의 취소 또는 그 국가의 법령이 허용하는 경우에는 등록을 자기에게 이전할 것을 청구할 수 있다. 다만, 그 대리인 또는 대표자가 그 행위를 정당화하는 경우에는 예외로 한다.
2. 상표에 관한 권리를 가진 자는 위 1항의 규정에 따를 것을 조건으로 그가 허락을 하지 않는 경우에 그 대리인 또는 대표자가 그의 상표를 사용할 것을 저지할 권리를 가진다.
3. 상표에 관한 권리를 가진 자가 본조에 정하는 권리를 행사할 수 있는 적절한 기간은 국내법령으로 정할 수 있다.

**제7조 【상표 : 상표가 사용되는 상품의 성격】** 어느 경우에도 상품의 성질은 그 상품에 대하여 사용되는 상표의 등록에 대한 장애를 구성하지 아니한다.

**제7조의2 【상표 : 단체 상표】**

1. 동맹국은 본국의 법령에 반하지 아니하는 한 단체에 속하는 단체 상표의 등록을 인정하며 또한 보호할 것을 약속한다. 그 단체가 공업상 또는 상업상의 영업소를 가지지 않는 경우에도 같다.
2. 각 동맹국은 단체 상표가 보호되어야 할 특별한 조건을 판단하며 또한 공공의 이익에 반하는 단체 상표에 대하여는 그 보호를 거절할 수 있다.
3. 그러나, 그 존재가 본국의 법령에 반하지 아니하는 단체에 대하여 보호가 주장되는 동맹국에서 설립되지 아니하였다는 것 또는 보호가 주장되는 동맹국의 법령에 따라 구성되지 아니하였다는 것을 이유로 이 단체에 속하는 단체 상표의 보호를 거절할 수 없다.

**제8조 【상호】** 상호는 상표의 일부이거나 아니거나를 불문하고 모든 동맹국에서 보호되며 등록의 신청 또는 등록되어 있는 것을 그 요건으로 하지 아니한다.

**제9조 【상표, 상호 : 불법하게 상표 또는 상호를 부착한 상품의 수입 등에 관한 압류】**

1. 불법하게 상표 또는 상호를 붙인 상품은 그 상표 또는 상호에 대한 법률상의 보호가 인정되고 있는 동맹국에 수입될 때 압류된다.
2. 압류는 또한 상품에 불법하게 상표 또는 상호를 붙이는 행위가 행하여진 동맹국 또는 그 상품이 수입된 동맹국에서도 행하여진다.
3. 압류는 검찰관 기타의 권한있는 당국 또는 이해관계인(자연인이거나 법인을 불문한다)의 청구에 의하며, 각 동맹국의 국내법령에 따라 행하여진다.
4. 당국은 통과의 경우에는 압류함을 요하지 아니한다.
5. 동맹국의 법령이 수입시의 압류를 인정하지 않는 경우에는 수입의 금지 또는 국내에서 행하는 압류로 이를 대신한다.
6. 동맹국의 법령이 수입시의 수입의 금지 및 국내에 있어서 압류를 인정하지 아니하는 경우에는 이에 필요한 법령이 개정될 때까지 그 동맹국의 법령이 동일한 경우에 내국민에 대하여 보장하는 소송 및 구제절차가 이를 대신한다.

**제10조 【허위 표시 : 원산지 또는 생산자에 관하여 허위표시를 부착한 상품의 수입 등에 관한 압류】**

1. 전조의 규정은 상품의 원산지 또는 생산지, 제조자 혹은 판매인에 관하여 허위 표시의 직접적 또는 간접적 사용의 경우에도 적용된다.
2. 산품의 생산, 제조 또는 판매에 종사하는 생산자, 제조자 또는 판매인으로서 원산지라고 허위로 표시된 지역, 그 지역이 있는 지방, 원산국이라고 허위로 표시된 국가 또는 원산지에 관한 허위의 표시가 행하여지고 있는 국가에 있는 자는 자연인이건 법인이건 불문하고 모든 경우에 있어서 이해관계인으로 인정한다.

**제10조의2 【부당 경쟁】**

1. 각 동맹국은 동맹국의 국민에게 부당경쟁으로부터의 효과적인 보호를 보장한다.
2. 공업상 또는 상업상의 공정한 관습에 반하는 모든 경쟁행위는 부당 경쟁행위를 구성한다.
3. 특히 다음과 같은 것은 금지된다.
   (a) 여하한 방법에 의함을 불문하고 경쟁자의 영업소, 산품 또는 공업상 혹은 상업상의 활동과 혼

동을 일으키게 하는 모든 행위

(b) 거래의 과정에 있어 경쟁자의 영업소, 산품 또는 공업상 혹은 상업상의 활동에 관하여 신용을 해하게 할 허위의 주장

(c) 거래의 과정에 있어 산품의 성질, 제조방법, 특징, 용도 또는 수량에 대하여 공중을 오도할 표시 또는 주장

**제10조의3 【상표, 상호, 허위표시, 부당경쟁 : 구제수단, 청구권】**

1. 동맹국은 제9조, 제10조 및 제10조의2에 언급된 모든 행위를 효과적으로 억제하기 위하여 적절한 법률상의 구제수단을 타 동맹국의 국민에게 부여할 것을 약속한다.
2. 제9조, 제10조 및 제10조의2에 언급된 행위를 억제할 목적으로 동맹국은 이해관계를 가진 생산자, 제조자 또는 판매인을 대표하며 또한 그 존재가 본국의 법에 배치되지 아니하는 조합 또는 단체에 대하여 그 법령하에 국내의 조합 또는 단체에게 인정되고 있는 한도내에서 사법적 수단으로 제소하거나 또는 행정기관에 이의 신청을 할 수 있도록 하는 조치를 규정할 것을 약속한다.

**제11조 【발명, 실용신안, 산업의장, 상표 : 특정 국제 박람회에서의 잠정적 보호】**

1. 동맹국은 동맹국의 영역내에서 개최되는 공적 또는 공적으로 인정된 국제 박람회에 출품되는 상품에 대하여 특허를 받을 수 있는 발명, 실용신안, 산업의장 및 상표에 대하여 국내법령에 따라 가보호를 부여한다.
2. 그러한 가보호는 제4조에서 정한 우선기간을 연장하는 것은 아니다. 후에 우선권이 주장되는 경우에는 각 동맹국의 당국은 그 산품을 박람회에 반입한 날로부터 우선기간이 개시되는 것으로 규정할 수 있다.
3. 각 동맹국은 해당 산품이 전시된 사실 및 반입의 일부를 증명하기 위하여 필요하다고 인정되는 증거서류를 요구할 수 있다.

**제12조 【공업소유권에 관한 특별 사무소】**

1. 각 동맹국은 공업소유권에 관한 특별사무소와 특허, 실용신안, 산업의장 및 상표를 공중에게 알리기 위한 중앙 사무소를 설치할 것을 약속한다.
2. 그러한 사무소는 정기적인 공보를 발행하고 다음을 규칙적으로 공시한다.
   (a) 특허권자의 성명 및 그 특허 발명의 간단한 표시
   (b) 등록된 상표의 복제

**제13조 【동맹 총회】**

1. (a) 동맹은 제13조에서 제17조까지의 규정에 의하여 구속되는 동맹국으로 구성되는 총회를 가진다.
   (b) 각 동맹국의 정부는 1인의 대표에 의하여 대표되며 대표는 교체대표, 자문위원 및 전문가의 보좌를 받을 수 있다.
   (c) 각 대표단의 비용은 그 대표단을 임명한 정부가 부담한다.
2. (a) 총회는 다음 사항을 행한다.
   (i) 동맹의 유지 및 발전과 본 협약의 실시에 관한 모든 문제를 처리한다.
   (ii) 세계지적소유권기구(이하 "기구"라 한다) 설립에 관한 협약에 언급된 지적소유권 국제사무국(이하 "국제사무국"이라 한다)에 대하여 개정회의의 준비에 관하여 지시한다. 다만, 제13조에서 제17조까지의 규정에 구속되지 아니하는 동맹국의 의견을 충분히 참작하여야 한다.

(iii) 동맹에 관한 "기구"사무국장의 보고 및 활동에 관하여 검토하고 승인하며 또한 "기구"사무국장에게 동맹의 권한내의 사항에 관하여 필요한 지시를 한다.

(iv) 집행위원회의 구성국을 선출한다.

(v) 집행위원회의 보고 및 활동을 검토하고 승인하며 또한 집행위원회에 지시한다.

(vi) 동맹의 사업계획을 결정하고 3개년 예산을 채택하며 또한 결산을 승인한다.

(vii) 동맹의 재정규칙을 채택한다.

(viii) 동맹의 목적을 달성하기 위하여 필요하다고 인정하는 전문가위원회 및 실무작업반을 설치한다.

(ix) 동맹의 구성국이 아닌 국가 및 정부간 기구 및 비정부간 국제기구로서 총회의 회합에 업저어버로써 출석하는 것에 대한 인정 여부를 결정한다.

(x) 제13조에서 제17조까지의 규정에 대한 수정을 채택한다.

(xi) 동맹국의 목적을 증진하기 위하여 다른 적절한 조치를 취한다.

(xii) 기타 본 협약상 적절한 기능을 수행한다.

(xiii) 총회의 수락을 조건으로 "기구"의 설립에 관한 협약에 의하여 총회에 부여된 권리를 행사한다.

(b) 총회는 "기구"가 관리 업무를 집행하고 있는 타 동맹에도 이해관계가 있는 사항에 관하여는 기구의 조정위원회의 조언을 들은 후에 결정한다.

3. (a) 세항 (b)의 규정에 따를 것을 조건으로 대표는 일개국만을 대표할 수 있다.

(b) 제12조에 언급된 공업소유권에 관한 각국의 특별사무소의 성격을 가진 공동사무소를 설립하기 위한 특별 약정에 의하여 결성된 동맹국은 토의에 있어서 이를 국가중 일국으로써 공동의 대표로 할 수 있다.

4. (a) 총회의 각 구성국은 1의 투표권을 가진다.

(b) 총회의 구성국의 2분의 1을 정족수로 한다.

(c) 총회는 세항 (b)의 규정에 불구하고 어느 회기에 있어서도 대표를 낸 국가의 수가 총회의 구성국의 2분의 1미만이나 3분의 1 이상인 경우에 결정은 할 수 있으나 그 결정은 총회의 절차에 관한 결정을 제외하고는 다음의 조건이 충족된 경우에 한하여 효력을 발생한다. 즉, 국제사무국은 대표를 내지 않은 총회의 구성국에 대하여 그 결정을 통지하고 그 통지일로부터 3개월의 기간내에 찬부 또는 기권을 서면으로서 표명할 것을 요청한다. 그 기간의 만료시에 찬부 또는 기권을 표명한 국가의 수가 당해 회기의 정족수의 부족을 보충하고 또한 결정에 필요한 다수의 찬성이 있는 경우에는 그 결정은 효력을 발생한다.

(d) 제17조2항의 규정에 따를 것으로 하여 총회의 결정은 투표의 3분의 2이상의 다수에 의하여 의결된다.

(e) 기권은 투표로 보지 아니한다.

5. (a) 세항 (b)의 규정에 따를 것으로 하여 대표는 일 국가만의 대표로서 투표할 수 있다.

(b) 세항 3 (b)에 언급된 동맹국은 원칙으로 총회의 회기에 국가의 대표를 출석시키도록 노력한다. 다만, 예외적인 불가피한 이유로

자국의 대표가 출석하지 못할 경우에는 다른 그러한 동맹국의 대표에게 자국의 명의로써 투표할 권한을 부여할 수 있다. 단, 각 대표는 대리투표의 경우 일국의 투표권만을 대리할 수 있다. 대리투표의 권한은 국가의 원수 또는 권한이 있는 장관이 지명하는 문서로써 부여한다.

6. 총회의 구성국이 아닌 동맹국은 총회의 회합에 업저어버로 출석하는 것을 인정한다.
7. (a) 총회는 사무국장의 소집에 의하여 3년마다 1회씩 통상회기로써 회합하며 예외적인 경우를 제외하고 기구의 총회와 동일한 기간중에 동일한 장소에서 회합한다.
   (b) 총회는 집행위원회의 요청 또는 총회의 구성국의 4분의 1이상의 요청이 있을 때는 사무국장의 소집에 의하여 임시회기로써 회합한다.
8. 총회는 그 절차규칙을 채택한다.

**제14조【집행 위원회】**

1. 총회는 집행위원회를 가진다.
2. (a) 집행위원회는 총회의 구성국 중에서 총회에서 선출된 국가로 구성된다. 또한 그 영역내에 "기구"의 본부가 있는 국가는 제16조7(b)의 규정에 따를 것을 조건으로 집행위원회에 직권상 1의석을 가진다.
   (b) 집행위원회의 각 구성국의 정부는 1인의 대표에 의하여 대표되며 대표는 교체대표, 자문위원 및 전문가의 보좌를 받을 수 있다.
   (c) 각 대표단의 비용은 대표단을 임명한 정부가 부담한다.
3. 집행위원회의 구성국의 수는 총회의 구성국의 수의 4분의 1로 한다. 의석수의 결정에 있어서 4로 나눈 나머지 수는 고려하지 아니한다.
4. 총회는 집행위원회의 구성국의 선출에 있어서 공평한 지리적 배분을 참작하고 또한 동맹에 관련하여 작성되는 특별약정의 체약국이 집행위원회의 구성국이 되어야 할 필요성을 참작한다.
5. (a) 집행위원회의 구성국의 임기는 그를 선출한 총회의 종료시로부터 다음 총회의 통상회기의 종료시까지로 한다.
   (b) 집행위원회의 구성국은 최대한 그 구성국의 3분의 2까지 재선할 수 있다.
   (c) 총회는 집행위원회의 구성국의 선출 및 재선에 관한 규칙을 정한다.
6. (a) 집행위원회는 다음의 사항을 행한다.
      (i) 총회의 의사 일정안을 작성한다.
      (ii) 사무국장이 작성한 동맹의 사업계획안 및 3개년 예산안에 관하여 총회에 제안한다.
      (iii) 사무국장이 작성한 연차 사업계획 및 3연차 예산에 관하여 사업계획 및 3개년 예산의 범위내에서 결정한다.
      (iv) 사무국장의 정기보고 및 연차회기검사보고에 적절한 의견을 붙여 총회에 제출한다.
      (v) 총회의 결정에 따르고 또한 총회의 두 통상회기 사이에서 발생하는 상황을 고려하여 사무국장이 동맹의 사업계획의 시행에 필요한 모든 조치를 취한다.
      (vi) 기타 본 협약상 집행위원회에 부여된 기능을 수행한다.
   (b) 집행위원회는 "기구"에 의하여 관리되는 다른 동맹과도 이해관계가 있는 사항에 대하여는 "기구"의 조정위원회의 조언을 들은 후에 결정한다.

7. (a) 집행위원회는 사무국장의 소집에 의하여 매년 1회의 통상회기로써 회합하고 가능한 한 기구의 조정위원회와 동일한 기간중에 동일한 장소에서 회합한다.
(b) 집행위원회는 사무국장의 발의에 의하여 또는 집행위원회의 의장 혹은 그 구성국의 4분의 1이상의 요청에 따라 사무국장의 소집에 의하여 임시회기로써 회합한다.
8. (a) 집행위원회의 각 구성국은 하나의 투표권을 가진다.
(b) 집행위원회의 구성국의 2분의 1을 정족수로 한다.
(c) 결정은 투표의 단순 다수에 의한 의결로써 한다.
(d) 기권은 투표로 보지 아니한다.
(e) 대표는 일 국가만을 대표하고 그 국가의 명의로써만 투표할 수 있다.
9. 집행위원회의 구성국이 아닌 동맹국은 집행위원회의 회합에 업저어버로 출석하는 것을 인정한다.
10. 집행위원회는 그 회의의 절차규칙을 채택한다.

**제15조【국제 사무소】**

1. (a) 동맹의 관리업무는 “문학및예술상의저작권의보호에관한국제조약”에 의하여 설립된 동맹사무국과 합동한 동맹사무국의 승계기관인 국제사무국이 행한다.
(b) 국제사무국은 특히 동맹의 모든 기관의 사무적인 직무를 행한다.
(c) “기구”의 사무국장은 동맹의 수석행정관으로서 동맹을 대표한다.
2. 국제사무국은 공업소유권의 보호에 관한 정보를 수집하고 발행한다. 각 동맹국은 공업소유권의 보호에 관한 모든 새로운 법령 및 공문서를 가급적 신속히 국제사무국에 송부하여야 하며 또한 공업소유권에 관한 자국의 사무소 간행물중 공업소유권보호에 직접 관계가 있는 것으로서 국제사무국의 업무에 유익하다고 인정되는 모든 것을 국제사무국에 제공한다.
3. 국제사무국은 월간 정기간행물을 발행한다.
4. 국제사무국은 동맹국의 요청에 의하여 공업소유권의 보호에 관한 문제에 관한 정보를 제공한다.
5. 국제사무국은 공업소유권의 보호를 촉진하기 위한 연구를 행하며 또한 역무를 제공한다.
6. 사무국장 및 그가 지명하는 직원은 총회, 집행위원회, 기타 전문가위원회 또는 실무 작업반 회합에 투표권없이 참가한다. 사무국장 또는 그가 지명하는 직원은 직무상 이러한 기관의 서기가 된다.
7. (a) 국제사무국은 총회의 지시에 따라 또한 집행위원회와 협력하여 본 협약(제13조에서 제17조까지의 규정은 제외)의 개정회의의 준비를 한다.
(b) 국제사무국은 개정회의의 준비에 관하여 정부간 기구 및 비정부간 국제기구와 협의할 수 있다.
(c) 사무국장 및 그가 지명하는 자는 개정회의의 심의에 투표권없이 참가한다.
8. 국제사무국은 기타 국제사무국에 부여되는 임무를 수행한다.

**제16조【재정】**

1. (a) 동맹은 예산을 가진다.
(b) 동맹의 예산은 수입, 동맹의 고유한 지출, 제 동맹의 공통경비의 예산을 위한 그 분담금 및 경우에 따라 기구의 회의의 예산을 위한 지출금으로 편성된다.
(c) 제 동맹의 공통경비라 함은 동맹뿐만 아니라 기구가 관리 업무를 맡고 있는 1 또는 그 이상의 타 동맹에 귀속되는 경비를 말한

다. 공통경비에 대한 동맹의 분담비율은 공통경비가 그 동맹에 주는 이익에 비례한다.

2. 동맹의 예산은 기구가 관리 업무를 맡고 있는 타 동맹 예산과의 조정을 위한 요건을 충분히 고려하여 결정한다.

3. 동맹의 예산은 다음을 재원으로 한다.

(i) 동맹국의 분담금

(ii) 국제사무국이 동맹의 이름으로 제공하는 역무에 대한 요금

(iii) 동맹에 관한 국제사무국의 간행물의 판매대금 및 이러한 간행물에 관한 권리의 사용료

(iv) 증여, 유증 및 보조금

(v) 임대료, 이자 및 기타 잡수입

4. (a) 각 동맹국은 예산에 대한 자국의 분담액을 결정하는데 있어서 다음 등급에 속하는 것으로 하고 다음에 정하는 단위수에 기하여 연차 분담금을 지불한다.

등급 I ………………………… 25
등급 II ………………………… 20
등급 III ………………………… 15
등급 IV ………………………… 10
등급 V ………………………… 5
등급 VI ………………………… 3
등급 VII ………………………… 1

(b) 각국은 이미 지정한 경우를 제외하고는 비준서 또는 가입을 기탁할 때에 자국이 속하고자 하는 등급을 지정한다. 어느 국가든 자국의 등급을 변경할 수 있다. 보다 낮은 등급을 선택하는 국가는 그 변경을 총회의 통상회기에서 표명하여야 한다. 그 변경은 그 회기의 익년초에 효력을 발생한다.

(c) 각 동맹국의 연차 분담액은 그 금액과 모든 동맹국의 동맹 예산에의 연차 분담금의 총액과의 비율이 그 국가가 속하는 등급의 단위수와 모든 동맹국의 단위수의 총수와의 비율이 같도록 정한다.

(d) 분담금은 매년 1월 1일에 납부하여야 한다.

(e) 분담금의 납부를 연체하고 있는 동맹국은 그 미불액이 당해연도의 전 2년간 그 국가가 납부하여야 할 분담금의 액수이상일 경우에 그 국가가 구성국으로 되어 있는 동맹의 기관에서 투표권을 행사할 수 없다. 다만, 그 기관이 지불의 연체가 예외적으로 불가피한 사정으로 인한 것이라고 인정하는 동안 기관은 그 국가가 그 기관에서 투표권을 계속 행사하도록 허용할 수 있다.

(f) 예산이 신회계연도의 개시전에 채택되지 아니한 경우에는 재정규칙의 정하는 바에 따라 전년도의 예산의 수준으로 한다.

5. 국제사무국이 동맹의 명의로 제공하는 역무에 대하여 받는 요금액은 사무국장이 정하고, 사무국장은 그를 총회 및 집행위원회에 보고한다.

6. (a) 동맹은 각 동맹국의 1회에 한한 납부금으로 구성되는 운용자금을 가진다. 운용자금이 부족할 때에는 총회가 그 증액을 결정한다.

(b) 운용자금에 대한 각 동맹국의 지불금액 및 운용자금의 총액분에 대한 각 동맹국의 분담금은 운용자금이 설정되거나 또는 그 증액이 결정된 연도의 그 국가의 분담금에 비례한다.

(c) 비율 및 지불의 조건은 총회가 사무국장의 제안에 의하여 또한 기구의 조정위원회의 조언을 들은 후에 결정한다.

7. (a) 그 영역내에 기구의 본부가 있는 국가와 체결한 본부협정에 운용자금이 부족한 경우에는 그 국가가 입체를 허용한다는 규정

을 둔다. 입체할 금액 및 조건은 그 국가와 기구와의 사이의 별도 약정에 의하여 그 때마다 정한다. 그 국가는 입체를 허용할 의무가 있는 동안 집행위원회에 직권상 의석을 가진다.

(b) 세항 (a)에 언급된 국가 및 기구는 각각 서면에 의한 통고에 의하여 입체를 허용한다는 약속을 폐기하는 권리를 가진다. 폐기는 통고가 있는 연도말로부터 3년이 경과한 후에 효력을 발생한다.

8. 회계감사는 재정규칙의 정하는 바에 의하여 일 또는 그 이상, 동맹국 또는 외부의 회계감사 전문가가 행한다. 동맹국 또는 회계감사 전문가는 총회가 이들의 동의를 얻어 지정한다.

**제17조【제13조 내지 제17조의 개정】**

1. 제13조, 제14조, 제15조, 제16조 및 본 조의 규정에 대한 수정 제안은 총회의 구성국, 집행위원회 또는 사무국장이 발의할 수 있다. 그 제안은 늦어도 총회 심의 6개월 전까지 사무국장이 총회의 구성국에 송부한다.
2. 위 1항에 언급된 제 조항의 수정은 총회가 채택한다. 채택에는 투표의 4분의 3이상의 다수에 의한 의결이 필요하다. 다만, 제13조 및 본항 규정의 수정에는 투표수의 5분의 4이상의 다수에 의한 의결이 필요하다.
3. 위 1항에 언급된 제 조항의 수정은 그 수정이 채택된 때에 총회의 구성국의 4분의 3으로부터 각자의 헌법상의 절차에 따라 행하여진 수락의 통고를 사무국장이 접수한 때로부터 1개월후에 효력을 발생한다. 이와 같이 하여 수락된 상기 제 조항의 수정은 그 수정이 효력을 발생할 때에 총회의 구성국인 모든 국가 및 그 후에 총회의 구성국이 되는 모든 국가를 구속한다.

**제18조【제1조 내지 제12조 및 제18조 내지 제30조의 수정】**

1. 본 협약은 동맹의 체제를 개선하기 위한 개정을 목적으로 개정 회의에 회부된다.
2. 이를 위하여 순차적으로 동맹국 대표간에 회의를 한다.
3. 제13조에서 제17조까지의 규정의 개정은 제17조의 규정에 의한다.

**제19조【특별 협정】** 동맹국은 본 협약의 규정에 배치되지 아니하는 한 별도로 상호간에 공업소유권의 보호에 관한 특별한 협정을 체결할 권리를 유보한다.

**제20조【동맹국에 의한 비준 또는 가입 ; 발효】**

1. (a) 각 동맹국은 본 개정협약에 서명한 경우에는 이를 비준할 수 있으며 서명하지 아니한 경우에는 이에 가입할 수 있다. 비준서 및 가입서는 사무국장에게 기탁한다.

(b) 각 동맹국은 그 비준서 또는 가입서에 비준 또는 가입의 효과가 다음의 규정에는 적용되지 아니한다는 것을 선언할 수 있다.

(i) 제1조에서 제12조까지의 규정, 또는

(ii) 제13조에서 제17조까지의 규정

(c) 세항 (b)의 규정에 따라 동 세항에 언급된 2군의 조항중 1군의 조항에 대하여 비준 또는 가입의 효과를 배제한 국가는 언제든지 그 비준 또는 가입이 그 군의 조항에 확대한다는 것을 선언할 수 있다. 그 선언은 사무국장에게 기탁한다.

2. (a) 제1조에서 제12조까지의 규정은 1항 세항 (b)(i)에서 허용된 선언을 행하지 아니하고 비

준서 또는 가입서를 기탁한 최초의 10개 동맹국에 대하여는 그 10번째의 비준서 또는 가입서가 기탁된 날로부터 3개월후에 효력을 발생한다.

(b) 제13조에서 제17조까지의 규정은 1항 세항 (b)(ii)에서 허용된 선언을 행하지 아니하고 비준서 또는 가입서를 기탁한 최초의 10개 동맹국에 대하여는 그 10번째의 비준서 또는 가입서가 기탁된 날로부터 3개월후에 효력을 발생한다.

(c) 1항 세항 (b)(i) 및 1항 세항 (b)(ii)에 언급된 2군의 제 조항이 세항 (a) 또는 (b)의 규정에 따라 각각 최초에 효력을 발생하는 것을 조건으로, 및 1항 세항 (b)의 규정에 따를 것을 조건으로, 제1조에서 제17조까지의 규정은 세항 (a) 및 (b)에 언급된 동맹국 이외의 동맹국으로서 비준서 혹은 가입서를 기탁한 국가 또는 1항 세항 (c)에 따라 선언을 기탁한 국가에 대하여는 사무국장이 그 기탁을 통고한 날로부터 3개월후에 효력을 발생한다. 단, 기탁된 비준서, 가입서 또는 선언에 있어서 그 날짜이후의 날을 지정한 경우에는 본 개정협약은 그 국가에 대하여 그 지정된 날에 효력을 발생한다.

3. 제18조에서 제30조까지의 규정은 비준서 또는 가입서를 기탁한 각 동맹국에 대하여 1항 세항 (b)의 제 조항이 각각 2항 세항 (a)(b) 또는 세항 (c)의 규정에 따라 그 국가에 대하여 효력을 발생하는 날 중 빠른 날짜에 효력을 발생한다.

**제21조【동맹 역외 국가에 의한 가입 : 발효】**

1. 동맹에 속하지 아니한 국가도 본 개정협약에 가입할 수 있으며 그 가입으로 동맹의 구성국이 될 수 있다. 가입서는 사무국장에게 기탁한다.

2. (a) 그 개정협약의 효력발생일 1개월 전까지 가입서를 기탁한 동맹국에 속하지 아니한 국가에 대하여는 본 개정협약은 그 가입서에서 보다 늦은 날을 지정하고 있지 아니하는 한 전조 2항 세항 (a) 또는 (b)의 규정에 의하여 본 개정협약이 최초로 효력을 발생하는 날에 효력을 발생한다. 다만,

(i) 본 개정협약의 효력발생일에 제1조에서 제12조까지의 규정이 효력을 발생하지 아니하는 경우에 그러한 국가는 이들 규정이 효력을 발생할 때까지의 잠정 기간 중에는 그러한 규정에 대신하여 「리스본」 개정협약 제1조에서 제12조까지의 규정에 의하여 구속된다.

(ii) 본 개정협약의 효력발생일에 제13조 내지 제17조의 규정이 효력을 발생하지 아니하는 경우에 그러한 국가는 이들 규정이 효력을 발생할 때까지의 잠정 기간 중에는 그러한 규정에 대신하여 「리스본」 개정협약 제13조와 제14조 3, 4 및 5까지의 규정에 의하여 구속된다. 가입서에서 보다 늦은 날을 지정한 국가에 대하여는 본 개정협약은 그 지정한 날에 효력을 발생한다.

(b) 본 개정협약의 1군의 규정이 효력을 발생한 날 이후 또는 그 전 1개월 미만의 기간내에 가입서를 기탁한 동맹에 속하지 아니하는 국가에 대하여 본 개정협약은 세항 (a)의 단서 규정에 따를 것을 조건으로 사무국장이 그 가입을 통고한 날로부터 3개월후

에 효력을 발생한다. 단, 가입서에서 보다 늦은 날을 지정한 경우에는 본 개정협약은 그 국가에 대하여 그 지정한 날에 효력을 발생한다.

3. 본 개정협약이 전체로서 효력을 발생하는 날 이후 또는 그전 1개월미만의 기간내에 가입서를 기탁한 동맹에 속하지 아니하는 국가에 대하여는 본 개정협약은 사무국장이 그 가입을 통고한 날로부터 3개월후에 효력을 발생한다. 단, 가입서에 보다 늦은 날을 지정한 경우에는 본 개정협약은 그 국가에 대하여는 그 지정한 날에 효력을 발생한다.

**제22조【비준 또는 가입의 효과】** 비준 또는 가입은 제20조1항 세항 (b) 및 제28조2항에 규정된 예외가 적용되는 경우를 제외하고는 자동적으로 본 개정협약의 모든 조항을 수락한 것으로 되며 본 개정협약에서 정하는 모든 이익을 향유하게 된다.

**제23조【종전 협약에의 가입】** 본 개정협약이 전체로서 효력을 발생한 후에는 어느 국가도 본 협약의 종전의 개정협약에 가입할 수 없다.

**제24조【영토】**

1. 어느 국가도 자국이 대외관계에 대하여 책임을 지는 영역의 전부 또는 일부에 대하여 본 협약을 적용한다는 뜻을 비준서 또는 가입서에서 당해 영역을 지정하여 선언하거나 또는 그 후에도 언제든지 서면에 의하여 이를 사무국장에 통고할 수 있다.
2. 1항의 선언 또는 통고를 한 국가는 당해 영역의 전부 또는 일부에 대하여 본 협약의 적용이 정지된다는 것을 언제든지 사무국장에게 통고할 수 있다.
3. (a) 1항에 따라 행하여진 선언은 그 선언이 포함된 비준 또는 가입과 동일한 날에 효력을 발생하며 동항에 따라 행하여진 통고는 사무국장에 의한 통보로부터 3개월후에 효력을 발생한다.
   (b) 2항에 따라 행하여진 통고는 사무국장이 이를 접수한 날로부터 12개월후에 효력을 발생한다.

**제25조【협약의 국내적 실시】**

1. 본 협약의 당사국은 자국의 헌법에 따라 본 협약의 적용을 보장하기 위하여 필요한 조치를 취할 것을 약속한다.
2. 어느 국가도 그 비준서 또는 가입서를 기탁할 때에는 자국의 국내법령에 따라 본 협약을 시행할 수 있는 상태에 있는 것으로 양해된다.

**제26조【폐기】**

1. 본 협약은 무기한으로 효력을 가진다.
2. 어느 동맹국이든 사무국장에게 제출하는 통고에 의하여 본 개정협약을 폐기할 수 있다. 그러한 폐기는 종전의 모든 개정협약의 폐기를 수반하는 것으로 폐기를 한 국가에 대하여만 효력을 발생한다. 타 동맹국에 대하여는 본 협약은 계속 효력을 가진다.
3. 폐기는 사무국장이 그 통고를 접수한 날로부터 1년후에 효력을 발생한다.
4. 어느 국가도 동맹의 구성국이 된 날로부터 5년의 기간이 만료될 때까지는 본조에 정하는 폐기의 권리를 행사할 수 없다.

**제27조【종전 협약의 적용】**

1. 본 개정협약은 이를 적용하는 동맹국 상호간에 있어 그것이 적용되는 한도내에서 1883년 3월 20일자의 「파리」협약 및 그 후의 제 개정협약을 대치한다.
2. (a) 본 개정협약이 적용되지 아니하거나 또는 전체로서 적용되지는 아니하나 1958년 10월 31

일자의 「리스본」 개정협약이 적용되는 동맹국에 대해서는 「리스본」 개정협약이 전체로서 또는 1항의 규정에 의하여 본 개정협약에 의하여 대치되지 아니하는 한도내에서 계속하여 효력을 가진다.

(b) 마찬가지로 본 개정협약 또는 그 일부 또는 「리스본」 개정협약의 어느 것도 적용되지 아니하는 동맹국에 대하여는 1934년 6월 2일자의 「런던」 개정협약이 전체로서 또는 1항의 규정에 의하여 본 개정협약에 의하여 대치되지 아니하는 한도내에서 계속 효력을 가진다.

(c) 마찬가지로 본 개정협약 또는 그 일부 또는 「리스본」 개정협약 또는 「런던」 개정협약의 어느 것도 적용되지 아니하는 동맹국에 대하여는 1925년 11월 6일자의 「헤이그」 개정협약이 전체로서 또는 1항의 규정에 의하여 본 개정협약에 의하여 대치되지 아니하는 한도내에서 계속 효력을 가진다.

3. 동맹에 속하지 아니하는 국가도 본 개정협약의 당사국으로 된 경우에는 본 개정협약의 당사국이 아닌 동맹국 또는 본 개정협약의 당사국이면서 제20조1항 세항 (b)(ⅰ)에 따라 선언을 한 동맹국과의 관계에 있어 본 개정협약을 적용한다. 그러한 국가는 당해 동맹국이 그들의 국가와의 관계에 있어서 당해 동맹국이 당사국으로 되어 있는 최신 개정협약을 적용할 것을 인정한다.

**제28조 【분쟁】**

1. 본 협약의 해석 또는 적용에 관한 2이상의 동맹국간의 분쟁으로서 교섭에 의하여 해결되지 아니하는 것은 분쟁 당사국이 다른 해결 방법에 합의하는 경우를 제외하고는 어느 일분쟁 당사국이 국제사법재판소 규정에 따른 청구로써 국제사법재판소에 이를 제기할 수 있다. 분쟁을 국제사법재판소에 제기하는 국가는 국제사무국에 이를 통보하고 국제사무국은 여타의 동맹국에 이에 관한 주의를 환기시킨다.
2. 각국은 본 개정협약에 서명할 때 또는 비준서나 가입서를 기탁할 때 1항의 규정에 구속되지 아니한다는 것을 선언할 수 있다. 1항의 규정은 그 선언을 한 국가와 타 동맹국간의 분쟁에 대하여는 적용되지 아니한다.
3. 2항의 규정에 따라 선언을 한 국가는 사무국장에게 제출하는 통고로써 그 선언을 언제든지 철회할 수 있다.

**제29조 【서명, 언어, 수탁자의 기능】**

1. (a) 본 개정협약은 불란서어로 된 정본 1부에 서명되어 스웨덴 정부에 기탁된다.
   (b) 사무국장은 관계 정부와 협의한 후에 영어, 독일어, 서반아어, 이탈리아어, 폴투갈어, 러시아어 및 총회가 지정하는 다른 언어로써 공식 역문을 작성한다.
   (c) 협약문에 해석상의 상위가 있을 경우에는 불란서어본에 따른다.
2. 본 개정협약은 1968년 1월 13일까지 서명을 위하여 스톡홀름에서 개방된다.
3. 사무국장은 모든 동맹국 정부 및 요청에 따라 다른 국가의 정부에 스웨덴 정부가 인증한 본 개정협약의 서명본의 인증등본 2부를 송부한다.
4. 사무국장은 본 개정협약을 국제연합사무국에 등록한다.
5. 사무국장은 모든 동맹국 정부에 대하여 서명, 비준서 또는 가입서의 기탁 비준서 또는 가입서에 첨부한 선언 또는 제20조1항 세항

(c)의 규정에 따라 행하여진 선언의 기탁, 본 개정 협약중 어떤 규정의 발효, 폐기의 통고 및 제24조의 규정에 따라 행한 통고를 통보한다.

**제30조 【경과 조항】**

1. 최초의 사무국장이 취임할 때까지는 본 개정협약에서 기구의 국제사무국 또는 사무국장이라고 함은 각각 동맹사무국 또는 그 사무국장을 말하는 것으로 한다.
2. 제13조에서 제17조까지의 규정에 구속되지 아니하는 동맹국은 희망에 따라 기구의 설립에 관한 협약의 효력 발생일로부터 5년 후까지, 제13조에서 제17조까지의 규정에 구속되는 것처럼 동 규정에서 정하는 권리를 행사할 수 있다. 동 권리를 행사할 것을 희망하는 국가는 그러한 취지를 사무국장에게 통고하여야 하며 그러한 통고는 그 접수일에 효력을 발생한다. 이들 국가는 그 기간이 만료될 때까지 총회의 구성국으로 간주된다.
3. 모든 동맹국이 기구의 가맹국이 되지 아니한 동안은 기구의 국제사무국은 동맹사무국으로서, 사무국장은 동맹사무국의 사무국장으로서의 기능을 겸한다.
4. 모든 동맹국이 기구의 가맹국이 된 경우에는 동맹사무국의 권리, 의무 및 재산은 기구의 국제사무국이 승계한다.

# 특허협력조약(PCT)

워싱턴에서 채택 1970. 6.19
가입서 기탁일 1984. 5.10
대한민국에 대하여 발효 1984. 8.10
(조약 제840호)
제네바에서 개정 채택 1984. 2. 3
대한민국에 대하여 발효 1985. 1. 1
(외무부고시 제111호)
제30차 PCT동맹 총회에서 개정 채택
2001.10. 3
대한민국에 대하여 발효 2002. 4. 1
(외무부고시 제516호)

이 조약의 체약국은, 과학과 기술의 진보에 기여할 것을 희망하고, 발명에 대하여 법적으로 완전한 보호를 할 것을 희망하며, 수개의 국가에서 발명을 보호하고자 할 때 발명의 보호를 더욱 간편하고 경제적으로 확보할 것을 희망하며, 새로운 발명에 관한 문서상의 기술정보에 대한 공중의 접근을 용이하게 하고 촉진할 것을 희망하며, 개발도상국가의 특별한 필요에 적용 가능한 기술적 해결책의 구득에 관한 입수 용이한 정보를 제공하고 계속적으로 확대하는 현대기술에 대한 접근을 용이하게 하며, 발명의 보호를 위하여 개발도상국가에서 마련한 국내 또는 지역적 법제도의 효율을 높이기 위한 조치를 채택함으로써, 개발도상국가의 경제발전을 조성하고 촉진시킬 것을 희망하며, 제국간의 협력이 이와 같은 목적의 달성을 더욱 용이하게 할 것임을 확신하여, 이 조약을 체결하였다.

## 총 강

**제1조 【동맹의 설립】**

(1) 이 조약의 당사국(이하 "당사국"이라 칭함)은 발명의 보호를 위한 출원의 제출, 조사 및 심사에 있어서의 협력 및 특별한 기술용역의 제공을 위한 동맹을 구성한다. 이 동맹은 국제특허협력동맹이라 한다.

(2) 이 조약의 어떠한 규정도 공업소유권의 보호를 위한 파리협약당사국 국민 또는 거주자의 동 협약상의 권리를 축소하는 것으로 해석되지 아니한다.

**제2조 【정의】** 이 조약과 규칙의 목적상, 그리고 명시적으로 별도의 규정이 있는 경우를 제외하고,

( i ) "출원"은 발명의 보호를 위한 신청을 의미한다. "출원"이라 할 때에는 발명특허, 발명자증, 실용증, 실용신안, 추가특허 또는 증서, 추가발명자증, 추가실용증의 출원을 지칭하는 것으로 해석된다.

( ii ) "특허"라 할 때에는 발명특허, 발명자증, 실용증, 실용신안, 추가특허, 추가발명자증 및 추가실용증을 지칭하는 것으로 해석된다.

(iii) "국내특허"라 함은 국내당국이 허여하는 특허를 의미한다.

(iv) "지역특허"라 함은 2개이상의 국가에서 효력을 가지는 특허를 허여하는 권한을 가진 국내당국 또는 정부간당국이 허여하는 특허를 의미한다.

( v ) "지역출원"이라 함은 지역특허의 출원을 의미한다.

(vi) "국내출원"이라 할 때에는 이 조약에 따라 제출되는 출원이외의 국내특허의 출원을 지칭하는 것으로 해석된다.

(vii) "국제출원"이라 함은 이 조약에 따라 제출되는 출원을 의미한다.

(viii) "출원"이라 할 때에는 국제출원과 국내출원을 지칭하는 것으로 해석된다.

(ix) "특허"라 할 때에는 국내특허와 지역특허를 지칭하는 것으로 해석된다.

( x ) "국내법"이라 할 때에는 체약국의 국내법 또는 지역출원이나 지역특허에 관련되는 경우에는 지역출원의 제출 또는 지역특허의 허여에 관한 조약을 지칭하는 것으로 해석된다.

(xi) "우선일"이라 함은 기간의 계산상 다음을 의미한다.

(a) 국제출원이 제8조상의 우선권 주장을 수반하는 경우에는 동 우선권이 주장되는 출원의 제출일

(b) 국제출원이 제8조의 규정에 의한 두개이상의 우선권의 주장을 수반하는 경우에는 우선권을 가장 먼저 주장한 출원의 제출일

(c) 국제출원이 제8조의 규정에 의한 우선권의 주장을 수반하지 아니하는 경우에는 동 국제출원의 제출일

(xii) "국내관청"이라 함은 특허를 허여하는 임무를 가지는 체약국의 정부당국을 의미한다. "국내관청"이라 할 때에는 둘이상의 국가로부터 지역특허를 허여하는 임무가 위임되어 있는 정부간 당국도 의미한다. 다만, 이들 국가중에 적어도 하나의 국가가 당사국이며 이들 국가가 이 조약과 규칙상 국내관청의 임무를 부담하고 권한을 행사할 것을 당해 정부간 당국에 위임하고 있는 경우에 한한다.

(xiii) "지정관청"이라 함은 제1장의 규정에 따라 출원인에 의하여 지정된 국가의 국내관청 또는 그 국가를 위하여 행동하는 국내관청을 의미한다.

(xiv) "선택관청"이란 제2장의 규정에 따라 출원인에 의하여 선택된 국가의 국내관청 또는 그 국가를 위하여 행동하는 국내관청을 의미한다.

(xv) "수리관청"이란 국제출원이 수리된 국내 관청 또는 정부간 기구를 의미한다.

(xvi) "동맹"이란 국제특허협력동맹을 의미한다.

(xvii) "총회"란 동맹의 총회를 의미한다.

(xviii) "기구"란 세계지적소유권기구를 의미한다.

(xix) "국제사무국"이란 세계지적소유권기구의 국제사무국을 의미하며, 지적소유권보호 합동국제사무국이 존속하는 한 동 국제사무국을 의미한다.

(xx) "사무국장"이란 기구의 사무국장을 의미하며 지적소유권보호 합동국제사무국이 존속하는 한 동 사무국장을 의미한다.

## 제1장 국제출원과 국제조사

### 제3조 【국제출원】

(1) 당사국에서의 발명의 보호를 위한 출원은 이 조약에 의한 국제출원으로서 할 수 있다.

(2) 국제출원은 이 조약과 규칙이 정하는 바에 따라 출원서, 명세서, 청구의 범위, 필요한 도면 및 초록을 포함하여야 한다.

(3) 초록은 기술정보로서만 사용하며 기타 다른 목적을 위하여 특히 요구되는 보호의 범위를 해석하는 데 참고할 수 없다.

(4) 국제출원은 다음 요건을 충족하여야 한다.

(i) 소정의 언어로 작성될 것

(ii) 소정의 서식상의 요건을 충족할 것

(iii) 소정의 발명의 단일성에 대한 요건을 충족할 것

(iv) 소정의 수수료를 지불할 것

### 제4조 【출원서】

(1) 출원서에는 다음 사항을 기재한다.

(i) 국제출원이 이 조약에 따라 처리될 것을 요망하는 신청

(ii) 국제출원에 기초하여 발명의 보호가 요구되는 하나 또는 둘 이상의 당사국의 지정(이와 같이 지정되는 당사국을 "지정국"이라 한다) 모든 지정국에 대하여 지역특허를 취득할 수 있으며 국내특허 대신 지역특허를 받을 것을 희망하는 경우에는 출원서에 그러한 의사를 표시한다. 지역특허에 관한 조약에 의하여 출원인이 동 조약당사국중 일부의 국가에 출원을 한정할 수 없는 경우에는, 동 조약당사국중 하나의 국가의 지정과 지역특허를 받을 것을 희망하는 의사의 표시는 동 조약의 모든 당사국을 지정하는 것으로 본다. 지정국의 국내법령에 의하여 그 국가의 지정이 지역특허의 출원과 같은 효과를 가지는 경우에는 그 국가의 지정은 지역특허를 받을 것을 희망하는 의사표시로 본다.

(iii) 출원인과 대리인이 있는 경우에는 대리인의 성명 및 이들에 관한 기타의 소정사항

(iv) 발명의 명칭

(v) 지정국중 적어도 1개 국가의 국내법령이 국내출원을 할 때 발명자의 성명과 기타 발명자에 관한 소정사항을 갖출 것을 요구하고 있는 경우에 그러한 사항. 기타 지정관청 소속국가의 국내법령이 그러한 사항을 갖출 것을 요구하고 있으나 국내출원 일시보다 나중에 갖출 것을 인정하고 있을 때에는 동 사항을 출원서나 당해 지정관청에 제출하는 별도의 통보서에 표시할 수 있다.

(2) 모든 지정을 할 때에는 소정 기간내에 소정의 수수료를 지불하여야 한다.

(3) 출원인이 제43조에 규정하는 다른 종류의 보호를 요청하지 않는 경우에는 지정은 요구된 발명의 보호가 지정국에 의하여 또는 지정국을 위하여 허여된 특허를 의미한다. 본 항의 목적상 제2조(ii)의 규정은 적용되지 아니한다.

(4) 발명자의 성명과 기타 발명자에 관한 소정사항이 출원서에 표시되어 있지 아니한 것은, 지정국의 국내법령이 그러한 사항을 갖출 것을 정하고 있으나 국내출원 일시보다 늦게 갖추는 것을 인정하고 있는 경우에는 당해 지정국에 있어서 어떠한 영향도 미치지 아니한다. 별도의 통보서에 그러한 사항을 갖추지 아니한 것도 지정국의 국내법령이 그러한 사항을 갖출 것을 정하고 있지 아니하는 경우에는 당해 지정국에 있어서 어떠한 영향도 미치지 아니한다.

**제5조 【명세서】** 명세서에는 당해 기술분야의 전문가가 동 발명을 실시할 수 있을 정도로 명확하고 또한 완벽하게 발명을 기술한다.

**제6조 【청구의 범위】** 청구의 범위는 보호를 받고자 하는 사항을 명시한다. 청구의 범위는 명확하고 또한 간결하게 기재되어야 한다. 청구의 범위는 명세서에 의하여 충분히 뒷받침되어야 한다.

**제7조 【도면】**

(1) 제2항(ii)의 규정이 적용되는 경우를 제외하고 도면은 발명의 이해에 필요한 경우에 요구된다.

(2) 도면이 발명의 이해에 필요하지 아니하는 경우에도 발명의 성질상 도면에 의하여 설명할 수 있을 때에는

(i) 출원인은 국제출원을 할 때에 도면을 국제출원에 포함할 수 있다.

(ii) 지정관청은 출원인에 대하여 소정의 기간내에 도면을 제출할 것을 요구할 수 있다.

**제8조 【우선권 주장】**

(1) 국제출원은 규칙에 정하는 바에 따라 공업소유권의 보호를 위한 파리협약의 당사국에서 또는 동 조약의 당사국에 대하여 행하여진 선출원에 의한 우선권을 주장하는 선언을 수반할 수 있다.

(2) (a) (b)의 규정이 적용되는 경우를 제외하고 제1항의 규정에 의하여 신청된 우선권주장의 조건과 효과는 공업소유권의 보호를 위한 파리협약의 스톡홀름 의정서 제4조의 정하는 바에 의한다.

(b) 어느 당사국에서 또는 어느 당사국에 대하여 행하여진 선출원에 의한 우선권주장을 수반하는 국제출원에는 당해 체약국의 지정을 포함할 수 있다. 국제출원이 어느 지정국에서 또는 어느 지정국에 대하여 행하여진 국제출원에 의한 우선권주장을 수반하는 경우 또는 하나의 국가만의 지정을 포함한 국제출원에 의한 우선권주장을 수반하는 경우에는 당해 지정국에서의 우선권주장의 조건 및 효과는 당해 지정국의 국내법령이 정하는 바에 의한다.

**제9조 【출원인】**

(1) 체약국의 거주자와 국민은 국제출원을 할 수 있다.

(2) 총회는 이 조약의 당사국은 아니나 공업소유권의 보호를 위한 파리협약의 당사국인 어느 국가의 거주자와 국민이 국제출원을 하는 것을 인정하도록 결정할 수 있다.

(3) 주소와 국적의 개념과 2인이상의 출원인이 있는 경우 또는 출원인이 모든 지정국에 대하여 동일하지 아니하는 경우에 있어서의 이러한 개념의 적용에 대하여는 규칙에 정한다.

**제10조 【수리관청】** 국제출원은 소정의 수리관청에 하며 수리관청은 이 조약과 규칙의 정하는 바에 따라 국제출원을 검토하고 처리한다.

**제11조 【국제출원일 및 국제출원의 효과】**

(1) 수리관청은 다음의 요건이 수리시에 충족되어 있음을 확인하는 것을 조건으로 하여 국제출원을 수리한 날을 국제출원일로 인정한다.

(i) 출원인이 당해 수리관청에 국제출원을 할 권리에 주소 또는 국적상의 이유에 의하여 명백한 흠결이 없는 자일 것
(ii) 국제출원이 소정의 언어로 작성되어 있을 것
(iii) 국제출원에 적어도 다음 사항이 포함되어 있을 것
(a) 국제출원이라는 표시
(b) 적어도 하나의 체약국 지정
(c) 출원인 성명의 소정의 표시
(d) 명세서라는 것이 외견상 인정되는 부분
(e) 청구의 범위라는 것이 외견상 인정되는 부분

(2) (a) 수리관청은 국제출원이 제1항에 열거된 요건을 수리시에 충족하지 아니함을 발견하는 경우에는 규칙이 정하는 바에 따라 출원인에 의하여 보완할 것을 요구한다.
(b) 수리관청은 출원인이 규칙이 정하는 바에 따라 (a)의 요구에 호응하는 경우에는 당해 보완을 수리한 날을 국제출원일로 인정한다.

(3) 제64조제4항의 규정에 따를 것을 조건으로, 제1항(i)에서 (iii)까지 열거된 요건을 충족하고 또한 국제출원일이 부여된 국제출원은 국제출원일로부터 각 지정국에서 정규의 국내출원의 효과를 가지며 동 국제출원일은 각 지정국에서 실제의 출원일로 간주된다.

(4) 제1항(i)에서 (iii)까지에 열거된 요건을 충족하는 국제출원은 공업소유권의 보호를 위한 파리협약에서 의미하는 정규의 국내출원에 해당하는 것으로 본다.

### 제12조 【국제출원의 국제사무국과 국제조사 기관에의 송부】

(1) 규칙에 정하는 바에 따라 국제출원의 1통(수리관청용 사본)은 수리관청이 보유하고 1통(기록원본)은 국제사무국에 송부되고 다른 1통(조사용 사본)은 제16조에 규정하는 관할 국제조사기관에 송부된다.

(2) 기록원본이 국제출원의 정본이 된다.

(3) 국제사무국이 소정의 기간내에 기록원본을 수리하지 아니하였을 때에는 국제출원은 취하된 것으로 본다.

### 제13조 【국제출원사본의 지정관청에 의한 입수 가능성】

(1) 지정관청은 제20조에 규정된 송달에 앞서 국제출원의 사본을 송부할 것을 국제사무국에 요청할 수 있으며, 국제사무국은 우선일로부터 1년이 경과한 후 될 수 있는 한 신속히 동 사본을 동 지정관청에 송부한다.

(2) (a) 출원인은 언제든지 국제출원의 사본을 지정관청에 송부할 수 있다.
(b) 출원인은 언제든지 국제출원의 사본을 지정관청에 송부할 것을 국제사무국에 요청할 수 있으며, 국제사무국은 될 수 있는 한 신속히 동 사본을 동 지정관청에 송부한다.
(c) 모든 국내관청은 (b)의 규정에 의한 사본의 수령을 희망하지 아니한다는 취지를 국제사무국에 통고할 수 있다. 이 경우에는 (b)의 규정은 그 국내관청에 대하여는 적용되지 아니한다.

### 제14조 【국제출원의 결함】

(1) (a) 수리관청은 국제출원에 다음중 어느 결함이 포함되어 있는지 여부를 점검한다.
(i) 규정이 정하는 바에 따라 서명되지 않음.
(ii) 출원인에 관한 소정의 기재를 포함하지 않음.
(iii) 명칭을 포함하지 않음.
(iv) 초록을 포함하지 않음.
(v) 소정의 서식상의 요건이 규칙에 정하는 범위까지 부합되지 않음.

(b) 수리관청은 (a)의 어느 결함을 발견하였을 경우에는 출원인에 대하여 소정의 기간내에 국제출원을 보완할 것을 요청한다. 보완을 하지 아니하였을 때에는 그 국제출원을 취하한 것으로 보고 수리관청은 그러한 취지를 선언한다.

(2) 국제출원이 실제 그 국제출원에 포함되어 있지 아니한 도면에 언급하고 있는 경우에는 수리관청은 출원인에 대하여 그 취지를 통지하여야 하며 출원인은 소정의 기간내에 그 도면을 제출할 수 있다. 출원인이 소정의 기간내에 그 도면을 제출할 경우에는 수리관청이 그 도면을 수리한 날을 국제출원일로 한다. 기타의 경우에는 그 도면에의 언급은 없는 것으로 본다.

(3) (a) 제3조제4항(iv)에 규정된 소정의 수수료가 소정기간내에 또한 어느 지정국에 대하여서도 제4조제2항에 규정된 소정의 수수료가 소정기간내에 지불되지 아니하였다고 수리관청이 인정한 경우에는 국제출원은 취하된 것으로 보고 수리관청은 이러한 의사를 선언한다.

(b) 제4조제2항에 규정된 소정의 수수료가 소정의 기간내에 하나 또는 둘이상의 지정국에 대하여 지불되었으나 모든 지정국에 대하여는 지불되지 아니하였다고 수리관청이 인정한 경우에는 그 수수료가 소정의 기간내에 지불되지 아니한 지정국의 지정은 취하된 것으로 보고 수리관청은 그 취지를 선언한다.

(4) 수리관청이 국제출원일을 인정한 후 소정의 기간내에 당해 국제출원이 제11조제1항(i)에서 (iii)까지 열거한 어느 요건을 그 국제출원일에 있어서 충족하지 아니하였다고 인정한 경우에는 당해 국제출원은 취하된 것으로 보고 수리관청은 그 취지를 선언한다.

**제15조【국제조사】**

(1) 모든 국제출원은 국제조사의 대상이 된다.

(2) 국제조사는 관련이 있는 선행기술을 발견하는 것을 목적으로 한다.

(3) 국제조사는 명세서와 도면을 적당히 고려하여 청구의 범위에 기준을 두고 행한다.

(4) 제16조에 규정된 국제조사기관은 동 시설이 허용하는 한 많은 관련 선행기술을 발견하도록 노력하고 모든 경우에 규칙에 정하는 자료를 참고한다.

(5) (a) 당사국의 국내법령이 인정하는 경우에는 당해 당사국의 국내관청 또는 당해 당사국을 위하여 행동하는 국내관청에 국내출원을 한 출원인은 국내법령이 정하는 조건에 따라 국제조사와 유사한 조사(국제형조사)가 동 국내출원에 대하여 행하여질 것을 청구할 수 있다.

(b) 체약국의 국내법령이 인정하는 경우에는 당해 당사국의 국내관청 또는 당해 체약국을 위하여 행동하는 국내관청은 당해 국내관청에 출원된 국내출원을 국제형조사에 의뢰할 수 있다.

(c) 국제형조사는 국내출원이 국제출원으로서 (a) 및 (b)에 규정하는 국내관청에 출원되었을 경우 국제조사를 할 권능이 있는 제16조에 규정하는 국제조사기관이 행한다. 국제조사기관이 처리할 수 없다고 인정되는 언어로 국내출원이 되어 있는 경우에는 국제형조사는 국제출원을 위한 소정의 언어로서 당해 국제조사기관이 국제출원의 언어로 인정할 것을 약속하고 있는 출원인이 작성한 번역문에 의하여 행한다. 국내출원과 필요한 경우

번역문은 국제출원을 위한 소정의 형식으로 제출한다.

**제16조【국제조사기관】**

(1) 국제조사는 국제조사기관이 행하며 국내관청 또는 출원대상인 발명에 관한 선행기술에 대하여 자료조사보고를 작성하는 임무를 가지는 정부간지구(예를 들면 국제특허협회)를 국제조사기관으로 할 수 있다.

(2) 단일의 국제조사기관이 설립되기 전에 둘이상의 국제조사기관이 존재하는 경우에는, 각 수리관청은 제3항(b)에 규정하는 적용가능한 협정조항에 따라 국제출원의 국제조사를 행할 권능이 있는 하나 또는 둘이상의 국제조사기관을 지정한다.

(3) (a) 국제조사기관은 총회가 선정한다. 국내관청 및 정부간기구는 (c)에 규정하는 요건을 충족하고 있는 경우에는 국제조사기관으로 선정될 수 있다.

(b) 선정은 선정되는 국내관청 또는 정부간기구의 동의를 얻을 것과 총회의 승인을 얻어 당해 국내관청 또는 당해 정부간기구와 국제사무국과의 사이에 협정이 체결될 것을 조건으로 한다. 이 협정은 당사국의 권리 및 의무 특히 국제조사의 모든 공동의 준칙을 적용하고 또한 준수한다는 취지의 당해 국내관청 또는 당해 정부간기구의 공식약속을 명기한다.

(c) 규칙은 국내관청 또는 정부간기구가 국제조사기관으로 선정되고 또한 국제기관으로 활약하는 한 충족하여야 할 최소한의 요건, 특히 인원 및 자료에 관한 요건을 정한다.

(d) 선정은 일정 기간의 임기를 가지며 동 기간은 갱신할 수 있다.

(e) 총회는 국내관청이나 정부간기구의 선정 또는 선정기간의 갱신에 대하여 결정하기 전이나 선정기간의 만료전에 당해 국내관청 또는 당해 정부간기구의 의견을 청취하고 제56조에 규정하는 기술협력위원회가 설치될 경우에는 동위원회의 조언을 구한다.

**제17조【국제조사기관에서의 절차】**

(1) 국제조사기관에서의 절차는 이 조약의 규정, 규칙 및 국제사무국이 이 조약과 규칙에 따라 당해 국제조사기관과 체결하는 협정이 정하는 바에 의한다.

(2) (a) 국제조사기관은 국제출원에 대하여는 다음과 같은 사유가 있는 경우에는 그러한 취지를 선언하며 출원인과 국제사무국에 대하여 국제조사보고를 작성하지 아니한다는 취지를 통지한다.

(i) 국제출원이 규칙에 따라 국제조사기관에 의한 조사를 요하지 아니하는 대상에 관련되고 또한 특수한 경우에 국제출원에 대해 조사를 행하지 아니할 것을 결정할 경우

(ii) 국제조사기관이 명세서, 청구의 범위 또는 도면이 의미있는 조사를 행할 수 있는 정도의 소정의 요건을 충족하지 아니한다고 판단한 경우

(b) (a)에 규정하는 사유가 오직 일부의 청구와 관련하여 존재하는 경우에는 국제조사보고는 그러한 청구의 범위에 대하여는 동 사실을 나타내고, 기타 다른 청구의 범위에 대하여는 제18조의 규정에 따라 작성한다.

(3) (a) 국제조사기관은 국제출원이 규정에 정하는 발명의 단일성의 요건을 충족하지 아니하다고 간주되는 경우에는 출원인에 대하여 추가수수료의 지불을 요구한다. 국제조사기관은 청구의 범위에 최초

로 언급된 발명(주발명)에 관계되는 국제출원 부분과 필요한 추가수수료가 소정의 기간내에 지불된 경우에는 추가수수료가 지불된 발명에 관계되는 국제출원 부분에 관하여 국제조사보고를 작성한다.

(b) 지정국의 국내법령은 당해 지정국의 국내관청이 (a)에 규정한 국제조사기관의 요구가 정당하다고 인정하고 출원인이 추가수수료를 완불하지 않았을 경우에는 국제조사가 행하여지지 아니한 국제출원의 부분은, 당해 지정국에서의 효과에 관한 한, 출원인이 당해 지정국의 국내관청에 특별수수료를 지불하는 경우를 제외하고는 취하된 것으로 본다고 규정할 수 있다.

**제18조【국제조사보고】**

(1) 국제조사보고는 소정의 기간내에 소정의 형식으로 작성한다.

(2) 국제조사기관은 국제조사보고를 작성후 신속히 출원인과 국제사무국에 송부한다.

(3) 국제조사보고 또는 제17조제2항(a)의 선언은 규칙이 정하는 바에 의하여 번역된다. 번역문은 국제사무국이 직접 또는 그 책임하에 작성한다.

**제19조【국제사무국에 제출하는 청구범위의 보정서】**

(1) 출원인은 국제조사보고를 받은 후, 소정의 기간내에 국제사무국에 보정서를 제출함으로써 국제출원의 요구범위에 대하여 일차에 한하여 보정할 수 있다. 동시에 출원인은 보정의 내용 및 동 보정이 명세서와 도면에 미칠 수 있는 영향에 대하여 규칙이 정하는 바에 따라 간단한 설명서를 제출할 수 있다.

(2) 보정은 출원시 국제출원의 공개된 범위를 넘어서는 아니된다.

(3) 지정국의 국내법령이 제2항의 공개된 범위를 넘어서는 보정을 허용하고 있는 경우에는, 제2항의 규정위반은 당해 지정국에 있어서는 어떠한 영향도 미치지 아니한다.

**제20조【지정관청에의 송달】**

(1) (a) 국제출원은 국제조사보고(제17조제2항(b)에 언급된 표시를 포함한다) 또는 제17조제2항(a)에 언급된 선언과 함께 규칙이 정하는 바에 따라 각 지정관청에 송달된다. 다만, 당해 지정관청이 송달의무의 전부 또는 일부를 면제하는 경우에는 그러하지 아니한다.

(b) 송달되는 문서는 (a)의 국제조사보고 또는 선언의 소정의 번역문을 포함한다.

(2) 청구범위가 제19조제1항의 규정에 의하여 보정된 경우에 송달되는 문서는 출원시에 있어서의 청구범위의 전문과 보정후에 청구범위의 전문을 포함하거나 출원시에 있어서의 청구범위의 전문과 보정을 명기하는 기재를 포함하며 또 제19조제1항에 규정하는 설명서가 있는 경우에는 동 설명서를 포함한다.

(3) 국제조사기관은 지정관청 또는 출원인의 청구에 응하여 규칙이 정하는 바에 따라 동 지정관청 또는 출원인에게 국제조사보고에 기재된 문헌의 사본을 송부한다.

**제21조【국제공개】**

(1) 국제사무국은 국제출원을 국제공개한다.

(2) (a) 국제출원의 국제공개는 (b)와 제64조제3항에 정하는 경우를 제외하고 국제출원의 우선일로부터 18개월이 경과한 후 신속히 한다.

(b) 출원인은 (a)에 정하는 기간의 만료전 어느 때라도 국제출원의 국제공개를 행할 것을 국제사무국에 청구할 수 있으며 국제사무국은 규칙이 정하는 바에 따라 절차를 밟는다.

(3) 국제조사보고 또는 제17조제2항 (a)의 선언은 규칙이 정하는 바에 따라 공개한다.

(4) 국제공개의 언어, 형식 기타 세부사항은 규칙에 따른다.

(5) 국제공개의 기술적 준비가 완료되기 전에 국제출원이 취하되거나 또는 취하된 것으로 보이는 경우에는 국제공개는 하지 아니한다.

(6) 국제사무국은 국제출원이 선량한 풍속이나 공공의 질서에 반하는 표현이나 도면을 포함하고 있거나 규칙에 규정된 비방하는 기재사항을 포함하고 있다고 인정하는 경우에는 그 간행물에서 그와 같은 표현, 도면 및 기재사항을 삭제할 수 있다. 이 경우에는 삭제한 표현 또는 도면의 장소와 숫자를 표시하며 삭제된 부분의 별도 사본은 청구할 경우 교부한다.

**제22조 【지정관청에 국제출원의 사본과 번역문의 제출 및 수수료의 지불】**

(1) 출원인은 우선일로부터 30개월이 경과할 때까지 각 지정관청에 국제출원의 사본(제20조의 송달이 이미 되어 있는 경우는 제외한다)과 소정의 번역문을 제출하고 이와 더불어 해당하는 경우에는 국내수수료를 지불한다. 지정국의 국내법령이 발명자의 성명과 기타 발명자에 관한 소정의 사항을 표시할 것을 규정하고 있으나 국내출원을 할 때보다 늦게 표시하는 것을 인정하고 있는 경우에 출원인은 동 사항이 출원서에 포함되어 있지 아니하는 경우에는 당해 지정국의 국내관청이나 지정국을 위하여 행동하는 국내관청에 우선일로부터 30개월이 경과하기 전에 동 사항을 제출한다.(2002.4.1 개정)

(2) 국제조사기관이 제17조제2항(a)의 규정에 의하여 국제조사보고를 작성하지 아니한다는 취지를 선언하였을 때에는 1항에 규정하는 행위를 하여야 할 기간은 (1)에서 규정하는 기간과 동일하다.(1985.1.1 개정)

(3) 국내 법령은 제1항 또는 제2항에 규정하는 행위를 하여야 할 기간으로서 동 조항들에 정하는 기간보다 늦게 만료하는 기간을 정할 수 있다.

**제23조 【국내절차의 연기】**

(1) 지정관청은 제22조에 규정하는 적용기간의 만료전에 국제출원의 처리 또는 심사를 하여서는 아니된다.

(2) 제1항의 규정에 불구하고 지정관청은 출원인의 명시적 청구에 따라 국제출원의 처리 또는 심사를 언제든지 할 수 있다.

**제24조 【지정국에서의 효과의 상실】**

(1) 제11조제3항에 정하는 국제출원의 효과는, 아래(ii)의 경우에는 제25조의 규정에 따를 것을 조건으로, 지정국에서 해당지정국에서의 국내출원의 취하와 동일한 효과를 가지고 소멸한다.

(i) 출원인이 국제출원 또는 해당지정국의 지정을 취하한 경우

(ii) 국제출원이 제12조제3항, 제14조제1항(b), 제3항(a) 또는 제4항의 규정에 따라 취하된 것으로 보는 경우, 또는 해당지정국의 지정이 제14조제3항(b)의 규정에 따라 취하된 것으로 보는 경우

(iii) 출원인이 제22조에 규정하는 행위를 해당기간내에 하지 아니한 경우

(2) 제1항의 규정에 불구하고 제25조제2항의 규정에 따라 효과를 유지할 필요가 없는 경우에도 지정관청은 제11조제3항에 규정하는 효과를 유지할 수 있다.

**제25조 【지정관청에 의한 검사】**

(1) (a) 수리관청이 국제출원일의 인정을 거부한 경우, 국제출원이 취하된 것으로 보는 취지를 선언한 경우,

또는 국제사무국이 제12조제3항의 규정에 따라 소정의 기간내에 기록원본을 수리하지 아니하였음을 인정한 경우에는 국제사무국은 출원인의 청구에 따라 출원인이 지정한 지정관청에게 해당 출원에 관한 서류의 사본을 신속히 송부한다.

(b) 수리관청이 어느 국가의 지정이 취하된 것으로 보는 취지를 선언한 경우에는 국제사무국은 출원인의 청구에 따라 당해 국가의 국내관청에 해당 출원에 관한 서류의 사본을 신속히 송부한다.

(c) (a) 또는 (b)에서 말하는 청구는 소정의 기간내에 행한다.

(2) (a) (b)의 규정에 따를 것을 조건으로 각 지정관청은 필요한 국내수수료의 지불과 소정의 적당한 번역문의 제출이 소정의 기간내에 있었을 경우에는 제1항의 거부, 선언 또는 인정이 조약 및 규칙에 비추어 정당한지의 여부를 결정하고, 동 거부 또는 선언이 수리관청의 과실이나 태만의 결과이고 동 인정이 국제사무국의 과실이나 태만의 결과임을 인정한 경우에는 해당 국제출원의 해당 지정관청이 소재하는 국가에서의 효과에 관한 한, 이와 같은 과실이나 태만이 발생하지 아니한 것으로 취급한다.

(b) 기록원부가 출원인의 과실이나 태만에 의하여 제12조제3항에서 말하는 소정기관의 만료 후에 국제사무국에 도달한 경우에는 (a)의 규정은 다만 제48조제2항의 규정이 적용되는 경우에 한하여 적용한다.

**제26조 【지정관청에서의 보완의 기회】** 지정관청은 동일 또는 유사한 경우의 국내출원에 대하여 국내법령에 정하는 범위내에서 또는 절차에 따라 국제출원을 보완할 기회를 미리 출원인에게 부여하지 않고 이 조약 및 규칙에 정하는 요건이 충족되지 아니하였다는 것을 이유로 하여 국제출원을 거절하여서는 아니된다.

**제27조 【국내적 요건】**

(1) 국내법령은 국제출원이 그 형식 또는 내용에 대하여 이 조약 및 규칙에 정하는 요건과 다르거나 이에 추가하는 요건을 충족할 것을 요구하여서는 아니된다.

(2) 제1항의 규정은 제7조제2항 규정의 적용에 영향을 주지 아니하며 또한 지정관청에서의 국제출원의 처리가 개시된 후에 국내법령이

(i) 출원인이 법인인 경우에 그 법인을 대표하는 자격을 가지는 임원의 성명을 제출할 것, 또는

(ii) 국제출원의 일부는 아니나 국제출원에서 행한 주장이나 진술의 증거가 되는 서류(출원시에 출원인의 대표자 또는 대리인이 국제출원에 서명하고 있는 경우에 출원인이 자기의 서명에 의하여 국제출원을 확인하는 것을 포함한다)를 제출할 것을 요구하는 것을 배제하지 아니한다.

(3) 출원인이 발명자가 아니라는 이유로 해당지정국의 국내법령에 의하여 국내출원을 할 자격을 가지고 있지 아니하는 경우에는 해당지정관청은 해당국제출원을 거절할 수 있다.

(4) 지정국의 국내법령이 국내출원의 형식 또는 내용에 대하여 이 조약 및 규칙이 국제출원에 대하여 정하는 요건보다 출원인측에서 보아 유리한 요건을 정하고 있는 경우에도 해당지정국의 국내관청, 법원 기타의 권한있는 기관 또는 해당지정국을 위하여 행동하는 이들 기관은 이 조약 및 규칙이 정하는 요건에 대신하여 해당국내법령이 정하는 요건을 국제출원에 대하여 적용할 수 있다. 다

만, 출원인이 이 조약 및 규칙에 정하는 요건이 국제출원에 대하여 적용되는 것을 요구할 때에는 그러하지 아니한다.

(5) 이 조약 및 규칙의 어떠한 규정도 각 당사국이 희망하는 바대로 특허성의 실질적인 조건을 규정하는 자유를 제한하는 것으로 해석되어서는 아니된다. 특히 선행기술의 정의에 관한 이 조약 및 규칙의 규정은 오로지 국제적 절차에 대하여 적용되는 것이며 따라서 어느 당사국도 국제출원에서 주장된 발명의 특허성을 판단함에 있어서 선행기술과 출원의 형식 및 내용에 관한 요건을 구성하지 아니하는 기타의 특허성의 조건에 관한 국내법령상의 기준을 적용하는 자유를 가진다.

(6) 국내법령은 그가 정하는 특허성의 실질적인 조건에 관한 증거를 출원인이 제출할 것을 요구할 수 있다.

(7) 수리관청 또는 국제출원의 처리를 개시한 지정관청은 동 수리인에 의하여 출원인이 대표되어야 하고 출원인은 통지를 받기 위한 주소를 지정국내에 가지고 있어야 한다는 요건에 관련된 한 국내법령을 적용할 수 있다.

(8) 이 조약 및 규칙의 어떠한 규정도 당사국이 자국의 국가안보를 유지하기 위하여 필요하다고 판단되는 조치를 취할 자유나 당사국이 자국의 일반적인 경제적 이익의 보호를 위하여 자국의 거주자 또는 국민이 국제출원을 할 권리를 제한하는 것으로 해석되어서는 아니된다.

**제28조【지정관청에서의 청구의 범위, 명세서 및 도면의 보정】**

(1) 출원인은 각 지정관청에서 소정의 기간내에 청구의 범위, 명세서 및 도면에 대하여 보정을 할 기회가 부여된다. 지정관청은 출원인의 명시적 동의가 없는 한, 그 기간의 만료전에 특허를 허여하여서는 아니되며 특허를 거절하여서도 아니된다.

(2) 보정은 출원시의 국제출원에 기술된 범위를 넘어 하여서는 아니된다. 다만 지정국의 국내법령이 인정하는 경우에는 그러하지 아니한다.

(3) 보정은 이 조약 및 규칙에 규정하지 아니한 기타 사항에 대하여는 지정국의 국내법령이 정하는 바에 따른다.

(4) 지정관청이 국제출원의 번역문을 필요로 하는 경우에는 보정서는 그 번역문의 언어로 작성한다.

**제29조【국제공개의 효과】**

(1) 지정국에서 출원인의 권리의 보호에 관한 한, 지정국에서의 국제출원의 국제공개 효과는 제2항에서 제4항까지의 규정에 따를 것을 조건으로, 심사를 거치지 아니한 국내출원의 강제적인 국내공개에 대한 해당 지정국의 국내법령이 정하는 효과와 동일하다.

(2) 해당 지정국에서 국내법령에 의한 공개에 사용되는 언어와 다른 언어로 국제공개가 행하여진 경우에는 지정국의 국내법령은 제1항에 정하는 효과가 다음의 어느 때로부터만 발생한다고 정할 수 있다.

(i) 공개에 사용되는 언어에 의한 번역문이 국내법령이 정하는 바에 의하여 공표되었을 때

(ii) 공개에 사용되는 언어에 의한 번역문이 국내법령이 정하는 바에 의하여 공중에게 열람되어서 공중이 이용할 수 있도록 되어 있을 때

(iii) 출원인이 공개에 사용되는 언어에 의한 번역문을 국제출원에서 주장된 발명을 허락을 받지 아니하고 현재 사용하고 있거나 사용할 것으로 예상되는 자에게 송부하였을 때

(iv) (i)와 (iii)에 규정하는 조치나 (ii)와 (iii)에 규정하는 조치를 모두 취하였을 때

(3) 지정국의 국내법령은 국제공개가 출원인의 청구에 의하여 우선일로부터 18개월을 경과하기 전에 행하여진 경우에는 제1항에 정하는 효과는 우선일로부터 18개월을 경과한 때로부터만 발생한다고 규정할 수 있다.

(4) 지정국의 국내법령은 제1항에 정하는 효과가 제21조의 규정에 따라 공개된 국제출원의 사본을 당해 지정국의 국내관청이나 당해 지정국을 위하여 행동하는 국내관청이 수령한 날로부터 발생하도록 규정할 수 있다. 해당 국내관청은 관보에 동 국제출원의 수령일을 가능한 한 신속히 게재한다.

### 제30조 【국제출원의 비밀유지】

(1) (a) (b)규정이 적용되는 경우를 제외하고, 국제사무국 및 국제조사기관은 국제출원의 국제공개가 행하여지기 전에 어떠한 자 또는 당국에 대하여서도 국제출원을 공개하여서는 아니된다. 다만, 출원인의 청구에 의한 경우 또는 그의 승낙을 얻은 경우는 예외로 한다.

(b) (a)의 규정은 관할 국제조사기관에의 송부, 제13조에 의한 송부 및 제20조에 의한 송달에 대하여는 적용하지 아니한다.

(2) (a) 국내관청은 다음 중 가장 빠른 날 이전에 제3자에게 국제출원이 공개되도록 허용하여서는 아니된다. 다만, 출원인의 청구에 의한 경우 또는 그의 승낙을 얻은 경우는 예외로 한다.

(i) 국제출원의 국제공개일

(ii) 제20조의 규정에 따라 송달되는 국제출원의 수리일

(iii) 제22조의 규정에 의한 국제출원의 사본의 수리일

(iv) (i)와 (iii)에 규정하는 조치나 

(b) (a)의 규정은 국내관청이 자기가 지정관청으로 지정된 사실을 제3자에 통지하거나 동 사실을 공표하는 것을 방해하는 것은 아니다. 다만, 그런 통지 또는 공표에는 수리관청의 신분, 출원인의 성명, 국제출원일, 국제출원번호 및 발명의 명칭 이외의 사항을 포함할 수 없다.

(c) (a)의 규정은 지정관청이 사법당국의 목적을 위하여 국제출원을 공개하는 것을 방해하는 것은 아니다.

(3) (2)(a)의 규정은 제12조1항에 의한 송부의 경우를 제외하고 모든 수리관청에 대하여 적용한다.

(4) 본조 규정의 목적상 "공개"란 제3자가 알 수 있도록 하는 모든 방법을 의미하며 개별통보나 일반적인 공표를 포함한다. 다만, 국내관청의 국제공개전 또는 국제공개가 우선일로부터 20개월을 경과하기 전에는 국제출원이나 그 번역문을 일반에 공표하여서는 아니된다는 것을 조건으로 한다.

## 제2장 국제예비심사

### 제31조 【국제예비심사의 청구】

(1) 국제출원은 출원인의 청구에 의하여 다음의 제조항 및 규칙이 정하는 바에 의하여 국제예비심사의 대상이 된다.

(2) (a) 출원인이 규칙이 정하는 바에 의하여 제2장의 규정에 구속되는 당사국의 거주자 또는 국민인 경우에 그와 같은 체약국의 수리관청 또는 그와 같은 체약국을 위하여 행동하는 수리관청에 국제출원을 하였을 때에는 동 출원인은 국제예비심사의 청구를 할 수 있다.

(b) 총회는 국제출원을 할 자격을 가

지는 자에 대하여 동인이 본 조약의 비당사국 또는 제2장의 규정에 구속되지 아니하는 당사국의 거주자나 국민인 경우에 있어서도 국제예비심사의 청구를 요청할 수 있도록 허용하도록 결정할 수 있다.

(3) 국제예비심사의 청구는 국제출원과는 별도로 행한다. 이 청구서에는 소정의 사항을 기재하여 소정의 언어 및 형식으로 작성된다.

(4) (a) 국제예비심사의 청구서에는 국제예비심사의 결과를 이용하는 것을 출원인이 의도하는 하나 또는 둘이상의 체약국(선택국)을 표시한다. 선택국은 추후 선택에 의하여 추가할 수 있다. 선택의 대상은 제4조의 규정에 의하여 이미 지정된 체약국에 한정할 수 있다.

(b) 2항(a)의 출원인은 제2장의 규정에 기속되는 어느 체약국도 선택할 수 있다. 제2항(b)의 출원인은 제2항의 규정에 기속되는 당사국으로서 제2항(b)의 출원인에 의하여 선택될 준비가 되어 있다고 선언한 국가만을 선택할 수 있다.

(5) 국제예비심사를 청구하기 위하여서는 소정의 기간내에 소정의 수수료를 지불하여야 한다.

(6) (a) 국제예비심사의 청구는 제32조에 규정하는 관할 국제예비심사기관에 제출한다.

(b) 추후 선택은 국제사무국에 제출한다.

(7) 각 선택관청은 자기가 선택관청으로 된 사실을 통지 받는다.

### 제32조 【국제예비심사기관】

(1) 국제예비심사는 국제예비심사기관이 행한다.

(2) 제31조제2항(a)에서 말하는 국제예비심사의 청구의 경우에는 수리관청이 동조제2항(b)에서 말하는 국제예비심사의 청구의 경우에는 총회가 관계 예비심사기관과 국제사무국간 적용협정에 따라 국제예비심사를 관할하게 될 하나 또는 둘 이상의 국제예비심사기관을 지정한다.

(3) 제16조제3항의 규정은 국제예비심사기관에 대하여 준용한다.

### 제33조 【국제예비심사】

(1) 국제예비심사는 청구의 범위에 기재되어 있는 발명이 신규성, 진보성(자명한 것이 아닌 것) 및 산업상의 이용 가능성을 가지는 여부에 대한 예비적이고 구속력이 없는 견해를 표시하는 것을 목적으로 한다.

(2) 국제예비심사의 목적상, 청구의 범위에 기재되어 있는 발명은 규칙에 정의된 선행기술에 의하여 예상되지 아니한 경우에는 신규성을 가지는 것으로 본다.

(3) 국제예비심사의 목적상, 청구의 범위에 기재되어 있는 발명은 규칙에 정의된 선행기술을 고려할 때 소정의 기준일에 당해 기술분야의 전문가에게 명백한 것이 아닌 경우에는 진보성을 가지는 것으로 한다.

(4) 국제예비심사의 목적상, 청구의 범위에 기재되어 있는 발명은 어떠한 종류의 산업분야에서든지 동 발명의 실정에 따라 기술적인 의미에서 생산되고 사용될 수 있는 것일 경우에는 산업상의 이용가능성을 가지는 것으로 한다. "산업"은 공업소유권의 보호를 위한 파리협약에 있어서와 같이 가장 광의로 해석된다.

(5) 제1항에서 제4항까지에 규정하는 기준은 국제예비심사에만 사용한다. 체약국은 청구의 범위에 기재되어 있는 발명이 자국에서 특허를 받을 수 있는 발명인지의 여부를 결정함에 있어서는 추가 또는 다른 기준을 적용할 수 있다.

(6) 국제예비심사는 국제조사보고에 인용된 모든 문헌을 참고할 것이며,

또한 해당 사안에 관련이 있다고 인정되는 문헌도 참고할 수 있다.

**제34조 【국제예비심사기관에서의 절차】**

(1) 국제예비심사기관에서의 절차는 이 조약, 규칙 및 국제사무국이 조약과 규칙에 따라 당해 국제예비심사기관과 체결하는 협정이 정하는 바에 의한다.

(2) (a) 출원인은 국제예비심사기관과 구두와 서면으로 연락할 권리를 가진다.

(b) 출원인은 국제예비심사보고가 작성되기 전에 소정의 방법으로 소정의 기간내에 청구의 범위, 명세서 및 도면을 보정할 권리를 가진다. 이 보정은 출원시에 있어서 국제출원에 기술된 범위를 넘어서는 아니된다.

(c) 출원인은 국제예비심사기관이 다음의 모든 조건이 충족되어 있다고 인정하지 않는 경우에는 적어도 1회 당해 국제예비심사기관으로부터 서면에 의한 견해를 통보받는다.

(i) 발명이 제33조제1항에 규정하는 기준을 충족할 것

(ii) 국제출원이 당해 국제예비심사기관이 점검한 범위내에서 이 조약과 규칙이 정하는 요건을 충족할 것

(iii) 제35조제2항의 최종문장에 따른 의견 진술을 의도하고 있지 아니할 것

(d) 출원인은 국제예비심사기관의 서면에 의한 견해피력에 대하여 응답을 할 수 있다.

(3) (a) 국제예비심사기관은 국제출원이 규칙에 정하는 발명의 단일성의 요건을 충족하고 있지 아니하다고 인정하는 경우에는 출원인에게 그의 선택에 의하여 요건을 충족하도록 청구의 범위를 제한하거나 또는 추가수수료를 지불할 것을 요구할 수 있다.

(b) (a)의 규정에 의하여 출원인이 청구의 범위를 제한하기로 선택하는 경우에는 해당 선택국에서의 효과에 관한 한, 출원인이 해당 선택국의 국내관청에 특별수수료를 지불한 경우를 제외하고는 그 제한의 결과 국제예비심사의 대상이 되지 아니하는 국제출원의 부분은 취하된 것으로 본다고 선택국의 국내법령은 규정할 수 있다.

(c) 출원인이 소정의 기간내에 (a)의 요구에 응하지 아니하는 경우에는 국제예비심사기관은 국제출원 중 주발명이라고 간주되는 발명에 관계되는 부분에 대하여 국제예비심사보고를 작성하여 이 보고에 관계사실을 기재한다. 선택국의 국내법령은 해당 선택국의 국내관청이 국제예비심사기관의 요구를 정당하다고 인정하는 경우에는 주발명에 관계되는 부분 이외의 국제출원의 부분은 해당 선택국에서의 효과에 관한 한, 출원인이 해당 국내관청에 특별수수료를 지불한 경우를 제시하고 취하된 것으로 본다고 규정할 수 있다.

(4) (a) 국제예비심사기관은 국제출원에 대하여 다음의 어느 사유가 있는 경우에는 제33조제1항의 문제를 검토하지 아니하며 출원인에 대하여 그러한 취지의 견해 및 이유를 통지한다.

(i) 국제예비심사기관이 동 국제출원을 규칙에 따라 국제예비심사를 요하지 아니하는 주제에 관한 것으로 간주하며 특별한 경우 국제예비심사를 행하지 아니할 것을 결정한 경우

(ii) 국제예비심사기관이 명세서, 청구의 범위 및 도면이 명료하지

아니하기 때문에 또는 청구의 범위가 명세서에 의하여 충분한 뒷받침이 되어 있지 아니하기 때문에 청구의 범위에 기재되어 있는 발명의 신규성, 진보성(자명한 것이 아닐 것) 또는 산업상의 이용가능성에 대하여 의의있는 견해를 표시할 수 없다고 인정한 경우

(b) (a)에 규정한 어느 사유가 일부의 청구의 범위에만 존재하거나 또는 일부의 청구에만 관련이 있는 경우에는 (a)의 규정은 해당되는 청구의 범위에 대하여서만 적용한다.

**第35조【국제예비심사보고】**

(1) 국제예비심사보고는 소정의 기간내에 소정의 형식으로 작성한다.

(2) 국제예비심사보고는 청구의 범위에 기재되어 있는 발명이 어느 국내법령에 의하여 특허를 받을 수 있는 발명인지의 여부 또는 특허를 받을 수 있는 발명이라고 생각되는지의 여부의 문제에 대한 어떠한 진술도 하여서는 아니된다. 국제예비심사보고는 제3항의 규정에 따라 각 청구의 범위에 있어서 청구의 범위가 국제예비심사에 있어서의 제33조제1항에서 제4항까지에 규정하는 신규성, 진보성(자명한 것이 아닐 것) 및 산업상의 이용가능성의 기준에 적합하다고 인정되는지의 여부를 진술한다. 동 진술에는 진술의 결론을 뒷받침하는 것으로 믿어지는 문헌을 이용하며, 경우에 따라 필요한 설명을 붙인다. 동 진술은 또한 규칙이 규정하는 기타 견해들을 수반한다.

(3) (a) 국제예비심사기관은 국제예비심사보고의 작성시 제34조제4항(a)에 규정한 어느 사유가 있다고 인정하는 경우에는 국제예비심사보고에 그러한 취지의 견해 및 이에 대한 이유를 진술한다. 동 국제예비심사보고는 제2항의 어떠한 진술도 포함하지 아니한다.

(b) 제34조제4항(b)에 규정하는 사정이 있다고 인정되는 경우에는 국제예비심사보고는 당해 청구범위에 대하여는 (a)의 진술을 포함하며 다른 청구범위에 대하여는 제2항의 진술을 포함한다.

**第36조【국제예비심사보고의 송부, 번역 및 송달】**

(1) 국제예비심사보고는 소정의 부속서류와 함께 출원인 및 국제사무국에 송부된다.

(2) (a) 국제예비심사보고 및 부속서류는 소정의 언어로 번역된다.

(b) 국제예비심사보고의 번역문은 국제사무국에 의하여 또는 그의 책임하에 작성되며 부속서류의 번역문은 출원인이 작성한다.

(3) (a) 국제예비심사보고는 소정의 번역문 및 원어로 된 부속서류와 함께 국제사무국이 각 선택관청에 송달한다.

(b) 부속서류의 소정의 번역문은 출원인이 소정의 기간내에 선택관청에 송부한다.

(4) 제20조제3항의 규정은 국제예비심사보고에 인용한 문헌으로서 국제조사보고에는 인용되지 아니한 문서의 사본에 대하여 준용한다.

**第37조【국제예비심사보고의 청구 또는 선택의 취하】**

(1) 출원인은 일부 또는 모든 선택을 취하할 수 있다.

(2) 모든 선택국의 선택이 취하된 경우에는 국제예비심사의 청구는 취하된 것으로 본다.

(3) (a) 모든 취하는 국제사무국에 통보된다.

(b) 국제사무국은 관계 선택관청 및 관계 국제예비심사기관에 동 사실을 통지한다.

(4) (a) (b)의 규정이 적용되는 경우를 제외하고 국제예비심사의 청구 또는 체약국의 선택의 취하는 관계 체약국의 국내 법령에 별도의 규정이 없는 한 관계 체약국에 있어서 국제출원의 취하로 본다.
(b) 국제예비심사의 청구나 선택의 취하는 제22조에 규정하는 적용기간의 만료전에 행하여진 경우에는 국제출원의 취하로 보지 아니한다. 특히 당사국은 자국의 국내관청이 동 기간내에 국제출원의 사본, 소정의 번역문 및 국내 수수료를 받은 경우에만 앞의 규정이 적용된다고 국내법령에 규정할 수 있다.

**제38조【국제예비심사의 비밀유지】**
(1) 국제사무국 및 국제예비심사기관은 어떠한 때에도 어떠한 자 또는 당국(국제예비심사보고의 작성후에는 선택관청은 제외)에게도 국제예비심사의 일건서류를 제30조제4항(단서를 포함)에 정의하는 의미에서 공개하여서는 아니된다. 다만, 출원인의 청구에 의하는 경우 또는 그의 승낙을 얻을 경우는 예외로 한다.
(2) 상기 제1항, 제36조제1항과 제3항 및 제37조제3항(b)의 규정에 따를 것을 조건으로 국제사무국 및 국제예비심사기관은 국제예비심사보고의 작성유무 및 국제예비심사의 청구 또는 선택의 취하 유무에 대하여 정보를 제공하여서는 아니된다. 다만, 출원인의 청구에 의하는 경우 또는 그의 승낙을 얻은 경우는 예외로 한다.

**제39조【선택관청에 대한 국제출원의 사본과 번역문의 제출 및 수수료의 지불】**
(1) (a) 체약국의 선택이 우선일로부터 19개월을 경과하기 전에 행하여진 경우에는 제22조의 규정은 당해 체약국에 대하여는 적용하지 아니하며, 출원인은 우선일로부터 30개월이 경과하기 전까지 각 선택관청에게 국제출원의 사본(제20조의 송달이 이미 되어 있는 경우는 제외)과 소정의 번역문을 제출하고 해당하는 경우에는 국내 수수료를 지불한다.(1985.1.1 개정)
(b) 국내법령은 (a)에 규정하는 행위를 하기 위하여 (a)에 정하는 기간보다 나중에 만료되는 기간을 정할 수 있다.
(2) 제11조제3항에 정하는 효과는 출원인이 제1항(a)에 규정하는 행위를 제1항(a) 또는 (b)에 규정하는 기한내에 하지 아니한 경우에는 선택국에서 해당 선택국에서의 국내출원의 취하효과와 동일한 결과를 가지고 소멸한다.
(3) 선택관청은 출원인이 제1항(a) 또는 (b)요건을 충족하지 아니한 경우에도 제11조제3항에 규정하는 효과를 유지할 수 있다.

**제40조【국내심사와 다른 절차의 연기】**
(1) 당사국의 선택이 우선일로부터 19개월을 경과하기 전에 행하여진 경우에는 제23조의 규정은 해당 체약국에 대하여는 적용하지 아니하며 해당 체약국의 국내관청 또는 해당 체약국을 위하여 행동하는 국내관청은 제2항의 규정이 적용되는 경우를 제외하고 제39조에 규정하는 해당 기간의 만료전에 국제출원의 심사와 다른 절차를 개시하여서는 아니된다.
(2) 제1항의 규정에 불구하고 선택관청은 출원인의 명시적 청구에 의하여 국제출원의 심사와 다른 절차를 언제든지 개시할 수 있다.

**제41조【선택관청에서의 청구의 범위, 명세서 및 도면의 보정】**
(1) 출원인은 각 선택관청에서 소정의

기간내에 청구의 범위, 명세서 및 도면에 대하여 보정을 할 기회가 부여된다. 선택관청은 출원인의 명시적 동의가 없는 한, 동 기간의 만료전에 특허를 허여하거나 거절하여서도 아니된다.

(2) 보정은 출원시 국제출원에 기술된 범위를 넘어서 하여서는 아니된다. 다만, 선택국의 국내법령이 인정하는 경우에는 예외로 한다.

(3) 보정은 이 조약과 규칙에 규정하지 아니하는 모든 사항에 대하여는 선택국의 국내법령이 정하는 바에 따른다.

(4) 보정서는 선택관청이 국제출원의 번역문의 제출을 요구하는 경우에는 동 번역문의 언어로 작성한다.

**제42조【선택관청에서의 국내심사의 결과】** 국제예비심사보고를 수령하는 선택관청은 출원인에게 다른 선택관청에서의 동일한 국제출원에 관한 심사에 관계되는 서류의 사본제출이나 동 서류의 내용에 관한 정보의 제공을 요구할 수 없다.

## 제3장 공동규정

**제43조【특정한 종류의 보호를 요구하는 출원】** 지정국 또는 선택국이 발명자증, 실용증, 실용신안, 추가특허, 추가발명자증 또는 추가실용증을 부여하는 것을 국내법령에 정하고 있는 경우에는, 출원인은 해당 지정국 또는 해당 선택국에 관한 한 국제출원이 특허가 아니고 발명자증, 실용증 및 실용신안을 요구하는 출원이라는 것, 또는 국제출원이 추가특허, 추가발명자증 및 추가실용증을 요구하는 출원이라는 것을 규칙이 정하는 바에 의하여 표시할 수 있다. 이러한 국제출원의 효과는 출원인의 이와 같은 선택에 따라 처리된다. 제2조(ii)의 규정은 본조 및 본조에 관한 규칙 규정에 대하여는 적용하지 아니한다.

**제44조【두가지 종류의 보호를 요구하는 출원】** 지정국 또는 선택국이 특허 또는 제43조에 규정하는 다른 종류의 보호중 하나를 요구하는 출원으로써 다른 종류의 보호도 요구할 수 있다는 것을 국내법령으로 인정하는 경우에는 출원인은 그가 요구하는 두가지 종류의 보호를 규칙이 정하는 바에 의하여 표시할 수 있으며, 이러한 국제출원의 효과는 출원인의 이와 같은 의사에 따라 처리된다. 제2조(ii)의 규정은 본조의 규정에 대하여는 적용하지 아니한다.

**제45조【지역특허조약】**

(1) 지역특허의 허여에 관한 조약(지역특허조약)으로서 제9조의 규정에 의하여 국제출원을 할 자격을 가지는 모든 자에 대하여 지역특허의 출원을 할 자격을 부여하는 모든 조약은 지역 특허조약의 당사국이며 또한 이 조약의 당사국인 국가를 지정 또는 선택하는 국제출원을 지역 특허의 출원으로 등록할 수 있다고 규정할 수 있다.

(2) 제1항에 규정하는 지정국 또는 선택국의 국내법령은 국제출원에서의 해당 지정국 또는 해당 선택국의 지정 또는 선택이 지역특허조약에 의한 지역특허를 받는 것을 희망하는 의사표시의 효과를 갖는다고 규정할 수 있다.

**제46조【국제출원의 오역】** 국제출원이 정확히 번역되지 아니하였기 때문에 해당 국제출원에 의하여 허여된 특허의 범위가 원어의 국제출원의 범위를 초과하는 경우에는 당해 당사국의 권한있는 당국은 이에 대하여 특허의 범위를 소급하여 한정할 수 있으며 특

허의 범위가 원어의 국제출원의 범위를 초과하는 부분에 대하여 특허가 무효라는 것을 선언할 수 있다.

**제47조【기간】**
(1) 이 조약이 규정하는 기간의 계산에 대하여는 규칙에 정한다.
(2) (a) 이 조약의 제1, 2장에 정하는 모든 기간은 제60조의 규정에 의한 개정 이외에 당사국의 결정에 의하여도 변경할 수 있다.
(b) (a)의 결정은 총회에서 또는 통신에 의한 투표에 의하여 만장일치에 의하여 취해진다.
(c) 절차의 세부사항은 규칙에 정한다.

**제48조【준수되지 아니한 기간】**
(1) 이 조약 또는 규칙에 정하는 기간이 우편업무의 중단 또는 피할 수 없는 우편물의 망실 또는 우편의 지연으로 인하여 준수되지 아니한 경우에 있어서 규칙에 정하는 경우에 해당하고 또한 규칙에 정하는 입증, 기타의 조건이 충족되어 있을 때에는 기간은 준수된 것으로 본다.
(2) (a) 당사국은 기간이 준수되지 아니한 것이 국내법령으로 인정되어 있는 지체의 사유와 동일한 사유에 의한 경우에는 자국에 관한 한 지체를 용인한다.
(b) 당사국은 기간이 준수되지 아니한 것이 (a)의 사유 이외의 사유에 의하는 경우일지라도 자국에 관한 한 지체를 용인할 수 있다.

**제49조【국제기관에 대하여 직업적조치를 취할 권리】** 변호사, 변리사, 기타의 자로서 해당 국제출원이 제출된 국내관청에 대하여 직업적조치를 취할 권리를 가지는 자는 해당 국제출원에 대하여 국제사무국, 관할 국제조사기구 및 관할 국제예비심사기관에 대하여도 직업적조치를 취할 권리를 가진다.

## 제4장 기술적 용역

**제50조【특허정보제공용역】**
(1) 국제사무국은 공표된 문서(주로 특허와 공표된 출원)에 기초하여 그가 입수할 수 있는 기술정보와 기타의 적절한 정보를 제공하는 용역(본조에서 "정보제공용역"이라 칭함)을 제공할 수 있다.
(2) 국제사무국은 직접 또는 그와 협정을 체결한 국제조사기관이나 기타 국내적 또는 국제적인 전문조직을 통하여 정보제공용역을 제공할 수 있다.
(3) 정보제공용역은 특히 개발도상당사국의 기술적 지식과 기술(입수가능한 공표된 지식과 기술을 포함한다)의 취득을 용이하게 하도록 행한다.
(4) 정보제공용역은 당사국의 정부와 국민 및 거주자에게 제공된다. 총회는 정보제공용역을 다른 자도 이용할 수 있도록 결정할 수 있다.
(5) (a) 당사국정부에 대한 용역은 실비로 제공한다. 개발도상당사국 정부에 제공되는 용역은 실비와의 차액을 체약국정부 이외의 자에게 제공되는 용역에서 발생되는 이익이나 제51조제4항에 언급된 재원으로 보충할 수 있는 경우에는 실비에 미달하는 금액으로 제공한다.
(b) (a)의 실비는 국내관청의 용역제공이나 국제조사기관의 임무수행에 의하여 통상 발생하는 비용을 초과하는 경비로 양해된다.
(6) 본조 규정의 실시에 관한 세부사항은 총회나 총회가 정하는 범위내에서 총회가 설치하는 작업반이 행하는 결정에 의하여 규정된다.
(7) 총회는 필요하다고 인정할 때에는 제5항에 규정하는 재정조치를 보충하기 위한 재정조치를 권고한다.

**제51조 【기술원조】**
(1) 총회는 기술원조위원회(본조에서 "위원회"라 칭함)를 설치한다.
(2) (a) 위원회의 구성국은 개발도상국가가 대표되도록 타당한 고려를 한 후 당사국중에서 선출한다.
(b) 사무국장은 자신의 주도 또는 위원회의 요청에 의하여 개발도상국가에 대한 기술원조에 관여하는 정부간 기구의 대표가 위원회의 작업에 참가하도록 초청한다.
(3) (a) 위원회의 임무는 개발도상당사국의 개별적 또는 지역적인 특허제도의 발전을 목적으로 공여되는 기술원조를 조직하고 감독하는 것이다.
(b) 기술원조는 특허 전문가의 훈련과 파견 및 전시용과 실무용 시설의 공여를 포함한다.
(4) 국제사무국은 본조 규정에 의한 사업계획의 자금조달을 위하여 일방에 있어서 국제금융기관 및 정부간 기구 특히 국제연합의 제 기구 및 기술원조에 관여하는 국제연합의 전문기구와 타방에 있어서 기술원조를 받는 국가의 정부와 협정을 체결하도록 노력한다.
(5) 본조 규정의 실시에 관한 세부사항은 총회의 결정과 총회가 정하는 범위내에서 총회가 설치하는 작업반의 결정에 의하여 규정된다.

**제52조 【조약의 다른 규정과의 관계】** 본장의 어떠한 규정도 다른 장의 재정에 관한 규정에 영향을 미치지 아니한다. 동 재정관계규정은 본장의 규정 및 본장의 규정의 실시에 대하여는 적용되지 아니한다.

## 제5장 행정규정

**제53조 【총회】**
(1) (a) 총회는 제57조제8항의 규정에 따를 것을 조건으로 당사국으로 구성한다.
(b) 각 당사국의 정부는 1인의 대표에 의하여 대표되며 대표는 교체대표, 자문위원 및 전문가의 보좌를 받을 수 있다.
(2) (a) 총회는 다음 사항을 행한다.
( i ) 동맹의 유지 및 발전과 이 조약의 실시에 관한 모든 문제를 처리
( ii ) 이 조약의 다른 규정에 의하여 명시적으로 총회에 부여된 임무를 수행
(iii) 국제사무국에 개정회의 준비에 관한 지시를 부여
(iv) 사무국장의 동맹에 관한 보고와 활동을 검토하고 승인하며, 사무국장에게 동맹의 권한내의 사항에 대한 모든 필요한 지시를 하달
( v ) 제9항의 규정에 따라 설치되는 집행위원회의 보고와 활동을 검토하고 승인하며, 집행위원회에 대하여 지시를 하달
(vi) 동맹의 사업계획을 결정하고 3개년 예산을 채택하며 결산을 승인
(vii) 동맹의 재정규칙을 채택
(viii) 동맹의 목적을 달성하기 위하여 필요하다고 인정되는 위원회 및 작업반을 설치
(ix) 비당사국 및 제8항의 규정에 따를 것을 조건으로 정부간 기구와 비정부간 국제기구가 총회의 회합에 옵저버로서 참석하는 것을 인정할지 여부 결정
( x ) 동맹의 목적을 달성하기 위하여 기타 적절한 조치를 취하고 또한 기타 이 조약에 의한 적절한 기능을 수행
(b) 총회는 세계지적소유권기구가 관리하고 있는 다른 동맹에도 이해관계가 있는 사항에 대하여는, 동 기구의 조정위원회의 조언을 들은 후에 결정한다.

(3) 대표는 일개국가만을 대표하며 그 국가의 명의로서만 투표할 수 있다.
(4) 각 당사국은 각기 한표를 가진다.
(5) (a) 당사국의 과반수를 정족수로 한다.
(b) 총회는 정족수에 미달하는 경우에도 결정을 할 수 있다. 그러나 총회의 절차에 관한 결정을 제외하고 그 결정은 규칙에 정하는 통신에 의한 투표로 정족수가 충족되고 또한 필요한 다수가 얻어진 경우에만 효력이 발생한다.
(6) (a) 제47조제2항(b), 제58조제2항(b)와 제3항 및 제61조제2항(b)의 규정이 적용되는 경우를 제외하고 총회의 결정은 투표의 3분의 2이상의 다수결에 의한다.
(b) 기권은 투표로 보지 아니한다.
(7) 제2장의 규정에 기속되는 당사국에만 이해관계가 있는 사항에 대하여는 제4항, 제5항, 제6항에서 언급하는 당사국이란 제2장에 규정에 기속되는 당사국만을 말한다.
(8) 국제조사기관이나 국제예비심사기관으로 지정된 정부간 기구는 총회에 옵저버로서 참석하는 것이 허용된다.
(9) 총회는 당사국의 수가 40개국을 초과하는 경우에는 집행위원회를 설치한다. 이 조약 및 규칙에서 말하는 집행위원회라 함은 동 집행위원회가 설치된 경우 이를 의미한다.
(10) 총회는 집행위원회가 설치되기 이전에는 사무국장이 작성한 연차사업계획과 연차예산을 사업계획 및 3개년 예산의 범위내에서 승인한다.
(11) (a) 총회는 사무국장이 소집에 의하여 매2년마다 정기회기로서 회합하며, 예외적인 경우를 제외하고 기구의 총회와 동일기간중에 동일한 장소에서 회합한다.
(b) 총회는 집행위원회에 요청 또는 체약국의 4분의 1이상의 요청에 의하여 임시회기로서 회합한다.
(1985.1.1 개정)
(12) 총회는 자신의 의사규칙을 채택한다.

**제54조【집행위원회】**
(1) 총회가 집행위원회를 설치하였을 때에는 동 집행위원회는 아래 규정에 따른다.
(2) (a) 집행위원회는 제57조제8항의 규정에 따를 것을 조건으로 총회의 구성국중에서 총회에 의하여 선출된 국가로 구성한다.
(b) 집행위원회의 각 구성국의 정부는 1인의 대표에 의하여 대표되며, 대표는 교체대표, 자문위원 및 전문가의 보좌를 받을 수 있다.
(3) 집행위원회 구성국의 수는 총회구성국수의 4분의 1로 한다. 의석수의 결정에 있어서는 4로 나머지의 수는 고려하지 아니한다.
(4) 총회는 집행위원회 구성국 선출에 있어서 공평한 지리적 배분을 고려한다.
(5) (a) 집행위원회의 구성국의 임기는 그가 선출된 총회회기의 종료시로부터 총회의 다음 통상회기의 종료시까지로 한다.
(b) 집행위원회 구성국은 최대한 그 구성국의 3분의 2까지 재선될 수 있다.
(c) 총회는 집행위원회 구성국의 선출과 재선에 관한 규칙의 세부사항을 정한다.
(6) (a) 집행위원회는 다음 사항을 행한다.
(i) 총회의 의사일정안 작성
(ii) 사무국장이 작성한 동맹의 사업계획안과 2개년 예산안을 총회에 제출
(iii) 사무국장의 정기보고와 연차

회계 검사보고에 적절한 의견을 붙여 총회에 제출

(iv) 총회의 결정에 따르고 총회의 통상회기 사이에 발생하는 상황을 고려하여 사무국장이 동맹의 사업계획을 실시할 수 있도록 모든 필요한 조치를 취함.

(v) 기타 이 조약에 의하여 집행위원회에 부여되는 임무를 수행

(1985.1.1 개정)

(b) 집행위원회는 기구가 관리업무를 행하고 있는 다른 동맹에도 이해관계가 있는 사항에 대하여는 동 기구의 조정위원회의 조언을 들은 후에 결정한다.

(7) (a) 집행위원회는 사무국장의 소집에 의하여 매년 1회 통상회기로서 회합하며, 될 수 있는 한 기구의 조정위원회와 동일한 기간중에 동일한 장소에서 회합한다.

(b) 집행위원회는 사무국장의 발의에 의하여 또는 집행위원회의 의장 또는 그 구성국의 4분의 1이상의 요청에 의하여 사무국장이 소집하여 임시회기로서 회합한다.

(8) (a) 집행위원회의 각 구성국은 하나의 투표권을 가진다.

(b) 집행위원회의 구성국의 과반수를 정족수로 한다.

(c) 결정은 투표의 단순다수에 의한 의결로써 한다.

(d) 기권은 투표로 보지 아니한다.

(e) 대표는 일개국가만을 대표하고 그 국가의 명의로서만 투표할 수 있다.

(9) 집행위원회의 구성국이 아닌 당사국 및 국제조정기관이나 국제예비심사기관으로 선정된 정부간기구는 집행위원회의 회합에 옵저버로 참석하는 것이 허용된다.

(10) 집행위원회는 자신의 의사규칙을 채택한다.

**제55조【국제사무국】**

(1) 동맹의 행정업무는 국제사무국이 행한다.

(2) 국제사무국은 동맹의 제기구의 사무국의 직무를 행한다.

(3) 사무국장은 동맹의 수석행정직원으로서 동맹을 대표한다.

(4) 국제사무국은 회보, 기타 규칙이 정하거나 총회가 요구하는 간행물을 발행한다.

(5) 국내관청이 국제사무국, 국제조사기관 및 국제예비심사기관의 이 조약에 의한 임무수행을 지원하기 위하여 제공하는 용역에 대하여는 규칙에 정한다.

(6) 사무국장 및 그가 지명하는 직원은 총회, 집행위원회, 기타 이 조약이나 규칙에 의하여 설치되는 위원회 또는 작업반의 모든 회합에 투표권없이 참가한다. 사무국장 또는 그가 지명하는 직원 1인은 이들 기관의 당연직 서기가 된다.

(7) (a) 국제사무국은 총회의 지시에 따라 또한 집행위원회와 협력하여 개정회의의 준비를 한다.

(b) 국제사무국은 개정회의의 준비에 관하여 정부간기구 및 비정부간 국제기구와 협의할 수 있다.

(c) 사무국장 및 그가 지명하는 자는 개정회의에서의 심의에 투표권없이 참가한다.

(8) 국제사무국은 기타 국제사무국에 부여되는 임무를 수행한다.

**제56조【기술협력위원회】**

(1) 총회는 기술협력위원회(본조에서 "위원회"라고 칭함)를 설치한다.

(2) (a) 총회는 개발도상에 있는 국가가 형평하게 대표되도록 타당한 고려를 하여 위원회를 구성하고 그 구성원을 임명한다.

(b) 국제조사기관 및 국제예비심사기관은 위원회의 당연직 구성원이 된다. 국제조사기관 또는 국제예

비심사관이 당사국의 국내관청인 경우에는 동 당사국은 위원회에서 중복하여 대표를 낼 수 없다.

(c) 당사국의 수가 허용하는 경우에는 위원회의 구성원의 총수는 위원회의 당연직 구성원 수의 두배 이상으로 한다.

(d) 사무국장은 그의 발의 또는 위원회의 요청에 의하여 관계기관에 이해관계가 있는 토의에 당해 관계기관의 대표가 참가하도록 초청한다.

(3) 위원회는 조언 또는 권고를 통하여 다음 사항에 기여함을 목적으로 한다.

(i) 이 조약에 의하여 제공되는 용역의 꾸준한 개선

(ii) 둘이상의 국제조사기관 또는 국제예비심사기관이 존재하는 경우, 그들의 자료작성 및 작업방법에 있어서 최대한의 통일성을 확보하고 그들의 보고의 질을 최대한 높고 균일하게 확보

(iii) 총회 또는 집행위원회의 발의에 의하여 특히 단일의 국제조사기관의 설립에 관한 기술적 문제의 해결

(4) 당사국 및 관련국제기구는 위원회에 위원회의 권한내에 있는 문제에 대하여 서면에 의하여 의견을 진술할 수 있다.

(5) 위원회는 사무국장에 대하여 또는 사무국장을 통하여 총회, 집행위원회, 전체 또는 일부의 국제조사기관, 국제예비심사기관 및 수리관청에 대하여 조언과 권고를 할 수 있다.

(6) (a) 사무국장은 어떠한 경우에도 위원회의 모든 조언과 권고를 집행위원회에 송부한다. 사무국장은 그 조언과 권고에 대하여 자신의 의견을 붙일 수 있다.

(b) 집행위원회는 위원회의 조언, 권고 또한 기타의 활동에 대하여 견해를 표명할 수 있으며, 위원회에 위원회의 권한내에 있는 문제에 대하여 연구하고 보고하도록 요구할 수 있다. 집행위원회는 적당한 의견을 붙여서 위원회의 조언, 권고와 보고를 총회에 제출할 수 있다.

(7) 집행위원회가 설치될 때까지는 제6항에서 말하는 집행위원회란 총회를 의미한다.

(8) 위원회절차의 세부사항은 총회의 결정에 의한다.

**제57조 【재정】**

(1) (a) 동맹은 예산을 가진다.

(b) 동맹의 예산은 수입, 동맹의 고유경비 및 기구가 관리하고 있는 제 동맹의 공동경비예산에 대한 동맹의 분담금을 포함한다.

(c) 제 동맹의 공동경비란 동맹뿐만 아니라, 기구가 관리하고 있는 다른 동맹에도 귀속될 수 있는 경비를 말한다. 공동경비에 대한 동맹의 분담의 비율은 공동경비가 동맹에 가져올 이익에 비례한다.

(2) 동맹의 예산은 기구가 관리하고 있는 다른 동맹의 예산과 조정할 필요성을 고려하여 결정한다.

(3) 제5항의 규정에 따르는 것을 조건으로 동맹의 예산은 다음을 재원으로 한다.

(i) 국제사무국이 동맹과 관련하여 제공하는 용역에 대하여 납부되는 수수료 및 요금

(ii) 국제사무국의 동맹에 관한 간행물의 판매대금 및 이들 간행물에 대한 사용료

(iii) 증여, 유증 및 보조금

(iv) 임대료, 이자, 기타의 잡수입

(4) 국제사무국에 납부되는 수수료와 요금의 액수 및 국제사무국의 간행물의 가격은 본 조약의 관리업무에 관계되는 국제사무국의 모든 경비를 통상의 상태에서 충분히 부담할 수 있도록 정한다.

(5) (a) 회계연도가 결손으로 종료하는 경우에는 당사국은 (b) 및 (c)의 규정에 따를 것을 조건으로 동 결손을 보충하기 위하여 분담금을 납부한다.
(b) 각 체약국의 분담금액은 해당연도에서의 각 체약국으로부터의 국제출원의 수에 타당한 고려를 하여 총회가 정한다.
(c) 총회는 결손의 전부 또는 일부를 다른 방법에 의하여 잠정적으로 보충할 수 있는 경우에는 그 결손을 이월하여 체약국에 분담금의 납부를 요구하지 아니하도록 결정할 수 있다.
(d) 총회는 동맹의 재정상태가 허용하는 경우에는 (a)의 규정에 납부된 분담금은 이를 납부한 당사국에 환불하도록 결정할 수 있다.
(e) (b)의 규정에 의한 분담금은 총회가 정하는 납부기일로부터 2년이내에 납부하지 아니한 당사국은 동맹의 어느 기관에서도 투표권을 행사할 수 없다. 다만, 동맹의 어느 기관도 납부의 연체가 예외적이며 피할 수 없는 사정에 의한 것이라고 인정되는 경우, 당해 당사국이 당해 기관에서 계속하여 투표권을 행사하도록 허용할 수 있다.
(6) 예산이 신회계연도 개시전에 채택되지 아니하는 경우에는 재정규칙이 정하는 바에 의하여 전년도의 예산과 같은 수준의 예산으로 한다.
(7) (a) 동맹은 각 당사국의 1회 납부금으로 구성되는 운용자금을 가진다. 운용자금이 충분하지 아니한 경우에는 총회는 그의 증액을 위한 조치를 취한다. 운용자금의 일부가 필요하지 아니하게 된 경우에는 동 운용자금의 일부를 환불한다.
(b) 운용자금에 대한 각 당사국의 당초의 납부금액 및 운용자금의 증액부분에 대한 각 당사국의 분담금은 제5항(b)에 정하는 원칙과 동일한 원칙에 의하여 총회가 정한다.
(c) 납부조건은 사무국장의 제안에 의하여 기구의 조정위원회의 조언을 들은 후에 총회가 정한다.
(d) 환불액은 각 당사국이 납부한 날을 고려하고 각 당사국이 납부한 금액에 비례한다.
(8) (a) 자국영역내에 기구의 본부가 소재하는 국가와 체결하는 본부협정은 운용자금이 충분하지 아니하는 경우에는 동 국가에서 입체하도록 규정한다. 입체금액과 조건은 동 국가와 기구간의 별도 협정에 의하여 수시로 정한다. 동 국가는 입체하여 줄 의무를 가지는 한 당연히 총회와 집행위원회에 의석을 가진다.
(b) (a)의 국가 및 기구는 서면통고에 의하여 입체를 하여 줄 의무를 폐기할 권리를 가진다. 폐기는 통고가 행하여진 연도말부터 3년이 경과한 후에 효력을 발생한다.
(9) 회계감사는 재정규칙이 정하는 바에 의하여 하나 또는 둘 이상의 체약국이나 외부의 회계감사 전문가가 한다. 이들 당사국 또는 회계감사 전문가는 총회가 이들의 동의를 얻어서 지정한다.

**제58조【규칙】**
(1) 이 조약에 부속하는 규칙에는 다음 사항에 관한 세부규칙을 둔다.
(i) 이 조약이 명시적으로 규칙에 위임한 사항 또는 규칙 소관 사항이라는 것이 명시적으로 규정되어 있는 사항
(ii) 업무상의 요건, 사항 또는 절차
(iii) 이 조약의 규정을 시행하는 데 유용한 세부사항
(2) (a) 총회는 규칙을 개정할 수 있다.
(b) 제3항의 규정에 따른 것을 조건으로, 개정은 투표수의 4분의 3이

상의 다수결에 의한다.

(3) (a) 규칙에는 다음 경우에만 개정할 수 있는 세부규칙을 둔다.

( i ) 전원일치의 합의가 있는 경우

( ii ) 자국의 국내관청이 국제조사기관 또는 국제예비심사기관으로 활동하는 모든 체약국이 반대하지 아니하며 동 기관들이 정부기구인 경우에는 동 정부간기구의 권한 있는 기관에서 다른 회원국으로부터 위임을 받은 당해 정부간기구의 회원국인 당사국이 이의를 제기하지 아니하는 경우

(b) 장래에 적용할 수 있는 요건으로 상기 규정을 삭제하기 위해서는 경우에 따라 (a)(i) 또는 (ii)에서 정하는 조건을 충족하여야 한다.

(c) 장래에 (a)에 언급한 요건에 어떤 규정을 첨가하기 위하여는 전원일치의 합의가 있어야 한다.

(4) 규칙은 총회의 통제하에 사무국장이 행정적 지시사항을 작성하는 것에 관하여 규정한다.

(5) 이 조약의 규정과 규칙의 규정이 상충되는 경우에는 이 조약의 규정이 우선한다.

## 제6장 분 쟁

**제59조【분쟁】** 제64조제5항의 규정이 적용되는 경우를 제외하고, 이 조약이나 규칙의 해석 또는 적용에 관한 둘이상의 당사국 사이의 분쟁이 교섭에 의하여 해결되지 아니하는 경우 분쟁당사국이 다른 해결 방법에 합의하지 아니하는 한 어느 일방당사국이 국제사법재판소규정에 따라 신청함으로써 동 분쟁을 국제사법재판소에 부탁할 수 있다. 분쟁을 국제사법재판소에 부탁하는 당사국은 그 취지를 국제사무국에 통보하여야 하며 국제사무국은 그 사실을 다른 체약국에 통보한다.

## 제7장 개정 및 수정

**제60조【조약의 개정】**

(1) 이 조약은 당사국의 특별회의에 의하여 수시 개정할 수 있다.

(2) 개정회의의 소집은 총회가 결정한다.

(3) 국제조사기관이나 국제예비심사기관으로 선정된 정부간 기구는 개정회의에 옵저버로 참석하는 것이 인정된다.

(4) 제53조제5항, 제9항 및 제11항, 제54조, 제55조제4항에서 제8항까지, 제56조와 제57조의 규정은 개정회의에 의하여 또는 제61조의 규정에 따라 수정될 수 있다.

**제61조【조약의 특정조항의 수정】**

(1) (a) 제53조(a) 및 제11항, 제54조, 제55조제4항에서 제8항까지, 제56조 및 제57조 규정의 수정 제안은 총회의 구성국, 집행위원회 또는 사무국장이 할 수 있다.

(b) (a)의 제안은 늦어도 총회심의 6개월전까지 사무국장이 체약국에 송부한다.

(2) (a) 제1항에 언급한 조항의 수정은 총회가 채택한다.

(b) 채택은 투표한 수의 4분의 3이상의 다수를 요한다.

(3) (a) 제1항에 언급된 조항의 수정은 그 수정이 채택된 때에 총회의 회원국이었던 국가의 4분의 3으로부터 각자의 헌법상 절차에 따른 수락에 관한 서면통고를 사무국장이 수령한 1개월 후 효력을 발생한다.

(b) 상기 언급된 조항의 수락된 수정은 그 수정이 효력을 발생할 때에 총회의 회원국인 모든 국가를 구속한다. 다만, 당사국의 재정상의 의무를 증가시키는 수정은 그 수정의 수락을 통고한 당사국만을 구속한다.

(c) (a)의 규정에 따라 수락된 수정은 그 수정이 (a)의 규정에 따라 효력을 발생한 날 이후에 총회의 회원국이 되는 모든 국가를 구속한다.

## 제8장 최종규정

### 제62조 【조약 당사국이 되기 위한 절차】

(1) 공업소유권의 보호를 위한 국제동맹의 회원국은 다음 중 어느 절차에 의하여 당사국이 될 수 있다.
(i) 서명한 후 비준서 기탁, 또는
(ii) 가입서 기탁

(2) 비준서 또는 가입서는 사무국장에게 기탁한다.

(3) 공업소유권의 보호를 위한 파리협약의 스톡홀름개정의정서 제24조의 규정은 이 조약에 적용된다.

(4) 제3항의 규정은 동항 규정에 의하여 어느 당사국이 동 조약을 적용할 수 있도록 한 영토에 관한 실제상황을 다른 당사국이 승인하거나 묵시적으로 수락하는 것을 의미하는 것으로 이해되어서는 아니된다.

### 제63조 【조약의 발효】

(1) (a) 이 조약은 제3항의 규정에 따를 것을 조건으로 8개 국가가 비준서 또는 가입서를 기탁한 3개월 후에 효력을 발생한다. 다만, 그들 적어도 4개 국가가 각각 다음의 어느 조건을 충족하여야 한다.
(i) 당사국에서 행하여진 출원의 수가 국제사무국이 공표한 가장 최근의 연차통계상 4만이상
(ii) 당사국의 국민 또는 거주자가 일개의 외국에 제출한 출원의 수가 국제사무국이 공표한 가장 최근의 연차통계상 1천이상
(iii) 당사국의 국내관청이 외국의 국민 또는 거주자로부터 접수한 출원수가 국제사무국이 공표한 가장 최근의 연차통계상 1만이상

(b) 동항 규정의 목적상, 출원은 실용신안의 출원을 포함하지 아니한다.

(2) 제3항의 규정에 따를 것을 조건으로, 이 조약이 제1항의 규정에 따라 효력을 발생한 때에 당사국이 되지 아니하는 국가는 비준서 또는 가입서를 기탁한 날로부터 3개월후에 이 조약에 기속된다.

(3) 제2장의 규정과 이 조약에 부속된 규칙중 동장의 규정에 상응하는 규정은, 제1항의 3가지 조건중 적어도 하나의 조건을 충족하는 3개의 국가가 동장의 규정에 기속될 의사가 없다는 것을 제64조제1항의 규정에 의하여 선언하지 않고 당사국이 된 날로부터 적용한다. 그러나 그 날은 제1항의 규정에 의한 최초의 효력발생일 이전이 아니어야 한다.

### 제64조 【유보】

(1) (a) 모든 국가는 제2장의 규정에 기속되지 아니한다는 것을 선언할 수 있다.

(b) (a)의 선언을 행한 국가는 제2장의 규정 및 규칙중 동장의 규정에 상응하는 조항에 기속되지 아니한다.

(2) (a) 제1항의 선언을 하지 아니하는 국가는 아래 사항을 선언할 수 있다.
(i) 국제출원의 사본과 소정의 번역문의 제출에 대하여는 제39조(1)의 규정에 기속되지 아니한다는 것
(ii) 제40조에 규정하는 국내절차를 연기할 의무가 자국의 국내관청에 의하거나 이를 통한 국제출원 또는 동 출원의 번역문의 공표를 방해하지 않을 것. 그러나 이는 제30조 및 제38조에 규정된 제한으로부터 면제되지는 아니한다.

(b) (a)의 선언을 한 국가는 이에 따라 당해 규정에 기속된다.

(3) (a) 어느 국가도 자국에 관한 한 국제출원을 국제공개할 필요가 없다고 선언할 수 있다.

(b) 우선일로부터 18개월을 경과한 때에 국제출원이 (a)의 선언을 행한 국가만을 지정하고 있는 경우에는 제21조제2항의 규정에 의한 국제공개는 하지 아니한다.

(c) (b)의 규정이 적용되는 경우일지라도 국제사무국은

(i) 출원인으로부터 청구가 있을 때에는 규칙이 정하는 바에 의하여 당해 국제출원을 국제공개한다.

(ii) 국제출원에 기초한 특허 또는 국내출원이 (a)의 선언을 행한 어느 지정국의 국내관청에 의하여 또는 동 국내관청을 대신하며 공표된 때에는 그 공표후 신속히 당해 국제출원을 국제공개한다. 다만, 우선일로부터 18개월이 경과하기 전에 공개하여서는 아니된다.

(4) (a) 자국의 국내법이 자국특허의 선행기술효과를 공표이전부터 인정하고 있으나 공업소유권의 보호를 위한 파리협약에 의하여 주장되는 우선일을 선행기술의 목적상 자국에서의 실제의 출원일과 동일하게 하지 아니하는 국가는 자국을 지정하는 타국에서의 국제출원을 선행기술의 목적상 자국에서의 실제의 출원과 동등하게 취급하지 아니한다고 선언할 수 있다.

(b) (a)의 선언을 하는 국가는 그 범위내에서 제11조제3항의 규정에 기속되지 아니한다.

(c) (a)의 선언을 하는 국가는 동시에 자국을 지정하는 국제출원이 자국에서 선행기술로서의 효력을 발생하게 되는 날과 이를 위한 조건을 서면으로 선언한다. 동 선언은 사무국장에게 보내는 통지에 의하여 언제든지 변경할 수 있다.

(5) 각국은 제59조의 규정에 기속되지 아니한다는 것을 선언할 수 있으며, 이러한 경우 동조의 규정은 동 선언을 행한 당사국과 다른 당사국 사이의 분쟁에 대하여는 적용하지 아니한다.

(6) (a) 본조 규정에 의한 모든 선언은 서면으로 한다. 동 선언은 이 조약의 서명시, 비준서나 가입서의 기탁시 또는 제5항에 언급된 경우를 제외하고는, 사무국장에게 보내는 통고에 의하여 그 후 언제든지 할 수 있다. 통고에 의한 선언은 사무국장이 그 통고를 수령한 후에 효력을 발생하며 그 6개월의 만료전에 접수된 국제출원에는 영향을 미치지 아니한다.

(b) 본조 규정에 의한 선언은 사무국장에게 보내는 통고로 언제든지 철회할 수 있다. 철회는 사무국장이 그 통고를 수령한 3개월후에 효력을 발생하며, 제3항에 의한 선언을 철회하는 경우에는 그 3개월의 기간만료전에 접수된 국제출원에는 영향을 미치지 아니한다.

(7) 본 조약에 대한 유보는 본조제1항에서 제5항까지의 규정에 의한 유보를 제외하고는 어떠한 규정에 대해서도 허용되지 아니한다.

**제65조【단계적 적용】**

(1) 국제조사기관 또는 국제예비심사기관과의 협정이 동 기관이 처리를 담당하는 국제출원의 수 또는 종류를 잠정적으로 제한하는 경우에는 총회는 특정한 범위의 국제출원에 대한 이 조약 및 규칙의 점진적 적용을 위하여 필요한 조치를 취한다. 이 조항은 제15조제5항 규정에 의한 국제형 조사의 청구에 대하여도 준용한다.

(2) 총회는 제1항에 규정한 조건하에서 국제출원을 할 수 있는 일자와 국제예비심사의 청구를 전출할 수 있는 일자를 정한다. 이들 일자는 각각 제63조제1항에 따라 이 조약이 효력을 발생한 후 6개월이내와 동조 제3항에 따라 제2항의 규정이 적용되게 된 후 6개월 이내의 일자로 한다.

**제66조 【폐기】**

(1) 모든 당사국은 사무국장에게 보내는 통고에 의하여 이 조약을 폐기할 수 있다.

(2) 폐기는 사무국장이 동 통고를 수령한 6개월후에 효력을 발생한다. 폐기는 국제출원이 상기 6개월 기간만료전에 제출되고, 폐기국이 선택된 경우에 그 선택이 동 6개월의 기간 만료전에 행하여진 경우에는 폐기국에서의 당해 국제출원의 효력에 영향을 미치지 아니한다.

**제67조 【서명과 언어】**

(1) (a) 이 조약은 동등히 정본인 영어와 불란서어로 된 원본 1부에 서명된다.

(b) 사무국장은 관계정부와의 협의하에 독일어, 일본어, 포르투갈어, 노어, 스페인어, 기타 총회가 지정하는 언어로 된 공식번역본을 작성한다.

(2) 이 조약은 1970년 12월 31일까지 워싱턴에서 서명을 위하여 개방된다.

**제68조 【기탁】**

(1) 이 조약의 원본은 서명을 위한 개방이 종료한 때 사무국장에게 기탁된다.

(2) 사무국장은 공업소유권의 보호를 위한 파리협약의 모든 당사국 정부와, 요청이 있을 때에는 기타 국가의 정부에게 이 조약 및 이 조약에 부속되는 규칙의 사본 2부를 인증하여 송부한다.

(3) 사무국장은 이 조약을 국제연합사무국에 등록한다.

(4) 사무국장은 모든 당사국의 정부와 요청이 있을 때에는 기타 국가의 정부에게 이 조약 및 규칙의 수정된 사본 2통을 인증하여 송부한다.

**제69조 【통보】** 사무국장은 공업소유권의 보호를 위한 파리협약의 모든 당사국 정부에 다음 사항을 통보한다.

(i) 제62조에 의한 서명

(ii) 제62조에 의한 비준서 또는 가입서의 기탁

(iii) 이 조약의 효력발생일 및 제63조제3항에 따라 제2장의 규정이 적용하게 되는 일자

(iv) 제64조제1항에서 제5항까지의 규정에 의한 모든 선언

(v) 제64조제6항(b)의 규정에 의한 선언의 철회

(vi) 제66조의 규정에 의하여 접수한 폐기

(vii) 제31조제4항의 규정에 의한 모든 선언

# 특허절차상 미생물 기탁의 국제적 승인에 관한 부다페스트 조약

부다페스트에서 채택 1977. 4.28
가입서 기탁일 1987.12.28
대한민국에 대하여 발효 1988. 3.28
(조약 제947호)



## 총 강

**제1조【동맹의 설립】** 이 조약의 당사국(이하 "체약국"이라 함)은 특허절차상 미생물 기탁의 국제적 승인을 위한 동맹을 형성한다.

**제2조【정의】** 이 조약 및 규칙의 목적상

가. "특허"라 함은 발명특허, 발명자증, 실용증, 실용신안, 추가특허 또는 증서, 추가발명자증 및 추가실용증을 가리키는 것으로 해석한다.

나. "미생물기탁"이란 문맥에 의거, 이 조약 및 규칙에 따라 행하여지는 다음과 같은 행위, 즉 미생물을 수령하고 수탁하는 국제기탁기관에의 미생물 송부 또는 국제기탁기관에 의한 미생물 보관 또는 동 송부 및 보관 모두를 말한다.

다. "특허절차"란 특허출원 또는 특허와 관련된 행정상 또는 사법상의 절차를 말한다.

라. "특허절차상의 공표"란 특허출원 또는 특허를 공식적으로 공개하는 것 또는 공중의 열람을 위하여 공개하는 것을 말한다.

마. "정부간공업소유권기구"란 제9조 1항에 따른 선언서를 제출한 기구를 말한다.

바. "공업소유권청"이란 특허를 허여하는 권한이 있는 체약국 또는 정부간공업소유권기구의 기관을 말한다.

사. "기탁기관"이란 미생물의 수령, 기탁 및 보관을 하고 그 시료를 분양하는 기관을 말한다.

아. "국제기탁기관"이란 제7조에 정하는 바에 따라 국제기탁기관으로서의 지위를 취득한 기탁기관을 말한다.

자. "기탁자"란 미생물을 수령하고 수탁하는 국제기탁기관에 미생물을 송부하는 자연인 또는 법인 및 동 자연인 또는 법인의 승계인을 말한다.

차. "동맹"이란 제1조의 동맹을 말한다.

카. "총회"란 제10조의 총회를 말한다.

타. "기구"란 세계지적소유권기구를 말한다.

파. "국제사무국"이란 기구의 국제사무국을 말하며, 지적소유권보호합동국제사무국(BIRPI)이 존속하는한 동 국제사무국을 말한다.

하. "사무국장"이란 기구의 사무국장을 말한다.

거. "규칙"이란 제12조의 규칙을 말한다.

## 제1장 실체규정

**제3조【미생물기탁의 승인과 효과】**

1. 가. 특허절차상 미생물의 기탁을 허용 또는 요구하는 체약국은 그러한 목적을 위하여 국제기탁기관에 대한 미생물의 기탁을 승인하여야 한다. 그러한 승인은 국제기탁기

관에 의하여 표시된 기탁의 사실과 날자의 승인 및 시료로서 분양된 것은 기탁된 미생물의 시료라는 사실의 승인을 함께 포함한다.

나. 체약국은 1항 가호에 규정된 국제기탁기관이 발행하는 수탁증의 사본을 요구할 수 있다.

2. 이 조약과 규칙에서 규정된 문제에 관한한, 어떠한 체약국도 조약과 규칙에서 규정된 요건과 상이한 요건 또는 추가하는 요건을 만족시켜줄 것을 요구하여서는 아니된다.

**제4조【재기탁】**

1. 가. 국제기탁기관은 어떠한 이유 특히 다음과 같은 이유에 의하여 기탁된 미생물의 시료를 분양할 수가 없을 경우에는,

(1) 그러한 미생물이 생존하고 있지 않거나,

(2) 시료의 분양을 위해서는 외국에 송부하는 것이 필요하며, 외국으로의 송부 또는 수령이 수출 또는 수입의 규제에 의하여 금지되고 있는 경우 동 기관은 시료를 분양할 수 없음을 확인한 후, 즉시 이유를 지칭하여 기탁자에게 분양할 수 없음을 통지하여야 하며, 기탁자는 제2항과 이 항이 규정하는 바에 따라 원래 기탁되었던 미생물을 재기탁할 권리를 갖는다.

나. 재기탁은 다음을 조건으로 하여 원기탁을 한 국제기탁기관에 행하여야 한다.

(1) 원기탁을 한 기관이 모든 종류의 미생물에 대하여 또는 기탁된 미생물이 속하는 종류의 미생물에 대하여 국제기탁기관으로서의 지위를 상실한 경우, 또는 원기탁을 한 국제기탁기관이 기탁된 미생물에 대한 업무의 수행을 일시적으로 또는 확정적으로 정지한 경우에는 재기탁은 다른 국제기탁기관에 행하여야 한다.

(2) 가항 (2)호에 언급된 경우에는 재기탁은 다른 국제기탁기관에 행할 수 있다.

다. 재기탁을 행함에 있어서는 재기탁된 미생물이 원기탁 미생물과 동일한 것임을 진술하고 있는 기탁자가 서명한 진술서를 동봉하여야 한다. 기탁자의 진술에 대하여 다툼이 있을 경우 거증책임은 적용가능한 법에 의하여 규율한다.

라. 가,나,다 및 마항에 따라 원기탁 미생물이 생존에 관하여 과거에 발행된 모든 증명서가 그 미생물이 생존하고 있음을 표시하고 있으며 기탁자가 가항에 언급된 통지를 수령한 날로부터 3개월 이내에 재기탁을 하는 경우에는 동 재기탁은 원기탁일에 이루어진 것으로 취급된다.

마. 나항 (1)호가 적용되고 나항 (1)호에 규정된 국제기탁기관으로서의 지위의 정지, 한정 또는 업무수행의 정지가 국제사무국에 의하여 공표된 날로부터 6개월 이내에 기탁자가 가항에 규정된 통지를 수령하지 않을 경우에는, 라항에 규정된 3개월의 시한은 동 공표일로부터 산정한다.

2. 기탁된 미생물이 다른 국제기탁기관에 이송된 경우에는 그 국제기탁기관이 그러한 미생물의 시료를 분양할 수 있는 한 1항 가호에 규정된 권리는 존재하지 않는다.

**제5조【수출 및 수입의 규제】** 각 체약국은 특정 종류의 미생물을 자국 영토에서 수출하거나 자국 영토로 수입하는 것이 규제되어 있을 경우에는 동 규제가 국가안보, 건강 또는 환경에 대한 위험에 비추어 필요한 경우에 한하여,

그러한 규제를 이 조약에 따라 기탁되었거나 또는 기탁될 미생물에 대하여 적용하는 것이 극히 바람직한 것으로 승인한다.

**제6조 【국제기탁기관의 지위】**

1. 국제기탁기관의 지위를 취득하기 위하여는 어떠한 기탁기관도 체약국의 영토에 위치하고 있어야 하며 동 기관이 2항에서 정하는 요건을 충족하며 계속하여 충족할 것이라는 동 체약국에 의한 보증을 향유하여야 한다. 동 보증은 정부간 공업소유권 기구에 의하여 부여될 수도 있으며, 이 경우에도 기탁기관은 동 정부간 공업소유권기구의 일 회원국의 영토에 위치하여야 한다.
2. 국제기탁기관으로서의 기탁기관은 다음의 요건을 충족하여야 한다.
   가. 영속적으로 존재할 것.
   나. 이 조약에 따라 과학적이며 관리적인 업무를 수행하기 위하여 규칙에 정한 필요한 직원 및 시설을 갖출 것.
   다. 공평하며 객관적일 것.
   라. 미생물 기탁의 목적상 어떠한 기탁자에 대하여도 동일한 조건하에서 이용이 가능할 것.
   마. 규칙이 정하는 바에 따라 모든 또는 특정 종류의 미생물을 수탁하며 그 미생물에 대하여 생존시험을 하고 보관할 것.
   바. 규칙이 정하는 바에 따라 기탁자에게 수탁증을 발행하며 필요한 경우에 생존에 관한 증명서를 발행할 것.
   사. 기탁된 미생물에 대하여 규칙이 정하는 바에 따라 비밀의 유지요건을 충족시킬 것.
   아. 규칙이 정하는 조건과 절차에 의하여 기탁된 미생물의 시료를 분양할 것.
3. 규칙은 다음 경우에 있어서 취할 조치를 정한다.
   가. 국제기탁기관이 기탁된 미생물에 대하여 그의 업무 수행을 일시적으로나 확정적으로 정지할 경우, 또는 제공된 보증하에서 그 국제기탁기관이 수탁하여야만 하는 어떤 종류의 미생물에 대한 수탁을 거부할 경우.
   나. 국제기탁기관에 대하여 국제기탁기관으로서의 지위를 정지시키거나 또는 제한할 경우.

**제7조 【국제기탁기관의 지위 취득】**

1. 가. 기탁기관은 체약국이 자국 영토내에 있는 기탁기관에 대하여 동 기관이 제6조 2항에 규정된 요건을 충족하며 계속하여 충족한다는 취지의 보증선언을 포함한 서면을 사무국장에게 통고함으로써 국제기탁기관으로서의 지위를 취득한다. 동 지위는 정부간 공업소유권기구가 사무국장에 대하여 상기 선언을 포함한 서면의 통고를 함으로써도 취득될 수 있다.
   나. 동 통고에는 규칙이 정하는 바에 따라 기탁기관에 관한 정보도 포함되며 국제기탁기관으로서의 지위취득일이 표시될 수 있다.
2. 가. 만일 동 통고가 요구되는 선언을 포함하고 있으며 모든 요구되는 정보를 수령한 것으로 사무국장이 인정하는 경우에는 동 통고는 국제사무국에 의하여 신속히 공표되어야 한다.
   나. 국제기탁기관의 지위는 동 통고의 공표일 또는 1항 나호의 규정에 의하여 날자가 표시되며 그 날자가 동 통고의 공표일보다 늦을 경우에는 그 표시된 날로부터 취득된다.
3. 1항 및 2항에 의한 절차의 세부사항은 규칙으로 정한다.

**제8조 【국제기탁기관의 지위의 정지와 제한】**

1. 가. 모든 체약국 또는 정부간 공업소유권기구는 제6조의 규정에 의한 요건이 충족되지 않았거나 또는 더이상 충족되지 못함을 이유로 하여 국제기탁기관의 지위를 정지시키거나 또는 그 지위를 특정종류의 미생물에 제한하도록 총회에 요청할 수 있다. 그러나 이 요청은 제7조 1항 가호에 따라 일 국제기탁기관을 위한 선언을 한 체약국 또는 정부간 공업소유권기구에 의하여서는 이루어질 수 없다.
   나. 체약국 또는 정부간 공업소유권기구는 가호에 의한 요청을 하기 전에 제7조 1항에 의한 통고를 한 체약국 또는 정부간 공업소유권기구에 대하여 그 체약국 또는 정부간 공업소유권기구가 통고일로부터 6개월 이내에 제안된 요청의 원인을 제거하기 위한 적절한 조치를 취할 수 있도록 제안된 요청의 이유를 사무국장을 경유하여 통지하여야 한다.
   다. 동 요청이 충분한 근거가 있다고 인정할 경우, 총회는 가호에 규정된 어떤 국제기탁기관의 지위를 정지하거나 또는 그 지위를 특정종류의 미생물에 제한할 것을 결정하여야 한다. 총회의 결정에는 투표의 3분의 2이상 다수의 찬성이 있어야 한다.
2. 가. 제7조 1항 가호에 의한 선언을 한 체약국 또는 정부간 공업소유권기구는 사무국장에 대한 통고에 의하여 모든 종류의 또는 특정종류의 미생물에 대한 선언을 취하할 수 있으며, 또한 보증이 더이상 적합하지 아니할 때에는 그 선언을 취하하여야 한다.
   나. 동 통고의 결과, 규칙에 정한 날로부터, 동 통고가 선언 전체에 관련되는 경우에는 국제기탁기관의 지위가 정지되고 특정종류의 미생물에 대하여만 관련되는 경우에는 국제기탁기관으로서의 지위가 그 미생물에만 제한된다.
3. 1항과 2항의 규정에 의한 절차의 세부사항에 대하여는 규칙으로 정한다.

**제9조 【정부간 공업소유권기구】**

1. 가. 몇몇 국가가 지역특허를 부여하는 업무를 위임하였으며 또 그 구성국 모두가 공업소유권의 보호에 관한 국제동맹(파리동맹)의 구성국인 정부간기구는 제3조 1항 가호에 규정된 승인의 의무, 제3조 2항에 규정된 요건에 관한 의무 및 정부간 공업소유권기구에 적용되는 이 조약 및 규칙의 모든 규정의 효력을 수락한다는 선언을 사무국장에게 제출할 수 있다. 제16조 1항의 규정에 따라 이 조약의 발효 전에 제출된 경우에는 전기 언급된 선언은 동 발효일에 그 효력을 발생한다. 동 발효 후에 제출된 경우에는 동 선언은 더 늦은 날을 표시하고 있지 않는한 선언을 제출한 3개월 후에 그 효력을 발생한다. 후자의 경우에는 선언의 효력은 그 표시한 날에 발생한다.
   나. 동 정부간기구는 제3조 1항 나호에 규정된 권리를 갖는다.
2. 이 조약 또는 규칙의 규정중 정부간 공업소유권기구에 영향을 미치는 규정이 개정되거나 수정되는 경우에는, 어떠한 정부간 공업소유권기구도 사무국장에게 통고함으로써 1항에 의한 선언을 취하할 수가 있다. 동 취하는 다음에 명기한 날에 효력을 발생한다.
   가. 통고가 개정 또는 수정의 발효일 전에 수령된 경우에는 동 발효일.
   나. 통고가 가호의 발효일 후에 수령

된 경우에는 통고에 표시되어 있는 날 또는 그 표시가 없는 경우에는 통고를 수령한 후 3개월이 되는 날.

3. 정부간 공업소유권기구는 2항에 규정된 경우 이외에도 사무국장에게 통고함으로써 1항 가호에 의한, 선언을 취하할 수 있다. 동 취하는 사무국장이 통고를 수령한 날로부터 2년 후에 그 효력을 발생한다. 이 항에 의한 취하의 통고는 선언이 효력을 발생한 날로부터 5년동안은 수령되지 아니한다.
4. 정부간 공업소유권기구가 2항 또는 3항에 의한 취하를 하는 경우에는, 그 정부간 공업소유권기구에 의하여 제7조 1항의 통고에 따라 기탁기관이 취득한 국제기탁기관의 지위는 사무국장이 취하의 통고를 수령한 날로부터 1년 후에 정지된다.
5. 1항 가호에 의한 선언, 2 또는 3항에 의한 취하 통고, 제7조 1항 가호의 선언에 포함되는 제6조 1항 두번째 문장에 의한 보증, 제8조 1항에 의한 요청과 제8조 2항에 의한 취하의 통고를 함에 있어서는 모든 구성국으로 구성되며 구성국 정부의 공식대표에 의하여 결정이 행하여지는 정부간 공업소유권기구의 최고기관에 의한 명시적 사전 승인이 요구된다.

## 제2장 행정규정

### 제10조【총회】

1. 가. 총회는 체약국으로 구성된다.
   나. 각 체약국은 1인의 대표에 의하여 대표되며 동 대표는 교체대표, 고문 및 전문가의 보좌를 받을 수 있다.
   다. 각 정부간 공업소유권기구는 총회와 총회가 설치한 위원회 및 작업반의 회합에 있어서 특별 옵저버에 의하여 대표된다.
   라. 동맹의 구성국은 아니나, 기구의 구성국 또는 공업소유권의 보호에 관한 국제동맹(파리동맹)의 구성국인 나라와 제2조 마항에서 정의한 정부간 공업소유권기구를 제외하고 특허분야를 전문으로 하는 정부간기구는 총회의 회합 및 총회가 결정할 경우에는 총회가 설치한 위원회 및 작업반의 회합에서 옵저버에 의하여 대표될 수 있다.
2. 가. 총회는 다음 사항을 수행한다.
   (1) 동맹의 유지 및 발전과 이 조약의 실시에 관한 모든 사항을 처리
   (2) 이 조약에 의하여 총회에 특별히 수여되었거나 또는 부여된 권리의 행사 및 업무의 수행
   (3) 사무국장에게 개정회의의 준비에 관한 지시를 하달
   (4) 사무국장의 동맹에 관한 보고와 활동을 검토 및 승인하며, 사무국장에게 동맹의 권한내의 사항에 대하여 필요한 모든 지시를 하달
   (5) 동맹의 활동을 촉진하기 위하여 필요하다고 인정하는 위원회 및 작업반을 설치
   (6) 1항 라호의 규정을 제외하고 체약국 이외의 나라, 제2조 마항에 정의된 정부간 공업소유권기구를 제외한 정부간기구와 국제적인 비정부간기구에 대하여 총회의 회합에 옵저버로서 참석하는 것을 인정할지 여부의 결정 그리고 국제기탁기관이 어떠한 문제에 대하여 총회의 회합에 옵저버로서 참석하는 것을 인정할지 여부의 결정
   (7) 동맹의 목적을 촉진시키기 위한 기타 적절한 조치의 강구
   (8) 이 조약에 의한 기타 적절한 기능의 수행

나. 총회는 기구가 관리하고 있는 다른 동맹에도 이해관계가 있는 사항에 대하여는 동 기구의 조정위원회의, 조언을 청취한 후에 결정을 내린다.
3. 대표는 일개 국가만을 대표하며 그 나라의 명의로서만 투표할 수 있다.
4. 각 체약국은 하나의 투표권을 가진다.
5. 가. 체약국의 과반수가 정족수를 구성한다.
나. 총회는 정족수에 미달하는 경우에도 결정을 할 수 있다. 그러나, 총회 자신의 절차에 관한 결정을 제외하고 동 결정은 규칙에 정하는 바에 따라 통신에 의한 투표로서 정족수를 충족하며 또 필요한 다수가 얻어진 경우에만 효력을 발생한다.
6. 가. 제8조 1항 다호, 제12조 4항 및 제14조 2항 나호의 규정에 따라 총회의 결정은 투표의 과반수를 필요로 한다.
나. 기권은 투표로 간주되지 아니한다.
7. 가. 총회는 사무국장의 소집에 의하여 매2년마다 1회 정기회기로서 회합하며 가급적 기구의 총회와 동일기간중에 동일한 장소에서 회합한다.
나. 총회는 사무국장의 발의 또는 체약국 4분의 1의 요청에 의하여 사무국장이 소집하여 임시회기로서 회합한다.
8. 총회는 자신의 의사규칙을 채택한다.

**제11조【국제사무국】**

1. 국제사무국은 다음 사항을 행한다.
가. 동맹에 관한 행정업무 특히 이 조약과 규칙 또는 총회에 의하여 명시적으로 부여된 업무를 수행
나. 개정회의, 총회, 총회가 설치하는 위원회 및 작업반, 사무국장이 소집하여 동맹에 관한 문제를 처리하는 모든 회합에 있어서 사무국으로서의 직무를 수행
2. 사무국장은 동맹의 수석간부직원이 되며 동맹을 대표한다.
3. 사무국장은 동맹에 관한 문제를 처리할 모든 회합을 소집한다.
4. 가. 사무국장 및 그가 지명하는 직원은 총회와 총회가 설치하는 위원회 및 작업반의 모든 회합과 사무국장이 소집하여 동맹에 관한 문제를 처리하는 모든 회합에 투표권없이 참가한다.
나. 사무국장 또는 그가 지명하는 1인의 직원은 총회, 위원회, 작업반 및 기타 가호에 규정된 회합에 있어서 당연직 서기가 된다.
5. 가. 사무국장은 총회의 지시에 따라 개정회의의 준비를 한다.
나. 사무국장은 개정회의의 준비에 관하여 정부간기구 및 국제적인 비정부간기구와 협의할 수 있다.
다. 사무국장 및 그가 지명하는 자는 개정회의에서의 투표권없이 참가한다.
라. 사무국장 또는 그가 지명하는 1인의 직원은 개정회의에 있어서 당연직 서기가 된다.

**제12조【규칙】**

1. 규칙에는 다음 사항에 관한 세부규정을 둔다.
가. 이 조약이 명시적으로 규칙에 위임한 사항 또는 규칙소관사항이라는 것이 명시적으로 규정되어 있는 사항
나. 행정운용상의 요건, 사항 또는 절차
다. 이 조약의 실시상 유용한 세부사항
2. 이 조약과 동시에 채택된 규칙은 이 조약에 부속된다.
3. 총회는 규칙을 수정할 수 있다.

4. 가. 나호의 규정을 제외하고 규칙 수정안의 채택을 위하여서는 투표수의 3분의 2이상의 다수결을 요한다.
   나. 국제기탁기관에 의한 기탁된 미생물 시료의 분양에 관한 수정안의 채택을 위하여서는 제안된 수정안에 대하여 어떠한 체약국도 반대투표를 하지 않을 것이 요구된다.
5. 이 조약의 규정과 규칙의 규정이 상충되는 경우에는 이 조약의 규정이 우선한다.

## 제3장 개정 및 수정

### 제13조 【조약의 개정】

1. 이 조약은 체약국의 회의에 의하여 수시로 개정될 수 있다.
2. 개정회의의 소집은 총회가 결정한다.
3. 제10조 및 제11조의 규정은 개정회의 또는 제14조의 규정에 따라 수정될 수 있다.

### 제14조 【조약의 특정규정의 수정】

1. 가. 이 조항의 규정에 의한 제10조와 제11조의 수정을 위한 제안은 체약국 또는 사무국장이 할 수 있다.
   나. 동 제안은 최소한 총회 심의 6개월 전까지 사무국장이 체약국에 통고하여야 한다.
2. 가. 1항에 언급된 조항의 수정안은 총회가 채택한다.
   나. 제10조에 대한 수정안의 채택에는 투표수의 5분의 4 이상, 제11조에 대한 수정안의 채택에는 투표수의 4분의 3 이상의 다수결을 요한다.
3. 가. 1항에 언급된 조항의 수정안은 총회가 동 수정안을 채택한 때에 총회의 구성국이었던 체약국의 4분의 3으로부터 각국의 헌법상 절차에 따라서 수락에 관한 서면통고를 사무국장이 수령한 후 1개월부터 효력을 발생한다.
   나. 수락된 제10조 및 11조에 대한 수정안은 총회가 동 수정안을 채택한 때에 체약국이었던 모든 체약국을 기속한다. 다만, 동 체약국에 대하여 재정상의 의무를 부과하거나 증가시키는 수정안은 그 수정안의 수락을 통고한 체약국만을 기속한다.
   다. 가호의 규정에 따라 수락되어 발효한 수정안은 총회가 그 수정안을 채택한 후에 체약국이 되는 모든 국가를 기속한다.

## 제4장 최종규정

### 제15조 【체약국이 되기 위한 절차】

1. 공업소유권의 보호에 관한 국제동맹(파리동맹)의 구성국은 다음의 어느 절차에 의하여 체약국이 될 수 있다.
   가. 조약에 서명하고 비준서를 기탁하거나
   나. 가입서 기탁
2. 비준서 또는 가입서는 사무국장에게 기탁된다.

### 제16조 【조약의 발효】

1. 이 조약은 비준서 또는 가입서를 기탁한 최초의 5개국에 대하여는 다섯번째의 비준서 또는 가입서가 기탁된 날로부터 3개월 후에 그 효력을 발생한다.
2. 이 조약은 기타의 국가에 대하여는 그 국가가 비준서 또는 가입서를 기탁한 날로부터 3개월 후에 효력을 발생한다. 다만, 비준서 또는 가입서에 표시된 날자가 이보다 늦을 경우에는 이 조약은 그 국가에 대하여 그 표시된 날에 효력을 발생한다.

### 제17조 【조약의 폐기】

1. 모든 체약국은 사무국장에게 통고함으로써 이 조약을 폐기할 수 있다.
2. 폐기는 사무국장이 동 통고를 수령한 날로부터 2년 후에 효력을 발생한다.

3. 어떤 체약국도 이 조약의 체약국이 된 날로부터 5년의 기간이 만료될 때까지는 1항에 규정된 폐기의 권리를 행사할 수 없다.
4. 기탁기관의 국제기탁기관으로서의 지위취득에 관하여서는 제7조 1항 가호에 규정된 선언을 한 체약국이 이 조약을 폐기하는 경우에는 동 국제기탁기관의 지위는 사무국장이 1항에 언급된 통고를 수령한 날로부터 1년 후에 정지된다.

**제18조【서명과 언어】**

1. 가. 이 조약은 동등히 정본인 영어와 불어로 된 원본 1부에 서명된다.
   나. 사무국장은 관계정부와 협의하여 이 조약의 서명일로부터 2개월 이내에 세계지적소유권기구를 설립한 협약의 서명에 사용된 다른 언어로 이 조약의 공식 번역본을 작성한다.
   다. 사무국장은 관계정부와 협의하여 아랍어, 독일어, 이태리어, 일본어, 포르투갈어 및 기타 총회가 지정하는 언어로 이 조약의 공식 번역본을 작성한다.
2. 이 조약은 1977년 12월 31일까지 부다페스트에서 서명을 위하여 개방된다.

**제19조【조약의 기탁, 사본의 송부와 조액의 등록】**

1. 이 조약의 원본은 서명을 위한 개방이 종료되었을 때 사무국장에게 기탁된다.
2. 사무국장은 제15조 1항에 의한 체약국 정부, 제9조 1항 가호에 의하여 선언을 제출할 수 있는 정부간기구와 요청이 있을 때에는 기타 국가의 정부에게 이 조약 및 규칙의 사본 2부를 인증하여 송부한다.
3. 사무국장은 이 조약을 국제연합 사무국에 등록한다.
4. 사무국장은 모든 체약국, 모든 정부간 공업소유권기구와 요청이 있을 때에는 기타 국가의 정부 및 제9조 1항 가호에 의하여 선언을 제출할 수 있는 다른 정부간기구에게 이 조약 및 규칙의 수정사본 2부를 인증하여 송부한다.

**제20조【통지】** 사무국장은 체약국, 정부간 공업소유권기구와 동맹의 구성국은 아니지만 공업소유권의 보호에 관한 국제동맹(파리동맹)의 구성국에게 다음 사항을 통지하여야 한다.

가. 제18조에 의한 서명
나. 제15조 2항에 의한 비준서 또는 가입서의 기탁
다. 제9조 1항 가호의 규정에 의하여 제출된 선언과 제9조 2항 또는 3항의 규정에 의한 취하의 통지
라. 제16조 1항의 규정에 의한 이 조약의 발효일
마. 제7조와 제8조의 규정에 의한 통고와 제8조의 규정에 의한 결정
바. 제14조 3항의 규정에 의한 이 조약 수정안의 수락
사. 규칙의 수정
아. 이 조약 또는 규칙의 수정안의 발효일
자. 제17조의 규정에 의하여 수령된 폐기통고

# 특허절차상 미생물기탁의 국제적 승인에 관한 부다페스트조약 규칙

## 제1규칙 명칭 및 "서명"의 해석

**1.1 【조약】** 이 규칙에 있어서 "조약"이란 특허절차상 미생물기탁의 국제적 승인에 관한 부다페스트조약을 말한다.
**1.2 【조】** 이 규칙에 있어서 "조"란 조약의 특정조항을 말한다.
**1.3 【서명】** 이 규칙에 있어서 "서명"이라는 용어가 사용될 경우, 그 영토내에 국제기탁기관이 위치하고 있는 국가의 법이 서명 대신에 날인의 사용을 요구하고 있는 경우에는 그 국제기탁기관에 대하여 동 서명은 날인을 말하는 것으로 이해된다.

## 제2규칙 국제기탁기관

**2.1 【법적지위】** 국제기탁기관은 중앙정부 이외에 행정기관 산하의 공공기관을 포함한 정부기관 또는 민간단체로 할 수 있다.
**2.2 【직원 및 시설】** 제6조 2항 나호에 언급된 요건에는 특히 다음 사항이 포함된다.
가. 국제기탁기관의 직원 및 시설을 국제기탁기관으로 하여금 수탁한 미생물을 오염시키지 않고 생존시킬 수 있는 방법으로 보관할 수 있도록 할 것.
나. 국제기탁기관은 미생물을 보관함에 있어서 수탁한 미생물에 대한 분실위험을 최소화하기 위한 충분한 안전조치를 강구할 것.
**2.3 【시료의 분양】** 제6조 2항 아호에 언급된 요건에는 특히 국제기탁기관이 수탁한 미생물의 시료를 신속하고도 적절한 방법으로 분양하여야 한다는 요건이 포함된다

## 제3규칙 국제기탁기관의 지위의 취득

**3.1 【통고】**
가. 제7조 1항에 의한 통고는 체약국에 있어서는 외교적 경로를 통하여, 정부간 공업소유권기구에 있어서는 그 수석간부직원에 의하여 사무국장에게 행하여진다.
나. 통고서에는 다음 사항을 기재한다.
(1) 통고와 관련되는 기탁기관의 명칭 및 주소를 지칭
(2) 동 기탁기관이 제6조 2항에 규정된 요건을 충족할 수 있는 능력에 관하여 기탁기관의 법적지위, 과학적수준, 직원 및 시설에 관한 정보를 포함하는 상세한 정보를 수록
(3) 동 기탁기관이 특정종류의 미생물에 대하여만 수탁하고자 할 경우에는 그 종류를 명기
(4) 동 기탁기관이 국제기탁기관으로서의 지위를 취득한 후 미생물의 보관, 생존에 관한 증명서의 발행 및 시료의 분양에 대하여 부과할 수수료의 금액을 지칭
(5) 동 기탁기관이 사용할 하나 또는 하나이상의 공용어를 지칭
(6) 필요한 경우에는 제7조 1항 나호에 언급된 날자를 지칭
**3.2 【통고의 취급】** 통고가 제7조 1항 및 규칙 제3.1의 규정을 충족하는 경우, 사무국장은 그 통고를 지체없이 모든 체약국과 정부간 공업소유권기구에 대하여 행하고 국제사무국은 이를 즉시 공표한다.
**3.3 【기탁미생물 종류 목록의 추가】** 체약국 또는 정부간 공업소유권기구는 제7조 1항에 의한 통고를 한 후 언제든지 당초 보증을 하지 않았던 특정종류의 미생물에 대하여 보증이 추가된

다는 것을 사무국장에게 통고할 수 있다. 이 경우에 있어서 제7조와 규칙 제3.1 및 3.2의 규정은 추가된 종류의 미생물에 대하여 준용된다.

## 제4규칙 국제기탁기관의 지위의 정지 또는 제한

**4.1【요청 및 요청의 취급】**

가. 제8조 1항 가호의 규정에 의한 요청은 규칙 제3.1 가에 규정된 바에 따라 사무국장에게 제출된다.

나. 요청서에는 다음 사항을 기재한다.

(1) 관련 국제기탁기관의 명칭 및 주소를 지칭

(2) 요청이 특정종류의 미생물에만 관계되는 경우에는 그 종류를 명기

(3) 요청의 근거가 되는 사실을 상세히 지칭

다. 사무국장은 요청이 가와 나의 규정을 충족하고 있을 경우에는 모든 체약국 및 정부간 공업소유권기구에게 지체없이 이를 통고한다.

라. 마의 규정을 제외하고 총회는 요청에 대한 통고가 있는 때로부터 6개월 경과후 8개월 경과전에 동 요청을 심의한다.

마. 사무국장은 라에 규정된 시한 준수가 실제 기탁자 또는 잠재적 기탁자의 이익을 손상할 염려가 있다고 인정할 경우에는 라에 규정된 6개월의 기간이 만료되는 날 전에 총회를 소집할 수 있다.

바. 총회가 국제기탁기관의 지위를 정지시키거나 또는 그 지위를 특정종류의 미생물에 제한할 것을 결정하는 경우에는 그 결정은 결정된 날로부터 3개월후에 효력을 발생한다.

**4.2【통고, 발효일 및 통고의 취급】**

가. 제8조 2항 가호에 의한 통고는 규칙 제3.1 가에 규정된 바에 따라 사무국장에게 제출된다.

나. 통고서에는 다음 사항을 기재한다.

(1) 관련 국제기탁기관의 명칭 및 주소를 지칭

(2) 통고가 특정종류의 미생물에만 관계되는 경우에는 그 종류를 명기

(3) 통고를 하는 체약국 또는 정부간 공업소유권기구가 그 통고일로부터 3개월이 만료되는 날보다 늦은 날에 제8조 2항 나호에 규정된 효력이 발생하는 것을 원하는 경우에는 그 늦은 날을 지칭

다. 제8조 2항 나호에 규정된 효력은 나 (3)의 규정이 적용될 경우에는 동 조항에 의하여 통고서에 기재된 날에 발생하며 기타의 경우에는 통고한 날로부터 3개월이 만료되는 날에 발생한다.

라. 사무국장은 모든 체약국과 정부간 공업소유권기구에 대하여 제8조 2항의 규정에 의하여 수령한 통고 및 다에 의한 발효일을 지체없이 통지한다. 국제사무국은 해당 통지를 즉시 공표한다.

**4.3【기탁미생물에 대한 조치】** 규칙 제5.1의 규정은 제8조 1항, 제8조 2항, 제9조 4항 또는 제17조 4항의 규정에 의하여 국제기탁기관의 지위가 정지 또는 제한될 경우에 준용된다.

## 제5규칙 국제기탁기관의 업무 태만

**5.1【기탁미생물에 대한 업무수행의 정지】**

가. 어떤 국제기탁기관이 수탁한 미생물에 대하여 조약과 규칙에 따라 수행하여야 할 어떤 업무를 일시적 또는 확정적으로 정지하는 경우에는 해당 국제기탁기관에 대하여 제6조 1항에 의한 보증을 부여한 체약국 또는 정부간 공업소유권기구는,

(1) 그러한 모든 미생물의 시료가 변

질 또는 오염됨이 없이 해당 국제기탁기관(불이행기관)으로부터 다른 국제기탁기관(대행기관)으로 신속히 이송되도록 가능한 모든 조치를 취한다.

(2) 불이행기관에 송달되는 모든 우편 그밖의 통신과 불이행기관이 보유하고 있는 동 미생물에 관련된 모든 서류철 기타 관련 정보가 대행기관으로 신속히 이송되도록 가능한 모든 조치를 취한다.

(3) 불이행기관이 업무수행의 정지와 이송에 대하여 모든 관계 기탁자에게 신속히 통지하도록 가능한 모든 조치를 취한다.

(4) 불이행기관의 업무수행의 정지 사실과 정지의 범위 및 (1)에서 (3)까지의 규정에 따라 해당 체약국 또는 정부간 공업소유권기구가 취한 조치에 대하여 사무국장에게 신속히 통지한다.

나. 사무국장은 가 (4)의 규정에 의하여 수령한 통지를 체약국 또는 정부간 공업소유권기구 및 공업소유권청에 신속히 통지한다. 국제사무국은 사무국장이 행한 통지 및 사무국장이 수령한 통지를 신속히 공표한다.

다. 적용될 특허절차에 의하여 기탁자는 규칙 제7.5에 규정된 수탁증을 수령한 후 특허출원한 공업소유권청에 원기탁과 관련하여 대행기관이 부여한 새로운 기탁번호를 즉시 통지할 것을 요구할 수 있다.

라. 대행기관은 불이행기관이 부여한 수탁번호를 새로운 수탁번호와 함께 적절한 방법으로 보유한다.

마. 불이행기관은 가 (1)의 규정에 따른 대행기관에의 이송 외에도 기탁자의 요청이 있을 때에는 기탁자가 시료의 이송에 관계되는 모든 비용을 해당 불이행기관에 지불할 것을 조건으로 하여 대행기관 이외의 기탁자가 지정한 국제기탁기관에 대하여 가 (2)에 규정된 모든 우편물 기타 통신의 사본과 모든 서류철 및 기타 관련 정보의 사본과 함께 기탁된 미생물의 시료를 가능한 범위내에서 이송한다. 이 경우 기탁자는 그가 지정한 국제기탁기관에 대하여 그 시료의 보관료를 지불하여야 한다.

바. 관계기탁자의 요청이 있을 경우 불이행기관은 수탁한 미생물의 시료를 가능한 범위내에서 보유하여야 한다.

### 5.2 【특정종류의 미생물에 대한 수탁의 거부】

가. 어떤 국제기탁기관이 부여된 보증에 의하여 수탁하기로 되어 있는 어떤 종류의 미생물의 수탁을 거부하는 경우에는 해당 국제기탁기관에 대하여 제7조 1항 가호에 의한 선언을 한 체약국 또는 정부간 공업소유권기구는 사무국장에게 관련 사실과 취한 조치에 대하여 지체없이 통지하여야 한다.

나. 사무국장은 기타 체약국 및 정부간 공업소유권기구에게 가의 규정에 의하여 수령한 통지를 신속히 통지한다. 국제사무국은 사무국장이 행한 통지 및 사무국장이 수령한 통지를 신속히 공표한다.

## 제6규칙 원기탁 또는 재기탁의 방식

### 6.1 【원기탁】

가. 규칙 제6.2의 규정이 적용될 경우를 제외하고 기탁자가 국제기탁기관에 미생물을 송부할 때에는 다음 사항을 기재한 서면에 기탁자가 서명하여 이를 제출한다.

(1) 기탁이 조약에 의하여 이루어지며 규칙 제9.1에 규정된 기간동안 취하하지 않겠다는 약속의 표시

(2) 기탁자의 성명과 주소

(3) 미생물의 배양, 보관 및 생존시험에 필요한 조건의 상세와 함께 혼합미생물을 기탁하는 경우에는 해당 혼합미생물의 조성과 각 미생물의 존재를 확인하는 최소한 한가지 방법의 설명

(4) 기탁자가 미생물에 부여한 식별을 위한 표시 (번호, 기호 등)

(5) 건강 또는 환경에 대하여 해를 끼치거나 끼칠 염려가 있는 미생물의 성질의 표시 또는 기탁자가 그같은 성질을 알지 못하고 있다는 표시

나. 가에 의한 서면에는 기탁될 미생물의 과학적 성질 또는 분류학상의 위치가 포함되는 것이 매우 바람직하다.

### 6.2 【재기탁】

가. 나의 규정을 제외하고 제4조의 규정에 의한 재기탁을 하는 경우에는 기탁자가 국제기탁기관에 미생물을 송부함에 있어서 선행기탁에 대한 수탁증의 사본 및 동 미생물이 생존하고 있음을 표시한 선행기탁되었던 미생물에 대한 최신의 생존증명서의 사본을 첨부하여야 하고 또 다음 사항을 기재한 서면에 기탁자가 서명하여 이를 제출한다.

(1) 규칙 제6.1 가 (1)에서 (5)까지에 언급된 사항

(2) 제4조 1항 가호의 규정에 의하여 재기탁을 하는 관련 이유를 진술한 선언, 재기탁하는 미생물이 선행기탁된 미생물과 동일함을 주장하는 진술 및 제4조 1항 가호의 규정에 의하여 기탁자가 통지를 수령한 날자, 경우에 따라서는 제4조 1항 마호의 규정에 의한 공표일

(3) 선행기탁과 관련하여 표시된 과학적 성질 또는 분류학상의 위치가 표시되어 있는 경우에는 선행기탁을 한 국제기탁기관에 보낸 가장 최근의 과학적 성질과 분류학상의 위치

나. 재기탁이 선행기탁된 국제기탁기관에 대하여 행하여지는 경우에는 가 (1)의 규정은 적용되지 아니한다.

다. 가,나 및 규칙 제7.4의 목적을 달성하기 위하여 선행기탁은 다음 사항을 말한다.

(1) 재기탁이 하나 혹은 하나 이상 행하여진 경우에는 가장 최근의 재기탁

(2) 재기탁이 하나 혹은 하나 이상 행하여지지 않은 경우에는 원기탁

### 6.3 【국제기탁기관에 의한 요구】

가. 국제기탁기관은 다음 사항을 요구할 수 있다.

(1) 미생물기탁은 이 조약과 규칙의 목적상 필요한 서식과 양으로 행하여 질 것.

(2) 국제기탁기관이 제정하고 동 기관의 행정절차상 기탁자가 올바르게 작성한 서식이 제출될 것.

(3) 규칙 제6.1 가 또는 6.2 가에 의한 진술서는 국제기탁기관이 지정한 언어 또는 언어들로 작성되고 지정된 언어는 적어도 규칙 3.1 나 (5)에 의하여 표시된 하나 또는 하나 이상의 공용어를 포함할 것.

(4) 규칙 12.1 가 (1)에 의한 보관료를 지불할 것, 그리고

(5) 기탁자와 국제기탁기관의 책임을 명백히 하기 위하여 적용할 수 있는 법 범위내에서 기탁자는 동 기관과 계약을 체결할 것.

나. 국제기탁기관은 요구사항과 변경사항을 국제사무국에 통고한다.

### 6.4 【수탁의 절차】

가. 국제기탁기관은 다음에 기재한 이유에 의하여 미생물수탁을 거부하고 기탁자에게 그 이유를 서면으로 즉시 통지하여야 한다.

(1) 미생물이 규칙 제3.1 나(3) 또는 3.3에 의하여 보증이 부여된 종류의 미생물이 아닌 경우

(2) 미생물의 성질이 예외적이어서 국제기탁기관이 기술적으로 이 조약과 규칙에 의하여 수행하여야 할 업무를 수행할수 없는 경우
(3) 미생물이 명백히 존재하지 않거나 미생물수탁의 과학적 이유가 기재되어 있지 않는 상태로 기탁이 행하여지는 경우

나. 가의 규정을 제외하고 국제기탁기관은 규칙 제6.1 가 또는 6.2 가 및 규칙 제6.3 가에 규정된 모든 요건을 충족하는 때에는 미생물을 수탁하여야 한다. 위 요건중 어느 하나가 충족되지 아니하는 경우에는 국제기탁기관은 그 사실을 기탁자에게 즉시 서면으로 통지하고 그 요건을 충족시키도록 권고하여야 한다.

다. 미생물이 원기탁 또는 재기탁으로 수탁되는 때에는 원기탁일 또는 재기탁일은 경우에 따라 해당 미생물을 국제기탁기관이 수령한 날이 된다.

라. 국제기탁기관은 기탁자의 청구와 나의 규정에 의한 요건이 충족되는 조건으로 동 기관의 국제기탁기관으로서의 지위취득 전에 기탁된 미생물에 대하여 이 조약의 목적상 국제기탁기관으로서의 지위취득일에 수령한 것으로 간주한다.

## 제7규칙 수탁증

**7.1 【수탁증의 발생】** 기탁자가 국제기탁기관에 대하여 미생물을 기탁하거나 이송할 경우에는 해당 국제기탁기관은 그 미생물을 수령하여 수탁하였음을 증명하는 수탁증을 기탁자에게 발행하여야 한다.

**7.2 【서식, 언어 및 서명】**

가. 규칙 제7.1에 의한 수탁증의 서식은 총회가 지정한 언어로서 사무국장에 의하여 그 모형이 작성될 서식(“국제서식”이라 함)으로 한다.

나. 라틴 문자이외의 문자로 어휘를 수탁증에 기재할 경우에는 그 어휘를 라틴문자로 음역한 것을 병기한다.

다. 수탁증에는 국제기탁기관을 대표할 권한이 있는 자 또는 그 자로부터 정당한 권리가 부여된 해당 국제기탁기관의 다른 직원이 서명한다.

**7.3 【원기탁에 대한 수탁증의 기재사항】**
규칙 제7.1에 의한 수탁증과 원기탁에 대하여 발행되는 수탁증에는 국제기탁기관이 조약상의 국제기탁기관으로서 수탁증을 발행한다는 뜻을 표시하고 최소한 다음 사항을 기재하여야 한다.
(1) 국제기탁기관의 명칭과 주소
(2) 기탁자의 성명과 주소
(3) 규칙 제6.4 다에 규정된 원기탁일
(4) 기탁자가 미생물에 부여한 식별표시(번호, 기호등)
(5) 국제기탁기관이 기탁에 대하여 부여한 수탁번호
(6) 규칙 제6.1 가에 의한 서면에 미생물의 과학적 성질 또는 분류학상의 위치가 포함되어 있는 경우에는 그 사실의 표시

**7.4 【재기탁에 대한 수탁증의 기재사항】** 제4조의 규정에 의한 재기탁에 대하여 발행되는 규칙 제7.1에 의한 수탁증에는 선행기탁(규칙 제6.2 다의 취지범위내)에 대한 수탁증의 사본과 선행기탁(규칙 제6.2 다의 취지범위내)된 미생물이 생존하고 있음을 표시한 최신의 생존에 관한 증명서의 사본을 첨부하여야 하며 최소한 다음 사항을 기재하여야 한다.
(1) 국제기탁기관의 명칭과 주소
(2) 기탁자의 성명과 주소
(3) 규칙 제6.4 다에 규정된 재기탁일
(4) 기탁자가 미생물에 부여한 식별표시(번호, 기호등)
(5) 재기탁에 대하여 국제기탁기관이 부여한 수탁번호

(6) 규칙 제6.2 가 (2)에 따라 기탁자가 진술한 관련 이유 및 관련 날자
(7) 규칙 제6.2 가 (3)이 적용되는 경우에는 기탁자가 과학적 성질 또는 분류학상의 위치를 기재한 사실
(8) 선행기탁에 대하여 부여된 수탁번호(규칙 제6.2 다의 취지범위내)

**7.5 【이송에 대한 수탁증】** 규칙 제5.1 가 (1)의 규정에 의하여 미생물의 시료를 이송받은 국제기탁기관은 시료의 이송기탁에 대하여 조약상의 국제기탁기관으로서 수탁증을 발행한다는 뜻의 표시와 함께 최소한 다음 사항을 기재한 수탁증을 기탁자에게 발행한다.
(1) 국제기탁기관의 명칭과 주소
(2) 기탁자의 성명과 주소
(3) 국제기탁기관이 이송시료를 수령한 날자(이송날자)
(4) 기탁자가 미생물에 부여한 식별표시(번호, 기호등)
(5) 국제기탁기관이 부여한 수탁번호
(6) 시료를 이송한 국제기탁기관의 명칭과 주소
(7) 시료를 이송한 국제기탁기관이 부여한 수탁번호
(8) 규칙 제6.1 가 또는 6.2 가에 의한 서면에 미생물의 과학적 성질 또는 분류학상의 위치가 기재되어 있는 경우 또는 규칙 제8.1에 의하여 과학적 성질 또는 분류학상의 위치를 기탁후에 표시하거나 수정한 경우에는 그 사실의 표시

**7.6 【과학적 성질 및 분류학상의 위치 통고】** 규칙 제11.1, 11.2 또는 11.3의 규정에 의하여 기탁된 미생물의 시료를 수령할 자격을 가진 자의 요청이 있을 경우 국제기탁기관은 그 자에 대하여 규칙 제6.1 나, 6.2 가 (3) 또는 8.1 나 (3)에 의한 가장 최근의 과학적 성질 또는 분류학상의 위치를 통고한다.

## 제8규칙 과학적 성질 및 분류학상의 위치에 대한 사후 표시 또는 수정

**8.1 【통고】**

가. 기탁자는 미생물을 기탁함에 있어서 당초 미생물의 과학적성질 또는 분류학상의 위치를 표시하지 않았을 경우에는 그 후 이들을 표시할 수 있으며, 이미 표시하였을 경우에는 과학적 성질 및 분류학상의 위치를 수정할 수 있다.

나. 사후표시 또는 수정은 다음 사항을 기재하고 기탁자가 서명한 문서를 국제기탁기관에 통고함으로써 행하여진다.
(1) 기탁자의 성명과 주소
(2) 국제기탁기관이 부여한 수탁번호
(3) 미생물의 과학적 성질 또는 분류학상의 위치
(4) 수정의 경우에는 가장 최근에 표시한 과학적 성질 또는 분류학상의 위치

**8.2 【증명서】** 국제기탁기관은 8.1에 의한 통고를 한 기탁자의 요청이 있을 경우에는 그 기탁자에게 8.1 나 (1)에서 (4)까지에 언급된 사항 및 그 통고의 접수일을 기재한 증명서를 송부하여야 한다.

## 제9규칙 미생물의 보관

**9.1 【보관기간】** 국제기탁기관은 수탁한 미생물을 오염시키지 않고 생존시키기 위하여 필요한 모든 주의를 기울이며 수탁한 미생물시료의 분양에 대한 가장 최근의 요청이 접수된 후 최소한 5년간 동 미생물을 보관하여야 하며 어떠한 경우에도 수탁일로부터 최소한 30년간은 이를 보관하여야 한다.

**9.2 【비밀유지】** 국제기탁기관은 어떤 미생물이 조약에 의하여 그 국제기탁기관에 기탁되었는지 여부에 관한 정보를 여하한 자에게도 누설하여서는 아니된다. 또한, 국제기탁기관은 규칙 제11에 의하여 미생물의 시료를 입수할 자격을 가지며 동 규칙에 정하는 조건을 따르는 기관, 자연인 또는 법인을 제외하고는 국제기탁기관에 기탁된 미생물에 관한 정보를 여하한 자에게도 누설하여서는 아니된다.

## 제10규칙 생존시험 및 생존증명서

**10.1 【시험의 의무】** 국제기탁기관은 수탁한 미생물의 생존시험을 다음과 같이 하여야 한다.

(1) 제6규칙에 의한 기탁 또는 동 규칙 제5.1에 의한 이송후 즉시 기탁자에게

(2) 미생물의 종류 및 보관의 조건에 비추어 상당한 간격으로 또는 기술적인 이유에 의하여 필요한 때 언제든지

(3) 기탁자의 요청이 있을 때 언제든지

**10.2 【생존증명서】**

가. 국제기탁기관은 기탁된 미생물에 대한 생존증명서를 다음과 같이 발행한다.

(1) 제6규칙에 의한 기탁 또는 규칙 제5.1에 의한 이송후 즉시

(2) 요청이 있을 때 기탁 또는 이송 후 언제든지 기탁자에게

(3) 기탁자를 제외하고 요청이 있을 때 제11규칙의 규정에 따라 기탁된 미생물 시료의 분양을 받은 공업소유권청, 기관, 자연인 또는 법인에게 시료의 분양과 동시 또는 시료의 분양후 언제든지

나. 생존증명서에는 미생물의 생존유무를 표시하며 또한 다음사항을 기재한다.

(1) 생존증명서를 발행하는 국제기탁기관의 명칭과 주소

(2) 기탁자의 성명과 주소

(3) 규칙 제7.3 (3)에 의한 기탁일 또는 재기탁하거나 이송하는 경우에는 규칙 제7.4 (3) 및 7.5 (3)에 의한 가장 최근의 날자

(4) 국제기탁기관이 부여한 수탁번호

(5) 생존시험일

(6) 생존시험의 실시 조건에 관한 정보, 다만, 그 정보는 생존증명서를 교부받는 자가 청구하고 또 생존에 관한 시험결과가 부정적일 경우에 한하여 기재된다.

다. 가 (2) 및 (3)의 규정에 의하여 발행하는 생존증명서에는 가장 최근의 생존시험을 기재한다.

라. 규칙 제7.2의 규정은 생존증명서의 서식, 언어 및 서명에 대하여 준용된다.

마. 생존증명서는 가 (1)의 규정 또는 공업소유권청의 요청에 의하여 발행되는 경우에는 무료로 한다. 기타의 경우 생존증명서에 관한 규칙 제12.1 가 (3)의 규정에 의하여 부과하는 수수료는 생존증명서를 요청하는 자가 부담하며 증명서 발행의 요청 전 또는 요청과 동시에 지불되어야 한다.

## 제11규칙 시료의 분양

**11.1 【관계 공업소유권청에 대한 시료의 분양】** 국제기탁기관은 체약국 또는 정부간 공업소유권기구의 공업소유권청으로부터 요청이 있을 때에는 다음의 내용을 선언하는 조건으로 해당 공업소유권청에 대하여 수탁한 미생물의 시료를 분양하여야 한다.

(1) 특허 부여를 위하여 미생물의 기탁과 관련된 특허출원이 해당 공업소유권청에 행하여져 있으며 해

당출원의 대상이 그 미생물 또는 그의 이용에 관한 것일 것.

(2) 해당출원이 당해 공업소유권청에 계류되고 있거나 또는 특허가 허여된 것일 것.

(3) 당해 체약국 또는 정부간 공업소유권기구 또는 그 구성국의 특허절차상 유효한 시료를 입수할 필요가 있을 것.

(4) 시료와 시료에 관련된 정보는 특허절차만을 목적으로 사용될 것.

**11.2【기탁자 또는 기탁자의 승락을 얻은 자에 대한 시료의 분양】** 국제기탁기관은 다음의 경우 기탁된 미생물의 시료를 분양하여야 한다.

(1) 기탁자가 요청하는 때 그 기탁자에게

(2) 기관, 자연인 또는 법인(이하 "승락을 얻은 자"라 함)이 요청하는 때 그들에게, 다만, 요청에는 기탁자가 시료분양 요청을 승락한다고 하는 선언이 포함되어 있어야 한다.

**11.3【법령상 자격을 가진 자에 대한 시료의 분양】**

가. 국제기탁기관은 어떤 기관, 자연인 또는 법인(이하 "증명을 얻은 자"라 함)이 총회가 정한 소정의 서식에 따라 요청하고 또 공업소유권청이 그 서식에 따라 다음 사항을 증명한 경우에는 그 증명을 얻은 자에게 수탁한 미생물의 시료를 분양하여야 한다.

(1) 특허 허여를 위하여 미생물의 기탁과 관련된 특허출원이 당해 공업소유권청에 행하여져 있으며 해당 출원의 대상이 그 미생물 또는 그의 이용에 관한 것일 것.

(2) (3)의 두번째 구의 규정을 제외하고 당해 공업소유권청이 특허절차상 공표한 것일 것.

(3) 당해 공업소유권청에 관한 특허절차를 규정하고 있는 법상 증명을 얻은 자가 미생물 시료의 분양을 받을 권리를 가지고 있으며 당해 법이 일정한 조건하에서 그 권리를 인정하고 있는 경우에는 이들의 조건이 현실적으로 충족된 것을 당해 공업소유권청이 인정한 것일 것. 또는 증명을 얻은 자가 당해 공업소유권청의 소정 서식에 서명을 하고 그에 따라 당해 공업소유권청에 관한 특허절차를 규정하고 있는 법에 따라 증명을 얻은 자에 대하여 시료의 분양 조건이 충족된 것으로 간주한 것일 것. 다만, 당해 공업소유권청에 관한 특허절차를 규정하고 있는 법상 증명을 얻은 자가 당해 공업소유권청에 의한 특허절차상 공표 전에 해당 미생물 시료의 분양을 받을 권리가 있고 동 공표가 행하여지지 않았을 경우에는 증명서에 그 권리를 갖는다는 뜻을 명료하게 기재하고 관행에 따라 인용함에 있어서 판례를 포함한 당해 법의 관제 규정을 표시한 것일 것.

나. 공업소유권청은 공표되고 특허권이 허여된 특허에 관하여 국제기탁기관이 동 특허에 언급된 미생물기탁에 대하여 부여한 수탁번호 리스트를 해당 국제기탁기관에 수시로 통지할 수 있다. 수탁번호 리스트를 통고받은 국제기탁기관은 통지된 미생물의 시료에 대하여 분양 요청이 있는 기관, 자연인 또는 법인(이하 "분양 요청을 한 자"라 함)에게 해당 미생물의 시료를 분양한다. 기탁된 미생물의 수탁번호가 통고된 미생물에 대하여는 당해 공업소유권청은 규칙 제11.3 가에 규정된 증명은 하지 아니한다.

**11.4【공통규칙】**

가. 규칙 제11.1, 11.2 및 11.3의 규정

에 의한 요청서, 선언, 증명 또는 통고서는 다음 언어에 의하여 작성된다.

(1) 영어, 불어, 노어 또는 서반아어를 공용어로 사용하고 있는 국제기탁기관에 송부하는 이들 문서에 대하여는 각각 영어, 불어, 노어 또는 서반아어, 다만, 노어 또는 서반아어를 사용하고 있는 국제기탁기관에 대하여는 대신 영어 또는 불어로 이들 문서를 제출할 수 있으며 이 경우 이 규정에 의한 이해관계가 있는 당사자 또는 당해 국제기탁기관의 요청이 있을 때에는 국제사무국은 무료로 인증된 노어 또는 서반아어 번역문을 신속히 작성하여야 한다.

(2) 다른 모든 경우에는, 영어 또는 불어로 작성되어야 하며, 다만, 동 국제기탁기관이 사용하고 있는 공용어 또는 공용어중의 하나로 작성될 수 있다.

나. 가의 규정에도 불구하고 노어 또는 서반아어를 공용어로 하고 있는 공업소유권청이 규칙 11.1에 의한 요청을 할 경우에는 동 요청은 각각 노어 또는 서반아어로서 행하여져야 하며, 당해 공업소유권청 또는 동 요청을 수령한 국제기탁기관의 요청이 있을 때에는 국제사무국은 무료로 인증된 영어 또는 불어 번역문을 신속히 작성하여야 한다.

다. 규칙 제11.1, 11.2 및 11.3의 규정에 의한 요청, 선언, 증명 또는 통고는 서면으로 하고 서명하여 일자를 기재한다.

라. 규칙 제11.1, 11.2 및 11.3 가의 규정에 의한 요청, 선언 또는 증명에는 다음 사항을 기재한다.

(1) 경우에 따라 요청하는 공업소유권청, 승락을 얻은 자 또는 증명을 얻은 자의 성명과 주소

(2) 기탁에 대하여 부여된 수탁번호

(3) 규칙 제11.1의 규정에 의한 경우에는 기탁과 관계되는 출원 또는 특허번호와 일자

(4) 규칙 제11.3 가의 규정에 의한 경우에는 (3)에 규정된 사항 및 동 규칙에 의한 증명을 한 공업소유권청의 명칭과 주소

마. 11.3 나의 규정에 의한 요청서에는 다음 사항을 기재한다.

(1) 분양 요청을 한 자의 성명과 주소

(2) 기탁에 대하여 부여된 수탁번호

바. 분양될 시료를 담는 용기에는 국제기탁기관이 기탁에 대하여 부여한 수탁번호를 표시하고 제7규칙에 규정된 수탁증의 사본과 건강 또는 환경에 대하여 해를 끼치거나 끼칠 염려가 있는 미생물의 성질의 표시 및 요청이 있을 때에는 국제기탁기관이 행하는 미생물의 배양 및 보관에 관한 조건의 표시를 첨부한다.

사. 기탁자를 제외한 이해관계가 있는 당사자에게 시료를 분양한 국제기탁기관은 시료를 분양한 사실과 분양일자 및 분양을 받은 공업소유권청, 승락을 얻은 자, 증명을 얻은 자 또는 분양요청을 한 자의 성명과 주소를 서면으로 신속히 기탁자에게 통지한다. 통지서에는 요청서의 사본, 요청과 관련된 규칙 제11.1 또는 11.2 (2)의 규정에 의하여 제출된 선언의 사본 및 규칙 제11.3의 규정에 의한 요청서와 증명서의 사본 또는 분양 요청을 한 자의 서명이 있는 요청서의 사본을 첨부한다.

아. 규칙 제11.1의 규정에 의한 시료의 분양은 무료로 한다. 규칙 제11.2 또는 11.3의 규정에 의하여 시료의 분양을 요청하는 경우에는 규칙 제12.1 가 (4)의 규정에 의하여 부과될 수 있는 수수료는 경우에 따라 기탁자, 승락을 얻은 자, 증명을 얻은 자 또는 분양 요청을 한 자가 부담하며 요청 전 또는 요청과 동시에 지불한다.

**11.5 【국제출원의 적용시 규칙 제11.1과 11.3규정에 관한 변경】** 출원이 특허협력조약에 의한 국제출원의 경우에는 규칙 제11.1 (1) 및 11.3 가 (1)에 규정된 공업소유권청에의 출원 관련사항은 국제출원상의 체약국의 지정에 관련되는 것으로 간주되고 동 공업소유권청은 특허협력조약에서 말하는 "지정관청"으로 간주되며, 규칙 제11.3 가 (2)에서 요구되는 공표에 대한 증명은 공업소유권청의 선택에 따라 동 조약에 의한 국제공개의 증명 또는 공업소유권청에 의한 국내공개의 증명이 된다.

## 제12규칙 수수료

**12.1 【종류와 금액】**

가. 국제기탁기관은 이 조약과 규칙에 의한 다음 절차에 대하여 수수료를 부과할 수 있다.
  (1) 보관
  (2) 규칙 제8.2에 규정된 증명서의 발행
  (3) 규칙 제10.2 마 첫번째 문장의 규정을 제외한 생존증명서의 발행
  (4) 규칙 제11.4 아 첫번째 문장의 규정을 제외한 시료의 분양
  (5) 규칙 제7.6에 의한 정보의 통고

나. 보관수수료는 규칙 제9.1에 규정된 미생물보관의 전 기간에 대한 것으로 한다.

다. 수수료의 금액은 기탁자의 국적이나 주소에 따라 또는 생존증명서의 발행 또는 시료의 분양을 요청하는 기관, 자연인 또는 법인의 국적이나 주소에 따라 상이하게 부과하여서는 아니된다.

**12.2 【수수료 금액의 변경】**

가. 국제기탁기관이 부과하는 수수료 금액의 변경은 해당 국제기탁기관에 대하여 제7조 1항의 선언을 한 체약국 또는 정부간 공업소유권기구가 사무국장에게 통지한다. 그 통지에는 다의 규정을 제외하고 새로운 수수료가 적용될 날자의 표시가 포함될 수 있다.

나. 사무국장은 모든 체약국과 정부간 공업소유권기구 앞으로 가의 규정에 의하여 수령한 통지 및 다에 규정된 유효한 날자를 신속히 통지한다. 국제사무국은 사무국장이 행한 통지 및 사무국장이 수령한 통지를 신속히 공표한다.

다. 새로운 수수료는 가의 규정에 따라 표시된 날로부터 적용된다. 다만, 수수료를 증액하는 경우 또는 새로운 수수료를 적용할 날자의 표시가 없을 경우에는 새로운 수수료는 국제사무국이 수수료 금액이 변경됨을 공표한 후 30일이 되는 날로부터 적용된다.

## 제12규칙의2 기간의 계산

**제12규칙의2의1 【년으로 정하는 기간】** 기간을 정함에 있어서 년으로 정하는 경우에는 당해 사실이 발생한 날의 익일로부터 기간을 기산하고 동 기간은 해당하는 그 후의 년에 있어서 당해 사실이 발생한 월과 일과 동일한 월과 일에 만료한다. 다만, 해당하는 월에 해당하는 일이 없을 때에는 동 기간은 그 월의 말일에 만료한다.

**제12규칙의2의2 【월로 정하는 기간】** 기간을 정함에 있어서 월로 정하는 경우에는 당해 사실이 발생한 날의 익일로부터 기간을 기산하고 해당하는 그 후의 월에 있어서 당해 사실이 발생한 일과 동일한 일에 만료한다. 다만, 해당하는 그 후의 월에 해당하는 일이 없을 때에는 동 기간은 그 월의 말일에 만료한다.

**제12규칙의2의3【일로 정하는 기간】** 기간을 정함에 있어서 일로 정하는 경우에는 당해 사실이 발생한 날의 익일로부터 기간을 기산하고 해당하는 일자의 최종일에 동 기간은 만료된다.

## 제13규칙 국제사무국에 의한 공표

**13.1【공표의 방법】** 이 조약 및 규칙에 규정된 국제사무국에 의한 공표는 지면 또는 전자적 형식에 의한다. (2002.10.2 개정)

**13.2【내용】**

가. 적어도 1년에 한번, 되도록이면 그 해의 첫 번째 분기에 각 국제기탁기관에 기탁될 수 있는 미생물의 종류와 부과되는 수수료의 금액을 표시한 국제기탁기관의 최근의 리스트가 공표된다.(2002.10.2 개정)

나. 다음 사실에 관한 모든 정보는 1회에 한하여 그 사실이 발생한 후 즉시 공표된다.(2002.10.2 개정)

(1) 국제기탁기관으로서의 지위의 취득, 정지 또는 제한 및 동 정지 또는 제한과 관련하여 취한 조치

(2) 규칙 제3.3에 규정된 수탁에 관한 미생물의 종류의 추가

(3) 국제기탁기관의 업무의 정지, 특정종류의 미생물에 대한 수탁의 거부 및 동 정지 또는 거부와 관련하여 취한 조치

(4) 국제기탁기관이 부과하는 수수료의 금액 변경

(5) 규칙 제6.3 나의 규정에 의하여 통고된 요구 및 변경 사항

## 제14규칙 대표단의 비용

**14.1【비용의 부담】** 총회의 회합과 위원회, 작업반 또는 동맹에 관한 문제를 처리하는 기타의 회합에 참가하는 각 대표단의 비용은 당해 대표단을 임명한 나라 또는 기구가 부담한다.

## 제15규칙 총회의 정족수 부족

**15.1【통신에 의한 투표】**

가. 제10조 5항 나호에 의한 경우, 사무국장은 총회의 결정(총회자신의 절차에 관한 결정은 제외)을 동 결정이 이루어졌을 때 대표를 보내지 않은 체약국에게 통고하고 그 통고한 날로부터 3개월의 기간내에 동 체약국이 투표 또는 기권을 서면으로 표명하도록 요청하여야 한다.

나. 동 기간의 만료시에 투표 또는 기권을 표명한 체약국의 수가 결정이 이루어진 때의 정족수의 부족을 채우며 또 필요한 다수의 찬성이 얻어지게 될 경우에는 동 결정은 그 효력을 발생한다.

# 국제특허분류에 관한 스트라스부르그 협정

스트라스부르그에서 채택 1971. 3.24
가입서 기탁일 1998.10. 8
대한민국에 대하여 발효 1999.10. 8
(조약 제1494호)

체약당사자는, 특허・발명자증・실용신안 및 실용증에 대한 통일된 분류체계의 보편적 채택이 전체에 이익이 되며, 공업소유권 분야에서 더욱 긴밀한 국제적 협력을 확립하고, 이 분야에서 각국의 법령을 조화시키는 데 기여하게 될 것임을 고려하고, 유럽평의회가 발명특허의 국제분류를 창설하는데 기초가 된 1954년 12월 19일의 발명특허의국제분류에관한유럽협약의 중요성을 인식하며, 분류의 보편적 가치와 이 분류가 공업소유권의보호를위한 파리협약의 모든 당사국에게 중요함을 고려하고, 계속 증대하는 새로운 기술에 개발도상국이 접근하는 것을 보다 용이하게 하는 분류가 이들에게 중요함을 고려하며, 1900년 12월 14일 브뤼셀에서, 1911년 6월 2일 워싱턴에서, 1925년 11월 6일 헤이그에서, 1934년 6월 2일 런던에서, 1958년 10월 31일 리스본에서, 그리고 1967년 7월 14일 스톡홀름에서 각각 개정된 1883년 3월 20일의 공업소유권의보호를위한파리협약 제19조를 고려하여, 다음과 같이 합의한다.

**제1조 【특별동맹의 설립 및 국제분류의 채택】** 이 협정이 적용되는 국가는 특별동맹을 구성하며, 발명특허・발명자증・실용신안 및 실용증에 대하여 "국제특허분류"(이하 "분류"라 한다)로 알려진 공통의 분류를 채택한다.

**제2조 【분류의 정의】**

1. (1) 분류는 다음 사항으로 구성된다.
   가. 1968년 9월 1일에 발효되어 유럽평의회의 사무총장이 공표한 1954년 12월 19일의 발명특허의국제분류에관한유럽협약(이하 "유럽협약"이라 한다)의 규정에 의하여 작성된 내용
   나. 이 협정의 발효이전에 유럽협약 제2조제2항에 의하여 발효된 개정
   다. 이 협정의 발효이후에 제5조에 따라 이루어지고 제6조의 규정에 의하여 발효된 개정

   (2) 분류의 내용에 포함된 지침과 주석은 분류의 불가분한 일부를 이룬다.
2. (1) 제1항제1호가목에서 언급된 내용은 영어 및 불어로 된 정본 2부로 작성되며, 이 협정이 서명을 위하여 개방될 때에 1부는 유럽평의회의 사무총장에게, 그리고 나머지 1부는 1967년 7월 14일의 협약에 의하여 설립된 세계지적재산권기구의 사무국장(이하 각각 "기구" 및 "사무국장"이라 한다)에게 기탁된다.

   (2) 제1항제1호나목에서 언급된 개정은 영어 및 불어로 된 정본 2부 중 1부는 유럽평의회의 사무총장에게, 그리고 나머지 1부는 사무국장에게 기탁된다.

   (3) 제1항제1호다목에서 언급된 개정은 영어 및 불어로 된 정본 1부만이 사무국장에게 기탁된다.

**제3조 【분류의 언어】**

1. 분류는 동등하게 정본인 영어본과 불어본으로 작성된다.
2. 기구의 국제사무국(이하 "국제사무국"이라 한다)은 관련 정부와 협의하고, 해당 정부가 제출한 번역문에 기초하거나 또는 특별동맹의 예산이나 기구에 재정적 영향을 미치지 아니하는 여타 방법에 의하여 독일어・일본어・포르투갈어・러시아

어 · 스페인어 및 제7조에 언급된 총회가 지정하는 언어로 된 분류의 공식 번역문을 작성한다.

**제4조 【분류의 사용】**

1. 분류는 관리적 성격만을 가진다.
2. 특별동맹의 각 회원국은 분류를 주요 또는 보조 분류체계로써 사용할 권리를 가진다.
3. 특별동맹 회원국의 소관관청은 다음에 대하여 가목에서 언급된 문서상의 발명에 적용되는 분류의 완전한 기호를 표시한다.
   가. 소관관청이 발급하는 특허 · 발명자증 · 실용신안 및 실용증, 그리고 소관관청이 발간하거나 공공의 열람을 위하여 제공하는 관련 출원서
   나. 가목에 언급된 문서의 발간 또는 열람에 관한 것으로서 공식 정기간행물에 게재되는 공고
4. 이 협정을 서명하거나 비준서 또는 가입서를 기탁할 때,
   가. 모든 국가는 제3항에서 언급된 공공의 열람을 위하여만 제공되는 출원서 및 이와 관련된 공고에 분류의 그룹 또는 서브그룹과 관련된 분류기호를 표시하지 아니할 것임을 선언할 수 있다.
   나. 신규성에 관하여 즉시 또는 향후에 심사하지 아니하며, 특허 또는 다른 유형의 보호를 부여하는 절차가 기술현황에 대한 조사를 규정하지 아니하는 모든 국가는 제3항에서 언급된 문서 및 공고에 분류의 그룹 또는 서브그룹과 관련된 분류기호를 표시하지 아니할 것임을 선언할 수 있다. 이러한 조건이 특정 유형의 보호 또는 특정 분야의 기술과 관련하여서만 존재하는 경우, 해당 국가는 이러한 조건이 적용되는 범위에 한하여 이러한 유보를 할 수 있다.
5. "국제특허분류"라는 문구 또는 제5조에 언급된 전문가위원회에서 결정하는 이 문구의 약어를 앞에 붙인 분류기호는 분류기호가 표시되는 제3항가목에서 언급된 문서의 표제 부분에 굵은 활자체로 또는 명료하게 볼 수 있는 방식으로 인쇄된다.
6. 특별동맹의 회원국이 정부간 기관에게 특허 부여권를 위임하는 경우, 그 국가는 이 기관이 이 조에 의하여 분류를 사용하도록 모든 가능한 조치를 취한다.

**제5조 【전문가위원회】**

1. 특별동맹의 각 회원국을 대표할 수 있는 전문가위원회가 설치된다.
2. (1) 사무국장은 특허분야를 전문으로 하고 1개국이상의 회원국이 이 협정의 당사국인 정부간 기구가 전문가위원회에 참관인으로 참석하도록 초청한다.
   (2) 사무국장은 여타 정부간 및 국제적 비정부간 기구의 대표자가 그들에게 관심있는 토의에 참석하도록 초청할 수 있으며, 전문가위원회의 요청이 있는 경우에는 이들을 초청하여야 한다.
3. 전문가위원회는 다음을 행한다.
   가. 분류를 개정한다.
   나. 분류의 사용을 증진하고 분류의 통일적 적용을 촉진하기 위하여 특별동맹의 회원국에게 권고한다.
   다. 개발도상국의 필요를 특별히 고려하면서, 발명을 심사하는데 사용되는 서류의 재분류에 있어서 국제적 협력의 증진을 지원한다.
   라. 특별동맹의 예산이나 기구에 대하여 재정적 영향을 미치지 아니하면서 개발도상국의 분류 적용을 용이하게 하는데 기여하는 모든 여타 조치를 취한다.
   마. 소위원회와 실무작업반을 설치하는 권한을 가진다.

4. 전문가위원회는 자체 의사규칙을 채택한다. 이 규칙에는 분류의 발전에 실질적인 역할을 할 수 있는 제2항제1호에 언급된 정부간 기구가 소위원회 및 실무작업반의 회의에 참석할 가능성이 있음이 감안되어야 한다.
5. 분류의 개정에 대한 제안은 특별동맹 회원국의 소관관청, 국제사무국, 제2항제1호에 의하여 전문가 위원회에 참석하는 정부간 기구 및 개정제안을 제출하도록 전문가위원회가 특별히 초청한 여타 기구가 이를 한다. 이 제안은 국제사무국에 송부되며, 국제사무국은 제안이 검토되는 전문가위원회 회기의 2월전까지 전문가위원회의 위원과 참관인에게 이 제안을 제출한다.
6. (1) 전문가위원회의 각 위원국은 하나의 투표권을 가진다.
   (2) 전문가위원회의 결정은 참석 및 투표하는 국가의 단순다수결에 의한다.
   (3) 참석 및 투표하는 국가의 5분의 1이 분류의 기본 구성에 변경을 야기하거나 대폭적인 재분류 작업을 수반하는 것으로 간주하는 결정은 참석 및 투표하는 국가의 4분의 3이상의 다수결에 의한다.
   (4) 기권은 투표로 간주되지 아니한다.

**제6조【개정 및 여타 결정의 통지 · 발효 및 공표】**

1. 전문가위원회의 권고 및 분류 개정의 채택에 관한 전문가위원회의 모든 결정은 국제사무국에 의하여 특별동맹국의 소관관청에 통지된다. 개정은 통지의 발송일부터 6월후에 발효한다.
2. 국제사무국은 발효한 개정을 분류에 반영한다. 개정은 제7조에 언급된 총회가 지정하는 정기간행물에 공표된다.

**제7조【특별동맹의 총회】**

1. (1) 특별동맹에는 특별동맹의 회원국으로 구성되는 총회를 둔다.
   (2) 특별동맹의 각 회원국 정부는 1인의 대표에 의하여 대표되며, 대표는 교체대표, 자문위원 및 전문가의 보좌를 받을 수 있다.
   (3) 제5조제2항제1호에서 언급된 정부간 기구는 총회의 회의에 참관인으로 참석할 수 있으며, 총회의 결정이 있는 경우에는 총회가 설치한 위원회 및 실무작업반의 회의에 참관인으로 참석할 수 있다.
   (4) 각 대표단의 경비는 그 대표단을 임명한 정부가 부담한다.
2. (1) 제5조의 규정에 따르는 것을 전제로, 총회는 다음을 행한다.
   가. 특별동맹의 유지 및 발전과 이 협정의 이행에 관한 모든 사항를 처리한다.
   나. 국제사무국에게 개정회의의 준비에 관한 지침을 준다.
   다. 특별동맹에 관한 사무국장의 보고와 활동을 검토 및 승인하며, 특별동맹의 권한에 속하는 사항에 관하여 사무국장에게 필요한 모든 지시를 한다.
   라. 특별동맹의 사업계획을 결정하고 2년 단위예산을 채택하며 결산을 승인한다.
   마. 특별동맹의 재정규칙을 채택한다.
   바. 분류의 공식 번역문을 영어, 불어 및 제3조제2항에 열거된 언어이외의 언어로 작성하는 것에 관하여 결정한다.
   사. 특별동맹의 목적을 달성하기 위하여 필요하다고 인정되는 위원회 및 실무작업반을 설치한다.
   아. 제1항제3호에 따르는 것을 전제로, 총회의 회의 및 총회가 설

치한 위원회와 실무작업반의 회의에 어떠한 특별동맹의 비회원국, 정부간 기구 또는 국제적 비정부간 기구를 참관인으로 참석시킬지 여부를 결정한다.

자. 특별동맹의 목적을 증진하기 위한 여타 적절한 조치를 취한다.

차. 이 협정상 적절한 여타 기능을 수행한다.

(2) 총회는 기구가 운영하고 있는 다른 동맹에도 이해관계가 있는 사항에 관하여 기구의 조정위원회의 자문을 들은 후에 결정한다.

3. (1) 총회의 각 회원국은 하나의 투표권을 가진다.

(2) 의사정족수는 총회의 회원국의 2분의 1로 한다.

(3) 총회는 의사정족수가 충족되지 아니할 경우에도 결정을 할 수 있으나, 그 결정은 자체 의사절차에 관한 것을 제외하고는 다음의 조건이 충족된 경우에만 효력을 발생한다. 국제사무국은 대표를 출석시키지 아니한 총회의 회원국에 그 결정을 통지하고, 그 통지일부터 3월이내에 찬부 또는 기권을 서면으로 표명할 것을 요청하며, 이 기간의 만료시에 찬부 또는 기권을 표명한 국가의 수가 당해 회기의 의사정족수의 부족분을 보충하며, 동시에 결정에 필요한 다수의 찬성이 여전히 있는 경우, 그 결정은 효력을 발생한다.

(4) 제11조제2항의 규정에 따르는 것을 전제로, 총회의 결정은 실제 투표수의 3분의 2이상의 다수결에 의한다.

(5) 기권은 투표로 간주되지 아니한다.

(6) 대표는 하나의 국가만을 대표하며, 그 국가의 명의로만 투표할 수 있다.

4. (1) 총회는 사무국장의 소집에 의하여 2년마다 1회의 정기 회기를 가지며, 예외적인 상황이 없는 경우 기구의 총회와 동일한 기간 및 장소중에 이를 개최한다.

(2) 총회는 총회의 회원국의 4분의 1의 요청이 있는 경우 사무국장의 소집에 의하여 특별 회기를 가진다.

(3) 각 회기의 의제는 사무국장이 준비한다.

5. 총회는 자체 의사규칙을 채택한다.

**제8조【국제사무국】**

1. (1) 특별동맹의 행정업무는 국제사무국이 수행한다.

(2) 특히, 국제사무국은 총회, 전문가위원회 그리고 총회 또는 전문가위원회에 의하여 설치되는 기타 위원회 또는 실무작업반의 회의를 준비하고 이의 사무국 역할을 한다.

(3) 사무국장은 특별동맹의 최고 행정책임자이며 특별동맹을 대표한다.

2. 사무국장 및 그가 지명하는 직원은 총회, 전문가위원회 그리고 총회 또는 전문가위원회에 의하여 설치되는 기타 위원회 또는 실무작업반의 모든 회의에 투표권없이 참석한다. 사무국장 및 그가 지명하는 직원은 이러한 기관의 당연직 간사가 된다.

3. (1) 국제사무국은 총회의 지침에 따라 개정회의를 준비한다.

(2) 국제사무국은 개정회의의 준비에 관하여 정부간 기구 및 국제적 비정부간 기구와 협의할 수 있다.

(3) 사무국장과 그가 지명하는 자는 개정회의의 토의에 투표권없이 참석한다.

4. 국제사무국은 국제사무국에 부여되는 여타 임무를 수행한다.

**제9조【재정】**

1. (1) 특별동맹은 예산을 가진다.

(2) 특별동맹의 예산은 특별동맹의 고유한 수입과 지출, 모든 동맹의

공통경비 예산에 대한 특별동맹의 분담금 및 경우에 따라 기구의 회의 예산으로 사용할 수 있도록 되어 있는 금액을 포함한다.

(3) 특별동맹뿐만 아니라 기구가 관리하는 여타 동맹에도 귀속되는 경비는 모든 동맹의 공통경비로 간주된다. 공통경비에 대한 특별동맹의 부담분은 공통경비가 특별동맹에 주는 이익에 비례한다.

2. 특별동맹의 예산은 기구가 관리하는 여타 모든 동맹의 예산과의 조정요건을 충분히 고려하여 편성된다.

3. 특별동맹의 예산은 다음 재원으로 충당된다.

가. 특별동맹 회원국의 분담금

나. 국제사무국이 특별동맹과 관련하여 제공하는 용역에 대한 수수료 및 요금

다. 특별동맹과 관련한 국제사무국의 간행물의 판매대금 또는 이러한 간행물에 관한 권리의 사용료

라. 증여 · 유증 및 보조금

마. 임대료 · 이자 및 기타 수입

4. (1) 제3항가목에 언급된 분담금을 결정하는 데 있어서, 특별동맹의 각 회원국은 공업소유권의보호를위한 파리동맹에서 그 국가가 속하는 등급과 동일한 등급에 속하며 파리동맹에서 그 등급에 대하여 정하는 동일한 단위수에 기초하여 특별동맹의 연차 분담금을 납부한다.

(2) 특별동맹의 각 회원국의 연차 분담금은, 그 금액과 모든 분담국이 특별동맹의 예산에 기여하는 총액과의 비율이 그 국가의 단위수와 모든 국가의 총 단위수의 비율이 같도록 정하여진다.

(3) 분담금은 매년 1월 1일에 납부한다.

(4) 분담금 체납국은 그 체납액이 최근 2년간 그 국가가 납부하여야 할 분담금액수와 동일하거나 이를 초과하는 경우 특별동맹의 어떤 기관에서도 그 투표권을 행사할 수 없다. 다만, 특별동맹의 기관은 체납이 예외적이며 불가피한 사정에 의한 것이라고 인정되는 경우에 한하여 투표권을 계속 행사하도록 허용할 수 있다.

(5) 예산이 새로운 회계연도의 개시전에 채택되지 아니한 경우에는 재정규칙이 정하는 바에 따라 전년도 예산과 동일한 수준으로 한다.

5. 국제사무국이 특별동맹과 관련하여 제공하는 용역에 대한 수수료 및 요금 액수는 사무국장이 정하고 이를 총회에 보고한다.

6. (1) 특별동맹은 특별동맹의 각 회원국이 1회 출자하여 조성되는 운영기금을 가진다. 운영기금이 충분하지 못한 경우 총회는 그 기금의 증액을 결정한다.

(2) 운영기금에 대한 각 국가의 최초의 출자금 또는 증액분담금은 각각 기금 설립년도 또는 증액년도에 각국이 부담하는 분담금의 일부가 된다.

(3) 지불의 금액 및 조건은 기구의 조정위원회의 조언을 들은 후 사무국장의 제안에 따라 총회가 결정한다.

7. (1) 기구의 본부가 소재하는 국가와 체결되는 본부협정에 운영기금이 부족한 경우 그 국가가 자금을 미리 대출하여 준다는 규정을 둔다. 대출 금액 및 조건은 그 국가와 기구간의 별도 협정에 의해서 사안별로 정한다.

(2) 제1호에 언급된 국가와 기구는 각각 서면통지에 의하여 자금의 대출의무를 폐기할 권리를 가진다. 폐기는 통지가 있는 연도말로부터 3년이 경과한 후에 효력을 발생한다.

8. 회계감사는 재정규칙이 정하는 바에 따라 1개국이상의 특별동맹 회원국 또는 외부의 회계감사전문가가 행한다. 특별동맹의 회원국 또는 회계감사전문가는 총회가 이들의 동의를 얻어 지명한다.

**제10조【협정의 개정】**

1. 이 협정은 특별동맹 회원국의 특별회의에 의하여 수시로 개정될 수 있다.
2. 총회는 개정회의의 소집을 결정한다.
3. 제7조·제8조·제9조 및 제11조는 개정회의에서 또는 제11조의 규정에 따라 개정될 수 있다.

**제11조【협정의 일부규정 개정】**

1. 제7조·제8조·제9조 및 이 조의 개정은 특별동맹의 회원국 또는 사무국장이 제안할 수 있다. 사무국장은 최소한 총회의 심의 6월이전까지 이러한 제안을 특별동맹의 회원국에 송부한다.
2. 제1항에 언급된 조항에 대한 개정은 총회가 채택한다. 채택에는 투표수의 4분의 3이상의 다수결이 요구된다. 다만, 제7조 및 이 항의 개정에는 투표수의 5분의 4이상의 다수결이 요구된다.
3. (1) 제1항에서 언급된 조항의 개정은 그 개정 채택시 특별동맹의 회원국의 4분의 3으로부터 각국의 헌법상의 절차에 따라 행하여진 수락의 서면통지를 사무국장이 접수한 날로부터 1월후에 발효한다.
   (2) 이와 같이 수락된 상기 조항의 개정은 그 개정이 발효시 특별동맹의 모든 회원국을 구속한다. 다만, 특별동맹국의 재정상 의무를 증가시키는 개정은 그 개정의 수락을 통지한 국가만을 구속한다.
   (3) 제1호의 규정에 따라 수락된 개정은 그 개정이 제1호의 규정에 따라 발효한 날이후에 특별동맹의 회원국이 되는 모든 국가를 구속한다.

**제12조【협정의 당사국】**

1. 공업소유권의보호를위한파리협약의 당사국은 다음에 의하여 이 협정의 당사국이 될 수 있다.
   가. 서명 및 비준서의 기탁
   나. 가입서의 기탁
2. 비준서 또는 가입서는 사무국장에게 기탁된다.
3. 공업소유권 보호에 관한 파리협약의 스톡홀름의정서 제24조의 규정은 이 협정에 적용된다.
4. 제3항은 다른 국가가 그 항에 의하여 이 협정을 적용하는 영역의 사실상 상태를 특별동맹국이 승인 또는 묵시적으로 수락하는 것을 의미하는 것으로 해석되지 아니한다.

**제13조【협정의 발효】**

1. (1) 이 협정은 아래의 국가가 비준서 또는 가입서를 기탁한 날로부터 1년이후에 발효한다.
   가. 이 협정이 서명을 위하여 개방되는 일자에 유럽협약의 당사국의 3분의 2, 및
   나. 이전에 유럽협약의 비당사국이었으나 공업소유권의보호를위한 파리협약의 당사국인 3개 국가. 다만, 이 3개국중 최소한 1개국은 그 비준서 또는 가입서의 기탁시 국제사무국에 의하여 공표된 최근 연차통계상 그 특허 또는 발명자증의 출원수가 4만건을 넘어야 한다.
   (2) 이 협정이 제1호에 의하여 발효되는 국가를 제외한 여타 국가에 대하여는 사무국장이 그 국가의 비준 또는 가입을 통고한 날부터 1년이후에 발효한다. 다만, 비준서 또는 가입서에 1년보다 더 늦은 발효일이 표시된 경우 이 협정은 이러한 국가에 대하여는 그 일자에 발효한다.
   (3) 이 협정을 비준하거나 이에 가입

하는 유럽협약의 당사국은 유럽협약을 반드시 폐기하여야 하며, 늦어도 이 협정이 그 국가에 대하여 발효하는 날부터 그 폐기가 효력을 발생하도록 하여야 한다.

2. 비준 또는 가입은 자동적으로 이 협정의 모든 조항의 수락과 이 협정상의 모든 이익의 향유를 수반한다.

**제14조【협정의 유효기간】** 이 협정의 유효기간과 공업소유권의보호를위한파리협약의 유효기간은 동일하다.

**제15조【폐기】**

1. 특별동맹의 모든 회원국은 사무국장에게 통지함으로써 이 협정을 폐기할 수 있다.
2. 폐기는 사무국장이 그 통지를 접수한 날부터 1년이후에 효력을 발생한다.
3. 어느 국가도 특별동맹의 회원국이 된 날부터 5년의 기간이 만료되기 전에는 이 조에서 규정된 폐기의 권리를 행사할 수 없다.

**제16조【서명 · 언어 · 통지 및 수탁의 기능】**

1. (1) 이 협정은 영어 및 불어로 된 정본 1부에 서명되며, 양 언어본은 동등하게 정본이다.
   (2) 이 협정은 1971년 9월 30일까지 스트라스부르그에서 서명을 위하여 개방된다.
   (3) 이 협정의 정본은 서명을 위한 개방이 종료된 때에 사무국장에게 기탁된다.
2. 사무국장은 관계 정부와 협의한 후에 독일어 · 일본어 · 포르투갈어 · 러시아어 · 스페인어 및 총회가 지정하는 다른 언어로 공식 번역문을 작성한다.
3. (1) 사무국장은 이 협정에 서명한 국가의 정부에게 이 협정의 서명본의 등본 2부를 인증하여 송부하고, 여타 국가의 정부에 대해서는 요청이 있는 경우 송부한다. 사무국장은 유럽평의회의 사무총장에게 등본 1부를 인증하여 송부한다.
   (2) 사무국장은 특별동맹의 회원국 정부에게 이 협정의 개정에 대한 등본 2부를 인증하여 송부하고, 여타 국가의 정부에 대해서는 요청이 있는 경우 송부한다. 사무국장은 유럽평의회의 사무총장에게 등본 1부를 인증하여 송부한다.
   (3) 사무국장은 요청이 있는 경우 이 협정을 서명 또는 가입한 국가의 정부에게 영어 또는 불어로 된 분류의 등본 1부를 인증하여 제공한다.
4. 사무국장은 이 협정을 국제연합 사무국에 등록한다.
5. 사무국장은 공업소유권의보호를위한파리협약의 모든 당사국 정부와 유럽평의회 사무총장에게 다음 사항을 통지한다.
   가. 서명
   나. 비준서 또는 가입서의 기탁
   다. 이 협정의 발효일
   라. 분류의 사용에 대한 유보
   마. 이 협정의 개정에 대한 수락
   바. 이 협정 개정의 발효일
   사. 폐기의 수령

**제17조【경과 규정】**

1. 특별동맹의 회원국이 아닌 유럽협약의 당사국은, 희망하는 경우, 이 협정의 발효일부터 2년간 전문가위원회에서 특별동맹의 회원국과 동일한 권리를 향유할 수 있다.
2. 제1항에서 언급된 국가는 동 항에서 언급된 기간이 만료된 후 3년간 전문가위원회의 회의에 참관인으로 참석할 수 있으며, 전문가위원회가 결정하는 경우 전문가위원회에 의하여 설치되는 소위원회 및 실무작업반에 참관인으로 참석할 수 있다. 이 국가는 동 기간중 제5조제5항에 의하여 분류의 개정에 대한 제안을 제

출할 수 있으며, 제6조제1항에 의하여 전문가위원회의 결정 및 권고를 통지받는다.

3. 특별동맹의 회원국이 아닌 유럽협약의 당사국은 이 협정의 발효일부터 5년간 총회의 회의에 참관인으로 참석할 수 있으며, 총회가 결정하는 경우 총회에 의하여 설치되는 위원회 및 실무작업반에 참관인으로 참석할 수 있다.

# 표장의 국제등록에 관한 마드리드협정에 대한 의정서

마드리드에서 채택 1989. 6.27
가입서 기탁일 2003. 1.10
대한민국에 대하여 발효 2003. 4.10
(조약 제1625호)
제네바에서 개정 채택 2007.11.12
대한민국에 대하여 발효 2008. 9. 1
(외교통상부고시 제666호)

## 선 언

대한민국정부는 의정서 제5조제2항제2호·제3호 및 제8조제7항제1호에 대하여 다음과 같이 선언한다.

1. 가거절 통지기간은 18월이며, 보호부여에 대한 이의신청으로 인한 보호의 거절은 18월 기간의 만료 후에도 통지할 수 있음.
2. 추가수수료 및 보충수수료에서 발생하는 수입의 할당 대신 개별수수료를 수령함.

목 차

**제1조 【마드리드 동맹의 회원자격】** 이 의정서의 당사자인 국가(이하 "체약국"이라 한다)와 제14조제1항제2호에 언급된 의정서 가입 기구(이하 "체약기구"라 한다)는, 1967년 스톡홀름에서 개정되고 1979년 수정된 표장의 국제등록에관한마드리드협정〔이하 "마드리드(스톡홀름) 협정"이라 한다〕의 당사자가 아닌 경우에도, 마드리드(스톡홀름) 협정의 당사자인 국가가 회원국인 동맹의 회원국이 된다. 이 의정서에서 체약당사자라 함은 체약국 및 체약기구를 말한다.

**제2조 【국제등록을 통한 보호 확보】** ① 체약당사자의 관청에 표장의 등록을 위한 출원이 제출된 경우 또는 체약당사자 관청의 등록원부에 표장이 등록된 경우에는, 그 출원(이하 "기초출원"이라 한다) 또는 그 등록(이하 "기초등록"이라 한다)의 명의인인 자는, 의정서의 규정을 조건으로, 세계지적재산권기구 국제사무국의 등록원부에 그 표장의 등록을 취득함으로써(이하 각각 "기구", "국제사무국", "국제등록부" 및 "국제등록"이라 한다), 체약당사자의 영역에서 그의 표장에 대한 보호를 확보할 수 있다. 다만,

가. 체약국의 관청에 기초출원이 제출된 경우 또는 당해 관청에 의하여 기초등록이 된 경우에는, 그 출원 또는 등록의 명의인인 자가 그 체약국의 국민이거나 그 체약국 내에 주소가 있거나 진정하고 실효적인 산업상 또는 상업상의 영업소를 가지고 있어야 한다.

나. 체약기구의 관청에 기초출원이 제출된 경우 또는 당해 관청에 의하여 기초등록이 된 경우에는, 그 출원 또는 등록의 명의인인 자가 그 체약기구 회원국의 국민이거나 그 체약기구의 영역 내에 주소가 있거나 진정하고 실효적인 산업상 또는 상업상의 영업소를 가지고 있어야 한다.

② 국제등록을 위한 출원(이하 "국제출원"이라 한다)은 기초출원이 제출되거나 기초등록을 한 관청(이하 "본국관청"이라 한다)을 중개로 하여 국제사무국에 제출된다.

③ 의정서에서 "관청" 또는 "체약당사자의 관청"이라 함은 체약당사자를 위하여 표장의 등록을 관할하는 관청을 말하고, "표장"이라 함은 상표 및 서비스표를 말한다.

④ 의정서의 목적상, "체약당사자의 영역"이라 함은, 체약당사자가 국가인 경우에는 그 국가의 영역을 의미하고, 체약당사자가 정부간기구인 경우에는 그 정부간기구의 설립조약이 적용되는 영역을 말한다.

**제3조 【국제출원】** ① 의정서에 의한 모든 국제출원은 공통규칙에서 규정하는 서식으로 제출되어야 한다. 본국관청은 그 국제출원의 기재사항이 기초출원 또는 기초등록의 기재사항과 합치한다는 것을 인증하여야 한다. 또한, 그 관청은 다음 사항을 표시하여야 한다.

가. 기초출원의 경우에는 출원일 및 출원번호

나. 기초등록의 경우에는 등록일 및 등록번호와 그 기초등록의 근거가 되는 출원의 출원일 및 출원번호 본국관청은 국제출원일도 표시한다.

② 출원인은 표장의 보호를 주장하는 상품 및 서비스를 표시하여야 하며, 가능한 경우 표장의등록을위한상품및서비스의국제분류에관한니스협정에 의하여 설정된 분류기준에 따라서 대응하는 류(類)구분도 표시하여야 한다. 출원인이 그러한 표시를 하지 아니한 경우에는 국제사무국은 그 상품 및 서비스를 상기 분류기준에 따라 적절하게 분류한다. 출원인이 부여한 류구분의 표시는 국제사무국이 조정할 수 있고, 국제사무국은 조정시 본국관청과 협의하여야 한다. 본국관청과 국제사무국간에 의견이 다를 경우에는, 국제사무국의 의견이 우선한다.

③ 출원인이 색채가 표장을 식별하는 요소라고 주장하는 경우에는, 출원인은,

가. 그 사실을 기술하고, 주장하는 색채 또는 색채의 조합을 명시하는 통지를 동인의 국제출원과 함께 제출하여야 하고,

나. 동인의 국제출원에 상기 표장의 색채로 된 사본을 첨부하며, 이는 국제사무국이 작성한 통지서에 첨부되어야 한다. 상기 사본의 수는 공통규칙에서 정한다.

④ 국제사무국은 제2조에 의하여 출원된 표장을 즉시 등록한다. 본국관청의 국제출원 수령일이 국제등록에 기재된다. 다만, 국제사무국이 그 날부터 2월의 기간 이내에 국제출원을 수령하여야 한다. 그 기간 이내에 국제출원을 수령하지 아니한 경우에는, 국제등록에는 국제사무국이 상기 국제출원을 수령한 일자가 기재된다. 국제사무국은 지체없이 그 국제등록을 해당 관청에 통지하여야 한다. 국제등록부에 등록된 표장은 국제출원에 포함된 기재사항을 기초로 하여 국제사무국이 발행하는 정기공보에 공고된다.

⑤ 국제등록부에 등록된 표장의 공고를 위하여, 각 관청은 제10조에서 언급된 총회(이하 "총회"라 한다)에서 정하는 조건하에, 일정 부수의 상기 공보를 무료 및 할인가격으로 국제사무국으로부터 수령한다. 그러한 공고는 모든 체약당사자를 위하여 충분한 것으로 간주되고, 국제등록의 권리자에 대하여 그밖의 공고는 요구될 수 없다.

**제3조의2【영역적 효력】** 국제등록으로 인한 보호는 국제출원을 한 자 또는 국제등록의 권리자의 신청만에 의하여 체약당사자에게 확장된다. 그러나, 당해 신청은 본국관청이 속하는 체약당사자에 관하여는 할 수 없다.

**제3조의3【"영역확장"신청】** ① 국제등록으로 인한 보호의 체약당사자에 대한 확장신청은 국제출원에 특별히 언급되어야 한다.

② 영역확장신청은 국제등록 후에도 할 수 있다. 당해 신청은 공통규칙에서 규정하는 서식으로 제출되어야 한다. 이는 즉시 국제사무국에 의하여 등재되어야 하고, 국제사무국은 당해 등재를 지체없이 해당 관청에 통지하여야 한다. 당해 등재는 국제사무국의 정기공보에 공고된다. 영역확장은 국제등록부에 영역확장이 등재된 날부터 효력이 발생한다. 영역확장은 관련 국제등록의 만료시에 효력을 상실한다.

**제4조【국제등록의 효력】**

① 1. 제3조 및 제3조의3의 규정에 의하여 유효한 등록일 또는 등재일부터, 각각의 해당 체약당사자의 영역에서의 표장의 보호는 그 체약당사자의 관청에 그 표장이 직접 기탁된 것과 동일하다. 제5조제1항 및 제2항에 의하여 국제사무국에 거절이 통지되지 아니한 경우 또는 동규정에 의하여 통지된 거절이 사후에 철회된 경우에는, 상기의 날부터 해당 체약당사자의 영역에서의 표장의 보호는 그 표장이 그 체약당사자의 관청에 의하여 등록된 것과 동일하다.

2. 제3조에서 규정하는 상품 및 서비스의 류구분의 표시는 표장의 보호범위의 결정에 관하여는 그 체약당사자를 기속하지 아니한다.

② 모든 국제등록은 공업소유권의보호를위한파리협약 제4조에서 규정하는 우선권을 향유하며, 동조D에서 규정하는 형식을 충족할 것을 필요로 하지 아니한다.

**제4조의2【국제등록에 의한 국내 또는 지역등록의 대체】** ① 체약당사자의 관청에서 국내 또는 지역등록의 대상인 표장이 국제등록의 대상이기도 하고 양 등록이 동일인의 명의로 되어있는 경우에는, 그 국제등록은 국내 또는 지역등록에 의하여 취득한 권리에 영향을 미치지 아니하고 국내 또는 지역등록을 대체하는 것으로 본다. 다만,

가. 국제등록으로 인한 보호는 제3조의3제1항 또는 제2항에 의하여 상기 체약당사자에게 확장되어야 하고,

나. 국내 또는 지역등록에 열거된 상품 및 서비스 전부가 상기 체약당사자에 관하여 국제등록에서도 열거되어 있어야 하며,

다. 그러한 확장은 국내 또는 지역등록일 이후에 효력이 발생한다.

② 제1항에서 언급된 관청은 신청이 있을 때 국제등록에 관한 그 관청의 등록원부에 이를 기록하여야 한다.

**제5조【특정 체약당사자에 관한 국제등록의 효력의 거절 및 무효】** ① 해당 법령이 권한을 부여하는 경우에는, 제3조의3제1항 및 제2항에 의하여 그 체약당사자로 국제등록으로 인한 보호가 확장되었음을 국제사무국으로부터 통지받은 체약당사자의 관청은, 그러한 확장의 대상인 표장에 대하여 상기 체약당사자의 영역에서의 보호를 부여할 수 없다는 선언을 거절통지에 의하여 할 수 있는 권리를 갖는다. 그러한 거절은, 직접 기탁된 표장을 관청이 공업소유권의보호를위한파리협약에 의하여 거절통지 할 경우에 적용되는 근거에만 기초할 수 있다. 그러나, 해당 법령이 한정된 수의 류구분 또는 한정된 수의 상품 또는 서비스에만 등록을 허용한다는 이유만으로는 보호를 부분적으로도 거절할 수 없다.

② 1. 그러한 권리행사를 희망하는 관청은 그 관청에 적용되는 법에서 규정하는 기간 이내로서 늦어도, 제2호 및 제3호를 조건으로, 제1항에서 언급된 확장통지가 국제사무국에 의하여 그 관청에 송부된 날부터 1년 기간의 만료일 이전에, 모든 근거에 대한 기술과 함께 국제사무국에 거절통지를 하여야 한다.

2. 제1호의 규정에 불구하고, 체약당사자는 의정서에 의하여 실행된 국제등록에 대하여 제1호에서 언급된 1년의 기간을 18월로 대체한다고 선언할 수 있다.

3. 또한, 보호의 거절이 보호부여에 대한 이의신청에 기인할 수 있는 경우에는 제2호의 선언에 18월 기간의 만료 후에도 상기 체약당사자의 관청이 국제사무국에 거절통지를 할 수 있다고 명시할 수 있다. 당해 관청은, 어느 특정 국제등록에 관하여도 18월 기간의 만료 후에 보호의 거절을 통지할 수 있으나, 이는 다음의 경우에 한한다.

가. 18월 기간의 만료 전에, 그 관청이 18월 기간의 만료 후에 이의신청이 제기될 수 있다는 가능성을 국제사무국에 알리고,

나. 이의신청에 기초한 거절통지는 이의신청기간이 개시된 날부터 7월을 넘지 아니하는 기간 이내에 행하여져야 한다. 이의신청기간이

7월의 기간 전에 만료되는 경우에는, 그 통지는 이의신청기간의 만료시부터 1월의 기간 이내에 행하여져야 한다.

4. 제2호 또는 제3호에 의한 선언은 제14조제2항에서 언급된 기탁서로 할 수 있으며, 선언의 발효일은 그 선언을 한 국가 또는 정부간기구에 대한 의정서의 발효일과 동일하다. 그러한 선언은 그 이후에도 할 수 있으며, 이 경우에 선언은 국제등록일이 선언의 발효일 이후인 국제등록에 관하여, 기구의 사무총장(이하 "사무총장"이라 한다)이 이를 수령한 날부터 3월 경과시 또는 선언에 표시된 그 이후의 일자에 효력이 발생한다.
5. 의정서 발효 이후 10년의 기간이 만료하는 때, 총회는 제1호 내지 제4호에 의하여 설정된 체제의 운영을 검토한다. 그에 따라 상기 규정들은 총회의 만장일치에 의한 결정으로 변경될 수 있다.

③ 국제사무국은 지체없이 거절통지 사본 1부를 국제등록의 권리자에게 송부하여야 한다. 상기 권리자는 거절을 통지한 관청에 직접 그 표장을 기탁한 것과 동일한 구제수단을 가진다. 국제사무국이 제2항제3호가목에 의한 정보를 수령한 경우에는, 국제사무국은 지체없이 상기 정보를 국제등록의 권리자에게 송부하여야 한다.

④ 국제사무국은 통보를 요구하는 이해관계인에게 표장 거절의 근거를 통보하여야 한다.

⑤ 특정 국제등록에 관하여 제1항 및 제2항에 의하여 국제사무국에 가거절 또는 최종거절을 통지하지 아니한 관청은, 그 국제등록에 관하여 제1항에서 규정하는 권리의 이익을 상실한다.

⑥ 체약당사자의 관할기관에 의한 그 체약당사자의 영역에서의 국제등록의 효력의 무효는, 국제등록의 권리자에게 상당한 기간 그의 권리를 방어할 기회를 부여하지 아니하고는 선고될 수 없다. 무효는 국제사무국에 통지되어야 한다.

**제5조의2【표장의 특정요소 사용의 정당성에 관한 서증】** 체약당사자의 관청이 요구할 수 있는, 문장, 방패형 가문, 초상, 명예표지, 제호, 상호, 출원인 이외의 자의 성명, 그밖에 이와 유사한 명각 등 표장을 구성하는 특정요소 사용의 정당성에 관한 서증은, 본국관청에 의한 공인 또는 증명 이외에는 어떠한 공인 또는 증명도 면제된다.

**제5조의3【국제등록부 등재사항의 사본, 사전검색, 국제등록부의 초본】** ① 국제사무국은 특정 표장에 관한 국제등록부 등재사항의 사본을 신청한 자가 공통규칙에서 정한 수수료를 납부하는 경우, 이를 그 신청인에게 발부하여야 한다.

② 국제사무국은 납부가 이루어진 경우에 국제등록의 대상인 표장에 대한 사전검색업무도 수행할 수 있다.

③ 체약당사자 중 1 당사자에 제출할 목적으로 신청된 국제등록부 초본은 어떠한 공인도 면제된다.

**제6조【국제등록의 유효기간, 국제등록의 종속성 및 독립성】** ① 국제사무국에서의 표장의 등록은 10년간 유효하고, 제7조에서 명시하는 요건에 의하여 갱신을 할 수 있다.

② 국제등록일부터 5년 기간의 만료시, 그러한 등록은, 제3항 및 제4항의 규정을 조건으로, 기초출원이나 그로 인한 등록 또는 기초등록으로부터 독립한다.

③ 국제등록일부터 5년 기간의 만료전에, 국제등록에 열거된 상품 및 서비스의 전부 또는 일부와 관련하여, 기초출

원이나 그로 인한 등록 또는 기초등록이 취하·존속기간의 만료로 소멸·포기되거나 거절·철회·취소 또는 무효의 최종결정의 대상인 경우에는, 국제등록이 양도의 대상인지 여부와 관계없이, 국제등록으로 인한 보호는 더 이상 원용될 수 없다. 다음의 결과로 국제등록일부터 5년 기간의 만료 후에 기초출원이나 기초출원으로 인한 등록 또는 기초등록의 거절·철회·취소·무효 또는 취하를 명하는 최종결정이 있는 경우에도 동일하다.

가. 기초출원의 효력을 거절하는 결정에 대한 불복청구
나. 기초출원의 취하를 청구하는 소송 또는 기초출원으로 인한 등록 또는 기초등록의 철회·취소·무효를 청구하는 소송, 또는
다. 기초출원에 대한 이의신청

다만, 그러한 불복청구·소송 또는 이의신청은 그 기간의 만료전에 개시되었어야 한다. 또한, 5년 기간의 만료 후에 기초출원이 취하되거나, 기초출원으로 인한 등록 또는 기초등록이 포기된 경우에도 동일하다. 다만, 취하 또는 포기 시에 상기 출원 또는 등록이 가목, 나목 및 다목에서 언급된 절차의 대상이고, 그러한 절차가 상기 기간의 만료 전에 개시되었어야 한다.

④ 본국관청은, 공통규칙에서 규정하는 바에 따라, 제3항에 관한 사실 및 결정을 국제사무국에 통지하여야 하고, 국제사무국은 공통규칙에서 규정하는 바에 따라, 이를 이해관계인에게 통지하고 공고를 적절히 시행하여야 한다. 본국관청은, 해당되는 경우, 해당되는 범위까지 그 국제등록을 취소할 것을 국제사무국에 신청하여야 하고, 국제사무국은 절차를 적절히 밟아야 한다.

**제7조 【국제등록의 갱신】** ① 국제등록은 기본수수료, 제8조제7항을 조건으로 한 제8조제2항에서 규정하는 추가수수료 및 보충수수료의 납부만으로, 이전 존속기간의 만료시부터 10년의 기간에 대하여 갱신될 수 있다.

② 갱신은 최신형식의 국제등록에 어떠한 변경도 초래할 수 없다.

③ 보호기간의 만료 6월 전에, 국제사무국은 그 국제등록의 권리자 및 대리인이 있는 경우 그 대리인에게 비공식 통지를 송부하여, 정확한 만료일을 상기시켜야 한다.

④ 공통규칙에서 정하는 부가수수료의 납부를 조건으로, 국제등록의 갱신을 위한 6월의 유예기간이 허용된다.

**제8조 【국제출원 및 등록 수수료】** ① 본국관청은 국제출원 또는 국제등록갱신의 출원과 관련하여, 국제등록의 출원인 또는 국제등록 권리자에게 요구할 수 있는 수수료를 본국관청의 재량에 의하여 정하고 본국관청의 수입으로 이를 징수할 수 있다.

② 국제사무국에 표장을 등록하기 위하여서는, 제7항제1호의 규정을 조건으로, 다음을 포함하는 국제 수수료를 선납하여야 한다.

가. 기본수수료
나. 표장이 적용되는 상품 또는 서비스가 속하는 류구분이 3개를 초과하는 경우 국제분류상의 각 초과 류구분에 대한 추가수수료
다. 제3조의3에 의한 보호확장신청에 대한 보충수수료

③ 그러나, 국제사무국이 상품 또는 서비스 류구분의 수를 수정하거나 이견을 갖고 있는 경우에는, 국제등록일에 영향을 미치지 아니하고 공통규칙에서 정하는 기간 이내에 제2항나목에서 명시하는 추가수수료를 납부할 수 있다. 상기 기간의 만료시 출원인이 추가수수료를 납부하지 아니하거나 상품 또는 서비스의 목록을 요구되는 범위로

감축하지 아니하는 경우에는, 그 국제출원은 포기된 것으로 간주한다.

④ 국제사무국은 제2항나목 및 다목에서 언급된 수수료로 인한 수령액을 제외한 국제등록으로 인한 다양한 수령액의 연간 수입을 의정서의 시행을 위하여 필요한 경비 및 과세금을 공제한 후에 체약당사자에게 균등하게 분배한다.

⑤ 제2항나목에서 규정하는 추가수수료로 인한 총액은, 그 연도 동안 체약당사자 각각에 보호가 출원된 표장의 수에 비례하여 매 연도 말에 이해관계있는 체약당사자에게 분배되어야 하고, 심사를 하는 체약당사자의 경우에는 표장의 수에 공통규칙에서 결정한 계수가 곱하여 진다.

⑥ 제2항다목에서 규정하는 보충수수료로 인한 총액은 제5항에서 규정하는 원칙과 동일한 원칙에 따라서 분배된다.

⑦ 1. 제3조의3에 의하여 체약당사자를 언급한 각 국제등록 및 그러한 국제등록의 갱신과 관련하여, 그 체약당사자는, 추가 및 보충 수수료로 산출된 수입의 할당 대신에 그 체약당사자의 관청이 출원인으로부터 그 관청의 등록원부상의 표장의 10년 등록의 대가로 또는 등록의 권리자로부터 그 등록의 10년 갱신의 대가로 수령할 수 있는 금액을 초과할 수 없는 수수료(이하 "개별수수료"라 한다)를 수령하기를 원한다고 선언할 수 있다. 동 선언에는 금액이 표시되며 추후 선언에서 동 금액을 변동할 수 있다. 다만, 상기 금액은 국제절차 간소화로 인한 절감액이 공제된 것이다. 그러한 개별수수료를 납부할 수 있는 경우에,

가. 제1호에 의한 선언을 한 체약당사자는 제3조의3에 의하여 언급된 경우에는 제2항나목에서 언급된 추가수수료를 납부하지 아니하고,

나. 제1호에 의한 선언을 한 체약당사자에 관하여는 제2항다목에서 규정된 보충 수수료를 납부하지 아니한다.

2. 제1호에 의한 선언은 제14조제2항에서 언급된 기탁서로 할 수 있으며, 선언의 발효일은 그 선언을 한 국가 또는 정부간기구에 대한 의정서의 발효일과 동일하다. 그러한 선언은 그 이후에도 할 수 있으며, 이 경우에 선언은 국제등록일이 선언의 발효일 또는 그 이후인 국제등록에 관하여, 사무총장이 이를 수령한 날부터 3월 경과시 또는 선언에 표시된 그 이후 일자에 효력이 발생한다.

**제9조【국제등록의 명의변경등재】** 국제등록의 명의인인 자의 신청, 또는 직권이나 이해관계인의 신청에 의한 이해관계 있는 관청의 신청에 의하여, 국제사무국은 그 국제등록의 효력이 미치는 체약당사자의 전부 또는 일부 및 그 국제등록에 열거된 상품 및 서비스의 전부 또는 일부에 관한 그 등록의 명의변경을 국제등록부에 등재하여야 한다. 다만, 새로운 권리자는 제2조제1항에 의하여 국제출원을 할 수 있는 자격이 있는 자이어야 한다.

**제9조의2【국제등록에 관한 특정사항의 등재】** 국제사무국은 국제등록부에 다음 사항을 등재한다.

가. 국제등록의 권리자의 성명 또는 주소의 변경

나. 국제등록의 권리자의 대리인 선임 및 그 대리인에 관한 그밖의 관련 사실

다. 체약당사자의 전부 또는 일부에 관한 국제등록에 열거된 상품 및 서비스의 감축

라. 체약당사자의 전부 또는 일부에 관한 국제등록의 포기, 취소 또는 무효

마. 국제등록의 대상인 표장에 대한 권리에 관하여 공통규칙에서 특정하는 그밖의 관련 사실

**제9조의3【특정 등재 수수료】** 제9조 또는 제9조의2의 규정에 의한 등재는 수수료의 납부를 조건으로 할 수 있다.

**제9조의4【다수 체약국의 공동관청】**
① 다수의 체약국이 표장에 관한 국내법령의 통일을 시행하기로 합의한 경우에는, 당해 체약국들은 사무총장에게 다음 사항을 통지할 수 있다.
가. 공동관청이 체약국 각각의 국내관청을 대신한다는 것, 그리고
나. 본조에 선행하는 규정의 전부 또는 일부와 제9조의5 및 제9조의6의 규정의 적용 목적상 그 국가들 각각의 영역 전체는 단일 국가로 간주되어야 한다는 것.
② 그러한 통지는 사무총장이 그밖의 체약당사자에게 통보를 한 날부터 3월이 경과하여야 효력이 발생한다.

**제9조의5【국제등록의 국내 또는 지역출원으로의 전환】** 제6조제4항의 규정에 의한 본국관청의 신청에 의하여 국제등록에 열거된 상품 및 서비스의 전부 또는 일부에 관하여 국제등록이 취소되고, 그 국제등록의 권리자이었던 자가 그 국제등록이 효력을 미쳤던 체약당사자의 관청에 동일한 표장의 등록을 위하여 출원을 한 경우에는, 그 출원은 제3조제4항에 의한 국제등록일 또는 제3조의3제2항에 의한 영역확장의 등록일에 출원된 것으로 취급되어야 하고, 국제등록이 우선권을 향유하고 있었던 경우에는, 동일한 우선권을 향유하여야 한다. 다만,
가. 국제등록이 취소된 날부터 3월 이내에 그러한 출원이 있고,
나. 출원서에 열거된 상품 및 서비스가 당해 체약당사자에 관한 국제등록상의 상품 및 서비스 목록내에 실제로 포함되어야 하며,
다. 그러한 출원은 수수료에 관한 요건을 포함한 해당법의 모든 요건을 충족하여야 한다.

**제9조의6【의정서와 마드리드 (스톡홀름) 협정 양자의 당사자인 국가들 간의 관계】**
① 1. 의정서와 마드리드 (스톡홀름) 협정 양자 모두에 당사자인 국가들 간의 상호 관계에 관해서는 본 의정서만이 적용된다.
2. 제1호에도 불구하고 의정서와 마드리드 (스톡홀름) 협정 양자 모두에 당사자인 국가가 본 의정서 제5조제2항제2호, 제5조 제2항제3호 혹은 제8조제7항에 따라서 한 선언은 의정서와 마드리드 (스톡홀름) 협정 양자 모두에 당사자인 다른 국가와의 관계에서는 효력을 발생하지 아니한다.
② 총회는 2008년 9월 1일로부터 3년의 경과후 제1항제2호의 적합성을 검토하고, 그 이후 언제든지 4분의 3의 다수결에 의하여 이를 폐기하거나 그 적용범위를 제한할 수 있다. 총회의 표결에는 마드리드 (스톡홀름) 협정과 의정서 양자 모두에 당사자인 국가들만이 참가할 권리가 있다.
(2006.10.3 본조개정)

**제10조【총회】**
① 1. 체약당사자는 마드리드(스톡홀름) 협정의 당사국과 동일한 총회의 회원이다.
2. 총회에서 각 체약당사자는 1인의 대표자에 의하여 대표되며, 그 대표자는 교체대표, 고문 및 전문가의 조력을 받을 수 있다.
3. 각 대표자의 경비는 동맹의 기금에서 지불되는 각 체약당사자당 대표자 1인의 교통비 및 체제비를 제외하고는, 이를 임명하는 체약당사자가 부담한다.

② 총회는 마드리드(스톡홀름) 협정에 의하여 부여받은 기능 외에 다음의 기능을 수행한다.

가. 의정서의 시행과 관련된 모든 사항의 처리

나. 의정서의 당사자가 아닌 동맹 국가의 의견을 적절히 고려하여, 국제사무국에 의정서 개정회의 준비에 관한 사항을 지시

다. 의정서의 시행에 관한 공통규칙의 규정을 채택 및 변경

라. 의정서에 의한 그밖의 적절한 기능의 수행

③ 1. 각 체약당사자는 총회에서 하나의 투표권을 갖는다. 마드리드(스톡홀름) 협정 당사자인 국가에만 관련된 사항에 대하여는 동 협정의 당사자가 아닌 체약당사자는 투표권을 가지지 아니하고, 체약당사자에만 관련된 사항에 대하여는 체약당사자만이 투표권을 갖는다.

2. 특정 사안에 관하여 투표권을 갖는 총회 회원의 2분의1이 그 사안에 대한 의사정족수를 구성한다.

3. 상기 제2호의 규정에 불구하고, 어느 회기에서 특정사안에 관하여 투표권을 갖고 대표를 참석시킨 총회 회원의 수가, 그 사안에 대하여 투표권을 가지는 총회 회원수의 2분의 1 미만이지만 3분의1 이상인 경우에는, 총회는 의결을 할 수는 있지만, 총회의 의사절차에 관한 의결을 제외하고는 그러한 의결은 다음에 명시된 조건이 충족되는 경우에만 효력이 있다. 즉, 국제사무국은, 그 사항에 관한 투표권이 있으나 대표를 참석시키지 아니한 총회 회원에게 그 의결을 통보하고, 그 통보일부터 3월의 기간 이내에 서면으로 투표 또는 기권을 표명하도록 권유한다. 이 기간의 만료시에 그에 따라 투표 또는 기권을 표명한 회원의 수가, 그 회기에서의 정족수에 도달하기에 부족하였던 회원의 수에 도달하는 경우에는, 당해 의결은 효력이 있다. 다만, 그와 동시에 필요한 과반수가 여전히 유지되어야 한다.

4. 제5조제2항제5호, 제9조의6제2항, 제12조 및 제13조제2항의 경우를 제외하고, 총회의 의결은 행사된 투표수의 3분의2를 요구한다.

5. 기권은 투표한 것으로 간주되지 아니한다.

6. 대표자는 총회에서 하나의 회원만을 대표하고, 그 회원의 명의로만 투표할 수 있다.

④ 마드리드(스톡홀름) 협정에 의하여 규정된 정기회기 및 임시회기의 회의 이외에, 그 회기의 의제에 포함되도록 발의된 사항에 대하여 투표권을 가지는 총회 회원의 4분의1의 요구에 의하여 사무총장이 회의소집을 한 때에는, 총회는 임시회기의 회의를 갖는다. 사무총장은 당해 임시회기의 의제를 준비한다.

**제11조 【국제사무국】** ① 국제사무국은 의정서에 의한 또는 의정서에 관한 국제등록 및 관련의무사항과 그밖의 행정업무를 수행한다.

② 1. 국제사무국은 총회의 지시에 따라 의정서의 개정회의를 준비한다.

2. 국제사무국은 개정회의의 준비를 위하여 정부간기구 및 국제비정부간기구와 협의할 수 있다.

3. 사무총장 및 그가 지명한 자는 개정회의의 토의에 참여하여야 하며, 이때 투표권을 행사하지 못한다.

③ 국제사무국은 의정서와 관련하여 부여된 그밖의 업무를 수행하여야 한다.

**제12조 【재정】** 체약당사자에 관한 한, 동맹의 재정은 마드리드(스톡홀름) 협정 제12조에 포함된 규정과 동일한 규정의 적용을 받는다. 다만, 동협정 제8조에 대한 언급은 의정서 제8조에 대한 것으로 본다. 또한, 동협정 제12조

제6항제2호의 목적상, 총회에 의한 만장일치의 반대결의를 조건으로, 체약기구는 공업소유권의보호를위한파리협약하의 분담금 등급 I 에 속하는 것으로 본다.

**제13조 【의정서의 특정조항의 수정】**

① 체약당사자 또는 사무총장은 제10조, 제11조, 제12조 및 본조의 수정안을 발의할 수 있다. 사무총장은 당해 제안을 적어도 총회의 논의 6월 전에 체약당사자에게 통보하여야 한다.

② 총회는 제1항에서 언급된 조항에 대한 수정안을 채택한다. 채택에는 행사된 투표수의 4분의3이 요구된다. 다만, 제10조 및 본항의 수정안에는 행사된 투표수의 5분의4가 요구된다.

③ 제1항에서 언급된 조항에 대한 수정안은, 수정의 채택 시에 총회의 회원이고 수정에 관한 투표권이 있는 국가 및 정부간기구의 4분의3으로부터 그들 각각의 헌법상 절차에 따라 발효된 서면수락통지를 사무총장이 수령한 날부터 1월이 경과한 때에 발효된다. 이와 같이 수락된 상기 조항의 수정안은 수정안의 효력 발생시 체약당사자이거나 그 후에 체약당사자가 된 모든 국가 및 정부간기구를 기속한다.

**제14조 【의정서 가입, 발효】**

① 1. 공업소유권의보호를위한파리협약의 당사자인 국가는 의정서의 당사자가 될 수 있다.

2. 또한, 정부간기구도 다음 조건을 충족하는 경우에는 의정서의 당사자가 될 수 있다.

가. 최소한 그 기구의 회원국 중 1국이 공업소유권의보호를위한파리협약의 당사자이고

나. 기구의 영역내에서 효력을 갖는 표장의 등록을 위한 지역관청이 그 기구내에 있어야 한다. 다만, 그러한 관청은 제9조의4에 의한 통지의 대상이 아니어야 한다.

② 제1항에서 언급된 국가 또는 기구는 의정서에 서명할 수 있다. 그러한 국가 또는 기구는, 의정서에 서명한 경우에는 의정서에 대한 비준서 · 수락서 또는 승인서를 기탁할 수 있고, 의정서에 서명하지 아니한 경우에는 의정서에 대한 가입서를 기탁할 수 있다.

③ 제2항에서 언급된 기탁서는 사무총장에게 기탁되어야 한다.

④ 1. 의정서는 4건의 비준서 · 수락서 · 승인서 또는 가입서가 기탁된 후 3월이 경과한 때에 효력이 발생한다. 다만, 최소한 그 기탁서 중 하나는 마드리드(스톡홀름) 협정의 당사자인 국가가 기탁하여야 하고, 최소한 그 기탁서 중 다른 하나의 기탁서는 마드리드(스톡홀름) 협정의 당사자가 아닌 국가 또는 제1항제2호에서 언급된 기구가 기탁하여야 한다.

2. 제1항에서 언급된 그밖의 국가 또는 기구와 관련하여, 의정서는 사무총장이 그 국가 또는 기구의 비준 · 수락 · 승인 또는 가입을 통지한 날부터 3월이 경과한 때에 효력이 발생한다.

⑤ 제1항에서 언급된 국가 또는 기구는 의정서의 비준서 · 수락서 · 승인서 또는 가입서 기탁시, 그 국가 또는 기구에 관하여 의정서의 효력발생일 이전에 의정서에 의하여 실행된 국제등록으로 인한 보호는 그 국가 또는 기구에까지 확장될 수 없다고 선언할 수 있다.

**제15조 【폐기】** ① 의정서는 시간적 제한 없이 그 효력이 계속된다.

② 체약당사자는 사무총장에게 통지함으로써 의정서를 폐기할 수 있다.

③ 폐기는 사무총장의 통지 수령일부터 1년이 경과한 때에 효력이 발생한다.

④ 체약당사자는 그 체약당사자에 관하여 의정서의 효력발생일부터 5년이 만료되기 전에는 본조에 규정된 폐기권을 행사할 수 없다.

⑤ 1. 표장이 폐기의 효력발생일에 이를 폐기하는 국가 또는 정부간기구 내에서 유효한 국제등록의 대상인 경우에는, 그러한 등록의 권리자는 그 국가 또는 정부간기구의 관청에 동일한 표장의 등록을 위한 출원을 할 수 있다. 그 출원은 제3조제4항에 의한 국제등록일 또는 제3조의3 제2항에 의한 영역확장의 등록일에 출원된 것으로 취급되며, 그 국제등록이 우선권을 향유한 경우에는 동일한 우선권을 향유한다. 다만, (ⅰ) 폐기가 효력을 발생하는 날로부터 2년 이내에 상기 출원이 이루어질 것

가. 폐기의 효력발생일부터 2년 이내에 출원되고,

나. 그 출원에 열거된 상품 및 서비스가 폐기하는 국가 또는 정부간기구에 관한 국제등록상의 상품 및 서비스 목록에 실제로 포함되어 있으며,

다. 그러한 출원은 수수료를 포함하는 해당법의 모든 요건을 충족하여야 한다.

2. 제1호의 규정은, 폐기가 효력을 발생하고 그 표장의 권리자가 폐기에 의하여 제2조제1항에 의한 국제출원을 할 수 있는 자격을 더 이상 가지지 아니하는 날에, 폐기하는 국가 또는 정부간기구가 아닌 체약당사자 내에서 유효한 국제등록의 대상인 표장에 대하여도 적용된다.

**제16조【서명, 언어, 기탁처 사무】**

① 1. 의정서는 영어, 불어 및 스페인어로 작성된 단일본에 서명되며, 마드리드에서 서명을 위한 개방이 종료된 후에는 사무총장에게 기탁된다. 3개 언어본은 동등한 정본이다.

2. 사무총장은 이해관계 있는 정부 및 기구와 협의한 후 아랍어, 중국어, 독일어, 이태리어, 일본어, 포르투갈어, 러시아어 및 총회가 지정하는 그밖의 언어로 공식 번역문을 작성한다.

② 의정서는 1989년 12월 31일까지 마드리드에서 서명을 위하여 개방된다.

③ 사무총장은 서명된 의정서에 대한 스페인정부의 인증등본 2부를 당사자가 될 모든 국가 및 정부간기구에 송부한다.

④ 사무총장은 의정서를 국제연합 사무국에 등록한다.

⑤ 사무총장은 의정서의 당사자이거나 당사자가 될 모든 국가 및 정부간기구에게, 서명, 비준서 · 수락서 · 승인서 또는 가입서의 기탁, 의정서 및 이의 수정안의 발효, 폐기통지 및 의정서에서 규정하는 선언에 관하여 통지한다.

〈첨부1〉

# 표장의 국제등록에 관한 마드리드 협정 및 그 협정에 대한 의정서의 공통규칙

마드리드에서 개정 채택 2003.10. 1
대한민국에 대하여 발효 2004. 4. 1
(외교통상부고시 제517호)

목 차



## 제1장 총 칙

### 규칙1 약 어

공통규칙의 목적상,

가. "협정"이라 함은 1891년 4월 14일 채택되어 1967년 7월 14일 스톡홀름에서 개정되고 1979년 9월 28일 수정된 표장의국제등록에관한마드리드협정을 말한다.

나. "의정서"라 함은 1989년 6월 27일 마드리드에서 채택된 표장의국제등록에관한마드리드협정에 대한의정서를 말한다.

다. "체약당사자"라 함은 협정에 가입한 국가 또는 의정서에 가입한 국가나 정부간기구를 말한다.

라. "체약국"이라 함은 국가인 체약당사자를 말한다.

마. "체약기구"라 함은 정부간기구인 체약당사자를 말한다.

바. "국제등록"이라 함은 협정이나 의정서 또는 이들 양자에 의하여 실행된 표장의 등록을 말한다.

사. "국제출원"이라 함은 협정이나 의정서 또는 이들 양자에 의하여 제출되는 국제등록을 위한 출원을 말한다.

아. "협정만이 적용되는 국제출원"이라 함은 국제출원의 본국관청이 다음의 관청인 국제출원을 말한다.
- 협정에는 기속되지만 의정서에는 기속되지 아니하는 국가의 관청, 또는
- 당해 국제출원에서 지정된 모든 국가가 협정에 기속되는 국가인 경우(그들 국가가 의정서에도 기속되는지 여부와는 무관)에는 협정 및 의정서 양자에 기속되는 국가의 관청

자. "의정서만이 적용되는 국제출원"이라 함은 국제출원의 본국관청이 다음의 관청인 국제출원을 말한다.
- 의정서에는 기속되지만 협정에는 기속되지 아니하는 국가의 관청, 또는
- 체약기구의 관청, 또는
- 당해 국제출원에서 협정에 기속되는 국가를 지정하지 않은 경우에는 협정 및 의정서 양자에 기속되는 국가의 관청

차. "협정 및 의정서 양자가 적용되는 국제출원"이라 함은 국제출원의 본국관청이 협정 및 의정서 양자에 기속되는 국가의 관청이고, 그 국제출원이 등록을 기초로 하며, 다음의 지정을 포함하는 국제출원을 말한다.
- 협정에 기속되는 최소 1 이상의 국가의 지정(그 국가가 동시에 의정서에도 기속되는지 여부와는 무관함), 그리고
- 의정서에는 기속되지만 협정에는 기속되지 아니하는 최소 1 이상의 국가 또는 최소 1 이상의 체약기구의 지정

카. “출원인”이라 함은 그의 명의로 국제출원을 하는 자연인 또는 법인을 말한다.

타. “법인”이라 함은 해당 법령에 의하여 권리를 취득하고 의무를 부담하며 법정에서 제소하거나 피소될 수 있는 회사, 조합 또는 그밖의 단체나 조직을 말한다.

파. “기초출원”이라 함은 체약당사자의 관청에 출원된 표장등록출원으로서 그 표장의 등록을 위한 국제출원의 기초를 구성하는 출원을 말한다.

하. “기초등록”이라 함은 체약당사자의 관청에 의하여 실행된 표장의 등록으로서 그 표장의 등록을 위한 국제출원의 기초를 구성하는 등록을 말한다.

갸. “지정”이라 함은 협정 제3조의3제1항이나 제2항, 또는 의정서 제3조의3제1항이나 제2항에 의한 보호의 확장(“영역확장”)신청을 말한다. 국제등록부에 등재된 확장 또한 동일한 의미이다.

냐. “지정체약당사자”라 함은 협정 제3조의3제1항이나 제2항, 또는 의정서 제3조의3제1항이나 제2항에 의하여 보호의 확장(“영역확장”)이 신청된 체약당사자 또는 국제등록부에 그러한 확장이 등재된 체약당사자를 말한다.

댜. “협정에 의한 지정체약당사자”라 함은 협정 제3조의3제1항이나 제2항에 의하여 신청된 보호의 확장(“영역확장”)이 국제등록부에 등재된 지정체약당사자를 말한다.

댜의2. “체약당사자의 지정이 협정의 적용을 받는 체약당사자”라 함은 협정에 의하여 지정된 체약당사자를 의미하거나, 또는, 명의변경이 등재되었고, 권리자의 체약당사자가 협정에 기속되는 경우에 협정에 기속되는 지정체약당사자를 말한다.

랴. “의정서에 의한 지정체약당사자”라 함은 의정서 제3조의3제1항이나 제2항에 의하여 신청된 보호의 확장(“영역확장”)이 국제등록부에 등재된 지정체약당사자를 말한다.

먀. “가거절통지”라 함은 협정 제5조제1항 또는 의정서 제5조제1항에 의한 지정체약당사자의 관청에 의한 선언을 말한다.

먀의2. “무효”라 함은 체약당사자의 지정에 의하여 보호되는 상품 또는 서비스의 전부 또는 일부에 관한 국제등록의 그 체약당사자 영역 내 효력을 철회하거나 취소하는 지정체약당사자의 (행정적 또는 사법적) 관할기관에 의한 결정을 말한다.

뱌. “공보”라 함은 규칙32의 규정에 의한 정기 공보를 말한다.

샤. “권리자”라 함은 국제등록부에 등재되는 국제등록의 명의인인 자연인 또는 법인을 말한다.

야. “도형요소의 국제분류”라 함은 1973년 6월 12일의 표장의도형요소의 국제분류확립에관한비엔나협정에 의하여 설정된 분류를 말한다.

쟈. “상품 및 서비스의 국제분류”라 함은 1957년 6월 15일 체결되어 1967년 7월 14일 스톡홀름 및 1977년 5월 13일 제네바에서 개정된 표장의등록을위한상품및서비스의국제분류에관한니스협정에 의하여 설정된 분류를 말한다.

챠. “국제등록부”라 함은 국제사무국이 보유하고 있는 국제등록에 관한 공식적인 정보의 집합을 말하며, 협정, 의정서 또는 공통규칙은 그 저장매체에 관계없이 당해 정보를 등재하도록 요구 또는 허용하고 있다.

캬. "관청"이라 함은 표장의 등록을 담당하는 체약당사자의 관청, 또는 협정 제9조의4나 의정서 제9조의4에 의한 공동관청, 또는 경우에 따라서는 이들 양자를 말한다.

탸. "본국관청"이라 함은 협정 제1조제3항에서 정의한 본국의 관청, 또는 의정서 제2조제2항에서 정의한 본국의 관청, 또는 경우에 따라서는 이들 양자를 말한다.

탸의2. "권리자의 체약당사자"라 함은

- 본국관청이 속하는 체약당사자 또는,
- 명의변경이 등재된 경우에는, 체약당사자 또는 체약당사자들 중의 1 당사자에 관하여 권리자가 협정 제1조제2항 및 제2조 또는 의정서 제2조에 의한 국제등록의 권리자가 되기 위한 요건을 충족하는 경우의 그 체약당사자 또는 체약당사자들 중의 1 당사자를 말한다.

퍄. "공식서식"이라 함은 국제사무국이 정하는 서식 또는 그와 동일한 내용 및 형식을 갖춘 서식을 말한다.

햐. "규정 수수료"라 함은 수수료표상의 해당 수수료를 말한다.

거. "사무총장"이라 함은 세계지적재산권기구의 사무총장을 말한다.

너. "국제사무국"이라 함은 세계지적재산권기구의 국제사무국을 말한다.

더. "시행세칙"이라 함은 규칙41에 언급된 시행세칙을 말한다.

**규칙2** 국제사무국에의 통보

국제사무국 앞으로의 통보는 시행세칙에 명시된 바에 의하여 효력을 가진다.

**규칙3** 국제사무국에 대한 대리

① **[대리인, 대리인의 주소, 대리인의 수]**

1. 출원인 또는 권리자는 국제사무국에 대하여 대리인을 가질 수 있다.
2. 대리인의 주소는,
   가. 협정만이 적용되는 국제출원에 관하여는 협정에 기속되는 체약당사자의 영역 내에 있어야 한다.
   나. 의정서만이 적용되는 국제출원에 관하여는 의정서에 기속되는 체약당사자의 영역 내에 있어야 한다.
   다. 협정과 의정서 양자가 적용되는 국제출원에 관하여는 체약당사자의 영역 내에 있어야 한다.
   라. 국제등록에 관하여는 체약당사자의 영역 내에 있어야 한다.
3. 출원인 또는 권리자는 1인의 대리인만을 가질 수 있다. 선임에서 다수의 대리인을 표시한 경우에는, 최초로 표시된 자만이 대리인으로 간주 및 등재된다.
4. 변호사 또는 변리사로 구성된 조합 또는 회사가 국제사무국에 대한 대리인으로 표시된 경우에는, 조합 또는 회사는 1인의 대리인으로 간주된다.

② **[대리인의 선임]**

1. 대리인의 선임은 국제출원, 사후지정 또는 규칙25의 규정에 의한 신청에 의하여 할 수 있다.
2. 대리인의 선임은 별도의 통보로도 할 수 있으며, 이는 동일 출원인 또는 동일 권리자의 1 이상의 특정 국제출원이나 국제등록과 관련될 수 있다. 다음의 자는 상기 통보를 국제사무국에 제출한다.
   가. 출원인, 권리자 또는 선임된 대리인, 또는
   나. 권리자의 체약당사자의 관청

   통보에는 출원인, 권리자 또는 제출을 경유한 관청에 의한 서명이 있어야 한다.

③ **[하자 있는 선임]**
1. 대리인으로 지칭되는 자가 제1항제2호의 규정에 의한 영역 내에 주소를 가지고 있지 아니한 경우에는, 국제사무국은 그 선임이 없었던 것으로 취급하고, 출원인 또는 권리자, 대리인으로 지칭되는 자, 그리고 송부자 또는 전송자가 관청인 경우에는 그 관청에 이러한 취지를 적절히 알려야 한다.
2. 제2항의 규정에 의한 대리인 선임에 하자가 있다고 판단하는 경우에는, 국제사무국은 출원인 또는 권리자, 대리인으로 지칭되는 자, 그리고 송부자 또는 전송자가 관청인 경우에는 그 관청에 이러한 취지를 적절히 알려야 한다.
3. 제1항제2호 및 제2항의 규정에 의한 관련 요건이 충족되지 아니하는 동안은, 국제사무국은 모든 관련 통보를 출원인 또는 권리자 본인에게 송부하여야 한다.

④ **[대리인 선임의 등재 및 통지, 선임의 효력발생일]**
1. 대리인의 선임이 해당 요건을 충족하였다고 판단하는 경우, 국제사무국은 출원인 또는 권리자에게 대리인이 있다는 사실과 그 대리인의 성명 및 주소를 국제등록부에 등재한다. 이 경우 그 선임의 효력발생일은 대리인을 선임하는 국제출원, 사후지정, 신청 또는 별도의 통보를 국제사무국이 수령한 날이다.
2. 국제사무국은 제1호의 규정에 의한 등재를 출원인 또는 권리자 및 그 대리인 양자에게 통지하여야 한다. 선임이 관청을 경유하여 제출된 별도의 통보로 행하여진 경우에는, 국제사무국은 당해 관청에도 그 등재를 통지하여야 한다.

⑤ **[대리인 선임의 효과]**
1. 공통규칙에서 명시적으로 달리 규정하는 경우를 제외하고는, 제4항제1호에 의하여 등재된 대리인의 서명은 출원인 또는 권리자의 서명을 대신한다.
2. 공통규칙에서 권유, 통지 또는 그밖의 통보를 반드시 출원인 또는 권리자 및 대리인 양자 앞으로 송부하도록 명시적으로 요구하는 경우를 제외하고는, 권유, 통지 또는 그밖의 통보는 제4항제1호에 의하여 등재된 대리인 앞으로 송부되며, 대리인이 부재하는 경우에는 출원인 또는 권리자에게 송부되어야 한다. 그 대리인 앞으로 송부된 권유, 통지 또는 그밖의 통보도 출원인 또는 권리자 앞으로 송부된 것과 동일한 효력을 갖는다.
3. 제4항제1호에 의하여 등재된 대리인이 국제사무국 앞으로 송부한 통보는 출원인 또는 권리자가 국제사무국 앞으로 송부한 것과 동일한 효력을 갖는다.

⑥ **[등재의 취소, 취소의 효력발생일]**
1. 제4항의 규정에 의한 등재는 출원인, 권리자 또는 대리인이 서명한 통보로 취소를 신청하는 경우에 취소된다. 새로운 대리인이 선임되는 경우, 또는 명의이전이 등재되었으나 그 국제등록의 새로운 권리자가 대리인을 선임하지 아니한 경우에는, 국제사무국은 직권으로 그 등재를 취소한다.
2. 제3호를 조건으로, 취소는 국제사무국이 상응하는 통보를 수령하는 날부터 그 효력이 발생한다.
3. 대리인이 취소를 신청하는 경우에는, 다음중 선행하는 일자부터 취소의 효력이 발생된다.
   가. 새로운 대리인을 선임한다는 통보를 국제사무국이 수령하는 날
   나. 대리인의 등재취소신청을 수령하는 날부터 2월 기간의 만료일

취소의 효력발생일까지 국제사무국은 제5항제2호에서 언급된 모든 통보를 출원인 또는 권리자 및 대리인 양자 앞으로 송부하여야 한다.

4. 국제사무국은 대리인의 취소신청 수령시에는 출원인 또는 권리자에게 적절히 통지하고, 그 통지일 전 6월 동안 국제사무국이 대리인에게 송부하거나, 그 대리인으로부터 수령한 모든 통보의 사본을 그 통지에 첨부한다.
5. 취소의 효력발생일을 알게되면, 국제사무국은 그 취소사실과 효력발생일을 등재가 취소된 대리인과 출원인 또는 권리자에게 통지하고, 그 대리인 선임이 관청을 경유하여 제출된 경우에는 그 관청에도 통지하여야 한다.

**규칙4** 기간의 계산

① **[년(年)으로 표시된 기간]** 년으로 표시된 기간은 연속된 해당 연도에서, 기산점이 되는 사건발생의 월 및 일과 동일한 월 및 일에 만료한다. 다만, 사건이 2월 29일에 발생하고 연속된 해당 연도에서 2월이 28일로 종료하는 경우에는 그 기간은 2월 28일에 만료한다.

② **[월(月)로 표시된 기간]** 월로 표시된 기간은 연속된 해당 월에서, 기산점이 되는 사건발생일과 동일한 일에 만료한다. 다만, 연속된 해당 월에 동일한 일이 없는 경우에는 그 기간은 그 월의 말일에 만료한다.

③ **[일(日)로 표시된 기간]** 일로 표시된 기간의 계산은 해당 사건발생일의 익일부터 기산하고, 그 기간에 따라 만료한다.

④ **[국제사무국 또는 관청의 휴무일에의 만료]** 국제사무국 또는 해당 관청의 휴무일에 기간이 만료하는 경우에는 그 기간은 제1항 내지 제3항의 규정에 불구하고 국제사무국 또는 해당 관청의 업무재개일에 만료한다.

⑤ **[만료일의 표시]** 국제사무국은 기간을 통보하는 모든 경우에 제1항 내지 제3항의 규정에 의하여 상기 기간의 만료일을 표시하여야 한다.

**규칙5** 우편 및 교부업무상의 하자

① **[우편업무에 의하여 송부된 통보]** 이해당사자가 우편업무를 통하여 기간내에 국제사무국 앞으로 통보를 송부하지 못한 경우, 그 이해당사자가 다음의 사실을 보여주는 증거를 제출하고 국제사무국이 이를 수용하는 경우에는 그 책임이 면제된다.

가. 통보가 적어도 기간 만료 5일전에 우송되었거나, 또는 기간 만료전 10일의 기간중에 우편업무가 전쟁, 혁명, 소요, 파업, 천재지변, 그밖에 이와 유사한 사유로 인하여 중단된 경우에는, 통보가 우편업무가 재개 후 5일 이내에 우송되었다는 사실,

나. 우송하는 때에 우편업무에 의하여 통보의 우송이 등기되었거나 우송의 상세사항이 기록되었다는 사실, 그리고

다. 모든 등급의 우편이 우송 후 통상 2일 이내에 국제사무국에 도달하는 것이 아닌 경우에는, 우송 후 통상 2일 이내에 국제사무국에 도달하는 등급의 우편 또는 항공우편으로 통보를 우송하였다는 사실

② **[교부업무에 의하여 송부된 통보]** 이해당사자가 교부업무를 통하여 기간내에 국제사무국 앞으로 통보를 송부하지 못한 경우, 그 이해당사자가 다음의 사실을 보여주는 증거를 제출하고 국제사무국이 이를 수용하는 경우에는 그 책임이 면제된다.

가. 통보가 적어도 기간 만료 5일전에 송부되었거나, 또는 기간 만료전 10일의 기간중에 교부업무가 전쟁, 혁명, 소요, 파업, 천재지변,

그밖에 이와 유사한 사유로 인하여 중단된 경우에는 통보가 교부업무가 재개된 후 5일 이내에 송부되었다는 사실, 그리고

나. 송부하는 때에 교부업무에 의하여 통보 송부의 상세사항이 기록되었다는 사실

③ **[면책의 제한]** 기간해태면제는 국제사무국이 제1항 또는 제2항에서 언급된 증거 및 그 통보 또는 그 통보의 사본을 늦어도 그 기간 만료 후 6월 이내에 수령하는 경우에만 가능하다.

④ **[국제출원 및 사후지정]** 국제사무국이 협정 제3조제4항, 의정서 제3조제4항 및 규칙24제6항제2호에 언급된 2월의 기간 경과 후 국제출원 또는 사후지정을 수령하고, 해당 관청이 제1항 또는 제2항에서 언급된 사유로 인하여 그 수령이 지체되었음을 표시하는 경우에는, 제1항 또는 제2항 및 제3항의 규정이 적용된다.

### 규칙6 언 어

① **[국제출원]**

1. 협정만이 적용되는 국제출원은 불어로 작성한다.
2. 의정서만이 적용되거나 또는 협정 및 의정서 양자가 적용되는 국제출원은 본국관청이 규정하는 바에 따라 영어, 불어 또는 스페인어로 작성한다. 본국관청은 출원인이 영어, 불어 및 스페인어 중에서 선택할 수 있도록 허용할 수 있다.(2004.4.1 개정)

② **[국제출원 이외의 통보]**

1. 협정만이 적용되는 국제출원 또는 그로 인한 국제등록에 관한 통보는, 규칙17제2항마목 및 동규칙제3항을 조건으로, 불어로 작성한다. 다만, 협정만이 적용되는 국제출원으로 인한 국제등록이 의정서에 의한 사후지정의 대상이거나 대상이었던 경우에는 제2호의 규정이 적용된다.
2. 의정서만이 적용되거나 협정 및 의정서 양자가 적용되는 국제출원 또는 그로 인한 국제등록에 관한 통보는, 규칙17제2항마목 및 동규칙제3항을 조건으로, 다음의 언어로 작성한다.
   가. 통보가 출원인이나 권리자, 또는 관청에 의하여 국제사무국 앞으로 송부되는 경우에는 영어, 불어 또는 스페인어(2004.4.1 개정)
   나. 통보가 규칙9제5항제6호의 규정에 의하여 국제출원에 첨부되거나 규칙24제3항제2호가목의 규정에 의하여 사후지정에 첨부되는 표장의 사용의사선언인 경우에는 규칙7제2항의 규정에 의한 언어
   다. 통보가 국제사무국에 의하여 관청 앞으로 송부되는 통지인 경우에는, 그 관청이 국제사무국에 그러한 통지가 영어, 불어 또는 스페인어만으로 작성되어야 한다고 통지한 경우를 제외하고는, 그 국제출원의 언어. 국제사무국에 의한 통지가 국제등록의 국제등록부등재에 관한 것인 경우에는, 그 통지에 국제사무국이 수령한 관련 국제출원의 언어를 표시하여야 한다.(2004.4.1 개정)
   라. 통보가 국제사무국에 의하여 출원인 또는 권리자 앞으로 송부되는 통지인 경우에는, 그 출원인 또는 권리자가 그러한 모든 통지가 영어, 불어 또는 스페인어로 작성되기를 희망한다고 표시한 경우를 제외하고는, 그 국제출원의 언어(2004.4.1 개정)

③ **[등재 및 공고]**

1. 협정만이 적용되는 국제출원의 경우, 국제출원으로 인한 국제등록의 국제등록부에의 등재와 공보에의 공고, 그리고 그 국제등록에 관하여 공통규칙에 의하여 등재되고 공고된 자료의

국제등록부에의 등재와 공보에의 공고는 불어로 작성하여야 한다.

2. 의정서만이 적용되거나 협정 및 의정서 양자가 적용되는 국제출원의 경우, 국제출원으로 인한 국제등록의 국제등록부에의 등재와 공보에의 공고 및 그 국제등록에 관하여 공통규칙에 의하여 등록되고 공고된 자료의 국제등록부에의 등재와 공보에의 공고는 영어, 불어 및 스페인어로 작성된다. 국제등록의 등재 및 공고에는 국제사무국이 수령한 국제출원의 언어를 표시하여야 한다. (2004.4.1 개정)

3. 최초의 사후지정이 불어로만 또는 영어 및 불어로만 공고된 국제등록에 관한 의정서에 의한 지정인 경우에는, 국제사무국은 공보에 그 사후지정의 공고와 함께 영어 및 스페인어로 그 국제등록을 공고하고 그 국제등록을 불어로 재공고하거나, 스페인어로 그 국제등록을 공고하고 영어와 불어로 그 국제등록을 재공고한다. 그 사후지정은 영어, 불어 및 스페인어로 국제등록부에 등재된다. 그 후 해당 국제등록에 관하여 공통규칙에 의하여 등재되고 공고된 자료의 국제등록부에의 등재와 공보에의 공고는 영어, 불어 및 스페인어로 작성하여야 한다.(2004.4.1 개정)

④ **[번역]**

1. 국제사무국은 제2항제2호다목 및 라목의 규정에 의한 통지 및 제3항제2호 및 제3호의 규정에 의한 등재 및 공고를 위하여 번역을 한다. 출원인 또는 권리자는 국제출원·사후지정등재신청 또는 변경등재신청에 그 국제출원 또는 신청에 포함된 내용에 대한 번역안을 첨부할 수 있다. 제출된 번역안이 부정확하다고 판단하는 경우에는, 국제사무국은 출원인 또는 권리자에게 수정안에 대한 의견을 권유일부터 1월 이내에 제출하도록 권유한 후에 그 번역안을 수정하여야 한다.(2004.4.1 개정)

2. 제1호의 규정에 불구하고 국제사무국은 표장을 번역하지 아니한다. 규칙9제4항제2호다목 또는 규칙24제3항제3호의 규정에 의하여 출원인 또는 권리자가 표장을 번역한 경우에는, 국제사무국은 그 번역의 정확성을 확인하지 아니한다.

### 규칙7 특정 특별요건의 통지

① (삭제)

② **[표장의 사용의사]** 체약당사자가 의정서에 의한 지정체약당사자로서 표장의 사용의사선언을 요구하는 경우에는, 그 체약당사자는 그 요구를 사무총장에게 통지하여야 한다. 선언에 출원인 자신이 서명하고 당해 선언이 국제출원에 첨부된 별도의 공식서식으로 작성되어야 한다고 그 체약당사자가 요구하는 경우에는, 그 통지에 그 취지의 기술이 포함되어야 하고 요구되는 선언의 정확한 문구가 명시되어야 한다. 체약당사자가 선언은 영어, 불어 또는 스페인어로 작성되어야 한다고 추가적으로 요구하는 경우에는, 그 통지에 요구되는 언어를 명시하여야 한다. (2004.4.1 개정)

③ **[통지]**

1. 제2항에서 언급된 통지는 그 체약당사자가 의정서의 비준서·수락서·승인서·가입서를 기탁할 때에 할 수 있고, 그 통지의 효력발생일은 그 통지를 한 체약당사자에 대하여 의정서가 효력을 발생하는 날과 동일하다. 통지는 그 이후에도 할 수 있으며, 이 경우에 통지는, 국제등록일이 통지의 발효일이나 그 이후인 국제등록에 관하여, 사무총장이 이를 수령한 날부터 3월 경과시 또는 통지에 표시된 그 이후 일자에 효력이 발생한다.

2. 제1항(Re.1)에 의하여 2001년 10월 4일 전에 시행된 통지 또는 제2항에 의한 통지는 언제든지 철회될 수 있다. 철회통지는 사무총장 앞으로 송부되어야 한다. 철회는 사무총장의 철회통지 수령시 또는 통지에 표시된 그 이후 일자에 효력이 발생한다.

(Remark 1) 규칙7제1항은 다음과 같다 : "체약당사자의 관청이 본국관청이고 권리자의 주소가 그 체약당사자의 영역 내에 있는 경우 국제등록 후에 하는 지정은 해당 체약당사자의 관청이 국제사무국에 제출하여야 한다고 그 체약당사자가 요구하는 경우에는, 그 체약당사자는 그 요구를 사무총장에게 통지하여야 한다."

## 제2장 국제출원

### 규칙8 복수 출원인

① **[협정만에 의하여 출원하거나 협정 및 의정서 양자에 의하여 출원하는 2인 이상의 출원인]** 기초등록을 공동으로 소유하고 협정 제1조제3항에서 정의된 바에 의하여 각자의 본국관청이 동일한 경우에는, 2인 이상의 출원인은 협정만이 적용되는 국제출원 또는 협정 및 의정서 양자가 적용되는 국제출원을 공동으로 제출할 수 있다.

② **[의정서만에 의하여 출원하는 2인 이상의 출원인]** 기초출원을 공동으로 제출하였거나 또는 기초등록을 공동으로 소유하고, 본국관청이 속하는 체약당사자와 관련하여 각자가 의정서 제2조제1항에 따라 국제출원을 할 수 있는 적격을 갖추고 있는 경우에는, 2인 이상의 출원인은 의정서만이 적용되는 국제출원을 공동으로 제출할 수 있다.

### 규칙9 국제출원에 관한 요건

① **[제출]** 국제출원은 본국관청에 의하여 국제사무국에 제출된다.

② **[서식 및 서명]**

1. 국제출원은 공식서식 1부로 제출된다.
2. 본국관청은 국제출원에 서명하여야 하며, 본국관청의 요구시 출원인도 서명하여야 한다. 본국관청이 출원인으로 하여금 국제출원에 서명하도록 요구하지는 아니하지만 출원인의 서명이 허용되는 경우에는 출원인은 이에 서명할 수 있다.

③ **[수수료]** 국제출원에 적용되는 규정 수수료는 규칙10, 규칙34 및 규칙35에서 규정하는 바에 의하여 납부되어야 한다.

④ **[국제출원의 내용]**

1. 국제출원은 다음 사항을 포함하거나 표시하여야 한다.
   가. 시행세칙에 의한 출원인의 성명
   나. 시행세칙에 의한 출원인의 주소
   다. 대리인이 있는 경우, 시행세칙에 의한 대리인의 성명 및 주소
   라. 출원인이 공업소유권의보호를위한파리협약에 의하여 선출원의 우선권을 이용하고자 하는 경우에는, 그 선출원의 우선권을 주장한다는 선언, 그 선출원이 있었던 관청의 명칭 및 그 일자, 가능하면 그 출원번호, 그리고 선출원이 국제출원에서 열거된 상품 및 서비스 전부에 관련되지 아니하는 경우에는 그 선출원과 관련된 상품 및 서비스의 표시
   마. 공식서식에서 정하는 규격에 따른 표장의 견본. 견본은 선명하여야 하고, 기초출원 또는 기초등록상의 견본이 흑백 또는 색채인지에 따라 당해 견본도 흑백 또는 색채이어야 한다.
   바. 출원인이 당해 표장이 표준문자로 된 표장으로 간주되기를 희망하는 경우에는, 그 취지의 선언
   사. 색채가 기초출원 또는 기초등록에 있어서 표장의 식별력 있는 요소로 주장되는 경우, 또는 출원인이 색채를 표장의 식별력 있는 요소로 주장하기를 희망하고 기초출

원 또는 기초등록에 포함되어 있는 표장이 색채인 경우에는, 색채를 주장한다는 취지, 주장한 색채 또는 색채의 조합에 대한 문자로의 표시 및, 마목에 의하여 제출된 견본이 흑백인 경우에는 색채로 된 그 표장의 견본 1부

사의2. 기초출원 또는 기초등록의 대상인 표장이 색채 또는 색채의 조합으로 구성된 경우에는, 그 취지의 표시

아. 기초출원 또는 기초등록이 입체표장에 대한 것인 경우, "입체표장" 이라는 표시

자. 기초출원 또는 기초등록이 소리표장에 대한 것인 경우, "소리표장" 이라는 표시

차. 기초출원 또는 기초등록이 단체표장, 증명표장 또는 보증표장에 대한 것인 경우, 그 취지의 표시

카. 기초출원 또는 기초등록이 문자에 의한 표장의 설명을 포함하고, 출원인이 그 설명을 포함시키기를 희망하는 경우 또는 본국관청이 그 설명의 포함을 요구하는 경우에는, 그 동일한 설명. 설명이 국제출원의 언어와 다른 언어로 작성되어 있는 경우에는 국제출원의 언어로 작성되어야 한다.

타. 표장이 라틴식 이외의 문자, 또는 아라비아나 로마식 이외의 수자로 구성되어 있거나 이를 포함하고 있는 경우에는, 이를 라틴문자 및 아라비아 수자로 음역한 것. 라틴문자로의 음역은 국제출원 언어의 음성표기법에 따라야 한다.

파. 표장의 국제등록을 받고자 하는 상품 및 서비스의 명칭. 상품 및 서비스는 국제분류상의 해당 류(類)구분으로 그룹화하고 각 그룹 앞에 해당하는 류구분의 번호를 명기하며 국제분류상의 류구분의 순서에 따라 표시한다. 상품 및 서비스는 가능한 한 상품 및 서비스의 국제분류상의 알파벳 목록에 나타나는 단어를 사용하여 정확한 용어로 표시하여야 한다. 국제출원에는 1 이상의 지정체약당사자와 관련한 상품 및 서비스 목록의 감축이 포함될 수 있다. 각 체약당사자에 관한 감축은 다를 수 있다.

하. 납부 수수료 금액과 납부방법, 또는 수수료 요구액을 국제사무국에 개설된 계좌에서 인출하라는 지시, 그리고 납부자 또는 지시자의 확인표시

갸. 지정체약당사자

2. 국제출원에는 또한 다음 사항이 포함될 수 있다.

가. 출원인이 자연인인 경우, 출원인의 국적국의 표시

나. 출원인이 법인인 경우, 그 법인의 법적 성격, 그 법인의 설립준거법의 국가 및, 해당되는 경우 그 국가 내의 지방단위 표시

다. 표장이 번역될 수 있는 문자로 되어 있거나 이를 포함하고 있는 경우에는, 그 국제출원이 협정만의 적용을 받는 경우에는 그 문자의 불어번역문 또는 당해 국제출원이 의정서만의 적용을 받거나 협정 및 의정서 양자의 적용을 받는 경우에는 그 문자의 영어, 불어 및/ 또는 스페인어로의 번역문 (2004.4.1 개정)

라. 출원인이 색채를 표장의 식별력 있는 요소로 주장하는 경우에는, 각 색채에 관하여 그 색채로 된 표장의 주요 부분에 대한 문자로의 표시

마. 출원인이 표장의 어느 요소에 대한 보호의 포기를 희망하는 경우에는, 그 취지 및 보호가 포기되는 요소의 표시

⑤ **[국제출원의 추가적 내용]**

1. 협정만이 적용되는 국제출원 또는 협정 및 의정서 양자가 적용되는 국제출원은, 기초등록의 번호 및 일자를 포함하여야 하고 다음중 하나를 표시하여야 한다.
   가. 본국관청이 속하는 체약당사국의 영역에 출원인이 진정하고 실효적인 산업상 또는 상업상의 영업소를 가지고 있다는 것
   나. 출원인이 협정의 체약당사국에 그러한 영업소를 가지고 있지 아니하는 경우에는, 본국관청이 소속된 국가의 영역에 주소를 가지고 있다는 것
   다. 출원인이 협정의 체약당사국의 영역 내에 그러한 영업소 또는 주소를 가지고 있지 아니한 경우에는, 출원인이 본국관청이 소속된 국가의 국민이라는 것
2. 의정서만이 적용되는 국제출원은 기초출원 또는 기초등록의 번호 및 일자를 포함하여야 하고, 다음중 1 이상을 표시하여야 한다.
   가. 본국관청이 소속된 체약당사자가 국가인 경우에는, 출원인이 그 국가의 국민이라는 것
   나. 본국관청이 소속된 체약당사자가 기구인 경우에는, 출원인이 국민인 그 기구의 회원국가의 이름
   다. 출원인이 본국관청이 소속된 체약당사자의 영역 내에 주소를 가지고 있다는 것
   라. 출원인이 본국관청이 소속된 체약당사자의 영역 내에 진정하고 실효적인 산업상 또는 상업상의 영업소를 가지고 있다는 것
3. 제4항제1호나목의 규정에 의한 출원인의 주소가 본국관청이 소속된 체약당사자의 영역 내에 있지 아니하고, 제1호가목·나목·제2호다목 또는 라목에 의하여 출원인이 체약당사자의 영역 내에 주소 또는 영업소를 가지고 있다고 표시되어 있는 경우에는, 그 주소 또는 그 영업소의 주소를 국제출원에 기재한다.
4. 국제출원은 다음의 사항을 증명하는 본국관청의 선언을 포함하여야 한다.
   가. 국제출원을 국제사무국에 제출하여 주도록 하는 출원인의 신청을 본국관청이 수령하거나 또는 규칙11제1항의 규정에 의하여 이를 수령한 것으로 간주되는 날
   나. 국제출원에 성명이 기재된 출원인이 기초출원에 성명이 기재된 출원인 또는 기초등록에 성명이 기재된 권리자와 동일하다는 것
   다. 제4항제1호사목의2에서 카목까지 언급된 국제출원의 표시사항이 기초출원 또는 기초등록에도 기재되어 있다는 것
   라. 국제출원의 대상이 되는 표장이 기초출원 또는 기초등록에서와 동일하다는 것
   마. 색채가 기초출원 또는 기초등록에서 표장의 식별력 있는 요소로 주장된 경우에는 동일한 주장이 국제출원에 포함되어 있다는 것, 또는, 색채가 기초출원 또는 기초등록에서 주장되지는 않았지만 국제출원에서 표장의 식별력 있는 요소로 주장된 경우에는, 기초출원 또는 기초등록상의 표장이 실제로 주장된 색채 또는 색채의 조합으로 이루어졌다는 것
   바. 국제출원에 표시된 상품 및 서비스가 기초출원 또는 기초등록에 표시된 상품 및 서비스 목록에 포함된다는 것
5. 국제출원이 2 이상의 기초출원 또는 기초등록에 기초하는 경우에는, 제4호에서 언급된 선언은 기초출원 또는 기초등록 전부에 적용되는 것으로 본다.

6. 국제출원이 규칙7제2항에 의하여 통지를 한 체약당사자의 지정을 포함하는 경우에는, 국제출원은 그 체약당사자의 영역에서의 표장사용의 사선언도 포함하여야 한다. 선언은 선언을 요구하는 체약당사자의 지정의 일부로 간주되고, 그 체약당사자가 요구하는 바에 의하여,
   가. 출원인 자신에 의하여 서명되고, 국제출원에 첨부된 별도의 공식서식으로 작성되어야 하거나,
   나. 국제출원에 포함되어야 한다.
7. 국제출원이 체약기구의 지정을 포함하는 경우에는 또한 다음 사항을 포함할 수 있다.(2004.4.1 신설)
   가. 출원인이 체약기구의 규정에 의하여 해당 기구의 회원국에 등록된 하나 또는 그 이상의 선행표장의 선순위권을 주장하기를 희망하는 경우에는, 선행표장이 등록된 회원국, 관련 등록의 효력발생일, 관련 등록번호 및 선행표장이 등록된 상품 및 서비스를 기술한 그러한 취지의 선언. 그러한 사항은 국제출원에 첨부된 공식서식으로 작성되어야 한다.(2004.4.1 신설)
   나. 출원인이 해당 체약기구의 규정에 의하여 해당 체약기구의 관청에 국제출원의 언어에 추가하여 제2언어를 표시하도록 요구받은 경우에는, 해당 제2언어의 표시(2004.4.1 신설)

### 규칙10 국제출원에 관한 수수료

① **[협정만이 적용되는 국제출원]** 협정만이 적용되는 국제출원은 수수료표의 항목 1에서 규정하는 기본수수료, 보충수수료 및, 해당되는 경우 추가수수료의 납부를 조건으로 한다. 이들 수수료는 10년씩 2회로 분할하여 납부되어야 한다. 제2회분의 납부에 대하여는 규칙30이 적용된다.

② **[의정서만이 적용되는 국제출원]** 의정서만이 적용되는 국제출원은 수수료표의 항목 2에서 규정하는 기본수수료, 보충수수료 및/또는 개별수수료 및, 해당되는 경우, 추가수수료의 납부를 조건으로 한다. 이들 수수료는 10년간에 대하여 납부된다.

③ **[협정 및 의정서 양자가 적용되는 국제출원]** 협정 및 의정서 양자가 적용되는 국제출원은 수수료표 항목 3에서 규정하는 기본수수료, 보충수수료 및, 해당되는 경우 개별수수료 및 추가수수료의 납부를 조건으로 한다. 협정에 의한 지정체약당사자에 관하여는 제1항의 규정이 적용된다. 의정서에 의한 지정체약당사자에 관하여는 제2항의 규정이 적용된다.

### 규칙11 상품 및 서비스의 분류 또는 그 표시에 관한 사항 이외 사항의 하자

① **[본국관청에의 조기 신청]**
1. 국제출원제출신청상의 표장이 본국관청의 등록원부에 등록되기 이전에 협정만이 적용되는 국제출원을 국제사무국에 제출하도록 하는 신청을 본국관청이 수령한 경우에는, 그 신청은 협정 제3조제4항의 목적상 그 관청의 등록원부에 표장을 등록한 날 당해 관청이 수령한 것으로 간주된다.
2. 제3호의 규정을 조건으로, 국제출원제출신청상의 표장이 본국관청의 등록원부에 등록되기 이전에 협정 및 의정서 양자가 적용되는 국제출원을 국제사무국에 제출하도록 하는 신청을 본국관청이 수령한 경우에는, 그 국제출원은 의정서만이 적용되는 국제출원으로 취급되며, 본국관청은 협정에 기속되는 체약당사자에 대한 지정을 삭제한다.

3. 제2호의 규정에 의한 신청이, 표장이 본국관청의 등록원부에 등록되면 당해 국제출원을 협정 및 의정서 양자가 적용되는 국제출원으로 취급하여 줄 것을 요청하는 명시적 신청을 수반하는 경우에는, 그 본국관청은 협정에 기속되는 체약당사자에 대한 지정을 삭제하여서는 아니되며, 국제출원제출신청은 협정 제3조제4항 및 의정서 제3조제4항의 목적상 당해 관청의 등록원부에 표장을 등록한 날 당해 관청이 수령한 것으로 간주된다.

② **[출원인이 치유하는 하자]**

1. 국제출원에 제3항, 제4항, 제6항, 규칙12 및 규칙13의 규정에서 언급되지 아니한 하자가 있다고 판단하는 경우에는, 국제사무국은 출원인에게 그 하자를 통지하는 동시에 본국관청에도 이를 알려야 한다.
2. 출원인은 국제사무국의 하자 통지일부터 3월 이내에 상기 하자를 시정할 수 있다. 하자가 국제사무국의 하자 통지일부터 3월 이내에 치유되지 아니한 경우에는, 당해 국제출원은 포기된 것으로 간주되고, 국제사무국은 출원인 및 본국관청에 동시에 적절히 통지한다.

③ **[출원인 또는 본국관청이 치유하는 하자]**

1. 제2항의 규정에 불구하고, 규칙10에 의하여 납부하여야 할 수수료를 본국관청이 국제사무국에 납부하고 국제사무국이 그 수령한 수수료 총액이 요구된 금액에 미치지 못한다고 판단하는 경우에는, 국제사무국은 이를 본국관청 및 출원인에게 동시에 통지한다. 그 통지에는 부족금액을 명시하여야 한다.
2. 본국관청 또는 출원인은 부족금액을 국제사무국의 통지일부터 3월 이내에 납부할 수 있다. 그 부족금액이 국제사무국의 하자 통지일부터 3월 이내에 납부되지 아니한 경우에는, 당해 국제출원은 포기된 것으로 간주되고, 국제사무국은 이를 본국관청 및 출원인에게 동시에 적절히 통지한다.

④ **[본국관청이 치유하는 하자]**

1. 국제사무국은 아래의 경우에 보호관청에 이를 통지하는 동시에 출원인에게 알려야 한다.
   가. 국제출원이 규칙2의 요건을 충족하지 못하거나 또는 규칙9제2항제1호에서 규정하는 공식서식으로 제출되지 아니한 것을 발견하는 경우
   나. 국제출원이 규칙15제1항에서 언급된 하자를 포함하고 있는 것을 발견하는 경우
   다. 국제출원이 국제출원을 할 수 있는 출원인적격에 관한 하자를 포함하고 있다고 판단하는 경우
   라. 국제출원이 규칙9제5항제4호에서 언급된 본국관청의 선언에 관한 하자를 포함하고 있다고 판단하는 경우
   마. (삭제)
   바. 국제출원에 본국관청이 서명하지 아니한 것을 발견하는 경우, 또는
   사. 국제출원이 기초출원 또는 기초등록의 일자 및 번호를 포함하고 있지 아니한 것을 발견하는 경우
2. 본국관청은 국제사무국의 하자 통지일로부터 3월 이내에 상기 하자를 치유할 수 있다. 하자가 국제사무국의 하자 통지일부터 3월이내에 치유되지 아니하면, 그 국제출원은 포기된 것으로 간주되고, 국제사무국은 이를 본국관청 및 출원인에게 동시에 적절히 통지한다.

⑤ **[수수료의 반환]** 제2항제2호, 제3항 또는 제4항제2호의 규정에 의하여 국제출원이 포기된 것으로 간주되는

경우에는, 국제사무국은 수수료표의 1.1.1, 2.1.1 또는 3.1.1에서 언급된 기본수수료의 2분의1에 상당하는 금액을 공제한 후에 그 출원과 관련하여 납부된 수수료를 납부자에게 반환하여야 한다.

⑥ **[의정서에 의한 체약당사자 지정에 관한 그밖의 하자]**
1. 의정서 제3조제4항에 의하여, 본국관청의 국제출원 수령일부터 2월의 기간 이내에 국제사무국이 국제출원을 수령하고, 규칙9제5항제6호의 규정에 의하여 표장의 사용의사선언이 요구되지만 그 선언이 누락되거나 해당요건을 갖추지 아니하였다고 국제사무국이 판단하는 경우에는, 국제사무국은 즉시 이를 출원인 및 본국관청에 동시에 적절히 통지한다.
2. 제1호에서 언급된 2월의 기간 이내에 국제사무국이 그 누락되거나 보정된 사용의사선언을 수령한 경우에는, 표장의 사용의사선언은 국제사무국이 그 국제출원과 함께 수령한 것으로 간주된다.
3. 누락되거나 보정된 사용의사선언이 제2호의 규정에 의한 2월의 기간 이후에 수령된 경우에는, 그 국제출원은 표장의 사용의사선언을 요구하는 체약당사자에 대한 지정을 포함하지 아니한 것으로 간주된다. 국제사무국은 이를 출원인 및 본국관청에 동시에 적절히 통지하고, 그 체약당사자와 관련하여 이미 납부된 지정수수료를 반환하며, 그 체약당사자의 지정이 규칙24에 의한 사후지정으로서 효력이 발생될 수 있음을 표시하여야 한다. 다만, 그 지정에는 요구되는 선언이 수반되어야 한다.

⑦ **[국제출원으로 간주되지 아니하는 국제출원]** 국제출원이 출원인에 의하여 국제사무국에 직접 제출되거나 또는 그 국제출원이 규칙6제1항의 규정에 의한 요건을 충족하지 아니하는 경우, 그 국제출원은 국제출원으로 간주되지 아니하며 송부한 자에게 반려된다.

## 규칙12 상품 및 서비스의 분류에 관한 하자

① **[분류 제안]**
1. 규칙9제4항제1호파목의 규정에 의한 요건을 충족하지 아니하였다고 판단하는 경우에는, 국제사무국은 그 분류 및 그룹화에 관한 국제사무국의 제안을 작성하고 그 제안의 통지를 본국관청에 송부하는 동시에 출원인에게 알려야 한다.
2. 제안된 분류 및 그룹화의 결과로 납부되어야 할 수수료가 있다면, 그 제안의 통지시 그 수수료 금액도 표시하여야 한다.

② **[제안과 다른 의견]** 본국관청은 제안통지일부터 3월 이내에 제안된 분류 및 그룹화에 대한 의견을 국제사무국에 통보할 수 있다.

③ **[제안에 관한 환기]** 제1항제1호에 언급된 통지일부터 2월 이내에, 본국관청이 제안된 분류 및 그룹화에 대한 의견을 통보하지 아니하면, 국제사무국은 본국관청 및 출원인에게 그 제안을 반복하는 통보를 송부한다. 그 통보의 송부는 제2항에서 언급된 3월의 기간에 영향을 미치지 아니한다.

④ **[제안의 철회]** 제2항에 의하여 통보된 의견을 참작하여 국제사무국이 그 제안을 철회하는 경우에는, 국제사무국은 본국관청에 적절히 통지하는 동시에 출원인에게 알려야 한다.

⑤ **[제안의 수정]** 제2항에 의하여 통보된 의견을 참작하여 국제사무국이 그 제안을 수정하는 경우에는, 국제사무국은 그 수정내용 및 제1항제2호에 의하여 표시된 금액의 변경 결과를 본국관청에 통지하는 동시에 출원인에게 알려야 한다.

⑥ **[제안의 확정]** 제2항에 언급된 의견에도 불구하고 국제사무국이 그 제안을 확정하는 경우에는, 국제사무국은 본국관청에 적절히 통지하는 동시에 출원인에게 알려야 한다.

⑦ **[수수료]**

1. 제2항에 의하여 의견이 국제사무국에 통보되지 아니한 경우에는, 제1항제2호에서 언급된 금액은 제1항제1호에서 언급된 통지일부터 4월 이내에 납부되어야 하며, 납부되지 아니한 경우에는 그 국제출원은 포기된 것으로 간주되고, 국제사무국은 본국관청에 적절히 통지하는 동시에 출원인에게 알려야 한다.
2. 제2항에 의하여 의견이 국제사무국에 통보된 경우에는, 제1항제2호에서 언급된 금액 또는 해당되는 경우 제5항에서 언급된 금액은 제5항 또는 제6항에 의하여 국제사무국이 그 제안의 수정 또는 확정을 통보한 날부터 3월 이내에 납부되어야 하며, 납부되지 아니한 경우에는 그 국제출원은 포기된 것으로 간주되고, 국제사무국은 본국관청에 적절히 통지하는 동시에 출원인에게 알려야 한다.
3. 제2항에 의하여 국제사무국에 의견이 통보되고, 그 의견을 참작하여 국제사무국이 제4항에 의하여 그 제안을 철회하는 경우에는, 제1항제2호에서 언급된 금액은 납부하지 아니한다.

⑧ **[수수료의 반환]** 제7항에 의하여 국제출원이 포기된 것으로 간주되는 경우에는, 국제사무국은 수수료표의 1.1.1, 2.1.1 또는 3.1.1에 의한 기본수수료의 2분의 1에 상당하는 금액을 공제한 후에, 그 국제출원과 관련하여 납부된 수수료를 납부자에게 반환한다.

⑨ **[등록시의 분류]** 국제출원이 그밖의 해당 요건을 충족하는 것을 조건으로, 표장은 국제사무국이 타당하다고 판단하는 분류 및 그룹화에 의하여 등록된다.

### 규칙13 상품 및 서비스의 표시에 관한 하자

① **[국제사무국에 의한 본국관청으로의 하자 통보]** 국제출원상의 상품 및 서비스가 분류 목적상 지나치게 모호하거나 이해하기 곤란하거나 언어적으로 타당하지 아니한 용어로 표시되었다고 판단하는 경우에는, 국제사무국은 본국관청에 적절히 통지하는 동시에 출원인에게 알려야 한다. 그 동일한 통지에서 국제사무국은 대체용어 또는 그 용어의 삭제를 제안할 수 있다.

② **[하자 치유의 허용 기간]**

1. 본국관청은 제1항에서 언급된 통지일부터 3월 이내에 그 하자의 치유를 위한 제안을 할 수 있다.
2. 제1호에 표시된 기간 이내에 국제사무국이 수용할만한 하자치유제안이 없는 경우에는, 국제사무국은 그 용어를 국제출원에 나타나 있는 대로 당해 국제등록에 포함시킨다. 다만, 본국관청이 당해 용어가 분류되어질 류구분을 명시하여야 한다. 그 국제등록에, 국제사무국의 견해로는 그 명시된 용어가 분류 목적상 지나치게 모호하거나 이해하기 곤란하거나 또는 언어적으로 타당하지 아니하다는 취지의 표시가 포함되어야 한다. 본국관청이 특정 류구분을 명시하지 아니한 경우에는, 국제사무국은 그 용어를 직권으로 삭제하고 본국관청에 적절히 통지하는 동시에 출원인에게 알린다.

## 제3장 국제등록

### 규칙14 국제등록부에의 표장의 등록

① **[국제등록부에의 표장의 등록]** 국제출원이 해당 요건을 갖추고 있다고 판단하는 경우에는, 국제사무국은 그 표장을 국제등록부에 등록하고, 지정

체약당사자의 관청에 그 국제등록을 통지하며, 본국관청에 적절히 알리고 등록증을 권리자에게 송부한다. 본국관청이 희망하고 국제사무국에 적절히 통지한 경우에는, 등록증을 본국관청을 통하여 권리자에게 송부한다.

② **[등록 내용]** 국제등록은 다음 사항을 포함한다.

가. 국제출원에 포함된 모든 정보, 다만, 선출원 일자가 국제등록일보다 6월 전인 경우에는 규칙9제4항제1호라목의 규정에 의한 우선권 주장은 제외

나. 국제등록일

다. 국제등록번호

라. 표장이 도형요소의 국제분류에 따라 분류될 수 있는 경우에는 국제사무국이 결정하는 바에 따른 상기 국제분류에서의 해당 분류기호. 다만, 당해 국제출원에 출원인이 그 표장이 표준문자로 된 표장으로 간주되기를 희망한다는 취지의 선언이 포함되어 있지 않아야 한다.

마. 각 지정체약당사자에 관하여, 협정에 의하여 지정된 체약당사자인지 또는 의정서에 의하여 지정된 체약당사자인지에 관한 표시

바. 규칙9제5항제7호가목에 의하여 국제출원에 첨부된 선순위권이 주장되는 선행표장이 등록된 회원국, 해당 선행표장등록의 효력발생일 및 관련 등록번호에 관한 표시 (2004.4.1 신설)

### 규칙15 국제등록일

① **[국제등록일에 영향을 미치는 하자]** 국제사무국이 수령한 국제출원이 다음 사항 전부를 포함하지 아니하는 경우에는, 그 마지막 누락사항이 국제사무국에 도달하는 날을 국제등록에 기재한다.

가. 출원인의 신분을 특정할 수 있는 표시 및, 출원인 또는 대리인이 있는 경우 그 대리인과 연락하기에 충분한 표시

나. 지정체약당사자

다. 표장의 견본

라. 표장의 등록을 받고자 하는 상품 및 서비스의 표시

다만, 그 마지막 누락사항이 협정 제3조제4항 및 의정서 제3조제4항에 의한 2월의 기간 이내에 국제사무국에 도달하는 경우에는, 본국관청이 그 하자 있는 국제출원을 수령한 날 또는 규칙11제1항에 규정된 바와 같이 국제출원을 수령한 것으로 간주되는 날을 그 국제등록에 기재한다.

② **[그밖의 경우의 국제등록일]** 그밖의 경우에는, 국제등록에 협정 제3조제4항 및 의정서 제3조제4항에 의하여 결정된 날을 기재한다.

## 제4장 국제등록에 영향을 미치는 체약당사자의 영역에서의 사실

### 규칙16 이의신청에 기초한 가거절의 통지기간

① **[이의신청 가능성에 관한 정보]**

1. 체약당사자가 의정서 제5조제2항제2호 및 제3호제1문의 규정에 의하여 선언을 한 경우에는, 그 체약당사자를 지정하는 특정 국제등록에 관하여 이의신청 기간이 너무 늦게 만료되어 이의신청에 기초한 가거절이 의정서 제5조제2항제2호에서 언급된 18월의 기간 이내에 국제사무국에 통지될 수 없다는 것이 명백하여 지면, 그 체약당사자의 관청은 국제사무국에 그 국제등록의 번호 및 권리자의 성명을 통지하여야 한다.
2. 제1호에 언급된 정보의 통보시에, 이의신청기간의 개시일과 종료일을

알고있는 경우에는, 그 일자를 통보에 표시하여야 한다. 통보시에 아직 그 일자를 알고 있지 못하는 경우에는, 늦어도 이의신청에 기초한 가거절통지와 동일한 시기에 그 일자를 국제사무국에 통보하여야 한다.

3. 제1호의 규정이 적용되고 18월의 기간 만료일 전 30일 이내에 이의신청을 제출할 수 있는 기간이 종료한다는 사실과 그 30일 기간 동안에 이의신청이 제출될 가능성이 있음을 제1호의 규정에 의한 18월의 기간 만료전에 동호에 언급된 관청이 국제사무국에 통지한 경우에는, 그 이의신청 제출일부터 1월 이내에 그 30일 기간 동안에 제출된 이의신청에 기초한 가거절을 국제사무국에 통지할 수 있다.

② **[정보의 등재 및 송부]** 국제사무국은 제1항에 의하여 수령한 정보를 국제등록부에 등록하고, 권리자에게 그 정보를 송부하여야 한다.

## 규칙17 가거절 및 보호부여기술서

① **[가거절의 통지]**

1. 가거절통지는, 그 통지를 하는 관청이 해당 체약당사자의 영역에서 보호를 부여할 수 없다고 판단하는 이유를 기술한 선언(“직권 가거절”) 또는 이의신청이 제출되어 해당 체약당사자의 영역에서 보호를 부여할 수 없다는 취지의 선언(“이의신청에 기초한 가거절”) 또는 양자 모두로 구성될 수 있다.
2. 가거절통지는 1건의 국제등록에 관련되어야 하고, 그 통지를 하는 관청은 일자를 기재하고 서명하여야 한다.

② **[통지의 내용]** 가거절통지는 다음 사항을 포함하거나 표시하여야 한다.

가. 통지 관청

나. 국제등록번호, 가능하면 그 표장의 언어적 요소나 기초출원 또는 기초등록의 번호와 같이 국제등록을 식별할 수 있도록 하는 그밖의 표시

다. (삭제)

라. 가거절의 근거가 되는 모든 이유 및 이에 상응하는 주요 법 규정의 언급

마. 가거절의 근거가 되는 이유가 그 국제등록의 대상인 표장과 충돌하는 것으로 보이는 출원 또는 등록의 대상인 표장에 관한 것인 경우에는, 그 선행하는 표장의 출원일 및 출원번호, 우선권 주장이 있으면 그 우선일, 가능하면 등록일 및 등록번호, 권리자의 성명 및 주소, 선행하는 표장의 견본, 그리고 선행하는 표장에 대한 출원 또는 등록에 있어서 모든 또는 관련된 상품 및 서비스의 목록. 다만, 상기 상품 및 서비스의 목록은 그 출원 또는 등록상의 언어로 작성될 수 있다.

바. 가거절의 근거가 되는 이유가 모든 상품 및 서비스에 영향을 미친다는 사실, 또는 그 가거절의 영향을 받거나 받지 아니하는 상품 및 서비스의 표시

사. 직권 가거절 또는 이의신청에 기초한 가거절에 대한 재심사 또는 불복청구, 그리고 경우에 따라 이의신청에 대한 답변서 제출을 위한 상당한 기간, 가능하면 상기 기간이 만료하는 일자의 표시, 재심사청구·불복청구 또는 답변서 제출을 할 기관, 해당되는 경우 재심사청구·불복청구 또는 답변서 제출은 거절을 선언한 관청이 속하는 지정체약당사자의 영역 내에 주소가 있는 대리인을 통하여 하여야 한다는 사실의 표시

③ **[이의신청에 기초한 가거절통지에 관한 추가적 요건]** 보호의 가거절이 이

의신청에 기초하거나 이의신청 및 그 밖의 이유에 기초한 경우에는, 그 통지는 제2항에 의한 요건을 충족하여야 할 뿐 아니라 그 사실의 표시와 이의신청인의 성명 및 주소를 포함하여야 한다. 그러나, 제2항마목의 규정에 불구하고, 그 통지를 하는 관청은 이의신청이 출원 또는 등록의 대상인 표장을 기초로 하는 경우에는, 그 이의신청이 기초로 하는 상품 및 서비스의 목록을 통지하여야 하고, 추가로 그 선출원 또는 선등록의 상품 및 서비스의 목록 전부를 통지할 수 있다. 그 상품 및 서비스의 목록은 선출원 또는 선등록의 언어로 작성될 수 있다.

④ **[등재, 통지 사본의 송부]** 국제사무국은 가거절, 통지에 포함된 정보 및 통지가 송부된 일자 또는 규칙18제1항제4호에 의하여 국제사무국에 송부된 것으로 간주되는 일자의 표시를 국제등록부에 등재하고, 국제사무국에 그 사본을 송부받기를 희망한다고 알린 본국관청에 송부하는 동시에 권리자에게도 송부하여야 한다.

⑤ **[가거절의 확정 또는 철회]**

1. 국제사무국에 가거절통지를 송부한 관청은, 표장의 보호에 관한 그 관청에서의 모든 절차가 종료하면, 국제사무국에 다음중 하나를 표시한 기술서를 국제사무국에 송부하여야 한다.
   가. 상품 및 서비스 전부에 관하여 그 체약당사자의 영역에서 표장의 보호가 거절된다는 것
   나. 신청된 상품 및 서비스 전부에 관하여 그 체약당사자의 영역에서 표장이 보호된다는 것
   다. 그 체약당사자의 영역에서 표장이 보호되는 상품 및 서비스
2. 제1호에 의하여 기술서를 송부한 후에, 추가적인 결정이 표장의 보호에 영향을 미치는 경우에는, 관청은 그 결정을 인지하는 범위 내에서 당해 체약당사자의 영역에서 표장이 보호되는 상품 및 서비스를 표시한 추가적인 기술서를 국제사무국에 송부하여야 한다.(Re.2)

**(Remark 2)** 마드리드 동맹 총회가 승인한 해설서 : "규칙17제5항제2호에 의한 표장의 보호에 영향을 미치는 추가적인 결정에 대한 언급은, 관청에서의 절차가 종료되었다고 이미 기술한 사실에 불구하고, 예를 들어 원상회복의 경우 그 관청의 추가결정을 하는 경우 또한 포함한다."

3. 국제사무국은 제1호 또는 제2호의 규정에 의하여 수령한 기술서를 국제등록부에 등재하고, 그 사본을 권리자에게 송부하여야 한다.
4. 체약당사자의 관청은 선언으로 그 체약당사자의 법에 의한 다음의 사항을 사무총장에게 통지할 수 있다.
   가. 국제사무국에 통지된 가거절은, 권리자에 의한 재심사의 청구여부와 관계없이 그 관청의 재심사를 받아야 한다는 것
   나. 재심사에 관한 결정은 그 관청에서의 추가적 재심사 또는 불복청구의 대상이 될 수 있다는 것

   이 선언이 적용되고 관청이 상기 결정을 당해 국제등록의 권리자에게 직접 통보할 수 없는 경우에는, 표장의 보호에 관한 그 관청에서의 모든 절차가 종료되지 아니하였을 수 있다는 사실에 불구하고 당해 관청은 상기 결정 후 즉시 제1호에서 언급된 기술서를 국제사무국에 송부한다. 표장의 보호에 영향을 미치는 추가적인 결정은 제2호에 의하여 국제사무국에 송부되어야 한다.
5. 체약당사자의 관청은 선언으로 그 체약당사자의 법에 의하여 국제사무국에 통지된 직권 가거절이 그 관청에서의 재심사를 받을 수 없다고 사무총장에게 통지할 수 있다. 이 선언이 적용되는 경우, 상기 관청에 의한 가거절의 직권통지는 제1호가목 또는 다목의 규정에 의한 기술서를 포함하는 것으로 간주된다.

⑥ **[보호부여기술서]**

1. 협정 제5조제2항 또는 의정서 제5조제2항제1호 또는 제2호의 규정에 의한 기간 이내에 가거절통지를 통보하지 아니한 관청은 다음중 하나를 국제사무국에 송부할 수 있다.
   가. 그 관청에서의 모든 절차가 종료되고, 그 관청은 국제등록의 대상인 표장에 대한 보호를 부여하기로 결정하였다는 취지의 기술서
   나. 직권심사가 종료되고 그 관청은 거절이유를 발견하지 못하였으나 표장의 보호는 제3자에 의한 이의신청 또는 의견서의 대상이 될 수 있다는 취지의 기술서 및 그 이의신청이 제기될 수 있는 일자의 표시
   다. 나목의 규정에 의하여 기술서가 송부된 경우에는, 이의신청기간이 이의신청 또는 의견서의 제출없이 만료되었으므로 국제등록의 대상인 표장에 대하여 보호를 부여하기로 결정하였다는 취지의 추가적인 기술서(Re.3)

**(Remark 3)** 마드리드 동맹 총회가 승인한 해설서 : "규칙17제6항제1호나목 및 다목에 의한 제3자에 의한 의견서에 대한 언급은 체약당사자들의 법률이 그러한 의견서를 규정하는 그 체약당사자들에게만 적용된다."

2. 국제사무국은 제1호에 의하여 수령한 기술서를 국제등록부에 등재하고, 사본을 권리자에게 송부하여야 한다.

## 규칙18 하자 있는 가거절통지

① **[협정에 의한 지정체약당사자]**

1. 협정에 의한 지정체약당사자의 관청이 통보한 가거절통지는 다음의 경우에는 국제사무국에 의하여 가거절통지로 간주되지 아니한다.
   가. 가거절통지에 국제등록번호를 포함하고 있지 아니하고, 그 통지에 포함되어 있는 그밖의 표시로는 가거절에 관한 국제등록을 확인할 수 없는 경우
   나. 가거절통지에 거절이유를 표시하고 있지 아니한 경우, 또는
   다. 가거절통지가 너무 늦게 국제사무국에 송부되는 경우로서, 즉, 가거절통지가 그 국제등록의 등재 또는 국제등록 후에 이루어진 지정의 등재가 효력을 가지는 날부터 1년이 경과한 후에 송부된 경우, 이 경우 상기 등재의 효력발생일은 국제등록통지 또는 사후지정통지의 송부일과 동일하다.
2. 제1호의 규정이 적용되는 경우에도 불구하고, 국제사무국은 그 통지의 사본을 권리자에게 송부하고, 그 가거절통지가 국제사무국에 의하여 가거절통지로서 간주되지 아니한다는 것을 권리자 및 그 통지를 송부한 관청에 동시에 알리며, 그 이유를 표시하여야 한다.
3. 만일 통지가,
   가. 그 통보를 한 관청을 대표하여 서명되지 않았거나, 규칙2 또는 규칙6제2항에 의하여 적용되는 요건을 갖추지 아니하였거나,
   나. 해당되는 경우, 국제등록의 대상인 표장과 충돌되는 것으로 보이는 표장의 상세 내용을 포함하지 아니하였거나 (규칙17제2항마목 및 제3항),
   다. 규칙17제2항바목에 의한 요건을 충족하지 아니하였거나,
   라. 규칙17제2항사목에 의한 요건을 충족하지 아니하였거나,
   마. (삭제)
   바. 해당되는 경우, 이의신청인의 성명 및 주소, 이의신청이 기초로 하고 있는 상품 및 서비스의 표시를 포함하지 아니한 경우에는(규칙17제3항),

국제사무국은 제4호가 적용되는 경우를 제외하고 국제등록부에 가거절을 등재하여야 한다. 국제사무국은 권유일부터 2월 이내에 수정된 통지를 송부하도록 가거절을 통보한 관청에 권유하고, 권리자에게 하자 있는 통지의 사본 및 해당 관청에 송부한 권유서의 사본을 송부하여야 한다

4. 통지가 규칙17제2항사목에 의한 요건을 충족하지 아니한 경우에는, 가거절은 국제등록부에 등재되지 아니한다. 그러나, 수정된 통지가 제3호에서 언급된 기간 이내에 송부되는 경우에는, 협정 제5조의 적용 목적상, 하자 있는 통지가 송부된 날에 국제사무국에 송부된 것으로 간주된다. 통지가 그렇게 수정되지 아니하면, 통지는 가거절통지로 간주되지 아니한다. 후자의 경우에는, 국제사무국은 권리자 및 통지를 송부한 관청에 그 가거절통지가 국제사무국에 의하여 가거절통지로 간주되지 아니한다는 것을 동시에 알리고, 그 이유를 표시하여야 한다.

5. 해당 법이 허용하는 경우에는, 수정된 통지에 직권 가거절 또는 이의신청에 기초한 가거절에 대한 재심사청구 또는 불복청구, 그리고 경우에 따라서는 이의신청에 대한 답변서 제출을 위한 상당한 새로운 기간을 표시하고, 가능하면 상기 기간의 만료일을 표시하여야 한다.

6. 국제사무국은 수정된 통지의 사본을 권리자에게 송부하여야 한다.

② **[의정서에 의한 지정체약당사자]**

1. 제1항은 의정서에 의한 지정체약당사자의 관청에 의하여 통보된 가거절통지에 대하여도 적용된다. 제1항제1호다목에서 언급된 기간은 의정서 제5조제2항제1호, 제2호 또는 제3호나목에 의하여 적용되는 기간으로 양해된다.

2. 제1항제1호는 해당 체약당사자의 관청이 의정서 제5조제2항제3호가목에서 언급된 정보를 국제사무국에 제공하여야 하는 만료전 기한을 준수하였는지 여부를 결정하는데 적용된다. 그 정보가 기간의 만료일 후에 제공된 경우에는, 그 정보는 제공되지 아니한 것으로 간주되고, 국제사무국은 해당 관청에 적절히 알려야 한다.

3. 이의신청에 기초한 가거절통지가 의정서 제5조제2항제3호가목에 의한 요건을 갖추지 아니하고 의정서 제5조제2항제3호나목에 의하여 행하여진 경우에는, 그 통지는 가거절통지로 간주되지 아니한다. 이 경우, 국제사무국은 통지의 사본을 권리자에게 송부하고, 권리자 및 통지를 송부한 관청에 그 가거절통지가 국제사무국에 의하여 가거절통지로 간주되지 아니한다는 것을 동시에 알리며, 그 이유를 표시하여야 한다.

### 규칙19 지정체약당사자의 영역에서의 무효

① **[무효 통지의 내용]** 국제등록의 효력이 협정 제5조제6항 또는 의정서 제5조제6항에 의하여 지정체약당사자의 영역에서 무효로 되고, 그 무효가 더 이상 불복청구의 대상이 되지 아니하는 경우에는, 그 무효를 선고한 관할기관이 속하는 체약당사자의 관청은 이를 국제사무국에 적절히 통지하여야 한다. 그 통지는 다음 사항을 포함하거나 표시하여야 한다.

가. 무효를 선고한 기관

나. 무효가 더 이상 불복청구의 대상이 되지 아니한다는 사실

다. 국제등록번호

라. 권리자의 성명

마. 무효가 상품 및 서비스 전부에 관련된 것은 아닌 경우, 무효선고

가 된 상품 및 서비스 또는 무효선고가 되지 아니한 상품 및 서비스, 그리고

바. 무효선고일 및 가능한 경우 무효의 효력발생일

② **[무효의 등재 및 권리자와 해당관청에의 통보]** 국제사무국은 무효통지에 포함되어 있는 정보와 함께 그 무효를 국제등록부에 등재하고, 권리자에게 적절히 알려야 한다. 국제사무국은 관청이 그러한 정보를 수령하기를 요청한 경우에는, 국제등록부에 무효등재일을 무효통지를 통보한 관청에도 알려야 한다.

### 규칙20 권리자의 처분권 제한

① **[정보의 통보]**

1. 국제등록의 권리자 또는 권리자의 체약당사자의 관청은 국제사무국에 권리자의 국제등록 처분권이 제한되었다는 것을 알릴 수 있고, 적절한 경우 해당 체약당사자를 표시할 수 있다.
2. 어떠한 지정체약당사자의 관청도 그 체약당사자의 영역에서 국제등록에 관하여 권리자의 처분권이 제한된다는 것을 국제사무국에 알릴 수 있다.
3. 제1호 또는 제2호에 의하여 제공되는 정보는 제한에 관한 주요사실의 요약 기술로 구성된다.

② **[제한의 일부 또는 전부의 해제]** 국제사무국이 제1항에 의하여 권리자의 처분권의 제한을 통지 받은 경우에는, 정보를 통보한 당사자는 그 제한의 일부 또는 전부의 해제도 국제사무국에 알려야 한다.

③ **[등재]** 국제사무국은 제1항 및 제2항에 의하여 통보된 정보를 국제등록부에 등재하고, 이를 권리자, 해당 지정체약당사자 및, 관청이 정보를 제공한 경우에는 그 관청에 적절히 알려야 한다.

### 규칙20의2 사용권

① **[사용권등재신청]**

1. 사용권등재신청은 권리자가 관련 공식서식으로 국제사무국에 제출하거나, 관청이 그 제출을 허용하는 경우에는 권리자의 체약당사자의 관청 또는 사용권이 인정되는 체약당사자의 관청이 제출하여야 한다.
2. 신청에는 다음의 사항을 표시하여야 한다.
   가. 해당 국제등록번호
   나. 권리자의 성명
   다. 시행세칙에서 정하는 바에 의한 사용권자의 성명 및 주소
   라. 사용권이 인정되는 지정체약당사자
   마. 국제등록에 포함되는 상품 및 서비스 전부에 대하여 사용권이 인정된다는 사실 또는 상품 및 서비스의 국제분류에 따라 적절한 류 구분으로 그룹화되고 사용권이 인정되는 상품 및 서비스
3. 신청에는 다음의 사항을 표시할 수 있다.
   가. 사용권자가 자연인인 경우에는, 사용권자의 국적국
   나. 사용권자가 법인인 경우에는, 그 법인의 법적 성격 및 그 법인의 설립준거법의 국가 및 해당되는 경우에는 그 국가 내의 지방 단위
   다. 명시된 지정체약당사자의 영역 일부에만 사용권이 관련된다는 것
   라. 사용권자가 대리인이 있는 경우에는, 시행세칙에서 정하는 바에 의한 대리인의 성명 및 주소
   마. 사용권이 전용사용권 또는 단독사용권인 경우에는 그 사실(Re.4)
   바. 해당되는 경우에는 사용권의 존속기간
4. 권리자 또는 제출을 경유한 관청은 신청서에 서명하여야 한다.

(Remark 4) 마드리드 동맹 총회가 승인한 해설서 : "사용권등재신청이 규칙20의2제1항제3호마목에서 규정하는, 사용권이 전용사용권 또는 단독사용권인지의 표시를 포함하지 아니한 경우에는, 사용권은 통상사용권으로 간주될 수 있다."

② **[하자 있는 신청]**
1. 사용권등재신청이 제1항제1호, 제2호 및 제4호에 의한 요건을 충족하지 못하는 경우에는, 국제사무국은 그 사실을 권리자에게 통지하고, 관청이 신청을 제출한 경우에는 그 관청에 통지한다.
2. 국제사무국의 하자 통지일부터 3월 이내에 하자가 치유되지 아니하는 경우에는, 신청은 포기된 것으로 간주되고, 국제사무국은 권리자 및 제출을 경유한 관청에 동시에 적절히 통지하며, 수수료표 항목 7에서 언급된 관련 수수료의 1/2에 상응하는 금액을 공제한 후 납부한 수수료를 납부자에게 반환하여야 한다.

③ **[등재 및 통지]** 신청이 제1항제1호, 제2호 및 제4호의 규정에 의한 요건을 충족하는 경우에는, 국제사무국은 사용권 및 신청에 포함된 정보를 국제등록부에 등재하고, 사용권이 인정되는 지정체약당사자의 관청에 적절히 통지하는 동시에 권리자 및 신청의 제출을 경유한 관청에 알려야 한다.

④ **[사용권등재의 수정 또는 취소]** 사용권등재의 수정 또는 취소신청에 관하여 제1항에서 제3항까지를 준용한다.

⑤ **[특정 사용권의 등재가 효력이 없다는 선언]**
1. 국제사무국으로부터 그 체약당사자에 관한 사용권등재를 통지 받은 지정체약당사자의 관청은 그 등재가 상기 체약당사자의 영역에서 효력이 없다는 선언을 할 수 있다.
2. 제1호에서 언급된 선언은 다음의 사항을 표시하여야 한다.
가. 사용권등재의 무효 이유
나. 선언이 사용권에 관한 상품 및 서비스 전부에는 영향을 미치지 아니하는 경우에는, 선언에 의하여 영향을 받는 상품 및 서비스 또는 영향을 받지 아니하는 상품 및 서비스
다. 상응하는 법의 주요 규정, 그리고
라. 선언이 재심사 또는 불복청구의 대상이 될 수 있는지 여부
3. 제1호에서 언급된 선언은 제3항에서 언급된 통지가 해당 관청에 송부된 날부터 18월의 만료일 전에 국제사무국에 송부되어야 한다.
4. 국제사무국은 제3호에 의하여 행하여진 선언을 국제등록부에 등재하고, 사용권등재신청을 제출한 당사자(권리자 또는 관청)에게 적절히 통지하여야 한다.
5. 제3호에 의하여 행하여진 선언에 관한 최종 결정은 국제사무국에 통지되어야 하고, 국제사무국은 이를 국제등록부에 등재하며, 사용권등재신청을 제출한 당사자(권리자 또는 관청)에게 적절히 통지하여야 한다.

⑥ **[국제등록부에의 사용권등재가 체약당사자의 영역에서 효력이 없다는 선언]**
1. 체약당사자의 법이 상표사용권의 등재를 규정하고 있지 아니하는 경우, 그 체약당사자의 관청은 사무총장에게 국제등록부에의 사용권등재가 그 체약당사자의 영역에서 효력이 없다는 것을 통지할 수 있다.
2. 상표사용권의 등재를 체약당사자의 법에서 규정하는 경우, 체약당사자의 관청은 본 규칙이 시행되기 전 또는 그 체약당사자가 협정 또는 의정서에 의하여 기속되는 날 이전에, 사무총장에게 국제등록부에의 사용권등재가 그 체약당사자에 있어서 효력이 없다는 것을 통지할 수 있다. 그 통지는 언제든지 취하될 수 있다.(Re.5)

(Remark 5) 마드리드 동맹 총회가 승인한 해설서 : "규칙20의2제6항제1호는 상표사용권의 등재

를 규정하는 법을 가지고 있지 않는 체약당사자에 의한 통지의 경우를 다루고 있다. 그러한 통지는 어떠한 때에도 할 수 있다. 반면에 제2호는 상표사용권의 등재를 규정하는 법을 가지고 있지만 국제등록부에의 사용권등재에 현재 효력을 부여할 수 없는 체약당사자에 의한 통지의 경우를 다루고 있다. 언제든지 취하할 수 있는 후자의 통지는 본 규칙이 시행되기 전 또는 그 체약당사자가 협정 또는 의정서에 의하여 기속되기 전에만 할 수 있다."

## 규칙21 국제등록에 의한 국내등록 또는 지역등록의 대체

① **[통지]** 협정 제4조의2제2항 또는 의정서 제4조의2제2항에 의하여 지정 체약당사자의 관청이 그 관청에 대한 권리자의 직접 신청에 따라 국내 또는 지역등록이 국제등록에 의하여 대체되었음을 그의 등록원부에 기록한 경우에는 그 관청은 이를 국제사무국에 적절히 통지하여야 한다. 그러한 통지에는 다음 사항을 표시하여야 한다.

가. 해당 국제등록번호

나. 그 대체가 국제등록상의 상품 및 서비스중의 하나 또는 일부에만 관한 것인 경우, 그 상품 및 서비스, 그리고

다. 출원일 및 출원번호, 등록일 및 등록번호, 국제등록에 의하여 대체된 국내 또는 지역등록의 우선일이 있으면 그 일자

② **[등재]** 국제사무국은 제1항에 의하여 통지된 표시를 국제등록부에 등재하고, 권리자에게 적절히 알려야 한다.

## 규칙21의2 선순위권 주장에 관한 기타 사항

① **[선순위권 주장의 최종 거절]** 선순위권 주장이 체약기구의 지정에 관하여 국제등록부에 등재된 경우에는, 해당 기구의 관청은 그러한 주장의 효력을 전체적으로 또는 부분적으로 거절하는 최종 결정을 국제사무국에 통지하여야 한다.

② **[국제등록 이후에 주장된 선순위권]** 체약기구를 지정한 국제등록의 권리자가 그 체약기구의 규정에 의하여 해당기구의 관청에 직접 해당 기구의 회원국에 등록된 하나 또는 그 이상의 선행표장의 선순위권을 주장하고, 해당 관청이 그러한 주장을 받아들인 경우에는, 그 관청은 그 사실을 국제사무국에 통지하여야 한다. 그러한 통지에는 다음 사항을 표시하여야 한다.

가. 해당 국제등록번호

나. 선행표장이 등록된 회원국, 해당 선행표장등록의 효력발생일 및 관련 등록번호

③ **[선순위권 주장에 영향을 미치는 기타 결정]** 체약기구의 관청은 철회 및 취소를 포함하여 국제등록부에 등재된 선순위권 주장에 영향을 미치는 추가적인 최종 결정을 국제사무국에 통지하여야 한다.

④ **[국제등록부에의 등재]** 국제사무국은 제1항 내지 제3항에 의하여 통지된 정보를 국제등록부에 등재한다.

(2004.4.1 본조신설)

## 규칙22 기초출원이나 그로 인한 등록 또는 기초등록의 효력의 소멸

① **[기초출원이나 그로 인한 등록 또는 기초등록의 효력 소멸에 관한 통지]**

1. 협정 제6조제3항 및 제4항 또는 의정서 제6조제3항 및 제4항, 또는 양자 모두가 적용되는 경우에는, 본국 관청은 국제사무국에 적절히 통지하고 다음 사항을 표시하여야 한다.

가. 국제등록번호

나. 권리자의 성명

다. 기초등록에 영향을 미치는 사실 및 결정, 또는 해당 국제등록이 등록되지 아니한 기초출원에 기초하고 있는 경우에는 그 기초출원에 영향을 미치는 사실 및 결정. 또는 그 국제등록이 등록된 기초출원에

기초하고 있는 경우에는 그 등록에 영향을 미치는 사실 및 결정. 그리고 상기 사실 및 결정의 효력 발생일, 그리고
  라. 상기 사실 및 결정이 상품 및 서비스의 일부에 관하여서만 국제등록에 영향을 미치는 경우에는, 그 사실 및 결정의 영향을 받는 상품 및 서비스 또는 그 사실 및 결정의 영향을 받지 아니하는 상품 및 서비스
2. 협정 제6조제4항에서 언급된 사법적 소송 또는 의정서 제6조제3항가목, 나목 또는 다목에서 언급된 절차가 5년 기간의 만료 전에 개시되었으나, 그 기간의 만료 전에, 협정 제6조제4항에서 언급된 최종결정, 의정서 제6조제3항의 제2문에서 언급된 최종결정, 의정서 제6조제3항의 제3문에서 언급된 취하 또는 포기에 이르지 아니하였고, 본국관청이 이를 알고 있는 경우 그 기간이 만료하는 즉시 본국관청은 국제사무국에 적절히 통지하여야 한다.
3. 제2호에서 언급된 사법적 소송 또는 절차가 협정 제6조제4항에서 언급된 최종결정, 의정서 제6조제3항의 제2문에서 언급된 최종결정 또는 의정서 제6조제3항의 제3문에서 언급된 취하 또는 포기에 이르렀고 본국관청이 이를 알고 있는 경우에는, 본국관청은 국제사무국에 즉시 적절히 통지하고 제1호가목에서 라목까지 언급된 표시를 제공하여야 한다.

② **[통지의 등재 및 송부, 국제등록의 취소]**
1. 국제사무국은 제1항에서 언급된 어떠한 통지도 국제등록부에 등재하고 그 통지의 사본을 지정체약당사자의 관청 및 권리자에게 송부하여야 한다.
2. 제1항제1호 또는 제3호에서 언급된 통지에서 국제등록의 취소를 신청하고 그 통지가 동규정의 요건을 충족하고 있는 경우에는, 국제사무국은 국제등록부에서 그 국제등록을 해당되는 범위까지 취소하여야 한다.
3. 국제등록이 제2호에 의하여 국제등록부에서 취소된 경우에는, 국제사무국은 지정체약당사자의 관청 및 권리자에게 다음 사항을 통지하여야 한다.
  가. 국제등록이 국제등록부에서 취소된 일자
  나. 취소가 상품 및 서비스 전부에 관한 것인 경우, 그 사실
  다. 취소가 일부 상품 및 서비스만에 관한 것인 경우에는, 제1항제1호 라목에 의하여 표시된 상품 및 서비스

### 규칙23 기초출원이나 그로 인한 등록 또는 기초등록의 분할 또는 병합

① **[기초출원의 분할 또는 기초출원의 병합 통지]** 의정서 제6조제3항에서 언급된 5년의 기간 동안에, 기초출원이 2 이상의 출원으로 분할되는 경우 또는 다수의 기초출원이 하나의 출원으로 병합되는 경우에는, 본국관청은 국제사무국에 이를 적절히 통지하고 다음 사항을 표시하여야 한다.
  가. 국제등록번호, 또는 국제등록이 아직 실행되지 아니한 경우에는 기초출원의 번호
  나. 권리자 또는 출원인의 성명
  다. 분할로 인한 각 출원의 번호 또는 병합으로 인한 출원의 번호

② **[국제사무국에 의한 등재 및 통지]** 국제사무국은 제1항에서 언급된 통지를 국제등록부에 등재하고, 지정체약당사자의 관청 및 권리자에게 동시에 통지하여야 한다.

③ **[기초출원으로 인한 등록 또는 기초등록의 분할 또는 병합]** 제1항 및 제2항은 의정서 제6조제3항에서 언급된 5년의 기간 동안의 기초출원으로 인한

등록의 분할 또는 병합에 준용되고, 협정 제6조제3항 및 의정서 제6조제3항에서 언급된 5년의 기간 동안의 기초등록의 분할 또는 병합에 준용된다.

## 제5장 사후지정, 변경

### 규칙24 국제등록 후의 지정

① **[적격]**

1. 국제등록 이후에 이루어지는 지정(이하 "사후지정"이라 한다)시에 권리자가 협정 제1조제2항 및 제2조 또는 의정서 제2조에 의하여 국제등록의 권리자가 될 수 있는 요건을 충족하는 경우에는, 체약당사자는 사후지정의 대상이 될 수 있다.
2. 권리자의 체약당사자가 협정에 기속되는 경우에는, 권리자는 협정에 의하여 협정에 기속되는 체약당사자를 지정할 수 있다.
3. 권리자의 체약당사자가 의정서에 기속되는 경우에는, 권리자는 의정서에 의하여 의정서에 기속되는 체약당사자를 지정할 수 있다. 다만, 그 체약당사자 양자 모두가 협정에 기속되지 아니하여야 한다.

② **[제출, 서식 및 서명]**

1. 사후지정은 권리자 또는 권리자의 체약당사자의 관청이 국제사무국에 제출한다. 그러나,
   가. 2001년 10월 4일 전에 유효하였던 규칙7제1항의 규정이 적용되는 경우에는, 본국관청이 이를 제출한다.
   나. 어느 체약당사자가 협정에 의하여 지정되는 경우에는, 권리자의 체약당사자의 관청이 그 사후지정을 제출한다.
2. 사후지정은 공식서식 1부로 제출하여야 한다. 권리자가 제출하는 경우에는 권리자가 이에 서명하여야 한다. 관청이 제출하는 경우에는 그 관청이 이에 서명하여야 하며, 관청의 요구시 권리자도 서명하여야 한다. 관청이 제출하고, 그 관청이 권리자의 서명을 요구하지는 아니하지만 이를 허용하는 경우에는, 그 권리자도 서명을 할 수 있다.

③ **[내용]**

1. 사후지정은 다음 사항을 포함하거나 표시하여야 한다.
   가. 해당 국제등록번호
   나. 권리자의 성명 및 주소
   다. 지정체약당사자
   라. 사후지정이 당해 국제등록에 열거된 상품 및 서비스 전부에 대한 것일 경우에는 그 사실. 또는 사후지정이 당해 국제등록에 열거된 상품 및 서비스의 일부만에 대한 것일 경우에는 그 상품 및 서비스
   마. 납부할 수수료 금액과 납부방법 또는 국제사무국에 개설된 계좌에서 필요한 수수료 금액을 인출하라는 지시 및 납부자 또는 지시자의 확인표시, 그리고
   바. 관청이 사후지정을 제출하는 경우에는, 그 관청의 수령일
2. 사후지정이 규칙7제2항의 규정에 의하여 통지를 한 체약당사자에 관한 것인 경우에는, 그 사후지정은 또한 그 체약당사자의 영역에서의 표장의 사용의사선언을 포함하여야 한다. 그 선언은 그 체약당사자가 요구하는 바에 따라,
   가. 권리자 본인이 서명하고, 별도의 공식서식으로 작성하여 사후지정에 첨부되거나,
   나. 그 사후지정에 포함되어야 한다.
3. 제7항제2호를 따를 것을 조건으로, 사후지정에는 또한 다음 사항이 포함될 수 있다.(2004.4.1 개정)
   가. 규칙9제4항제2호의 규정에 의한 표시 및 그 번역문

나. 해당 국제등록에 대한 변경이나 취소의 등재 이후 또는 국제등록의 갱신 이후에 그 사후지정이 효력을 발생하도록 하는 신청

다. 사후지정이 체약당사자인 정부간기구에 관한 것인 경우에는, 규칙9제5항제7호가목의 규정에 의한 표시(이 표시는 별도의 공식서식으로 작성하여 사후지정에 첨부되어야 한다) 및 규칙9제5항제7호나목의 규정에 의한 표시
(2004.4.1 신설)

4. 국제등록이 기초출원을 기초로 하는 경우에는, 상기 기초출원이 등록되었음을 인증하고 그 등록일자 및 등록번호를 표시하며 본국관청이 서명한 선언을 협정에 의한 사후지정과 함께 제출하여야 한다. 다만, 국제사무국이 그러한 선언을 이미 수령하지 아니하여야 한다.

④ **[수수료]** 사후지정은 수수료표 항목 5에서 명시되거나 언급된 수수료의 납부를 조건으로 한다.

⑤ **[하자]**

1. 사후지정이 해당 요건을 충족하지 아니한 경우에는, 제10항의 규정을 조건으로, 국제사무국은 그 사실을 권리자 및 그 사후지정의 제출을 경유한 관청에 통지하여야 한다.
(2004.4.1 개정)

2. 국제사무국의 하자 통지일부터 3월 이내에 하자가 치유되지 아니한 경우에는, 그 사후지정은 포기된 것으로 간주되고, 국제사무국은 이를 권리자 및 그 사후지정의 제출을 경유한 관청에 통지하며, 수수료표 항목 5.1에 의한 기본수수료의 2분의 1에 상응하는 금액을 공제한 후 납부한 수수료를 그 수수료를 납부한 자에게 반환하여야 한다.

3. 제1호 및 제2호의 규정에 불구하고, 사후지정이 1 이상의 지정체약당사자에 관하여 제1항제2호 또는 제3호의 규정에 의한 요건을 충족하지 못하는 경우에는, 그 사후지정에 그 체약당사자에 대한 지정은 포함되지 아니한 것으로 간주되고, 그 체약당사자에 관하여 납부된 보충 수수료 또는 개별 수수료는 반환된다. 지정체약당사자 전부에 관하여 제1항제2호 또는 제3호의 규정에 의한 요건을 충족하지 못하는 경우에는, 제2호의 규정이 적용된다.

⑥ **[사후지정일]**

1. 권리자가 국제사무국에 직접 제출하는 사후지정은, 제3호가목을 조건으로, 국제사무국의 수령일이 기재된다.

2. 관청이 국제사무국에 제출하는 사후지정은, 제3호가목, 제4호 및 제5호를 조건으로, 그 관청의 수령일이 기재된다. 다만, 그 날부터 2월 이내에 국제사무국이 그 지정을 수령하여야 한다. 국제사무국이 그 기간 이내에 사후지정을 수령하지 아니한 경우에는, 제3호가목, 제4호 및 제5호를 조건으로, 국제사무국의 수령일이 기재된다.(2004.4.1 개정)

3. 사후지정이 해당 요건을 충족하지 아니하고, 제5항제1호에 의한 하자 통지일부터 3월 이내에 그 하자가 치유되는 경우에는,

가. 그 사후지정은 그 하자가 제3항제1호가목, 다목, 라목 및 제2호가목에서 언급된 요건에 관한 것인 경우에는, 그 지정의 보정일이 기재된다. 다만, 그 지정이 관청에 의하여 국제사무국에 제출되고 하자가 제2호에서 언급된 2월의 기간 이내에 치유된 경우에는 그러하지 아니한다. 후자의 경우 사후지정은 상기 관청의 수령일이 기재된다.

나. 제3항제1호가목, 다목, 라목 및 제2호가목에서 언급된 것 이외의 요건에 관한 하자는 제1호 또는 제2호에 의한 일자에 영향을 미치지 아니한다.

4. 제1호, 제2호 및 제3호의 규정에 불구하고, 사후지정이 제3항제3호나목에 의한 신청을 포함하는 경우에는, 제1호, 제2호 또는 제3호로 인한 일자보다 이후의 일자가 기재된다.

5. 사후지정이 제7항의 규정에 의한 전환으로 인한 경우에는, 그 사후지정은 체약기구의 지정이 국제등록부에 등재된 일자가 기재된다.
(2004.4.1 신설)

⑦ **[전환으로 인한 사후지정]**

1. 체약기구의 지정이 국제등록부에 등재되고 그 지정이 해당 기구의 규정에 따라 철회, 거절 또는 무효가 된 경우에는 그 범위까지 당해 국제등록의 권리자는 해당 체약기구의 지정을 협정 및/또는 의정서의 당사자인 해당 기구의 회원국가의 지정으로 전환하는 신청을 할 수 있다.

2. 제1호에 의한 전환 신청은 다음의 사항과 함께, 제3항제1호가목 내지 다목 및 마목에서 규정한 사항을 표시하여야 한다.
   가. 지정이 전환되는 체약기구
   나. 전환으로 인한 체약기구의 사후지정이 체약기구의 지정에 관하여 나열된 상품 및 서비스 전부에 관한 것인 경우에는, 그 사실, 또는 해당 체약기구의 지정이 해당 체약기구의 지정에서 나열된 일부 상품 및 서비스에 관한 것인 경우에는, 그 상품 및 서비스

(2004.4.1 신설)

⑧ **[등재 및 통지]** 국제사무국은 사후지정이 해당요건을 충족하였다고 판단하는 경우에는, 그 사후지정을 국제등록부에 등재하고, 이를 그 사후지정에 의하여 지정된 해약당사자의 관청에 적절히 통지하며, 권리자 및 사후지정의 제출이 경유한 관청에 동시에 알려야 한다.(2004.4.1 개정)

⑨ **[거절]** 규칙 16에서 규칙 18까지를 준용한다.(2004.4.1 개정)

⑩ **[사후지정으로 간주되지 아니하는 사후지정]** 제2항 제1호의 규정에 의한 요건을 충족하지 못하는 경우에는, 그 사후지정은 사후지정으로 간주되지 아니하고, 국제사무국은 송부자에게 적절히 알려야 한다.(2004.4.1 개정)

## 규칙25 변경등재신청, 취소등재신청

① **[신청의 제출]**

1. 그 신청이 다음중 하나에 해당하는 경우, 관련 공식서식에 의하여 등록신청서 1부를 국제사무국에 제출하여야 한다.
   가. 상품 및 서비스의 전부 또는 일부 및 지정체약당사자의 전부 또는 일부에 관한 국제등록의 명의변경
   나. 지정체약당사자의 전부 또는 일부에 관한 상품 및 서비스 항목의 감축
   다. 상품 및 서비스의 전부에 대한 지정체약당사자의 일부에 관한 포기
   라. 권리자의 성명 또는 주소의 변경
   마. 상품 및 서비스의 전부 또는 일부에 대한 지정체약당사자 전부에 관한 국제등록의 취소

2. 제3호를 조건으로, 권리자 또는 권리자의 체약당사자의 관청이 신청을 제출한다. 그러나, 명의변경등재신청은 제2항제1호라목의 규정에 의하여 그 신청에 기재된 체약당사자 또는 다수의 체약당사자들 중 하나의 관청을 경유하여 제출할 수 있다.

3. 포기 또는 취소가 협정이 적용되는 지정의 대상인 체약당사자에 영향을 미치는 경우에는, 권리자는 포기 또는 취소 등재신청을 직접 제출할 수 없다.

4. 권리자가 신청을 제출하는 경우에는 권리자가 서명하여야 한다. 관청이 제출하는 경우에는, 그 관청이 서명하며, 그 관청의 요구시 권리자도 서명하여야 한다. 관청이 제출하고 그 관청이 권리자의 서명을 요구하지는 아니하지만 이를 허용하는 경우에는, 권리자도 서명을 할 수 있다.

② **[신청의 내용]**

1. 변경등재신청 또는 취소등재신청은, 신청한 변경 또는 취소와 더불어, 다음사항을 포함하거나 표시하여야 한다.
   가. 해당 국제등록번호
   나. 변경이 대리인의 성명 또는 주소에 관한 것이 아닌 경우, 권리자의 성명
   다. 국제등록의 명의변경의 경우에 있어서는, 시행세칙에서 정한 바에 따라 당해 신청서에서 그 국제등록의 새로운 권리자(이하 "양수인"이라 한다)로 언급된 자연인 또는 법인의 성명 및 주소
   라. 국제등록의 명의변경의 경우에 있어서는, 협정 제1조제2항 및 제2조 또는 의정서 제2조에 의한 국제등록의 권리자가 될 수 있는 요건을 갖추고 있는 양수인의 체약당사자
   마. 국제등록의 명의변경의 경우에 있어서는, 다목의 규정에 의한 양수인의 주소가 라목의 규정에 의한 체약당사자의 영역 내에 있지 아니하고, 양수인이 체약국 또는 체약기구 회원국의 국민임을 표시하지 아니한 경우에는, 그 양수인이 국제등록의 권리자가 될 수 있는 요건을 갖추고 있는 체약당사자 또는 다수의 체약당사자들 중 하나의 영역에 있는 양수인의 영업소의 주소 또는 양수인의 주소
   바. 상품 및 서비스 전부와 지정체약당사자 전부에 관한 것이 아닌 국제등록의 명의변경의 경우에 있어서는, 명의변경과 관련된 상품과 서비스 및 지정체약당사자
   사. 납부할 수수료 금액과 납부방법, 또는 국제사무국에 개설된 계좌에서 필요한 수수료 금액을 인출하라는 지시 및, 납부자 또는 지시자의 확인표시
2. 국제등록의 명의변경등재신청은 또한 다음 사항을 포함할 수 있다.
   가. 양수인이 자연인인 경우에는, 그 양수인의 국적국의 표시
   나. 양수인이 법인인 경우에는, 그 법인의 법적 성격 및 그 법인의 설립준거법의 국가 및 해당되는 경우에는 그 국가 내의 지방 단위
3. 변경 또는 취소등재신청에는 당해 국제등록에 관한 다른 변경 또는 취소의 등재나 사후지정의 등재 전 또는 후에, 또는 그 국제등록의 갱신 이후에, 변경 또는 취소를 등재하여 주도록 요청하는 내용이 포함될 수 있다.

③ **[인정되지 아니하는 신청]** 특정 체약당사자가 다음에 해당하는 경우에는 그 체약당사자에 대하여는 국제등록의 명의변경이 등재될 수 없다.
   가. 그 특정 체약당사자가 협정에는 기속되나 의정서에는 기속되지 아니하고, 제2항제1호라목의 규정에 의하여 표시된 하나 또는 다수의 체약당사자가 협정에 기속되지 아니하는 경우
   나. 그 특정 체약당사자가 의정서에는 기속되나 협정에는 기속되지 아니하고, 제2항제1호라목의 규정에 의하여 표시된 하나 또는 다수의 체약당사자가 의정서에 기속되지 아니하는 경우

④ **[복수 양수인]** 국제등록의 명의변경등재신청이 다수의 양수인을 언급하고 있는 경우에는, 그 양수인들 중 1인이 특정 지정체약당사자에 관하여 국제등록의 권리자가 될 수 있는 요건을 충족하지 아니하면, 그 체약당사자에 관하여는 그 변경이 등재될 수 없다.

### 규칙26 변경등재신청 및 취소등재신청에 있어서의 하자

① **[하자 있는 신청]** 규칙25제1항제1호에서 언급된 변경등재신청 또는 취소등재신청이 해당 요건을 충족하지 못한 경우에는, 제3항의 규정을 조건으로, 국제사무국은 그 사실을 권리자 및 해당되는 경우 신청의 제출을 경유한 관청에 통지하여야 한다.

② **[하자 치유 기간]** 하자는 국제사무국의 하자 통지일부터 3월 이내에 치유될 수 있다. 국제사무국의 하자 통지일부터 3월 이내에 그 하자가 치유되지 아니한 경우에는, 그 신청은 포기된 것으로 간주되고, 국제사무국은 권리자 및, 해당되는 경우 변경등록신청 또는 취소등록신청의 제출을 경유한 관청에 동시에 적절히 통지하며, 수수료표 항목 7에 의한 해당 수수료의 2분의1에 상응하는 금액을 공제한 후에, 납부한 수수료를 납부자에게 반환하여야 한다.

③ **[신청으로 간주되지 아니하는 신청]** 규칙25제1항제2호 또는 제3호의 규정에 의한 요건을 충족하지 못한 경우에는, 그 신청은 신청으로 간주되지 아니하고, 국제사무국은 송부자에게 적절히 알려야 한다.

### 규칙27 변경 또는 취소의 등재 및 통지, 국제등록의 병합, 명의변경 또는 감축의 무효선언

① **[변경 또는 취소의 등재 및 통지]**

1. 국제사무국은, 규칙25제1항제1호에서 언급된 신청이 정확하게 작성되어 있으면, 즉시 그 변경 또는 취소를 국제등록부에 등재하고, 이를 변경의 효력이 미치는 지정체약당사자의 관청에 적절히 통지하며, 취소의 경우에는 모든 지정 체약당사자의 관청에 이를 통지하고, 권리자 및 해당되는 경우 신청서의 제출을 경유한 관청에 동시에 알려야 한다. 등재가 명의변경에 관한 것인 경우에는, 국제사무국은 명의인의 전부 변경에 있어서는 종전 권리자에게 알리고, 명의인의 일부 변경에 있어서는 양도 또는 그밖의 이전된 그 국제등록 일부의 권리자에게 알려야 한다. 협정 제6조제3항 및 의정서 제6조제3항에서 언급된 5년의 기간동안에 취소등재신청이 권리자 또는 본국관청 외의 관청에 의하여 제출된 경우에는, 국제사무국은 본국관청에도 알려야 한다.
2. 변경 또는 취소는 국제사무국이 해당 요건을 충족하고 있는 신청의 수령일부로 등재된다. 다만, 규칙25제2항제3호에 의하여 신청이 있는 경우에는 그 이후의 일자로 등재될 수 있다.

② (삭제)

③ **[국제등록의 병합의 등재]** 동일한 자연인 또는 법인이 명의인의 일부 변경으로 2 이상의 국제등록의 권리자로 등재된 경우에는, 그 국제등록은 그 자연인 또는 법인에 의한 직접 신청 또는 권리자의 체약당사자의 관청을 경유한 신청에 의하여 병합된다. 국제사무국은 변경에 의하여 영향을 받는 지정체약당사자의 관청에 적절히 통지하고, 권리자 및 해당하는 경우 그 신청서의 제출을 경유한 관청에 동시에 알려야 한다.

④ **[명의변경의 무효 선언]**

1. 체약당사자에게 효력이 미치는 명의변경의 통지를 국제사무국으로부터 받은 지정체약당사자의 관청은

그 체약당사자의 영역에서는 그 명의변경이 효력이 없음을 선언할 수 있다. 선언의 효과로 그 체약당사자에 관하여 당해 국제등록은 양도인의 명의로 남아있는다.

2. 제1호의 규정에 의한 선언에는 다음 사항을 표시하여야 한다.
 가. 명의변경의 무효 이유
 나. 상응하는 주요 법규정, 그리고
 다. 그 선언이 재심사 또는 불복청구의 대상이 될 수 있는지 여부
3. 제1호에서 언급된 선언은 제1호에서 언급된 통지가 해당 관청에 송부된 날부터 18월의 만료 전에 국제사무국에 송부되어야 한다.
4. 국제사무국은 제3호에 의한 선언을 국제등록부에 등재하고, 경우에 따라 그 선언의 대상이 된 국제등록의 일부를 별도의 국제등록으로 등재하며, 명의변경등재신청을 제출한 당사자(권리자 또는 관청) 및 새로운 권리자에게 적절히 통지하여야 한다.
5. 제3호의 규정에 의한 선언에 관한 최종결정은 국제사무국에 통지되어야 하고, 국제사무국은 이를 국제등록부에 등재하며, 경우에 따라 국제등록부를 적절히 수정하고, 명의변경등재신청을 제출한 당사자(권리자 또는 관청) 및 새로운 권리자에게 적절히 통지하여야 한다.

⑤ **[감축의 무효 선언]**
1. 체약당사자에게 효력이 미치는 상품 및 서비스 목록의 감축의 통지를 국제사무국으로부터 받은 지정체약당사자의 관청은 그 체약당사자의 영역에서는 그 감축이 효력이 없음을 선언할 수 있다. 선언의 효과로 그 체약당사자에 관하여 선언에 의하여 영향을 받는 상품 및 서비스에 대하여는 감축이 적용되지 아니한다.
2. 제1호에서 언급된 선언에는 다음 사항을 표시하여야 한다.
 가. 감축의 무효 이유
 나. 선언이 감축과 관련된 상품 및 서비스 전부에 대하여 영향을 미치지 아니하는 경우에는, 선언에 의하여 영향을 받는 상품 및 서비스, 또는 영향을 받지 아니하는 상품 및 서비스
 다. 상응하는 주요 법규정, 그리고
 라. 그 선언이 재심사 또는 불복청구의 대상이 될 수 있는지 여부
3. 제1호에서 언급된 선언은 제1호에서 언급된 통지가 해당 관청에 송부된 날부터 18월의 만료 전에 국제사무국에 송부되어야 한다.
4. 국제사무국은 제3호에 의한 선언을 국제등록부에 등재하고, 감축등재신청을 제출한 당사자(권리자 또는 관청)에게 적절히 통지하여야 한다.
5. 제3호의 규정에 의한 선언에 관한 최종결정은 국제사무국에 통지되어야 하고, 국제사무국은 이를 국제등록부에 등재하며, 감축등재신청을 제출한 당사자(권리자 또는 관청)에게 적절히 통지하여야 한다.

**규칙28** 국제등록부의 경정

① **[경정]** 국제사무국은 직권으로 또는 권리자나 관청의 신청에 의하여, 국제등록부상의 어떤 국제등록에 관하여 오류가 있다고 판단한 경우에는, 국제등록부를 적절히 수정하여야 한다.

② **[통지]** 국제사무국은 권리자 및 그 경정이 효력을 미치는 지정체약당사자의 관청에 동시에 적절히 통지하여야 한다.

③ **[경정에 따른 거절]** 제2항에서 언급된 관청은 국제사무국 앞으로의 가거절통지에 의하여, 경정에 따른 보호의 효력을 부여할 수 없다거나 앞으로 더 이상 효력을 부여할 수 없다고 판단한다는 취지의 선언을 할 수 있는 권리를 가진다. 협정 제5조, 의정서 제5조 및 규칙16에서 규칙18까지의 규정은 이

에 준용되며, 상기 통지의 송부에 허용되는 기간은 당해 관청에 경정통지를 송부한 날부터 기산된다.

④ **[경정 기간]** 제1항의 규정에 불구하고, 관청의 책임에 기인하고 오류의 경정이 국제등록으로 인한 권리에 영향을 미치는 오류는, 경정의 대상인 국제등록부의 기재사항의 공고일부터 9월 이내에 국제사무국이 경정신청을 수령한 경우에 한하여 경정될 수 있다.

## 제6장 갱 신

### 규칙29 만료의 비공식적 통지

협정 제7조제4항 및 의정서 제7조제3항에서 언급된 비공식적 통지를 수령하지 아니하였다는 사실은, 규칙30에 의한 기간해태면제 사유가 되지 아니한다.

### 규칙30 갱신에 관한 세부사항

① **[수수료]**

1. 국제등록은, 늦어도 당해 국제등록의 갱신예정일에, 수수료표 항목 6에서 규정하는 바에 의하여 다음의 수수료를 납부하면 갱신된다.
   가. 기본수수료
   나. 해당되는 경우에는 추가수수료, 그리고
   다. 당해 상품 및 서비스 전부에 대하여 거절 또는 무효가 국제등록부에 등재되지 아니한 각 지정체약당사자에 대한 보충수수료 또는 개별 수수료

   그러나, 그 납부는 당해 국제등록의 갱신예정일 후 6월 이내이어야 한다. 다만, 수수료표 항목 6.5에 의한 부가수수료를 동시에 납부하여야 한다.
2. 국제사무국이 갱신을 위한 납부를 해당 국제등록의 갱신예정일 3월 이전에 수령한 경우에는, 갱신예정일 3월전이 되는 날에 수령한 것으로 간주한다.

② **[추가적 세부사항]**

1. 해당 상품 및 서비스 전부에 관하여 국제등록부에 거절이 등재되지 아니한 지정체약당사자에 관하여 권리자가 국제등록의 갱신을 희망하지 아니하는 경우에는, 필요한 수수료의 납부시 그 체약당사자에 관하여는 국제등록의 갱신이 국제등록부에 등재되지 않는다는 취지의 기술서를 첨부하여야 한다.
2. 해당 상품 및 서비스 전부에 관하여 지정체약당사자에 대한 거절이 국제등록부에 등재되어 있더라도 권리자가 그 체약당사자에 관하여 국제등록의 갱신을 원하는 경우에는, 그 체약당사자에 대한 보충수수료 또는 개별수수료를 포함한 필요 수수료의 납부시 그 체약당사자에 관하여 국제등록의 갱신이 국제등록부에 등재되어야 한다는 취지의 기술서를 첨부하여야 한다.
3. 국제등록은 규칙19제2항의 규정에 의하여 상품 및 서비스 전부에 관하여 무효로 등재되거나 또는 규칙27제1항제1호의 규정에 의하여 포기로 등재된 그 지정체약당사자와 관련하여서는 갱신되지 아니한다. 국제등록은 규칙19제2항의 규정에 의하여 지정체약당사자의 영역에서 국제등록의 효력이 없다고 등재된 상품 및 서비스 또는 규칙27제1항제1호의 규정에 의하여 감축이 등재된 상품 및 서비스에 관한 그 지정체약당사자에 관하여는 갱신되지 아니한다.
4. 국제등록이 지정체약당사자 전부에 관하여 갱신되지 아니한다는 사실은, 협정 제7조제2항 또는 의정서 제7조제2항의 목적상 변경에 해당하는 것으로 간주되지 아니한다.

③ **[미납수수료]**

1. 수령한 수수료의 금액이 갱신에 필요한 수수료 금액보다 부족한 경우,

국제사무국은 즉시 이를 권리자, 그리고 대리인이 있는 경우에는 대리인에게도 동시에 적절히 통지하여야 한다. 그 통지에는 부족한 금액을 명시하여야 한다.

2. 제1항제1호에서 언급된 6월 기간의 만료일에, 수령한 수수료 금액이 제1항의 규정에 의하여 요구되는 금액보다 부족한 경우에는, 제3호를 조건으로, 국제사무국은 그 갱신을 등재하지 아니하고, 납부된 수수료 금액을 납부자에게 반환하며, 이를 권리자 및, 대리인이 있는 경우에는 대리인에게 적절히 통지하여야 한다.
3. 제1호에서 언급된 통지가 제1항제1호에서 언급된 6월 기간의 만료일 전 3개월 동안에 송부되고, 상기 기간의 만료일에 납부된 수수료 금액이 제1항의 규정에 의하여 요구되는 금액에는 부족하지만 적어도 그 금액의 70% 이상인 경우에는, 국제사무국은 규칙31제1항 및 제3항의 규정에 의하여 절차를 진행하여야 한다. 그 필요한 금액이 상기 통지일부터 3월 이내에 완납되지 아니한 경우에는, 국제사무국은 그 갱신을 취소하고, 이를 권리자, 대리인이 있으면 대리인 및 그 갱신을 통지 받은 관청에 통지하며, 그 수령한 금액은 납부자에게 반환하여야 한다.

④ **[갱신수수료 납부의 대상기간]** 각 갱신에 필요한 수수료는, 당해 국제등록의 지정체약당사자 목록에, 협정에 의한 지정체약당사자만이 포함되어 있는지, 의정서에 의한 지정체약당사자만이 포함되어 있는지, 또는 협정에 의한 지정체약당사자와 의정서에 의한 지정체약당사자가 함께 포함되어 있는지 여부와 관계없이, 10년간에 대하여 납부되어야 한다. 협정에 의한 납부에 관하여는, 10년간에 대한 납부는 10년 단위의 분할납부로 간주된다.

**규칙31** 갱신의 등재, 통지 및 등록증

① **[갱신의 등재 및 효력발생일]** 갱신은, 비록 갱신에 필요한 수수료가 협정 제7조제5항 및 의정서 제7조제4항에 언급된 유예기간 이내에 납부된 경우에도, 갱신예정일부로 국제등록부에 등재된다.

② **[사후지정의 경우에 있어서의 갱신일]** 갱신의 효력발생일은, 각 지정이 국제등록부에 등재되었던 일자와 관계없이, 국제등록에 포함된 모든 지정에 대하여 동일하다.

③ **[통지 및 등록증]** 국제사무국은 당해 지정체약당사자의 관청에 그 갱신을 통지하고 권리자에게 등록증을 송부하여야 한다.

④ **[갱신되지 아니한 경우의 통지]**

1. 국제등록이 갱신되지 아니한 경우에는, 국제사무국은 그 국제등록에서 지정된 모든 체약당사자의 관청에 적절히 통지하여야 한다.
2. 국제등록이 특정한 지정 체약당사자에 대하여 갱신되지 아니한 경우에는, 국제사무국은 그 체약당사자의 관청에 적절히 통지하여야 한다.

## 제7장 공보 및 데이터베이스

**규칙32** 공 보

① **[국제등록에 관한 정보]**

1. 국제사무국은 다음에 관한 자료를 공보에 공고하여야 한다.
   가. 규칙14의 규정에 의하여 실행된 국제등록
   나. 규칙16제1항의 규정에 의하여 통보된 정보
   다. 규칙17제4항의 규정에 의하여 등재된 가거절, 당해 상품 및 서비스와 거절이유의 표시 없이 거절이 상품 및 서비스 전부에 관한 것인지 일부만에 관한 것인지 여부의 표시 및 규칙17제5항제3호 및

제6항제2호의 규정에 의하여 등재된 기술서 및 정보
라. 규칙31제1항의 규정에 의하여 등재된 갱신
마. 규칙24제8항의 규정에 의하여 등재된 사후지정(2004.4.1 개정)
바. 규칙39의 규정에 의한 국제등록 효력의 계속
사. 규칙27의 규정에 의하여 등재된 명의변경, 감축, 포기 및 권리자의 성명 또는 주소의 변경
아. 규칙22제2항의 규정에 의하여 실행되었거나, 규칙27제1항 또는 규칙34제3항제4호의 규정에 의하여 등재된 취소
자. 규칙28의 규정에 의하여 실행된 경정
차. 규칙19제2항의 규정에 의하여 등재된 무효
카. 규칙20, 규칙20의2, 규칙21, 규칙21의2, 규칙22제2항제1호, 규칙23, 규칙27제3항, 제4항 및 규칙40제3항의 규정에 의하여 등재된 정보(2004.4.1 개정)
타. 갱신되지 아니한 국제등록

2. 표장의 견본은 국제출원에 표현된 대로 공고된다. 출원인이 규칙9제4항제1호바목에서 언급된 선언을 한 경우에는, 공고에 그 사실을 표시하여야 한다.
3. 규칙9제4항제1호마목 또는 사목의 규정에 의하여 표장의 색채견본이 제출된 경우에는, 표장의 흑백견본과 색채견본이 모두 공보에 포함되어야 한다.

② **[특별요건 및 체약당사자의 특정 선언에 관한 정보]** 국제사무국은 공보에 다음을 공고하여야 한다.
가. 규칙7 또는 규칙20의2제6항의 규정에 의한 통지 및 규칙17제5항제4호 또는 제5호의 규정에 의한 선언
나. 의정서 제5조제2항제2호 또는 제5조제2항제2호 및 제3호제1문의 규정에 의한 선언
다. 의정서 제8조제7항에 의한 선언
라. 규칙34제2항제2호 또는 제3항제1호의 규정에 의한 통지
마. 당해 연도와 그 다음연도 동안의 국제사무국의 휴무예정일 목록

③ **[연간 색인]** 매년 국제사무국은 관련 사항이 1회 이상 그 연도의 공보에 공고되었던 그 국제등록의 권리자의 성명을 알파벳순으로 표시한 색인을 발행한다. 그 권리자의 성명에는 그 국제등록의 번호, 그 국제등록에 관련되는 사항이 공고되었던 공보의 페이지 번호 및, 등록·갱신·거절·무효·취소 또는 변경과 같은 기재사항의 성격의 표시도 함께 기재되어야 한다.

④ **[체약당사자의 관청을 위한 공보의 부수]**
1. 국제사무국은 각 체약당사자의 관청에 공보를 수 부 송부한다. 각 관청은 2부를 무료로 받을 수 있으며, 특정 연도 동안에 그 체약당사자에 대하여 등재된 지정이 2,000회를 초과하는 경우에는, 그 다음연도에 추가로 1부를 받는 외에 2,000회를 초과하는 경우 지정회수 매 1,000회마다 추가 부수를 무료로 받을 수 있다. 각 체약당사자는 매년 그 체약당사자가 무료로 제공받을 수 있는 것과 동일한 부수의 공보를 구독가격의 절반으로 구입할 수 있다.
2. 공보가 다수의 양식으로 이용가능할 경우에는, 각 관청은 그 관청이 받을 수 있는 공보에 대하여 원하는 공보의 양식을 선택할 수 있다.

**규칙33** 전자 데이터베이스

① **[데이터베이스의 내용]** 국제등록부에 등재되고 규칙32의 규정에 의하여 공보에도 공고된 자료는 전자 데이터베이스에 수록된다.

② **[계류중인 국제출원과 사후지정에 관한 자료]** 국제출원 또는 규칙24의 규정에 의한 지정이 국제사무국이 그 국제출원 또는 지정을 수령한 후 3일의 근무일 이내에 국제등록부에 등재되지 아니한 경우에는, 국제사무국은 수령한 국제출원 또는 지정에 하자가 있을 수 있음에도 불구하고 그 국제출원 또는 지정에 포함되어 있는 모든 자료를 전자 데이터베이스에 수록하여야 한다.

③ **[전자 데이터베이스에의 접근]** 체약당사자의 관청과 해당되는 경우 수수료 지불에 따라 일반인들도 전자 데이터베이스를 온라인으로 그리고 국제사무국이 정하는 그밖에 적절한 수단을 통하여 이용할 수 있다. 그 사용에 따른 비용은 사용자가 부담한다. 제2항의 규정에 의하여 수록된 자료에는 그 국제출원 또는 규칙24의 규정에 의한 지정에 관하여 아직 국제사무국이 결정을 하지 않았다는 취지의 경고가 수반되어야 한다.

## 제8장 수수료

### 규칙34 수수료 금액 및 납부

① **[수수료 금액]** 개별수수료를 제외한 협정이나 의정서 또는 이 규칙에 의한 수수료의 금액은 공통규칙에 첨부되고 공통규칙의 불가분의 일체인 수수료표에 규정된다.

② **[납부]**

1. 수수료표상의 수수료는 출원인 또는 권리자가 국제사무국에 납부할 수 있으며, 권리자의 체약당사자의 관청이 그러한 수수료의 징수 및 송금을 수용하고 출원인 또는 권리자가 이를 희망하는 경우에는, 그 관청이 국제사무국에 납부할 수 있다.
2. 수수료의 징수 및 송금을 인정한 관청이 속하는 체약당사자는 사무총장에게 그 사실을 통지하여야 한다.

③ **[2부분으로 납부할 수 있는 개별 수수료]**

1. 의정서 제8조제7항의 규정에 의하여 선언을 하거나 이미 선언을 한 체약당사자는 사무총장에게 그 체약당사자의 지정에 관하여 납부하여야 하는 개별 수수료가 2부분으로, 즉 국제출원 또는 그 체약당사자의 사후지정 제출시에 납부되는 첫번째 부분과 그 체약당사자의 법에 의하여 정하여진 그 이후 일자에 납부되는 두번째 부분으로 구성된다는 것을 통지할 수 있다.
2. 제1호의 규정이 적용되는 경우에, 수수료표 항목 2 · 3 및 5에 의한 개별수수료에 관한 언급은 개별수수료의 첫번째 부분에 관한 것으로 해석되어야 한다.
3. 제1호의 규정이 적용되는 경우에, 그 지정체약당사자의 관청은 개별수수료의 두번째 부분의 납부기간일자를 국제사무국에 통지하여야 한다. 통지에는 다음의 사항을 기재하여야 한다.
   가. 해당 국제등록번호
   나. 권리자의 성명
   다. 개별수수료의 두번째 부분의 납부기간일자
   라. 개별수수료의 두번째 부분의 금액이 당해 지정체약당사자의 영역에서 보호되는 표장에 관한 상품 또는 서비스의 류구분 수에 따라 다른 경우에는 그 류구분의 수
4. 국제사무국은 그 통지를 권리자에게 송부하여야 한다. 개별수수료의 두번째 부분이 해당기간 이내에 납부된 경우에는, 국제사무국은 국제등록부에 그 납부를 등재하고, 당해 체약당사자의 관청에 적절히 통지하여야 한다. 개별수수료의 두번째 부분이 해당기간 이내에 납부되지 아니한 경우에는, 국제사무국은 당해

체약당사자의 관청에 통지하고, 당해 체약당사자에 관한 국제등록부상의 국제등록을 취소하며, 권리자에게 적절히 통지하여야 한다.

④ **[국제사무국에 대한 수수료의 납부방법]** 수수료는 시행세칙에서 규정하는 바에 의하여 국제사무국에 납부하여야 한다.

⑤ **[납부에 수반되는 표시]** 국제사무국에 수수료를 납부할 때에는, 다음을 표시하여야 한다.

가. 국제등록 전에는, 출원인의 성명, 해당 표장 및 납부 목적

나. 국제등록 후에는, 권리자의 성명, 해당 국제등록번호 및 납부 목적

⑥ **[납부일]**

1. 규칙30제1항제2호 및 제2호를 조건으로, 수수료는 필요 금액을 국제사무국이 수령하는 날 국제사무국에 납부된 것으로 간주된다.
2. 필요 금액이 국제사무국에 개설된 계좌에서 충당될 수 있고 국제사무국이 그 계좌의 권리자로부터 그 수수료를 인출하라는 지시를 받은 경우에는, 그 수수료는 국제사무국이 국제출원, 사후지정, 개별수수료의 두번째 부분을 인출하라는 지시, 변경등재신청 또는 국제등록의 갱신지시를 수령하는 날에 국제사무국에 납부된 것으로 간주된다.

⑦ **[수수료 금액의 변경]**

1. 국제출원의 제출과 관련하여 납부하여야 하는 수수료의 금액이, 한편으로, 본국관청이 그 국제출원을 국제사무국에 제출하여 주도록 하는 신청을 수령한 날 또는 규칙11제1항제1호 또는 제3호의 규정에 의하여 본국관청이 수령한 것으로 간주되는 날과, 다른 한편으로, 국제사무국이 그 국제출원을 수령한 날 사이에 변경된 경우에는, 앞선 일자에 유효하였던 수수료가 적용된다.
2. 규칙24의 규정에 의한 지정이 권리자의 체약당사자의 관청에 의하여 제출되고, 그 지정과 관련하여 납부하여야 하는 수수료의 금액이, 한편으로 그 지정을 제출하여 주도록 하는 권리자의 신청을 체약당사자의 관청이 수령한 날과, 다른 한편으로 그 지정을 국제사무국이 수령한 날 사이에 변경된 경우에는, 앞선 일자에 유효하였던 수수료가 적용된다.
3. 제3항제1호의 규정이 적용되는 경우에는, 그 조항에 언급되어 있는 그 이후의 일자에 유효한 개별수수료의 두번째 부분의 금액이 적용된다.
4. 국제등록의 갱신과 관련하여 납부하여야 할 수수료의 금액이 납부일과 갱신예정일 사이에 변경된 경우에는 납부일 또는 규칙30제1항제2호의 규정에 의하여 납부일로 간주되는 날에 유효하였던 수수료가 적용된다. 갱신예정일 후에 납부하는 경우에는, 갱신예정일에 유효하였던 수수료가 적용된다.
5. 제1호·제2호·제3호 및 제4호의 규정에서 언급된 수수료 이외의 수수료의 금액이 변경된 경우에는, 국제사무국의 수수료 수령일에 유효한 수수료 금액이 적용된다.

### 규칙35 납부 통화

① **[스위스 통화를 사용할 의무]** 공통규칙에 의하여 납부되어야 하는 모든 금액은, 관청이 그 수수료를 납부하는 경우에 그 관청이 다른 통화로 그 수수료를 징수하였을 수 있다는 사실에도 불구하고, 국제사무국에 스위스 통화로 납부하여야 한다.

② **[스위스 통화에 의한 개별 수수료 금액의 확정]**

1. 체약당사자가 의정서 제8조제7항제1호에 의하여 개별 수수료를 받기를 원한다는 선언을 하는 경우에는, 국

제사무국에 표시하는 개별 수수료 금액은 그 체약당사자의 관청에서 사용되는 통화로 명시되어야 한다.

2. 수수료가 제1호의 규정에서 언급된 선언에서 스위스 통화 이외의 통화로 표시되는 경우에는, 사무총장은 당해 체약당사자의 관청과 협의한 후에 국제연합의 공식 환율을 기초로 그 개별 수수료 금액을 스위스 통화로 확정하여야 한다.

3. 연속하는 3월 이상의 기간 동안, 체약당사자가 개별수수료 금액을 표시한 통화와 스위스 통화간의 국제연합 공식 환율이 그 개별수수료 금액을 스위스 통화로 확정하기 위하여 적용한 그 최종 환율보다 5% 이상 높거나 낮은 경우에는, 그 체약당사자의 관청은 사무총장에게 개별수수료의 금액을 스위스 통화로 새로 확정하여 주도록 요구하는 날 전일의 국제연합 공식 환율에 따라 새로 확정하여 주도록 요구할 수 있다. 사무총장은 적절히 절차를 진행한다. 새로운 금액은 사무총장의 지정일부터 적용된다. 다만, 그 일자는 그 금액의 공보 공고일 이후 1월부터 2월중의 일자로 한다.

4. 연속하는 3월 이상의 기간 동안, 체약당사자가 개별 수수료 금액을 표시한 통화와 스위스 통화간의 국제연합 공식 환율이 그 개별 수수료 금액을 스위스 통화로 확정하기 위하여 적용한 최종 환율보다 10% 이상 낮은 경우에는, 사무총장은 그 시점의 국제연합 공식 환율에 의하여 개별 수수료 금액을 스위스 통화로 새로 확정하여야 한다. 새로운 금액은 사무총장의 지정일부터 적용된다. 다만, 그 일자는 상기 금액의 공보 공고일 이후 1월부터 2월중의 일자로 한다.

### 규칙36 수수료의 면제

다음 사항의 등재에는 수수료가 면제된다.

가. 대리인의 선임, 대리인에 관한 사항의 변경 및 대리인 등재의 취소
나. 권리자의 전화번호 및 팩스번호에 관한 변경
다. 국제등록의 취소
라. 규칙25제1항제1호다목의 규정에 의한 포기
마. 규칙9제4항제1호파목의 규정에 의하여 국제출원 자체에서 또는 규칙24제3항제1호라목의 규정에 의하여 사후지정에서 실행되는 감축
바. 협정 제6조제4항제1문 또는 의정서 제6조제4항제1문에 의한 관청의 신청
사. 기초출원이나 그로 인한 등록 또는 기초등록에 영향을 미치는 사법절차 또는 최종결정의 존재
아. 규칙17, 규칙24제9항 또는 규칙28제3항의 규정에 의한 거절이나 규칙17제5항 또는 제6항의 규정에 의한 기술서, 또는 규칙20의2제5항 또는 규칙27제4항 또는 제5항의 규정에 의한 선언(2004.4.1 개정)
자. 국제등록의 무효
차. 규칙20의 규정에 의하여 통보된 정보
카. 규칙21 또는 규칙23의 규정에 의한 통지
타. 국제등록부의 경정

### 규칙37 추가 수수료 및 보충 수수료의 분배

① 협정 제8조제5항 및 제6항과 의정서 제8조제5항 및 제6항에 의한 계수는 다음과 같다.

절대적 거절이유에 대하여서만 심사하는 체약당사자의 경우 : 2
선행 권리에 대하여서도 심사하는 체약당사자의 경우

1. 제3자의 이의신청에 의한 심사 : 3
2. 직권 심사 : 4

② 선행 권리에 대한 검색을 직권으로 수행하면서 가장 중요한 선행 권리를 표시하는 체약당사자에 대하여서도 계수 4를 적용한다.

### 규칙38 당해 체약당사자의 계좌로의 개별 수수료 입금

의정서 제8조제7항제1호에 의한 선언을 한 체약당사자에 관하여 국제사무국에 납부된 개별 수수료는, 수수료가 납부된 그 국제등록, 사후지정 또는 갱신의 등재가 효력을 발생하는 월의 다음 월 또는 개별수수료의 두번째 부분의 납입이 등재되는 월의 다음 월 이전에 국제사무국에 있는 그 체약당사자의 계좌로 입금되어야 한다.

## 제9장 기 타

### 규칙39 특정 승계국에서의 국제등록 효력의 계속

① 독립 이전에 그 국가의 영역이 어떤 체약당사자("피승계국")의 영역의 일부였던 국가("승계국")가 협정이 그 승계국에 의하여 적용된다는 취지의 계속선언을 사무총장에게 기탁한 경우에는, 제2항의 규정에서 정하는 날 이전부터 유효한 피승계국으로의 보호영역확장이 있는 국제등록이 승계국에서 효력을 갖기 위하여는,

가. 국제사무국이 관련 국제등록의 권리자 앞으로 그 취지의 통지를 한 날부터 6월 이내에, 그러한 국제등록의 효력이 그 승계국에서 계속되어야 한다는 신청을 국제사무국에 제출하여야 하며,

나. 동일한 기간 내에, 국제사무국으로부터 승계국 관청으로 이전되는 23 스위스 프랑의 수수료와 국제사무국의 수익이 되는 41 스위스 프랑의 수수료를 국제사무국에 납부하여야 한다.

② 제1항의 규정에 의한 날은 본 조항의 목적상 그 승계국이 국제사무국에 통지한 날이다. 다만, 그 날은 그 승계국의 독립일보다 선행할 수 없다.

③ 국제사무국은 제1항의 규정에서 언급된 신청 및 수수료의 수령시 승계국 관청에 통지하고 국제등록부에 상응하는 등재를 하여야 한다.

④ 제3항의 규정에 의하여 승계국 관청이 통지를 받은 국제등록에 관하여는, 그 관청은 협정 제5조제2항에서 언급된 기간이 피승계국으로의 보호영역확장에 관하여 만료되지 아니하고 또한 국제사무국이 그 거절통지를 그 기간 내에 수령하는 경우에만 보호를 거절할 수 있다.

⑤ 본 규칙은 러시아연방에는 적용되지 아니한다.

### 규칙40 발효, 경과규정

① **[발효]** 본 공통규칙은 1996년 4월 1일에 발효되고, 동일부로 1996년 3월 31일 현재 발효중인 협정에 의한 공통규칙(이하 "협정에 의한 공통규칙"이라 한다)을 대체한다.

② **[일반적 경과규정]**

1. 제1항의 규정에 불구하고,

가. 1996년 4월 1일 이전에, 국제사무국에 국제출원을 제출해주도록 하는 신청을 본국관청이 수령하거나 규칙11제1항제1호 또는 제3호의 규정에 의하여 본국관청이 수령한 것으로 간주되는 국제출원은, 협정에 의한 공통규칙의 요건을 충족하는 한, 규칙14를 위한 적용요건을 충족하는 것으로 간주된다.

나. 본국관청 또는 그밖의 이해관계 있는 관청이 1996년 4월 1일 이전에 국제사무국에 송부한, 협정에 의한 공통규칙의 규칙20에 의한 변경등재신청은, 그 날짜 확인이 가능하고 1996년 4월 1일 이

전에 본국관청 또는 그밖의 이해관계있는 관청이 이를 국제사무국에 제출하기 위하여 수령한 경우, 협정에 의한 공통규칙의 요건을 충족하는 한, 규칙24제7항 또는 규칙27을 위한 적용 요건을 충족하는 것으로 간주된다.

다. 1996년 4월 1일 이전에 협정에 의한 공통규칙의 규칙11, 규칙12, 규칙13, 또는 규칙21에 의하여 국제사무국이 취하는 조치의 대상이 되는, 국제출원 또는 협정에 의한 공통규칙의 규칙20에 의한 변경등재신청은 상기 조항에 따라 국제사무국이 계속 처리한다. 그에 따른 국제등록일자 또는 국제등록부에의 등재일에 대하여 협정에 의한 공통규칙의 규칙15 또는 규칙22가 적용된다.

라. 1996년 4월 1일 이전에 지정체약당사자의 관청이 송부한 거절통지 또는 무효 통지는, 협정에 의한 공통규칙의 요건을 충족하는 한, 공통규칙의 규칙17제4항 및 제5항 또는 규칙19제2항을 위한 적용 요건을 충족하는 것으로 간주된다.

2. 규칙34제7항의 규정의 목적상, 1996년 4월 1일 이전에 유효한 수수료는 협정에 의한 공통규칙의 규칙32에 규정된 수수료가 된다.

3. 규칙10제1항의 규정에 불구하고, 규칙34제7항제1호의 규정에 의하여 국제출원의 제출과 관련하여 납부한 수수료가 협정에 의한 공통규칙의 규칙32에 따라 20년에 대하여 납부한 수수료인 경우에는, 2회차 분할금은 납부하지 아니한다.

4. 규칙34제7항제2호에 따라 사후지정과 관련하여 납부한 수수료가 협정에 의한 공통규칙의 규칙32에 규정된 수수료인 경우에는, 제3항의 규정은 적용되지 아니한다.

③ **[20년에 대하여 수수료가 납부된 국제등록에 적용되는 경과 규정]**

1. 20년에 대하여 필요한 수수료가 납부된 국제등록이 규칙24에 의한 사후지정의 대상이고, 그 국제등록에 대한 현행 보호기간이 규칙24제6항의 규정에 의하여 결정되는 그 사후지정의 유효일로부터 10년 이후에 종료되는 경우에는, 제2호 및 제3호를 적용한다.

2. 국제등록에 대한 현행 보호기간중 처음의 10년의 기간이 만료되기 6월 이전에, 국제사무국은 권리자 및 대리인이 있는 경우 대리인에게 처음 10년 기간의 정확한 만료일과 제1호의 규정에서 언급된 사후지정의 대상인 체약당사자를 표시한 통지를 송부하여야 한다. 이 경우 규칙29를 준용한다.

3. 제1호의 규정에서 언급된 사후지정과 관련된 두 번째 10년의 기간에 대하여는 규칙30제1항다목의 규정에서 언급된 수수료에 상응하는 보충수수료 및 개별수수료를 납부하여야 한다. 이 경우 규칙30제1항 및 제3항의 규정을 준용한다.

4. 국제사무국은 국제등록부에 두 번째 10년의 기간에 대하여 국제사무국에 납부되었다는 사실을 등재하여야 한다. 협정 제7조제5항 및 의정서 제7조제4항에 언급된 유예기간 내에 필요 수수료를 납부하였어도, 처음 10년의 기간의 만료일이 등재일이 된다.

5. 국제사무국은 당해 지정체약당사자의 관청에 두 번째 10년의 기간에 대하여 납부되거나 납부되지 않았다는 사실을 통지하고 동시에 권리자에게 알려야 한다.

④ **[언어에 관한 경과규정]** 2004년 4월 1일 이전까지 유효한 규칙6은 그 이전에 본국관청이 수령하거나 규칙11제1항제1호 또는 제3호의 규정에

의하여 본국관청이 그 이전에 수령한 것으로 간주되는 국제출원, 그로 인한 국제등록 및 그와 관련되는 통보에 적용된다. 2004년 4월 1일 이전까지 유효한 규칙6은, 그 날 또는 그 이후에 의정서에 의한 사후지정이 국제사무국에 직접 제출되거나 권리자의 체약당사자의 관청에 제출된 경우에는, 그 사후지정이 국제등록부에 등재될 것을 조건으로, 적용이 중지된다.(2004.4.1 신설)

### 규칙41 시행세칙

**① [시행세칙의 제정, 시행세칙이 적용되는 사항]**

1. 사무총장은 시행세칙을 제정하여야 한다. 사무총장은 시행세칙을 수정할 수 있다. 시행세칙의 제정 또는 수정 전에, 사무총장은 시행세칙안 또는 수정안에 대하여 직접적인 이해관계를 가지고 있는 관청에 자문을 구하여야 한다.
2. 시행세칙은 공통규칙에서 명시적으로 그 세칙을 인용한 사항 및 본 공통규칙의 적용에 관한 구체적 사항을 다룬다.

**② [총회의 통제]** 총회는 사무총장에게 시행세칙의 규정을 수정하도록 권유할 수 있고, 사무총장은 적절히 절차를 진행하여야 한다.

**③ [공고 및 발효일]**

1. 시행세칙 및 그 수정은 공보에 공고되어야 한다.
2. 각 공고에는 공포된 규정의 발효일을 명시하여야 한다. 그 일자는 규정마다 다를 수 있다. 다만, 공보에의 공고 이전에는 어떠한 규정도 유효하다고 선언될 수 없다.

**④ [협정이나 의정서 또는 공통규칙과의 충돌]** 시행세칙의 규정이 협정이나 의정서 또는 이 공통규칙의 규정과 충돌하는 경우에는, 후자가 우선한다.

〈첨부2〉

## 표장의 국제등록에 관한 마드리드 협정 및 그 협정에 대한 의정서의 적용을 위한 시행세칙

목 차



## 제1장 정 의

### 세칙1 : 약어

1. 이 시행세칙의 목적상 :
   가. "공통규칙"이라 함은 표장의 국제등록에 관한 마드리드협정 및 그 협정에 대한 의정서의 공통규칙을 말한다.
   나. "규칙"이라 함은 공통규칙의 규칙을 말한다.
2. 이 시행세칙의 목적상 규칙 1에서 언급된 표현은 공통규칙에서와 동일한 의미를 갖는다.

## 제2장 서 식

### 세칙2 : 국제출원

1. 협정만이 적용되는 국제출원은 서식 MM1로 작성하여야 한다.
2. 의정서만이 적용되는 국제출원은 서식 MM2로 작성하여야 한다.
3. 협정 및 의정서 양자가 적용되는 국제출원은 서식 MM3으로 작성하여야 한다.

### 세칙3 : 국제등록 후의 지정

사후지정은 서식 MM4로 작성하여야 한다.

### 세칙4 : 기타 공식 서식

1. 명의변경등록신청은 서식 MM5로 작성하여야 한다.
2. 상품 및 서비스 목록의 감축등재신청은 서식 MM6으로 작성하여야 한다.
3. 포기등재신청은 서식 MM7로 작성하여야 한다.
4. 취소등재신청은 서식 MM8로 작성하여야 한다.
5. 권리자의 성명 또는 주소의 변경등재신청은 서식 MM9로 작성하여야 한다.
6. 사용권등재신청은 서식 MM13으로 작성하여야 한다.
7. 사용권등재의 수정신청은 서식 MM14로 작성하여야 한다.
8. 사용권등재의 취소신청은 서식 MM15로 작성하여야 한다.

### 세칙5 : 비공식 서식

1. 대리인의 성명 또는 주소의 변경등재신청은 서식 MM10으로 작성할 수 있다.
2. 국제등록의 갱신신청은 서식 MM11로 작성할 수 있다.
3. 규칙3제2항제2호에서 언급된 대리인 선임에 관한 별도의 통보는 서식 MM12로 작성할 수 있다.

## 제3장 국제사무국에의 통보, 서명

### 세칙6 : 서면에 의한 통보, 다수 서류의 동봉

1. 세칙11제1호를 조건으로, 국제사무국 앞으로의 통보는 타자기 또는 그 밖의 기계에 의하여 서면으로 작성되어야 효력이 있고, 서명되어야 한다.
2. 다수의 서류를 동봉하여 우송하는 경우에는, 각각에 대한 확인 목록을 첨부하여야 한다.

### 세칙7 : 서명

서명은 자필, 인쇄 또는 스탬프로 하여야 한다. 서명은 인장의 날인으로 대체될 수 있으며, 세칙11제1호에서 언급된 전자방식의 통보에 관하여는 국제사무국과 해당 관청간에 합의된 확인방식으로 대체될 수 있다.

### 세칙8 : 팩스에 의한 통보

통보는 팩스에 의하여 국제사무국 앞으로 송부될 수 있다. 다만, 통보를 공식서식에 의하여 제출하여야 하는 경우에는, 팩스 통보를 위한 공식 서식을 사용하여야 한다.

### 세칙9 : 표장 견본의 원본

1. 본국관청이 국제사무국에 팩스로 국제출원을 송부하는 경우에는, 본국관청이 서명하고 관련된 국제출원을 확인하기에 충분한 표시를 포함하고 표장의 견본이 있는 공식서식면의 원본을 국제사무국에 송부하여야 한다.
2. 국제출원이 팩스에 의하여 국제사무국 앞으로 송부되는 경우에는, 국제출원의 해당 요건 충족에 관한 국제사무국의 심사는 다음의 시기에 개시된다.
   가. 팩스에 의한 통보 수령일부터 1월의 기간 이내에 그 원본을 수령한 경우에는 원본을 수령한 때, 또는
   나. 그 기간 이내에 국제사무국이 그 원본을 수령하지 아니한 경우에는, 가목에 언급된 1월의 기간이 만료한 때

### 세칙10 : 국제사무국에 의한 팩스수령의 확인 및 일자

1. 국제사무국은 팩스 통보의 송부자에게 그 통보의 수령사실을 즉시 팩스로 알려야 하고, 수령한 팩스 통보가 불완전하거나 판독할 수 없는 경

우에는 그 사실도 알려야 한다. 다만, 그 송부자가 확인될 수 있고, 송부자에게 팩스를 통하여 도달될 수 있어야 한다.

2. 통보가 팩스에 의하여 송부되고 통보가 송부된 장소와 제네바간의 시차로 인하여 송부 개시일이 국제사무국이 완전히 통보를 수령한 날과 다른 경우에는, 2일자 중 선행하는 날이 국제사무국의 수령일로 간주된다.

### 세칙11 : 전자방식에 의한 통보, 국제사무국에 의한 전송수령의 확인 및 일자

1. 관청이 희망하는 경우에는, 국제출원의 제출을 포함한 그 관청 및 국제사무국간의 통보는 국제사무국과 해당 관청간에 합의된 방법에 따라 전자방식에 의하여 한다.
2. 국제사무국은 전송의 발송자에게 그 송부의 수령사실을 즉시 전송으로 알려야 하며, 수령한 전송이 불완전하거나 기타 사용할 수 없는 경우에는 그 사실도 알려야 한다. 다만, 그 발송자가 확인될 수 있고, 발송자에게 도달될 수 있어야 한다.
3. 통보가 전자방식에 의하고 통보가 송부된 장소와 제네바간의 시차로 인하여 송부 개시일이 국제사무국이 완전히 통보를 수령한 날과 다른 경우에는, 2일자 중 선행하는 날이 국제사무국의 수령일로 간주된다.

## 제4장 성명 및 주소에 관한 요건

### 세칙12 : 성명 및 주소

1. 자연인의 경우에 표시되어야 할 성명은 자연인의 성 및 이름이다.
2. 법인의 경우에 표시되어야 할 명칭은 그 법인의 전체 공식 명칭이다.
3. 라틴식 이외의 문자로 되어 있는 성명의 경우에는, 그 성명의 표시를 국제출원 언어의 음성표기법에 따른 라틴문자의 음역으로 구성하여야 한다. 라틴식 이외의 문자로 된 명칭을 가지고 있는 법인의 경우에는, 그 음역을 국제출원 언어로의 번역으로 대체할 수 있다.
4. 주소는 신속한 우편배달이 가능한 통상적인 요건을 충족하는 방법으로 기재되어야 하고, 집의 호수가 있다면 적어도 호수를 포함하여 호수까지의 모든 관련 행정구역이 표시되어야 한다. 또한, 다른 교신용 주소뿐 아니라, 전화 및 팩스번호, 전자우편주소를 표시할 수 있다.

### 세칙13 : 교신용 주소

2 이상의 출원인이나 다른 주소를 가지고 있는 새로운 권리자들 또는 사용권자들이 존재하는 경우에는, 하나의 교신용 주소를 표시하여야 한다. 그러한 주소가 표시되지 아니한 경우에는, 첫 번째로 성명이 기재된 자의 주소를 교신용 주소로 취급한다.

## 제5장 가거절통지

### 세칙14 : 가거절통지의 송부일

우편업무에 의하여 송부된 가거절통지의 경우에는, 발송일은 우편소인에 의하여 정하여 진다. 우편소인이 판독될 수 없거나 누락된 경우에는, 국제사무국은 국제사무국이 수령일 20일 전에 그 통지가 송부된 것으로 취급한다. 그러나 이와 같이 정하여진 송부일이 거절 일자 또는 통지에서 언급된 송부일보다 선행하는 경우에는, 국제사무국은 그러한 통지가 후자의 일자에 송부된 것으로 취급한다. 교부업무에 의하여 송부된 가거절통지의 경우에는, 발송일은 그 교부업무에 의하여 기록된 우송 상세내역을 기초로 하여 그 교부업무에 의하여 기재된 표시에 의하여 정하여 진다.

### 세칙15 : 이의신청에 기초한 가거절통지의 내용

1. 이의신청에 기초한 가거절통지는 규칙17제2항 및 제3항에서 명시된 사항으로 한정된다. 규칙17제2항라목에 의한 가거절이 기초하는 근거의 기재는, 거절이 이의신청에 기초하고 있다는 것을 기재하는 것 이외에 이의신청의 근거가 무엇인지를 간결하게 기재하여야 한다.(예를 들면, 선행하는 표장 또는 선행하는 권리와의 충돌, 식별성의 결여) 이의신청이 기등록 또는 등록출원의 대상인 표장 이외의 선행하는 권리와의 충돌에 기초하는 경우에는, 그 권리 및 가능하면 그 권리의 소유자가 가능한 한 간단하게 확인되어야 한다. 그 통지에는 각서 또는 증거가 첨부되지 아니한다.
2. 별도의 A4용지에 의하지 아니하거나 스캐닝에 적합하지 아니한 통지에 첨부되는 서류 및 견본품 또는 포장과 같은 비서류 품목은 등재되지 아니하며, 국제사무국에 의하여 처분된다.

## 제6장 국제등록의 번호 부여

### 세칙16 : 일부명의변경에 따른 번호부여

1. 상품 및 서비스의 일부 또는 지정체약당사자의 일부만에 관한 국제등록의 양도 또는 그밖의 이전은 일부가 양도 또는 그밖에 이전된 국제등록의 번호 하에 국제등록부에 등재된다.
2. 양도 또는 그밖에 이전된 일부는 상기 국제등록의 번호 하에서 말소되고, 별도의 국제등록으로 등재된다. 별도의 국제등록은 대문자와 더불어 일부가 양도 또는 그밖에 이전된 등록의 번호를 갖는다.

### 세칙17 : 국제등록의 병합에 따른 번호 부여

규칙27제3항에 의한 국제등록의 병합으로 인한 국제등록은, 해당되는 경우 대문자와 더불어 일부가 양도 또는 그밖에 이전된 국제등록의 번호를 갖는다.

### 세칙18 : 명의변경의 무효 선언에 따른 번호 부여

규칙27제4항제5호에 의하여 국제등록부에 등재된 별도의 국제등록은 대문자와 더불어 일부가 양도 또는 그밖에 이전된 등록의 번호를 갖는다.

## 제7장 수수료의 납부

### 세칙19 : 납부방법

수수료는 국제사무국에 다음의 방법으로 납부할 수 있다.

가. 국제사무국에 개설된 당좌계좌에서 인출

나. 스위스 우편환계좌 또는 명시된 국제사무국의 은행계좌중 1 계좌로 납부

다. 은행수표

라. 국제사무국에 현금으로 납부

# 표장의 등록을 위한 상품 및 서비스의 국제분류에 관한 니스협정

니스에서 채택 1957. 6.15
가입서 기탁일 1998.10. 8
대한민국에 대하여 발효 1999. 1. 8
(조약 제1472호)

## 제1조【특별동맹의 설립, 국제분류의 채택 및 분류의 정의와 언어】

1. 이 협정이 적용되는 국가는 특별동맹을 구성하고 표장의 등록을 위한 상품 및 서비스의 공통분류(이하 "분류"라고 한다)를 채택한다.
2. 분류는 다음 목록으로 구성된다.
   가. 주석이 있는 경우 주석을 포함한 유목록
   나. 각 상품 및 서비스가 속하는 유를 표시한 알파벳순으로 된 상품 및 서비스의 목록(이하 "알파벳순 목록"이라 한다)
3. 분류는 다음 사항을 포함한다.
   가. 세계지적소유권기구설립협약에 언급된 지적소유권 국제사무국(이하 "국제사무국"이라 한다)에 의하여 1971년에 공표된 분류. 그러나, 공표에 포함되어 있는 유목록에 대한 주석은 제3조에 언급된 전문가위원회가 유목록에 대한 주석을 확정할 때까지 잠정적이고 권고적인 것으로 양해된다.
   나. 이 의정서의 발효이전에 1957년 6월 15일의 니스협정 및 1967년 7월 14일의 스톡홀름의정서 제4조제1항에 의하여 발효된 개정 및 추가사항
   다. 이 의정서 제3조에 의하여 이루어지고 이 의정서 제4조제1항에 의하여 발효된 변경사항
4. 분류는 동등하게 정본인 영어 및 불어본으로 작성된다.
5. (1) 제3항가목에 언급된 분류는 이 의정서가 서명을 위하여 개방되기 이전에 발효된 제3항나목에 언급된 개정 및 추가사항과 함께 불어로 된 정본 1부로 작성되어 세계지적재산권기구의 사무국장에게 기탁된다(이하 각각 "기구" 및 "사무국장"이라 한다). 이 의정서가 서명을 위하여 개방된 날이후에 발효된 제3항나목에 언급된 개정 및 추가사항은 불어로 된 정본 1부로 사무국장에게 기탁된다.
   (2) 제3조에 언급된 전문가위원회는 이 의정서의 발효 즉시 제1호에 언급된 내용의 영어본을 작성한다. 그 정본은 사무국장에게 기탁된다.
   (3) 제3항다목에 언급된 변경사항은 영어 및 불어로 된 정본 1부로 사무국장에게 기탁된다.
6. 사무국장은 관련 정부와 협의하고, 해당 정부가 제출한 번역문에 기초하거나 또는 특별동맹의 예산이나 기구에 재정적 영향을 미치지 아니하는 여타 방법에 의하여 아랍어·독일어·이탈리아어·포르투갈어·러시아어·스페인어 및 제5조에 언급된 총회가 지정하는 언어로 된 분류의 공식 번역문을 작성한다.
7. 알파벳순 목록에는 각 상품 및 서비스가 표시되는 맞은 편에, 이 목록이 작성되는 언어에 고유한 일련번호와 함께 다음의 일련번호가 기재된다.
   가. 영어로 작성된 알파벳순 목록의 경우, 불어로 작성된 알파벳순 목록에서 동일한 상품 및 서비스에 대하여 기재된 일련번호, 그리고 불어로 작성된 알파벳순 목록의 경우, 영어로 작성된 알파벳순 목록에서 동일한 상품 및 서비스에 대하여 기재된 일련번호

나. 제6항에 의하여 작성된 모든 알파벳순 목록의 경우 영어로 작성된 알파벳순 목록 또는 불어로 작성된 알파벳순 목록에서 동일한 상품 및 서비스에 대하여 기재된 일련번호

**제2조【분류의 법적 효력 및 사용】**

1. 이 협정에서 규정하는 요건에 따르는 것을 전제로, 분류의 효력은 특별동맹의 각 회원국이 정한다. 특히, 특별동맹의 회원국은 표장에 부여되는 보호범위의 판단 또는 서비스표의 승인에 관하여 분류에 기속되지 아니한다.
2. 특별동맹의 각 회원국은 분류를 주요 또는 보조 분류체계로써 사용할 권리를 유보한다.
3. 특별동맹 회원국의 소관관청은 표장의 등록과 관련된 공문서 및 공식 간행물에서 등록표장의 지정 상품 또는 서비스가 속하는 분류의 유번호를 기재한다.
4. 어떤 용어가 알파벳순 목록에 기재되었다는 사실은 그 용어에 존재할 수 있는 권리에 아무런 영향도 미치지 아니한다.

**제3조【전문가위원회】**

1. 특별동맹의 각 회원국을 대표할 수 있는 전문가위원회가 설치된다.
2. (1) 사무국장은 기구의 회원국 또는 공업소유권의보호를위한파리협약의 당사국중 특별동맹의 회원국이 아닌 국가가 전문가위원회의 회의에 참관인으로 참석하도록 초청할 수 있으며, 전문가위원회의 요청이 있는 경우에는 이들을 초청하여야 한다.
   (2) 사무국장은 표장분야를 전문으로 하고 1개국이상의 회원국이 특별동맹의 회원국인 정부간 기구가 전문가위원회에 참관인으로 참석하도록 초청한다.
   (3) 사무국장은 여타 정부간 기구 및 국제적 비정부간 기구의 대표자가 그들에게 관심있는 토의에 참석하도록 초청할 수 있으며, 전문가위원회의 요청이 있는 경우에는 이들을 초청하여야 한다.
3. 전문가위원회는 다음을 행한다.
   가. 분류의 변경에 대하여 결정한다.
   나. 분류의 사용을 증진하고 분류의 통일적 적용을 촉진하기 위하여 특별동맹국에게 권고를 한다.
   다. 특별동맹의 예산이나 기구에 대하여 재정적 영향을 미치지 아니하면서 개발도상국의 분류 적용을 용이하게 하는데 기여하는 모든 여타 조치를 취한다.
   라. 소위원회와 실무작업반을 설치하는 권한을 가진다.
4. 전문가위원회는 자체 의사규칙을 채택한다. 이 규칙은 분류의 발전에 실질적인 역할을 할 수 있는 제2항제2호에 언급된 정부간 기구가 소위원회 및 실무작업반의 회의에 참석할 가능성이 있음이 감안되어야 한다.
5. 분류의 개정에 대한 제안은 특별동맹 회원국의 소관관청, 국제사무국, 제2항제2호에 의하여 전문가위원회에 참가하는 정부간 기구 및 개정의 제안을 제출하도록 전문가위원회가 특별히 초청한 기타 국가 또는 기구가 한다. 제안은 국제사무국에 송부되며, 국제사무국은 제안이 검토되는 전문가위원회 회기의 2월전까지 전문가위원회의 위원과 참관인에게 이 제안을 제출한다.
6. 특별동맹의 각 회원국은 하나의 투표권을 가진다.
7. (1) 제2호에 따르는 것을 전제로, 전문가위원회의 결정은 참석 및 투표하는 국가의 단순다수결에 의한다.

(2) 분류의 개정을 채택하는 것에 관한 결정은 참석 및 투표하는 특별동맹 회원국의 5분의 4이상의 다수결에 의한다. "개정"이라 함은 상품 또는 서비스를 한 유에서 다른 유으로 옮기거나 새로운 유를 설정하는 것을 말한다.

(3) 제4항에서 언급된 의사규칙은 특별한 경우를 제외하고는 분류의 수정이 지정된 기간내에 채택되어야 함을 규정한다. 각 기간은 전문가위원회에 의하여 결정된다.

8. 기권은 투표로 간주되지 아니한다.

**제4조【변경사항의 통지 · 발효 및 공표】**

1. 전문가위원회가 결정한 변경사항 및 전문가위원회의 권고는 국제사무국에 의하여 특별동맹 회원국의 소관관청에 통지한다. 개정은 통지의 발송일부터 6월후에 발효한다. 여타 모든 변경사항은 변경사항 채택시 전문가위원회가 지정한 날에 발효한다.
2. 국제사무국은 발효한 변경사항을 분류에 반영한다. 변경사항은 제5조에 언급된 총회가 지정하는 정기간행물에 공표된다.

**제5조【특별동맹의 총회】**

1. (1) 특별동맹은 이 의정서를 비준하거나 이에 가입하는 국가로 구성되는 총회를 가진다.

(2) 각국 정부는 1인의 대표에 의하여 대표되며, 대표는 교체대표 · 자문위원 및 전문가의 보좌를 받을 수 있다.

(3) 각 대표단의 경비는 그 대표단을 임명한 정부가 부담한다.

2. (1) 제3조 및 제4조의 규정에 따르는 것을 전제로 총회는 다음 사항을 행한다.

가. 특별동맹의 유지 및 발전과 이 협정의 실시에 관한 모든 사항을 처리한다.

나. 이 의정서를 비준하거나 이에 가입하지 아니한 특별동맹 회원국의 의견을 고려하면서 국제사무국에게 개정회의의 준비에 관한 지침을 준다.

다. 특별동맹에 관한 기구의 사무국장(이하 "사무국장"이라 한다)의 보고 및 활동을 검토 및 승인하며, 특별동맹의 권한에 속하는 사항에 관하여 사무국장에게 필요한 모든 지시를 한다.

라. 특별동맹의 사업계획을 결정하고 2년 단위예산을 채택하며 결산을 승인한다

마. 특별동맹의 재정규칙을 채택한다.

바. 제3조에서 언급된 전문가위원회이외에 특별동맹의 목적을 달성하기 위하여 필요하다고 인정되는 위원회 및 실무작업반을 설치한다.

사. 총회의 회의에 어떠한 특별동맹의 비회원국, 정부간 기구 및 국제적 비정부간 기구를 참관인으로 참석시킬지 여부를 결정한다.

아. 제5조 내지 제8조에 대한 개정을 채택한다.

자. 특별동맹의 목적을 증진하기 위한 여타 적절한 조치를 취한다.

차. 이 협정상 적절한 여타 기능을 수행한다.

(2) 총회는 기구가 운영하고 있는 다른 동맹에도 이해관계가 있는 사항에 관하여는 기구의 조정위원회의 자문을 들은 후에 결정한다.

3. (1) 총회의 각 회원국은 하나의 투표권을 가진다.

(2) 의사정족수는 총회의 회원국의 2분의 1로 한다.

(3) 제2호의 규정에 불구하고, 어느

회기에 있어서 참석한 국가수가 총회의 회원국의 3분의 1이상이나 2분의 1에는 못미치는 경우, 총회는 결정을 할 수 있으나, 그 결정은 자체 의사절차에 관한 것을 제외하고는 다음의 조건이 충족된 경우에만 효력을 발생한다. 국제사무국은 대표를 출석시키지 아니한 총회의 회원국에 그 결정을 통지하고, 그 통지일부터 3월 내에 찬부 또는 기권을 서면으로 표명할 것을 요청하며, 그 기간의 만료시에 찬부 또는 기권을 표명한 국가의 수가 당해 회기의 의사정족수의 부족분을 보충하며, 동시에 결정에 필요한 다수의 찬성이 여전히 있는 경우, 그 결정은 효력을 발생한다.

(4) 제8조제2항의 규정에 따르는 것을 전제로, 총회의 결정은 실제 투표수의 3분의 2이상의 다수결에 의한다.

(5) 기권은 투표로 간주되지 아니한다.

(6) 대표는 하나의 국가만을 대표하며, 그 국가의 명의로만 투표할 수 있다.

(7) 총회의 회원국이 아닌 특별동맹의 회원국은 총회의 회의에 참관인으로 참가할 수 있다.

4. (1) 총회는 사무국장의 소집에 의하여 2년마다 1회의 정기 회기를 가지며, 예외적인 상황이 없는 경우 기구의 총회와 동일한 기간 및 장소중에 이를 개최한다.

(2) 총회는 총회의 회원국의 4분의 1의 요청이 있는 경우 사무국장의 소집에 의하여 특별 회기를 가진다.

(3) 각 회기의 의제는 사무국장이 준비한다.

5. 총회는 자체 의사규칙을 채택한다.

**제6조【국제사무국】**

1. (1) 특별동맹의 행정업무는 국제사무국이 수행한다.

(2) 특히 국제사무국은 총회, 전문가위원회 그리고 총회 또는 전문가위원회에 의하여 설치되는 기타 위원회 또는 실무작업반의 회의를 준비하고 이의 사무국 역할을 한다.

(3) 사무국장은 특별동맹의 최고 행정책임자이며 특별동맹을 대표한다.

2. 사무국장 및 그가 지명하는 직원은 총회, 전문가위원회 그리고 총회 또는 전문가위원회에 의하여 설치되는 기타 위원회 또는 실무작업반의 모든 회의에 투표권없이 참석한다. 사무국장 및 그가 지명하는 직원은 이러한 기관의 당연직 간사가 된다.

3. (1) 국제사무국은 총회의 지침에 따라 제5조 내지 제8조를 제외한 이 협정의 규정에 대한 개정회의를 준비한다.

(2) 국제사무국은 개정회의의 준비에 관하여 정부간 기구 및 국제적 비정부간 기구와 협의할 수 있다.

(3) 사무국장과 그가 지명하는 자는 개정회의의 토의에 투표권없이 참석한다.

4. 국제사무국은 국제사무국에 부여되는 여타 임무를 수행한다.

**제7조【재정】**

1. (1) 특별동맹은 예산을 가진다.

(2) 특별동맹의 예산은 특별동맹의 고유한 수입과 지출, 모든 동맹의 공통경비 예산에 대한 특별동맹의 분담금 및 경우에 따라 기구의 회의 예산으로 사용할 수 있도록 되어 있는 금액을 포함한다.

(3) 특별동맹뿐만 아니라 기구가 관리하는 여타 동맹에도 귀속되는

경비는 모든 동맹의 공통경비로 간주된다. 공통경비에 대한 특별동맹의 부담분은 공통경비가 특별동맹에 주는 이익에 비례한다.

2. 특별동맹의 예산은 기구가 관리하는 여타 모든 동맹의 예산과의 조정요건을 충분히 고려하여 편성된다.

3. 특별동맹의 예산은 다음 재원으로 충당된다.
   가. 특별동맹 회원국의 분담금
   나. 국제사무국이 특별동맹과 관련하여 제공하는 용역에 대한 수수료 및 요금
   다. 특별동맹과 관련한 국제사무국의 간행물의 판매대금 또는 이러한 간행물에 관한 권리의 사용료
   라. 증여·유증 및 보조금
   마. 임대료·이자 및 기타 수입

4. (1) 제3항가목에 언급된 분담금을 결정하는 데 있어서, 특별동맹의 각 회원국은 공업소유권의보호를위한파리동맹에서 그 국가가 속하는 등급과 동일한 등급에 속하며 파리동맹에서 그 등급에 대하여 정하는 동일한 단위수에 기초하여 특별동맹의 연차 분담금을 납부한다.
   (2) 특별동맹의 각 회원국의 연차 분담금은, 그 금액과 모든 분담국이 특별동맹의 예산에 기여하는 총액과의 비율이 그 국가의 단위수와 모든 국가의 총 단위수의 비율이 같도록 정하여진다.
   (3) 분담금은 매년 1월 1일에 납부한다.
   (4) 분담금 체납국은 그 체납액이 최근 2년간 그 국가가 납부하여야 할 분담금 액수와 동일하거나 이를 초과하는 경우 특별동맹의 어떤 기관에서도 그 투표권을 행사할 수 없다. 다만, 특별동맹의 기관은 체납이 예외적이며 불가피한 사정에 의한 것이라고 인정되는 경우에 한하여 투표권을 계속 행사하도록 허용할 수 있다.
   (5) 예산이 새로운 회계연도의 개시전에 채택되지 아니한 경우에는 재정규칙이 정하는 바에 따라 전년도 예산과 동일한 수준으로 한다.

5. 국제사무국이 특별동맹과 관련하여 제공하는 용역에 대한 수수료 및 요금 액수는 사무국장이 정하고 이를 총회에 보고한다.

6. (1) 특별동맹은 특별동맹의 각 회원국이 1회 출자하여 조성되는 운영기금을 가진다. 운영기금이 충분하지 못한 경우 총회는 그 기금을 증액할 것을 결정한다.
   (2) 운영기금에 대한 각 국가의 최초의 출자금 또는 증액분담금은 각각 기금 설립년도 또는 증액년도에 각국이 부담하는 분담금의 일부가 된다.
   (3) 지불의 금액 및 조건은 기구의 조정위원회의 조언을 들은 후 사무총장의 제안에 따라 총회가 결정한다.

7. (1) 기구의 본부가 소재하는 국가와 체결되는 본부협정에, 운영기금이 부족한 경우 그 국가가 자금을 미리 대출하여 준다는 규정을 둔다. 대출 금액 및 조건은 그 국가와 기구간의 별도 협정에 의하여 사안별로 정한다.
   (2) 제1호에서 언급된 국가와 기구는 각각 서면통지에 의하여 자금의 대출의무를 폐기할 권리를 가진다. 폐기는 통고가 있는 연도말로부터 3년이 경과한 후에 효력을 발생한다.

8. 회계감사는 재정규칙이 정하는 바에 따라 1개국이상의 특별동맹의 회

원국 또는 외부의 회계감사전문가가 행한다. 특별동맹의 회원국 또는 회계감사전문가는 총회가 이들의 동의를 얻어 지정한다.

**제8조【제5조 내지 제8조의 개정】**

1. 총회의 각 회원국 또는 사무국장은 제5조 · 제6조 · 제7조 및 이 조의 개정을 제안할 수 있다. 사무국장은 적어도 총회의 심의 6월전까지 이러한 제안을 특별동맹의 회원국에 송부한다.
2. 제1항에 언급된 조항에 대한 개정은 총회에 의하여 채택된다. 채택에는 투표수의 4분의 3이상의 다수결이 요구된다. 다만, 제5조 및 이 항의 개정에는 투표수의 5분의 4이상의 다수결이 요구된다.
3. (1) 제1항에서 언급된 조항의 개정은 그 개정 채택시 총회의 회원국의 4분의 3으로부터 각국의 헌법상의 절차에 따라 행하여진 수락의 서면통지를 사무국장이 접수한 날부터 1월후에 발효한다. 이와 같이 수락된 상기 조항의 개정은 그 개정의 발효시 총회의 회원국 및 이후에 총회의 회원국이 되는 모든 국가를 구속한다. 다만, 특별동맹 회원국의 재정상 의무를 증가시키는 개정은 그 개정의 수락을 통지한 국가만을 구속한다.

**제9조【비준 · 가입 및 발효】**

1. 이 의정서에 서명한 특별동맹의 회원국은 이를 비준할 수 있으며, 서명하지 아니한 특별동맹의 회원국은 이 의정서에 가입할 수 있다.
2. 공업소유권의보호를위한파리협약의 당사국중 특별동맹의 회원국이 아닌 국가는 이 의정서에 가입할 수 있으며, 가입함으로써 특별동맹의 회원국이 된다.
3. 비준서 및 가입서는 사무국장에게 기탁된다.
4. (1) 이 의정서는 아래의 두 조건이 충족된 후 3월이 지나면 발효한다.
   가. 6개국이상이 비준서 또는 가입서를 기탁할 것
   나. 이 의정서가 서명을 위하여 개방된 때에 상기 국가중 최소한 3개국이 특별동맹의 회원국일 것
   (2) 제1호에 언급된 발효는 그 발효 3월전까지 비준서 또는 가입서를 기탁한 국가에도 유효하다.
   (3) 이 의정서는 제2호에 의하여 발효되는 국가이외의 국가에 대하여는 그 비준서 또는 가입서에 일자가 지정되지 아니하는 한, 사무국장에게 그 국가의 비준 또는 가입이 통지된 날부터 3월후에 발효한다. 다만, 일자가 비준서 또는 가입서에 지정되어 있는 경우 이 의정서는 이 국가에 대하여는 지정된 날에 발효한다.
5. 비준 또는 가입은 자동적으로 이 의정서의 모든 조항의 수락과 이 협정상의 모든 이익의 향유를 수반한다.
6. 이 의정서의 발효이후에는 어떠한 국가도 이 협정의 종전 의정서를 비준하거나 가입할 수 없다.

**제10조【유효기간】** 이 협정의 유효기간은 공업소유권의보호를위한파리협약의 유효기간과 동일하다.

**제11조【협정의 개정】**

1. 이 협정은 특별동맹국의 회의에 의하여 수시로 개정될 수 있다.
2. 총회는 개정회의의 소집을 결정한다.
3. 제5조 내지 제8조는 개정회의에서 또는 제8조의 규정에 의하여 개정될 수 있다.

**제12조【폐기】**

1. 모든 국가는 사무국장에게 통지함으로써 이 의정서를 폐기할 수 있다. 그러한 폐기는 이 의정서를 폐기하는 국가가 비준 또는 가입한 이 협정

의 종전 의정서에 대한 폐기를 구성하고, 해당 국가에 한하여 효력을 발생하며, 특별동맹의 다른 회원국에 대해서는 이 협정이 완전한 효력을 가진다.

2. 폐기는 사무국장이 그 통지를 접수한 날부터 1년후에 효력을 발생한다.
3. 어느 국가도 특별동맹의 회원국이 된 날부터 5년의 기간이 만료되기 전에는 이 조에서 규정하는 폐기의 권리를 행사할 수 없다.

**제13조【파리협약 제24조와의 관계】**

공업소유권의보호를위한파리협약의 1967년 스톡홀름의정서 제24조의 규정은 이 협정에 적용된다. 다만, 동조의 규정이 향후 개정되는 경우 이러한 개정에 구속되는 특별동맹의 회원국에 대하여는 가장 최근의 개정이 이 협정에 적용된다.

**제14조【서명 · 언어 · 수탁의 기능 및 통지】**

1. (1) 이 의정서는 동등하게 정본인 영어 및 불어로 된 정본 1부에 서명되어 사무국장에게 기탁된다.
   (2) 사무국장은 관계 정부와 협의한 후에 이 의정서 서명일부터 2월이내에 제1호에 규정된 언어와 함께 세계지적소유권기구설립협정의 정본이 작성된 다른 두 언어인 러시아어 및 스페인어로 이 의정서의 공식 번역문을 작성한다.
   (3) 사무국장은 관계 정부와 협의한 후에 아랍어 · 독일어 · 이탈리아어 · 포르투갈어 및 총회가 지정하는 다른 언어로 이 의정서의 공식 번역문을 작성한다.
2. 이 의정서는 1977년 12월 31일까지 서명을 위하여 개방된다.
3. (1) 사무국장은 특별동맹의 모든 회원국 정부에게 이 의정서의 서명본의 등본 2부를 인증하여 송부하고, 여타 국가의 정부에 대하여는 요청이 있는 경우 송부한다.
   (2) 사무국장은 특별동맹의 모든 회원국 정부에게 이 의정서의 개정에 대한 등본 2부를 인증하여 송부하고, 여타 국가의 정부에 대하여는 요청이 있는 경우 송부한다.
4. 사무국장은 이 의정서를 국제연합사무국에 등록한다.
5. 사무국장은 공업소유권 보호에 관한 파리협약의 모든 당사국 정부에게 다음을 통지한다.
   가. 제1항에 의한 서명
   나. 제9조제3항에 의한 비준서 또는 가입서의 기탁
   다. 제9조제4항제1호에 의한 이 의정서의 발효일
   라. 제8조제3항에 의한 이 의정서의 개정에 대한 수락
   마. 이러한 개정의 발효일
   바. 제12조에 의하여 접수한 폐기 통지

# 상표법조약

제네바에서 채택 1994.10.27
가입서 기탁일 2002.11.25
대한민국에 대하여 발효 2003. 2.25
(조약 제1621호)

**제1조 【약칭】** 이 조약의 목적상, 명시적으로 별도의 규정이 없는 한,

1) "관청"이라 함은 체약당사자에 의해 표장의 등록에 관하여 위임을 받은 기관을 말한다.
2) "등록"이라 함은 관청에 의한 표장의 등록을 말한다.
3) "출원"이라 함은 등록을 위한 출원을 말한다.
4) "인(人)" 또는 "자(者)"라 할 때는 자연인과 법인 양자를 지칭하는 것으로 해석한다.
5) "권리자"라 함은 표장등록원부에 등록권리자로 표시된 자를 말한다.
6) "표장등록원부"라 함은 당해 자료보관의 수단을 불문하고, 모든 등록의 내용과 모든 등록에 관한 사항을 기록한 자료를 포함하는 것으로, 관청에 의해 보관되는 자료집을 말한다.
7) "파리협약"은 1883년 3월 20일 파리에서 서명된 후 개정되고 수정된 산업재산권보호를 위한 파리협약을 말한다.
8) "니스분류"는 1957년 6월 15일 니스에서 서명된 후 개정되고 수정된 표장등록을 위한 상품 및 서비스의 국제분류에 관한 니스협정에 따른 분류를 말한다.
9) "체약당사자"라 함은 이 조약에 비준 또는 가입한 국가나 정부간 기구를 말한다.
10) "비준서"라 할 때에는 수락서와 승인서를 포함하는 것으로 해석한다.
11) "기구"라 함은 세계지적재산권 기구를 말한다.
12) "사무총장"이라 함은 기구의 사무총장을 말한다.
13) "규칙"이라 함은 제17조에서 규정하는 이 조약에 의거한 규칙을 말한다.

**제2조 【이 조약의 적용 표장】**

1. **[표장의 성질]**
   가. 이 조약은 시각적으로 인식할 수 있는 표시로 구성된 표장에 적용한다. 다만 입체표장의 등록을 허용하는 체약당사자만이 당해 표장에도 이 조약을 적용할 의무가 있다.
   나. 이 조약은 홀로그램 표장과 특히, 소리표장 및 냄새표장과 같이 시각적으로 인식할 수 없는 표장에는 적용하지 아니한다.
2. **[표장의 종류]**
   가. 이 조약은 상품에 관한 표장(상표)이나 서비스에 관한 표장(서비스 표장) 또는 상품 및 서비스 양자에 관한 표장에 적용한다.
   나. 이 조약은 단체표장, 증명표장 및 보증표장에는 적용하지 아니한다.

**제3조 【출원】**

1. **[출원서에 포함 또는 첨부되는 표시 또는 사항 ; 수수료]**
   가. 체약당사자는 출원서에 다음의 표시나 사항의 일부 또는 전부가 포함될 것을 요구할 수 있다.
      1) 등록신청
      2) 출원인의 성명 및 주소
      3) 출원인이 어느 국가의 국민인 경우 당해 국가명, 출원인이 어느 국가에 주된 거주지를 두고 있는 경우 당해 국가명, 출원인이 어느 국가에 진정하고 실효적인 산업상 또는 상업상의 영업소를 두고 있는 경우 당해 국가명
      4) 출원인이 법인인 경우, 법인의 법적 성질과 동 법인이 관련법령

에 따라 조직된 당해 국가 및, 해당되는 경우, 당해 국가내 지역단위
5) 출원인의 대리인이 있는 경우, 동 대리인의 성명 및 주소
6) 제4조제2항 나호의 규정에 따라 송달을 위한 주소가 요구되는 경우 당해 주소
7) 출원인이 선출원에 의한 우선권을 주장하고자 하는 경우, 그 선출원에 의한 우선권주장의 선언 및 파리협약 제4조에 따라 요구될 수 있는 우선권주장을 뒷받침하는 표시 및 증거
8) 출원인이 박람회에서의 상품 및/또는 서비스의 전시에 따른 보호를 주장하고자 하는 경우, 그러한 취지의 선언 및 체약당사자의 법령이 요구하는 바에 따른 당해 선언을 뒷받침하는 표시
9) 체약당사자의 관청이 표준으로 지정한 문자(문자 및 숫자)를 사용하고 있으며, 출원인이 그 표장이 동 표준문자로 등록되고 공고되도록 희망하는 경우, 그러한 취지의 진술
10) 출원인이 표장의 변별요소의 하나로서 색채를 주장하고자 하는 경우, 그러한 취지의 진술 및 주장하는 색채의 명칭, 각 색채별로 그 색채로 된 표장의 주요부분의 표시
11) 표장이 입체표장인 경우 그러한 취지의 진술
12) 하나 또는 그 이상의 표장 견본
13) 표장의 전부 또는 일부의 자역
14) 표장의 전부 또는 일부의 번역
15) 니스분류상의 류에 따라 분류되고, 각 분류 앞에 당해 상품 또는 서비스가 속하는 류의 번호를 명기하여 동 분류의 류의 순서에 따라 기재한 등록 출원 상품 및/또는 서비스의 명칭
16) 제4항에 언급된 자의 서명
17) 체약당사자의 법령이 요구하는 바에 따른 표장의 사용의사에 관한 선언

나. 출원인은 가호17)의 규정에서 언급된 표장의 사용의사에 관한 선언을 대신하거나 또는 그에 추가하여, 체약당사자의 법령이 요구하는 바에 따라 그 표장의 실제 사용에 관한 선언 및 그러한 내용의 증거를 제출할 수 있다.

다. 체약당사자는 출원과 관련하여 수수료를 관청에 납부하도록 요구할 수 있다.

2. **[제출]** 출원서의 제출에 관한 요건과 관련하여 어떠한 체약당사자도 다음의 경우에는 그 출원을 거부할 수 없다.
   1) 출원서가 서면으로 제출되고, 제3항의 규정을 조건으로, 규칙에서 정하는 출원서 양식에 합치하는 양식으로 제출된 경우
   2) 체약당사자가 관청에 대하여 팩시밀리에 의한 서류의 전송을 허용하고 출원서가 그러한 방식으로 전송된 경우, 제3항의 규정을 조건으로, 그 전송된 서면의 사본이 1)의 규정에 따른 출원서 양식에 합치하는 경우

3. **[언어]** 체약당사자는 출원서가 관청이 허용하는 언어 또는 언어들 중 하나의 언어로 작성될 것을 요구할 수 있다. 관청이 둘 이상의 언어를 허용하는 경우 출원인에게 당해 관청에 관하여 적용되는 언어상의 기타 요건에 따를 것을 요구할 수 있다. 다만 출원서를 둘 이상의 언어로 작성하도록 요구할 수는 없다.

4. **[서명]**

가. 제1항 가호16)에서 언급된 서명은 출원인 또는 그 대리인의 서명을 말한다.

나. 가호의 규정에도 불구하고, 체약당사자는 제1항 가호17) 및 나호의 규정에서 언급된 선언은 비록 대리인이 있더라도 출원인 자신이 서명할 것을 요구할 수 있다.

5. **[둘이상의 류에 속하는 상품 및/또는 서비스의 단일출원]** 니스분류상 하나 또는 다수의 류에 속하는가에 관계없이 다수의 상품 및/또는 서비스에 관하여 하나의 단일출원으로 할 수 있다.

6. **[실제 사용]** 체약당사자는 사용의사에 관한 선언이 제1항 가호17)의 규정에 따라 제출된 경우, 출원인에게 자국의 법령이 요구하는 표장의 실제 사용에 관한 증거를, 규칙에서 정하는 최소기한을 따를 것을 조건으로, 당해 법령이 정하는 기간내에 관청에 제출할 것을 요구할 수 있다.

7. **[기타 요건의 금지]** 어떠한 체약당사자도 출원과 관련하여 제1항 내지 제4항과 제6항에서 정하는 사항 이외의 요건을 요구할 수 없다. 특히, 출원과 관련하여 다음의 요건은 출원이 계류중인 동안에 요구하지 못한다.
   1) 상업등기부의 증명서 또는 초본의 제출
   2) 출원인이 수행하는 산업상 또는 상업상의 업무활동의 표시 및 그 증거의 제출
   3) 출원서에 기재한 상품 및/또는 서비스와 관련하여 출원인이 수행하는 업무활동의 표시 및 그 증거의 제출
   4) 표장이 다른 체약당사자 또는 이 조약의 체약당사자가 아닌 파리협약 체약 국가의 표장등록원부에 등록되어 있다는 증거의 제출. 다만 출원인이 파리협약 제6조의5 규정의 적용을 주장하는 경우는 예외로 한다.

8. **[증거]** 체약당사자는 관청이 출원서에 기재된 표시 또는 사항의 진실성에 대하여 합리적인 의심을 가질 수 있는 경우 출원의 심사중에 증거를 당해 관청에 제출할 것을 요구할 수 있다.

**제4조【대리 ; 송달을 위한 주소】**

1. **[업무수행을 허가받은 대리인]** 체약당사자는 관청에 대한 절차를 위한 대리인으로 선임된 자가 당해 관청에 대하여 업무를 수행하도록 허가받은 대리인일 것을 요구할 수 있다.

2. **[강제대리 ; 송달을 위한 주소]**
   가. 체약당사자는 자국의 영역내에 주된 거주지나 진정하고 실효적인 산업상 또는 상업상의 영업소를 두고 있지 않은 자에게 관청에 대한 절차를 위하여 대리인을 선임할 것을 요구할 수 있다.
   나. 체약당사자가 가호의 규정에 따른 대리인을 요구하지 않는 경우에는, 자국의 영역내에 주된 거주지나 진정하고 실효적인 산업상 또는 상업상의 영업소를 두고 있지 않은 자에게 관청에 대한 절차를 위하여 자국의 영역내에 송달을 위한 주소를 둘 것을 요구할 수 있다.

3. **[위임장]**
   가. 체약당사자가 출원인, 권리자 또는 기타 이해관계인에게 관청에 대하여 대리인 선임을 허용하거나 요구하는 경우, 체약당사자는 출원인, 권리자 또는 기타 이해관계인의 성명이 표시되고 서명이 있는 별개의 서류(이하 "위임장"이라 한다)에 의하여 대리인이 선임될 것을 요구할 수 있다.
   나. 위임장은 당해 위임장에 특정된 하나 또는 둘 이상의 출원 및/또는 등록과 관련되거나 또는 위임인이 기재하는 예외를 조건으로, 위임인

의 현재 및 장래의 모든 출원 및/또는 등록과 관련될 수 있다.

다. 위임장은 대리인의 권한을 특정한 행위로 한정시킬 수 있다. 체약당사자는 대리인이 출원의 철회나 등록의 포기 권한을 가지는 위임장에 그러한 취지가 명시될 것을 요구할 수 있다.

라. 관청에의 통보가 그 통보상에서 대리인으로 언급된 자에 의하여 이루어졌으나 당해 관청이 그 통보를 수령할 당시 필요한 위임장이 없는 경우, 체약당사자는 그 체약당사자가 정하는 기한내에(다만, 그 최소기한은 규칙에서 정한다) 당해 관청에 위임장을 제출할 것을 요구할 수 있다. 체약당사자는 위임장이 그 체약당사자가 정한 기한내에 관청에 제출되지 않은 경우, 상기 대리인에 의한 통보는 효력이 없음을 규정할 수 있다.

마. 위임장의 제출 및 내용에 관한 요건과 관련하여 어떠한 체약당사자도 다음의 경우에는 그 위임장의 효력을 부인하지 못한다.

1) 위임장이 서면으로 제출되고, 제4항의 규정을 조건으로, 규칙에서 정하는 위임장 양식에 합치하는 양식으로 제출된 경우

2) 당해 체약당사자가 관청에 대하여 팩시밀리에 의한 서류의 전송을 허용하고 위임장이 그러한 방식으로 전송된 경우, 그 전송된 서면의 사본이 제4항의 규정을 조건으로, 1)의 규정에 의한 위임장 양식에 합치하는 경우

4. **[언어]** 체약당사자는 위임장이 관청이 허용하는 언어 또는 언어들 중 하나의 언어로 작성될 것을 요구할 수 있다.

5. **[위임장 언급]** 체약당사자는 관청에 대한 절차를 위하여 대리인이 당해 관청에 제출하는 서류에 당해 대리행위의 근거가 되는 위임장에 대한 언급을 포함할 것을 요구할 수 있다.

6. **[기타 요건의 금지]** 어떠한 체약당사자도 제3항 내지 제5항이 규율하고 있는 사안에 관련하여 제3항 내지 제5항에서 규정하는 사항 이외의 요건을 충족할 것을 요구할 수 없다.

7. **[증거]** 체약당사자는 관청이 제2항 내지 제5항의 규정에 따른 서류에 기재된 사항의 진실성에 대하여 합리적인 의심을 가질 수 있는 경우 증거를 당해 관청에 제출할 것을 요구할 수 있다.

**제5조【출원일】**

1. **[허용되는 요건]**

가. 체약당사자는 나호와 제2항의 규정을 따를 것을 조건으로, 제3조제3항의 규정에서 요구하는 언어로 기재된 다음의 표시 및 사항을 자국 관청이 수령한 날을 출원일로 인정한다.

1) 표장의 등록을 원하는 명시적 또는 묵시적 표시

2) 출원인을 특정하는 표시

3) 출원인 또는 대리인이 있는 경우 당해 대리인에게 우편으로 연락가능한 표시

4) 등록하려는 표장의 충분히 선명한 견본 1부

5) 등록 상품 및/또는 서비스의 목록

6) 제3조제1항 가호17) 또는 나호의 규정이 적용되는 경우, 체약당사자의 법령이 요구하는 바에 따라 동조제1항 가호17)의 규정상의 선언 또는 동조제1항 나호의 규정상의 선언 및 그 증거. 단, 동 선언은 당해 체약당사자의 법령이 요구하는 경우 대리인이 있더라도 출원인 본인이 서명하여야 한다.

나. 체약당사자는 가호의 규정에 언급된 표시와 사항의 전부가 아닌 일부만을 수령하거나 제3조제3항의 규정에서 요구하는 언어 이외의 다른 언어로 작성된 것을 관청이 수령한 날을 출원일로 인정할 수 있다.

2. **[허용되는 추가적인 요건]**

가. 체약당사자는 수수료의 납부가 있을 때까지 출원일을 부여하지 않는다고 규정할 수 있다.

나. 체약당사자는 이 조약에 가입할 당시 가호의 요건을 적용하였을 경우에 한하여 당해 요건을 적용할 수 있다.

3. **[보완과 기한]** 제1항 및 제2항의 규정에 따른 보완의 방법과 기한은 규칙에서 정한다.

4. **[기타 요건의 금지]** 어떠한 체약당사자도 출원일과 관련하여 제1항 및 제2항에서 언급된 사항 이외의 요건을 요구할 수 없다.

**제6조【둘이상의 류에 속하는 상품 및/또는 서비스의 단일등록】** 니스분류상 둘이상의 류에 속하는 상품 및/또는 서비스가 하나의 동일한 출원서에 기재된 경우 그 출원은 하나의 동일한 등록으로 한다.

**제7조【출원 및 등록의 분할】**

1. **[출원의 분할]**

가. 둘이상의 상품 및/또는 서비스를 기재한 출원(이하 "최초출원"이라 한다)은, 다음 기간 중에 출원인에 의하여, 또는 출원인의 신청에 의하여 최초출원에 기재된 상품 및/또는 서비스를 분할하여 둘 또는 그 이상의 출원(이하 "분할출원"이라 한다)으로 할 수 있다. 동 분할출원은 최초출원의 출원일과 우선권이 있는 경우 그 이익을 그대로 유지한다.

1) 최소한 표장의 등록을 관할하는 관청의 결정이 있을 때까지,

2) 표장의 등록 권한이 있는 관청의 결정에 대한 이의신청절차중에,

3) 표장등록에 관한 결정에 대한 불복절차중에,

나. 체약당사자는 상기 가호의 규정을 따를 것을 조건으로, 수수료의 납부를 포함하여, 출원의 분할에 관한 요건을 자유롭게 규정할 수 있다.

2. **[등록의 분할]** 등록의 분할에 관하여서는 제1항의 규정을 준용한다. 등록의 분할은 다음의 경우에 허용된다.

1) 제3자가 관청에 대하여 등록의 유효성을 다투는 절차 중에,

2) 앞의 절차중 관청이 행한 결정에 대한 불복절차중에,

다만 체약당사자는 자국의 법령이 제3자에게 표장의 등록이전에 당해 표장의 등록에 대한 이의제기를 허용하는 경우에는, 등록의 분할 가능성을 배제할 수 있다.

**제8조【서명】**

1. **[서면에 의한 통보]** 체약당사자의 관청에 대한 통보가 서면에 의한 것이고 서명이 요구되는 경우 당해 체약당사자는,

1) 3)의 규정이 적용되는 경우를 제외하고는 자필서명을 인정하여야 한다.

2) 자필서명 대신 인쇄되거나 날인된 서명 같은 기타 형식의 서명 또는 도장의 사용을 인정할 수 있다.

3) 통보에 서명하는 자연인이 자국민이고 동인의 주소가 자국의 영역내에 있는 경우, 자필서명 대신 도장을 사용할 것을 요구할 수 있다.

4) 도장이 사용되는 경우, 그 도장을 사용하는 자연인의 성명을 문자표시로 부기할 것을 요구할 수 있다.

2. **[팩시밀리에 의한 통보]**
   가. 체약당사자가 관청에 대하여 팩시밀리에 의한 서류의 전송을 허용하는 경우, 그 체약당사자는 팩시밀리에 의하여 출력된 인쇄물상에 서명이 복제되었거나, 또는 제1항 4)의 규정에 따라 도장을 사용하는 자연인의 성명의 문자표시와 함께 도장이 복제된 경우에는, 당해 서류는 서명된 것으로 간주한다.
   나. 가호에 언급된 체약당사자는 팩시밀리에 의하여 전송된 서류의 원본을 규칙에서 정하는 최소 기한을 따를 것을 조건으로 일정한 기간내에 관청에 제출할 것을 요구할 수 있다.
3. **[전자적 수단에 의한 통보]** 체약당사자가 관청에 대하여 전자적 수단에 의한 서류의 전송을 허용하는 경우, 체약당사자는 당해 통보가 자국이 정하는 바에 따른 전자적 수단에 의한 서류의 제출자를 특정할 수 있는 경우, 당해 서류를 서명된 것으로 간주한다.
4. **[증명요구의 금지]** 어떠한 체약당사자도 제1항 내지 제3항의 규정에서 언급된 서명 또는 본인 확인을 위한 여타 방법에 대하여 성립의 진정증명, 공증, 인증, 인가, 기타의 증명을 요구할 수 없다. 다만, 서명이 등록의 포기에 관한 것인 경우, 체약당사자의 법령상 그 서명에 대한 증명을 요구하는 것을 규정하고 있는 경우는 예외로 한다.

**제9조 【상품 및/또는 서비스의 분류】**

1. **[상품 및/또는 서비스의 표시]** 등록 및 출원이나 등록에 관하여 상품 및/또는 서비스를 표시하는 것으로서 관청에 의하여 수행되는 공고는 상품 및/또는 서비스의 명칭을 니스분류상의 류에 따라 구분하고, 각 구분앞에 당해 상품 또는 서비스가 속하는 니스분류상의 류의 번호를 명기하여 동 분류상의 류의 순서에 따라 기재한다.
2. **[동일 류 또는 다른 류의 상품 또는 서비스]**
   가. 상품 또는 서비스는 관청에 의한 등록이나 공고에서 니스분류상 동일 류로 분류된다는 이유로 서로 유사한 것으로 간주되지 아니한다.
   나. 상품 또는 서비스는 관청에 의한 등록이나 공고에서 니스분류상 다른 류로 분류된다는 이유로 서로 유사하지 않은 것으로 간주되지 아니한다.

**제10조 【성명 또는 주소의 변경】**

1. **[권리자의 성명 또는 주소의 변경]**
   가. 권리자의 변경은 없으나 그의 성명 및/또는 주소의 변경이 있는 경우, 각 체약당사자는 관청에 대한 표장등록원부상의 등록변경신청서는 권리자 또는 그 대리인에 의하여 서명되고 당해 등록의 등록번호와 변경되어야 할 사항을 표시하는 통보에 의할 경우에는 이를 인정하여야 한다. 당해 신청서의 제출에 관한 요건과 관련하여 어떠한 체약당사자도 다음의 경우 그 신청을 거부할 수 없다.
      1) 신청서가 서면으로 제출되고, 다호의 규정을 조건으로, 규칙에서 정하는 신청서 양식에 합치하는 양식으로 제출된 경우
      2) 당해 체약당사자가 관청에 대하여 팩시밀리에 의한 서류의 전송을 허용하고 신청서가 그러한 방식으로 전송된 경우, 다호의 규정을 조건으로, 그 전송된 서면의 사본이 1)의 규정에 따른 신청서 양식에 합치하는 경우
   나. 체약당사자는 신청서에 다음 사항을 표시할 것을 요구할 수 있다.

1) 권리자의 성명 및 주소
2) 권리자의 대리인이 있는 경우, 동 대리인의 성명 및 주소
3) 권리자가 송달을 위한 주소를 두고 있는 경우, 당해 주소

다. 체약당사자는 신청서가 관청이 허용하는 언어 또는 언어들 중 하나의 언어로 작성될 것을 요구할 수 있다.

라. 체약당사자는 신청과 관련하여 수수료를 관청에 납부하도록 요구할 수 있다.

마. 변경이 둘 이상의 등록에 관련된 경우에도 하나의 신청서로 충분한 것으로 한다. 다만, 이 경우 관련된 모든 등록의 등록번호들이 당해 신청서에 표시되어야 한다.

2. **[출원인의 성명 또는 주소의 변경]** 변경이 하나의 출원이나 다수의 출원, 또는 하나의 출원이나 다수의 출원 및 하나의 등록이나 다수의 등록 양자와 관련되는 경우에 제1항의 규정을 준용한다. 다만, 이 경우 관련된 출원의 출원번호가 아직 발급되지 않았거나 출원인 또는 그 대리인이 당해 출원번호를 알지 못하는 경우, 동 신청은 규칙에서 정하는 다른 방법에 의하여 당해 출원을 특정하여야 한다.

3. **[대리인의 성명, 주소의 변경 또는 송달을 위한 주소의 변경]** 대리인이 있는 경우, 그 대리인의 성명 또는 주소의 변경 및 송달을 위한 주소가 있는 경우, 당해 송달을 위한 주소의 변경에 관하여 제1항의 규정을 준용한다.

4. **[기타 요건의 금지]** 어떠한 체약당사자도 이 조의 규정에 따른 신청과 관련하여 제1항 내지 제3항에서 언급한 사항 이외의 요건을 요구할 수 없다. 특히 변경과 관련된 어떠한 증명서의 제출도 요구할 수 없다.

5. **[증거]** 체약당사자는 관청이 신청서에 기재된 표시의 진실성에 대하여 합리적인 의심을 가질 수 있는 경우 증거를 당해 관청에 제출할 것을 요구할 수 있다.

**제11조 【상표권의 명의이전】**

1. **[등록 상표권의 명의이전]**

가. 상표권의 명의이전이 있을 시, 각 체약당사자는 관청에 대한 표장등록원부상의 등록변경신청서가 권리자 혹은 그 대리인 또는 상표권을 취득한 자(이하 "신권리자"라 한다) 또는 그 대리인에 의하여 서명되고, 당해 등록의 등록번호와 변경되어야 할 사항을 표시하고 있는 경우 이를 인정하여야 한다. 당해 신청서의 제출에 관한 요건에 관련하여 어떠한 체약당사자도 다음의 경우 그 신청을 거부할 수 없다.

1) 신청서가 서면으로 제출되고, 제2항 가호의 규정을 따를 것을 조건으로, 규칙에서 정하는 신청서 양식에 합치하는 양식으로 제출된 경우
2) 당해 체약당사자가 관청에 대하여 팩시밀리에 의한 서류의 전송을 허용하고 신청서가 그러한 방식으로 전송되었을 때, 제2항 가호의 규정을 따를 것을 조건으로, 그 전송된 서면의 사본이 1)의 규정에 따른 신청서 양식에 합치하는 경우

나. 상표권의 명의이전이 계약에 의하는 경우, 체약당사자는 신청인이 신청서에 그러한 사실을 표시하고 신청인의 선택에 따라 다음 중 하나를 첨부하도록 요구할 수 있다.

1) 계약서 사본, 당해 사본이 원본과 동일한 내용이라는 것을 공증인 또는 기타 권한있는 관청에

의해 인증받을 것을 요구할 수 있다.

2) 당해 상표권의 명의이전을 표시하는 계약서 초본, 당해 초본이 당해 계약서의 진정한 초본이라는 것을 공증인 또는 기타 권한있는 관청에 의해 인증받을 것을 요구할 수 있다.

3) 규칙에서 정하는 양식과 내용으로 작성되고 권리자와 신권리자 쌍방이 서명한 인증되지 않은 양도증명서

4) 규칙에서 정하는 양식과 내용으로 작성되고 권리자와 신권리자 쌍방이 서명한 인증되지 않은 양도문서

다. 상표권의 명의이전이 합병에 의하는 경우, 체약당사자는 신청서에 그러한 사실을 표시하고, 권한있는 관청이 발행하는 합병을 증명하는 문서의 사본(예를 들면 상업등기부초본의 사본)을 첨부할 것을 요구할 수 있다. 당해 사본은 당해 문서를 발행한 관청이나 공증인 또는 기타 권한있는 관청에 의하여 원본과 동일함을 인증받을 것을 요구할 수 있다.

라. 다수의 공동권리자 중 일부만이 변경되고 당해 상표권의 명의이전이 계약이나 합병에 의하는 경우, 체약당사자는 상표권의 명의이전이 없는 공동권리자가 그 자신이 서명한 문서를 통해 상표권의 명의이전에 명시적으로 동의할 것을 요구할 수 있다.

마. 상표권의 명의이전이 계약이나 합병에 의하지 않고 법령이나 법원의 판결의 집행 등과 같은 다른 이유에 의하는 경우, 체약당사자는 신청서에 그러한 사실을 표시하고 당해 상표권의 명의이전을 증명하는 문서의 사본을 첨부할 것을 요구할 수 있다. 당해 사본은 당해 문서를 발행한 관청이나 공증인 또는 기타 권한있는 관청에 의하여 원본과 동일함을 인증받을 것을 요구할 수 있다.

바. 체약당사자는 신청서에 다음 사항을 표시할 것을 요구할 수 있다.

1) 권리자의 성명 및 주소

2) 신권리자의 성명 및 주소

3) 신권리자가 어느 국가의 국민인 경우 당해 국가명, 신권리자가 어느 국가에 주된 거주지를 두고 있는 경우 당해 국가명, 또한 신권리자가 어느 국가에 진정하고 실효적인 산업상 또는 상업상의 영업소를 두고 있는 경우 당해 국가명

4) 신권리자가 법인인 경우, 당해 법인의 법적 성질과 동 법인이 관련 법령에 따라 조직된 당해국 및 해당되는 경우, 당해 국가내 지역단위

5) 권리자의 대리인이 있는 경우, 동 대리인의 성명 및 주소

6) 권리자의 송달을 위한 주소가 있는 경우, 그 주소

7) 신권리자의 대리인이 있는 경우, 동 대리인의 성명 및 주소

8) 신권리자에게 제4조제2항나호의 규정에 따라 송달을 위한 주소가 요구되는 경우, 당해 주소

사. 체약당사자는 신청과 관련하여 수수료를 관청에 납부하도록 요구할 수 있다.

아. 변경이 둘 이상의 등록에 관련되는 경우에도 하나의 신청서로 충분한 것으로 한다. 다만, 이 경우 권리자와 신권리자가 각 등록에 있어서 동일하고, 관련된 모든 등록의 등록번호들이 당해 신청서에 표시되어야 한다.

자. 상표권의 명의이전이 권리자의

등록에 기재된 상품 및/또는 서비스의 전부에 영향을 미치지 않고 그 관계법령이 부분변경을 허용하는 경우, 당해 관청은 상표권의 명의가 이전된 상품 및/또는 서비스에 대해서는 별도의 등록을 부여하여야 한다.

2. **[언어 ; 번역]**
   가. 체약당사자는 제1항의 규정에서 언급된 신청서, 양도증명서 또는 양도문서가 관청이 허용하는 언어 또는 언어들 중 하나의 언어로 작성될 것을 요구할 수 있다.
   나. 제1항나호1)과 동항나호2) 및 동항다호와 동항마호에서 규정하는 문서가 체약국의 관청이 허용하는 언어 또는 언어들중 하나의 언어로 작성되지 아니한 경우, 당해 체약당사자는 관청이 허용하는 언어 또는 언어들 중 하나의 언어로 작성한 당해 문서의 번역문이나 인증된 번역문을 신청서에 첨부할 것을 요구할 수 있다.
3. **[출원 상표권의 명의이전]** 상표권의 명의이전이 하나의 출원이나 다수의 출원 또는 하나의 출원이나 다수의 출원 및 하나의 등록이나 다수의 등록 양자와 관련되는 경우에 제1항 및 제2항의 규정을 준용한다. 다만, 이 경우 관련된 출원의 출원번호가 아직 발급되지 않았거나 출원인 또는 그 대리인이 당해 출원번호를 알지 못하는 경우, 그 신청은 규칙에서 정하는 다른 방법에 의하여 당해 출원을 특정하여야 한다.
4. **[기타 요건의 금지]** 어떠한 체약당사자도 이 조의 규정에 따른 신청과 관련하여 제1항 내지 제3항에서 정하는 사항 이외의 요건을 요구할 수 없다. 특히 다음의 사항을 요구하지 못한다.
   1) 제1항 다호에 해당하는 경우, 상업등기부의 증명서나 그 초본의 제출
   2) 신권리자가 수행하는 산업상 또는 상업상의 업무활동의 표시 및 그 증거의 제출
   3) 상표권의 명의이전으로 인하여 영향을 받는 상품 및/또는 서비스와 관련하여 신권리자가 수행하는 업무활동의 표시 및 그 증거의 제출
   4) 권리자가 영업 또는 관련 신용의 전부 또는 일부를 신권리자에게 양도하였다는 취지의 표시 및 그 증거의 제출
5. **[증거]** 체약당사자는 관청이 이 조에서 언급하는 신청서 또는 문서에 기재된 표시의 진실성에 대하여 합리적인 의심을 가질 수 있는 경우, 증거 또는 제1항 다호 또는 제1항 마호의 규정에 따르는 추가적인 증거를 당해 관청에 제출할 것을 요구할 수 있다.

**제12조【오류의 보정】**

1. **[등록의 오류 보정]**
   가. 각 체약당사자는 관청에 제출한 출원서 또는 기타 신청서에 오류가 있고 그 오류가 표장등록원부 및/또는 당해 관청이 행하는 공고에 반영된 경우, 그 오류의 보정신청서를 수락하여야 한다. 이 신청서는 권리자 또는 그 대리인에 의하여 서명되고, 당해 등록의 등록번호, 보정되어야 하는 오류 및 보정내용을 표시하는 통보에 의할 경우 이를 인정하여야 한다. 당해 신청서의 제출에 관한 요건과 관련하여 어떠한 체약당사자도 다음의 경우 그 신청을 거부할 수 없다.
   1) 신청서가 서면으로 제출되고, 다호의 규정을 조건으로, 규칙에서 정하는 신청서 양식에 합치하는 양식으로 제출된 경우

2) 당해 체약당사자가 관청에 대하여 팩시밀리에 의한 서류의 전송을 허용하고 신청서가 그러한 방식으로 전송된 경우, 다호의 규정을 조건으로, 그 전송된 서면의 사본이 1)의 규정에서 언급된 신청서 양식에 합치하는 경우

나. 체약당사자는 신청서에 다음 사항을 표시할 것을 요구할 수 있다.

1) 권리자의 성명 및 주소
2) 권리자의 대리인이 있는 경우, 동 대리인의 성명 및 주소
3) 권리자의 송달을 위한 주소가 있는 경우, 당해 주소

다. 체약당사자는 신청서가 관청이 허용하는 언어 또는 언어들 중 하나의 언어로 작성될 것을 요구할 수 있다.

라. 체약당사자는 신청과 관련하여 수수료를 관청에 납부할 것을 요구할 수 있다.

마. 오류의 보정이 동일인의 둘이상의 등록에 관련되는 경우에도 하나의 신청서로 충분한 것으로 한다. 다만, 이 경우 각 등록에 있어서 오류와 신청된 보정내용이 동일하고, 관련된 모든 등록의 등록번호들이 당해 신청서에 표시되어야 한다.

2. **[출원 오류의 보정]** 오류가 하나의 출원이나 다수의 출원 또는 하나의 출원이나 다수의 출원 및 하나의 등록이나 다수의 등록 양자와 관련되는 경우에 제1항의 규정을 준용한다. 다만, 이 경우 관련된 출원의 출원번호가 아직 발급되지 않았거나 출원인 또는 그 대리인이 당해 출원번호를 알지 못하는 경우, 그 신청은 규칙에서 정하는 다른 방법에 의하여 당해 출원을 특정하여야 한다.

3. **[기타 요건의 금지]** 어떠한 체약당사자도 이 조의 규정에 따른 신청과 관련하여 제1항과 제2항에서 정하는 사항 이외의 요건을 요구할 수 없다.

4. **[증거]** 체약당사자는 관청이 오류라고 주장되는 것의 오류 여부에 대하여 합리적인 의심을 가질 수 있는 경우 증거를 당해 관청에 제출할 것을 요구할 수 있다.

5. **[관청에 의한 오류]** 체약당사자의 관청은 직권이나 신청에 의하여 자신의 오류를 수수료 없이 보정하여야 한다.

6. **[보정할 수 없는 오류]** 체약당사자는 자국의 법령하에서 보정할 수 없는 오류에 대하여는 제1항, 제2항 및 제5항의 규정을 적용할 의무를 부담하지 아니한다.

**제13조【등록의 존속기간 및 갱신】**

1. **[갱신신청서에 포함 또는 첨부되는 표시 또는 사항 ; 수수료]**

가. 체약당사자는 등록의 갱신은 갱신신청서의 제출에 의하고, 당해 신청서에 다음 사항의 전부 또는 일부가 포함될 것을 요구할 수 있다.

1) 갱신하고자 하는 취지의 표시
2) 권리자의 성명 및 주소
3) 관련되는 등록의 등록번호
4) 체약당사자의 선택에 따라, 관련되는 등록을 결과한 출원일 또는 관련되는 등록의 등록일
5) 권리자의 대리인이 있는 경우, 동 대리인의 성명 및 주소
6) 권리자의 송달을 위한 주소가 있는 경우, 당해 주소
7) 체약당사자가 표장의 등록원부에 포함되어 있는 상품 및/또는 서비스의 일부만에 대한 등록의 갱신을 허용하고 그러한 갱신이 신청된 경우, 갱신을 신청하는 상품 및/또는 서비스의 명칭 또는 갱신을 신청하지 않는 상품 및/또는 서비스의 명칭. 이는 니스분류상의 류에 따라 구분하고,

각 구분 앞에 당해 상품 또는 서비스가 속하는 동 분류상의 류의 번호를 명기하여 동 분류상의 류의 순서에 따라 기재한다.

8) 체약당사자가 권리자 또는 그 대리인 이외의 인(人)에 의한 갱신신청서의 제출을 인정하고 동인에 의한 갱신신청서가 제출된 경우, 당해인의 성명 및 주소

9) 권리자나 그 대리인의 서명 또는 8)의 규정이 적용되는 경우, 이 규정에서 언급된 인의 서명

나. 체약당사자는 갱신신청과 관련하여 수수료를 관청에 납부할 것을 요구할 수 있다. 등록의 최초기간이나 갱신기간에 대하여 일단 수수료가 납부된 경우에는, 그 기간에 대하여는 등록의 유지를 위한 추가적인 수수료의 납부를 요구할 수 없다. 사용선언 및/또는 사용증거의 제출과 관련되는 수수료는, 이 호의 목적상, 등록의 유지를 위한 수수료의 납부로 간주되지 아니하며 본 호의 영향을 받지 아니한다.

다. 체약당사자는, 규칙에서 정하는 최소한의 기한을 따를 것을 조건으로, 그 법령이 정하는 기간내에 갱신신청서를 관청에 제출하고 나호에서 언급된 수수료를 납부할 것을 요구할 수 있다.

2. **[제출]** 갱신신청서의 제출에 관한 요건과 관련하여 어떠한 체약당사자도 다음의 경우에는 그 신청을 거부할 수 없다.

1) 갱신신청서가 서면으로 제출되고, 제3항의 규정을 조건으로, 규칙에서 정하는 갱신신청서 양식에 합치하는 양식으로 제출된 경우

2) 당해 체약당사자가 관청에 대하여 팩시밀리에 의한 서류의 전송을 허용하고 갱신신청서가 그러한 방식으로 전송된 경우, 제3항의 규정을 조건으로, 그 전송된 서면의 사본이 1)의 규정에 따른 양식에 합치하는 경우

3. **[언어]** 체약당사자는 갱신신청서가 관청이 허용하는 언어 또는 언어들 중 하나의 언어로 작성될 것을 요구할 수 있다.

4. **[기타 요건의 금지]** 어떠한 체약당사자도 갱신신청과 관련하여 이 조 제1항 내지 제3항에 규정된 사항 이외의 요건을 요구할 수 없다. 특히 다음 사항은 요구하지 못한다.

1) 표장의 견본 또는 표장을 특정할 수 있는 기타 사항의 제출

2) 표장이 다른 체약당사자의 표장등록원부에 등록되었거나 그 등록이 갱신되었다는 취지의 증거 제출

3) 표장의 사용과 관련한 선언 및/또는 그 증거의 제출

5. **[증거]** 체약당사자는 관청이 갱신신청에 포함된 표시 또는 사항의 진실성에 합리적인 의심을 가질 수 있는 경우, 갱신신청의 심사중에 증거를 당해 관청에 제출할 것을 요구할 수 있다.

6. **[실체심사의 금지]** 체약당사자의 관청은 등록의 갱신을 위한 목적으로 당해 등록에 대한 실체심사를 행할 수 없다.

7. **[존속기간]** 등록의 최초 존속기간 및 각 갱신의 존속기간은 10년으로 한다.

**제14조【예정된 거부에 대한 의견】** 관청은 출원 또는 제10조 내지 제13조의 규정에 의한 신청과 관련하여, 그 사안에 따라 합리적인 기한내에 예정된 거부에 대한 의견을 진술할 수 있는 기회를 출원인이나 신청인에게 부여하지 아니하고는 전부 또는 일부를 거부할 수 없다.

**제15조【파리협약 준수의무】** 체약당사자는 파리협약의 규정 중 표장에 관련되는 조항을 준수하여야 한다.

**제16조【서비스표장】** 체약당사자는 서비스표장을 등록하고 파리협약의 규정중 상표에 관련되는 규정을 서비스표장에도 적용하여야 한다.

**제17조【규칙】**

1. **[내용]**
   가. 이 조약에 부속된 규칙은 다음 사항에 관하여 규정한다.
      1) 이 조약에서 명시적으로 "규칙에서 정하는"이라고 규정한 사항
      2) 이 조약을 시행하는 데 유용한 세부사항
      3) 행정적인 요건, 사항 또는 절차
   나. 규칙은 국제표준서식을 포함한다.
2. **[조약과 규칙의 충돌]** 이 조약의 규정과 규칙의 규정이 서로 충돌하는 경우에는 조약의 규정이 우선한다.

**제18조【개정 ; 의정서】**

1. **[개정]** 이 조약은 외교회의에 의해서 개정될 수 있다.
2. **[의정서]** 표장에 관한 법령의 통일화를 촉진하기 위하여, 이 조약의 규정에 저촉되지 않는 범위 내에서 의정서를 외교회의에서 채택할 수 있다.

**제19조【체약당사자가 되기 위한 절차】**

1. **[자격]** 다음의 국가나 정부간기구는 이 조약에 서명할 수 있고, 제2항과 제3항 및 제20조제1항과 제3항의 규정을 조건으로 체약당사자가 될 수 있다.
   1) 기구의 회원국으로서 자국의 관청이 표장의 등록을 할 수 있는 국가
   2) 정부간기구로서 그 모든 회원국, 관계되는 출원에서 등록 목적을 위하여 지정된 일부 회원국 또는 그 정부간기구의 설립조약이 적용되는 전 영역에서 효력을 갖는 표장을 등록할 수 있는 관청을 운영하고 있는 정부간기구, 다만 그 정부간기구의 모든 회원국이 기구의 회원국이어야 한다.
   3) 기구의 회원국으로서 기구의 회원국인 다른 특정한 국가의 관청을 통해서만 표장의 등록을 인정하고 있는 국가
   4) 기구의 회원국으로서 당해국이 회원국이 되는 정부간기구가 운영하는 관청을 통해서만 표장의 등록을 인정하고 있는 국가
   5) 기구의 회원국으로서 기구의 일단의 회원국들에 공통된 관청을 통해서만 표장의 등록을 인정하고 있는 국가
2. **[비준 또는 가입]** 제1항의 규정에서 언급된 국가나 정부간기구는 다음을 기탁할 수 있다.
   1) 이 조약에 서명한 경우 비준서
   2) 이 조약에 서명을 하지 않은 경우 가입서
3. **[기탁의 효력발생일]**
   가. 나호의 규정을 조건으로, 비준서나 가입서 기탁의 효력발생일은 다음과 같다.
      1) 제1항 1)에 언급된 국가의 경우, 당해 국가의 비준서나 가입서가 기탁되는 날
      2) 정부간기구의 경우, 당해 정부간기구의 비준서나 가입서가 기탁되는 날
      3) 제1항 3)에 언급된 국가의 경우, 다음의 조건이 충족되는 날 : 당해국의 비준서나 가입서가 기탁되고 다른 특정된 국가의 비준서나 가입서가 기탁되는 날
      4) 제1항 4)에 언급된 국가의 경우, 2)에 의한 날
      5) 제1항 5)에 언급된 일단의 회원국의 한 구성국인 경우, 일단의 회원국의 모든 구성국들의 비준서나 가입서가 기탁되는 날

나. 한 국가의 비준서 또는 가입서(이하 "문서"라 한다)는 그 명칭이 특정되고 이 조약의 체약당사자가 될 수 있는 자격을 구비한 다른 한 국가나 한 정부간기구 또는 다른 두 국가 또는 다른 하나의 국가와 다른 하나의 정부간기구의 문서가 기탁되는 것을 조건으로 당해 국가 문서도 기탁되는 것으로 간주하도록 하는 선언을 수반할 수 있다. 그러한 선언을 포함한 문서는 그 선언에 명시된 조건이 충족되는 날에 기탁된 것으로 간주된다. 그러나 선언에서 지정된 어느 문서의 기탁 자체가 그러한 선언을 수반할 때에는 당해 문서는 당해 문서의 선언에 특정된 조건이 충족되는 날에 기탁된 것으로 간주된다.

다. 나호의 규정에 의한 선언은 전부 또는 일부를 언제든지 철회할 수 있다. 그 철회는 사무총장이 철회의 통고를 수령한 날에 효력이 발생한다.

**제20조【비준 및 가입의 효력발생일】**

1. **[고려되는 문서]** 이 조항의 목적상, 제19조제1항에서 언급된 국가나 정부간기구에 의해 기탁되고, 그 효력발생일이 제19조제3항의 규정에 따르는 비준서 또는 가입서만을 고려의 대상으로 한다.
2. **[조약의 효력발생]** 이 조약은 5개 국가가 비준서 또는 가입서를 기탁한 날부터 3개월후에 효력이 발생한다.
3. **[이 조약의 효력발생 이후의 비준 및 가입의 효력발생]** 제2항에 포함되지 않는 국가나 정부간기구는 비준서 또는 가입서를 기탁한 날부터 3개월후에 이 조약에 기속된다.

**제21조【유보】**

1. **[특별한 종류의 표장]** 국가나 정부간기구는 유보를 통하여, 제2조제1항가호와 제2항가호의 규정에도 불구하고, 제3조제1항 및 제2항, 제5조, 제7조, 제11조 및 제13조의 규정은 연합표장, 방호표장 또는 파생표장에 적용되지 않는다는 취지의 선언을 할 수 있다. 그러한 유보선언에서 앞의 규정 중 당해 유보와 관련된 규정을 명시하여야 한다.
2. **[방법]** 제1항에 의한 유보는 유보하는 국가나 정부간기구가 이 조약의 비준서 또는 가입서에 수반하는 선언을 통하여 하여야 한다.
3. **[철회]** 제1항에 의한 유보는 언제든지 철회할 수 있다.
4. **[기타 유보의 금지]** 제1항에 의해 인정되는 유보를 제외하고는, 이 조약에 대한 다른 어떠한 유보도 인정되지 아니한다.

**제22조【경과규정】**

1. **[둘이상의 류에 속하는 상품 및 서비스의 단일출원 ; 출원의 분할]**

가. 국가나 정부간기구는 제3조제5항의 규정에도 불구하고, 출원서에는 니스분류상 하나의 류에 속하는 상품 또는 서비스만을 지정하여 당해 관청에 제출할 수 있다는 것을 선언할 수 있다.

나. 국가나 정부간기구는 제6조의 규정에도 불구하고, 니스분류상 둘이상의 류에 속하는 상품 및/또는 서비스가 하나의 동일한 출원에 포함된 경우, 그러한 출원은 표장등록원부에 두개 이상으로 등록될 수 있다는 것을 선언할 수 있다. 다만, 그러한 각각의 등록은 상기 출원으로부터 발생한 다른 모든 등록을 언급하여야 한다.

다. 가호의 규정에 따른 선언을 한 국가나 정부간기구는 제7조제1항의 규정에 불구하고, 출원을 분할할 수 없다는 선언을 행할 수 있다.

2. **[둘이상의 출원 및/또는 등록을 위한 단일위임장]** 국가나 정부간기구는 제4조제3항나호의 규정에 불구하고 하나의 위임장이 하나의 출원 또는 하나의 등록에만 관련될 수 있음을 선언할 수 있다.
3. **[위임장 및 출원서의 서명에 대한 증명요구의 금지]** 국가나 정부간기구는 제8조제4항의 규정에도 불구하고, 위임장의 서명 또는 출원서상의 출원인의 서명에 성립의 진정증명, 공증, 인증, 인가 또는 기타의 증명이 요구될 수 있음을 선언할 수 있다.
4. **[둘이상의 출원 및/또는 등록에 대한 성명 및/또는 주소의 변경, 상표권의 명의이전 또는 오류의 보정에 관한 단일신청]** 국가나 정부간기구는 제10조제1항 마호, 동조제2항과 동조제3항, 제11조제1항 아호와 동조제3항, 제12조제1항 마호와 동조제2항의 규정에도 불구하고, 성명 및/또는 주소의 변경신청, 상표권 명의이전신청 및 오류의 보정신청은 하나의 출원 또는 하나의 등록에만 관련될 수 있음을 선언할 수 있다.
5. **[갱신시 표장의 사용에 관한 선언 및/또는 증거의 제출]** 국가 또는 정부간기구는 제13조제4항 3)의 규정에도 불구하고, 갱신시 그 표장의 사용과 관련한 선언 및/또는 그 증거의 제출을 요구할 것이라는 선언을 할 수 있다.
6. **[갱신시 실체심사]** 국가 또는 정부간기구는 제13조제6항의 규정에도 불구하고, 당해 관청이 서비스에 관한 등록을 최초로 갱신하는 경우에, 당해 등록에 관한 실체심사를 할 수 있음을 선언할 수 있다. 다만 그러한 심사는 이 조약의 효력발생 전에 서비스표장의 등록을 도입한 국가 또는 정부간기구의 법령이 발효된 후 6월의 기간 내에 제출된 출원에 기초한 중복등록을 제거하기 위한 것에 한정된다.
7. **[공통규정]**
   가. 국가 또는 정부간기구는 이 조약에의 비준서 또는 가입서를 기탁할 당시 제1항 내지 제6항에 의한 선언없이는, 그 국가 또는 정부간기구의 법령의 계속적 적용이 이 조약의 관련규정에 저촉되는 경우에만 동 규정에 따르는 선언을 할 수 있다.
   나. 제1항 내지 제6항에 의한 선언은 그러한 선언을 하는 국가 또는 정부간기구의 이 조약에 대한 비준서 또는 가입서에 수반되어야 한다.
   다. 제1항 내지 제6항에 의한 선언은 언제든지 철회될 수 있다.
8. **[선언의 효력상실]**
   가. 다호의 규정을 조건으로, 국제연합총회의 확립된 관행에 따라 개발도상국으로 간주되는 국가 또는 그러한 국가가 각 회원국인 정부간기구에 의한 제1항 내지 제5항에 따른 선언은 이 조약의 발효일로부터 8년이 경과하는 때에 효력을 상실한다.
   나. 다호의 규정을 조건으로, 가호의 규정에 따른 국가 또는 정부간기구 이외의 국가 또는 정부간기구가 제1항 내지 제5항에 따라 행한 선언은 이 조약의 발효일로부터 6년이 경과하는 때에 효력을 상실한다.
   다. 제1항 내지 제5항의 규정에 의한 선언이 제7항 다호의 규정에 따라 철회되지 않았거나 가호 또는 나호의 규정에 따라 2004년 10월 28일 이전에 그 효력이 상실되지 않은 경우, 당해 선언은 2004년 10월 28일에 그 효력을 상실한다.

9. **[조약에의 가입]** 이 조약의 채택 당시 기구의 회원국은 아니나 산업재산권 보호를 위한 국제(파리)동맹의 회원국인 국가는 제19조제1항 1)의 규정에 불구하고, 표장이 당해 국가의 관청에 등록될 수 있는 경우 1999년 12월 31일까지 이 조약에 가입할 수 있다.

**제23조【조약의 폐기】**

1. **[통고]** 체약당사자는 사무총장에게 통고함으로써 이 조약을 폐기할 수 있다.
2. **[효력발생일]** 폐기는 사무총장이 통고를 수령한 날로부터 1년후에 효력을 발생한다. 상기 1년의 기간의 만료시점에 조약을 폐기하는 체약당사자에 계류중인 출원 또는 당해 국가에 등록된 표장에 대해서는 이 조약이 계속 적용된다. 다만 조약을 폐기하는 체약당사자는 상기 1년의 기간의 만료후에 여하한 등록에 대한 이 조약의 적용을 당해 등록의 갱신도래일로부터 중지할 수 있다.

**제24조【조약의 언어 ; 서명】**

1. **[원본 ; 공식본]**
   가. 이 조약은 영어, 아랍어, 중국어, 불어, 러시아어 및 스페인어로 서명된 단일원본이며, 모든 공식본은 동일하게 인정된 정본이다.
   나. 체약당사자가 요청할 경우 사무총장은 그 체약당사자 및 기타 이해관계있는 체약당사자와 협의하에 체약당사자의 공식언어이나 가호의 규정에서 언급되지 않은 언어로 된 공식본을 결정한다.
2. **[서명 기한]** 이 조약은 채택 후 1년간 기구의 본부에서 서명을 위하여 개방된다.

**제25조【수탁】** 사무총장은 이 조약의 수탁자이다.

## 〈상표법조약 규칙〉

**제1조【약칭】**

1. **[“조약” ; “조”]**
   가. 이 규칙에서 “조약”이라 함은 상표법조약을 말한다.
   나. 이 규칙에서 “조”라 함은 상표법조약의 당해 조항을 말한다.
2. **[조약에서 정의하는 약칭]** 조약 제1조에서 정의된 약칭은 이 규칙의 목적상 동일한 의미를 가진다.

**제2조【성명 및 주소의 표시방법】**

1. **[성명]**
   가. 성명을 표시할 경우, 체약당사자는 다음 사항을 요구할 수 있다.
      1) 자연인인 경우, 성명은 동인의 성과 이름을 표시하거나, 동인의 선택에 따라, 동인이 통상적으로 사용하는 성명을 표시
      2) 법인인 경우, 명칭은 동 법인의 완전한 공식명칭을 표시
   나. 회사 또는 조합인 대리인의 성명이 표시될 경우, 체약당사자는 그 회사 또는 조합이 통상적으로 사용하는 표시를 그 명칭의 표시로 받아들여야 한다.
2. **[주소]**
   가. 주소를 표시하는 경우, 체약당사자는 그 주소가 표시된 주소로 신속한 우편배달을 위한 관례적인 요구사항을 충족시키는 방식으로 표시되고, 집 또는 건물번호가 있다면 이를 포함하여 관련되는 모든 행정구역 단위까지 표시되도록 요구할 수 있다.
   나. 체약당사자의 관청에 대한 통보가 서로 다른 주소를 가진 두명 이상의 이름으로 이루어지는 경우, 그 체약당사자는 그러한 통보에 연락을 위한 단일의 주소를 표시하도록 요구할 수 있다.

다. 주소의 표시는 전화번호와 팩시밀리번호, 그리고 연락을 위하여 가호의 규정에 따라 표시된 것과 다른 주소를 포함할 수 있다.
라. 송달을 위한 주소에 대하여 가호 및 다호의 규정을 준용한다.

3. **[사용 활자체]** 체약당사자는 제1항 및 제2항에 언급된 표시가 당해 관청에 의하여 사용되는 활자체로 표시되도록 요구할 수 있다.

**제3조【출원에 관한 세부사항】**

1. **[표준문자]** 조약 제3조제1항 가호9)의 규정에 따라, 출원인이 표장을 체약당사자의 관청에 의해 사용되는 표준문자로 등록하고 공고하기를 원한다는 취지의 진술을 출원서에 포함하는 경우, 당해 관청은 그 표장을 그러한 표준문자로 등록하고 공고하여야 한다.

2. **[견본수]**
가. 출원서에 출원인이 표장의 변별요소의 하나로서 색채를 주장하는 취지의 진술이 포함되어 있지 않은 경우, 체약당사자는 다음 사항 이외의 것을 요구할 수 없다.
1) 출원인이 당해 표장을 체약당사자의 관청에 의해 사용되는 표준문자로 등록하고 공고하기를 원한다는 취지의 진술을 그 체약당사자의 법령에 따라서 출원서에 포함할 수 없거나, 또는 출원서에 그러한 진술을 포함하지 않은 경우, 표장의 흑백견본 5매
2) 출원인이 당해 표장을 체약당사자의 관청에 의해 사용되는 표준문자로 등록하고 공고하기를 원한다는 취지의 진술을 출원서에 포함하고 있는 경우, 표장의 흑백견본 1매
나. 출원인이 표장의 변별요소의 하나로서 색채를 주장한다는 취지의 진술이 출원서에 포함되어 있는 경우, 체약당사자는 표장의 흑백견본 5매와 표장의 색채견본 5매를 초과하여 요구할 수 없다.

3. **[입체표장의 견본]**
가. 조약 제3조제1항 가호11)의 규정에 따라 출원서에 표장이 입체표장이라는 취지의 진술이 포함되어 있는 경우, 그 표장의 견본은 평면적인 그림견본 또는 사진견본으로 한다.
나. 상기 가호의 규정에 따라 제출된 견본은 출원인의 선택에 따라 표장의 일면 또는 다면도로 구성될 수 있다.
다. 상기 가호의 규정에 따라 제출된 표장의 견본이 입체표장의 특징을 충분히 나타내지 못한다고 관청이 판단할 경우에는, 당해 관청은 출원인에게 당해 요청에서 정한 합리적인 기한내에, 그 표장의 다른 측면들을 6매까지 견본으로 제출 및/또는 글로써 그 표장을 묘사하여 제출할 것을 요청할 수 있다.
라. 다호의 규정에서 언급한 표장의 다른 측면들 및/또는 묘사가 입체표장의 특징을 여전히 충분하게 나타내고 있지 못한다고 관청이 판단할 경우에는, 당해 관청은 출원인에게 당해 요청에서 정한 합리적인 기한내에 그 표장의 표본을 제출할 것을 요청할 수 있다.
마. 제2항 가호1)과 제2항 나호의 규정을 준용한다.

4. **[표장의 자역]** 조약 제3조제1항 가호13)의 목적상, 표장이 그 관청에서 사용하는 활자체 이외의 활자체로 된 것 또는 그 관청에서 사용하는 숫자 이외의 숫자로 표현된 수로 구성되어 있거나 이를 포함하고 있는 경우에는, 이를 당해 관청에서 사용하는 활자체와 숫자체계로 고칠 것을 요구할 수 있다.

5. **[표장의 번역]** 조약 제3조제1항 가호14)의 목적상, 표장이 그 관청에서 허용하는 언어 또는 언어중의 하나 이외의 언어로 된 단어(들)로 구성되어 있거나 이를 포함하고 있는 경우에는, 그러한 단어(들)를 그 관청이 허용하는 언어 또는 언어중의 하나로 번역할 것을 요구할 수 있다.
6. **[표장의 실제사용 증거의 제출 기한]** 조약 제3조제6항에 언급된 기한은, 출원서가 제출된 체약당사자의 관청에 의하여 출원이 인정되는 날로부터 기산하여 6월 미만이어서는 아니된다. 출원인 또는 권리자는 그 체약당사자의 법령에 규정된 조건에 따를 것을 조건으로, 최소한 2년 6월의 총연장기한까지 최소 6월씩 그 기한을 연장할 권리를 가진다.

**제4조 【대리에 관한 세부사항】** 조약 제4조제3항라호에 언급된 기한은 당해 조항에서 언급된 통보가 관련 체약당사자의 관청에 의하여 수령된 날로부터 기산되며, 통보에서 대리되는 자의 주소가 당해 체약당사자의 영역내에 있는 경우에는 1월미만이어서는 아니되고, 그러한 주소가 당해 체약당사자의 영역밖에 있는 경우에는 2월미만이어서는 아니된다.

**제5조 【출원일에 관한 세부사항】**

1. **[요건을 충족시키지 못할 경우의 절차]** 관청이 출원서를 수령할 당시에 출원이 조약 제5조제1항 가호 또는 동조제2항 가호에서 정하는 요건을 충족하지 못하는 경우에는, 관청은 즉시 출원인에게 기한을 지정하여 그 기한내에 그러한 요건을 충족시키도록 요청하여야 한다. 그 기한은 출원인의 주소가 그 체약당사자의 영역내에 있는 경우에는 그 요청일로부터 최소 1월이어야 하며 출원인의 주소가 그 체약당사자의 영역밖에 있는 경우에는 최소 2월이어야 한다. 당해 요청의 이행에는 특별 수수료의 납부를 요할 수도 있다. 관청이 그러한 요청을 발송하지 않는 경우에도, 상기의 요건은 영향을 받지 아니한다.
2. **[보정의 경우의 출원일]** 만일, 요청시 표시된 기한내에, 출원인이 제1항에 언급된 요청에 응하고 요구되는 특별수수료를 납부하는 경우, 출원일은 조약 제5조제1항가호의 규정에 언급된 모든 표시나 사항이 당해 관청에 의하여 수령되고, 해당되는 경우, 조약 제5조제2항가호의 규정에 언급된 수수료가 동 관청에 납부된 날이 된다. 그러하지 아니하면, 출원은 없었던 것으로 한다.
3. **[수령일]** 각 체약당사자는 다음의 장소에서 실질적으로 서류가 수령되거나 또는 수수료가 납부되어지는 경우, 동 서류의 수령 또는 수수료의 납부가 당해 관청에 의한 수령 또는 당해 관청에의 납부로 간주되는 상황을 자유로이 정할 수 있다.
   1) 그 관청의 지부 또는 부속관청
   2) 체약당사자가 조약 제19조제1항 2)의 규정에 언급된 정부간 기구인 경우, 당해 체약당사자의 관청을 대리하는 일국의 관청
   3) 우체국
   4) 우체국이외의 체약당사자에 의해 지정된 배달서비스
4. **[팩시밀리의 사용]** 체약당사자가 팩시밀리에 의한 출원서의 제출을 허용하고 출원서가 팩시밀리에 의하여 제출된 경우, 그 체약당사자의 관청에 의한 팩시밀리의 수령일이 출원서의 수령일이 된다. 다만 체약당사자는 출원서 원본이 일정한 기한내에 관청에 도달할 것을 요구할 수 있으며 그 기한은 당해 관청이 팩시밀리를 수령한 날로부터 최소한 1월이어야 한다.

**제6조【서명에 관한 세부사항】**

1. **[법인]** 통보에 법인을 대표하는 서명이 있는 경우, 체약당사자는 서명하거나 도장을 사용하는 자연인의 서명 또는 날인은 활자로 표시한 동인의 성과 이름 또는 동인의 선택에 따라 그 통상적으로 사용되는 성명을 문자상의 표시로 부기할 것을 요구할 수 있다.
2. **[팩시밀리에 의한 통보]** 조약 제8조제2항나호의 규정에 언급된 기한은 팩시밀리에 의한 전송의 수령일로부터 1월 미만이어서는 아니된다.
3. **[날짜]** 체약당사자는 서명 또는 날인에 서명 또는 날인이 행해지는 날짜의 표시가 부기될 것을 요구할 수 있다. 그러한 날짜의 표시가 요구됨에도 이를 부기하지 아니한 경우, 서명 또는 날인이 되어있는 통보를 관청이 수령한 날 또는 체약당사자가 허용하는 경우, 통보를 관청이 수령한 날보다 앞서는 날이 그 서명 또는 날인을 행한 날로 간주된다.

**제7조【출원번호 없는 출원의 특정방법】**

1. **[특정방법]** 출원이 그 출원번호에 의하여 특정되도록 요구되지만, 그 출원번호가 아직 발급되지 않았거나 출원인 또는 그 대리인이 이를 알지 못하는 경우에는, 그 출원은 다음 사항이 제공될 경우 특정되는 것으로 본다.
   1) 관청에 의하여 임시출원번호가 발급된 경우에는, 그 임시출원번호, 또는
   2) 출원서의 사본, 또는
   3) 표장의 견본으로써, 출원인 또는 그 대리인이 아는 한도내에서, 관청에 의해 출원서가 수령된 날짜 및 출원인 또는 그 대리인이 당해 출원서에 부여한 확인번호의 표시를 부기한 것
2. **[기타 요건의 금지]** 체약당사자는 출원번호가 아직 발급되지 않았거나 출원인 또는 그 대리인이 이를 알지 못하는 경우, 출원을 특정하기 위하여 제1항에서 정하는 사항 이외의 요건을 요구할 수 없다.

**제8조【존속기간과 갱신에 관한 세부사항】** 조약 제13조제1항 다호의 목적상, 갱신신청서를 제출할 수 있고 갱신수수료를 납부할 수 있는 기간은, 갱신되어야 하는 날로부터 최소한 6월전에 시작하여 그 날 이후부터 빠르면 6월이 경과된 후에 종료한다. 만일, 갱신신청서 및/또는 갱신수수료가 갱신되어야 하는 날 이후에 제출되거나 납부될 경우에는, 체약당사자는 갱신과 관련하여 추가수수료의 납부를 요구할 수 있다.

# 문학 · 예술적 저작물의 보호를 위한 베른협약

베른에서 작성 1886. 9. 9
가입서 기탁일 1996. 5.21
대한민국에 대하여 발효 1996. 8.21
(조약 제1349호)

동맹국은 문학 · 예술적 저작물상의 저작자의 권리를 가능한 한 효과적이고 통일적으로 보호하도록 모두 희망하고, 1967년 스톡홀름에서 개최된 개정회의 작업의 중요성을 인정하여, 스톡홀름 회의에서 채택한 의정서 제1조에서 제20조 및 제22조에서 제26조를 변경하지 않고, 이 의정서를 개정하기로 결정하였다.

따라서 아래 서명한 전권위원들은 정당한 형식으로서 인정되는 전권위임장을 제시하고 다음과 같이 합의하였다.

## 제1조

이 협약이 적용되는 국가들은 자국의 문학 · 예술적 저작물상의 저작자의 권리의 보호를 위한 동맹을 구성한다.

## 제2조

(1) "문학 · 예술적 저작물"이란 표현은 그 표현의 형태나 방식이 어떠하든 간에 서적, 소책자 및 기타 문서, 강의 · 강연 · 설교 및 기타 같은 성격의 저작물, 연극 또는 악극저작물, 무용저작물과 무언극, 가사가 있거나 또는 없는 작곡, 영화와 유사한 과정에 의하여 표현된 저작물을 포함하는 영화저작물, 소묘 · 회화 · 건축 · 조각 · 판화 및 석판화, 사진과 유사한 과정에 의해 표현된 저작물을 포함하는 사진저작물, 응용미술저작물, 도해 · 지도 · 설계도 · 스케치 및 지리학 · 지형학 · 건축학 또는 과학에 관한 3차원저작물과 같은 문학 · 학술 및 예술의 범위에 속하는 모든 제작물을 포함한다.

(2) 다만, 저작물 일반이나 특정한 범주의 저작물이 유형적인 형태로 고정되어 있지 않는 한 보호되지 않는다고 규정하는 것은 동맹국의 입법에 맡긴다.

(3) 문학 또는 예술적 저작물의 번역물 · 각색물 · 편곡물 기타 개작물은 원저작물의 작권을 해치지 않고, 원저작물로서 보호된다.

(4) 입법 · 행정 및 사법적 성격의 공문서와 그 공식 번역물에 부여하는 보호는 동맹국의 입법에 맡겨 결정한다.

(5) 내용의 선택과 배열로 인하여 지적 창작물이 되는 백과사전 및 선집과 같은 문학 또는 예술적 저작물의 수집물은 그 수집물을 구성하는 각 저작물의 저작권을 해치지 않고, 지적 창작물로서 보호된다.

(6) 이 조에서 말하는 저작물은 모든 동맹국에서 보호를 받는다. 이 보호는 저작자 및 권리승계인의 이익이 되도록 한다.

(7) 이 협약 제7조 제4항의 규정에 따를 것을 조건으로, 응용미술저작물 및 산업의장 · 모형에 관한 법률의 적용범위와 그러한 저작물 · 의장 및 모형이 보호되는 조건은 동맹국의 입법에 맡겨 결정한다.
본국에서 오로지 의장과 모형으로만 보호되는 저작물은 다른 동맹국에서 의장과 모형에 부여하는 것과 같은, 그러한 특별한 보호만을 받는다. 다만, 그 다른 동맹국에서 그러한 특별한 보호를 부여하지 않는 경우에, 그 저작물은 예술적 저작물로서 보호된다.

(8) 이 협약의 보호는 시사보도나 단순히 언론보도의 성격을 갖는 기타 사실에 대하여 적용되지 아니한다.

## 제2조의2

(1) 정치적 연술 및 재판절차에서의 연술을 전조에서 규정한 보호로부터

전부 또는 일부 배제하는 것은 동맹국의 입법에 맡긴다.

(2) 또한 강의, 강연 및 기타 공중에 전하는 같은 성격의 저작물이 언론에 의하여 복제 · 방송되고, 유선에 의하여 공중에 전달되고, 이 협약 제11조의2 제1항에서 마련하고 있는 공중전달의 대상이 될 수 있는 조건은, 그러한 사용이 보도의 목적에 의하여 정당화되는 경우에, 동맹국의 입법에 맡겨 결정한다.

(3) 다만, 저작자는 전항들에서 말한 저작물의 수집물을 만들 배타적 권리를 가진다.

**제3조**

(1) 이 협약상의 보호는 다음에 적용된다.

(가) 발행여부를 불문한 저작물에 대하여, 어느 동맹국의 국민인 저작자

(나) 최초로 어느 동맹국에서 발행된, 또는 어느 비동맹국과 어느 동맹국에서 동시에 발행된 저작물에 대하여, 어느 동맹국의 국민이 아닌 저작자

(2) 비동맹국의 국민으로 어느 동맹국에 상거소를 가지는 저작자는 이 협약의 적용상 그 동맹국의 국민으로 대우한다.

(3) "발행된 저작물"이란 복사물의 제조방법이 어떠하든 간에, 저작자의 동의를 얻어 발행된 저작물로서, 저작물의 성질을 고려하여, 공중의 합리적인 수요를 만족시킬 수 있는 수량의 복사물이 제공된 것을 의미한다. 연극 · 악극 · 영화 또는 음악저작물의 실연 · 문화적 또는 예술적 저작물의 유선에 의한 전달 또는 방송 · 미술저작물의 전시 및 건축저작물의 건조는 발행이 되지 아니한다.

(4) 저작물의 최초 발행으로부터 30일 내에 둘 이상의 국가에서 발행된 경우에 그 저작물은 여러 국가에서 동시에 발행된 것으로 본다.

**제4조**

이 협약상의 보호는, 제3조의 조건이 충족되지 않은 경우일지라도 다음에 적용된다.

(가) 영화저작물의 제작자가 어느 동맹국에서 주사무소나 상거소를 가지는 경우, 그 영화저작물의 저작자

(나) 어느 동맹국에 세워진 건축저작물 또는 어느 동맹국에 소재한 건물이나 기타 구조물에 포함된 기타 예술저작물의 저작자

**제5조**

(1) 저작자는 이 협약에 따라 보호되는 저작물에 관하여, 본국 이외의 동맹국에서 각 법률이 현재 또는 장래에 자국민에게 부여하는 권리 및 이 협약이 특별히 부여하는 권리를 향유한다.

(2) 그러한 권리의 향유와 행사는 어떠한 방식에 따른 것을 조건으로 하지 아니한다. 그러한 향유와 행사는 저작물의 본국에서 보호가 존재하는 여부와 관계가 없다. 따라서 이 협약의 규정과는 별도로, 보호의 범위와 저작자의 권리를 보호하기 위하여 주어지는 구제의 방법은 오로지 보호가 주장되는 국가의 법률의 지배를 받는다.

(3) 본국에서의 보호는 국내법에 의하여 지배된다. 다만, 저작자가 이 협약에 따라 보호되는 저작물의 본국의 국민이 아닌 경우에는 본국에서 자국민과 같은 권리를 향유한다.

(4) 본국은 다음과 같이 본다.

(가) 최초로 어느 동맹국에서 발간된 저작물의 경우, 그 국가. 서로 다른 보호기간을 부여하는 여러 동맹국에서 동시에 발행된 경우에는 입법상 가장 짧은 보호기간을 부여하는 국가

(나) 어느 비동맹국과 어느 동맹국에서 동시에 발행된 저작물의 경우, 후자의 국가

(다) 미발행 저작물 또는 최초로 어느 비동맹국에서 발행되었으나 어느 동맹국에서 동시에 발행되지 않은 저작물의 경우, 저작자가 자국 국민인 동맹국. 다만,

(ⅰ) 영화저작물의 제작자가 어느 동맹국에 주사무소나 상거소를 가지는 영화저작물의 경우, 본국은 그 국가이고

(ⅱ) 어느 동맹국에 세워진 건축저작물 또는 어느 동맹국에 소재한 건물이나 기타 구조물에 포함된 기타 예술저작물의 경우, 본국은 그 국가이다.

### 제6조

(1) 어느 비동맹국이 어느 동맹국의 국민인 저작자의 저작물을 적절한 방법으로 보호하지 않는 경우에 후자의 국가는 최초 발행일에 그 비동맹국의 국민이고 어느 동맹국에 상시 거주하지 않는 저작자의 저작물에 주는 보호를 제한할 수 있다. 최초 발행국이 이 권리를 원용하는 경우에 다른 동맹국은 최초 발행국이 부여한 보호보다 더 넓은 보호를 부여하여 특별히 다루도록 요구되지 아니한다.

(2) 전항에 따라 생긴 제한은, 어느 동맹국에서 발행된 저작물에 관하여 저작자가 그러한 제한의 실시 전에 취득한 권리에 영향을 미치지 아니한다.

(3) 이 조에 따라 저작권의 부여를 제한하는 동맹국은 보호가 제한되는 국가 및 그 국가의 국민인 저작자의 권리에 대한 제한을 명시하는 선언서에 의하여 세계지적재산권기구 사무총장(이하 "사무총장"이라 한다)에게 통고한다. 사무총장은 이 선언을 모든 동맹국에 즉시 전달한다.

### 제6조의2

(1) 저작자의 재산권과 독립하여, 그리고 이 권리의 양도 후에도, 저작자는 저작물의 저작자라고 주장할 권리 및 이 저작물에 관련하여 그의 명예나 명성을 해치는 왜곡 · 절단 · 기타 변경 또는 기타 훼손행위에 대하여 이의를 제기할 권리를 가진다.

(2) 전항에 따라 저작자에게 부여되는 권리는 그의 사망 후에 적어도 재산권의 만기까지 계속되고, 보호가 주장되는 국가의 입법에 의한 권한이 있는 사람이나 단체에 의해 행사될 수 있다. 다만, 이 의정서를 비준하거나 또는 이에 가입할 당시에, 저작자의 사망후에 전항에 규정된 모든 권리의 보호를 입법으로 규정하지 않은 국가는 이러한 권리중 일부를 저작자가 사망한 후에는 존속하지 않도록 할 수 있다.

(3) 이 조에서 의하여 부여되는 권리를 보전하기 위한 구제의 방법은 보호가 주장되는 국가의 입법의 지배를 받는다.

### 제7조

(1) 이 협약이 부여하는 보호기간은 저작자의 생존기간과 그의 사망 후 50년이다.

(2) 다만, 영화저작물의 경우에 있어서, 동맹국은 보호기간을 저작자의 동의를 얻어 공중에 제공된 때로부터 50년후, 또는 저작물이 만들어진 후 50년내에 동의를 얻지 못한 경우에 그 만들어진 때로부터 50년 후에 소멸하도록 규정할 수 있다.

(3) 무명이나 이명저작물의 경우에서, 이 협약이 부여하고 있는 보호기간은 저작물이 적법하게 공중에 제공된 때로부터 50년후에 소멸한다. 다만, 저작자가 이명을 사용하였으나 그의 신원에 의심이 가지 않는 경우에, 보호기간은 제1항에서 규정한대

로 한다. 무명이나 이명저작물의 저작자가 위 기간 동안에 신원을 밝힌 경우에, 적용될 보호기간은 제1항에서 규정한대로 한다. 무명이나 이명저작물에 관하여 저작자가 사망한 때로부터 50년이 되었다고 추정하는 것이 합리적인 경우에, 동맹국은 이러한 저작물을 보호하도록 요구되지 아니한다.

(4) 예술저작물로서 보호되는 사진저작물과 응용미술저작물의 보호기간은 동맹국의 입법에 맡겨 결정한다. 다만, 이 기간은 그러한 저작물이 만들어진 때로부터 적어도 25년의 기간 만료시까지 계속된다.

(5) 저작자 사망 후의 보호기간과 제2항, 제3항 및 제4항에서 규정한 기간은 사망일 또는 각 항에서 언급한 사건 발생일로부터 기산한다. 다만, 그러한 기간은 언제나 그 사망이나 사건의 익년 1월 1일에 시작하는 것으로 본다.

(6) 동맹국은 전항들에서 정한 기간을 초과하여 보호기간을 부여할 수 있다.

(7) 이 협약의 로마의정서에 구속되는 동맹국이 이 의정서의 서명 당시에 효력있는 국내입법으로 전항들에서 규정한 기간보다 짧은 보호기간을 부여한 경우에, 그 동맹국은 이 의정서를 비준 또는 이에 가입하는 때에 그러한 기간을 유지할 권리가 있다.

(8) 어떠한 경우에도 그 기간은 보호가 주장되는 국가의 입법의 지배를 받는다. 다만, 그 국가의 입법으로 다르게 규정하지 않는 한, 그 기간은 저작물의 본국에서 정한 기간을 초과할 수 없다.

**제7조의2**

전조의 규정은 공동저작물의 경우에도 적용된다. 다만, 저작자의 사망으로부터 기산하는 기간은 최후 생존자의 사망으로부터 기산한다.

**제8조**

이 협약이 보호하는 문학 · 예술적 저작물의 저작자는 원저작물에 있는 권리의 보호기간 동안 그의 저작물을 번역하고 이의 번역을 허락할 배타적 권리를 향유한다.

**제9조**

(1) 이 협약이 보호하는 문학 · 예술적 저작물의 저작자는 어떠한 방법이나 방식으로, 이 저작물의 복제를 허락할 배타적 권리를 갖는다.

(2) 특별한 경우에 있어서 그러한 저작물의 복제를 허락하는 것은 동맹국의 입법에 맡긴다. 다만, 그러한 복제는 저작물의 통상적인 이용과 충돌하지 않아야 하며 저작자의 합법적인 이익을 불합리하게 해치지 않아야 한다.

(3) 녹음이나 녹화는 이 협약의 적용상, 복제로 간주한다.

**제10조**

(1) 이미 적법하게 공중에 제공된 저작물을 인용하는 것은 허용된다. 다만, 그 인용이 공정한 관행과 양립하고, 그 범위가 목적에 의하여 정당화되는 범위를 넘지 않아야 하며 이 경우 언론요약의 형태로, 신문기사와 정기간행물을 인용하는 것을 포함한다.

(2) 정당화되는 범위내에서, 교육을 위하여 문학 또는 예술적 저작물을 도해로서 발행 · 방송 또는 녹음이나 사용하도록 허락하는 것은 동맹국의 입법, 그리고 동맹국들 사이에 존재하고 있는, 또는 체결될 특별 협정에 맡긴다. 다만, 그러한 사용은 공정한 관행과 양립하여야 한다.

(3) 이 조의 전항들에 따라 저작물이 사용되는 경우에, 출처와 저작물 위에 저작자의 성명이 나타나게 되면 그 성명을 명시한다.

**제10조의2**

(1) 경제 · 정치 또는 종교적인 시사문제에 관하여 신문이나 정기간행물에

발행된 기사 및 같은 성격의 방송저작물이 언론에 의하여 복제하거나, 방송되거나, 유선으로 공중에 전달되는 것을 허락하는 것은 그 복제, 방송 또는 전달이 명시적으로 유보되지 않은 경우에, 동맹국의 입법에 맡긴다. 다만, 출처는 항상 분명히 표시되어야 한다. 이 의무의 위반에 따른 법적 효과는 보호가 주장되는 국가의 입법에 따라 결정한다.

(2) 사진 · 영화 · 방송 또는 유선에 의한 공중에의 전달을 통하여, 시사사건을 보도하고자 하는 목적으로, 그 사건의 과정에서 보이고 들리는 문학 또는 예술적 저작물을 보도의 목적상 정당화 되는 범위내에서 복제하고 공중에 제공하는 조건은 동맹국의 입법에 맡겨 결정한다.

**제11조**

(1) 연극 · 악극 및 음악저작물의 저작자는 다음을 허락할 배타적 권리를 향유한다.

(i) 어떠한 방법이나 절차에 의한 경우를 포함하는, 그의 저작물의 공개실연

(ii) 그의 저작물의 실연의 공중에의 전달

(2) 연극이나 악극저작물의 저작자는 원저작물상의 그의 권리의 전기간 동안, 번역에 관하여 같은 권리를 향유한다.

**제11조의2**

(1) 문학 · 예술적 저작물의 저작자는 다음을 허락할 배타적 권리를 향유한다.

(i) 그의 저작물을 방송하거나 또는 기타 무선송신의 방법으로 기호, 소리 또는 영상을 공중에 전달하는 것

(ii) 원기관이외의 기관이 유선이나 재방송에 의하여 저작물의 방송물을 공중에 전달하는 것

(iii) 확성기나 기호 · 소리 또는 저작물의 방송물을 송신하는 기타 유사한 장치에 의하여 공중전달하는 것

(2) 전항에서 말한 권리가 행사될 수 있는 조건은 동맹국의 입법에 맡겨 결정한다. 다만, 이러한 조건은 이를 정한 국가에서만 적용된다. 어떠한 경우에도 저작자의 인격권 및 합의가 없는 경우에 권한있는 기관이 정할, 정당한 보수를 받을 권리를 해치지 않아야 한다.

(3) 다르게 규정하지 않는 한, 이 조 제1항에 따라 부여되는 승락은 방송되는 저작물을 소리나 영상을 기록하는 장치에 의하여 기록하도록 승락하는 것을 의미하지 아니한다. 다만, 방송사업자가 자체의 시설에 의하여 자신의 방송물에 사용되는 일시적 기록물에 관한 규칙은 동맹국의 입법에 따라 결정한다. 이 기록물을 그 예외적인 기록적 성격으로 인하여 공식기록보존소에 보존하는 것은 그러한 입법에 의하여 허용된다.

**제11조의3**

(1) 문학적 저작물의 저작자는 다음을 허락할 배타적 권리를 향유한다.

(i) 어떠한 방법과 절차에 의한 공개낭송을 포함하는, 그의 저작물의 공개낭송

(ii) 그의 저작물의 낭송을 공중에 전달하는 것

(2) 문학적 저작물의 저작자는 원저작물상의 그의 권리의 전기간 동안에, 번역물에 관하여 같은 권리를 향유한다.

**제12조**

문학 또는 예술적 저작물의 저작자는 그의 저작물의 각색 · 편곡 · 기타 개작을 허락할 배타적 권리를 향유한다.

**제13조**

(1) 각 동맹국은 음악저작물의 저작자

에게, 그리고 어느 가사의 저작자가 그 가사를 그 음악저작물과 함께 기록하도록 이미 허락한 경우 그 가사의 저작자에게, 그러한 가사와 함께 그 음악저작물의 녹음을 허락하도록 부여한 배타적 권리에 대한 유보와 조건을 스스로 부과할 수 있다. 다만, 그러한 모든 유보와 조건은 이를 부과한 국가에 대하여만 적용되고 어떠한 경우에도 합의가 없는 경우에는 권한있는 기관이 정할, 정당한 보수를 받을 권리를 해치지 않아야 한다.

(2) 1928년 6월 2일 로마에서, 그리고 1948년 6월 26일 브뤼셀에서 서명된 협약 제13조 제3항에 따라, 어느 동맹국에서 만들어진 음악저작물의 기록물은 그 국가가 이 의정서에 구속되는 때로부터 2년후까지는 음악저작물의 저작자의 승락없이 그 국가에서 복제될 수 있다.

(3) 이 조 제1항과 제2항에 따라 만들어진 기록물로서 그것이 침해저작물로 다루어지는 국가에, 관련 당사자의 승락없이 수입된 것은 압류될 수 있다.

### 제14조

(1) 문학 또는 예술적 저작물의 저작자는 다음을 허락할 배타적 권리를 가진다.

(i) 이 저작물의 영화적 각색과 복제 및 그와 같이 각색되거나 복제된 저작물의 배포

(ii) 그와 같이 각색되거나 복제된 저작물의 공개실연 및 유선에 의한 공중에의 전달

(2) 문학 또는 예술적 저작물로부터 파생된 영화제작물을 기타 다른 예술적 형태로 각색하는 것은 영화제작물의 저작자가 허락하는 것을 해치지 않는 한, 원저작물의 저작자의 허락을 거쳐야 한다.

(3) 제13조 제1항의 규정은 적용되지 아니한다.

### 제14조의2

(1) 각색되거나 복제된 저작물상의 저작권을 해치지 않는 한, 영화저작물은 원저작물로서 보호된다. 영화저작물의 저작권자는 전조에서 언급한 권리를 포함하는, 원저작물의 저작자와 같은 권리를 향유한다.

(2) (가) 영화저작물의 저작권자의 결정은 보호가 주장되는 국가의 입법에 맡긴다.

(나) 다만, 입법으로 영화저작물의 제작에 기여한 저작자를 그 저작물의 저작권자중에 포함시키는 국가에 있어서, 그러한 저작자는 그러한 기여를 할 것을 약정한 경우에, 다른 규정이나 특별한 규정이 없는 한, 그 저작물을 복제 · 배포 또는 공개실연하거나 유선에 의하여 공중에 전달하거나, 방송하거나 또는 기타 다른 방법으로 공중에 전달하거나, 또는 그 본문을 자막에 넣거나 더빙하는 것에 이의를 제기할 수 없다.

(다) 위에 언급한 약정의 형태가 (나)의 적용상 서면합의로 하는지 또는 같은 효과를 갖는 문서로 하는지에 관한 문제를 영화저작물의 제작자가 주사무소나 상거소를 가지는 국가의 입법에 맡긴다. 다만, 위의 약정이 서면합의로 하는지 또는 같은 효과를 갖는 문서로 하는 지를 정하는 것은 보호가 주장되는 동맹국의 입법에 맡긴다. 입법으로 그와 같이 정한 국가는 사무총장에게 선언서로 통고하여야 하고 사무총장은 이를 다른 모든 동맹국에 즉각 전달한다.

(라) "다른 규정이나 특별한 규정"이란 위 약정에 관련되는 제한적인 조건을 의미한다.

(3) 국내법으로 다르게 정하지 않는 한, (나)의 규정은 영화저작물의 제작을 위하여 창작된 각본, 대사 및 음악저작물의 저작자 또는 영화저작물의 주감독에게 적용되지 아니한다. 다만, 입법으로 그러한 감독에게 전항 (나)의 적용에 관한 규칙을 두지 않은 동맹국은 사무총장에게 선언서로 통고하고, 사무총장은 이를 다른 동맹국에 즉각 전달한다.

**제14조의3**

(1) 저작자 또는 그의 사망후에 국내입법으로 권한을 받은 자연인이나 단체는 원미술저작물 및 작사자와 작곡자의 원고에 관하여, 저작자가 저작물을 최초로 이전한 후에 그 저작물의 매매에 있어서의 이익에 대하여 양도할 수 없는 권리를 향유한다.

(2) 전항에서 규정한 보호는, 저작자가 속한 국가의 입법으로 그와 같이 허용한 경우에, 그리고 이 보호가 주장되는 국가가 허용하는 범위내에서만 각 동맹국에서 주장될 수 있다.

(3) 징수의 절차와 금액은 국내입법에 맡겨 결정한다.

**제15조**

(1) 이 협약이 보호하는 문학 또는 예술적 저작물의 저작자를, 다른 증거가 없는 한, 그 저작물의 저작자로 보고, 따라서 그가 동맹국에서 침해소송을 제기할 수 있도록 하기 위하여는 통상의 방법으로 저작물상에 그의 성명이 나타나는 것으로 충분하다. 이 항은 저작자가 채택한 성명이 이명이라 할지라도 그의 신원을 나타내는 데 의심이 없는 한 적용된다.

(2) 자연인이나 법인의 성명이 통상의 방법으로 영화저작물에 나타난 경우 그 자연인이나 법인은, 다른 증거가 없는 한, 위 저작물의 저작자로 추정한다.

(3) 제1항에서 언급한 이외의 무명 및 이명저작물에 있어서 저작물에 성명이 나타난 발행자는, 다른 증거가 없는 한, 저작자를 대신하는 것으로 보며 그는 그 자격으로써 저작자의 권리를 보호하고 행사할 수 있다. 이 항의 규정은 저작자가 그의 신원을 밝히고 그 저작물의 저작자라는 주장을 입증한 때에는 적용되지 아니한다.

(4) (가) 저작자의 신원이 밝혀지지 않았으나 그가 동맹국의 국민임을 추정할 근거가 있는 미발행 저작물에 있어서, 저작자를 대신하고 또한 그 동맹국에서 그의 권리를 보호하고 행사할 수 있는 권한있는 기관을 지정하는 것은 그 국가의 입법에 맡긴다.

(나) 이 규정의 조건에 따라 그러한 지정을 한 동맹국은 그와 같이 지정된 기관에 관한 모든 정보를 기재한 선언서에 의하여 사무총장에게 통고한다. 사무총장은 이 선언을 다른 모든 동맹국에 즉시 전달한다.

**제16조**

(1) 저작권을 침해하는 어느 저작물의 복사물은 그 저작물이 법적보호를 향유하는 동맹국에서 압류될 수 있다.

(2) 전항의 규정은 또한 그 저작물이 보호되지 않거나 보호가 중지된 국가로부터 나오는 복제물에도 적용된다.

(3) 압류는 각 국가의 입법에 따라 행한다.

**제17조**

이 협약의 규정은 어떠한 경우에도 권한있는 기관이 필요하다고 인정한 경우에, 각 동맹국이 법령으로 어떠한 저작물이나 제작물의 유통·실연 또는 전시를 허용·통제하거나 또는 금지할 권리에 영향을 미치지 아니한다.

**제18조**

(1) 이 협약은 효력발생 당시에 본국에서의 보호기간 만료에 의하여 이미 저작권이 소멸된 상태에 놓인 것이 아닌 모든 저작물에 적용된다.

(2) 다만, 보호가 요구되는 국가에서 어느 저작물이 종래 주어진 보호기간이 만료됨으로서 저작권이 소멸된 상태에 놓인 경우에, 그 저작물은 다시 보호되지 아니한다.

(3) 이 원칙의 적용은 그러한 효과를 갖는 기존의 또는 장래 체결될 동맹국들 사이의 특별협약에 담긴 규정들을 따를 것을 조건으로 한다. 그러한 규정들이 없는 경우에, 각 국가는 자국에 대하여 이 원칙이 적용될 조건을 결정한다.

(4) 위 규정들은 또한 동맹에 새로 가입하는 경우 및 제7조의 적용에 의하여 또는 유보의 포기에 의하여 보호가 확대되는 경우에도 적용된다.

**제19조**

이 협약의 규정은 동맹국이 입법으로 보다 광범위한 보호를 부여하는 데 따를 혜택을 주장하는 것을 배제하지 아니한다.

**제20조**

동맹국 정부는 그들 사이의 특별 협정이 저작자에게 이 협약보다 광범위한 권리를 부여하거나 이 협약에 저촉되지 않는 다른 규정들을 담고 있는 한, 그 협정을 체결할 권리를 유보한다. 이러한 조건을 충족하는 기존의 협정 규정들은 그대로 적용된다.

**제21조**

(1) 개발도상국에 관한 특별 규정은 부속서에 포함된다.

(2) 제28조 제1항 (나)에 따른 것을 조건으로, 부속서는 이 의정서의 불가분의 일부를 구성한다.

**제22조**

(1) (가) 동맹은 제22조에서 제26조에 구속되는 동맹국들로 구성되는 총회를 둔다.

(나) 각국 정부는 1인의 대표에 의하여 대표되고 그 대표는 교체대표, 고문 및 전문가에 의하여 보좌될 수 있다.

(다) 각 대표단의 경비는 이를 지명한 정부가 진다.

(2) (가) 총회는

( i ) 동맹의 유지와 발전 및 이 협약의 시행에 관한 모든 문제를 다룬다.

( ii ) 제22조에서 제26조에 구속되지 않는 동맹국의 의견을 충분히 고려하여, 세계지적재산권기구(이하 "기구"라 한다) 설립협약에서 언급하고 있는 지적재산권 국제사무국(이하 "국제사무국"이라 한다)에 관한 개정회의를 위한 준비에 관하여 지침을 준다.

(iii) 기구 사무총장의 동맹에 관한 보고와 활동을 검토하고 승인하며 동맹의 권한내에 있는 문제에 관하여 그에게 모든 필요한 지시를 한다.

(iv) 총회의 집행위원회의 회원국을 선출한다.

( v ) 집행위원회의 보고와 활동을 검토하고 승인하여 그 위원회에 지시한다.

(vi) 동맹의 사업을 결정하고 3년 예산을 채택하며 결산을 승인한다.

(vii) 동맹의 재정 규칙을 채택한다.

(viii) 동맹의 업무를 위하여 필요하다고 보는 전문가위원회와 실무소위원회를 설립한다.

(ix) 어느 비동맹국 · 정부간 기구 및 비정부간 국제기구를 옵서버로서 회의에 참석시키는 여부를 결정한다.

( x ) 제22조에서 제26조의 개정을 채택한다.

(xi) 동맹의 목적을 추진하기 위한 기타 적절한 조치를 취한다.

(xii) 이 협약에 따른 적절한 기타 기능을 행사한다.

(xiii) 총회의 수락에 따를 것을 조건으로, 기구설립협약에서 총회에 주어진 권리를 행사한다.

(나) 총회는 기구가 관리하는 다른 동맹에도 이해관계가 있는 문제에 관하여, 기구의 조정위원회의 건의를 들은 후에 결정을 내린다.

(3) (가) 총회의 각 회원국은 1표를 갖는다.

(나) 의사정족수는 총회의 회원국의 2분의 1이다.

(다) (나)의 규정에도 불구하고, 참석한 회원국의 수가 어느 회기에 총회의 회원국의 2분의 1미만, 3분의 1이상인 경우에, 총회는 결정을 내릴 수 있다. 다만, 절차에 관한 결정을 제외하고는 모든 결정은 다음의 조건이 충족된 경우에만 효력을 발생한다. 국제사무국은 위 결정을 참석하지 않은 총회의 회원국에 전달하여 전달한 날로부터 3월의 기간내에 투표나 기권을 서면으로 표시하도록 한다. 이 기간만료 당시에, 그와 같이 투표나 기권을 표시한 국가의 수가 그 회기의 의사정족수에 부족한 국가의 수에 도달한 경우에 그러한 결정은 효력을 발생한다. 다만, 필요한 다수결이 동시에 확보되어야 한다.

(라) 제26조 제2항의 규정에 따를 것을 조건으로, 총회의 결정은 투표수의 3분의 2를 필요로 한다.

(마) 기권은 투표로 보지 아니한다.

(바) 대표는 한 국가만을 대표하고 그 국가의 이름으로만 투표할 수 있다.

(사) 총회의 회원국이 아닌 동맹국은 총회에 옵서버로 참석할 수 있다.

(4) (가) 총회는 3년에 1회, 사무총장이 소집하는 정기회기에서 회합하고, 예외적인 상황이 없는 경우에는 기구의 총회와 같은 기간에 같은 장소에서 한다.

(나) 총회는 집행위원회의 요청이나 총회의 회원국의 4분의 1의 요청으로 사무총장이 소집하는 임시회기에서 회합한다.

(5) 총회는 자체의 절차 규칙을 채택한다.

**제23조**

(1) 총회는 집행위원회를 둔다.

(2) (가) 집행위원회는 총회의 회원국 중에서 총회가 선출한 국가로 구성된다. 또한 영토내에 기구의 본부가 있는 국가는 제25조 제7항 (나)의 규정에 따를 것을 조건으로, 위원회에 당연직 의석을 갖는다.

(나) 집행위원회의 각 회원국 정부는 1인의 대표에 의하여 대표되고 그 대표는 교체대표·고문 및 전문가에 의하여 보좌될 수 있다.

(다) 각 대표단의 경비는 이를 지명한 정부가 진다.

(3) 집행위원회의 회원국의 수는 총회의 회원국 수의 4분의 1에 상응해야 한다. 채워야 할 의석수를 결정하는 데 있어서, 4로 나눈 나머지는 고려하지 아니한다.

(4) 집행위원회의 회원국을 선출하는 데 있어서 총회는 정당한 지리적 배분을 고려하고 또한 동맹과 관련하여 설립될 수 있는 특별 협정의 당사국이 집행위원회를 구성하는 국가가 될 필요성을 고려하여야 한다.

(5) (가) 집행위원회의 각 회원국은 이를 선출한 총회의 회기말부터 총회의 다음 정기회기 말까지 임무를 수행한다.

(나) 집행위원회의 회원국은 3분의 2를 초과하지 않는 한 재선될 수 있다.

(다) 총회는 집행위원회의 선출과 가능한 재선에 관하여 세부규칙을 정한다.

(6) (가) 집행위원회는

(i) 총회의 의사록 초안을 준비한다.

(ii) 사무총장이 준비한 사업 초안 및 동맹의 3년 예산에 관한 제안을 총회에서 제출한다.

(iii) 사업과 3년 예산의 범위 내에서, 사무총장이 준비한 특정의 연차 예산과 사업을 승인한다.

(iv) 사무총장의 정기보고서 및 회계에 관한 연차 감사보고서를 적절한 의견을 붙여 제출한다.

(v) 총회의 결정에 따라, 그리고 총회의 정기회기 사이에 발생한 상황에 관하여, 사무총장에 의한 동맹의 사업의 집행을 확보하기 위하여 필요한 모든 조치를 취한다.

(vi) 이 협약에 따라 집행위원회에 주어진 기타 기능을 수행한다.

(나) 집행위원회는 기구가 관리하는 다른 동맹에도 이해관계가 있는 문제에 관하여, 기구의 조정위원회의 건의를 들은 후에 결정을 내린다.

(7) (가) 집행위원회는 1년에 1회, 사무총장이 소집하는 정기회기에서 회합하고, 우선적으로 조정위원회와 같은 기간에 같은 장소에서 한다.

(나) 집행위원회는 스스로 또는 의장이나 회원국의 4분의 1의 요청으로 사무총장이 소집하는 임시회기에서 회합한다.

(8) (가) 집행위원회의 각 회원국은 1표를 갖는다.

(나) 의사정족수는 집행위원회의 회원국의 2분의 1이다.

(다) 결정은 투표수의 단순 다수결로 한다.

(라) 기권은 투표로 보지 아니한다.

(마) 대표는 한 국가만을 대표하고 그 국가의 이름으로만 투표할 수 있다.

(9) 집행위원회의 회원국이 아닌 동맹국은 회의에 옵서버로 참석할 수 있다.

(10) 집행위원회는 자체의 절차규칙을 채택한다.

### 제24조

(1) (가) 동맹에 관한 관리업무는 공업소유권의 보호를 위한 국제협약에 의하여 설립된 동맹사무국과 통합된 동맹사무국의 연장인 국제사무국에 의하여 수행된다.

(나) 특히, 국제사무국은 동맹의 여러 기관의 사무국이다.

(다) 기구의 사무총장은 동맹의 수석 집행자이며 동맹를 대표한다.

(2) 국제사무국은 저작권 보호에 관한 정보를 수집하고 발행한다. 각 동맹국은 저작권 보호에 관한 모든 새로운 법과 공문서를 국제사무국에 신속하게 전달하여야 한다.

(3) 국제사무국은 월간 정기간행물을 발행한다.

(4) 국제사무국은 동맹국의 요청에 따라, 저작권 보호에 관한 문제에 있어서 정보를 제공한다.

(5) 국제사무국은 저작권 보호를 촉진하기 위하여 연구하고 서비스를 제공한다.

(6) 사무총장 및 그가 지명한 직원은 총회 · 집행위원회 및 기타 다른 전문가위원회나 실무소위원회의 모든 회의에 투표권 없이 참가한다. 사무총장 또는 그가 지명한 직원은 이러한 기관의 당연직 서기가 된다.

(7) (가) 국제사무국은 총회의 지시에 따라, 집행위원회와 협력하여 협

약 제22조에서 제26조의 규정의 개정회의를 위한 준비를 한다.

(나) 국제사무국은 개정회의를 위한 준비에 관하여 정부간 기구 및 비정부간 국제기구와 협의할 수 있다.

(다) 사무총장 및 그가 지명한 사람은 이 회의의 토론에 투표권 없이 참가한다.

(8) 국제사무국은 그에 주어진 기타 다른 업무를 수행한다.

**제25조**

(1) (가) 동맹은 예산을 갖는다.

(나) 동맹의 예산은 동맹에 고유한 수입과 비용, 동맹들에 공통된 예산경비의 분담금 및 경우에 따라 기구의 회의의 예산에 이용될 수 있는 금액을 포함한다.

(다) 전적으로 동맹에 귀속시킬 수 없고 기구가 관리하는 하나 또는 둘 이상의 다른 동맹들에 귀속시킬 수 있는 비용은 동맹들에 공통되는 비용으로 본다. 그러나 공통비용에 있어서 동맹의 분담은 동맹들에 갖는 이해관계에 비례한다.

(2) 동맹의 예산은 기구가 관리하는 다른 동맹들의 예산과의 조정의 필요성을 고려하여 성립된다.

(3) 동맹의 예산은 다음의 재원으로부터 나온다.

(i) 동맹국의 분담금

(ii) 동맹에 관하여 국제사무국이 수행하는 서비스에 대한 보수와 부담금

(iii) 동맹에 관한 국제사무국의 발행물의 판매 또는 이용료

(iv) 증여 · 유증 및 보조금

(v) 지대 · 이자 및 기타 잡수입

(4) (가) 각 동맹국은 예산에 대한 자국의 분담금을 결정하기 위하여 어느 등급에 속하며 다음과 같이 정한 단위 수에 근거하여 연간 분담금을 지급한다.

1등급........... 25
2등급........... 20
3등급........... 15
4등급........... 10
5등급........... 5
6등급........... 3
7등급........... 1

(나) 위와 같이 하지 아니한 경우에, 각국은 비준서나 가입서를 기탁함과 동시에, 속하고자 하는 등급을 지정한다. 어느 국가든지 등급을 변경할 수 있다. 어느 국가가 보다 낮은 등급을 선택하는 경우에는 정기회기에서 총회에 이를 통지하여야 한다. 그러한 변경은 회기 다음 해 초부터 효력이 발생한다.

(다) 각국의 연간 분담금은 그 분담금과 동맹의 연간 예산에 대한 모든 국가의 분담금 총액과의 비율이 그 국가의 단위 수와 모든 분담국가의 전체 단위수와의 비율과 같이 되는 액수로 한다.

(라) 분담금은 매년 1월 1일에 만기가 된다.

(마) 분담금 지급을 지체한 국가는 그 지체액이 그 전의 만 2년동안 지급해야 할 분담금의 액수와 같거나 이를 초과한 경우에 그 국가가 회원국인 어떠한 동맹의 기관에서도 투표할 수 없다. 다만, 동맹의 어느 기관은 지급의 지연이 예외적이고 피할 수 없는 상황으로 인한 것이라고 인정하는 한, 투표를 계속할 수 있도록 허용할 수 있다.

(바) 예산이 새로운 회계년도 시작 전에 채택되지 않은 경우에 그 예산은 재무규정에 따라 전년도의 예산과 같은 수준으로 한다.

(5) 동맹에 관하여 국제사무국이 하는 서비스에 대한 보수와 비용의 액수는 사무총장이 정하여 총회와 집행위원회에 보고한다.

(6) (가) 동맹은 각 동맹국의 1회의 지급금으로 이루어지는 운전자금을 갖는다. 그 자금이 불충분한 경우에는 총회가 그 증액을 결정한다.

(나) 각국의 위 자금에 대한 최초의 지급금 또는 증액에 대한 분담금은 그 자금이 설립되거나 그 증액이 결정된 해에 있어서의 그 국가의 분담 비율에 따른다.

(다) 그 비율과 지급 조건은 사무총장의 제안에 따라 기구의 조정위원회의 건의를 들은 총회가 결정한다.

(7) (가) 그 영토내에 기구의 본부가 소재한 국가와 체결하는 본부협정에는, 운전자금이 불충분한 경우에 그 국가가 선급금을 제공하도록 규정한다. 이 선급금의 액수와 선급금이 제공되는 조건은 경우에 따라 그 국가와 기구 사이의 별개의 협정의 대상이 된다. 그 국가가 선급금을 제공할 의무가 있는 한, 그 국가는 집행위원회에 당연직 의석을 가진다.

(나) (가)에서 언급한 국가와 기구는 각각 서면 통고에 의하여 선급금 제공 의무를 폐기할 권리를 가진다.

(8) 회계의 감사는 하나 또는 둘 이상의 동맹국이나 외부 감사인에 의해 재무규정에 마련된 바에 따라 시행한다. 그 동맹국이나 감사인은 총회가 이들의 동의를 얻어 지명한다.

**제26조**

(1) 제22조, 제23조, 제24조, 제25조 및 이 조의 개정의 제안은 총회의 어느 회원국 · 집행위원회 또는 사무총장이 할 수 있다. 그러한 제안은 적어도 총회가 심의하기 6월 전에 사무총장이 총회의 회원국에 전달한다.

(2) 제1항에서 언급한 조항의 개정은 총회가 채택한다. 그 채택에는 투표수의 4분의 3을 필요로 한다. 다만, 제22조와 이의 개정은 투표수의 5분의 4를 필요로 한다.

(3) 제1항에서 언급하고 있는 조항들의 개정은 총회가 개정을 채택할 당시의 총회의 회원국의 4분의 3으로부터 자국의 헌법적 절차에 따라, 수락의 서면통고를 사무총장이 받은 때로부터 1월 후에 효력이 발생한다. 이와 같이 수락된 조항들의 개정은 개정 당시에 총회의 회원국 또는 그 후에 회원국이 된 모든 국가를 구속한다. 다만, 동맹국의 재정적 의무를 증가시키는 개정을 수락한 국가만을 구속한다.

**제27조**

(1) 이 협약은 동맹 체제를 개선하기 위하여 개정된다.

(2) 이 목적을 위하여 어느 동맹국에서 순차적으로 동맹국 대표들 사이에 개정회의를 개최한다.

(3) 제22조에서 제26조의 개정에 적용되는 제26조의 규정에 따를 것을 조건으로, 부속서를 포함한 이 의정서의 개정은 투표수의 만장일치를 필요로 한다.

**제28조**

(1) (가) 이 의정서에 서명한 동맹국은 이를 비준할 수 있고, 서명하지 않은 동맹국은 이에 가입할 수 있다. 비준서나 가입서는 사무총장에게 기탁한다.

(나) 동맹국은 비준서나 가입서에 비준이나 가입이 제1조에서 제21조 및 부속서에 적용되지 않는다고 선언할 수 있다. 다만, 그 국가가 이미 부속서 제ix조 제1항에 따라 선언한 경우에 그 국가는 위 문서에 그 비준이나 가입이 제1조에서 제21조에는 적용되지 않는다고 선언할 수 있다.

(다) (나)에서 언급한 규정들을 (나)에 따라, 그 비준이나 가입의 효력

으로부터 배제한 동맹국은 그 후 언제든지 그 비준이나 가입의 효력을 그 규정들에 확대한다고 선언할 수 있다. 그러한 선언은 사무총장에게 기탁한다.

(2) (가) 제1조에서 제21조 및 부속서는 다음의 두 조건 모두가 충족된 때로부터 3월 후에 효력을 발생한다.

(ⅰ) 적어도 5개 동맹국이 제1항 (나)에 따른 선언을 하지 않고 이 개정조약을 비준하거나 이에 가입한 경우,

(ⅱ) 프랑스, 스페인, 영국 및 미국이 1971년 7월 24일 파리에서 개정된 세계저작권협약에 의하여 구속되는 경우

(나) (가)에서 언급한 효력발생은 적어도 효력발생 3월 전에 제1항 (나)에 따른 선언을 담고 있지 않은 비준서나 가입서를 기탁한 동맹국에는 적용되지 아니한다.

(다) (나)가 적용되지 않고 제1항 (나)에 따른 선언을 하지 않고 이 의정서를 비준하거나 이에 가입한 국가에 대하여, 제1조에서 제21조 및 부속서는 사무총장이 관계 비준서나 가입서의 기탁을 통고한 날로부터 3월 후에 효력이 발행한다. 다만, 기탁된 문서에 그 후의 날짜를 지정한 경우에, 제1조에서 제21조 및 부속서는 그 지정된 날짜에 그 국가에 대하여 효력이 발생한다.

(라) (가)에서 (다)의 규정은 부속서 제ⅳ조의 적용에 영향을 미치지 않는다.

(3) 제1항 (나)에 따른 선언이 있거나 없거나, 이 의정서를 비준하거나 이에 가입한 동맹국에 대하여 제22조에서 제38조는 사무총장이 관계 비준서나 가입서의 기탁을 통고한 날로부터 3월 후에 효력이 발생한다. 다만, 기탁된 문서에 그 후의 날짜를 지정한 경우에, 제22조에서 제38조는 그 지정된 날짜에 그 국가에 대하여 효력이 발생한다.

**제29조**

(1) 비동맹국은 이 의정서에 가입함으로써 이 협약의 당사국이 되어 동맹 회원국이 될 수 있다. 가입서는 사무총장에게 기탁한다.

(2) (가) (나)에 따를 것을 조건으로, 이 협약은 비동맹국에 대하여, 사무총장이 가입서의 기탁을 통고한 날로부터 3월 후에 효력이 발생한다. 다만, 기탁된 문서에 그 후의 날짜를 지정한 경우에, 이 협약은 그 지정된 날짜에 그 국가에 대하여 효력이 발생한다.

(나) (가)에 따른 효력발생이 제28조 제2항 (가)에 따른 제1조에서 제21조 및 부속서의 효력 발생보다 앞서는 경우에, 위 국가는 당분간 제1조에서 제21조 및 부속서 대신에 이 협약의 브뤼셀의정서 제1조에서 제20조에 구속된다.

**제29조의2**

이 협약의 스톡홀름의정서 제22조에서 제38조에 구속되지 않는 국가가 이 의정서를 비준하거나 이에 가입하는 것은 기구설립협약 제14조 제2항의 적용상, 위 스톡홀름의정서 제28조 제1항 (나) (i)에 마련된 제한과 함께 스톡홀름의정서를 비준하거나 이에 가입한 것이 된다.

**제30조**

(1) 이 조 제2항과 제28조 제1항 (나), 제33조 제2항 및 부속서에 의하여 허용되는 예외에 따를 것을 조건으로, 비준이나 가입은 자동적으로 모든 규정의 수락을 가져오고 이 협약의 모두 이익을 향유할 수 있도록 한다.

(2) (가) 이 협약을 비준하거나 이에 가입하는 동맹국은, 부속서의 제ⅴ

조 제2항에 따를 것을 조건으로, 종전에 표명한 유보의 이익을 유지할 수 있다. 다만, 비준서나 가입서는 기탁할 당시에 그러한 효과를 갖는 선언을 하여야 한다.

(나) 비동맹국은 이 협약에 가입하는 당시에 부속서 제 v 조 제2항에 따를 것을 조건으로, 적어도 임시적으로 1896년 파리에서 완성된 1886년 동맹협약 제5조의 규정으로 번역권에 관한 이 의정서 제8조를 대신하겠다고 선언할 수 있다. 다만, 위 규정들이 그 국가에서 일반적으로 사용되는 언어로 번역되는 경우에만 적용된다는 분명한 이해가 있어야 한다. 부속서 제 i 조 제6항 (나)에 따를 것을 조건으로, 그와 같은 유보를 원용하는 국가를 본국으로 하는 저작물의 번역권에 대하여, 어느 국가든지 본국이 부여하는 보호에 상당하는 보호를 적용할 권리를 갖는다.

(다) 어느 국가든지 언제든지 사무총장에게 통고하여 그러한 유보를 철회할 수 있다.

## 제31조

(1) 어느 국가든지 비준서나 가입서에 의한 선언 또는 그 후에 사무총장에게 문서에 의한 통고로, 자국이 국제관계의 책임을 지는 영토의 전부나 일부를 지정하여 이 협약이 적용된다고 할 수 있다.

(2) 그와 같은 선언이나 통고를 한 국가는 언제든지 이 협약이 그 영토의 전부나 일부에 적용되지 않는다고 사무총장에게 통고할 수 있다.

(3) (가) 제1항에 따른 선언은 그 선언을 포함한 비준 또는 가입과 같은 날짜에 효력이 발생하고 통고는 사무총장이 통고한 때로부터 3월 후에 효력이 발생한다.

(나) 제2항에 따른 통고는 사무총장이 접수한 때로부터 12월 후에 효력이 발생한다.

(4) 이 조는 어떠한 경우에도 어느 동맹국이 제1항에 따른 선언으로 인하여, 이 협약이 적용되는 어느 영토에 대한 사실상의 상태를 다른 동맹국이 승인하거나 또는 묵시적으로 수락한다는 것을 암시하지 아니한다.

## 제32조

(1) 이 의정서는 동맹국 사이의 관계에 있어서 그리고 이 의정서가 적용되는 범위내에서 1886년 9월 9일 베른협약 및 그 후의 개정의정서를 대신한다. 종전에 효력이 있었던 의정서는 이 의정서를 비준하거나 이에 가입하지 않은 동맹국들과의 관계에 있어서 전체적으로 또는 본문으로 인하여 이 의정서가 대신하지 않는 범위내에서 계속 적용될 수 있다.

(2) 이 의정서의 당사국이 된 비동맹국들은, 제3항에 따를 것을 조건으로, 이 의정서에 구속되는 동맹국이나 또는 이 의정서에 구속되지만 제28조 제1항 (나)에 따른 선언을 한 동맹국에 대하여 이 의정서를 적용한다. 그러한 국가들은 위 동맹국이 그들과의 관계에 있어서

( i ) 위 동맹국이 구속되는 가장 최근의 의정서의 규정을 적용할 수 있고, 또한

( ii ) 부속서 제1조 제6항에 따를 것을 조건으로, 이 의정서에서 규정한 수준의 보호를 채택할 권리를 갖는다는 것을 인정한다.

(3) 부속서에서 규정한 권한을 원용한 동맹국은 이 의정서에 구속되지 않는 다른 동맹국과의 관계에 있어서, 자국이 원용한 권한에 관하여 부속서의 규정을 적용할 수 있다. 다만, 후자의 국가는 위 규정의 적용을 수락하여야 한다.

**제33조**

(1) 이 협약의 해석이나 적용에 관하여 둘 이상의 동맹국 사이의 분쟁은, 협의에 의하여 해결되지 않은 경우에, 관계 당사국이 다른 해결방법에 합의하지 않는 한, 어느 관계 당사국에 의하여 국제사법재판소 규정에 따라 국제사법재판소에 회부될 수 있다. 재판소에 그 분쟁을 회부한 국가는 국제사무국에 이를 통고하여 국제사무국은 이를 다른 동맹국에 알린다.

(2) 각 동맹국은 이 의정서를 서명하거나 비준서나 가입서를 기탁할 당시에, 제1항의 규정에 구속되지 않는다고 선언할 수 있다. 그러한 국가와 다른 동맹국 사이의 분쟁에 있어서 제1항의 규정은 적용되지 아니한다.

(3) 제2항의 규정에 따른 선언을 한 국가는 언제든지 사무총장 앞으로 보낸 통고에 의하여 그 선언을 철회할 수 있다.

**제34조**

(1) 제29조의2에 따를 것을 조건으로, 어느 국가든지 제1조에서 제21조 및 부속서가 효력을 발생하면 이 조약의 종전의 의정서들을 비준하거나 이에 가입할 수 없다.

(2) 제1조에서 제21조 및 부속서가 효력을 발생하면, 어느 국가든지 스톡홀름의정서에 부속된 개발도상국에 관한 의정서 제5조에 따른 선언을 할 수 없다.

**제35조**

(1) 이 협약은 시간에 있어서 제한이 없이 효력을 유지한다.

(2) 어느 국가든지 사무총장 앞으로 보낸 통고에 의하여 이 의정서를 폐기할 수 있다. 그러한 폐기는 종전의 모든 의정서들을 폐기하는 것이 되고 폐기를 한 국가에 대하여만 영향을 미치고 또한 이 협약은 다른 동맹국에 대하여 완전한 효력을 유지한다.

(3) 폐기는 사무총장이 통고를 접수한 날로부터 1년 후에 효력을 발생한다.

(4) 이 조에서 정한 폐기권은 어느 국가가 동맹의 회원국이 된 날로부터 5년이 경과하기 전에 행사될 수 없다.

**제36조**

(1) 이 협약의 당사국은 자국 헌법에 따라 이 협약의 적용을 확보하기 위하여 필요한 조치를 채택할 것을 약속한다.

(2) 어느 국가가 이 협약에 구속될 당시에 자국이 국내법에 따라 이 협약의 규정이 실시되는 것으로 이해된다.

**제37조**

(1) (가) 이 의정서는 프랑스어와 영어로된 1부에 서명되고 또한 제2항에 따를 것을 조건으로, 사무총장에게 기탁된다.

(나) 공식문은 관계 정부와의 협의를 거친 후에, 아랍어, 독일어, 이탈리어, 포르투갈어와 스페인어 및 총회가 지정할 수 있는 다른 언어들로 작성된다.

(다) 여러 본문의 해석에 있어서 차이가 있는 경우에 프랑스어본이 우선한다.

(2) 이 의정서는 1972년 1월 31일까지 서명을 위하여 개방된다. 그 날짜까지 제1항 (가)에서 언급한 등본을 프랑스 공화국 정부에 기탁한다.

(3) 사무총장은 모든 동맹국 정부 및 요청이 있는 경우 다른 국가의 정부에 서명된 의정서 인증등본 2부를 송부한다.

(4) 사무총장은 이 의정서를 국제연합 사무국에 등록한다.

(5) 사무총장은 모든 동맹국 정부에 서명, 비준서와 가입서의 기탁, 그러한 문서에 포함된 또는 제28조 제1항 (다), 제30조 제2항 (가)와 (나) 제33조 제2항에 따른 선언, 이 의정서 규정의 효력발생, 폐기의 통고, 제30

조 제2항 (다), 제31조 제2항과 제3항, 제33조 제3항, 제38조 제1항 및 부속서에 따른 통고를 통보한다.

**제38조**

(1) 이 의정서를 비준하지 않거나 이에 가입하지 않은 동맹국 및 이 협약의 스톡홀름의정서 제22조에서 제26조에 구속되지 않는 동맹국은, 원하는 경우에, 1975년 4월 26일까지 위 조항들에 구속되는 것처럼 위 조항들이 정한 권리를 행사할 수 있다. 이러한 권리를 행사하고자 하는 국가는 사무총장에게 이러한 효과를 갖는 통고서를 송부한다. 이 통고는 접수일에 효력이 발생한다. 그러한 국가는 위 날짜까지 총회의 회원국으로 본다.

(2) 동맹국이 모두 기구의 회원국이지 않는 한, 기구의 국제사무국은 동맹사무국으로서 운영되고 사무총장은 동맹사무국의 사무총장으로서 직무를 행사한다.

(3) 모든 동맹국이 기구의 회원국이 되면 동맹국의 권리, 의무 및 재산은 기구의 국제사무국에 승계된다.

## 부 속 서

**제 I 조**

(1) 국제연합 총회의 확립된 관행에 따라 개발도상국으로 간주되는 국가로서, 이 부속서가 불가분의 일부로 되는 이 의정서를 비준하거나 이에 가입하고, 또한 경제적 상황과 사회적 또는 문화적 필요성을 고려할 때 스스로 이 의정서에 규정된 모든 권리를 보호하도록 규정할 수 없다고 보는 국가는, 비준서나 가입서를 기탁할 당시에 또는 제V조 제1항 (다)에 따를 것을 조건으로, 그 후 언제든지 사무총장에게 기탁하는 통고로, 제 II 조에서 규정한 권능이나 제III조에서 규정한 권능 또는 양자의 권능을 원용할 것이라고 선언할 수 있다. 제 II 조에서 규정한 권능을 원용하는 대신에, 제V조 제1항 (가)에 따른 선언을 할 수 있다.

(2) (가) 제28조 제2항에 따라 제1조에서 제21조 및 부속서가 효력을 발생한 때로부터 10년의 기간이 만료하기 전에 통고한 제1항에 따른 선언은 그 기간이 만료할 때까지 유효하다. 그러한 선언은 진행중인 10년 기간이 만료하기 3월 이상, 15월 이하의 기간전에 사무총장에게 기탁하는 통고로 매 10년의 기간동안 전체적으로 또는 부분적으로 연장될 수 있다.

(나) 제28조 제2항에 따라 제1조에서 제21조 및 부속서가 효력을 발생한 때로부터 10년의 기간이 만료한 후에 통고한 제1항에 따른 선언은 진행중인 10년기간이 만료할 때까지 유효하다. 그러한 선언은 (가)의 2번째 문장에서 규정한 바와 같이 연장될 수 있다.

(3) 제1항에서 언급한 바와 같이 개발도상국으로 더 이상 간주되지 않게 된 동맹국은 제2항에서 규정한 바와 같은 선언을 더 이상 연장할 수 없고, 또한 그 국가는 공식적으로 그 선언을 철회하는 여부를 불문하고, 진행중인 10년 기간의 만료시 또는 개발도상국으로 더 이상 간주되지 않게 된 후 3년 기간의 만료시로부터 제1항에서 언급한 권능을 원용할 수 없다. 만료일이 다를 경우 늦은 일자가 적용된다.

(4) 제1항이나 제2항에 따른 선언이 유효하지 않게 된 당시에, 이 부속서에 의하여 부여된 이용허락에 따라 만들어진 복사물의 재고가 있는 경우에, 그 복사물은 재고가 소진될 때까지 계속 배포될 수 있다.

(5) 이 의정서의 규정에 구속되는 국가로서 특정 영토의 상황이 제1항에서 언급한 국가와 유사한 것으로 볼 수 있는 경우에, 이 의정서의 그 영토에 대한 적용에 관하여 제31조 제1항에 따른 선언이나 통고를 기탁한 국가는 그 영토에 대하여 제1항에서 언급한 선언 또는 제2항에서 언급한 연장의 통고를 할 수 있다. 그러한 선언이나 통고가 효력을 유지하는 한, 부속서의 규정은 그 영토에 적용된다.

(6) (가) 어느 국가가 제1항에서 언급한 어느 권능을 원용한다는 사실로 인하여, 다른 동맹국은 전자의 국가를 본국으로 하는 저작물에 대하여 제1조에서 제20조에 따라 부여하여야 하는 것보다 낮은 보호를 줄 수 없다.

(나) 제30조 제2항 (나)의 두번째 문장에서 규정한 상호대우를 적용할 권리는제Ⅰ조 제3항에 따라 적용되는 기간의 만료일까지 제Ⅴ조 제1항 (가)에 따른 선언을 한 국가를 본국으로 하는 저작물에 대하여 행사될 수 없다.

**제Ⅱ조**

(1) 이 조에서 규정한 권능을 원용할 것이라고 선언한 국가는, 인쇄 또는 이와 유사한 복제 방식으로 발행된 저작물에 있어서, 제Ⅳ조에 따를 것을 조건으로 다음의 조건에 따라, 권한 있는 기관이 부여하는 비배타적 양도불능의 이용허락제도로써 제8조에서 규정한 배타적 번역권을 대신하도록 할 수 있다.

(2) (가) 제3항에 따를 것을 조건으로, 그러한 저작물의 번역물이 저작물의 최초 발행일로부터 기산하여 3년의 기간 또는 위 국가의 국내입법에 의하여 결정된 더 장기의 기간의 만료후에 번역권자에 의하여 또는 그의 허락을 받아, 그 국가에서 일반적으로 사용되는 언어로 발행되지 않은 경우에, 그 국가의 국민은 누구든지 그 언어로 저작물을 번역하고 인쇄 또는 그와유사한 복제 방식으로 번역물을 발행하도록 하는 이용허락을 얻을 수 있다.

(나) 이 조에서 규정한 조건에 따른 이용허락은 관계 언어로 발행된 모든 번역판이 절판되는 경우에도 부여될 수 있다.

(3) (가) 동맹의 회원국인 하나 또는 둘 이상의, 선진국에서 일반적으로 사용되지 않는 언어로 번역되는 경우에, 1년의 기간은 제2항 (가)에서 언급한 3년의 기간을 대신한다.

(나) 제1항에서 언급한 국가는, 동맹의 회원국인 선진국들에서 같은 언어가 일반적으로 사용되는 경우 그 선진국들 전체의 합의를 얻어, 그 언어로 번역하는 경우에, 제2항 (가)에서 언급한 3년의 기간을 그러한 합의에 의하여 1년이상의 보다 짧은 기간으로 대신할 수 있다. 다만, 앞의 문장은 문제된 언어가 영어 · 프랑스어 또는 스페인어인 경우에 적용되지 않는다. 사무총장은 그러한 합의를 체결한 정부로부터 이를 통고받는다.

(4) (가) 3년 후에 얻을 수 있는, 이 조에 따른 이용허락은 다음의 날로부터 6월의 기간이 더 경과할 때까지는 부여될 수 없고, 1년후에 받을 수 있는, 이 조에 따른 이용허락은 다음의 날로부터 9월의 기간이 더 경과할 때까지 부여될 수 없다.

(ⅰ) 신청인이 제Ⅳ조 제1항에서 말하는 요건에 따르는 날, 또는

(ⅱ) 번역권자의 신원이나 주소가 알려지지 않은 경우에는 제Ⅳ조

제2항에서 규정하는 바와 같이, 신청인이 이용허락을 부여할 권한이 있는 기관에 제출한 신청서 사본을 송부한 날.

(나) 위 6월 또는 9월의 기간동안 번역권자에 의하여 또는 그의 허락을 받아, 신청한 언어로 번역물이 발행되는 경우에는 이 조에 따른 이용허락이 부여될 수 없다.

(5) 이 조에 따른 이용허락은 교육 · 학문 또는 연구의 목적으로만 부여될 수 있다.

(6) 저작물의 번역물이 번역권자에 의하여 또는 그의 허락을 받아, 그에 비길만한 저작물에 대하여 그 국가에서 통상 부과하는 가격으로 발행되는 경우에, 그러한 번역이 이용허락에 따라 발행된 번역물과 같은 언어로 되어 있고 본질적으로 같은 내용으로 되어있다면 이 조에 따라 부여되는 이용허락은 종료한다. 이용허락이 종료하기 전에 이미 만들어진 복사물은 그 재고가 소진될 때까지 계속 배포될 수 있다.

(7) 주로 도해로 된 저작물에 있어서, 본문의 번역물을 제작 · 발행하고 또한 도해를 복제 · 발행하도록하는 이용허락은 제Ⅳ조의 조건이 충족되는 경우에만 부여될 수 있다.

(8) 저작자가 그의 저작물의 모든 복사물을 유통해서 거두어 들인 경우에는 이 조에 따른 이용허락이 부여될 수 없다.

(9) (가) 인쇄 또는 이와 유사한 복제방식으로 발행된 저작물을 번역하도록 하는 이용허락은 제1항에서 언급한 국가에 주사무소를 가지는 방송사업자가 그 국가의 권한있는 기관에 신청하여 부여받을 수도 있다. 다만, 다음의 조건을 충족해야 한다.

(i) 번역물이 그 국가의 법률에 따라 제작되고 취득된 복사물로부터 제작될 것

(ii) 번역물이 오로지 교육을 목적으로 또는 특정 분야의 전문가들에게 특정의 기술이나 학물연구의 결과를 전달하려는 목적으로만 방송물에 사용될 것

(iii) 번역물이 오로지 (ii)에서 언급한 목적으로, 그 국가의 영토에서 수신자를 향하여 적법하게 만들어진 방송물을 통하여 사용될 것. 방송물에는 녹음이나 녹화장치를 통하여 적법하게 만들어지고 오로지 그 방송물의 목적으로만 만들어진 방송을 포함한다.

(iv) 번역물의 모든 사용은 상업적인 목적이 아닐 것

(나) 이 항에 의하여 부여된 이용허락에 따라 방송사업자가 한 번역의 녹음물이나 녹화물은 (가)에서 언급한 목적과 조건에 따라, 그리고 방송사업자의 동의를 얻어, 권한있는 기관이 그 이용허락을 부여한 국가에 주사무소를 가지는 다른 방송사업자에 의하여 사용될 수도 있다.

(다) (가)에서 정한 모든 기준과 조건이 충족되는 경우에는, 조직적인 교육활동과 관련하여 사용될 목적으로만 준비되고 발행된 시청각 고정물에 수록된 본문을 번역하도록 하는 이용허락도 방송사업자에게 부여할 수 있다.

(라) (가)에서 (다)에 따를 것을 조건으로, 전항들의 규정은 이 항에 따라 부여된 이용허락의 부여나 행사에 적용된다.

**제Ⅲ조**

(1) 이 조에서 규정한 권능을 원용할 것이라고 선언한 국가는, 제Ⅳ조에 따를 것을 조건으로 다음의 조건에

따라, 권한있는 기관이 부여하는 비배타적 양도불능의 이용허락 제도로써 제8조에서 규정한 배타적 복제권을 대신하도록 할 수 있다.

(2) (가) 제7항으로 인하여 이 조가 적용되는 저작물에 있어서,

(i) 저작물의 특정판의 최초 발행일로부터 기산하여, 제3항에서 명시하는 적절한 기간, 또는

(ii) 같은 날짜로부터 기산하여, 제1항에서 언급한 국가의 국내법에 의하여 결정된, 더 긴 기간의 만료후에, 그러한 판의 복사물이 그 국가에서 공중에 배포되지 않았거나 또는 조직적 교육활동과 관련하여 복제권자에 의하여 또는 그의 허락을 받아, 그에 비길 만한 저작물에 대하여 그 국가에서 통상 부과하는 가격에 상당하는 가격으로 배포되지 않은 경우에, 그러한 국가의 국민은 누구든지 조직적 교육활동과 관련하여 사용하기 위하여 그 가격이나 그보다 낮은 가격에 그 판을 복제하고 발행하도록 이용허락을 얻을 수 있었다.

(나) (가)에서 말한 바와 같이 배포된 어느 판을 복제하고 발행하도록 하는 이용허락은, 적용기간의 만료 후에 그 판의 허락받은 복사물이 6월의 기간동안 관계 국가에서 판매되지 않았거나 또는 조직적 교육활동과 관련하여 그에 비길만한 저작물에 대하여 그 국가에서 통상 부과하는 가격에 상당하는 가격으로 판매되지 않은 경우에, 이 조에서 규정한 조건에 따라 부여될 수도 있다.

(3) 제3항 (가)(i)에서 언급한 기간은 5년으로 한다. 다만,

(i) 수학을 포함하는 자연과학과 물리과학에 관한 저작물 및 기술에 관한 저작물에 있어서 그 기간은 3년으로 한다.

(ii) 소설, 시, 연극 및 음악에 관한 저작물과 미술서적에 있어서 그 기간은 7년으로 한다.

(4) (가) 3년 후에 얻을 수 있는 이용허락은

(i) 신청인이 제Ⅳ조 제1항에서 말하는 요건에 따르는 날로부터 또는

(ii) 복제권자의 신원이나 주소가 알려지지 않은 경우에는 제Ⅳ조 제2항에서 규정하는 바와 같이, 신청인이 이용허락을 부여할 권한이 있는 기관에 제출한 신청서 사본을 송부한 날로부터 6월의 기간이 경과할 때까지는 부여될 수 없다.

(나) 다른 기간 후에 이용허락을 받을 수 있고 제Ⅳ조 제2항이 적용될 수 있는 경우에, 신청서 사본의 송부일로부터 3월의 기간이 경과할 때까지는 이용허락을 부여할 수 없다.

(다) (가)와 (나)에서 언급한 6월 또는 3월의 기간동안 제2항 (가)에서 말한 배포가 이루어진 경우에는 이 조에 따른 이용허락을 부여할 수 없다.

(라) 저작자가 어느 판의 모든 복사물을 유통에서 거두어들인 경우에는 이용허락이 적용된 복제와 발행에 대하여 이용허락을 부여할 수 없다.

(5) 저작물의 번역물을 복제하거나 발행하도록 하는 이용허락은 다음의 경우에 이 조에 따라 부여될 수 없다.

(i) 번역물이 번역권자에 의하지 않거나 그의 허락을 받지 않고 발행된 경우, 또는

(ii) 번역물이, 이용허락이 적용되는 국가에서 일반적으로 사용되지 않는 언어로 번역되어 있는 경우.

(6) 저작물의 어느 판의 복사물이 제1항에서 언급한 국가에서 배포되거나 또는 조직적 교육활동과 관련하여 복제권자에 의하여 또는 그의 허락을 받아, 그에 비길 만한 저작물에 대하여 그 국가에서 통상 부과하는 가격에 상당하는 가격으로 배포되는 경우에, 그러한 판이 위 이용허락에 따라 발행된 판과 같은 언어로 되어 있고 본질적으로 같은 내용으로 되어 있다면 이 조에 따라 부여된 이용허락을 종료한다. 이용허락이 종료하기 전에 이미 만들어진 복사물은 그 재고가 소진될 때까지 계속 배포될 수 있다.

(7) (가) (나)에 따를 것을 조건으로, 이 조가 적용되는 저작물은 인쇄 또는 이와 유사한 복제방식으로 발행된 저작물에 한정된다.

(나) 이 조는 시청각고정물에 수록된 보호받는 저작물을 포함하는, 적법하게 만들어진 시청각고정물을 시청각 형태로 복제하고 또한 이용허락이 적용되는 국가에서 일반적으로 사용되는 언어로 시청각고정물에 수록된 본문을 번역하는 것에도 적용된다. 다만, 문제의 시청각고정물은 조직적 교육활동과 관련하여 사용될 목적으로만 준비되고 발행되었어야 한다.

**제Ⅳ조**

(1) 제Ⅱ조 또는 제Ⅲ조에 따른 이용허락은 신청인이 관계 국가의 절차에 따라 권리자에게 번역물을 만들고 발행하도록, 또는 그 판을 복제하고 발행하도록 허락을 요청하였으나 거부되었거나 또는 그가 상당한 주의를 한 후에도 권리자를 찾을 수 없었다는 것을 입증하는 경우에만 부여될 수 있다. 요청을 할 당시에 신청인은 제2항에서 언급하는 국내 또는 국제정보센터에 통고한다.

(2) 권리자를 찾을 수 없는 경우에, 이용허락 신청인은 저작물에 성명이 나타난 발행인에게, 그리고 발행인의 주영업소가 소재한다고 믿어지는 국가의 정부에 의하여 사무총장에게 기탁된 통고에서 지정된 국내 또는 국제정보센터에, 이용허락을 부여할 권한이 있는 기관에 제출한 신청서 사본을 등기항공 우편으로 송부한다.

(3) 저작자의 성명은 제Ⅱ조 또는 제Ⅲ조에 따라 부여된 이용허락에 따라 발행된 번역물이나 복제물의 모든 복사물에 표시된다. 저작물의 제호는 그 모든 복사물에 나타난다. 번역물의 경우에 있어서 저작물의 원제호는 어떠한 경우에도 위 모든 복사물에 나타난다.

(4) (가) 제Ⅱ조 또는 제Ⅲ조에 따라 부여된 이용허락은 복사물의 수출에까지 확장되지 않으며 그러한 이용허락은 그 이용허락이 신청된 국가의 영토에서 번역물이나 복제물의 발행에만 유효하다.

(나) (가)의 적용상, 수출의 개념은 어느 국가에서 영토에 관하여 제Ⅰ조 제5항에 따른 선언을 한 국가에 복사물을 송부하는 것을 포함한다.

(다) 제Ⅱ조에 따라 영어, 프랑스어 또는 스페인어 이외의 언어로 번역하도록 이용허락을 부여한 국가의 정부기관이나 공공기관이 그러한 이용허락에 따라 발행된 번역물의 복사물을 다른 국가에 송부한 경우에, 그러한 복사물의 송부는 (가)의 적용상, 다음의 모든 조건들이 충족된다면 수출이 되지 않는 것으로 본다.

(ⅰ) 수취인이, 그 권한있는 기관이 이용허락을 부여한 국가의 국민으로서 개인이거나 그러한 개인이 집합한 단체이고

(ii) 복사물이 교육, 학문 또는 연구의 목적으로만 사용되고자 하고
(iii) 복사물의 송부와 그 후 수취인에의 배포가 어떠한 상업적인 목적이 없으며, 그리고
(iv) 복사물이 송부된 국가가, 그 권한있는 기관이 수취나 배포를 허용하도록 이용허락을 부여한 국가와 합의하였고 또한 사무총장이 이용허락이 부여된 국가의 정부에 의하여 그 합의의 통고를 받은 경우.

(5) 제Ⅱ조 또는 제Ⅲ조에 의하여 부여된 이용허락에 따라 발행된 모든 복사물에는 그 복사물이 위 이용허락이 적용되는 국가나 영토에만 배포된다고 적절한 언어로 표시된다.

(6) (가) 다음을 보장하기 위하여 국내적 수준에서 적절한 규정을 둔다.
(i) 이용허락이 번역권자나 복제권자를 위하여, 두 관계국가에서 사람들 사이에 자유로이 협의된 이용허락에 관하여 통상적으로 운영되는 이용료의 기준에 합치되는 정당한 보상의 마련
(ii) 보상의 지급과 송금
국내 통화규칙이 개입되는 경우에는 권한있는 기관이 국제적 장치를 이용하여 국제적으로 교환될 수 있는 통화나 그에 상당하는 통화로 송금할 수 있도록 보장하기 위하여 모든 노력을 경주한다.
(나) 저작물의 올바른 번역 또는 특정판의 정확한 복제를 보장하기 위하여 국내입법으로 적절한 규정을 둔다.

**제Ⅴ조**

(1) (가) 제Ⅱ조에서 규정된 권능을 원용할 것이라고 선언할 권한이 있는 국가는 대신에, 이 의정서를 비준 또는 이에 가입할 당시에
(i) 그 국가가 제30조 제2항 (가)가 적용되는 국가인 경우에는 번역권에 관한 한 그 규정에 따른 선언을 할 수 있고
(ii) 그 국가가 제30조 제2항 (가)가 적용되지 않는 국가로서 비동맹국이 아닌 경우에도 제30조 제2항 (나)의 첫번째 문장에서 규정한 바와 같은 선언을 할 수 있다.
(나) 제Ⅰ조 제1항에서 언급한 바와 같은 개발도상국으로 더 이상 간주되지 않게 된 국가경우에, 이 항에 따른 선언은 제Ⅰ조 제3항에 따라, 적용되는 기간이 만료하는 날까지 효력이 있다.
(다) 이 항에 따라 선언한 국가는 위 선언을 철회할지라도 제Ⅱ조에서 규정한 권능을 그 후에는 원용할 수 없다.

(2) 제3항에 따를 것을 조건으로, 제Ⅱ조에서 규정한 권능을 원용한 국가는 그 후 제1항에 따른 선언을 할 수 없다.

(3) 제Ⅰ조 제1항에서 언급한 바와 같은 개발도상국으로 더이상 간주되지 않게 된 국가는 제Ⅰ조 제3항에 따라 적용되는 기간이 만료하기 적어도 2년까지, 비동맹국이 아니라는 사실에도 불구하고 제30조 제2항 (나)의 첫번째 문장에서 규정한 효과를 가지는 선언을 할 수 있다. 그러한 선언은 제Ⅰ조 제3항에 따라 적용되는 기간이 만료한 날로부터 효력이 발생한다.

**제Ⅵ조**

(1) 동맹국은 이 의정서의 날짜로부터 그리고 제1조에서 제21조 및 이 부속서에 구속되기 전에 언제라도 다음을 선언할 수 있다.
(i) 그 국가가 제1조에서 제21조 및 이 부속서에 구속되는 국가로

서 제Ⅰ조 제1항에서 언급한 권능을 원용할 수 있는 권한이 있는 경우에, 그 국가는 제Ⅱ조 또는 제Ⅲ조의 규정 또는 양자의 규정을, 어느 저작물에 그 조항들을 적용하도록 허용한 국가 또는 제1조에서 제21조 및 이 부속서에 구속되는 국가를 본국으로 하는 그 저작물에 적용할 것이라는 것. 그러한 선언은 제Ⅱ조 대신에, 제Ⅴ조를 적용하겠다고 할 수 있다.

(ii) 그 국가는 자국을 본국으로 하는 저작물에 대하여, (i)에 따른 선언이나 제Ⅰ조에 따른 통고를 한 국가가 이 부속서를 적용하도록 허용한다는 것.

(2) 제1항에 따른 선언은 문서로 하고 사무총장에게 기탁한다. 선언은 기탁일로부터 효력이 발생한다.

# 세계지적재산권기구 저작권 조약

제네바에서 채택 1996.12.20
가입서 기탁일 2004. 3.24
대한민국에 대하여 발효 2004. 6.24
(조약 제1676호)

체약당사자는 문학·예술적 저작물에 대한 저작자의 권리 보호를 가능한 한 효과적이고 통일된 방식으로 신장·유지하기를 희망하고, 새로운 경제·사회·문화 및 기술의 발전으로 제기된 문제를 충분히 해결하기 위하여 새로운 국제 규칙을 도입하고 일부 기존 규칙의 해석을 명확히 할 필요성을 인식하고, 정보 통신 기술의 발전과 융합이 문학·예술적 저작물의 창작과 이용에 미치는 심대한 영향을 인식하고, 문학·예술적 창작의 촉진을 위하여 저작권 보호가 특별히 중요하다는 점을 강조하며, 베른 협약에 반영된 바와 같이 저작자의 권리와 교육·연구 및 정보 접근 등 공공이익 사이에 균형 유지 필요성을 인식하여 다음과 같이 합의하였다.

### 제1조 【베른협약과의 관계】

1. 이 조약은 "문학·예술적저작물의보호를위한베른협약"의 동맹국인 체약당사자에 대하여 동 협약 제20조에 따른 특별 협정이 된다. 이 조약은 베른 협약 외의 조약과 관계가 없으며 다른 조약의 권리·의무에 영향을 미치지 아니한다.
2. 이 조약의 규정은 "문학·예술적저작물의보호를위한베른협약"에 따라 체약 당사자가 서로 부담하는 기존의 의무를 저해하지 아니한다.
3. "베른협약"이라 함은 "문학·예술적저작물의보호를위한베른협약의 1971년7월24일파리의정서"를 말한다.

4. 체약 당사자는 베른협약 제1조 내지 제21조 및 부속서를 준수하여야 한다.

**제2조【저작권 보호 범위】** 저작권의 보호는 표현에 대한 보호를 포함하지만 사상·절차·운용 방법 또는 수학적 개념 그 자체는 포함하지 아니한다.

**제3조【베른협약 제2조 내지 제6조의 적용】** 체약당사자는 이 조약에 규정된 보호에 관하여 베른 협약 제2조 내지 제6조의 규정을 준용한다.

**제4조【컴퓨터프로그램】** 컴퓨터프로그램은 베른협약 제2조에 규정된 문학적 저작물로서 보호된다. 이러한 보호는 컴퓨터프로그램의 표현 방식 또는 형태와 관계없이 적용된다.

**제5조【데이터의 편집물(데이터베이스)】** 내용 선택 또는 배열로 인하여 지적 창작물의 성격을 갖는 데이터 또는 다른 소재의 편집물은 형태와 관계없이 그 자체로서 보호된다. 이러한 보호는 당해 데이터 또는 소재 그 자체에는 적용되지 아니하며 편집물에 수록된 데이터 또는 소재에 대한 저작권에 영향을 미치지 아니한다.

**제6조【배포권】**

1. 문학·예술적 저작물의 저작자는 판매 또는 그 밖의 소유권 이전을 통하여 저작물의 원본이나 복제물을 공중이 이용할 수 있도록 허가할 배타적 권리를 향유한다.
2. 이 조약의 규정은 체약당사자가 저작자의 허가를 받아 이루어진 저작물 또는 복제물의 최초 판매 또는 그 밖의 소유권 이전 후 제1항의 권리가 소진되는 적용 조건을 결정할 자유에 영향을 미치지 아니한다.

**제7조【대여권】**

1. 다음과 같은 저작물의 저작자는 저작물 또는 복제물의 공중에 대한 상업적 대여를 허가할 배타적 권리를 향유한다.
   가. 컴퓨터프로그램
   나. 영상저작물
   다. 체약 당사자의 국내법에 따라 음반에 수록된 저작물
2. 제1항의 규정은 다음과 같은 경우 적용되지 아니한다.
   가. 프로그램 자체가 대여의 본질적 대상이 아닌 컴퓨터프로그램
   나. 상업적 대여로 저작물의 광범위한 복제가 이루어져 배타적 복제권이 실질적으로 침해된 경우를 제외한 영상저작물
3. 제1항의 규정에도 불구하고 1994년 4월 15일 음반에 수록된 저작물의 대여와 관련하여 저작자에 대한 공정한 보상 제도가 존재하였고 그 이후 이러한 제도를 계속 시행중인 체약당사자는 음반에 수록된 저작물의 상업적 대여가 저작자의 배타적 복제권을 실질적으로 침해하지 아니한다는 조건으로 이 제도를 계속 유지할 수 있다.

**제8조【공중 전달권】** 베른협약 제11조제1항(ii)호, 제11조의2제1항(i)호 및 (ii)호, 제11조의3제1항(ii)호, 제14조제1항(ii)호 그리고 제14조의2제1항의 규정에 영향을 미치지 아니하고 문학·예술적 저작물의 저작자는, 공중의 구성원이 개별적으로 선택한 장소와 시간에 이러한 저작물에 접근할 수 있게 저작물을 공중에 전달하는 것을 포함하여, 유선 또는 무선의 수단에 의하여 자신의 저작물을 공중에 전달할 수 있도록 허가할 배타적 권리를 향유한다.

**제9조【사진저작물의 보호기간】** 체약당사자는 사진저작물에 관하여 베른협약 제7조제4항의 규정을 적용하지 아니한다.

**제10조【제한과 예외】**

1. 체약당사자는 저작물의 통상적 이용과 상충하지 아니하고 저작자의

정당한 이익에 불합리한 영향을 주지 않는 일부 특별한 경우 이 조약이 문학·예술적 저작물의 저작자에게 부여한 권리에 대한 제한 또는 예외를 국내법으로 규정할 수 있다.

2. 체약당사자는 베른협약 적용시 동 협약에 규정된 권리에 대한 제한 또는 예외를 저작물의 통상적 이용과 상충하지 아니하고 저작자의 정당한 이익에 불합리한 영향을 주지 않는 일부 특별한 경우로 한정하여야 한다.

**제11조【기술 조치에 관한 의무】** 체약당사자는 이 조약 또는 베른협약상의 권리 행사를 위하여 저작자가 이용하고 관련 저작자 또는 법에 의한 허가 없이 이루어지는 저작물 관련 행위를 제한하는 유효적 기술 조치를 회피하는 행위에 대한 충분한 법적 보호와 효과적인 법적 구제에 대하여 규정하여야 한다.

**제12조【권리관리정보에 관한 의무】**

1. 체약당사자는 이 조약 또는 베른 협약상의 권리의 침해를 유도·방조·조장 또는 은닉할 것이라는 사실을 알면서 또는 민사 구제와 관련하여 이러한 사실을 알았을 합리적 근거가 있음에도 다음과 같은 행위를 한 자에 대한 충분하고 효과적인 법적 조치에 대하여 규정하여야 한다.
   가. 전자적 권리관리정보를 권한 없이 제거·변경하는 행위
   나. 전자적 권리관리정보가 권한 없이 제거·변경된 것을 알면서 저작물 또는 복제물을 권한 없이 배포하거나 배포하기 위하여 수입하거나 방송 또는 공중에 전달하는 행위
2. 이 조에서 사용된 바와 같이 "권리관리정보"라 함은 저작물·저작물의 저작자·저작물에 대한 권리 소유자를 식별하는 정보 또는 저작물의 이용 조건에 관한 정보 및 이러한 정보를 나타내는 숫자나 부호로서 이러한 정보의 한 항목이라도 저작물의 복제물에 부착되거나 저작물의 공중 전달과 관련하여 나타나는 경우를 말한다.

**제13조【시간적 적용】** 체약 당사자는 이 조약이 규정한 모든 보호에 대하여 베른협약 제18조의 규정을 적용하여야 한다.

**제14조【권리 시행에 관한 규정】**

1. 체약당사자는 자국의 법령체계에 따라 이 조약의 적용을 보장하기 위하여 필요한 조치를 취할 것을 약속한다.
2. 체약당사자는 침해를 예방하기 위한 신속한 구제와 추가 침해를 억제하기 위한 구제를 포함하여 이 조약상의 모든 권리의 침해행위에 대한 효과적 대처를 가능하게 하는 시행절차를 자국의 법으로 보장하여야 한다.

**제15조【총회】**

1. 가. 체약당사자는 총회를 구성한다.
   나. 각 체약당사자는 1인의 대표가 대표하고, 대표는 교체대표·자문 및 전문가의 보좌를 받을 수 있다.
   다. 각 대표단의 경비는 그 대표단을 임명한 체약당사자가 부담한다. 총회는 세계지적재산권기구(이하 "기구"라 한다)에 대하여 국제연합 총회의 확립된 관행에 따라 개발도상국으로 보는 체약당사자 또는 시장경제로 전환중인 국가인 체약당사자 대표단의 참여를 촉진하기 위한 재정적 후원을 요청할 수 있다.
2. 가. 총회는 이 조약의 유지·발전과 이 조약의 적용·운영에 관한 모든 사항을 다룬다.

나. 총회는 특정 정부간기구의 이 조약 당사자로서의 수락에 관하여 제17조제2항에 의하여 총회에 부여된 기능을 행사한다.
다. 총회는 이 조약의 개정을 위한 외교회의의 소집을 결정하고 외교회의 준비를 위하여 기구 사무총장에게 필요한 지침을 준다.
3. 가. 국가인 체약당사자는 각 1표의 투표권을 가지며 자국의 명의로만 투표한다.
나. 정부간기구인 체약당사자는 그 회원국을 대신하여 이 조약의 당사국인 회원국의 수만큼 투표권을 행사할 수 있다. 이러한 정부간 기구는 그 회원국이 투표권을 행사하는 경우 투표에 참여할 수 없고, 그 반대의 경우에도 마찬가지이다.
4. 총회는 2년에 1회 기구 사무총장이 소집하는 정기회기에 회합한다.
5. 총회는 임시회기 소집·정족수 요건 및 이 조약 규정에 따른 각종 결정에 있어서의 다수결 요건 등에 관한 자체 절차 규칙을 채택한다.

**제16조 【국제사무국】** 기구 국제사무국은 이 조약과 관련된 행정 업무를 수행한다.

**제17조 【조약의 당사자 자격】**
1. 기구 회원국은 이 조약의 당사자가 될 수 있다.
2. 총회는 이 조약 내용을 다룰 능력과 이에 관하여 그 회원국을 구속하는 입법이 있고 그 내부 절차에 따라 이 조약의 당사자가 되도록 정당하게 권한을 위임받았음을 선언하는 정부간기구의 조약 당사자로서의 수락 여부를 결정할 수 있다.
3. 유럽공동체는 이 조약이 채택된 외교회의에서 전항의 규정에 따라 선언하였으므로 이 조약의 당사자가 될 수 있다.

**제18조 【조약상의 권리와 의무】** 이 조약의 세부 조항에 달리 규정된 경우를 제외하고 각 체약당사자는 이 조약상의 모든 권리를 향유하고 모든 의무를 부담한다.

**제19조 【조약 서명】** 이 조약은 1997년 12월 31일까지 서명을 위하여 모든 기구 회원국과 유럽공동체에 개방된다.

**제20조 【조약의 효력 발생】** 이 조약은 30개국의 비준서 또는 가입서가 기구 사무총장에게 기탁된 때부터 3월 후 효력을 발생한다.

**제21조 【조약 당사자에 대한 효력 발생일】** 이 조약은 다음과 같은 날부터 체약당사자를 기속한다.
가. 제20조에 언급된 30개국은 이 조약의 효력 발생일
나. 다른 국가는 그 국가가 기구 사무총장에게 가입 문서를 기탁한 날부터 3월이 경과한 때
다. 유럽공동체는 제20조에 따른 조약의 효력 발생 후 비준서 또는 가입서를 기탁한 경우 그 비준서 또는 가입서의 기탁 후 3월이 경과한 때, 가입문서가 조약의 효력 발생 전에 기탁된 경우 조약의 효력 발생일부터 3월이 경과한 때
라. 이 조약에 당사자로서의 가입이 허락된 다른 정부간기구는 가입서 기탁 후 3월이 경과한 때

**제22조 【조약에 대한 유보 불가】** 이 조약에 대한 유보는 인정되지 아니한다.

**제23조 【조약의 폐기】** 모든 체약당사자는 기구 사무총장에 대한 통고로써 이 조약을 폐기할 수 있다. 이러한 폐기는 기구 사무총장이 통고를 접수한 날부터 1년이 경과한 때 효력을 발생한다.

**제24조 【조약의 언어】**
1. 이 조약은 동등히 정본인 영어·아랍어·중국어·프랑스어·러시아

어 · 스페인어로 작성된 단일 원본에 서명된다.
2. 기구 사무총장은 이해관계자의 요청에 따라 모든 이해관계자와의 협의 후 제1항 외의 언어로 작성된 공식문서를 확정한다. 이 항에서 "이해관계자"라 함은 자국의 공용어 또는 다수의 공용어 중 하나가 관련된 기구 회원국 · 유럽공동체 · 그 공용어 중 하나가 관련되고 이 조약의 당사자가 될 수 있는 다른 정부간기구를 말한다.

**제25조 【기탁】** 기구 사무총장은 이 조약의 수탁자이다.

# 세계저작권협약

제네바에서 작성 1952. 9. 6
가입서 기탁일 1987. 7. 1
대한민국에 대하여 발효 1987.10. 1
(조약 제936호)

체약국은 문학적, 학술적 및 예술적 저작물의 저작권 보호를 모든 나라에 있어서 확보할 것을 희망하고, 세계 협약에 표명되어 있으며 세계의 모든 국민에게 적절한 저작권 보호제도가 현행의 국제제도를 해하지 아니하고 더 나아가 개인 권리의 존중을 확보하는 동시에 아울러 문학, 학술 및 예술의 발달을 촉진하는 것임을 확신하며, 이와 같은 세계저작권 보호제도가 인간 정신의 산물에 대한 보급을 한층 더 용이하게 하고 또한 국제 이해를 증진시킬 것임을 양해하며, 다음과 같이 합의하였다.

**제1조**
각 체약국은 어문저작물, 음악 · 연극 · 영화저작물, 회화, 판화와 조각등을 포함하여 문학적, 학술적 및 예술적 저작물에 있어서, 저작자 및 여타의 모든 저작 재산권자의 권리에 대하여 충분하고 효과적인 보호를 부여한다.

**제2조**
1. 체약국 국민이 발행한 저작물과 체약국내에서 최초로 발행된 저작물은, 다른 모든 체약국에서도 각 체약국이 자국의 영토내에서 최초로 발행된 자국민의 저작물에 부여하는 보호와 동일한 보호를 향유한다.
2. 체약국 국민의 미발행 저작물은, 다른 모든 체약국에서도 각 체약국이 자국민의 미발행 저작물에 부여하는 보호와 동일한 보호를 향유한다.
3. 체약국은 이 협약을 적용함에 있어서 그 국가내에 주소를 가지고 있는

모든 사람을 자국의 국내법에 의하여 자국민과 동등하게 대우할 수 있다.

**제3조**

1. 자국의 국내법에 의거하여 저작권 보호의 조건으로 납본, 등록, 고시, 공증인에 의한 증명, 수수료의 지불 또는 자국내에서의 의거하여 보호를 받는 저작물로서 그 국가의 영토밖에서 최초로 발행되고 또한 저작자가 자국민이 아닌 저작물에 대하여, 저작자 또는 여타 저작재산권자의 허락을 받아 발행된 저작물의 모든 복제물에 최초 발행시로부터 ⓒ의 기호가 저작재산권자의 성명 및 최초의 발행연도와 더불어 저작권을 주장할 수 있는 적당한 방법과 위치에 표시되어 있는 한, 이러한 요구가 충족된 것으로 인정하여야 한다.
2. 제1항의 규정은, 체약국이 자국내에서 최초로 발행된 저작물이나 또는 발행장소를 불문하고 자국민이 발행한 저작물에 대하여, 저작권을 취득하고 보전하기 위하여 어떤 방식 또는 여타의 조건을 요구하는 것을 배제하는 것은 아니다.
3. 제1항의 규정은, 사법상의 구제를 요구하는 자가 소를 제기함에 있어서 국내의 변호사에게 의뢰하여야 한다든가, 법원이나 행정기관에 또는 양쪽 모두에 소송에 관련되는 저작물의 복제물 일부를 납본하여야 한다고 하는 등의 절차상의 요건에 따를 것을 체약국이 정하는 것을 배제하지 아니한다. 다만, 이러한 요건의 불이행은 저작권의 효력에 영향을 미치지는 아니하며, 또한 동 요건이 보호가 요구되는 국가의 국민에게 부과되어 있지 아니할 때에는 다른 체약국의 국민에게 그것을 부과하여서는 아니된다.
4. 각 체약국에 있어서 다른 체약국 국민의 미발행 저작물에 대하여 방식의 이행을 요하지 아니하고 보호하기 위한 법적수단이 마련되어 있어야 한다.
5. 어떤 체약국이 저작권에 대하여 두 개 이상의 보호기간을 부여하고 있고 최초의 보호기간이 제4조에서 정하는 최단의 기간보다 긴 때에는, 그 국가는 두번째 이후의 저작권 보호기간에 관하여 본조 제1항의 규정에 따를 필요가 없다.

**제4조**

1. 저작물의 보호기간은 제2조 및 본조의 규정에 따라 보호가 요구되는 체약국의 법에 정해진 바에 따른다.
2. 이 협약에 의거하여 보호받는 저작물의 보호기간은 저작자의 생존기간 및 사후 25년보다 짧아서는 아니된다. 다만, 어느 체약국이 그 국가에 있어서 이 협약의 효력발생일에 어떤 종류의 저작물에 대한 보호기간을 저작물의 최초 발행일로부터 기산하는 것으로 규정한 경우에는, 그 체약국은 이 예외를 유지할 수 있으며, 이를 다른 종류의 저작물에 대하여서도 확대할 수 있다. 이 모든 종류에 대한 보호기간은 그 최초 발행일로부터 25년의 기간보다 짧아서는 아니된다.

   이 협약의 그 국가에 대한 효력발생일에 보호기간을 저작자의 생존을 기준으로 하여 산정하지 아니하는 체약국은, 그 보호기간을 저작물의 최초 발행일 또는 발행에 앞선 저작물의 등록일로부터 기산할 수 있다. 이 보호기간은 각각 최초 발행일 또는 발행에 앞선 저작물의 등록일로부터 25년의 기간보다 짧아서는 아니된다.

   어느 체약국의 법령에 의하여 둘 이상의 계속적인 보호기간을 허용하는 경우에는 최초의 기간은 가. 및 나. 호에서 정한 최단기간보다 짧아서는 아니된다.

3. 제2항의 규정은 사진저작물이나 응용미술저작물에는 적용되지 아니한다. 다만, 사진저작물 또는 응용미술저작물을 예술적 저작물로서 보호하는 체약국에서는, 이들 종류의 저작들에 대한 보호기간이 10년보다 짧아서는 아니된다.
4. 어느 체약국도, 미발행 저작물의 경우 그 저작자가 국민인 체약국의 법령에 의하여, 발행된 저작물의 경우 그 저작물이 최초로 발행된 체약국의 법령에 의하여 당해 종류의 저작물에 대하여 정해진 기간보다 더 긴 보호기간을 부여할 의무를 지지 아니한다.
   가.호의 적용상, 어느 체약국이 법령에 의하여 둘 이상의 연속적인 보호기간을 부여한 경우 이들 기간을 합산한 기간을 당해 국가의 보호기간으로 본다. 다만, 특정 저작물이 어떠한 이유에서든지 두 번째 이후의 기간동안 당해 국가의 보호를 받지 아니할 때에는, 다른 체약국은 두번째 이후의 기간에는 그 저작물을 보호할 의무를 지지 아니한다.
5. 제4항의 적용상, 비체약국에서 최초로 발행된 체약국 국민의 저작물은 그 저작자가 국민인 체약국에서 최초로 발행된 것으로 본다.
6. 제4항의 적용상, 둘 이상의 체약국에서 동시에 발행된 저작물은, 가장 짧은 보호기간을 부여하는 체약국에서 최초로 발행된 것으로 본다. 최초 발행일로부터 30일 이내에 둘 이상의 체약국에서 발행된 저작물은 이들 체약국에서 동시에 발행된 것으로 본다.

**제5조**

1. 제1조에서 정한 권리는, 이 협약에 의거하여 보호받는 저작물을 번역하고 그 번역을 발행하거나 번역 및 발행을 허락할 수 있는 저작자의 배타적인 권리를 포함한다.
2. 다만, 각 체약국은 자국의 국내법령에 의거, 다음의 규정에 따를 것을 조건으로 하여 어문저작물의 번역권을 제한할 수 있다.
   어문저작물이 최초 발행일로부터 7년의 기간이 경과되었을 때, 번역권자에 의하거나 또는 그 번역권자의 허락을 받아 체약국에 있어서 일반적으로 사용되고 있는 언어로 그 어문저작물의 번역이 발행되지 아니하였을 때에는, 그 체약국의 국민은 당해 저작물을 그 사용어로 번역하여 발행하기 위하여 자국의 권한있는 기관으로부터 비배타적인 허가를 받을 수 있다.
   다만, 허가를 받고자 하는 국민은 번역권자에게 번역하여 그 발행하는 것에 대한 허락을 구하였으나 거부되었다든가, 또는 상당한 노력을 기울였으나 번역권자와 연락할 수 없었다는 내용을 당해체약국의 절차에 따라서 입증하여야 한다. 이 허가는 체약국에 있어서 일반적으로 사용되고 있는 언어로서 이미 발행된 번역판이 모두 절판되어 있을 때에도 동일한 조건으로 부여될 수 있다.
   이 허가를 신청하는 자가 번역권자와 연락이 될 수 없는 경우에는, 저작물에 성명이 표기되어 있는 발행자에 대하여, 그리고 번역권자의 국적이 알려진 때에는 그 번역권자가 국적을 가진 국가의 외교 및 영사대표 또는 그 국가의 정부가 지정하는 기관에 신청서의 사본을 송부하여야 한다. 이 경우의 번역허가는 신청서 사본의 발송일로부터 2개월의 기간이 경과할 때까지는 부여해서는 아니된다. 번역권자에게 공정하고 국제관행에 합치하는 보상금과 동 보상액의 지불 및 송금, 그리고 저작물의 정확한 번역을 확보하기 위하여 국내법령에 적절한 조치가 취하여져 야 한다.
번역 발행된 모든 복제물에는 저작물의 본 제명 및 원저작자의 성명이 인쇄되어야 한다. 이러한 허가는, 그 허가가 신청된 체약국내에서의 번역물 발행에 대하여서만 유효하다. 이와 같이 발행된 번역물은, 그 번역물과 동일한 언어를 일반적으로 사용하고 있는 다른 체약국이 그 국내 법령에 번역 허가규정만 두고 그 수입 및 판매의 금지 규정이 없는 경우 그 국가에 수입되고 판매될 수 있다. 전술한 조건이 규정되지 아니한 국가에 있어서는 이들 번역물의 수입 및 판매는, 당해국가의 국내법령 및 그 국가가 체결하는 협정에 따라야 한다. 번역허가를 받은 자는 그 허가를 양도하지 못한다.
번역 허가는 저작자가 배포중인 저작물의 모든 복제물을 회수하였을 때에는 부여해서는 아니된다.

**제6조**
이 협약에서 "발행"이란 읽을 수 있거나 또는 시각적으로 인지될 수 있도록 저작물을 유형적인 형태로 복제하여 그 복제물을 공중에게 배포하는 것을 말한다.

**제7조**
이 협약은 보호가 요구되는 체약국에 있어서 이 협약의 효력발생일을 기준으로 그 체약국에서 영구히 공중의 자유이용상태에 놓여진 저작물이나 저작물의 권리에는 적용되지 아니한다.

**제8조**
1. 1952년 9월 26일부로 작성된 이 협약은 국제연합교육과학문화기구 사무총장에게 기탁되며, 이 협약의 채택일로부터 120일의 기간동안 모든 국가에 서명을 위하여 개방된다. 이 협약은 서명국에 의한 비준 또는 수락을 요한다.
2. 이 협약에 서명하지 아니한 여하한 국가도 이에 가입할 수 있다.
3. 비준, 수락 또는 가입은 그러한 취지의 문서를 국제연합교육과학문화기구 사무총장에게 기탁함으로써 효력이 발생한다.

**제9조**
1. 이 협약은 12개국이 비준, 수락 또는 가입문서를 기탁한 날로부터 3개월후에 효력이 발생한다. 12개국 중에는 문학적 · 예술적 저작물의 보호에 관한 국제동맹의 당사국이 아닌 4개국이 포함되어야 한다.
2. 그 후에는, 이 협약은 각국에 대하여, 동 국가가 비준, 수락 또는 가입서를 기탁한 날로부터 3개월후에 효력이 발생한다.

**제10조**
1. 각 체약국은 자국의 헌법에 따라 이 협약의 적용을 확보하기 위하여 필요한 조치를 취한다.
2. 이 협약이 자국에 대하여 효력을 발생하는 일자에, 체약국은 자국의 법령에 의거하여 이 협약을 실시할 수 있는 상태에 있어야 한다.

**제11조**
1. 다음의 임무를 수행하기 위하여 정부간 위원회를 설치한다.
   가. 세계저작권협약의 적용 및 운영에 관한 문제의 연구
   나. 이 협약의 정기적인 개정의 준비
   다. 국제연합교육과학문화기구, 문학적 · 예술적 저작물 보호를 위한 국제동맹, 미주국가기구 등 관련 국제기구와의 협력하에 저작권의 국제적 보호에 관한 여타문제 연구
   라. 세계저작권협약 당사국에 대한 위원회의 활동 통보
2. 위원회의 위원은 지리적 위치, 인구, 언어 및 발전단계를 기초로 하고 국가적 이해의 공정한 균형을 고려한 후 선출된 12개국의 대표로 구성된다.

국제연합교육과학문화기구 사무총장, 문학적·예술적 저작물의 보호에 관한 국제동맹 사무국장 및 미주국가기구 사무총장 또는 이들의 대표자는 고문의 자격으로 위원회의 회의에 참석할 수 있다.

### 제12조

정부간 위원회는 필요하다고 인정할 때, 이 협약의 당사국중 10개국 이상의 요청이 있을 때, 또는 당사국이 20개국 미만일 경우에는 과반수의 요청이 있을 때에 개정을 위한 회의를 소집한다.

### 제13조

어느 체약국도 비준, 수락, 가입서의 기탁시에 또는 그 후에 언제라도, 국제연합교육과학문화기구 사무총장에게 송부하는 통고에 의하여, 자국이 국제관계에 대하여 책임을 지는 국가 또는 영토의 전부 내지 일부에 이 협약을 적용함을 선언할 수 있다. 이에 따라 이 협약은 그 통고에서 지정된 국가 또는 영토에 대하여, 제9조에 규정된 3개월의 기간완료 후에 적용된다. 이러한 통고가 없는 경우에, 이 협약은 이들 국가 또는 영토에 적용되지 아니한다.

### 제14조

1. 체약국은 자국에 대하여 또는 제13조의 규정에 의한 통고로 지정된 국가 또는 영토의 전부 내지 일부에 대하여 이 협약을 폐기할 수 있다. 폐기는 국제연합교육과학문화기구 사무총장에게 송부한 통고에 의하여 행한다.
2. 이 폐기는, 폐기의 통고가 행하여진 국가 또는 나라 내지 영토에 대하여서만 효력이 있으며, 통고가 수령된 날로부터 12개월이 경과하기까지는 효력이 발생하지 아니한다.

### 제15조

이 협약의 해석 또는 적용에 관하여 둘 이상의 체약국 사이의 분쟁이 교섭에 의하여 해결되지 아니할 경우, 동 분쟁은 분쟁 당사국이 다른 해결방법에 동의하지 아니하는 한 국제사법재판소의 결정을 위하여 동 재판소에 회부된다.

### 제16조

1. 이 협약은 불어, 영어, 스페인어로 작성된다. 이들 3개 본은 서명될 것이며, 동등히 정본이 된다.
2. 사무총장은 관계정부와 협의한 후 독일어, 이탈리아어 및 포르투갈어로 이 협약의 공식번역문을 작성한다.
   모든 체약국은 단독 또는 공동으로 사무총장과의 합의에 의하여, 그 국가가 선택하는 언어로 여타 번역문을 국제연합교육과학문화기구 사무총장에게 작성시킬 권한이 있다.
   이러한 번역문은 서명된 본 협약의 본문에 첨부한다.

### 제17조

1. 이 협약은 문학적·예술적 저작물의 보호에 관한 베른협약의 규정 및 동 협약에 의하여 창설된 동맹에 아무런 영향을 미치지 아니한다.
2. 전항의 규정을 적용함에 있어서 본조에 부속선언이 첨부되어 있다. 이 부속선언은 1951년 1월 1일에 베른협약에 의하여 기속되어 있거나 또는 그 후에 기속되는 국가에 대하여는, 이 협약의 불가분의 일부를 이룬다. 이들 국가에 의한 이 협약에의 서명은, 이 선언의 서명을 수반하며, 이들 국가에 의한 이 협약의 비준이나 수락 또는 가입은 각각 이 선언의 비준이나 수락 또는 가입을 포함한다.

### 제18조

이 협약은, 둘 이상의 미주국가들 사이에서만 전적으로 효력을 가지거나, 또는 장래 효력을 가지게 되는 다수국간 또는 2국간의 저작권협약 및 약정을 무효로 하지 아니한다. 현재 효력을 가지고 있는 이들 협약 및 약정의 규정과 이 협약의 규정이 저촉되는 경우, 또는 이 협약의 규정과 이 협약의 효력 발생 후에 둘 이상의 미주국가 사이에 작성되는 새로운 협약 및 약정의 규정이 저촉되는 경우에는 가장 최근에 작성된 협약 및 약정이 당사국 사이에서 우선한다. 이 협약의 효력발생일 전에 어느 체약국에서 취득된 저작물에 대한 권리는 아무런 영향을 받지 아니한다.

**제19조**

이 협약은 둘 이상의 체약국 사이에서 효력을 가지는 다수국간 또는 2국간의 협약 및 약정을 무효로 하지 아니한다. 이들 협약 및 약정의 규정과 이 협약의 규정이 저촉되는 경우에는 이 협약의 규정이 우선한다. 이 협약의 효력발생일 전에 어느 체약국에 있어서 기존의 협약 또는 약정에 따라 그 국가에서 취득된 저작물에 대한 권리는 아무런 영향을 받지 아니한다. 본조의 규정은 제17조 및 제18조의 규정에 아무런 영향을 미치지 아니한다.

**제20조**

이 협약에 대한 유보는 허용되지 아니한다.

**제21조**

국제연합교육과학문화기구 사무총장은 관계국 및 스위스 연방정부에 대하여, 그리고 등록을 위하여 국제연합 사무총장에 대하여 이 협약의 인증등본을 송부하여야 한다.

사무총장은 모든 관계국에 비준, 수락 또는 가입서의 기탁, 협약의 효력발생일, 협약 제13조에 의한 통고 및 제14조의 규정에 의한 폐기를 통보하여야 한다.

## 제17조에 관한 부속선언

문학적 · 예술적 저작물 보호를 위한 국제동맹(이하 "베른동맹"이라 한다)의 당사국이며, 이 협약의 서명국인 국가는, 전기 동맹을 기반으로 그들의 상호관계를 공고히 하고, 베른협약과 세계저작권협약과의 병존으로 발생될 수 있는 여하한 분쟁도 피할 것을 희망하여, 합의에 의하여 다음의 선언조항을 수락하였다.

가. 1951년 1월 1일 이후에 베른동맹으로부터 탈퇴한 나라를 베른협약에 따라 본국으로 하는 저작물은 베른동맹국에 있어서는 세계저작권협약에 의한 보호를 받지 못한다.

나. 세계저작권협약은, 동 베른협약에 따라 동 협약에 의해 창설된 국제동맹국을 본국으로 하는 저작물의 보호에 관련되는 한 베른동맹국 사이의 관계에 있어서는 적용되지 아니한다.

## 제11조에 관한 결의

정부간 저작권회의는, 이 결의가 부속되어 있는 이 협약의 제11조에서 규정하는 정부간위원회에 관한 문제를 고려하여, 다음 사항을 결의한다.

1. 위원회의 최초 위원은 다음 12개국 즉, 아르헨티나, 브라질, 프랑스, 독일, 인도, 이탈리아, 일본, 멕시코, 스페인, 스위스, 영국, 미국의 대표로 구성되며, 이들 국가는 1명의 대표와 1명의 교체대표를 임명할 수 있다.
2. 위원회는 이 협약이 효력을 발생하게 되면 협약 제11조의 규정에 따라 즉각 구성된 것으로 간주한다.
3. 위원회는 위원장 1인과 부위원장 2인을 선출한다. 위원회는 다음의 원칙을 고려하여 그 절차규칙을 정한다.
   가. 위원회의 위원국의 정상 임기는 6년으로 하고 2년마다 그 3분의 1을 새로 선출한다.
   나. 위원의 임기가 만료하기 전에, 위원회는 어느 국가의 임기가 종

료하며 어느 국가가 대표를 임명할 수 있는 지를 결정한다.
협약에 비준, 수락 또는 가입하지 아니한 국가의 대표는 최초의 임기종료국이 된다.

다. 세계의 다른 지역이 공정히 대표되어야 한다.

국제연합교육과학문화기구가 위원회의 사무국을 제공할 것을 희망한다.

이상의 증거로서, 하기 서명자는 각자의 전권위임장을 기탁한 후 이 협약에 서명하였다.

1952년 9월 6일 제네바에서 단일본을 작성하였다.

# 1971년 7월 24일 파리에서 개정된 세계저작권협약(UCC)

파리에서 작성 1971. 7.24
가입서 기탁일 1987. 7. 1
대한민국에 대하여 발효 1987.10. 1
(조약 제933호)

체약국은 문학적, 학술적 및 예술적 저작물의 저작권 보호를 모든 나라에 있어서 확보할 것을 희망하고, 세계 협약에 표명되어 있으며 세계의 모든 국민에게 적절한 저작권 보호제도가 현행의 국제제도를 해하지 아니하고 더 나아가 개인 권리의 존중을 확보하는 동시에 문학, 학술 및 예술의 발달을 촉진하는 것임을 확신하며, 이와 같은 세계저작권 보호제도가 인간정신의 산물에 대한 보급을 한층 더 용이하게 하고 또한 국제 이해를 증진시킬 것임을 양해하며, 1952년 9월 6일 제네바에서 서명된 세계저작권협약(이하 "1952년 협약"이라 한다)을 개정할 것을 결의하고, 따라서 다음과 같이 합의하였다.

**제1조**

각 체약국은 어문저작물, 음악·연극·영화저작물, 회화, 판화와 조각 등을 포함하여 문학적, 학술적 및 예술적 저작물에 있어서, 저작자 및 여타의 모든 저작재산권자의 권리에 대하여 충분하고 효과적인 보호를 부여한다.

**제2조**

1. 체약국 국민이 발행한 저작물과 체약국내에서 최초로 발행된 저작물은 다른 모든 체약국에서도 이 협약이 특별히 부여하고 있는 보호는 물론 각 체약국이 자국의 영토내에서 최초로 발행된 자국민의 저작물에 부여하는 보호와 동일한 보호를 향유한다.

2. 체약국 국민의 미발행 저작물은, 다른 모든 체약국에서도 이 협약이 특별히 부여하고 있는 보호는 물론 각 체약국이 자국민의 미발행 저작물에 부여하는 보호와 동일한 보호를 향유한다.
3. 체약국은 이 협약을 적용함에 있어서 그 국가내에 주소를 가지고 있는 모든 사람을 자국의 국내법에 의하여 자국민과 동등하게 대우할 수 있다.

**제3조**

1. 자국의 국내법에 의거하여 저작권 보호의 조건으로 납본, 등록, 고시, 공증인에 의한 증명, 수수료의 지불 또는 자국내에서의 제조나 발행등의 방식을 따를 것을 요구하는 체약국은, 이 협약에 의거하여 보호를 받는 저작물로서 그 국가의 영토밖에서 최초로 발행되고 또한 그 저작자가 자국민이 아닌 저작물에 대하여, 저작자 또는 여타 저작재산권자의 허락을 받아 발행된 저작물의 모든 복제물에 최초 발행시로부터 ⓒ의 기호가 저작재산권자의 성명 및 최초의 발행연도와 더불어 저작권을 주장할 수 있는 적당한 방법과 위치에 표시되어 있는 한, 이러한 요구가 충족된 것으로 인정하여야 한다.
2. 제1항의 규정은, 체약국이 자국내에서 최초로 발행된 저작물이나 또는 발행장소를 불문하고 자국민이 발행한 저작물에 대하여, 저작권을 취득하고 보전하기 위하여 어떤 방식 또는 여타의 조건을 요구하는 것을 배제하는 것은 아니다.
3. 제1항의 규정은, 사법상의 구제를 요구하는 자가 소를 제기함에 있어서 국내의 변호사에게 의뢰하여야 한다든가, 법원이나 행정기관에 또는 양쪽 모두에 소송에 관련되는 저작물의 복제물 일부를 납본하여야 한다고 하는 등의 절차상의 요건에 따를 것을 체약국이 정하는 것을 배제하지 아니한다. 다만, 이러한 요건의 불이행은 저작권의 효력에 영향을 미치지는 아니하며, 또한 동 요건이 보호가 요구되는 국가의 국민에게 부과되어 있지 아니할 때에는 다른 체약국의 국민에게 그것을 부과하여서는 아니된다.
4. 각 체약국에 있어서 다른 체약국 국민의 미발행 저작물에 대하여 방식의 이행을 요하지 아니하고 보호하기 위한 법적수단이 마련되어 있어야 한다.
5. 어떤 체약국이 저작권에 대하여 두개 이상의 보호기간을 부여하고 있고 최초의 보호기간이 제4조에서 정하는 최단의 기간보다 긴 때에는, 그 국가는 두번째 이후의 저작권 보호기간에 관하여 본 조 제1항의 규정에 따를 필요가 없다.

**제4조**

1. 저작물의 보호기간은 제2조 및 본조의 규정에 따라, 보호가 요구되는 체약국의 법에 정해진 바에 따른다.
2. 가. 이 협약에 의거하여 보호받는 저작물의 보호기간은 저작자의 생존기간 및 사후 25년보다 짧아서는 아니된다. 다만, 어느 체약국이 그 국가에 있어서 이 협약의 효력발생일에 어떤 종류의 저작물에 대한 보호기간을 저작물의 최초 발행일로부터 기산하는 것으로 규정한 경우에는, 그 체약국은 이 예외를 유지할 수 있으며, 이를 다른 종류의 저작물에 대하여서도 확대할 수 있다. 이 모든 종류에 대한 보호기간은 그 최초 발행일로부터 25년의 기간보다 짧아서는 아니된다.

   나. 이 협약의 그 국가에 대한 효력발생일에 보호기간을 저작자의 생존을 기준으로 하여 산정하지 아

니하는 체약국은, 그 보호기간을 저작물의 최초 발행일 또는 발행에 앞선 저작물의 등록일로부터 기산할 수 있다. 이 보호기간은 각각 최초 발행일 또는 발행에 앞선 저작물의 등록일로부터 25년의 기간보다 짧아서는 아니된다.

다. 어느 체약국의 법령에 의하여 둘 이상의 계속적인 보호기간을 허용하는 경우에는 최초의 기간은 가.호 및 나.호에서 정한 최단기간보다 짧아서는 아니된다.

3. 제2항의 규정은 사진저작물이나 응용미술저작물에는 적용되지 아니한다. 다만, 사진저작물 또는 응용미술저작물을 예술적 저작물로서 보호하는 체약국에서는, 이들 종류의 저작물에 대한 보호기간이 10년보다 짧아서는 아니된다.

4. 가. 어느 체약국도, 미발행 저작물의 경우 그 저작자가 국민인 체약국의 법령에 의하여, 발행된 저작물의 경우 그 저작물이 최초로 발행된 체약국의 법령에 의하여 당해 종류의 저작물에 대하여 정해진 기간보다 더 긴 보호기간을 부여할 의무를 지지 아니한다.

나. 가.호의 적용상 어느 체약국이 법령에 의하여 둘 이상의 연속적인 보호기간을 부여한 경우 이들 기간을 합산한 기간을 당해 국가의 보호기간으로 본다. 다만, 특정 저작물이 어떠한 이유에서든지 두번째 이후의 기간동안 당해 국가의 보호를 받지 아니할 때에는, 다른 체약국은 두번째 이후의 기간에는 그 저작물을 보호할 의무를 지지 아니한다.

5. 제4항의 적용상, 비체약국에서 최초로 발행된 체약국 국민의 저작물은 그 저작자가 국민인 체약국에서 최초로 발행된 것으로 본다.

6. 제4항의 적용상, 둘 이상의 체약국에서 동시에 발행된 저작물은, 가장 짧은 보호기간을 부여하는 체약국에서 최초로 발행된 것으로 본다. 최초 발행일로부터 30일 이내에 둘 이상의 체약국에서 발행된 저작물은 이들 체약국에서 동시에 발행된 것으로 본다.

### 제4조의2

1. 제1조에 규정된 권리는, 여하한 방법에 의한 복제와 공연 및 방송을 허락하는 배타적인 권리를 포함하여 저작자의 경제적 이익을 확보하는 기본적 권리를 내포한다. 본 조의 규정은 원저작물의 형식이든 또는 원저작물에서 파생된 것이라고 인정될 수 있는 여하한 형식이든지, 이 협약에 의거하여 보호를 받는 저작물에 확대 적용된다.

2. 다만, 각 체약국은 그 국내법령에 의하여 본 조 제1항에서 규정하는 권리에 대하여 이 협약의 정신 및 규정에 반하지 아니하는 예외를 정할 수 있다. 단, 국내 법령으로 이와 같은 예외를 정하는 체약국은, 예외가 규정된 각 권리에 대하여 합리적인 수준의 효과적인 보호를 부여하여야 한다.

### 제5조

1. 제1조에서 정한 권리는, 이 협약에 의거하여 보호받는 저작물을 번역하고 그 번역을 발행하거나 번역 및 발행을 허락할 수 있는 저작자의 배타적인 권리를 포함한다.

2. 다만, 각 체약국은 자국의 국내법령에 의거, 다음의 규정에 따를 것을 조건으로 하여 어문저작물의 번역권을 제한할 수 있다.

가. 어문저작물이 최초 발행일로부터 7년의 기간이 경과되었을 때, 번역권자에 의하거나 또는 그 번역권자의 허락을 받아 체약국에

있어서 일반적으로 사용되고 있는 언어로 그 어문저작물의 번역물이 발행되지 아니하였을 때에는, 그 체약국의 국민은 당해 저작물을 그 사용어로 번역하여 발행하기 위하여 자국의 권한있는 기관으로부터 비배타적인 허가를 받을 수 있다.

나. 허가를 받고자 하는 국민은, 번역권자에게 번역하여 발행하는 것에 대한 허락을 구하였으나 거부되었다든가, 또는 상당한 노력을 기울였으나 번역권자와 연락할 수 없었다는 내용을 당해 체약국의 절차에 따라서 입증하여야 한다. 이 허가는 체약국에 있어서 일반적으로 사용되고 있는 언어로서 이미 발행된 번역판이 모두 절판되어 있을 때에도 동일한 조건으로 부여될 수 있다.

다. 이 허가를 신청하는 자가 번역권자와 연락이 될 수 없는 경우에는, 저작물에 성명이 표기되어 있는 발행자에 대하여, 그리고 번역권자의 국적이 알려진 때에는 그 번역권자가 국적을 가진 국가의 외교 및 영사대표 또는 그 국가의 정부가 지정하는 기관에 신청서의 사본을 송부하여야 한다. 이 경우의 번역 허가는 신청서 사본의 발송일로부터 2개월의 기간이 경과할 때까지는 부여해서는 아니된다.

라. 번역권자에게 공정하고 국제관행에 합치하는 보상금과 동 보상금의 지불 및 송금, 그리고 저작물의 정확한 번역을 확보하기 위하여 국내법령에 적절한 조치가 취하여져야 한다.

마. 번역 발행된 모든 복제물에는 저작물의 본 제명 및 원저작자의 성명이 인쇄되어야 한다. 이러한 허가는 그 허가가 신청된 체약국내에서의 번역물 발행에 대하여서만 유효하다. 이와 같이 발행된 번역물은, 그 번역물과 동일한 언어를 일반적으로 사용하고 있는 다른 체약국이 그 국내법령에 번역허가 규정만 두고 그 수입 및 판매의 금지규정이 없는 경우 그 국가에 수입되고 판매될 수 있다. 전술한 조건이 규정되지 아니한 국가에 있어서는 이들 번역물의 수입 및 판매는, 당해 국가의 국내법령 및 그 국가가 체결하는 협정에 따라야 한다. 번역허가를 받은 자는 그 허가를 양도하지 못한다.

바. 번역허가는 저작자가 배포중인 저작물의 모든 복제물을 회수하였을 때에는 부여해서는 아니된다.

**제5조의2**

1. 국제연합 총회의 확립된 관행에 따라 개발도상국으로 간주되는 체약국은 이 협약의 비준, 수락 내지 가입시 또는 그 이후에, 국제연합교육과학문화기구 사무총장(이하 "사무총장"이라 한다)에게 기탁하는 통고에 따라 제5조의3 및 제5조의4에서 규정하는 예외의 일부 또는 전부를 이용할 수 있다.
2. 제1항의 통고는, 이 협약의 효력발생일로부터 10년의 기간 또는 그 10년의 기간중 통고기탁일로부터의 잔여기간동안 유효하며, 또한 현재 경과중인 10년의 기간만료전 15개월에서 3개월까지의 사이에 체약국이 사무총장에게 다시 통고를 기탁한 때에는 다시 10년씩 전체적 또는 부분적으로 갱신될 수 있다. 또한 최초의 통고는 본조의 규정에 따라서 새로운 10년의 갱신기간중에 행하여질 수도 있다.
3. 제2항의 규정에도 불구하고, 제1항에 규정된 개발도상국으로 더 이상 간주될 수 없게 된 체약국은 제1항

또는 제2항의 규정에 입각한 통고를 갱신할 수 없으며, 또한 그 통고의 공식적 철회여부를 불문하고 현재 경과중인 10년의 기간이 만료되거나 개발도상국으로 간주할 수 없게 된 후 3년의 기간이 만료되는 시점중에서 늦게 만료하는 시점에 제5조의3 및 제5조의4에서 규정하는 예외를 이용할 수 없다.

4. 제5조의3 및 제5조의4에서 규정하는 예외에 따라 이미 작성된 복제물은, 본 조의 규정에 의거한 통고의 유효기간 만료 후에도, 재고가 없어질 때까지 계속 배포할 수 있다.
5. 본 조 제1항에서 규정된 국가와 유사한 상태로 간주될 수 있는 특정국가 또는 영토에 이 협약을 적용함에 있어서 제13조의 규정에 따라서 통고를 기탁한 체약국은, 그 특정국가나 영토에 관하여도 본 조의 규정에 따라 통고의 기탁 및 갱신을 할 수 있다. 이 통고의 유효기간중에는 제5조의3 및 제5조의4의 규정은 그 특정국가 또는 영토에 적용될 수 있다. 그 특정국가 및 영토로부터 당해 체약국에 대한 복제물의 송부는 제5조의3 및 제5조의4에서 의미하는 수출로 간주한다.

**제5조의3**

1. 가. 제5조의2제1항이 적용되는 체약국은, 제5조제2항에서 규정하는 7년의 기간을 자국의 국내법령에 의하여, 3년 또는 그 이상의 기간으로 대신할 수 있다. 다만, 이 협약의 당사국 또는 1952년 협약만의 당사국중 하나 이상의 선진국에서 일반적으로 사용되지 아니하는 언어로의 번역인 경우에는, 그 기간을 3년 대신 1년으로 한다.
   나. 제5조의2제1항의 규정에 적용되는 체약국이, 이 협약의 당사국 또는 1952년 협약만의 당사국인 선진국에서 일반적으로 사용되는 언어로 번역하고자 하는 경우에는 그 선진국의 만장일치의 합의에 따라서 가호에서 정하는 3년의 기간 대신에 그 합의에 의하여 결정된 1년이상의 다른 기간으로 정할 수 있다. 그러나 전술한 규정은, 당해 언어가 영어, 불어 또는 스페인어인 경우에는 적용되지 아니한다. 이와 같은 합의는 사무총장에게 통고하여야 한다.
   다. 번역허가는 허가신청자가 번역권자에게 허락을 구하였으나 거부되었다든가, 또는 상당한 노력을 기울였으나 번역권자와 연락할 수 없었다는 내용을 당해 체약국의 절차에 따라 입증하는 경우에 한하여 부여될 수 있다. 허가신청자는 그 허락을 신청하는 동시에 국제연합교육과학문화기구가 설치한 국제저작권 정보센터, 또는 발행자가 주된 사무소를 두고 있다고 생각되는 국가의 정부가 그러한 취지로 사무총장에게 기탁한 통고에서 지정한 국내 또는 지역 정보센터에 이를 통보하여야 한다.
   라. 허가신청자는 번역권자와 연락할 수 없는 경우, 저작물에 성명이 표기되어 있는 발행자 및 다.호에 규정된 국내 혹은 지역정보센터에 대하여 신청서의 사본을 항공등기우편으로 송부하여야 한다. 허가신청자는 이와같은 센터가 통고되어 있지 아니한 경우 국제저작권 정보센터에 대하여도 사본을 송부하여야 한다.
2. 가. 본 조에 규정된 3년의 기간이 경과한 후에 받을 수 있는 허가의 경우 추가로 6개월의 기간이 경과할 때까지는 부여될 수 없으며, 1년 후에 받을 수 있는 허가는 추가로 9개월의 기간이 경과할 때까지는

부여될 수 없다. 추가기간은 제1항 다.호에 규정한 번역의 허락을 구한 날로부터 또는 번역권자의 신원 혹은 주소가 알려져 있지 아니한 경우에는 전항 라.호에서 규정한 허가신청자의 사본 발송일로부터 기산한다.

나. 번역허가는 가.호에 규정된 6개월 또는 9개월의 기간중에, 번역권자에 의하거나 또는 번역권자의 허락을 얻어 번역이 발행되었을 때에는 부여되지 아니한다.

3. 이 조의 규정에 의거하여 부여되는 번역허가는 교육, 연구 또는 조사를 목적으로 하는 경우에 한하여 부여된다.

4. 가. 본 조에 의거하여 부여된 번역허가는, 그 번역물의 수출에 대하여는 효력이 미치지 아니하며, 오로지 허가가 신청된 체약국에서의 발행에 대하여서만 유효하다.

나. 본 조에 의거하여 부여된 허가에 따라 발행된 모든 번역물에는 오로지 그 허가를 부여한 체약국에 있어서만 당해 번역물을 배포할 수 있다는 내용을 적당한 언어로 표시하여야 한다. 어문저작물에 제3조제1항에 규정된 표시를 하였을 경우, 그 번역물에도 동일한 표시를 기재하여야 한다.

다. 본 조에 의한 허가를 부여한 체약국의 정부기관 또는 기타의 공공기관이 그 허가에 의하여 작성된 번역물을 영어, 불어 또는 스페인어 이외의 언어로 저작물을 번역하기 위하여 다른 국가에 송부하는 경우에는, 가.호에 규정된 수출의 금지가 적용되지 아니한다. 다만, 다음 사항을 조건으로 한다.

(1) 수취인이 번역허가를 부여한 체약국의 국민이거나 또는 동 국민으로 구성된 단체일 것

(2) 번역물이 오로지 교육, 연구 또는 조사를 위하여 사용될 것

(3) 수취인에 대한 번역물의 송부 및 그 계속적 배포가 영리목적이 아닐 것

(4) 번역물을 송부받는 국가가 체약국과 수취, 배포 또는 그 모두를 허용하는 합의를 하고 그 합의를 한 당사국 정부중 어느 일방이 그 합의내용을 사무총장에게 통고하였을 것

5. 각 체약국은 다음 사항을 확보하기 위하여 국내적으로 적절한 규정을 두어야 한다.

가. 양국 당사자들간의 자유로운 교섭의 경우에 통상적으로 지불되는 사용료의 기준과 합치되는 공정한 보상금을 지불할 것

나. 보상금의 지불 및 송금, 다만 국내의 통화규제가 있는 경우에는 권한있는 기관이 국제적으로 교환가능한 통화 또는 그 등가물로의 송금을 확보하기 위하여 국제기관을 이용한 모든 노력을 기울일 것

6. 체약국이 본 조에 의거하여 부여한 번역허가는, 그 번역허가가 부여된 번역판과 실질적으로 동일한 내용의 번역물이 번역권자나 또는 번역권자의 허락을 받은 자에 의하여 그 국가에서 그와 같은 종류의 저작물에 일반적으로 붙이는 합리적인 가격과 같은 정도의 가격으로 당해 국가내에서 동일 언어로 발행된 때에는 소멸한다. 허가가 소멸되기 전에 이미 제작된 복제물은 그 재고가 없어질 때까지 계속 배포할 수 있다.

7. 주로 도해로 구성되는 저작물에 대하여는, 본문을 번역하고 도해를 복제하기 위한 허가는 제5조의4의 조건도 충족하는 경우에 한하여 부여할 수 있다.

8. 가. 인쇄 또는 그에 유사한 복제의 형식으로 발행되고, 이 협약에 의거하여 보호받는 저작물을 번역하기 위한 허가는, 제5조의2제1항의 규정이 적용되는 체약국에 주사무소를 두고 있는 방송사업자에게도, 다음의 조건에 따른 신청에 의하여 부여할 수 있다.
   (1) 그 번역이 체약국의 법률에 따라 작성되고 취득된 복제물로부터 이루어질 것
   (2) 그 번역이 전적으로 교육을 위한 방송 또는 특정분야의 전문가를 위한 과학기술정보의 보급을 목적으로 하는 방송에만 사용될 것
   (3) 그 번역이 오로지 방송목적을 위하여서만 적법하게 작성된 녹음 또는 녹화방송을 포함하여, 체약국 영토내에서 수신자용으로 적법하게 행하여지는 방송을 통하여 상기(2)의 목적을 위하여서만 전적으로 사용될 것
   (4) 그 번역의 녹음 또는 녹화가, 허가를 부여한 체약국내에 주사무소를 갖는 방송사업자 사이에서만 교환될 것
   (5) 그 번역의 모든 사용에 있어 여하한 영리목적도 없을 것
   나. 가.호에서 규정한 모든 기준 및 조건이 충족되는 경우에는 오직 체계적인 교육활동과 관련된 목적으로 사용하기 위하여 작성되고 발행된 시청각고정물에 삽입된 본문의 번역을 위해서도 방송사업자에 그 번역허가를 부여할 수 있다.
   다. 가.호 및 나.호의 규정을 조건으로 하여, 이 조의 다른 규정은 그 허가의 부여 및 행사에 관하여 적용한다.
9. 본 조의 규정을 전제조건으로 하여, 본 조에 의거하여 부여된 번역허가에 대하여는 제5조의 규정이 적용되며, 또한 제5조의2에서 규정한 7년이 경과한 후에도 계속 제5조 및 본 조의 규정이 적용된다. 다만, 7년이 경과한 후에는, 본 조의 번역허가를 받은 자는 전적으로 제5조의 규정에 의하여 적용되는 번역허가로 대치할 것을 청구할 수 있다.

### 제5조의4

1. 제5조의2 제1항이 적용되는 체약국은 다음의 규정을 채택할 수 있다.
   가. 제3항에 규정하는 문학적, 학술적 또는 예술적 저작물의 특정판의 복제물이,
      (1) 그 판의 최초 발행일로부터 기산하여 다.호에서 정한 기간, 또는
      (2) 그 국가의 국내법령이 정하는 보다 더 긴 기간이 만료했을 때까지에,
      그와 같은 판의 복제물이 복제권자나 또는 복제권자의 허락을 받은 자에 의하여, 그 국가에 있어서 그와 같은 종류의 저작물에 일반적으로 붙이는 합리적인 가격과 같은 정도의 가격으로 일반 공중에 또는 교육적, 학술적 활동에 관련되어 배포되고 있지 아니한 때에는, 그 국가의 국민은 누구라도 교육적 또는 학술적 활동에 관련되는 사용을 위하여 같은 가격 또는 보다 낮은 가격으로 그 판을 발행하기 위한 비배타적인 허가를 권한있는 기관으로부터 얻을 수 있다. 이 허가는, 허가신청자가 그 저작물의 발행권자에게 허락을 구하였으나 거부되었다든가 또는 상당한 노력을 기울였으나 복제권자와 연락할 수 없었다는 내용을 당해 체약국의 절차에 따라 입증하는 경우에 한하여 부여할 수 있다. 허가신청자는 그 허락을 구하는 동시에 국제연합교육과학문화기

구가 설치한 국제저작권 정보센터나 또는 라.호에서 정하는 국내 혹은 지역정보센터에 이를 통보하여야 한다.

나. 이 허가는 허가대상이 되는 특정판의 복제물이 6개월간 당해 체약국에서 그와 같은 종류의 저작물에 일반적으로 붙이는 가격과 같은 정도의 가격으로, 일반공중에게 또는 교육적, 학술적 활동에 관련되어 판매되지 아니한 경우에도 동일한 조건으로 부여될 수 있다.

다. 가.호에서 언급된 기간은 5년으로 한다. 그러나,

(1) 자연과학 및 물리학 그리고 과학기술 저작물에 대한 기간은 3년으로 한다.

(2) 소설, 시, 연극 및 음악저작물 또는 미술서적에 대한 기간은 7년으로 한다.

라. 허가신청자는 복제권자와 연락할 수 없는 경우, 저작물에 성명이 표기되어 있는 발행자와 그 발행자가 주된 사무소를 두고 있다고 생각되는 국가가 사무총장에게 기탁한 통고에 지정되어 있는 국내 혹은 지역정보센터에 대하여 항공등기우편으로 신청서 사본을 송부하여야 한다. 기탁된 통고가 없는 경우에는, 허가신청자는 국제연합교육과학문화기구가 설치한 국제저작권 정보센터에 대하여서도 사본을 송부하여야 한다. 허가는 신청서 사본의 발송일로부터 3개월의 기간이 경과할 때까지는 부여될 수 없다.

마. 3년의 기간이 경과된 후에 받을 수 있는 허가는 다음의 경우에 본조에 의하여 부여될 수 없다.

(1) 가.호에서 언급된 허락을 구한 날로부터, 또는 복제권자 또는 그의 신원 혹은 주소가 알려져 있지 아니한 때에는 라.호에서 언급된 허가신청서의 사본 발송일로부터 각각 6개월의 기간이 경과하지 아니한 경우

(2) 이 기간중에 가.호에서 언급된 판의 복제물 배포가 행하여진 경우

바. 발행된 저작물의 모든 복제물에는 저작자의 성명 및 저작물의 특정판의 제명이 인쇄되어야 한다. 허가는 복제물의 수출에는 효력이 미치지 아니하며, 허가가 신청된 체약국내에서의 발행에 대하여서만 유효하다. 허가를 받은 자는 그 허가를 양도하지 못한다.

사. 특정판의 정확한 복제를 확보하기 위하여 국내법령에 의하여 적당한 조치를 취하여야 한다.

아. 다음의 경우에는 저작물의 번역물을 복제하여 발행하기 위한 허가를 본조의 규정에 의하여 부여할 수 없다.

(1) 그 번역물이 번역권자나 또는 번역권자의 허락을 얻어 발행되지 아니한 경우

(2) 그 번역물이, 허가를 부여할 권한이 있는 국가에서 일반적으로 사용되고 있는 언어에 의하지 아니한 경우

2. 제1항에서 규정하는 예외에는 다음의 추가규정을 조건으로 한다.

가. 본 조의 규정에 의거하여 부여된 허가에 따라 발행된 모든 복제물에는 오로지 그 허가가 적용되는 체약국에 있어서만 그 복제물이 배포될 수 있다는 내용을 적당한 언어로 표기하여야 한다. 제3조제1항에서 규정된 표시가 그 출판물에 표기되어 있는 때에는, 그 복제물에도 그것과 동일한 표시를 표기하여야 한다.

나. 각 체약국은 다음 사항을 확보하기 위하여 국내적으로 적절한 규정을 두어야 한다.

(1) 양국 당사자들간의 자유로운 교섭의 경우 일반적으로 지불되는 사용료의 기준에 합치되는 공정한 보상금을 지불할 것

(2) 보상금의 지불 및 송금, 다만, 국내의 통화규제가 있는 경우에는 권한있는 기관이 국제적으로 교환 가능한 통화 또는 그 등가물로의 송금을 확보하기 위하여 국제기관을 이용한 모든 노력을 기울일 것

다. 저작물의 특정판의 복제물이, 복제권자 또는 복제권자의 허락을 얻은 자에 의하여 그 체약국내의 그와 같은 종류의 저작물에 일반적으로 붙이는 합리적인 가격과 같은 정도의 가격으로 일반공중에게 또는 교육적, 학술적 활동에 관련되어 당해 국가에서 배포되고 있는 경우에는 본 조에 의거하여 부여된 허가는 그 판이 허가에 의하여 발행된 판과 실질적으로 동일한 내용이며 동일한 언어에 의한 것일 경우 소멸된다. 허가의 소멸전에 이미 제작된 복제물은 그 재고가 없어질 때까지 계속 배포할 수 있다.

라. 허가는 저작자가 판매중인 당해 판의 모든 복제물을 회수하였을 때에는 부여될 수 없다.

3. 가. 나.호의 규정을 조건으로 하여 본 조가 적용되는 문학적, 학술적 또는 예술적 저작물은 인쇄 또는 그와 유사한 복제의 형식으로 발행된 저작물에 한정된다.

나. 본 조의 규정은 보호받는 저작물을 수록하여 적법하게 제작된 시청각적 고정물을 시청각적으로 복제하는 것과 허가를 부여할 권한이 있는 국가에서 일반적으로 사용되고 있는 언어로 동 시청각적 고정물에 삽입된 본문을 번역하는 것에 대하여서도 적용된다. 다만, 당해 시청각적 고정물은 오로지 교육적, 학술적 활동에 관련하여 사용될 목적으로 작성되어 발행된 것임을 조건으로 한다.

### 제6조

이 협약에서 "발행"이란, 읽을 수 있거나 또는 시각적으로 인지될 수 있도록 저작물을 유형적인 형태로 복제하여 그 복제물을 공중에게 배포하는 것을 말한다.

### 제7조

이 협약은 보호가 요구되는 체약국에 있어서 이 협약의 효력발생일을 기준으로 그 체약국에서 영구히 공중의 자유이용 상태에 놓여진 저작물이나 저작물의 권리에는 적용되지 아니한다.

### 제8조

1. 1971년 7월 24일부로 작성된 이 협약은 사무총장에게 기탁되며, 이 협약의 채택일로부터 120일의 기간동안 1952년 협약의 모든 당사국에 의한 서명을 위하여 개방된다. 이 협약은 서명국에 의한 비준 또는 수락을 요한다.
2. 이 협약에 서명하지 아니한 여하한 국가도 이에 가입할 수 있다.
3. 비준, 수락 또는 가입은 그러한 취지의 문서를 사무총장에게 기탁함으로써 효력이 발생한다.

### 제9조

1. 이 협약은 12개국이 비준, 수락 또는 가입문서를 기탁한 날로부터 3개월후에 효력이 발생한다.
2. 그 후에는, 이 협약은 각국에 대하여 동 국가가 비준, 수락 또는 가입서를 기탁한 날로부터 3개월후에 효력이 발생한다.
3. 1952년 협약의 당사국이 아닌 국가에 의한 이 협약에의 가입은 1952년 협약의 가입을 수반한다. 다만, 이 협약의 발효전에 가입서를 기탁하는

국가는 1952년 협약에 대한 가입에 관하여 이 협약의 발효를 조건으로 할 수 있다. 이 협약의 발효후에는 어느 국가도 1952년 협약에만 가입할 수 없다.

4. 이 협약의 당사국과 1952년 협약만의 당사국과의 관계는 1952년 협약에 의하여 규율된다. 다만, 1952년 협약만의 체약국은 사무총장에게 기탁하는 통고에 의하여 이 협약의 모든 당사국이 자국인의 저작물 또는 자국 영토내에서 최초로 발행된 저작물에 대하여 1971년 협약을 적용하는 것을 인정한다는 내용을 선언할 수 있다.

### 제10조

1. 각 체약국은 자국의 헌법에 따라 이 협약의 적용을 확보하기 위하여 필요한 조치를 취한다.
2. 이 협약이 자국에 대하여 효력을 발생하는 일자에, 체약국은 자국의 법령에 의거하여 이 협약을 실시할 수 있는 상태에 있어야 한다.

### 제11조

1. 다음의 임무를 수행하기 위하여 정부간 위원회를 설치한다.
   가. 세계저작권협약의 적용 및 운영에 관한 문제의 연구
   나. 이 협약의 정기적인 개정의 준비
   다. 국제연합교육과학문화기구, 문학적·예술적 저작물 보호를 위한 국제동맹, 미주국가기구 등 관련 국제기구와의 협력하에 저작권의 국제적 보호에 관한 여타문제 연구
   라. 세계저작권협약 당사국에 대한 위원회의 활동 통보
2. 이 위원회는 이 협약의 당사국 또는 1952년 협약만의 당사국중 18개국의 대표로 구성된다.
3. 위원회의 위원은 지리적 위치, 인구, 언어 및 발전단계를 기초로 하고 국가적 이해의 공정한 균형을 고려한 후 선출된다.
4. 국제연합교육과학문화기구 사무총장, 세계지적소유권기구 사무총장 및 미주국가기구 사무총장 또는 이들의 대표자는 고문의 자격으로 위원회의 회의에 참석할 수 있다.

### 제12조

정부간 위원회는 필요하다고 인정할 때 또는 이 협약의 당사국 중 10개국 이상의 요청이 있을 때에 개정을 위한 회의를 소집한다.

### 제13조

1. 어느 체약국도 비준, 수락, 가입서의 기탁시에 또는 그 후에 언제라도 사무총장에게 송부하는 통고에 의하여, 자국이 국제관계에 대하여 책임을 지는 국가 또는 영토의 전부 내지 일부에 이 협약을 적용함을 선언할 수 있다. 이에 따라 이 협약은 그 통고에서 지정된 국가 또는 영토에 대하여, 제9조에 규정된 3개월의 기간 완료 후에 적용된다. 이러한 통고가 없는 경우에, 이 협약은 이들 국가 또는 영토에 적용되지 아니한다.
2. 다만, 본 조의 규정은 어느 체약국이 본 조의 규정에 따라서 이 협약을 적용하는 국가 또는 영토에 관한 사실 상태를 다른 체약국이 승인 또는 묵인하는 것으로 이해되어서는 아니된다.

### 제14조

1. 체약국은 자국에 대하여 또는 제13조의 규정에 의한 통고로 지정된 국가 또는 영토의 전부 내지 일부에 대하여 이 협약을 폐기할 수 있다. 폐기는 사무총장에게 송부한 통고에 의하여 행한다. 이 폐기는 1952년 협약의 폐기를 수반한다.
2. 이 폐기는, 폐기의 통고가 행하여진 체약국 또는 국가 내지 영토에 대하여서만 효력이 있으며, 통고가 수령된 날로부터 12개월이 경과하기까지는 효력이 발생하지 아니한다.

**제15조**
이 협약의 해석 또는 적용에 관하여 둘 이상의 체약국 사이의 분쟁이 교섭에 의하여 해결되지 아니할 경우, 동 분쟁은 분쟁 당사국이 다른 해결방법에 동의하지 아니하는 한 국제사법재판소의 결정을 위하여 동 재판소에 회부된다.

**제16조**
1. 이 협약은 불어, 영어, 스페인어로 작성된다. 이들 3개 본은 서명될 것이며, 동등히 정본이 된다.
2. 사무총장은 관계정부와 협의한 후 독일어, 아랍어, 이탈리아어 및 포르투갈어로 이 협약의 공식 번역문을 작성한다.
3. 모든 체약국은 단독 또는 공동으로 사무총장과의 합의에 의하여, 그 국가가 선택하는 언어로 여타 번역문을 사무총장에게 작성시킬 권한이 있다.
4. 이러한 번역문은 서명된 본 협약의 본문에 첨부한다.

**제17조**
1. 이 협약은 문학적·예술적 저작물의 보호에 관한 베른협약의 규정 및 동 협약에 의하여 창설된 동맹에 아무런 영향을 미치지 아니한다.
2. 전항의 규정을 적용함에 있어서 본 조에 부속선언이 첨부되어 있다. 이 부속선언은 1951년 1월 1일에 베른협약에 의하여 기속되어 있거나 또는 그 후에 기속되는 국가에 대하여는, 이 협약의 불가분의 일부를 이룬다. 이들 국가에 의한 이 협약에의 서명은, 이 선언의 서명을 수반하며, 이들 국가에 의한 이 협약의 비준이나 수락 또는 가입은 각각 이 선언의 비준이나 수락 또는 가입을 포함한다.

**제18조**
이 협약은, 둘 이상의 미주국가들 사이에서만 전적으로 효력을 가지거나, 또는 장래 효력을 가지게 되는 다수국간 또는 2국간의 저작권협약 및 약정을 무효로 하지 아니한다. 현재 효력을 가지고 있는 이들 협약 및 약정의 규정과 이 협약의 규정이 저촉되는 경우, 또는 이 협약의 규정과 이 협약의 효력발생 후에 둘 이상의 미주국가 사이에 작성되는 새로운 협약 및 약정의 규정이 저촉되는 경우에는, 가장 최근에 작성된 협약 및 약정이 당사국 사이에서 우선한다. 이 협약의 효력발생일전에 어느 체약국에서 취득된 저작물에 대한 권리는 아무런 영향을 받지 아니한다.

**제19조**
이 협약은 둘 이상의 체약국 사이에서 효력을 가지는 다수국간 또는 2국간의 협약 및 약정을 무효로 하지 아니한다. 이들 협약 및 약정의 규정과 이 협약의 규정이 저촉되는 경우에는 이 협약의 규정이 우선한다. 이 협약의 효력발생일 전에 어느 체약국에 있어서 기존의 협약 또는 약정에 따라 그 국가에서 취득된 저작물에 대한 권리는 아무런 영향을 받지 아니한다. 본 조의 규정은 제17조 및 제18조의 규정에 아무런 영향을 미치지 아니한다.

**제20조**
이 협약에 대한 유보는 허용되지 아니한다.

**제21조**
1. 사무총장은 관계국에 대하여, 그리고 등록을 위하여 국제연합사무총장에 대하여 이 협약의 인증등본을 송부하여야 한다.
2. 사무총장은 모든 관계국에 비준, 수락 또는 가입서의 기탁, 협약의 효력발생일, 협약의 규정에 의한 통고 및 제14조의 규정에 의한 폐기를 통보하여야 한다.

## 제17조에 관한 부속선언

문학적·예술적 저작물 보호를 위한 국제동맹(이하 "베른동맹"이라 한다)의 당사국이며, 이 협약의 서명국인 국가는, 전기 동맹을 기반으로 그들의 상호관계를 공고히 하고, 베른협약과 세계저작권협약과의 병존으로 발생될 수 있는 여하한 분쟁도 피할 것을 희망하여, 저작권 보호의 수준을 자국의 문화적, 사회적 및 경제적 발전단계에 대응시킬 것을 잠정적으로 필요로 하는 국가가 일부 존재하고 있음을 인정하여, 합의에 의하여 다음의 선언조항을 수락하였다.

가. 나.호에서 규정하는 경우를 제외하고, 1951년 1월 1일 이후에 베른동맹으로부터 탈퇴한 나라를 베른협약에 따라 본국으로 하는 저작물은 베른동맹국에 있어서는 세계저작권협약에 의한 보호를 받지 못한다.

나. 국제연합총회의 확립된 관행에 따라 개발도상국으로 간주되는 체약국으로서, 자국을 개발도상국으로 간주한다는 내용의 통고를 베른연맹으로부터의 탈퇴시 국제연합교육과학문화기구 사무총장에게 기탁한 국가에 대하여는 가호의 규정은 그 체약국이 이 협약에서 규정하는 예외를 제5조의2의 규정에 따라서 이용할 수 있는 한 적용되지 아니한다.

다. 세계저작권협약은, 동 베른협약에 따라 어떤 베른동맹국을 본국으로 하는 저작물의 보호에 관련되는 한 베른동맹국 사이의 관계에 있어서는 적용되지 아니한다.

## 제11조에 관한 결의

세계저작권협약 개정회의는, 이 결의가 부속되어 있는 이 협약의 제11조에서 규정하는 정부간위원회에 관한 문제를 고려하여 다음 사항을 결의한다.

1. 위원회는, 당초 1952년 협약 제11조 및 동조에 부속된 결의에 의거하여 설치된 정부간위원회의 12개국가 대표자와 추가로 다음 국가들, 즉 알제리, 호주, 일본, 멕시코, 세네갈, 유고슬라비아의 대표자들을 포함한다.
2. 1952년 협약의 당사국이 아니면서 이 협약의 효력발생후 최초 위원회의 정기회의까지에 이 협약에 가입하지 아니한 국가는, 위원회가 그 최초의 정기회의에 제11조제2항 및 제3항의 규정에 따라 선출하는 다른 나라로 대치된다.
3. 제1항에서 규정한 위원회는 이 협약이 효력을 발생하게 되면 협약 제11조의 규정에 따라 즉각 구성된 것으로 간주한다.
4. 위원회의 회기는 이 협약의 효력발생후 1년이내에 개최한다. 그 후에는 적어도 2년에 한번 정기회의로서 회합을 갖는다.
5. 위원회는 위원장 1인과 부위원장 2인을 선출한다. 위원회는 다음의 원칙을 고려하여 그 절차규칙을 정한다.

가. 위원회의 위원국의 정상 임기는 6년으로 하고 2년마다 그 3분의 1을 새로 선출한다. 다만, 최초의 임기에 있는 위원국 가운데 3분의 1은 이 협약의 효력발생후에 있어서 두번째 정기회의말에, 다른 3분의 1은 세번째의 정기회의말에, 그 나머지 3분의 1은 네번째의 정기회의말에 각각 임기가 만료되는 것으로 양해된다.

나. 위원회의 결원을 보충하는 절차, 구성국의 임기만료의 순서, 개선자격 및 선출절차에 관련되는 규정은, 구성국 유지의 필요성 및 구성국 교대의 필요성과의 균형 그리고 제11조제1항에서 언급된 고려사항을 기초로 하여야 한다.

국제연합교육과학문화기구가 위원회의 사무국을 제공할 것을 희망한다.

이상의 증거로서, 하기 서명자는 각자의 전권위임장을 기탁한 후 이 협약에 서명하였다.

1971년 7월 24일 파리에서 단일본을 작성하였다.

# 무국적자 및 난민의 저작물에 대한 1971년 7월 24일 파리에서 개정된 세계저작권협약의 적용에 관한 동협약의 제1부속의정서

파리에서 작성 1971. 7.24
가입서 기탁일 1987. 7. 1
대한민국에 대하여 발효 1987.10. 1
(조약 제934호)

1971년 7월 24일 파리에서 개정된 세계저작권협약(이하 "1971년 협약"이라 한다)의 당사국이며, 또한 이 의정서의 체약당사국인 국가는 다음의 규정을 수락하였다.

1. 이 의정서의 당사국에 상시 거주하는 무국적자 및 난민은 1971년 협약의 적용상, 그 국가의 국민으로 간주한다.
2. 가. 이 의정서는 1971년 협약 제8조의 규정이 협약에 적용되는 바와 같이, 서명되고 또한 비준 내지 수락을 요하며 이에 가입할 수 있다.
   나. 이 의정서는 각 국가에 대하여, 각각 그 비준, 수락 내지 가입서의 기탁일과 그 국가에 대한 1971년 협약의 효력발생일중에서 늦은 일자에 효력이 발생한다.
   다. 1952년 협약의 제1부속의정서는, 1952년 협약의 제1부속의정서의 당사국이 아닌 국가에 대하여 이 의정서가 효력을 발생한 날에, 그 국가에 대하여 효력이 발생한 것으로 본다.

이상의 증거로서, 하기 서명자는 정당히 권한을 위임받아 이 의정서에 서명하였다.

1971년 7월 24일 파리에서 동등히 정본인 영어, 불어 및 스페인어로 단일본을 작성하였다. 동 정본은 국제연합교육과학문화기구 사무총장에게 기탁된다.

사무총장은 서명국에 대하여, 그리고 등록을 위하여 국제연합사무총장에 대하여 인증등본을 송부한다.

# 일정 국제기구의 저작물에 대한 1971년 7월 24일 파리에서 개정된 세계저작권협약의 적용에 관한 동협약의 제2부속의정서

파리에서 작성 1971. 7.24
가입서 기탁일 1987. 7. 1
대한민국에 대하여 발효 1987.10. 1
(조약 제935호)

1971년 7월 24일 파리에서 개정된 세계저작권협약(이하 "1971년 협약"이라 한다)의 당사국이며, 또한 이 의정서의 체약당사국인 국가는 다음의 규정을 수락하였다.

1. 가. 1971년 협약의 제2조 제1항에서 규정한 보호는 국제연합 및 국제연합과 제휴관계에 있는 전문기구 또는 미주국가기구가 최초로 발행한 저작물에 적용한다.
   나. 마찬가지로, 1971년 협약 제2조의 제2항의 규정도 전항의 기구 또는 기관에 적용한다.
2. 가. 이 의정서는 1971년 협약 제8조의 규정이 협약에 적용되는 바와 같이, 서명되고 또한 비준 내지 수락을 요하며 이에 가입할 수 있다.
   나. 이 의정서는 각 국가에 대하여 그 비준, 수락 또는 가입서의 기탁일과 그 국가에 대한 1971년 협약의 효력발생일중에서 늦은 일자에 효력이 발생한다.

이상의 증거로서, 하기 서명자는 정당히 권한을 위임받아 이 의정서에 서명하였다.

1971년 7월 24일 파리에서 동등히 정본인 영어, 불어, 스페인어로 단일본을 작성하였다. 동 정본은 국제연합교육과학문화기구 사무총장에게 기탁된다.

사무총장은 서명국에 대하여, 그리고 등록을 위하여 국제연합사무총장에 대하여 인증등본을 송부한다.

# 1971년 7월 24일 파리에서 개정된 세계저작권협약 제5조의2제1항에 의한 통고

파리에서 채택　1971. 7.24
대한민국에 대하여 발효　1987.11. 5
(외무부고시 제145호)

"1971년 7월 24일 파리에서 개정된 세계저작권협약 및 제1, 제2부속 의정서"는 1971년 7월 24일 세계저작권협약의 개정을 위한 회의에서 채택되었으며, 동 협약 제8조 2항 및 각 의정서 2항 가의 규정에 따라 대한민국 정부는 1987년 7월 1일 동 협약에 가입하였으므로, 개발도상국인 대한민국 정부는 상기 협약 제5조의2, 제5조의3 및 제5조의4의 제규정을 심사한 후, 제5조의2 제1항에 의하여 대한민국 정부가 상기 조항에 규정된 모든 예외를 이용하고 동 조항에 포함된 규정을 성실히 이행할 것을 약속한다.

이상의 증거로 본인 대한민국 외무부장관 최광수는 이 선언서에 서명하고 이에 대한민국 외무부장관인을 날인하였다.

일천구백팔십칠년 시월 십삼일 서울에서 작성하였다.

외무부장관　최 광 수

# 음반의 무단 복제로부터 음반제작자를 보호하기 위한 협약

제네바에서 작성　1971.10.29
가입서 기탁일　1987. 7. 1
대한민국에 대하여 발효　1987.10.10
(조약 제937호)

체약국은, 무단으로 음반의 복제가 널리 행하여지고 또한 증가하고 있으며 그리고 이러한 행위가 저작자, 실연자 및 음반제작자의 이익을 해하고 있음을 우려하고, 이러한 행위로부터 음반제작자를 보호하는 것이 음반에 실연이 녹음되어 있는 실연자와 저작물이 녹음되어 있는 저작자에게도 이익이 되는 것임을 확신하며, 국제연합교육과학문화기구와 세계지적소유권기구가 이 분야에 있어서 이루어 온 작업의 가치를 인정하며, 이미 효력을 가지고 있는 국제협정을 결코 해하지 아니하고 특히, 음반제작자는 물론 실연자와 방송사업자를 보호하고 있는 1961년 10월 26일의 로마협약을 더욱 광범위하게 수락하는 것을 해하지 아니할 것을 희망하면서, 다음과 같이 합의하였다.

**제1조**
이 협약의 적용상,
(가) "음반"이란 실연의 음 또는 여타 음을 오직 청각적으로 고정한 것을 말한다.
(나) "음반제작자"란 실연의 음 또는 여타 음을 최초로 고정한 자연인 또는 법인을 말한다.
(다) "복제물"이란 음반으로부터 직접 또는 간접으로 취한 음을 수록하고 있는 물품으로서, 동 음반에 고정된 음의 전부 또는 실질적인 부분을 수록하고 있는 것을 말한다.

(라) "공중에게의 배포"란 음반의 복제물을 직접 또는 간접으로 일반공중에게 또는 그 일부에게 제공하는 행위를 말한다.

**제2조**

각 체약국은 음반제작자의 동의가 없이 행하여지는 복제물의 작성, 그러한 복제물의 수입 그리고 그러한 복제물의 공중에 대한 배포로부터 다른 체약국 국민인 음반제작자를 보호한다. 다만, 전술한 복제물의 작성 또는 수입의 경우에는, 동 작성 또는 수입이 공중에 대한 배포를 목적으로 하는 경우에 한한다.

**제3조**

이 협약을 실시하기 위한 수단은 각 체약국의 국내법이 정하는 바에 따르며, 그 수단은 저작권 기타 특정권리의 부여에 의한 보호, 불공정경쟁에 관련되는 법률에 의한 보호 또는 형벌에 의한 보호 중 하나이상을 포함하여야 한다.

**제4조**

보호기간은 각 체약국의 국내법이 정하는 바에 의한다. 그러나 국내법이 특정의 보호기간을 정하는 경우 당해 보호기간은 음반에 수록되어 있는 음이 최초로 고정된 연도의 말로부터 또는 음반이 최초로 발행된 연도의 말로부터 20년 이상이라야 한다.

**제5조**

어느 체약국이 음반제작자를 보호하는 조건으로서 국내법에 의하여 방식의 이행을 요구할 경우, 공중에게 배포되는 음반의 모든 복제물이나 또는 그 용기에 최초의 발행연도와 함께 ⓟ의 기호가 합리적인 보호요구의 표시로서 적당한 방법으로 표시되어 있을 때에는 방식의 요구가 충족된 것으로 간주한다. 또한 복제물이나 그 용기로는 음반제작자, 그의 권리 승계인 또는 배타적 허락을 받은 자를 (성명, 상표, 기타 적당한 표시에 의하여) 알 수 없는 경우, 동 표시는 제작자, 그의 권리 승계인 또는 배타적 허락을 받은 자의 성명을 아울러 포함하여야 한다.

**제6조**

저작권 기타 특정의 권리에 의한 보호 또는 형벌에 의한 보호를 부여하는 체약국은 음반제작자의 보호에 관하여 문학적 및 예술적 저작물의 보호에 관해서 인정되는 제한과 같은 종류의 제한을 국내법으로 정할 수 있다. 그러나 강제허락은 다음의 모든 조건을 충족하지 아니하는 한 인정할 수 없다.

(가) 복제가 교육 또는 학술적 연구만을 목적으로 사용될 것

(나) 강제허락에 관한 허가는 그 허가를 부여한 권한있는 기관이 속한 체약국의 영역내에서 행하여지는 당해 복제에 대하여서만 유효하고, 또한 당해 복제물의 수출에 대해서는 적용되지 아니할 것

(다) 강제허락에 관한 허가에 의해서 행하여지는 복제에 대하여, 특히 제조된 당해 복제물의 수를 고려하여 전술한 권한있는 기관이 정하는 공정한 보상금이 지급될 것

**제7조**

(1) 이 협약은 국내법 또는 국제협정에 따라 저작자, 실연자, 음반제작자 또는 방송사업자에게 보장되는 보호를 제한하거나 또는 해하는 것으로 해석되지 아니한다.

(2) 음반에 그의 실연이 고정되어 있는 실연자가 보호를 받는 범위와 조건은 각 체약국의 국내법이 정하는 바에 의한다.

(3) 어느 체약국에게도 자국에 대해서 이 협약이 효력을 발생하기 전에 고정된 음반에 대하여 이 협약을 적용하는 것이 요구되지 아니한다.

(4) 1971년 10월 29일 당시 음반제작자에 대하여 최초의 고정장소만을 근거로 하여 보호를 하고 있는 체약

국은 세계지적소유권기구 사무국장에게 기탁하는 통고에 의하여 음반제작자의 국적기준 대신에 최초 고정장소 기준을 적용할 것임을 선언할 수 있다.

### 제8조

(1) 세계지적소유권기구 사무국은 음반의 보호에 관한 정보를 수집 및 공표하며, 각 체약국은 음반의 보호에 관한 모든 새로운 법령과 공문서를 조속히 사무국에 송부한다.

(2) 사무국은 이 협약에 관한 사항에 대한 정보를 요청에 따라 체약국에 제공하여야 하며, 이 협약에 규정된 보호를 촉진하기 위하여 연구를 행하고 필요한 용역을 제공한다.

(3) 사무국은 국제연합교육과학문화기구와 국제노동기구의 각각의 권한에 속하는 문제에 대하여는 동 기구와 협력하여 제1항 및 제2항에 규정된 임무를 수행한다.

### 제9조

(1) 이 협약은 국제연합사무총장에게 기탁된다. 이 협약은 국제연합, 국제연합과 관련 있는 전문기구, 국제원자력기구의 회원국 또는 국제사법재판소규정의 당사국에 의한 서명을 위하여 1972년 4월 30일까지 개방된다.

(2) 이 협약은 서명국에 의한 비준 또는 수락을 요한다. 이 협약은 본조 제1항에 언급되어 있는 국가에 의한 가입을 위하여 개방된다.

(3) 비준서, 수락서 또는 가입서는 국제연합사무총장에게 기탁한다.

(4) 어느 국가도 이 협약에 의하여 기속된 때에, 국제법에 따라 이 협약의 규정을 실시할 수 있는 상태가 되어 있는 것으로 이해된다.

### 제10조

이 협약에 대하여는 어떠한 유보도 허용되지 아니한다.

### 제11조

(1) 이 협약은 다섯번째의 비준서, 수락서 또는 가입서가 기탁된 날로부터 3개월후에 효력을 발생한다.

(2) 이 협약은 다섯번째의 비준서, 수락서 또는 가입서가 기탁된 후에 비준, 수락 또는 가입하는 국가에 대하여는 세계지적소유권기구 사무국장이 제13조제4항의 규정에 따라 당해국의 문서 기탁을 각국에 통보한 날로부터 3개월후에 효력을 발생한다.

(3) 어느 국가도 비준, 수락 내지 가입시에 또는 그 후에 언제라도 국제연합사무총장에 대한 통고에 의하여 자국이 국제관계에 대해서 책임을 지는 영토의 전부 또는 일부에 대하여 이 협약을 적용할 것을 선언할 수 있다. 이와 같은 통고는 수령일로부터 3개월후에 효력을 발생한다.

(4) 다만, 제3항의 규정은 어느 체약국이 제3항의 규정에 의하여 이 협약을 적용하는 영토의 사실상태를 다른 체약국이 승인하거나 묵시적으로 용인하는 것을 의미하는 것으로 해석될 수 없다.

### 제12조

(1) 어느 체약국도 국제연합사무총장에 대한 서면통고로써 자국에 대해서 또는 전조 제3항에서 언급한 영역의 전부 혹은 일부에 대하여 이 협약을 폐기할 수 있다.

(2) 폐기는 국제연합사무총장이 통고를 수령한 날로부터 12개월후에 효력을 발생한다.

### 제13조

(1) 이 협약은 동등히 정본인 영어, 불어, 러시아어, 스페인어로 작성된 단일본에 서명된다.

(2) 세계지적소유권기구 사무국장은 관계정부와 협의하여 아랍어, 네델란드어, 독어, 이탈리아어 및 포르투갈어로 공식번역본을 작성한다.

(3) 국제연합사무총장은 세계지적소유권기구 사무국장, 국제연합교육과학문화기구 사무총장 및 국제노동기구 사무총장에 대하여 다음 사항을 통고한다.
가. 협약의 서명
나. 비준서, 수락서 또는 가입서의 기탁
다. 협약의 효력발생일
라. 제11조제3항의 규정에 따라 통고된 선언
마. 폐기통고의 수령

(4) 세계지적소유권기구 사무국장은 제9조제1항에 언급된 국가, 또는 당사국에 대하여 전항의 규정에 의하여 수령한 통고와 제7조제4항의 규정에 의하여 행하여지는 선언을 통보한다. 또한 동 사무총장은 그러한 선언을 국제연합교육과학문화기구 사무총장 및 국제노동기구 사무총장에게 통고한다.

(5) 국제연합사무총장은 제9조제1항에 언급된 국가에 대하여 이 협약의 인증등본 2부를 송부한다.

이상의 증거로, 하기 서명자는 정당히 권한을 위임받아 이 협약에 서명하였다.

1971년 10월 29일 제네바에서 작성되었다.

# 세계지적재산기구 실연 및 음반 조약(1996년)

제네바에서 채택 1996.12.20
가입서 기탁일 2008.12.18
대한민국에 대하여 발효 2009. 3.18
(조약 제1940호)

체약당사자는, 실연자 및 음반제작자의 권리 보호를 가능한 한 효과적이고 일관된 방식으로 신장하고 유지하기를 희망하고, 새로운 경제, 사회, 문화 및 기술의 발전으로 인하여 제기된 문제에 대하여 적절한 해결책을 제시하기 위하여 새로운 국제 규칙을 도입할 필요성을 인식하며, 정보·통신 기술의 발전 및 융합이 실연과 음반의 제작과 이용에 미치는 중대한 영향을 인식하고, 실연자와 음반제작자의 권리와 특히 교육, 연구 및 정보의 접근과 같은 공공의 이익 사이의 균형을 유지할 필요성을 인식하며, 다음과 같이 합의하였다.

## 제1장 총 칙

### 제1조 【다른 협약과의 관계】

1. 이 조약의 어떤 규정도 1961년 10월 26일 로마에서 체결된 「실연자, 음반제작자 및 방송사업자의 보호를 위한 국제협약」(이하 「로마협약」이라 한다)에 의하여 체약당사자 상호간에 부담하는 기존의 의무를 저해하지 아니한다.
2. 이 조약상의 보호는 그대로 유지되며, 어떠한 경우에도 문학·예술 저작물에 대한 저작권 보호에 영향을 미치지 아니한다. 따라서 이 조약상의 어떠한 규정도 이러한 보호를 해하는 것으로 해석되지 아니한다.
3. 이 조약은 다른 조약과는 아무런 관련성을 가지지 않으며, 다른 조약상의 권리와 의무를 해하지 아니한다.

**제2조 【정의】** 이 조약의 목적상,

가. "실연자"란 배우·가수·연주자·무용가와 그 밖의 문학 또는 예술저작물 또는 민속물의 표현을 연기·가창·전달·표현·연주·해석 또는 달리 실연하는 자를 말한다.

나. "음반"이란 영화 또는 그 밖의 영상저작물에 수록된 고정물의 형태 이외의 실연의 소리, 그 밖의 소리 또는 소리의 표현물의 고정물을 말한다.

다. "고정"이란 소리 또는 소리의 표현물의 체화로서, 장치를 통하여 소리 또는 소리의 표현물이 인지·복제 또는 전달될 수 있는 것을 말한다.

라. "음반제작자"란 실연의 소리, 그 밖의 소리 또는 소리의 표현물을 최초로 고정하는 것을 기획하고 이를 책임지는 자연인 또는 법인을 말한다.

마. 고정된 실연이나 음반의 "발행"이란 고정된 실연 또는 음반의 복제물을 권리자의 동의를 받아 공중에 제공하는 것을 말한다. 다만, 복제물은 합리적인 수량으로 공중에 제공되어야 한다.

바. "방송"이란 공중이 수신하도록 무선 수단에 의하여 소리, 소리와 이미지, 또는 그의 표현을 공중에게 송신하는 것을 말한다. 위성에 의한 송신도 또한 "방송"이다. 암호화된 신호의 송신은 복호화된 수단이 방송기관에 의하여 또는 방송기관의 동의를 받아 공중에게 제공된 경우에 "방송"이다.

사. 실연이나 음반의 "공중 전달"이란 방송이외의 매체에 의하여 실연의 소리, 음반에 고정된 소리 또는 소리의 표현물을 공중에게 송신하는 것을 말한다. 제15조의 목적상 "공중 전달"은 음반에 고정된 소리 또는 소리의 표현물을 공중이 청취할 수 있도록 제공하는 것을 포함한다.

**제3조 【조약의 보호 대상】**

1. 체약당사자는 다른 체약당사자의 국민인 실연자와 음반제작자에게 이 조약이 규정하는 보호를 부여한다.
2. 다른 체약당사자의 국민은 이 조약의 체약당사자가 모두 「로마협약」의 체약국인 경우에 「로마협약」상 보호의 적격 기준을 충족하는 실연자와 음반제작자로 이해된다. 체약당사자는 이 적격 기준에 관하여 이 조약 제2조의 관련 정의를 적용한다.
3. 「로마협약」 제5조제3항에 규정된 가능성 또는 같은 협약 제5조의 목적상 같은 협약 제17조의 가능성을 원용하는 체약당사자는 이들 조항에 규정된 바와 같이 세계지적재산기구 사무총장에게 통고한다.

**제4조 【내국민대우】**

1. 각 체약당사자는 이 조약에서 특별히 부여한 배타적 권리 및 이 조약 제15조에서 규정한 공정한 보상에 관하여 자국의 국민에게 부여하는 대우를 제3조제2항에서 규정한 바와 같이 다른 체약국의 국민에게 부여한다.
2. 제1항에서 규정한 의무는 다른 체약당사자가 이 조약 제15조제3항에서 허용한 유보를 이용하는 경우에는 적용되지 아니한다.

## 제2장 실연자의 권리

**제5조 【실연자의 인격권】**

1. 실연의 이용 방법상 생략이 요구되는 경우를 제외하고는, 실연자는 자신의 경제적 권리와 별개로, 그리고 이러한 권리의 이전 후에도, 자신의 청각적 생실연 또는 음반에 고정된 실연에 관하여 자신이 한 실연의 실연자로 인정하여 달라는 주장과 자

신의 명성을 해할 수 있는 실연의 왜곡, 훼손, 그 밖의 변경에 대하여 이의를 제기할 권리를 가진다.

2. 제1항에 따라 실연자에게 부여되는 권리는 그의 사망 후, 적어도 그 경제적 권리가 종료할 때까지 존속하고, 보호가 주장되는 체약당사자의 입법에 의하여 권한 있는 사람이나 단체에 의하여 행사될 수 있다. 다만, 이 조약의 비준 또는 가입시에 체약당사자가 자국의 입법으로 이전 항에서 규정한 모든 권리를 실연자의 사망 후에는 보호하지 아니하는 체약국은 이러한 권리 중 일부가 그의 사망 후에는 존속하지 아니한다고 규정할 수 있다.

3. 이 조에서 부여한 권리를 보장하기 위한 구제 수단은 보호가 주장되는 체약당사자의 입법에 따른 지배를 받는다.

**제6조【고정되지 아니한 실연에 대한 실연자의 경제적 권리】** 실연자는 자신의 실연에 관하여 다음을 허락할 배타적인 권리를 향유한다.

(1) 실연이 이미 방송된 실연인 경우를 제외하고, 자신의 고정되지 아니한 실연을 방송하거나 공중에 전달하는 것, 그리고

(2) 자신의 고정되지 아니한 실연을 고정하는 것

**제7조【복제권】** 실연자는 그 방법 또는 형태를 불문하고 음반에 고정된 자신의 실연에 대한 직접적 또는 간접적 복제를 허락할 배타적인 권리를 향유한다.

**제8조【배포권】**

1. 실연자는 판매 또는 그 밖의 소유권의 이전을 통하여 음반에 고정된 자신의 실연의 원본이나 복제물을 공중이 이용가능하게 하는 것을 허락할 배타적인 권리를 향유한다.

2. 이 조약의 어떠한 규정도 체약당사자가 고정된 실연의 원본이나 복제물이 실연자의 허락 하에 최초 판매되거나 또는 그 밖의 소유권이 이전된 후에 제1항의 권리가 소진되는 적용 조건을 결정할 자유에 영향을 미치지 아니한다.

**제9조【대여권】**

1. 실연자는 음반에 고정된 자신의 실연의 원본이나 복제물이 자신의 허락에 의하여, 또는 자신의 허락에 따라 배포된 후에도, 체약당사자의 국내법이 정하는 바대로 이를 공중에 상업적으로 대여하는 것을 허락할 배타적인 권리를 향유한다.

2. 제1항에도 불구하고, 1994년 4월 15일 당시에 음반에 고정된 실연의 복제물의 대여와 관련하여 실연자에 대한 공정한 보상 제도가 존재하였고, 그 이후 이러한 제도를 계속 시행 중인 체약당사자는 음반의 상업적 대여가 실연자의 배타적 복제권을 실질적으로 침해하지 아니한다는 조건으로 이 제도를 계속 유지할 수 있다.

**제10조【고정된 실연을 이용가능하게 할 권리】** 실연자는 공중의 구성원이 개별적으로 선택한 장소와 시간에 음반에 고정된 실연에 접근할 수 있는 방법으로, 유선 또는 무선의 수단에 의하여 음반에 고정된 실연을 공중이 이용가능하게 하는 것을 허락할 배타적인 권리를 향유한다.

## 제3장 음반제작자의 권리

**제11조【복제권】** 음반제작자는 그 방법 또는 형태를 불문하고 음반의 직접적 또는 간접적 복제를 허락할 배타적인 권리를 향유한다.

**제12조【배포권】**

1. 음반제작자는 판매 또는 그 밖의 소유권의 이전을 통하여 자신의 음반의 원본이나 복제물을 공중이 이용가능하게 하는 것을 허락할 배타적인 권리를 향유한다.

2. 이 조약의 어떠한 규정도 체약당사자가 음반 제작자의 허락을 받아 이루어진 음반의 원본이나 복제물이 최초로 판매되거나 또는 그 밖의 소유권이 이전된 후에 제1항의 권리가 소진되는 적용조건을 결정할 자유에 영향을 미치지 아니한다.

**제13조【대여권】**
1. 음반제작자는 음반의 원본이나 복제물이 자신의 허락에 의하여 또는 자신의 허락에 따라 배포된 후에도 체약당사자의 국내법이 정한 바대로 이를 공중에 상업적으로 대여하는 것을 허락할 배타적인 권리를 향유한다.
2. 제1항에도 불구하고, 1994년 4월 15일 당시에 음반의 복제물의 대여와 관련하여 음반 제작자에 대한 공정한 보상 제도가 존재하였고, 그 이후 이러한 제도를 계속 시행중인 체약당사자는 음반의 상업적 대여가 음반제작자의 배타적 복제권을 실질적으로 침해하지 아니한다는 조건으로 이 제도를 계속 유지할 수 있다.

**제14조【음반을 이용가능하게 할 권리】** 음반제작자는 공중의 구성원이 개별적으로 선택한 장소와 시간에 음반에 접근할 수 있는 방법으로, 유선 또는 무선의 수단에 의하여 음반을 공중이 이용가능하게 하는 것을 허락할 배타적인 권리를 향유한다.

## 제4장 공통 규정

**제15조【방송과 공중전달에 대한 보상청구권】**
1. 실연자와 음반제작자는 상업적인 목적으로 발행된 음반이 방송이나 공중에 대한 전달을 위하여 직접적 또는 간접적으로 이용되는 경우에 공정한 단일 보상에 대한 권리를 향유한다.
2. 체약당사자는 실연자나 음반제작자 또는 양자가 이용자에게 공정한 단일 보상을 청구하도록 국내입법으로 정할 수 있다. 체약당사자는 실연자와 음반제작자 사이에 합의가 없는 경우에 실연자와 음반제작자가 공정한 단일 보상금을 분배하는 조건을 정하는 국내입법을 제정할 수 있다.
3. 체약당사자는 세계지적재산권기구 사무총장에게 통고를 기탁함으로써 제1항의 규정을 특정한 이용에 대해서만 적용하거나, 다른 방법으로 그 적용을 제한하거나 또는 동 규정을 적용하지 아니한다는 선언을 할 수 있다.
4. 이 조의 목적상, 공중의 구성원이 개별적으로 선택한 장소와 시간에 접근할 수 있는 방법으로 유선이나 무선 수단에 의하여 공중이 이용가능하게 된 음반은 상업적인 목적으로 발행된 것으로 간주한다.

**제16조【제한과 예외】**
1. 체약당사자는 실연자와 음반제작자의 보호에 관하여, 문학·예술 저작물에 대한 저작권 보호와 관련하여 국내법에서 규정한 바와 같은 종류의 제한이나 예외를 국내법으로 규정할 수 있다.
2. 체약당사자는 이 조약에서 규정한 권리에 대한 제안이나 예외를 실연이나 음반의 통상적 이용과 상충하지 아니하고 실연자나 음반 제작자의 정당한 이익에 불합리한 영향을 주지 아니하는 일부 특별한 경우로 한정한다.

**제17조【보호기간】**
1. 이 조약에 따라 실연자에게 부여되는 보호기간은 실연이 음반으로 고정된 연도의 말부터 기산하여 적어도 50년의 기간이 종료하는 때까지 존속한다.
2. 이 조약에 따라 음반제작자에게 부여되는 보호기간은 음반이 발행된 연도의 말부터 기산하여 적어도 50년의 기간이 종료할 때까지, 또는 그

음반의 고정으로부터 50년 내에 발행이 행하여지지 아니하였을 경우에는 그 고정이 이루어진 연도의 말부터 50년의 기간이 종료하는 때까지 존속한다.

**제18조【기술 조치에 관한 의무】** 체약당사자는 실연자 또는 음반제작자가 이 조약상의 권리 행사와 관련하여 사용하고, 그의 실연 및 음반과 관련하여 실연자 또는 음반제작자에게 허락받지 아니하거나 법에서 허용하지 아니하는 행위를 제한하는 효과적인 기술 조치의 우회에 대하여 충분한 법적 보호와 효과적인 법적 구제를 제공한다.

**제19조【권리관리정보에 관한 의무】**

1. 체약당사자는 다음의 행위가 이 조약상의 권리의 침해를 유인·가능·용이 또는 은폐할 것을 알면서, 또는 민사구제에 대하여는 이를 알만한 합리적인 근거가 있음에도 이를 고의로 행하는 자에 대하여 충분하고 효과적인 법적 구제를 제공한다.
   (1) 전자적인 권리관리정보를 권한 없이 제거하거나 변경하는 것
   (2) 전자적인 권리관리정보가 권한 없이 제거되었거나 변경되었다는 것을 알면서 실연, 고정된 실연의 복제물 또는 음반을 권한 없이 배포, 배포를 위하여 수입, 방송하거나 공중이 이용가능하게 하는 것
2. 이 조의 목적상, "권리관리정보"란 실연자, 실연자의 실연, 음반제작자, 음반, 실연이나 음반의 권리자를 식별하는 정보 또는 실연이나 음반의 이용 조건에 관한 정보 및 그러한 정보를 나타내는 어떠한 숫자나 부호로서, 이들 정보의 어느 항목이 고정된 실연의 복제물이나 음반에 부착되거나, 고정된 실연·음반의 공중전달 또는 공중에게 이용가능하게 하는 것과 관련하여 나타나는 것을 말한다.

**제20조【형식】** 이 조약에서 규정한 권리의 향유와 행사는 어떠한 형식에 따를 것을 조건으로 하지 아니한다.

**제21조【유보】** 제15조제3항의 규정에 따를 것을 조건으로, 이 조약에 대한 유보는 허용되지 아니한다.

**제22조【시간적 적용】**

1. 체약당사자는 이 조약에서 규정한 실연자와 음반제작자의 권리에 대하여 「베른협약」 제18조의 규정을 준용한다.
2. 제1항에도 불구하고, 체약당사자는 이 조약의 발효 후에 자국에 대하여 행하여지는 실연에 이 조약 제5조의 적용을 한정할 수 있다.

**제23조【권리 집행에 관한 규정】**

1. 체약당사자는 자국의 법령체계에 따라 이 조약의 적용을 보장하기 위하여 필요한 조치를 취할 것을 약속한다.
2. 체약당사자는 침해를 예방하기 위한 신속한 구제와 추가 침해를 억제하기 위한 구제를 포함하여 이 조약상의 모든 권리의 침해행위에 대한 효과적인 대처를 가능하게 하는 집행절차를 자국의 법으로 보장한다.

## 제5장 행정 및 종결 조항

**제24조【총회】**

1. 가. 체약당사자는 총회를 구성한다.
   나. 각 체약당사자는 1명의 대표가 대표하고, 그 대표는 교체대표·자문 및 전문가의 보좌를 받을 수 있다.
   다. 각 대표단의 경비는 그 대표단을 임명한 체약당사자가 부담한다. 총회는 세계지적재산기구에 대하여 국제연합 총회의 확립된 관행에 따라 개발도상국으로 보는 체약당사자 또는 시장 경제로 전환중인 국가인 체약당사자 대표단의 참여를 촉진하기 위한 재정적 후원을 요청할 수 있다.

2. 가. 총회는 이 조약의 유지·발전과 이 조약의 적용·운영에 관한 사항을 다룬다.
   나. 총회는 특정 정부간 기구의 이 조약 당사자로서의 수락에 관하여 제26조제2항에 의하여 총회에 부여된 기능을 행사한다.
   다. 총회는 이 조약의 개정을 위한 외교회의의 소집을 결정하고, 이러한 외교회의의 준비에 관하여 세계지적재산기구 사무총장에게 필요한 지침을 준다.
3. 가. 국가인 체약당사자는 각 1표의 투표권을 가지며 자국의 명의로만 투표한다.
   나. 정부간 기구인 체약당사자는 그 회원국을 대신하여 이 조약의 당사국인 회원국의 수만큼 투표권을 행사할 수 있다. 이러한 정부간 기구는 그 회원국이 투표권을 행사하는 경우 투표에 참여할 수 없고, 그 반대의 경우에도 마찬가지이다.
4. 총회는 2년에 1회 세계지적재산기구 사무총장이 소집하는 정기회의에 회합한다.
5. 총회는 임시회기 소집·정족수 요건 및 이 조약 규정에 따른 각종 결정에 있어서의 다수결 요건 등에 관한 자체 절차 규칙을 채택한다.

**제25조 【국제사무국】** 세계지적재산기구 국제사무국은 이 조약과 관련된 행정 업무를 수행한다.

**제26조 【조약 당사자 적격】**
1. 세계지적재산기구의 회원국은 이 조약의 당사자가 될 수 있다.
2. 총회는 이 조약 내용을 다룰 권한과 이에 관하여 그 회원국을 구속하는 입법이 있고 그 내부 절차에 따라 이 조약의 당사자가 되도록 정당하게 권한을 위임받았음을 선언하는 정부간 기구의 조약 당사자로서의 수락 여부를 결정할 수 있다.
3. 유럽공동체는 이 조약이 채택된 외교회의에서 이전 항의 규정에 따라 선언함에 따라 이 조약의 당사자가 될 수 있다.

**제27조 【조약상의 권리와 의무】** 이 조약에서 달리 특별히 규정된 경우를 제외하고 각 체약당사자는 이 조약상의 모든 권리를 향유하고 모든 의무를 부담한다.

**제28조 【조약에의 서명】** 이 조약은 1997년 12월 31일까지 서명을 위하여 세계지적재산기구의 회원국과 유럽공동체에 개방된다.

**제29조 【조약의 발효】** 이 조약은 30개국의 비준서 또는 가입서가 세계지적재산기구 사무총장에게 기탁된 때부터 3개월 후 효력을 발생한다.

**제30조 【조약당사자에 대한 효력 발생일】** 이 조약은 다음과 같은 날부터 당사자를 기속한다.
(1) 제29조에 언급된 30개국은 이 조약의 효력 발생일
(2) 다른 국가는 그 국가가 세계지적재산기구 사무총장에게 가입 문서를 기탁한 날부터 3개월이 경과한 때
(3) 유럽 공동체는 제29조에 따른 조약의 효력 발생 후 비준서 또는 가입서를 기탁한 경우 그 비준서 또는 가입서의 기탁 후 3개월이 경과한 때, 가입문서가 조약의 효력 발생 전에 기탁된 경우 조약의 효력 발생일로부터 3개월이 경과한 때
(4) 이 조약에 당사자로서의 가입이 허락된 다른 정부간 기구는 가입서 기탁 후 3개월이 경과한 때

**제31조 【조약의 폐기】** 모든 체약당사자는 세계지적재산기구 사무총장에 대해 통고함으로써 이 조약을 폐기할 수 있다. 이러한 폐기는 세계지적재산기구 사무총장이 통고를 접수한 날부터 1년 후에 효력을 발생한다.

**제32조【조약의 언어】**
1. 이 조약은 동등하게 정본인 영어, 아랍어, 중국어, 프랑스어, 러시아어 및 스페인어로 된 단일의 원본에 의하여 서명되었다.
2. 세계지적재산기구 사무총장은 이해 관계자의 요청에 따라 모든 이해 관계자와의 협의 후 제1항외의 언어로 작성된 공식문서를 확정한다. 이 항에서 "이해 관계자"란 자국의 공식 언어 또는 다수의 공식 언어 중 하나가 관련된 세계지적재산기구 회원국, 유럽공동체, 또는 그 공식 언어 중 하나가 관련되고 이 조약의 당사자가 될 수 있는 다른 정부간 기구를 말한다.

**제33조【기탁】** 세계지적재산기구 사무총장은 이 조약의 수탁자이다.

## 선 언

대한민국은 세계지적재산기구 실연 및 음반에 관한 조약의 제3조제3항에 따라 발행 기준을 적용하지 아니한다.

대한민국은 세계지적재산기구 실연 및 음반에 관한 조약의 제15조제3항에 따라 상업용 음반이 무선 및 유선방송을 통하여 이용되는 경우에 한하여 동 조약 제15조제1항의 규정을 적용한다. 유선방송에 인터넷을 통한 방송은 포함하지 아니한다.

대한민국은 세계지적재산기구 실연 및 음반에 관한 조약의 제15조제3항에 따라 동 조약의 제15조제3항에 따른 선언을 한 다른 체약국의 국민인 자가 제작하거나 실연한 음반에 대하여 부여하는 동 조약의 제15조제1항에 규정된 보호는 그 다른 체약국이 동 조약의 제15조제1항에 따라 우리 국민인 자가 제작하거나 실연한 음반에 대하여 부여하는 보호의 범위와 기간 내로 제한한다.

# 실연자, 음반제작자 및 방송사업자의 보호를 위한 국제협약

로마에서 채택 1961.10.26
가입서 기탁일 2008.12.18
대한민국에 대하여 발효 2009. 3.18
(조약 제1941호)

체약국은 실연자, 음반제작자 및 방송사업자의 권리 보호를 희망하며, 다음과 같이 합의하였다.

**제1조**
이 협약에 의하여 부여되는 보호는 문학·예술 저작물에 대한 저작권 보호를 손상시키지 아니하고, 어떠한 경우에도 이에 영향을 미치지 아니한다. 따라서 이 협약의 어떠한 규정도 그러한 보호를 해하는 것으로 해석되지 아니한다.

**제2조**
1. 이 협약의 목적상, 내국민대우란 보호가 요구되는 체약국의 국내법에 의하여 다음의 사람에게 주어지는 대우를 말한다.
   가. 그 영역 내에서 행해지거나, 방송되거나 또는 최초로 고정된 실연에 관하여, 자국민인 실연자
   나. 그 영역 내에서 최초로 고정되거나 최초로 발행된 음반에 관하여, 자국민인 음반제작자
   다. 그 영역 내에 소재하고 있는 송신기로부터 송신된 방송에 관하여, 자국 내에 주사무소를 가지는 방송사업자
2. 내국민대우는 이 협약이 특별히 보장하는 보호 및 특별히 정하는 제한에 따를 것을 조건으로 한다.

**제3조**
이 협약의 목적상,
   가. "실연자"란 배우·가수·연주

자·무용가와 그 밖의 문학 또는 예술저작물을 연기·가창·전달·표현·연주 또는 달리 실연하는 자를 말한다.

나. "음반"이란 실연의 소리 또는 그 밖의 소리를 오로지 청각적으로 고정한 것을 말한다.

다. "음반제작자"란 실연의 또는 그 밖의 소리를 최초로 고정한 자연인이나 법인을 말한다.

라. "발행"이란 음반의 복제물을 합리적인 수량으로 공중에게 제공하는 것을 말한다.

마. "복제"란 고정물을 하나 또는 그 이상의 복제물로 만드는 것을 말한다.

바. "방송"이란 공중이 수신하도록 무선의 수단에 의하여 소리 또는 영상과 소리를 송신하는 것을 말한다.

사. "재방송"이란 어느 방송사업자가 다른 방송사업자의 방송을 동시에 방송하는 것을 말한다.

**제4조**

각 체약국은 다음의 조건 중 하나 이상이 충족되는 경우, 실연자에게 내국민대우를 부여한다.

가. 실연이 다른 체약국 내에서 행하여지거나

나. 실연이 이 협약 제5조에 따라 보호되는 음반에 수록되거나,

다. 음반으로 고정되어 있지 아니한 실연이 이 협약 제6조에 따라 보호되는 방송에 의하여 전해지는 경우

**제5조**

1. 각 체약국은 다음의 조건 중 하나 이상이 충족되는 경우, 음반제작자에게 내국민대우를 부여한다.

가. 음반제작자가 다른 체약국의 국민이거나(국적 기준),

나. 소리의 최초의 고정이 다른 체약국 내에서 이루어지거나(고정기준),

다. 음반이 다른 체약국에서 최초로 발행된 경우(발행 기준)

2. 비체약국에서 최초로 발행된 음반이 그 최초 발행일부터 30일 이내에 체약국에서도 발행(동시발행)된 때에는, 그 음반은 그 체약국 내에서 최초로 발행된 것으로 본다.

3. 체약국은 국제연합 사무총장에게 기탁하는 통고를 통하여 발행의 기준 또는 이에 대신하여 고정의 기준을 적용하지 아니한다고 선언할 수 있다. 이러한 통고는 비준, 수락 또는 가입시에 기탁할 수 있으며, 또는 그 후에 언제든지 기탁할 수 있다. 마지막 경우에는 그 통고가 기탁된 때부터 6개월 후에 효력이 발생한다.

**제6조**

1. 각 체약국은 다음의 조건 중 어느 하나 이상이 충족되는 경우, 방송사업자에게 내국민대우를 부여한다.

가. 방송사업자의 주사무소가 다른 체약국 내에 소재하고 있거나,

나. 방송이 다른 체약국 내에 소재하고 있는 송신기로부터 송신되는 경우

2. 체약국은 국제연합 사무총장에게 기탁하는 통고를 통하여 방송사업자의 주사무소가 다른 체약국 내에 소재하고 있고 방송이 그 체약국 내에 있는 송신기로부터 송신되는 경우에 한하여 방송을 보호한다고 선언할 수 있다. 이러한 통고는 비준, 수락 또는 가입시에 기탁할 수 있으며, 또는 그 후에 언제든지 기탁할 수 있다. 마지막 경우에는 그 통고가 기탁된 때부터 6개월 후에 효력이 발생한다.

**제7조**

1. 이 협약이 실연자에게 부여하는 보호는 다음을 방지하는 가능성을 포함한다.

가. 실연자의 동의를 받지 아니한 실연의 방송 또는 공중 전달. 다만, 방송이나 공중 전달에 이용되는 실연 그 자체가 이미 방송 실연이거나 또는 고정물로부터 행하여지는 경우는 예외로 한다.

나. 실연자의 동의를 받지 아니한 고정되지 아니한 실연의 고정,

다. 다음의 경우에 실연자의 동의를 받지 아니한 실연의 고정물의 복제

(1) 원고정물 자체가 동의 없이 만들어졌거나,

(2) 실연자가 동의한 목적과 다르게 복제가 되거나,

(3) 원고정물이 제15조의 규정에 따라 만들어졌고 복제가 그 규정에서 언급한 목적과 다르게 이루어지는 경우

2. 1) 실연자가 방송에 동의한 경우에, 재방송, 방송 목적을 위한 고정 및 방송을 목적으로 그러한 고정물의 복제로부터의 보호를 규율하는 것은 보호가 주장되는 체약국 국내법의 관할사항이다.

2) 방송 목적을 위하여 만들어진 고정물의 방송사업자에 의한 사용을 관할하는 조건은 보호가 주장되는 체약국의 국내법에 따라 결정된다.

3) 다만, 제1호와 제2호에서 언급한 국내법은 실연자가 계약에 의하여 방송사업자와의 관계를 정할 권한을 빼앗을 목적으로 작용하지 아니한다.

**제8조**

동일한 실연에 다수의 실연자가 참가하는 경우에, 체약국은 국내 법령에 의하여 그들의 권리 행사와 관련하여 대표를 결정하는 방법을 규정할 수 있다.

**제9조**

체약국은 국내 법령에 의하여 이 협약에서 규정한 보호를 문학·예술 저작물을 실연하지 아니하는 예술가에게 확장할 수 있다.

**제10조**

음반제작자는 그의 음반을 직접 또는 간접으로 복제하는 것을 허가하거나 금지할 권리를 향유한다.

**제11조**

어떤 체약국이 음반과 관련하여 음반제작자나 실연자 또는 이들 양자의 권리를 보호하는 조건으로 자국의 국내법으로 특정한 형식에 따를 것을 요구하는 경우에, 발행된 음반의 모든 상업적 복제물이나 그 용기에 최초의 발행연도와 더불어 보호의 주장을 합리적으로 표시하는 방법으로 ⓟ의 기호가 표시되어 있으면 이러한 요건은 충족된 것으로 간주된다. 다만, 그 복제물이나 용기로부터 (성명, 상표 또는 그 밖의 적절한 표시에 의하여) 제작자나 제작자의 허락을 받은 사람이 식별되지 아니하는 경우에는 제작자의 권리의 소유자의 성명도 그 표시에 넣어야 한다. 또한, 그 복제물이나 용기로부터 주요 실연자가 식별되지 아니하는 경우에는 고정이 이루어진 국가에서 그 실연자의 권리를 소유한 사람의 성명도 그 표시에 넣어야 한다.

**제12조**

상업적인 목적으로 발행된 음반 또는 그러한 음반의 복제물이 방송 또는 공중전달에 직접적으로 사용되는 경우에, 단일의 공정한 보상이 사용자에 의하여 실연자나 음반제작자 또는 이들 양자에게 지급되어야 한다. 당사자 사이에 약정이 없는 경우에는 국내법으로 이 보상금의 배분 조건을 정할 수 있다.

**제13조**

방송사업자는 다음을 허가하거나 금지할 권리를 향유한다.

가. 자신의 방송물의 재방송

나. 자신의 방송물의 고정

다. 아래에 해당하는 복제

(1) 방송사업자의 동의를 받지 아

니하고 만들어진 방송 고정물의 복제

(2) 제15조에 따라 만들어진 방송물의 고정물의 복제로서 그 규정에서 언급하고 있는 목적과 다른 목적으로 복제가 이루어진 경우, 그 복제

라. 입장료를 지급함으로써 공중이 입장할 수 있는 장소에서 텔레비전 방송물이 공중에 전달되는 경우의 그 전달.

다만, 이러한 권리를 행사할 수 있는 조건의 결정은 이러한 권리의 보호가 주장되는 국가의 국내법의 관할 사항이다.

**제14조**

이 협약에 따라 부여되는 보호의 기간은 다음의 연도 말부터 기산하여 적어도 20년의 기간 만료시까지 존속한다.

가. 음반 및 음반에 수록된 실연에 대해서는, 고정이 이루어진 때

나. 음반에 수록되지 아니한 실연에 대해서는, 실연이 행하여진 때

다. 방송물에 대해서는, 방송이 이루어진 때

**제15조**

1. 체약국은 다음과 관련하여 이 협약에 보장된 보호에 대한 예외를 국내 법령으로 정할 수 있다.

가. 사적 이용

나. 시사 사건의 보도와 관련한 짧은 발췌의 사용

다. 자신의 방송을 위해서 자체의 시설을 사용하여 행하여진 방송사업자의 일시적 고정

라. 오직 교육이나 학술 연구의 목적을 위한 사용.

2. 본 조의 제1항에도 불구하고, 체약국은 국내 법령으로 문학·예술 저작물의 저작권의 보호와 관련하여 규정하고 있는 바와 같이, 국내 법령으로 실연자, 음반제작자 및 방송사업자의 보호에 관하여 같은 종류의 제한을 규정할 수 있다. 다만, 강제허락은 이 협약과 양립하는 범위 내에서만 규정될 수 있다.

**제16조**

1. 이 협약의 당사국이 된 국가는 이 협약상의 모든 의무에 구속되고 그로 인한 모든 이익을 향유한다. 다만, 어느 국가든지 국제연합 사무총장에 통고를 기탁함으로써 언제든지 다음과 같이 선언할 수 있다.

가. 제12조에 관하여,

(1) 같은 조의 규정을 적용하지 아니한다는 것

(2) 같은 조의 규정을 어떤 특정의 사용에 관하여 적용하지 아니한다는 것

(3) 다른 체약국의 국민이 아닌 자가 제작한 음반의 경우에 관하여, 같은 조의 규정을 적용하지 아니한다는 것

(4) 다른 체약국의 국민인 자가 제작한 음반의 경우에 관하여, 이 선언을 한 국가의 국민이 최초로 고정한 음반에 대하여 그 다른 체약국이 부여하는 보호의 범위와 기간 내에서, 같은 조에 의하여 규정된 보호를 제한할 수 있다는 것. 다만, 동일한 수혜자에 대하여 제작자가 자국민인 체약국이 선언을 행한 국가와 같은 보호를 부여하지 아니한다는 사실은 보호의 범위에 있어서의 차이로 간주되지 아니한다.

나. 제13조에 관하여, 같은 조 라호를 적용하지 아니한다는 것. 체약국이 이러한 선언을 하는 경우에, 다른 체약국은 주사무소가 그 체약국 내에 있는 방송사업자에게 제13조라호에서 언급하고 있는 권리를 부여할 의무를 지지 아니한다.

2. 제1항에서 언급하고 있는 통고가 비준, 수락 또는 가입서의 기탁일 이후에 이루어진 경우에, 이러한 선언은 기탁 후 6개월 후에 효력을 발생한다.

**제17조**

1961년 10월 26일에 오로지 고정의 기준에 근거하여 음반제작자에 대하여 보호를 부여하고 있는 국가는 비준, 수락 또는 가입시에 국제연합 사무총장에게 통고를 기탁함으로써, 제5조의 목적상 고정의 기준만을, 그리고 제16조제1항가호(3)목과 (4)목의 목적상 국적의 기준 대신에 고정의 기준을 적용한다고 선언할 수 있다.

**제18조**

제5조제3항, 제6조제2항, 제16조 또는 제17조의 규정에 따라 통고를 기탁한 국가는 국제연합 사무총장에게 새로운 통고를 기탁함으로써 그 범위를 축소하거나 이를 철회할 수 있다.

**제19조**

이 협약에도 불구하고, 제7조의 규정은 실연자가 그의 실연을 시각이나 시청각고정물에 싣는 것을 동의한 경우에는 더 이상 적용되지 아니한다.

**제20조**

1. 이 협약은 그 효력 발생일 전에 체약국이 획득한 권리를 해하지 아니한다.
2. 체약국은 이 협약의 효력 발생일 전에 행하여진 실연이나 방송 또는 고정된 음반에 관하여 이 협약의 규정을 적용하도록 구속되지 아니한다.

**제21조**

이 협약에서 규정하는 보호는 실연자, 음반제작자 및 방송사업자에 대하여 달리 보장된 보호를 해하지 아니한다.

**제22조**

체약국은 체약국 간의 특별 협정으로 실연자, 음반제작자 또는 방송사업자에게 이 협약에 의하여 부여되는 권리보다 광범위한 권리를 부여하거나 이 협약에 저촉되지 아니하는 다른 규정을 둘 권리를 유보한다.

**제23조**

이 협약은 국제연합 사무총장에게 기탁한다. 이 협약은 1962년 6월 30일까지 세계저작권협약의 당사국 또는 문학·예술 저작물의 보호를 위한 국제동맹의 회원국이며 실연자, 음반제작자 및 방송사업자의 국제적 보호에 관한 외교회의에 초청받은 모든 국가에 대하여 서명을 위하여 개방된다.

**제24조**

1. 이 협약은 서명국에 의하여 비준이나 수락을 받아야 한다.
2. 이 협약은 제23조에서 언급한 회의에 초청받은 국가 및 국제연합 회원국의 가입을 위하여 개방된다. 다만, 그러한 국가는 어느 경우에도 세계저작권협약의 당사국 또는 문학·예술 저작물의 보호를 위한 국제동맹의 회원국이어야 한다.
3. 비준, 수락 또는 가입은 국제연합 사무총장에게 이러한 목적을 위하여 문서를 기탁함으로써 효력이 발생한다.

**제25조**

1. 이 협약은 여섯 번째의 비준, 수락 또는 가입서의 기탁일부터 3개월 후에 발효한다.
2. 그 후에, 이 협약은 각국에 대하여 비준, 수락 또는 가입 문서의 기탁일부터 3개월 후에 발효한다.

**제26조**

1. 각 체약국은 자국의 헌법에 따라 이 협약의 적용을 확보하기 위하여 필요한 조치를 취한다.
2. 비준, 수락 또는 가입서의 기탁시에 각국은 자국의 국내법에 따라 이 협약의 규정을 실시할 수 있는 상태이어야 한다.

**제27조**

1. 국가는 비준, 수락 또는 가입시 또는 그 후에 언제든지, 국제연합 사무

총장에 대한 통고에 의하여 이 협약이 외교 관계에 대하여 자국이 책임지는 영역의 전부나 일부에 확대 적용된다고 선언할 수 있다. 다만, 세계저작권협약이나 문학·예술 저작물의 보호를 위한 국제협약이 그 영역이나 관련 영역에 대하여 적용되는 경우에 한한다. 이러한 통고는 수령일부터 3개월 후에 효력을 발생한다.

2. 제5조제3항, 제6조제2항, 제16조제1항, 제17조 및 제18조에서 언급한 통고는 본 조 제1항에서 언급한 영역의 전부나 일부를 포함하도록 확대 적용될 수 있다.

**제28조**

1. 체약국은 자국을 위하여 또는 제27조에서 언급한 영역의 전부나 일부를 위하여 이 협약을 폐기할 수 있다.
2. 폐기는 국제연합 사무총장에 대한 통고에 의하여 효력이 발생하며, 이러한 폐기는 통고의 수령일부터 12개월 후에 발효한다.
3. 체약국은 그 국가에 대한 이 협약의 효력 발생일부터 5년의 기간이 만료하기 전에는 폐기권을 행사할 수 없다.
4. 체약국은 세계저작권협약의 당사국 또는 문학·예술 저작물의 보호를 위한 국제동맹의 회원국이 아닌 때부터 이 협약의 당사국 지위를 상실한다.
5. 제27조에서 언급한 영역에 대하여 세계저작권협약과 문학·예술 저작물의 보호를 위한 국제협약이 적용되지 아니하는 때부터 이 협약은 적용되지 아니한다.

**제29조**

1. 이 협약이 5년간 효력을 발생한 후, 체약국은 국제연합 사무총장에 대한 통고에 의하여 이 협약의 개정을 위한 회의를 소집하도록 요청할 수 있다. 사무총장은 이 요청을 모든 체약국에게 통고한다. 국제연합 사무총장의 통고일부터 6개월의 기간 내에 체약국의 2분의 1 이상이 이러한 요청에 찬성한다고 사무총장에게 통고한 경우에, 사무총장은 이를 국제노동기구 사무총장, 국제연합 교육과학문화기구 사무총장과 문학·예술 저작물의 보호를 위한 국제동맹 사무총장에게 통보하여 이들 사무총장들은 제32조에서 규정된 정부간 위원회와 협의하여 개정 회의를 개최한다.
2. 이 협약의 개정을 채택하기 위해서는 개정 회의 당시에 이 협약 당사국의 3분의 2를 포함하여 개정 회의에 출석한 국가의 3분의 2의 찬성투표를 필요로 한다.
3. 이 협약의 전부나 일부를 개정하는 협약이 채택된 경우, 그 개정 협약이 별도로 규정하지 아니하는 한,
   가. 이 협약은 그 개정 협약의 발효일부터 비준, 수락 또는 가입을 위하여 개방되지 아니한다.
   나. 개정 협약의 당사국이 되지 아니한 체약국들 사이에 또는 그들과의 관계에 있어서 이 협약은 효력을 유지한다.

**제30조**

이 협약의 해석이나 적용에 관하여 둘 또는 그 이상의 체약국 사이에 발생하여 협의로 해결할 수 없는 분쟁은 그들이 다른 해결방법에 대하여 동의하지 아니하는 한, 그 중 어느 한 분쟁당사국의 요청으로 국제사법재판소에 회부하여 결정하도록 한다.

**제31조**

제5조제3항, 제6조제2항, 제16조제1항 및 제17조의 규정을 해하지 아니하는 범위 내에서, 이 협약에 대한 유보는 허용되지 아니한다.

**제32조**

1. 이 협약에 의하여 다음의 임무를 갖

는 정부간 위원회를 설치한다.

가. 이 협약의 적용과 운영에 관한 문제를 연구하는 것

나. 이 협약의 장래의 개정을 위한 제안을 수집하고 자료를 준비하는 것

2. 위원회는 공평한 지리적 분배를 고려하여 선출되는 체약국의 대표자로 구성된다. 위원의 수는 체약국이 12개국 이하인 때에는 6명, 13개국 이상 18개국 이하인 때에는 9명, 18개국을 초과하는 때에는 12명으로 한다.

3. 위원회는 이 협약의 효력이 발생한 때부터 12개월 후에, 모든 체약국의 다수결에 의하여 미리 승인된 규칙에 따라, 각 1표를 가지는 체약국들 사이에 선출된 위원들과 국제노동기구 사무총장, 국제연합 교육과학문화기구 사무총장 및 문학·예술 저작물의 보호를 위한 국제동맹의 사무총장으로 구성된다.

4. 위원회는 의장과 임원을 선출한다. 위원회는 자체의 절차 규칙을 형성한다. 이 규칙은 특히 위원회의 장래의 운영과, 여러 체약국 간에 향후 교대를 보장할 수 있도록 그 위원을 선출하는 방법을 정한다.

5. 위원회의 사무국은 국제노동기구, 국제연합 교육과학문화기구와 문학·예술 저작물의 보호를 위한 국제동맹 사무국의 직원 중 위 사무총장들이 지명한 직원으로 구성한다.

6. 위원회의 회의는 위원의 다수결로 필요한 경우에 소집하고, 국제노동기구, 국제연합 교육과학문화기구와 문학·예술 저작물의 보호를 위한 국제동맹 사무국의 본부에서 순차적으로 개최한다.

7. 위원회 위원의 경비는 각 위원의 정부가 부담한다.

**제33조**

1. 이 협약은 동등하게 정본인 영어, 프랑스어 및 스페인어로 작성되었다.

2. 또한, 이 협약의 공식문은 독일어, 이탈리아어 및 포르투갈어로 작성된다.

**제34조**

1. 국제연합 사무총장은 국제노동기구 사무총장, 국제연합 교육과학문화기구 사무총장 및 문학·예술 저작물의 보호를 위한 국제동맹 사무총장뿐만 아니라 제23조의 회의에 초청받은 국가와 국제연합의 모든 회원국에게 다음의 사항을 통고한다.

가. 비준, 수락 또는 가입서의 기탁

나. 이 협약의 발효일

다. 이 협약에서 규정한 모든 통고, 선언 또는 통보

라. 제28조제4항과 제5항에서 언급한 상황의 발생 여부

2. 국제연합 사무총장은 또한 제29조에 따라 그가 이 협약의 개정에 관하여 체약국으로부터 수령한 통보를 포함한 모든 요청을 국제노동기구 사무총장, 국제연합 교육과학문화기구 사무총장 및 문학·예술 저작물의 보호를 위한 국제동맹 사무총장에게 통고한다.

이상의 증거로, 아래 서명자는 정당한 권한을 위임받아 이 협약에 서명하였다.

1961년 10월 26일에, 로마에서 영어, 프랑스어 및 스페인어로 단일본을 작성하였다. 국제연합 사무총장은 국제노동기구 사무총장, 국제연합 교육과학문화기구 사무총장 및 문학·예술 저작물의 보호를 위한 국제동맹 사무총장뿐만 아니라 제23조의 회의에 초청받은 국가와 국제연합의 모든 회원국에게 인증 등본을 송부한다.

## 선 언

대한민국은 실연자, 음반 제작자 및 방송사업자의 보호를 위한 국제협약의 제5조제3항에 따라 발행의 기준을 적

용하지 아니한다.

대한민국은 실연자, 음반 제작자 및 방송사업자의 보호를 위한 국제협약의 제6조제2항에 따라 방송사업자의 주 사무소가 다른 체약국 내에 소재하고 있고, 방송이 그 체약국 내에 소재하고 있는 송신기로부터 송신되는 경우에 한하여 방송을 보호한다.

대한민국은 실연자, 음반 제작자 및 방송사업자의 보호를 위한 국제협약의 제16조제1항가호(2)목에 따라 상업용 음반이 무선 및 유선방송을 통하여 이용되는 경우에 한하여 제12조의 규정을 적용한다. 유선방송에 인터넷을 통한 방송은 포함하지 아니한다.

대한민국은 실연자, 음반 제작자 및 방송사업자의 보호를 위한 국제협약의 제16조제1항가호(3)목에 따라 다른 체약국의 국민이 아닌 자가 제작한 음반의 경우에는 제12조의 규정을 적용하지 아니한다.

대한민국은 실연자, 음반 제작자 및 방송사업자의 보호를 위한 국제협약의 제16조제1항가호(4)목에 따라 다른 체약국의 국민인 자가 제작한 음반에 대하여 부여하는 제12조에 규정된 보호는 대한민국 국민이 최초로 고정한 음반에 대하여 그 다른 체약국이 부여하는 보호의 범위와 기간 내로 제한한다.

대한민국은 실연자, 음반 제작자 및 방송사업자의 보호를 위한 국제협약의 제16조제1항나호에 따라 제13조라호를 적용하지 아니한다.

# 산업디자인의 국제등록에 관한 헤이그 협정의 제네바 개정협정

제네바에서 채택 1999. 7. 2
가입서 기탁일 2014. 3.31
대한민국에 대하여 발효 2014. 7. 1
(조약 제2193호)

목 차

## 도입규정

**제1조【약어적 표현】** 이 개정협정의 목적상,

1) "헤이그 협정"이란 산업디자인의 국제기탁에 관한 헤이그 협정의 변경된 명칭인 산업디자인의 국제등록에 관한 헤이그 협정을 말한다.
2) "이 개정협정"이란 현재의 개정협정에 의하여 마련된 헤이그 협정을 말한다.
3) "규칙"이란 이 개정협정상의 규칙을 말한다.
4) "규정된"이란 규칙에 규정된 것을 말한다.
5) "파리 협약"이란 1883년 3월 20일 파리에서 서명되고, 그 후 개정된 「공업소유권의 보호를 위한 파리 협약」을 말한다.
6) "국제등록"이란 이 개정협정에 따라 실행된 산업디자인의 국제등록을 말한다.
7) "국제출원"이란 국제등록을 위한 출원을 말한다.
8) "국제등록부"란 국제사무국이 보유한 국제등록에 관한 공식적인 자료의 집합으로서, 그 자료의 저장매체에 관계없이 이 개정협정 또는 규칙이 기록하도록 요구하거나 허용하는 자료이다.
9) "인"이란 자연인 또는 법인을 말한다.
10) "출원인"이란 그 명의로 국제출원이 제출되는 인을 말한다.
11) "권리자"란 그의 명의로 국제등록이 국제등록부에 기록된 인을 말한다.
12) "정부간 기구"란 제27조제1항제2목에 따라 이 개정협정의 당사자가 될 자격이 있는 정부간 기구를 말한다.
13) "체약당사자"란 이 개정협정의 당사자인 국가 또는 정부간 기구를 말한다.
14) "출원인의 체약당사자"란 그 체약당사자와 관련하여, 제3조에 명시된 조건 중 적어도 하나를 충족함으로써 출원인이 국제출원의 적격을 갖는 체약당사자 또는 체약당사자들 중 하나를 말한다. 출원인이 제3조에 따라 국제출원의 적격을 가질 수 있는 체약당사자가 둘 이상일 경우, "출원인의 체약당사자"란 그러한 체약당사자들 중 국제출원에 그와 같이 표시된 하나의 체약당사자를 말한다.
15) "체약당사자의 영역"이란 체약당사자가 국가인 경우 그 국가의 영역을 말하고, 체약당사자가 정부간 기구인 경우 그 정부간 기구를 구성하는 조약이 적용되는 영역을 말한다.
16) "관청"이란 체약당사자에 의하여 그 체약당사자의 영역에서 효력을 갖는 산업디자인에 대한 보호를 부여할 권한을 부여받은 기관을 말한다.
17) "심사관청"이란 적어도 산업디자인이 신규성의 조건을 충족하는지 여부를 결정하기 위하여 산업디자인의 보호를 위하여 제출되는 출원을 직권으로 심사하는 관청을 말한다.
18) "지정"이란 국제등록이 체약당사자에 효력을 갖도록 하는 신청을 말한다. 이는 또한 그 신청을 국제등록부에 기록하는 것을 말한다.
19) "지정 체약당사자" 및 "지정 관청"이란 각각 지정이 적용되는 체약당사자 및 체약당사자의 관청을 말한다.

20) "1934년 개정협정"이란 1934년 6월 2일 런던에서 서명된, 헤이그 협정의 개정협정을 말한다.
21) "1960년 개정협정"이란 1960년 11월 28일 헤이그에서 서명된, 헤이그 협정의 개정협정을 말한다.
22) "1961년 추가 개정협정"이란 1934년 개정협정에 추가하여 1961년 11월 18일 모나코에서 서명된 개정협정을 말한다.
23) "1967년 보충 개정협정"이란 1967년 7월 14일 스톡홀름에서 서명되고 개정된, 헤이그 협정의 보충 개정협정을 말한다.
24) "동맹"이란 1925년 11월 6일 헤이그 협정에 의하여 설립되고, 1934년 개정협정 및 1960년 개정협정, 1961년 추가 개정협정, 1967년 보충 개정협정 및 이 개정협정에 의하여 유지된 헤이그 동맹을 말한다.
25) "총회"란 제21조제1항가호에 언급된 총회 또는 그 총회를 대체하는 단체를 말한다.
26) "기구"란 세계지식재산기구를 말한다.
27) "사무국장"이란 기구의 사무국장을 말한다.
28) "국제사무국"이란 기구의 국제사무국을 말한다.
29) "비준서"란 수락서 또는 승인서를 포함하는 것으로 해석된다.

**제2조【체약당사자의 법과 특정 국제조약에 의하여 부여된 다른 보호의 적용가능성】**

1. **[체약당사자의 법과 특정 국제조약]** 이 개정협정의 규정은 체약당사자의 법에 의하여 부여될 수 있는 더 높은 수준의 보호의 적용에 영향을 미치지 아니하고, 국제저작권 조약과 협약에 의하여 미술저작물과 응용미술저작물에 부여된 보호나 세계무역기구 설립을 위한 협정에 부속된 무역관련 지식재산권에 관한 협정에 따라 산업디자인에 대하여 부여된 보호에 어떠한 방식으로든 영향을 미치지 아니한다.
2. **[파리 협약의 준수 의무]** 각 체약당사자는 산업디자인에 관련한 파리 협약의 규정을 준수한다.

## 제1장 국제출원 및 국제등록

**제3조【국제출원의 적격】** 체약당사자인 국가 또는 체약당사자인 정부간 기구 회원국의 국민 또는 체약당사자의 영역에 주소, 거주지 또는 진정하고 실효적인 산업상 또는 상업상의 영업소를 가지고 있는 인은 누구나 국제출원을 할 수 있는 적격이 있다.

**제4조【국제출원의 절차】**

1. **[직접 또는 간접 출원]**
   가. 국제출원은 출원인의 선택에 따라 국제사무국에 직접 또는 출원인의 체약당사자의 관청을 통하여 제출될 수 있다.
   나. 가호에도 불구하고, 체약당사자는 누구나 선언으로 자신의 관청을 통하여 국제출원이 제출될 수 없다고 사무국장에게 통지할 수 있다.
2. **[간접출원의 경우의 송달료]** 체약당사자의 관청은 그 관청을 통하여 제출된 국제출원과 관련하여, 출원인에게 그 관청을 위한 송달료를 납부할 것을 요구할 수 있다.

**제5조【국제출원의 내용】**

1. **[국제출원의 필수내용]** 국제출원은 규정된 언어 또는 규정된 언어들 중 하나로 작성되고 다음을 포함하거나 첨부한다.
   1) 이 개정협정에 따른 국제등록의 신청
   2) 출원인에 관한 규정된 자료

3) 규정된 방식으로 제출된, 국제출원의 대상이 되는 산업디자인에 관한 규정된 수의 도면 사본, 또는 출원인의 선택에 따라, 규정된 수의 여러 개의 다른 도면 사본. 그러나 산업디자인이 2차원이고, 제5항에 따라 공개의 연기를 신청하는 경우, 국제출원에 도면을 포함하는 대신 규정된 수의 산업디자인 견본이 첨부될 수 있다.

4) 산업디자인을 구성하거나 산업디자인이 사용되는 데 관련된 1개 또는 복수의 물품의 규정된 바에 따른 표시

5) 지정 체약당사자의 표시

6) 규정된 수수료

7) 그 밖의 모든 규정된 세부사항

2. **[국제출원의 추가적인 필수내용]**

가. 자국 관청이 심사관청이고, 이 개정협정의 당사자가 될 당시에 자국 법상 산업디자인에 대한 보호를 부여받기 위한 출원이 그 법에 따라 제출일을 부여받기 위하여 나호에 명시된 요소 중 어느 하나를 포함할 것을 요구하는 체약당사자는 누구나 그러한 요소를 사무국장에게 선언으로 통지할 수 있다.

나. 가호에 따라 통지될 수 있는 요소는 다음과 같다.

1) 출원의 대상이 되는 산업디자인의 창작자 신원에 관한 표시

2) 출원의 대상이 되는 산업디자인의 도면 또는 특색에 대한 간단한 설명

3) 청구범위

다. 국제출원이 가호에 따른 통지를 한 체약당사자의 지정을 포함하는 경우, 그 국제출원은 또한 규정된 방식으로 그 통지의 대상이 된 모든 요소를 포함한다.

3. **[그 밖의 국제출원에 포함 가능한 내용]** 국제출원은 규칙에 명시된 그 밖의 요소를 포함하거나 첨부할 수 있다.

4. **[동일한 국제출원에 속한 여러 개의 산업디자인]** 규정된 요건에 따를 것을 조건으로, 국제출원은 둘 이상의 산업디자인을 포함할 수 있다.

5. **[공개 연기 신청]** 국제출원은 공개의 연기 신청을 포함할 수 있다.

### 第6조【우선권】

1. **[우선권의 주장]**

가. 국제출원은 파리 협약의 당사국 또는 세계무역기구의 회원에 제출되거나 이들에 대하여 제출된 하나 이상의 선출원에 대하여 파리 협약 제4조에 따라 우선권을 주장하는 선언을 포함할 수 있다.

나. 규칙은 국제출원 이후에도 가호에 언급된 선언이 이루어질 수 있다고 규정할 수 있다. 그러한 경우, 규칙은 그러한 선언이 이루어질 수 있는 가장 늦은 기한을 규정한다.

2. **[우선권 주장을 위한 근거로서의 국제출원]** 국제출원은 그 제출일부터 그리고 이후의 결과와 관계없이 파리 협약 제4조의 의미 내에서 정규출원과 동등하다.

### 第7조【지정수수료】

1. **[규정된 지정수수료]** 제2항에 따를 것을 조건으로, 규정된 수수료는 각 지정 체약당사자에 대한 지정수수료를 포함한다.

2. **[개별 지정수수료]** 자국 관청이 심사관청인 체약당사자 및 정부간 기구인 체약당사자는 누구나 선언으로 지정된 국제출원과 관련하여 그리고 그러한 국제출원으로 인한 국제등록의 갱신과 관련하여 제1항에 언급된 규정된 지정수수료를 개별 지정수수료로 대체한다고 사무국장에게 통지

할 수 있으며, 개별 지정수수료의 금액은 선언에 표시되며 추후 선언으로 변경될 수 있다. 상기 금액은 최초 보호기간과 각 갱신기간 또는 관련된 체약당사자가 허용하는 최대 보호기간에 대하여 상기 체약당사자가 정할 수 있다. 그러나 그 금액은 동일한 수의 산업디자인에 대하여 상응하는 기간 동안의 보호 부여를 위하여 그 체약당사자의 관청이 출원인으로부터 받을 수 있을 금액의 상당치를 초과할 수 없고, 국제절차로 인하여 간소화되는 만큼 공제되어야 한다.

3. **[지정수수료의 송금]** 국제사무국은 제1항과 제2항에 언급된 지정수수료를 그러한 수수료가 납부된 것과 관련된 체약당사자에게 송금한다.

**제8조 【하자의 보정】**

1. **[국제출원의 심사]** 국제사무국이 국제출원을 접수한 때에 그 국제출원이 이 개정협정과 규칙의 요건을 충족하지 아니한 것을 알게 된 경우, 국제사무국은 출원인에게 규정된 기한 내에 필요한 보정을 하도록 요청한다.
2. **[보정되지 않은 하자]**
   가. 출원인이 규정된 기한 내에 그 요청에 응하지 아니하면, 나호에 따를 것을 조건으로 그 국제출원은 포기된 것으로 간주된다.
   나. 제5조제2항과 관련되거나 규칙에 따라 체약당사자가 사무국장에게 통지한 특별요건과 관련된 하자의 경우, 출원인이 규정된 기한 내에 그 요청에 응하지 아니하면 그 국제출원은 그 체약당사자의 지정을 포함하지 않는 것으로 간주된다.

**제9조 【국제출원의 제출일】**

1. **[직접 제출된 국제출원]** 국제출원이 국제사무국에 직접 제출되는 경우, 제출일은 제3항에 따를 것을 조건으로 국제사무국이 국제출원을 접수하는 날이다.
2. **[간접 제출된 국제출원]** 국제출원이 출원인의 체약당사자 관청을 통하여 제출되는 경우, 제출일은 규정된 대로 결정된다.
3. **[특정 하자가 있는 국제출원]** 국제사무국이 국제출원을 접수하는 날, 국제출원에 국제출원의 제출일의 지연을 수반하는 하자로 규정되는 하자가 있는 경우, 제출일은 국제사무국이 그러한 하자의 보정을 접수하는 날이다.

**제10조 【국제등록, 국제등록일, 공개 및 국제등록의 비밀사본】**

1. **[국제등록]** 국제사무국은, 국제출원을 접수한 즉시 또는 제8조에 따른 보정이 요청되는 경우에는 필요한 보정을 접수한 즉시, 국제출원의 대상이 되는 각 산업디자인을 등록한다. 등록은 제11조에 따라 공개가 연기되는지 여부에 관계없이 효력이 발생한다.
2. **[국제등록일]**
   가. 나호에 따를 것을 조건으로, 국제등록일은 국제출원의 제출일이다.
   나. 국제사무국이 국제출원을 접수하는 날, 국제출원에 제5조제2항과 관련되는 하자가 있는 경우, 국제등록일은 국제사무국이 그러한 하자의 보정을 접수하는 날 또는 국제출원의 제출일 중 나중 날이다.
3. **[공개]**
   가. 국제등록은 국제사무국에 의하여 공개된다. 그러한 공개는 모든 체약당사자에게 충분히 공개된 것으로 간주되고, 권리자에게 그 밖의 공개는 요구되지 아니한다.
   나. 국제사무국은 국제등록의 공개사본을 각 지정관청에 송부한다.

4. **[공개 전 비밀유지]** 제5항 및 제11조제4항나호에 따를 것을 조건으로, 국제사무국은 각 국제출원 및 각 국제등록을 공개할 때까지 비밀로 유지한다.

5. **[비밀사본]**

가. 국제사무국은 등록의 효력이 발생된 후 즉시, 국제등록의 사본을 국제출원에 첨부되는 관련 기술서, 서류 또는 견본과 함께, 그러한 사본을 접수하기를 원한다고 국제사무국에 통지하고 국제출원에서 지정된 각 관청에 송부한다.

나. 관청은 국제사무국에서 국제등록을 공개할 때까지 국제사무국이 보낸 각 국제등록의 사본을 비밀로 유지해야 하며, 국제등록의 심사 목적과, 그 관청이 관할하는 체약당사자에서 제출되거나 그 체약당사자에 대하여 제출된 산업디자인의 보호를 위한 출원의 심사 목적으로만 해당 사본을 사용할 수 있다. 특히, 관청은 그러한 국제등록 내용을 국제등록의 권리자 이외 관청 외부의 어떠한 인에게도 누설할 수 없다. 다만, 그 국제등록의 기초가 되는 국제출원의 적격에 대한 분쟁과 관련한 행정적 또는 사법적 절차를 목적으로 하는 경우는 예외로 한다. 그러한 행정적 또는 사법적 절차의 경우, 국제등록의 내용은 공개에 대한 비밀을 준수할 의무가 있는 그 절차에 관련된 당사자에게 비밀리에만 공개될 수 있다.

## 제11조 【공개의 연기】

1. **[공개의 연기에 관한 체약당사자의 법 규정]**

가. 체약당사자의 법이 산업디자인의 공개의 연기를 규정된 기간보다 짧은 기간 동안 허용하는 경우, 그 체약당사자는 허용 가능한 연기 기간을 사무국장에게 선언으로 통지한다.

나. 체약당사자의 법이 산업디자인의 공개의 연기를 허용하지 아니하는 경우, 그 체약당사자는 그 사실을 사무국장에게 선언으로 통지한다.

2. **[공개의 연기]** 국제출원이 공개 연기 신청을 포함하는 경우, 공개는 다음과 같은 때에 이루어진다.

1) 국제출원에 지정된 어떠한 체약당사자도 제1항에 따른 선언을 하지 아니한 경우, 규정된 기간이 만료된 때, 또는

2) 국제출원에 지정된 체약당사자 중 누구든지 제1항가호에 따른 선언을 한 경우, 그러한 선언으로 통지된 기간이 만료된 때, 또는 그러한 지정 체약당사자가 둘 이상인 경우 선언으로 통지된 최단 기간이 만료된 때

3. **[적용 가능한 법에 따라 연기가 불가능한 경우 연기 신청의 처리]** 공개의 연기가 신청되었고, 국제출원에 지정된 체약당사자 중 누구든지 자국 법에 따라 공개의 연기가 불가능하다는 제1항나호에 따른 선언을 한 경우,

1) 제2목에 따를 것을 조건으로, 국제사무국은 이에 따라 출원인에게 통지한다. 규정된 기간 내에 출원인이 국제사무국에 서면 통지로 해당 체약당사자의 지정을 철회하지 아니하는 경우, 국제사무국은 공개의 연기 신청을 무시한다.

2) 국제출원에 산업디자인의 도면을 포함하는 대신 산업디자인의 견본이 첨부된 경우, 국제사무국은 해당 체약당사자의 지정을 무시하고 이에 따라 출원인에게 통지한다.

4. **[조기 공개의 신청 또는 국제등록에 대한 특별열람의 신청]**
   가. 제2항에 따라 적용되는 연기 기간 동안 언제라도, 권리자는 국제등록의 대상이 되는 일부 또는 전부의 산업디자인에 대하여 공개를 신청할 수 있으며, 이 경우 그러한 1개 또는 복수의 산업디자인에 관한 연기 기간은 국제사무국이 그러한 신청을 접수한 날에 만료된 것으로 간주된다.
   나. 권리자는 제2항에 따라 적용되는 연기 기간 동안 언제라도, 그 권리자가 명시한 제3자에게 국제등록의 대상이 되는 일부 또는 전부의 산업디자인에 대한 초록을 제공하거나, 그 제3자에게 열람을 허용할 것을 국제사무국에 신청할 수도 있다.
5. **[포기 및 감축]**
   가. 제2항에 따라 적용되는 연기 기간 동안 언제라도, 권리자가 모든 지정 체약당사자에 관하여 국제등록을 포기하는 경우, 국제등록의 대상이 되는 1개 또는 복수의 산업디자인은 공개되지 아니한다.
   나. 제2항에 따라 적용되는 연기 기간 동안 언제라도 권리자가 모든 지정 체약당사자에 관하여 국제등록의 대상이 되는 1개 또는 일부의 산업디자인으로 국제등록을 감축하는 경우, 국제등록의 대상이 되는 그 밖의 1개 또는 복수의 산업디자인은 공개되지 아니한다.
6. **[공개 및 도면의 제공]**
   가. 이 조의 규정에 따라 적용되는 연기 기간이 만료된 때, 국제사무국은 규정된 수수료의 납부를 조건으로 국제등록을 공개한다. 그러한 수수료가 규정된 대로 납부되지 아니하는 경우 국제등록은 취소되고 공개는 이루어지지 아니한다.
   나. 제5조제1항제3목에 따라 국제출원에 1개 이상의 산업디자인의 견본을 첨부한 경우, 권리자는 그 출원의 대상이 되는 각 산업디자인에 대한 규정된 수의 도면 사본을 규정된 기한 내에 국제사무국에 제출한다. 권리자가 그렇게 하지 아니하는 범위 내에서 국제등록은 취소되고 공개는 이루어지지 아니한다.

**제12조【거절】**

1. **[거절 권한]** 국제등록의 대상이 되는 일부 또는 전부의 산업디자인에 관하여 지정 체약당사자의 법에 따른 보호 부여 조건이 충족되지 아니하는 경우, 지정 체약당사자의 관청은 해당 체약당사자 영역에서의 국제등록의 일부 또는 전부에 대한 효력을 거절할 수 있다. 다만, 이 개정협정 또는 규칙에 규정되어 있는 국제출원의 형식 또는 내용과 관련되는 요건이나 그러한 요건에 부가된 또는 그러한 요건과 다른 국제출원의 형식 또는 내용과 관련되는 요건이 해당 체약당사자의 법에 부합하지 아니하였다는 이유로 관청이 국제등록의 일부 또는 전부에 대한 효력을 거절할 수 없다.
2. **[거절 통지]**
   가. 국제등록의 효력에 대한 거절은 거절 통지로서 규정된 기간 내에 관청에 의해 국제사무국에 통보된다.
   나. 거절 통지에는 거절의 근거가 되는 모든 이유를 기재한다.
3. **[거절 통지의 송부, 구제수단]**
   가. 국제사무국은 거절 통지 사본을 권리자에게 지체 없이 송부한다.
   나. 권리자는, 국제등록의 대상이 되는 산업디자인이 거절을 통보한 관청에 적용되는 법에 따른 보호의 부여를 위한 출원의 대상이 된

것처럼, 동일한 구제수단을 향유한다. 그러한 구제수단은 적어도 재심사, 또는 거절의 재검토 또는 거절에 대응한 불복청구의 가능성을 포함한다.

4. **[거절 철회]** 어떠한 거절도 이를 통보한 관청에 의하여 일부 또는 전부가 언제든지 철회될 수 있다.

### 제13조 【디자인의 단일성에 관한 특별 요건】

1. **[특별 요건의 통지]** 이 개정협정의 당사자가 될 당시 자국 법에서 동일한 출원의 대상이 되는 디자인은 디자인의 단일성, 생산의 단일성 또는 사용의 단일성 요건에 부합하거나 한 벌 물품이나 합성물의 구성요소에 속할 것을 요구하거나, 또는 하나의 출원에는 하나의 독립적이고 개별적인 디자인만을 주장할 것을 요구하는 체약당사자는 누구나 사무국장에게 이에 따라 선언으로 통지할 수 있다. 그러나 그러한 선언은, 출원이 선언을 한 체약당사자를 지정하더라도, 제5조제4항에 따라 국제출원에 둘 이상의 산업디자인을 포함할 수 있는 출원인의 권리에 영향을 미치지 아니한다.
2. **[선언의 효력]** 그러한 선언은 선언을 한 체약당사자의 관청으로 하여금 그 체약당사자가 통지한 요건에 부합할 때까지 제12조제1항에 따라 국제등록의 효력을 거절할 수 있도록 한다.
3. **[등록의 분할에 관하여 지불하여야 할 추가 수수료]** 제2항에 따른 거절통지 이후, 그 통지에 기재된 거절이유를 극복하기 위하여 해당 관청에서 국제등록이 분할되는 경우, 그 관청은 거절이유를 회피하기 위하여 필요하였을 각각의 추가적인 국제출원에 관하여 수수료를 부과할 수 있다.

### 제14조 【국제등록의 효력】

1. **[적용 가능한 법에 따른 출원으로서의 효력]** 국제등록은 국제등록일부터 각각의 지정 체약당사자에서 그 체약당사자의 법에 따라 산업디자인의 보호를 부여받기 위하여 정규적으로 제출된 출원과 적어도 동일한 효력이 있다.
2. **[적용 가능한 법에 따른 보호 부여로서의 효력]**
   가. 관청이 제12조에 따라 거절을 통보하지 아니하였던 각각의 지정 체약당사자에서 국제등록은, 늦어도 거절을 통보하기 위하여 허용된 기간의 만료일부터 또는 체약당사자가 규칙에 따라 상응하는 선언을 한 경우에는 늦어도 그 선언에 명시된 때에, 그 체약당사자의 법에 따른 산업디자인의 보호 부여와 동일한 효력이 있다.
   나. 지정 체약당사자의 관청이 거절을 통보하고, 그 이후에 거절의 일부 또는 전부를 철회한 경우, 국제등록은 거절이 철회되는 범위 내에서 늦어도 거절이 철회된 날부터 그 체약당사자에서 상기 체약당사자의 법에 따른 산업디자인의 보호 부여와 동일한 효력이 있다.
   다. 이 항에 따라 국제등록에 주어진 효력은, 지정 관청이 국제사무국으로부터 접수하였거나 적용 가능한 경우 그 관청에서의 절차에서 보정된 그 등록의 대상이 되는 1개 또는 복수의 산업디자인에 적용된다.
3. **[출원인의 체약당사자의 지정 효력에 관한 선언]**
   가. 자국 관청이 심사관청인 체약당사자는 누구나, 자신이 출원인의 체약당사자인 경우, 국제등록상 체약당사자로의 지정은 효력이 없다고 선언으로 사무국장에게 통지할 수 있다.

나. 가호에 언급된 선언을 한 체약당사자가 출원인의 체약당사자와 지정 체약당사자로서 국제출원에 모두 표시된 경우, 국제사무국은 그 체약당사자의 지정을 무시한다.

**제15조 【무효】**

1. **[항변 기회 요건]** 지정 체약당사자의 권한 있는 당국에 의한 그 체약당사자의 영역에서의 국제등록의 일부 또는 전부 무효는 권리자에게 상당한 기간 그의 권리를 방어할 기회를 부여하지 아니하고는 결정될 수 없다.
2. **[무효의 통지]** 그 영역에서 국제등록의 효력이 무효화된 체약당사자의 관청은, 무효를 알게 되는 경우, 국제사무국에 이를 통지한다.

**제16조 【국제등록에 관한 변경 및 그 밖의 사항의 기록】**

1. **[변경 및 그 밖의 사항의 기록]** 국제사무국은 규정된 대로 다음을 국제등록부에 기록한다.
   1) 지정 체약당사자의 일부 또는 전부에 관한 그리고 국제등록의 대상이 되는 산업디자인의 일부 또는 전부에 관한 국제등록의 소유권 변경, 다만, 새로운 소유자는 제3조에 따른 국제출원을 할 수 있어야 한다.
   2) 권리자의 성명 또는 주소의 변경
   3) 출원인 또는 권리자의 대리인의 선임과 그러한 대리인에 관한 그 밖의 모든 관련 사실
   4) 지정 체약당사자의 일부 또는 전부에 관하여 권리자에 의한 국제등록의 포기
   5) 지정 체약당사자의 일부 또는 전부에 관하여 권리자에 의한 국제등록을 국제등록의 대상이 되는 산업디자인 중 하나 또는 일부로의 국제등록의 감축
   6) 국제등록의 대상이 되는 산업디자인의 일부 또는 전부에 관하여 지정 체약당사자의 권한 있는 당국에 의한 그 체약당사자의 영역 내에서의 국제등록의 효력의 무효
   7) 국제등록의 대상이 되는 산업디자인의 일부 또는 전부에서의 권리에 관하여 규칙에 적시된 그 밖의 모든 관련 사실
2. **[국제등록부의 기록에 대한 효력]** 제1항제1목, 제2목, 제4목, 제5목, 제6목 및 제7목에 언급된 모든 기록은 각각의 해당 체약당사자 관청의 등록부에 기록된 것과 동일한 효력이 있다. 다만, 체약당사자가 제1항 제1목에 언급된 기록이 체약당사자 관청이 그 선언에 명시된 기술서 또는 서류를 접수할 때까지는 그 체약당사자에서 효력이 발생하지 아니하다고 사무국장에게 선언으로 통지할 수 있는 경우를 제외한다.
3. **[수수료]** 제1항에 따라 이루어진 기록은 수수료 납부를 조건으로 할 수 있다.
4. **[공개]** 국제사무국은 제1항에 따라 이루어진 모든 기록을 공개한다. 국제사무국은 각각의 해당 체약당사자의 관청에 통지서의 공개 사본을 송부한다.

**제17조 【국제등록의 최초 보호기간과 갱신, 그리고 보호기간】**

1. **[국제등록의 최초 보호기간]** 국제등록은 국제등록일부터 기산하여 5년의 최초 보호기간 동안 유효하다.
2. **[국제등록의 갱신]** 국제등록은 규정된 절차에 따라, 그리고 규정된 수수료의 납부를 조건으로 5년의 추가기간 동안 갱신될 수 있다.
3. **[지정 체약당사자에서의 보호기간]**
   가. 국제등록이 갱신된 경우, 그리고 나호에 따를 것을 조건으로, 각 지정 체약당사자에서 보호기간은 국제등록일부터 기산하여 15년이다.

나. 지정 체약당사자의 법이 보호가 부여된 산업디자인에 대하여 그 법에 따라 15년을 초과하는 보호기간을 규정하는 경우, 국제등록이 갱신되는 한, 보호기간은 그 체약당사자의 법에 의하여 규정된 것과 동일하다.

다. 각 체약당사자는 자국 법에 의하여 규정된 보호의 최장 기간을 사무국장에게 선언으로 통지한다.

4. **[감축된 갱신의 가능성]** 국제등록의 갱신은 지정 체약당사자의 일부 또는 전부에 대하여, 그리고 국제등록의 대상이 되는 산업디자인의 일부 또는 전부에 대하여 효력이 있을 수 있다.

5. **[갱신의 기록 및 공개 ]** 국제사무국은 국제등록부에 갱신사항을 기록하고 그 효력에 대하여 공개한다. 국제사무국은 각각의 해당 체약당사자의 관청에 통지서의 공개 사본을 송부한다.

### 제18조 【공개된 국제등록에 관한 정보】

1. **[정보에의 접근]** 국제사무국은, 모든 공개된 국제등록에 관하여, 규정된 수수료의 납부를 신청한 인에게 국제등록부의 초록 또는 국제등록부의 내용에 관한 정보를 제공한다.

2. **[인증 면제]** 국제사무국이 제공한 국제등록부의 초록은 각 체약당사자에서 인증을 받아야 하는 모든 요건으로부터 면제된다.

## 제2장 행정적 규정

### 제19조 【다수 국가의 공통관청】

1. **[공통관청의 통지]** 이 개정협정의 당사자가 되려는 몇몇 국가가 산업디자인에 관한 국내법령을 통합하였거나, 이 개정협정의 당사자인 몇몇 국가가 이를 통합하는 데 동의한다면 그들은 사무국장에게 다음을 통지할 수 있다.
   1) 공통관청이 그들 각각의 국가관청을 대신한다는 것, 그리고
   2) 이 개정협정의 제1조, 제3조부터 제18조까지 그리고 제31조를 적용함에 있어서 통합된 법령이 적용되는 각 국의 영역의 전부가 단일의 체약당사자로 간주된다는 것

2. **[통지가 이루어지는 시기]** 제1항에 언급된 통지는 다음의 경우 이루어진다.
   1) 이 개정협정의 당사자가 되려는 국가의 경우, 제27조제2항에 언급된 증서를 기탁한 때
   2) 이 개정협정의 당사자인 국가의 경우, 그들 국내법령의 통합이 이루어진 후 언제든지

3. **[통지의 발효일]** 제1항 및 제2항에 언급된 통지는 다음의 경우 발효한다.
   1) 이 개정협정의 당사자가 되려는 국가의 경우, 그러한 국가가 이 개정협정에 기속되는 때
   2) 이 개정협정의 당사자인 국가의 경우, 사무국장이 그 밖의 체약당사자에게 이에 대하여 통보한 날 후 3개월째 되는 날이나 그 통지서에 표시된 나중 날

### 제20조 【헤이그 동맹의 회원】

체약당사자는 1934년 개정협정 또는 1960년 개정협정의 당사국과 동일한 동맹의 회원이 된다.

### 제21조 【총회】

1. **[구성]**

가. 체약당사자는 1967년 보충 개정협정 제2조에 기속되는 국가와 동일한 총회의 회원이다.

나. 총회의 각 회원은 총회에서 한 명의 대표에 의하여 대표되며, 대표는 교체대표, 고문 및 전문가의 도움을 받을 수 있고, 각 대표는

하나의 체약당사자만을 대표할 수 있다.

다. 총회의 회원이 아닌 동맹의 회원은 옵서버로서 총회의 회의에 입회가 허용된다.

2. **[임무]**

가. 총회는

1) 동맹의 유지 및 발전과 이 개정협정의 이행에 관한 모든 사항을 다룬다.

2) 이 개정협정 또는 1967년 보충개정협정에 따라 특별히 부여되거나 위임된 권리를 행사하고 임무를 수행한다.

3) 사무국장에게 개정 회의 준비에 관한 지시를 내리고 그러한 회의의 소집을 결정한다.

4) 규칙을 개정한다.

5) 동맹에 관한 사무국장의 보고서 및 활동을 검토하고 승인하며 사무국장에게 동맹의 권한에 속하는 사항에 관한 모든 필요한 지시를 내린다.

6) 동맹의 사업을 결정하고 격년의 예산을 채택하며 동맹의 최종회계를 승인한다.

7) 동맹의 재정규칙을 채택한다.

8) 동맹의 목적을 달성하기 위하여 적절하다고 간주하는 위원회와 작업반을 설립한다.

9) 제1항다호에 따를 것을 조건으로, 옵서버로서 회의에 입회가 허용되는 국가, 국가간 기구 및 비정부기구를 결정한다.

10) 동맹의 목적을 발전시키기 위하여 그 밖의 모든 적절한 조치를 하고, 이 개정협정에 따라 적절한 그 밖의 모든 기능을 수행한다.

나. 기구에서 관장하는 그 밖의 동맹과 또한 이해관계가 있는 사항에 대하여, 총회는 기구의 조정위원회의 자문을 들은 후 결정을 내린다.

3. **[정족수]**

가. 주어진 사항에 관한 투표를 목적으로 한 정족수는 국가이면서 그 사항에 관한 투표권을 가진 총회 회원의 과반수이다.

나. 가호의 규정에도 불구하고, 회기에서, 국가이면서 주어진 사항에 관한 투표권을 가지고 대표를 참석시킨 총회 회원의 수가 국가이면서 그 사항에 관한 투표권을 가지는 총회 회원의 2분의 1 미만이지만 3분의 1 이상인 경우 총회는 의결을 할 수 있으나, 자체 의사절차에 관한 결정을 제외하고는, 그러한 모든 결정은 다음에 규정된 조건이 충족되는 경우에만 효력이 발생한다. 국제사무국은 국가이면서 상기 사항에 관한 투표권이 있으며 대표를 참석시키지 아니한 총회의 회원에게 해당 결정을 통보하고, 그 통보일부터 3개월의 기간 이내에 투표 또는 기권을 서면으로 표명하도록 권유한다. 그 기간의 만료 시, 그에 따라 투표 또는 기권을 표명한 그 회원의 수가, 그 회기의 정족수에 도달하는데 부족하였던 회원의 수에 도달하는 경우, 필요한 과반수가 동시에 충족된다면 그러한 결정은 효력이 발생한다.

4. **[총회에서의 의결]**

가. 총회는 총의로 의결되도록 노력한다.

나. 총의로 결정을 내릴 수 없는 경우, 안건은 투표로 결정된다. 그러한 경우,

1) 국가인 각 체약당사자는 하나의 투표권을 가지며, 자국명으로만 투표한다.

2) 정부간 기구인 체약당사자는 누구나 자신의 회원국을 대신하여, 이 개정협정의 당사자인 회원국

의 수에 상응하는 투표수를 가지고 투표할 수 있고, 자신의 회원국 중 어느 하나라도 투표권을 행사한다면 그러한 정부간 기구는 투표에 참여할 수 없으며, 반대의 경우도 그러하다.

다. 1967년 보충 개정협정 제2조에 기속되는 국가에만 관련된 사항에 관하여 상기 조에 기속되지 아니하는 체약당사자는 투표권이 없는 반면, 체약당사자에만 관련된 사항에 관하여는 오직 후자만이 투표권을 가진다.

5. **[표결]**

가. 제24조제2항 및 제26조제2항에 따를 것을 조건으로 총회의 결정은 투표수의 3분의 2를 요구한다.

나. 기권은 투표로 간주되지 아니한다.

6. **[회기]**

가. 총회는 사무국장의 소집에 따라 2년마다 한 번 정규회기에, 그리고 예외적인 상황이 없으면 기구의 총회와 동일한 기간 동안 그리고 동일한 장소에서 회합한다.

나. 총회는 총회 회원의 4분의 1의 요청이 있거나 사무국장의 발의가 있는 경우, 사무국장의 소집에 따라 임시회기에 회합한다.

다. 각 회기의 의제는 사무국장이 준비한다.

7. **[절차 규칙]** 총회는 자체 의사절차 규칙을 채택한다.

**제22조 【국제사무국】**

1. **[행정 업무]**

가. 국제사무국은 국제등록 및 이와 관련된 의무, 그리고 동맹에 관한 그 밖의 모든 행정업무를 수행한다.

나. 특히, 국제사무국은 회의를 준비하고 총회 및 총회에서 설립되는 전문가위원회 및 작업반의 사무국 역할을 한다.

2. **[사무국장]** 사무국장은 동맹의 최고 책임자가 되고 동맹을 대표한다.

3. **[총회의 회기 이외의 회의]** 사무국장은 총회에 의하여 설립된 모든 위원회 및 작업반과 동맹에 관한 사항을 다루는 그 밖의 모든 회의를 소집한다.

4. **[총회와 그 밖의 회의에서의 국제사무국의 역할]**

가. 사무국장과 사무국장이 지명한 인은 투표권 없이 총회의 모든 회의, 총회에 의하여 설립된 위원회 및 작업반, 그리고 동맹의 후원으로 사무국장이 소집한 그 밖의 모든 회의에 참여한다.

나. 사무국장 또는 사무국장이 지명한 직원은 총회의 당연직 간사, 그리고 위원회, 작업반 및 가호에 언급된 그 밖의 회의의 당연직 간사이다.

5. **[회의]**

가. 국제사무국은 총회의 지시에 따라 모든 개정회의를 준비한다.

나. 국제사무국은 상기 준비에 관하여 정부간 기구 및 국제·국내 비정부 기구와 협의할 수 있다.

다. 사무국장 및 사무국장이 지명한 인은 개정회의의 토론에 투표권 없이 참여한다.

6. **[그 밖의 임무]** 국제사무국은 이 개정협정과 관련하여 부여된 그 밖의 모든 임무를 수행한다.

**제23조 【재정】**

1. **[예산]**

가. 동맹은 예산을 가진다.

나. 동맹의 예산은 동맹에 적절한 수입과 경비, 그리고, 기구가 관리하는 동맹의 공통경비 예산에 대한 분담금을 포함한다.

다. 동맹뿐만 아니라 기구가 관리하는 하나 이상의 그 밖의 동맹에 귀속되는 경비는 동맹의 공통경비로 간주된다. 그러한 공통경비에서 동맹의 분담은 동맹이 공통경비에서 향유하는 이익에 비례한다.

2. **[그 밖의 동맹의 예산과의 조정]** 동맹의 예산은 기구가 관리하는 그 밖의 동맹 예산과의 조정 요건을 정당하게 고려하여 정해진다.

3. **[예산의 재원]** 동맹의 예산은 다음의 재원으로 충당된다.
   1) 국제등록과 관련한 수수료
   2) 동맹과 관련하여 국제사무국이 제공하는 그 밖의 서비스에 대한 요금
   3) 동맹에 관한 국제사무국의 간행물 판매 또는 인세
   4) 증여, 유증 및 보조금
   5) 임대료, 이자 및 그 밖의 잡수입

4. **[수수료와 요금의 결정, 예산의 수준]**
   가. 제3항제1목에 언급된 수수료의 금액은 사무국장의 제안에 따라 총회에서 정해진다. 제3항제2목에 언급된 요금은 사무국장에 의하여 책정되고, 다음 회기에 총회에서의 승인을 조건으로 잠정적으로 적용된다.
   나. 제3항제1목에 언급된 수수료의 금액은 수수료 및 그 밖의 재원으로부터 얻는 동맹의 수익이 적어도 동맹과 관련한 국제사무국의 모든 경비를 부담하는 데 충분하도록 결정된다.
   다. 예산이 새로운 재정회기 시작 전에 채택되지 아니하면, 예산은 재정규칙에서 정한대로 전년도 예산과 동일한 수준이 된다.

5. **[운영기금]** 동맹은 잉여 수령액으로, 그리고 그러한 잉여가 충분하지 아니하다면 동맹의 각 회원이 내는 1회의 지불금으로 구성되는 운영기금을 둔다. 기금이 불충분하게 되면 총회는 증액을 결정한다. 지불의 비율과 조건은 사무국장의 제안으로 총회에서 책정된다.

6. **[소재국에 의한 선금]**
   가. 기구가 본부를 두고 있는 영역의 국가와 체결한 본부협정상에, 운영기금이 부족할 때는 언제든지 그러한 국가가 선금을 부여한다고 규정된다. 그러한 선금의 금액과 부여받는 조건은 각각의 경우에 그러한 국가와 기구 간의 개별협정의 대상이 된다.
   나. 가호에 언급된 국가와 기구는 서면 통지에 의하여 선금을 부여할 의무를 폐기할 권리를 각각 가진다. 폐기는 그것이 통지된 연도의 마지막 날 후 3년째 되는 날에 발효한다.

7. **[회계감사]** 회계감사는 재정규칙에 규정된 대로 동맹의 회원국 중 하나 이상이나 외부 감사관에 의하여 실행된다. 감사관은 그들의 동의로 총회에서 임명된다.

### 제24조 【규칙】

1. **[규칙의 내용]** 규칙은 이 개정협정의 이행에 대한 세부사항을 규율한다. 특히, 다음에 관한 규정을 포함한다.
   1) 이 개정협정이 명시적으로 규정하도록 한 사항
   2) 이 개정협정의 규정에 관한, 또는 이를 이행하는 데 유용한 모든 세부사항
   3) 모든 행정적 요건, 사항 또는 절차

2. **[규칙의 특정 규정의 개정]**
   가. 규칙에서 규칙의 특정 규정은 만장일치 또는 5분의 4의 다수결로만 개정될 수 있다고 명시될 수 있다.
   나. 규칙의 규정을 장래에 개정하는 데 있어 만장일치 또는 5분의 4의 다수결의 요건을 더 이상 적용하지 않도록 만장일치가 요구된다.

다. 규칙의 규정을 개정하는 데 있어 만장일치 또는 5분의 4의 다수결의 요건을 장래에 적용하기 위하여 5분의 4의 다수결이 요구된다.

3. **[이 개정협정과 규칙 간의 충돌]** 이 개정협정의 규정과 규칙의 규정 간의 충돌이 있는 경우, 전자가 우선한다.

## 제3장 개 정

### 제25조【이 개정협정의 개정】

1. **[개정 회의]** 이 개정협정은 체약당사자 회의에서 개정될 수 있다.
2. **[특정 조항의 개정]** 제21조, 제22조, 제23조 및 제26조는 개정회의에서 또는 제26조의 규정에 따라 총회에서 개정될 수 있다.

### 제26조【총회에서의 특정 조항의 개정】

1. **[개정 제안]**

가. 체약당사자 누구나 또는 사무국장은 제21조, 제22조, 제23조 및 이 조에 대한 총회에서의 개정안을 발의할 수 있다.

나. 사무국장은 그러한 제안을 적어도 총회에 의하여 검토하기 6개월 전에 체약당사자에게 통보한다.

2. **[다수결]** 제1항에 언급된 조에 대한 개정의 채택은 4분의 3의 다수결이 요구된다. 다만 제21조 또는 이 항에 대한 개정의 채택을 위해서는 5분의 4의 다수결이 요구된다.

3. **[발효]**

가. 나호가 적용되는 경우를 제외하고는, 제1항에 언급된 조의 모든 개정은 그 개정이 채택되었을 때 총회의 회원이었고, 그 개정에 대한 투표권을 가졌던 체약당사자의 4분의 3으로부터 체약당사자 각각의 헌법절차에 따라 효력이 있는 서면 수락통지를 사무국장이 접수한 날 후 1개월째 되는 날에 발효한다.

나. 제21조제3항 또는 제4항 또는 이 호에 대한 어떠한 개정도 총회에서 채택된 후 6개월 이내에 체약당사자의 어느 하나라도 그러한 개정을 수락하지 아니한다고 사무국장에게 통지하면 발효하지 아니한다.

다. 이 항의 규정에 따라 발효하는 모든 개정은, 그 개정이 발효하는 때 체약당사자이거나 그 이후에 체약당사자가 되는 모든 국가 및 정부간 기구를 기속한다.

## 제4장 최종 규정

### 제27조【이 개정협정의 당사자】

1. **[적격성]** 제2항 및 제3항 그리고 제28조에 따를 것을 조건으로,

1) 기구의 회원국은 누구나 이 개정협정에 서명하고 당사자가 될 수 있다.

2) 정부간 기구의 구성조약이 적용되는 영역 내에서 효력을 가지는 산업디자인의 보호가 부여될 수 있는 관청을 유지하는 정부간 기구는 누구나 이 개정협정에 서명하고 당사자가 될 수 있다. 다만, 정부간 기구의 회원국 중 최소한 하나가 기구의 회원이고, 그러한 관청이 제19조에 따른 통지의 대상이 아닌 경우에 한정한다.

2. **[비준 또는 가입]** 제1항에 언급된 국가 또는 정부간 기구는 누구나 다음을 기탁할 수 있다.

1) 이 개정협정에 서명하였다면 비준서, 또는

2) 이 개정협정에 서명하지 아니하였다면 가입서

3. **[기탁에 대한 발효일]**

가. 나호부터 라호까지를 따를 것을 조건으로, 비준서 또는 가입서의 기탁에 대한 발효일은 그 증서가 기탁된 날이다.

나. 그 국가가 회원인 정부간 기구에 의하여 유지되는 관청을 통하여만 산업디자인의 보호가 부여될 수 있는 국가의 비준서 또는 가입서의 기탁에 대한 발효일은 그 정부간 기구의 증서가 기탁된 날이 상기 국가의 증서가 기탁된 날보다 늦으면 그 정부간 기구의 증서가 기탁된 날이다.

다. 제19조에 언급된 통지를 포함하거나 그 통지가 첨부된 비준서 또는 가입서의 기탁에 대한 발효일은 해당 통지를 한 국가 그룹 회원국의 마지막 증서가 기탁된 날이다.

라. 국가의 비준서 또는 가입서는, 국가명이 명시되고 이 개정협정의 당사자가 될 적격이 있는 다른 하나의 국가 또는 하나의 정부간 기구의 증서, 또는 다른 2개의 국가의 증서, 또는 다른 하나의 국가와 하나의 정부간 기구의 증서가 또한 기탁될 것을 조건으로 하는 선언을 포함하거나 그 선언이 첨부될 수 있다. 그러한 선언을 포함하거나 그 선언이 첨부된 증서는 그 선언에 표시된 조건이 충족되는 날에 기탁된 것으로 간주된다. 그러나 선언에 명시된 증서 그 자체가 상기 종류의 선언을 포함하거나 그 선언이 첨부된 경우, 그 증서는 후자의 선언에 명시된 조건이 충족되는 날에 기탁된 것으로 간주된다.

마. 라호에 따라 이루어진 선언은 언제든지 그 전부 또는 일부가 철회될 수 있다. 그러한 철회는 사무국장이 그 철회 통지를 접수한 날에 발효한다.

**제28조 【비준 및 가입의 발효일】**

1. **[고려될 증서]** 이 조의 목적상, 제27조제1항에 언급된 국가 또는 정부간 기구에 의하여 기탁되고, 제27조제3항에 따라 발효일이 있는 비준서 또는 가입서 만이 고려된다.

2. **[이 개정협정의 발효]** 이 개정협정은 6개 국가가 비준서 또는 가입서를 기탁한 날 후 3개월째 되는 날에 발효한다. 다만, 국제사무국에 의하여 수집된 가장 최근의 연차 통계에 따라 여섯 개 국가 중 적어도 3개의 국가가 다음 조건 중 적어도 하나를 충족하는 경우로 한정한다.
   1) 해당 국가에 제출되었거나 해당 국가에 대하여 제출된 산업디자인의 보호를 위한 출원이 적어도 3,000건인 경우, 또는
   2) 그 국가 이외의 국가의 거주자에 의하여 해당 국가에 제출되었거나 해당 국가에 대하여 제출된 산업디자인의 보호를 위한 출원이 적어도 1,000건인 경우

3. **[비준 및 가입의 발효]**
   가. 이 개정협정의 발효일부터 3개월 전에 비준서 또는 가입서를 기탁한 국가 또는 정부간 기구는 누구나 이 개정협정의 발효일에 이 개정협정에 기속된다.
   나. 그 밖의 모든 국가 또는 정부간 기구는 비준서 또는 가입서를 기탁한 날 후 3개월째 되는 날에, 또는 그 증서에 표시된 더 나중 날에 이 개정협정에 기속된다.

**제29조 【유보 금지】** 이 개정협정에 대한 어떠한 유보도 허용되지 아니한다.

**제30조 【체약당사자에 의한 선언】**

1. **[선언이 이루어질 수 있는 시기]** 제4조제1항나호, 제5조제2항가호, 제7조제2항, 제11조제1항, 제13조제1항, 제14조제3항, 제16조제2항 또는 제17조제3항다호에 따른 선언은 다음과 같은 때에 할 수 있다.
   1) 제27조제2항에 언급된 증서를 기탁할 때, 이 경우 그 선언은 선언을 한 국가 또는 정부간 기구

가 이 개정협정에 기속되는 날에 발효한다. 또는

2) 제27조제2항에 언급된 증서를 기탁한 후, 이 경우 그 선언은 사무국장이 그것을 접수한 날 후 3개월째 되는 날에, 또는 선언에 표시된 나중 날에 발효하나, 국제등록일이 그 선언의 발효일과 같거나 이보다 나중인 국제등록에 관하여만 적용된다.

2. **[공통관청을 두고 있는 국가에 의한 선언]** 제1항에도 불구하고, 다른 한 국가 또는 그 밖의 여러 국가들과 함께, 제19조제1항에 따라 그들의 국내관청을 공통관청으로 대체한다고 사무국장에게 통지한 국가에 의하여 이루어진 제1항에 언급된 선언은, 그 다른 국가 또는 그 밖의 여러 국가들이 상응하는 1개 또는 복수의 선언을 하는 경우에만 발효한다.

3. **[선언의 철회]** 제1항에 언급된 선언은 사무국장에게 통지함으로써 언제든지 철회될 수 있다. 그러한 철회는 사무국장이 그 통지를 접수한 날 후 3개월째 되는 날에, 또는 그 통지에 표시된 나중 날에 발효한다. 제7조제2항에 따라 이루어진 선언의 경우, 철회는 해당 철회가 발효하기 전에 제출된 국제출원에는 영향을 미치지 아니한다.

**제31조【1934년 개정협정 및 1960년 개정협정의 적용 가능성】**

1. **[이 개정협정과 1934년 개정협정 또는 1960년 개정협정 모두의 당사자인 국가 간의 관계]** 이 개정협정과 1934년 개정협정 또는 1960년 개정협정 모두의 당사자인 국가의 상호관계에 관하여는 이 개정협정만이 적용된다. 그러나 그러한 국가는, 이 개정협정이 그들의 상호관계에 관하여 적용되는 날 이전에는 국제사무국에 기탁된 산업디자인에 대하여 그들의 상호관계에, 경우에 따라, 1934년 개정협정 또는 1960년 개정협정을 적용한다.

2. **[이 개정협정과 1934년 개정협정 또는 1960년 개정협정 모두의 당사자인 국가와 이 개정협정의 당사자가 아닌 1934년 개정협정 또는 1960년 개정협정의 당사자인 국가 간의 관계]**

가. 이 개정협정과 1934년 개정협정 모두의 당사자인 국가는 1960년 개정협정 또는 이 개정협정의 당사자가 아닌 1934년 개정협정의 당사자인 국가와의 관계에서 1934년 개정협정을 계속하여 적용한다.

나. 이 개정협정과 1960년 개정협정 모두의 당사자인 국가는 이 개정협정의 당사자가 아닌 1960년 개정협정의 당사자인 국가와의 관계에서 1960년 개정협정을 계속하여 적용한다.

**제32조【이 개정협정의 폐기】**

1. **[통지]** 체약당사자는 누구나 사무국장에게 통지함으로써 이 개정협정을 폐기할 수 있다.

2. **[발효일]** 폐기는 사무국장이 그 통지를 접수한 날 후 1년째 되는 날에, 또는 그 통지에 표시된 나중 날에 발효한다. 폐기는 그 폐기가 발효할 때 그 폐기하는 체약당사자에 관하여 출원 중인 모든 국제출원과 유효한 모든 국제등록에 대한 이 개정협정의 적용에 영향을 미치지 아니한다.

**제33조【이 개정협정의 언어, 서명】**

1. **[원본, 공식문서]**

가. 이 개정협정은 각 본이 동등하게 정본인 영어, 아랍어, 중국어, 프랑스어, 러시아어 및 스페인어로 작성된 단일 원본에 서명된다.

나. 공식문서는 사무국장이 이해관계가 있는 정부와 협의 후 총회가 지정하는 그 밖의 언어로 공식문서를 작성한다.

2. **[서명 기한]** 이 개정협정은 기구의 본부에서 이 개정협정이 채택된 후 1년 동안 서명을 위하여 개방된다.

**제34조 【기탁처】** 사무국장은 이 개정협정의 기탁처가 된다.

**〈첨부〉**

# 헤이그 협정의 1999년 개정협정 및 1960년 개정협정에 따른 공통규칙

(2012년 1월 1일 발효)

목 차



## 제1장 일반 규정

### 규칙1 정의

1. **[정의]** 이러한 규칙의 목적상,
   1) "1999년 개정협정"이란 1999년 7월 2일 제네바에서 서명된, 헤이그 협정의 개정협정을 말한다.
   2) "1960년 개정협정"이란 1960년 11월 28일 헤이그에서 서명된, 헤이그 협정의 개정협정을 말한다.
   3) 이러한 규칙에서 사용되고 1999년 개정협정 제1조에 언급된 표현은 그 개정협정에서와 동일한 의미를 가진다.
   4) "시행세칙"이란 규칙34에 언급된 시행세칙을 말한다.
   5) "통보"란 이러한 규칙 또는 시행세칙에 의하여 허용된 수단으로 체약당사자의 관청, 국제사무국, 출원인 또는 권리자에게 전

달되는 국제출원이나 신청, 선언, 권유, 통지 또는 국제출원이나 국제등록에 관련되거나 첨부되는 정보를 말한다.

6) "공식서식"이란 국제사무국에 의하여 정하여진 서식 또는 동일한 내용과 형식을 가지는 모든 서식을 말한다.

7) "국제분류"란 산업디자인의 국제분류 제정을 위한 로카르노 협정에 따라 정하여진 분류를 말한다.

8) "규정된 수수료"란 수수료표에 규정된 적용 수수료를 말한다.

9) "공보"란 이용된 매체에 관계없이 국제사무국이 1999년 개정협정, 1960년 개정협정, 1934년 개정협정 또는 이러한 규칙에 규정된 공개 효과를 부여하는 정기공보를 말한다.

10) "1999년 개정협정에 따라 지정된 체약당사자"란 그 지정 체약당사자와 출원인의 체약당사자가 기속되는 유일한 공통 개정협정으로서 또는 1999년 개정협정 제31조제1항 첫 번째 문장에 의하여 1999년 개정협정이 적용되는 지정 체약당사자를 말한다.

11) "1960년 개정협정에 따라 지정된 체약당사자"란 그 지정 체약당사자와 1960년 개정협정 제2조에 언급된 본국이 모두 기속되는 유일한 공통 개정협정으로서 또는 1999년 개정협정의 제31조제1항 두 번째 문장에 의하여 1960년 개정협정이 적용되는 지정 체약당사자를 말한다.

12) "1999년 개정협정에 의하여만 규율된 국제출원"이란 모든 지정 체약당사자가 1999년 개정협정에 따라 지정된 체약당사자에 관한 국제출원을 말한다.

13) "1960년 개정협정에 의하여만 규율된 국제출원"이란 모든 지정 체약당사자가 1960년 개정협정에 따라 지정된 체약당사자에 관한 국제출원을 말한다.

14) "1999년 개정협정과 1960년 개정협정 모두에 의하여 규율된 국제출원"이란 다음과 같은 국제출원을 말한다.

- 적어도 하나의 체약당사자가 1999년 개정협정에 따라 지정된 국제출원
- 적어도 하나의 체약당사자가 1960년 개정협정에 따라 지정된 국제출원

2. **[1999년 개정협정 및 1960년 개정협정에 사용된 일부 표현 간의 관련성]** 이러한 규칙의 목적상,

1) "국제출원" 또는 "국제등록"에 대한 언급은, 적절한 경우, 1960년 개정협정에 언급된 대로 "국제기탁"에 대한 언급을 포함하는 것으로 간주된다.

2) "출원인" 또는 "권리자"에 대한 언급은, 적절한 경우, 1960년 개정협정에 언급된 대로 각각 "기탁자" 또는 "소유자"에 대한 언급을 포함하는 것으로 간주된다.

3) "체약당사자"에 대한 언급은, 적절한 경우, 1960년 개정협정의 당사자인 국가에 대한 언급을 포함하는 것으로 간주된다.

4) "그 관청이 심사관청인 체약당사자"에 대한 언급은, 적절한 경우, 1960년 개정협정 제2조에 정의된 대로 "신규성 심사를 하는 국가"에 대한 언급을 포함하는 것으로 간주된다.

5) "개별 지정수수료"에 대한 언급은, 적절한 경우, 1960년 개정협정 제15조제1항제2호나목에 언급된 수수료에 대한 언급을 포함하는 것으로 간주된다.

**규칙2 국제사무국에 대한 통보**

국제사무국에 전달된 통보는 시행세칙에 명시된 대로 효력을 가진다.

**규칙3 국제사무국에 대한 대리**

1. **[대리인, 대리인 수]**
   가. 출원인 또는 권리자는 국제사무국에 대하여 대리인을 가질 수 있다.
   나. 한 명의 대리인만이 일정한 국제출원 또는 국제등록에 관하여 선임될 수 있다. 선임이 여러 대리인을 표시하는 경우에는 처음으로 표시된 한 명만이 대리인으로 간주되고 그와 같이 기록된다.
   다. 변호사 또는 변리사로 구성된 조합 또는 회사가 국제사무국에 대한 대리인으로 표시된 경우에는, 그 조합 또는 회사가 한 명의 대리인으로 간주된다.
2. **[대리인의 선임]**
   가. 대리인의 선임은 국제출원에서 이루어질 수 있다. 다만, 그 출원이 출원인에 의하여 서명된 경우에 한한다.
   나. 대리인의 선임은 동일한 출원인 또는 권리자의 하나 이상의 명시된 국제출원 또는 국제등록과 관련될 수 있는 별개의 통보에서도 이루어질 수 있다. 해당 통보는 출원인 또는 권리자에 의하여 서명된다.
   다. 국제사무국이 대리인의 선임에 하자가 있다고 여기는 경우에는, 국제사무국은 출원인이나 권리자 및 대리인이라고 지칭되는 인에게 이에 따라 통지한다.
3. **[대리인 선임의 기록 및 통지, 선임의 효력발생일]**
   가. 국제사무국이 대리인의 선임이 적용 요건을 충족한다고 판단하는 경우, 국제사무국은 출원인이나 권리자에게 대리인이 있다는 사실과 그 대리인의 성명 및 주소를 국제등록부에 기록한다. 그러한 경우 그 선임의 효력발생일은 대리인이 선임되는 국제출원 또는 별도 통보를 국제사무국이 접수한 날이다.
   나. 국제사무국은 가호에 언급된 기록을 출원인 또는 권리자와 대리인 모두에게 통지한다.
4. **[대리인 선임의 효과]**
   가. 이러한 규칙이 명시적으로 달리 규정하는 경우를 제외하고, 제3항가호에 따라 기록된 대리인의 서명은 출원인 또는 권리자의 서명을 대신한다.
   나. 이러한 공통규칙에서 통보를 출원인 또는 권리자와 대리인 모두에게 전달하도록 명시적으로 요구하는 경우를 제외하고, 국제사무국은 대리인이 없는 경우 출원인 또는 권리자에게 송부되어야 할 통보를 제3항가호에 따라 기록된 대리인에게 전달한다. 상기 대리인에게 그렇게 전달된 통보는 출원인 또는 권리자에게 전달된 것과 동일한 효력을 갖는다.
   다. 제3항가호에 따라 기록된 대리인에 의하여 국제사무국에 전달된 모든 통보는 출원인 또는 권리자가 사무국에 전달한 것과 동일한 효력을 갖는다.
5. **[기록의 취소, 취소의 효력발생일]**
   가. 제3항가호에 따른 기록은 출원인, 권리자 또는 대리인이 서명한 통보로 취소가 요청되는 경우에 취소된다. 새로운 대리인이 선임되는 경우 또는 소유권의 변경이 기록되고 국제등록의 새로운 권리자가 대리인을 선임하지 아니하는 경우, 기록은 국제사무국에 의하여 직권으로 취소된다.

나. 취소는 국제사무국이 그에 상응하는 통보를 접수하는 날부터 효력이 발생한다.

다. 국제사무국은 기록이 취소된 대리인과 출원인 또는 권리자에게 취소사실과 취소의 효력발생일을 통지한다.

**규칙4** 기한의 계산

1. **[년(年)으로 표시된 기간]** 년(年)으로 표시된 기간은 관련 차기 연도에서 기산점이 되는 사건의 월 및 일과 동일한 월 및 일에 만료한다. 다만, 사건이 2월 29일에 발생하고 관련 차기 연도의 2월이 28일로 종료되는 경우 그 기간은 2월 28일에 만료한다.
2. **[월(月)로 표시된 기간]** 월로 표현된 기간은 관련 차기 월에서 기산점이 되는 사건일과 동일한 일에 만료한다. 다만, 관련 차기 월에 동일한 일이 없는 경우에는 기간은 그 월의 마지막 날에 만료한다.
3. **[일(日)로 표시된 기간]** 일로 표시된 기간의 계산은 관련 사건 발생일에서 다음날부터 기산되고 그에 따라 만료한다.
4. **[국제사무국 또는 관청 휴무일에의 만료]** 국제사무국 또는 해당 관청의 휴무일에 기간이 만료하는 경우, 그 기한은 제1항부터 제3항까지의 규정에도 불구하고 국제사무국 또는 해당 관청이 업무를 재개하는 첫째 날에 만료한다.

**규칙5** 우편 및 교부 업무상의 하자

1. **[우편 업무를 통하여 송부된 통보]** 이해당사자가 우편 업무를 통하여 기한 내에 국제사무국에 통보를 송부하지 못한 경우, 그 이해당사자가 다음의 사실을 보여주는 증거를 제출하고 국제사무국이 이를 수용하는 경우에는 그 책임이 면제된다.
   1) 통보가 적어도 기한 만료 5일 전에 우송되었거나 기한 만료 전 10일 중 어느 날에 전쟁, 혁명, 소요, 파업, 천재지변 또는 그 밖의 유사한 사유로 인하여 우편 업무가 중단된 경우에는, 통보가 우편 업무가 재개된 후 5일 이내에 우송되었다는 사실
   2) 우송하는 때에 우편 업무에 의하여 통보의 우송이 등기되었거나 우송의 세부사항이 기록되었다는 사실, 그리고
   3) 모든 등급의 우편이 우송 후 통상 2일 이내에 국제사무국에 도달하는 것이 아닌 경우에는, 우송 후 통상 2일 이내에 국제사무국에 도달하는 등급의 우편이나 항공우편으로 통보가 우송되었다는 사실
2. **[교부 업무를 통하여 송부된 통보]** 이해당사자가 교부 업무를 통하여 기한 내에 국제사무국에 통보를 송부하지 못한 경우, 그 이해당사자가 다음의 사실을 보여주는 증거를 제출하고 국제사무국이 이를 수용하는 경우에는 그 책임이 면제된다.
   1) 통보가 적어도 기한 만료 5일 전에 송부되었거나 기한 만료 전 10일 중 어느 날에 전쟁, 혁명, 소요, 천재지변 또는 그 밖의 유사한 사유로 인하여 교부 업무가 중단된 경우에는 교부 업무가 재개된 후 5일 이내에 통보가 송부되었다는 사실, 그리고
   2) 송부하는 때에 교부 업무에 의하여 통보 송부의 세부사항이 기록되었다는 사실
3. **[면책의 제한]** 기한을 충족하지 못한 것은 제1항 또는 제2항에 언급된 증거 및 통보 또는 통보의 사본이 기한 만료 후 6개월 이내에 국제사무국에 의하여 접수되는 경우에만 이 규칙에 따라 그 책임이 면제된다.

**규칙6** 언어

1. **[국제출원]** 국제출원은 영어, 프랑스어 또는 스페인어로 작성된다.
2. **[기록 및 공개]** 국제등록과 그 국제등록에 관하여 이러한 규칙에 따라 기록되고 공개되는 모든 자료의 국제등록부에의 기록과 공보에의 공개는 영어, 프랑스어 및 스페인어로 작성된다. 국제등록의 기록과 공개는 국제사무국에 의하여 접수된 국제출원의 언어가 표시된다.
3. **[통보]** 국제출원 또는 국제등록에 관한 통보는 다음 언어로 작성된다.
   1) 그러한 통보가 출원인이나 권리자에 의하여, 또는 관청에 의하여 국제사무국에 전달되는 경우에는 영어, 프랑스어 또는 스페인어
   2) 그 통보가 국제사무국에 의하여 관청에 전달되는 경우에는 그 관청이 그러한 통보가 영어 또는 프랑스어나 스페인어로 작성되어야 한다고 국제사무국에 통보한 경우를 제외하고는 그 국제출원의 언어
   3) 통보가 국제사무국에 의하여 출원인 또는 권리자에 전달되는 경우에는 출원인 또는 권리자가 그러한 모든 통보가 영어 또는 프랑스어나 스페인어로 작성되기를 희망한다고 표현한 경우를 제외하고는 그 국제출원의 언어
4. **[번역]** 국제사무국은 제2항에 따른 기록 및 공개에 필요한 번역을 한다. 출원인은 국제출원서에 그 국제출원서에 포함된 본문 내용에 대하여 번역안을 첨부할 수 있다. 제출된 번역안이 부정확하다고 판단하는 경우에는, 국제사무국은 출원인에게 수정안에 대한 의견을 권유일부터 1개월 이내에 제출하도록 권유한 후에 그 번역안을 수정한다.

## 제2장 국제출원과 국제등록

**규칙7** 국제출원에 관한 요건

1. **[서식 및 서명]** 국제출원은 공식 서식으로 제출된다. 국제출원은 출원인에 의하여 서명된다.
2. **[수수료]** 국제출원에 적용되는 규정된 수수료는 규칙27 및 규칙28에 규정된 대로 납부된다.
3. **[국제출원서의 필수 내용]** 국제출원은 다음을 포함하거나 표시한다.
   1) 시행세칙에 따른 출원인의 성명
   2) 시행세칙에 따른 출원인의 주소
   3) 출원인이 국제등록의 권리자가 될 조건을 충족하는 1개 또는 복수의 체약당사자
   4) 산업디자인을 구성하거나 산업디자인의 사용과 관련된 1개 또는 복수의 물품인지 여부를 표시하여, 산업디자인을 구성하거나 산업디자인의 사용과 관련한 1개 또는 복수의 물품. 1개 또는 복수의 물품은 되도록 국제분류의 물품 목록에 나타나는 용어를 사용하여 기재된다.
   5) 100개를 초과할 수 없는 국제출원에 포함된 산업디자인의 수와 규칙9 또는 규칙10에 따라 국제출원에 첨부되는 산업디자인의 도면 또는 견본의 수
   6) 지정 체약당사자
   7) 납부 수수료 금액과 납부방법, 또는 수수료 요구액을 국제사무국에 개설된 계좌에서 인출하라는 지시, 그리고 납부자 또는 지시자의 확인표시
4. **[국제출원의 추가적인 필수 내용]**
   가. 국제출원에서 1999년 개정협정에 따라 지정된 체약당사자에 관하여, 그 출원은 제3항제3목에 언급된 표시에 더하여, 출원인의 체약당사자의 표시를 포함한다.

나. 1999년 개정협정에 따라 지정된 체약당사자는 자국 법이 1999년 개정협정 제5조제2항나호에 언급된 하나 이상의 요소를 요구하는 것으로 1999년 개정협정 제5조제2항가호에 따라 사무국장에게 통지한 경우, 그 국제출원은 규칙11에 규정된 바대로 그러한 1개 또는 복수의 요소를 포함한다.

다. 규칙8이 적용되는 경우, 국제출원은 규칙8제2항에 언급된 표시를 포함하고, 적절한 경우, 그 규칙에 언급된 기술서 또는 서류를 첨부한다.

5. **[국제출원의 선택적 내용]**

가. 1999년 개정협정 제5조제2항나호의 제1목 또는 제2목이나 1960년 개정협정 제8조제4항가호에 언급된 요소는 1999년 개정협정 제5조제2항가호에 따른 통지의 결과로 또는 1960년 개정협정 제8조제4항가호에 따른 요건의 결과로 요구되지 아니하는 경우라도 출원인의 선택에 따라 국제출원에 포함될 수 있다.

나. 출원인이 대리인을 두는 경우, 국제출원은 시행세칙에 따른 대리인의 성명 및 주소를 기술한다.

다. 출원인이 파리 협약 제4조에 따라 선출원의 우선권을 이용하기를 바라는 경우, 국제출원은 그러한 출원을 한 관청의 이름과 날짜, 적절한 경우 출원번호의 표시 그리고 우선권 주장이 국제출원에 포함된 모든 산업디자인과 관련되지 않은 경우에는 우선권 주장이 관련되거나 관련되지 아니하는 그러한 산업디자인의 표시와 함께 선출원의 우선권을 주장하는 선언을 포함한다.

라. 출원인이 파리 협약 제11조를 이용하기를 바라는 경우, 국제출원은 산업디자인을 구성하거나 그 산업디자인이 화체된 1개 또는 복수의 물품이 공식적이거나 공식적으로 인정된 국제전람회에서 전시되었다는 선언을 포함한다. 이 때 전람회가 개최된 장소와 1개 또는 복수의 물품이 그곳에서 처음으로 전시된 날짜, 그리고 국제출원에 포함된 모든 산업디자인이 해당되지 아니하는 경우 그 선언이 관련되거나 관련되지 아니하는 그러한 산업디자인에 대한 표시도 함께 포함한다.

마. 출원인이 산업디자인의 공개가 연기되기를 바라는 경우, 국제출원에 공개 연기 신청을 포함한다.

바. 국제출원은 시행세칙에 명시될 수 있는 바와 같이 선언, 기술 또는 그 밖의 관련 표시도 포함할 수 있다.

사. 국제출원은 해당 산업디자인의 보호적격에 대하여 중요하다고 출원인에 의하여 알려진 정보를 확인하는 진술서를 첨부할 수 있다.

6. **[추가사항 기재 금지]** 국제출원이 1999년 개정협정, 1960년 개정협정, 이러한 규칙 또는 시행세칙에 의하여 요구되거나 허용되는 것 외의 사안을 포함하는 경우, 국제사무국은 직권으로 이를 삭제한다. 국제출원에 요구되거나 허용되는 것 외의 사항을 첨부하는 경우, 국제사무국은 해당 문서를 파기할 수 있다.

7. **[모든 물품이 동일한 류에 속할 것]** 국제출원과 관련한 산업디자인을 구성하거나 그 산업디자인이 사용될 것에 관련한 모든 물품은 국제 분류의 같은 류에 속한다.

### 규칙8 출원인에 관한 특별 요건

1. **[특별요건의 통지]**

가. 1999년 개정협정에 의하여 기속

되는 체약당사자의 법에서 산업디자인의 보호를 위한 출원이 그 산업디자인의 창작자 성명으로 출원되어야 한다고 요구하는 경우, 그 체약당사자는 그 사실을 사무국장에게 선언으로 통지할 수 있다.

나. 가호에서 언급된 선언은 제2항의 목적상 요구되는 모든 기술 또는 서류의 서식 및 필수 내용을 명시한다.

2. **[창작자의 신원 및 국제출원의 양도]** 국제출원이 제1항에 언급된 선언을 한 체약당사자의 지정을 포함하는 경우에는,

1) 창작자가, 제1항나호에 따라 명시된 요건을 충족하여, 자신을 그 디자인의 창작자로 믿고 있다는 진술과 함께 산업디자인 창작자의 신원에 관한 표시를 포함한다. 그렇게 창작자로 확인된 인은 규칙7제3항제1목에 따라 출원인으로 명명된 인에 관계없이 체약당사자의 지정 목적상 출원인으로 간주된다.

2) 창작자로 확인된 인이 규칙7제3항제1목에 따라 출원인으로 명명된 인이 아닌 경우에는 국제출원은 창작자로 확인된 인이 출원인으로 명명된 인에게 국제출원을 양도하였다는 취지의, 제1항나호에 따라 명시된 요건을 충족하는 진술 또는 문서가 첨부된다. 후자는 국제등록의 권리자로 기록된다.

**규칙9** 산업디자인의 도면

1. **[산업디자인 도면의 형식 및 수]**

가. 산업디자인의 도면은, 출원인의 선택에 따라, 산업디자인 그 자체 또는 산업디자인을 구성하는 1개 또는 복수의 물품의 사진이나 그 밖의 그래픽 표현물 형식이어야 한다. 동일한 물품은 다른 각도에서 보일 수 있다. 다른 각도에서의 도면은 각각의 사진 또는 그 밖의 그래픽 표현물에 표시된다.

나. 모든 도면은 시행세칙에 규정된 수만큼의 사본이 제출된다.

2. **[도면에 관한 요건]**

가. 도면은 산업디자인의 모든 세부사항이 분명히 구별되도록 하고 공개할 수 있는 품질이어야 한다.

나. 시행세칙에 규정된 대로 도면에는 나타나 있으나 보호받고 싶지 않은 부분이 표시될 수 있다.

3. **[요구되는 도면]**

가. 나호에 따를 것을 조건으로, 산업디자인을 구성하거나 산업디자인이 사용될 것과 관련되는 1개 또는 복수의 물품의 특정 도면을 요구하는 1999년 개정협정에 기속되는 모든 체약당사자는, 요구되는 도면과 그 도면이 요구되는 상황을 명시하여 사무국장에게 선언으로 통지한다.

나. 어떠한 체약당사자도 산업디자인 또는 물품이 2차원적인 경우에는 1개를 초과한 도면을, 물품이 3차원적인 경우에는 6개를 초과한 도면을 요구할 수 없다.

4. **[산업디자인의 도면에 관한 이유에서의 거절]** 체약당사자는, 제3항가호에 따라 그 체약당사자가 통지한 요건에 추가되거나 이와는 다른 산업디자인의 도면 형식에 관한 요건이 그 체약당사자의 법에 따라 충족되지 아니하였다는 이유로, 국제등록의 효력을 거절할 수 없다. 그러나 체약당사자는 국제등록에 포함된 도면이 그 산업디자인을 완전히 나타내기에는 충분하지 아니하다는 이유로 국제등록의 효력을 거절할 수 있다.

### 규칙10 공개 연기가 신청되는 산업디자인의 견본

1. **[견본의 수]** 1999년 개정협정에 의하여만 규율되는 국제출원이 2차원적인 산업디자인에 관한 공개 연기 신청을 포함하고, 규칙9에 언급된 도면이 첨부되는 대신에 산업디자인의 견본이 첨부되는 경우에는 다음 수의 견본이 국제출원에 첨부된다.
   1) 국제사무국용 견본 1개, 그리고
   2) 국제등록 사본을 받고자 한다는 것을 1999년 개정협정 제10조제5항에 따라 국제사무국에 통지한 각 지정관청용 견본 1개
2. **[견본]** 모든 견본은 하나의 포장에 포함된다. 견본은 접힐 수 있다. 포장의 최대 크기와 무게는 시행세칙에 명시된다.

### 규칙11 창작자의 신원, 디자인의 설명, 청구범위

1. **[창작자의 신원]** 국제출원이 산업디자인 창작자의 신원에 관한 표시를 포함하는 경우, 그의 성명 및 주소는 시행세칙에 따라 기재된다.
2. **[설명]** 국제출원이 디자인의 설명을 포함하는 경우에는 그 디자인의 설명은 산업디자인 도면에 나타나는 그러한 특징에 관한 것이고, 산업디자인의 작용에 관한 기술적 특징이나 그 가능한 활용에 관한 것이 아니다. 디자인의 설명이 100개의 단어를 초과하는 경우, 수수료표에 규정된 대로 추가 수수료가 납부된다.
3. **[청구범위]** 체약당사자의 법이 산업디자인에 대한 보호의 부여를 위한 출원이 그 법에 따라 제출일을 부여받기 위하여 청구범위를 요구한다는 1999년 개정협정 제5조제2항가호에 따른 선언은 그 요구되는 청구범위의 표현을 정확히 명시한다. 국제출원에 청구범위를 포함하는 경우, 그 청구범위의 표현은 위에서 언급된 선언에 명시된 바와 같이 기재된다.

### 규칙12 국제출원에 관한 수수료

1. **[규정된 수수료]**

   가. 국제출원은 다음의 수수료 납부를 조건으로 한다.
   1) 기본수수료
   2) 1999년 개정협정 제7조제2항 또는 규칙36제1항에 따른 선언을 하지 아니한 각 지정 체약당사자에 관한 표준 지정수수료, 그 수준은 다호에 따라 이루어진 선언에 좌우될 것이다.
   3) 1999년 개정협정 제7조제2항 또는 규칙36제1항에 따라 선언을 한 각 지정 체약당사자에 관한 개별 지정수수료
   4) 공개수수료

   나. 가호제2목에 언급된 표준 지정수수료의 수준은 다음과 같다.
   1) 자국 관청이 실체 심사를 수행하지 아니하는 체약당사자에 대하여는 제1수준
   2) 자국 관청이 신규성에 관한 것 이외의 실체 심사를 수행하는 체약당사자에 대하여는 제2수준
   3) 자국 관청이 직권으로 또는 제3자에 의한 이의신청에 따라 신규성에 관한 심사를 포함하여 실체 심사를 수행하는 체약당사자에 대하여는 제3수준

   다. 1) 자국 법령이 나호에 따른 제2수준 또는 제3수준의 출원에 대한 권리를 주는 체약당사자는 선언으로 사무국장에게 이에 따라 통지할 수 있다. 자국의 법령이 제3수준의 출원에 대한 권리를 주는 경우라도 체약당사자는 제2수준의 출원을 선택한다는 것을 선언으로 명시할 수 있다.

2) 제1목에 따라 이루어진 선언은 사무국장이 이를 접수한 날 후 3개월째 되는 날에 또는 그 선언에 표시된 더 나중 날에 발효한다. 선언은 사무국장에게 통지함으로써 언제든 철회될 수 있으며, 이러한 경우 그 철회는 사무국장이 이를 접수한 날 후 1개월째 되는 날에 또는 통지에 표시된 더 나중 날에 발효한다. 그러한 선언이 없거나 선언이 철회된 경우에는 그 체약당사자에 관하여는 제1수준이 표준 지정수수료가 적용되는 수준이 되는 것으로 간주될 것이다.

2. **[수수료 납부 시기]** 제3항에 따를 것을 조건으로, 제1항에 언급된 수수료는 국제출원을 출원하는 때에 납부할 수 있다. 다만, 국제출원이 공개 연기신청을 포함하는 경우, 공개 수수료는 규칙16제3항가호에 따라 그 이후에 납부될 수 있다.

3. **[두 부분으로 납부할 수 있는 개별 지정수수료]**

가. 1999년 개정협정 제7조제2항 또는 규칙36제1항에 따른 선언은 해당 체약당사자에 관하여 납부될 개별 지정수수료가 두 부분으로, 국제출원을 제출하는 때에 납부될 첫 번째 부분과 해당 체약당사자의 법에 따라 정하여진 그 이후 일자에 납부될 두 번째 부분으로 구성된다는 것도 명시할 수 있다.

나. 가호가 적용되는 경우, 제1항제3목에서 개별 지정수수료에 대한 언급은 개별 지정수수료의 첫 번째 부분에 대한 언급으로 해석된다.

다. 개별 지정수수료의 두 번째 부분은 권리자의 선택에 따라 해당 관청에 직접적으로 또는 국제사무국을 통하여 납부될 수 있다. 개별 지정수수료의 두 번째 부분이 해당 관청에 직접 납부되는 경우에는 그 관청이 국제사무국에 이에 따라 통지하고 국제사무국은 국제등록부에 그러한 모든 통지를 기록한다. 개별 지정수수료의 두 번째 부분이 국제사무국을 통하여 납부되는 경우, 국제사무국은 국제등록부에 그 납부를 기록하고 해당 관청에 이에 따라 통지한다.

라. 개별 지정수수료의 두 번째 부분이 적용기간 이내에 납부되지 아니하는 경우에 해당 관청은 국제사무국에 통지하고 해당 체약당사자에 관하여 국제등록부에서 국제등록을 취소하도록 국제사무국에 요청한다. 국제사무국은 이에 따라 진행하고 권리자에게 이를 통지한다.

### 규칙13 관청을 통하여 출원된 국제출원

1. **[관청의 접수일 및 국제사무국에 송달]** 1999년 개정협정에 의해서만 규율되는 국제출원이 출원인의 체약당사자의 관청을 통하여 출원되는 경우, 그 관청은 출원서를 접수한 날짜를 출원인에게 통지한다. 그 관청은 국제출원을 국제사무국에 송달하는 것과 동시에 출원서를 접수한 날짜를 국제사무국에 통지한다. 그 관청은 국제사무국에 국제출원을 송달한 사실을 출원인에게 통지한다.

2. **[송달료]** 1999년 개정협정 제4조제2항에 규정된 대로 송달료를 요구하는 관청은 그 금액과 납부기한을 국제사무국에 통지한다. 다만 그 금액은 국제출원의 접수와 송달에 소요되는 행정비용을 초과하지 않아야 한다.

3. **[간접적으로 제출된 국제출원의 제출일]** 규칙14제2항에 따를 것을 조건으로, 관청을 통하여 제출된 국제출원의 제출일은

1) 국제출원이 1999년 개정협정에 의하여만 규율되는 경우에는 국제출원이 그 관청에 접수된 날, 다만 그 날부터 1개월 이내에 국제사무국에 의하여 국제출원이 접수되는 경우에 한한다.
2) 그 밖의 모든 경우에는 국제사무국이 국제출원을 접수하는 날

4. **[출원인의 체약당사자가 비밀해제를 요구하는 경우의 제출일]** 제3항에도 불구하고, 1999년 개정협정의 당사자가 될 당시에 자국 법이 비밀해제를 요구하는 체약당사자는 제3항에 언급된 1개월의 기간이 6개월의 기간으로 대체한다는 것을 사무국장에게 선언으로 통지할 수 있다.

**규칙14** 국제사무국에 의한 심사

1. **[하자의 보정 기한]** 국제출원이 국제사무국에 의하여 접수될 때에 적용 요건을 충족하지 아니하는 것으로 국제사무국이 판단하는 경우, 국제사무국은 국제사무국이 권고한 날부터 3개월 이내에 필요한 보정을 하도록 출원인에게 권고한다.
2. **[국제출원의 제출일에 연기를 수반하는 하자]** 국제출원이 국제사무국으로부터 접수되는 날에 국제출원의 제출일에 연기를 수반하는 하자로 규정되는 하자가 있는 경우, 제출일은 그러한 하자의 보정이 국제사무국에 의하여 접수되는 날이다. 국제출원의 제출일의 연기를 수반하는 것으로 규정되는 하자는 다음과 같다.

가. 국제출원이 규정된 언어 중 하나로 작성되지 아니하는 경우

나. 다음 요소 중 어느 하나가 국제출원에서 누락된 경우

1) 1999년 개정협정 또는 1960년 개정협정에 따라 국제등록을 받고자 하는 명시적 또는 암시적 표시
2) 출원인의 신분을 확인할 수 있는 표시
3) 출원인과 또는 그 대리인이 있는 경우 그 대리인과 연락되도록 하는 충분한 표시
4) 국제출원의 대상이 되는 각 산업디자인의 도면이나 1999년 개정협정 제5조제1항제3목에 따른 견본
5) 적어도 하나의 체약당사자의 지정

3. **[포기한 것으로 보는 국제출원, 수수료의 반환]** 1999년 개정협정 제8조제2항나호에 언급된 하자 이외의 하자가 제1항에 언급된 기한 이내에 치유되지 아니하는 경우에는 국제출원은 포기된 것으로 보고 국제사무국은 그 출원에 관하여 납부된 모든 수수료를 기본료에 상응하는 금액을 공제한 후 반환한다.

**규칙15** 산업디자인의 국제등록부에의 등록

1. **[산업디자인의 국제등록부에의 등록]** 국제사무국은 국제출원이 적용요건을 갖추고 있다고 판단하는 경우에는 그 산업디자인을 국제등록부에 등록하고, 권리자에게 증명서를 송부한다.
2. **[등록의 내용]** 국제등록은 다음을 포함한다.

1) 국제출원에 포함된 모든 자료. 다만, 선출원 일자가 국제출원의 제출일보다 6개월 전인 경우에는 규칙7제5항다호에 따른 우선권 주장을 제외한다.
2) 산업디자인의 도면
3) 국제등록일
4) 국제등록번호
5) 국제사무국이 결정하는 바에 따른 국제분류의 관련 류

**규칙16** 공개의 연기

1. **[최장 연기기간]**
   가. 1999년 개정협정에 의해서만 규율되는 국제출원에 관하여 규정된 공개의 연기기간은 제출일부터 또는 우선권이 주장되는 경우에는 해당 우선일부터 30개월이다.
   나. 1960년 개정협정에 의해서만, 또는 1999년 개정협정과 1960년 개정협정 모두에 의해서 규율되는 국제출원에 관하여 공개의 최장 연기기간은 제출일부터 또는 우선권이 주장되는 경우에는 해당 우선일부터 12개월이다.
2. **[적용 가능한 법에 따라 연기가 불가능한 경우, 지정의 철회 기간]** 그 법이 공개의 연기를 허용하지 아니하는 체약당사자의 지정을 출원인이 철회할 수 있는 1999년 개정협정 제11조제3항제1목에 언급된 기간은 국제사무국에 의하여 송부된 통지일부터 1개월이다.
3. **[공개 수수료 납부와 도면 제출에 대한 기간]**
   가. 1999년 개정협정 제11조제2항이나 1960년 개정협정 제6조제4항가호에 따른 연기기간이 만료되기 전 3개월까지 또는 1999년 개정협정 제11조제4항가호나 1960년 개정협정 제6조제4항나호에 따라 연기기간이 만료된 것으로 보기 전 3개월까지, 제12조제1항가호제4목에 언급된 공개 수수료를 납부하며, 규칙10에 따라 도면 대신에 견본이 제출된 경우 그 도면을 제출한다.
   나. 가호에 언급된 공개의 연기기간 만료 6개월 전, 국제사무국은 국제등록의 권리자에게 비공식 통지를 송부하여, 적절한 경우, 제3항에 언급된 공개 수수료가 납부되고, 제3항에 언급된 도면이 제출되는 날짜를 상기시킨다.
4. **[도면의 등록]** 국제사무국은 제3항에 따라 제출된 모든 도면을 국제등록부에 기록한다.
5. **[요건 불비]** 제3항의 요건이 충족되지 아니한 경우, 국제등록은 취소되고 공개되지 아니한다.

**규칙17** 국제등록의 공개

1. **[공개 시기]** 국제등록은 다음 시기에 공개된다.
   1) 출원인이 그렇게 신청하는 경우에는 등록 후에 즉시
   2) 공개의 연기가 신청되었고 그 신청이 무시되지 아니한 경우에는 연기 기간이 만료되거나 만료된 것으로 보는 날 이후 즉시
   3) 그 밖의 모든 경우에는 국제등록일부터 6개월 또는 그 이후 가능한 한 빨리
2. **[공개의 내용]** 공보에 의한 국제등록의 공개는 다음을 포함한다.
   1) 국제등록부에 기록된 자료
   2) 산업디자인의 1개 또는 복수의 도면
   3) 공개가 연기된 경우, 연기기간이 만료되거나 만료된 것으로 보는 날의 표시

## 제3장 거절과 무효

**규칙18** 거절 통지

1. **[거절 통지 기간]**
   가. 1999년 개정협정 제12조제2항 또는 1960년 개정협정 제8조제1항에 따라 국제등록의 효력을 거절하는 통지에 대하여 규정된 기간은 규칙26제3항에 규정된 대로 국제등록의 공개로부터 6개월이다.
   나. 가호에도 불구하고, 자국 관청이 심사관청이거나 자국 법에서 보호의 부여에 대한 이의신청 가능성

을 규정하는 체약당사자는 누구나, 그 체약당사자가 1999년 개정협정에 따라 지정된 경우, 가호에 언급된 6개월의 기간이 12개월의 기간으로 대체된다는 것을 사무국장에게 선언으로 통지할 수 있다.

다. 나호에 언급된 선언은 늦어도 다음의 시기에는 국제등록이 1999년 개정협정 제14조제2항가호에 언급된 효력을 발생시킨다고 표명할 수도 있다.

1) 그 선언에 명시된 시기, 다만 그 시기는 그 조에 언급된 날보다 늦을 수는 있지만 6개월을 초과해서는 아니 된다. 또는

2) 보호의 부여에 관한 결정이 의도하지 아니하게 가호 또는 나호의 규정에 따른 기간 내에 통보되지 아니한 경우에는 체약당사자의 법에 따라 보호가 부여된 시기. 그러한 경우에 관련 체약당사자의 관청은 국제사무국에 그에 따라 통지하고 그 이후 신속하게 해당 국제등록의 권리자에게 그러한 결정을 통보하도록 노력한다.

2. **[거절 통지]**

가. 거절 통지는 한 건의 국제등록에 관련되고, 통지하는 관청이 날짜를 기재하고 서명한다.

나. 통지는 다음을 포함하거나 표시한다.

1) 통지하는 관청

2) 국제등록번호

3) 거절의 기초가 되는 모든 이유와 이에 상응하는 주요 법 규정

4) 거절의 기초가 되는 이유가 선행하는 국내, 지역 또는 국제 출원 또는 등록의 대상이 된 산업디자인과의 유사성에 관련되는 경우에는 시행세칙에 규정된 대로 제출일 및 출원번호, 우선일(존재하는 경우), 등록일 및 등록번호(가능한 경우), 선행하는 산업디자인 도면의 사본(도면이 공중에 열람 가능한 경우) 및 해당 산업디자인의 권리자의 성명과 주소

5) 거절이 국제등록의 대상이 되는 모든 산업디자인에 관련되지 아니하는 경우, 거절에 관련된 혹은 관련되지 아니한 산업디자인

6) 거절이 재심사 또는 불복청구의 대상이 되는지 여부, 그리고 그 대상이 된다면, 상황에 따라서는 거절에 대한 재심사청구 또는 불복청구를 위한 상당한 기한, 그리고 적절한 경우 재심사청구 또는 불복청구는 거절을 선언한 관청의 체약당사자의 영역 내에 주소가 있는 대리인을 매개로 하여 접수되어야 한다는 표시와 함께 그러한 재심사청구 또는 불복청구를 제출할 기관, 그리고

7) 거절이 선언된 날짜

3. **[국제등록의 분할의 통지]** 1999년 개정협정 제13조제2항에 따른 거절통지 이후 그 통지에 언급된 거절이유를 해소하기 위하여 국제등록이 지정 체약당사자 관청에서 분할되는 경우, 그 관청은 시행세칙에서 명시한 바와 같이 분할에 관한 자료를 국제사무국에 통지한다.

4. **[거절 철회의 통지]**

가. 거절 철회의 통지는 한 건의 국제등록에 관련되고, 통지하는 관청이 날짜를 기재하고 서명한다.

나. 거절 철회의 통지는 다음을 포함하거나 표시한다.

1) 통지하는 관청

2) 국제등록번호

3) 철회가 거절의 대상이 된 모든 산업디자인에 관련되지 아니하는 경우에는 철회에 관련된 혹은 관련되지 아니한 산업디자인, 그리고

4) 거절이 철회된 날짜

5. **[기록]** 국제사무국은 제1항다호제2목, 제2항 또는 제4항에 따라 접수한 모든 통지를 국제등록부에 기록한다. 거절 통지인 경우, 거절 통지가 국제사무국에 송부된 날짜에 대한 표시를 함께 기록한다.
6. **[통지 사본의 송달]** 국제사무국은 제1항다호제2목, 제2항 또는 제4항에 따라 접수된 통지의 사본을 권리자에게 송달한다.

**규칙18의2** 보호부여 기술서

1. **[거절통지가 통보되지 않은 경우 보호부여 기술서]**
   가. 거절통지를 하지 않은 관청은, 규칙18제1항가호 또는 나호에 따라 적용 가능한 기간 내에, 해당 체약당사자에서 국제등록의 대상이 된 산업디자인에 보호를 부여한다는 취지의 기술서를 국제사무국에 송부할 수 있다. 규칙12제3항이 적용되는 경우, 보호의 부여는 개별 지정수수료의 두 번째 부분의 납부를 조건으로 할 것이다.
   나. 이 기술서는 다음을 표시한다 :
      1) 기술서를 발행한 관청
      2) 국제등록번호, 그리고
      3) 기술서의 날짜
2. **[거절통보 이후 보호부여 기술서]**
   가. 거절통지를 통보하였고 그러한 거절을 전체적으로 또는 부분적으로 철회할 것을 결정한 관청은, 규칙18제4항가호에 따른 거절의 철회를 통지하는 대신에, 해당 체약당사자에서 국제등록의 대상이 된 산업디자인 또는 그 일부에 보호를 부여한다는 취지로 국제사무국에 기술서를 송부할 수 있다. 규칙12제3항이 적용되는 경우, 보호의 부여는 개별 지정수수료의 두번째 부분의 납부를 조건으로 할 것이다.
   나. 이 기술서는 다음을 표시한다 :
      1) 통지하는 관청
      2) 국제등록번호
      3) 기술서가 국제등록의 대상이 된 모든 산업디자인에 관련되지 아니한 경우, 관련된 혹은 관련되지 않는 산업디자인, 그리고
      4) 기술서의 날짜
3. **[기록, 권리자에 대한 정보 및 사본의 송달]** 국제사무국은 이 규칙에 따라 접수된 모든 기술서를 국제등록부에 기록하고, 권리자에게 이에 따라 알리며, 기술서가 권리자에게 특정한 문서의 형식으로 통보되었거나 재발행 될 수 있는 경우에는 그 문서의 사본을 송달한다.

**규칙19** 하자있는 거절

1. **[거절로 간주되지 않는 통지]**
   가. 다음의 거절통지는 국제사무국에 의하여 거절통지로 간주되지 않으며, 국제등록부에 기록되지 않는다.
      1) 통지에 포함되어 있는 그 밖의 표시로는 거절에 관한 국제등록을 확인할 수 없다면, 해당 국제등록번호를 표시하고 있지 아니한 경우
      2) 거절이유를 표시하고 있지 아니한 경우, 또는
      3) 규칙18제1항에 따라 적용 가능한 기간이 경과된 후에 국제사무국에 송부된 경우
   나. 가호가 적용되는 경우, 거절통지에 의하여 관련 국제등록을 확인할 수 없다면, 국제사무국은 권리자에게 통지의 사본을 송달하고, 권리자 및 통지를 송부한 관청에 그 거절통지가 국제사무국에 의하여 거절통지로 간주되지 아니하며, 국제등록부에 기록되지 않았다는 것을 알리고, 그 이유를 표시한다.

2. **[하자 있는 통지]** 거절통지가 다음에 해당하는 경우이다.
   1) 거절통보를 한 관청을 대표하여 서명되지 않았거나, 규칙2에 따라 정해진 요건을 준수하지 못한 경우,
   2) 적용 가능한 경우, 규칙18제2항나호제4목에 의한 요건을 준수하지 못한경우,
   3) 적용 가능한 경우, 재심사 요청 또는 불복청구의 관할 당국 및 그러한 요청이나 불복청구를 제기하기 위하여 상황에 따라서 합당한 적용 가능한 기한을 표시하지 않은 경우 (규칙18제2항나호제6목),
   4) 거절이 선언된 날짜를 표시하지 아니한 경우 (규칙18제2항나호제7목)
   5) 국제사무국은 국제등록부에 거절을 기록하고 거절 통지의 사본을 권리자에게 송달한다. 권리자가 요구하면, 국제사무국은 거절통보를 한 관청에게 그 거절통지를 지체 없이 보정하도록 권유한다.

### 규칙20 지정 체약당사자에서의 무효

1. **[무효 통지의 내용]** 국제등록의 효력이 지정 체약당사자에서 무효로 되고, 그 무효가 더 이상 재심사 또는 불복청구의 대상이 되지 아니하는 경우, 그 무효를 선고한 관할 당국의 체약당사자의 관청은, 무효된 사실을 알고 있는 경우, 이를 국제사무국에 이에 따라 통지한다. 그 통지는 다음을 표시한다.
   1) 무효를 선언한 당국
   2) 무효가 더 이상 불복청구의 대상이 되지 아니한다는 사실
   3) 국제등록번호
   4) 무효가 국제등록의 대상이 되는 산업디자인 전부에 관련된 것이 아닌 경우, 무효와 관련된 또는 관련되지 아니한 산업디자인,
   5) 무효 선언일과 효력발생일
2. **[무효의 기록]** 국제사무국은 무효통지에 포함되어 있는 정보와 함께 그 무효를 국제등록부에 기록한다.

## 제4장 변경과 경정

### 규칙21 변경의 기록

1. **[신청의 제출]**
   가. 기록신청이 다음 중 어느 하나에 해당하는 경우, 관련 공식서식에 의하여 국제사무국에 제출된다.
      1) 국제등록의 대상이 되는 산업디자인의 전부 또는 일부에 대한 국제등록의 명의변경
      2) 권리자의 성명 또는 주소의 변경
      3) 지정 체약당사자의 일부 또는 전부에 대한 국제등록의 포기
      4) 지정 체약당사자의 일부 또는 전부에서 국제등록의 대상인 산업디자인을 하나 또는 일부로의 감축
   나. 권리자가 신청을 제출하고 서명한다. 그러나, 다음의 경우에는 새로운 권리자가 명의변경에 대한 기록신청을 제출할 수 있다.
      1) 권리자가 서명한 경우, 또는
      2) 새로운 권리자가 서명하고, 그 새로운 권리자가 권리자의 정당한 승계인으로 보인다는 취지의 권리자의 체약당사자 관할 기관으로부터의 증명서가 첨부된 경우
2. **[신청의 내용]** 변경기록 신청은 신청하는 변경내용과 더불어, 다음을 포함하거나 표시한다.
   1) 해당 국제등록번호
   2) 변경이 대리인의 성명이나 주소에 관한 것이 아닌 경우, 권리자의 성명

3) 국제등록의 명의변경의 경우, 시행세칙에서 정한 바에 따라, 그 국제등록의 새로운 권리자의 성명 및 주소
4) 국제등록의 명의변경의 경우, 새로운 권리자가 국제등록의 권리자가 될 수 있는 조건을 갖추고 있는 1개 또는 복수의 체약당사자
5) 산업디자인 전부 및 체약당사자 전부와 관련되지 아니한 국제등록의 명의변경의 경우, 명의변경과 관련된 산업디자인의 번호 및 지정 체약당사자, 그리고
6) 납부할 수수료 금액과 납부방법, 또는 국제사무국에 개설된 계좌에서 필요한 수수료 금액을 인출하라는 지시 및 납부자 또는 지시자의 확인표시

3. **[인정되지 아니하는 신청]** 제2항제4목에 따라 표시된 체약당사자 또는 복수의 체약당사자 중 하나가 기속되는 개정협정에 어떤 지정 체약당사자가 기속되지 않으면, 그 지정 체약당사자에 대하여는 국제등록의 명의변경이 기록될 수 없다.
4. **[하자 있는 신청]** 신청이 적용 가능한 요건을 충족하지 못한 경우, 국제사무국은 그 사실을 권리자에게, 그리고 새로운 권리자임을 주장하는 인에 의하여 신청된 경우에는 그 인에게 통지한다.
5. **[하자를 치유할 수 있는 기간]** 하자는 국제사무국의 하자 통지일부터 3개월 이내에 치유될 수 있다. 국제사무국의 하자통지일부터 3개월 이내에 그 하자가 치유되지 아니한 경우, 그 신청은 포기된 것으로 간주되고, 국제사무국은 권리자에게, 그리고 새로운 권리자임을 주장하는 인에 의하여 신청된 경우에는 그 인에게 이에 따라 동시에 통지하고, 관련 수수료의 2분의 1에 상응하는 금액을 공제한 후, 납부된 모든 수수료를 반환한다.
6. **[변경의 기록 및 통지]**
   가. 국제사무국은, 신청이 정확하게 작성되어 있으면, 즉시 그 변경을 국제등록부에 기록하고, 이를 권리자에게 알려야 한다. 기록이 명의변경에 관한 것인 경우, 국제사무국은 새로운 권리자와 종전 권리자 모두에게 알린다.
   나. 변경은 국제사무국이 적용 가능한 요건을 충족하고 있는 신청을 접수하는 날짜로 기록된다. 다만, 그 변경이 다른 변경 이후에 또는 국제등록의 갱신 이후에 기록되어야 한다고 신청에 표시되어 있는 경우, 국제사무국은 이에 따라 처리한다.
7. **[일부 명의변경의 기록]** 산업디자인의 일부만에 관한 또는 지정 체약당사자의 일부만에 관한 국제등록의 양도 또는 그 밖의 이전은 일부가 양도되거나 달리 이전된 국제등록의 번호에 대한 국제등록부에 기록된다. 양도되거나 달리 이전된 일부는 상기 국제등록의 번호에서 말소되고, 별도의 국제등록으로 기록된다. 별도의 국제등록은 대문자와 더불어 일부가 양도되거나 달리 이전된 국제등록의 번호를 갖는다.
8. **[국제등록의 병합의 기록]** 동일한 인이 명의인의 일부변경으로 2 이상의 국제등록의 권리자로 기록된 경우, 그 국제등록은 그러한 인의 신청에 의하여 병합되고, 제1항에서 제6항까지의 규정은 이에 준용된다. 병합으로 인한 국제등록은 적용 가능한 경우 대문자와 더불어 일부가 양도 또는 기타 이전된 국제등록의 번호를 갖는다.

### 규칙21의2 명의변경이 효력이 없다는 선언

1. **[선언과 그 효력]** 지정체약당사자의 관청은 국제등록부에 기록된 명의변경이 해당 체약당사자에서 효력을 갖지 않는다고 선언할 수 있다. 그런 선언의 효과로 해당 체약당사자에 관하여 관련된 국제등록은 양도자의 명의로 남아 있게 된다.
2. **[선언 내용]** 제1항에서 언급된 선언은 다음을 표시한다.
   가. 명의변경이 효력을 갖지 않는 이유
   나. 상응하는 필수적 법 규정
   다. 선언이 명의변경의 대상인 산업디자인 전부와 관련되지 않은 경우에는 관련된 산업디자인, 그리고
   라. 그러한 선언이 재심사나 불복청구의 대상이 될 수 있는지 여부, 그리고 그 대상이 된다면 재심사 요청이나 불복을 제기하기 위하여 상황에 따라서 합당한 적용 가능한 기한, 그리고 적용 가능한 경우, 선언한 관청의 체약당사자 영역에 그 주소가 있는 대리인을 매개로 하여 재심사 요청이나 불복청구를 제기하여야 한다는 표시와 함께 그러한 재심사 요청이나 불복청구를 제출할 당국
3. **[선언 기간]** 제1항에서 언급된 선언은 상기 명의변경의 공개일부터 6개월 내에 또는 1999년 개정협정 제12조제2항 또는 1960년 개정협정 제8조제1항에 따라 적용 가능한 거절기간 중 더 나중에 만료되는 기간 내에 국제사무국에 송부된다.
4. **[선언에 대한 기록과 통지, 이에 따른 국제등록부의 수정]** 국제사무국은 제3항에 따라 행해진 모든 선언을 국제등록부에 기록하고 국제등록부를 수정하며, 이에 의하여 상기 선언의 대상인 국제등록의 그 부분은 기존 권리자(양도인)의 명의로 별도의 국제등록으로 기록된다. 국제사무국은 기존권리자(양도인)와 새로운 권리자(양수인)에게 이에 따라 통지한다.
5. **[선언의 철회]** 제3항에 따라 행해진 모든 선언은 일부 또는 전부가 철회될 수 있다. 선언의 철회는 국제등록부에 그것을 기록하는 국제사무국에 통지된다. 국제사무국은 국제등록부를 이에 따라 수정하며, 기존 권리자(양도인)와 새로운 권리자(양수인)에게 이에 따라 통지한다.

### 규칙22 국제등록부의 경정

1. **[경정]** 국제사무국은 직권으로 또는 권리자의 신청에 의하여, 국제등록부상의 국제등록에 관하여 오류가 있다고 판단하는 경우, 이에 따라 국제등록부를 수정하고 권리자에게 통지한다.
2. **[경정의 효과에 대한 거절]** 모든 지정 체약당사자의 관청은 국제사무국에 그 경정의 효력을 인정하지 않는다는 선언을 통지할 권리를 가진다. 규칙18 및 규칙19가 이에 준용된다.

## 제5장 갱 신

### 규칙23 만료의 비공식 통지

5년의 기간이 만료되기 6개월 전, 국제사무국은 권리자와 대리인이 있다면, 그들에게 국제등록의 만료일을 표시한 통지서를 송부한다. 상기 통지를 접수하지 아니하였다는 사실은 규칙24에 의한 기한을 준수하지 못한 것에 대한 면제이유가 되지 아니한다.

### 규칙24 갱신에 관한 세부사항

1. **[수수료]**
   가. 국제등록은 다음의 수수료를 납부함에 따라 갱신된다 :

1) 기본수수료
2) 국제등록이 갱신될 체약당사자로서, 1999년 개정협정 제7조제2항에 따른 선언을 하지 않은 1999년 개정협정에 따라 지정된 각 체약당사자와 1960년 개정협정에 따라 지정된 각 체약당사자에 대한 표준 지정수수료
3) 국제등록이 갱신될 체약당사자로서, 1999년 개정협정 제7조제2항에 따른 선언을 한 1999년 개정협정에 따라 지정된 각 체약당사자에 대한 개별 지정수수료

나. 가호의 제1목과 제2목에서 언급된 수수료 금액은 수수료표에 정해져 있다.

다. 가호에서 언급된 수수료는 늦어도 국제등록 갱신의 만기일에 납부된다. 그러나 수수료표에 명시된 가산료를 동시에 납부할 것을 조건으로, 국제등록 갱신의 만기일부터 6개월 이내에 납부될 수 있다.

라. 갱신을 위한 납부가 국제등록의 갱신 만기일 전 3개월보다 일찍 국제사무국에 의하여 접수된 경우, 만기일 3개월 전에 접수된 것으로 본다.

2. **[보다 상세한 세부사항]**

가. 권리자가 다음에 관하여 국제등록의 갱신을 희망하지 아니하는 경우,
1) 지정 체약당사자에 관하여, 또는
2) 국제등록의 대상이 된 산업디자인에 관하여,

필요한 수수료의 납부시 국제등록이 갱신되지 않을 체약당사자 또는 산업디자인의 번호를 표시한 기술서를 첨부한다.

나. 지정 체약당사자에서 산업디자인 보호의 최장기간이 만료되었음에도 불구하고 권리자가 그 체약당사자에 관하여 국제등록의 갱신을 원하는 경우, 그 체약당사자에 대한 표준 지정수수료 또는 경우에 따라, 개별 지정수수료를 포함한 필요 수수료의 납부는 그 체약당사자에 관하여 국제등록의 갱신이 국제등록부에 기록되어야 한다는 취지의 기술서가 첨부된다.

다. 관련된 산업디자인 전부에 관하여 거절이 그 체약당사자에 대하여 국제등록부에 기록되어 있더라도 권리자가 그 체약당사자에 관하여 국제등록의 갱신을 원하는 경우, 그 체약당사자에 대한 표준 지정수수료 또는 경우에 따라, 개별 지정수수료를 포함한 필요 수수료의 납부는 그 체약당사자에 관하여 국제등록의 갱신이 국제등록부에 기록되어야 한다고 명시하는 취지의 기술서가 첨부된다.

라. 국제등록은 규칙20에 의하여 산업디자인 전부에 관하여 무효가 기록되거나 규칙21에 의하여 포기가 기록된 지정 체약당사자에 관해서는 갱신되지 아니한다. 국제등록은 지정 체약당사자에 대해서 규칙20에 의하여 그 체약당사자에서의 무효가 기록되었거나 규칙21에 의하여 감축이 기록된 디자인에 관하여는 갱신되지 아니한다.

3. **[미납수수료]**

가. 접수한 수수료의 금액이 갱신에 필요한 수수료 금액보다 부족한 경우, 국제사무국은 즉시 권리자, 그리고 대리인이 있는 경우에는 대리인에게도 이에 따라 동시에 통지한다. 통지에는 부족한 금액을 명시한다.

나. 접수한 수수료 금액이 제1항다호에서 언급된 6개월의 기간이 만료된 때에 갱신에 필요한 금액보다 부족한 경우에는, 국제사무국

은 갱신을 기록하지 아니하고, 접수된 수수료 금액을 반환하며, 권리자 및 대리인이 있는 경우 그들에게 이에 따라 통지한다.

### 규칙25 갱신의 기록, 증명서

1. **[갱신의 기록과 효력발생일]** 갱신에 필요한 수수료가 규칙24제1항다호에서 언급된 유예기간 내에 납부되었다 하더라도, 갱신은 그 만기일로 국제등록부에 기록된다.
2. **[증명서]** 국제사무국은 갱신 증명서를 권리자에게 송부한다.

## 제6장 공 개

### 규칙26 공 개

1. **[국제등록에 관한 정보]** 국제사무국은 다음에 관한 관련 자료를 공보에 공개한다.
   1) 규칙17에 따른 국제등록
   2) 재심사 또는 불복청구의 가능성 여부를 함께 표시하나 거절이유는 표시하지 않는 거절과 규칙18제5항과 규칙18의2제3항에 따라 기록된 그 밖의 통보사항
   3) 규칙20제2항에 따라 기록된 무효
   4) 명의변경, 권리자의 명칭 또는 주소의 변경, 규칙21에 따라 기록된 포기와 감축
   5) 규칙22에 따라 유효한 경정
   6) 규칙25제1항에 따라 기록된 갱신
   7) 갱신되지 않은 국제등록
2. **[선언에 관한 정보, 그 밖의 정보]** 국제사무국은 현재 연도와 다음연도 동안의 국제사무국의 휴무예정일의 목록뿐만 아니라 1999년 개정협정, 1960년 개정협정 또는 이 규칙에 따라 체약당사자가 행한 모든 선언을 기구의 웹사이트에 공개한다.
3. **[공보 발행 방식]** 공보는 기구의 웹사이트에 공개된다. 공보의 각 발행본의 공개는 1999년 개정협정 제10조제3항나호 및 제16조제4항과 1960년 개정협정 제6조제3항나호에 언급된 공보의 송부를 대신하는 것으로 간주되며, 1960년 개정협정 제8조제2항의 목적상, 공보의 각 발행본은 기구의 웹사이트에 공개된 날 각 해당 관청이 접수한 것으로 간주된다.

## 제7장 수수료

### 규칙27 수수료의 금액 및 납부

1. **[수수료 금액]** 규칙12제1항가호제3목에서 언급한 개별 지정수수료를 제외한 1999년 개정협정, 1960년 개정협정 및 이 규칙에 의한 수수료의 금액은 이 규칙에 첨부되고 그 규칙이 불가분의 일부를 구성하는 수수료표에 규정된다.
2. **[납부]**
   가. 나호와 규칙12제3항다호에 따를 것을 조건으로, 수수료는 국제사무국에 직접 납부한다.
   나. 국제출원이 출원인의 체약당사자 관청을 통하여 제출된 경우, 그 관청이 그러한 수수료의 징수 및 송금을 수용하고 출원인 또는 권리자가 그렇게 희망한다면, 그 출원에 관하여 납부할 수수료를 관청을 통하여 납부할 수 있다. 그러한 수수료의 징수 및 송금을 수용한 관청은 누구나 사무국장에게 그 사실을 통지한다.
3. **[납부 방법]** 수수료는 국제사무국에 시행세칙에 따라 납부한다.
4. **[납부에 수반되는 표시]** 국제사무국에 수수료를 납부할 때에는 다음을 표시한다.
   1) 국제등록 전에는, 출원인의 성명, 관련 산업디자인 및 납부 목적

2) 국제등록 후에는, 권리자의 성명, 관련 국제등록번호 및 납부 목적

5. **[납부일]**

가. 규칙24제1항라호 및 나호에 따를 것을 조건으로, 수수료는 국제사무국이 필요 금액을 접수한 날에 국제사무국에 납부된 것으로 간주된다.

나. 필요금액이 국제사무국에 개설된 계좌에서 충당될 수 있고 국제사무국이 그 계좌의 권리자로부터 그 수수료를 인출하라는 지시를 받는 경우에는, 그 수수료는 국제사무국이 국제출원, 변경기록 신청 또는 국제등록의 갱신 지시를 접수하는 날에 국제사무국에 납부된 것으로 간주된다.

6. **[수수료 금액의 변경]**

가. 국제출원이 출원인의 체약당사자 관청을 통하여 출원되었고 국제출원에 관하여 납부할 수수료 금액이, 한편으로 그 관청이 국제출원을 접수한 날과, 다른 한편으로, 국제사무국이 국제출원을 접수한 날 사이에 변동된 경우에는, 앞선 일자에 유효하였던 수수료가 적용된다.

나. 국제등록의 갱신과 관련하여 납부할 수수료의 금액이 납부일과 갱신예정일 사이에 변동된 경우에는 납부일 또는 규칙24제1항라호에 따라 납부일로 간주되는 날에 유효하였던 수수료가 적용된다. 갱신예정일 후에 납부하는 경우에는, 갱신예정일에 유효하였던 수수료가 적용된다.

다. 가호 및 나호에서 언급된 수수료 이외의 수수료 금액이 변경된 경우, 국제사무국의 수수료 접수일에 유효한 금액이 적용된다.

**규칙28 납부 통화**

1. **[스위스 통화를 사용할 의무]** 이 규칙에 따라 국제사무국에 납부되는 모든 금액은, 관청을 통해 수수료를 납부하는 경우, 그 관청이 다른 통화로 수수료를 징수하였을 수 있다는 사실과 관계없이, 스위스 통화로 납부된다.

2. **[스위스 통화에 의한 개별 지정수수료 금액의 확정]**

가. 체약당사자가 1999년 개정협정 제7조제2항 또는 규칙36제1항에 따라 개별 지정수수료를 받기를 원한다는 선언을 하는 경우, 국제사무국에 표시되는 수수료 금액은 그 관청에서 사용되는 통화로 표시된다.

나. 가항에서 언급된 선언에서 수수료가 스위스 통화 이외의 통화로 표시되는 경우, 사무국장은 해당 체약당사자의 관청과 협의한 후에 국제연합의 공식 환율을 기초로 수수료 금액을 스위스 통화로 확정한다.

다. 연속하는 3개월 이상의 기간 동안, 스위스 통화와 체약당사자가 개별지정수수료 금액을 표시한 통화 간의 국제연합 공식 환율이 그 개별 지정수수료 금액을 스위스 통화로 확정하기 위하여 적용된 최종 환율보다 적어도 5% 이상 높거나 낮은 경우, 그 체약당사자의 관청은 요구하는 날 전일의 국제연합의 공식 환율에 따라 새로운 수수료 금액을 스위스 통화로 확정하여 주도록 사무국장에게 요구할 수 있다. 사무국장은 이에 따라 절차를 진행한다. 새로운 금액은 사무국장이 정한 날부터 적용된다. 다만, 그 날짜는 상기 금액의 기구의 웹사이트 공개일 이후 1개월에서 2개월 사이로 한다.

라. 연속하는 3개월 이상의 기간 동안, 스위스 통화와 체약당사자가 개별지정수수료 금액을 표시한 통화 간의 국제연합 공식 환율이 그 개별 지정수수료 금액을 스위스 통화로 확정하기 위하여 적용한 최종 환율보다 적어도 10% 이상 낮은 경우, 사무국장은 그 시점의 국제연합의 공식 환율에 따라 새로운 수수료 금액을 스위스 통화로 확정한다. 새로운 금액은 사무국장이 정한 날부터 적용된다. 다만, 그 날짜는 상기 금액의 기구의 웹사이트 공개일 이후 1개월에서 2개월 사이로 한다.

### 규칙29 해당 체약당사자의 계좌로의 수수료 입금

체약당사자에 관하여 국제사무국에 납부된 표준 지정수수료 또는 개별 지정수수료는, 수수료가 납부된 국제등록 또는 갱신의 기록이 효력을 발생한 월의 다음 월 이내 또는, 개별 지정수수료의 두 번째 부분에 관하여는 국제사무국이 이를 접수한 즉시, 국제사무국에 있는 체약당사자의 계좌로 입금한다.

## 제8장 (삭제)

### 규칙30~규칙31 (삭제)

## 제9장 기 타

### 규칙32 공개된 국제등록에 관한 초본, 사본 및 정보

1. **[양식]** 수수료표에서 확정한 수수료 금액을 납부함에 따라, 인은 누구나 국제사무국으로부터, 모든 공개된 국제등록에 관한 다음의 정보를 얻을 수 있다.
   1) 국제등록부의 초본
   2) 국제등록부상의 기록 또는 국제등록 서류에 있는 사항의 인증등본
   3) 국제등록부상의 기록 또는 국제등록 서류에 있는 사항의 미인증 사본
   4) 국제등록부 또는 국제등록 서류의 내용에 관한 서면 정보
   5) 견본의 사진
2. **[인증, 공인, 또는 그 밖의 모든 증명의 면제]** 제1항제1목과 제2목에 언급된 문서에 관하여, 국제사무국의 날인과 사무국장 또는 그를 대신한 인의 서명이 있는 경우, 어떠한 체약당사자의 당국도 그러한 문서의 인증, 공인 또는 그 밖의 모든 증명, 그 밖의 모든 인이나 당국의 날인 또는 서명을 요구할 수 없다. 이 항은, 규칙15제1항에 언급된 국제등록 증명서에 준용된다.

### 규칙33 특정 규칙의 개정

1. **[만장일치의 요건]** 이 규칙의 다음 규정을 개정하기 위해서는 1999년 개정협정에 기속되는 체약당사자의 만장일치를 필요로 한다.
   1) 규칙13제4항
   2) 규칙18제1항
2. **[5분의 4 다수결 요건]** 이 규칙의 다음 규정과 이 규칙의 제3항을 개정하기 위해서는 1999년 개정협정에 기속되는 체약당사자의 5분의 4 다수결을 필요로 한다.
   1) 규칙7제7항
   2) 규칙9제3항나호
   3) 규칙16제1항가호
   4) 규칙17제1항제3목
3. **[절차]** 제1항 또는 제2항에서 언급된 규정의 개정을 위한 모든 제안은 그 제안에 대한 결정을 위하여 소집된 총회가 개회되기 적어도 2개월 전에 모든 체약당사자에 송부된다.

## 규칙34 시행세칙

1. **[시행세칙의 제정, 시행세칙의 규율 사항]**
   가. 사무국장은 시행세칙을 제정한다. 사무국장은 시행세칙을 개정할 수 있다. 사무국장은 제안된 시행세칙안 또는 개정안에 대하여 체약당사자 관청에 자문을 구한다.
   나. 시행세칙은 이 규칙에서 명시적으로 그 세칙을 언급한 것과 관련한 사항 및 이 규칙의 적용에 관한 구체적 사항을 다룬다.
2. **[총회의 통제]** 총회는 사무국장에게 시행세칙의 규정을 개정하도록 권유할 수 있고, 사무국장은 이에 따라 절차를 진행한다.
3. **[공개 및 효력발생일]**
   가. 시행세칙 및 그에 대한 모든 개정은 기구의 웹사이트에 공개된다.
   나. 각 공개 시 공개된 규정이 효력을 가지는 날을 명시한다. 기구의 웹사이트에 공개되기 전에는 어떠한 규정도 효력이 있다고 선언될 수 없는 경우, 효력발생일은 규정마다 다를 수 있다.
4. **[1999년 개정협정, 1960년 개정협정 또는 이 규칙과의 충돌]** 시행세칙의 어떠한 규정이 1999년 개정협정, 1960년 개정협정 또는 이 규칙의 규정과 충돌하는 경우에는, 후자가 우선한다.

## 규칙35 1999년 개정협정의 체약당사자가 행한 선언

1. **[선언 및 선언의 발효]** 1999년 개정협정 제30조제1항과 제2항은 규칙8제1항, 규칙9제3항가호, 규칙13제4항 또는 규칙18제1항나호에 따른 모든 선언, 그리고 그 선언의 효력발생에 준용된다.
2. **[선언의 철회]** 제1항에서 언급된 선언은 언제든지 사무국장에게 통지함으로써 철회될 수 있다. 그러한 철회는 사무국장이 선언의 철회 통지를 접수함으로써, 또는 그 통지에 기재된 더 나중 날에 효력이 발생한다. 규칙18제1항나호에 따라 행한 선언의 경우, 철회는 상기 철회의 효력발생일 보다 앞선 국제등록에는 영향이 미치지 아니한다.

## 규칙36 1960년 개정협정의 체약당사자가 행한 선언

1. **[개별 지정수수료]** 1960년 개정협정 제15조제1항의2나호의 목적상, 자국 관청이 심사관청인 1960년 개정협정의 체약당사자는 누구나, 1960년 개정협정에 따라 그 체약당사자를 지정하는 모든 국제출원에 관하여 규칙12제1항가호제2목에 언급된 표준 지정수수료는 선언에 표시된 금액의 개별 지정수수료로 대체된다는 것을 선언으로 사무국장에게 통지할 수 있으며, 추가적 선언으로 변경될 수 있다. 상기 금액은, 같은 수의 산업디자인에 대하여 동등한 기간 동안의 보호의 부여를 위하여 출원인으로부터 그 체약당사자의 관청이 접수할 수 있는 동등한 금액보다 높지 않으며, 국제절차에 의하여 절감되는 만큼 감소된다.
2. **[보호의 최장 존속기간]** 1960년 개정협정의 각 체약당사자는 자국 법에 규정된 보호의 최장 존속기간을 사무국장에게 선언으로 통지한다.
3. **[선언을 할 수 있는 시기]** 제1항과 제2항에 따른 선언은 다음 시기에 할 수 있다.
   1) 1960년 개정협정 제26조제2항에 언급된 증서의 기탁 시에, 다만, 이 경우에는 선언을 한 국가가 이 개정협정에 기속되는 날에 효력을 가진다, 또는

2) 1960년 개정협정 제26조제2항에 언급된 증서의 기탁 후에, 다만 이 경우에는 사무국장이 이를 접수한 날 후 1개월째 되는 날에 또는 선언에 표시된 더 나중 날에 효력이 발생되지만, 국제등록일이 선언의 효력발생일과 같거나 그보다 나중인 국제등록에 대해서만 적용된다.

### 규칙37 경과규정

1. **[1934년 개정협정에 관한 경과규정]**

가. 이 규정의 목적상,

1) "1934년 개정협정"이란 1934년 6월 2일에 런던에서 서명된, 헤이그 협정의 개정협정을 말한다.

2) "1934년 개정협정에 따른 지정체약당사자"이란 국제등록부에 그와 같이 기록된 체약당사자를 말한다.

3) "국제출원" 또는 "국제등록"이란, 적절한 경우, 1934년 개정협정에서 언급한 "국제기탁"을 포함하는 것으로 간주한다.

나. 2010년 1월 1일 이전에 유효한 헤이그협정의 1999년 개정협정, 1960년 개정협정 및 1934년 개정협정에 따른 공통규칙은, 그날 이전에 제출된 국제출원과 그 날에 계류 중인 국제출원 및 그날 이전에 제출된 국제출원으로부터 발생하는 국제등록에서 1934년 개정협정에 따라 지정된 모든 체약당사자와 관련하여 적용된다.

2. **[언어에 대한 경과규정]** 2010년 4월 1일 이전에 유효한 규칙6은 그날 이전에 출원된 모든 국제출원과 이로부터 발생하는 국제등록에 계속 적용된다.

### 수수료표

(2010년 1월 1일 시행)

| | 스위스 프랑 |
|---|---|
| I. 국제출원 | |
| 1. 기본료 | |
| 1.1 하나의 디자인에 대하여 | 397 |
| 1.2 동일한 국제출원에 추가되는 각 디자인에 대하여 | 19 |
| 2. 공개료 | |
| 2.1 공개될 하나의 도면마다 | 17 |
| 2.2 하나 또는 그 이상의 도면이 표현된 첫 면을 초과하는 하나의 면마다(도면이 서면으로 제출된 경우) | 150 |
| 3. 설명이 100단어를 초과하는 경우 초과하는 단어당 추가수수료 | 2 |
| 4. 표준 지정수수료 | |
| 4.1 제1수준이 적용되는 경우 : | |
| 4.1.1 하나의 디자인에 대하여 | 42 |
| 4.1.2 동일한 국제출원에 추가되는 각 디자인에 대하여 | 2 |
| 4.2 제2수준이 적용되는 경우 : | |
| 4.2.1 하나의 디자인에 대하여 | 60 |
| 4.2.2 동일한 국제출원에 추가되는 각 디자인에 대하여 | 20 |
| 4.3 제3수준이 적용되는 경우 : | |
| 4.3.1 하나의 디자인에 대하여 | 90 |
| 4.3.2 동일한 국제출원에 추가되는 각 디자인에 대하여 | 50 |
| 5. 개별 지정수수료 (관련된 각 체약당사자에 의하여 정해진 개별 지정수수료의 금액) | |
| II. 삭제 | |
| 6. 삭제 | |
| III. 1960년 개정협정 또는 1999년 개정협정에 의해서 배타적으로 또는 부분적으로 규율되는 국제출원으로 인한 국제등록의 갱신 | |
| 7. 기본료 | |
| 7.1 하나의 디자인에 대하여 | 200 |
| 7.2 동일한 국제등록에 추가되는 각 디자인에 대하여 | 17 |
| 8. 표준 지정수수료 | |
| 8.1 하나의 디자인에 대하여 | 21 |
| 8.2 동일한 국제등록에 추가되는 각 디자인에 대하여 | 1 |

9. 개별 지정수수료 (관련된 각 체약 당사자에 의하여 정해진 개별 지정 수수료의 금액)
10. 가산료 (유예기간) 갱신 기본수수료의 50%

IV. 삭제
11. 삭제
12. 삭제

V. 기타 기록
13. 명의변경 144
14. 권리자의 성명 및/또는 주소의 변경
14.1 하나의 국제등록에 대하여 144
14.2 동일한 신청에 포함된 동일한 권리자의 추가되는 각 국제 등록에 대하여 72
15. 포기 144
16. 감축 144

VI. 공개된 국제등록에 관한 정보
17. 공개된 국제등록에 관한 국제등록부로부터의 초본 제공 144
18. 국제등록부 또는 공개된 국제등록 서류에 있는 사항의 미인증 사본의 제공
18.1 첫 다섯 면에 대하여 26
18.2 동일한 국제등록에 대하여 동시에 신청된 경우 다섯 면을 초과하는 각각의 면에 대하여 2
19. 국제등록부 또는 공개된 국제등록 서류에 있는 사항의 인증 등본의 제공
19.1 첫 다섯 면에 대하여 46
19.2 사본이 동시에 신청되고 동일한 경우 다섯 면을 초과하는 각각의 면에 대하여 2
20. 견본의 사진 제공 57
21. 국제등록부의 내용 또는 공개된 국제등록 서류의 내용에 관한 서면 정보의 제공
21.1 하나의 국제등록에 관하여 82
21.2 동일한 정보가 동시에 신청된 경우 동일한 권리자의 추가적인 국제등록에 관하여, 10
22. 국제등록의 권리자 목록의 검색
22.1 특정 인 또는 실체를 이름으로 검색할 때마다 82
22.2 처음 하나를 초과하여 발견된 각 국제등록에 대하여 10
23. 초본, 사본, 정보 또는 검색보고서의 팩스통보에 대한 가산료(면당) 4

## 선 언

1. 협정 제7조제2항에 따라, 협정에 따른 심사관청으로서 대한민국이 지정된 로카르노 분류 제2류, 제5류 또는 제19류를 제외한 모든 국제출원과 그러한 국제출원에 기인한 국제등록의 갱신과 관련하여, 협정 제7조제1항에 언급된 규정된 지정수수료가 다음의 개별 지정수수료로 대체된다고 선언한다.

| 구 분 | | 금액(원화) |
|---|---|---|
| 국제출원수수료 | | (디자인 당) * 239,000 |
| 갱신 수수료 | 1차 | (디자인 당) * 385,000 |
| | 2차 | (디자인 당) * 910,000 |
| | 3차 | (디자인 당) * 1,050,000 |

협정 공통규칙 제12조제1항다호1목에 따라, 대한민국은 협정에 따른 심사관청으로서 대한민국이 지정된 로카르노 분류 제2류, 제5류 또는 제19류에 해당하는 모든 국제출원과 관련하여, 협정 제7조제1항에 언급된 규정된 지정수수료는 규칙 제12조제1항나호3목의 표준 지정수수료 제3수준이 적용된다고 선언한다.

2. 협정 제16조제2항에 따라, 협정 제16조제1항1목에 따른 국제사무국의 기록은 해당 국제등록이 하나 이상의 자(공유자)에 의해 소유되고 그 공유자의 하나 또는 일부가 국제등록에 대한 자신의 지분을 양도하는 경우, 한국 특허청이 공유자의 동의를 증명하는 서류를 받을 때까지 대한민국 내에서의 효력이 없다고 선언한다.
3. 협정 제17조제3항다호에 따라, 대한민국은 자국법에서 규정한 디자인 보호의 최장기간이 국제등록일로부터 20년까지라고 선언한다.
4. 협정 공통규칙 제9조제3항가호에 따라, 대한민국은 자국법에서 한 벌 물품 또는 글자체 디자인의 출원에

다음 특별 도면이 포함되도록 요구함을 선언한다.

1) 한 벌 물품 디자인의 경우 각 구성 물품에 대한 도면과 조합된 하나의 도면
2) 글자체 디자인의 경우 지정글자, 보기문장, 대표글자의 도면

5. 협정 공통규칙 제18조제1항나호에 따라, 대한민국은 그 관청이 협정에 따른 심사관청이므로 로카르노 분류의 제2류, 제5류 또는 제19류를 제외한 모든 국제등록과 관련하여 동 규칙 제18조제1항가호에서 언급된 6개월의 거절 통지기간이 대한민국에 관하여 12개월로 대체되고 로카르노 분류의 제2류, 제5류 또는 제19류와 관련된 국제등록은 동 규칙 제18조제1항가호에서 언급된 6개월의 거절 통지기간이 적용될 것이라고 선언한다.

그러나 협정 공통규칙 제18조제1항다호2목에 따라, 대한민국은 자국법에서 국제등록이, 거절 통지 또는 보호부여기술서가 자연재해와 같은 예상치 못한 사태로 인하여 지정된 기간 내에 통지되지 않는 경우, 대한민국에 대하여 보호의 효력이 없다고 선언한다. 자국법은 그러한 경우 출원 절차가 중지되고 절차의 계속 또는 재개를 통지한 날부터 전체기간이 다시 부여된다고 규정한다. 한국특허청은 국제사무국에 그 사실과 해당 국제등록의 보호부여 결정을 위한 기한을 국제사무국에 통지한다.

# 상표법에 관한 싱가포르 조약, 상표법에 관한 싱가포르 조약과 그에 따른 규칙을 보완하는 외교회의의 결의사항 및 상표법에 관한 싱가포르 조약에 따른 규칙

싱가포르에서 채택 2006. 3.27
가입서 기탁일 2016. 4. 1
대한민국에 대하여 발효 2016. 7. 1
(조약 제2297호)

## 상표법에 관한 싱가포르 조약

**제1조【약칭】** 이 조약의 목적상, 명시적으로 별도의 규정이 없으면,

1) "관청"이란 체약당사자에 의하여 표장의 등록에 관하여 위임을 받은 기관을 말한다.
2) "등록"이란 관청에 의한 표장의 등록을 말한다.
3) "출원"이란 등록을 위한 출원을 말한다.
4) "통보"란 출원이나 등록과 관련하여 관청에 제출되는 출원서나 모든 신청서, 신고서, 서신 또는 그 밖의 알림사항을 말한다.
5) "인(人)" 또는 "자(者)"라 할 때에는 자연인과 법인 양자를 지칭하는 것으로 해석한다.
6) "권리자"란 표장등록원부에 등록권리자로 표시된 자를 말한다.
7) "표장등록원부"란 해당 자료보관의 수단을 불문하고, 모든 등록의 내용과 모든 등록에 관한 사항을 기록한 자료를 포함하는 것으로, 관청에 의하여 보관되는 자료집을 말한다.
8) "관청에 대한 절차"란 관청에 대하여 이루어지는 출원이나 등록에 관한 모든 절차를 말한다.

9) "파리협약"이란 1883년 3월 20일 파리에서 서명된 후 개정되고 수정된 「공업소유권의 보호를 위한 파리협약」을 말한다.
10) "니스분류"란 1957년 6월 15일 니스에서 서명된 후 개정되고 수정된 「표장의 등록을 위한 상품 및 서비스의 국제분류에 관한 니스협정」에 따른 분류를 말한다.
11) "사용권"이란 체약당사자의 법에 따라 표장을 사용할 수 있는 사용권을 말한다.
12) "사용권자"란 사용권을 부여받은 자를 말한다.
13) "체약당사자"란 이 조약에 비준 또는 가입한 국가나 정부간기구를 말한다.
14) "외교회의"란 이 조약을 개정하거나 수정하기 위한 체약당사자들의 회의를 말한다.
15) "총회"란 제23조에 언급된 총회를 말한다.
16) "비준서"라 할 때에는 수락서와 승인서를 포함하는 것으로 해석한다.
17) "기구"란 세계지식재산기구를 말한다.
18) "국제사무국"이란 기구의 국제사무국을 말한다.
19) "사무총장"이란 기구의 사무총장을 말한다.
20) "규칙"이란 제22조에서 규정하는, 이 조약에 따른 규칙을 말한다.
21) "조"나 조의 "항", "호" 또는 "목"이라 할 때에는 규칙에 따른 관련 규정을 포함하는 것으로 해석한다.
22) "1994년의 상표법조약"이란 1994년 10월 27일에 제네바에서 작성된 「상표법조약」을 말한다.

**제2조 【이 조약의 적용 표장】**

1. **[표장의 성격]** 체약당사자는 이 조약을 자국의 법에 따라 표장으로 등록할 수 있는 표시로 구성된 표장에 적용한다.
2. **[표장의 종류]**
   가. 이 조약은 상품에 관한 표장(상표)이나 서비스에 관한 표장(서비스 표장) 또는 상품 및 서비스 양자에 관한 표장에 적용한다.
   나. 이 조약은 단체표장, 증명표장 및 보증표장에는 적용하지 아니한다.

**제3조 【출원】**

1. **[출원서에 포함 또는 첨부되는 표시 또는 사항 ; 수수료]**
   가. 체약당사자는 출원서에 다음의 표시나 사항의 일부 또는 전부가 포함될 것을 요구할 수 있다.
      1) 등록신청
      2) 출원인의 성명 및 주소
      3) 출원인이 어느 국가의 국민인 경우 해당 국가명, 출원인이 어느 국가에 주된 거주지를 두고 있는 경우 해당 국가명, 출원인이 어느 국가에 실재하는 실효적인 산업상 또는 상업상의 영업소를 두고 있는 경우 해당 국가명
      4) 출원인이 법인인 경우, 법인의 법적 성격과 그 법인의 설립 근거법의 국가 및 적용 가능한 경우, 해당 국가 내 행정구역
      5) 출원인의 대리인이 있는 경우, 그 대리인의 성명 및 주소
      6) 제4조제2항나호에 따라 송달을 위한 주소가 요구되는 경우, 해당 주소
      7) 출원인이 선출원에 의한 우선권을 주장하려는 경우, 그 선출원에 의한 우선권 주장의 선언 및 「파리협약」 제4조에 따라 요구될 수 있는 우선권 주장을 뒷받침하는 표시 및 증거

8) 출원인이 박람회에서의 상품 및/또는 서비스의 전시에 따른 보호를 주장하려는 경우, 체약당사자의 법이 요구하는 바에 따른 그러한 취지의 선언 및 해당 선언을 뒷받침하는 표시
9) 규칙에서 정하는 바에 따라, 해당 표장에 대한 최소 하나의 표현물
10) 적용 가능한 경우, 표장의 유형 및 그 표장의 유형에 적용되는 특정 요건을 표시하는, 규칙에서 정하는 진술
11) 적용 가능한 경우, 출원인이 해당 표장이 관청에서 사용하는 표준문자로 등록되고 공고되기를 희망한다는 점을 표시하는, 규칙에서 정하는 진술
12) 적용 가능한 경우, 출원인이 해당 표장의 변별요소로 색채를 주장하기를 희망한다는 점을 표시하는, 규칙에서 정하는 진술
13) 표장의 전부 또는 일부의 자역
14) 표장의 전부 또는 일부의 번역
15) 니스분류상의 류에 따라 분류되고, 각 분류 앞에 해당 상품 또는 서비스가 속하는 류의 번호를 명기하여 그 분류의 류의 순서에 따라 기재한 등록 출원 상품 및/또는 서비스의 명칭
16) 체약당사자의 법이 요구하는 바에 따른 표장의 사용의사에 관한 선언

나. 출원인은 가호제16목에서 언급된 표장의 사용의사에 관한 선언을 대신하거나 또는 그에 추가하여, 체약당사자의 법이 요구하는 바에 따라 그 표장의 실제 사용에 관한 선언 및 그러한 내용의 증거를 제출할 수 있다.

다. 체약당사자는 출원과 관련하여 수수료를 관청에 납부하도록 요구할 수 있다.

2. **[2 이상의 류에 속하는 상품 및/또는 서비스의 단일출원]** 니스분류상 하나 또는 다수의 류에 속하는지에 관계없이 다수의 상품 및/또는 서비스에 관하여 하나의 단일출원으로 할 수 있다.

3. **[실제 사용]** 체약당사자는 사용의사에 관한 선언이 제1항가호제16목에 따라 제출된 경우, 출원인에게 자국의 법이 요구하는 표장의 실제 사용에 관한 증거를, 규칙에서 정하는 최소기한을 따를 것을 조건으로, 해당 법이 정하는 기간 내에 관청에 제출할 것을 요구할 수 있다.

4. **[그 밖의 요건의 금지]** 어떠한 체약당사자도 출원과 관련하여 제1항과 제3항 및 제8조에서 정하는 사항 외의 요건을 준수할 것을 요구할 수 없다. 특히, 출원과 관련하여 다음의 요건은 출원이 계류 중인 동안에 요구하지 못한다.
1) 상업등기부의 증명서 또는 초본의 제출
2) 출원인이 수행하는 산업상 또는 상업상의 업무활동의 표시 및 그 증거의 제출
3) 출원서에 기재한 상품 및/또는 서비스와 관련하여 출원인이 수행하는 업무활동의 표시 및 그 증거의 제출
4) 표장이 다른 체약당사자 또는 이 조약의 체약당사자가 아닌 「파리협약」 체약국가의 표장등록원부에 등록되어 있다는 증거의 제출. 다만, 출원인이 「파리협약」 제6조의5의 적용을 주장하는 경우는 예외로 한다.

5. **[증거]** 체약당사자는 관청이 출원서에 기재된 표시 또는 사항의 진실성에 대하여 합리적인 의심을 가질 수 있는 경우, 출원의 심사 중에 증거를 해당 관청에 제출할 것을 요구할 수 있다.

**제4조 【대리 ; 송달을 위한 주소】**

1. **[업무수행을 허가 받은 대리인]**

가. 체약당사자는 관청에 대한 절차를 위한 대리인으로 선임된 자에게 다음을 요구할 수 있다.

1) 관계법에 따라 출원 및 등록에 관하여 관청에 대한 업무를 수행할 수 있는 권한을 가질 것. 그리고 적용 가능한 경우에는 해당 관청에 대하여 업무를 수행할 수 있도록 허가를 받을 것

2) 해당 체약당사자가 정한 영역 내에 있는 주소를 자신의 주소로 정할 것

나. 관청에 대한 절차에 관하여, 가호에 따라 체약당사자가 적용하는 요건을 준수하는 대리인에 의한 행위나 그 대리인과 관련한 행위는 그 대리인을 선임한 출원인, 권리자 또는 그 밖의 이해관계인에 의한 행위나 그 자들과 관련한 행위로서의 효력이 있다.

2. **[강제대리 ; 송달을 위한 주소]**

가. 체약당사자는 자국의 영역 내에 주된 거주지나 실재하고 실효적인 산업상 또는 상업상의 영업소를 두고 있지 아니한 출원인, 권리자 또는 그 밖의 이해관계인에게 관청에 대한 절차를 위하여 대리인을 선임할 것을 요구할 수 있다.

나. 체약당사자가 가호에 따른 대리인을 요구하지 아니하는 경우에는, 자국의 영역 내에 주된 거주지나 실재하고 실효적인 산업상 또는 상업상의 영업소를 두고 있지 아니한 출원인, 권리자 또는 그 밖의 이해관계인에게 관청에 대한 절차를 위하여 자국의 영역 내에 송달을 위한 주소를 둘 것을 요구할 수 있다.

3. **[위임장]**

가. 체약당사자가 출원인, 권리자 또는 그 밖의 이해관계인에게 관청에 대하여 대리인 선임을 허용하거나 요구하는 경우, 체약당사자는 출원인, 권리자 또는 그 밖의 이해관계인의 성명이 표시된 별개의 통보(이하 "위임장"이라 한다)에 의하여 대리인이 선임될 것을 요구할 수 있다.

나. 위임장은 해당 위임장에 특정된 하나 또는 2 이상의 출원 및/또는 등록과 관련되거나 또는 위임인이 기재하는 예외를 조건으로, 위임인의 현재 및 장래의 모든 출원 및/또는 등록과 관련될 수 있다.

다. 위임장은 대리인의 권한을 특정한 행위로 한정시킬 수 있다. 체약당사자는 대리인이 출원의 철회나 등록의 포기 권한을 가지는 위임장에 그러한 취지가 명시될 것을 요구할 수 있다.

라. 관청에의 통보가 그 통보상 대리인으로 언급된 자에 의하여 이루어졌으나 해당 관청이 그 통보를 수령할 당시 필요한 위임장이 없는 경우, 체약당사자는 그 체약당사자가 정하는 기한 내에(다만, 그 최소기한은 규칙에서 정한다) 해당 관청에 위임장을 제출할 것을 요구할 수 있다. 체약당사자는 위임장이 그 체약당사자가 정한 기한 내에 관청에 제출되지 아니한 경우, 해당 대리인에 의한 통보는 효력이 없음을 규정할 수 있다.

4. **[위임장 언급]** 체약당사자는 관청에 대한 절차를 위하여 대리인에 의한 해당 관청에 대한 통보에 해당 대리행위의 근거가 되는 위임장에 대한 언급을 포함할 것을 요구할 수 있다.

5. **[그 밖의 요건의 금지]** 어떠한 체약당사자도 제3항과 제4항 및 제8조가 규율하고 있는 사안에 관련하여 제3항과 제4항 및 제8조에서 규정

하는 사항 외의 요건을 준수할 것을 요구할 수 없다.

6. **[증거]** 체약당사자는 관청이 제3항과 제4항에 따른 서류에 기재된 사항의 진실성에 대하여 합리적인 의심을 가질 수 있는 경우, 증거를 해당 관청에 제출할 것을 요구할 수 있다.

**제5조 【출원일】**

1. **[허용되는 요건]**

가. 체약당사자는 나호와 제2항에 따를 것을 조건으로, 제8조제2항에서 요구하는 언어로 기재된 다음의 표시 및 사항을 관청이 수령한 날을 출원일로 인정한다.

1) 표장의 등록을 원하는 명시적 또는 묵시적 표시

2) 출원인을 특정하는 표시

3) 관청이 출원인에게 연락할 때 활용할 수 있는 연락처 표시, 또는 대리인이 있는 경우, 그 연락처 표시

4) 등록하려는 표장의 충분히 명확한 표현물

5) 등록 상품 및/또는 서비스의 목록

6) 제3조제1항가호제16목 또는 나호가 적용되는 경우, 체약당사자의 법이 요구하는 바에 따라 제3조제1항가호제16목에 규정된 선언 또는 제3조제1항나호에 규정된 선언 및 그 증거

나. 체약당사자는 가호에 언급된 표시와 사항의 전부가 아닌 일부만을 수령하거나 제8조제2항에서 요구하는 언어 외의 다른 언어로 작성된 것을 관청이 수령한 날을 출원일로 인정할 수 있다.

2. **[허용되는 추가적인 요건]**

가. 체약당사자는 수수료의 납부가 있을 때까지 출원일을 부여하지 아니한다고 규정할 수 있다.

나. 체약당사자는 이 조약에 가입할 당시 가호의 요건을 적용하였을 경우에 한정하여 해당 요건을 적용할 수 있다.

3. **[보완과 기한]** 제1항 및 제2항에 따른 보완의 방법과 기한은 규칙에서 정한다.

4. **[그 밖의 요건의 금지]** 어떠한 체약당사자도 출원일과 관련하여 제1항 및 제2항에서 언급된 사항 외의 요건을 준수할 것을 요구할 수 없다.

**제6조 【2 이상의 류에 속하는 상품 및/또는 서비스의 단일등록】** 니스분류상 2 이상의 류에 속하는 상품 및/또는 서비스가 하나의 동일한 출원서에 기재된 경우, 그 출원은 하나의 동일한 등록으로 한다.

**제7조 【출원 및 등록의 분할】**

1. **[출원의 분할]**

가. 2 이상의 상품 및/또는 서비스를 기재한 출원(이하 "최초 출원"이라 한다)은, 다음의 기간 중에 출원인에 의하여 또는 출원인의 신청에 의하여 최초 출원에 기재된 상품 및/또는 서비스를 분할하여 둘 또는 그 이상의 출원(이하 "분할 출원"이라 한다)으로 할 수 있다. 이 분할 출원은 최초 출원의 출원일과 우선권이 있는 경우에는 그 이익을 그대로 유지한다.

1) 최소한 표장의 등록을 관할하는 관청의 결정이 있을 때까지

2) 표장의 등록 권한이 있는 관청의 결정에 대한 이의신청절차 진행 중

3) 표장 등록에 관한 결정에 대한 불복절차 진행 중

나. 체약당사자는 가호를 따를 것을 조건으로, 수수료의 납부를 포함하여, 출원의 분할에 관한 요건을 자유롭게 규정할 수 있다.

2. **[등록의 분할]** 등록의 분할에 관해서는 제1항을 준용한다. 등록의 분할은 다음 절차의 진행 중에 허용된다.
   1) 제3자가 관청에 대하여 등록의 유효성을 다투는 절차
   2) 앞의 절차 중 관청이 행한 결정에 대한 불복절차

   다만, 체약당사자는 자국의 법이 제3자에게 표장의 등록 전에 해당 표장의 등록에 대한 이의제기를 허용하는 경우에는, 등록의 분할 가능성을 배제할 수 있다.

**제8조 【통보】**

1. **[전송 수단 및 통보의 형태]** 체약당사자는 통보의 전송 수단, 그리고 서면에 의한 통보, 전자적 형태로 된 통보 또는 그 밖의 형태로 된 통보를 인정할지 여부를 정할 수 있다.
2. **[통보의 언어]**
   가. 체약당사자는 통보를 관청이 허용하는 언어로 작성하도록 요구할 수 있다. 관청이 2 이상의 언어를 허용하는 경우, 출원인, 권리자 또는 그 밖의 이해관계인에게 해당 관청에 관하여 적용되는 그 밖의 다른 언어 요건을 준수하도록 요구할 수 있다. 다만, 통보의 표시나 요소를 2 이상의 언어로 작성하도록 요구할 수 없다.
   나. 어떠한 체약당사자도 이 조약에 규정된 것 외에, 통보의 번역에 대한 진정증명, 공증, 인증, 인가 또는 그 밖의 증명을 요구할 수 없다.
   다. 체약당사자가 관청에서 허용하는 언어로 작성할 것을 요구하지 아니하는 경우, 관청은 그 통보에 대하여 공식 번역자나 대리인이 그 관청에서 허용하는 언어로 번역한 번역문을 합리적인 기한 이내에 첨부하도록 요구할 수 있다.
3. **[서면에 의한 통보의 서명]**
   가. 체약당사자는 서면에 의한 통보에 대하여 출원인, 권리자 또는 그 밖의 이해관계인이 서명을 하도록 요구할 수 있다. 체약당사자가 서면에 의한 통보에 서명을 하도록 요구하는 경우, 그 체약당사자는 규칙에서 정하는 요건을 준수한 모든 서명을 인정한다.
   나. 어떠한 체약당사자도, 자국 법에서 등록의 포기에 관한 서명에 대하여 진정증명, 공증, 인증, 인가 또는 그 밖의 증명을 하도록 정한 경우를 제외하고는, 서명에 대하여 그러한 요구를 할 수 없다.
   다. 나호에도 불구하고, 체약당사자는 관청이 서면에 의한 통보의 서명의 진정성에 관하여 합리적인 의심을 하는 경우 증거를 관청에 제출하도록 요구할 수 있다.
4. **[전자적 형태나 전자적 전송수단에 의하여 제출된 통보]** 체약당사자가 전자적 형태나 전자적 전송수단으로 통보를 제출하도록 허용하는 경우, 동 체약당사자는 그러한 통보가 규칙에서 정하는 요건을 준수하도록 요구할 수 있다.
5. **[통보의 제출]** 통보의 내용이 규칙에 규정되어 있는 국제표준서식에 부합하게 제출되는 경우 체약당사자는 이를 인정한다.
6. **[그 밖의 요건의 금지]** 어떠한 체약당사자도, 제1항부터 제5항까지에 관하여, 이 조에 언급된 것 외의 요건을 준수하도록 요구할 수 없다.
7. **[대리인과의 통보 수단]** 이 조에서는 출원인, 권리자 또는 그 밖의 이해관계인과 그 대리인 간의 통보 수단에 대하여 규정하지 아니한다.

**제9조 【상품 및/또는 서비스의 분류】**

1. **[상품 및/또는 서비스의 표시]** 등록 및 출원이나 등록에 관하여 상품 및/또는 서비스를 표시하는 것으로서 관청에 의하여 수행되는 공고는 상

품 및/또는 서비스의 명칭을 니스분류상의 류에 따라 구분하고, 각 구분 앞에 해당 상품 또는 서비스가 속하는 니스분류상의 류의 번호를 명기하여 그 분류상의 류의 순서에 따라 기재한다.

2. **[동일 류 또는 다른 류의 상품 또는 서비스]**
   가. 상품 또는 서비스는 관청에 의한 등록이나 공고에서 니스분류상 동일 류로 분류된다는 이유로 서로 유사한 것으로 간주되지 아니한다.
   나. 상품 또는 서비스는 관청에 의한 등록이나 공고에서 니스분류상 다른 류로 분류된다는 이유로 서로 유사하지 아니한 것으로 간주되지 아니한다.

**제10조【성명 또는 주소의 변경】**

1. **[권리자의 성명 또는 주소의 변경]**
   가. 권리자의 변경은 없으나 그의 성명 및/또는 주소의 변경이 있는 경우, 각 체약당사자는 관청에 대한 표장등록원부상의 변경 기록신청서가 권리자의 해당 등록의 등록번호와 변경되어야 할 사항을 표시하는 통보에 의할 경우 이를 인정한다.
   나. 체약당사자는 신청서에 다음 사항을 표시할 것을 요구할 수 있다.
      1) 권리자의 성명 및 주소
      2) 권리자의 대리인이 있는 경우, 그 대리인의 성명 및 주소
      3) 권리자가 송달을 위한 주소를 두고 있는 경우, 그 주소
   다. 체약당사자는 신청과 관련하여 수수료를 관청에 납부하도록 요구할 수 있다.
   라. 변경이 2 이상의 등록에 관련된 경우에도 하나의 신청서로 충분한 것으로 한다. 다만, 이 경우 관련된 모든 등록의 등록번호들이 그 신청서에 표시되어야 한다.
2. **[출원인의 성명 또는 주소의 변경]** 변경이 하나의 출원이나 다수의 출원, 또는 하나의 출원이나 다수의 출원 및 하나의 등록이나 다수의 등록 양자와 관련되는 경우에 제1항을 준용한다. 다만, 이 경우 관련된 출원의 출원번호가 아직 발급되지 아니하였거나 출원인 또는 그 대리인이 해당 출원번호를 알지 못하는 경우, 그 신청은 규칙에서 정하는 다른 방법에 의하여 해당 출원을 특정하여야 한다.
3. **[대리인의 성명, 주소의 변경 또는 송달을 위한 주소의 변경]** 대리인이 있는 경우, 그 대리인의 성명 또는 주소의 변경 및 송달을 위한 주소가 있는 경우, 해당 송달을 위한 주소의 변경에 관하여 제1항을 준용한다.
4. **[그 밖의 요건의 금지]** 어떠한 체약당사자도 이 조에 따른 신청과 관련하여 제1항부터 제3항까지 및 제8조에서 언급한 사항 외의 요건을 준수할 것을 요구할 수 없다. 특히 변경과 관련된 어떠한 증명서의 제출도 요구할 수 없다.
5. **[증거]** 체약당사자는 관청이 신청서에 기재된 표시의 진실성에 대하여 합리적인 의심을 가질 수 있는 경우 증거를 해당 관청에 제출할 것을 요구할 수 있다.

**제11조【소유권 변경】**

1. **[등록 상표권의 소유권 변경]**
   가. 권리자의 변경이 있는 경우, 각 체약당사자는 관청에 대한 표장등록원부상의 변경 기록신청서가 권리자 또는 소유권을 취득한 자(이하 "신권리자"라 한다)의 해당 등록의 등록번호와 변경되어야 할 사항을 표시하는 통보에 의할 경우 이를 인정한다.
   나. 소유권 변경이 계약으로 인한 경우, 체약당사자는 신청인이 신청

서에 그러한 사실을 표시하고 신청인의 선택에 따라 다음 중 하나를 첨부하도록 요구할 수 있다.

1) 계약서 사본. 해당 사본이 원본과 동일함을 공증인 또는 그 밖의 권한 있는 당국에 의하여 인증받을 것을 요구할 수 있다.
2) 소유권 변경을 표시하는 계약서 초본. 해당 초본이 해당 계약서의 진정한 초본이라는 것을 공증인 또는 그 밖의 권한 있는 당국에 의하여 인증받을 것을 요구할 수 있다.
3) 규칙에서 정하는 서식과 내용으로 작성되고 권리자와 신권리자 양쪽이 서명한 인증되지 아니한 양도증명서
4) 규칙에서 정하는 서식과 내용으로 작성되고 권리자와 신권리자 양쪽이 서명한 인증되지 아니한 양도문서

다. 소유권 변경이 합병으로 인한 경우, 체약당사자는 신청서에 그러한 사실을 표시하고, 상업등기부 초본의 사본과 같은 권한 있는 당국이 발행하는 합병을 증명하는 문서의 사본을 첨부할 것을 요구할 수 있다. 해당 사본은 해당 문서를 발행한 당국이나 공증인 또는 그 밖의 권한 있는 당국에 의하여 원본과 동일함을 인증받을 것을 요구할 수 있다.

라. 다수의 공동권리자 중 일부만이 변경되고 해당 소유권의 변경이 계약이나 합병으로 인한 경우, 체약당사자는 소유권의 변경이 없는 공동권리자가 그 자신이 서명한 문서를 통하여 소유권 변경에 명시적으로 동의할 것을 요구할 수 있다.

마. 소유권 변경이 계약이나 합병에서 기인하지 아니하고 법이나 법원 판결의 집행 등과 같은 다른 이유로 인한 경우, 체약당사자는 신청서에 그러한 사실을 표시하고 해당 변경을 증명하는 문서의 사본을 첨부할 것을 요구할 수 있다. 해당 사본은 해당 문서를 발행한 당국이나 공증인 또는 그 밖의 권한 있는 당국에 의하여 원본과 동일함을 인증받을 것을 요구할 수 있다.

바. 체약당사자는 신청서에 다음 사항을 표시할 것을 요구할 수 있다.

1) 권리자의 성명 및 주소
2) 신권리자의 성명 및 주소
3) 신권리자가 어느 국가의 국민인 경우 해당 국가명, 신권리자가 어느 국가에 주된 거주지를 두고 있는 경우 해당 국가명, 또한 신권리자가 어느 국가에 실재하고 실효적인 산업상 또는 상업상의 영업소를 두고 있는 경우 해당 국가명
4) 신권리자가 법인인 경우, 해당 법인의 법적 성격과 그 법인의 설립 근거법의 국가 및 적용가능한 경우, 해당 국가 내 행정구역
5) 권리자의 대리인이 있는 경우, 그 대리인의 성명 및 주소
6) 권리자의 송달을 위한 주소가 있는 경우, 그 주소
7) 신권리자의 대리인이 있는 경우, 그 대리인의 성명 및 주소
8) 신권리자에게 제4조제2항나호에 따라 송달을 위한 주소가 요구되는 경우, 해당 주소

사. 체약당사자는 신청과 관련하여 수수료를 관청에 납부하도록 요구할 수 있다.

아. 변경이 2 이상의 등록에 관련되는 경우에도 하나의 신청서로 충분한 것으로 한다. 다만, 이 경우 권리자와 신권리자가 각 등록상 동일하고, 관련된 모든 등록의 등

록번호들이 해당 신청서에 표시되어야 한다.

자. 소유권의 변경이 권리자의 등록상에 기재된 상품 및/또는 서비스의 전부에 영향을 미치지 아니하고 그 관계법이 그러한 변경의 기록을 허용하는 경우, 해당 관청은 소유권이 변경된 상품 및/또는 서비스에 대하여 별도의 등록을 부여한다.

2. **[출원의 소유권 변경]** 소유권 변경이 하나의 출원이나 다수의 출원 또는 하나의 출원이나 다수의 출원 및 하나의 등록이나 다수의 등록 양자와 관련되는 경우에 제1항을 준용한다. 다만, 이 경우 관련된 출원의 출원번호가 아직 발급되지 아니하였거나 출원인 또는 그 대리인이 해당 출원번호를 알지 못하는 경우, 그 신청은 규칙에서 정하는 다른 방법에 의하여 해당 출원을 특정하여야 한다.

3. **[그 밖의 요건의 금지]** 어떠한 체약당사자도 이 조에 따른 신청과 관련하여 제1항과 제2항 및 제8조에서 정하는 사항 외의 요건을 준수할 것을 요구할 수 없다. 특히 다음과 같은 요구를 할 수 없다.

1) 제1항다호에 해당하는 경우, 상업등기부의 증명서나 그 초본의 제출

2) 신권리자가 수행하는 산업상 또는 상업상의 업무활동의 표시 및 그 증거의 제출

3) 소유권의 변경으로 인하여 영향을 받는 상품 및/또는 서비스와 관련하여 신권리자가 수행하는 업무활동의 표시 및 그 증거의 제출

4) 권리자가 영업 또는 관련 영업권의 전부 또는 일부를 신권리자에게 양도하였다는 취지의 표시 및 그 증거의 제출

4. **[증거]** 체약당사자는 관청이 이 조에서 언급하는 신청서 또는 문서에 기재된 표시의 진실성에 대하여 합리적인 의심을 가질 수 있는 경우, 증거, 또는 제1항 다호 또는 마호가 적용되는 경우 추가적인 증거를 해당 관청에 제출할 것을 요구할 수 있다.

**제12조 【오류의 보정】**

1. **[등록의 오류 보정]**

가. 각 체약당사자는 관청에 제출한 출원서 또는 그 밖의 신청서에 오류가 있고 그 오류가 표장등록원부 및/또는 해당 관청이 하는 공고에 반영된 경우, 권리자의 오류 보정 신청서가 해당 등록의 등록번호, 보정되어야 하는 오류 및 보정내용을 표시하는 통보에 의할 경우 이를 인정한다.

나. 체약당사자는 신청서에 다음 사항을 표시할 것을 요구할 수 있다.

1) 권리자의 성명 및 주소

2) 권리자의 대리인이 있는 경우, 그 대리인의 성명 및 주소

3) 권리자의 송달을 위한 주소가 있는 경우, 해당 주소

다. 체약당사자는 신청과 관련하여 수수료를 관청에 납부할 것을 요구할 수 있다.

라. 오류의 보정이 동일인의 2 이상의 등록에 관련되는 경우에도 하나의 신청서로 충분한 것으로 한다. 다만, 이 경우 각 등록에 있어서 오류와 신청된 보정내용이 동일하고, 관련된 모든 등록의 등록번호들이 해당 신청서에 표시되어야 한다.

2. **[출원의 오류 보정]** 오류가 하나의 출원이나 다수의 출원 또는 하나의 출원이나 다수의 출원 및 하나의 등록이나 다수의 등록 양자와 관련되는 경우에 제1항을 준용한다. 다만, 이 경우 관련된 출원의 출원번호가

아직 발급되지 아니하였거나 출원인 또는 그 대리인이 해당 출원번호를 알지 못하는 경우, 그 신청은 규칙에서 정하는 다른 방법에 의하여 해당 출원을 특정하여야 한다.

3. **[그 밖의 요건의 금지]** 어떠한 체약당사자도 이 조에 따른 신청과 관련하여 제1항과 제2항 및 제8조에서 정하는 사항 외의 요건을 준수할 것을 요구할 수 없다.
4. **[증거]** 체약당사자는 관청이 오류라고 주장되는 것의 오류 여부에 대하여 합리적인 의심을 가질 수 있는 경우 증거를 해당 관청에 제출할 것을 요구할 수 있다.
5. **[관청에 의한 오류]** 체약당사자의 관청은 직권이나 신청에 따라 자신의 오류를 수수료 없이 보정한다.
6. **[보정할 수 없는 오류]** 체약당사자는 자국의 법에 따라 보정할 수 없는 오류에 대해서는 제1항, 제2항 및 제5항을 적용할 의무를 부담하지 아니한다.

**제13조【등록의 존속기간 및 갱신】**

1. **[갱신신청서에 포함 또는 첨부되는 표시 또는 사항 ; 수수료]**

가. 체약당사자는 등록의 갱신이 갱신신청서의 제출을 조건으로 하고, 해당 신청서에 다음 사항의 전부 또는 일부가 포함될 것을 요구할 수 있다.

1) 갱신하려고 하는 취지의 표시
2) 권리자의 성명 및 주소
3) 해당 등록의 등록번호
4) 체약당사자의 선택에 따라, 해당 등록을 결과한 출원일 또는 해당 등록의 등록일
5) 권리자의 대리인이 있는 경우, 그 대리인의 성명 및 주소
6) 권리자의 송달을 위한 주소가 있는 경우, 해당 주소
7) 체약당사자가 표장등록원부에 포함되어 있는 상품 및/또는 서비스의 일부만에 대한 등록의 갱신을 허용하고 그러한 갱신이 신청된 경우, 갱신을 신청하는 상품 및/또는 서비스의 명칭 또는 갱신을 신청하지 아니하는 상품 및/또는 서비스의 명칭. 이는 니스분류상의 류에 따라 분류하고, 각 분류 앞에 해당 상품 또는 서비스가 속하는 그 분류상의 류의 번호를 명기하여 그 분류상의 류의 순서에 따라 기재한다.
8) 체약당사자가 권리자 또는 그 대리인 외의 인에 의한 갱신신청서의 제출을 인정하고 그 인에 의한 갱신신청서가 제출된 경우, 그 인의 성명 및 주소

나. 체약당사자는 갱신 신청과 관련하여 수수료를 관청에 납부할 것을 요구할 수 있다. 등록의 최초기간이나 갱신기간에 대하여 일단 수수료가 납부된 경우에는, 그 기간에 대해서는 등록의 유지를 위한 추가적인 수수료의 납부를 요구할 수 없다. 사용 선언 및/또는 사용 증거의 제출과 관련되는 수수료는, 이 호의 목적상, 등록의 유지를 위한 수수료의 납부로 간주되지 아니하며 이 호의 영향을 받지 아니한다.

다. 체약당사자는, 규칙에서 정하는 최소한의 기한을 따를 것을 조건으로, 그 법이 정하는 기간 내에 갱신신청서를 관청에 제출하고 나호에서 언급된 수수료를 납부할 것을 요구할 수 있다.

2. **[그 밖의 요건의 금지]** 어떠한 체약당사자도 갱신 신청과 관련하여 제1항 및 제8조에서 정하는 사항 외의 요건을 준수할 것을 요구할 수 없다. 특히 다음과 같은 요구를 할 수 없다.

1) 표장의 표현물 또는 표장을 특정할 수 있는 다른 사항
2) 표장이 다른 표장등록원부에 등록되었거나 그 등록이 갱신되었다는 취지의 증거 제출
3) 표장의 사용과 관련한 선언 및/또는 그 증거의 제출

3. **[증거]** 체약당사자는 관청이 갱신신청에 포함된 표시 또는 사항의 진실성에 대하여 합리적인 의심을 가질 수 있는 경우, 갱신신청의 심사 중에 증거를 해당 관청에 제출할 것을 요구할 수 있다.
4. **[실체심사의 금지]** 체약당사자의 관청은 등록의 갱신을 위한 목적으로 해당 등록에 대한 실체심사를 할 수 없다.
5. **[존속기간]** 등록의 최초 존속기간 및 각 갱신의 존속기간은 10년으로 한다.

**제14조【기한을 준수하지 못한 경우의 구제조치】**
1. **[기한만료 전의 구제조치]** 체약당사자는, 기한의 만료 전에 출원이나 등록과 관련한 관청에 대한 절차에서의 어떤 행위에 관하여 기한을 연장하여 달라는 취지의 신청이 관청에 접수된 경우, 그 기한의 연장을 허용할 수 있다.
2. **[기한만료 후의 구제조치]** 출원인, 권리자 또는 그 밖의 이해관계인이 출원이나 등록과 관련한 체약당사자의 관청에 대한 절차에서 어떤 행위에 관한 기한("해당 기한")을 준수하지 못한 경우로서, 구제를 하여 달라는 취지의 요청이 그 관청에 제출되는 경우 체약당사자는 규칙에서 정하는 요건에 따라 다음과 같은 구제조치들 중 하나 이상을 허용한다.
   1) 규칙에서 정하는 기간만큼의 해당 기한의 연장
   2) 출원이나 등록의 계속적인 처리
   3) 정황상 요구되는 적합한 주의를 기울였음에도 불구하고, 해당 기한을 준수하지 못하였다는 점이 인정되거나 또는 체약당사자가 보기에 기한을 준수하지 못한 것이 고의가 아니었다고 판단하는 경우에는 출원이나 등록과 관련한 출원인, 권리자, 또는 그 밖의 이해관계인의 권리의 회복
3. **[예외사항]** 체약당사자는 규칙에서 정하는 예외사항에 관하여 제2항에 언급된 구제조치를 허용할 것을 요구받지 아니한다.
4. **[수수료]** 체약당사자는 제1항 및 제2항에 언급된 구제조치에 대한 수수료를 납부하도록 요구할 수 있다.
5. **[그 밖의 요건의 금지]** 체약당사자는 제2항에 언급된 구제조치와 관련하여 이 조 및 제8조에서 언급한 사항 외의 요건을 준수할 것을 요구할 수 없다.

**제15조【파리협약 준수의무】** 체약당사자는 「파리협약」의 규정 중 표장에 관련된 규정을 준수한다.

**제16조【서비스표장】** 체약당사자는 서비스표장을 등록하고 「파리협약」의 규정 중 상표에 관련된 규정을 서비스표장에 적용한다.

**제17조【사용권 기록 신청】**
1. **[기록 신청에 관한 요건]** 체약당사자의 법에서 관청의 사용권 기록에 관하여 규정하고 있는 경우, 그 체약당사자는 기록 신청에 관하여 다음과 같이 요구할 수 있다.
   1) 규칙에서 정하는 요건에 따라 기록신청서를 제출할것, 그리고
   2) 규칙에서 정하는 근거서류를 첨부할 것
2. **[수수료]** 체약당사자는 사용권 기록에 대하여 관청에 수수료를 납부하도록 요구할 수 있다.

3. **[2 이상의 등록과 관련된 단일신청]** 사용권이 2 이상의 등록과 관련된 경우라도 하나의 신청서로 충분한 것으로 한다. 다만, 이 경우 관련된 모든 등록의 등록번호들이 신청서에 기재되어야 하고, 권리자와 사용권자는 모든 등록에서 동일하여야 하며, 또한 신청서에는 모든 등록과 관련한 사용권의 범위를 규칙에 따라 표시하여야 한다.
4. **[그 밖의 요건의 금지]**
   가. 체약당사자는 관청의 사용권 기록과 관련하여 제1항부터 제3항까지 및 제8조에서 언급한 사항 외의 요건을 준수할 것을 요구할 수 없다. 특히 다음과 같은 요구를 할 수 없다.
      1) 사용권의 대상이 되는 표장의 등록증명서의 제출
      2) 사용권 설정계약서 또는 그 번역본의 제출
      3) 사용권 설정계약서의 금융조건의 표시
   나. 가호는 표장등록원부에 사용권을 기록하는 것 외의 목적을 위한 정보공개와 관련된 체약당사자의 법에 따른 기존의 의무에 영향을 미치지 아니한다.
5. **[증거]** 체약당사자는 관청이 규칙에 언급된 신청서 또는 서류상에 기재된 표시의 진실성에 대하여 합리적인 의심을 가질 수 있는 경우 증거를 해당 관청에 제출할 것을 요구할 수 있다.
6. **[출원과 관련한 신청]** 체약당사자의 법에서 출원을 위한 사용권 기록에 대하여 규정하고 있는 경우에는, 제1항부터 제5항까지를 그러한 기록의 신청에 준용한다.

**제18조 【사용권 기록에 대한 수정 또는 취소 신청】**

1. **[신청에 관한 요건]** 체약당사자의 법에서 관청에서의 사용권 기록에 관하여 규정하고 있는 경우, 그 체약당사자는 사용권 기록에 대한 수정 또는 취소 신청에 대하여 다음을 요구할 수 있다.
   1) 규칙에서 정하는 요건에 따라 제출 할 것, 그리고
   2) 규칙에서 정하는 근거서류를 첨부 할 것
2. **[그 밖의 요건]** 제17조제2항부터 제6항까지는 사용권 기록에 대한 수정이나 취소 신청에 준용된다.

**제19조 【사용권 미기록의 효과】**

1. **[표장 등록 및 보호의 유효성]** 체약당사자의 관청 또는 그 밖의 당국에 사용권을 기록하지 아니하더라도 해당 사용권의 대상인 표장의 등록 또는 그 표장 보호의 유효성에는 영향을 미치지 아니한다.
2. **[사용권자의 특정 권리]** 체약당사자는, 사용권자가 체약당사자의 법에 따라 인정되는, 권리자가 개시한 권리침해에 관한 법적 절차에 참가하거나 사용권의 대상이 되는 표장의 침해로 인한 손해배상을 그러한 법적 절차를 통하여 받을 수 있는 권리에 대한 조건으로 사용권의 기록을 요구할 수 없다.
3. **[사용권이 기록되지 아니한 표장의 사용]** 체약당사자는 표장의 취득, 유지 및 집행과 관련된 법적 절차에서 사용권자의 표장 사용이 권리자의 표장 사용을 구성하는 것으로 간주되기 위한 조건으로, 사용권의 기록을 요구하지 못한다.

**제20조 【사용권의 표시】** 체약당사자의 법이 사용권에 의하여 표장을 사용한다는 점을 표시하도록 요구하는 경우, 그 요건의 전부 또는 일부의 미준수는 그 사용권의 대상이 되는 표장 등록의 유효성이나 그 표장의 보호에는 영향을 미치지 아니하며, 제19조제3항의 적용에도 영향을 미치지 아니한다.

**제21조【예정된 거절에 대한 의견】** 제3조에 따른 출원이나 제7조, 제10조부터 제14조까지, 제17조 및 제18조에 따른 신청은 출원인이나 신청인에게, 해당되는 경우에 따라, 예정된 거절에 대하여 합리적인 기한 이내에 의견을 진술할 수 있는 기회를 부여하지 아니하고는 그 전부 또는 일부가 거절될 수 없다. 제14조와 관련하여, 구제조치를 신청하는 자가 이미 결정의 근거가 되는 사실에 관하여 의견 진술의 기회를 가진 때에는, 관청은 의견을 진술할 수 있는 기회를 부여하도록 요구되지 아니한다.

**제22조【규칙】**

1. **[내용]**
   가. 이 조약에 부속된 규칙은 다음 사항에 관하여 규정한다.
      1) 이 조약에서 명시적으로 "규칙에서 정하는"이라고 규정한 사항
      2) 이 조약의 규정을 이행하는 데 유용한 세부사항
      3) 행정적인 요건, 사항 또는 절차
   나. 규칙은 국제표준서식을 포함한다.
2. **[규칙의 개정]** 제3항에 따를 것을 조건으로, 규칙의 모든 개정에는 행사된 투표수 4분의 3이 요구된다.
3. **[만장일치의 요구]**
   가. 규칙에서는 규칙 중에서 오직 만장일치로만 개정될 수 있는 규정을 명시할 수 있다.
   나. 가호에 따라 규칙에 명시된 규정에, 규정을 추가하거나 삭제하는 내용으로 규칙을 개정하는 것은 만장일치에 따른다.
   다. 만장일치에 도달하였는지 여부를 판단할 때에는, 실제 행사된 투표만을 고려한다. 기권은 투표로 보지 아니한다.
4. **[조약과 규칙의 충돌]** 이 조약의 규정과 규칙의 규정이 서로 충돌하는 경우에는 조약의 규정이 우선한다.

**제23조【총회】**

1. **[구성]**
   가. 체약당사자들은 총회를 둔다.
   나. 각 체약당사자는 총회에서 한 명의 대표자에 의하여 대표되며, 이 대표자는 대리 대표자, 자문인 및 전문가의 조력을 받을 수 있다. 각 대표자는 하나의 체약당사자만을 대표할 수 있다.
2. **[업무]** 총회에서는 다음과 같은 업무를 맡는다.
   1) 이 조약의 발전에 관한 사항의 처리
   2) 국제표준서식을 포함한 규칙의 개정
   3) 제2목에 따른 각 개정사항의 적용날짜에 대한 조건의 결정
   4) 그 밖에 이 조약 규정을 이행하는 데 적절한 직무의 수행
3. **[정족수]**
   가. 정족수는 국가인 총회 구성원의 반수로 한다.
   나. 가호에도 불구하고, 어느 회기에든, 국가인 총회 구성원의 출석수가 국가인 총회 구성원의 반수 미만이지만 재적 3분의 1 이상인 경우에는, 총회는 결정을 할 수 있으나, 자신의 절차에 관한 결정을 제외하고는, 그러한 모든 결정은 다음에 규정된 조건이 충족된 경우에만 효력을 가진다. 국제사무국은 불출석한 국가인 총회 구성원들에게 위 결정사항을 알리고 그 날부터 3개월 이내에 서면으로 자신의 투표 또는 기권을 표명하도록 안내한다. 위 기간이 만료된 때에 위와 같이 자신의 투표 또는 기권을 표명한 구성원들의 수가 해당 회기의 정족수에 도달하는 데에 부족하였던 구성원의 수에 도달한 때에는, 위 결정은 효력을 가지되, 그와 동시에 여전히 다수결 요건은 존재한다.

4. **[총회에서의 결정]**
가. 총회는 총의에 따라 결정하도록 노력한다.
나. 총의에 따라 결정에 이를 수 없는 경우, 쟁점 사항은 투표로 결정한다. 이 경우 다음에 따른다.
1) 각 국가인 체약당사자는 하나의 투표권을 가지며 자신의 명의로만 투표권을 행사한다. 그리고
2) 정부간기구인 체약당사자는 자신의 회원국들을 대신하여 투표에 참여할 수 있으며 이 조약의 당사자로 있는 자신의 회원국들의 수와 동일한 수의 투표권을 가진다. 정부간기구는 자신의 회원국들 가운데 하나라도 투표권을 행사하는 경우에는 표결에 참여할 수 없으며, 그 반대의 경우에도 같다. 아울러, 위 정부간기구의 회원국들 가운데 이 조약의 당사국인 국가가 다른 정부간기구의 회원국이기도 한 경우로서 그 다른 정부간기구가 위 투표에 참여하는 경우에는 위 정부간기구는 투표에 참여하지 아니한다.

5. **[다수결]**
가. 제22조제2항 및 제3항에 따를 것을 조건으로, 총회의 결정은 행사한 투표의 3분의 2를 요구한다.
나. 다수결 요건이 달성되었는지를 판단할 때에는, 실제 행사한 투표만을 고려한다. 기권은 투표로 보지 아니한다.

6. **[회기]** 총회는 사무총장의 소집에 의하여 개최되며, 예외적인 경우가 아니면, 기구의 총회와 같은 기간과 같은 장소에서 개최된다.

7. **[절차에 관한 규칙]** 총회는, 특별회기의 소집에 대한 규칙을 포함하여, 자신의 절차에 관한 규칙을 정한다.

**제24조【국제사무국】**

1. **[행정업무]**
가. 국제사무국은 이 조약에 관한 행정업무를 수행한다.
나. 특히, 국제사무국은 총회, 그리고 총회에서 설치하는 전문가위원회와 실무반의 회의를 준비하고 그 사무국으로서 기능한다.

2. **[총회의 회기 외의 회의]** 사무총장은 총회가 설치한 위원회 및 실무반을 소집한다.

3. **[총회 및 그 밖의 회의에서의 국제사무국의 역할]**
가. 사무총장 및 사무총장이 지정한 자는 총회 및 총회에서 설치한 위원회와 실무반의 모든 회의에 투표권 없이 참석한다.
나. 사무총장 또는 사무총장이 지정하는 직원은 총회 및 가호에 언급된 위원회와 실무반에서 당연직 서기가 된다.

4. **[회의]**
가. 국제사무국은, 총회의 지시에 따라, 개정회의를 위한 준비를 한다.
나. 국제사무국은 위의 준비에 관하여, 기구의 회원국, 정부간기구, 비정부간 국제기구 및 국내기구와 협의할 수 있다.
다. 사무총장 및 그가 지정하는 자는 개정회의에서의 논의에 투표권 없이 참석한다.

5. **[그 밖의 업무]** 국제사무국은 이 조약과 관련하여 자신에게 주어진 그 밖의 업무를 수행한다.

**제25조【개정 및 수정】** 이 조약은 오직 외교회의에 의해서만 개정되거나 수정될 수 있다. 모든 외교회의의 소집은 총회가 정한다.

**제26조【당사자가 되기 위한 절차】**

1. **[자격]** 다음의 국가나 정부간기구는 이 조약에 서명할 수 있고, 제2항과 제3항 및 제28조제1항과 제3항을 조건으로 당사자가 될 수 있다.
1) 기구의 회원국으로서 자국의 관청이 표장의 등록을 할 수 있는 국가

2) 정부간기구로서, 그 설립조약이 적용되는 영역, 모든 회원국, 또는 관련 출원에서 그러한 목적으로 지정된 일부 회원국에서 유효하게 표장을 등록할 수 있는 관청을 유지하고 있는 정부간기구. 다만, 해당 정부간기구의 모든 회원국이 기구의 회원국이어야 한다.

3) 기구의 회원국으로서 기구의 회원국인 다른 특정한 국가의 관청을 통해서만 표장의 등록을 인정하고 있는 국가

4) 기구의 회원국으로서 그 국가가 회원국이 되는 정부간기구가 운영하는 관청을 통해서만 표장의 등록을 인정하고 있는 국가

5) 기구의 회원국으로서 기구의 일단의 회원국들에 공통된 관청을 통해서만 표장의 등록을 인정하고 있는 국가

2. **[비준 또는 가입]** 제1항에서 언급된 국가나 정부간기구는 다음을 기탁할 수 있다.

1) 이 조약에 서명한 경우, 비준서

2) 이 조약에 서명을 하지 아니한 경우, 가입서

3. **[기탁의 효력발생일]** 비준서나 가입서 기탁의 효력발생일은 다음과 같다.

1) 제1항제1목에 언급된 국가의 경우, 해당 국가의 비준서나 가입서가 기탁되는 날

2) 정부간기구의 경우, 해당 정부간기구의 비준서나 가입서가 기탁되는 날

3) 제1항제3목에 언급된 국가의 경우, 다음의 조건이 충족되는 날 : 해당 국가의 비준서나 가입서가 기탁되고 다른 특정된 국가의 비준서나 가입서가 기탁되는 날

4) 제1항제4목에 언급된 국가의 경우, 제2목에 의한 날

5) 제1항제5목에 언급된 일단의 회원국의 한 구성국인 경우, 일단의 회원국의 모든 구성국들의 비준서나 가입서가 기탁되는 날

**제27조 【「1994년의 상표법조약」 및 이 조약의 적용】**

1. **[이 조약과 「1994년의 상표법조약」 모두의 당사자인 체약당사자들 간의 관계]** 이 조약과 「1994년의 상표법조약」 모두의 당사자가 되는 체약당사자들의 상호관계에 관하여는 이 조약만을 적용한다.

2. **[이 조약의 체약당사자와 이 조약의 당사자가 아니면서 「1994년의 상표법조약」의 당사자인 체약당사자 간의 관계]** 이 조약과 「1994년의 상표법조약」 모두의 체약당사자는 이 조약의 당사자가 아니면서 「1994년의 상표법조약」의 당사자인 체약당사자들과의 관계에서 「1994년의 상표법조약」을 적용한다.

**제28조 【발효 ; 비준 및 가입의 효력발생일】**

1. **[고려되는 문서]** 이 조의 목적상, 제26조제1항에서 언급된 국가나 정부간기구에 의하여 기탁되고, 그 효력발생일이 제26조제3항에 따르는 비준서 또는 가입서만을 고려의 대상으로 한다.

2. **[조약의 효력발생]** 이 조약은 10개 국가 또는 제26조제1항제2목에 언급된 정부간기구가 비준서 또는 가입서를 기탁한 날부터 3개월 후에 효력이 발생한다.

3. **[이 조약의 효력발생 이후의 비준 및 가입의 효력발생]** 제2항에 포함되지 아니하는 국가나 정부간기구는 비준서 또는 가입서를 기탁한 날부터 3개월 후에 이 조약에 기속된다.

**제29조 【유보】**

1. **[특별한 종류의 표장]** 국가나 정부간기구는 유보를 통하여, 제2조제1

항 및 제2항가호에도 불구하고, 제3조제1항, 제5조, 제7조, 제8조제5항, 제11조 및 제13조는 연합표장, 방호표장 또는 파생표장에 적용되지 아니한다는 취지의 선언을 할 수 있다. 그러한 유보선언에서 앞의 규정 중 해당 유보와 관련된 규정을 명시한다.

2. **[복수류의 등록]** 이 조약 채택일 당시 자신의 법령에서 상품에 대한 복수류 등록 및 서비스에 대한 복수류 등록에 대하여 규정하고 있는 국가 또는 정부간기구는, 이 조약에 가입할 때에 유보를 통하여 제6조를 적용하지 아니한다고 선언할 수 있다.
3. **[갱신 시 실체심사]** 모든 국가나 정부간기구는 제13조제4항에도 불구하고 유보를 통하여 관청이 서비스에 대한 등록을 최초로 갱신하는 경우에 그 등록에 관한 실체심사를 할 수 있음을 선언할 수 있다. 다만, 그러한 심사는 이 조약의 효력발생 전에 서비스표장의 등록을 허용한 국가 또는 정부간기구의 법이 발효된 후 6개월의 기간 내에 제출된 출원에 기초한 중복등록을 제거하기 위한 것에 한정된다.
4. **[사용권자의 권리]** 모든 국가 또는 정부간기구는, 제19조제2항에도 불구하고, 국가나 정부간기구의 법상 인정되는, 권리자가 개시한 권리침해에 관한 법적 절차에 참가할 수 있거나 사용권의 대상이 되는 표장에 대한 권리침해로 인한 손해배상을 그러한 법적 절차를 통하여 받을 수 있는 권리에 대한 조건으로 사용권의 기록을 요구한다는 점을 유보를 통하여 선언할 수 있다.
5. **[방법]** 제1항, 제2항, 제3항 또는 제4항에 따른 유보는 유보하는 국가나 정부간기구가 이 조약의 비준서 또는 가입서에 수반하는 선언을 통하여 하여야 한다.
6. **[철회]** 제1항, 제2항, 제3항 또는 제4항에 따른 유보는 언제든지 철회할 수 있다.
7. **[그 밖의 유보의 금지]** 제1항, 제2항, 제3항 및 제4항에 따라 인정되는 유보를 제외하고는, 이 조약에 대한 다른 어떠한 유보도 인정되지 아니한다.

**제30조 【조약의 탈퇴】**

1. **[통보]** 체약당사자는 사무총장에게 통보함으로써 이 조약을 탈퇴할 수 있다.
2. **[효력발생일]** 탈퇴는 사무총장이 통보를 수령한 날부터 1년 후에 효력을 발생한다. 상기 1년의 기간의 만료시점에 조약을 탈퇴하는 체약당사자에 계류 중인 출원 또는 해당 국가에 등록된 표장에 대해서는 이 조약이 계속 적용된다. 다만, 조약을 탈퇴하는 체약당사자는 상기 1년의 기간의 만료 후에 어떠한 등록에 대해서도 해당 등록의 갱신 도래일부터 이 조약의 적용을 중지할 수 있다.

**제31조 【조약의 언어 ; 서명】**

1. **[원본 ; 공식본]**
   가. 이 조약은 영어, 아랍어, 중국어, 불어, 러시아어 및 스페인어로 서명된 단일원본이며, 모든 공식본은 동일하게 인정된 정본이다.
   나. 체약당사자의 공식 언어로서 가호에서 언급되지 아니한 언어로 된 공식본은 사무총장이 그 체약당사자 및 그 밖의 이해관계 있는 체약당사자와 협의한 후 결정한다.
2. **[서명 기한]** 이 조약은 채택 후 1년간 기구의 본부에서 서명을 위하여 개방된다.

**제32조 【기탁처】** 사무총장은 이 조약의 기탁처이다.

## 상표법에 관한 싱가포르 조약과 그에 따른 규칙을 보완하는 외교회의의 결의사항

1. 2006년 3월 싱가포르에서 개최된, 개정 상표법조약을 채택하기 위한 외교회의는 이 회의에서 채택한 조약을 「상표법에 관한 싱가포르 조약」(이하 "조약"이라 한다)으로 명명하기로 합의하였다.
2. 조약을 채택할 때 외교회의는 제1조제8목의 "관청에 대한 절차"는 체약당사자의 법령에 따른 사법적 절차를 포함하지 아니한다는 점에 합의하였다.
3. 외교회의는 조약이 체약당사자를 위하여 효과적이고도 효율적인 상표 관련 정규 절차를 규정하고 있다는 점을 인정하면서, 제2조 및 제8조가 각각 체약당사자에게 다음의 의무를 부과한 것은 아니라는 점을 이해하였다.
   1) 규칙 3의 제4항, 제5항 및 제6항에 언급된 새로운 유형의 표장을 등록할 의무, 또는
   2) 전자 제출 시스템 또는 그 밖의 자동화 시스템을 시행할 의무

   각 체약당사자는, 위에서 언급한 새로운 유형의 표장을 등록하기 위한 규정을 둘지 여부와 그 시기를 결정할 수 있는 선택권을 가진다.
4. 개발도상국 및 최빈국(LDCs)에서의 조약 이행을 촉진하기 위하여, 외교회의는 이러한 국가들이 조약을 이행할 수 있는 제도적인 능력을 강화하고 이러한 국가들이 조약 규정을 충분히 활용할 수 있도록 지원하는 기술적, 법률적 그리고 그 밖의 형태로 구성된 추가적이고도 적절한 기술적 지원을 제공하여 줄 것을 세계지식재산기구(WIPO) 및 체약당사자에게 요청하였다.
5. 이러한 지원은 수혜국의 기술 및 경제 발전 수준을 고려하여야 한다. 기술적 지원은 이러한 국가들의 정보 및 통신 기술 기반을 개선할 수 있도록 도움을 줄 수 있으며, 따라서 체약당사자 간 기술적 차이를 좁히는데에 기여할 것이다. 외교회의는 일부 국가가 정보 격차를 좁히는데 관련된 것으로서 디지털연대기금(DSF)의 중요성을 강조하였다는 점에 주목하였다.
6. 또한, 조약이 발효됨에 따라, 체약당사자는 조약의 이행에 관한 법률적, 기술적 및 제도적인 측면에서 정보와 경험, 그리고 그로 인한 기회와 이익을 충분히 누릴 수 있는 방법에 대하여 다자적인 기반에서 교환 및 공유할 것이다.
7. 외교회의는 최빈국의 특별한 상황 및 필요를 인정하면서, 조약의 이행을 위한 특별하고도 차등화된 대우를 최빈국에 다음과 같이 제공하여야 한다는 점에 합의하였다.
   가. 최빈국은 체약당사자 및 세계지식재산기구(WIPO)의 기술적 지원에 대한 기본적이고도 주된 수혜자들이어야 한다.
   나. 위와 같은 기술적 지원에는 다음 사항이 포함된다.
      1) 조약 이행을 위한 법적인 틀을 수립할 수 있도록 하는 지원
      2) 조약에 가입함으로 인한 영향에 관한 정보, 교육 및 인식
      3) 국내 상표등록 당국의 행정적인 실무 및 절차를 개정할 수 있도록 하는 지원
      4) 지식재산과 관련된 관청에 필수적인 훈련된 인력을 양성하고 시설을 설치할 수 있도록 하는 지원. 여기에는 조약 및 규칙을 효과적으로 이행할 수 있는 정보 및 통신 기술 역량이 포함된다.

8. 외교회의는 매 정기회의에서 이행 노력과 관련된 지원의 진행상황과 그러한 이행에서 발생되는 혜택을 검토하고 평가할 것을 총회에 요청하였다.
9. 외교회의는 이 조약의 해석이나 적용에 관하여 둘 또는 그 이상의 체약당사자 간 발생하는 모든 분쟁은 사무총장의 후원 하에 협의와 조정을 통하여 우호적으로 해결한다는 점에 합의하였다.

## 상표법에 관한 싱가포르 조약에 따른 규칙

### **규칙 1** 약칭

1. **[이 규칙에 정의된 약칭]** 이 규칙의 목적상, 달리 명시적으로 규정하지 아니하는 한,
   1) "조약"이란, 「상표법에 관한 싱가포르 조약」을 말한다.
   2) "조"란 이 조약에 명시된 조를 언급한다.
   3) "전용사용권"이란 사용권이 오직 하나의 사용권자에게만 부여되며, 그 권리자가 해당 표장을 사용할 수도 없고 다른 자에게 사용권을 부여하지도 못하도록 하는 사용권을 말한다.
   4) "독점사용권"이란 사용권이 오직 하나의 사용권자에게만 부여되며 그 권리자가 다른 자에게 사용권을 부여하지 못하도록 하되, 권리자가 해당 표장을 직접 사용하는 것을 금지하지 아니하는 사용권을 말한다.
   5) "통상사용권"이란 권리자가 해당 표장을 사용하는 것이나 다른 자에게 사용권을 부여하는 것을 금지하지 아니하는 사용권을 말한다.
2. **[이 조약에 정의된 약칭]** 이 조약의 목적상 제1조에 정의된 약칭은 이 규칙의 목적상 동일한 의미를 가진다.

### **규칙 2** 성명 및 주소의 표시방법

1. **[성명]**
   가. 성명을 표시할 경우, 체약당사자는 다음 사항을 요구할 수 있다.
      1) 자연인인 경우, 성명은 그 사람의 성과 이름을 표시하거나, 그 사람의 선택에 따라, 그 사람이 통상적으로 사용하는 성명을 표시할 것

2) 법인인 경우, 명칭은 그 법인의 완전한 공식명칭을 표시할 것

나. 회사 또는 조합인 대리인의 성명이 표시될 경우, 체약당사자는 그 회사 또는 조합이 통상적으로 사용하는 표시를 그 명칭의 표시로 인정한다.

2. **[주소]**

가. 주소를 표시하는 경우, 체약당사자는 그 주소가 표시된 주소로 신속한 우편배달을 위한 관례적인 요구사항을 충족시키는 방식으로 표시되고, 집 또는 건물번호가 있다면 이를 포함하여 관련되는 모든 행정구역 단위까지 표시되도록 요구할 수 있다.

나. 체약당사자의 관청에 대한 통보가 서로 다른 주소를 가진 두 명 이상의 이름으로 이루어지는 경우, 그 체약당사자는 그러한 통보에 연락을 위한 단일의 주소를 표시하도록 요구할 수 있다.

다. 주소의 표시는 전화번호, 팩시밀리번호와 이메일 주소 그리고 연락을 위하여 가호에 따라 표시된 것과 다른 주소를 포함할 수 있다.

라. 송달을 위한 주소에 대하여 가호 및 다호를 준용한다.

3. **[다른 특정방법]** 체약당사자는 관청에 대한 통보에, 출원인, 권리자, 대리인 또는 이해관계인에 대하여 그 관청에 등록되어 있는 번호나 그 밖의 다른 특정방법을 함께 표시하도록 요구할 수 있다. 체약당사자는, 전자적 형태로 출원서를 제출하는 경우를 제외하고는, 이러한 요건을 준수하지 아니하였다는 것을 이유로 통보를 거절할 수 없다.

4. **[사용 활자체]** 체약당사자는 제1항부터 제3항까지에 언급된 표시가 해당 관청에 의하여 사용되는 활자체로 표시되도록 요구할 수 있다.

**규칙 3 출원에 관한 세부사항**

1. **[표준문자]** 체약당사자의 관청이 자신이 표준이라고 간주하는 문자(문자 및 숫자)를 사용하고 있고, 출원인이 표장을 체약당사자의 관청에 의하여 사용되는 표준문자로 등록하고 공고하기를 원한다는 취지의 진술을 출원서에 포함하는 경우, 해당 관청은 그 표장을 그러한 표준문자로 등록하고 공고한다.

2. **[색채를 주장하는 표장]** 출원서에 출원인이 표장의 변별요소의 하나로 색채를 주장하려고 한다는 취지의 진술이 있는 경우, 관청은 출원서에 주장하는 색채의 명칭 또는 코드, 그리고 각 색채와 관련하여 그 색채로 되어 있는 표장의 주요 부분을 표시하도록 요구할 수 있다.

3. **[견본수]**

가. 출원서에 출원인이 표장의 변별요소의 하나로서 색채를 주장하는 취지의 진술이 포함되어 있지 아니한 경우, 체약당사자는 다음 사항 외의 것을 요구할 수 없다.

1) 출원인이 해당 표장을 체약당사자의 관청에 의하여 사용되는 표준문자로 등록하고 공고하기를 원한다는 취지의 진술을 그 체약당사자의 법에 따라서 출원서에 포함할 수 없거나, 또는 출원서에 그러한 진술을 포함하지 아니한 경우, 표장의 흑백견본 5매

2) 출원인이 해당 표장을 체약당사자의 관청에 의하여 사용되는 표준문자로 등록하고 공고하기를 원한다는 취지의 진술을 출원서에 포함하고 있는 경우, 표장의 흑백견본 1매

나. 출원인이 표장의 변별요소의 하나로서 색채를 주장한다는 취지의 진술이 출원서에 포함되어 있는 경우, 체약당사자는 표장의 흑백

견본 5매와 표장의 색채견본 5매를 초과하여 요구할 수 없다.

4. **[입체표장]**
   가. 출원서에 표장이 입체표장이라는 취지의 진술이 포함되어 있는 경우, 그 표장의 견본은 평면적인 그림견본 또는 사진견본으로 한다.
   나. 가호에 따라 제출된 견본은 출원인의 선택에 따라 표장의 일면 또는 다면도로 구성될 수 있다.
   다. 가호에 따라 제출된 표장의 견본이 입체표장의 특징을 충분히 나타내지 못한다고 관청이 판단할 경우에는, 해당 관청은 출원인에게 해당 요청에서 정한 합리적인 기한 내에, 그 표장의 다른 측면의 도면들을 6매까지 견본으로 제출 및/또는 글로써 그 표장을 묘사하여 제출할 것을 요구할 수 있다.
   라. 다호에서 언급한 표장의 다른 측면들 및/또는 묘사가 입체표장의 특징을 여전히 충분하게 나타내고 있지 못한다고 관청이 판단할 경우에는, 해당 관청은 출원인에게 해당 요청에서 정한 합리적인 기한 내에 그 표장의 표본을 제출할 것을 요구할 수 있다.
   마. 가호부터 라호까지에도 불구하고, 표장의 입체적 특징을 한 개의 도면으로 충분히 나타내는 견본은 출원일을 인정하기에 충분하다.
   바. 제3항가호제1목 및 나호를 준용한다.
5. **[홀로그램표장]** 출원서에 표장이 홀로그램표장이라는 취지의 진술이 포함되어 있는 경우, 표장의 표현물은 전체적으로 홀로그램 효과를 포착하는 표장의 일면 또는 다면도로 구성한다. 제출된 일면 또는 다면도가 전체적으로 홀로그램 효과를 포착하지 못한다고 관청이 판단할 경우에는 다른 측면의 도면의 추가 제출을 요구할 수 있다. 또한 관청은 출원인에게 홀로그램표장의 묘사를 제출할 것을 요구할 수 있다.
6. **[동작표장]** 출원서에 표장이 동작표장이라는 취지의 진술이 포함되어 있는 경우, 표장의 표현물은 관청의 선택에 따라 동작을 묘사하는 단수 또는 일련의 정지 이미지나 동작 이미지로 구성한다. 제출된 이미지가 동작을 묘사하지 아니한다고 관청이 판단할 경우에는 추가 이미지의 제출을 요구할 수 있다. 또한 관청은 출원인에게 동작을 설명하는 묘사를 제출할 것을 요구할 수 있다.
7. **[색채표장]** 출원서에 표장이 단일 색채표장 또는 윤곽선 없는 색채의 조합이라는 취지의 진술이 포함되어 있는 경우, 표장의 견본은 그 색 또는 색채들의 견본으로 구성한다. 관청은 그 색 또는 색채들을 일반적인 명칭을 사용하여 표기할 것을 요구할 수 있다. 또한 관청은 그 색 또는 색채들이 상품에 적용되는 방식 또는 서비스와 관련하여 사용되는 방식에 대한 묘사를 요구할 수 있다. 관청은 더 나아가 출원인이 선택하고 관청이 승인한 알려진 색채코드로 그 색 또는 색채들을 표시할 것을 요구할 수 있다.
8. **[위치표장]** 출원서에 표장이 위치표장이라는 취지의 진술이 포함되어 있는 경우, 표장의 견본은 제품 상에서 표장의 위치를 보여주는 표장의 일면도로 구성한다. 관청은 보호를 요청하지 아니한 내용을 표시할 것을 요구할 수 있다. 또한 관청은 제품과 관련하여 표장의 위치를 설명하는 묘사를 제출할 것을 요구할 수 있다.
9. **[소리표장]** 출원서에 표장이 소리표장이라는 취지의 진술이 포함되어 있는 경우, 표장의 표현물은 관청의

선택에 따라 악보, 표장을 구성하는 소리에 대한 묘사, 소리의 아날로그나 디지털 녹음, 또는 이들의 조합으로 구성한다.

10. **[소리표장 외의 시각적으로 인식할 수 없는 표시로 구성된 표장]** 출원서에 표장이 소리표장 외의 시각적으로 인식할 수 없는 표시로 구성되어 있다는 취지의 진술이 있는 경우, 체약당사자는 자국 법에서 정한 바에 따라 그 표장에 대하여 하나 이상의 표현물, 표장의 유형 표시 및 그 표장의 세부사항을 요구할 수 있다.

11. **[표장의 자역]** 제3조제1항가호제13목의 목적상, 표장이 그 관청에서 사용하는 활자체 외의 활자체로 된 것 또는 그 관청에서 사용하는 숫자체계 외의 숫자체계로 표현된 숫자로 구성되어 있거나 이를 포함하고 있는 경우에는, 이를 해당 관청에서 사용하는 활자체와 숫자체계로 고칠 것을 요구할 수 있다.

12. **[표장의 번역]** 제3조제1항가호제14목의 목적상, 표장이 그 관청에서 허용하는 언어 또는 언어 중의 하나 외의 언어로 된 단어 또는 단어들로 구성되어 있거나 이를 포함하고 있는 경우에는, 그 단어 또는 그러한 단어들을 그 관청이 허용하는 언어 또는 언어 중의 하나로 번역할 것을 요구할 수 있다.

13. **[표장의 실제 사용 증거의 제출 기한]** 제3조제3항에 언급된 기한은, 출원서가 제출된 체약당사자의 관청에 의하여 출원이 인정된 날부터 기산하여 6개월 미만이어서는 아니 된다. 출원인 또는 권리자는 그 체약당사자의 법에 규정된 조건에 따라, 최소한 2년 6개월의 총 연장기한까지 최소 6개월씩 그 기한을 연장할 권리를 가진다.

### 규칙 4 대리와 송달을 위한 주소에 관한 세부사항

1. **[대리인이 선임된 경우의 주소]** 대리인이 선임된 경우, 체약당사자는 그 대리인의 주소를 송달을 위한 주소로 간주한다.

2. **[대리인이 선임되지 아니한 경우의 주소]** 대리인이 선임되어 있지 아니하고 출원인이나 권리자 또는 그 밖의 이해관계인이 체약당사자 영역 내에 있는 주소를 자신의 주소로 제공한 경우, 그 체약당사자는 그 주소를 송달을 위한 주소로 간주한다.

3. **[기한]** 제4조제3항라호에 언급된 기한은 그 조항에서 언급된 통보가 관련 체약당사자의 관청에 의하여 수령된 날부터 기산되며, 통보에서 대리되는 자의 주소가 해당 체약당사자의 영역 내에 있는 경우에는 1개월 미만이어서는 아니 되고, 그러한 주소가 해당 체약당사자의 영역 밖에 있는 경우에는 2개월 미만이어서는 아니 된다.

### 규칙 5 출원일에 관한 세부사항

1. **[요건을 충족시키지 못하는 경우의 절차]** 관청이 출원서를 수령할 당시에 출원이 제5조제1항가호 또는 제2항가호에서 정하는 요건을 충족하지 못하는 경우에는, 관청은 즉시 출원인에게 기한을 지정하여 그 기한 내에 그러한 요건을 충족시키도록 요청한다. 그 기한은 출원인의 주소가 그 체약당사자의 영역 내에 있는 경우에는 그 요청일부터 최소 1개월이어야 하며 출원인의 주소가 그 체약당사자의 영역 밖에 있는 경우에는 최소 2개월이어야 한다. 해당 요청의 이행에는 특별수수료의 납부가 필요할 수도 있다. 관청이 그러한 요청을 발송하지 아니하는 경우에도, 상기의 요건은 영향을 받지 아니한다.

2. **[보정의 경우의 출원일]** 만일, 요청에서 표시된 기한 내에, 출원인이 제1항에 언급된 요청에 응하고 요구되는 특별수수료를 납부하는 경우, 출원일은 제5조제1항가호에 언급된 모든 요구 표시 및 사항이 해당 관청에 의하여 수령되고, 적용 가능한 경우, 제5조제2항가호에 언급된 수수료가 동 관청에 납부된 날이 된다. 그러하지 아니하면, 출원은 없었던 것으로 한다.

## 규칙 6 통보에 관한 세부사항

1. **[서면에 의한 통보의 서명에 첨부되는 표시]** 체약당사자는 서명을 한 자연인의 서명에 다음 사항을 첨부하도록 요구할 수 있다.
   1) 성(姓)과 이름 또는 그 사람의 선택에 따라, 그 사람이 통상적으로 사용하는 성명을 문자로 나타내는 표시
   2) 위의 사람이 서명을 한 자격이 통보에 명확하게 드러나지 아니하는 경우, 그 사람이 서명을 한 자격을 나타내는 표시
2. **[서명일]** 체약당사자는 서명이 이루어진 날짜의 표시를 서명에 첨부하도록 요구할 수 있다. 그러한 표시가 요구되었음에도 이를 제공하지 아니한 경우, 서명이 되어 있는 통보를 관청이 수령한 날 또는 체약당사자가 허용하는 경우, 통보를 관청이 수령한 날보다 앞서는 날이 그 서명이 이루어진 날로 간주된다.
3. **[서면에 의한 통보의 서명]** 체약당사자의 관청에 대한 통보가 서면에 의한 것이고 서명이 요구되는 경우 그 체약당사자는
   1) 제3목에 따를 것을 조건으로 자필서명을 인정한다.
   2) 자필서명 대신 인쇄되거나 직인된 서명 같은 다른 형식의 서명 또는 도장이나 바코드화된 라벨의 사용을 허용할 수 있다.
   3) 통보에 서명하는 자연인이 체약당사자의 국민이고 그 사람의 주소가 그 체약당사자의 영역 내에 있는 경우, 또는 통보에 서명한 법인이 그 체약당사자의 법에 따라 설립되었고 그 체약당사자의 영역 내에 주된 거주지나 실재하고 실효적인 산업상 또는 상업상의 영업소를 두고 있는 경우, 자필서명 대신 도장을 사용하도록 요구할 수 있다.
4. **[전자적 수단에 의하여 제출되는 서면 통보의 서명]** 서면에 의한 통보를 전자적 수단으로 제출하도록 정한 체약당사자는 제3항에 따라 그 체약당사자가 인정한 서명의 인영(印影)이 수령한 통보에 드러나 있는 경우 그 통보가 서명된 것으로 간주한다.
5. **[전자적 수단에 의하여 제출되는 서면 통보의 원본]** 서면에 의한 통보를 전자적 수단으로 제출하도록 정한 체약당사자는 그러한 통보의 원본이 다음과 같이 제출되도록 요구할 수 있다.
   1) 전송된 통보를 특정하는 서신을 첨부할 것, 그리고
   2) 관청이 전자적 수단으로 통보를 수령한 날부터 최소 1개월의 기한 이내일 것
6. **[전자적 형태로 된 통보의 인증]** 전자적 형태로 통보를 제출하는 것을 허용하는 체약당사자는 자국이 정한 바에 따라 전자인증시스템을 통하여 그 통보를 인증하도록 요구할 수 있다.
7. **[수령일]** 각 체약당사자는 다음의 장소에서 실질적으로 서류가 수령되거나 수수료가 납부된 경우, 그러한 서류의 수령 또는 수수료의 납부가

관청에 의한 수령 또는 관청에의 납부에 해당한다고 간주되는 상황을 자유롭게 정할 수 있다.
   1) 관청의 지부 또는 부속관청
   2) 체약당사자가 제26조제1항제2목에 언급된 정부간기구인 경우, 그 체약당사자의 관청을 대리하는 일국의 관청
   3) 우체국
   4) 체약당사자가 명시한 배달기관 또는 배달업체
   5) 관청의 지정 주소가 아닌 주소

8. **[전자적 제출]** 제7항에 따를 것을 조건으로, 체약당사자가 통보를 전자적 형태나 전자적 수단으로 제출하도록 규정하고 있고 통보가 그러한 방식으로 제출된 경우, 그 체약당사자의 관청이 그러한 형태 또는 그러한 수단으로 통보를 수령하는 날이 그 통보의 수령일이 된다.

### 규칙 7 출원번호 없는 출원의 특정방법

1. **[특정방법]** 출원이 그 출원번호에 의하여 특정되도록 요구되지만, 그 출원번호가 아직 발급되지 아니하였거나 출원인 또는 그 대리인에게 공지되지 아니한 경우, 그 출원은 다음 사항이 제공될 경우 특정되는 것으로 본다.
   1) 관청에 의하여 임시 출원번호가 발급된 경우, 그 임시 출원번호, 또는
   2) 출원서의 사본, 또는
   3) 표장의 표현물로서, 출원인 또는 그 대리인이 아는 한도 내에서, 관청에 의하여 출원서가 수령된 날짜 및 출원인 또는 그 대리인이 해당 출원서에 기재한 고유번호

2. **[그 밖의 요건의 금지]** 체약당사자는 출원번호가 아직 발급되지 아니하였거나 출원인 또는 그 대리인에게 공지되지 아니한 경우, 출원을 특정하기 위하여 제1항에서 정하는 사항 외의 요건을 준수할 것을 요구할 수 없다.

### 규칙 8 존속기간 및 갱신에 관한 세부사항

제13조제1항다호의 목적상, 갱신신청서를 제출할 수 있고 갱신수수료를 납부할 수 있는 기간은, 갱신되어야 하는 날부터 최소한 6개월 전에 시작하여 그 날 이후부터 빠르면 6개월이 경과된 후에 종료한다. 만일 갱신신청서 및/또는 갱신수수료가 갱신되어야 하는 날 이후에 제출되거나 납부된 경우에는, 체약당사자는 갱신과 관련하여 추가수수료의 납부를 요구할 수 있다.

### 규칙 9 기한을 준수하지 못한 경우의 구제조치

1. **[제14조제2항제1목에 따른 기한연장에 관한 요건]** 제14조제2항제1목에 따른 기한연장에 대하여 정하고 있는 체약당사자는 연장신청서가 제출된 날부터 합리적인 기간 동안 기한을 연장하며, 그 연장신청서에 대하여 다음과 같이 요구할 수 있다.
   1) 신청서에 신청인의 신원, 해당 출원번호 또는 등록번호 및 관련 기한을 기재할 것, 그리고
   2) 신청서를 해당 기한의 만료일부터 2개월 이상이어야 하는 기한 내에 제출할 것

2. **[제14조제2항제2목에 따른 계속적인 처리에 관한 요건]** 체약당사자는 제14조제2항제2목에 따른 계속적인 처리에의 신청에 대하여 다음과 같이 요구할 수 있다.
   1) 신청서에 신청인의 신원, 해당 출원번호 또는 등록번호 및 관련 기한을 기재할 것, 그리고

2) 신청서를 해당 기한의 만료일부터 2개월 이상이어야 하는 기한 내에 제출할 것. 누락된 조치는 동일한 기간 이내, 또는 체약당사자가 그러하게 정한 경우 해당 신청과 동시에 완료된다.

3. **[제14조제2항제3목에 따른 권리의 회복에 관한 요건]**

가. 체약당사자는 제14조제2항제3목에 따른 권리회복 신청에 대하여 다음과 같이 요구할 수 있다.

1) 신청서에 신청인의 신원, 해당 출원번호 또는 등록번호 및 관련 기한을 기재할 것, 그리고

2) 신청서에 해당 기한을 준수하지 못한 이유를 뒷받침하는 사실관계와 증거를 명시할 것

나. 권리회복 신청서는 합리적인 기한 내에 관청에 제출되어야 하며, 그 기간은 해당 기한을 준수하지 못한 원인이 제거된 날부터 체약당사자가 정하는 기간으로 한다. 누락된 조치는 동일한 기간 이내, 또는 체약당사자가 그러하게 정한 경우 해당 신청과 동시에 완료된다.

다. 체약당사자는 가호 및 나호에 따른 요건의 준수를 위하여 최대한의 기한을 정할 수 있다. 그 기간은 관련 기한의 만료일부터 6개월 미만이어서는 아니 된다.

4. **[제14조제3항에 따른 예외사항]** 제14조제3항에 언급된 예외사항은 다음의 기한을 준수하지 못한 경우이다.

1) 제14조제2항에 따라 구제조치가 이미 부여된 경우에 따른 기한

2) 제14조에 따른 구제조치 신청서 제출기한

3) 갱신수수료의 납부기한

4) 심판원이나 관청 내에 설치된 그 밖의 심사기관에의 청구기한

5) 양자 간 소송에의 청구기한

6) 제3조제1항가호제7목에 언급된 선언서 또는 제3조제1항가호제8목에 언급된 선언서의 제출기한

7) 체약당사자의 법에 따라, 계류중인 출원의 신규 출원일을 정할 수 있는 선언을 행할 수 있는 제출기한, 그리고

8) 우선권 주장의 정정 또는 추가를 위한 기한

## 규칙 10 사용권의 기록이나 사용권 기록의 수정 또는 취소를 위한 신청에 관한 요건

1. **[신청의 내용]**

가. 체약당사자는 제17조제1항에 따른 사용권 기록 신청서에 다음의 표시나 사항의 일부 또는 전부가 포함될 것을 요구할 수 있다.

1) 권리자의 성명 및 주소

2) 권리자에게 대리인이 있는 경우, 그 대리인의 성명 및 주소

3) 권리자에게 송달을 위한 주소가 있는 경우, 그 주소

4) 사용권자의 성명 및 주소

5) 사용권자에게 대리인이 있는 경우, 그 대리인의 성명 및 주소

6) 사용권자에게 송달을 위한 주소가 있는 경우, 그 주소

7) 사용권자가 어느 국가의 국민인 경우 해당 국가명, 사용권자가 어느 국가에 주된 거주지를 두고 있는 경우 해당 국가명, 그리고 사용권자가 어느 국가에 실재하는 실효적인 산업상 또는 상업상의 영업소를 두고 있는 경우 해당 국가명

8) 권리자 또는 사용권자가 법인인 경우, 법인의 법적 성격과 그 법인의 설립 근거법의 국가 및 적용 가능한 경우, 해당 국가 내 행정구역

9) 사용권의 대상이 되는 표장의 등록번호
10) 니스분류상의 류에 따라 분류되고, 각 분류 앞에 해당 상품 또는 서비스가 속하는 류의 번호를 명기하여 그 분류의 류의 순서에 따라 기재한, 사용권이 부여된 상품 및/또는 서비스의 명칭
11) 사용권이 전용사용권인지, 통상사용권인지 또는 독점사용권인지 여부
12) 사용권이 그 등록이 적용되는 영역의 일부 지역에만 관련되는 경우, 그러한 사실 및 그 일부 지역의 명시적인 표시
13) 사용권의 존속기간

나. 체약당사자는 제18조제1항에 따른 사용권 기록의 수정 또는 취소 신청서에 다음의 표시나 사항의 일부 또는 전부가 포함될 것을 요구할 수 있다.
1) 가호의 제1목부터 제9목까지에 명시된 표시
2) 수정 또는 취소가 가호에 명시된 표시나 사항에 관한 것인 경우, 기록할 수정 또는 취소의 성격 및 범위

2. **[사용권 기록을 위한 근거서류]**
가. 체약당사자는 신청인의 선택에 따라 사용권 기록 신청서에 다음 중 하나를 첨부할 것을 요구할 수 있다.
1) 당사자 및 사용권의 대상이 된 권리를 표시한 사용권설정계약서 초본으로서 공증인 또는 그 밖의 권한 있는 당국에 의하여 해당 초본이 계약서의 진정한 초본이라고 인증된 것, 또는
2) 그 내용이 이 규칙에 규정된 서식에 맞게 작성되고 권리자 및 사용권자 모두가 서명한, 인증되지 아니한 사용권내역서

나. 체약당사자는 사용권설정계약의 당사자가 아닌 공동권리자에게 그 자신이 서명한 문서를 통하여 사용권에 대하여 명시적으로 동의할 것을 요구할 수 있다.

3. **[사용권 기록의 수정을 위한 근거서류]**
가. 체약당사자는 신청인의 선택에 따라 사용권 기록 수정 신청서에 다음 중 하나를 첨부하도록 요구할 수 있다.
1) 신청된 사용권 기록의 수정을 입증하는 서류, 또는
2) 그 내용이 이 규칙에 규정된 서식에 맞게 작성되고 권리자 및 사용권자 모두가 서명한, 인증되지 아니한 사용권 수정내역서

나. 체약당사자는 사용권설정계약의 당사자가 아닌 공동권리자에게 그 자신이 서명한 문서를 통하여 사용권의 수정에 대하여 명시적으로 동의할 것을 요구할 수 있다.

4. **[사용권 기록의 취소를 위한 근거서류]** 체약당사자는 신청인의 선택에 따라 사용권 기록 취소 신청서에 다음 중 하나를 첨부하도록 요구할 수 있다.
1) 신청된 사용권 기록 취소를 입증하는 서류, 또는
2) 그 내용이 이 규칙에 규정된 서식에 맞게 작성되고 권리자 및 사용권자 모두가 서명한 인증되지 아니한 사용권 취소내역서

# 산업디자인의 국제분류 제정을 위한 로카르노협정

로카르노에서 채택 1968.10. 8
가입서 기탁일 2011. 1. 7
대한민국에 대하여 발효 2011. 4.17
(조약 제2041호)

### 제1조 【특별동맹의 설립, 국제분류의 채택】

1. 이 협정이 적용되는 국가들은 특별동맹을 구성한다.
2. 위 국가들은 산업디자인에 관한 단일분류(이하 "국제분류"라 한다)를 채택한다.
3. 국제분류는 다음 사항들로 구성된다.
   1) 류(類) 및 군(群)의 목록
   2) 물품이 속하는 류 및 군이 표시되고 산업디자인이 반영된 물품의 알파벳순 목록
   3) 주석
4. 류 및 군의 목록이란 이 협정에 첨부된 목록으로, 제3조에 따라 설립된 전문가위원회(이하 "전문가위원회"라 한다)가 하는 개정 및 추가의 대상이 되는 것을 말한다.
5. 물품의 알파벳순 목록과 주석은 제3조에 명시된 절차에 따라 전문가위원회가 채택한다.
6. 국제분류는 제3조에 명시된 절차에 따라 전문가위원회가 개정하거나 보완할 수 있다.
7. 가. 국제분류는 영어와 불어로 제정된다.
   나. 「세계지적재산기구(이하 "기구"라 한다) 설립협약」에 언급된 지적재산기구 국제사무국(이하 "국제사무국" 이라 한다)은 관심 있는 정부와 협의 후 제5조에 언급된 총회가 지정할 수 있는 그 밖의 언어로 된 국제분류의 공식본을 제정한다.

### 제2조 【국제분류의 사용 및 법적 범위】

1. 이 협정에 규정된 요건에 따를 것을 조건으로, 국제분류는 행정적 성격만을 가진다. 그럼에도 불구하고, 각 국가는 국제분류에 대하여 그 국가가 적절하다고 보는 법적 범위를 정할 수 있다. 특히 국제분류는 특별동맹의 회원국에서 디자인에 부여된 보호의 성질과 범위와 관련하여 특별동맹의 회원국을 구속하지 않는다.
2. 특별동맹의 각 회원국은 국제분류를 주요 또는 보조 분류체계로 사용할 권리를 보유한다.
3. 특별동맹의 회원국의 관청은 디자인이 반영된 물품이 속하는 국제분류의 류와 군 번호를 디자인의 기탁 또는 등록을 위한 공문서에, 그리고 디자인이 공식적으로 공고된 경우에는 그 공고에 포함시킨다.
4. 물품의 알파벳순 목록에 포함될 용어를 선택하는 때, 전문가위원회는 배타적 권리가 존재할 수 있는 용어 사용을 피하기 위하여 합리적인 주의를 기울인다. 그러나 알파벳순 색인에 어떠한 단어가 포함되었다고 하여 그 단어가 배타적 권리의 대상인지에 관한 전문가위원회의 의견이 표명된 것은 아니다.

### 제3조 【전문가위원회】

1. 전문가위원회는 제1조제4항, 제1조제5항 및 제1조제6항에 언급된 업무를 관장한다. 특별동맹의 각 회원국은 전문가위원회에 대표를 두며, 전문가위원회는 참석한 국가의 단순다수결로 채택된 의사규칙에 따라 설립된다.
2. 전문가위원회는 특별동맹의 회원국 투표의 단순다수결에 의하여 알파벳순 목록 및 주석을 채택한다.
3. 국제분류의 개정 또는 추가사항에 대한 제안은 모든 특별동맹의 회원

국의 관청 또는 국제사무국이 할 수 있다. 관청에서 발한 모든 제안은 해당 관청이 국제사무국으로 통지한다. 관청과 국제사무국으로부터의 제안은 국제사무국에 의해 앞서 언급된 제안이 심의될 전문가위원회의 회기 2개월 전까지 위원회의 위원들에게 송부된다.

4. 국제분류의 개정 및 추가사항의 채택에 관한 전문가위원회의 결정은 특별동맹 회원국의 단순 다수결에 의한다. 그럼에도 불구하고, 그러한 결정이 분류의 신설이나 물품의 분류 변경을 수반하는 경우에는 만장일치가 요구된다.
5. 각 전문가는 우편으로 투표할 권리를 가진다.
6. 어떤 국가가 전문가위원회의 특정 회기를 위하여 대표를 임명하지 않거나, 임명된 전문가가 회기 중 또는 전문가위원회 의사규칙에 의해 규정되는 기간 내에 투표권을 행사하지 않는 경우, 해당 국가는 전문가위원회의 결정을 수락한 것으로 본다.

**제4조 【분류 및 그에 대한 개정 · 추가의 통지 및 공고】**

1. 국제사무국은 전문가위원회가 결정한 국제분류에 대한 모든 개정 또는 추가사항뿐만 아니라 전문가위원회가 채택한 물품의 알파벳순 목록 및 주석을 특별동맹의 회원국 관청에 통지한다. 전문가위원회의 결정은 통지가 접수되는 즉시 효력이 발생한다. 다만, 그러한 결정이 분류의 신설이나 물품의 분류 변경을 수반하는 경우에는 전술한 통지일부터 6개월 이내에 효력이 발생한다.
2. 국제사무국은, 국제분류의 기탁처로서, 발효한 개정 및 추가사항을 국제분류에 반영시킨다. 개정 및 추가사항의 공표는 총회가 지정하는 정기간행물에 공고된다.

**제5조 【특별동맹의 총회】**

1. 가. 특별동맹은 특별동맹의 회원국으로 구성된 총회를 가진다.
   나. 특별동맹의 각 회원국 정부는 1명의 대표가 대표하며, 그 대표는 교체대표, 자문 및 전문가의 도움을 받을 수 있다.
   다. 각 대표단의 경비는 그 대표단을 임명한 정부가 부담한다.
2. 가. 제3조에 따라, 총회는 다음 각 목의 사항을 수행한다.
   1) 특별동맹의 유지 및 발전과 이 협정의 이행에 관한 모든 사항의 처리
   2) 국제사무국에 수정회의의 준비에 관한 지시
   3) 기구 사무총장(이하 "사무총장"이라 한다)의 특별동맹과 관련된 보고 및 활동의 검토 및 승인, 그리고 사무총장에게 특별동맹의 권한 사항과 관련하여 필요한 모든 지시
   4) 특별동맹의 사업계획 결정 및 2개년 예산의 채택, 그리고 특별동맹의 결산의 승인
   5) 특별동맹 재정규칙의 채택
   6) 영어 및 불어 외의 언어로 된 국제분류 공식본의 제정에 대한 결정
   7) 제3조에 따라 설립된 전문가위원회 외에, 총회가 특별동맹의 목적을 달성하기 위하여 적절하다고 간주하는 다른 전문가위원회 및 실무그룹의 설치
   8) 어떠한 특별동맹의 회원국이 아닌 국가, 정부 간 기구 및 국제적인 비정부 기구를 옵서버로서 총회 회의에 참석하도록 허용할지에 대한 결정
   9) 제5조부터 제8조까지에 대한 개정사항의 채택
   10) 특별동맹의 목적을 증진시키

기 위하여 계획된 그 밖의 적절한 조치

11) 이 협정에 따른 적절한 그 밖의 기능의 수행

나. 기구가 관리하는 그 밖의 동맹들도 이해관계를 가지는 사항과 관련하여 총회는 기구의 조정위원회의 조언을 들은 후에 결정한다.

3. 가. 총회의 각 회원국은 하나의 투표권을 가진다.

나. 의사정족수는 총회의 회원국의 2분의 1로 한다.

다. 나호에도 불구하고, 어느 회기에 있어서 참석한 국가수가 총회의 회원국의 3분의 1 이상이나 2분의 1에는 미치지 못하는 경우, 총회는 결정을 할 수 있으나, 그 결정은 총회 자체 의사절차에 관한 것을 제외하고는 다음의 조건을 충족하는 경우에만 효력이 발생한다. 국제사무국은 출석하지 않은 총회의 회원국에게 전술한 결정을 통보하고 그 통보일부터 3개월 내에 찬반 또는 기권을 서면으로 표명할 것을 요청한다. 그 기간의 만료 시에 찬반 또는 기권을 표명한 국가의 수가 해당 회기의 의사정족수의 부족분을 보충하고, 동시에 결정에 필요한 다수의 찬성이 여전히 있는 경우에 그러한 결정은 효력이 발생한다.

라. 제8조제2항에 따를 것을 조건으로, 총회의 결정은 투표수의 3분의 2이상의 다수결에 의한다.

마. 기권은 투표로 보지 않는다.

바. 대표는 하나의 국가만을 대표하고, 그 국가의 명의로만 투표할 수 있다.

4. 가. 총회는 사무총장의 소집에 의하여 매 2년마다 1회씩 정기 회기로 회합한다. 예외적인 상황이 없는 경우에는 기구의 일반총회와 같은 기간 및 장소 중에 이를 개최한다.

나. 총회는 총회의 회원국의 4분의 1의 요청이 있는 경우, 사무총장의 소집에 의하여 특별 회기로 회합한다.

다. 각 회기의 의제는 사무총장이 준비한다.

5. 총회는 자체 의사규칙을 채택한다.

**제6조【국제사무국】**

1. 가. 특별동맹에 관한 행정업무는 국제사무국이 수행한다.

나. 특히 국제사무국은 총회, 전문가위원회, 그리고 총회 또는 전문가위원회에 의하여 설치될 수 있는 그 밖의 전문가위원회 또는 실무그룹의 회의를 준비하고 그들의 사무국을 제공한다.

다. 사무총장은 특별동맹의 최고책임자이며 특별동맹을 대표한다.

2. 사무총장 및 사무총장이 지명하는 모든 직원은 총회, 전문가위원회, 그리고 총회 또는 전문가위원회가 설치할 수 있는 그 밖의 전문가위원회 또는 실무그룹의 모든 회의에 투표권 없이 참여한다. 사무총장 또는 사무총장이 지명하는 직원은 이러한 기관의 직무상 서기가 된다.

3. 가. 국제사무국은 총회의 지시에 따라, 제5조부터 제8조까지를 제외한 이 협정의 규정에 대한 수정회의를 준비한다.

나. 국제사무국은 수정회의의 준비에 관하여 정부 간 기구 및 국제적인 비정부 기구와 협의할 수 있다.

다. 사무총장 및 사무총장이 지명하는 자는 투표권 없이 이러한 회의에서 토의에 참여한다.

4. 국제사무국은 국제사무국에 부여된 모든 그 밖의 임무를 수행한다.

**제7조【재정】**

1. 가. 특별동맹은 예산을 가진다.

나. 특별동맹의 예산은 특별동맹의

고유한 소득과 경비, 동맹들의 공통경비 예산에 대한 특별동맹의 분담금, 그리고 해당되는 경우에는 기구의 회의 예산으로 이용 가능하도록 되어 있는 금액을 포함한다.

다. 특별동맹뿐만 아니라 기구가 관리하는 하나 또는 그 이상의 다른 동맹에도 귀속되는 경비는 동맹들의 공통경비로 본다. 그러한 공통경비에 대한 특별동맹의 부담 분은 특별동맹이 공통경비에 대해 가지는 이해관계에 비례한다.

2. 특별동맹의 예산은 기구가 관리하는 그 밖의 동맹들의 예산과의 조정에 관한 필요를 충분히 고려하여 수립한다.

3. 특별동맹의 예산은 다음의 재원으로 충당된다.
   1) 특별동맹 회원국의 분담금
   2) 국제사무국이 특별동맹과 관련하여 제공하는 용역에 대한 수수료 및 요금
   3) 특별동맹과 관련된 국제사무국의 간행물의 판매대금 또는 그 간행물에 대한 권리의 사용료
   4) 증여 · 유증 및 보조금
   5) 임대료 · 이자 및 그 밖의 잡소득

4. 가. 제3항1)목에 언급된 분담금을 확정하기 위하여, 특별동맹의 각 회원국이 「공업소유권의 보호를 위한 파리동맹」에서 그 국가가 속한 등급과 같은 등급에 속하며, 파리동맹에서 그 등급에 대해 정해진 것과 같은 단위 수에 기초하여 특별동맹의 연차분담금을 납부한다.

나. 특별동맹의 각 회원국의 연차분담금은, 그 금액과 모든 분담국이 특별동맹의 예산에 기여하는 총액과의 비율이 그 국가의 단위 수와 모든 국가의 총 단위 수의 비율이 같도록 정한다.

다. 분담금은 매년 1월 1일에 납부한다.

라. 분담금 체납국은 그 체납액이 최근 2년간 그 국가가 납부해야 할 분담금의 액수와 동일하거나 이를 초과하는 경우, 특별동맹의 어떠한 기관에서도 그 투표권을 행사할 수 없다. 다만, 특별동맹의 모든 기관은 체납이 예외적이며 불가피한 사정에 의한 것이라고 인정되는 경우에 한하여 그러한 국가가 투표권을 계속 행사하도록 허용할 수 있다.

마. 예산이 새로운 회계연도의 개시 전에 채택되지 않은 경우에는 예산은 재정규칙이 정하는 바에 따라 전년도의 예산과 동일한 수준으로 한다.

5. 국제사무국이 특별동맹과 관련하여 제공하는 용역에 대한 수수료 및 요금의 액수는 사무총장이 정하고 총회에 보고한다.

6. 가. 특별동맹은 특별동맹의 각 회원국이 1회 출자하여 조성되는 운영 자본금을 가진다. 운영 자본금이 부족한 경우에는 총회가 그 자금을 증액할 것을 결정한다.

나. 운영 자본금에 대한 각 국가의 최초 출자금 또는 증액분담금은 각각 그 자금의 설립연도 또는 그 증액을 결정한 연도에 그 국가가 부담하는 분담금의 일부가 된다.

다. 납부 비율 및 조건은 사무총장의 제안이 있고 기구의 조정위원회의 조언을 들은 후에 총회가 정한다.

7. 가. 기구의 본부가 소재하는 국가와 체결한 본부 협정에는 운영 자본금이 부족한 경우, 그 국가가 선금을 지급한다는 규정을 둔다. 이러한 선금의 액수 및 지급 조건은 사안별로 그 국가와 기구 간의 별도 협정에 의하여 정한다.

나. 가호에 언급된 국가 및 기구는 각각 서면통보에 의하여 선금 지급 의무를 폐기할 권리를 가진다. 폐기는 그 폐기가 통지된 연도의 다음 해부터 3년이 되는 해에 효력이 발생한다.

8. 회계감사는 재정규칙이 정하는 바에 따라 1개국 이상의 특별동맹의 회원국 또는 외부 회계감사가 행한다. 특별동맹의 회원국 또는 외부 회계감사는 총회가 이들의 동의를 얻어 지명한다.

**제8조【제5조부터 제8조까지의 개정】**

1. 특별동맹의 모든 회원국 또는 사무총장은 제5조, 제6조, 제7조 및 이 조의 개정을 제안할 수 있다. 사무총장은 그러한 제안이 총회에서 심의되기 최소한 6개월 전에 특별동맹의 회원국에 그 제안을 통지한다.
2. 제1항에서 언급된 조항의 개정은 총회에서 채택된다. 채택에는 투표수 4분의 3이 요구된다. 다만, 제5조 및 이 항의 모든 개정에는 투표수 5분의 4가 요구된다.
3. 제1항에 언급된 조항의 모든 개정은 그 개정안 채택 시 특별동맹의 회원국의 4분의 3으로부터 각국의 헌법상의 절차에 따라 행하여진 수락의 서면통지를 사무총장이 접수한 날부터 1개월 후에 효력이 발생한다. 이와 같이 수락된 전술한 조항의 개정은 개정 발효 시 특별동맹의 회원인 모든 국가들, 또는 그 이후의 날짜에 회원국이 되는 국가들을 기속한다. 다만, 특별동맹의 회원국의 재정상 의무를 증가시키는 모든 개정은 그러한 개정의 수락을 통지한 국가만을 기속한다.

**제9조【비준 및 가입, 발효】**

1. 「공업소유권의 보호를 위한 파리협약」의 모든 당사국은 이 협정에 서명한 경우 이 협정을 비준할 수 있으며, 서명하지 않은 경우에는 이 협정에 가입할 수 있다.
2. 비준서 및 가입서는 사무총장에게 기탁된다.
3. 가. 비준서 또는 가입서를 기탁한 최초의 5개 국가에 대하여, 이 협정은 그 다섯 번째의 문서가 기탁된 다음 날부터 3개월이 되는 때에 효력이 발생한다.
   나. 그 밖의 국가에 대하여는, 이 협정은 사무총장이 그 비준 또는 가입을 통지한 다음 날부터 3개월이 되는 때에 효력이 발생한다. 다만, 기탁된 비준서 또는 가입서에 그 이후의 날짜를 지정한 경우, 이 협정은 그 국가에 대하여 그렇게 지정된 날에 효력이 발생한다.
4. 비준 또는 가입은 자동적으로 이 협정의 모든 조항의 수락과 이 협정상의 모든 이득의 향유를 수반한다.

**제10조【협정의 효력 및 지속 기간】**

이 협정은 「공업소유권의 보호를 위한 파리협약」과 동일한 효력 및 지속기간을 가진다.

**제11조【제1조부터 제4조까지 및 제9조부터 제15조까지의 수정】**

1. 이 협정의 제1조부터 제4조까지 및 제9조부터 제15조까지는 바람직한 개선을 도입하기 위하여 수정에 회부될 수 있다.
2. 모든 수정은 특별동맹의 회원국 대표 간에 개최되는 회의에서 심의된다.

**제12조【폐기】**

1. 모든 국가는 사무총장에게 통지함으로써 이 협정을 폐기할 수 있다. 그러한 폐기는 이 협정을 폐기하는 국가에만 영향을 미치며, 이 협정은 특별동맹의 그 밖의 회원국에 대하여는 완전한 효력 및 효과를 유지한다.
2. 폐기는 사무총장이 통지를 접수한 다음 날부터 1년이 되는 때에 효력이 발생한다.

3. 어느 국가도 특별동맹의 회원국이 된 날부터 5년의 기간이 만료되기 전에는 이 조에 규정된 폐기의 권리를 행사할 수 없다.

**제13조【영역】**「공업소유권의 보호를 위한 파리협약」 제24조의 규정이 이 협정에 적용된다.

**제14조【서명, 언어 및 통지】**

1. 가. 이 협정은 동등하게 정본인 영어 및 불어로 된 원본 1부에 서명되며, 스위스 정부에 기탁된다.
   나. 이 협정은 1969년 6월 30일까지 베른에서 서명을 위하여 개방된다.
2. 총회가 지정할 수 있는 그 밖의 언어의 공식본은 사무총장이 관심있는 정부와 협의 후 작성한다.
3. 사무총장은 이 협정에 서명한 국가의 정부에게 스위스 정부가 인증한 이 협정의 서명본의 등본 2부를 송부하고, 그 밖의 국가의 정부에 대하여는 요청이 있는 경우 송부한다.
4. 사무총장은 이 협정을 국제연합 사무국에 등록한다.
5. 사무총장은 특별동맹의 모든 회원국의 정부에게 이 협정의 발효일, 서명, 비준서 또는 가입서의 기탁, 이 협정의 개정사항에 대한 수락과 이러한 개정의 발효일, 폐기 통지를 통지한다.

**제15조【경과규정】** 최초의 사무총장이 취임할 때까지는 이 협정에서 기구의 국제사무국 또는 사무총장의 언급은 각각 지적재산보호 국제합동사무국(BIRPI) 또는 그 사무국장을 말하는 것으로 간주한다.

## 주석을 붙인 류 및 군 목록

**일반주석**

가. 류 및 군의 표제는 물품이 속하는 영역에 대하여 일반적인 표시를 제공한다. 그러나, 일부 물품은 하나 이상의 이러한 표제에 포함될 수 있다. 그러므로 다양한 물품의 분류를 명확히 하기 위해서 알파벳순의 목록을 참고하는 것이 바람직하다.

나. 류에 관한 주석은 그 주석과 관련된 군에서는 반복되지 아니한다. 그러므로 군 자체에서 나타나는 주석을 검토할 때는 류에 관한 주석을 참고하는 것이 바람직하다.

다. 원칙상, 물품은 우선적으로 물품의 목적에 따라서 분류되고, 가능한 경우 물품이 나타내는 형상에 따라 보조적으로 분류된다. 후자의 분류는 선택적이다.

라. 다른 제품의 일부를 구성하도록 의도된 물품에 대해 특정한 분류가 없는 경우에는 통상 다른 목적으로 이용되지 아니한다면, 해당 물품은 그 일부를 구성하도록 의도된 제품과 같은 류 및 군으로 분류된다.

마. 다목적 조합 가구를 제외한 다목적 조합물품은 의도된 목적 각각에 상응하는 모든 류 및 군으로 분류된다.

**제1류** 식품

주 : 가. 식품, 동물용 사료 및 건강식품을 포함한다.
나. 음식포장(packages)(9류)은 포함하지 않는다.

01-01 빵, 비스킷, 페이스트리(pastry), 마카로니, 그 밖의 곡물제품, 초콜릿, 과자류, 빙과류
01-02 과일 및 야채
01-03 치즈, 버터 및 버터대용품, 그 밖의 유제품
01-04 육류(돼지고기 제품 포함), 생선
01-05 〔공란〕
01-06 동물용 사료
01-99 그 밖의 식품

**제2류** 의류 및 패션잡화 용품

주 : 인형용 의류용품(제21류-01군), 소방, 사고방지 및 구조용 특수장비(제29류), 동물용 의류(제30류-1군)는 포함하지 않는다.

02-01 내의, 란제리, 코르셋, 브래지어, 잠옷
주 : 가. 교정용 코르셋 및 내의류(body linen)를 포함한다.
나. 가정용 린넨(household linen)(제6류-13군)은 포함하지 않는다.

02-02 의복
주 : 가. 아래의 나에 표시된 예외를 제외하고 모피, 수영복, 스포츠 의류 및 교정용 의복 등 모든 종류의 의복을 포함한다.
나. 내의(제2류-01군), 또는 제2류-03군, 제2류-04군, 제2류-05군, 또는 제2류-6군으로 분류되는 의복은 포함하지 않는다.

02-03 모자류
주 : 남성, 여성 및 어린이용의 모든 종류의 모자류를 포함한다.

02-04 신발류, 양말 및 스타킹
주 : 타이츠, 각반(gaiters) 및 그 밖의 레그웨어와 축구·스키·아이스하키 등의 스포츠용 특수부츠, 교정용 신발류 및 양말을 포함한다.

02-05 넥타이, 스카프, 목도리 및 손수건
주 : 모든 평면 형태의 의류 액세서리를 포함한다.

02-06 장갑
주 : 가정용, 다양한 작업용 또는 스포츠용의 고무 또는 플라스틱제 보호장갑 및 의료용 장갑을 포함한다.

02-07 패션잡화 및 의류 액세서리
주 : 가. 의복·모자류·신발류에 사용되는 버클, 단추, 레이스, 핀, 손바느질·편물·자수 용구, 벨트·양말대님·바지멜빵 등의 의류 액세서리를 포함한다.
나. 방적사 또는 그 밖의 실(제5류-01군), 장식용 트리밍(제5류-04군), 재봉·편물·자수용 기계(제15류-6군), 바느질 키트용 상자(제3류-1군)는 포함하지 않는다.

02-99 그 밖의 의류 및 패션잡화 용품

## 제3류 다른 류에 명기되지 않은 여행용품, 케이스, 파라솔 및 신변용품

03-01 트렁크, 여행가방, 서류가방, 핸드백, 키홀더, 제품의 내용물을 위해 특별히 디자인된 케이스, 지갑 및 유사한 용품
주 : 상품 운송용 용품(제9류) 또는 시가케이스 및 궐련 케이스(제27류-6군)는 포함하지 않는다.

03-02 〔공란〕

03-03 우산, 파라솔, 차양 및 지팡이

03-04 부채

03-99 그 밖의 다른 류에 명기되지 아니하는 여행용품, 케이스, 파라솔 및 신변용품

## 제4류 브러시 제품

04-01 청소용 브러시 및 빗자루
주 : 의류용 브러시(제4류-02군)는 포함하지 않는다.

04-02 욕실용 브러시, 의류용 브러시, 신발용 브러시
주 : "욕실용 브러시"란 신체용 브러시, 예를 들어 머리카락, 손톱 또는 치아에 사용하는 브러시를 말한다.

04-03 기계용 브러시
주 : "기계용 브러시"란 기계 또는 특수 차량에 부착된 브러시를 말한다.

04-04 미술용 브러시, 조리용 브러시

04-99 그 밖의 브러시 제품

## 제5류 섬유 제품, 인조 및 천연 시트직물류

주 : 가. 완성품이 아닌 야드 단위로 판매되는 모든 섬유 또는 유사한 용품을 포함한다.
나. 기성품(제2류 또는 제6류)은 포함하지 않는다.

05-01 방사 제품
주 : 가. 방적사 및 그 밖의 실을 포함한다.
나. 로프, 와이어로프, 줄, 노끈(제9류-06군) 등은 포함하지 않는다.

05-02 레이스

05-03 자수

05-04 리본, 장식용 끈, 그 밖의 장식용 트리밍

05-05 섬유직물
주 : 가. 방직, 편물 또는 그 밖의 방법으로 생산된 섬유직물, 방수천(tarpaulins), 펠트 및 로덴(loden)을 포함한다.

05-06 인조 또는 천연 시트직물류
주 : 가. 표면장식이나 질감이 주요한 특징인 시트를 포함한다. 특히, 나에 명기된 예외를 조건으로, 벽지, 리놀륨, 접착식 필름시트, 포장용 시트, 두루마리 종이와 같은 커버시트를 포함한다.

나. 두루마리 형태를 포함한 필기용 종이(제19류-01군), 또는 벽 패널 및 징두리벽판(wainscoting)(제25류-01군)과 같은 건축용 구성품으로 사용되는 시트는 포함하지 않는다.

05-99 그 밖의 섬유 제품, 인조 및 천연 시트 직물류

**제6류 가구 및 침구류**

주 : 가. 여러 군에 포함된 구성품을 조합한 가구용품은 제6류-05군에 분류한다.

나. 세트 가구는 하나의 디자인으로 보이는 한 제6류-05군에 분류한다.

다. 섬유제품(제5류)은 포함하지 않는다.

06-01 의자

주 : 가. 벤치, 카우치, 등받이·팔걸이 없는 장의자(소파), 사우나용 벤치, 소파 등 눕기에 적합한 것을 포함한 모든 의자를 포함한다.

나. 차량용 의자를 포함한다.

06-02 침대

주 : 가. 매트리스 지지대를 포함한다.

나. 벤치, 카우치, 등받이·팔걸이 없는 장의자(소파), 사우나용 벤치, 소파등 눕기에 적합한 것을 포함한 모든 의자(제6류-01군)는 포함하지 않는다.

06-03 테이블 및 유사 가구

06-04 수납가구

주 : 가. 찬장, 서랍 또는 칸막이 부착 가구, 선반을 포함한다.

나. 관, 관 내부안감(coffin linings), 납골단지를 포함한다.

06-05 조합가구

06-06 그 밖의 가구 및 가구 부품

06-07 거울 및 프레임

주 : 그 밖의 류에 포함되는 거울은 포함하지 않는다. (알파벳순의 목록 참조)

06-08 옷걸이

06-09 매트리스 및 쿠션

06-10 커튼 및 실내 블라인드

06-11 양탄자, 매트 및 깔개

06-12 태피스트리

06-13 담요 및 그 밖의 커버용 직물, 가정용 린넨 및 식탁용 린넨

주 : 가구용 커버, 침대보 및 테이블보를 포함한다.

06-99 그 밖의 가구 및 침구류

**제7류 다른 류에 명기되지 않은 가정용품**

주 : 가. 가정용 기기, 모터로 움직이는 수동 용구를 포함한다.

나. 음식 및 음료 조리용 기계, 기기(제31류)는 포함하지 않는다.

07-01 도자기, 유리제품, 접시 및 그 밖의 유사한 용품

주 : 가. 특히 종이 및 판지 접시를 비롯한, 모든 재료로 만들어진 그릇 및 접시를 포함한다.

나. 유리 및 도기 포트(제7류-02)와 같은 용기 및 조리용구, 또는 장식용으로만 쓰이는 화병, 화분, 유리제품이나 도자기(11류-02군)는 포함하지 않는다.

07-02 조리용 기기, 용구 및 용기

07-03 테이블 나이프, 포크 및 스푼

07-04 음식 또는 음료 조리용의 수동의 기기 및 용구

주 : 제7류-02군과 제31류에 분류되는 기구와 용구를 포함하지 않는다.

07-05 다림용 인두, 세탁·청소 및 건조 기기

주 : 세탁·청소 또는 건조를 위한 가전제품(제15류-05군)은 포함하지 않는다.

07-06 그 밖의 식탁용구

07-07 그 밖의 가정용 그릇

07-08 벽난로용 기구

07-99 그 밖의 다른 류에 명기되지 않는 가정용품

**제8류 공구 및 철물류**

주 : 가. 수작업용 공구를 포함한다. 수동이 아닌 동력식 공구, 예를 들어 전기톱, 전기드릴 등도 포함한다.

나. 기계나 기계식공구(제15류 또는 제31류)는 포함하지 않는다.

08-01 천공, 절삭, 또는 채굴용 공구 및 연장

08-02 망치 및 그 밖의 유사한 공구 및 연장

08-03 절단용 공구 및 연장

주 : 가. 톱질용 공구 및 기구를 포함한다.

나. 테이블 나이프(제7류-03군), 주방용 절단용 공구 및 연장(제31류) 또는 의료용 나이프(제24류-02군)는 포함하지 않는다.

08-04 스크루드라이버 및 그 밖의 유사한 공구와 연장
08-05 그 밖의 공구 및 연장
주 : 그 밖의 류 또는 군으로 분류되지 않는 공구를 포함한다.
08-06 핸들, 손잡이 및 경첩
08-07 잠금 또는 밀폐장치
08-08 그 밖의 류에 포함되지 않는 고정장치, 지지장치 또는 설치장치
주 : 가. 못, 나사, 너트 및 볼트를 포함한다.
나. 의류용 고정장치(제2류-07군), 장식용 고정장치(제11류-01군) 또는 사무용 고정장치(19류-02군)는 포함하지 않는다.
08-09 문·창·가구용 금속부품과 받침대 및 유사 용품
08-10 자전거 및 오토바이 보관대
08-99 그 밖의 공구 및 철물류
주 : 원재료에 상관없이 전기가 통하지 않는 케이블을 포함한다.

## 제9류 상품 운송·처리용 포장 및 용기

09-01 병, 플라스크, 포트, 대형 유리병(carboys), 목이 가는 대형 유리병(demijohns) 및 분출기 달린 용기
주 : 가. "포트"란 용기로 사용하는 것을 말한다.
나. 그릇 용도의 포트(제7류-1군), 화병(제11류-2군)은 포함하지 않는다.
09-02 저장용 캔, 드럼통 및 차폐통(casks)
09-03 상자, 케이스, 컨테이너, (보존용) 깡통 또는 캔
주 : 화물용 컨테이너를 포함한다.
09-04 광주리, 나무상자 및 바구니
09-05 자루, 일회용 포장봉지(sachets), 튜브 및 캡슐
주 : 가. 손잡이나 밀폐장치가 없는 비닐봉지 또는 일회용 포장봉지를 포함한다.
나. "캡슐"은 포장을 위해 사용되는 것을 말한다.
09-06 로프 및 고정용 테(hooping materials)
09-07 밀폐부 및 부착물
주 : 가. 포장용 밀폐부만을 포함한다.
나. "부착물"은 예를 들어 용기에 부착된 일회용 투여 및 주입장치 및 분리 가능한 분무장치 등을 말한다.
09-08 지게차용 팔레트 및 작업대
09-09 폐품통과 쓰레기통 및 스탠드형 폐품·쓰레기통
09-99 그 밖의 물품 운송·처리용 포장 및 용기

## 제10류 시계, 휴대용 시계, 그 밖의 계측기구, 검사기구 및 신호기구

주 : 전기로 작동되는 기구를 포함한다.
10-01 시계 및 알람시계
10-02 휴대용 시계 및 손목시계
10-03 그 밖의 시간 계측기구
주 : 주차미터, 주방용 타이머 및 유사한 기구와 같은 시간 계측기기를 포함한다.
10-04 그 밖의 계측기구, 기기 및 장치
주 : 가. 온도, 압력, 중량, 길이, 부피 및 전기계측용 기구, 기기 및 장치를 포함한다.
나. 노출계(제16류-05군)는 포함하지 않는다.
10-05 검사, 안전 또는 시험을 위한 기구, 기기 및 장치
주 : 화재경보기, 도난경보기 및 다양한 유형의 탐지기를 포함한다.
10-06 신호기기 및 장치
주 : 차량용 조명장치 또는 신호장치(제26류-06군)는 포함하지 않는다.
10-07 케이싱, 케이스, 표시판(dial), 시계바늘 및 그 밖의 계측·검사·신호를 위한 기구의 부품 및 부속품
주 : "케이싱"이란 시계의 케이싱을 포함하여 메커니즘을 보호하는 기구 주요 부품의 모든 케이싱을 말한다. 단, 제품의 내용물을 위해 특별히 디자인된 케이스(제3류-01군) 또는 포장용 케이스(제9류-03군)는 제외한다.
10-99 그 밖의 시계, 휴대용 시계, 계측기구, 검사기구 및 신호기구

## 제11류 장식용품

11-01 보석류
주 : 가. 장식용 보석 및 모조보석을 포함한다.
나. 휴대용 시계(제10류-02군)는 포함하지 않는다.
11-02 소형 장식품, 테이블·벽난로·벽 장식품, 화병 및 화분
주 : 조각품, 모빌 및 조각상을 포함한다.
11-03 메달 및 배지

11-04 조화, 모조과일 및 모조식물

11-05 깃발, 축제 장식물

주 : 가. 화환, 장식리본, 크리스마스 트리용 장식을 포함한다.

나. 양초(제26류-4군)는 포함하지 않는다.

11-99 그 밖의 장식용품

**제12류 운송 또는 승강수단**

주 : 가. 육·해·공·우주 및 그 밖의 모든 종류의 운송수단을 포함한다.

나. 오직 운송수단과 관련되어 있으며 다른 류로 분류할 수 없는 부품, 구성품 및 부속품을 포함한다. 이러한 운송수단의 부품, 구성품 및 부속품은 해당 운송수단의 군에 분류하고, 다른 군에 포함되는 여러 운송수단에 공통으로 사용되는 경우는 제12류-16군에 분류한다.

다. 다른 류로 분류할 수 있는 운송수단의 부품, 구성품 및 부속품은 원칙적으로 포함하지 않는다. 이러한 부품, 구성품 및 부속품은 동일한 유형의 물품, 즉 동일한 기능을 가진 물품과 같은 류로 분류한다. 따라서, 자동차용 카펫 또는 매트는 양탄자(제6류-11군)와 함께 분류하고, 운송수단용 전기모터는 제13류-01군, 운송수단용 비전기식 모터는 제15류-01군(해당 모터의 구성물품도 마찬가지), 자동차 헤드라이트는 조명기기(제26류-06군)로 분류한다.

라. 운송수단의 축소모형(제21류-01군)은 포함하지 않는다.

12-01 동물이 견인하는 운송수단

12-02 손수레, 일륜수레

12-03 기관차, 철도용 화물차 및 그 밖의 철도용 차량

12-04 텔퍼(telpher) 운반기, 좌식리프트 및 스키 리프트

12-05 적재 또는 운반용 엘리베이터 및 승강기(hoist)

주 : 승객용 엘레베이터 및 화물용 엘레베이터, 크레인, 지게차 및 컨베이어 벨트를 포함한다.

12-06 선박 및 보트

12-07 항공기 및 우주선

12-08 자동차, 버스 및 화물자동차

주 : 구급차 및 냉장차(도로용)를 포함한다.

12-09 트랙터

12-10 도로용 트레일러 차량

주 : 캠핑트레일러(caravan)를 포함한다.

12-11 자전거 및 오토바이

12-12 유모차, 휠체어, 들것

주 : 가. "유모차"란 손으로 끄는 유아용 차를 말한다.

나. 완구 유모차(제21류-01군)는 포함하지 않는다.

12-13 특수목적용 차량

주 : 가. 도로청소차, 살수차, 소방차, 제설차 및 견인차(breakdown lorries)와 같이 특정한 수송을 목적으로 하지 않는 차량만을 포함한다.

나. 다목적 농업기계(제15류-03군) 또는 건설·토목용 자동추진식 기계(제15류-04군)는 포함하지 않는다.

12-14 그 밖의 운송수단

주 : 썰매 및 공기부양선을 포함한다.

12-15 차량용 타이어 및 미끄럼방지용 체인

12-16 그 밖의 류나 군에 포함되지 않는 운송수단용 부품, 장비 및 부속품

12-99 그 밖의 운송 또는 승강수단

**제13류 전기의 발전, 송전 또는 변전을 위한 장비**

주 : 가. 전기를 발전, 송전 또는 변전하는 기기만을 포함한다.

나. 그럼에도 불구하고, 전기모터를 포함한다.

다. 휴대용 전기시계(제10류-02군) 또는 전류측정기기(제10류-04군)와 같이 전동기기는 포함하지 않는다.

13-01 발전기 및 모터

주 : 운송수단용 전기모터를 포함한다.

13-02 전력변압기, 정류기, 배터리 및 축전지

13-03 전력 송전 및 제어 장비

주 : 도체, 스위치 및 배전반을 포함한다.

13-99 그 밖의 전기의 발전, 송전 또는 변전을 위한 장비

**제14류 기록, 통신 또는 정보검색 장비**

14-01 음향 또는 영상 기록 또는 재생용 장비

주 : 사진 또는 영상용 기기(제16류)는 포함하지 않는다.

14-02 데이터 처리 장비 및 주변기기와 장치
14-03 통신용 장비, 무선원격 제어기기 및 고주파 증폭기
주 : 무선기기와 텔레프린터 및 전신·전화·텔레비전용 기기를 포함한다.
14-04 스크린 디스플레이 및 아이콘
14-99 그 밖의 기록, 통신 또는 정보검색 장비

## 제15류 다른 류에 명기되지 않은 기계

15-01 엔진
주 : 가. 운송수단용 비전기식 엔진을 포함한다.
나. 전기모터(제13류)는 포함하지 않는다.
15-02 펌프 및 컴프레서
주 : 수동식 펌프(제8류-05군), 소방용 펌프(제29류-01군)는 포함하지 않는다.
15-03 농업기계류
주 : 가. 쟁기 및 수확기·곤포기(梱包機 : reaping and binding machines)처럼 기계와 차량 양쪽에 속하는 조합기계를 포함한다.
나. 수동식 공구(제8류)는 포함하지 않는다.
15-04 건설기계류
주 : 가. 토목용 기계 및 굴착기·콘크리트 믹서기·준설기와 같은 자동추진식 기계를 포함한다.
나. 승강기 및 크레인(제12류-05군)은 포함하지 않는다.
15-05 세탁, 청소 및 건조용 기계
주 : 가. 다림용 기계 및 탈수기와 같이 린넨제품 및 의복을 처리하는 기기 및 기계를 포함한다.
나. 식기세척기 및 공업용 건조장비를 포함한다.
15-06 방직, 재봉, 편물, 자수용 기계 및 구성부품
15-07 냉장기계류 및 기기
주 : 가. 가정용 냉장기기를 포함한다.
나. 냉장화차(철도용)(제12류-3군) 또는 냉장차(도로용)(제12류-8군)는 포함하지 않는다.
15-08 〔공란〕
15-09 기계식 공구, 연마 및 주조용 기계류
주 : 토목공사용 기계류 및 원료분리기(제15류-99군)는 포함하지 않는다.
15-99 그 밖의 다른 류에 명기되지 않은 기계

## 제16류 사진, 영상 및 광학용 기기

주 : 사진 또는 영상용 조명(제26류-05군)은 포함하지 않는다.
16-01 스틸카메라 및 무비카메라
16-02 프로젝터 및 뷰어
16-03 복사기기 및 확대기
주 : 사진촬영 공정 이외의 방법(특히 열처리 또는 자기처리 공정)을 이용하는, "복사"기기로 알려진 사무용 기계, 마이크로필름 장비 및 마이크로필름 시청 기기를 포함한다.
16-04 현상용 기기 및 장비
16-05 부속품
주 : 스틸카메라용 필터, 노출계, 삼각대 및 사진용 플래시 기기를 포함한다.
16-06 광학용품
주 : 가. 안경 및 현미경을 포함한다.
나. 광학장치를 조합한 측정기구(제10류-04군)는 포함하지 않는다.
16-99 그 밖의 사진, 영상 및 광학용 기기

## 제17류 악기

주 : 악기용 케이스(제3류-01군), 또는 녹음이나 음향 재생용 장비(제14류-01군)는 포함하지 않는다.
17-01 건반악기
주 : 전자 오르간 및 그 밖의 오르간, 아코디언, 자동연주 피아노 및 그 밖의 피아노를 포함한다.
17-02 관악기
주 : 오르간, 하모늄 및 아코디언(제17류-01군)은 포함하지 않는다.
17-03 현악기
17-04 타악기
17-05 자동연주악기
주 : 가. 뮤직박스를 포함한다.
나. 자동연주 건반악기(제17류-01군)는 포함하지 않는다.
17-99 그 밖의 악기

## 제18류 인쇄 및 사무용 기계류

18-01 타자기 및 계산기
주 : 제14류-02군에 분류되는 컴퓨터 및 그 밖의 기기는 포함하지 않는다.
18-02 인쇄기계
주 : 가. 기명인쇄기, 소인기 뿐만 아니라 자동식자기, 연판인쇄기 및 기기, 조판인쇄기, 그리고 복사기 및 오

프셋인쇄기와 같은 그 밖의 인쇄기를 포함한다.
나. 복사기(제16류-03군)는 포함하지 않는다.

18-03 활자 및 활자체

18-04 제본기, 인쇄기용 스테이플링기, (제본용) 재단기 및 트리머
주 : 재단기 · 트리머와 유사한 종이 절단기 및 유사장치를 포함한다.

18-99 그 밖의 인쇄 및 사무용 기계류

### 제19류 문방구, 사무용 장비, 미술재료 및 교재

19-01 필기용지, 서신용 카드 및 알림 카드
주 : 투사지(tracing paper), 먹지(carbon paper), 신문용지, 봉투, 연하장 및 그림엽서(멜로디 기능 내장된 것을 포함한다) 등과 같이 필기, 제도, 회화, 또는 인쇄에 사용되는 광의의 모든 종이를 포함한다.

19-02 사무용 장비
주 : 가. 동전 분류기와 같은 금전출납용 장비를 포함한다.
나. 일부 사무용 장비는 그 밖의 류 또는 군으로 분류한다. 예를 들어, 사무용 가구는 제6류, 사무용 기계 및 장비는 제14류-02군, 제16류-03군, 제18류-01군, 제18류-02군, 또는 제18류-04군, 필기용 재료는 제19류-01군 또는 제19류-06군에 분류된다. (알파벳순의 목록 참조)

19-03 달력
주 : 다이어리(제19류-04군)는 포함하지 않는다.

19-04 서적 및 그 밖의 유사한 외관을 가진 물품
주 : 서적 표지, 바인더, 앨범, 다이어리 및 유사한 물품을 포함한다.

19-05 〔공란〕

19-06 필기, 제도, 회화, 조각, 판화 및 그 밖의 미술기법을 위한 재료 및 기구
주 : 미술용 브러시(제4류-04군), 제도 테이블 및 부착장비(제6류-03군), 또는 필기용지 (제19류-01군)는 포함하지 않는다.

19-07 교재
주 : 가. 모든 종류의 지도, 지구본 및 천상의(planetariums)를 포함한다.
나. 시청각 보조교재(제14류-01군)는 포함하지 않는다.

19-08 그 밖의 인쇄물
주 : 인쇄된 광고물을 포함한다.

19-99 그 밖의 문방구, 사무용 장비, 미술재료 및 교재

### 제20류 판매 및 광고용 장비, 표지판

20-01 자동판매기

20-02 진열 및 판매용 장비
주 : 가구용품(제6류)는 포함하지 않는다.

20-03 표지판, 간판 및 광고용 장치
주 : 가. 발광식 광고장치 및 이동식 광고장치를 포함한다.
나. 포장(제9류) 또는 신호장치(제10류-06군)는 포함하지 않는다.

20-99 그 밖의 판매 및 광고용 장비, 표지판

### 제21류 게임용품, 완구, 텐트 및 스포츠용품

21-01 게임용품 및 완구
주 : 가. 축소모형을 포함한다.
나. 동물용 완구(제30류-99군)는 포함하지 않는다.

21-02 운동 · 스포츠 기구 및 장비
주 : 가. 다른 스포츠에도 이용될 수 있는 모든 그 밖의 물품을 제외한 스포츠 장비로서, 축구공, 스키 및 테니스 라켓과 같이 그 밖의 특정한 목적이 없는, 다양한 스포츠에 필요한 기기 및 장비를 포함한다.
나. 가호에 기재된 조건에 따라, 훈련용 장비 및 실외게임에 필요한 기구와 장비를 포함한다.
다. 스포츠 의류(제2류), 터보건 또는 썰매(제12류-14군)는 포함하지 않는다.

21-03 그 밖의 오락용품
주 : 가. 실외용 회전목마 및 확률게임용 자동기계를 포함한다.
나. 게임용품 및 완구(제21류-01군) 또는 제21류-01군 및 제21류-02군에 분류되는 그 밖의 물품은 포함하지 않는다.

21-04 텐트 및 텐트 부속품
주 : 가. 장대, 말뚝 및 그 밖의 유사 물품을 포함한다.
나. 의자(제6류-01군), 테이블(제6류-03군), 식기류(제7류-01군) 및 캠

핑트레일러(caravans)(제12류-10군)과 같이 그 본래 사용목적에 따라 그 밖의 류로 분류되는 그 밖의 캠핑용품은 포함하지 않는다.

21-99 그 밖의 게임용품, 완구, 텐트 및 스포츠용품

**제22류 무기, 불꽃용품, 사냥·낚시 및 살충용품**

22-01 발사무기
22-02 그 밖의 무기
22-03 탄약, 로켓 및 불꽃용품
22-04 과녁 및 부속품
주 : 이동식 과녁을 움직이기 위한 특수장치를 포함한다.
22-05 사냥 및 낚시장비
주 : 의류용품(제2류) 또는 무기류(제22류-01군 또는 제22류-02군)는 포함하지 않는다.
22-06 덫(올가미), 살충용품
22-99 그 밖의 무기 및 불꽃용품, 사냥·낚시 및 살충용품

**제23류 유체공급용 설비, 위생·난방·환기 및 공기조절용 설비, 고체연료**

23-01 유체공급용 설비
주 : 파이프 및 파이프용 이음부품을 포함한다.
23-02 위생설비
주 : 가. 욕조, 샤워기, 세면대, 사우나, 수세식 변기, 위생용품 및 그 밖의 류에 포함되지 않는 위생설비용 부속품을 포함한다.
나. 파이프 또는 파이프용 부품(제23류-01군)은 포함하지 않는다.
23-03 난방 설비
23-04 환기 및 공기조절용 설비
23-05 고체연료
23-99 그 밖의 유체공급용 설비, 위생·난방·환기 및 공기조절용 설비, 고체연료

**제24류 의료 및 실험실용 장비**

주 : "의료장비"는 또한 외과용, 치과용 및 수의용 장비를 포함한다.
24-01 의사, 병원 및 실험실용 기기 및 장비
24-02 의료기구, 실험실용 기구 및 공구
주 : 수동 기구만을 포함한다.
24-03 의료용 보철용품
24-04 상처 치료, 간호 및 의료용 재료
주 : 상처치료용 붕대를 포함한다.
24-99 그 밖의 의료 및 실험실용 장비

**제25류 건축 유닛 및 건축용 자재**

25-01 건축재료
주 : 벽돌, 들보, 성형판, 타일, 슬레이트 및 패널을 포함한다.
25-02 조립식 또는 미리 조립된 건축 부품
주 : 가. 창, 문, 실외셔터, 격벽 및 격자를 포함한다.
나. 계단(제25류-04군)은 포함하지 않는다.
25-03 가옥, 차고 및 그 밖의 건축물
25-04 층계, 사다리 및 비계
25-99 그 밖의 건축 유닛 및 건축용 자재

**제26류 조명기기**

26-01 촛대 및 나뭇가지형 촛대(candelabra)
26-02 횃불, 손전등 및 랜턴
26-03 공공 조명 설치물
주 : 실외등, 무대조명 및 서치라이트 투광기를 포함한다.
26-04 전기식 또는 비전기식 발광체
주 : 전기램프의 전구, 발광식 장식판과 장식관 및 양초를 포함한다.
26-05 램프, 전기스탠드, 샹들리에, 벽 부착등 및 천장 부착등, 램프갓, 반사경, 사진 및 영상용 투광 램프
26-06 차량용 조명장치
26-99 그 밖의 조명기기

**제27류 담배 및 흡연용품**

27-01 담배, 시가, 궐련
27-02 파이프, 시가용 물부리 및 궐련용 물부리
27-03 재떨이
27-04 성냥
27-05 라이터
27-06 시가 케이스 및 궐련 케이스, 담배통 및 주머니
주 : 포장(제9류)은 포함하지 않는다.
27-99 그 밖의 담배 및 흡연용품

**제28류 의약품 및 화장품, 욕실용품 및 기기**

28-01 의약품
주 : 가. 동물용 의약품을 포함한다.
나. 약용 오블라토(chemicals in cachet), 캡슐형 약품, 캔디형 약품(lozenge), 환약(pill) 및 정제(tablet) 등을 포함한다.

다. 상처 치료 및 간호용품(제24류-04군)은 포함하지 않는다.

28-02 화장품

주 : 동물용 화장품을 포함한다.

28-03 욕실용품 및 미용기구

주 : 가. 면도기, 마사지 · 제모 또는 이발용 기기 및 가정용기구를 포함한다.

나. 욕실용 브러시와 메이크업용 브러시(제04류-02군), 또는 동물용 용품 및 기구(제30류-99군)는 포함하지 않는다.

28-04 가발, 부분가발

28-99 그 밖의 의약품 및 화장품, 욕실용품 및 기기

**제29류 소방, 사고방지 및 구조용 장치 및 장비**

29-01 소방장치 및 장비

주 : 가. 소화기를 포함한다.

나. 소방차(차량)(제12류-13군), 소방호스 및 소방호스용 노즐(제23류-01군)은 포함하지 않는다.

29-02 다른 류에 명기되지 않은 사고방지 및 구조용 장치 및 장비

주 : 가. 동물용 장치 및 장비를 포함한다.

나. 사고방지 보호용 헬멧(제2류-03군) 및 의류(제2류-02군, 제2류-04군 또는 제2류-06군)는 포함하지 않는다.

29-99 그 밖의 소방, 사고방지 및 구조용 장치 및 장비

**제30류 동물 관리 및 사육용품**

주 : 동물용 사료(제1류) 또는 동물용 의약품 및 화장품(제28류-01군, 또는 제28류-02군)은 포함하지 않는다.

30-01 동물용 의류

30-02 동물 우리, 새장, 개집 및 유사한 물품

주 : 건축물(제25류)은 포함하지 않는다.

30-03 사료 공급기 및 급수기

30-04 마구

주 : 동물용 목줄을 포함한다.

30-05 채찍 및 가축 몰이용 막대

30-06 동물용 잠자리 및 둥지

30-07 횃대 및 그 밖의 새장 부착물

30-08 표식, 식별표 및 족쇄

30-09 말 등을 매는 말뚝

30-99 그 밖의 동물 관리 및 사육용품

**제31류 다른 류에 명기되지 않은 음식 또는 음료 조리용 기계 및 기구**

주 : 음식 또는 음료를 제공 또는 조리하기 위한 가정용 수동용구 및 기구(제7류)는 포함하지 않는다.

31-00 다른 류에 명기되지 않은 음식 또는 음료조리용 기계 및 기구

**제32류 그래픽 심벌 및 로고, 표면 문양, 장식**

32-00 그래픽 심벌 및 로고, 표면 문양, 장식

# 민 법 편

# 민 법

(1958년 2월 22일
법 률 제471호)

개정
1962.12.29법 1237호 1962.12.31법 1250호
1964.12.31법 1668호 1970. 6.18법 2200호
1977.12.31법 3051호 1984. 4.10법 3723호
1990. 1.13법 4199호
1997.12.13법 5431호(국적법)
1997.12.13법 5454호(정부부처명)
2001.12.29법 6544호 2002. 1.14법 6591호
2005. 3.31법 7427호
2005. 3.31법 7428호(채무자회생파산)
2005.12.29법 7765호
2007. 5.17법 8435호(가족관계등록)
2007.12.21법 8720호 2009. 5. 8법 9650호
2011. 3. 7법10429호 2011. 5.19법10645호
2012. 2.10법11300호 2013. 4. 5법11728호
2014.10.15법12777호 2014.12.30법12881호
2015. 2. 3법13124호(가족관계등록)
2015. 2. 3법13125호 2016. 1. 6법13710호
2016.12. 2법14278호 2016.12.20법14409호
2017.10.31법14965호 2020.10.20법17503호
2021. 1.26법17905호 2022.12.13법19069호
2022.12.27법19098호
2023. 5.16법19409호(국가유산기본법)
2024. 9.20법20432호→2025년 1월 31일 및 2026년 1월 1일 시행

## 제1편 총 칙

### 제1장 통 칙

**제1조【법원】** 민사에 관하여 법률에 규정이 없으면 관습법에 의하고 관습법이 없으면 조리에 의한다.

**제2조【신의성실】** ① 권리의 행사와 의무의 이행은 신의에 좇아 성실히 하여야 한다.

② 권리는 남용하지 못한다.

### 제2장 인

#### 제1절 능 력

**제3조【권리능력의 존속기간】** 사람은 생존한 동안 권리와 의무의 주체가 된다.

**제4조【성년】** 사람은 19세로 성년에 이르게 된다.(2011.3.7 본조개정)

**제5조【미성년자의 능력】** ① 미성년자가 법률행위를 함에는 법정대리인의

동의를 얻어야 한다. 그러나 권리만을 얻거나 의무만을 면하는 행위는 그러하지 아니하다.
② 전항의 규정에 위반한 행위는 취소할 수 있다.

**제6조【처분을 허락한 재산】** 법정대리인이 범위를 정하여 처분을 허락한 재산은 미성년자가 임의로 처분할 수 있다.

**제7조【동의와 허락의 취소】** 법정대리인은 미성년자가 아직 법률행위를 하기 전에는 전2조의 동의와 허락을 취소할 수 있다.

**제8조【영업의 허락】** ① 미성년자가 법정대리인으로부터 허락을 얻은 특정한 영업에 관하여는 성년자와 동일한 행위능력이 있다.
② 법정대리인은 전항의 허락을 취소 또는 제한할 수 있다. 그러나 선의의 제삼자에게 대항하지 못한다.

**제9조【성년후견개시의 심판】** ① 가정법원은 질병, 장애, 노령, 그 밖의 사유로 인한 정신적 제약으로 사무를 처리할 능력이 지속적으로 결여된 사람에 대하여 본인, 배우자, 4촌 이내의 친족, 미성년후견인, 미성년후견감독인, 한정후견인, 한정후견감독인, 특정후견인, 특정후견감독인, 검사 또는 지방자치단체의 장의 청구에 의하여 성년후견개시의 심판을 한다.
② 가정법원은 성년후견개시의 심판을 할 때 본인의 의사를 고려하여야 한다.
(2011.3.7 본조개정)

**제10조【피성년후견인의 행위와 취소】** ① 피성년후견인의 법률행위는 취소할 수 있다.
② 제1항에도 불구하고 가정법원은 취소할 수 없는 피성년후견인의 법률행위의 범위를 정할 수 있다.
③ 가정법원은 본인, 배우자, 4촌 이내의 친족, 성년후견인, 성년후견감독인, 검사 또는 지방자치단체의 장의 청구에 의하여 제2항의 범위를 변경할 수 있다.
④ 제1항에도 불구하고 일용품의 구입 등 일상생활에 필요하고 그 대가가 과도하지 아니한 법률행위는 성년후견인이 취소할 수 없다.
(2011.3.7 본조개정)

**제11조【성년후견종료의 심판】** 성년후견개시의 원인이 소멸된 경우에는 가정법원은 본인, 배우자, 4촌 이내의 친족, 성년후견인, 성년후견감독인, 검사 또는 지방자치단체의 장의 청구에 의하여 성년후견종료의 심판을 한다.
(2011.3.7 본조개정)

**제12조【한정후견개시의 심판】** ① 가정법원은 질병, 장애, 노령, 그 밖의 사유로 인한 정신적 제약으로 사무를 처리할 능력이 부족한 사람에 대하여 본인, 배우자, 4촌 이내의 친족, 미성년후견인, 미성년후견감독인, 성년후견인, 성년후견감독인, 특정후견인, 특정후견감독인, 검사 또는 지방자치단체의 장의 청구에 의하여 한정후견개시의 심판을 한다.
② 한정후견개시의 경우에 제9조제2항을 준용한다.
(2011.3.7 본조개정)

**제13조【피한정후견인의 행위와 동의】** ① 가정법원은 피한정후견인이 한정후견인의 동의를 받아야 하는 행위의 범위를 정할 수 있다.
② 가정법원은 본인, 배우자, 4촌 이내의 친족, 한정후견인, 한정후견감독인, 검사 또는 지방자치단체의 장의 청구에 의하여 제1항에 따른 한정후견인의 동의를 받아야만 할 수 있는 행위의 범위를 변경할 수 있다.
③ 한정후견인의 동의를 필요로 하는 행위에 대하여 한정후견인이 피한정후견인의 이익이 침해될 염려가 있

음에도 그 동의를 하지 아니하는 때에는 가정법원은 피한정후견인의 청구에 의하여 한정후견인의 동의를 갈음하는 허가를 할 수 있다.
④ 한정후견인의 동의가 필요한 법률행위를 피한정후견인이 한정후견인의 동의 없이 하였을 때에는 그 법률행위를 취소할 수 있다. 다만, 일용품의 구입 등 일상생활에 필요하고 그 대가가 과도하지 아니한 법률행위에 대하여는 그러하지 아니하다.
(2011.3.7 본조개정)

**제14조【한정후견종료의 심판】** 한정후견개시의 원인이 소멸된 경우에는 가정법원은 본인, 배우자, 4촌 이내의 친족, 한정후견인, 한정후견감독인, 검사 또는 지방자치단체의 장의 청구에 의하여 한정후견종료의 심판을 한다.
(2011.3.7 본조개정)

**제14조의2【특정후견의 심판】** ① 가정법원은 질병, 장애, 노령, 그 밖의 사유로 인한 정신적 제약으로 일시적 후원 또는 특정한 사무에 관한 후원이 필요한 사람에 대하여 본인, 배우자, 4촌 이내의 친족, 미성년후견인, 미성년후견감독인, 검사 또는 지방자치단체의 장의 청구에 의하여 특정후견의 심판을 한다.
② 특정후견은 본인의 의사에 반하여 할 수 없다.
③ 특정후견의 심판을 하는 경우에는 특정후견의 기간 또는 사무의 범위를 정하여야 한다.
(2011.3.7 본조신설)

**제14조의3【심판 사이의 관계】** ① 가정법원이 피한정후견인 또는 피특정후견인에 대하여 성년후견개시의 심판을 할 때에는 종전의 한정후견 또는 특정후견의 종료 심판을 한다.
② 가정법원이 피성년후견인 또는 피특정후견인에 대하여 한정후견개시의 심판을 할 때에는 종전의 성년후견 또는 특정후견의 종료 심판을 한다.
(2011.3.7 본조신설)

**제15조【제한능력자의 상대방의 확답을 촉구할 권리】** ① 제한능력자의 상대방은 제한능력자가 능력자가 된 후에 그에게 1개월 이상의 기간을 정하여 그 취소할 수 있는 행위를 추인할 것인지 여부의 확답을 촉구할 수 있다. 능력자로 된 사람이 그 기간 내에 확답을 발송하지 아니하면 그 행위를 추인한 것으로 본다.
② 제한능력자가 아직 능력자가 되지 못한 경우에는 그의 법정대리인에게 제1항의 촉구를 할 수 있고, 법정대리인이 그 정하여진 기간 내에 확답을 발송하지 아니한 경우에는 그 행위를 추인한 것으로 본다.
③ 특별한 절차가 필요한 행위는 그 정하여진 기간 내에 그 절차를 밟은 확답을 발송하지 아니하면 취소한 것으로 본다.
(2011.3.7 본조개정)

**제16조【제한능력자의 상대방의 철회권과 거절권】** ① 제한능력자가 맺은 계약은 추인이 있을 때까지 상대방이 그 의사표시를 철회할 수 있다. 다만, 상대방이 계약 당시에 제한능력자임을 알았을 경우에는 그러하지 아니하다.
② 제한능력자의 단독행위는 추인이 있을 때까지 상대방이 거절할 수 있다.
③ 제1항의 철회나 제2항의 거절의 의사표시는 제한능력자에게도 할 수 있다.
(2011.3.7 본조개정)

**제17조【제한능력자의 속임수】** ① 제한능력자가 속임수로써 자기를 능력자로 믿게 한 경우에는 그 행위를 취소할 수 없다.
② 미성년자나 피한정후견인이 속임수로써 법정대리인의 동의가 있는 것으로 믿게 한 경우에도 제1항과 같다.
(2011.3.7 본조개정)

## 제2절 주 소

**제18조【주소】** ① 생활의 근거되는 곳을 주소로 한다.
② 주소는 동시에 두 곳 이상 있을 수 있다.
**제19조【거소】** 주소를 알 수 없으면 거소를 주소로 본다.
**제20조【거소】** 국내에 주소없는 자에 대하여는 국내에 있는 거소를 주소로 본다.
**제21조【가주소】** 어느 행위에 있어서 가주소를 정한 때에는 그 행위에 관하여는 이를 주소로 본다.

## 제3절 부재와 실종

**제22조【부재자의 재산의 관리】** ① 종래의 주소나 거소를 떠난 자가 재산관리인을 정하지 아니한 때에는 법원은 이해관계인이나 검사의 청구에 의하여 재산관리에 관하여 필요한 처분을 명하여야 한다. 본인의 부재 중 재산관리인의 권한이 소멸한 때에도 같다.
② 본인이 그 후에 재산관리인을 정한 때에는 법원은 본인, 재산관리인, 이해관계인 또는 검사의 청구에 의하여 전항의 명령을 취소하여야 한다.
**제23조【관리인의 개임】** 부재자가 재산관리인을 정한 경우에 부재자의 생사가 분명하지 아니한 때에는 법원은 재산관리인, 이해관계인 또는 검사의 청구에 의하여 재산관리인을 개임할 수 있다.
**제24조【관리인의 직무】** ① 법원이 선임한 재산관리인은 관리할 재산목록을 작성하여야 한다.
② 법원은 그 선임한 재산관리인에 대하여 부재자의 재산을 보존하기 위하여 필요한 처분을 명할 수 있다.
③ 부재자의 생사가 분명하지 아니한 경우에 이해관계인이나 검사의 청구가 있는 때에는 법원은 부재자가 정한 재산관리인에게 전2항의 처분을 명할 수 있다.
④ 전3항의 경우에 그 비용은 부재자의 재산으로써 지급한다.
**제25조【관리인의 권한】** 법원이 선임한 재산관리인이 제118조에 규정한 권한을 넘는 행위를 함에는 법원의 허가를 얻어야 한다. 부재자의 생사가 분명하지 아니한 경우에 부재자가 정한 재산관리인이 권한을 넘는 행위를 할 때에도 같다.
**제26조【관리인의 담보제공, 보수】** ① 법원은 그 선임한 재산관리인으로 하여금 재산의 관리 및 반환에 관하여 상당한 담보를 제공하게 할 수 있다.
② 법원은 그 선임한 재산관리인에 대하여 부재자의 재산으로 상당한 보수를 지급할 수 있다.
③ 전2항의 규정은 부재자의 생사가 분명하지 아니한 경우에 부재자가 정한 재산관리인에 준용한다.
**제27조【실종의 선고】** ① 부재자의 생사가 5년간 분명하지 아니한 때에는 법원은 이해관계인이나 검사의 청구에 의하여 실종선고를 하여야 한다.
② 전지에 임한 자, 침몰한 선박 중에 있던 자, 추락한 항공기 중에 있던 자 기타 사망의 원인이 될 위난을 당한 자의 생사가 전쟁종지후 또는 선박의 침몰, 항공기의 추락 기타 위난이 종료한 후 1년간 분명하지 아니한 때에도 제1항과 같다.(1984.4.10 본항개정)
**제28조【실종선고의 효과】** 실종선고를 받은 자는 전조의 기간이 만료한 때에 사망한 것으로 본다.
**제29조【실종선고의 취소】** ① 실종자의 생존한 사실 또는 전조의 규정과 상이한 때에 사망한 사실의 증명이 있

으면 법원은 본인, 이해관계인 또는 검사의 청구에 의하여 실종선고를 취소하여야 한다. 그러나 실종선고후 그 취소전에 선의로 한 행위의 효력에 영향을 미치지 아니한다.
② 실종선고의 취소가 있을 때에 실종의 선고를 직접원인으로 하여 재산을 취득한 자가 선의인 경우에는 그 받은 이익이 현존하는 한도에서 반환할 의무가 있고 악의인 경우에는 그 받은 이익에 이자를 붙여서 반환하고 손해가 있으면 이를 배상하여야 한다.
**제30조【동시사망】** 2인 이상이 동일한 위난으로 사망한 경우에는 동시에 사망한 것으로 추정한다.

## 제3장 법 인

### 제1절 총 칙

**제31조【법인성립의 준칙】** 법인은 법률의 규정에 의함이 아니면 성립하지 못한다.
**제32조【비영리법인의 설립과 허가】** 학술, 종교, 자선, 기예, 사교 기타 영리아닌 사업을 목적으로 하는 사단 또는 재단은 주무관청의 허가를 얻어 이를 법인으로 할 수 있다.
**제33조【법인설립의 등기】** 법인은 그 주된 사무소의 소재지에서 설립등기를 함으로써 성립한다.
**제34조【법인의 권리능력】** 법인은 법률의 규정에 좇아 정관으로 정한 목적의 범위내에서 권리와 의무의 주체가 된다.
**제35조【법인의 불법행위능력】** ① 법인은 이사 기타 대표자가 그 직무에 관하여 타인에게 가한 손해를 배상할 책임이 있다. 이사 기타 대표자는 이로 인하여 자기의 손해배상책임을 면하지 못한다.
② 법인의 목적범위외의 행위로 인하여 타인에게 손해를 가한 때에는 그 사항의 의결에 찬성하거나 그 의결을 집행한 사원, 이사 및 기타 대표자가 연대하여 배상하여야 한다.
**제36조【법인의 주소】** 법인의 주소는 그 주된 사무소의 소재지에 있는 것으로 한다.
**제37조【법인의 사무의 검사, 감독】** 법인의 사무는 주무관청이 검사, 감독한다.
**제38조【법인의 설립허가의 취소】** 법인이 목적이외의 사업을 하거나 설립허가의 조건에 위반하거나 기타 공익을 해하는 행위를 한 때에는 주무관청은 그 허가를 취소할 수 있다.
**제39조【영리법인】** ① 영리를 목적으로 하는 사단은 상사회사설립의 조건에 좇아 이를 법인으로 할 수 있다.
② 전항의 사단법인에는 모두 상사회사에 관한 규정을 준용한다.

### 제2절 설 립

**제40조【사단법인의 정관】** 사단법인의 설립자는 다음 각호의 사항을 기재한 정관을 작성하여 기명날인하여야 한다.
1. 목적
2. 명칭
3. 사무소의 소재지
4. 자산에 관한 규정
5. 이사의 임면에 관한 규정
6. 사원자격의 득실에 관한 규정
7. 존립시기나 해산사유를 정하는 때에는 그 시기 또는 사유

**제41조【이사의 대표권에 대한 제한】** 이사의 대표권에 대한 제한은 이를 정관에 기재하지 아니하면 그 효력이 없다.
**제42조【사단법인의 정관의 변경】** ① 사단법인의 정관은 총사원 3분의 2 이

상의 동의가 있는 때에 한하여 이를 변경할 수 있다. 그러나 정수에 관하여 정관에 다른 규정이 있는 때에는 그 규정에 의한다.
② 정관의 변경은 주무관청의 허가를 얻지 아니하면 그 효력이 없다.

**제43조【재단법인의 정관】** 재단법인의 설립자는 일정한 재산을 출연하고 제40조제1호 내지 제5호의 사항을 기재한 정관을 작성하여 기명날인하여야 한다.

**제44조【재단법인의 정관의 보충】** 재단법인의 설립자가 그 명칭, 사무소 소재지 또는 이사임면의 방법을 정하지 아니하고 사망한 때에는 이해관계인 또는 검사의 청구에 의하여 법원이 이를 정한다.

**제45조【재단법인의 정관변경】** ① 재단법인의 정관은 그 변경방법을 정관에 정한 때에 한하여 변경할 수 있다.
② 재단법인의 목적달성 또는 그 재산의 보전을 위하여 적당한 때에는 전항의 규정에 불구하고 명칭 또는 사무소의 소재지를 변경할 수 있다.
③ 제42조제2항의 규정은 전2항의 경우에 준용한다.

**제46조【재단법인의 목적 기타의 변경】** 재단법인의 목적을 달성할 수 없는 때에는 설립자나 이사는 주무관청의 허가를 얻어 설립의 취지를 참작하여 그 목적 기타 정관의 규정을 변경할 수 있다.

**제47조【증여, 유증에 관한 규정의 준용】** ① 생전처분으로 재단법인을 설립하는 때에는 증여에 관한 규정을 준용한다.
② 유언으로 재단법인을 설립하는 때에는 유증에 관한 규정을 준용한다.

**제48조【출연재산의 귀속시기】** ① 생전처분으로 재단법인을 설립하는 때에는 출연재산은 법인이 성립된 때로부터 법인의 재산이 된다.
② 유언으로 재단법인을 설립하는 때에는 출연재산은 유언의 효력이 발생한 때로부터 법인에 귀속한 것으로 본다.

**제49조【법인의 등기사항】** ① 법인설립의 허가가 있는 때에는 3주간내에 주된 사무소소재지에서 설립등기를 하여야 한다.
② 전항의 등기사항은 다음과 같다.
1. 목적
2. 명칭
3. 사무소
4. 설립허가의 연월일
5. 존립시기나 해산이유를 정한 때에는 그 시기 또는 사유
6. 자산의 총액
7. 출자의 방법을 정한 때에는 그 방법
8. 이사의 성명, 주소
9. 이사의 대표권을 제한한 때에는 그 제한

**제50조【분사무소(分事務所) 설치의 등기】** 법인이 분사무소를 설치한 경우에는 주사무소(主事務所)의 소재지에서 3주일 내에 분사무소 소재지와 설치 연월일을 등기하여야 한다.
(2024.9.20 본조개정)

**제51조【사무소 이전의 등기】** ① 법인이 주사무소를 이전한 경우에는 종전 소재지 또는 새 소재지에서 3주일 내에 새 소재지와 이전 연월일을 등기하여야 한다.
② 법인이 분사무소를 이전한 경우에는 주사무소 소재지에서 3주일 내에 새 소재지와 이전 연월일을 등기하여야 한다.
(2024.9.20 본조개정)

**제52조【변경등기】** 제49조제2항의 사항 중에 변경이 있는 때에는 3주간 내에 변경등기를 하여야 한다.

**제52조의2【직무집행정지 등 가처분의 등기】** 이사의 직무집행을 정지하거나 직무대행자를 선임하는 가처분을

하거나 그 가처분을 변경 · 취소하는 경우에는 주사무소가 있는 곳의 등기소에서 이를 등기하여야 한다.(2024.9.20 본조개정)

**제53조【등기기간의 기산】** 전3조의 규정에 의하여 등기할 사항으로 관청의 허가를 요하는 것은 그 허가서가 도착한 날로부터 등기의 기간을 기산한다.

**제54조【설립등기 이외의 등기의 효력과 등기사항의 공고】** ① 설립등기 이외의 본절의 등기사항은 그 등기후가 아니면 제삼자에게 대항하지 못한다.

② 등기한 사항은 법원이 지체없이 공고하여야 한다.

**제55조【재산목록과 사원명부】** ① 법인은 성립한 때 및 매년 3월내에 재산목록을 작성하여 사무소에 비치하여야 한다. 사업연도를 정한 법인은 성립한 때 및 그 연도말에 이를 작성하여야 한다.

② 사단법인은 사원명부를 비치하고 사원의 변경이 있는 때에는 이를 기재하여야 한다.

**제56조【사원권의 양도, 상속금지】** 사단법인의 사원의 지위는 양도 또는 상속할 수 없다.

## 제3절 기 관

**제57조【이사】** 법인은 이사를 두어야 한다.

**제58조【이사의 사무집행】** ① 이사는 법인의 사무를 집행한다.

② 이사가 수인인 경우에는 정관에 다른 규정이 없으면 법인의 사무집행은 이사의 과반수로써 결정한다.

**제59조【이사의 대표권】** ① 이사는 법인의 사무에 관하여 각자 법인을 대표한다. 그러나 정관에 규정한 취지에 위반할 수 없고 특히 사단법인은 총회의 의결에 의하여야 한다.

② 법인의 대표에 관하여는 대리에 관한 규정을 준용한다.

**제60조【이사의 대표권에 대한 제한의 대항요건】** 이사의 대표권에 대한 제한은 등기하지 아니하면 제삼자에게 대항하지 못한다.

**제60조의2【직무대행자의 권한】** ① 제52조의2의 직무대행자는 가처분명령에 다른 정함이 있는 경우 외에는 법인의 통상사무에 속하지 아니한 행위를 하지 못한다. 다만, 법원의 허가를 얻은 경우에는 그러하지 아니하다.

② 직무대행자가 제1항의 규정에 위반한 행위를 한 경우에도 법인은 선의의 제3자에 대하여 책임을 진다.

(2001.12.29 본조신설)

**제61조【이사의 주의의무】** 이사는 선량한 관리자의 주의로 그 직무를 행하여야 한다.

**제62조【이사의 대리인 선임】** 이사는 정관 또는 총회의 결의로 금지하지 아니한 사항에 한하여 타인으로 하여금 특정한 행위를 대리하게 할 수 있다.

**제63조【임시이사의 선임】** 이사가 없거나 결원이 있는 경우에 이로 인하여 손해가 생길 염려 있는 때에는 법원은 이해관계인이나 검사의 청구에 의하여 임시이사를 선임하여야 한다.

**제64조【특별대리인의 선임】** 법인과 이사의 이익이 상반하는 사항에 관하여는 이사는 대표권이 없다. 이 경우에는 전조의 규정에 의하여 특별대리인을 선임하여야 한다.

**제65조【이사의 임무해태】** 이사가 그 임무를 해태한 때에는 그 이사는 법인에 대하여 연대하여 손해배상의 책임이 있다.

**제66조【감사】** 법인은 정관 또는 총회의 결의로 감사를 둘 수 있다.

**제67조【감사의 직무】** 감사의 직무는 다음과 같다.

1. 법인의 재산상황을 감사하는 일
2. 이사의 업무집행의 상황을 감사하는 일
3. 재산상황 또는 업무집행에 관하여 부정, 불비한 것이 있음을 발견한 때에는 이를 총회 또는 주무관청에 보고하는 일
4. 전호의 보고를 하기 위하여 필요있는 때에는 총회를 소집하는 일

**제68조【총회의 권한】** 사단법인의 사무는 정관으로 이사 또는 기타 임원에게 위임한 사항외에는 총회의 결의에 의하여야 한다.

**제69조【통상총회】** 사단법인의 이사는 매년 1회 이상 통상총회를 소집하여야 한다.

**제70조【임시총회】** ① 사단법인의 이사는 필요하다고 인정한 때에는 임시총회를 소집할 수 있다.

② 총사원의 5분의 1 이상으로부터 회의의 목적사항을 제시하여 청구한 때에는 이사는 임시총회를 소집하여야 한다. 이 정수는 정관으로 증감할 수 있다.

③ 전항의 청구있는 후 2주간내에 이사가 총회소집의 절차를 밟지 아니한 때에는 청구한 사원은 법원의 허가를 얻어 이를 소집할 수 있다.

**제71조【총회의 소집】** 총회의 소집은 1주간전에 그 회의의 목적사항을 기재한 통지를 발하고 기타 정관에 정한 방법에 의하여야 한다.

**제72조【총회의 결의사항】** 총회는 전조의 규정에 의하여 통지한 사항에 관하여서만 결의할 수 있다. 그러나 정관에 다른 규정이 있는 때에는 그 규정에 의한다.

**제73조【사원의 결의권】** ① 각 사원의 결의권은 평등으로 한다.

② 사원은 서면이나 대리인으로 결의권을 행사할 수 있다.

③ 전2항의 규정은 정관에 다른 규정이 있는 때에는 적용하지 아니한다.

**제74조【사원이 결의권없는 경우】** 사단법인과 어느 사원과의 관계사항을 의결하는 경우에는 그 사원은 결의권이 없다.

**제75조【총회의 결의방법】** ① 총회의 결의는 본법 또는 정관에 다른 규정이 없으면 사원 과반수의 출석과 출석사원의 결의권의 과반수로써 한다.

② 제73조제2항의 경우에는 당해사원은 출석한 것으로 한다.

**제76조【총회의 의사록】** ① 총회의 의사에 관하여는 의사록을 작성하여야 한다.

② 의사록에는 의사의 경과, 요령 및 결과를 기재하고 의장 및 출석한 이사가 기명날인하여야 한다.

③ 이사는 의사록을 주된 사무소에 비치하여야 한다.

## 제4절 해 산

**제77조【해산사유】** ① 법인은 존립기간의 만료, 법인의 목적의 달성 또는 달성의 불능 기타 정관에 정한 해산사유의 발생, 파산 또는 설립허가의 취소로 해산한다.

② 사단법인은 사원이 없게 되거나 총회의 결의로도 해산한다.

**제78조【사단법인의 해산결의】** 사단법인은 총사원 4분의 3 이상의 동의가 없으면 해산을 결의하지 못한다. 그러나 정관에 다른 규정이 있는 때에는 그 규정에 의한다.

**제79조【파산신청】** 법인이 채무를 완제하지 못하게 된 때에는 이사는 지체없이 파산신청을 하여야 한다.

**제80조【잔여재산의 귀속】** ① 해산한 법인의 재산은 정관으로 지정한 자에게 귀속한다.

② 정관으로 귀속권리자를 지정하지 아니하거나 이를 지정하는 방법을 정하지 아니한 때에는 이사 또는 청산인은 주무관청의 허가를 얻어 그 법인의 목적에 유사한 목적을 위하여 그 재산을 처분할 수 있다. 그러나 사단법인에 있어서는 총회의 결의가 있어야 한다.
③ 전2항의 규정에 의하여 처분되지 아니한 재산은 국고에 귀속한다.

**제81조【청산법인】** 해산한 법인은 청산의 목적범위내에서만 권리가 있고 의무를 부담한다.

**제82조【청산인】** 법인이 해산한 때에는 파산의 경우를 제하고는 이사가 청산인이 된다. 그러나 정관 또는 총회의 결의로 달리 정한 바가 있으면 그에 의한다.

**제83조【법원에 의한 청산인의 선임】** 전조의 규정에 의하여 청산인이 될 자가 없거나 청산인의 결원으로 인하여 손해가 생길 염려가 있는 때에는 법원은 직권 또는 이해관계인이나 검사의 청구에 의하여 청산인을 선임할 수 있다.

**제84조【법원에 의한 청산인의 해임】** 중요한 사유가 있는 때에는 법원은 직권 또는 이해관계인이나 검사의 청구에 의하여 청산인을 해임할 수 있다.

**제85조【해산등기】** ① 청산인은 법인이 파산으로 해산한 경우가 아니면 취임 후 3주일 내에 다음 각 호의 사항을 주사무소 소재지에서 등기하여야 한다.
1. 해산 사유와 해산 연월일
2. 청산인의 성명과 주소
3. 청산인의 대표권을 제한한 경우에는 그 제한

② 제1항의 등기에 관하여는 제52조를 준용한다.
(2024.9.20 본조개정)

**제86조【해산신고】** ① 청산인은 파산의 경우를 제하고는 그 취임후 3주간내에 전조제1항의 사항을 주무관청에 신고하여야 한다.
② 청산중에 취임한 청산인은 그 성명 및 주소를 신고하면 된다.

**제87조【청산인의 직무】** ① 청산인의 직무는 다음과 같다.
1. 현존사무의 종결
2. 채권의 추심 및 채무의 변제
3. 잔여재산의 인도

② 청산인은 전항의 직무를 행하기 위하여 필요한 모든 행위를 할 수 있다.

**제88조【채권신고의 공고】** ① 청산인은 취임한 날로부터 2월내에 3회 이상의 공고로 채권자에 대하여 일정한 기간내에 그 채권을 신고할 것을 최고하여야 한다. 그 기간은 2월 이상이어야 한다.
② 전항의 공고에는 채권자가 기간내에 신고하지 아니하면 청산으로부터 제외될 것을 표시하여야 한다.
③ 제1항의 공고는 법원의 등기사항의 공고와 동일한 방법으로 하여야 한다.

**제89조【채권신고의 최고】** 청산인은 알고 있는 채권자에게 대하여는 각각 그 채권신고를 최고하여야 한다. 알고 있는 채권자는 청산으로부터 제외하지 못한다.

**제90조【채권신고기간내의 변제금지】** 청산인은 제88조제1항의 채권신고기간내에는 채권자에 대하여 변제하지 못한다. 그러나 법인은 채권자에 대한 지연손해배상의 의무를 면하지 못한다.

**제91조【채권변제의 특례】** ① 청산 중의 법인은 변제기에 이르지 아니한 채권에 대하여도 변제할 수 있다.
② 전항의 경우에는 조건있는 채권, 존속기간의 불확정한 채권 기타 가액의 불확정한 채권에 관하여는 법원이 선임한 감정인의 평가에 의하여 변제하여야 한다.

**제92조【청산으로부터 제외된 채권】** 청산으로부터 제외된 채권자는 법인의 채무를 완제한 후 귀속권리자에게 인도하지 아니한 재산에 대하여서만 변제를 청구할 수 있다.

**제93조【청산중의 파산】** ① 청산중 법인의 재산이 그 채무를 완제하기에 부족한 것이 분명하게 된 때에는 청산인은 지체없이 파산선고를 신청하고 이를 공고하여야 한다.
② 청산인은 파산관재인에게 그 사무를 인계함으로써 그 임무가 종료한다.
③ 제88조제3항의 규정은 제1항의 공고에 준용한다.

**제94조【청산종결의 등기와 신고】** 청산이 종결한 때에는 청산인은 3주간내에 이를 등기하고 주무관청에 신고하여야 한다.

**제95조【해산, 청산의 검사, 감독】** 법인의 해산 및 청산은 법원이 검사, 감독한다.

**제96조【준용규정】** 제58조제2항, 제59조 내지 제62조, 제64조, 제65조 및 제70조의 규정은 청산인에 이를 준용한다.

## 제5절 벌 칙

**제97조【벌칙】** 법인의 이사, 감사 또는 청산인은 다음 각호의 경우에는 500만원 이하의 과태료에 처한다.
(2007.12.21 본문개정)

1. 본장에 규정한 등기를 해태한 때
2. 제55조의 규정에 위반하거나 재산목록 또는 사원명부에 부정기재를 한 때
3. 제37조, 제95조에 규정한 검사, 감독을 방해한 때
4. 주무관청 또는 총회에 대하여 사실아닌 신고를 하거나 사실을 은폐한 때
5. 제76조와 제90조의 규정에 위반한 때
6. 제79조, 제93조의 규정에 위반하여 파산선고의 신청을 해태한 때
7. 제88조, 제93조에 정한 공고를 해태하거나 부정한 공고를 한 때

# 제4장 물 건

**제98조【물건의 정의】** 본법에서 물건이라 함은 유체물 및 전기 기타 관리할 수 있는 자연력을 말한다.

**제99조【부동산, 동산】** ① 토지 및 그 정착물은 부동산이다.
② 부동산 이외의 물건은 동산이다.

**제100조【주물, 종물】** ① 물건의 소유자가 그 물건의 상용에 공하기 위하여 자기소유인 다른 물건을 이에 부속하게 한 때에는 그 부속물은 종물이다.
② 종물은 주물의 처분에 따른다.

**제101조【천연과실, 법정과실】** ① 물건의 용법에 의하여 수취하는 산출물은 천연과실이다.
② 물건의 사용대가로 받는 금전 기타의 물건은 법정과실로 한다.

**제102조【과실의 취득】** ① 천연과실은 그 원물로부터 분리하는 때에 이를 수취할 권리자에게 속한다.
② 법정과실은 수취할 권리의 존속기간일수의 비율로 취득한다.

# 제5장 법률행위

## 제1절 총 칙

**제103조【반사회질서의 법률행위】** 선량한 풍속 기타 사회질서에 위반한 사항을 내용으로 하는 법률행위는 무효로 한다.

**제104조【불공정한 법률행위】** 당사자의 궁박, 경솔 또는 무경험으로 인하여 현저하게 공정을 잃은 법률행위는 무효로 한다.

**제105조【임의규정】** 법률행위의 당사자가 법령 중의 선량한 풍속 기타 사회질서에 관계없는 규정과 다른 의사를 표시한 때에는 그 의사에 의한다.

**제106조【사실인 관습】** 법령 중의 선량한 풍속 기타 사회질서에 관계없는 규정과 다른 관습이 있는 경우에 당사자의 의사가 명확하지 아니한 때에는 그 관습에 의한다.

## 제2절 의사표시

**제107조【진의 아닌 의사표시】** ① 의사표시는 표의자가 진의아님을 알고 한 것이라도 그 효력이 있다. 그러나 상대방이 표의자의 진의아님을 알았거나 이를 알 수 있었을 경우에는 무효로 한다.
② 전항의 의사표시의 무효는 선의의 제삼자에게 대항하지 못한다.

**제108조【통정한 허위의 의사표시】**
① 상대방과 통정한 허위의 의사표시는 무효로 한다.
② 전항의 의사표시의 무효는 선의의 제삼자에게 대항하지 못한다.

**제109조【착오로 인한 의사표시】** ① 의사표시는 법률행위의 내용의 중요부분에 착오가 있는 때에는 취소할 수 있다. 그러나 그 착오가 표의자의 중대한 과실로 인한 때에는 취소하지 못한다.
② 전항의 의사표시의 취소는 선의의 제삼자에게 대항하지 못한다.

**제110조【사기, 강박에 의한 의사표시】** ① 사기나 강박에 의한 의사표시는 취소할 수 있다.
② 상대방있는 의사표시에 관하여 제삼자가 사기나 강박을 행한 경우에는 상대방이 그 사실을 알았거나 알 수 있었을 경우에 한하여 그 의사표시를 취소할 수 있다.
③ 전2항의 의사표시의 취소는 선의의 제삼자에게 대항하지 못한다.

**제111조【의사표시의 효력발생시기】**
① 상대방이 있는 의사표시는 상대방에게 도달한 때에 그 효력이 생긴다.
② 의사표시자가 그 통지를 발송한 후 사망하거나 제한능력자가 되어도 의사표시의 효력에 영향을 미치지 아니한다.
(2011.3.7 본조개정)

**제112조【제한능력자에 대한 의사표시의 효력】** 의사표시의 상대방이 의사표시를 받은 때에 제한능력자인 경우에는 의사표시자는 그 의사표시로써 대항할 수 없다. 다만, 그 상대방의 법정대리인이 의사표시가 도달한 사실을 안 후에는 그러하지 아니하다.
(2011.3.7 본조개정)

**제113조【의사표시의 공시송달】** 표의자가 과실없이 상대방을 알지 못하거나 상대방의 소재를 알지 못하는 경우에는 의사표시는 민사소송법 공시송달의 규정에 의하여 송달할 수 있다.

## 제3절 대 리

**제114조【대리행위의 효력】** ① 대리인이 그 권한내에서 본인을 위한 것임을 표시한 의사표시는 직접 본인에게 대하여 효력이 생긴다.
② 전항의 규정은 대리인에게 대한 제삼자의 의사표시에 준용한다.

**제115조【본인을 위한 것임을 표시하지 아니한 행위】** 대리인이 본인을 위한 것임을 표시하지 아니한 때에는 그 의사표시는 자기를 위한 것으로 본다. 그러나 상대방이 대리인으로서 한 것임을 알았거나 알 수 있었을 때에는 전조제1항의 규정을 준용한다.

**제116조【대리행위의 하자】** ① 의사표시의 효력이 의사의 흠결, 사기, 강박 또는 어느 사정을 알았거나 과실로 알지 못한 것으로 인하여 영향을 받을

경우에 그 사실의 유무는 대리인을 표준하여 결정한다.

② 특정한 법률행위를 위임한 경우에 대리인이 본인의 지시에 좇아 그 행위를 한 때에는 본인은 자기가 안 사정 또는 과실로 인하여 알지 못한 사정에 관하여 대리인의 부지를 주장하지 못한다.

**제117조 【대리인의 행위능력】** 대리인은 행위능력자임을 요하지 아니한다.

**제118조 【대리권의 범위】** 권한을 정하지 아니한 대리인은 다음 각호의 행위만을 할 수 있다.

1. 보존행위
2. 대리의 목적인 물건이나 권리의 성질을 변하지 아니하는 범위에서 그 이용 또는 개량하는 행위

**제119조 【각자대리】** 대리인이 수인인 때에는 각자가 본인을 대리한다. 그러나 법률 또는 수권행위에 다른 정한 바가 있는 때에는 그러하지 아니하다.

**제120조 【임의대리인의 복임권】** 대리권이 법률행위에 의하여 부여된 경우에는 대리인은 본인의 승낙이 있거나 부득이한 사유있는 때가 아니면 복대리인을 선임하지 못한다.

**제121조 【임의대리인의 복대리인선임의 책임】** ① 전조의 규정에 의하여 대리인이 복대리인을 선임한 때에는 본인에게 대하여 그 선임감독에 관한 책임이 있다.

② 대리인이 본인의 지명에 의하여 복대리인을 선임한 경우에는 그 부적임 또는 불성실함을 알고 본인에게 대한 통지나 그 해임을 태만한 때가 아니면 책임이 없다.

**제122조 【법정대리인의 복임권과 그 책임】** 법정대리인은 그 책임으로 복대리인을 선임할 수 있다. 그러나 부득이한 사유로 인한 때에는 전조제1항에 정한 책임만이 있다.

**제123조 【복대리인의 권한】** ① 복대리인은 그 권한내에서 본인을 대리한다.

② 복대리인은 본인이나 제삼자에 대하여 대리인과 동일한 권리의무가 있다.

**제124조 【자기계약, 쌍방대리】** 대리인은 본인의 허락이 없으면 본인을 위하여 자기와 법률행위를 하거나 동일한 법률행위에 관하여 당사자쌍방을 대리하지 못한다. 그러나 채무의 이행은 할 수 있다.

**제125조 【대리권수여의 표시에 의한 표현대리】** 제삼자에 대하여 타인에게 대리권을 수여함을 표시한 자는 그 대리권의 범위내에서 행한 그 타인과 그 제삼자간의 법률행위에 대하여 책임이 있다. 그러나 제삼자가 대리권없음을 알았거나 알 수 있었을 때에는 그러하지 아니하다.

**제126조 【권한을 넘은 표현대리】** 대리인이 그 권한외의 법률행위를 한 경우에 제삼자가 그 권한이 있다고 믿을 만한 정당한 이유가 있는 때에는 본인은 그 행위에 대하여 책임이 있다.

**제127조 【대리권의 소멸사유】** 대리권은 다음 각 호의 어느 하나에 해당하는 사유가 있으면 소멸된다.

1. 본인의 사망
2. 대리인의 사망, 성년후견의 개시 또는 파산

(2011.3.7 본조개정)

**제128조 【임의대리의 종료】** 법률행위에 의하여 수여된 대리권은 전조의 경우외에 그 원인된 법률관계의 종료에 의하여 소멸한다. 법률관계의 종료전에 본인이 수권행위를 철회한 경우에도 같다.

**제129조 【대리권소멸후의 표현대리】** 대리권의 소멸은 선의의 제삼자에게 대항하지 못한다. 그러나 제삼자가 과실로 인하여 그 사실을 알지 못한 때에는 그러하지 아니하다.

**제130조【무권대리】** 대리권없는 자가 타인의 대리인으로 한 계약은 본인이 이를 추인하지 아니하면 본인에 대하여 효력이 없다.

**제131조【상대방의 최고권】** 대리권 없는 자가 타인의 대리인으로 계약을 한 경우에 상대방은 상당한 기간을 정하여 본인에게 그 추인여부의 확답을 최고할 수 있다. 본인이 그 기간내에 확답을 발하지 아니한 때에는 추인을 거절한 것으로 본다.

**제132조【추인, 거절의 상대방】** 추인 또는 거절의 의사표시는 상대방에 대하여 하지 아니하면 그 상대방에 대항하지 못한다. 그러나 상대방이 그 사실을 안 때에는 그러하지 아니하다.

**제133조【추인의 효력】** 추인은 다른 의사표시가 없는 때에는 계약시에 소급하여 그 효력이 생긴다. 그러나 제삼자의 권리를 해하지 못한다.

**제134조【상대방의 철회권】** 대리권 없는 자가 한 계약은 본인의 추인이 있을 때까지 상대방은 본인이나 그 대리인에 대하여 이를 철회할 수 있다. 그러나 계약당시에 상대방이 대리권 없음을 안 때에는 그러하지 아니하다.

**제135조【상대방에 대한 무권대리인의 책임】** ① 다른 자의 대리인으로서 계약을 맺은 자가 그 대리권을 증명하지 못하고 또 본인의 추인을 받지 못한 경우에는 그는 상대방의 선택에 따라 계약을 이행할 책임 또는 손해를 배상할 책임이 있다.

② 대리인으로서 계약을 맺은 자에게 대리권이 없다는 사실을 상대방이 알았거나 알 수 있었을 때 또는 대리인으로서 계약을 맺은 사람이 제한능력자일 때에는 제1항을 적용하지 아니한다.
(2011.3.7 본조개정)

**제136조【단독행위와 무권대리】** 단독행위에는 그 행위당시에 상대방이 대리인이라 칭하는 자의 대리권없는 행위에 동의하거나 그 대리권을 다투지 아니한 때에 한하여 전6조의 규정을 준용한다. 대리권 없는 자에 대하여 그 동의를 얻어 단독행위를 한 때에도 같다.

## 제4절 무효와 취소

**제137조【법률행위의 일부무효】** 법률행위의 일부분이 무효인 때에는 그 전부를 무효로 한다. 그러나 그 무효부분이 없더라도 법률행위를 하였을 것이라고 인정될 때에는 나머지 부분은 무효가 되지 아니한다.

**제138조【무효행위의 전환】** 무효인 법률행위가 다른 법률행위의 요건을 구비하고 당사자가 그 무효를 알았더라면 다른 법률행위를 하는 것을 의욕하였으리라고 인정될 때에는 다른 법률행위로서 효력을 가진다.

**제139조【무효행위의 추인】** 무효인 법률행위는 추인하여도 그 효력이 생기지 아니한다. 그러나 당사자가 그 무효임을 알고 추인한 때에는 새로운 법률행위로 본다.

**제140조【법률행위의 취소권자】** 취소할 수 있는 법률행위는 제한능력자, 착오로 인하거나 사기·강박에 의하여 의사표시를 한 자, 그의 대리인 또는 승계인만이 취소할 수 있다.
(2011.3.7 본조개정)

**제141조【취소의 효과】** 취소된 법률행위는 처음부터 무효인 것으로 본다. 다만, 제한능력자는 그 행위로 인하여 받은 이익이 현존하는 한도에서 상환(償還)할 책임이 있다.(2011.3.7 본조개정)

**제142조【취소의 상대방】** 취소할 수 있는 법률행위의 상대방이 확정한 경우에는 그 취소는 그 상대방에 대한 의사표시로 하여야 한다.

**제143조【추인의 방법, 효과】** ① 취소할 수 있는 법률행위는 제140조에 규정한 자가 추인할 수 있고 추인후에는 취소하지 못한다.
② 전조의 규정은 전항의 경우에 준용한다.

**제144조【추인의 요건】** ① 추인은 취소의 원인이 소멸된 후에 하여야만 효력이 있다.
② 제1항은 법정대리인 또는 후견인이 추인하는 경우에는 적용하지 아니한다.
(2011.3.7 본조개정)

**제145조【법정추인】** 취소할 수 있는 법률행위에 관하여 전조의 규정에 의하여 추인할 수 있는 후에 다음 각호의 사유가 있으면 추인한 것으로 본다. 그러나 이의를 보류한 때에는 그러하지 아니하다.
1. 전부나 일부의 이행
2. 이행의 청구
3. 경개
4. 담보의 제공
5. 취소할 수 있는 행위로 취득한 권리의 전부나 일부의 양도
6. 강제집행

**제146조【취소권의 소멸】** 취소권은 추인할 수 있는 날로부터 3년내에 법률행위를 한 날로부터 10년내에 행사하여야 한다.

## 제5절 조건과 기한

**제147조【조건성취의 효과】** ① 정지조건있는 법률행위는 조건이 성취한 때로부터 그 효력이 생긴다.
② 해제조건있는 법률행위는 조건이 성취한 때로부터 그 효력을 잃는다.
③ 당사자가 조건성취의 효력을 그 성취전에 소급하게 할 의사를 표시한 때에는 그 의사에 의한다.

**제148조【조건부권리의 침해금지】** 조건있는 법률행위의 당사자는 조건의 성부가 미정한 동안에 조건의 성취로 인하여 생길 상대방의 이익을 해하지 못한다.

**제149조【조건부권리의 처분 등】** 조건의 성취가 미정한 권리의무는 일반규정에 의하여 처분, 상속, 보존 또는 담보로 할 수 있다.

**제150조【조건성취, 불성취에 대한 반신의행위】** ① 조건의 성취로 인하여 불이익을 받을 당사자가 신의성실에 반하여 조건의 성취를 방해한 때에는 상대방은 그 조건이 성취한 것으로 주장할 수 있다.
② 조건의 성취로 인하여 이익을 받을 당사자가 신의성실에 반하여 조건을 성취시킨 때에는 상대방은 그 조건이 성취하지 아니한 것으로 주장할 수 있다.

**제151조【불법조건, 기성조건】** ① 조건이 선량한 풍속 기타 사회질서에 위반한 것인 때에는 그 법률행위는 무효로 한다.
② 조건이 법률행위의 당시 이미 성취한 것인 경우에는 그 조건이 정지조건이면 조건없는 법률행위로 하고 해제조건이면 그 법률행위는 무효로 한다.
③ 조건이 법률행위의 당시에 이미 성취할 수 없는 것인 경우에는 그 조건이 해제조건이면 조건없는 법률행위로 하고 정지조건이면 그 법률행위는 무효로 한다.

**제152조【기한도래의 효과】** ① 시기있는 법률행위는 기한이 도래한 때로부터 그 효력이 생긴다.
② 종기있는 법률행위는 기한이 도래한 때로부터 그 효력을 잃는다.

**제153조【기한의 이익과 그 포기】** ① 기한은 채무자의 이익을 위한 것으로 추정한다.
② 기한의 이익은 이를 포기할 수 있다. 그러나 상대방의 이익을 해하지 못한다.

**제154조【기한부권리와 준용규정】** 제148조와 제149조의 규정은 기한있는 법률행위에 준용한다.

## 제6장 기 간

**제155조【본장의 적용범위】** 기간의 계산은 법령, 재판상의 처분 또는 법률행위에 다른 정한 바가 없으면 본장의 규정에 의한다.

**제156조【기간의 기산점】** 기간을 시, 분, 초로 정한 때에는 즉시로부터 기산한다.

**제157조【기간의 기산점】** 기간을 일, 주, 월 또는 연으로 정한 때에는 기간의 초일은 산입하지 아니한다. 그러나 그 기간이 오전 영시로부터 시작하는 때에는 그러하지 아니하다.

**제158조【나이의 계산과 표시】** 나이는 출생일을 산입하여 만(滿) 나이로 계산하고, 연수(年數)로 표시한다. 다만, 1세에 이르지 아니한 경우에는 월수(月數)로 표시할 수 있다.
(2022.12.27 본조개정)

**제159조【기간의 만료점】** 기간을 일, 주, 월 또는 연으로 정한 때에는 기간말일의 종료로 기간이 만료한다.

**제160조【역에 의한 계산】** ① 기간을 주, 월 또는 연으로 정한 때에는 역에 의하여 계산한다.

② 주, 월 또는 연의 처음으로부터 기간을 기산하지 아니하는 때에는 최후의 주, 월 또는 연에서 그 기산일에 해당한 날의 전일로 기간이 만료한다.

③ 월 또는 연으로 정한 경우에 최종의 월에 해당일이 없는 때에는 그 월의 말일로 기간이 만료한다.

**제161조【공휴일 등과 기간의 만료점】** 기간의 말일이 토요일 또는 공휴일에 해당한 때에는 기간은 그 익일로 만료한다.(2007.12.21 본조개정)

## 제7장 소멸시효

**제162조【채권, 재산권의 소멸시효】**
① 채권은 10년간 행사하지 아니하면 소멸시효가 완성한다.

② 채권 및 소유권 이외의 재산권은 20년간 행사하지 아니하면 소멸시효가 완성한다.

**제163조【3년의 단기소멸시효】** 다음 각호의 채권은 3년간 행사하지 아니하면 소멸시효가 완성한다.

1. 이자, 부양료, 급료, 사용료 기타 1년 이내의 기간으로 정한 금전 또는 물건의 지급을 목적으로 한 채권
2. 의사, 조산사, 간호사 및 약사의 치료, 근로 및 조제에 관한 채권
(1997.12.13 본호개정)
3. 도급받은 자, 기사 기타 공사의 설계 또는 감독에 종사하는 자의 공사에 관한 채권
4. 변호사, 변리사, 공증인, 공인회계사 및 법무사에 대한 직무상 보관한 서류의 반환을 청구하는 채권
(1997.12.13 본호개정)
5. 변호사, 변리사, 공증인, 공인회계사 및 법무사의 직무에 관한 채권
(1997.12.13 본호개정)
6. 생산자 및 상인이 판매한 생산물 및 상품의 대가
7. 수공업자 및 제조자의 업무에 관한 채권

**제164조【1년의 단기소멸시효】** 다음 각호의 채권은 1년간 행사하지 아니하면 소멸시효가 완성한다.

1. 여관, 음식점, 대석, 오락장의 숙박료, 음식료, 대석료, 입장료, 소비물의 대가 및 체당금의 채권
2. 의복, 침구, 장구 기타 동산의 사용료의 채권
3. 노역인, 연예인의 임금 및 그에 공급한 물건의 대금채권

4. 학생 및 수업자의 교육, 의식 및 유숙에 관한 교주, 숙주, 교사의 채권

**제165조【판결 등에 의하여 확정된 채권의 소멸시효】** ① 판결에 의하여 확정된 채권은 단기의 소멸시효에 해당한 것이라도 그 소멸시효는 10년으로 한다.

② 파산절차에 의하여 확정된 채권 및 재판상의 화해, 조정 기타 판결과 동일한 효력이 있는 것에 의하여 확정된 채권도 전항과 같다.

③ 전2항의 규정은 판결확정당시에 변제기가 도래하지 아니한 채권에 적용하지 아니한다.

**제166조【소멸시효의 기산점】** ① 소멸시효는 권리를 행사할 수 있는 때로부터 진행한다.

② 부작위를 목적으로 하는 채권의 소멸시효는 위반행위를 한 때로부터 진행한다.

**제167조【소멸시효의 소급효】** 소멸시효는 그 기산일에 소급하여 효력이 생긴다.

**제168조【소멸시효의 중단사유】** 소멸시효는 다음 각호의 사유로 인하여 중단된다.

1. 청구
2. 압류 또는 가압류, 가처분
3. 승인

**제169조【시효중단의 효력】** 시효의 중단은 당사자 및 그 승계인간에만 효력이 있다.

**제170조【재판상의 청구와 시효중단】** ① 재판상의 청구는 소송의 각하, 기각 또는 취하의 경우에는 시효중단의 효력이 없다.

② 전항의 경우에 6월내에 재판상의 청구, 파산절차참가, 압류 또는 가압류, 가처분을 한 때에는 시효는 최초의 재판상 청구로 인하여 중단된 것으로 본다.

**제171조【파산절차참가와 시효중단】** 파산절차참가는 채권자가 이를 취소하거나 그 청구가 각하된 때에는 시효중단의 효력이 없다.

**제172조【지급명령과 시효중단】** 지급명령은 채권자가 법정기간내에 가집행신청을 하지 아니함으로 인하여 그 효력을 잃은 때에는 시효중단의 효력이 없다.

**제173조【화해를 위한 소환, 임의출석과 시효중단】** 화해를 위한 소환은 상대방이 출석하지 아니 하거나 화해가 성립되지 아니한 때에는 1월내에 소를 제기하지 아니하면 시효중단의 효력이 없다. 임의출석의 경우에 화해가 성립되지 아니한 때에도 그러하다.

**제174조【최고와 시효중단】** 최고는 6월내에 재판상의 청구, 파산절차참가, 화해를 위한 소환, 임의출석, 압류 또는 가압류, 가처분을 하지 아니하면 시효중단의 효력이 없다.

**제175조【압류, 가압류, 가처분과 시효중단】** 압류, 가압류 및 가처분은 권리자의 청구에 의하여 또는 법률의 규정에 따르지 아니함으로 인하여 취소된 때에는 시효중단의 효력이 없다.

**제176조【압류, 가압류, 가처분과 시효중단】** 압류, 가압류 및 가처분은 시효의 이익을 받은 자에 대하여 하지 아니한 때에는 이를 그에게 통지한 후가 아니면 시효중단의 효력이 없다.

**제177조【승인과 시효중단】** 시효중단의 효력있는 승인에는 상대방의 권리에 관한 처분의 능력이나 권한있음을 요하지 아니한다.

**제178조【중단후에 시효진행】** ① 시효가 중단된 때에는 중단까지에 경과한 시효기간은 이를 산입하지 아니하고 중단사유가 종료한 때로부터 새로이 진행한다.

② 재판상의 청구로 인하여 중단한 시효는 전항의 규정에 의하여 재판이 확정된 때로부터 새로이 진행한다.

**제179조 【제한능력자의 시효정지】** 소멸시효의 기간만료 전 6개월 내에 제한능력자에게 법정대리인이 없는 경우에는 그가 능력자가 되거나 법정대리인이 취임한 때부터 6개월 내에는 시효가 완성되지 아니한다.
(2011.3.7 본조개정)

**제180조 【재산관리자에 대한 제한능력자의 권리, 부부 사이의 권리와 시효정지】** ① 재산을 관리하는 아버지, 어머니 또는 후견인에 대한 제한능력자의 권리는 그가 능력자가 되거나 후임 법정대리인이 취임한 때부터 6개월 내에는 소멸시효가 완성되지 아니한다.
② 부부 중 한쪽이 다른 쪽에 대하여 가지는 권리는 혼인관계가 종료된 때부터 6개월 내에는 소멸시효가 완성되지 아니한다.
(2011.3.7 본조개정)

**제181조 【상속재산에 관한 권리와 시효정지】** 상속재산에 속한 권리나 상속재산에 대한 권리는 상속인의 확정, 관리인의 선임 또는 파산선고가 있는 때로부터 6월내에는 소멸시효가 완성하지 아니한다.

**제182조 【천재 기타 사변과 시효정지】** 천재 기타 사변으로 인하여 소멸시효를 중단할 수 없을 때에는 그 사유가 종료한 때로부터 1월내에는 시효가 완성하지 아니한다.

**제183조 【종속된 권리에 대한 소멸시효의 효력】** 주된 권리의 소멸시효가 완성한 때에는 종속된 권리에 그 효력이 미친다.

**제184조 【시효의 이익의 포기 기타】** ① 소멸시효의 이익은 미리 포기하지 못한다.
② 소멸시효는 법률행위에 의하여 이를 배제, 연장 또는 가중할 수 없으나 이를 단축 또는 경감할 수 있다.

# 제2편 물 권

## 제1장 총 칙

**제185조 【물권의 종류】** 물권은 법률 또는 관습법에 의하는 외에는 임의로 창설하지 못한다.

**제186조 【부동산물권변동의 효력】** 부동산에 관한 법률행위로 인한 물권의 득실변경은 등기하여야 그 효력이 생긴다.

**제187조 【등기를 요하지 아니하는 부동산물권취득】** 상속, 공용징수, 판결, 경매 기타 법률의 규정에 의한 부동산에 관한 물권의 취득은 등기를 요하지 아니한다. 그러나 등기를 하지 아니하면 이를 처분하지 못한다.

**제188조 【동산물권양도의 효력, 간이인도】** ① 동산에 관한 물권의 양도는 그 동산을 인도하여야 효력이 생긴다.
② 양수인이 이미 그 동산을 점유한 때에는 당사자의 의사표시만으로 그 효력이 생긴다.

**제189조 【점유개정】** 동산에 관한 물권을 양도하는 경우에 당사자의 계약으로 양도인이 그 동산의 점유를 계속하는 때에는 양수인이 인도받은 것으로 본다.

**제190조 【목적물반환청구권의 양도】** 제삼자가 점유하고 있는 동산에 관한 물권을 양도하는 경우에는 양도인이 그 제삼자에 대한 반환청구권을 양수인에게 양도함으로써 동산을 인도한 것으로 본다.

**제191조 【혼동으로 인한 물권의 소멸】** ① 동일한 물건에 대한 소유권과 다른 물권이 동일한 사람에게 귀속한 때에는 다른 물권은 소멸한다. 그러나 그 물권이 제삼자의 권리의 목적이 된 때에는 소멸하지 아니한다.

② 전항의 규정은 소유권이외의 물권과 그를 목적으로 하는 다른 권리가 동일한 사람에게 귀속한 경우에 준용한다.
③ 점유권에 관하여는 전2항의 규정을 적용하지 아니한다.

## 제2장 점유권

**제192조【점유권의 취득과 소멸】** ① 물건을 사실상 지배하는 자는 점유권이 있다.
② 점유자가 물건에 대한 사실상의 지배를 상실한 때에는 점유권이 소멸한다. 그러나 제204조의 규정에 의하여 점유를 회수한 때에는 그러하지 아니하다.

**제193조【상속으로 인한 점유권의 이전】** 점유권은 상속인에 이전한다.

**제194조【간접점유】** 지상권, 전세권, 질권, 사용대차, 임대차, 임치 기타의 관계로 타인으로 하여금 물건을 점유하게 한 자는 간접으로 점유권이 있다.

**제195조【점유보조자】** 가사상, 영업상 기타 유사한 관계에 의하여 타인의 지시를 받어 물건에 대한 사실상의 지배를 하는 때에는 그 타인만을 점유자로 한다.

**제196조【점유권의 양도】** ① 점유권의 양도는 점유물의 인도로 그 효력이 생긴다.
② 전항의 점유권의 양도에는 제188조제2항, 제189조, 제190조의 규정을 준용한다.

**제197조【점유의 태양】** ① 점유자는 소유의 의사로 선의, 평온 및 공연하게 점유한 것으로 추정한다.
② 선의의 점유자라도 본권에 관한 소에 패소한 때에는 그 소가 제기된 때로부터 악의의 점유자로 본다.

**제198조【점유계속의 추정】** 전후양시에 점유한 사실이 있는 때에는 그 점유는 계속한 것으로 추정한다.

**제199조【점유의 승계의 주장과 그 효과】** ① 점유자의 승계인은 자기의 점유만을 주장하거나 자기의 점유와 전점유자의 점유를 아울러 주장할 수 있다.
② 전점유자의 점유를 아울러 주장하는 경우에는 그 하자도 계승한다.

**제200조【권리의 적법의 추정】** 점유자가 점유물에 대하여 행사하는 권리는 적법하게 보유한 것으로 추정한다.

**제201조【점유자와 과실】** ① 선의의 점유자는 점유물의 과실을 취득한다.
② 악의의 점유자는 수취한 과실을 반환하여야 하며 소비하였거나 과실로 인하여 훼손 또는 수취하지 못한 경우에는 그 과실의 대가를 보상하여야 한다.
③ 전항의 규정은 폭력 또는 은비에 의한 점유자에 준용한다.

**제202조【점유자의 회복자에 대한 책임】** 점유물이 점유자의 책임있는 사유로 인하여 멸실 또는 훼손한 때에는 악의의 점유자는 그 손해의 전부를 배상하여야 하며 선의의 점유자는 이익이 현존하는 한도에서 배상하여야 한다. 소유의 의사가 없는 점유자는 선의인 경우에도 손해의 전부를 배상하여야 한다.

**제203조【점유자의 상환청구권】** ① 점유자가 점유물을 반환할 때에는 회복자에 대하여 점유물을 보존하기 위하여 지출한 금액 기타 필요비의 상환을 청구할 수 있다. 그러나 점유자가 과실을 취득한 경우에는 통상의 필요비는 청구하지 못한다.
② 점유자가 점유물을 개량하기 위하여 지출한 금액 기타 유익비에 관하여는 그 가액의 증가가 현존한 경우에 한하여 회복자의 선택에 좇아 그 지출금액이나 증가액의 상환을 청구할 수 있다.
③ 전항의 경우에 법원은 회복자의 청구에 의하여 상당한 상환기간을 허여할 수 있다.

**제204조 【점유의 회수】** ① 점유자가 점유의 침탈을 당한 때에는 그 물건의 반환 및 손해의 배상을 청구할 수 있다.
② 전항의 청구권은 침탈자의 특별승계인에 대하여는 행사하지 못한다. 그러나 승계인이 악의인 때에는 그러하지 아니하다.
③ 제1항의 청구권은 침탈을 당한 날로부터 1년내에 행사하여야 한다.

**제205조 【점유의 보유】** ① 점유자가 점유의 방해를 받은 때에는 그 방해의 제거 및 손해의 배상을 청구할 수 있다.
② 전항의 청구권은 방해가 종료한 날로부터 1년내에 행사하여야 한다.
③ 공사로 인하여 점유의 방해를 받은 경우에는 공사착수후 1년을 경과하거나 그 공사가 완성한 때에는 방해의 제거를 청구하지 못한다.

**제206조 【점유의 보전】** ① 점유자가 점유의 방해를 받을 염려가 있는 때에는 그 방해의 예방 또는 손해배상의 담보를 청구할 수 있다.
② 공사로 인하여 점유의 방해를 받을 염려가 있는 경우에는 전조제3항의 규정을 준용한다.

**제207조 【간접점유의 보호】** ① 전3조의 청구권은 제194조의 규정에 의한 간접점유자도 이를 행사할 수 있다.
② 점유자가 점유의 침탈을 당한 경우에 간접점유자는 그 물건을 점유자에게 반환할 것을 청구할 수 있고 점유자가 그 물건의 반환을 받을 수 없거나 이를 원하지 아니하는 때에는 자기에게 반환할 것을 청구할 수 있다.

**제208조 【점유의 소와 본권의 소와의 관계】** ① 점유권에 기인한 소와 본권에 기인한 소는 서로 영향을 미치지 아니한다.
② 점유권에 기인한 소는 본권에 관한 이유로 재판하지 못한다.

**제209조 【자력구제】** ① 점유자는 그 점유를 부정히 침탈 또는 방해하는 행위에 대하여 자력으로써 이를 방위할 수 있다.
② 점유물이 침탈되었을 경우에 부동산일 때에는 점유자는 침탈후 직시 가해자를 배제하여 이를 탈환할 수 있고 동산일 때에는 점유자는 현장에서 또는 추적하여 가해자로부터 이를 탈환할 수 있다.

**제210조 【준점유】** 본장의 규정은 재산권을 사실상 행사하는 경우에 준용한다.

## 제3장 소유권

### 제1절 소유권의 한계

**제211조 【소유권의 내용】** 소유자는 법률의 범위내에서 그 소유물을 사용, 수익, 처분할 권리가 있다.

**제212조 【토지소유권의 범위】** 토지의 소유권은 정당한 이익있는 범위내에서 토지의 상하에 미친다.

**제213조 【소유물반환청구권】** 소유자는 그 소유에 속한 물건을 점유한 자에 대하여 반환을 청구할 수 있다. 그러나 점유자가 그 물건을 점유할 권리가 있는 때에는 반환을 거부할 수 있다.

**제214조 【소유물방해제거, 방해예방청구권】** 소유자는 소유권을 방해하는 자에 대하여 방해의 제거를 청구할 수 있고 소유권을 방해할 염려있는 행위를 하는 자에 대하여 그 예방이나 손해배상의 담보를 청구할 수 있다.

**제215조 【건물의 구분소유】** ① 수인이 한 채의 건물을 구분하여 각각 그 일부분을 소유한 때에는 건물과 그 부속물중 공용하는 부분은 그의 공유로 추정한다.
② 공용부분의 보존에 관한 비용 기타의 부담은 각자의 소유부분의 가액에 비례하여 분담한다.

**제216조【인지사용청구권】** ① 토지소유자는 경계나 그 근방에서 담 또는 건물을 축조하거나 수선하기 위하여 필요한 범위내에서 이웃 토지의 사용을 청구할 수 있다. 그러나 이웃 사람의 승낙이 없으면 그 주거에 들어가지 못한다.
② 전항의 경우에 이웃 사람이 손해를 받은 때에는 보상을 청구할 수 있다.

**제217조【매연 등에 의한 인지에 대한 방해금지】** ① 토지소유자는 매연, 열기체, 액체, 음향, 진동 기타 이에 유사한 것으로 이웃 토지의 사용을 방해하거나 이웃 거주자의 생활에 고통을 주지 아니하도록 적당한 조처를 할 의무가 있다.
② 이웃 거주자는 전항의 사태가 이웃 토지의 통상의 용도에 적당한 것인 때에는 이를 인용할 의무가 있다.

**제218조【수도 등 시설권】** ① 토지소유자는 타인의 토지를 통과하지 아니하면 필요한 수도, 소수관, 까스관, 전선 등을 시설할 수 없거나 과다한 비용을 요하는 경우에는 타인의 토지를 통과하여 이를 시설할 수 있다. 그러나 이로 인한 손해가 가장 적은 장소와 방법을 선택하여 이를 시설할 것이며 타토지의 소유자의 요청에 의하여 손해를 보상하여야 한다.
② 전항에 의한 시설을 한 후 사정의 변경이 있는 때에는 타토지의 소유자는 그 시설의 변경을 청구할 수 있다. 시설변경의 비용은 토지소유자가 부담한다.

**제219조【주위토지통행권】** ① 어느 토지와 공로사이에 그 토지의 용도에 필요한 통로가 없는 경우에 그 토지소유자는 주위의 토지를 통행 또는 통로로 하지 아니하면 공로에 출입할 수 없거나 과다한 비용을 요하는 때에는 그 주위의 토지를 통행할 수 있고 필요한 경우에는 통로를 개설할 수 있다. 그러나 이로 인한 손해가 가장 적은 장소와 방법을 선택하여야 한다.
② 전항의 통행권자는 통행지소유자의 손해를 보상하여야 한다.

**제220조【분할, 일부양도와 주위통행권】** ① 분할로 인하여 공로에 통하지 못하는 토지가 있는 때에는 그 토지소유자는 공로에 출입하기 위하여 다른 분할자의 토지를 통행할 수 있다. 이 경우에는 보상의 의무가 없다.
② 전항의 규정은 토지소유자가 그 토지의 일부를 양도한 경우에 준용한다.

**제221조【자연유수의 승수의무와 권리】** ① 토지소유자는 이웃 토지로부터 자연히 흘러오는 물을 막지 못한다.
② 고지소유자는 이웃 저지에 자연히 흘러 내리는 이웃 저지에서 필요한 물을 자기의 정당한 사용범위를 넘어서 이를 막지 못한다.

**제222조【소통공사권】** 흐르는 물이 저지에서 폐색된 때에는 고지소유자는 자비로 소통에 필요한 공사를 할 수 있다.

**제223조【저수, 배수, 인수를 위한 공작물에 대한 공사청구권】** 토지소유자가 저수, 배수 또는 인수하기 위하여 공작물을 설치한 경우에 공작물의 파손 또는 폐색으로 타인의 토지에 손해를 가하거나 가할 염려가 있는 때에는 타인은 그 공작물의 보수, 폐색의 소통 또는 예방에 필요한 청구를 할 수 있다.

**제224조【관습에 의한 비용부담】** 전2조의 경우에 비용부담에 관한 관습이 있으면 그 관습에 의한다.

**제225조【처마물에 대한 시설의무】** 토지소유자는 처마물이 이웃에 직접 낙하하지 아니하도록 적당한 시설을 하여야 한다.

**제226조【여수소통권】** ① 고지소유자는 침수지를 건조하기 위하여 또는 가용이나 농, 공업용의 여수를 소통하기 위하여 공로, 공류 또는 하수도에 달

하기까지 저지에 물을 통과하게 할 수 있다.

② 전항의 경우에는 저지의 손해가 가장 적은 장소와 방법을 선택하여야 하며 손해를 보상하여야 한다.

**제227조【유수용공작물의 사용권】** ① 토지소유자는 그 소유지의 물을 소통하기 위하여 이웃 토지소유자의 시설한 공작물을 사용할 수 있다.

② 전항의 공작물을 사용하는 자는 그 이익을 받는 비율로 공작물의 설치와 보존의 비용을 분담하여야 한다.

**제228조【여수급여청구권】** 토지소유자는 과다한 비용이나 노력을 요하지 아니하고는 가용이나 토지이용에 필요한 물을 얻기 곤란한 때에는 이웃 토지소유자에게 보상하고 여수의 급여를 청구할 수 있다.

**제229조【수류의 변경】** ① 구거 기타 수류지의 소유자는 대안의 토지가 타인의 소유인 때에는 그 수로나 수류의 폭을 변경하지 못한다.

② 양안의 토지가 수류지소유자의 소유인 때에는 소유자는 수로와 수류의 폭을 변경할 수 있다. 그러나 하류는 자연의 수로와 일치하도록 하여야 한다.

③ 전2항의 규정은 다른 관습이 있으면 그 관습에 의한다.

**제230조【언의 설치, 이용권】** ① 수류지의 소유자가 언을 설치할 필요가 있는 때에는 그 언을 대안에 접촉하게 할 수 있다. 그러나 이로 인한 손해를 보상하여야 한다.

② 대안의 소유자는 수류지의 일부가 자기소유인 때에는 그 언을 사용할 수 있다. 그러나 그 이익을 받는 비율로 언의 설치, 보존의 비용을 분담하여야 한다.

**제231조【공유하천용수권】** ① 공유하천의 연안에서 농, 공업을 경영하는 자는 이에 이용하기 위하여 타인의 용수를 방해하지 아니하는 범위내에서 필요한 인수를 할 수 있다.

② 전항의 인수를 하기 위하여 필요한 공작물을 설치할 수 있다.

**제232조【하류 연안의 용수권보호】** 전조의 인수나 공작물로 인하여 하류연안의 용수권을 방해하는 때에는 그 용수권자는 방해의 제거 및 손해의 배상을 청구할 수 있다.

**제233조【용수권의 승계】** 농, 공업의 경영에 이용하는 수로 기타 공작물의 소유자나 몽리자의 특별승계인은 그 용수에 관한 전소유자나 몽리자의 권리의무를 승계한다.

**제234조【용수권에 관한 다른 관습】** 전3조의 규정은 다른 관습이 있으면 그 관습에 의한다.

**제235조【공용수의 용수권】** 상린자는 그 공용에 속하는 원천이나 수도를 각 수요의 정도에 응하여 타인의 용수를 방해하지 아니하는 범위내에서 각각 용수할 권리가 있다.

**제236조【용수장해의 공사와 손해배상, 원상회복】** ① 필요한 용도나 수익이 있는 원천이나 수도가 타인의 건축 기타 공사로 인하여 단수, 감수 기타 용도에 장해가 생긴 때에는 용수권자는 손해배상을 청구할 수 있다.

② 전항의 공사로 인하여 음료수 기타 생활상 필요한 용수에 장해가 있을 때에는 원상회복을 청구할 수 있다.

**제237조【경계표, 담의 설치권】** ① 인접하여 토지를 소유한 자는 공동비용으로 통상의 경계표나 담을 설치할 수 있다.

② 전항의 비용은 쌍방이 절반하여 부담한다. 그러나 측량비용은 토지의 면적에 비례하여 부담한다.

③ 전2항의 규정은 다른 관습이 있으면 그 관습에 의한다.

**제238조【담의 특수시설권】** 인지소유자는 자기의 비용으로 담의 재료를

통상보다 양호한 것으로 할 수 있으며 그 높이를 통상보다 높게 할 수 있고 또는 방화벽 기타 특수시설을 할 수 있다.

**제239조【경계표 등의 공유추정】** 경계에 설치된 경계표, 담, 구거 등은 상린자의 공유로 추정한다. 그러나 경계표, 담, 구거 등이 상린자일방의 단독비용으로 설치되었거나 담이 건물의 일부인 경우에는 그러하지 아니하다.

**제240조【수지, 목근의 제거권】** ① 인접지의 수목가지가 경계를 넘은 때에는 그 소유자에 대하여 가지의 제거를 청구할 수 있다.

② 전항의 청구에 응하지 아니한 때에는 청구자가 그 가지를 제거할 수 있다.

③ 인접지의 수목 뿌리가 경계를 넘은 때에는 임의로 제거할 수 있다.

**제241조【토지의 심굴금지】** 토지소유자는 인접지의 지반이 붕괴할 정도로 자기의 토지를 심굴하지 못한다. 그러나 충분한 방어공사를 한 때에는 그러하지 아니하다.

**제242조【경계선부근의 건축】** ① 건물을 축조함에는 특별한 관습이 없으면 경계로부터 반미터 이상의 거리를 두어야 한다.

② 인접지소유자는 전항의 규정에 위반한 자에 대하여 건물의 변경이나 철거를 청구할 수 있다. 그러나 건축에 착수한 후 1년을 경과하거나 건물이 완성된 후에는 손해배상만을 청구할 수 있다.

**제243조【차면시설의무】** 경계로부터 2미터 이내의 거리에서 이웃 주택의 내부를 관망할 수 있는 창이나 마루를 설치하는 경우에는 적당한 차면시설을 하여야 한다.

**제244조【지하시설 등에 대한 제한】** ① 우물을 파거나 용수, 하수 또는 오물 등을 저치할 지하시설을 하는 때에는 경계로부터 2미터 이상의 거리를 두어야 하며 저수지, 구거 또는 지하실 공사에는 경계로부터 그 깊이의 반 이상의 거리를 두어야 한다.

② 전항의 공사를 함에는 토사가 붕괴하거나 하수 또는 오액이 이웃에 흐르지 아니하도록 적당한 조처를 하여야 한다.

## 제2절 소유권의 취득

**제245조【점유로 인한 부동산소유권의 취득기간】** ① 20년간 소유의 의사로 평온, 공연하게 부동산을 점유하는 자는 등기함으로써 그 소유권을 취득한다.

② 부동산의 소유자로 등기한 자가 10년간 소유의 의사로 평온, 공연하게 선의이며 과실없이 그 부동산을 점유한 때에는 소유권을 취득한다.

**제246조【점유로 인한 동산소유권의 취득기간】** ① 10년간 소유의 의사로 평온, 공연하게 동산을 점유한 자는 그 소유권을 취득한다.

② 전항의 점유가 선의이며 과실없이 개시된 경우에는 5년을 경과함으로써 그 소유권을 취득한다.

**제247조【소유권취득의 소급효, 중단사유】** ① 전2조의 규정에 의한 소유권취득의 효력은 점유를 개시한 때에 소급한다.

② 소멸시효의 중단에 관한 규정은 전2조의 소유권취득기간에 준용한다.

**제248조【소유권 이외의 재산권의 취득시효】** 전3조의 규정은 소유권 이외의 재산권의 취득에 준용한다.

**제249조【선의취득】** 평온, 공연하게 동산을 양수한 자가 선의이며 과실없이 그 동산을 점유한 경우에는 양도인이 정당한 소유자가 아닌 때에도 즉시 그 동산의 소유권을 취득한다.

**제250조【도품, 유실물에 대한 특례】** 전조의 경우에 그 동산이 도품이나 유실물인 때에는 피해자 또는 유실자는 도난 또는 유실한 날로부터 2년내에 그 물건의 반환을 청구할 수 있다. 그러나 도품이나 유실물이 금전인 때에는 그러하지 아니하다.

**제251조【도품, 유실물에 대한 특례】** 양수인이 도품 또는 유실물을 경매나 공개시장에서 또는 동종류의 물건을 판매하는 상인에게서 선의로 매수한 때에는 피해자 또는 유실자는 양수인이 지급한 대가를 변상하고 그 물건의 반환을 청구할 수 있다.

**제252조【무주물의 귀속】** ① 무주의 동산을 소유의 의사로 점유한 자는 그 소유권을 취득한다.

② 무주의 부동산은 국유로 한다.

③ 야생하는 동물은 무주물로 하고 사양하는 야생동물도 다시 야생상태로 돌아가면 무주물로 한다.

**제253조【유실물의 소유권취득】** 유실물은 법률에 정한 바에 의하여 공고한 후 6개월 내에 그 소유자가 권리를 주장하지 아니하면 습득자가 그 소유권을 취득한다.(2013.4.5 본조개정)

**제254조【매장물의 소유권취득】** 매장물은 법률에 정한 바에 의하여 공고한 후 1년내에 그 소유자가 권리를 주장하지 아니하면 발견자가 그 소유권을 취득한다. 그러나 타인의 토지 기타 물건으로부터 발견한 매장물은 그 토지 기타 물건의 소유자와 발견자가 절반하여 취득한다.

**제255조【「국가유산기본법」 제3조에 따른 국가유산의 국유】** ① 학술, 기예 또는 고고의 중요한 재료가 되는 물건에 대하여는 제252조제1항 및 전2조의 규정에 의하지 아니하고 국유로 한다.

② 전항의 경우에 습득자, 발견자 및 매장물이 발견된 토지 기타 물건의 소유자는 국가에 대하여 적당한 보상을 청구할 수 있다.

(2023.5.16 본조제목개정)

**제256조【부동산에의 부합】** 부동산의 소유자는 그 부동산에 부합한 물건의 소유권을 취득한다. 그러나 타인의 권원에 의하여 부속된 것은 그러하지 아니하다.

**제257조【동산간의 부합】** 동산과 동산이 부합하여 훼손하지 아니하면 분리할 수 없거나 그 분리에 과다한 비용을 요할 경우에는 그 합성물의 소유권은 주된 동산의 소유자에게 속한다. 부합한 동산의 주종을 구별할 수 없는 때에는 동산의 소유자는 부합당시의 가액의 비율로 합성물을 공유한다.

**제258조【혼화】** 전조의 규정은 동산과 동산이 혼화하여 식별할 수 없는 경우에 준용한다.

**제259조【가공】** ① 타인의 동산에 가공한 때에는 그 물건의 소유권은 원재료의 소유자에게 속한다. 그러나 가공으로 인한 가액의 증가가 원재료의 가액보다 현저히 다액인 때에는 가공자의 소유로 한다.

② 가공자가 재료의 일부를 제공하였을 때에는 그 가액은 전항의 증가액에 가산한다.

**제260조【첨부의 효과】** ① 전4조의 규정에 의하여 동산의 소유권이 소멸한 때에는 그 동산을 목적으로 한 다른 권리도 소멸한다.

② 동산의 소유자가 합성물, 혼화물 또는 가공물의 단독소유자가 된 때에는 전항의 권리는 합성물, 혼화물 또는 가공물에 존속하고 그 공유자가 된 때에는 그 지분에 존속한다.

**제261조【첨부로 인한 구상권】** 전5조의 경우에 손해를 받은 자는 부당이득에 관한 규정에 의하여 보상을 청구할 수 있다.

## 제3절 공동소유

**제262조【물건의 공유】** ① 물건이 지분에 의하여 수인의 소유로 된 때에는 공유로 한다.
② 공유자의 지분은 균등한 것으로 추정한다.

**제263조【공유지분의 처분과 공유물의 사용, 수익】** 공유자는 그 지분을 처분할 수 있고 공유물 전부를 지분의 비율로 사용, 수익할 수 있다.

**제264조【공유물의 처분, 변경】** 공유자는 다른 공유자의 동의없이 공유물을 처분하거나 변경하지 못한다.

**제265조【공유물의 관리, 보존】** 공유물의 관리에 관한 사항은 공유자의 지분의 과반수로써 결정한다. 그러나 보존행위는 각자가 할 수 있다.

**제266조【공유물의 부담】** ① 공유자는 그 지분의 비율로 공유물의 관리비용 기타 의무를 부담한다.
② 공유자가 1년 이상 전항의 의무이행을 지체한 때에는 다른 공유자는 상당한 가액으로 지분을 매수할 수 있다.

**제267조【지분포기 등의 경우의 귀속】** 공유자가 그 지분을 포기하거나 상속인없이 사망한 때에는 그 지분은 다른 공유자에게 각 지분의 비율로 귀속한다.

**제268조【공유물의 분할청구】** ① 공유자는 공유물의 분할을 청구할 수 있다. 그러나 5년내의 기간으로 분할하지 아니할 것을 약정할 수 있다.
② 전항의 계약을 갱신한 때에는 그 기간은 갱신한 날로부터 5년을 넘지 못한다.
③ 전2항의 규정은 제215조, 제239조의 공유물에는 적용하지 아니한다.

**제269조【분할의 방법】** ① 분할의 방법에 관하여 협의가 성립되지 아니한 때에는 공유자는 법원에 그 분할을 청구할 수 있다.
② 현물로 분할할 수 없거나 분할로 인하여 현저히 그 가액이 감손될 염려가 있는 때에는 법원은 물건의 경매를 명할 수 있다.

**제270조【분할로 인한 담보책임】** 공유자는 다른 공유자가 분할로 인하여 취득한 물건에 대하여 그 지분의 비율로 매도인과 동일한 담보책임이 있다.

**제271조【물건의 합유】** ① 법률의 규정 또는 계약에 의하여 수인이 조합체로서 물건을 소유하는 때에는 합유로 한다. 합유자의 권리는 합유물 전부에 미친다.
② 합유에 관하여는 전항의 규정 또는 계약에 의하는 외에 다음 3조의 규정에 의한다.

**제272조【합유물의 처분, 변경과 보존】** 합유물을 처분 또는 변경함에는 합유자 전원의 동의가 있어야 한다. 그러나 보존행위는 각자가 할 수 있다.

**제273조【합유지분의 처분과 합유물의 분할금지】** ① 합유자는 전원의 동의없이 합유물에 대한 지분을 처분하지 못한다.
② 합유자는 합유물의 분할을 청구하지 못한다.

**제274조【합유의 종료】** ① 합유는 조합체의 해산 또는 합유물의 양도로 인하여 종료한다.
② 전항의 경우에 합유물의 분할에 관하여는 공유물의 분할에 관한 규정을 준용한다.

**제275조【물건의 총유】** ① 법인이 아닌 사단의 사원이 집합체로서 물건을 소유할 때에는 총유로 한다.
② 총유에 관하여는 사단의 정관 기타 계약에 의하는 외에 다음 2조의 규정에 의한다.

**제276조【총유물의 관리, 처분과 사용, 수익】** ① 총유물의 관리 및 처분은 사원총회의 결의에 의한다.

② 각 사원은 정관 기타의 규약에 좇아 총유물을 사용, 수익할 수 있다.

**제277조【총유물에 관한 권리의무의 득상】** 총유물에 관한 사원의 권리의무는 사원의 지위를 취득상실함으로써 취득상실된다.

**제278조【준공동소유】** 본절의 규정은 소유권이외의 재산권에 준용한다. 그러나 다른 법률에 특별한 규정이 있으면 그에 의한다.

## 제4장 지상권

**제279조【지상권의 내용】** 지상권자는 타인의 토지에 건물 기타 공작물이나 수목을 소유하기 위하여 그 토지를 사용하는 권리가 있다.

**제280조【존속기간을 약정한 지상권】**
① 계약으로 지상권의 존속기간을 정하는 경우에는 그 기간은 다음 연한보다 단축하지 못한다.

1. 석조, 석회조, 연와조 또는 이와 유사한 견고한 건물이나 수목의 소유를 목적으로 하는 때에는 30년
2. 전호이외의 건물의 소유를 목적으로 하는 때에는 15년
3. 건물이외의 공작물의 소유를 목적으로 하는 때에는 5년

② 전항의 기간보다 단축한 기간을 정한 때에는 전항의 기간까지 연장한다.

**제281조【존속기간을 약정하지 아니한 지상권】** ① 계약으로 지상권의 존속기간을 정하지 아니한 때에는 그 기간은 전조의 최단존속기간으로 한다.
② 지상권설정당시에 공작물의 종류와 구조를 정하지 아니한 때에는 지상권은 전조제2호의 건물의 소유를 목적으로 한 것으로 본다.

**제282조【지상권의 양도, 임대】** 지상권자는 타인에게 그 권리를 양도하거나 그 권리의 존속기간내에서 그 토지를 임대할 수 있다.

**제283조【지상권자의 갱신청구권, 매수청구권】** ① 지상권이 소멸한 경우에 건물 기타 공작물이나 수목이 현존한 때에는 지상권자는 계약의 갱신을 청구할 수 있다.
② 지상권설정자가 계약의 갱신을 원하지 아니하는 때에는 지상권자는 상당한 가액으로 전항의 공작물이나 수목의 매수를 청구할 수 있다.

**제284조【갱신과 존속기간】** 당사자가 계약을 갱신하는 경우에는 지상권의 존속기간은 갱신한 날로부터 제280조의 최단존속기간보다 단축하지 못한다. 그러나 당사자는 이보다 장기의 기간을 정할 수 있다.

**제285조【수거의무, 매수청구권】** ① 지상권이 소멸한 때에는 지상권자는 건물 기타 공작물이나 수목을 수거하여 토지를 원상에 회복하여야 한다.
② 전항의 경우에 지상권설정자가 상당한 가액을 제공하여 그 공작물이나 수목의 매수를 청구한 때에는 지상권자는 정당한 이유없이 이를 거절하지 못한다.

**제286조【지료증감청구권】** 지료가 토지에 관한 조세 기타 부담의 증감이나 지가의 변동으로 인하여 상당하지 아니하게 된 때에는 당사자는 그 증감을 청구할 수 있다.

**제287조【지상권소멸청구권】** 지상권자가 2년 이상의 지료를 지급하지 아니한 때에는 지상권설정자는 지상권의 소멸을 청구할 수 있다.

**제288조【지상권소멸청구와 저당권자에 대한 통지】** 지상권이 저당권의 목적인 때 또는 그 토지에 있는 건물, 수목이 저당권의 목적이 된 때에는 전조의 청구는 저당권자에게 통지한 후 상당한 기간이 경과함으로써 그 효력이 생긴다.

**제289조【강행규정】** 제280조 내지 제287조의 규정에 위반되는 계약으로

지상권자에게 불리한 것은 그 효력이 없다.

**제289조의2【구분지상권】** ① 지하 또는 지상의 공간은 상하의 범위를 정하여 건물 기타 공작물을 소유하기 위한 지상권의 목적으로 할 수 있다. 이 경우 설정행위로써 지상권의 행사를 위하여 토지의 사용을 제한할 수 있다.

② 제1항의 규정에 의한 구분지상권은 제3자가 토지를 사용·수익할 권리를 가진 때에도 그 권리자 및 그 권리를 목적으로 하는 권리를 가진 자 전원의 승낙이 있으면 이를 설정할 수 있다. 이 경우 토지를 사용·수익할 권리를 가진 제3자는 그 지상권의 행사를 방해하여서는 아니된다.

(1984.4.10 본조신설)

**제290조【준용규정】** ① 제213조, 제214조, 제216조 내지 제244조의 규정은 지상권자간 또는 지상권자와 인지소유자간에 이를 준용한다.

② 제280조 내지 제289조 및 제1항의 규정은 제289조의2의 규정에 의한 구분지상권에 관하여 이를 준용한다.

(1984.4.10 본항신설)

## 제5장 지역권

**제291조【지역권의 내용】** 지역권자는 일정한 목적을 위하여 타인의 토지를 자기토지의 편익에 이용하는 권리가 있다.

**제292조【부종성】** ① 지역권은 요역지소유권에 부종하여 이전하며 또는 요역지에 대한 소유권이외의 권리의 목적이 된다. 그러나 다른 약정이 있는 때에는 그 약정에 의한다.

② 지역권은 요역지와 분리하여 양도하거나 다른 권리의 목적으로 하지 못한다.

**제293조【공유관계, 일부양도와 불가분성】** ① 토지공유자의 1인은 지분에 관하여 그 토지를 위한 지역권 또는 그 토지가 부담한 지역권을 소멸하게 하지 못한다.

② 토지의 분할이나 토지의 일부양도의 경우에는 지역권은 요역지의 각 부분을 위하여 또는 그 승역지의 각 부분에 존속한다. 그러나 지역권이 토지의 일부분에만 관한 것인 때에는 다른 부분에 대하여는 그러하지 아니하다.

**제294조【지역권취득기간】** 지역권은 계속되고 표현된 것에 한하여 제245조의 규정을 준용한다.

**제295조【취득과 불가분성】** ① 공유자의 1인이 지역권을 취득한 때에는 다른 공유자도 이를 취득한다.

② 점유로 인한 지역권취득기간의 중단은 지역권을 행사하는 모든 공유자에 대한 사유가 아니면 그 효력이 없다.

**제296조【소멸시효의 중단, 정지와 불가분성】** 요역지가 수인의 공유인 경우에 그 1인에 의한 지역권소멸시효의 중단 또는 정지는 다른 공유자를 위하여 효력이 있다.

**제297조【용수지역권】** ① 용수승역지의 수량이 요역지 및 승역지의 수요에 부족한 때에는 그 수요정도에 의하여 먼저 가용에 공급하고 다른 용도에 공급하여야 한다. 그러나 설정행위에 다른 약정이 있는 때에는 그 약정에 의한다.

② 승역지에 수개의 용수지역권이 설정된 때에는 후순위의 지역권자는 선순위의 지역권자의 용수를 방해하지 못한다.

**제298조【승역지소유자의 의무와 승계】** 계약에 의하여 승역지소유자가 자기의 비용으로 지역권의 행사를 위하여 공작물의 설치 또는 수선의 의무를 부담한 때에는 승역지소유자의 특별승계인도 그 의무를 부담한다.

**제299조【위기에 의한 부담면제】** 승역지의 소유자는 지역권에 필요한 부

분의 토지소유권을 지역권자에게 위기하여 전조의 부담을 면할 수 있다.

**제300조【공작물의 공동사용】** ① 승역지의 소유자는 지역권의 행사를 방해하지 아니하는 범위내에서 지역권자가 지역권의 행사를 위하여 승역지에 설치한 공작물을 사용할 수 있다.

② 전항의 경우에 승역지의 소유자는 수익정도의 비율로 공작물의 설치, 보존의 비용을 분담하여야 한다.

**제301조【준용규정】** 제214조의 규정은 지역권에 준용한다.

**제302조【특수지역권】** 어느 지역의 주민이 집합체의 관계로 각자가 타인의 토지에서 초목, 야생물 및 토사의 채취, 방목 기타의 수익을 하는 권리가 있는 경우에는 관습에 의하는 외에 본장의 규정을 준용한다.

## 제6장 전세권

**제303조【전세권의 내용】** ① 전세권자는 전세금을 지급하고 타인의 부동산을 점유하여 그 부동산의 용도에 좇아 사용·수익하며, 그 부동산 전부에 대하여 후순위권리자 기타 채권자보다 전세금의 우선변제를 받을 권리가 있다. (1984.4.10 본항개정)

② 농경지는 전세권의 목적으로 하지 못한다.

**제304조【건물의 전세권, 지상권, 임차권에 대한 효력】** ① 타인의 토지에 있는 건물에 전세권을 설정한 때에는 전세권의 효력은 그 건물의 소유를 목적으로 한 지상권 또는 임차권에 미친다.

② 전항의 경우에 전세권설정자는 전세권자의 동의없이 지상권 또는 임차권을 소멸하게 하는 행위를 하지 못한다.

**제305조【건물의 전세권과 법정지상권】** ① 대지와 건물이 동일한 소유자에 속한 경우에 건물에 전세권을 설정한 때에는 그 대지소유권의 특별승계인은 전세권설정자에 대하여 지상권을 설정한 것으로 본다. 그러나 지료는 당사자의 청구에 의하여 법원이 이를 정한다.

② 전항의 경우에 대지소유자는 타인에게 그 대지를 임대하거나 이를 목적으로 한 지상권 또는 전세권을 설정하지 못한다.

**제306조【전세권의 양도, 임대 등】** 전세권자는 전세권을 타인에게 양도 또는 담보로 제공할 수 있고 그 존속기간내에서 그 목적물을 타인에게 전전세 또는 임대할 수 있다. 그러나 설정행위로 이를 금지한 때에는 그러하지 아니하다.

**제307조【전세권양도의 효력】** 전세권양수인은 전세권설정자에 대하여 전세권양도인과 동일한 권리의무가 있다.

**제308조【전전세 등의 경우의 책임】** 전세권의 목적물을 전전세 또는 임대한 경우에는 전세권자는 전전세 또는 임대하지 아니하였으면 면할 수 있는 불가항력으로 인한 손해에 대하여 그 책임을 부담한다.

**제309조【전세권자의 유지, 수선의무】** 전세권자는 목적물의 현상을 유지하고 그 통상의 관리에 속한 수선을 하여야 한다.

**제310조【전세권자의 상환청구권】** ① 전세권자가 목적물을 개량하기 위하여 지출한 금액 기타 유익비에 관하여는 그 가액의 증가가 현존한 경우에 한하여 소유자의 선택에 좇아 그 지출액이나 증가액의 상환을 청구할 수 있다.

② 전항의 경우에 법원은 소유자의 청구에 의하여 상당한 상환기간을 허여할 수 있다.

**제311조【전세권의 소멸청구】** ① 전세권자가 전세권설정계약 또는 그 목적물의 성질에 의하여 정하여진 용법으로 이를 사용, 수익하지 아니한 경우에는 전세권설정자는 전세권의 소멸을 청구할 수 있다.

② 전항의 경우에는 전세권설정자는 전세권자에 대하여 원상회복 또는 손해배상을 청구할 수 있다.

**제312조 【전세권의 존속기간】** ① 전세권의 존속기간은 10년을 넘지 못한다. 당사자의 약정기간이 10년을 넘는 때에는 이를 10년으로 단축한다.

② 건물에 대한 전세권의 존속기간을 1년 미만으로 정한 때에는 이를 1년으로 한다.(1984.4.10 본항신설)

③ 전세권의 설정은 이를 갱신할 수 있다. 그 기간은 갱신한 날로부터 10년을 넘지 못한다.

④ 건물의 전세권설정자가 전세권의 존속기간 만료전 6월부터 1월까지 사이에 전세권자에 대하여 갱신거절의 통지 또는 조건을 변경하지 아니하면 갱신하지 아니한다는 뜻의 통지를 하지 아니한 경우에는 그 기간이 만료된 때에 전 전세권과 동일한 조건으로 다시 전세권을 설정한 것으로 본다. 이 경우 전세권의 존속기간은 그 정함이 없는 것으로 본다.(1984.4.10 본항신설)

**제312조의2 【전세금 증감청구권】** 전세금이 목적 부동산에 관한 조세·공과금 기타 부담의 증감이나 경제사정의 변동으로 인하여 상당하지 아니하게 된 때에는 당사자는 장래에 대하여 그 증감을 청구할 수 있다. 그러나 증액의 경우에는 대통령령이 정하는 기준에 따른 비율을 초과하지 못한다.
(1984.4.10 본조신설)

**제313조 【전세권의 소멸통고】** 전세권의 존속기간을 약정하지 아니한 때에는 각 당사자는 언제든지 상대방에 대하여 전세권의 소멸을 통고할 수 있고 상대방이 이 통고를 받은 날로부터 6월이 경과하면 전세권은 소멸한다.

**제314조 【불가항력으로 인한 멸실】** ① 전세권의 목적물의 전부 또는 일부가 불가항력으로 인하여 멸실된 때에는 그 멸실된 부분의 전세권은 소멸한다.

② 전항의 일부멸실의 경우에 전세권자가 그 잔존부분으로 전세권의 목적을 달성할 수 없는 때에는 전세권설정자에 대하여 전세권 전부의 소멸을 통고하고 전세금의 반환을 청구할 수 있다.

**제315조 【전세권자의 손해배상책임】** ① 전세권의 목적물의 전부 또는 일부가 전세권자에 책임있는 사유로 인하여 멸실된 때에는 전세권자는 손해를 배상할 책임이 있다.

② 전항의 경우에 전세권설정자는 전세권이 소멸된 후 전세금으로써 손해의 배상에 충당하고 잉여가 있으면 반환하여야 하며 부족이 있으면 다시 청구할 수 있다.

**제316조 【원상회복의무, 매수청구권】** ① 전세권이 그 존속기간의 만료로 인하여 소멸한 때에는 전세권자는 그 목적물을 원상에 회복하여야 하며 그 목적물에 부속시킨 물건은 수거할 수 있다. 그러나 전세권설정자가 그 부속물건의 매수를 청구한 때에는 전세권자는 정당한 이유없이 거절하지 못한다.

② 전항의 경우에 그 부속물건이 전세권설정자의 동의를 얻어 부속시킨 것인 때에는 전세권자는 전세권설정자에 대하여 그 부속물건의 매수를 청구할 수 있다. 그 부속물건이 전세권설정자로부터 매수한 것인 때에도 같다.

**제317조 【전세권의 소멸과 동시이행】** 전세권이 소멸한 때에는 전세권설정자는 전세권자로부터 그 목적물의 인도 및 전세권설정등기의 말소등기에 필요한 서류의 교부를 받는 동시에 전세금을 반환하여야 한다.

**제318조 【전세권자의 경매청구권】** 전세권설정자가 전세금의 반환을 지체한 때에는 전세권자는 민사집행법의 정한 바에 의하여 전세권의 목적물의 경매

를 청구할 수 있다.(2001.12.29 본조개정)

**제319조【준용규정】** 제213조, 제214조, 제216조 내지 제244조의 규정은 전세권자간 또는 전세권자와 인지소유자 및 지상권자간에 이를 준용한다.

## 제7장 유치권

**제320조【유치권의 내용】** ① 타인의 물건 또는 유가증권을 점유한 자는 그 물건이나 유가증권에 관하여 생긴 채권이 변제기에 있는 경우에는 변제를 받을 때까지 그 물건 또는 유가증권을 유치할 권리가 있다.

② 전항의 규정은 그 점유가 불법행위로 인한 경우에 적용하지 아니한다.

**제321조【유치권의 불가분성】** 유치권자는 채권전부의 변제를 받을 때까지 유치물전부에 대하여 그 권리를 행사할 수 있다.

**제322조【경매, 간이변제충당】** ① 유치권자는 채권의 변제를 받기 위하여 유치물을 경매할 수 있다.

② 정당한 이유있는 때에는 유치권자는 감정인의 평가에 의하여 유치물로 직접 변제에 충당할 것을 법원에 청구할 수 있다. 이 경우에는 유치권자는 미리 채무자에게 통지하여야 한다.

**제323조【과실수취권】** ① 유치권자는 유치물의 과실을 수취하여 다른 채권보다 먼저 그 채권의 변제에 충당할 수 있다. 그러나 과실이 금전이 아닌 때에는 경매하여야 한다.

② 과실은 먼저 채권의 이자에 충당하고 그 잉여가 있으면 원본에 충당한다.

**제324조【유치권자의 선관의무】** ① 유치권자는 선량한 관리자의 주의로 유치물을 점유하여야 한다.

② 유치권자는 채무자의 승낙없이 유치물의 사용, 대여 또는 담보제공을 하지 못한다. 그러나 유치물의 보존에 필요한 사용은 그러하지 아니하다.

③ 유치권자가 전2항의 규정에 위반한 때에는 채무자는 유치권의 소멸을 청구할 수 있다.

**제325조【유치권자의 상환청구권】** ① 유치권자가 유치물에 관하여 필요비를 지출한 때에는 소유자에게 그 상환을 청구할 수 있다.

② 유치권자가 유치물에 관하여 유익비를 지출한 때에는 그 가액의 증가가 현존한 경우에 한하여 소유자의 선택에 좇아 그 지출한 금액이나 증가액의 상환을 청구할 수 있다. 그러나 법원은 소유자의 청구에 의하여 상당한 상환기간을 허여할 수 있다.

**제326조【피담보채권의 소멸시효】** 유치권의 행사는 채권의 소멸시효의 진행에 영향을 미치지 아니한다

**제327조【타담보제공과 유치권소멸】** 채무자는 상당한 담보를 제공하고 유치권의 소멸을 청구할 수 있다.

**제328조【점유상실과 유치권소멸】** 유치권은 점유의 상실로 인하여 소멸한다.

## 제8장 질 권

### 제1절 동산질권

**제329조【동산질권의 내용】** 동산질권자는 채권의 담보로 채무자 또는 제삼자가 제공한 동산을 점유하고 그 동산에 대하여 다른 채권자보다 자기채권의 우선변제를 받을 권리가 있다.

**제330조【설정계약의 요물성】** 질권의 설정은 질권자에게 목적물을 인도함으로써 그 효력이 생긴다.

**제331조【질권의 목적물】** 질권은 양도할 수 없는 물건을 목적으로 하지 못한다.

**제332조【설정자에 의한 대리점유의 금지】** 질권자는 설정자로 하여금 질물의 점유를 하게 하지 못한다.

**제333조【동산질권의 순위】** 수개의 채권을 담보하기 위하여 동일한 동산에 수개의 질권을 설정한 때에는 그 순위는 설정의 선후에 의한다.

**제334조【피담보채권의 범위】** 질권은 원본, 이자, 위약금, 질권실행의 비용, 질물보존의 비용 및 채무불이행 또는 질물의 하자로 인한 손해배상의 채권을 담보한다. 그러나 다른 약정이 있는 때에는 그 약정에 의한다.

**제335조【유치적효력】** 질권자는 전조의 채권의 변제를 받을 때까지 질물을 유치할 수 있다. 그러나 자기보다 우선권이 있는 채권자에게 대항하지 못한다.

**제336조【전질권】** 질권자는 그 권리의 범위내에서 자기의 책임으로 질물을 전질할 수 있다. 이 경우에는 전질을 하지 아니하였으면 면할 수 있는 불가항력으로 인한 손해에 대하여도 책임을 부담한다.

**제337조【전질의 대항요건】** ① 전조의 경우에 질권자가 채무자에게 전질의 사실을 통지하거나 채무자가 이를 승낙함이 아니면 전질로써 채무자, 보증인, 질권설정자 및 그 승계인에게 대항하지 못한다.

② 채무자가 전항의 통지를 받거나 승낙을 한 때에는 전질권자의 동의없이 질권자에게 채무를 변제하여도 이로써 전질권자에게 대항하지 못한다.

**제338조【경매, 간이변제충당】** ① 질권자는 채권의 변제를 받기 위하여 질물을 경매할 수 있다.

② 정당한 이유있는 때에는 질권자는 감정인의 평가에 의하여 질물로 직접변제에 충당할 것을 법원에 청구할 수 있다. 이 경우에는 질권자는 미리 채무자 및 질권설정자에게 통지하여야 한다.

**제339조【유질계약의 금지】** 질권설정자는 채무변제기전의 계약으로 질권자에게 변제에 갈음하여 질물의 소유권을 취득하게 하거나 법률에 정한 방법에 의하지 아니하고 질물을 처분할 것을 약정하지 못한다.(2014.12.30 본조개정)

**제340조【질물 이외의 재산으로부터의 변제】** ① 질권자는 질물에 의하여 변제를 받지 못한 부분의 채권에 한하여 채무자의 다른 재산으로부터 변제를 받을 수 있다.

② 전항의 규정은 질물보다 먼저 다른 재산에 관한 배당을 실시하는 경우에는 적용하지 아니한다. 그러나 다른 채권자는 질권자에게 그 배당금액의 공탁을 청구할 수 있다.

**제341조【물상보증인의 구상권】** 타인의 채무를 담보하기 위한 질권설정자가 그 채무를 변제하거나 질권의 실행으로 인하여 질물의 소유권을 잃은 때에는 보증채무에 관한 규정에 의하여 채무자에 대한 구상권이 있다.

**제342조【물상대위】** 질권은 질물의 멸실, 훼손 또는 공용징수로 인하여 질권설정자가 받을 금전 기타 물건에 대하여도 이를 행사할 수 있다. 이 경우에는 그 지급 또는 인도전에 압류하여야 한다.

**제343조【준용규정】** 제249조 내지 제251조, 제321조 내지 제325조의 규정은 동산질권에 준용한다.

**제344조【타법률에 의한 질권】** 본절의 규정은 다른 법률의 규정에 의하여 설정된 질권에 준용한다.

## 제2절 권리질권

**제345조【권리질권의 목적】** 질권은 재산권을 그 목적으로 할 수 있다. 그러나 부동산의 사용, 수익을 목적으로 하는 권리는 그러하지 아니하다.

**제346조【권리질권의 설정방법】** 권리질권의 설정은 법률에 다른 규정이 없으면 그 권리의 양도에 관한 방법에 의하여야 한다.

**제347조【설정계약의 요물성】** 채권을 질권의 목적으로 하는 경우에 채권증서가 있는 때에는 질권의 설정은 그 증서를 질권자에게 교부함으로써 그 효력이 생긴다.

**제348조【저당채권에 대한 질권과 부기등기】** 저당권으로 담보한 채권을 질권의 목적으로 한 때에는 그 저당권등기에 질권의 부기등기를 하여야 그 효력이 저당권에 미친다.

**제349조【지명채권에 대한 질권의 대항요건】** ① 지명채권을 목적으로 한 질권의 설정은 설정자가 제450조의 규정에 의하여 제삼채무자에게 질권설정의 사실을 통지하거나 제삼채무자가 이를 승낙함이 아니면 이로써 제삼채무자 기타 제삼자에게 대항하지 못한다.
② 제451조의 규정은 전항의 경우에 준용한다.

**제350조【지시채권에 대한 질권의 설정방법】** 지시채권을 질권의 목적으로 한 질권의 설정은 증서에 배서하여 질권자에게 교부함으로써 그 효력이 생긴다.

**제351조【무기명채권에 대한 질권의 설정방법】** 무기명채권을 목적으로 한 질권의 설정은 증서를 질권자에게 교부함으로써 그 효력이 생긴다.

**제352조【질권설정자의 권리처분제한】** 질권설정자는 질권자의 동의없이 질권의 목적된 권리를 소멸하게 하거나 질권자의 이익을 해하는 변경을 할 수 없다.

**제353조【질권의 목적이 된 채권의 실행방법】** ① 질권자는 질권의 목적이 된 채권을 직접 청구할 수 있다.
② 채권의 목적물이 금전인 때에는 질권자는 자기채권의 한도에서 직접 청구할 수 있다.
③ 전항의 채권의 변제기가 질권자의 채권의 변제기보다 먼저 도래한 때에는 질권자는 제삼채무자에 대하여 그 변제금액의 공탁을 청구할 수 있다. 이 경우에 질권은 그 공탁금에 존재한다.
④ 채권의 목적물이 금전 이외의 물건인 때에는 질권자는 그 변제를 받은 물건에 대하여 질권을 행사할 수 있다.

**제354조【동전】** 질권자는 전조의 규정에 의하는 외에 민사집행법에 정한 집행방법에 의하여 질권을 실행할 수 있다.(2001.12.29 본조개정)

**제355조【준용규정】** 권리질권에는 본절의 규정외에 동산질권에 관한 규정을 준용한다.

## 제9장 저당권

**제356조【저당권의 내용】** 저당권자는 채무자 또는 제삼자가 점유를 이전하지 아니하고 채무의 담보로 제공한 부동산에 대하여 다른 채권자보다 자기채권의 우선변제를 받을 권리가 있다.

**제357조【근저당】** ① 저당권은 그 담보할 채무의 최고액만을 정하고 채무의 확정을 장래에 보류하여 이를 설정할 수 있다. 이 경우에는 그 확정될 때까지의 채무의 소멸 또는 이전은 저당권에 영향을 미치지 아니한다.
② 전항의 경우에는 채무의 이자는 최고액중에 산입한 것으로 본다.

**제358조【저당권의 효력의 범위】** 저당권의 효력은 저당부동산에 부합된 물건과 종물에 미친다. 그러나 법률에 특별한 규정 또는 설정행위에 다른 약정이 있으면 그러하지 아니하다.

**제359조【과실에 대한 효력】** 저당권의 효력은 저당부동산에 대한 압류가 있은 후에 저당권설정자가 그 부동산

으로부터 수취한 과실 또는 수취할 수 있는 과실에 미친다. 그러나 저당권자가 그 부동산에 대한 소유권, 지상권 또는 전세권을 취득한 제삼자에 대하여는 압류한 사실을 통지한 후가 아니면 이로써 대항하지 못한다.

**제360조【피담보채권의 범위】** 저당권은 원본, 이자, 위약금, 채무불이행으로 인한 손해배상 및 저당권의 실행비용을 담보한다. 그러나 지연배상에 대하여는 원본의 이행기일을 경과한 후의 1년분에 한하여 저당권을 행사할 수 있다.

**제361조【저당권의 처분제한】** 저당권은 그 담보한 채권과 분리하여 타인에게 양도하거나 다른 채권의 담보로 하지 못한다.

**제362조【저당물의 보충】** 저당권설정자의 책임있는 사유로 인하여 저당물의 가액이 현저히 감소된 때에는 저당권자는 저당권설정자에 대하여 그 원상회복 또는 상당한 담보제공을 청구할 수 있다.

**제363조【저당권자의 경매청구권, 경매인】** ① 저당권자는 그 채권의 변제를 받기 위하여 저당물의 경매를 청구할 수 있다.

② 저당물의 소유권을 취득한 제삼자도 경매인이 될 수 있다.

**제364조【제삼취득자의 변제】** 저당부동산에 대하여 소유권, 지상권 또는 전세권을 취득한 제삼자는 저당권자에게 그 부동산으로 담보된 채권을 변제하고 저당권의 소멸을 청구할 수 있다.

**제365조【저당지상의 건물에 대한 경매청구권】** 토지를 목적으로 저당권을 설정한 후 그 설정자가 그 토지에 건물을 축조한 때에는 저당권자는 토지와 함께 그 건물에 대하여도 경매를 청구할 수 있다. 그러나 그 건물의 경매대가에 대하여는 우선변제를 받을 권리가 없다.

**제366조【법정지상권】** 저당물의 경매로 인하여 토지와 그 지상건물이 다른 소유자에 속한 경우에는 토지소유자는 건물소유자에 대하여 지상권을 설정한 것으로 본다. 그러나 지료는 당사자의 청구에 의하여 법원이 이를 정한다.

**제367조【제삼취득자의 비용상환청구권】** 저당물의 제삼취득자가 그 부동산의 보존, 개량을 위하여 필요비 또는 유익비를 지출한 때에는 제203조제1항, 제2항의 규정에 의하여 저당물의 경매대가에서 우선상환을 받을 수 있다.

**제368조【공동저당과 대가의 배당, 차순위자의 대위】** ① 동일한 채권의 담보로 수개의 부동산에 저당권을 설정한 경우에 그 부동산의 경매대가를 동시에 배당하는 때에는 각부동산의 경매대가에 비례하여 그 채권의 분담을 정한다.

② 전항의 저당부동산중 일부의 경매대가를 먼저 배당하는 경우에는 그 대가에서 그 채권전부의 변제를 받을 수 있다. 이 경우에 그 경매한 부동산의 차순위저당권자는 선순위저당권자가 전항의 규정에 의하여 다른 부동산의 경매대가에서 변제를 받을 수 있는 금액의 한도에서 선순위자를 대위하여 저당권을 행사할 수 있다.

**제369조【부종성】** 저당권으로 담보한 채권이 시효의 완성 기타 사유로 인하여 소멸한 때에는 저당권도 소멸한다.

**제370조【준용규정】** 제214조, 제321조, 제333조, 제340조, 제341조 및 제342조의 규정은 저당권에 준용한다.

**제371조【지상권, 전세권을 목적으로 하는 저당권】** ① 본장의 규정은 지상권 또는 전세권을 저당권의 목적으로 한 경우에 준용한다.

② 지상권 또는 전세권을 목적으로 저당권을 설정한 자는 저당권자의 동의 없이 지상권 또는 전세권을 소멸하게 하는 행위를 하지 못한다.

**제372조【타법률에 의한 저당권】** 본장의 규정은 다른 법률에 의하여 설정된 저당권에 준용한다.

## 제3편 채 권

## 제1장 총 칙

### 제1절 채권의 목적

**제373조【채권의 목적】** 금전으로 가액을 산정할 수 없는 것이라도 채권의 목적으로 할 수 있다.

**제374조【특정물인도채무자의 선관의무】** 특정물의 인도가 채권의 목적인 때에는 채무자는 그 물건을 인도하기까지 선량한 관리자의 주의로 보존하여야 한다.

**제375조【종류채권】** ① 채권의 목적을 종류로만 지정한 경우에 법률행위의 성질이나 당사자의 의사에 의하여 품질을 정할 수 없는 때에는 채무자는 중등품질의 물건으로 이행하여야 한다.

② 전항의 경우에 채무자가 이행에 필요한 행위를 완료하거나 채권자의 동의를 얻어 이행할 물건을 지정한 때에는 그때로부터 그 물건을 채권의 목적물로 한다.

**제376조【금전채권】** 채권의 목적이 어느 종류의 통화로 지급할 것인 경우에 그 통화가 변제기에 강제통용력을 잃은 때에는 채무자는 다른 통화로 변제하여야 한다.

**제377조【외화채권】** ① 채권의 목적이 다른 나라 통화로 지급할 것인 경우에는 채무자는 자기가 선택한 그 나라의 각 종류의 통화로 변제할 수 있다.

② 채권의 목적이 어느 종류의 다른 나라 통화로 지급할 것인 경우에 그 통화가 변제기에 강제통용력을 잃은 때에는 그 나라의 다른 통화로 변제하여야 한다.

**제378조【동전】** 채권액이 다른 나라 통화로 지정된 때에는 채무자는 지급할 때에 있어서의 이행지의 환금시가에 의하여 우리나라 통화로 변제할 수 있다.

**제379조【법정이율】** 이자있는 채권의 이율은 다른 법률의 규정이나 당사자의 약정이 없으면 연 5푼으로 한다.

**제380조【선택채권】** 채권의 목적이 수개의 행위 중에서 선택에 좇아 확정될 경우에 다른 법률의 규정이나 당사자의 약정이 없으면 선택권은 채무자에게 있다.

**제381조【선택권의 이전】** ① 선택권행사의 기간이 있는 경우에 선택권자가 그 기간내에 선택권을 행사하지 아니하는 때에는 상대방은 상당한 기간을 정하여 그 선택을 최고할 수 있고 선택권자가 그 기간내에 선택하지 아니하면 선택권은 상대방에게 있다.

② 선택권행사의 기간이 없는 경우에 채권의 기한이 도래한 후 상대방이 상당한 기간을 정하여 그 선택을 최고하여도 선택권자가 그 기간내에 선택하지 아니할 때에도 전항과 같다.

**제382조【당사자의 선택권의 행사】** ① 채권자나 채무자가 선택하는 경우에는 그 선택은 상대방에 대한 의사표시로 한다.

② 전항의 의사표시는 상대방의 동의가 없으면 철회하지 못한다.

**제383조【제삼자의 선택권의 행사】** ① 제삼자가 선택하는 경우에는 그 선택은 채무자 및 채권자에 대한 의사표시로 한다.

② 전항의 의사표시는 채권자 및 채무자의 동의가 없으면 철회하지 못한다.

**제384조【제삼자의 선택권의 이전】** ① 선택할 제삼자가 선택할 수 없는 경우에는 선택권은 채무자에게 있다.
② 제삼자가 선택하지 아니하는 경우에는 채권자나 채무자는 상당한 기간을 정하여 그 선택을 최고할 수 있고 제삼자가 그 기간내에 선택하지 아니하면 선택권은 채무자에게 있다.

**제385조【불능으로 인한 선택채권의 특정】** ① 채권의 목적으로 선택할 수개의 행위 중에 처음부터 불능한 것이나 또는 후에 이행불능하게 된 것이 있으면 채권의 목적은 잔존한 것에 존재한다.
② 선택권없는 당사자의 과실로 인하여 이행불능이 된 때에는 전항의 규정을 적용하지 아니한다.

**제386조【선택의 소급효】** 선택의 효력은 그 채권이 발생한 때에 소급한다. 그러나 제삼자의 권리를 해하지 못한다.

## 제2절 채권의 효력

**제387조【이행기와 이행지체】** ① 채무이행의 확정한 기한이 있는 경우에는 채무자는 기한이 도래한 때로부터 지체책임이 있다. 채무이행의 불확정한 기한이 있는 경우에는 채무자는 기한이 도래함을 안 때로부터 지체책임이 있다.
② 채무이행의 기한이 없는 경우에는 채무자는 이행청구를 받은 때로부터 지체책임이 있다.

**제388조【기한의 이익의 상실】** 채무자는 다음 각호의 경우에는 기한의 이익을 주장하지 못한다.
1. 채무자가 담보를 손상, 감소 또는 멸실하게 한 때
2. 채무자가 담보제공의 의무를 이행하지 아니한 때

**제389조【강제이행】** ① 채무자가 임의로 채무를 이행하지 아니한 때에는 채권자는 그 강제이행을 법원에 청구할 수 있다. 그러나 채무의 성질이 강제이행을 하지 못할 것인 때에는 그러하지 아니하다.
② 전항의 채무가 법률행위를 목적으로 한 때에는 채무자의 의사표시에 갈음할 재판을 청구할 수 있고 채무자의 일신에 전속하지 아니한 작위를 목적으로 한 때에는 채무자의 비용으로 제삼자에게 이를 하게 할 것을 법원에 청구할 수 있다.(2014.12.30 본항개정)
③ 그 채무가 부작위를 목적으로 한 경우에 채무자가 이에 위반한 때에는 채무자의 비용으로써 그 위반한 것을 제각하고 장래에 대한 적당한 처분을 법원에 청구할 수 있다.
④ 전3항의 규정은 손해배상의 청구에 영향을 미치지 아니한다.

**제390조【채무불이행과 손해배상】** 채무자가 채무의 내용에 좇은 이행을 하지 아니한 때에는 채권자는 손해배상을 청구할 수 있다. 그러나 채무자의 고의나 과실없이 이행할 수 없게 된 때에는 그러하지 아니하다.

**제391조【이행보조자의 고의, 과실】** 채무자의 법정대리인이 채무자를 위하여 이행하거나 채무자가 타인을 사용하여 이행하는 경우에는 법정대리인 또는 피용자의 고의나 과실은 채무자의 고의나 과실로 본다.

**제392조【이행지체 중의 손해배상】** 채무자는 자기에게 과실이 없는 경우에도 그 이행지체 중에 생긴 손해를 배상하여야 한다. 그러나 채무자가 이행기에 이행하여도 손해를 면할 수 없는 경우에는 그러하지 아니하다.

**제393조【손해배상의 범위】** ① 채무불이행으로 인한 손해배상은 통상의 손해를 그 한도로 한다.
② 특별한 사정으로 인한 손해는 채무자가 그 사정을 알았거나 알 수 있었을 때에 한하여 배상의 책임이 있다.

**제394조【손해배상의 방법】** 다른 의사표시가 없으면 손해는 금전으로 배상한다.

**제395조【이행지체와 전보배상】** 채무자가 채무의 이행을 지체한 경우에 채권자가 상당한 기간을 정하여 이행을 최고하여도 그 기간내에 이행하지 아니하거나 지체후의 이행이 채권자에게 이익이 없는 때에는 채권자는 수령을 거절하고 이행에 갈음한 손해배상을 청구할 수 있다.(2014.12.30 본조개정)

**제396조【과실상계】** 채무불이행에 관하여 채권자에게 과실이 있는 때에는 법원은 손해배상의 책임 및 그 금액을 정함에 이를 참작하여야 한다.

**제397조【금전채무불이행에 대한 특칙】** ① 금전채무불이행의 손해배상액은 법정이율에 의한다. 그러나 법령의 제한에 위반하지 아니한 약정이율이 있으면 그 이율에 의한다.

② 전항의 손해배상에 관하여는 채권자는 손해의 증명을 요하지 아니하고 채무자는 과실없음을 항변하지 못한다.

**제398조【배상액의 예정】** ① 당사자는 채무불이행에 관한 손해배상액을 예정할 수 있다.

② 손해배상의 예정액이 부당히 과다한 경우에는 법원은 적당히 감액할 수 있다.

③ 손해배상액의 예정은 이행의 청구나 계약의 해제에 영향을 미치지 아니한다.

④ 위약금의 약정은 손해배상액의 예정으로 추정한다.

⑤ 당사자가 금전이 아닌 것으로써 손해의 배상에 충당할 것을 예정한 경우에도 전4항의 규정을 준용한다.

**제399조【손해배상자의 대위】** 채권자가 그 채권의 목적인 물건 또는 권리의 가액전부를 손해배상으로 받은 때에는 채무자는 그 물건 또는 권리에 관하여 당연히 채권자를 대위한다.

**제400조【채권자지체】** 채권자가 이행을 받을 수 없거나 받지 아니한 때에는 이행의 제공있는 때로부터 지체책임이 있다.

**제401조【채권자지체와 채무자의 책임】** 채권자지체 중에는 채무자는 고의 또는 중대한 과실이 없으면 불이행으로 인한 모든 책임이 없다.

**제402조【동전】** 채권자지체 중에는 이자있는 채권이라도 채무자는 이자를 지급할 의무가 없다.

**제403조【채권자지체와 채권자의 책임】** 채권자지체로 인하여 그 목적물의 보관 또는 변제의 비용이 증가된 때에는 그 증가액은 채권자의 부담으로 한다.

**제404조【채권자대위권】** ① 채권자는 자기의 채권을 보전하기 위하여 채무자의 권리를 행사할 수 있다. 그러나 일신에 전속한 권리는 그러하지 아니하다.

② 채권자는 그 채권의 기한이 도래하기 전에는 법원의 허가없이 전항의 권리를 행사하지 못한다. 그러나 보전행위는 그러하지 아니하다.

**제405조【채권자대위권행사의 통지】**
① 채권자가 전조제1항의 규정에 의하여 보전행위 이외의 권리를 행사한 때에는 채무자에게 통지하여야 한다.

② 채무자가 전항의 통지를 받은 후에는 그 권리를 처분하여도 이로써 채권자에게 대항하지 못한다.

**제406조【채권자취소권】** ① 채무자가 채권자를 해함을 알고 재산권을 목적으로 한 법률행위를 한 때에는 채권자는 그 취소 및 원상회복을 법원에 청구할 수 있다. 그러나 그 행위로 인하여 이익을 받은 자나 전득한 자가 그 행위 또는 전득당시에 채권자를 해함을 알지 못한 경우에는 그러하지 아니하다.

② 전항의 소는 채권자가 취소원인을 안 날로부터 1년, 법률행위있은 날로부터 5년내에 제기하여야 한다.

**제407조【채권자취소의 효력】** 전조의 규정에 의한 취소와 원상회복은 모든 채권자의 이익을 위하여 그 효력이 있다.

## 제3절 수인의 채권자 및 채무자

### 제1관 총 칙

**제408조【분할채권관계】** 채권자나 채무자가 수인인 경우에 특별한 의사표시가 없으면 각 채권자 또는 각 채무자는 균등한 비율로 권리가 있고 의무를 부담한다.

### 제2관 불가분채권과 불가분채무

**제409조【불가분채권】** 채권의 목적이 그 성질 또는 당사자의 의사표시에 의하여 불가분인 경우에 채권자가 수인인 때에는 각 채권자는 모든 채권자를 위하여 이행을 청구할 수 있고 채무자는 모든 채권자를 위하여 각 채권자에게 이행할 수 있다.

**제410조【1인의 채권자에 생긴 사항의 효력】** ① 전조의 규정에 의하여 모든 채권자에게 효력이 있는 사항을 제외하고는 불가분채권자중 1인의 행위나 1인에 관한 사항은 다른 채권자에게 효력이 없다.

② 불가분채권자중의 1인과 채무자간에 경개나 면제있는 경우에 채무전부의 이행을 받은 다른 채권자는 그 1인이 권리를 잃지 아니하였으면 그에게 분급할 이익을 채무자에게 상환하여야 한다.

**제411조【불가분채무와 준용규정】** 수인이 불가분채무를 부담한 경우에는 제413조 내지 제415조, 제422조, 제424조 내지 제427조 및 전조의 규정을 준용한다.

**제412조【가분채권, 가분채무에의 변경】** 불가분채권이나 불가분채무가 가분채권 또는 가분채무로 변경된 때에는 각 채권자는 자기부분만의 이행을 청구할 권리가 있고 각 채무자는 자기부담부분만을 이행할 의무가 있다.

### 제3관 연대채무

**제413조【연대채무의 내용】** 수인의 채무자가 채무전부를 각자 이행할 의무가 있고 채무자 1인의 이행으로 다른 채무자도 그 의무를 면하게 되는 때에는 그 채무는 연대채무로 한다.

**제414조【각 연대채무자에 대한 이행청구】** 채권자는 어느 연대채무자에 대하여 또는 동시나 순차로 모든 연대채무자에 대하여 채무의 전부나 일부의 이행을 청구할 수 있다.

**제415조【채무자에 생긴 무효, 취소】** 어느 연대채무자에 대한 법률행위의 무효나 취소의 원인은 다른 연대채무자의 채무에 영향을 미치지 아니한다.

**제416조【이행청구의 절대적 효력】** 어느 연대채무자에 대한 이행청구는 다른 연대채무자에게도 효력이 있다.

**제417조【경개의 절대적 효력】** 어느 연대채무자와 채권자간에 채무의 경개가 있는 때에는 채권은 모든 연대채무자의 이익을 위하여 소멸한다.

**제418조【상계의 절대적 효력】** ① 어느 연대채무자가 채권자에 대하여 채권이 있는 경우에 그 채무자가 상계한 때에는 채권은 모든 연대채무자의 이익을 위하여 소멸한다.

② 상계할 채권이 있는 연대채무자가 상계하지 아니한 때에는 그 채무자의 부담부분에 한하여 다른 연대채무자가 상계할 수 있다.

**제419조【면제의 절대적 효력】** 어느 연대채무자에 대한 채무면제는 그 채

무자의 부담부분에 한하여 다른 연대채무자의 이익을 위하여 효력이 있다.

**제420조【혼동의 절대적 효력】** 어느 연대채무자와 채권자간에 혼동이 있는 때에는 그 채무자의 부담부분에 한하여 다른 연대채무자도 의무를 면한다.

**제421조【소멸시효의 절대적 효력】** 어느 연대채무자에 대하여 소멸시효가 완성한 때에는 그 부담부분에 한하여 다른 연대채무자도 의무를 면한다.

**제422조【채권자지체의 절대적 효력】** 어느 연대채무자에 대한 채권자의 지체는 다른 연대채무자에게도 효력이 있다.

**제423조【효력의 상대성의 원칙】** 전7조의 사항외에는 어느 연대채무자에 관한 사항은 다른 연대채무자에게 효력이 없다.

**제424조【부담부분의 균등】** 연대채무자의 부담부분은 균등한 것으로 추정한다.

**제425조【출재채무자의 구상권】** ① 어느 연대채무자가 변제 기타 자기의 출재로 공동면책이 된 때에는 다른 연대채무자의 부담부분에 대하여 구상권을 행사할 수 있다.

② 전항의 구상권은 면책된 날 이후의 법정이자 및 피할 수 없는 비용 기타 손해배상을 포함한다.

**제426조【구상요건으로서의 통지】** ① 어느 연대채무자가 다른 연대채무자에게 통지하지 아니하고 변제 기타 자기의 출재로 공동면책이 된 경우에 다른 연대채무자가 채권자에게 대항할 수 있는 사유가 있었을 때에는 그 부담부분에 한하여 이 사유로 면책행위를 한 연대채무자에게 대항할 수 있고 그 대항사유가 상계인 때에는 상계로 소멸할 채권은 그 연대채무자에게 이전된다.

② 어느 연대채무자가 변제 기타 자기의 출재로 공동면책되었음을 다른 연대채무자에게 통지하지 아니한 경우에 다른 연대채무자가 선의로 채권자에게 변제 기타 유상의 면책행위를 한 때에는 그 연대채무자는 자기의 면책행위의 유효를 주장할 수 있다.

**제427조【상환무자력자의 부담부분】** ① 연대채무자 중에 상환할 자력이 없는 자가 있는 때에는 그 채무자의 부담부분은 구상권자 및 다른 자력이 있는 채무자가 그 부담부분에 비례하여 분담한다. 그러나 구상권자에게 과실이 있는 때에는 다른 연대채무자에 대하여 분담을 청구하지 못한다.

② 전항의 경우에 상환할 자력이 없는 채무자의 부담부분을 분담할 다른 채무자가 채권자로부터 연대의 면제를 받은 때에는 그 채무자의 분담할 부분은 채권자의 부담으로 한다.

## 제4관 보증채무

**제428조【보증채무의 내용】** ① 보증인은 주채무자가 이행하지 아니하는 채무를 이행할 의무가 있다.

② 보증은 장래의 채무에 대하여도 할 수 있다.

**제428조의2【보증의 방식】** ① 보증은 그 의사가 보증인의 기명날인 또는 서명이 있는 서면으로 표시되어야 효력이 발생한다. 다만, 보증의 의사가 전자적 형태로 표시된 경우에는 효력이 없다.

② 보증채무를 보증인에게 불리하게 변경하는 경우에도 제1항과 같다.

③ 보증인이 보증채무를 이행한 경우에는 그 한도에서 제1항과 제2항에 따른 방식의 하자를 이유로 보증의 무효를 주장할 수 없다.

(2015.2.3 본조신설)

**제428조의3【근보증】** ① 보증은 불확정한 다수의 채무에 대해서도 할 수 있다. 이 경우 보증하는 채무의 최고액을 서면으로 특정하여야 한다.

② 제1항의 경우 채무의 최고액을 제428조의2제1항에 따른 서면으로 특정하지 아니한 보증계약은 효력이 없다.
(2015.2.3 본조신설)

**제429조【보증채무의 범위】** ① 보증채무는 주채무의 이자, 위약금, 손해배상 기타 주채무에 종속한 채무를 포함한다.
② 보증인은 그 보증채무에 관한 위약금 기타 손해배상액을 예정할 수 있다.

**제430조【목적, 형태상의 부종성】** 보증인의 부담이 주채무의 목적이나 형태보다 중한 때에는 주채무의 한도로 감축한다.

**제431조【보증인의 조건】** ① 채무자가 보증인을 세울 의무가 있는 경우에는 그 보증인은 행위능력 및 변제자력이 있는 자로 하여야 한다.
② 보증인이 변제자력이 없게 된 때에는 채권자는 보증인의 변경을 청구할 수 있다.
③ 채권자가 보증인을 지명한 경우에는 전2항의 규정을 적용하지 아니한다.

**제432조【타담보의 제공】** 채무자는 다른 상당한 담보를 제공함으로써 보증인을 세울 의무를 면할 수 있다.

**제433조【보증인과 주채무자항변권】**
① 보증인은 주채무자의 항변으로 채권자에게 대항할 수 있다.
② 주채무자의 항변포기는 보증인에게 효력이 없다.

**제434조【보증인과 주채무자상계권】**
보증인은 주채무자의 채권에 의한 상계로 채권자에게 대항할 수 있다.

**제435조【보증인과 주채무자의 취소권 등】** 주채무자가 채권자에 대하여 취소권 또는 해제권이나 해지권이 있는 동안은 보증인은 채권자에 대하여 채무의 이행을 거절할 수 있다.

**제436조** (2015.2.3 삭제)

**제436조의2【채권자의 정보제공의무와 통지의무 등】** ① 채권자는 보증계약을 체결할 때 보증계약의 체결 여부 또는 그 내용에 영향을 미칠 수 있는 주채무자의 채무 관련 신용정보를 보유하고 있거나 알고 있는 경우에는 보증인에게 그 정보를 알려야 한다. 보증계약을 갱신할 때에도 또한 같다.
② 채권자는 보증계약을 체결한 후에 다음 각 호의 어느 하나에 해당하는 사유가 있는 경우에는 지체 없이 보증인에게 그 사실을 알려야 한다.
1. 주채무자가 원본, 이자, 위약금, 손해배상 또는 그 밖에 주채무에 종속한 채무를 3개월 이상 이행하지 아니하는 경우
2. 주채무자가 이행기에 이행할 수 없음을 미리 안 경우
3. 주채무자의 채무 관련 신용정보에 중대한 변화가 생겼음을 알게 된 경우

③ 채권자는 보증인의 청구가 있으면 주채무의 내용 및 그 이행 여부를 알려야 한다.
④ 채권자가 제1항부터 제3항까지의 규정에 따른 의무를 위반하여 보증인에게 손해를 입힌 경우에는 법원은 그 내용과 정도 등을 고려하여 보증채무를 감경하거나 면제할 수 있다.
(2015.2.3 본조신설)

**제437조【보증인의 최고, 검색의 항변】** 채권자가 보증인에게 채무의 이행을 청구한 때에는 보증인은 주채무자의 변제자력이 있는 사실 및 그 집행이 용이할 것을 증명하여 먼저 주채무자에게 청구할 것과 그 재산에 대하여 집행할 것을 항변할 수 있다. 그러나 보증인이 주채무자와 연대하여 채무를 부담한 때에는 그러하지 아니하다.

**제438조【최고, 검색의 해태의 효과】**
전조의 규정에 의한 보증인의 항변에 불구하고 채권자의 해태로 인하여 채무자로부터 전부나 일부의 변제를 받지 못한 경우에는 채권자가 해태하지

아니하였으면 변제받았을 한도에서 보증인은 그 의무를 면한다.

**제439조 【공동보증의 분별의 이익】** 수인의 보증인이 각자의 행위로 보증채무를 부담한 경우에도 제408조의 규정을 적용한다.

**제440조 【시효중단의 보증인에 대한 효력】** 주채무자에 대한 시효의 중단은 보증인에 대하여 그 효력이 있다.

**제441조 【수탁보증인의 구상권】** ① 주채무자의 부탁으로 보증인이 된 자가 과실없이 변제 기타의 출재로 주채무를 소멸하게 한 때에는 주채무자에 대하여 구상권이 있다.

② 제425조제2항의 규정은 전항의 경우에 준용한다.

**제442조 【수탁보증인의 사전구상권】**

① 주채무자의 부탁으로 보증인이 된 자는 다음 각호의 경우에 주채무자에 대하여 미리 구상권을 행사할 수 있다.

1. 보증인이 과실없이 채권자에게 변제할 재판을 받은 때
2. 주채무자가 파산선고를 받은 경우에 채권자가 파산재단에 가입하지 아니한 때
3. 채무의 이행기가 확정되지 아니하고 그 최장기도 확정할 수 없는 경우에 보증계약후 5년을 경과한 때
4. 채무의 이행기가 도래한 때

② 전항제4호의 경우에는 보증계약후에 채권자가 주채무자에게 허여한 기한으로 보증인에게 대항하지 못한다.

**제443조 【주채무자의 면책청구】** 전조의 규정에 의하여 주채무자가 보증인에게 배상하는 경우에 주채무자는 자기를 면책하게 하거나 자기에게 담보를 제공할 것을 보증인에게 청구할 수 있고 또는 배상할 금액을 공탁하거나 담보를 제공하거나 보증인을 면책하게 함으로써 그 배상의무를 면할 수 있다.

**제444조 【부탁없는 보증인의 구상권】**

① 주채무자의 부탁없이 보증인이 된 자가 변제 기타 자기의 출재로 주채무를 소멸하게 한 때에는 주채무자는 그 당시에 이익을 받은 한도에서 배상하여야 한다.

② 주채무자의 의사에 반하여 보증인이 된 자가 변제 기타 자기의 출재로 주채무를 소멸하게 한 때에는 주채무자는 현존이익의 한도에서 배상하여야 한다.

③ 전항의 경우에 주채무자가 구상한 날 이전에 상계원인이 있음을 주장한 때에는 그 상계로 소멸할 채권은 보증인에게 이전된다.

**제445조 【구상요건으로서의 통지】** ① 보증인이 주채무자에게 통지하지 아니하고 변제 기타 자기의 출재로 주채무를 소멸하게 한 경우에 주채무자가 채권자에게 대항할 수 있는 사유가 있었을 때에는 이 사유로 보증인에게 대항할 수 있고 그 대항사유가 상계인 때에는 상계로 소멸할 채권은 보증인에게 이전된다.

② 보증인이 변제 기타 자기의 출재로 면책되었음을 주채무자에게 통지하지 아니한 경우에 주채무자가 선의로 채권자에게 변제 기타 유상의 면책행위를 한 때에는 주채무자는 자기의 면책행위의 유효를 주장할 수 있다.

**제446조 【주채무자의 보증인에 대한 면책통지의무】** 주채무자가 자기의 행위로 면책하였음을 그 부탁으로 보증인이 된 자에게 통지하지 아니한 경우에 보증인이 선의로 채권자에게 변제 기타 유상의 면책행위를 한 때에는 보증인은 자기의 면책행위의 유효를 주장할 수 있다.

**제447조 【연대, 불가분채무의 보증인의 구상권】** 어느 연대채무자나 어느 불가분채무자를 위하여 보증인이 된 자는 다른 연대채무자나 다른 불가분채무자에 대하여 그 부담부분에 한하여 구상권이 있다.

**제448조【공동보증인간의 구상권】** ① 수인의 보증인이 있는 경우에 어느 보증인이 자기의 부담부분을 넘은 변제를 한 때에는 제444조의 규정을 준용한다.
② 주채무가 불가분이거나 각 보증인이 상호연대로 또는 주채무자와 연대로 채무를 부담한 경우에 어느 보증인이 자기의 부담부분을 넘은 변제를 한 때에는 제425조 내지 제427조의 규정을 준용한다.

## 제4절 채권의 양도

**제449조【채권의 양도성】** ① 채권은 양도할 수 있다. 그러나 채권의 성질이 양도를 허용하지 아니하는 때에는 그러하지 아니하다.
② 채권은 당사자가 반대의 의사를 표시한 경우에는 양도하지 못한다. 그러나 그 의사표시로써 선의의 제삼자에게 대항하지 못한다.

**제450조【지명채권양도의 대항요건】** ① 지명채권의 양도는 양도인이 채무자에게 통지하거나 채무자가 승낙하지 아니하면 채무자 기타 제삼자에게 대항하지 못한다.
② 전항의 통지나 승낙은 확정일자있는 증서에 의하지 아니하면 채무자 이외의 제삼자에게 대항하지 못한다.

**제451조【승낙, 통지의 효과】** ① 채무자가 이의를 보류하지 아니하고 전조의 승낙을 한 때에는 양도인에게 대항할 수 있는 사유로써 양수인에게 대항하지 못한다. 그러나 채무자가 채무를 소멸하게 하기 위하여 양도인에게 급여한 것이 있으면 이를 회수할 수 있고 양도인에 대하여 부담한 채무가 있으면 그 성립되지 아니함을 주장할 수 있다.
② 양도인이 양도통지만을 한 때에는 채무자는 그 통지를 받은 때까지 양도인에 대하여 생긴 사유로써 양수인에게 대항할 수 있다.

**제452조【양도통지와 금반언】** ① 양도인이 채무자에게 채권양도를 통지한 때에는 아직 양도하지 아니하였거나 그 양도가 무효인 경우에도 선의인 채무자는 양수인에게 대항할 수 있는 사유로 양도인에게 대항할 수 있다.
② 전항의 통지는 양수인의 동의가 없으면 철회하지 못한다.

## 제5절 채무의 인수

**제453조【채권자와의 계약에 의한 채무인수】** ① 제삼자는 채권자와의 계약으로 채무를 인수하여 채무자의 채무를 면하게 할 수 있다. 그러나 채무의 성질이 인수를 허용하지 아니하는 때에는 그러하지 아니하다.
② 이해관계없는 제삼자는 채무자의 의사에 반하여 채무를 인수하지 못한다.

**제454조【채무자와의 계약에 의한 채무인수】** ① 제삼자가 채무자와의 계약으로 채무를 인수한 경우에는 채권자의 승낙에 의하여 그 효력이 생긴다.
② 채권자의 승낙 또는 거절의 상대방은 채무자나 제삼자이다.

**제455조【승낙여부의 최고】** ① 전조의 경우에 제삼자나 채무자는 상당한 기간을 정하여 승낙여부의 확답을 채권자에게 최고할 수 있다.
② 채권자가 그 기간내에 확답을 발송하지 아니한 때에는 거절한 것으로 본다.

**제456조【채무인수의 철회, 변경】** 제삼자와 채무자간의 계약에 의한 채무인수는 채권자의 승낙이 있을 때까지 당사자는 이를 철회하거나 변경할 수 있다.

**제457조【채무인수의 소급효】** 채권자의 채무인수에 대한 승낙은 다른 의사표시가 없으면 채무를 인수한 때에 소급하여 그 효력이 생긴다. 그러나 제삼자의 권리를 침해하지 못한다.

**제458조【전채무자의 항변사유】** 인수인은 전채무자의 항변할 수 있는 사유로 채권자에게 대항할 수 있다.

**제459조【채무인수와 보증, 담보의 소멸】** 전채무자의 채무에 대한 보증이나 제삼자가 제공한 담보는 채무인수로 인하여 소멸한다. 그러나 보증인이나 제삼자가 채무인수에 동의한 경우에는 그러하지 아니하다.

## 제6절 채권의 소멸

### 제1관 변 제

**제460조【변제제공의 방법】** 변제는 채무내용에 좇은 현실제공으로 이를 하여야 한다. 그러나 채권자가 미리 변제받기를 거절하거나 채무의 이행에 채권자의 행위를 요하는 경우에는 변제준비의 완료를 통지하고 그 수령을 최고하면 된다.

**제461조【변제제공의 효과】** 변제의 제공은 그때로부터 채무불이행의 책임을 면하게 한다.

**제462조【특정물의 현상인도】** 특정물의 인도가 채권의 목적인 때에는 채무자는 이행기의 현상대로 그 물건을 인도하여야 한다.

**제463조【변제로서의 타인의 물건의 인도】** 채무의 변제로 타인의 물건을 인도한 채무자는 다시 유효한 변제를 하지 아니하면 그 물건의 반환을 청구하지 못한다.

**제464조【양도능력없는 소유자의 물건인도】** 양도할 능력없는 소유자가 채무의 변제로 물건을 인도한 경우에는 그 변제가 취소된 때에도 다시 유효한 변제를 하지 아니하면 그 물건의 반환을 청구하지 못한다.

**제465조【채권자의 선의소비, 양도와 구상권】** ① 전2조의 경우에 채권자가 변제로 받은 물건을 선의로 소비하거나 타인에게 양도한 때에는 그 변제는 효력이 있다.

② 전항의 경우에 채권자가 제삼자로부터 배상의 청구를 받은 때에는 채무자에 대하여 구상권을 행사할 수 있다.

**제466조【대물변제】** 채무자가 채권자의 승낙을 얻어 본래의 채무이행에 갈음하여 다른 급여를 한 때에는 변제와 같은 효력이 있다.(2014.12.30 본조개정)

**제467조【변제의 장소】** ① 채무의 성질 또는 당사자의 의사표시로 변제장소를 정하지 아니한 때에는 특정물의 인도는 채권성립당시에 그 물건이 있던 장소에서 하여야 한다.

② 전항의 경우에 특정물인도 이외의 채무변제는 채권자의 현주소에서 하여야 한다. 그러나 영업에 관한 채무의 변제는 채권자의 현영업소에서 하여야 한다.

**제468조【변제기전의 변제】** 당사자의 특별한 의사표시가 없으면 변제기전이라도 채무자는 변제할 수 있다. 그러나 상대방의 손해는 배상하여야 한다.

**제469조【제삼자의 변제】** ① 채무의 변제는 제삼자도 할 수 있다. 그러나 채무의 성질 또는 당사자의 의사표시로 제삼자의 변제를 허용하지 아니하는 때에는 그러하지 아니하다.

② 이해관계없는 제삼자는 채무자의 의사에 반하여 변제하지 못한다.

**제470조【채권의 준점유자에 대한 변제】** 채권의 준점유자에 대한 변제는 변제자가 선의이며 과실없는 때에 한하여 효력이 있다.

**제471조【영수증소지자에 대한 변제】** 영수증을 소지한 자에 대한 변제는 그 소지자가 변제를 받을 권한이 없는 경우에도 효력이 있다. 그러나 변제자가 그 권한없음을 알았거나 알 수 있었을 경우에는 그러하지 아니하다.

**제472조【권한없는 자에 대한 변제】** 전2조의 경우외에 변제받을 권한없는 자에 대한 변제는 채권자가 이익을 받은 한도에서 효력이 있다.

**제473조【변제비용의 부담】** 변제비용은 다른 의사표시가 없으면 채무자의 부담으로 한다. 그러나 채권자의 주소이전 기타의 행위로 인하여 변제비용이 증가된 때에는 그 증가액은 채권자의 부담으로 한다.

**제474조【영수증청구권】** 변제자는 변제를 받는 자에게 영수증을 청구할 수 있다.

**제475조【채권증서반환청구권】** 채권증서가 있는 경우에 변제자가 채무전부를 변제한 때에는 채권증서의 반환을 청구할 수 있다. 채권이 변제이외의 사유로 전부 소멸한 때에도 같다.

**제476조【지정변제충당】** ① 채무자가 동일한 채권자에 대하여 같은 종류를 목적으로 한 수개의 채무를 부담한 경우에 변제의 제공이 그 채무전부를 소멸하게 하지 못하는 때에는 변제자는 그 당시 어느 채무를 지정하여 그 변제에 충당할 수 있다.

② 변제자가 전항의 지정을 하지 아니할 때에는 변제받는 자는 그 당시 어느 채무를 지정하여 변제에 충당할 수 있다. 그러나 변제자가 그 충당에 대하여 즉시 이의를 한 때에는 그러하지 아니하다.

③ 전2항의 변제충당은 상대방에 대한 의사표시로써 한다.

**제477조【법정변제충당】** 당사자가 변제에 충당할 채무를 지정하지 아니한 때에는 다음 각호의 규정에 의한다.

1. 채무중에 이행기가 도래한 것과 도래하지 아니한 것이 있으면 이행기가 도래한 채무의 변제에 충당한다.
2. 채무전부의 이행기가 도래하였거나 도래하지 아니한 때에는 채무자에게 변제이익이 많은 채무의 변제에 충당한다.
3. 채무자에게 변제이익이 같으면 이행기가 먼저 도래한 채무나 먼저 도래할 채무의 변제에 충당한다.
4. 전2호의 사항이 같은 때에는 그 채무액에 비례하여 각 채무의 변제에 충당한다.

**제478조【부족변제의 충당】** 1개의 채무에 수개의 급여를 요할 경우에 변제자가 그 채무전부를 소멸하게 하지 못한 급여를 한 때에는 전2조의 규정을 준용한다.

**제479조【비용, 이자, 원본에 대한 변제충당의 순서】** ① 채무자가 1개 또는 수개의 채무의 비용 및 이자를 지급할 경우에 변제자가 그 전부를 소멸하게 하지 못한 급여를 한 때에는 비용, 이자, 원본의 순서로 변제에 충당하여야 한다.

② 전항의 경우에 제477조의 규정을 준용한다.

**제480조【변제자의 임의대위】** ① 채무자를 위하여 변제한 자는 변제와 동시에 채권자의 승낙을 얻어 채권자를 대위할 수 있다.

② 전항의 경우에 제450조 내지 제452조의 규정을 준용한다.

**제481조【변제자의 법정대위】** 변제할 정당한 이익이 있는 자는 변제로 당연히 채권자를 대위한다.

**제482조【변제자대위의 효과, 대위자간의 관계】** ① 전2조의 규정에 의하여 채권자를 대위한 자는 자기의 권리에 의하여 구상할 수 있는 범위에서 채권 및 그 담보에 관한 권리를 행사할 수 있다.

② 전항의 권리행사는 다음 각호의 규정에 의하여야 한다.

1. 보증인은 미리 전세권이나 저당권의 등기에 그 대위를 부기하지 아니하면 전세물이나 저당물에 권리를

취득한 제삼자에 대하여 채권자를 대위하지 못한다.
2. 제삼취득자는 보증인에 대하여 채권자를 대위하지 못한다.
3. 제삼취득자 중의 1인은 각 부동산의 가액에 비례하여 다른 제삼취득자에 대하여 채권자를 대위한다.
4. 자기의 재산을 타인의 채무의 담보로 제공한 자가 수인인 경우에는 전호의 규정을 준용한다.
5. 자기의 재산을 타인의 채무의 담보로 제공한 자와 보증인간에는 그 인원수에 비례하여 채권자를 대위한다. 그러나 자기의 재산을 타인의 채무의 담보로 제공한 자가 수인인 때에는 보증인의 부담부분을 제외하고 그 잔액에 대하여 각 재산의 가액에 비례하여 대위한다. 이 경우에 그 재산이 부동산인 때에는 제1호의 규정을 준용한다.

**제483조【일부의 대위】** ① 채권의 일부에 대하여 대위변제가 있는 때에는 대위자는 그 변제한 가액에 비례하여 채권자와 함께 그 권리를 행사한다.
② 전항의 경우에 채무불이행을 원인으로 하는 계약의 해지 또는 해제는 채권자만이 할 수 있고 채권자는 대위자에게 그 변제한 가액과 이자를 상환하여야 한다.

**제484조【대위변제와 채권증서, 담보물】** ① 채권전부의 대위변제를 받은 채권자는 그 채권에 관한 증서 및 점유한 담보물을 대위자에게 교부하여야 한다.
② 채권의 일부에 대한 대위변제가 있는 때에는 채권자는 채권증서에 그 대위를 기입하고 자기가 점유한 담보물의 보존에 관하여 대위자의 감독을 받아야 한다.

**제485조【채권자의 담보상실, 감소행위와 법정대위자의 면책】** 제481조의 규정에 의하여 대위할 자가 있는 경우에 채권자의 고의나 과실로 담보가 상실되거나 감소된 때에는 대위할 자는 그 상실 또는 감소로 인하여 상환을 받을 수 없는 한도에서 그 책임을 면한다.

**제486조【변제 이외의 방법에 의한 채무소멸과 대위】** 제삼자가 공탁 기타 자기의 출재로 채무자의 채무를 면하게 한 경우에도 전6조의 규정을 준용한다.

## 제2관 공 탁

**제487조【변제공탁의 요건, 효과】** 채권자가 변제를 받지 아니하거나 받을 수 없는 때에는 변제자는 채권자를 위하여 변제의 목적물을 공탁하여 그 채무를 면할 수 있다. 변제자가 과실없이 채권자를 알 수 없는 경우에도 같다.

**제488조【공탁의 방법】** ① 공탁은 채무이행지의 공탁소에 하여야 한다.
② 공탁소에 관하여 법률에 특별한 규정이 없으면 법원은 변제자의 청구에 의하여 공탁소를 지정하고 공탁물보관자를 선임하여야 한다.
③ 공탁자는 지체없이 채권자에게 공탁통지를 하여야 한다.

**제489조【공탁물의 회수】** ① 채권자가 공탁을 승인하거나 공탁소에 대하여 공탁물을 받기를 통고하거나 공탁유효의 판결이 확정되기까지는 변제자는 공탁물을 회수할 수 있다. 이 경우에는 공탁하지 아니한 것으로 본다.
② 전항의 규정은 질권 또는 저당권이 공탁으로 인하여 소멸한 때에는 적용하지 아니한다.

**제490조【자조매각금의 공탁】** 변제의 목적물이 공탁에 적당하지 아니하거나 멸실 또는 훼손될 염려가 있거나 공탁에 과다한 비용을 요하는 경우에는 변제자는 법원의 허가를 얻어 그 물건을 경매하거나 시가로 방매하여 대금을 공탁할 수 있다.

**제491조【공탁물수령과 상대의무이행】** 채무자가 채권자의 상대의무이행과 동시에 변제할 경우에는 채권자는 그 의무이행을 하지 아니하면 공탁물을 수령하지 못한다.

## 제3관 상 계

**제492조【상계의 요건】** ① 쌍방이 서로 같은 종류를 목적으로 한 채무를 부담한 경우에 그 쌍방의 채무의 이행기가 도래한 때에는 각 채무자는 대등액에 관하여 상계할 수 있다. 그러나 채무의 성질이 상계를 허용하지 아니할 때에는 그러하지 아니하다.

② 전항의 규정은 당사자가 다른 의사를 표시한 경우에는 적용하지 아니한다. 그러나 그 의사표시로써 선의의 제삼자에게 대항하지 못한다.

**제493조【상계의 방법, 효과】** ① 상계는 상대방에 대한 의사표시로 한다. 이 의사표시에는 조건 또는 기한을 붙이지 못한다.

② 상계의 의사표시는 각 채무가 상계할 수 있는 때에 대등액에 관하여 소멸한 것으로 본다.

**제494조【이행지를 달리하는 채무의 상계】** 각 채무의 이행지가 다른 경우에도 상계할 수 있다. 그러나 상계하는 당사자는 상대방에게 상계로 인한 손해를 배상하여야 한다.

**제495조【소멸시효완성된 채권에 의한 상계】** 소멸시효가 완성된 채권이 그 완성전에 상계할 수 있었던 것이면 그 채권자는 상계할 수 있다.

**제496조【불법행위채권을 수동채권으로 하는 상계의 금지】** 채무가 고의의 불법행위로 인한 것인 때에는 그 채무자는 상계로 채권자에게 대항하지 못한다.

**제497조【압류금지채권을 수동채권으로 하는 상계의 금지】** 채권이 압류하지 못할 것인 때에는 그 채무자는 상계로 채권자에게 대항하지 못한다.

**제498조【지급금지채권을 수동채권으로 하는 상계의 금지】** 지급을 금지하는 명령을 받은 제삼채무자는 그 후에 취득한 채권에 의한 상계로 그 명령을 신청한 채권자에게 대항하지 못한다.

**제499조【준용규정】** 제476조 내지 제479조의 규정은 상계에 준용한다.

## 제4관 경 개

**제500조【경개의 요건, 효과】** 당사자가 채무의 중요한 부분을 변경하는 계약을 한 때에는 구채무는 경개로 인하여 소멸한다.

**제501조【채무자변경으로 인한 경개】** 채무자의 변경으로 인한 경개는 채권자와 신채무자간의 계약으로 이를 할 수 있다. 그러나 구채무자의 의사에 반하여 이를 하지 못한다.

**제502조【채권자변경으로 인한 경개】** 채권자의 변경으로 인한 경개는 확정일자있는 증서로 하지 아니하면 이로써 제삼자에게 대항하지 못한다.

**제503조【채권자변경의 경개와 채무자승낙의 효과】** 제451조제1항의 규정은 채권자의 변경으로 인한 경개에 준용한다.

**제504조【구채무불소멸의 경우】** 경개로 인한 신채무가 원인의 불법 또는 당사자가 알지 못한 사유로 인하여 성립되지 아니하거나 취소된 때에는 구채무는 소멸되지 아니한다.

**제505조【신채무에의 담보이전】** 경개의 당사자는 구채무의 담보를 그 목적의 한도에서 신채무의 담보로 할 수 있다. 그러나 제삼자가 제공한 담보는 그 승낙을 얻어야 한다.

### 제5관 면 제

**제506조【면제의 요건, 효과】** 채권자가 채무자에게 채무를 면제하는 의사를 표시한 때에는 채권은 소멸한다. 그러나 면제로써 정당한 이익을 가진 제삼자에게 대항하지 못한다.

### 제6관 혼 동

**제507조【혼동의 요건, 효과】** 채권과 채무가 동일한 주체에 귀속한 때에는 채권은 소멸한다. 그러나 그 채권이 제삼자의 권리의 목적인 때에는 그러하지 아니하다.

## 제7절 지시채권

**제508조【지시채권의 양도방식】** 지시채권은 그 증서에 배서하여 양수인에게 교부하는 방식으로 양도할 수 있다.

**제509조【환배서】** ① 지시채권은 그 채무자에 대하여도 배서하여 양도할 수 있다.

② 배서로 지시채권을 양수한 채무자는 다시 배서하여 이를 양도할 수 있다.

**제510조【배서의 방식】** ① 배서는 증서 또는 그 보충지에 그 뜻을 기재하고 배서인이 서명 또는 기명날인함으로써 이를 한다.

② 배서는 피배서인을 지정하지 아니하고 할 수 있으며 또 배서인의 서명 또는 기명날인만으로 할 수 있다.

**제511조【약식배서의 처리방식】** 배서가 전조제2항의 약식에 의한 때에는 소지인은 다음 각호의 방식으로 처리할 수 있다.

1. 자기나 타인의 명칭을 피배서인으로 기재할 수 있다.
2. 약식으로 또는 타인을 피배서인으로 표시하여 다시 증서에 배서할 수 있다.
3. 피배서인을 기재하지 아니하고 배서 없이 증서를 제삼자에게 교부하여 양도할 수 있다.

**제512조【소지인출급배서의 효력】** 소지인출급의 배서는 약식배서와 같은 효력이 있다.

**제513조【배서의 자격수여력】** ① 증서의 점유자가 배서의 연속으로 그 권리를 증명하는 때에는 적법한 소지인으로 본다. 최후의 배서가 약식인 경우에도 같다.

② 약식배서 다음에 다른 배서가 있으면 그 배서인은 약식배서로 증서를 취득한 것으로 본다.

③ 말소된 배서는 배서의 연속에 관하여 그 기재가 없는 것으로 본다.

**제514조【동전-선의취득】** 누구든지 증서의 적법한 소지인에 대하여 그 반환을 청구하지 못한다. 그러나 소지인이 취득한 때에 양도인이 권리없음을 알았거나 중대한 과실로 알지 못한 때에는 그러하지 아니하다.

**제515조【이전배서와 인적항변】** 지시채권의 채무자는 소지인의 전자에 대한 인적관계의 항변으로 소지인에게 대항하지 못한다. 그러나 소지인이 그 채무자를 해함을 알고 지시채권을 취득한 때에는 그러하지 아니하다.

**제516조【변제의 장소】** 증서에 변제장소를 정하지 아니한 때에는 채무자의 현영업소를 변제장소로 한다. 영업소가 없는 때에는 현주소를 변제장소로 한다.

**제517조【증서의 제시와 이행지체】** 증서에 변제기한이 있는 경우에도 그 기한이 도래한 후에 소지인이 증서를 제시하여 이행을 청구한 때로부터 채무자는 지체책임이 있다.

**제518조【채무자의 조사권리의무】** 채무자는 배서의 연속여부를 조사할 의

무가 있으며 배서인의 서명 또는 날인의 진위나 소지인의 진위를 조사할 권리는 있으나 의무는 없다. 그러나 채무자가 변제하는 때에 소지인이 권리자 아님을 알았거나 중대한 과실로 알지 못한 때에는 그 변제는 무효로 한다.

**제519조【변제와 증서교부】** 채무자는 증서와 교환하여서만 변제할 의무가 있다.

**제520조【영수의 기입청구권】** ① 채무자는 변제하는 때에 소지인에 대하여 증서에 영수를 증명하는 기재를 할 것을 청구할 수 있다.
② 일부변제의 경우에 채무자의 청구가 있으면 채권자는 증서에 그 뜻을 기재하여야 한다.

**제521조【공시최고절차에 의한 증서의 실효】** 멸실한 증서나 소지인의 점유를 이탈한 증서는 공시최고의 절차에 의하여 무효로 할 수 있다.

**제522조【공시최고절차에 의한 공탁, 변제】** 공시최고의 신청이 있는 때에는 채무자로 하여금 채무의 목적물을 공탁하게 할 수 있고 소지인이 상당한 담보를 제공하면 변제하게 할 수 있다.

### 제8절 무기명채권

**제523조【무기명채권의 양도방식】** 무기명채권은 양수인에게 그 증서를 교부함으로써 양도의 효력이 있다.

**제524조【준용규정】** 제514조 내지 제522조의 규정은 무기명채권에 준용한다.

**제525조【지명소지인출급채권】** 채권자를 지정하고 소지인에게도 변제할 것을 부기한 증서는 무기명채권과 같은 효력이 있다.

**제526조【면책증서】** 제516조, 제517조 및 제520조의 규정은 채무자가 증서소지인에게 변제하여 그 책임을 면할 목적으로 발행한 증서에 준용한다.

## 제2장 계 약

### 제1절 총 칙

#### 제1관 계약의 성립

**제527조【계약의 청약의 구속력】** 계약의 청약은 이를 철회하지 못한다.

**제528조【승낙기간을 정한 계약의 청약】** ① 승낙의 기간을 정한 계약의 청약은 청약자가 그 기간내에 승낙의 통지를 받지 못한 때에는 그 효력을 잃는다.
② 승낙의 통지가 전항의 기간후에 도달한 경우에 보통 그 기간내에 도달할 수 있는 발송인 때에는 청약자는 지체없이 상대방에게 그 연착의 통지를 하여야 한다. 그러나 그 도달전에 지연의 통지를 발송한 때에는 그러하지 아니하다.
③ 청약자가 전항의 통지를 하지 아니한 때에는 승낙의 통지는 연착되지 아니한 것으로 본다.

**제529조【승낙기간을 정하지 아니한 계약의 청약】** 승낙의 기간을 정하지 아니한 계약의 청약은 청약자가 상당한 기간내에 승낙의 통지를 받지 못한 때에는 그 효력을 잃는다.

**제530조【연착된 승낙의 효력】** 전2조의 경우에 연착된 승낙은 청약자가 이를 새 청약으로 볼 수 있다.

**제531조【격지자간의 계약성립시기】** 격지자간의 계약은 승낙의 통지를 발송한 때에 성립한다.

**제532조【의사실현에 의한 계약성립】** 청약자의 의사표시나 관습에 의하여 승낙의 통지가 필요하지 아니한 경우에는 계약은 승낙의 의사표시로 인정되는 사실이 있는 때에 성립한다.

**제533조【교차청약】** 당사자간에 동일한 내용의 청약이 상호교차된 경우에

는 양청약이 상대방에게 도달한 때에 계약이 성립한다.

**제534조【변경을 가한 승낙】** 승낙자가 청약에 대하여 조건을 붙이거나 변경을 가하여 승낙한 때에는 그 청약의 거절과 동시에 새로 청약한 것으로 본다.

**제535조【계약체결상의 과실】** ① 목적이 불능한 계약을 체결할 때에 그 불능을 알았거나 알 수 있었을 자는 상대방이 그 계약의 유효를 믿었음으로 인하여 받은 손해를 배상하여야 한다. 그러나 그 배상액은 계약이 유효함으로 인하여 생길 이익액을 넘지 못한다.

② 전항의 규정은 상대방이 그 불능을 알았거나 알 수 있었을 경우에는 적용하지 아니한다.

## 제2관 계약의 효력

**제536조【동시이행의 항변권】** ① 쌍무계약의 당사자 일방은 상대방이 그 채무이행을 제공할 때까지 자기의 채무이행을 거절할 수 있다. 그러나 상대방의 채무가 변제기에 있지 아니하는 때에는 그러하지 아니하다.

② 당사자 일방이 상대방에게 먼저 이행하여야 할 경우에 상대방의 이행이 곤란할 현저한 사유가 있는 때에는 전항 본문과 같다.

**제537조【채무자위험부담주의】** 쌍무계약의 당사자 일방의 채무가 당사자 쌍방의 책임없는 사유로 이행할 수 없게 된 때에는 채무자는 상대방의 이행을 청구하지 못한다.

**제538조【채권자귀책사유로 인한 이행불능】** ① 쌍무계약의 당사자 일방의 채무가 채권자의 책임있는 사유로 이행할 수 없게 된 때에는 채무자는 상대방의 이행을 청구할 수 있다. 채권자의 수령지체 중에 당사자 쌍방의 책임없는 사유로 이행할 수 없게 된 때에도 같다.

② 전항의 경우에 채무자는 자기의 채무를 면함으로써 이익을 얻은 때에는 이를 채권자에게 상환하여야 한다.

**제539조【제삼자를 위한 계약】** ① 계약에 의하여 당사자 일방이 제삼자에게 이행할 것을 약정한 때에는 그 제삼자는 채무자에게 직접 그 이행을 청구할 수 있다.

② 전항의 경우에 제삼자의 권리는 그 제삼자가 채무자에 대하여 계약의 이익을 받을 의사를 표시한 때에 생긴다.

**제540조【채무자의 제삼자에 대한 최고권】** 전조의 경우에 채무자는 상당한 기간을 정하여 계약의 이익의 향수여부의 확답을 제삼자에게 최고할 수 있다. 채무자가 그 기간내에 확답을 받지 못한 때에는 제삼자가 계약의 이익을 받을 것을 거절한 것으로 본다.

**제541조【제삼자의 권리의 확정】** 제539조의 규정에 의하여 제삼자의 권리가 생긴 후에는 당사자는 이를 변경 또는 소멸시키지 못한다.

**제542조【채무자의 항변권】** 채무자는 제539조의 계약에 기한 항변으로 그 계약의 이익을 받을 제삼자에게 대항할 수 있다.

## 제3관 계약의 해지, 해제

**제543조【해지, 해제권】** ① 계약 또는 법률의 규정에 의하여 당사자의 일방이나 쌍방이 해지 또는 해제의 권리가 있는 때에는 그 해지 또는 해제는 상대방에 대한 의사표시로 한다.

② 전항의 의사표시는 철회하지 못한다.

**제544조【이행지체와 해제】** 당사자 일방이 그 채무를 이행하지 아니하는 때에는 상대방은 상당한 기간을 정하여 그 이행을 최고하고 그 기간내에 이행하지 아니한 때에는 계약을 해제할 수 있다. 그러나 채무자가 미리 이행하지

아니할 의사를 표시한 경우에는 최고를 요하지 아니한다.

**제545조【정기행위와 해제】** 계약의 성질 또는 당사자의 의사표시에 의하여 일정한 시일 또는 일정한 기간내에 이행하지 아니하면 계약의 목적을 달성할 수 없을 경우에 당사자 일방이 그 시기에 이행하지 아니한 때에는 상대방은 전조의 최고를 하지 아니하고 계약을 해제할 수 있다.

**제546조【이행불능과 해제】** 채무자의 책임있는 사유로 이행이 불능하게 된 때에는 채권자는 계약을 해제할 수 있다.

**제547조【해지, 해제권의 불가분성】** ① 당사자의 일방 또는 쌍방이 수인인 경우에는 계약의 해지나 해제는 그 전원으로부터 또는 전원에 대하여 하여야 한다.

② 전항의 경우에 해지나 해제의 권리가 당사자 1인에 대하여 소멸한 때에는 다른 당사자에 대하여도 소멸한다.

**제548조【해제의 효과, 원상회복의무】** ① 당사자 일방이 계약을 해제한 때에는 각 당사자는 그 상대방에 대하여 원상회복의 의무가 있다. 그러나 제삼자의 권리를 해하지 못한다.

② 전항의 경우에 반환할 금전에는 그 받은 날로부터 이자를 가하여야 한다.

**제549조【원상회복의무와 동시이행】** 제536조의 규정은 전조의 경우에 준용한다.

**제550조【해지의 효과】** 당사자 일방이 계약을 해지한 때에는 계약은 장래에 대하여 그 효력을 잃는다.

**제551조【해지, 해제와 손해배상】** 계약의 해지 또는 해제는 손해배상의 청구에 영향을 미치지 아니한다.

**제552조【해제권행사여부의 최고권】** ① 해제권의 행사의 기간을 정하지 아니한 때에는 상대방은 상당한 기간을 정하여 해제권행사여부의 확답을 해제권자에게 최고할 수 있다.

② 전항의 기간내에 해제의 통지를 받지 못한 때에는 해제권은 소멸한다.

**제553조【훼손 등으로 인한 해제권의 소멸】** 해제권자의 고의나 과실로 인하여 계약의 목적물이 현저히 훼손되거나 이를 반환할 수 없게 된 때 또는 가공이나 개조로 인하여 다른 종류의 물건으로 변경된 때에는 해제권은 소멸한다.

## 제2절 증 여

**제554조【증여의 의의】** 증여는 당사자 일방이 무상으로 재산을 상대방에 수여하는 의사를 표시하고 상대방이 이를 승낙함으로써 그 효력이 생긴다.

**제555조【서면에 의하지 아니한 증여와 해제】** 증여의 의사가 서면으로 표시되지 아니한 경우에는 각 당사자는 이를 해제할 수 있다.

**제556조【수증자의 행위와 증여의 해제】** ① 수증자가 증여자에 대하여 다음 각호의 사유가 있는 때에는 증여자는 그 증여를 해제할 수 있다.

1. 증여자 또는 그 배우자나 직계혈족에 대한 범죄행위가 있는 때
2. 증여자에 대하여 부양의무있는 경우에 이를 이행하지 아니하는 때

② 전항의 해제권은 해제원인있음을 안 날로부터 6월을 경과하거나 증여자가 수증자에 대하여 용서의 의사를 표시한 때에는 소멸한다.

**제557조【증여자의 재산상태변경과 증여의 해제】** 증여계약후에 증여자의 재산상태가 현저히 변경되고 그 이행으로 인하여 생계에 중대한 영향을 미칠 경우에는 증여자는 증여를 해제할 수 있다.

**제558조【해제와 이행완료부분】** 전3조의 규정에 의한 계약의 해제는 이미

이행한 부분에 대하여는 영향을 미치지 아니한다.

**제559조【증여자의 담보책임】** ① 증여자는 증여의 목적인 물건 또는 권리의 하자나 흠결에 대하여 책임을 지지 아니한다. 그러나 증여자가 그 하자나 흠결을 알고 수증자에게 고지하지 아니한 때에는 그러하지 아니하다.
② 상대부담있는 증여에 대하여는 증여자는 그 부담의 한도에서 매도인과 같은 담보의 책임이 있다.

**제560조【정기증여와 사망으로 인한 실효】** 정기의 급여를 목적으로 한 증여는 증여자 또는 수증자의 사망으로 인하여 그 효력을 잃는다.

**제561조【부담부증여】** 상대부담있는 증여에 대하여는 본절의 규정외에 쌍무계약에 관한 규정을 적용한다.

**제562조【사인증여】** 증여자의 사망으로 인하여 효력이 생길 증여에는 유증에 관한 규정을 준용한다.

## 제3절 매 매

### 제1관 총 칙

**제563조【매매의 의의】** 매매는 당사자 일방이 재산권을 상대방에게 이전할 것을 약정하고 상대방이 그 대금을 지급할 것을 약정함으로써 그 효력이 생긴다.

**제564조【매매의 일방예약】** ① 매매의 일방예약은 상대방이 매매를 완결할 의사를 표시하는 때에 매매의 효력이 생긴다.
② 전항의 의사표시의 기간을 정하지 아니한 때에는 예약자는 상당한 기간을 정하여 매매완결여부의 확답을 상대방에게 최고할 수 있다.
③ 예약자가 전항의 기간내에 확답을 받지 못한 때에는 예약은 그 효력을 잃는다.

**제565조【해약금】** ① 매매의 당사자 일방이 계약당시에 금전 기타 물건을 계약금, 보증금등의 명목으로 상대방에게 교부한 때에는 당사자간에 다른 약정이 없는 한 당사자의 일방이 이행에 착수할 때까지 교부자는 이를 포기하고 수령자는 그 배액을 상환하여 매매계약을 해제할 수 있다.
② 제551조의 규정은 전항의 경우에 이를 적용하지 아니한다.

**제566조【매매계약의 비용의 부담】** 매매계약에 관한 비용은 당사자 쌍방이 균분하여 부담한다.

**제567조【유상계약에의 준용】** 본절의 규정은 매매 이외의 유상계약에 준용한다. 그러나 그 계약의 성질이 이를 허용하지 아니하는 때에는 그러하지 아니하다.

### 제2관 매매의 효력

**제568조【매매의 효력】** ① 매도인은 매수인에 대하여 매매의 목적이 된 권리를 이전하여야 하며 매수인은 매도인에게 그 대금을 지급하여야 한다.
② 전항의 쌍방의무는 특별한 약정이나 관습이 없으면 동시에 이행하여야 한다.

**제569조【타인의 권리의 매매】** 매매의 목적이 된 권리가 타인에게 속한 경우에는 매도인은 그 권리를 취득하여 매수인에게 이전하여야 한다.

**제570조【동전-매도인의 담보책임】** 전조의 경우에 매도인이 그 권리를 취득하여 매수인에게 이전할 수 없는 때에는 매수인은 계약을 해제할 수 있다. 그러나 매수인이 계약당시 그 권리가 매도인에게 속하지 아니함을 안 때에는 손해배상을 청구하지 못한다.

**제571조【동전-선의의 매도인의 담보책임】** ① 매도인이 계약당시에 매매의 목적이 된 권리가 자기에게 속하지

아니함을 알지 못한 경우에 그 권리를 취득하여 매수인에게 이전할 수 없는 때에는 매도인은 손해를 배상하고 계약을 해제할 수 있다.
② 전항의 경우에 매수인이 계약당시 그 권리가 매도인에게 속하지 아니함을 안 때에는 매도인은 매수인에 대하여 그 권리를 이전할 수 없음을 통지하고 계약을 해제할 수 있다.

**제572조 【권리의 일부가 타인에게 속한 경우와 매도인의 담보책임】** ① 매매의 목적이 된 권리의 일부가 타인에게 속함으로 인하여 매도인이 그 권리를 취득하여 매수인에게 이전할 수 없는 때에는 매수인은 그 부분의 비율로 대금의 감액을 청구할 수 있다.
② 전항의 경우에 잔존한 부분만이면 매수인이 이를 매수하지 아니하였을 때에는 선의의 매수인은 계약전부를 해제할 수 있다.
③ 선의의 매수인은 감액청구 또는 계약해제외에 손해배상을 청구할 수 있다.

**제573조 【전조의 권리행사의 기간】** 전조의 권리는 매수인이 선의인 경우에는 사실을 안 날로부터, 악의인 경우에는 계약한 날로부터 1년내에 행사하여야 한다.

**제574조 【수량부족, 일부멸실의 경우와 매도인의 담보책임】** 전2조의 규정은 수량을 지정한 매매의 목적물이 부족되는 경우와 매매목적물의 일부가 계약당시에 이미 멸실된 경우에 매수인이 그 부족 또는 멸실을 알지 못한 때에 준용한다.

**제575조 【제한물권있는 경우와 매도인의 담보책임】** ① 매매의 목적물이 지상권, 지역권, 전세권, 질권 또는 유치권의 목적이 된 경우에 매수인이 이를 알지 못한 때에는 이로 인하여 계약의 목적을 달성할 수 없는 경우에 한하여 매수인은 계약을 해제할 수 있다. 기타의 경우에는 손해배상만을 청구할 수 있다.
② 전항의 규정은 매매의 목적이 된 부동산을 위하여 존재할 지역권이 없거나 그 부동산에 등기된 임대차계약이 있는 경우에 준용한다.
③ 전2항의 권리는 매수인이 그 사실을 안 날로부터 1년내에 행사하여야 한다.

**제576조 【저당권, 전세권의 행사와 매도인의 담보책임】** ① 매매의 목적이 된 부동산에 설정된 저당권 또는 전세권의 행사로 인하여 매수인이 그 소유권을 취득할 수 없거나 취득한 소유권을 잃은 때에는 매수인은 계약을 해제할 수 있다.
② 전항의 경우에 매수인의 출재로 그 소유권을 보존한 때에는 매도인에 대하여 그 상환을 청구할 수 있다.
③ 전2항의 경우에 매수인이 손해를 받은 때에는 그 배상을 청구할 수 있다.

**제577조 【저당권의 목적이 된 지상권, 전세권의 매매와 매도인의 담보책임】** 전조의 규정은 저당권의 목적이 된 지상권 또는 전세권이 매매의 목적이 된 경우에 준용한다.

**제578조 【경매와 매도인의 담보책임】** ① 경매의 경우에는 경락인은 전8조의 규정에 의하여 채무자에게 계약의 해제 또는 대금감액의 청구를 할 수 있다.
② 전항의 경우에 채무자가 자력이 없는 때에는 경락인은 대금의 배당을 받은 채권자에 대하여 그 대금전부나 일부의 반환을 청구할 수 있다.
③ 전2항의 경우에 채무자가 물건 또는 권리의 흠결을 알고 고지하지 아니하거나 채권자가 이를 알고 경매를 청구한 때에는 경락인은 그 흠결을 안 채무자나 채권자에 대하여 손해배상을 청구할 수 있다.

**제579조【채권매매와 매도인의 담보책임】** ① 채권의 매도인이 채무자의 자력을 담보한 때에는 매매계약당시의 자력을 담보한 것으로 추정한다.

② 변제기에 도달하지 아니한 채권의 매도인이 채무자의 자력을 담보한 때에는 변제기의 자력을 담보한 것으로 추정한다.

**제580조【매도인의 하자담보책임】** ① 매매의 목적물에 하자가 있는 때에는 제575조제1항의 규정을 준용한다. 그러나 매수인이 하자있는 것을 알았거나 과실로 인하여 이를 알지 못한 때에는 그러하지 아니하다.

② 전항의 규정은 경매의 경우에 적용하지 아니한다.

**제581조【종류매매와 매도인의 담보책임】** ① 매매의 목적물을 종류로 지정한 경우에도 그 후 특정된 목적물에 하자가 있는 때에는 전조의 규정을 준용한다.

② 전항의 경우에 매수인은 계약의 해제 또는 손해배상의 청구를 하지 아니하고 하자없는 물건을 청구할 수 있다.

**제582조【전2조의 권리행사기간】** 전2조에 의한 권리는 매수인이 그 사실을 안 날로부터 6월내에 행사하여야 한다.

**제583조【담보책임과 동시이행】** 제536조의 규정은 제572조 내지 제575조, 제580조 및 제581조의 경우에 준용한다.

**제584조【담보책임면제의 특약】** 매도인은 전15조에 의한 담보책임을 면하는 특약을 한 경우에도 매도인이 알고 고지하지 아니한 사실 및 제삼자에게 권리를 설정 또는 양도한 행위에 대하여는 책임을 면하지 못한다.

**제585조【동일기한의 추정】** 매매의 당사자 일방에 대한 의무이행의 기한이 있는 때에는 상대방의 의무이행에 대하여도 동일한 기한이 있는 것으로 추정한다.

**제586조【대금지급장소】** 매매의 목적물의 인도와 동시에 대금을 지급할 경우에는 그 인도장소에서 이를 지급하여야 한다.

**제587조【과실의 귀속, 대금의 이자】** 매매계약있은 후에도 인도하지 아니한 목적물로부터 생긴 과실은 매도인에게 속한다. 매수인은 목적물의 인도를 받은 날로부터 대금의 이자를 지급하여야 한다. 그러나 대금의 지급에 대하여 기한이 있는 때에는 그러하지 아니하다.

**제588조【권리주장자가 있는 경우와 대금지급거절권】** 매매의 목적물에 대하여 권리를 주장하는 자가 있는 경우에 매수인이 매수한 권리의 전부나 일부를 잃을 염려가 있는 때에는 매수인은 그 위험의 한도에서 대금의 전부나 일부의 지급을 거절할 수 있다. 그러나 매도인이 상당한 담보를 제공한 때에는 그러하지 아니하다.

**제589조【대금공탁청구권】** 전조의 경우에 매도인은 매수인에 대하여 대금의 공탁을 청구할 수 있다.

## 제3관 환 매

**제590조【환매의 의의】** ① 매도인이 매매계약과 동시에 환매할 권리를 보류한 때에는 그 영수한 대금 및 매수인이 부담한 매매비용을 반환하고 그 목적물을 환매할 수 있다.

② 전항의 환매대금에 관하여 특별한 약정이 있으면 그 약정에 의한다.

③ 전2항의 경우에 목적물의 과실과 대금의 이자는 특별한 약정이 없으면 이를 상계한 것으로 본다.

**제591조【환매기간】** ① 환매기간은 부동산은 5년, 동산은 3년을 넘지 못한다. 약정기간이 이를 넘는 때에는 부동산은 5년, 동산은 3년으로 단축한다.

② 환매기간을 정한 때에는 다시 이를 연장하지 못한다.

③ 환매기간을 정하지 아니한 때에는 그 기간은 부동산은 5년, 동산은 3년으로 한다.

**제592조 【환매등기】** 매매의 목적물이 부동산인 경우에 매매등기와 동시에 환매권의 보류를 등기한 때에는 제삼자에 대하여 그 효력이 있다.

**제593조 【환매권의 대위행사와 매수인의 권리】** 매도인의 채권자가 매도인을 대위하여 환매하고자 하는 때에는 매수인은 법원이 선정한 감정인의 평가액에서 매도인이 반환할 금액을 공제한 잔액으로 매도인의 채무를 변제하고 잉여액이 있으면 이를 매도인에게 지급하여 환매권을 소멸시킬 수 있다.

**제594조 【환매의 실행】** ① 매도인은 기간내에 대금과 매매비용을 매수인에게 제공하지 아니하면 환매할 권리를 잃는다.

② 매수인이나 전득자가 목적물에 대하여 비용을 지출한 때에는 매도인은 제203조의 규정에 의하여 이를 상환하여야 한다. 그러나 유익비에 대하여는 법원은 매도인의 청구에 의하여 상당한 상환기간을 허여할 수 있다.

**제595조 【공유지분의 환매】** 공유자의 1인이 환매할 권리를 보류하고 그 지분을 매도한 후 그 목적물의 분할이나 경매가 있는 때에는 매도인은 매수인이 받은 또는 받을 부분이나 대금에 대하여 환매권을 행사할 수 있다. 그러나 매도인에게 통지하지 아니한 매수인은 그 분할이나 경매로써 매도인에게 대항하지 못한다.

## 제4절 교 환

**제596조 【교환의 의의】** 교환은 당사자 쌍방이 금전 이외의 재산권을 상호 이전할 것을 약정함으로써 그 효력이 생긴다.

**제597조 【금전의 보충지급의 경우】** 당사자 일방이 전조의 재산권이전과 금전의 보충지급을 약정한 때에는 그 금전에 대하여는 매매대금에 관한 규정을 준용한다.

## 제5절 소비대차

**제598조 【소비대차의 의의】** 소비대차는 당사자 일방이 금전 기타 대체물의 소유권을 상대방에게 이전할 것을 약정하고 상대방은 그와 같은 종류, 품질 및 수량으로 반환할 것을 약정함으로써 그 효력이 생긴다.

**제599조 【파산과 소비대차의 실효】** 대주가 목적물을 차주에게 인도하기 전에 당사자 일방이 파산선고를 받은 때에는 소비대차는 그 효력을 잃는다.

**제600조 【이자계산의 시기】** 이자있는 소비대차는 차주가 목적물의 인도를 받은 때로부터 이자를 계산하여야 하며 차주가 그 책임있는 사유로 수령을 지체할 때에는 대주가 이행을 제공한 때로부터 이자를 계산하여야 한다.

**제601조 【무이자소비대차와 해제권】** 이자없는 소비대차의 당사자는 목적물의 인도전에는 언제든지 계약을 해제할 수 있다. 그러나 상대방에게 생긴 손해가 있는 때에는 이를 배상하여야 한다.

**제602조 【대주의 담보책임】** ① 이자있는 소비대차의 목적물에 하자가 있는 경우에는 제580조 내지 제582조의 규정을 준용한다.

② 이자없는 소비대차의 경우에는 차주는 하자있는 물건의 가액으로 반환할 수 있다. 그러나 대주가 그 하자를 알고 차주에게 고지하지 아니한 때에는 전항과 같다.

**제603조【반환시기】** ① 차주는 약정시기에 차용물과 같은 종류, 품질 및 수량의 물건을 반환하여야 한다.
② 반환시기의 약정이 없는 때에는 대주는 상당한 기간을 정하여 반환을 최고하여야 한다. 그러나 차주는 언제든지 반환할 수 있다.

**제604조【반환불능으로 인한 시가상환】** 차주가 차용물과 같은 종류, 품질 및 수량의 물건을 반환할 수 없는 때에는 그때의 시가로 상환하여야 한다. 그러나 제376조 및 제377조제2항의 경우에는 그러하지 아니하다.

**제605조【준소비대차】** 당사자 쌍방이 소비대차에 의하지 아니하고 금전 기타의 대체물을 지급할 의무가 있는 경우에 당사자가 그 목적물을 소비대차의 목적으로 할 것을 약정한 때에는 소비대차의 효력이 생긴다.

**제606조【대물대차】** 금전대차의 경우에 차주가 금전에 갈음하여 유가증권 기타 물건의 인도를 받은 때에는 그 인도시의 가액으로써 차용액으로 한다.
(2014.12.30 본조개정)

**제607조【대물반환의 예약】** 차용물의 반환에 관하여 차주가 차용물에 갈음하여 다른 재산권을 이전할 것을 예약한 경우에는 그 재산의 예약당시의 가액이 차용액 및 이에 붙인 이자의 합산액을 넘지 못한다.(2014.12.30 본조개정)

**제608조【차주에 불이익한 약정의 금지】** 전2조의 규정에 위반한 당사자의 약정으로서 차주에 불리한 것은 환매 기타 여하한 명목이라도 그 효력이 없다.

## 제6절 사용대차

**제609조【사용대차의 의의】** 사용대차는 당사자 일방이 상대방에게 무상으로 사용, 수익하게 하기 위하여 목적물을 인도할 것을 약정하고 상대방은 이를 사용, 수익한 후 그 물건을 반환할 것을 약정함으로써 그 효력이 생긴다.

**제610조【차주의 사용, 수익권】** ① 차주는 계약 또는 그 목적물의 성질에 의하여 정하여진 용법으로 이를 사용, 수익하여야 한다.
② 차주는 대주의 승낙이 없으면 제삼자에게 차용물을 사용, 수익하게 하지 못한다.
③ 차주가 전2항의 규정에 위반한 때에는 대주는 계약을 해지할 수 있다.

**제611조【비용의 부담】** ① 차주는 차용물의 통상의 필요비를 부담한다.
② 기타의 비용에 대하여는 제594조제2항의 규정을 준용한다.

**제612조【준용규정】** 제559조, 제601조의 규정은 사용대차에 준용한다.

**제613조【차용물의 반환시기】** ① 차주는 약정시기에 차용물을 반환하여야 한다.
② 시기의 약정이 없는 경우에는 차주는 계약 또는 목적물의 성질에 의한 사용, 수익이 종료한 때에 반환하여야 한다. 그러나 사용, 수익에 족한 기간이 경과한 때에는 대주는 언제든지 계약을 해지할 수 있다.

**제614조【차주의 사망, 파산과 해지】** 차주가 사망하거나 파산선고를 받은 때에는 대주는 계약을 해지할 수 있다.

**제615조【차주의 원상회복의무와 철거권】** 차주가 차용물을 반환하는 때에는 이를 원상에 회복하여야 한다. 이에 부속시킨 물건은 철거할 수 있다.

**제616조【공동차주의 연대의무】** 수인이 공동하여 물건을 차용한 때에는 연대하여 그 의무를 부담한다.

**제617조【손해배상, 비용상환청구의 기간】** 계약 또는 목적물의 성질에 위반한 사용, 수익으로 인하여 생긴 손해배상의 청구와 차주가 지출한 비용의 상환청구는 대주가 물건의 반환을 받은 날로부터 6월내에 하여야 한다.

## 제7절 임대차

**제618조【임대차의 의의】** 임대차는 당사자 일방이 상대방에게 목적물을 사용, 수익하게 할 것을 약정하고 상대방이 이에 대하여 차임을 지급할 것을 약정함으로써 그 효력이 생긴다.

**제619조【처분능력, 권한없는 자의 할 수 있는 단기임대차】** 처분의 능력 또는 권한없는 자가 임대차를 하는 경우에는 그 임대차는 다음 각호의 기간을 넘지 못한다.

1. 식목, 채염 또는 석조, 석회조, 연와조 및 이와 유사한 건축을 목적으로 한 토지의 임대차는 10년
2. 기타 토지의 임대차는 5년
3. 건물 기타 공작물의 임대차는 3년
4. 동산의 임대차는 6월

**제620조【단기임대차의 갱신】** 전조의 기간은 갱신할 수 있다. 그러나 그 기간 만료전 토지에 대하여는 1년, 건물 기타 공작물에 대하여는 3월, 동산에 대하여는 1월내에 갱신하여야 한다.

**제621조【임대차의 등기】** ① 부동산임차인은 당사자간에 반대약정이 없으면 임대인에 대하여 그 임대차등기절차에 협력할 것을 청구할 수 있다.

② 부동산임대차를 등기한 때에는 그때부터 제삼자에 대하여 효력이 생긴다.

**제622조【건물등기있는 차지권의 대항력】** ① 건물의 소유를 목적으로 한 토지임대차는 이를 등기하지 아니한 경우에도 임차인이 그 지상건물을 등기한 때에는 제삼자에 대하여 임대차의 효력이 생긴다.

② 건물이 임대차기간 만료전에 멸실 또는 후폐한 때에는 전항의 효력을 잃는다.

**제623조【임대인의 의무】** 임대인은 목적물을 임차인에게 인도하고 계약존속중 그 사용, 수익에 필요한 상태를 유지하게 할 의무를 부담한다.

**제624조【임대인의 보존행위, 인용의무】** 임대인이 임대물의 보존에 필요한 행위를 하는 때에는 임차인은 이를 거절하지 못한다.

**제625조【임차인의 의사에 반하는 보존행위와 해지권】** 임대인이 임차인의 의사에 반하여 보존행위를 하는 경우에 임차인이 이로 인하여 임차의 목적을 달성할 수 없는 때에는 계약을 해지할 수 있다.

**제626조【임차인의 상환청구권】** ① 임차인이 임차물의 보존에 관한 필요비를 지출한 때에는 임대인에 대하여 그 상환을 청구할 수 있다.

② 임차인이 유익비를 지출한 경우에는 임대인은 임대차종료시에 그 가액의 증가가 현존한 때에 한하여 임차인의 지출한 금액이나 그 증가액을 상환하여야 한다. 이 경우에 법원은 임대인의 청구에 의하여 상당한 상환기간을 허여할 수 있다.

**제627조【일부멸실 등과 감액청구, 해지권】** ① 임차물의 일부가 임차인의 과실없이 멸실 기타 사유로 인하여 사용, 수익할 수 없는 때에는 임차인은 그 부분의 비율에 의한 차임의 감액을 청구할 수 있다.

② 전항의 경우에 그 잔존부분으로 임차의 목적을 달성할 수 없는 때에는 임차인은 계약을 해지할 수 있다.

**제628조【차임증감청구권】** 임대물에 대한 공과부담의 증감 기타 경제사정의 변동으로 인하여 약정한 차임이 상당하지 아니하게 된 때에는 당사자는 장래에 대한 차임의 증감을 청구할 수 있다.

**제629조【임차권의 양도, 전대의 제한】** ① 임차인은 임대인의 동의없이 그 권리를 양도하거나 임차물을 전대하지 못한다.

② 임차인이 전항의 규정에 위반한 때에는 임대인은 계약을 해지할 수 있다.

**제630조 【전대의 효과】** ① 임차인이 임대인의 동의를 얻어 임차물을 전대한 때에는 전차인은 직접 임대인에 대하여 의무를 부담한다. 이 경우에 전차인은 전대인에 대한 차임의 지급으로써 임대인에게 대항하지 못한다.

② 전항의 규정은 임대인의 임차인에 대한 권리행사에 영향을 미치지 아니한다.

**제631조 【전차인의 권리의 확정】** 임차인이 임대인의 동의를 얻어 임차물을 전대한 경우에는 임대인과 임차인의 합의로 계약을 종료한 때에도 전차인의 권리는 소멸하지 아니한다.

**제632조 【임차건물의 소부분을 타인에게 사용케 하는 경우】** 전3조의 규정은 건물의 임차인이 그 건물의 소부분을 타인에게 사용하게 하는 경우에 적용하지 아니한다.

**제633조 【차임지급의 시기】** 차임은 동산, 건물이나 대지에 대하여는 매월말에, 기타 토지에 대하여는 매년말에 지급하여야 한다. 그러나 수확기 있는 것에 대하여는 그 수확후 지체없이 지급하여야 한다.

**제634조 【임차인의 통지의무】** 임차물의 수리를 요하거나 임차물에 대하여 권리를 주장하는 자가 있는 때에는 임차인은 지체없이 임대인에게 이를 통지하여야 한다. 그러나 임대인이 이미 이를 안 때에는 그러하지 아니하다.

**제635조 【기간의 약정없는 임대차의 해지통고】** ① 임대차기간의 약정이 없는 때에는 당사자는 언제든지 계약해지의 통고를 할 수 있다.

② 상대방이 전항의 통고를 받은 날로부터 다음 각호의 기간이 경과하면 해지의 효력이 생긴다.

1. 토지, 건물 기타 공작물에 대하여는 임대인이 해지를 통고한 경우에는 6월, 임차인이 해지를 통고한 경우에는 1월
2. 동산에 대하여는 5일

**제636조 【기간의 약정있는 임대차의 해지통고】** 임대차기간의 약정이 있는 경우에도 당사자 일방 또는 쌍방이 그 기간내에 해지할 권리를 보류한 때에는 전조의 규정을 준용한다.

**제637조 【임차인의 파산과 해지통고】** ① 임차인이 파산선고를 받은 경우에는 임대차기간의 약정이 있는 때에도 임대인 또는 파산관재인은 제635조의 규정에 의하여 계약해지의 통고를 할 수 있다.

② 전항의 경우에 각 당사자는 상대방에 대하여 계약해지로 인하여 생긴 손해의 배상을 청구하지 못한다.

**제638조 【해지통고의 전차인에 대한 통지】** ① 임대차계약이 해지의 통고로 인하여 종료된 경우에 그 임대물이 적법하게 전대되었을 때에는 임대인은 전차인에 대하여 그 사유를 통지하지 아니하면 해지로써 전차인에게 대항하지 못한다.

② 전차인이 전항의 통지를 받은 때에는 제635조제2항의 규정을 준용한다.

**제639조 【묵시의 갱신】** ① 임대차기간이 만료한 후 임차인이 임차물의 사용, 수익을 계속하는 경우에 임대인이 상당한 기간내에 이의를 하지 아니한 때에는 전임대차와 동일한 조건으로 다시 임대차한 것으로 본다. 그러나 당사자는 제635조의 규정에 의하여 해지의 통고를 할 수 있다.

② 전항의 경우에 전임대차에 대하여 제삼자가 제공한 담보는 기간의 만료로 인하여 소멸한다.

**제640조 【차임연체와 해지】** 건물 기타 공작물의 임대차에는 임차인의 차임연체액이 2기의 차임액에 달하는 때에는 임대인은 계약을 해지할 수 있다.

**제641조 【동전】** 건물 기타 공작물의 소유 또는 식목, 채염, 목축을 목적으로 한 토지임대차의 경우에도 전조의 규정을 준용한다.

**제642조【토지임대차의 해지와 지상건물등에 대한 담보물권자에의 통지】** 전조의 경우에 그 지상에 있는 건물 기타 공작물이 담보물권의 목적이 된 때에는 제288조의 규정을 준용한다.

**제643조【임차인의 갱신청구권, 매수청구권】** 건물 기타 공작물의 소유 또는 식목, 채염, 목축을 목적으로 한 토지임대차의 기간이 만료한 경우에 건물, 수목 기타 지상시설이 현존한 때에는 제283조의 규정을 준용한다.

**제644조【전차인의 임대청구권, 매수청구권】** ① 건물 기타 공작물의 소유 또는 식목, 채염, 목축을 목적으로 한 토지임차인이 적법하게 그 토지를 전대한 경우에 임대차 및 전대차의 기간이 동시에 만료되고 건물, 수목 기타 지상시설이 현존한 때에는 전차인은 임대인에 대하여 전전대차와 동일한 조건으로 임대할 것을 청구할 수 있다.

② 전항의 경우에 임대인이 임대할 것을 원하지 아니하는 때에는 제283조 제2항의 규정을 준용한다.

**제645조【지상권목적토지의 임차인의 임대청구권, 매수청구권】** 전조의 규정은 지상권자가 그 토지를 임대한 경우에 준용한다.

**제646조【임차인의 부속물매수청구권】** ① 건물 기타 공작물의 임차인이 그 사용의 편익을 위하여 임대인의 동의를 얻어 이에 부속한 물건이 있는 때에는 임대차의 종료시에 임대인에 대하여 그 부속물의 매수를 청구할 수 있다.

② 임대인으로부터 매수한 부속물에 대하여도 전항과 같다.

**제647조【전차인의 부속물매수청구권】** ① 건물 기타 공작물의 임차인이 적법하게 전대한 경우에 전차인이 그 사용의 편익을 위하여 임대인의 동의를 얻어 이에 부속한 물건이 있는 때에는 전대차의 종료시에 임대인에 대하여 그 부속물의 매수를 청구할 수 있다.

② 임대인으로부터 매수하였거나 그 동의를 얻어 임차인으로부터 매수한 부속물에 대하여도 전항과 같다.

**제648조【임차지의 부속물, 과실 등에 대한 법정질권】** 토지임대인이 임대차에 관한 채권에 의하여 임차지에 부속 또는 그 사용의 편익에 공용한 임차인의 소유동산 및 그 토지의 과실을 압류한 때에는 질권과 동일한 효력이 있다.

**제649조【임차지상의 건물에 대한 법정저당권】** 토지임대인이 변제기를 경과한 최후 2년의 차임채권에 의하여 그 지상에 있는 임차인소유의 건물을 압류한 때에는 저당권과 동일한 효력이 있다.

**제650조【임차건물등의 부속물에 대한 법정질권】** 건물 기타 공작물의 임대인이 임대차에 관한 채권에 의하여 그 건물 기타 공작물에 부속한 임차인 소유의 동산을 압류한 때에는 질권과 동일한 효력이 있다.

**제651조** (2016.1.6 삭제)

**제652조【강행규정】** 제627조, 제628조, 제631조, 제635조, 제638조, 제640조, 제641조, 제643조 내지 제647조의 규정에 위반하는 약정으로 임차인이나 전차인에게 불리한 것은 그 효력이 없다.

**제653조【일시사용을 위한 임대차의 특례】** 제628조, 제638조, 제640조, 제646조 내지 제648조, 제650조 및 전조의 규정은 일시사용하기 위한 임대차 또는 전대차인 것이 명백한 경우에는 적용하지 아니한다.

**제654조【준용규정】** 제610조제1항, 제615조 내지 제617조의 규정은 임대차에 이를 준용한다.

## 제8절 고 용

**제655조【고용의 의의】** 고용은 당사자 일방이 상대방에 대하여 노무를 제공할 것을 약정하고 상대방이 이에 대

하여 보수를 지급할 것을 약정함으로써 그 효력이 생긴다.

**제656조 【보수액과 그 지급시기】** ① 보수 또는 보수액의 약정이 없는 때에는 관습에 의하여 지급하여야 한다.

② 보수는 약정한 시기에 지급하여야 하며 시기의 약정이 없으면 관습에 의하고 관습이 없으면 약정한 노무를 종료한 후 지체없이 지급하여야 한다.

**제657조 【권리의무의 전속성】** ① 사용자는 노무자의 동의없이 그 권리를 제삼자에게 양도하지 못한다.

② 노무자는 사용자의 동의없이 제삼자로 하여금 자기에 갈음하여 노무를 제공하게 하지 못한다.(2014.12.30 본항개정)

③ 당사자 일방이 전2항의 규정에 위반한 때에는 상대방은 계약을 해지할 수 있다.

**제658조 【노무의 내용과 해지권】** ① 사용자가 노무자에 대하여 약정하지 아니한 노무의 제공을 요구한 때에는 노무자는 계약을 해지할 수 있다.

② 약정한 노무가 특수한 기능을 요하는 경우에 노무자가 그 기능이 없는 때에는 사용자는 계약을 해지할 수 있다.

**제659조 【3년 이상의 경과와 해지통고권】** ① 고용의 약정기간이 3년을 넘거나 당사자의 일방 또는 제삼자의 종신까지로 된 때에는 각 당사자는 3년을 경과한 후 언제든지 계약해지의 통고를 할 수 있다.

② 전항의 경우에는 상대방이 해지의 통고를 받은 날로부터 3월이 경과하면 해지의 효력이 생긴다.

**제660조 【기간의 약정이 없는 고용의 해지통고】** ① 고용기간의 약정이 없는 때에는 당사자는 언제든지 계약해지의 통고를 할 수 있다.

② 전항의 경우에는 상대방이 해지의 통고를 받은 날로부터 1월이 경과하면 해지의 효력이 생긴다.

③ 기간으로 보수를 정한 때에는 상대방이 해지의 통고를 받은 당기후의 일기를 경과함으로써 해지의 효력이 생긴다.

**제661조 【부득이한 사유와 해지권】** 고용기간의 약정이 있는 경우에도 부득이한 사유있는 때에는 각 당사자는 계약을 해지할 수 있다. 그러나 그 사유가 당사자 일방의 과실로 인하여 생긴 때에는 상대방에 대하여 손해를 배상하여야 한다.

**제662조 【묵시의 갱신】** ① 고용기간이 만료한 후 노무자가 계속하여 그 노무를 제공하는 경우에 사용자가 상당한 기간내에 이의를 하지 아니한 때에는 전고용과 동일한 조건으로 다시 고용한 것으로 본다. 그러나 당사자는 제660조의 규정에 의하여 해지의 통고를 할 수 있다.

② 전항의 경우에는 전고용에 대하여 제삼자가 제공한 담보는 기간의 만료로 인하여 소멸한다.

**제663조 【사용자파산과 해지통고】** ① 사용자가 파산선고를 받은 경우에는 고용기간의 약정이 있는 때에도 노무자 또는 파산관재인은 계약을 해지할 수 있다.

② 전항의 경우에는 각 당사자는 계약해지로 인한 손해의 배상을 청구하지 못한다.

## 제9절 도 급

**제664조 【도급의 의의】** 도급은 당사자 일방이 어느 일을 완성할 것을 약정하고 상대방이 그 일의 결과에 대하여 보수를 지급할 것을 약정함으로써 그 효력이 생긴다.

**제665조 【보수의 지급시기】** ① 보수는 그 완성된 목적물의 인도와 동시에 지급하여야 한다. 그러나 목적물의 인도를 요하지 아니하는 경우에는

그 일을 완성한 후 지체없이 지급하여야 한다.
② 전항의 보수에 관하여는 제656조 제2항의 규정을 준용한다.

**제666조【수급인의 목적부동산에 대한 저당권설정청구권】** 부동산공사의 수급인은 전조의 보수에 관한 채권을 담보하기 위하여 그 부동산을 목적으로 한 저당권의 설정을 청구할 수 있다.

**제667조【수급인의 담보책임】** ① 완성된 목적물 또는 완성전의 성취된 부분에 하자가 있는 때에는 도급인은 수급인에 대하여 상당한 기간을 정하여 그 하자의 보수를 청구할 수 있다. 그러나 하자가 중요하지 아니한 경우에 그 보수에 과다한 비용을 요할 때에는 그러하지 아니하다.
② 도급인은 하자의 보수에 갈음하여 또는 보수와 함께 손해배상을 청구할 수 있다.(2014.12.30 본항개정)
③ 전항의 경우에는 제536조의 규정을 준용한다.

**제668조【동전-도급인의 해제권】** 도급인이 완성된 목적물의 하자로 인하여 계약의 목적을 달성할 수 없는 때에는 계약을 해제할 수 있다. 그러나 건물 기타 토지의 공작물에 대하여는 그러하지 아니하다.

**제669조【동전-하자가 도급인의 제공한 재료 또는 지시에 기인한 경우의 면책】** 전2조의 규정은 목적물의 하자가 도급인이 제공한 재료의 성질 또는 도급인의 지시에 기인한 때에는 적용하지 아니한다. 그러나 수급인이 그 재료 또는 지시의 부적당함을 알고 도급인에게 고지하지 아니한 때에는 그러하지 아니하다.

**제670조【담보책임의 존속기간】** ① 전3조의 규정에 의한 하자의 보수, 손해배상의 청구 및 계약의 해제는 목적물의 인도를 받은 날로부터 1년내에 하여야 한다.
② 목적물의 인도를 요하지 아니하는 경우에는 전항의 기간은 일의 종료한 날로부터 기산한다.

**제671조【수급인의 담보책임-토지, 건물 등에 대한 특칙】** ① 토지, 건물 기타 공작물의 수급인은 목적물 또는 지반공사의 하자에 대하여 인도후 5년간 담보의 책임이 있다. 그러나 목적물이 석조, 석회조, 연와조, 금속 기타 이와 유사한 재료로 조성된 것인 때에는 그 기간을 10년으로 한다.
② 전항의 하자로 인하여 목적물이 멸실 또는 훼손된 때에는 도급인은 그 멸실 또는 훼손된 날로부터 1년내에 제667조의 권리를 행사하여야 한다.

**제672조【담보책임면제의 특약】** 수급인은 제667조, 제668조의 담보책임이 없음을 약정한 경우에도 알고 고지하지 아니한 사실에 대하여는 그 책임을 면하지 못한다.

**제673조【완성전의 도급인의 해제권】** 수급인이 일을 완성하기 전에는 도급인은 손해를 배상하고 계약을 해제할 수 있다.

**제674조【도급인의 파산과 해제권】** ① 도급인이 파산선고를 받은 때에는 수급인 또는 파산관재인은 계약을 해제할 수 있다. 이 경우에는 수급인은 일의 완성된 부분에 대한 보수 및 보수에 포함되지 아니한 비용에 대하여 파산재단의 배당에 가입할 수 있다.
② 전항의 경우에는 각 당사자는 상대방에 대하여 계약해제로 인한 손해의 배상을 청구하지 못한다.

## 제9절의2 여행계약
(2015.2.3 본절신설)

**제674조의2【여행계약의 의의】** 여행계약은 당사자 한쪽이 상대방에게 운송, 숙박, 관광 또는 그 밖의 여행 관련 용역을 결합하여 제공하기로 약정하고

상대방이 그 대금을 지급하기로 약정함으로써 효력이 생긴다.

**제674조의3【여행 개시 전의 계약 해제】** 여행자는 여행을 시작하기 전에는 언제든지 계약을 해제할 수 있다. 다만, 여행자는 상대방에게 발생한 손해를 배상하여야 한다.

**제674조의4【부득이한 사유로 인한 계약 해지】** ① 부득이한 사유가 있는 경우에는 각 당사자는 계약을 해지할 수 있다. 다만, 그 사유가 당사자 한쪽의 과실로 인하여 생긴 경우에는 상대방에게 손해를 배상하여야 한다.

② 제1항에 따라 계약이 해지된 경우에도 계약상 귀환운송(歸還運送) 의무가 있는 여행주최자는 여행자를 귀환운송할 의무가 있다.

③ 제1항의 해지로 인하여 발생하는 추가 비용은 그 해지 사유가 어느 당사자의 사정에 속하는 경우에는 그 당사자가 부담하고, 누구의 사정에도 속하지 아니하는 경우에는 각 당사자가 절반씩 부담한다.

**제674조의5【대금의 지급시기】** 여행자는 약정한 시기에 대금을 지급하여야 하며, 그 시기의 약정이 없으면 관습에 따르고, 관습이 없으면 여행의 종료 후 지체 없이 지급하여야 한다.

**제674조의6【여행주최자의 담보책임】** ① 여행에 하자가 있는 경우에는 여행자는 여행주최자에게 하자의 시정 또는 대금의 감액을 청구할 수 있다. 다만, 그 시정에 지나치게 많은 비용이 들거나 그 밖에 시정을 합리적으로 기대할 수 없는 경우에는 시정을 청구할 수 없다.

② 제1항의 시정 청구는 상당한 기간을 정하여 하여야 한다. 다만, 즉시 시정할 필요가 있는 경우에는 그러하지 아니하다.

③ 여행자는 시정 청구, 감액 청구를 갈음하여 손해배상을 청구하거나 시정 청구, 감액 청구와 함께 손해배상을 청구할 수 있다.

**제674조의7【여행주최자의 담보책임과 여행자의 해지권】** ① 여행자는 여행에 중대한 하자가 있는 경우에 그 시정이 이루어지지 아니하거나 계약의 내용에 따른 이행을 기대할 수 없는 경우에는 계약을 해지할 수 있다.

② 계약이 해지된 경우에는 여행주최자는 대금청구권을 상실한다. 다만, 여행자가 실행된 여행으로 이익을 얻은 경우에는 그 이익을 여행주최자에게 상환하여야 한다.

③ 여행주최자는 계약의 해지로 인하여 필요하게 된 조치를 할 의무를 지며, 계약상 귀환운송 의무가 있으면 여행자를 귀환운송하여야 한다. 이 경우 상당한 이유가 있는 때에는 여행주최자는 여행자에게 그 비용의 일부를 청구할 수 있다.

**제674조의8【담보책임의 존속기간】** 제674조의6과 제674조의7에 따른 권리는 여행 기간 중에도 행사할 수 있으며, 계약에서 정한 여행 종료일부터 6개월 내에 행사하여야 한다.

**제674조의9【강행규정】** 제674조의3, 제674조의4 또는 제674조의6부터 제674조의8까지의 규정을 위반하는 약정으로서 여행자에게 불리한 것은 효력이 없다.

## 제10절 현상광고

**제675조【현상광고의 의의】** 현상광고는 광고자가 어느 행위를 한 자에게 일정한 보수를 지급할 의사를 표시하고 이에 응한 자가 그 광고에 정한 행위를 완료함으로써 그 효력이 생긴다.

**제676조【보수수령권자】** ① 광고에 정한 행위를 완료한 자가 수인인 경우에는 먼저 그 행위를 완료한 자가 보수를 받을 권리가 있다.

② 수인이 동시에 완료한 경우에는 각각 균등한 비율로 보수를 받을 권리가 있다. 그러나 보수가 그 성질상 분할할 수 없거나 광고에 1인만이 보수를 받을 것으로 정한 때에는 추첨에 의하여 결정한다.

**제677조【광고부지의 행위】** 전조의 규정은 광고있음을 알지 못하고 광고에 정한 행위를 완료한 경우에 준용한다.

**제678조【우수현상광고】** ① 광고에 정한 행위를 완료한 자가 수인인 경우에 그 우수한 자에 한하여 보수를 지급할 것을 정하는 때에는 그 광고에 응모기간을 정한 때에 한하여 그 효력이 생긴다.

② 전항의 경우에 우수의 판정은 광고 중에 정한 자가 한다. 광고 중에 판정자를 정하지 아니한 때에는 광고자가 판정한다.

③ 우수한 자 없다는 판정은 이를 할 수 없다. 그러나 광고 중에 다른 의사표시가 있거나 광고의 성질상 판정의 표준이 정하여져 있는 때에는 그러하지 아니하다.

④ 응모자는 전2항의 판정에 대하여 이의를 하지 못한다.

⑤ 수인의 행위가 동등으로 판정된 때에는 제676조제2항의 규정을 준용한다.

**제679조【현상광고의 철회】** ① 광고에 그 지정한 행위의 완료기간을 정한 때에는 그 기간만료전에 광고를 철회하지 못한다.

② 광고에 행위의 완료기간을 정하지 아니한 때에는 그 행위를 완료한 자 있기 전에는 그 광고와 동일한 방법으로 광고를 철회할 수 있다.

③ 전광고와 동일한 방법으로 철회할 수 없는 때에는 그와 유사한 방법으로 철회할 수 있다. 이 철회는 철회한 것을 안 자에 대하여만 그 효력이 있다.

## 제11절 위 임

**제680조【위임의 의의】** 위임은 당사자 일방이 상대방에 대하여 사무의 처리를 위탁하고 상대방이 이를 승낙함으로써 그 효력이 생긴다.

**제681조【수임인의 선관의무】** 수임인은 위임의 본지에 따라 선량한 관리자의 주의로써 위임사무를 처리하여야 한다.

**제682조【복임권의 제한】** ① 수임인은 위임인의 승낙이나 부득이한 사유 없이 제삼자로 하여금 자기에 갈음하여 위임사무를 처리하게 하지 못한다. (2014.12.30 본항개정)

② 수임인이 전항의 규정에 의하여 제삼자에게 위임사무를 처리하게 한 경우에는 제121조, 제123조의 규정을 준용한다.

**제683조【수임인의 보고의무】** 수임인은 위임인의 청구가 있는 때에는 위임사무의 처리상황을 보고하고 위임이 종료한 때에는 지체없이 그 전말을 보고하여야 한다.

**제684조【수임인의 취득물 등의 인도, 이전의무】** ① 수임인은 위임사무의 처리로 인하여 받은 금전 기타의 물건 및 그 수취한 과실을 위임인에게 인도하여야 한다.

② 수임인이 위임인을 위하여 자기의 명의로 취득한 권리는 위임인에게 이전하여야 한다.

**제685조【수임인의 금전소비의 책임】** 수임인이 위임인에게 인도할 금전 또는 위임인의 이익을 위하여 사용할 금전을 자기를 위하여 소비한 때에는 소비한 날 이후의 이자를 지급하여야 하며 그 외의 손해가 있으면 배상하여야 한다.

**제686조【수임인의 보수청구권】** ① 수임인은 특별한 약정이 없으면 위임인

에 대하여 보수를 청구하지 못한다.
② 수임인이 보수를 받을 경우에는 위임사무를 완료한 후가 아니면 이를 청구하지 못한다. 그러나 기간으로 보수를 정한 때에는 그 기간이 경과한 후에 이를 청구할 수 있다.
③ 수임인이 위임사무를 처리하는 중에 수임인의 책임없는 사유로 인하여 위임이 종료된 때에는 수임인은 이미 처리한 사무의 비율에 따른 보수를 청구할 수 있다.

**제687조【수임인의 비용선급청구권】** 위임사무의 처리에 비용을 요하는 때에는 위임인은 수임인의 청구에 의하여 이를 선급하여야 한다.

**제688조【수임인의 비용상환청구권 등】** ① 수임인이 위임사무의 처리에 관하여 필요비를 지출한 때에는 위임인에 대하여 지출한 날 이후의 이자를 청구할 수 있다.
② 수임인이 위임사무의 처리에 필요한 채무를 부담한 때에는 위임인에게 자기에 갈음하여 이를 변제하게 할 수 있고 그 채무가 변제기에 있지 아니한 때에는 상당한 담보를 제공하게 할 수 있다.(2014.12.30 본항개정)
③ 수임인이 위임사무의 처리를 위하여 과실없이 손해를 받은 때에는 위임인에 대하여 그 배상을 청구할 수 있다.

**제689조【위임의 상호해지의 자유】**
① 위임계약은 각 당사자가 언제든지 해지할 수 있다.
② 당사자 일방이 부득이한 사유없이 상대방의 불리한 시기에 계약을 해지한 때에는 그 손해를 배상하여야 한다.

**제690조【사망·파산 등과 위임의 종료】** 위임은 당사자 한쪽의 사망이나 파산으로 종료된다. 수임인이 성년후견개시의 심판을 받은 경우에도 이와 같다.
(2011.3.7 본조개정)

**제691조【위임종료시의 긴급처리】** 위임종료의 경우에 급박한 사정이 있는 때에는 수임인, 그 상속인이나 법정대리인은 위임인, 그 상속인이나 법정대리인이 위임사무를 처리할 수 있을 때까지 그 사무의 처리를 계속하여야 한다. 이 경우에는 위임의 존속과 동일한 효력이 있다.

**제692조【위임종료의 대항요건】** 위임종료의 사유는 이를 상대방에게 통지하거나 상대방이 이를 안 때가 아니면 이로써 상대방에게 대항하지 못한다.

## 제12절 임 치

**제693조【임치의 의의】** 임치는 당사자 일방이 상대방에 대하여 금전이나 유가증권 기타 물건의 보관을 위탁하고 상대방이 이를 승낙함으로써 효력이 생긴다.

**제694조【수치인의 임치물사용금지】** 수치인은 임치인의 동의없이 임치물을 사용하지 못한다.

**제695조【무상수치인의 주의의무】** 보수없이 임치를 받은 자는 임치물을 자기재산과 동일한 주의로 보관하여야 한다.

**제696조【수치인의 통지의무】** 임치물에 대한 권리를 주장하는 제삼자가 수치인에 대하여 소를 제기하거나 압류한 때에는 수치인은 지체없이 임치인에게 이를 통지하여야 한다.

**제697조【임치물의 성질, 하자로 인한 임치인의 손해배상의무】** 임치인은 임치물의 성질 또는 하자로 인하여 생긴 손해를 수치인에게 배상하여야 한다. 그러나 수치인이 그 성질 또는 하자를 안 때에는 그러하지 아니하다.

**제698조【기간의 약정있는 임치의 해지】** 임치기간의 약정이 있는 때에는 수치인은 부득이한 사유없이 그 기간만료전에 계약을 해지하지 못한다. 그러나 임치인은 언제든지 계약을 해지할 수 있다.

**제699조【기간의 약정없는 임치의 해지】** 임치기간의 약정이 없는 때에는 각 당사자는 언제든지 계약을 해지할 수 있다.

**제700조【임치물의 반환장소】** 임치물은 그 보관한 장소에서 반환하여야 한다. 그러나 수치인이 정당한 사유로 인하여 그 물건을 전치한 때에는 현존하는 장소에서 반환할 수 있다.

**제701조【준용규정】** 제682조, 제684조 내지 제687조 및 제688조제1항, 제2항의 규정은 임치에 준용한다.

**제702조【소비임치】** 수치인이 계약에 의하여 임치물을 소비할 수 있는 경우에는 소비대차에 관한 규정을 준용한다. 그러나 반환시기의 약정이 없는 때에는 임치인은 언제든지 그 반환을 청구할 수 있다.

## 제13절 조 합

**제703조【조합의 의의】** ① 조합은 2인 이상이 상호출자하여 공동사업을 경영할 것을 약정함으로써 그 효력이 생긴다.

② 전항의 출자는 금전 기타 재산 또는 노무로 할 수 있다.

**제704조【조합재산의 합유】** 조합원의 출자 기타 조합재산은 조합원의 합유로 한다.

**제705조【금전출자지체의 책임】** 금전을 출자의 목적으로 한 조합원이 출자시기를 지체한 때에는 연체이자를 지급하는 외에 손해를 배상하여야 한다.

**제706조【사무집행의 방법】** ① 조합계약으로 업무집행자를 정하지 아니한 경우에는 조합원의 3분의 2 이상의 찬성으로써 이를 선임한다.

② 조합의 업무집행은 조합원의 과반수로써 결정한다. 업무집행자 수인인 때에는 그 과반수로써 결정한다.

③ 조합의 통상사무는 전항의 규정에 불구하고 각 조합원 또는 각 업무집행자가 전행할 수 있다. 그러나 그 사무의 완료전에 다른 조합원 또는 다른 업무집행자의 이의가 있는 때에는 즉시 중지하여야 한다.

**제707조【준용규정】** 조합업무를 집행하는 조합원에는 제681조 내지 제688조의 규정을 준용한다.

**제708조【업무집행자의 사임, 해임】** 업무집행자인 조합원은 정당한 사유없이 사임하지 못하며 다른 조합원의 일치가 아니면 해임하지 못한다.

**제709조【업무집행자의 대리권추정】** 조합의 업무를 집행하는 조합원은 그 업무집행의 대리권있는 것으로 추정한다.

**제710조【조합원의 업무, 재산상태검사권】** 각 조합원은 언제든지 조합의 업무 및 재산상태를 검사할 수 있다.

**제711조【손익분배의 비율】** ① 당사자가 손익분배의 비율을 정하지 아니한 때에는 각 조합원의 출자가액에 비례하여 이를 정한다.

② 이익 또는 손실에 대하여 분배의 비율을 정한 때에는 그 비율은 이익과 손실에 공통된 것으로 추정한다.

**제712조【조합원에 대한 채권자의 권리행사】** 조합채권자는 그 채권발생 당시에 조합원의 손실부담의 비율을 알지 못한 때에는 각 조합원에게 균분하여 그 권리를 행사할 수 있다.

**제713조【무자력조합원의 채무와 타조합원의 변제책임】** 조합원 중에 변제할 자력없는 자가 있는 때에는 그 변제할 수 없는 부분은 다른 조합원이 균분하여 변제할 책임이 있다.

**제714조【지분에 대한 압류의 효력】** 조합원의 지분에 대한 압류는 그 조합원의 장래의 이익배당 및 지분의 반환을 받을 권리에 대하여 효력이 있다.

**제715조【조합채무자의 상계의 금지】** 조합의 채무자는 그 채무와 조합원에 대한 채권으로 상계하지 못한다.

**제716조【임의탈퇴】** ① 조합계약으로 조합의 존속기간을 정하지 아니하거나 조합원의 종신까지 존속할 것을 정한 때에는 각 조합원은 언제든지 탈퇴할 수 있다. 그러나 부득이한 사유없이 조합의 불리한 시기에 탈퇴하지 못한다.

② 조합의 존속기간을 정한 때에도 조합원은 부득이한 사유가 있으면 탈퇴할 수 있다.

**제717조【비임의 탈퇴】** 제716조의 경우 외에 조합원은 다음 각 호의 어느 하나에 해당하는 사유가 있으면 탈퇴된다.

1. 사망
2. 파산
3. 성년후견의 개시
4. 제명(除名)

(2011.3.7 본조개정)

**제718조【제명】** ① 조합원의 제명은 정당한 사유있는 때에 한하여 다른 조합원의 일치로써 이를 결정한다.

② 전항의 제명결정은 제명된 조합원에게 통지하지 아니하면 그 조합원에게 대항하지 못한다.

**제719조【탈퇴조합원의 지분의 계산】**

① 탈퇴한 조합원과 다른 조합원간의 계산은 탈퇴당시의 조합재산상태에 의하여 한다.

② 탈퇴한 조합원의 지분은 그 출자의 종류여하에 불구하고 금전으로 반환할 수 있다.

③ 탈퇴당시에 완결되지 아니한 사항에 대하여는 완결후에 계산할 수 있다.

**제720조【부득이한 사유로 인한 해산청구】** 부득이한 사유가 있는 때에는 각 조합원은 조합의 해산을 청구할 수 있다.

**제721조【청산인】** ① 조합이 해산한 때에는 청산은 총조합원 공동으로 또는 그들이 선임한 자가 그 사무를 집행한다.

② 전항의 청산인의 선임은 조합원의 과반수로써 결정한다.

**제722조【청산인의 업무집행방법】** 청산인이 수인인 때에는 제706조제2항 후단의 규정을 준용한다.

**제723조【조합원인 청산인의 사임, 해임】** 조합원 중에서 청산인을 정한 때에는 제708조의 규정을 준용한다.

**제724조【청산인의 직무, 권한과 잔여재산의 분배】** ① 청산인의 직무 및 권한에 관하여는 제87조의 규정을 준용한다.

② 잔여재산은 각 조합원의 출자가액에 비례하여 이를 분배한다.

## 제14절 종신정기금

**제725조【종신정기금계약의 의의】** 종신정기금계약은 당사자 일방이 자기, 상대방 또는 제삼자의 종신까지 정기로 금전 기타의 물건을 상대방 또는 제삼자에게 지급할 것을 약정함으로써 그 효력이 생긴다.

**제726조【종신정기금의 계산】** 종신정기금은 일수로 계산한다.

**제727조【종신정기금계약의 해제】** ① 정기금채무자가 정기금채무의 원본을 받은 경우에 그 정기금채무의 지급을 해태하거나 기타 의무를 이행하지 아니한 때에는 정기금채권자는 원본의 반환을 청구할 수 있다. 그러나 이미 지급을 받은 채무액에서 그 원본의 이자를 공제한 잔액을 정기금채무자에게 반환하여야 한다.

② 전항의 규정은 손해배상의 청구에 영향을 미치지 아니한다.

**제728조【해제와 동시이행】** 제536조의 규정은 전조의 경우에 준용한다.

**제729조【채무자귀책사유로 인한 사망과 채권존속선고】** ① 사망이 정기금채무자의 책임있는 사유로 인한 때에는 법원은 정기금채권자 또는 그 상속인의 청구에 의하여 상당한 기간 채권의 존속을 선고할 수 있다.
② 전항의 경우에도 제727조의 권리를 행사할 수 있다.

**제730조【유증에 의한 종신정기금】** 본절의 규정은 유증에 의한 종신정기금채권에 준용한다.

## 제15절 화 해

**제731조【화해의 의의】** 화해는 당사자가 상호양보하여 당사자간의 분쟁을 종지할 것을 약정함으로써 그 효력이 생긴다.

**제732조【화해의 창설적효력】** 화해계약은 당사자 일방이 양보한 권리가 소멸되고 상대방이 화해로 인하여 그 권리를 취득하는 효력이 있다.

**제733조【화해의 효력과 착오】** 화해계약은 착오를 이유로 하여 취소하지 못한다. 그러나 화해당사자의 자격 또는 화해의 목적인 분쟁 이외의 사항에 착오가 있는 때에는 그러하지 아니하다.

# 제3장 사무관리

**제734조【사무관리의 내용】** ① 의무없이 타인을 위하여 사무를 관리하는 자는 그 사무의 성질에 좇아 가장 본인에게 이익되는 방법으로 이를 관리하여야 한다.
② 관리자가 본인의 의사를 알거나 알 수 있는 때에는 그 의사에 적합하도록 관리하여야 한다.
③ 관리자가 전2항의 규정에 위반하여 사무를 관리한 경우에는 과실없는 때에도 이로 인한 손해를 배상할 책임이 있다. 그러나 그 관리행위가 공공의 이익에 적합한 때에는 중대한 과실이 없으면 배상할 책임이 없다.

**제735조【긴급사무관리】** 관리자가 타인의 생명, 신체, 명예 또는 재산에 대한 급박한 위해를 면하게 하기 위하여 그 사무를 관리한 때에는 고의나 중대한 과실이 없으면 이로 인한 손해를 배상할 책임이 없다.

**제736조【관리자의 통지의무】** 관리자가 관리를 개시한 때에는 지체없이 본인에게 통지하여야 한다. 그러나 본인이 이미 이를 안 때에는 그러하지 아니하다.

**제737조【관리자의 관리계속의무】** 관리자는 본인, 그 상속인이나 법정대리인이 그 사무를 관리하는 때까지 관리를 계속하여야 한다. 그러나 관리의 계속이 본인의 의사에 반하거나 본인에게 불리함이 명백한 때에는 그러하지 아니하다.

**제738조【준용규정】** 제683조 내지 제685조의 규정은 사무관리에 준용한다.

**제739조【관리자의 비용상환청구권】** ① 관리자가 본인을 위하여 필요비 또는 유익비를 지출한 때에는 본인에 대하여 그 상환을 청구할 수 있다.
② 관리자가 본인을 위하여 필요 또는 유익한 채무를 부담한 때에는 제688조제2항의 규정을 준용한다.
③ 관리자가 본인의 의사에 반하여 관리한 때에는 본인의 현존이익의 한도에서 전2항의 규정을 준용한다.

**제740조【관리자의 무과실손해보상청구권】** 관리자가 사무관리를 함에 있어서 과실없이 손해를 받은 때에는 본인의 현존이익의 한도에서 그 손해의 보상을 청구할 수 있다.

# 제4장 부당이득

**제741조【부당이득의 내용】** 법률상 원인없이 타인의 재산 또는 노무로 인

하여 이익을 얻고 이로 인하여 타인에게 손해를 가한 자는 그 이익을 반환하여야 한다.

**제742조 【비채변제】** 채무없음을 알고 이를 변제한 때에는 그 반환을 청구하지 못한다.

**제743조 【기한전의 변제】** 변제기에 있지 아니한 채무를 변제한 때에는 그 반환을 청구하지 못한다. 그러나 채무자가 착오로 인하여 변제한 때에는 채권자는 이로 인하여 얻은 이익을 반환하여야 한다.

**제744조 【도의관념에 적합한 비채변제】** 채무없는 자가 착오로 인하여 변제한 경우에 그 변제가 도의관념에 적합한 때에는 그 반환을 청구하지 못한다.

**제745조 【타인의 채무의 변제】** ① 채무자아닌 자가 착오로 인하여 타인의 채무를 변제한 경우에 채권자가 선의로 증서를 훼멸하거나 담보를 포기하거나 시효로 인하여 그 채권을 잃은 때에는 변제자는 그 반환을 청구하지 못한다.
② 전항의 경우에 변제자는 채무자에 대하여 구상권을 행사할 수 있다.

**제746조 【불법원인급여】** 불법의 원인으로 인하여 재산을 급여하거나 노무를 제공한 때에는 그 이익의 반환을 청구하지 못한다. 그러나 그 불법원인이 수익자에게만 있는 때에는 그러하지 아니하다.

**제747조 【원물반환불능한 경우와 가액반환, 전득자의 책임】** ① 수익자가 그 받은 목적물을 반환할 수 없는 때에는 그 가액을 반환하여야 한다.
② 수익자가 그 이익을 반환할 수 없는 경우에는 수익자로부터 무상으로 그 이익의 목적물을 양수한 악의의 제삼자는 전항의 규정에 의하여 반환할 책임이 있다.

**제748조 【수익자의 반환범위】** ① 선의의 수익자는 그 받은 이익이 현존한 한도에서 전조의 책임이 있다.
② 악의의 수익자는 그 받은 이익에 이자를 붙여 반환하고 손해가 있으면 이를 배상하여야 한다.

**제749조 【수익자의 악의인정】** ① 수익자가 이익을 받은 후 법률상 원인없음을 안 때에는 그때부터 악의의 수익자로서 이익반환의 책임이 있다.
② 선의의 수익자가 패소한 때에는 그 소를 제기한 때부터 악의의 수익자로 본다.

## 제5장 불법행위

**제750조 【불법행위의 내용】** 고의 또는 과실로 인한 위법행위로 타인에게 손해를 가한 자는 그 손해를 배상할 책임이 있다.

**제751조 【재산 이외의 손해의 배상】** ① 타인의 신체, 자유 또는 명예를 해하거나 기타 정신상고통을 가한 자는 재산 이외의 손해에 대하여도 배상할 책임이 있다.
② 법원은 전항의 손해배상을 정기금채무로 지급할 것을 명할 수 있고 그 이행을 확보하기 위하여 상당한 담보의 제공을 명할 수 있다.

**제752조 【생명침해로 인한 위자료】** 타인의 생명을 해한 자는 피해자의 직계존속, 직계비속 및 배우자에 대하여는 재산상의 손해없는 경우에도 손해배상의 책임이 있다.

**제753조 【미성년자의 책임능력】** 미성년자가 타인에게 손해를 가한 경우에 그 행위의 책임을 변식할 지능이 없는 때에는 배상의 책임이 없다.

**제754조 【심신상실자의 책임능력】** 심신상실 중에 타인에게 손해를 가한 자는 배상의 책임이 없다. 그러나 고의 또는 과실로 인하여 심신상실을 초래한 때에는 그러하지 아니하다.

**제755조【감독자의 책임】** ① 다른 자에게 손해를 가한 사람이 제753조 또는 제754조에 따라 책임이 없는 경우에는 그를 감독할 법정의무가 있는 자가 그의 손해를 배상할 책임이 있다. 다만, 감독의무를 게을리하지 아니한 경우에는 그러하지 아니하다.

② 감독의무자를 갈음하여 제753조 또는 제754조에 따라 책임이 없는 사람을 감독하는 자도 제1항의 책임이 있다.

(2011.3.7 본조개정)

**제756조【사용자의 배상책임】** ① 타인을 사용하여 어느 사무에 종사하게 한 자는 피용자가 그 사무집행에 관하여 제삼자에게 가한 손해를 배상할 책임이 있다. 그러나 사용자가 피용자의 선임 및 그 사무감독에 상당한 주의를 한 때 또는 상당한 주의를 하여도 손해가 있을 경우에는 그러하지 아니하다.

② 사용자에 갈음하여 그 사무를 감독하는 자도 전항의 책임이 있다.

(2014.12.30 본항개정)

③ 전2항의 경우에 사용자 또는 감독자는 피용자에 대하여 구상권을 행사할 수 있다.

**제757조【도급인의 책임】** 도급인은 수급인이 그 일에 관하여 제삼자에게 가한 손해를 배상할 책임이 없다. 그러나 도급 또는 지시에 관하여 도급인에게 중대한 과실이 있는 때에는 그러하지 아니하다.

**제758조【공작물등의 점유자, 소유자의 책임】** ① 공작물의 설치 또는 보존의 하자로 인하여 타인에게 손해를 가한 때에는 공작물점유자가 손해를 배상할 책임이 있다. 그러나 점유자가 손해의 방지에 필요한 주의를 해태하지 아니한 때에는 그 소유자가 손해를 배상할 책임이 있다.

② 전항의 규정은 수목의 재식 또는 보존에 하자있는 경우에 준용한다.

③ 전2항의 경우 점유자 또는 소유자는 그 손해의 원인에 대한 책임있는 자에 대하여 구상권을 행사할 수 있다.

(2022.12.13 본항개정)

**제759조【동물의 점유자의 책임】** ① 동물의 점유자는 그 동물이 타인에게 가한 손해를 배상할 책임이 있다. 그러나 동물의 종류와 성질에 따라 그 보관에 상당한 주의를 해태하지 아니한 때에는 그러하지 아니하다.

② 점유자에 갈음하여 동물을 보관한 자도 전항의 책임이 있다.(2014.12.30 본항개정)

**제760조【공동불법행위자의 책임】**

① 수인이 공동의 불법행위로 타인에게 손해를 가한 때에는 연대하여 그 손해를 배상할 책임이 있다.

② 공동 아닌 수인의 행위중 어느 자의 행위가 그 손해를 가한 것인지를 알 수 없는 때에도 전항과 같다.

③ 교사자나 방조자는 공동행위자로 본다.

**제761조【정당방위, 긴급피난】** ① 타인의 불법행위에 대하여 자기 또는 제삼자의 이익을 방위하기 위하여 부득이 타인에게 손해를 가한 자는 배상할 책임이 없다. 그러나 피해자는 불법행위에 대하여 손해의 배상을 청구할 수 있다.

② 전항의 규정은 급박한 위난을 피하기 위하여 부득이 타인에게 손해를 가한 경우에 준용한다.

**제762조【손해배상청구권에 있어서의 태아의 지위】** 태아는 손해배상의 청구권에 관하여는 이미 출생한 것으로 본다.

**제763조【준용규정】** 제393조, 제394조, 제396조, 제399조의 규정은 불법행위로 인한 손해배상에 준용한다.

**제764조【명예훼손의 경우의 특칙】** 타인의 명예를 훼손한 자에 대하여는 법원은 피해자의 청구에 의하여 손해

배상에 갈음하거나 손해배상과 함께 명예회복에 적당한 처분을 명할 수 있다.(2014.12.30 본조개정)

**제765조【배상액의 경감청구】** ① 본장의 규정에 의한 배상의무자는 그 손해가 고의 또는 중대한 과실에 의한 것이 아니고 그 배상으로 인하여 배상자의 생계에 중대한 영향을 미치게 될 경우에는 법원에 그 배상액의 경감을 청구할 수 있다.

② 법원은 전항의 청구가 있는 때에는 채권자 및 채무자의 경제상태와 손해의 원인 등을 참작하여 배상액을 경감할 수 있다.

**제766조【손해배상청구권의 소멸시효】** ① 불법행위로 인한 손해배상의 청구권은 피해자나 그 법정대리인이 그 손해 및 가해자를 안 날로부터 3년간 이를 행사하지 아니하면 시효로 인하여 소멸한다.

② 불법행위를 한 날로부터 10년을 경과한 때에도 전항과 같다.

③ 미성년자가 성폭력, 성추행, 성희롱, 그 밖의 성적(性的) 침해를 당한 경우에 이로 인한 손해배상청구권의 소멸시효는 그가 성년이 될 때까지는 진행되지 아니한다.(2020.10.20 본항신설)

# 제4편 친 족

## 제1장 총 칙

**제767조【친족의 정의】** 배우자, 혈족 및 인척을 친족으로 한다.

**제768조【혈족의 정의】** 자기의 직계존속과 직계비속을 직계혈족이라 하고 자기의 형제자매와 형제자매의 직계비속, 직계존속의 형제자매 및 그 형제자매의 직계비속을 방계혈족이라 한다.(1990.1.13 본조개정)

**제769조【인척의 계원】** 혈족의 배우자, 배우자의 혈족, 배우자의 혈족의 배우자를 인척으로 한다.(1990.1.13 본조개정)

**제770조【혈족의 촌수의 계산】** ① 직계혈족은 자기로부터 직계존속에 이르고 자기로부터 직계비속에 이르러 그 세수를 정한다.

② 방계혈족은 자기로부터 동원의 직계존속에 이르는 세수와 그 동원의 직계존속으로부터 그 직계비속에 이르는 세수를 통산하여 그 촌수를 정한다.

**제771조【인척의 촌수의 계산】** 인척은 배우자의 혈족에 대하여는 배우자의 그 혈족에 대한 촌수에 따르고, 혈족의 배우자에 대하여는 그 혈족에 대한 촌수에 따른다.(1990.1.13 본조개정)

**제772조【양자와의 친계와 촌수】** ① 양자와 양부모 및 그 혈족, 인척사이의 친계와 촌수는 입양한 때로부터 혼인중의 출생자와 동일한 것으로 본다.

② 양자의 배우자, 직계비속과 그 배우자는 전항의 양자의 친계를 기준으로 하여 촌수를 정한다.

**제773조~제774조** (1990.1.13 삭제)

**제775조【인척관계 등의 소멸】** ① 인척관계는 혼인의 취소 또는 이혼으로 인하여 종료한다.

② 부부의 일방이 사망한 경우 생존 배우자가 재혼한 때에도 제1항과 같다.(1990.1.13 본조개정)

**제776조【입양으로 인한 친족관계의 소멸】** 입양으로 인한 친족관계는 입양의 취소 또는 파양으로 인하여 종료한다.

**제777조【친족의 범위】** 친족관계로 인한 법률상 효력은 이 법 또는 다른 법률에 특별한 규정이 없는 한 다음 각 호에 해당하는 자에 미친다.

1. 8촌 이내의 혈족
2. 4촌 이내의 인척
3. 배우자

(1990.1.13 본조개정)

## 제2장 가족의 범위와 자의 성과 본
(2005.3.31 본장제목개정)

**제778조** (2005.3.31 삭제)

**제779조 【가족의 범위】** ① 다음의 자는 가족으로 한다.
1. 배우자, 직계혈족 및 형제자매
2. 직계혈족의 배우자, 배우자의 직계혈족 및 배우자의 형제자매

② 제1항제2호의 경우에는 생계를 같이 하는 경우에 한한다.
(2005.3.31 본조개정)

**제780조** (2005.3.31 삭제)

**제781조 【자의 성과 본】** ① 자는 부의 성과 본을 따른다. 다만, 부모가 혼인신고시 모의 성과 본을 따르기로 협의한 경우에는 모의 성과 본을 따른다.
② 부가 외국인인 경우에는 자는 모의 성과 본을 따를 수 있다.
③ 부를 알 수 없는 자는 모의 성과 본을 따른다.
④ 부모를 알 수 없는 자는 법원의 허가를 받아 성과 본을 창설한다. 다만, 성과 본을 창설한 후 부 또는 모를 알게 된 때에는 부 또는 모의 성과 본을 따를 수 있다.
⑤ 혼인외의 출생자가 인지된 경우 자는 부모의 협의에 따라 종전의 성과 본을 계속 사용할 수 있다. 다만, 부모가 협의할 수 없거나 협의가 이루어지지 아니한 경우에는 자는 법원의 허가를 받아 종전의 성과 본을 계속 사용할 수 있다.
⑥ 자의 복리를 위하여 자의 성과 본을 변경할 필요가 있을 때에는 부, 모 또는 자의 청구에 의하여 법원의 허가를 받아 이를 변경할 수 있다. 다만, 자가 미성년자이고 법정대리인이 청구할 수 없는 경우에는 제777조의 규정에 따른 친족 또는 검사가 청구할 수 있다.
(2005.3.31 본조개정)

**제782조~제789조** (2005.3.31 삭제)
**제790조** (1990.1.13 삭제)
**제791조** (2005.3.31 삭제)
**제792조** (1990.1.13 삭제)
**제793조~제796조** (2005.3.31 삭제)
**제797조~제799조** (1990.1.13 삭제)

## 제3장 혼 인

### 제1절 약 혼

**제800조 【약혼의 자유】** 성년에 달한 자는 자유로 약혼할 수 있다.

**제801조 【약혼 나이】** 18세가 된 사람은 부모나 미성년후견인의 동의를 받아 약혼할 수 있다. 이 경우 제808조를 준용한다.
(2022.12.27 본조제목개정)
(2011.3.7 본조개정)

**제802조 【성년후견과 약혼】** 피성년후견인은 부모나 성년후견인의 동의를 받아 약혼할 수 있다. 이 경우 제808조를 준용한다.(2011.3.7 본조개정)

**제803조 【약혼의 강제이행금지】** 약혼은 강제이행을 청구하지 못한다.

**제804조 【약혼해제의 사유】** 당사자 한쪽에 다음 각 호의 어느 하나에 해당하는 사유가 있는 경우에는 상대방은 약혼을 해제할 수 있다.
1. 약혼 후 자격정지 이상의 형을 선고받은 경우
2. 약혼 후 성년후견개시나 한정후견개시의 심판을 받은 경우
3. 성병, 불치의 정신병, 그 밖의 불치의 병질(病疾)이 있는 경우
4. 약혼 후 다른 사람과 약혼이나 혼인을 한 경우
5. 약혼 후 다른 사람과 간음(姦淫)한 경우
6. 약혼 후 1년 이상 생사(生死)가 불명한 경우
7. 정당한 이유 없이 혼인을 거절하거나 그 시기를 늦추는 경우

8. 그 밖에 중대한 사유가 있는 경우

(2011.3.7 본조개정)

**第805조【약혼해제의 방법】** 약혼의 해제는 상대방에 대한 의사표시로 한다. 그러나 상대방에 대하여 의사표시를 할 수 없는 때에는 그 해제의 원인있음을 안 때에 해제된 것으로 본다.

**第806조【약혼해제와 손해배상청구권】** ① 약혼을 해제한 때에는 당사자 일방은 과실있는 상대방에 대하여 이로 인한 손해의 배상을 청구할 수 있다.

② 전항의 경우에는 재산상 손해외에 정신상 고통에 대하여도 손해배상의 책임이 있다.

③ 정신상 고통에 대한 배상청구권은 양도 또는 승계하지 못한다. 그러나 당사자간에 이미 그 배상에 관한 계약이 성립되거나 소를 제기한 후에는 그러하지 아니하다.

## 제2절 혼인의 성립

**第807조【혼인적령】** 18세가 된 사람은 혼인할 수 있다.(2022.12.27 본조개정)

**第808조【동의가 필요한 혼인】** ① 미성년자가 혼인을 하는 경우에는 부모의 동의를 받아야 하며, 부모 중 한쪽이 동의권을 행사할 수 없을 때에는 다른 한쪽의 동의를 받아야 하고, 부모가 모두 동의권을 행사할 수 없을 때에는 미성년후견인의 동의를 받아야 한다.

② 피성년후견인은 부모나 성년후견인의 동의를 받아 혼인할 수 있다.

(2011.3.7 본조개정)

**第809조【근친혼 등의 금지】** ① 8촌 이내의 혈족(친양자의 입양 전의 혈족을 포함한다) 사이에서는 혼인하지 못한다.

② 6촌 이내의 혈족의 배우자, 배우자의 6촌 이내의 혈족, 배우자의 4촌 이내의 혈족의 배우자인 인척이거나 이러한 인척이었던 자 사이에서는 혼인하지 못한다.

③ 6촌 이내의 양부모계(養父母系)의 혈족이었던 자와 4촌 이내의 양부모계의 인척이었던 자 사이에서는 혼인하지 못한다.

(2005.3.31 본조개정)

**第810조【중혼의 금지】** 배우자 있는 자는 다시 혼인하지 못한다.

**第811조** (2005.3.31 삭제)

**第812조【혼인의 성립】** ① 혼인은 「가족관계의 등록 등에 관한 법률」에 정한 바에 의하여 신고함으로써 그 효력이 생긴다.(2007.5.17 본항개정)

② 전항의 신고는 당사자 쌍방과 성년자인 증인 2인의 연서한 서면으로 하여야 한다.

**第813조【혼인신고의 심사】** 혼인의 신고는 그 혼인이 제807조 내지 제810조 및 제812조제2항의 규정 기타 법령에 위반함이 없는 때에는 이를 수리하여야 한다.(2005.3.31 본조개정)

**第814조【외국에서의 혼인신고】** ① 외국에 있는 본국민사이의 혼인은 그 외국에 주재하는 대사, 공사 또는 영사에게 신고할 수 있다.

② 제1항의 신고를 수리한 대사, 공사 또는 영사는 지체없이 그 신고서류를 본국의 재외국민 가족관계등록사무소에 송부하여야 한다.(2015.2.3 본항개정)

## 제3절 혼인의 무효와 취소

**第815조【혼인의 무효】** 혼인은 다음 각 호의 어느 하나의 경우에는 무효로 한다.(2005.3.31 본문개정)

1. 당사자간에 혼인의 합의가 없는 때
2. 혼인이 제809조제1항의 규정을 위반한 때(2005.3.31 본호개정)
3. 당사자간에 직계인척관계(直系姻戚關係)가 있거나 있었던 때 (2005.3.31 본호개정)

4. 당사자간에 양부모계의 직계혈족관계가 있었던 때(2005.3.31 본호신설)

**제816조【혼인취소의 사유】** 혼인은 다음 각 호의 어느 하나의 경우에는 법원에 그 취소를 청구할 수 있다.
(2005.3.31 본문개정)

1. 혼인이 제807조 내지 제809조(제815조의 규정에 의하여 혼인의 무효사유에 해당하는 경우를 제외한다. 이하 제817조 및 제820조에서 같다) 또는 제810조의 규정에 위반한 때(2005.3.31 본호개정)
2. 혼인당시 당사자 일방에 부부생활을 계속할 수 없는 악질 기타 중대사유있음을 알지 못한 때
3. 사기 또는 강박으로 인하여 혼인의 의사표시를 한 때

**제817조【나이위반 혼인 등의 취소청구권자】** 혼인이 제807조, 제808조의 규정에 위반한 때에는 당사자 또는 그 법정대리인이 그 취소를 청구할 수 있고 제809조의 규정에 위반한 때에는 당사자, 그 직계존속 또는 4촌 이내의 방계혈족이 그 취소를 청구할 수 있다.
(2022.12.27 본조제목개정)
(2005.3.31 본조개정)

**제818조【중혼의 취소청구권자】** 당사자 및 그 배우자, 직계혈족, 4촌 이내의 방계혈족 또는 검사는 제810조를 위반한 혼인의 취소를 청구할 수 있다.
(2012.2.10 본조개정)

**제819조【동의 없는 혼인의 취소청구권의 소멸】** 제808조를 위반한 혼인은 그 당사자가 19세가 된 후 또는 성년후견종료의 심판이 있은 후 3개월이 지나거나 혼인 중에 임신한 경우에는 그 취소를 청구하지 못한다.
(2011.3.7 본조개정)

**제820조【근친혼등의 취소청구권의 소멸】** 제809조의 규정에 위반한 혼인은 그 당사자간에 혼인중 포태(胞胎)한 때에는 그 취소를 청구하지 못한다.
(2005.3.31 본조개정)

**제821조** (2005.3.31 삭제)

**제822조【악질 등 사유에 의한 혼인취소청구권의 소멸】** 제816조제2호의 규정에 해당하는 사유있는 혼인은 상대방이 그 사유 있음을 안 날로부터 6월을 경과한 때에는 그 취소를 청구하지 못한다.

**제823조【사기, 강박으로 인한 혼인취소청구권의 소멸】** 사기 또는 강박으로 인한 혼인은 사기를 안 날 또는 강박을 면한 날로부터 3월을 경과한 때에는 그 취소를 청구하지 못한다.

**제824조【혼인취소의 효력】** 혼인의 취소의 효력은 기왕에 소급하지 아니한다.

**제824조의2【혼인의 취소와 자의 양육 등】** 제837조 및 제837조의2의 규정은 혼인의 취소의 경우에 자의 양육책임과 면접교섭권에 관하여 이를 준용한다.(2005.3.31 본조신설)

**제825조【혼인취소와 손해배상청구권】** 제806조의 규정은 혼인의 무효 또는 취소의 경우에 준용한다.

## 제4절 혼인의 효력

### 제1관 일반적 효력

**제826조【부부간의 의무】** ① 부부는 동거하며 서로 부양하고 협조하여야 한다. 그러나 정당한 이유로 일시적으로 동거하지 아니하는 경우에는 서로 인용하여야 한다.
② 부부의 동거장소는 부부의 협의에 따라 정한다. 그러나 협의가 이루어지지 아니하는 경우에는 당사자의 청구에 의하여 가정법원이 이를 정한다.
(1990.1.13 본항개정)
③~④ (2005.3.31 삭제)

**제826조의2【성년의제】** 미성년자가 혼인을 한 때에는 성년자로 본다.
(1977.12.31 본조신설)

**제827조【부부간의 가사대리권】** ① 부부는 일상의 가사에 관하여 서로 대리권이 있다.
② 전항의 대리권에 가한 제한은 선의의 제삼자에게 대항하지 못한다.
**제828조** (2012.2.10 삭제)

## 제2관 재산상 효력

**제829조【부부재산의 약정과 그 변경】** ① 부부가 혼인성립전에 그 재산에 관하여 따로 약정을 하지 아니한 때에는 그 재산관계는 본관중 다음 각조에 정하는 바에 의한다.
② 부부가 혼인성립전에 그 재산에 관하여 약정한 때에는 혼인중 이를 변경하지 못한다. 그러나 정당한 사유가 있는 때에는 법원에 허가를 얻어 변경할 수 있다.
③ 전항의 약정에 의하여 부부의 일방이 다른 일방의 재산을 관리하는 경우에 부적당한 관리로 인하여 그 재산을 위태하게 한 때에는 다른 일방은 자기가 관리할 것을 법원에 청구할 수 있고 그 재산이 부부의 공유인 때에는 그 분할을 청구할 수 있다.
④ 부부가 그 재산에 관하여 따로 약정을 한 때에는 혼인성립까지에 그 등기를 하지 아니하면 이로써 부부의 승계인 또는 제삼자에게 대항하지 못한다.
⑤ 제2항, 제3항의 규정이나 약정에 의하여 관리자를 변경하거나 공유재산을 분할하였을 때에는 그 등기를 하지 아니하면 이로써 부부의 승계인 또는 제삼자에게 대항하지 못한다.
**제830조【특유재산과 귀속불명재산】** ① 부부의 일방이 혼인전부터 가진 고유재산과 혼인중 자기의 명의로 취득한 재산은 그 특유재산으로 한다.
② 부부의 누구에게 속한 것인지 분명하지 아니한 재산은 부부의 공유로 추정한다.(1977.12.31 본항개정)
**제831조【특유재산의 관리 등】** 부부는 그 특유재산을 각자 관리, 사용, 수익한다.
**제832조【가사로 인한 채무의 연대책임】** 부부의 일방이 일상의 가사에 관하여 제삼자와 법률행위를 한 때에는 다른 일방은 이로 인한 채무에 대하여 연대책임이 있다. 그러나 이미 제삼자에 대하여 다른 일방의 책임없음을 명시한 때에는 그러하지 아니하다.
**제833조【생활비용】** 부부의 공동생활에 필요한 비용은 당사자간에 특별한 약정이 없으면 부부가 공동으로 부담한다.(1990.1.13 본조개정)

# 제5절 이 혼

## 제1관 협의상 이혼

**제834조【협의상 이혼】** 부부는 협의에 의하여 이혼할 수 있다.
**제835조【성년후견과 협의상 이혼】** 피성년후견인의 협의상 이혼에 관하여는 제808조제2항을 준용한다.
(2011.3.7 본조개정)
**제836조【이혼의 성립과 신고방식】** ① 협의상 이혼은 가정법원의 확인을 받아 「가족관계의 등록 등에 관한 법률」의 정한 바에 의하여 신고함으로써 그 효력이 생긴다.(2007.5.17 본항개정)
② 전항의 신고는 당사자 쌍방과 성년자인 증인 2인의 연서한 서면으로 하여야 한다.
**제836조의2【이혼의 절차】** ① 협의상 이혼을 하려는 자는 가정법원이 제공하는 이혼에 관한 안내를 받아야 하고, 가정법원은 필요한 경우 당사자에게 상담에 관하여 전문적인 지식과 경험을 갖춘 전문상담인의 상담을 받을 것을 권고할 수 있다.
② 가정법원에 이혼의사의 확인을 신청한 당사자는 제1항의 안내를 받은 날부터 다음 각 호의 기간이 지난 후

에 이혼의사의 확인을 받을 수 있다.
1. 양육하여야 할 자(포태 중인 자를 포함한다. 이하 이 조에서 같다)가 있는 경우에는 3개월
2. 제1호에 해당하지 아니하는 경우에는 1개월

③ 가정법원은 폭력으로 인하여 당사자 일방에게 참을 수 없는 고통이 예상되는 등 이혼을 하여야 할 급박한 사정이 있는 경우에는 제2항의 기간을 단축 또는 면제할 수 있다.

④ 양육하여야 할 자가 있는 경우 당사자는 제837조에 따른 자(子)의 양육과 제909조제4항에 따른 자(子)의 친권자결정에 관한 협의서 또는 제837조 및 제909조제4항에 따른 가정법원의 심판정본을 제출하여야 한다.

⑤ 가정법원은 당사자가 협의한 양육비부담에 관한 내용을 확인하는 양육비부담조서를 작성하여야 한다. 이 경우 양육비부담조서의 효력에 대하여는 「가사소송법」 제41조를 준용한다.
(2009.5.8 본항신설)
(2007.12.21 본조신설)

**제837조【이혼과 자의 양육책임】** ① 당사자는 그 자의 양육에 관한 사항을 협의에 의하여 정한다.

② 제1항의 협의는 다음의 사항을 포함하여야 한다.
1. 양육자의 결정
2. 양육비용의 부담
3. 면접교섭권의 행사 여부 및 그 방법

(2007.12.21 본항개정)

③ 제1항에 따른 협의가 자(子)의 복리에 반하는 경우에는 가정법원은 보정을 명하거나 직권으로 그 자(子)의 의사(意思)·나이와 부모의 재산상황, 그 밖의 사정을 참작하여 양육에 필요한 사항을 정한다.(2022.12.27 본항개정)

④ 양육에 관한 사항의 협의가 이루어지지 아니하거나 협의할 수 없는 때에는 가정법원은 직권으로 또는 당사자의 청구에 따라 이에 관하여 결정한다. 이 경우 가정법원은 제3항의 사정을 참작하여야 한다.(2007.12.21 본항신설)

⑤ 가정법원은 자(子)의 복리를 위하여 필요하다고 인정하는 경우에는 부·모·자(子) 및 검사의 청구 또는 직권으로 자(子)의 양육에 관한 사항을 변경하거나 다른 적당한 처분을 할 수 있다.(2007.12.21 본항신설)

⑥ 제3항부터 제5항까지의 규정은 양육에 관한 사항 외에는 부모의 권리의무에 변경을 가져오지 아니한다.
(2007.12.21 본항신설)
(1990.1.13 본조개정)

**제837조의2【면접교섭권】** ① 자(子)를 직접 양육하지 아니하는 부모의 일방과 자(子)는 상호 면접교섭할 수 있는 권리를 가진다.(2007.12.21 본항개정)

② 자(子)를 직접 양육하지 아니하는 부모 일방의 직계존속은 그 부모 일방이 사망하였거나 질병, 외국거주, 그 밖에 불가피한 사정으로 자(子)를 면접교섭할 수 없는 경우 가정법원에 자(子)와의 면접교섭을 청구할 수 있다. 이 경우 가정법원은 자(子)의 의사(意思), 면접교섭을 청구한 사람과 자(子)의 관계, 청구의 동기, 그 밖의 사정을 참작하여야 한다.(2016.12.2 본항신설)

③ 가정법원은 자의 복리를 위하여 필요한 때에는 당사자의 청구 또는 직권에 의하여 면접교섭을 제한·배제·변경할 수 있다.(2016.12.2 본항개정)

**제838조【사기, 강박으로 인한 이혼의 취소청구권】** 사기 또는 강박으로 인하여 이혼의 의사표시를 한 자는 그 취소를 가정법원에 청구할 수 있다.
(1990.1.13 본조개정)

**제839조【준용규정】** 제823조의 규정은 협의상 이혼에 준용한다.

**제839조의2 【재산분할청구권】** ① 협의상 이혼한 자의 일방은 다른 일방에 대하여 재산분할을 청구할 수 있다.
② 제1항의 재산분할에 관하여 협의가 되지 아니하거나 협의할 수 없는 때에는 가정법원은 당사자의 청구에 의하여 당사자 쌍방의 협력으로 이룩한 재산의 액수 기타 사정을 참작하여 분할의 액수와 방법을 정한다.
③ 제1항의 재산분할청구권은 이혼한 날부터 2년을 경과한 때에는 소멸한다.
(1990.1.13 본조신설)

**제839조의3 【재산분할청구권 보전을 위한 사해행위취소권】** ① 부부의 일방이 다른 일방의 재산분할청구권 행사를 해함을 알면서도 재산권을 목적으로 하는 법률행위를 한 때에는 다른 일방은 제406조제1항을 준용하여 그 취소 및 원상회복을 가정법원에 청구할 수 있다.
② 제1항의 소는 제406조제2항의 기간 내에 제기하여야 한다.
(2007.12.21 본조신설)

## 제2관 재판상 이혼

**제840조 【재판상 이혼원인】** 부부의 일방은 다음 각호의 사유가 있는 경우에는 가정법원에 이혼을 청구할 수 있다.
(1990.1.13 본문개정)

1. 배우자에 부정한 행위가 있었을 때
2. 배우자가 악의로 다른 일방을 유기한 때
3. 배우자 또는 그 직계존속으로부터 심히 부당한 대우를 받았을 때
4. 자기의 직계존속이 배우자로부터 심히 부당한 대우를 받았을 때
5. 배우자의 생사가 3년이상 분명하지 아니한 때
6. 기타 혼인을 계속하기 어려운 중대한 사유가 있을 때

**제841조 【부정으로 인한 이혼청구권의 소멸】** 전조제1호의 사유는 다른 일방이 사전동의나 사후용서를 한 때 또는 이를 안 날로부터 6월, 그 사유있은 날로부터 2년을 경과한 때에는 이혼을 청구하지 못한다.

**제842조 【기타 원인으로 인한 이혼청구권의 소멸】** 제840조제6호의 사유는 다른 일방이 이를 안 날로부터 6월, 그 사유있은 날로부터 2년을 경과하면 이혼을 청구하지 못한다.

**제843조 【준용규정】** 재판상 이혼에 따른 손해배상책임에 관하여는 제806조를 준용하고, 재판상 이혼에 따른 자녀의 양육책임 등에 관하여는 제837조를 준용하며, 재판상 이혼에 따른 면접교섭권에 관하여는 제837조의2를 준용하고, 재판상 이혼에 따른 재산분할청구권에 관하여는 제839조의2를 준용하며, 재판상 이혼에 따른 재산분할청구권 보전을 위한 사해행위취소권에 관하여는 제839조의3을 준용한다.
(2012.2.10 본조개정)

# 제4장 부모와 자

## 제1절 친생자

**제844조 【남편의 친생자의 추정】** ① 아내가 혼인 중에 임신한 자녀는 남편의 자녀로 추정한다.
② 혼인이 성립한 날부터 200일 후에 출생한 자녀는 혼인 중에 임신한 것으로 추정한다.
③ 혼인관계가 종료된 날부터 300일 이내에 출생한 자녀는 혼인 중에 임신한 것으로 추정한다.
(2017.10.31 본조개정)

**제845조 【법원에 의한 부의 결정】** 재혼한 여자가 해산한 경우에 제844조의 규정에 의하여 그 자의 부를 정할

수 없는 때에는 법원이 당사자의 청구에 의하여 이를 정한다.(2005.3.31 본조개정)

**第846條【자의 친생부인】** 부부의 일방은 제844조의 경우에 그 자가 친생자임을 부인하는 소를 제기할 수 있다.
(2005.3.31 본조개정)

**第847條【친생부인의 소】** ① 친생부인(親生否認)의 소(訴)는 부(夫) 또는 처(妻)가 다른 일방 또는 자(子)를 상대로 하여 그 사유가 있음을 안 날부터 2년내에 이를 제기하여야 한다.
② 제1항의 경우에 상대방이 될 자가 모두 사망한 때에는 그 사망을 안 날부터 2년내에 검사를 상대로 하여 친생부인의 소를 제기할 수 있다.
(2005.3.31 본조개정)

**第848條【성년후견과 친생부인의 소】**
① 남편이나 아내가 피성년후견인인 경우에는 그의 성년후견인이 성년후견감독인의 동의를 받아 친생부인의 소를 제기할 수 있다. 성년후견감독인이 없거나 동의할 수 없을 때에는 가정법원에 그 동의를 갈음하는 허가를 청구할 수 있다.
② 제1항의 경우 성년후견인이 친생부인의 소를 제기하지 아니하는 경우에는 피성년후견인은 성년후견종료의 심판이 있은 날부터 2년 내에 친생부인의 소를 제기할 수 있다.
(2011.3.7 본조개정)

**第849條【자사망후의 친생부인】** 자가 사망한 후에도 그 직계비속이 있는 때에는 그 모를 상대로, 모가 없으면 검사를 상대로 하여 부인의 소를 제기할 수 있다.

**第850條【유언에 의한 친생부인】** 부(夫) 또는 처(妻)가 유언으로 부인의 의사를 표시한 때에는 유언집행자는 친생부인의 소를 제기하여야 한다.
(2005.3.31 본조개정)

**第851條【부의 자 출생 전 사망 등과 친생부인】** 부(夫)가 자(子)의 출생 전에 사망하거나 부(夫) 또는 처(妻)가 제847조제1항의 기간내에 사망한 때에는 부(夫) 또는 처(妻)의 직계존속이나 직계비속에 한하여 그 사망을 안 날부터 2년내에 친생부인의 소를 제기할 수 있다.(2005.3.31 본조개정)

**第852條【친생부인권의 소멸】** 자의 출생 후에 친생자(親生子)임을 승인한 자는 다시 친생부인의 소를 제기하지 못한다.(2005.3.31 본조개정)

**第853條** (2005.3.31 삭제)

**第854條【사기, 강박으로 인한 승인의 취소】** 제852조의 승인이 사기 또는 강박으로 인한 때에는 이를 취소할 수 있다.(2005.3.31 본조개정)

**第854條의2【친생부인의 허가 청구】**
① 어머니 또는 어머니의 전(前) 남편은 제844조제3항의 경우에 가정법원에 친생부인의 허가를 청구할 수 있다. 다만, 혼인 중의 자녀로 출생신고가 된 경우에는 그러하지 아니하다.
② 제1항의 청구가 있는 경우에 가정법원은 혈액채취에 의한 혈액형 검사, 유전인자의 검사 등 과학적 방법에 따른 검사결과 또는 장기간의 별거 등 그 밖의 사정을 고려하여 허가 여부를 정한다.
③ 제1항 및 제2항에 따른 허가를 받은 경우에는 제844조제1항 및 제3항의 추정이 미치지 아니한다.
(2017.10.31 본조신설)

**第855條【인지】** ① 혼인외의 출생자는 그 생부나 생모가 이를 인지할 수 있다. 부모의 혼인이 무효인 때에는 출생자는 혼인외의 출생자로 본다.
② 혼인외의 출생자는 그 부모가 혼인한 때에는 그때로부터 혼인 중의 출생자로 본다.

**第855條의2【인지의 허가 청구】** ① 생부(生父)는 제844조제3항의 경우에

가정법원에 인지의 허가를 청구할 수 있다. 다만, 혼인 중의 자녀로 출생신고가 된 경우에는 그러하지 아니하다.
② 제1항의 청구가 있는 경우에 가정법원은 혈액채취에 의한 혈액형 검사, 유전인자의 검사 등 과학적 방법에 따른 검사결과 또는 장기간의 별거 등 그 밖의 사정을 고려하여 허가 여부를 정한다.
③ 제1항 및 제2항에 따라 허가를 받은 생부가 「가족관계의 등록 등에 관한 법률」 제57조제1항에 따른 신고를 하는 경우에는 제844조제1항 및 제3항의 추정이 미치지 아니한다.
(2017.10.31 본조신설)

**제856조【피성년후견인의 인지】** 아버지가 피성년후견인인 경우에는 성년후견인의 동의를 받아 인지할 수 있다.
(2011.3.7 본조개정)

**제857조【사망자의 인지】** 자가 사망한 후에도 그 직계비속이 있는 때에는 이를 인지할 수 있다.

**제858조【포태중인 자의 인지】** 부는 포태 중에 있는 자에 대하여도 이를 인지할 수 있다.

**제859조【인지의 효력발생】** ① 인지는 「가족관계의 등록 등에 관한 법률」의 정하는 바에 의하여 신고함으로써 그 효력이 생긴다.(2007.5.17 본항개정)
② 인지는 유언으로도 이를 할 수 있다. 이 경우에는 유언집행자가 이를 신고하여야 한다.

**제860조【인지의 소급효】** 인지는 그 자의 출생시에 소급하여 효력이 생긴다. 그러나 제3자의 취득한 권리를 해하지 못한다.

**제861조【인지의 취소】** 사기, 강박 또는 중대한 착오로 인하여 인지를 한 때에는 사기나 착오를 안 날 또는 강박을 면한 날로부터 6월내에 가정법원에 그 취소를 청구할 수 있다.(2005.3.31 본조개정)

**제862조【인지에 대한 이의의 소】** 자 기타 이해관계인은 인지의 신고있음을 안 날로부터 1년내에 인지에 대한 이의의 소를 제기할 수 있다.

**제863조【인지청구의 소】** 자와 그 직계비속 또는 그 법정대리인은 부 또는 모를 상대로 하여 인지청구의 소를 제기할 수 있다.

**제864조【부모의 사망과 인지청구의 소】** 제862조 및 제863조의 경우에 부 또는 모가 사망한 때에는 그 사망을 안 날로부터 2년내에 검사를 상대로 하여 인지에 대한 이의 또는 인지청구의 소를 제기할 수 있다.(2005.3.31 본조개정)

**제864조의2【인지와 자의 양육책임 등】** 제837조 및 제837조의2의 규정은 자가 인지된 경우에 자의 양육책임과 면접교섭권에 관하여 이를 준용한다.
(2005.3.31 본조신설)

**제865조【다른 사유를 원인으로 하는 친생관계존부확인의 소】** ① 제845조, 제846조, 제848조, 제850조, 제851조, 제862조와 제863조의 규정에 의하여 소를 제기할 수 있는 자는 다른 사유를 원인으로 하여 친생자관계존부의 확인의 소를 제기할 수 있다.
② 제1항의 경우에 당사자 일방이 사망한 때에는 그 사망을 안 날로부터 2년내에 검사를 상대로 하여 소를 제기할 수 있다.(2005.3.31 본항개정)

## 제2절 양자(養子)
(2012.2.10 본절제목개정)

### 제1관 입양의 요건과 효력
(2012.2.10 본관제목개정)

**제866조【입양을 할 능력】** 성년이 된 사람은 입양(入養)을 할 수 있다.
(2012.2.10 본조개정)

**제867조【미성년자의 입양에 대한 가정법원의 허가】** ① 미성년자를 입양하려는 사람은 가정법원의 허가를 받아야 한다.
② 가정법원은 양자가 될 미성년자의 복리를 위하여 그 양육 상황, 입양의 동기, 양부모(養父母)의 양육능력, 그 밖의 사정을 고려하여 제1항에 따른 입양의 허가를 하지 아니할 수 있다.
(2012.2.10 본조신설)

**제868조** (1990.1.13 삭제)

**제869조【입양의 의사표시】** ① 양자가 될 사람이 13세 이상의 미성년자인 경우에는 법정대리인의 동의를 받아 입양을 승낙한다.
② 양자가 될 사람이 13세 미만인 경우에는 법정대리인이 그를 갈음하여 입양을 승낙한다.
③ 가정법원은 다음 각 호의 어느 하나에 해당하는 경우에는 제1항에 따른 동의 또는 제2항에 따른 승낙이 없더라도 제867조제1항에 따른 입양의 허가를 할 수 있다.
1. 법정대리인이 정당한 이유 없이 동의 또는 승낙을 거부하는 경우. 다만, 법정대리인이 친권자인 경우에는 제870조제2항의 사유가 있어야 한다.
2. 법정대리인의 소재를 알 수 없는 등의 사유로 동의 또는 승낙을 받을 수 없는 경우
④ 제3항제1호의 경우 가정법원은 법정대리인을 심문하여야 한다.
⑤ 제1항에 따른 동의 또는 제2항에 따른 승낙은 제867조제1항에 따른 입양의 허가가 있기 전까지 철회할 수 있다.
(2012.2.10 본조개정)

**제870조【미성년자 입양에 대한 부모의 동의】** ① 양자가 될 미성년자는 부모의 동의를 받아야 한다. 다만, 다음 각 호의 어느 하나에 해당하는 경우에는 그러하지 아니하다.
1. 부모가 제869조제1항에 따른 동의를 하거나 같은 조 제2항에 따른 승낙을 한 경우
2. 부모가 친권상실의 선고를 받은 경우
3. 부모의 소재를 알 수 없는 등의 사유로 동의를 받을 수 없는 경우
② 가정법원은 다음 각 호의 어느 하나에 해당하는 사유가 있는 경우에는 부모가 동의를 거부하더라도 제867조제1항에 따른 입양의 허가를 할 수 있다. 이 경우 가정법원은 부모를 심문하여야 한다.
1. 부모가 3년 이상 자녀에 대한 부양의무를 이행하지 아니한 경우
2. 부모가 자녀를 학대 또는 유기(遺棄)하거나 그 밖에 자녀의 복리를 현저히 해친 경우
③ 제1항에 따른 동의는 제867조제1항에 따른 입양의 허가가 있기 전까지 철회할 수 있다.
(2012.2.10 본조개정)

**제871조【성년자 입양에 대한 부모의 동의】** ① 양자가 될 사람이 성년인 경우에는 부모의 동의를 받아야 한다. 다만, 부모의 소재를 알 수 없는 등의 사유로 동의를 받을 수 없는 경우에는 그러하지 아니하다.
② 가정법원은 부모가 정당한 이유 없이 동의를 거부하는 경우에 양부모가 될 사람이나 양자가 될 사람의 청구에 따라 부모의 동의를 갈음하는 심판을 할 수 있다. 이 경우 가정법원은 부모를 심문하여야 한다.
(2012.2.10 본조개정)

**제872조** (2012.2.10 삭제)

**제873조【피성년후견인의 입양】** ① 피성년후견인은 성년후견인의 동의를 받아 입양을 할 수 있고 양자가 될 수 있다.
② 피성년후견인이 입양을 하거나 양

자가 되는 경우에는 제867조를 준용한다.

③ 가정법원은 성년후견인이 정당한 이유 없이 제1항에 따른 동의를 거부하거나 피성년후견인의 부모가 정당한 이유 없이 제871조제1항에 따른 동의를 거부하는 경우에 그 동의가 없어도 입양을 허가할 수 있다. 이 경우 가정법원은 성년후견인 또는 부모를 심문하여야 한다.

(2012.2.10 본조개정)

**제874조【부부의 공동 입양 등】** ① 배우자가 있는 사람은 배우자와 공동으로 입양하여야 한다.

② 배우자가 있는 사람은 그 배우자의 동의를 받아야만 양자가 될 수 있다.

(2012.2.10 본조개정)

**제875조~제876조** (1990.1.13 삭제)

**제877조【입양의 금지】** 존속이나 연장자를 입양할 수 없다.(2012.2.10 본조개정)

**제878조【입양의 성립】** 입양은 「가족관계의 등록 등에 관한 법률」에서 정한 바에 따라 신고함으로써 그 효력이 생긴다.(2012.2.10 본조개정)

**제879조~제880조** (1990.1.13 삭제)

**제881조【입양 신고의 심사】** 제866조, 제867조, 제869조부터 제871조까지, 제873조, 제874조, 제877조, 그 밖의 법령을 위반하지 아니한 입양 신고는 수리하여야 한다.(2012.2.10 본조개정)

**제882조【외국에서의 입양 신고】** 외국에서 입양 신고를 하는 경우에는 제814조를 준용한다.(2012.2.10 본조개정)

**제882조의2【입양의 효력】** ① 양자는 입양된 때부터 양부모의 친생자와 같은 지위를 가진다.

② 양자의 입양 전의 친족관계는 존속한다.

(2012.2.10 본조신설)

## 제2관 입양의 무효와 취소

(2012.2.10 본관제목개정)

**제883조【입양 무효의 원인】** 다음 각 호의 어느 하나에 해당하는 입양은 무효이다.

1. 당사자 사이에 입양의 합의가 없는 경우
2. 제867조제1항(제873조제2항에 따라 준용되는 경우를 포함한다), 제869조제2항, 제877조를 위반한 경우

(2012.2.10 본조개정)

**제884조【입양 취소의 원인】** ① 입양이 다음 각 호의 어느 하나에 해당하는 경우에는 가정법원에 그 취소를 청구할 수 있다.

1. 제866조, 제869조제1항, 같은 조 제3항제2호, 제870조제1항, 제871조제1항, 제873조제1항, 제874조를 위반한 경우
2. 입양 당시 양부모와 양자 중 어느 한쪽에게 악질(惡疾)이나 그 밖에 중대한 사유가 있음을 알지 못한 경우
3. 사기 또는 강박으로 인하여 입양의 의사표시를 한 경우

② 입양 취소에 관하여는 제867조제2항을 준용한다.

(2012.2.10 본조개정)

**제885조【입양 취소 청구권자】** 양부모, 양자와 그 법정대리인 또는 직계혈족은 제866조를 위반한 입양의 취소를 청구할 수 있다.(2012.2.10 본조개정)

**제886조【입양 취소 청구권자】** 양자나 동의권자는 제869조제1항, 같은 조 제3항제2호, 제870조제1항을 위반한 입양의 취소를 청구할 수 있고, 동의권자는 제871조제1항을 위반한 입양의 취소를 청구할 수 있다.(2012.2.10 본조개정)

**제887조【입양 취소 청구권자】** 피성년후견인이나 성년후견인은 제873조제1항을 위반한 입양의 취소를 청구할 수 있다.(2012.2.10 본조개정)

**제888조【입양 취소 청구권자】** 배우자는 제874조를 위반한 입양의 취소를 청구할 수 있다.(2012.2.10 본조개정)

**제889조【입양 취소 청구권의 소멸】** 양부모가 성년이 되면 제866조를 위반한 입양의 취소를 청구하지 못한다.
(2012.2.10 본조개정)

**제890조** (1990.1.13 삭제)

**제891조【입양 취소 청구권의 소멸】** ① 양자가 성년이 된 후 3개월이 지나거나 사망하면 제869조제1항, 같은 조 제3항제2호, 제870조제1항을 위반한 입양의 취소를 청구하지 못한다.
② 양자가 사망하면 제871조제1항을 위반한 입양의 취소를 청구하지 못한다.
(2012.2.10 본조개정)

**제892조** (2012.2.10 삭제)

**제893조【입양 취소 청구권의 소멸】** 성년후견개시의 심판이 취소된 후 3개월이 지나면 제873조제1항을 위반한 입양의 취소를 청구하지 못한다.
(2012.2.10 본조개정)

**제894조【입양 취소 청구권의 소멸】** 제869조제1항, 같은 조 제3항제2호, 제870조제1항, 제871조제1항, 제873조제1항, 제874조를 위반한 입양은 그 사유가 있음을 안 날부터 6개월, 그 사유가 있었던 날부터 1년이 지나면 그 취소를 청구하지 못한다.(2012.2.10 본조개정)

**제895조** (1990.1.13 삭제)

**제896조【입양 취소 청구권의 소멸】** 제884조제1항제2호에 해당하는 사유가 있는 입양은 양부모와 양자 중 어느 한 쪽이 그 사유가 있음을 안 날부터 6개월이 지나면 그 취소를 청구하지 못한다.(2012.2.10 본조개정)

**제897조【준용규정】** 입양의 무효 또는 취소에 따른 손해배상책임에 관하여는 제806조를 준용하고, 사기 또는 강박으로 인한 입양 취소 청구권의 소멸에 관하여는 제823조를 준용하며, 입양 취소의 효력에 관하여는 제824조를 준용한다.(2012.2.10 본조개정)

### 제3관 파양(罷養)
(2012.2.10 본관제목개정)

#### 제1항 협의상 파양
(2012.2.10 본항제목개정)

**제898조【협의상 파양】** 양부모와 양자는 협의하여 파양(罷養)할 수 있다. 다만, 양자가 미성년자 또는 피성년후견인인 경우에는 그러하지 아니하다.
(2012.2.10 본조개정)

**제899조~제901조** (2012.2.10 삭제)

**제902조【피성년후견인의 협의상 파양】** 피성년후견인인 양부모는 성년후견인의 동의를 받아 파양을 협의할 수 있다.(2012.2.10 본조개정)

**제903조【파양 신고의 심사】** 제898조, 제902조, 그 밖의 법령을 위반하지 아니한 파양 신고는 수리하여야 한다.(2012.2.10 본조개정)

**제904조【준용규정】** 사기 또는 강박으로 인한 파양 취소 청구권의 소멸에 관하여는 제823조를 준용하고, 협의상 파양의 성립에 관하여는 제878조를 준용한다.(2012.2.10 본조개정)

#### 제2항 재판상 파양
(2012.2.10 본항제목개정)

**제905조【재판상 파양의 원인】** 양부모, 양자 또는 제906조에 따른 청구권자는 다음 각 호의 어느 하나에 해당하

는 경우에는 가정법원에 파양을 청구할 수 있다.

1. 양부모가 양자를 학대 또는 유기하거나 그 밖에 양자의 복리를 현저히 해친 경우
2. 양부모가 양자로부터 심히 부당한 대우를 받은 경우
3. 양부모나 양자의 생사가 3년 이상 분명하지 아니한 경우
4. 그 밖에 양친자관계를 계속하기 어려운 중대한 사유가 있는 경우

(2012.2.10 본조개정)

**제906조【파양 청구권자】** ① 양자가 13세 미만인 경우에는 제869조제2항에 따른 승낙을 한 사람이 양자를 갈음하여 파양을 청구할 수 있다. 다만, 파양을 청구할 수 있는 사람이 없는 경우에는 제777조에 따른 양자의 친족이나 이해관계인이 가정법원의 허가를 받아 파양을 청구할 수 있다.

② 양자가 13세 이상의 미성년자인 경우에는 제870조제1항에 따른 동의를 한 부모의 동의를 받아 파양을 청구할 수 있다. 다만, 부모가 사망하거나 그 밖의 사유로 동의할 수 없는 경우에는 동의 없이 파양을 청구할 수 있다.

③ 양부모나 양자가 피성년후견인인 경우에는 성년후견인의 동의를 받아 파양을 청구할 수 있다.

④ 검사는 미성년자나 피성년후견인인 양자를 위하여 파양을 청구할 수 있다.

(2012.2.10 본조개정)

**제907조【파양 청구권의 소멸】** 파양 청구권자는 제905조제1호·제2호·제4호의 사유가 있음을 안 날부터 6개월, 그 사유가 있었던 날부터 3년이 지나면 파양을 청구할 수 없다.

(2012.2.10 본조개정)

**제908조【준용규정】** 재판상 파양에 따른 손해배상책임에 관하여는 제806조를 준용한다.(2012.2.10 본조개정)

## 제4관 친양자
(2005.3.31 본관신설)

**제908조의2【친양자 입양의 요건 등】** ① 친양자(親養子)를 입양하려는 사람은 다음 각 호의 요건을 갖추어 가정법원에 친양자 입양을 청구하여야 한다.

1. 3년 이상 혼인 중인 부부로서 공동으로 입양할 것. 다만, 1년 이상 혼인 중인 부부의 한쪽이 그 배우자의 친생자를 친양자로 하는 경우에는 그러하지 아니하다.
2. 친양자가 될 사람이 미성년자일 것
3. 친양자가 될 사람의 친생부모가 친양자 입양에 동의할 것. 다만, 부모가 친권상실의 선고를 받거나 소재를 알 수 없거나 그 밖의 사유로 동의할 수 없는 경우에는 그러하지 아니하다.
4. 친양자가 될 사람이 13세 이상인 경우에는 법정대리인의 동의를 받아 입양을 승낙할 것
5. 친양자가 될 사람이 13세 미만인 경우에는 법정대리인이 그를 갈음하여 입양을 승낙할 것

② 가정법원은 다음 각 호의 어느 하나에 해당하는 경우에는 제1항제3호·제4호에 따른 동의 또는 같은 항 제5호에 따른 승낙이 없어도 제1항의 청구를 인용할 수 있다. 이 경우 가정법원은 동의권자 또는 승낙권자를 심문하여야 한다.

1. 법정대리인이 정당한 이유 없이 동의 또는 승낙을 거부하는 경우. 다만, 법정대리인이 친권자인 경우에는 제2호 또는 제3호의 사유가 있어야 한다.
2. 친생부모가 자신에게 책임이 있는 사유로 3년 이상 자녀에 대한 부양의무를 이행하지 아니하고 면접교섭을 하지 아니한 경우

3. 친생부모가 자녀를 학대 또는 유기하거나 그 밖에 자녀의 복리를 현저히 해친 경우

③ 가정법원은 친양자가 될 사람의 복리를 위하여 그 양육상황, 친양자 입양의 동기, 양부모의 양육능력, 그 밖의 사정을 고려하여 친양자 입양이 적당하지 아니하다고 인정하는 경우에는 제1항의 청구를 기각할 수 있다.
(2012.2.10 본조개정)

**제908조의3【친양자 입양의 효력】**
① 친양자는 부부의 혼인중 출생자로 본다.
② 친양자의 입양 전의 친족관계는 제908조의2제1항의 청구에 의한 친양자 입양이 확정된 때에 종료한다. 다만, 부부의 일방이 그 배우자의 친생자를 단독으로 입양한 경우에 있어서의 배우자 및 그 친족과 친생자간의 친족관계는 그러하지 아니하다.

**제908조의4【친양자 입양의 취소 등】**
① 친양자로 될 사람의 친생(親生)의 아버지 또는 어머니는 자신에게 책임이 없는 사유로 인하여 제908조의2제1항제3호 단서에 따른 동의를 할 수 없었던 경우에 친양자 입양의 사실을 안 날부터 6개월 안에 가정법원에 친양자 입양의 취소를 청구할 수 있다.
② 친양자 입양에 관하여는 제883조, 제884조를 적용하지 아니한다.
(2012.2.10 본조개정)

**제908조의5【친양자의 파양】** ① 양친, 친양자, 친생의 부 또는 모나 검사는 다음 각 호의 어느 하나의 사유가 있는 경우에는 가정법원에 친양자의 파양(罷養)을 청구할 수 있다.

1. 양친이 친양자를 학대 또는 유기(遺棄)하거나 그 밖에 친양자의 복리를 현저히 해하는 때
2. 친양자의 양친에 대한 패륜(悖倫)행위로 인하여 친양자관계를 유지시킬 수 없게 된 때

② 제898조 및 제905조의 규정은 친양자의 파양에 관하여 이를 적용하지 아니한다.

**제908조의6【준용규정】** 제908조의2제3항은 친양자 입양의 취소 또는 제908조의5제1항제2호에 따른 파양의 청구에 관하여 이를 준용한다.
(2012.2.10 본조개정)

**제908조의7【친양자 입양의 취소·파양의 효력】** ① 친양자 입양이 취소되거나 파양된 때에는 친양자관계는 소멸하고 입양 전의 친족관계는 부활한다.
② 제1항의 경우에 친양자 입양의 취소의 효력은 소급하지 아니한다.

**제908조의8【준용규정】** 친양자에 관하여 이 관에 특별한 규정이 있는 경우를 제외하고는 그 성질에 반하지 아니하는 범위 안에서 양자에 관한 규정을 준용한다.

## 제3절 친 권

### 제1관 총 칙

**제909조【친권자】** ① 부모는 미성년자인 자의 친권자가 된다. 양자의 경우에는 양부모(養父母)가 친권자가 된다.
(2005.3.31 본항개정)
② 친권은 부모가 혼인 중인 때에는 부모가 공동으로 이를 행사한다. 그러나 부모의 의견이 일치하지 아니하는 경우에는 당사자의 청구에 의하여 가정법원이 이를 정한다.
③ 부모의 일방이 친권을 행사할 수 없을 때에는 다른 일방이 이를 행사한다.
④ 혼인외의 자가 인지된 경우와 부모가 이혼하는 경우에는 부모의 협의로 친권자를 정하여야 하고, 협의할 수 없거나 협의가 이루어지지 아니하는 경우에는 가정법원은 직권으로 또는 당사자의 청구에 따라 친권자를 지정하

여야 한다. 다만, 부모의 협의가 자(子)의 복리에 반하는 경우에는 가정법원은 보정을 명하거나 직권으로 친권자를 정한다.(2007.12.21 본항개정)

⑤ 가정법원은 혼인의 취소, 재판상 이혼 또는 인지청구의 소의 경우에는 직권으로 친권자를 정한다.(2005.3.31 본항개정)

⑥ 가정법원은 자의 복리를 위하여 필요하다고 인정되는 경우에는 자의 4촌 이내의 친족의 청구에 의하여 정하여진 친권자를 다른 일방으로 변경할 수 있다.(2005.3.31 본항신설)

(1990.1.13 본조개정)

**제909조의2【친권자의 지정 등】** ① 제909조제4항부터 제6항까지의 규정에 따라 단독 친권자로 정하여진 부모의 일방이 사망한 경우 생존하는 부 또는 모, 미성년자, 미성년자의 친족은 그 사실을 안 날부터 1개월, 사망한 날부터 6개월 내에 가정법원에 생존하는 부 또는 모를 친권자로 지정할 것을 청구할 수 있다.

② 입양이 취소되거나 파양된 경우 또는 양부모가 모두 사망한 경우 친생부모 일방 또는 쌍방, 미성년자, 미성년자의 친족은 그 사실을 안 날부터 1개월, 입양이 취소되거나 파양된 날 또는 양부모가 모두 사망한 날부터 6개월 내에 가정법원에 친생부모 일방 또는 쌍방을 친권자로 지정할 것을 청구할 수 있다. 다만, 친양자의 양부모가 사망한 경우에는 그러하지 아니하다.

③ 제1항 또는 제2항의 기간 내에 친권자 지정의 청구가 없을 때에는 가정법원은 직권으로 또는 미성년자, 미성년자의 친족, 이해관계인, 검사, 지방자치단체의 장의 청구에 의하여 미성년후견인을 선임할 수 있다. 이 경우 생존하는 부 또는 모, 친생부모 일방 또는 쌍방의 소재를 모르거나 그가 정당한 사유 없이 소환에 응하지 아니하는 경우를 제외하고 그에게 의견을 진술할 기회를 주어야 한다.

④ 가정법원은 제1항 또는 제2항에 따른 친권자 지정 청구나 제3항에 따른 후견인 선임 청구가 생존하는 부 또는 모, 친생부모 일방 또는 쌍방의 양육의사 및 양육능력, 청구 동기, 미성년자의 의사, 그 밖의 사정을 고려하여 미성년자의 복리를 위하여 적절하지 아니하다고 인정하면 청구를 기각할 수 있다. 이 경우 가정법원은 직권으로 미성년후견인을 선임하거나 생존하는 부 또는 모, 친생부모 일방 또는 쌍방을 친권자로 지정하여야 한다.

⑤ 가정법원은 다음 각 호의 어느 하나에 해당하는 경우에 직권으로 또는 미성년자, 미성년자의 친족, 이해관계인, 검사, 지방자치단체의 장의 청구에 의하여 제1항부터 제4항까지의 규정에 따라 친권자가 지정되거나 미성년후견인이 선임될 때까지 그 임무를 대행할 사람을 선임할 수 있다. 이 경우 그 임무를 대행할 사람에 대하여는 제25조 및 제954조를 준용한다.

1. 단독 친권자가 사망한 경우
2. 입양이 취소되거나 파양된 경우
3. 양부모가 모두 사망한 경우

⑥ 가정법원은 제3항 또는 제4항에 따라 미성년후견인이 선임된 경우라도 미성년후견인 선임 후 양육상황이나 양육능력의 변동, 미성년자의 의사, 그 밖의 사정을 고려하여 미성년자의 복리를 위하여 필요하면 생존하는 부 또는 모, 친생부모 일방 또는 쌍방, 미성년자의 청구에 의하여 후견을 종료하고 생존하는 부 또는 모, 친생부모 일방 또는 쌍방을 친권자로 지정할 수 있다.

(2011.5.19 본조신설)

**제910조【자의 친권의 대행】** 친권자는 그 친권에 따르는 자에 갈음하여 그 자에 대한 친권을 행사한다.

(2005.3.31 본조개정)

**제911조【미성년자인 자의 법정대리인】** 친권을 행사하는 부 또는 모는 미성년자인 자의 법정대리인이 된다.

**제912조【친권 행사와 친권자 지정의 기준】** ① 친권을 행사함에 있어서는 자의 복리를 우선적으로 고려하여야 한다.
② 가정법원이 친권자를 지정함에 있어서는 자(子)의 복리를 우선적으로 고려하여야 한다. 이를 위하여 가정법원은 관련 분야의 전문가나 사회복지기관으로부터 자문을 받을 수 있다.
(2011.5.19 본항신설)
(2011.5.19 본조제목개정)
(2005.3.31 본조신설)

## 제2관 친권의 효력

**제913조【보호, 교양의 권리의무】** 친권자는 자를 보호하고 교양할 권리의무가 있다.

**제914조【거소지정권】** 자는 친권자의 지정한 장소에 거주하여야 한다.

**제915조** (2021.1.26 삭제)

**제916조【자의 특유재산과 그 관리】** 자가 자기의 명의로 취득한 재산은 그 특유재산으로 하고 법정대리인인 친권자가 이를 관리한다.

**제917조** (1990.1.13 삭제)

**제918조【제삼자가 무상으로 자에게 수여한 재산의 관리】** ① 무상으로 자에게 재산을 수여한 제삼자가 친권자의 관리에 반대하는 의사를 표시한 때에는 친권자는 그 재산을 관리하지 못한다.
② 전항의 경우에 제삼자가 그 재산관리인을 지정하지 아니한 때에는 법원은 재산의 수여를 받은 자 또는 제777조의 규정에 의한 친족의 청구에 의하여 관리인을 선임한다.
③ 제삼자의 지정한 관리인의 권한이 소멸하거나 관리인을 개임할 필요있는 경우에 제삼자가 다시 관리인을 지정하지 아니한 때에도 전항과 같다.
④ 제24조제1항, 제2항, 제4항, 제25조 전단 및 제26조제1항, 제2항의 규정은 전2항의 경우에 준용한다.

**제919조【위임에 관한 규정의 준용】** 제691조, 제692조의 규정은 전3조의 재산관리에 준용한다.

**제920조【자의 재산에 관한 친권자의 대리권】** 법정대리인인 친권자는 자의 재산에 관한 법률행위에 대하여 그 자를 대리한다. 그러나 그 자의 행위를 목적으로 하는 채무를 부담할 경우에는 본인의 동의를 얻어야 한다.

**제920조의2【공동친권자의 일방이 공동명의로 한 행위의 효력】** 부모가 공동으로 친권을 행사하는 경우 부모의 일방이 공동명의로 자를 대리하거나 자의 법률행위에 동의한 때에는 다른 일방의 의사에 반하는 때에도 그 효력이 있다. 그러나 상대방이 악의인 때에는 그러하지 아니한다.(1990.1.13 본조신설)

**제921조【친권자와 그 자간 또는 수인의 자간의 이해상반행위】** ① 법정대리인인 친권자와 그 자사이에 이해상반되는 행위를 함에는 친권자는 법원에 그 자의 특별대리인의 선임을 청구하여야 한다.
② 법정대리인인 친권자가 그 친권에 따르는 수인의 자 사이에 이해상반되는 행위를 함에는 법원에 그 자 일방의 특별대리인의 선임을 청구하여야 한다.
(2005.3.31 본항개정)

**제922조【친권자의 주의의무】** 친권자가 그 자에 대한 법률행위의 대리권 또는 재산관리권을 행사함에는 자기의 재산에 관한 행위와 동일한 주의를 하여야 한다.

**제922조의2【친권자의 동의를 갈음하는 재판】** 가정법원은 친권자의 동의가 필요한 행위에 대하여 친권자가 정당한 이유 없이 동의하지 아니함으로써

자녀의 생명, 신체 또는 재산에 중대한 손해가 발생할 위험이 있는 경우에는 자녀, 자녀의 친족, 검사 또는 지방자치단체의 장의 청구에 의하여 친권자의 동의를 갈음하는 재판을 할 수 있다.
(2014.10.15 본조신설)

**제923조【재산관리의 계산】** ① 법정대리인인 친권자의 권한이 소멸한 때에는 그 자의 재산에 대한 관리의 계산을 하여야 한다.
② 전항의 경우에 그 자의 재산으로부터 수취한 과실은 그 자의 양육, 재산관리의 비용과 상계한 것으로 본다. 그러나 무상으로 자에게 재산을 수여한 제삼자가 반대의 의사를 표시한 때에는 그 재산에 관하여는 그러하지 아니하다.

### 제3관 친권의 상실, 일시 정지 및 일부 제한
(2014.10.15 본관제목개정)

**제924조【친권의 상실 또는 일시 정지의 선고】** ① 가정법원은 부 또는 모가 친권을 남용하여 자녀의 복리를 현저히 해치거나 해칠 우려가 있는 경우에는 자녀, 자녀의 친족, 검사 또는 지방자치단체의 장의 청구에 의하여 그 친권의 상실 또는 일시 정지를 선고할 수 있다.
② 가정법원은 친권의 일시 정지를 선고할 때에는 자녀의 상태, 양육상황, 그 밖의 사정을 고려하여 그 기간을 정하여야 한다. 이 경우 그 기간은 2년을 넘을 수 없다.
③ 가정법원은 자녀의 복리를 위하여 친권의 일시 정지 기간의 연장이 필요하다고 인정하는 경우에는 자녀, 자녀의 친족, 검사, 지방자치단체의 장, 미성년후견인 또는 미성년후견감독인의 청구에 의하여 2년의 범위에서 그 기간을 한 차례만 연장할 수 있다.
(2014.10.15 본조개정)

**제924조의2【친권의 일부 제한의 선고】** 가정법원은 거소의 지정이나 그 밖의 신상에 관한 결정 등 특정한 사항에 관하여 친권자가 친권을 행사하는 것이 곤란하거나 부적당한 사유가 있어 자녀의 복리를 해치거나 해칠 우려가 있는 경우에는 자녀, 자녀의 친족, 검사 또는 지방자치단체의 장의 청구에 의하여 구체적인 범위를 정하여 친권의 일부 제한을 선고할 수 있다.
(2021.1.26 본조개정)

**제925조【대리권, 재산관리권 상실의 선고】** 가정법원은 법정대리인인 친권자가 부적당한 관리로 인하여 자녀의 재산을 위태롭게 한 경우에는 자녀의 친족, 검사 또는 지방자치단체의 장의 청구에 의하여 그 법률행위의 대리권과 재산관리권의 상실을 선고할 수 있다.(2014.10.15 본조개정)

**제925조의2【친권 상실 선고 등의 판단 기준】** ① 제924조에 따른 친권 상실의 선고는 같은 조에 따른 친권의 일시 정지, 제924조의2에 따른 친권의 일부 제한, 제925조에 따른 대리권·재산관리권의 상실 선고 또는 그 밖의 다른 조치에 의해서는 자녀의 복리를 충분히 보호할 수 없는 경우에만 할 수 있다.
② 제924조에 따른 친권의 일시 정지, 제924조의2에 따른 친권의 일부 제한 또는 제925조에 따른 대리권·재산관리권의 상실 선고는 제922조의2에 따른 동의를 갈음하는 재판 또는 그 밖의 다른 조치에 의해서는 자녀의 복리를 충분히 보호할 수 없는 경우에만 할 수 있다.
(2014.10.15 본조신설)

**제925조의3【부모의 권리와 의무】** 제924조와 제924조의2, 제925조에 따라 친권의 상실, 일시 정지, 일부 제한 또는 대리권과 재산관리권의 상실이 선고된 경우에도 부모의 자녀에 대한 그 밖의 권리와 의무는 변경되지 아니한다.(2014.10.15 본조신설)

**제926조【실권 회복의 선고】** 가정법원은 제924조, 제924조의2 또는 제925조에 따른 선고의 원인이 소멸된 경우에는 본인, 자녀, 자녀의 친족, 검사 또는 지방자치단체의 장의 청구에 의하여 실권(失權)의 회복을 선고할 수 있다.(2014.10.15 본조개정)

**제927조【대리권, 관리권의 사퇴와 회복】** ① 법정대리인인 친권자는 정당한 사유가 있는 때에는 법원의 허가를 얻어 그 법률행위의 대리권과 재산관리권을 사퇴할 수 있다.

② 전항의 사유가 소멸한 때에는 그 친권자는 법원의 허가를 얻어 사퇴한 권리를 회복할 수 있다.

**제927조의2【친권의 상실, 일시 정지 또는 일부 제한과 친권자의 지정 등】** ① 제909조제4항부터 제6항까지의 규정에 따라 단독 친권자가 된 부 또는 모, 양부모(친양자의 양부모를 제외한다) 쌍방에게 다음 각 호의 어느 하나에 해당하는 사유가 있는 경우에는 제909조의2제1항 및 제3항부터 제5항까지의 규정을 준용한다. 다만, 제1호의3 · 제2호 및 제3호의 경우 새로 정하여진 친권자 또는 미성년후견인의 임무는 제한된 친권의 범위에 속하는 행위에 한정된다.(2014.10.15 단서개정)

1. 제924조에 따른 친권상실의 선고가 있는 경우

1의2. 제924조에 따른 친권 일시 정지의 선고가 있는 경우(2014.10.15 본호신설)

1의3. 제924조의2에 따른 친권 일부 제한의 선고가 있는 경우 (2014.10.15 본호신설)

2. 제925조에 따른 대리권과 재산관리권 상실의 선고가 있는 경우

3. 제927조제1항에 따라 대리권과 재산관리권을 사퇴한 경우

4. 소재불명 등 친권을 행사할 수 없는 중대한 사유가 있는 경우

② 가정법원은 제1항에 따라 친권자가 지정되거나 미성년후견인이 선임된 후 단독 친권자이었던 부 또는 모, 양부모 일방 또는 쌍방에게 다음 각 호의 어느 하나에 해당하는 사유가 있는 경우에는 그 부모 일방 또는 쌍방, 미성년자, 미성년자의 친족의 청구에 의하여 친권자를 새로 지정할 수 있다.

1. 제926조에 따라 실권의 회복이 선고된 경우

2. 제927조제2항에 따라 사퇴한 권리를 회복한 경우

3. 소재불명이던 부 또는 모가 발견되는 등 친권을 행사할 수 있게 된 경우

(2014.10.15 본조제목개정)

(2011.5.19 본조신설)

## 제5장 후 견

### 제1절 미성년후견과 성년후견
(2011.3.7 본장제목개정)

#### 제1관 후견인
(2011.3.7 본관제목삽입)

**제928조【미성년자에 대한 후견의 개시】** 미성년자에게 친권자가 없거나 친권자가 제924조, 제924조의2, 제925조 또는 제927조제1항에 따라 친권의 전부 또는 일부를 행사할 수 없는 경우에는 미성년후견인을 두어야 한다. (2014.10.15 본조개정)

**제929조【성년후견심판에 의한 후견의 개시】** 가정법원의 성년후견개시심판이 있는 경우에는 그 심판을 받은 사람의 성년후견인을 두어야 한다. (2011.3.7 본조개정)

**제930조【후견인의 수와 자격】** ① 미성년후견인의 수(數)는 한 명으로 한다.

② 성년후견인은 피성년후견인의 신상과 재산에 관한 모든 사정을 고려하여 여러 명을 둘 수 있다.

③ 법인도 성년후견인이 될 수 있다.
(2011.3.7 본조개정)

**제931조【유언에 의한 미성년후견인의 지정 등】** ① 미성년자에게 친권을 행사하는 부모는 유언으로 미성년후견인을 지정할 수 있다. 다만, 법률행위의 대리권과 재산관리권이 없는 친권자는 그러하지 아니하다.

② 가정법원은 제1항에 따라 미성년후견인이 지정된 경우라도 미성년자의 복리를 위하여 필요하면 생존하는 부 또는 모, 미성년자의 청구에 의하여 후견을 종료하고 생존하는 부 또는 모를 친권자로 지정할 수 있다.
(2011.5.19 본조개정)

**제932조【미성년후견인의 선임】** ① 가정법원은 제931조에 따라 지정된 미성년후견인이 없는 경우에는 직권으로 또는 미성년자, 친족, 이해관계인, 검사, 지방자치단체의 장의 청구에 의하여 미성년후견인을 선임한다. 미성년후견인이 없게 된 경우에도 또한 같다.

② 가정법원은 제924조, 제924조의2 및 제925조에 따른 친권의 상실, 일시 정지, 일부 제한의 선고 또는 법률행위의 대리권이나 재산관리권 상실의 선고에 따라 미성년후견인을 선임할 필요가 있는 경우에는 직권으로 미성년후견인을 선임한다.(2014.10.15 본항개정)

③ 친권자가 대리권 및 재산관리권을 사퇴한 경우에는 지체 없이 가정법원에 미성년후견인의 선임을 청구하여야 한다.
(2011.3.7 본조개정)

**제933조~제935조** (2011.3.7 삭제)

**제936조【성년후견인의 선임】** ① 제929조에 따른 성년후견인은 가정법원이 직권으로 선임한다.

② 가정법원은 성년후견인이 사망, 결격, 그 밖의 사유로 없게 된 경우에도 직권으로 또는 피성년후견인, 친족, 이해관계인, 검사, 지방자치단체의 장의 청구에 의하여 성년후견인을 선임한다.

③ 가정법원은 성년후견인이 선임된 경우에도 필요하다고 인정하면 직권으로 또는 제2항의 청구권자나 성년후견인의 청구에 의하여 추가로 성년후견인을 선임할 수 있다.

④ 가정법원이 성년후견인을 선임할 때에는 피성년후견인의 의사를 존중하여야 하며, 그 밖에 피성년후견인의 건강, 생활관계, 재산상황, 성년후견인이 될 사람의 직업과 경험, 피성년후견인과의 이해관계의 유무(법인이 성년후견인이 될 때에는 사업의 종류와 내용, 법인이나 그 대표자와 피성년후견인 사이의 이해관계의 유무를 말한다) 등의 사정도 고려하여야 한다.
(2011.3.7 본조개정)

**제937조【후견인의 결격사유】** 다음 각 호의 어느 하나에 해당하는 자는 후견인이 되지 못한다.

1. 미성년자
2. 피성년후견인, 피한정후견인, 피특정후견인, 피임의후견인
3. 회생절차개시결정 또는 파산선고를 받은 자
4. 자격정지 이상의 형의 선고를 받고 그 형기(刑期) 중에 있는 사람
5. 법원에서 해임된 법정대리인
6. 법원에서 해임된 성년후견인, 한정후견인, 특정후견인, 임의후견인과 그 감독인
7. 행방이 불분명한 사람
8. 피후견인을 상대로 소송을 하였거나 하고 있는 사람(2016.12.20 본호개정)
9. 제8호에서 정한 사람의 배우자와 직계혈족. 다만, 피후견인의 직계비속은 제외한다.(2016.12.20 본호신설)

(2011.3.7 본조개정)

**제938조 【후견인의 대리권 등】** ① 후견인은 피후견인의 법정대리인이 된다.
② 가정법원은 성년후견인이 제1항에 따라 가지는 법정대리권의 범위를 정할 수 있다.
③ 가정법원은 성년후견인이 피성년후견인의 신상에 관하여 결정할 수 있는 권한의 범위를 정할 수 있다.
④ 제2항 및 제3항에 따른 법정대리인의 권한의범위가 적절하지 아니하게 된 경우에 가정법원은 본인, 배우자, 4촌 이내의 친족, 성년후견인, 성년후견감독인, 검사 또는 지방자치단체의 장의 청구에 의하여 그 범위를 변경할 수 있다.
(2011.3.7 본조개정)

**제939조 【후견인의 사임】** 후견인은 정당한 사유가 있는 경우에는 가정법원의 허가를 받아 사임할 수 있다. 이 경우 그 후견인은 사임청구와 동시에 가정법원에 새로운 후견인의 선임을 청구하여야 한다.(2011.3.7 본조개정)

**제940조 【후견인의 변경】** 가정법원은 피후견인의 복리를 위하여 후견인을 변경할 필요가 있다고 인정하면 직권으로 또는 피후견인, 친족, 후견감독인, 검사, 지방자치단체의 장의 청구에 의하여 후견인을 변경할 수 있다.
(2011.3.7 본조개정)

## 제2관 후견감독인
(2011.3.7 본관신설)

**제940조의2 【미성년후견감독인의 지정】** 미성년후견인을 지정할 수 있는 사람은 유언으로 미성년후견감독인을 지정할 수 있다.

**제940조의3 【미성년후견감독인의 선임】** ① 가정법원은 제940조의2에 따라 지정된 미성년후견감독인이 없는 경우에 필요하다고 인정하면 직권으로 또는 미성년자, 친족, 미성년후견인, 검사, 지방자치단체의 장의 청구에 의하여 미성년후견감독인을 선임할 수 있다.
② 가정법원은 미성년후견감독인이 사망, 결격, 그 밖의 사유로 없게 된 경우에는 직권으로 또는 미성년자, 친족, 미성년후견인, 검사, 지방자치단체의 장의 청구에 의하여 미성년후견감독인을 선임한다.

**제940조의4 【성년후견감독인의 선임】** ① 가정법원은 필요하다고 인정하면 직권으로 또는 피성년후견인, 친족, 성년후견인, 검사, 지방자치단체의 장의 청구에 의하여 성년후견감독인을 선임할 수 있다.
② 가정법원은 성년후견감독인이 사망, 결격, 그 밖의 사유로 없게 된 경우에는 직권으로 또는 피성년후견인, 친족, 성년후견인, 검사, 지방자치단체의 장의 청구에 의하여 성년후견감독인을 선임한다.

**제940조의5 【후견감독인의 결격사유】** 제779조에 따른 후견인의 가족은 후견감독인이 될 수 없다.

**제940조의6 【후견감독인의 직무】**
① 후견감독인은 후견인의 사무를 감독하며, 후견인이 없는 경우 지체 없이 가정법원에 후견인의 선임을 청구하여야 한다.
② 후견감독인은 피후견인의 신상이나 재산에 대하여 급박한 사정이 있는 경우 그의 보호를 위하여 필요한 행위 또는 처분을 할 수 있다.
③ 후견인과 피후견인 사이에 이해가 상반되는 행위에 관하여는 후견감독인이 피후견인을 대리한다.

**제940조의7 【위임 및 후견인 규정의 준용】** 후견감독인에 대하여는 제681조, 제691조, 제692조, 제930조제2항·제3항, 제936조제3항·제4항, 제937조, 제939조, 제940조, 제947조의2제3항부터 제5항까지, 제949조의2, 제955조 및 제955조의2를 준용한다.

## 제3관 후견인의 임무 (2011.3.7 본관제목삽입)

**제941조【재산조사와 목록작성】** ① 후견인은 지체 없이 피후견인의 재산을 조사하여 2개월 내에 그 목록을 작성하여야 한다. 다만, 정당한 사유가 있는 경우에는 법원의 허가를 받아 그 기간을 연장할 수 있다.
② 후견감독인이 있는 경우 제1항에 따른 재산조사와 목록작성은 후견감독인의 참여가 없으면 효력이 없다.
(2011.3.7 본조개정)

**제942조【후견인의 채권·채무의 제시】** ① 후견인과 피후견인 사이에 채권·채무의 관계가 있고 후견감독인이 있는 경우에는 후견인은 재산목록의 작성을 완료하기 전에 그 내용을 후견감독인에게 제시하여야 한다.
② 후견인이 피후견인에 대한 채권이 있음을 알고도 제1항에 따른 제시를 게을리한 경우에는 그 채권을 포기한 것으로 본다.
(2011.3.7 본조개정)

**제943조【목록작성전의 권한】** 후견인은 재산조사와 목록작성을 완료하기까지는 긴급필요한 경우가 아니면 그 재산에 관한 권한을 행사하지 못한다. 그러나 이로써 선의의 제3자에게 대항하지 못한다.

**제944조【피후견인이 취득한 포괄적 재산의 조사 등】** 전3조의 규정은 후견인의 취임후에 피후견인이 포괄적 재산을 취득한 경우에 준용한다.

**제945조【미성년자의 신분에 관한 후견인의 권리·의무】** 미성년후견인은 제913조 및 제914조에서 규정한 사항에 관하여는 친권자와 동일한 권리와 의무가 있다. 다만, 다음 각 호의 어느 하나에 해당하는 경우에는 미성년후견감독인이 있으면 그의 동의를 받아야 한다.(2021.1.26 본문개정)
1. 친권자가 정한 교육방법, 양육방법 또는 거소를 변경하는 경우
2. (2021.1.26 삭제)
3. 친권자가 허락한 영업을 취소하거나 제한하는 경우

(2011.3.7 본조개정)

**제946조【친권 중 일부에 한정된 후견】** 미성년자의 친권자가 제924조의2, 제925조 또는 제927조제1항에 따라 친권 중 일부에 한정하여 행사할 수 없는 경우에 미성년후견인의 임무는 제한된 친권의 범위에 속하는 행위에 한정된다.(2014.10.15 본조개정)

**제947조【피성년후견인의 복리와 의사존중】** 성년후견인은 피성년후견인의 재산관리와 신상보호를 할 때 여러 사정을 고려하여 그의 복리에 부합하는 방법으로 사무를 처리하여야 한다. 이 경우 성년후견인은 피성년후견인의 복리에 반하지 아니하면 피성년후견인의 의사를 존중하여야 한다.
(2011.3.7 본조개정)

**제947조의2【피성년후견인의 신상결정 등】** ① 피성년후견인은 자신의 신상에 관하여 그의 상태가 허락하는 범위에서 단독으로 결정한다.
② 성년후견인이 피성년후견인을 치료 등의 목적으로 정신병원이나 그 밖의 다른 장소에 격리하려는 경우에는 가정법원의 허가를 받아야 한다.
③ 피성년후견인의 신체를 침해하는 의료행위에 대하여 피성년후견인이 동의할 수 없는 경우에는 성년후견인이 그를 대신하여 동의할 수 있다.
④ 제3항의 경우 피성년후견인이 의료행위의 직접적인 결과로 사망하거나 상당한 장애를 입을 위험이 있을 때에는 가정법원의 허가를 받아야 한다. 다만, 허가절차로 의료행위가 지체되어 피성년후견인의 생명에 위험을 초래하거나 심신상의 중대한 장애를 초래할 때에는 사후에 허가를 청구할 수 있다.

⑤ 성년후견인이 피성년후견인을 대리하여 피성년후견인이 거주하고 있는 건물 또는 그 대지에 대하여 매도, 임대, 전세권 설정, 저당권 설정, 임대차의 해지, 전세권의 소멸, 그 밖에 이에 준하는 행위를 하는 경우에는 가정법원의 허가를 받아야 한다.
(2011.3.7 본조신설)

**제948조【미성년자의 친권의 대행】** ① 미성년후견인은 미성년자를 갈음하여 미성년자의 자녀에 대한 친권을 행사한다.
② 제1항의 친권행사에는 미성년후견인의 임무에 관한 규정을 준용한다.
(2011.3.7 본조개정)

**제949조【재산관리권과 대리권】** ① 후견인은 피후견인의 재산을 관리하고 그 재산에 관한 법률행위에 대하여 피후견인을 대리한다.
② 제920조 단서의 규정은 전항의 법률행위에 준용한다.

**제949조의2【성년후견인이 여러 명인 경우 권한의 행사 등】** ① 가정법원은 직권으로 여러 명의 성년후견인이 공동으로 또는 사무를 분장하여 그 권한을 행사하도록 정할 수 있다.
② 가정법원은 직권으로 제1항에 따른 결정을 변경하거나 취소할 수 있다.
③ 여러 명의 성년후견인이 공동으로 권한을 행사하여야 하는 경우에 어느 성년후견인이 피성년후견인의 이익이 침해될 우려가 있음에도 법률행위의 대리 등 필요한 권한행사에 협력하지 아니할 때에는 가정법원은 피성년후견인, 성년후견인, 후견감독인 또는 이해관계인의 청구에 의하여 그 성년후견인의 의사표시를 갈음하는 재판을 할 수 있다.
(2011.3.7 본조신설)

**제949조의3【이해상반행위】** 후견인에 대하여는 제921조를 준용한다. 다만, 후견감독인이 있는 경우에는 그러하지 아니하다.(2011.3.7 본조신설)

**제950조【후견감독인의 동의를 필요로 하는 행위】** ① 후견인이 피후견인을 대리하여 다음 각 호의 어느 하나에 해당하는 행위를 하거나 미성년자의 다음 각 호의 어느 하나에 해당하는 행위에 동의를 할 때는 후견감독인이 있으면 그의 동의를 받아야 한다.
1. 영업에 관한 행위
2. 금전을 빌리는 행위
3. 의무만을 부담하는 행위
4. 부동산 또는 중요한 재산에 관한 권리의 득실변경을 목적으로 하는 행위
5. 소송행위
6. 상속의 승인, 한정승인 또는 포기 및 상속재산의 분할에 관한 협의

② 후견감독인의 동의가 필요한 행위에 대하여 후견감독인이 피후견인의 이익이 침해될 우려가 있음에도 동의를 하지 아니하는 경우에는 가정법원은 후견인의 청구에 의하여 후견감독인의 동의를 갈음하는 허가를 할 수 있다.
③ 후견감독인의 동의가 필요한 법률행위를 후견인이 후견감독인의 동의 없이 하였을 때에는 피후견인 또는 후견감독인이 그 행위를 취소할 수 있다.
(2011.3.7 본조개정)

**제951조【피후견인의 재산 등의 양수에 대한 취소】** ① 후견인이 피후견인에 대한 제3자의 권리를 양수(讓受)하는 경우에는 피후견인은 이를 취소할 수 있다.
② 제1항에 따른 권리의 양수의 경우 후견감독인이 있으면 후견인은 후견감독인의 동의를 받아야 하고, 후견감독인의 동의가 없는 경우에는 피후견인 또는 후견감독인이 이를 취소할 수 있다.
(2011.3.7 본조개정)

**제952조【상대방의 추인 여부 최고】** 제950조 및 제951조의 경우에는 제15조를 준용한다.(2011.3.7 본조개정)

**제953조【후견감독인의 후견사무의 감독】** 후견감독인은 언제든지 후견인에게 그의 임무 수행에 관한 보고와 재산목록의 제출을 요구할 수 있고 피후견인의 재산상황을 조사할 수 있다.
(2011.3.7 본조개정)

**제954조【가정법원의 후견사무에 관한 처분】** 가정법원은 직권으로 또는 피후견인, 후견감독인, 제777조에 따른 친족, 그 밖의 이해관계인, 검사, 지방자치단체의 장의 청구에 의하여 피후견인의 재산상황을 조사하고, 후견인에게 재산관리 등 후견임무 수행에 관하여 필요한 처분을 명할 수 있다.
(2011.3.7 본조개정)

**제955조【후견인에 대한 보수】** 법원은 후견인의 청구에 의하여 피후견인의 재산상태 기타 사정을 참작하여 피후견인의 재산 중에서 상당한 보수를 후견인에게 수여할 수 있다.

**제955조의2【지출금액의 예정과 사무비용】** 후견인이 후견사무를 수행하는 데 필요한 비용은 피후견인의 재산 중에서 지출한다.(2011.3.7 본조신설)

**제956조【위임과 친권의 규정의 준용】** 제681조 및 제918조의 규정은 후견인에게 이를 준용한다.

### 제4관 후견의 종료
(2011.3.7 본관제목삽입)

**제957조【후견사무의 종료와 관리의 계산】** ① 후견인의 임무가 종료된 때에는 후견인 또는 그 상속인은 1개월 내에 피후견인의 재산에 관한 계산을 하여야 한다. 다만, 정당한 사유가 있는 경우에는 법원의 허가를 받아 그 기간을 연장할 수 있다.
② 제1항의 계산은 후견감독인이 있는 경우에는 그가 참여하지 아니하면 효력이 없다.
(2011.3.7 본조개정)

**제958조【이자의 부가와 금전소비에 대한 책임】** ① 후견인이 피후견인에게 지급할 금액이나 피후견인이 후견인에게 지급할 금액에는 계산종료의 날로부터 이자를 부가하여야 한다.
② 후견인이 자기를 위하여 피후견인의 금전을 소비한 때에는 그 소비한 날로부터 이자를 부가하고 피후견인에게 손해가 있으면 이를 배상하여야 한다.

**제959조【위임규정의 준용】** 제691조, 제692조의 규정은 후견의 종료에 이를 준용한다.

## 제2절 한정후견과 특정후견
(2011.3.7 본절신설)

**제959조의2【한정후견의 개시】** 가정법원의 한정후견개시의 심판이 있는 경우에는 그 심판을 받은 사람의 한정후견인을 두어야 한다.

**제959조의3【한정후견인의 선임 등】**
① 제959조의2에 따른 한정후견인은 가정법원이 직권으로 선임한다.
② 한정후견인에 대하여는 제930조제2항 · 제3항, 제936조제2항부터 제4항까지, 제937조, 제939조, 제940조 및 제949조의3을 준용한다.

**제959조의4【한정후견인의 대리권 등】** ① 가정법원은 한정후견인에게 대리권을 수여하는 심판을 할 수 있다.
② 한정후견인의 대리권 등에 관하여는 제938조제3항 및 제4항을 준용한다.

**제959조의5【한정후견감독인】** ① 가정법원은 필요하다고 인정하면 직권으로 또는 피한정후견인, 친족, 한정후견인, 검사, 지방자치단체의 장의 청구에 의하여 한정후견감독인을 선임할 수 있다.
② 한정후견감독인에 대하여는 제681조, 제691조, 제692조, 제930조제2항 · 제3항, 제936조제3항 · 제4항, 제937조, 제939조, 제940조, 제940조의3제

2항, 제940조의5, 제940조의6, 제947조의2제3항부터 제5항까지, 제949조의2, 제955조 및 제955조의2를 준용한다. 이 경우 제940조의6제3항 중 "피후견인을 대리한다"는 "피한정후견인을 대리하거나 피한정후견인이 그 행위를 하는 데 동의한다"로 본다.

**제959조의6【한정후견사무】** 한정후견의 사무에 관하여는 제681조, 제920조 단서, 제947조, 제947조의2, 제949조, 제949조의2, 제949조의3, 제950조부터 제955조까지 및 제955조의2를 준용한다.

**제959조의7【한정후견인의 임무의 종료 등】** 한정후견인의 임무가 종료한 경우에 관하여는 제691조, 제692조, 제957조 및 제958조를 준용한다.

**제959조의8【특정후견에 따른 보호조치】** 가정법원은 피특정후견인의 후원을 위하여 필요한 처분을 명할 수 있다.

**제959조의9【특정후견인의 선임 등】**
① 가정법원은 제959조의8에 따른 처분으로 피특정후견인을 후원하거나 대리하기 위한 특정후견인을 선임할 수 있다.
② 특정후견인에 대하여는 제930조제2항·제3항, 제936조제2항부터 제4항까지, 제937조, 제939조 및 제940조를 준용한다.

**제959조의10【특정후견감독인】** ① 가정법원은 필요하다고 인정하면 직권으로 또는 피특정후견인, 친족, 특정후견인, 검사, 지방자치단체의 장의 청구에 의하여 특정후견감독인을 선임할 수 있다.
② 특정후견감독인에 대하여는 제681조, 제691조, 제692조, 제930조제2항·제3항, 제936조제3항·제4항, 제937조, 제939조, 제940조, 제940조의5, 제940조의6, 제949조의2, 제955조 및 제955조의2를 준용한다.

**제959조의11【특정후견인의 대리권】** ① 피특정후견인의 후원을 위하여 필요하다고 인정하면 가정법원은 기간이나 범위를 정하여 특정후견인에게 대리권을 수여하는 심판을 할 수 있다.
② 제1항의 경우 가정법원은 특정후견인의 대리권 행사에 가정법원이나 특정후견감독인의 동의를 받도록 명할 수 있다.

**제959조의12【특정후견사무】** 특정후견의 사무에 관하여는 제681조, 제920조 단서, 제947조, 제949조의2, 제953조부터 제955조까지 및 제955조의2를 준용한다.

**제959조의13【특정후견인의 임무의 종료 등】** 특정후견인의 임무가 종료한 경우에 관하여는 제691조, 제692조, 제957조 및 제958조를 준용한다.

## 제3절 후견계약
(2011.3.7 본절신설)

**제959조의14【후견계약의 의의와 체결방법 등】** ① 후견계약은 질병, 장애, 노령, 그 밖의 사유로 인한 정신적 제약으로 사무를 처리할 능력이 부족한 상황에 있거나 부족하게 될 상황에 대비하여 자신의 재산관리 및 신상보호에 관한 사무의 전부 또는 일부를 다른 자에게 위탁하고 그 위탁사무에 관하여 대리권을 수여하는 것을 내용으로 한다.
② 후견계약은 공정증서로 체결하여야 한다.
③ 후견계약은 가정법원이 임의후견감독인을 선임한 때부터 효력이 발생한다.
④ 가정법원, 임의후견인, 임의후견감독인 등은 후견계약을 이행·운영할 때 본인의 의사를 최대한 존중하여야 한다.

**제959조의15【임의후견감독인의 선임】** ① 가정법원은 후견계약이 등기되어 있고, 본인이 사무를 처리할 능력이

부족한 상황에 있다고 인정할 때에는 본인, 배우자, 4촌 이내의 친족, 임의후견인, 검사 또는 지방자치단체의 장의 청구에 의하여 임의후견감독인을 선임한다.
② 제1항의 경우 본인이 아닌 자의 청구에 의하여 가정법원이 임의후견감독인을 선임할 때에는 미리 본인의 동의를 받아야 한다. 다만, 본인이 의사를 표시할 수 없는 때에는 그러하지 아니하다.
③ 가정법원은 임의후견감독인이 없게 된 경우에는 직권으로 또는 본인, 친족, 임의후견인, 검사 또는 지방자치단체의 장의 청구에 의하여 임의후견감독인을 선임한다.
④ 가정법원은 임의후견감독인이 선임된 경우에도 필요하다고 인정하면 직권으로 또는 제3항의 청구권자의 청구에 의하여 임의후견감독인을 추가로 선임할 수 있다.
⑤ 임의후견감독인에 대하여는 제940조의5를 준용한다.

**제959조의16【임의후견감독인의 직무 등】** ① 임의후견감독인은 임의후견인의 사무를 감독하며 그 사무에 관하여 가정법원에 정기적으로 보고하여야 한다.
② 가정법원은 필요하다고 인정하면 임의후견감독인에게 감독사무에 관한 보고를 요구할 수 있고 임의후견인의 사무 또는 본인의 재산상황에 대한 조사를 명하거나 그 밖에 임의후견감독인의 직무에 관하여 필요한 처분을 명할 수 있다.
③ 임의후견감독인에 대하여는 제940조의6제2항·제3항, 제940조의7 및 제953조를 준용한다.

**제959조의17【임의후견개시의 제한 등】** ① 임의후견인이 제937조 각 호에 해당하는 자 또는 그 밖에 현저한 비행을 하거나 후견계약에서 정한 임무에 적합하지 아니한 사유가 있는 자인 경우에는 가정법원은 임의후견감독인을 선임하지 아니한다.
② 임의후견감독인을 선임한 이후 임의후견인이 현저한 비행을 하거나 그 밖에 그 임무에 적합하지 아니한 사유가 있게 된 경우에는 가정법원은 임의후견감독인, 본인, 친족, 검사 또는 지방자치단체의 장의 청구에 의하여 임의후견인을 해임할 수 있다.

**제959조의18【후견계약의 종료】** ① 임의후견감독인의 선임 전에는 본인 또는 임의후견인은 언제든지 공증인의 인증을 받은 서면으로 후견계약의 의사표시를 철회할 수 있다.
② 임의후견감독인의 선임 이후에는 본인 또는 임의후견인은 정당한 사유가 있는 때에만 가정법원의 허가를 받아 후견계약을 종료할 수 있다.

**제959조의19【임의후견인의 대리권 소멸과 제3자와의 관계】** 임의후견인의 대리권 소멸은 등기하지 아니하면 선의의 제3자에게 대항할 수 없다.

**제959조의20【후견계약과 성년후견·한정후견·특정후견의 관계】** ① 후견계약이 등기되어 있는 경우에는 가정법원은 본인의 이익을 위하여 특별히 필요할 때에만 임의후견인 또는 임의후견감독인의 청구에 의하여 성년후견, 한정후견 또는 특정후견의 심판을 할 수 있다. 이 경우 후견계약은 본인이 성년후견 또는 한정후견 개시의 심판을 받은 때 종료된다.
② 본인이 피성년후견인, 피한정후견인 또는 피특정후견인인 경우에 가정법원은 임의후견감독인을 선임함에 있어서 종전의 성년후견, 한정후견 또는 특정후견의 종료 심판을 하여야 한다. 다만, 성년후견 또는 한정후견 조치의 계속이 본인의 이익을 위하여 특별히 필요하다고 인정하면 가정법원은 임의후견감독인을 선임하지 아니한다.

## 제6장 친족회

**제960조~제973조** (2011.3.7 삭제)

## 제7장 부 양

**제974조【부양의무】** 다음 각호의 친족은 서로 부양의 의무가 있다.
1. 직계혈족 및 그 배우자간
2. (1990.1.13 삭제)
3. 기타 친족간(생계를 같이 하는 경우에 한한다)

**제975조【부양의무와 생활능력】** 부양의 의무는 부양을 받을 자가 자기의 자력 또는 근로에 의하여 생활을 유지할 수 없는 경우에 한하여 이를 이행할 책임이 있다.

**제976조【부양의 순위】** ① 부양의 의무있는 자가 수인인 경우에 부양을 할 자의 순위에 관하여 당사자간에 협정이 없는 때에는 법원은 당사자의 청구에 의하여 이를 정한다. 부양을 받을 권리자가 수인인 경우에 부양의무자의 자력이 그 전원을 부양할 수 없는 때에도 같다.
② 전항의 경우에 법원은 수인의 부양의무자 또는 권리자를 선정할 수 있다.

**제977조【부양의 정도, 방법】** 부양의 정도 또는 방법에 관하여 당사자간에 협정이 없는 때에는 법원은 당사자의 청구에 의하여 부양을 받을 자의 생활정도와 부양의무자의 자력 기타 제반사정을 참작하여 이를 정한다.

**제978조【부양관계의 변경 또는 취소】** 부양을 할 자 또는 부양을 받을 자의 순위, 부양의 정도 또는 방법에 관한 당사자의 협정이나 법원의 판결이 있은 후 이에 관한 사정변경이 있는 때에는 법원은 당사자의 청구에 의하여 그 협정이나 판결을 취소 또는 변경할 수 있다.

**제979조【부양청구권처분의 금지】** 부양을 받을 권리는 이를 처분하지 못한다.

## 제8장 호주승계
(2005.3.31 삭제)

### 제1절 총 칙

**제980조~제982조** (2005.3.31 삭제)
**제983조** (1990.1.13 삭제)

### 제2절 호주승계인

**제984조~제987조** (2005.3.31 삭제)
**제988조** (1990.1.13 삭제)
**제989조** (2005.3.31 삭제)
**제990조** (1990.1.13 삭제)
**제991조~제994조** (2005.3.31 삭제)

### 제3절 호주승계의 효력

**제995조** (2005.3.31 삭제)
**제996조** (1990.1.13 삭제)

# 제5편 상 속

## 제1장 상 속

### 제1절 총 칙

**제997조【상속개시의 원인】** 상속은 사망으로 인하여 개시된다.
(1990.1.13 본조개정)

**제998조【상속개시의 장소】** 상속은 피상속인의 주소지에서 개시한다.
(1990.1.13 본조개정)

**제998조의2【상속비용】** 상속에 관한 비용은 상속재산 중에서 지급한다.
(1990.1.13 본조신설)

**제999조【상속회복청구권】** ① 상속권이 참칭상속권자로 인하여 침해된

때에는 상속권자 또는 그 법정대리인은 상속회복의 소를 제기할 수 있다.
② 제1항의 상속회복청구권은 그 침해를 안 날부터 3년, 상속권의 침해행위가 있은 날부터 10년을 경과하면 소멸된다.(2002.1.14 본항개정)
(1990.1.13 본조개정)

## 제2절 상속인

**제1000조【상속의 순위】** ① 상속에 있어서는 다음 순위로 상속인이 된다.(1990.1.13 본문개정)
1. 피상속인의 직계비속
2. 피상속인의 직계존속
3. 피상속인의 형제자매
4. 피상속인의 4촌 이내의 방계혈족
 (1990.1.13 본호개정)

② 전항의 경우에 동순위의 상속인이 수인인 때에는 최근친을 선순위로 하고 동친등의 상속인이 수인인 때에는 공동상속인이 된다.
③ 태아는 상속순위에 관하여는 이미 출생한 것으로 본다.(1990.1.13 본항개정)
(1990.1.13 본조제목개정)

**제1001조【대습상속】** 전조제1항제1호와 제3호의 규정에 의하여 상속인이 될 직계비속 또는 형제자매가 상속개시전에 사망하거나 결격자가 된 경우에 그 직계비속이 있는 때에는 그 직계비속이 사망하거나 결격된 자의 순위에 갈음하여 상속인이 된다.
(2014.12.30 본조개정)

**제1002조** (1990.1.13 삭제)

**제1003조【배우자의 상속순위】** ① 피상속인의 배우자는 제1000조제1항제1호와 제2호의 규정에 의한 상속인이 있는 경우에는 그 상속인과 동순위로 공동상속인이 되고 그 상속인이 없는 때에는 단독상속인이 된다.
② 제1001조의 경우에 상속개시전에 사망 또는 결격된 자의 배우자는 동조의 규정에 의한 상속인과 동순위로 공동상속인이 되고 그 상속인이 없는 때에는 단독상속인이 된다.
(1990.1.13 본조개정)

**제1004조【상속인의 결격사유】** 다음 각 호의 어느 하나에 해당한 자는 상속인이 되지 못한다.(2005.3.31 본문개정)
1. 고의로 직계존속, 피상속인, 그 배우자 또는 상속의 선순위나 동순위에 있는 자를 살해하거나 살해하려한 자
2. 고의로 직계존속, 피상속인과 그 배우자에게 상해를 가하여 사망에 이르게 한 자
3. 사기 또는 강박으로 피상속인의 상속에 관한 유언 또는 유언의 철회를 방해한 자(2005.3.31 본호개정)
4. 사기 또는 강박으로 피상속인의 상속에 관한 유언을 하게 한 자
 (2005.3.31 본호개정)
5. 피상속인의 상속에 관한 유언서를 위조·변조·파기 또는 은닉한 자
 (2005.3.31 본호개정)

(1990.1.13 본조개정)

**제1004조의2【상속권 상실 선고】** ① 피상속인은 상속인이 될 사람이 피상속인의 직계존속으로서 다음 각 호의 어느 하나에 해당하는 경우에는 제1068조에 따른 공정증서에 의한 유언으로 상속권 상실의 의사를 표시할 수 있다. 이 경우 유언집행자는 가정법원에 그 사람의 상속권 상실을 청구하여야 한다.
1. 피상속인에 대한 부양의무(미성년자에 대한 부양의무로 한정한다)를 중대하게 위반한 경우
2. 피상속인 또는 그 배우자나 피상속인의 직계비속에게 중대한 범죄행위(제1004조의 경우는 제외한다)를 하거나 그 밖에 심히 부당한 대우를 한 경우

② 제1항의 유언에 따라 상속권 상실의 대상이 될 사람은 유언집행자가 되지 못한다.
③ 제1항에 따른 유언이 없었던 경우 공동상속인은 피상속인의 직계존속으로서 다음 각 호의 사유가 있는 사람이 상속인이 되었음을 안 날부터 6개월 이내에 가정법원에 그 사람의 상속권 상실을 청구할 수 있다.
1. 피상속인에 대한 부양의무(미성년자에 대한 부양의무로 한정한다)를 중대하게 위반한 경우
2. 피상속인에게 중대한 범죄행위(제1004조의 경우는 제외한다)를 하거나 그 밖에 심히 부당한 대우를 한 경우

④ 제3항의 청구를 할 수 있는 공동상속인이 없거나 모든 공동상속인에게 제3항 각 호의 사유가 있는 경우에는 상속권 상실 선고의 확정에 의하여 상속인이 될 사람이 이를 청구할 수 있다.
⑤ 가정법원은 상속권 상실을 청구하는 원인이 된 사유의 경위와 정도, 상속인과 피상속인의 관계, 상속재산의 규모와 형성 과정 및 그 밖의 사정을 종합적으로 고려하여 제1항, 제3항 또는 제4항에 따른 청구를 인용하거나 기각할 수 있다.
⑥ 상속개시 후에 상속권 상실의 선고가 확정된 경우 그 선고를 받은 사람은 상속이 개시된 때에 소급하여 상속권을 상실한다. 다만, 이로써 해당 선고가 확정되기 전에 취득한 제3자의 권리를 해치지 못한다.
⑦ 가정법원은 제1항, 제3항 또는 제4항에 따른 상속권 상실의 청구를 받은 경우 이해관계인 또는 검사의 청구에 따라 상속재산관리인을 선임하거나 그 밖에 상속재산의 보존 및 관리에 필요한 처분을 명할 수 있다.
⑧ 가정법원이 제7항에 따라 상속재산관리인을 선임한 경우 상속재산관리인의 직무, 권한, 담보제공 및 보수 등에 관하여는 제24조부터 제26조까지를 준용한다.
(2024.9.20 본조신설 : 2026.1.1 시행)

## 제3절 상속의 효력
(1990.1.13 본절제목개정)

### 제1관 일반적 효력

**제1005조 【상속과 포괄적 권리의무의 승계】** 상속인은 상속개시된 때로부터 피상속인의 재산에 관한 포괄적 권리의무를 승계한다. 그러나 피상속인의 일신에 전속한 것은 그러하지 아니하다.(1990.1.13 본조개정)
**제1006조 【공동상속과 재산의 공유】** 상속인이 수인인 때에는 상속재산은 그 공유로 한다.(1990.1.13 본조개정)
**제1007조 【공동상속인의 권리의무 승계】** 공동상속인은 각자의 상속분에 응하여 피상속인의 권리의무를 승계한다.
**제1008조 【특별수익자의 상속분】** 공동상속인 중에 피상속인으로부터 재산의 증여 또는 유증을 받은 자가 있는 경우에 그 수증재산이 자기의 상속분에 달하지 못한 때에는 그 부족한 부분의 한도에서 상속분이 있다.
(1977.12.31 단서삭제)
**제1008조의2 【기여분】** ① 공동상속인 중에 상당한 기간 동거·간호 그 밖의 방법으로 피상속인을 특별히 부양하거나 피상속인의 재산의 유지 또는 증가에 특별히 기여한 자가 있을 때에는 상속개시 당시의 피상속인의 재산가액에서 공동상속인의 협의로 정한 그 자의 기여분을 공제한 것을 상속재산으로 보고 제1009조 및 제1010조에 의하여 산정한 상속분에 기여분을 가산한 액으로써 그 자의 상속분으로 한다.(2005.3.31 본항개정)
② 제1항의 협의가 되지 아니하거나

협의할 수 없는 때에는 가정법원은 제1항에 규정된 기여자의 청구에 의하여 기여의 시기·방법 및 정도와 상속재산의 액 기타의 사정을 참작하여 기여분을 정한다.

③ 기여분은 상속이 개시된 때의 피상속인의 재산가액에서 유증의 가액을 공제한 액을 넘지 못한다.

④ 제2항의 규정에 의한 청구는 제1013조제2항의 규정에 의한 청구가 있을 경우 또는 제1014조에 규정하는 경우에 할 수 있다.

(1990.1.13 본조신설)

**제1008조의3【분묘 등의 승계】** 분묘에 속한 1정보 이내의 금양임야와 600평 이내의 묘토인 농지, 족보와 제구의 소유권은 제사를 주재하는 자가 이를 승계한다.(1990.1.13 본조신설)

## 제2관 상속분

**제1009조【법정상속분】** ① 동순위의 상속인이 수인인 때에는 그 상속분은 균분으로 한다.

② 피상속인의 배우자의 상속분은 직계비속과 공동으로 상속하는 때에는 직계비속의 상속분의 5할을 가산하고, 직계존속과 공동으로 상속하는 때에는 직계존속의 상속분의 5할을 가산한다.

③ (1990.1.13 삭제)

(1990.1.13 본조개정)

**제1010조【대습상속분】** ① 제1001조의 규정에 의하여 사망 또는 결격된 자에 갈음하여 상속인이 된 자의 상속분은 사망 또는 결격된 자의 상속분에 의한다.(2014.12.30 본항개정)

② 전항의 경우에 사망 또는 결격된 자의 직계비속이 수인인 때에는 그 상속분은 사망 또는 결격된 자의 상속분의 한도에서 제1009조의 규정에 의하여 이를 정한다. 제1003조제2항의 경우에도 또한 같다.

**제1011조【공동상속분의 양수】** ① 공동상속인 중에 그 상속분을 제삼자에게 양도한 자가 있는 때에는 다른 공동상속인은 그 가액과 양도비용을 상환하고 그 상속분을 양수할 수 있다.

② 전항의 권리는 그 사유를 안 날로부터 3월, 그 사유있은 날로부터 1년내에 행사하여야 한다.

## 제3관 상속재산의 분할

**제1012조【유언에 의한 분할방법의 지정, 분할금지】** 피상속인은 유언으로 상속재산의 분할방법을 정하거나 이를 정할 것을 제삼자에게 위탁할 수 있고 상속개시의 날로부터 5년을 초과하지 아니하는 기간내의 그 분할을 금지할 수 있다.

**제1013조【협의에 의한 분할】** ① 전조의 경우외에는 공동상속인은 언제든지 그 협의에 의하여 상속재산을 분할할 수 있다.

② 제269조의 규정은 전항의 상속재산의 분할에 준용한다.

**제1014조【분할후의 피인지자 등의 청구권】** 상속개시후의 인지 또는 재판의 확정에 의하여 공동상속인이 된 자가 상속재산의 분할을 청구할 경우에 다른 공동상속인이 이미 분할 기타 처분을 한 때에는 그 상속분에 상당한 가액의 지급을 청구할 권리가 있다.

**제1015조【분할의 소급효】** 상속재산의 분할은 상속개시된 때에 소급하여 그 효력이 있다. 그러나 제삼자의 권리를 해하지 못한다.

**제1016조【공동상속인의 담보책임】** 공동상속인은 다른 공동상속인이 분할로 인하여 취득한 재산에 대하여 그 상속분에 응하여 매도인과 같은 담보책임이 있다.

**제1017조【상속채무자의 자력에 대한 담보책임】** ① 공동상속인은 다른 상속인이 분할로 인하여 취득한 채권

에 대하여 분할당시의 채무자의 자력을 담보한다.
② 변제기에 달하지 아니한 채권이나 정지조건있는 채권에 대하여는 변제를 청구할 수 있는 때의 채무자의 자력을 담보한다.

**제1018조【무자력공동상속인의 담보책임의 분담】** 담보책임있는 공동상속인 중에 상환의 자력이 없는 자가 있는 때에는 그 부담부분은 구상권자와 자력있는 다른 공동상속인이 그 상속분에 응하여 분담한다. 그러나 구상권자의 과실로 인하여 상환을 받지 못한 때에는 다른 공동상속인에게 분담을 청구하지 못한다.

## 제4절 상속의 승인 및 포기

### 제1관 총 칙

**제1019조【승인, 포기의 기간】** ① 상속인은 상속개시있음을 안 날로부터 3월내에 단순승인이나 한정승인 또는 포기를 할 수 있다. 그러나 그 기간은 이해관계인 또는 검사의 청구에 의하여 가정법원이 이를 연장할 수 있다.
(1990.1.13 본항개정)
② 상속인은 제1항의 승인 또는 포기를 하기 전에 상속재산을 조사할 수 있다.(2002.1.14 본항개정)
③ 제1항에도 불구하고 상속인은 상속채무가 상속재산을 초과하는 사실(이하 이 조에서 "상속채무 초과사실"이라 한다)을 중대한 과실 없이 제1항의 기간 내에 알지 못하고 단순승인(제1026조제1호 및 제2호에 따라 단순승인한 것으로 보는 경우를 포함한다. 이하 이 조에서 같다)을 한 경우에는 그 사실을 안 날부터 3개월 내에 한정승인을 할 수 있다.(2022.12.13 본항개정)
④ 제1항에도 불구하고 미성년자인 상속인이 상속채무가 상속재산을 초과하는 상속을 성년이 되기 전에 단순승인한 경우에는 성년이 된 후 그 상속의 상속채무 초과사실을 안 날부터 3개월 내에 한정승인을 할 수 있다. 미성년자인 상속인이 제3항에 따른 한정승인을 하지 아니하였거나 할 수 없었던 경우에도 또한 같다.(2022.12.13 본항신설)

**제1020조【제한능력자의 승인·포기의 기간】** 상속인이 제한능력자인 경우에는 제1019조제1항의 기간은 그의 친권자 또는 후견인이 상속이 개시된 것을 안 날부터 기산(起算)한다.
(2011.3.7 본조개정)

**제1021조【승인, 포기기간의 계산에 관한 특칙】** 상속인이 승인이나 포기를 하지 아니하고 제1019조제1항의 기간내에 사망한 때에는 그의 상속인이 그 자기의 상속개시있음을 안 날로부터 제1019조제1항의 기간을 기산한다.

**제1022조【상속재산의 관리】** 상속인은 그 고유재산에 대하는 것과 동일한 주의로 상속재산을 관리하여야 한다. 그러나 단순승인 또는 포기한 때에는 그러하지 아니하다.

**제1023조【상속재산보존에 필요한 처분】** ① 법원은 이해관계인 또는 검사의 청구에 의하여 상속재산의 보존에 필요한 처분을 명할 수 있다.
② 법원이 재산관리인을 선임한 경우에는 제24조 내지 제26조의 규정을 준용한다.

**제1024조【승인, 포기의 취소금지】**
① 상속의 승인이나 포기는 제1019조제1항의 기간내에도 이를 취소하지 못한다.(1990.1.13 본항개정)
② 전항의 규정은 총칙편의 규정에 의한 취소에 영향을 미치지 아니한다. 그러나 그 취소권은 추인할 수 있는 날로부터 3월, 승인 또는 포기한 날로부터 1년내에 행사하지 아니하면 시효로 인하여 소멸된다.

### 제2관 단순승인

**제1025조 【단순승인의 효과】** 상속인이 단순승인을 한 때에는 제한없이 피상속인의 권리의무를 승계한다.
(1990.1.13 본조개정)

**제1026조 【법정단순승인】** 다음 각호의 사유가 있는 경우에는 상속인이 단순승인을 한 것으로 본다.
1. 상속인이 상속재산에 대한 처분행위를 한 때
2. 상속인이 제1019조제1항의 기간내에 한정승인 또는 포기를 하지 아니한 때(2002.1.14 본호신설)
3. 상속인이 한정승인 또는 포기를 한 후에 상속재산을 은닉하거나 부정소비하거나 고의로 재산목록에 기입하지 아니한 때

**제1027조 【법정단순승인의 예외】** 상속인이 상속을 포기함으로 인하여 차순위 상속인이 상속을 승인한 때에는 전조제3호의 사유는 상속의 승인으로 보지 아니한다.

### 제3관 한정승인

**제1028조 【한정승인의 효과】** 상속인은 상속으로 인하여 취득할 재산의 한도에서 피상속인의 채무와 유증을 변제할 것을 조건으로 상속을 승인할 수 있다.(1990.1.13 본조개정)

**제1029조 【공동상속인의 한정승인】** 상속인이 수인인 때에는 각 상속인은 그 상속분에 응하여 취득할 재산의 한도에서 그 상속분에 의한 피상속인의 채무와 유증을 변제할 것을 조건으로 상속을 승인할 수 있다.

**제1030조 【한정승인의 방식】** ① 상속인이 한정승인을 할 때에는 제1019조제1항·제3항 또는 제4항의 기간내에 상속재산의 목록을 첨부하여 법원에 한정승인의 신고를 하여야 한다.
② 제1019조제3항 또는 제4항에 따라 한정승인을 한 경우 상속재산 중 이미 처분한 재산이 있는 때에는 그 목록과 가액을 함께 제출하여야 한다.
(2022.12.13 본조개정)

**제1031조 【한정승인과 재산상 권리의무의 불소멸】** 상속인이 한정승인을 한 때에는 피상속인에 대한 상속인의 재산상 권리의무는 소멸하지 아니한다.

**제1032조 【채권자에 대한 공고, 최고】** ① 한정승인자는 한정승인을 한 날로부터 5일내에 일반상속채권자와 유증받은 자에 대하여 한정승인의 사실과 일정한 기간내에 그 채권 또는 수증을 신고할 것을 공고하여야 한다. 그 기간은 2월 이상이어야 한다.
② 제88조제2항, 제3항과 제89조의 규정은 전항의 경우에 준용한다.

**제1033조 【최고기간 중의 변제거절】** 한정승인자는 전조제1항의 기간만료전에는 상속채권의 변제를 거절할 수 있다.

**제1034조 【배당변제】** ① 한정승인자는 제1032조제1항의 기간만료후에 상속재산으로서 그 기간내에 신고한 채권자와 한정승인자가 알고 있는 채권자에 대하여 각 채권액의 비율로 변제하여야 한다. 그러나 우선권있는 채권자의 권리를 해하지 못한다.
② 제1019조제3항 또는 제4항에 따라 한정승인을 한 경우에는 그 상속인은 상속재산 중에서 남아있는 상속재산과 함께 이미 처분한 재산의 가액을 합하여 제1항의 변제를 하여야 한다. 다만, 한정승인을 하기 전에 상속채권자나 유증받은 자에 대하여 변제한 가액은 이미 처분한 재산의 가액에서 제외한다.
(2022.12.13 본문개정)

**제1035조 【변제기전의 채무 등의 변제】** ① 한정승인자는 변제기에 이르지 아니한 채권에 대하여도 전조의 규정에 의하여 변제하여야 한다.

② 조건있는 채권이나 존속기간의 불확정한 채권은 법원의 선임한 감정인의 평가에 의하여 변제하여야 한다.

**제1036조【수증자에의 변제】** 한정승인자는 전2조의 규정에 의하여 상속채권자에 대한 변제를 완료한 후가 아니면 유증받은 자에게 변제하지 못한다.

**제1037조【상속재산의 경매】** 전3조의 규정에 의한 변제를 하기 위하여 상속재산의 전부나 일부를 매각할 필요가 있는 때에는 민사집행법에 의하여 경매하여야 한다.(2001.12.29 본조개정)

**제1038조【부당변제 등으로 인한 책임】** ① 한정승인자가 제1032조의 규정에 의한 공고나 최고를 해태하거나 제1033조 내지 제1036조의 규정에 위반하여 어느 상속채권자나 유증받은 자에게 변제함으로 인하여 다른 상속채권자나 유증받은 자에 대하여 변제할 수 없게 된 때에는 한정승인자는 그 손해를 배상하여야 한다. 제1019조제3항의 규정에 의하여 한정승인을 한 경우 그 이전에 상속채무가 상속재산을 초과함을 알지 못한 데 과실이 있는 상속인이 상속채권자나 유증받은 자에게 변제한 때에도 또한 같다.

② 제1항 전단의 경우에 변제를 받지 못한 상속채권자나 유증받은 자는 그 사정을 알고 변제를 받은 상속채권자나 유증받은 자에 대하여 구상권을 행사할 수 있다. 제1019조제3항 또는 제4항에 따라 한정승인을 한 경우 그 이전에 상속채무가 상속재산을 초과함을 알고 변제받은 상속채권자나 유증받은 자가 있는 때에도 또한 같다.
(2022.12.13 후단개정)

③ 제766조의 규정은 제1항 및 제2항의 경우에 준용한다.
(2005.3.31 본조개정)

**제1039조【신고하지 않은 채권자 등】** 제1032조제1항의 기간내에 신고하지 아니한 상속채권자 및 유증받은 자로서 한정승인자가 알지 못한 자는 상속재산의 잔여가 있는 경우에 한하여 그 변제를 받을 수 있다. 그러나 상속재산에 대하여 특별담보권있는 때에는 그러하지 아니하다.

**제1040조【공동상속재산과 그 관리인의 선임】** ① 상속인이 수인인 경우에는 법원은 각 상속인 기타 이해관계인의 청구에 의하여 공동상속인 중에서 상속재산관리인을 선임할 수 있다.

② 법원이 선임한 관리인은 공동상속인을 대표하여 상속재산의 관리와 채무의 변제에 관한 모든 행위를 할 권리의무가 있다.

③ 제1022조, 제1032조 내지 전조의 규정은 전항의 관리인에 준용한다. 그러나 제1032조의 규정에 의하여 공고할 5일의 기간은 관리인이 그 선임을 안 날로부터 기산한다.

## 제4관 포 기

**제1041조【포기의 방식】** 상속인이 상속을 포기할 때에는 제1019조제1항의 기간내에 가정법원에 포기의 신고를 하여야 한다.(1990.1.13 본조개정)

**제1042조【포기의 소급효】** 상속의 포기는 상속개시된 때에 소급하여 그 효력이 있다.

**제1043조【포기한 상속재산의 귀속】** 상속인이 수인인 경우에 어느 상속인이 상속을 포기한 때에는 그 상속분은 다른 상속인의 상속분의 비율로 그 상속인에게 귀속된다.

**제1044조【포기한 상속재산의 관리계속의무】** ① 상속을 포기한 자는 그 포기로 인하여 상속인이 된 자가 상속재산을 관리할 수 있을 때까지 그 재산의 관리를 계속하여야 한다.

② 제1022조와 제1023조의 규정은 전항의 재산관리에 준용한다.

## 제5절 재산의 분리

**제1045조 【상속재산의 분리청구권】** ① 상속채권자나 유증받은 자 또는 상속인의 채권자는 상속개시된 날로부터 3월내에 상속재산과 상속인의 고유재산의 분리를 법원에 청구할 수 있다.
② 상속인이 상속의 승인이나 포기를 하지 아니한 동안은 전항의 기간경과후에도 재산의 분리를 청구할 수 있다.
(1990.1.13 본항개정)

**제1046조 【분리명령과 채권자 등에 대한 공고, 최고】** ① 법원이 전조의 청구에 의하여 재산의 분리를 명한 때에는 그 청구자는 5일내에 일반상속채권자와 유증받은 자에 대하여 재산분리의 명령있은 사실과 일정한 기간내에 그 채권 또는 수증을 신고할 것을 공고하여야 한다. 그 기간은 2월 이상이어야 한다.
② 제88조제2항, 제3항과 제89조의 규정은 전항의 경우에 준용한다.

**제1047조 【분리후의 상속재산의 관리】** ① 법원이 재산의 분리를 명한 때에는 상속재산의 관리에 관하여 필요한 처분을 명할 수 있다.
② 법원이 재산관리인을 선임한 경우에는 제24조 내지 제26조의 규정을 준용한다.

**제1048조 【분리후의 상속인의 관리의무】** ① 상속인이 단순승인을 한 후에도 재산분리의 명령이 있는 때에는 상속재산에 대하여 자기의 고유재산과 동일한 주의로 관리하여야 한다.
② 제683조 내지 제685조 및 제688조제1항, 제2항의 규정은 전항의 재산관리에 준용한다.

**제1049조 【재산분리의 대항요건】** 재산의 분리는 상속재산인 부동산에 관하여는 이를 등기하지 아니하면 제3자에게 대항하지 못한다.

**제1050조 【재산분리와 권리의무의 불소멸】** 재산분리의 명령이 있는 때에는 피상속인에 대한 상속인의 재산상 권리의무는 소멸하지 아니한다.

**제1051조 【변제의 거절과 배당변제】** ① 상속인은 제1045조 및 제1046조의 기간만료전에는 상속채권자와 유증받은 자에 대하여 변제를 거절할 수 있다.
② 전항의 기간만료후에 상속인은 상속재산으로써 재산분리의 청구 또는 그 기간내에 신고한 상속채권자, 유증받은 자와 상속인이 알고 있는 상속채권자, 유증받은 자에 대하여 각 채권액 또는 수증액의 비율로 변제하여야 한다. 그러나 우선권 있는 채권자의 권리를 해하지 못한다.
③ 제1035조 내지 제1038조의 규정은 전항의 경우에 준용한다.

**제1052조 【고유재산으로부터의 변제】** ① 전조의 규정에 의한 상속채권자와 유증받은 자는 상속재산으로써 전액의 변제를 받을 수 없는 경우에 한하여 상속인의 고유재산으로부터 그 변제를 받을 수 있다.
② 전항의 경우에 상속인의 채권자는 상속인의 고유재산으로부터 우선변제를 받을 권리가 있다.

## 제6절 상속인의 부존재
(1990.1.13 본절제목개정)

**제1053조 【상속인없는 재산의 관리인】** ① 상속인의 존부가 분명하지 아니한 때에는 법원은 제777조의 규정에 의한 피상속인의 친족 기타 이해관계인 또는 검사의 청구에 의하여 상속재산관리인을 선임하고 지체없이 이를 공고하여야 한다.(1990.1.13 본항개정)
② 제24조 내지 제26조의 규정은 전항의 재산관리인에 준용한다.

**제1054조 【재산목록제시와 상황보고】** 관리인은 상속채권자나 유증받은

자의 청구가 있는 때에는 언제든지 상속재산의 목록을 제시하고 그 상황을 보고하여야 한다.

**제1055조【상속인의 존재가 분명하여진 경우】** ① 관리인의 임무는 그 상속인이 상속의 승인을 한 때에 종료한다.
② 전항의 경우에는 관리인은 지체없이 그 상속인에 대하여 관리의 계산을 하여야 한다.

**제1056조【상속인없는 재산의 청산】**
① 제1053조제1항의 공고있은 날로부터 3월내에 상속인의 존부를 알 수 없는 때에는 관리인은 지체없이 일반상속채권자와 유증받은 자에 대하여 일정한 기간내에 그 채권 또는 수증을 신고할 것을 공고하여야 한다. 그 기간은 2월 이상이어야 한다.
② 제88조제2항, 제3항, 제89조, 제1033조 내지 제1039조의 규정은 전항의 경우에 준용한다.

**제1057조【상속인수색의 공고】** 제1056조제1항의 기간이 경과하여도 상속인의 존부를 알 수 없는 때에는 법원은 관리인의 청구에 의하여 상속인이 있으면 일정한 기간내에 그 권리를 주장할 것을 공고하여야 한다. 그 기간은 1년 이상이어야 한다.(2005.3.31 본조개정)

**제1057조의2【특별연고자에 대한 분여】** ① 제1057조의 기간내에 상속권을 주장하는 자가 없는 때에는 가정법원은 피상속인과 생계를 같이 하고 있던 자, 피상속인의 요양간호를 한 자 기타 피상속인과 특별한 연고가 있던 자의 청구에 의하여 상속재산의 전부 또는 일부를 분여할 수 있다.
② 제1항의 청구는 제1057조의 기간의 만료후 2월 이내에 하여야 한다.
(2005.3.31 본조개정)

**제1058조【상속재산의 국가귀속】** ① 제1057조의2의 규정에 의하여 분여(分與)되지 아니한 때에는 상속재산은 국가에 귀속한다.
② 제1055조제2항의 규정은 제1항의 경우에 준용한다.
(2005.3.31 본조개정)

**제1059조【국가귀속재산에 대한 변제청구의 금지】** 전조제1항의 경우에는 상속재산으로 변제를 받지 못한 상속채권자나 유증을 받은 자가 있는 때에도 국가에 대하여 그 변제를 청구하지 못한다.

## 제2장 유 언

### 제1절 총 칙

**제1060조【유언의 요식성】** 유언은 본법의 정한 방식에 의하지 아니하면 효력이 생하지 아니한다.

**제1061조【유언적령】** 17세에 달하지 못한 자는 유언을 하지 못한다.
(2022.12.27 본조개정)

**제1062조【제한능력자의 유언】** 유언에 관하여는 제5조, 제10조 및 제13조를 적용하지 아니한다.(2011.3.7 본조개정)

**제1063조【피성년후견인의 유언능력】** ① 피성년후견인은 의사능력이 회복된 때에만 유언을 할 수 있다.
② 제1항의 경우에는 의사가 심신회복의 상태를 유언서에 부기(附記)하고 서명날인하여야 한다.
(2011.3.7 본조개정)

**제1064조【유언과 태아, 상속결격자】** 제1000조제3항, 제1004조의 규정은 수증자에 준용한다.(1990.1.13 본조개정)

### 제2절 유언의 방식

**제1065조【유언의 보통방식】** 유언의 방식은 자필증서, 녹음, 공정증서, 비밀증서와 구수증서의 5종으로 한다.

**제1066조【자필증서에 의한 유언】** ① 자필증서에 의한 유언은 유언자가 그 전문과 연월일, 주소, 성명을 자서하고 날인하여야 한다.

② 전항의 증서에 문자의 삽입, 삭제 또는 변경을 함에는 유언자가 이를 자서하고 날인하여야 한다.

**제1067조【녹음에 의한 유언】** 녹음에 의한 유언은 유언자가 유언의 취지, 그 성명과 연월일을 구술하고 이에 참여한 증인이 유언의 정확함과 그 성명을 구술하여야 한다.

**제1068조【공정증서에 의한 유언】** 공정증서에 의한 유언은 유언자가 증인 2인이 참여한 공증인의 면전에서 유언의 취지를 구수하고 공증인이 이를 필기낭독하여 유언자와 증인이 그 정확함을 승인한 후 각자 서명 또는 기명날인하여야 한다.

**제1069조【비밀증서에 의한 유언】** ① 비밀증서에 의한 유언은 유언자가 필자의 성명을 기입한 증서를 엄봉날인하고 이를 2인이상의 증인의 면전에 제출하여 자기의 유언서임을 표시한 후 그 봉서표면에 제출연월일을 기재하고 유언자와 증인이 각자 서명 또는 기명날인하여야 한다.

② 전항의 방식에 의한 유언봉서는 그 표면에 기재된 날로부터 5일내에 공증인 또는 법원서기에게 제출하여 그 봉인상에 확정일자인을 받아야 한다.

**제1070조【구수증서에 의한 유언】** ① 구수증서에 의한 유언은 질병 기타 급박한 사유로 인하여 전4조의 방식에 의할 수 없는 경우에 유언자가 2인 이상의 증인의 참여로 그 1인에게 유언의 취지를 구수하고 그 구수를 받은 자가 이를 필기낭독하여 유언자의 증인이 그 정확함을 승인한 후 각자 서명 또는 기명날인하여야 한다.

② 전항의 방식에 의한 유언은 그 증인 또는 이해관계인이 급박한 사유의 종료한 날로부터 7일내에 법원에 그 검인을 신청하여야 한다.

③ 제1063조제2항의 규정은 구수증서에 의한 유언에 적용하지 아니한다.

**제1071조【비밀증서에 의한 유언의 전환】** 비밀증서에 의한 유언이 그 방식에 흠결이 있는 경우에 그 증서가 자필증서의 방식에 적합한 때에는 자필증서에 의한 유언으로 본다.

**제1072조【증인의 결격사유】** ① 다음 각 호의 어느 하나에 해당하는 사람은 유언에 참여하는 증인이 되지 못한다.

1. 미성년자
2. 피성년후견인과 피한정후견인
3. 유언으로 이익을 받을 사람, 그의 배우자와 직계혈족

② 공정증서에 의한 유언에는 「공증인법」에 따른 결격자는 증인이 되지 못한다.

(2011.3.7 본조개정)

## 제3절 유언의 효력

**제1073조【유언의 효력발생시기】** ① 유언은 유언자가 사망한 때로부터 그 효력이 생긴다.

② 유언에 정지조건이 있는 경우에 그 조건이 유언자의 사망후에 성취한 때에는 그 조건성취한 때로부터 유언의 효력이 생긴다.

**제1074조【유증의 승인, 포기】** ① 유증을 받을 자는 유언자의 사망후에 언제든지 유증을 승인 또는 포기할 수 있다.

② 전항의 승인이나 포기는 유언자의 사망한 때에 소급하여 그 효력이 있다.

**제1075조【유증의 승인, 포기의 취소금지】** ① 유증의 승인이나 포기는 취소하지 못한다.

② 제1024조제2항의 규정은 유증의 승인과 포기에 준용한다.

**제1076조【수증자의 상속인의 승인, 포기】** 수증자가 승인이나 포기를 하지 아니하고 사망한 때에는 그 상속인은 상속분의 한도에서 승인 또는 포기할 수 있다. 그러나 유언자가 유언으로 다른 의사를 표시한 때에는 그 의사에 의한다.

**제1077조【유증의무자의 최고권】** ① 유증의무자나 이해관계인은 상당한 기간을 정하여 그 기간내에 승인 또는 포기를 확답할 것을 수증자 또는 그 상속인에게 최고할 수 있다.

② 전항의 기간내에 수증자 또는 상속인이 유증의무자에 대하여 최고에 대한 확답을 하지 아니한 때에는 유증을 승인한 것으로 본다.

**제1078조【포괄적 수증자의 권리의무】** 포괄적 유증을 받은 자는 상속인과 동일한 권리의무가 있다.
(1990.1.13 본조개정)

**제1079조【수증자의 과실취득권】** 수증자는 유증의 이행을 청구할 수 있는 때로부터 그 목적물의 과실을 취득한다. 그러나 유언자가 유언으로 다른 의사를 표시한 때에는 그 의사에 의한다.

**제1080조【과실수취비용의 상환청구권】** 유증의무자가 유언자의 사망후에 그 목적물의 과실을 수취하기 위하여 필요비를 지출한 때에는 그 과실의 가액의 한도에서 과실을 취득한 수증자에게 상환을 청구할 수 있다.

**제1081조【유증의무자의 비용상환청구권】** 유증의무자가 유증자의 사망후에 그 목적물에 대하여 비용을 지출한 때에는 제325조의 규정을 준용한다.

**제1082조【불특정물유증의무자의 담보책임】** ① 불특정물을 유증의 목적으로 한 경우에는 유증의무자는 그 목적물에 대하여 매도인과 같은 담보책임이 있다.

② 전항의 경우에 목적물에 하자가 있는 때에는 유증의무자는 하자없는 물건으로 인도하여야 한다.

**제1083조【유증의 물상대위성】** 유증자가 유증목적물의 멸실, 훼손 또는 점유의 침해로 인하여 제3자에게 손해배상을 청구할 권리가 있는 때에는 그 권리를 유증의 목적으로 한 것으로 본다.

**제1084조【채권의 유증의 물상대위성】** ① 채권을 유증의 목적으로 한 경우에 유언자가 그 변제를 받은 물건이 상속재산 중에 있는 때에는 그 물건을 유증의 목적으로 한 것으로 본다.

② 전항의 채권이 금전을 목적으로 한 경우에는 그 변제받은 채권액에 상당한 금전이 상속재산 중에 없는 때에도 그 금액을 유증의 목적으로 한 것으로 본다.

**제1085조【제삼자의 권리의 목적인 물건 또는 권리의 유증】** 유증의 목적인 물건이나 권리가 유언자의 사망당시에 제삼자의 권리의 목적인 경우에는 수증자는 유증의무자에 대하여 그 제삼자의 권리를 소멸시킬 것을 청구하지 못한다.

**제1086조【유언자가 다른 의사표시를 한 경우】** 전3조의 경우에 유언자가 유언으로 다른 의사를 표시한 때에는 그 의사에 의한다.

**제1087조【상속재산에 속하지 아니한 권리의 유증】** ① 유언의 목적이 된 권리가 유언자의 사망당시에 상속재산에 속하지 아니한 때에는 유언은 그 효력이 없다. 그러나 유언자가 자기의 사망당시에 그 목적물이 상속재산에 속하지 아니한 경우에도 유언의 효력이 있게 할 의사인 때에는 유증의무자는 그 권리를 취득하여 수증자에게 이전할 의무가 있다.

② 전항 단서의 경우에 그 권리를 취득할 수 없거나 그 취득에 과다한 비용을 요할 때에는 그 가액으로 변상할 수 있다.

**제1088조【부담있는 유증과 수증자의 책임】** ① 부담있는 유증을 받은 자는 유증의 목적의 가액을 초과하지 아

니한 한도에서 부담한 의무를 이행할 책임이 있다.

② 유증의 목적의 가액이 한정승인 또는 재산분리로 인하여 감소된 때에는 수증자는 그 감소된 한도에서 부담할 의무를 면한다.

**제1089조【유증효력발생전의 수증자의 사망】** ① 유증은 유언자의 사망전에 수증자가 사망한 때에는 그 효력이 생기지 아니한다.

② 정지조건있는 유증은 수증자가 그 조건 성취전에 사망한 때에는 그 효력이 생기지 아니한다.

**제1090조【유증의 무효, 실효의 경우와 목적재산의 귀속】** 유증이 그 효력이 생기지 아니하거나 수증자가 이를 포기한 때에는 유증의 목적인 재산은 상속인에게 귀속한다. 그러나 유언자가 유언으로 다른 의사를 표시한 때에는 그 의사에 의한다.

## 제4절 유언의 집행

**제1091조【유언증서, 녹음의 검인】**

① 유언의 증서나 녹음을 보관한 자 또는 이를 발견한 자는 유언자의 사망후 지체없이 법원에 제출하여 그 검인을 청구하여야 한다.

② 전항의 규정은 공정증서나 구수증서에 의한 유언에 적용하지 아니한다.

**제1092조【유언증서의 개봉】** 법원이 봉인된 유언증서를 개봉할 때에는 유언자의 상속인, 그 대리인 기타 이해관계인의 참여가 있어야 한다.

**제1093조【유언집행자의 지정】** 유언자는 유언으로 유언집행자를 지정할 수 있고 그 지정을 제삼자에게 위탁할 수 있다.

**제1094조【위탁에 의한 유언집행자의 지정】** ① 전조의 위탁을 받은 제삼자는 그 위탁있음을 안 후 지체없이 유언집행자를 지정하여 상속인에게 통지하여야 하며 그 위탁을 사퇴할 때에는 이를 상속인에게 통지하여야 한다.

② 상속인 기타 이해관계인은 상당한 기간을 정하여 그 기간내에 유언집행자를 지정할 것을 위탁받은 자에게 최고할 수 있다. 그 기간내에 지정의 통지를 받지 못한 때에는 그 지정의 위탁을 사퇴한 것으로 본다.

**제1095조【지정유언집행자가 없는 경우】** 전2조의 규정에 의하여 지정된 유언집행자가 없는 때에는 상속인이 유언집행자가 된다.

**제1096조【법원에 의한 유언집행자의 선임】** ① 유언집행자가 없거나 사망, 결격 기타 사유로 인하여 없게 된 때에는 법원은 이해관계인의 청구에 의하여 유언집행자를 선임하여야 한다.

② 법원이 유언집행자를 선임한 경우에는 그 임무에 관하여 필요한 처분을 명할 수 있다.

**제1097조【유언집행자의 승낙, 사퇴】**

① 지정에 의한 유언집행자는 유언자의 사망후 지체없이 이를 승낙하거나 사퇴할 것을 상속인에게 통지하여야 한다.

② 선임에 의한 유언집행자는 선임의 통지를 받은 후 지체없이 이를 승낙하거나 사퇴할 것을 법원에 통지하여야 한다.

③ 상속인 기타 이해관계인은 상당한 기간을 정하여 그 기간내에 승낙여부를 확답할 것을 지정 또는 선임에 의한 유언집행자에게 최고할 수 있다. 그 기간내에 최고에 대한 확답을 받지 못한 때에는 유언집행자가 그 취임을 승낙한 것으로 본다.

**제1098조【유언집행자의 결격사유】**

제한능력자와 파산선고를 받은 자는 유언집행자가 되지 못한다.(2011.3.7 본조개정)

**제1099조【유언집행자의 임무착수】**

유언집행자가 그 취임을 승낙한 때에는 지체없이 그 임무를 이행하여야 한다.

**제1100조【재산목록작성】** ① 유언이 재산에 관한 것인 때에는 지정 또는 선임에 의한 유언집행자는 지체없이 그 재산목록을 작성하여 상속인에게 교부하여야 한다.

② 상속인의 청구가 있는 때에는 전항의 재산목록작성에 상속인을 참여하게 하여야 한다.

**제1101조【유언집행자의 권리의무】** 유언집행자는 유증의 목적인 재산의 관리 기타 유언의 집행에 필요한 행위를 할 권리의무가 있다.

**제1102조【공동유언집행】** 유언집행자가 수인인 경우에는 임무의 집행은 그 과반수의 찬성으로써 결정한다. 그러나 보존행위는 각자가 이를 할 수 있다.

**제1103조【유언집행자의 지위】** ① 지정 또는 선임에 의한 유언집행자는 상속인의 대리인으로 본다.

② 제681조 내지 제685조, 제687조, 제691조와 제692조의 규정은 유언집행자에 준용한다.

**제1104조【유언집행자의 보수】** ① 유언자가 유언으로 그 집행자의 보수를 정하지 아니한 경우에는 법원은 상속재산의 상황 기타 사정을 참작하여 지정 또는 선임에 의한 유언집행자의 보수를 정할 수 있다.

② 유언집행자가 보수를 받는 경우에는 제686조제2항, 제3항의 규정을 준용한다.

**제1105조【유언집행자의 사퇴】** 지정 또는 선임에 의한 유언집행자는 정당한 사유있는 때에는 법원의 허가를 얻어 그 임무를 사퇴할 수 있다.

**제1106조【유언집행자의 해임】** 지정 또는 선임에 의한 유언집행자에 그 임무를 해태하거나 적당하지 아니한 사유가 있는 때에는 법원은 상속인 기타 이해관계인의 청구에 의하여 유언집행자를 해임할 수 있다.

**제1107조【유언집행의 비용】** 유언의 집행에 관한 비용은 상속재산 중에서 이를 지급한다.

## 제5절 유언의 철회

**제1108조【유언의 철회】** ① 유언자는 언제든지 유언 또는 생전행위로써 유언의 전부나 일부를 철회할 수 있다.

② 유언자는 그 유언을 철회할 권리를 포기하지 못한다.

**제1109조【유언의 저촉】** 전후의 유언이 저촉되거나 유언후의 생전행위가 유언과 저촉되는 경우에는 그 저촉된 부분의 전유언은 이를 철회한 것으로 본다.

**제1110조【파훼로 인한 유언의 철회】** 유언자가 고의로 유언증서 또는 유증의 목적물을 파훼한 때에는 그 파훼한 부분에 관한 유언은 이를 철회한 것으로 본다.

**제1111조【부담있는 유언의 취소】** 부담있는 유증을 받은 자가 그 부담의무를 이행하지 아니한 때에는 상속인 또는 유언집행자는 상당한 기간을 정하여 이행할 것을 최고하고 그 기간내에 이행하지 아니한 때에는 법원에 유언의 취소를 청구할 수 있다. 그러나 제삼자의 이익을 해하지 못한다.

## 제3장 유류분

(1977.12.31 본장신설)

**제1112조【유류분의 권리자와 유류분】** 상속인의 유류분은 다음 각 호에 의한다.(2024.9.20 본문개정)

1. 피상속인의 직계비속은 그 법정상속분의 2분의 1
2. 피상속인의 배우자는 그 법정상속분의 2분의 1
3. 피상속인의 직계존속은 그 법정상속분의 3분의 1
4. (2024.9.20 삭제)

(2024.9.20 본조제목개정)

**제1113조【유류분의 산정】** ① 유류분은 피상속인의 상속개시시에 있어서 가진 재산의 가액에 증여재산의 가액을 가산하고 채무의 전액을 공제하여 이를 산정한다.

② 조건부의 권리 또는 존속기간이 불확정한 권리는 가정법원이 선임한 감정인의 평가에 의하여 그 가격을 정한다.

**제1114조【산입될 증여】** 증여는 상속개시전의 1년간에 행한 것에 한하여 제1113조의 규정에 의하여 그 가액을 산정한다. 당사자쌍방이 유류분권리자에 손해를 가할 것을 알고 증여를 한 때에는 1년전에 한 것도 같다.

**제1115조【유류분의 보전】** ① 유류분권리자가 피상속인의 제1114조에 규정된 증여 및 유증으로 인하여 그 유류분에 부족이 생긴 때에는 부족한 한도에서 그 재산의 반환을 청구할 수 있다.

② 제1항의 경우에 증여 및 유증을 받은 자가 수인인 때에는 각자가 얻은 유증가액의 비례로 반환하여야 한다.

**제1116조【반환의 순서】** 증여에 대하여는 유증을 반환받은 후가 아니면 이것을 청구할 수 없다.

**제1117조【소멸시효】** 반환의 청구권은 유류분권리자가 상속의 개시와 반환하여야 할 증여 또는 유증을 한 사실을 안 때로부터 1년내에 하지 아니하면 시효에 의하여 소멸한다. 상속이 개시한 때로부터 10년을 경과한 때도 같다.

**제1118조【준용규정】** 제1001조, 제1008조, 제1010조의 규정은 유류분에 이를 준용한다.

## 부 칙

**제1조【구법의 정의】** 부칙에서 구법이라 함은 본법에 의하여 폐지되는 법령 또는 법령 중의 조항을 말한다.

**제2조【본법의 소급효】** 본법은 특별한 규정 있는 경우외에는 본법 시행일전의 사항에 대하여도 이를 적용한다. 그러나 이미 구법에 의하여 생긴 효력에 영향을 미치지 아니한다.

**제3조【공증력있는 문서와 그 작성】**

① 공증인 또는 법원서기의 확정일자인있는 사문서는 그 작성일자에 대한 공증력이 있다.

② 일자확정의 청구를 받은 공증인 또는 법원서기는 확정일자부에 청구자의 주소, 성명 및 문서명목을 기재하고 그 문서에 기부번호를 기입한 후 일자인을 찍고 장부와 문서에 계인을 하여야 한다.

③ 일자확정은 공증인에게 청구하는 자는 법무부령이, 법원서기에게 청구하는 자는 대법원규칙이 각각 정하는 바에 의하여 수수료를 납부하여야 한다.
(1970.6.18 본항개정)

④ 공정증서에 기입한 일자 또는 공무소에서 사문서에 어느 사항을 증명하고 기입한 일자는 확정일자로 한다.

**제4조【구법에 의한 한정치산자】** ① 구법에 의하여 심신모약자 또는 낭비자로 준금치산선고를 받은 자는 본법 시행일로부터 본법의 규정에 의한 한정치산자로 본다.

② 구법에 의하여 농자, 아자 또는 맹자로 준금치산선고를 받은 자는 본법 시행일로부터 능력을 회복한다.

**제5조【부의 취소권에 관한 경과규정】** 구법에 의하여 처가 부의 허가를 요할 사항에 관하여 허가없이 그 행위를 한 경우에도 본법 시행일후에는 이를 취소하지 못한다.

**제6조【법인의 등기기간】** 법인의 등기사항에 관한 등기기간은 본법 시행일전의 사항에 대하여도 본법의 규정에 의한다.

**제7조【벌칙에 관한 불소급】** ① 구법에 의하여 과료에 처할 행위로 본법 시행당시 재판을 받지 아니한 자에 대하여는 본법에 의하여 과태료에 처할 경우에 한하여 이를 재판한다.

② 전항의 과태료는 구법의 과료액을 초과하지 못한다.

**제8조【시효에 관한 경과규정】** ① 본법 시행당시에 구법의 규정에 의한 시효기간을 경과한 권리는 본법의 규정에 의하여 취득 또는 소멸한 것으로 본다.

② 본법 시행당시에 구법에 의한 소멸시효의 기간을 경과하지 아니한 권리에는 본법의 시효에 관한 규정을 적용한다.

③ 본법 시행당시에 구법에 의한 취득시효의 기간을 경과하지 아니한 권리

에는 본법의 소유권취득에 관한 규정을 적용한다.
④ 제1항과 제2항의 규정은 시효기간이 아닌 법정기간에 이를 준용한다.
**제9조【효력을 상실할 물권】** 구법에 의하여 규정된 물권이라도 본법에 규정한 물권이 아니면 본법 시행일로부터 물권의 효력을 잃는다. 그러나 본법 또는 다른 법률에 특별한 규정이 있는 경우에는 그러하지 아니하다.
**제10조【소유권이전에 관한 경과규정】** ① 본법 시행일전의 법률행위로 인한 부동산에 관한 물권의 득실변경은 이 법 시행일로부터 6년내에 등기하지 아니하면 그 효력을 잃는다.
(1964.12.31 본항개정)
② 본법 시행일전의 동산에 관한 물권의 양도는 본법 시행일로부터 1년내에 인도를 받지 못하면 그 효력을 잃는다.
③ 본법 시행일전의 시효완성으로 인하여 물권을 취득한 경우에도 제1항과 같다.
**제11조【구관에 의한 전세권의 등기】** 본법 시행일전에 관습에 의하여 취득한 전세권은 본법 시행일로부터 1년내에 등기함으로써 물권의 효력을 갖는다.
**제12조【판결에 의한 소유권이전의 경우】** 소송으로 부칙 제10조의 규정에 의한 등기 또는 인도를 청구한 경우에는 그 판결확정의 날로부터 6월내에 등기를 하지 아니하거나 3월내에 인도를 받지 못하거나 강제집행의 절차를 취하지 아니한 때에는 물권변동의 효력을 잃는다.
**제13조【지상권존속기간에 관한 경과규정】** 본법 시행일전에 지상권설정행위로 정한 존속기간이 본법 시행당시에 만료하지 아니한 경우에는 그 존속기간에는 본법의 규정을 적용한다. 설정행위로 지상권의 존속기간을 정하지 아니한 경우에도 같다.
**제14조【존속되는 물권】** 본법 시행일전에 설정한 영소작권 또는 부동산질권에 관하여는 구법의 규정을 적용한다. 그러나 본법 시행일후에는 이를 갱신하지 못한다.
**제15조【임대차기간에 관한 경과규정】** 본법 시행일전의 임대차계약에 약정기간이 있는 경우에도 그 기간이 본법 시행당시에 만료하지 아니한 때에는 그 존속기간에는 본법의 규정을 적용한다.
**제16조【선취특권의 실효】** 본법 시행일전에 구법에 의하여 취득한 선취특권은 본법 시행일로부터 그 효력을 잃는다.
**제17조【처의 재산에 대한 부의 권리】** 본법 시행일전의 혼인으로 인하여 부가 처의 재산을 관리, 사용 또는 수익하는 경우에도 본법 시행일로부터 부는 그 권리를 잃는다.
**제18조【혼인, 입양의 무효, 취소에 관한 경과규정】** ① 본법 시행일전의 혼인 또는 입양에 본법에 의하여 무효의 원인이 되는 사유가 있는 때에는 이를 무효로 하고 취소의 원인이 되는 사유가 있는 때에는 본법의 규정에 의하여 이를 취소할 수 있다. 이 경우에 취소기간이 있는 때에는 그 기간은 본법 시행일로부터 기산한다.
② 본법 시행일전의 혼인 또는 입양에 구법에 의한 취소의 원인이 되는 사유가 있는 경우에도 본법의 규정에 의하여 취소의 원인이 되지 아니할 때에는 본법 시행일후에는 이를 취소하지 못한다.
**제19조【이혼, 파양에 관한 경과규정】**
① 본법 시행일전의 혼인 또는 입양에 본법에 의하여 이혼 또는 파양의 원인이 되는 사유가 있는 때에는 본법의 규정에 의하여 재판상의 이혼 또는 파양의 청구를 할 수 있다. 이 경우에 그 청구기간이 있는 때에는 그 기간은 본법 시행일로부터 기산한다.
② 본법 시행일전의 혼인 또는 입양에 구법에 의하여 이혼 또는 파양의 원인이 되는 사유가 있는 경우에도 본법의 규정에 의하여 이혼 또는 파양의 원인이 되지 아니하는 때에는 본법 시행일

후에는 재판상의 이혼 또는 파양의 청구를 하지 못한다.

**제20조【친권】** 성년에 달한 자는 본법 시행일로부터 친권에 복종하지 아니한다.

**제21조【모의 친권행사에 관한 제한의 폐지】** 구법에 의하여 친권자인 모가 친족회의 동의를 요할 사항에 관하여 그 동의없이 미성년자를 대리한 행위나 미성년자의 행위에 대한 동의를 한 경우에도 본법 시행일후에는 이를 취소하지 못한다.

**제22조【후견인에 관한 경과규정】** ① 구법에 의하여 미성년자 또는 금치산자에 대한 후견이 개시된 경우에도 그 후견인의 순위, 선임, 임무 및 결격에 관한 사항에는 본법 시행일로부터 본법의 규정을 적용한다.

② 구법에 의하여 준금치산선고를 받은 자에 대하여도 그 후견에 관한 사항은 전항과 같다.

**제23조【보좌인등에 관한 경과규정】** 구법에 의한 보좌인, 후견감독인 및 친족회원은 본법 시행일로부터 그 지위를 잃는다. 그러나 본법 시행일전에 구법의 규정에 의한 보좌인, 후견감독인 또는 친족회가 행한 동의는 그 효력을 잃지 아니한다.

**제24조【부양의무에 관한 본법적용】** 구법에 의하여 부양의무가 개시된 경우에도 그 순위, 선임 및 방법에 관한 사항에는 본법 시행일로부터 본법의 규정을 적용한다.

**제25조【상속에 관한 경과규정】** ① 본법 시행일전에 개시된 상속에 관하여는 본법 시행일후에도 구법의 규정을 적용한다.

② 실종선고로 인하여 호주 또는 재산상속이 개시되는 경우에 그 실종기간이 구법 시행기간 중에 만료하는 때에도 그 실종이 본법 시행일후에 선고된 때에는 그 상속순위, 상속분 기타 상속에 관하여는 본법의 규정을 적용한다.

**제26조【유언에 관한 경과규정】** 본법 시행일전의 관습에 의한 유언이 본법에 규정한 방식에 적합하지 아니한 경우에라도 유언자가 본법 시행일로부터 유언의 효력발생일까지 그 의사표시를 할 수 없는 상태에 있는 때에는 그 효력을 잃지 아니한다.

**제27조【폐지법령】** 다음 각호의 법령은 이를 폐지한다.

1. 조선민사령 제1조의 규정에 의하여 의용된 민법, 민법시행법, 연령계산에관한법률
2. 조선민사령과 동령 제1조에 의하여 의용된 법령중 본법의 규정과 저촉되는 법조
3. 군정법령중 본법의 규정과 저촉되는 법조

**제28조【시행일】** 본법은 단기 4293년 1월 1일부터 시행한다.

부　칙 (1962.12.29)

본법은 1963년 3월 1일부터 시행한다.

부　칙 (1962.12.31)

본법은 1963년 1월 1일부터 시행한다.

부　칙 (1964.12.31)

이 법은 1965년 1월 1일부터 시행한다.

부　칙 (1970.6.18)

이 법은 공포한 날로부터 시행한다.

부　칙 (1977.12.31)

① 이 법은 공포후 1년이 경과한 날로부터 시행한다.

② 이 법은 종전의 법률에 의하여 생긴 효력에 대하여 영향을 미치지 아니한다.

③ 이 법 시행일전에 혼인한 자가 20

세에 달한 때에는 그 혼인이 종전의 법 제808조제1항의 규정에 위반한 때에도 그 취소를 청구할 수 없다.
④ 이 법 시행일전에 혼인한 자가 미성년자인 때에는 이 법 시행일로부터 성년자로 한다.
⑤ 이 법 시행일전에 개시된 상속에 관하여는 이 법 시행일후에도 종전의 규정을 적용한다.
⑥ 실종선고로 인하여 상속이 개시되는 경우에 그 실종기간이 이 법 시행일후에 만료된 때에는 그 상속에 관하여 이 법의 규정을 적용한다.

부 칙 (1984.4.10)

① **【시행일】** 이 법은 1984년 9월 1일부터 시행한다.
② **【경과조치의 원칙】** 이 법은 특별한 규정이 있는 경우를 제외하고는 이 법 시행전에 생긴 사항에 대하여도 이를 적용한다. 그러나 종전의 규정에 의하여 생긴 효력에는 영향을 미치지 아니한다.
③ **【실종선고에 관한 경과조치】** 제27조제2항의 개정규정은 이 법 시행전에 사망의 원인이 될 위난이 발생한 경우에도 이를 적용한다.
④ **【전세권에 관한 경과조치】** 제303조제1항, 제312조제2항 · 제4항 및 제312조의2의 개정규정은 이 법 시행전에 성립한 전세권으로서 이 법 시행당시 존속기간이 3월이상 남아 있는 전세권과 존속기간을 정하지 아니한 전세권에도 이를 적용한다. 그러나 이 법 시행전에 전세금의 증액청구가 있은 경우에는 제312조의2 단서의 개정규정은 이를 적용하지 아니한다.

부 칙 (1990.1.13)

**제1조 【시행일】** 이 법은 1991년 1월 1일부터 시행한다.

**제2조 【이 법의 효력의 불소급】** 이 법에 특별한 규정이 있는 경우를 제외하고는 이미 구법(민법중 이 법에 의하여 개정 또는 폐지되는 종전의 조항을 말한다. 이하 같다)에 의하여 생긴 효력에 영향을 미치지 아니한다.

**제3조 【친족에 관한 경과조치】** 구법에 의하여 친족이었던 자가 이 법에 의하여 친족이 아닌 경우에는 이 법 시행일부터 친족으로서의 지위를 잃는다.

**제4조 【모와 자기의 출생아닌 자에 관한 경과조치】** 이 법 시행일전에 발생한 전처의 출생자와 계모 및 그 혈족 · 인척사이의 친족관계와 혼인외의 출생자와 부의 배우자 및 그 혈족 · 인척사이의 친족관계는 이 법 시행일부터 소멸한다.

**제5조 【약혼의 해제에 관한 경과조치】**
① 이 법 시행일전의 약혼에 이 법에 의하여 해제의 원인이 되는 사유가 있는 때에는 이 법의 규정에 의하여 이를 해제할 수 있다.
② 이 법 시행일전의 약혼에 구법에 의하여 해제의 원인이 되는 사유가 있는 경우에도 이 법의 규정에 의하여 해제의 원인이 되지 아니할 때에는 이 법 시행일후에는 해제를 하지 못한다.

**제6조 【부부간의 재산관계에 관한 이 법의 적용】** 이 법 시행일전의 혼인으로 인하여 인정되었던 부부간의 재산관계에 관하여는 이 법 시행일부터 이 법의 규정을 적용한다.

**제7조 【입양의 취소에 관한 경과조치】** 이 법 시행일전의 입양에 구법에 의하여 취소의 원인이 되는 사유가 있는 경우에도 이 법의 규정에 의하여 취소의 원인이 되지 아니할 때에는 이 법 시행일후에는 취소를 청구하지 못한다.

**제8조 【파양에 관한 경과조치】** ① 이 법 시행일전의 입양에 이 법에 의하여 파양의 원인이 되는 사유가 있는 때에는 이 법의 규정에 의하여 재판상 파양의 청구를 할 수 있다.
② 이 법 시행일전의 입양에 구법에 의

하여 파양의 원인이 되는 사유가 있는 경우에도 이 법의 규정에 의하여 파양의 원인이 되지 아니할 때에는 이 법 시행일후에는 재판상 파양의 청구를 하지 못한다.

**제9조【친권에 관한 이 법의 적용】** 구법에 의하여 개시된 친권에 관하여도 이 법 시행일부터 이 법의 규정을 적용한다.

**제10조【후견인에 관한 이 법의 적용】** 구법에 의하여 미성년자나 한정치산자 또는 금치산자에 대한 후견이 개시된 경우에도 그 후견인의 순위 및 선임에 관한 사항에는 이 법 시행일부터 이 법의 규정을 적용한다.

**제11조【부양의무에 관한 이 법의 적용】** 구법에 의하여 부양의무가 개시된 경우에도 이 법 시행일부터 이 법의 규정을 적용한다.

**제12조【상속에 관한 경과조치】** ① 이 법 시행일전에 개시된 상속에 관하여는 이 법 시행일후에도 구법의 규정을 적용한다.

② 실종선고로 인하여 상속이 개시되는 경우에 그 실종기간이 구법시행기간중에 만료되는 때에도 그 실종이 이 법 시행일후에 선고된 때에는 상속에 관하여는 이 법의 규정을 적용한다.

**제13조【다른 법령과의 관계】** 이 법 시행당시 다른 법령에서 호주상속 또는 호주상속인을 인용한 경우에는 호주승계 또는 호주승계인을, 재산상속 또는 재산상속인을 인용한 경우에는 상속 또는 상속인을 각 인용한 것으로 본다.

부 칙 (1997.12.13 법5431호)

**제1조【시행일】** 이 법은 공포후 6월이 경과한 날부터 시행한다.(이하 생략)

부 칙 (1997.12.13 법5454호)

이 법은 1998년 1월 1일부터 시행한다.(이하 생략)

부 칙 (2001.12.29)

이 법은 2002년 7월 1일부터 시행한다.

부 칙 (2002.1.14)

① **【시행일】** 이 법은 공포한 날부터 시행한다.

② **【이 법의 효력의 불소급】** 이 법은 종전의 규정에 의하여 생긴 효력에 영향을 미치지 아니한다.

③ **【한정승인에 관한 경과조치】** 1998년 5월 27일부터 이 법 시행전까지 상속개시가 있음을 안 자중 상속채무가 상속재산을 초과하는 사실을 중대한 과실없이 제1019조제1항의 기간내에 알지 못하다가 이 법 시행전에 그 사실을 알고도 한정승인 신고를 하지 아니한 자는 이 법 시행일부터 3월내에 제1019조제3항의 개정규정에 의한 한정승인을 할 수 있다. 다만, 당해 기간내에 한정승인을 하지 아니한 경우에는 단순승인을 한 것으로 본다.

④ **【한정승인에 관한 특례】** 1998년 5월 27일 전에 상속 개시가 있음을 알았으나 상속채무가 상속재산을 초과하는 사실(이하 "상속채무 초과사실"이라 한다)을 중대한 과실 없이 제1019조제1항의 기간 이내에 알지 못하다가 1998년 5월 27일 이후 상속채무 초과사실을 안 자는 다음 각 호의 구분에 따라 제1019조제3항의 규정에 의한 한정승인을 할 수 있다. 다만, 각 호의 기간 이내에 한정승인을 하지 아니한 경우에는 단순승인을 한 것으로 본다.

1. 법률 제7765호 민법 일부개정법률(이하 "개정법률"이라 한다) 시행 전에 상속채무 초과사실을 알고도 한정승인을 하지 아니한 자는 개정법률 시행일부터 3월 이내
2. 개정법률 시행 이후 상속채무 초과사실을 알게 된 자는 그 사실을 안 날부터 3월 이내

(2005.12.29 본항신설)

부 칙 (2005.3.31 법7427호)

**제1조【시행일】** 이 법은 공포한 날부터 시행한다. 다만, 제4편제2장(제778조 내지 제789조, 제791조 및 제793조 내지 제796조), 제826조제3항 및 제4항, 제908조의2 내지 제908조의8, 제963조, 제966조, 제968조, 제4편제8장(제980조 내지 제982조, 제984조 내지 제987조, 제989조 및 제991조 내지 제995조)의 개정규정과 부칙 제7조(제2항 및 제29항을 제외한다)의 규정은 2008년 1월 1일부터 시행한다.

**제2조【이 법의 효력의 불소급】** 이 법은 종전의 규정에 의하여 생긴 효력에 영향을 미치지 아니한다.

**제3조【친생부인의 소에 관한 경과조치】** ① 제847조제1항의 개정규정에 의한 기간이 이 법 시행일부터 30일 이내에 만료되는 경우에는 이 법 시행일부터 30일 이내에 친생부인의 소를 제기할 수 있다.

② 제847조제1항의 개정규정이 정한 기간을 계산함에 있어서는 1997년 3월 27일부터 이 법 시행일 전일까지의 기간은 이를 산입하지 아니한다.

**제4조【혼인의 무효·취소에 관한 경과조치】** 이 법 시행 전의 혼인에 종전의 규정에 의하여 혼인의 무효 또는 취소의 원인이 되는 사유가 있는 경우에도 이 법의 규정에 의하여 혼인의 무효 또는 취소의 원인이 되지 아니하는 경우에는 이 법 시행 후에는 혼인의 무효를 주장하거나 취소를 청구하지 못한다.

**제5조【친양자에 관한 경과조치】** 종전의 규정에 의하여 입양된 자를 친양자로 하려는 자는 제908조의2제1항제1호 내지 제4호의 요건을 갖춘 경우에는 가정법원에 친양자 입양을 청구할 수 있다.

**제6조【기간에 관한 경과조치】** 이 법에 의하여 기간이 변경된 경우에 이 법 시행당시 종전의 규정에 의한 기간이 경과되지 아니한 때에는 이 법의 개정규정과 종전의 규정 중 그 기간이 장기인 규정을 적용한다.

**제7조【다른 법률의 개정】** ①~㉙ ※(해당 법령에 가제정리 하였음)

부 칙 (2005.3.31 법7428호)

**제1조【시행일】** 이 법은 공포 후 1년이 경과한 날부터 시행한다.(이하 생략)

부 칙 (2005.12.29)

① **【시행일】** 이 법은 공포한 날부터 시행한다.

② **【한정승인에 관한 경과조치】** 이 법의 한정승인에 관한 특례대상에 해당하는 자가 이 법 시행 전에 한정승인 신고를 하여 법원에 계속 중이거나 수리된 경우 그 신고 또는 법원의 수리결정은 효력이 있다.

부 칙 (2007.5.17)

**제1조【시행일】** 이 법은 2008년 1월 1일부터 시행한다.(이하 생략)

부 칙 (2007.12.21)

**제1조【시행일】** 이 법은 공포한 날부터 시행한다. 다만, 제97조 및 제161조의 개정규정은 공포 후 3개월이 경과한 날부터 시행하고, 제836조의2, 제837조제2항부터 제6항까지 및 제909조제4항의 개정규정은 공포 후 6개월이 경과한 날부터 시행한다.

**제2조【효력의 불소급】** 이 법은 종전의 규정에 따라 생긴 효력에 영향을 미치지 아니한다.

**제3조【경과조치】** ① 이 법 시행 당시 법원에 계속 중인 사건에 관하여는 이 법(제837조의 개정규정을 제외한다)을 적용하지 아니한다.

② 이 법 시행 전의 행위에 대한 과태료의 적용에 있어서는 종전의 규정에 따른다.
③ 이 법 시행 당시 만 16세가 된 여자는 제801조 및 제807조의 개정규정에도 불구하고 약혼 또는 혼인할 수 있다.

부 칙 (2009.5.8)

① **【시행일】** 이 법은 공포 후 3개월이 경과한 날부터 시행한다.
② **【양육비부담조서 작성의 적용례】** 제836조의2제5항의 개정규정은 이 법 시행 당시 계속 중인 협의이혼사건에도 적용한다.

부 칙 (2011.3.7)

**제1조 【시행일】** 이 법은 2013년 7월 1일부터 시행한다.
**제2조 【금치산자 등에 관한 경과조치】** ① 이 법 시행 당시 이미 금치산 또는 한정치산의 선고를 받은 사람에 대하여는 종전의 규정을 적용한다.
② 제1항의 금치산자 또는 한정치산자에 대하여 이 법에 따라 성년후견, 한정후견, 특정후견이 개시되거나 임의후견감독인이 선임된 경우 또는 이 법 시행일부터 5년이 경과한 때에는 그 금치산 또는 한정치산의 선고는 장래를 향하여 그 효력을 잃는다.
**제3조 【다른 법령과의 관계】** 이 법 시행 당시 다른 법령에서 "금치산" 또는 "한정치산"을 인용한 경우에는 성년후견 또는 한정후견을 받는 사람에 대하여 부칙 제2조제2항에 따른 5년의 기간에 한정하여 "성년후견" 또는 "한정후견"을 인용한 것으로 본다.

부 칙 (2011.5.19)

이 법은 2013년 7월 1일부터 시행한다.

부 칙 (2012.2.10)

**제1조 【시행일】** 이 법은 2013년 7월 1일부터 시행한다. 다만, 제818조, 제828조, 제843조 및 제925조의 개정규정은 공포한 날부터 시행한다.
**제2조 【이 법의 효력의 불소급】** 이 법은 종전의 규정에 따라 생긴 효력에 영향을 미치지 아니한다.
**제3조 【종전의 규정에 따른 입양 및 파양에 관한 경과조치】** 이 법 시행 전에 제878조 또는 제904조에 따라 입양 또는 파양의 신고가 접수된 입양 또는 파양에 관하여는 종전의 규정에 따른다.
**제4조 【재판상 파양 원인에 관한 경과조치】** 제905조의 개정규정에도 불구하고 이 법 시행 전에 종전의 규정에 따라 가정법원에 파양을 청구한 경우에 재판상 파양 원인에 관하여는 종전의 규정에 따른다.
**제5조 【친양자 입양의 요건에 관한 경과조치】** 제908조의2제1항 및 제2항의 개정규정에도 불구하고 이 법 시행 전에 종전의 규정에 따라 가정법원에 친양자 입양을 청구한 경우에 친양자 입양의 요건에 관하여는 종전의 규정에 따른다.

부 칙 (2013.4.5)

이 법은 2013년 7월 1일부터 시행한다.

부 칙 (2014.10.15)

**제1조 【시행일】** 이 법은 공포 후 1년이 경과한 날부터 시행한다.
**제2조 【친권 상실의 선고 및 친권의 상실 선고 등의 판단 기준에 관한 경과조치】** 이 법 시행 당시 가정법원에 진행 중인 친권의 상실 선고 청구 사건에 대해서는 제924조 및 제925조의2의 개정규정에도 불구하고 종전의 규정에 따른다.

부 칙 (2014.12.30)

이 법은 공포한 날부터 시행한다.

부 칙 (2015.2.3 법13124호)

**제1조【시행일】** 이 법은 2015년 7월 1일부터 시행한다.(이하 생략)

부 칙 (2015.2.3 법13125호)

**제1조【시행일】** 이 법은 공포 후 1년이 경과한 날부터 시행한다.
**제2조【효력의 불소급】** 이 법은 종전의 규정에 따라 생긴 효력에 영향을 미치지 아니한다.
**제3조【보증의 방식 등에 관한 적용례】** 제428조의2, 제428조의3 및 제436조의2의 개정규정은 이 법 시행 후 체결하거나 기간을 갱신하는 보증계약부터 적용한다.
**제4조【여행계약의 효력·해제 등에 관한 적용례】** 제3편제2장제9절의2(제674조의2부터 제674조의9까지)의 개정규정은 이 법 시행 후 체결하는 여행계약부터 적용한다.
**제5조【다른 법률의 개정】** ※(해당 법령에 가제정리 하였음)
**제6조【「보증인 보호를 위한 특별법」의 개정에 따른 경과조치】** 부칙 제5조에 따라 개정되는 「보증인 보호를 위한 특별법」의 개정규정에도 불구하고 이 법 시행 전에 체결되거나 기간이 갱신된 「보증인 보호를 위한 특별법」의 적용 대상인 보증계약에 대해서는 종전의 「보증인 보호를 위한 특별법」 제3조에 따른다.

부 칙 (2016.1.6)

이 법은 공포한 날부터 시행한다.

부 칙 (2016.12.2)

**제1조【시행일】** 이 법은 공포 후 6개월이 경과한 날부터 시행한다.
**제2조【다른 법률의 개정】** ※(해당 법령에 가제정리 하였음)

부 칙 (2016.12.20)

**제1조【시행일】** 이 법은 공포한 날부터 시행한다.
**제2조【적용례】** 제937조제9호의 개정규정은 이 법 시행 당시 법원에 계속 중인 사건에도 적용한다.

부 칙 (2017.10.31)

**제1조【시행일】** 이 법은 공포 후 3개월이 경과한 날부터 시행한다.
**제2조【남편의 친생자의 추정에 관한 적용례】** 제854조의2 및 제855조의2의 개정규정은 이 법 시행 전에 발생한 부모와 자녀의 관계에 대해서도 적용한다. 다만, 이 법 시행 전에 판결에 따라 생긴 효력에는 영향을 미치지 아니한다.

부 칙 (2020.10.20)

**제1조【시행일】** 이 법은 공포한 날부터 시행한다.
**제2조【성적 침해를 당한 미성년자의 손해배상청구권의 소멸시효에 관한 적용례】** 제766조제3항의 개정규정은 이 법 시행 전에 행하여진 성적 침해로 발생하여 이 법 시행 당시 소멸시효가 완성되지 아니한 손해배상청구권에도 적용한다.

부 칙 (2021.1.26)

**제1조【시행일】** 이 법은 공포한 날부터 시행한다.

**제2조【감화 또는 교정기관 위탁에 관한 경과조치】** 이 법 시행 전에 법원의 허가를 받아 이 법 시행 당시 감화 또는 교정기관에 위탁 중인 경우와 이 법 시행 전에 감화 또는 교정기관 위탁에 대한 허가를 신청하여 이 법 시행 당시 법원에 사건이 계속 중인 경우에는 제915조 및 제945조의 개정규정에도 불구하고 종전의 규정에 따른다.

**제3조【다른 법률의 개정】** ※(해당 법령에 가제정리 하였음)

**제4조【「가사소송법」의 개정에 관한 경과조치】** 이 법 시행 전에 법원에 감화 또는 교정기관 위탁에 대한 허가를 신청하여 이 법 시행 당시 법원에 계속 중인 사건에 관하여는 부칙 제3조에 따라 개정되는 「가사소송법」 제2조제1항제2호가목14)의 개정규정에도 불구하고 종전의 규정에 따른다.

부 칙 (2022.12.13)

**제1조【시행일】** 이 법은 공포한 날부터 시행한다.

**제2조【미성년자인 상속인의 한정승인에 관한 적용례 및 특례】** ① 제1019조제4항의 개정규정은 이 법 시행 이후 상속이 개시된 경우부터 적용한다.

② 제1항에도 불구하고 이 법 시행 전에 상속이 개시된 경우로서 다음 각 호의 어느 하나에 해당하는 경우에는 제1019조제4항의 개정규정에 따른 한정승인을 할 수 있다.

1. 미성년자인 상속인으로서 이 법 시행 당시 미성년자인 경우
2. 미성년자인 상속인으로서 이 법 시행 당시 성년자이나 성년이 되기 전에 제1019조제1항에 따른 단순승인(제1026조제1호 및 제2호에 따라 단순승인을 한 것으로 보는 경우를 포함한다)을 하고, 이 법 시행 이후에 상속채무가 상속재산을 초과하는 사실을 알게 된 경우에는 그 사실을 안 날부터 3개월 내

부 칙 (2022.12.27)

이 법은 공포 후 6개월이 경과한 날부터 시행한다.

부 칙 (2023.5.16)

**제1조【시행일】** 이 법은 공포 후 1년이 경과한 날부터 시행한다.(이하 생략)

부 칙 (2024.9.20)

**제1조【시행일】** 이 법은 2025년 1월 31일부터 시행한다. 다만, 제1004조의2의 개정규정 및 부칙 제4조는 2026년 1월 1일부터 시행한다.

**제2조【상속권 상실 선고에 관한 적용례】** 제1004조의2의 개정규정은 2024년 4월 25일 이후 상속이 개시되는 경우로서 같은 개정규정 시행 전에 같은 조 제1항 또는 제3항 각 호에 해당하는 행위가 있었던 경우에 대해서도 적용한다.

**제3조【상속권 상실 선고에 관한 특례】** 2024년 4월 25일 이후 제1004조의2의 개정규정의 시행일인 2026년 1월 1일 전에 상속이 개시된 경우로서 제1004조의2제3항 각 호의 사유가 있는 사람이 상속인이 되었음을 같은 개정규정 시행 전에 안 공동상속인은 같은 조 제3항 각 호 외의 부분에도 불구하고 같은 개정규정 시행일부터 6개월 이내에 상속권 상실 청구를 할 수 있다. 같은 조 제4항에 따라 상속인이 될 사람 또한 같다.

**제4조【다른 법률의 개정】** ※(해당 법령에 가제정리 하였음)

# 민사소송법편

# 민사소송법

(2002년 1월 26일
전개법률 제6626호)

개정
2005. 3.31법 7427호(민법)
2005. 3.31법 7428호(채무자회생파산)
2006. 2.21법 7849호(제주자치법)
2007. 5.17법 8438호 2007. 7.13법 8499호
2008.12.26법 9171호 2010. 7.23법10373호
2011. 5.19법10629호(지식재산기본법)
2011. 7.18법10859호 2014. 5.20법12587호
2014.12.30법12882호 2015.12. 1법13521호
2020.12. 8법17568호 2016. 2. 3법13952호
2016. 3.29법14103호 2017.10.31법14966호
2020.12.22법17689호(국가자치경찰)
2021. 8.17법18396호 2023. 4.18법19354호
2023. 7.11법19516호 2024. 1.16법20003호



## 제1편 총 칙

**제1조【민사소송의 이상과 신의성실의 원칙】** ① 법원은 소송절차가 공정하고 신속하며 경제적으로 진행되도록 노력하여야 한다.
② 당사자와 소송관계인은 신의에 따라 성실하게 소송을 수행하여야 한다.

## 제1장 법 원

### 제1절 관 할

**제2조【보통재판적】** 소(訴)는 피고의 보통재판적(普通裁判籍)이 있는 곳의 법원이 관할한다.

**제3조【사람의 보통재판적】** 사람의 보통재판적은 그의 주소에 따라 정한다. 다만, 대한민국에 주소가 없거나 주소를 알 수 없는 경우에는 거소에 따라 정하고, 거소가 일정하지 아니하거나 거소도 알 수 없으면 마지막 주소에 따라 정한다.

**제4조【대사 · 공사 등의 보통재판적】** 대사(大使) · 공사(公使), 그 밖에 외국의 재판권 행사대상에서 제외되는 대한민국 국민이 제3조의 규정에 따른 보통재판적이 없는 경우에는 이들의 보통재판적은 대법원이 있는 곳으로 한다.

**제5조【법인 등의 보통재판적】** ① 법인, 그 밖의 사단 또는 재단의 보통재판적은 이들의 주된 사무소 또는 영업소가 있는 곳에 따라 정하고, 사무소와 영업소가 없는 경우에는 주된 업무담당자의 주소에 따라 정한다.

② 제1항의 규정을 외국법인, 그 밖의 사단 또는 재단에 적용하는 경우 보통재판적은 대한민국에 있는 이들의 사무소·영업소 또는 업무담당자의 주소에 따라 정한다.

**제6조【국가의 보통재판적】** 국가의 보통재판적은 그 소송에서 국가를 대표하는 관청 또는 대법원이 있는 곳으로 한다.

**제7조【근무지의 특별재판적】** 사무소 또는 영업소에 계속하여 근무하는 사람에 대하여 소를 제기하는 경우에는 그 사무소 또는 영업소가 있는 곳을 관할하는 법원에 제기할 수 있다.

**제8조【거소지 또는 의무이행지의 특별재판적】** 재산권에 관한 소를 제기하는 경우에는 거소지 또는 의무이행지의 법원에 제기할 수 있다.

**제9조【어음·수표 지급지의 특별재판적】** 어음·수표에 관한 소를 제기하는 경우에는 지급지의 법원에 제기할 수 있다.

**제10조【선원·군인·군무원에 대한 특별재판적】** ① 선원에 대하여 재산권에 관한 소를 제기하는 경우에는 선적(船籍)이 있는 곳의 법원에 제기할 수 있다.

② 군인·군무원에 대하여 재산권에 관한 소를 제기하는 경우에는 군사용 청사가 있는 곳 또는 군용 선박의 선적이 있는 곳의 법원에 제기할 수 있다.

**제11조【재산이 있는 곳의 특별재판적】** 대한민국에 주소가 없는 사람 또는 주소를 알 수 없는 사람에 대하여 재산권에 관한 소를 제기하는 경우에는 청구의 목적 또는 담보의 목적이나 압류할 수 있는 피고의 재산이 있는 곳의 법원에 제기할 수 있다.

**제12조【사무소·영업소가 있는 곳의 특별재판적】** 사무소 또는 영업소가 있는 사람에 대하여 그 사무소 또는 영업소의 업무와 관련이 있는 소를 제기하는 경우에는 그 사무소 또는 영업소가 있는 곳의 법원에 제기할 수 있다.

**제13조【선적이 있는 곳의 특별재판적】** 선박 또는 항해에 관한 일로 선박소유자, 그 밖의 선박이용자에 대하여 소를 제기하는 경우에는 선적이 있는 곳의 법원에 제기할 수 있다.

**제14조【선박이 있는 곳의 특별재판적】** 선박채권(船舶債權), 그 밖에 선박을 담보로 한 채권에 관한 소를 제기하는 경우에는 선박이 있는 곳의 법원에 제기할 수 있다.

**제15조【사원 등에 대한 특별재판적】** ① 회사, 그 밖의 사단이 사원에 대하여 소를 제기하거나 사원이 다른 사원에 대하여 소를 제기하는 경우에는 그 소가 사원의 자격으로 말미암은 것이면 회사, 그 밖의 사단의 보통재판적이 있는 곳의 법원에 소를 제기할 수 있다.

② 사단 또는 재단이 그 임원에 대하여 소를 제기하거나 회사가 그 발기인 또는 검사인에 대하여 소를 제기하는 경우에는 제1항의 규정을 준용한다.

**제16조【사원 등에 대한 특별재판적】** 회사, 그 밖의 사단의 채권자가 그 사원에 대하여 소를 제기하는 경우에는 그 소가 사원의 자격으로 말미암은 것이면 제15조에 규정된 법원에 제기할 수 있다.

**제17조【사원 등에 대한 특별재판적】** 회사, 그 밖의 사단, 재단, 사원 또는 사단의 채권자가 그 사원·임원·발기인 또는 검사인이었던 사람에 대하여 소를 제기하는 경우와 사원이었던 사람이 그 사원에 대하여 소를 제기하는 경우에는 제15조 및 제16조의 규정을 준용한다.

**제18조【불법행위지의 특별재판적】** ① 불법행위에 관한 소를 제기하는 경우에는 행위지의 법원에 제기할 수 있다.
② 선박 또는 항공기의 충돌이나 그 밖의 사고로 말미암은 손해배상에 관한 소를 제기하는 경우에는 사고선박 또는 항공기가 맨 처음 도착한 곳의 법원에 제기할 수 있다.

**제19조【해난구조에 관한 특별재판적】** 해난구조(海難救助)에 관한 소를 제기하는 경우에는 구제된 곳 또는 구제된 선박이 맨 처음 도착한 곳의 법원에 제기할 수 있다.

**제20조【부동산이 있는 곳의 특별재판적】** 부동산에 관한 소를 제기하는 경우에는 부동산이 있는 곳의 법원에 제기할 수 있다.

**제21조【등기·등록에 관한 특별재판적】** 등기·등록에 관한 소를 제기하는 경우에는 등기 또는 등록할 공공기관이 있는 곳의 법원에 제기할 수 있다.

**제22조【상속·유증 등의 특별재판적】** 상속(相續)에 관한 소 또는 유증(遺贈), 그 밖에 사망으로 효력이 생기는 행위에 관한 소를 제기하는 경우에는 상속이 시작된 당시 피상속인의 보통재판적이 있는 곳의 법원에 제기할 수 있다.

**제23조【상속·유증 등의 특별재판적】** 상속채권, 그 밖의 상속재산에 대한 부담에 관한 것으로 제22조의 규정에 해당되지 아니하는 소를 제기하는 경우에는 상속재산의 전부 또는 일부가 제22조의 법원관할구역안에 있으면 그 법원에 제기할 수 있다.

**제24조【지식재산권 등에 관한 특별재판적】** ① 특허권, 실용신안권, 디자인권, 상표권, 품종보호권(이하 "특허권등"이라 한다)을 제외한 지식재산권과 국제거래에 관한 소를 제기하는 경우에는 제2조 내지 제23조의 규정에 따른 관할법원 소재지를 관할하는 고등법원이 있는 곳의 지방법원에 제기할 수 있다. 다만, 서울고등법원이 있는 곳의 지방법원은 서울중앙지방법원으로 한정한다.(2015.12.1 본항개정)
② 특허권등의 지식재산권에 관한 소를 제기하는 경우에는 제2조부터 제23조까지의 규정에 따른 관할법원 소재지를 관할하는 고등법원이 있는 곳의 지방법원의 전속관할로 한다. 다만, 서울고등법원이 있는 곳의 지방법원은 서울중앙지방법원으로 한정한다.
(2015.12.1 본항신설)
③ 제2항에도 불구하고 당사자는 서울중앙지방법원에 특허권등의 지식재산권에 관한 소를 제기할 수 있다.
(2015.12.1 본항신설)

**제25조【관련재판적】** ① 하나의 소로 여러 개의 청구를 하는 경우에는 제2조 내지 제24조의 규정에 따라 그 여러 개 가운데 하나의 청구에 대한 관할권이 있는 법원에 소를 제기할 수 있다.
② 소송목적이 되는 권리나 의무가 여러 사람에게 공통되거나 사실상 또는 법률상 같은 원인으로 말미암아 그 여러 사람이 공동소송인(共同訴訟人)으로서 당사자가 되는 경우에는 제1항의 규정을 준용한다.

**제26조【소송목적의 값의 산정】** ① 법원조직법에서 소송목적의 값에 따라 관할을 정하는 경우 그 값은 소로 주장하는 이익을 기준으로 계산하여 정한다.
② 제1항의 값을 계산할 수 없는 경우 그 값은 민사소송등인지법의 규정에 따른다.

**제27조【청구를 병합한 경우의 소송목적의 값】** ① 하나의 소로 여러 개의 청구를 하는 경우에는 그 여러 청구의 값을 모두 합하여 소송목적의 값을 정한다.
② 과실(果實)·손해배상·위약금(違約金) 또는 비용의 청구가 소송의 부대목

적(附帶目的)이 되는 경우에는 그 값은 소송목적의 값에 넣지 아니한다.

**제28조 【관할의 지정】** ① 다음 각호 가운데 어느 하나에 해당하면 관계된 법원과 공통되는 바로 위의 상급법원이 그 관계된 법원 또는 당사자의 신청에 따라 결정으로 관할 법원을 정한다.

1. 관할 법원이 재판권을 법률상 또는 사실상 행사할 수 없는 때
2. 법원의 관할 구역이 분명하지 아니한 때

② 제1항의 결정에 대하여는 불복할 수 없다.

**제29조 【합의관할】** ① 당사자는 합의로 제1심 관할 법원을 정할 수 있다.

② 제1항의 합의는 일정한 법률관계로 말미암은 소에 관하여 서면으로 하여야 한다.

**제30조 【변론관할】** 피고가 제1심 법원에서 관할위반이라고 항변(抗辯)하지 아니하고 본안(本案)에 대하여 변론(辯論)하거나 변론준비기일(辯論準備期日)에서 진술하면 그 법원은 관할권을 가진다.

**제31조 【전속관할에 따른 제외】** 전속관할(專屬管轄)이 정하여진 소에는 제2조, 제7조 내지 제25조, 제29조 및 제30조의 규정을 적용하지 아니한다.

**제32조 【관할에 관한 직권조사】** 법원은 관할에 관한 사항을 직권으로 조사할 수 있다.

**제33조 【관할의 표준이 되는 시기】** 법원의 관할은 소를 제기한 때를 표준으로 정한다.

**제34조 【관할위반 또는 재량에 따른 이송】** ① 법원은 소송의 전부 또는 일부에 대하여 관할권이 없다고 인정하는 경우에는 결정으로 이를 관할법원에 이송한다.

② 지방법원 단독판사는 소송에 대하여 관할권이 있는 경우라도 상당하다고 인정하면 직권 또는 당사자의 신청에 따른 결정으로 소송의 전부 또는 일부를 같은 지방법원 합의부에 이송할 수 있다.

③ 지방법원 합의부는 소송에 대하여 관할권이 없는 경우라도 상당하다고 인정하면 직권으로 또는 당사자의 신청에 따라 소송의 전부 또는 일부를 스스로 심리·재판할 수 있다.

④ 전속관할이 정하여진 소에 대하여는 제2항 및 제3항의 규정을 적용하지 아니한다.

**제35조 【손해나 지연을 피하기 위한 이송】** 법원은 소송에 대하여 관할권이 있는 경우라도 현저한 손해 또는 지연을 피하기 위하여 필요하면 직권 또는 당사자의 신청에 따른 결정으로 소송의 전부 또는 일부를 다른 관할법원에 이송할 수 있다. 다만, 전속관할이 정하여진 소의 경우에는 그러하지 아니하다.

**제36조 【지식재산권 등에 관한 소송의 이송】** ① 법원은 특허권등을 제외한 지식재산권과 국제거래에 관한 소가 제기된 경우 직권 또는 당사자의 신청에 따른 결정으로 그 소송의 전부 또는 일부를 제24조제1항에 따른 관할법원에 이송할 수 있다. 다만, 이로 인하여 소송절차를 현저하게 지연시키는 경우에는 그러하지 아니하다.

② 제1항은 전속관할이 정하여져 있는 소의 경우에는 적용하지 아니한다.

③ 제24조제2항 또는 제3항에 따라 특허권등의 지식재산권에 관한 소를 관할하는 법원은 현저한 손해 또는 지연을 피하기 위하여 필요한 때에는 직권 또는 당사자의 신청에 따른 결정으로 소송의 전부 또는 일부를 제2조부터 제23조까지의 규정에 따른 지방법원으로 이송할 수 있다.(2015.12.1 본항신설)

(2015.12.1 본조개정)

**제37조【이송결정이 확정된 뒤의 긴급처분】** 법원은 소송의 이송결정이 확정된 뒤라도 급박한 사정이 있는 때에는 직권으로 또는 당사자의 신청에 따라 필요한 처분을 할 수 있다. 다만, 기록을 보낸 뒤에는 그러하지 아니하다.

**제38조【이송결정의 효력】** ① 소송을 이송받은 법원은 이송결정에 따라야 한다.
② 소송을 이송받은 법원은 사건을 다시 다른 법원에 이송하지 못한다.

**제39조【즉시항고】** 이송결정과 이송신청의 기각결정(棄却決定)에 대하여는 즉시항고(卽時抗告)를 할 수 있다.

**제40조【이송의 효과】** ① 이송결정이 확정된 때에는 소송은 처음부터 이송받은 법원에 계속(係屬)된 것으로 본다.
② 제1항의 경우에는 이송결정을 한 법원의 법원서기관·법원사무관·법원주사 또는 법원주사보(이하 "법원사무관등"이라 한다)는 그 결정의 정본(正本)을 소송기록에 붙여 이송받을 법원에 보내야 한다.

## 제2절 법관 등의 제척·기피·회피

**제41조【제척의 이유】** 법관은 다음 각호 가운데 어느 하나에 해당하면 직무집행에서 제척(除斥)된다.
1. 법관 또는 그 배우자나 배우자이었던 사람이 사건의 당사자가 되거나, 사건의 당사자와 공동권리자·공동의무자 또는 상환의무자의 관계에 있는 때
2. 법관이 당사자와 친족의 관계에 있거나 그러한 관계에 있었을 때
(2005.3.31 본호개정)
3. 법관이 사건에 관하여 증언이나 감정(鑑定)을 하였을 때
4. 법관이 사건당사자의 대리인이었거나 대리인이 된 때
5. 법관이 불복사건의 이전심급의 재판에 관여하였을 때. 다만, 다른 법원의 촉탁에 따라 그 직무를 수행한 경우에는 그러하지 아니하다.

**제42조【제척의 재판】** 법원은 제척의 이유가 있는 때에는 직권으로 또는 당사자의 신청에 따라 제척의 재판을 한다.

**제43조【당사자의 기피권】** ① 당사자는 법관에게 공정한 재판을 기대하기 어려운 사정이 있는 때에는 기피신청을 할 수 있다.
② 당사자가 법관을 기피할 이유가 있다는 것을 알면서도 본안에 관하여 변론하거나 변론준비기일에서 진술을 한 경우에는 기피신청을 하지 못한다.

**제44조【제척과 기피신청의 방식】** ① 합의부의 법관에 대한 제척 또는 기피는 그 합의부에, 수명법관(受命法官)·수탁판사(受託判事) 또는 단독판사에 대한 제척 또는 기피는 그 법관에게 이유를 밝혀 신청하여야 한다.
② 제척 또는 기피하는 이유와 소명방법은 신청한 날부터 3일 이내에 서면으로 제출하여야 한다.

**제45조【제척 또는 기피신청의 각하 등】** ① 제척 또는 기피신청이 제44조의 규정에 어긋나거나 소송의 지연을 목적으로 하는 것이 분명한 경우에는 신청을 받은 법원 또는 법관은 결정으로 이를 각하(却下)한다.
② 제척 또는 기피를 당한 법관은 제1항의 경우를 제외하고는 바로 제척 또는 기피신청에 대한 의견서를 제출하여야 한다.

**제46조【제척 또는 기피신청에 대한 재판】** ① 제척 또는 기피신청에 대한 재판은 그 신청을 받은 법관의 소속 법원 합의부에서 결정으로 하여야 한다.

② 제척 또는 기피신청을 받은 법관은 제1항의 재판에 관여하지 못한다. 다만, 의견을 진술할 수 있다.
③ 제척 또는 기피신청을 받은 법관의 소속 법원이 합의부를 구성하지 못하는 경우에는 바로 위의 상급법원이 결정하여야 한다.

**제47조【불복신청】** ① 제척 또는 기피신청에 정당한 이유가 있다는 결정에 대하여는 불복할 수 없다.
② 제45조제1항의 각하결정(却下決定) 또는 제척이나 기피신청이 이유 없다는 결정에 대하여는 즉시항고를 할 수 있다.
③ 제45조제1항의 각하결정에 대한 즉시항고는 집행정지의 효력을 가지지 아니한다.

**제48조【소송절차의 정지】** 법원은 제척 또는 기피신청이 있는 경우에는 그 재판이 확정될 때까지 소송절차를 정지하여야 한다. 다만, 제척 또는 기피신청이 각하된 경우 또는 종국판결(終局判決)을 선고하거나 긴급을 요하는 행위를 하는 경우에는 그러하지 아니하다.

**제49조【법관의 회피】** 법관은 제41조 또는 제43조의 사유가 있는 경우에는 감독권이 있는 법원의 허가를 받아 회피(回避)할 수 있다.

**제50조【법원사무관등에 대한 제척·기피·회피】** ① 법원사무관등에 대하여는 이 절의 규정을 준용한다.
② 제1항의 법원사무관등에 대한 제척 또는 기피의 재판은 그가 속한 법원이 결정으로 하여야 한다.

## 제2장 당사자

### 제1절 당사자능력과 소송능력

**제51조【당사자능력·소송능력 등에 대한 원칙】** 당사자능력(當事者能力), 소송능력(訴訟能力), 소송무능력자(訴訟無能力者)의 법정대리와 소송행위에 필요한 권한의 수여는 이 법에 특별한 규정이 없으면 민법, 그 밖의 법률에 따른다.

**제52조【법인이 아닌 사단 등의 당사자능력】** 법인이 아닌 사단이나 재단은 대표자 또는 관리인이 있는 경우에는 그 사단이나 재단의 이름으로 당사자가 될 수 있다.

**제53조【선정당사자】** ① 공동의 이해관계를 가진 여러 사람이 제52조의 규정에 해당되지 아니하는 경우에는, 이들은 그 가운데에서 모두를 위하여 당사자가 될 한 사람 또는 여러 사람을 선정하거나 이를 바꿀 수 있다.
② 소송이 법원에 계속된 뒤 제1항의 규정에 따라 당사자를 바꾼 때에는 그 전의 당사자는 당연히 소송에서 탈퇴한 것으로 본다.

**제54조【선정당사자 일부의 자격상실】** 제53조의 규정에 따라 선정된 여러 당사자 가운데 죽거나 그 자격을 잃은 사람이 있는 경우에는 다른 당사자가 모두를 위하여 소송행위를 한다.

**제55조【제한능력자의 소송능력】** ① 미성년자 또는 피성년후견인은 법정대리인에 의해서만 소송행위를 할 수 있다. 다만, 다음 각 호의 경우에는 그러하지 아니하다.
1. 미성년자가 독립하여 법률행위를 할 수 있는 경우
2. 피성년후견인이 「민법」 제10조제2항에 따라 취소할 수 없는 법률행위를 할 수 있는 경우

② 피한정후견인은 한정후견인의 동의가 필요한 행위에 관하여는 대리권 있는 한정후견인에 의해서만 소송행위를 할 수 있다.
(2016.2.3 본조개정)

**제56조【법정대리인의 소송행위에 관한 특별규정】** ① 미성년후견인, 대리권 있는 성년후견인 또는 대리권 있는

한정후견인이 상대방의 소 또는 상소 제기에 관하여 소송행위를 하는 경우에는 그 후견감독인으로부터 특별한 권한을 받을 필요가 없다.
② 제1항의 법정대리인이 소의 취하, 화해, 청구의 포기·인낙(認諾) 또는 제80조에 따른 탈퇴를 하기 위해서는 후견감독인으로부터 특별한 권한을 받아야 한다. 다만, 후견감독인이 없는 경우에는 가정법원으로부터 특별한 권한을 받아야 한다.
(2016.2.3 본조개정)

**제57조【외국인의 소송능력에 대한 특별규정】** 외국인은 그의 본국법에 따르면 소송능력이 없는 경우라도 대한민국의 법률에 따라 소송능력이 있는 경우에는 소송능력이 있는 것으로 본다.

**제58조【법정대리권 등의 증명】** ① 법정대리권이 있는 사실 또는 소송행위를 위한 권한을 받은 사실은 서면으로 증명하여야 한다. 제53조의 규정에 따라서 당사자를 선정하고 바꾸는 경우에도 또한 같다.
② 제1항의 서면은 소송기록에 붙여야 한다.

**제59조【소송능력 등의 흠에 대한 조치】** 소송능력·법정대리권 또는 소송행위에 필요한 권한의 수여에 흠이 있는 경우에는 법원은 기간을 정하여 이를 보정(補正)하도록 명하여야 하며, 만일 보정하는 것이 지연됨으로써 손해가 생길 염려가 있는 경우에는 법원은 보정하기 전의 당사자 또는 법정대리인으로 하여금 일시적으로 소송행위를 하게 할 수 있다.

**제60조【소송능력 등의 흠과 추인】** 소송능력, 법정대리권 또는 소송행위에 필요한 권한의 수여에 흠이 있는 사람이 소송행위를 한 뒤에 보정된 당사자나 법정대리인이 이를 추인(追認)한 경우에는, 그 소송행위는 이를 한 때에 소급하여 효력이 생긴다.

**제61조【선정당사자에 대한 준용】** 제53조의 규정에 따른 당사자가 소송행위를 하는 경우에는 제59조 및 제60조의 규정을 준용한다.

**제62조【제한능력자를 위한 특별대리인】** ① 미성년자·피한정후견인 또는 피성년후견인이 당사자인 경우, 그 친족, 이해관계인(미성년자·피한정후견인 또는 피성년후견인을 상대로 소송행위를 하려는 사람을 포함한다), 대리권 없는 성년후견인, 대리권 없는 한정후견인, 지방자치단체의 장 또는 검사는 다음 각 호의 경우에 소송절차가 지연됨으로써 손해를 볼 염려가 있다는 것을 소명하여 수소법원(受訴法院)에 특별대리인을 선임하여 주도록 신청할 수 있다.
1. 법정대리인이 없거나 법정대리인에게 소송에 관한 대리권이 없는 경우
2. 법정대리인이 사실상 또는 법률상 장애로 대리권을 행사할 수 없는 경우
3. 법정대리인의 불성실하거나 미숙한 대리권 행사로 소송절차의 진행이 현저하게 방해받는 경우
② 법원은 소송계속 후 필요하다고 인정하는 경우 직권으로 특별대리인을 선임·개임하거나 해임할 수 있다.
③ 특별대리인은 대리권 있는 후견인과 같은 권한이 있다. 특별대리인의 대리권의 범위에서 법정대리인의 권한은 정지된다.
④ 특별대리인의 선임·개임 또는 해임은 법원의 결정으로 하며, 그 결정은 특별대리인에게 송달하여야 한다.
⑤ 특별대리인의 보수, 선임 비용 및 소송행위에 관한 비용은 소송비용에 포함된다.
(2016.2.3 본조개정)

**제62조의2【의사무능력자를 위한 특별대리인의 선임 등】** ① 의사능력이 없는 사람을 상대로 소송행위를 하려고 하거나 의사능력이 없는 사람이 소송행위를 하는 데 필요한 경우 특별대

리인의 선임 등에 관하여는 제62조를 준용한다. 다만, 특정후견인 또는 임의후견인도 특별대리인의 선임을 신청할 수 있다.
② 제1항의 특별대리인이 소의 취하, 화해, 청구의 포기·인낙 또는 제80조에 따른 탈퇴를 하는 경우 법원은 그 행위가 본인의 이익을 명백히 침해한다고 인정할 때에는 그 행위가 있는 날부터 14일 이내에 결정으로 이를 허가하지 아니할 수 있다. 이 결정에 대해서는 불복할 수 없다.
(2016.2.3 본조신설)

**제63조【법정대리권의 소멸통지】** ① 소송절차가 진행되는 중에 법정대리권이 소멸한 경우에는 본인 또는 대리인이 상대방에게 소멸된 사실을 통지하지 아니하면 소멸의 효력을 주장하지 못한다. 다만, 법원에 법정대리권의 소멸사실이 알려진 뒤에는 그 법정대리인은 제56조제2항의 소송행위를 하지 못한다.
② 제53조의 규정에 따라 당사자를 바꾸는 경우에는 제1항의 규정을 준용한다.

**제64조【법인 등 단체의 대표자의 지위】** 법인의 대표자 또는 제52조의 대표자 또는 관리인에게는 이 법 가운데 법정대리와 법정대리인에 관한 규정을 준용한다.

## 제2절 공동소송

**제65조【공동소송의 요건】** 소송목적이 되는 권리나 의무가 여러 사람에게 공통되거나 사실상 또는 법률상 같은 원인으로 말미암아 생긴 경우에는 그 여러 사람이 공동소송인으로서 당사자가 될 수 있다. 소송목적이 되는 권리나 의무가 같은 종류의 것이고, 사실상 또는 법률상 같은 종류의 원인으로 말미암은 것인 경우에도 또한 같다.

**제66조【통상공동소송인의 지위】** 공동소송인 가운데 한 사람의 소송행위 또는 이에 대한 상대방의 소송행위와 공동소송인 가운데 한 사람에 관한 사항은 다른 공동소송인에게 영향을 미치지 아니한다.

**제67조【필수적 공동소송에 대한 특별규정】** ① 소송목적이 공동소송인 모두에게 합일적으로 확정되어야 할 공동소송의 경우에 공동소송인 가운데 한 사람의 소송행위는 모두의 이익을 위하여서만 효력을 가진다.
② 제1항의 공동소송에서 공동소송인 가운데 한 사람에 대한 상대방의 소송행위는 공동소송인 모두에게 효력이 미친다.
③ 제1항의 공동소송에서 공동소송인 가운데 한 사람에게 소송절차를 중단 또는 중지하여야 할 이유가 있는 경우 그 중단 또는 중지는 모두에게 효력이 미친다.

**제68조【필수적 공동소송인의 추가】**
① 법원은 제67조제1항의 규정에 따른 공동소송인 가운데 일부가 누락된 경우에는 제1심의 변론을 종결할 때까지 원고의 신청에 따라 결정으로 원고 또는 피고를 추가하도록 허가할 수 있다. 다만, 원고의 추가는 추가될 사람의 동의를 받은 경우에만 허가할 수 있다.
② 제1항의 허가결정을 한 때에는 허가결정의 정본을 당사자 모두에게 송달하여야 하며, 추가될 당사자에게는 소장 부본도 송달하여야 한다.
③ 제1항의 규정에 따라 공동소송인이 추가된 경우에는 처음의 소가 제기된 때에 추가된 당사자와의 사이에 소가 제기된 것으로 본다.
④ 제1항의 허가결정에 대하여 이해관계인은 추가될 원고의 동의가 없었다는 것을 사유로 하는 경우에만 즉시항고를 할 수 있다.
⑤ 제4항의 즉시항고는 집행정지의 효력을 가지지 아니한다.

⑥ 제1항의 신청을 기각한 결정에 대하여는 즉시항고를 할 수 있다.

**제69조【필수적 공동소송에 대한 특별규정】** 제67조제1항의 공동소송인 가운데 한 사람이 상소를 제기한 경우에 다른 공동소송인이 그 상소심에서 하는 소송행위에는 제56조제1항의 규정을 준용한다.

**제70조【예비적 · 선택적 공동소송에 대한 특별규정】** ① 공동소송인 가운데 일부의 청구가 다른 공동소송인의 청구와 법률상 양립할 수 없거나 공동소송인 가운데 일부에 대한 청구가 다른 공동소송인에 대한 청구와 법률상 양립할 수 없는 경우에는 제67조 내지 제69조를 준용한다. 다만, 청구의 포기 · 인낙, 화해 및 소의 취하의 경우에는 그러하지 아니하다.

② 제1항의 소송에서는 모든 공동소송인에 관한 청구에 대하여 판결을 하여야 한다.

## 제3절 소송참가

**제71조【보조참가】** 소송결과에 이해관계가 있는 제3자는 한 쪽 당사자를 돕기 위하여 법원에 계속 중인 소송에 참가할 수 있다. 다만, 소송절차를 현저하게 지연시키는 경우에는 그러하지 아니하다.

**제72조【참가신청의 방식】** ① 참가신청은 참가의 취지와 이유를 밝혀 참가하고자 하는 소송이 계속된 법원에 제기하여야 한다.

② 서면으로 참가를 신청한 경우에는 법원은 그 서면을 양쪽 당사자에게 송달하여야 한다.

③ 참가신청은 참가인으로서 할 수 있는 소송행위와 동시에 할 수 있다.

**제73조【참가허가여부에 대한 재판】** ① 당사자가 참가에 대하여 이의를 신청한 때에는 참가인은 참가의 이유를 소명하여야 하며, 법원은 참가를 허가할 것인지 아닌지를 결정하여야 한다.

② 법원은 직권으로 참가인에게 참가의 이유를 소명하도록 명할 수 있으며, 참가의 이유가 있다고 인정되지 아니하는 때에는 참가를 허가하지 아니하는 결정을 하여야 한다.

③ 제1항 및 제2항의 결정에 대하여는 즉시항고를 할 수 있다.

**제74조【이의신청권의 상실】** 당사자가 참가에 대하여 이의를 신청하지 아니한 채 변론하거나 변론준비기일에서 진술을 한 경우에는 이의를 신청할 권리를 잃는다.

**제75조【참가인의 소송관여】** ① 참가인은 그의 참가에 대한 이의신청이 있는 경우라도 참가를 허가하지 아니하는 결정이 확정될 때까지 소송행위를 할 수 있다.

② 당사자가 참가인의 소송행위를 원용(援用)한 경우에는 참가를 허가하지 아니하는 결정이 확정되어도 그 소송행위는 효력을 가진다.

**제76조【참가인의 소송행위】** ① 참가인은 소송에 관하여 공격 · 방어 · 이의 · 상소, 그 밖의 모든 소송행위를 할 수 있다. 다만, 참가할 때의 소송의 진행정도에 따라 할 수 없는 소송행위는 그러하지 아니하다.

② 참가인의 소송행위가 피참가인의 소송행위에 어긋나는 경우에는 그 참가인의 소송행위는 효력을 가지지 아니한다.

**제77조【참가인에 대한 재판의 효력】** 재판은 다음 각호 가운데 어느 하나에 해당하지 아니하면 참가인에게도 그 효력이 미친다.

1. 제76조의 규정에 따라 참가인이 소송행위를 할 수 없거나, 그 소송행위가 효력을 가지지 아니하는 때
2. 피참가인이 참가인의 소송행위를 방해한 때

3. 피참가인이 참가인이 할 수 없는 소송행위를 고의나 과실로 하지 아니한 때

**제78조【공동소송적 보조참가】** 재판의 효력이 참가인에게도 미치는 경우에는 그 참가인과 피참가인에 대하여 제67조 및 제69조를 준용한다.

**제79조【독립당사자참가】** ① 소송목적의 전부나 일부가 자기의 권리라고 주장하거나, 소송결과에 따라 권리가 침해된다고 주장하는 제3자는 당사자의 양 쪽 또는 한 쪽을 상대방으로 하여 당사자로서 소송에 참가할 수 있다.
② 제1항의 경우에는 제67조 및 제72조의 규정을 준용한다.

**제80조【독립당사자참가소송에서의 탈퇴】** 제79조의 규정에 따라 자기의 권리를 주장하기 위하여 소송에 참가한 사람이 있는 경우 그가 참가하기 전의 원고나 피고는 상대방의 승낙을 받아 소송에서 탈퇴할 수 있다. 다만, 판결은 탈퇴한 당사자에 대하여도 그 효력이 미친다.

**제81조【승계인의 소송참가】** 소송이 법원에 계속되어 있는 동안에 제3자가 소송목적인 권리 또는 의무의 전부나 일부를 승계하였다고 주장하며 제79조의 규정에 따라 소송에 참가한 경우 그 참가는 소송이 법원에 처음 계속된 때에 소급하여 시효의 중단 또는 법률상 기간준수의 효력이 생긴다.

**제82조【승계인의 소송인수】** ① 소송이 법원에 계속되어 있는 동안에 제3자가 소송목적인 권리 또는 의무의 전부나 일부를 승계한 때에는 법원은 당사자의 신청에 따라 그 제3자로 하여금 소송을 인수하게 할 수 있다.
② 법원은 제1항의 규정에 따른 결정을 할 때에는 당사자와 제3자를 심문(審問)하여야 한다.
③ 제1항의 소송인수의 경우에는 제80조의 규정 가운데 탈퇴 및 판결의 효력에 관한 것과, 제81조의 규정 가운데 참가의 효력에 관한 것을 준용한다.

**제83조【공동소송참가】** ① 소송목적이 한 쪽 당사자와 제3자에게 합일적으로 확정되어야 할 경우 그 제3자는 공동소송인으로 소송에 참가할 수 있다.
② 제1항의 경우에는 제72조의 규정을 준용한다.

**제84조【소송고지의 요건】** ① 소송이 법원에 계속된 때에는 당사자는 참가할 수 있는 제3자에게 소송고지(訴訟告知)를 할 수 있다.
② 소송고지를 받은 사람은 다시 소송고지를 할 수 있다.

**제85조【소송고지의 방식】** ① 소송고지를 위하여서는 그 이유와 소송의 진행정도를 적은 서면을 법원에 제출하여야 한다.
② 제1항의 서면은 상대방에게 송달하여야 한다.

**제86조【소송고지의 효과】** 소송고지를 받은 사람이 참가하지 아니한 경우라도 제77조의 규정을 적용할 때에는 참가할 수 있었을 때에 참가한 것으로 본다.

## 제4절 소송대리인

**제87조【소송대리인의 자격】** 법률에 따라 재판상 행위를 할 수 있는 대리인 외에는 변호사가 아니면 소송대리인이 될 수 없다.

**제88조【소송대리인의 자격의 예외】**
① 단독판사가 심리·재판하는 사건 가운데 그 소송목적의 값이 일정한 금액 이하인 사건에서, 당사자와 밀접한 생활관계를 맺고 있고 일정한 범위안의 친족관계에 있는 사람 또는 당사자와 고용계약 등으로 그 사건에 관한 통상사무를 처리·보조하여 오는 등 일정한 관계에 있는 사람이 법원의 허가

를 받은 때에는 제87조를 적용하지 아니한다.
② 제1항의 규정에 따라 법원의 허가를 받을 수 있는 사건의 범위, 대리인의 자격 등에 관한 구체적인 사항은 대법원규칙으로 정한다.
③ 법원은 언제든지 제1항의 허가를 취소할 수 있다.

**제89조【소송대리권의 증명】** ① 소송대리인의 권한은 서면으로 증명하여야 한다.
② 제1항의 서면이 사문서인 경우에는 법원은 공증인, 그 밖의 공증업무를 보는 사람(이하 "공증사무소"라 한다)의 인증을 받도록 소송대리인에게 명할 수 있다.
③ 당사자가 말로 소송대리인을 선임하고, 법원사무관등이 조서에 그 진술을 적어 놓은 경우에는 제1항 및 제2항의 규정을 적용하지 아니한다.

**제90조【소송대리권의 범위】** ① 소송대리인은 위임을 받은 사건에 대하여 반소(反訴)·참가·강제집행·가압류·가처분에 관한 소송행위 등 일체의 소송행위와 변제(辨濟)의 영수를 할 수 있다.
② 소송대리인은 다음 각호의 사항에 대하여는 특별한 권한을 따로 받아야 한다.
1. 반소의 제기
2. 소의 취하, 화해, 청구의 포기·인낙 또는 제80조의 규정에 따른 탈퇴
3. 상소의 제기 또는 취하
4. 대리인의 선임

**제91조【소송대리권의 제한】** 소송대리권은 제한하지 못한다. 다만, 변호사가 아닌 소송대리인에 대하여는 그러하지 아니하다.

**제92조【법률에 의한 소송대리인의 권한】** 법률에 의하여 재판상 행위를 할 수 있는 대리인의 권한에는 제90조와 제91조의 규정을 적용하지 아니한다.

**제93조【개별대리의 원칙】** ① 여러 소송대리인이 있는 때에는 각자가 당사자를 대리한다.
② 당사자가 제1항의 규정에 어긋나는 약정을 한 경우 그 약정은 효력을 가지지 못한다.

**제94조【당사자의 경정권】** 소송대리인의 사실상 진술은 당사자가 이를 곧 취소하거나 경정(更正)한 때에는 그 효력을 잃는다.

**제95조【소송대리권이 소멸되지 아니하는 경우】** 다음 각호 가운데 어느 하나에 해당하더라도 소송대리권은 소멸되지 아니한다.
1. 당사자의 사망 또는 소송능력의 상실
2. 당사자인 법인의 합병에 의한 소멸
3. 당사자인 수탁자(受託者)의 신탁임무의 종료
4. 법정대리인의 사망, 소송능력의 상실 또는 대리권의 소멸·변경

**제96조【소송대리권이 소멸되지 아니하는 경우】** ① 일정한 자격에 의하여 자기의 이름으로 남을 위하여 소송당사자가 된 사람에게 소송대리인이 있는 경우에 그 소송대리인의 대리권은 당사자가 자격을 잃더라도 소멸되지 아니한다.
② 제53조의 규정에 따라 선정된 당사자가 그 자격을 잃은 경우에는 제1항의 규정을 준용한다.

**제97조【법정대리인에 관한 규정의 준용】** 소송대리인에게는 제58조제2항·제59조·제60조 및 제63조의 규정을 준용한다.

## 제3장 소송비용

### 제1절 소송비용의 부담

**제98조【소송비용부담의 원칙】** 소송비용은 패소한 당사자가 부담한다.

**제99조【원칙에 대한 예외】** 법원은 사정에 따라 승소한 당사자로 하여금 그 권리를 늘리거나 지키는 데 필요하지 아니한 행위로 말미암은 소송비용 또는 상대방의 권리를 늘리거나 지키는 데 필요한 행위로 말미암은 소송비용의 전부나 일부를 부담하게 할 수 있다.

**제100조【원칙에 대한 예외】** 당사자가 적당한 시기에 공격이나 방어의 방법을 제출하지 아니하였거나, 기일이나 기간의 준수를 게을리 하였거나, 그 밖에 당사자가 책임져야 할 사유로 소송이 지연된 때에는 법원은 지연됨으로 말미암은 소송비용의 전부나 일부를 승소한 당사자에게 부담하게 할 수 있다.

**제101조【일부패소의 경우】** 일부패소의 경우에 당사자들이 부담할 소송비용은 법원이 정한다. 다만, 사정에 따라 한 쪽 당사자에게 소송비용의 전부를 부담하게 할 수 있다.

**제102조【공동소송의 경우】** ① 공동소송인은 소송비용을 균등하게 부담한다. 다만, 법원은 사정에 따라 공동소송인에게 소송비용을 연대하여 부담하게 하거나 다른 방법으로 부담하게 할 수 있다.

② 제1항의 규정에 불구하고 법원은 권리를 늘리거나 지키는 데 필요하지 아니한 행위로 생긴 소송비용은 그 행위를 한 당사자에게 부담하게 할 수 있다.

**제103조【참가소송의 경우】** 참가소송비용에 대한 참가인과 상대방 사이의 부담과, 참가이의신청의 소송비용에 대한 참가인과 이의신청 당사자 사이의 부담에 대하여는 제98조 내지 제102조의 규정을 준용한다.

**제104조【각 심급의 소송비용의 재판】** 법원은 사건을 완결하는 재판에서 직권으로 그 심급의 소송비용 전부에 대하여 재판하여야 한다. 다만, 사정에 따라 사건의 일부나 중간의 다툼에 관한 재판에서 그 비용에 대한 재판을 할 수 있다.

**제105조【소송의 총비용에 대한 재판】** 상급법원이 본안의 재판을 바꾸는 경우 또는 사건을 환송받거나 이송받은 법원이 그 사건을 완결하는 재판을 하는 경우에는 소송의 총비용에 대하여 재판하여야 한다.

**제106조【화해한 경우의 비용부담】** 당사자가 법원에서 화해한 경우(제231조의 경우를 포함한다) 화해비용과 소송비용의 부담에 대하여 특별히 정한 바가 없으면 그 비용은 당사자들이 각자 부담한다.

**제107조【제3자의 비용상환】** ① 법정대리인 · 소송대리인 · 법원사무관등이나 집행관이 고의 또는 중대한 과실로 쓸데없는 비용을 지급하게 한 경우에는 수소법원은 직권으로 또는 당사자의 신청에 따라 그에게 비용을 갚도록 명할 수 있다.

② 법정대리인 또는 소송대리인으로서 소송행위를 한 사람이 그 대리권 또는 소송행위에 필요한 권한을 받았음을 증명하지 못하거나, 추인을 받지 못한 경우에 그 소송행위로 말미암아 발생한 소송비용에 대하여는 제1항의 규정을 준용한다.

③ 제1항 및 제2항의 결정에 대하여는 즉시항고를 할 수 있다.

**제108조【무권대리인의 비용부담】** 제107조제2항의 경우에 소가 각하된 경우에는 소송비용은 그 소송행위를 한 대리인이 부담한다.

**제109조【변호사의 보수와 소송비용】** ① 소송을 대리한 변호사에게 당사자가 지급하였거나 지급할 보수는 대법원규칙이 정하는 금액의 범위안에서 소송비용으로 인정한다.

② 제1항의 소송비용을 계산할 때에는 여러 변호사가 소송을 대리하였더라도 한 변호사가 대리한 것으로 본다.

**제110조【소송비용액의 확정결정】** ① 소송비용의 부담을 정하는 재판에서 그

액수가 정하여지지 아니한 경우에 제1심 법원은 그 재판이 확정되거나, 소송비용부담의 재판이 집행력을 갖게 된 후에 당사자의 신청을 받아 결정으로 그 소송비용액을 확정한다.
② 제1항의 확정결정을 신청할 때에는 비용계산서, 그 등본과 비용액을 소명하는 데 필요한 서면을 제출하여야 한다.
③ 제1항의 결정에 대하여는 즉시항고를 할 수 있다.

**제111조【상대방에 대한 최고】** ① 법원은 소송비용액을 결정하기 전에 상대방에게 비용계산서의 등본을 교부하고, 이에 대한 진술을 할 것과 일정한 기간 이내에 비용계산서와 비용액을 소명하는 데 필요한 서면을 제출할 것을 최고(催告)하여야 한다.
② 상대방이 제1항의 서면을 기간 이내에 제출하지 아니한 때에는 법원은 신청인의 비용에 대하여서만 결정할 수 있다. 다만, 상대방도 제110조제1항의 확정결정을 신청할 수 있다.

**제112조【부담비용의 상계】** 법원이 소송비용을 결정하는 경우에 당사자들이 부담할 비용은 대등한 금액에서 상계(相計)된 것으로 본다. 다만, 제111조제2항의 경우에는 그러하지 아니하다.

**제113조【화해한 경우의 비용액확정】**
① 제106조의 경우에 당사자가 소송비용부담의 원칙만을 정하고 그 액수를 정하지 아니한 때에는 법원은 당사자의 신청에 따라 결정으로 그 액수를 정하여야 한다.
② 제1항의 경우에는 제110조제2항·제3항, 제111조 및 제112조의 규정을 준용한다.

**제114조【소송이 재판에 의하지 아니하고 끝난 경우】** ① 제113조의 경우 외에 소송이 재판에 의하지 아니하고 끝나거나 참가 또는 이에 대한 이의신청이 취하된 경우에는 법원은 당사자의 신청에 따라 결정으로 소송비용의 액수를 정하고, 이를 부담하도록 명하여야 한다.
② 제1항의 경우에는 제98조 내지 제103조, 제110조제2항·제3항, 제111조 및 제112조의 규정을 준용한다.

**제115조【법원사무관등에 의한 계산】** 제110조제1항의 신청이 있는 때에는 법원은 법원사무관등에게 소송비용액을 계산하게 하여야 한다.

**제116조【비용의 예납】** ① 비용을 필요로 하는 소송행위에 대하여 법원은 당사자에게 그 비용을 미리 내게 할 수 있다.
② 비용을 미리 내지 아니하는 때에는 법원은 그 소송행위를 하지 아니할 수 있다.

## 제2절 소송비용의 담보

**제117조【담보제공의무】** ① 원고가 대한민국에 주소·사무소와 영업소를 두지 아니한 때 또는 소장·준비서면, 그 밖의 소송기록에 의하여 청구가 이유 없음이 명백한 때 등 소송비용에 대한 담보제공이 필요하다고 판단되는 경우에 피고의 신청이 있으면 법원은 원고에게 소송비용에 대한 담보를 제공하도록 명하여야 한다. 담보가 부족한 경우에도 또한 같다.(2010.7.23 본항개정)
② 제1항의 경우에 법원은 직권으로 원고에게 소송비용에 대한 담보를 제공하도록 명할 수 있다.(2010.7.23 본항신설)
③ 청구의 일부에 대하여 다툼이 없는 경우에는 그 액수가 담보로 충분하면 제1항의 규정을 적용하지 아니한다.

**제118조【소송에 응함으로 말미암은 신청권의 상실】** 담보를 제공할 사유가 있다는 것을 알고도 피고가 본안에 관

하여 변론하거나 변론준비기일에서 진술한 경우에는 담보제공을 신청하지 못한다.

**제119조 【피고의 거부권】** 담보제공을 신청한 피고는 원고가 담보를 제공할 때까지 소송에 응하지 아니할 수 있다.

**제120조 【담보제공결정】** ① 법원은 담보를 제공하도록 명하는 결정에서 담보액과 담보제공의 기간을 정하여야 한다.

② 담보액은 피고가 각 심급에서 지출할 비용의 총액을 표준으로 하여 정하여야 한다.

**제121조 【불복신청】** 담보제공신청에 관한 결정에 대하여는 즉시항고를 할 수 있다.

**제122조 【담보제공방식】** 담보의 제공은 금전 또는 법원이 인정하는 유가증권을 공탁(供託)하거나, 대법원규칙이 정하는 바에 따라 지급을 보증하겠다는 위탁계약을 맺은 문서를 제출하는 방법으로 한다. 다만, 당사자들 사이에 특별한 약정이 있으면 그에 따른다.

**제123조 【담보물에 대한 피고의 권리】** 피고는 소송비용에 관하여 제122조의 규정에 따른 담보물에 대하여 질권자와 동일한 권리를 가진다.

**제124조 【담보를 제공하지 아니한 효과】** 담보를 제공하여야 할 기간 이내에 원고가 이를 제공하지 아니하는 때에는 법원은 변론없이 판결로 소를 각하할 수 있다. 다만, 판결하기 전에 담보를 제공한 때에는 그러하지 아니하다.

**제125조 【담보의 취소】** ① 담보제공자가 담보하여야 할 사유가 소멸되었음을 증명하면서 취소신청을 하면, 법원은 담보취소결정을 하여야 한다.

② 담보제공자가 담보취소에 대한 담보권리자의 동의를 받았음을 증명한 때에도 제1항과 같다.

③ 소송이 완결된 뒤 담보제공자가 신청하면, 법원은 담보권리자에게 일정한 기간 이내에 그 권리를 행사하도록 최고하고, 담보권리자가 그 행사를 하지 아니하는 때에는 담보취소에 대하여 동의한 것으로 본다.

④ 제1항과 제2항의 규정에 따른 결정에 대하여는 즉시항고를 할 수 있다.

**제126조 【담보물변경】** 법원은 담보제공자의 신청에 따라 결정으로 공탁한 담보물을 바꾸도록 명할 수 있다. 다만, 당사자가 계약에 의하여 공탁한 담보물을 다른 담보로 바꾸겠다고 신청한 때에는 그에 따른다.

**제127조 【준용규정】** 다른 법률에 따른 소제기에 관하여 제공되는 담보에는 제119조, 제120조제1항, 제121조 내지 제126조의 규정을 준용한다.

## 제3절 소송구조

**제128조 【구조의 요건】** ① 법원은 소송비용을 지출할 자금능력이 부족한 사람의 신청에 따라 또는 직권으로 소송구조(訴訟救助)를 할 수 있다. 다만, 패소할 것이 분명한 경우에는 그러하지 아니하다.

② 제1항 단서에 해당하는 경우 같은 항 본문에 따른 소송구조 신청에 필요한 소송비용과 제133조에 따른 불복신청에 필요한 소송비용에 대하여도 소송구조를 하지 아니한다.(2023.4.18 본항신설)

③ 제1항의 신청인은 구조의 사유를 소명하여야 한다.

④ 소송구조에 대한 재판은 소송기록을 보관하고 있는 법원이 한다.

⑤ 제1항에서 정한 소송구조요건의 구체적인 내용과 소송구조절차에 관하여 상세한 사항은 대법원규칙으로 정한다.

**제129조 【구조의 객관적 범위】** ① 소송과 강제집행에 대한 소송구조의 범위는 다음 각호와 같다. 다만, 법원은 상당한 이유가 있는 때에는 다음 각호

가운데 일부에 대한 소송구조를 할 수 있다.

1. 재판비용의 납입유예
2. 변호사 및 집행관의 보수와 체당금(替當金)의 지급유예
3. 소송비용의 담보면제
4. 대법원규칙이 정하는 그 밖의 비용의 유예나 면제

② 제1항제2호의 경우에는 변호사나 집행관이 보수를 받지 못하면 국고에서 상당한 금액을 지급한다.

**제130조 【구조효력의 주관적 범위】** ① 소송구조는 이를 받은 사람에게만 효력이 미친다.

② 법원은 소송승계인에게 미루어 둔 비용의 납입을 명할 수 있다.

**제131조 【구조의 취소】** 소송구조를 받은 사람이 소송비용을 납입할 자금능력이 있다는 것이 판명되거나, 자금능력이 있게 된 때에는 소송기록을 보관하고 있는 법원은 직권으로 또는 이해관계인의 신청에 따라 언제든지 구조를 취소하고, 납입을 미루어 둔 소송비용을 지급하도록 명할 수 있다.

**제132조 【납입유예비용의 추심】** ① 소송구조를 받은 사람에게 납입을 미루어 둔 비용은 그 부담의 재판을 받은 상대방으로부터 직접 지급받을 수 있다.

② 제1항의 경우에 변호사 또는 집행관은 소송구조를 받은 사람의 집행권원으로 보수와 체당금에 관한 비용액의 확정결정신청과 강제집행을 할 수 있다.

③ 변호사 또는 집행관은 보수와 체당금에 대하여 당사자를 대위(代位)하여 제113조 또는 제114조의 결정신청을 할 수 있다.

**제133조 【불복신청】** 이 절에 규정한 재판에 대하여는 즉시항고를 할 수 있다. 다만, 상대방은 제129조제1항제3호의 소송구조결정을 제외하고는 불복할 수 없다.

## 제4장 소송절차

### 제1절 변 론

**제134조 【변론의 필요성】** ① 당사자는 소송에 대하여 법원에서 변론하여야 한다. 다만, 결정으로 완결할 사건에 대하여는 법원이 변론을 열 것인지 아닌지를 정한다.

② 제1항 단서의 규정에 따라 변론을 열지 아니할 경우에, 법원은 당사자와 이해관계인, 그 밖의 참고인을 심문할 수 있다.

③ 이 법에 특별한 규정이 있는 경우에는 제1항과 제2항의 규정을 적용하지 아니한다.

**제135조 【재판장의 지휘권】** ① 변론은 재판장(합의부의 재판장 또는 단독판사를 말한다. 이하 같다)이 지휘한다.

② 재판장은 발언을 허가하거나 그의 명령에 따르지 아니하는 사람의 발언을 금지할 수 있다.

**제136조 【석명권(釋明權) · 구문권(求問權) 등】** ① 재판장은 소송관계를 분명하게 하기 위하여 당사자에게 사실상 또는 법률상 사항에 대하여 질문할 수 있고, 증명을 하도록 촉구할 수 있다.

② 합의부원은 재판장에게 알리고 제1항의 행위를 할 수 있다.

③ 당사자는 필요한 경우 재판장에게 상대방에 대하여 설명을 요구하여 줄 것을 요청할 수 있다.

④ 법원은 당사자가 간과하였음이 분명하다고 인정되는 법률상 사항에 관하여 당사자에게 의견을 진술할 기회를 주어야 한다.

**제137조 【석명준비명령】** 재판장은 제136조의 규정에 따라 당사자에게 설명 또는 증명하거나 의견을 진술할 사항을 지적하고 변론기일 이전에 이를 준비하도록 명할 수 있다.

**제138조【합의부에 의한 감독】** 당사자가 변론의 지휘에 관한 재판장의 명령 또는 제136조 및 제137조의 규정에 따른 재판장이나 합의부원의 조치에 대하여 이의를 신청한 때에는 법원은 결정으로 그 이의신청에 대하여 재판한다.

**제139조【수명법관의 지정 및 촉탁】** ① 수명법관으로 하여금 그 직무를 수행하게 하고자 할 경우에는 재판장이 그 판사를 지정한다.

② 법원이 하는 촉탁은 특별한 규정이 없으면 재판장이 한다.

**제140조【법원의 석명처분】** ① 법원은 소송관계를 분명하게 하기 위하여 다음 각호의 처분을 할 수 있다.

1. 당사자 본인 또는 그 법정대리인에게 출석하도록 명하는 일
2. 소송서류 또는 소송에 인용한 문서, 그 밖의 물건으로서 당사자가 가지고 있는 것을 제출하게 하는 일
3. 당사자 또는 제3자가 제출한 문서, 그 밖의 물건을 법원에 유치하는 일
4. 검증을 하고 감정을 명하는 일
5. 필요한 조사를 촉탁하는 일

② 제1항의 검증·감정과 조사의 촉탁에는 이 법의 증거조사에 관한 규정을 준용한다.

**제141조【변론의 제한·분리·병합】** 법원은 변론의 제한·분리 또는 병합을 명하거나, 그 명령을 취소할 수 있다.

**제142조【변론의 재개】** 법원은 종결된 변론을 다시 열도록 명할 수 있다.

**제143조【통역】** ① 변론에 참여하는 사람이 우리말을 하지 못하거나, 듣거나 말하는 데 장애가 있으면 통역인에게 통역하게 하여야 한다. 다만, 위와 같은 장애가 있는 사람에게는 문자로 질문하거나 진술하게 할 수 있다.

② 통역인에게는 이 법의 감정인에 관한 규정을 준용한다.

**제143조의2【진술 보조】** ① 질병, 장애, 연령, 그 밖의 사유로 인한 정신적·신체적 제약으로 소송관계를 분명하게 하기 위하여 필요한 진술을 하기 어려운 당사자는 법원의 허가를 받아 진술을 도와주는 사람과 함께 출석하여 진술할 수 있다.

② 법원은 언제든지 제1항의 허가를 취소할 수 있다.

③ 제1항 및 제2항에 따른 진술보조인의 자격 및 소송상 지위와 역할, 법원의 허가 요건·절차 등 허가 및 취소에 관한 사항은 대법원규칙으로 정한다.
(2016.2.3 본조신설)

**제144조【변론능력이 없는 사람에 대한 조치】** ① 법원은 소송관계를 분명하게 하기 위하여 필요한 진술을 할 수 없는 당사자 또는 대리인의 진술을 금지하고, 변론을 계속할 새 기일을 정할 수 있다.

② 제1항의 규정에 따라 진술을 금지하는 경우에 필요하다고 인정하면 법원은 변호사를 선임하도록 명할 수 있다.

③ 제1항 또는 제2항의 규정에 따라 대리인에게 진술을 금지하거나 변호사를 선임하도록 명하였을 때에는 본인에게 그 취지를 통지하여야 한다.

④ 소 또는 상소를 제기한 사람이 제2항의 규정에 따른 명령을 받고도 제1항의 새 기일까지 변호사를 선임하지 아니한 때에는 법원은 결정으로 소 또는 상소를 각하할 수 있다.

⑤ 제4항의 결정에 대하여는 즉시항고를 할 수 있다.

**제145조【화해의 권고】** ① 법원은 소송의 정도와 관계없이 화해를 권고하거나, 수명법관 또는 수탁판사로 하여금 권고하게 할 수 있다.

② 제1항의 경우에 법원·수명법관 또는 수탁판사는 당사자 본인이나 그 법정대리인의 출석을 명할 수 있다.

**제146조 【적시제출주의】** 공격 또는 방어의 방법은 소송의 정도에 따라 적절한 시기에 제출하여야 한다.

**제147조 【제출기간의 제한】** ① 재판장은 당사자의 의견을 들어 한 쪽 또는 양 쪽 당사자에 대하여 특정한 사항에 관하여 주장을 제출하거나 증거를 신청할 기간을 정할 수 있다.

② 당사자가 제1항의 기간을 넘긴 때에는 주장을 제출하거나 증거를 신청할 수 없다. 다만, 당사자가 정당한 사유로 그 기간 이내에 제출 또는 신청하지 못하였다는 것을 소명한 경우에는 그러하지 아니하다.

**제148조 【한 쪽 당사자가 출석하지 아니한 경우】** ① 원고 또는 피고가 변론기일에 출석하지 아니하거나, 출석하고서도 본안에 관하여 변론하지 아니한 때에는 그가 제출한 소장·답변서, 그 밖의 준비서면에 적혀 있는 사항을 진술한 것으로 보고 출석한 상대방에게 변론을 명할 수 있다.

② 제1항의 규정에 따라 당사자가 진술한 것으로 보는 답변서, 그 밖의 준비서면에 청구의 포기 또는 인낙의 의사표시가 적혀 있고 공증사무소의 인증을 받은 때에는 그 취지에 따라 청구의 포기 또는 인낙이 성립된 것으로 본다.

③ 제1항의 규정에 따라 당사자가 진술한 것으로 보는 답변서, 그 밖의 준비서면에 화해의 의사표시가 적혀 있고 공증사무소의 인증을 받은 경우에, 상대방 당사자가 변론기일에 출석하여 그 화해의 의사표시를 받아들인 때에는 화해가 성립된 것으로 본다.

**제149조 【실기한 공격·방어방법의 각하】** ① 당사자가 제146조의 규정을 어기어 고의 또는 중대한 과실로 공격 또는 방어방법을 뒤늦게 제출함으로써 소송의 완결을 지연시키게 하는 것으로 인정할 때에는 법원은 직권으로 또는 상대방의 신청에 따라 결정으로 이를 각하할 수 있다.

② 당사자가 제출한 공격 또는 방어방법의 취지가 분명하지 아니한 경우에, 당사자가 필요한 설명을 하지 아니하거나 설명할 기일에 출석하지 아니한 때에는 법원은 직권으로 또는 상대방의 신청에 따라 결정으로 이를 각하할 수 있다.

**제150조 【자백간주】** ① 당사자가 변론에서 상대방이 주장하는 사실을 명백히 다투지 아니한 때에는 그 사실을 자백한 것으로 본다. 다만, 변론 전체의 취지로 보아 그 사실에 대하여 다툰 것으로 인정되는 경우에는 그러하지 아니하다.

② 상대방이 주장한 사실에 대하여 알지 못한다고 진술한 때에는 그 사실을 다툰 것으로 추정한다.

③ 당사자가 변론기일에 출석하지 아니하는 경우에는 제1항의 규정을 준용한다. 다만, 공시송달의 방법으로 기일통지서를 송달받은 당사자가 출석하지 아니한 경우에는 그러하지 아니하다.

**제151조 【소송절차에 관한 이의권】** 당사자는 소송절차에 관한 규정에 어긋난 것임을 알거나, 알 수 있었을 경우에 바로 이의를 제기하지 아니하면 그 권리를 잃는다. 다만, 그 권리가 포기할 수 없는 것인 때에는 그러하지 아니하다.

**제152조 【변론조서의 작성】** ① 법원사무관등은 변론기일에 참여하여 기일마다 조서를 작성하여야 한다. 다만, 변론을 녹음하거나 속기하는 경우 그 밖에 이에 준하는 특별한 사정이 있는 경우에는 법원사무관등을 참여시키지 아니하고 변론기일을 열 수 있다.

② 재판장은 필요하다고 인정하는 경우 법원사무관등을 참여시키지 아니하고 변론기일 및 변론준비기일 외의 기일을 열 수 있다.

③ 제1항 단서 및 제2항의 경우에는 법원사무관등은 그 기일이 끝난 뒤에 재판장의 설명에 따라 조서를 작성하고, 그 취지를 덧붙여 적어야 한다.

**제153조【형식적 기재사항】** 조서에는 법원사무관등이 다음 각호의 사항을 적고, 재판장과 법원사무관등이 기명날인 또는 서명한다. 다만, 재판장이 기명날인 또는 서명할 수 없는 사유가 있는 때에는 합의부원이 그 사유를 적은 뒤에 기명날인 또는 서명하며, 법관 모두가 기명날인 또는 서명할 수 없는 사유가 있는 때에는 법원사무관등이 그 사유를 적는다.(2017.10.31 본문개정)

1. 사건의 표시
2. 법관과 법원사무관등의 성명
3. 출석한 검사의 성명
4. 출석한 당사자·대리인·통역인과 출석하지 아니한 당사자의 성명
5. 변론의 날짜와 장소
6. 변론의 공개여부와 공개하지 아니한 경우에는 그 이유

**제154조【실질적 기재사항】** 조서에는 변론의 요지를 적되, 특히 다음 각호의 사항을 분명히 하여야 한다.

1. 화해, 청구의 포기·인낙, 소의 취하와 자백
2. 증인·감정인의 선서와 진술
3. 검증의 결과
4. 재판장이 적도록 명한 사항과 당사자의 청구에 따라 적는 것을 허락한 사항
5. 서면으로 작성되지 아니한 재판
6. 재판의 선고

**제155조【조서기재의 생략 등】** ① 조서에 적을 사항은 대법원규칙이 정하는 바에 따라 생략할 수 있다. 다만, 당사자의 이의가 있으면 그러하지 아니하다.

② 변론방식에 관한 규정의 준수, 화해, 청구의 포기·인낙, 소의 취하와 자백에 대하여는 제1항 본문의 규정을 적용하지 아니한다.

**제156조【서면 등의 인용·첨부】** 조서에는 서면, 사진, 그 밖에 법원이 적당하다고 인정한 것을 인용하고 소송기록에 붙여 이를 조서의 일부로 삼을 수 있다.

**제157조【관계인의 조서낭독 등 청구권】** 조서는 관계인이 신청하면 그에게 읽어 주거나 보여주어야 한다.

**제158조【조서의 증명력】** 변론방식에 관한 규정이 지켜졌다는 것은 조서로만 증명할 수 있다. 다만, 조서가 없어진 때에는 그러하지 아니하다.

**제159조【변론의 속기와 녹음】** ① 법원은 필요하다고 인정하는 경우에는 변론의 전부 또는 일부를 녹음하거나, 속기자로 하여금 받아 적도록 명할 수 있으며, 당사자가 녹음 또는 속기를 신청하면 특별한 사유가 없는 한 이를 명하여야 한다.

② 제1항의 녹음테이프와 속기록은 조서의 일부로 삼는다.

③ 제1항 및 제2항의 규정에 따라 녹음테이프 또는 속기록으로 조서의 기재를 대신한 경우에, 소송이 완결되기 전까지 당사자가 신청하거나 그 밖에 대법원규칙이 정하는 때에는 녹음테이프나 속기록의 요지를 정리하여 조서를 작성하여야 한다.

④ 제3항의 규정에 따라 조서가 작성된 경우에는 재판이 확정되거나, 양 쪽 당사자의 동의가 있으면 법원은 녹음테이프와 속기록을 폐기할 수 있다. 이 경우 당사자가 녹음테이프와 속기록을 폐기한다는 통지를 받은 날부터 2주 이내에 이의를 제기하지 아니하면 폐기에 대하여 동의한 것으로 본다.

**제160조【다른 조서에 준용하는 규정】** 법원·수명법관 또는 수탁판사의 신문(訊問) 또는 심문과 증거조사에는 제152조 내지 제159조의 규정을 준용한다.

**제161조【신청 또는 진술의 방법】** ① 신청, 그 밖의 진술은 특별한 규정이 없는 한 서면 또는 말로 할 수 있다.
② 말로 하는 경우에는 법원사무관등의 앞에서 하여야 한다.
③ 제2항의 경우에 법원사무관등은 신청 또는 진술의 취지에 따라 조서 또는 그 밖의 서면을 작성한 뒤 기명날인 또는 서명하여야 한다.(2017.10.31 본항개정)

**제162조【소송기록의 열람과 증명서의 교부청구】** ① 당사자나 이해관계를 소명한 제3자는 대법원규칙이 정하는 바에 따라, 소송기록의 열람·복사, 재판서·조서의 정본·등본·초본의 교부 또는 소송에 관한 사항의 증명서의 교부를 법원사무관등에게 신청할 수 있다.
② 누구든지 권리구제·학술연구 또는 공익적 목적으로 대법원규칙으로 정하는 바에 따라 법원사무관등에게 재판이 확정된 소송기록의 열람을 신청할 수 있다. 다만, 공개를 금지한 변론에 관련된 소송기록에 대하여는 그러하지 아니하다.(2007.5.17 본항신설)
③ 법원은 제2항에 따른 열람 신청시 당해 소송관계인이 동의하지 아니하는 경우에는 열람하게 하여서는 아니 된다. 이 경우 당해 소송관계인의 범위 및 동의 등에 관하여 필요한 사항은 대법원규칙으로 정한다.(2007.5.17 본항신설)
④ 소송기록을 열람·복사한 사람은 열람·복사에 의하여 알게 된 사항을 이용하여 공공의 질서 또는 선량한 풍속을 해하거나 관계인의 명예 또는 생활의 평온을 해하는 행위를 하여서는 아니 된다.(2007.5.17 본항신설)
⑤ 제1항 및 제2항의 신청에 대하여는 대법원규칙이 정하는 수수료를 내야 한다.(2007.5.17 본항개정)
⑥ 재판서·조서의 정본·등본·초본에는 그 취지를 적고 법원사무관등이 기명날인 또는 서명하여야 한다.(2017.10.31 본항개정)

**제163조【비밀보호를 위한 열람 등의 제한】** ① 다음 각호 가운데 어느 하나에 해당한다는 소명이 있는 경우에는 법원은 당사자의 신청에 따라 결정으로 소송기록중 비밀이 적혀 있는 부분의 열람·복사, 재판서·조서중 비밀이 적혀 있는 부분의 정본·등본·초본의 교부(이하 "비밀 기재부분의 열람 등"이라 한다)를 신청할 수 있는 자를 당사자로 한정할 수 있다.
1. 소송기록 중에 당사자의 사생활에 관한 중대한 비밀이 적혀 있고, 제3자에게 비밀 기재부분의 열람 등을 허용하면 당사자의 사회생활에 지장이 클 우려가 있는 때
2. 소송기록 중에 당사자가 가지는 영업비밀(부정경쟁방지및영업비밀보호에관한법률 제2조제2호에 규정된 영업비밀을 말한다)이 적혀 있는 때

② 소송관계인의 생명 또는 신체에 대한 위해의 우려가 있다는 소명이 있는 경우에는 법원은 해당 소송관계인의 신청에 따라 결정으로 소송기록의 열람·복사·송달에 앞서 주소 등 대법원규칙으로 정하는 개인정보로서 해당 소송관계인이 지정하는 부분(이하 "개인정보 기재부분"이라 한다)이 제3자(당사자를 포함한다. 이하 제3항·제4항 중 이 항과 관련된 부분에서 같다)에게 공개되지 아니하도록 보호조치를 할 수 있다.(2023.7.11 본항신설)
③ 제1항 또는 제2항의 신청이 있는 경우에는 그 신청에 관한 재판이 확정될 때까지 제3자는 개인정보 기재부분 또는 비밀 기재부분의 열람 등을 신청할 수 없다.(2023.7.11 본항개정)
④ 소송기록을 보관하고 있는 법원은 이해관계를 소명한 제3자의 신청에 따라 제1항 또는 제2항의 사유가 존재하

지 아니하거나 소멸되었음을 이유로 제1항 또는 제2항의 결정을 취소할 수 있다.(2023.7.11 본항개정)
⑤ 제1항 또는 제2항의 신청을 기각한 결정 또는 제4항의 신청에 관한 결정에 대하여는 즉시항고를 할 수 있다.(2023.7.11 본항개정)
⑥ 제4항의 취소결정은 확정되어야 효력을 가진다.(2023.7.11 본항개정)

**제163조의2【판결서의 열람·복사】** ① 제162조에도 불구하고 누구든지 판결이 선고된 사건의 판결서(확정되지 아니한 사건에 대한 판결서를 포함하며, 「소액사건심판법」이 적용되는 사건의 판결서와 「상고심절차에 관한 특례법」 제4조 및 이 법 제429조 본문에 따른 판결서는 제외한다. 이하 이 조에서 같다)를 인터넷, 그 밖의 전산정보처리시스템을 통한 전자적 방법 등으로 열람 및 복사할 수 있다. 다만, 변론의 공개를 금지한 사건의 판결서로서 대법원규칙으로 정하는 경우에는 열람 및 복사를 전부 또는 일부 제한할 수 있다.(2020.12.8 본문개정)
② 제1항에 따라 열람 및 복사의 대상이 되는 판결서는 대법원규칙으로 정하는 바에 따라 판결서에 기재된 문자열 또는 숫자열이 검색어로 기능할 수 있도록 제공되어야 한다.(2020.12.8 본항신설)
③ 법원사무관등이나 그 밖의 법원공무원은 제1항에 따른 열람 및 복사에 앞서 판결서에 기재된 성명 등 개인정보가 공개되지 아니하도록 대법원규칙으로 정하는 보호조치를 하여야 한다.
④ 제3항에 따라 개인정보 보호조치를 한 법원사무관등이나 그 밖의 법원공무원은 고의 또는 중대한 과실로 인한 것이 아니면 제1항에 따른 열람 및 복사와 관련하여 민사상·형사상 책임을 지지 아니한다.(2020.12.8 본항개정)
⑤ 제1항의 열람 및 복사에는 제162조제4항·제5항 및 제163조를 준용한다.
⑥ 판결서의 열람 및 복사의 방법과 절차, 개인정보 보호조치의 방법과 절차, 그 밖에 필요한 사항은 대법원규칙으로 정한다.
(2020.12.8 본조제목개정)
(2011.7.18 본조신설)

**제164조【조서에 대한 이의】** 조서에 적힌 사항에 대하여 관계인이 이의를 제기한 때에는 조서에 그 취지를 적어야 한다.

## 제2절 전문심리위원
(2007.7.13 본절신설)

**제164조의2【전문심리위원의 참여】** ① 법원은 소송관계를 분명하게 하거나 소송절차(증거조사·화해 등을 포함한다. 이하 이 절에서 같다)를 원활하게 진행하기 위하여 직권 또는 당사자의 신청에 따른 결정으로 제164조의4제1항에 따라 전문심리위원을 지정하여 소송절차에 참여하게 할 수 있다.
② 전문심리위원은 전문적인 지식을 필요로 하는 소송절차에서 설명 또는 의견을 기재한 서면을 제출하거나 기일에 출석하여 설명이나 의견을 진술할 수 있다. 다만, 재판의 합의에는 참여할 수 없다.
③ 전문심리위원은 기일에 재판장의 허가를 받아 당사자, 증인 또는 감정인 등 소송관계인에게 직접 질문할 수 있다.
④ 법원은 제2항에 따라 전문심리위원이 제출한 서면이나 전문심리위원의 설명 또는 의견의 진술에 관하여 당사자에게 구술 또는 서면에 의한 의견진술의 기회를 주어야 한다.

**제164조의3【전문심리위원 참여결정의 취소】** ① 법원은 상당하다고 인정하는 때에는 직권이나 당사자의 신청으로 제164조의2제1항에 따른 결정을 취소할 수 있다.

② 제1항에도 불구하고 당사자가 합의로 제164조의2제1항에 따른 결정을 취소할 것을 신청하는 때에는 법원은 그 결정을 취소하여야 한다.

**제164조의4【전문심리위원의 지정 등】** ① 법원은 제164조의2제1항에 따라 전문심리위원을 소송절차에 참여시키는 경우 당사자의 의견을 들어 각 사건마다 1인 이상의 전문심리위원을 지정하여야 한다.
② 전문심리위원에게는 대법원규칙으로 정하는 바에 따라 수당을 지급하고, 필요한 경우에는 그 밖의 여비, 일당 및 숙박료를 지급할 수 있다.
③ 전문심리위원의 지정에 관하여 그 밖에 필요한 사항은 대법원규칙으로 정한다.

**제164조의5【전문심리위원의 제척 및 기피】** ① 전문심리위원에게 제41조부터 제45조까지 및 제47조를 준용한다.
② 제척 또는 기피 신청을 받은 전문심리위원은 그 신청에 관한 결정이 확정될 때까지 그 신청이 있는 사건의 소송절차에 참여할 수 없다. 이 경우 전문심리위원은 당해 제척 또는 기피 신청에 대하여 의견을 진술할 수 있다.

**제164조의6【수명법관 등의 권한】** 수명법관 또는 수탁판사가 소송절차를 진행하는 경우에는 제164조의2제2항부터 제4항까지의 규정에 따른 법원 및 재판장의 직무는 그 수명법관이나 수탁판사가 행한다.

**제164조의7【비밀누설죄】** 전문심리위원 또는 전문심리위원이었던 자가 그 직무수행 중에 알게 된 다른 사람의 비밀을 누설하는 경우에는 2년 이하의 징역이나 금고 또는 1천만원 이하의 벌금에 처한다.

**제164조의8【벌칙 적용에서의 공무원 의제】** 전문심리위원은 「형법」 제129조부터 제132조까지의 규정에 따른 벌칙의 적용에서는 공무원으로 본다.

## 제3절 기일과 기간

**제165조【기일의 지정과 변경】** ① 기일은 직권으로 또는 당사자의 신청에 따라 재판장이 지정한다. 다만, 수명법관 또는 수탁판사가 신문하거나 심문하는 기일은 그 수명법관 또는 수탁판사가 지정한다.
② 첫 변론기일 또는 첫 변론준비기일을 바꾸는 것은 현저한 사유가 없는 경우라도 당사자들이 합의하면 이를 허가한다.

**제166조【공휴일의 기일】** 기일은 필요한 경우에만 공휴일로도 정할 수 있다.

**제167조【기일의 통지】** ① 기일은 기일통지서 또는 출석요구서를 송달하여 통지한다. 다만, 그 사건으로 출석한 사람에게는 기일을 직접 고지하면 된다.
② 법원은 대법원규칙이 정하는 간이한 방법에 따라 기일을 통지할 수 있다. 이 경우 기일에 출석하지 아니한 당사자·증인 또는 감정인 등에 대하여 법률상의 제재, 그 밖에 기일을 게을리 함에 따른 불이익을 줄 수 없다.

**제168조【출석승낙서의 효력】** 소송관계인이 일정한 기일에 출석하겠다고 적은 서면을 제출한 때에는 기일통지서 또는 출석요구서를 송달한 것과 같은 효력을 가진다.

**제169조【기일의 시작】** 기일은 사건과 당사자의 이름을 부름으로써 시작된다.

**제170조【기간의 계산】** 기간의 계산은 민법에 따른다.

**제171조【기간의 시작】** 기간을 정하는 재판에 시작되는 때를 정하지 아니한 경우에 그 기간은 재판의 효력이 생긴 때부터 진행한다.

**제172조【기간의 신축, 부가기간】** ① 법원은 법정기간 또는 법원이 정한 기간을 늘이거나 줄일 수 있다. 다만, 불변기간은 그러하지 아니하다.
② 법원은 불변기간에 대하여 주소 또는 거소가 멀리 떨어진 곳에 있는 사람을 위하여 부가기간(附加期間)을 정할 수 있다.
③ 재판장·수명법관 또는 수탁판사는 제1항 및 제2항의 규정에 따라 법원이 정한 기간 또는 자신이 정한 기간을 늘이거나 줄일 수 있다.
**제173조【소송행위의 추후보완】** ① 당사자가 책임질 수 없는 사유로 말미암아 불변기간을 지킬 수 없었던 경우에는 그 사유가 없어진 날부터 2주 이내에 게을리 한 소송행위를 보완할 수 있다. 다만, 그 사유가 없어질 당시 외국에 있던 당사자에 대하여는 이 기간을 30일로 한다.
② 제1항의 기간에 대하여는 제172조의 규정을 적용하지 아니한다.

## 제4절 송 달

**제174조【직권송달의 원칙】** 송달은 이 법에 특별한 규정이 없으면 법원이 직권으로 한다.
**제175조【송달사무를 처리하는 사람】** ① 송달에 관한 사무는 법원사무관등이 처리한다.
② 법원사무관등은 송달하는 곳의 지방법원에 속한 법원사무관등 또는 집행관에게 제1항의 사무를 촉탁할 수 있다.
**제176조【송달기관】** ① 송달은 우편 또는 집행관에 의하거나, 그 밖에 대법원규칙이 정하는 방법에 따라서 하여야 한다.
② 우편에 의한 송달은 우편집배원이 한다.
③ 송달기관이 송달하는 데 필요한 때에는 경찰공무원에게 원조를 요청할 수 있다.(2020.12.22 본항개정)
**제177조【법원사무관등에 의한 송달】** ① 해당 사건에 출석한 사람에게는 법원사무관등이 직접 송달할 수 있다.
② 법원사무관등이 그 법원안에서 송달받을 사람에게 서류를 교부하고 영수증을 받은 때에는 송달의 효력을 가진다.
**제178조【교부송달의 원칙】** ① 송달은 특별한 규정이 없으면 송달받을 사람에게 서류의 등본 또는 부본을 교부하여야 한다.
② 송달할 서류의 제출에 갈음하여 조서, 그 밖의 서면을 작성한 때에는 그 등본이나 초본을 교부하여야 한다.
**제179조【소송무능력자에게 할 송달】** 소송무능력자에게 할 송달은 그의 법정대리인에게 한다.
**제180조【공동대리인에게 할 송달】** 여러 사람이 공동으로 대리권을 행사하는 경우의 송달은 그 가운데 한 사람에게 하면 된다.
**제181조【군관계인에게 할 송달】** 군사용의 청사 또는 선박에 속하여 있는 사람에게 할 송달은 그 청사 또는 선박의 장에게 한다.
**제182조【구속된 사람 등에게 할 송달】** 교도소·구치소 또는 국가경찰관서의 유치장에 체포·구속 또는 유치(留置)된 사람에게 할 송달은 교도소·구치소 또는 국가경찰관서의 장에게 한다.(2006.2.21 본조개정)
**제183조【송달장소】** ① 송달은 받을 사람의 주소·거소·영업소 또는 사무소(이하 "주소등"이라 한다)에서 한다. 다만, 법정대리인에게 할 송달은 본인의 영업소나 사무소에서도 할 수 있다.
② 제1항의 장소를 알지 못하거나 그 장소에서 송달할 수 없는 때에는 송달받을 사람이 고용·위임 그 밖에 법률

상 행위로 취업하고 있는 다른 사람의 주소등(이하 "근무장소"라 한다)에서 송달할 수 있다.
③ 송달받을 사람의 주소등 또는 근무장소가 국내에 없거나 알 수 없는 때에는 그를 만나는 장소에서 송달할 수 있다.
④ 주소등 또는 근무장소가 있는 사람의 경우에도 송달받기를 거부하지 아니하면 만나는 장소에서 송달할 수 있다.

**제184조【송달받을 장소의 신고】** 당사자·법정대리인 또는 소송대리인은 주소등 외의 장소(대한민국안의 장소로 한정한다)를 송달받을 장소로 정하여 법원에 신고할 수 있다. 이 경우에는 송달 영수인을 정하여 신고할 수 있다.

**제185조【송달장소변경의 신고의무】**
① 당사자·법정대리인 또는 소송대리인이 송달받을 장소를 바꿀 때에는 바로 그 취지를 법원에 신고하여야 한다.
② 제1항의 신고를 하지 아니한 사람에게 송달할 서류는 달리 송달할 장소를 알 수 없는 경우 종전에 송달받던 장소에 대법원규칙이 정하는 방법으로 발송할 수 있다.

**제186조【보충송달·유치송달】** ① 근무장소 외의 송달할 장소에서 송달받을 사람을 만나지 못한 때에는 그 사무원, 피용자(被用者) 또는 동거인으로서 사리를 분별할 지능이 있는 사람에게 서류를 교부할 수 있다.
② 근무장소에서 송달받을 사람을 만나지 못한 때에는 제183조제2항의 다른 사람 또는 그 법정대리인이나 피용자 그 밖의 종업원으로서 사리를 분별할 지능이 있는 사람이 서류의 수령을 거부하지 아니하면 그에게 서류를 교부할 수 있다.
③ 서류를 송달받을 사람 또는 제1항의 규정에 의하여 서류를 넘겨받을 사람이 정당한 사유 없이 송달받기를 거부하는 때에는 송달할 장소에 서류를 놓아둘 수 있다.

**제187조【우편송달】** 제186조의 규정에 따라 송달할 수 없는 때에는 법원사무관등은 서류를 등기우편 등 대법원규칙이 정하는 방법으로 발송할 수 있다.

**제188조【송달함 송달】** ① 제183조 내지 제187조의 규정에 불구하고 법원안에 송달할 서류를 넣을 함(이하 "송달함"이라 한다)을 설치하여 송달할 수 있다.
② 송달함을 이용하는 송달은 법원사무관등이 한다.
③ 송달받을 사람이 송달함에서 서류를 수령하여 가지 아니한 경우에는 송달함에 서류를 넣은 지 3일이 지나면 송달된 것으로 본다.
④ 송달함의 이용절차와 수수료, 송달함을 이용하는 송달방법 및 송달함으로 송달할 서류에 관한 사항은 대법원규칙으로 정한다.

**제189조【발신주의】** 제185조제2항 또는 제187조의 규정에 따라 서류를 발송한 경우에는 발송한 때에 송달된 것으로 본다.

**제190조【공휴일 등의 송달】** ① 당사자의 신청이 있는 때에는 공휴일 또는 해뜨기 전이나 해진 뒤에 집행관 또는 대법원규칙이 정하는 사람에 의하여 송달할 수 있다.
② 제1항의 규정에 따라 송달하는 때에는 법원사무관등은 송달할 서류에 그 사유를 덧붙여 적어야 한다.
③ 제1항과 제2항의 규정에 어긋나는 송달은 서류를 교부받을 사람이 이를 영수한 때에만 효력을 가진다.

**제191조【외국에서 하는 송달의 방법】** 외국에서 하여야 하는 송달은 재판장이 그 나라에 주재하는 대한민국의 대사·공사·영사 또는 그 나라의 관할 공공기관에 촉탁한다.

**제192조【전쟁에 나간 군인 또는 외국에 주재하는 군관계인 등에게 할 송달】** ① 전쟁에 나간 군대, 외국에 주둔하는 군대에 근무하는 사람 또는 군에 복무하는 선박의 승무원에게 할 송달은 재판장이 그 소속 사령관에게 촉탁한다.
② 제1항의 송달에 대하여는 제181조의 규정을 준용한다.

**제193조【송달통지】** 송달한 기관은 송달에 관한 사유를 대법원규칙이 정하는 방법으로 법원에 알려야 한다.

**제194조【공시송달의 요건】** ① 당사자의 주소등 또는 근무장소를 알 수 없는 경우 또는 외국에서 하여야 할 송달에 관하여 제191조의 규정에 따를 수 없거나 이에 따라도 효력이 없을 것으로 인정되는 경우에는 법원사무관등은 직권으로 또는 당사자의 신청에 따라 공시송달을 할 수 있다.(2014.12.30 본항개정)
② 제1항의 신청에는 그 사유를 소명하여야 한다.
③ 재판장은 제1항의 경우에 소송의 지연을 피하기 위하여 필요하다고 인정하는 때에는 공시송달을 명할 수 있다.(2014.12.30 본항신설)
④ 원고가 소권(항소권을 포함한다)을 남용하여 청구가 이유 없음이 명백한 소를 반복적으로 제기한 것에 대하여 법원이 변론 없이 판결로 소를 각하하는 경우에는 재판장은 직권으로 피고에 대하여 공시송달을 명할 수 있다.(2023.4.18 본항신설)
⑤ 재판장은 직권으로 또는 신청에 따라 법원사무관등의 공시송달처분을 취소할 수 있다.(2014.12.30 본항신설)

**제195조【공시송달의 방법】** 공시송달은 법원사무관등이 송달할 서류를 보관하고 그 사유를 법원게시판에 게시하거나, 그 밖에 대법원규칙이 정하는 방법에 따라서 하여야 한다.

**제196조【공시송달의 효력발생】** ① 첫 공시송달은 제195조의 규정에 따라 실시한 날부터 2주가 지나야 효력이 생긴다. 다만, 같은 당사자에게 하는 그 뒤의 공시송달은 실시한 다음 날부터 효력이 생긴다.
② 외국에서 할 송달에 대한 공시송달의 경우에는 제1항 본문의 기간은 2월로 한다.
③ 제1항 및 제2항의 기간은 줄일 수 없다.

**제197조【수명법관 등의 송달권한】** 수명법관 및 수탁판사와 송달하는 곳의 지방법원판사도 송달에 대한 재판장의 권한을 행사할 수 있다.

## 제5절 재 판

**제198조【종국판결】** 법원은 소송의 심리를 마치고 나면 종국판결(終局判決)을 한다.

**제199조【종국판결 선고기간】** 판결은 소가 제기된 날부터 5월 이내에 선고한다. 다만, 항소심 및 상고심에서는 기록을 받은 날부터 5월 이내에 선고한다.

**제200조【일부판결】** ① 법원은 소송의 일부에 대한 심리를 마친 경우 그 일부에 대한 종국판결을 할 수 있다.
② 변론을 병합한 여러 개의 소송 가운데 한 개의 심리를 마친 경우와, 본소(本訴)나 반소의 심리를 마친 경우에는 제1항의 규정을 준용한다.

**제201조【중간판결】** ① 법원은 독립된 공격 또는 방어의 방법, 그 밖의 중간의 다툼에 대하여 필요한 때에는 중간판결(中間判決)을 할 수 있다.
② 청구의 원인과 액수에 대하여 다툼이 있는 경우에 그 원인에 대하여도 중간판결을 할 수 있다.

**제202조【자유심증주의】** 법원은 변론 전체의 취지와 증거조사의 결과를 참

작하여 자유로운 심증으로 사회정의와 형평의 이념에 입각하여 논리와 경험의 법칙에 따라 사실주장이 진실한지 아닌지를 판단한다.

**제202조의2【손해배상 액수의 산정】** 손해가 발생한 사실은 인정되나 구체적인 손해의 액수를 증명하는 것이 사안의 성질상 매우 어려운 경우에 법원은 변론 전체의 취지와 증거조사의 결과에 의하여 인정되는 모든 사정을 종합하여 상당하다고 인정되는 금액을 손해배상 액수로 정할 수 있다.
(2016.3.29 본조신설)

**제203조【처분권주의】** 법원은 당사자가 신청하지 아니한 사항에 대하여는 판결하지 못한다.

**제204조【직접주의】** ① 판결은 기본이 되는 변론에 관여한 법관이 하여야 한다.
② 법관이 바뀐 경우에 당사자는 종전의 변론결과를 진술하여야 한다.
③ 단독사건의 판사가 바뀐 경우에 종전에 신문한 증인에 대하여 당사자가 다시 신문신청을 한 때에는 법원은 그 신문을 하여야 한다. 합의부 법관의 반수 이상이 바뀐 경우에도 또한 같다.

**제205조【판결의 효력발생】** 판결은 선고로 효력이 생긴다.

**제206조【선고의 방식】** 판결은 재판장이 판결 원본에 따라 주문을 읽어 선고하며, 필요한 때에는 이유를 간략히 설명할 수 있다.

**제207조【선고기일】** ① 판결은 변론이 종결된 날부터 2주 이내에 선고하여야 하며, 복잡한 사건이나 그 밖의 특별한 사정이 있는 때에도 변론이 종결된 날부터 4주를 넘겨서는 아니 된다.
② 판결은 당사자가 출석하지 아니하여도 선고할 수 있다.

**제208조【판결서의 기재사항 등】** ① 판결서에는 다음 각호의 사항을 적고, 판결한 법관이 서명날인하여야 한다.
1. 당사자와 법정대리인
2. 주문
3. 청구의 취지 및 상소의 취지
4. 이유
5. 변론을 종결한 날짜. 다만, 변론 없이 판결하는 경우에는 판결을 선고하는 날짜
6. 법원

② 판결서의 이유에는 주문이 정당하다는 것을 인정할 수 있을 정도로 당사자의 주장, 그 밖의 공격·방어방법에 관한 판단을 표시한다.
③ 제2항의 규정에 불구하고 제1심 판결로서 다음 각호 가운데 어느 하나에 해당하는 경우에는 청구를 특정함에 필요한 사항과 제216조제2항의 판단에 관한 사항만을 간략하게 표시할 수 있다.
1. 제257조의 규정에 의한 무변론 판결
2. 제150조제3항이 적용되는 경우의 판결
3. 피고가 제194조 내지 제196조의 규정에 의한 공시송달로 기일통지를 받고 변론기일에 출석하지 아니한 경우의 판결

④ 법관이 판결서에 서명날인함에 지장이 있는 때에는 다른 법관이 판결에 그 사유를 적고 서명날인하여야 한다.

**제209조【법원사무관등에 대한 교부】** 판결서는 선고한 뒤에 바로 법원사무관등에게 교부하여야 한다.

**제210조【판결서의 송달】** ① 법원사무관등은 판결서를 받은 날부터 2주 이내에 당사자에게 송달하여야 한다.
② 판결서는 정본으로 송달한다.

**제211조【판결의 경정】** ① 판결에 잘못된 계산이나 기재, 그 밖에 이와 비슷한 잘못이 있음이 분명한 때에 법원은 직권으로 또는 당사자의 신청에 따라 경정결정(更正決定)을 할 수 있다.
② 경정결정은 판결의 원본과 정본에 덧붙여 적어야 한다. 다만, 정본에 덧붙

여 적을 수 없을 때에는 결정의 정본을 작성하여 당사자에게 송달하여야 한다.
③ 경정결정에 대하여는 즉시항고를 할 수 있다. 다만, 판결에 대하여 적법한 항소가 있는 때에는 그러하지 아니하다.

**제212조【재판의 누락】** ① 법원이 청구의 일부에 대하여 재판을 누락한 경우에 그 청구부분에 대하여는 그 법원이 계속하여 재판한다.
② 소송비용의 재판을 누락한 경우에는 법원은 직권으로 또는 당사자의 신청에 따라 그 소송비용에 대한 재판을 한다. 이 경우 제114조의 규정을 준용한다.
③ 제2항의 규정에 따른 소송비용의 재판은 본안판결에 대하여 적법한 항소가 있는 때에는 그 효력을 잃는다. 이 경우 항소법원은 소송의 총비용에 대하여 재판을 한다.

**제213조【가집행의 선고】** ① 재산권의 청구에 관한 판결은 가집행(假執行)의 선고를 붙이지 아니할 상당한 이유가 없는 한 직권으로 담보를 제공하거나, 제공하지 아니하고 가집행을 할 수 있다는 것을 선고하여야 한다. 다만, 어음금·수표금 청구에 관한 판결에는 담보를 제공하게 하지 아니하고 가집행의 선고를 하여야 한다.
② 법원은 직권으로 또는 당사자의 신청에 따라 채권전액을 담보로 제공하고 가집행을 면제받을 수 있다는 것을 선고할 수 있다.
③ 제1항 및 제2항의 선고는 판결주문에 적어야 한다.

**제214조【소송비용담보규정의 준용】** 제213조의 담보에는 제122조·제123조·제125조 및 제126조의 규정을 준용한다.

**제215조【가집행선고의 실효, 가집행의 원상회복과 손해배상】** ① 가집행의 선고는 그 선고 또는 본안판결을 바꾸는 판결의 선고로 바뀌는 한도에서 그 효력을 잃는다.
② 본안판결을 바꾸는 경우에는 법원은 피고의 신청에 따라 그 판결에서 가집행의 선고에 따라 지급한 물건을 돌려 줄 것과, 가집행으로 말미암은 손해 또는 그 면제를 받기 위하여 입은 손해를 배상할 것을 원고에게 명하여야 한다.
③ 가집행의 선고를 바꾼 뒤 본안판결을 바꾸는 경우에는 제2항의 규정을 준용한다.

**제216조【기판력의 객관적 범위】** ① 확정판결(確定判決)은 주문에 포함된 것에 한하여 기판력(既判力)을 가진다.
② 상계를 주장한 청구가 성립되는지 아닌지의 판단은 상계하자고 대항한 액수에 한하여 기판력을 가진다.

**제217조【외국재판의 승인】** ① 외국법원의 확정판결 또는 이와 동일한 효력이 인정되는 재판(이하 "확정재판등"이라 한다)은 다음 각호의 요건을 모두 갖추어야 승인된다.(2014.5.20 본문개정)
1. 대한민국의 법령 또는 조약에 따른 국제재판관할의 원칙상 그 외국법원의 국제재판관할권이 인정될 것
2. 패소한 피고가 소장 또는 이에 준하는 서면 및 기일통지서나 명령을 적법한 방식에 따라 방어에 필요한 시간여유를 두고 송달받았거나(공시송달이나 이와 비슷한 송달에 의한 경우를 제외한다) 송달받지 아니하였더라도 소송에 응하였을 것
3. 그 확정재판등의 내용 및 소송절차에 비추어 그 확정재판등의 승인이 대한민국의 선량한 풍속이나 그 밖의 사회질서에 어긋나지 아니할 것(2014.5.20 본호개정)
4. 상호보증이 있거나 대한민국과 그 외국법원이 속하는 국가에 있어 확정재판등의 승인요건이 현저히 균형

을 상실하지 아니하고 중요한 점에서 실질적으로 차이가 없을 것
(2014.5.20 본호개정)
② 법원은 제1항의 요건이 충족되었는지에 관하여 직권으로 조사하여야 한다.(2014.5.20 본항신설)
(2014.5.20 본조제목개정)

**제217조의2 【손해배상에 관한 확정재판등의 승인】** ① 법원은 손해배상에 관한 확정재판등이 대한민국의 법률 또는 대한민국이 체결한 국제조약의 기본질서에 현저히 반하는 결과를 초래할 경우에는 해당 확정재판등의 전부 또는 일부를 승인할 수 없다.
② 법원은 제1항의 요건을 심리할 때에는 외국법원이 인정한 손해배상의 범위에 변호사보수를 비롯한 소송과 관련된 비용과 경비가 포함되는지와 그 범위를 고려하여야 한다.
(2014.5.20 본조신설)

**제218조 【기판력의 주관적 범위】** ① 확정판결은 당사자, 변론을 종결한 뒤의 승계인(변론 없이 한 판결의 경우에는 판결을 선고한 뒤의 승계인) 또는 그를 위하여 청구의 목적물을 소지한 사람에 대하여 효력이 미친다.
② 제1항의 경우에 당사자가 변론을 종결할 때(변론 없이 한 판결의 경우에는 판결을 선고할 때)까지 승계사실을 진술하지 아니한 때에는 변론을 종결한 뒤(변론 없이 한 판결의 경우에는 판결을 선고한 뒤)에 승계한 것으로 추정한다.
③ 다른 사람을 위하여 원고나 피고가 된 사람에 대한 확정판결은 그 다른 사람에 대하여도 효력이 미친다.
④ 가집행의 선고에는 제1항 내지 제3항의 규정을 준용한다.

**제219조 【변론 없이 하는 소의 각하】** 부적법한 소로서 그 흠을 보정할 수 없는 경우에는 변론 없이 판결로 소를 각하할 수 있다.

**제219조의2 【소권 남용에 대한 제재】** 원고가 소권(항소권을 포함한다)을 남용하여 청구가 이유 없음이 명백한 소를 반복적으로 제기한 경우에는 법원은 결정으로 500만원 이하의 과태료에 처한다.(2023.4.18 본조신설)

**제220조 【화해, 청구의 포기·인낙조서의 효력】** 화해, 청구의 포기·인낙을 변론조서·변론준비기일조서에 적은 때에는 그 조서는 확정판결과 같은 효력을 가진다.

**제221조 【결정·명령의 고지】** ① 결정과 명령은 상당한 방법으로 고지하면 효력을 가진다.
② 법원사무관등은 고지의 방법·장소와 날짜를 재판의 원본에 덧붙여 적고 날인하여야 한다.

**제222조 【소송지휘에 관한 재판의 취소】** 소송의 지휘에 관한 결정과 명령은 언제든지 취소할 수 있다.

**제223조 【법원사무관등의 처분에 대한 이의】** 법원사무관등의 처분에 관한 이의신청에 대하여는 그 법원사무관등이 속한 법원이 결정으로 재판한다.

**제224조 【판결규정의 준용】** ① 성질에 어긋나지 아니하는 한, 결정과 명령에는 판결에 관한 규정을 준용한다. 다만, 법관의 서명은 기명으로 갈음할 수 있고, 이유를 적는 것을 생략할 수 있다.
② 이 법에 따른 과태료재판에는 비송사건절차법 제248조 및 제250조 가운데 검사에 관한 규정을 적용하지 아니한다.

### 제6절 화해권고결정

**제225조 【결정에 의한 화해권고】** ① 법원·수명법관 또는 수탁판사는 소송에 계속중인 사건에 대하여 직권으로 당사자의 이익, 그 밖의 모든 사정을 참작하여 청구의 취지에 어긋나지 아

니하는 범위안에서 사건의 공평한 해결을 위한 화해권고결정(和解勸告決定)을 할 수 있다.

② 법원사무관등은 제1항의 결정내용을 적은 조서 또는 결정서의 정본을 당사자에게 송달하여야 한다. 다만, 그 송달은 제185조제2항·제187조 또는 제194조에 규정한 방법으로는 할 수 없다.

**제226조【결정에 대한 이의신청】** ① 당사자는 제225조의 결정에 대하여 그 조서 또는 결정서의 정본을 송달받은 날부터 2주 이내에 이의를 신청할 수 있다. 다만, 그 정본이 송달되기 전에도 이의를 신청할 수 있다.

② 제1항의 기간은 불변기간으로 한다.

**제227조【이의신청의 방식】** ① 이의신청은 이의신청서를 화해권고결정을 한 법원에 제출함으로써 한다.

② 이의신청서에는 다음 각호의 사항을 적어야 한다.

1. 당사자와 법정대리인
2. 화해권고결정의 표시와 그에 대한 이의신청의 취지

③ 이의신청서에는 준비서면에 관한 규정을 준용한다.

④ 제226조제1항의 규정에 따라 이의를 신청한 때에는 이의신청의 상대방에게 이의신청서의 부본을 송달하여야 한다.

**제228조【이의신청의 취하】** ① 이의신청을 한 당사자는 그 심급의 판결이 선고될 때까지 상대방의 동의를 얻어 이의신청을 취하할 수 있다.

② 제1항의 취하에는 제266조제3항 내지 제6항을 준용한다. 이 경우 "소"는 "이의신청"으로 본다.

**제229조【이의신청권의 포기】** ① 이의신청권은 그 신청전까지 포기할 수 있다.

② 이의신청권의 포기는 서면으로 하여야 한다.

③ 제2항의 서면은 상대방에게 송달하여야 한다.

**제230조【이의신청의 각하】** ① 법원·수명법관 또는 수탁판사는 이의신청이 법령상의 방식에 어긋나거나 신청권이 소멸된 뒤의 것임이 명백한 경우에는 그 흠을 보정할 수 없으면 결정으로 이를 각하하여야 하며, 수명법관 또는 수탁판사가 각하하지 아니한 때에는 수소법원이 결정으로 각하한다.

② 제1항의 결정에 대하여는 즉시항고를 할 수 있다.

**제231조【화해권고결정의 효력】** 화해권고결정은 다음 각호 가운데 어느 하나에 해당하면 재판상 화해와 같은 효력을 가진다.

1. 제226조제1항의 기간 이내에 이의신청이 없는 때
2. 이의신청에 대한 각하결정이 확정된 때
3. 당사자가 이의신청을 취하하거나 이의신청권을 포기한 때

**제232조【이의신청에 의한 소송복귀 등】** ① 이의신청이 적법한 때에는 소송은 화해권고결정 이전의 상태로 돌아간다. 이 경우 그 이전에 행한 소송행위는 그대로 효력을 가진다.

② 화해권고결정은 그 심급에서 판결이 선고된 때에는 그 효력을 잃는다.

## 제7절 소송절차의 중단과 중지

**제233조【당사자의 사망으로 말미암은 중단】** ① 당사자가 죽은 때에 소송절차는 중단된다. 이 경우 상속인·상속재산관리인, 그 밖에 법률에 의하여 소송을 계속하여 수행할 사람이 소송절차를 수계(受繼)하여야 한다.

② 상속인은 상속포기를 할 수 있는 동안 소송절차를 수계하지 못한다.

**제234조【법인의 합병으로 말미암은 중단】** 당사자인 법인이 합병에 의하여

소멸된 때에 소송절차는 중단된다. 이 경우 합병에 의하여 설립된 법인 또는 합병한 뒤의 존속법인이 소송절차를 수계하여야 한다.

**제235조【소송능력의 상실, 법정대리권의 소멸로 말미암은 중단】** 당사자가 소송능력을 잃은 때 또는 법정대리인이 죽거나 대리권을 잃은 때에 소송절차는 중단된다. 이 경우 소송능력을 회복한 당사자 또는 법정대리인이 된 사람이 소송절차를 수계하여야 한다.

**제236조【수탁자의 임무가 끝남으로 말미암은 중단】** 신탁으로 말미암은 수탁자의 위탁임무가 끝난 때에 소송절차는 중단된다. 이 경우 새로운 수탁자가 소송절차를 수계하여야 한다.

**제237조【자격상실로 말미암은 중단】**
① 일정한 자격에 의하여 자기 이름으로 남을 위하여 소송당사자가 된 사람이 그 자격을 잃거나 죽은 때에 소송절차는 중단된다. 이 경우 같은 자격을 가진 사람이 소송절차를 수계하여야 한다.
② 제53조의 규정에 따라 당사자가 될 사람을 선정한 소송에서 선정된 당사자 모두가 자격을 잃거나 죽은 때에 소송절차는 중단된다. 이 경우 당사자를 선정한 사람 모두 또는 새로 당사자로 선정된 사람이 소송절차를 수계하여야 한다.

**제238조【소송대리인이 있는 경우의 제외】** 소송대리인이 있는 경우에는 제233조제1항, 제234조 내지 제237조의 규정을 적용하지 아니한다.

**제239조【당사자의 파산으로 말미암은 중단】** 당사자가 파산선고를 받은 때에 파산재단에 관한 소송절차는 중단된다. 이 경우 「채무자 회생 및 파산에 관한 법률」에 따른 수계가 이루어지기 전에 파산절차가 해지되면 파산선고를 받은 자가 당연히 소송절차를 수계한다.(2005.3.31 본조개정)

**제240조【파산절차의 해지로 말미암은 중단】** 「채무자 회생 및 파산에 관한 법률」에 따라 파산재단에 관한 소송의 수계가 이루어진 뒤 파산절차가 해지된 때에 소송절차는 중단된다. 이 경우 파산선고를 받은 자가 소송절차를 수계하여야 한다.(2005.3.31 본조개정)

**제241조【상대방의 수계신청권】** 소송절차의 수계신청은 상대방도 할 수 있다.

**제242조【수계신청의 통지】** 소송절차의 수계신청이 있는 때에는 법원은 상대방에게 이를 통지하여야 한다.

**제243조【수계신청에 대한 재판】** ① 소송절차의 수계신청은 법원이 직권으로 조사하여 이유가 없다고 인정한 때에는 결정으로 기각하여야 한다.
② 재판이 송달된 뒤에 중단된 소송절차의 수계에 대하여는 그 재판을 한 법원이 결정하여야 한다.

**제244조【직권에 의한 속행명령】** 법원은 당사자가 소송절차를 수계하지 아니하는 경우에 직권으로 소송절차를 계속하여 진행하도록 명할 수 있다.

**제245조【법원의 직무집행 불가능으로 말미암은 중지】** 천재지변, 그 밖의 사고로 법원이 직무를 수행할 수 없을 경우에 소송절차는 그 사고가 소멸될 때까지 중지된다.

**제246조【당사자의 장애로 말미암은 중지】** ① 당사자가 일정하지 아니한 기간 동안 소송행위를 할 수 없는 장애사유가 생긴 경우에는 법원은 결정으로 소송절차를 중지하도록 명할 수 있다.
② 법원은 제1항의 결정을 취소할 수 있다.

**제247조【소송절차 정지의 효과】** ① 판결의 선고는 소송절차가 중단된 중에도 할 수 있다.
② 소송절차의 중단 또는 중지는 기간의 진행을 정지시키며, 소송절차의 수

계사실을 통지한 때 또는 소송절차를 다시 진행한 때부터 전체기간이 새로이 진행된다.

## 제2편 제1심의 소송절차

### 제1장 소의 제기

**제248조【소제기의 방식】** ① 소를 제기하려는 자는 법원에 소장을 제출하여야 한다.
② 법원은 소장에 붙이거나 납부한 인지액이 「민사소송 등 인지법」 제13조제2항 각 호에서 정한 금액에 미달하는 경우 소장의 접수를 보류할 수 있다.
③ 법원에 제출한 소장이 접수되면 소장이 제출된 때에 소가 제기된 것으로 본다.
(2023.4.18 본조개정)

**제249조【소장의 기재사항】** ① 소장에는 당사자와 법정대리인, 청구의 취지와 원인을 적어야 한다.
② 소장에는 준비서면에 관한 규정을 준용한다.

**제250조【증서의 진정여부를 확인하는 소】** 확인의 소는 법률관계를 증명하는 서면이 진정한지 아닌지를 확정하기 위하여서도 제기할 수 있다.

**제251조【장래의 이행을 청구하는 소】** 장래에 이행할 것을 청구하는 소는 미리 청구할 필요가 있어야 제기할 수 있다.

**제252조【정기금판결과 변경의 소】**
① 정기금(定期金)의 지급을 명한 판결이 확정된 뒤에 그 액수산정의 기초가 된 사정이 현저하게 바뀜으로써 당사자 사이의 형평을 크게 침해할 특별한 사정이 생긴 때에는 그 판결의 당사자는 장차 지급할 정기금 액수를 바꾸어 달라는 소를 제기할 수 있다.
② 제1항의 소는 제1심 판결법원의 전속관할로 한다.

**제253조【소의 객관적 병합】** 여러 개의 청구는 같은 종류의 소송절차에 따르는 경우에만 하나의 소로 제기할 수 있다.

**제254조【재판장등의 소장심사권】** ① 소장이 제249조제1항의 규정에 어긋나는 경우와 소장에 법률의 규정에 따른 인지를 붙이지 아니한 경우에는 재판장은 상당한 기간을 정하고, 그 기간 이내에 흠을 보정하도록 명하여야 한다. 재판장은 법원사무관등으로 하여금 위 보정명령을 하게 할 수 있다.
(2014.12.30 본항개정)
② 원고가 제1항의 기간 이내에 흠을 보정하지 아니한 때에는 재판장은 명령으로 소장을 각하하여야 한다.
③ 제2항의 명령에 대하여는 즉시항고를 할 수 있다.
④ 재판장은 소장을 심사하면서 필요하다고 인정하는 경우에는 원고에게 청구하는 이유에 대응하는 증거방법을 구체적으로 적어 내도록 명할 수 있으며, 원고가 소장에 인용한 서증(書證)의 등본 또는 사본을 붙이지 아니한 경우에는 이를 제출하도록 명할 수 있다.
(2014.12.30 본조제목개정)

**제255조【소장부본의 송달】** ① 법원은 소장의 부본을 피고에게 송달하여야 한다.
② 소장의 부본을 송달할 수 없는 경우에는 제254조제1항 내지 제3항의 규정을 준용한다.

**제256조【답변서의 제출의무】** ① 피고가 원고의 청구를 다투는 경우에는 소장의 부본을 송달받은 날부터 30일 이내에 답변서를 제출하여야 한다. 다만, 피고가 공시송달의 방법에 따라 소장의 부본을 송달받은 경우에는 그러하지 아니하다.
② 법원은 소장의 부본을 송달할 때에 제1항의 취지를 피고에게 알려야 한다.
③ 법원은 답변서의 부본을 원고에게 송달하여야 한다.

④ 답변서에는 준비서면에 관한 규정을 준용한다.

**제257조【변론 없이 하는 판결】** ① 법원은 피고가 제256조제1항의 답변서를 제출하지 아니한 때에는 청구의 원인이 된 사실을 자백한 것으로 보고 변론 없이 판결할 수 있다. 다만, 직권으로 조사할 사항이 있거나 판결이 선고되기까지 피고가 원고의 청구를 다투는 취지의 답변서를 제출한 경우에는 그러하지 아니하다.
② 피고가 청구의 원인이 된 사실을 모두 자백하는 취지의 답변서를 제출하고 따로 항변을 하지 아니한 때에는 제1항의 규정을 준용한다.
③ 법원은 피고에게 소장의 부본을 송달할 때에 제1항 및 제2항의 규정에 따라 변론 없이 판결을 선고할 기일을 함께 통지할 수 있다.

**제258조【변론기일의 지정】** ① 재판장은 제257조제1항 및 제2항에 따라 변론 없이 판결하는 경우 외에는 바로 변론기일을 정하여야 한다. 다만, 사건을 변론준비절차에 부칠 필요가 있는 경우에는 그러하지 아니하다.
② 재판장은 변론준비절차가 끝난 경우에는 바로 변론기일을 정하여야 한다.
(2008.12.26 본조개정)

**제259조【중복된 소제기의 금지】** 법원에 계속되어 있는 사건에 대하여 당사자는 다시 소를 제기하지 못한다.

**제260조【피고의 경정】** ① 원고가 피고를 잘못 지정한 것이 분명한 경우에는 제1심 법원은 변론을 종결할 때까지 원고의 신청에 따라 결정으로 피고를 경정하도록 허가할 수 있다. 다만, 피고가 본안에 관하여 준비서면을 제출하거나, 변론준비기일에서 진술하거나 변론을 한 뒤에는 그의 동의를 받아야 한다.
② 피고의 경정은 서면으로 신청하여야 한다.
③ 제2항의 서면은 상대방에게 송달하여야 한다. 다만, 피고에게 소장의 부본을 송달하지 아니한 경우에는 그러하지 아니하다.
④ 피고가 제3항의 서면을 송달받은 날부터 2주 이내에 이의를 제기하지 아니하면 제1항 단서와 같은 동의를 한 것으로 본다.

**제261조【경정신청에 관한 결정의 송달 등】** ① 제260조제1항의 신청에 대한 결정은 피고에게 송달하여야 한다. 다만, 피고에게 소장의 부본을 송달하지 아니한 때에는 그러하지 아니하다.
② 신청을 허가하는 결정을 한 때에는 그 결정의 정본과 소장의 부본을 새로운 피고에게 송달하여야 한다.
③ 신청을 허가하는 결정에 대하여는 동의가 없었다는 사유로만 즉시항고를 할 수 있다.
④ 신청을 허가하는 결정을 한 때에는 종전의 피고에 대한 소는 취하된 것으로 본다.

**제262조【청구의 변경】** ① 원고는 청구의 기초가 바뀌지 아니하는 한도안에서 변론을 종결할 때(변론 없이 한 판결의 경우에는 판결을 선고할 때)까지 청구의 취지 또는 원인을 바꿀 수 있다. 다만, 소송절차를 현저히 지연시키는 경우에는 그러하지 아니하다.
② 청구취지의 변경은 서면으로 신청하여야 한다.
③ 제2항의 서면은 상대방에게 송달하여야 한다.

**제263조【청구의 변경의 불허가】** 법원이 청구의 취지 또는 원인의 변경이 옳지 아니하다고 인정한 때에는 직권으로 또는 상대방의 신청에 따라 변경을 허가하지 아니하는 결정을 하여야 한다.

**제264조【중간확인의 소】** ① 재판이 소송의 진행 중에 쟁점이 된 법률관계의 성립여부에 매인 때에 당사자는 따

로 그 법률관계의 확인을 구하는 소를 제기할 수 있다. 다만, 이는 그 확인청구가 다른 법원의 관할에 전속되지 아니하는 때에 한한다.
② 제1항의 청구는 서면으로 하여야 한다.
③ 제2항의 서면은 상대방에게 송달하여야 한다.

**제265조【소제기에 따른 시효중단의 시기】** 시효의 중단 또는 법률상 기간을 지킴에 필요한 재판상 청구는 소를 제기한 때 또는 제260조제2항 · 제262조제2항 또는 제264조제2항의 규정에 따라 서면을 법원에 제출한 때에 그 효력이 생긴다.

**제266조【소의 취하】** ① 소는 판결이 확정될 때까지 그 전부나 일부를 취하할 수 있다.
② 소의 취하는 상대방이 본안에 관하여 준비서면을 제출하거나 변론준비기일에서 진술하거나 변론을 한 뒤에는 상대방의 동의를 받아야 효력을 가진다.
③ 소의 취하는 서면으로 하여야 한다. 다만, 변론 또는 변론준비기일에서 말로 할 수 있다.
④ 소장을 송달한 뒤에는 취하의 서면을 상대방에게 송달하여야 한다.
⑤ 제3항 단서의 경우에 상대방이 변론 또는 변론준비기일에 출석하지 아니한 때에는 그 기일의 조서등본을 송달하여야 한다.
⑥ 소취하의 서면이 송달된 날부터 2주 이내에 상대방이 이의를 제기하지 아니한 경우에는 소취하에 동의한 것으로 본다. 제3항 단서의 경우에 있어서, 상대방이 기일에 출석한 경우에는 소를 취하한 날부터, 상대방이 기일에 출석하지 아니한 경우에는 제5항의 등본이 송달된 날부터 2주 이내에 상대방이 이의를 제기하지 아니하는 때에도 또한 같다.

**제267조【소취하의 효과】** ① 취하된 부분에 대하여는 소가 처음부터 계속되지 아니한 것으로 본다.
② 본안에 대한 종국판결이 있은 뒤에 소를 취하한 사람은 같은 소를 제기하지 못한다.

**제268조【양 쪽 당사자가 출석하지 아니한 경우】** ① 양 쪽 당사자가 변론기일에 출석하지 아니하거나 출석하였다 하더라도 변론하지 아니한 때에는 재판장은 다시 변론기일을 정하여 양 쪽 당사자에게 통지하여야 한다.
② 제1항의 새 변론기일 또는 그 뒤에 열린 변론기일에 양 쪽 당사자가 출석하지 아니하거나 출석하였다 하더라도 변론하지 아니한 때에는 1월 이내에 기일지정신청을 하지 아니하면 소를 취하한 것으로 본다.
③ 제2항의 기일지정신청에 따라 정한 변론기일 또는 그 뒤의 변론기일에 양 쪽 당사자가 출석하지 아니하거나 출석하였다 하더라도 변론하지 아니한 때에는 소를 취하한 것으로 본다.
④ 상소심의 소송절차에는 제1항 내지 제3항의 규정을 준용한다. 다만, 상소심에서는 상소를 취하한 것으로 본다.

**제269조【반소】** ① 피고는 소송절차를 현저히 지연시키지 아니하는 경우에만 변론을 종결할 때까지 본소가 계속된 법원에 반소를 제기할 수 있다. 다만, 소송의 목적이 된 청구가 다른 법원의 관할에 전속되지 아니하고 본소의 청구 또는 방어의 방법과 서로 관련이 있어야 한다.
② 본소가 단독사건인 경우에 피고가 반소로 합의사건에 속하는 청구를 한 때에는 법원은 직권 또는 당사자의 신청에 따른 결정으로 본소와 반소를 합의부에 이송하여야 한다. 다만, 반소에 관하여 제30조의 규정에 따른 관할권이 있는 경우에는 그러하지 아니하다.

**제270조 【반소의 절차】** 반소는 본소에 관한 규정을 따른다.

**제271조 【반소의 취하】** 본소가 취하된 때에는 피고는 원고의 동의 없이 반소를 취하할 수 있다.

## 제2장 변론과 그 준비

**제272조 【변론의 집중과 준비】** ① 변론은 집중되어야 하며, 당사자는 변론을 서면으로 준비하여야 한다.

② 단독사건의 변론은 서면으로 준비하지 아니할 수 있다. 다만, 상대방이 준비하지 아니하면 진술할 수 없는 사항은 그러하지 아니하다.

**제273조 【준비서면의 제출 등】** 준비서면은 그것에 적힌 사항에 대하여 상대방이 준비하는 데 필요한 기간을 두고 제출하여야 하며, 법원은 상대방에게 그 부본을 송달하여야 한다.

**제274조 【준비서면의 기재사항】** ① 준비서면에는 다음 각호의 사항을 적고, 당사자 또는 대리인이 기명날인 또는 서명한다.

1. 당사자의 성명·명칭 또는 상호와 주소
2. 대리인의 성명과 주소
3. 사건의 표시
4. 공격 또는 방어의 방법
5. 상대방의 청구와 공격 또는 방어의 방법에 대한 진술
6. 덧붙인 서류의 표시
7. 작성한 날짜
8. 법원의 표시

② 제1항제4호 및 제5호의 사항에 대하여는 사실상 주장을 증명하기 위한 증거방법과 상대방의 증거방법에 대한 의견을 함께 적어야 한다.

**제275조 【준비서면의 첨부서류】** ① 당사자가 가지고 있는 문서로서 준비서면에 인용한 것은 그 등본 또는 사본을 붙여야 한다.

② 문서의 일부가 필요한 때에는 그 부분에 대한 초본을 붙이고, 문서가 많을 때에는 그 문서를 표시하면 된다.

③ 제1항 및 제2항의 문서는 상대방이 요구하면 그 원본을 보여주어야 한다.

**제276조 【준비서면에 적지 아니한 효과】** 준비서면에 적지 아니한 사실은 상대방이 출석하지 아니한 때에는 변론에서 주장하지 못한다. 다만, 제272조제2항 본문의 규정에 따라 준비서면을 필요로 하지 아니하는 경우에는 그러하지 아니하다.

**제277조 【번역문의 첨부】** 외국어로 작성된 문서에는 번역문을 붙여야 한다.

**제278조 【요약준비서면】** 재판장은 당사자의 공격방어방법의 요지를 파악하기 어렵다고 인정하는 때에는 변론을 종결하기에 앞서 당사자에게 쟁점과 증거의 정리 결과를 요약한 준비서면을 제출하도록 할 수 있다.

**제279조 【변론준비절차의 실시】** ① 변론준비절차에서는 변론이 효율적이고 집중적으로 실시될 수 있도록 당사자의 주장과 증거를 정리하여야 한다.
(2008.12.26 본항개정)

② 재판장은 특별한 사정이 있는 때에는 변론기일을 연 뒤에도 사건을 변론준비절차에 부칠 수 있다.

**제280조 【변론준비절차의 진행】** ① 변론준비절차는 기간을 정하여, 당사자로 하여금 준비서면, 그 밖의 서류를 제출하게 하거나 당사자 사이에 이를 교환하게 하고 주장사실을 증명할 증거를 신청하게 하는 방법으로 진행한다.

② 변론준비절차의 진행은 재판장이 담당한다.

③ 합의사건의 경우 재판장은 합의부원을 수명법관으로 지정하여 변론준비절차를 담당하게 할 수 있다.

④ 재판장은 필요하다고 인정하는 때에는 변론준비절차의 진행을 다른 판사에게 촉탁할 수 있다.

**제281조【변론준비절차에서의 증거조사】** ① 변론준비절차를 진행하는 재판장, 수명법관, 제280조제4항의 판사(이하 "재판장등"이라 한다)는 변론의 준비를 위하여 필요하다고 인정하면 증거결정을 할 수 있다.
② 합의사건의 경우에 제1항의 증거결정에 대한 당사자의 이의신청에 관하여는 제138조의 규정을 준용한다.
③ 재판장등은 제279조제1항의 목적을 달성하기 위하여 필요한 범위안에서 증거조사를 할 수 있다. 다만, 증인신문 및 당사자신문은 제313조에 해당되는 경우에만 할 수 있다.
④ 제1항 및 제3항의 경우에는 재판장등이 이 법에서 정한 법원과 재판장의 직무를 행한다.

**제282조【변론준비기일】** ① 재판장등은 변론준비절차를 진행하는 동안에 주장 및 증거를 정리하기 위하여 필요하다고 인정하는 때에는 변론준비기일을 열어 당사자를 출석하게 할 수 있다.
② 사건이 변론준비절차에 부쳐진 뒤 변론준비기일이 지정됨이 없이 4월이 지난 때에는 재판장등은 즉시 변론준비기일을 지정하거나 변론준비절차를 끝내야 한다.
③ 당사자는 재판장등의 허가를 얻어 변론준비기일에 제3자와 함께 출석할 수 있다.
④ 당사자는 변론준비기일이 끝날 때까지 변론의 준비에 필요한 주장과 증거를 정리하여 제출하여야 한다.
⑤ 재판장등은 변론준비기일이 끝날 때까지 변론의 준비를 위한 모든 처분을 할 수 있다.

**제283조【변론준비기일의 조서】** ① 변론준비기일의 조서에는 당사자의 진술에 따라 제274조제1항제4호와 제5호에 규정한 사항을 적어야 한다. 이 경우 특히 증거에 관한 진술은 명확히 하여야 한다.
② 변론준비기일의 조서에는 제152조 내지 제159조의 규정을 준용한다.

**제284조【변론준비절차의 종결】** ① 재판장등은 다음 각호 가운데 어느 하나에 해당하면 변론준비절차를 종결하여야 한다. 다만, 변론의 준비를 계속하여야 할 상당한 이유가 있는 때에는 그러하지 아니하다.
1. 사건을 변론준비절차에 부친 뒤 6월이 지난 때
2. 당사자가 제280조제1항의 규정에 따라 정한 기간 이내에 준비서면 등을 제출하지 아니하거나 증거의 신청을 하지 아니한 때
3. 당사자가 변론준비기일에 출석하지 아니한 때

② 변론준비절차를 종결하는 경우에 재판장등은 변론기일을 미리 지정할 수 있다.

**제285조【변론준비기일을 종결한 효과】** ① 변론준비기일에 제출하지 아니한 공격방어방법은 다음 각호 가운데 어느 하나에 해당하여야만 변론에서 제출할 수 있다.
1. 그 제출로 인하여 소송을 현저히 지연시키지 아니하는 때
2. 중대한 과실 없이 변론준비절차에서 제출하지 못하였다는 것을 소명한 때
3. 법원이 직권으로 조사할 사항인 때

② 제1항의 규정은 변론에 관하여 제276조의 규정을 적용하는 데에 영향을 미치지 아니한다.
③ 소장 또는 변론준비절차전에 제출한 준비서면에 적힌 사항은 제1항의 규정에 불구하고 변론에서 주장할 수 있다. 다만, 변론준비절차에서 철회되거나 변경된 때에는 그러하지 아니하다.

**제286조【준용규정】** 변론준비절차에는 제135조 내지 제138조, 제140조, 제142조 내지 제151조, 제225조 내지

제232조, 제268조 및 제278조의 규정을 준용한다.

**제287조 【변론준비절차를 마친 뒤의 변론】** ① 법원은 변론준비절차를 마친 경우에는 첫 변론기일을 거친 뒤 바로 변론을 종결할 수 있도록 하여야 하며, 당사자는 이에 협력하여야 한다.
② 당사자는 변론준비기일을 마친 뒤의 변론기일에서 변론준비기일의 결과를 진술하여야 한다.
③ 법원은 변론기일에 변론준비절차에서 정리된 결과에 따라서 바로 증거조사를 하여야 한다.

**제287조의2 【비디오 등 중계장치 등에 의한 기일】** ① 재판장·수명법관 또는 수탁판사는 상당하다고 인정하는 때에는 당사자의 신청을 받거나 동의를 얻어 비디오 등 중계장치에 의한 중계시설을 통하거나 인터넷 화상장치를 이용하여 변론준비기일 또는 심문기일을 열 수 있다.
② 법원은 교통의 불편 또는 그 밖의 사정으로 당사자가 법정에 직접 출석하기 어렵다고 인정하는 때에는 당사자의 신청을 받거나 동의를 얻어 비디오 등 중계장치에 의한 중계시설을 통하거나 인터넷 화상장치를 이용하여 변론기일을 열 수 있다. 이 경우 법원은 심리의 공개에 필요한 조치를 취하여야 한다.
③ 제1항과 제2항에 따른 기일에 관하여는 제327조의2제2항 및 제3항을 준용한다.
(2021.8.17 본조신설)

## 제3장 증 거

### 제1절 총 칙

**제288조 【불요증사실】** 법원에서 당사자가 자백한 사실과 현저한 사실은 증명을 필요로 하지 아니한다. 다만, 진실에 어긋나는 자백은 그것이 착오로 말미암은 것임을 증명한 때에는 취소할 수 있다.

**제289조 【증거의 신청과 조사】** ① 증거를 신청할 때에는 증명할 사실을 표시하여야 한다.
② 증거의 신청과 조사는 변론기일 전에도 할 수 있다.

**제290조 【증거신청의 채택여부】** 법원은 당사자가 신청한 증거를 필요하지 아니하다고 인정한 때에는 조사하지 아니할 수 있다. 다만, 그것이 당사자가 주장하는 사실에 대한 유일한 증거인 때에는 그러하지 아니하다.

**제291조 【증거조사의 장애】** 법원은 증거조사를 할 수 있을지, 언제 할 수 있을지 알 수 없는 경우에는 그 증거를 조사하지 아니할 수 있다.

**제292조 【직권에 의한 증거조사】** 법원은 당사자가 신청한 증거에 의하여 심증을 얻을 수 없거나, 그 밖에 필요하다고 인정한 때에는 직권으로 증거조사를 할 수 있다.

**제293조 【증거조사의 집중】** 증인신문과 당사자신문은 당사자의 주장과 증거를 정리한 뒤 집중적으로 하여야 한다.

**제294조 【조사의 촉탁】** 법원은 공공기관·학교, 그 밖의 단체·개인 또는 외국의 공공기관에게 그 업무에 속하는 사항에 관하여 필요한 조사 또는 보관 중인 문서의 등본·사본의 송부를 촉탁할 수 있다.

**제295조 【당사자가 출석하지 아니한 경우의 증거조사】** 증거조사는 당사자가 기일에 출석하지 아니한 때에도 할 수 있다.

**제296조 【외국에서 시행하는 증거조사】** ① 외국에서 시행할 증거조사는 그 나라에 주재하는 대한민국 대사·공사·영사 또는 그 나라의 관할 공공기관에 촉탁한다.
② 외국에서 시행한 증거조사는 그 나

라의 법률에 어긋나더라도 이 법에 어긋나지 아니하면 효력을 가진다.

**제297조 【법원밖에서의 증거조사】** ① 법원은 필요하다고 인정할 때에는 법원밖에서 증거조사를 할 수 있다. 이 경우 합의부원에게 명하거나 다른 지방법원 판사에게 촉탁할 수 있다.

② 수탁판사는 필요하다고 인정할 때에는 다른 지방법원 판사에게 증거조사를 다시 촉탁할 수 있다. 이 경우 그 사유를 수소법원과 당사자에게 통지하여야 한다.

**제298조 【수탁판사의 기록송부】** 수탁판사는 증거조사에 관한 기록을 바로 수소법원에 보내야 한다.

**제299조 【소명의 방법】** ① 소명은 즉시 조사할 수 있는 증거에 의하여야 한다.

② 법원은 당사자 또는 법정대리인으로 하여금 보증금을 공탁하게 하거나, 그 주장이 진실하다는 것을 선서하게 하여 소명에 갈음할 수 있다.

③ 제2항의 선서에는 제320조, 제321조제1항·제3항·제4항 및 제322조의 규정을 준용한다.

**제300조 【보증금의 몰취】** 제299조제2항의 규정에 따라 보증금을 공탁한 당사자 또는 법정대리인이 거짓 진술을 한 때에 법원은 결정으로 보증금을 몰취(沒取)한다.

**제301조 【거짓 진술에 대한 제재】** 제299조제2항의 규정에 따라 선서한 당사자 또는 법정대리인이 거짓 진술을 한 때에 법원은 결정으로 200만원 이하의 과태료에 처한다.

**제302조 【불복신청】** 제300조 및 제301조의 결정에 대하여는 즉시항고를 할 수 있다.

## 제2절 증인신문

**제303조 【증인의 의무】** 법원은 특별한 규정이 없으면 누구든지 증인으로 신문할 수 있다.

**제304조 【대통령·국회의장·대법원장·헌법재판소장의 신문】** 대통령·국회의장·대법원장 및 헌법재판소장 또는 그 직책에 있었던 사람을 증인으로 하여 직무상 비밀에 관한 사항을 신문할 경우에 법원은 그의 동의를 받아야 한다.

**제305조 【국회의원·국무총리·국무위원의 신문】** ① 국회의원 또는 그 직책에 있었던 사람을 증인으로 하여 직무상 비밀에 관한 사항을 신문할 경우에 법원은 국회의 동의를 받아야 한다.

② 국무총리·국무위원 또는 그 직책에 있었던 사람을 증인으로 하여 직무상 비밀에 관한 사항을 신문할 경우에 법원은 국무회의의 동의를 받아야 한다.

**제306조 【공무원의 신문】** 제304조와 제305조에 규정한 사람 외의 공무원 또는 공무원이었던 사람을 증인으로 하여 직무상 비밀에 관한 사항을 신문할 경우에 법원은 그 소속 관청 또는 감독 관청의 동의를 받아야 한다.

**제307조 【거부권의 제한】** 제305조와 제306조의 경우에 국회·국무회의 또는 제306조의 관청은 국가의 중대한 이익을 해치는 경우를 제외하고는 동의를 거부하지 못한다.

**제308조 【증인신문의 신청】** 당사자가 증인신문을 신청하고자 하는 때에는 증인을 지정하여 신청하여야 한다.

**제309조 【출석요구서의 기재사항】** 증인에 대한 출석요구서에는 다음 각호의 사항을 적어야 한다.

1. 당사자의 표시
2. 신문 사항의 요지
3. 출석하지 아니하는 경우의 법률상 제재

**제310조 【증언에 갈음하는 서면의 제출】** ① 법원은 증인과 증명할 사항의 내용 등을 고려하여 상당하다고 인정

하는 때에는 출석·증언에 갈음하여 증언할 사항을 적은 서면을 제출하게 할 수 있다.

② 법원은 상대방의 이의가 있거나 필요하다고 인정하는 때에는 제1항의 증인으로 하여금 출석·증언하게 할 수 있다.

**제311조【증인이 출석하지 아니한 경우의 과태료 등】** ① 증인이 정당한 사유 없이 출석하지 아니한 때에 법원은 결정으로 증인에게 이로 말미암은 소송비용을 부담하도록 명하고 500만원 이하의 과태료에 처한다.

② 법원은 증인이 제1항의 규정에 따른 과태료의 재판을 받고도 정당한 사유 없이 다시 출석하지 아니한 때에는 결정으로 증인을 7일 이내의 감치(監置)에 처한다.

③ 법원은 감치재판기일에 증인을 소환하여 제2항의 정당한 사유가 있는지 여부를 심리하여야 한다.

④ 감치에 처하는 재판은 그 재판을 한 법원의 재판장의 명령에 따라 법원공무원 또는 경찰공무원이 경찰서유치장·교도소 또는 구치소에 유치함으로써 집행한다.(2020.12.22 본항개정)

⑤ 감치의 재판을 받은 증인이 제4항에 규정된 감치시설에 유치된 때에는 당해 감치시설의 장은 즉시 그 사실을 법원에 통보하여야 한다.

⑥ 법원은 제5항의 통보를 받은 때에는 바로 증인신문기일을 열어야 한다.

⑦ 감치의 재판을 받은 증인이 감치의 집행 중에 증언을 한 때에는 법원은 바로 감치결정을 취소하고 그 증인을 석방하도록 명하여야 한다.

⑧ 제1항과 제2항의 결정에 대하여는 즉시항고를 할 수 있다. 다만, 제447조의 규정은 적용하지 아니한다.

⑨ 제2항 내지 제8항의 규정에 따른 재판절차 및 그 집행 그 밖에 필요한 사항은 대법원규칙으로 정한다.

**제312조【출석하지 아니한 증인의 구인】** ① 법원은 정당한 사유 없이 출석하지 아니한 증인을 구인(拘引)하도록 명할 수 있다.

② 제1항의 구인에는 형사소송법의 구인에 관한 규정을 준용한다.

**제313조【수명법관·수탁판사에 의한 증인신문】** 법원은 다음 각호 가운데 어느 하나에 해당하면 수명법관 또는 수탁판사로 하여금 증인을 신문하게 할 수 있다.

1. 증인이 정당한 사유로 수소법원에 출석하지 못하는 때
2. 증인이 수소법원에 출석하려면 지나치게 많은 비용 또는 시간을 필요로 하는 때
3. 그 밖의 상당한 이유가 있는 경우로서 당사자가 이의를 제기하지 아니하는 때

**제314조【증언거부권】** 증인은 그 증언이 자기나 다음 각호 가운데 어느 하나에 해당하는 사람이 공소제기되거나 유죄판결을 받을 염려가 있는 사항 또는 자기나 그들에게 치욕이 될 사항에 관한 것인 때에는 이를 거부할 수 있다.

1. 증인의 친족 또는 이러한 관계에 있었던 사람(2005.3.31 본호개정)
2. 증인의 후견인 또는 증인의 후견을 받는 사람

**제315조【증언거부권】** ① 증인은 다음 각호 가운데 어느 하나에 해당하면 증언을 거부할 수 있다.

1. 변호사·변리사·공증인·공인회계사·세무사·의료인·약사, 그 밖에 법령에 따라 비밀을 지킬 의무가 있는 직책 또는 종교의 직책에 있거나 이러한 직책에 있었던 사람이 직무상 비밀에 속하는 사항에 대하여 신문을 받을 때
2. 기술 또는 직업의 비밀에 속하는 사항에 대하여 신문을 받을 때

② 증인이 비밀을 지킬 의무가 면제된

경우에는 제1항의 규정을 적용하지 아니한다.

**제316조【거부이유의 소명】** 증언을 거부하는 이유는 소명하여야 한다.

**제317조【증언거부에 대한 재판】** ① 수소법원은 당사자를 심문하여 증언거부가 옳은 지를 재판한다.

② 당사자 또는 증인은 제1항의 재판에 대하여 즉시항고를 할 수 있다.

**제318조【증언거부에 대한 제재】** 증언의 거부에 정당한 이유가 없다고 한 재판이 확정된 뒤에 증인이 증언을 거부한 때에는 제311조제1항, 제8항 및 제9항의 규정을 준용한다.

**제319조【선서의 의무】** 재판장은 증인에게 신문에 앞서 선서를 하게 하여야 한다. 다만, 특별한 사유가 있는 때에는 신문한 뒤에 선서를 하게 할 수 있다.

**제320조【위증에 대한 벌의 경고】** 재판장은 선서에 앞서 증인에게 선서의 취지를 밝히고, 위증의 벌에 대하여 경고하여야 한다.

**제321조【선서의 방식】** ① 선서는 선서서에 따라서 하여야 한다.

② 선서서에는 "양심에 따라 숨기거나 보태지 아니하고 사실 그대로 말하며, 만일 거짓말을 하면 위증의 벌을 받기로 맹세합니다."라고 적어야 한다.

③ 재판장은 증인으로 하여금 선서서를 소리내어 읽고 기명날인 또는 서명하게 하며, 증인이 선서서를 읽지 못하거나 기명날인 또는 서명하지 못하는 경우에는 참여한 법원사무관등이나 그 밖의 법원공무원으로 하여금 이를 대신하게 한다.

④ 증인은 일어서서 엄숙하게 선서하여야 한다.

**제322조【선서무능력】** 다음 각호 가운데 어느 하나에 해당하는 사람을 증인으로 신문할 때에는 선서를 시키지 못한다.

1. 16세 미만인 사람
2. 선서의 취지를 이해하지 못하는 사람

**제323조【선서의 면제】** 제314조에 해당하는 증인으로서 증언을 거부하지 아니한 사람을 신문할 때에는 선서를 시키지 아니할 수 있다.

**제324조【선서거부권】** 증인이 자기 또는 제314조 각호에 규정된 어느 한 사람과 현저한 이해관계가 있는 사항에 관하여 신문을 받을 때에는 선서를 거부할 수 있다.

**제325조【조서에의 기재】** 선서를 시키지 아니하고 증인을 신문한 때에는 그 사유를 조서에 적어야 한다.

**제326조【선서거부에 대한 제재】** 증인이 선서를 거부하는 경우에는 제316조 내지 제318조의 규정을 준용한다.

**제327조【증인신문의 방식】** ① 증인신문은 증인을 신청한 당사자가 먼저 하고, 다음에 다른 당사자가 한다.

② 재판장은 제1항의 신문이 끝난 뒤에 신문할 수 있다.

③ 재판장은 제1항과 제2항의 규정에 불구하고 언제든지 신문할 수 있다.

④ 재판장이 알맞다고 인정하는 때에는 당사자의 의견을 들어 제1항과 제2항의 규정에 따른 신문의 순서를 바꿀 수 있다.

⑤ 당사자의 신문이 중복되거나 쟁점과 관계가 없는 때, 그 밖에 필요한 사정이 있는 때에 재판장은 당사자의 신문을 제한할 수 있다.

⑥ 합의부원은 재판장에게 알리고 신문할 수 있다.

**제327조의2【비디오 등 중계장치에 의한 증인신문】** ① 법원은 다음 각 호의 어느 하나에 해당하는 사람을 증인으로 신문하는 경우 상당하다고 인정하는 때에는 당사자의 의견을 들어 비디오 등 중계장치에 의한 중계시설을 통하거나 인터넷 화상장치를 이용하여 신문할 수 있다.(2021.8.17 본문개정)

1. 증인이 멀리 떨어진 곳 또는 교통이 불편한 곳에 살고 있거나 그 밖의 사정으로 말미암아 법정에 직접 출석하기 어려운 경우
2. 증인이 나이, 심신상태, 당사자나 법정대리인과의 관계, 신문사항의 내용, 그 밖의 사정으로 말미암아 법정에서 당사자 등과 대면하여 진술하면 심리적인 부담으로 정신의 평온을 현저하게 잃을 우려가 있는 경우

② 제1항에 따른 증인신문은 증인이 법정에 출석하여 이루어진 증인신문으로 본다.
③ 제1항에 따른 증인신문의 절차와 방법, 그 밖에 필요한 사항은 대법원규칙으로 정한다.
(2016.3.29 본조신설)

**제328조【격리신문과 그 예외】** ① 증인은 따로따로 신문하여야 한다.
② 신문하지 아니한 증인이 법정(法廷) 안에 있을 때에는 법정에서 나가도록 명하여야 한다. 다만, 필요하다고 인정한 때에는 신문할 증인을 법정안에 머무르게 할 수 있다.

**제329조【대질신문】** 재판장은 필요하다고 인정한 때에는 증인 서로의 대질을 명할 수 있다.

**제330조【증인의 행위의무】** 재판장은 필요하다고 인정한 때에는 증인에게 문자를 손수 쓰게 하거나 그 밖의 필요한 행위를 하게 할 수 있다.

**제331조【증인의 진술원칙】** 증인은 서류에 의하여 진술하지 못한다. 다만, 재판장이 허가하면 그러하지 아니하다.

**제332조【수명법관·수탁판사의 권한】** 수명법관 또는 수탁판사가 증인을 신문하는 경우에는 법원과 재판장의 직무를 행한다.

## 제3절 감 정

**제333조【증인신문규정의 준용】** 감정에는 제2절의 규정을 준용한다. 다만, 제311조제2항 내지 제7항, 제312조, 제321조제2항, 제327조 및 제327조의2는 그러하지 아니하다.
(2016.3.29 단서개정)

**제334조【감정의무】** ① 감정에 필요한 학식과 경험이 있는 사람은 감정할 의무를 진다.
② 제314조 또는 제324조의 규정에 따라 증언 또는 선서를 거부할 수 있는 사람과 제322조에 규정된 사람은 감정인이 되지 못한다.

**제335조【감정인의 지정】** 감정인은 수소법원·수명법관 또는 수탁판사가 지정한다.

**제335조의2【감정인의 의무】** ① 감정인은 감정사항이 자신의 전문분야에 속하지 아니하는 경우 또는 그에 속하더라도 다른 감정인과 함께 감정을 하여야 하는 경우에는 곧바로 법원에 감정인의 지정 취소 또는 추가 지정을 요구하여야 한다.
② 감정인은 감정을 다른 사람에게 위임하여서는 아니 된다.
(2016.3.29 본조신설)

**제336조【감정인의 기피】** 감정인이 성실하게 감정할 수 없는 사정이 있는 때에 당사자는 그를 기피할 수 있다. 다만, 당사자는 감정인이 감정사항에 관한 진술을 하기 전부터 기피할 이유가 있다는 것을 알고 있었던 때에는 감정사항에 관한 진술이 이루어진 뒤에 그를 기피하지 못한다.

**제337조【기피의 절차】** ① 기피신청은 수소법원·수명법관 또는 수탁판사에게 하여야 한다.
② 기피하는 사유는 소명하여야 한다.
③ 기피하는 데 정당한 이유가 있다고 한 결정에 대하여는 불복할 수 없고, 이유가 없다고 한 결정에 대하여는 즉시항고를 할 수 있다.

**제338조【선서의 방식】** 선서서에는 "양심에 따라 성실히 감정하고, 만일

거짓이 있으면 거짓감정의 벌을 받기로 맹세합니다."라고 적어야 한다.

**제339조【감정진술의 방식】** ① 재판장은 감정인으로 하여금 서면이나 말로써 의견을 진술하게 할 수 있다.

② 재판장은 여러 감정인에게 감정을 명하는 경우에는 다 함께 또는 따로따로 의견을 진술하게 할 수 있다.

③ 법원은 제1항 및 제2항에 따른 감정진술에 관하여 당사자에게 서면이나 말로써 의견을 진술할 기회를 주어야 한다.(2016.3.29 본항신설)

**제339조의2【감정인신문의 방식】** ① 감정인은 재판장이 신문한다.

② 합의부원은 재판장에게 알리고 신문할 수 있다.

③ 당사자는 재판장에게 알리고 신문할 수 있다. 다만, 당사자의 신문이 중복되거나 쟁점과 관계가 없는 때, 그 밖에 필요한 사정이 있는 때에는 재판장은 당사자의 신문을 제한할 수 있다.
(2016.3.29 본조신설)

**제339조의3【비디오 등 중계장치 등에 의한 감정인신문】** ① 법원은 다음 각 호의 어느 하나에 해당하는 사람을 감정인으로 신문하는 경우 상당하다고 인정하는 때에는 당사자의 의견을 들어 비디오 등 중계장치에 의한 중계시설을 통하여 신문하거나 인터넷 화상장치를 이용하여 신문할 수 있다.

1. 감정인이 법정에 직접 출석하기 어려운 특별한 사정이 있는 경우
2. 감정인이 외국에 거주하는 경우

② 제1항에 따른 감정인신문에 관하여는 제327조의2제2항 및 제3항을 준용한다.

(2016.3.29 본조신설)

**제340조【감정증인】** 특별한 학식과 경험에 의하여 알게 된 사실에 관한 신문은 증인신문에 관한 규정을 따른다. 다만, 비디오 등 중계장치 등에 의한 감정증인신문에 관하여는 제339조의3을 준용한다.(2016.3.29 단서신설)

**제341조【감정의 촉탁】** ① 법원이 필요하다고 인정하는 경우에는 공공기관·학교, 그 밖에 상당한 설비가 있는 단체 또는 외국의 공공기관에 감정을 촉탁할 수 있다. 이 경우에는 선서에 관한 규정을 적용하지 아니한다.

② 제1항의 경우에 법원은 필요하다고 인정하면 공공기관·학교, 그 밖의 단체 또는 외국 공공기관이 지정한 사람으로 하여금 감정서를 설명하게 할 수 있다.

③ 제2항의 경우에는 제339조의3을 준용한다.(2016.3.29 본항신설)

**제342조【감정에 필요한 처분】** ① 감정인은 감정을 위하여 필요한 경우에는 법원의 허가를 받아 남의 토지, 주거, 관리 중인 가옥, 건조물, 항공기, 선박, 차량, 그 밖의 시설물안에 들어갈 수 있다.

② 제1항의 경우 저항을 받을 때에는 감정인은 경찰공무원에게 원조를 요청할 수 있다.(2020.12.22 본항개정)

## 제4절 서 증

**제343조【서증신청의 방식】** 당사자가 서증(書證)을 신청하고자 하는 때에는 문서를 제출하는 방식 또는 문서를 가진 사람에게 그것을 제출하도록 명할 것을 신청하는 방식으로 한다.

**제344조【문서의 제출의무】** ① 다음 각호의 경우에 문서를 가지고 있는 사람은 그 제출을 거부하지 못한다.

1. 당사자가 소송에서 인용한 문서를 가지고 있는 때
2. 신청자가 문서를 가지고 있는 사람에게 그것을 넘겨 달라고 하거나 보겠다고 요구할 수 있는 사법상의 권리를 가지고 있는 때
3. 문서가 신청자의 이익을 위하여 작성되었거나, 신청자와 문서를 가지고 있는 사람 사이의 법률관계에 관

하여 작성된 것인 때. 다만, 다음 각 목의 사유 가운데 어느 하나에 해당하는 경우에는 그러하지 아니하다.
가. 제304조 내지 제306조에 규정된 사항이 적혀 있는 문서로서 같은 조문들에 규정된 동의를 받지 아니한 문서
나. 문서를 가진 사람 또는 그와 제314조 각호 가운데 어느 하나의 관계에 있는 사람에 관하여 같은 조에서 규정된 사항이 적혀 있는 문서
다. 제315조제1항 각호에 규정된 사항중 어느 하나에 규정된 사항이 적혀 있고 비밀을 지킬 의무가 면제되지 아니한 문서

② 제1항의 경우 외에도 문서(공무원 또는 공무원이었던 사람이 그 직무와 관련하여 보관하거나 가지고 있는 문서를 제외한다)가 다음 각호의 어느 하나에도 해당하지 아니하는 경우에는 문서를 가지고 있는 사람은 그 제출을 거부하지 못한다.
1. 제1항제3호나목 및 다목에 규정된 문서
2. 오로지 문서를 가진 사람이 이용하기 위한 문서

**제345조 【문서제출신청의 방식】** 문서제출신청에는 다음 각호의 사항을 밝혀야 한다.
1. 문서의 표시
2. 문서의 취지
3. 문서를 가진 사람
4. 증명할 사실
5. 문서를 제출하여야 하는 의무의 원인

**제346조 【문서목록의 제출】** 제345조의 신청을 위하여 필요하다고 인정하는 경우에는, 법원은 신청대상이 되는 문서의 취지나 그 문서로 증명할 사실을 개괄적으로 표시한 당사자의 신청에 따라, 상대방 당사자에게 신청내용과 관련하여 가지고 있는 문서 또는 신청내용과 관련하여 서증으로 제출할 문서에 관하여 그 표시와 취지 등을 적어 내도록 명할 수 있다.

**제347조 【제출신청의 허가여부에 대한 재판】** ① 법원은 문서제출신청에 정당한 이유가 있다고 인정한 때에는 결정으로 문서를 가진 사람에게 그 제출을 명할 수 있다.
② 문서제출의 신청이 문서의 일부에 대하여만 이유 있다고 인정한 때에는 그 부분만의 제출을 명하여야 한다.
③ 제3자에 대하여 문서의 제출을 명하는 경우에는 제3자 또는 그가 지정하는 자를 심문하여야 한다.
④ 법원은 문서가 제344조에 해당하는지를 판단하기 위하여 필요하다고 인정하는 때에는 문서를 가지고 있는 사람에게 그 문서를 제시하도록 명할 수 있다. 이 경우 법원은 그 문서를 다른 사람이 보도록 하여서는 안된다.

**제348조 【불복신청】** 문서제출의 신청에 관한 결정에 대하여는 즉시항고를 할 수 있다.

**제349조 【당사자가 문서를 제출하지 아니한 때의 효과】** 당사자가 제347조제1항·제2항 및 제4항의 규정에 의한 명령에 따르지 아니한 때에는 법원은 문서의 기재에 대한 상대방의 주장을 진실한 것으로 인정할 수 있다.

**제350조 【당사자가 사용을 방해한 때의 효과】** 당사자가 상대방의 사용을 방해할 목적으로 제출의무가 있는 문서를 훼손하여 버리거나 이를 사용할 수 없게 한 때에는, 법원은 그 문서의 기재에 대한 상대방의 주장을 진실한 것으로 인정할 수 있다.

**제351조 【제3자가 문서를 제출하지 아니한 때의 제재】** 제3자가 제347조제1항·제2항 및 제4항의 규정에 의한 명령에 따르지 아니한 때에는 제318조의 규정을 준용한다.

**제352조 【문서송부의 촉탁】** 서증의 신청은 제343조의 규정에 불구하고

문서를 가지고 있는 사람에게 그 문서를 보내도록 촉탁할 것을 신청함으로써도 할 수 있다. 다만, 당사자가 법령에 의하여 문서의 정본 또는 등본을 청구할 수 있는 경우에는 그러하지 아니하다.

**제352조의2 【협력의무】** ① 제352조에 따라 법원으로부터 문서의 송부를 촉탁받은 사람 또는 제297조에 따른 증거조사의 대상인 문서를 가지고 있는 사람은 정당한 사유가 없는 한 이에 협력하여야 한다.

② 문서의 송부를 촉탁받은 사람이 그 문서를 보관하고 있지 아니하거나 그 밖에 송부촉탁에 따를 수 없는 사정이 있는 때에는 법원에 그 사유를 통지하여야 한다.

(2007.5.17 본조신설)

**제353조 【제출문서의 보관】** 법원은 필요하다고 인정하는 때에는 제출되거나 보내 온 문서를 맡아 둘 수 있다.

**제354조 【수명법관 · 수탁판사에 의한 조사】** ① 법원은 제297조의 규정에 따라 수명법관 또는 수탁판사에게 문서에 대한 증거조사를 하게 하는 경우에 그 조서에 적을 사항을 정할 수 있다.

② 제1항의 조서에는 문서의 등본 또는 초본을 붙여야 한다.

**제355조 【문서제출의 방법 등】** ① 법원에 문서를 제출하거나 보낼 때에는 원본, 정본 또는 인증이 있는 등본으로 하여야 한다.

② 법원은 필요하다고 인정하는 때에는 원본을 제출하도록 명하거나 이를 보내도록 촉탁할 수 있다.

③ 법원은 당사자로 하여금 그 인용한 문서의 등본 또는 초본을 제출하게 할 수 있다.

④ 문서가 증거로 채택되지 아니한 때에는 법원은 당사자의 의견을 들어 제출된 문서의 원본 · 정본 · 등본 · 초본 등을 돌려주거나 폐기할 수 있다.

**제356조 【공문서의 진정의 추정】** ① 문서의 작성방식과 취지에 의하여 공무원이 직무상 작성한 것으로 인정한 때에는 이를 진정한 공문서로 추정한다.

② 공문서가 진정한지 의심스러운 때에는 법원은 직권으로 해당 공공기관에 조회할 수 있다.

③ 외국의 공공기관이 작성한 것으로 인정한 문서에는 제1항 및 제2항의 규정을 준용한다.

**제357조 【사문서의 진정의 증명】** 사문서는 그것이 진정한 것임을 증명하여야 한다.

**제358조 【사문서의 진정의 추정】** 사문서는 본인 또는 대리인의 서명이나 날인 또는 무인(拇印)이 있는 때에는 진정한 것으로 추정한다.

**제359조 【필적 또는 인영의 대조】** 문서가 진정하게 성립된 것인지 어떤지는 필적 또는 인영(印影)을 대조하여 증명할 수 있다.

**제360조 【대조용문서의 제출절차】** ① 대조에 필요한 필적이나 인영이 있는 문서, 그 밖의 물건을 법원에 제출하거나 보내는 경우에는 제343조, 제347조 내지 제350조, 제352조 내지 제354조의 규정을 준용한다.

② 제3자가 정당한 사유 없이 제1항의 규정에 의한 제출명령에 따르지 아니한 때에 법원은 결정으로 200만원 이하의 과태료에 처한다.

③ 제2항의 결정에 대하여는 즉시항고를 할 수 있다.

**제361조 【상대방이 손수 써야 하는 의무】** ① 대조하는 데에 적당한 필적이 없는 때에는 법원은 상대방에게 그 문자를 손수 쓰도록 명할 수 있다.

② 상대방이 정당한 이유 없이 제1항의 명령에 따르지 아니한 때에는 법원은 문서의 진정여부에 관한 확인신청자의 주장을 진실한 것으로 인정할 수

있다. 필치(筆致)를 바꾸어 손수 쓴 때에도 또한 같다.

**제362조【대조용문서의 첨부】** 대조하는 데에 제공된 서류는 그 원본 · 등본 또는 초본을 조서에 붙여야 한다.

**제363조【문서성립의 부인에 대한 제재】** ① 당사자 또는 그 대리인이 고의나 중대한 과실로 진실에 어긋나게 문서의 진정을 다툰 때에는 법원은 결정으로 200만원 이하의 과태료에 처한다.

② 제1항의 결정에 대하여는 즉시항고를 할 수 있다.

③ 제1항의 경우에 문서의 진정에 대하여 다툰 당사자 또는 대리인이 소송이 법원에 계속된 중에 그 진정을 인정하는 때에는 법원은 제1항의 결정을 취소할 수 있다.

## 제5절 검 증

**제364조【검증의 신청】** 당사자가 검증을 신청하고자 하는 때에는 검증의 목적을 표시하여 신청하여야 한다.

**제365조【검증할 때의 감정 등】** 수명법관 또는 수탁판사는 검증에 필요하다고 인정할 때에는 감정을 명하거나 증인을 신문할 수 있다.

**제366조【검증의 절차 등】** ① 검증할 목적물을 제출하거나 보내는 데에는 제343조, 제347조 내지 제350조, 제352조 내지 제354조의 규정을 준용한다.

② 제3자가 정당한 사유 없이 제1항의 규정에 의한 제출명령에 따르지 아니한 때에는 법원은 결정으로 200만원 이하의 과태료에 처한다. 이 결정에 대하여는 즉시항고를 할 수 있다.

③ 법원은 검증을 위하여 필요한 경우에는 제342조제1항에 규정된 처분을 할 수 있다. 이 경우 저항을 받은 때에는 경찰공무원에게 원조를 요청할 수 있다.(2020.12.22 후단개정)

## 제6절 당사자신문

**제367조【당사자신문】** 법원은 직권으로 또는 당사자의 신청에 따라 당사자 본인을 신문할 수 있다. 이 경우 당사자에게 선서를 하게 하여야 한다.

**제368조【대질】** 재판장은 필요하다고 인정한 때에 당사자 서로의 대질 또는 당사자와 증인의 대질을 명할 수 있다.

**제369조【출석 · 선서 · 진술의 의무】** 당사자가 정당한 사유 없이 출석하지 아니하거나 선서 또는 진술을 거부한 때에는 법원은 신문사항에 관한 상대방의 주장을 진실한 것으로 인정할 수 있다.

**제370조【거짓 진술에 대한 제재】** ① 선서한 당사자가 거짓 진술을 한 때에는 법원은 결정으로 500만원 이하의 과태료에 처한다.

② 제1항의 결정에 대하여는 즉시항고를 할 수 있다.

③ 제1항의 결정에는 제363조제3항의 규정을 준용한다.

**제371조【신문조서】** 당사자를 신문한 때에는 선서의 유무와 진술 내용을 조서에 적어야 한다.

**제372조【법정대리인의 신문】** 소송에서 당사자를 대표하는 법정대리인에 대하여는 제367조 내지 제371조의 규정을 준용한다. 다만, 당사자 본인도 신문할 수 있다.

**제373조【증인신문 규정의 준용】** 이 절의 신문에는 제309조, 제313조, 제319조 내지 제322조, 제327조, 제327조의2와 제330조 내지 제332조의 규정을 준용한다.(2021.8.17 본조개정)

## 제7절 그 밖의 증거

**제374조【그 밖의 증거】** 도면 · 사진 · 녹음테이프 · 비디오테이프 · 컴퓨터용

자기디스크, 그 밖에 정보를 담기 위하여 만들어진 물건으로서 문서가 아닌 증거의 조사에 관한 사항은 제3절 내지 제5절의 규정에 준하여 대법원규칙으로 정한다.

## 제8절 증거보전

**제375조【증거보전의 요건】** 법원은 미리 증거조사를 하지 아니하면 그 증거를 사용하기 곤란할 사정이 있다고 인정한 때에는 당사자의 신청에 따라 이 장의 규정에 따라 증거조사를 할 수 있다.

**제376조【증거보전의 관할】** ① 증거보전의 신청은 소를 제기한 뒤에는 그 증거를 사용할 심급의 법원에 하여야 한다. 소를 제기하기 전에는 신문을 받을 사람이나 문서를 가진 사람의 거소 또는 검증하고자 하는 목적물이 있는 곳을 관할하는 지방법원에 하여야 한다.

② 급박한 경우에는 소를 제기한 뒤에도 제1항 후단에 규정된 지방법원에 증거보전의 신청을 할 수 있다.

**제377조【신청의 방식】** ① 증거보전의 신청에는 다음 각호의 사항을 밝혀야 한다.

1. 상대방의 표시
2. 증명할 사실
3. 보전하고자 하는 증거
4. 증거보전의 사유

② 증거보전의 사유는 소명하여야 한다.

**제378조【상대방을 지정할 수 없는 경우】** 증거보전의 신청은 상대방을 지정할 수 없는 경우에도 할 수 있다. 이 경우 법원은 상대방이 될 사람을 위하여 특별대리인을 선임할 수 있다.

**제379조【직권에 의한 증거보전】** 법원은 필요하다고 인정한 때에는 소송이 계속된 중에 직권으로 증거보전을 결정할 수 있다.

**제380조【불복금지】** 증거보전의 결정에 대하여는 불복할 수 없다.

**제381조【당사자의 참여】** 증거조사의 기일은 신청인과 상대방에게 통지하여야 한다. 다만, 긴급한 경우에는 그러하지 아니하다.

**제382조【증거보전의 기록】** 증거보전에 관한 기록은 본안소송의 기록이 있는 법원에 보내야 한다.

**제383조【증거보전의 비용】** 증거보전에 관한 비용은 소송비용의 일부로 한다.

**제384조【변론에서의 재신문】** 증거보전절차에서 신문한 증인을 당사자가 변론에서 다시 신문하고자 신청한 때에는 법원은 그 증인을 신문하여야 한다.

## 제4장 제소전화해(提訴前和解)의 절차

**제385조【화해신청의 방식】** ① 민사상 다툼에 관하여 당사자는 청구의 취지·원인과 다투는 사정을 밝혀 상대방의 보통재판적이 있는 곳의 지방법원에 화해를 신청할 수 있다.

② 당사자는 제1항의 화해를 위하여 대리인을 선임하는 권리를 상대방에게 위임할 수 없다.

③ 법원은 필요한 경우 대리권의 유무를 조사하기 위하여 당사자본인 또는 법정대리인의 출석을 명할 수 있다.

④ 화해신청에는 그 성질에 어긋나지 아니하면 소에 관한 규정을 준용한다.

**제386조【화해가 성립된 경우】** 화해가 성립된 때에는 법원사무관등은 조서에 당사자, 법정대리인, 청구의 취지와 원인, 화해조항, 날짜와 법원을 표시하고 판사와 법원사무관등이 기명날인 또는 서명한다.(2017.10.31 본조개정)

**제387조【화해가 성립되지 아니한 경우】** ① 화해가 성립되지 아니한 때에는 법원사무관등은 그 사유를 조서에 적어야 한다.

② 신청인 또는 상대방이 기일에 출석하지 아니한 때에는 법원은 이들의 화해가 성립되지 아니한 것으로 볼 수 있다.
③ 법원사무관등은 제1항의 조서등본을 당사자에게 송달하여야 한다.

**제388조【소제기신청】** ① 제387조의 경우에 당사자는 소제기신청을 할 수 있다.
② 적법한 소제기신청이 있으면 화해신청을 한 때에 소가 제기된 것으로 본다. 이 경우 법원사무관등은 바로 소송기록을 관할 법원에 보내야 한다.
③ 제1항의 신청은 제387조제3항의 조서등본이 송달된 날부터 2주 이내에 하여야 한다. 다만, 조서등본이 송달되기 전에도 신청할 수 있다.
④ 제3항의 기간은 불변기간으로 한다.

**제389조【화해비용】** 화해비용은 화해가 성립된 경우에는 특별한 합의가 없으면 당사자들이 각자 부담하고, 화해가 성립되지 아니한 경우에는 신청인이 부담한다. 다만, 소제기신청이 있는 경우에는 화해비용을 소송비용의 일부로 한다.

## 제3편 상 소

### 제1장 항 소

**제390조【항소의 대상】** ① 항소(抗訴)는 제1심 법원이 선고한 종국판결에 대하여 할 수 있다. 다만, 종국판결 뒤에 양 쪽 당사자가 상고(上告)할 권리를 유보하고 항소를 하지 아니하기로 합의한 때에는 그러하지 아니하다.
② 제1항 단서의 합의에는 제29조제2항의 규정을 준용한다.

**제391조【독립한 항소가 금지되는 재판】** 소송비용 및 가집행에 관한 재판에 대하여는 독립하여 항소를 하지 못한다.

**제392조【항소심의 판단을 받는 재판】** 종국판결 이전의 재판은 항소법원의 판단을 받는다. 다만, 불복할 수 없는 재판과 항고(抗告)로 불복할 수 있는 재판은 그러하지 아니하다.

**제393조【항소의 취하】** ① 항소는 항소심의 종국판결이 있기 전에 취하할 수 있다.
② 항소의 취하에는 제266조제3항 내지 제5항 및 제267조제1항의 규정을 준용한다.

**제394조【항소권의 포기】** 항소권은 포기할 수 있다.

**제395조【항소권의 포기방식】** ① 항소권의 포기는 항소를 하기 이전에는 제1심 법원에, 항소를 한 뒤에는 소송기록이 있는 법원에 서면으로 하여야 한다.
② 항소권의 포기에 관한 서면은 상대방에게 송달하여야 한다.
③ 항소를 한 뒤의 항소권의 포기는 항소취하의 효력도 가진다.

**제396조【항소기간】** ① 항소는 판결서가 송달된 날부터 2주 이내에 하여야 한다. 다만, 판결서 송달전에도 할 수 있다.
② 제1항의 기간은 불변기간으로 한다.

**제397조【항소의 방식, 항소장의 기재사항】** ① 항소는 항소장을 제1심 법원에 제출함으로써 한다.
② 항소장에는 다음 각호의 사항을 적어야 한다.
1. 당사자와 법정대리인
2. 제1심 판결의 표시와 그 판결에 대한 항소의 취지

**제398조【준비서면규정의 준용】** 항소장에는 준비서면에 관한 규정을 준용한다.

**제399조【원심재판장등의 항소장심사권】** ① 항소장이 제397조제2항의 규정에 어긋난 경우와 항소장에 법률의 규정에 따른 인지를 붙이지 아니한 경우에는 원심재판장은 항소인에게 상

당한 기간을 정하여 그 기간 이내에 흠을 보정하도록 명하여야 한다. 원심재판장은 법원사무관등으로 하여금 위 보정명령을 하게 할 수 있다.
(2014.12.30 후단신설)
② 항소인이 제1항의 기간 이내에 흠을 보정하지 아니한 때와, 항소기간을 넘긴 것이 분명한 때에는 원심재판장은 명령으로 항소장을 각하하여야 한다.
③ 제2항의 명령에 대하여는 즉시항고를 할 수 있다.
(2014.12.30 본조제목개정)

**제400조【항소기록의 송부】** ① 항소장이 각하되지 아니한 때에 원심법원의 법원사무관등은 항소장이 제출된 날부터 2주 이내에 항소기록에 항소장을 붙여 항소법원으로 보내야 한다.
② 제399조제1항의 규정에 의하여 원심재판장등이 흠을 보정하도록 명한 때에는 그 흠이 보정된 날부터 1주 이내에 항소기록을 보내야 한다.
(2014.12.30 본항개정)
③ 제1항 또는 제2항에 따라 항소기록을 송부받은 항소법원의 법원사무관등은 바로 그 사유를 당사자에게 통지하여야 한다.(2024.1.16 본항신설)

**제401조【항소장부본의 송달】** 항소장의 부본은 피항소인에게 송달하여야 한다.

**제402조【항소심재판장등의 항소장 심사권】** ① 항소장이 제397조제2항의 규정에 어긋나거나 항소장에 법률의 규정에 따른 인지를 붙이지 아니하였음에도 원심재판장등이 제399조제1항의 규정에 의한 명령을 하지 아니한 경우, 또는 항소장의 부본을 송달할 수 없는 경우에는 항소심재판장은 항소인에게 상당한 기간을 정하여 그 기간 이내에 흠을 보정하도록 명하여야 한다. 항소심재판장은 법원사무관등으로 하여금 위 보정명령을 하게 할 수 있다.
(2014.12.30 본항개정)
② 항소인이 제1항의 기간 이내에 흠을 보정하지 아니한 때, 또는 제399조제2항의 규정에 따라 원심재판장이 항소장을 각하하지 아니한 때에는 항소심재판장은 명령으로 항소장을 각하하여야 한다.
③ 제2항의 명령에 대하여는 즉시항고를 할 수 있다.
(2014.12.30 본조제목개정)

**제402조의2【항소이유서의 제출】** ① 항소장에 항소이유를 적지 아니한 항소인은 제400조제3항의 통지를 받은 날부터 40일 이내에 항소이유서를 항소법원에 제출하여야 한다.
② 항소법원은 항소인의 신청에 따른 결정으로 제1항에 따른 제출기간을 1회에 한하여 1개월 연장할 수 있다.
(2024.1.16 본조신설)

**제402조의3【항소이유서 미제출에 따른 항소각하 결정】** ① 항소인이 제402조의2제1항에 따른 제출기간(같은 조 제2항에 따라 제출기간이 연장된 경우에는 그 연장된 기간을 말한다) 내에 항소이유서를 제출하지 아니한 때에는 항소법원은 결정으로 항소를 각하하여야 한다. 다만, 직권으로 조사하여야 할 사유가 있거나 항소장에 항소이유가 기재되어 있는 때에는 그러하지 아니하다.
② 제1항 본문의 결정에 대하여는 즉시항고를 할 수 있다.
(2024.1.16 본조신설)

**제403조【부대항소】** 피항소인은 항소권이 소멸된 뒤에도 변론이 종결될 때까지 부대항소(附帶抗訴)를 할 수 있다.

**제404조【부대항소의 종속성】** 부대항소는 항소가 취하되거나 부적법하여 각하된 때에는 그 효력을 잃는다. 다만, 항소기간 이내에 한 부대항소는 독립된 항소로 본다.

**제405조【부대항소의 방식】** 부대항소에는 항소에 관한 규정을 적용한다.

**제406조【가집행의 선고】** ① 항소법원은 제1심 판결 중에 불복신청이 없는 부분에 대하여는 당사자의 신청에 따라 결정으로 가집행의 선고를 할 수 있다.

② 제1항의 신청을 기각한 결정에 대하여는 즉시항고를 할 수 있다.

**제407조【변론의 범위】** ① 변론은 당사자가 제1심 판결의 변경을 청구하는 한도안에서 한다.

② 당사자는 제1심 변론의 결과를 진술하여야 한다.

**제408조【제1심 소송절차의 준용】** 항소심의 소송절차에는 특별한 규정이 없으면 제2편제1장 내지 제3장의 규정을 준용한다.

**제409조【제1심 소송행위의 효력】** 제1심의 소송행위는 항소심에서도 그 효력을 가진다.

**제410조【제1심의 변론준비절차의 효력】** 제1심의 변론준비절차는 항소심에서도 그 효력을 가진다.

**제411조【관할위반 주장의 금지】** 당사자는 항소심에서 제1심 법원의 관할위반을 주장하지 못한다. 다만, 전속관할에 대하여는 그러하지 아니하다.

**제412조【반소의 제기】** ① 반소는 상대방의 심급의 이익을 해할 우려가 없는 경우 또는 상대방의 동의를 받은 경우에 제기할 수 있다.

② 상대방이 이의를 제기하지 아니하고 반소의 본안에 관하여 변론을 한 때에는 반소제기에 동의한 것으로 본다.

**제413조【변론 없이 하는 항소각하】** 부적법한 항소로서 흠을 보정할 수 없으면 변론 없이 판결로 항소를 각하할 수 있다.

**제414조【항소기각】** ① 항소법원은 제1심 판결을 정당하다고 인정한 때에는 항소를 기각하여야 한다.

② 제1심 판결의 이유가 정당하지 아니한 경우에도 다른 이유에 따라 그 판결이 정당하다고 인정되는 때에는 항소를 기각하여야 한다.

**제415조【항소를 받아들이는 범위】** 제1심 판결은 그 불복의 한도안에서 바꿀 수 있다. 다만, 상계에 관한 주장을 인정한 때에는 그러하지 아니하다.

**제416조【제1심 판결의 취소】** 항소법원은 제1심 판결을 정당하지 아니하다고 인정한 때에는 취소하여야 한다.

**제417조【판결절차의 위법으로 말미암은 취소】** 제1심 판결의 절차가 법률에 어긋날 때에 항소법원은 제1심 판결을 취소하여야 한다.

**제418조【필수적 환송】** 소가 부적법하다고 각하한 제1심 판결을 취소하는 경우에는 항소법원은 사건을 제1심 법원에 환송(還送)하여야 한다. 다만, 제1심에서 본안판결을 할 수 있을 정도로 심리가 된 경우, 또는 당사자의 동의가 있는 경우에는 항소법원은 스스로 본안판결을 할 수 있다.

**제419조【관할위반으로 말미암은 이송】** 관할위반을 이유로 제1심 판결을 취소한 때에는 항소법원은 판결로 사건을 관할 법원에 이송하여야 한다.

**제420조【판결서를 적는 방법】** 판결이유를 적을 때에는 제1심 판결을 인용할 수 있다. 다만, 제1심 판결이 제208조제3항에 따라 작성된 경우에는 그러하지 아니하다.

**제421조【소송기록의 반송】** 소송이 완결된 뒤 상고가 제기되지 아니하고 상고기간이 끝난 때에는 법원사무관등은 판결서, 제402조에 따른 명령 또는 제402조의3에 따른 결정의 정본을 소송기록에 붙여 제1심 법원에 보내야 한다.(2024.1.16 본조개정)

## 제2장 상 고

**제422조【상고의 대상】** ① 상고는 고등법원이 선고한 종국판결과 지방법원 합의부가 제2심으로서 선고한 종국판결에 대하여 할 수 있다.

② 제390조제1항 단서의 경우에는 제1심의 종국판결에 대하여 상고할 수 있다.

**제423조【상고이유】** 상고는 판결에 영향을 미친 헌법·법률·명령 또는 규칙의 위반이 있다는 것을 이유로 드는 때에만 할 수 있다.

**제424조【절대적 상고이유】** ① 판결에 다음 각호 가운데 어느 하나의 사유가 있는 때에는 상고에 정당한 이유가 있는 것으로 한다.

1. 법률에 따라 판결법원을 구성하지 아니한 때
2. 법률에 따라 판결에 관여할 수 없는 판사가 판결에 관여한 때
3. 전속관할에 관한 규정에 어긋난 때
4. 법정대리권·소송대리권 또는 대리인의 소송행위에 대한 특별한 권한의 수여에 흠이 있는 때
5. 변론을 공개하는 규정에 어긋난 때
6. 판결의 이유를 밝히지 아니하거나 이유에 모순이 있는 때

② 제60조 또는 제97조의 규정에 따라 추인한 때에는 제1항제4호의 규정을 적용하지 아니한다.

**제425조【항소심절차의 준용】** 상고와 상고심의 소송절차에는 특별한 규정이 없으면 제1장의 규정을 준용한다.

**제426조【소송기록 접수의 통지】** 상고법원의 법원사무관등은 원심법원의 법원사무관등으로부터 소송기록을 받은 때에는 바로 그 사유를 당사자에게 통지하여야 한다.

**제427조【상고이유서 제출】** 상고장에 상고이유를 적지 아니한 때에 상고인은 제426조의 통지를 받은 날부터 20일 이내에 상고이유서를 제출하여야 한다.

**제428조【상고이유서, 답변서의 송달 등】** ① 상고이유서를 제출받은 상고법원은 바로 그 부본이나 등본을 상대방에게 송달하여야 한다.

② 상대방은 제1항의 서면을 송달받은 날부터 10일 이내에 답변서를 제출할 수 있다.

③ 상고법원은 제2항의 답변서의 부본이나 등본을 상고인에게 송달하여야 한다.

**제429조【상고이유서를 제출하지 아니함으로 말미암은 상고기각】** 상고인이 제427조의 규정을 어기어 상고이유서를 제출하지 아니한 때에는 상고법원은 변론 없이 판결로 상고를 기각하여야 한다. 다만, 직권으로 조사하여야 할 사유가 있는 때에는 그러하지 아니하다.

**제430조【상고심의 심리절차】** ① 상고법원은 상고장·상고이유서·답변서, 그 밖의 소송기록에 의하여 변론없이 판결할 수 있다.

② 상고법원은 소송관계를 분명하게 하기 위하여 필요한 경우에는 특정한 사항에 관하여 변론을 열어 참고인의 진술을 들을 수 있다.

**제431조【심리의 범위】** 상고법원은 상고이유에 따라 불복신청의 한도 안에서 심리한다.

**제432조【사실심의 전권】** 원심판결이 적법하게 확정한 사실은 상고법원을 기속한다.

**제433조【비약적 상고의 특별규정】** 상고법원은 제422조제2항의 규정에 따른 상고에 대하여는 원심판결의 사실확정이 법률에 어긋난다는 것을 이유로 그 판결을 파기하지 못한다.

**제434조 【직권조사사항에 대한 예외】** 법원이 직권으로 조사하여야 할 사항에 대하여는 제431조 내지 제433조의 규정을 적용하지 아니한다.

**제435조 【가집행의 선고】** 상고법원은 원심판결중 불복신청이 없는 부분에 대하여는 당사자의 신청에 따라 결정으로 가집행의 선고를 할 수 있다.

**제436조 【파기환송, 이송】** ① 상고법원은 상고에 정당한 이유가 있다고 인정할 때에는 원심판결을 파기하고 사건을 원심법원에 환송하거나, 동등한 다른 법원에 이송하여야 한다.

② 사건을 환송받거나 이송받은 법원은 다시 변론을 거쳐 재판하여야 한다. 이 경우에는 상고법원이 파기의 이유로 삼은 사실상 및 법률상 판단에 기속된다.

③ 원심판결에 관여한 판사는 제2항의 재판에 관여하지 못한다.

**제437조 【파기자판】** 다음 각호 가운데 어느 하나에 해당하면 상고법원은 사건에 대하여 종국판결을 하여야 한다.

1. 확정된 사실에 대하여 법령적용이 어긋난다 하여 판결을 파기하는 경우에 사건이 그 사실을 바탕으로 재판하기 충분한 때
2. 사건이 법원의 권한에 속하지 아니한다 하여 판결을 파기하는 때

**제438조 【소송기록의 송부】** 사건을 환송하거나 이송하는 판결이 내려졌을 때에는 법원사무관등은 2주 이내에 그 판결의 정본을 소송기록에 붙여 사건을 환송받거나 이송받을 법원에 보내야 한다.

## 제3장 항 고

**제439조 【항고의 대상】** 소송절차에 관한 신청을 기각한 결정이나 명령에 대하여 불복하면 항고할 수 있다.

**제440조 【형식에 어긋나는 결정·명령에 대한 항고】** 결정이나 명령으로 재판할 수 없는 사항에 대하여 결정 또는 명령을 한 때에는 항고할 수 있다.

**제441조 【준항고】** ① 수명법관이나 수탁판사의 재판에 대하여 불복하는 당사자는 수소법원에 이의를 신청할 수 있다. 다만, 그 재판이 수소법원의 재판인 경우로서 항고할 수 있는 것인 때에 한한다.

② 제1항의 이의신청에 대한 재판에 대하여는 항고할 수 있다.

③ 상고심이나 제2심에 계속된 사건에 대한 수명법관이나 수탁판사의 재판에는 제1항의 규정을 준용한다.

**제442조 【재항고】** 항고법원·고등법원 또는 항소법원의 결정 및 명령에 대하여는 재판에 영향을 미친 헌법·법률·명령 또는 규칙의 위반을 이유로 드는 때에만 재항고(再抗告)할 수 있다.

**제443조 【항소 및 상고의 절차규정준용】** ① 항고법원의 소송절차에는 제1장의 규정을 준용한다.

② 재항고와 이에 관한 소송절차에는 제2장의 규정을 준용한다.

**제444조 【즉시항고】** ① 즉시항고는 재판이 고지된 날부터 1주 이내에 하여야 한다.

② 제1항의 기간은 불변기간으로 한다.

**제445조 【항고제기의 방식】** 항고는 항고장을 원심법원에 제출함으로써 한다.

**제446조 【항고의 처리】** 원심법원이 항고에 정당한 이유가 있다고 인정하는 때에는 그 재판을 경정하여야 한다.

**제447조 【즉시항고의 효력】** 즉시항고는 집행을 정지시키는 효력을 가진다.

**제448조 【원심재판의 집행정지】** 항고법원 또는 원심법원이나 판사는 항고에 대한 결정이 있을 때까지 원심재판의 집행을 정지하거나 그 밖에 필요한 처분을 명할 수 있다.

**제449조【특별항고】** ① 불복할 수 없는 결정이나 명령에 대하여는 재판에 영향을 미친 헌법위반이 있거나, 재판의 전제가 된 명령·규칙·처분의 헌법 또는 법률의 위반여부에 대한 판단이 부당하다는 것을 이유로 하는 때에만 대법원에 특별항고(特別抗告)를 할 수 있다.
② 제1항의 항고는 재판이 고지된 날부터 1주 이내에 하여야 한다.
③ 제2항의 기간은 불변기간으로 한다.

**제450조【준용규정】** 특별항고와 그 소송절차에는 제448조와 상고에 관한 규정을 준용한다.

## 제4편 재 심

**제451조【재심사유】** ① 다음 각호 가운데 어느 하나에 해당하면 확정된 종국판결에 대하여 재심의 소를 제기할 수 있다. 다만, 당사자가 상소에 의하여 그 사유를 주장하였거나, 이를 알고도 주장하지 아니한 때에는 그러하지 아니하다.

1. 법률에 따라 판결법원을 구성하지 아니한 때
2. 법률상 그 재판에 관여할 수 없는 법관이 관여한 때
3. 법정대리권·소송대리권 또는 대리인이 소송행위를 하는 데에 필요한 권한의 수여에 흠이 있는 때. 다만, 제60조 또는 제97조의 규정에 따라 추인한 때에는 그러하지 아니하다.
4. 재판에 관여한 법관이 그 사건에 관하여 직무에 관한 죄를 범한 때
5. 형사상 처벌을 받을 다른 사람의 행위로 말미암아 자백을 하였거나 판결에 영향을 미칠 공격 또는 방어방법의 제출에 방해를 받은 때
6. 판결의 증거가 된 문서, 그 밖의 물건이 위조되거나 변조된 것인 때
7. 증인·감정인·통역인의 거짓 진술 또는 당사자신문에 따른 당사자나 법정대리인의 거짓 진술이 판결의 증거가 된 때
8. 판결의 기초가 된 민사나 형사의 판결, 그 밖의 재판 또는 행정처분이 다른 재판이나 행정처분에 따라 바뀐 때
9. 판결에 영향을 미칠 중요한 사항에 관하여 판단을 누락한 때
10. 재심을 제기할 판결이 전에 선고한 확정판결에 어긋나는 때
11. 당사자가 상대방의 주소 또는 거소를 알고 있었음에도 있는 곳을 잘 모른다고 하거나 주소나 거소를 거짓으로 하여 소를 제기한 때

② 제1항제4호 내지 제7호의 경우에는 처벌받을 행위에 대하여 유죄의 판결이나 과태료부과의 재판이 확정된 때 또는 증거부족 외의 이유로 유죄의 확정판결이나 과태료부과의 확정재판을 할 수 없을 때에만 재심의 소를 제기할 수 있다.
③ 항소심에서 사건에 대하여 본안판결을 하였을 때에는 제1심 판결에 대하여 재심의 소를 제기하지 못한다.

**제452조【기본이 되는 재판의 재심사유】** 판결의 기본이 되는 재판에 제451조에 정한 사유가 있을 때에는 그 재판에 대하여 독립된 불복방법이 있는 경우라도 그 사유를 재심의 이유로 삼을 수 있다.

**제453조【재심관할 법원】** ① 재심은 재심을 제기할 판결을 한 법원의 전속관할로 한다.
② 심급을 달리하는 법원이 같은 사건에 대하여 내린 판결에 대한 재심의 소는 상급법원이 관할한다. 다만, 항소심판결과 상고심판결에 각각 독립된 재심사유가 있는 때에는 그러하지 아니하다.

**제454조【재심사유에 관한 중간판결】** ① 법원은 재심의 소가 적법한지 여부와 재심사유가 있는지 여부에 관

한 심리 및 재판을 본안에 관한 심리 및 재판과 분리하여 먼저 시행할 수 있다.
② 제1항의 경우에 법원은 재심사유가 있다고 인정한 때에는 그 취지의 중간판결을 한 뒤 본안에 관하여 심리·재판한다.
**제455조【재심의 소송절차】** 재심의 소송절차에는 각 심급의 소송절차에 관한 규정을 준용한다.
**제456조【재심제기의 기간】** ① 재심의 소는 당사자가 판결이 확정된 뒤 재심의 사유를 안 날부터 30일 이내에 제기하여야 한다.
② 제1항의 기간은 불변기간으로 한다.
③ 판결이 확정된 뒤 5년이 지난 때에는 재심의 소를 제기하지 못한다.
④ 재심의 사유가 판결이 확정된 뒤에 생긴 때에는 제3항의 기간은 그 사유가 발생한 날부터 계산한다.
**제457조【재심제기의 기간】** 대리권의 흠 또는 제451조제1항제10호에 규정한 사항을 이유로 들어 제기하는 재심의 소에는 제456조의 규정을 적용하지 아니한다.
**제458조【재심소장의 필수적 기재사항】** 재심소장에는 다음 각호의 사항을 적어야 한다.
1. 당사자와 법정대리인
2. 재심할 판결의 표시와 그 판결에 대하여 재심을 청구하는 취지
3. 재심의 이유
**제459조【변론과 재판의 범위】** ① 본안의 변론과 재판은 재심청구이유의 범위안에서 하여야 한다.
② 재심의 이유는 바꿀 수 있다.
**제460조【결과가 정당한 경우의 재심기각】** 재심의 사유가 있는 경우라도 판결이 정당하다고 인정한 때에는 법원은 재심의 청구를 기각하여야 한다.
**제461조【준재심】** 제220조의 조서 또는 즉시항고로 불복할 수 있는 결정이나 명령이 확정된 경우에 제451조제1항에 규정된 사유가 있는 때에는 확정판결에 대한 제451조 내지 제460조의 규정에 준하여 재심을 제기할 수 있다.

## 제5편 독촉절차

**제462조【적용의 요건】** 금전, 그 밖에 대체물(代替物)이나 유가증권의 일정한 수량의 지급을 목적으로 하는 청구에 대하여 법원은 채권자의 신청에 따라 지급명령을 할 수 있다. 다만, 대한민국에서 공시송달 외의 방법으로 송달할 수 있는 경우에 한한다.
**제463조【관할법원】** 독촉절차는 채무자의 보통재판적이 있는 곳의 지방법원이나 제7조 내지 제9조, 제12조 또는 제18조의 규정에 의한 관할법원의 전속관할로 한다.
**제464조【지급명령의 신청】** 지급명령의 신청에는 그 성질에 어긋나지 아니하면 소에 관한 규정을 준용한다.
**제465조【신청의 각하】** ① 지급명령의 신청이 제462조 본문 또는 제463조의 규정에 어긋나거나, 신청의 취지로 보아 청구에 정당한 이유가 없는 것이 명백한 때에는 그 신청을 각하하여야 한다. 청구의 일부에 대하여 지급명령을 할 수 없는 때에 그 일부에 대하여도 또한 같다.
② 신청을 각하하는 결정에 대하여는 불복할 수 없다.
**제466조【지급명령을 하지 아니하는 경우】** ① 채권자는 법원으로부터 채무자의 주소를 보정하라는 명령을 받은 경우에 소제기신청을 할 수 있다.
② 지급명령을 공시송달에 의하지 아니하고는 송달할 수 없거나 외국으로 송달하여야 할 때에는 법원은 직권에 의한 결정으로 사건을 소송절차에 부칠 수 있다.

③ 제2항의 결정에 대하여는 불복할 수 없다.

**제467조 【일방적 심문】** 지급명령은 채무자를 심문하지 아니하고 한다.

**제468조 【지급명령의 기재사항】** 지급명령에는 당사자, 법정대리인, 청구의 취지와 원인을 적고, 채무자가 지급명령이 송달된 날부터 2주 이내에 이의신청을 할 수 있다는 것을 덧붙여 적어야 한다.

**제469조 【지급명령의 송달】** ① 지급명령은 당사자에게 송달하여야 한다.

② 채무자는 지급명령에 대하여 이의신청을 할 수 있다.

**제470조 【이의신청의 효력】** ① 채무자가 지급명령을 송달받은 날부터 2주 이내에 이의신청을 한 때에는 지급명령은 그 범위안에서 효력을 잃는다.

② 제1항의 기간은 불변기간으로 한다.

**제471조 【이의신청의 각하】** ① 법원은 이의신청이 부적법하다고 인정한 때에는 결정으로 이를 각하하여야 한다.

② 제1항의 결정에 대하여는 즉시항고를 할 수 있다.

**제472조 【소송으로의 이행】** ① 채권자가 제466조제1항의 규정에 따라 소제기신청을 한 경우, 또는 법원이 제466조제2항의 규정에 따라 지급명령신청사건을 소송절차에 부치는 결정을 한 경우에는 지급명령을 신청한 때에 소가 제기된 것으로 본다.

② 채무자가 지급명령에 대하여 적법한 이의신청을 한 경우에는 지급명령을 신청한 때에 이의신청된 청구목적의 값에 관하여 소가 제기된 것으로 본다.

**제473조 【소송으로의 이행에 따른 처리】** ① 제472조의 규정에 따라 소가 제기된 것으로 보는 경우, 지급명령을 발령한 법원은 채권자에게 상당한 기간을 정하여, 소를 제기하는 경우 소장에 붙여야 할 인지액에서 소제기신청 또는 지급명령신청시에 붙인 인지액을 뺀 액수의 인지를 보정하도록 명하여야 한다.

② 채권자가 제1항의 기간 이내에 인지를 보정하지 아니한 때에는 위 법원은 결정으로 지급명령신청서를 각하하여야 한다. 이 결정에 대하여는 즉시항고를 할 수 있다.

③ 제1항에 규정된 인지가 보정되면 법원사무관 등은 바로 소송기록을 관할 법원에 보내야 한다. 이 경우 사건이 합의부의 관할에 해당되면 법원사무관등은 바로 소송기록을 관할 법원 합의부에 보내야 한다.

④ 제472조의 경우 독촉절차의 비용은 소송비용의 일부로 한다.

**제474조 【지급명령의 효력】** 지급명령에 대하여 이의신청이 없거나, 이의신청을 취하하거나, 각하결정이 확정된 때에는 지급명령은 확정판결과 같은 효력이 있다.

## 제6편 공시최고절차

**제475조 【공시최고의 적용범위】** 공시최고(公示催告)는 권리 또는 청구의 신고를 하지 아니하면 그 권리를 잃게 될 것을 법률로 정한 경우에만 할 수 있다.

**제476조 【공시최고절차를 관할하는 법원】** ① 공시최고는 법률에 다른 규정이 있는 경우를 제외하고는 권리자의 보통재판적이 있는 곳의 지방법원이 관할한다. 다만, 등기 또는 등록을 말소하기 위한 공시최고는 그 등기 또는 등록을 한 공공기관이 있는 곳의 지방법원에 신청할 수 있다.

② 제492조의 경우에는 증권이나 증서에 표시된 이행지의 지방법원이 관할한다. 다만, 증권이나 증서에 이행지의 표시가 없는 때에는 발행인의 보통

재판적이 있는 곳의 지방법원이, 그 법원이 없는 때에는 발행 당시에 발행인의 보통재판적이 있었던 곳의 지방법원이 각각 관할한다.
③ 제1항 및 제2항의 관할은 전속관할로 한다.

**제477조【공시최고의 신청】** ① 공시최고의 신청에는 그 신청의 이유와 제권판결(除權判決)을 청구하는 취지를 밝혀야 한다.
② 제1항의 신청은 서면으로 하여야 한다.
③ 법원은 여러 개의 공시최고를 병합하도록 명할 수 있다.

**제478조【공시최고의 허가여부】** ① 공시최고의 허가여부에 대한 재판은 결정으로 한다. 허가하지 아니하는 결정에 대하여는 즉시항고를 할 수 있다.
② 제1항의 경우에는 신청인을 심문할 수 있다.

**제479조【공시최고의 기재사항】** ① 공시최고의 신청을 허가한 때에는 법원은 공시최고를 하여야 한다.
② 공시최고에는 다음 각호의 사항을 적어야 한다.
1. 신청인의 표시
2. 공시최고기일까지 권리 또는 청구의 신고를 하여야 한다는 최고
3. 신고를 하지 아니하면 권리를 잃게 될 사항
4. 공시최고기일

**제480조【공고방법】** 공시최고는 대법원규칙이 정하는 바에 따라 공고하여야 한다.

**제481조【공시최고기간】** 공시최고의 기간은 공고가 끝난 날부터 3월 뒤로 정하여야 한다.

**제482조【제권판결전의 신고】** 공시최고기일이 끝난 뒤에도 제권판결에 앞서 권리 또는 청구의 신고가 있는 때에는 그 권리를 잃지 아니한다.

**제483조【신청인의 불출석과 새 기일의 지정】** ① 신청인이 공시최고기일에 출석하지 아니하거나, 기일변경신청을 하는 때에는 법원은 1회에 한하여 새 기일을 정하여 주어야 한다.
② 제1항의 새 기일은 공시최고기일부터 2월을 넘기지 아니하여야 하며, 공고는 필요로 하지 아니한다.

**제484조【취하간주】** 신청인이 제483조의 새 기일에 출석하지 아니한 때에는 공시최고신청을 취하한 것으로 본다.

**제485조【신고가 있는 경우】** 신청이유로 내세운 권리 또는 청구를 다투는 신고가 있는 때에는 법원은 그 권리에 대한 재판이 확정될 때까지 공시최고절차를 중지하거나, 신고한 권리를 유보하고 제권판결을 하여야 한다.

**제486조【신청인의 진술의무】** 공시최고의 신청인은 공시최고기일에 출석하여 그 신청을 하게 된 이유와 제권판결을 청구하는 취지를 진술하여야 한다.

**제487조【제권판결】** ① 법원은 신청인이 진술을 한 뒤에 제권판결신청에 정당한 이유가 없다고 인정할 때에는 결정으로 신청을 각하하여야 하며, 이유가 있다고 인정할 때에는 제권판결을 선고하여야 한다.
② 법원은 제1항의 재판에 앞서 직권으로 사실을 탐지할 수 있다.

**제488조【불복신청】** 제권판결의 신청을 각하한 결정이나, 제권판결에 덧붙인 제한 또는 유보에 대하여는 즉시항고를 할 수 있다.

**제489조【제권판결의 공고】** 법원은 제권판결의 요지를 대법원규칙이 정하는 바에 따라 공고할 수 있다.

**제490조【제권판결에 대한 불복소송】** ① 제권판결에 대하여는 상소를 하지 못한다.
② 제권판결에 대하여는 다음 각호 가

운데 어느 하나에 해당하면 신청인에 대한 소로써 최고법원에 불복할 수 있다.
1. 법률상 공시최고절차를 허가하지 아니할 경우일 때
2. 공시최고의 공고를 하지 아니하였거나, 법령이 정한 방법으로 공고를 하지 아니한 때
3. 공시최고기간을 지키지 아니한 때
4. 판결을 한 판사가 법률에 따라 직무집행에서 제척된 때
5. 전속관할에 관한 규정에 어긋난 때
6. 권리 또는 청구의 신고가 있음에도 법률에 어긋나는 판결을 한 때
7. 거짓 또는 부정한 방법으로 제권판결을 받은 때
8. 제451조제1항제4호 내지 제8호의 재심사유가 있는 때

**제491조【소제기기간】** ① 제490조제2항의 소는 1월 이내에 제기하여야 한다.
② 제1항의 기간은 불변기간으로 한다.
③ 제1항의 기간은 원고가 제권판결이 있다는 것을 안 날부터 계산한다. 다만, 제490조제2항제4호·제7호 및 제8호의 사유를 들어 소를 제기하는 경우에는 원고가 이러한 사유가 있음을 안 날부터 계산한다.
④ 이 소는 제권판결이 선고된 날부터 3년이 지나면 제기하지 못한다.

**제492조【증권의 무효선고를 위한 공시최고】** ① 도난·분실되거나 없어진 증권, 그 밖에 상법에서 무효로 할 수 있다고 규정한 증서의 무효선고를 청구하는 공시최고절차에는 제493조 내지 제497조의 규정을 적용한다.
② 법률상 공시최고를 할 수 있는 그 밖의 증서에 관하여 그 법률에 특별한 규정이 없으면 제1항의 규정을 적용한다.

**제493조【증서에 관한 공시최고신청권자】** 무기명증권 또는 배서(背書)로 이전할 수 있거나 약식배서(略式背書)가 있는 증권 또는 증서에 관하여는 최종소지인이 공시최고절차를 신청할 수 있으며, 그 밖의 증서에 관하여는 그 증서에 따라서 권리를 주장할 수 있는 사람이 공시최고절차를 신청할 수 있다.

**제494조【신청사유의 소명】** ① 신청인은 증서의 등본을 제출하거나 또는 증서의 존재 및 그 중요한 취지를 충분히 알리기에 필요한 사항을 제시하여야 한다.
② 신청인은 증서가 도난·분실되거나 없어진 사실과, 그 밖에 공시최고절차를 신청할 수 있는 이유가 되는 사실 등을 소명하여야 한다.

**제495조【신고최고, 실권경고】** 공시최고에는 공시최고기일까지 권리 또는 청구의 신고를 하고 그 증서를 제출하도록 최고하고, 이를 게을리 하면 권리를 잃게 되어 증서의 무효가 선고된다는 것을 경고하여야 한다.

**제496조【제권판결의 선고】** 제권판결에서는 증권 또는 증서의 무효를 선고하여야 한다.

**제497조【제권판결의 효력】** 제권판결이 내려진 때에는 신청인은 증권 또는 증서에 따라 의무를 지는 사람에게 증권 또는 증서에 따른 권리를 주장할 수 있다.

## 제7편 판결의 확정 및 집행정지

**제498조【판결의 확정시기】** 판결은 상소를 제기할 수 있는 기간 또는 그 기간 이내에 적법한 상소제기가 있을 때에는 확정되지 아니한다.

**제499조【판결확정증명서의 부여자】** ① 원고 또는 피고가 판결확정증명서를 신청한 때에는 제1심 법원의 법원사무관등이 기록에 따라 내어 준다.
② 소송기록이 상급심에 있는 때에는 상급법원의 법원사무관등이 그 확정부분에 대하여만 증명서를 내어 준다.

**제500조【재심 또는 상소의 추후보완 신청으로 말미암은 집행정지】** ① 재심 또는 제173조에 따른 상소의 추후보완신청이 있는 경우에 불복하는 이유로 내세운 사유가 법률상 정당한 이유가 있다고 인정되고, 사실에 대한 소명이 있는 때에는 법원은 당사자의 신청에 따라 담보를 제공하게 하거나 담보를 제공하지 아니하게 하고 강제집행을 일시정지하도록 명할 수 있으며, 담보를 제공하게 하고 강제집행을 실시하도록 명하거나 실시한 강제처분을 취소하도록 명할 수 있다.

② 담보 없이 하는 강제집행의 정지는 그 집행으로 말미암아 보상할 수 없는 손해가 생기는 것을 소명한 때에만 한다.

③ 제1항 및 제2항의 재판은 변론 없이 할 수 있으며, 이 재판에 대하여는 불복할 수 없다.

④ 상소의 추후보완신청의 경우에 소송기록이 원심법원에 있으면 그 법원이 제1항 및 제2항의 재판을 한다.

**제501조【상소제기 또는 변경의 소제기로 말미암은 집행정지】** 가집행의 선고가 붙은 판결에 대하여 상소를 한 경우 또는 정기금의 지급을 명한 확정판결에 대하여 제252조제1항의 규정에 따른 소를 제기한 경우에는 제500조의 규정을 준용한다.

**제502조【담보를 공탁할 법원】** ① 이 편의 규정에 의한 담보의 제공이나 공탁은 원고나 피고의 보통재판적이 있는 곳의 지방법원 또는 집행법원에 할 수 있다.

② 담보를 제공하거나 공탁을 한 때에는 법원은 당사자의 신청에 따라서 증명서를 주어야 한다.

③ 이 편에 규정된 담보에는 달리 규정이 있는 경우를 제외하고는 제122조·제123조·제125조 및 제126조의 규정을 준용한다.

부　칙

**제1조【시행일】** 이 법은 2002년 7월 1일부터 시행한다.

**제2조【계속사건에 관한 경과조치】** 이 법은 특별한 규정이 없으면 이 법 시행 당시 법원에 계속중인 사건에도 적용한다. 다만, 이 법 시행 전의 소송행위의 효력에는 영향을 미치지 아니한다.

**제3조【법 적용의 시간적 범위】** 이 법은 이 법 시행 이전에 생긴 사항에도 적용한다. 다만, 종전의 규정에 따라 생긴 효력에는 영향을 미치지 아니한다.

**제4조【관할에 관한 경과조치】** 이 법 시행 당시 법원에 계속 중인 사건은 이 법에 따라 관할권이 없는 경우에도 종전의 규정에 따라 관할권이 있으면 그에 따른다.

**제5조【법정기간에 관한 경과조치】** 이 법 시행전부터 진행된 법정기간과 그 계산은 종전의 규정에 따른다.

**제6조【다른 법률의 개정】** ①~㉙ ※(해당 법령에 가제정리 하였음)

**제7조【다른 법률과의 관계】** 이 법 시행 당시 다른 법률에서 종전의 민사소송법의 규정을 인용한 경우에 이 법중 그에 해당하는 규정이 있는 때에는 이 법의 해당 규정을 인용한 것으로 본다.

부　칙 (2005.3.31 법7427호)

**제1조【시행일】** 이 법은 2008년 1월 1일부터 시행한다.(이하 생략)

부　칙 (2005.3.31 법7428호)

**제1조【시행일】** 이 법은 공포 후 1년이 경과한 날부터 시행한다.(이하 생략)

부 칙 (2006.2.21)

**제1조 【시행일】** 이 법은 2006년 7월 1일부터 시행한다.(이하 생략)

부 칙 (2007.5.17)

이 법은 2008년 1월 1일부터 시행한다.

부 칙 (2007.7.13)

① **【시행일】** 이 법은 공포 후 1개월이 경과한 날부터 시행한다.
② **【전문심리위원에 대한 적용례】** 제164조의2부터 제164조의8까지의 개정규정은 이 법 시행 당시 법원에 계속 중인 사건에도 적용한다.

부 칙 (2008.12.26)

① **【시행일】** 이 법은 공포한 날부터 시행한다.
② **【계속사건에 대한 경과조치】** 이 법은 이 법 시행 당시 법원에 계속 중인 사건에 대하여도 적용한다.

부 칙 (2010.7.23)

① **【시행일】** 이 법은 공포 후 3개월이 경과한 날부터 시행한다.
② **【적용례】** 제117조의 개정규정은 이 법 시행 후 최초로 소송제기되는 경우부터 적용한다.

부 칙 (2011.5.19)

**제1조 【시행일】** 이 법은 공포 후 2개월이 경과한 날부터 시행한다.(이하 생략)

부 칙 (2011.7.18)

① **【시행일】** 이 법은 2015년 1월 1일부터 시행한다.
② **【적용례】** 제163조의2의 개정규정은 이 법 시행 후 최초로 판결이 확정되는 사건의 판결서부터 적용한다.

부 칙 (2014.5.20)

이 법은 공포한 날부터 시행한다.

부 칙 (2014.12.30)

**제1조 【시행일】** 이 법은 공포 후 6개월이 경과한 날부터 시행한다.
**제2조 【계속사건에 대한 경과조치】** 이 법은 이 법 시행 당시 법원에 계속 중인 사건에 대하여도 적용한다.

부 칙 (2015.12.1)

**제1조 【시행일】** 이 법은 2016년 1월 1일부터 시행한다.
**제2조 【적용례】** 이 법은 이 법 시행 후 최초로 소장이 접수된 사건부터 적용한다.

부 칙 (2016.2.3)

**제1조 【시행일】** 이 법은 공포 후 1년이 경과한 날부터 시행한다.
**제2조 【계속사건에 관한 적용례 등】** 이 법은 특별한 규정이 없으면 이 법 시행 당시 법원에 계속 중인 사건에도 적용한다. 다만, 이 법 시행 전의 소송행위의 효력에는 영향을 미치지 아니한다.
**제3조 【금치산자 등에 대한 경과조치】** 제55조, 제56조 및 제62조의 개정규정에도 불구하고 법률 제10429호

민법 일부개정법률 부칙 제2조에 따라 금치산 또는 한정치산 선고의 효력이 유지되는 사람에 대해서는 종전의 규정에 따른다.
**제4조【다른 법률의 개정】** ①~② ※(해당 법령에 가제정리 하였음)

부 칙 (2016.3.29)

**제1조【시행일】** 이 법은 공포 후 6개월이 경과한 날부터 시행한다.
**제2조【계속사건에 관한 경과조치】** 이 법은 이 법 시행 당시 법원에 계속 중인 사건에 대하여도 적용한다.

부 칙 (2017.10.31)

**제1조【시행일】** 이 법은 공포한 날부터 시행한다.
**제2조【적용례】** 이 법의 개정규정은 이 법 시행 후 최초로 조서 또는 그 밖의 서면을 작성하거나 재판서·조서의 정본·등본·초본을 교부하는 경우부터 적용한다.

부 칙 (2020.12.8)

**제1조【시행일】** 이 법은 2023년 1월 1일부터 시행한다.
**제2조【적용례】** 제163조의2의 개정규정은 이 법 시행 후 최초로 판결이 선고되는 사건의 판결서부터 적용한다.

부 칙 (2020.12.22)

**제1조【시행일】** 이 법은 2021년 1월 1일부터 시행한다.(이하 생략)

부 칙 (2021.8.17)

**제1조【시행일】** 이 법은 공포 후 3개월이 경과한 날부터 시행한다.
**제2조【계속사건에 대한 경과조치】** 이 법은 이 법 시행 당시 법원에 계속 중인 사건에 대하여도 적용한다.

부 칙 (2023.4.18)

**제1조【시행일】** 이 법은 공포 후 6개월이 경과한 날부터 시행한다.
**제2조【소송구조에 관한 적용례】** 제128조제2항의 개정규정은 이 법 시행 이후 소송구조를 신청한 경우부터 적용한다.
**제3조【소권 및 항소권의 남용에 관한 적용례】** 제194조제4항, 제219조의2, 제248조의 개정규정은 이 법 시행 이후 소 및 항소를 제기한 경우부터 적용한다.
**제4조【다른 법률의 개정】** ※(해당 법령에 가제정리 하였음)

부 칙 (2023.7.11)

이 법은 공포 후 2년이 경과한 날부터 시행한다.

부 칙 (2024.1.16)

**제1조【시행일】** 이 법은 2025년 3월 1일부터 시행한다.
**제2조【항소이유서의 제출에 관한 적용례】** 이 법은 이 법 시행 후 최초로 항소장 또는 항고장이 제출되는 사건부터 적용한다.
**제3조【다른 법률의 개정】** ※(해당 법령에 가제정리 하였음)

# 민사소송규칙

(2002년 6월 28일 전개대법원규칙 제1761호)

개정
2006. 3.23대규2012호 2007. 7.31대규2094호
2007.11.28대규2115호 2009. 1. 9대규2203호
2009.12. 3대규2259호 2010.12.13대규2311호
2011. 9.28대규2356호(부등규)
2012. 5. 2대규2396호 2014. 8. 6대규2545호
2014.12.30대규2575호 2015. 1.28대규2585호
2015. 6.29대규2606호 2016. 8. 1대규2670호
2016. 9. 6대규2675호 2017. 2. 2대규2711호
2018. 1.31대규2771호 2020. 6. 1대규2900호
2020. 6.26대규2905호 2021.10.29대규3001호
2024.11.29대규3167호 2025. 1.23대규3191호



## 제1편 총 칙

## 제1장 통 칙

**제1조【목적】** 이 규칙은 민사소송법(다음부터 "법"이라 한다)이 대법원규칙에 위임한 사항, 그 밖에 민사소송절차에 관하여 필요한 사항을 규정함을 목적으로 한다.

**제2조【법원에 제출하는 서면의 기재사항】** ① 당사자 또는 대리인이 법원에 제출하는 서면에는 특별한 규정이 없으면 다음 각호의 사항을 적고 당사자 또는 대리인이 기명날인 또는 서명하여야 한다.

1. 사건의 표시
2. 서면을 제출하는 당사자와 대리인의 이름·주소와 연락처(전화번호·팩시밀리번호 또는 전자우편주소 등을 말한다. 다음부터 같다)
3. 덧붙인 서류의 표시
4. 작성한 날짜
5. 법원의 표시

② 당사자 또는 대리인이 제출한 서면에 적은 주소 또는 연락처에 변동사항이 없는 때에는 그 이후에 제출하는 서면에는 주소 또는 연락처를 적지 아니하여도 된다.

**제3조【최고·통지】** ① 민사소송절차에서 최고와 통지는 특별한 규정이 없으면 상당하다고 인정되는 방법으로 할 수 있다.

② 제1항의 최고나 통지를 한 때에는 법원서기관·법원사무관·법원주사 또는 법원주사보(다음부터 이 모두를 "법원사무관등"이라 한다)는 그 취지와 최고 또는 통지의 방법을 소송기록에 표시하여야 한다.

③ 이 규칙에 규정된 통지(다만, 법에 규정된 통지를 제외한다)를 받을 사람이 외국에 있거나 있는 곳이 분명하지

아니한 때에는 통지를 하지 아니하여도 된다. 이 경우 법원사무관등은 그 사유를 소송기록에 표시하여야 한다.
④ 당사자, 그 밖의 소송관계인에 대한 통지는 법원사무관등으로 하여금 그 이름으로 하게 할 수 있다.

**제4조【소송서류의 작성방법 등】** ① 소송서류는 간결한 문장으로 분명하게 작성하여야 한다.
② 소송서류는 특별한 사정이 없으면 다음 양식에 따라 세워서 적어야 한다.
1. 용지는 A4(가로 210㎜×세로 297㎜) 크기로 하고, 위로부터 45㎜, 왼쪽 및 오른쪽으로부터 각각 20㎜, 아래로부터 30㎜(장수 표시 제외)의 여백을 둔다.
2. 글자크기는 12포인트(가로 4.2㎜×세로 4.2㎜) 이상으로 하고, 줄간격은 200% 또는 1.5줄 이상으로 한다.

(2016.8.1 본항개정)
③ 법원은 제출자의 의견을 들어 변론기일 또는 변론준비기일에서 진술되지 아니하거나 불필요한 소송서류를 돌려주거나 폐기할 수 있다.(2016.8.1 본항신설)

**제5조【소송서류의 접수와 보정권고】** ① 당사자, 그 밖의 소송관계인이 제출하는 소송서류는 정당한 이유 없이 접수를 거부하여서는 아니 된다.
② 소송서류를 접수한 공무원은 소송서류를 제출한 사람이 요청한 때에는 바로 접수증을 교부하여야 한다.
③ 법원사무관등은 접수된 소송서류의 보완을 위하여 필요한 사항을 지적하고 보정을 권고할 수 있다.

## 제2장 법 원

**제6조【보통재판적】** 법 제3조 내지 법 제6조의 규정에 따라 보통재판적을 정할 수 없는 때에는 대법원이 있는 곳을 보통재판적으로 한다.

**제7조【관할지정의 신청 등】** ① 법 제28조제1항의 규정에 따라 관계된 법원 또는 당사자가 관할지정을 신청하는 때에는 그 사유를 적은 신청서를 바로 위의 상급법원에 제출하여야 한다.
② 소 제기 후의 사건에 관하여 제1항의 신청을 한 경우, 신청인이 관계된 법원인 때에는 그 법원이 당사자 모두에게, 신청인이 당사자인 때에는 신청을 받은 법원이 소송이 계속된 법원과 상대방에게 그 취지를 통지하여야 한다.

**제8조【관할지정신청에 대한 처리】** ① 법 제28조제1항의 규정에 따른 신청을 받은 법원은 그 신청에 정당한 이유가 있다고 인정하는 때에는 관할 법원을 지정하는 결정을, 이유가 없다고 인정하는 때에는 신청을 기각하는 결정을 하여야 한다.
② 소 제기 전의 사건에 관하여 제1항의 결정을 한 경우에는 신청인에게, 소 제기 후의 사건에 관하여 제1항의 결정을 한 경우에는 소송이 계속된 법원과 당사자 모두에게 그 결정정본을 송달하여야 한다.
③ 소송이 계속된 법원이 바로 위의 상급법원으로부터 다른 법원을 관할 법원으로 지정하는 결정정본을 송달받은 때에는, 그 법원의 법원사무관등은 바로 그 결정정본과 소송기록을 지정된 법원에 보내야 한다.

**제9조【소송절차의 정지】** 소 제기 후의 사건에 관하여 법 제28조제1항의 규정에 따른 관할지정신청이 있는 때에는 그 신청에 대한 결정이 있을 때까지 소송절차를 정지하여야 한다. 다만, 긴급한 필요가 있는 행위를 하는 경우에는 그러하지 아니하다.

**제10조【이송신청의 방식】** ① 소송의 이송신청을 하는 때에는 신청의 이유를 밝혀야 한다.

② 이송신청은 기일에 출석하여 하는 경우가 아니면 서면으로 하여야 한다.

**제11조【이송결정에 관한 의견진술】** ① 법 제34조제2항·제3항, 법 제35조 또는 법 제36조제1항의 규정에 따른 신청이 있는 때에는 법원은 결정에 앞서 상대방에게 의견을 진술할 기회를 주어야 한다.

② 법원이 직권으로 법 제34조제2항, 법 제35조 또는 법 제36조의 규정에 따른 이송결정을 하는 때에는 당사자의 의견을 들을 수 있다.

## 제3장 당사자

**제12조【법인이 아닌 사단 등의 당사자능력을 판단하는 자료의 제출】** 법원은 법인이 아닌 사단 또는 재단이 당사자가 되어 있는 때에는 정관·규약, 그 밖에 그 당사자의 당사자능력을 판단하기 위하여 필요한 자료를 제출하게 할 수 있다.

**제13조【법정대리권 소멸 및 선정당사자 선정취소·변경 통지의 신고】** ① 법 제63조제1항의 규정에 따라 법정대리권 소멸통지를 한 사람은 그 취지를 법원에 서면으로 신고하여야 한다.

② 법 제63조제2항의 규정에 따라 선정당사자 선정취소와 변경의 통지를 한 사람에게는 제1항의 규정을 준용한다.

**제14조【필수적 공동소송인의 추가신청】** 법 제68조제1항의 규정에 따른 필수적 공동소송인의 추가신청은 추가될 당사자의 이름·주소와 추가신청의 이유를 적은 서면으로 하여야 한다.

**제15조【단독사건에서 소송대리의 허가】** ① 단독판사가 심리·재판하는 사건으로서 다음 각 호의 어느 하나에 해당하는 사건에서는 변호사가 아닌 사람도 법원의 허가를 받아 소송대리인이 될 수 있다.

1. 「민사 및 가사소송의 사물관할에 관한 규칙」 제2조 단서 각 호의 어느 하나에 해당하는 사건
2. 제1호 사건 외의 사건으로서 다음 각 목의 어느 하나에 해당하지 아니하는 사건
   가. 소송목적의 값이 소제기 당시 또는 청구취지 확장(변론의 병합 포함) 당시 1억원을 넘는 소송사건
   나. 가목의 사건을 본안으로 하는 신청사건 및 이에 부수하는 신청사건(다만, 가압류·다툼의 대상에 관한 가처분 신청사건 및 이에 부수하는 신청사건은 제외한다)

(2016.9.6 본항개정)

② 제1항과 법 제88조제1항의 규정에 따라 법원의 허가를 받을 수 있는 사람은 다음 각호 가운데 어느 하나에 해당하여야 한다.

1. 당사자의 배우자 또는 4촌 안의 친족으로서 당사자와의 생활관계에 비추어 상당하다고 인정되는 경우
2. 당사자와 고용, 그 밖에 이에 준하는 계약관계를 맺고 그 사건에 관한 통상사무를 처리·보조하는 사람으로서 그 사람이 담당하는 사무와 사건의 내용 등에 비추어 상당하다고 인정되는 경우

③ 제1항과 법 제88조제1항에 규정된 허가신청은 서면으로 하여야 한다.

④ 제1항과 법 제88조제1항의 규정에 따른 허가를 한 후 사건이 제1항제2호 각 목의 어느 하나에 해당하는 사건(다만, 제1항제1호에 해당하는 사건은 제외한다) 또는 민사소송등인지법 제2조제4항에 해당하게 된 때에는 법원은 허가를 취소하고 당사자 본인에게 그 취지를 통지하여야 한다.(2016.9.6 본항개정)

**제16조【법률상 소송대리인의 자격심사 등】** ① 법원은 지배인·선장 등 법률상 소송대리인의 자격 또는 권한

을 심사할 수 있고 그 심사에 필요한 때에는 그 소송대리인·당사자 본인 또는 참고인을 심문하거나 관련 자료를 제출하게 할 수 있다.

② 법원은 법률상 소송대리인이 그 자격 또는 권한이 없다고 인정하는 때에는 재판상 행위를 금지하고 당사자 본인에게 그 취지를 통지하여야 한다.

**제17조【소송대리권 소멸통지의 신고】** 법 제97조에서 준용하는 법 제63조제1항의 규정에 따라 소송대리인 권한의 소멸통지를 한 사람에게는 제13조제1항의 규정을 준용한다.

**제17조의2【기일 외 진술 등의 금지】**

① 당사자나 대리인은 기일 외에서 구술, 전화, 휴대전화 문자전송, 그 밖에 이와 유사한 방법으로 사실상 또는 법률상 사항에 대하여 진술하는 등 법령이나 재판장의 지휘에 어긋나는 절차와 방식으로 소송행위를 하여서는 아니 된다.

② 재판장은 제1항을 어긴 당사자나 대리인에게 주의를 촉구하고 기일에서 그 위반사실을 알릴 수 있다.

(2016.9.6 본조신설)

## 제4장 소송비용

### 제1절 소송비용의 부담

**제18조【소송비용액의 확정을 구하는 신청의 방식】** 법 제110조제1항, 법 제113조제1항 또는 법 제114조제1항의 규정에 따른 신청은 서면으로 하여야 한다.

**제19조【소송비용의 예납의무자】** ① 법 제116조제1항의 규정에 따라 법원이 소송비용을 미리 내게 할 수 있는 당사자는 그 소송행위로 이익을 받을 당사자로 하되, 다음 각호의 기준을 따라야 한다.

1. 송달료는 원고(상소심에서는 상소인을 말한다. 다음부터 이 조문 안에서 같다)
2. 변론의 속기 또는 녹음(듣거나 말하는 데 장애가 있는 사람을 위한 속기, 녹음 및 제37조에 따라 녹음에 준하여 이루어지는 녹화를 제외한다. 다음부터 이 조문 안에서 같다)에 드는 비용은 신청인. 다만, 직권에 의한 속기 또는 녹음의 경우에 그 속기 또는 녹음으로 이익을 받을 당사자가 분명하지 아니한 때에는 원고
(2020.6.26 본문개정)
3. 증거조사를 위한 증인·감정인·통역인(듣거나 말하는 데 장애가 있는 사람을 위한 통역인은 제외한다. 다음부터 이 조문 안에서 같다) 등에 대한 여비·일당·숙박료 및 감정인·통역인 등에 대한 보수와 법원 외에서의 증거조사를 위한 법관, 그 밖의 법원공무원의 여비·숙박료는 그 증거조사를 신청한 당사자. 다만, 직권에 의한 증거조사의 경우에 그 증거조사로 이익을 받을 당사자가 분명하지 아니한 때에는 원고
(2020.6.26 본문개정)
4. 상소법원에 소송기록을 보내는 비용은 상소인

② 제1항제2호의 속기 또는 녹음, 제1항제3호의 증거조사를 양쪽 당사자가 신청한 경우와 제1항제4호의 상소인이 양쪽 당사자인 경우에는 필요한 비용을 균등하게 나누어 미리 내게 하여야 한다. 다만, 사정에 따라 미리 낼 금액의 비율을 다르게 할 수 있다.

**제19조의2【듣거나 말하는 데 장애가 있는 사람을 위한 비용 등】** ① 듣거나 말하는 데 장애가 있는 사람을 위한 속기, 녹음 및 제37조에 따라 녹음에 준하여 이루어지는 녹화에 드는 비용은 국고에서 지급하고, 소송비용에는 산입하지 아니한다.

② 듣거나 말하는 데 장애가 있는 사람을 위한 통역인에게는 「민사소송비용규칙」에서 정하는 바에 따라 여비, 일당 및 숙박료를 지급하고 통역에 관한 특별요금은 법원이 정한 금액을 지급한다. 이에 소요되는 비용은 국고에서 지급하고, 소송비용에는 산입하지 아니한다.
(2020.6.26 본조신설)

**제20조【소송비용 예납 불이행시의 국고대납】** 법원은 소송비용을 미리 내야 할 사람이 내지 아니하여(부족액을 추가로 내지 아니하는 경우를 포함한다) 소송절차의 진행 또는 종료 후의 사무처리가 현저히 곤란한 때에는 그 소송비용을 국고에서 대납받아 지출할 수 있다.

**제21조【소송비용의 대납지급 요청】** ① 소송비용의 대납지급 요청은 재판장이 법원의 경비출납공무원에게 서면이나 재판사무시스템을 이용한 전자적인 방법으로 하여야 한다. 다만, 서류송달료의 대납지급 요청은 법원사무관등이 한다.(2009.12.3 본항개정)
② 제1항의 요청은 소송비용을 지출할 사유가 발생할 때마다 하여야 한다. 다만, 서류의 송달료에 관하여는 필요한 범위 안에서 여러 번 실시할 비용의 일괄 지급을 요청할 수 있다.

## 제2절 소송비용의 담보

**제22조【지급보증위탁계약】** ① 법 제122조의 규정에 따라 지급보증위탁계약을 맺은 문서를 제출하는 방법으로 담보를 제공하려면 미리 법원의 허가를 받아야 한다.
② 제1항의 규정에 따른 지급보증위탁계약은 담보제공명령을 받은 사람이 은행법의 규정에 따른 금융기관이나 보험회사(다음부터 이 모두를 "은행등"이라 한다)와 맺은 것으로서 다음 각호의 요건을 갖춘 것이어야 한다.
1. 은행등이 담보제공명령을 받은 사람을 위하여, 법원이 정한 금액 범위 안에서, 담보에 관계된 소송비용상환청구권에 관한 집행권원 또는 그 소송비용상환청구권의 존재를 확인하는 것으로서 확정판결과 같은 효력이 있는 것에 표시된 금액을 담보권리자에게 지급한다는 것
2. 담보취소의 결정이 확정될 때까지 계약의 효력이 존속된다는 것
3. 계약을 변경 또는 해제할 수 없다는 것
4. 담보권리자가 신청한 때에는 은행등은 지급보증위탁계약을 맺은 사실을 증명하는 서면을 담보권리자에게 교부한다는 것

③ 법 제122조의 규정이 준용되는 다른 절차에는 제1항과 제2항의 규정을 준용한다.

**제23조【담보취소와 담보물변경 신청사건의 관할법원】** ① 법 제125조의 규정에 따른 담보취소신청사건과 법 제126조의 규정에 따른 담보물변경신청사건은 담보제공결정을 한 법원 또는 그 기록을 보관하고 있는 법원이 관할한다.
② 법 제125조 또는 법 제126조의 규정이 준용되는 다른 절차에는 제1항의 규정을 준용한다.

## 제3절 소송구조

**제24조【구조신청의 방식】** ① 법 제128조제1항의 규정에 따른 소송구조 신청은 서면으로 하여야 한다.
② 제1항의 신청서에는 신청인 및 그와 같이 사는 가족의 자금능력을 적은 서면을 붙여야 한다.

**제25조【소송비용의 지급 요청】** ① 법 제128조제1항의 규정에 따라 구조결정을 한 사건에 관하여 증거조사나 서류의 송달을 위한 비용, 그 밖에 당사

자가 미리 내야 할 소송비용을 지출할 사유가 발생한 때에는 법원사무관등은 서면이나 재판사무시스템을 이용한 전자적인 방법으로 경비출납공무원에게 그 소송비용의 대납지급을 요청하여야 한다.(2009.12.3 본항개정)
② 제1항의 경우에는 제21조제2항의 규정을 준용한다.

**제26조【변호사보수 등의 지급】** ① 법 제129조제2항의 규정에 따른 변호사나 집행관의 보수는 구조결정을 한 법원이 보수를 받을 사람의 신청에 따라 그 심급의 소송절차가 완결된 때 또는 강제집행절차가 종료된 때에 지급한다.
② 제1항과 법 제129조제2항의 규정에 따라 지급할 변호사나 집행관의 보수액은 변호사보수의소송비용산입에관한규칙 또는 집행관수수료규칙을 참조하여 재판장의 감독 하에 법원사무관등이 정한다.(2015.1.28 본항개정)
③ 제1항의 규정에 따른 신청에는 법 제110조제2항(다만, 등본에 관한 부분을 제외한다)을 준용한다.(2015.1.28 본항개정)

**제27조【구조의 취소 등】** ① 법 제131조의 규정에 따른 재판은 구조결정을 한 대상사건의 절차가 판결의 확정, 그 밖의 사유로 종료된 뒤 5년이 지난 때에는 할 수 없다.
② 소송구조를 받은 사람이 자금능력이 있게 된 때에는 구조결정을 한 법원에 그 사실을 신고하여야 한다. 다만, 제1항의 기간이 지난 때에는 그러하지 아니하다.

## 제5장 소송절차

### 제1절 변 론

**제28조【변론의 방법】** ① 변론은 당사자가 말로 중요한 사실상 또는 법률상 사항에 대하여 진술하거나, 법원이 당사자에게 말로 해당사항을 확인하는 방식으로 한다.
② 법원은 변론에서 당사자에게 중요한 사실상 또는 법률상 쟁점에 관하여 의견을 진술할 기회를 주어야 한다.
(2007.11.28 본조신설)

**제28조의2【재판장의 명령 등에 관한 이의신청】** ① 법 제138조의 규정에 따른 이의신청은 그 명령 또는 조치가 있은 후 바로 하여야 한다. 다만, 법 제151조 단서에 해당하는 사유가 있는 때에는 그러하지 아니하다.
② 제1항의 이의신청을 하는 때에는 그 이유를 구체적으로 밝혀야 한다.

**제28조의3【당사자 본인의 최종진술】**
① 당사자 본인은 변론이 종결되기 전에 재판장의 허가를 받아 최종의견을 진술할 수 있다. 다만 변론에서 이미 충분한 의견진술 기회를 가졌거나 그 밖의 특별한 사정이 있는 경우에는 그러하지 아니하다.
② 재판장은 당사자 본인의 수가 너무 많은 경우에는 당사자 본인 중 일부에 대하여 최종의견 진술기회를 제한할 수 있다.
③ 재판장은 필요하다고 인정할 때에는 제1항에 따른 최종의견 진술시간을 제한할 수 있다.
(2015.6.29 본조신설)

**제29조【법원의 석명처분】** 법 제140조제1항의 규정에 따른 검증·감정과 조사의 촉탁에는 이 규칙의 증거조사에 관한 규정을 준용한다.

**제29조의2【당사자 본인 등에 대한 출석명령】** ① 법원은 필요한 때에는 당사자 본인 또는 그 법정대리인에게 출석하도록 명할 수 있다.
② 법원은 필요한 때에는 소송대리인에게 당사자 본인 또는 그 법정대리인의 출석을 요청할 수 있다.
(2007.11.28 본조신설)

**제30조【석명권의 행사 등에 따른 법원사무관등의 조치】** 법 제136조 또는 법 제137조의 규정에 따른 조치나 법 제140조제1항의 규정에 따른 처분이 있는 경우에 재판장 또는 법원은 법원사무관등으로 하여금 그 조치나 처분의 이행여부를 확인하고 그 이행을 촉구하게 할 수 있다.

**제30조의2【진술 보조】** ① 법 제143조의2에 따라 법원의 허가를 받아 진술보조인이 될 수 있는 사람은 다음 각 호 중 어느 하나에 해당하고, 듣거나 말하는 데 장애가 없어야 한다.

1. 당사자의 배우자, 직계친족, 형제자매, 가족, 그 밖에 동거인으로서 당사자와의 생활관계에 비추어 상당하다고 인정되는 경우
2. 당사자와 고용, 그 밖에 이에 준하는 계약관계 또는 신뢰관계를 맺고 있는 사람으로서 그 사람이 담당하는 사무의 내용 등에 비추어 상당하다고 인정되는 경우

② 제1항과 법 제143조의2제1항에 따른 허가신청은 심급마다 서면으로 하여야 한다.

③ 제1항과 법 제143조의2제1항에 따른 법원의 허가를 받은 진술보조인은 변론기일에 당사자 본인과 동석하여 다음 각 호의 행위를 할 수 있다. 이 때 당사자 본인은 진술보조인의 행위를 즉시 취소하거나 경정할 수 있다.

1. 당사자 본인의 진술을 법원과 상대방, 그 밖의 소송관계인이 이해할 수 있도록 중개하거나 설명하는 행위
2. 법원과 상대방, 그 밖의 소송관계인의 진술을 당사자 본인이 이해할 수 있도록 중개하거나 설명하는 행위

④ 법원은 제3항에 따라 진술보조인이 한 중개 또는 설명행위의 정확성을 확인하기 위하여 직접 진술보조인에게 질문할 수 있다.

⑤ 진술보조인이 변론에 출석한 때에는 조서에 그 성명을 기재하고, 제3항에 따라 중개 또는 설명행위를 한 때에는 그 취지를 기재하여야 한다.

⑥ 법원은 법 제143조의2제2항에 따라 허가를 취소한 경우 당사자 본인에게 그 취지를 통지하여야 한다.

(2017.2.2 본조신설)

**제31조【화해 등 조서의 작성방식】** 화해 또는 청구의 포기·인낙이 있는 경우에 그 기일의 조서에는 화해 또는 청구의 포기·인낙이 있다는 취지만을 적고, 별도의 용지에 법 제153조에 규정된 사항과 화해조항 또는 청구의 포기·인낙의 취지 및 청구의 취지와 원인을 적은 화해 또는 청구의 포기·인낙의 조서를 따로 작성하여야 한다. 다만, 소액사건심판법 제2조제1항의 소액사건에서는 특히 필요하다고 인정하는 경우 외에는 청구의 원인을 적지 아니한다.

**제32조【조서기재의 생략 등】** ① 소송이 판결에 의하지 아니하고 완결된 때에는 재판장의 허가를 받아 증인·당사자 본인 및 감정인의 진술과 검증결과의 기재를 생략할 수 있다.

② 법원사무관등은 제1항의 재판장의 허가가 있는 때에는 바로 그 취지를 당사자에게 통지하여야 한다.

③ 당사자가 제2항의 통지를 받은 날부터 1주 안에 이의를 한 때에는 법원사무관등은 바로 그 증인·당사자 본인 및 감정인의 진술과 검증결과를 적은 조서를 작성하여야 한다.

④ 제1심에서 피고에게 법 제194조 내지 제196조에 따라 송달을 한 사건의 경우, 법원사무관등은 재판장의 허가를 받아 서증 목록에 적을 사항을 생략할 수 있다. 다만, 공시송달 명령 또는 처분이 취소되거나 상소가 제기된 때에는 서증 목록을 작성하여야 한다.

(2015.6.29 단서개정)

**제33조【변론의 속기와 녹음】** ① 법 제159조제1항의 규정에 따른 변론의 속기 또는 녹음의 신청은 변론기일을 열기 전까지 하여야 하며, 비용(듣거나 말하는 데 장애가 있는 사람을 위한 속기 또는 녹음에 필요한 비용은 제외한다)이 필요한 때에는 법원이 정하는 금액을 미리 내야 한다.(2020.6.26 본항개정)

② 당사자의 신청이 있음에도 불구하고 속기 또는 녹음을 하지 아니하는 때에는 재판장은 변론기일에 그 취지를 고지하여야 한다.

**제34조【녹음테이프·속기록의 보관 등】** ① 법 제159조제1항·제2항의 녹음테이프와 속기록은 소송기록과 함께 보관하여야 한다.

② 당사자나 이해관계를 소명한 제3자는 법원사무관등에게 제1항의 녹음테이프를 재생하여 들려줄 것을 신청할 수 있다.

③ 법 제159조제4항의 규정에 따라 녹음테이프 또는 속기록을 폐기한 때에는 법원사무관등은 그 취지와 사유를 소송기록에 표시하여야 한다.

**제35조【녹취서의 작성】** ① 재판장은 필요하다고 인정하는 때에는 법원사무관등 또는 속기자에게 녹음테이프에 녹음된 내용에 대하여 녹취서를 작성할 것을 명할 수 있다.

② 제1항의 규정에 따라 작성된 녹취서에 관하여는 제34조제1항·제3항과 법 제159조제4항의 규정을 준용한다.

**제36조【조서의 작성 등】** ① 법원사무관등이 법 제152조제3항에 따라 조서를 작성하는 때에는 재판장의 허가를 받아 녹음테이프 또는 속기록을 조서의 일부로 삼을 수 있다. 이 경우 녹음테이프와 속기록의 보관 등에 관하여는 제34조제1항·제2항을 준용한다.

② 제1항 전문 및 법 제159조제1항·제2항에 따라 녹음테이프 또는 속기록을 조서의 일부로 삼은 경우라도 재판장은 법원사무관등으로 하여금 당사자, 증인, 그 밖의 소송관계인의 진술 중 중요한 사항을 요약하여 조서의 일부로 기재하게 할 수 있다.
(2014.12.30 본항개정)

③ 제1항 전문 및 법 제159조제1항·제2항에 따라 녹음테이프를 조서의 일부로 삼은 경우 다음 각호 가운데 어느 하나에 해당하면 녹음테이프의 요지를 정리하여 조서를 작성하여야 한다. 다만, 제2항의 조서 기재가 있거나 속기록 또는 제35조에 따른 녹취서가 작성된 경우에는 그러하지 아니하다.(2014.12.30 본문개정)

1. 상소가 제기된 때
2. 법관이 바뀐 때(2014.12.30 본호개정)

④ 제3항 및 법 제159조제3항에 따라 조서를 작성하는 때에는, 재판장의 허가를 받아, 속기록 또는 제35조에 따른 녹취서 가운데 필요한 부분을 그 조서에 인용할 수 있다.(2014.12.30 본항개정)

⑤ 제3항 및 법 제159조제3항에 따른 조서는 변론 당시의 법원사무관등이 조서를 작성할 수 없는 특별한 사정이 있는 때에는 당해 사건에 관여한 다른 법원사무관등이 작성할 수 있다.
(2014.12.30 본항개정)
(2007.11.28 본조개정)

**제37조【준용규정】** ① 녹화테이프, 컴퓨터용 자기디스크·광디스크, 그 밖에 이와 비슷한 방법으로 음성이나 영상을 녹음 또는 녹화하여 재생할 수 있는 매체를 이용하여 변론의 전부나 일부를 녹음 또는 녹화하는 때에는 제33조 내지 제36조 및 법 제159조의 규정을 준용한다.

② 법원·수명법관 또는 수탁판사의 신문 또는 심문과 증거조사에는 제31조 내지 제36조 및 제1항의 규정을 준용한다.

**제37조의2【소송기록의 열람과 증명서의 교부청구】** ① 법 제162조제1항에 따라 소송기록의 열람·복사, 재판서·조서의 정본·등본·초본의 교부 또는 소송에 관한 증명서의 교부를 신청할 때에는 신청인의 자격을 적은 서면으로 하여야 한다.
② 법 제162조제2항에 따라 확정된 소송기록의 열람을 신청할 때에는 열람을 신청하는 이유와 열람을 신청하는 범위를 적은 서면으로 하여야 한다.
(2007.11.28 본조신설)

**제37조의3【당해 소송관계인의 범위와 동의】** ① 법 제162조제3항에 따른 당해 소송관계인은 소송기록의 열람과 이해관계가 있는 다음 각호의 사람이다.
1. 당사자 또는 법정대리인
2. 참가인
3. 증인
② 법원은 법 제162조제2항에 따른 신청이 있는 때에는 당해 소송관계인에게 그 사실을 통지하여야 한다.
③ 제2항에 따른 통지는 소송기록에 표시된 당해 소송관계인의 최후 주소지에 등기우편으로 발송하는 방법으로 할 수 있다.
④ 제3항에 따라 발송한 때에는 발송한 때에 송달된 것으로 본다.
⑤ 제2항에 따른 통지를 받은 당해 소송관계인은 통지를 받은 날부터 2주 이내에 소송기록의 열람에 관한 동의 여부를 서면으로 밝혀야 한다. 다만, 당해 소송관계인이 위 기간 이내에 동의 여부에 관한 서면을 제출하지 아니한 때에는 소송기록의 열람에 관하여 동의한 것으로 본다.
(2007.11.28 본조신설)

**제38조【열람 등 제한의 신청방식 등】**
① 법 제163조제1항의 규정에 따른 결정을 구하는 신청은 소송기록 가운데 비밀이 적혀 있는 부분을 특정하여 서면으로 하여야 한다.
② 법 제163조제1항의 규정에 따른 결정은 소송기록 가운데 비밀이 적혀 있는 부분을 특정하여 하여야 한다.

## 제2절 전문심리위원
(2007.7.31 본절신설)

**제38조의2【전문심리위원의 지정】** 법원은 「전문심리위원규칙」에 따라 정해진 전문심리위원후보자 중에서 전문심리위원을 지정하여야 한다.
(2024.11.29 본조개정)

**제38조의3【기일 외의 전문심리위원에 대한 설명 등의 요구와 조치】** 재판장이 기일 외에서 전문심리위원에 대하여 설명 또는 의견을 요구한 사항이 소송관계를 분명하게 하는 데 중요한 사항일 때에는 법원사무관등은 양쪽 당사자에게 그 사항을 통지하여야 한다.

**제38조의4【서면의 사본 송부】** 전문심리위원이 설명이나 의견을 기재한 서면을 제출한 경우에는 법원사무관등은 양쪽 당사자에게 그 사본을 보내야 한다.

**제38조의5【전문심리위원에 대한 준비지시】** ① 재판장은 전문심리위원을 소송절차에 참여시키기 위하여 필요하다고 인정한 때에는 전문심리위원에게 소송목적물의 확인 등 적절한 준비를 지시할 수 있다.
② 재판장이 제1항의 준비를 지시한 때에는 법원사무관등은 양쪽 당사자에게 그 취지를 통지하여야 한다.

**제38조의6【증인신문기일에서의 재판장의 조치】** 재판장은 전문심리위원의 말이 증인의 증언에 영향을 미치지 않게 하기 위하여 필요하다고 인정할 때에는 직권 또는 당사자의 신청에 따라 증인의 퇴정 등 적절한 조치를 취할 수 있다.

**제38조의7 【조서의 기재】** ① 전문심리위원이 소송절차의 기일에 참여한 때에는 조서에 그 성명을 기재하여야 한다.
② 전문심리위원이 재판장, 수명법관 또는 수탁판사의 허가를 받아 소송관계인에게 질문을 한 때에는 조서에 그 취지를 기재하여야 한다.

**제38조의8 【전문심리위원 참여결정의 취소 신청 방식 등】** ① 법 제164조의2 제1항의 규정에 따른 결정의 취소 신청은 기일에서 하는 경우를 제외하고는 서면으로 하여야 한다.
② 제1항의 신청을 할 때에는 신청 이유를 밝혀야 한다. 다만, 양쪽 당사자가 동시에 신청할 때에는 그러하지 아니하다.

**제38조의9 【수명법관 등의 권한】** 수명법관 또는 수탁판사가 소송절차를 진행하는 경우에는 제38조의5 내지 제38조의7의 규정에 따른 재판장의 직무는 그 수명법관이나 수탁판사가 행한다.

**제38조의10 【비디오 등 중계장치 등에 의한 참여】** ① 법원은 전문심리 위원이 법정에 직접 출석하기 어려운 특별한 사정이 있는 경우 당사자의 의견을 들어 전문심리위원으로 하여금 비디오 등 중계장치에 의한 중계시설을 통하거나 인터넷 화상장치를 이용하여 설명이나 의견을 진술하거나 소송관계인에게 질문하게 할 수 있다.
② 제1항에 따른 절차와 방법에 관하여는 제73조의3을 준용한다.
(2021.10.29 본조신설)

**제38조의11 【전문심리위원의 감정절차 참여】** 법원은 감정절차를 원활하게 진행하기 위해 「전문심리위원규칙」에 따라 위촉된 감정관리위원 중에서 전문심리위원을 지정하여 감정절차의 관리업무를 수행하게 할 수 있다.
(2024.11.29 본조신설)

## 제3절 기일과 기간

**제39조 【변론 개정시간의 지정】** 재판장은 사건의 변론 개정시간을 구분하여 지정하여야 한다.

**제40조 【기일변경신청】** 기일변경신청을 하는 때에는 기일변경이 필요한 사유를 밝히고, 그 사유를 소명하는 자료를 붙여야 한다.

**제41조 【기일변경의 제한】** 재판장등은 법 제165조제2항에 따른 경우 외에는 특별한 사정이 없으면 기일변경을 허가하여서는 아니 된다.
(2007.11.28 본조개정)

**제42조 【다음 기일의 지정】** ① 기일을 변경하거나 변론을 연기 또는 속행하는 때에는 소송절차의 중단 또는 중지, 그 밖에 다른 특별한 사정이 없으면 다음 기일을 바로 지정하여야 한다. 다만, 법 제279조제2항에 따라 변론기일을 연 뒤에 바로 사건을 변론준비절차에 부치는 경우에는 그러하지 아니하다.
② 기일을 변경하는 때에는 바로 당사자에게 그 사실을 알려야 한다.
(2007.11.28 본조개정)

**제43조 【변론재개결정과 변론기일지정】** 법 제142조에 따라 변론재개결정을 하는 때에는 재판장은 특별한 사정이 없으면 그 결정과 동시에 변론기일을 지정하고 당사자에게 변론을 재개하는 사유를 알려야 한다.
(2007.11.28 본조개정)

**제44조 【증인 등에 대한 기일변경통지】** ① 증인·감정인 등 당사자 외의 사람에 대하여 출석요구를 한 후에 그 기일이 변경된 때에는 바로 그 취지를 출석요구를 받은 사람에게 통지하여야 한다. 다만, 통지할 시간적 여유가 없는 때에는 그러하지 아니하다.

② 증인·감정인 등 당사자 외의 사람에 대하여 출석요구를 한 후에 소의 취하, 그 밖의 사정으로 그 기일을 실시하지 아니하게 된 경우에는 제1항의 규정을 준용한다.

**제45조【기일의 간이통지】** ① 법 제167조제2항의 규정에 따른 기일의 간이통지는 전화·팩시밀리·보통우편 또는 전자우편으로 하거나, 그 밖에 상당하다고 인정되는 방법으로 할 수 있다.

② 제1항의 규정에 따라 기일을 통지한 때에는 법원사무관등은 그 방법과 날짜를 소송기록에 표시하여야 한다.

## 제4절 송 달

**제46조【전화 등을 이용한 송달방법】** ① 변호사인 소송대리인에 대한 송달은 법원사무관등이 전화·팩시밀리·전자우편 또는 휴대전화 문자전송을 이용하여 할 수 있다.(2007.11.28 본항개정)

② 제1항의 규정에 따른 송달을 한 경우 법원사무관등은 송달받은 변호사로부터 송달을 확인하는 서면을 받아 소송기록에 붙여야 한다.

③ 법원사무관등은 변호사인 소송대리인에 대한 송달을 하는 때에는 제1항에 따른 송달을 우선적으로 고려하여야 한다.(2007.11.28 본항신설)

**제47조【변호사 사이의 송달】** ① 양쪽 당사자가 변호사를 소송대리인으로 선임한 경우 한쪽 당사자의 소송대리인인 변호사가 상대방 소송대리인인 변호사에게 송달될 소송서류의 부본을 교부하거나 팩시밀리 또는 전자우편으로 보내고 그 사실을 법원에 증명한 때에는 송달의 효력이 있다. 다만, 그 소송서류가 당사자 본인에게 교부되어야 할 경우에는 그러하지 아니하다.

② 제1항의 규정에 따른 송달의 증명은 소송서류의 부본을 교부받거나 팩시밀리 또는 전자우편으로 받은 취지와 그 날짜를 적고 송달받은 변호사가 기명날인 또는 서명한 영수증을 제출함으로써 할 수 있다. 다만, 소송서류 원본의 표면 여백에 송달받았다는 취지와 그 날짜를 적고 송달받은 변호사의 날인 또는 서명을 받아 제출하는 때에는 따로 영수증을 제출할 필요가 없다.

③ 제1항의 규정에 따라 소송서류를 송달받은 변호사는 제2항의 규정에 따른 송달의 증명절차에 협력하여야 하며, 제1항에 규정된 방법으로 소송서류를 송달한 변호사는 송달한 서류의 원본을 법원에 바로 제출하여야 한다.

**제48조【부본제출의무 등】** ① 송달을 하여야 하는 소송서류를 제출하는 때에는 특별한 규정이 없으면 송달에 필요한 수의 부본을 함께 제출하여야 한다.

② 법원은 필요하다고 인정하는 때에는 소송서류를 제출한 사람에게 그 문서의 전자파일을 전자우편이나 그 밖에 적당한 방법으로 법원에 보내도록 요청할 수 있다.

**제49조【공동대리인에게 할 송달】** 법 제180조의 규정에 따라 송달을 하는 경우에 그 공동대리인들이 송달을 받을 대리인 한 사람을 지정하여 신고한 때에는 지정된 대리인에게 송달하여야 한다.

**제50조【송달서류의 교부의무 등】** ① 법 제181조와 법 제182조의 규정에 따라 송달을 받은 청사·선박·교도소·구치소 또는 경찰관서(다음부터 이 조문 안에서 이 모두를 "청사등"이라 한다)의 장은 송달을 받을 본인에게 송달된 서류를 바로 교부하여야 한다.

② 제1항의 청사등의 장은 부득이한 사유가 없는 한 송달을 받은 본인이 소

송수행에 지장을 받지 아니하도록 조치하여야 한다.
③ 제1항의 청사등의 장은 제2항에 규정된 조치를 취하지 못할 사유가 있는 때에는 그 사유를 적은 서면을 법원에 미리 제출하여야 한다.

**제51조 【발송의 방법】** 법 제185조제2항과 법 제187조의 규정에 따른 서류의 발송은 등기우편으로 한다.

**제52조 【송달함을 이용한 송달절차】**
① 송달함의 이용신청은 법원장 또는 지원장에게 서면으로 하여야 한다.
② 송달함을 이용하는 사람은 그 수수료를 미리 내야 한다.
③ 송달함을 이용하는 사람은 송달함에서 서류를 대신 수령할 사람을 서면으로 지정할 수 있다.
④ 송달함을 설치한 법원 또는 지원은 송달함의 관리에 관한 장부를 작성·비치하여야 한다.
⑤ 법원장 또는 지원장은 법원의 시설, 송달업무의 부담 등을 고려하여 송달함을 이용할 사람·이용방법, 그 밖에 필요한 사항을 정할 수 있다.

**제53조 【송달통지】** 송달한 기관은 송달에 관한 사유를 서면으로 법원에 통지하여야 한다. 다만, 법원이 상당하다고 인정하는 때에는 전자통신매체를 이용한 통지로 서면통지에 갈음할 수 있다.

**제54조 【공시송달의 방법】** ① 법 제194조제1항, 제3항에 따른 공시송달은 법원사무관등이 송달할 서류를 보관하고, 다음 각 호 가운데 어느 하나의 방법으로 그 사유를 공시함으로써 행한다.(2015.6.29 본문개정)
1. 법원게시판 게시
2. 관보·공보 또는 신문 게재
3. 전자통신매체를 이용한 공시
② 법원사무관등은 제1항에 규정된 방법으로 송달한 때에는 그 날짜와 방법을 기록에 표시하여야 한다.

## 제5절 재 판

**제55조 【종전 변론결과의 진술】** 법 제204조제2항에 따른 종전 변론결과의 진술은 당사자가 사실상 또는 법률상 주장, 정리된 쟁점 및 증거조사 결과의 요지 등을 진술하거나, 법원이 당사자에게 해당사항을 확인하는 방식으로 할 수 있다.(2007.11.28 본조신설)

**제55조의2 【상소에 대한 고지】** 판결서의 정본을 송달하는 때에는 법원사무관등은 당사자에게 상소기간과 상소장을 제출할 법원을 고지하여야 한다.

**제56조 【화해 등 조서정본의 송달】** 법원사무관등은 화해 또는 청구의 포기·인낙이 있는 날부터 1주 안에 그 조서의 정본을 당사자에게 송달하여야 한다.

## 제6절 화해권고결정

**제57조 【화해권고결정서의 기재사항 등】** ① 화해권고결정서에는 청구의 취지와 원인을 적어야 한다. 다만, 소액사건심판법 제2조제1항의 소액사건에서는 특히 필요하다고 인정하는 경우 외에는 청구의 원인을 적지 아니한다.
② 법 제225조제1항의 결정 내용을 적은 조서의 작성방식에 관하여는 제31조의 규정을 준용한다.

**제58조 【당사자에 대한 고지사항】** 법 제225조제2항의 규정에 따라 화해권고결정 내용을 적은 조서 또는 결정서의 정본을 송달하는 때에는, 그 조서 또는 결정서의 정본을 송달받은 날부터 2주 안에 이의를 신청하지 아니하면 화해권고결정이 재판상 화해와 같은 효력을 가지게 된다는 취지를 당사자에게 고지하여야 한다.

**제59조 【송달불능에 따른 소송복귀 등】** ① 법 제185조제2항, 법 제187조

또는 법 제194조 내지 법 제196조의 규정에 따른 송달 외의 방법으로 양쪽 또는 한쪽 당사자에게 법 제225조제2항의 조서 또는 결정서의 정본을 송달할 수 없는 때에는 법원은 직권 또는 당사자의 신청에 따라 화해권고결정을 취소하여야 한다.
② 제1항의 규정에 따라 화해권고결정이 취소된 경우에 관하여는 법 제232조제1항의 규정을 준용한다.

## 제7절 소송절차의 중단과 중지

**제60조【소송절차 수계신청의 방식】** ① 소송절차의 수계신청은 서면으로 하여야 한다.
② 제1항의 신청서에는 소송절차의 중단사유와 수계할 사람의 자격을 소명하는 자료를 붙여야 한다.

**제61조【소송대리인에 의한 중단사유의 신고】** 소송절차의 중단사유가 생긴 때에는 소송대리인은 그 사실을 법원에 서면으로 신고하여야 한다.

# 제2편 제1심의 소송절차

## 제1장 소의 제기

**제62조【소장의 기재사항】** 소장의 청구원인에는 다음 각호의 사항을 적어야 한다.
1. 청구를 뒷받침하는 구체적 사실
2. 피고가 주장할 것이 명백한 방어방법에 대한 구체적인 진술
3. 입증이 필요한 사실에 대한 증거방법
(2007.11.28 본조신설)

**제62조의2【증거보전이 이루어진 경우의 소장 기재사항】** 소 제기 전에 증거보전을 위한 증거조사가 이루어진 때에는 소장에 증거조사를 한 법원과 증거 보전사건의 사건번호 · 사건명을 적어야 한다.

**제63조【소장의 첨부서류】** ① 피고가 소송능력 없는 사람인 때에는 법정대리인, 법인인 때에는 대표자, 법인이 아닌 사단이나 재단인 때에는 대표자 또는 관리인의 자격을 증명하는 서면을 소장에 붙여야 한다.
② 부동산에 관한 사건은 그 부동산의 등기사항증명서, 친족 · 상속관계 사건은 가족관계기록사항에 관한 증명서, 어음 또는 수표사건은 그 어음 또는 수표의 사본을 소장에 붙여야 한다. 그 외에도 소장에는 증거로 될 문서 가운데 중요한 것의 사본을 붙여야 한다.
(2011.9.28 전단개정)
③ 법 제252조제1항에 규정된 소의 소장에는 변경을 구하는 확정판결의 사본을 붙여야 한다.

**제64조【소장부본의 송달시기】** ① 소장의 부본은 특별한 사정이 없으면 바로 피고에게 송달하여야 한다.
② 반소와 중간확인의 소의 소장, 필수적 공동소송인의 추가 · 참가 · 피고의 경정 · 청구의 변경 신청서 등 소장에 준하는 서면이 제출된 때에도 제1항의 규정을 준용한다.

**제65조【답변서의 기재사항 등】** ① 답변서에는 법 제256조제4항에서 준용하는 법 제274조제1항의 각호 및 제2항에 규정된 사항과 청구의 취지에 대한 답변 외에 다음 각호의 사항을 적어야 한다.
1. 소장에 기재된 개개의 사실에 대한 인정 여부
2. 항변과 이를 뒷받침하는 구체적 사실
3. 제1호 및 제2호에 관한 증거방법
② 답변서에는 제1항제3호에 따른 증거방법 중 입증이 필요한 사실에 관한 중요한 서증의 사본을 첨부하여야 한다.
③ 제1항 및 제2항의 규정에 어긋나는 답변서가 제출된 때에는 재판장은 법원사무관등으로 하여금 방식에 맞는

답변서의 제출을 촉구하게 할 수 있다.
(2007.11.28 본조개정)

**제66조 【피고경정신청서의 기재사항】** 법 제260조제2항의 규정에 따른 피고의 경정신청서에는 새로 피고가 될 사람의 이름·주소와 경정신청의 이유를 적어야 한다.

**제67조 【소 취하의 효력을 다투는 절차】** ① 소의 취하가 부존재 또는 무효라는 것을 주장하는 당사자는 기일지정신청을 할 수 있다.
② 제1항의 신청이 있는 때에는 법원은 변론을 열어 신청사유에 관하여 심리하여야 한다.
③ 법원이 제2항의 규정에 따라 심리한 결과 신청이 이유 없다고 인정하는 경우에는 판결로 소송의 종료를 선언하여야 하고, 신청이 이유 있다고 인정하는 경우에는 취하 당시의 소송정도에 따라 필요한 절차를 계속하여 진행하고 중간판결 또는 종국판결에 그 판단을 표시하여야 한다.
④ 종국판결이 선고된 후 상소기록을 보내기 전에 이루어진 소의 취하에 관하여 제1항의 신청이 있는 때에는 다음 각호의 절차를 따른다.

1. 상소의 이익 있는 당사자 모두가 상소를 한 경우(당사자 일부가 상소하고 나머지 당사자의 상소권이 소멸된 경우를 포함한다)에는 판결법원의 법원사무관등은 소송기록을 상소법원으로 보내야 하고, 상소법원은 제2항과 제3항에 규정된 절차를 취하여야 한다.
2. 제1호의 경우가 아니면 판결법원은 제2항에 규정된 절차를 취한 후 신청이 이유 없다고 인정하는 때에는 판결로 소송의 종료를, 신청이 이유 있다고 인정하는 때에는 판결로 소의 취하가 무효임을 각 선언하여야 한다.

⑤ 제4항제2호 후단의 소취하무효선언판결이 확정된 때에는 판결법원은 종국판결 후에 하였어야 할 절차를 계속하여 진행하여야 하고, 당사자는 종국판결 후에 할 수 있었던 소송행위를 할 수 있다. 이 경우 상소기간은 소취하무효선언판결이 확정된 다음날부터 전체기간이 새로이 진행된다.

**제68조 【준용규정】** 법 제268조(법 제286조의 규정에 따라 준용되는 경우를 포함한다)의 규정에 따른 취하간주의 효력을 다투는 경우에는 제67조제1항 내지 제3항의 규정을 준용한다.

## 제2장 변론과 그 준비

**제69조 【변론기일의 지정 등】** ① 재판장은 답변서가 제출되면 바로 사건을 검토하여 가능한 최단기간 안의 날로 제1회 변론기일을 지정하여야 한다.
② 법원은 변론이 집중되도록 함으로써 변론이 가능한 한 속행되지 않도록 하여야 하고, 당사자는 이에 협력하여야 한다.
③ 법 제258조제1항 단서에 해당하는 경우, 재판장은 사건의 신속한 진행을 위하여 필요한 때에는 사건을 변론준비절차에 부침과 동시에 변론준비기일을 정하고 기간을 정하여 당사자로 하여금 준비서면, 그 밖의 서류를 제출하게 하거나 당사자 사이에 이를 교환하게 하고 주장 사실을 증명할 증거를 신청하게 할 수 있다.
(2009.1.9 본조개정)

**제69조의2 【당사자의 조사의무】** 당사자는 주장과 입증을 충실히 할 수 있도록 사전에 사실관계와 증거를 상세히 조사하여야 한다.

**제69조의3 【준비서면의 제출기간】** 새로운 공격방어방법을 포함한 준비서면은 변론기일 또는 변론준비기일의 7일 전까지 상대방에게 송달될 수 있도록 적당한 시기에 제출하여야 한다.
(2007.11.28 본조신설)

**제69조의4 【준비서면의 분량 등】** ① 준비서면의 분량은 30쪽을 넘어서는 아니 된다. 다만, 제70조제4항에 따라 그에 관한 합의가 이루어진 경우에는 그러하지 아니하다.
② 재판장, 수명법관 또는 법 제280조제4항의 판사(이하 "재판장등"이라 한다)는 제1항 본문을 어긴 당사자에게 해당 준비서면을 30쪽 이내로 줄여 제출하도록 명할 수 있다.
③ 준비서면에는 소장, 답변서 또는 앞서 제출한 준비서면과 중복·유사한 내용을 불필요하게 반복 기재하여서는 아니 된다.
(2016.8.1 본조신설)

**제69조의5 【요약준비서면 작성방법】** 법 제278조에 따른 요약준비서면을 작성할 때에는 특정 부분을 참조하는 뜻을 적는 방법으로 소장, 답변서 또는 앞서 제출한 준비서면의 전부 또는 일부를 인용하여서는 아니 된다.
(2016.8.1 본조신설)

**제70조 【변론준비절차의 시행방법】** ① 재판장등은 변론준비절차에서 쟁점과 증거의 정리, 그 밖에 효율적이고 신속한 변론진행을 위한 준비가 완료되도록 노력하여야 하며, 당사자는 이에 협력하여야 한다.(2016.8.1 본항개정)
② 당사자는 제1항에 규정된 사항에 관하여 상대방과 협의를 할 수 있다. 재판장등은 당사자에게 변론진행의 준비를 위하여 필요한 협의를 하도록 권고할 수 있다.
③ 재판장등은 변론준비절차에서 효율적이고 신속한 변론진행을 위하여 당사자와 변론의 준비와 진행 및 변론에 필요한 시간에 관한 협의를 할 수 있다.
(2007.11.28 본항신설)
④ 재판장등은 당사자와 준비서면의 제출횟수, 분량, 제출기간 및 양식에 관한 협의를 할 수 있고, 이에 관한 합의가 이루어진 경우 당사자는 그 합의에 따라 준비서면을 제출하여야 한다.
(2007.11.28 본항신설)
⑤ 재판장등은 기일을 열거나 당사자의 의견을 들어 양 쪽 당사자와 음성의 송수신에 의하여 동시에 통화를 하거나 인터넷 화상장치를 이용하여 제3항 및 제4항에 따른 협의를 할 수 있다.
(2020.6.1 본항개정)
⑥ (2021.10.29 삭제)

**제70조의2 【변론준비기일에서의 주장과 증거의 정리방법】** 변론준비기일에서는 당사자가 말로 변론의 준비에 필요한 주장과 증거를 정리하여 진술하거나, 법원이 당사자에게 말로 해당사항을 확인하여 정리하여야 한다.
(2007.11.28 본조신설)

**제70조의3 【절차이행의 촉구】** ① 법 제280조에 따른 변론준비절차를 진행하는 경우 재판장등은 법원사무관등으로 하여금 그 이름으로 준비서면, 증거신청서 및 그 밖의 서류의 제출을 촉구하게 할 수 있다.
② 법원이나 재판장등의 결정, 명령, 촉탁 등에 대한 회신 등 절차이행이 지연되는 경우 재판장등은 법원사무관등으로 하여금 그 이름으로 해당 절차이행을 촉구하게 할 수 있다.
(2015.1.28 본조신설)

**제71조 【변론준비기일의 조서】** ① 변론준비기일의 조서에는 법 제283조제1항에 규정된 사항 외에 제70조의 규정에 따른 변론준비절차의 시행결과를 적어야 한다.
② 변론준비기일의 조서에는 제31조 내지 제37조제1항의 규정을 준용한다.

**제72조 【변론준비절차를 거친 사건의 변론기일지정 등】** ① 변론준비절차를 거친 사건의 경우 그 심리에 2일 이상이 소요되는 때에는 가능한 한 종결에 이르기까지 매일 변론을 진행하여야 한다. 다만, 특별한 사정이 있는 경우에도 가능한 최단기간 안의 날로 다음 변론기일을 지정하여야 한다.

② 변론준비기일을 거친 사건의 경우 변론기일을 지정하는 때에는 당사자의 의견을 들어야 한다.
③ 제1항의 규정에 따라 지정된 변론기일은 사실과 증거에 관한 조사가 충분하지 아니하다는 이유로 변경할 수 없다.
**제72조의2【변론준비기일 결과의 진술】** 변론준비기일 결과의 진술은 당사자가 정리된 쟁점 및 증거조사 결과의 요지 등을 진술하거나, 법원이 당사자에게 해당사항을 확인하는 방식으로 할 수 있다.(2007.11.28 본조신설)
**제73조【준용규정】** 변론준비절차에는 제28조의2 내지 제30조의 규정을 준용한다.(2007.11.28 본조개정)
**제73조의2【비디오 등 중계장치 등에 의한 기일의 신청 및 동의】** ① 법 제287조의2제1항 및 제2항에 따른 기일(이하 "영상기일"이라 한다)의 신청은 기일에서 하는 경우를 제외하고는 서면으로 하여야 한다. 이 경우 신청의 대상이 되는 영상기일의 종류와 신청의 이유를 밝혀야 한다.
② 법 제287조의2제1항의 재판장등 또는 같은 조 제2항의 법원(이하 "재판장등 또는 법원"이라 한다)은 영상기일의 신청에 이유가 없다고 인정하거나 비디오 등 중계장치에 의한 중계시설 또는 인터넷 화상장치를 이용하기 곤란한 사정이 있는 때에는 영상기일을 열지 아니할 수 있다.
③ 영상기일의 신청이 있는 경우 재판장등 또는 법원은 지체 없이 영상기일의 실시 여부를 당사자에게 통지하여야 한다. 이 경우 서면으로 통지할 시간적 여유가 없는 때에는 제45조에 따른 간이한 방법으로 통지할 수 있다.
④ 다음 각 호의 어느 하나에 해당하는 경우에는 영상기일을 열지 아니하는 것으로 본다.
1. 영상기일의 신청 이후 법정에 직접 출석하는 기일을 지정하는 경우
2. 법정에 직접 출석하는 기일의 개정시간까지 제3항의 통지가 없는 경우
⑤ 당사자는 서면으로 영상기일의 신청을 취하하거나 동의를 철회할 수 있다. 다만, 양 쪽 당사자의 신청 또는 동의에 따라 영상기일이 지정된 이후에는 상대방의 동의를 받아야 한다.
⑥ 재판장등 또는 법원은 한 쪽 당사자로부터 영상기일의 신청 또는 동의가 있는 경우 양 쪽 당사자에 대한 영상기일이 필요하다고 인정하는 때에는 상대방에 대하여 영상기일 동의 여부를 확인할 수 있다.
⑦ 재판장등 또는 법원은 영상기일을 연기 또는 속행하는 때에는 당사자의 동의 여부를 확인하여 다음 기일의 영상기일 실시 여부를 정할 수 있다.
(2021.10.29 본조신설)
**제73조의3【영상기일의 실시】** ① 영상기일은 당사자, 그 밖의 소송관계인을 비디오 등 중계장치에 의한 중계시설에 출석하게 하거나 인터넷 화상장치를 이용하여 지정된 인터넷주소에 접속하게 하고, 영상과 음향의 송수신에 의하여 법관, 당사자, 그 밖의 소송관계인이 상대방을 인식할 수 있는 방법으로 한다.
② 제1항의 비디오 등 중계장치에 의한 중계시설은 법원 청사 안에 설치하되, 필요한 경우 법원 청사 밖의 적당한 곳에 설치할 수 있다.
③ 재판장등 또는 법원은 제2항 후단에 따라 비디오 등 중계장치에 의한 중계시설이 설치된 관공서나 그 밖의 공사단체의 장에게 영상기일의 원활한 진행에 필요한 조치를 요구할 수 있다.
④ 영상기일에서 제96조제1항의 문서 등을 제시하는 경우 비디오 등 중계장치에 의한 중계시설, 인터넷 화상장치 또는 「민사소송 등에서의 전자문서 이용 등에 관한 규칙」 제2조제1호에 정한 전자소송시스템을 이용하거나 모사

전송, 전자우편, 그 밖에 이에 준하는 방법으로 할 수 있다.

⑤ 인터넷 화상장치를 이용하는 경우 영상기일에 지정된 인터넷 주소에 접속하지 아니한 때에는 불출석한 것으로 본다. 다만, 당사자가 책임질 수 없는 사유로 접속할 수 없었던 때에는 그러하지 아니하다.

⑥ 통신불량, 소음, 문서 등 확인의 불편, 제3자 관여 우려 등의 사유로 영상기일의 실시가 상당하지 아니한 당사자가 있는 경우 재판장등 또는 법원은 영상기일을 연기 또는 속행하면서 그 당사자가 법정에 직접 출석하는 기일을 지정할 수 있다.

⑦ 영상기일에 「법원조직법」 제58조제2항에 따른 명령을 위반하는 행위, 같은 법 제59조에 위반하는 행위, 심리방해행위 또는 재판의 위신을 현저히 훼손하는 행위가 있는 경우 감치 또는 과태료에 처하는 재판에 관하여는 「법정등의질서유지를위한재판에관한규칙」에 따른다.

⑧ 영상기일을 실시한 경우 그 취지를 조서에 적어야 한다.

(2021.10.29 본조신설)

**제73조의4 【개정의 장소 및 심리의 공개】** ① 영상기일은 법원 청사 내의 적당한 장소에서 열되, 법원장의 허가가 있는 경우 법원 청사 외의 장소에서 열 수 있다.

② 법 제287조의2제2항에 따른 변론기일을 법정에서 열지 아니하는 경우 다음 각 호 중 하나의 방법으로 심리를 공개하여야 한다. 다만, 「법원조직법」 제57조제1항 단서에 의해 비공개 결정을 한 경우에는 그러하지 아니하다.

1. 법정 등 법원 청사 내 공개된 장소에서의 중계
2. 법원행정처장이 정하는 방법에 따른 인터넷 중계

(2021.10.29 본조신설)

## 제3장 증 거

### 제1절 총 칙

**제74조 【증거신청】** 증거를 신청하는 때에는 증거와 증명할 사실의 관계를 구체적으로 밝혀야 한다.

**제75조 【증인신문과 당사자신문의 신청】** ① 증인신문은 부득이한 사정이 없는 한 일괄하여 신청하여야 한다. 당사자신문을 신청하는 경우에도 마찬가지이다.

② 증인신문을 신청하는 때에는 증인의 이름·주소·연락처·직업, 증인과 당사자의 관계, 증인이 사건에 관여하거나 내용을 알게 된 경위, 증인신문에 필요한 시간 및 증인의 출석을 확보하기 위한 협력방안을 밝혀야 한다.

(2007.11.28 본항개정)

**제76조 【감정서 등 부본 제출】** 법원이 감정을 명하거나 법 제294조 또는 법 제341조의 규정에 따라 촉탁을 하는 때에는 감정서 또는 회답서 등의 부본을 제출하게 할 수 있다.

**제76조의2 【민감정보 등의 처리】** ① 법원은 재판업무 수행을 위하여 필요한 범위 내에서 「개인정보 보호법」 제23조의 민감정보, 제24조의 고유식별정보, 제24조의2의 주민등록번호 및 그 밖의 개인정보를 처리할 수 있다.

② 법원이 법 제294조 또는 법 제352조에 따라 촉탁을 하는 때에는 필요한 범위 내에서 제1항의 민감정보, 고유식별정보, 주민등록번호 및 그 밖의 개인정보가 포함된 자료의 송부를 요구할 수 있다.

③ 법원사무관등은 소송관계인의 특정을 위한 개인정보를 재판사무시스템을 이용한 전자적인 방법으로 관리한다.

(2018.1.31 본항신설)

④ 당사자는 법원사무관등에게 서면으로 제3항의 개인정보에 대한 정정을

신청할 수 있다. 그 신청서에는 정정 사유를 소명하는 자료를 붙여야 한다. (2018.1.31 본항신설)
⑤ 법원은 재판서가 보존되어 있는 동안 제3항의 개인정보를 보관하여야 한다.(2018.1.31 본항신설)
(2014.8.6 본조개정)

**제77조【증거조사비용의 예납】** ① 법원이 증거조사의 결정을 한 때에는 바로 제19조제1항제3호 또는 같은 조 제2항의 규정에 따라 그 비용을 부담할 당사자에게 필요한 비용을 미리 내게 하여야 한다.
② 증거조사를 신청한 사람은 제1항의 명령이 있기 전에도 필요한 비용을 미리 낼 수 있다.
③ 법원은 당사자가 제1항의 명령에 따른 비용을 내지 아니하는 경우에는 증거조사결정을 취소할 수 있다.

## 제2절 증인신문

**제78조【직무상 비밀에 관한 증언】** ① 법 제304조와 제305조에 규정한 사람 외의 공무원 또는 공무원이었던 사람이 직무상 비밀에 관한 사항에 대하여 증언하게 된 때에는 증언할 사항이 직무상 비밀에 해당하는 사유를 구체적으로 밝혀 법원에 미리 신고하여야 한다.
② 제1항의 신고가 있는 경우 법원은 필요하다고 인정하는 때에는 그 소속 관청 또는 감독 관청에 대하여 신문할 사항이 직무상 비밀에 해당하는지 여부에 관하여 조회할 수 있다.

**제79조【증인진술서의 제출 등】** ① 법원은 효율적인 증인신문을 위하여 필요하다고 인정하는 때에는 증인을 신청한 당사자에게 증인진술서를 제출하게 할 수 있다.
② 증인진술서에는 증언할 내용을 그 시간 순서에 따라 적고, 증인이 서명날인하여야 한다.
③ 증인진술서 제출명령을 받은 당사자는 법원이 정한 기한까지 원본과 함께 상대방의 수에 2(다만, 합의부에서는 상대방의 수에 3)를 더한 만큼의 사본을 제출하여야 한다.
④ 법원사무관등은 증인진술서 사본 1통을 증인신문기일 전에 상대방에게 송달하여야 한다.

**제80조【증인신문사항의 제출 등】** ① 증인신문을 신청한 당사자는 법원이 정한 기한까지 상대방의 수에 3(다만, 합의부에서는 상대방의 수에 4)을 더한 통수의 증인신문사항을 적은 서면을 제출하여야 한다. 다만, 제79조의 규정에 따라 증인진술서를 제출하는 경우로서 법원이 증인신문사항을 제출할 필요가 없다고 인정하는 때에는 그러하지 아니하다.
② 법원사무관등은 제1항의 서면 1통을 증인신문기일 전에 상대방에게 송달하여야 한다.
③ 재판장은 제출된 증인신문사항이 개별적이고 구체적이지 아니하거나 제95조제2항 각호의 신문이 포함되어 있는 때에는 증인신문사항의 수정을 명할 수 있다. 다만, 같은 항 제2호 내지 제4호의 신문에 관하여 정당한 사유가 있는 경우에는 그러하지 아니하다.

**제81조【증인 출석요구서의 기재사항 등】** ① 증인의 출석요구서에는 법 제309조에 규정된 사항 외에 다음 각호의 사항을 적어야 한다.
1. 출석하지 아니하는 경우에는 그 사유를 밝혀 신고하여야 한다는 취지
2. 제1호의 신고를 하지 아니하는 경우에는 정당한 사유 없이 출석하지 아니한 것으로 인정되어 법률상 제재를 받을 수 있다는 취지

② 증인에 대한 출석요구서는 출석할 날보다 2일 전에 송달되어야 한다. 다만, 부득이한 사정이 있는 경우에는 그러하지 아니하다.

**제82조【증인의 출석 확보】** 증인이 채택된 때에는 증인신청을 한 당사자는 증인이 기일에 출석할 수 있도록 노력하여야 한다.

**제83조【불출석의 신고】** 증인이 출석요구를 받고 기일에 출석할 수 없을 경우에는 바로 그 사유를 밝혀 신고하여야 한다.

**제84조【서면에 의한 증언】** ① 법 제310조제1항의 규정에 따라 출석·증언에 갈음하여 증언할 사항을 적은 서면을 제출하게 하는 경우 법원은 증인을 신청한 당사자의 상대방에 대하여 그 서면에서 회답을 바라는 사항을 적은 서면을 제출하게 할 수 있다.

② 법원이 법 제310조제1항의 규정에 따라 출석·증언에 갈음하여 증언할 사항을 적은 서면을 제출하게 하는 때에는 다음 각호의 사항을 증인에게 고지하여야 한다.

1. 증인에 대한 신문사항 또는 신문사항의 요지
2. 법원이 출석요구를 하는 때에는 법정에 출석·증언하여야 한다는 취지
3. 제출할 기한을 정한 때에는 그 취지

③ 증인은 증언할 사항을 적은 서면에 서명날인하여야 한다.

**제85조【증인에 대한 과태료 등】** ① 법 제311조제1항의 규정에 따른 과태료와 소송비용 부담의 재판은 수소법원이 관할한다.

② 제1항과 법 제311조제1항의 규정에 따른 재판절차에 관하여는 비송사건절차법 제248조와 제250조(다만, 제248조제3항 후문과 검사에 관한 부분을 제외한다)의 규정을 준용한다.

**제86조【증인에 대한 감치】** ① 법 제311조제2항 내지 제8항의 규정에 따른 감치재판은 수소법원이 관할한다.

② 감치재판절차는 법원의 감치재판개시결정에 따라 개시된다. 이 경우 감치사유가 발생한 날부터 20일이 지난 때에는 감치재판개시결정을 할 수 없다.

③ 감치재판절차를 개시한 후 감치결정 전에 그 증인이 증언을 하거나 그 밖에 감치에 처하는 것이 상당하지 아니하다고 인정되는 때에는 법원은 불처벌결정을 하여야 한다.

④ 제2항의 감치재판개시결정과 제3항의 불처벌결정에 대하여는 불복할 수 없다.

⑤ 법 제311조제7항의 규정에 따라 증인을 석방한 때에는 재판장은 바로 감치시설의 장에게 그 취지를 서면으로 통보하여야 한다.

⑥ 제1항 내지 제5항 및 법 제311조제2항 내지 제8항의 규정에 따른 감치절차에 관하여는 법정등의질서유지를위한재판에관한규칙 제6조 내지 제8조, 제10조, 제11조, 제13조, 제15조 내지 제19조, 제21조 내지 제23조 및 제25조제1항·제2항(다만, 제13조중 의견서에 관한 부분은 삭제하고, 제19조제2항 중 "3일"은 "1주"로, 제23조제8항 중 "감치의 집행을 한 날"은 "법 제311조제5항의 규정에 따른 통보를 받은 날"로 고쳐 적용한다)의 규정을 준용한다.

**제87조【증인의 구인】** 정당한 사유 없이 출석하지 아니한 증인의 구인에 관하여는 형사소송규칙 중 구인에 관한 규정을 준용한다.

**제88조【증인의 동일성 확인】** 재판장은 증인으로부터 주민등록증 등 신분증을 제시받거나 그 밖의 적당한 방법으로 증인임이 틀림없음을 확인하여야 한다.(2006.3.23 본조개정)

**제89조【신문의 순서】** ① 법 제327조제1항의 규정에 따른 증인의 신문은 다음 각호의 순서를 따른다. 다만, 재판장은 주신문에 앞서 증인으로 하여금 그 사건과의 관계와 쟁점에 관하여 알고 있는 사실을 개략적으로 진술하게 할 수 있다.

1. 증인신문신청을 한 당사자의 신문(주신문)
2. 상대방의 신문(반대신문)

3. 증인신문신청을 한 당사자의 재신문(재주신문)

② 제1항의 순서에 따른 신문이 끝난 후에는 당사자는 재판장의 허가를 받은 때에만 다시 신문할 수 있다.

③ 재판장은 정리된 쟁점별로 제1항의 순서에 따라 신문하게 할 수 있다.
(2007.11.28 본항신설)

**제90조【주신문을 할 당사자가 출석하지 아니한 경우의 신문】** 증인신문을 신청한 당사자가 신문기일에 출석하지 아니한 경우에는 재판장이 그 당사자에 갈음하여 신문을 할 수 있다.

**제91조【주신문】** ① 주신문은 증명할 사항과 이에 관련된 사항에 관하여 한다.

② 주신문에서는 유도신문을 하여서는 아니된다. 다만, 다음 각호 가운데 어느 하나에 해당하는 경우에는 그러하지 아니하다.

1. 증인과 당사자의 관계, 증인의 경력, 교우관계 등 실질적인 신문에 앞서 미리 밝혀둘 필요가 있는 준비적인 사항에 관한 신문의 경우
2. 증인이 주신문을 하는 사람에 대하여 적의 또는 반감을 보이는 경우
3. 증인이 종전의 진술과 상반되는 진술을 하는 때에 그 종전 진술에 관한 신문의 경우
4. 그 밖에 유도신문이 필요한 특별한 사정이 있는 경우

③ 재판장은 제2항 단서의 각호에 해당하지 아니하는 경우의 유도신문은 제지하여야 하고, 유도신문의 방법이 상당하지 아니하다고 인정하는 때에는 제한할 수 있다.

**제92조【반대신문】** ① 반대신문은 주신문에 나타난 사항과 이에 관련된 사항에 관하여 한다.

② 반대신문에서 필요한 때에는 유도신문을 할 수 있다.

③ 재판장은 유도신문의 방법이 상당하지 아니하다고 인정하는 때에는 제한할 수 있다.

④ 반대신문의 기회에 주신문에 나타나지 아니한 새로운 사항에 관하여 신문하고자 하는 때에는 재판장의 허가를 받아야 한다.

⑤ 제4항의 신문은 그 사항에 관하여는 주신문으로 본다.

**제93조【재주신문】** ① 재주신문은 반대신문에 나타난 사항과 이와 관련된 사항에 관하여 한다.

② 재주신문은 주신문의 예를 따른다.

③ 재주신문에 관하여는 제92조제4항·제5항의 규정을 준용한다.

**제94조【증언의 증명력을 다투기 위하여 필요한 사항의 신문】** ① 당사자는 증언의 증명력을 다투기 위하여 필요한 사항에 관한 신문을 할 수 있다.

② 제1항에 규정된 신문은 증인의 경험·기억 또는 표현의 정확성 등 증언의 신빙성에 관련된 사항 및 증인의 이해관계·편견 또는 예단 등 증인의 신용성에 관련된 사항에 관하여 한다.

**제95조【증인신문의 방법】** ① 신문은 개별적이고 구체적으로 하여야 한다.

② 재판장은 직권 또는 당사자의 신청에 따라 다음 각호 가운데 어느 하나에 해당하는 신문을 제한할 수 있다. 다만, 제2호 내지 제4호에 규정된 신문에 관하여 정당한 사유가 있는 때에는 그러하지 아니하다.

1. 증인을 모욕하거나 증인의 명예를 해치는 내용의 신문
2. 제91조 내지 제94조의 규정에 어긋나는 신문
3. 의견의 진술을 구하는 신문
4. 증인이 직접 경험하지 아니한 사항에 관하여 진술을 구하는 신문

**제95조의2【비디오 등 중계장치 등에 의한 증인신문】** 법 제327조의2에 따른 증인신문의 절차와 방법에 관하여는 제73조의3을 준용한다.
(2021.10.29 본조개정)

**제96조 【문서 등을 이용한 신문】** ① 당사자는 재판장의 허가를 받아 문서·도면·사진·모형·장치, 그 밖의 물건(다음부터 이 조문 안에서 이 모두를 "문서등"이라 한다)을 이용하여 신문할 수 있다.

② 제1항의 경우에 문서등이 증거조사를 하지 아니한 것인 때에는 신문에 앞서 상대방에게 열람할 기회를 주어야 한다. 다만, 상대방의 이의가 없는 때에는 그러하지 아니하다.

③ 재판장은 조서에 붙이거나 그 밖에 다른 필요가 있다고 인정하는 때에는 당사자에게 문서등의 사본(사본으로 제출할 수 없는 경우에는 그 사진이나 그 밖의 적당한 물건)을 제출할 것을 명할 수 있다.

**제97조 【이의신청】** ① 증인신문에 관한 재판장의 명령 또는 조치에 대한 이의신청은 그 명령 또는 조치가 있은 후 바로 하여야 하며, 그 이유를 구체적으로 밝혀야 한다.

② 법원은 제1항의 규정에 따른 이의신청에 대하여 바로 결정으로 재판하여야 한다.

**제98조 【재정인의 퇴정】** 법정 안에 있는 특정인 앞에서는 충분히 진술하기 어려운 현저한 사유가 있는 때에는 재판장은 당사자의 의견을 들어 그 증인이 진술하는 동안 그 사람을 법정에서 나가도록 명할 수 있다.

**제99조 【서면에 따른 질문 또는 회답의 낭독】** 듣지 못하는 증인에게 서면으로 물은 때 또는 말을 못하는 증인에게 서면으로 답하게 한 때에는 재판장은 법원사무관등으로 하여금 질문 또는 회답을 적은 서면을 낭독하게 할 수 있다.

**제100조 【수명법관·수탁판사의 권한】** 수명법관 또는 수탁판사가 증인신문을 하는 경우에는 이 절에 규정된 법원과 재판장의 직무를 행한다.

## 제3절 감 정

**제100조의2 【감정인 의무의 고지】** 법원은 감정인에게 선서를 하게 하기에 앞서 법 제335조의2에 따른 의무를 알려야 한다.(2016.9.6 본조신설)

**제101조 【감정사항의 결정 등】** ① 감정을 신청하는 때에는 감정을 구하는 사항을 적은 서면을 함께 제출하여야 한다. 다만, 부득이한 사유가 있는 때에는 재판장이 정하는 기한까지 제출하면 된다.

② 제1항의 서면은 상대방에게 송달하여야 한다. 다만, 그 서면의 내용을 고려하여 법원이 송달할 필요가 없다고 인정하는 때에는 그러하지 아니하다.

③ 상대방은 제1항의 서면에 관하여 의견이 있는 때에는 의견을 적은 서면을 법원에 제출할 수 있다. 이 경우 재판장은 미리 그 제출기한을 정할 수 있다.(2016.9.6 후단신설)

④ 법원은 제1항의 서면을 토대로 하되, 제3항의 규정에 따라 의견이 제출된 때에는 그 의견을 고려하여 감정사항을 정하여야 한다. 이 경우 법원이 감정사항을 정하기 위하여 필요한 때에는 감정인의 의견을 들을 수 있다.

⑤ (2016.9.6 삭제)

**제101조의2 【감정에 필요한 자료제공 등】** ① 법원은 감정에 필요한 자료를 감정인에게 보낼 수 있다.

② 당사자는 감정에 필요한 자료를 법원에 내거나 법원의 허가를 받아 직접 감정인에게 건네줄 수 있다.

③ 감정인은 부득이한 사정이 없으면 제1항, 제2항에 따른 자료가 아닌 자료를 감정의 전제가 되는 사실 인정에 사용할 수 없다.

④ 법원은 감정인에게 감정에 사용한 자료를 제출하게 하거나 그 목록을 보고하게 할 수 있다.

(2016.9.6 본조신설)

**제101조의3 【감정의견에 관한 의견진술】** ① 법원은 법 제339조제1항, 제2항에 따른 감정인의 의견진술이 있는 경우에 당사자에게 기한을 정하여 그에 관한 의견을 적은 서면을 제출하게 할 수 있다.
② 법원은 법 제339조제1항, 제2항에 따른 감정인의 서면 의견진술이 있는 경우에 그에 관하여 말로 설명할 필요가 있다고 인정하는 때에는 감정인에게 법정에 출석하게 할 수 있다.
③ 제2항의 경우 법원은 당사자에게 기한을 정하여 감정인에게 질문할 사항을 적은 서면을 감정인이 출석할 신문기일 전에 제출하게 할 수 있다.
④ 법원사무관등은 제3항에 따른 서면의 부본을 감정인이 출석할 신문기일 전에 상대방에게 송달하여야 한다.
(2016.9.6 본조신설)

**제102조 【기피신청의 방식】** ① 감정인에 대한 기피는 그 이유를 밝혀 신청하여야 한다.
② 기피하는 이유와 소명방법은 신청한 날부터 3일 안에 서면으로 제출하여야 한다.

**제103조 【감정서의 설명】** ① 법 제341조제2항의 규정에 따라 감정서를 설명하게 하는 때에는 당사자를 참여하게 하여야 한다.
② 제1항의 설명의 요지는 조서에 적어야 한다.

**제103조의2** (2021.10.29 삭제)

**제104조 【증인신문규정의 준용】** 감정에는 그 성질에 어긋나지 아니하는 범위 안에서 제2절의 규정을 준용한다.

## 제4절 서 증

**제105조 【문서를 제출하는 방식에 의한 서증신청】** ① 문서를 제출하여 서증의 신청을 하는 때에는 문서의 제목·작성자 및 작성일을 밝혀야 한다. 다만, 문서의 기재상 명백한 경우에는 그러하지 아니하다.
② 서증을 제출하는 때에는 상대방의 수에 1을 더한 수의 사본을 함께 제출하여야 한다. 다만, 상당한 이유가 있는 때에는 법원은 기간을 정하여 사본을 제출하게 할 수 있다.
③ 제2항의 사본은 명확한 것이어야 하며 재판장은 사본이 불명확한 때에는 사본을 다시 제출하도록 명할 수 있다.
④ 문서의 일부를 증거로 하는 때에도 문서의 전부를 제출하여야 한다. 다만, 그 사본은 재판장의 허가를 받아 증거로 원용할 부분의 초본만을 제출할 수 있다.
⑤ 법원은 서증에 대한 증거조사가 끝난 후에도 서증 원본을 다시 제출할 것을 명할 수 있다.

**제106조 【증거설명서의 제출 등】** ① 재판장은 서증의 내용을 이해하기 어렵거나 서증의 수가 방대한 경우 또는 서증의 입증취지가 불명확한 경우에는 당사자에게 서증과 증명할 사실의 관계를 구체적으로 밝힌 설명서를 제출할 것을 명할 수 있다.
② 서증이 국어 아닌 문자 또는 부호로 되어 있는 때에는 그 문서의 번역문을 붙여야 한다. 다만, 문서의 일부를 증거로 하는 때에는 재판장의 허가를 받아 그 부분의 번역문만을 붙일 수 있다.

**제107조 【서증 사본의 작성 등】** ① 당사자가 제105조제2항의 규정에 따라 서증 사본을 작성하는 때에는 서증 내용의 전부를 복사하여야 한다. 이 경우 재판장이 필요하다고 인정하는 때에는 서증 사본에 원본과 틀림이 없다는 취지를 적고 기명날인 또는 서명하여야 한다.
② 서증 사본에는 다음 각호의 구분에 따른 부호와 서증의 제출순서에 따른 번호를 붙여야 한다.
1. 원고가 제출하는 것은 “갑”
2. 피고가 제출하는 것은 “을”

3. 독립당사자참가인이 제출하는 것은 "병"

③ 재판장은 같은 부호를 사용할 당사자가 여러 사람인 때에는 제2항의 부호 다음에 "가" "나" "다" 등의 가지부호를 붙여서 사용하게 할 수 있다.

**제108조【서증 사본의 제출기간】** 법 제147조제1항의 규정에 따라 재판장이 서증신청(문서를 제출하는 방식으로 하는 경우에 한한다)을 할 기간을 정한 때에는 당사자는 그 기간이 끝나기 전에 서증의 사본을 제출하여야 한다.

**제109조【서증에 대한 증거결정】** 당사자가 서증을 신청한 경우 다음 각호 가운데 어느 하나에 해당하는 사유가 있는 때에는 법원은 그 서증을 채택하지 아니하거나 채택결정을 취소할 수 있다.

1. 서증과 증명할 사실 사이에 관련성이 인정되지 아니하는 때
2. 이미 제출된 증거와 같거나 비슷한 취지의 문서로서 별도의 증거가치가 있음을 당사자가 밝히지 못한 때
3. 국어 아닌 문자 또는 부호로 되어 있는 문서로서 그 번역문을 붙이지 아니하거나 재판장의 번역문 제출명령에 따르지 아니한 때
4. 제106조제1항의 규정에 따른 재판장의 증거설명서 제출명령에 따르지 아니한 때
5. 문서의 작성자 또는 그 작성일이 분명하지 아니한 경우로서 이를 밝히도록 한 재판장의 명령에 따르지 아니한 때

**제110조【문서제출신청의 방식 등】**

① 법 제345조의 규정에 따른 문서제출신청은 서면으로 하여야 한다.

② 상대방은 제1항의 신청에 관하여 의견이 있는 때에는 의견을 적은 서면을 법원에 제출할 수 있다.

③ 법 제346조의 규정에 따른 문서목록의 제출신청에 관하여는 제1항과 제2항의 규정을 준용한다.

**제111조【제시 · 제출된 문서의 보관】**

① 법원은 필요하다고 인정하는 때에는 법 제347조제4항 전문의 규정에 따라 제시받은 문서를 일시적으로 맡아 둘 수 있다.

② 제1항의 경우 또는 법 제353조의 규정에 따라 문서를 맡아 두는 경우 문서를 제시하거나 제출한 사람이 요구하는 때에는 법원사무관등은 문서의 보관증을 교부하여야 한다.

**제112조【문서가 있는 장소에서의 서증신청 등】** ① 제3자가 가지고 있는 문서를 법 제343조 또는 법 제352조가 규정하는 방법에 따라 서증으로 신청할 수 없거나 신청하기 어려운 사정이 있는 때에는 법원은 그 문서가 있는 장소에서 서증의 신청을 받아 조사할 수 있다.

② 제1항의 경우 신청인은 서증으로 신청한 문서의 사본을 법원에 제출하여야 한다.

**제113조【기록 가운데 일부문서에 대한 송부촉탁】** ① 법원 · 검찰청, 그 밖의 공공기관(다음부터 이 조문 안에서 이 모두를 "법원등"이라 한다)이 보관하고 있는 기록의 불특정한 일부에 대하여도 법 제352조의 규정에 따른 문서송부의 촉탁을 신청할 수 있다.

② 법원이 제1항의 신청을 채택한 때에는 기록을 보관하고 있는 법원등에 대하여 그 기록 가운데 신청인 또는 소송대리인이 지정하는 부분의 인증등본을 보내 줄 것을 촉탁하여야 한다.

③ 제2항의 규정에 따른 촉탁을 받은 법원등은 법 제352조의2제2항에 규정된 사유가 있는 경우가 아니면 문서송부촉탁 신청인 또는 소송대리인에게 그 기록을 열람하게 하여 필요한 부분을 지정할 수 있도록 하여야 한다.
(2012.5.2 본항개정)

**제114조** (2007.11.28 삭제)

**제115조【송부촉탁 신청인의 사본제출의무 등】** 제113조, 법 제347조제1항 또는 법 제352조의 규정에 따라 법원에 문서가 제출된 때에는 신청인은 그 중 서증으로 제출하고자 하는 문서를 개별적으로 지정하고 그 사본을 법원에 제출하여야 한다. 다만, 제출된 문서가 증거조사를 마친 후 돌려 줄 필요가 없는 것인 때에는 따로 사본을 제출하지 아니하여도 된다.

**제116조【문서의 진정성립을 부인하는 이유의 명시】** 문서의 진정성립을 부인하는 때에는 그 이유를 구체적으로 밝혀야 한다.

## 제5절 검 증

**제117조【검증목적물의 제출】** 검증목적물의 제출절차에 관하여는 제107조제2항·제3항의 규정을 준용한다. 이 경우에는 그 부호 앞에 "검"이라고 표시하여야 한다.

**제118조【검증목적물의 보관 등】** 제출된 검증목적물에 관하여는 제105조제5항과 제111조제2항의 규정을 준용한다.

## 제6절 당사자신문

**제119조【증인신문 규정의 준용】** 당사자 본인이나 당사자를 대리·대표하는 법정대리인·대표자 또는 관리인의 신문에는 제81조, 제83조 및 제88조 내지 제100조의 규정을 준용한다. 이 경우 제81조제1항제2호 중 "법률상 제재를 받을 수 있다는 취지"는 "법률상 불이익을 받을 수 있다는 취지"로 고쳐 적용한다.(2015.6.29 전단개정)

**제119조의2【당사자진술서 또는 당사자신문사항의 제출 등】** ① 법원은 효율적인 당사자신문을 위하여 필요하다고 인정하는 때에는 당사자신문을 신청한 당사자에게 당사자진술서 또는 당사자신문사항을 제출하게 할 수 있다.

② 제1항에 따른 당사자진술서의 제출 등에 관하여는 제79조제2항부터 제4항까지를, 당사자신문사항의 제출 등에 관하여는 제80조제1항 본문, 제2항 및 제3항을 각 준용한다.

(2015.6.29 본조신설)

## 제7절 그 밖의 증거

**제120조【자기디스크등에 기억된 문자정보 등에 대한 증거조사】** ① 컴퓨터용 자기디스크·광디스크, 그 밖에 이와 비슷한 정보저장매체(다음부터 이 조문 안에서 이 모두를 "자기디스크등"이라 한다)에 기억된 문자정보를 증거자료로 하는 경우에는 읽을 수 있도록 출력한 문서(다음부터 이 조문 안에서 "출력문서"라고 한다)를 제출할 수 있다.

② 자기디스크등에 기억된 문자정보를 증거로 하는 경우에 증거조사를 신청한 당사자는 법원이 명하거나 상대방이 요구한 때에는 자기디스크등에 입력한 사람과 입력한 일시, 출력한 사람과 출력한 일시를 밝혀야 한다.

③ 자기디스크등에 기억된 정보가 도면·사진 등에 관한 것인 때에는 제1항과 제2항의 규정을 준용한다.

**제121조【음성·영상자료 등에 대한 증거조사】** ① 녹음·녹화테이프, 컴퓨터용 자기디스크·광디스크, 그 밖에 이와 비슷한 방법으로 음성이나 영상을 녹음 또는 녹화(다음부터 이 조문 안에서 "녹음등"이라 한다)하여 재생할 수 있는 매체(다음부터 이 조문 안에서 "녹음테이프등"이라 한다)에 대한 증거조사를 신청하는 때에는 음성이나 영상이 녹음등이 된 사람, 녹음등을 한 사람 및 녹음등을 한 일시·장소를 밝혀야 한다.

② 녹음테이프등에 대한 증거조사는 녹음테이프등을 재생하여 검증하는 방법으로 한다.

③ 녹음테이프등에 대한 증거조사를 신청한 당사자는 법원이 명하거나 상대방이 요구한 때에는 녹음테이프등의 녹취서, 그 밖에 그 내용을 설명하는 서면을 제출하여야 한다.

**제122조【감정 등 규정의 준용】** 도면·사진, 그 밖에 정보를 담기 위하여 만들어진 물건으로서 문서가 아닌 증거의 조사에 관하여는 특별한 규정이 없으면 제3절 내지 제5절의 규정을 준용한다.

## 제8절 증거보전

**제123조【증거보전절차에서의 증거조사】** 증거보전절차에서의 증거조사에 관하여는 이 장의 규정을 적용한다.

**제124조【증거보전의 신청방식 등】**

① 증거보전의 신청은 서면으로 하여야 한다.

② 제1항의 신청서에는 증거보전의 사유에 관한 소명자료를 붙여야 한다.

**제125조【증거보전 기록의 송부】** ① 증거보전에 관한 기록은 증거조사를 마친 후 2주 안에 본안소송의 기록이 있는 법원에 보내야 한다.

② 증거보전에 따른 증거조사를 마친 후에 본안소송이 제기된 때에는 본안소송이 계속된 법원의 송부요청을 받은 날부터 1주 안에 증거보전에 관한 기록을 보내야 한다.

# 제3편 상 소

## 제1장 항 소

**제126조【항소취하를 할 법원】** 소송기록이 원심법원에 있는 때에는 항소의 취하는 원심법원에 하여야 한다.

**제126조의2【항소이유서】** ① 항소인은 다음 각 호 가운데 어느 사유를 항소이유로 삼는지 항소이유서에 적어 제출하여야 한다.

1. 제1심 판결이 전속관할에 관한 규정에 어긋나거나 제1심 판결의 절차가 법률에 어긋난 때
2. 제1심 판결 중 사실을 잘못 인정하거나 법리를 잘못 적용한 부분이 있는 때
3. 제1심 판결의 이유를 밝히지 아니하거나 이유에 모순이 있는 때
4. 그 밖에 제1심 판결을 정당하지 아니하다고 인정하여 취소하거나 변경해야 할 사유가 있는 때

② 항소이유를 적을 때에는 제1심 판결 중 다투는 부분을 구체적으로 특정하여야 한다. 다만 「소액사건심판법」 제11조의2제3항 본문에 따라 제1심 판결에 이유를 적지 않은 때에는 그러하지 아니하다.

③ 항소이유서를 제출받은 항소법원은 피항소인에게 그 부본을 송달하여야 한다.

④ 항소인이 정당한 사유 없이 법 제402조의2제1항에 따른 제출기간(같은 조 제2항에 따라 제출기간이 연장된 경우에는 그 연장된 기간을 말한다)을 넘겨 항소이유서에 기재되지 않은 새로운 주장을 제출한 때에는 항소법원은 법 제149조제1항에 따라 결정으로 그 주장을 각하할 수 있다.

(2025.1.23 본조개정)

**제126조의3【답변서】** 재판장등은 피항소인에게 상당한 기간을 정하여 항소이유서에 기재된 항소인의 주장에 대한 반박내용을 적은 답변서를 제출하게 할 수 있다.(2025.1.23 본조신설)

**제127조【항소기록의 송부와 접수통지】** ① 항소장이 판결정본의 송달 전에 제출된 경우 항소기록 송부기간은 판결정본이 송달된 날부터 2주로 한다.

② 원심재판장등이 판결 정본의 송달 전에 제출된 항소장에 대하여 보정명령을 내린 경우의 항소기록 송부기간은 판결 정본의 송달 전에 그 흠이 보정된 때에는 판결 정본이 송달된 날부터 2주, 판결 정본의 송달 이후에 그 흠이 보정된 때에는 보정된 날부터 1주로 한다.(2015.6.29 본항개정)

③ 법 제400조제3항에 따른 항소기록의 접수통지는 그 사유를 적은 서면을 당사자에게 송달하는 방법으로 한다.
(2025.1.23 본항신설)
(2025.1.23 본조제목개정)

**제127조의2【제1심 변론결과의 진술】** 제1심 변론결과의 진술은 당사자가 사실상 또는 법률상 주장, 정리된 쟁점 및 증거조사 결과의 요지 등을 진술하거나, 법원이 당사자에게 해당사항을 확인하는 방식으로 할 수 있다.
(2007.11.28 본조신설)

**제127조의3【항소심의 변론】** 항소법원은 항소이유서에 기재된 쟁점을 중심으로 변론이 집중되도록 함으로써 변론이 가능하면 속행되지 않도록 하여야 하고, 당사자는 이에 협력하여야 한다.(2025.1.23 본조신설)

**제127조의4【항소심의 증거신청】** ① 항소인은 부득이한 사정이 없으면 항소이유서를 제출하면서 일괄하여 증거를 신청하여야 한다.

② 항소심에서 증거를 신청할 때에는 해당 증거가 다음 각 호 중 어느 항목에 해당하는지와 그에 관한 구체적인 사유를 명시하여야 한다.

1. 제1심에서 조사되지 아니한 데에 대하여 고의나 중대한 과실이 없고 그 신청으로 인하여 소송을 현저하게 지연시키지 아니하는 증거
2. 제1심에서 증거조사가 이루어졌으나 특별한 사정이 있어 항소심에서 다시 증거조사를 하는 것이 부득이하다고 인정되는 증거
3. 그 밖에 항소의 당부에 관한 판단을 위하여 반드시 필요하다고 인정되는 증거

(2025.1.23 본조신설)

**제128조【제1심 소송절차의 준용】** 항소심의 소송절차에 관하여는 그 성질에 어긋나지 아니하는 범위 안에서 제2편의 규정을 준용한다.

## 제2장 상 고

**제129조【상고이유의 기재방식】** ① 판결에 영향을 미친 헌법·법률·명령 또는 규칙(다음부터 이 장 안에서 “법령”이라 한다)의 위반이 있다는 것을 이유로 하는 상고의 경우에 상고이유는 법령과 이에 위반하는 사유를 밝혀야 한다.

② 제1항의 규정에 따라 법령을 밝히는 때에는 그 법령의 조항 또는 내용(성문법 외의 법령에 관하여는 그 취지)을 적어야 한다.

③ 제1항의 규정에 따라 법령에 위반하는 사유를 밝히는 경우에 그 법령이 소송절차에 관한 것인 때에는 그에 위반하는 사실을 적어야 한다.

**제130조【절대적 상고이유의 기재방식】** 법 제424조제1항의 어느 사유를 상고이유로 삼는 때에는 상고이유에 그 조항과 이에 해당하는 사실을 밝혀야 한다.

**제131조【판례의 적시】** 원심판결이 대법원판례와 상반되는 것을 상고이유로 하는 경우에는 그 판례를 구체적으로 밝혀야 한다.

**제132조【소송기록 접수의 통지방법】** 법 제426조의 규정에 따른 소송기록 접수의 통지는 그 사유를 적은 서면을 당사자에게 송달하는 방법으로 한다.

**제133조【상고이유서의 통수】** 상고이유서를 제출하는 때에는 상대방의 수에 6을 더한 수의 부본을 붙여야 한다.

**제133조의2【상고이유서 등의 분량】** 상고이유서와 답변서는 그 분량을 30쪽 이내로 하여 제출하여야 한다.
(2016.8.1 본조신설)

**제134조【참고인의 진술】** ① 법 제430조제2항의 규정에 따라 참고인의 진술을 듣는 때에는 당사자를 참여하게 하여야 한다.
② 제1항의 진술의 요지는 조서에 적어야 한다.

**제134조의2【참고인 의견서 제출】** ① 국가기관과 지방자치단체는 공익과 관련된 사항에 관하여 대법원에 재판에 관한 의견서를 제출할 수 있고, 대법원은 이들에게 의견서를 제출하게 할 수 있다.
② 대법원은 소송관계를 분명하게 하기 위하여 공공단체 등 그 밖의 참고인에게 의견서를 제출하게 할 수 있다.
(2015.1.28 본조신설)

**제135조【항소심절차규정의 준용】** 상고와 상고심의 소송절차에는 그 성질에 어긋나지 아니하는 범위 안에서 제1장의 규정을 준용한다.

**제136조【부대상고에 대한 준용】** 부대상고에는 제129조 내지 제135조의 규정을 준용한다.

## 제3장 항 고

**제137조【항소·상고의 절차규정 준용】** ① 항고와 그에 관한 절차에는 그 성질에 어긋나지 아니하는 범위 안에서 제1장의 규정을 준용한다.
② 재항고 또는 특별항고와 그에 관한 절차에는 그 성질에 어긋나지 아니하는 범위 안에서 제2장의 규정을 준용한다.

# 제4편 재 심

**제138조【재심의 소송절차】** 재심의 소송절차에는 그 성질에 어긋나지 아니하는 범위 안에서 각 심급의 소송절차에 관한 규정을 준용한다.

**제139조【재심소장의 첨부서류】** 재심소장에는 재심의 대상이 되는 판결의 사본을 붙여야 한다.

**제140조【재심소송기록의 처리】** ① 재심절차에서 당사자가 제출한 서증의 번호는 재심 전 소송의 서증의 번호에 연속하여 매긴다.
② 재심사건에 대하여 상소가 제기된 때에는 법원사무관등은 상소기록에 재심 전 소송기록을 붙여 상소법원에 보내야 한다.

**제141조【준재심절차에 대한 준용】** 법 제461조의 규정에 따른 재심절차에는 제138조 내지 제140조의 규정을 준용한다.

# 제5편 공시최고절차

**제142조【공시최고의 공고】** ① 공시최고의 공고는 다음 각호 가운데 어느 하나의 방법으로 한다. 이 경우 필요하다고 인정하는 때에는 적당한 방법으로 공고사항의 요지를 공시할 수 있다.
1. 법원게시판 게시
2. 관보·공보 또는 신문 게재
3. 전자통신매체를 이용한 공고
② 법원사무관등은 공고한 날짜와 방법을 기록에 표시하여야 한다.

**제143조【제권판결의 공고】** 제권판결의 요지를 공고하는 때에는 제142조의 규정을 준용한다.

# 제6편 판결의 확정 및 집행정지

**제144조【집행정지신청 등의 방식】** 법 제500조제1항 또는 법 제501조의 규정에 따른 집행정지 등의 신청은 서면으로 하여야 한다.

부 칙

**제1조 【시행일】** 이 규칙은 2002년 7월 1일부터 시행한다.

**제2조 【계속사건에 관한 경과조치】** 이 규칙은 특별한 규정이 없으면 이 규칙 시행 당시 법원에 계속중인 사건에도 적용한다. 다만, 종전의 규정에 따라 생긴 효력에는 영향을 미치지 아니한다.

**제3조 【증인감치에 관한 경과조치】** 제86조와 법 제311조의 증인감치에 관한 규정은 법 시행 후 과태료의 재판을 고지받은 증인에 대하여 적용한다.

부 칙 (2006.3.23)

이 규칙은 공포한 날부터 시행한다.

부 칙 (2007.7.31)

**제1조 【시행일】** 이 규칙은 2007년 8월 14일부터 시행한다.

**제2조 【경과조치】** 이 규칙은 이 규칙 시행 당시에 법원에 계속 중인 사건에도 적용한다.

부 칙 (2007.11.28)

**제1조 【시행일】** 이 규칙은 2008년 1월 1일부터 시행한다.

**제2조 【계속사건에 관한 경과조치】** 이 규칙은 특별한 규정이 없으면 이 규칙 시행 당시 법원에 계속 중인 사건에도 적용한다. 다만, 종전의 규정에 따라 생긴 효력에는 영향을 미치지 아니한다.

부 칙 (2009.1.9)

**제1조 【시행일】** 이 규칙은 공포한 날부터 시행한다.

**제2조 【계속사건에 관한 경과조치】** 이 규칙은 이 규칙 시행 당시 법원에 계속 중인 사건에도 적용한다.

부 칙 (2009.12.3)

이 규칙은 공포한 날부터 시행한다.

부 칙 (2010.12.13)

**제1조 【시행일】** 이 규칙은 2011년 1월 1일부터 시행한다.

**제2조 【계속사건에 관한 경과조치】** 이 규칙은 이 규칙 시행 당시 법원에 계속 중인 사건에도 적용한다.

부 칙 (2011.9.28)

**제1조 【시행일】** 이 규칙은 2011년 10월 13일부터 시행한다.(이하 생략)

부 칙 (2012.5.2)

**제1조 【시행일】** 이 규칙은 공포한 날부터 시행한다.

**제2조 【계속 사건에 관한 적용례】** 이 규칙은 이 규칙 시행 당시 법원에 계속 중인 사건에도 적용한다.

부 칙 (2014.8.6)

이 규칙은 2014년 8월 7일부터 시행한다.

부 칙 (2014.12.30)

이 규칙은 2015년 1월 1일부터 시행한다.

부 칙 (2015.1.28)

**제1조 【시행일】** 이 규칙은 공포한 날부터 시행한다. 다만, 제15조제1항 및

같은 조 제4항의 개정규정은 2015년 2월 13일부터 시행하고, 제26조제2항, 같은 조 제3항의 개정규정 및 제70조의3의 신설규정은 2015년 7월 1일부터 시행한다.

**제2조【계속사건에 관한 경과조치】** 이 규칙은 이 규칙 시행 당시에 법원에 계속 중인 사건에도 적용한다.

부 칙 (2015.6.29)

**제1조【시행일】** 이 규칙은 2015년 7월 1일부터 시행한다.

**제2조【계속사건에 관한 경과조치】** 이 규칙은 이 규칙 시행 당시에 법원에 계속 중인 사건에도 적용한다.

부 칙 (2016.8.1)

**제1조【시행일】** 이 규칙은 공포한 날부터 시행한다.

**제2조【계속사건에 관한 경과조치】** 이 규칙은 이 규칙 시행 당시에 법원에 계속 중인 사건에도 적용한다. 다만, 종전 규정에 따라 생긴 효력에는 영향을 미치지 아니한다.

부 칙 (2016.9.6)

**제1조【시행일】** 이 규칙은 2016년 9월 30일부터 시행한다. 다만, 제15조제1항 및 제4항의 개정규정은 2016년 10월 1일부터 시행하고, 제17조의2의 개정규정은 공포한 날부터 시행한다.

**제2조【계속사건에 관한 경과조치】** 이 규칙은 이 규칙 시행 당시에 법원에 계속 중인 사건에도 적용한다. 다만, 종전의 규정에 따라 생긴 효력에 영향을 미치지 아니한다.

부 칙 (2017.2.2)

**제1조【시행일】** 이 규칙은 2017년 2월 4일부터 시행한다.

**제2조【계속사건에 관한 경과조치】** 이 규칙은 이 규칙 시행 당시 법원에 계속 중인 사건에도 적용한다. 다만, 종전 규칙에 따라 생긴 효력에는 영향을 미치지 아니한다.

부 칙 (2018.1.31)
(2020.6.1)
(2020.6.26)

이 규칙은 공포한 날부터 시행한다.

부 칙 (2021.10.29)

**제1조【시행일】** 이 규칙은 2021년 11월 18일부터 시행한다.

**제2조【계속사건에 관한 경과조치】** 이 규칙은 이 규칙 시행 당시 법원에 계속 중인 사건에 대하여도 적용한다.

**제3조【다른 규칙의 개정】** ※(해당 법령에 가제정리 하였음)

부 칙 (2024.11.29)

**제1조【시행일】** 이 규칙은 2025년 1월 1일부터 시행한다.

**제2조【적용례】** 이 규칙은 이 규칙 시행 당시 법원에 계속 중인 사건에도 적용한다.

부 칙 (2025.1.23)

**제1조【시행일】** 이 규칙은 2025년 3월 1일부터 시행한다.

**제2조【항소이유서의 제출에 관한 적용례】** 이 규칙은 이 규칙 시행 후 최초로 항소장 또는 항고장이 제출되는 사건부터 적용한다.

# 민사집행법

(**2002년 1월 26일**
**법 률 제6627호**)

개정
2005. 1.27법 7358호
2007. 8. 3법 8581호(상법)
2007. 8. 3법 8622호(소형선박저당법)
2009. 3.25법 9525호(자동차특정동산)
2010. 7.23법10376호 2011. 4. 5법10539호
2011. 4.12법10580호(부등)
2014. 5.20법12588호 2015. 5.18법13286호
2016. 2. 3법13952호(민사소송법)
2022. 1. 4법18671호
2024. 9.20법20434호(법인의등기사항등에관한특례법)
2025. 1.31법20733호→2026년 2월 1일 시행



## 제1편 총 칙

**제1조 【목적】** 이 법은 강제집행, 담보권 실행을 위한 경매, 민법·상법, 그 밖의 법률의 규정에 의한 경매(이하 “민사집행”이라 한다) 및 보전처분의 절차를 규정함을 목적으로 한다.

**제2조 【집행실시자】** 민사집행은 이 법에 특별한 규정이 없으면 집행관이 실시한다.

**제3조 【집행법원】** ① 이 법에서 규정한 집행행위에 관한 법원의 처분이나 그 행위에 관한 법원의 협력사항을 관할하는 집행법원은 법률에 특별히 지정되어 있지 아니하면 집행절차를 실시할 곳이나 실시한 곳을 관할하는 지방법원이 된다.
② 집행법원의 재판은 변론 없이 할 수 있다.

**제4조 【집행신청의 방식】** 민사집행의 신청은 서면으로 하여야 한다.

**제5조 【집행관의 강제력 사용】** ① 집행관은 집행을 하기 위하여 필요한 경우에는 채무자의 주거·창고 그 밖의 장소를 수색하고, 잠근 문과 기구를 여는 등 적절한 조치를 할 수 있다.
② 제1항의 경우에 저항을 받으면 집행관은 경찰 또는 국군의 원조를 요청할 수 있다.
③ 제2항의 국군의 원조는 법원에 신청하여야 하며, 법원이 국군의 원조를 요청하는 절차는 대법원규칙으로 정한다.

**제6조 【참여자】** 집행관은 집행하는 데 저항을 받거나 채무자의 주거에서 집행을 실시하려는데 채무자나 사리를 분별할 지능이 있는 그 친족·고용인을 만나지 못한 때에는 성년 두 사람이나 특별시·광역시의 구 또는 동 직원, 시·읍·면 직원(도농복합형태의 시의 경우 동지역에서는 시 직원, 읍·면지역에서는 읍·면 직원) 또는 경찰공무원 중 한 사람을 증인으로 참여하게 하여야 한다.

**제7조 【집행관에 대한 원조요구】** ① 집행관 외의 사람으로서 법원의 명령에 의하여 민사집행에 관한 직무를 행하는 사람은 그 신분 또는 자격을 증명하는 문서를 지니고 있다가 관계인이 신청할 때에는 이를 내보여야 한다.

② 제1항의 사람이 그 직무를 집행하는 데 저항을 받으면 집행관에게 원조를 요구할 수 있다.

③ 제2항의 원조요구를 받은 집행관은 제5조 및 제6조에 규정된 권한을 행사할 수 있다.

**제8조【공휴일 · 야간의 집행】** ① 공휴일과 야간에는 법원의 허가가 있어야 집행행위를 할 수 있다.

② 제1항의 허가명령은 민사집행을 실시할 때에 내보여야 한다.

**제9조【기록열람 · 등본부여】** 집행관은 이해관계 있는 사람이 신청하면 집행기록을 볼 수 있도록 허가하고, 기록에 있는 서류의 등본을 교부하여야 한다.

**제10조【집행조서】** ① 집행관은 집행조서(執行調書)를 작성하여야 한다.

② 제1항의 조서(調書)에는 다음 각호의 사항을 밝혀야 한다.

1. 집행한 날짜와 장소
2. 집행의 목적물과 그 중요한 사정의 개요
3. 집행참여자의 표시
4. 집행참여자의 서명날인
5. 집행참여자에게 조서를 읽어 주거나 보여 주고, 그가 이를 승인하고 서명날인한 사실
6. 집행관의 기명날인 또는 서명

③ 제2항제4호 및 제5호의 규정에 따라 서명날인할 수 없는 경우에는 그 이유를 적어야 한다.

**제11조【집행행위에 속한 최고, 그 밖의 통지】** ① 집행행위에 속한 최고(催告) 그 밖의 통지는 집행관이 말로 하고 이를 조서에 적어야 한다.

② 말로 최고나 통지를 할 수 없는 경우에는 민사소송법 제181조 · 제182조 및 제187조의 규정을 준용하여 그 조서의 등본을 송달한다. 이 경우 송달증서를 작성하지 아니한 때에는 조서에 송달한 사유를 적어야 한다.

③ 집행하는 곳과 법원의 관할구역안에서 제2항의 송달을 할 수 없는 경우에는 최고나 통지를 받을 사람에게 대법원규칙이 정하는 방법으로 조서의 등본을 발송하고 그 사유를 조서에 적어야 한다.

**제12조【송달 · 통지의 생략】** 채무자가 외국에 있거나 있는 곳이 분명하지 아니한 때에는 집행행위에 속한 송달이나 통지를 하지 아니하여도 된다.

**제13조【외국송달의 특례】** ① 집행절차에서 외국으로 송달이나 통지를 하는 경우에는 송달이나 통지와 함께 대한민국 안에 송달이나 통지를 받을 장소와 영수인을 정하여 상당한 기간 이내에 신고하도록 명할 수 있다.

② 제1항의 기간 이내에 신고가 없는 경우에는 그 이후의 송달이나 통지를 하지 아니할 수 있다.

**제14조【주소 등이 바뀐 경우의 신고의무】** ① 집행에 관하여 법원에 신청이나 신고를 한 사람 또는 법원으로부터 서류를 송달받은 사람이 송달받을 장소를 바꾼 때에는 그 취지를 법원에 바로 신고하여야 한다.

② 제1항의 신고를 하지 아니한 사람에 대한 송달은 달리 송달할 장소를 알 수 없는 경우에는 법원에 신고된 장소 또는 종전에 송달을 받던 장소에 대법원규칙이 정하는 방법으로 발송할 수 있다.

③ 제2항의 규정에 따라 서류를 발송한 경우에는 발송한 때에 송달된 것으로 본다.

**제15조【즉시항고】** ① 집행절차에 관한 집행법원의 재판에 대하여는 특별한 규정이 있어야만 즉시항고(卽時抗告)를 할 수 있다.

② 항고인(抗告人)은 재판을 고지받은 날부터 1주의 불변기간 이내에 항고장(抗告狀)을 원심법원에 제출하여야 한다.

③ 항고장에 항고이유를 적지 아니한 때에는 항고인은 항고장을 제출한 날부터 10일 이내에 항고이유서를 원심법원에 제출하여야 한다.
④ 항고이유는 대법원규칙이 정하는 바에 따라 적어야 한다.
⑤ 항고인이 제3항의 규정에 따른 항고이유서를 제출하지 아니하거나 항고이유가 제4항의 규정에 위반한 때 또는 항고가 부적법하고 이를 보정(補正)할 수 없음이 분명한 때에는 원심법원은 결정으로 그 즉시항고를 각하하여야 한다.
⑥ 제1항의 즉시항고는 집행정지의 효력을 가지지 아니한다. 다만, 항고법원(재판기록이 원심법원에 남아 있는 때에는 원심법원)은 즉시항고에 대한 결정이 있을 때까지 담보를 제공하게 하거나 담보를 제공하게 하지 아니하고 원심재판의 집행을 정지하거나 집행절차의 전부 또는 일부를 정지하도록 명할 수 있고, 담보를 제공하게 하고 그 집행을 계속하도록 명할 수 있다.
⑦ 항고법원은 항고장 또는 항고이유서에 적힌 이유에 대하여서만 조사한다. 다만, 원심재판에 영향을 미칠 수 있는 법령위반 또는 사실오인이 있는지에 대하여 직권으로 조사할 수 있다.
⑧ 제5항의 결정에 대하여는 즉시항고를 할 수 있다.
⑨ 제6항 단서의 규정에 따른 결정에 대하여는 불복할 수 없다.
⑩ 제1항의 즉시항고에 대하여는 이 법에 특별한 규정이 있는 경우를 제외하고는 민사소송법 제3편 제3장중 즉시항고에 관한 규정을 준용한다.

**제16조 【집행에 관한 이의신청】** ① 집행법원의 집행절차에 관한 재판으로서 즉시항고를 할 수 없는 것과, 집행관의 집행처분, 그 밖에 집행관이 지킬 집행절차에 대하여서는 법원에 이의를 신청할 수 있다.
② 법원은 제1항의 이의신청에 대한 재판에 앞서, 채무자에게 담보를 제공하게 하거나 제공하게 하지 아니하고 집행을 일시정지하도록 명하거나, 채권자에게 담보를 제공하게 하고 그 집행을 계속하도록 명하는 등 잠정처분(暫定處分)을 할 수 있다.
③ 집행관이 집행을 위임받기를 거부하거나 집행행위를 지체하는 경우 또는 집행관이 계산한 수수료에 대하여 다툼이 있는 경우에는 법원에 이의를 신청할 수 있다.

**제17조 【취소결정의 효력】** ① 집행절차를 취소하는 결정, 집행절차를 취소한 집행관의 처분에 대한 이의신청을 기각·각하하는 결정 또는 집행관에게 집행절차의 취소를 명하는 결정에 대하여는 즉시항고를 할 수 있다.
② 제1항의 결정은 확정되어야 효력을 가진다.

**제18조 【집행비용의 예납 등】** ① 민사집행의 신청을 하는 때에는 채권자는 민사집행에 필요한 비용으로서 법원이 정하는 금액을 미리 내야 한다. 법원이 부족한 비용을 미리 내라고 명하는 때에도 또한 같다.
② 채권자가 제1항의 비용을 미리 내지 아니한 때에는 법원은 결정으로 신청을 각하하거나 집행절차를 취소할 수 있다.
③ 제2항의 규정에 따른 결정에 대하여는 즉시항고를 할 수 있다.

**제19조 【담보제공·공탁 법원】** ① 이 법의 규정에 의한 담보의 제공이나 공탁은 채권자나 채무자의 보통재판적(普通裁判籍)이 있는 곳의 지방법원 또는 집행법원에 할 수 있다.
② 당사자가 담보를 제공하거나 공탁을 한 때에는, 법원은 그의 신청에 따라 증명서를 주어야 한다.
③ 이 법에 규정된 담보에는 특별한 규정이 있는 경우를 제외하고는 민사소

송법 제122조 · 제123조 · 제125조 및 제126조의 규정을 준용한다.

**제20조 【공공기관의 원조】** 법원은 집행을 하기 위하여 필요하면 공공기관에 원조를 요청할 수 있다.

**제21조 【재판적】** 이 법에 정한 재판적(裁判籍)은 전속관할(專屬管轄)로 한다.

**제22조 【시 · 군법원의 관할에 대한 특례】** 다음 사건은 시 · 군법원이 있는 곳을 관할하는 지방법원 또는 지방법원지원이 관할한다.

1. 시 · 군법원에서 성립된 화해 · 조정(민사조정법 제34조제4항의 규정에 따라 재판상의 화해와 동일한 효력이 있는 결정을 포함한다. 이하 같다) 또는 확정된 지급명령에 관한 집행문부여의 소, 청구에 관한 이의의 소 또는 집행문부여에 대한 이의의 소로서 그 집행권원에서 인정된 권리가 소액사건심판법의 적용대상이 아닌 사건
2. 시 · 군법원에서 한 보전처분의 집행에 대한 제3자이의의 소
3. 시 · 군법원에서 성립된 화해 · 조정에 기초한 대체집행 또는 간접강제
4. 소액사건심판법의 적용대상이 아닌 사건을 본안으로 하는 보전처분

**제23조 【민사소송법의 준용 등】** ① 이 법에 특별한 규정이 있는 경우를 제외하고는 민사집행 및 보전처분의 절차에 관하여는 민사소송법의 규정을 준용한다.

② 이 법에 정한 것 외에 민사집행 및 보전처분의 절차에 관하여 필요한 사항은 대법원규칙으로 정한다.

## 제2편 강제집행

### 제1장 총 칙

**제24조 【강제집행과 종국판결】** 강제집행은 확정된 종국판결(終局判決)이나 가집행의 선고가 있는 종국판결에 기초하여 한다.

**제25조 【집행력의 주관적 범위】** ① 판결이 그 판결에 표시된 당사자 외의 사람에게 효력이 미치는 때에는 그 사람에 대하여 집행하거나 그 사람을 위하여 집행할 수 있다. 다만, 민사소송법 제71조의 규정에 따른 참가인에 대하여는 그러하지 아니하다.

② 제1항의 집행을 위한 집행문(執行文)을 내어 주는데 대하여는 제31조 내지 제33조의 규정을 준용한다.

**제26조 【외국재판의 강제집행】** ① 외국법원의 확정판결 또는 이와 동일한 효력이 인정되는 재판(이하 "확정재판등"이라 한다)에 기초한 강제집행은 대한민국 법원에서 집행판결로 그 강제집행을 허가하여야 할 수 있다.
(2014.5.20 본항개정)

② 집행판결을 청구하는 소(訴)는 채무자의 보통재판적이 있는 곳의 지방법원이 관할하며, 보통재판적이 없는 때에는 민사소송법 제11조의 규정에 따라 채무자에 대한 소를 관할하는 법원이 관할한다.
(2014.5.20 본조제목개정)

**제27조 【집행판결】** ① 집행판결은 재판의 옳고 그름을 조사하지 아니하고 하여야 한다.

② 집행판결을 청구하는 소는 다음 각 호 가운데 어느 하나에 해당하면 각하하여야 한다.

1. 외국법원의 확정재판등이 확정된 것을 증명하지 아니한 때(2014.5.20 본호개정)
2. 외국법원의 확정재판등이 민사소송법 제217조의 조건을 갖추지 아니한 때(2014.5.20 본호개정)

**제28조 【집행력 있는 정본】** ① 강제집행은 집행문이 있는 판결정본(이하 "집행력 있는 정본"이라 한다)이 있어야 할 수 있다.

② 집행문은 신청에 따라 제1심 법원의 법원서기관·법원사무관·법원주사 또는 법원주사보(이하 "법원사무관등"이라 한다)가 내어 주며, 소송기록이 상급심에 있는 때에는 그 법원의 법원사무관등이 내어 준다.
③ 집행문을 내어 달라는 신청은 말로 할 수 있다.

**제29조【집행문】** ① 집행문은 판결정본의 끝에 덧붙여 적는다.
② 집행문에는 "이 정본은 피고 아무개 또는 원고 아무개에 대한 강제집행을 실시하기 위하여 원고 아무개 또는 피고 아무개에게 준다."라고 적고 법원사무관등이 기명날인하여야 한다.

**제30조【집행문부여】** ① 집행문은 판결이 확정되거나 가집행의 선고가 있는 때에만 내어 준다.
② 판결을 집행하는 데에 조건이 붙어 있어 그 조건이 성취되었음을 채권자가 증명하여야 하는 때에는 이를 증명하는 서류를 제출하여야만 집행문을 내어 준다. 다만, 판결의 집행이 담보의 제공을 조건으로 하는 때에는 그러하지 아니하다.

**제31조【승계집행문】** ① 집행문은 판결에 표시된 채권자의 승계인을 위하여 내어 주거나 판결에 표시된 채무자의 승계인에 대한 집행을 위하여 내어 줄 수 있다. 다만, 그 승계가 법원에 명백한 사실이거나, 증명서로 승계를 증명한 때에 한한다.
② 제1항의 승계가 법원에 명백한 사실인 때에는 이를 집행문에 적어야 한다.

**제32조【재판장의 명령】** ① 재판을 집행하는 데에 조건을 붙인 경우와 제31조의 경우에는 집행문은 재판장(합의부의 재판장 또는 단독판사를 말한다. 이하 같다)의 명령이 있어야 내어 준다.
② 재판장은 그 명령에 앞서 서면이나 말로 채무자를 심문(審問)할 수 있다.
③ 제1항의 명령은 집행문에 적어야 한다.

**제33조【집행문부여의 소】** 제30조제2항 및 제31조의 규정에 따라 필요한 증명을 할 수 없는 때에는 채권자는 집행문을 내어 달라는 소를 제1심 법원에 제기할 수 있다.

**제34조【집행문부여 등에 관한 이의신청】** ① 집행문을 내어 달라는 신청에 관한 법원사무관등의 처분에 대하여 이의신청이 있는 경우에는 그 법원사무관등이 속한 법원이 결정으로 재판한다.
② 집행문부여에 대한 이의신청이 있는 경우에는 법원은 제16조제2항의 처분에 준하는 결정을 할 수 있다.

**제35조【여러 통의 집행문의 부여】** ① 채권자가 여러 통의 집행문을 신청하거나 전에 내어 준 집행문을 돌려주지 아니하고 다시 집행문을 신청한 때에는 재판장의 명령이 있어야만 이를 내어 준다.
② 재판장은 그 명령에 앞서 서면이나 말로 채무자를 심문할 수 있으며, 채무자를 심문하지 아니하고 여러 통의 집행문을 내어 주거나 다시 집행문을 내어 준 때에는 채무자에게 그 사유를 통지하여야 한다.
③ 여러 통의 집행문을 내어 주거나 다시 집행문을 내어 주는 때에는 그 사유를 원본과 집행문에 적어야 한다.

**제36조【판결원본에의 기재】** 집행문을 내어 주는 경우에는 판결원본 또는 상소심 판결정본에 원고 또는 피고에게 이를 내어 준다는 취지와 그 날짜를 적어야 한다.

**제37조【집행력 있는 정본의 효력】** 집행력 있는 정본의 효력은 전국 법원의 관할구역에 미친다.

**제38조【여러 통의 집행력 있는 정본에 의한 동시집행】** 채권자가 한 지역에서 또는 한 가지 방법으로 강제집행을

하여도 모두 변제를 받을 수 없는 때에는 여러 통의 집행력 있는 정본에 의하여 여러 지역에서 또는 여러 가지 방법으로 동시에 강제집행을 할 수 있다.

**제39조 【집행개시의 요건】** ① 강제집행은 이를 신청한 사람과 집행을 받을 사람의 성명이 판결이나 이에 덧붙여 적은 집행문에 표시되어 있고 판결을 이미 송달하였거나 동시에 송달한 때에만 개시할 수 있다.

② 판결의 집행이 그 취지에 따라 채권자가 증명할 사실에 매인 때 또는 판결에 표시된 채권자의 승계인을 위하여 하는 것이거나 판결에 표시된 채무자의 승계인에 대하여 하는 것일 때에는 집행할 판결 외에, 이에 덧붙여 적은 집행문을 강제집행을 개시하기 전에 채무자의 승계인에게 송달하여야 한다.

③ 증명서에 의하여 집행문을 내어 준 때에는 그 증명서의 등본을 강제집행을 개시하기 전에 채무자에게 송달하거나 강제집행과 동시에 송달하여야 한다.

**제40조 【집행개시의 요건】** ① 집행을 받을 사람이 일정한 시일에 이르러야 그 채무를 이행하게 되어 있는 때에는 그 시일이 지난 뒤에 강제집행을 개시할 수 있다.

② 집행이 채권자의 담보제공에 매인 때에는 채권자는 담보를 제공한 증명서류를 제출하여야 한다. 이 경우의 집행은 그 증명서류의 등본을 채무자에게 이미 송달하였거나 동시에 송달하는 때에만 개시할 수 있다.

**제41조 【집행개시의 요건】** ① 반대의무의 이행과 동시에 집행할 수 있다는 것을 내용으로 하는 집행권원의 집행은 채권자가 반대의무의 이행 또는 이행의 제공을 하였다는 것을 증명하여야만 개시할 수 있다.

② 다른 의무의 집행이 불가능한 때에 그에 갈음하여 집행할 수 있다는 것을 내용으로 하는 집행권원의 집행은 채권자가 그 집행이 불가능하다는 것을 증명하여야만 개시할 수 있다.

**제42조 【집행관에 의한 영수증의 작성 · 교부】** ① 채권자가 집행관에게 집행력 있는 정본을 교부하고 강제집행을 위임한 때에는 집행관은 특별한 권한을 받지 못하였더라도 지급이나 그 밖의 이행을 받고 그에 대한 영수증서를 작성하고 교부할 수 있다. 집행관은 채무자가 그 의무를 완전히 이행한 때에는 집행력 있는 정본을 채무자에게 교부하여야 한다.

② 채무자가 그 의무의 일부를 이행한 때에는 집행관은 집행력 있는 정본에 그 사유를 덧붙여 적고 영수증서를 채무자에게 교부하여야 한다.

③ 채무자의 채권자에 대한 영수증 청구는 제2항의 규정에 의하여 영향을 받지 아니한다.

**제43조 【집행관의 권한】** ① 집행관은 집행력 있는 정본을 가지고 있으면 채무자와 제3자에 대하여 강제집행을 하고 제42조에 규정된 행위를 할 수 있는 권한을 가지며, 채권자는 그에 대하여 위임의 흠이나 제한을 주장하지 못한다.

② 집행관은 집행력 있는 정본을 가지고 있다가 관계인이 요청할 때에는 그 자격을 증명하기 위하여 이를 내보여야 한다.

**제44조 【청구에 관한 이의의 소】** ① 채무자가 판결에 따라 확정된 청구에 관하여 이의하려면 제1심 판결법원에 청구에 관한 이의의 소를 제기하여야 한다.

② 제1항의 이의는 그 이유가 변론이 종결된 뒤(변론 없이 한 판결의 경우에는 판결이 선고된 뒤)에 생긴 것이어야 한다.

③ 이의이유가 여러 가지인 때에는 동시에 주장하여야 한다.

**제45조【집행문부여에 대한 이의의 소】** 제30조제2항과 제31조의 경우에 채무자가 집행문부여에 관하여 증명된 사실에 의한 판결의 집행력을 다투거나, 인정된 승계에 의한 판결의 집행력을 다투는 때에는 제44조의 규정을 준용한다. 다만, 이 경우에도 제34조의 규정에 따라 집행문부여에 대하여 이의를 신청할 수 있는 채무자의 권한은 영향을 받지 아니한다.

**제46조【이의의 소와 잠정처분】** ① 제44조 및 제45조의 이의의 소는 강제집행을 계속하여 진행하는 데에는 영향을 미치지 아니한다.
② 제1항의 이의를 주장한 사유가 법률상 정당한 이유가 있다고 인정되고, 사실에 대한 소명(疎明)이 있을 때에는 수소법원(受訴法院)은 당사자의 신청에 따라 판결이 있을 때까지 담보를 제공하게 하거나 담보를 제공하게 하지 아니하고 강제집행을 정지하도록 명할 수 있으며, 담보를 제공하게 하고 그 집행을 계속하도록 명하거나 실시한 집행처분을 취소하도록 명할 수 있다.
③ 제2항의 재판은 변론 없이 하며 급박한 경우에는 재판장이 할 수 있다.
④ 급박한 경우에는 집행법원이 제2항의 권한을 행사할 수 있다. 이 경우 집행법원은 상당한 기간 이내에 제2항에 따른 수소법원의 재판서를 제출하도록 명하여야 한다.
⑤ 제4항 후단의 기간을 넘긴 때에는 채권자의 신청에 따라 강제집행을 계속하여 진행한다.

**제47조【이의의 재판과 잠정처분】** ① 수소법원은 이의의 소의 판결에서 제46조의 명령을 내리고 이미 내린 명령을 취소·변경 또는 인가할 수 있다.
② 판결중 제1항에 규정된 사항에 대하여는 직권으로 가집행의 선고를 하여야 한다.
③ 제2항의 재판에 대하여는 불복할 수 없다.

**제48조【제3자이의의 소】** ① 제3자가 강제집행의 목적물에 대하여 소유권이 있다고 주장하거나 목적물의 양도나 인도를 막을 수 있는 권리가 있다고 주장하는 때에는 채권자를 상대로 그 강제집행에 대한 이의의 소를 제기할 수 있다. 다만, 채무자가 그 이의를 다투는 때에는 채무자를 공동피고로 할 수 있다.
② 제1항의 소는 집행법원이 관할한다. 다만, 소송물이 단독판사의 관할에 속하지 아니할 때에는 집행법원이 있는 곳을 관할하는 지방법원의 합의부가 이를 관할한다.
③ 강제집행의 정지와 이미 실시한 집행처분의 취소에 대하여는 제46조 및 제47조의 규정을 준용한다. 다만, 집행처분을 취소할 때에는 담보를 제공하게 하지 아니할 수 있다.

**제49조【집행의 필수적 정지·제한】** 강제집행은 다음 각호 가운데 어느 하나에 해당하는 서류를 제출한 경우에 정지하거나 제한하여야 한다.
1. 집행할 판결 또는 그 가집행을 취소하는 취지나, 강제집행을 허가하지 아니하거나 그 정지를 명하는 취지 또는 집행처분의 취소를 명한 취지를 적은 집행력 있는 재판의 정본
2. 강제집행의 일시정지를 명한 취지를 적은 재판의 정본
3. 집행을 면하기 위하여 담보를 제공한 증명서류
4. 집행할 판결이 있은 뒤에 채권자가 변제를 받았거나, 의무이행을 미루도록 승낙한 취지를 적은 증서
5. 집행할 판결, 그 밖의 재판이 소의 취하 등의 사유로 효력을 잃었다는 것을 증명하는 조서등본 또는 법원사무관등이 작성한 증서
6. 강제집행을 하지 아니한다거나 강제집행의 신청이나 위임을 취하한다는 취지를 적은 화해조서(和解調書)의 정본 또는 공정증서(公正證書)의 정본

**제50조【집행처분의 취소 · 일시유지】** ① 제49조제1호 · 제3호 · 제5호 및 제6호의 경우에는 이미 실시한 집행처분을 취소하여야 하며, 같은 조 제2호 및 제4호의 경우에는 이미 실시한 집행처분을 일시적으로 유지하게 하여야 한다.
② 제1항에 따라 집행처분을 취소하는 경우에는 제17조의 규정을 적용하지 아니한다.

**제51조【변제증서 등의 제출에 의한 집행정지의 제한】** ① 제49조제4호의 증서 가운데 변제를 받았다는 취지를 적은 증서를 제출하여 강제집행이 정지되는 경우 그 정지기간은 2월로 한다.
② 제49조제4호의 증서 가운데 의무이행을 미루도록 승낙하였다는 취지를 적은 증서를 제출하여 강제집행이 정지되는 경우 그 정지는 2회에 한하며 통산하여 6월을 넘길 수 없다.

**제52조【집행을 개시한 뒤 채무자가 죽은 경우】** ① 강제집행을 개시한 뒤에 채무자가 죽은 때에는 상속재산에 대하여 강제집행을 계속하여 진행한다.
② 채무자에게 알려야 할 집행행위를 실시할 경우에 상속인이 없거나 상속인이 있는 곳이 분명하지 아니하면 집행법원은 채권자의 신청에 따라 상속재산 또는 상속인을 위하여 특별대리인을 선임하여야 한다.
③ 제2항의 특별대리인에 관하여는 「민사소송법」 제62조제2항부터 제5항까지의 규정을 준용한다.(2016.2.3 본항개정)

**제53조【집행비용의 부담】** ① 강제집행에 필요한 비용은 채무자가 부담하고 그 집행에 의하여 우선적으로 변상을 받는다.
② 강제집행의 기초가 된 판결이 파기된 때에는 채권자는 제1항의 비용을 채무자에게 변상하여야 한다.

**제54조【군인 · 군무원에 대한 강제집행】** ① 군인 · 군무원에 대하여 병영 · 군사용 청사 또는 군용 선박에서 강제집행을 할 경우 법원은 채권자의 신청에 따라 군판사 또는 부대장(部隊長)이나 선장에게 촉탁하여 이를 행한다.
② 촉탁에 따라 압류한 물건은 채권자가 위임한 집행관에게 교부하여야 한다.

**제55조【외국에서 할 집행】** ① 외국에서 강제집행을 할 경우에 그 외국 공공기관의 법률상 공조를 받을 수 있는 때에는 제1심 법원이 채권자의 신청에 따라 외국 공공기관에 이를 촉탁하여야 한다.
② 외국에 머물고 있는 대한민국 영사(領事)에 의하여 강제집행을 할 수 있는 때에는 제1심 법원은 그 영사에게 이를 촉탁하여야 한다.

**제56조【그 밖의 집행권원】** 강제집행은 다음 가운데 어느 하나에 기초하여서도 실시할 수 있다.
1. 항고로만 불복할 수 있는 재판
2. 가집행의 선고가 내려진 재판
3. 확정된 지급명령
4. 공증인이 일정한 금액의 지급이나 대체물 또는 유가증권의 일정한 수량의 급여를 목적으로 하는 청구에 관하여 작성한 공정증서로서 채무자가 강제집행을 승낙한 취지가 적혀 있는 것
5. 소송상 화해, 청구의 인낙(認諾) 등 그 밖에 확정판결과 같은 효력을 가지는 것

**제57조【준용규정】** 제56조의 집행권원에 기초한 강제집행에 대하여는 제58조 및 제59조에서 규정하는 바를 제외하고는 제28조 내지 제55조의 규정을 준용한다.

**제58조【지급명령과 집행】** ① 확정된 지급명령에 기한 강제집행은 집행문을 부여받을 필요없이 지급명령 정본에 의하여 행한다. 다만, 다음 각호 가운

데 어느 하나에 해당하는 경우에는 그러하지 아니하다.

1. 지급명령의 집행에 조건을 붙인 경우
2. 당사자의 승계인을 위하여 강제집행을 하는 경우
3. 당사자의 승계인에 대하여 강제집행을 하는 경우

② 채권자가 여러 통의 지급명령 정본을 신청하거나, 전에 내어준 지급명령 정본을 돌려주지 아니하고 다시 지급명령 정본을 신청한 때에는 법원사무관등이 이를 부여한다. 이 경우 그 사유를 원본과 정본에 적어야 한다.

③ 청구에 관한 이의의 주장에 대하여는 제44조제2항의 규정을 적용하지 아니한다.

④ 집행문부여의 소, 청구에 관한 이의의 소 또는 집행문부여에 대한 이의의 소는 지급명령을 내린 지방법원이 관할한다.

⑤ 제4항의 경우에 그 청구가 합의사건인 때에는 그 법원이 있는 곳을 관할하는 지방법원의 합의부에서 재판한다.

**제59조【공정증서와 집행】** ① 공증인이 작성한 증서의 집행문은 그 증서를 보존하는 공증인이 내어 준다.

② 집행문을 내어 달라는 신청에 관한 공증인의 처분에 대하여 이의신청이 있는 때에는 그 공증인의 사무소가 있는 곳을 관할하는 지방법원 단독판사가 결정으로 재판한다.

③ 청구에 관한 이의의 주장에 대하여는 제44조제2항의 규정을 적용하지 아니한다.

④ 집행문부여의 소, 청구에 관한 이의의 소 또는 집행문부여에 대한 이의의 소는 채무자의 보통재판적이 있는 곳의 법원이 관할한다. 다만, 그러한 법원이 없는 때에는 민사소송법 제11조의 규정에 따라 채무자에 대하여 소를 제기할 수 있는 법원이 관할한다.

**제60조【과태료의 집행】** ① 과태료의 재판은 검사의 명령으로 집행한다.

② 제1항의 명령은 집행력 있는 집행권원과 같은 효력을 가진다.

## 제2장 금전채권에 기초한 강제집행

### 제1절 재산명시절차 등

**제61조【재산명시신청】** ① 금전의 지급을 목적으로 하는 집행권원에 기초하여 강제집행을 개시할 수 있는 채권자는 채무자의 보통재판적이 있는 곳의 법원에 채무자의 재산명시를 요구하는 신청을 할 수 있다. 다만, 민사소송법 제213조에 따른 가집행의 선고가 붙은 판결 또는 같은 조의 준용에 따른 가집행의 선고가 붙어 집행력을 가지는 집행권원의 경우에는 그러하지 아니하다.

② 제1항의 신청에는 집행력 있는 정본과 강제집행을 개시하는데 필요한 문서를 붙여야 한다.

**제62조【재산명시신청에 대한 재판】**

① 재산명시신청에 정당한 이유가 있는 때에는 법원은 채무자에게 재산상태를 명시한 재산목록을 제출하도록 명할 수 있다.

② 재산명시신청에 정당한 이유가 없거나, 채무자의 재산을 쉽게 찾을 수 있다고 인정한 때에는 법원은 결정으로 이를 기각하여야 한다.

③ 제1항 및 제2항의 재판은 채무자를 심문하지 아니하고 한다.

④ 제1항의 결정은 신청한 채권자 및 채무자에게 송달하여야 하고, 채무자에 대한 송달에서는 결정에 따르지 아니할 경우 제68조에 규정된 제재를 받을 수 있음을 함께 고지하여야 한다.

⑤ 제4항의 규정에 따라 채무자에게 하는 송달은 민사소송법 제187조 및 제194조에 의한 방법으로는 할 수 없다.
⑥ 제1항의 결정이 채무자에게 송달되지 아니한 때에는 법원은 채권자에게 상당한 기간을 정하여 그 기간 이내에 채무자의 주소를 보정하도록 명하여야 한다.
⑦ 채권자가 제6항의 명령을 받고도 이를 이행하지 아니한 때에는 법원은 제1항의 결정을 취소하고 재산명시신청을 각하하여야 한다.
⑧ 제2항 및 제7항의 결정에 대하여는 즉시항고를 할 수 있다.
⑨ 채무자는 제1항의 결정을 송달받은 뒤 송달장소를 바꾼 때에는 그 취지를 법원에 바로 신고하여야 하며, 그러한 신고를 하지 아니한 경우에는 민사소송법 제185조제2항 및 제189조의 규정을 준용한다.

**제63조 【재산명시명령에 대한 이의신청】** ① 채무자는 재산명시명령을 송달받은 날부터 1주 이내에 이의신청을 할 수 있다.
② 채무자가 제1항에 따라 이의신청을 한 때에는 법원은 이의신청사유를 조사할 기일을 정하고 채권자와 채무자에게 이를 통지하여야 한다.
③ 이의신청에 정당한 이유가 있는 때에는 법원은 결정으로 재산명시명령을 취소하여야 한다.
④ 이의신청에 정당한 이유가 없거나 채무자가 정당한 사유 없이 기일에 출석하지 아니한 때에는 법원은 결정으로 이의신청을 기각하여야 한다.
⑤ 제3항 및 제4항의 결정에 대하여는 즉시항고를 할 수 있다.

**제64조 【재산명시기일의 실시】** ① 재산명시명령에 대하여 채무자의 이의신청이 없거나 이를 기각한 때에는 법원은 재산명시를 위한 기일을 정하여 채무자에게 출석하도록 요구하여야 한다. 이 기일은 채권자에게도 통지하여야 한다.
② 채무자는 제1항의 기일에 강제집행의 대상이 되는 재산과 다음 각호의 사항을 명시한 재산목록을 제출하여야 한다.

1. 재산명시명령이 송달되기 전 1년 이내에 채무자가 한 부동산의 유상양도(有償讓渡)
2. 재산명시명령이 송달되기 전 1년 이내에 채무자가 배우자, 직계혈족 및 4촌 이내의 방계혈족과 그 배우자, 배우자의 직계혈족과 형제자매에게 한 부동산 외의 재산의 유상양도
3. 재산명시명령이 송달되기 전 2년 이내에 채무자가 한 재산상 무상처분(無償處分). 다만, 의례적인 선물은 제외한다.

③ 재산목록에 적을 사항과 범위는 대법원규칙으로 정한다.
④ 제1항의 기일에 출석한 채무자가 3월 이내에 변제할 수 있음을 소명한 때에는 법원은 그 기일을 3월의 범위내에서 연기할 수 있으며, 채무자가 새 기일에 채무액의 3분의 2 이상을 변제하였음을 증명하는 서류를 제출한 때에는 다시 1월의 범위내에서 연기할 수 있다.

**제65조 【선서】** ① 채무자는 재산명시기일에 재산목록이 진실하다는 것을 선서하여야 한다.
② 제1항의 선서에 관하여는 민사소송법 제320조 및 제321조의 규정을 준용한다. 이 경우 선서서(宣誓書)에는 다음과 같이 적어야 한다.

"양심에 따라 사실대로 재산목록을 작성하여 제출하였으며, 만일 숨긴 것이나 거짓 작성한 것이 있으면 처벌을 받기로 맹세합니다."

**제66조 【재산목록의 정정】** ① 채무자는 명시기일에 제출한 재산목록에 형식적인 흠이 있거나 불명확한 점이 있는 때에는 제65조의 규정에 의한 선서를 한 뒤라도 법원의 허가를 얻어 이미 제출한 재산목록을 정정할 수 있다.
② 제1항의 허가에 관한 결정에 대하여는 즉시항고를 할 수 있다.

**제67조 【재산목록의 열람 · 복사】** 채무자에 대하여 강제집행을 개시할 수 있는 채권자는 재산목록을 보거나 복사할 것을 신청할 수 있다.

**제68조 【채무자의 감치 및 벌칙】** ① 채무자가 정당한 사유 없이 다음 각호 가운데 어느 하나에 해당하는 행위를 한 경우에는 법원은 결정으로 20일 이내의 감치(監置)에 처한다.
1. 명시기일 불출석
2. 재산목록 제출 거부
3. 선서 거부
② 채무자가 법인 또는 민사소송법 제52조의 사단이나 재단인 때에는 그 대표자 또는 관리인을 감치에 처한다.
③ 법원은 감치재판기일에 채무자를 소환하여 제1항 각호의 위반행위에 대하여 정당한 사유가 있는지 여부를 심리하여야 한다.
④ 제1항의 결정에 대하여는 즉시항고를 할 수 있다.
⑤ 채무자가 감치의 집행중에 재산명시명령을 이행하겠다고 신청한 때에는 법원은 바로 명시기일을 열어야 한다.
⑥ 채무자가 제5항의 명시기일에 출석하여 재산목록을 내고 선서하거나 신청채권자에 대한 채무를 변제하고 이를 증명하는 서면을 낸 때에는 법원은 바로 감치결정을 취소하고 그 채무자를 석방하도록 명하여야 한다.
⑦ 제5항의 명시기일은 신청채권자에게 통지하지 아니하고도 실시할 수 있다. 이 경우 제6항의 사실을 채권자에게 통지하여야 한다.
⑧ 제1항 내지 제7항의 규정에 따른 재판절차 및 그 집행 그 밖에 필요한 사항은 대법원규칙으로 정한다.
⑨ 채무자가 거짓의 재산목록을 낸 때에는 3년 이하의 징역 또는 500만원 이하의 벌금에 처한다.
⑩ 채무자가 법인 또는 민사소송법 제52조의 사단이나 재단인 때에는 그 대표자 또는 관리인을 제9항의 규정에 따라 처벌하고, 채무자는 제9항의 벌금에 처한다.

**제69조 【명시신청의 재신청】** 재산명시신청이 기각 · 각하된 경우에는 그 명시신청을 한 채권자는 기각 · 각하사유를 보완하지 아니하고서는 같은 집행권원으로 다시 재산명시신청을 할 수 없다.

**제70조 【채무불이행자명부 등재신청】**
① 채무자가 다음 각호 가운데 어느 하나에 해당하면 채권자는 그 채무자를 채무불이행자명부(債務不履行者名簿)에 올리도록 신청할 수 있다.
1. 금전의 지급을 명한 집행권원이 확정된 후 또는 집행권원을 작성한 후 6월 이내에 채무를 이행하지 아니하는 때. 다만, 제61조제1항 단서에 규정된 집행권원의 경우를 제외한다.
2. 제68조제1항 각호의 사유 또는 같은 조 제9항의 사유 가운데 어느 하나에 해당하는 때
② 제1항의 신청을 할 때에는 그 사유를 소명하여야 한다.
③ 제1항의 신청에 대한 재판은 제1항제1호의 경우에는 채무자의 보통재판적이 있는 곳의 법원이 관할하고, 제1항제2호의 경우에는 재산명시절차를 실시한 법원이 관할한다.

**제71조 【등재신청에 대한 재판】** ① 제70조의 신청에 정당한 이유가 있는 때에는 법원은 채무자를 채무불이행자명부에 올리는 결정을 하여야 한다.

② 등재신청에 정당한 이유가 없거나 쉽게 강제집행할 수 있다고 인정할 만한 명백한 사유가 있는 때에는 법원은 결정으로 이를 기각하여야 한다.
③ 제1항 및 제2항의 재판에 대하여는 즉시항고를 할 수 있다. 이 경우 민사소송법 제447조의 규정은 준용하지 아니한다.

**제72조 【명부의 비치】** ① 채무불이행자명부는 등재결정을 한 법원에 비치한다.
② 법원은 채무불이행자명부의 부본을 채무자의 주소지(채무자가 법인인 경우에는 주된 사무소가 있는 곳) 시(구가 설치되지 아니한 시를 말한다. 이하 같다)·구·읍·면의 장(도농복합형태의 시의 경우 동지역은 시·구의 장, 읍·면지역은 읍·면의 장으로 한다. 이하 같다)에게 보내야 한다.
③ 법원은 채무불이행자명부의 부본을 대법원규칙이 정하는 바에 따라 일정한 금융기관의 장이나 금융기관 관련단체의 장에게 보내어 채무자에 대한 신용정보로 활용하게 할 수 있다.
④ 채무불이행자명부나 그 부본은 누구든지 보거나 복사할 것을 신청할 수 있다.
⑤ 채무불이행자명부는 인쇄물 등으로 공표되어서는 아니 된다.

**제73조 【명부등재의 말소】** ① 변제, 그 밖의 사유로 채무가 소멸되었다는 것이 증명된 때에는 법원은 채무자의 신청에 따라 채무불이행자명부에서 그 이름을 말소하는 결정을 하여야 한다.
② 채권자는 제1항의 결정에 대하여 즉시항고를 할 수 있다. 이 경우 민사소송법 제447조의 규정은 준용하지 아니한다.
③ 채무불이행자명부에 오른 다음 해부터 10년이 지난 때에는 법원은 직권으로 그 명부에 오른 이름을 말소하는 결정을 하여야 한다.
④ 제1항과 제3항의 결정을 한 때에는 그 취지를 채무자의 주소지(채무자가 법인인 경우에는 주된 사무소가 있는 곳) 시·구·읍·면의 장 및 제72조제3항의 규정에 따라 채무불이행자명부의 부본을 보낸 금융기관 등의 장에게 통지하여야 한다.
⑤ 제4항의 통지를 받은 시·구·읍·면의 장 및 금융기관 등의 장은 그 명부의 부본에 오른 이름을 말소하여야 한다.

**제74조 【재산조회】** ① 재산명시절차의 관할 법원은 다음 각호의 어느 하나에 해당하는 경우에는 그 재산명시를 신청한 채권자의 신청에 따라 개인의 재산 및 신용에 관한 전산망을 관리하는 공공기관·금융기관·단체 등에 채무자명의의 재산에 관하여 조회할 수 있다.
1. 재산명시절차에서 채권자가 제62조제6항의 규정에 의한 주소보정명령을 받고도 민사소송법 제194조제1항의 규정에 의한 사유로 인하여 채권자가 이를 이행할 수 없었던 것으로 인정되는 경우
2. 재산명시절차에서 채무자가 제출한 재산목록의 재산만으로는 집행채권의 만족을 얻기에 부족한 경우
3. 재산명시절차에서 제68조제1항 각호의 사유 또는 동조제9항의 사유가 있는 경우

(2005.1.27 본항개정)
② 채권자가 제1항의 신청을 할 경우에는 조회할 기관·단체를 특정하여야 하며 조회에 드는 비용을 미리 내야 한다.
③ 법원이 제1항의 규정에 따라 조회할 경우에는 채무자의 인적 사항을 적은 문서에 의하여 해당 기관·단체의 장에게 채무자의 재산 및 신용에 관하여 그 기관·단체가 보유하고 있는 자

료를 한꺼번에 모아 제출하도록 요구할 수 있다.
④ 공공기관 · 금융기관 · 단체 등은 정당한 사유 없이 제1항 및 제3항의 조회를 거부하지 못한다.

**제75조【재산조회의 결과 등】** ① 법원은 제74조제1항 및 제3항의 규정에 따라 조회한 결과를 채무자의 재산목록에 준하여 관리하여야 한다.
② 제74조제1항 및 제3항의 조회를 받은 기관 · 단체의 장이 정당한 사유 없이 거짓 자료를 제출하거나 자료를 제출할 것을 거부한 때에는 결정으로 500만원 이하의 과태료에 처한다.
③ 제2항의 결정에 대하여는 즉시항고를 할 수 있다.

**제76조【벌칙】** ① 누구든지 재산조회의 결과를 강제집행 외의 목적으로 사용하여서는 아니된다.
② 제1항의 규정에 위반한 사람은 2년 이하의 징역 또는 500만원 이하의 벌금에 처한다.

**제77조【대법원규칙】** 제74조제1항 및 제3항의 규정에 따라 조회를 할 공공기관 · 금융기관 · 단체 등의 범위 및 조회절차, 제74조제2항의 규정에 따라 채권자가 내야 할 비용, 제75조제1항의 규정에 따른 조회결과의 관리에 관한 사항, 제75조제2항의 규정에 의한 과태료의 부과절차 등은 대법원규칙으로 정한다.

## 제2절 부동산에 대한 강제집행

### 제1관 통 칙

**제78조【집행방법】** ① 부동산에 대한 강제집행은 채권자의 신청에 따라 법원이 한다.
② 강제집행은 다음 각호의 방법으로 한다.
1. 강제경매
2. 강제관리

③ 채권자는 자기의 선택에 의하여 제2항 각호 가운데 어느 한 가지 방법으로 집행하게 하거나 두 가지 방법을 함께 사용하여 집행하게 할 수 있다.
④ 강제관리는 가압류를 집행할 때에도 할 수 있다.

**제79조【집행법원】** ① 부동산에 대한 강제집행은 그 부동산이 있는 곳의 지방법원이 관할한다.
② 부동산이 여러 지방법원의 관할 구역에 있는 때에는 각 지방법원에 관할권이 있다. 이 경우 법원이 필요하다고 인정한 때에는 사건을 다른 관할 지방법원으로 이송할 수 있다.

### 제2관 강제경매

**제80조【강제경매신청서】** 강제경매신청서에는 다음 각호의 사항을 적어야 한다.
1. 채권자 · 채무자와 법원의 표시
2. 부동산의 표시
3. 경매의 이유가 된 일정한 채권과 집행할 수 있는 일정한 집행권원

**제81조【첨부서류】** ① 강제경매신청서에는 집행력 있는 정본 외에 다음 각호 가운데 어느 하나에 해당하는 서류를 붙여야 한다.
1. 채무자의 소유로 등기된 부동산에 대하여는 등기사항증명서
(2011.4.12 본호개정)
2. 채무자의 소유로 등기되지 아니한 부동산에 대하여는 즉시 채무자명의로 등기할 수 있다는 것을 증명할 서류. 다만, 그 부동산이 등기되지 아니한 건물인 경우에는 그 건물이 채무자의 소유임을 증명할 서류, 그 건물의 지번 · 구조 · 면적을 증명할 서류 및 그 건물에 관한 건축허가 또는 건축신고를 증명할 서류

② 채권자는 공적 장부를 주관하는 공공기관에 제1항제2호 단서의 사항들을 증명하여 줄 것을 청구할 수 있다.
③ 제1항제2호 단서의 경우에 건물의 지번·구조·면적을 증명하지 못한 때에는, 채권자는 경매신청과 동시에 그 조사를 집행법원에 신청할 수 있다.
④ 제3항의 경우에 법원은 집행관에게 그 조사를 하게 하여야 한다.
⑤ 강제관리를 하기 위하여 이미 부동산을 압류한 경우에 그 집행기록에 제1항 각호 가운데 어느 하나에 해당하는 서류가 붙어 있으면 다시 그 서류를 붙이지 아니할 수 있다.

**제82조【집행관의 권한】** ① 집행관은 제81조제4항의 조사를 위하여 건물에 출입할 수 있고, 채무자 또는 건물을 점유하는 제3자에게 질문하거나 문서를 제시하도록 요구할 수 있다.
② 집행관은 제1항의 규정에 따라 건물에 출입하기 위하여 필요한 때에는 잠긴 문을 여는 등 적절한 처분을 할 수 있다.

**제83조【경매개시결정 등】** ① 경매절차를 개시하는 결정에는 동시에 그 부동산의 압류를 명하여야 한다.
② 압류는 부동산에 대한 채무자의 관리·이용에 영향을 미치지 아니한다.
③ 경매절차를 개시하는 결정을 한 뒤에는 법원은 직권으로 또는 이해관계인의 신청에 따라 부동산에 대한 침해행위를 방지하기 위하여 필요한 조치를 할 수 있다.
④ 압류는 채무자에게 그 결정이 송달된 때 또는 제94조의 규정에 따른 등기가 된 때에 효력이 생긴다.
⑤ 강제경매신청을 기각하거나 각하하는 재판에 대하여는 즉시항고를 할 수 있다.

**제84조【배당요구의 종기결정 및 공고】** ① 경매개시결정에 따른 압류의 효력이 생긴 때(그 경매개시결정전에 다른 경매개시결정이 있은 경우를 제외한다)에는 집행법원은 절차에 필요한 기간을 고려하여 배당요구를 할 수 있는 종기(終期)를 첫 매각기일 이전으로 정한다.(2022.1.4 본항개정)
② 배당요구의 종기가 정하여진 때에는 법원은 경매개시결정을 한 취지 및 배당요구의 종기를 공고하고, 제91조제4항 단서의 전세권자 및 법원에 알려진 제88조제1항의 채권자에게 이를 고지하여야 한다.
③ 제1항의 배당요구의 종기결정 및 제2항의 공고는 경매개시결정에 따른 압류의 효력이 생긴 때부터 1주 이내에 하여야 한다.
④ 법원사무관등은 제148조제3호 및 제4호의 채권자 및 조세, 그 밖의 공과금을 주관하는 공공기관에 대하여 채권의 유무, 그 원인 및 액수(원금·이자·비용, 그 밖의 부대채권(附帶債權)을 포함한다)를 배당요구의 종기까지 법원에 신고하도록 최고하여야 한다.
⑤ 제148조제3호 및 제4호의 채권자가 제4항의 최고에 대한 신고를 하지 아니한 때에는 그 채권자의 채권액은 등기사항증명서 등 집행기록에 있는 서류와 증빙(證憑)에 따라 계산한다. 이 경우 다시 채권액을 추가하지 못한다.(2011.4.12 전단개정)
⑥ 법원은 특별히 필요하다고 인정하는 경우에는 배당요구의 종기를 연기할 수 있다.
⑦ 제6항의 경우에는 제2항 및 제4항의 규정을 준용한다. 다만, 이미 배당요구 또는 채권신고를 한 사람에 대하여는 같은 항의 고지 또는 최고를 하지 아니한다.

**제85조【현황조사】** ① 법원은 경매개시결정을 한 뒤에 바로 집행관에게 부동산의 현상, 점유관계, 차임(借賃) 또는 보증금의 액수, 그 밖의 현황에 관하여 조사하도록 명하여야 한다.

② 집행관이 제1항의 규정에 따라 부동산을 조사할 때에는 그 부동산에 대하여 제82조에 규정된 조치를 할 수 있다.

**제86조【경매개시결정에 대한 이의신청】** ① 이해관계인은 매각대금이 모두 지급될 때까지 법원에 경매개시결정에 대한 이의신청을 할 수 있다.
② 제1항의 신청을 받은 법원은 제16조제2항에 준하는 결정을 할 수 있다.
③ 제1항의 신청에 관한 재판에 대하여 이해관계인은 즉시항고를 할 수 있다.

**제87조【압류의 경합】** ① 강제경매절차 또는 담보권 실행을 위한 경매절차를 개시하는 결정을 한 부동산에 대하여 다른 강제경매의 신청이 있는 때에는 법원은 다시 경매개시결정을 하고, 먼저 경매개시결정을 한 집행절차에 따라 경매한다.
② 먼저 경매개시결정을 한 경매신청이 취하되거나 그 절차가 취소된 때에는 법원은 제91조제1항의 규정에 어긋나지 아니하는 한도 안에서 뒤의 경매개시결정에 따라 절차를 계속 진행하여야 한다.
③ 제2항의 경우에 뒤의 경매개시결정이 배당요구의 종기 이후의 신청에 의한 것인 때에는 집행법원은 새로이 배당요구를 할 수 있는 종기를 정하여야 한다. 이 경우 이미 제84조제2항 또는 제4항의 규정에 따라 배당요구 또는 채권신고를 한 사람에 대하여는 같은 항의 고지 또는 최고를 하지 아니한다.
④ 먼저 경매개시결정을 한 경매절차가 정지된 때에는 법원은 신청에 따라 결정으로 뒤의 경매개시결정(배당요구의 종기까지 행하여진 신청에 의한 것에 한한다)에 기초하여 절차를 계속하여 진행할 수 있다. 다만, 먼저 경매개시결정을 한 경매절차가 취소되는 경우 제105조제1항제3호의 기재사항이 바뀔 때에는 그러하지 아니하다.
⑤ 제4항의 신청에 대한 재판에 대하여는 즉시항고를 할 수 있다.

**제88조【배당요구】** ① 집행력 있는 정본을 가진 채권자, 경매개시결정이 등기된 뒤에 가압류를 한 채권자, 민법·상법, 그 밖의 법률에 의하여 우선변제청구권이 있는 채권자는 배당요구를 할 수 있다.
② 배당요구에 따라 매수인이 인수하여야 할 부담이 바뀌는 경우 배당요구를 한 채권자는 배당요구의 종기가 지난 뒤에 이를 철회하지 못한다.

**제89조【이중경매신청 등의 통지】** 법원은 제87조제1항 및 제88조제1항의 신청이 있는 때에는 그 사유를 이해관계인에게 통지하여야 한다.

**제90조【경매절차의 이해관계인】** 경매절차의 이해관계인은 다음 각호의 사람으로 한다.
1. 압류채권자와 집행력 있는 정본에 의하여 배당을 요구한 채권자
2. 채무자 및 소유자
3. 등기부에 기입된 부동산 위의 권리자
4. 부동산 위의 권리자로서 그 권리를 증명한 사람

**제91조【인수주의와 잉여주의의 선택 등】** ① 압류채권자의 채권에 우선하는 채권에 관한 부동산의 부담을 매수인에게 인수하게 하거나, 매각대금으로 그 부담을 변제하는 데 부족하지 아니하다는 것이 인정된 경우가 아니면 그 부동산을 매각하지 못한다.
② 매각부동산 위의 모든 저당권은 매각으로 소멸된다.
③ 지상권·지역권·전세권 및 등기된 임차권은 저당권·압류채권·가압류채권에 대항할 수 없는 경우에는 매각으로 소멸된다.

④ 제3항의 경우 외의 지상권·지역권·전세권 및 등기된 임차권은 매수인이 인수한다. 다만, 그중 전세권의 경우에는 전세권자가 제88조에 따라 배당요구를 하면 매각으로 소멸된다.
⑤ 매수인은 유치권자(留置權者)에게 그 유치권(留置權)으로 담보하는 채권을 변제할 책임이 있다.

**제92조【제3자와 압류의 효력】** ① 제3자는 권리를 취득할 때에 경매신청 또는 압류가 있다는 것을 알았을 경우에는 압류에 대항하지 못한다.
② 부동산이 압류채권을 위하여 의무를 진 경우에는 압류한 뒤 소유권을 취득한 제3자가 소유권을 취득할 때에 경매신청 또는 압류가 있다는 것을 알지 못하였더라도 경매절차를 계속하여 진행하여야 한다.

**제93조【경매신청의 취하】** ① 경매신청이 취하되면 압류의 효력은 소멸된다.
② 매수신고가 있은 뒤 경매신청을 취하하는 경우에는 최고가매수신고인 또는 매수인과 제114조의 차순위매수신고인의 동의를 받아야 그 효력이 생긴다.
③ 제49조제3호 또는 제6호의 서류를 제출하는 경우에는 제1항 및 제2항의 규정을, 제49조제4호의 서류를 제출하는 경우에는 제2항의 규정을 준용한다.

**제94조【경매개시결정의 등기】** ① 법원이 경매개시결정을 하면 법원사무관 등은 즉시 그 사유를 등기부에 기입하도록 등기관(登記官)에게 촉탁하여야 한다.
② 등기관은 제1항의 촉탁에 따라 경매개시결정사유를 기입하여야 한다.

**제95조【등기사항증명서의 송부】** 등기관은 제94조에 따라 경매개시결정 사유를 등기부에 기입한 뒤 그 등기사항증명서를 법원에 보내야 한다.
(2011.4.12 본조개정)

**제96조【부동산의 멸실 등으로 말미암은 경매취소】** ① 부동산이 없어지거나 매각 등으로 말미암아 권리를 이전할 수 없는 사정이 명백하게 된 때에는 법원은 강제경매의 절차를 취소하여야 한다.
② 제1항의 취소결정에 대하여는 즉시항고를 할 수 있다.

**제97조【부동산의 평가와 최저매각가격의 결정】** ① 법원은 감정인(鑑定人)에게 부동산을 평가하게 하고 그 평가액을 참작하여 최저매각가격을 정하여야 한다.
② 감정인은 제1항의 평가를 위하여 필요하면 제82조제1항에 규정된 조치를 할 수 있다.
③ 감정인은 제7조의 규정에 따라 집행관의 원조를 요구하는 때에는 법원의 허가를 얻어야 한다.

**제98조【일괄매각결정】** ① 법원은 여러 개의 부동산의 위치·형태·이용관계 등을 고려하여 이를 일괄매수하게 하는 것이 알맞다고 인정하는 경우에는 직권으로 또는 이해관계인의 신청에 따라 일괄매각하도록 결정할 수 있다.
② 법원은 부동산을 매각할 경우에 그 위치·형태·이용관계 등을 고려하여 다른 종류의 재산(금전채권을 제외한다)을 그 부동산과 함께 일괄매수하게 하는 것이 알맞다고 인정하는 때에는 직권으로 또는 이해관계인의 신청에 따라 일괄매각하도록 결정할 수 있다.
③ 제1항 및 제2항의 결정은 그 목적물에 대한 매각기일 이전까지 할 수 있다.

**제99조【일괄매각사건의 병합】** ① 법원은 각각 경매신청된 여러 개의 재산 또는 다른 법원이나 집행관에 계속된 경매사건의 목적물에 대하여 제98조제1항 또는 제2항의 결정을 할 수 있다.

② 다른 법원이나 집행관에 계속된 경매사건의 목적물의 경우에 그 다른 법원 또는 집행관은 그 목적물에 대한 경매사건을 제1항의 결정을 한 법원에 이송한다.
③ 제1항 및 제2항의 경우에 법원은 그 경매사건들을 병합한다.

**제100조 【일괄매각사건의 관할】** 제98조 및 제99조의 경우에는 민사소송법 제31조에 불구하고 같은 법 제25조의 규정을 준용한다. 다만, 등기할 수 있는 선박에 관한 경매사건에 대하여서는 그러하지 아니하다.

**제101조 【일괄매각절차】** ① 제98조 및 제99조의 일괄매각결정에 따른 매각절차는 이 관의 규정에 따라 행한다. 다만, 부동산 외의 재산의 압류는 그 재산의 종류에 따라 해당되는 규정에서 정하는 방법으로 행하고, 그 중에서 집행관의 압류에 따르는 재산의 압류는 집행법원이 집행관에게 이를 압류하도록 명하는 방법으로 행한다.
② 제1항의 매각절차에서 각 재산의 대금액을 특정할 필요가 있는 경우에는 각 재산에 대한 최저매각가격의 비율을 정하여야 하며, 각 재산의 대금액은 총대금액을 각 재산의 최저매각가격비율에 따라 나눈 금액으로 한다. 각 재산이 부담할 집행비용액을 특정할 필요가 있는 경우에도 또한 같다.
③ 여러 개의 재산을 일괄매각하는 경우에 그 가운데 일부의 매각대금으로 모든 채권자의 채권액과 강제집행비용을 변제하기에 충분하면 다른 재산의 매각을 허가하지 아니한다. 다만, 토지와 그 위의 건물을 일괄매각하는 경우나 재산을 분리하여 매각하면 그 경제적 효용이 현저하게 떨어지는 경우 또는 채무자의 동의가 있는 경우에는 그러하지 아니하다.
④ 제3항 본문의 경우에 채무자는 그 재산 가운데 매각할 것을 지정할 수 있다.
⑤ 일괄매각절차에 관하여 이 법에서 정한 사항을 제외하고는 대법원규칙으로 정한다.

**제102조 【남을 가망이 없을 경우의 경매취소】** ① 법원은 최저매각가격으로 압류채권자의 채권에 우선하는 부동산의 모든 부담과 절차비용을 변제하면 남을 것이 없겠다고 인정한 때에는 압류채권자에게 이를 통지하여야 한다.
② 압류채권자가 제1항의 통지를 받은 날부터 1주 이내에 제1항의 부담과 비용을 변제하고 남을 만한 가격을 정하여 그 가격에 맞는 매수신고가 없을 때에는 자기가 그 가격으로 매수하겠다고 신청하면서 충분한 보증을 제공하지 아니하면, 법원은 경매절차를 취소하여야 한다.
③ 제2항의 취소 결정에 대하여는 즉시항고를 할 수 있다.

**제103조 【강제경매의 매각방법】** ① 부동산의 매각은 집행법원이 정한 매각방법에 따른다.
② 부동산의 매각은 매각기일에 하는 호가경매(呼價競賣), 매각기일에 입찰 및 개찰하게 하는 기일입찰 또는 입찰기간 이내에 입찰하게 하여 매각기일에 개찰하는 기간입찰의 세 가지 방법으로 한다.
③ 부동산의 매각절차에 관하여 필요한 사항은 대법원규칙으로 정한다.

**제104조 【매각기일과 매각결정기일 등의 지정】** ① 법원은 최저매각가격으로 제102조제1항의 부담과 비용을 변제하고도 남을 것이 있다고 인정하거나 압류채권자가 제102조제2항의 신청을 하고 충분한 보증을 제공한 때에는 직권으로 매각기일과 매각결정기일을 정하여 대법원규칙이 정하는 방법으로 공고한다.

② 법원은 매각기일과 매각결정기일을 이해관계인에게 통지하여야 한다.
③ 제2항의 통지는 집행기록에 표시된 이해관계인의 주소에 대법원규칙이 정하는 방법으로 발송할 수 있다.
④ 기간입찰의 방법으로 매각할 경우에는 입찰기간에 관하여도 제1항 내지 제3항의 규정을 적용한다.

**제105조【매각물건명세서 등】** ① 법원은 다음 각호의 사항을 적은 매각물건명세서를 작성하여야 한다.
1. 부동산의 표시
2. 부동산의 점유자와 점유의 권원, 점유할 수 있는 기간, 차임 또는 보증금에 관한 관계인의 진술
3. 등기된 부동산에 대한 권리 또는 가처분으로서 매각으로 효력을 잃지 아니하는 것
4. 매각에 따라 설정된 것으로 보게 되는 지상권의 개요

② 법원은 매각물건명세서·현황조사보고서 및 평가서의 사본을 법원에 비치하여 누구든지 볼 수 있도록 하여야 한다.

**제106조【매각기일의 공고내용】** 매각기일의 공고내용에는 다음 각호의 사항을 적어야 한다.
1. 부동산의 표시
2. 강제집행으로 매각한다는 취지와 그 매각방법
3. 부동산의 점유자, 점유의 권원, 점유하여 사용할 수 있는 기간, 차임 또는 보증금약정 및 그 액수
4. 매각기일의 일시·장소, 매각기일을 진행할 집행관의 성명 및 기간입찰의 방법으로 매각할 경우에는 입찰기간·장소
5. 최저매각가격
6. 매각결정기일의 일시·장소
7. 매각물건명세서·현황조사보고서 및 평가서의 사본을 매각기일 전에 법원에 비치하여 누구든지 볼 수 있도록 제공한다는 취지
8. 등기부에 기입할 필요가 없는 부동산에 대한 권리를 가진 사람은 채권을 신고하여야 한다는 취지
9. 이해관계인은 매각기일에 출석할 수 있다는 취지

**제107조【매각장소】** 매각기일은 법원안에서 진행하여야 한다. 다만, 집행관은 법원의 허가를 얻어 다른 장소에서 매각기일을 진행할 수 있다.

**제108조【매각장소의 질서유지】** 집행관은 다음 각호 가운데 어느 하나에 해당한다고 인정되는 사람에 대하여 매각장소에 들어오지 못하도록 하거나 매각장소에서 내보내거나 매수의 신청을 하지 못하도록 할 수 있다.
1. 다른 사람의 매수신청을 방해한 사람
2. 부당하게 다른 사람과 담합하거나 그 밖에 매각의 적정한 실시를 방해한 사람
3. 제1호 또는 제2호의 행위를 교사(敎唆)한 사람
4. 민사집행절차에서의 매각에 관하여 형법 제136조·제137조·제140조·제140조의2·제142조·제315조 및 제323조 내지 제327조에 규정된 죄로 유죄판결을 받고 그 판결확정일부터 2년이 지나지 아니한 사람

**제109조【매각결정기일】** ① 매각결정기일은 매각기일부터 1주 이내로 정하여야 한다.
② 매각결정절차는 법원안에서 진행하여야 한다.

**제110조【합의에 의한 매각조건의 변경】** ① 최저매각가격 외의 매각조건은 법원이 이해관계인의 합의에 따라 바꿀 수 있다.
② 이해관계인은 배당요구의 종기까지 제1항의 합의를 할 수 있다.

**제111조 【직권에 의한 매각조건의 변경】** ① 거래의 실상을 반영하거나 경매절차를 효율적으로 진행하기 위하여 필요한 경우에 법원은 배당요구의 종기까지 매각조건을 바꾸거나 새로운 매각조건을 설정할 수 있다.
② 이해관계인은 제1항의 재판에 대하여 즉시항고를 할 수 있다.
③ 제1항의 경우에 법원은 집행관에게 부동산에 대하여 필요한 조사를 하게 할 수 있다.

**제112조 【매각기일의 진행】** 집행관은 기일입찰 또는 호가경매의 방법에 의한 매각기일에는 매각물건명세서 · 현황조사보고서 및 평가서의 사본을 볼 수 있게 하고, 특별한 매각조건이 있는 때에는 이를 고지하며, 법원이 정한 매각방법에 따라 매수가격을 신고하도록 최고하여야 한다.

**제113조 【매수신청의 보증】** 매수신청인은 대법원규칙이 정하는 바에 따라 집행법원이 정하는 금액과 방법에 맞는 보증을 집행관에게 제공하여야 한다.

**제114조 【차순위매수신고】** ① 최고가매수신고인 외의 매수신고인은 매각기일을 마칠 때까지 집행관에게 최고가매수신고인이 대금지급기한까지 그 의무를 이행하지 아니하면 자기의 매수신고에 대하여 매각을 허가하여 달라는 취지의 신고(이하 "차순위매수신고"라 한다)를 할 수 있다.
② 차순위매수신고는 그 신고액이 최고가매수신고액에서 그 보증액을 뺀 금액을 넘는 때에만 할 수 있다.

**제115조 【매각기일의 종결】** ① 집행관은 최고가매수신고인의 성명과 그 가격을 부르고 차순위매수신고를 최고한 뒤, 적법한 차순위매수신고가 있으면 차순위매수신고인을 정하여 그 성명과 가격을 부른 다음 매각기일을 종결한다고 고지하여야 한다.
② 차순위매수신고를 한 사람이 둘 이상인 때에는 신고한 매수가격이 높은 사람을 차순위매수신고인으로 정한다. 신고한 매수가격이 같은 때에는 추첨으로 차순위매수신고인을 정한다.
③ 최고가매수신고인과 차순위매수신고인을 제외한 다른 매수신고인은 제1항의 고지에 따라 매수의 책임을 벗게 되고, 즉시 매수신청의 보증을 돌려 줄 것을 신청할 수 있다.
④ 기일입찰 또는 호가경매의 방법에 의한 매각기일에서 매각기일을 마감할 때까지 허가할 매수가격의 신고가 없는 때에는 집행관은 즉시 매각기일의 마감을 취소하고 같은 방법으로 매수가격을 신고하도록 최고할 수 있다.
⑤ 제4항의 최고에 대하여 매수가격의 신고가 없어 매각기일을 마감하는 때에는 매각기일의 마감을 다시 취소하지 못한다.

**제116조 【매각기일조서】** ① 매각기일조서에는 다음 각호의 사항을 적어야 한다.
1. 부동산의 표시
2. 압류채권자의 표시
3. 매각물건명세서 · 현황조사보고서 및 평가서의 사본을 볼 수 있게 한 일
4. 특별한 매각조건이 있는 때에는 이를 고지한 일
5. 매수가격의 신고를 최고한 일
6. 모든 매수신고가격과 그 신고인의 성명 · 주소 또는 허가할 매수가격의 신고가 없는 일
7. 매각기일을 마감할 때까지 허가할 매수가격의 신고가 없어 매각기일의 마감을 취소하고 다시 매수가격의 신고를 최고한 일
8. 최종적으로 매각기일의 종결을 고지한 일시
9. 매수하기 위하여 보증을 제공한 일 또는 보증을 제공하지 아니하므로 그 매수를 허가하지 아니한 일

10. 최고가매수신고인과 차순위매수신고인의 성명과 그 가격을 부른 일

② 최고가매수신고인 및 차순위매수신고인과 출석한 이해관계인은 조서에 서명날인하여야 한다. 그들이 서명날인할 수 없을 때에는 집행관이 그 사유를 적어야 한다.

③ 집행관이 매수신청의 보증을 돌려준 때에는 영수증을 받아 조서에 붙여야 한다.

**제117조【조서와 금전의 인도】** 집행관은 매각기일조서와 매수신청의 보증으로 받아 돌려주지 아니한 것을 매각기일부터 3일 이내에 법원사무관등에게 인도하여야 한다.

**제118조【최고가매수신고인 등의 송달영수인신고】** ① 최고가매수신고인과 차순위매수신고인은 대한민국안에 주소·거소와 사무소가 없는 때에는 대한민국 안에 송달이나 통지를 받을 장소와 영수인을 정하여 법원에 신고하여야 한다.

② 최고가매수신고인이나 차순위매수신고인이 제1항의 신고를 하지 아니한 때에는 법원은 그에 대한 송달이나 통지를 하지 아니할 수 있다.

③ 제1항의 신고는 집행관에게 말로 할 수 있다. 이 경우 집행관은 조서에 이를 적어야 한다.

**제119조【새 매각기일】** 허가할 매수가격의 신고가 없이 매각기일이 최종적으로 마감된 때에는 제91조제1항의 규정에 어긋나지 아니하는 한도에서 법원은 최저매각가격을 상당히 낮추고 새 매각기일을 정하여야 한다. 그 기일에 허가할 매수가격의 신고가 없는 때에도 또한 같다.

**제120조【매각결정기일에서의 진술】** ① 법원은 매각결정기일에 출석한 이해관계인에게 매각허가에 관한 의견을 진술하게 하여야 한다.

② 매각허가에 관한 이의는 매각허가가 있을 때까지 신청하여야 한다. 이미 신청한 이의에 대한 진술도 또한 같다.

**제121조【매각허가에 대한 이의신청 사유】** 매각허가에 관한 이의는 다음 각호 가운데 어느 하나에 해당하는 이유가 있어야 신청할 수 있다.

1. 강제집행을 허가할 수 없거나 집행을 계속 진행할 수 없을 때
2. 최고가매수신고인이 부동산을 매수할 능력이나 자격이 없는 때
3. 부동산을 매수할 자격이 없는 사람이 최고가매수신고인을 내세워 매수신고를 한 때
4. 최고가매수신고인, 그 대리인 또는 최고가매수신고인을 내세워 매수신고를 한 사람이 제108조 각호 가운데 어느 하나에 해당되는 때
5. 최저매각가격의 결정, 일괄매각의 결정 또는 매각물건명세서의 작성에 중대한 흠이 있는 때
6. 천재지변, 그 밖에 자기가 책임을 질 수 없는 사유로 부동산이 현저하게 훼손된 사실 또는 부동산에 관한 중대한 권리관계가 변동된 사실이 경매절차의 진행중에 밝혀진 때
7. 경매절차에 그 밖의 중대한 잘못이 있는 때

**제122조【이의신청의 제한】** 이의는 다른 이해관계인의 권리에 관한 이유로 신청하지 못한다.

**제123조【매각의 불허】** ① 법원은 이의신청이 정당하다고 인정한 때에는 매각을 허가하지 아니한다.

② 제121조에 규정한 사유가 있는 때에는 직권으로 매각을 허가하지 아니한다. 다만, 같은 조 제2호 또는 제3호의 경우에는 능력 또는 자격의 흠이 제거되지 아니한 때에 한한다.

**제124조【과잉매각되는 경우의 매각불허가】** ① 여러 개의 부동산을 매각

하는 경우에 한 개의 부동산의 매각대금으로 모든 채권자의 채권액과 강제집행비용을 변제하기에 충분하면 다른 부동산의 매각을 허가하지 아니한다. 다만, 제101조제3항 단서에 따른 일괄매각의 경우에는 그러하지 아니하다.

② 제1항 본문의 경우에 채무자는 그 부동산 가운데 매각할 것을 지정할 수 있다.

**제125조【매각을 허가하지 아니할 경우의 새 매각기일】** ① 제121조와 제123조의 규정에 따라 매각을 허가하지 아니하고 다시 매각을 명하는 때에는 직권으로 새 매각기일을 정하여야 한다.

② 제121조제6호의 사유로 제1항의 새 매각기일을 열게 된 때에는 제97조 내지 제105조의 규정을 준용한다.

**제126조【매각허가여부의 결정선고】**

① 매각을 허가하거나 허가하지 아니하는 결정은 선고하여야 한다.

② 매각결정기일조서에는 민사소송법 제152조 내지 제154조와 제156조 내지 제158조 및 제164조의 규정을 준용한다.

③ 제1항의 결정은 확정되어야 효력을 가진다.

**제127조【매각허가결정의 취소신청】**

① 제121조제6호에서 규정한 사실이 매각허가결정의 확정 뒤에 밝혀진 경우에는 매수인은 대금을 낼 때까지 매각허가결정의 취소신청을 할 수 있다.

② 제1항의 신청에 관한 결정에 대하여는 즉시항고를 할 수 있다.

**제128조【매각허가결정】** ① 매각허가결정에는 매각한 부동산, 매수인과 매각가격을 적고 특별한 매각조건으로 매각한 때에는 그 조건을 적어야 한다.

② 제1항의 결정은 선고하는 외에 대법원규칙이 정하는 바에 따라 공고하여야 한다.

**제129조【이해관계인 등의 즉시항고】**

① 이해관계인은 매각허가여부의 결정에 따라 손해를 볼 경우에만 그 결정에 대하여 즉시항고를 할 수 있다.

② 매각허가에 정당한 이유가 없거나 결정에 적은 것 외의 조건으로 허가하여야 한다고 주장하는 매수인 또는 매각허가를 주장하는 매수신고인도 즉시항고를 할 수 있다.

③ 제1항 및 제2항의 경우에 매각허가를 주장하는 매수신고인은 그 신청한 가격에 대하여 구속을 받는다.

**제130조【매각허가여부에 대한 항고】**

① 매각허가결정에 대한 항고는 이 법에 규정한 매각허가에 대한 이의신청 사유가 있다거나, 그 결정절차에 중대한 잘못이 있다는 것을 이유로 드는 때에만 할 수 있다.

② 민사소송법 제451조제1항 각호의 사유는 제1항의 규정에 불구하고 매각허가 또는 불허가결정에 대한 항고의 이유로 삼을 수 있다.

③ 매각허가결정에 대하여 항고를 하고자 하는 사람은 보증으로 매각대금의 10분의 1에 해당하는 금전 또는 법원이 인정한 유가증권을 공탁하여야 한다.

④ 항고를 제기하면서 항고장에 제3항의 보증을 제공하였음을 증명하는 서류를 붙이지 아니한 때에는 원심법원은 항고장을 받은 날부터 1주 이내에 결정으로 이를 각하하여야 한다.

⑤ 제4항의 결정에 대하여는 즉시항고를 할 수 있다.

⑥ 채무자 및 소유자가 한 제3항의 항고가 기각된 때에는 항고인은 보증으로 제공한 금전이나 유가증권을 돌려줄 것을 요구하지 못한다.

⑦ 채무자 및 소유자 외의 사람이 한 제3항의 항고가 기각된 때에는 항고인은 보증으로 제공한 금전이나, 유가증

권을 현금화한 금액 가운데 항고를 한 날부터 항고기각결정이 확정된 날까지의 매각대금에 대한 대법원규칙이 정하는 이율에 의한 금액(보증으로 제공한 금전이나, 유가증권을 현금화한 금액을 한도로 한다)에 대하여는 돌려 줄 것을 요구할 수 없다. 다만, 보증으로 제공한 유가증권을 현금화하기 전에 위의 금액을 항고인이 지급한 때에는 그 유가증권을 돌려 줄 것을 요구할 수 있다.

⑧ 항고인이 항고를 취하한 경우에는 제6항 또는 제7항의 규정을 준용한다.

**제131조 【항고심의 절차】** ① 항고법원은 필요한 경우에 반대진술을 하게 하기 위하여 항고인의 상대방을 정할 수 있다.

② 한 개의 결정에 대한 여러 개의 항고는 병합한다.

③ 항고심에는 제122조의 규정을 준용한다.

**제132조 【항고법원의 재판과 매각허가여부결정】** 항고법원이 집행법원의 결정을 취소하는 경우에 그 매각허가여부의 결정은 집행법원이 한다.

**제133조 【매각을 허가하지 아니하는 결정의 효력】** 매각을 허가하지 아니한 결정이 확정된 때에는 매수인과 매각허가를 주장한 매수신고인은 매수에 관한 책임이 면제된다.

**제134조 【최저매각가격의 결정부터 새로할 경우】** 제127조의 규정에 따라 매각허가결정을 취소한 경우에는 제97조 내지 제105조의 규정을 준용한다.

**제135조 【소유권의 취득시기】** 매수인은 매각대금을 다 낸 때에 매각의 목적인 권리를 취득한다.

**제136조 【부동산의 인도명령 등】** ① 법원은 매수인이 대금을 낸 뒤 6월 이내에 신청하면 채무자·소유자 또는 부동산 점유자에 대하여 부동산을 매수인에게 인도하도록 명할 수 있다. 다만, 점유자가 매수인에게 대항할 수 있는 권원에 의하여 점유하고 있는 것으로 인정되는 경우에는 그러하지 아니하다.

② 법원은 매수인 또는 채권자가 신청하면 매각허가가 결정된 뒤 인도할 때까지 관리인에게 부동산을 관리하게 할 것을 명할 수 있다.

③ 제2항의 경우 부동산의 관리를 위하여 필요하면 법원은 매수인 또는 채권자의 신청에 따라 담보를 제공하게 하거나 제공하게 하지 아니하고 제1항의 규정에 준하는 명령을 할 수 있다.

④ 법원이 채무자 및 소유자 외의 점유자에 대하여 제1항 또는 제3항의 규정에 따른 인도명령을 하려면 그 점유자를 심문하여야 한다. 다만, 그 점유자가 매수인에게 대항할 수 있는 권원에 의하여 점유하고 있지 아니함이 명백한 때 또는 이미 그 점유자를 심문한 때에는 그러하지 아니하다.

⑤ 제1항 내지 제3항의 신청에 관한 결정에 대하여는 즉시항고를 할 수 있다.

⑥ 채무자·소유자 또는 점유자가 제1항과 제3항의 인도명령에 따르지 아니할 때에는 매수인 또는 채권자는 집행관에게 그 집행을 위임할 수 있다.

**제137조 【차순위매수신고인에 대한 매각허가여부결정】** ① 차순위매수신고인이 있는 경우에 매수인이 대금지급기한까지 그 의무를 이행하지 아니한 때에는 차순위매수신고인에게 매각을 허가할 것인지를 결정하여야 한다. 다만, 제142조제4항의 경우에는 그러하지 아니하다.

② 차순위매수신고인에 대한 매각허가결정이 있는 때에는 매수인은 매수신청의 보증을 돌려 줄 것을 요구하지 못한다.

**제138조 【재매각】** ① 매수인이 대금지급기한 또는 제142조제4항의 다시 정한 기한까지 그 의무를 완전히 이행하지 아니하였고, 차순위매수신고인이 없는 때에는 법원은 직권으로 부동산의 재매각을 명하여야 한다.
② 재매각절차에도 종전에 정한 최저매각가격, 그 밖의 매각조건을 적용한다.
③ 매수인이 재매각기일의 3일 이전까지 대금, 그 지급기한이 지난 뒤부터 지급일까지의 대금에 대한 대법원규칙이 정하는 이율에 따른 지연이자와 절차비용을 지급한 때에는 재매각절차를 취소하여야 한다. 이 경우 차순위매수신고인이 매각허가결정을 받았던 때에는 위 금액을 먼저 지급한 매수인이 매매목적물의 권리를 취득한다.
④ 재매각절차에서는 전의 매수인은 매수신청을 할 수 없으며 매수신청의 보증을 돌려 줄 것을 요구하지 못한다.

**제139조 【공유물지분에 대한 경매】** ① 공유물지분을 경매하는 경우에는 채권자의 채권을 위하여 채무자의 지분에 대한 경매개시결정이 있음을 등기부에 기입하고 다른 공유자에게 그 경매개시결정이 있다는 것을 통지하여야 한다. 다만, 상당한 이유가 있는 때에는 통지하지 아니할 수 있다.
② 최저매각가격은 공유물 전부의 평가액을 기본으로 채무자의 지분에 관하여 정하여야 한다. 다만, 그와 같은 방법으로 정확한 가치를 평가하기 어렵거나 그 평가에 부당하게 많은 비용이 드는 등 특별한 사정이 있는 경우에는 그러하지 아니하다.

**제140조 【공유자의 우선매수권】** ① 공유자는 매각기일까지 제113조에 따른 보증을 제공하고 최고매수신고가격과 같은 가격으로 채무자의 지분을 우선매수하겠다는 신고를 할 수 있다.
② 제1항의 경우에 법원은 최고가매수신고가 있더라도 그 공유자에게 매각을 허가하여야 한다.
③ 여러 사람의 공유자가 우선매수하겠다는 신고를 하고 제2항의 절차를 마친 때에는 특별한 협의가 없으면 공유지분의 비율에 따라 채무자의 지분을 매수하게 한다.
④ 제1항의 규정에 따라 공유자가 우선매수신고를 한 경우에는 최고가매수신고인을 제114조의 차순위매수신고인으로 본다.

**제141조 【경매개시결정등기의 말소】** 경매신청이 매각허가 없이 마쳐진 때에는 법원사무관등은 제94조와 제139조제1항의 규정에 따른 기입을 말소하도록 등기관에게 촉탁하여야 한다.

**제142조 【대금의 지급】** ① 매각허가결정이 확정되면 법원은 대금의 지급기한을 정하고, 이를 매수인과 차순위매수신고인에게 통지하여야 한다.
② 매수인은 제1항의 대금지급기한까지 매각대금을 지급하여야 한다.
③ 매수신청의 보증으로 금전이 제공된 경우에 그 금전은 매각대금에 넣는다.
④ 매수신청의 보증으로 금전 외의 것이 제공된 경우로서 매수인이 매각대금중 보증액을 뺀 나머지 금액만을 낸 때에는, 법원은 보증을 현금화하여 그 비용을 뺀 금액을 보증액에 해당하는 매각대금 및 이에 대한 지연이자에 충당하고, 모자라는 금액이 있으면 다시 대금지급기한을 정하여 매수인으로 하여금 내게 한다.
⑤ 제4항의 지연이자에 대하여는 제138조제3항의 규정을 준용한다.
⑥ 차순위매수신고인은 매수인이 대금을 모두 지급한 때 매수의 책임을 벗게 되고 즉시 매수신청의 보증을 돌려 줄 것을 요구할 수 있다.

**제143조 【특별한 지급방법】** ① 매수인은 매각조건에 따라 부동산의 부담

을 인수하는 외에 배당표(配當表)의 실시에 관하여 매각대금의 한도에서 관계채권자의 승낙이 있으면 대금의 지급에 갈음하여 채무를 인수할 수 있다.
② 채권자가 매수인인 경우에는 매각결정기일이 끝날 때까지 법원에 신고하고 배당받아야 할 금액을 제외한 대금을 배당기일에 낼 수 있다.
③ 제1항 및 제2항의 경우에 매수인이 인수한 채무나 배당받아야 할 금액에 대하여 이의가 제기된 때에는 매수인은 배당기일이 끝날 때까지 이에 해당하는 대금을 내야 한다.

**제144조【매각대금 지급 뒤의 조치】**
① 매각대금이 지급되면 법원사무관등은 매각허가결정의 등본을 붙여 다음 각호의 등기를 촉탁하여야 한다.
1. 매수인 앞으로 소유권을 이전하는 등기
2. 매수인이 인수하지 아니한 부동산의 부담에 관한 기입을 말소하는 등기
3. 제94조 및 제139조제1항의 규정에 따른 경매개시결정등기를 말소하는 등기

② 매각대금을 지급할 때까지 매수인과 부동산을 담보로 제공받으려고 하는 사람이 대법원규칙으로 정하는 바에 따라 공동으로 신청한 경우, 제1항의 촉탁은 등기신청의 대리를 업으로 할 수 있는 사람으로서 신청인이 지정하는 사람에게 촉탁서를 교부하여 등기소에 제출하도록 하는 방법으로 하여야 한다. 이 경우 신청인이 지정하는 사람은 지체 없이 그 촉탁서를 등기소에 제출하여야 한다.(2010.7.23 본항신설)
③ 제1항의 등기에 드는 비용은 매수인이 부담한다.(2010.7.23 본항개정)

**제145조【매각대금의 배당】** ① 매각대금이 지급되면 법원은 배당절차를 밟아야 한다.
② 매각대금으로 배당에 참가한 모든 채권자를 만족하게 할 수 없는 때에는 법원은 민법·상법, 그 밖의 법률에 의한 우선순위에 따라 배당하여야 한다.

**제146조【배당기일】** 매수인이 매각대금을 지급하면 법원은 배당에 관한 진술 및 배당을 실시할 기일을 정하고 이해관계인과 배당을 요구한 채권자에게 이를 통지하여야 한다. 다만, 채무자가 외국에 있거나 있는 곳이 분명하지 아니한 때에는 통지하지 아니한다.

**제147조【배당할 금액 등】** ① 배당할 금액은 다음 각호에 규정한 금액으로 한다.
1. 대금
2. 제138조제3항 및 제142조제4항의 경우에는 대금지급기한이 지난 뒤부터 대금의 지급·충당까지의 지연이자
3. 제130조제6항의 보증(제130조제8항에 따라 준용되는 경우를 포함한다)
4. 제130조제7항 본문의 보증 가운데 항고인이 돌려 줄 것을 요구하지 못하는 금액 또는 제130조제7항 단서의 규정에 따라 항고인이 낸 금액(각각 제130조제8항에 따라 준용되는 경우를 포함한다)
5. 제138조제4항의 규정에 의하여 매수인이 돌려줄 것을 요구할 수 없는 보증(보증이 금전 외의 방법으로 제공되어 있는 때에는 보증을 현금화하여 그 대금에서 비용을 뺀 금액)

② 제1항의 금액 가운데 채권자에게 배당하고 남은 금액이 있으면, 제1항제4호의 금액의 범위안에서 제1항제4호의 보증 등을 제공한 사람에게 돌려준다.
③ 제1항의 금액 가운데 채권자에게 배당하고 남은 금액으로 제1항제4호의 보증 등을 돌려주기 부족한 경우로서 그 보증 등을 제공한 사람이 여럿인

때에는 제1항제4호의 보증 등의 비율에 따라 나누어 준다.

**제148조【배당받을 채권자의 범위】** 제147조제1항에 규정한 금액을 배당받을 채권자는 다음 각호에 규정된 사람으로 한다.

1. 배당요구의 종기까지 경매신청을 한 압류채권자
2. 배당요구의 종기까지 배당요구를 한 채권자
3. 첫 경매개시결정등기전에 등기된 가압류채권자
4. 저당권·전세권, 그 밖의 우선변제청구권으로서 첫 경매개시결정등기전에 등기되었고 매각으로 소멸하는 것을 가진 채권자

**제149조【배당표의 확정】** ① 법원은 채권자와 채무자에게 보여 주기 위하여 배당기일의 3일전에 배당표원안(配當表原案)을 작성하여 법원에 비치하여야 한다.

② 법원은 출석한 이해관계인과 배당을 요구한 채권자를 심문하여 배당표를 확정하여야 한다.

**제150조【배당표의 기재 등】** ① 배당표에는 매각대금, 채권자의 채권의 원금, 이자, 비용, 배당의 순위와 배당의 비율을 적어야 한다.

② 출석한 이해관계인과 배당을 요구한 채권자가 합의한 때에는 이에 따라 배당표를 작성하여야 한다.

**제151조【배당표에 대한 이의】** ① 기일에 출석한 채무자는 채권자의 채권 또는 그 채권의 순위에 대하여 이의할 수 있다.

② 제1항의 규정에 불구하고 채무자는 제149조제1항에 따라 법원에 배당표원안이 비치된 이후 배당기일이 끝날 때까지 채권자의 채권 또는 그 채권의 순위에 대하여 서면으로 이의할 수 있다.

③ 기일에 출석한 채권자는 자기의 이해에 관계되는 범위 안에서는 다른 채권자를 상대로 그의 채권 또는 그 채권의 순위에 대하여 이의할 수 있다.

**제152조【이의의 완결】** ① 제151조의 이의에 관계된 채권자는 이에 대하여 진술하여야 한다.

② 관계인이 제151조의 이의를 정당하다고 인정하거나 다른 방법으로 합의한 때에는 이에 따라 배당표를 경정(更正)하여 배당을 실시하여야 한다.

③ 제151조의 이의가 완결되지 아니한 때에는 이의가 없는 부분에 한하여 배당을 실시하여야 한다.

**제153조【불출석한 채권자】** ① 기일에 출석하지 아니한 채권자는 배당표와 같이 배당을 실시하는 데에 동의한 것으로 본다.

② 기일에 출석하지 아니한 채권자가 다른 채권자가 제기한 이의에 관계된 때에는 그 채권자는 이의를 정당하다고 인정하지 아니한 것으로 본다.

**제154조【배당이의의 소 등】** ① 집행력 있는 집행권원의 정본을 가지지 아니한 채권자(가압류채권자를 제외한다)에 대하여 이의한 채무자와 다른 채권자에 대하여 이의한 채권자는 배당이의의 소를 제기하여야 한다.

② 집행력 있는 집행권원의 정본을 가진 채권자에 대하여 이의한 채무자는 청구이의의 소를 제기하여야 한다.

③ 이의한 채권자나 채무자가 배당기일부터 1주 이내에 집행법원에 대하여 제1항의 소를 제기한 사실을 증명하는 서류를 제출하지 아니한 때 또는 제2항의 소를 제기한 사실을 증명하는 서류와 그 소에 관한 집행정지재판의 정본을 제출하지 아니한 때에는 이의가 취하된 것으로 본다.

**제155조【이의한 사람 등의 우선권 주장】** 이의한 채권자가 제154조제3항의 기간을 지키지 아니한 경우에도 배

당표에 따른 배당을 받은 채권자에 대하여 소로 우선권 및 그 밖의 권리를 행사하는 데 영향을 미치지 아니한다.

**제156조【배당이의의 소의 관할】** ① 제154조제1항의 배당이의의 소는 배당을 실시한 집행법원이 속한 지방법원의 관할로 한다. 다만, 소송물이 단독판사의 관할에 속하지 아니할 경우에는 지방법원의 합의부가 이를 관할한다.

② 여러 개의 배당이의의 소가 제기된 경우에 한 개의 소를 합의부가 관할하는 때에는 그 밖의 소도 함께 관할한다.

③ 이의한 사람과 상대방이 이의에 관하여 단독판사의 재판을 받을 것을 합의한 경우에는 제1항 단서와 제2항의 규정을 적용하지 아니한다.

**제157조【배당이의의 소의 판결】** 배당이의의 소에 대한 판결에서는 배당액에 대한 다툼이 있는 부분에 관하여 배당을 받을 채권자와 그 액수를 정하여야 한다. 이를 정하는 것이 적당하지 아니하다고 인정한 때에는 판결에서 배당표를 다시 만들고 다른 배당절차를 밟도록 명하여야 한다.

**제158조【배당이의의 소의 취하간주】** 이의한 사람이 배당이의의 소의 첫 변론기일에 출석하지 아니한 때에는 소를 취하한 것으로 본다.

**제159조【배당실시절차 · 배당조서】** ① 법원은 배당표에 따라 제2항 및 제3항에 규정된 절차에 의하여 배당을 실시하여야 한다.

② 채권 전부의 배당을 받을 채권자에게는 배당액지급증을 교부하는 동시에 그가 가진 집행력 있는 정본 또는 채권증서를 받아 채무자에게 교부하여야 한다.

③ 채권 일부의 배당을 받을 채권자에게는 집행력 있는 정본 또는 채권증서를 제출하게 한 뒤 배당액을 적어서 돌려주고 배당액지급증을 교부하는 동시에 영수증을 받아 채무자에게 교부하여야 한다.

④ 제1항 내지 제3항의 배당실시절차는 조서에 명확히 적어야 한다.

**제160조【배당금액의 공탁】** ① 배당을 받아야 할 채권자의 채권에 대하여 다음 각호 가운데 어느 하나의 사유가 있으면 그에 대한 배당액을 공탁하여야 한다.

1. 채권에 정지조건 또는 불확정기한이 붙어 있는 때
2. 가압류채권자의 채권인 때
3. 제49조제2호 및 제266조제1항제5호에 규정된 문서가 제출되어 있는 때
4. 저당권설정의 가등기가 마쳐져 있는 때
5. 제154조제1항에 의한 배당이의의 소가 제기된 때
6. 민법 제340조제2항 및 같은 법 제370조에 따른 배당금액의 공탁청구가 있는 때

② 채권자가 배당기일에 출석하지 아니한 때에는 그에 대한 배당액을 공탁하여야 한다.

**제161조【공탁금에 대한 배당의 실시】** ① 법원이 제160조제1항의 규정에 따라 채권자에 대한 배당액을 공탁한 뒤 공탁의 사유가 소멸한 때에는 법원은 공탁금을 지급하거나 공탁금에 대한 배당을 실시하여야 한다.

② 제1항에 따라 배당을 실시함에 있어서 다음 각호 가운데 어느 하나에 해당하는 때에는 법원은 배당에 대하여 이의하지 아니한 채권자를 위하여서도 배당표를 바꾸어야 한다.

1. 제160조제1항제1호 내지 제4호의 사유에 따른 공탁에 관련된 채권자에 대하여 배당을 실시할 수 없게 된 때

2. 제160조제1항제5호의 공탁에 관련된 채권자가 채무자로부터 제기당한 배당이의의 소에서 진 때
3. 제160조제1항제6호의 공탁에 관련된 채권자가 저당물의 매각대가로부터 배당을 받은 때

③ 제160조제2항의 채권자가 법원에 대하여 공탁금의 수령을 포기하는 의사를 표시한 때에는 그 채권자의 채권이 존재하지 아니하는 것으로 보고 배당표를 바꾸어야 한다.

④ 제2항 및 제3항의 배당표변경에 따른 추가 배당기일에 제151조의 규정에 따라 이의할 때에는 종전의 배당기일에서 주장할 수 없었던 사유만을 주장할 수 있다.

**제162조【공동경매】** 여러 압류채권자를 위하여 동시에 실시하는 부동산의 경매절차에는 제80조 내지 제161조의 규정을 준용한다.

## 제3관 강제관리

**제163조【강제경매규정의 준용】** 강제관리에는 제80조 내지 제82조, 제83조제1항·제3항 내지 제5항, 제85조 내지 제89조 및 제94조 내지 제96조의 규정을 준용한다.

**제164조【강제관리개시결정】** ① 강제관리를 개시하는 결정에는 채무자에게는 관리사무에 간섭하여서는 아니되고 부동산의 수익을 처분하여서도 아니된다고 명하여야 하며, 수익을 채무자에게 지급할 제3자에게는 관리인에게 이를 지급하도록 명하여야 한다.

② 수확하였거나 수확할 과실(果實)과, 이행기에 이르렀거나 이르게 될 과실은 제1항의 수익에 속한다.

③ 강제관리개시결정은 제3자에게는 결정서를 송달하여야 효력이 생긴다.

④ 강제관리신청을 기각하거나 각하하는 재판에 대하여는 즉시항고를 할 수 있다.

**제165조【강제관리개시결정 등의 통지】** 법원은 강제관리를 개시하는 결정을 한 부동산에 대하여 다시 강제관리의 개시결정을 하거나 배당요구의 신청이 있는 때에는 관리인에게 이를 통지하여야 한다.

**제166조【관리인의 임명 등】** ① 관리인은 법원이 임명한다. 다만, 채권자는 적당한 사람을 관리인으로 추천할 수 있다.

② 관리인은 관리와 수익을 하기 위하여 부동산을 점유할 수 있다. 이 경우 저항을 받으면 집행관에게 원조를 요구할 수 있다.

③ 관리인은 제3자가 채무자에게 지급할 수익을 추심(推尋)할 권한이 있다.

**제167조【법원의 지휘·감독】** ① 법원은 관리에 필요한 사항과 관리인의 보수를 정하고, 관리인을 지휘·감독한다.

② 법원은 관리인에게 보증을 제공하도록 명할 수 있다.

③ 관리인에게 관리를 계속할 수 없는 사유가 생긴 경우에는 법원은 직권으로 또는 이해관계인의 신청에 따라 관리인을 해임할 수 있다. 이 경우 관리인을 심문하여야 한다.

**제168조【준용규정】** 제3자가 부동산에 대한 강제관리를 막을 권리가 있다고 주장하는 경우에는 제48조의 규정을 준용한다.

**제169조【수익의 처리】** ① 관리인은 부동산수익에서 그 부동산이 부담하는 조세, 그 밖의 공과금을 뺀 뒤에 관리비용을 변제하고, 그 나머지 금액을 채권자에게 지급한다.

② 제1항의 경우 모든 채권자를 만족하게 할 수 없는 때에는 관리인은 채권자 사이의 배당협의에 따라 배당을 실시하여야 한다.

③ 채권자 사이에 배당협의가 이루어지지 못한 경우에 관리인은 그 사유를 법원에 신고하여야 한다.
④ 제3항의 신고가 있는 경우에는 제145조·제146조 및 제148조 내지 제161조의 규정을 준용하여 배당표를 작성하고 이에 따라 관리인으로 하여금 채권자에게 지급하게 하여야 한다.

**제170조【관리인의 계산보고】** ① 관리인은 매년 채권자·채무자와 법원에 계산서를 제출하여야 한다. 그 업무를 마친 뒤에도 또한 같다.
② 채권자와 채무자는 계산서를 송달받은 날부터 1주 이내에 집행법원에 이에 대한 이의신청을 할 수 있다.
③ 제2항의 기간 이내에 이의신청이 없는 때에는 관리인의 책임이 면제된 것으로 본다.
④ 제2항의 기간 이내에 이의신청이 있는 때에는 관리인을 심문한 뒤 결정으로 재판하여야 한다. 신청한 이의를 매듭 지은 때에는 법원은 관리인의 책임을 면제한다.

**제171조【강제관리의 취소】** ① 강제관리의 취소는 법원이 결정으로 한다.
② 채권자들이 부동산수익으로 전부 변제를 받았을 때에는 법원은 직권으로 제1항의 취소결정을 한다.
③ 제1항 및 제2항의 결정에 대하여는 즉시항고를 할 수 있다.
④ 강제관리의 취소결정이 확정된 때에는 법원사무관등은 강제관리에 관한 기입등기를 말소하도록 촉탁하여야 한다.

## 제3절 선박 등에 대한 강제집행

**제172조【선박에 대한 강제집행】** 등기할 수 있는 선박에 대한 강제집행은 부동산의 강제경매에 관한 규정에 따른다. 다만, 사물의 성질에 따른 차이가 있거나 특별한 규정이 있는 경우에는 그러하지 아니하다.

**제173조【관할법원】** 선박에 대한 강제집행의 집행법원은 압류 당시에 그 선박이 있는 곳을 관할하는 지방법원으로 한다.

**제174조【선박국적증서 등의 제출】** ① 법원은 경매개시결정을 한 때에는 집행관에게 선박국적증서 그 밖에 선박운행에 필요한 문서(이하 "선박국적증서등"이라 한다)를 선장으로부터 받아 법원에 제출하도록 명하여야 한다.
② 경매개시결정이 송달 또는 등기되기 전에 집행관이 선박국적증서등을 받은 경우에는 그 때에 압류의 효력이 생긴다.

**제175조【선박집행신청전의 선박국적증서등의 인도명령】** ① 선박에 대한 집행의 신청전에 선박국적증서등을 받지 아니하면 집행이 매우 곤란할 염려가 있을 경우에는 선적(船籍)이 있는 곳을 관할하는 지방법원(선적이 없는 때에는 대법원규칙이 정하는 법원)은 신청에 따라 채무자에게 선박국적증서등을 집행관에게 인도하도록 명할 수 있다. 급박한 경우에는 선박이 있는 곳을 관할하는 지방법원도 이 명령을 할 수 있다.
② 집행관은 선박국적증서등을 인도받은 날부터 5일 이내에 채권자로부터 선박집행을 신청하였음을 증명하는 문서를 제출받지 못한 때에는 그 선박국적증서등을 돌려 주어야 한다.
③ 제1항의 규정에 따른 재판에 대하여는 즉시항고를 할 수 있다.
④ 제1항의 규정에 따른 재판에는 제292조제2항 및 제3항의 규정을 준용한다.

**제176조【압류선박의 정박】** ① 법원은 집행절차를 행하는 동안 선박이 압류 당시의 장소에 계속 머무르도록 명하여야 한다.

② 법원은 영업상의 필요, 그 밖에 상당한 이유가 있다고 인정할 경우에는 채무자의 신청에 따라 선박의 운행을 허가할 수 있다. 이 경우 채권자 · 최고가매수신고인 · 차순위매수신고인 및 매수인의 동의가 있어야 한다.

③ 제2항의 선박운행허가결정에 대하여는 즉시항고를 할 수 있다.

④ 제2항의 선박운행허가결정은 확정되어야 효력이 생긴다.

**제177조【경매신청의 첨부서류】** ① 강제경매신청을 할 때에는 다음 각호의 서류를 내야 한다.

1. 채무자가 소유자인 경우에는 소유자로서 선박을 점유하고 있다는 것을, 선장인 경우에는 선장으로서 선박을 지휘하고 있다는 것을 소명할 수 있는 증서
2. 선박에 관한 등기사항을 포함한 등기부의 초본 또는 등본

② 채권자는 공적 장부를 주관하는 공공기관이 멀리 떨어진 곳에 있는 때에는 제1항제2호의 초본 또는 등본을 보내주도록 법원에 신청할 수 있다.

**제178조【감수 · 보존처분】** ① 법원은 채권자의 신청에 따라 선박을 감수(監守)하고 보존하기 위하여 필요한 처분을 할 수 있다.

② 제1항의 처분을 한 때에는 경매개시결정이 송달되기 전에도 압류의 효력이 생긴다.

**제179조【선장에 대한 판결의 집행】** ① 선장에 대한 판결로 선박채권자를 위하여 선박을 압류하면 그 압류는 소유자에 대하여도 효력이 미친다. 이 경우 소유자도 이해관계인으로 본다.

② 압류한 뒤에 소유자나 선장이 바뀌더라도 집행절차에는 영향을 미치지 아니한다.

③ 압류한 뒤에 선장이 바뀐 때에는 바뀐 선장만이 이해관계인이 된다.

**제180조【관할위반으로 말미암은 절차의 취소】** 압류 당시 선박이 그 법원의 관할안에 없었음이 판명된 때에는 그 절차를 취소하여야 한다.

**제181조【보증의 제공에 의한 강제경매절차의 취소】** ① 채무자가 제49조제2호 또는 제4호의 서류를 제출하고 압류채권자 및 배당을 요구한 채권자의 채권과 집행비용에 해당하는 보증을 매수신고전에 제공한 때에는 법원은 신청에 따라 배당절차 외의 절차를 취소하여야 한다.

② 제1항에 규정한 서류를 제출함에 따른 집행정지가 효력을 잃은 때에는 법원은 제1항의 보증금을 배당하여야 한다.

③ 제1항의 신청을 기각한 재판에 대하여는 즉시항고를 할 수 있다.

④ 제1항의 규정에 따른 집행취소결정에는 제17조제2항의 규정을 적용하지 아니한다.

⑤ 제1항의 보증의 제공에 관하여 필요한 사항은 대법원규칙으로 정한다.

**제182조【사건의 이송】** ① 압류된 선박이 관할구역 밖으로 떠난 때에는 집행법원은 선박이 있는 곳을 관할하는 법원으로 사건을 이송할 수 있다.

② 제1항의 규정에 따른 결정에 대하여는 불복할 수 없다.

**제183조【선박국적증서등을 넘겨받지 못한 경우의 경매절차취소】** 경매개시결정이 있은 날부터 2월이 지나기까지 집행관이 선박국적증서등을 넘겨받지 못하고, 선박이 있는 곳이 분명하지 아니한 때에는 법원은 강제경매절차를 취소할 수 있다.

**제184조【매각기일의 공고】** 매각기일의 공고에는 선박의 표시와 그 정박한 장소를 적어야 한다.

**제185조【선박지분의 압류명령】** ① 선박의 지분에 대한 강제집행은 제251

조에서 규정한 강제집행의 예에 따른다.
② 채권자가 선박의 지분에 대하여 강제집행신청을 하기 위하여서는 채무자가 선박의 지분을 소유하고 있다는 사실을 증명할 수 있는 선박등기부의 등본이나 그 밖의 증명서를 내야 한다.
③ 압류명령은 채무자 외에 「상법」 제764조에 의하여 선임된 선박관리인(이하 이 조에서 "선박관리인"이라 한다)에게도 송달하여야 한다.(2007.8.3 본항개정)
④ 압류명령은 선박관리인에게 송달되면 채무자에게 송달된 것과 같은 효력을 가진다.

**제186조【외국선박의 압류】** 외국선박에 대한 강제집행에는 등기부에 기입할 절차에 관한 규정을 적용하지 아니한다.

**제187조【자동차 등에 대한 강제집행】** 자동차·건설기계·소형선박(「자동차 등 특정동산 저당법」 제3조제2호에 따른 소형선박을 말한다) 및 항공기(「자동차 등 특정동산 저당법」 제3조제4호에 따른 항공기 및 경량항공기를 말한다)에 대한 강제집행절차는 제2편제2장제2절부터 제4절까지의 규정에 준하여 대법원규칙으로 정한다.
(2015.5.18 본조개정)

## 제4절 동산에 대한 강제집행

### 제1관 통 칙

**제188조【집행방법, 압류의 범위】**
① 동산에 대한 강제집행은 압류에 의하여 개시한다.
② 압류는 집행력 있는 정본에 적은 청구금액의 변제와 집행비용의 변상에 필요한 한도안에서 하여야 한다.
③ 압류물을 현금화하여도 집행비용 외에 남을 것이 없는 경우에는 집행하지 못한다.

### 제2관 유체동산에 대한 강제집행

**제189조【채무자가 점유하고 있는 물건의 압류】** ① 채무자가 점유하고 있는 유체동산의 압류는 집행관이 그 물건을 점유함으로써 한다. 다만, 채권자의 승낙이 있거나 운반이 곤란한 때에는 봉인(封印), 그 밖의 방법으로 압류물임을 명확히 하여 채무자에게 보관시킬 수 있다.
② 다음 각호 가운데 어느 하나에 해당하는 물건은 이 법에서 유체동산으로 본다.
1. 등기할 수 없는 토지의 정착물로서 독립하여 거래의 객체가 될 수 있는 것
2. 토지에서 분리하기 전의 과실로서 1월 이내에 수확할 수 있는 것
3. 유가증권으로서 배서가 금지되지 아니한 것
③ 집행관은 채무자에게 압류의 사유를 통지하여야 한다.

**제190조【부부공유 유체동산의 압류】** 채무자와 그 배우자의 공유로서 채무자가 점유하거나 그 배우자와 공동으로 점유하고 있는 유체동산은 제189조의 규정에 따라 압류할 수 있다.

**제191조【채무자 외의 사람이 점유하고 있는 물건의 압류】** 채권자 또는 물건의 제출을 거부하지 아니하는 제3자가 점유하고 있는 물건은 제189조의 규정을 준용하여 압류할 수 있다.

**제192조【국고금의 압류】** 국가에 대한 강제집행은 국고금을 압류함으로써 한다.

**제193조【압류물의 인도】** ① 압류물을 제3자가 점유하게 된 경우에는 법원은 채권자의 신청에 따라 그 제3자에 대하여 그 물건을 집행관에게 인도하도록 명할 수 있다.
② 제1항의 신청은 압류물을 제3자가

점유하고 있는 것을 안 날부터 1주 이내에 하여야 한다.

③ 제1항의 재판은 상대방에게 송달되기 전에도 집행할 수 있다.

④ 제1항의 재판은 신청인에게 고지된 날부터 2주가 지난 때에는 집행할 수 없다.

⑤ 제1항의 재판에 대하여는 즉시항고를 할 수 있다.

**제194조 【압류의 효력】** 압류의 효력은 압류물에서 생기는 천연물에도 미친다.

**제195조 【압류가 금지되는 물건】** 다음 각호의 물건은 압류하지 못한다.

1. 채무자 및 그와 같이 사는 친족(사실상 관계에 따른 친족을 포함한다. 이하 이 조에서 "채무자등"이라 한다)의 생활에 필요한 의복·침구·가구·부엌기구, 그 밖의 생활필수품
2. 채무자등의 생활에 필요한 2월간의 식료품·연료 및 조명재료
3. 채무자등의 생활에 필요한 1월간의 생계비로서 대통령령이 정하는 액수의 금전(2005.1.27 본호개정)
4. 주로 자기 노동력으로 농업을 하는 사람에게 없어서는 아니될 농기구·비료·가축·사료·종자, 그 밖에 이에 준하는 물건
5. 주로 자기의 노동력으로 어업을 하는 사람에게 없어서는 아니될 고기잡이 도구·어망·미끼·새끼고기, 그 밖에 이에 준하는 물건
6. 전문직 종사자·기술자·노무자, 그 밖에 주로 자기의 정신적 또는 육체적 노동으로 직업 또는 영업에 종사하는 사람에게 없어서는 아니 될 제복·도구, 그 밖에 이에 준하는 물건
7. 채무자 또는 그 친족이 받은 훈장·포장·기장, 그 밖에 이에 준하는 명예증표
8. 위패·영정·묘비, 그 밖에 상례·제사 또는 예배에 필요한 물건
9. 족보·집안의 역사적인 기록·사진첩, 그 밖에 선조숭배에 필요한 물건
10. 채무자의 생활 또는 직무에 없어서는 아니 될 도장·문패·간판, 그 밖에 이에 준하는 물건
11. 채무자의 생활 또는 직업에 없어서는 아니 될 일기장·상업장부, 그 밖에 이에 준하는 물건
12. 공표되지 아니한 저작 또는 발명에 관한 물건
13. 채무자등이 학교·교회·사찰, 그 밖의 교육기관 또는 종교단체에서 사용하는 교과서·교리서·학습용구, 그 밖에 이에 준하는 물건
14. 채무자등의 일상생활에 필요한 안경·보청기·의치·의수족·지팡이·장애보조용 바퀴의자, 그 밖에 이에 준하는 신체보조기구
15. 채무자등의 일상생활에 필요한 자동차로서 자동차관리법이 정하는 바에 따른 장애인용 경형자동차
16. 재해의 방지 또는 보안을 위하여 법령의 규정에 따라 설비하여야 하는 소방설비·경보기구·피난시설, 그 밖에 이에 준하는 물건

**제196조 【압류금지 물건을 정하는 재판】** ① 법원은 당사자가 신청하면 채권자와 채무자의 생활형편, 그 밖의 사정을 고려하여 유체동산의 전부 또는 일부에 대한 압류를 취소하도록 명하거나 제195조의 유체동산을 압류하도록 명할 수 있다.

② 제1항의 결정이 있은 뒤에 그 이유가 소멸되거나 사정이 바뀐 때에는 법원은 직권으로 또는 당사자의 신청에 따라 그 결정을 취소하거나 바꿀 수 있다.

③ 제1항 및 제2항의 경우에 법원은 제16조제2항에 준하는 결정을 할 수 있다.

④ 제1항 및 제2항의 결정에 대하여는 즉시항고를 할 수 있다.
⑤ 제3항의 결정에 대하여는 불복할 수 없다.

**제197조 【일괄매각】** ① 집행관은 여러 개의 유체동산의 형태, 이용관계 등을 고려하여 일괄매수하게 하는 것이 알맞다고 인정하는 때에는 직권으로 또는 이해관계인의 신청에 따라 일괄하여 매각할 수 있다.
② 제1항의 경우에는 제98조제3항, 제99조, 제100조, 제101조제2항 내지 제5항의 규정을 준용한다.

**제198조 【압류물의 보존】** ① 압류물을 보존하기 위하여 필요한 때에는 집행관은 적당한 처분을 하여야 한다.
② 제1항의 경우에 비용이 필요한 때에는 채권자로 하여금 이를 미리 내게 하여야 한다. 채권자가 여럿인 때에는 요구하는 액수에 비례하여 미리 내게 한다.
③ 제49조제2호 또는 제4호의 문서가 제출된 경우에 압류물을 즉시 매각하지 아니하면 값이 크게 내릴 염려가 있거나, 보관에 지나치게 많은 비용이 드는 때에는 집행관은 그 물건을 매각할 수 있다.
④ 집행관은 제3항의 규정에 따라 압류물을 매각하였을 때에는 그 대금을 공탁하여야 한다.

**제199조 【압류물의 매각】** 집행관은 압류를 실시한 뒤 입찰 또는 호가경매의 방법으로 압류물을 매각하여야 한다.

**제200조 【값비싼 물건의 평가】** 매각할 물건 가운데 값이 비싼 물건이 있는 때에는 집행관은 적당한 감정인에게 이를 평가하게 하여야 한다.

**제201조 【압류금전】** ① 압류한 금전은 채권자에게 인도하여야 한다.
② 집행관이 금전을 추심한 때에는 채무자가 지급한 것으로 본다. 다만, 담보를 제공하거나 공탁을 하여 집행에서 벗어날 수 있도록 채무자에게 허가한 때에는 그러하지 아니하다.

**제202조 【매각일】** 압류일과 매각일 사이에는 1주 이상 기간을 두어야 한다. 다만, 압류물을 보관하는 데 지나치게 많은 비용이 들거나, 시일이 지나면 그 물건의 값이 크게 내릴 염려가 있는 때에는 그러하지 아니하다.

**제203조 【매각장소】** ① 매각은 압류한 유체동산이 있는 시·구·읍·면(도농복합형태의 시의 경우 동지역은 시·구, 읍·면지역은 읍·면)에서 진행한다. 다만, 압류채권자와 채무자가 합의하면 합의된 장소에서 진행한다.
② 매각일자와 장소는 대법원규칙이 정하는 방법으로 공고한다. 공고에는 매각할 물건을 표시하여야 한다.

**제204조 【준용규정】** 매각장소의 질서유지에 관하여는 제108조의 규정을 준용한다.

**제205조 【매각·재매각】** ① 집행관은 최고가매수신고인의 성명과 가격을 말한 뒤 매각을 허가한다.
② 매각물은 대금과 서로 맞바꾸어 인도하여야 한다.
③ 매수인이 매각조건에 정한 지급기일에 대금의 지급과 물건의 인도청구를 게을리 한 때에는 재매각을 하여야 한다. 지급기일을 정하지 아니한 경우로서 매각기일의 마감에 앞서 대금의 지급과 물건의 인도청구를 게을리 한 때에도 또한 같다.
④ 제3항의 경우에는 전의 매수인은 재매각절차에 참가하지 못하며, 뒤의 매각대금이 처음의 매각대금보다 적은 때에는 그 부족한 액수를 부담하여야 한다.

**제206조 【배우자의 우선매수권】** ① 제190조의 규정에 따라 압류한 유체동

산을 매각하는 경우에 배우자는 매각기일에 출석하여 우선매수할 것을 신고할 수 있다.
② 제1항의 우선매수신고에는 제140조제1항 및 제2항의 규정을 준용한다.

**제207조【매각의 한도】** 매각은 매각대금으로 채권자에게 변제하고 강제집행비용을 지급하기에 충분하게 되면 즉시 중지하여야 한다. 다만, 제197조제2항 및 제101조제3항 단서에 따른 일괄매각의 경우에는 그러하지 아니하다.

**제208조【집행관이 매각대금을 영수한 효과】** 집행관이 매각대금을 영수한 때에는 채무자가 지급한 것으로 본다. 다만, 담보를 제공하거나 공탁을 하여 집행에서 벗어날 수 있도록 채무자에게 허가한 때에는 그러하지 아니하다.

**제209조【금·은붙이의 현금화】** 금·은붙이는 그 금·은의 시장가격 이상의 금액으로 일반 현금화의 규정에 따라 매각하여야 한다. 시장가격 이상의 금액으로 매수하는 사람이 없는 때에는 집행관은 그 시장가격에 따라 적당한 방법으로 매각할 수 있다.

**제210조【유가증권의 현금화】** 집행관이 유가증권을 압류한 때에는 시장가격이 있는 것은 매각하는 날의 시장가격에 따라 적당한 방법으로 매각하고 그 시장가격이 형성되지 아니한 것은 일반 현금화의 규정에 따라 매각하여야 한다.

**제211조【기명유가증권의 명의개서】** 유가증권이 기명식인 때에는 집행관은 매수인을 위하여 채무자에 갈음하여 배서 또는 명의개서에 필요한 행위를 할 수 있다.

**제212조【어음 등의 제시의무】** ① 집행관은 어음·수표 그 밖의 금전의 지급을 목적으로 하는 유가증권(이하 "어음등"이라 한다)으로서 일정한 기간 안에 인수 또는 지급을 위한 제시 또는 지급의 청구를 필요로 하는 것을 압류하였을 경우에 그 기간이 개시되면 채무자에 갈음하여 필요한 행위를 하여야 한다.
② 집행관은 미완성 어음등을 압류한 경우에 채무자에게 기한을 정하여 어음등에 적을 사항을 보충하도록 최고하여야 한다.

**제213조【미분리과실의 매각】** ① 토지에서 분리되기 전에 압류한 과실은 충분히 익은 다음에 매각하여야 한다.
② 집행관은 매각하기 위하여 수확을 하게 할 수 있다.

**제214조【특별한 현금화 방법】** ① 법원은 필요하다고 인정하면 직권으로 또는 압류채권자, 배당을 요구한 채권자 또는 채무자의 신청에 따라 일반 현금화의 규정에 의하지 아니하고 다른 방법이나 다른 장소에서 압류물을 매각하게 할 수 있다. 또한 집행관에게 위임하지 아니하고 다른 사람으로 하여금 매각하게 하도록 명할 수 있다.
② 제1항의 재판에 대하여는 불복할 수 없다.

**제215조【압류의 경합】** ① 유체동산을 압류하거나 가압류한 뒤 매각기일에 이르기 전에 다른 강제집행이 신청된 때에는 집행관은 집행신청서를 먼저 압류한 집행관에게 교부하여야 한다. 이 경우 더 압류할 물건이 있으면 이를 압류한 뒤에 추가압류조서를 교부하여야 한다.
② 제1항의 경우에 집행에 관한 채권자의 위임은 먼저 압류한 집행관에게 이전된다.
③ 제1항의 경우에 각 압류한 물건은 강제집행을 신청한 모든 채권자를 위하여 압류한 것으로 본다.
④ 제1항의 경우에 먼저 압류한 집행관은 뒤에 강제집행을 신청한 채권자

를 위하여 다시 압류한다는 취지를 덧붙여 그 압류조서에 적어야 한다.

**제216조 【채권자의 매각최고】** ① 상당한 기간이 지나도 집행관이 매각하지 아니하는 때에는 압류채권자는 집행관에게 일정한 기간 이내에 매각하도록 최고할 수 있다.

② 집행관이 제1항의 최고에 따르지 아니하는 때에는 압류채권자는 법원에 필요한 명령을 신청할 수 있다.

**제217조 【우선권자의 배당요구】** 민법·상법, 그 밖의 법률에 따라 우선변제청구권이 있는 채권자는 매각대금의 배당을 요구할 수 있다.

**제218조 【배당요구의 절차】** 제217조의 배당요구는 이유를 밝혀 집행관에게 하여야 한다.

**제219조 【배당요구 등의 통지】** 제215조제1항 및 제218조의 경우에는 집행관은 그 사유를 배당에 참가한 채권자와 채무자에게 통지하여야 한다.

**제220조 【배당요구의 시기】** ① 배당요구는 다음 각호의 시기까지 할 수 있다.

1. 집행관이 금전을 압류한 때 또는 매각대금을 영수한 때
2. 집행관이 어음·수표 그 밖의 금전의 지급을 목적으로 한 유가증권에 대하여 그 금전을 지급받은 때

② 제198조제4항에 따라 공탁된 매각대금에 대하여는 동산집행을 계속하여 진행할 수 있게 된 때까지, 제296조제5항 단서에 따라 공탁된 매각대금에 대하여는 압류의 신청을 한 때까지 배당요구를 할 수 있다.

**제221조 【배우자의 지급요구】** ① 제190조의 규정에 따라 압류한 유체동산에 대하여 공유지분을 주장하는 배우자는 매각대금을 지급하여 줄 것을 요구할 수 있다.

② 제1항의 지급요구에는 제218조 내지 제220조의 규정을 준용한다.

③ 제219조의 통지를 받은 채권자가 배우자의 공유주장에 대하여 이의가 있는 때에는 배우자를 상대로 소를 제기하여 공유가 아니라는 것을 확정하여야 한다.

④ 제3항의 소에는 제154조제3항, 제155조 내지 제158조, 제160조제1항제5호 및 제161조제1항·제2항·제4항의 규정을 준용한다.

**제222조 【매각대금의 공탁】** ① 매각대금으로 배당에 참가한 모든 채권자를 만족하게 할 수 없고 매각허가된 날부터 2주 이내에 채권자 사이에 배당협의가 이루어지지 아니한 때에는 매각대금을 공탁하여야 한다.

② 여러 채권자를 위하여 동시에 금전을 압류한 경우에도 제1항과 같다.

③ 제1항 및 제2항의 경우에 집행관은 집행절차에 관한 서류를 붙여 그 사유를 법원에 신고하여야 한다.

## 제3관 채권과 그 밖의 재산권에 대한 강제집행

**제223조 【채권의 압류명령】** 제3자에 대한 채무자의 금전채권 또는 유가증권, 그 밖의 유체물의 권리이전이나 인도를 목적으로 한 채권에 대한 강제집행은 집행법원의 압류명령에 의하여 개시한다.

**제224조 【집행법원】** ① 제223조의 집행법원은 채무자의 보통재판적이 있는 곳의 지방법원으로 한다.

② 제1항의 지방법원이 없는 경우 집행법원은 압류한 채권의 채무자(이하 "제3채무자"라 한다)의 보통재판적이 있는 곳의 지방법원으로 한다. 다만, 이 경우에 물건의 인도를 목적으로 하는 채권과 물적 담보권 있는 채권에 대한 집행법원은 그 물건이 있는 곳의 지방법원으로 한다.

③ 가압류에서 이전되는 채권압류의 경우에 제223조의 집행법원은 가압류를 명한 법원이 있는 곳을 관할하는 지방법원으로 한다.

**제225조 【압류명령의 신청】** 채권자는 압류명령신청에 압류할 채권의 종류와 액수를 밝혀야 한다.

**제226조 【심문의 생략】** 압류명령은 제3채무자와 채무자를 심문하지 아니하고 한다.

**제227조 【금전채권의 압류】** ① 금전채권을 압류할 때에는 법원은 제3채무자에게 채무자에 대한 지급을 금지하고 채무자에게 채권의 처분과 영수를 금지하여야 한다.

② 압류명령은 제3채무자와 채무자에게 송달하여야 한다.

③ 압류명령이 제3채무자에게 송달되면 압류의 효력이 생긴다.

④ 압류명령의 신청에 관한 재판에 대하여는 즉시항고를 할 수 있다.

**제228조 【저당권이 있는 채권의 압류】** ① 저당권이 있는 채권을 압류할 경우 채권자는 채권압류사실을 등기부에 기입하여 줄 것을 법원사무관등에게 신청할 수 있다. 이 신청은 채무자의 승낙 없이 법원에 대한 압류명령의 신청과 함께 할 수 있다.

② 법원사무관등은 의무를 지는 부동산 소유자에게 압류명령이 송달된 뒤에 제1항의 신청에 따른 등기를 촉탁하여야 한다.

**제229조 【금전채권의 현금화방법】** ① 압류한 금전채권에 대하여 압류채권자는 추심명령(推尋命令)이나 전부명령(轉付命令)을 신청할 수 있다.

② 추심명령이 있는 때에는 압류채권자는 대위절차(代位節次) 없이 압류채권을 추심할 수 있다.

③ 전부명령이 있는 때에는 압류된 채권은 지급에 갈음하여 압류채권자에게 이전된다.

④ 추심명령에 대하여는 제227조제2항 및 제3항의 규정을, 전부명령에 대하여는 제227조제2항의 규정을 각각 준용한다.

⑤ 전부명령이 제3채무자에게 송달될 때까지 그 금전채권에 관하여 다른 채권자가 압류·가압류 또는 배당요구를 한 경우에는 전부명령은 효력을 가지지 아니한다.

⑥ 제1항의 신청에 관한 재판에 대하여는 즉시항고를 할 수 있다.

⑦ 전부명령은 확정되어야 효력을 가진다.

⑧ 전부명령이 있은 뒤에 제49조제2호 또는 제4호의 서류를 제출한 것을 이유로 전부명령에 대한 즉시항고가 제기된 경우에는 항고법원은 다른 이유로 전부명령을 취소하는 경우를 제외하고는 항고에 관한 재판을 정지하여야 한다.

**제230조 【저당권이 있는 채권의 이전】** 저당권이 있는 채권에 관하여 전부명령이 있는 경우에는 제228조의 규정을 준용한다.

**제231조 【전부명령의 효과】** 전부명령이 확정된 경우에는 전부명령이 제3채무자에게 송달된 때에 채무자가 채무를 변제한 것으로 본다. 다만, 이전된 채권이 존재하지 아니한 때에는 그러하지 아니하다.

**제232조 【추심명령의 효과】** ① 추심명령은 그 채권전액에 미친다. 다만, 법원은 채무자의 신청에 따라 압류채권자를 심문하여 압류액수를 그 채권자의 요구액수로 제한하고 채무자에게 그 초과된 액수의 처분과 영수를 허가할 수 있다.

② 제1항 단서의 제한부분에 대하여 다른 채권자는 배당요구를 할 수 없다.

③ 제1항의 허가는 제3채무자와 채권자에게 통지하여야 한다.

**제233조【지시채권의 압류】** 어음·수표 그 밖에 배서로 이전할 수 있는 증권으로서 배서가 금지된 증권채권의 압류는 법원의 압류명령으로 집행관이 그 증권을 점유하여 한다.

**제234조【채권증서】** ① 채무자는 채권에 관한 증서가 있으면 압류채권자에게 인도하여야 한다.

② 채권자는 압류명령에 의하여 강제집행의 방법으로 그 증서를 인도받을 수 있다.

**제235조【압류의 경합】** ① 채권 일부가 압류된 뒤에 그 나머지 부분을 초과하여 다시 압류명령이 내려진 때에는 각 압류의 효력은 그 채권 전부에 미친다.

② 채권 전부가 압류된 뒤에 그 채권 일부에 대하여 다시 압류명령이 내려진 때 그 압류의 효력도 제1항과 같다.

**제236조【추심의 신고】** ① 채권자는 추심한 채권액을 법원에 신고하여야 한다.

② 제1항의 신고전에 다른 압류·가압류 또는 배당요구가 있었을 때에는 채권자는 추심한 금액을 바로 공탁하고 그 사유를 신고하여야 한다.

**제237조【제3채무자의 진술의무】** ① 압류채권자는 제3채무자로 하여금 압류명령을 송달받은 날부터 1주 이내에 서면으로 다음 각호의 사항을 진술하게 하도록 법원에 신청할 수 있다.

1. 채권을 인정하는지의 여부 및 인정한다면 그 한도
2. 채권에 대하여 지급할 의사가 있는지의 여부 및 의사가 있다면 그 한도
3. 채권에 대하여 다른 사람으로부터 청구가 있는지의 여부 및 청구가 있다면 그 종류
4. 다른 채권자에게 채권을 압류당한 사실이 있는지의 여부 및 그 사실이 있다면 그 청구의 종류

② 법원은 제1항의 진술을 명하는 서면을 제3채무자에게 송달하여야 한다.

③ 제3채무자가 진술을 게을리 한 때에는 법원은 제3채무자에게 제1항의 사항을 심문할 수 있다.

**제238조【추심의 소제기】** 채권자가 명령의 취지에 따라 제3채무자를 상대로 소를 제기할 때에는 일반규정에 의한 관할법원에 제기하고 채무자에게 그 소를 고지하여야 한다. 다만, 채무자가 외국에 있거나 있는 곳이 분명하지 아니한 때에는 고지할 필요가 없다.

**제239조【추심의 소홀】** 채권자가 추심할 채권의 행사를 게을리 한 때에는 이로써 생긴 채무자의 손해를 부담한다.

**제240조【추심권의 포기】** ① 채권자는 추심명령에 따라 얻은 권리를 포기할 수 있다. 다만, 기본채권에는 영향이 없다.

② 제1항의 포기는 법원에 서면으로 신고하여야 한다. 법원사무관등은 그 등본을 제3채무자와 채무자에게 송달하여야 한다.

**제241조【특별한 현금화방법】** ① 압류된 채권이 조건 또는 기한이 있거나, 반대의무의 이행과 관련되어 있거나 그 밖의 이유로 추심하기 곤란할 때에는 법원은 채권자의 신청에 따라 다음 각호의 명령을 할 수 있다.

1. 채권을 법원이 정한 값으로 지급함에 갈음하여 압류채권자에게 양도하는 양도명령
2. 추심에 갈음하여 법원이 정한 방법으로 그 채권을 매각하도록 집행관에게 명하는 매각명령
3. 관리인을 선임하여 그 채권의 관리를 명하는 관리명령
4. 그 밖에 적당한 방법으로 현금화하도록 하는 명령

② 법원은 제1항의 경우 그 신청을 허

가하는 결정을 하기 전에 채무자를 심문하여야 한다. 다만, 채무자가 외국에 있거나 있는 곳이 분명하지 아니한 때에는 심문할 필요가 없다.

③ 제1항의 결정에 대하여는 즉시항고를 할 수 있다.

④ 제1항의 결정은 확정되어야 효력을 가진다.

⑤ 압류된 채권을 매각한 경우에는 집행관은 채무자를 대신하여 제3채무자에게 서면으로 양도의 통지를 하여야 한다.

⑥ 양도명령에는 제227조제2항 · 제229조제5항 · 제230조 및 제231조의 규정을, 매각명령에 의한 집행관의 매각에는 제108조의 규정을, 관리명령에는 제227조제2항의 규정을, 관리명령에 의한 관리에는 제167조, 제169조 내지 제171조, 제222조제2항 · 제3항의 규정을 각각 준용한다.

**제242조【유체물인도청구권 등에 대한 집행】** 부동산 · 유체동산 · 선박 · 자동차 · 건설기계 · 항공기 · 경량항공기 등 유체물의 인도나 권리이전의 청구권에 대한 강제집행에 대하여는 제243조부터 제245조까지의 규정을 우선적용하는 것을 제외하고는 제227조부터 제240조까지의 규정을 준용한다.
(2015.5.18 본조개정)

**제243조【유체동산에 관한 청구권의 압류】** ① 유체동산에 관한 청구권을 압류하는 경우에는 법원이 제3채무자에 대하여 그 동산을 채권자의 위임을 받은 집행관에게 인도하도록 명한다.

② 채권자는 제3채무자에 대하여 제1항의 명령의 이행을 구하기 위하여 법원에 추심명령을 신청할 수 있다.

③ 제1항의 동산의 현금화에 대하여는 압류한 유체동산의 현금화에 관한 규정을 적용한다.

**제244조【부동산청구권에 대한 압류】** ① 부동산에 관한 인도청구권의 압류에 대하여는 그 부동산소재지의 지방법원은 채권자 또는 제3채무자의 신청에 의하여 보관인을 정하고 제3채무자에 대하여 그 부동산을 보관인에게 인도할 것을 명하여야 한다.

② 부동산에 관한 권리이전청구권의 압류에 대하여는 그 부동산소재지의 지방법원은 채권자 또는 제3채무자의 신청에 의하여 보관인을 정하고 제3채무자에 대하여 그 부동산에 관한 채무자명의의 권리이전등기절차를 보관인에게 이행할 것을 명하여야 한다.

③ 제2항의 경우에 보관인은 채무자명의의 권리이전등기신청에 관하여 채무자의 대리인이 된다.

④ 채권자는 제3채무자에 대하여 제1항 또는 제2항의 명령의 이행을 구하기 위하여 법원에 추심명령을 신청할 수 있다.

**제245조【전부명령 제외】** 유체물의 인도나 권리이전의 청구권에 대하여는 전부명령을 하지 못한다.

**제246조【압류금지채권】** ① 다음 각 호의 채권은 압류하지 못한다.

1. 법령에 규정된 부양료 및 유족부조료(遺族扶助料)
2. 채무자가 구호사업이나 제3자의 도움으로 계속 받는 수입
3. 병사의 급료
4. 급료 · 연금 · 봉급 · 상여금 · 퇴직연금, 그 밖에 이와 비슷한 성질을 가진 급여채권의 2분의 1에 해당하는 금액. 다만, 그 금액이 국민기초생활보장법에 의한 최저생계비를 고려하여 대통령령이 정하는 금액에 미치지 못하는 경우 또는 표준적인 가구의 생계비를 고려하여 대통령령이 정하는 금액을 초과하는 경우에는 각각 당해 대통령령이 정하는 금액으로 한다.(2022.1.4 단서개정)

5. 퇴직금 그 밖에 이와 비슷한 성질을 가진 급여채권의 2분의 1에 해당하는 금액(2005.1.27 본호신설)
6. 「주택임대차보호법」 제8조, 같은 법 시행령의 규정에 따라 우선변제를 받을 수 있는 금액(2010.7.23 본호신설)
7. 생명, 상해, 질병, 사고 등을 원인으로 채무자가 지급받는 보장성보험의 보험금(해약환급 및 만기환급금을 포함한다). 다만, 압류금지의 범위는 생계유지, 치료 및 장애 회복에 소요될 것으로 예상되는 비용 등을 고려하여 대통령령으로 정한다. (2011.4.5 본호신설)
8. 채무자의 1월간 생계유지에 필요한 예금(적금·부금·예탁금과 우편대체를 포함한다). 다만, 그 금액은 「국민기초생활 보장법」에 따른 최저생계비, 제195조제3호에서 정한 금액 등을 고려하여 대통령령으로 정한다.(2011.4.5 본호신설)

8. 제246조의2에 따른 생계비계좌에 예치된 예금(2025.1.31 본호개정 : 2026.2.1 시행)
9. 제8호에 따른 예금 외에 채무자의 1월간 생계유지에 필요한 예금(적금·부금·예탁금과 우편대체를 포함한다). 다만, 그 금액은 「국민기초생활 보장법」에 따른 최저생계비, 제195조제3호에서 정한 금액 및 제8호에 따른 생계비계좌에 예치된 금액 등을 고려하여 대통령령으로 정한다.(2025.1.31 본호신설 : 2026.2.1 시행)

② 법원은 제1항제1호부터 제7호까지에 규정된 종류의 금원이 금융기관에 개설된 채무자의 계좌에 이체되는 경우 채무자의 신청에 따라 그에 해당하는 부분의 압류명령을 취소하여야 한다. (2011.4.5 본항신설)

③ 법원은 당사자가 신청하면 채권자와 채무자의 생활형편, 그 밖의 사정을 고려하여 압류명령의 전부 또는 일부를 취소하거나 제1항의 압류금지채권에 대하여 압류명령을 할 수 있다.

④ 제3항의 경우에는 제196조제2항 내지 제5항의 규정을 준용한다. (2011.4.5 본항개정)

**제246조의2【생계비계좌】** ① 대통령령으로 정하는 금융기관은 예금자(자연인에 한정한다. 이하 이 조에서 같다)의 요청에 따라 예금자에게 필요한 1월간의 생계비로서 대통령령으로 정하는 금액(이하 이 조에서 "압류금지생계비"라 한다)을 초과하여 예치할 수 없는 계좌(이하 이 조에서 "생계비계좌"라 한다)를 개설할 수 있다.

② 제1항에 따른 금융기관은 생계비계좌를 개설하기 전에 예금자의 동의를 얻어 대통령령으로 정하는 바에 따라 예금자가 다른 금융기관에 생계비계좌를 개설하였는지를 조회하여야 하며, 예금자가 다른 금융기관에 생계비계좌를 개설하지 아니한 경우에 한정하여 예금자를 위하여 하나의 생계비계좌를 개설할 수 있다.

③ 생계비계좌가 개설된 금융기관은 다음 각 호의 금액이 압류금지생계비를 초과하지 아니하도록 대통령령으로 정하는 바에 따라 관리하여야 한다.
1. 생계비계좌에 예치된 금액
2. 생계비계좌에 1월간 입금된 금액
(2025.1.31 본조신설 : 2026.2.1 시행)

**제247조【배당요구】** ① 민법·상법, 그 밖의 법률에 의하여 우선변제청구권이 있는 채권자와 집행력 있는 정본을 가진 채권자는 다음 각호의 시기까지 법원에 배당요구를 할 수 있다.
1. 제3채무자가 제248조제4항에 따른 공탁의 신고를 한 때

2. 채권자가 제236조에 따른 추심의 신고를 한 때
3. 집행관이 현금화한 금전을 법원에 제출한 때

② 전부명령이 제3채무자에게 송달된 뒤에는 배당요구를 하지 못한다.

③ 제1항의 배당요구에는 제218조 및 제219조의 규정을 준용한다.

④ 제1항의 배당요구는 제3채무자에게 통지하여야 한다.

**제248조 【제3채무자의 채무액의 공탁】** ① 제3채무자는 압류에 관련된 금전채권의 전액을 공탁할 수 있다.

② 금전채권에 관하여 배당요구서를 송달받은 제3채무자는 배당에 참가한 채권자의 청구가 있으면 압류된 부분에 해당하는 금액을 공탁하여야 한다.

③ 금전채권중 압류되지 아니한 부분을 초과하여 거듭 압류명령 또는 가압류명령이 내려진 경우에 그 명령을 송달받은 제3채무자는 압류 또는 가압류채권자의 청구가 있으면 그 채권의 전액에 해당하는 금액을 공탁하여야 한다.

④ 제3채무자가 채무액을 공탁한 때에는 그 사유를 법원에 신고하여야 한다. 다만, 상당한 기간 이내에 신고가 없는 때에는 압류채권자, 가압류채권자, 배당에 참가한 채권자, 채무자, 그 밖의 이해관계인이 그 사유를 법원에 신고할 수 있다.

**제249조 【추심의 소】** ① 제3채무자가 추심절차에 대하여 의무를 이행하지 아니하는 때에는 압류채권자는 소로써 그 이행을 청구할 수 있다.

② 집행력 있는 정본을 가진 모든 채권자는 공동소송인으로 원고 쪽에 참가할 권리가 있다.

③ 소를 제기당한 제3채무자는 제2항의 채권자를 공동소송인으로 원고 쪽에 참가하도록 명할 것을 첫 변론기일까지 신청할 수 있다.

④ 소에 대한 재판은 제3항의 명령을 받은 채권자에 대하여 효력이 미친다.

**제250조 【채권자의 추심최고】** 압류채권자가 추심절차를 게을리 한 때에는 집행력 있는 정본으로 배당을 요구한 채권자는 일정한 기간내에 추심하도록 최고하고, 최고에 따르지 아니한 때에는 법원의 허가를 얻어 직접 추심할 수 있다.

**제251조 【그 밖의 재산권에 대한 집행】** ① 앞의 여러 조문에 규정된 재산권 외에 부동산을 목적으로 하지 아니한 재산권에 대한 강제집행은 이 관의 규정 및 제98조 내지 제101조의 규정을 준용한다.

② 제3채무자가 없는 경우에 압류는 채무자에게 권리처분을 금지하는 명령을 송달한 때에 효력이 생긴다.

### 제4관 배당절차

**제252조 【배당절차의 개시】** 법원은 다음 각호 가운데 어느 하나에 해당하는 경우에는 배당절차를 개시한다.

1. 제222조의 규정에 따라 집행관이 공탁한 때
2. 제236조의 규정에 따라 추심채권자가 공탁하거나 제248조의 규정에 따라 제3채무자가 공탁한 때
3. 제241조의 규정에 따라 현금화된 금전을 법원에 제출한 때

**제253조 【계산서 제출의 최고】** 법원은 채권자들에게 1주 이내에 원금·이자·비용, 그 밖의 부대채권의 계산서를 제출하도록 최고하여야 한다.

**제254조 【배당표의 작성】** ① 제253조의 기간이 끝난 뒤에 법원은 배당표를 작성하여야 한다.

② 제1항의 기간을 지키지 아니한 채권자의 채권은 배당요구서와 사유신고서의 취지 및 그 증빙서류에 따라 계산

한다. 이 경우 다시 채권액을 추가하지 못한다.

**제255조【배당기일의 준비】** 법원은 배당을 실시할 기일을 지정하고 채권자와 채무자에게 이를 통지하여야 한다. 다만, 채무자가 외국에 있거나 있는 곳이 분명하지 아니한 때에는 통지하지 아니한다.

**제256조【배당표의 작성과 실시】** 배당표의 작성, 배당표에 대한 이의 및 그 완결과 배당표의 실시에 대하여는 제149조 내지 제161조의 규정을 준용한다.

## 제3장 금전채권 외의 채권에 기초한 강제집행

**제257조【동산인도청구의 집행】** 채무자가 특정한 동산이나 대체물의 일정한 수량을 인도하여야 할 때에는 집행관은 이를 채무자로부터 빼앗아 채권자에게 인도하여야 한다.

**제258조【부동산 등의 인도청구의 집행】** ① 채무자가 부동산이나 선박을 인도하여야 할 때에는 집행관은 채무자로부터 점유를 빼앗아 채권자에게 인도하여야 한다.

② 제1항의 강제집행은 채권자나 그 대리인이 인도받기 위하여 출석한 때에만 한다.

③ 강제집행의 목적물이 아닌 동산은 집행관이 제거하여 채무자에게 인도하여야 한다.

④ 제3항의 경우 채무자가 없는 때에는 집행관은 채무자와 같이 사는 사리를 분별할 지능이 있는 친족 또는 채무자의 대리인이나 고용인에게 그 동산을 인도하여야 한다.

⑤ 채무자와 제4항에 적은 사람이 없는 때에는 집행관은 그 동산을 채무자의 비용으로 보관하여야 한다.

⑥ 채무자가 그 동산의 수취를 게을리 한 때에는 집행관은 집행법원의 허가를 받아 동산에 대한 강제집행의 매각절차에 관한 규정에 따라 그 동산을 매각하고 비용을 뺀 뒤에 나머지 대금을 공탁하여야 한다.

**제259조【목적물을 제3자가 점유하는 경우】** 인도할 물건을 제3자가 점유하고 있는 때에는 채권자의 신청에 따라 금전채권의 압류에 관한 규정에 따라 채무자의 제3자에 대한 인도청구권을 채권자에게 넘겨야 한다.

**제260조【대체집행】** ① 민법 제389조제2항 후단과 제3항의 경우에는 제1심 법원은 채권자의 신청에 따라 민법의 규정에 의한 결정을 하여야 한다.

② 채권자는 제1항의 행위에 필요한 비용을 미리 지급할 것을 채무자에게 명하는 결정을 신청할 수 있다. 다만, 뒷날 그 초과비용을 청구할 권리는 영향을 받지 아니한다.

③ 제1항과 제2항의 신청에 관한 재판에 대하여는 즉시항고를 할 수 있다.

**제261조【간접강제】** ① 채무의 성질이 간접강제를 할 수 있는 경우에 제1심 법원은 채권자의 신청에 따라 간접강제를 명하는 결정을 한다. 그 결정에는 채무의 이행의무 및 상당한 이행기간을 밝히고, 채무자가 그 기간 이내에 이행을 하지 아니하는 때에는 늦어진 기간에 따라 일정한 배상을 하도록 명하거나 즉시 손해배상을 하도록 명할 수 있다.

② 제1항의 신청에 관한 재판에 대하여는 즉시항고를 할 수 있다.

**제262조【채무자의 심문】** 제260조 및 제261조의 결정은 변론 없이 할 수 있다. 다만, 결정하기 전에 채무자를 심문하여야 한다.

**제263조【의사표시의무의 집행】** ① 채무자가 권리관계의 성립을 인낙한 때

에는 그 조서로, 의사의 진술을 명한 판결이 확정된 때에는 그 판결로 권리관계의 성립을 인낙하거나 의사를 진술한 것으로 본다.

② 반대의무가 이행된 뒤에 권리관계의 성립을 인낙하거나 의사를 진술할 것인 경우에는 제30조와 제32조의 규정에 따라 집행문을 내어 준 때에 그 효력이 생긴다.

## 제3편 담보권 실행 등을 위한 경매

**제264조【부동산에 대한 경매신청】** ① 부동산을 목적으로 하는 담보권을 실행하기 위한 경매신청을 함에는 담보권이 있다는 것을 증명하는 서류를 내야 한다.

② 담보권을 승계한 경우에는 승계를 증명하는 서류를 내야 한다.

③ 부동산 소유자에게 경매개시결정을 송달할 때에는 제2항의 규정에 따라 제출된 서류의 등본을 붙여야 한다.

**제265조【경매개시결정에 대한 이의신청사유】** 경매절차의 개시결정에 대한 이의신청사유로 담보권이 없다는 것 또는 소멸되었다는 것을 주장할 수 있다.

**제266조【경매절차의 정지】** ① 다음 각호 가운데 어느 하나에 해당하는 문서가 경매법원에 제출되면 경매절차를 정지하여야 한다.

1. 담보권의 등기가 말소된 등기사항증명서(2011.4.12 본호개정)
2. 담보권 등기를 말소하도록 명한 확정판결의 정본
3. 담보권이 없거나 소멸되었다는 취지의 확정판결의 정본
4. 채권자가 담보권을 실행하지 아니하기로 하거나 경매신청을 취하하겠다는 취지 또는 피담보채권을 변제받았거나 그 변제를 미루도록 승낙한다는 취지를 적은 서류
5. 담보권 실행을 일시정지하도록 명한 재판의 정본

② 제1항제1호 내지 제3호의 경우와 제4호의 서류가 화해조서의 정본 또는 공정증서의 정본인 경우에는 경매법원은 이미 실시한 경매절차를 취소하여야 하며, 제5호의 경우에는 그 재판에 따라 경매절차를 취소하지 아니한 때에만 이미 실시한 경매절차를 일시적으로 유지하게 하여야 한다.

③ 제2항의 규정에 따라 경매절차를 취소하는 경우에는 제17조의 규정을 적용하지 아니한다.

**제267조【대금완납에 따른 부동산취득의 효과】** 매수인의 부동산 취득은 담보권 소멸로 영향을 받지 아니한다.

**제268조【준용규정】** 부동산을 목적으로 하는 담보권 실행을 위한 경매절차에는 제79조 내지 제162조의 규정을 준용한다.

**제269조【선박에 대한 경매】** 선박을 목적으로 하는 담보권 실행을 위한 경매절차에는 제172조 내지 제186조, 제264조 내지 제268조의 규정을 준용한다.

**제270조【자동차 등에 대한 경매】** 자동차·건설기계·소형선박(「자동차 등 특정동산 저당법」 제3조제2호에 따른 소형선박을 말한다) 및 항공기(「자동차 등 특정동산 저당법」 제3조제4호에 따른 항공기 및 경량항공기를 말한다)를 목적으로 하는 담보권 실행을 위한 경매절차는 제264조부터 제269조까지, 제271조 및 제272조의 규정에 준하여 대법원규칙으로 정한다.
(2015.5.18 본조개정)

**제271조【유체동산에 대한 경매】** 유체동산을 목적으로 하는 담보권 실행을 위한 경매는 채권자가 그 목적물을

제출하거나, 그 목적물의 점유자가 압류를 승낙한 때에 개시한다.

**제272조【준용규정】** 제271조의 경매절차에는 제2편 제2장 제4절 제2관의 규정과 제265조 및 제266조의 규정을 준용한다.

**제273조【채권과 그 밖의 재산권에 대한 담보권의 실행】** ① 채권, 그 밖의 재산권을 목적으로 하는 담보권의 실행은 담보권의 존재를 증명하는 서류(권리의 이전에 관하여 등기나 등록을 필요로 하는 경우에는 그 등기사항증명서 또는 등록원부의 등본)가 제출된 때에 개시한다.(2011.4.12 본항개정)

② 민법 제342조에 따라 담보권설정자가 받을 금전, 그 밖의 물건에 대하여 권리를 행사하는 경우에도 제1항과 같다.

③ 제1항과 제2항의 권리실행절차에는 제2편 제2장 제4절 제3관의 규정을 준용한다.

**제274조【유치권 등에 의한 경매】** ① 유치권에 의한 경매와 민법·상법, 그 밖의 법률이 규정하는 바에 따른 경매(이하 "유치권 등에 의한 경매"라 한다)는 담보권 실행을 위한 경매의 예에 따라 실시한다.

② 유치권 등에 의한 경매절차는 목적물에 대하여 강제경매 또는 담보권 실행을 위한 경매절차가 개시된 경우에는 이를 정지하고, 채권자 또는 담보권자를 위하여 그 절차를 계속하여 진행한다.

③ 제2항의 경우에 강제경매 또는 담보권 실행을 위한 경매가 취소되면 유치권 등에 의한 경매절차를 계속하여 진행하여야 한다.

**제275조【준용규정】** 이 편에 규정한 경매 등 절차에는 제42조 내지 제44조 및 제46조 내지 제53조의 규정을 준용한다.

## 제4편 보전처분

**제276조【가압류의 목적】** ① 가압류는 금전채권이나 금전으로 환산할 수 있는 채권에 대하여 동산 또는 부동산에 대한 강제집행을 보전하기 위하여 할 수 있다.

② 제1항의 채권이 조건이 붙어 있는 것이거나 기한이 차지 아니한 것인 경우에도 가압류를 할 수 있다.

**제277조【보전의 필요】** 가압류는 이를 하지 아니하면 판결을 집행할 수 없거나 판결을 집행하는 것이 매우 곤란할 염려가 있을 경우에 할 수 있다.

**제278조【가압류법원】** 가압류는 가압류할 물건이 있는 곳을 관할하는 지방법원이나 본안의 관할법원이 관할한다.

**제279조【가압류신청】** ① 가압류신청에는 다음 각호의 사항을 적어야 한다.

1. 청구채권의 표시, 그 청구채권이 일정한 금액이 아닌 때에는 금전으로 환산한 금액
2. 제277조의 규정에 따라 가압류의 이유가 될 사실의 표시

② 청구채권과 가압류의 이유는 소명하여야 한다.

**제280조【가압류명령】** ① 가압류신청에 대한 재판은 변론 없이 할 수 있다.

② 청구채권이나 가압류의 이유를 소명하지 아니한 때에도 가압류로 생길 수 있는 채무자의 손해에 대하여 법원이 정한 담보를 제공한 때에는 법원은 가압류를 명할 수 있다.

③ 청구채권과 가압류의 이유를 소명한 때에도 법원은 담보를 제공하게 하고 가압류를 명할 수 있다.

④ 담보를 제공한 때에는 그 담보의 제공과 담보제공의 방법을 가압류명령에 적어야 한다.

**제281조【재판의 형식】** ① 가압류신청에 대한 재판은 결정으로 한다.
(2005.1.27 본항개정)
② 채권자는 가압류신청을 기각하거나 각하하는 결정에 대하여 즉시항고를 할 수 있다.
③ 담보를 제공하게 하는 재판, 가압류신청을 기각하거나 각하하는 재판과 제2항의 즉시항고를 기각하거나 각하하는 재판은 채무자에게 고지할 필요가 없다.

**제282조【가압류해방금액】** 가압류명령에는 가압류의 집행을 정지시키거나 집행한 가압류를 취소시키기 위하여 채무자가 공탁할 금액을 적어야 한다.

**제283조【가압류결정에 대한 채무자의 이의신청】** ① 채무자는 가압류결정에 대하여 이의를 신청할 수 있다.
② 제1항의 이의신청에는 가압류의 취소나 변경을 신청하는 이유를 밝혀야 한다.
③ 이의신청은 가압류의 집행을 정지하지 아니한다.

**제284조【가압류이의신청사건의 이송】** 법원은 가압류이의신청사건에 관하여 현저한 손해 또는 지연을 피하기 위한 필요가 있는 때에는 직권으로 또는 당사자의 신청에 따라 결정으로 그 가압류사건의 관할권이 있는 다른 법원에 사건을 이송할 수 있다. 다만, 그 법원이 심급을 달리하는 경우에는 그러하지 아니하다.

**제285조【가압류이의신청의 취하】** ① 채무자는 가압류이의신청에 대한 재판이 있기 전까지 가압류이의신청을 취하할 수 있다.(2005.1.27 본항개정)
② 제1항의 취하에는 채권자의 동의를 필요로 하지 아니한다.
③ 가압류이의신청의 취하는 서면으로 하여야 한다. 다만, 변론기일 또는 심문기일에서는 말로 할 수 있다.
(2005.1.27 단서개정)
④ 가압류이의신청서를 송달한 뒤에는 취하의 서면을 채권자에게 송달하여야 한다.
⑤ 제3항 단서의 경우에 채권자가 변론기일 또는 심문기일에 출석하지 아니한 때에는 그 기일의 조서등본을 송달하여야 한다.(2005.1.27 본항개정)

**제286조【이의신청에 대한 심리와 재판】** ① 이의신청이 있는 때에는 법원은 변론기일 또는 당사자 쌍방이 참여할 수 있는 심문기일을 정하고 당사자에게 이를 통지하여야 한다.
② 법원은 심리를 종결하고자 하는 경우에는 상당한 유예기간을 두고 심리를 종결할 기일을 정하여 이를 당사자에게 고지하여야 한다. 다만, 변론기일 또는 당사자 쌍방이 참여할 수 있는 심문기일에는 즉시 심리를 종결할 수 있다.
③ 이의신청에 대한 재판은 결정으로 한다.
④ 제3항의 규정에 의한 결정에는 이유를 적어야 한다. 다만, 변론을 거치지 아니한 경우에는 이유의 요지만을 적을 수 있다.
⑤ 법원은 제3항의 규정에 의한 결정으로 가압류의 전부나 일부를 인가·변경 또는 취소할 수 있다. 이 경우 법원은 적당한 담보를 제공하도록 명할 수 있다.
⑥ 법원은 제3항의 규정에 의하여 가압류를 취소하는 결정을 하는 경우에는 채권자가 그 고지를 받은 날부터 2주를 넘지 아니하는 범위 안에서 상당하다고 인정하는 기간이 경과하여야 그 결정의 효력이 생긴다는 뜻을 선언할 수 있다.
⑦ 제3항의 규정에 의한 결정에 대하여는 즉시항고를 할 수 있다. 이 경우 민사소송법 제447조의 규정을 준용하지 아니한다.
(2005.1.27 본조개정)

**제287조【본안의 제소명령】** ① 가압류법원은 채무자의 신청에 따라 변론 없이 채권자에게 상당한 기간 이내에 본안의 소를 제기하여 이를 증명하는 서류를 제출하거나 이미 소를 제기하였으면 소송계속사실을 증명하는 서류를 제출하도록 명하여야 한다.

② 제1항의 기간은 2주 이상으로 정하여야 한다.

③ 채권자가 제1항의 기간 이내에 제1항의 서류를 제출하지 아니한 때에는 법원은 채무자의 신청에 따라 결정으로 가압류를 취소하여야 한다.

④ 제1항의 서류를 제출한 뒤에 본안의 소가 취하되거나 각하된 경우에는 그 서류를 제출하지 아니한 것으로 본다.

⑤ 제3항의 신청에 관한 결정에 대하여는 즉시항고를 할 수 있다. 이 경우 민사소송법 제447조의 규정은 준용하지 아니한다.

**제288조【사정변경 등에 따른 가압류 취소】** ① 채무자는 다음 각호의 어느 하나에 해당하는 사유가 있는 경우에는 가압류가 인가된 뒤에도 그 취소를 신청할 수 있다. 제3호에 해당하는 경우에는 이해관계인도 신청할 수 있다.

1. 가압류이유가 소멸되거나 그 밖에 사정이 바뀐 때
2. 법원이 정한 담보를 제공한 때
3. 가압류가 집행된 뒤에 3년간 본안의 소를 제기하지 아니한 때

② 제1항의 규정에 의한 신청에 대한 재판은 가압류를 명한 법원이 한다. 다만, 본안이 이미 계속된 때에는 본안법원이 한다.

③ 제1항의 규정에 의한 신청에 대한 재판에는 제286조제1항 내지 제4항·제6항 및 제7항을 준용한다.

(2005.1.27 본조개정)

**제289조【가압류취소결정의 효력정지】** ① 가압류를 취소하는 결정에 대하여 즉시항고가 있는 경우에, 불복의 이유로 주장한 사유가 법률상 정당한 사유가 있다고 인정되고 사실에 대한 소명이 있으며, 그 가압류를 취소함으로 인하여 회복할 수 없는 손해가 생길 위험이 있다는 사정에 대한 소명이 있는 때에는, 법원은 당사자의 신청에 따라 담보를 제공하게 하거나 담보를 제공하지 아니하게 하고 가압류취소결정의 효력을 정지시킬 수 있다.

② 제1항의 규정에 의한 소명은 보증금을 공탁하거나 주장이 진실함을 선서하는 방법으로 대신할 수 없다.

③ 재판기록이 원심법원에 있는 때에는 원심법원이 제1항의 규정에 의한 재판을 한다.

④ 항고법원은 항고에 대한 재판에서 제1항의 규정에 의한 재판을 인가·변경 또는 취소하여야 한다.

⑤ 제1항 및 제4항의 규정에 의한 재판에 대하여는 불복할 수 없다.

(2005.1.27 본조개정)

**제290조【가압류 이의신청규정의 준용】** ① 제287조제3항, 제288조제1항에 따른 재판의 경우에는 제284조의 규정을 준용한다.

② 제287조제1항·제3항 및 제288조제1항에 따른 신청의 취하에는 제285조의 규정을 준용한다.

(2005.1.27 본조개정)

**제291조【가압류집행에 대한 본집행의 준용】** 가압류의 집행에 대하여는 강제집행에 관한 규정을 준용한다. 다만, 아래의 여러 조문과 같이 차이가 나는 경우에는 그러하지 아니하다.

**제292조【집행개시의 요건】** ① 가압류에 대한 재판이 있은 뒤에 채권자나 채무자의 승계가 이루어진 경우에 가압류의 재판을 집행하려면 집행문을 덧붙여야 한다.

② 가압류에 대한 재판의 집행은 채권자에게 재판을 고지한 날부터 2주를 넘긴 때에는 하지 못한다.(2005.1.27 본항개정)
③ 제2항의 집행은 채무자에게 재판을 송달하기 전에도 할 수 있다.

**제293조【부동산가압류집행】** ① 부동산에 대한 가압류의 집행은 가압류재판에 관한 사항을 등기부에 기입하여야 한다.
② 제1항의 집행법원은 가압류재판을 한 법원으로 한다.
③ 가압류등기는 법원사무관등이 촉탁한다.

**제294조【가압류를 위한 강제관리】** 가압류의 집행으로 강제관리를 하는 경우에는 관리인이 청구채권액에 해당하는 금액을 지급받아 공탁하여야 한다.

**제295조【선박가압류집행】** ① 등기할 수 있는 선박에 대한 가압류를 집행하는 경우에는 가압류등기를 하는 방법이나 집행관에게 선박국적증서등을 선장으로부터 받아 집행법원에 제출하도록 명하는 방법으로 한다. 이들 방법은 함께 사용할 수 있다.
② 가압류등기를 하는 방법에 의한 가압류집행은 가압류명령을 한 법원이, 선박국적증서등을 받아 제출하도록 명하는 방법에 의한 가압류집행은 선박이 정박하여 있는 곳을 관할하는 지방법원이 집행법원으로서 관할한다.
③ 가압류등기를 하는 방법에 의한 가압류의 집행에는 제293조제3항의 규정을 준용한다.

**제296조【동산가압류집행】** ① 동산에 대한 가압류의 집행은 압류와 같은 원칙에 따라야 한다.
② 채권가압류의 집행법원은 가압류명령을 한 법원으로 한다.
③ 채권의 가압류에는 제3채무자에 대하여 채무자에게 지급하여서는 아니된다는 명령만을 하여야 한다.
④ 가압류한 금전은 공탁하여야 한다.
⑤ 가압류물은 현금화를 하지 못한다. 다만, 가압류물을 즉시 매각하지 아니하면 값이 크게 떨어질 염려가 있거나 그 보관에 지나치게 많은 비용이 드는 경우에는 집행관은 그 물건을 매각하여 매각대금을 공탁하여야 한다.

**제297조【제3채무자의 공탁】** 제3채무자가 가압류 집행된 금전채권액을 공탁한 경우에는 그 가압류의 효력은 그 청구채권액에 해당하는 공탁금액에 대한 채무자의 출급청구권에 대하여 존속한다.

**제298조【가압류취소결정의 취소와 집행】** ① 가압류의 취소결정을 상소법원이 취소한 경우로서 법원이 그 가압류의 집행기관이 되는 때에는 그 취소의 재판을 한 상소법원이 직권으로 가압류를 집행한다.(2005.1.27 본항개정)
② 제1항의 경우에 그 취소의 재판을 한 상소법원이 대법원인 때에는 채권자의 신청에 따라 제1심 법원이 가압류를 집행한다.
(2005.1.27 본조제목개정)

**제299조【가압류집행의 취소】** ① 가압류명령에 정한 금액을 공탁한 때에는 법원은 결정으로 집행한 가압류를 취소하여야 한다.(2005.1.27 본항개정)
② (2005.1.27 삭제)
③ 제1항의 취소결정에 대하여는 즉시항고를 할 수 있다.
④ 제1항의 취소결정에 대하여는 제17조제2항의 규정을 준용하지 아니한다.

**제300조【가처분의 목적】** ① 다툼의 대상에 관한 가처분은 현상이 바뀌면 당사자가 권리를 실행하지 못하거나 이를 실행하는 것이 매우 곤란할 염려가 있을 경우에 한다.
② 가처분은 다툼이 있는 권리관계에 대하여 임시의 지위를 정하기 위하여

도 할 수 있다. 이 경우 가처분은 특히 계속하는 권리관계에 끼칠 현저한 손해를 피하거나 급박한 위험을 막기 위하여, 또는 그 밖의 필요한 이유가 있을 경우에 하여야 한다.

**제301조【가압류절차의 준용】** 가처분절차에는 가압류절차에 관한 규정을 준용한다. 다만, 아래의 여러 조문과 같이 차이가 나는 경우에는 그러하지 아니하다.

**제302조** (2005.1.27 삭제)

**제303조【관할법원】** 가처분의 재판은 본안의 관할 법원 또는 다툼의 대상이 있는 곳을 관할하는 지방법원이 관할한다.

**제304조【임시의 지위를 정하기 위한 가처분】** 제300조제2항의 규정에 의한 가처분의 재판에는 변론기일 또는 채무자가 참석할 수 있는 심문기일을 열어야 한다. 다만, 그 기일을 열어 심리하면 가처분의 목적을 달성할 수 없는 사정이 있는 때에는 그러하지 아니하다.

**제305조【가처분의 방법】** ① 법원은 신청목적을 이루는 데 필요한 처분을 직권으로 정한다.

② 가처분으로 보관인을 정하거나, 상대방에게 어떠한 행위를 하거나 하지 말도록, 또는 급여를 지급하도록 명할 수 있다.

③ 가처분으로 부동산의 양도나 저당을 금지한 때에는 법원은 제293조의 규정을 준용하여 등기부에 그 금지한 사실을 기입하게 하여야 한다.

**제306조【법인임원의 직무집행정지 등 가처분의 등기촉탁】** 법원사무관등은 법원이 법인의 대표자 그 밖의 임원으로 등기된 사람에 대하여 직무의 집행을 정지하거나 그 직무를 대행할 사람을 선임하는 가처분을 하거나 그 가처분을 변경·취소한 때에는, 법인의 주사무소 또는 본점이 있는 곳의 등기소에 그 등기를 촉탁하여야 한다. 다만, 이 사항이 등기하여야 할 사항이 아닌 경우에는 그러하지 아니하다.
(2024.9.20 본문개정)

**제307조【가처분의 취소】** ① 특별한 사정이 있는 때에는 담보를 제공하게 하고 가처분을 취소할 수 있다.

② 제1항의 경우에는 제284조, 제285조 및 제286조제1항 내지 제4항·제6항·제7항의 규정을 준용한다.
(2005.1.27 본항개정)

**제308조【원상회복재판】** 가처분을 명한 재판에 기초하여 채권자가 물건을 인도받거나, 금전을 지급받거나 또는 물건을 사용·보관하고 있는 경우에는, 법원은 가처분을 취소하는 재판에서 채무자의 신청에 따라 채권자에 대하여 그 물건이나 금전을 반환하도록 명할 수 있다.

**제309조【가처분의 집행정지】** ① 소송물인 권리 또는 법률관계가 이행되는 것과 같은 내용의 가처분을 명한 재판에 대하여 이의신청이 있는 경우에, 이의신청으로 주장한 사유가 법률상 정당한 사유가 있다고 인정되고 주장사실에 대한 소명이 있으며, 그 집행에 의하여 회복할 수 없는 손해가 생길 위험이 있다는 사정에 대한 소명이 있는 때에는, 법원은 당사자의 신청에 따라 담보를 제공하게 하거나 담보를 제공하게 하지 아니하고 가처분의 집행을 정지하도록 명할 수 있고, 담보를 제공하게 하고 집행한 처분을 취소하도록 명할 수 있다.

② 제1항에서 규정한 소명은 보증금을 공탁하거나 주장이 진실함을 선서하는 방법으로 대신할 수 없다.

③ 재판기록이 원심법원에 있는 때에는 원심법원이 제1항의 규정에 의한 재판을 한다.

④ 법원은 이의신청에 대한 결정에서 제1항의 규정에 의한 명령을 인가·변경 또는 취소하여야 한다.
⑤ 제1항·제3항 또는 제4항의 규정에 의한 재판에 대하여는 불복할 수 없다.(2005.1.27 본조개정)

**제310조【준용규정】** 제301조에 따라 준용되는 제287조제3항, 제288조제1항 또는 제307조의 규정에 따른 가처분취소신청이 있는 경우에는 제309조의 규정을 준용한다.(2005.1.27 본조개정)

**제311조【본안의 관할법원】** 이 편에 규정한 본안법원은 제1심 법원으로 한다. 다만, 본안이 제2심에 계속된 때에는 그 계속된 법원으로 한다.

**제312조【재판장의 권한】** 급박한 경우에 재판장은 이 편의 신청에 대한 재판을 할 수 있다.(2005.1.27 본조개정)

## 부 칙

**제1조【시행일】** 이 법은 2002년 7월 1일부터 시행한다.

**제2조【계속사건에 관한 경과조치】** ① 이 법 시행전에 신청된 집행사건에 관하여는 종전의 규정에 따른다.
② 이 법 시행 당시 종전의 민사소송법의 규정에 따라 이 법 시행전에 행한 집행처분 그 밖의 행위는 이 법의 적용에 관하여는 이 법의 해당 규정에 따라 한 것으로 본다.
③ 제1항 및 제2항에 규정한 것 외에 이 법의 시행 당시 이미 법원에 계속되거나 집행관이 취급하고 있는 사건의 처리에 관하여 필요한 사항은 대법원규칙으로 정한다.

**제3조【관할에 관한 경과조치】** 이 법 시행 당시 법원에 계속중인 사건은 이 법에 따라 관할권이 없는 경우에도 종전의 규정에 따라 관할권이 있으면 그에 따른다.

**제4조【법정기간에 대한 경과조치】** 이 법 시행전부터 진행된 법정기간과 그 계산은 종전의 규정에 따른다.

**제5조【법 적용의 시간적 범위】** 이 법은 이 법 시행전에 생긴 사항에도 적용한다. 다만, 종전의 규정에 따라 생긴 효력에는 영향을 미치지 아니한다.

**제6조【다른 법률의 개정】** ①~55 ※(해당 법령에 가제정리 하였음)

**제7조【다른 법률과의 관계】** ① 이 법 시행 당시 다른 법률에서 종전의 민사소송법의 규정을 인용한 경우에 이 법 중 그에 해당하는 규정이 있는 때에는 이 법의 해당 규정을 인용한 것으로 본다.
② 이 법 시행 당시 다른 법률에서 규정한 "재산관계명시절차"와 "채무명의"는 각각 "재산명시절차"와 "집행권원"으로 본다.

## 부 칙 (2005.1.27)

**제1조【시행일】** 이 법은 공포 후 6월이 경과한 날부터 시행한다.

**제2조【계속사건에 관한 경과조치】** 이 법 시행 전에 신청된 재산조회 사건·동산에 대한 강제집행 사건·보전명령 사건·보전명령에 대한 이의 및 취소신청 사건에 관하여는 종전의 규정에 의한다. 다만, 보전명령이 종국판결로 선고된 경우에는 이에 대한 상소 또는 취소 신청이 이 법 시행 후에 된 경우에도 종전의 규정에 의한다.

**제3조【다른 법률의 개정】** ①~③ ※(해당 법령에 가제정리 하였음)

**제4조【다른 법령과의 관계】** 이 법 시행 당시 다른 법령에서 종전의 민사집행법의 규정을 인용한 경우에 이 법 중 그에 해당하는 규정이 있는 때에는 그 규정에 갈음하여 이 법의 해당 규정을 인용한 것으로 본다.

부 칙 (2007.8.3 법8581호)

**제1조 【시행일】** 이 법은 공포 후 1년이 경과한 날부터 시행한다.(이하 생략)

부 칙 (2007.8.3 법8622호)

① **【시행일】** 이 법은 2008년 7월 1일부터 시행한다.(이하 생략)

부 칙 (2009.3.25)

**제1조 【시행일】** 이 법은 공포 후 6개월이 경과한 날부터 시행한다.(이하 생략)

부 칙 (2010.7.23)

이 법은 공포 후 3개월이 경과한 날부터 시행한다. 다만, 제246조제1항제6호의 개정규정은 공포한 날부터 시행한다.

부 칙 (2011.4.5)

① **【시행일】** 이 법은 공포 후 3개월이 경과한 날부터 시행한다.
② **【적용례】** 제246조제1항제7호 · 제8호 및 같은 조 제2항의 개정규정은 이 법 시행 후 최초로 접수된 압류명령 신청 및 취소사건부터 적용한다.

부 칙 (2011.4.12)

**제1조 【시행일】** 이 법은 공포 후 6개월이 경과한 날부터 시행한다.(이하 생략)

부 칙 (2014.5.20)

이 법은 공포한 날부터 시행한다.

부 칙 (2015.5.18)

이 법은 공포 후 6개월이 경과한 날부터 시행한다.

부 칙 (2016.2.3)

**제1조 【시행일】** 이 법은 공포 후 1년이 경과한 날부터 시행한다.(이하 생략)

부 칙 (2022.1.4)

이 법은 공포한 날부터 시행한다.

부 칙 (2024.9.20)

**제1조 【시행일】** 이 법은 2025년 1월 31일부터 시행한다.(이하 생략)

부 칙 (2025.1.31)

**제1조 【시행일】** 이 법은 공포 후 1년이 경과한 날부터 시행한다.
**제2조 【압류금지채권에 관한 적용례】** 제246조제1항의 개정규정은 이 법 시행 이후 최초로 접수된 압류명령 신청 및 취소사건부터 적용한다.

# 민사집행규칙

(2002년 6월 28일
대법원규칙 제1762호)

개정
2003. 7.19대규1835호 2004. 6. 1대규1891호
2005. 7.28대규1953호 2006.11.13대규2047호
2008. 2.18대규2160호 2010.10. 4대규2304호
2011. 7.28대규2345호
2011. 9.28대규2356호(부등규)
2011.12.30대규2375호
2012.12.27대규2441호(재판기록열람·복사규)
2013.11.27대규2495호 2014. 7. 1대규2542호
2014.10. 2대규2560호(상업등기규)
2014.11.27대규2567호 2015. 6. 2대규2600호
2015. 8.27대규2617호 2015.10.29대규2623호
2015.12.29대규2633호 2016. 9. 6대규2676호
2018. 4.27대규2787호(동산·채권의담보등기등에관한규)
2018.12.31대규2819호 2019. 8. 2대규2855호
2019. 9.17대규2858호 2019.12.26대규2875호
2020.12.28대규2938호
2022. 2.25대규3041호(동산·채권의담보등기등에관한규)



## 제1편 총 칙

**제1조 【목적】** 이 규칙은 「민사집행법」(다음부터 "법"이라 한다)이 대법원규칙에 위임한 사항, 그 밖에 법 제1조의 민사집행과 보전처분의 절차를 규정함을 목적으로 한다.(2005.7.28 본조개정)

**제2조 【집행법원의 심문】** 집행법원은 집행처분을 하는 데 필요한 때에는 이해관계인, 그 밖의 참고인을 심문할 수 있다.

**제3조 【집행관의 집행일시 지정】** ① 집행관은 민사집행의 신청을 받은 때에는 바로 민사집행을 개시할 일시를 정하여 신청인에게 통지하여야 한다. 다만, 신청인이 통지가 필요 없다는 취지의 신고를 한 때에는 그러하지 아니하다.
② 제1항의 규정에 따른 집행일시는 부득이한 사정이 없으면 신청을 받은 날부터 1주 안의 날로 정하여야 한다.

**제4조 【국군원조요청의 절차】** ① 법 제5조제3항의 규정에 따라 법원이 하는 국군원조의 요청은 다음 각호의 사항을 적은 서면으로 하여야 한다.
1. 사건의 표시
2. 채권자·채무자와 그 대리인의 표시
3. 원조를 요청한 집행관의 표시
4. 집행할 일시와 장소
5. 원조가 필요한 사유와 원조의 내용
② 제1항의 규정에 따라 작성한 서면은 법원장 또는 지원장과 법원행정처장을 거쳐 국방부장관에게 보내야 한다.

**제5조 【집행참여자의 의무】** 법 제6조의 규정에 따라 집행관으로부터 집행실시의 증인으로 참여하도록 요구받은 특별시·광역시의 구 또는 동 직원, 특별자치시의 동 직원, 시·읍·

면 직원 또는 경찰공무원은 정당한 이유 없이 그 요구를 거절하여서는 아니된다.(2019.12.26 본조개정)

**제6조 【집행조서의 기재사항】** ① 집행조서에는 법 제10조제2항제2호의 규정에 따른 "중요한 사정의 개요"로서 다음 각호의 사항을 적어야 한다.

1. 집행에 착수한 일시와 종료한 일시
2. 실시한 집행의 내용
3. 집행에 착수한 후 정지한 때에는 그 사유
4. 집행에 저항을 받은 때에는 그 취지와 이에 대하여 한 조치
5. 집행의 목적을 달성할 수 없었던 때에는 그 사유
6. 집행을 속행한 때에는 그 사유

② 제150조제2항, 법 제10조제2항제4호 또는 법 제116조제2항(이 조항들이 준용되거나 그 예에 따르는 경우를 포함한다)에 규정된 서명날인은 서명무인으로 갈음할 수 있다.

**제7조 【재판을 고지받을 사람의 범위】** ① 다음 각호의 재판은 그것이 신청에 기초한 경우에는 신청인과 상대방에게, 그 밖의 경우에는 민사집행의 신청인과 상대방에게 고지하여야 한다.

1. 이송의 재판(다만, 민사집행을 개시하는 결정이 상대방에게 송달되기 전에 이루어진 재판을 제외한다)
2. 즉시항고를 할 수 있는 재판(다만, 신청을 기각하거나 각하하는 재판을 제외한다)
3. 법 제50조제1항 전단 또는 법 제266조제2항 전단(이 조항들이 준용되거나 그 예에 따르는 경우를 포함한다)의 규정에 따른 집행절차취소의 재판
4. 법 제16조제2항의 규정에 따른 재판과 이 재판이 이루어진 경우에는 법 제16조제1항의 규정에 따른 신청에 관한 재판
5. 법 제86조제2항(이 조항이 준용되거나 그 예에 따르는 경우를 포함한다)의 규정에 따른 재판
6. 법 제196조제3항(이 조항이 준용되거나 그 예에 따르는 경우를 포함한다)의 규정에 따른 재판과 이 재판이 이루어진 경우에는 법 제196조제1항 · 제2항 또는 법 제246조제3항(이 조항들이 준용되거나 그 예에 따르는 경우를 포함한다)의 규정에 따른 신청을 기각하거나 각하하는 재판(2011.7.28 본호개정)

② 제1항 각호에 규정되지 아니한 재판으로서 신청에 기초한 재판에 대하여는 신청인에게 고지하여야 한다.

**제8조 【최고 · 통지】** ① 민사집행절차에서 최고와 통지는 특별한 규정이 없으면 상당하다고 인정되는 방법으로 할 수 있다.

② 제1항의 최고나 통지를 한 때에는 법원서기관 · 법원사무관 · 법원주사 또는 법원주사보(다음부터 이 모두를 "법원사무관등"이라 한다)나 집행관은 그 취지와 최고 또는 통지의 방법을 기록에 표시하여야 한다.

③ 최고를 받을 사람이 외국에 있거나 있는 곳이 분명하지 아니한 때에는 최고할 사항을 공고하면 된다. 이 경우 최고는 공고를 한 날부터 1주가 지나면 효력이 생긴다.

④ 이 규칙에 규정된 통지(다만, 법에 규정된 통지를 제외한다)를 받을 사람이 외국에 있거나 있는 곳이 분명하지 아니한 때에는 통지를 하지 아니하여도 된다. 이 경우 법원사무관등이나 집행관은 그 사유를 기록에 표시하여야 한다.

⑤ 당사자, 그 밖의 관계인에 대한 통지(다만, 법 제102조제1항에 규정된 통지를 제외한다)는 법원사무관등 또는 집행관으로 하여금 그 이름으로 하게 할 수 있다.

**제9조 【발송의 방법】** 법 제11조제3항, 법 제14조제2항 또는 법 제104조제3항의 규정에 따른 발송은 등기우편으로 한다.

**제10조 【외국으로 보내는 첫 송달서류의 기재사항】** 민사집행절차에서 외국으로 보내는 첫 송달서류에는 대한민국 안에 송달이나 통지를 받을 장소와 영수인을 정하여 일정한 기간 안에 신고하도록 명함과 아울러 그 기간 안에 신고가 없는 경우에는 그 이후의 송달이나 통지를 하지 아니할 수 있다는 취지를 적어야 한다.

**제11조 【공고】** ① 민사집행절차에서 공고는 특별한 규정이 없으면 다음 각 호 가운데 어느 하나의 방법으로 한다. 이 경우 필요하다고 인정하는 때에는 적당한 방법으로 공고사항의 요지를 공시할 수 있다.

1. 법원게시판 게시
2. 관보·공보 또는 신문 게재
3. 전자통신매체를 이용한 공고

② 법원사무관등 또는 집행관은 공고한 날짜와 방법을 기록에 표시하여야 한다.

**제12조 【즉시항고제기기간 기산점의 특례】** 즉시항고를 할 수 있는 사람이 재판을 고지받아야 할 사람이 아닌 경우 즉시항고의 제기기간은 그 재판을 고지받아야 할 사람 모두에게 고지된 날부터 진행한다.

**제13조 【즉시항고이유의 기재방법】** ① 즉시항고의 이유는 원심재판의 취소 또는 변경을 구하는 사유를 구체적으로 적어야 한다.

② 제1항의 사유가 법령위반인 때에는 그 법령의 조항 또는 내용과 법령에 위반되는 사유를, 사실의 오인인 때에는 오인에 관계되는 사실을 구체적으로 밝혀야 한다.

**제14조 【즉시항고기록의 송부】** ① 즉시항고가 제기된 경우에 집행법원이 상당하다고 인정하는 때에는 항고사건의 기록만을 보내거나 민사집행사건의 기록 일부의 등본을 항고사건의 기록에 붙여 보낼 수 있다.

② 제1항의 규정에 따라 항고사건의 기록 또는 민사집행사건의 기록 일부의 등본이 송부된 경우에 항고법원은 필요하다고 인정하는 때에는 민사집행사건의 기록 또는 필요한 등본의 송부를 요구할 수 있다.

**제14조의2 【재항고】** ① 집행절차에 관한 항고법원·고등법원 또는 항소법원의 결정 및 명령으로서 즉시항고를 할 수 있는 재판에 대하여는 재판에 영향을 미친 헌법·법률·명령 또는 규칙의 위반을 이유로 드는 때에만 재항고(再抗告)할 수 있다.

② 제1항의 재항고에 관하여는 법 제15조의 규정을 준용한다.

(2005.7.28 본조신설)

**제15조 【집행에 관한 이의신청의 방식】** ① 법 제16조제1항·제3항의 규정에 따른 이의신청은 집행법원이 실시하는 기일에 출석하여 하는 경우가 아니면 서면으로 하여야 한다.

② 제1항의 이의신청을 하는 때에는 이의의 이유를 구체적으로 밝혀야 한다.

**제16조 【민사집행신청의 취하통지】** 민사집행을 개시하는 결정이 상대방에게 송달된 후 민사집행의 신청이 취하된 때에는 법원사무관등은 상대방에게 그 취지를 통지하여야 한다.

**제17조 【집행관이 실시한 민사집행절차의 취소통지】** 집행관은 민사집행절차를 취소한 때에는 채권자에게 그 취지와 취소의 이유를 통지하여야 한다.

**제18조 【「민사소송규칙」의 준용】** 민사집행과 보전처분의 절차에 관하여는 특별한 규정이 없으면 「민사소송규칙」의 규정을 준용한다.(2005.7.28 본조개정)

**제18조의2【재정보증】** 법원행정처장은 법 제1조의 민사집행 및 보전처분 사무를 처리하는 법원사무관등의 재정보증에 관한 사항을 정하여 운용할 수 있다.(2011.12.30 본조신설)

## 제2편 강제집행

### 제1장 총 칙

**제19조【집행문부여신청의 방식】** ① 집행문을 내어 달라는 신청을 하는 때에는 다음 각호의 사항을 밝혀야 한다.
1. 채권자·채무자와 그 대리인의 표시
2. 집행권원의 표시
3. 법 제30조제2항, 법 제31조, 법 제35조(법 제57조의 규정에 따라 이 조항들이 준용되는 경우를 포함한다) 또는 법 제263조제2항의 규정에 따라 집행문을 내어 달라는 신청을 하는 때에는 그 취지와 사유
4. 집행권원에 채권자·채무자의 주민등록번호(주민등록번호가 없는 사람의 경우에는 여권번호 또는 등록번호, 법인 또는 법인 아닌 사단이나 재단의 경우에는 사업자등록번호·납세번호 또는 고유번호를 말한다. 다음부터 이 모두와 주민등록번호를 "주민등록번호등"이라 한다)가 적혀 있지 않은 경우에는 채권자·채무자의 주민등록번호등(2014.11.27 본호신설)

② 확정되어야 효력이 있는 재판에 관하여 제1항의 신청을 하는 때에는 그 재판이 확정되었음이 기록상 명백한 경우가 아니면 그 재판이 확정되었음을 증명하는 서면을 붙여야 한다.

③ 집행문을 내어 달라는 신청을 하는 때에는 법원사무관등은 채권자·채무자 또는 승계인의 주소 또는 주민등록번호등을 소명하는 자료를 제출하게 할 수 있다.(2014.11.27 본항개정)

**제20조【집행문의 기재사항】** ① 집행권원에 표시된 청구권의 일부에 대하여 집행문을 내어 주는 때에는 강제집행을 할 수 있는 범위를 집행문에 적어야 한다.

② 집행권원에 채권자·채무자의 주민등록번호등이 적혀 있지 아니한 때에는 집행문에 채권자·채무자의 주민등록번호등을 적어야 한다.
(2014.11.27 본항개정)

③ 법 제31조(법 제57조의 규정에 따라 준용되는 경우를 포함한다)의 규정에 따라 집행문을 내어주는 때에는 집행문에 승계인의 주민등록번호등 또는 주소를 적어야 한다.(2014.11.27 본항신설)

**제21조【집행권원 원본에 적을 사항】** ① 집행문을 내어 주는 때에는 집행권원의 원본 또는 정본에 법 제35조제3항과 법 제36조에 규정된 사항 외에 다음 각호의 사항을 적고 법원사무관등이 기명날인하여야 한다.
1. 법 제31조(법 제57조의 규정에 따라 준용되는 경우를 포함한다)의 규정에 따라 내어 주는 때에는 그 취지와 승계인의 이름
2. 제20조제1항의 규정에 따라 내어 주는 때에는 강제집행을 할 수 있는 범위

② 법원사무관등이 재판사무시스템에 법 제35조제3항, 제36조에 규정된 사항 및 제1항 각 호의 사항을 등록한 때에는 집행권원의 원본 또는 정본에 해당 사항을 적고 기명날인한 것으로 본다.(2006.11.13 본항신설)

**제22조【공증인의 집행문 부여에 관한 허가 절차】** ① 공증인은 「공증인법」 제56조의3제3항에 따라 집행권원으로 보는 증서(다음부터 "인도 등에 관한 집행증서"라 한다)에 대한 집행문을 내어주기 위해 인도 등에 관한 집행증서의 표시와 내어줄 집행문의 문구를

적은 집행문부여허가청구서 및 그 부본 1통을 그 공증인의 사무소가 있는 곳을 관할하는 지방법원 또는 지원의 민사집행업무를 담당하는 과에 제출한다.

② 공증인은 집행문부여허가청구서에 당사자가 제출한 다음 각 호의 서류 또는 자료를 첨부하여야 한다.

1. 집행문부여신청서(대리인에 의해 신청된 경우 대리권 증명서류 포함)
2. 인도 등에 관한 집행증서 정본
3. 제19조제1항제3호의 사유를 증명하기 위한 자료 또는 제19조제3항에서 정한 소명자료

③ 제1항의 관할 지방법원 또는 지원의 법원사무관등이 집행문부여허가청구서와 제2항의 첨부서류 및 자료(다음부터 "허가청구서 등"이라 한다)를 접수한 때에는 집행문부여허가사건처리부(다음부터 "사건처리부"라 한다)에 접수사실을 적고, 집행문부여허가서 용지와 허가청구서 등을 담당 판사에게 회부한다.

④ 담당 판사는 집행문부여를 전부 또는 일부 허가하지 아니할 때에는 집행문부여허가청구서에 그 취지 및 이유를 적고 서명날인한다. 집행문부여를 일부 허가하지 아니할 때에는 허가서에 그 취지와 허가되지 않은 부분을 적는다.

⑤ 법원사무관등은 집행문부여허가서가 발부된 경우에 해당사항을 사건처리부에 적고 집행문부여허가서와 허가청구서 등을 공증인 사무소 담당직원이나 집행문부여신청인(대리인에 의해 신청된 경우 그 대리인 또는 그로부터 허가청구서 등의 수령권한을 위임받은 사람을 포함한다. 다음부터 이 조문 안에서 같다)에게 인계한다. 집행문부여가 일부 허가되지 아니한 경우에도 같다.

⑥ 법원사무관등은 집행문부여가 전부 허가되지 않은 경우에 해당사실을 사건처리부에 적고 허가청구서 등을 공증인 사무소 담당 직원이나 집행문부여신청인에게 인계한다.

⑦ 각급 법원은 사건처리부와 집행문부여허가청구서 부본철을 청구일이 속한 다음해의 1월 1일부터 다음 각호의 기간 동안 비치·보존한다. 다만, 재판사무시스템에 입력함으로써 사건처리부의 기재 및 비치·보존에 갈음할 수 있다.

1. 사건처리부 : 10년
2. 허가청구서 부본철 : 1년

(2013.11.27 본조신설)

**제22조의2【공정증서정본등의 송달방법】** ①「공증인법」 제56조의5제1항의 규정에 따른 송달은 아래 제2항 내지 제6항에서 정하는 방법으로 한다.
(2013.11.27 본항개정)

② 채권자는「공증인법」 제56조의5제1항에 규정된 서류(다음부터 "공정증서정본등"이라 한다)의 송달과 동시에 강제집행할 것을 위임하는 경우 또는 같은 법 제56조의5제1항의 규정에 따른 우편송달로는 그 목적을 달성할 수 없는 때에는 집행관에게 공정증서정본등의 송달을 위임할 수 있다.
(2013.11.27 본항개정)

③ 제2항의 위임에 따라 공정증서정본등을 송달한 집행관은 그 송달에 관한 증서를 위임인에게 교부하여야 한다.

④ 채권자는 공증인의 직무상 주소를 관할하는 지방법원에 외국에서 할 공정증서정본등의 송달을 신청할 수 있다.

⑤ 채권자는「민사소송법」 제194조제1항의 사유가 있는 때에는 공증인의 직무상 주소를 관할하는 지방법원에 공시송달을 신청할 수 있다.
(2005.7.28 본항개정)

⑥ 제2항의 규정에 따른 송달에는 「민사소송법」 제178조제1항, 같은 법 제179조 내지 제183조 및 같은 법 제186조의 규정을, 제4항의 규정에 따른 송달에는 「민사소송법」 제191조의 규정을, 제5항의 규정에 따른 공시송달에는 「민사소송법」 제194조 내지 제196조 및 「민사소송규칙」 제54조의 규정을 각 준용한다.(2005.7.28 본항개정)

**제23조【집행개시 후 채권자의 승계】** ① 강제집행을 개시한 후 신청채권자가 승계된 경우에 승계인이 자기를 위하여 강제집행의 속행을 신청하는 때에는 법 제31조(법 제57조의 규정에 따라 준용되는 경우를 포함한다)에 규정된 집행문이 붙은 집행권원의 정본을 제출하여야 한다.

② 제1항에 규정된 집행권원의 정본이 제출된 때에는 법원사무관등 또는 집행관은 그 취지를 채무자에게 통지하여야 한다.

**제24조【집행비용 등의 변상】** ① 법 제53조제1항의 규정에 따라 채무자가 부담하여야 할 집행비용으로서 그 집행절차에서 변상받지 못한 비용과 법 제53조제2항의 규정에 따라 채권자가 변상하여야 할 금액은 당사자의 신청을 받아 집행법원이 결정으로 정한다.

② 제1항의 신청과 결정에는 「민사소송법」 제110조제2항·제3항, 같은 법 제111조제1항 및 같은 법 제115조의 규정을 준용한다.(2005.7.28 본항개정)

## 제2장 금전채권에 기초한 강제집행

### 제1절 재산명시절차 등

**제25조【재산명시신청】** ① 법 제61조제1항의 규정에 따른 채무자의 재산명시를 요구하는 신청은 다음 각호의 사항을 적은 서면으로 하여야 한다.

1. 채권자·채무자와 그 대리인의 표시
2. 집행권원의 표시
3. 채무자가 이행하지 아니하는 금전채무액
4. 신청취지와 신청사유

② 법원사무관등은 제1항의 신청인으로부터 집행문이 있는 판결정본(다음부터 "집행력 있는 정본"이라 한다)의 사본을 제출받아 기록에 붙인 후 집행력 있는 정본을 채권자에게 바로 돌려주어야 한다.

**제26조【채무자에 대한 고지사항】** 법 제62조제1항의 규정에 따른 결정을 채무자에게 송달하는 때에는, 법 제62조제4항 후단에 규정된 사항 외에 결정을 송달받은 뒤 송달장소를 바꾼 때에는 그 취지를 법원에 바로 신고하여야 하며 그 신고를 하지 아니하여 달리 송달할 장소를 알 수 없는 경우 종전에 송달받던 장소에 등기우편으로 발송할 수 있음을 함께 고지하여야 한다.

**제27조【명시기일의 출석요구】** ① 법 제64조제1항의 규정에 따른 채무자에 대한 출석요구는 다음 각호의 사항을 적은 서면으로 하여야 한다.

1. 채권자와 채무자의 표시
2. 제28조와 법 제64조제2항의 규정에 따라 재산목록에 적거나 명시할 사항과 범위
3. 재산목록을 작성하여 명시기일에 제출하여야 한다는 취지
4. 법 제68조에 규정된 감치와 벌칙의 개요

② 채무자가 소송대리인을 선임한 경우에도 제1항에 규정된 출석요구서는 채무자 본인에게 송달하여야 한다.

③ 채권자는 명시기일에 출석하지 아니하여도 된다.

**제28조【재산목록의 기재사항 등】** ① 채무자가 제출하여야 하는 재산목록에

는 채무자의 이름 · 주소와 주민등록번호등을 적고, 법 제64조제2항 각호의 사항을 명시하는 때에는 유상양도 또는 무상처분을 받은 사람의 이름 · 주소 · 주민등록번호등과 그 거래내역을 적어야 한다.

② 법 제64조제2항 · 제3항의 규정에 따라 재산목록에 적어야 할 재산은 다음 각호와 같다. 다만, 법 제195조에 규정된 물건과 법 제246조제1항제1호 내지 제3호에 규정된 채권을 제외한다.

1. 부동산에 관한 소유권 · 지상권 · 전세권 · 임차권 · 인도청구권과 그에 관한 권리이전청구권
2. 등기 또는 등록의 대상이 되는 자동차 · 건설기계 · 선박 · 항공기의 소유권, 인도청구권과 그에 관한 권리이전청구권
3. 광업권 · 어업권, 그 밖에 부동산에 관한 규정이 준용되는 권리와 그에 관한 권리이전청구권
4. 특허권 · 상표권 · 저작권 · 디자인권 · 실용신안권, 그 밖에 이에 준하는 권리와 그에 관한 권리이전청구권 (2005.7.28 본호개정)
5. 50만원 이상의 금전과 합계액 50만원 이상의 어음 · 수표
6. 합계액 50만원 이상의 예금과 보험금 50만원 이상의 보험계약
7. 합계액 50만원 이상의 주권 · 국채 · 공채 · 회사채, 그 밖의 유가증권
8. 50만원 이상의 금전채권과 가액 50만원 이상의 대체물인도채권(같은 채무자에 대한 채권액의 합계가 50만원 이상인 채권을 포함한다), 저당권 등의 담보물권으로 담보되는 채권은 그 취지와 담보물권의 내용
9. 정기적으로 받을 보수 · 부양료, 그 밖의 수입
10. 「소득세법」상의 소득으로서 제9호에서 정한 소득을 제외한 각종소득 가운데 소득별 연간 합계액 50만원 이상인 것(2005.7.28 본호개정)
11. 합계액 50만원 이상의 금 · 은 · 백금 · 금은제품과 백금제품
12. 품목당 30만원 이상의 시계 · 보석류 · 골동품 · 예술품과 악기
13. 품목당 30만원 이상의 의류 · 가구 · 가전제품 등을 포함한 가사비품
14. 합계액 50만원 이상의 사무기구
15. 품목당 30만원 이상의 가축과 농기계를 포함한 각종 기계
16. 합계액 50만원 이상의 농 · 축 · 어업생산품(1월 안에 수확할 수 있는 과실을 포함한다), 공업생산품과 재고상품
17. 제11호 내지 제16호에 규정된 유체동산에 관한 인도청구권 · 권리이전청구권, 그 밖의 청구권
18. 제11호 내지 제16호에 규정되지 아니한 유체동산으로 품목당 30만원 이상인 것과 그에 관한 인도청구권 · 권리이전청구권, 그 밖의 청구권
19. 가액 30만원 이상의 회원권, 그 밖에 이에 준하는 권리와 그에 관한 이전청구권
20. 그 밖에 강제집행의 대상이 되는 것으로서 법원이 범위를 정하여 적을 것을 명한 재산

③ 제2항 및 법 제64조제2항 · 제3항의 규정에 따라 재산목록을 적는 때에는 다음 각호의 기준을 따라야 한다.

1. 제2항에 규정된 재산 가운데 권리의 이전이나 그 행사에 등기 · 등록 또는 명의개서(다음부터 이 조문 안에서 "등기등"이라고 한다)가 필요한 재산으로서 제3자에게 명의신탁되어 있거나 신탁재산으로 등기등이 되어 있는 것도 적어야 한다. 이 경우에는 재산목록에 명의자와 그 주소를 표시하여야 한다.

2. 제2항제8호 및 제11호 내지 제19호에 규정된 재산의 가액은 재산목록을 작성할 당시의 시장가격에 따른다. 다만, 시장가격을 알기 어려운 경우에는 그 취득가액에 따른다.
3. 어음·수표·주권·국채·공채·회사채 등 유가증권의 가액은 액면금액으로 한다. 다만, 시장가격이 있는 증권의 가액은 재산목록을 작성할 당시의 거래가격에 따른다.
4. 제2항제1호 내지 제4호에 규정된 것 가운데 미등기 또는 미등록인 재산에 대하여는 도면·사진 등을 붙이거나 그 밖에 적당한 방법으로 특정하여야 한다.

④ 법원은 필요한 때에는 채무자에게 재산목록에 적은 사항에 관한 참고자료의 제출을 명할 수 있다.

**제29조【재산목록 등의 열람·복사】** 법 제67조 또는 법 제72조제4항의 규정에 따라 재산목록 또는 법원이 비치한 채무불이행자명부나 그 부본을 보거나 복사할 것을 신청하는 사람이 납부하여야 할 수수료의 액에 관하여는 「재판 기록 열람·복사 규칙」 제4조부터 제6조까지를 준용한다.
(2012.12.27 본조개정)

**제30조【채무자의 감치】** ① 법 제68조제1항 내지 제7항의 규정에 따른 감치재판은 법 제62조제1항의 규정에 따른 결정을 한 법원이 관할한다.

② 감치재판절차는 법원의 감치재판개시결정에 따라 개시된다. 이 경우 감치사유가 발생한 날부터 20일이 지난 때에는 감치재판개시결정을 할 수 없다.

③ 감치재판절차를 개시한 후 감치결정 전에 채무자가 재산목록을 제출하거나 그 밖에 감치에 처하는 것이 상당하지 아니하다고 인정되는 때에는 법원은 불처벌결정을 하여야 한다.

④ 제2항의 감치재판개시결정과 제3항의 불처벌결정에 대하여는 불복할 수 없다.

⑤ 감치의 재판을 받은 채무자가 감치시설에 유치된 때에는 감치시설의 장은 바로 그 사실을 법원에 통보하여야 한다.

⑥ 법 제68조제6항의 규정에 따라 출석하여 재산목록을 내고 선서한 채무자를 석방한 때에는 법원은 바로 감치시설의 장에게 그 취지를 서면으로 통보하여야 한다.

⑦ 법 제68조제6항의 규정에 따라 채무변제를 증명하는 서면을 낸 채무자에 대하여 감치결정을 취소한 때에는 법원은 바로 감치시설의 장에게 채무자를 석방하도록 서면으로 명하여야 한다.

⑧ 제1항 내지 제7항 및 법 제68조제1항 내지 제7항의 규정에 따른 감치절차에 관하여는 「법정 등의 질서유지를 위한 재판에 관한 규칙」 제6조 내지 제8조, 제10조, 제11조, 제13조, 제15조 내지 제19조, 제21조 내지 제23조 및 제25조제2항(다만, 제13조 중 의견서에 관한 부분은 삭제하고, 제19조제2항중 "3일"은 "1주"로, 제23조제8항중 "감치집행을 한 날"은 "「민사집행규칙」 제30조제5항의 규정에 따른 통보를 받은 날"로 고쳐 적용한다)의 규정을 준용한다.(2005.7.28 본항개정)

**제31조【채무불이행자명부 등재신청】** ① 법 제70조제1항의 규정에 따른 채무불이행자명부 등재신청에는 제25조제1항의 규정을 준용한다.

② 채무불이행자명부 등재신청을 하는 때에는 채무자의 주소를 소명하는 자료를 내야 한다.

**제32조【채무불이행자명부의 작성】** ① 법 제71조제1항의 결정이 있는 때에는 법원사무관등은 바로 채무자별로 채무불이행자명부를 작성하여야 한다.

② 채무불이행자명부에는 채무자의 이름·주소·주민등록번호 등 및 집행권원과 불이행한 채무액을 표시하고, 그 등재사유와 날짜를 적어야 한다.
③ 채무불이행자명부 말소결정이 취소되거나 채무불이행자명부 등재결정을 취소하는 결정이 취소된 경우에는 제1항과 제2항의 규정을 준용한다.

**제33조【채무불이행자명부 부본의 송부 등】** ① 법 제71조제1항의 결정에 따라 채무불이행자명부에 올린 때에는 법원은 한국신용정보원의 장에게 채무불이행자명부의 부본을 보내거나 전자통신매체를 이용하여 그 내용을 통지하여야 한다.(2015.12.29 본항개정)
② 제1항 또는 법 제72조제2항의 규정에 따른 송부나 통지는 법원사무관등으로 하여금 그 이름으로 하게 할 수 있다.
③ 시·구·읍·면의 장은 법 제72조제2항의 규정에 따라 채무불이행자명부의 부본을 송부받은 경우에 그 시·구·읍·면이 채무자의 주소지가 아닌 때에는 바로 그 취지를 법원에 서면으로 신고하여야 한다. 이 서면에는 송부받은 채무불이행자명부의 부본을 붙여야 하고, 그 채무자의 주소가 변경된 때에는 변경된 주소를 적어야 한다.

**제34조【직권말소】** ① 채무불이행자명부에 등재한 후 등재결정이 취소되거나 등재신청이 취하된 때 또는 등재결정이 확정된 후 채권자가 등재의 말소를 신청한 때에는 명부를 비치한 법원의 법원사무관등은 바로 그 명부를 말소하여야 한다.
② 제1항의 경우 제33조제1항·제2항 또는 법 제72조제2항의 규정에 따라 채무불이행자명부의 부본을 이미 보내거나 그 내용을 통지한 때에는 법원사무관등은 바로 법 제73조제4항에 규정된 조치를 취하여야 한다.

**제35조【재산조회의 신청방식】** ① 법 제74조의 규정에 따른 재산조회신청은 다음 각호의 사항을 적은 서면으로 하여야 한다.
1. 제25조제1항 각호에 적은 사항
2. 조회할 공공기관·금융기관 또는 단체
3. 조회할 재산의 종류
4. 제36조제2항의 규정에 따라 과거의 재산보유내역에 대한 조회를 요구하는 때에는 그 취지와 조회기간

② 제1항의 신청을 하는 때에는 신청의 사유를 소명하여야 하고, 채무자의 주소·주민등록번호등, 그 밖에 채무자의 인적사항에 관한 자료를 내야 한다.

**제36조【조회할 기관과 조회대상 재산 등】** ① 재산조회는 별표 "기관·단체"란의 기관 또는 단체의 장에게 그 기관 또는 단체가 전산망으로 관리하는 채무자 명의의 재산(다만, 별표 "조회할 재산"란의 각 해당란에 적은 재산에 한정한다)에 관하여 실시한다.
② 제1항의 경우 채권자의 신청이 있는 때에는 별표 순번 1에 적은 기관의 장에게 재산명시명령이 송달되기 전(법 제74조제1항제1호의 규정에 따른 재산조회의 경우에는 재산조회신청을 하기 전) 2년 안에 채무자가 보유한 재산내역을 조회할 수 있다.(2005.7.28 본항개정)
③ 법원은 별표 순번 5부터 12까지, 15 기재 "기관·단체"란의 금융기관이 회원사, 가맹사 등으로 되어 있는 중앙회·연합회·협회 등(다음부터 "협회등"이라 한다)이 개인의 재산 및 신용에 관한 전산망을 관리하고 있는 경우에는 그 협회등의 장에게 채무자 명의의 재산에 관하여 조회할 수 있다.(2016.9.6 본항개정)

**제37조【조회의 절차 등】** ① 법 제74조제1항·제3항의 규정에 따른 재산

조회는 다음 각호의 사항을 적은 서면으로 하여야 한다.
1. 채무자의 이름·주소·주민등록번호등, 그 밖에 채무자의 인적사항
2. 조회할 재산의 종류
3. 조회에 대한 회답기한
4. 제36조제2항의 규정에 따라 채무자의 재산보유내역에 대한 조회를 요구하는 때에는 그 취지와 조회기간
5. 법 제74조제3항의 규정에 따라 채무자의 재산 및 신용에 관한 자료의 제출을 요구하는 때에는 그 취지
6. 법 제75조제2항에 규정된 벌칙의 개요
7. 금융기관에 대하여 재산조회를 하는 경우에 관련법령에 따른 재산 및 신용에 관한 정보등의 제공사실 통보의 유예를 요청하는 때에는 그 취지와 통보를 유예할 기간

② 같은 협회등에 소속된 다수의 금융기관에 대한 재산조회는 협회등을 통하여 할 수 있다.

③ 재산조회를 받은 기관·단체의 장은 다음 각호의 사항을 적은 조회회보서를 정하여진 날까지 법원에 제출하여야 한다. 이 경우 법 제74조제3항의 규정에 따라 자료의 제출을 요구받은 때에는 그 자료도 함께 제출하여야 한다.
1. 사건의 표시
2. 채무자의 표시
3. 조회를 받은 다음날 오전 영시 현재 채무자의 재산보유내역. 다만, 제1항제4호와 제36조제2항의 규정에 따른 조회를 받은 때에는 정하여진 조회기간 동안의 재산보유내역

④ 제2항에 규정된 방법으로 재산조회를 받은 금융기관의 장은 소속 협회등의 장에게 제3항 각호의 사항에 관한 정보와 자료를 제공하여야 하고, 그 협회등의 장은 제공받은 정보와 자료를 정리하여 한꺼번에 제출하여야 한다.

⑤ 재산조회를 받은 기관·단체의 장은 제3항에 규정된 조회회보서나 자료의 제출을 위하여 필요한 때에는 소속기관·단체, 회원사, 가맹사, 그 밖에 이에 준하는 기관·단체에게 자료 또는 정보의 제공·제출을 요청할 수 있다.

⑥ 법원은 제출된 조회회보서나 자료에 흠이 있거나 불명확한 점이 있는 때에는 다시 조회하거나 자료의 재제출을 요구할 수 있다.

⑦ 제1항 내지 제6항에 규정된 절차는 별도의 대법원규칙이 정하는 바에 따라 전자통신매체를 이용하는 방법으로 할 수 있다.

**제38조【재산조회결과의 열람·복사】** 재산조회결과의 열람·복사절차에 관하여는 제29조와 법 제67조의 규정을 준용한다. 다만, 제37조제7항의 규정에 따라 전자통신매체를 이용하는 방법으로 재산조회를 한 경우의 열람·복사절차에 관하여는 별도의 대법원규칙으로 정한다.

**제39조【과태료부과절차】** ① 법 제75조제2항의 규정에 따른 과태료 재판은 재산조회를 한 법원이 관할한다.

② 법 제75조제2항의 규정에 따른 과태료 재판의 절차에 관하여는 「비송사건절차법」 제248조와 제250조(다만, 검사에 관한 부분을 제외한다)의 규정을 준용한다.(2005.7.28 본항개정)

## 제2절 부동산에 대한 강제집행

### 제1관 통 칙

**제40조【지상권에 대한 강제집행】** 금전채권에 기초한 강제집행에서 지상권과 그 공유지분은 부동산으로 본다.

**제41조【집행법원】** 법률 또는 이 규칙에 따라 부동산으로 보거나 부동산에 관한 규정이 준용되는 것에 대한 강제집행은 그 등기 또는 등록을 하는 곳의 지방법원이 관할한다.

## 제2관 강제경매

**제42조 【미등기 건물의 집행】** ① 법 제81조제3항·제4항의 규정에 따라 집행관이 건물을 조사한 때에는 다음 각호의 사항을 적은 서면에 건물의 도면과 사진을 붙여 정하여진 날까지 법원에 제출하여야 한다.

1. 사건의 표시
2. 조사의 일시·장소와 방법
3. 건물의 지번·구조·면적
4. 조사한 건물의 지번·구조·면적이 건축허가 또는 건축신고를 증명하는 서류의 내용과 다른 때에는 그 취지와 구체적인 내역

② 법 제81조제1항제2호 단서의 규정에 따라 채권자가 제출한 서류 또는 제1항의 규정에 따라 집행관이 제출한 서면에 의하여 강제경매신청을 한 건물의 지번·구조·면적이 건축허가 또는 건축신고된 것과 동일하다고 인정되지 아니하는 때에는 법원은 강제경매신청을 각하하여야 한다.

**제43조 【경매개시결정의 통지】** 강제관리개시결정이 된 부동산에 대하여 강제경매개시결정이 있는 때에는 법원사무관등은 강제관리의 압류채권자, 배당요구를 한 채권자와 관리인에게 그 취지를 통지하여야 한다.

**제44조 【침해행위 방지를 위한 조치】** ① 채무자·소유자 또는 부동산의 점유자가 부동산의 가격을 현저히 감소시키거나 감소시킬 우려가 있는 행위(다음부터 이 조문 안에서 "가격감소행위등"이라 한다)를 하는 때에는, 법원은 압류채권자(배당요구의 종기가 지난 뒤에 강제경매 또는 담보권 실행을 위한 경매신청을 한 압류채권자를 제외한다. 다음부터 이 조문 안에서 같다) 또는 최고가매수신고인의 신청에 따라 매각허가결정이 있을 때까지 담보를 제공하게 하거나 담보를 제공하게 하지 아니하고 그 행위를 하는 사람에 대하여 가격감소행위등을 금지하거나 일정한 행위를 할 것을 명할 수 있다.

② 부동산을 점유하는 채무자·소유자 또는 부동산의 점유자로서 그 점유권원을 압류채권자·가압류채권자 혹은 법 제91조제2항 내지 제4항의 규정에 따라 소멸되는 권리를 갖는 사람에 대하여 대항할 수 없는 사람이 제1항의 규정에 따른 명령에 위반한 때 또는 가격감소행위등을 하는 경우에 제1항의 규정에 따른 명령으로는 부동산 가격의 현저한 감소를 방지할 수 없다고 인정되는 특별한 사정이 있는 때에는, 법원은 압류채권자 또는 최고가매수신고인의 신청에 따라 매각허가결정이 있을 때까지 담보를 제공하게 하고 그 명령에 위반한 사람 또는 그 행위를 한 사람에 대하여 부동산의 점유를 풀고 집행관에게 보관하게 할 것을 명할 수 있다.

③ 법원이 채무자·소유자 외의 점유자에 대하여 제1항 또는 제2항의 규정에 따른 결정을 하려면 그 점유자를 심문하여야 한다. 다만, 그 점유자가 압류채권자·가압류채권자 또는 법 제91조제2항 내지 제4항의 규정에 따라 소멸되는 권리를 갖는 사람에 대하여 대항할 수 있는 권원에 기초하여 점유하고 있지 아니한 것이 명백한 때 또는 이미 그 점유자를 심문한 때에는 그러하지 아니하다.

④ 법원은 사정의 변경이 있는 때에는 신청에 따라 제1항 또는 제2항의 규정에 따른 결정을 취소하거나 변경할 수 있다.

⑤ 제1항·제2항 또는 제4항의 규정에 따른 결정에 대하여는 즉시항고를 할 수 있다.

⑥ 제4항의 규정에 따른 결정은 확정되어야 효력이 있다.
⑦ 제2항의 규정에 따른 결정은 신청인에게 고지된 날부터 2주가 지난 때에는 집행할 수 없다.
⑧ 제2항의 규정에 따른 결정은 상대방에게 송달되기 전에도 집행할 수 있다.

**제45조 【미지급 지료 등의 지급】** ① 건물에 대한 경매개시결정이 있는 때에 그 건물의 소유를 목적으로 하는 지상권 또는 임차권에 관하여 채무자가 지료나 차임을 지급하지 아니하는 때에는, 압류채권자(배당요구의 종기가 지난 뒤에 강제경매 또는 담보권 실행을 위한 경매신청을 한 압류채권자를 제외한다)는 법원의 허가를 받아 채무자를 대신하여 미지급된 지료 또는 차임을 변제할 수 있다.
② 제1항의 허가를 받아 지급한 지료 또는 차임은 집행비용으로 한다.

**제46조 【현황조사】** ① 집행관이 법 제85조의 규정에 따라 부동산의 현황을 조사한 때에는 다음 각호의 사항을 적은 현황조사보고서를 정하여진 날까지 법원에 제출하여야 한다.
1. 사건의 표시
2. 부동산의 표시
3. 조사의 일시·장소 및 방법
4. 법 제85조제1항에 규정된 사항과 그 밖에 법원이 명한 사항 등에 대하여 조사한 내용

② 현황조사보고서에는 조사의 목적이 된 부동산의 현황을 알 수 있도록 도면·사진 등을 붙여야 한다.
③ 집행관은 법 제85조의 규정에 따른 현황조사를 하기 위하여 필요한 때에는 소속 지방법원의 관할구역 밖에서도 그 직무를 행할 수 있다.

**제47조 【이중경매절차에서의 통지】** 먼저 경매개시결정을 한 경매절차가 정지된 때에는 법원사무관등은 뒤의 경매개시결정에 관한 압류채권자에게 그 취지를 통지하여야 한다.

**제48조 【배당요구의 방식】** ① 법 제88조제1항의 규정에 따른 배당요구는 채권(이자, 비용, 그 밖의 부대채권을 포함한다)의 원인과 액수를 적은 서면으로 하여야 한다.
② 제1항의 배당요구서에는 집행력 있는 정본 또는 그 사본, 그 밖에 배당요구의 자격을 소명하는 서면을 붙여야 한다.

**제49조 【경매신청의 취하 등】** ① 법 제87조제1항의 신청(배당요구의 종기가 지난 뒤에 한 신청을 제외한다. 다음부터 이 조문 안에서 같다)이 있는 경우 매수신고가 있은 뒤 압류채권자가 경매신청을 취하하더라도 법 제105조제1항제3호의 기재사항이 바뀌지 아니하는 때에는 법 제93조제2항의 규정을 적용하지 아니한다.
② 법 제87조제1항의 신청이 있는 경우 매수신고가 있은 뒤 법 제49조제3호 또는 제6호의 서류를 제출하더라도 법 제105조제1항제3호의 기재사항이 바뀌지 아니하는 때에는 법 제93조제3항 전단의 규정을 적용하지 아니한다.

**제50조 【집행정지서류 등의 제출시기】** ① 법 제49조제1호·제2호 또는 제5호의 서류는 매수인이 매각대금을 내기 전까지 제출하면 된다.
② 매각허가결정이 있은 뒤에 법 제49조제2호의 서류가 제출된 경우에는 매수인은 매각대금을 낼 때까지 매각허가결정의 취소신청을 할 수 있다. 이 신청에 관한 결정에 대하여는 즉시항고를 할 수 있다.
③ 매수인이 매각대금을 낸 뒤에 법 제49조 각호 가운데 어느 서류가 제출된 때에는 절차를 계속하여 진행하여야 한다. 이 경우 배당절차가 실시되는 때에는 그 채권자에 대하여 다음 각호의

구분에 따라 처리하여야 한다.

1. 제1호·제3호·제5호 또는 제6호의 서류가 제출된 때에는 그 채권자를 배당에서 제외한다.
2. 제2호의 서류가 제출된 때에는 그 채권자에 대한 배당액을 공탁한다.
3. 제4호의 서류가 제출된 때에는 그 채권자에 대한 배당액을 지급한다.

**제51조 【평가서】** ① 법 제97조의 규정에 따라 부동산을 평가한 감정인은 다음 각호의 사항을 적은 평가서를 정하여진 날까지 법원에 제출하여야 한다.

1. 사건의 표시
2. 부동산의 표시
3. 부동산의 평가액과 평가일
4. 부동산이 있는 곳의 환경
5. 평가의 목적이 토지인 경우에는 지적, 법령에서 정한 규제 또는 제한의 유무와 그 내용 및 공시지가, 그 밖에 평가에 참고가 된 사항
6. 평가의 목적이 건물인 경우에는 그 종류·구조·평면적, 그 밖에 추정되는 잔존 내구연수 등 평가에 참고가 된 사항
7. 평가액 산출의 과정
8. 그 밖에 법원이 명한 사항

② 평가서에는 부동산의 모습과 그 주변의 환경을 알 수 있는 도면·사진 등을 붙여야 한다.

**제52조 【일괄매각 등에서 채무자의 매각재산 지정】** 법 제101조제4항 또는 법 제124조제2항의 규정에 따른 지정은 매각허가결정이 선고되기 전에 서면으로 하여야 한다.

**제53조 【압류채권자가 남을 가망이 있음을 증명한 때의 조치】** 법 제102조제1항의 규정에 따른 통지를 받은 압류채권자가 통지를 받은 날부터 1주 안에 최저매각가격으로 압류채권자의 채권에 우선하는 부동산의 모든 부담과 절차비용을 변제하고 남을 것이 있다는 사실을 증명한 때에는 법원은 경매절차를 계속하여 진행하여야 한다.

**제54조 【남을 가망이 없는 경우의 보증제공방법 등】** ① 법 제102조제2항의 규정에 따른 보증은 다음 각호 가운데 어느 하나를 법원에 제출하는 방법으로 제공하여야 한다. 다만, 법원은 상당하다고 인정하는 때에는 보증의 제공방법을 제한할 수 있다.

1. 금전
2. 법원이 상당하다고 인정하는 유가증권
3. 「은행법」의 규정에 따른 금융기관 또는 보험회사(다음부터 "은행등"이라 한다)가 압류채권자를 위하여 일정액의 금전을 법원의 최고에 따라 지급한다는 취지의 기한의 정함이 없는 지급보증위탁계약이 압류채권자와 은행등 사이에 체결된 사실을 증명하는 문서(2005.7.28 본호개정)

② 제1항의 보증에 관하여는 「민사소송법」 제126조 본문의 규정을 준용한다. (2005.7.28 본항개정)

**제55조 【매각물건명세서 사본 등의 비치】** 매각물건명세서·현황조사보고서 및 평가서의 사본은 매각기일(기간입찰의 방법으로 진행하는 경우에는 입찰기간의 개시일)마다 그 1주 전까지 법원에 비치하여야 한다. 다만, 법원은 상당하다고 인정하는 때에는 매각물건명세서·현황조사보고서 및 평가서의 기재내용을 전자통신매체로 공시함으로써 그 사본의 비치에 갈음할 수 있다.

**제56조 【매각기일의 공고내용 등】** 법원은 매각기일(기간입찰의 방법으로 진행하는 경우에는 입찰기간의 개시일)의 2주 전까지 법 제106조에 규정된 사항과 다음 각호의 사항을 공고하여야 한다.

1. 법 제98조의 규정에 따라 일괄매각결정을 한 때에는 그 취지

2. 제60조의 규정에 따라 매수신청인의 자격을 제한한 때에는 그 제한의 내용
3. 법 제113조의 규정에 따른 매수신청의 보증금액과 보증제공방법

**제57조 【매각장소의 질서유지】** ① 집행관은 매각기일이 열리는 장소의 질서유지를 위하여 필요하다고 인정하는 때에는 그 장소에 출입하는 사람의 신분을 확인할 수 있다.

② 집행관은 법 제108조의 규정에 따른 조치를 하기 위하여 필요한 때에는 법원의 원조를 요청할 수 있다.

**제58조 【매각조건 변경을 위한 부동산의 조사】** 법 제111조제3항의 규정에 따른 집행관의 조사에는 제46조제3항과 법 제82조의 규정을 준용한다.

**제59조 【채무자 등의 매수신청금지】** 다음 각호의 사람은 매수신청을 할 수 없다.

1. 채무자
2. 매각절차에 관여한 집행관
3. 매각 부동산을 평가한 감정인(감정평가법인이 감정인인 때에는 그 감정평가법인 또는 소속 감정평가사)

**제60조 【매수신청의 제한】** 법원은 법령의 규정에 따라 취득이 제한되는 부동산에 관하여는 매수신청을 할 수 있는 사람을 정하여진 자격을 갖춘 사람으로 제한하는 결정을 할 수 있다.

**제61조 【기일입찰의 장소 등】** ① 기일입찰의 입찰장소에는 입찰자가 다른 사람이 알지 못하게 입찰표를 적을 수 있도록 설비를 갖추어야 한다.

② 같은 입찰기일에 입찰에 부칠 사건이 두 건 이상이거나 매각할 부동산이 두 개 이상인 경우에는 각 부동산에 대한 입찰을 동시에 실시하여야 한다. 다만, 법원이 따로 정하는 경우에는 그러하지 아니하다.

**제62조 【기일입찰의 방법】** ① 기일입찰에서 입찰은 매각기일에 입찰표를 집행관에게 제출하는 방법으로 한다.

② 입찰표에는 다음 각호의 사항을 적어야 한다. 이 경우 입찰가격은 일정한 금액으로 표시하여야 하며, 다른 입찰가격에 대한 비례로 표시하지 못한다.

1. 사건번호와 부동산의 표시
2. 입찰자의 이름과 주소
3. 대리인을 통하여 입찰을 하는 때에는 대리인의 이름과 주소
4. 입찰가격

③ 법인인 입찰자는 대표자의 자격을 증명하는 문서를 집행관에게 제출하여야 한다.

④ 입찰자의 대리인은 대리권을 증명하는 문서를 집행관에게 제출하여야 한다.

⑤ 공동으로 입찰하는 때에는 입찰표에 각자의 지분을 분명하게 표시하여야 한다.

⑥ 입찰은 취소·변경 또는 교환할 수 없다.

**제63조 【기일입찰에서 매수신청의 보증금액】** ① 기일입찰에서 매수신청의 보증금액은 최저매각가격의 10분의 1로 한다.

② 법원은 상당하다고 인정하는 때에는 보증금액을 제1항과 달리 정할 수 있다.

**제64조 【기일입찰에서 매수신청보증의 제공방법】** 제63조의 매수신청보증은 다음 각호 가운데 어느 하나를 입찰표와 함께 집행관에게 제출하는 방법으로 제공하여야 한다. 다만, 법원은 상당하다고 인정하는 때에는 보증의 제공방법을 제한할 수 있다.

1. 금전
2. 「은행법」의 규정에 따른 금융기관이 발행한 자기앞수표로서 지급제시기간이 끝나는 날까지 5일 이상의

기간이 남아 있는 것(2005.7.28 본호개정)

3. 은행등이 매수신청을 하려는 사람을 위하여 일정액의 금전을 법원의 최고에 따라 지급한다는 취지의 기한의 정함이 없는 지급보증위탁계약이 매수신청을 하려는 사람과 은행등 사이에 맺어진 사실을 증명하는 문서

**제65조【입찰기일의 절차】** ① 집행관이 입찰을 최고하는 때에는 입찰마감시각과 개찰시각을 고지하여야 한다. 다만, 입찰표의 제출을 최고한 후 1시간이 지나지 아니하면 입찰을 마감하지 못한다.

② 집행관은 입찰표를 개봉할 때에 입찰을 한 사람을 참여시켜야 한다. 입찰을 한 사람이 아무도 참여하지 아니하는 때에는 적당하다고 인정하는 사람을 참여시켜야 한다.

③ 집행관은 입찰표를 개봉할 때에 입찰목적물, 입찰자의 이름 및 입찰가격을 불러야 한다.

**제66조【최고가매수신고인 등의 결정】** ① 최고가매수신고를 한 사람이 둘 이상인 때에는 집행관은 그 사람들에게 다시 입찰하게 하여 최고가매수신고인을 정한다. 이 경우 입찰자는 전의 입찰가격에 못미치는 가격으로는 입찰할 수 없다.

② 제1항의 규정에 따라 다시 입찰하는 경우에 입찰자 모두가 입찰에 응하지 아니하거나(전의 입찰가격에 못미치는 가격으로 입찰한 경우에는 입찰에 응하지 아니한 것으로 본다) 두 사람 이상이 다시 최고의 가격으로 입찰한 때에는 추첨으로 최고가매수신고인을 정한다.

③ 제2항 또는 법 제115조제2항 후문의 규정에 따라 추첨을 하는 경우 입찰자가 출석하지 아니하거나 추첨을 하지 아니하는 때에는 집행관은 법원사무관등 적당하다고 인정하는 사람으로 하여금 대신 추첨하게 할 수 있다.

**제67조【기일입찰조서의 기재사항】** ① 기일입찰조서에는 법 제116조에 규정된 사항 외에 다음 각호의 사항을 적어야 한다.

1. 입찰을 최고한 일시, 입찰을 마감한 일시 및 입찰표를 개봉한 일시
2. 제65조제2항 후문의 규정에 따라 입찰을 한 사람 외의 사람을 개찰에 참여시킨 때에는 그 사람의 이름
3. 제66조 또는 법 제115조제2항의 규정에 따라 최고가매수신고인 또는 차순위매수신고인을 정한 때에는 그 취지
4. 법 제108조에 규정된 조치를 취한 때에는 그 취지
5. 법 제140조제1항의 규정에 따라 공유자의 우선매수신고가 있는 경우에는 그 취지 및 그 공유자의 이름과 주소
6. 제76조제3항의 규정에 따라 차순위매수신고인의 지위를 포기한 매수신고인이 있는 때에는 그 취지

② 기일입찰조서에는 입찰표를 붙여야 한다.

**제68조【입찰기간 등의 지정】** 기간입찰에서 입찰기간은 1주 이상 1월 이하의 범위 안에서 정하고, 매각기일은 입찰기간이 끝난 후 1주 안의 날로 정하여야 한다.

**제69조【기간입찰에서 입찰의 방법】** 기간입찰에서 입찰은 입찰표를 넣고 봉함을 한 봉투의 겉면에 매각기일을 적어 집행관에게 제출하거나 그 봉투를 등기우편으로 부치는 방법으로 한다.

**제70조【기간입찰에서 매수신청보증의 제공방법】** 기간입찰에서 매수신청보증은 다음 각호 가운데 어느 하나를 입찰표와 같은 봉투에 넣어 집행관에게 제출하거나 등기우편으로 부치는 방법으로 제공하여야 한다.

1. 법원의 예금계좌에 일정액의 금전을 입금하였다는 내용으로 금융기관이 발행한 증명서
2. 제64조제3호의 문서

**제71조 【기일입찰규정의 준용】** 기간입찰에는 제62조제2항 내지 제6항, 제63조, 제65조제2항·제3항, 제66조 및 제67조의 규정을 준용한다.

**제72조 【호가경매】** ① 부동산의 매각을 위한 호가경매는 호가경매기일에 매수신청의 액을 서로 올려가는 방법으로 한다.

② 매수신청을 한 사람은 더 높은 액의 매수신청이 있을 때까지 신청액에 구속된다.

③ 집행관은 매수신청의 액 가운데 최고의 것을 3회 부른 후 그 신청을 한 사람을 최고가매수신고인으로 정하며, 그 이름과 매수신청의 액을 고지하여야 한다.

④ 호가경매에는 제62조제3항 내지 제5항, 제63조, 제64조 및 제67조제1항의 규정을 준용한다.

**제73조 【변경된 매각결정기일의 통지】** ① 매각기일을 종결한 뒤에 매각결정기일이 변경된 때에는 법원사무관등은 최고가매수신고인·차순위매수신고인 및 이해관계인에게 변경된 기일을 통지하여야 한다.

② 제1항의 통지는 집행기록에 표시된 주소지에 등기우편으로 발송하는 방법으로 할 수 있다.

**제74조 【매각허부결정 고지의 효력발생시기】** 매각을 허가하거나 허가하지 아니하는 결정은 선고한 때에 고지의 효력이 생긴다.

**제75조 【대법원규칙으로 정하는 이율】** 법 제130조제7항과 법 제138조제3항(법 제142조제5항의 규정에 따라 준용되는 경우를 포함한다)의 규정에 따른 이율은 연 100분의 12로 한다.
(2019.8.2 본조개정)

**제76조 【공유자의 우선매수권 행사절차 등】** ① 법 제140조제1항의 규정에 따른 우선매수의 신고는 집행관이 매각기일을 종결한다는 고지를 하기 전까지 할 수 있다.

② 공유자가 법 제140조제1항의 규정에 따른 신고를 하였으나 다른 매수신고인이 없는 때에는 최저매각가격을 법 제140조제1항의 최고가매수신고가격으로 본다.

③ 최고가매수신고인을 법 제140조제4항의 규정에 따라 차순위매수신고인으로 보게 되는 경우 그 매수신고인은 집행관이 매각기일을 종결한다는 고지를 하기 전까지 차순위매수신고인의 지위를 포기할 수 있다.

**제77조 【경매개시결정등기의 말소촉탁비용】** 법 제141조의 규정에 따른 말소등기의 촉탁에 관한 비용은 경매를 신청한 채권자가 부담한다.

**제78조 【대금지급기한】** 법 제142조제1항에 따른 대금지급기한은 매각허가결정이 확정된 날부터 1월 안의 날로 정하여야 한다. 다만, 경매사건기록이 상소법원에 있는 때에는 그 기록을 송부받은 날부터 1월 안의 날로 정하여야 한다.

**제78조의2 【등기촉탁 공동신청의 방식 등】** ① 법 제144조제2항의 신청은 다음 각 호의 사항을 기재한 서면으로 하여야 한다.

1. 사건의 표시
2. 부동산의 표시
3. 신청인의 성명 또는 명칭 및 주소
4. 대리인에 의하여 신청을 하는 때에는 대리인의 성명 및 주소
5. 법 제144조제2항의 신청인이 지정하는 자(다음부터 이 조문 안에서 "피지정자"라 한다)의 성명, 사무소의 주소 및 직업

② 제1항의 서면에는 다음 각 호의 서류를 첨부하여야 한다.

1. 매수인으로부터 부동산을 담보로 제공받으려는 자가 법인인 때에는 그 법인의 등기사항증명서 (2014.10.2 본호개정)
2. 부동산에 관한 담보 설정의 계약서 사본
3. 피지정자의 지정을 증명하는 문서
4. 대리인이 신청을 하는 때에는 그 권한을 증명하는 서면
5. 등기신청의 대리를 업으로 할 수 있는 피지정자의 자격을 증명하는 문서의 사본

(2010.10.4 본조신설)

**제79조 【배당할 금액】** 차순위매수신고인에 대하여 매각허가결정이 있는 때에는 법 제137조제2항의 보증(보증이 금전 외의 방법으로 제공되어 있는 때에는 보증을 현금화하여 그 대금에서 비용을 뺀 금액)은 법 제147조제1항의 배당할 금액으로 한다.

**제80조 【보증으로 제공된 유가증권 등의 현금화】** ① 법 제142조제4항의 규정에 따라 매수신청의 보증(법 제102조제2항의 규정에 따라 제공된 보증을 포함한다)을 현금화하는 경우와 법 제147조제1항제3호·제5호 또는 제79조의 규정에 따라 매수신청 또는 항고의 보증이 배당할 금액에 산입되는 경우 그 보증이 유가증권인 때에는, 법원은 집행관에게 현금화하게 하여 그 비용을 뺀 금액을 배당할 금액에 산입하여야 한다. 이 경우 현금화비용은 보증을 제공한 사람이 부담한다.

② 법 제147조제1항제4호의 규정에 따라 항고의 보증 가운데 항고인이 돌려줄 것을 요구하지 못하는 금액이 배당할 금액에 산입되는 경우 그 보증이 유가증권인 때에는, 법원은 집행관에게 현금화하게 하여 그 비용을 뺀 금액 가운데 항고인이 돌려 줄 것을 요구하지 못하는 금액을 배당할 금액에 산입하고, 나머지가 있을 경우 이를 항고인에게 돌려준다. 이 경우 현금화비용은 보증을 제공한 사람이 부담한다. 다만, 집행관이 그 유가증권을 현금화하기 전에 항고인이 법원에 돌려줄 것을 요구하지 못하는 금액에 상당하는 금전을 지급한 때에는 그 유가증권을 항고인에게 돌려주고, 항고인이 지급한 금전을 배당할 금액에 산입하여야 한다.

③ 제1항과 제2항 본문의 현금화에는 법 제210조 내지 법 제212조의 규정을 준용한다.

④ 집행관은 제1항과 제2항 본문의 현금화를 마친 후에는 바로 그 대금을 법원에 제출하여야 한다.

⑤ 제1항의 경우에 그 보증이 제54조제1항제3호 또는 제64조제3호(제72조제4항의 규정에 따라 준용되는 경우를 포함한다)의 문서인 때에는 법원이 은행등에 대하여 정하여진 금액의 납부를 최고하는 방법으로 현금화한다.

**제81조 【계산서 제출의 최고】** 배당기일이 정하여진 때에는 법원사무관등은 각 채권자에 대하여 채권의 원금·배당기일까지의 이자, 그 밖의 부대채권 및 집행비용을 적은 계산서를 1주 안에 법원에 제출할 것을 최고하여야 한다.

**제82조 【배당금 교부의 절차 등】** ① 채권자와 채무자에 대한 배당금의 교부절차, 법 제160조의 규정에 따른 배당금의 공탁과 그 공탁금의 지급위탁 절차는 법원사무관등이 그 이름으로 실시한다.

② 배당기일에 출석하지 아니한 채권자가 배당액을 입금할 예금계좌를 신고한 때에는 법원사무관등은 법 제160조제2항의 규정에 따른 공탁에 갈음하여 배당액을 그 예금계좌에 입금할 수 있다.

### 제3관 강제관리

**제83조 【강제관리신청서】** 강제관리신청서에는 법 제163조에서 준용하는 법 제80조에 규정된 사항 외에 수익의 지급의무를 부담하는 제3자가 있는 경우에는 그 제3자의 표시와 그 지급의무의 내용을 적어야 한다.

**제84조 【개시결정의 통지】** 강제관리개시결정을 한 때에는 법원사무관등은 조세, 그 밖의 공과금을 주관하는 공공기관에게 그 사실을 통지하여야 한다.

**제85조 【관리인의 임명】** ① 법원은 강제관리개시결정과 동시에 관리인을 임명하여야 한다.

② 신탁회사, 은행, 그 밖의 법인도 관리인이 될 수 있다.

③ 관리인이 임명된 때에는 법원사무관등은 압류채권자·채무자 및 수익의 지급의무를 부담하는 제3자에게 그 취지를 통지하여야 한다.

④ 법원은 관리인에게 그 임명을 증명하는 문서를 교부하여야 한다.

**제86조 【관리인이 여러 사람인 때의 직무수행 등】** ① 관리인이 여러 사람인 때에는 공동으로 직무를 수행한다. 다만, 법원의 허가를 받아 직무를 분담할 수 있다.

② 관리인이 여러 사람인 때에는 제3자의 관리인에 대한 의사표시는 그 중 한 사람에게 할 수 있다.

**제87조 【관리인의 사임·해임】** ① 관리인은 정당한 이유가 있는 때에는 법원의 허가를 받아 사임할 수 있다.

② 관리인이 제1항의 규정에 따라 사임하거나 법 제167조제3항의 규정에 따라 해임된 때에는 법원사무관등은 압류채권자·채무자 및 수익의 지급명령을 송달받은 제3자에게 그 취지를 통지하여야 한다.

**제88조 【강제관리의 정지】** ① 법 제49조제2호 또는 제4호의 서류가 제출된 경우에는 배당절차를 제외한 나머지 절차는 그 당시의 상태로 계속하여 진행할 수 있다.

② 제1항의 규정에 따라 절차를 계속하여 진행하는 경우에 관리인은 배당에 충당될 금전을 공탁하고, 그 사유를 법원에 신고하여야 한다.

③ 제2항의 규정에 따라 공탁된 금전으로 채권자의 채권과 집행비용의 전부를 변제할 수 있는 경우에는 법원은 배당절차를 제외한 나머지 절차를 취소하여야 한다.

**제89조 【남을 가망이 없는 경우의 절차취소】** 수익에서 그 부동산이 부담하는 조세, 그 밖의 공과금 및 관리비용을 빼면 남을 것이 없겠다고 인정하는 때에는 법원은 강제관리절차를 취소하여야 한다.

**제90조 【관리인과 제3자에 대한 통지】** ① 강제관리신청이 취하된 때 또는 강제관리취소결정이 확정된 때에는 법원사무관등은 관리인과 수익의 지급명령을 송달받은 제3자에게 그 사실을 통지하여야 한다.

② 법 제49조제2호 또는 제4호의 서류가 제출된 때 또는 법 제163조에서 준용하는 법 제87조제4항의 재판이 이루어진 때에는 법원사무관등은 관리인에게 그 사실을 통지하여야 한다.

**제91조 【수익의 처리】** ① 법 제169조제1항에 규정된 관리인의 부동산 수익처리는 법원이 정하는 기간마다 하여야 한다. 이 경우 위 기간의 종기까지 배당요구를 하지 아니한 채권자는 그 수익의 처리와 배당절차에 참가할 수 없다.

② 채권자가 한 사람인 경우 또는 채권자가 두 사람 이상으로서 법 제169조제1항에 규정된 나머지 금액으로 각 채권자의 채권과 집행비용 전부를 변

제할 수 있는 경우에는 관리인은 채권자에게 변제금을 교부하고 나머지가 있으면 채무자에게 교부하여야 한다.
③ 제2항 외의 경우에는 관리인은 제1항의 기간이 지난 후 2주 안의 날을 배당협의기일로 지정하고 채권자에게 그 일시와 장소를 서면으로 통지하여야 한다. 이 통지에는 수익금 · 집행비용 및 각 채권자의 채권액 비율에 따라 배당될 것으로 예상되는 금액을 적은 배당계산서를 붙여야 한다.
④ 관리인은 배당협의기일까지 채권자 사이에 배당에 관한 협의가 이루어진 경우에는 그 협의에 따라 배당을 실시하여야 한다. 관리인은 제3항의 배당계산서와 다른 협의가 이루어진 때에는 그 협의에 따라 배당계산서를 다시 작성하여야 한다.
⑤ 관리인은 배당협의가 이루어지지 못한 경우에는 바로 법 제169조제3항에 따른 신고를 하여야 한다.
⑥ 관리인이 제2항의 규정에 따라 변제금을 교부한 때, 제4항 또는 법 제169조제4항의 규정에 따라 배당을 실시한 때에는 각 채권자로부터 제출받은 영수증을 붙여 법원에 신고하여야 한다.

**제92조 【관리인의 배당액 공탁】** ① 관리인은 제91조제2항 또는 제4항 전문의 규정에 따라 교부 또는 배당(다음부터 "배당등"이라 한다)을 실시하는 경우에 배당등을 받을 채권자의 채권에 관하여 법 제160조제1항에 적은 어느 사유가 있는 때에는 그 배당등의 액에 상당하는 금액을 공탁하고 그 사유를 법원에 신고하여야 한다.
② 관리인은 배당등을 수령하기 위하여 출석하지 아니한 채권자 또는 채무자의 배당등의 액에 상당하는 금액을 공탁하고, 그 사유를 법원에 신고하여야 한다.

**제93조 【사유신고의 방식】** ① 제88조제2항 또는 제92조의 규정에 따른 사유신고는 다음 각호의 사항을 적은 서면으로 하고, 공탁서와 함께 배당계산서가 작성된 경우에는 배당계산서를 붙여야 한다.
1. 사건의 표시
2. 압류채권자와 채무자의 이름
3. 공탁의 사유와 공탁금액
② 법 제169조제3항의 규정에 따른 사유신고는 다음 각호의 사항을 적은 서면으로 하고, 배당계산서를 붙여야 한다.
1. 제1항제1호 · 제2호에 적은 사항
2. 법 제169조제1항에 규정된 나머지 금액과 그 산출근거
3. 배당협의가 이루어지지 아니한 취지와 그 사정의 요지

**제94조 【강제경매규정의 준용】** 강제관리에는 제46조 내지 제48조 및 제82조제2항의 규정을 준용한다. 이 경우 제82조제2항에 "법원사무관등"이라고 규정된 것은 "관리인"으로 본다.

## 제3절 선박에 대한 강제집행

**제95조 【신청서의 기재사항과 첨부서류】** ① 선박에 대한 강제경매신청서에는 법 제80조에 규정된 사항 외에 선박의 정박항 및 선장의 이름과 현재지를 적어야 한다.
② 아래의 선박에 대한 강제경매신청서에는 그 선박이 채무자의 소유임을 증명하는 문서와 함께 다음 서류를 붙여야 한다.
1. 등기가 되지 아니한 대한민국 선박 : 「선박등기규칙」 제11조제2항에 규정된 증명서 및 같은 규칙 제12조제1항 또는 제2항에 규정된 증명서면(2013.11.27 본호개정)
2. 대한민국 선박 외의 선박 : 그 선박이 「선박등기법」 제2조에 규정된 선박임을 증명하는 문서(2005.7.28 본호개정)

**제96조【선박국적증서등 수취의 통지】** 집행관은 법 제174조제1항과 법 제175조제1항의 규정에 따라 선박국적증서, 그 밖에 선박운행에 필요한 문서(다음부터 "선박국적증서등"이라 한다)를 받은 때에는 바로 그 취지를 채무자·선장 및 선적항을 관할하는 해운관서의 장에게 통지하여야 한다.

**제97조【선박국적증서등을 수취하지 못한 경우의 신고】** 집행관이 법 제174조제1항에 규정된 명령에 따라 선박국적증서등을 수취하려 하였으나 그 목적을 달성하지 못한 때에는 그 사유를 법원에 서면으로 신고하여야 한다.

**제98조【대법원규칙이 정하는 법원】** 선적이 없는 때 하는 선박집행신청 전 선박국적증서등의 인도명령신청사건의 관할법원은 서울중앙지방법원·인천지방법원·수원지방법원평택지원·춘천지방법원강릉지원·춘천지방법원속초지원·대전지방법원홍성지원·대전지방법원서산지원·대구지방법원포항지원·부산지방법원·울산지방법원·창원지방법원·창원지방법원진주지원·창원지방법원통영지원·광주지방법원목포지원·광주지방법원순천지원·광주지방법원해남지원·전주지방법원군산지원 또는 제주지방법원으로 한다.
(2005.7.28 본조개정)

**제99조【현황조사보고서】** ① 집행관이 선박의 현황조사를 한 때에는 다음 각호의 사항을 적은 현황조사보고서를 정하여진 날까지 법원에 제출하여야 한다.

1. 사건의 표시
2. 선박의 표시
3. 선박이 정박한 장소
4. 조사의 일시·장소 및 방법
5. 점유자의 표시와 점유의 상황
6. 그 선박에 대하여 채무자의 점유를 풀고 집행관에게 보관시키는 가처분이 집행되어 있는 때에는 그 취지와 집행관이 보관을 개시한 일시
7. 그 밖에 법원이 명한 사항

② 현황조사보고서에는 선박의 사진을 붙여야 한다.

**제100조【운행허가결정】** ① 법원은 법 제176조제2항의 규정에 따른 결정을 하는 때에는 운행의 목적·기간 및 수역 등에 관하여 적당한 제한을 붙일 수 있다.

② 제1항과 법 제176조제2항의 규정에 따른 결정은 채권자·채무자·최고가매수신고인·차순위매수신고인 및 매수인에게 고지하여야 한다.

**제101조【선박국적증서등의 재수취명령】** ① 법 제176조제2항의 규정에 따라 허가된 선박의 운행이 끝난 후 법원에 선박국적증서등이 반환되지 아니한 때에는, 법원은 직권 또는 이해관계인의 신청에 따라 집행관에 대하여 선박국적증서등을 다시 수취할 것을 명할 수 있다.

② 제1항에 규정된 명령에 따라 집행관이 선박국적증서등을 수취하는 경우에는 제96조와 제97조의 규정을 준용한다.

**제102조【감수·보존처분의 시기】** 법 제178조제1항에 규정된 감수 또는 보존처분은 경매개시결정 전에도 할 수 있다.

**제103조【감수·보존처분의 방식】** ① 법원이 법 제178조제1항의 규정에 따른 감수 또는 보존처분을 하는 때에는 집행관, 그 밖에 적당하다고 인정되는 사람을 감수인 또는 보존인으로 정하고, 감수 또는 보존을 명하여야 한다.

② 제1항의 감수인은 선박을 점유하고, 선박이나 그 속구의 이동을 방지하기 위하여 필요한 조치를 취할 수 있다.

③ 제1항의 보존인은 선박이나 그 속구의 효용 또는 가치의 변동을 방지하기 위하여 필요한 조치를 취할 수 있다.
④ 감수처분과 보존처분은 중복하여 할 수 있다.

**제104조 【보증의 제공에 따른 강제경매절차의 취소】** ① 법 제181조제1항의 규정에 따른 보증은 다음 각호 가운데 어느 하나를 집행법원에 제출하는 방법으로 제공하여야 한다. 다만, 제2호의 문서를 제출하는 때에는 채무자는 미리 집행법원의 허가를 얻어야 한다.

1. 채무자가 금전 또는 법원이 상당하다고 인정하는 유가증권을 공탁한 사실을 증명하는 문서
2. 은행등이 채무자를 위하여 일정액의 금전을 법원의 최고에 따라 지급한다는 취지의 기한의 정함이 없는 지급보증위탁계약이 채무자와 은행등 사이에 체결된 사실을 증명하는 문서

② 법 제181조제2항의 규정에 따라 보증을 배당하는 경우 집행법원은 보증으로 공탁된 유가증권을 제출받을 수 있다.
③ 제1항과 법 제181조제1항의 규정에 따른 보증제공에 관하여는 법 제19조제1항·제2항의 규정을, 위 보증이 금전공탁 외의 방법으로 제공된 경우의 현금화에 관하여는 제80조의 규정을 각 준용한다.

**제105조 【부동산강제경매규정의 준용】** 선박에 대한 강제집행에는 제2절 제2관의 규정을 준용한다.

## 제4절 항공기에 대한 강제집행

**제106조 【강제집행의 방법】** 「항공안전법」에 따라 등록된 항공기(다음부터 "항공기"라 한다)에 대한 강제집행은 선박에 대한 강제집행의 예에 따라 실시한다(다만, 현황조사와 물건명세서에 관한 규정 및 제95조제2항의 규정은 제외한다). 이 경우 법과 이 규칙에 "등기"라고 규정된 것은 "등록"으로, "등기부"라고 규정된 것은 "항공기등록원부"로, "등기관"이라고 규정된 것은 "국토교통부장관"으로, "정박"이라고 규정된 것은 "정류 또는 정박"으로, "정박항" 또는 "정박한 장소"라고 규정된 것은 "정류 또는 정박하는 장소"로, "운행"이라고 규정된 것은 "운항"으로, "수역"이라고 규정된 것은 "운항지역"으로, "선박국적증서"라고 규정된 것은 "항공기등록증명서"로, "선적항" 또는 "선적이 있는 곳"이라고 규정된 것은 "정치장"으로, "선적항을 관할하는 해운관서의 장"이라고 규정된 것은 "국토교통부장관"으로 보며, 법 제174조제1항 중 "선장으로부터 받아"는 "받아"로, 제95조제1항 중 "및 선장의 이름과 현재지를 적어야 한다."는 "를 적어야 한다."로 고쳐 적용한다.
(2019.12.26 본조개정)

**제107조 【평가서 사본의 비치 등】** ① 법원은 매각기일(기간입찰의 방법으로 진행할 경우에는 입찰기간의 개시일)의 1월 전까지 평가서의 사본을 법원에 비치하고, 누구든지 볼 수 있도록 하여야 한다.
② 법원사무관등은 평가서의 사본을 비치한 날짜와 그 취지를 기록에 적어야 한다.

## 제5절 자동차에 대한 강제집행

**제108조 【강제집행의 방법】** 「자동차관리법」에 따라 등록된 자동차(다음부터 "자동차"라 한다)에 대한 강제집행(다음부터 "자동차집행"이라 한다)은 이 규칙에 특별한 규정이 없으면 부동

산에 대한 강제경매의 규정을 따른다. 이 경우 법과 이 규칙에 "등기"라고 규정된 것은 "등록"으로, "등기부"라고 규정된 것은 "자동차등록원부"로, "등기관"이라고 규정된 것은 "특별시장·광역시장·특별자치시장 또는 도지사"로 본다.(2019.12.26 본조개정)

**제109조【집행법원】** ① 자동차집행의 집행법원은 자동차등록원부에 기재된 사용본거지를 관할하는 지방법원으로 한다. 다만, 제119조제1항의 규정에 따라 사건을 이송한 때에는 그러하지 아니하다.

② 제113조제1항에 규정된 결정에 따라 집행관이 자동차를 인도받은 경우에는 제1항 본문의 법원 외에 자동차가 있는 곳을 관할하는 지방법원도 집행법원으로 한다.

**제110조【경매신청서의 기재사항과 첨부서류】** 자동차에 대한 강제경매신청서에는 법 제80조에 규정된 사항 외에 자동차등록원부에 기재된 사용본거지를 적고, 집행력 있는 정본 외에 자동차등록원부등본을 붙여야 한다.

**제111조【강제경매개시결정】** ① 법원은 강제경매개시결정을 하는 때에는 법 제83조제1항에 규정된 사항을 명하는 외에 채무자에 대하여 자동차를 집행관에게 인도할 것을 명하여야 한다. 다만, 그 자동차에 대하여 제114조제1항의 규정에 따른 신고가 되어 있는 때에는 채무자에 대하여 자동차 인도명령을 할 필요가 없다.

② 제1항의 개시결정에 기초한 인도집행은 그 개시결정이 채무자에게 송달되기 전에도 할 수 있다.

③ 강제경매개시결정이 송달되거나 등록되기 전에 집행관이 자동차를 인도받은 경우에는 그때에 압류의 효력이 생긴다.

④ 제1항의 개시결정에 대하여는 즉시항고를 할 수 있다.

**제112조【압류자동차의 인도】** 제3자가 점유하게 된 자동차의 인도에 관하여는 법 제193조의 규정을 준용한다. 이 경우 법 제193조제1항과 제2항의 "압류물"은 "압류의 효력 발생 당시 채무자가 점유하던 자동차"로 본다.

**제113조【강제경매신청 전의 자동차 인도명령】** ① 강제경매신청 전에 자동차를 집행관에게 인도하지 아니하면 강제집행이 매우 곤란할 염려가 있는 때에는 그 자동차가 있는 곳을 관할하는 지방법원은 신청에 따라 채무자에게 자동차를 집행관에게 인도할 것을 명할 수 있다.(2015.8.27 본항개정)

② 제1항의 신청에는 집행력 있는 정본을 제시하고, 신청의 사유를 소명하여야 한다.

③ 집행관은 자동차를 인도받은 날부터 10일 안에 채권자가 강제경매신청을 하였음을 증명하는 문서를 제출하지 아니하는 때에는 자동차를 채무자에게 돌려주어야 한다.

④ 제1항의 규정에 따른 결정에 대하여는 즉시항고를 할 수 있다.

⑤ 제1항의 규정에 따른 결정에는 법 제292조제2항·제3항의 규정을 준용한다.

**제114조【자동차를 인도받은 때의 신고】** ① 집행관이 강제경매개시결정에 따라 자동차를 인도받은 때, 제112조에서 준용하는 법 제193조의 규정에 따른 재판을 집행한 때 또는 제113조의 규정에 따라 인도받은 자동차에 대하여 강제경매개시결정이 있는 때에는 바로 그 취지·보관장소·보관방법 및 예상되는 보관비용을 법원에 신고하여야 한다.

② 집행관은 제1항의 신고를 한 후에 자동차의 보관장소·보관방법 또는 보관비용이 변경된 때에는 법원에 신고하여야 한다.

**제115조 【자동차의 보관방법】** 집행관은 상당하다고 인정하는 때에는 인도받은 자동차를 압류채권자, 채무자, 그 밖의 적당한 사람에게 보관시킬 수 있다. 이 경우에는 공시서를 붙여 두거나 그 밖의 방법으로 그 자동차를 집행관이 점유하고 있음을 분명하게 표시하고, 제117조의 규정에 따라 운행이 허가된 경우를 제외하고는 운행을 하지 못하도록 적당한 조치를 하여야 한다.

**제116조 【자동차인도집행불능시의 집행절차취소】** 강제경매개시결정이 있은 날부터 2월이 지나기까지 집행관이 자동차를 인도받지 못한 때에는 법원은 집행절차를 취소하여야 한다.

**제117조 【운행의 허가】** ① 법원은 영업상의 필요, 그 밖의 상당한 이유가 있다고 인정하는 때에는 이해관계를 가진 사람의 신청에 따라 자동차의 운행을 허가할 수 있다.

② 법원이 제1항의 허가를 하는 때에는 운행에 관하여 적당한 조건을 붙일 수 있다.

③ 제1항의 운행허가결정에 대하여는 즉시항고를 할 수 있다.

**제118조 【자동차의 이동】** ① 법원은 필요하다고 인정하는 때에는 집행관에게 자동차를 일정한 장소로 이동할 것을 명할 수 있다.

② 집행법원 외의 법원 소속의 집행관이 자동차를 점유하고 있는 경우, 집행법원은 제119조제1항의 규정에 따라 사건을 이송하는 때가 아니면 그 집행관 소속법원에 대하여 그 자동차를 집행법원 관할구역 안의 일정한 장소로 이동하여 집행법원 소속집행관에게 인계하도록 명할 것을 촉탁하여야 한다.

③ 제2항의 규정에 따라 집행법원 소속집행관이 자동차를 인계받은 경우에는 제114조의 규정을 준용한다.

**제119조 【사건의 이송】** ① 집행법원은 다른 법원 소속집행관이 자동차를 점유하고 있는 경우에 자동차를 집행법원 관할구역 안으로 이동하는 것이 매우 곤란하거나 지나치게 많은 비용이 든다고 인정하는 때에는 사건을 그 법원으로 이송할 수 있다.

② 제1항의 규정에 따른 결정에 대하여는 불복할 수 없다.

**제120조 【매각의 실시시기】** 법원은 그 관할 구역안에서 집행관이 자동차를 점유하게 되기 전에는 집행관에게 매각을 실시하게 할 수 없다.

**제121조 【최저매각가격결정의 특례】** ① 법원은 상당하다고 인정하는 때에는 집행관으로 하여금 거래소에 자동차의 시세를 조회하거나 그 밖의 상당한 방법으로 매각할 자동차를 평가하게 하고, 그 평가액을 참작하여 최저매각가격을 정할 수 있다.

② 제1항의 규정에 따라 자동차를 평가한 집행관은 다음 각호의 사항을 적은 평가서를 정하여진 날까지 법원에 제출하여야 한다.

1. 사건의 표시
2. 자동차의 표시
3. 자동차의 평가액과 평가일
4. 거래소에 대한 조회결과 또는 그 밖의 평가근거

**제122조 【매각기일의 공고】** 매각기일의 공고에는 법 제106조제2호, 제4호 내지 제7호, 제9호에 규정된 사항, 제56조제1호 · 제3호에 규정된 사항, 자동차의 표시 및 자동차가 있는 장소를 적어야 한다.

**제123조 【입찰 또는 경매 외의 매각방법】** ① 법원은 상당하다고 인정하는 때에는 집행관에게 입찰 또는 경매 외의 방법으로 자동차의 매각을 실시할 것을 명할 수 있다. 이 경우에는 매각의 실시방법과 기한, 그 밖의 다른 조건을 붙일 수 있다.

② 법원은 제1항의 규정에 따른 매각의 실시를 명하는 때에는 미리 압류채권자의 의견을 들어야 한다.

③ 법원은 제1항의 규정에 따른 매각의 실시를 명하는 때에는 매수신고의 보증금액을 정하고 아울러 그 보증의 제공은 금전 또는 법원이 상당하다고 인정하는 유가증권을 집행관에게 제출하는 방법으로 하도록 정하여야 한다.

④ 제1항의 규정에 따른 결정이 있는 때에는 법원사무관등은 각 채권자와 채무자에게 그 취지를 통지하여야 한다.

⑤ 집행관은 제1항의 규정에 따른 결정에 기초하여 자동차를 매각하는 경우에 매수신고가 있는 때에는 바로 자동차의 표시·매수신고를 한 사람의 표시 및 매수신고의 액과 일시를 적은 조서를 작성하여, 보증으로 제공된 금전 또는 유가증권과 함께 법원에 제출하여야 한다.

⑥ 제5항의 조서가 제출된 때에는 법원은 바로 매각결정기일을 지정하여야 한다.

⑦ 제6항의 규정에 따른 매각결정기일이 정하여진 때에는 법원사무관등은 이해관계인과 매수신고를 한 사람에게 매각결정기일을 통지하여야 한다.

⑧ 제5항의 조서에 관하여는 법 제116조제2항의 규정을 준용한다.

**제124조 【양도명령에 따른 매각】** ① 법원은 상당하다고 인정하는 때에는 압류채권자의 매수신청에 따라 그에게 자동차의 매각을 허가할 수 있다.

② 제1항의 규정에 따라 매각을 허가하는 결정은 이해관계인에게 고지하여야 한다.

③ 양도명령에 따른 매각절차에 관하여는 제74조, 법 제109조, 법 제113조, 법 제126조제1항·제2항 및 법 제128조제2항의 규정을 준용하지 아니한다.

**제125조 【매수인에 대한 자동차의 인도】** ① 매수인이 대금을 납부하였음을 증명하는 서면을 제출한 때에는 집행관은 자동차를 매수인에게 인도하여야 한다. 이 경우 그 자동차를 집행관 외의 사람이 보관하고 있는 때에는, 집행관은 매수인의 동의를 얻어 보관자에 대하여 매수인에게 그 자동차를 인도할 것을 통지하는 방법으로 인도할 수 있다.

② 집행관은 매수인에게 자동차를 인도한 때에는 그 취지와 인도한 날짜를 집행법원에 신고하여야 한다.

**제126조 【집행정지 중의 매각】** ① 법 제49조제2호 또는 제4호에 적은 서류가 제출된 때에는 법원사무관등은 집행관에게 그 사실을 통지하여야 한다.

② 집행관은 제1항의 규정에 따른 통지를 받은 경우 인도를 받은 자동차의 가격이 크게 떨어질 염려가 있거나 그 보관에 지나치게 많은 비용이 드는 때에는 압류채권자·채무자 및 저당권자에게 그 사실을 통지하여야 한다.

③ 제2항에서 규정하는 경우에 압류채권자 또는 채무자의 신청이 있는 때에는 법원은 자동차를 매각하도록 결정할 수 있다.

④ 제3항의 규정에 따른 결정이 있은 때에는 법원사무관등은 제3항의 신청을 하지 아니한 압류채권자 또는 채무자에게 그 사실을 통지하여야 한다.

⑤ 제3항의 규정에 따른 결정에 기초하여 자동차가 매각되어 그 대금이 집행법원에 납부된 때에는 법원사무관등은 매각대금을 공탁하여야 한다.

**제127조 【자동차집행의 신청이 취하된 경우 등의 조치】** ① 자동차집행의 신청이 취하된 때 또는 강제경매절차를 취소하는 결정의 효력이 생긴 때에는 법원사무관등은 집행관에게 그 취지를 통지하여야 한다.

② 집행관이 제1항의 규정에 따른 통지를 받은 경우 자동차를 수취할 권리를 갖는 사람이 채무자 외의 사람인 때에는 집행관은 그 사람에게 자동차집행의 신청이 취하되었다거나 또는 강제경매절차가 취소되었다는 취지를 통지하여야 한다.
③ 집행관은 제1항의 규정에 따른 통지를 받은 때에는 자동차를 수취할 권리를 갖는 사람에게 자동차가 있는 곳에서 이를 인도하여야 한다. 다만, 자동차를 수취할 권리를 갖는 사람이 자동차를 보관하고 있는 경우에는 그러하지 아니하다.
④ 집행관이 제3항의 규정에 따라 인도를 할 수 없는 때에는 법원은 집행관의 신청을 받아 자동차집행의 절차에 따라 자동차를 매각한다는 결정을 할 수 있다.
⑤ 제4항의 규정에 따른 결정이 있은 때에는 법원사무관등은 채무자와 저당권자에게 그 취지를 통지하여야 한다.
⑥ 제4항의 규정에 따른 결정에 기초하여 자동차가 매각되어 그 대금이 법원에 납부된 때에는 법원은 그 대금에서 매각과 보관에 든 비용을 빼고, 나머지가 있는 때에는 매각대금의 교부계산서를 작성하여 저당권자에게 변제금을 교부하고, 그 나머지를 채무자에게 교부하여야 한다.
⑦ 제6항의 규정에 따른 변제금 등을 교부하는 경우에는 제81조, 제82조, 법 제146조, 법 제160조 및 법 제161조제1항의 규정을 준용한다.

**제128조 【준용규정 등】** ① 자동차집행절차에는 제107조 · 제138조의 규정을 준용한다. 이 경우 제107조제1항에 "1월"이라고 규정된 것은 "1주"로, 제138조제1항에 "압류물이 압류한"이라고 규정된 것은 "집행관이 점유를 취득한 자동차가"로 본다.
② 자동차집행절차에 관하여는 제43조 내지 제46조, 제51조제1항제4호 내지 제6호, 제2항, 제55조, 제56조제2호, 제60조, 제68조 내지 제71조, 법 제79조, 법 제81조, 법 제83조제2항 · 제3항, 법 제85조, 법 제91조제5항, 법 제105조 및 법 제136조의 규정과 법 제103조제2항 중 기간입찰에 관한 부분을 준용하지 아니한다.

**제129조 【자동차지분에 대한 강제집행】** 자동차의 공유지분에 대한 강제집행은 법 제251조에 규정된 강제집행의 예에 따라 실시한다.

## 제6절 건설기계 · 소형선박에 대한 강제집행
(2008.2.18 본절개정)

**제130조 【강제집행의 방법】** ① 「건설기계관리법」에 따라 등록된 건설 기계(다음부터 "건설기계"라 한다) 및 「자동차 등 특정동산 저당법」의 적용을 받는 소형선박(다음부터 "소형선박"이라 한다)에 대한 강제집행에 관하여는 제5절의 규정을 준용한다. 이 경우 제108조 내지 제110조에 "자동차등록원부"라고 규정된 것은 각 "건설기계등록원부", "선박원부 · 어선원부 · 수상레저기구등록원부"로 본다.(2010.10.4 전단개정)
② 소형선박에 대한 강제집행의 경우 제108조에 "특별시장 · 광역시장 · 특별자치시장 또는 도지사"라고 규정된 것은 "지방해양수산청장(지방해양수산청해양수산사무소장을 포함한다. 다음부터 같다)"이나 "시장 · 군수 또는 구청장(자치구의 구청장을 말한다. 다음부터 같다)"으로 본다.(2019.12.26 본항개정)
③ 소형선박에 대한 강제집행의 경우 제109조 및 제110조에 "사용본거지"라고 규정된 것은 "선적항" 또는 "보관장소"로 본다.

## 제7절 동산에 대한 강제집행

### 제1관 유체동산에 대한 강제집행

**제131조 【유체동산 집행신청의 방식】** 유체동산에 대한 강제집행신청서에는 다음 각호의 사항을 적고 집행력 있는 정본을 붙여야 한다.

1. 채권자·채무자와 그 대리인의 표시
2. 집행권원의 표시
3. 강제집행 목적물인 유체동산이 있는 장소
4. 집행권원에 표시된 청구권의 일부에 관하여 강제집행을 구하는 때에는 그 범위

**제132조 【압류할 유체동산의 선택】** 집행관이 압류할 유체동산을 선택하는 때에는 채권자의 이익을 해치지 아니하는 범위 안에서 채무자의 이익을 고려하여야 한다.

**제132조의2 【압류할 유체동산의 담보권 확인 등】** ① 집행관은 유체동산 압류시에 채무자에 대하여 「동산·채권 등의 담보에 관한 법률」 제2조제7호에 따른 담보등기가 있는지 여부를 담보등기부를 통하여 확인하여야 하고, 담보등기가 있는 경우에는 등기사항전부증명서(말소사항 포함)를, 담보등기가 없는 경우에는 등기기록미개설증명서(다만, 등기기록미개설증명서를 발급받을 수 없는 경우에는 이를 확인할 수 있는 자료)를 집행기록에 편철하여야 한다.(2022.2.25 본항개정)

② 집행관은 제1항에 따라 담보권의 존재를 확인한 경우에 그 담보권자에게 매각기일에 이르기까지 집행을 신청하거나, 법 제220조에서 정한 시기까지 배당요구를 하여 매각대금의 배당절차에 참여할 수 있음을 고지하여야 한다.

(2014.7.1 본조신설)

**제133조 【직무집행구역 밖에서의 압류】** 집행관은 동시에 압류하고자 하는 여러 개의 유체동산 가운데 일부가 소속 법원의 관할구역 밖에 있는 경우에는 관할구역 밖의 유체동산에 대하여도 압류할 수 있다.

**제134조 【압류조서의 기재사항】** ① 유체동산 압류조서에는 제6조와 법 제10조제2항·제3항에 규정된 사항외에 채무자가 자기 소유가 아니라는 진술이나 담보가 설정되어 있다는 진술을 한 압류물에 관하여는 그 취지를 적어야 한다.(2014.7.1 본항개정)

② 유체동산 압류조서에 집행의 목적물을 적는 때에는 압류물의 종류·재질, 그 밖에 압류물을 특정하는 데 필요한 사항과 수량 및 평가액(토지에서 분리하기 전의 과실에 대하여는 그 과실의 수확시기·예상수확량과 예상평가액)을 적어야 한다.

**제135조 【직무집행구역 밖에서의 압류물보관】** 집행관은 특히 필요하다고 인정하는 때에는 압류물 보관자로 하여금 소속법원의 관할구역 밖에서 압류물을 보관하게 할 수 있다.

**제136조 【압류물의 보관에 관한 조서 등】** ① 집행관이 채무자·채권자 또는 제3자에게 압류물을 보관시킨 때에는 보관자의 표시, 보관시킨 일시·장소와 압류물, 압류표시의 방법과 보관조건을 적은 조서를 작성하여 보관자의 기명날인 또는 서명을 받아야 한다.

② 집행관이 보관자로부터 압류물을 반환받은 때에는 그 취지를 기록에 적어야 한다.

③ 제2항의 경우에 압류물에 부족 또는 손상이 있는 때에는 집행관은 보관자가 아닌 압류채권자와 채무자에게 그 취지를 통지하여야 하고, 아울러 부족한 압류물 또는 압류물의 손상정도

와 이러한 압류물에 대하여 집행관이 취한 조치를 적은 조서를 작성하여야 한다.

**제137조【보관압류물의 점검】** ① 집행관은 채무자 또는 채권자나 제3자에게 압류물을 보관시킨 경우에 압류채권자 또는 채무자의 신청이 있거나 그 밖에 필요하다고 인정하는 때에는 압류물의 보관상황을 점검하여야 한다.

② 집행관이 제1항의 규정에 따른 점검을 한 때에는 압류물의 부족 또는 손상의 유무와 정도 및 이에 관하여 집행관이 취한 조치를 적은 점검조서를 작성하고, 부족 또는 손상이 있는 경우에는 보관자가 아닌 채권자 또는 채무자에게 그 취지를 통지하여야 한다.

**제138조【직무집행구역 밖에서의 압류물 회수 등】** ① 압류물이 압류한 집행관이 소속하는 법원의 관할 구역 밖에 있게 된 경우에 이를 회수하기 위하여 필요한 때에는 집행관은 소속 법원의 관할구역 밖에서도 그 직무를 행할 수 있다.

② 제1항의 경우에 압류물을 회수하기 위하여 지나치게 많은 비용이 든다고 인정하는 때에는 집행관은, 압류채권자의 의견을 들어, 압류물이 있는 곳을 관할하는 법원 소속집행관에게 사건을 이송할 수 있다.

**제139조【압류물의 인도명령을 집행한 경우의 조치 등】** ① 법 제193조제1항의 규정에 따른 인도명령을 집행한 집행관은 그 압류물의 압류를 한 집행관이 다른 법원에 소속하는 때에는 그 집행관에 대하여 인도명령을 집행하였다는 사실을 통지하여야 한다.

② 제1항의 규정에 따른 통지를 받은 집행관은 압류물을 인수하여야 한다. 다만, 압류물을 인수하기 위하여 지나치게 많은 비용이 든다고 인정하는 때에는, 압류채권자의 의견을 들어, 인도명령을 집행한 집행관에게 사건을 이송할 수 있다.

**제140조【초과압류 등의 취소】** ① 집행관은 압류 후에 그 압류가 법 제188조제2항의 한도를 넘는 사실이 분명하게 된 때에는 넘는 한도에서 압류를 취소하여야 한다.

② 집행관은 압류후에 압류물의 매각대금으로 압류채권자의 채권에 우선하는 채권과 집행비용을 변제하면 남을 것이 없겠다고 인정하는 때에는 압류를 취소하여야 한다.

**제141조【매각의 가망이 없는 경우의 압류의 취소】** 집행관은 압류물에 관하여 상당한 방법으로 매각을 실시하였음에도 매각의 가망이 없는 때에는 그 압류물의 압류를 취소할 수 있다.

**제142조【압류취소의 방법 등】** ① 유체동산 압류를 취소하는 때에는 집행관은 압류물을 수취할 권리를 갖는 사람에게 압류취소의 취지를 통지하고 압류물이 있는 장소에서 이를 인도하여야 한다. 다만, 압류물을 수취할 권리를 갖는 사람이 그 압류물을 보관 중인 때에는 그에게 압류취소의 취지를 통지하면 된다.

② 집행관은 제1항의 경우에 압류물을 수취할 권리를 갖는 사람이 채무자외의 사람인 때에는 채무자에게 압류가 취소되었다는 취지를 통지하여야 한다.

③ 압류가 취소된 유체동산을 인도할 수 없는 경우에는 법 제258조제6항의 규정을 준용한다.

**제143조** (2005.7.28 삭제)

**제144조【압류물의 평가】** ① 집행관은 법 제200조에 규정된 경우외에도 필요하다고 인정하는 때에는 적당한 감정인을 선임하여 압류물을 평가하게 할 수 있다.

② 제1항 또는 법 제200조의 규정에 따라 물건을 평가한 감정인은 다음 각

호의 사항을 적은 평가서를 정하여진 날까지 집행관에게 제출하여야 한다.
1. 사건의 표시
2. 유체동산의 표시
3. 유체동산의 평가액과 평가일
4. 평가액 산출의 과정
5. 그 밖에 집행관이 명한 사항

③ 제2항의 평가서가 제출된 경우 집행관은 평가서의 사본을 매각기일마다 그 3일 전까지 집행관 사무실 또는 그 밖에 적당한 장소에 비치하고 누구든지 볼 수 있도록 하여야 한다.

**제145조【호가경매기일의 지정 등】**
① 집행관은 호가경매의 방법으로 유체동산을 매각하는 때에는 경매기일의 일시와 장소를 정하여야 한다. 이 경우 경매기일은 부득이한 사정이 없는 한 압류일부터 1월 안의 날로 정하여야 한다.
② 집행관은 집행법원의 허가를 받은 때에는 소속 법원의 관할 구역밖에서 경매기일을 열 수 있다.

**제146조【호가경매공고의 방법 등】**
① 집행관은 호가경매기일의 3일 전까지 다음 각호의 사항을 공고하여야 한다.
1. 사건의 표시
2. 매각할 물건의 종류·재질, 그 밖에 그 물건을 특정하는 데 필요한 사항과 수량 및 평가액(토지에서 분리하기 전의 과실에 대하여는 그 과실의 수확시기·예상수확량과 예상평가액)
3. 평가서의 사본을 비치하는 때에는 그 비치장소와 누구든지 볼 수 있다는 취지
4. 제158조에서 준용하는 제60조의 규정에 따라 매수신고를 할 수 있는 사람의 자격을 제한한 때에는 그 제한의 내용
5. 매각할 유체동산을 호가경매기일 전에 일반인에게 보여주는 때에는 그 일시와 장소
6. 대금지급기일을 정한 때에는 매수신고의 보증금액과 그 제공방법 및 대금지급일

② 집행관은 경매의 일시와 장소를 각 채권자·채무자 및 압류물 보관자에게 통지하여야 한다. 법 제190조의 규정에 따라 압류한 재산을 경매하는 경우에는 집행기록상 주소를 알 수 있는 배우자에게도 같은 사항을 통지하여야 한다.
③ 제2항의 통지는 집행기록에 표시된 주소지에 등기우편으로 발송하는 방법으로 할 수 있다.

**제147조【호가경매의 절차】** ① 집행관이 경매기일을 개시하는 때에는 매각조건을 고지하여야 한다.
② 집행관은 매수신청의 액 가운데 최고의 것을 3회 부른 후 그 신청을 한 사람의 이름·매수신청의 액 및 그에게 매수를 허가한다는 취지를 고지하여야 한다. 다만, 매수신청의 액이 상당하지 아니하다고 인정하는 경우에는 매수를 허가하지 아니할 수 있다.
③ 집행관은 소속 법원 안에서 호가경매를 실시하는 경우 법 제108조의 조치를 위하여 필요한 때에는 법원의 원조를 요청할 수 있다.
④ 유체동산의 호가경매절차에는 제57조제1항, 제62조제3항·제4항 및 제72조제1항·제2항의 규정을 준용한다.

**제148조【호가경매로 매각할 유체동산의 열람】** ① 집행관은 호가경매기일 또는 그 기일 전에 매각할 유체동산을 일반인에게 보여주어야 한다.
② 매각할 유체동산을 호가경매기일 전에 일반인에게 보여주는 경우에 그 유체동산이 채무자가 점유하고 있는 건물 안에 있는 때에는 집행관은 보여

주는 자리에 참여하여야 한다. 그 밖의 경우에도 매각할 유체동산을 보관하는 사람의 신청이 있는 때에는 마찬가지이다.

③ 집행관은 매각할 유체동산을 호가경매기일 전에 일반인에게 보여준 때와 제2항의 규정에 따라 유체동산을 보여주는 자리에 참여한 때에는 그 취지를 기록에 적어야 한다.

**제149조 【호가경매에 따른 대금의 지급 등】** ① 호가경매기일에서 매수가 허가된 때에는 그 기일이 마감되기 전에 매각대금을 지급하여야 한다. 다만, 제2항의 규정에 따라 대금지급일이 정하여진 때에는 그러하지 아니하다.

② 집행관은 압류물의 매각가격이 고액으로 예상되는 때에는 호가경매기일부터 1주 안의 날을 대금지급일로 정할 수 있다.

③ 제2항의 규정에 따라 대금지급일이 정하여진 때에는 매수신고를 하려는 사람은 집행관에 대하여 매수신고가격의 10분의 1에 상당하는 액의 보증을 제공하여야 한다. 이 경우 매수신고보증의 제공방법에 관하여는 제64조의 규정을 준용한다.

④ 제3항의 규정에 따른 매수신고의 보증으로 금전이 제공된 경우에 그 금전은 매각대금에 넣는다.

⑤ 매수인이 대금지급일에 대금을 지급하지 아니하여 다시 유체동산을 매각하는 경우 뒤의 매각가격이 처음의 매각가격에 미치지 아니하는 때는 전의 매수인이 제공한 매수신고의 보증은 그 차액을 한도로 매각대금에 산입한다. 이 경우 매수인은 매수신고의 보증금액 가운데 매각대금에 산입되는 금액에 상당하는 부분의 반환을 청구할 수 없다.

⑥ 매수신고의 보증이 제3항 후문에서 준용하는 제64조제3호의 문서를 제출하는 방법으로 제공된 경우에는 집행관은 은행등에 대하여 제5항 전문의 규정에 따라 매각대금에 산입되는 액의 금전을 지급하라는 취지를 최고하여야 한다.

⑦ 집행관은 대금지급일을 정하여 호가경매를 실시한 때에는 대금지급일에 대금이 지급되었는지 여부를 기록에 적어야 한다.

**제150조 【호가경매조서의 기재사항】** ① 제6조제1항제2호의 규정에 따라 호가경매조서에 적을 "실시한 집행의 내용"은 다음 각호의 사항으로 한다.

1. 매수인의 표시 · 매수신고가격 및 대금의 지급여부
2. 법 제206조제1항의 규정에 따른 배우자의 우선매수신고가 있는 경우에는 그 취지와 배우자의 표시
3. 적법한 매수신고가 없는 때에는 그 취지
4. 대금지급일을 정하여 호가경매를 실시한 때에는 대금지급일과 매수인의 매수신고보증의 제공방법

② 매수인 또는 그 대표자나 대리인은 호가경매조서에 서명날인하여야 한다. 그들이 서명날인할 수 없는 때에는 집행관이 그 사유를 적어야 한다.

**제151조 【입찰】** ① 유체동산 매각을 위한 입찰은 입찰기일에 입찰을 시킨 후 개찰을 하는 방법으로 한다.

② 개찰이 끝난 때에는 집행관은 최고의 가액으로 매수신고를 한 입찰자의 이름 · 입찰가격 및 그에 대하여 매수를 허가한다는 취지를 고지하여야 한다.

③ 유체동산의 입찰절차에는 제57조제1항, 제62조, 제65조, 제66조, 제145조, 제146조, 제147조제1항 · 제2항 단서 · 제3항 및 제148조 내지 제150조의 규정을 준용한다.

**제152조 【압류조서의 열람청구】** 법 제215조제1항에 규정된 조치를 취하기

위하여 필요한 때에는 집행관은 먼저 압류한 집행관에게 압류조서를 보여줄 것을 청구할 수 있다.

**제153조【지급요구의 방식】** 법 제221조제1항의 규정에 따른 지급요구는 매각기일에 출석하여 하는 경우가 아니면 서면으로 하여야 한다.

**제154조【배우자의 공유주장에 대한 이의】** 법 제221조제3항의 규정에 따라 채권자가 배우자의 공유주장에 대하여 이의하고 그 이의가 완결되지 아니한 때에는 집행관은 배우자가 주장하는 공유지분에 해당하는 매각대금에 관하여 법 제222조에 규정된 조치를 취하여야 한다.

**제155조【집행관의 매각대금 처리】**
① 채권자가 한 사람인 경우 또는 채권자가 두 사람 이상으로서 매각대금 또는 압류금전으로 각 채권자의 채권과 집행비용의 전부를 변제할 수 있는 경우에는 집행관은 채권자에게 채권액을 교부하고, 나머지가 있으면 채무자에게 교부하여야 한다.
② 압류금전이나 매각대금으로 각 채권자의 채권과 집행비용의 전부를 변제할 수 없는 경우에는 집행관은 법 제222조제1항에 규정된 기간 안의 날을 배당협의기일로 지정하고 각 채권자에게 그 일시와 장소를 서면으로 통지하여야 한다. 이 통지에는 매각대금 또는 압류금전, 집행비용, 각 채권자의 채권액 비율에 따라 배당될 것으로 예상되는 금액을 적은 배당계산서를 붙여야 한다.
③ 집행관은 배당협의기일까지 채권자 사이에 배당협의가 이루어진 때에는 그 협의에 따라 배당을 실시하여야 한다. 집행관은 제2항의 배당계산서와 다른 협의가 이루어진 때에는 그 협의에 따라 배당계산서를 다시 작성하여야 한다.
④ 집행관은 배당협의가 이루어지지 아니한 때에는 바로 법 제222조에 규정된 조치를 취하여야 한다.

**제156조【집행관의 배당액 공탁】** ① 제155조제1항 또는 제3항의 규정에 따라 집행관이 채권액의 배당등을 실시하는 경우 배당등을 받을 채권자의 채권에 관하여 다음 각호 가운데 어느 하나의 사유가 있는 때에는 집행관은 그 배당등의 액에 상당하는 금액을 공탁하고 그 사유를 법원에 신고하여야 한다.
1. 채권에 정지조건 또는 불확정기한이 붙어 있는 때
2. 가압류채권자의 채권인 때
3. 법 제49조제2호 또는 법 제272조에서 준용하는 법 제266조제1항제5호에 적은 문서가 제출되어 있는 때

② 집행관은 배당등을 수령하기 위하여 출석하지 아니한 채권자 또는 채무자에 대한 배당등의 액에 상당하는 금액을 공탁하여야 한다.

**제157조【사유신고서의 방식】** ① 법 제222조제3항의 규정에 따른 사유신고는 다음 각호의 사항을 적은 서면으로 하여야 한다.
1. 사건의 표시
2. 압류채권자와 채무자의 이름
3. 매각대금 또는 압류금전의 액수
4. 집행비용
5. 배당협의가 이루어지지 아니한 취지와 그 사정의 요지

② 제156조제1항의 규정에 따른 사유신고는 다음 각호의 사항을 적은 서면으로 하여야 한다.
1. 제1항제1호 · 제2호에 적은 사항
2. 공탁의 사유와 공탁금액

③ 제1항 또는 제2항의 서면에는 공탁서와 사건기록을 붙여야 한다.

**제158조【부동산강제집행규정의 준용】** 유체동산 집행에는 제48조, 제59조제1호, 제60조 및 제82조제2항의 규정을 준용한다.(2010.10.4 본조개정)

## 제2관 채권과 그 밖의 재산권에 대한 강제집행

**제159조 【압류명령신청의 방식】** ① 채권에 대한 압류명령신청서에는 법 제225조에 규정된 사항외에 다음 각 호의 사항을 적고 집행력 있는 정본을 붙여야 한다.

1. 채권자 · 채무자 · 제3채무자와 그 대리인의 표시
2. 집행권원의 표시
3. 집행권원에 표시된 청구권의 일부에 관하여만 압류명령을 신청하거나 목적채권의 일부에 대하여만 압류명령을 신청하는 때에는 그 범위

② 법 제224조제3항의 규정에 따라 가압류를 명한 법원이 있는 곳을 관할하는 지방법원에 채권압류를 신청하는 때에는 가압류결정서 사본과 가압류송달증명을 붙여야 한다.

**제160조 【신청취하 등의 통지】** ① 압류명령의 신청이 취하되거나 압류명령을 취소하는 결정이 확정된 때에는 법원사무관등은 압류명령을 송달받은 제3채무자에게 그 사실을 통지하여야 한다.

② 추심명령 · 전부명령 또는 법 제241조제1항의 규정에 따른 명령의 신청이 취하되거나 이를 취소하는 결정이 확정된 때에도 제1항과 같다.

**제161조 【집행정지의 통지】** ① 추심명령이 있은 후 법 제49조제2호 또는 제4호의 서류가 제출된 때에는 법원사무관등은 압류채권자와 제3채무자에 대하여 그 서류가 제출되었다는 사실과 서류의 요지 및 위 서류의 제출에 따른 집행정지가 효력을 잃기 전에는 압류채권자는 채권의 추심을 하여서는 아니되고 제3채무자는 채권의 지급을 하여서는 아니된다는 취지를 통지하여야 한다.

② 법 제242조에 규정된 유체물의 인도청구권이나 권리이전청구권에 대하여 법 제243조제1항 또는 법 제244조제1항 · 제2항(제171조제1항 · 제2항의 규정에 따라 이 조항들이 준용되는 경우를 포함한다)의 명령이 있은 후 법 제49조제2호 또는 제4호의 서류가 제출된 경우에는 제1항의 규정을 준용한다.

**제161조의2 【채권자 승계에 따른 통지】** 추심명령이 있은 후 제23조제1항에 따른 승계집행문이 붙은 집행권원의 정본이 제출된 때에는 법원사무관등은 제3채무자에게 그 서류가 제출되었다는 사실과 추심권이 승계인에게 이전된다는 취지를 통지하여야 한다.
(2020.12.28 본조신설)

**제162조 【추심신고의 방식】** ① 법 제236조제1항의 규정에 따른 신고는 다음 각호의 사항을 적은 서면으로 하여야 한다.

1. 사건의 표시
2. 채권자 · 채무자 및 제3채무자의 표시
3. 제3채무자로부터 지급받은 금액과 날짜

② 법 제236조제2항의 규정에 따른 신고는 제1항에 규정된 사항과 공탁사유 및 공탁한 금액을 적은 서면에 공탁서를 붙여서 하여야 한다.

**제163조 【채권의 평가】** ① 법원은 법 제241조제1항의 규정에 따른 명령을 하는 경우에 필요가 있다고 인정하는 때에는 감정인에게 채권의 가액을 평가하게 할 수 있다.

② 제1항의 감정인이 채권의 가액을 평가한 때에는 정하여진 날까지 그 평가결과를 서면으로 법원에 보고하여야 한다.

**제164조 【양도명령에 관한 금전의 납부와 교부】** ① 법 제241조제1항제1호의 규정에 따른 양도명령(다음부터 “양

도명령"이라 한다)을 하는 경우에 법원이 정한 양도가액이 채권자의 채권과 집행비용의 액을 넘는 때에는 법원은 양도명령을 하기 전에 채권자에게 그 차액을 납부시켜야 한다.

② 법원은 양도명령이 확정된 때에는 제1항의 규정에 따라 납부된 금액을 채무자에게 교부하여야 한다. 채무자에 대한 교부절차에 관하여는 제82조의 규정을 준용한다.

**제165조【매각명령에 따른 매각】** ① 법원은 압류된 채권의 매각대금으로 압류채권자의 채권에 우선하는 채권과 절차비용을 변제하면 남을 것이 없겠다고 인정하는 때에는 법 제241조제1항제2호의 규정에 따른 매각명령(다음부터 "매각명령"이라 한다)을 하여서는 아니된다.

② 집행관은 압류채권자의 채권에 우선하는 채권과 절차비용을 변제하고 남을 것이 있는 가격이 아니면 압류된 채권을 매각하여서는 아니된다.

③ 집행관은 대금을 지급받은 후가 아니면 매수인에게 채권증서를 인도하거나 법 제241조제5항의 통지를 하여서는 아니된다.

④ 집행관은 매각절차를 마친 때에는 바로 매각대금과 매각에 관한 조서를 법원에 제출하여야 한다.

**제166조【그 밖의 방법에 따른 현금화명령】** 법 제241조제1항제4호의 규정에 따라 법원이 그 밖에 적당한 방법으로 현금화를 명하는 경우와 그 명령에 따른 현금화절차에는 제164조·제165조의 규정을 준용한다.

**제167조【저당권이전등기 등의 촉탁】** ① 저당권이 있는 채권에 관하여 전부명령이나 양도명령이 확정된 때 또는 매각명령에 따른 매각을 마친 때에는 법원사무관등은 신청에 따라 등기관에게 다음 각호의 사항을 촉탁하여야 한다.

1. 채권을 취득한 채권자 또는 매수인 앞으로 저당권을 이전하는 등기
2. 법 제228조의 규정에 따른 등기의 말소

② 제1항의 규정에 따른 촉탁은 전부명령이나 양도명령의 정본 또는 매각조서의 등본을 붙인 서면으로 하여야 한다.

③ 제1항의 촉탁에 관한 비용은 채권을 취득한 채권자 또는 매수인이 부담한다.

④ 법 제228조의 규정에 따른 등기가 된 경우 압류된 채권이 변제 또는 공탁에 따라 소멸되었음을 증명하는 문서가 제출된 때에는 법원사무관등은 신청에 따라 그 등기의 말소를 촉탁하여야 한다. 압류명령신청이 취하되거나 압류명령의 취소결정이 확정된 때에도 같다.

⑤ 제4항의 규정에 따른 촉탁비용은 그 전문의 경우에는 채무자가, 그 후문의 경우에는 압류채권자가 각기 부담한다.

**제168조【저당권이전등기 등의 촉탁을 신청할 때 제출할 문서 등】** ① 전부명령 또는 양도명령이 확정된 경우에 제167조제1항의 신청을 하는 때에는, 기록상 분명한 경우가 아니면, 압류된 채권에 관하여 위 명령이 제3채무자에게 송달될 때까지 다른 압류 또는 가압류의 집행이 없다는 사실을 증명하는 문서를 제출하여야 한다.

② 채권을 취득한 채권자는 제1항의 문서를 제출하기 어려운 사정이 있는 때에는 제3채무자로 하여금 전부명령 또는 양도명령이 제3채무자에게 송달될 때까지 다른 압류 또는 가압류의 집행이 있었는지 여부에 관하여 진술하게 하도록 법원에 신청할 수 있다.

③ 제3채무자가 제2항에 규정된 진술을 게을리하는 때에는 법원은 제3채무자를 심문할 수 있다.

**제169조【유체동산 매각대금의 처리 등】** 집행관이 법 제243조제3항의 규정에 따라 유체동산을 현금화한 경우에는 제165조제4항의 규정을 준용한다.

**제170조【인도 또는 권리이전된 부동산의 집행】** 법 제244조의 규정에 따라 인도 또는 권리이전된 부동산의 강제집행에 대하여는 부동산 강제집행에 관한 규정을 적용한다.

**제171조【선박 등 청구권에 대한 집행】** ① 선박 또는 항공기의 인도청구권에 대한 압류에 관하여는 법 제244조제1항·제4항의 규정을, 선박·항공기·자동차 또는 건설기계의 권리이전청구권에 대한 압류에 관하여는 법 제244조제2항 내지 제4항의 규정을 준용한다.

② 자동차 또는 건설기계의 인도청구권에 대한 압류에 관하여는 법 제243조제1항·제2항의 규정을 준용한다.

③ 제1항 또는 제2항의 규정에 따라 인도 또는 권리이전된 선박·항공기·자동차 또는 건설기계의 강제집행에 대하여는 선박·항공기·자동차 또는 건설기계 강제집행에 관한 규정을 각기 적용한다.

**제172조【제3채무자 등의 공탁신고의 방식】** ① 법 제248조제4항의 규정에 따른 신고는 다음 각호의 사항을 적은 서면으로 하여야 한다.

1. 사건의 표시
2. 채권자·채무자 및 제3채무자의 이름
3. 공탁사유와 공탁한 금액

② 제1항의 서면에는 공탁서를 붙여야 한다. 다만, 법 제248조제4항 단서에 규정된 사람이 신고하는 때에는 그러하지 아니하다.

③ 압류된 채권에 관하여 다시 압류명령 또는 가압류명령이 송달된 경우에 제1항의 신고는 먼저 송달된 압류명령을 발령한 법원에 하여야 한다.

**제173조【부동산강제집행규정의 준용】** 채권에 대한 강제집행의 배당요구에 관하여는 제48조의 규정을, 매각명령에 따른 집행관의 매각에는 제59조의 규정을, 관리명령에는 그 성질에 어긋나지 아니하는 범위 안에서 제2절제3관의 규정을 준용한다.

**제174조【그 밖의 재산권에 대한 집행】** 법 제251조제1항에 규정된 재산권(다음부터 "그 밖의 재산권"이라 한다)에 대한 강제집행에는 그 성질에 어긋나지 아니하는 범위안에서 제159조 내지 제173조의 규정을 준용한다.

**제175조【등기 또는 등록이 필요한 그 밖의 재산권에 대한 집행】** ① 권리이전에 등기 또는 등록(다음부터 이 조문안에서 "등기등"이라 한다)이 필요한 그 밖의 재산권에 대한 압류명령신청서에는 집행력 있는 정본외에 권리에 관한 등기사항증명서 또는 등록원부의 등본이나 초본을 붙여야 한다.
(2011.9.28 본항개정)

② 제1항의 그 밖의 재산권에 대한 강제집행에 관하여는 그 등기등을 하는 곳을 관할하는 지방법원을 법 제251조제1항에서 준용하는 법 제224조제2항의 집행법원으로 한다.

③ 제1항의 그 밖의 재산권에 관하여 압류의 등기등이 압류명령의 송달 전에 이루어진 경우에는 압류의 효력은 압류의 등기등이 된 때에 발생한다. 다만, 그 밖의 재산권으로 권리 처분의 제한에 관하여 등기등을 하지 아니하면 효력이 생기지 아니하는 것에 대한 압류의 효력은 압류의 등기등이 압류명령의 송달 뒤에 된 때에도 압류의 등기등이 된 때에 발생한다.

④ 제1항의 그 밖의 재산권에 관하여 압류의 효력 발생 전에 등기등이 된 담보권으로서 매각으로 소멸하는 것이 설정되어 있는 때에는, 법원사무관등

은 담보권자에게 압류사실을 통지하고 그 담보권의 피담보채권의 현존액을 신고할 것을 최고하여야 한다.
⑤ 제1항의 그 밖의 재산권에 대한 강제집행에는 법 제94조 내지 법 제96조, 법 제141조 및 법 제144조의 규정을 준용한다.

### 제3관 예탁유가증권에 대한 강제집행

**제176조【예탁유가증권집행의 개시】** 「자본시장과 금융투자업에 관한 법률」 제309조제2항의 규정에 따라 한국예탁결제원(다음부터 "예탁결제원"이라 한다)에 예탁된 유가증권(같은 법 제310조제4항의 규정에 따라 예탁결제원에 예탁된 것으로 보는 경우를 포함한다. 다음부터 "예탁유가증권"이라 한다)에 대한 강제집행(다음부터 "예탁유가증권집행"이라 한다)은 예탁유가증권에 관한 공유지분(다음부터 "예탁유가증권지분"이라 한다)에 대한 법원의 압류명령에 따라 개시한다.
(2013.11.27 본조개정)

**제177조【압류명령】** 법원이 예탁유가증권지분을 압류하는 때에는 채무자에 대하여는 계좌대체청구·「자본시장과 금융투자업에 관한 법률」 제312조제2항에 따른 증권반환청구, 그 밖의 처분을 금지하고, 채무자가 같은 법 제309조제2항에 따른 예탁자(다음부터 "예탁자"라 한다)인 경우에는 예탁결제원에 대하여, 채무자가 고객인 경우에는 예탁자에 대하여 계좌대체와 증권의 반환을 금지하여야 한다.(2013.11.27 본조개정)

**제178조【예탁원 또는 예탁자의 진술의무】** 압류채권자는 예탁결제원 또는 예탁자로 하여금 압류명령의 송달을 받은 날부터 1주 안에 서면으로 다음 각호의 사항을 진술하게 할 것을 법원에 신청할 수 있다.(2013.11.27 본문개정)

1. 압류명령에 표시된 계좌가 있는지 여부
2. 제1호의 계좌에 압류명령에 목적물로 표시된 예탁유가증권지분이 있는지 여부 및 있다면 그 수량
3. 위 예탁유가증권지분에 관하여 압류채권자에 우선하는 권리를 가지는 사람이 있는 때에는 그 사람의 표시 및 그 권리의 종류와 우선하는 범위
4. 위 예탁유가증권지분에 관하여 다른 채권자로부터 압류·가압류 또는 가처분의 집행이 되어 있는지 여부 및 있다면 그 명령에 관한 사건의 표시·채권자의 표시·송달일과 그 집행의 범위
5. 위 예탁유가증권지분에 관하여 신탁재산인 뜻의 기재가 있는 때에는 그 사실

**제179조【예탁유가증권지분의 현금화】** ① 법원은 압류채권자의 신청에 따라 압류된 예탁유가증권지분에 관하여 법원이 정한 값으로 지급함에 갈음하여 압류채권자에게 양도하는 명령(다음부터 "예탁유가증권지분양도명령"이라 한다) 또는 추심에 갈음하여 법원이 정한 방법으로 매각하도록 집행관에게 명하는 명령(다음부터 "예탁유가증권지분매각명령"이라 한다)을 하거나 그 밖에 적당한 방법으로 현금화하도록 명할 수 있다.
② 제1항의 신청에 관한 재판에 대하여는 즉시항고를 할 수 있다.
③ 제1항의 규정에 따른 재판은 확정되어야 효력이 있다.

**제180조【예탁유가증권지분양도명령】** ① 예탁유가증권지분양도명령의 신청서에는 채무자의 계좌를 관리하는 예탁결제원 또는 예탁자에 개설된 압류채권자의 계좌번호를 적어야 한다.

② 예탁유가증권지분양도명령이 확정된 때에는 법원사무관등은 제1항의 예탁결제원 또는 예탁자에 대하여 양도명령의 대상인 예탁유가증권지분에 관하여 압류채권자의 계좌로 계좌대체의 청구를 하여야 한다.
③ 제2항의 규정에 따른 계좌대체청구를 받은 예탁결제원 또는 예탁자는 그 취지에 따라 계좌대체를 하여야 한다. 다만, 제182조제2항에서 준용하는 법 제229조제5항의 규정에 따라 예탁유가증권지분양도명령의 효력이 발생하지 아니한 사실을 안 때에는 그러하지 아니하다.
(2013.11.27 본조개정)

**제181조【예탁유가증권지분매각명령】** ① 법원이 집행관에 대하여 예탁유가증권지분매각명령을 하는 경우에 채무자가 고객인 때에는 채무자의 계좌를 관리하는 투자매매업자나 투자중개업자(다음부터 "투자매매업자 등"이라 한다)에게, 채무자가 예탁자인 때에는 그 채무자를 제외한 다른 투자매매업자 등에게 매각일의 시장가격이나 그 밖의 적정한 가액으로 매각을 위탁할 것을 명하여야 한다.(2013.11.27 본항개정)
② 채무자가 예탁자인 경우에 집행관은 제1항의 예탁유가증권지분매각명령을 받은 때에는 투자매매업자 등(채무자가 투자매매업자 등인 경우에는 그 채무자를 제외한 다른 투자매매업자 등)에 그 명의의 계좌를 개설하고, 예탁결제원에 대하여 압류된 예탁유가증권지분에 관하여 그 계좌로 계좌대체의 청구를 하여야 한다.(2013.11.27 본항개정)
③ 제2항의 규정에 따라 집행관으로부터 계좌대체청구를 받은 예탁결제원은 그 청구에 따라 집행관에게 계좌대체를 하여야 한다.(2013.11.27 본항개정)
④ 제1항의 규정에 따른 매각위탁을 받은 투자매매업자 등은 위탁의 취지에 따라 그 예탁유가증권지분을 매각한 뒤, 매각한 예탁유가증권지분에 관하여는 매수인의 계좌로 계좌대체 또는 계좌대체의 청구를 하고 매각대금에서 조세, 그 밖의 공과금과 위탁수수료를 뺀 나머지를 집행관에게 교부하여야 한다.(2013.11.27 본항개정)
⑤ 집행관이 제1항의 규정에 따른 매각위탁과 제2항의 규정에 따른 계좌대체청구를 하는 경우에는 예탁유가증권지분매각명령등본과 그 확정증명을, 제2항의 규정에 따른 계좌대체청구를 하는 경우에는 그 명의의 계좌가 개설되어 있음을 증명하는 서면을 각기 붙여야 한다.

**제182조【채권집행규정 등의 준용】** ① 예탁유가증권집행에 관하여는 제48조, 제159조, 제160조제1항, 제161조제1항, 법 제188조제2항, 법 제224조, 법 제225조, 법 제226조, 법 제227조제2항 내지 제4항, 법 제234조, 법 제235조, 법 제237조제2항·제3항, 법 제239조 및 법 제247조의 규정을, 예탁유가증권집행에 관하여 법원이 실시하는 배당등의 절차에 관하여는 법 제2편제2장제4절제4관, 법 제149조, 법 제150조 및 법 제219조의 규정을 각 준용한다. 이 경우 제159조제1항제1호, 제160조제1항, 제161조제1항, 법 제224조제2항, 법 제226조, 법 제227조제2항·제3항, 법 제237조제2항·제3항 및 법 제247조에 "제3채무자"라고 규정된 것은 "예탁원 또는 예탁자"로 본다.
② 예탁유가증권지분양도명령과 예탁유가증권지분매각명령에 관하여는 제163조의 규정을, 예탁유가증권지분양도명령에 관하여는 제164조, 법 제229조제5항 및 법 제231조의 규정을, 예탁유가증권지분양도명령에 대한 즉

시항고에 관하여는 법 제229조제8항의 규정을, 예탁유가증권지분매각명령에 관하여는 제59조와 제165조제1항·제4항의 규정을 각 준용한다. 이 경우 제163조제1항에 "법 제241조제1항"이라고 규정된 것은 "제179조제1항"으로, 법 제229조제5항과 법 제231조에 "제3채무자"라고 규정된 것은 "예탁원 또는 예탁자"로 본다.

### 제3관의2 전자등록주식등에 대한 강제집행 (2019.9.17 본관신설)

**제182조의2 【전자등록주식등집행의 개시】** 「주식·사채 등의 전자등록에 관한 법률」 제2조4호에 따른 전자등록주식등(다음부터 "전자등록주식등"이라 한다)에 대한 강제집행은 전자등록주식등에 대한 법원의 압류명령에 따라 개시한다.

**제182조의3 【압류명령】** 법원이 전자등록주식등을 압류하는 때에는 채무자에 대하여는 「주식·사채 등의 전자등록에 관한 법률」 제30조에 의한 계좌대체의 전자등록신청, 같은 법 제33조에 따른 말소등록의 신청이나 추심·그 밖의 처분을 금지하고, 채무자가 같은 법 제23조제1항에 따른 계좌관리기관등(다음부터 "계좌관리기관등"이라 한다)인 경우에는 같은 법 제2조제6호에 따른 전자등록기관(다음부터 "전자등록기관"이라 한다)에 대하여, 채무자가 고객인 경우에는 같은 법 제2조제7호의 규정에 따른 계좌관리기관(다음부터 "계좌관리기관"이라 한다)에 대하여 「주식·사채 등의 전자등록에 관한 법률」에 따른 계좌대체와 말소를 금지하여야 한다.

**제182조의4 【전자등록기관 또는 계좌관리기관의 진술의무】** 압류채권자는 전자등록기관 또는 계좌관리기관으로 하여금 압류명령의 송달을 받은 날부터 1주일 안에 서면으로 다음 각 호의 사항을 진술하게 할 것을 법원에 신청할 수 있다.

1. 압류명령에 표시된 계좌가 있는지 여부
2. 제1호의 계좌에 압류명령에 목적물로 표시된 전자등록주식등이 있는지 여부 및 있다면 그 수량
3. 위 전자등록주식등에 관하여 압류채권자에 우선하는 권리를 가지는 사람이 있는 때에는 그 사람의 표시 및 그 권리의 종류와 우선하는 범위
4. 위 전자등록주식등에 관하여 다른 채권자로부터 압류·가압류 또는 가처분의 집행이 되어 있는지 여부 및 있다면 그 명령에 관한 사건의 표시·채권자의 표시·송달일과 그 집행의 범위
5. 위 전자등록주식등에 관하여 신탁재산인 뜻의 기재가 있는 때에는 그 사실

**제182조의5 【전자등록주식등의 현금화】** ① 법원은 압류채권자의 신청에 따라 압류된 전자등록주식등에 관하여 법원이 정한 값으로 지급함에 갈음하여 압류채권자에게 양도하는 명령(다음부터 "전자등록주식등양도명령"이라 한다) 또는 추심에 갈음하여 법원이 정한 방법으로 매각하도록 집행관에게 명하는 명령(다음부터 "전자등록주식등매각명령"이라 한다)을 하거나 그 밖에 적당한 방법으로 현금화하도록 명할 수 있다.

② 제1항의 신청에 관한 재판에 대하여는 즉시항고를 할 수 있다.

③ 제1항의 규정에 따른 재판은 확정되어야 효력이 있다.

**제182조의6 【전자등록주식등양도명령】** ① 전자등록주식등양도명령의 신청서에는 채무자의 계좌를 관리하는 전자등록기관 또는 계좌관리기관에 개

설된 압류채권자의 계좌번호를 적어야 한다.
② 전자등록주식등양도명령이 확정된 때에는 법원사무관등은 제1항의 전자등록기관 또는 계좌관리기관에 대하여 양도명령의 대상인 전자등록주식등에 관하여 압류채권자의 계좌로 계좌대체의 청구를 하여야 한다.
③ 제2항의 규정에 따른 계좌대체청구를 받은 전자등록기관 또는 계좌관리기관은 그 취지에 따라 계좌대체를 하여야 한다. 다만, 제182조의9제2항에서 준용하는 법 제229조제5항의 규정에 따라 전자등록주식등양도명령의 효력이 발생하지 아니한 사실을 안 때에는 그러하지 아니하다.

**제182조의7【전자등록주식등매각명령】** ① 법원이 집행관에 대하여 전자등록주식등매각명령을 하는 경우에 채무자가 고객인 때에는 채무자의 계좌를 관리하는 계좌관리기관에게, 채무자가 계좌관리기관등인 때에는 그 채무자를 제외한 다른 계좌관리기관에게 매각일의 시장가격이나 그 밖의 적정한 가액으로 매각을 위탁할 것을 명하여야 한다.
② 채무자가 계좌관리기관등인 경우에 집행관은 제1항의 전자등록주식등매각명령을 받은 때에는 계좌관리기관(채무자가 계좌관리기관인 경우에는 그 채무자를 제외한 다른 계좌관리기관)에 그 명의의 계좌를 개설하고, 전자등록기관에 대하여 압류된 전자등록주식등에 관하여 그 계좌로 계좌대체의 청구를 하여야 한다.
③ 제2항의 규정에 따라 집행관으로부터 계좌대체청구를 받은 전자등록기관은 그 청구에 따라 집행관에게 계좌대체를 하여야 한다.
④ 제1항의 규정에 따른 매각위탁을 받은 계좌관리기관은 위탁의 취지에 따라 그 전자등록주식등을 매각한 뒤, 매각한 전자등록주식등에 관하여는 매수인의 계좌로 계좌대체 또는 계좌대체의 청구를 하고 매각대금에서 조세, 그 밖의 공과금과 위탁수수료를 뺀 나머지를 집행관에게 교부하여야 한다.
⑤ 집행관이 제1항의 규정에 따른 매각위탁과 제2항의 규정에 따른 계좌대체청구를 하는 경우에는 전자등록주식등매각명령등본과 그 확정증명을, 제2항의 규정에 따른 계좌대체청구를 하는 경우에는 그 명의의 계좌가 개설되어 있음을 증명하는 서면을 각기 붙여야 한다.

**제182조의8【전자등록기관 또는 계좌관리기관의 공탁】** ① 전자등록주식등 중 사채, 국채, 지방채, 그 밖에 이와 유사한 것으로서 원리금지급청구권이 있는 것(다음부터 "전자등록사채등"이라 한다)이 압류된 경우 만기 도래, 그 밖의 사유로 발행인으로부터 원리금을 수령한 전자등록기관 또는 계좌관리기관은 채무자에게 수령한 원리금 중 압류된 부분에 해당하는 금액을 지급할 수 없고, 위 금액을 지체 없이 공탁하여야 한다. 다만 압류에 관련된 전자등록사채등에 관하여 수령한 금액 전액을 공탁할 수 있다.
② 전자등록사채등 중 압류되지 아니한 부분을 초과하여 거듭 압류명령 또는 가압류명령이 내려진 경우에 그 명령을 송달받은 전자등록기관 또는 계좌관리기관이 제1항에 따른 금액을 수령한 때에는 수령한 금액 전액을 지체 없이 공탁하여야 한다.
③ 제1항·제2항에 따른 공탁은 법 제248조에 따른 공탁에 준하는 것으로 본다.
④ 전자등록기관 또는 계좌관리기관이 제1항·제2항에 따라 공탁한 때에는 그 사유를 법원에 신고하여야 한다. 다

만, 상당한 기간 이내에 신고가 없는 때에는 압류채권자, 가압류채권자, 배당에 참가한 채권자, 채무자, 그 밖의 이해관계인이 그 사유를 법원에 신고할 수 있다.
⑤ 제4항의 신고에는 제172조를 준용한다. 이 경우 제172조의 "제3채무자"라고 규정된 것은 "전자등록기관 또는 계좌관리기관"으로, "법 제248조제4항"이라고 규정된 것은 "제182조의8 제4항"으로 본다.

**제182조의9【채권집행규정 등의 준용】** ① 전자등록주식등집행에 관하여는 제48조, 제159조, 제160조제1항, 제161조제1항, 법 제188조제2항, 법 제224조, 법 제225조, 법 제226조, 법 제227조제2항·제3항·제4항, 법 제234조, 법 제235조, 법 제237조제2항·제3항 및 법 제247조(다만, 제1항 제2호는 제외한다)의 규정을, 전자등록주식등집행에 관하여 법원이 실시하는 배당등의 절차에 관하여는 법 제2편제2장제4절제4관(법 제252조제2호전단은 제외한다), 법 제149조, 법 제150조 및 법 제219조의 규정을 각각 준용한다. 이 경우 제159조제1항제1호, 제160조제1항, 제161조제1항, 법 제224조제2항, 법 제226조, 법 제227조제2항·제3항, 법 제237조제2항·제3항 및 법 제247조에 "제3채무자"라고 규정된 것은 각 "전자등록기관 또는 계좌관리기관"으로 본다.
② 전자등록주식등양도명령과 전자등록주식등매각명령에 관하여는 제163조의 규정을, 전자등록주식등양도명령에 관하여는 제164조, 법 제229조제5항 및 법 제231조의 규정을, 전자등록주식등양도명령에 대한 즉시항고에 관하여는 법 제229조제8항의 규정을, 전자등록주식등매각명령에 관하여는 제59조와 제165조제1항·제4항의 규정을 각각 준용한다. 이 경우 제163조제1항에 "법 제241조제1항"이라고 규정된 것은 "제182조의5제1항"으로, 법 제229조제5항 및 법 제231조에 "제3채무자"라고 규정된 것은 각 "전자등록기관 또는 계좌관리기관"으로 본다.

### 제4관 배당절차

**제183조【배당절차의 개시】** 법원은 법 제252조의 경우외에도 제169조의 규정에 따라 집행관이 현금화된 금전을 제출한 때에는 배당절차를 개시한다.

**제184조【배당에 참가할 채권자의 조사】** ① 제183조와 법 제252조의 규정에 따라 배당절차를 개시하는 경우에 집행법원은 제3채무자, 등기·등록관서, 그 밖에 적당하다고 인정되는 사람에게 조회하는 등의 방법으로 그 채권이나 그 밖의 재산권에 대하여 다른 압류명령이나 가압류명령이 있는지 여부를 조사할 수 있다.
② 제1항의 조사결과 다른 법원에서 압류명령이나 가압류명령을 한 사실이 밝혀진 때에는 집행법원은 그 법원에 대하여 사건기록을 보내도록 촉탁하여야 한다.

**제185조【부동산강제집행규정의 준용 등】** ① 제183조와 법 제252조의 규정에 따른 배당절차에는 제82조와 법 제145조제2항의 규정을 준용한다.
② 법 제253조의 규정에 따른 최고는 법원사무관등으로 하여금 그 이름으로 하게 할 수 있다.

## 제3장 금전채권 외의 채권에 기초한 강제집행

**제186조【동산인도청구의 집행】** ① 집행관은 법 제257조에 규정된 강제집행의 장소에 채권자 또는 그 대리인이

출석하지 아니한 경우에 목적물의 종류·수량 등을 고려하여 부득이하다고 인정하는 때에는 강제집행의 실시를 유보할 수 있다.
② 집행관은 제1항의 강제집행의 장소에 채권자 또는 그 대리인이 출석하지 아니한 경우에 채무자로부터 목적물을 빼앗은 때에는 이를 보관하여야 한다.
③ 법 제257조에 규정된 강제집행에 관하여는 제133조와 법 제258조제3항 내지 제6항의 규정을 준용한다.

**제187조【인도집행 종료의 통지】** 법 제257조 또는 법 제258조의 규정에 따른 인도집행을 마친 때에는 집행관은 채무자에게 그 취지를 통지하여야 한다.

**제188조【부동산 등 인도청구의 집행시 취한 조치의 통지】** 집행관은 법 제258조의 규정에 따라 강제집행을 한 경우에 그 목적물안에 압류·가압류 또는 가처분의 집행이 된 동산이 있었던 때에는 그 집행을 한 집행관에게 그 취지와 그 동산에 대하여 취한 조치를 통지하여야 한다.

**제189조【부동산 등 인도청구의 집행조서】** 법 제258조의 규정에 따라 강제집행을 한 때에 작성하는 조서에는 제6조와 법 제10조제2항·제3항에 규정된 사항 외에 다음 각호의 사항을 적어야 한다.

1. 강제집행의 목적물이 아닌 동산을 법 제258조제3항·제4항에 규정된 사람에게 인도한 때에는 그 취지
2. 집행관이 위의 동산을 보관한 때에는 그 취지와 보관한 동산의 표시

**제190조【목적물을 제3자가 점유하는 경우】** 법 제259조에 규정된 강제집행절차에 관하여는 제159조, 제160조제1항, 제161조, 법 제224조, 법 제226조, 법 제227조, 법 제234조 및 법 제237조 내지 제239조의 규정을 준용한다.

**제191조【간접강제】** ① 법 제261조제1항의 규정에 따른 결정을 한 제1심 법원은 사정의 변경이 있는 때에는 채권자 또는 채무자의 신청에 따라 그 결정의 내용을 변경할 수 있다.
② 제1항의 규정에 따라 결정을 하는 경우에는 신청의 상대방을 심문하여야 한다.
③ 제1항의 규정에 따른 결정에 대하여는 즉시항고를 할 수 있다.

## 제3편 담보권 실행 등을 위한 경매

**제192조【신청서의 기재사항】** 담보권 실행을 위한 경매, 법 제273조의 규정에 따른 담보권 실행이나 권리행사 제201조에 규정된 예탁유가증권에 대한 담보권 실행 또는 제201조의2에 규정된 전자등록주식등에 대한 담보권 실행(다음부터 "경매등"이라 한다)을 위한 신청서에는 다음 각호의 사항을 적어야 한다.(2019.9.17 본문개정)

1. 채권자·채무자·소유자(광업권·어업권, 그 밖에 부동산에 관한 규정이 준용되는 권리를 목적으로 하는 경매의 신청, 법 제273조의 규정에 따른 담보권 실행 또는 권리행사의 신청 제201조에 규정된 예탁유가증권에 대한 담보권 실행 신청 및 제201조의2에 규정된 전자등록주식등에 대한 담보권 실행 신청의 경우에는 그 목적인 권리의 권리자를 말한다. 다음부터 이 편 안에서 같다)와 그 대리인의 표시(2019.9.17 본호개정)
2. 담보권과 피담보채권의 표시
3. 담보권 실행 또는 권리행사의 대상인 재산의 표시
4. 피담보채권의 일부에 대하여 담보권 실행 또는 권리행사를 하는 때에는 그 취지와 범위

**제193조【압류채권자 승계의 통지】** 경매등이 개시된 후 압류채권자가 승계되었음을 증명하는 문서가 제출된 때에는 법원사무관등 또는 집행관은 채무자와 소유자에게 그 사실을 통지하여야 한다.

**제194조【부동산에 대한 경매】** 부동산을 목적으로 하는 담보권 실행을 위한 경매에는 제40조 내지 제82조의 규정을 준용한다. 다만, 매수인이 매각대금을 낸 뒤에 화해조서의 정본 또는 공정증서의 정본인 법 제266조제1항제4호의 서류가 제출된 때에는 그 채권자를 배당에서 제외한다.

**제195조【선박에 대한 경매】** ① 선박을 목적으로 하는 담보권 실행을 위한 경매 신청서에는 제192조에 규정된 사항 외에 선박의 정박항 및 선장의 이름과 현재지를 적어야 한다.

② 법원은 경매신청인의 신청에 따라 신청인에게 대항할 수 있는 권원을 가지지 아니한 선박의 점유자에 대하여 선박국적증서등을 집행관에게 인도할 것을 명할 수 있다.

③ 제2항의 신청에 관한 재판에 대하여는 즉시항고를 할 수 있다.

④ 제2항의 규정에 따른 결정은 상대방에게 송달되기 전에도 집행할 수 있다.

⑤ 선박을 목적으로 하는 담보권 실행을 위한 경매에는 제95조제2항 내지 제104조 및 제194조의 규정을 준용한다.

**제196조【항공기에 대한 경매】** 항공기를 목적으로 하는 담보권 실행을 위한 경매에는 제106조, 제107조, 제195조(다만, 제5항을 제외한다) 및 법 제264조 내지 법 제267조의 규정을 준용한다. 이 경우 제195조제1항 중 "정박항 및 선장의 이름과 현재지를 적어야 한다"는 "정류 또는 정박하는 장소를 적어야 한다"로 고쳐 적용하며, 제195조제2항에 "선박국적증서"라고 규정된 것은 "항공기등록증명서"로 본다.

**제197조【자동차에 대한 경매】** ① 자동차를 목적으로 하는 담보권 실행을 위한 경매(「자동차 등 특정 동산 저당법」 제8조 규정에 따른 양도명령을 포함한다)를 신청하는 때에는 제192조에 규정된 사항외에 자동차등록원부에 기재된 사용본거지를 적고, 자동차등록원부등본을 붙여야 한다.(2019.12.26 본항개정)

② 제1항의 규정에 따른 경매에는 제108조, 제109조, 제111조 내지 제129조, 제195조제2항 내지 제4항 및 법 제264조 내지 법 제267조의 규정을 준용한다. 이 경우 제111조 내지 제113조, 제115조, 제123조, 제126조 및 제127조에 "채무자"라고 규정된 것은 "소유자"로 보며, 제195조제2항에 "선박의"라고 규정된 것은 "자동차의"로, 같은 항에 "선박국적증서등"이라고 규정된 것은 "자동차"로 본다.

**제198조【건설기계·소형선박에 대한 경매】** 건설기계·소형선박을 목적으로 하는 담보권 실행을 위한 경매(「자동차 등 특정동산 저당법」 제8조의 규정에 따른 양도명령을 포함한다)에는 제197조의 규정을 준용한다. 이 경우 "자동차등록원부"는 각 "건설기계등록원부", "선박원부·어선원부·수상레저기구등록원부"로 보며, "사용본거지"는 소형선박에 대하여는 "선적항" 또는 "보관장소"로 본다.(2010.10.4 전단개정)

**제199조【유체동산에 대한 경매】** ① 유체동산을 목적으로 하는 담보권 실행을 위한 경매신청서에는 제192조에 규정된 사항외에 경매의 목적물인 유체동산이 있는 장소를 적어야 한다.

② 유체동산에 대한 경매에는 이 규칙 제2편제2장제7절제1관(다만, 제131조,

제132조 및 제140조제1항을 제외한다)의 규정과 법 제188조제3항 및 제2편제2장제4절제4관의 규정을 준용한다. (2013.11.27 본항개정)

**제200조【채권, 그 밖의 재산권에 대한 담보권의 실행】** ① 법 제273조제1항·제2항의 규정에 따른 담보권 실행 또는 권리행사를 위한 신청서에는 제192조에 규정된 사항외에 제3채무자가 있는 경우에는 이를 표시하여야 한다.
② 제1항의 규정에 따른 절차에는 제160조 내지 제175조, 법 제264조 내지 법 제267조 및 법 제2편제2장제4절제4관의 규정을 준용한다.

**제201조【예탁유가증권에 대한 담보권의 실행】** ① 예탁원 또는 예탁자는 예탁유가증권지분에 관한 질권자의 청구가 있는 때에는 그 이해관계있는 부분에 관한 예탁자계좌부 또는 고객계좌부의 사본을 교부하여야 한다.
② 예탁유가증권에 대한 질권의 실행을 위한 신청서에는 그 질권에 관한 기재가 있는 예탁자계좌부 또는 고객계좌부의 사본을 붙여야 한다.
③ 예탁유가증권에 대한 담보권의 실행절차에 관하여는 제2편제2장제7절제3관(다만, 제182조에서 준용하는 제159조와 법 제188조제2항을 제외한다), 제200조제1항, 법 제265조 내지 법 제267조, 법 제273조제1항 및 법 제275조의 규정을 준용한다. 이 경우 제200조제1항에 "제3채무자"라고 규정된 것은 "예탁원 또는 예탁자"로 본다.

**제201조의2【전자등록주식등에 대한 담보권의 실행】** ① 전자등록기관 또는 계좌관리기관은 전자등록주식등에 관한 질권자의 청구가 있는 때에는 그 이해관계 있는 부분에 관한 계좌관리기관등 자기계좌부 또는 고객계좌부의 사본을 교부하여야 한다.
② 전자등록주식등에 대한 질권의 실행을 위한 신청서에는 그 질권에 관한 기재가 있는 계좌관리기관등 자기계좌부 또는 고객계좌부의 사본을 붙여야 한다.
③ 전자등록주식등에 대한 담보권의 실행절차에 관하여는 제2편제2장제7절제3관의2(다만, 제182조의9에서 준용하는 제159조와 법 제188조제2항을 제외한다), 제200조제1항, 법 제265조, 법 제266조, 법 제267조, 법 제273조제1항 및 법 제275조의 규정을 각각 준용한다. 이 경우 제200조제1항에 "제3채무자"라고 규정된 것은 "전자등록기관 또는 계좌관리기관"으로 본다.
(2019.9.17 본조신설)

**제202조【강제집행규정의 준용】** 이 편에 규정된 경매등 절차에는 그 성질에 어긋나지 아니하는 범위 안에서 제2편제1장의 규정을 준용한다.

## 제4편 보전처분

**제203조【신청의 방식】** ① 다음 각호의 신청은 서면으로 하여야 한다.
1. 보전처분의 신청
2. 보전처분의 신청을 기각 또는 각하한 결정에 대한 즉시항고
3. 보전처분에 대한 이의신청
4. 본안의 제소명령신청
5. 보전처분의 취소신청
6. 보전처분의 집행신청(다만, 등기나 등록의 방법 또는 제3채무자나 이에 준하는 사람에게 송달하는 방법으로 집행하는 경우는 제외한다)
(2014.7.1 단서신설)
7. 제3호·제5호의 신청에 관한 결정에 대한 즉시항고(2005.7.28 본호신설)

② 제1항의 신청서에는 신청의 취지와 이유 및 사실상의 주장을 소명하기 위한 증거 방법을 적어야 한다.
(2005.7.28 본항개정)

**제203조의2 【신청취하】** ① 제203조제1항제1호·제2호·제6호·제7호 신청의 취하는 서면으로 하여야 한다. 다만, 변론기일 또는 심문기일에서는 말로 할 수 있다.
② 제1항의 취하가 있는 때에는 법원사무관등은 변론기일 또는 심문기일의 통지를 받은 채권자 또는 채무자에게 그 취지를 통지하여야 한다.
(2005.7.28 본조신설)

**제203조의3 【결정서를 적는 방법】**
① 제203조제1항제2호·제7호의 신청에 대한 결정의 이유를 적을 때에는 제1심 결정을 인용할 수 있다.
② 제203조제1항제3호·제5호의 신청에 대한 결정의 이유를 적을 때에는 보전처분의 신청에 대한 결정을 인용할 수 있다.
(2005.7.28 본조신설)

**제203조의4 【결정의 송달】** 제203조제1항제1호·제2호·제3호·제5호·제7호의 신청에 대한 결정은 당사자에게 송달하여야 한다.(2005.7.28 본조신설)

**제204조 【담보제공방식에 관한 특례】**
채권자가 부동산·자동차 또는 채권에 대한 가압류신청을 하는 때에는 미리 은행등과 지급보증위탁계약을 맺은 문서를 제출하고 이에 대하여 법원의 허가를 받는 방법으로 민사소송규칙 제22조의 규정에 따른 담보제공을 할 수 있다.

**제205조** (2005.7.28 삭제)

**제206조 【이의신청서 등의 송달】** ① 법 제287조제1항(법 제301조의 규정에 따라 준용되는 경우를 포함한다)의 규정에 따른 명령은 채권자에게 송달하여야 한다.
② 법 제283조제1항, 제288조제1항(법 제301조의 규정에 따라 준용되는 경우를 포함한다)의 규정에 따른 신청이 있는 때에는 그 신청서 부본을 채권자에게 송달하여야 한다.(2005.7.28 본항개정)
(2005.7.28 본조제목개정)

**제207조 【가압류를 위한 강제관리】**
강제관리의 방법으로 하는 부동산에 대한 가압류에는 제46조, 제83조 내지 제87조 및 제90조의 규정을 준용한다.

**제208조 【선박에 대한 가압류】** 선박에 대한 가압류에는 제95조, 제96조 및 제100조 내지 제103조의 규정을 준용한다.

**제209조 【항공기에 대한 가압류】** 항공기에 대한 가압류는 선박에 대한 가압류의 예에 따라 실시한다. 이 경우에는 제106조 후문의 규정을 준용한다.

**제210조 【자동차에 대한 가압류】** ① 자동차에 대한 가압류는 아래 제2항 내지 제4항에서 정하는 사항 외에는 부동산에 대한 가압류(강제관리의 방법은 제외한다)의 예에 따라 실시한다. 이 경우에는 제108조 후문의 규정을 준용한다.
② 가압류법원은 채권자의 신청에 따라 채무자에 대하여 자동차를 집행관에게 인도할 것을 명할 수 있다.
③ 제2항의 규정에 따라 집행관이 자동차를 인도받은 경우에는 제111조제3항, 제112조, 제114조, 제115조, 제117조, 제118조제1항 및 법 제296조제5항의 규정을 준용한다.
④ 자동차의 공유지분에 대한 가압류에는 제129조의 규정을 준용한다.

**제211조 【건설기계·소형선박에 대한 가압류】** 건설기계·소형선박에 대한 가압류에는 제210조의 규정을 준용한다. 이 경우 제210조제1항에서 준용하는 제108조 후문의 규정 중 "자동차등록원부"는 각 "건설기계등록원부", "선박원부·어선원부·수상레저기구등록원부"로 보며, "특별시장·광역시장·특

별자치시장 또는 도지사"는 소형선박에 대하여는 "지방해양수산청장"이나 "시장·군수 또는 구청장"으로 본다.(2019.12.26 후단개정)

**제212조【유체동산에 대한 가압류】** ① 유체동산에 대한 가압류의 집행위임은 다음 각호의 사항을 적은 서면에 가압류명령정본을 붙여서 하여야 한다.

1. 채권자·채무자와 그 대리인의 표시
2. 가압류명령의 표시
3. 가압류 목적물인 유체동산이 있는 장소
4. 가압류채권의 일부에 관하여 집행을 구하는 때에는 그 범위

② 유체동산에 대한 가압류의 집행에는 제132조 내지 제142조의 규정을 준용한다.(2005.7.28 본항개정)

**제213조【채권과 그 밖의 재산권에 대한 가압류】** ① 권리이전에 등기 또는 등록이 필요한 그 밖의 재산권에 대한 가압류는 등기 또는 등록을 하는 곳을 관할하는 지방법원이나 본안의 관할 법원이 관할한다.

② 채권과 그 밖의 재산권에 대한 가압류에는 제159조, 제160조제1항, 제167조제4항, 제172조, 제174조, 제175조제1항·제3항, 법 제94조 내지 법 제96조 및 법 제141조의 규정을 준용한다.

**제214조【예탁유가증권에 대한 가압류】** ① 예탁유가증권을 가압류하는 때에는 예탁원 또는 예탁자에 대하여 예탁유가증권지분에 관한 계좌대체와 증권의 반환을 금지하는 명령을 하여야 한다.

② 예탁유가증권에 대한 가압류에는 제159조, 제160조제1항, 제178조, 법 제188조제2항, 법 제226조, 법 제227조제2항·제3항, 법 제234조, 법 제235조, 법 제237조제2항·제3항 및 법 제296조제2항의 규정을 준용한다. 이 경우 제159조제1항제1호, 제160조제1항, 법 제226조, 법 제227조제2항·제3항 및 법 제237조제2항·제3항에 "제3채무자"라고 규정된 것은 "예탁원 또는 예탁자"로, 법 제296조제2항에 "채권가압류"라고 규정된 것은 "「민사집행규칙」 제214조제1항의 가압류"로 본다.(2005.7.28 본항개정)

**제214조의2【전자등록주식등에 대한 가압류】** ① 전자등록주식등을 가압류하는 때에는 전자등록기관 또는 계좌관리기관에 대하여 전자등록주식등에 관한 계좌대체와 말소를 금지하는 명령을 하여야 한다.

② 전자등록주식등에 대한 가압류에는 제159조, 제160조제1항, 제182조의4, 제182조의8, 법 제188조제2항, 법 제226조, 법 제227조제2항·제3항, 법 제234조, 법 제235조, 법 제237조제2항·제3항, 법 제282조, 법 제296조제2항, 법 제297조의 규정을 각각 준용한다. 이 경우 제159조제1항제1호, 제160조제1항, 법 제226조, 법 제227조제2항·제3항, 법 제237조제2항·제3항 및 법 제297조에 "제3채무자"라고 규정된 것은 각 "전자등록기관 또는 계좌관리기관"으로 법 제296조제2항에 "채권가압류"라고 규정된 것은 "「민사집행규칙」 제214조의2제1항의 가압류"로 본다.

(2019.9.17 본조신설)

**제215조【처분금지가처분의 집행】** 물건 또는 권리의 양도, 담보권 설정, 그 밖의 처분을 금지하는 가처분의 집행은 그 성질에 어긋나지 아니하는 범위 안에서 가압류의 집행의 예에 따라 실시한다.

**제216조【그 밖의 재산권에 대한 가처분】** 권리이전에 등기 또는 등록이 필요한 그 밖의 재산권에 대한 가처분에는 제213조제1항의 규정을 준용한다.

**제217조【예탁유가증권에 대한 가처분】** 예탁유가증권의 처분을 금지하는 가처분에는 제214조의 규정을 준용한다.

**제217조의2【전자등록주식등에 대한 가처분】** 전자등록주식등의 처분을 금지하는 가처분에는 제214조의2의 규정을 준용한다.(2019.9.17 본조신설)

**제218조【보전처분집행에 대한 본집행의 준용】** 보전처분의 집행에 관하여는 특별한 규정이 없으면 강제집행에 관한 규정을 준용한다.

## 부 칙

**제1조【시행일】** 이 규칙은 2002년 7월 1일부터 시행한다. 다만, 제35조 내지 제39조의 규정에 따른 별표 순번 2 내지 16에 적은 기관·단체에 대한 재산조회(제36조제3항의 규정에 따른 협회등에 대한 재산조회를 포함한다)는 2003년 1월 1일부터 시행한다.

**제2조【계속사건에 관한 경과조치】** 종전의 규정에 따라 이 규칙 시행 전에 한 집행처분, 그 밖의 행위는 이 규칙의 적용에 관하여는 법 또는 이 규칙의 해당 규정에 따라 한 것으로 본다.

**제3조【관할에 관한 경과조치】** 이 규칙 시행 당시 법원에 계속 중인 사건은 이 규칙에 따라 관할권이 없는 경우에도 종전의 규정에 따라 관할권이 있으면 그에 따른다.

**제4조【부동산 경매절차 등에 관한 경과조치】** ① 법 시행 전의 신청에 기초하여 종전의 규정에 따라 강제경매절차 또는 담보권 실행을 위한 경매절차를 개시하는 결정을 한 부동산에 대하여 법 시행 후의 신청에 기초하여 강제경매 또는 담보권 실행을 위한 경매개시결정이 이루어진 때는 먼저 개시결정을 한 사건의 처리에 대하여는 종전의 규정을 따른다.

② 제1항이 규정하는 경우에 먼저 개시결정을 한 사건의 경매신청이 취하되거나 그 절차가 취소되는 때에는 종전의 규정에 따라 법 시행후에 한 집행처분, 그 밖의 행위는 법 또는 이 규칙의 해당 규정에 따른 집행처분, 그 밖의 행위로 본다. 제1항이 규정하는 경우에 먼저 개시결정을 한 사건의 경매절차가 정지되어 법 제87조제4항(법 제268조의 규정에 따라 준용되는 경우를 포함한다)의 재판이 이루어진 때에도 마찬가지이다.

③ 법 시행 전의 신청에 기초하여 종전의 규정에 따라 강제관리개시결정(가압류의 집행으로 이루어진 것도 포함한다)을 한 부동산에 대하여 법 시행 후의 신청에 기초하여 강제관리개시결정(가압류의 집행으로 이루어지는 것도 포함한다)이 이루어진 경우에는 제1항과 제2항의 규정을 준용한다.

**제5조【선박 등 경매절차에 관한 경과조치】** 법 시행 전의 신청에 기초하여 종전의 규정에 따라 강제경매절차 또는 담보권 실행을 위한 경매절차를 개시하는 결정을 한 선박·항공기·자동차 또는 건설기계에 대하여 법 시행 후의 신청에 기초하여 강제경매 또는 담보권 실행을 위한 경매개시결정이 이루어진 경우에는 제4조제1항·제2항의 규정을 준용한다.

**제6조【유체동산에 관한 경과조치】** ① 법 시행 전의 신청에 기초하여 종전의 규정에 따라 유체동산이 압류된 채무자에 대하여 그 압류장소에 관하여 법 시행 후에 유체동산 집행 또는 유체동산 경매의 신청이 있는 때에는 법 또는 이 규칙이 정한 절차에 따라 처리한다. 이 경우 종전의 규정에 따라 법 시행 후에 한 집행처분, 그 밖의 행위는 법 또는 이 규칙의 해당 규정에 따른 집행처분, 그 밖의 행위로 본다.

② 법 시행 전의 신청에 기초하여 종전의 규정에 따라 유체동산이 압류된 채무자에 대하여 그 압류장소에 관하여 법 시행 후에 유체동산 가압류집행의 신청이 있는 경우에는 제1항의 규정을 준용한다.

**제7조【채권과 그 밖의 재산권에 관한 경과조치】** ① 법 시행 전의 신청에 기초하여 종전의 규정에 따라 압류된 채권과 그 밖의 재산권에 대한 배당절차에 관하여는 그 채권 또는 그 밖의 재산권에 대하여 법 시행 후의 신청에 기초하여 압류가 이루어진 경우에만 법 또는 이 규칙의 규정을 적용한다.

② 법 시행 전의 신청에 기초하여 종전의 규정에 따라 법 시행 후에 제3채무자에게 송달된 금전채권의 압류 또는 가압류는 법 제248조(법 제291조의 규정에 따라 준용되는 경우를 포함한다)와 법 제297조의 적용에 관하여는 법 또는 이 규칙의 해당규정에 따라 한 것으로 본다.

**제8조【일괄매각에 관한 경과규정】** 법 시행 전의 신청에 기초하여 종전의 규정에 따른 강제경매절차 또는 담보권 실행을 위한 경매절차를 개시하는 결정을 한 재산과 법 시행 후의 신청에 따라 강제경매 또는 담보권 실행을 위한 경매개시결정을 한 재산이 이 법에 정한 일괄매각 요건에 맞는 때에는 법 또는 이 규칙이 정한 절차에 따라 일괄매각할 수 있다. 이 경우 종전의 규정에 따라 법 시행 후에 한 집행처분, 그 밖의 행위는 법 또는 이 규칙의 해당규정에 따른 집행처분, 그 밖의 행위로 본다.

**제9조【보전처분에 관한 경과규정】** ① 법 시행 전의 신청에 기초한 보전처분 사건에 관하여도 특별한 규정이 없으면 법 또는 이 규칙을 적용한다. 다만, 종전의 규정에 따라 생긴 효력에는 영향을 미치지 아니한다.

② 법 시행 전에 이루어진 보전처분신청 기각결정이나 각하결정에 대하여는 법 시행일부터 1주 안에 즉시항고를 할 수 있다.

③ 법 제288조제4항(법 제301조에서 준용하는 경우를 포함한다)에 규정된 기간의 계산에 관하여는 법 부칙 제4조의 규정을 따른다.

부　칙 (2003.7.19)

①【시행일】 이 규칙은 2003년 8월 1일부터 시행한다.

②【계속사건에 관한 경과조치】 이 규칙은 2002년 7월 1일 이후 신청되어 계속 중인 집행사건에 대하여도 적용한다. 다만, 그 사건에 대한 이율은 2003년 7월 31일까지는 종전의 이율에 의하고 2003년 8월 1일부터 이 규칙에 따른 이율에 의한다.

부　칙 (2004.6.1)

**제1조【시행일】** 이 규칙은 2004년 7월 1일부터 시행한다.

**제2조【경과규정】** 이 규칙은 2004년 7월 1일 이전에 접수된 사건에 대하여는 이를 적용하지 아니한다.

부　칙 (2005.7.28)

**제1조【시행일】** 이 규칙은 2005년 7월 28일부터 시행한다.

**제2조【계속사건에 관한 경과조치】** 이 규칙 시행 전에 신청된 재산조회사건·동산에 대한 강제집행 사건·보전명령 사건·보전명령에 대한 이의 및 취소신청 사건에 관하여는 종전의 규정에 의한다. 다만, 보전명령이 종국판결로 선고된 경우에는 이에 대한 상소 또는 취소 신청이 이 규칙 시

행 후에 된 경우에도 종전의 규정에 의한다.

**제3조【법정기간에 대한 경과조치】** 법(2005. 1. 27. 법률 제7358호로 개정된 것) 시행 전부터 진행된 법정기간과 그 계산은 종전의 규정에 따른다.

부　칙 (2006.11.13)

이 규칙은 공포한 날부터 시행한다.

부　칙 (2008.2.18)

**제1조【시행일】** 이 규칙은 2008년 7월 1일부터 시행한다.

**제2조【다른 규칙의 개정】** ①~② ※(해당 법령에 가제정리 하였음)

부　칙 (2010.10.4)

이 규칙은 공포한 날부터 시행한다. 다만, 제78조의2의 규정은 2010년 10월 24일부터 시행한다.

부　칙 (2011.7.28)

이 규칙은 공포한 날부터 시행한다.

부　칙 (2011.9.28)

**제1조【시행일】** 이 규칙은 2011년 10월 13일부터 시행한다.(이하 생략)

부　칙 (2011.12.30)

이 규칙은 공포한 날부터 시행한다.

부　칙 (2012.12.27)

**제1조【시행일】** 이 규칙은 2013년 1월 1일부터 시행한다.(이하 생략)

부　칙 (2013.11.27)

이 규칙은 2013년 11월 29일부터 시행한다.

부　칙 (2014.7.1)

**제1조【시행일】** 이 규칙은 2014년 7월 1일부터 시행한다. 다만, 제132조의2, 제134조제1항의 규정은 2014년 9월 1일부터 시행한다.

**제2조【적용례】** 제132조의2, 제134조제1항의 개정규정은 이 규칙 시행 후 최초로 신청서가 접수된 유체동산에 대한 집행절차부터 적용한다.

부　칙 (2014.10.2)

**제1조【시행일】** 이 규칙은 2014년 11월 21일부터 시행한다.(이하 생략)

부　칙 (2014.11.27)

**제1조【시행일】** 이 규칙은 2015년 1월 1일부터 시행한다.

**제2조【적용례】** 이 규칙은 이 규칙 시행 후 최초로 접수되는 집행문부여신청 사건부터 적용한다.

부　칙 (2015.6.2)

**제1조【시행일】** 이 규칙은 2015년 6월 15일부터 시행한다.

**제2조【적용례】** 이 규칙은 이 규칙 시행 후 최초로 접수되는 사건부터 적용한다.

부　칙 (2015.8.27)

**제1조【시행일】** 이 규칙은 2015년 9월 1일부터 시행한다.

**제2조 【계속 중인 사건에 관한 경과조치】** 이 규칙은 이 규칙 시행 당시 법원에 계속 중인 사건에도 적용한다. 다만, 종전의 규정에 따라 생긴 효력에는 영향을 미치지 아니한다.

부 칙 (2015.10.29)

**제1조 【시행일】** 이 규칙은 2015년 11월 1일부터 시행한다.
**제2조 【계속사건에 관한 경과조치】** 이 규칙은 이 규칙 시행 당시 계속 중인 집행사건에 대하여도 적용한다. 다만, 그 사건에 대한 이율은 2015년 10월 31일까지는 종전의 이율에 의하고, 2015년 11월 1일부터 이 규칙에 따른 이율에 의한다.

부 칙 (2015.12.29)

**제1조 【시행일】** 이 규칙은 2016년 1월 1일부터 시행한다.
**제2조 【계속사건에 관한 경과조치】** 이 규칙은 이 규칙 시행 당시 법원에 계속 중인 사건에 대하여도 적용한다.

부 칙 (2016.9.6)

이 규칙은 공포한 날부터 시행하되, 2016년 8월 30일부터 적용한다.

부 칙 (2018.4.27)

**제1조 【시행일】** 이 규칙은 2018년 8월 1일부터 시행한다.(이하 생략)

부 칙 (2018.12.31)

**제1조 【시행일】** 이 규칙은 2019년 1월 1일부터 시행한다.
**제2조 【적용례】** 이 규칙은 이 규칙 시행 후 최초로 접수되는 사건부터 적용한다.

부 칙 (2019.8.2)

**제1조 【시행일】** 이 규칙은 2019년 9월 1일부터 시행한다.
**제2조 【계속사건에 관한 적용례】** 이 규칙은 이 규칙 시행 당시 계속 중인 집행사건에 대하여도 적용한다. 다만, 해당 사건에 대한 이율은 2019년 8월 31일까지는 종전의 규정에 따르고, 2019년 9월 1일부터는 이 규칙에 따른다.

부 칙 (2019.9.17)

**제1조 【시행일】** 이 규칙은 공포한 날부터 시행하되, 2019년 9월 16일부터 적용한다.
**제2조 【계속 중인 사건에 관한 경과조치】** ① 이 규칙 시행 전에 신청된 제176조 및 제201조의 예탁유가증권에 대한 강제집행, 담보권 실행사건의 계속 중 해당 예탁유가증권이 「주식·사채 등의 전자등록에 관한 법률」 부칙 제3조제1항 및 부칙 제4조제2항에 따라 전자등록주식등으로 전환되는 경우에, 해당 사건은 이 규칙 시행일에 전자등록주식등에 대한 이 규칙의 규정에 따른 민사집행절차로 이행한다. 이 경우 이 규칙 시행 전 제177조에 의한 예탁유가증권지분압류명령, 제180조제1항에 의한 예탁유가증권지분양도명령 또는 제181조제1항에 의한 예탁유가증권지분매각명령(다음부터 "압류명령등"이라 한다)이 있는 경우에는 해당 압류명령등은 제182조의3에 따른 압류명령, 제182조의6에 따른 전자등록주식등에 대한 양도명령 또는 제182조의7에 따른 전자등록주식등에 대한 매각명령으로서 효력을 갖는 것으로 본다.
② 이 규칙 시행 전에 신청된 제214조, 제217조의 예탁유가증권에 대한 보전명령사건의 경우에는 제1항을 준용한다.

부 칙 (2019.12.26)

**제1조【시행일】** 이 규칙은 공포한 날부터 시행한다.

**제2조【계속사건에 관한 적용례】** 이 규칙은 시행 당시 법원에 계속 중인 사건에 대하여도 적용한다.

부 칙 (2020.12.28)

**제1조【시행일】** 이 규칙은 공포한 날부터 시행한다.

**제2조【계속사건에 관한 적용례】** 이 규칙은 이 규칙 시행 당시 법원에 계속 중인 사건에 대하여도 적용한다.

부 칙 (2022.2.25)

**제1조【시행일】** 이 규칙은 2022년 4월 21일부터 시행한다.(이하 생략)

〔**별표**〕 (생략)

# 소송촉진 등에 관한 특례법

**(1981년 1월 29일 법 률 제3361호)**

개정
1990. 1.13법 4203호
1998. 1.13법 5507호(이자제한법폐지법)
1999.12.28법 6039호
2002. 1.26법 6626호(민사소송법)
2002. 1.26법 6627호(민사집행법)
2003. 5.10법 6868호
2005. 3.31법 7427호(민법)
2005.12.14법 7728호 2009.11. 2법 9818호
2009.12.29법 9838호
2010. 5.17법10303호(은행법)
2012. 1.17법11163호
2012.12.18법11556호(성폭력범죄의처벌등에관한특례법)
2012.12.18법11572호(아동·청소년의성보호에관한법)
2014.10.15법12780호
2015.12.22법13613호(예금자보호법)
2016. 1. 6법13719호(형법)
2016. 1.19법13767호
2016. 3.29법14122호(기술보증기금법)
2016. 5.29법14242호(수협)
2017.10.31법14971호
2019.11.26법16652호(자산관리)
2021. 7.20법18300호 2022. 1. 4법18676호
2023. 3.28법19280호 2023. 6.13법19433호
2024. 1.16법20006호



## 제1장 총 칙

(2009.11.2 본장개정)

**제1조【목적】** 이 법은 소송의 지연(遲延)을 방지하고, 국민의 권리·의무의 신속한 실현과 분쟁처리의 촉진을 도모함을 목적으로 한다.

**제2조【특례의 범위】** 이 법은 제1조의 목적을 달성하기 위하여 법정이율(法定利率)과 독촉절차 및 형사소송에 관한 특례를 규정한다.(2014.10.15 본조개정)

## 제2장 법정이율에 관한 특례
(2009.11.2 본장개정)

**제3조【법정이율】** ① 금전채무의 전부 또는 일부의 이행을 명하는 판결(심판을 포함한다. 이하 같다)을 선고할 경우, 금전채무 불이행으로 인한 손해배상액 산정의 기준이 되는 법정이율은 그 금전채무의 이행을 구하는 소장(訴狀) 또는 이에 준하는 서면(書面)이 채무자에게 송달된 날의 다음 날부터는 연 100분의 40 이내의 범위에서 「은행법」에 따른 은행이 적용하는 연체금리 등 경제 여건을 고려하여 대통령령으로 정하는 이율에 따른다. 다만, 「민사소송법」 제251조에 규정된 소(訴)에 해당하는 경우에는 그러하지 아니하다.
(2010.5.17 본문개정)

② 채무자에게 그 이행의무가 있음을 선언하는 사실심(事實審) 판결이 선고되기 전까지 채무자가 그 이행의무의 존재 여부나 범위에 관하여 항쟁(抗爭)하는 것이 타당하다고 인정되는 경우에는 그 타당한 범위에서 제1항을 적용하지 아니한다.

## 제3장 민사소송에 관한 특례

**제4조~제16조** (1990.1.13 삭제)

## 제4장 제1심 소액사건심판에 관한 특례

**제17조~제20조** (1990.1.13 삭제)

## 제5장 독촉절차에 관한 특례
(2014.10.15 본장신설)

**제20조의2【공시송달에 의한 지급명령】** ① 다음 각 호의 어느 하나에 해당하는 자가 그 업무 또는 사업으로 취득하여 행사하는 대여금, 구상금, 보증금 및 그 양수금 채권에 대하여 지급명령을 신청하는 경우에는 「민사소송법」 제462조 단서 및 같은 법 제466조제2항 중 공시송달에 관한 규정을 적용하지 아니한다.

1. 「은행법」에 따른 은행
2. 「중소기업은행법」에 따른 중소기업은행
3. 「한국산업은행법」에 따른 한국산업은행
4. 「농업협동조합법」에 따른 조합과 그 중앙회 및 농협은행
5. 「농업협동조합의 구조개선에 관한 법률」에 따른 농업협동조합자산관리회사
6. 「수산업협동조합법」에 따른 조합과 그 중앙회 및 수협은행(2016.5.29 본호개정)

6의2. 「상호저축은행법」에 따른 상호저축은행(2023.3.28 본호신설)

7. 「신용협동조합법」에 따른 신용협동조합 및 신용협동조합중앙회
8. 「새마을금고법」에 따른 금고 및 중앙회
9. 「보험업법」에 따른 보험회사
10. 「여신전문금융업법」에 따른 여신전문금융회사
11. 「기술보증기금법」에 따른 기술보증기금(2016.3.29 본호개정)
12. 「신용보증기금법」에 따른 신용보증기금
13. 「산림조합법」에 따른 지역조합·전문조합과 그 중앙회
14. 「지역신용보증재단법」에 따른 신용보증재단 및 신용보증재단중앙회
15. 「한국주택금융공사법」에 따른 한국주택금융공사
16. 「한국자산관리공사 설립 등에 관한 법률」에 따른 한국자산관리공사(2019.11.26 본호개정)
17. 「예금자보호법」에 따른 예금보험

공사 및 정리금융회사(2015.12.22 본호개정)

18. 「자산유동화에 관한 법률」에 따라 제1호부터 제6호까지, 제6호의2, 제7호부터 제17호까지의 어느 하나에 해당하는 자가 청구 채권의 자산보유자인 유동화전문회사(2023.3.28 본호개정)

19. 「주택도시기금법」에 따른 주택도시보증공사(2021.7.20 본호신설)

20. 「중소기업진흥에 관한 법률」에 따른 중소벤처기업진흥공단 (2023.6.13 본호신설)

21. 「소상공인 보호 및 지원에 관한 법률」에 따른 소상공인시장진흥공단 (2024.1.16 본호신설)

22. 그 밖에 제1호부터 제6호까지, 제6호의2, 제7호부터 제21호까지에 준하는 자로서 대법원규칙으로 정하는 자 (2024.1.16 본호개정)

② 제1항의 채권자는 지급명령을 공시송달에 의하지 아니하고는 송달할 수 없는 경우 청구원인을 소명하여야 한다.

③ 제2항에 따른 청구원인의 소명이 없는 때에는 결정으로 그 신청을 각하하여야 한다. 청구의 일부에 대하여 지급명령을 할 수 없는 때에 그 일부에 대하여도 또한 같다.

④ 제3항의 결정에 대하여는 불복할 수 없다.

⑤ 제1항에 따라 지급명령이 공시송달의 방법으로 송달되어 채무자가 이의신청의 기간을 지킬 수 없었던 경우 「민사소송법」 제173조제1항에서 정한 소송행위의 추후보완 사유가 있는 것으로 본다.

## 제6장 형사소송에 관한 특례 (2009.11.2 본장개정)

**제21조【판결 선고기간】** 판결의 선고는 제1심에서는 공소가 제기된 날부터 6개월 이내에, 항소심(抗訴審) 및 상고심(上告審)에서는 기록을 송부받은 날부터 4개월 이내에 하여야 한다.

**제22조【약식명령기간】** 약식명령(略式命令)은 「형사소송법」 제450조의 경우를 제외하고는 그 청구가 있은 날부터 14일 이내에 하여야 한다.

**제23조【제1심 공판의 특례】** 제1심 공판절차에서 피고인에 대한 송달불능보고서(送達不能報告書)가 접수된 때부터 6개월이 지나도록 피고인의 소재(所在)를 확인할 수 없는 경우에는 대법원규칙으로 정하는 바에 따라 피고인의 진술 없이 재판할 수 있다. 다만, 사형, 무기 또는 장기(長期) 10년이 넘는 징역이나 금고에 해당하는 사건의 경우에는 그러하지 아니하다.
(2009.12.29 단서개정)

**제23조의2【재심】** ① 제23조 본문에 따라 유죄판결을 받고 그 판결이 확정된 자가 책임을 질 수 없는 사유로 공판절차에 출석할 수 없었던 경우 「형사소송법」 제424조에 규정된 자는 그 판결이 있었던 사실을 안 날부터 14일 이내〔재심청구인(再審請求人)이 책임을 질 수 없는 사유로 위 기간에 재심청구를 하지 못한 경우에는 그 사유가 없어진 날부터 14일 이내〕에 제1심 법원에 재심을 청구할 수 있다.

② 제1항에 따른 청구가 있을 때에는 법원은 재판의 집행을 정지하는 결정을 하여야 한다.

③ 제2항에 따른 집행정지 결정을 한 경우에 피고인을 구금할 필요가 있을 때에는 구속영장을 발부하여야 한다. 다만, 「형사소송법」 제70조의 요건을 갖춘 경우로 한정한다.

④ 재심청구인은 재심청구서에 송달장소를 적고, 이를 변경하는 경우에는 지체 없이 그 취지를 법원에 신고하여야 한다.

⑤ 재심청구인이 제4항에 따른 기재 또는 신고를 하지 아니하여 송달을 할 수 없는 경우에는 「형사소송법」 제64조에 따른 공시송달(公示送達)을 할 수 있다.

⑥ 재심 개시 결정이 확정된 후 공판기일에 재심청구인이 출석하지 아니한 경우에는 「형사소송법」 제365조를 준용한다.

⑦ 이 법에 따른 재심에 관하여는 「형사소송법」 제426조, 제427조, 제429조부터 제434조까지, 제435조제1항, 제437조부터 제440조까지의 규정을 준용한다.

**제24조** (2012.1.17 삭제)

**제25조 【배상명령】** ① 제1심 또는 제2심의 형사공판 절차에서 다음 각 호의 죄 중 어느 하나에 관하여 유죄판결을 선고할 경우, 법원은 직권에 의하여 또는 피해자나 그 상속인(이하 "피해자"라 한다)의 신청에 의하여 피고사건의 범죄행위로 인하여 발생한 직접적인 물적(物的) 피해, 치료비 손해 및 위자료의 배상을 명할 수 있다.

1. 「형법」 제257조제1항, 제258조제1항 및 제2항, 제258조의2제1항(제257조제1항의 죄로 한정한다) · 제2항(제258조제1항 · 제2항의 죄로 한정한다), 제259조제1항, 제262조(존속폭행치사상의 죄는 제외한다), 같은 법 제26장, 제32장(제304조의 죄는 제외한다), 제38장부터 제40장까지 및 제42장에 규정된 죄 (2016.1.6 본호개정)
2. 「성폭력범죄의 처벌 등에 관한 특례법」 제10조부터 제14조까지, 제15조(제3조부터 제9조까지의 미수범은 제외한다), 「아동 · 청소년의 성보호에 관한 법률」 제12조 및 제14조에 규정된 죄(2012.12.18 본호개정)
3. 제1호의 죄를 가중처벌하는 죄 및 그 죄의 미수범을 처벌하는 경우 미수의 죄

(2012.1.17 본항개정)

② 법원은 제1항에 규정된 죄 및 그 외의 죄에 대한 피고사건에서 피고인과 피해자 사이에 합의된 손해배상액에 관하여도 제1항에 따라 배상을 명할 수 있다.

③ 법원은 다음 각 호의 어느 하나에 해당하는 경우에는 배상명령을 하여서는 아니 된다.

1. 피해자의 성명 · 주소가 분명하지 아니한 경우
2. 피해 금액이 특정되지 아니한 경우
3. 피고인의 배상책임의 유무 또는 그 범위가 명백하지 아니한 경우
4. 배상명령으로 인하여 공판절차가 현저히 지연될 우려가 있거나 형사소송 절차에서 배상명령을 하는 것이 타당하지 아니하다고 인정되는 경우

**제25조의2 【배상신청의 통지】** 검사는 제25조제1항에 규정된 죄로 공소를 제기한 경우에는 지체 없이 피해자 또는 그 법정대리인(피해자가 사망한 경우에는 그 배우자 · 직계친족 · 형제자매를 포함한다)에게 제26조제1항에 따라 배상신청을 할 수 있음을 통지하여야 한다.(2009.11.2 본조신설)

**제26조 【배상신청】** ① 피해자는 제1심 또는 제2심 공판의 변론이 종결될 때까지 사건이 계속(係屬)된 법원에 제25조에 따른 피해배상을 신청할 수 있다. 이 경우 신청서에 인지(印紙)를 붙이지 아니한다.

② 피해자는 배상신청을 할 때에는 신청서와 상대방 피고인 수만큼의 신청서 부본(副本)을 제출하여야 한다.

③ 신청서에는 다음 각 호의 사항을 적고 신청인 또는 대리인이 서명 · 날인하여야 한다.

1. 피고사건의 번호, 사건명 및 사건이 계속된 법원
2. 신청인의 성명과 주소
3. 대리인이 신청할 때에는 그 대리인의 성명과 주소
4. 상대방 피고인의 성명과 주소
5. 배상의 대상과 그 내용
6. 배상 청구 금액

④ 신청서에는 필요한 증거서류를 첨부할 수 있다.

⑤ 피해자가 증인으로 법정에 출석한 경우에는 말로써 배상을 신청할 수 있다. 이 때에는 공판조서(公判調書)에 신청의 취지를 적어야 한다.

⑥ 신청인은 배상명령이 확정되기 전까지는 언제든지 배상신청을 취하(取下)할 수 있다.

⑦ 피해자는 피고사건의 범죄행위로 인하여 발생한 피해에 관하여 다른 절차에 따른 손해배상청구가 법원에 계속 중일 때에는 배상신청을 할 수 없다.

⑧ 배상신청은 민사소송에서의 소의 제기와 동일한 효력이 있다.

**제27조 【대리인】** ① 피해자는 법원의 허가를 받아 그의 배우자, 직계혈족(直系血族) 또는 형제자매에게 배상신청에 관하여 소송행위를 대리하게 할 수 있다.

② 피고인의 변호인은 배상신청에 관하여 피고인의 대리인으로서 소송행위를 할 수 있다.

**제28조 【피고인에 대한 신청서 부본의 송달】** 법원은 서면에 의한 배상신청이 있을 때에는 지체 없이 그 신청서 부본을 피고인에게 송달하여야 한다. 이 경우 법원은 직권 또는 신청인의 요청에 따라 신청서 부본 상의 신청인 성명과 주소 등 신청인의 신원을 알 수 있는 사항의 전부 또는 일부를 가리고 송달할 수 있다.(2016.1.19 후단신설)

**제29조 【공판기일 통지】** ① 법원은 배상신청이 있을 때에는 신청인에게 공판기일을 알려야 한다.

② 신청인이 공판기일을 통지받고도 출석하지 아니하였을 때에는 신청인의 진술 없이 재판할 수 있다.

**제30조 【기록의 열람과 증거조사】** ① 신청인 및 그 대리인은 공판절차를 현저히 지연시키지 아니하는 범위에서 재판장의 허가를 받아 소송기록을 열람할 수 있고, 공판기일에 피고인이나 증인을 신문(訊問)할 수 있으며, 그 밖에 필요한 증거를 제출할 수 있다.

② 제1항의 허가를 하지 아니한 재판에 대하여는 불복(不服)을 신청하지 못한다.

**제31조 【배상명령의 선고 등】** ① 배상명령은 유죄판결의 선고와 동시에 하여야 한다.

② 배상명령은 일정액의 금전 지급을 명함으로써 하고 배상의 대상과 금액을 유죄판결의 주문(主文)에 표시하여야 한다. 배상명령의 이유는 특히 필요하다고 인정되는 경우가 아니면 적지 아니한다.

③ 배상명령은 가집행(假執行)할 수 있음을 선고할 수 있다.

④ 제3항에 따른 가집행선고에 관하여는 「민사소송법」 제213조제3항, 제215조, 제500조 및 제501조를 준용한다.

⑤ 배상명령을 하였을 때에는 유죄판결서의 정본(正本)을 피고인과 피해자에게 지체 없이 송달하여야 한다.

**제32조 【배상신청의 각하】** ① 법원은 다음 각 호의 어느 하나에 해당하는 경우에는 결정(決定)으로 배상신청을 각하(却下)하여야 한다.

1. 배상신청이 적법하지 아니한 경우
2. 배상신청이 이유 없다고 인정되는 경우
3. 배상명령을 하는 것이 타당하지 아니하다고 인정되는 경우

② 유죄판결의 선고와 동시에 제1항의 재판을 할 때에는 이를 유죄판결의 주문에 표시할 수 있다.
③ 법원은 제1항의 재판서에 신청인 성명과 주소 등 신청인의 신원을 알 수 있는 사항의 기재를 생략할 수 있다.(2016.1.19 본항신설)
④ 배상신청을 각하하거나 그 일부를 인용(認容)한 재판에 대하여 신청인은 불복을 신청하지 못하며, 다시 동일한 배상신청을 할 수 없다.

**제33조【불복】** ① 유죄판결에 대한 상소가 제기된 경우에는 배상명령은 피고사건과 함께 상소심(上訴審)으로 이심(移審)된다.
② 상소심에서 원심(原審)의 유죄판결을 파기하고 피고사건에 대하여 무죄, 면소(免訴) 또는 공소기각(公訴棄却)의 재판을 할 때에는 원심의 배상명령을 취소하여야 한다. 이 경우 상소심에서 원심의 배상명령을 취소하지 아니한 경우에는 그 배상명령을 취소한 것으로 본다.
③ 원심에서 제25조제2항에 따라 배상명령을 하였을 때에는 제2항을 적용하지 아니한다.
④ 상소심에서 원심판결을 유지하는 경우에도 원심의 배상명령을 취소하거나 변경할 수 있다.
⑤ 피고인은 유죄판결에 대하여 상소를 제기하지 아니하고 배상명령에 대하여만 상소 제기기간에 「형사소송법」에 따른 즉시항고(卽時抗告)를 할 수 있다. 다만, 즉시항고 제기 후 상소권자의 적법한 상소가 있는 경우에는 즉시항고는 취하된 것으로 본다.

**제34조【배상명령의 효력과 강제집행】** ① 확정된 배상명령 또는 가집행선고가 있는 배상명령이 기재된 유죄판결서의 정본은 「민사집행법」에 따른 강제집행에 관하여는 집행력 있는 민사판결 정본과 동일한 효력이 있다.
② 이 법에 따른 배상명령이 확정된 경우 피해자는 그 인용된 금액의 범위에서 다른 절차에 따른 손해배상을 청구할 수 없다.
③ 지방법원이 민사지방법원과 형사지방법원으로 분리 설치된 경우에 배상명령에 따른 청구에 관한 이의의 소는 형사지방법원의 소재지를 관할하는 민사지방법원을 제1심 판결법원으로 한다.
④ 청구에 대한 이의의 주장에 관하여는 「민사집행법」 제44조제2항에 규정된 제한에 따르지 아니한다.

**제35조【소송비용】** 배상명령의 절차비용은 특별히 그 비용을 부담할 자를 정한 경우를 제외하고는 국고의 부담으로 한다.

**제36조【민사상 다툼에 관한 형사소송 절차에서의 화해】** ① 형사피고사건의 피고인과 피해자 사이에 민사상 다툼(해당 피고사건과 관련된 피해에 관한 다툼을 포함하는 경우로 한정한다)에 관하여 합의한 경우, 피고인과 피해자는 그 피고사건이 계속 중인 제1심 또는 제2심 법원에 합의 사실을 공판조서에 기재하여 줄 것을 공동으로 신청할 수 있다.
② 제1항의 합의가 피고인의 피해자에 대한 금전 지급을 내용으로 하는 경우에 피고인 외의 자가 피해자에 대하여 그 지급을 보증하거나 연대하여 의무를 부담하기로 합의하였을 때에는 제1항의 신청과 동시에 그 피고인 외의 자는 피고인 및 피해자와 공동으로 그 취지를 공판조서에 기재하여 줄 것을 신청할 수 있다.(2022.1.4 본항개정)
③ 제1항 및 제2항에 따른 신청은 변론이 종결되기 전까지 공판기일에 출석하여 서면으로 하여야 한다.
④ 제3항에 따른 서면에는 해당 신청과 관련된 합의 및 그 합의가 이루어진 민사상 다툼의 목적인 권리를 특정할 수 있는 충분한 사실을 적어야 한다.

⑤ 합의가 기재된 공판조서의 효력 및 화해비용에 관하여는 「민사소송법」 제220조 및 제389조를 준용한다.

**제37조 【화해기록】** ① 제36조제1항 또는 제2항에 따른 신청에 따라 공판조서에 기재된 합의를 한 자나 이해관계를 소명(疎明)한 제3자는 「형사소송법」 제55조에도 불구하고 대법원규칙으로 정하는 바에 따라 법원서기관, 법원사무관, 법원주사 또는 법원주사보(이하 "법원사무관등"이라 한다)에게 다음 각 호의 사항을 신청할 수 있다.

1. 다음 각 목에 해당하는 서류(이하 "화해기록"이라 한다)의 열람 또는 복사
   가. 해당 공판조서(해당 합의 및 그 합의가 이루어진 민사상 다툼의 목적인 권리를 특정할 수 있는 충분한 사실이 기재된 부분으로 한정한다)
   나. 해당 신청과 관련된 제36조제3항에 따른 서면
   다. 그 밖에 해당 합의에 관한 기록
2. 조서의 정본·등본 또는 초본의 발급
3. 화해에 관한 사항의 증명서의 발급

② 제1항에 따라 신청하는 자는 대법원규칙으로 정하는 바에 따라 수수료를 내야 한다.

③ 제1항 각 호의 신청에 관한 법원사무관등의 처분에 대한 이의신청은 「민사소송법」 제223조의 예에 따르고, 화해기록에 관한 비밀보호를 위한 열람 등의 제한 절차는 같은 법 제163조의 예에 따른다.

④ 화해기록은 형사피고사건이 종결된 후에는 그 피고사건의 제1심 법원에서 보관한다.

**제38조 【화해 절차 당사자 등에 관한 「민사소송법」의 준용】** 제36조 및 제37조에 따른 민사상 다툼에 관한 형사소송 절차에서의 화해 절차의 당사자 및 대리인에 관하여는 그 성질에 반하지 아니하면 「민사소송법」 제1편제2장제1절(선정당사자 및 특별대리인에 관한 규정은 제외한다) 및 제4절을 준용한다.

**제39조 【집행문 부여의 소 등에 대한 관할 특칙】** 제36조에 따른 민사상 다툼에 관한 형사소송 절차에서의 화해에 관련된 집행문 부여의 소, 청구에 관한 이의의 소 또는 집행문 부여에 대한 이의의 소에 대하여는 「민사집행법」 제33조, 제44조제1항 및 제45조에도 불구하고 해당 피고사건의 제1심 법원의 관할에 전속한다.

**제40조 【위임규정】** 배상명령의 절차에 관하여 이 법에 특별한 규정이 없는 사항은 대법원규칙으로 정하는 바에 따르고, 제36조부터 제39조까지의 규정에서 정하는 것 외에 민사상 다툼에 관한 형사소송 절차에서의 화해에 관하여 필요한 사항은 대법원규칙으로 정한다.

## 부 칙

**제1조 【시행일】** 이 법은 1981년 3월 1일부터 시행한다.

**제2조 【경과조치】** ① 이 법은 이 법에 특별한 규정이 있는 경우를 제외하고는 이 법 시행당시 법원에 계속된 사건에 이를 적용한다. 다만, 이미 다른 법률에 의하여 생긴 효력에 영향을 미치지 아니한다.

② 제3조·제20조 및 제25조의 규정은 이 법 시행당시 법원에 계속된 사건중 제1심 변론 종결전의 사건에 한하여 이를 적용한다.

③ 제5조의 규정은 이 법 시행당시 법원에 계속된 사건중 아직 재판을 하지 아니한 사건에 한하여 이를 적용한다.

④ 제8조 내지 제10조·제15조 및 제24조의 규정은 이 법 시행일 이전에

상소장 또는 항고장이 접수된 사건에는 이를 적용하지 아니한다.

⑤ 제11조 내지 제13조의 규정은 이 법 시행일 이전에 상소장 또는 재항고장이 접수된 사건에는 이를 적용하지 아니한다.

⑥ 제16조 및 제18조의 규정은 이 법 시행일 이전에 접수된 사건에는 이를 적용하지 아니한다.

**제3조【폐지법률】** 민사소송에관한임시조치법 및 형사소송에관한특별조치법은 이를 폐지한다.

부 칙 (1990.1.13)

① **【시행일】** 이 법은 1990년 9월 1일부터 시행한다.

② **【상고허가등에 관한 경과조치】** 이 법 시행당시 상고허가 또는 재항고허가 신청된 사건중에서 상고허가 또는 재항고허가 여부에 관한 결정을 하지 아니한 사건은 민사소송법에 의하여 상고 또는 재항고가 제기된 것으로 본다.

부 칙 (1998.1.13)

**제1조【시행일】** 이 법은 공포한 날부터 시행한다.(이하 생략)

부 칙 (1999.12.28)

**제1조【시행일】** 이 법은 공포한 날부터 시행한다.

**제2조【경과조치】** ① 이 법은 이 법 시행당시 법원에 계속중인 사건에 대하여도 적용한다.

② 종전의 제23조의 규정에 의하여 유죄판결을 받고 1998년 7월 16일당시 확정되지 아니한 사건은 그 날부터 항소제기기간의 진행이 정지되며, 이 법 시행일부터 다시 남은 항소제기기간이 진행된다. 이 경우 제23조의 개정규정에 의하여 피고인의 진술없이 재판할 수 없는 사건에 대하여도 제23조의2의 개정규정에 의한 재심을 청구할 수 있다.

부 칙 (2002.1.26 법6626호)
(2002.1.26 법6627호)

**제1조【시행일】** 이 법은 2002년 7월 1일부터 시행한다.(이하 생략)

부 칙 (2003.5.10)

① **【시행일】** 이 법은 2003년 6월 1일부터 시행한다.

② **【계속사건에 관한 경과조치】** 제3조제1항 본문의 개정규정은 이 법 시행전에 소장 또는 이에 준하는 서면이 채무자에게 송달된 사건에 대하여도 적용한다. 다만, 그 사건에 대한 법정이율은 2003년 6월 1일부터 동 개정규정에 따른 이율에 의한다.

부 칙 (2005.3.31)

**제1조【시행일】** 이 법은 2008년 1월 1일부터 시행한다.(이하 생략)

부 칙 (2005.12.14)

이 법은 공포 후 6월이 경과한 날부터 시행한다.

부 칙 (2009.11.2)

이 법은 공포 후 6개월이 경과한 날부터 시행한다.

부 칙 (2009.12.29)

이 법은 2010년 5월 3일부터 시행한다.

부 칙 (2010.5.17)

**제1조【시행일】** 이 법은 공포 후 6개월이 경과한 날부터 시행한다.(이하 생략)

부 칙 (2012.1.17)

이 법은 공포한 날부터 시행한다.

부 칙 (2012.12.18 법11556호)
(2012.12.18 법11572호)

**제1조【시행일】** 이 법은 공포 후 6개월이 경과한 날부터 시행한다.(이하 생략)

부 칙 (2014.10.15)

**제1조【시행일】** 이 법은 2014년 12월 1일부터 시행한다.
**제2조【경과조치】** 이 법 시행 전에 접수된 독촉사건에 대하여는 종전의 규정에 따른다.
**제3조【다른 법률의 개정】** ※(해당 법령에 가제정리 하였음)

부 칙 (2015.12.22)
(2016.1.6)

**제1조【시행일】** 이 법은 공포한 날부터 시행한다.(이하 생략)

부 칙 (2016.1.19)

이 법은 공포한 날부터 시행한다.

부 칙 (2016.3.29)

**제1조【시행일】** 이 법은 공포 후 6개월이 경과한 날부터 시행한다.(이하 생략)

부 칙 (2016.5.29)

**제1조【시행일】** 이 법은 2016년 12월 1일부터 시행한다.(이하 생략)

부 칙 (2017.10.31)

**제1조【시행일】** 이 법은 공포 후 3개월이 경과한 날부터 시행한다.
**제2조【경과조치】** 이 법 시행 전에 접수된 독촉사건에 대하여는 종전의 규정에 따른다.

부 칙 (2019.11.26)

**제1조【시행일】** 이 법은 공포한 날부터 시행한다.(이하 생략)

부 칙 (2021.7.20)

**제1조【시행일】** 이 법은 공포 후 6개월이 경과한 날부터 시행한다.
**제2조【경과조치】** 이 법 시행 전에 접수된 독촉사건에 대하여는 종전의 규정에 따른다.

부 칙 (2022.1.4)

이 법은 공포한 날부터 시행한다.

부 칙 (2023.3.28)

**제1조【시행일】** 이 법은 공포 후 6개월이 경과한 날부터 시행한다.
**제2조【공시송달에 의한 지급명령에 관한 경과조치】** 이 법 시행 전에 접수된 독촉사건에 대해서는 제20조의2제1항의 개정규정에도 불구하고 종전의 규정에 따른다.

부 칙 (2023.6.13)

**제1조【시행일】** 이 법은 2023년 9월 29일부터 시행한다.
**제2조【공시송달에 의한 지급명령에 관한 경과조치】** 이 법 시행 전에 접수된 독촉사건에 대해서는 종전의 규정에 따른다.

부 칙 (2024.1.16)

**제1조【시행일】** 이 법은 공포 후 3개월이 경과한 날부터 시행한다.
**제2조【공시송달에 의한 지급명령에 관한 경과조치】** 이 법 시행 전에 접수된 독촉사건에 대해서는 종전의 규정에 따른다.

# 소액사건심판법

(**1973년 2월 24일**
**법 률 제2547호**)

개정
1975.12.31법 2821호　1980. 1. 4법 3246호
1990. 1.13법 4205호　1996.11.23법 5166호
2001. 1.29법 6410호　2002. 1.26법 6630호
2005. 3.31법 7427호(민법)
2023. 3.28법 19281호

**제1조【목적】** 이 법은 지방법원 및 그 지원(支院)에서 소액(少額)의 민사사건을 간이한 절차에 따라 신속히 처리하기 위하여 「민사소송법」에 대한 특례를 규정함을 목적으로 한다.
(2023.3.28 본조개정)
**제2조【적용 범위 등】** ① 이 법은 지방법원 및 그 지원의 관할사건 중 대법원규칙으로 정하는 민사사건(이하 "소액사건"이라 한다)에 적용한다.
② 소액사건에 대해서는 이 법에 특별한 규정이 있는 경우를 제외하고는 「민사소송법」의 규정을 적용한다.
(2023.3.28 본조개정)
**제3조【상고 및 재항고】** 소액사건에 대한 지방법원 본원(本院) 합의부의 제2심 판결이나 결정·명령에 대해서는 다음 각 호의 어느 하나에 해당하는 경우에만 대법원에 상고(上告) 또는 재항고(再抗告)를 할 수 있다.
1. 법률·명령·규칙 또는 처분의 헌법 위반 여부와 명령·규칙 또는 처분의 법률 위반 여부에 대한 판단이 부당한 경우
2. 대법원의 판례에 상반되는 판단을 한 경우
(2023.3.28 본조개정)
**제4조【구술에 의한 소의 제기】** ① 소(訴)는 구술로써 제기할 수 있다.
② 구술로써 소를 제기할 때에는 법원서기관·법원사무관·법원주사 또는 법원주사보(이하 "법원사무관등"이라 한다) 앞에서 진술하여야 한다.

③ 제2항의 경우에 법원사무관등은 제소조서(提訴調書)를 작성하고 이에 기명날인하여야 한다.
(2023.3.28 본조개정)

**제5조【임의출석에 의한 소의 제기】** ① 당사자 양쪽은 임의로 법원에 출석하여 소송에 관하여 변론할 수 있다.
② 제1항의 경우에 소의 제기는 구술에 의한 진술로써 한다.
(2023.3.28 본조개정)

**제5조의2【일부청구의 제한】** ① 채권자는 금전, 그 밖의 대체물이나 유가증권의 일정한 수량의 지급을 목적으로 하는 청구의 경우에는 이 법을 적용받기 위해 청구를 분할하여 그 일부만을 청구할 수 없다.
② 제1항을 위반한 소는 판결로 각하(却下)하여야 한다.
(2023.3.28 본조개정)

**제5조의3【결정에 의한 이행권고】** ① 법원은 소가 제기된 경우 결정으로 소장 부본이나 제소조서 등본을 첨부하여 피고에게 청구취지대로 이행할 것을 권고할 수 있다. 다만, 다음 각 호의 어느 하나에 해당하는 경우에는 이행권고를 할 수 없다.
1. 독촉절차 또는 조정절차에서 소송절차로 이행된 경우
2. 청구취지나 청구원인이 분명하지 아니한 경우
3. 그 밖에 이행권고를 하는 것이 적절하지 아니하다고 인정하는 경우

② 이행권고결정에는 당사자, 법정대리인, 청구의 취지와 원인 및 이행조항을 적고, 피고가 이의신청을 할 수 있음과 이행권고결정의 효력의 취지를 덧붙여 적어야 한다.
③ 법원사무관등은 이행권고결정서의 등본을 피고에게 송달하여야 한다. 다만, 그 송달은 「민사소송법」 제187조 및 제194조부터 제196조까지에서 규정한 방법으로는 할 수 없다.
④ 법원은 제3항에도 불구하고 「민사소송법」 제187조 및 제194조부터 제196조까지에서 규정한 방법으로만 피고에게 이행권고결정서의 등본을 송달할 수 있는 경우에는 지체 없이 변론기일을 지정하여야 한다.
(2023.3.28 본조개정)

**제5조의4【이행권고결정에 대한 이의신청】** ① 피고는 이행권고결정서의 등본을 송달받은 날부터 2주일 이내에 서면으로 이의신청을 할 수 있다. 다만, 그 등본이 송달되기 전에도 이의신청을 할 수 있다.
② 제1항 본문의 기간은 불변기간(不變期間)으로 한다.
③ 법원은 제1항에 따른 이의신청이 있을 때에는 지체 없이 변론기일을 지정하여야 한다.
④ 이의신청을 한 피고는 제1심 판결이 선고되기 전까지 이의신청을 취하(取下)할 수 있다.
⑤ 피고가 이의신청을 하였을 때에는 원고가 주장한 사실을 다툰 것으로 본다.
(2023.3.28 본조개정)

**제5조의5【이의신청의 각하】** ① 법원은 이의신청이 적법하지 아니하다고 인정되는 경우에는 그 흠을 보정할 수 없으면 결정으로 그 이의신청을 각하하여야 한다.
② 제1항의 결정에 대해서는 즉시항고를 할 수 있다.
(2023.3.28 본조개정)

**제5조의6【이의신청의 추후보완】** ① 피고는 부득이한 사유로 제5조의4제1항 본문의 기간 내에 이의신청을 할 수 없었던 경우에는 그 사유가 없어진 후 2주일 이내에 이의신청을 추후보완할 수 있다. 다만, 그 사유가 없어질 당시 외국에 있던 피고는 30일 이내에 이의신청을 추후보완할 수 있다.
② 피고는 이의신청과 동시에 서면으

로 그 추후보완의 사유를 소명하여야 한다.
③ 법원은 추후보완의 사유가 이유 없다고 인정하는 경우에는 결정으로 이의신청을 각하하여야 한다.
④ 제3항의 결정에 대해서는 즉시항고를 할 수 있다.
⑤ 이의신청의 추후보완에 따른 집행정지 등에 관하여는 「민사소송법」 제500조를 준용한다.
(2023.3.28 본조개정)

**제5조의7 【이행권고결정의 효력】** ① 이행권고결정은 다음 각 호의 어느 하나에 해당하면 확정판결과 같은 효력을 가진다.
1. 피고가 제5조의4제1항 본문의 기간 내에 이의신청을 하지 아니한 경우
2. 이의신청에 대한 각하결정이 확정된 경우
3. 이의신청이 취하된 경우
② 법원사무관등은 이행권고결정이 확정판결과 같은 효력을 가지게 된 경우에는 이행권고결정서의 정본을 원고에게 송달하여야 한다.
③ 제1항 각 호의 어느 하나에 해당하지 아니하는 이행권고결정은 제1심 법원에서 판결이 선고되면 그 효력을 잃는다.
(2023.3.28 본조개정)

**제5조의8 【이행권고결정에 따른 강제집행의 특례】** ① 이행권고결정에 따른 강제집행은 집행문을 부여받을 필요 없이 제5조의7제2항의 이행권고결정서 정본에 의하여 한다. 다만, 다음 각 호의 어느 하나에 해당하는 경우에는 그러하지 아니하다.
1. 이행권고결정의 집행에 조건을 붙인 경우
2. 당사자의 승계인을 위하여 강제집행을 하는 경우
3. 당사자의 승계인에 대하여 강제집행을 하는 경우
② 법원사무관등은 다음 각 호의 어느 하나에 해당하는 경우에는 원고에게 이행권고결정서의 정본을 내주고, 그 사유를 원본과 정본에 각각 적어야 한다.
1. 원고가 여러 통의 이행권고결정서의 정본을 신청한 경우
2. 원고가 전에 내어준 이행권고결정서의 정본을 돌려주지 아니하고 다시 이행권고결정서의 정본을 신청한 경우
③ 청구에 관한 이의의 주장에 관하여는 「민사집행법」 제44조제2항에 따른 제한을 받지 아니한다.
(2023.3.28 본조개정)

**제6조 【소장의 송달】** 소장 부본이나 제소조서 등본은 지체 없이 피고에게 송달하여야 한다. 다만, 피고에게 이행권고결정서의 등본이 송달된 경우에는 소장 부본이나 제소조서 등본이 송달된 것으로 본다.(2023.3.28 본조개정)

**제7조 【기일의 지정 등】** ① 소가 제기된 경우 판사는 「민사소송법」 제256조부터 제258조까지의 규정에도 불구하고 바로 변론기일을 정할 수 있다.
② 판사는 제1항의 경우 되도록 한 차례의 변론기일로 심리(審理)를 마치도록 하여야 한다.
③ 판사는 제2항의 목적을 달성하기 위하여 변론기일 전이라도 당사자로 하여금 증거신청을 하게 하는 등 필요한 조치를 할 수 있다.
(2023.3.28 본조개정)

**제7조의2 【공휴일 · 야간의 개정】** 판사는 필요한 경우 근무시간 외의 시간이나 공휴일에도 개정(開廷)할 수 있다.
(2023.3.28 본조개정)

**제8조 【소송대리에 관한 특칙】** ① 당사자의 배우자 · 직계혈족 또는 형제자매는 법원의 허가 없이 소송대리인이 될 수 있다.

② 제1항에 따른 소송대리인은 당사자와의 신분관계와 수권관계(授權關係)를 서면으로 증명하여야 한다. 다만, 수권관계에 대해서는 당사자가 판사 앞에서 구술로 제1항에 따른 소송대리인을 선임하고 법원사무관등이 조서에 그 사실을 적은 경우에는 예외로 한다.
(2023.3.28 본조개정)

**제9조【심리절차상의 특칙】** ① 법원은 소장·준비서면, 그 밖의 소송기록에 의하여 청구가 이유 없음이 명백한 경우에는 변론 없이 청구를 기각(棄却)할 수 있다.
② 판사가 바뀐 경우라도 변론의 갱신(更新) 없이 판결할 수 있다.
(2023.3.28 본조개정)

**제10조【증거조사에 관한 특칙】** ① 판사는 필요하다고 인정하는 경우에는 직권으로 증거조사를 할 수 있다. 이 경우 그 증거조사의 결과에 관하여는 당사자의 의견을 들어야 한다.
② 증인신문(證人訊問)은 판사가 한다. 다만, 당사자는 판사에게 알리고 증인신문을 할 수 있다.
③ 판사는 상당하다고 인정하는 경우에는 증인 또는 감정인에게 신문을 갈음하여 서면을 제출하게 할 수 있다.
(2023.3.28 본조개정)

**제11조【조서의 기재 생략】** ① 판사가 허가한 경우에는 조서에 적을 사항을 생략할 수 있다. 다만, 당사자의 이의가 있는 경우에는 생략할 수 없다.
② 제1항 본문은 변론의 방식에 관한 규정의 준수와 화해(和解)·인낙(認諾)·포기·취하 및 자백에 대해서는 적용하지 아니한다.
(2023.3.28 본조개정)

**제11조의2【판결에 관한 특례】** ① 판결의 선고는 변론종결 후 즉시 할 수 있다.
② 판결을 선고할 때에는 주문(主文)을 읽어 주고 그 주문의 정당성이 인정될 수 있는 범위에서 그 이유의 요지를 구술로 설명하여야 한다.
③ 판결서에는 「민사소송법」 제208조에도 불구하고 이유를 적지 아니할 수 있다. 다만, 다음 각 호의 어느 하나에 해당하는 경우에는 청구를 특정함에 필요한 사항 및 주문의 정당함을 뒷받침하는 공격방어방법에 관한 판단 요지를 판결서의 이유에 기재하도록 노력하여야 한다.
1. 판결이유에 의하여 기판력의 객관적 범위가 달라지는 경우
2. 청구의 일부를 기각하는 사건에서 계산의 근거를 명확하게 제시할 필요가 있는 경우
3. 소송의 쟁점이 복잡하고 상대방의 주장, 그 밖의 공격방어방법에 대한 다툼이 상당한 사건 등 당사자에 대한 설명이 필요한 경우
(2023.3.28 본조개정)

**제12조~제14조** (1990.1.13 삭제)

**제15조** (1996.11.23 삭제)

**제16조【시행규칙】** 이 법의 시행에 필요한 사항은 대법원규칙으로 정한다.
(2023.3.28 본조개정)

## 부 칙

① **【시행일】** 이 법은 1973년 9월 1일부터 시행한다.
② **【경과조치】** 이 법 시행당시 지방법원 및 지방법원지원에 계속중인 사건으로서 이 법에 의한 소액사건에 해당되는 사건에 대하여는 이 법을 적용한다. 그러나 이 법 시행이전의 소송행위의 효력에 영향을 미치지 아니한다.
③ **【동전】** 이 법 시행당시 상고 또는 재항고중인 사건은 종전의 예에 의한다.

부 칙 (1975.12.31)

① 이 법은 1976년 1월 1일부터 시행한다.
② 이 법 시행당시 법원에 계속중인 사건은 종전의 예에 의한다.

부 칙 (1980.1.4)

① **【시행일】** 이 법은 1980년 2월 1일부터 시행한다.
② **【법원에 계속중인 사건에 대한 경과조치】** 이 법 시행당시 지방법원 및 지방법원지원에 계속중인 사건은 종전의 예에 의한다.

부 칙 (1990.1.13)

이 법은 1990년 9월 1일부터 시행한다.

부 칙 (1996.11.23)
(2001.1.29)

이 법은 공포한 날부터 시행한다.

부 칙 (2002.1.26)

이 법은 2002년 7월 1일부터 시행한다.

부 칙 (2005.3.31)

**제1조 【시행일】** 이 법은 2008년 1월 1일부터 시행한다.(이하 생략)

부 칙 (2023.3.28)

**제1조 【시행일】** 이 법은 공포한 날부터 시행한다.
**제2조 【판결서의 이유 기재 노력의무에 관한 적용례】** 제11조의2제3항의 개정규정은 이 법 시행 후 소를 제기하는 경우부터 적용한다.

# 상고심절차에 관한 특례법

(1994년 7월 27일
법 률 제4769호)

개정
2002. 1.26법6626호(민사소송법)
2009.11. 2법9816호

**제1조 【목적】** 이 법은 상고심절차(上告審節次)에 관한 특례를 규정함으로써 대법원이 법률심(法律審)으로서의 기능을 효율적으로 수행하고, 법률관계를 신속하게 확정함을 목적으로 한다.
(2009.11.2 본조개정)

**제2조 【적용 범위】** 이 법은 민사소송, 가사소송 및 행정소송(「특허법」 제9장과 이를 준용하는 규정에 따른 소송을 포함한다. 이하 같다)의 상고사건(上告事件)에 적용한다.(2009.11.2 본조개정)

**제3조 【「민사소송법」 적용의 배제】** 「민사소송법」의 규정(다른 법률에 따라 준용하는 경우를 포함한다)이 이 법의 규정에 저촉되는 경우에는 이 법에 따른다.(2009.11.2 본조개정)

**제4조 【심리의 불속행】** ① 대법원은 상고이유에 관한 주장이 다음 각 호의 어느 하나의 사유를 포함하지 아니한다고 인정하면 더 나아가 심리(審理)를 하지 아니하고 판결로 상고를 기각(棄却)한다.
1. 원심판결(原審判決)이 헌법에 위반되거나, 헌법을 부당하게 해석한 경우
2. 원심판결이 명령·규칙 또는 처분의 법률위반 여부에 대하여 부당하게 판단한 경우
3. 원심판결이 법률·명령·규칙 또는 처분에 대하여 대법원 판례와 상반되게 해석한 경우
4. 법률·명령·규칙 또는 처분에 대한 해석에 관하여 대법원 판례가 없

거나 대법원 판례를 변경할 필요가 있는 경우
5. 제1호부터 제4호까지의 규정 외에 중대한 법령위반에 관한 사항이 있는 경우
6. 「민사소송법」 제424조제1항제1호부터 제5호까지에 규정된 사유가 있는 경우

② 가압류 및 가처분에 관한 판결에 대하여는 상고이유에 관한 주장이 제1항제1호부터 제3호까지에 규정된 사유를 포함하지 아니한다고 인정되는 경우 제1항의 예에 따른다.

③ 상고이유에 관한 주장이 제1항 각 호의 사유(가압류 및 가처분에 관한 판결의 경우에는 제1항제1호부터 제3호까지에 규정된 사유)를 포함하는 경우에도 다음 각 호의 어느 하나에 해당할 때에는 제1항의 예에 따른다.
1. 그 주장 자체로 보아 이유가 없는 때
2. 원심판결과 관계가 없거나 원심판결에 영향을 미치지 아니하는 때

(2009.11.2 본조개정)

**제5조 【판결의 특례】** ① 제4조 및 「민사소송법」 제429조 본문에 따른 판결에는 이유를 적지 아니할 수 있다.

② 제1항의 판결은 선고(宣告)가 필요하지 아니하며, 상고인에게 송달됨으로써 그 효력이 생긴다.

③ 제1항의 판결은 그 원본을 법원서기관, 법원사무관, 법원주사 또는 법원주사보(이하 "법원사무관등"이라 한다)에게 교부하며, 법원사무관등은 즉시 이를 받은 날짜를 덧붙여 적고 도장을 찍은 후 당사자에게 송달하여야 한다.

(2009.11.2 본조개정)

**제6조 【특례의 제한】** ① 제4조 및 제5조는 「법원조직법」 제7조제1항 단서에 따라 재판하는 경우에만 적용한다.

② 원심법원으로부터 상고기록을 받은 날부터 4개월 이내에 제5조에 따른 판결의 원본이 법원사무관등에게 교부되지 아니한 경우에는 제4조 및 제5조를 적용하지 아니한다.

(2009.11.2 본조개정)

**제7조 【재항고 및 특별항고에의 준용】** 민사소송, 가사소송 및 행정소송의 재항고(再抗告) 및 특별항고 사건에는 제3조, 제4조제2항 · 제3항, 제5조제1항 · 제3항 및 제6조를 준용한다.

(2009.11.2 본조개정)

부 칙

① **【시행일】** 이 법은 1994년 9월 1일부터 시행한다. 다만, 특허법 제9장의 규정과 이를 준용하는 규정에 의한 소송의 상고 · 재항고 및 특별항고 사건에 대하여는 1998년 3월 1일부터 시행한다.

② **【경과조치】** 이 법 시행전에 상고장 · 재항고장 및 특별항고장이 제출된 사건에 대하여는 종전의 예에 의한다.

③ **【다른 법률의 개정】** ※(해당 법령에 가제정리 하였음)

부 칙 (2002.1.26)

**제1조 【시행일】** 이 법은 2002년 7월 1일부터 시행한다.(이하 생략)

부 칙 (2009.11.2)

이 법은 공포한 날부터 시행한다.

# 비송사건절차법

(**1991년 12월 14일**
**전개법률 제4423호**)

개정
1994.12.31법 4834호 1996.12.30법 5206호
1998.12.28법 5591호(상법)
1998.12.28법 5592호(부등)
1999.12.31법 6086호(상법)
2001. 7.24법 6498호 2001.12.19법 6526호
2002. 1.26법 6626호(민사소송법)
2002. 1.26법 6627호(민사집행법)
2005. 1.27법 7357호(변호사)
2005. 3.31법 7428호(채무자회생파산)
2007. 5.17법 8435호(가족관계등록)
2007. 7.27법 8569호
2007. 8. 3법 8581호(상법)
2011. 4.12법10580호(부등)
2011. 7.25법10924호(신탁법)
2013. 5.28법11827호
2014. 5.20법12592호(상업등기법)
2016. 1.19법13765호
2020. 2. 4법16912호(부등)
2020. 6. 9법17366호(피한정후견인결격조항정비를위한일부개정법률)
2024. 9.20법20435호(부등)
2024. 9.20법20437호(상업등기법)



## 제1편 총 칙

(2013.5.28 본편개정)

**제1조【적용 범위】** 이 편(編)의 규정은 법원의 관할에 속하는 비송사건(非訟事件, 이하 "사건"이라 한다) 중 이 법 또는 그 밖의 다른 법령에 특별한 규정이 있는 경우를 제외한 모든 사건에 적용한다.

**제2조【관할법원】** ① 법원의 토지 관할이 주소에 의하여 정하여질 경우 대한민국에 주소가 없을 때 또는 대한민국 내의 주소를 알지 못할 때에는 거소지(居所地)의 지방법원이 사건을 관할한다.
② 거소가 없을 때 또는 거소를 알지 못할 때에는 마지막 주소지의 지방법원이 사건을 관할한다.
③ 마지막 주소가 없을 때 또는 그 주소를 알지 못할 때에는 재산이 있는 곳 또는 대법원이 있는 곳을 관할하는 지방법원이 사건을 관할한다.

**제3조【우선관할 및 이송】** 관할법원이 여러 개인 경우에는 최초로 사건을 신청받은 법원이 그 사건을 관할한다. 이 경우 해당 법원은 신청에 의하여 또는 직권으로 적당하다고 인정하는 다른 관할법원에 그 사건을 이송할 수 있다.

**제4조【관할법원의 지정】** ① 관할법원의 지정은 여러 개의 법원의 토지 관할에 관하여 의문이 있을 때에 한다.
② 관할법원의 지정은 관계 법원에 공

통되는 바로 위 상급법원이 신청에 의하여 결정(決定)함으로써 한다. 이 결정에 대하여는 불복신청을 할 수 없다.

**제5조【법원 직원의 제척 · 기피】** 사건에 관하여는 법원 직원의 제척(除斥) 또는 기피(忌避)에 관한 「민사소송법」의 규정을 준용한다.

**제6조【대리인】** ① 사건의 관계인은 소송능력자로 하여금 소송행위를 대리(代理)하게 할 수 있다. 다만, 본인이 출석하도록 명령을 받은 경우에는 그러하지 아니하다.

② 법원은 변호사가 아닌 자로서 대리를 영업으로 하는 자의 대리를 금하고 퇴정(退廷)을 명할 수 있다. 이 명령에 대하여는 불복신청을 할 수 없다.

**제7조【대리권의 증명】** ① 제6조에 따른 대리인에 관하여는 「민사소송법」 제89조를 준용한다.

② 대리인의 권한을 증명하는 사문서(私文書)에 관계 공무원 또는 공증인의 인증(認證)을 받아야 한다는 명령에 대하여는 불복신청을 할 수 없다.

**제8조【신청 및 진술의 방법】** 신청 및 진술에 관하여는 「민사소송법」 제161조를 준용한다.

**제9조【신청서의 기재사항, 증거서류의 첨부】** ① 신청서에는 다음 각 호의 사항을 적고 신청인이나 그 대리인이 기명날인하거나 서명하여야 한다. (2016.1.19 본문개정)

1. 신청인의 성명과 주소
2. 대리인에 의하여 신청할 때에는 대리인의 성명과 주소
3. 신청의 취지와 그 원인이 되는 사실
4. 신청 연월일
5. 법원의 표시

② 증거서류가 있을 때에는 그 원본 또는 등본(謄本)을 신청서에 첨부하여야 한다.

**제10조【「민사소송법」의 준용】** 사건에 관하여는 기일(期日), 기간, 소명(疎明) 방법, 인증(人證)과 감정(鑑定)에 관한 「민사소송법」의 규정을 준용한다.

**제11조【직권에 의한 탐지 및 증거조사】** 법원은 직권으로 사실의 탐지와 필요하다고 인정하는 증거의 조사를 하여야 한다.

**제12조【촉탁할 수 있는 사항】** 사실 탐지, 소환, 고지(告知), 재판의 집행에 관한 행위는 촉탁할 수 있다.

**제13조【심문의 비공개】** 심문(審問)은 공개하지 아니한다. 다만, 법원은 심문을 공개함이 적정하다고 인정하는 자에게는 방청을 허가할 수 있다.

**제14조【조서의 작성】** 법원서기관, 법원사무관, 법원주사 또는 법원주사보(이하 "법원사무관등"이라 한다)는 증인 또는 감정인(鑑定人)의 심문에 관하여는 조서(調書)를 작성하고, 그 밖의 심문에 관하여는 필요하다고 인정하는 경우에만 조서를 작성한다.

**제15조【검사의 의견 진술 및 심문 참여】** ① 검사는 사건에 관하여 의견을 진술하고 심문에 참여할 수 있다.

② 사건 및 그에 관한 심문의 기일은 검사에게 통지하여야 한다.

**제16조【검사에 대한 통지】** 법원, 그 밖의 관청, 검사와 공무원은 그 직무상 검사의 청구에 의하여 재판을 하여야 할 경우가 발생한 것을 알았을 때에는 그 사실을 관할법원에 대응한 검찰청 검사에게 통지하여야 한다.

**제17조【재판의 방식】** ① 재판은 결정으로써 한다.

② 재판의 원본에는 판사가 서명날인하여야 한다. 다만, 신청서 또는 조서에 재판에 관한 사항을 적고 판사가 이에 서명날인함으로써 원본을 갈음할 수 있다.

③ 재판의 정본(正本)과 등본에는 법원사무관등이 기명날인하고, 정본에는 법원인(法院印)을 찍어야 한다.

④ 제2항에 따른 서명날인은 기명날인으로 갈음할 수 있다.

**제18조【재판의 고지】** ① 재판은 이를 받은 자에게 고지함으로써 효력이 생긴다.

② 재판의 고지는 법원이 적당하다고 인정하는 방법으로 한다. 다만, 공시송달(公示送達)을 하는 경우에는 「민사소송법」의 규정에 따라야 한다.

③ 법원사무관등은 재판의 원본에 고지의 방법, 장소, 연월일을 부기(附記)하고 도장을 찍어야 한다.

**제19조【재판의 취소 · 변경】** ① 법원은 재판을 한 후에 그 재판이 위법 또는 부당하다고 인정할 때에는 이를 취소하거나 변경할 수 있다.

② 신청에 의하여만 재판을 하여야 하는 경우에 신청을 각하(却下)한 재판은 신청에 의하지 아니하고는 취소하거나 변경할 수 없다.

③ 즉시항고(卽時抗告)로써 불복할 수 있는 재판은 취소하거나 변경할 수 없다.

**제20조【항고】** ① 재판으로 인하여 권리를 침해당한 자는 그 재판에 대하여 항고할 수 있다.

② 신청에 의하여만 재판을 하여야 하는 경우에 신청을 각하한 재판에 대하여는 신청인만 항고할 수 있다.

**제21조【항고의 효력】** 항고는 특별한 규정이 있는 경우를 제외하고는 집행정지의 효력이 없다.

**제22조【항고법원의 재판】** 항고법원의 재판에는 이유를 붙여야 한다.

**제23조【항고의 절차】** 이 법에 따른 항고에 관하여는 특별한 규정이 있는 경우를 제외하고는 항고에 관한 「민사소송법」의 규정을 준용한다.

**제24조【비용의 부담】** 재판 전의 절차와 재판의 고지 비용은 부담할 자를 특별히 정한 경우를 제외하고는 사건의 신청인이 부담한다. 다만, 검사가 신청한 경우에는 국고에서 부담한다.

**제25조【비용에 관한 재판】** 법원은 제24조에 따른 비용에 관하여 재판을 할 필요가 있다고 인정할 때에는 그 금액을 확정하여 사건의 재판과 함께 하여야 한다.

**제26조【관계인에 대한 비용 부담 명령】** 법원은 특별한 사유가 있을 때에는 이 법에 따라 비용을 부담할 자가 아닌 관계인에게 비용의 전부 또는 일부의 부담을 명할 수 있다.

**제27조【비용의 공동 부담】** 비용을 부담할 자가 여럿인 경우에는 「민사소송법」 제102조를 준용한다.

**제28조【비용의 재판에 대한 불복신청】** 비용의 재판에 대하여는 그 부담의 명령을 받은 자만 불복신청을 할 수 있다. 이 경우 독립하여 불복신청을 할 수 없다.

**제29조【비용 채권자의 강제집행】**
① 비용의 채권자는 비용의 재판에 의하여 강제집행을 할 수 있다.

② 제1항에 따른 강제집행의 경우에는 「민사집행법」의 규정을 준용한다. 다만, 집행을 하기 전에 재판서의 송달은 하지 아니한다.

③ 비용의 재판에 대한 항고가 있을 때에는 「민사소송법」 제448조 및 제500조를 준용한다.

**제30조【국고에 의한 비용의 체당】** 직권으로 하는 탐지, 사실조사, 소환, 고지, 그 밖에 필요한 처분의 비용은 국고에서 체당(替當)하여야 한다.

**제31조【신청의 정의】** 이 편에서 "신청"이란 신청과 신고를 말한다.

## 제2편 민사(民事)비송사건
(2013.5.28 본편개정)

### 제1장 법인에 관한 사건

**제32조【재단법인의 정관 보충 사건의 관할】** ① 「민법」 제44조에 따른 사

건은 법인설립자 사망 시의 주소지의 지방법원이 관할한다.
② 법인설립자의 주소가 국내에 없을 때에는 그 사망 시의 거소지 또는 법인 설립지의 지방법원이 관할한다.

**제33조【임시이사 또는 특별대리인의 선임, 법인의 해산·청산의 감독의 관할】** ① 임시이사 또는 특별대리인의 선임(選任)은 법인의 주된 사무소 소재지의 지방법원 합의부가 관할한다.
② 법인의 해산 및 청산에 대한 감독은 그 주된 사무소 소재지의 지방법원이 관할한다.

**제34조【임시총회 소집 사건에 관한 관할】** ①「민법」 제70조제3항에 따른 사건은 법인의 주된 사무소 소재지의 지방법원 합의부가 관할한다.
②「민법」 제70조제3항에 따른 임시총회 소집의 허가신청과 그 사건의 재판에 관하여는 제80조 및 제81조를 각각 준용한다.

**제35조【법인에 대한 검사인의 선임】** 법원은 특별히 선임한 자로 하여금 법인의 감독에 필요한 검사(檢査)를 하게 할 수 있다.

**제36조【청산인】** 법인의 청산인(淸算人)에 관하여는 제117조제1항, 제119조 및 제121조를 준용한다.

**제37조【청산인 또는 검사인의 보수】** 법원이 법인의 청산인 또는 제35조에 따라 검사할 자를 선임한 경우에는 제77조 및 제78조를 준용한다.

**제38조【감정인의 선임 비용 등】**「민법」 제91조제2항에 따른 감정인을 선임하는 경우에는 제124조 및 제125조를 준용한다.

## 제2장 신탁에 관한 사건

**제39조【관할법원】** ①「신탁법」에 따른 사건(이하 "신탁사건"이라 한다)은 특별한 규정이 있는 경우를 제외하고는 수탁자의 보통재판적이 있는 곳의 지방법원이 관할한다.
② 수탁자의 임무가 종료된 후 신수탁자(新受託者)의 임무가 시작되기 전에는 전수탁자(前受託者)의 보통재판적이 있는 곳의 지방법원이 신탁사건을 관할한다.
③ 수탁자 또는 전수탁자가 여럿인 경우에는 그 중 1인의 보통재판적이 있는 곳의 지방법원이 신탁사건을 관할한다.
④「신탁법」 제21조제3항에 따른 사건은 유언자 사망 시 주소지의 지방법원이 관할한다.
⑤ 제1항부터 제4항까지의 규정에 따른 관할법원이 없는 경우에는 신탁재산이 있는 곳(채권의 경우에는 재판상의 청구를 할 수 있는 곳을 그 재산이 있는 곳으로 본다)의 지방법원이 신탁사건을 관할한다.
⑥ 제1항부터 제3항까지 및 제5항에도 불구하고「신탁법」 제18조제1항제1호 및 제2호에 따른 신탁재산관리인의 선임에 관한 사건은 다음 각 호의 구분에 따른 법원이 관할한다.

1. 「신탁법」 제18조제1항제1호에 따른 신탁재산관리인의 선임에 관한 사건 :「가사소송법」 제2조제1항제2호가목37) 및 제44조에 따라 해당 상속재산관리인의 선임사건을 관할하는 법원
2. 「신탁법」 제18조제1항제2호에 따른 신탁재산관리인의 선임에 관한 사건 :「채무자 회생 및 파산에 관한 법률」 제3조에 따라 해당 파산선고를 관할하는 법원

**제40조【부정한 목적으로 신탁선언에 의하여 설정된 신탁의 종료 재판】** ①「신탁법」 제3조제3항에 따른 청구에 의한 재판을 하는 경우 법원은 수탁자의 의견을 들어야 한다.

② 제1항에 따른 청구에 대한 재판은 이유를 붙인 결정으로써 하여야 한다.
③ 제1항에 따른 청구에 대한 재판은 수탁자와 수익자에게 고지하여야 한다.
④ 제1항에 따른 청구를 인용(認容)하는 재판에 대하여는 수탁자 또는 수익자가 즉시항고를 할 수 있다. 이 경우 즉시항고는 집행정지의 효력이 있다.
⑤ 제1항에 따른 청구를 기각(棄却)하는 재판에 대하여는 그 청구를 한 자가 즉시항고를 할 수 있다.

**제41조 【수탁자 사임허가의 재판】** ① 수탁자가 「신탁법」 제14조제2항에 따른 사임허가의 재판을 신청하는 경우에는 그 사유를 소명하여야 한다.
② 제1항에 따른 신청에 대한 재판에 대하여는 불복신청을 할 수 없다.

**제42조 【수탁자 해임의 재판】** ① 「신탁법」 제16조제3항에 따른 수탁자 해임 청구에 대한 재판을 하는 경우 법원은 수탁자를 심문하여야 한다.
② 제1항에 따른 재판은 이유를 붙인 결정으로써 하여야 한다.
③ 제1항에 따른 재판은 위탁자, 수탁자 및 수익자에게 고지하여야 한다.
④ 제1항에 따른 재판에 대하여는 위탁자, 수탁자 또는 수익자가 즉시항고를 할 수 있다.

**제43조 【신탁재산관리인 선임의 재판】** ① 수탁자와 수익자 간의 이해가 상반되어 수탁자가 신탁사무를 수행하는 것이 적절하지 아니하다는 이유로 「신탁법」 제17조제1항에 따라 신탁재산관리인을 선임하는 재판을 하는 경우 법원은 수익자와 수탁자의 의견을 들어야 한다.
② 제1항에 따른 재판은 이유를 붙인 결정으로써 하여야 한다.
③ 제1항에 따른 재판은 수익자와 수탁자에게 고지하여야 한다.
④ 제1항에 따른 재판에 대하여는 수익자 또는 수탁자가 즉시항고를 할 수 있다.

**제44조 【신탁재산관리인 선임의 재판】** ① 다음 각 호의 어느 하나에 해당하는 재판을 하는 경우 법원은 이해관계인의 의견을 들을 수 있다.
1. 「신탁법」 제17조제1항에 따른 신탁재산관리인 선임의 재판(수탁자의 임무가 종료되었음을 이유로 하는 재판만 해당한다)
2. 「신탁법」 제18조제1항에 따른 필수적 신탁재산관리인 선임의 재판
3. 「신탁법」 제19조제4항에 따른 새로운 신탁재산관리인 선임의 재판

② 제1항에 따른 재판에 대하여는 불복신청을 할 수 없다.

**제44조의2 【신탁재산관리인의 보수 결정 재판】** ① 「신탁법」 제17조제6항 및 제18조제3항에 따른 신탁재산관리인의 보수를 정하는 재판을 하는 경우 법원은 수익자 또는 수탁자가 여럿인 경우의 다른 수탁자의 의견을 들어야 한다.
② 제1항에 따른 재판은 수익자와 수탁자가 여럿인 경우의 다른 수탁자에게 고지하여야 한다.
③ 제1항에 따른 재판에 대하여는 수익자 또는 수탁자가 여럿인 경우의 다른 수탁자가 즉시항고를 할 수 있다.
(2013.5.28 본조신설)

**제44조의3 【신탁재산관리인 사임허가 및 해임의 재판】** ① 신탁재산관리인이 「신탁법」 제19조제2항에 따른 사임허가의 재판을 신청하는 경우에는 그 사유를 소명하여야 한다.
② 「신탁법」 제19조제3항에 따라 신탁재산관리인을 해임하는 재판을 하는 경우 법원은 이해관계인의 의견을 들을 수 있다.
③ 제1항 및 제2항에 따른 재판에 대하여는 불복신청을 할 수 없다.
(2013.5.28 본조신설)

**제44조의4【신수탁자 선임의 재판】** ①「신탁법」 제21조제2항에 따라 신수탁자의 선임을 청구하는 경우에는 그 사유를 소명하여야 한다.
② 제1항에 따른 청구에 대한 재판을 하는 경우 법원은 이해관계인의 의견을 들을 수 있다.
③ 제1항에 따른 청구에 대한 재판은 위탁자, 수익자 및 수탁자가 여럿인 경우의 다른 수탁자에게 고지하여야 한다.
④ 제1항에 따른 청구에 대한 재판에 대하여는 위탁자, 수익자 또는 수탁자가 여럿인 경우의 다른 수탁자가 즉시항고를 할 수 있다.
(2013.5.28 본조신설)

**제44조의5【유언신탁의 신수탁자 선임 재판】** ①「신탁법」 제21조제3항에 따라 신수탁자를 선임하는 재판을 하는 경우에는 제44조의4제1항 및 제2항을 준용한다.
② 제1항에 따른 재판에 대하여는 불복신청을 할 수 없다.
(2013.5.28 본조신설)

**제44조의6【신수탁자의 보수 결정 재판】**「신탁법」 제21조제4항에 따른 신수탁자의 보수를 정하는 재판을 하는 경우 그 절차에 관하여는 제44조의2를 준용한다.(2013.5.28 본조신설)

**제44조의7【신탁재산의 첨부로 인한 귀속의 결정】** ①「신탁법」 제28조 단서에 따라 가공(加工)으로 인하여 생긴 물건을 원재료 소유자에게 귀속시키는 재판은 위탁자, 수탁자(신탁재산관리인이 선임된 경우에는 신탁재산관리인을 말한다. 이하 이 조에서 같다) 또는 수익자가 신청할 수 있다. 이 경우 수탁자가 여럿일 때에는 수탁자 각자가 신청할 수 있다.
② 제1항에 따른 신청에 대한 재판의 경우 법원은 위탁자, 수탁자 및 수익자의 의견을 들어야 한다.
③ 제1항에 따른 신청에 대한 재판은 이유를 붙인 결정으로써 하여야 한다.
④ 제1항에 따른 신청에 대한 재판은 위탁자, 수익자 및 수탁자에게 고지하여야 한다. 수탁자가 여럿일 때에는 수탁자 각자에게 고지하여야 한다.
⑤ 제1항에 따른 신청에 대한 재판에 대하여는 위탁자, 수익자 또는 수탁자(수탁자가 가공한 경우에는 다른 수탁자에 한한다)가 즉시항고를 할 수 있다. 이 경우 수탁자가 여럿일 때에는 수탁자 각자가 즉시항고를 할 수 있다.
(2013.5.28 본조신설)

**제44조의8【이익에 반하는 행위에 대한 법원의 허가】** ① 수탁자가「신탁법」 제34조제2항제3호에 따른 이익에 반하는 행위의 허가를 신청하는 경우에는 그 사유를 소명하여야 한다.
② 제1항에 따른 신청에 대한 재판을 하는 경우 법원은 다른 수탁자(신탁재산관리인이 선임된 경우에는 신탁재산관리인을 말한다. 이하 이 조에서 같다) 및 수익자의 의견을 들어야 한다.
③ 제1항에 따른 신청에 대한 재판은 이유를 붙인 결정으로써 하여야 한다.
④ 제1항에 따른 신청에 대한 재판은 다른 수탁자와 수익자에게 고지하여야 한다.
⑤ 제1항에 따른 신청에 대한 재판에 대하여는 다른 수탁자 또는 수익자가 즉시항고를 할 수 있다. 이 경우 즉시항고는 집행정지의 효력이 있다.
(2013.5.28 본조신설)

**제44조의9【신탁관리인 선임의 재판】** ①「신탁법」 제67조제1항·제2항 또는 제70조제6항에 따른 신탁관리인 선임의 재판을 하는 경우 법원은 이해관계인의 의견을 들을 수 있다.
② 제1항에 따른 재판에 대하여는 불복신청을 할 수 없다.
(2013.5.28 본조신설)

**제44조의10【신탁관리인의 보수 결정 재판】** ①「신탁법」제67조제4항에 따른 신탁관리인의 보수를 정하는 재판을 하는 경우 법원은 수탁자(신탁재산관리인이 선임된 경우에는 신탁재산관리인을 말한다. 이하 이 조에서 같다)의 의견을 들어야 한다.
② 제1항에 따른 재판은 수탁자에게 고지하여야 한다.
③ 제1항에 따른 재판에 대하여는 수탁자가 즉시항고를 할 수 있다.
(2013.5.28 본조신설)

**제44조의11【신탁관리인 사임허가 및 해임의 재판】** ① 신탁관리인이「신탁법」제70조제2항에 따른 사임허가의 재판을 신청하는 경우에는 그 사유를 소명하여야 한다.
②「신탁법」제70조제4항에 따라 신탁관리인을 해임하는 재판을 하는 경우 법원은 이해관계인의 의견을 들을 수 있다.
③ 제1항 및 제2항에 따른 재판에 대하여는 불복신청을 할 수 없다.
(2013.5.28 본조신설)

**제44조의12【수익자집회 소집허가의 재판】** ①「신탁법」제72조제4항에 따른 수익자집회 소집의 허가를 신청하는 경우에는 수탁자가 수익자집회의 소집을 게을리한 사실을 소명하여야 한다.
② 제1항에 따른 신청은 서면으로 하여야 한다.
③「신탁법」제72조제4항에 따른 수익자집회 소집의 허가신청과 그 사건의 재판에 관하여는 제81조를 준용한다.
(2013.5.28 본조신설)

**제44조의13【신탁사채에 관한 사건】** 수탁자가「신탁법」제87조제1항에 따라 사채(社債)를 발행한 경우에 관하여는 다음 각 호의 구분에 따른 규정을 준용한다.
1. 사채모집을 위탁받은 회사의 사임허가 신청과 해임청구 및 그 회사의 사무승계자 선임청구에 대한 재판 : 제110조
2. 사채권자집회의 소집 허가신청 : 제112조
3. 사채권자집회의 결의 인가청구 : 제113조
4. 사채모집을 위탁받은 회사, 대표자 또는 집행자에게 줄 보수와 그 사무처리에 필요한 비용의 신탁재산 부담 허가신청 : 제114조
(2013.5.28 본조신설)

**제44조의14【신탁변경의 재판】** ①「신탁법」제88조제3항에 따른 신탁변경의 재판은 서면으로 신청하여야 한다.
② 제1항에 따른 신청에 대한 재판을 하는 경우 법원은 위탁자, 수탁자 및 수익자의 의견을 들어야 한다.
③ 제1항에 따른 신청에 대한 재판은 이유를 붙인 결정으로써 하여야 한다.
④ 제1항에 따른 신청에 대한 재판은 위탁자, 수탁자 및 수익자에게 고지하여야 한다.
⑤ 제1항에 따른 신청에 대한 재판에 대하여는 위탁자, 수탁자 또는 수익자가 즉시항고를 할 수 있다. 이 경우 즉시항고는 집행정지의 효력이 있다.
(2013.5.28 본조신설)

**제44조의15【수익권 매수가액의 결정】** ①「신탁법」제89조제4항, 제91조제3항 또는 제95조제3항에 따른 매수가액 결정의 청구는 서면으로 하여야 한다.
② 제1항에 따른 청구에 대한 재판을 하는 경우 법원은 수탁자와 매수청구를 한 수익자의 의견을 들어야 한다.
③ 제1항에 따른 청구에 대한 재판은 이유를 붙인 결정으로써 하여야 한다.
④ 제1항에 따른 청구에 대한 재판은 수탁자와 매수청구를 한 수익자에게 고지하여야 한다.

⑤ 제1항에 따른 청구에 대한 재판에 대하여는 수탁자 또는 매수청구를 한 수익자가 즉시항고를 할 수 있다. 이 경우 즉시항고는 집행정지의 효력이 있다.
(2013.5.28 본조신설)

**제44조의16【사정변경에 의한 신탁종료의 재판】** ①「신탁법」 제100조에 따른 청구에 대한 재판을 하는 경우 법원은 위탁자, 수탁자 및 수익자의 의견을 들어야 한다.
② 제1항에 따른 청구에 대한 재판은 이유를 붙인 결정으로써 하여야 한다.
③ 제1항에 따른 청구에 대한 재판은 위탁자, 수탁자 및 수익자에게 고지하여야 한다.
④ 제1항에 따른 청구에 대한 재판에 대하여는 위탁자, 수탁자 또는 수익자가 즉시항고를 할 수 있다. 이 경우 즉시항고는 집행정지의 효력이 있다.
(2013.5.28 본조신설)

**제44조의17【검사인 선임의 재판】**
①「신탁법」 제105조제2항에 따른 검사인(檢査人)의 선임 청구는 서면으로 하여야 한다.
② 제1항에 따른 청구서에는 제9조제1항 각 호의 기재사항 외에 검사 목적을 적어야 한다.
③ 제1항에 따른 청구에 대한 재판에 대하여는 불복신청을 할 수 없다.
(2013.5.28 본조신설)

**제44조의18【검사인의 보수】** ① 법원은 「신탁법」 제105조제2항에 따라 검사인을 선임한 경우 신탁재산에서 검사인의 보수를 지급하게 할 수 있다.
② 제1항에 따라 검사인의 보수를 정하는 재판을 하는 경우 법원은 수탁자의 의견을 들어야 한다.
③ 제1항에 따른 재판은 수탁자에게 고지하여야 한다.
④ 제1항에 따른 재판에 대하여는 수탁자가 즉시항고를 할 수 있다.
(2013.5.28 본조신설)

**제44조의19【검사인의 보고】** ①「신탁법」 제105조제2항에 따라 선임된 검사인은 법원에 검사 결과를 서면으로 보고하여야 한다.
② 법원은 검사에 관한 설명이 필요할 때에는 「신탁법」 제105조제2항에 따라 선임된 검사인을 심문할 수 있다.
③ 법원은 제1항에 따른 검사 결과에 따라 수탁자에게 시정을 명할 수 있다.
④ 수탁자는 제3항에 따른 명령을 받은 즉시 그 사실을 수익자에게 알려야 한다.
⑤ 제3항에 따른 명령에 대하여는 불복신청을 할 수 없다.
(2013.5.28 본조신설)

**제44조의20【유한책임신탁에 관한 신탁사건의 신청】** ①「신탁법」 제114조제1항에 따른 유한책임신탁에 관한 신탁사건의 신청은 서면으로 하여야 한다.
② 제1항에 따른 신청서에는 제9조제1항 각 호의 기재사항 외에 유한책임신탁의 명칭, 수탁자의 성명이나 명칭 또는 「신탁법」 제114조제2항제4호에 따른 신탁사무처리지를 적어야 한다.
(2013.5.28 본조신설)

**제44조의21【청산수탁자의 변제허가】** 「신탁법」 제133조제1항에 따른 청산수탁자가 같은 법 제135조제2항에 따른 변제허가의 신청을 할 때에는 그 사유를 소명하여야 한다.
(2013.5.28 본조신설)

**제44조의22【감정인 선임의 절차와 비용】** ①「신탁법」 제136조제4항에 따른 감정인 선임의 재판에 대하여는 불복신청을 할 수 없다.
②「신탁법」 제136조제4항에 따른 감정인 선임절차에 드는 비용은 같은 법 제133조제1항에 따른 청산수탁자가 부담한다. 감정인의 소환 및 심문 비용의 경우에도 또한 같다.
(2013.5.28 본조신설)

**제44조의23【신탁관리인의 권한】**「신탁법」 제67조제1항 또는 제2항에 따라 신탁관리인이 선임된 경우 이 장(章)의 규정을 적용할 때에는 신탁관리인을 수익자로 본다.(2013.5.28 본조신설)

**제44조의24【법원의 감독】** ① 법원은 신탁사건의 감독을 위하여 필요하다고 인정할 때에는 이해관계인의 신청에 의하여 또는 직권으로 재산목록, 신탁사무에 관한 장부와 서류의 제출을 명하고, 신탁사무 처리에 관하여 수탁자와 그 밖의 관계인을 심문할 수 있다.

② 제1항에 따른 신청은 서면으로 하여야 한다.

③ 제1항에 따른 재판에 대하여는 불복신청을 할 수 없다.

(2013.5.28 본조신설)

## 제3장 재판상의 대위에 관한 사건

**제45조【재판상 대위의 신청】** 채권자는 자기 채권의 기한 전에 채무자의 권리를 행사하지 아니하면 그 채권을 보전할 수 없거나 보전하는 데에 곤란이 생길 우려가 있을 때에는 재판상의 대위(代位)를 신청할 수 있다.

**제46조【관할법원】** 재판상의 대위는 채무자의 보통재판적이 있는 곳의 지방법원이 관할한다.

**제47조【대위신청의 기재사항】** 대위의 신청에는 제9조제1항 각 호의 기재사항 외에 다음 각 호의 사항을 적어야 한다.

1. 채무자와 제3채무자의 성명과 주소
2. 신청인이 보전하려는 채권 및 그가 행사하려는 권리의 표시

**제48조【대위신청의 허가】** 법원은 대위의 신청이 이유 있다고 인정한 경우에는 담보를 제공하게 하거나 제공하게 하지 아니하고 허가할 수 있다.

**제49조【재판의 고지】** ① 대위의 신청을 허가한 재판은 직권으로 채무자에게 고지하여야 한다.

② 제1항에 따른 고지를 받은 채무자는 그 권리를 처분할 수 없다.

**제50조【즉시항고】** ① 대위의 신청을 각하한 재판에 대하여는 즉시항고를 할 수 있다.

② 대위의 신청을 허가한 재판에 대하여는 채무자가 즉시항고를 할 수 있다.

③ 제1항 및 제2항에 따른 항고의 기간은 채무자가 재판의 고지를 받은 날부터 기산(起算)한다.

**제51조【항고 비용의 부담】** 항고절차의 비용과 항고인이 부담하게 된 전심(前審)의 비용에 대하여는 신청인과 항고인을 당사자로 보고 「민사소송법」 제98조에 따라 부담할 자를 정한다.

**제52조【심리의 공개 및 검사의 불참여】** 이 장의 규정에 따른 절차에 관하여는 제13조 및 제15조를 적용하지 아니한다.

## 제4장 보존 · 공탁 · 보관과 감정에 관한 사건

**제53조【공탁소의 지정 및 공탁물보관인의 선임】** ①「민법」 제488조제2항에 따른 공탁소의 지정 및 공탁물보관인의 선임은 채무이행지의 지방법원이 관할한다.

② 법원은 제1항에 따른 지정 및 선임에 관한 재판을 하기 전에 채권자와 변제자를 심문하여야 한다.

③ 법원이 제1항에 따른 지정 및 선임을 한 경우에 그 절차의 비용은 채권자가 부담한다.

**제54조【공탁물보관인의 의무】** 제53조에 따른 공탁물보관인의 의무에 관하여는 「민법」 제694조부터 제697조까지 및 제700조를 준용한다. 다만, 「민법」 제696조에 따른 통지는 변제자에게 하여야 한다.

**제54조의2【공탁물보관인의 사임허가 등】** ① 법원은 제53조에 따른 공탁물보관인의 사임을 허가하거나 공탁물보관인을 해임할 수 있다. 공탁물보관인의 사임을 허가하는 경우 법원은 다시 공탁물보관인을 선임하여야 한다.
② 공탁물보관인의 사임허가 절차에 관하여는 제44조의11제1항을 준용한다.
(2013.5.28 본조신설)

**제55조【경매 대가의 공탁】**「민법」 제490조에 따른 법원의 허가에 관하여는 제53조를 준용한다.

**제56조【질물에 의한 변제충당의 허가】** ①「민법」 제338조제2항에 따라 질물(質物)로 직접 변제에 충당할 것을 청구하는 경우에는 제53조제1항 및 제2항을 준용한다.
② 법원이 제1항에 따른 청구를 허가한 경우에는 그 절차의 비용은 질권설정자가 부담한다.

**제57조【환매권 대위 행사 시의 감정인 선임】** ①「민법」 제593조에 따른 감정인의 선임·소환 및 심문은 물건 소재지의 지방법원이 관할한다.
② 법원이 제1항에 따른 선임을 한 경우에는 그 절차의 비용은 매수인이 부담한다.

**제58조【검사의 불참여】** 이 장의 규정에 따른 절차에 관하여는 제15조를 적용하지 아니한다.

**제59조【불복신청의 금지】** 이 장의 규정에 따라 지정 또는 선임을 하거나 허가를 한 재판에 대하여는 불복신청을 할 수 없다.

## 제5장 법인의 등기

**제60조【관할등기소】** ① 법인등기에 관하여는 법인의 주된 사무소 소재지를 관할하는 지방법원, 그 지원 또는 등기소를 관할등기소로 한다.
(2024.9.20 본항개정)
② 대한민국에 사무소를 둔 외국법인의 등기에 관하여는 제1항을 준용한다.

**제61조** (2007.7.27 삭제)

**제62조【이사·청산인의 등기】** 법인의 이사 또는 청산인의 등기를 할 때에는 그 주민등록번호도 등기하여야 한다.

**제63조【설립등기의 신청】** ① 법인설립의 등기는 법인을 대표할 사람이 신청한다.
② 제1항에 따른 등기의 신청서에는 다음 각 호의 서류를 첨부하여야 한다.
1. 법인의 정관
2. 이사의 자격을 증명하는 서면
3. 주무관청의 허가서 또는 그 인증이 있는 등본
4. 재산목록

**제64조【변경의 등기】** ① 법인 사무소의 신설·이전, 그 밖의 등기사항의 변경등기 신청서에는 사무소의 신설·이전 또는 등기사항의 변경을 증명하는 서면을 첨부하되, 주무관청의 허가가 필요한 사항은 그 허가서 또는 그 인증이 있는 등본을 첨부하여야 한다.
② 임시이사가 제1항에 따른 등기를 신청하는 경우에는 신청서에 그 자격을 증명하는 서면을 첨부하여야 한다.

**제65조【해산의 등기】** 법인의 해산등기 신청서에는 해산의 사유를 증명하는 서면을 첨부하고, 이사가 청산인으로 된 경우를 제외하고는 청산인의 자격을 증명하는 서면을 첨부하여야 한다.

**제65조의2【등기사항의 공고】** 등기한 사항의 공고는 신문에 한 차례 이상 하여야 한다.

**제65조의3【등기사항을 공고할 신문의 선정】** ① 지방법원장은 매년 12월에 다음 해에 등기사항의 공고를 게재할 신문을 관할구역의 신문 중에서 선정하고, 일간신문에 이를 공고하여야 한다.
② 공고를 게재할 신문이 휴간되거나 폐간되었을 때에는 다시 다른 신문을

선정하여 제1항과 같은 방법으로 공고하여야 한다.

**제65조의4 【신문 공고를 갈음하는 게시】** 지방법원장은 그 관할구역에 공고를 게재할 적당한 신문이 없다고 인정할 때에는 신문에 게재하는 공고를 갈음하여 등기소와 그 관할구역의 시·군·구의 게시판에 공고할 수 있다.

**제66조 【「상업등기법」의 준용】** ① 법인과 대한민국에 사무소를 둔 외국법인의 등기에 관하여는 「상업등기법」 제3조, 제5조부터 제10조까지, 제11조제2항·제3항, 제12조부터 제22조까지, 제24조, 제25조, 제26조제1호부터 제10호까지 및 제12호·제14호·제17호, 제28조, 제75조부터 제80조까지, 제82조부터 제86조까지, 제87조제1항, 제88조, 제89조 및 제91조를 준용한다. 다만, 임시이사의 등기신청에 관하여는 「상업등기법」 제25조제1항 및 제2항을 준용하지 아니한다.
(2024.9.20 본문개정)

② 법인의 등기에 관하여는 「상업등기법」 제54조부터 제56조까지 및 제60조를 준용한다.(2024.9.20 본항개정)

③ 대한민국에 사무소를 둔 외국법인의 등기에 관하여는 「상업등기법」 제23조제3항을 준용한다.
(2014.5.20 본조개정)

**제67조 【법인등기 규정의 특수법인등기에의 적용 등】** ① 이 법 중 법인의 등기에 관한 규정은 「민법」 및 「상법」 외의 법령에 따라 설립된 법인의 등기에 대하여도 적용한다. 다만, 그 법령에 특별한 규정이 있거나 성질상 허용되지 아니하는 경우에는 그러하지 아니하다.

② 제1항에 규정된 법인의 업무에 관하여 재판상 또는 재판 외의 모든 행위를 할 수 있는 대리인에 관하여는 「상업등기법」 제16조 및 제17조 중 지배인에 관한 규정과 같은 법의 회사의 지배인등기에 관한 규정을 준용한다.
(2014.5.20 본항개정)

## 제6장 부부재산 약정의 등기

**제68조 【관할등기소】** 부부재산 약정(約定)의 등기에 관하여는 남편이 될 사람의 주소지를 관할하는 지방법원, 그 지원 또는 등기소를 관할등기소로 한다.

**제69조** (2011.4.12 삭제)

**제70조 【부부재산 약정에 관한 등기 신청인】** 부부재산 약정에 관한 등기는 약정자 양쪽이 신청한다. 다만, 부부 어느 한쪽의 사망으로 인한 부부재산 약정 소멸의 등기는 다른 한쪽이 신청한다.

**제71조 【「부동산등기법」의 준용】** 부부재산 약정의 등기에는 「부동산등기법」 제2조제1호부터 제3호까지, 제6조, 제8조부터 제13조까지, 제14조제2항부터 제4항까지, 제16조부터 제20조까지, 제22조, 제24조제1항제1호 및 같은 조 제2항, 제29조제1호부터 제5호까지 및 제8호부터 제10호까지, 제31조부터 제33조까지, 제58조, 제100조, 제101조(전산정보처리조직을 이용한 이의신청에 관한 부분은 제외한다), 제102조부터 제109조까지, 제109조의2제1항·제3항(제1항에 관련된 부분만 해당한다) 및 제113조를 준용한다.
(2024.9.20 본조개정)

# 제3편 상사(商事)비송사건

## 제1장 회사와 경매에 관한 사건
(2013.5.28 본장개정)

**제72조 【관할】** ① 「상법」 제176조, 제306조, 제335조의5, 제366조제2항, 제374조의2제4항, 제386조제2항, 제432조제2항, 제443조제1항 단서와 그 준용규정에 따른 사건 및 같은 법 제277조제2항, 제298조, 제299조, 제299

조의2, 제300조, 제310조제1항, 제391조의3제4항, 제417조, 제422조, 제467조, 제582조, 제607조제3항에 따른 사건은 본점 소재지의 지방법원 합의부가 관할한다.
② 「상법」 제239조제3항과 그 준용규정에 따른 사건은 합병무효의 소(訴)에 관한 제1심 수소법원(受訴法院)이 관할한다.
③ 「상법」 제619조에 따른 사건은 폐쇄를 명하게 될 외국회사 영업소 소재지의 지방법원이 관할한다.
④ 「상법」 제600조제1항에 따른 사건은 합병 후 존속하는 회사 또는 합병으로 인하여 설립되는 회사 본점 소재지의 지방법원이 관할한다.
⑤ 「상법」 제70조제1항 및 제808조제1항에 관한 사건은 경매할 물건 소재지의 지방법원이 관할한다.
⑥ 「상법」 제394조제2항에 관한 사건은 같은 법 제403조에 따른 사건의 관할법원이 관할한다.

**제73조 【검사인 선임신청의 방식】** ① 검사인의 선임신청은 서면으로 하여야 한다.
② 제1항에 따른 신청서에는 다음 각 호의 사항을 적고 신청인이 기명날인하여야 한다.
1. 신청의 사유
2. 검사의 목적
3. 신청 연월일
4. 법원의 표시

**제74조 【검사인의 보고】** ① 검사인의 보고는 서면으로 하여야 한다.
② 법원은 검사에 관한 설명이 필요할 때에는 검사인을 심문할 수 있다.

**제75조 【변태설립사항의 변경에 관한 재판】** ① 「상법」 제300조에 따른 변태설립사항의 변경에 관한 재판은 이유를 붙인 결정으로써 하여야 한다.
② 법원은 재판을 하기 전에 발기인과 이사의 진술을 들어야 한다.
③ 발기인과 이사는 제1항에 따른 재판에 대하여 즉시항고를 할 수 있다.

**제76조 【검사인 선임의 재판】** 「상법」 제467조제1항에 따른 검사인의 선임에 관한 재판을 하는 경우 법원은 이사와 감사의 진술을 들어야 한다.

**제77조 【검사인의 보수】** 법원은 「상법」 제298조, 제310조제1항, 제422조제1항 또는 제467조제1항에 따라 검사인을 선임한 경우 회사로 하여금 검사인에게 보수를 지급하게 할 수 있다. 이 경우 그 보수액은 이사와 감사의 의견을 들어 법원이 정한다.

**제78조 【즉시항고】** 제76조 및 제77조에 따른 재판에 대하여는 즉시항고를 할 수 있다.

**제79조 【업무 · 재산상태의 검사를 위한 총회 소집】** 법원은 「상법」 제467조에 따른 검사를 할 때에 주주총회의 소집이 필요하다고 인정하면 일정 기간 내에 그 소집을 할 것을 명하여야 한다.

**제80조 【업무 · 재산상태의 검사 및 총회소집 허가의 신청】** ① 「상법」 제277조제2항에 따른 검사의 허가를 신청하는 경우에는 검사를 필요로 하는 사유를 소명하고, 같은 법 제366조제2항에 따른 총회 소집의 허가를 신청하는 경우에는 이사가 그 소집을 게을리한 사실을 소명하여야 한다.
② 제1항에 따른 신청은 서면으로 하여야 한다.

**제81조 【업무 · 재산상태의 검사 등의 신청에 대한 재판】** ① 제80조에 따른 신청에 대하여는 법원은 이유를 붙인 결정으로써 재판을 하여야 한다.
② 신청을 인용한 재판에 대하여는 불복신청을 할 수 없다.

**제82조 【납입금의 보관자 등의 변경 허가신청】** 「상법」 제306조(「상법」 제425조제1항 및 제516조의9제4항에서 준용하는 경우를 포함한다)에 따른 허

가의 신청은 그 사유를 소명하고 발기인 또는 이사가 공동으로 하여야 한다.

**제83조【단주 매각의 허가신청】**「상법」 제443조제1항 단서(「상법」 제461조제2항 및 제530조제3항에서 준용하는 경우를 포함한다)에 따른 허가의 신청에 관하여는 제82조를 준용한다.

**제84조【직무대행자 선임의 재판】** ①「상법」 제386조제2항(「상법」 제415조에서 준용하는 경우를 포함한다)에 따른 직무대행자 선임에 관한 재판을 하는 경우 법원은 이사와 감사의 진술을 들어야 한다.

② 제1항의 경우에는 제77조, 제78조 및 제81조를 준용한다.

**제84조의2【소송상 대표자 선임의 재판】** ①「상법」 제394조제2항에 따른 소송상 대표자 선임에 관한 재판을 하는 경우 법원은 이사 또는 감사위원회의 진술을 들어야 한다.

② 제1항의 경우에는 제81조를 준용한다.

**제85조【직무대행자의 상무 외 행위의 허가신청】** ①「상법」 제408조제1항 단서에 따른 상무(常務) 외 행위의 허가신청은 직무대행자가 하여야 한다.

② 신청을 인용한 재판에 대하여는 즉시항고를 할 수 있다. 이 경우 항고기간은 직무대행자가 재판의 고지를 받은 날부터 기산한다.

③ 제2항에 따른 항고는 집행정지의 효력이 있다.

**제86조【주식의 액면 미달 발행의 인가신청 등】** ①「상법」 제417조에 따른 주식의 액면 미달 발행의 인가신청은 서면으로 하여야 한다.

② 제1항에 따른 신청에 대한 재판은 이유를 붙인 결정으로써 하여야 한다.

③ 법원은 재판을 하기 전에 이사의 진술을 들어야 한다.

④ 제2항에 따른 재판에 대하여는 즉시항고를 할 수 있다.

⑤ 제4항에 따른 항고는 집행정지의 효력이 있다.

**제86조의2【주식매도가액 및 주식매수가액 결정의 재판】** ① 법원은「상법」 제335조의5 및 그 준용규정에 따른 주식매도가액의 결정 또는 같은 법 제374조의2제4항 및 그 준용규정에 따른 주식매수가액의 결정에 관한 재판을 하기 전에 주주와 매도청구인 또는 주주와 이사의 진술을 들어야 한다.

② 여러 건의 신청사건이 동시에 계속(係屬) 중일 때에는 심문과 재판을 병합하여야 한다.

③ 제1항에 따른 재판에 관하여는 제86조제1항·제2항·제4항 및 제5항을 준용한다.

**제87조** (2013.5.28 삭제)

**제88조【신주의 발행 무효로 인하여 신주의 주주가 받을 금액의 증감 신청】** ①「상법」 제432조제2항에 따른 신청은 신주발행 무효 판결이 확정된 날부터 6개월 내에 하여야 한다.

② 심문은 제1항에 따른 기간이 경과한 후에만 할 수 있다.

③ 여러 건의 신청사건이 동시에 계속 중일 때에는 심문과 재판을 병합하여야 한다.

④ 법원은 제1항에 따른 신청을 받으면 지체 없이 그 사실을 관보에 공고하여야 한다.

**제89조【제88조의 신청에 대한 재판의 효력】** ① 제88조제1항에 따른 신청에 대한 재판은 총주주(總株主)에 대하여 효력이 있다.

② 제1항에 따른 재판에 관하여는 제75조제1항, 제76조, 제78조 및 제85조제3항을 준용한다.

**제90조【해산을 명하는 재판】** ①「상법」 제176조제1항에 따른 재판에 관하여는 제75조제1항을 준용한다.

② 법원은 재판을 하기 전에 이해관계인의 진술과 검사의 의견을 들어야 한다.

**제91조【즉시항고】** 회사, 이해관계인 및 검사는 제90조에 따른 재판에 대하여 즉시항고를 할 수 있다. 이 경우 항고는 집행정지의 효력이 있다.

**제92조【해산명령신청의 공고와 그 방법】** 「상법」 제176조제1항에 따른 해산명령의 신청이 있는 경우에는 제88조제4항을 준용한다.

**제93조【해산재판의 확정과 등기촉탁】** 회사의 해산을 명한 재판이 확정되면 법원은 회사의 본점 소재지의 등기소에 그 등기를 촉탁하여야 한다.
(2024.9.20 본조개정)

**제94조【해산명령 전의 회사재산 보전에 필요한 처분】** ① 「상법」 제176조제2항에 따라 관리인의 선임, 그 밖에 회사재산의 보전에 필요한 처분을 하는 경우에는 제44조의9, 제77조 및 제78조를 준용한다.

② 제1항에 따른 관리인에 관하여는 「민법」 제681조, 제684조, 제685조 및 제688조를 준용한다.

**제94조의2【관리인의 사임허가 등】**
① 법원은 제94조에 따른 관리인의 사임을 허가하거나 관리인을 해임할 수 있다. 관리인의 사임을 허가하는 경우 법원은 다시 관리인을 선임하여야 한다.

② 관리인의 사임허가 또는 해임 절차에 관하여는 제44조의11을 준용한다.
(2013.5.28 본조신설)

**제95조【회사관리인의 회사 재산상태 보고 등】** ① 법원은 그 선임한 관리인에게 재산상태를 보고하고 관리계산(管理計算)을 할 것을 명할 수 있다. 이 재판에 대하여는 불복신청을 할 수 없다.

② 이해관계인은 제1항에 따른 보고와 계산에 관한 서류의 열람을 신청하거나 수수료를 내고 그 등본의 발급을 신청할 수 있다.

③ 검사는 제2항에 따른 서류를 열람할 수 있다.

**제96조【비용의 부담】** ① 법원이 「상법」 제176조제2항에 따라 직권으로 재판을 하였거나 신청에 상응한 재판을 한 경우에는 재판 전의 절차와 재판의 고지 비용은 회사가 부담한다. 법원이 명한 처분에 필요한 비용도 또한 같다.

② 법원이 항고인의 신청에 상응한 재판을 한 경우에는 항고절차의 비용과 항고인이 부담하게 된 전심의 비용은 회사가 부담한다.

**제97조【해산명령 청구자의 담보제공】** 「상법」 제176조제3항에 따라 제공할 담보에 관하여는 「민사소송법」 제120조제1항 및 제121조부터 제126조까지의 규정을 준용한다.

**제98조【설립 무효판결의 확정과 등기촉탁】** 회사 설립을 무효로 하는 판결이 확정되면 제1심 수소법원은 회사의 본점 소재지의 등기소에 그 등기를 촉탁하여야 한다.(2024.9.20 본조개정)

**제99조【합병 등의 무효판결의 확정과 등기촉탁】** 회사의 합병, 주식회사의 분할 또는 분할합병을 무효로 하는 판결이 확정된 경우에는 제98조를 준용한다.

**제100조【합병회사의 채무부담부분 결정의 재판】** 「상법」 제239조제3항(「상법」 제269조 및 제530조제2항에서 준용하는 경우를 포함한다)에 따른 재판에 관하여는 제75조제1항, 제78조 및 제85조제3항을 준용한다.

**제101조【유한회사와 외국회사 영업소 폐쇄에의 준용】** ① 유한회사에 관하여는 제76조부터 제81조까지, 제83조, 제84조, 제84조의2, 제85조, 제88조, 제89조 및 제100조를 준용한다.

② 외국회사 영업소의 폐쇄를 명하는 경우에는 제90조부터 제94조까지, 제94조의2 및 제95조부터 제97조까지의 규정을 준용한다.

**제102조【지분압류채권자의 보전청구】** ① 「상법」 제224조제1항 단서(「상법」 제269조에서 준용하는 경우를 포함한다)에 따른 예고를 한 채권자는 회사의 본점 소재지의 지방법원 합의부에 지분환급청구권의 보전(保全)에 필요한 처분을 할 것을 청구할 수 있다.
② 제1항에 따른 청구에 대한 재판에 관하여는 제75조제1항 및 제78조를 준용한다.

**제103조** (2013.5.28 삭제)

**제104조【유한회사와 주식회사의 합병 인가신청】** 「상법」 제600조제1항에 따른 합병의 인가신청은 합병을 할 회사의 이사와 감사가 공동으로 신청하여야 한다.

**제105조【유한회사의 조직 변경 인가신청】** 「상법」 제607조제3항에 따른 인가신청을 하는 경우에는 제104조를 준용한다.

**제106조【유한회사의 합병 인가신청 등에 관한 재판】** 제104조 및 제105조에 따른 신청이 있는 경우에는 제81조를 준용한다.

**제107조【그 밖의 등기촉탁을 할 경우】** 다음 각 호의 어느 하나에 해당하는 경우에는 제1심 수소법원은 회사의 본점 소재지의 등기소에 그 등기를 촉탁하여야 한다.(2024.9.20 본문개정)

1. 회사 청산인의 해임 재판이 있는 경우
2. 합명회사, 합자회사 또는 유한회사의 설립을 취소하는 판결이 확정된 경우
3. 합명회사 또는 합자회사의 사원 제명(除名) 또는 그 업무집행권한이나 대표권 상실의 판결이 확정된 경우
4. 주식회사의 이사·감사·대표이사 또는 청산인이나 유한회사의 이사·감사 또는 청산인의 직무를 일시적으로 맡아 할 사람을 선임한 경우
5. 주식회사의 이사 또는 감사나 유한회사 이사의 해임 판결이 확정된 경우
6. 주식회사의 창립총회 또는 주주총회나 유한회사의 사원총회가 결의한 사항이 등기된 경우에 결의취소·결의무효확인·결의부존재확인(決議不存在確認) 또는 부당결의의 취소나 변경의 판결이 확정된 경우
7. 주식회사의 신주 발행 또는 자본 감소의 무효판결이 확정된 경우
8. 주식회사의 주식 교환 또는 이전(移轉)의 무효판결이 확정된 경우
9. 유한회사의 자본 증가 또는 자본 감소의 무효판결이 확정된 경우

**제108조【등기촉탁서의 첨부서면】** 이 법에 따라 법원이 회사의 본점 소재지의 등기소에 등기를 촉탁할 때에는 촉탁서에 재판의 등본을 첨부하여야 한다.(2024.9.20 본조개정)

## 제2장 사채에 관한 사건
(2013.5.28 본장개정)

**제109조【관할법원】** 「상법」 제439조제3항(그 준용규정을 포함한다), 제481조, 제482조, 제483조제2항, 제491조제3항, 제496조 및 제507조제1항에 따른 사건은 사채를 발행한 회사의 본점 소재지의 지방법원 합의부가 관할한다.

**제110조【사채모집의 수탁회사에 관한 재판】** ① 「상법」 제481조에 따른 허가신청, 같은 법 제482조에 따른 해임청구 또는 같은 법 제483조제2항에 따른 선임청구에 대한 재판은 이해관계인의 의견을 들은 후 이유를 붙인 결정으로써 하여야 한다.
② 신청 및 청구를 인용한 재판에 대하여는 불복신청을 할 수 없다.
③ 신청 및 청구를 인용하지 아니한 재판에 대하여는 즉시항고를 할 수 있다.

**제111조** (2013.5.28 삭제)

**제112조【사채권자집회의 소집 허가 신청】**「상법」 제491조제3항에 따른 허가신청에 관하여는 제80조 및 제81조를 준용한다.

**제113조【사채권자집회의 결의 인가 청구】** ①「상법」 제496조에 따른 결의의 인가를 청구하는 경우에는 의사록(議事錄)을 제출하여야 한다.

② 제1항에 따른 청구가 있는 경우에는 제78조, 제85조제3항 및 제110조제1항을 준용한다.

**제114조【사채모집 위탁의 보수 등 부담 허가신청】** ①「상법」 제507조제1항에 따른 허가신청은 사채모집을 위탁받은 회사, 대표자 또는 집행자가 하여야 한다.

② 제1항에 따른 신청이 있는 경우에는 제113조제2항을 준용한다.

**제115조【사채권자 이의기간 연장의 신청】**「상법」 제439조제3항(「상법」 제530조제2항에서 준용하는 경우를 포함한다)에 따른 기간의 연장 허가신청이 있는 경우에는 제110조를 준용한다.

**제116조【검사의 불참여】** 이 장의 절차에 관하여는 제15조를 적용하지 아니한다.

## 제3장 회사의 청산에 관한 사건 (2013.5.28 본장개정)

**제117조【관할법원】** ① 합명회사와 합자회사의 청산에 관한 사건은 회사의 본점 소재지의 지방법원이 관할한다.

② 주식회사와 유한회사의 청산에 관한 사건은 회사의 본점 소재지의 지방법원 합의부가 관할한다.

**제118조【법원의 감독】** ① 회사의 청산은 법원의 감독을 받는다.

② 법원은 회사의 업무를 감독하는 관청에 의견의 진술을 요청하거나 조사를 촉탁할 수 있다.

③ 회사의 업무를 감독하는 관청은 법원에 그 회사의 청산에 관한 의견을 진술할 수 있다.

**제119조【청산인의 선임·해임 등의 재판】** 청산인의 선임 또는 해임의 재판에 대하여는 불복신청을 할 수 없다.

**제120조【청산인의 업무대행자】** 주식회사와 유한회사의 청산인에 관하여는 제84조 및 제85조를 준용한다.

**제121조【청산인의 결격사유】** 다음 각 호의 어느 하나에 해당하는 자는 청산인으로 선임될 수 없다.

1. 미성년자
2. 피성년후견인(2020.6.9 본호개정)
3. 자격이 정지되거나 상실된 자
4. 법원에서 해임된 청산인
5. 파산선고를 받은 자

**제122조** (2013.5.28 삭제)

**제123조【청산인의 보수】** 법원이 청산인을 선임한 경우에는 제77조 및 제78조를 준용한다.

**제124조【감정인의 선임 비용】** 법원이「상법」 제259조제4항 또는 그 준용규정에 따른 감정인을 선임한 경우 그 비용은 회사가 부담한다. 감정인의 소환 및 심문 비용의 경우에도 또한 같다.

**제125조【감정인 선임의 절차 및 재판】** 제124조에 따른 감정인의 선임 절차와 재판에 관하여는 제58조 및 제59조를 준용한다.

**제126조【청산인의 변제 허가신청】**「상법」 제536조제2항 또는 그 준용규정에 따른 허가의 신청에 관하여는 제81조제1항 및 제82조를 준용한다.

**제127조【서류 보존인 선임의 재판】**「상법」 제541조제2항 또는 그 준용규정에 따른 서류 보존인 선임의 재판에 대하여는 불복신청을 할 수 없다.

**제128조【외국회사의 영업소 폐쇄 시의 청산절차】**「상법」 제620조에 따른 청산에 관하여는 그 성질상 허용되지 아니하는 경우를 제외하고는 이 장의 규정을 준용한다.

## 제4장 상업등기

### 제1절 등기소와 등기관

**제129조~제132조** (2007.7.27 삭제)
**제133조~제135조** (1996.12.30 삭제)

### 제2절 등기부등

**제136조~제146조** (2007.7.27 삭제)

### 제3절 등기절차

**제1관** 통 칙
**제2관** 상호의 등기
**제3관** 무능력자와 법정대리인의 등기
**제4관** 지배인의 등기
**제5관** 합명회사의 등기
**제6관** 합자회사의 등기
**제7관** 주식회사의 등기
**제8관** 유한회사의 등기
**제9관** 외국회사의 등기
**제10관** 등기의 경정과 말소
**제11관** 전산정보처리조직에 의한 상업등기사무의 처리에 관한 특례

**제147조~제238조의5** (2007.7.27 삭제)

### 제4절 이의등

**제239조~제246조** (2007.7.27 삭제)

## 제4편 보 칙
(2013.5.28 본편개정)

**제247조【과태료사건의 관할】** 과태료사건은 다른 법령에 특별한 규정이 있는 경우를 제외하고는 과태료를 부과받을 자의 주소지의 지방법원이 관할한다.

**제248조【과태료재판의 절차】** ① 과태료재판은 이유를 붙인 결정으로써 하여야 한다.
② 법원은 재판을 하기 전에 당사자의 진술을 듣고 검사의 의견을 구하여야 한다.
③ 당사자와 검사는 과태료재판에 대하여 즉시항고를 할 수 있다. 이 경우 항고는 집행정지의 효력이 있다.
④ 과태료재판 절차의 비용은 과태료를 부과하는 선고가 있는 경우에는 그 선고를 받은 자가 부담하고, 그 밖의 경우에는 국고에서 부담한다.
⑤ 항고법원이 당사자의 신청을 인정하는 재판을 한 경우에는 항고절차의 비용 및 전심에서 당사자가 부담하게 된 비용은 국고에서 부담한다.

**제249조【과태료재판의 집행】** ① 과태료재판은 검사의 명령으로써 집행한다. 이 경우 그 명령은 집행력 있는 집행권원과 같은 효력이 있다.
② 과태료재판의 집행절차는 「민사집행법」의 규정에 따른다. 다만, 집행을 하기 전에 재판의 송달은 하지 아니한다.

**제250조【약식재판】** ① 법원은 타당하다고 인정할 때에는 당사자의 진술을 듣지 아니하고 과태료재판을 할 수 있다.
② 당사자와 검사는 제1항에 따른 재판의 고지를 받은 날부터 1주일 내에 이의신청을 할 수 있다.
③ 제1항에 따른 재판은 이의신청에 의하여 그 효력을 잃는다.
④ 이의신청이 있는 경우 법원은 당사자의 진술을 듣고 다시 재판하여야 한다.

**제251조【외국인에 관한 비송사건절차】** 외국인에 관한 사건의 절차로서 조약(條約)에 의하여 특별히 정하여야 할 사항은 대법원규칙으로 정한다.

부 칙

**제1조【시행일】** 이 법은 1992년 2월 1일부터 시행한다.

**제2조【소급적용등】** ① 이 법은 이 법 시행전에 생긴 사항에 대하여도 이를 적용한다. 그러나 종전의 규정에 의하여 생긴 효력에는 영향을 미치지 아니한다.

② 이 법의 시행전에 종전의 규정에 의하여 한 처분, 절차등은 이 법의 그에 상당하는 규정에 의하여 한 것으로 본다.

**제3조【등기공무원에 관한 경과조치】** 이 법 시행당시 등기공무원으로 지정되어 있는 자는 이 법의 규정에 의하여 지정된 것으로 본다.

**제4조【회사의 지배인등기에 관한 적용례】** ① 이 법 시행당시 지배인등기부에 등재되어 있는 회사의 지배인등기는 대법원규칙이 정하는 바에 의하여 회사의 등기부에 이를 이기하여야 한다.

② 제1항의 등기에 관하여는 제1항의 규정에 의하여 그 등기를 이기할 때까지는 제180조와 이를 준용하는 규정에 불구하고 종전의 예에 의한다.

**제5조【회사의 본점이전등기등에 관한 적용례】** 제185조제2항, 제196조제3항이나 제200조제1항 또는 이들 규정을 준용하는 규정에 의하여 동시에 신청 또는 촉탁하여야 할 등기로서 이 법 시행전에 그 일부에 관하여 등기의 신청 또는 촉탁이 있은 경우 이들 등기의 절차에 관하여는 종전의 예에 의한다.

**제6조【다른 법률의 개정등】** ①~⑭
※(해당 법령에 가제정리 하였음)

부 칙 (1994.12.31)

이 법은 1995년 1월 1일부터 시행한다.

부 칙 (1996.12.30)

**제1조【시행일】** 이 법은 1997년 1월 1일부터 시행한다. 다만, 제147조제3항 및 제159조제16호의 개정규정은 1997년 7월 1일부터 시행한다.

**제2조【등기사항공고에 관한 경과조치】** ① 제65조의2 내지 제65조의4의 공고에 관한 규정은 대법원규칙이 정하는 기간동안 이를 적용하지 아니한다.

② 제1항의 경우에 그 기간중에는 공고한 것으로 본다.

**제3조【진행중인 사건등에 관한 적용례】** ① 제86조의2 및 제88조제4항의 개정규정은 이 법 시행당시 진행중인 사건에 대하여도 이를 적용한다.

② 제190조제1항·제203조제5호·제215조제5호 및 제223조제5호의 개정규정은 1996년 10월 1일이후에 신청된 등기로서 이 법 시행당시 등기가 완료되지 아니한 경우에도 이를 적용한다.

부 칙 (1998.12.28 법5591호)
(1998.12.28 법5592호)
(1999.12.31)

**제1조【시행일】** 이 법은 공포한 날부터 시행한다.(이하 생략)

부 칙 (2001.7.24)

이 법은 공포한 날부터 시행한다.

부 칙 (2001.12.19)

**제1조【시행일】** 이 법은 2002년 1월 1일부터 시행한다.

**제2조【등기관의 지정에 관한 경과조치】** ① 이 법 시행 당시 법원에 재직중인 법원사무직류의 일반직공무원은 종

전의 규정에 따라 등기관으로 지정될 수 있다.
② 이 법 시행 당시 종전의 규정에 의하여 등기관으로 지정받은 자는 제132조제1항의 개정규정에 의하여 지정된 것으로 본다.

부 칙 (2002.1.26 법6626호)
(2002.1.26 법6627호)

**제1조 【시행일】** 이 법은 2002년 7월 1일부터 시행한다.(이하 생략)

부 칙 (2005.1.27)

**제1조 【시행일】** 이 법은 공포 후 6월이 경과한 날부터 시행한다.(이하 생략)

부 칙 (2005.3.31)

**제1조 【시행일】** 이 법은 공포 후 1년이 경과한 날부터 시행한다.(이하 생략)

부 칙 (2007.5.17)

**제1조 【시행일】** 이 법은 2008년 1월 1일부터 시행한다.(이하 생략)

부 칙 (2007.7.27)

**제1조 【시행일】** 이 법은 2008년 1월 1일부터 시행한다. 다만, 제66조제1항 및 제67조의 개정규정(「상업등기법」 제12조, 제18조제2항 및 제4항의 준용부분에 한한다)은 2008년 4월 1일부터 시행한다.
**제2조 【등기에 관한 적용례】** 이 법은 이 법 시행 전에 발생한 등기사항에 대하여도 적용한다. 다만, 종전의 규정에 따라 등기를 마친 등기사항은 그러하지 아니하다.
**제3조 【등기관 지정에 관한 경과조치】** ① 이 법 시행 당시 법원에 재직 중인 법원사무직류의 일반직공무원(2002년 1월 1일 이후 시행한 채용시험에 합격하여 임용된 자를 제외한다)은 제66조제1항에서 준용하는 「상업등기법」 제4조에도 불구하고 등기관으로 지정될 수 있다.
② 이 법 시행 당시 종전의 규정에 따라 등기관으로 지정받은 자는 이 법에 따라 지정된 것으로 본다.
**제4조 【폐쇄등기용지 및 폐쇄등기기록에 관한 경과조치】** 이 법 시행 당시 종전의 규정에 따라 폐쇄된 등기용지는 종전의 규정에 따라 처리한다. 다만, 전산정보처리조직에 의하여 폐쇄된 등기기록으로 이 법 시행 당시 종전의 규정에 따른 보존기간을 경과하지 아니한 폐쇄등기기록에 대하여는 제66조제1항의 개정규정(「상업등기법」 제14조제2항을 준용한 부분에 한한다)을 적용한다.
**제5조 【일반적 경과조치】** ① 이 법 시행 당시 종전의 규정에 따라 등기절차가 진행 중인 등기사무에 대하여는 종전의 규정에 따른다.
② 이 법 시행 당시 종전의 규정에 따라 행한 처분 · 절차, 그 밖의 행위는 이 법의 해당 규정에 따라 한 것으로 본다.

부 칙 (2007.8.3)

**제1조 【시행일】** 이 법은 공포 후 1년이 경과한 날부터 시행한다.(이하 생략)

부 칙 (2011.4.12)

**제1조 【시행일】** 이 법은 공포 후 6개월이 경과한 날부터 시행한다.(이하 생략)

부 칙 (2011.7.25)

**제1조【시행일】** 이 법은 공포 후 1년이 경과한 날부터 시행한다.(이하 생략)

부 칙 (2013.5.28)

**제1조【시행일】** 이 법은 공포한 날부터 시행한다.

**제2조【적용례】** 이 법은 이 법 시행 당시 법원에 계속 중인 사건에 대하여도 적용한다. 다만, 종전의 규정에 따라 발생한 효력에는 영향을 미치지 아니한다.

**제3조【금치산자 등에 대한 경과조치】** 제121조제2호의 개정규정에 따른 피성년후견인 및 피한정후견인에는 법률 제10429호 민법 일부개정법률 부칙 제2조에 따라 금치산 또는 한정치산 선고의 효력이 유지되는 자를 포함하는 것으로 본다.

**제4조【피성년후견인 등에 대한 경과조치】** 제121조제2호의 개정규정 중 "피성년후견인" 및 "피한정후견인"은 2013년 6월 30일까지는 각각 "금치산자" 및 "한정치산자"로 본다.

부 칙 (2014.5.20)

**제1조【시행일】** 이 법은 공포 후 6개월이 경과한 날부터 시행한다.(이하 생략)

부 칙 (2016.1.19)

**제1조【시행일】** 이 법은 공포한 날부터 시행한다.

**제2조【신청서 작성에 관한 적용례】** 제9조제1항의 개정규정은 이 법 시행 후 최초로 신청서를 작성하는 경우부터 적용한다.

부 칙 (2020.2.4)

**제1조【시행일】** 이 법은 공포 후 6개월이 경과한 날부터 시행한다.(이하 생략)

부 칙 (2020.6.9)

이 법은 공포한 날부터 시행한다.

부 칙 (2024.9.20 법20435호)
(2024.9.20 법20437호)

**제1조【시행일】** 이 법은 2025년 1월 31일부터 시행한다.(이하 생략)

# 법원조직법

(1987년 12월 4일
전개법률 제3992호)

개정
1988. 8. 5법 4017호(헌재)
1990.12.31법 4300호(가소)
1994. 7.27법 4765호 1995. 3.30법 4945호
1995.12. 6법 5002호(집행관)
1996.12.12법 5181호
1998. 9.23법 5577호(실용신안)
1999. 1.21법 5642호(법관징계법)
1999.12.31법 6084호 2001. 1.29법 6408호
2004.12.31법 7289호(디자인보호)
2005. 3.24법 7402호 2005.12.14법 7725호
2005.12.23법 7730호
2006. 2.21법 7849호(제주자치법)
2006. 3. 3법 7872호(실용신안)
2007. 1.26법 8270호 2007. 5. 1법 8411호
2007. 5.17법 8435호(가족관계등록)
2007.12.27법 8794호 2010. 1.25법 9940호
2011. 7.18법10861호
2012.12.11법11530호(국가공무원)
2012.12.18법11554호
2013. 5.28법11848호(디자인보호)
2013. 8.13법12041호 2014. 1. 7법12188호
2014.10.15법12780호(소송촉진)
2014.12.30법12886호 2015.12. 1법13522호
2016. 1. 6법13717호(특정범죄가중)
2016. 1. 6법13718호(폭력처벌)
2016. 1. 6법13719호(형법)
2016. 2.29법14033호(상표)
2016. 3.29법14104호 2016.12.27법14470호
2017.12.12법15152호 2018. 3.20법15490호
2018.12.24법16037호(도로교통)
2020. 2. 4법16959호 2020. 3.24법17125호
2020.12.22법17689호(국가자치경찰)
2021. 1.26법17907호(중대재해처벌등에관한법)
2021.12.21법18633호 2024.10.16법20465호



## 제1편 총 칙

(2014.12.30 본편개정)

**제1조【목적】** 이 법은 헌법에 따라 사법권을 행사하는 법원의 조직을 정함을 목적으로 한다.

**제2조【법원의 권한】** ① 법원은 헌법에 특별한 규정이 있는 경우를 제외한 모든 법률상의 쟁송(爭訟)을 심판하고, 이 법과 다른 법률에 따라 법원에 속하는 권한을 가진다.
② 제1항은 행정기관에 의한 전심(前審)으로서의 심판을 금하지 아니한다.
③ 법원은 등기, 가족관계등록, 공탁, 집행관, 법무사에 관한 사무를 관장하거나 감독한다.

**제3조【법원의 종류】** ① 법원은 다음의 7종류로 한다.(2016.12.27 본문개정)
1. 대법원
2. 고등법원
3. 특허법원
4. 지방법원
5. 가정법원
6. 행정법원
7. 회생법원(2016.12.27 본호신설)

② 지방법원 및 가정법원의 사무의 일부를 처리하게 하기 위하여 그 관할구역에 지원(支院)과 가정지원, 시법원 또는 군법원(이하 "시 · 군법원"이라 한다) 및 등기소를 둘 수 있다. 다만, 지방법원 및 가정법원의 지원은 2개를 합하여 1개의 지원으로 할 수 있다.

③ 고등법원 · 특허법원 · 지방법원 · 가정법원 · 행정법원 · 회생법원과 지방법원 및 가정법원의 지원, 가정지원, 시 · 군법원의 설치 · 폐지 및 관할구역은 따로 법률로 정하고, 등기소의 설치 · 폐지 및 관할구역은 대법원규칙으로 정한다.(2016.12.27 본항개정)

**제4조【대법관】** ① 대법원에 대법관을 둔다.

② 대법관의 수는 대법원장을 포함하여 14명으로 한다.

**제5조【판사】** ① 대법원장과 대법관이 아닌 법관은 판사로 한다.

② 고등법원 · 특허법원 · 지방법원 · 가정법원 · 행정법원 및 회생법원에 판사를 둔다.(2016.12.27 본항개정)

③ 판사의 수는 따로 법률로 정한다. 다만, 제2항의 각급 법원에 배치할 판사의 수는 대법원규칙으로 정한다.

**제6조【직무대리】** ① 대법원장은 판사로 하여금 다른 고등법원 · 특허법원 · 지방법원 · 가정법원 · 행정법원 또는 회생법원의 판사의 직무를 대리하게 할 수 있다.(2016.12.27 본항개정)

② 고등법원장 또는 지방법원장은 그 관할구역으로 한정하여 판사로 하여금 제1항에 따른 직무대리를 하게 할 수 있다. 다만, 대리기간이 6개월을 초과하는 경우에는 대법원장의 허가를 받아야 한다.

**제7조【심판권의 행사】** ① 대법원의 심판권은 대법관 전원의 3분의 2 이상의 합의체에서 행사하며, 대법원장이 재판장이 된다. 다만, 대법관 3명 이상으로 구성된 부(部)에서 먼저 사건을 심리(審理)하여 의견이 일치한 경우에 한정하여 다음 각 호의 경우를 제외하고 그 부에서 재판할 수 있다.

1. 명령 또는 규칙이 헌법에 위반된다고 인정하는 경우
2. 명령 또는 규칙이 법률에 위반된다고 인정하는 경우
3. 종전에 대법원에서 판시(判示)한 헌법 · 법률 · 명령 또는 규칙의 해석 적용에 관한 의견을 변경할 필요가 있다고 인정하는 경우
4. 부에서 재판하는 것이 적당하지 아니하다고 인정하는 경우

② 대법원장은 필요하다고 인정하는 경우에 특정한 부로 하여금 행정 · 조세 · 노동 · 군사 · 특허 등의 사건을 전담하여 심판하게 할 수 있다.

③ 고등법원 · 특허법원 및 행정법원의 심판권은 판사 3명으로 구성된 합의부에서 행사한다. 다만, 행정법원의 경우 단독판사가 심판할 것으로 행정법원 합의부가 결정한 사건의 심판권은 단독판사가 행사한다.

④ 지방법원 · 가정법원 · 회생법원과 지방법원 및 가정법원의 지원, 가정지원 및 시 · 군법원의 심판권은 단독판사가 행사한다.(2016.12.27 본항개정)

⑤ 지방법원 · 가정법원 · 회생법원과 지방법원 및 가정법원의 지원, 가정지원에서 합의심판을 하여야 하는 경우에는 판사 3명으로 구성된 합의부에서 심판권을 행사한다.(2016.12.27 본항개정)

**제8조【상급심 재판의 기속력】** 상급법원 재판에서의 판단은 해당 사건에 관하여 하급심(下級審)을 기속(羈束)한다.

**제9조【사법행정사무】** ① 대법원장은 사법행정사무를 총괄하며, 사법행정사무에 관하여 관계 공무원을 지휘 · 감독한다.

② 대법원장은 사법행정사무의 지휘 · 감독권의 일부를 법률이나 대법원규칙으로 정하는 바에 따라 또는 대법원장의 명으로 법원행정처장이나 각급 법원의 장, 사법연수원장, 법원공무원교육원장 또는 법원도서관장에게 위임할 수 있다.

③ 대법원장은 법원의 조직, 인사, 운영, 재판절차, 등기, 가족관계등록, 그 밖의 법원 업무와 관련된 법률의 제정 또는 개정이 필요하다고 인정하는 경우에는 국회에 서면으로 그 의견을 제출할 수 있다.

**제9조의2【판사회의】** ① 고등법원·특허법원·지방법원·가정법원·행정법원 및 회생법원과 대법원규칙으로 정하는 지원에 사법행정에 관한 자문기관으로 판사회의를 둔다.(2016.12.27 본항개정)

② 판사회의는 판사로 구성하되, 그 조직과 운영에 필요한 사항은 대법원규칙으로 정한다.

**제10조【각급 법원 등의 사무국】** ① 고등법원·특허법원·지방법원·가정법원·행정법원 및 회생법원과 대법원규칙으로 정하는 지원에 사무국을 두며, 대법원규칙으로 정하는 고등법원 및 지방법원에 사무국 외의 국(局)을 둘 수 있다.(2016.12.27 본항개정)

② 제1항의 사무국 및 국, 사무국을 두지 아니하는 지원 및 가정지원에 과(課)를 두되, 그 설치 및 분장사무는 대법원규칙으로 정한다.

③ 고등법원과 특허법원의 사무국장 및 제1항에 규정된 사무국 외의 국을 두고 있는 지방법원의 사무국장은 법원이사관 또는 법원부이사관으로 보(補)하고, 고등법원 국장, 지방법원 사무국장(제1항에 규정된 사무국 외의 국을 두고 있는 지방법원의 사무국장은 제외한다) 및 국장, 가정법원 사무국장, 행정법원 사무국장, 회생법원 사무국장 및 대법원규칙으로 정하는 지원의 사무국장은 법원부이사관 또는 법원서기관으로 보하며, 과장은 법원부이사관·법원서기관·법원사무관 또는 등기사무관으로 보한다.
(2016.12.27 본항개정)

④ 사무국장, 국장 및 과장은 상사의 명을 받아 국 또는 과의 사무를 관장하고, 소속 직원을 지휘·감독한다.

## 제2편 대법원
(2014.12.30 본편제목개정)

**제11조【최고법원】** 대법원은 최고법원이다.(2014.12.30 본조개정)

**제12조【소재지】** 대법원은 서울특별시에 둔다.(2014.12.30 본조개정)

**제13조【대법원장】** ① 대법원에 대법원장을 둔다.

② 대법원장은 대법원의 일반사무를 관장하며, 대법원의 직원과 각급 법원 및 그 소속 기관의 사법행정사무에 관하여 직원을 지휘·감독한다.

③ 대법원장이 궐위되거나 부득이한 사유로 직무를 수행할 수 없을 때에는 선임대법관이 그 권한을 대행한다.
(2014.12.30 본조개정)

**제14조【심판권】** 대법원은 다음 각 호의 사건을 종심(終審)으로 심판한다.
1. 고등법원 또는 항소법원·특허법원의 판결에 대한 상고사건
2. 항고법원·고등법원 또는 항소법원·특허법원의 결정·명령에 대한 재항고사건
3. 다른 법률에 따라 대법원의 권한에 속하는 사건

(2014.12.30 본조개정)

**제15조【대법관의 의사표시】** 대법원 재판서(裁判書)에는 합의에 관여한 모든 대법관의 의견을 표시하여야 한다.
(2014.12.30 본조개정)

**제16조【대법관회의의 구성과 의결방법】** ① 대법관회의는 대법관으로 구성되며, 대법원장이 그 의장이 된다.

② 대법관회의는 대법관 전원의 3분의 2 이상의 출석과 출석인원 과반수의 찬성으로 의결한다.

③ 의장은 의결에서 표결권을 가지며, 가부동수(可否同數)일 때에는 결정권을 가진다.
(2014.12.30 본조개정)

**제17조 【대법관회의의 의결사항】** 다음 각 호의 사항은 대법관회의의 의결을 거친다.
1. 판사의 임명 및 연임에 대한 동의
2. 대법원규칙의 제정과 개정 등에 관한 사항
3. 판례의 수집 · 간행에 관한 사항
4. 예산 요구, 예비금 지출과 결산에 관한 사항
5. 다른 법령에 따라 대법관회의의 권한에 속하는 사항
6. 특히 중요하다고 인정되는 사항으로서 대법원장이 회의에 부친 사항

(2014.12.30 본조개정)

**제18조 【위임사항】** 대법관회의의 운영에 필요한 사항은 대법원규칙으로 정한다.(2014.12.30 본조개정)

**제19조 【법원행정처】** ① 사법행정사무를 관장하기 위하여 대법원에 법원행정처를 둔다.
② 법원행정처는 법원의 인사 · 예산 · 회계 · 시설 · 통계 · 송무(訟務) · 등기 · 가족관계등록 · 공탁 · 집행관 · 법무사 · 법령조사 및 사법제도연구에 관한 사무를 관장한다.
(2014.12.30 본조개정)

**제20조 【사법연수원】** 판사의 연수와 사법연수생의 수습에 관한 사무를 관장하기 위하여 대법원에 사법연수원을 둔다.(2014.12.30 본조개정)

**제20조의2 【사법정책연구원】** 사법제도 및 재판제도의 개선에 관한 연구를 하기 위하여 대법원에 사법정책연구원을 둔다.(2013.8.13 본조신설)

**제21조 【법원공무원교육원】** 법원직원 · 집행관 등의 연수 및 양성에 관한 사무를 관장하기 위하여 대법원에 법원공무원교육원을 둔다.(2014.12.30 본조개정)

**제22조 【법원도서관】** 재판사무의 지원 및 법률문화의 창달을 위한 판례 · 법령 · 문헌 · 사료 등 정보를 조사 · 수집 · 편찬하고 이를 관리 · 제공하기 위하여 대법원에 법원도서관을 둔다.
(2014.12.30 본조개정)

**제23조 【대법원장비서실 등】** ① 대법원에 대법원장비서실을 둔다.
② 대법원장비서실에 실장을 두되, 실장은 판사로 보하거나 정무직으로 하고, 대법원장의 명을 받아 비서실의 사무를 관장하며, 소속 공무원을 지휘 · 감독한다.
③ 대법원장비서실의 조직과 운영에 필요한 사항은 대법원규칙으로 정한다.
④ 대법원에 대법관비서관을 둔다.
⑤ 대법관비서관은 법원서기관 또는 4급 상당의 별정직공무원으로 보한다.
(2014.12.30 본조개정)

**제24조 【재판연구관】** ① 대법원에 재판연구관을 둔다.
② 재판연구관은 대법원장의 명을 받아 대법원에서 사건의 심리 및 재판에 관한 조사 · 연구 업무를 담당한다.
③ 재판연구관은 판사로 보하거나 3년 이내의 기간을 정하여 판사가 아닌 사람 중에서 임명할 수 있다.
④ 판사가 아닌 재판연구관은 2급 또는 3급 상당의 별정직공무원이나 「국가공무원법」 제26조의5에 따른 임기제공무원으로 하고, 그 직제(職制) 및 자격 등에 관하여는 대법원규칙으로 정한다.
⑤ 대법원장은 다른 국가기관, 공공단체, 교육기관, 연구기관, 그 밖에 필요한 기관에 대하여 소속 공무원 및 직원을 재판연구관으로 근무하게 하기 위하여 파견근무를 요청할 수 있다.

⑥ 제5항에 따라 파견된 재판연구관에게는 대법원규칙으로 정하는 수당을 지급할 수 있다.
(2014.12.30 본조개정)

**제25조 【사법정책자문위원회】** ① 대법원장은 필요하다고 인정할 경우에는 대법원장의 자문기관으로 사법정책자문위원회를 둘 수 있다.
② 사법정책자문위원회는 사법정책에 관하여 학식과 덕망이 높은 사람 중에서 대법원장이 위촉하는 7명 이내의 위원으로 구성하며, 그 조직·운영에 필요한 사항은 대법원규칙으로 정한다.
(2014.12.30 본조개정)

**제25조의2 【법관인사위원회】** ① 법관의 인사에 관한 중요 사항을 심의하기 위하여 대법원에 법관인사위원회(이하 "인사위원회"라 한다)를 둔다.
② 인사위원회는 다음 각 호의 사항을 심의한다.
1. 인사에 관한 기본계획의 수립에 관한 사항
2. 제41조제3항에 따른 판사의 임명에 관한 사항
3. 제45조의2에 따른 판사의 연임에 관한 사항
4. 제47조에 따른 판사의 퇴직에 관한 사항
5. 그 밖에 대법원장이 중요하다고 인정하여 회의에 부치는 사항

③ 인사위원회는 위원장 1명을 포함한 11명의 위원으로 구성한다.
④ 위원은 다음 각 호에 해당하는 사람을 대법원장이 임명하거나 위촉한다.
1. 법관 3명
2. 법무부장관이 추천하는 검사 2명. 다만, 제2항제2호의 판사의 신규 임명에 관한 심의에만 참여한다.
3. 대한변호사협회장이 추천하는 변호사 2명
4. 사단법인 한국법학교수회 회장과 사단법인 법학전문대학원협의회 이사장이 각각 1명씩 추천하는 법학교수 2명
5. 학식과 덕망이 있고 각계 전문 분야에서 경험이 풍부한 사람으로서 변호사의 자격이 없는 사람 2명. 이 경우 1명 이상은 여성이어야 한다.

⑤ 위원장은 위원 중에서 대법원장이 임명하거나 위촉한다.
⑥ 제1항부터 제5항까지에서 규정한 사항 외에 인사위원회의 구성과 운영 등에 필요한 사항은 대법원규칙으로 정한다.
(2014.12.30 본조개정)

## 제3편 각급 법원
(2014.12.30 본편개정)

### 제1장 고등법원

**제26조 【고등법원장】** ① 고등법원에 고등법원장을 둔다.
② 고등법원장은 판사로 보한다.
③ 고등법원장은 그 법원의 사법행정사무를 관장하며, 소속 공무원을 지휘·감독한다.
④ 고등법원장이 궐위되거나 부득이한 사유로 직무를 수행할 수 없을 때에는 수석판사, 선임판사의 순서로 그 권한을 대행한다.(2020.3.24 본항개정)
⑤ 고등법원에 고등법원장비서관을 둔다.
⑥ 고등법원장비서관은 법원사무관 또는 5급 상당의 별정직공무원으로 보한다.

**제27조 【부】** ① 고등법원에 부(部)를 둔다.
② (2020.3.24 삭제)
③ 부의 구성원 중 1인은 그 부의 재판에서 재판장이 되며, 고등법원장의 지

휘에 따라 그 부의 사무를 감독한다.(2020.3.24 본항개정)

④ 재판업무 수행상 필요한 경우 대법원규칙으로 정하는 바에 따라 고등법원의 부로 하여금 그 관할구역의 지방법원 소재지에서 사무를 처리하게 할 수 있다.

⑤ 대법원장은 제4항에 따라 지방법원 소재지에서 사무를 처리하는 고등법원의 부가 2개 이상인 경우 그 부와 관련된 사법행정사무를 관장하는 법관을 지정할 수 있다.

**제28조 【심판권】** 고등법원은 다음의 사건을 심판한다. 다만, 제28조의4제2호에 따라 특허법원의 권한에 속하는 사건은 제외한다.(2015.12.1 단서신설)

1. 지방법원 합의부, 가정법원 합의부, 회생법원 합의부 또는 행정법원의 제1심 판결·심판·결정·명령에 대한 항소 또는 항고사건(2016.12.27 본호개정)
2. 지방법원단독판사, 가정법원단독판사의 제1심 판결·심판·결정·명령에 대한 항소 또는 항고사건으로서 형사사건을 제외한 사건 중 대법원규칙으로 정하는 사건
3. 다른 법률에 따라 고등법원의 권한에 속하는 사건

## 제2장 특허법원

**제28조의2 【특허법원장】** ① 특허법원에 특허법원장을 둔다.

② 특허법원장은 판사로 보한다.

③ 특허법원장은 그 법원의 사법행정사무를 관장하며, 소속 공무원을 지휘·감독한다.

④ 특허법원에 대해서는 제26조제4항부터 제6항까지의 규정을 준용한다.

**제28조의3 【부】** ① 특허법원에 부(部)를 둔다.

② 특허법원에 대해서는 제27조제3항을 준용한다.(2020.3.24 본항개정)

**제28조의4 【심판권】** 특허법원은 다음의 사건을 심판한다.

1. 「특허법」 제186조제1항, 「실용신안법」 제33조, 「디자인보호법」 제166조제1항 및 「상표법」 제162조에서 정하는 제1심사건(2016.2.29 본호개정)
2. 「민사소송법」 제24조제2항 및 제3항에 따른 사건의 항소사건(2015.12.1 본호신설)
3. 다른 법률에 따라 특허법원의 권한에 속하는 사건

## 제3장 지방법원

**제29조 【지방법원장】** ① 지방법원에 지방법원장을 둔다.

② 지방법원장은 판사로 보한다.

③ 지방법원장은 그 법원과 소속 지원, 시·군법원 및 등기소의 사법행정사무를 관장하며, 소속 공무원을 지휘·감독한다.

④ 지방법원장이 궐위되거나 부득이한 사유로 직무를 수행할 수 없을 때에는 수석부장판사, 선임부장판사의 순서로 그 권한을 대행한다.(2020.3.24 본항개정)

⑤ 지방법원에 대해서는 제26조제5항 및 제6항을 준용한다.(2020.3.24 본항신설)

**제30조 【부】** ① 지방법원에 부(部)를 둔다.

② 부에 부장판사를 둘 수 있다.(2020.3.24 본항개정)

③ 지방법원에 대해서는 제27조제3항을 준용한다.(2020.3.24 본항신설)

**제31조 【지원】** ① 지방법원의 지원과 가정지원에 지원장을 둔다.

② 지원장은 판사로 보한다.

③ 지원장은 소속 지방법원장의 지휘를 받아 그 지원과 관할구역에 있는 시·군법원의 사법행정사무를 관장하며, 소속 공무원을 지휘·감독한다.

④ 사무국을 둔 지원의 지원장은 소속 지방법원장의 지휘를 받아 관할구역에 있는 등기소의 사무를 관장하며, 소속 공무원을 지휘·감독한다.

⑤ 지방법원의 지원과 가정지원에 부(部)를 둘 수 있다.

⑥ 제5항에 따라 부를 두는 지방법원의 지원과 가정지원에 대해서는 제27조제3항 및 제30조제2항을 준용한다. (2020.3.24 본항개정)

**제31조의2 【가정지원의 관할】** 가정지원은 가정법원이 설치되지 아니한 지역에서 가정법원의 권한에 속하는 사항을 관할한다. 다만, 가정법원단독판사의 판결·심판·결정·명령에 대한 항소 또는 항고사건에 관한 심판에 해당하는 사항은 제외한다.

**제32조 【합의부의 심판권】** ① 지방법원과 그 지원의 합의부는 다음의 사건을 제1심으로 심판한다.

1. 합의부에서 심판할 것으로 합의부가 결정한 사건
2. 민사사건에 관하여는 대법원규칙으로 정하는 사건
3. 사형, 무기 또는 단기 1년 이상의 징역 또는 금고에 해당하는 사건. 다만, 다음 각 목의 사건은 제외한다.
   가. 「형법」 제258조의2제1항, 제331조, 제332조(제331조의 상습범으로 한정한다)와 그 각 미수죄, 제350조의2와 그 미수죄, 제363조에 해당하는 사건(2021.12.21 본목개정)
   나. 「폭력행위 등 처벌에 관한 법률」 제2조제3항제2호·제3호, 제6조(제2조제3항제2호·제3호의 미수죄로 한정한다) 및 제9조에 해당하는 사건(2016.1.6 본목개정)
   다. 「병역법」 위반사건
   라. 「특정범죄 가중처벌 등에 관한 법률」 제5조의3제1항, 제5조의4제5항제1호·제3호 및 제5조의11에 해당하는 사건(2016.1.6 본목개정)
   마. 「보건범죄 단속에 관한 특별조치법」 제5조에 해당하는 사건
   바. 「부정수표 단속법」 제5조에 해당하는 사건
   사. 「도로교통법」 제148조의2제1항·제2항, 같은 조 제3항제1호 및 제2호에 해당하는 사건(2018.12.24 본목개정)
   아. 「중대재해 처벌 등에 관한 법률」 제6조제1항·제3항 및 제10조제1항에 해당하는 사건(2021.1.26 본목신설)
4. 제3호의 사건과 동시에 심판할 공범사건
5. 지방법원판사에 대한 제척·기피사건
6. 다른 법률에 따라 지방법원 합의부의 권한에 속하는 사건

② 지방법원 본원 합의부 및 춘천지방법원 강릉지원 합의부는 지방법원단독판사의 판결·결정·명령에 대한 항소 또는 항고사건 중 제28조제2호에 해당하지 아니하는 사건을 제2심으로 심판한다. 다만, 제28조의4제2호에 따라 특허법원의 권한에 속하는 사건은 제외한다.(2015.12.1 단서신설)

**제33조 【시·군법원】** ① 대법원장은 지방법원 또는 그 지원 소속 판사 중에서 그 관할구역에 있는 시·군법원의 판사를 지명하여 시·군법원의 관할사건을 심판하게 한다. 이 경우 1명의 판사를 둘 이상의 시·군법원의 판사로 지명할 수 있다.

② 시·군법원의 판사는 소속 지방법원장 또는 지원장의 지휘를 받아 시·

군법원의 사법행정사무를 관장하며, 그 소속 직원을 지휘·감독한다. 다만, 가사사건에 관하여는 그 지역을 관할하는 가정법원장 또는 그 지원장의 지휘를 받는다.

**제34조【시·군법원의 관할】** ① 시·군법원은 다음 각 호의 사건을 관할한다.

1. 「소액사건심판법」을 적용받는 민사사건
2. 화해·독촉 및 조정(調停)에 관한 사건
3. 20만원 이하의 벌금 또는 구류나 과료에 처할 범죄사건
4. 「가족관계의 등록 등에 관한 법률」 제75조에 따른 협의상 이혼의 확인

② 제1항제2호 및 제3호의 사건이 불복신청으로 제1심법원에 계속(係屬)하게 된 경우에는 그 지역을 관할하는 지방법원 또는 그 지원이 관할한다. 다만, 「소액사건심판법」을 적용받는 사건은 그 시·군법원에서 관할한다.

③ 제1항제3호에 해당하는 범죄사건에 대해서는 즉결심판을 한다.

**제35조【즉결심판에 대한 정식재판의 청구】** 제34조의 즉결심판에 대하여 피고인은 고지를 받은 날부터 7일 이내에 정식재판을 청구할 수 있다.

**제36조【등기소】** ① 등기소에 소장을 둔다.

② 소장은 법원서기관·법원사무관 또는 등기사무관으로 보한다.

③ 소장은 소속 지방법원장 또는 사무국을 둔 지원의 지원장의 지휘를 받아 등기소의 사무를 관장하고, 그 소속 직원을 지휘·감독한다.

## 제4장 가정법원

**제37조【가정법원장】** ① 가정법원에 가정법원장을 둔다.

② 가정법원장은 판사로 보한다.

③ 가정법원장은 그 법원과 소속 지원의 사법행정사무를 관장하며, 소속 공무원을 지휘·감독한다. 다만, 제3조제2항 단서에 따라 1개의 지원을 두는 경우에는 가정법원장은 그 지원의 가사사건, 소년보호 및 가족관계등록에 관한 사무를 지휘·감독한다.

④ 가정법원에 대해서는 제26조제5항 및 제6항, 제29조제4항을 준용한다.

(2020.3.24 본항개정)

**제38조【부】** ① 가정법원에 부(部)를 둔다.

② 가정법원에 대해서는 제27조제3항 및 제30조제2항을 준용한다.

(2020.3.24 본항개정)

**제39조【지원】** ① 가정법원 지원에 지원장을 둔다.

② 지원장은 소속 가정법원장의 지휘를 받아 지원의 사법행정사무를 관장하며, 소속 공무원을 지휘·감독한다.

③ 가정법원의 지원에 대해서는 제27조제3항, 제30조제2항 및 제31조제2항·제5항을 준용한다.(2020.3.24 본항개정)

**제40조【합의부의 심판권】** ① 가정법원 및 가정법원 지원의 합의부는 다음 각 호의 사건을 제1심으로 심판한다.

1. 「가사소송법」에서 정한 가사소송과 마류(類) 가사비송사건(家事非訟事件) 중 대법원규칙으로 정하는 사건
2. 가정법원판사에 대한 제척·기피사건
3. 다른 법률에 따라 가정법원 합의부의 권한에 속하는 사건

② 가정법원 본원 합의부 및 춘천가정법원 강릉지원 합의부는 가정법원단독판사의 판결·심판·결정·명령에 대한 항소 또는 항고사건 중 제28조제2호에 해당하지 아니하는 사건을 제2심으로 심판한다.

## 제5장 행정법원

**제40조의2【행정법원장】** ① 행정법원에 행정법원장을 둔다.
② 행정법원장은 판사로 보한다.
③ 행정법원장은 그 법원의 사법행정사무를 관장하며, 소속 공무원을 지휘·감독한다.
④ 행정법원에 대해서는 제26조제5항 및 제6항, 제29조제4항을 준용한다.
(2020.3.24 본항개정)

**제40조의3【부】** ① 행정법원에 부(部)를 둔다.
② 행정법원에 대해서는 제27조제3항 및 제30조제2항을 준용한다.
(2020.3.24 본항개정)

**제40조의4【심판권】** 행정법원은 「행정소송법」에서 정한 행정사건과 다른 법률에 따라 행정법원의 권한에 속하는 사건을 제1심으로 심판한다.

## 제6장 회생법원
(2016.12.27 본장신설)

**제40조의5【회생법원장】** ① 회생법원에 회생법원장을 둔다.
② 회생법원장은 판사로 보한다.
③ 회생법원장은 그 법원의 사법행정사무를 관장하며, 소속 공무원을 지휘·감독한다.
④ 회생법원에 대해서는 제26조제5항 및 제6항, 제29조제4항을 준용한다.
(2020.3.24 본항개정)

**제40조의6【부】** ① 회생법원에 부를 둔다.
② 회생법원에 대해서는 제27조제3항 및 제30조제2항을 준용한다.
(2020.3.24 본항개정)

**제40조의7【합의부의 심판권】** ① 회생법원의 합의부는 다음 각 호의 사건을 제1심으로 심판한다.
1. 「채무자 회생 및 파산에 관한 법률」에 따라 회생법원 합의부의 권한에 속하는 사건
2. 합의부에서 심판할 것으로 합의부가 결정한 사건
3. 회생법원판사에 대한 제척·기피사건 및 「채무자 회생 및 파산에 관한 법률」에 제16조에 따른 관리위원에 대한 기피사건
4. 다른 법률에 따라 회생법원 합의부의 권한에 속하는 사건

② 회생법원 합의부는 회생법원단독판사의 판결·결정·명령에 대한 항소 또는 항고사건을 제2심으로 심판한다.

# 제4편 법 관
(2014.12.30 본편개정)

**제41조【법관의 임명】** ① 대법원장은 국회의 동의를 받아 대통령이 임명한다.
② 대법관은 대법원장의 제청으로 국회의 동의를 받아 대통령이 임명한다.
③ 판사는 인사위원회의 심의를 거치고 대법관회의의 동의를 받아 대법원장이 임명한다.

**제41조의2【대법관후보추천위원회】**
① 대법원장이 제청할 대법관 후보자의 추천을 위하여 대법원에 대법관후보추천위원회(이하 "추천위원회"라 한다)를 둔다.
② 추천위원회는 대법원장이 대법관 후보자를 제청할 때마다 위원장 1명을 포함한 10명의 위원으로 구성한다.
③ 위원은 다음 각 호에 해당하는 사람을 대법원장이 임명하거나 위촉한다.
1. 선임대법관
2. 법원행정처장
3. 법무부장관
4. 대한변호사협회장
5. 사단법인 한국법학교수회 회장

6. 사단법인 법학전문대학원협의회 이사장
7. 대법관이 아닌 법관 1명
8. 학식과 덕망이 있고 각계 전문 분야에서 경험이 풍부한 사람으로서 변호사 자격을 가지지 아니한 사람 3명. 이 경우 1명 이상은 여성이어야 한다.

④ 위원장은 위원 중에서 대법원장이 임명하거나 위촉한다.

⑤ 추천위원회는 대법원장 또는 위원 3분의 1 이상이 요청하거나 위원장이 필요하다고 인정할 때 위원장이 소집하고, 재적위원 과반수의 찬성으로 의결한다.

⑥ 추천위원회는 제청할 대법관(제청할 대법관이 2명 이상인 경우에는 각각의 대법관을 말한다)의 3배수 이상을 대법관 후보자로 추천하여야 한다.

⑦ 대법원장은 대법관 후보자를 제청하는 경우에는 추천위원회의 추천 내용을 존중한다.

⑧ 추천위원회가 제6항에 따라 대법관 후보자를 추천하면 해당 추천위원회는 해산된 것으로 본다.

⑨ 제1항부터 제8항까지에서 규정한 사항 외에 추천위원회의 구성과 운영 등에 필요한 사항은 대법원규칙으로 정한다.

**제42조【임용자격】** ① 대법원장과 대법관은 20년 이상 다음 각 호의 직(職)에 있던 45세 이상의 사람 중에서 임용한다.

1. 판사 · 검사 · 변호사
2. 변호사 자격이 있는 사람으로서 국가기관, 지방자치단체, 「공공기관의 운영에 관한 법률」 제4조에 따른 공공기관, 그 밖의 법인에서 법률에 관한 사무에 종사한 사람
3. 변호사 자격이 있는 사람으로서 공인된 대학의 법률학 조교수 이상으로 재직한 사람

② 판사는 5년 이상 제1항 각 호의 직에 있던 사람 중에서 임용한다. 이 경우 20년 이상 제1항 각 호의 직에 있던 사람 중에서 특정 재판사무만을 담당하는 판사를 임용할 수 있다.
(2024.10.16 본항개정)

③ 제1항 각 호에 규정된 둘 이상의 직에 재직한 사람에 대해서는 그 연수를 합산한다.

④ 판사의 임용에는 성별, 연령, 법조경력의 종류 및 기간, 전문분야 등 국민의 다양한 기대와 요청에 부응하기 위한 사항을 적극 반영하여야 한다.
(2024.10.16 본항신설)

⑤ 법원행정처는 제2항 및 제4항에 따른 판사 임용 과정과 결과 및 임용제도 개선 상황을 매년 국회 소관 상임위원회에 보고하여야 한다.
(2024.10.16 본항개정)

**제42조의2** (2007.5.1 삭제)

**제42조의3【직무권한의 제한】** ① 제42조제1항 각 호의 재직기간을 합산하여 10년 미만인 판사는 변론을 열어 판결하는 사건에 관하여는 단독으로 재판할 수 없다.(2024.10.16 본항개정)

② 제1항의 판사는 합의부의 재판장이 될 수 없다.

③ 대법원장은 각급 법원에 제1항의 기준을 충족하는 판사가 부족하여 재판업무 수행에 중대한 차질이 우려되는 등 불가피한 경우에는 기간을 정하여 그 소속 판사로 하여금 제1항의 제한을 받지 아니하고 단독으로 재판할 것을 허가할 수 있다.(2024.10.16 본항신설)

**제42조의4** (1999.12.31 삭제)

**제43조【결격사유】** ① 다음 각 호의 어느 하나에 해당하는 사람은 법관으로 임용할 수 없다.

1. 다른 법령에 따라 공무원으로 임용하지 못하는 사람

2. 금고 이상의 형을 선고받은 사람
3. 탄핵으로 파면된 후 5년이 지나지 아니한 사람
4. 대통령비서실 소속의 공무원으로서 퇴직 후 3년이 지나지 아니한 사람(2020.2.4 본호신설)
5. 「정당법」 제22조에 따른 정당의 당원 또는 당원의 신분을 상실한 날부터 3년이 경과되지 아니한 사람(2020.3.24 본호신설)
6. 「공직선거법」 제2조에 따른 선거에 후보자(예비후보자를 포함한다)로 등록한 날부터 5년이 경과되지 아니한 사람(2020.3.24 본호신설)
7. 「공직선거법」 제2조에 따른 대통령선거에서 후보자의 당선을 위하여 자문이나 고문의 역할을 한 날부터 3년이 경과되지 아니한 사람(2020.3.24 본호신설)

② 제1항제7호에 따른 자문이나 고문의 역할을 한 사람의 구체적인 범위는 대법원규칙으로 정한다.(2020.3.24 본항신설)

**제44조【보직】** ① 판사의 보직(補職)은 대법원장이 행한다.

② 사법연수원장, 고등법원장, 특허법원장, 법원행정처차장, 지방법원장, 가정법원장, 행정법원장, 회생법원장은 15년 이상 제42조제1항 각 호의 직에 있던 사람 중에서 보한다.(2020.3.24 본항개정)

**제44조의2【근무성적 등의 평정】** ① 대법원장은 판사에 대한 근무성적과 자질을 평정(評定)하기 위하여 공정한 평정기준을 마련하여야 한다.

② 제1항의 평정기준에는 근무성적평정인 경우에는 사건 처리율과 처리기간, 상소율, 파기율 및 파기사유 등이 포함되어야 하고, 자질평정인 경우에는 성실성, 청렴성 및 친절성 등이 포함되어야 한다.

③ 대법원장은 제1항의 평정기준에 따라 판사에 대한 평정을 실시하고 그 결과를 연임, 보직 및 전보 등의 인사관리에 반영한다.

④ 제1항부터 제3항까지에서 규정한 사항 외에 근무성적과 자질의 평정에 필요한 사항은 대법원규칙으로 정한다.

**제45조【임기 · 연임 · 정년】** ① 대법원장의 임기는 6년으로 하며, 중임(重任)할 수 없다.

② 대법관의 임기는 6년으로 하며, 연임할 수 있다.

③ 판사의 임기는 10년으로 하며, 연임할 수 있다.

④ 대법원장과 대법관의 정년은 각각 70세, 판사의 정년은 65세로 한다.

⑤ 판사는 그 정년에 이른 날이 2월에서 7월 사이에 있는 경우에는 7월 31일에, 8월에서 다음 해 1월 사이에 있는 경우에는 다음 해 1월 31일에 각각 당연히 퇴직한다.(2018.3.20 본항신설)

**제45조의2【판사의 연임】** ① 임기가 끝난 판사는 인사위원회의 심의를 거치고 대법관회의의 동의를 받아 대법원장의 연임발령으로 연임한다.

② 대법원장은 다음 각 호의 어느 하나에 해당한다고 인정되는 판사에 대해서는 연임발령을 하지 아니한다.

1. 신체상 또는 정신상의 장해로 판사로서 정상적인 직무를 수행할 수 없는 경우
2. 근무성적이 현저히 불량하여 판사로서 정상적인 직무를 수행할 수 없는 경우
3. 판사로서의 품위를 유지하는 것이 현저히 곤란한 경우

③ 판사의 연임절차에 관하여 필요한 사항은 대법원규칙으로 정한다.

**제46조【법관의 신분보장】** ① 법관은 탄핵결정이나 금고 이상의 형의 선고

에 의하지 아니하고는 파면되지 아니하며, 징계처분에 의하지 아니하고는 정직(停職)·감봉 또는 불리한 처분을 받지 아니한다.
② 법관의 보수는 직무와 품위에 상응하도록 따로 법률로 정한다.

**제47조 【심신상의 장해로 인한 퇴직】** 법관이 중대한 신체상 또는 정신상의 장해로 직무를 수행할 수 없을 때에는, 대법관인 경우에는 대법원장의 제청으로 대통령이 퇴직을 명할 수 있고, 판사인 경우에는 인사위원회의 심의를 거쳐 대법원장이 퇴직을 명할 수 있다.

**제48조 【징계】** ① 대법원에 법관징계위원회를 둔다.
② 법관 징계에 관한 사항은 따로 법률로 정한다.

**제49조 【금지사항】** 법관은 재직 중 다음 각 호의 행위를 할 수 없다.
1. 국회 또는 지방의회의 의원이 되는 일
2. 행정부서의 공무원이 되는 일
3. 정치운동에 관여하는 일
4. 대법원장의 허가 없이 보수를 받는 직무에 종사하는 일
5. 금전상의 이익을 목적으로 하는 업무에 종사하는 일
6. 대법원장의 허가를 받지 아니하고 보수의 유무에 상관없이 국가기관 외의 법인·단체 등의 고문, 임원, 직원 등의 직위에 취임하는 일
7. 그 밖에 대법원규칙으로 정하는 일

**제50조 【파견근무】** 대법원장은 다른 국가기관으로부터 법관의 파견근무 요청을 받은 경우에 업무의 성질상 법관을 파견하는 것이 타당하다고 인정되고 해당 법관이 파견근무에 동의하는 경우에는 그 기간을 정하여 이를 허가할 수 있다.

**제50조의2 【법관의 파견 금지 등】** ① 법관은 대통령비서실에 파견되거나 대통령비서실의 직위를 겸임할 수 없다.
② 법관으로서 퇴직 후 2년이 지나지 아니한 사람은 대통령비서실의 직위에 임용될 수 없다.
(2020.2.4 본조신설)

**제51조 【휴직】** ① 대법원장은 법관이 다음 각 호의 어느 하나에 해당하는 경우에는 2년 이내의 범위에서 기간을 정하여(제1호의 경우는 그 복무기간이 끝날 때까지) 휴직을 허가할 수 있다.
1. 「병역법」에 따른 병역복무를 위하여 징집·소집된 경우
2. 국내외 법률연구기관·대학 등에서의 법률연수나 본인의 질병 요양 등을 위하여 휴직을 청원하는 경우로서 그 청원 내용이 충분한 이유가 있다고 인정되는 경우
② 제1항의 경우에 휴직기간 중의 보수 지급에 관한 사항은 대법원규칙으로 정한다.

**제52조 【겸임 등】** ① 대법원장은 법관을 사건의 심판 외의 직(재판연구관을 포함한다)에 보하거나 그 직을 겸임하게 할 수 있다.
② 제1항의 법관은 사건의 심판에 참여하지 못하며, 제5조제3항에 따른 판사의 수에 산입(算入)하지 아니한다.
③ 제1항의 법관의 수는 대법원규칙으로 정하며, 보수는 그 중 고액(高額)의 것을 지급한다.

## 제5편 법원직원

(2014.12.30 본편개정)

**제53조 【법원직원】** 법관 외의 법원공무원은 대법원장이 임명하며, 그 수는 대법원규칙으로 정한다.

**제53조의2 【재판연구원】** ① 각급 법원에 재판연구원을 둘 수 있다.

② 재판연구원은 소속 법원장의 명을 받아 사건의 심리 및 재판에 관한 조사·연구, 그 밖에 필요한 업무를 수행한다.
③ 재판연구원은 변호사 자격이 있는 사람 중에서 대법원장이 임용한다.
④ 재판연구원은 「국가공무원법」 제26조의5에 따른 임기제공무원으로 한다.
⑤ 재판연구원은 총 3년의 범위에서 기간을 정하여 채용한다.
⑥ 재판연구원의 정원 및 직제와 그 밖에 필요한 사항은 대법원규칙으로 정한다.

**제54조 【사법보좌관】** ① 대법원과 각급 법원에 사법보좌관을 둘 수 있다.
② 사법보좌관은 다음 각 호의 업무 중 대법원규칙으로 정하는 업무를 할 수 있다.

1. 「민사소송법」(같은 법이 준용되는 경우를 포함한다) 및 「소송촉진 등에 관한 특례법」에 따른 소송비용액·집행비용액 확정결정절차, 독촉절차, 공시최고절차 「소액사건심판법」에 따른 이행권고결정절차에서의 법원의 사무(2016.3.29 본호개정)
2. 「민사집행법」(같은 법이 준용되는 경우를 포함한다)에 따른 집행문 부여명령절차, 채무불이행자명부 등재절차, 재산조회절차, 부동산에 대한 강제경매절차, 자동차·건설기계에 대한 강제경매절차, 동산에 대한 강제경매절차, 금전채권 외의 채권에 기초한 강제집행절차, 담보권 실행 등을 위한 경매절차, 제소명령절차, 가압류·가처분의 집행취소신청절차에서의 법원의 사무(2016.3.29 본호개정)
3. 「주택임대차보호법」 및 「상가건물 임대차보호법」상의 임차권등기명령절차에서의 법원의 사무
4. 「가사소송법」에 따른 상속의 한정승인·포기 신고의 수리와 한정승인취소·포기취소 신고의 수리절차에서의 가정법원의 사무(2017.12.12 본호신설)
5. 미성년 자녀가 없는 당사자 사이의 「가족관계의 등록 등에 관한 법률」에 따른 협의이혼절차에서의 가정법원의 사무(2017.12.12 본호신설)

③ 사법보좌관은 법관의 감독을 받아 업무를 수행하며, 사법보좌관의 처분에 대해서는 대법원규칙으로 정하는 바에 따라 법관에게 이의신청을 할 수 있다.
④ 사법보좌관은 법원사무관 또는 등기사무관 이상 직급으로 5년 이상 근무한 사람, 법원주사보 또는 등기주사보 이상 직급으로 10년 이상 근무한 사람 중 대법원규칙으로 정하는 사람으로 한다.
⑤ 사법보좌관의 직제 및 인원과 그 밖에 필요한 사항은 대법원규칙으로 정한다.

**제54조의2 【기술심리관】** ① 특허법원에 기술심리관을 둔다.
② 법원은 필요하다고 인정하는 경우 결정으로 기술심리관을 「특허법」 제186조제1항, 「실용신안법」 제33조 및 「디자인보호법」 제166조에 따른 소송의 심리에 참여하게 할 수 있다.
③ 제2항에 따라 소송의 심리에 참여하는 기술심리관은 재판장의 허가를 받아 기술적인 사항에 관하여 소송관계인에게 질문을 할 수 있고, 재판의 합의에서 의견을 진술할 수 있다.
④ 대법원장은 특허청 등 관계 국가기관에 대하여 그 소속 공무원을 기술심리관으로 근무하게 하기 위하여 파견근무를 요청할 수 있다.
⑤ 기술심리관의 자격, 직제 및 인원과 그 밖에 필요한 사항은 대법원규칙으로 정한다.

**제54조의3【조사관】** ① 대법원과 각급 법원에 조사관을 둘 수 있다.
② 조사관은 법관의 명을 받아 법률 또는 대법원규칙으로 정하는 사건에 관한 심판에 필요한 자료를 수집·조사하고, 그 밖에 필요한 업무를 담당한다.
③ 대법원장은 다른 국가기관에 대하여 그 소속 공무원을 조사관으로 근무하게 하기 위하여 법원에의 파견근무를 요청할 수 있다.
④ 조사관의 자격, 직제 및 인원과 그 밖에 필요한 사항은 대법원규칙으로 정한다.

**제55조【집행관】** ① 지방법원 및 그 지원에 집행관을 두며, 집행관은 법률에서 정하는 바에 따라 소속 지방법원장이 임면(任免)한다.
② 집행관은 법령에서 정하는 바에 따라 재판의 집행, 서류의 송달, 그 밖의 사무에 종사한다.
③ 집행관은 그 직무를 성실히 수행할 것을 보증하기 위하여 소속 지방법원에 보증금을 내야 한다.
④ 제3항의 보증금 및 집행관의 수수료에 관한 사항은 대법원규칙으로 정한다.

**제55조의2【법원보안관리대】** ① 법정의 존엄과 질서유지 및 법원청사의 방호를 위하여 대법원과 각급 법원에 법원보안관리대를 두며, 그 설치와 조직 및 분장사무에 관한 사항은 대법원규칙으로 정한다.
② 법원보안관리대의 대원은 법원청사 내에 있는 사람이 다음 각 호의 어느 하나에 해당하는 경우에는 이를 제지하기 위하여 신체적인 유형력(有形力)을 행사하거나 경비봉, 가스분사기 등 보안장비를 사용할 수 있다. 이 경우 유형력의 행사 등은 필요한 최소한도에 그쳐야 한다.

1. 다른 사람의 생명, 신체, 재산 등에 위해(危害)를 주거나 주려고 하는 경우
2. 법정의 존엄과 질서를 해치는 행위를 하거나 하려고 하는 경우
3. 법관 또는 법원직원의 정당한 업무를 방해하거나 방해하려고 하는 경우
4. 그 밖에 법원청사 내에서 질서를 문란하게 하는 행위를 하거나 하려고 하는 경우

③ 법원보안관리대의 대원은 흉기나 그 밖의 위험한 물건 또는 법원청사 내의 질서유지에 방해되는 물건을 지니고 있는지 확인하기 위하여 법원청사 출입자를 검색할 수 있다.
④ 제2항에 따른 조치를 할 때에는 미리 그 행위자에게 경고하여야 한다. 다만, 긴급한 상황으로서 경고를 할 만한 시간적 여유가 없는 경우에는 그러하지 아니하다.

## 제6편 재 판

(2014.12.30 본편개정)

### 제1장 법 정

**제56조【개정의 장소】** ① 공판(公判)은 법정에서 한다.
② 법원장은 필요에 따라 법원 외의 장소에서 개정(開廷)하게 할 수 있다.

**제57조【재판의 공개】** ① 재판의 심리와 판결은 공개한다. 다만, 심리는 국가의 안전보장, 안녕질서 또는 선량한 풍속을 해칠 우려가 있는 경우에는 결정으로 공개하지 아니할 수 있다.
② 제1항 단서의 결정은 이유를 밝혀 선고한다.
③ 제1항 단서의 결정을 한 경우에도 재판장은 적당하다고 인정되는 사람에 대해서는 법정 안에 있는 것을 허가할 수 있다.

**제58조 【법정의 질서유지】** ① 법정의 질서유지는 재판장이 담당한다.
② 재판장은 법정의 존엄과 질서를 해칠 우려가 있는 사람의 입정(入廷) 금지 또는 퇴정(退廷)을 명할 수 있고, 그 밖에 법정의 질서유지에 필요한 명령을 할 수 있다.

**제59조 【녹화 등의 금지】** 누구든지 법정 안에서는 재판장의 허가 없이 녹화, 촬영, 중계방송 등의 행위를 하지 못한다.

**제60조 【경찰공무원의 파견 요구】** ① 재판장은 법정에서의 질서유지를 위하여 필요하다고 인정할 때에는 개정 전후에 상관없이 관할 경찰서장에게 경찰공무원의 파견을 요구할 수 있다.
② 제1항의 요구에 따라 파견된 경찰공무원은 법정 내외의 질서유지에 관하여 재판장의 지휘를 받는다.
(2020.12.22 본조개정)

**제61조 【감치 등】** ① 법원은 직권으로 법정 내외에서 제58조제2항의 명령 또는 제59조를 위반하는 행위를 하거나 폭언, 소란 등의 행위로 법원의 심리를 방해하거나 재판의 위신을 현저하게 훼손한 사람에 대하여 결정으로 20일 이내의 감치(監置)에 처하거나 100만원 이하의 과태료를 부과할 수 있다. 이 경우 감치와 과태료는 병과(倂科)할 수 있다.
② 법원은 제1항의 감치를 위하여 법원직원, 교도관 또는 경찰공무원으로 하여금 즉시 행위자를 구속하게 할 수 있으며, 구속한 때부터 24시간 이내에 감치에 처하는 재판을 하여야 하고, 이를 하지 아니하면 즉시 석방을 명하여야 한다.(2020.12.22 본항개정)
③ 감치는 경찰서유치장, 교도소 또는 구치소에 유치(留置)함으로써 집행한다.
④ 감치는 감치대상자에 대한 다른 사건으로 인한 구속 및 형에 우선하여 집행하며, 감치의 집행 중에는 감치대상자에 대한 다른 사건으로 인한 구속 및 형의 집행이 정지되고, 감치대상자가 당사자로 되어 있는 본래의 심판사건의 소송절차는 정지된다. 다만, 법원은 상당한 이유가 있는 경우에는 소송절차를 계속하여 진행하도록 명할 수 있다.
⑤ 제1항의 재판에 대해서는 항고 또는 특별항고를 할 수 있다.
⑥ 제1항의 재판에 관한 절차와 그 밖에 필요한 사항은 대법원규칙으로 정한다.

**제62조 【법정의 용어】** ① 법정에서는 국어를 사용한다.
② 소송관계인이 국어가 통하지 아니하는 경우에는 통역에 의한다.

**제62조의2 【외국어 변론 및 전담재판부의 설치】** ① 특허법원이 심판권을 가지는 사건 및 「민사소송법」 제24조제2항 및 제3항에 따른 소의 제1심사건을 담당하는 법원은 제62조에도 불구하고 당사자의 동의를 받아 당사자가 법정에서 외국어로 변론하는 것을 허가할 수 있다. 이 경우 「민사소송법」 제143조제1항 및 제277조는 적용하지 아니한다.
② 특허법원장 및 「민사소송법」 제24조제2항에서 정한 지방법원의 장은 제1항에 따른 허가가 있는 사건(이하 "국제사건"이라 한다)을 특정한 재판부(이하 "국제재판부"라 한다)로 하여금 전담하게 할 수 있다.
③ 제1항에 따른 허가의 절차, 국제사건에서 허용되는 외국어의 범위, 그 밖에 국제사건의 재판 및 국제재판부의 운영에 필요한 사항은 대법원규칙으로 정한다.
(2017.12.12 본조신설)

**제63조 【준용규정】** 법관이 법정 외의 장소에서 직무를 하는 경우에는 제57조부터 제62조까지 및 제62조의2를 준용한다.(2017.12.12 본조개정)

**제64조 【법원경위】** ① 대법원 및 각급 법원에 법원경위(法院警衛)를 둔다.
② 법원경위는 법정에서 법관이 명하는 사무와 그 밖에 대법원장이 정하는 사무를 집행한다.
③ 법원은 집행관을 사용하기 어려운 사정이 있다고 인정될 때에는 법원경위로 하여금 소송서류를 송달하게 할 수 있다.

## 제2장 합 의

**제65조 【합의의 비공개】** 심판의 합의는 공개하지 아니한다.

**제66조 【합의의 방법】** ① 합의심판은 헌법 및 법률에 다른 규정이 없으면 과반수로 결정한다.
② 합의에 관한 의견이 3개 이상의 설(說)로 나뉘어 각각 과반수에 이르지 못할 때에는 다음 각 호의 의견에 따른다.
1. 액수의 경우 : 과반수에 이르기까지 최다액(最多額)의 의견의 수에 차례로 소액의 의견의 수를 더하여 그 중 최소액의 의견
2. 형사(刑事)의 경우 : 과반수에 이르기까지 피고인에게 가장 불리한 의견의 수에 차례로 유리한 의견의 수를 더하여 그 중 가장 유리한 의견

③ 제7조제1항에 따른 과반수 결정사항에 관하여 의견이 2개의 설로 나뉘어 각 설이 과반수에 이르지 못할 때에는 원심재판을 변경할 수 없다.

# 제7편 대법원의 기관

(2014.12.30 본편제목개정)

## 제1장 법원행정처

(2014.12.30 본장개정)

**제67조 【법원행정처장 등】** ① 법원행정처에 처장과 차장을 둔다.
② 처장은 대법원장의 지휘를 받아 법원행정처의 사무를 관장하고, 소속 직원을 지휘·감독하며, 법원의 사법행정사무 및 그 직원을 감독한다.
③ 차장은 처장을 보좌하여 법원행정처의 사무를 처리하고, 처장이 궐위되거나 부득이한 사유로 직무를 수행할 수 없을 때에는 그 권한을 대행한다.
④ 처장은 대법원규칙으로 정하는 바에 따라 또는 대법원장의 명으로 그 소관 사무의 일부를 차장, 실장 또는 국장에게 위임할 수 있다.
⑤ 법원행정처에 법원행정처장비서관과 법원행정처차장비서관을 둔다.
⑥ 법원행정처장비서관은 법원서기관 또는 4급 상당의 별정직공무원으로 보하고, 법원행정처차장비서관은 법원사무관 또는 5급 상당의 별정직공무원으로 보한다.

**제68조 【임명】** ① 법원행정처장은 대법관 중에서 대법원장이 보한다.
② 법원행정처차장은 판사 중에서 대법원장이 보한다.

**제69조 【국회출석권 등】** 법원행정처장 및 차장은 사법행정에 관하여 국회 또는 국무회의에 출석하여 발언할 수 있다.

**제70조 【행정소송의 피고】** 대법원장이 한 처분에 대한 행정소송의 피고는 법원행정처장으로 한다.

**제71조 【조직】** ① 법원행정처에 실·국 및 과를 두며, 그 설치 및 분장사무는 대법원규칙으로 정한다.
② 실에는 실장, 국에는 국장, 과에는 과장을 둔다.
③ 법원행정처장·차장·실장 또는 국장 밑에 정책의 기획, 계획의 입안, 연구·조사, 심사·평가 및 홍보업무 등을 보좌하는 심의관 또는 담당관을 둘 수 있으며, 그 직명(職名)과 사무분장은 대법원규칙으로 정한다.

④ 실장은 판사 또는 법원관리관으로, 국장은 판사 · 법원이사관 · 시설이사관 또는 공업이사관으로, 심의관 및 담당관은 판사 · 법원이사관 · 법원부이사관 · 법원서기관 · 시설이사관 · 시설부이사관 · 시설서기관 · 공업이사관 · 공업부이사관 또는 공업서기관으로, 과장은 법원부이사관 · 법원서기관 · 시설부이사관 · 시설서기관 · 공업부이사관 또는 공업서기관으로 보한다.
⑤ 실장 · 국장 및 과장은 상사의 명을 받아 실 · 국 또는 과의 사무를 처리하고, 소속 직원을 지휘 · 감독한다.

**제71조의2 【윤리감사관】** ① 대법원에 윤리감사관을 두고, 그 보좌기관 및 분장사무는 대법원규칙으로 정한다.
② 윤리감사관은 정무직으로 한다.
③ 윤리감사관은 「국가공무원법」 제33조의 결격사유에 해당되지 아니하고 다음 각 호의 직위에 합산하여 10년 이상 재직하였던 사람 중에서 공개모집 절차를 통하여 적격자를 임용한다.
1. 판사, 검사, 변호사, 공인회계사
2. 국가기관, 지방자치단체, 국영 · 공영기업체, 「공공기관의 운영에 관한 법률」 제4조에 따른 공공기관 또는 그 밖의 법인에서 법률 또는 감사에 관한 사무에 종사한 사람
3. 공인된 대학의 법률학 조교수 이상으로 재직하였던 사람

④ 윤리감사관의 임기는 2년으로 하며 연임할 수 있다.
⑤ 대법원장은 윤리감사관이 직무수행 능력이 현저히 떨어지는 등 윤리감사관으로서 정상적인 직무수행이 어렵다고 인정하는 경우에는 대법관회의의 의결을 거쳐 퇴직을 명할 수 있다. 이 경우 대법관회의의 의결 전에 해당 윤리감사관에게 진술을 충분히 할 수 있는 기회를 주어야 한다.
(2020.3.24 본조신설)

## 제2장 사법연수원
(2014.12.30 본장개정)

**제72조 【사법연수생】** ① 사법연수생은 사법시험에 합격한 사람 중에서 대법원장이 임명하며, 별정직공무원으로 한다.
② 사법연수생의 수습기간은 2년으로 한다. 다만, 필요한 경우에는 대법원규칙으로 정하는 바에 따라 수습기간을 변경할 수 있다.
③ 사법연수생이 다음 각 호의 어느 하나에 해당하는 경우에는 면직(免職)할 수 있다.
1. 「국가공무원법」 제33조 각 호의 어느 하나에 해당하는 경우
2. 품위를 손상시키는 행위를 한 경우
3. 수습의 태도가 매우 불성실하여 수습성적이 불량한 경우
4. 질병으로 인하여 수습을 할 수 없는 경우

④ 법원은 직권으로 사법연수생을 변호인으로 선정할 수 있다.

**제72조의2 【사법연수생 수습의 목적】** 사법연수생의 수습은 법률전문가로서의 이론과 실무를 연구 · 습득하고 높은 윤리의식과 국민에 대한 봉사정신을 함양함으로써 법치주의의 확립과 민주주의의 발전에 이바지할 수 있는 법조인을 양성함을 목적으로 한다.

**제73조 【조직】** ① 사법연수원에 원장 1명, 부원장 1명, 교수 및 강사를 둔다.
② 원장은 대법원장의 지휘를 받아 사법연수원의 사무를 관장하며, 소속 직원을 지휘 · 감독한다.
③ 부원장은 원장을 보좌하여 사법연수원의 사무를 처리하며, 원장이 궐위되거나 부득이한 사유로 직무를 수행할 수 없을 때에는 그 권한을 대행한다.
④ 사법연수원에 사법연수원장비서관

과 사법연수원부원장비서관을 둔다.

⑤ 사법연수원장비서관과 사법연수원부원장비서관은 법원사무관 또는 5급 상당의 별정직공무원으로 보한다.

**제74조【사법연수원장 등】** ① 사법연수원장은 판사 중에서, 부원장은 검사 중에서 대법원장이 보한다.

② 사법연수원 교수는 다음 각 호의 어느 하나에 해당하는 사람 중에서 대법원장이 보하거나 사법연수원장의 제청을 받아 대법원장이 임명한다.

1. 판사
2. 검사
3. 변호사
4. 학사 또는 석사학위를 취득한 사람으로서 대법원규칙으로 정하는 실적 또는 경력이 있는 사람
5. 박사학위를 취득한 사람

③ 강사는 상당한 학식과 경험이 있는 사람 중에서 사법연수원장이 위촉한다.

④ 사법연수원에서 전임으로 근무하는 판사 및 검사는 제5조제3항에 따른 판사의 수 또는 「검사정원법」에 따른 검사의 수에 산입하지 아니한다.

**제74조의2【교수의 지위 등】** ① 판사나 검사가 아닌 사법연수원 교수(이하 "전임교수"라 한다)는 특정직공무원으로 한다.

② 전임교수의 임기는 10년으로 하며, 연임할 수 있다. 다만, 신규채용되는 교수는 3년의 범위에서 한 차례만 대법원규칙으로 정하는 바에 따라 기간을 정하여 임용할 수 있다.

③ 전임교수의 정년은 판사에 준하고, 징계에 관하여는 「법관징계법」을 준용한다. 이 경우 「법관징계법」(제5조는 제외한다) 중 "법관"은 "전임교수"로 본다.

④ 전임교수의 직명과 임용 등에 관하여 필요한 사항은 대법원규칙으로 정한다.

**제74조의3【초빙교수】** ① 변호사 자격(외국의 변호사 자격을 포함한다)이 있는 사람 또는 특수한 분야에 관하여 전문지식과 경험이 있다고 인정되는 사람은 초빙교수로 임용할 수 있다.

② 제1항에 따른 초빙교수의 임용절차와 임용조건 및 복무에 관하여 필요한 사항은 대법원규칙으로 정한다.

**제74조의4【교수요원의 파견】** ① 법원행정처장은 사법연수원장이 요청하는 경우에는 다른 국가기관, 공공단체, 교육기관, 연구기관, 그 밖에 필요한 기관에 교수요원의 파견을 요청할 수 있다.

② 제1항에 따라 사법연수원에 파견된 교수요원에게는 대법원규칙으로 정하는 수당을 지급할 수 있다.

**제74조의5【사법연수원운영위원회】** ① 사법연수원에 교육의 기본방향, 교과과정, 그 밖에 대법원규칙으로 정하는 사법연수원의 운영과 교육에 관한 중요 사항을 심의하기 위하여 운영위원회를 둔다.

② 운영위원회는 대법원장이 위촉하는 10명 이상 15명 이하의 위원으로 구성하되, 그 임기는 2년으로 하며 연임할 수 있다.

③ 운영위원회의 조직과 운영에 필요한 사항은 대법원규칙으로 정한다.

**제75조【사무국】** ① 사법연수원에 사무국을 두고, 사무국에는 과를 두며, 그 설치 및 분장사무는 대법원규칙으로 정한다.

② 국에는 국장, 과에는 과장을 둔다.

③ 국장은 법원이사관 또는 법원부이사관으로, 과장은 법원부이사관 · 법원서기관 또는 법원사무관으로 보한다.

④ 국장과 과장은 상사의 명을 받아 국 또는 과의 사무를 관장하고, 소속 직원을 지휘 · 감독한다.

**제76조【위임사항】** 사법연수생의 임명, 수습 및 보수와 그 밖에 사법연수

원의 운영에 필요한 사항은 대법원규칙으로 정하되, 사법연수원 교육의 자율성과 운영의 중립성을 최대한 보장하여야 한다.

## 제3장 사법정책연구원

(2013.8.13 본장신설)

**제76조의2【조직】** ① 사법정책연구원에 원장 1명, 수석연구위원 1명, 연구위원 및 연구원을 둔다.

② 원장은 대법원장의 지휘를 받아 사법정책연구원의 사무를 관장하며, 소속 직원을 지휘·감독한다.

③ 수석연구위원은 원장을 보좌하여 사법정책연구원의 사무를 처리하며, 원장이 궐위되거나 사고로 인하여 직무를 수행할 수 없을 때에는 수석연구위원이 그 권한을 대행한다.

④ 사법정책연구원에 사법정책연구원장비서관을 둔다.

⑤ 사법정책연구원장비서관은 법원사무관 또는 5급 상당의 별정직공무원으로 보한다.

**제76조의3【사법정책연구원장 등】** ① 사법정책연구원장 및 수석연구위원은 대법원장이 대법관회의의 동의를 거쳐 판사로 보하거나 정무직으로 임명한다.

② 연구위원 및 연구원(이하 "연구위원등"이라 한다)은 다음 각 호의 어느 하나에 해당하는 사람 중에서 대법원장이 보하거나 사법정책연구원장의 제청을 받아 대법원장이 임명한다.

1. 판사
2. 변호사의 자격이 있는 사람(외국의 변호사 자격을 포함한다)
3. 학사 또는 석사학위를 취득한 사람으로서 대법원규칙으로 정하는 실적 또는 경력이 있는 사람
4. 박사학위를 취득한 사람

**제76조의4【비법관 연구위원등 지위 등】** ① 판사가 아닌 연구위원등(이하 "비법관 연구위원등"이라 한다)은 「국가공무원법」 제26조의5에 따른 임기제공무원으로 한다.

② 비법관 연구위원등의 임용절차와 임용조건 및 복무에 관하여 필요한 사항은 대법원규칙으로 정한다.

**제76조의5【초빙연구위원】** ① 제76조의3제2항제2호부터 제4호까지의 규정의 어느 하나에 해당하는 사람 또는 특수한 분야에 관하여 전문지식과 경험이 있다고 인정되는 사람은 초빙연구위원으로 임용할 수 있다.

② 제1항에 따른 초빙연구위원의 임용절차와 임용조건 및 복무에 관하여 필요한 사항은 대법원규칙으로 정한다.

**제76조의6【사법정책연구원운영위원회】** ① 사법정책연구원의 운영과 연구에 관한 중요사항을 심의하기 위하여 사법정책연구원에 운영위원회를 둔다.

② 운영위원회는 대법원장이 위촉하는 9명의 위원으로 구성하되, 그 임기는 2년으로 하며 연임할 수 있다. 다만, 위원 중 과반수는 법관이 아닌 사람으로 한다.

③ 운영위원회의 조직과 운영에 관하여 필요한 사항은 대법원규칙으로 정한다.

**제76조의7【보고서 발간 및 국회 보고】** 사법정책연구원은 매년 다음 연도의 연구 추진계획과 해당 연도의 연구 실적을 담은 연간 보고서를 발간하고, 이를 국회에 보고하여야 한다.

**제76조의8【준용규정】** 사법정책연구원에 관해서는 제74조의4 및 제75조의 규정을 준용한다. 이 경우 "교수"는 "연구위원등"으로 본다.

**제76조의9【위임사항】** 사법정책연구원의 운영 등에 관하여 필요한 사항은 대법원규칙으로 정한다.

## 제4장 법원공무원교육원
(2014.12.30 본장개정)

**제77조【조직】** ① 법원공무원교육원에 원장 1명, 교수 및 강사를 둔다.
② 원장은 대법원장의 지휘를 받아 법원공무원교육원의 사무를 관장하며, 소속 직원을 지휘·감독한다.

**제78조【원장 등】** ① 법원공무원교육원장은 판사로 보하거나 정무직으로 한다.
② 법관이 아닌 사람이 법원공무원교육원장이 된 경우 그 보수는 차관의 보수와 같은 금액으로 한다.
③ 교수는 법원부이사관, 법원서기관, 3급 상당 또는 4급 상당의 별정직공무원으로 보한다.
④ 강사는 상당한 학식과 경험이 있는 사람 중에서 법원공무원교육원장이 위촉한다.

**제79조【준용규정】** 법원공무원교육원의 사무국 설치 등에 관하여는 제75조를 준용한다.

**제80조【위임사항】** 법원공무원교육원의 운영 등에 필요한 사항은 대법원규칙으로 정한다.

## 제5장 법원도서관
(2014.12.30 본장개정)

**제81조【조직】** ① 법원도서관에 관장을 둔다.
② 관장은 판사, 법원이사관 또는 법원부이사관으로 보한다.
③ 관장은 대법원장의 지휘를 받아 법원도서관의 사무를 관장하며, 소속 직원을 지휘·감독한다.
④ 법원도서관의 조직, 운영 등에 필요한 사항은 대법원규칙으로 정한다.

# 제8편 양형위원회
(2007.1.26 본편신설)

**제81조의2【양형위원회의 설치】** ① 형(刑)을 정할 때 국민의 건전한 상식을 반영하고 국민이 신뢰할 수 있는 공정하고 객관적인 양형(量刑)을 실현하기 위하여 대법원에 양형위원회(이하 "위원회"라 한다)를 둔다.
② 위원회는 양형기준을 설정·변경하고, 이와 관련된 양형정책을 연구·심의할 수 있다.
③ 위원회는 그 권한에 속하는 업무를 독립하여 수행한다.
(2014.12.30 본조개정)

**제81조의3【위원회의 구성】** ① 위원회는 위원장 1명을 포함한 13명의 위원으로 구성하되, 위원장이 아닌 위원 중 1명은 상임위원으로 한다.
② 위원장은 15년 이상 다음 각 호의 직에 있던 사람 중에서 대법원장이 임명하거나 위촉한다.
1. 판사, 검사, 변호사
2. 국가, 지방자치단체, 국영·공영기업체, 「공공기관의 운영에 관한 법률」 제4조에 따른 공공기관, 그 밖의 법인에서 법률에 관한 사무에 종사한 사람
3. 공인된 대학의 법학 조교수 이상의 교수
③ 위원회의 위원은 다음 각 호의 사람을 대법원장이 임명하거나 위촉한다.
1. 법관 4명
2. 법무부장관이 추천하는 검사 2명
3. 대한변호사협회장이 추천하는 변호사 2명
4. 법학 교수 2명
5. 학식과 경험이 있는 사람 2명
④ 위원장과 위원의 임기는 2년으로 하고, 연임할 수 있다.

⑤ 대법원장은 위원이 다음 각 호의 어느 하나에 해당하는 경우에는 그 위원을 해임하거나 해촉할 수 있다.
1. 부득이한 사유로 직무를 수행할 수 없다고 인정되는 경우
2. 위원이 직무상 의무를 위반하는 등 위원의 자격을 유지하는 것이 적합하지 아니하다고 인정되는 경우

⑥ 법관·검사의 직에 있는 사람으로서 위원으로 임명된 사람이 그 직에서 퇴직하는 경우에는 해임된 것으로 본다.
(2014.12.30 본조개정)

**제81조의4【위원장의 직무】** ① 위원장은 위원회를 대표하고, 위원회의 직무를 총괄한다.
② 위원장이 부득이한 사유로 그 직무를 수행할 수 없을 때에는 상임위원, 위원장이 미리 지명한 위원의 순으로 그 직무를 대행한다.
(2014.12.30 본조개정)

**제81조의5【위원회의 회의】** ① 위원장은 위원회의 회의를 소집하며, 그 의장이 된다.
② 위원회는 재적위원 과반수의 찬성으로 의결한다.
(2014.12.30 본조개정)

**제81조의6【양형기준의 설정 등】** ① 위원회는 법관이 합리적인 양형을 도출하는 데 참고할 수 있는 구체적이고 객관적인 양형기준을 설정하거나 변경한다.
② 위원회는 양형기준을 설정·변경할 때 다음 각 호의 원칙을 준수하여야 한다.
1. 범죄의 죄질, 범정(犯情) 및 피고인의 책임의 정도를 반영할 것
2. 범죄의 일반예방과 피고인의 재범방지 및 사회복귀를 고려할 것
3. 같은 종류 또는 유사한 범죄에 대해서는 고려하여야 할 양형 요소에 차이가 없으면 양형에서 서로 다르게 취급하지 아니할 것
4. 피고인의 국적, 종교 및 양심, 사회적 신분 등을 이유로 양형상 차별을 하지 아니할 것

③ 위원회는 양형기준을 설정·변경할 때 다음 각 호의 사항을 고려하여야 한다.
1. 범죄의 유형 및 법정형
2. 범죄의 중대성을 가중하거나 감경할 수 있는 사정
3. 피고인의 나이, 성품과 행실, 지능과 환경
4. 피해자에 대한 관계
5. 범행의 동기, 수단 및 결과
6. 범행 후의 정황
7. 범죄 전력(前歷)
8. 그 밖에 합리적인 양형을 도출하는 데 필요한 사항

④ 위원회는 양형기준을 공개하여야 한다.
(2014.12.30 본조개정)

**제81조의7【양형기준의 효력 등】** ① 법관은 형의 종류를 선택하고 형량을 정할 때 양형기준을 존중하여야 한다. 다만, 양형기준은 법적 구속력을 갖지 아니한다.
② 법원이 양형기준을 벗어난 판결을 하는 경우에는 판결서에 양형의 이유를 적어야 한다. 다만, 약식절차 또는 즉결심판절차에 따라 심판하는 경우에는 그러하지 아니하다.
(2014.12.30 본조개정)

**제81조의8【관계 기관의 협조 등】** ① 위원회는 필요한 경우 관계 공무원 또는 전문가를 회의에 출석하게 하여 의견을 들을 수 있고, 관계 국가기관·연구기관·단체 또는 전문가 등에게 자료 및 의견의 제출이나 그 밖의 협력을 요청할 수 있다.
② 위원회는 업무수행을 위하여 필요하다고 인정하는 경우 관계 국가기관·연구기관·단체 등의 장에게 그

소속 공무원 또는 직원의 파견을 요청할 수 있다.
(2014.12.30 본조개정)

**제81조의9 【사무기구】** 위원회의 업무를 보좌하고 실무를 지원하기 위하여 사무기구를 둔다.(2014.12.30 본조개정)

**제81조의10 【보고서 발간】** 위원회는 매년 그 연도의 실적과 그 다음 연도의 추진계획을 담은 연간 보고서를 발간하고, 이를 국회에 보고하여야 한다.

**제81조의11 【비밀준수 의무 등】** ① 위원회의 위원장, 위원, 사무기구의 임원 및 직원은 직무상 알게 된 비밀을 누설하여서는 아니 된다. 그 직에서 퇴직한 후에도 같다.
② 공무원이 아닌 위원장 및 위원은 「형법」이나 그 밖의 법률에 따른 벌칙을 적용할 때에는 공무원으로 본다.
(2014.12.30 본조개정)

**제81조의12 【위임규정】** ① 이 법에서 규정한 것 외에 위원회의 조직에 필요한 사항은 대법원규칙으로 정한다.
② 이 법에서 규정한 것 외에 위원회의 운영에 필요한 사항은 위원회의 의결로 정한다.
(2014.12.30 본조개정)

## 제9편 법원의 경비

(2014.12.30 본편개정)

**제82조 【법원의 경비】** ① 법원의 경비는 독립하여 국가의 예산에 계상(計上)하여야 한다.
② 법원의 예산을 편성할 때에는 사법부의 독립성과 자율성을 존중하여야 한다.
③ 제1항의 경비 중에는 예비금을 둔다.

### 부 칙

**제1조 【시행일】** 이 법은 1988년 2월 25일부터 시행한다.

**제2조 【다른 법률의 개정】** ①~⑨ ※(해당 법령에 가제정리 하였음)

**제3조 【다른 법령과의 관계】** 이 법 시행당시 부칙 제2조에서 개정되는 법률외의 법령에서 종전의 법원조직법의 규정을 인용한 경우에 이 법중 그에 해당하는 규정이 있는 때에는 종전의 규정에 갈음하여 이 법의 해당 조항을 인용한 것으로 본다.

### 부 칙 (1988.8.5)

**제1조 【시행일】** 이 법은 1988년 9월 1일부터 시행한다.(이하 생략)

### 부 칙 (1990.12.31)

**제1조 【시행일】** 이 법은 1991년 1월 1일부터 시행한다.(이하 생략)

### 부 칙 (1994.7.27)

**제1조 【시행일】** ① 이 법은 1995년 3월 1일부터 시행한다. 다만, 제3조, 제7조, 제29조, 제31조의 개정규정중 시·군법원에 관한 사항 및 제33조, 제34조의 개정규정과 부칙 제4조의 규정은 1995년 9월 1일부터, 제20조, 제44조, 제44조의2의 개정규정은 예비판사에 관한 사항과 제42조의2 및 제42조의3의 개정규정은 1997년 3월 1일부터, 제3조, 제5조 내지 제7조, 제9조의2, 제10조, 제14조, 제28조, 제44조의 개정규정중 특허법원, 특허법원장, 행정법원 또는 행정법원장에 관한 사항 및 제3편제2장(제28조의2 내지 제28조의4), 제3편제5장(제40조의2 내지 제40조의4), 제54조의2의 개정규정은 1998년 3월 1일부터 시행한다.
② (2005.3.24 삭제)

**제2조 【행정사건에 관한 경과조치】** 부칙 제1조제1항 단서의 규정에 의한

행정법원에 관한 사항의 시행당시 행정법원이 설치되지 않은 지역에 있어서의 행정법원의 권한에 속하는 사건은 행정법원이 설치될 때까지 해당 지방법원본원 및 춘천지방법원 강릉지원이 관할한다.(2005.3.24 본조개정)

**제3조【시·군법원에 관한 경과조치】** 부칙 제1조제1항 단서의 규정에 의한 시·군법원에 관한 사항의 시행당시 순회심판소에 계속되어 있는 사건은 이 법에 의하여 각 해당 시·군법원에 계속된 것으로 본다.

**제4조【다른 법률의 개정】** ※(해당 법령에 가제정리 하였음)

**제5조【다른 법령과의 관계】** ① 부칙 제1조제1항 단서의 규정에 의한 시·군법원에 관한 사항의 시행당시 다른 법령에 규정된 순회심판소는 이 법의 규정에 의한 시·군법원으로 본다.

② 부칙 제1조제2항의 규정에 의한 제42조의4 및 제54조의 개정규정의 시행당시 다른 법령에 규정된 조사관은 이 법의 규정에 의한 사법보좌관으로 본다.

③ 이 법 시행당시 다른 법령에 규정된 정리는 이 법의 규정에 의한 법정경위로 본다.

**제6조【계속중인 사건에 대한 경과조치】** 이 법 시행당시 법원에 계속중인 형사사건에 대하여는 제32조제1항제3호의 개정규정에 불구하고 종전의 규정에 의한다.

부 칙 (1995.3.30)

이 법은 공포한 날부터 시행한다.

부 칙 (1995.12.6)

**제1조【시행일】** 이 법은 공포한 날부터 시행한다.(이하 생략)

부 칙 (1996.12.12)

이 법은 공포한 날부터 시행한다.

부 칙 (1998.9.23)

**제1조【시행일】** 이 법은 1999년7월1일부터 시행한다.(이하 생략)

부 칙 (1999.1.21)

① **【시행일】** 이 법은 공포한 날부터 시행한다.(이하 생략)

부 칙 (1999.12.31)

① **【시행일】** 이 법은 공포한 날부터 시행한다.(2005.3.24 본항개정)

② **【경과조치】** 이 법 시행 당시 재임중인 법원공무원교육원장에 대하여는 제78조제1항의 개정규정을 적용하지 아니한다.

부 칙 (2001.1.29)

① **【시행일】** 이 법은 2001년 3월 1일부터 시행한다. 다만, 제32조제2항제1호 및 제40조제2항제1호의 개정규정은 2003년 3월 1일부터 시행한다.

② **【관할에 관한 경과조치】** 이 법 시행 당시 가정법원이 설치되지 아니한 지역에서는 가정법원이 설치될 때까지 제40조제2항의 개정규정의 적용에 있어 해당 지방법원지원합의부를 가정법원지원합의부로 본다.

③ **【다른 법령과의 관계】** 이 법 시행 당시 다른 법령에서 가정법원을 인용한 경우에는 지방법원의 가정지원을 포함하여 인용한 것으로 본다.

부 칙 (2004.12.31)

**제1조【시행일】** 이 법은 공포후 6월이 경과한 날부터 시행한다.(이하 생략)

부 칙 (2005.3.24)

① **【시행일】** 이 법은 2005년 7월 1일부터 시행한다.
② **【사법보좌관의 직무범위에 속하는 사건의 처리에 관한 경과조치】** 이 법 시행 전에 접수된 제54조제2항의 사건은 제54조의 개정규정에 불구하고 판사가 이를 처리한다.
③ **【조사관에 대한 경과조치】** 이 법 시행당시 법원조사관, 가사조사관 및 소년조사관은 이 법에 의한 조사관으로 본다.
④ **【관할에 관한 경과조치】** 법률 제4765호 법원조직법중개정법률 부칙 제2조의 개정규정에 의하여 춘천지방법원 강릉지원의 관할에 속할 행정사건으로서 2005년 6월 30일 현재 춘천지방법원에 계속 중인 사건은 그 계속 중인 법원의 관할로 한다.

부 칙 (2005.12.14)

이 법은 공포한 날부터 시행한다.

부 칙 (2005.12.23)

이 법은 2006년 1월 1일부터 시행한다.

부 칙 (2006.2.21)

**제1조【시행일】** 이 법은 2006년 7월 1일부터 시행한다.(이하 생략)

부 칙 (2006.3.3)

**제1조【시행일】** 이 법은 2006년 10월 1일부터 시행한다.(이하 생략)

부 칙 (2007.1.26)

① **【시행일】** 이 법은 공포 후 3개월이 경과한 날부터 시행한다. 다만, 위원회의 설립준비는 시행일 이전에 할 수 있다.
② **【최초의 양형기준 설정시기】** 위원회는 이 법 시행 후 2년 이내에 국민적 관심, 범죄의 발생 빈도 등을 고려하여 제81조의6의 개정규정에 따른 최초의 양형기준을 설정하여야 한다.

부 칙 (2007.5.1)

**제1조【시행일】** 이 법은 공포한 날부터 시행한다.

**제2조【예비판사에 대한 경과조치】**
① 이 법 시행 당시 재직 중인 예비판사에 대하여는 종전의 규정을 적용한다. 다만, 예비판사로 임용되어 2년간 근무하지 아니한 경우에도 판사로 임용할 수 있다.
② 이 법 시행 전에 임용된 예비판사의 근무기간은 이 법 및 다른 법령에 규정된 판사의 재직기간에 산입한다.

부 칙 (2007.5.17)

**제1조【시행일】** 이 법은 2008년 1월 1일부터 시행한다.(이하 생략)

부 칙 (2007.12.27)
(2010.1.25)

이 법은 공포한 날부터 시행한다.

부 칙 (2011.7.18)

**제1조 【시행일】** 이 법은 2012년 1월 1일부터 시행한다. 다만, 제41조의2의 개정규정은 2011년 9월 1일부터 시행하고, 제42조제1항 · 제2항, 제44조제2항 및 제45조제4항의 개정규정은 2013년 1월 1일부터 시행한다.
**제2조** (2024.10.16 삭제)
**제3조 【재판연구원의 채용기간에 관한 경과조치】** 제53조의2제5항의 개정규정에도 불구하고 2016년 12월 31일 이전에 채용하는 재판연구원은 총 2년의 범위에서 기간을 정하여 채용한다.(2018.3.20 본조개정)
**제4조 【재판연구원의 정원에 관한 경과조치】** 제53조의2제6항의 개정규정에도 불구하고 재판연구원의 정원은 2018년까지 200명, 2022년까지 300명의 범위에서 대법원규칙으로 정한다.(2018.3.20 본조개정)

부 칙 (2012.12.11)

**제1조 【시행일】** 이 법은 공포 후 1년이 경과한 날부터 시행한다.(이하 생략)

부 칙 (2012.12.18)

**제1조 【시행일】** 이 법은 공포한 날부터 시행한다.
**제2조 【계속중인 사건에 대한 경과조치】** 이 법 시행 당시 법원에 계속중인 형사사건에 대하여는 제32조제1항제3호의 개정규정에도 불구하고 종전의 규정을 적용한다.

부 칙 (2013.5.28)

**제1조 【시행일】** 이 법은 2014년 7월 1일부터 시행한다.(이하 생략)

부 칙 (2013.8.13)

이 법은 2014년 1월 1일부터 시행한다.

부 칙 (2014.1.7)

이 법은 공포한 날부터 시행한다.

부 칙 (2014.10.15)

**제1조 【시행일】** 이 법은 2014년 12월 1일부터 시행한다.(이하 생략)

부 칙 (2014.12.30)

이 법은 공포한 날부터 시행한다.

부 칙 (2015.12.1)

**제1조 【시행일】** 이 법은 2016년 1월 1일부터 시행한다.
**제2조 【적용례】** 제28조의4제2호의 개정규정은 이 법 시행 전에 소송 계속 중인 특허권 · 실용신안권 · 디자인권 · 상표권 · 품종보호권의 지식재산권에 관한 민사사건에 대하여 이 법 시행 후에 제1심 판결이 선고된 경우에 대해서도 적용한다.

부 칙 (2016.1.6 법13717호)
(2016.1.6 법13718호)
(2016.1.6 법13719호)

**제1조 【시행일】** 이 법은 공포한 날부터 시행한다.(이하 생략)

부 칙 (2016.2.29)

**제1조 【시행일】** 이 법은 공포 후 6개월이 경과한 날부터 시행한다.(이하 생략)

부 칙 (2016.3.29)

**제1조【시행일】** 이 법은 2016년 7월 1일부터 시행한다.

**제2조【경과조치】** 이 법은 이 법 시행 전에 법원에 접수된 사건에 대하여는 적용하지 아니한다.

부 칙 (2016.12.27)

**제1조【시행일】** 이 법은 2017년 3월 1일부터 시행한다.

**제2조【경과조치】** 이 법 시행 당시 회생법원이 설치되지 아니한 지역에 있어서의 회생법원의 권한에 속하는 사건은 회생법원이 설치될 때까지 해당 지방법원 본원이 관할한다. 다만, 「채무자 회생 및 파산에 관한 법률」 제3조제10항에 따라 제기된 개인채무자에 대한 파산선고 또는 개인회생절차 개시의 신청사건은 춘천지방법원 강릉지원이 관할한다.

부 칙 (2017.12.12)

**제1조【시행일】** 이 법은 공포 후 6개월이 경과한 날부터 시행한다. 다만, 제54조제2항제4호 및 제5호의 개정규정은 2018년 7월 1일부터 시행한다.

**제2조【사법보좌관의 직무범위에 관한 적용례】** 제54조제2항제4호 및 제5호의 개정규정은 같은 개정규정 시행 후 최초로 신고 또는 확인 신청하는 사건부터 적용한다.

**제3조【계속 중인 사건의 외국어 변론 등에 관한 경과조치】** 제62조의2 및 제63조의 개정규정은 이 법 시행 당시 법원에 계속 중인 사건에 대하여도 적용한다.

부 칙 (2018.3.20)

**제1조【시행일】** 이 법은 공포한 날부터 시행한다.

**제2조【재판연구원의 채용기간에 관한 적용례】** 법률 제10861호 법원조직법 일부개정법률 부칙 제3조의 개정규정은 이 법 시행 당시 재판연구원으로 재직 중인 사람에게도 적용한다.

부 칙 (2018.12.24)

**제1조【시행일】** 이 법은 공포 후 6개월이 경과한 날부터 시행한다.(이하 생략)

부 칙 (2020.2.4)

**제1조【시행일】** 이 법은 공포한 날부터 시행한다.

**제2조【결격사유에 관한 적용례】** 제43조제4호의 개정규정은 이 법 시행 후 최초로 법관으로 임용하는 경우부터 적용한다.

**제3조【법관의 파견 금지 등에 관한 적용례】** 제50조의2의 개정규정은 이 법 시행 후 최초로 법관을 파견 또는 겸임하게 하거나 법관으로서 퇴직하는 경우부터 적용한다.

부 칙 (2020.3.24)

**제1조【시행일】** 이 법은 2021년 2월 9일부터 시행한다. 다만, 제43조의 개정규정은 공포 후 6개월이 경과한 날부터 시행한다.

**제2조【결격사유에 관한 적용례】** 제43조의 개정규정은 같은 개정규정 시행 후 최초로 법관으로 임용하는 자부터 적용한다.

**제3조【고등법원 부장판사 직위 폐지에 따른 경과조치】** 이 법 시행 전에 종전의 규정에 따라 고등법원 부장판사급 이상의 법관에 보임된 법관의 직위는 종전의 규정에 따른다.

**제4조【다른 법률의 개정】** ①~② ※ (해당 법령에 가제정리 하였음)

부 칙 (2020.12.22)

**제1조【시행일】** 이 법은 2021년 1월 1일부터 시행한다.(이하 생략)

부 칙 (2021.1.26)

**제1조【시행일】** ① 이 법은 공포 후 1년이 경과한 날부터 시행한다.(이하 생략)

부 칙 (2021.12.21)

**제1조【시행일】** 이 법은 공포한 날부터 시행한다.

**제2조【계속 중인 사건에 대한 경과조치】** 이 법 시행 당시 법원에 계속 중인 형사사건에 대하여는 제32조제1항제3호의 개정규정에도 불구하고 종전의 규정에 따른다.

부 칙 (2024.10.16)

이 법은 공포한 날부터 시행한다.

# 민사 및 가사소송의 사물관할에 관한 규칙

(1980년 1월 14일 대법원규칙 제3992호)

개정
1983. 7. 9대규 845호 1987. 8.19대규 976호
1988. 3.23대규1004호(등기소의설치와그관할구역에관한규)
1990.12.31대규1141호 1991. 8. 3대규1172호
1997.12.31대규1506호 2001. 2.10대규1693호
2002. 6.28대규1772호 2004.12.29대규1918호
2008. 2.20대규2163호 2010.12.13대규2310호
2015. 1.28대규2584호 2015. 2.17대규2591호
2015. 7.28대규2612호 2016. 2.19대규2640호
2016. 9. 6대규2674호 2016.11. 1대규2690호
2022. 1.28대규3028호 2023. 1.31대규3088호

**제1조【목적】** 이 규칙은 「법원조직법」 제28조제2호, 제32조제1항제2호, 제40조제1항제1호에 따라 고등법원이 심판할 사건과 지방법원 및 지방법원지원의 합의부가 심판할 민사사건, 가정법원 및 가정법원지원의 합의부가 심판할 가사사건의 범위를 정함을 목적으로 한다.(2022.1.28 본조개정)

**제2조【지방법원 및 그 지원 합의부의 심판범위】** 지방법원 및 지방법원지원의 합의부는 소송목적의 값이 5억원을 초과하는 민사사건 및 「민사소송 등 인지법」 제2조제4항의 규정에 해당하는 민사사건을 제1심으로 심판한다. 다만, 다음 각호의 1에 해당하는 사건을 제외한다.(2022.1.28 본문개정)

1. 수표금 · 약속어음금 청구사건
2. 은행 · 농업협동조합 · 수산업협동조합 · 축산업협동조합 · 산림조합 · 신용협동조합 · 신용보증기금 · 기술신용보증기금 · 지역신용보증재단 · 새마을금고 · 상호저축은행 · 종합금융회사 · 시설대여회사 · 보험회사 · 신탁회사 · 증권회사 · 신용카드회사 · 할부금융회사 또는 신기술사업금융회사가 원고인 대여금 · 구상금 · 보증금 청구사건(2004.12.29 본호개정)

3. 「자동차손해배상 보장법」에서 정한 자동차·원동기장치자전거·철도차량의 운행 및 근로자의 업무상재해로 인한 손해배상 청구사건과 이에 관한 채무부존재확인사건(2022.1.28 본호개정)
4. 단독판사가 심판할 것으로 합의부가 결정한 사건

(2001.2.10 본조개정)

**제3조【가정법원 및 그 지원 합의부의 심판범위】** 가정법원 및 가정법원지원의 합의부는 「가사소송법」 제2조제1항, 제2항의 사건 중 다음 사건을 제1심으로 심판한다.(2015.7.28 본문개정)

1. 소송목적의 값이 5억원을 초과하는 다류 가사소송사건. 다만, 단독판사가 심판할 것으로 합의부가 결정한 사건을 제외한다.(2023.1.31 본호개정)
2. 「가사소송법」 제2조제1항제2호 나목 9), 10) 사건 및 4) 사건 중 청구목적의 값이 5억원을 초과하는 사건. 다만, 단독판사가 심판할 것으로 합의부가 결정한 사건을 제외한다.(2023.1.31 본호개정)

2의2. 다류 가사소송사건과 「가사소송법」 제2조제1항제2호 나목 4) 사건을 병합한 사건으로서 그 소송목적의 값과 청구목적의 값을 더한 금액이 5억원을 초과하는 사건. 다만, 단독판사가 심판할 것으로 합의부가 결정한 사건을 제외한다.(2023.1.31 본호개정)

3. 제1호부터 제2호의2까지 본문에 해당하지 아니하는 사건으로서 합의부가 심판할 것으로 합의부가 결정한 사건.(2016.2.19 본호개정)

**제4조【고등법원의 심판범위】** ① 고등법원은 다음 각 호의 어느 하나에 해당하는 사건에 대한 지방법원 단독판사의 제1심 판결·결정·명령에 대한 항소 또는 항고사건을 심판한다. 다만, 제2조 각 호의 어느 하나에 해당하는 사건을 제외한다.

1. 소송목적의 값이 소제기 당시 또는 청구취지 확장(변론의 병합 포함) 당시 2억원을 초과한 민사소송사건
2. 제1호의 사건을 본안으로 하는 민사신청사건 및 이에 부수하는 신청사건(가압류, 다툼의 대상에 관한 가처분 신청사건 및 이에 부수하는 신청사건은 제외)

② 고등법원은 다음 각 호의 어느 하나에 해당하는 사건에 대한 가정법원 단독판사의 제1심 판결·결정·명령에 대한 항소 또는 항고사건을 심판한다.

1. 소송목적의 값이 소제기 당시 또는 청구취지 확장 당시 2억원을 초과한 다류 가사소송사건
2. 「가사소송법」 제2조제1항제2호나목4) 사건 중 청구목적의 값이 소제기 당시 또는 청구취지 확장 당시 2억원을 초과한 사건
3. 다류 가사소송사건과 「가사소송법」 제2조제1항제2호나목4) 사건을 병합한 사건으로서 그 소송목적의 값과 청구목적의 값을 더한 금액이 소제기 당시 또는 청구취지 확장 당시 2억원을 초과한 사건
4. 제1호부터 제3호까지의 사건을 본안으로 하는 가사신청사건 및 이에 부수하는 신청사건(가압류, 다툼의 대상에 관한 가처분 신청사건 및 이에 부수하는 신청사건은 제외)

(2023.1.31 본항신설)

(2022.1.28 본조신설)

## 부 칙

이 규칙은 1980년 2월 1일부터 시행한다.

부 칙 (1983.7.9)

① **【시행일】** 이 규칙은 1983년 9월 1일부터 시행한다.
② **【경과조치】** 이 규칙 시행당시 지방법원과 지방법원지원의 합의부에 계속중인 사건은 종전의 예에 의한다.

부 칙 (1987.8.19)

① **【시행일】** 이 규칙은 1987년 9월 1일부터 시행한다.
② **【경과조치】** 이 규칙 시행당시 지방법원과 지방법원지원의 합의부에 계속중인 사건은 종전의 예에 의한다.

부 칙 (1988.3.23)

이 규칙은 공포한 날로부터 시행한다.

부 칙 (1990.12.31)

① **【시행일】** 이 규칙은 1991년 1월 1일부터 시행한다.
② **【경과조치】** 이 규칙 시행당시 가정법원 및 가정법원지원에 계속중인 사건은, 이 규칙에 의한 관할권이 없는 경우에도 종전의 규정에 의하여 관할권이 있으면 그에 따른다.

부 칙 (1991.8.3)

① **【시행일】** 이 규칙은 1991년 9월 1일부터 시행한다.
② **【경과조치】** 이 규칙 시행당시 법원에 계속중인 사건은 종전의 예에 의한다.

부 칙 (1997.12.31)

① **【시행일】** 이 규칙은 1998년 3월 1일부터 시행한다.
② **【경과조치】** 이 규칙 시행당시 합의부에 계속중인 사건은 종전의 예에 의한다.

부 칙 (2001.2.10)

**제1조 【시행일】** 이 규칙은 2001. 3. 1.부터 시행한다.
**제2조 【경과조치】** ① 이 규칙 시행당시 지방법원 합의부에 계속중인 제2조 제3호에 규정된 채무부존재확인의 소에 대하여는 종전의 예에 의한다.
② 이 규칙 시행당시 지방법원 단독판사가 심판하는 사건 중 변론종결된 사건에는 제4조를 적용하지 아니한다.

부 칙 (2002.6.28)

이 규칙은 2002. 7. 1.부터 시행한다.

부 칙 (2004.12.29)

**제1조 【시행일】** 이 규칙은 2005. 1. 1.부터 시행한다.
**제2조 【경과규정】** 이 규칙은 이 규칙 시행 전에 법원에 접수된 사건에 대해서는 적용하지 아니한다.

부 칙 (2008.2.20)

① **【시행일】** 이 규칙은 2008년 3월 1일부터 시행한다.
② **【경과조치】** 이 규칙은 이 규칙 시행 전에 항소 또는 항고된 사건에 대하여는 적용하지 아니한다.

부 칙 (2010.12.13)

**제1조 【시행일】** 이 규칙은 2011년 1월 1일부터 시행한다.
**제2조 【경과규정】** 이 규칙은 이 규칙 시행 후 최초로 항소장 또는 항고장이 접수되는 사건부터 적용한다.

**제3조 【다른 규칙의 개정】** ※(해당 법령에 가제정리 하였음)

부 칙 (2015.1.28)

**제1조 【시행일】** 이 규칙은 2015년 2월 13일부터 시행한다.
**제2조 【경과규정】** 이 규칙은 이 규칙 시행 전에 법원에 접수된 사건에 대하여는 적용하지 아니한다.

부 칙 (2015.2.17)

**제1조 【시행일】** 이 규칙은 공포한 날부터 시행한다.
**제2조 【경과규정】** 이 규칙은 2015년 2월 13일 전에 법원에 접수된 사건에 대하여는 적용하지 아니한다.

부 칙 (2015.7.28)

**제1조 【시행일】** 이 규칙은 2015년 10월 16일부터 시행한다.
**제2조 【경과규정】** 이 규칙은 이 규칙 시행 전에 법원에 접수된 사건에 대하여는 적용하지 아니한다.

부 칙 (2016.2.19)

**제1조 【시행일】** 이 규칙은 2016년 7월 1일부터 시행한다.
**제2조 【경과규정】** 이 규칙은 이 규칙 시행 전에 법원에 접수된 사건에 대하여는 적용하지 아니한다.

부 칙 (2016.9.6)

**제1조 【시행일】** 이 규칙은 2016년 10월 1일부터 시행한다.
**제2조 【경과규정】** 이 규칙은 이 규칙 시행 후 최초로 항소장 또는 항고장이 접수되는 사건부터 적용한다.

부 칙 (2016.11.1)

**제1조 【시행일】** 이 규칙은 2017년 1월 1일부터 시행한다.
**제2조 【경과규정】** 이 규칙은 이 규칙 시행 전에 법원에 접수된 사건에 대하여는 적용하지 아니한다.

부 칙 (2022.1.28)

**제1조 【시행일】** 이 규칙은 2022년 3월 1일부터 시행한다.
**제2조 【경과규정】** 이 규칙은 이 규칙 시행 전에 법원에 접수된 사건에 대하여는 적용하지 아니한다.

부 칙 (2023.1.31)

**제1조 【시행일】** 이 규칙은 2023년 3월 1일부터 시행한다.
**제2조 【경과규정】** 이 규칙은 이 규칙 시행 전에 법원에 접수된 사건에 대하여는 적용하지 아니한다.

# 행 정 편

# 행정심판법

(2010년 1월 25일
전부개정법률 제9968호)

개정
2012. 2.17법11328호 2014. 5.28법12718호
2016. 3.29법14146호 2017. 4.18법14832호
2017.10.31법15025호
2020. 6. 9법17354호(전자서명법)
2023. 3.21법19269호



## 제1장 총 칙

**제1조【목적】** 이 법은 행정심판 절차를 통하여 행정청의 위법 또는 부당한 처분(處分)이나 부작위(不作爲)로 침해된 국민의 권리 또는 이익을 구제하고, 아울러 행정의 적정한 운영을 꾀함을 목적으로 한다.

**제2조【정의】** 이 법에서 사용하는 용어의 뜻은 다음과 같다.
1. "처분"이란 행정청이 행하는 구체적 사실에 관한 법집행으로서의 공권력의 행사 또는 그 거부, 그 밖에 이에 준하는 행정작용을 말한다.
2. "부작위"란 행정청이 당사자의 신청에 대하여 상당한 기간 내에 일정한 처분을 하여야 할 법률상 의무가 있는데도 처분을 하지 아니하는 것을 말한다.
3. "재결(裁決)"이란 행정심판의 청구에 대하여 제6조에 따른 행정심판위원회가 행하는 판단을 말한다.
4. "행정청"이란 행정에 관한 의사를 결정하여 표시하는 국가 또는 지방자치단체의 기관, 그 밖에 법령 또는 자치법규에 따라 행정권한을 가지고 있거나 위탁을 받은 공공단체나 그 기관 또는 사인(私人)을 말한다.

**제3조【행정심판의 대상】** ① 행정청의 처분 또는 부작위에 대하여는 다른 법률에 특별한 규정이 있는 경우 외에는 이 법에 따라 행정심판을 청구할 수 있다.
② 대통령의 처분 또는 부작위에 대하여는 다른 법률에서 행정심판을 청구할 수 있도록 정한 경우 외에는 행정심판을 청구할 수 없다.

**제4조【특별행정심판 등】** ① 사안(事案)의 전문성과 특수성을 살리기 위하여 특히 필요한 경우 외에는 이 법에 따른 행정심판을 갈음하는 특별한 행정불복절차(이하 "특별행정심판"이라 한다)나 이 법에 따른 행정심판 절차에 대한 특례를 다른 법률로 정할 수 없다.
② 다른 법률에서 특별행정심판이나 이 법에 따른 행정심판 절차에 대한 특례를 정한 경우에도 그 법률에서 규정하지 아니한 사항에 관하여는 이 법에서 정하는 바에 따른다.
③ 관계 행정기관의 장이 특별행정심판 또는 이 법에 따른 행정심판 절차에 대한 특례를 신설하거나 변경하는 법령을 제정·개정할 때에는 미리 중앙행정심판위원회와 협의하여야 한다.

**제5조【행정심판의 종류】** 행정심판의 종류는 다음 각 호와 같다.
1. 취소심판 : 행정청의 위법 또는 부당한 처분을 취소하거나 변경하는 행정심판
2. 무효등확인심판 : 행정청의 처분의 효력 유무 또는 존재 여부를 확인하는 행정심판
3. 의무이행심판 : 당사자의 신청에 대한 행정청의 위법 또는 부당한 거부처분이나 부작위에 대하여 일정한 처분을 하도록 하는 행정심판

## 제2장 심판기관

**제6조【행정심판위원회의 설치】** ① 다음 각 호의 행정청 또는 그 소속 행정청(행정기관의 계층구조와 관계없이 그 감독을 받거나 위탁을 받은 모든 행정청을 말하되, 위탁을 받은 행정청은 그 위탁받은 사무에 관하여는 위탁한 행정청의 소속 행정청으로 본다. 이하 같다)의 처분 또는 부작위에 대한 행정심판의 청구(이하 "심판청구"라 한다)에 대하여는 다음 각 호의 행정청에 두는 행정심판위원회에서 심리·재결한다.

1. 감사원, 국가정보원장, 그 밖에 대통령령으로 정하는 대통령 소속기관의 장
2. 국회사무총장·법원행정처장·헌법재판소사무처장 및 중앙선거관리위원회사무총장
3. 국가인권위원회, 그 밖에 지위·성격의 독립성과 특수성 등이 인정되어 대통령령으로 정하는 행정청 (2016.3.29 본호개정)

② 다음 각 호의 행정청의 처분 또는 부작위에 대한 심판청구에 대하여는 「부패방지 및 국민권익위원회의 설치와 운영에 관한 법률」에 따른 국민권익위원회(이하 "국민권익위원회"라 한다)에 두는 중앙행정심판위원회에서 심리·재결한다.

1. 제1항에 따른 행정청 외의 국가행정기관의 장 또는 그 소속 행정청
2. 특별시장·광역시장·특별자치시장·도지사·특별자치도지사(특별시·광역시·특별자치시·도 또는 특별자치도의 교육감을 포함한다. 이하 "시·도지사"라 한다) 또는 특별시·광역시·특별자치시·도·특별자치도(이하 "시·도"라 한다)의 의회(의장, 위원회의 위원장, 사무처장 등 의회 소속 모든 행정청을 포함한다) (2012.2.17 본호개정)
3. 「지방자치법」에 따른 지방자치단체조합 등 관계 법률에 따라 국가·지방자치단체·공공법인 등이 공동으로 설립한 행정청. 다만, 제3항제3호에 해당하는 행정청은 제외한다.

③ 다음 각 호의 행정청의 처분 또는 부작위에 대한 심판청구에 대하여는 시·도지사 소속으로 두는 행정심판위원회에서 심리·재결한다.

1. 시·도 소속 행정청
2. 시·도의 관할구역에 있는 시·군·자치구의 장, 소속 행정청 또는 시·군·자치구의 의회(의장, 위원회의 위원장, 사무국장, 사무과장 등 의회 소속 모든 행정청을 포함한다)
3. 시·도의 관할구역에 있는 둘 이상의지방자치단체(시·군·자치구를 말한다)·공공법인 등이 공동으로 설립한 행정청

④ 제2항제1호에도 불구하고 대통령령으로 정하는 국가행정기관 소속 특별지방행정기관의 장의 처분 또는 부작위에 대한 심판청구에 대하여는 해당 행정청의 직근 상급행정기관에 두는 행정심판위원회에서 심리·재결한다.

**제7조【행정심판위원회의 구성】** ① 행정심판위원회(중앙행정심판위원회는 제외한다. 이하 이 조에서 같다)는 위원장 1명을 포함하여 50명 이내의 위원으로 구성한다.(2016.3.29 본항개정)

② 행정심판위원회의 위원장은 그 행정심판위원회가 소속된 행정청이 되며, 위원장이 없거나 부득이한 사유로 직무를 수행할 수 없거나 위원장이 필요하다고 인정하는 경우에는 다음 각 호의 순서에 따라 위원이 위원장의 직무를 대행한다.

1. 위원장이 사전에 지명한 위원

2. 제4항에 따라 지명된 공무원인 위원(2명 이상인 경우에는 직급 또는 고위공무원단에 속하는 공무원의 직무등급이 높은 위원 순서로, 직급 또는 직무등급도 같은 경우에는 위원 재직기간이 긴 위원 순서로, 재직기간도 같은 경우에는 연장자 순서로 한다)

③ 제2항에도 불구하고 제6조제3항에 따라 시·도지사 소속으로 두는 행정심판위원회의 경우에는 해당 지방자치단체의 조례로 정하는 바에 따라 공무원이 아닌 위원을 위원장으로 정할 수 있다. 이 경우 위원장은 비상임으로 한다.

④ 행정심판위원회의 위원은 해당 행정심판위원회가 소속된 행정청이 다음 각 호의 어느 하나에 해당하는 사람 중에서 성별을 고려하여 위촉하거나 그 소속 공무원 중에서 지명한다.
(2016.3.29 본문개정)

1. 변호사 자격을 취득한 후 5년 이상의 실무 경험이 있는 사람
2. 「고등교육법」 제2조제1호부터 제6호까지의 규정에 따른 학교에서 조교수 이상으로 재직하거나 재직하였던 사람
3. 행정기관의 4급 이상 공무원이었거나 고위공무원단에 속하는 공무원이었던 사람
4. 박사학위를 취득한 후 해당 분야에서 5년 이상 근무한 경험이 있는 사람
5. 그 밖에 행정심판과 관련된 분야의 지식과 경험이 풍부한 사람

⑤ 행정심판위원회의 회의는 위원장과 위원장이 회의마다 지정하는 8명의 위원(그중 제4항에 따른 위촉위원은 6명 이상으로 하되, 제3항에 따라 위원장이 공무원이 아닌 경우에는 5명 이상으로 한다)으로 구성한다. 다만, 국회규칙, 대법원규칙, 헌법재판소규칙, 중앙선거관리위원회규칙 또는 대통령령(제6조제3항에 따라 시·도지사 소속으로 두는 행정심판위원회의 경우에는 해당 지방자치단체의 조례)으로 정하는 바에 따라 위원장과 위원장이 회의마다 지정하는 6명의 위원(그중 제4항에 따른 위촉위원은 5명 이상으로 하되, 제3항에 따라 공무원이 아닌 위원이 위원장인 경우에는 4명 이상으로 한다)으로 구성할 수 있다.

⑥ 행정심판위원회는 제5항에 따른 구성원 과반수의 출석과 출석위원 과반수의 찬성으로 의결한다.

⑦ 행정심판위원회의 조직과 운영, 그 밖에 필요한 사항은 국회규칙, 대법원규칙, 헌법재판소규칙, 중앙선거관리위원회규칙 또는 대통령령으로 정한다.

**제8조【중앙행정심판위원회의 구성】** ① 중앙행정심판위원회는 위원장 1명을 포함하여 70명 이내의 위원으로 구성하되, 위원 중 상임위원은 4명 이내로 한다.(2016.3.29 본항개정)

② 중앙행정심판위원회의 위원장은 국민권익위원회의 부위원장 중 1명이 되며, 위원장이 없거나 부득이한 사유로 직무를 수행할 수 없거나 위원장이 필요하다고 인정하는 경우에는 상임위원(상임으로 재직한 기간이 긴 위원 순서로, 재직기간이 같은 경우에는 연장자 순서로 한다)이 위원장의 직무를 대행한다.

③ 중앙행정심판위원회의 상임위원은 일반직공무원으로서 「국가공무원법」 제26조의5에 따른 임기제공무원으로 임명하되, 3급 이상 공무원 또는 고위공무원단에 속하는 일반직공무원으로 3년 이상 근무한 사람이나 그 밖에 행정심판에 관한 지식과 경험이 풍부한 사람 중에서 중앙행정심판위원회 위원장의 제청으로 국무총리를 거쳐 대통령이 임명한다.(2014.5.28 본항개정)

④ 중앙행정심판위원회의 비상임위원

은 제7조제4항 각 호의 어느 하나에 해당하는 사람 중에서 중앙행정심판위원회 위원장의 제청으로 국무총리가 성별을 고려하여 위촉한다.(2016.3.29 본항개정)

⑤ 중앙행정심판위원회의 회의(제6항에 따른 소위원회 회의는 제외한다)는 위원장, 상임위원 및 위원장이 회의마다 지정하는 비상임위원을 포함하여 총 9명으로 구성한다.

⑥ 중앙행정심판위원회는 심판청구사건(이하 "사건"이라 한다) 중 「도로교통법」에 따른 자동차운전면허 행정처분에 관한 사건(소위원회가 중앙행정심판위원회에서 심리·의결하도록 결정한 사건은 제외한다)을 심리·의결하게 하기 위하여 4명의 위원으로 구성하는 소위원회를 둘 수 있다.

⑦ 중앙행정심판위원회 및 소위원회는 각각 제5항 및 제6항에 따른 구성원 과반수의 출석과 출석위원 과반수의 찬성으로 의결한다.

⑧ 중앙행정심판위원회는 위원장이 지정하는 사건을 미리 검토하도록 필요한 경우에는 전문위원회를 둘 수 있다.

⑨ 중앙행정심판위원회, 소위원회 및 전문위원회의 조직과 운영 등에 필요한 사항은 대통령령으로 정한다.

**제9조 【위원의 임기 및 신분보장 등】**

① 제7조제4항에 따라 지명된 위원은 그 직에 재직하는 동안 재임한다.

② 제8조제3항에 따라 임명된 중앙행정심판위원회 상임위원의 임기는 3년으로 하며, 1차에 한하여 연임할 수 있다.

③ 제7조제4항 및 제8조제4항에 따라 위촉된 위원의 임기는 2년으로 하되, 2차에 한하여 연임할 수 있다. 다만, 제6조제1항제2호에 규정된 기관에 두는 행정심판위원회의 위촉위원의 경우에는 각각 국회규칙, 대법원규칙, 헌법재판소규칙 또는 중앙선거관리위원회규칙으로 정하는 바에 따른다.

④ 다음 각 호의 어느 하나에 해당하는 사람은 제6조에 따른 행정심판위원회(이하 "위원회"라 한다)의 위원이 될 수 없으며, 위원이 이에 해당하게 된 때에는 당연히 퇴직한다.

1. 대한민국 국민이 아닌 사람
2. 「국가공무원법」 제33조 각 호의 어느 하나에 해당하는 사람

⑤ 제7조제4항 및 제8조제4항에 따라 위촉된 위원은 금고(禁錮) 이상의 형을 선고받거나 부득이한 사유로 장기간 직무를 수행할 수 없게 되는 경우 외에는 임기 중 그의 의사와 다르게 해촉(解囑)되지 아니한다.

**제10조 【위원의 제척·기피·회피】**

① 위원회의 위원은 다음 각 호의 어느 하나에 해당하는 경우에는 그 사건의 심리·의결에서 제척(除斥)된다. 이 경우 제척결정은 위원회의 위원장(이하 "위원장"이라 한다)이 직권으로 또는 당사자의 신청에 의하여 한다.

1. 위원 또는 그 배우자나 배우자이었던 사람이 사건의 당사자이거나 사건에 관하여 공동 권리자 또는 의무자인 경우
2. 위원이 사건의 당사자와 친족이거나 친족이었던 경우
3. 위원이 사건에 관하여 증언이나 감정(鑑定)을 한 경우
4. 위원이 당사자의 대리인으로서 사건에 관여하거나 관여하였던 경우
5. 위원이 사건의 대상이 된 처분 또는 부작위에 관여한 경우

② 당사자는 위원에게 공정한 심리·의결을 기대하기 어려운 사정이 있으면 위원장에게 기피신청을 할 수 있다.

③ 위원에 대한 제척신청이나 기피신청은 그 사유를 소명(疏明)한 문서로 하여야 한다. 다만, 불가피한 경우에는 신청한 날부터 3일 이내에 신청 사유를 소명할 수 있는 자료를 제출하여야 한다.(2016.3.29 단서신설)

④ 제척신청이나 기피신청이 제3항을 위반하였을 때에는 위원장은 결정으로 이를 각하한다.(2016.3.29 본항신설)

⑤ 위원장은 제척신청이나 기피신청의 대상이 된 위원에게서 그에 대한 의견을 받을 수 있다.

⑥ 위원장은 제척신청이나 기피신청을 받으면 제척 또는 기피 여부에 대한 결정을 하고, 지체 없이 신청인에게 결정서 정본(正本)을 송달하여야 한다.

⑦ 위원회의 회의에 참석하는 위원이 제척사유 또는 기피사유에 해당되는 것을 알게 되었을 때에는 스스로 그 사건의 심리·의결에서 회피할 수 있다. 이 경우 회피하고자 하는 위원은 위원장에게 그 사유를 소명하여야 한다.

⑧ 사건의 심리·의결에 관한 사무에 관여하는 위원 아닌 직원에게도 제1항부터 제7항까지의 규정을 준용한다.
(2016.3.29 본항개정)

**제11조 【벌칙 적용 시의 공무원 의제】** 위원 중 공무원이 아닌 위원은 「형법」과 그 밖의 법률에 따른 벌칙을 적용할 때에는 공무원으로 본다.

**제12조 【위원회의 권한 승계】** ① 당사자의 심판청구 후 위원회가 법령의 개정·폐지 또는 제17조제5항에 따른 피청구인의 경정 결정에 따라 그 심판청구에 대하여 재결할 권한을 잃게 된 경우에는 해당 위원회는 심판청구서와 관계 서류, 그 밖의 자료를 새로 재결할 권한을 갖게 된 위원회에 보내야 한다.

② 제1항의 경우 송부를 받은 위원회는 지체 없이 그 사실을 다음 각 호의 자에게 알려야 한다.

1. 행정심판 청구인(이하 "청구인"이라 한다)
2. 행정심판 피청구인(이하 "피청구인"이라 한다)
3. 제20조 또는 제21조에 따라 심판참가를 하는 자(이하 "참가인"이라 한다)

## 제3장 당사자와 관계인

**제13조 【청구인 적격】** ① 취소심판은 처분의 취소 또는 변경을 구할 법률상 이익이 있는 자가 청구할 수 있다. 처분의 효과가 기간의 경과, 처분의 집행, 그 밖의 사유로 소멸된 뒤에도 그 처분의 취소로 회복되는 법률상 이익이 있는 자의 경우에도 또한 같다.

② 무효등확인심판은 처분의 효력 유무 또는 존재 여부의 확인을 구할 법률상 이익이 있는 자가 청구할 수 있다.

③ 의무이행심판은 처분을 신청한 자로서 행정청의 거부처분 또는 부작위에 대하여 일정한 처분을 구할 법률상 이익이 있는 자가 청구할 수 있다.

**제14조 【법인이 아닌 사단 또는 재단의 청구인 능력】** 법인이 아닌 사단 또는 재단으로서 대표자나 관리인이 정하여져 있는 경우에는 그 사단이나 재단의 이름으로 심판청구를 할 수 있다.

**제15조 【선정대표자】** ① 여러 명의 청구인이 공동으로 심판청구를 할 때에는 청구인들 중에서 3명 이하의 선정대표자를 선정할 수 있다.

② 청구인들이 제1항에 따라 선정대표자를 선정하지 아니한 경우에 위원회는 필요하다고 인정하면 청구인들에게 선정대표자를 선정할 것을 권고할 수 있다.

③ 선정대표자는 다른 청구인들을 위하여 그 사건에 관한 모든 행위를 할 수 있다. 다만, 심판청구를 취하하려면 다른 청구인들의 동의를 받아야 하며, 이 경우 동의받은 사실을 서면으로 소명하여야 한다.

④ 선정대표자가 선정되면 다른 청구인들은 그 선정대표자를 통해서만 그 사건에 관한 행위를 할 수 있다.

⑤ 선정대표자를 선정한 청구인들은 필요하다고 인정하면 선정대표자를 해

임하거나 변경할 수 있다. 이 경우 청구인들은 그 사실을 지체 없이 위원회에 서면으로 알려야 한다.

**제16조 【청구인의 지위 승계】** ① 청구인이 사망한 경우에는 상속인이나 그 밖에 법령에 따라 심판청구의 대상에 관계되는 권리나 이익을 승계한 자가 청구인의 지위를 승계한다.

② 법인인 청구인이 합병(合併)에 따라 소멸하였을 때에는 합병 후 존속하는 법인이나 합병에 따라 설립된 법인이 청구인의 지위를 승계한다.

③ 제1항과 제2항에 따라 청구인의 지위를 승계한 자는 위원회에 서면으로 그 사유를 신고하여야 한다. 이 경우 신고서에는 사망 등에 의한 권리 · 이익의 승계 또는 합병 사실을 증명하는 서면을 함께 제출하여야 한다.

④ 제1항 또는 제2항의 경우에 제3항에 따른 신고가 있을 때까지 사망자나 합병 전의 법인에 대하여 한 통지 또는 그 밖의 행위가 청구인의 지위를 승계한 자에게 도달하면 지위를 승계한 자에 대한 통지 또는 그 밖의 행위로서의 효력이 있다.

⑤ 심판청구의 대상과 관계되는 권리나 이익을 양수한 자는 위원회의 허가를 받아 청구인의 지위를 승계할 수 있다.

⑥ 위원회는 제5항의 지위 승계 신청을 받으면 기간을 정하여 당사자와 참가인에게 의견을 제출하도록 할 수 있으며, 당사자와 참가인이 그 기간에 의견을 제출하지 아니하면 의견이 없는 것으로 본다.

⑦ 위원회는 제5항의 지위 승계 신청에 대하여 허가 여부를 결정하고, 지체 없이 신청인에게는 결정서 정본을, 당사자와 참가인에게는 결정서 등본을 송달하여야 한다.

⑧ 신청인은 위원회가 제5항의 지위 승계를 허가하지 아니하면 결정서 정본을 받은 날부터 7일 이내에 위원회에 이의신청을 할 수 있다.

**제17조 【피청구인의 적격 및 경정】** ① 행정심판은 처분을 한 행정청(의무이행심판의 경우에는 청구인의 신청을 받은 행정청)을 피청구인으로 하여 청구하여야 한다. 다만, 심판청구의 대상과 관계되는 권한이 다른 행정청에 승계된 경우에는 권한을 승계한 행정청을 피청구인으로 하여야 한다.

② 청구인이 피청구인을 잘못 지정한 경우에는 위원회는 직권으로 또는 당사자의 신청에 의하여 결정으로써 피청구인을 경정(更正)할 수 있다.

③ 위원회는 제2항에 따라 피청구인을 경정하는 결정을 하면 결정서 정본을 당사자(종전의 피청구인과 새로운 피청구인을 포함한다. 이하 제6항에서 같다)에게 송달하여야 한다.

④ 제2항에 따른 결정이 있으면 종전의 피청구인에 대한 심판청구는 취하되고 종전의 피청구인에 대한 행정심판이 청구된 때에 새로운 피청구인에 대한 행정심판이 청구된 것으로 본다.

⑤ 위원회는 행정심판이 청구된 후에 제1항 단서의 사유가 발생하면 직권으로 또는 당사자의 신청에 의하여 결정으로써 피청구인을 경정한다. 이 경우에는 제3항과 제4항을 준용한다.

⑥ 당사자는 제2항 또는 제5항에 따른 위원회의 결정에 대하여 결정서 정본을 받은 날부터 7일 이내에 위원회에 이의신청을 할 수 있다.

**제18조 【대리인의 선임】** ① 청구인은 법정대리인 외에 다음 각 호의 어느 하나에 해당하는 자를 대리인으로 선임할 수 있다.

1. 청구인의 배우자, 청구인 또는 배우자의 사촌 이내의 혈족
2. 청구인이 법인이거나 제14조에 따른 청구인 능력이 있는 법인이 아닌 사단 또는 재단인 경우 그 소속 임직원

3. 변호사
4. 다른 법률에 따라 심판청구를 대리할 수 있는 자
5. 그 밖에 위원회의 허가를 받은 자

② 피청구인은 그 소속 직원 또는 제1항제3호부터 제5호까지의 어느 하나에 해당하는 자를 대리인으로 선임할 수 있다.

③ 제1항과 제2항에 따른 대리인에 관하여는 제15조제3항 및 제5항을 준용한다.

**제18조의2【국선대리인】** ① 청구인이 경제적 능력으로 인해 대리인을 선임할 수 없는 경우에는 위원회에 국선대리인을 선임하여 줄 것을 신청할 수 있다.

② 위원회는 제1항의 신청에 따른 국선대리인 선정 여부에 대한 결정을 하고, 지체 없이 청구인에게 그 결과를 통지하여야 한다. 이 경우 위원회는 심판청구가 명백히 부적법하거나 이유 없는 경우 또는 권리의 남용이라고 인정되는 경우에는 국선대리인을 선정하지 아니할 수 있다.

③ 국선대리인 신청절차, 국선대리인 지원 요건, 국선대리인의 자격 · 보수 등 국선대리인 운영에 필요한 사항은 국회규칙, 대법원규칙, 헌법재판소규칙, 중앙선거관리위원회규칙 또는 대통령령으로 정한다.

(2017.10.31 본조신설)

**제19조【대표자 등의 자격】** ① 대표자 · 관리인 · 선정대표자 또는 대리인의 자격은 서면으로 소명하여야 한다.

② 청구인이나 피청구인은 대표자 · 관리인 · 선정대표자 또는 대리인이 그 자격을 잃으면 그 사실을 서면으로 위원회에 신고하여야 한다. 이 경우 소명 자료를 함께 제출하여야 한다.

**제20조【심판참가】** ① 행정심판의 결과에 이해관계가 있는 제3자나 행정청은 해당 심판청구에 대한 제7조제6항 또는 제8조제7항에 따른 위원회나 소위원회의 의결이 있기 전까지 그 사건에 대하여 심판참가를 할 수 있다.

② 제1항에 따른 심판참가를 하려는 자는 참가의 취지와 이유를 적은 참가신청서를 위원회에 제출하여야 한다. 이 경우 당사자의 수만큼 참가신청서 부본을 함께 제출하여야 한다.

③ 위원회는 제2항에 따라 참가신청서를 받으면 참가신청서 부본을 당사자에게 송달하여야 한다.

④ 제3항의 경우 위원회는 기간을 정하여 당사자와 다른 참가인에게 제3자의 참가신청에 대한 의견을 제출하도록 할 수 있으며, 당사자와 다른 참가인이 그 기간에 의견을 제출하지 아니하면 의견이 없는 것으로 본다.

⑤ 위원회는 제2항에 따라 참가신청을 받으면 허가 여부를 결정하고, 지체 없이 신청인에게는 결정서 정본을, 당사자와 다른 참가인에게는 결정서 등본을 송달하여야 한다.

⑥ 신청인은 제5항에 따라 송달을 받은 날부터 7일 이내에 위원회에 이의신청을 할 수 있다.

**제21조【심판참가의 요구】** ① 위원회는 필요하다고 인정하면 그 행정심판 결과에 이해관계가 있는 제3자나 행정청에 그 사건 심판에 참가할 것을 요구할 수 있다.

② 제1항의 요구를 받은 제3자나 행정청은 지체 없이 그 사건 심판에 참가할 것인지 여부를 위원회에 통지하여야 한다.

**제22조【참가인의 지위】** ① 참가인은 행정심판 절차에서 당사자가 할 수 있는 심판절차상의 행위를 할 수 있다.

② 이 법에 따라 당사자가 위원회에 서류를 제출할 때에는 참가인의 수만큼 부본을 제출하여야 하고, 위원회가 당사자에게 통지를 하거나 서류를 송달할 때에는 참가인에게도 통지하거나 송달하여야 한다.

③ 참가인의 대리인 선임과 대표자 자격 및 서류 제출에 관하여는 제18조, 제19조 및 이 조 제2항을 준용한다.

## 제4장 행정심판 청구

**제23조 【심판청구서의 제출】** ① 행정심판을 청구하려는 자는 제28조에 따라 심판청구서를 작성하여 피청구인이나 위원회에 제출하여야 한다. 이 경우 피청구인의 수만큼 심판청구서 부본을 함께 제출하여야 한다.

② 행정청이 제58조에 따른 고지를 하지 아니하거나 잘못 고지하여 청구인이 심판청구서를 다른 행정기관에 제출한 경우에는 그 행정기관은 그 심판청구서를 지체 없이 정당한 권한이 있는 피청구인에게 보내야 한다.

③ 제2항에 따라 심판청구서를 보낸 행정기관은 지체 없이 그 사실을 청구인에게 알려야 한다.

④ 제27조에 따른 심판청구 기간을 계산할 때에는 제1항에 따른 피청구인이나 위원회 또는 제2항에 따른 행정기관에 심판청구서가 제출되었을 때에 행정심판이 청구된 것으로 본다.

**제24조 【피청구인의 심판청구서 등의 접수 · 처리】** ① 피청구인이 제23조제1항 · 제2항 또는 제26조제1항에 따라 심판청구서를 접수하거나 송부받으면 10일 이내에 심판청구서(제23조제1항 · 제2항의 경우만 해당된다)와 답변서를 위원회에 보내야 한다. 다만, 청구인이 심판청구를 취하한 경우에는 그러하지 아니하다.

② 제1항에도 불구하고 심판청구가 그 내용이 특정되지 아니하는 등 명백히 부적법하다고 판단되는 경우에 피청구인은 답변서를 위원회에 보내지 아니할 수 있다. 이 경우 심판청구서를 접수하거나 송부받은 날부터 10일 이내에 그 사유를 위원회에 문서로 통보하여야 한다.(2023.3.21 본항신설)

③ 제2항에도 불구하고 위원장이 심판청구에 대하여 답변서 제출을 요구하면 피청구인은 위원장으로부터 답변서 제출을 요구받은 날부터 10일 이내에 위원회에 답변서를 제출하여야 한다.
(2023.3.21 본항신설)

④ 피청구인은 처분의 상대방이 아닌 제3자가 심판청구를 한 경우에는 지체 없이 처분의 상대방에게 그 사실을 알려야 한다. 이 경우 심판청구서 사본을 함께 송달하여야 한다.(2023.3.21 본항개정)

⑤ 피청구인이 제1항 본문에 따라 심판청구서를 보낼 때에는 심판청구서에 위원회가 표시되지 아니하였거나 잘못 표시된 경우에도 정당한 권한이 있는 위원회에 보내야 한다.(2023.3.21 본항개정)

⑥ 피청구인은 제1항 본문 또는 제3항에 따라 답변서를 보낼 때에는 청구인의 수만큼 답변서 부본을 함께 보내되, 답변서에는 다음 각 호의 사항을 명확하게 적어야 한다.(2023.3.21 본문개정)

1. 처분이나 부작위의 근거와 이유
2. 심판청구의 취지와 이유에 대응하는 답변
3. 제4항에 해당하는 경우에는 처분의 상대방의 이름 · 주소 · 연락처와 제4항의 의무 이행 여부(2023.3.21 본호개정)

⑦ 제4항과 제5항의 경우에 피청구인은 송부 사실을 지체 없이 청구인에게 알려야 한다.(2023.3.21 본항개정)

⑧ 중앙행정심판위원회에서 심리 · 재결하는 사건인 경우 피청구인은 제1항 또는 제3항에 따라 위원회에 심판청구서 또는 답변서를 보낼 때에는 소관 중앙행정기관의 장에게도 그 심판청구 · 답변의 내용을 알려야 한다.
(2023.3.21 본항개정)

**제25조【피청구인의 직권취소등】** ① 제23조제1항·제2항 또는 제26조제1항에 따라 심판청구서를 받은 피청구인은 그 심판청구가 이유 있다고 인정하면 심판청구의 취지에 따라 직권으로 처분을 취소·변경하거나 확인을 하거나 신청에 따른 처분(이하 이 조에서 "직권취소등"이라 한다)을 할 수 있다. 이 경우 서면으로 청구인에게 알려야 한다.

② 피청구인은 제1항에 따라 직권취소등을 하였을 때에는 청구인이 심판청구를 취하한 경우가 아니면 제24조제1항 본문에 따라 심판청구서·답변서를 보내거나 같은 조 제3항에 따라 답변서를 보낼 때 직권취소등의 사실을 증명하는 서류를 위원회에 함께 제출하여야 한다.(2023.3.21 본항개정)

**제26조【위원회의 심판청구서 등의 접수·처리】** ① 위원회는 제23조제1항에 따라 심판청구서를 받으면 지체 없이 피청구인에게 심판청구서 부본을 보내야 한다.

② 위원회는 제24조제1항 본문 또는 제3항에 따라 피청구인으로부터 답변서가 제출된 경우 답변서 부본을 청구인에게 송달하여야 한다.(2023.3.21 본항개정)

**제27조【심판청구의 기간】** ① 행정심판은 처분이 있음을 알게 된 날부터 90일 이내에 청구하여야 한다.

② 청구인이 천재지변, 전쟁, 사변(事變), 그 밖의 불가항력으로 인하여 제1항에서 정한 기간에 심판청구를 할 수 없었을 때에는 그 사유가 소멸한 날부터 14일 이내에 행정심판을 청구할 수 있다. 다만, 국외에서 행정심판을 청구하는 경우에는 그 기간을 30일로 한다.

③ 행정심판은 처분이 있었던 날부터 180일이 지나면 청구하지 못한다. 다만, 정당한 사유가 있는 경우에는 그러하지 아니하다.

④ 제1항과 제2항의 기간은 불변기간(不變期間)으로 한다.

⑤ 행정청이 심판청구 기간을 제1항에 규정된 기간보다 긴 기간으로 잘못 알린 경우 그 잘못 알린 기간에 심판청구가 있으면 그 행정심판은 제1항에 규정된 기간에 청구된 것으로 본다.

⑥ 행정청이 심판청구 기간을 알리지 아니한 경우에는 제3항에 규정된 기간에 심판청구를 할 수 있다.

⑦ 제1항부터 제6항까지의 규정은 무효등확인심판청구와 부작위에 대한 의무이행심판청구에는 적용하지 아니한다.

**제28조【심판청구의 방식】** ① 심판청구는 서면으로 하여야 한다.

② 처분에 대한 심판청구의 경우에는 심판청구서에 다음 각 호의 사항이 포함되어야 한다.

1. 청구인의 이름과 주소 또는 사무소(주소 또는 사무소 외의 장소에서 송달받기를 원하면 송달장소를 추가로 적어야 한다)
2. 피청구인과 위원회
3. 심판청구의 대상이 되는 처분의 내용
4. 처분이 있음을 알게 된 날
5. 심판청구의 취지와 이유
6. 피청구인의 행정심판 고지 유무와 그 내용

③ 부작위에 대한 심판청구의 경우에는 제2항제1호·제2호·제5호의 사항과 그 부작위의 전제가 되는 신청의 내용과 날짜를 적어야 한다.

④ 청구인이 법인이거나 제14조에 따른 청구인 능력이 있는 법인이 아닌 사단 또는 재단이거나 행정심판이 선정대표자나 대리인에 의하여 청구되는 것일 때에는 제2항 또는 제3항의 사항과 함께 그 대표자·관리인·선정대표자 또는 대리인의 이름과 주소를 적어야 한다.

⑤ 심판청구서에는 청구인 · 대표자 · 관리인 · 선정대표자 또는 대리인이 서명하거나 날인하여야 한다.

**제29조 【청구의 변경】** ① 청구인은 청구의 기초에 변경이 없는 범위에서 청구의 취지나 이유를 변경할 수 있다.

② 행정심판이 청구된 후에 피청구인이 새로운 처분을 하거나 심판청구의 대상인 처분을 변경한 경우에는 청구인은 새로운 처분이나 변경된 처분에 맞추어 청구의 취지나 이유를 변경할 수 있다.

③ 제1항 또는 제2항에 따른 청구의 변경은 서면으로 신청하여야 한다. 이 경우 피청구인과 참가인의 수만큼 청구변경신청서 부본을 함께 제출하여야 한다.

④ 위원회는 제3항에 따른 청구변경신청서 부본을 피청구인과 참가인에게 송달하여야 한다.

⑤ 제4항의 경우 위원회는 기간을 정하여 피청구인과 참가인에게 청구변경 신청에 대한 의견을 제출하도록 할 수 있으며, 피청구인과 참가인이 그 기간에 의견을 제출하지 아니하면 의견이 없는 것으로 본다.

⑥ 위원회는 제1항 또는 제2항의 청구변경 신청에 대하여 허가할 것인지 여부를 결정하고, 지체 없이 신청인에게는 결정서 정본을, 당사자 및 참가인에게는 결정서 등본을 송달하여야 한다.

⑦ 신청인은 제6항에 따라 송달을 받은 날부터 7일 이내에 위원회에 이의신청을 할 수 있다.

⑧ 청구의 변경결정이 있으면 처음 행정심판이 청구되었을 때부터 변경된 청구의 취지나 이유로 행정심판이 청구된 것으로 본다.

**제30조 【집행정지】** ① 심판청구는 처분의 효력이나 그 집행 또는 절차의 속행(續行)에 영향을 주지 아니한다.

② 위원회는 처분, 처분의 집행 또는 절차의 속행 때문에 중대한 손해가 생기는 것을 예방할 필요성이 긴급하다고 인정할 때에는 직권으로 또는 당사자의 신청에 의하여 처분의 효력, 처분의 집행 또는 절차의 속행의 전부 또는 일부의 정지(이하 "집행정지"라 한다)를 결정할 수 있다. 다만, 처분의 효력정지는 처분의 집행 또는 절차의 속행을 정지함으로써 그 목적을 달성할 수 있을 때에는 허용되지 아니한다.

③ 집행정지는 공공복리에 중대한 영향을 미칠 우려가 있을 때에는 허용되지 아니한다.

④ 위원회는 집행정지를 결정한 후에 집행정지가 공공복리에 중대한 영향을 미치거나 그 정지사유가 없어진 경우에는 직권으로 또는 당사자의 신청에 의하여 집행정지 결정을 취소할 수 있다.

⑤ 집행정지 신청은 심판청구와 동시에 또는 심판청구에 대한 제7조제6항 또는 제8조제7항에 따른 위원회나 소위원회의 의결이 있기 전까지, 집행정지 결정의 취소신청은 심판청구에 대한 제7조제6항 또는 제8조제7항에 따른 위원회나 소위원회의 의결이 있기 전까지 신청의 취지와 원인을 적은 서면을 위원회에 제출하여야 한다. 다만, 심판청구서를 피청구인에게 제출한 경우로서 심판청구와 동시에 집행정지 신청을 할 때에는 심판청구서 사본과 접수증명서를 함께 제출하여야 한다.

⑥ 제2항과 제4항에도 불구하고 위원회의 심리 · 결정을 기다릴 경우 중대한 손해가 생길 우려가 있다고 인정되면 위원장은 직권으로 위원회의 심리 · 결정을 갈음하는 결정을 할 수 있다. 이 경우 위원장은 지체 없이 위원회에 그 사실을 보고하고 추인(追認)을 받아야 하며, 위원회의 추인을 받지 못하면 위원장은 집행정지 또는 집행

정지 취소에 관한 결정을 취소하여야 한다.
⑦ 위원회는 집행정지 또는 집행정지의 취소에 관하여 심리·결정하면 지체 없이 당사자에게 결정서 정본을 송달하여야 한다.

**제31조【임시처분】** ① 위원회는 처분 또는 부작위가 위법·부당하다고 상당히 의심되는 경우로서 처분 또는 부작위 때문에 당사자가 받을 우려가 있는 중대한 불이익이나 당사자에게 생길 급박한 위험을 막기 위하여 임시지위를 정하여야 할 필요가 있는 경우에는 직권으로 또는 당사자의 신청에 의하여 임시처분을 결정할 수 있다.
② 제1항에 따른 임시처분에 관하여는 제30조제3항부터 제7항까지를 준용한다. 이 경우 같은 조 제6항 전단 중 "중대한 손해가 생길 우려"는 "중대한 불이익이나 급박한 위험이 생길 우려"로 본다.
③ 제1항에 따른 임시처분은 제30조제2항에 따른 집행정지로 목적을 달성할 수 있는 경우에는 허용되지 아니한다.

## 제5장 심 리

**제32조【보정】** ① 위원회는 심판청구가 적법하지 아니하나 보정(補正)할 수 있다고 인정하면 기간을 정하여 청구인에게 보정할 것을 요구할 수 있다. 다만, 경미한 사항은 직권으로 보정할 수 있다.
② 청구인은 제1항의 요구를 받으면 서면으로 보정하여야 한다. 이 경우 다른 당사자의 수만큼 보정서 부본을 함께 제출하여야 한다.
③ 위원회는 제2항에 따라 제출된 보정서 부본을 지체 없이 다른 당사자에게 송달하여야 한다.
④ 제1항에 따른 보정을 한 경우에는 처음부터 적법하게 행정심판이 청구된 것으로 본다.
⑤ 제1항에 따른 보정기간은 제45조에 따른 재결 기간에 산입하지 아니한다.
⑥ 위원회는 청구인이 제1항에 따른 보정기간 내에 그 흠을 보정하지 아니한 경우에는 그 심판청구를 각하할 수 있다.(2023.3.21 본항신설)

**제32조의2【보정할 수 없는 심판청구의 각하】** 위원회는 심판청구서에 타인을 비방하거나 모욕하는 내용 등이 기재되어 청구 내용을 특정할 수 없고 그 흠을 보정할 수 없다고 인정되는 경우에는 제32조제1항에 따른 보정요구 없이 그 심판청구를 각하할 수 있다.
(2023.3.21 본조신설)

**제33조【주장의 보충】** ① 당사자는 심판청구서·보정서·답변서·참가신청서 등에서 주장한 사실을 보충하고 다른 당사자의 주장을 다시 반박하기 위하여 필요하면 위원회에 보충서면을 제출할 수 있다. 이 경우 다른 당사자의 수만큼 보충서면 부본을 함께 제출하여야 한다.
② 위원회는 필요하다고 인정하면 보충서면의 제출기한을 정할 수 있다.
③ 위원회는 제1항에 따라 보충서면을 받으면 지체 없이 다른 당사자에게 그 부본을 송달하여야 한다.

**제34조【증거서류 등의 제출】** ① 당사자는 심판청구서·보정서·답변서·참가신청서·보충서면 등에 덧붙여 그 주장을 뒷받침하는 증거서류나 증거물을 제출할 수 있다.
② 제1항의 증거서류에는 다른 당사자의 수만큼 증거서류 부본을 함께 제출하여야 한다.
③ 위원회는 당사자가 제출한 증거서류의 부본을 지체 없이 다른 당사자에게 송달하여야 한다.

**제35조【자료의 제출 요구 등】** ① 위원회는 사건 심리에 필요하면 관계 행

정기관이 보관 중인 관련 문서, 장부, 그 밖에 필요한 자료를 제출할 것을 요구할 수 있다.

② 위원회는 필요하다고 인정하면 사건과 관련된 법령을 주관하는 행정기관이나 그 밖의 관계 행정기관의 장 또는 그 소속 공무원에게 위원회 회의에 참석하여 의견을 진술할 것을 요구하거나 의견서를 제출할 것을 요구할 수 있다.

③ 관계 행정기관의 장은 특별한 사정이 없으면 제1항과 제2항에 따른 위원회의 요구에 따라야 한다.

④ 중앙행정심판위원회에서 심리·재결하는 심판청구의 경우 소관 중앙행정기관의 장은 의견서를 제출하거나 위원회에 출석하여 의견을 진술할 수 있다.

**제36조【증거조사】** ① 위원회는 사건을 심리하기 위하여 필요하면 직권으로 또는 당사자의 신청에 의하여 다음 각 호의 방법에 따라 증거조사를 할 수 있다.

1. 당사자나 관계인(관계 행정기관 소속 공무원을 포함한다. 이하 같다)을 위원회의 회의에 출석하게 하여 신문(訊問)하는 방법
2. 당사자나 관계인이 가지고 있는 문서·장부·물건 또는 그 밖의 증거자료의 제출을 요구하고 영치(領置)하는 방법
3. 특별한 학식과 경험을 가진 제3자에게 감정을 요구하는 방법
4. 당사자 또는 관계인의 주소·거소·사업장이나 그 밖의 필요한 장소에 출입하여 당사자 또는 관계인에게 질문하거나 서류·물건 등을 조사·검증하는 방법

② 위원회는 필요하면 위원회가 소속된 행정청의 직원이나 다른 행정기관에 촉탁하여 제1항의 증거조사를 하게 할 수 있다.

③ 제1항에 따른 증거조사를 수행하는 사람은 그 신분을 나타내는 증표를 지니고 이를 당사자나 관계인에게 내보여야 한다.

④ 제1항에 따른 당사자 등은 위원회의 조사나 요구 등에 성실하게 협조하여야 한다.

**제37조【절차의 병합 또는 분리】** 위원회는 필요하면 관련되는 심판청구를 병합하여 심리하거나 병합된 관련 청구를 분리하여 심리할 수 있다.

**제38조【심리기일의 지정과 변경】** ① 심리기일은 위원회가 직권으로 지정한다.

② 심리기일의 변경은 직권으로 또는 당사자의 신청에 의하여 한다.

③ 위원회는 심리기일이 변경되면 지체 없이 그 사실과 사유를 당사자에게 알려야 한다.

④ 심리기일의 통지나 심리기일 변경의 통지는 서면으로 하거나 심판청구서에 적힌 전화, 휴대전화를 이용한 문자전송, 팩시밀리 또는 전자우편 등 간편한 통지 방법(이하 "간이통지방법"이라 한다)으로 할 수 있다.

**제39조【직권심리】** 위원회는 필요하면 당사자가 주장하지 아니한 사실에 대하여도 심리할 수 있다.

**제40조【심리의 방식】** ① 행정심판의 심리는 구술심리나 서면심리로 한다. 다만, 당사자가 구술심리를 신청한 경우에는 서면심리만으로 결정할 수 있다고 인정되는 경우 외에는 구술심리를 하여야 한다.

② 위원회는 제1항 단서에 따라 구술심리 신청을 받으면 그 허가 여부를 결정하여 신청인에게 알려야 한다.

③ 제2항의 통지는 간이통지방법으로 할 수 있다.

**제41조【발언 내용 등의 비공개】** 위원회에서 위원이 발언한 내용이나 그 밖에 공개되면 위원회의 심리·재결의 공정성을 해칠 우려가 있는 사항으로

서 대통령령으로 정하는 사항은 공개하지 아니한다.

**제42조 【심판청구 등의 취하】** ① 청구인은 심판청구에 대하여 제7조제6항 또는 제8조제7항에 따른 의결이 있을 때까지 서면으로 심판청구를 취하할 수 있다.

② 참가인은 심판청구에 대하여 제7조제6항 또는 제8조제7항에 따른 의결이 있을 때까지 서면으로 참가신청을 취하할 수 있다.

③ 제1항 또는 제2항에 따른 취하서에는 청구인이나 참가인이 서명하거나 날인하여야 한다.

④ 청구인 또는 참가인은 취하서를 피청구인 또는 위원회에 제출하여야 한다. 이 경우 제23조제2항부터 제4항까지의 규정을 준용한다.

⑤ 피청구인 또는 위원회는 계속 중인 사건에 대하여 제1항 또는 제2항에 따른 취하서를 받으면 지체 없이 다른 관계 기관, 청구인, 참가인에게 취하 사실을 알려야 한다.

## 제6장 재 결

**제43조 【재결의 구분】** ① 위원회는 심판청구가 적법하지 아니하면 그 심판청구를 각하(却下)한다.

② 위원회는 심판청구가 이유가 없다고 인정하면 그 심판청구를 기각(棄却)한다.

③ 위원회는 취소심판의 청구가 이유가 있다고 인정하면 처분을 취소 또는 다른 처분으로 변경하거나 처분을 다른 처분으로 변경할 것을 피청구인에게 명한다.

④ 위원회는 무효등확인심판의 청구가 이유가 있다고 인정하면 처분의 효력 유무 또는 처분의 존재 여부를 확인한다.

⑤ 위원회는 의무이행심판의 청구가 이유가 있다고 인정하면 지체 없이 신청에 따른 처분을 하거나 처분을 할 것을 피청구인에게 명한다.

**제43조의2 【조정】** ① 위원회는 당사자의 권리 및 권한의 범위에서 당사자의 동의를 받아 심판청구의 신속하고 공정한 해결을 위하여 조정을 할 수 있다. 다만, 그 조정이 공공복리에 적합하지 아니하거나 해당 처분의 성질에 반하는 경우에는 그러하지 아니하다.

② 위원회는 제1항의 조정을 함에 있어서 심판청구된 사건의 법적·사실적 상태와 당사자 및 이해관계자의 이익 등 모든 사정을 참작하고, 조정의 이유와 취지를 설명하여야 한다.

③ 조정은 당사자가 합의한 사항을 조정서에 기재한 후 당사자가 서명 또는 날인하고 위원회가 이를 확인함으로써 성립한다.

④ 제3항에 따른 조정에 대하여는 제48조부터 제50조까지, 제50조의2, 제51조의 규정을 준용한다.

(2017.10.31 본조신설)

**제44조 【사정재결】** ① 위원회는 심판청구가 이유가 있다고 인정하는 경우에도 이를 인용(認容)하는 것이 공공복리에 크게 위배된다고 인정하면 그 심판청구를 기각하는 재결을 할 수 있다. 이 경우 위원회는 재결의 주문(主文)에서 그 처분 또는 부작위가 위법하거나 부당하다는 것을 구체적으로 밝혀야 한다.

② 위원회는 제1항에 따른 재결을 할 때에는 청구인에 대하여 상당한 구제방법을 취하거나 상당한 구제방법을 취할 것을 피청구인에게 명할 수 있다.

③ 제1항과 제2항은 무효등확인심판에는 적용하지 아니한다.

**제45조 【재결 기간】** ① 재결은 제23조에 따라 피청구인 또는 위원회가 심판청구서를 받은 날부터 60일 이내에 하여야 한다. 다만, 부득이한 사정이 있

는 경우에는 위원장이 직권으로 30일을 연장할 수 있다.

② 위원장은 제1항 단서에 따라 재결 기간을 연장할 경우에는 재결 기간이 끝나기 7일 전까지 당사자에게 알려야 한다.

**제46조【재결의 방식】** ① 재결은 서면으로 한다.

② 제1항에 따른 재결서에는 다음 각 호의 사항이 포함되어야 한다.

1. 사건번호와 사건명
2. 당사자 · 대표자 또는 대리인의 이름과 주소
3. 주문
4. 청구의 취지
5. 이유
6. 재결한 날짜

③ 재결서에 적는 이유에는 주문 내용이 정당하다는 것을 인정할 수 있는 정도의 판단을 표시하여야 한다.

**제47조【재결의 범위】** ① 위원회는 심판청구의 대상이 되는 처분 또는 부작위 외의 사항에 대하여는 재결하지 못한다.

② 위원회는 심판청구의 대상이 되는 처분보다 청구인에게 불리한 재결을 하지 못한다.

**제48조【재결의 송달과 효력 발생】**

① 위원회는 지체 없이 당사자에게 재결서의 정본을 송달하여야 한다. 이 경우 중앙행정심판위원회는 재결 결과를 소관 중앙행정기관의 장에게도 알려야 한다.

② 재결은 청구인에게 제1항 전단에 따라 송달되었을 때에 그 효력이 생긴다.

③ 위원회는 재결서의 등본을 지체 없이 참가인에게 송달하여야 한다.

④ 처분의 상대방이 아닌 제3자가 심판청구를 한 경우 위원회는 재결서의 등본을 지체 없이 피청구인을 거쳐 처분의 상대방에게 송달하여야 한다.

**제49조【재결의 기속력 등】** ① 심판청구를 인용하는 재결은 피청구인과 그 밖의 관계 행정청을 기속(羈束)한다.

② 재결에 의하여 취소되거나 무효 또는 부존재로 확인되는 처분이 당사자의 신청을 거부하는 것을 내용으로 하는 경우에는 그 처분을 한 행정청은 재결의 취지에 따라 다시 이전의 신청에 대한 처분을 하여야 한다.(2017.4.18 본항신설)

③ 당사자의 신청을 거부하거나 부작위로 방치한 처분의 이행을 명하는 재결이 있으면 행정청은 지체 없이 이전의 신청에 대하여 재결의 취지에 따라 처분을 하여야 한다.

④ 신청에 따른 처분이 절차의 위법 또는 부당을 이유로 재결로써 취소된 경우에는 제2항을 준용한다.

⑤ 법령의 규정에 따라 공고하거나 고시한 처분이 재결로써 취소되거나 변경되면 처분을 한 행정청은 지체 없이 그 처분이 취소 또는 변경되었다는 것을 공고하거나 고시하여야 한다.

⑥ 법령의 규정에 따라 처분의 상대방 외의 이해관계인에게 통지된 처분이 재결로써 취소되거나 변경되면 처분을 한 행정청은 지체 없이 그 이해관계인에게 그 처분이 취소 또는 변경되었다는 것을 알려야 한다.

**제50조【위원회의 직접 처분】** ① 위원회는 피청구인이 제49조제3항에도 불구하고 처분을 하지 아니하는 경우에는 당사자가 신청하면 기간을 정하여 서면으로 시정을 명하고 그 기간에 이행하지 아니하면 직접 처분을 할 수 있다. 다만, 그 처분의 성질이나 그 밖의 불가피한 사유로 위원회가 직접 처분을 할 수 없는 경우에는 그러하지 아니하다.(2017.4.18 본문개정)

② 위원회는 제1항 본문에 따라 직접 처분을 하였을 때에는 그 사실을 해당 행정청에 통보하여야 하며, 그 통보를 받은 행정청은 위원회가 한 처분을 자

기가 한 처분으로 보아 관계 법령에 따라 관리·감독 등 필요한 조치를 하여야 한다.

**제50조의2【위원회의 간접강제】** ① 위원회는 피청구인이 제49조제2항(제49조제4항에서 준용하는 경우를 포함한다) 또는 제3항에 따른 처분을 하지 아니하면 청구인의 신청에 의하여 결정으로 상당한 기간을 정하고 피청구인이 그 기간 내에 이행하지 아니하는 경우에는 그 지연기간에 따라 일정한 배상을 하도록 명하거나 즉시 배상을 할 것을 명할 수 있다.

② 위원회는 사정의 변경이 있는 경우에는 당사자의 신청에 의하여 제1항에 따른 결정의 내용을 변경할 수 있다.

③ 위원회는 제1항 또는 제2항에 따른 결정을 하기 전에 신청 상대방의 의견을 들어야 한다.

④ 청구인은 제1항 또는 제2항에 따른 결정에 불복하는 경우 그 결정에 대하여 행정소송을 제기할 수 있다.

⑤ 제1항 또는 제2항에 따른 결정의 효력은 피청구인인 행정청이 소속된 국가·지방자치단체 또는 공공단체에 미치며, 결정서 정본은 제4항에 따른 소송제기와 관계없이 「민사집행법」에 따른 강제집행에 관하여는 집행권원과 같은 효력을 가진다. 이 경우 집행문은 위원장의 명에 따라 위원회가 소속된 행정청 소속 공무원이 부여한다.

⑥ 간접강제 결정에 기초한 강제집행에 관하여 이 법에 특별한 규정이 없는 사항에 대하여는 「민사집행법」의 규정을 준용한다. 다만, 「민사집행법」 제33조(집행문부여의 소), 제34조(집행문부여 등에 관한 이의신청), 제44조(청구에 관한 이의의 소) 및 제45조(집행문부여에 대한 이의의 소)에서 관할 법원은 피청구인의 소재지를 관할하는 행정법원으로 한다.

(2017.4.18 본조신설)

**제51조【행정심판 재청구의 금지】** 심판청구에 대한 재결이 있으면 그 재결 및 같은 처분 또는 부작위에 대하여 다시 행정심판을 청구할 수 없다.

## 제7장 전자정보처리조직을 통한 행정심판 절차의 수행

**제52조【전자정보처리조직을 통한 심판청구 등】** ① 이 법에 따른 행정심판 절차를 밟는 자는 심판청구서와 그 밖의 서류를 전자문서화하고 이를 정보통신망을 이용하여 위원회에서 지정·운영하는 전자정보처리조직(행정심판 절차에 필요한 전자문서를 작성·제출·송달할 수 있도록 하는 하드웨어, 소프트웨어, 데이터베이스, 네트워크, 보안요소 등을 결합하여 구축한 정보처리능력을 갖춘 전자적 장치를 말한다. 이하 같다)을 통하여 제출할 수 있다.

② 제1항에 따라 제출된 전자문서는 이 법에 따라 제출된 것으로 보며, 부본을 제출할 의무는 면제된다.

③ 제1항에 따라 제출된 전자문서는 그 문서를 제출한 사람이 정보통신망을 통하여 전자정보처리조직에서 제공하는 접수번호를 확인하였을 때에 전자정보처리조직에 기록된 내용으로 접수된 것으로 본다.

④ 전자정보처리조직을 통하여 접수된 심판청구의 경우 제27조에 따른 심판청구 기간을 계산할 때에는 제3항에 따른 접수가 되었을 때 행정심판이 청구된 것으로 본다.

⑤ 전자정보처리조직의 지정내용, 전자정보처리조직을 이용한 심판청구서 등의 접수와 처리 등에 관하여 필요한 사항은 국회규칙, 대법원규칙, 헌법재판소규칙, 중앙선거관리위원회규칙 또는 대통령령으로 정한다.

**제53조【전자서명등】** ① 위원회는 전자정보처리조직을 통하여 행정심판 절차를 밟으려는 자에게 본인(本人)임

을 확인할 수 있는 「전자서명법」 제2조제2호에 따른 전자서명(서명자의 실지명의를 확인할 수 있는 것을 말한다)이나 그 밖의 인증(이하 이 조에서 "전자서명등"이라 한다)을 요구할 수 있다. (2020.6.9 본항개정)

② 제1항에 따라 전자서명등을 한 자는 이 법에 따른 서명 또는 날인을 한 것으로 본다.

③ 전자서명등에 필요한 사항은 국회규칙, 대법원규칙, 헌법재판소규칙, 중앙선거관리위원회규칙 또는 대통령령으로 정한다.

**제54조【전자정보처리조직을 이용한 송달 등】** ① 피청구인 또는 위원회는 제52조제1항에 따라 행정심판을 청구하거나 심판참가를 한 자에게 전자정보처리조직과 그와 연계된 정보통신망을 이용하여 재결서나 이 법에 따른 각종 서류를 송달할 수 있다. 다만, 청구인이나 참가인이 동의하지 아니하는 경우에는 그러하지 아니하다.

② 제1항 본문의 경우 위원회는 송달하여야 하는 재결서 등 서류를 전자정보처리조직에 입력하여 등재한 다음 그 등재 사실을 국회규칙, 대법원규칙, 헌법재판소규칙, 중앙선거관리위원회규칙 또는 대통령령으로 정하는 방법에 따라 전자우편 등으로 알려야 한다.

③ 제1항에 따른 전자정보처리조직을 이용한 서류 송달은 서면으로 한 것과 같은 효력을 가진다.

④ 제1항에 따른 서류의 송달은 청구인이 제2항에 따라 등재된 전자문서를 확인한 때에 전자정보처리조직에 기록된 내용으로 도달한 것으로 본다. 다만, 제2항에 따라 그 등재사실을 통지한 날부터 2주 이내(재결서 외의 서류는 7일 이내)에 확인하지 아니하였을 때에는 등재사실을 통지한 날부터 2주가 지난 날(재결서 외의 서류는 7일이 지난 날)에 도달한 것으로 본다.

⑤ 서면으로 심판청구 또는 심판참가를 한 자가 전자정보처리조직의 이용을 신청한 경우에는 제52조·제53조 및 이 조를 준용한다.

⑥ 위원회, 피청구인, 그 밖의 관계 행정기관 간의 서류의 송달 등에 관하여는 제52조·제53조 및 이 조를 준용한다.

⑦ 제1항 본문에 따른 송달의 방법이나 그 밖에 필요한 사항은 국회규칙, 대법원규칙, 헌법재판소규칙, 중앙선거관리위원회규칙 또는 대통령령으로 정한다.

## 제8장 보 칙

**제55조【증거서류 등의 반환】** 위원회는 재결을 한 후 증거서류 등의 반환 신청을 받으면 신청인이 제출한 문서·장부·물건이나 그 밖의 증거자료의 원본(原本)을 지체 없이 제출자에게 반환하여야 한다.

**제56조【주소 등 송달장소 변경의 신고의무】** 당사자, 대리인, 참가인 등은 주소나 사무소 또는 송달장소를 바꾸면 그 사실을 바로 위원회에 서면으로 또는 전자정보처리조직을 통하여 신고하여야 한다. 제54조제2항에 따른 전자우편주소 등을 바꾼 경우에도 또한 같다.

**제57조【서류의 송달】** 이 법에 따른 서류의 송달에 관하여는 「민사소송법」 중 송달에 관한 규정을 준용한다.

**제58조【행정심판의 고지】** ① 행정청이 처분을 할 때에는 처분의 상대방에게 다음 각 호의 사항을 알려야 한다.

1. 해당 처분에 대하여 행정심판을 청구할 수 있는지
2. 행정심판을 청구하는 경우의 심판청구 절차 및 심판청구 기간

② 행정청은 이해관계인이 요구하면 다음 각 호의 사항을 지체 없이 알려주어야 한다. 이 경우 서면으로 알려줄 것을 요구받으면 서면으로 알려 주어야 한다.

1. 해당 처분이 행정심판의 대상이 되는 처분인지
2. 행정심판의 대상이 되는 경우 소관 위원회 및 심판청구 기간

**제59조【불합리한 법령 등의 개선】** ① 중앙행정심판위원회는 심판청구를 심리·재결할 때에 처분 또는 부작위의 근거가 되는 명령 등(대통령령·총리령·부령·훈령·예규·고시·조례·규칙 등을 말한다. 이하 같다)이 법령에 근거가 없거나 상위 법령에 위배되거나 국민에게 과도한 부담을 주는 등 크게 불합리하면 관계 행정기관에 그 명령 등의 개정·폐지 등 적절한 시정조치를 요청할 수 있다. 이 경우 중앙행정심판위원회는 시정조치를 요청한 사실을 법제처장에게 통보하여야 한다.(2016.3.29 후단신설)

② 제1항에 따른 요청을 받은 관계 행정기관은 정당한 사유가 없으면 이에 따라야 한다.

**제60조【조사·지도 등】** ① 중앙행정심판위원회는 행정청에 대하여 다음 각 호의 사항 등을 조사하고, 필요한 지도를 할 수 있다.

1. 위원회 운영 실태
2. 재결 이행 상황
3. 행정심판의 운영 현황

② 행정청은 이 법에 따른 행정심판을 거쳐 「행정소송법」에 따른 항고소송이 제기된 사건에 대하여 그 내용이나 결과 등 대통령령으로 정하는 사항을 반기마다 그 다음 달 15일까지 해당 심판청구에 대한 재결을 한 중앙행정심판위원회 또는 제6조제3항에 따라 시·도지사 소속으로 두는 행정심판위원회에 알려야 한다.

③ 제6조제3항에 따라 시·도지사 소속으로 두는 행정심판위원회는 중앙행정심판위원회가 요청하면 제2항에 따라 수집한 자료를 제출하여야 한다.

**제61조【권한의 위임】** 이 법에 따른 위원회의 권한 중 일부를 국회규칙, 대법원규칙, 헌법재판소규칙, 중앙선거관리위원회규칙 또는 대통령령으로 정하는 바에 따라 위원장에게 위임할 수 있다.

부 칙

**제1조【시행일】** 이 법은 공포 후 6개월이 경과한 날부터 시행한다. 다만, 제60조제2항 및 제3항의 개정규정은 공포한 날부터 시행한다.

**제2조【특별행정심판 신설 등의 사전협의에 관한 적용례】** 제4조제3항의 개정규정은 이 법 시행 후 최초로 입법예고를 하는 법령안부터 적용한다.

**제3조【위원회 위원의 자격에 관한 적용례】** 제7조제4항 및 제8조제4항의 개정규정은 이 법 시행 후 최초로 위촉하는 위원부터 적용한다.

**제4조【조사·지도 등에 관한 특례】** ① 행정청은 제60조제2항의 개정규정에 따라 최초로 관련 자료를 제출할 때에는 같은 항에도 불구하고 2009년도분의 관련 자료를 2010년 3월 31일까지 제출하여야 한다.

② 제60조제2항 및 제3항의 개정규정을 적용할 때 부칙 제1조 본문에 따른 이 법 시행일의 전날까지는 제60조제2항 및 제3항의 개정규정 중 "중앙행정심판위원회"를 각각 "국무총리행정심판위원회"로 본다.

**제5조【위원회에 관한 경과조치】** 이 법 시행 당시 종전의 규정에 따른 위원회는 이 법에 따른 위원회로 본다.

**제6조【위원에 관한 경과조치】** 이 법 시행 당시 종전의 규정에 따른 위원회 위원은 이 법에 따라 위원회 위원으로 임명 또는 위촉된 것으로 본다. 이 경우 위원의 임기는 잔여기간으로 한다.

**제7조【계속 중인 사건에 관한 경과조치】** ① 이 법은 이 법 또는 다른 법률에 특별한 규정이 없으면 이 법 시행 전에 청구되어 계속 중인 사건에도 적용한다. 다만, 종전의 규정에 따라 이

미 효력이 발생한 사항에는 영향을 미치지 아니한다.

② 제1항 본문에도 불구하고 이 법 시행 전에 종전의 제6조제6항 및 제6조의2제7항에 따른 위원회의 의결이 있었던 사건에 대하여는 종전의 위원회에서 재결한다.

③ 제1항 본문에도 불구하고 이 법 시행 전에 청구되어 계속 중인 사건에 대하여 피청구인은 위원회로부터 요청을 받은 경우에만 제24조제2항의 개정규정에 따른 의무를 이행한다.

**제8조【다른 법률의 개정】** ①~⑩ ※(해당 법령에 가제정리 하였음)

**제9조【다른 법령과의 관계】** ① 이 법 시행 당시 다른 법령에서 종전의 「행정심판법」의 규정을 인용하고 있는 경우 이 법에 그에 해당하는 규정이 있으면 종전의 규정을 갈음하여 이 법의 해당 규정을 인용한 것으로 본다.

② 이 법 시행 당시 다른 법령에서 "국무총리행정심판위원회"를 인용하고 있는 경우에는 이 법에 따른 "중앙행정심판위원회"를 인용한 것으로 본다.

부 칙 (2012.2.17)

이 법은 2012년 7월 1일부터 시행한다.

부 칙 (2014.5.28)

**제1조【시행일】** 이 법은 공포한 날부터 시행한다.

**제2조【공무원의 구분 변경에 따른 경과조치】** 이 법 시행 당시 종전의 규정에 따라 중앙행정심판위원회 상임위원으로 재직 중인 별정직공무원은 이 법 시행일에 「국가공무원법」 제26조의5에 따른 임기제공무원으로 임용된 것으로 본다. 이 경우 그 임기는 상임위원으로 임명될 당시 임기의 남은 기간으로 한다.

부 칙 (2016.3.29)

이 법은 공포한 날부터 시행한다.

부 칙 (2017.4.18)

**제1조【시행일】** 이 법은 공포 후 6개월이 경과한 날부터 시행한다.

**제2조【취소재결 등의 기속력 및 간접강제에 관한 적용례】** 제49조제2항 및 제50조의2의 개정규정은 이 법 시행 이후 재결하는 경우부터 적용한다.

부 칙 (2017.10.31)

**제1조【시행일】** 이 법은 공포 후 6개월이 경과한 날부터 시행한다. 다만, 제18조의2의 개정규정은 공포 후 1년이 경과한 날부터 시행한다.

**제2조【국선대리인 및 조정에 관한 적용례】** ① 제43조의2의 개정규정은 이 법 시행 이전에 청구된 사건이라도 적용할 수 있다.

② 제18조의2의 개정규정은 같은 개정규정 시행 이전에 청구된 사건이라도 적용할 수 있다.

부 칙 (2020.6.9)

**제1조【시행일】** 이 법은 공포 후 6개월이 경과한 날부터 시행한다.(이하 생략)

부 칙 (2023.3.21)

**제1조【시행일】** 이 법은 공포한 날부터 시행한다.

**제2조【행정심판 청구 사건에 대한 적용례】** 이 법은 이 법 시행 이후 청구되는 행정심판부터 적용한다.

# 행정소송법

(1984년 12월 15일
전개법률 제3754호)

개정
1988. 8. 5법 4017호(헌재)
1994. 7.27법 4770호
2002. 1.26법 6626호(민사소송법)
2002. 1.26법 6627호(민사집행법)
2013. 3.23법11690호(정부조직)
2014. 5.20법12596호
2014.11.19법12844호(정부조직)
2017. 7.26법14839호(정부조직)



## 제1장 총 칙

**제1조【목적】** 이 법은 행정소송절차를 통하여 행정청의 위법한 처분 그 밖에 공권력의 행사·불행사등으로 인한 국민의 권리 또는 이익의 침해를 구제하고, 공법상의 권리관계 또는 법적용에 관한 다툼을 적정하게 해결함을 목적으로 한다.

**제2조【정의】** ① 이 법에서 사용하는 용어의 정의는 다음과 같다.

1. "처분등"이라 함은 행정청이 행하는 구체적 사실에 관한 법집행으로서의 공권력의 행사 또는 그 거부와 그 밖에 이에 준하는 행정작용(이하 "처분"이라 한다) 및 행정심판에 대한 재결을 말한다.
2. "부작위"라 함은 행정청이 당사자의 신청에 대하여 상당한 기간내에 일정한 처분을 하여야 할 법률상 의무가 있음에도 불구하고 이를 하지 아니하는 것을 말한다.

② 이 법을 적용함에 있어서 행정청에는 법령에 의하여 행정권한의 위임 또는 위탁을 받은 행정기관, 공공단체 및 그 기관 또는 사인이 포함된다.

**제3조【행정소송의 종류】** 행정소송은 다음의 네가지로 구분한다.

1. 항고소송 : 행정청의 처분등이나 부작위에 대하여 제기하는 소송
2. 당사자소송 : 행정청의 처분등을 원인으로 하는 법률관계에 관한 소송 그 밖에 공법상의 법률관계에 관한 소송으로서 그 법률관계의 한쪽 당사자를 피고로 하는 소송
3. 민중소송 : 국가 또는 공공단체의 기관이 법률에 위반되는 행위를 한 때에 직접 자기의 법률상 이익과 관계없이 그 시정을 구하기 위하여 제기하는 소송
4. 기관소송 : 국가 또는 공공단체의 기관 상호간에 있어서의 권한의 존부 또는 그 행사에 관한 다툼이 있을 때에 이에 대하여 제기하는 소송. 다만, 헌법재판소법 제2조의 규정에 의하여 헌법재판소의 관장사항으로 되는 소송은 제외한다.(1988.8.5 단서신설)

**제4조【항고소송】** 항고소송은 다음과 같이 구분한다.

1. 취소소송 : 행정청의 위법한 처분등을 취소 또는 변경하는 소송
2. 무효등 확인소송 : 행정청의 처분등의 효력 유무 또는 존재여부를 확인하는 소송
3. 부작위위법확인소송 : 행정청의 부작위가 위법하다는 것을 확인하는 소송

**제5조【국외에서의 기간】** 이 법에 의한 기간의 계산에 있어서 국외에서의 소송행위추완에 있어서는 그 기간을 14일에서 30일로, 제3자에 의한 재심

청구에 있어서는 그 기간을 30일에서 60일로, 소의 제기에 있어서는 그 기간을 60일에서 90일로 한다.

**제6조 【명령 · 규칙의 위헌판결등 공고】** ① 행정소송에 대한 대법원판결에 의하여 명령 · 규칙이 헌법 또는 법률에 위반된다는 것이 확정된 경우에는 대법원은 지체없이 그 사유를 행정안전부장관에게 통보하여야 한다.

② 제1항의 규정에 의한 통보를 받은 행정안전부장관은 지체없이 이를 관보에 게재하여야 한다.

(2017.7.26 본조개정)

**제7조 【사건의 이송】** 민사소송법 제34조제1항의 규정은 원고의 고의 또는 중대한 과실없이 행정소송이 심급을 달리하는 법원에 잘못 제기된 경우에도 적용한다.(2002.1.26 본조개정)

**제8조 【법적용례】** ① 행정소송에 대하여는 다른 법률에 특별한 규정이 있는 경우를 제외하고는 이 법이 정하는 바에 의한다.

② 행정소송에 관하여 이 법에 특별한 규정이 없는 사항에 대하여는 법원조직법과 민사소송법 및 민사집행법의 규정을 준용한다.(2002.1.26 본항개정)

## 제2장 취소소송

### 제1절 재판관할

**제9조 【재판관할】** ① 취소소송의 제1심관할법원은 피고의 소재지를 관할하는 행정법원으로 한다.(2014.5.20 단서삭제)

② 제1항에도 불구하고 다음 각 호의 어느 하나에 해당하는 피고에 대하여 취소소송을 제기하는 경우에는 대법원 소재지를 관할하는 행정법원에 제기할 수 있다.

1. 중앙행정기관, 중앙행정기관의 부속기관과 합의제행정기관 또는 그 장
2. 국가의 사무를 위임 또는 위탁받은 공공단체 또는 그 장

(2014.5.20 본항신설)

③ 토지의 수용 기타 부동산 또는 특정의 장소에 관계되는 처분등에 대한 취소소송은 그 부동산 또는 장소의 소재지를 관할하는 행정법원에 이를 제기할 수 있다.

(2014.5.20 본조제목개정)

(1994.7.27 본조개정)

**제10조 【관련청구소송의 이송 및 병합】** ① 취소소송과 다음 각호의 1에 해당하는 소송(이하 "관련청구소송"이라 한다)이 각각 다른 법원에 계속되고 있는 경우에 관련청구소송이 계속된 법원이 상당하다고 인정하는 때에는 당사자의 신청 또는 직권에 의하여 이를 취소소송이 계속된 법원으로 이송할 수 있다.

1. 당해 처분등과 관련되는 손해배상 · 부당이득반환 · 원상회복등 청구소송
2. 당해 처분등과 관련되는 취소소송

② 취소소송에는 사실심의 변론종결시까지 관련청구소송을 병합하거나 피고외의 자를 상대로 한 관련청구소송을 취소소송이 계속된 법원에 병합하여 제기할 수 있다.

**제11조 【선결문제】** ① 처분등의 효력 유무 또는 존재 여부가 민사소송의 선결문제로 되어 당해 민사소송의 수소법원이 이를 심리 · 판단하는 경우에는 제17조, 제25조, 제26조 및 제33조의 규정을 준용한다.

② 제1항의 경우 당해 수소법원은 그 처분등을 행한 행정청에게 그 선결문제로 된 사실을 통지하여야 한다.

### 제2절 당사자

**제12조 【원고적격】** 취소소송은 처분등의 취소를 구할 법률상 이익이 있는 자가 제기할 수 있다. 처분등의 효과가

기간의 경과, 처분등의 집행 그 밖의 사유로 인하여 소멸된 뒤에도 그 처분등의 취소로 인하여 회복되는 법률상 이익이 있는 자의 경우에는 또한 같다.

**제13조【피고적격】** ① 취소소송은 다른 법률에 특별한 규정이 없는 한 그 처분등을 행한 행정청을 피고로 한다. 다만, 처분등이 있은 뒤에 그 처분등에 관계되는 권한이 다른 행정청에 승계된 때에는 이를 승계한 행정청을 피고로 한다.

② 제1항의 규정에 의한 행정청이 없게 된 때에는 그 처분등에 관한 사무가 귀속되는 국가 또는 공공단체를 피고로 한다.

**제14조【피고경정】** ① 원고가 피고를 잘못 지정한 때에는 법원은 원고의 신청에 의하여 결정으로써 피고의 경정을 허가할 수 있다.

② 법원은 제1항의 규정에 의한 결정의 정본을 새로운 피고에게 송달하여야 한다.

③ 제1항의 규정에 의한 신청을 각하하는 결정에 대하여는 즉시항고할 수 있다.

④ 제1항의 규정에 의한 결정이 있은 때에는 새로운 피고에 대한 소송은 처음에 소를 제기한 때에 제기된 것으로 본다.

⑤ 제1항의 규정에 의한 결정이 있은 때에는 종전의 피고에 대한 소송은 취하된 것으로 본다.

⑥ 취소소송이 제기된 후에 제13조제1항 단서 또는 제13조제2항에 해당하는 사유가 생긴 때에는 법원은 당사자의 신청 또는 직권에 의하여 피고를 경정한다. 이 경우에는 제4항 및 제5항의 규정을 준용한다.

**제15조【공동소송】** 수인의 청구 또는 수인에 대한 청구가 처분등의 취소청구와 관련되는 청구인 경우에 한하여 그 수인은 공동소송인이 될 수 있다.

**제16조【제3자의 소송참가】** ① 법원은 소송의 결과에 따라 권리 또는 이익의 침해를 받을 제3자가 있는 경우에는 당사자 또는 제3자의 신청 또는 직권에 의하여 결정으로써 그 제3자를 소송에 참가시킬 수 있다.

② 법원이 제1항의 규정에 의한 결정을 하고자 할 때에는 미리 당사자 및 제3자의 의견을 들어야 한다.

③ 제1항의 규정에 의한 신청을 한 제3자는 그 신청을 각하한 결정에 대하여 즉시항고할 수 있다.

④ 제1항의 규정에 의하여 소송에 참가한 제3자에 대하여는 민사소송법 제67조의 규정을 준용한다.(2002.1.26 본항개정)

**제17조【행정청의 소송참가】** ① 법원은 다른 행정청을 소송에 참가시킬 필요가 있다고 인정할 때에는 당사자 또는 당해 행정청의 신청 또는 직권에 의하여 결정으로써 그 행정청을 소송에 참가시킬 수 있다.

② 법원은 제1항의 규정에 의한 결정을 하고자 할 때에는 당사자 및 당해 행정청의 의견을 들어야 한다.

③ 제1항의 규정에 의하여 소송에 참가한 행정청에 대하여는 민사소송법 제76조의 규정을 준용한다.

(2002.1.26 본항개정)

## 제3절 소의 제기

**제18조【행정심판과의 관계】** ① 취소소송은 법령의 규정에 의하여 당해 처분에 대한 행정심판을 제기할 수 있는 경우에도 이를 거치지 아니하고 제기할 수 있다. 다만, 다른 법률에 당해 처분에 대한 행정심판의 재결을 거치지 아니하면 취소소송을 제기할 수 없다는 규정이 있는 때에는 그러하지 아니하다.(1994.7.27 본항개정)

② 제1항 단서의 경우에도 다음 각호

의 1에 해당하는 사유가 있는 때에는 행정심판의 재결을 거치지 아니하고 취소소송을 제기할 수 있다.
(1994.7.27 본문개정)

1. 행정심판청구가 있은 날로부터 60일이 지나도 재결이 없는 때
2. 처분의 집행 또는 절차의 속행으로 생길 중대한 손해를 예방하여야 할 긴급한 필요가 있는 때
3. 법령의 규정에 의한 행정심판기관이 의결 또는 재결을 하지 못할 사유가 있는 때
4. 그 밖의 정당한 사유가 있는 때

③ 제1항 단서의 경우에 다음 각호의 1에 해당하는 사유가 있는 때에는 행정심판을 제기함이 없이 취소소송을 제기할 수 있다.(1994.7.27 본문개정)

1. 동종사건에 관하여 이미 행정심판의 기각재결이 있은 때
2. 서로 내용상 관련되는 처분 또는 같은 목적을 위하여 단계적으로 진행되는 처분중 어느 하나가 이미 행정심판의 재결을 거친 때
3. 행정청이 사실심의 변론종결후 소송의 대상인 처분을 변경하여 당해 변경된 처분에 관하여 소를 제기하는 때
4. 처분을 행한 행정청이 행정심판을 거칠 필요가 없다고 잘못 알린 때

④ 제2항 및 제3항의 규정에 의한 사유는 이를 소명하여야 한다.

**제19조【취소소송의 대상】** 취소소송은 처분등을 대상으로 한다. 다만, 재결취소소송의 경우에는 재결 자체에 고유한 위법이 있음을 이유로 하는 경우에 한한다.

**제20조【제소기간】** ① 취소소송은 처분등이 있음을 안 날부터 90일 이내에 제기하여야 한다. 다만, 제18조제1항 단서에 규정한 경우와 그 밖에 행정심판청구를 할 수 있는 경우 또는 행정청이 행정심판청구를 할 수 있다고 잘못 알린 경우에 행정심판청구가 있은 때의 기간은 재결서의 정본을 송달받은 날부터 기산한다.

② 취소소송은 처분등이 있은 날부터 1년(제1항 단서의 경우는 재결이 있은 날부터 1년)을 경과하면 이를 제기하지 못한다. 다만, 정당한 사유가 있는 때에는 그러하지 아니하다.

③ 제1항의 규정에 의한 기간은 불변기간으로 한다.

(1994.7.27 본조개정)

**제21조【소의 변경】** ① 법원은 취소소송을 당해 처분등에 관계되는 사무가 귀속하는 국가 또는 공공단체에 대한 당사자소송 또는 취소소송외의 항고소송으로 변경하는 것이 상당하다고 인정할 때에는 청구의 기초에 변경이 없는 한 사실심의 변론종결시까지 원고의 신청에 의하여 결정으로써 소의 변경을 허가할 수 있다.

② 제1항의 규정에 의한 허가를 하는 경우 피고를 달리하게 될 때에는 법원은 새로이 피고로 될 자의 의견을 들어야 한다.

③ 제1항의 규정에 의한 허가결정에 대하여는 즉시항고할 수 있다.

④ 제1항의 규정에 의한 허가결정에 대하여는 제14조제2항·제4항 및 제5항의 규정을 준용한다.

**제22조【처분변경으로 인한 소의 변경】** ① 법원은 행정청이 소송의 대상인 처분을 소가 제기된 후 변경한 때에는 원고의 신청에 의하여 결정으로써 청구의 취지 또는 원인의 변경을 허가할 수 있다.

② 제1항의 규정에 의한 신청은 처분의 변경이 있음을 안 날로부터 60일이내에 하여야 한다.

③ 제1항의 규정에 의하여 변경되는 청구는 제18조제1항 단서의 규정에 의한 요건을 갖춘 것으로 본다.

(1994.7.27 본항개정)

**제23조【집행정지】** ① 취소소송의 제기는 처분등의 효력이나 그 집행 또는 절차의 속행에 영향을 주지 아니한다.

② 취소소송이 제기된 경우에 처분등이나 그 집행 또는 절차의 속행으로 인하여 생길 회복하기 어려운 손해를 예방하기 위하여 긴급한 필요가 있다고 인정할 때에는 본안이 계속되고 있는 법원은 당사자의 신청 또는 직권에 의하여 처분등의 효력이나 그 집행 또는 절차의 속행의 전부 또는 일부의 정지(이하 "집행정지"라 한다)를 결정할 수 있다. 다만, 처분의 효력정지는 처분등의 집행 또는 절차의 속행을 정지함으로써 목적을 달성할 수 있는 경우에는 허용되지 아니한다.
③ 집행정지는 공공복리에 중대한 영향을 미칠 우려가 있을 때에는 허용되지 아니한다.
④ 제2항의 규정에 의한 집행정지의 결정을 신청함에 있어서는 그 이유에 대한 소명이 있어야 한다.
⑤ 제2항의 규정에 의한 집행정지의 결정 또는 기각의 결정에 대하여는 즉시항고할 수 있다. 이 경우 집행정지의 결정에 대한 즉시항고에는 결정의 집행을 정지하는 효력이 없다.
⑥ 제30조제1항의 규정은 제2항의 규정에 의한 집행정지의 결정에 이를 준용한다.

**제24조 【집행정지의 취소】** ① 집행정지의 결정이 확정된 후 집행정지가 공공복리에 중대한 영향을 미치거나 그 정지사유가 없어진 때에는 당사자의 신청 또는 직권에 의하여 결정으로써 집행정지의 결정을 취소할 수 있다.
② 제1항의 규정에 의한 집행정지결정의 취소결정과 이에 대한 불복의 경우에는 제23조제4항 및 제5항의 규정을 준용한다.

## 제4절 심 리

**제25조 【행정심판기록의 제출명령】** ① 법원은 당사자의 신청이 있는 때에는 결정으로써 재결을 행한 행정청에 대하여 행정심판에 관한 기록의 제출을 명할 수 있다.
② 제1항의 규정에 의한 제출명령을 받은 행정청은 지체없이 당해 행정심판에 관한 기록을 법원에 제출하여야 한다.

**제26조 【직권심리】** 법원은 필요하다고 인정할 때에는 직권으로 증거조사를 할 수 있고, 당사자가 주장하지 아니한 사실에 대하여도 판단할 수 있다.

## 제5절 재 판

**제27조 【재량처분의 취소】** 행정청의 재량에 속하는 처분이라도 재량권의 한계를 넘거나 그 남용이 있는 때에는 법원은 이를 취소할 수 있다.

**제28조 【사정판결】** ① 원고의 청구가 이유있다고 인정하는 경우에도 처분등을 취소하는 것이 현저히 공공복리에 적합하지 아니하다고 인정하는 때에는 법원은 원고의 청구를 기각할 수 있다. 이 경우 법원은 그 판결의 주문에서 그 처분등이 위법함을 명시하여야 한다.
② 법원이 제1항의 규정에 의한 판결을 함에 있어서는 미리 원고가 그로 인하여 입게 될 손해의 정도와 배상방법 그 밖의 사정을 조사하여야 한다.
③ 원고는 피고인 행정청이 속하는 국가 또는 공공단체를 상대로 손해배상, 제해시설의 설치 그 밖에 적당한 구제방법의 청구를 당해 취소소송등이 계속된 법원에 병합하여 제기할 수 있다.

**제29조 【취소판결등의 효력】** ① 처분등을 취소하는 확정판결은 제3자에 대하여도 효력이 있다.
② 제1항의 규정은 제23조의 규정에 의한 집행정지의 결정 또는 제24조의 규정에 의한 그 집행정지결정의 취소결정에 준용한다.

**제30조 【취소판결등의 기속력】** ① 처분등을 취소하는 확정판결은 그 사건에 관하여 당사자인 행정청과 그 밖의 관계행정청을 기속한다.

② 판결에 의하여 취소되는 처분이 당사자의 신청을 거부하는 것을 내용으로 하는 경우에는 그 처분을 행한 행정청은 판결의 취지에 따라 다시 이전의 신청에 대한 처분을 하여야 한다.
③ 제2항의 규정은 신청에 따른 처분이 절차의 위법을 이유로 취소되는 경우에 준용한다.

### 제6절 보 칙

**제31조【제3자에 의한 재심청구】** ① 처분등을 취소하는 판결에 의하여 권리 또는 이익의 침해를 받은 제3자는 자기에게 책임없는 사유로 소송에 참가하지 못함으로써 판결의 결과에 영향을 미칠 공격 또는 방어방법을 제출하지 못한 때에는 이를 이유로 확정된 종국판결에 대하여 재심의 청구를 할 수 있다.
② 제1항의 규정에 의한 청구는 확정판결이 있음을 안 날로부터 30일 이내, 판결이 확정된 날로부터 1년 이내에 제기하여야 한다.
③ 제2항의 규정에 의한 기간은 불변기간으로 한다.

**제32조【소송비용의 부담】** 취소청구가 제28조의 규정에 의하여 기각되거나 행정청이 처분등을 취소 또는 변경함으로 인하여 청구가 각하 또는 기각된 경우에는 소송비용은 피고의 부담으로 한다.

**제33조【소송비용에 관한 재판의 효력】** 소송비용에 관한 재판이 확정된 때에는 피고 또는 참가인이었던 행정청이 소속하는 국가 또는 공공단체에 그 효력을 미친다.

**제34조【거부처분취소판결의 간접강제】** ① 행정청이 제30조제2항의 규정에 의한 처분을 하지 아니하는 때에는 제1심수소법원은 당사자의 신청에 의하여 결정으로써 상당한 기간을 정하고 행정청이 그 기간내에 이행하지 아니하는 때에는 그 지연기간에 따라 일정한 배상을 할 것을 명하거나 즉시 손해배상을 할 것을 명할 수 있다.
② 제33조와 민사집행법 제262조의 규정은 제1항의 경우에 준용한다.
(2002.1.26 본항개정)

## 제3장 취소소송외의 항고소송

**제35조【무효등 확인소송의 원고적격】** 무효등 확인소송은 처분등의 효력 유무 또는 존재 여부의 확인을 구할 법률상 이익이 있는 자가 제기할 수 있다.

**제36조【부작위위법확인소송의 원고적격】** 부작위위법확인소송은 처분의 신청을 한 자로서 부작위의 위법의 확인을 구할 법률상 이익이 있는 자만이 제기할 수 있다.

**제37조【소의 변경】** 제21조의 규정은 무효등 확인소송이나 부작위위법확인소송을 취소소송 또는 당사자소송으로 변경하는 경우에 준용한다.

**제38조【준용규정】** ① 제9조, 제10조, 제13조 내지 제17조, 제19조, 제22조 내지 제26조, 제29조 내지 제31조 및 제33조의 규정은 무효등 확인소송의 경우에 준용한다.
② 제9조, 제10조, 제13조 내지 제19조, 제20조, 제25조 내지 제27조, 제29조 내지 제31조, 제33조 및 제34조의 규정은 부작위위법확인소송의 경우에 준용한다.(1994.7.27 본항개정)

## 제4장 당사자소송

**제39조【피고적격】** 당사자소송은 국가·공공단체 그 밖의 권리주체를 피고로 한다.

**제40조【재판관할】** 제9조의 규정은 당사자소송의 경우에 준용한다. 다만, 국가 또는 공공단체가 피고인 경우에는 관계행정청의 소재지를 피고의 소재지로 본다.

**제41조 【제소기간】** 당사자소송에 관하여 법령에 제소기간이 정하여져 있는 때에는 그 기간은 불변기간으로 한다.

**제42조 【소의 변경】** 제21조의 규정은 당사자소송을 항고소송으로 변경하는 경우에 준용한다.

**제43조 【가집행선고의 제한】** 국가를 상대로 하는 당사자소송의 경우에는 가집행선고를 할 수 없다.

**제44조 【준용규정】** ① 제14조 내지 제17조, 제22조, 제25조, 제26조, 제30조제1항, 제32조 및 제33조의 규정은 당사자소송의 경우에 준용한다.

② 제10조의 규정은 당사자소송과 관련청구소송이 각각 다른 법원에 계속되고 있는 경우의 이송과 이들 소송의 병합의 경우에 준용한다.

## 제5장 민중소송 및 기관소송

**제45조 【소의 제기】** 민중소송 및 기관소송은 법률이 정한 경우에 법률에 정한 자에 한하여 제기할 수 있다.

**제46조 【준용규정】** ① 민중소송 또는 기관소송으로써 처분등의 취소를 구하는 소송에는 그 성질에 반하지 아니하는 한 취소소송에 관한 규정을 준용한다.

② 민중소송 또는 기관소송으로써 처분등의 효력 유무 또는 존재 여부나 부작위의 위법의 확인을 구하는 소송에는 그 성질에 반하지 아니하는 한 각각 무효등 확인소송 또는 부작위위법확인소송에 관한 규정을 준용한다.

③ 민중소송 또는 기관소송으로서 제1항 및 제2항에 규정된 소송외의 소송에는 그 성질에 반하지 아니하는 한 당사자소송에 관한 규정을 준용한다.

### 부 칙

**제1조 【시행일】** 이 법은 1985년 10월 1일부터 시행한다.

**제2조 【종전의 사항에 관한 경과조치】** 이 법은 다른 법률에 특별한 규정이 있는 경우를 제외하고는 이 법 시행전에 생긴 사항에 관하여도 이를 적용한다. 다만, 이 법 시행전에 종전의 규정에 의하여 이미 생긴 효력에는 영향을 미치지 아니한다.

**제3조 【제소기간이 경과된 종전 처분에 관한 경과조치】** 이 법 시행당시 소송이 제기되지 아니한 처분등으로서 이미 종전의 규정에 의한 제소기간이 경과된 처분에 대하여는 이 법에 의한 취소소송을 제기할 수 없다. 제소기간이 정하여진 당사자소송의 경우에도 또한 같다.

**제4조 【계속중인 행정소송에 관한 경과조치】** 이 법 시행당시 법원에 계속중인 행정소송은 이 법에 의하여 제기된 것으로 본다.

**제5조 【소원등에 대한 재결등의 효력에 관한 경과조치】** 이 법 시행당시 종전의 소원법 그 밖의 법률의 규정에 의한 소원 · 심사청구 · 이의신청 그 밖에 행정청에 대한 불복신청 또는 그에 대한 재결 · 결정등은 각각 이 법을 적용함에 있어서는 행정심판청구 또는 그에 대한 재결로 본다.

**제6조 【다른 법률의 개정】** ①~② ※(해당 법령에 가제정리 하였음)

### 부 칙 (1988.8.5)

**제1조 【시행일】** 이 법은 1988년 9월 1일부터 시행한다.(이하 생략)

### 부 칙 (1994.7.27)

**제1조 【시행일】** 이 법은 1998년 3월 1일부터 시행한다.

**제2조 【경과조치】** ① 이 법은 이 부칙에 특별히 정한 경우를 제외하고는 이 법 시행전에 행하여진 처분등에 관한 행정소송에 대하여도 적용한다. 다만,

이 법 시행당시 계속중인 행정소송에 대하여는 종전의 예에 의한다.
② 이 법 시행당시 이미 종전의 규정에 의한 제소기간이 경과된 경우 이 법에 의하여 처분등에 대한 취소소송이나 부작위위법확인소송을 제기할 수 없다.
③ 법령의 규정에 의하여 행정심판청구를 할 수 있는 처분에 있어서 행정심판청구를 하지 아니하고 이 법 시행전에 그 심판청구기간이 경과된 경우의 취소소송의 제기에 관하여는 종전의 제18조의 예에 의한다.
④ 이 법 시행당시 종전의 제20조제2항 본문 전단에 해당하는 경우에 있어서의 제소기간은 종전의 예에 의한다.

부 칙 (2002.1.26 법6626호)
(2002.1.26 법6627호)

**제1조【시행일】** 이 법은 2002년 7월 1일부터 시행한다.(이하 생략)

부 칙 (2013.3.23)

**제1조【시행일】** ① 이 법은 공포한 날부터 시행한다.(이하 생략)

부 칙 (2014.5.20)

**제1조【시행일】** 이 법은 공포한 날부터 시행한다.
**제2조【재판관할에 관한 적용례】** 제9조의 개정규정은 이 법 시행 후 최초로 취소소송을 제기하는 경우부터 적용한다.

부 칙 (2014.11.19)

**제1조【시행일】** 이 법은 공포한 날부터 시행한다.(이하 생략)

부 칙 (2017.7.26)

**제1조【시행일】** ① 이 법은 공포한 날부터 시행한다.(이하 생략)

# 행정소송규칙

(2023년 8월 31일
대법원규칙 제3108호)

개정
2024. 2.22대법원규칙3132호

## 제1장 총 칙

**제1조【목적】** 이 규칙은 「행정소송법」(이하 “법”이라 한다)에 따른 행정소송절차에 관하여 필요한 사항을 규정함을 목적으로 한다.
**제2조【명령 · 규칙의 위헌판결 등 통보】** ① 대법원은 재판의 전제가 된 명령 · 규칙이 헌법 또는 법률에 위배된다는 것이 법원의 판결에 의하여 확정된 경우에는 그 취지를 해당 명령 · 규칙의 소관 행정청에 통보하여야 한다.
② 대법원 외의 법원이 제1항과 같은 취지의 재판을 하였을 때에는 해당 재판서 정본을 지체 없이 대법원에 송부하여야 한다.
**제3조【소송수행자의 지정】** 소송수행자는 그 직위나 업무, 전문성 등에 비추어 해당 사건의 소송수행에 적합한 사람이 지정되어야 한다.
**제4조【준용규정】** 행정소송절차에 관하여는 법 및 이 규칙에 특별한 규정이 있는 경우를 제외하고는 그 성질에 반하지 않는 한 「민사소송규칙」 및 「민사집행규칙」의 규정을 준용한다.

## 제2장 취소소송

**제5조【재판관할】** ① 국가의 사무를 위임 또는 위탁받은 공공단체 또는 그 장에 대하여 그 지사나 지역본부 등 종된 사무소의 업무와 관련이 있는 소를 제기하는 경우에는 그 종된 사무소의 소재지를 관할하는 행정법원에 제기할 수 있다.

② 법 제9조제3항의 '기타 부동산 또는 특정의 장소에 관계되는 처분등'이란 부동산에 관한 권리의 설정, 변경 등을 목적으로 하는 처분, 부동산에 관한 권리행사의 강제, 제한, 금지 등을 명령하거나 직접 실현하는 처분, 특정구역에서 일정한 행위를 할 수 있는 권리나 자유를 부여하는 처분, 특정구역을 정하여 일정한 행위의 제한·금지를 하는 처분 등을 말한다.

**제6조【피고경정】** 법 제14조제1항에 따른 피고경정은 사실심 변론을 종결할 때까지 할 수 있다.

**제7조【명령·규칙 소관 행정청에 대한 소송통지】** ① 법원은 명령·규칙의 위헌 또는 위법 여부가 쟁점이 된 사건에서 그 명령·규칙 소관 행정청이 피고와 동일하지 아니한 경우에는 해당 명령·규칙의 소관 행정청에 소송계속 사실을 통지할 수 있다.

② 제1항에 따른 통지를 받은 행정청은 법원에 해당 명령·규칙의 위헌 또는 위법 여부에 관한 의견서를 제출할 수 있다.

**제8조【답변서의 제출】** ① 피고가 원고의 청구를 다투는 경우에는 소장의 부본을 송달받은 날부터 30일 이내에 다음 각 호의 사항이 포함된 답변서를 제출하여야 한다.

1. 사건의 표시
2. 피고의 명칭과 주소 또는 소재지
3. 대리인의 이름과 주소 또는 소송수행자의 이름과 직위
4. 청구의 취지에 대한 답변
5. 처분등에 이른 경위와 그 사유
6. 관계 법령
7. 소장에 기재된 개개의 사실에 대한 인정 여부
8. 항변과 이를 뒷받침하는 구체적 사실
9. 제7호 및 제8호에 관한 피고의 증거방법과 원고의 증거방법에 대한 의견
10. 덧붙인 서류의 표시
11. 작성한 날짜
12. 법원의 표시

② 답변서에는 제1항제9호에 따른 증거방법 중 증명이 필요한 사실에 관한 중요한 서증의 사본을 첨부하여야 한다.

③ 제1항 및 제2항의 규정에 어긋나는 답변서가 제출된 때에는 재판장은 법원사무관등으로 하여금 방식에 맞는 답변서의 제출을 촉구하게 할 수 있다.

④ 재판장은 필요한 경우 제1항제5호 및 제6호의 사항을 각각 별지로 작성하여 따로 제출하도록 촉구할 수 있다.

**제9조【처분사유의 추가·변경】** 행정청은 사실심 변론을 종결할 때까지 당초의 처분사유와 기본적 사실관계가 동일한 범위 내에서 처분사유를 추가 또는 변경할 수 있다.

**제10조【집행정지의 종기】** 법원이 법 제23조제2항에 따른 집행정지를 결정하는 경우 그 종기는 본안판결 선고일부터 30일 이내의 범위에서 정한다. 다만, 법원은 당사자의 의사, 회복하기 어려운 손해의 내용 및 그 성질, 본안 청구의 승소가능성 등을 고려하여 달리 정할 수 있다.

**제10조의2【「학교폭력예방 및 대책에 관한 법률」 제17조의4에 따른 집행정지 시 의견 청취】** ① 법원이 「학교폭력예방 및 대책에 관한 법률」 제17조의4제1항에 따라 집행정지 결정을 하기 위하여 피해학생 또는 그 보호자(이하 이 조에서 "피해학생등"이라 한다)의 의견을 청취하여야 하는 경우에는 심문기일을 지정하여 피해학생등의 의견을 청취하는 방법으로 한다. 다만, 특별한 사정이 있는 경우에는 기한을 정하여 피해학생등에게 의견의 진술을 갈음하는 의견서를 제출하게 하는 방법으로 할 수 있다.

② 법원은 제1항에 따른 의견청취 절차를 진행하기 위하여 필요한 경우에

는 집행정지 결정의 대상이 되는 처분 등을 한 행정청에 피해학생등의 송달받을 장소나 연락처, 의견진술 관련 의사 등에 관한 자료를 제출할 것을 요구할 수 있다.

③ 법원은 제1항 본문에 따라 심문기일을 지정하였을 때에는 당사자와 피해학생등에게 서면, 전화, 휴대전화 문자전송, 전자우편, 팩시밀리 또는 그 밖에 적당하다고 인정되는 방법으로 그 심문기일을 통지하여야 한다.

④ 법원은 필요하다고 인정하는 경우에는 비디오 등 중계장치에 의한 중계시설을 통하거나 인터넷 화상장치를 이용하여 제1항 본문의 심문기일을 열 수 있다.

⑤ 법원은 필요하다고 인정하는 경우에는 가해학생 또는 그 보호자를 퇴정하게 하거나 가림시설 등을 이용하여 피해학생등의 의견을 청취할 수 있다.

⑥ 제3항에 따라 심문기일을 통지받은 피해학생등은 해당 사건에 대한 의견 등을 기재한 서면을 법원에 제출할 수 있다.

⑦ 피해학생등이 제1항 단서의 의견서 또는 제6항의 서면을 제출한 경우 법원은 당사자에게 피해학생등의 의견서 또는 서면이 제출되었다는 취지를 서면, 전화, 휴대전화 문자전송, 전자우편, 팩시밀리 또는 그 밖에 적당하다고 인정되는 방법으로 통지하여야 한다.

⑧ 법원은 다음 각 호의 어느 하나에 해당하는 경우에는 피해학생등의 의견을 청취하지 아니할 수 있다.

1. 피해학생등이 의견진술의 기회를 포기한다는 뜻을 명백히 표시한 경우
2. 피해학생등이 정당한 사유 없이 심문기일에 출석하지 아니하거나 제1항 단서에서 정한 기한 내에 의견의 진술을 갈음하는 의견서를 제출하지 아니하는 경우
3. 피해학생등의 의견을 청취하기 위하여 임시로 집행정지를 하는 경우
4. 그 밖에 피해학생등의 의견을 청취하기 어려운 부득이한 사유가 있는 경우

⑨ 당사자와 소송관계인은 청취한 피해학생등의 의견을 이용하여 피해학생등의 명예 또는 생활의 평온을 해치는 행위를 하여서는 아니 된다.

(2024.2.22 본조신설)

**제11조【비공개 정보의 열람 · 심사】**

① 재판장은 「공공기관의 정보공개에 관한 법률」 제20조제1항에 따른 취소소송 사건, 같은 법 제21조제2항에 따른 취소소송이나 이를 본안으로 하는 집행정지신청 사건의 심리를 위해 같은 법 제20조제2항에 따른 비공개 열람 · 심사를 하는 경우 피고에게 공개청구된 정보의 원본 또는 사본 · 복제물의 제출을 명할 수 있다.

② 제1항에 따른 제출 명령을 받은 피고는 변론기일 또는 심문기일에 해당 자료를 제출하여야 한다. 다만, 특별한 사정이 있으면 재판장은 그 자료를 다른 적당한 방법으로 제출할 것을 명할 수 있고, 이 경우 자료를 제출받은 재판장은 지체 없이 원고에게 제1항의 명령에 따른 자료를 제출받은 사실을 통지하여야 한다.

③ 제2항에 따라 제출된 자료는 소송기록과 분리하여 해당 사건을 심리하는 법관만이 접근할 수 있는 방법으로 보관한다.

④ 법원은 제1항의 취소소송이나 집행정지신청 사건에 대한 재판이 확정된 경우 제2항에 따라 제출받은 자료를 반환한다. 다만, 법원은 당사자가 그 자료를 반환받지 아니한다는 의견을 표시한 경우 또는 위 확정일부터 30일이 지났음에도 해당 자료를 반환받지 아니하는 경우에는 그 자료를 적당한 방법으로 폐기할 수 있다.

⑤ 당사자가 제1항의 취소소송이나 집

행정지신청 사건의 재판에 관하여 불복하는 경우 법원은 제2항에 따라 제출받은 자료를 제3항에 따른 방법으로 상소법원에 송부한다.

**제12조【행정청의 비공개 처리】** ① 피고 또는 관계행정청이 「민사소송법」 제163조제1항 각 호의 어느 하나에 해당하는 정보 또는 법령에 따라 비공개 대상인 정보가 적혀 있는 서면 또는 증거를 제출·제시하는 경우에는 해당 정보가 공개되지 아니하도록 비실명 또는 공란으로 표시하거나 그 밖의 적절한 방법으로 제3자가 인식하지 못하도록 처리(이하 "비공개 처리"라 한다) 할 수 있다.

② 법원은 피고 또는 관계행정청이 제1항에 따라 비공개 처리를 한 경우에도 사건의 심리를 위해 필요하다고 인정하는 경우에는 다음 각 호의 어느 하나를 제출·제시할 것을 명할 수 있다.

1. 비공개 처리된 정보의 내용
2. 비공개 처리를 하지 않은 서면 또는 증거

③ 법원은 제2항 각 호의 자료를 다른 사람이 보도록 하여서는 안 된다. 다만, 당사자는 법원에 해당 자료의 열람·복사를 신청할 수 있다.

④ 제3항의 열람·복사 신청에 관한 결정에 대해서는 즉시항고를 할 수 있다.

⑤ 제3항의 신청을 인용하는 결정은 확정되어야 효력을 가진다.

**제13조【피해자의 의견 청취】** ① 법원은 필요하다고 인정하는 경우에는 해당 처분의 처분사유와 관련하여 다음 각 호에 해당하는 사람(이하 '피해자'라 한다)으로부터 그 처분에 관한 의견을 기재한 서면을 제출받는 등의 방법으로 피해자의 의견을 청취할 수 있다.

1. 「성폭력방지 및 피해자보호 등에 관한 법률」 제2조제3호의 성폭력피해자
2. 「양성평등기본법」 제3조제2호의 성희롱으로 인하여 피해를 입은 사람
3. 「학교폭력예방 및 대책에 관한 법률」 제2조제4호의 피해학생 또는 그 보호자(2024.2.22 본호개정)

② 당사자와 소송관계인은 제1항에 따라 청취한 피해자의 의견을 이용하여 피해자의 명예 또는 생활의 평온을 해치는 행위를 하여서는 아니 된다.

③ 제1항에 따라 청취한 의견은 처분사유의 인정을 위한 증거로 할 수 없다.

**제14조【사정판결】** 법원이 법 제28조제1항에 따른 판결을 할 때 그 처분등을 취소하는 것이 현저히 공공복리에 적합하지 아니한지 여부는 사실심 변론을 종결할 때를 기준으로 판단한다.

**제15조【조정권고】** ① 재판장은 신속하고 공정한 분쟁 해결과 국민의 권익 구제를 위하여 필요하다고 인정하는 경우에는 소송계속 중인 사건에 대하여 직권으로 소의 취하, 처분등의 취소 또는 변경, 그 밖에 다툼을 적정하게 해결하기 위해 필요한 사항을 서면으로 권고할 수 있다.

② 재판장은 제1항의 권고를 할 때에는 권고의 이유나 필요성 등을 기재할 수 있다.

③ 재판장은 제1항의 권고를 위하여 필요한 경우에는 당사자, 이해관계인, 그 밖의 참고인을 심문할 수 있다.

## 제3장 취소소송외의 항고소송

**제16조【무효확인소송에서 석명권의 행사】** 재판장은 무효확인소송이 법 제20조에 따른 기간 내에 제기된 경우에는 원고에게 처분등의 취소를 구하지 아니하는 취지인지를 명확히 하도록 촉구할 수 있다. 다만, 원고가 처분등의 취소를 구하지 아니함을 밝힌 경우에는 그러하지 아니하다.

**제17조【부작위위법확인소송의 소송비용부담】** 법원은 부작위위법확인소송 계속 중 행정청이 당사자의 신청에 대하여 상당한 기간이 지난 후 처분등을 함에 따라 소를 각하하는 경우에는 소송비용의 전부 또는 일부를 피고가 부담하게 할 수 있다.

**제18조【준용규정】** ① 제5조부터 제13조까지 및 제15조는 무효등 확인소송의 경우에 준용한다.

② 제5조부터 제8조까지, 제11조, 제12조 및 제15조는 부작위위법확인소송의 경우에 준용한다.

## 제4장 당사자소송

**제19조【당사자소송의 대상】** 당사자소송은 다음 각 호의 소송을 포함한다.

1. 다음 각 목의 손실보상금에 관한 소송
   가. 「공익사업을 위한 토지 등의 취득 및 보상에 관한 법률」 제78조제1항 및 제6항에 따른 이주정착금, 주거이전비 등에 관한 소송
   나. 「공익사업을 위한 토지 등의 취득 및 보상에 관한 법률」 제85조제2항에 따른 보상금의 증감(增減)에 관한 소송
   다. 「하천편입토지 보상 등에 관한 특별조치법」 제2조에 따른 보상금에 관한 소송
2. 그 존부 또는 범위가 구체적으로 확정된 공법상 법률관계 그 자체에 관한 다음 각 목의 소송
   가. 납세의무 존부의 확인
   나. 「부가가치세법」 제59조에 따른 환급청구
   다. 「석탄산업법」 제39조의3제1항 및 같은 법 시행령 제41조제4항제5호에 따른 재해위로금 지급청구
   라. 「5·18민주화운동 관련자 보상 등에 관한 법률」 제5조, 제6조 및 제7조에 따른 관련자 또는 유족의 보상금 등 지급청구
   마. 공무원의 보수·퇴직금·연금 등 지급청구
   바. 공법상 신분·지위의 확인
3. 처분에 이르는 절차적 요건의 존부나 효력 유무에 관한 다음 각 목의 소송
   가. 「도시 및 주거환경정비법」 제35조제5항에 따른 인가 이전 조합설립변경에 대한 총회결의의 효력 등을 다투는 소송
   나. 「도시 및 주거환경정비법」 제50조제1항에 따른 인가 이전 사업시행계획에 대한 총회결의의 효력 등을 다투는 소송
   다. 「도시 및 주거환경정비법」 제74조제1항에 따른 인가 이전 관리처분계획에 대한 총회결의의 효력 등을 다투는 소송
4. 공법상 계약에 따른 권리·의무의 확인 또는 이행청구 소송

**제20조【준용규정】** 제5조부터 제8조까지, 제12조 및 제13조는 당사자소송의 경우에 준용한다.

### 부 칙

**제1조【시행일】** 이 규칙은 공포한 날부터 시행한다.

**제2조【계속사건에 관한 적용례】** 이 규칙은 이 규칙 시행 당시 법원에 계속 중인 사건에 대해서도 적용한다.

### 부 칙 (2024.2.22)

이 규칙은 2024년 3월 1일부터 시행한다.

# 행정절차법

(1996년 12월 31일
법 률 제5241호)

개정
1999. 2. 5법 5809호(해양사고의조사및심판에관한법)
2002.12.30법 6839호 2006. 3.24법 7904호
2007. 5.17법 8451호
2008. 2.29법 8852호(정부조직)
2011.12. 2법11109호 2012.10.22법11498호
2013. 3.23법11690호(정부조직)
2014. 1.28법12347호
2014.11.19법12844호(정부조직)
2014.12.30법12923호
2017. 7.26법14839호(정부조직)
2019.12.10법16778호 2022. 1.11법18748호



## 제1장 총 칙
(2012.10.22 본장개정)

### 제1절 목적, 정의 및 적용 범위 등

**제1조 【목적】** 이 법은 행정절차에 관한 공통적인 사항을 규정하여 국민의 행정 참여를 도모함으로써 행정의 공정성·투명성 및 신뢰성을 확보하고 국민의 권익을 보호함을 목적으로 한다.

**제2조 【정의】** 이 법에서 사용하는 용어의 뜻은 다음과 같다.

1. "행정청"이란 다음 각 목의 자를 말한다.
 가. 행정에 관한 의사를 결정하여 표시하는 국가 또는 지방자치단체의 기관
 나. 그 밖에 법령 또는 자치법규(이하 "법령등"이라 한다)에 따라 행정권한을 가지고 있거나 위임 또는 위탁받은 공공단체 또는 그 기관이나 사인(私人)
2. "처분"이란 행정청이 행하는 구체적 사실에 관한 법 집행으로서의 공권력의 행사 또는 그 거부와 그 밖에 이에 준하는 행정작용(行政作用)을 말한다.
3. "행정지도"란 행정기관이 그 소관 사무의 범위에서 일정한 행정목적을 실현하기 위하여 특정인에게 일정한 행위를 하거나 하지 아니하도록 지도, 권고, 조언 등을 하는 행정작용을 말한다.
4. "당사자등"이란 다음 각 목의 자를 말한다.
 가. 행정청의 처분에 대하여 직접 그 상대가 되는 당사자
 나. 행정청이 직권으로 또는 신청에 따라 행정절차에 참여하게 한 이해관계인
5. "청문"이란 행정청이 어떠한 처분을 하기 전에 당사자등의 의견을 직접 듣고 증거를 조사하는 절차를 말한다.
6. "공청회"란 행정청이 공개적인 토론을 통하여 어떠한 행정작용에 대하여 당사자등, 전문지식과 경험을 가진 사람, 그 밖의 일반인으로부터 의견을 널리 수렴하는 절차를 말한다.
7. "의견제출"이란 행정청이 어떠한 행정작용을 하기 전에 당사자등이 의견을 제시하는 절차로서 청문이나 공청회에 해당하지 아니하는 절차를 말한다.

8. "전자문서"란 컴퓨터 등 정보처리 능력을 가진 장치에 의하여 전자적인 형태로 작성되어 송신·수신 또는 저장된 정보를 말한다.
9. "정보통신망"이란 전기통신설비를 활용하거나 전기통신설비와 컴퓨터 및 컴퓨터 이용기술을 활용하여 정보를 수집·가공·저장·검색·송신 또는 수신하는 정보통신체제를 말한다.

**제3조【적용 범위】** ① 처분, 신고, 확약, 위반사실 등의 공표, 행정계획, 행정상 입법예고, 행정예고 및 행정지도의 절차(이하 "행정절차"라 한다)에 관하여 다른 법률에 특별한 규정이 있는 경우를 제외하고는 이 법에서 정하는 바에 따른다.(2022.1.11 본항개정)

② 이 법은 다음 각 호의 어느 하나에 해당하는 사항에 대하여는 적용하지 아니한다.

1. 국회 또는 지방의회의 의결을 거치거나 동의 또는 승인을 받아 행하는 사항
2. 법원 또는 군사법원의 재판에 의하거나 그 집행으로 행하는 사항
3. 헌법재판소의 심판을 거쳐 행하는 사항
4. 각급 선거관리위원회의 의결을 거쳐 행하는 사항
5. 감사원이 감사위원회의의 결정을 거쳐 행하는 사항
6. 형사(刑事), 행형(行刑) 및 보안처분 관계 법령에 따라 행하는 사항
7. 국가안전보장·국방·외교 또는 통일에 관한 사항 중 행정절차를 거칠 경우 국가의 중대한 이익을 현저히 해칠 우려가 있는 사항
8. 심사청구, 해양안전심판, 조세심판, 특허심판, 행정심판, 그 밖의 불복절차에 따른 사항
9. 「병역법」에 따른 징집·소집, 외국인의 출입국·난민인정·귀화, 공무원 인사 관계 법령에 따른 징계와 그 밖의 처분, 이해 조정을 목적으로 하는 법령에 따른 알선·조정·중재(仲裁)·재정(裁定) 또는 그 밖의 처분 등 해당 행정작용의 성질상 행정절차를 거치기 곤란하거나 거칠 필요가 없다고 인정되는 사항과 행정절차에 준하는 절차를 거친 사항으로서 대통령령으로 정하는 사항

**제4조【신의성실 및 신뢰보호】** ① 행정청은 직무를 수행할 때 신의(信義)에 따라 성실히 하여야 한다.

② 행정청은 법령등의 해석 또는 행정청의 관행이 일반적으로 국민들에게 받아들여졌을 때에는 공익 또는 제3자의 정당한 이익을 현저히 해칠 우려가 있는 경우를 제외하고는 새로운 해석 또는 관행에 따라 소급하여 불리하게 처리하여서는 아니 된다.

**제5조【투명성】** ① 행정청이 행하는 행정작용은 그 내용이 구체적이고 명확하여야 한다.

② 행정작용의 근거가 되는 법령등의 내용이 명확하지 아니한 경우 상대방은 해당 행정청에 그 해석을 요청할 수 있으며, 해당 행정청은 특별한 사유가 없으면 그 요청에 따라야 한다.

③ 행정청은 상대방에게 행정작용과 관련된 정보를 충분히 제공하여야 한다.

(2019.12.10 본조개정)

**제5조의2【행정업무 혁신】** ① 행정청은 모든 국민이 균등하고 질 높은 행정서비스를 누릴 수 있도록 노력하여야 한다.

② 행정청은 정보통신기술을 활용하여 행정절차를 적극적으로 혁신하도록 노력하여야 한다. 이 경우 행정청은 국민이 경제적·사회적·지역적 여건 등으로 인하여 불이익을 받지 아니하도록 하여야 한다.

③ 행정청은 행정청이 생성하거나 취득하여 관리하고 있는 데이터(정보처

리능력을 갖춘 장치를 통하여 생성 또는 처리되어 기계에 의한 판독이 가능한 형태로 존재하는 정형 또는 비정형의 정보를 말한다)를 행정과정에 활용하도록 노력하여야 한다.
④ 행정청은 행정업무 혁신 추진에 필요한 행정적·재정적·기술적 지원방안을 마련하여야 한다.
(2022.1.11 본조신설)

## 제2절 행정청의 관할 및 협조

**제6조 【관할】** ① 행정청이 그 관할에 속하지 아니하는 사안을 접수하였거나 이송받은 경우에는 지체 없이 이를 관할 행정청에 이송하여야 하고 그 사실을 신청인에게 통지하여야 한다. 행정청이 접수하거나 이송받은 후 관할이 변경된 경우에도 또한 같다.
② 행정청의 관할이 분명하지 아니한 경우에는 해당 행정청을 공통으로 감독하는 상급 행정청이 그 관할을 결정하며, 공통으로 감독하는 상급 행정청이 없는 경우에는 각 상급 행정청이 협의하여 그 관할을 결정한다.

**제7조 【행정청 간의 협조 등】** ① 행정청은 행정의 원활한 수행을 위하여 서로 협조하여야 한다.
② 행정청은 업무의 효율성을 높이고 행정서비스에 대한 국민의 만족도를 높이기 위하여 필요한 경우 행정협업(다른 행정청과 공동의 목표를 설정하고 행정청 상호 간의 기능을 연계하거나 시설·장비 및 정보 등을 공동으로 활용하는 것을 말한다. 이하 같다)의 방식으로 적극적으로 협조하여야 한다.
③ 행정청은 행정협업을 활성화하기 위한 시책을 마련하고 그 추진에 필요한 행정적·재정적 지원방안을 마련하여야 한다.
④ 행정협업의 촉진 등에 필요한 사항은 대통령령으로 정한다.
(2022.1.11 본조개정)

**제8조 【행정응원】** ① 행정청은 다음 각 호의 어느 하나에 해당하는 경우에는 다른 행정청에 행정응원(行政應援)을 요청할 수 있다.
1. 법령등의 이유로 독자적인 직무 수행이 어려운 경우
2. 인원·장비의 부족 등 사실상의 이유로 독자적인 직무 수행이 어려운 경우
3. 다른 행정청에 소속되어 있는 전문기관의 협조가 필요한 경우
4. 다른 행정청이 관리하고 있는 문서(전자문서를 포함한다. 이하 같다)·통계 등 행정자료가 직무 수행을 위하여 필요한 경우
5. 다른 행정청의 응원을 받아 처리하는 것이 보다 능률적이고 경제적인 경우

② 제1항에 따라 행정응원을 요청받은 행정청은 다음 각 호의 어느 하나에 해당하는 경우에는 응원을 거부할 수 있다.
1. 다른 행정청이 보다 능률적이거나 경제적으로 응원할 수 있는 명백한 이유가 있는 경우
2. 행정응원으로 인하여 고유의 직무 수행이 현저히 지장받을 것으로 인정되는 명백한 이유가 있는 경우

③ 행정응원은 해당 직무를 직접 응원할 수 있는 행정청에 요청하여야 한다.
④ 행정응원을 요청받은 행정청은 응원을 거부하는 경우 그 사유를 응원을 요청한 행정청에 통지하여야 한다.
⑤ 행정응원을 위하여 파견된 직원은 응원을 요청한 행정청의 지휘·감독을 받는다. 다만, 해당 직원의 복무에 관하여 다른 법령등에 특별한 규정이 있는 경우에는 그에 따른다.

⑥ 행정응원에 드는 비용은 응원을 요청한 행정청이 부담하며, 그 부담금액 및 부담방법은 응원을 요청한 행정청과 응원을 하는 행정청이 협의하여 결정한다.

## 제3절 당사자등

**제9조 【당사자등의 자격】** 다음 각 호의 어느 하나에 해당하는 자는 행정절차에서 당사자등이 될 수 있다.
1. 자연인
2. 법인, 법인이 아닌 사단 또는 재단(이하 "법인등"이라 한다)
3. 그 밖에 다른 법령등에 따라 권리·의무의 주체가 될 수 있는 자

**제10조 【지위의 승계】** ① 당사자등이 사망하였을 때의 상속인과 다른 법령등에 따라 당사자등의 권리 또는 이익을 승계한 자는 당사자등의 지위를 승계한다.
② 당사자등인 법인등이 합병하였을 때에는 합병 후 존속하는 법인등이나 합병 후 새로 설립된 법인등이 당사자등의 지위를 승계한다.
③ 제1항 및 제2항에 따라 당사자등의 지위를 승계한 자는 행정청에 그 사실을 통지하여야 한다.
④ 처분에 관한 권리 또는 이익을 사실상 양수한 자는 행정청의 승인을 받아 당사자등의 지위를 승계할 수 있다.
⑤ 제3항에 따른 통지가 있을 때까지 사망자 또는 합병 전의 법인등에 대하여 행정청이 한 통지는 제1항 또는 제2항에 따라 당사자등의 지위를 승계한 자에게도 효력이 있다.

**제11조 【대표자】** ① 다수의 당사자등이 공동으로 행정절차에 관한 행위를 할 때에는 대표자를 선정할 수 있다.
② 행정청은 제1항에 따라 당사자등이 대표자를 선정하지 아니하거나 대표자가 지나치게 많아 행정절차가 지연될 우려가 있는 경우에는 그 이유를 들어 상당한 기간 내에 3인 이내의 대표자를 선정할 것을 요청할 수 있다. 이 경우 당사자등이 그 요청에 따르지 아니하였을 때에는 행정청이 직접 대표자를 선정할 수 있다.
③ 당사자등은 대표자를 변경하거나 해임할 수 있다.
④ 대표자는 각자 그를 대표자로 선정한 당사자등을 위하여 행정절차에 관한 모든 행위를 할 수 있다. 다만, 행정절차를 끝맺는 행위에 대하여는 당사자등의 동의를 받아야 한다.
⑤ 대표자가 있는 경우에는 당사자등은 그 대표자를 통하여서만 행정절차에 관한 행위를 할 수 있다.
⑥ 다수의 대표자가 있는 경우 그중 1인에 대한 행정청의 행위는 모든 당사자등에게 효력이 있다. 다만, 행정청의 통지는 대표자 모두에게 하여야 그 효력이 있다.

**제12조 【대리인】** ① 당사자등은 다음 각 호의 어느 하나에 해당하는 자를 대리인으로 선임할 수 있다.
1. 당사자등의 배우자, 직계 존속·비속 또는 형제자매
2. 당사자등이 법인등인 경우 그 임원 또는 직원
3. 변호사
4. 행정청 또는 청문 주재자(청문의 경우만 해당한다)의 허가를 받은 자
5. 법령등에 따라 해당 사안에 대하여 대리인이 될 수 있는 자

② 대리인에 관하여는 제11조제3항·제4항 및 제6항을 준용한다.

**제13조 【대표자·대리인의 통지】** ① 당사자등이 대표자 또는 대리인을 선정하거나 선임하였을 때에는 지체 없이 그 사실을 행정청에 통지하여야 한다. 대표자 또는 대리인을 변경하거나 해임하였을 때에도 또한 같다.

② 제1항에도 불구하고 제12조제1항제4호에 따라 청문 주재자가 대리인의 선임을 허가한 경우에는 청문 주재자가 그 사실을 행정청에 통지하여야 한다.(2014.1.28 본항신설)

## 제4절 송달 및 기간 · 기한의 특례

**제14조 【송달】** ① 송달은 우편, 교부 또는 정보통신망 이용 등의 방법으로 하되, 송달받을 자(대표자 또는 대리인을 포함한다. 이하 같다)의 주소 · 거소(居所) · 영업소 · 사무소 또는 전자우편주소(이하 "주소등"이라 한다)로 한다. 다만, 송달받을 자가 동의하는 경우에는 그를 만나는 장소에서 송달할 수 있다.

② 교부에 의한 송달은 수령확인서를 받고 문서를 교부함으로써 하며, 송달하는 장소에서 송달받을 자를 만나지 못한 경우에는 그 사무원 · 피용자(被傭者) 또는 동거인으로서 사리를 분별할 지능이 있는 사람(이하 이 조에서 "사무원등"이라 한다)에게 문서를 교부할 수 있다. 다만, 문서를 송달받을 자 또는 그 사무원등이 정당한 사유 없이 송달받기를 거부하는 때에는 그 사실을 수령확인서에 적고, 문서를 송달할 장소에 놓아둘 수 있다.(2014.1.28 본항개정)

③ 정보통신망을 이용한 송달은 송달받을 자가 동의하는 경우에만 한다. 이 경우 송달받을 자는 송달받을 전자우편주소 등을 지정하여야 한다.

④ 다음 각 호의 어느 하나에 해당하는 경우에는 송달받을 자가 알기 쉽도록 관보, 공보, 게시판, 일간신문 중 하나 이상에 공고하고 인터넷에도 공고하여야 한다.

1. 송달받을 자의 주소등을 통상적인 방법으로 확인할 수 없는 경우
2. 송달이 불가능한 경우

⑤ 제4항에 따른 공고를 할 때에는 민감정보 및 고유식별정보 등 송달받을 자의 개인정보를 「개인정보 보호법」에 따라 보호하여야 한다.(2022.1.11 본항신설)

⑥ 행정청은 송달하는 문서의 명칭, 송달받는 자의 성명 또는 명칭, 발송방법 및 발송 연월일을 확인할 수 있는 기록을 보존하여야 한다.

**제15조 【송달의 효력 발생】** ① 송달은 다른 법령등에 특별한 규정이 있는 경우를 제외하고는 해당 문서가 송달받을 자에게 도달됨으로써 그 효력이 발생한다.

② 제14조제3항에 따라 정보통신망을 이용하여 전자문서로 송달하는 경우에는 송달받을 자가 지정한 컴퓨터 등에 입력된 때에 도달된 것으로 본다.

③ 제14조제4항의 경우에는 다른 법령등에 특별한 규정이 있는 경우를 제외하고는 공고일부터 14일이 지난 때에 그 효력이 발생한다. 다만, 긴급히 시행하여야 할 특별한 사유가 있어 효력 발생 시기를 달리 정하여 공고한 경우에는 그에 따른다.

**제16조 【기간 및 기한의 특례】** ① 천재지변이나 그 밖에 당사자등에게 책임이 없는 사유로 기간 및 기한을 지킬 수 없는 경우에는 그 사유가 끝나는 날까지 기간의 진행이 정지된다.

② 외국에 거주하거나 체류하는 자에 대한 기간 및 기한은 행정청이 그 우편이나 통신에 걸리는 일수(日數)를 고려하여 정하여야 한다.

# 제2장 처 분

(2012.10.22 본장개정)

## 제1절 통 칙

**제17조 【처분의 신청】** ① 행정청에 처분을 구하는 신청은 문서로 하여야 한

다. 다만, 다른 법령등에 특별한 규정이 있는 경우와 행정청이 미리 다른 방법을 정하여 공시한 경우에는 그러하지 아니하다.

② 제1항에 따라 처분을 신청할 때 전자문서로 하는 경우에는 행정청의 컴퓨터 등에 입력된 때에 신청한 것으로 본다.

③ 행정청은 신청에 필요한 구비서류, 접수기관, 처리기간, 그 밖에 필요한 사항을 게시(인터넷 등을 통한 게시를 포함한다)하거나 이에 대한 편람을 갖추어 두고 누구나 열람할 수 있도록 하여야 한다.

④ 행정청은 신청을 받았을 때에는 다른 법령등에 특별한 규정이 있는 경우를 제외하고는 그 접수를 보류 또는 거부하거나 부당하게 되돌려 보내서는 아니 되며, 신청을 접수한 경우에는 신청인에게 접수증을 주어야 한다. 다만, 대통령령으로 정하는 경우에는 접수증을 주지 아니할 수 있다.

⑤ 행정청은 신청에 구비서류의 미비 등 흠이 있는 경우에는 보완에 필요한 상당한 기간을 정하여 지체 없이 신청인에게 보완을 요구하여야 한다.

⑥ 행정청은 신청인이 제5항에 따른 기간 내에 보완을 하지 아니하였을 때에는 그 이유를 구체적으로 밝혀 접수된 신청을 되돌려 보낼 수 있다.

⑦ 행정청은 신청인의 편의를 위하여 다른 행정청에 신청을 접수하게 할 수 있다. 이 경우 행정청은 다른 행정청에 접수할 수 있는 신청의 종류를 미리 정하여 공시하여야 한다.

⑧ 신청인은 처분이 있기 전에는 그 신청의 내용을 보완·변경하거나 취하(取下)할 수 있다. 다만, 다른 법령등에 특별한 규정이 있거나 그 신청의 성질상 보완·변경하거나 취하할 수 없는 경우에는 그러하지 아니하다.

**제18조【다수의 행정청이 관여하는 처분】** 행정청은 다수의 행정청이 관여하는 처분을 구하는 신청을 접수한 경우에는 관계 행정청과의 신속한 협조를 통하여 그 처분이 지연되지 아니하도록 하여야 한다.

**제19조【처리기간의 설정·공표】** ① 행정청은 신청인의 편의를 위하여 처분의 처리기간을 종류별로 미리 정하여 공표하여야 한다.

② 행정청은 부득이한 사유로 제1항에 따른 처리기간 내에 처분을 처리하기 곤란한 경우에는 해당 처분의 처리기간의 범위에서 한 번만 그 기간을 연장할 수 있다.

③ 행정청은 제2항에 따라 처리기간을 연장할 때에는 처리기간의 연장 사유와 처리 예정 기한을 지체 없이 신청인에게 통지하여야 한다.

④ 행정청이 정당한 처리기간 내에 처리하지 아니하였을 때에는 신청인은 해당 행정청 또는 그 감독 행정청에 신속한 처리를 요청할 수 있다.

⑤ 제1항에 따른 처리기간에 산입하지 아니하는 기간에 관하여는 대통령령으로 정한다.

**제20조【처분기준의 설정·공표】** ① 행정청은 필요한 처분기준을 해당 처분의 성질에 비추어 되도록 구체적으로 정하여 공표하여야 한다. 처분기준을 변경하는 경우에도 또한 같다.

②「행정기본법」제24조에 따른 인허가의제의 경우 관련 인허가 행정청은 관련 인허가의 처분기준을 주된 인허가 행정청에 제출하여야 하고, 주된 인허가 행정청은 제출받은 관련 인허가의 처분기준을 통합하여 공표하여야 한다. 처분기준을 변경하는 경우에도 또한 같다.(2022.1.11 본항신설)

③ 제1항에 따른 처분기준을 공표하는 것이 해당 처분의 성질상 현저히 곤란

하거나 공공의 안전 또는 복리를 현저히 해치는 것으로 인정될 만한 상당한 이유가 있는 경우에는 처분기준을 공표하지 아니할 수 있다.

④ 당사자등은 공표된 처분기준이 명확하지 아니한 경우 해당 행정청에 그 해석 또는 설명을 요청할 수 있다. 이 경우 해당 행정청은 특별한 사정이 없으면 그 요청에 따라야 한다.

**제21조【처분의 사전 통지】** ① 행정청은 당사자에게 의무를 부과하거나 권익을 제한하는 처분을 하는 경우에는 미리 다음 각 호의 사항을 당사자등에게 통지하여야 한다.

1. 처분의 제목
2. 당사자의 성명 또는 명칭과 주소
3. 처분하려는 원인이 되는 사실과 처분의 내용 및 법적 근거
4. 제3호에 대하여 의견을 제출할 수 있다는 뜻과 의견을 제출하지 아니하는 경우의 처리방법
5. 의견제출기관의 명칭과 주소
6. 의견제출기한
7. 그 밖에 필요한 사항

② 행정청은 청문을 하려면 청문이 시작되는 날부터 10일 전까지 제1항 각 호의 사항을 당사자등에게 통지하여야 한다. 이 경우 제1항제4호부터 제6호까지의 사항은 청문 주재자의 소속 · 직위 및 성명, 청문의 일시 및 장소, 청문에 응하지 아니하는 경우의 처리방법 등 청문에 필요한 사항으로 갈음한다.

③ 제1항제6호에 따른 기한은 의견제출에 필요한 기간을 10일 이상으로 고려하여 정하여야 한다.(2019.12.10 본항개정)

④ 다음 각 호의 어느 하나에 해당하는 경우에는 제1항에 따른 통지를 하지 아니할 수 있다.

1. 공공의 안전 또는 복리를 위하여 긴급히 처분을 할 필요가 있는 경우
2. 법령등에서 요구된 자격이 없거나 없어지게 되면 반드시 일정한 처분을 하여야 하는 경우에 그 자격이 없거나 없어지게 된 사실이 법원의 재판 등에 의하여 객관적으로 증명된 경우
3. 해당 처분의 성질상 의견청취가 현저히 곤란하거나 명백히 불필요하다고 인정될 만한 상당한 이유가 있는 경우

⑤ 처분의 전제가 되는 사실이 법원의 재판 등에 의하여 객관적으로 증명된 경우 등 제4항에 따른 사전 통지를 하지 아니할 수 있는 구체적인 사항은 대통령령으로 정한다.(2014.1.28 본항신설)

⑥ 제4항에 따라 사전 통지를 하지 아니하는 경우 행정청은 처분을 할 때 당사자등에게 통지를 하지 아니한 사유를 알려야 한다. 다만, 신속한 처분이 필요한 경우에는 처분 후 그 사유를 알릴 수 있다.(2014.12.30 본항신설)

⑦ 제6항에 따라 당사자등에게 알리는 경우에는 제24조를 준용한다.
(2014.12.30 본항신설)

**제22조【의견청취】** ① 행정청이 처분을 할 때 다음 각 호의 어느 하나에 해당하는 경우에는 청문을 한다.

1. 다른 법령등에서 청문을 하도록 규정하고 있는 경우
2. 행정청이 필요하다고 인정하는 경우
3. 다음 각 목의 처분을 하는 경우
(2022.1.11 본문개정)
가. 인허가 등의 취소
나. 신분 · 자격의 박탈
다. 법인이나 조합 등의 설립허가의 취소
(2014.1.28 본호신설)

② 행정청이 처분을 할 때 다음 각 호의 어느 하나에 해당하는 경우에는 공청회를 개최한다.

1. 다른 법령등에서 공청회를 개최하도록 규정하고 있는 경우

2. 해당 처분의 영향이 광범위하여 널리 의견을 수렴할 필요가 있다고 행정청이 인정하는 경우
3. 국민생활에 큰 영향을 미치는 처분으로서 대통령령으로 정하는 처분에 대하여 대통령령으로 정하는 수 이상의 당사자등이 공청회 개최를 요구하는 경우(2019.12.10 본호신설)

③ 행정청이 당사자에게 의무를 부과하거나 권익을 제한하는 처분을 할 때 제1항 또는 제2항의 경우 외에는 당사자등에게 의견제출의 기회를 주어야 한다.

④ 제1항부터 제3항까지의 규정에도 불구하고 제21조제4항 각 호의 어느 하나에 해당하는 경우와 당사자가 의견진술의 기회를 포기한다는 뜻을 명백히 표시한 경우에는 의견청취를 하지 아니할 수 있다.

⑤ 행정청은 청문·공청회 또는 의견제출을 거쳤을 때에는 신속히 처분하여 해당 처분이 지연되지 아니하도록 하여야 한다.

⑥ 행정청은 처분 후 1년 이내에 당사자등이 요청하는 경우에는 청문·공청회 또는 의견제출을 위하여 제출받은 서류나 그 밖의 물건을 반환하여야 한다.

**제23조【처분의 이유 제시】** ① 행정청은 처분을 할 때에는 다음 각 호의 어느 하나에 해당하는 경우를 제외하고는 당사자에게 그 근거와 이유를 제시하여야 한다.

1. 신청 내용을 모두 그대로 인정하는 처분인 경우
2. 단순·반복적인 처분 또는 경미한 처분으로서 당사자가 그 이유를 명백히 알 수 있는 경우
3. 긴급히 처분을 할 필요가 있는 경우

② 행정청은 제1항제2호 및 제3호의 경우에 처분 후 당사자가 요청하는 경우에는 그 근거와 이유를 제시하여야 한다.

**제24조【처분의 방식】** ① 행정청이 처분을 할 때에는 다른 법령등에 특별한 규정이 있는 경우를 제외하고는 문서로 하여야 하며, 다음 각 호의 어느 하나에 해당하는 경우에는 전자문서로 할 수 있다.

1. 당사자등의 동의가 있는 경우
2. 당사자가 전자문서로 처분을 신청한 경우

(2022.1.11 본항개정)

② 제1항에도 불구하고 공공의 안전 또는 복리를 위하여 긴급히 처분을 할 필요가 있거나 사안이 경미한 경우에는 말, 전화, 휴대전화를 이용한 문자 전송, 팩스 또는 전자우편 등 문서가 아닌 방법으로 처분을 할 수 있다. 이 경우 당사자가 요청하면 지체 없이 처분에 관한 문서를 주어야 한다.
(2022.1.11 본항신설)

③ 처분을 하는 문서에는 그 처분 행정청과 담당자의 소속·성명 및 연락처(전화번호, 팩스번호, 전자우편주소 등을 말한다)를 적어야 한다.

**제25조【처분의 정정】** 행정청은 처분에 오기(誤記), 오산(誤算) 또는 그 밖에 이에 준하는 명백한 잘못이 있을 때에는 직권으로 또는 신청에 따라 지체 없이 정정하고 그 사실을 당사자에게 통지하여야 한다.

**제26조【고지】** 행정청이 처분을 할 때에는 당사자에게 그 처분에 관하여 행정심판 및 행정소송을 제기할 수 있는지 여부, 그 밖에 불복을 할 수 있는지 여부, 청구절차 및 청구기간, 그 밖에 필요한 사항을 알려야 한다.

## 제2절 의견제출 및 청문

**제27조【의견제출】** ① 당사자등은 처분 전에 그 처분의 관할 행정청에 서면

이나 말로 또는 정보통신망을 이용하여 의견제출을 할 수 있다.
② 당사자등은 제1항에 따라 의견제출을 하는 경우 그 주장을 입증하기 위한 증거자료 등을 첨부할 수 있다.
③ 행정청은 당사자등이 말로 의견제출을 하였을 때에는 서면으로 그 진술의 요지와 진술자를 기록하여야 한다.
④ 당사자등이 정당한 이유 없이 의견제출기한까지 의견제출을 하지 아니한 경우에는 의견이 없는 것으로 본다.

**제27조의2【제출 의견의 반영 등】** ① 행정청은 처분을 할 때에 당사자등이 제출한 의견이 상당한 이유가 있다고 인정하는 경우에는 이를 반영하여야 한다.
② 행정청은 당사자등이 제출한 의견을 반영하지 아니하고 처분을 한 경우 당사자등이 처분이 있음을 안 날부터 90일 이내에 그 이유의 설명을 요청하면 서면으로 그 이유를 알려야 한다. 다만, 당사자등이 동의하면 말, 정보통신망 또는 그 밖의 방법으로 알릴 수 있다.(2019.12.10 본항신설)
(2019.12.10 본조제목개정)

**제28조【청문 주재자】** ① 행정청은 소속 직원 또는 대통령령으로 정하는 자격을 가진 사람 중에서 청문 주재자를 공정하게 선정하여야 한다.
(2019.12.10 본항개정)
② 행정청은 다음 각 호의 어느 하나에 해당하는 처분을 하려는 경우에는 청문 주재자를 2명 이상으로 선정할 수 있다. 이 경우 선정된 청문 주재자 중 1명이 청문 주재자를 대표한다.
1. 다수 국민의 이해가 상충되는 처분
2. 다수 국민에게 불편이나 부담을 주는 처분
3. 그 밖에 전문적이고 공정한 청문을 위하여 행정청이 청문 주재자를 2명 이상으로 선정할 필요가 있다고 인정하는 처분

(2022.1.11 본항신설)
③ 행정청은 청문이 시작되는 날부터 7일 전까지 청문 주재자에게 청문과 관련한 필요한 자료를 미리 통지하여야 한다.(2014.1.28 본항신설)
④ 청문 주재자는 독립하여 공정하게 직무를 수행하며, 그 직무 수행을 이유로 본인의 의사에 반하여 신분상 어떠한 불이익도 받지 아니한다.
⑤ 제1항 또는 제2항에 따라 선정된 청문 주재자는 「형법」이나 그 밖의 다른 법률에 따른 벌칙을 적용할 때에는 공무원으로 본다.(2022.1.11 본항개정)
⑥ 제1항부터 제5항까지에서 규정한 사항 외에 청문 주재자의 선정 등에 필요한 사항은 대통령령으로 정한다.
(2022.1.11 본항신설)

**제29조【청문 주재자의 제척 · 기피 · 회피】** ① 청문 주재자가 다음 각 호의 어느 하나에 해당하는 경우에는 청문을 주재할 수 없다.
1. 자신이 당사자등이거나 당사자등과 「민법」 제777조 각 호의 어느 하나에 해당하는 친족관계에 있거나 있었던 경우
2. 자신이 해당 처분과 관련하여 증언이나 감정(鑑定)을 한 경우
3. 자신이 해당 처분의 당사자등의 대리인으로 관여하거나 관여하였던 경우
4. 자신이 해당 처분업무를 직접 처리하거나 처리하였던 경우
5. 자신이 해당 처분업무를 처리하는 부서에 근무하는 경우. 이 경우 부서의 구체적인 범위는 대통령령으로 정한다.(2019.12.10 본호신설)

② 청문 주재자에게 공정한 청문 진행을 할 수 없는 사정이 있는 경우 당사자등은 행정청에 기피신청을 할 수 있다. 이 경우 행정청은 청문을 정지하고

그 신청이 이유가 있다고 인정할 때에는 해당 청문 주재자를 지체 없이 교체하여야 한다.

③ 청문 주재자는 제1항 또는 제2항의 사유에 해당하는 경우에는 행정청의 승인을 받아 스스로 청문의 주재를 회피할 수 있다.

**제30조【청문의 공개】** 청문은 당사자가 공개를 신청하거나 청문 주재자가 필요하다고 인정하는 경우 공개할 수 있다. 다만, 공익 또는 제3자의 정당한 이익을 현저히 해칠 우려가 있는 경우에는 공개하여서는 아니 된다.

**제31조【청문의 진행】** ① 청문 주재자가 청문을 시작할 때에는 먼저 예정된 처분의 내용, 그 원인이 되는 사실 및 법적 근거 등을 설명하여야 한다.

② 당사자등은 의견을 진술하고 증거를 제출할 수 있으며, 참고인이나 감정인 등에게 질문할 수 있다.

③ 당사자등이 의견서를 제출한 경우에는 그 내용을 출석하여 진술한 것으로 본다.

④ 청문 주재자는 청문의 신속한 진행과 질서유지를 위하여 필요한 조치를 할 수 있다.

⑤ 청문을 계속할 경우에는 행정청은 당사자등에게 다음 청문의 일시 및 장소를 서면으로 통지하여야 하며, 당사자등이 동의하는 경우에는 전자문서로 통지할 수 있다. 다만, 청문에 출석한 당사자등에게는 그 청문일에 청문 주재자가 말로 통지할 수 있다.

**제32조【청문의 병합 · 분리】** 행정청은 직권으로 또는 당사자의 신청에 따라 여러 개의 사안을 병합하거나 분리하여 청문을 할 수 있다.

**제33조【증거조사】** ① 청문 주재자는 직권으로 또는 당사자의 신청에 따라 필요한 조사를 할 수 있으며, 당사자등이 주장하지 아니한 사실에 대하여도 조사할 수 있다.

② 증거조사는 다음 각 호의 어느 하나에 해당하는 방법으로 한다.

1. 문서 · 장부 · 물건 등 증거자료의 수집
2. 참고인 · 감정인 등에 대한 질문
3. 검증 또는 감정 · 평가
4. 그 밖에 필요한 조사

③ 청문 주재자는 필요하다고 인정할 때에는 관계 행정청에 필요한 문서의 제출 또는 의견의 진술을 요구할 수 있다. 이 경우 관계 행정청은 직무 수행에 특별한 지장이 없으면 그 요구에 따라야 한다.

**제34조【청문조서】** ① 청문 주재자는 다음 각 호의 사항이 적힌 청문조서(聽聞調書)를 작성하여야 한다.

1. 제목
2. 청문 주재자의 소속, 성명 등 인적사항
3. 당사자등의 주소, 성명 또는 명칭 및 출석 여부
4. 청문의 일시 및 장소
5. 당사자등의 진술의 요지 및 제출된 증거
6. 청문의 공개 여부 및 공개하거나 제30조 단서에 따라 공개하지 아니한 이유
7. 증거조사를 한 경우에는 그 요지 및 첨부된 증거
8. 그 밖에 필요한 사항

② 당사자등은 청문조서의 내용을 열람 · 확인할 수 있으며, 이의가 있을 때에는 그 정정을 요구할 수 있다.

**제34조의2【청문 주재자의 의견서】** 청문 주재자는 다음 각 호의 사항이 적힌 청문 주재자의 의견서를 작성하여야 한다.

1. 청문의 제목
2. 처분의 내용, 주요 사실 또는 증거
3. 종합의견
4. 그 밖에 필요한 사항

**제35조 【청문의 종결】** ① 청문 주재자는 해당 사안에 대하여 당사자등의 의견진술, 증거조사가 충분히 이루어졌다고 인정하는 경우에는 청문을 마칠 수 있다.
② 청문 주재자는 당사자등의 전부 또는 일부가 정당한 사유 없이 청문기일에 출석하지 아니하거나 제31조제3항에 따른 의견서를 제출하지 아니한 경우에는 이들에게 다시 의견진술 및 증거제출의 기회를 주지 아니하고 청문을 마칠 수 있다.
③ 청문 주재자는 당사자등의 전부 또는 일부가 정당한 사유로 청문기일에 출석하지 못하거나 제31조제3항에 따른 의견서를 제출하지 못한 경우에는 10일 이상의 기간을 정하여 이들에게 의견진술 및 증거제출을 요구하여야 하며, 해당 기간이 지났을 때에 청문을 마칠 수 있다.(2019.12.10 본항개정)
④ 청문 주재자는 청문을 마쳤을 때에는 청문조서, 청문 주재자의 의견서, 그 밖의 관계 서류 등을 행정청에 지체 없이 제출하여야 한다.

**제35조의2 【청문결과의 반영】** 행정청은 처분을 할 때에 제35조제4항에 따라 받은 청문조서, 청문 주재자의 의견서, 그 밖의 관계 서류 등을 충분히 검토하고 상당한 이유가 있다고 인정하는 경우에는 청문결과를 반영하여야 한다.

**제36조 【청문의 재개】** 행정청은 청문을 마친 후 처분을 할 때까지 새로운 사정이 발견되어 청문을 재개(再開)할 필요가 있다고 인정할 때에는 제35조제4항에 따라 받은 청문조서 등을 되돌려 보내고 청문의 재개를 명할 수 있다. 이 경우 제31조제5항을 준용한다.

**제37조 【문서의 열람 및 비밀유지】** ① 당사자등은 의견제출의 경우에는 처분의 사전 통지가 있는 날부터 의견제출기한까지, 청문의 경우에는 청문의 통지가 있는 날부터 청문이 끝날 때까지 행정청에 해당 사안의 조사결과에 관한 문서와 그 밖에 해당 처분과 관련되는 문서의 열람 또는 복사를 요청할 수 있다. 이 경우 행정청은 다른 법령에 따라 공개가 제한되는 경우를 제외하고는 그 요청을 거부할 수 없다.
(2022.1.11 전단개정)
② 행정청은 제1항의 열람 또는 복사의 요청에 따르는 경우 그 일시 및 장소를 지정할 수 있다.
③ 행정청은 제1항 후단에 따라 열람 또는 복사의 요청을 거부하는 경우에는 그 이유를 소명(疎明)하여야 한다.
④ 제1항에 따라 열람 또는 복사를 요청할 수 있는 문서의 범위는 대통령령으로 정한다.
⑤ 행정청은 제1항에 따른 복사에 드는 비용을 복사를 요청한 자에게 부담시킬 수 있다.
⑥ 누구든지 의견제출 또는 청문을 통하여 알게 된 사생활이나 경영상 또는 거래상의 비밀을 정당한 이유 없이 누설하거나 다른 목적으로 사용하여서는 아니 된다.(2022.1.11 본항개정)

## 제3절 공청회

**제38조 【공청회 개최의 알림】** 행정청은 공청회를 개최하려는 경우에는 공청회 개최 14일 전까지 다음 각 호의 사항을 당사자등에게 통지하고 관보, 공보, 인터넷 홈페이지 또는 일간신문 등에 공고하는 등의 방법으로 널리 알려야 한다. 다만, 공청회 개최를 알린 후 예정대로 개최하지 못하여 새로 일시 및 장소 등을 정한 경우에는 공청회 개최 7일 전까지 알려야 한다.
(2019.12.10 단서신설)
1. 제목

2. 일시 및 장소
3. 주요 내용
4. 발표자에 관한 사항
5. 발표신청 방법 및 신청기한
6. 정보통신망을 통한 의견제출
7. 그 밖에 공청회 개최에 필요한 사항

**제38조의2【온라인공청회】** ① 행정청은 제38조에 따른 공청회와 병행하여서만 정보통신망을 이용한 공청회(이하 "온라인공청회"라 한다)를 실시할 수 있다.

② 제1항에도 불구하고 다음 각 호의 어느 하나에 해당하는 경우에는 온라인공청회를 단독으로 개최할 수 있다.

1. 국민의 생명·신체·재산의 보호 등 국민의 안전 또는 권익보호 등의 이유로 제38조에 따른 공청회를 개최하기 어려운 경우
2. 제38조에 따른 공청회가 행정청이 책임질 수 없는 사유로 개최되지 못하거나 개최는 되었으나 정상적으로 진행되지 못하고 무산된 횟수가 3회 이상인 경우
3. 행정청이 널리 의견을 수렴하기 위하여 온라인공청회를 단독으로 개최할 필요가 있다고 인정하는 경우. 다만, 제22조제2항제1호 또는 제3호에 따라 공청회를 실시하는 경우는 제외한다.

(2022.1.11 본항신설)

③ 행정청은 온라인공청회를 실시하는 경우 의견제출 및 토론 참여가 가능하도록 적절한 전자적 처리능력을 갖춘 정보통신망을 구축·운영하여야 한다.

④ 온라인공청회를 실시하는 경우에는 누구든지 정보통신망을 이용하여 의견을 제출하거나 제출된 의견 등에 대한 토론에 참여할 수 있다.

⑤ 제1항부터 제4항까지에서 규정한 사항 외에 온라인공청회의 실시 방법 및 절차에 관하여 필요한 사항은 대통령령으로 정한다.

(2022.1.11 본조개정)

**제38조의3【공청회의 주재자 및 발표자의 선정】** ① 행정청은 해당 공청회의 사안과 관련된 분야에 전문적 지식이 있거나 그 분야에 종사한 경험이 있는 사람으로서 대통령령으로 정하는 자격을 가진 사람 중에서 공청회의 주재자를 선정한다.(2019.12.10 본항개정)

② 공청회의 발표자는 발표를 신청한 사람 중에서 행정청이 선정한다. 다만, 발표를 신청한 사람이 없거나 공청회의 공정성을 확보하기 위하여 필요하다고 인정하는 경우에는 다음 각 호의 사람 중에서 지명하거나 위촉할 수 있다.

1. 해당 공청회의 사안과 관련된 당사자등
2. 해당 공청회의 사안과 관련된 분야에 전문적 지식이 있는 사람
3. 해당 공청회의 사안과 관련된 분야에 종사한 경험이 있는 사람

③ 행정청은 공청회의 주재자 및 발표자를 지명 또는 위촉하거나 선정할 때 공정성이 확보될 수 있도록 하여야 한다.

④ 공청회의 주재자, 발표자, 그 밖에 자료를 제출한 전문가 등에게는 예산의 범위에서 수당 및 여비와 그 밖에 필요한 경비를 지급할 수 있다.

**제39조【공청회의 진행】** ① 공청회의 주재자는 공청회를 공정하게 진행하여야 하며, 공청회의 원활한 진행을 위하여 발표 내용을 제한할 수 있고, 질서유지를 위하여 발언 중지 및 퇴장 명령 등 행정안전부장관이 정하는 필요한 조치를 할 수 있다.(2017.7.26 본항개정)

② 발표자는 공청회의 내용과 직접 관련된 사항에 대하여만 발표하여야 한다.

③ 공청회의 주재자는 발표자의 발표가 끝난 후에는 발표자 상호간에 질의 및 답변을 할 수 있도록 하여야 하며,

방청인에게도 의견을 제시할 기회를 주어야 한다.

**제39조의2【공청회 및 온라인공청회 결과의 반영】** 행정청은 처분을 할 때에 공청회, 온라인공청회 및 정보통신망 등을 통하여 제시된 사실 및 의견이 상당한 이유가 있다고 인정하는 경우에는 이를 반영하여야 한다.
(2022.1.11 본조개정)

**제39조의3【공청회의 재개최】** 행정청은 공청회를 마친 후 처분을 할 때까지 새로운 사정이 발견되어 공청회를 다시 개최할 필요가 있다고 인정할 때에는 공청회를 다시 개최할 수 있다.
(2019.12.10 본조신설)

## 제3장 신고, 확약 및 위반사실 등의 공표 등
(2022.1.11 본장제목개정)

**제40조【신고】** ① 법령등에서 행정청에 일정한 사항을 통지함으로써 의무가 끝나는 신고를 규정하고 있는 경우 신고를 관장하는 행정청은 신고에 필요한 구비서류, 접수기관, 그 밖에 법령등에 따른 신고에 필요한 사항을 게시(인터넷 등을 통한 게시를 포함한다)하거나 이에 대한 편람을 갖추어 두고 누구나 열람할 수 있도록 하여야 한다.
② 제1항에 따른 신고가 다음 각 호의 요건을 갖춘 경우에는 신고서가 접수기관에 도달된 때에 신고 의무가 이행된 것으로 본다.
1. 신고서의 기재사항에 흠이 없을 것
2. 필요한 구비서류가 첨부되어 있을 것
3. 그 밖에 법령등에 규정된 형식상의 요건에 적합할 것

③ 행정청은 제2항 각 호의 요건을 갖추지 못한 신고서가 제출된 경우에는 지체 없이 상당한 기간을 정하여 신고인에게 보완을 요구하여야 한다.
④ 행정청은 신고인이 제3항에 따른 기간 내에 보완을 하지 아니하였을 때에는 그 이유를 구체적으로 밝혀 해당 신고서를 되돌려 보내야 한다.
(2012.10.22 본조개정)

**제40조의2【확약】** ① 법령등에서 당사자가 신청할 수 있는 처분을 규정하고 있는 경우 행정청은 당사자의 신청에 따라 장래에 어떤 처분을 하거나 하지 아니할 것을 내용으로 하는 의사표시(이하 "확약"이라 한다)를 할 수 있다.
② 확약은 문서로 하여야 한다.
③ 행정청은 다른 행정청과의 협의 등의 절차를 거쳐야 하는 처분에 대하여 확약을 하려는 경우에는 확약을 하기 전에 그 절차를 거쳐야 한다.
④ 행정청은 다음 각 호의 어느 하나에 해당하는 경우에는 확약에 기속되지 아니한다.
1. 확약을 한 후에 확약의 내용을 이행할 수 없을 정도로 법령등이나 사정이 변경된 경우
2. 확약이 위법한 경우

⑤ 행정청은 확약이 제4항 각 호의 어느 하나에 해당하여 확약을 이행할 수 없는 경우에는 지체 없이 당사자에게 그 사실을 통지하여야 한다.
(2022.1.11 본조신설)

**제40조의3【위반사실 등의 공표】** ① 행정청은 법령에 따른 의무를 위반한 자의 성명·법인명, 위반사실, 의무 위반을 이유로 한 처분사실 등(이하 "위반사실등"이라 한다)을 법률로 정하는 바에 따라 일반에게 공표할 수 있다.
② 행정청은 위반사실등의 공표를 하기 전에 사실과 다른 공표로 인하여 당사자의 명예·신용 등이 훼손되지 아니하도록 객관적이고 타당한 증거와 근거가 있는지를 확인하여야 한다.
③ 행정청은 위반사실등의 공표를 할 때에는 미리 당사자에게 그 사실을 통

지하고 의견제출의 기회를 주어야 한다. 다만, 다음 각 호의 어느 하나에 해당하는 경우에는 그러하지 아니하다.

1. 공공의 안전 또는 복리를 위하여 긴급히 공표를 할 필요가 있는 경우
2. 해당 공표의 성질상 의견청취가 현저히 곤란하거나 명백히 불필요하다고 인정될 만한 타당한 이유가 있는 경우
3. 당사자가 의견진술의 기회를 포기한다는 뜻을 명백히 밝힌 경우

④ 제3항에 따라 의견제출의 기회를 받은 당사자는 공표 전에 관할 행정청에 서면이나 말 또는 정보통신망을 이용하여 의견을 제출할 수 있다.

⑤ 제4항에 따른 의견제출의 방법과 제출 의견의 반영 등에 관하여는 제27조 및 제27조의2를 준용한다. 이 경우 "처분"은 "위반사실등의 공표"로 본다.

⑥ 위반사실등의 공표는 관보, 공보 또는 인터넷 홈페이지 등을 통하여 한다.

⑦ 행정청은 위반사실등의 공표를 하기 전에 당사자가 공표와 관련된 의무의 이행, 원상회복, 손해배상 등의 조치를 마친 경우에는 위반사실등의 공표를 하지 아니할 수 있다.

⑧ 행정청은 공표된 내용이 사실과 다른 것으로 밝혀지거나 공표에 포함된 처분이 취소된 경우에는 그 내용을 정정하여, 정정한 내용을 지체 없이 해당 공표와 같은 방법으로 공표된 기간 이상 공표하여야 한다. 다만, 당사자가 원하지 아니하면 공표하지 아니할 수 있다.

(2022.1.11 본조신설)

**제40조의4 【행정계획】** 행정청은 행정청이 수립하는 계획 중 국민의 권리·의무에 직접 영향을 미치는 계획을 수립하거나 변경·폐지할 때에는 관련된 여러 이익을 정당하게 형량하여야 한다.(2022.1.11 본조신설)

## 제4장 행정상 입법예고

(2012.10.22 본장개정)

**제41조 【행정상 입법예고】** ① 법령등을 제정·개정 또는 폐지(이하 "입법"이라 한다)하려는 경우에는 해당 입법안을 마련한 행정청은 이를 예고하여야 한다. 다만, 다음 각 호의 어느 하나에 해당하는 경우에는 예고를 하지 아니할 수 있다.

1. 신속한 국민의 권리 보호 또는 예측 곤란한 특별한 사정의 발생 등으로 입법이 긴급을 요하는 경우
2. 상위 법령등의 단순한 집행을 위한 경우
3. 입법내용이 국민의 권리·의무 또는 일상생활과 관련이 없는 경우
4. 단순한 표현·자구를 변경하는 경우 등 입법내용의 성질상 예고의 필요가 없거나 곤란하다고 판단되는 경우
5. 예고함이 공공의 안전 또는 복리를 현저히 해칠 우려가 있는 경우

② (2002.12.30 삭제)

③ 법제처장은 입법예고를 하지 아니한 법령안의 심사 요청을 받은 경우에 입법예고를 하는 것이 적당하다고 판단할 때에는 해당 행정청에 입법예고를 권고하거나 직접 예고할 수 있다.

④ 입법안을 마련한 행정청은 입법예고 후 예고내용에 국민생활과 직접 관련된 내용이 추가되는 등 대통령령으로 정하는 중요한 변경이 발생하는 경우에는 해당 부분에 대한 입법예고를 다시 하여야 한다. 다만, 제1항 각 호의 어느 하나에 해당하는 경우에는 예고를 하지 아니할 수 있다.

(2012.10.22 본항신설)

⑤ 입법예고의 기준·절차 등에 관하여 필요한 사항은 대통령령으로 정한다.

**제42조 【예고방법】** ① 행정청은 입법안의 취지, 주요 내용 또는 전문(全文)을 다음 각 호의 구분에 따른 방법으로 공고하여야 하며, 추가로 인터넷, 신문 또는 방송 등을 통하여 공고할 수 있다.

1. 법령의 입법안을 입법예고하는 경우 : 관보 및 법제처장이 구축·제공하는 정보시스템을 통한 공고
2. 자치법규의 입법안을 입법예고하는 경우 : 공보를 통한 공고

(2019.12.10 본항개정)

② 행정청은 대통령령을 입법예고하는 경우 국회 소관 상임위원회에 이를 제출하여야 한다.

③ 행정청은 입법예고를 할 때에 입법안과 관련이 있다고 인정되는 중앙행정기관, 지방자치단체, 그 밖의 단체 등이 예고사항을 알 수 있도록 예고사항을 통지하거나 그 밖의 방법으로 알려야 한다.

④ 행정청은 제1항에 따라 예고된 입법안에 대하여 온라인공청회 등을 통하여 널리 의견을 수렴할 수 있다. 이 경우 제38조의2제3항부터 제5항까지의 규정을 준용한다.(2022.1.11 본항개정)

⑤ 행정청은 예고된 입법안의 전문에 대한 열람 또는 복사를 요청받았을 때에는 특별한 사유가 없으면 그 요청에 따라야 한다.

⑥ 행정청은 제5항에 따른 복사에 드는 비용을 복사를 요청한 자에게 부담시킬 수 있다.

**제43조 【예고기간】** 입법예고기간은 예고할 때 정하되, 특별한 사정이 없으면 40일(자치법규는 20일) 이상으로 한다.

**제44조 【의견제출 및 처리】** ① 누구든지 예고된 입법안에 대하여 의견을 제출할 수 있다.

② 행정청은 의견접수기관, 의견제출기간, 그 밖에 필요한 사항을 해당 입법안을 예고할 때 함께 공고하여야 한다.

③ 행정청은 해당 입법안에 대한 의견이 제출된 경우 특별한 사유가 없으면 이를 존중하여 처리하여야 한다.

④ 행정청은 의견을 제출한 자에게 그 제출된 의견의 처리결과를 통지하여야 한다.

⑤ 제출된 의견의 처리방법 및 처리결과의 통지에 관하여는 대통령령으로 정한다.

**제45조 【공청회】** ① 행정청은 입법안에 관하여 공청회를 개최할 수 있다.

② 공청회에 관하여는 제38조, 제38조의2, 제38조의3, 제39조 및 제39조의2를 준용한다.

## 제5장 행정예고
(2012.10.22 본장개정)

**제46조 【행정예고】** ① 행정청은 정책, 제도 및 계획(이하 "정책등"이라 한다)을 수립·시행하거나 변경하려는 경우에는 이를 예고하여야 한다. 다만, 다음 각 호의 어느 하나에 해당하는 경우에는 예고를 하지 아니할 수 있다.

1. 신속하게 국민의 권리를 보호하여야 하거나 예측이 어려운 특별한 사정이 발생하는 등 긴급한 사유로 예고가 현저히 곤란한 경우
2. 법령등의 단순한 집행을 위한 경우
3. 정책등의 내용이 국민의 권리·의무 또는 일상생활과 관련이 없는 경우
4. 정책등의 예고가 공공의 안전 또는 복리를 현저히 해칠 우려가 상당한 경우

(2019.12.10 본항개정)

② 제1항에도 불구하고 법령등의 입법을 포함하는 행정예고는 입법예고로 갈음할 수 있다.

③ 행정예고기간은 예고 내용의 성격 등을 고려하여 정하되, 20일 이상으로 한다.(2022.1.11 본항개정)

④ 제3항에도 불구하고 행정목적을 달성하기 위하여 긴급한 필요가 있는 경우에는 행정예고기간을 단축할 수 있다. 이 경우 단축된 행정예고기간은 10일 이상으로 한다.(2022.1.11 본항신설)

**제46조의2【행정예고 통계 작성 및 공고】** 행정청은 매년 자신이 행한 행정예고의 실시 현황과 그 결과에 관한 통계를 작성하고, 이를 관보·공보 또는 인터넷 등의 방법으로 널리 공고하여야 한다.(2014.1.28 본조신설)

**제47조【예고방법 등】** ① 행정청은 정책등안(案)의 취지, 주요 내용 등을 관보·공보나 인터넷·신문·방송 등을 통하여 공고하여야 한다.

② 행정예고의 방법, 의견제출 및 처리, 공청회 및 온라인공청회에 관하여는 제38조, 제38조의2, 제38조의3, 제39조, 제39조의2, 제39조의3, 제42조(제1항·제2항 및 제4항은 제외한다), 제44조제1항부터 제3항까지 및 제45조제1항을 준용한다. 이 경우 "입법안"은 "정책등안"으로, "입법예고"는 "행정예고"로, "처분을 할 때"는 "정책등을 수립·시행하거나 변경할 때"로 본다.(2022.1.11 전단개정)

(2019.12.10 본조개정)

## 제6장 행정지도
(2012.10.22 본장개정)

**제48조【행정지도의 원칙】** ① 행정지도는 그 목적 달성에 필요한 최소한도에 그쳐야 하며, 행정지도의 상대방의 의사에 반하여 부당하게 강요하여서는 아니 된다.

② 행정기관은 행정지도의 상대방이 행정지도에 따르지 아니하였다는 것을 이유로 불이익한 조치를 하여서는 아니 된다.

**제49조【행정지도의 방식】** ① 행정지도를 하는 자는 그 상대방에게 그 행정지도의 취지 및 내용과 신분을 밝혀야 한다.

② 행정지도가 말로 이루어지는 경우에 상대방이 제1항의 사항을 적은 서면의 교부를 요구하면 그 행정지도를 하는 자는 직무 수행에 특별한 지장이 없으면 이를 교부하여야 한다.

**제50조【의견제출】** 행정지도의 상대방은 해당 행정지도의 방식·내용 등에 관하여 행정기관에 의견제출을 할 수 있다.

**제51조【다수인을 대상으로 하는 행정지도】** 행정기관이 같은 행정목적을 실현하기 위하여 많은 상대방에게 행정지도를 하려는 경우에는 특별한 사정이 없으면 행정지도에 공통적인 내용이 되는 사항을 공표하여야 한다.

## 제7장 국민참여의 확대
(2014.1.28 본장신설)

**제52조【국민참여 활성화】** ① 행정청은 행정과정에서 국민의 의견을 적극적으로 청취하고 이를 반영하도록 노력하여야 한다.

② 행정청은 국민에게 다양한 참여방법과 협력의 기회를 제공하도록 노력하여야 하며, 구체적인 참여방법을 공표하여야 한다.

③ 행정청은 국민참여 수준을 향상시키기 위하여 노력하여야 하며 필요한 경우 국민참여 수준에 대한 자체진단을 실시하고, 그 결과를 행정안전부장관에게 제출하여야 한다.

④ 행정청은 제3항에 따라 자체진단을 실시한 경우 그 결과를 공개할 수 있다.

⑤ 행정청은 국민참여를 활성화하기 위하여 교육·홍보, 예산·인력 확보 등 필요한 조치를 할 수 있다.
⑥ 행정안전부장관은 국민참여 확대를 위하여 행정청에 교육·홍보, 포상, 예산·인력 확보 등을 지원할 수 있다.
(2022.1.11 본조개정)

**제52조의2【국민제안의 처리】** ① 행정청(국회사무총장·법원행정처장·헌법재판소사무처장 및 중앙선거관리위원회사무총장은 제외한다)은 정부시책이나 행정제도 및 그 운영의 개선에 관한 국민의 창의적인 의견이나 고안(이하 "국민제안"이라 한다)을 접수·처리하여야 한다.
② 제1항에 따른 국민제안의 운영 및 절차 등에 필요한 사항은 대통령령으로 정한다.
(2022.1.11 본조신설)

**제52조의3【국민참여 창구】** 행정청은 주요 정책 등에 관한 국민과 전문가의 의견을 듣거나 국민이 참여할 수 있는 온라인 또는 오프라인 창구를 설치·운영할 수 있다.(2022.1.11 본조신설)

**제53조【온라인 정책토론】** ① 행정청은 국민에게 영향을 미치는 주요 정책 등에 대하여 국민의 다양하고 창의적인 의견을 널리 수렴하기 위하여 정보통신망을 이용한 정책토론(이하 이 조에서 "온라인 정책토론"이라 한다)을 실시할 수 있다.
② 행정청은 효율적인 온라인 정책토론을 위하여 과제별로 한시적인 토론 패널을 구성하여 해당 토론에 참여시킬 수 있다. 이 경우 패널의 구성에 있어서는 공정성 및 객관성이 확보될 수 있도록 노력하여야 한다.
③ 행정청은 온라인 정책토론이 공정하고 중립적으로 운영되도록 하기 위하여 필요한 조치를 할 수 있다.
④ 토론 패널의 구성, 운영방법, 그 밖에 온라인 정책토론의 운영을 위하여 필요한 사항은 대통령령으로 정한다.
(2022.1.11 본조개정)

## 제8장 보 칙
(2012.10.22 본장개정)

**제54조【비용의 부담】** 행정절차에 드는 비용은 행정청이 부담한다. 다만, 당사자등이 자기를 위하여 스스로 지출한 비용은 그러하지 아니하다.

**제55조【참고인 등에 대한 비용 지급】** ① 행정청은 행정절차의 진행에 필요한 참고인이나 감정인 등에게 예산의 범위에서 여비와 일당을 지급할 수 있다.
② 제1항에 따른 비용의 지급기준 등에 관하여는 대통령령으로 정한다.

**제56조【협조 요청 등】** 행정안전부장관(제4장의 경우에는 법제처장을 말한다)은 이 법의 효율적인 운영을 위하여 노력하여야 하며, 필요한 경우에는 그 운영 상황과 실태를 확인할 수 있고, 관계 행정청에 관련 자료의 제출 등 협조를 요청할 수 있다.(2017.7.26 본조개정)

### 부 칙

① **【시행일】** 이 법은 공포후 1년이 경과한 날부터 시행한다.
② **【적용례】** 이 법 시행당시 진행중인 처분·신고·행정상 입법예고·행정예고 및 행정지도에 관하여는 이 법을 적용하지 아니한다.

### 부 칙 (2002.12.30)

① **【시행일】** 이 법은 공포후 6월이 경과한 날부터 시행한다.
② **【경과조치】** 이 법 시행 당시 진행중인 행정절차에 관하여는 종전의 규정에 의한다.

부　칙 (2007.5.17)

① 【시행일】 이 법은 공포 후 6개월이 경과한 날부터 시행한다.
② 【경과조치】 이 법 시행 당시 진행 중인 행정절차에 관하여는 종전의 규정에 따른다.

부　칙 (2011.12.2)

**제1조 【시행일】** 이 법은 「대한민국과 미합중국 간의 자유무역협정 및 대한민국과 미합중국 간의 자유무역협정에 관한 서한교환」이 발효되는 날부터 시행한다.
<2012.3.15 발효>
**제2조 【입법예고기간 확대에 따른 적용례】** 제43조의 개정규정은 이 법 시행 후 최초로 입법예고를 하는 법령부터 적용한다.

부　칙 (2012.10.22)

이 법은 공포한 날부터 시행한다. 다만, 제41조제1항 및 제4항의 개정규정은 공포 후 3개월이 경과한 날부터 시행한다.

부　칙 (2013.3.23)

**제1조 【시행일】** ① 이 법은 공포한 날부터 시행한다.(이하 생략)

부　칙 (2014.1.28)

**제1조 【시행일】** 이 법은 공포 후 1개월이 경과한 날부터 시행한다. 다만, 제14조제2항, 제21조제5항 및 제53조제4항의 개정규정은 공포 후 6개월이 경과한 날부터 시행한다.
**제2조 【경과조치】** 이 법 시행 당시 진행 중인 행정절차에 관하여는 종전의 규정에 따른다.

부　칙 (2014.11.19)

**제1조 【시행일】** 이 법은 공포한 날부터 시행한다.(이하 생략)

부　칙 (2014.12.30)

**제1조 【시행일】** 이 법은 공포 후 3개월이 경과한 날부터 시행한다.
**제2조 【사유의 통지에 관한 적용례】** 제21조제6항의 개정규정은 이 법 시행 후 최초로 행하는 처분부터 적용한다.

부　칙 (2017.7.26)

**제1조 【시행일】** ① 이 법은 공포한 날부터 시행한다.(이하 생략)

부　칙 (2019.12.10)

**제1조 【시행일】** 이 법은 공포 후 6개월이 경과한 날부터 시행한다.
**제2조 【처분의 사전 통지에 관한 적용례】** 제21조제3항의 개정규정은 이 법 시행 이후 처분의 사전 통지를 하는 경우부터 적용한다.
**제3조 【제출 의견의 반영 등에 관한 적용례】** 제27조의2제2항의 개정규정은 이 법 시행 이후 당사자등이 의견을 제출하는 경우부터 적용한다.
**제4조 【청문에 관한 적용례】** ① 제29조제1항제5호의 개정규정은 이 법 시행 이후 청문 주재자를 선정하는 경우부터 적용한다.
② 제35조제3항의 개정규정은 이 법 시행 이후 시작하는 청문부터 적용한다.
**제5조 【공청회 주재자의 선정에 관한 적용례】** 제38조의3제1항의 개정규정

은 이 법 시행 이후 공청회 주재자를 선정하는 경우부터 적용한다.

**제6조【행정예고에 관한 적용례】** 제46조제1항의 개정규정은 이 법 시행 이후 정책등을 수립·시행하거나 변경하는 경우부터 적용한다.

부 칙 (2022.1.11)

**제1조【시행일】** 이 법은 공포 후 6개월이 경과한 날부터 시행한다. 다만, 제20조제2항부터 제4항까지의 개정규정은 2023년 3월 24일부터 시행한다.

**제2조【청문에 관한 적용례】** 제22조제1항제3호의 개정규정은 이 법 시행 이후 같은 호 각 목의 처분에 관하여 제21조에 따라 사전 통지를 하는 처분부터 적용한다.

**제3조【온라인공청회에 관한 적용례】** 제38조의2제2항제2호의 개정규정은 이 법 시행 이후 공청회가 행정청이 책임질 수 없는 사유로 개최되지 못하거나 개최는 되었으나 정상적으로 진행되지 못하고 무산된 횟수가 3회 이상인 경우부터 적용한다.

**제4조【확약에 관한 적용례】** 제40조의2의 개정규정은 이 법 시행 이후 확약을 신청하는 경우부터 적용한다.

**제5조【위반사실등의 공표에 관한 적용례】** 제40조의3의 개정규정은 이 법 시행 이후 위반사실등의 공표를 하는 경우부터 적용한다.

**제6조【행정예고에 관한 적용례】** 제46조제3항 및 제4항의 개정규정은 이 법 시행 이후 행정예고를 하는 경우부터 적용한다.

**제7조【다른 법률의 개정】** ※(해당 법령에 가제정리 하였음)

# 공공기관의 정보공개에 관한 법률

(2004년 1월 29일
전개법률 제7127호)

개정
2005.12.29법 7796호(국가공무원)
2006.10. 4법 8026호
2007. 1. 3법 8171호(전자정부법)
2008. 2.29법 8854호
2008. 2.29법 8871호(행정심판)
2010. 2. 4법10012호(전자정부법)
2013. 3.23법11690호(정부조직)
2013. 8. 6법11991호
2014.11.19법12844호(정부조직)
2016. 5.29법14185호
2017. 7.26법14839호(정부조직)
2020.12.22법17690호
2023. 5.16법19408호(행정기관정비일부개정법령등)



## 제1장 총 칙
(2013.8.6 본장개정)

**제1조【목적】** 이 법은 공공기관이 보유·관리하는 정보에 대한 국민의 공개 청구 및 공공기관의 공개 의무에 관하여 필요한 사항을 정함으로써 국민의 알권리를 보장하고 국정(國政)에 대한 국민의 참여와 국정 운영의 투명성을 확보함을 목적으로 한다.

**제2조【정의】** 이 법에서 사용하는 용어의 뜻은 다음과 같다.

1. "정보"란 공공기관이 직무상 작성 또는 취득하여 관리하고 있는 문서(전자문서를 포함한다. 이하 같다) 및 전자매체를 비롯한 모든 형태의 매체 등에 기록된 사항을 말한다. (2020.12.22 본호개정)
2. "공개"란 공공기관이 이 법에 따라 정보를 열람하게 하거나 그 사본·

복제물을 제공하는 것 또는 「전자정부법」 제2조제10호에 따른 정보통신망(이하 "정보통신망"이라 한다)을 통하여 정보를 제공하는 것 등을 말한다.

3. "공공기관"이란 다음 각 목의 기관을 말한다.
   가. 국가기관
      1) 국회, 법원, 헌법재판소, 중앙선거관리위원회
      2) 중앙행정기관(대통령 소속 기관과 국무총리 소속 기관을 포함한다) 및 그 소속 기관
      3) 「행정기관 소속 위원회의 설치·운영에 관한 법률」에 따른 위원회
   나. 지방자치단체
   다. 「공공기관의 운영에 관한 법률」 제2조에 따른 공공기관
   라. 「지방공기업법」에 따른 지방공사 및 지방공단(2020.12.22 본목신설)
   마. 그 밖에 대통령령으로 정하는 기관

**제3조【정보공개의 원칙】** 공공기관이 보유·관리하는 정보는 국민의 알권리 보장 등을 위하여 이 법에서 정하는 바에 따라 적극적으로 공개하여야 한다.

**제4조【적용 범위】** ① 정보의 공개에 관하여는 다른 법률에 특별한 규정이 있는 경우를 제외하고는 이 법에서 정하는 바에 따른다.

② 지방자치단체는 그 소관 사무에 관하여 법령의 범위에서 정보공개에 관한 조례를 정할 수 있다.

③ 국가안전보장에 관련되는 정보 및 보안 업무를 관장하는 기관에서 국가안전보장과 관련된 정보의 분석을 목적으로 수집하거나 작성한 정보에 대해서는 이 법을 적용하지 아니한다. 다만, 제8조제1항에 따른 정보목록의 작성·비치 및 공개에 대해서는 그러하지 아니한다.

## 제2장 정보공개 청구권자와 공공기관의 의무
(2013.8.6 본장개정)

**제5조【정보공개 청구권자】** ① 모든 국민은 정보의 공개를 청구할 권리를 가진다.

② 외국인의 정보공개 청구에 관하여는 대통령령으로 정한다.

**제6조【공공기관의 의무】** ① 공공기관은 정보의 공개를 청구하는 국민의 권리가 존중될 수 있도록 이 법을 운영하고 소관 관계 법령을 정비하며, 정보를 투명하고 적극적으로 공개하는 조직문화 형성에 노력하여야 한다.

② 공공기관은 정보의 적절한 보존 및 신속한 검색과 국민에게 유용한 정보의 분석 및 공개 등이 이루어지도록 정보관리체계를 정비하고, 정보공개 업무를 주관하는 부서 및 담당하는 인력을 적정하게 두어야 하며, 정보통신망을 활용한 정보공개시스템 등을 구축하도록 노력하여야 한다.

③ 행정안전부장관은 공공기관의 정보공개에 관한 업무를 종합적·체계적·효율적으로 지원하기 위하여 통합정보공개시스템을 구축·운영하여야 한다. (2020.12.22 본항신설)

④ 공공기관(국회·법원·헌법재판소·중앙선거관리위원회는 제외한다)이 제2항에 따른 정보공개시스템을 구축하지 아니한 경우에는 제3항에 따라 행정안전부장관이 구축·운영하는 통합정보공개시스템을 통하여 정보공개 청구 등을 처리하여야 한다.(2020.12.22 본항신설)

⑤ 공공기관은 소속 공무원 또는 임직원 전체를 대상으로 국회규칙·대법원규칙·헌법재판소규칙·중앙선거관리위원회규칙 및 대통령령으로 정하는 바에 따라 이 법 및 정보공개 제도

운영에 관한 교육을 실시하여야 한다.
(2020.12.22 본항신설)
(2020.12.22 본조개정)

**제6조의2 【정보공개 담당자의 의무】** 공공기관의 정보공개 담당자(정보공개 청구 대상 정보와 관련된 업무 담당자를 포함한다)는 정보공개 업무를 성실하게 수행하여야 하며, 공개 여부의 자의적인 결정, 고의적인 처리 지연 또는 위법한 공개 거부 및 회피 등 부당한 행위를 해서는 아니 된다.
(2020.12.22 본조신설)

**제7조 【정보의 사전적 공개 등】** ① 공공기관은 다음 각 호의 어느 하나에 해당하는 정보에 대해서는 공개의 구체적 범위, 주기, 시기 및 방법 등을 미리 정하여 정보통신망 등을 통하여 알리고, 이에 따라 정기적으로 공개하여야 한다. 다만, 제9조제1항 각 호의 어느 하나에 해당하는 정보에 대해서는 그러하지 아니하다.
(2020.12.22 본문개정)
1. 국민생활에 매우 큰 영향을 미치는 정책에 관한 정보
2. 국가의 시책으로 시행하는 공사(工事) 등 대규모 예산이 투입되는 사업에 관한 정보
3. 예산집행의 내용과 사업평가 결과 등 행정감시를 위하여 필요한 정보
4. 그 밖에 공공기관의 장이 정하는 정보

② 공공기관은 제1항에 규정된 사항 외에도 국민이 알아야 할 필요가 있는 정보를 국민에게 공개하도록 적극적으로 노력하여야 한다.
(2020.12.22 본조제목개정)

**제8조 【정보목록의 작성·비치 등】** ① 공공기관은 그 기관이 보유·관리하는 정보에 대하여 국민이 쉽게 알 수 있도록 정보목록을 작성하여 갖추어 두고, 그 목록을 정보통신망을 활용한 정보공개시스템 등을 통하여 공개하여야 한다. 다만, 정보목록 중 제9조제1항에 따라 공개하지 아니할 수 있는 정보가 포함되어 있는 경우에는 해당 부분을 갖추어 두지 아니하거나 공개하지 아니할 수 있다.
② 공공기관은 정보의 공개에 관한 사무를 신속하고 원활하게 수행하기 위하여 정보공개 장소를 확보하고 공개에 필요한 시설을 갖추어야 한다.

**제8조의2 【공개대상 정보의 원문공개】** 공공기관 중 중앙행정기관 및 대통령령으로 정하는 기관은 전자적 형태로 보유·관리하는 정보 중 공개대상으로 분류된 정보를 국민의 정보공개 청구가 없더라도 정보통신망을 활용한 정보공개시스템 등을 통하여 공개하여야 한다.(2013.8.6 본조신설)

## 제3장 정보공개의 절차
(2013.8.6 본장개정)

**제9조 【비공개 대상 정보】** ① 공공기관이 보유·관리하는 정보는 공개 대상이 된다. 다만, 다음 각 호의 어느 하나에 해당하는 정보는 공개하지 아니할 수 있다.
1. 다른 법률 또는 법률에서 위임한 명령(국회규칙·대법원규칙·헌법재판소규칙·중앙선거관리위원회규칙·대통령령 및 조례로 한정한다)에 따라 비밀이나 비공개 사항으로 규정된 정보
2. 국가안전보장·국방·통일·외교관계 등에 관한 사항으로서 공개될 경우 국가의 중대한 이익을 현저히 해칠 우려가 있다고 인정되는 정보
3. 공개될 경우 국민의 생명·신체 및 재산의 보호에 현저한 지장을 초래할 우려가 있다고 인정되는 정보
4. 진행 중인 재판에 관련된 정보와 범죄의 예방, 수사, 공소의 제기 및 유지, 형의 집행, 교정(矯正), 보안처분에 관한 사항으로서 공개될 경우 그 직무수행을 현저히 곤란하게 하거나

형사피고인의 공정한 재판을 받을 권리를 침해한다고 인정할 만한 상당한 이유가 있는 정보

5. 감사·감독·검사·시험·규제·입찰계약·기술개발·인사관리에 관한 사항이나 의사결정 과정 또는 내부검토 과정에 있는 사항 등으로서 공개될 경우 업무의 공정한 수행이나 연구·개발에 현저한 지장을 초래한다고 인정할 만한 상당한 이유가 있는 정보. 다만, 의사결정 과정 또는 내부검토 과정을 이유로 비공개할 경우에는 제13조제5항에 따라 통지를 할 때 의사결정 과정 또는 내부검토 과정의 단계 및 종료 예정일을 함께 안내하여야 하며, 의사결정 과정 및 내부검토 과정이 종료되면 제10조에 따른 청구인에게 이를 통지하여야 한다.(2020.12.22 단서개정)

6. 해당 정보에 포함되어 있는 성명·주민등록번호 등 「개인정보 보호법」 제2조제1호에 따른 개인정보로서 공개될 경우 사생활의 비밀 또는 자유를 침해할 우려가 있다고 인정되는 정보. 다만, 다음 각 목에 열거한 사항은 제외한다.(2020.12.22 본문개정)

가. 법령에서 정하는 바에 따라 열람할 수 있는 정보

나. 공공기관이 공표를 목적으로 작성하거나 취득한 정보로서 사생활의 비밀 또는 자유를 부당하게 침해하지 아니하는 정보

다. 공공기관이 작성하거나 취득한 정보로서 공개하는 것이 공익이나 개인의 권리 구제를 위하여 필요하다고 인정되는 정보

라. 직무를 수행한 공무원의 성명·직위

마. 공개하는 것이 공익을 위하여 필요한 경우로서 법령에 따라 국가 또는 지방자치단체가 업무의 일부를 위탁 또는 위촉한 개인의 성명·직업

7. 법인·단체 또는 개인(이하 "법인등"이라 한다)의 경영상·영업상 비밀에 관한 사항으로서 공개될 경우 법인등의 정당한 이익을 현저히 해칠 우려가 있다고 인정되는 정보. 다만, 다음 각 목에 열거한 정보는 제외한다.

가. 사업활동에 의하여 발생하는 위해(危害)로부터 사람의 생명·신체 또는 건강을 보호하기 위하여 공개할 필요가 있는 정보

나. 위법·부당한 사업활동으로부터 국민의 재산 또는 생활을 보호하기 위하여 공개할 필요가 있는 정보

8. 공개될 경우 부동산 투기, 매점매석 등으로 특정인에게 이익 또는 불이익을 줄 우려가 있다고 인정되는 정보

② 공공기관은 제1항 각 호의 어느 하나에 해당하는 정보가 기간의 경과 등으로 인하여 비공개의 필요성이 없어진 경우에는 그 정보를 공개 대상으로 하여야 한다.

③ 공공기관은 제1항 각 호의 범위에서 해당 공공기관의 업무 성격을 고려하여 비공개 대상 정보의 범위에 관한 세부 기준(이하 "비공개 세부 기준"이라 한다)을 수립하고 이를 정보통신망을 활용한 정보공개시스템 등을 통하여 공개하여야 한다.(2020.12.22 본항개정)

④ 공공기관(국회·법원·헌법재판소 및 중앙선거관리위원회는 제외한다)은 제3항에 따라 수립된 비공개 세부 기준이 제1항 각 호의 비공개 요건에 부합하는지 3년마다 점검하고 필요한 경우 비공개 세부 기준을 개선하여 그 점검 및 개선 결과를 행정안전부장관에게 제출하여야 한다.(2020.12.22 본항신설)

**제10조【정보공개의 청구방법】** ① 정보의 공개를 청구하는 자(이하 "청구인"이라 한다)는 해당 정보를 보유하거나 관리하고 있는 공공기관에 다음

각 호의 사항을 적은 정보공개 청구서를 제출하거나 말로써 정보의 공개를 청구할 수 있다.

1. 청구인의 성명·생년월일·주소 및 연락처(전화번호·전자우편주소 등을 말한다. 이하 이 조에서 같다). 다만, 청구인이 법인 또는 단체인 경우에는 그 명칭, 대표자의 성명, 사업자등록번호 또는 이에 준하는 번호, 주된 사무소의 소재지 및 연락처를 말한다.(2020.12.22 본호개정)
2. 청구인의 주민등록번호(본인임을 확인하고 공개 여부를 결정할 필요가 있는 정보를 청구하는 경우로 한정한다)(2020.12.22 본호신설)
3. 공개를 청구하는 정보의 내용 및 공개방법

② 제1항에 따라 청구인이 말로써 정보의 공개를 청구할 때에는 담당 공무원 또는 담당 임직원(이하 "담당공무원등"이라 한다)의 앞에서 진술하여야 하고, 담당공무원등은 정보공개 청구조서를 작성하여 이에 청구인과 함께 기명날인하거나 서명하여야 한다.
(2016.5.29 본항개정)

③ 제1항과 제2항에서 규정한 사항 외에 정보공개의 청구방법 등에 관하여 필요한 사항은 국회규칙·대법원규칙·헌법재판소규칙·중앙선거관리위원회규칙 및 대통령령으로 정한다.

**제11조【정보공개 여부의 결정】** ① 공공기관은 제10조에 따라 정보공개의 청구를 받으면 그 청구를 받은 날부터 10일 이내에 공개 여부를 결정하여야 한다.

② 공공기관은 부득이한 사유로 제1항에 따른 기간 이내에 공개 여부를 결정할 수 없을 때에는 그 기간이 끝나는 날의 다음 날부터 기산(起算)하여 10일의 범위에서 공개 여부 결정기간을 연장할 수 있다. 이 경우 공공기관은 연장된 사실과 연장 사유를 청구인에게 지체 없이 문서로 통지하여야 한다.

③ 공공기관은 공개 청구된 공개 대상 정보의 전부 또는 일부가 제3자와 관련이 있다고 인정할 때에는 그 사실을 제3자에게 지체 없이 통지하여야 하며, 필요한 경우에는 그의 의견을 들을 수 있다.

④ 공공기관은 다른 공공기관이 보유·관리하는 정보의 공개 청구를 받았을 때에는 지체 없이 이를 소관 기관으로 이송하여야 하며, 이송한 후에는 지체 없이 소관 기관 및 이송 사유 등을 분명히 밝혀 청구인에게 문서로 통지하여야 한다.

⑤ 공공기관은 정보공개 청구가 다음 각 호의 어느 하나에 해당하는 경우로서 「민원 처리에 관한 법률」에 따른 민원으로 처리할 수 있는 경우에는 민원으로 처리할 수 있다.

1. 공개 청구된 정보가 공공기관이 보유·관리하지 아니하는 정보인 경우
2. 공개 청구의 내용이 진정·질의 등으로 이 법에 따른 정보공개 청구로 보기 어려운 경우

(2020.12.22 본항신설)

**제11조의2【반복 청구 등의 처리】** ① 공공기관은 제11조에도 불구하고 제10조제1항 및 제2항에 따른 정보공개 청구가 다음 각 호의 어느 하나에 해당하는 경우에는 정보공개 청구 대상 정보의 성격, 종전 청구와의 내용적 유사성·관련성, 종전 청구와 동일한 답변을 할 수밖에 없는 사정 등을 종합적으로 고려하여 해당 청구를 종결 처리할 수 있다. 이 경우 종결 처리 사실을 청구인에게 알려야 한다.

1. 정보공개를 청구하여 정보공개 여부에 대한 결정의 통지를 받은 자가 정당한 사유 없이 해당 정보의 공개를 다시 청구하는 경우
2. 정보공개 청구가 제11조제5항에 따라 민원으로 처리되었으나 다시 같은 청구를 하는 경우

② 공공기관은 제11조에도 불구하고

제10조제1항 및 제2항에 따른 정보공개 청구가 다음 각 호의 어느 하나에 해당하는 경우에는 다음 각 호의 구분에 따라 안내하고, 해당 청구를 종결 처리할 수 있다.

1. 제7조제1항에 따른 정보 등 공개를 목적으로 작성되어 이미 정보통신망 등을 통하여 공개된 정보를 청구하는 경우 : 해당 정보의 소재(所在)를 안내
2. 다른 법령이나 사회통념상 청구인의 여건 등에 비추어 수령할 수 없는 방법으로 정보공개 청구를 하는 경우 : 수령이 가능한 방법으로 청구하도록 안내

(2020.12.22 본조신설)

**제12조 【정보공개심의회】** ① 국가기관, 지방자치단체, 「공공기관의 운영에 관한 법률」 제5조에 따른 공기업 및 준정부기관, 「지방공기업법」에 따른 지방공사 및 지방공단(이하 "국가기관등"이라 한다)은 제11조에 따른 정보공개 여부 등을 심의하기 위하여 정보공개심의회(이하 "심의회"라 한다)를 설치·운영한다. 이 경우 국가기관등의 규모와 업무성격, 지리적 여건, 청구인의 편의 등을 고려하여 소속 상급기관(지방공사·지방공단의 경우에는 해당 지방공사·지방공단을 설립한 지방자치단체를 말한다)에서 협의를 거쳐 심의회를 통합하여 설치·운영할 수 있다.(2020.12.22 본항개정)

② 심의회는 위원장 1명을 포함하여 5명 이상 7명 이하의 위원으로 구성한다.

③ 심의회의 위원은 소속 공무원, 임직원 또는 외부 전문가로 지명하거나 위촉하되, 그 중 3분의 2는 해당 국가기관등의 업무 또는 정보공개의 업무에 관한 지식을 가진 외부 전문가로 위촉하여야 한다. 다만, 제9조제1항제2호 및 제4호에 해당하는 업무를 주로 하는 국가기관은 그 국가기관의 장이 외부 전문가의 위촉 비율을 따로 정하되, 최소한 3분의 1 이상은 외부 전문가로 위촉하여야 한다.(2020.12.22 본항개정)

④ 심의회의 위원장은 위원 중에서 국가기관등의 장이 지명하거나 위촉한다.(2020.12.22 본항개정)

⑤ 심의회의 위원에 대해서는 제23조제4항 및 제5항을 준용한다.

⑥ 심의회의 운영과 기능 등에 관하여 필요한 사항은 국회규칙·대법원규칙·헌법재판소규칙·중앙선거관리위원회규칙 및 대통령령으로 정한다.

**제12조의2 【위원의 제척·기피·회피】** ① 심의회의 위원이 다음 각 호의 어느 하나에 해당하는 경우에는 심의회의 심의에서 제척(除斥)된다.

1. 위원 또는 그 배우자나 배우자이었던 사람이 해당 심의사항의 당사자(당사자가 법인·단체 등인 경우에는 그 임원 또는 직원을 포함한다. 이하 이 호 및 제2호에서 같다)이거나 그 심의사항의 당사자와 공동권리자 또는 공동의무자인 경우
2. 위원이 해당 심의사항의 당사자와 친족이거나 친족이었던 경우
3. 위원이 해당 심의사항에 대하여 증언, 진술, 자문, 연구, 용역 또는 감정을 한 경우
4. 위원이나 위원이 속한 법인 등이 해당 심의사항의 당사자의 대리인이거나 대리인이었던 경우

② 심의회의 심의사항의 당사자는 위원에게 공정한 심의를 기대하기 어려운 사정이 있는 경우에는 심의회에 기피(忌避) 신청을 할 수 있고, 심의회는 의결로 기피 여부를 결정하여야 한다. 이 경우 기피 신청의 대상인 위원은 그 의결에 참여할 수 없다.

③ 위원은 제1항 각 호에 따른 제척 사유에 해당하는 경우에는 심의회에 그 사실을 알리고 스스로 해당 안건의 심의에서 회피(回避)하여야 한다.

④ 위원이 제1항 각 호의 어느 하나에 해당함에도 불구하고 회피신청을 하지 아니하여 심의회 심의의 공정성을 해친 경우 국가기관등의 장은 해당 위원을 해촉하거나 해임할 수 있다.
(2020.12.22 본조신설)

**제13조 【정보공개 여부 결정의 통지】** ① 공공기관은 제11조에 따라 정보의 공개를 결정한 경우에는 공개의 일시 및 장소 등을 분명히 밝혀 청구인에게 통지하여야 한다.
② 공공기관은 청구인이 사본 또는 복제물의 교부를 원하는 경우에는 이를 교부하여야 한다.(2020.12.22 단서삭제)
③ 공공기관은 공개 대상 정보의 양이 너무 많아 정상적인 업무수행에 현저한 지장을 초래할 우려가 있는 경우에는 해당 정보를 일정 기간별로 나누어 제공하거나 사본·복제물의 교부 또는 열람과 병행하여 제공할 수 있다.
(2020.12.22 본항신설)
④ 공공기관은 제1항에 따라 정보를 공개하는 경우에 그 정보의 원본이 더럽혀지거나 파손될 우려가 있거나 그 밖에 상당한 이유가 있다고 인정할 때에는 그 정보의 사본·복제물을 공개할 수 있다.
⑤ 공공기관은 제11조에 따라 정보의 비공개 결정을 한 경우에는 그 사실을 청구인에게 지체 없이 문서로 통지하여야 한다. 이 경우 제9조제1항 각 호 중 어느 규정에 해당하는 비공개 대상 정보인지를 포함한 비공개 이유와 불복(不服)의 방법 및 절차를 구체적으로 밝혀야 한다.(2020.12.22 후단개정)

**제14조 【부분 공개】** 공개 청구한 정보가 제9조제1항 각 호의 어느 하나에 해당하는 부분과 공개 가능한 부분이 혼합되어 있는 경우로서 공개 청구의 취지에 어긋나지 아니하는 범위에서 두 부분을 분리할 수 있는 경우에는 제9조제1항 각 호의 어느 하나에 해당하는 부분을 제외하고 공개하여야 한다.

**제15조 【정보의 전자적 공개】** ① 공공기관은 전자적 형태로 보유·관리하는 정보에 대하여 청구인이 전자적 형태로 공개하여 줄 것을 요청하는 경우에는 그 정보의 성질상 현저히 곤란한 경우를 제외하고는 청구인의 요청에 따라야 한다.
② 공공기관은 전자적 형태로 보유·관리하지 아니하는 정보에 대하여 청구인이 전자적 형태로 공개하여 줄 것을 요청한 경우에는 정상적인 업무수행에 현저한 지장을 초래하거나 그 정보의 성질이 훼손될 우려가 없으면 그 정보를 전자적 형태로 변환하여 공개할 수 있다.
③ 정보의 전자적 형태의 공개 등에 필요한 사항은 국회규칙·대법원규칙·헌법재판소규칙·중앙선거관리위원회규칙 및 대통령령으로 정한다.

**제16조 【즉시 처리가 가능한 정보의 공개】** 다음 각 호의 어느 하나에 해당하는 정보로서 즉시 또는 말로 처리가 가능한 정보에 대해서는 제11조에 따른 절차를 거치지 아니하고 공개하여야 한다.
1. 법령 등에 따라 공개를 목적으로 작성된 정보
2. 일반국민에게 알리기 위하여 작성된 각종 홍보자료
3. 공개하기로 결정된 정보로서 공개에 오랜 시간이 걸리지 아니하는 정보
4. 그 밖에 공공기관의 장이 정하는 정보

**제17조 【비용 부담】** ① 정보의 공개 및 우송 등에 드는 비용은 실비(實費)의 범위에서 청구인이 부담한다.
② 공개를 청구하는 정보의 사용 목적이 공공복리의 유지·증진을 위하여 필요하다고 인정되는 경우에는 제1항에 따른 비용을 감면할 수 있다.
③ 제1항에 따른 비용 및 그 징수 등에 필요한 사항은 국회규칙·대법원규칙·헌법재판소규칙·중앙선거관리위원회규칙 및 대통령령으로 정한다.

## 제4장 불복 구제 절차
(2013.8.6 본장개정)

**제18조 【이의신청】** ① 청구인이 정보공개와 관련한 공공기관의 비공개 결정 또는 부분 공개 결정에 대하여 불복이 있거나 정보공개 청구 후 20일이 경과하도록 정보공개 결정이 없는 때에는 공공기관으로부터 정보공개 여부의 결정 통지를 받은 날 또는 정보공개 청구 후 20일이 경과한 날부터 30일 이내에 해당 공공기관에 문서로 이의신청을 할 수 있다.
② 국가기관등은 제1항에 따른 이의신청이 있는 경우에는 심의회를 개최하여야 한다. 다만, 다음 각 호의 어느 하나에 해당하는 경우에는 심의회를 개최하지 아니할 수 있으며 개최하지 아니하는 사유를 청구인에게 문서로 통지하여야 한다.(2020.12.22 단서개정)
1. 심의회의 심의를 이미 거친 사항
2. 단순·반복적인 청구
3. 법령에 따라 비밀로 규정된 정보에 대한 청구

③ 공공기관은 이의신청을 받은 날부터 7일 이내에 그 이의신청에 대하여 결정하고 그 결과를 청구인에게 지체 없이 문서로 통지하여야 한다. 다만, 부득이한 사유로 정하여진 기간 이내에 결정할 수 없을 때에는 그 기간이 끝나는 날의 다음 날부터 기산하여 7일의 범위에서 연장할 수 있으며, 연장 사유를 청구인에게 통지하여야 한다.
④ 공공기관은 이의신청을 각하(却下) 또는 기각(棄却)하는 결정을 한 경우에는 청구인에게 행정심판 또는 행정소송을 제기할 수 있다는 사실을 제3항에 따른 결과 통지와 함께 알려야 한다.

**제19조 【행정심판】** ① 청구인이 정보공개와 관련한 공공기관의 결정에 대하여 불복이 있거나 정보공개 청구 후 20일이 경과하도록 정보공개 결정이 없는 때에는 「행정심판법」에서 정하는 바에 따라 행정심판을 청구할 수 있다. 이 경우 국가기관 및 지방자치단체 외의 공공기관의 결정에 대한 감독행정기관은 관계 중앙행정기관의 장 또는 지방자치단체의 장으로 한다.
② 청구인은 제18조에 따른 이의신청 절차를 거치지 아니하고 행정심판을 청구할 수 있다.
③ 행정심판위원회의 위원 중 정보공개 여부의 결정에 관한 행정심판에 관여하는 위원은 재직 중은 물론 퇴직 후에도 그 직무상 알게 된 비밀을 누설하여서는 아니 된다.
④ 제3항의 위원은 「형법」이나 그 밖의 법률에 따른 벌칙을 적용할 때에는 공무원으로 본다.

**제20조 【행정소송】** ① 청구인이 정보공개와 관련한 공공기관의 결정에 대하여 불복이 있거나 정보공개 청구 후 20일이 경과하도록 정보공개 결정이 없는 때에는 「행정소송법」에서 정하는 바에 따라 행정소송을 제기할 수 있다.
② 재판장은 필요하다고 인정하면 당사자를 참여시키지 아니하고 제출된 공개 청구 정보를 비공개로 열람·심사할 수 있다.
③ 재판장은 행정소송의 대상이 제9조제1항제2호에 따른 정보 중 국가안전보장·국방 또는 외교관계에 관한 정보의 비공개 또는 부분 공개 결정처분인 경우에 공공기관이 그 정보에 대한 비밀 지정의 절차, 비밀의 등급·종류 및 성질과 이를 비밀로 취급하게 된 실질적인 이유 및 공개를 하지 아니하는 사유 등을 입증하면 해당 정보를 제출하지 아니하게 할 수 있다.

**제21조 【제3자의 비공개 요청 등】** ① 제11조제3항에 따라 공개 청구된 사실을 통지받은 제3자는 그 통지를 받은 날부터 3일 이내에 해당 공공기관에 대하여 자신과 관련된 정보를 공개하지 아니할 것을 요청할 수 있다.

② 제1항에 따른 비공개 요청에도 불구하고 공공기관이 공개 결정을 할 때에는 공개 결정 이유와 공개 실시일을 분명히 밝혀 지체 없이 문서로 통지하여야 하며, 제3자는 해당 공공기관에 문서로 이의신청을 하거나 행정심판 또는 행정소송을 제기할 수 있다. 이 경우 이의신청은 통지를 받은 날부터 7일 이내에 하여야 한다.

③ 공공기관은 제2항에 따른 공개 결정일과 공개 실시일 사이에 최소한 30일의 간격을 두어야 한다.

## 제5장 정보공개위원회 등
(2013.8.6 본장개정)

**제22조【정보공개위원회의 설치】** 다음 각 호의 사항을 심의·조정하기 위하여 행정안전부장관 소속으로 정보공개위원회(이하 "위원회"라 한다)를 둔다.
(2023.5.16 본문개정)

1. 정보공개에 관한 정책 수립 및 제도 개선에 관한 사항
2. 정보공개에 관한 기준 수립에 관한 사항
3. 제12조에 따른 심의회 심의결과의 조사·분석 및 심의기준 개선 관련 의견제시에 관한 사항(2020.12.22 본호신설)
4. 제24조제2항 및 제3항에 따른 공공기관의 정보공개 운영실태 평가 및 그 결과 처리에 관한 사항
5. 정보공개와 관련된 불합리한 제도·법령 및 그 운영에 대한 조사 및 개선권고에 관한 사항
(2020.12.22 본호신설)
6. 그 밖에 정보공개에 관하여 대통령령으로 정하는 사항

**제23조【위원회의 구성 등】** ① 위원회는 성별을 고려하여 위원장과 부위원장 각 1명을 포함한 11명의 위원으로 구성한다.(2020.12.22 본항개정)

② 위원회의 위원은 다음 각 호의 사람이 된다. 이 경우 위원장을 포함한 7명은 공무원이 아닌 사람으로 위촉하여야 한다.(2020.12.22 후단개정)

1. 대통령령으로 정하는 관계 중앙행정기관의 차관급 공무원이나 고위공무원단에 속하는 일반직공무원
2. 정보공개에 관하여 학식과 경험이 풍부한 사람으로서 행정안전부장관이 위촉하는 사람(2023.5.16 본호개정)
3. 시민단체(「비영리민간단체 지원법」 제2조에 따른 비영리민간단체를 말한다)에서 추천한 사람으로서 행정안전부장관이 위촉하는 사람
(2023.5.16 본호개정)

③ 위원장·부위원장 및 위원(제2항제1호의 위원은 제외한다)의 임기는 2년으로 하며, 연임할 수 있다.

④ 위원장·부위원장 및 위원은 정보공개 업무와 관련하여 알게 된 정보를 누설하거나 그 정보를 이용하여 본인 또는 타인에게 이익 또는 불이익을 주는 행위를 하여서는 아니 된다.

⑤ 위원장·부위원장 및 위원 중 공무원이 아닌 사람은 「형법」이나 그 밖의 법률에 따른 벌칙을 적용할 때에는 공무원으로 본다.

⑥ 위원회의 구성과 의결 절차 등 위원회 운영에 필요한 사항은 대통령령으로 정한다.

**제24조【제도 총괄 등】** ① 행정안전부장관은 이 법에 따른 정보공개제도의 정책 수립 및 제도 개선 사항 등에 관한 기획·총괄 업무를 관장한다.
(2017.7.26 본항개정)

② 행정안전부장관은 위원회가 정보공개제도의 효율적 운영을 위하여 필요하다고 요청하면 공공기관(국회·법원·헌법재판소 및 중앙선거관리위원회는 제외한다)의 정보공개제도 운영실태를 평가할 수 있다.(2017.7.26 본항개정)

③ 행정안전부장관은 제2항에 따른 평가를 실시한 경우에는 그 결과를 위원회를 거쳐 국무회의에 보고한 후 공개하여야 하며, 위원회가 개선이 필요하다고 권고한 사항에 대해서는 해당 공공기관에 시정 요구 등의 조치를 하여야 한다.(2017.7.26 본항개정)

④ 행정안전부장관은 정보공개에 관하여 필요할 경우에 공공기관(국회·법원·헌법재판소 및 중앙선거관리위원회는 제외한다)의 장에게 정보공개 처리 실태의 개선을 권고할 수 있다. 이 경우 권고를 받은 공공기관은 이를 이행하기 위하여 성실하게 노력하여야 하며, 그 조치 결과를 행정안전부장관에게 알려야 한다.(2017.7.26 본항개정)

⑤ 국회·법원·헌법재판소·중앙선거관리위원회·중앙행정기관 및 지방자치단체는 그 소속 기관 및 소관 공공기관에 대하여 정보공개에 관한 의견을 제시하거나 지도·점검을 할 수 있다.

**제25조【자료의 제출 요구】** 국회사무총장·법원행정처장·헌법재판소사무처장·중앙선거관리위원회사무총장 및 행정안전부장관은 필요하다고 인정하면 관계 공공기관에 정보공개에 관한 자료 제출 등의 협조를 요청할 수 있다.(2017.7.26 본조개정)

**제26조【국회에의 보고】** ① 행정안전부장관은 전년도의 정보공개 운영에 관한 보고서를 매년 정기국회 개회 전까지 국회에 제출하여야 한다.
(2017.7.26 본항개정)

② 제1항에 따른 보고서 작성에 필요한 사항은 대통령령으로 정한다.

**제27조【위임규정】** 이 법 시행에 필요한 사항은 국회규칙·대법원규칙·헌법재판소규칙·중앙선거관리위원회규칙 및 대통령령으로 정한다.

**제28조【신분보장】** 누구든지 이 법에 따른 정당한 정보공개를 이유로 징계조치 등 어떠한 신분상 불이익이나 근무조건상의 차별을 받지 아니한다.
(2013.8.6 본조신설)

**제29조【기간의 계산】** ① 이 법에 따른 기간의 계산은 「민법」에 따른다.

② 제1항에도 불구하고 다음 각 호의 기간은 "일" 단위로 계산하고 첫날을 산입하되, 공휴일과 토요일은 산입하지 아니한다.

1. 제11조제1항 및 제2항에 따른 정보공개 여부 결정기간
2. 제18조제1항, 제19조제1항 및 제20조제1항에 따른 정보공개 청구 후 경과한 기간
3. 제18조제3항에 따른 이의신청 결정기간

(2020.12.22 본조신설)

## 부 칙

① **【시행일】** 이 법은 공포후 6월이 경과한 날부터 시행한다. 다만, 제8조제1항의 개정규정은 공포후 1년 6월이 경과한 날부터 시행한다.

② **【위원회 설치준비】** 행정자치부장관은 이 법 시행전에 제22조 및 제23조의 개정규정에 의한 위원선임 등 위원회 설치에 관하여 필요한 사무를 처리할 수 있다.

③ **【정보공개여부 결정기간 등의 단축에 관한 적용례】** 제11조의 개정규정은 이 법 시행후 정보공개청구가 있는 것부터 적용한다.

## 부 칙 (2006.10.4)

이 법은 공포 후 3개월이 경과한 날부터 시행한다.

## 부 칙 (2008.2.29 법8854호)

**제1조【시행일】** 이 법은 공포한 날부터 시행한다.

**제2조【경과조치】** 종전의 규정에 의하여 위촉된 정보공개위원회의 위원은 이 법에 의해 행정안전부장관이 위촉한 것으로 보며, 위원의 임기는 종전의 위촉일부터 기산한다.

부 칙 (2013.8.6)

이 법은 공포 후 3개월이 경과한 날부터 시행한다. 다만, 제8조의2의 개정규정은 2014년 3월 1일부터 시행한다.

부 칙 (2014.11.19)

**제1조【시행일】** 이 법은 공포한 날부터 시행한다.(이하 생략)

부 칙 (2016.5.29)

이 법은 공포한 날부터 시행한다.

부 칙 (2017.7.26)

**제1조【시행일】** ① 이 법은 공포한 날부터 시행한다.(이하 생략)

부 칙 (2020.12.22)

**제1조【시행일】** 이 법은 공포한 날부터 시행한다. 다만, 제6조제5항, 제9조제1항제5호 단서, 제10조제1항제1호·제2호, 제13조제5항, 제18조제2항 단서, 제22조 및 제23조의 개정규정은 공포 후 6개월이 경과한 날부터 시행하고, 제6조제3항·제4항, 제12조제1항·제3항·제4항의 개정규정은 공포 후 1년이 경과한 날부터 시행한다.

**제2조【일반적 적용례】** 이 법 중 정보공개 청구에 관한 개정규정은 이 법 시행 이후 정보공개를 청구하는 경우부터 적용한다.

**제3조【반복 청구 등의 처리에 관한 적용례】** 제11조의2제1항의 개정규정은 이 법 시행 전에 정보공개를 청구하여 정보공개 여부에 대한 결정 통지를 받은 사람 또는 민원으로 처리된 사람이 이 법 시행 이후 같은 청구를 하는 경우에도 적용한다.

**제4조【비공개 세부 기준 점검 및 개선에 관한 특례】** 공공기관은 제9조제4항의 개정규정에도 불구하고 이 법 시행일부터 6개월 이내에 점검 및 개선 결과를 행정안전부장관에게 제출하여야 한다.

**제5조【위원회의 위원에 관한 경과조치】** 부칙 제1조 단서에 따른 제23조의 개정규정의 시행일 당시 종전의 규정에 따라 위촉되어 임기가 만료되지 아니한 위원회의 위원은 제23조의 개정규정에 따라 위촉된 것으로 본다. 이 경우 해당 위원의 임기는 종전 임기의 남은 기간으로 한다.

부 칙 (2023.5.16)

**제1조【시행일】** 이 법은 공포 후 6개월이 경과한 날부터 시행한다.

**제2조【「공공기관의 정보공개에 관한 법률」의 개정에 관한 경과조치】** ① 이 법 시행 당시 종전의 「공공기관의 정보공개에 관한 법률」 제22조에 따라 국무총리 소속으로 설치된 정보공개위원회는 같은 법 제22조의 개정규정에 따라 행정안전부장관 소속으로 설치된 정보공개위원회로 본다.

② 이 법 시행 당시 종전의 「공공기관의 정보공개에 관한 법률」 제23조에 따라 위촉되어 임기가 만료되지 아니한 정보공개위원회의 위원은 같은 법 제23조의 개정규정에 따라 위촉된 것으로 본다. 이 경우 해당 위원의 임기는 종전 임기의 남은 기간으로 한다.

(이하 생략)

# 정보통신망 이용촉진 및 정보보호 등에 관한 법률

(2001년 1월 16일
전개법률 제6360호)

개정
2001.12.31법 6585호(전자서명법)
2002.12.18법 6797호 2004. 1.29법 7139호
2004. 1.29법 7142호(인터넷주소자원에관한법)
2004.12.30법 7262호
2005.12.29법 7796호(국가공무원)
2005.12.30법 7812호 2006. 3.24법 7917호
2006.10. 4법 8030호
2006.10. 4법 8031호(정보화촉진기본법)
2007. 1.26법 8289호
2007. 5.25법 8486호(산업표준화법)
2007.12.21법 8778호
2008. 2.29법 8852호(정부조직)
2008. 2.29법 8867호(방송통신위원회의설치및운영에관한법)
2008. 6.13법 9119호 2009. 4.22법 9637호
2010. 3.17법10138호
2010. 3.22법10165호(방송통신발전기본법)
2010. 3.22법10166호(전기통신사업법)
2011. 3.29법10465호(개인정보보호법)
2011. 4. 5법10560호
2011. 9.15법11048호(청소년보호법)
2012. 2.17법11322호
2013. 3.23법11690호(정부조직)
2014. 5.28법12681호
2014.11.19법12844호(정부조직)
2015. 1.20법13014호 2015. 3.27법13280호
2015. 6.22법13343호(정보보호산업의진흥에관한법)
2015. 6.22법13344호 2015.12. 1법13520호
2016. 3.22법14080호 2017. 3.14법14580호
2017. 7.26법14839호(정부조직)
2018. 6.12법15628호 2018. 9.18법15751호
2018.12.24법16019호(전기통신사업법)
2018.12.24법16021호 2019.12.10법16825호
2020. 2. 4법16955호
2020. 6. 9법17344호(지능정보화기본법)
2020. 6. 9법17347호(법률용어정비)
2020. 6. 9법17348호(소프트웨어진흥법)
2020. 6. 9법17354호(전자서명법)
2020. 6. 9법17358호 2021. 6. 8법18201호
2022. 6.10법18871호 2023. 1. 3법19154호
2024. 1.23법20069호 2024. 2.13법20260호
2024.12. 3법20534호

2025. 1.21법20678호→2025년 7월 22일 시행



## 제1장 총 칙

**제1조 【목적】** 이 법은 정보통신망의 이용을 촉진하고 정보통신서비스를 이용하는 자를 보호함과 아울러 정보통신망을 건전하고 안전하게 이용할 수 있는 환경을 조성하여 국민생활의 향상과 공공복리의 증진에 이바지함을 목적으로 한다.(2020.2.4 본조개정)

**제2조 【정의】** ① 이 법에서 사용하는 용어의 뜻은 다음과 같다.(2008.6.13 본문개정)

1. "정보통신망"이란 「전기통신사업법」 제2조제2호에 따른 전기통신설비를 이용하거나 전기통신설비와 컴퓨터 및 컴퓨터의 이용기술을 활용하여 정보를 수집·가공·저장·검색·송신 또는 수신하는 정보통신체제를 말한다.(2010.3.22 본호개정)
2. "정보통신서비스"란 「전기통신사업법」 제2조제6호에 따른 전기통신역무와 이를 이용하여 정보를 제공하거나 정보의 제공을 매개하는 것을 말한다.(2010.3.22 본호개정)
3. "정보통신서비스 제공자"란 「전기통신사업법」 제2조제8호에 따른 전기통신사업자와 영리를 목적으로 전기통신사업자의 전기통신역무를 이용하여 정보를 제공하거나 정보의 제공을 매개하는 자를 말한다.(2010.3.22 본호개정)

4. "이용자"란 정보통신서비스 제공자가 제공하는 정보통신서비스를 이용하는 자를 말한다.(2008.6.13 본호개정)
5. "전자문서"란 컴퓨터 등 정보처리능력을 가진 장치에 의하여 전자적인 형태로 작성되어 송수신되거나 저장된 문서형식의 자료로서 표준화된 것을 말한다.(2008.6.13 본호개정)
6. (2020.2.4 삭제)
7. "침해사고"란 다음 각 목의 방법으로 정보통신망 또는 이와 관련된 정보시스템을 공격하는 행위로 인하여 발생한 사태를 말한다.
   가. 해킹, 컴퓨터바이러스, 논리폭탄, 메일폭탄, 서비스거부 또는 고출력 전자기파 등의 방법
   나. 정보통신망의 정상적인 보호·인증 절차를 우회하여 정보통신망에 접근할 수 있도록 하는 프로그램이나 기술적 장치 등을 정보통신망 또는 이와 관련된 정보시스템에 설치하는 방법

   (2020.6.9 본호개정)
8. (2015.6.22 삭제)
9. "게시판"이란 그 명칭과 관계없이 정보통신망을 이용하여 일반에게 공개할 목적으로 부호·문자·음성·음향·화상·동영상 등의 정보를 이용자가 게재할 수 있는 컴퓨터 프로그램이나 기술적 장치를 말한다.
   (2008.6.13 본호개정)
10. "통신과금서비스"란 정보통신서비스로서 다음 각 목의 업무를 말한다.
   가. 타인이 판매·제공하는 재화 또는 용역(이하 "재화등"이라 한다)의 대가를 자신이 제공하는 전기통신역무의 요금과 함께 청구·징수하는 업무
   나. 타인이 판매·제공하는 재화등의 대가가 가목의 업무를 제공하는 자의 전기통신역무의 요금과 함께 청구·징수되도록 거래정보를 전자적으로 송수신하는 것 또는 그 대가의 정산을 대행하거나 매개하는 업무
11. "통신과금서비스제공자"란 제53조에 따라 등록을 하고 통신과금서비스를 제공하는 자를 말한다.
12. "통신과금서비스이용자"란 통신과금서비스제공자로부터 통신과금서비스를 이용하여 재화등을 구입·이용하는 자를 말한다.

(2007.12.21 10호~12호신설)

13. "전자적 전송매체"란 정보통신망을 통하여 부호·문자·음성·화상 또는 영상 등을 수신자에게 전자문서 등의 전자적 형태로 전송하는 매체를 말한다.(2014.5.28 본호신설)

② 이 법에서 사용하는 용어의 뜻은 제1항에서 정하는 것 외에는 「지능정보화 기본법」에서 정하는 바에 따른다.
(2020.6.9 본항개정)

**제3조 【정보통신서비스 제공자 및 이용자의 책무】** ① 정보통신서비스 제공자는 이용자를 보호하고 건전하고 안전한 정보통신서비스를 제공하여 이용자의 권익보호와 정보이용능력의 향상에 이바지하여야 한다.(2020.2.4 본항개정)

② 이용자는 건전한 정보사회가 정착되도록 노력하여야 한다.

③ 정부는 정보통신서비스 제공자단체 또는 이용자단체의 정보보호 및 정보통신망에서의 청소년 보호 등을 위한 활동을 지원할 수 있다.(2020.2.4 본항개정)

(2008.6.13 본조개정)

**제4조 【정보통신망 이용촉진 및 정보보호등에 관한 시책의 마련】** ① 과학기술정보통신부장관 또는 방송통신위원회는 정보통신망의 이용촉진 및

안정적 관리·운영과 이용자 보호 등(이하 "정보통신망 이용촉진 및 정보보호등"이라 한다)을 통하여 정보사회의 기반을 조성하기 위한 시책을 마련하여야 한다.(2020.2.4 본항개정)

② 제1항에 따른 시책에는 다음 각 호의 사항이 포함되어야 한다.

1. 정보통신망에 관련된 기술의 개발·보급
2. 정보통신망의 표준화
3. 정보내용물 및 제11조에 따른 정보통신망 응용서비스의 개발 등 정보통신망의 이용 활성화
4. 정보통신망을 이용한 정보의 공동활용 촉진
5. 인터넷 이용의 활성화
6.~6의2. (2020.2.4 삭제)
7. 정보통신망에서의 청소년 보호

7의2. 정보통신망을 통하여 유통되는 정보 중 인공지능 기술을 이용하여 만든 거짓의 음향·화상 또는 영상 등의 정보를 식별하는 기술의 개발·보급(2020.6.9 본호신설)

8. 정보통신망의 안전성 및 신뢰성 제고
9. 그 밖에 정보통신망 이용촉진 및 정보보호등을 위하여 필요한 사항

③ 과학기술정보통신부장관 또는 방송통신위원회는 제1항에 따른 시책을 마련할 때에는 「지능정보화 기본법」 제6조에 따른 지능정보사회 종합계획과 연계되도록 하여야 한다.(2020.6.9 본항개정)

(2008.6.13 본조개정)

**제4조의2【합성영상등으로 인한 피해 예방을 위한 시책】** ① 과학기술정보통신부장관과 방송통신위원회는 인공지능 기술을 이용하여 사람의 얼굴·신체 또는 음성을 대상으로 한 촬영물·영상물 또는 음성물을 대상자의 의사에 반하여 편집·합성 또는 가공한 정보(이하 이 조에서 "합성영상등"이라 한다)의 무분별한 유통으로 인한 성범죄, 명예훼손 또는 사기 등의 피해를 예방하기 위하여 시책을 마련하여야 한다.

② 제1항에 따른 시책에는 다음 각 호의 사항이 포함되어야 한다.

1. 합성영상등으로 인한 피해 실태 파악
2. 합성영상등의 유통 실태 파악
3. 합성영상등 관련 국내외 기술 동향 파악
4. 합성영상등의 무분별한 유통 방지를 위한 기술 개발의 촉진
5. 합성영상등의 무분별한 유통 방지 및 피해 예방을 위한 교육·홍보
6. 그 밖에 합성영상등의 무분별한 유통 방지 및 피해 예방에 필요한 사항

(2024.12.3 본조신설)

**제5조【다른 법률과의 관계】** 정보통신망 이용촉진 및 정보보호등에 관하여는 다른 법률에서 특별히 규정된 경우 외에는 이 법으로 정하는 바에 따른다. 다만, 제7장의 통신과금서비스에 관하여 이 법과 「전자금융거래법」의 적용이 경합하는 때에는 이 법을 우선 적용한다.(2020.2.4 단서개정)

**제5조의2【국외행위에 대한 적용】** 이 법은 국외에서 이루어진 행위라도 국내 시장 또는 이용자에게 영향을 미치는 경우에는 적용한다.(2020.6.9 본조신설)

## 제2장 정보통신망의 이용촉진
(2008.6.13 본장개정)

**제6조【기술개발의 추진 등】** ① 과학기술정보통신부장관은 정보통신망과 관련된 기술 및 기기의 개발을 효율적으로 추진하기 위하여 대통령령으로 정하는 바에 따라 관련 연구기관으로 하여금 연구개발·기술협력·기술이전

또는 기술지도 등의 사업을 하게 할 수 있다.(2017.7.26 본항개정)

② 정부는 제1항에 따라 연구개발 등의 사업을 하는 연구기관에는 그 사업에 드는 비용의 전부 또는 일부를 지원할 수 있다.

③ 제2항에 따른 비용의 지급 및 관리 등에 필요한 사항은 대통령령으로 정한다.

**제7조 【기술관련 정보의 관리 및 보급】** ① 과학기술정보통신부장관은 정보통신망과 관련된 기술 및 기기에 관한 정보(이하 이 조에서 "기술관련 정보"라 한다)를 체계적이고 종합적으로 관리하여야 한다.(2017.7.26 본항개정)

② 과학기술정보통신부장관은 기술관련 정보를 체계적이고 종합적으로 관리하기 위하여 필요하면 관계 행정기관 및 국공립 연구기관 등에 대하여 기술관련 정보와 관련된 자료를 요구할 수 있다. 이 경우 요구를 받은 기관의 장은 특별한 사유가 없으면 그 요구에 따라야 한다.(2017.7.26 전단개정)

③ 과학기술정보통신부장관은 기술관련 정보를 신속하고 편리하게 이용할 수 있도록 그 보급을 위한 사업을 하여야 한다.(2017.7.26 본항개정)

④ 제3항에 따라 보급하려는 정보통신망과 관련된 기술 및 기기의 범위에 관하여 필요한 사항은 대통령령으로 정한다.

**제8조 【정보통신망의 표준화 및 인증】** ① 과학기술정보통신부장관은 정보통신망의 이용을 촉진하기 위하여 정보통신망에 관한 표준을 정하여 고시하고, 정보통신서비스 제공자 또는 정보통신망과 관련된 제품을 제조하거나 공급하는 자에게 그 표준을 사용하도록 권고할 수 있다. 다만, 「산업표준화법」 제12조에 따른 한국산업표준이 제정되어 있는 사항에 대하여는 그 표준에 따른다.(2017.7.26 본문개정)

② 제1항에 따라 고시된 표준에 적합한 정보통신과 관련된 제품을 제조하거나 공급하는 자는 제9조제1항에 따른 인증기관의 인증을 받아 그 제품이 표준에 적합한 것임을 나타내는 표시를 할 수 있다.

③ 제1항 단서에 해당하는 경우로서 「산업표준화법」 제15조에 따라 인증을 받은 경우에는 제2항에 따른 인증을 받은 것으로 본다.

④ 제2항에 따른 인증을 받은 자가 아니면 그 제품이 표준에 적합한 것임을 나타내는 표시를 하거나 이와 비슷한 표시를 하여서는 아니 되며, 이와 비슷한 표시를 한 제품을 판매하거나 판매할 목적으로 진열하여서는 아니 된다.

⑤ 과학기술정보통신부장관은 제4항을 위반하여 제품을 판매하거나 판매할 목적으로 진열한 자에게 그 제품을 수거·반품하도록 하거나 인증을 받아 그 표시를 하도록 하는 등 필요한 시정 조치를 명할 수 있다.(2017.7.26 본항개정)

⑥ 제1항부터 제3항까지의 규정에 따른 표준화의 대상·방법·절차 및 인증표시, 제5항에 따른 수거·반품·시정 등에 필요한 사항은 과학기술정보통신부령으로 정한다.(2017.7.26 본항개정)

**제9조 【인증기관의 지정 등】** ① 과학기술정보통신부장관은 정보통신망과 관련된 제품을 제조하거나 공급하는 자의 제품이 제8조제1항 본문에 따라 고시된 표준에 적합한 제품임을 인증하는 기관(이하 "인증기관"이라 한다)을 지정할 수 있다.(2017.7.26 본항개정)

② 과학기술정보통신부장관은 인증기관이 다음 각 호의 어느 하나에 해당하면 그 지정을 취소하거나 6개월 이내

의 기간을 정하여 업무의 정지를 명할 수 있다. 다만, 제1호에 해당하는 경우에는 그 지정을 취소하여야 한다.
(2017.7.26 본문개정)

1. 속임수나 그 밖의 부정한 방법으로 지정을 받은 경우
2. 정당한 사유 없이 1년 이상 계속하여 인증업무를 하지 아니한 경우
3. 제3항에 따른 지정기준에 미달한 경우

③ 제1항 및 제2항에 따른 인증기관의 지정기준 · 지정절차, 지정취소 · 업무정지의 기준 등에 필요한 사항은 과학기술정보통신부령으로 정한다.
(2017.7.26 본항개정)

**제10조 【정보내용물의 개발 지원】** 정부는 국가경쟁력을 확보하거나 공익을 증진하기 위하여 정보통신망을 통하여 유통되는 정보내용물을 개발하는 자에게 재정 및 기술 등 필요한 지원을 할 수 있다.

**제11조 【정보통신망 응용서비스의 개발 촉진 등】** ① 정부는 국가기관 · 지방자치단체 및 공공기관이 정보통신망을 활용하여 업무를 효율화 · 자동화 · 고도화하는 응용서비스(이하 "정보통신망 응용서비스"라 한다)를 개발 · 운영하는 경우 그 기관에 재정 및 기술 등 필요한 지원을 할 수 있다.

② 정부는 민간부문에 의한 정보통신망 응용서비스의 개발을 촉진하기 위하여 재정 및 기술 등 필요한 지원을 할 수 있으며, 정보통신망 응용서비스의 개발에 필요한 기술인력을 양성하기 위하여 다음 각 호의 시책을 마련하여야 한다.

1. 각급 학교나 그 밖의 교육기관에서 시행하는 인터넷 교육에 대한 지원
2. 국민에 대한 인터넷 교육의 확대
3. 정보통신망 기술인력 양성사업에 대한 지원
4. 정보통신망 전문기술인력 양성기관의 설립 · 지원
5. 정보통신망 이용 교육프로그램의 개발 및 보급 지원
6. 정보통신망 관련 기술자격제도의 정착 및 전문기술인력 수급 지원
7. 그 밖에 정보통신망 관련 기술인력의 양성에 필요한 사항

**제12조 【정보의 공동활용체제 구축】** ① 정부는 정보통신망을 효율적으로 활용하기 위하여 정보통신망 상호 간의 연계 운영 및 표준화 등 정보의 공동활용체제 구축을 권장할 수 있다.

② 정부는 제1항에 따른 정보의 공동활용체제를 구축하는 자에게 재정 및 기술 등 필요한 지원을 할 수 있다.

③ 제1항과 제2항에 따른 권장 및 지원에 필요한 사항은 대통령령으로 정한다.

**제13조 【정보통신망의 이용촉진 등에 관한 사업】** ① 과학기술정보통신부장관은 공공, 지역, 산업, 생활 및 사회적 복지 등 각 분야의 정보통신망의 이용촉진과 정보격차의 해소를 위하여 관련 기술 · 기기 및 응용서비스의 효율적인 활용 · 보급을 촉진하기 위한 사업을 대통령령으로 정하는 바에 따라 실시할 수 있다.
(2017.7.26 본항개정)

② 정부는 제1항에 따른 사업에 참여하는 자에게 재정 및 기술 등 필요한 지원을 할 수 있다.

**제14조 【인터넷 이용의 확산】** 정부는 인터넷 이용이 확산될 수 있도록 공공 및 민간의 인터넷 이용시설의 효율적 활용을 유도하고 인터넷 관련 교육 및 홍보 등의 인터넷 이용기반을 확충하며, 지역별 · 성별 · 연령별 인터넷 이용격차를 해소하기 위한 시책을 마련하고 추진하여야 한다.

**제15조 【인터넷 서비스의 품질 개선】** ① 과학기술정보통신부장관은 인터넷 서비스 이용자의 권익을 보호하고 인터넷 서비스의 품질 향상 및 안정적 제공을 보장하기 위한 시책을 마련하여야 한다.(2017.7.26 본항개정)

② 과학기술정보통신부장관은 제1항에 따른 시책을 추진하기 위하여 필요하면 정보통신서비스 제공자단체 및 이용자단체 등의 의견을 들어 인터넷 서비스 품질의 측정·평가에 관한 기준을 정하여 고시할 수 있다.
(2017.7.26 본항개정)

③ 정보통신서비스 제공자는 제2항에 따른 기준에 따라 자율적으로 인터넷 서비스의 품질 현황을 평가하여 그 결과를 이용자에게 알려줄 수 있다.

**제16조~제17조** (2004.1.29 삭제)

## 제3장 전자문서중계자를 통한 전자문서의 활용

**제18조~제21조** (2015.6.22 삭제)

## 제4장 정보통신서비스의 안전한 이용환경 조성
(2020.2.4 본장제목개정)

**제22조** (2020.2.4 삭제)

**제22조의2 【접근권한에 대한 동의】** ① 정보통신서비스 제공자는 해당 서비스를 제공하기 위하여 이용자의 이동통신단말장치 내에 저장되어 있는 정보 및 이동통신단말장치에 설치된 기능에 대하여 접근할 수 있는 권한(이하 "접근권한"이라 한다)이 필요한 경우 다음 각 호의 사항을 이용자가 명확하게 인지할 수 있도록 알리고 이용자의 동의를 받아야 한다.

1. 해당 서비스를 제공하기 위하여 반드시 필요한 접근권한인 경우
   가. 접근권한이 필요한 정보 및 기능의 항목
   나. 접근권한이 필요한 이유
2. 해당 서비스를 제공하기 위하여 반드시 필요한 접근권한이 아닌 경우
   가. 접근권한이 필요한 정보 및 기능의 항목
   나. 접근권한이 필요한 이유
   다. 접근권한 허용에 대하여 동의하지 아니할 수 있다는 사실

② 정보통신서비스 제공자는 해당 서비스를 제공하기 위하여 반드시 필요하지 아니한 접근권한을 설정하는 데 이용자가 동의하지 아니한다는 이유로 이용자에게 해당 서비스의 제공을 거부하여서는 아니 된다.

③ 이동통신단말장치의 기본 운영체제(이동통신단말장치에서 소프트웨어를 실행할 수 있는 기반 환경을 말한다)를 제작하여 공급하는 자와 이동통신단말장치 제조업자 및 이동통신단말장치의 소프트웨어를 제작하여 공급하는 자는 정보통신서비스 제공자가 이동통신단말장치 내에 저장되어 있는 정보 및 이동통신단말장치에 설치된 기능에 접근하려는 경우 접근권한에 대한 이용자의 동의 및 철회방법을 마련하는 등 이용자 정보 보호에 필요한 조치를 하여야 한다.

④ 방송통신위원회는 해당 서비스의 접근권한의 설정이 제1항부터 제3항까지의 규정에 따라 이루어졌는지 여부에 대하여 실태조사를 실시할 수 있다.
(2018.6.12 본항신설)

⑤ 제1항에 따른 접근권한의 범위 및 동의의 방법, 제3항에 따른 이용자 정보 보호를 위하여 필요한 조치 및 그 밖에 필요한 사항은 대통령령으로 정한다.
(2016.3.22 본조신설)

**제23조** (2020.2.4 삭제)

**제23조의2【주민등록번호의 사용 제한】** ① 정보통신서비스 제공자는 다음 각 호의 어느 하나에 해당하는 경우를 제외하고는 이용자의 주민등록번호를 수집·이용할 수 없다.

1. 제23조의3에 따라 본인확인기관으로 지정받은 경우
2. (2020.2.4 삭제)
3. 「전기통신사업법」 제38조제1항에 따라 기간통신사업자로부터 이동통신서비스 등을 제공받아 재판매하는 전기통신사업자가 제23조의3에 따라 본인확인기관으로 지정받은 이동통신사업자의 본인확인업무 수행과 관련하여 이용자의 주민등록번호를 수집·이용하는 경우(2020.2.4 본호개정)

② 제1항제3호에 따라 주민등록번호를 수집·이용할 수 있는 경우에도 이용자의 주민등록번호를 사용하지 아니하고 본인을 확인하는 방법(이하 "대체수단"이라 한다)을 제공하여야 한다.
(2020.2.4 본항개정)

(2012.2.17 본조개정)

**제23조의3【본인확인기관의 지정 등】** ① 방송통신위원회는 다음 각 호의 사항을 심사하여 대체수단의 개발·제공·관리 업무(이하 "본인확인업무"라 한다)를 안전하고 신뢰성 있게 수행할 능력이 있다고 인정되는 자를 본인확인기관으로 지정할 수 있다.

1. 본인확인업무의 안전성 확보를 위한 물리적·기술적·관리적 조치계획
2. 본인확인업무의 수행을 위한 기술적·재정적 능력
3. 본인확인업무 관련 설비규모의 적정성

② 본인확인기관이 본인확인업무의 전부 또는 일부를 휴지하고자 하는 때에는 휴지기간을 정하여 휴지하고자 하는 날의 30일 전까지 이를 이용자에게 통보하고 방송통신위원회에 신고하여야 한다. 이 경우 휴지기간은 6개월을 초과할 수 없다.

③ 본인확인기관이 본인확인업무를 폐지하고자 하는 때에는 폐지하고자 하는 날의 60일 전까지 이를 이용자에게 통보하고 방송통신위원회에 신고하여야 한다.

④ 제1항부터 제3항까지의 규정에 따른 심사사항별 세부 심사기준·지정절차 및 휴지·폐지 등에 관하여 필요한 사항은 대통령령으로 정한다.

(2011.4.5 본조신설)

**제23조의4【본인확인업무의 정지 및 지정취소】** ① 방송통신위원회는 본인확인기관이 다음 각 호의 어느 하나에 해당하는 때에는 6개월 이내의 기간을 정하여 본인확인업무의 전부 또는 일부의 정지를 명하거나 지정을 취소할 수 있다. 다만, 제1호 또는 제2호에 해당하는 때에는 그 지정을 취소하여야 한다.

1. 거짓이나 그 밖의 부정한 방법으로 본인확인기관의 지정을 받은 경우
2. 본인확인업무의 정지명령을 받은 자가 그 명령을 위반하여 업무를 정지하지 아니한 경우
3. 지정받은 날부터 6개월 이내에 본인확인업무를 개시하지 아니하거나 6개월 이상 계속하여 본인확인업무를 휴지한 경우
4. 제23조의3제4항에 따른 지정기준에 적합하지 아니하게 된 경우

② 제1항에 따른 처분의 기준, 절차 및 그 밖에 필요한 사항은 대통령령으로 정한다.

(2011.4.5 본조신설)

**제23조의5【연계정보의 생성·처리 등】** ① 본인확인기관은 다음 각 호의 어느 하나에 해당하는 경우를 제외하고는 정보통신서비스 제공자의 서비스 연계를 위하여 이용자의 주민등록번호를

비가역적으로 암호화한 정보(이하 "연계정보"라 한다)를 생성 또는 제공·이용·대조·연계 등 그 밖에 이와 유사한 행위(이하 "처리"라 한다)를 할 수 없다.

1. 이용자가 입력한 정보를 이용하여 이용자를 안전하게 식별·인증하기 위한 서비스를 제공하는 경우
2. 「개인정보 보호법」 제24조에 따른 고유식별정보(이하 이 조에서 "고유식별정보"라 한다)를 보유한 행정기관 및 공공기관(이하 "행정기관등"이라 한다)이 연계정보를 활용하여 「전자정부법」 제2조제5호에 따른 전자정부서비스를 제공하기 위한 경우로서 다음 각 목의 어느 하나에 해당하는 경우
   가. 「전자정부법」 제2조제4호에 따른 중앙사무관장기관의 장이 행정기관등의 이용자 식별을 통합적으로 지원하기 위하여 연계정보 생성·처리를 요청한 경우
   나. 행정기관등이 고유식별정보 처리 목적 범위에서 불가피하게 이용자의 동의를 받지 아니하고 연계정보 생성·처리를 요청한 경우
3. 고유식별정보를 보유한 자가 「개인정보 보호법」 제35조의2에 따른 개인정보 전송의무를 수행하기 위하여 개인정보 전송을 요구한 정보주체의 연계정보 생성·처리를 요청한 경우 <시행일 미지정>
4. 「개인정보 보호법」 제24조의2제1항 각 호에 따라 주민등록번호 처리가 허용된 경우로서 이용자의 동의를 받지 아니하고 연계정보 생성·처리가 불가피한 대통령령으로 정하는 정보통신서비스를 제공하기 위하여 본인확인기관과 해당 정보통신서비스 제공자가 함께 방송통신위원회의 승인을 받은 경우

② 방송통신위원회는 제1항제4호에 따라 연계정보의 생성·처리를 승인하려는 경우 다음 각 호의 사항을 종합적으로 심사하여야 한다.

1. 제공 서비스 구현의 적절성 및 혁신성
2. 연계정보 생성·처리 절차의 적절성
3. 연계정보 생성·처리의 안전성 확보를 위한 물리적·기술적·관리적 조치 계획
4. 이용자 권리 보호 방안의 적절성
5. 관련 시장과 이용자 편익에 미치는 영향 및 효과

③ 방송통신위원회는 다음 각 호의 어느 하나에 해당하는 경우에 제1항제4호에 따른 연계정보 생성·처리 승인을 취소할 수 있다. 다만, 제1호에 해당하는 경우에는 그 승인을 취소하여야 한다.

1. 거짓이나 그 밖의 부정한 방법으로 제1항제4호에 따른 연계정보 생성·처리 승인을 받은 경우
2. 제2항 각 호에 따른 심사사항에 부적합하게 된 경우
3. 제23조의6제1항에 따른 물리적·기술적·관리적 조치 의무를 위반한 경우
4. 개인정보 보호 관련 법령을 위반하고 그 위반사유가 중대한 경우

④ 제1항 각 호에 따른 서비스를 위하여 본인확인기관으로부터 연계정보를 제공받은 자(이하 "연계정보 이용기관"이라 한다)는 제공받은 목적 범위에서 연계정보를 처리할 수 있다. 다만, 정보주체에게 별도로 동의받은 경우에는 동의받은 목적 범위에서 연계정보를 처리할 수 있다.

⑤ 제1항부터 제4항까지에 따른 연계정보 생성·처리 승인 절차, 승인 심사사항별 세부심사기준, 승인취소 처분의 기준 등에 관하여 필요한 사항은 대통령령으로 정한다.

(2024.1.23 본조신설)

**제23조의6【연계정보의 안전조치 의무 등】** ① 본인확인기관이 연계정보를 생성·처리하는 경우 「개인정보 보호법」 제29조에 따른 조치 외에 연계정보 생성·처리의 안전성 확보를 위한 물리적·기술적·관리적 조치를 하여야 한다.

② 연계정보 이용기관은 제23조의5제1항 각 호에 따른 서비스를 제공하는 경우 「개인정보 보호법」 제29조에 따른 조치 외에 연계정보를 주민등록번호와 분리하여 보관·관리하고 연계정보가 분실·도난·유출·위조·변조 또는 훼손되지 아니하도록 조치(이하 "안전조치"라 한다)하여야 한다.

③ 방송통신위원회는 생성·처리하는 연계정보의 규모, 매출액 등이 대통령령으로 정하는 기준에 해당하는 본인확인기관의 물리적·기술적·관리적 조치 및 연계정보 이용기관의 안전조치에 대한 운영·관리 실태를 점검할 수 있다.

④ 방송통신위원회는 제3항에 따른 점검에 관한 업무를 대통령령으로 정하는 전문기관에 위탁할 수 있다.

⑤ 제1항에 따른 물리적·기술적·관리적 조치와 제2항에 따른 안전조치에 관하여 필요한 사항은 대통령령으로 정한다.

(2024.1.23 본조신설)

**제24조~제32조의4** (2020.2.4 삭제)

**제32조의5【국내대리인의 지정】** ① 국내에 주소 또는 영업소가 없는 정보통신서비스 제공자등으로서 이용자 수, 매출액 등을 고려하여 대통령령으로 정하는 기준에 해당하는 자는 다음 각 호의 사항을 대리하는 자(이하 "국내대리인"이라 한다)를 서면으로 지정하여야 한다.

1.~2. (2020.2.4 삭제)

3. 제64조제1항에 따른 관계 물품·서류 등의 제출

② 국내대리인은 국내에 주소 또는 영업소가 있는 자로 한다.

③ 제1항에 따라 국내대리인을 지정한 때에는 다음 각 호의 사항 모두를 인터넷 사이트 등에 공개하여야 한다.

(2020.2.4 본문개정)

1. 국내대리인의 성명(법인의 경우에는 그 명칭 및 대표자의 성명을 말한다)
2. 국내대리인의 주소(법인의 경우에는 영업소 소재지를 말한다), 전화번호 및 전자우편 주소

④ 국내대리인이 제1항 각 호와 관련하여 이 법을 위반한 경우에는 정보통신서비스 제공자등이 그 행위를 한 것으로 본다.

(2018.9.18 본조신설)

**제33조~제40조** (2011.3.29 삭제)

## 제5장 정보통신망에서의 이용자 보호 등

(2008.6.13 본장개정)

**제41조【청소년 보호를 위한 시책의 마련 등】** ① 방송통신위원회는 정보통신망을 통하여 유통되는 음란·폭력정보 등 청소년에게 해로운 정보(이하 "청소년유해정보"라 한다)로부터 청소년을 보호하기 위하여 다음 각 호의 시책을 마련하여야 한다.

1. 내용 선별 소프트웨어의 개발 및 보급
2. 청소년 보호를 위한 기술의 개발 및 보급
3. 청소년 보호를 위한 교육 및 홍보
4. 그 밖에 청소년 보호를 위하여 대통령령으로 정하는 사항

② 방송통신위원회는 제1항에 따른 시책을 추진할 때에는 「방송통신위원회의 설치 및 운영에 관한 법률」 제18조에 따른 방송통신심의위원회(이하 "심의위원회"라 한다), 정보통신서비스 제

공자단체·이용자단체, 그 밖의 관련 전문기관이 실시하는 청소년 보호를 위한 활동을 지원할 수 있다.

**제42조 【청소년유해매체물의 표시】** 전기통신사업자의 전기통신역무를 이용하여 일반에게 공개를 목적으로 정보를 제공하는 자(이하 "정보제공자"라 한다) 중 「청소년 보호법」 제2조제2호마목에 따른 매체물로서 같은 법 제2조제3호에 따른 청소년유해매체물을 제공하려는 자는 대통령령으로 정하는 표시방법에 따라 그 정보가 청소년유해매체물임을 표시하여야 한다.
(2011.9.15 본조개정)

**제42조의2 【청소년유해매체물의 광고금지】** 누구든지 「청소년 보호법」 제2조제2호마목에 따른 매체물로서 같은 법 제2조제3호에 따른 청소년유해매체물을 광고하는 내용의 정보를 정보통신망을 이용하여 부호·문자·음성·음향·화상 또는 영상 등의 형태로 같은 법 제2조제1호에 따른 청소년에게 전송하거나 청소년 접근을 제한하는 조치 없이 공개적으로 전시하여서는 아니 된다.(2011.9.15 본조개정)

**제42조의3 【청소년 보호 책임자의 지정 등】** ① 정보통신서비스 제공자 중 일일 평균 이용자의 수, 매출액 등이 대통령령으로 정하는 기준에 해당하는 자는 정보통신망의 청소년유해정보로부터 청소년을 보호하기 위하여 청소년 보호 책임자를 지정하여야 한다.

② 청소년 보호 책임자는 해당 사업자의 임원 또는 청소년 보호와 관련된 업무를 담당하는 부서의 장에 해당하는 지위에 있는 자 중에서 지정한다.

③ 청소년 보호 책임자는 정보통신망의 청소년유해정보를 차단·관리하고, 청소년유해정보로부터의 청소년 보호계획을 수립하는 등 청소년 보호업무를 하여야 한다.

④ 제1항에 따른 청소년 보호 책임자의 지정에 필요한 사항은 대통령령으로 정한다.

**제43조 【영상 또는 음향정보 제공사업자의 보관의무】** ① 「청소년 보호법」 제2조제2호마목에 따른 매체물로서 같은 법 제2조제3호에 따른 청소년유해매체물을 이용자의 컴퓨터에 저장 또는 기록되지 아니하는 방식으로 제공하는 것을 영업으로 하는 정보제공자 중 대통령령으로 정하는 자는 해당 정보를 보관하여야 한다.(2011.9.15 본항개정)

② 제1항에 따른 정보제공자가 해당 정보를 보관하여야 할 기간은 대통령령으로 정한다.

**제44조 【정보통신망에서의 권리보호】** ① 이용자는 사생활 침해 또는 명예훼손 등 타인의 권리를 침해하는 정보를 정보통신망에 유통시켜서는 아니 된다.

② 정보통신서비스 제공자는 자신이 운영·관리하는 정보통신망에 제1항에 따른 정보가 유통되지 아니하도록 노력하여야 한다.

③ 방송통신위원회는 정보통신망에 유통되는 정보로 인한 사생활 침해 또는 명예훼손 등 타인에 대한 권리침해를 방지하기 위하여 기술개발·교육·홍보 등에 대한 시책을 마련하고 이를 정보통신서비스 제공자에게 권고할 수 있다.(2014.5.28 본항개정)

**제44조의2 【정보의 삭제요청 등】** ① 정보통신망을 통하여 일반에게 공개를 목적으로 제공된 정보로 사생활 침해나 명예훼손 등 타인의 권리가 침해된 경우 그 침해를 받은 자는 해당 정보를 처리한 정보통신서비스 제공자에게 침해사실을 소명하여 그 정보의 삭제 또는 반박내용의 게재(이하 "삭제등"이라 한다)를 요청할 수 있다. 이 경우 삭제등을 요청하는 자(이하 이 조에서 "신청인"이라 한다)는 문자메시지, 전

자우편 등 그 처리 경과 및 결과를 통지받을 수단을 지정할 수 있으며, 해당 정보를 게재한 자(이하 이 조에서 "정보게재자"라 한다)는 문자메시지, 전자우편 등 제2항에 따른 조치 사실을 통지받을 수단을 미리 지정할 수 있다. (2023.1.3 후단신설)

② 정보통신서비스 제공자는 제1항에 따른 해당 정보의 삭제등을 요청받으면 지체 없이 삭제·임시조치 등의 필요한 조치를 하고 즉시 신청인 및 정보게재자에게 알려야 한다. 이 경우 정보통신서비스 제공자는 필요한 조치를 한 사실을 해당 게시판에 공시하는 등의 방법으로 이용자가 알 수 있도록 하여야 한다.

③ 정보통신서비스 제공자는 자신이 운영·관리하는 정보통신망에 제42조에 따른 표시방법을 지키지 아니하는 청소년유해매체물이 게재되어 있거나 제42조의2에 따른 청소년 접근을 제한하는 조치 없이 청소년유해매체물을 광고하는 내용이 전시되어 있는 경우에는 지체 없이 그 내용을 삭제하여야 한다.

④ 정보통신서비스 제공자는 제1항에 따른 정보의 삭제요청에도 불구하고 권리의 침해 여부를 판단하기 어렵거나 이해당사자 간에 다툼이 예상되는 경우에는 해당 정보에 대한 접근을 임시적으로 차단하는 조치(이하 "임시조치"라 한다)를 할 수 있다. 이 경우 임시조치의 기간은 30일 이내로 한다.

⑤ 정보통신서비스 제공자는 필요한 조치에 관한 내용·절차 등을 미리 약관에 구체적으로 밝혀야 한다.

⑥ 정보통신서비스 제공자는 자신이 운영·관리하는 정보통신망에 유통되는 정보에 대하여 제2항에 따른 필요한 조치를 하면 이로 인한 배상책임을 줄이거나 면제받을 수 있다.

**제44조의3【임의의 임시조치】** ① 정보통신서비스 제공자는 자신이 운영·관리하는 정보통신망에 유통되는 정보가 사생활 침해 또는 명예훼손 등 타인의 권리를 침해한다고 인정되면 임의로 임시조치를 할 수 있다.

② 제1항에 따른 임시조치에 관하여는 제44조의2제2항 후단, 제4항 후단 및 제5항을 준용한다.

**제44조의4【자율규제】** ① 정보통신서비스 제공자단체는 이용자를 보호하고 안전하며 신뢰할 수 있는 정보통신서비스를 제공하기 위하여 정보통신서비스 제공자 행동강령을 정하여 시행할 수 있다.

② 정보통신서비스 제공자단체는 다음 각 호의 어느 하나에 해당하는 정보가 정보통신망에 유통되지 아니하도록 모니터링 등 자율규제 가이드라인을 정하여 시행할 수 있다.

1. 청소년유해정보
2. 제44조의7에 따른 불법정보

(2018.12.24 본항신설)

③ 정부는 제2항 각 호의 어느 하나에 해당하는 정보의 효과적인 유통 방지를 위하여 필요한 경우 정보통신서비스 제공자단체에 자율규제 가이드라인의 개선·보완을 권고할 수 있다. (2024.12.3 본항신설)

④ 정부는 제1항 및 제2항에 따른 정보통신서비스 제공자단체의 자율규제를 위한 활동을 지원할 수 있다. (2018.12.24 본항신설)

**제44조의5【게시판 이용자의 본인 확인】** ① 다음 각 호의 어느 하나에 해당하는 자가 게시판을 설치·운영하려면 그 게시판 이용자의 본인 확인을 위한 방법 및 절차의 마련 등 대통령령으로 정하는 필요한 조치(이하 "본인확인조치"라 한다)를 하여야 한다.

1. 국가기관, 지방자치단체, 「공공기관의 운영에 관한 법률」 제5조제3항에 따른 공기업·준정부기관 및 「지방공기업법」에 따른 지방공사·지방공단(이하 "공공기관등"이라 한다)

2. (2014.5.28 삭제)

② (2014.5.28 삭제)

③ 정부는 제1항에 따른 본인 확인을 위하여 안전하고 신뢰할 수 있는 시스템을 개발하기 위한 시책을 마련하여야 한다.

④ 공공기관등이 선량한 관리자의 주의로써 제1항에 따른 본인확인조치를 한 경우에는 이용자의 명의가 제3자에 의하여 부정사용됨에 따라 발생한 손해에 대한 배상책임을 줄이거나 면제받을 수 있다.(2014.5.28 본항개정)

**제44조의6 【이용자 정보의 제공청구】**

① 특정한 이용자에 의한 정보의 게재나 유통으로 사생활 침해 또는 명예훼손 등 권리를 침해당하였다고 주장하는 자는 민·형사상의 소를 제기하기 위하여 침해사실을 소명하여 제44조의10에 따른 명예훼손 분쟁조정부에 해당 정보통신서비스 제공자가 보유하고 있는 해당 이용자의 정보(민·형사상의 소를 제기하기 위한 성명·주소 등 대통령령으로 정하는 최소한의 정보를 말한다)를 제공하도록 청구할 수 있다.

② 명예훼손 분쟁조정부는 제1항에 따른 청구를 받으면 해당 이용자와 연락할 수 없는 등의 특별한 사정이 있는 경우 외에는 그 이용자의 의견을 들어 정보제공 여부를 결정하여야 한다.

③ 제1항에 따라 해당 이용자의 정보를 제공받은 자는 해당 이용자의 정보를 민·형사상의 소를 제기하기 위한 목적 외의 목적으로 사용하여서는 아니 된다.

④ 그 밖의 이용자 정보 제공청구의 내용과 절차에 필요한 사항은 대통령령으로 정한다.

**제44조의7 【불법정보의 유통금지 등】**

① 누구든지 정보통신망을 통하여 다음 각 호의 어느 하나에 해당하는 정보를 유통하여서는 아니 된다.

1. 음란한 부호·문언·음향·화상 또는 영상을 배포·판매·임대하거나 공공연하게 전시하는 내용의 정보
2. 사람을 비방할 목적으로 공공연하게 사실이나 거짓의 사실을 드러내어 타인의 명예를 훼손하는 내용의 정보
3. 공포심이나 불안감을 유발하는 부호·문언·음향·화상 또는 영상을 반복적으로 상대방에게 도달하도록 하는 내용의 정보
4. 정당한 사유 없이 정보통신시스템, 데이터 또는 프로그램 등을 훼손·멸실·변경·위조하거나 그 운용을 방해하는 내용의 정보
5. 「청소년 보호법」에 따른 청소년유해매체물로서 상대방의 연령 확인, 표시의무 등 법령에 따른 의무를 이행하지 아니하고 영리를 목적으로 제공하는 내용의 정보(2011.9.15 본호개정)
6. 법령에 따라 금지되는 사행행위에 해당하는 내용의 정보

6의2. 이 법 또는 개인정보 보호에 관한 법령을 위반하여 개인정보를 거래하는 내용의 정보(2016.3.22 본호신설)

6의3. 총포·화약류(생명·신체에 위해를 끼칠 수 있는 폭발력을 가진 물건을 포함한다)를 제조할 수 있는 방법이나 설계도 등의 정보(2018.6.12 본호신설)

6의4. 「마약류 관리에 관한 법률」에서 금지하는 마약류의 사용, 제조, 매매 또는 매매의 알선 등에 해당하는 내용의 정보(2025.1.21 본호신설 : 2025.7.22 시행)

7. 법령에 따라 분류된 비밀 등 국가기밀을 누설하는 내용의 정보
8. 「국가보안법」에서 금지하는 행위를 수행하는 내용의 정보

9. 그 밖에 범죄를 목적으로 하거나 교사(敎唆) 또는 방조하는 내용의 정보

② 방송통신위원회는 제1항제1호부터 제6호까지, 제6호의2 및 제6호의3의 정보에 대하여는 심의위원회의 심의를 거쳐 정보통신서비스 제공자 또는 게시판 관리·운영자로 하여금 그 처리를 거부·정지 또는 제한하도록 명할 수 있다. 다만, 제1항제2호 및 제3호에 따른 정보의 경우에는 해당 정보로 인하여 피해를 받은 자가 구체적으로 밝힌 의사에 반하여 그 처리의 거부·정지 또는 제한을 명할 수 없다.
(2018.6.12 본문개정)

② 방송통신위원회는 제1항제1호부터 제6호까지, 제6호의2부터 제6호의4까지의 정보에 대하여는 심의위원회의 심의를 거쳐 정보통신서비스 제공자 또는 게시판 관리·운영자로 하여금 그 처리를 거부·정지 또는 제한하도록 명할 수 있다. 다만, 제1항제2호 및 제3호에 따른 정보의 경우에는 해당 정보로 인하여 피해를 받은 자가 구체적으로 밝힌 의사에 반하여 그 처리의 거부·정지 또는 제한을 명할 수 없다.(2025.1.21 본문개정 : 2025.7.22 시행)

③ 방송통신위원회는 제1항제7호부터 제9호까지의 정보가 다음 각 호의 모두에 해당하는 경우에는 정보통신서비스 제공자 또는 게시판 관리·운영자에게 해당 정보의 처리를 거부·정지 또는 제한하도록 명하여야 한다.
(2016.3.22 본문개정)

1. 관계 중앙행정기관의 장의 요청〔제1항제9호의 정보 중 「성폭력범죄의 처벌 등에 관한 특례법」 제14조 및 제14조의2에 따른 촬영물·편집물·합성물·가공물 또는 복제물(복제물의 복제물을 포함한다)과 「아동·청소년의 성보호에 관한 법률」 제2조 제5호에 따른 아동·청소년성착취물에 대하여는 수사기관의 장의 요청을 포함한다〕이 있었을 것
(2024.12.3 본호개정)
2. 제1호의 요청을 받은 날부터 7일 이내에 심의위원회의 심의를 거친 후 「방송통신위원회의 설치 및 운영에 관한 법률」 제21조제4호에 따른 시정 요구를 하였을 것
3. 정보통신서비스 제공자나 게시판 관리·운영자가 시정 요구에 따르지 아니하였을 것

④ 방송통신위원회는 제2항 및 제3항에 따른 명령의 대상이 되는 정보통신서비스 제공자, 게시판 관리·운영자 또는 해당 이용자에게 미리 의견제출의 기회를 주어야 한다. 다만, 다음 각 호의 어느 하나에 해당하는 경우에는 의견제출의 기회를 주지 아니할 수 있다.
1. 공공의 안전 또는 복리를 위하여 긴급히 처분을 할 필요가 있는 경우
2. 의견청취가 뚜렷이 곤란하거나 명백히 불필요한 경우로서 대통령령으로 정하는 경우
3. 의견제출의 기회를 포기한다는 뜻을 명백히 표시한 경우

⑤ 국내에 데이터를 임시적으로 저장하는 서버를 설치·운영하는 정보통신서비스 제공자 중 사업의 종류 및 규모 등이 대통령령으로 정하는 기준에 해당하는 자는 제1항 각 호에 해당하는 정보의 유통을 방지하기 위하여 다음 각 호의 기술적·관리적 조치를 하여야 한다.
1. 제2항 및 제3항에 따른 심의위원회의 심의를 거친 제1항 각 호의 정보가 서버에 저장되어 있는지 식별하여 신속하게 접근을 제한하는 조치
2. 제1호에 따라 식별한 정보의 게재자에게 해당 정보의 유통금지를 요청하는 조치

3. 제1호에 따른 조치의 운영·관리 실태를 시스템에 자동으로 기록되도록 하고, 이를 대통령령으로 정하는 기간 동안 보관하는 조치
4. 그 밖에 제1항 각 호에 해당하는 정보의 유통을 방지하기 위하여 필요한 대통령령으로 정하는 조치

(2024.1.23 본항신설)

**제44조의8【대화형정보통신서비스에서의 아동 보호】** 정보통신서비스 제공자는 만 14세 미만의 아동에게 문자·음성을 이용하여 사람과 대화하는 방식으로 정보를 처리하는 시스템을 기반으로 하는 정보통신서비스를 제공하는 경우에는 그 아동에게 부적절한 내용의 정보가 제공되지 아니하도록 노력하여야 한다.(2018.12.24 본조신설)

**제44조의9【불법촬영물등 유통방지 책임자】** ① 정보통신서비스 제공자 중 일일 평균 이용자의 수, 매출액, 사업의 종류 등이 대통령령으로 정하는 기준에 해당하는 자는 자신이 운영·관리하는 정보통신망을 통하여 일반에게 공개되어 유통되는 정보 중 다음 각 호의 정보(이하 "불법촬영물등"이라 한다)의 유통을 방지하기 위한 책임자(이하 "불법촬영물등 유통방지 책임자"라 한다)를 지정하여야 한다.

1. 「성폭력범죄의 처벌 등에 관한 특례법」 제14조에 따른 촬영물 또는 복제물(복제물의 복제물을 포함한다)
2. 「성폭력범죄의 처벌 등에 관한 특례법」 제14조의2에 따른 편집물·합성물·가공물 또는 복제물(복제물의 복제물을 포함한다)
3. 「아동·청소년의 성보호에 관한 법률」 제2조제5호에 따른 아동·청소년성착취물

② 불법촬영물등 유통방지 책임자는 「전기통신사업법」 제22조의5제1항에 따른 불법촬영물등의 삭제·접속차단 등 유통방지에 필요한 조치 업무를 수행한다.

③ 불법촬영물등 유통방지 책임자의 수 및 자격요건, 불법촬영물등 유통방지 책임자에 대한 교육 등에 관하여 필요한 사항은 대통령령으로 정한다.

(2020.6.9 본조신설)

**제44조의10【명예훼손 분쟁조정부】** ① 심의위원회는 정보통신망을 통하여 유통되는 정보 중 사생활의 침해 또는 명예훼손 등 타인의 권리를 침해하는 정보와 관련된 분쟁의 조정업무를 효율적으로 수행하기 위하여 5명 이하의 위원으로 구성된 명예훼손 분쟁조정부를 두되, 그중 1명 이상은 변호사의 자격이 있는 사람으로 한다.(2020.6.9 본항개정)

② 명예훼손 분쟁조정부의 위원은 심의위원회의 위원장이 심의위원회의 동의를 받아 위촉한다.

③ 명예훼손 분쟁조정부의 분쟁조정절차 등에 관하여는 제33조의2제2항, 제35조부터 제39조까지의 규정을 준용한다. 이 경우 "분쟁조정위원회"는 "심의위원회"로, "개인정보와 관련한 분쟁"은 "정보통신망을 통하여 유통되는 정보 중 사생활의 침해 또는 명예훼손 등 타인의 권리를 침해하는 정보와 관련된 분쟁"으로 본다.

④ 명예훼손 분쟁조정부의 설치·운영 및 분쟁조정 등에 관하여 그 밖의 필요한 사항은 대통령령으로 정한다.

## 제6장 정보통신망의 안정성 확보 등

(2008.6.13 본장개정)

**제45조【정보통신망의 안정성 확보 등】** ① 다음 각 호의 어느 하나에 해당하는 자는 정보통신서비스의 제공에 사용되는 정보통신망의 안정성 및 정보의

신뢰성을 확보하기 위한 보호조치를 하여야 한다.(2020.6.9 본문개정)

1. 정보통신서비스 제공자(2020.6.9 본호신설)
2. 정보통신망에 연결되어 정보를 송·수신할 수 있는 기기·설비·장비 중 대통령령으로 정하는 기기·설비·장비(이하 "정보통신망연결기기등"이라 한다)를 제조하거나 수입하는 자(2020.6.9 본호신설)

② 과학기술정보통신부장관은 제1항에 따른 보호조치의 구체적 내용을 정한 정보보호조치에 관한 지침(이하 "정보보호지침"이라 한다)을 정하여 고시하고 제1항 각 호의 어느 하나에 해당하는 자에게 이를 지키도록 권고할 수 있다.(2020.6.9 본항개정)

③ 정보보호지침에는 다음 각 호의 사항이 포함되어야 한다.

1. 정당한 권한이 없는 자가 정보통신망에 접근·침입하는 것을 방지하거나 대응하기 위한 정보보호시스템의 설치·운영 등 기술적·물리적 보호조치
2. 정보의 불법 유출·위조·변조·삭제 등을 방지하기 위한 기술적 보호조치(2016.3.22 본호개정)
3. 정보통신망의 지속적인 이용이 가능한 상태를 확보하기 위한 기술적·물리적 보호조치
4. 정보통신망의 안정 및 정보보호를 위한 인력·조직·경비의 확보 및 관련 계획수립 등 관리적 보호조치
5. 정보통신망연결기기등의 정보보호를 위한 기술적 보호조치(2020.6.9 본호신설)

④ 과학기술정보통신부장관은 관계 중앙행정기관의 장에게 소관 분야의 정보통신망연결기기등과 관련된 시험·검사·인증 등의 기준에 정보보호지침의 내용을 반영할 것을 요청할 수 있다.
(2020.6.9 본항신설)

**제45조의2 【정보보호 사전점검】** ① 정보통신서비스 제공자는 새로이 정보통신망을 구축하거나 정보통신서비스를 제공하고자 하는 때에는 그 계획 또는 설계에 정보보호에 관한 사항을 고려하여야 한다.

② 과학기술정보통신부장관은 다음 각 호의 어느 하나에 해당하는 정보통신서비스 또는 전기통신사업을 시행하고자 하는 자에게 대통령령으로 정하는 정보보호 사전점검기준에 따라 보호조치를 하도록 권고할 수 있다.

1. 이 법 또는 다른 법령에 따라 과학기술정보통신부장관의 인가·허가를 받거나 등록·신고를 하도록 되어 있는 사업으로서 대통령령으로 정하는 정보통신서비스 또는 전기통신사업
2. 과학기술정보통신부장관이 사업비의 전부 또는 일부를 지원하는 사업으로서 대통령령으로 정하는 정보통신서비스 또는 전기통신사업

(2017.7.26 본항개정)

③ 제2항에 따른 정보보호 사전점검의 기준·방법·절차·수수료 등 필요한 사항은 대통령령으로 정한다.
(2012.2.17 본조신설)

**제45조의3 【정보보호 최고책임자의 지정 등】** ① 정보통신서비스 제공자는 정보통신시스템 등에 대한 보안 및 정보의 안전한 관리를 위하여 대통령령으로 정하는 기준에 해당하는 임직원을 정보보호 최고책임자로 지정하고 과학기술정보통신부장관에게 신고하여야 한다. 다만, 자산총액, 매출액 등이 대통령령으로 정하는 기준에 해당하는 정보통신서비스 제공자의 경우에는 정보보호 최고책임자를 신고하지 아니할 수 있다.
(2021.6.8 본항개정)

② 제1항에 따른 신고의 방법 및 절차 등에 대해서는 대통령령으로 정한다.
(2014.5.28 본항신설)

③ 제1항 본문에 따라 지정 및 신고된 정보보호 최고책임자(자산총액, 매출액 등 대통령령으로 정하는 기준에 해당하는 정보통신서비스 제공자의 경우로 한정한다)는 제4항의 업무 외의 다른 업무를 겸직할 수 없다.(2018.6.12 본항신설)

④ 정보보호 최고책임자의 업무는 다음 각 호와 같다.

1. 정보보호 최고책임자는 다음 각 목의 업무를 총괄한다.
   가. 정보보호 계획의 수립·시행 및 개선
   나. 정보보호 실태와 관행의 정기적인 감사 및 개선
   다. 정보보호 위험의 식별 평가 및 정보보호 대책 마련
   라. 정보보호 교육과 모의 훈련 계획의 수립 및 시행
2. 정보보호 최고책임자는 다음 각 목의 업무를 겸할 수 있다.
   가. 「정보보호산업의 진흥에 관한 법률」 제13조에 따른 정보보호 공시에 관한 업무
   나. 「정보통신기반 보호법」 제5조제5항에 따른 정보보호책임자의 업무
   다. 「전자금융거래법」 제21조의2제4항에 따른 정보보호최고책임자의 업무
   라. 「개인정보 보호법」 제31조제2항에 따른 개인정보 보호책임자의 업무
   마. 그 밖에 이 법 또는 관계 법령에 따라 정보보호를 위하여 필요한 조치의 이행

(2021.6.8 본항개정)

⑤ 정보통신서비스 제공자는 침해사고에 대한 공동 예방 및 대응, 필요한 정보의 교류, 그 밖에 대통령령으로 정하는 공동의 사업을 수행하기 위하여 제1항에 따른 정보보호 최고책임자를 구성원으로 하는 정보보호 최고책임자 협의회를 구성·운영할 수 있다.

⑥ 정부는 제5항에 따른 정보보호 최고책임자 협의회의 활동에 필요한 경비의 전부 또는 일부를 지원할 수 있다.
(2018.6.12 본항개정)

⑦ 정보보호 최고책임자의 자격요건 등에 필요한 사항은 대통령령으로 정한다.(2018.6.12 본항신설)
(2012.2.17 본조신설)

**제46조【집적된 정보통신시설의 보호】** ① 다음 각 호의 어느 하나에 해당하는 정보통신서비스 제공자 중 정보통신시설의 규모 등이 대통령령으로 정하는 기준에 해당하는 자(이하 "집적정보통신시설 사업자등"이라 한다)는 정보통신시설을 안정적으로 운영하기 위하여 대통령령으로 정하는 바에 따른 보호조치를 하여야 한다.
(2023.1.3 본문개정)

1. 타인의 정보통신서비스 제공을 위하여 집적된 정보통신시설을 운영·관리하는 자(이하 "집적정보통신시설 사업자"라 한다)
2. 자신의 정보통신서비스 제공을 위하여 직접 집적된 정보통신시설을 운영·관리하는 자

(2023.1.3 1호~2호신설)

② 집적정보통신시설 사업자는 집적된 정보통신시설의 멸실, 훼손, 그 밖의 운영장애로 발생한 피해를 보상하기 위하여 대통령령으로 정하는 바에 따라 보험에 가입하여야 한다.

③ 과학기술정보통신부장관은 정기적으로 제1항에 따른 보호조치의 이행 여부를 점검하고, 보완이 필요한 사항에 대하여 집적정보통신시설 사업자등에게 시정을 명할 수 있다. 다만, 집적정보통신시설 사업자등에 대하여 「방송통신발전 기본법」 제36조의2제2항에 따른 점검을 실시한 사항의 경우에

는 제1항에 따른 보호조치의 이행 여부 점검 사항에서 제외한다.(2023.1.3 본항신설)

④ 과학기술정보통신부장관은 집적정보통신시설 사업자등에 해당하는지 여부의 확인 및 제3항에 따른 점검을 위하여 제1항 각 호의 어느 하나에 해당하는 정보통신서비스 제공자, 관계 중앙행정기관의 장, 지방자치단체의 장 및 「공공기관의 운영에 관한 법률」 제4조에 따라 공공기관으로 지정된 기관의 장에게 자료의 제출을 요구할 수 있다. 이 경우 자료제출 요구를 받은 자는 정당한 사유가 없으면 그 요구에 따라야 하며, 자료제출 요구의 절차·방법 등에 관하여는 제64조제6항 및 제9항부터 제11항까지의 규정을 준용한다.(2023.1.3 본항신설)

⑤ 제4항에 따라 제출받은 자료의 보호 및 폐기에 관하여는 제64조의2를 준용한다.(2023.1.3 본항신설)

⑥ 집적통신시설 사업자등은 재난이나 재해 및 그 밖에 물리적·기능적 결함 등으로 인하여 대통령령으로 정하는 기간 동안 정보통신서비스 제공의 중단이 발생한 때에는 그 중단 현황, 발생원인, 응급조치 및 복구대책을 지체 없이 과학기술정보통신부장관에게 보고하여야 한다. 이 경우 과학기술정보통신부장관은 집적된 정보통신시설의 복구 및 보호에 필요한 기술적 지원을 할 수 있다.(2023.1.3 본항신설)

⑦ 집적정보통신시설 사업자가 제공하는 집적된 정보통신시설을 임차한 정보통신서비스 제공자는 집적정보통신시설 사업자의 제1항에 따른 보호조치의 이행 등에 적극 협조하여야 하며, 제1항에 따른 보호조치에 필요한 설비를 직접 설치·운영하거나 출입 통제를 하는 등 임차시설을 배타적으로 운영·관리하는 경우에는 대통령령으로 정하는 바에 따라 보호조치의 이행, 재난 등으로 인한 서비스 중단 시 보고 등의 조치를 하여야 한다.(2023.1.3 본항신설)

⑧ 과학기술정보통신부장관은 제3항에 따른 점검과 제6항에 따른 기술적 지원에 관한 업무를 대통령령으로 정하는 전문기관에 위탁할 수 있다.
(2023.1.3 본항신설)

⑨ 제3항에 따른 점검의 주기 및 방법, 제6항에 따른 보고의 방법, 그 밖에 필요한 사항은 대통령령으로 정한다.
(2023.1.3 본항신설)

**제46조의2【집적정보통신시설 사업자의 긴급대응】** ① 집적정보통신시설 사업자는 다음 각 호의 어느 하나에 해당하는 경우에는 이용약관으로 정하는 바에 따라 해당 서비스의 전부 또는 일부의 제공을 중단할 수 있다.

1. 집적정보통신시설을 이용하는 자(이하 "시설이용자"라 한다)의 정보시스템에서 발생한 이상현상으로 다른 시설이용자의 정보통신망 또는 집적된 정보통신시설의 정보통신망에 심각한 장애를 발생시킬 우려가 있다고 판단되는 경우
2. 외부에서 발생한 침해사고로 집적된 정보통신시설에 심각한 장애가 발생할 우려가 있다고 판단되는 경우
3. 중대한 침해사고가 발생하여 과학기술정보통신부장관이나 한국인터넷진흥원이 요청하는 경우
(2017.7.26 본호개정)

② 집적정보통신시설 사업자는 제1항에 따라 해당 서비스의 제공을 중단하는 경우에는 중단사유, 발생일시, 기간 및 내용 등을 구체적으로 밝혀 시설이용자에게 즉시 알려야 한다.

③ 집적정보통신시설 사업자는 중단사유가 없어지면 즉시 해당 서비스의 제공을 재개하여야 한다.

**제46조의3** (2012.2.17 삭제)

**제47조 【정보보호 관리체계의 인증】**

① 과학기술정보통신부장관은 정보통신망의 안정성·신뢰성 확보를 위하여 관리적·기술적·물리적 보호조치를 포함한 종합적 관리체계(이하 "정보보호 관리체계"라 한다)를 수립·운영하고 있는 자에 대하여 제4항에 따른 기준에 적합한지에 관하여 인증을 할 수 있다.(2017.7.26 본항개정)

② 「전기통신사업법」 제2조제8호에 따른 전기통신사업자와 전기통신사업자의 전기통신역무를 이용하여 정보를 제공하거나 정보의 제공을 매개하는 자로서 다음 각 호의 어느 하나에 해당하는 자는 제1항에 따른 인증을 받아야 한다.(2015.12.1 본문개정)

1. 「전기통신사업법」 제6조제1항에 따른 등록을 한 자로서 대통령령으로 정하는 바에 따라 정보통신망서비스를 제공하는 자(이하 "주요정보통신서비스 제공자"라 한다)(2020.6.9 본호개정)
2. 집적정보통신시설 사업자
3. 전년도 매출액 또는 세입 등이 1,500억원 이상이거나 정보통신서비스 부문 전년도 매출액이 100억원 이상 또는 전년도 일일평균 이용자수 100만명 이상으로서, 대통령령으로 정하는 기준에 해당하는 자 (2024.1.23 본호개정)

(2012.2.17 본항신설)

③ 과학기술정보통신부장관은 제2항에 따라 인증을 받아야 하는 자가 과학기술정보통신부령으로 정하는 바에 따라 국제표준 정보보호 인증을 받거나 정보보호 조치를 취한 경우에는 제1항에 따른 인증 심사의 일부를 생략할 수 있다. 이 경우 인증 심사의 세부 생략 범위에 대해서는 과학기술정보통신부장관이 정하여 고시한다.(2017.7.26 본항개정)

④ 과학기술정보통신부장관은 제1항에 따른 정보보호 관리체계 인증을 위하여 관리적·기술적·물리적 보호대책을 포함한 인증기준 등 그 밖에 필요한 사항을 정하여 고시할 수 있다.
(2017.7.26 본항개정)

⑤ 제1항에 따른 정보보호 관리체계 인증의 유효기간은 3년으로 한다. 다만, 제47조의5제1항에 따라 정보보호 관리등급을 받은 경우 그 유효기간 동안 제1항의 인증을 받은 것으로 본다.
(2012.2.17 본항신설)

⑥ 과학기술정보통신부장관은 한국인터넷진흥원 또는 과학기술정보통신부장관이 지정한 기관(이하 "정보보호 관리체계 인증기관"이라 한다)으로 하여금 제1항 및 제2항에 따른 인증에 관한 업무로서 다음 각 호의 업무를 수행하게 할 수 있다.(2017.7.26 본문개정)

1. 인증 신청인이 수립한 정보보호 관리체계가 제4항에 따른 인증기준에 적합한지 여부를 확인하기 위한 심사(이하 "인증심사"라 한다)
2. 인증심사 결과의 심의
3. 인증서 발급·관리
4. 인증의 사후관리
5. 정보보호 관리체계 인증심사원의 양성 및 자격관리
6. 그 밖에 정보보호 관리체계 인증에 관한 업무

(2015.12.1 1호~6호신설)

⑦ 과학기술정보통신부장관은 인증에 관한 업무를 효율적으로 수행하기 위하여 필요한 경우 인증심사 업무를 수행하는 기관(이하 "정보보호 관리체계 심사기관"이라 한다)을 지정할 수 있다.
(2017.7.26 본항개정)

⑧ 한국인터넷진흥원, 정보보호 관리체계 인증기관 및 정보보호 관리체계 심사기관은 정보보호 관리체계의 실효성 제고를 위하여 연 1회 이상 사후관리를 실시하고 그 결과를 과학기술정

보통신부장관에게 통보하여야 한다.
(2017.7.26 본항개정)

⑨ 제1항 및 제2항에 따라 정보보호 관리체계의 인증을 받은 자는 대통령령으로 정하는 바에 따라 인증의 내용을 표시하거나 홍보할 수 있다.
(2012.2.17 본항개정)

⑩ 과학기술정보통신부장관은 다음 각 호의 어느 하나에 해당하는 사유를 발견한 경우에는 인증을 취소할 수 있다. 다만, 제1호에 해당하는 경우에는 인증을 취소하여야 한다.(2017.7.26 본문개정)

1. 거짓이나 그 밖의 부정한 방법으로 정보보호 관리체계 인증을 받은 경우
2. 제4항에 따른 인증기준에 미달하게 된 경우(2015.12.1 본호개정)
3. 제8항에 따른 사후관리를 거부 또는 방해한 경우(2015.12.1 본호개정)

(2012.2.17 본항신설)

⑪ 제1항 및 제2항에 따른 인증의 방법·절차·범위·수수료, 제8항에 따른 사후관리의 방법·절차, 제10항에 따른 인증취소의 방법·절차, 그 밖에 필요한 사항은 대통령령으로 정한다.
(2015.12.1 본항개정)

⑫ 정보보호 관리체계 인증기관 및 정보보호 관리체계 심사기관 지정의 기준·절차·유효기간 등에 필요한 사항은 대통령령으로 정한다.(2015.12.1 본항개정)

**제47조의2【정보보호 관리체계 인증기관 및 정보보호 관리체계 심사기관의 지정취소 등】** ① 과학기술정보통신부장관은 제47조에 따라 정보보호 관리체계 인증기관 또는 정보보호 관리체계 심사기관으로 지정받은 법인 또는 단체가 다음 각 호의 어느 하나에 해당하면 그 지정을 취소하거나 1년 이내의 기간을 정하여 해당 업무의 전부 또는 일부의 정지를 명할 수 있다. 다만, 제1호나 제2호에 해당하는 경우에는 그 지정을 취소하여야 한다.
(2017.7.26 본문개정)

1. 거짓이나 그 밖의 부정한 방법으로 정보보호 관리체계 인증기관 또는 정보보호 관리체계 심사기관의 지정을 받은 경우
2. 업무정지기간 중에 인증 또는 인증심사를 한 경우
3. 정당한 사유 없이 인증 또는 인증심사를 하지 아니한 경우
4. 제47조제11항을 위반하여 인증 또는 인증심사를 한 경우
5. 제47조제12항에 따른 지정기준에 적합하지 아니하게 된 경우

(2015.12.1 본항개정)

② 제1항에 따른 지정취소 및 업무정지 등에 필요한 사항은 대통령령으로 정한다.
(2015.12.1 본조제목개정)

**제47조의3** (2020.2.4 삭제)

**제47조의4【이용자의 정보보호】** ① 정부는 이용자의 정보보호에 필요한 기준을 정하여 이용자에게 권고하고, 침해사고의 예방 및 확산 방지를 위하여 취약점 점검, 기술 지원 등 필요한 조치를 할 수 있다.

② 정부는 제1항에 따른 조치에 관한 업무를 한국인터넷진흥원 또는 대통령령으로 정하는 전문기관에 위탁할 수 있다.(2020.6.9 본항신설)

③ 주요정보통신서비스 제공자는 정보통신망에 중대한 침해사고가 발생하여 자신의 서비스를 이용하는 이용자의 정보시스템 또는 정보통신망 등에 심각한 장애가 발생할 가능성이 있으면 이용약관으로 정하는 바에 따라 그 이용자에게 보호조치를 취하도록 요청하고, 이를 이행하지 아니하는 경우에는 해당 정보통신망으로의 접속을 일시적으로 제한할 수 있다.

④「소프트웨어 진흥법」 제2조에 따른 소프트웨어사업자는 보안에 관한 취약점을 보완하는 프로그램을 제작하였을 때에는 한국인터넷진흥원에 알려야 하고, 그 소프트웨어 사용자에게는 제작한 날부터 1개월 이내에 2회 이상 알려야 한다.(2020.6.9 본항개정)

⑤ 제3항에 따른 보호조치의 요청 등에 관하여 이용약관으로 정하여야 하는 구체적인 사항은 대통령령으로 정한다.(2020.6.9 본항개정)

**제47조의5【정보보호 관리등급 부여】** ① 제47조에 따라 정보보호 관리체계 인증을 받은 자는 기업의 통합적 정보보호 관리수준을 제고하고 이용자로부터 정보보호 서비스에 대한 신뢰를 확보하기 위하여 과학기술정보통신부장관으로부터 정보보호 관리등급을 받을 수 있다.(2017.7.26 본항개정)

② 과학기술정보통신부장관은 한국인터넷진흥원으로 하여금 제1항에 따른 등급 부여에 관한 업무를 수행하게 할 수 있다.(2017.7.26 본항개정)

③ 제1항에 따라 정보보호 관리등급을 받은 자는 대통령령으로 정하는 바에 따라 해당 등급의 내용을 표시하거나 홍보에 활용할 수 있다.

④ 과학기술정보통신부장관은 다음 각 호의 어느 하나에 해당하는 사유를 발견한 경우에는 부여한 등급을 취소할 수 있다. 다만, 제1호에 해당하는 경우에는 부여한 등급을 취소하여야 한다.(2017.7.26 본문개정)

1. 거짓이나 그 밖의 부정한 방법으로 정보보호 관리등급을 받은 경우
2. 제5항에 따른 등급기준에 미달하게 된 경우

⑤ 제1항에 따른 등급 부여의 심사기준 및 등급 부여의 방법·절차·수수료, 등급의 유효기간, 제4항에 따른 등급취소의 방법·절차, 그 밖에 필요한 사항은 대통령령으로 정한다.

(2012.2.17 본조신설)

**제47조의6【정보보호 취약점 신고자에 대한 포상】** ① 정부는 침해사고의 예방 및 피해 확산 방지를 위하여 정보통신서비스, 정보통신망연결기기등 또는 소프트웨어의 보안에 관한 취약점(이하 "정보보호 취약점"이라 한다)을 신고한 자에게 예산의 범위에서 포상금을 지급할 수 있다.

② 제1항에 따른 포상금의 지급 대상·기준 및 절차 등은 대통령령으로 정한다.

③ 정부는 제1항에 따른 포상금 지급에 관한 업무를 한국인터넷진흥원에 위탁할 수 있다.

(2022.6.10 본조신설)

**제47조의7【정보보호 관리체계 인증의 특례】** ① 과학기술정보통신부장관은 제47조제1항 및 제2항에 따른 인증을 받으려는 자 중 다음 각 호의 어느 하나에 해당하는 자에 대하여 제47조에 따른 인증기준 및 절차 등을 완화하여 적용할 수 있다.

1.「중소기업기본법」 제2조제2항에 따른 소기업
2. 그 밖에 정보통신서비스의 규모 및 특성 등에 따라 대통령령으로 정하는 기준에 해당하는 자

② 과학기술정보통신부장관은 정보통신망의 안정성·신뢰성 확보를 위하여 제1항에 관련된 비용 및 기술 등 필요한 지원을 할 수 있다.

③ 과학기술정보통신부장관은 제1항에 따른 인증기준 및 절차 등 그 밖에 필요한 사항을 정하여 고시할 수 있다.

(2024.1.23 본조신설)

**제48조【정보통신망 침해행위 등의 금지】** ① 누구든지 정당한 접근권한 없이 또는 허용된 접근권한을 넘어 정보통신망에 침입하여서는 아니 된다.

② 누구든지 정당한 사유 없이 정보통신시스템, 데이터 또는 프로그램 등을 훼손·멸실·변경·위조하거나 그 운용을 방해할 수 있는 프로그램(이하 "악성프로그램"이라 한다)을 전달 또는 유포하여서는 아니 된다.
③ 누구든지 정보통신망의 안정적 운영을 방해할 목적으로 대량의 신호 또는 데이터를 보내거나 부정한 명령을 처리하도록 하는 등의 방법으로 정보통신망에 장애가 발생하게 하여서는 아니 된다.
④ 누구든지 정당한 사유 없이 정보통신망의 정상적인 보호·인증 절차를 우회하여 정보통신망에 접근할 수 있도록 하는 프로그램이나 기술적 장치 등을 정보통신망 또는 이와 관련된 정보시스템에 설치하거나 이를 전달·유포하여서는 아니 된다.(2024.1.23 본항신설)

**제48조의2【침해사고의 대응 등】** ① 과학기술정보통신부장관은 침해사고에 적절히 대응하기 위하여 다음 각 호의 업무를 수행하고, 필요하면 업무의 전부 또는 일부를 한국인터넷진흥원이 수행하도록 할 수 있다.(2017.7.26 본문개정)
1. 침해사고에 관한 정보의 수집·전파
2. 침해사고의 예보·경보
3. 침해사고에 대한 긴급조치
4. 그 밖에 대통령령으로 정하는 침해사고 대응조치

② 다음 각 호의 어느 하나에 해당하는 자는 대통령령으로 정하는 바에 따라 침해사고의 유형별 통계, 해당 정보통신망의 소통량 통계 및 접속경로별 이용 통계 등 침해사고 관련 정보를 과학기술정보통신부장관이나 한국인터넷진흥원에 제공하여야 한다.(2017.7.26 본문개정)
1. 주요정보통신서비스 제공자
2. 집적정보통신시설 사업자
3. 그 밖에 정보통신망을 운영하는 자로서 대통령령으로 정하는 자

③ 한국인터넷진흥원은 제2항에 따른 정보를 분석하여 과학기술정보통신부장관에게 보고하여야 한다.(2017.7.26 본항개정)
④ 과학기술정보통신부장관은 제2항에 따라 정보를 제공하여야 하는 사업자가 정당한 사유 없이 정보의 제공을 거부하거나 거짓 정보를 제공하면 상당한 기간을 정하여 그 사업자에게 시정을 명할 수 있다.(2017.7.26 본항개정)
⑤ 과학기술정보통신부장관이나 한국인터넷진흥원은 제2항에 따라 제공받은 정보를 침해사고의 대응을 위하여 필요한 범위에서만 정당하게 사용하여야 한다.(2017.7.26 본항개정)
⑥ 과학기술정보통신부장관이나 한국인터넷진흥원은 침해사고의 대응을 위하여 필요하면 제2항 각 호의 어느 하나에 해당하는 자에게 인력지원을 요청할 수 있다.(2017.7.26 본항개정)

**제48조의3【침해사고의 신고 등】** ① 정보통신서비스 제공자는 침해사고가 발생하면 즉시 그 사실을 과학기술정보통신부장관이나 한국인터넷진흥원에 신고하여야 한다. 이 경우 정보통신서비스 제공자가 이미 다른 법률에 따른 침해사고 통지 또는 신고를 했으면 전단에 따른 신고를 한 것으로 본다.(2022.6.10 본문개정)
1.~2. (2022.6.10 삭제)
② 과학기술정보통신부장관이나 한국인터넷진흥원은 제1항에 따라 침해사고의 신고를 받거나 침해사고를 알게 되면 제48조의2제1항 각 호에 따른 필요한 조치를 하여야 한다.(2017.7.26 본항개정)
③ 제1항 후단에 따라 침해사고의 통지 또는 신고를 받은 관계 기관의 장은 이와 관련된 정보를 과학기술정보통신

부장관 또는 한국인터넷진흥원에 지체 없이 공유하여야 한다.(2022.6.10 본항신설)

④ 제1항에 따른 신고의 시기, 방법 및 절차 등에 관하여 필요한 사항은 대통령령으로 정한다.(2024.2.13 본항신설)

**제48조의4【침해사고의 원인 분석 등】** ① 정보통신서비스 제공자 등 정보통신망을 운영하는 자는 침해사고가 발생하면 침해사고의 원인을 분석하고 그 결과에 따라 피해의 확산 방지를 위하여 사고대응, 복구 및 재발 방지에 필요한 조치를 하여야 한다.

② 과학기술정보통신부장관은 정보통신서비스 제공자의 정보통신망에 침해사고가 발생하면 그 침해사고의 원인을 분석하고 피해 확산 방지, 사고대응, 복구 및 재발 방지를 위한 대책을 마련하여 해당 정보통신서비스 제공자(공공기관등은 제외한다)에게 필요한 조치를 이행하도록 명령할 수 있다.
(2024.2.13 본항개정)

③ 과학기술정보통신부장관은 제2항에 따른 조치의 이행 여부를 점검하고, 보완이 필요한 사항에 대하여 해당 정보통신서비스 제공자에게 시정을 명할 수 있다.(2024.2.13 본항신설)

④ 과학기술정보통신부장관은 정보통신서비스 제공자의 정보통신망에 중대한 침해사고가 발생한 경우 제2항에 따른 원인 분석 및 대책 마련을 위하여 필요하면 정보보호에 전문성을 갖춘 민·관합동조사단을 구성하여 그 침해사고의 원인 분석을 할 수 있다.

⑤ 과학기술정보통신부장관은 제2항에 따른 침해사고의 원인 분석 및 대책 마련을 위하여 필요하면 정보통신서비스 제공자에게 정보통신망의 접속기록 등 관련 자료의 보전을 명할 수 있다.

⑥ 과학기술정보통신부장관은 제2항에 따른 침해사고의 원인 분석 및 대책 마련을 하기 위하여 필요하면 정보통신서비스 제공자에게 침해사고 관련 자료의 제출을 요구할 수 있으며, 중대한 침해사고의 경우 소속 공무원 또는 제4항에 따른 민·관합동조사단에게 관계인의 사업장에 출입하여 침해사고 원인을 조사하도록 할 수 있다. 다만, 「통신비밀보호법」 제2조제11호에 따른 통신사실확인자료에 해당하는 자료의 제출은 같은 법으로 정하는 바에 따른다.(2024.2.13 본문개정)

⑦ 과학기술정보통신부장관이나 민·관합동조사단은 제6항에 따라 제출받은 자료와 조사를 통하여 알게 된 정보를 침해사고의 원인 분석 및 대책 마련 외의 목적으로는 사용하지 못하며, 원인 분석이 끝난 후에는 즉시 파기하여야 한다.(2024.2.13 본항개정)

⑧ 제3항에 따른 점검의 방법·절차, 제4항에 따른 민·관합동조사단의 구성·운영, 제6항에 따라 제출된 자료의 보호 및 조사의 방법·절차 등에 필요한 사항은 대통령령으로 정한다.
(2024.2.13 본항개정)
(2022.6.10 본조개정)

**제48조의5【정보통신망연결기기등 관련 침해사고의 대응 등】** ① 과학기술정보통신부장관은 정보통신망연결기기등과 관련된 침해사고가 발생하면 관계 중앙행정기관의 장과 협력하여 해당 침해사고의 원인을 분석할 수 있다.

② 과학기술정보통신부장관은 정보통신망연결기기등과 관련된 침해사고가 발생하여 국민의 생명·신체 또는 재산에 위험을 초래할 가능성이 있는 경우 관계 중앙행정기관의 장에게 다음 각 호의 조치를 하도록 요청할 수 있다.

1. 제47조의4제1항에 따른 취약점 점검, 기술 지원 등의 조치
2. 피해 확산을 방지하기 위하여 필요한 조치

3. 그 밖에 정보통신망연결기기등의 정보보호를 위한 제도의 개선

③ 과학기술정보통신부장관은 정보통신망연결기기등과 관련된 침해사고가 발생한 경우 해당 정보통신망연결기기등을 제조하거나 수입한 자에게 제품 취약점 개선 등 침해사고의 확대 또는 재발을 방지하기 위한 조치를 할 것을 권고할 수 있다.

④ 과학기술정보통신부장관은 대통령령으로 정하는 전문기관이 다음 각 호의 사업을 수행하는 데 필요한 비용을 지원할 수 있다.

1. 정보통신망연결기기등과 관련된 정보보호지침 마련을 위한 연구
2. 정보통신망연결기기등과 관련된 시험·검사·인증 등의 기준 개선 연구

(2020.6.9 본조신설)

**제48조의6 【정보통신망연결기기등에 관한 인증】** ① 과학기술정보통신부장관은 제4항에 따른 인증시험대행기관의 시험 결과 정보통신망연결기기등이 제2항에 따른 인증기준에 적합한 경우 정보보호인증을 할 수 있다.

② 과학기술정보통신부장관은 제1항에 따른 정보보호인증(이하 "정보보호인증"이라 한다)을 위하여 정보통신망의 안정성 및 정보의 신뢰성 확보 등에 관한 인증기준을 정하여 고시할 수 있다.

③ 과학기술정보통신부장관은 정보보호인증을 받은 자가 다음 각 호의 어느 하나에 해당하는 경우에는 그 정보보호인증을 취소할 수 있다. 다만, 제1호에 해당하는 경우에는 그 정보보호인증을 취소하여야 한다.

1. 거짓이나 그 밖의 부정한 방법으로 정보보호인증을 받은 경우
2. 제2항에 따른 인증기준에 미달하게 된 경우

④ 과학기술정보통신부장관은 정보통신망연결기기등이 제2항에 따른 인증기준에 적합한지 여부를 확인하는 시험을 효율적으로 수행하기 위하여 필요한 경우에는 대통령령으로 정하는 지정기준을 충족하는 기관을 인증시험대행기관으로 지정할 수 있다.

⑤ 과학기술정보통신부장관은 제4항에 따라 지정된 인증시험대행기관(이하 "인증시험대행기관"이라 한다)이 다음 각 호의 어느 하나에 해당하면 인증시험대행기관의 지정을 취소할 수 있다. 다만, 제1호에 해당하는 경우에는 그 지정을 취소하여야 한다.

1. 거짓이나 그 밖의 부정한 방법으로 지정을 받은 경우
2. 제4항에 따른 지정기준에 미달하게 된 경우

⑥ 과학기술정보통신부장관은 정보보호인증 및 정보보호인증 취소에 관한 업무를 한국인터넷진흥원에 위탁할 수 있다.

⑦ 정보보호인증·정보보호인증 취소의 절차 및 인증시험대행기관의 지정·지정취소의 절차 등에 관하여 필요한 사항은 대통령령으로 정한다.

(2020.6.9 본조신설)

**제49조 【비밀 등의 보호】** 누구든지 정보통신망에 의하여 처리·보관 또는 전송되는 타인의 정보를 훼손하거나 타인의 비밀을 침해·도용 또는 누설하여서는 아니 된다.

**제49조의2 【속이는 행위에 의한 정보의 수집금지 등】** ① 누구든지 정보통신망을 통하여 속이는 행위로 다른 사람의 정보를 수집하거나 다른 사람이 정보를 제공하도록 유인하여서는 아니 된다.

② 정보통신서비스 제공자는 제1항을 위반한 사실을 발견하면 즉시 과학기술정보통신부장관 또는 한국인터넷진흥원에 신고하여야 한다.(2020.2.4 본항개정)

③ 과학기술정보통신부장관 또는 한국인터넷진흥원은 제2항에 따른 신고를 받거나 제1항을 위반한 사실을 알게 되면 다음 각 호의 필요한 조치를 하여야 한다.(2020.2.4 본문개정)

1. 위반 사실에 관한 정보의 수집·전파
2. 유사 피해에 대한 예보·경보
3. 정보통신서비스 제공자에게 다음 각 목의 사항 중 전부 또는 일부를 요청하는 등 피해 예방 및 피해 확산을 방지하기 위한 긴급조치 (2022.6.10 본문개정)
   가. 접속경로의 차단
   나. 제1항의 위반행위에 이용된 전화번호에 대한 정보통신서비스의 제공 중지
   다. 이용자에게 제1항의 위반행위에 노출되었다는 사실의 통지
   (2022.6.10 가목~다목신설)

④ 과학기술정보통신부장관은 제3항제3호의 조치를 취하기 위하여 정보통신서비스 제공자에게 정보통신서비스 제공자 간 정보통신망을 통하여 속이는 행위에 대한 정보 공유 등 필요한 조치를 취하도록 명할 수 있다.
(2020.2.4 본항개정)

⑤ 제3항제3호에 따른 요청을 받은 정보통신서비스 제공자는 이용약관으로 정하는 바에 따라 해당 조치를 할 수 있다.(2022.6.10 본항신설)

⑥ 제5항에 따른 이용약관으로 정하여야 하는 구체적인 사항은 대통령령으로 정한다.(2022.6.10 본항신설)
(2020.2.4 본조제목개정)

**제49조의3【속이는 행위에 사용된 전화번호의 전기통신역무 제공의 중지 등】** ① 경찰청장·검찰총장·금융감독원장 등 대통령령으로 정하는 자는 제49조의2제1항에 따른 속이는 행위에 이용된 전화번호를 확인한 때에는 과학기술정보통신부장관에게 해당 전화번호에 대한 전기통신역무 제공의 중지를 요청할 수 있다.

② 제1항에 따른 요청으로 전기통신역무 제공이 중지된 이용자는 전기통신역무 제공의 중지를 요청한 기관에 이의신청을 할 수 있다.

③ 제2항에 따른 이의신청의 절차 등에 필요한 사항은 대통령령으로 정한다.
(2022.6.10 본조신설)

**제50조【영리목적의 광고성 정보 전송 제한】** ① 누구든지 전자적 전송매체를 이용하여 영리목적의 광고성 정보를 전송하려면 그 수신자의 명시적인 사전 동의를 받아야 한다. 다만, 다음 각 호의 어느 하나에 해당하는 경우에는 사전 동의를 받지 아니한다.

1. 재화등의 거래관계를 통하여 수신자로부터 직접 연락처를 수집한 자가 대통령령으로 정한 기간 이내에 자신이 처리하고 수신자와 거래한 것과 같은 종류의 재화등에 대한 영리목적의 광고성 정보를 전송하려는 경우(2020.6.9 본호개정)
2. 「방문판매 등에 관한 법률」에 따른 전화권유판매자가 육성으로 수신자에게 개인정보의 수집출처를 고지하고 전화권유를 하는 경우(2016.3.22 본호개정)

② 전자적 전송매체를 이용하여 영리목적의 광고성 정보를 전송하려는 자는 제1항에도 불구하고 수신자가 수신거부의사를 표시하거나 사전 동의를 철회한 경우에는 영리목적의 광고성 정보를 전송하여서는 아니 된다.

③ 오후 9시부터 그 다음 날 오전 8시까지의 시간에 전자적 전송매체를 이용하여 영리목적의 광고성 정보를 전송하려는 자는 제1항에도 불구하고 그 수신자로부터 별도의 사전 동의를 받아야 한다. 다만, 대통령령으로 정하는 매체의 경우에는 그러하지 아니하다.

④ 전자적 전송매체를 이용하여 영리목적의 광고성 정보를 전송하는 자는 대통령령으로 정하는 바에 따라 다음 각 호의 사항 등을 광고성 정보에 구체적으로 밝혀야 한다.

1. 전송자의 명칭 및 연락처
2. 수신의 거부 또는 수신동의의 철회 의사표시를 쉽게 할 수 있는 조치 및 방법에 관한 사항

⑤ 전자적 전송매체를 이용하여 영리목적의 광고성 정보를 전송하는 자는 다음 각 호의 어느 하나에 해당하는 행위를 하여서는 아니 된다.

1. 광고성 정보 수신자의 수신거부 또는 수신동의의 철회를 회피·방해하는 행위
2. 숫자·부호 또는 문자를 조합하여 전화번호·전자우편주소 등 수신자의 연락처를 자동으로 만들어 내는 행위
3. 영리목적의 광고성 정보를 전송할 목적으로 전화번호 또는 전자우편주소를 자동으로 등록하는 행위
4. 광고성 정보 전송자의 신원이나 광고 전송 출처를 감추기 위한 각종 행위
5. 영리목적의 광고성 정보를 전송할 목적으로 수신자를 기망하여 회신을 유도하는 각종 행위

(2024.1.23 본항개정)

⑥ 전자적 전송매체를 이용하여 영리목적의 광고성 정보를 전송하는 자는 수신자가 수신거부나 수신동의의 철회를 할 때 발생하는 전화요금 등의 금전적 비용을 수신자가 부담하지 아니하도록 대통령령으로 정하는 바에 따라 필요한 조치를 하여야 한다.

⑦ 전자적 전송매체를 이용하여 영리목적의 광고성 정보를 전송하려는 자는 수신자가 제1항 및 제3항에 따른 수신동의, 제2항에 따른 수신거부 또는 수신동의의 철회에 관한 의사를 표시할 때에는 해당 수신자에게 대통령령으로 정하는 바에 따라 수신동의, 수신거부 또는 수신동의의 철회에 대한 처리 결과를 알려야 한다.(2024.1.23 본항개정)

⑧ 제1항 또는 제3항에 따라 수신동의를 받은 자는 대통령령으로 정하는 바에 따라 정기적으로 광고성 정보 수신자의 수신동의 여부를 확인하여야 한다.

(2014.5.28 본조개정)

**제50조의2** (2014.5.28 삭제)

**제50조의3【영리목적의 광고성 정보 전송의 위탁 등】** ① 영리목적의 광고성 정보의 전송을 타인에게 위탁한 자는 그 업무를 위탁받은 자가 제50조를 위반하지 아니하도록 관리·감독하여야 한다.(2014.5.28 본항개정)

② 제1항에 따라 영리목적의 광고성 정보의 전송을 위탁받은 자는 그 업무와 관련한 법을 위반하여 발생한 손해의 배상책임에서 정보 전송을 위탁한 자의 소속 직원으로 본다.(2020.6.9 본항개정)

**제50조의4【정보 전송 역무 제공 등의 제한】** ① 정보통신서비스 제공자는 다음 각 호의 어느 하나에 해당하는 경우에 해당 역무의 제공을 거부하는 조치를 할 수 있다.

1. 광고성 정보의 전송 또는 수신으로 역무의 제공에 장애가 일어나거나 일어날 우려가 있는 경우
2. 이용자가 광고성 정보의 수신을 원하지 아니하는 경우
3. (2014.5.28 삭제)

② 정보통신서비스 제공자는 제1항 또는 제4항에 따른 거부조치를 하려면 해당 역무 제공의 거부에 관한 사항을 그 역무의 이용자와 체결하는 정보통신서비스 이용계약의 내용에 포함하여야 한다.(2014.5.28 본항개정)

③ 정보통신서비스 제공자는 제1항 또는 제4항에 따른 거부조치 사실을 그

역무를 제공받는 이용자 등 이해관계인에게 알려야 한다. 다만, 미리 알리는 것이 곤란한 경우에는 거부조치를 한 후 지체 없이 알려야 한다.
(2014.5.28 본문개정)

④ 정보통신서비스 제공자는 이용계약을 통하여 해당 정보통신서비스 제공자가 이용자에게 제공하는 서비스가 제50조 또는 제50조의8을 위반하여 영리목적의 광고성 정보전송에 이용되고 있는 경우 해당 역무의 제공을 거부하거나 정보통신망이나 서비스의 취약점을 개선하는 등 필요한 조치를 강구하여야 한다.(2014.5.28 본항신설)

**제50조의5 【영리목적의 광고성 프로그램 등의 설치】** 정보통신서비스 제공자는 영리목적의 광고성 정보가 보이도록 하거나 개인정보를 수집하는 프로그램을 이용자의 컴퓨터나 그 밖에 대통령령으로 정하는 정보처리장치에 설치하려면 이용자의 동의를 받아야 한다. 이 경우 해당 프로그램의 용도와 삭제방법을 고지하여야 한다.

**제50조의6 【영리목적의 광고성 정보 전송차단 소프트웨어의 보급 등】** ① 방송통신위원회는 수신자가 제50조를 위반하여 전송되는 영리목적의 광고성 정보를 편리하게 차단하거나 신고할 수 있는 소프트웨어나 컴퓨터프로그램을 개발하여 보급할 수 있다.

② 방송통신위원회는 제1항에 따른 전송차단, 신고 소프트웨어 또는 컴퓨터프로그램의 개발과 보급을 촉진하기 위하여 관련 공공기관·법인·단체 등에 필요한 지원을 할 수 있다.

③ 방송통신위원회는 정보통신서비스 제공자의 전기통신역무가 제50조를 위반하여 발송되는 영리목적의 광고성 정보 전송에 이용되면 수신자 보호를 위하여 기술개발·교육·홍보 등 필요한 조치를 할 것을 정보통신서비스 제공자에게 권고할 수 있다.

④ 제1항에 따른 개발·보급의 방법과 제2항에 따른 지원에 필요한 사항은 대통령령으로 정한다.

**제50조의7 【영리목적의 광고성 정보 게시의 제한】** ① 누구든지 영리목적의 광고성 정보를 인터넷 홈페이지에 게시하려면 인터넷 홈페이지 운영자 또는 관리자의 사전 동의를 받아야 한다. 다만, 별도의 권한 없이 누구든지 쉽게 접근하여 글을 게시할 수 있는 게시판의 경우에는 사전 동의를 받지 아니한다.

② 영리목적의 광고성 정보를 게시하려는 자는 제1항에도 불구하고 인터넷 홈페이지 운영자 또는 관리자가 명시적으로 게시 거부의사를 표시하거나 사전 동의를 철회한 경우에는 영리목적의 광고성 정보를 게시하여서는 아니 된다.

③ 인터넷 홈페이지 운영자 또는 관리자는 제1항 또는 제2항을 위반하여 게시된 영리목적의 광고성 정보를 삭제하는 등의 조치를 할 수 있다.
(2014.5.28 본조개정)

**제50조의8 【불법행위를 위한 광고성 정보 전송금지】** 누구든지 정보통신망을 이용하여 이 법 또는 다른 법률에서 이용, 판매, 제공, 유통, 그 밖에 이와 유사한 행위를 금지하는 재화 또는 서비스에 대한 광고성 정보를 전송하여서는 아니 된다.(2024.1.23 본조개정)

**제51조 【중요 정보의 국외유출 제한 등】** ① 정부는 국내의 산업·경제 및 과학기술 등에 관한 중요 정보가 정보통신망을 통하여 국외로 유출되는 것을 방지하기 위하여 정보통신서비스 제공자 또는 이용자에게 필요한 조치를 하도록 할 수 있다.

② 제1항에 따른 중요 정보의 범위는 다음 각 호와 같다.

1. 국가안전보장과 관련된 보안정보 및 주요 정책에 관한 정보

2. 국내에서 개발된 첨단과학 기술 또는 기기의 내용에 관한 정보

③ 정부는 제2항 각 호에 따른 정보를 처리하는 정보통신서비스 제공자에게 다음 각 호의 조치를 하도록 할 수 있다.(2016.3.22 본문개정)

1. 정보통신망의 부당한 이용을 방지할 수 있는 제도적·기술적 장치의 설정
2. 정보의 불법파괴 또는 불법조작을 방지할 수 있는 제도적·기술적 조치
3. 정보통신서비스 제공자가 처리 중 알게 된 중요 정보의 유출을 방지할 수 있는 조치(2016.3.22 본호개정)

**제52조【한국인터넷진흥원】** ① 정부는 정보통신망의 고도화(정보통신망의 구축·개선 및 관리에 관한 사항은 제외한다)와 안전한 이용 촉진 및 방송통신과 관련한 국제협력·국외진출 지원을 효율적으로 추진하기 위하여 한국인터넷진흥원(이하 "인터넷진흥원"이라 한다)을 설립한다.(2020.6.9 본항개정)

② 인터넷진흥원은 법인으로 한다.

③ 인터넷진흥원은 다음 각 호의 사업을 한다.

1. 정보통신망의 이용 및 보호, 방송통신과 관련한 국제협력·국외진출 등을 위한 법·정책 및 제도의 조사·연구
2. 정보통신망의 이용 및 보호와 관련한 통계의 조사·분석
3. 정보통신망의 이용에 따른 역기능 분석 및 대책 연구
4. 정보통신망의 이용 및 보호를 위한 홍보 및 교육·훈련
5. 정보통신망의 정보보호 및 인터넷주소자원 관련 기술 개발 및 표준화
6. 정보보호산업 정책 지원 및 관련 기술 개발과 인력양성(2015.6.22 본호개정)
7. 정보보호 관리체계의 인증, 정보보호시스템 평가·인증, 정보통신망연결기기등의 정보보호인증, 소프트웨어 개발보안 진단 등 정보보호 인증·평가 등의 실시 및 지원(2022.6.10 본호개정)
8. 「개인정보 보호법」에 따른 개인정보보호를 위한 대책의 연구 및 보호기술의 개발·보급 지원(2020.2.4 본호개정)
9. 「개인정보 보호법」에 따른 개인정보침해 신고센터의 운영(2020.2.4 본호개정)
10. 광고성 정보 전송 및 인터넷광고와 관련한 고충의 상담·처리
11. 정보통신망 침해사고의 처리·원인분석·대응체계 운영 및 정보보호최고책임자를 통한 예방·대응·협력 활동(2021.6.8 본호개정)
12. 「전자서명법」 제21조에 따른 전자서명인증 정책의 지원(2020.6.9 본호개정)
13. 인터넷의 효율적 운영과 이용활성화를 위한 지원
14. 인터넷 이용자의 저장 정보 보호 지원
15. 인터넷 관련 서비스정책 지원
16. 인터넷상에서의 이용자 보호 및 건전 정보 유통 확산 지원
17. 「인터넷주소자원에 관한 법률」에 따른 인터넷주소자원의 관리에 관한 업무
18. 「인터넷주소자원에 관한 법률」 제16조에 따른 인터넷주소분쟁조정위원회의 운영 지원
19. 「정보보호산업의 진흥에 관한 법률」 제25조제7항에 따른 조정위원회의 운영지원(2015.6.22 본호신설)
20. 방송통신과 관련한 국제협력·국외진출 및 국외홍보 지원
21. 본인확인업무 및 연계정보 생성·처리 관련 정책의 지원(2024.1.23 본호신설)

22. 제1호부터 제21호까지의 사업에 부수되는 사업(2024.1.23 본호개정)
23. 그 밖에 이 법 또는 다른 법령에 따라 인터넷진흥원의 업무로 정하거나 위탁한 사업이나 과학기술정보통신부장관·행정안전부장관·방송통신위원회 또는 다른 행정기관의 장으로부터 위탁받은 사업(2017.7.26 본호개정)

④ 인터넷진흥원이 사업을 수행하는 데 필요한 경비는 다음 각 호의 재원으로 충당한다.

1. 정부의 출연금
2. 제3항 각 호의 사업수행에 따른 수입금
3. 그 밖에 인터넷진흥원의 운영에 따른 수입금

(2016.3.22 본항개정)

⑤ 인터넷진흥원에 관하여 이 법에서 정하지 아니한 사항에 대하여는 「민법」의 재단법인에 관한 규정을 준용한다.

⑥ 인터넷진흥원이 아닌 자는 한국인터넷진흥원의 명칭을 사용하지 못한다.

⑦ 인터넷진흥원의 운영 및 업무수행에 필요한 사항은 대통령령으로 정한다.

(2009.4.22 본조개정)

## 제7장 통신과금서비스
(2007.12.21 본장신설)

**제53조 【통신과금서비스제공자의 등록 등】** ① 통신과금서비스를 제공하려는 자는 대통령령으로 정하는 바에 따라 다음 각 호의 사항을 갖추어 과학기술정보통신부장관에게 등록하여야 한다.(2017.7.26 본문개정)

1. 재무건전성
2. 통신과금서비스이용자보호계획
3. 업무를 수행할 수 있는 인력과 물적 설비
4. 사업계획서

② 제1항에 따라 등록할 수 있는 자는 「상법」 제170조에 따른 회사 또는 「민법」 제32조에 따른 법인으로서 자본금·출자총액 또는 기본재산이 5억원 이상의 범위에서 대통령령으로 정하는 금액 이상이어야 한다.

③ 통신과금서비스제공자는 「전기통신사업법」 제22조에도 불구하고 부가통신사업자의 신고를 하지 아니할 수 있다.(2010.3.22 본항개정)

④ 「전기통신사업법」 제23조부터 제26조까지의 규정은 통신과금서비스제공자의 등록사항의 변경, 사업의 양도·양수 또는 합병·상속, 사업의 승계, 사업의 휴업·폐업·해산 등에 준용한다. 이 경우 "별정통신사업자"는 "통신과금서비스제공자"로 보고, "별정통신사업"은 "통신과금서비스제공업"으로 본다.(2020.6.9 전단개정)

⑤ 제1항에 따른 등록의 세부요건, 절차, 그 밖에 필요한 사항은 대통령령으로 정한다.

**제54조 【등록의 결격사유】** 다음 각 호의 어느 하나에 해당하는 자는 제53조에 따른 등록을 할 수 없다.

1. 제53조제4항에 따라 사업을 폐업한 날부터 1년이 지나지 아니한 법인 및 그 사업이 폐업될 당시 그 법인의 대주주(대통령령으로 정하는 출자자를 말한다. 이하 같다)이었던 자로서 그 폐업일부터 1년이 지나지 아니한 자(2020.6.9 본호개정)
2. 제55조제1항에 따라 등록이 취소된 날부터 3년이 지나지 아니한 법인 및 그 취소 당시 그 법인의 대주주이었던 자로서 그 취소가 된 날부터 3년이 지나지 아니한 자
3. 「채무자 회생 및 파산에 관한 법률」에 따른 회생절차 중에 있는 법인 및 그 법인의 대주주
4. 금융거래 등 상거래를 할 때 약정한

기일 내에 채무를 변제하지 아니한 자로서 과학기술정보통신부장관이 정하는 자(2020.6.9 본호개정)
5. 제1호부터 제4호까지의 규정에 해당하는 자가 대주주인 법인

**제55조【등록의 취소명령】** ① 과학기술정보통신부장관은 통신과금서비스제공자가 거짓이나 그 밖의 부정한 방법으로 등록을 한 때에는 등록을 취소하여야 한다.(2017.7.26 본항개정)
② 제1항에 따른 처분의 절차, 그 밖에 필요한 사항은 대통령령으로 정한다.
(2015.6.22 본조개정)

**제56조【약관의 신고 등】** ① 통신과금서비스제공자는 통신과금서비스에 관한 약관을 정하여 과학기술정보통신부장관에게 신고(변경신고를 포함한다)하여야 한다.
② 과학기술정보통신부장관은 제1항에 따른 약관이 통신과금서비스이용자의 이익을 침해할 우려가 있다고 판단되는 경우에는 통신과금서비스제공자에게 약관의 변경을 권고할 수 있다.
(2017.7.26 본조개정)

**제57조【통신과금서비스의 안전성 확보 등】** ① 통신과금서비스제공자는 통신과금서비스가 안전하게 제공될 수 있도록 선량한 관리자로서의 주의의무를 다하여야 한다.(2014.5.28 본항개정)
② 통신과금서비스제공자는 통신과금서비스를 통한 거래의 안전성과 신뢰성을 확보하기 위하여 대통령령으로 정하는 바에 따라 업무처리지침의 제정 및 회계처리 구분 등의 관리적 조치와 정보보호시스템 구축 등의 기술적 조치를 하여야 한다.

**제58조【통신과금서비스이용자의 권리 등】** ① 통신과금서비스제공자는 재화등의 판매·제공의 대가가 발생한 때 및 대가를 청구할 때에 통신과금서비스이용자에게 다음 각 호의 사항을 고지하여야 한다.(2014.5.28 본문개정)
1. 통신과금서비스 이용일시
2. 통신과금서비스를 통한 구매·이용의 거래 상대방(통신과금서비스를 이용하여 그 대가를 받고 재화 또는 용역을 판매·제공하는 자를 말한다. 이하 "거래 상대방"이라 한다)의 상호와 연락처
3. 통신과금서비스를 통한 구매·이용 금액과 그 명세
4. 이의신청 방법 및 연락처
(2011.4.5 1호~4호신설)
② 통신과금서비스제공자는 통신과금서비스이용자가 구매·이용 내역을 확인할 수 있는 방법을 제공하여야 하며, 통신과금서비스이용자가 구매·이용 내역에 관한 서면(전자문서를 포함한다. 이하 같다)을 요청하는 경우에는 그 요청을 받은 날부터 2주 이내에 이를 제공하여야 한다.
③ 통신과금서비스이용자는 통신과금서비스가 자신의 의사에 반하여 제공되었음을 안 때에는 통신과금서비스제공자에게 이에 대한 정정을 요구할 수 있으며(통신과금서비스이용자의 고의 또는 중과실이 있는 경우는 제외한다), 통신과금서비스제공자는 이용자의 정정요구가 이유 있을 경우 판매자에 대한 이용 대금의 지급을 유보하고 그 정정 요구를 받은 날부터 2주 이내에 처리 결과를 알려 주어야 한다.
(2014.5.28 본항개정)
④ 통신과금서비스제공자는 통신과금서비스에 관한 기록을 5년 이내의 범위에서 대통령령으로 정하는 기간 동안 보존하여야 한다.
⑤ 통신과금서비스제공자(제2조제1항제10호가목의 업무를 제공하는 자)는 통신과금서비스를 제공하거나 이용한도액을 증액할 경우에는 미리 해당 통

신과금서비스이용자의 동의를 받아야 한다.(2014.5.28 본항신설)

⑥ 통신과금서비스제공자(제2조제1항 제10호가목의 업무를 제공하는 자)는 약관을 변경하는 때에는 변경되는 약관의 시행일 1개월 전에 이용자에게 통지하여야 한다. 이 경우 변경되는 약관에 대하여 이의가 있는 이용자는 통신과금서비스에 관한 계약을 해지할 수 있다.(2014.5.28 본항신설)

⑦ 제2항에 따라 통신과금서비스제공자가 제공하여야 하는 구매·이용내역의 대상기간, 종류 및 범위, 제4항에 따라 통신과금서비스제공자가 보존하여야 하는 기록의 종류 및 보존방법, 제6항에 따른 약관변경에 관한 통지의 방법 및 이의기간·절차 등 계약해지에 필요한 사항은 대통령령으로 정한다.(2014.5.28 본항개정)

⑧ 제5항에 따른 동의의 방법 등에 필요한 사항은 과학기술정보통신부장관이 정하여 고시한다.(2017.7.26 본항개정)

⑨ 과학기술정보통신부장관은 통신과금서비스가 통신과금서비스이용자의 의사에 반하여 제공되지 아니하도록 결제방식 등에 관한 세부적인 사항을 정하여 고시할 수 있다.(2017.7.26 본항개정)

**제58조의2【구매자정보 제공 요청 등】** ① 통신과금서비스이용자는 자신의 의사에 따라 통신과금서비스가 제공되었는지 여부를 확인하기 위하여 필요한 경우에는 거래 상대방에게 재화등을 구매·이용한 자의 이름과 생년월일에 대한 정보(이하 "구매자정보"라 한다)의 제공을 요청할 수 있다. 이 경우 구매자정보 제공 요청을 받은 거래 상대방은 정당한 사유가 없으면 그 요청을 받은 날부터 3일 이내에 이를 제공하여야 한다.

② 제1항에 따라 구매자정보를 제공받은 통신과금서비스이용자는 해당 정보를 본인 여부를 확인하거나 고소·고발을 위하여 수사기관에 제출하기 위한 목적으로만 사용하여야 한다.

③ 그 밖에 구매자정보 제공 요청의 내용과 절차 등에 필요한 사항은 대통령령으로 정한다.

(2018.6.12 본조신설)

**제59조【분쟁 조정 및 해결 등】** ① 통신과금서비스제공자는 통신과금서비스에 대한 이용자의 권익을 보호하기 위하여 자율적인 분쟁 조정 및 해결 등을 시행하는 기관 또는 단체를 설치·운영할 수 있다.(2020.6.9 본항개정)

② 제1항에 따른 분쟁 조정 및 해결 등을 시행하는 기관 또는 단체는 분쟁 조정 및 해결 등을 위하여 필요하다고 인정하는 경우 통신과금서비스이용자의 동의를 받아 구매자정보 제공 요청을 대행할 수 있다. 이 경우 구매자정보 제공 요청 등에 대하여는 제58조의2를 준용한다.(2018.6.12 본항신설)

③ 통신과금서비스제공자는 대통령령으로 정하는 바에 따라 통신과금서비스와 관련한 통신과금서비스이용자의 이의신청 및 권리구제를 위한 절차를 마련하여야 하고, 통신과금서비스 계약을 체결하는 경우 이를 이용약관에 명시하여야 한다.(2014.5.28 본항개정)

(2018.6.12 본조제목개정)

**제60조【손해배상 등】** ① 통신과금서비스제공자는 통신과금서비스의 제공과 관련하여 통신과금서비스이용자에게 손해가 발생한 경우에 그 손해를 배상하여야 한다. 다만, 그 손해의 발생이 통신과금서비스이용자의 고의 또는 중과실로 인한 경우에는 그러하지 아니하다.(2020.6.9 본문개정)

② 제1항에 따라 손해배상을 하는 경우에는 손해배상을 받을 자와 협의하여야 한다.(2020.6.9 본항개정)

③ 제2항에 따른 손해배상에 관한 협의가 성립되지 아니하거나 협의를 할 수 없는 경우에는 당사자는 방송통신위원회에 재정을 신청할 수 있다.
(2008.2.29 본항개정)

**제61조【통신과금서비스의 이용제한】** 과학기술정보통신부장관은 통신과금서비스제공자에게 다음 각 호의 어느 하나에 해당하는 자에 대한 서비스의 제공을 거부, 정지 또는 제한하도록 명할 수 있다.(2017.7.26 본문개정)

1. 「청소년 보호법」 제16조를 위반하여 청소년유해매체물을 청소년에게 판매·대여·제공하는 자
(2011.9.15 본호개정)
2. 다음 각 목의 어느 하나에 해당하는 수단을 이용하여 통신과금서비스이용자로 하여금 재화등을 구매·이용하게 함으로써 통신과금서비스이용자의 이익을 현저하게 저해하는 자
가. 제50조를 위반한 영리목적의 광고성 정보 전송
나. 통신과금서비스이용자에 대한 기망 또는 부당한 유인
3. 이 법 또는 다른 법률에서 금지하는 재화등을 판매·제공하는 자

## 제8장 국제협력
(2008.6.13 본장개정)

**제62조【국제협력】** 정부는 다음 각 호의 사항을 추진할 때 다른 국가 또는 국제기구와 상호 협력하여야 한다.

1. (2020.2.4 삭제)
2. 정보통신망에서의 청소년 보호를 위한 업무
3. 정보통신망의 안전성을 침해하는 행위를 방지하기 위한 업무
4. 그 밖에 정보통신서비스의 건전하고 안전한 이용에 관한 업무

**제63조~제63조의2** (2020.2.4 삭제)

## 제9장 보 칙
(2008.6.13 본장개정)

**제64조【자료의 제출 등】** ① 과학기술정보통신부장관 또는 방송통신위원회는 다음 각 호의 어느 하나에 해당하는 경우에는 정보통신서비스 제공자(국내대리인을 포함한다. 이하 이 조에서 같다)에게 관계 물품·서류 등을 제출하게 할 수 있다.(2020.2.4 본문개정)

1. 이 법에 위반되는 사항을 발견하거나 혐의가 있음을 알게 된 경우
2. 이 법의 위반에 대한 신고를 받거나 민원이 접수된 경우

2의2. 이용자 정보의 안전성과 신뢰성 확보를 현저히 해치는 사건·사고 등이 발생하였거나 발생할 가능성이 있는 경우(2012.2.17 본호신설)

3. 그 밖에 이용자 보호를 위하여 필요한 경우로서 대통령령으로 정하는 경우

② 방송통신위원회는 이 법을 위반하여 영리목적 광고성 정보를 전송한 자에게 다음 각 호의 조치를 하기 위하여 정보통신서비스 제공자에게 해당 광고성 정보 전송자의 성명·주소·주민등록번호·이용기간 등에 대한 자료의 열람이나 제출을 요청할 수 있다.
(2020.2.4 본문개정)

1. 제4항에 따른 시정조치
2. 제76조에 따른 과태료 부과
3. 그 밖에 이에 준하는 조치

③ 과학기술정보통신부장관 또는 방송통신위원회는 정보통신서비스 제공자가 제1항 및 제2항에 따른 자료를 제출하지 아니하거나 이 법을 위반한 사실이 있다고 인정되면 소속 공무원에게 정보통신서비스 제공자, 해당 법 위반 사실과 관련한 관계인의 사업장에

출입하여 업무상황, 장부 또는 서류 등을 검사하도록 할 수 있다.(2020.2.4 본항개정)

④ 과학기술정보통신부장관 또는 방송통신위원회는 이 법을 위반한 정보통신서비스 제공자에게 해당 위반행위의 중지나 시정을 위하여 필요한 시정조치를 명할 수 있고, 시정조치의 명령을 받은 정보통신서비스 제공자에게 시정조치의 명령을 받은 사실을 공표하도록 할 수 있다. 이 경우 공표의 방법·기준 및 절차 등에 필요한 사항은 대통령령으로 정한다.(2020.2.4 전단개정)

⑤ 과학기술정보통신부장관 또는 방송통신위원회는 제4항에 따라 필요한 시정조치를 명한 경우에는 시정조치를 명한 사실을 공개할 수 있다. 이 경우 공개의 방법·기준 및 절차 등에 필요한 사항은 대통령령으로 정한다.
(2017.7.26 전단개정)

⑥ 과학기술정보통신부장관 또는 방송통신위원회가 제1항 및 제2항에 따라 자료 등의 제출 또는 열람을 요구할 때에는 요구사유, 법적 근거, 제출시한 또는 열람일시, 제출·열람할 자료의 내용 등을 구체적으로 밝혀 서면(전자문서를 포함한다)으로 알려야 한다.(2017.7.26 본항개정)

⑦ 제3항에 따른 검사를 하는 경우에는 검사 시작 7일 전까지 검사일시, 검사이유 및 검사내용 등에 대한 검사계획을 해당 정보통신서비스 제공자에게 알려야 한다. 다만, 긴급한 경우나 사전통지를 하면 증거인멸 등으로 검사목적을 달성할 수 없다고 인정하는 경우에는 그 검사계획을 알리지 아니한다.
(2020.2.4 본문개정)

⑧ 제3항에 따라 검사를 하는 공무원은 그 권한을 표시하는 증표를 지니고 이를 관계인에게 내보여야 하며, 출입할 때 성명·출입시간·출입목적 등이 표시된 문서를 관계인에게 내주어야 한다.

⑨ 과학기술정보통신부장관 또는 방송통신위원회는 제1항부터 제3항까지의 규정에 따라 자료 등을 제출받거나 열람 또는 검사한 경우에는 그 결과(조사결과 시정조치명령 등의 처분을 하려는 경우에는 그 처분의 내용을 포함한다)를 해당 정보통신서비스 제공자에게 서면으로 알려야 한다.(2020.2.4 본항개정)

⑩ 과학기술정보통신부장관 또는 방송통신위원회는 제1항부터 제4항까지의 규정에 따른 자료의 제출 요구 및 검사 등을 위하여 인터넷진흥원의 장에게 기술적 자문을 하거나 그 밖에 필요한 지원을 요청할 수 있다.(2017.7.26 본항개정)

⑪ 제1항부터 제3항까지의 규정에 따른 자료 등의 제출 요구, 열람 및 검사 등은 이 법의 시행을 위하여 필요한 최소한의 범위에서 하여야 하며 다른 목적을 위하여 남용하여서는 아니 된다.

**제64조의2【자료 등의 보호 및 폐기】**

① 과학기술정보통신부장관 또는 방송통신위원회는 정보통신서비스 제공자로부터 제64조에 따라 제출되거나 수집된 서류·자료 등에 대한 보호 요구를 받으면 이를 제3자에게 제공하거나 일반에게 공개하여서는 아니 된다.
(2020.2.4 본항개정)

② 과학기술정보통신부장관 또는 방송통신위원회는 정보통신망을 통하여 자료의 제출 등을 받은 경우나 수집한 자료 등을 전자화한 경우에는 개인정보·영업비밀 등이 유출되지 아니하도록 제도적·기술적 보안조치를 하여야 한다.(2017.7.26 본항개정)

③ 과학기술정보통신부장관 또는 방송통신위원회는 다른 법률에 특별한 규정이 있는 경우 외에 다음 각 호의 어느 하나에 해당하는 사유가 발생하면

제64조에 따라 제출되거나 수집된 서류·자료 등을 즉시 폐기하여야 한다. 제65조에 따라 과학기술정보통신부장관 또는 방송통신위원회의 권한의 전부 또는 일부를 위임 또는 위탁받은 자도 또한 같다.(2017.7.26 본문개정)

1. 제64조에 따른 자료제출 요구, 출입검사, 시정명령 등의 목적이 달성된 경우
2. 제64조제4항에 따른 시정조치명령에 불복하여 행정심판이 청구되거나 행정소송이 제기된 경우에는 해당 행정쟁송절차가 끝난 경우
3. 제76조제4항에 따른 과태료 처분이 있고 이에 대한 이의제기가 없는 경우에는 같은 조 제5항에 따른 이의제기기간이 끝난 경우
4. 제76조제4항에 따른 과태료 처분에 대하여 이의제기가 있는 경우에는 해당 관할 법원에 의한 비송사건절차가 끝난 경우

**제64조의3** (2020.2.4 삭제)

**제64조의4【청문】** 과학기술정보통신부장관 또는 방송통신위원회는 다음 각 호의 어느 하나에 해당하는 경우에는 청문을 하여야 한다.(2017.7.26 본문개정)

1. 제9조제2항에 따라 인증기관의 지정을 취소하려는 경우
2. 제23조의4제1항에 따라 본인확인기관의 지정을 취소하려는 경우
3. 제47조제10항에 따라 정보보호 관리체계 인증을 취소하려는 경우 (2020.2.4 본호개정)
4. 제47조의2제1항에 따라 정보보호 관리체계 인증기관의 지정을 취소하려는 경우(2020.2.4 본호개정)
5. 제47조의5제4항에 따라 정보보호 관리등급을 취소하려는 경우

5의2. 제48조의6제3항에 따라 정보보호인증을 취소하려는 경우 (2020.6.9 본호신설)

5의3. 제48조의6제5항에 따라 인증시험대행기관의 지정을 취소하려는 경우(2020.6.9 본호신설)

6. 제55조제1항에 따라 등록을 취소하려는 경우

(2015.12.1 본조신설)

**제64조의5【투명성 보고서 제출의무 등】** ① 정보통신서비스 제공자 중 일일 평균 이용자의 수, 매출액, 사업의 종류 등이 대통령령으로 정하는 기준에 해당하는 자는 매년 자신이 제공하는 정보통신서비스를 통하여 유통되는 불법촬영물등의 처리에 관하여 다음 각 호의 사항을 포함한 보고서(이하 "투명성 보고서"라 한다)를 작성하여 다음 해 1월 31일까지 방송통신위원회에 제출하여야 한다.

1. 정보통신서비스 제공자가 불법촬영물등의 유통 방지를 위하여 기울인 일반적인 노력에 관한 사항
2. 「전기통신사업법」 제22조의5제1항에 따른 불법촬영물등의 신고, 삭제요청 등의 횟수, 내용, 처리기준, 검토결과 및 처리결과에 관한 사항
3. 「전기통신사업법」 제22조의5제1항에 따른 불법촬영물등의 삭제·접속차단 등 유통방지에 필요한 절차의 마련 및 운영에 관한 사항
4. 불법촬영물등 유통방지 책임자의 배치에 관한 사항
5. 불법촬영물등 유통방지를 위한 내부 교육의 실시와 지원에 관한 사항

② 방송통신위원회는 투명성 보고서를 자신이 운영·관리하는 정보통신망을 통하여 공개하여야 한다.

③ 방송통신위원회는 투명성 보고서의 사실을 확인하거나 제출된 자료의 진위를 확인하기 위하여 정보통신서비스 제공자에게 자료의 제출을 요구할 수 있다.

(2020.6.9 본조신설)

**제65조 【권한의 위임 · 위탁】** ① 이 법에 따른 과학기술정보통신부장관 또는 방송통신위원회의 권한은 대통령령으로 정하는 바에 따라 그 일부를 소속 기관의 장 또는 지방우정청장에게 위임·위탁할 수 있다.(2020.2.4 본항개정)
② 과학기술정보통신부장관은 제13조에 따른 정보통신망의 이용촉진 등에 관한 사업을 대통령령으로 정하는 바에 따라 「지능정보화 기본법」 제12조에 따른 한국지능정보사회진흥원에 위탁할 수 있다.(2020.6.9 본항개정)
③ 과학기술정보통신부장관 또는 방송통신위원회는 제64조제1항 및 제2항에 따른 자료의 제출 요구 및 검사에 관한 업무를 대통령령으로 정하는 바에 따라 인터넷진흥원에 위탁할 수 있다.
(2017.7.26 본항개정)
④ 제3항에 따른 인터넷진흥원의 직원에게는 제64조제8항을 준용한다.
(2009.4.22 본항개정)
**제65조의2** (2005.12.30 삭제)
**제66조 【비밀유지 등】** 다음 각 호의 어느 하나에 해당하는 업무에 종사하는 사람 또는 종사하였던 사람은 그 직무상 알게 된 비밀을 타인에게 누설하거나 직무 외의 목적으로 사용하여서는 아니 된다. 다만, 다른 법률에 특별한 규정이 있는 경우에는 그러하지 아니하다.(2020.6.9 본문개정)
1. (2011.3.29 삭제)
2. 제47조에 따른 정보보호 관리체계 인증 업무
2의2. (2020.2.4 삭제)
3. 제52조제3항제4호에 따른 정보보호시스템의 평가 업무
4. (2012.2.17 삭제)
5. 제44조의10에 따른 명예훼손 분쟁조정부의 분쟁조정 업무
**제67조** (2020.2.4 삭제)
**제68조** (2010.3.22 삭제)
**제68조의2** (2015.6.22 삭제)
**제69조 【벌칙 적용 시의 공무원 의제】** 과학기술정보통신부장관 또는 방송통신위원회가 제65조제2항 및 제3항에 따라 위탁한 업무에 종사하는 한국정보화진흥원과 인터넷진흥원의 임직원은 「형법」 제129조부터 제132조까지의 규정에 따른 벌칙을 적용할 때에는 공무원으로 본다.(2017.7.26 본조개정)
**제69조의2** (2020.2.4 삭제)

## 제10장 벌 칙
(2008.6.13 본장개정)

**제70조 【벌칙】** ① 사람을 비방할 목적으로 정보통신망을 통하여 공공연하게 사실을 드러내어 다른 사람의 명예를 훼손한 자는 3년 이하의 징역 또는 3천만원 이하의 벌금에 처한다.
(2014.5.28 본항개정)
② 사람을 비방할 목적으로 정보통신망을 통하여 공공연하게 거짓의 사실을 드러내어 다른 사람의 명예를 훼손한 자는 7년 이하의 징역, 10년 이하의 자격정지 또는 5천만원 이하의 벌금에 처한다.
③ 제1항과 제2항의 죄는 피해자가 구체적으로 밝힌 의사에 반하여 공소를 제기할 수 없다.
**제70조의2 【벌칙】** 제48조제2항을 위반하여 악성프로그램을 전달 또는 유포하는 자는 7년 이하의 징역 또는 7천만원 이하의 벌금에 처한다.
(2016.3.22 본조신설)
**제71조 【벌칙】** ① 다음 각 호의 어느 하나에 해당하는 자는 5년 이하의 징역 또는 5천만원 이하의 벌금에 처한다.
1.~8. (2020.2.4 삭제)
9. 제23조의5제1항을 위반하여 연계정보를 생성·처리한 자
10. 제23조의5제4항에 따른 목적 범

위를 넘어서 연계정보를 처리한 자
(2024.1.23 9호~10호신설)
11. 제48조제1항을 위반하여 정보통신망에 침입한 자(2016.3.22 본호개정)
12. 제48조제3항을 위반하여 정보통신망에 장애가 발생하게 한 자
13. 제48조제4항을 위반하여 프로그램이나 기술적 장치 등을 정보통신망 또는 이와 관련된 정보시스템에 설치하거나 이를 전달·유포한 자
(2024.1.23 본호신설)
14. 제49조를 위반하여 타인의 정보를 훼손하거나 타인의 비밀을 침해·도용 또는 누설한 자
② 제1항제11호의 미수범은 처벌한다.
(2024.1.23 본항개정)

**제72조 【벌칙】** ① 다음 각 호의 어느 하나에 해당하는 자는 3년 이하의 징역 또는 3천만원 이하의 벌금에 처한다.
1. (2016.3.22 삭제)
1의2. 제42조의2를 위반하여 청소년유해매체물을 광고하는 내용의 정보를 청소년에게 전송하거나 청소년 접근을 제한하는 조치 없이 공개적으로 전시한 자(2024.1.23 본호신설)
2. 제49조의2제1항을 위반하여 다른 사람의 정보를 수집한 자(2020.2.4 본호개정)
2의2. 제50조의8을 위반하여 광고성 정보를 전송한 자(2024.1.23 본호개정)
3. 제53조제1항에 따른 등록을 하지 아니하고 그 업무를 수행한 자
4. 다음 각 목의 어느 하나에 해당하는 행위를 통하여 자금을 융통하여 준 자 또는 이를 알선·중개·권유·광고한 자(2015.1.20 본문개정)
가. 재화등의 판매·제공을 가장하거나 실제 매출금액을 초과하여 통신과금서비스에 의한 거래를 하거나 이를 대행하게 하는 행위
나. 통신과금서비스이용자로 하여금 통신과금서비스에 의하여 재화등을 구매·이용하도록 한 후 통신과금서비스이용자가 구매·이용한 재화등을 할인하여 매입하는 행위
5. 제66조를 위반하여 직무상 알게 된 비밀을 타인에게 누설하거나 직무 외의 목적으로 사용한 자
② (2016.3.22 삭제)

**제73조 【벌칙】** 다음 각 호의 어느 하나에 해당하는 자는 2년 이하의 징역 또는 2천만원 이하의 벌금에 처한다.
(2014.5.28 본문개정)
1.~1의2. (2020.2.4 삭제)
2. 제42조를 위반하여 청소년유해매체물임을 표시하지 아니하고 영리를 목적으로 제공한 자
3. (2024.1.23 삭제)
4. 제44조의6제3항을 위반하여 이용자의 정보를 민·형사상의 소를 제기하는 것 외의 목적으로 사용한 자
5. 제44조의7제2항 및 제3항에 따른 방송통신위원회의 명령을 이행하지 아니한 자
6. 제48조의4제5항에 따른 명령을 위반하여 관련 자료를 보전하지 아니한 자(2024.2.13 본호개정)
7. 제49조의2제1항을 위반하여 정보의 제공을 유인한 자(2020.2.4 본호개정)
7의2. 제58조의2(제59조제2항에 따라 준용되는 경우를 포함한다)를 위반하여 제공받은 정보를 본인 여부를 확인하거나 고소·고발을 위하여 수사기관에 제출하기 위한 목적 외의 용도로 사용한 자(2018.6.12 본호신설)
8. 제61조에 따른 명령을 이행하지 아니한 자

**제74조 【벌칙】** ① 다음 각 호의 어느 하나에 해당하는 자는 1년 이하의 징역 또는 1천만원 이하의 벌금에 처한다.

1. 제8조제4항을 위반하여 비슷한 표시를 한 제품을 표시·판매 또는 판매할 목적으로 진열한 자
2. 제44조의7제1항제1호를 위반하여 음란한 부호·문언·음향·화상 또는 영상을 배포·판매·임대하거나 공공연하게 전시한 자
3. 제44조의7제1항제3호를 위반하여 공포심이나 불안감을 유발하는 부호·문언·음향·화상 또는 영상을 반복적으로 상대방에게 도달하게 한 자
4. 제50조제5항을 위반하여 조치를 한 자(2014.5.28 본호개정)
5. (2014.5.28 삭제)
6. (2024.1.23 삭제)
7. 제53조제4항을 위반하여 등록사항의 변경등록 또는 사업의 양도·양수 또는 합병·상속의 신고를 하지 아니한 자(2012.2.17 본호개정)

② 제1항제3호의 죄는 피해자가 구체적으로 밝힌 의사에 반하여 공소를 제기할 수 없다.

**제75조【양벌규정】** 법인의 대표자나 법인 또는 개인의 대리인, 사용인, 그 밖의 종업원이 그 법인 또는 개인의 업무에 관하여 제71조부터 제73조까지 또는 제74조제1항의 어느 하나에 해당하는 위반행위를 하면 그 행위자를 벌하는 외에 그 법인 또는 개인에게도 해당 조문의 벌금형을 과(科)한다. 다만, 법인 또는 개인이 그 위반행위를 방지하기 위하여 해당 업무에 관하여 상당한 주의와 감독을 게을리하지 아니한 경우에는 그러하지 아니하다.
(2010.3.17 본조개정)

**제75조의2【몰수·추징】** 제72조제1항제2호 및 제73조제7호의 어느 하나에 해당하는 죄를 지은 자가 해당 위반행위와 관련하여 취득한 금품이나 그 밖의 이익은 몰수할 수 있으며, 이를 몰수할 수 없을 때에는 그 가액을 추징할 수 있다. 이 경우 몰수 또는 추징은 다른 벌칙에 부가하여 과할 수 있다.
(2020.2.4 전단개정)

**제76조【과태료】** ① 다음 각 호의 어느 하나에 해당하는 자와 제7호부터 제11호까지의 경우에 해당하는 행위를 하도록 한 자에게는 3천만원 이하의 과태료를 부과한다.

1. 제22조의2제2항을 위반하여 서비스의 제공을 거부한 자(2020.2.4 본호개정)

1의2. 제22조의2제3항을 위반하여 접근권한에 대한 이용자의 동의 및 철회방법을 마련하는 등 이용자 정보보호를 위하여 필요한 조치를 하지 아니한 자(2020.2.4 본호개정)

2. 제23조의2제1항을 위반하여 주민등록번호를 수집·이용하거나 같은 조 제2항에 따른 필요한 조치를 하지 아니한 자(2020.2.4 본호개정)

2의2.~2의4. (2020.2.4 삭제)

2의5. 제23조의6제1항에 따른 물리적·기술적·관리적 조치를 하지 아니한 자(2024.1.23 본호신설)

2의6. 제23조의6제2항에 따른 안전조치를 하지 아니한 자(2024.1.23 본호신설)

3.~5의2. (2020.2.4 삭제)

6. (2014.5.28 삭제)

6의2. 제45조의3제1항을 위반하여 대통령령으로 정하는 기준에 해당하는 임직원을 정보보호 최고책임자로 지정하지 아니하거나 정보보호 최고책임자의 지정을 신고하지 아니한 자(2021.6.8 본호개정)

6의3. 제45조의3제3항을 위반하여 정보보호 최고책임자로 하여금 같은 조 제4항의 업무 외의 다른 업무를 겸직하게 한 자(2021.6.8 본호신설)

6의4. 제46조제3항에 따른 시정명령을 이행하지 아니한 자(2023.1.3 본호신설)

6의5. 제47조제2항을 위반하여 정보보호 관리체계 인증을 받지 아니한 자(2015.12.1 본호신설)
6의6. 제48조의3제1항을 위반하여 침해사고의 신고를 하지 아니한 자
6의7. 제48조의4제3항에 따른 시정명령을 이행하지 아니한 자
(2024.2.13 6호의6~6호의7신설)
7. 제50조제1항부터 제3항까지의 규정을 위반하여 영리 목적의 광고성 정보를 전송한 자
8. 제50조제4항을 위반하여 광고성 정보를 전송할 때 밝혀야 하는 사항을 밝히지 아니하거나 거짓으로 밝힌 자 (2014.5.28 본호개정)
9. 제50조제6항을 위반하여 비용을 수신자에게 부담하도록 한 자 (2014.5.28 본호개정)
9의2. 제50조제8항을 위반하여 수신 동의 여부를 확인하지 아니한 자 (2014.5.28 본호신설)
9의3. 제50조의4제4항을 위반하여 필요한 조치를 하지 아니한 자 (2024.1.23 본호신설)
10. 제50조의5를 위반하여 이용자의 동의를 받지 아니하고 프로그램을 설치한 자
11. 제50조의7제1항 또는 제2항을 위반하여 인터넷 홈페이지에 영리목적의 광고성 정보를 게시한 자 (2014.5.28 본호개정)
11의2. (2020.2.4 삭제)
12. 이 법을 위반하여 제64조제4항에 따라 과학기술정보통신부장관 또는 방송통신위원회로부터 받은 시정조치 명령을 이행하지 아니한 자 (2017.7.26 본호개정)

② 다음 각 호의 어느 하나에 해당하는 자에게는 2천만원 이하의 과태료를 부과한다.
1.~4. (2020.2.4 삭제)
4의2. 제46조제2항을 위반하여 보험에 가입하지 아니한 자(2020.2.4 본호개정)
4의3. 제32조의5제1항을 위반하여 국내대리인을 지정하지 아니한 자 (2018.9.18 본호신설)
4의4. 제44조의9제1항을 위반하여 불법촬영물등 유통방지 책임자를 지정하지 아니한 자(2020.6.9 본호신설)
5. (2020.2.4 삭제)

③ 다음 각 호의 어느 하나에 해당하는 자에게는 1천만원 이하의 과태료를 부과한다.
1.~2. (2015.6.22 삭제)
2의2. 제23조의3제1항을 위반하여 본인확인기관의 지정을 받지 아니하고 본인확인업무를 한 자
2의3. 제23조의3제2항에 따른 본인확인업무의 휴지 또는 같은 조 제3항에 따른 본인확인업무의 폐지 사실을 이용자에게 통보하지 아니하거나 방송통신위원회에 신고하지 아니한 자
2의4. 제23조의4제1항에 따른 본인확인업무의 정지 및 지정취소 처분에도 불구하고 본인확인업무를 계속한 자
(2011.4.5 2호의2~2호의4신설)
2의5. (2020.2.4 삭제)
3. 제42조의3제1항을 위반하여 청소년 보호 책임자를 지정하지 아니한 자
4. 제43조를 위반하여 정보를 보관하지 아니한 자
4의2. 제44조의7제5항을 위반하여 기술적·관리적 조치를 하지 아니한 자 (2024.1.23 본호신설)
4의3. 제46조제4항에 따른 자료의 제출요구에 정당한 사유 없이 따르지 아니한 자. 다만, 관계 중앙행정기관(그 소속기관을 포함한다)의 장은 제외한다.(2023.1.3 본호신설)
4의4. 제46조제6항을 위반하여 보고를 하지 아니하거나 거짓으로 보고한 자(2023.1.3 본호신설)

5. (2018.6.12 삭제)
6. (2015.12.1 삭제)
7. 제47조제9항을 위반하여 인증받은 내용을 거짓으로 홍보한 자
(2020.2.4 본호개정)
8.~9. (2012.2.17 삭제)
10. 제47조의4제4항을 위반하여 소프트웨어 사용자에게 알리지 아니한 자
(2020.6.9 본호개정)
11. 제48조의2제4항에 따른 시정명령을 이행하지 아니한 자
11의2. (2024.2.13 삭제)
11의3. 제48조의4제6항에 따른 자료를 제출하지 아니하거나 거짓으로 제출한 자(2024.2.13 본호개정)
12. 제48조의4제6항에 따른 사업장 출입 및 조사를 방해하거나 거부 또는 기피한 자(2024.2.13 본호개정)
12의2. 제49조의2제4항을 위반하여 과학기술정보통신부장관 또는 방송통신위원회의 명령을 이행하지 아니한 자(2017.7.26 본호개정)
12의3. 제50조제7항을 위반하여 수신동의, 수신거부 또는 수신동의 철회에 대한 처리 결과를 알리지 아니한 자(2014.5.28 본호신설)
12의4. (2024.1.23 삭제)
13. 제52조제6항을 위반하여 한국인터넷진흥원의 명칭을 사용한 자
(2009.4.22 본호개정)
14. 제53조제4항을 위반하여 사업의 휴업·폐업·해산의 신고를 아니한 자(2020.6.9 본호개정)
15. 제56조제1항을 위반하여 약관을 신고하지 아니한 자
16. 제57조제2항을 위반하여 관리적 조치 또는 기술적 조치를 하지 아니한 자
17. 제58조제1항을 위반하여 통신과금서비스 이용일시 등을 통신과금서비스이용자에게 고지하지 아니한 자
(2011.4.5 본호개정)
18. 제58조제2항을 위반하여 통신과금서비스이용자가 구매·이용 내역을 확인할 수 있는 방법을 제공하지 아니하거나 통신과금서비스이용자의 제공 요청에 따르지 아니한 자
(2020.6.9 본호개정)
19. 제58조제3항을 위반하여 통신과금서비스이용자로부터 받은 통신과금에 대한 정정요구가 이유 있음에도 결제대금의 지급을 유보하지 아니하거나 통신과금서비스이용자의 요청에 대한 처리 결과를 통신과금서비스이용자에게 알려 주지 아니한 자
(2014.5.28 본호개정)
20. 제58조제4항을 위반하여 통신과금서비스에 관한 기록을 보존하지 아니한 자
20의2. 제58조제5항을 위반하여 통신과금서비스이용자의 동의를 받지 아니하고 통신과금서비스를 제공하거나 이용한도액을 증액한 자
(2014.5.28 본호신설)
20의3. 제58조제6항을 위반하여 통신과금서비스 약관의 변경에 관한 통지를 하지 아니한 자(2014.5.28 본호신설)
20의4. 제58조의2(제59조제2항에 따라 준용되는 경우를 포함한다)를 위반하여 통신과금서비스이용자의 정보 제공 요청에 따르지 아니한 자
(2018.6.12 본호신설)
21. 제59조제3항을 위반하여 통신과금서비스이용자의 이의신청 및 권리구제를 위한 절차를 마련하지 아니하거나 통신과금서비스 계약 시 이를 명시하지 아니한 자(2018.6.12 본호개정)
22. 제64조제1항에 따른 관계 물품·서류 등을 제출하지 아니하거나 거짓으로 제출한 자
23. 제64조제2항에 따른 자료의 열람·제출요청에 따르지 아니한 자

24. 제64조제3항에 따른 출입·검사를 거부·방해 또는 기피한 자
25. 제64조의5제1항을 위반하여 투명성 보고서를 제출하지 아니한 자 (2020.6.9 본호신설)

④ 제1항부터 제3항까지의 과태료는 대통령령으로 정하는 바에 따라 과학기술정보통신부장관 또는 방송통신위원회가 부과·징수한다.(2017.7.26 본항개정)

⑤~⑦ (2017.3.14 삭제)

부 칙

**제1조【시행일】** 이 법은 2001년 7월 1일부터 시행한다.

**제2조【한국정보보호센터의 설립근거와 명칭의 변경에 따른 경과조치】** ① 이 법 시행당시 정보화촉진기본법 제14조의2의 규정에 의하여 설립된 한국정보보호센터는 이 법 제52조의 규정에 의한 한국정보보호진흥원으로 본다.

② 이 법 시행당시 한국정보보호센터가 행한 행위 그 밖의 법률관계에 있어서 한국정보보호센터는 이를 보호진흥원으로 본다.

③ 이 법 시행당시 등기부 그 밖의 공부상 한국정보보호센터의 명의는 이를 한국정보보호진흥원으로 본다.

**제3조【한국정보통신진흥협회의 명칭변경에 따른 경과조치】** ① 이 법 시행당시 한국정보통신진흥협회는 이를 한국정보통신산업협회로 본다.

② 이 법 시행당시 한국정보통신진흥협회가 행한 행위 그 밖의 법률관계에 있어서 한국정보통신진흥협회는 이를 협회로 본다.

③ 이 법 시행당시 등기부 그 밖의 공부상 한국정보통신진흥협회의 명의는 이를 한국정보통신산업협회로 본다.

**제4조【벌칙의 적용에 관한 경과조치】** 이 법 시행전의 행위에 관한 벌칙의 적용에 있어서는 종전의 규정에 의한다.

**제5조【다른 법률의 개정】** ①~⑤ ※(해당 법령에 가제정리 하였음)

**제6조【다른 법령과의 관계】** 이 법 시행당시 다른 법령에서 종전의 정보통신망이용촉진등에관한법률 또는 그 규정을 인용하고 있는 경우 이 법에 그에 해당하는 규정이 있는 때에는 이 법 또는 이 법의 해당규정을 인용한 것으로 본다.

부 칙 (2002.12.18)

① **【시행일】** 이 법은 공포후 1월이 경과한 날부터 시행한다. 다만, 제50조제2항·제5항, 제56조제3항·제4항, 제60조 및 제67조제1항(제15호의2 및 제15호의5의 규정에 한한다)의 개정규정은 공포후 6월이 경과한 날부터 시행한다.

② **【과태료의 적용에 관한 경과조치】** 이 법 시행전의 위반행위에 대한 과태료의 적용에 있어서는 종전의 규정에 의한다.

부 칙 (2004.1.29 법7139호)

① **【시행일】** 이 법은 공포한 날부터 시행한다. 다만, 제28조·제45조제4항·제46조의3·제47조의2제4항 및 제48조의4제6항의 개정규정은 공포후 6월이 경과한 날부터 시행한다.

② **【과태료의 적용에 관한 경과조치】** 이 법 시행전의 위반행위에 대한 과태료의 적용에 있어서는 종전의 규정에 의한다.

부 칙 (2006.3.24)

① **【시행일】** 이 법은 공포 후 3개월이 경과한 날부터 시행한다.

② **【정보보호 안전진단에 관한 경과조치】** 이 법 시행 전에 「정보통신기반 보호법」 제17조의 규정에 의한 정보보호컨설팅전문업체가 정보보호 안전진단 업무를 시작한 경우에는 제46조의3제1항의 개정규정에 불구하고 종전의 규정에 따라 정보보호 안전진단 업무를 계속하여 수행할 수 있다.

부 칙 (2007.1.26)

**제1조 【시행일】** 이 법은 공포 후 6개월이 경과한 날부터 시행한다.

**제2조 【불법통신의 금지 등에 관한 경과조치】** 이 법 시행 전에 「전기통신사업법」 제53조의 규정에 따라 정보통신부장관이 행한 전기통신 취급에 대한 거부·정지 또는 제한의 명령은 이를 이 법 제44조의7의 개정규정에 따라 행한 것으로 본다.

**제3조 【정보통신윤리위원회 설치근거 변경에 따른 경과조치】** ① 이 법 시행 당시 종전의 「전기통신사업법」 제53조의2의 규정에 따라 설치된 정보통신윤리위원회는 이 법 제44조의8의 개정규정에 따라 설치된 정보통신윤리위원회로 본다.

② 이 법 시행 전에 종전의 규정에 따른 정보통신윤리위원회가 행한 행위 또는 정보통신윤리위원회에 대하여 행한 행위 그 밖의 법률관계는 이 법 제44조의8의 개정규정에 따른 정보통신윤리위원회가 행한 행위 또는 정보통신윤리위원회에 대하여 행한 행위 그 밖의 법률관계로 본다.

**제4조 【개인정보수집·이용·제공 등에 관한 경과조치】** ① 이 법 시행 당시 종전의 제22조·제23조·제24조 또는 제54조의 규정에 따라 개인정보수집·이용·제공 등에 대한 이용자의 동의를 얻은 경우에는 제22조·제23조·제24조·제24조의2 또는 제54조의 개정규정에 따라 적법하게 동의를 얻은 것으로 본다.

② 이 법 시행 당시 종전의 제25조의 규정에 따라 적법하게 개인정보취급위탁을 한 경우에는 제25조제1항의 개정규정에 따라 적법하게 동의를 얻은 것으로 본다.

③ 이 법 시행 당시 종전의 제26조의 규정에 따라 정보통신서비스제공자등의 권리·의무를 승계한 자가 이용자의 동의를 얻어 개인정보를 이용하거나 제공한 행위는 제26조제3항의 개정규정에 따라 적법하게 동의를 얻은 것으로 본다.

**제5조 【벌칙의 적용에 관한 경과조치】** 이 법 시행 전의 행위에 관한 벌칙의 적용에 있어서는 종전의 규정에 따른다.

**제6조 【다른 법률의 개정】** ※(해당 법령에 가제정리 하였음)

부 칙 (2007.12.21)

**제1조 【시행일】** 이 법은 공포 후 3개월이 경과한 날부터 시행한다.

**제2조 【통신과금서비스제공자의 등록에 관한 경과조치】** ① 이 법 시행 당시 통신과금서비스를 제공하고 있는 자는 이 법 시행일부터 3개월 이내에 제53조제1항의 개정규정에 따라 정보통신부장관에게 등록하여야 한다.

② 이 법 시행 당시 「전자금융거래법」 제28조제2항에 따라 등록을 한 통신과금서비스제공자는 이 법 시행일부터 3개월 이내에 해당 등록사실을 증명하는 서면을 정보통신부장관에게 제출하여야 한다.

③ 제2항에 따라 서면을 제출한 자는 제53조제1항의 개정규정에 따라 등록한 것으로 본다.

부 칙 (2008.6.13)

① **【시행일】** 이 법은 공포 후 6개월이 경과한 날부터 시행한다.

② **【벌칙 및 과태료의 적용에 관한 경과조치】** 이 법 시행 전의 행위에 관한 벌칙 및 과태료의 적용은 종전의 규정에 따른다.

부 칙 (2009.4.22)

**제1조 【시행일】** 이 법은 공포 후 3개월이 경과한 날부터 시행한다.

**제2조 【한국인터넷진흥원의 설립준비】** ① 방송통신위원회는 이 법 시행 전에 5명 이내의 설립위원을 위촉하여 한국인터넷진흥원의 설립을 위한 준비행위를 할 수 있다.

② 설립위원은 한국인터넷진흥원의 정관을 작성하여 방송통신위원회의 인가를 받아야 한다.

③ 설립위원은 제2항에 따른 인가를 받은 때에는 연명으로 한국인터넷진흥원의 설립등기를 한 후 한국인터넷진흥원장에게 사무를 인계하여야 한다.

④ 설립위원은 제3항에 따른 사무인계가 끝난 때에는 해촉된 것으로 본다.

**제3조 【한국정보보호진흥원 · 한국인터넷진흥원 · 정보통신국제협력진흥원의 승계에 관한 경과조치】** ① 이 법 시행 당시 종전의 「정보통신망 이용촉진 및 정보보호 등에 관한 법률」 제52조에 따른 한국정보보호진흥원(이하 "한국정보보호진흥원"이라 한다), 「인터넷주소자원에 관한 법률」 제9조에 따른 한국인터넷진흥원(이하 "한국인터넷진흥원"이라 한다), 「정보화촉진기본법」 제24조의2에 따른 정보통신국제협력진흥원(이하 "정보통신국제협력진흥원"이라 한다)의 소관 사무는 이 법에 따른 한국인터넷진흥원이 포괄 승계한다.

② 이 법 시행 당시 종전의 한국정보보호진흥원, 한국인터넷진흥원, 정보통신국제협력진흥원의 권리 · 의무와 재산은 이 법에 따른 한국인터넷진흥원이 포괄 승계한다.

③ 이 법 시행 당시 종전의 한국정보보호진흥원, 한국인터넷진흥원, 정보통신국제협력진흥원의 직원의 고용관계는 이 법에 따른 한국인터넷진흥원이 포괄 승계한다.

④ 이 법 시행 당시 종전의 한국정보보호진흥원, 한국인터넷진흥원, 정보통신국제협력진흥원이 행한 행위 또는 종전의 한국정보보호진흥원, 한국인터넷진흥원, 정보통신국제협력진흥원에 대하여 행하여진 행위는 이 법에 따른 한국인터넷진흥원이 행하였거나 이 법에 따른 한국인터넷진흥원에 대하여 행하여진 행위로 본다.

⑤ 이 법 시행 당시 등기부나 그 밖의 공부에 표시된 종전의 한국정보보호진흥원, 한국인터넷진흥원, 정보통신국제협력진흥원의 명의는 이 법에 따른 한국인터넷진흥원의 명의로 본다.

**제4조 【다른 법률의 개정】** ①~② ※(해당 법령에 가제정리 하였음)

**제5조 【다른 법령과의 관계】** 이 법 시행 당시 다른 법령에서 종전의 「정보통신망 이용촉진 및 정보보호 등에 관한 법률」 또는 그 규정을 인용한 경우 이 법 가운데 그에 해당하는 규정이 있는 때에는 종전의 규정을 갈음하여 이 법 또는 이 법의 해당 규정을 인용한 것으로 본다.

부 칙 (2011.4.5)

**제1조 【시행일】** 이 법은 공포 후 3개월이 경과한 날부터 시행한다.

**제2조 【일반적 경과조치】** 이 법 시행 당시 종전의 본인확인업무를 개발 · 제공한 본인확인기관의 행위는 그 본인확인기관이 이 법에 따른 지정을 받은 경우에 한하여 적법하게 본인확인업무를 개발 · 제공한 것으로 본다.

**제3조 【본인확인기관 지정에 관한 경과조치】** 이 법 시행 당시 본인확인업무를 하는 자는 이 법 시행일부터 3개

월 이내에 제23조의3제1항의 개정규정에 따라 방송통신위원회로부터 본인확인기관으로 지정받아야 한다.

부 칙 (2012.2.17)

**제1조【시행일】** 이 법은 공포 후 6개월이 경과한 날부터 시행한다. 다만, 제45조, 제45조의2, 제45조의3, 제46조의3, 제47조, 제47조의2, 제47조의3, 제47조의5, 제52조제3항제7호, 제66조 및 제76조제3항제6호부터 제9호까지의 개정규정은 공포 후 1년이 경과한 날부터 시행한다.

**제2조【주민등록번호 수집 · 이용 제한에 관한 경과조치】** ① 이 법 시행 당시 주민등록번호를 사용한 회원가입 방법을 제공하고 있는 정보통신서비스 제공자는 이 법 시행일부터 2년 이내에 보유하고 있는 주민등록번호를 파기하여야 한다. 다만, 제23조의2제1항 각 호의 어느 하나에 해당하는 경우는 제외한다.

② 제1항에 따른 기간 이내에 보유하고 있는 주민등록번호를 파기하지 아니한 경우에는 제23조의2제1항의 개정규정을 위반한 것으로 본다.

**제3조【정보보호 안전진단의 폐지에 따른 경과조치】** 이 법 시행 당시 종전의 규정에 따라 정보보호 안전진단을 받은 사업자는 정보보호 안전진단을 받은 해당 연도에는 제47조제2항의 개정규정에 따른 정보보호 관리체계 인증을 받은 사업자로 본다.

**제4조【개인정보보호 관리체계 인증에 관한 경과조치】** 이 법 시행 당시 한국인터넷진흥원으로부터 개인정보보호 관리체계 인증을 받은 자는 제47조의3의 개정규정에 따라 개인정보보호 관리체계 인증을 받은 것으로 본다.

**제5조【과태료에 관한 경과조치】** 이 법 시행 전의 위반행위에 대하여 과태료를 적용할 때에는 종전의 규정에 따른다.

부 칙 (2014.5.28)

**제1조【시행일】** 이 법은 공포 후 6개월이 경과한 날부터 시행한다. 다만, 제44조제3항, 제44조의5, 제76조제1항제6호의 개정규정은 공포한 날부터 시행한다.

**제2조【과징금 및 벌칙에 관한 경과조치】** 이 법 시행 전의 위반행위에 대하여 과징금 및 벌칙을 적용할 때에는 종전의 규정에 따른다.

부 칙 (2015.1.20)

이 법은 공포 후 3개월이 경과한 날부터 시행한다.

부 칙 (2015.3.27)

이 법은 공포한 날부터 시행한다.

부 칙 (2015.6.22 법13343호)

**제1조【시행일】** 이 법은 공포 후 6개월이 경과한 날부터 시행한다.(이하 생략)

부 칙 (2015.6.22 법13344호)

**제1조【시행일】** 이 법은 공포 후 6개월이 경과한 날부터 시행한다.

**제2조【행정처분에 관한 적용례】** 제55조제1항의 개정규정은 이 법 시행 전의 위반행위에 대한 행정처분의 경우에도 적용한다.

부 칙 (2015.12.1)

**제1조【시행일】** 이 법은 공포 후 6개월이 경과한 날부터 시행한다. 다만, 제29조제2항 및 제3항의 개정규정은 공포한 날부터 시행한다.

**제2조【개인정보의 파기 등에 관한 적용례】** 제29조제2항 및 제3항의 개정규정은 같은 개정규정 시행 전에 수집하거나 제공받은 개인정보에 대해서도 적용한다.

**제3조【정보보호 관리체계 인증 심사 생략에 관한 적용례】** 제47조제3항의 개정규정은 이 법 시행 전에 정보보호 관리체계에 대한 인증을 신청하여 그 절차가 진행 중인 자에 대해서도 적용한다.

**제4조【정보보호 관리체계의 인증에 관한 경과조치】** 정보보호 관리체계의 인증을 받지 아니한 자는 이 법 시행 후 6개월 이내에 제47조제2항의 개정규정에 따라 인증을 받아야 한다.

**제5조【과태료에 관한 경과조치】** 이 법 시행 전의 위반행위에 대하여 과태료를 적용할 때에는 종전의 규정에 따른다.

부 칙 (2016.3.22)

**제1조【시행일】** 이 법은 공포 후 6개월이 경과한 날부터 시행한다. 다만, 제22조의2, 제76조제1항제1호 및 제1호의2의 개정규정은 공포 후 1년이 경과한 날부터, 제32조제2항·제3항 및 제32조의2제3항의 개정규정은 2016년 7월 25일부터, 제52조제4항의 개정규정은 공포한 날부터 시행한다.

**제2조【손해배상에 관한 적용례】** 제32조제2항·제3항 및 제32조의2제3항의 개정규정은 같은 개정규정 시행 후에 분실·도난·유출·위조·변조 또는 훼손된 개인정보에 관한 손해배상 청구분부터 적용한다.

**제3조【위반행위에 노출된 사실 안내에 관한 경과조치】** 정보통신서비스 제공자는 이 법 공포 후 6개월 이내에 제49조의2제3항의 개정규정에 따라 이용자에게 안내메시지를 보낼 수 있는 설비를 구축하여야 한다.

**제4조【벌칙에 관한 경과조치】** 이 법 시행 전의 행위에 대하여 벌칙을 적용할 때에는 종전의 규정에 따른다.

**제5조【다른 법률의 개정】** ※(해당 법령에 가제정리 하였음)

부 칙 (2017.3.14)

이 법은 공포한 날부터 시행한다.

부 칙 (2017.7.26)

**제1조【시행일】** ① 이 법은 공포한 날부터 시행한다.(이하 생략)

부 칙 (2018.6.12)

이 법은 공포 후 6개월이 경과한 날부터 시행한다. 다만, 제32조의3, 제45조의3 및 제76조제2항제4호의2(제32조의3의 개정규정과 관련된 부분에 한정한다)의 개정규정은 공포 후 1년이 경과한 날부터 시행한다.

부 칙 (2018.9.18)

이 법은 공포 후 6개월이 경과한 날부터 시행한다.

부 칙 (2018.12.24 법16019호)

**제1조【시행일】** 이 법은 공포 후 6개월이 경과한 날부터 시행한다.(이하 생략)

부 칙 (2018.12.24 법16021호)

이 법은 공포 후 6개월이 경과한 날부터 시행한다. 다만, 제44조의4 및 제44조의7제3항제1호의 개정규정은 공포 후 3개월이 경과한 날부터 시행한다.

부 칙 (2019.12.10)

**제1조【시행일】** 이 법은 공포 후 6개월이 경과한 날부터 시행한다.

**제2조【환급가산금에 관한 적용례】** 제64조의3제7항 및 제8항의 개정규정은 이 법 시행 후 법원의 판결 등의 사유로 과징금을 환급하는 경우부터 적용한다.

부 칙 (2020.2.4)

이 법은 공포 후 6개월이 경과한 날부터 시행한다.

부 칙 (2020.6.9 법17344호)

**제1조【시행일】** 이 법은 공포 후 6개월이 경과한 날부터 시행한다.(이하 생략)

부 칙 (2020.6.9 법17347호)

이 법은 공포한 날부터 시행한다.

부 칙 (2020.6.9 법17348호)
(2020.6.9 법17354호)

**제1조【시행일】** 이 법은 공포 후 6개월이 경과한 날부터 시행한다.(이하 생략)

부 칙 (2020.6.9 법17358호)

이 법은 공포 후 6개월이 경과한 날부터 시행한다. 다만, 제4조제2항제7호의2의 개정규정은 공포 후 3개월이 경과한 날부터 시행한다.

부 칙 (2021.6.8)
(2022.6.10)
(2023.1.3)

이 법은 공포 후 6개월이 경과한 날부터 시행한다.

부 칙 (2024.1.23)

**제1조【시행일】** 이 법은 공포 후 6개월이 경과한 날부터 시행한다. 다만, 제48조제4항 및 제71조제1항제13호의 개정규정은 공포한 날부터 시행하고, 제23조의5제1항제3호의 개정규정은 법률 제19234호 개인정보 보호법 일부개정법률 부칙 제1조제2호에 따른 시행일부터 시행한다.

**제2조【정보보호 관리체계 인증의 특례에 관한 적용례】** 제47조의7제1항 및 제3항의 개정규정은 이 법 시행 이후 제47조제1항 및 제2항에 따른 인증을 받으려는 자부터 적용한다.

**제3조【연계정보 생성 · 처리의 승인에 관한 경과조치】** 이 법 시행 당시 종전의 「정보통신 진흥 및 융합 활성화 등에 관한 특별법」 제37조 등 다른 법령에 따라 연계정보 생성 · 처리 관련 임시허가 또는 그와 유사한 특례 지정 등을 받은 본인확인기관과 정보통신서비스 제공자는 제23조의5제1항제4호의 개정규정에도 불구하고 이 법 시행일부터 1년까지는 같은 개정규정에 따른 방송통신위원회의 승인을 받지 아니하고 연계정보를 생성 · 처리할 수 있다.

부 칙 (2024.2.13)
(2024.12.3)

이 법은 공포 후 6개월이 경과한 날부터 시행한다.

부 칙 (2025.1.21)

이 법은 공포 후 6개월이 경과한 날부터 시행한다.

# 국가배상법

(1967년 3월 3일
법 률 제1899호)

개정
1973. 2. 5법 2459호 1980. 1. 4법 3235호
1981.12.17법 3464호 1997.12.13법 5433호
2000.12.29법 6310호 2005. 7.13법 7584호
2008. 3.14법 8897호 2009.10.21법 9803호
2016. 5.29법14184호(예비군법)
2017.10.31법14964호 2025. 1. 7법20635호

**제1조 【목적】** 이 법은 국가나 지방자치단체의 손해배상(損害賠償)의 책임과 배상절차를 규정함을 목적으로 한다.(2008.3.14 본조개정)

**제2조 【배상책임】** ① 국가나 지방자치단체는 공무원 또는 공무를 위탁받은 사인(이하 "공무원"이라 한다)이 직무를 집행하면서 고의 또는 과실로 법령을 위반하여 타인에게 손해를 입히거나, 「자동차손해배상 보장법」에 따라 손해배상의 책임이 있을 때에는 이 법에 따라 그 손해를 배상하여야 한다. 다만, 군인·군무원·경찰공무원 또는 예비군대원이 전투·훈련 등 직무 집행과 관련하여 전사(戰死)·순직(殉職)하거나 공상(公傷)을 입은 경우에 본인이나 그 유족이 다른 법령에 따라 재해보상금·유족연금·상이연금 등의 보상을 지급받을 수 있을 때에는 이 법 및 「민법」에 따른 손해배상을 청구할 수 없다.(2016.5.29 단서개정)

② 제1항 본문의 경우에 공무원에게 고의 또는 중대한 과실이 있으면 국가나 지방자치단체는 그 공무원에게 구상(求償)할 수 있다.

③ 제1항 단서에도 불구하고 전사하거나 순직한 군인·군무원·경찰공무원 또는 예비군대원의 유족은 자신의 정신적 고통에 대한 위자료를 청구할 수 있다.(2025.1.7 본항신설)

(2008.3.14 본조개정)

**제3조 【배상기준】** ① 제2조제1항을 적용할 때 타인을 사망하게 한 경우(타인의 신체에 해를 입혀 그로 인하여 사망하게 한 경우를 포함한다) 피해자의 상속인(이하 "유족"이라 한다)에게 다음 각 호의 기준에 따라 배상한다.

1. 사망 당시(신체에 해를 입고 그로 인하여 사망한 경우에는 신체에 해를 입은 당시를 말한다)의 월급액이나 월실수입액(月實收入額) 또는 평균임금에 장래의 취업가능기간을 곱한 금액의 유족배상(遺族賠償)
2. 대통령령으로 정하는 장례비

② 제2조제1항을 적용할 때 타인의 신체에 해를 입힌 경우에는 피해자에게 다음 각 호의 기준에 따라 배상한다.

1. 필요한 요양을 하거나 이를 대신할 요양비
2. 제1호의 요양으로 인하여 월급액이나 월실수입액 또는 평균임금의 수입에 손실이 있는 경우에는 요양기간 중 그 손실액의 휴업배상(休業賠償)
3. 피해자가 완치 후 신체에 장해(障害)가 있는 경우에는 그 장해로 인한 노동력 상실 정도에 따라 피해를 입은 당시의 월급액이나 월실수입액 또는 평균임금에 장래의 취업가능기간을 곱한 금액의 장해배상(障害賠償)

③ 제2조제1항을 적용할 때 타인의 물건을 멸실·훼손한 경우에는 피해자에게 다음 각 호의 기준에 따라 배상한다.

1. 피해를 입은 당시의 그 물건의 교환가액 또는 필요한 수리를 하거나 이를 대신할 수리비
2. 제1호의 수리로 인하여 수입에 손실이 있는 경우에는 수리기간 중 그 손실액의 휴업배상

④ 생명·신체에 대한 침해와 물건의 멸실·훼손으로 인한 손해 외의 손해는 불법행위와 상당한 인과관계가 있는 범위에서 배상한다.

⑤ 사망하거나 신체의 해를 입은 피해자의 직계존속(直系尊屬)·직계비속(直系卑屬) 및 배우자, 신체의 해나 그 밖의 해를 입은 피해자에게는 대통령령으로 정하는 기준 내에서 피해자의 사회적 지위, 과실(過失)의 정도, 생계 상태, 손해배상액 등을 고려하여 그 정신적 고통에 대한 위자료를 배상하여야 한다.
⑥ 제1항제1호 및 제2항제3호에 따른 취업가능기간과 장해의 등급 및 노동력 상실률은 대통령령으로 정한다.
⑦ 제1항부터 제3항까지의 규정에 따른 월급액이나 월실수입액 또는 평균임금 등은 피해자의 주소지를 관할하는 세무서장 또는 시장·군수·구청장(자치구의 구청장을 말한다)과 피해자의 근무처의 장의 증명이나 그 밖의 공신력 있는 증명에 의하고, 이를 증명할 수 없을 때에는 대통령령으로 정하는 바에 따른다.
(2008.3.14 본조개정)

**제3조의2 【공제액】** ① 제2조제1항을 적용할 때 피해자가 손해를 입은 동시에 이익을 얻은 경우에는 손해배상액에서 그 이익에 상당하는 금액을 빼야 한다.
② 제3조제1항의 유족배상과 같은 조 제2항의 장해배상 및 장래에 필요한 요양비 등을 한꺼번에 신청하는 경우에는 중간이자를 빼야 한다.
③ 제2항의 중간이자를 빼는 방식은 대통령령으로 정한다.
(2008.3.14 본조개정)

**제4조 【양도 등 금지】** 생명·신체의 침해로 인한 국가배상을 받을 권리는 양도하거나 압류하지 못한다.
(2008.3.14 본조개정)

**제5조 【공공시설 등의 하자로 인한 책임】** ① 도로·하천, 그 밖의 공공의 영조물(營造物)의 설치나 관리에 하자(瑕疵)가 있기 때문에 타인에게 손해를 발생하게 하였을 때에는 국가나 지방자치단체는 그 손해를 배상하여야 한다. 이 경우 제2조제1항 단서, 제3조 및 제3조의2를 준용한다.
② 제1항을 적용할 때 손해의 원인에 대하여 책임을 질 자가 따로 있으면 국가나 지방자치단체는 그 자에게 구상할 수 있다.
(2008.3.14 본조개정)

**제6조 【비용부담자 등의 책임】** ① 제2조·제3조 및 제5조에 따라 국가나 지방자치단체가 손해를 배상할 책임이 있는 경우에 공무원의 선임·감독 또는 영조물의 설치·관리를 맡은 자와 공무원의 봉급·급여, 그 밖의 비용 또는 영조물의 설치·관리 비용을 부담하는 자가 동일하지 아니하면 그 비용을 부담하는 자도 손해를 배상하여야 한다.
② 제1항의 경우에 손해를 배상한 자는 내부관계에서 그 손해를 배상할 책임이 있는 자에게 구상할 수 있다.
(2008.3.14 본조개정)

**제7조 【외국인에 대한 책임】** 이 법은 외국인이 피해자인 경우에는 해당 국가와 상호 보증이 있을 때에만 적용한다.
(2008.3.14 본조개정)

**제8조 【다른 법률과의 관계】** 국가나 지방자치단체의 손해배상 책임에 관하여는 이 법에 규정된 사항 외에는 「민법」에 따른다. 다만, 「민법」 외의 법률에 다른 규정이 있을 때에는 그 규정에 따른다.(2008.3.14 본조개정)

**제9조 【소송과 배상신청의 관계】** 이 법에 따른 손해배상의 소송은 배상심의회(이하 "심의회"라 한다)에 배상신청을 하지 아니하고도 제기할 수 있다.
(2008.3.14 본조개정)

**제10조 【배상심의회】** ① 국가나 지방자치단체에 대한 배상신청사건을 심의하기 위하여 법무부에 본부심의회를 둔다. 다만, 군인이나 군무원이 타인에

게 입힌 손해에 대한 배상신청사건을 심의하기 위하여 국방부에 특별심의회를 둔다.

② 본부심의회와 특별심의회는 대통령령으로 정하는 바에 따라 지구심의회(地區審議會)를 둔다.

③ 본부심의회와 특별심의회와 지구심의회는 법무부장관의 지휘를 받아야 한다.

④ 각 심의회에는 위원장을 두며, 위원장은 심의회의 업무를 총괄하고 심의회를 대표한다.

⑤ 각 심의회의 위원 중 공무원이 아닌 위원은 「형법」 제127조 및 제129조부터 제132조까지의 규정을 적용할 때에는 공무원으로 본다.(2017.10.31 본항신설)

⑥ 각 심의회의 관할 · 구성 · 운영과 그 밖에 필요한 사항은 대통령령으로 정한다.

(2008.3.14 본조개정)

**제11조 【각급 심의회의 권한】** ① 본부심의회와 특별심의회는 다음 각 호의 사항을 심의 · 처리한다.

1. 제13조제6항에 따라 지구심의회로부터 송부받은 사건
2. 제15조의2에 따른 재심신청사건
3. 그 밖에 법령에 따라 그 소관에 속하는 사항

② 각 지구심의회는 그 관할에 속하는 국가나 지방자치단체에 대한 배상신청사건을 심의 · 처리한다.

(2008.3.14 본조개정)

**제12조 【배상신청】** ① 이 법에 따라 배상금을 지급받으려는 자는 그 주소지 · 소재지 또는 배상원인 발생지를 관할하는 지구심의회에 배상신청을 하여야 한다.

② 손해배상의 원인을 발생하게 한 공무원의 소속 기관의 장은 피해자나 유족을 위하여 제1항의 신청을 권장하여야 한다.

③ 심의회의 위원장은 배상신청이 부적법하지만 보정(補正)할 수 있다고 인정하는 경우에는 상당한 기간을 정하여 보정을 요구하여야 한다.

④ 제3항에 따른 보정을 하였을 때에는 처음부터 적법하게 배상신청을 한 것으로 본다.

⑤ 제3항에 따른 보정기간은 제13조제1항에 따른 배상결정 기간에 산입하지 아니한다.

(2008.3.14 본조개정)

**제13조 【심의와 결정】** ① 지구심의회는 배상신청을 받으면 지체 없이 증인신문(證人訊問) · 감정(鑑定) · 검증(檢證) 등 증거조사를 한 후 그 심의를 거쳐 4주일 이내에 배상금 지급결정, 기각결정 또는 각하결정(이하 "배상결정"이라 한다)을 하여야 한다.

② 지구심의회는 긴급한 사유가 있다고 인정할 때에는 제3조제1항제2호, 같은 조 제2항제1호 및 같은 조 제3항제1호에 따른 장례비 · 요양비 및 수리비의 일부를 사전에 지급하도록 결정할 수 있다. 사전에 지급을 한 경우에는 배상결정 후 배상금을 지급할 때에 그 금액을 빼야 한다.

③ 제2항 전단에 따른 사전 지급의 기준 · 방법 및 절차 등에 관하여 필요한 사항은 대통령령으로 정한다.

④ 제2항에도 불구하고 지구심의회의 회의를 소집할 시간적 여유가 없거나 그 밖의 부득이한 사유가 있으면 지구심의회의 위원장은 직권으로 사전 지급을 결정할 수 있다. 이 경우 위원장은 지구심의회에 그 사실을 보고하고 추인(追認)을 받아야 하며, 지구심의회의 추인을 받지 못하면 그 결정은 효력을 잃는다.

⑤ 심의회는 제3조와 제3조의2의 기준에 따라 배상금 지급을 심의 · 결정하여야 한다.

⑥ 지구심의회는 배상신청사건을 심의한 결과 그 사건이 다음 각 호의 어느

하나에 해당한다고 인정되면 지체 없이 사건기록에 심의 결과를 첨부하여 본부심의회나 특별심의회에 송부하여야 한다.
1. 배상금의 개산액(概算額)이 대통령령으로 정하는 금액 이상인 사건
2. 그 밖에 대통령령으로 본부심의회나 특별심의회에서 심의·결정하도록 한 사건

⑦ 본부심의회나 특별심의회는 제6항에 따라 사건기록을 송부받으면 4주일 이내에 배상결정을 하여야 한다.

⑧ 심의회는 다음 각 호의 어느 하나에 해당하면 배상신청을 각하(却下)한다.
1. 신청인이 이전에 동일한 신청원인으로 배상신청을 하여 배상금 지급(賠償金 支給) 또는 기각(棄却)의 결정을 받은 경우. 다만, 기각결정을 받은 신청인이 중요한 증거가 새로 발견되었음을 소명(疏明)하는 경우에는 그러하지 아니하다.
2. 신청인이 이전에 동일한 청구원인으로 이 법에 따른 손해배상의 소송을 제기하여 배상금지급 또는 기각의 확정판결을 받은 경우
3. 그 밖에 배상신청이 부적법하고 그 잘못된 부분을 보정할 수 없거나 제12조제3항에 따른 보정 요구에 응하지 아니한 경우

(2008.3.14 본조개정)

**제14조 【결정서의 송달】** ① 심의회는 배상결정을 하면 그 결정을 한 날부터 1주일 이내에 그 결정정본(決定正本)을 신청인에게 송달하여야 한다.

② 제1항의 송달에 관하여는 「민사소송법」의 송달에 관한 규정을 준용한다.

(2008.3.14 본조개정)

**제15조 【신청인의 동의와 배상금 지급】** ① 배상결정을 받은 신청인은 지체 없이 그 결정에 대한 동의서를 첨부하여 국가나 지방자치단체에 배상금 지급을 청구하여야 한다.

② 배상금 지급에 관한 절차, 지급기관, 지급시기, 그 밖에 필요한 사항은 대통령령으로 정한다.

③ 배상결정을 받은 신청인이 배상금 지급을 청구하지 아니하거나 지방자치단체가 대통령령으로 정하는 기간 내에 배상금을 지급하지 아니하면 그 결정에 동의하지 아니한 것으로 본다.

(2008.3.14 본조개정)

**제15조의2 【재심신청】** ① 지구심의회에서 배상신청이 기각(일부기각된 경우를 포함한다) 또는 각하된 신청인은 결정정본이 송달된 날부터 2주일 이내에 그 심의회를 거쳐 본부심의회나 특별심의회에 재심(再審)을 신청할 수 있다.

② 재심신청을 받은 지구심의회는 1주일 이내에 배상신청기록 일체를 본부심의회나 특별심의회에 송부하여야 한다.

③ 본부심의회나 특별심의회는 제1항의 신청에 대하여 심의를 거쳐 4주일 이내에 다시 배상결정을 하여야 한다.

④ 본부심의회나 특별심의회는 배상신청을 각하한 지구심의회의 결정이 법령에 위반되면 사건을 그 지구심의회에 환송(還送)할 수 있다.

⑤ 본부심의회나 특별심의회는 배상신청이 각하된 신청인이 잘못된 부분을 보정하여 재심신청을 하면 사건을 해당 지구심의회에 환송할 수 있다.

⑥ 재심신청사건에 대한 본부심의회나 특별심의회의 배상결정에는 제14조와 제15조를 준용한다.

(2008.3.14 본조개정)

**제16조** (1997.12.13 삭제)

**제17조** (2008.3.14 삭제)

## 부 칙

① **【시행일】** 이 법은 공포후 30일이 경과한 날로부터 시행한다.

② **【폐지법률】** 국가배상법과 국가배상금청구에관한절차법은 이를 폐지한다.

③ **【경과규정】** 이 법 시행당시 법원에 계속중인 소송사건에 대하여는 제9조의 규정을 적용하지 아니한다.
④ **【동전】** 종전의 법령에 의하여 설치된 심의회에 계속중인 배상금지급 신청사건은 이 법 시행일로부터 이 법에 의한 기간이 진행한다.

부　칙 (1980.1.4)

① **【시행일】** 이 법은 1980년 2월 1일부터 시행한다.
② **【심의회의 관할에 관한 경과조치】** 이 법 시행당시 종전의 본부심의회와 특별심의회에 계속중인 사건은 배상금지급신청이 있는 날로부터 이 법에 의하여 관할권이 있는 심의회에 계속된 것으로 보며 동심의회에 즉시 이송하여야 한다.
③ **【배상결정에 관한 경과조치】** 이 법 시행당시 종전의 본부심의회와 특별심의회에서 배상결정한 사건은 이 법에 의하여 관할권이 있는 심의회에서 결정한 것으로 본다.

부　칙 (1981.12.17)

① **【시행일】** 이 법은 1982년 2월 1일부터 시행한다.
② **【경과조치】** 이 법 시행당시 본부심의회 또는 특별심의회에 승인요청중인 사건에 관하여는 이 법이 정하는 바에 의하여 본부심의회 또는 특별심의회에서 심의처리한다.

부　칙 (1997.12.13)

① **【시행일】** 이 법은 1998년 3월 1일부터 시행한다.
② **【경과조치】** 이 법 시행당시 본부심의회 및 지구심의회와 특별심의회에 계속중인 사건에 관하여는 개정규정이 정하는 바에 의하여 심의·처리한다.

부　칙 (2000.12.29)

① **【시행일】** 이 법은 공포한 날부터 시행한다.
② **【경과조치】** 이 법 시행당시 심의회에 계속중인 사건과 법원에 계속중인 손해배상의 소송사건에 대하여는 이 법의 개정규정을 적용한다.

부　칙 (2005.7.13)
(2008.3.14)
(2009.10.21)

이 법은 공포한 날부터 시행한다.

부　칙 (2016.5.29)

**제1조 【시행일】** 이 법은 공포 후 6개월이 경과한 날부터 시행한다.(이하 생략)

부　칙 (2017.10.31)

이 법은 공포한 날부터 시행한다.

부　칙 (2025.1.7)

**제1조 【시행일】** 이 법은 공포한 날부터 시행한다.
**제2조 【유족의 위자료에 관한 적용례】**
① 제2조제3항의 개정규정은 이 법 시행 이후 군인·군무원·경찰공무원 또는 예비군대원이 전투·훈련 등 직무집행과 관련하여 전사하거나 순직한 것으로 인정되는 경우부터 적용한다.
② 제1항에도 불구하고 이 법 시행 당시 본부심의회, 특별심의회 또는 지구심의회에 계속 중인 사건과 법원에 계속 중인 소송사건에 대해서는 제2조제3항의 개정규정을 적용한다.

# 법령명 약어표

## 가～나

| 약어 | 법령명 |
|---|---|
| 가등기담보 | 가등기담보등에관한법률 |
| 가소 | 가사소송법 |
| 가소규 | 가사소송규칙 |
| 가족관계등록 | 가족관계의등록등에관한법률 |
| 간이절차에의한민사 | 간이절차에의한민사분쟁사건처리특례법 |
| 감규 | 감사원규칙 |
| 감사 | 감사원법 |
| 감염병 | 감염병의예방및관리에관한법률 |
| 감정평가감정평가사 | 감정평가및감정평가사에관한법률 |
| 개인정보보호일부개정법령등 | 개인정보보호를위한일부개정법령등 |
| 거절증서 | 거절증서령 |
| 건설산업 | 건설산업기본법 |
| 건축 | 건축법 |
| 검찰 | 검찰청법 |
| 경범 | 경범죄처벌법 |
| 경제활성화친서민해소 | 경제활성화및친서민국민불편해소등을위한일부개정법령등 |
| 경찰공무원 | 경찰공무원법 |
| 경찰직무 | 경찰관직무집행법 |
| 계엄 | 계엄법 |
| 고등교육 | 고등교육법 |
| 고유정보처리 | 고유식별정보처리마련을위한일부개정법령등, 고유식별정보마련을위한일부개정법령등 |
| 공간정보구축관리 | 공간정보의구축및관리등에관한법률 |
| 공공보상 | 공공용지의취득및손실보상에관한특례법 |
| 공공차관 | 공공차관의도입및관리에관한법률 |
| 공무원범죄 | 공무원범죄에관한몰수특례법 |
| 공무원보수 | 공무원보수규정 |
| 공무원복무 | 국가공무원복무규정 |
| 공무원연금 | 공무원연금법 |
| 공무원임용 | 공무원임용령 |
| 공무원임용시 | 공무원임용시험령 |
| 공선 | 공직선거법 |
| 공수처법 | 고위공직자범죄수사처 설치 및 운영에 관한 법률 |
| 공익설립 | 공익법인의설립 · 운영에관한법률 |
| 공인중개사부동산거래신고 | 공인중개사의업무및부동산거래신고에관한법률 |
| 공장광업재단 | 공장및광업재단저당법 |
| 공증 | 공증인법 |
| 공증인수수료 | 공증인수수료규칙 |
| 공직선거규 | 공직선거관리규칙 |
| 공직윤리강화 | 공직윤리 강화를 위한 일부개정법령등 |
| 공직자범죄수사처 | 고위공직자범죄수사처 설치에 따른 일부개정법령등 |
| 공직자윤리 | 공직자윤리법 |
| 공탁 | 공탁법 |
| 공토법 | 공익사업을위한토지등의취득및보상에관한법률 |
| 과기령 | 과학기술부령 |
| 과태료금액정비 | 과태료금액정비를위한일부개정법령등 |
| 과태료부과일부개정법령등 | 과태료부과 · 징수절차정비를위한일부개정법령등 |
| 관세 | 관세법 |
| 광업 | 광업법 |
| 광업재단저당 | 광업재단저당법 |
| 교령 | 교육부령 |
| 교육 | 교육법(구) |
| 교육공무원 | 교육공무원법 |
| 교육기본 | 교육기본법 |
| 국가계약 | 국가를당사자로하는계약에관한법률 |
| 국가공무원 | 국가공무원법 |
| 국가배상 | 국가배상법 |
| 국가보안 | 국가보안법 |
| 국가소송 | 국가를당사자로하는소송에관한법률 |
| 국가안보 | 국가안전보장회의법 |
| 국가유공자등예우 | 국가유공자등예우및지원에관한법률 |
| 국가자치경찰 | 국가경찰과 자치경찰의 운영에 관한 법률 |
| 국감 | 국정감사및조사에관한법률 |
| 국군조직 | 국군조직법 |
| 국민기초생활 | 국민기초생활보장법 |
| 국민보험 | 국민건강보험법 |
| 국방령 | 국방부령 |
| 국세 | 국세기본법 |
| 국세와지방세의조정 | 국세와지방세의조정에관한법률 |
| 국세징수 | 국세징수법 |
| 국유재산 | 국유재산법 |
| 국제연합 | 국제연합헌장 |
| 국토이용 | 국토의계획및이용에관한법률 |
| 국회 | 국회법 |
| 국회에서의증언 | 국회에서의증언 · 감정등에관한법률 |
| 군무원 | 군무원인사법 |
| 군사기밀 | 군사기밀보호법 |
| 군사법원 | 군사법원법 |
| 군사법원의재판권 | 군사법원의재판권에관한법률 |
| 군용물등범죄 | 군용물등범죄에관한특별조치법 |
| 군인연금 | 군인연금법 |
| 군형 | 군형법 |
| 권한지방이양 | 중앙행정권한및사무등의지방일괄이양을위한일부개정법령등 |
| 귀속재산 | 귀속재산처리법 |
| 규 | 규칙 |
| 규제기한설정 | 규제재검토기한설정을위한일부개정법령등 |
| 규제기한정비 | 규제재검토기한설정등규제정비를위한일부개정법령등 |
| 규제기한해제 | 규제재검토기한설정해제등을위한일부개정법령등 |
| 규제일몰제적용 | 규제일몰제적용을위한일부개정법령등 |
| 근기 | 근로기준법 |
| 근로자참여 | 근로자참여및협력증진에관한법률 |
| 금감설치 | 금융감독기구의설치등에관한법률 |
| 금융감독 | 금융감독기구의설치등에관한법률제정등에따른공인회계사등의정비에관한법률 |
| 금융부실 | 금융회사부실자산등의효율적처리및한국자산관리공사의설립에관한법률 |
| 금융산업 | 금융산업의구조개선에관한법률 |
| 금융실명 | 금융실명거래및비밀보장에관한법률 |
| 기초연구진흥개발 | 기초연구진흥및기술개발지원에관한법률 |
| 내수면 | 내수면어업법 |
| 노노 | 노동조합및노동관계조정법 |
| 노동위 | 노동위원회법 |
| 노령 | 노동부령 |
| 노무사 | 공인노무사법 |

| | |
|---|---|
| 노인복지 | 노인복지법 |
| 농수산물유통 | 농수산물유통및가격안정에관한법률 |
| 농어촌등보건의료 | 농어촌등보건의료를위한특별조치법 |
| 농어촌정비 | 농어촌정비법 |
| 농지 | 농지법 |
| 농협 | 농업협동조합법 |

## 다 ~ 바

| | |
|---|---|
| 담배 | 담배사업법 |
| 담보부사채 | 담보부사채신탁법 |
| 대규 | 대법원규칙 |
| 대기환경 | 대기환경보전법 |
| 대외무역 | 대외무역법 |
| 도농복합 | 도농복합형태의시설치에따른행정특례등에관한법률 |
| 도로교통 | 도로교통법 |
| 도시공원녹지 | 도시공원및녹지등에관한법률 |
| 도시재개발 | 도시재개발법 |
| 독점 | 독점규제및공정거래에관한법률 |
| 디자인보호 | 디자인보호법 |
| 령(영) | 대통령령 |
| 마약 | 마약류관리에관한법률 |
| 모자 | 모자보건법 |
| 문화예술진흥 | 문화예술진흥법 |
| 문화유산 | 문화유산의 보존 및 활용에 관한 법률 |
| 문화재 | 문화재보호법 |
| 물가안정 | 물가안정에관한법률 |
| 민 | 민법 |
| 민감정보고유식별정보 | 민감정보및고유식별정보처리근거마련(정비)을위한일부개정법령등 |
| 민방위 | 민방위기본법 |
| 민부 | 민법부칙 |
| 민사소송비용 | 민사소송비용법 |
| 민사조정 | 민사조정법 |
| 민소 | 민사소송법 |
| 민소규 | 민사소송규칙 |
| 민집 | 민사집행법 |
| 민집규 | 민사집행규칙 |
| 반도체 | 반도체집적회로의배치설계에관한법률 |
| 발명 | 발명진흥법 |
| 방문판매 | 방문판매등에관한법률 |
| 벌금 | 벌금등임시조치법 |
| 범죄피해자구조 | 범죄피해자구조법 |
| 법 | 법률 |
| 법령등공포 | 법령등공포에관한법률 |
| 법령서식개선 | 법령서식개선등을위한일부개정법령등 |
| 법령용어정비 | 어려운법령용어정비를위한일부개정법령등 |
| 법률구조 | 법률구조법 |
| 법률용어정비 | 법률용어 정비를 위한 일부개정법령 |
| 법원공무원 | 법원공무원규칙 |
| 법원조직 | 법원조직법 |
| 법정공고방식확대 | 법정공고 방식 확대를 위한 일부개정법령 |
| 변리사 | 변리사법 |
| 변호사 | 변호사법 |
| 병역 | 병역법 |
| 보복령 | 보건복지부령 |
| 보험 | 보험업법 |
| 보호관찰 | 보호관찰등에관한법률 |
| 본적삭제일부개정법령등 | 서식중본적란삭제를위한일부개정법령등 |
| 부 | 부칙 |
| 부가세 | 부가가치세법 |
| 부동산가격공시감정평가 | 부동산가격공시및감정평가에관한법률 |
| 부동산중개 | 부동산중개업법 |
| 부등 | 부동산등기법 |
| 부등규 | 부동산등기규칙 |
| 부정경쟁 | 부정경쟁방지및영업비밀보호에관한법률 |
| 부정수표 | 부정수표단속법 |
| 비상자원 | 비상대비자원관리법 |
| 비송 | 비송사건절차법 |

## 사 ~ 자

| | |
|---|---|
| 사립학교 | 사립학교법 |
| 사면 | 사면법 |
| 사법경찰관리 | 사법경찰관리의직무를행할자와그직무범위에관한법률 |
| 사법경찰관리규 | 사법경찰관리집무규칙 |
| 사회기반시설민간투자 | 사회기반시설에대한민간투자법 |
| 사회보장 | 사회보장기본법 |
| 산림 | 산림법 |
| 산림자원조성관리 | 산림자원의조성및관리에관한법률 |
| 산업안전 | 산업안전보건법 |
| 산업재해 | 산업재해보상보험법 |
| 산업활성공장설립 | 산업집적활성화및공장설립에관한법률 |
| 산자령 | 산업자원부령 |
| 상 | 상법 |
| 상건보 | 상가건물임대차보호법 |
| 상고심 | 상고심절차에관한특례법 |
| 상속세 | 상속세및증여세법 |
| 상표 | 상표법 |
| 상훈 | 상훈법 |
| 서식설계변경일부개정법령등 | 서식설계기준변경에따른일부개정법령등 |
| 석유대체연료사업 | 석유및석유대체연료사업법 |
| 선거관리위 | 선거관리위원회법 |
| 선관위 | 선거관리위원회 |
| 선원 | 선원법 |
| 소년 | 소년법 |
| 소득 | 소득세법 |
| 소비자 | 소비자보호법 |
| 소송촉진 | 소송촉진등에관한특례법 |
| 소액 | 소액사건심판법 |
| 소음 | 소음 · 진동규제법 |
| 수산 | 수산업법 |
| 수질수생태계보전 | 수질및수생태계보전에관한법률 |
| 수표 | 수표법 |
| 수험생편의제공일부개정법령등 | 수험생편의제공및충분한수험준비기간부여등을위한일부개정법령등 |
| 수협 | 수산업협동조합법 |
| 수형자규 | 수형자등호송규칙 |
| 시 | 시행령 |
| 시규 | 시행규칙 |
| 시설물 | 시설물의안전관리에관한특별법 |
| 식품위생 | 식품위생법 |
| 신탁 | 신탁법 |
| 실용신안 | 실용신안법 |
| 실화책임 | 실화책임에관한법률 |
| 아동 | 아동복지법 |
| 약사 | 약사법 |
| 양곡 | 양곡관리법 |
| 어음 | 어음법 |
| 엔지니어링 | 엔지니어링기술진흥법 |
| 여권 | 여권법 |
| 영해 | 영해및접속수역법 |
| 영훈 | 대통령훈령 |
| 예산회계 | 예산회계법 |
| 오수 · 분뇨 | 오수 · 분뇨및축산폐수의처리에관한법률 |
| 외국인서명날인 | 외국인의서명날인에관한법률 |
| 외국인토지 | 외국인토지법 |
| 외국인투자 | 외국인투자촉진법 |
| 외무공무원 | 외무공무원법 |
| 외통령 | 외교통상부령 |